文化人類学の本全情報
1994-2001

日外アソシエーツ

Complete List of Books
of
Cultural Anthropology and Folklore
in Japan

1994-2001

Compiled by
Nichigai Associates, Inc.

© 2002 by Nichigai Associates, Inc.

Printed in Japan

本書はディジタルデータでご利用いただくことができます。詳細はお問い合わせください。

●編集担当● 鈴木 ひかる
カバーイラスト：小熊 直美

刊行にあたって

　柳田國男が著した「遠野物語」が刊行されたのは1910年のことであった。当時すでに柳田は"常民"の風俗・生活習慣・伝説が持つ意味や法則性に着目しており、「遠野物語」は晩年の「海上の道」にいたるまで一貫して続けられた学問として、民俗研究の出発点として位置づけられている。それから90年以上経つが、周知の通り、柳田が遺した数々の著作は現在も教科書に掲載されるなどその価値が失われることはなく、今も"柳田民俗学"についての研究書は毎年数多く出版されている。また同じ民俗学分野では、折口信夫や南方熊楠に関する研究書の刊行も多い。

　わが国における文化人類学の発展は、こうした柳田らの民俗学研究に由来するともいわれている。日本の民俗学は、柳田らが日本における庶民文化への関心の高まりを認識しつつ、ヨーロッパでの庶民生活研究に共鳴して成立させたとされ、こうした観点を基礎として世界的な視点から異文化の研究をするのが文化人類学研究だという。そして具体的には祖先崇拝や生活習慣、通過儀礼、祭祀や年中行事に込められた"いわれ"などに注目し、文化の類型や構造・機能、またその中の個人のメンタリティなどを実証的に研究・考察している。これらの研究は、私たちに自国の地域性・民族性のみならず、他国の人々の習俗・慣習がどのような文化的背景に根ざしているのかについて知る機会を与え続けている。

　一口に文化人類学といっても、そのもとに多くの分野がある。社会人類学、心理人類学などはその代表的な分野であろう。このような既に確立された分野では、伝統的な集落やムラなどの地域社会に根ざした生活を調査研究するが、近年ではたとえば観光人類学のような現代社会の動きに即したテーマにも注目が集まっている。情報化社会・経

済状況などをふまえた新たな視点が、伝統的な学問的枠組みを越えて新しい分野を開拓しているといえよう。

　本書は1994年に刊行した「文化人類学の本全情報 45/93」の継続書誌である。1994年から2001年までの8年間に刊行された文化人類学、民俗学に関する図書、および前版で収録できなかった1993年以前の刊行図書を可能な限り収録した。構成は前版を踏襲し、分類方法もテーマごとに検索できるように努めた。また図書探索の際に助けとなるよう、できる限り図書の目次・内容を付した。前版同様、巻末には言葉や人名から引ける事項名索引を収録している。前版と合わせると、戦後57年間に刊行された22,000点が一覧できることになった。

　調査は漏れのないように努めたが、不十分な点も多々あると思われる。お気づきの点はご教示いただければ幸いである。本書が文化人類学・民俗学関連図書の情報源として、前版にも増して利用されることを期待したい。

　　2002年4月

　　　　　　　　　　　　　　　　　　　　　　　　日外アソシエーツ

目　次

凡　例 ………………………………………………… (6)
見出し一覧 …………………………………………… (8)

文化人類学の本　全情報
民俗学全般 ……………………………………………… 1
風俗史・民俗誌 ………………………………………… 65
衣食住の習俗 …………………………………………… 226
社会・家庭生活の習俗 ………………………………… 337
通過儀礼 ………………………………………………… 393
年中行事・祭礼 ………………………………………… 411
民間信仰・迷信 ………………………………………… 474
民話・昔話・伝説 ……………………………………… 550
文化人類学・民族学 …………………………………… 596

事項名索引 …………………………………………… 667

凡　例

1．本書の内容
　本書は、広く文化人類学・民俗学に関する図書を収録した図書目録である。

2．収録の対象
（1）1994年（平成6年）から2001年（平成13年）までに日本国内で刊行された上記のテーマに関連する図書、および前版に収録できなかった1993年以前の図書、合わせて7,854点を収録した。
（2）「民話・昔話・伝説」については、物語を収録対象外とし研究書のみを収録した。

3．見出し
（1）各図書を「風俗史・民俗誌」「衣食住の習俗」「社会・家庭生活の習俗」「通過儀礼」「年中行事・祭礼」「民間信仰・迷信」「民話・昔話・伝説」「文化人類学・民族学」に分類した。これらのいずれにも分類できない包括的な図書は「民俗学全般」とした。
（2）上記分類の下で、さらにテーマ別に小見出しを設けた。小見出しの詳細は見出し一覧に示した。

4．図書の排列
（1）各見出しの下で書名の五十音順に排列した。
（2）同一書名の図書は出版年月順に排列した。

5．図書の記述
　記述の内容と順序は次の通りである。
　　書名／副書名／巻次／各巻書名／著者表示／版表示／出版地（東京以外を表示）／出版者／刊行年月／ページ数または冊数／大きさ／叢書

名／叢書番号／注記／定価（刊行時）／ＩＳＢＮ（(i)で表示）／ＮＤＣ（Ⓝで表示）／内容

6．事項名索引

　本文の各見出しに関連する用語、テーマ、人名などを五十音順に排列し、その見出しと掲載ページを示した。

7．書誌事項等の出所

　本文に掲載した各図書の書誌事項は、概ねデータベース「BOOKPLUS」及びJAPAN/MARCに拠ったが、掲載にあたっては編集部で記入形式などを改めたものがある。

見出し一覧

民俗学全般 ………………………… 1

  民俗学全般 ………………………… 1
  事典・辞典 ………………………… 14
  便覧・ハンドブック ……………… 15
  目　録 ……………………………… 15
  逐次刊行物 ………………………… 16
  全集・講座 ………………………… 16
  柳田国男（著作） ………………… 21
    柳田国男（研究書） …………… 25
  折口信夫（著作） ………………… 43
    折口信夫（研究書） …………… 47
  南方熊楠（著作） ………………… 53
    南方熊楠（研究書） …………… 53
  宮本常一 …………………………… 59
  江馬務 ……………………………… 62
  今和次郎 …………………………… 62
  桜井徳太郎 ………………………… 63
  桜田勝徳 …………………………… 64
  高取正男 …………………………… 64

風俗史・民俗誌 …………………… 65

  風俗史・民俗誌 …………………… 65
  事典・辞典 ………………………… 83
  便覧・ハンドブック ……………… 85
  地　図 ……………………………… 86
  調査報告 …………………………… 86
  民俗資料 …………………………… 87
  全集・講座 ………………………… 88
  日　本 ……………………………… 90
    古代・中世 ……………………… 94
    近世（江戸時代） ……………… 97
    明治・大正時代 ………………… 109
    昭和時代 ………………………… 110
  北海道地方 ………………………… 111

  東北地方 …………………………… 118
    青森県 …………………………… 121
    岩手県 …………………………… 122
    宮城県 …………………………… 122
    秋田県 …………………………… 123
    山形県 …………………………… 124
    福島県 …………………………… 124
  関東地方 …………………………… 126
    茨城県 …………………………… 126
    栃木県 …………………………… 128
    群馬県 …………………………… 128
    埼玉県 …………………………… 130
    千葉県 …………………………… 132
    東京都 …………………………… 133
      江　戸 ………………………… 137
      23区 …………………………… 138
    神奈川県 ………………………… 140
  北陸地方 …………………………… 142
    新潟県 …………………………… 143
    富山県 …………………………… 145
    石川県 …………………………… 146
    福井県 …………………………… 148
  中部地方 …………………………… 148
    山梨県 …………………………… 148
    長野県 …………………………… 149
    岐阜県 …………………………… 151
    静岡県 …………………………… 153
    愛知県 …………………………… 155
    三重県 …………………………… 157
  近畿地方 …………………………… 158
    滋賀県 …………………………… 159
    京都府 …………………………… 160
    大阪府 …………………………… 163
    兵庫県 …………………………… 165
    奈良県 …………………………… 166
    和歌山県 ………………………… 167
  中国地方 …………………………… 168

見出し一覧

山陰地方 …………………………… 168
 鳥取県 …………………………… 168
 島根県 …………………………… 168
山陽地方 …………………………… 168
 岡山県 …………………………… 168
 広島県 …………………………… 170
 山口県 …………………………… 170
四国地方 …………………………… 171
 徳島県 …………………………… 171
 香川県 …………………………… 172
 愛媛県 …………………………… 172
 高知県 …………………………… 173
九州地方 …………………………… 173
 福岡県 …………………………… 174
 佐賀県 …………………………… 175
 長崎県 …………………………… 175
 熊本県 …………………………… 176
 大分県 …………………………… 176
 宮崎県 …………………………… 177
 鹿児島県 ………………………… 177
 沖縄県 …………………………… 180
アジア ……………………………… 184
 韓国 ……………………………… 188
 中国 ……………………………… 189
 台湾 ……………………………… 197
 東南アジア ……………………… 197
  タイ・マレーシア …………… 199
  インドネシア ………………… 200
 インド・南アジア ……………… 201
 中東・西南アジア ……………… 204
ヨーロッパ ………………………… 205
 ローマ …………………………… 207
 イギリス ………………………… 207
 ドイツ …………………………… 210
 フランス ………………………… 211
 スペイン ………………………… 211
 ロシア …………………………… 211
アフリカ …………………………… 213
 エジプト ………………………… 215
北アメリカ ………………………… 215
ラテン・アメリカ ………………… 222

オセアニア・南太平洋諸島 ……… 223

衣食住の習俗 …………………… 226

衣食住の習俗 ……………………… 226
服装・ファッション ……………… 228
 日　本 …………………………… 232
  きもの・和服 ………………… 235
 東　洋 …………………………… 236
 西　洋 …………………………… 237
はきもの・かぶりもの …………… 241
装身具・アクセサリー …………… 241
髪型・おしゃれ・化粧 …………… 242
沐浴・風呂 ………………………… 245
身体変工 …………………………… 246
飲　食 ……………………………… 248
 書　誌 …………………………… 255
 用語集 …………………………… 255
 事典・辞典 ……………………… 255
 全　集 …………………………… 256
酒・アルコール …………………… 258
たばこ・パイプ …………………… 260
コーヒー・お茶 …………………… 262
食物史 ……………………………… 263
 日　本 …………………………… 268
  米・ご飯・餅 ………………… 279
  そば・うどん ………………… 280
  和菓子 ………………………… 282
 東　洋 …………………………… 283
 西　洋 …………………………… 287
住生活 ……………………………… 290
トイレ・便所 ……………………… 294
民　具 ……………………………… 297
 北海道地方 ……………………… 302
 東北地方 ………………………… 302
 関東地方 ………………………… 303
 北陸地方 ………………………… 305
 中部地方 ………………………… 305
 近畿地方 ………………………… 306
 中国地方 ………………………… 307
 四国地方 ………………………… 307

九州地方 …………………………… 307	吉原 …………………………………… 392
沖縄地方 …………………………… 308	
海外全般 …………………………… 308	通過儀礼 ……………………………… 393
民　家 …………………………………… 308	
北海道地方 ……………………………… 319	通過儀礼 …………………………… 393
東北地方 ………………………………… 319	出　産 ……………………………… 397
関東地方 ………………………………… 321	婚　礼 ……………………………… 399
北陸地方 ………………………………… 325	葬　送 ……………………………… 402
中部地方 ………………………………… 326	法要・祖先崇拝 …………………… 409
近畿地方 ………………………………… 327	
中国地方 ………………………………… 331	年中行事・祭礼 ……………………… 411
四国地方 ………………………………… 332	
九州地方 ………………………………… 333	年中行事・祭礼 …………………… 411
沖縄地方 ………………………………… 334	事典・辞典 ………………………… 419
海外全般 ………………………………… 335	歳時記 ……………………………… 419
	郷土芸能・民俗芸能 ……………… 422
	祝　日 ……………………………… 424
社会・家庭生活の習俗 ……………… 337	クリスマス ………………………… 425
	日　本 ……………………………… 427
社会・家庭生活の習俗 …………… 337	ガイド …………………………… 430
村　制 ……………………………… 339	芸　能 …………………………… 431
生業・職人 ………………………… 341	四季の祭り ……………………… 433
農　業 …………………………… 352	北海道地方 ………………………… 433
林業・狩猟 ……………………… 355	東北地方 …………………………… 434
水産業・漁業 …………………… 357	青森県 …………………………… 434
海　女 ………………………… 361	岩手県 …………………………… 435
交通・運送 ……………………… 361	宮城県 …………………………… 435
行商人・香具師 ………………… 362	秋田県 …………………………… 436
鍛冶屋・鋳物師 ………………… 363	山形県 …………………………… 436
木地屋 …………………………… 363	福島県 …………………………… 437
山窩 ……………………………… 364	関東地方 …………………………… 438
瞽女 ……………………………… 364	茨城県 …………………………… 438
家庭生活 …………………………… 364	栃木県 …………………………… 439
子供の生活 ………………………… 366	群馬県 …………………………… 439
子供の遊び ……………………… 369	埼玉県 …………………………… 440
女性の生活 ………………………… 374	千葉県 …………………………… 441
性風俗 ……………………………… 376	東京都 …………………………… 442
性風俗史 ………………………… 382	神奈川県 ………………………… 446
趣味・娯楽 ………………………… 386	北陸地方 …………………………… 447
芸者・遊里 ………………………… 387	新潟県 …………………………… 447

見出し一覧

富山県	447
石川県	448
福井県	449
中部地方	449
山梨県	449
長野県	450
岐阜県	451
静岡県	452
愛知県	453
三重県	454
近畿地方	455
滋賀県	456
京都府	457
大阪府	459
兵庫県	460
奈良県	461
和歌山県	462
中国地方	463
鳥取県	463
島根県	463
岡山県	463
広島県	464
山口県	464
四国地方	464
徳島県	464
香川県	465
愛媛県	465
高知県	465
九州地方	465
福岡県	465
佐賀県	466
長崎県	466
熊本県	466
大分県	467
宮崎県	467
鹿児島県	467
沖縄県	467
海外全般	469
アジア	470
中国・台湾	471
ヨーロッパ	472
オセアニア・南太平洋諸島	473
民間信仰・迷信	474
民間信仰・迷信	474
日　本	490
北海道地方	502
東北地方	502
関東地方	503
北陸地方	505
中部地方	505
近畿地方	505
中国地方	505
四国地方	506
九州地方	506
沖縄地方	507
海外全般	508
稲　荷	516
憑き物・巫女・巫者	516
シャーマニズム	518
絵　馬	520
庚申・干支	523
地　蔵	526
福　神	527
野仏・石仏	528
道祖神	530
山の神・田の神	530
山岳信仰	531
妖怪・悪魔・吸血鬼	536
民話・昔話・伝説	550
民話・昔話・伝説	550
日　本	561
浦　島	568
桃太郎	568
鬼	569
山椒大夫	570
義　経	570
河　童	571

見出し一覧

怪　談	572
伝　説	574
説　話	574
海外全般	575
アジア	576
中　国	576
ヨーロッパ	577
イギリス	579
ドイツ・フランス	581
ロシア	583
アフリカ	583
北アメリカ	583
ことわざ	584
民謡・わらべうた	589
日　本	589
北海道地方・アイヌ	591
東北地方	591
関東地方	592
北陸地方	592
中部地方	592
近畿地方	593
中国地方	593
四国地方	593
九州地方	593
沖縄地方・八重山諸島	594
海外全般	595

文化人類学・民族学　596

文化人類学	596
書　誌	622
事典・辞典	623
報告書	623
年　報	624
レヴィ＝ストロース	625
石田英一郎	628
泉靖一	628
梅棹忠夫	628
鳥居竜蔵	630
山口昌男	630
社会人類学	632
民族学	633
象徴・シンボリズム	637
タブー・儀礼	640
親族・婚姻	640
心理人類学	641
日　本	641
北海道地方・アイヌ	641
沖縄地方・南島	645
アジア	645
韓　国	647
中　国	648
台　湾	650
東南アジア	650
タ　イ	652
インドネシア	652
フィリピン	653
インド・南アジア	653
ネパール・ヒマラヤ	653
中東・西南アジア	653
ヨーロッパ	654
ロシア	656
アフリカ	656
北アメリカ	658
インディアン	658
エスキモー	660
南アメリカ	660
インディアン	661
ラテン・アメリカ	661
インディオ	662
アマゾン	662
オセアニア・南太平洋諸島	662
オーストラリア	662
ミクロネシア・ポリネシア	663

民俗学全般

民俗学全般

◇「青」の民俗学―谷川健一の世界　岡谷公二, 山下欣一編著　三一書房　1997.11　281p　20cm　〈著作目録あり〉　2800円　(i)4-380-97301-8　Ⓝ380.1
　内容　1 ミダス王の悲しみ(谷川民俗学の視点　谷川民俗学の世界　ほか)　2 地霊との対話(地名と谷川学　「日本の地名」をよむ　ほか)　3 青の憧憬(原郷溯行・南島への熱い視線　学問を優游する人　ほか)　4 始源への旅(谷川先生と私　谷川先生と神と私の出会い　ほか)

◇アニミズムを読む―日本文学における自然・生命・自己　平川祐弘, 鶴田欣也編　新曜社　1994.1　447p　20cm　3914円　(i)4-7885-0474-X　Ⓝ910.4
　内容　現代小説の中のアニミズム―「桜」モチーフの軌跡　果心居士の消滅―西洋のミメーシスと違うもの　日本文学の底に流れるアニミズム　復活するアニミズム―現代日本文学の場合　現代に生きるアニミズムの世界　水とことばとコスモロジー　無常とアニミズムの融合―仏典のレトリックと和歌の自然観　自然のいのちと芸術の美―日本の文芸論における自然物のイメージ　言葉のアニミズム―泉鏡花における自己と自然　花と精霊―折口信夫「身毒丸」を読む　ふれ合うリズム―志賀直哉の「和解」と「暗夜行路」における自己と自然　川端康成の自然・女性・自我　三島由紀夫、その自己と自然―宮沢賢治の世界とくらべて　風景の川、文体の川―井伏鱒二の名作「川」　辺境なるアルカディア―大江健三郎の「牧歌」と「反牧歌」
　＊いまアニミズムが見直されている。現代文明によって傷つき乾いた心を潤し、自然とのつながりを回復させてくれる癒しの思想として。万葉、古今から鏡花、川端、大江までの日本文学のなかに脈々と流れるアニミズムの水流を広く世界文学の視点から跡づける。

◇あの世とこの世　野田正彰編　小学館　1996.12　285p　19cm　(現代の世相 4)　1600円　(i)4-09-386504-3
　内容　総論 不鮮明になるあの世とこの世　授かる子からプログラムする子へ　人間を忘れた現代医療　水子供養はなぜ流行る　子どもの死生観　現代の子殺し　死別後の悲嘆への理解と援助　この世の地獄　商品化される死の儀礼　アイヌの死生観の変容　沖縄の死生観の変容
　＊変貌する死生観現代人にとって生とは、死とは！生命操作、人生を生き急ぐ子どもたち、そして高齢者切り捨て…生から死までがプログラムされる現代の生と死の在り方を問い直す

◇異界さがし―民俗学と日本文化史のあいだ　武田正著　南陽　置賜民俗学会　1993.6　266p　19cm　1500円　Ⓝ382.1

◇生贄と人柱の民俗学　礫川全次編著　批評社　1998.5　345p　22cm　(歴史民俗学資料叢書 5)　6500円　(i)4-8265-0252-4　Ⓝ163
　＊大正14年(1925)皇居(江戸城)二重櫓の下から多数の白骨死体が発掘され、にわかに「人柱」論争が巻き起こった。南方熊楠・柳田国男・中山太郎といった強烈な個性で知られる民俗学者の「人柱論」をとおして日本文化の基層を探る。生贄と人柱に関する貴重な研究・資料を収集し、人間存在の実相・本質に迫る資料集。

◇異人その他―他十二篇　岡正雄論文集　岡正雄著, 大林太良編　岩波書店　1994.11　277p　15cm　(岩波文庫)　570円　(i)4-00-331961-3　Ⓝ380.4

◇色川大吉著作集　第3巻　常民文化論　筑摩書房　1996.1　511p　22cm　7600円　(i)4-480-75053-3　Ⓝ210.6
　内容　1 常民文化論　2 民衆史論　3 自分史論
　＊「常民」とは何か、常民の文化とは何を意味するのか、具体的に解明する「民衆史」、「自分史」は著者の開拓した分野で、その主要論稿を収める。

◇馬・船・常民―東西交流の日本列島史　網野善彦, 森浩一著　講談社　1999.10　339p　15cm　(講談社学術文庫)　960円　(i)4-06-159400-1　Ⓝ210.04
　内容　1 馬の活躍と人間の争い(東国の騎馬軍団　東国の渡来人と馬文化　東と西、馬と船　隼人と馬　ほか)　2 海からの交流(北陸・能登港を押さえた豪族・寺社　商業活動と信仰　隠岐と佐渡　ほか)　3 歴史の原像(鋳物と塩の交流　隠された女性の活躍　名前と系図　天皇と「日本」)
　＊考古学と中世史の論客が、日本の歴史学から抜け落ちていた事柄を掬いとり、それぞれの観点から縦横に論じ合う。東国騎馬軍団の活躍、雄大なスケールで行われた海の交通、さまざまな物資のダイナミックな交流、知られ

民俗学全般

ざる女性たちの活躍…。そして「日本」とはなにか。常識を打ち破ったところに真の日本が立ち現われる。

◇海と列島文化 別巻 漂流と漂着・総索引 網野善彦ほか編,谷川健一ほか著 小学館 1993.2 498p 23cm 6500円 (i)4-09-627011-3 Ⓝ210.1

内容 序章 海彼の来訪者 第1章 漂流記と漂着物(海からのメッセージ・漂着物 漂流と日本人―漂流記にみる異文化との接触) 第2章 日本社会再考(日本社会再考―海の視点から)

＊漂着物・漂着神から日本文化と南方文化のかかわりを考察し、漂流記から日本人の異文化観を発掘する。

◇黄金と百足―鉱山民俗学への道 若尾五雄著 京都 人文書院 1994.4 244p 20cm 2060円 (i)4-409-54045-9 Ⓝ380

◇海外の学術調査 1 アジアの自然と文化 中尾佐助ほか著 日本学術振興会,丸善〔発売〕 1993.3 323p 18cm 〈学振新書 14〉 1190円 (i)4-8181-9304-6

内容 1 民族植物学と文化複合 2 アジアの稲作文化研究所の残された問題 3 インドネシアの天然薬物調査研究 4 チベット医学とその薬物資源 5 熱帯モンスーン地帯の水管理―チャオプラヤ川の事例 6 熱帯火山島バリの水循環と水利用 7 熱帯多雨林の大規模火災後の回復過程に関する研究―東カリマンタン・クタイ保護区の調査 8 湿潤熱帯の渓流沿い植物の形態進化と適応 9 インド干ばつ常習地域の農業と村落変化 10 中国西部・天山山脈における日中共同氷河調査 11 インドネシア硝子絵調査について 12 スラウェシマクロの起源と進化 調査こぼればなし

◇顔あげて現場へ往け 大月隆寛著 青弓社 1997.6 225p 20cm 2800円 (i)4-7872-3139-1 Ⓝ380

内容 「現地調査」という神話―民俗学的「経験」主義のありかについて 埋め込まれた「読者」―民俗誌と記述に関するある本質について 「場」の可能性について・ノート―「調査」と記述の間に横たわる病いを超えるために 「まるごと」の可能性―赤松啓介と民俗学の現在

＊書くことの重さをひきずりながらそれでもなお「現場」に赴こうとする者たちに、取材・調査のあり方とそれをことばとしてつむぎ出す心得を説き、読み手との往還を回復するための処方を模索する。

◇花綵列島―民俗と伝承 高城隆著 木犀社 1995.8 303p 20cm 2266円 (i)4-89618-014-3 Ⓝ380.4

内容 花綵列島の島々 パナリ焼のことなど 刺青から見た沖縄文化論 デイゴ 沖縄ユタ論争 みみらくの島 古琉球研究の諸問題 累卵

の時代―新聞に見る山梨と沖縄 「星見様」の研究―沖縄・多良間島の星伝承 民話世界への傾斜〔ほか〕

◇数の文化史を歩く 田坂昻著 風濤社 1993.11 246p 20cm 〈参考書目:p244～246〉 2000円 (i)4-89219-116-7 Ⓝ380.4

内容 「しめなわ」の話 三・五・七の数と日本神話 陰陽・五行・易と「数」 干支の話 日本語の数詞 万葉集に見る数字表記とその訓みいわゆる「聖数」をめぐって 文化のシンボルとしての「数」「数」に見られる文化的背景 仏教に見る「数」の来歴

＊私たちの身辺は「ラッキーセブン」とか「七五三」の宮詣とか、文化や宗教などにまつわる数字にとり囲まれている。ほとんど無意識に使っているが、背景には古来の文化の奥行きがある。文化的シンボルとしての数を、日本・中国・インドから、さらにオリエントにまで探索する。

◇数の民族誌―世界の数・日本の数 内林政夫著 八坂書房 1999.4 207p 20cm 〈文献あり〉 2600円 (i)4-89694-433-X Ⓝ380.4

内容 数字の好き嫌い 数を数える 数の不親切 記数法の生い立ち 小数文化と分数文化 分数はなぜ序数か 九九の掛け算 切手十枚か、十枚の切手か 日本語に複数はない? 日本の数詞〔ほか〕

＊日本人は数が嫌い?松・竹・梅、上・中・下などの数字を使わない表現を用いるが…諸民族の数とかぞえ方の秘密を探る。

◇教科書からはみだした日本のふしぎ民俗学 話題の達人倶楽部編 青春出版社 1998.12 231p 15cm 〈青春best文庫〉〈背のタイトル:日本のふしぎ民俗学〉 476円 (i)4-413-08402-0 Ⓝ380.49

内容 第1章 日本のふしぎな風習と伝承(嫁いできたヨメに"新たな名まえ"をつける村がある!? 独身女性の死後に行われる、沖縄独特の不思議な儀式 ほか) 第2章 日本のふしぎな祭りと信仰(「ねぶた祭り」に込められた、ドンチャン騒ぎの妙な由来 いったん埋葬した骨を掘り返す、沖縄のびっくり仰天儀式 ほか) 第3章 日本のふしぎな生活様式(白川郷・合掌造り集落のこと、けっこう物騒な知られざる歴史 映画「砂の器」のトリックにも使われた方言のミステリー ほか) 第4章 日本のふしぎな歴史と伝承(由緒正しい古都・奈良県が、地図上から姿を消していた時代 天下分け目の関が原の戦いは、史上三度も行われていた ほか) 第5章 日本のふしぎ食文化(サメを刺身にして食べる?とある山間部ならではの珍料理 戦国時代から大分県には「パエリヤ」があった!?ほか) 第6章 日本のふしぎ自然と風土(年々面積が縮小していく、小さな島と島民の運命は… 日本一の清

流・四万十川の橋に、手すりがついていないって本当？ ほか)
＊今に伝わる奇妙な風習、"死後結婚"とは？ところ変わればここまで違う、全国各地の習俗、伝統。知らなかった日本の魅力に出会える。

◇共生のフォークロア―民俗の環境思想　野本寛一著　青土社　1994.4　344p　20cm　2600円　(i)4-7917-5308-9　Ⓝ380.1
内容　序章 神の山と人の山　1 共生の民俗(燕と人の交流 巨樹と神の森 クロマツの民俗 アカマツの民俗)　2 共存の葛藤―ディレンマの動物誌(ハブの両義性 鹿 猿 鼠 蛙 狼 鮫)　3 資源保全と再生の民俗(曲物師と木地屋 山椒魚の谷 「旬」の思想 再生の民俗)　4 伝説・昔話の環境論(伝説と環境思想 鮭の大助―資源保全と種の保存 浦島太郎 桃太郎 花咲爺 猿蟹合戦)
＊自然を殺して人は生きる…。だが、かつてそれは、さらに豊かな再生をめざすいとなみでもあった。森と川をつなぎ、植物と動物をつなぐ、自然と生命の環を、民俗の知恵はどのように伝えてきたか。村のタブーから昔話まで、海・山・町を渉猟し、日本全土から集められた貴重な共生のルールと、語部達のさりげなく重いメッセージ。

◇近世日本マビキ慣行史料集成　太田素子編　刀水書房　1997.6　793p　22cm（文献あり）　16000円　(i)4-88708-209-6　Ⓝ385

◇近代日本の他者像と自画像　篠原徹編　柏書房　2001.5　347p　20cm　2800円　(i)4-7601-2059-9　Ⓝ382.1
内容　第1部 植民地という表象(金関丈夫と『民俗台湾』―民俗調査と優生政策　アイヌ「滅亡」論の諸相と近代日本　「土人」論―「土人」イメージの形成と展開)　第2部 国民国家の内と外(陵墓の近代―皇霊と皇室財産の形成を論点に　鳥居竜蔵・千島アイヌ・考古学　南洋に渡った壮士・森小弁　「南洋群島」以前の日本・ミクロネシア交流史の一断面)　第3部 民俗学・民族学の他者(日本における近代人類学の形成と発展　「民族」の認識と日本民俗学の形成―柳田国男の「自民族」理解の推移　「日本民俗学」から多文化主義民俗学へ)
＊民studies・民俗・考古・近代史など第一線の研究者10名の共同研究によって明かされる、新しい「日本」『日本人』像。国民国家形成過程の「民族」『民俗』を問う先端の論考集。

◇景観の創造―民俗学からのアプローチ　鳥越皓之編　京都　昭和堂　1999.9　306,3p　21cm（講座人間と環境　第4巻）　2500円　(i)4-8122-9914-4　Ⓝ290.13
内容　序 花のあるけしき　第1部 暮らしの場(まちの景観―大阪の都市開発と巨木　里の景観―「裏の景観論」からみた遠野　山里の景観―矢作川流域にみる人びとの暮らしと山村の変化)　第2部 自然との接点(川の景観―大川郷にみるコモンズとしての川　森の景観―西吉野の山村　港の景観―造船場のむこうは海舞鶴)　第3部 幻郷を行く(ふるさとのけしき―西海のねぶた交易のけしき―西日本を見わたす　旅の風景―日本・韓国・中国東北部をめぐる旅の記録から　死の景観―近代都市神戸の内省から)　総合討論 景観を読む
＊自分たちの町の伝統的な町並みをどのように保持するのか、近くの新しくつくる公園をどのような公園にするのか、家屋のデザインをコミュニティが規制すべきかそうすべきでないのか、そのようなことを自分たちで決める責任が、私たちに課される。本書は民俗学の立場から、そのような課題に応えていく。

◇ケガレ―差別思想の深層　沖浦和光,宮田登著　大阪　解放出版社　1999.12　244p　19cm　2000円　(i)4-7592-5251-7
内容　第1部 報告(ケガレとは何か―原論的考察　「ケガレと差別」の歴史　「ハレ・ケ・ケガレ」の民俗学)　第2部 対談(文明の発達と不浄観　宗教史におけるケガレ論　食肉のタブーをめぐって　諸社禁忌にみるケガレ観　女性をめぐるケガレ―産穢と血穢　迷信と因襲と差別)

◇現代民俗学入門　佐野賢治ほか編　吉川弘文館　1996.3　303p　21cm（各章末：参考文献）　2575円　(i)4-642-07482-1　Ⓝ380
内容　1 自然と民俗　2 神の民俗誌　3 人と人の絆　4 生と死　5 現代社会と民俗　6 国家と民俗
＊本書は、若い世代の感覚で、民俗学がおかれた現状を把握し、新しい構想のもとに、今後のあるべき姿を展望する。また、現在にいたる民俗学の成果を意識しながら、問題意識の多様化に対応するため従来取り上げられなかったテーマを開拓し、社会的要請に応える「発言する民俗学」を提示する。

◇雑学博物館―歴史・科学から民俗・食文化まで、意外な知識を充実展示　日本博学倶楽部著　PHP研究所　2001.12　348p　15cm（PHP文庫）　590円　(i)4-569-57664-8
内容　民俗　食　歴史　文学　交通　考古学・古生物学　芸術　生物　科学　医学　自然・気象　産業・機械　スポーツ
＊知と好奇心の殿堂・雑学博物館では、数万点におよぶ収蔵品のなかから、おもしろネタを厳選して常設展示中。「正方形の座布団に前と後ろがあった！？」『鼻水は、体のどの部分に溜められているの？』『砂漠はなぜ昼と夜で温度差が激しいの？』『京浜東北線という路線は存在しなかった！？』など、思わず人に話したくなる知識が充実。

◇差別の民俗学　赤松啓介著　明石書店　1995.6

204p 20cm 1600円 (i)4-7503-0709-2 Ⓝ382.1

◇時間の民俗 赤田光男,香月洋一郎,小松和彦,野本寛一,福田アジオ編 雄山閣出版 1998.4 273p 21cm (講座 日本の民俗学 6) 4800円 (i)4-639-01527-5

(内容) 総説 時間の民俗 1 時間認識の民俗 2 一日の民俗 3 年中行事と農耕儀礼 4 人生儀礼

＊ハレとケのうち、従来は人生儀礼、年中行事などハレからの研究が主体であったが、「一日の民俗」『労働と余暇』などケからの考察も加え、時間という概念の中に民俗を捉え直す。

◇終末観の民俗学 宮田登著 筑摩書房 1998.10 255p 15cm (ちくま学芸文庫) 900円 (i)4-480-08446-0 Ⓝ380.1

◇宿神思想と被差別部落―被差別民がなぜ祭礼・門付にかかわるのか 水本正人著 明石書店 1996.9 210p 20cm 2575円 (i)4-7503-0848-X Ⓝ380.4

(内容) 第1章「猿まわし」の背後にあるもの 第2章 救いとケガレ 第3章 宿神とは何か 第4章 清目としての世阿弥 第5章 祭礼と被差別部落

◇呪術としてのデザイン―芸術民俗学の旅 中嶋斉著 彩流社 1994.10 278p 20cm 3000円 (i)4-88202-317-2 Ⓝ380.4

(内容) 第1章「マン島のクロス(The Manx Crosses)―ケルトのシンボリズム "黒い聖母"と巡礼―ヨーロッパの井泉信仰 心の旅人ケルト―西欧都市に映るケルトの残像 地に伏す心の詩―ロシア正教の芸術 円塔の見える風景―ケルト修道士の「異郷遍歴」」第2章(「花の時」を巡る―熊野に見るホトの祭り 三保の羽車―羽衣伝説と「松ばやし」 芸術空間としての曲輪―歌舞伎演出の工夫 火と水による演能―「茶の湯」の時空間 延方相撲―鎮魂儀礼の原型) 第3章(ヴィクトリア朝の残像―ポルノグラフィー＆フォトグラフィー 映像に見るヒューマニズムの変貌 モダン・デザインと詩的想像力―ケルト民族の粟質をめぐって フォークロアの意匠)

＊旅の途上に去来した神々の姿。ヨーロッパの深層に流れるケルト文化の遺産や日本の各地に遺る祭りと芸能に「死と再生」のテーマを求め、それを表現する"呪術としてのデザイン"を読み解く思索的エッセイ。

◇諸国叢書 第16輯 成城大学民俗学研究所 2001.3 256p 21cm (複製 折り込1枚) Ⓝ382.1

(内容) 諸国雑文 2 釈文 (平山敏治郎著)

◇白のフォークロア―原初的思考 宮田登著 平凡社 1994.7 331p 16cm (平凡社ライブラリー)〈「原初的思考」(大和書房1974年刊)の改題〉 1200円 (i)4-582-76065-1 Ⓝ380.1

(内容) ウマレキヨマル思想 白のフォークロア シラと稲霊 終末観と世直し 民間信仰における世直し 「ミロクの世」の構造 メッシアの系譜 隠れ里考 金華山と隠れ里 民俗信仰における性 民俗信仰における怪奇性 民俗信仰における遊び 大師信仰と日本人 日本人の霊魂観 日本の民俗宗教 地方史研究と民俗学 「世直し」研究と民俗学 文献と伝承 日本民俗学批判についての一私見 柳田民俗学と柳田国男論

＊古来、聖なる色、ゆゆしい色とされる〔白〕―オシラ様、シラヤマをはじめ〔白〕をめぐるフォークロアに、またミクロ世、性信仰、大師信仰などの諸相に、日本人の思惟の潜在的構造をさぐりあてる。

◇心意と信仰の民俗 筑波大学民俗学研究室編 吉川弘文館 2001.12 309p 21cm 8500円 (i)4-642-07547-X

(内容) 1 民俗学的研究法(伝承の世界と歴史的世界との交錯 「朝鮮民俗学」と植民地主義―今村鞆と村山智順の場合 日本の現代民話再考―韓国・中国との比較から まぼろしの国際共同研究) 2 幸福・終末観(宝は田から―飯豊山信仰と「お福田」 福の神の誕生―沖永良部島における穀霊の変容と生業の変化 歴史と宮田民俗学―不二道の「ふりかわり」論をめぐって 法螺の怪―磯鯰と災害の民俗のために) 3 カミの民俗誌(草ьям にあらわれる祖霊認識のあり方―韓国の南西海岸と島嶼地域を中心に 胞衣のフォークロア―胞衣の境界性 家のフォークロア―沖縄・宮古の場合 民俗学の老人論―宮田登の継承と発展)

＊「民俗学的研究法」『幸福・終末観』『カミの民俗誌』をテーマに、宮田民俗学の継承と課題の克服をめざす論集。弘法伝説を事例とした歴史と民俗の関係性、法螺抜け伝説など、現代民俗学を網羅する十二編を収録する。

◇新説！日本人と日本語の起源 安本美典著 宝島社 2000.5 254p 18cm (宝島社新書) 700円 (i)4-7966-1822-8 Ⓝ210.3

(内容) プロローグ「われわれの祖先はどこから来たか」衝撃の新争点 第1章「新人＝現生人類」アジア起源説―約五〇万年まえの「秩父原人」は、日本人の祖先なのか 第2章 日本人のルーツを探る―「環日本海域」の上に、長江下流域からの言語が重なり日本語が成立 第3章 琉球民族の起源―約一七〇〇年まえ、「倭人」が琉球列島に南下する以前、先住民がいた 第4章 日本人起源論の徹底検討―ポピュラーな「二重構造説」は、ほとんど破産している 第5章 日本人と日本語の形成のプロセス―「古極東アジア語」の探究 第6章 朝鮮民族の起源―朝鮮民族は北から南下

した 第7章 アイヌ民族の起源―東北と北海道の古代史 第8章 五万年まえ以降のできごと―細石刃文化・縄文文化・弥生文化 エピローグ 日本人と日本語の起源についての仮説のまとめ
＊最新のデータを駆使して、史上最大の謎に挑戦！言語を有していた可能性のある秩父原人の言葉が、日本語の起源なのだろうか？日本人の起源にもたらされた、衝撃の新争点。

◇身体と心性の民俗 赤田光男,香月洋一郎,小松和彦,野本寛一,福田アジオ編 雄山閣出版 1998.1 243p 21cm (講座 日本の民俗学 2) 4800円 (i)4-639-01504-6
内容 1 身体と心性の民俗 2 差異と差別の民俗 3 危機と変化の民俗 4 記憶のなかの民俗
＊民俗社会における身体はどのように文化化・社会化されており、どのような意味づけを行ってきたか。また、そこにはどのような心性が宿っていたかという新しい視点で構想する。

◇人類の創造へ―梅原猛との交点から―梅原猛古稀記念論文集 中西進ほか編 中央公論社 1995.11 572p 22cm 5800円 (i)4-12-002506-3 Ⓝ041
内容 時代の伸び縮み 別の思考 救世観音をめぐって―和辻哲郎と梅原猛 万葉集における自然と人間 仏教の現代的意義 「死者の書」と「身毒丸」―血縁脱出の物語 「ひとつのいのち」考―宮沢賢治の「原体剣舞連」をめぐって 底を抜かれた人面装飾付土器 王妃と馬の交接―おしら様をめぐって 木曽義仲―もう一人の裏の英雄 〔ほか〕
＊それぞれの専門分野において梅原学をとらえ、対決し発展させることで、来るべき世紀における新たな文化の創造に示唆を与えようとする刺激的試み。

◇神話・宗教・巫俗―日韓比較文化の試み 崔吉城,日向一雅編 風響社 2000.1 317p 21cm 5000円 (i)4-938718-40-5
内容 序論―東アジアにおける文化の比較 浄土教文化の日韓比較―「観無量寿経」の図像学的展開をたどる 「仏伝図」絵解きの東漸―日本・韓国を中心に 郷歌「薯童謡」とその文学史的時代 「三国遺事」における韻文の扱い―漢訳歌からみた収録時の意識について 大陸の日月神話と光源氏の王権 日韓の「祭り」の比較―イザイホー・江陵端午祭・恩山別神祭 韓国社会における旅芸人 降神巫堂の鉄乞粒(鉄乞い)―東北アジアのシャーマニズムと韓国巫俗との比較研究序説
＊文学からの問いかけ、民俗からの応答。日韓の古典に潜むフォークロアをすくい取り、仏教、祭り・芸能、巫俗の現場において比較検証。注目の学際的国際研究の成果。

◇菅江真澄 みちのく漂流 簾内敬司著 岩波書店 2001.1 226p 19cm 2300円 (i)4-00-001069-7

内容 序章 真澄漂泊 第1章 黄金のみちのく 第2章 神々の末裔たちの大阿仁部 第3章 椿の海の神々の行方 第4章 海の城 第5章 森の道の神々の渇き 第6章 黒い瞳のなかの吹雪 第7章 鄙の市 第8章 賽の河原の風ぐるま 第9章 燃えるゴミの町 第10章 帰らざる故郷
＊漂泊者真澄の日記・地誌は、帰還の地をもつ者の旅の記録ではなかった。マタギの生態と鉱山労働、山岳信仰と海神八百比丘尼の伝承、十三湊を拠点とする安東水軍と蝦夷の一族の物語。北のトポスに折り畳まれた生と死の痕跡を、真澄の旅をとおし、著者自らの肉体に沈められた記憶としてたどる、もうひとつの道の奥。天明・天保飢饉の余燼のくすぶる真澄の東北と、現代の風景は異なっているだろうか。「辺境」から見た、日本近代の意味とは何か。江戸末期と二〇世紀末と、二百年を隔てた転換期の東北北部―菅江真澄の足跡を追い、その眼差しと重ねつつ、北の飢餓回廊とその固有の日と夜を描く、現代の東北風土記。

◇菅江真澄遊覧記 1 菅江真澄著,内田武志,宮本常一編訳 平凡社 2000.4 411p 15cm (平凡社ライブラリー) 1300円 (i)4-582-76335-9
内容 伊那の中路 わがこころ くめじの橋 秋田のかりね 小野のふるさと 外が浜風 けふのせば布
＊天明三年、みちのくを目指して長い旅へ出た菅江真澄は、同時に丹念な日記をつけ始め、村々の日常生活や民俗行事を克明に写しとった。旅の始めの第一巻は信濃から出羽へ、そして津軽・南部へ。『伊那の中路』『秋田のかりね』『外が浜風』など日記七編のほか、真澄の評伝と年表を収録。

◇菅江真澄遊覧記 2 菅江真澄著,内田武志,宮本常一編訳 平凡社 2000.5 363p 15cm (平凡社ライブラリー) 1200円 (i)4-582-76341-3
内容 かすむ駒形 はしわの若葉 岩手の山 外が浜づたひ えみしのさへき えぞのてぶり
＊みちのくを行く真澄は念願の平泉へ。さらに心中期すのは蝦夷地への旅である。天明八年、津軽を出てついに松前に上陸。アイヌ語の習得にも力を注いだ真澄の観察眼が、蝦夷地の人々の生活を今に伝える貴重な記録を生む。天明六年から寛政三年の日記六篇を収録。

◇菅江真澄遊覧記 3 菅江真澄著,内田武志,宮本常一編訳 平凡社 2000.6 465p 16cm (平凡社ライブラリー) 1500円 (i)4-582-76345-6
内容 牧の冬枯 奥の浦うら 牧の朝露 おぶちの牧 奥のてぶり 津軽の奥 すみかの山 外浜奇勝 雪のもろ滝 津軽のをち 津軽のつと 外浜奇勝

*蝦夷から戻った真澄は、南部領、津軽領を精力的に歩く。津軽藩からは採薬掛の指導まで依頼されるが、しかし、その詳細な記録は藩内での疑惑を呼び、あらぬ嫌疑をかけられることにもなる…。本巻では、およそ九年に及ぶ青森地方の巡遊記を収録。波瀾に巻き込まれながらも、真澄の観察力は精彩を放つ。

◇菅江真澄遊覧記 4 菅江真澄著, 内田武志, 宮本常一編訳 平凡社 2000.7 398p 15cm (平凡社ライブラリー) 1400円 (i)4-582-76351-0

(内容) 雪の道奥雪の出羽路 しげき山本 雪の秋田根 すすきの出湯 にえのしがらみ みかべのよろひ かすむ月星 おがらの滝 十曲湖 百臼の図 ひなの一ふし

*みちのくへの長い旅が始まって二十年の歳月が過ぎようという頃、真澄が歩いていたのは佐竹藩領の秋田である。雪中の深山を行き、花の山里を訪ね、あるいは廃坑になった鉱山を探索し、修験の峰入りを試みる…。衰えることのない真澄の好奇心を語る秋田での日記九編のほか、図絵集「百臼の図」、諸国民謡集「ひなの一ふし」を収録。

◇菅江真澄遊覧記 5 菅江真澄著, 内田武志, 宮本常一編訳 平凡社 2000.8 415p 15cm (平凡社ライブラリー) 1400円 (i)4-582-76356-1

(内容) 菅江真澄遊覧記(男鹿の秋風 ひなの遊び 氷魚の村君 男鹿の春風 男鹿の鈴風 ほか) 日記から地誌へ(駒形日記 高松日記 雪の出羽路雄勝郡)

*八郎潟付近や男鹿半島を巡りつくし、真澄は秋田藩庁のある久保田へ向かう。久保田では信頼できる知人を得、秋田藩主・佐竹義和とも対面、出羽六郡の地誌編纂の下命を受けることになる。文政十二年、真澄が七十六歳の生涯を閉じたのは、その調査の旅の途上だった。第五巻は日記から地誌へ移行する著作をたどり、併せて真澄の著書目録を収録。

◇救いの民俗―地獄極楽冥土の旅路―企画展 松戸市立博物館編 松戸 松戸市立博物館 1994.7 63p 30cm〈会期:平成6年7月23日〜9月4日 参考文献目録:p61〜62〉 ⓝ702.1

◇地域・情報・文化―札幌大学女子短期大学部創立25周年記念論文集 札幌大学女子短期大学部創立25周年記念論文集編集委員会編 札幌 響文社 1993.3 459p 22cm 5700円 (i)4-906198-42-2 ⓝ041

(内容) 記念講演 世界史における農耕都市民族と牧畜騎馬民族の役割 江上波夫述. 地域の特性 北方猟漁民の「送り」型信仰儀礼とその地域性 渡辺仁著. 考古学的に見た北海道の農耕問題 吉崎昌一著. 福井県と北海道移住 中村英重著. 酒・たばこ消費の地域特性 沼辺敏和著.

寡雪地域の雪害 下川和夫, 細田浩著. 社会主義の終焉と「ユーゴスラヴィア」民族紛争 真瀬勝康著. Problems in the agriculture of Japan and the reorganization process in agriculture in Hokkaido Minoru Uchida著. 情報と教育・経営 情報化社会と教育 佐藤勝彦著. 女子学生における理想の女性像と自己概念そして自己教育力について 福井至ほか著. 物語理解と自我 小島康次著. Laguerre関数展開による線形系のパラメータ決定法 村田茂昭著. 情報会計論の展開 小野保之著. 経営の国際化と経営文化 児玉敏一著. 儒教資本主義と企業経営 代田郁保著. The effect of a study-abroad program on the integrative motivation of Japanese women's junior college students Suzanne Yonesaka著. 文化の諸相 紫式部日記と清少納言評の性格 遠田晤良著. 北海道と沖縄の食文化に関する比較史的研究 原田信男著. 明代成化朝の団営について 青山治郎著. ウイルタ語代名詞とその格変化 池上二良著. ニコラウス・クザーヌス「光の父の贈りもの」 高岡尚著. ギリシア文化におけるポリスとアクロポリス 黒沢恵美子著. Mythic values in Japan and America Thomas Guerin著. 付:参考文献

◇父親が娘を殺す話―女人犠牲譚から福祉民俗学へ 芝正夫著, 芝正夫遺稿集刊行会編 岩田書院 1993.11 235p 19cm 2884円 (i)4-900697-08-7 ⓝ380.4

◇鼎談 梅原猛の世界 梅原猛, 藤村久和, 吉田亨, 広瀬量平, 岩田正彦ほか著 平凡社 1995.5 373p 21cm 3200円 (i)4-582-82409-9

(内容) 少年の夢 第三の道を求めて―闇のパトス 学問への憧憬 日本学への転向 地獄で仏がくれたベストセラー 情熱の古代三部作 アイヌと縄文文化の発見 芸術への貢献 楽園の創設 「ヤマトタケル」から「オグリ」まで〔ほか〕

*梅原猛古稀記念出版。生い立ちから哲学者への道、日本学への転向、その後、宗教学・民俗学・歴史学・地球環境問題など五十余年に渡る多彩な学問の軌跡を朋友たちと語り下ろした初の鼎談集。

◇東西/南北考―いくつもの日本へ 赤坂憲雄著 岩波書店 2000.11 199p 18cm(岩波新書)〈文献あり〉 660円 (i)4-00-430700-7 ⓝ380.1

(内容) 第1章 箕作りのムラから 第2章 一国民俗学を越えて 第3章 東と西を掘る 第4章 地域のはじまり 第5章 穢れの民族史 第6章 東北学、南北の地平へ

*東西から南北へ視点を転換することで多様な日本の姿が浮かび上がる。「ひとつの日本」という歴史認識のほころびを起点に、縄文以来、

北海道・東北から奄美・沖縄へと繋がる南北を軸とした「いくつもの日本」の歴史・文化的な重層性をたどる。新たな列島の民族史を切り拓く、気鋭の民俗学者による意欲的な日本文化論。

◇独学のすすめ―時代を超えた巨人たち　谷川健一著　晶文社　1996.10　253,24p　19cm　2300円　(i)4-7949-6278-9
　内容　南方熊楠　柳田国男　折口信夫　吉田東伍　中村十作　笹森儀助
　*柳田国男。南方熊楠。折口信夫。吉田東伍。中村十作。笹森儀助。明治から昭和にかけて、既成の知識に縛られず、自分で自分の道を切り拓いた巨人たち。彼らは何よりも「お仕着せ」を嫌い、誇りをもって独りで学び、独自に行動した。強烈な光を放つこの6つの個性は、いかにして生まれたのか。在野の民俗学の第一人者が、彼らのライフヒストリーを通しておおらかに語る「独学のすすめ」。

◇都市と境界の民俗　筑波大学民俗学研究室編　吉川弘文館　2001.12　325p　21cm　8500円　(i)4-642-07548-8
　内容　1 民俗学的歴史―近代の再認識（記録された系譜と記憶された系譜―沖縄における門中組織のヴァリエーション　「郷土食」からの問い―昭和戦前期における地方と農村女性への視線　読み書きのフォークロア―農書と私文書の検討から　ほか）　2 都市・漁村―非農業民の民俗研究（首里と那覇の都市民俗　漁民の移住誌給）　3 日和見・王権論（トキと時―熊本県五木村のトキヨコイを手がかりに　日和見から血スジへ―宮田王権論、もう一つの可能性　ほか）　4 儀礼研究の展開（村落祭祀の二つの類型　淡水漁撈と儀礼―稲作社会における淡水漁撈の意義　ほか）
　*「民俗学的歴史」「都市・漁村」「日和見・王権論」「儀礼研究の展開」をテーマに、民俗学研究の最新成果を集成。沖縄の門中組織、昭和戦前期の郷土食等、宮田民俗学の継承と課題の克服を試みた多彩な論考十三編を収録。

◇日中文化交流史叢書　第5巻　民俗　中西進,宮田登,馬興国編　大修館書店　1998.11　507p　20cm　3000円　(i)4-469-13045-1,4-469-13040-0　Ⓝ210.1
　内容　序論 中日民俗交流と民俗研究　第1章 服飾の民俗　第2章 飲食の民俗　第3章 住居の民俗　第4章 産育の民俗　第5章 婚姻の民俗　第6章 葬送の民俗　第7章 歳時節日の民俗　第8章 スポーツの民俗　第9章 近代における中国博戯の伝来と日本的変容―チンチロリンと麻雀を例として
　*衣食住・婚姻・産育・年中行事から娯楽までを通観する。APPA出版賞金賞(1996)受賞。

◇日本学者フレデリック・V.ディキンズ　秋山勇造著,神奈川大学評論編集専門委員会編　御茶の水書房　2000.8　69p　21cm　(神奈川大学評論ブックレット 8)　800円　(i)4-275-01826-5
　内容　1 ディキンズと日本　2 アーネスト・サトウと日本研究　3 南方熊楠との協力　4 ディキンズの日本関係の著作　5 モースの大森貝塚発見批判と晩年のディキンズ
　*南方熊楠、アーネスト・サトウとの交友を始め、医師、弁護士としても活躍した日本研究の先駆者の全体像。

◇日本近代民俗文学論　阿部正路著　おうふう　1998.4　318p　22cm　8800円　(i)4-273-03031-4　Ⓝ910.26
　内容　序説・日本近代民俗文学への一視点　佐渡の安寿　死者の書　父島母島　消えた湖　みちのくの人形　稲荷前後―民俗信仰の基底をめぐって　掟―この日本的心情　よばひ―婚姻以前の闇の秘儀　異類婚―超現実の世界〔ほか〕

◇日本人のルーツがわかる本　「逆転の日本史」編集部編　洋泉社　1999.3　189p　21cm　《「日本人のルーツ・ここまでわかった!」(1998年刊)の改題》(i)4-89691-370-1　Ⓝ210.1
　内容　プロローグ 日本人の"ルーツ探し"百三十年の歴史をたどる!　1 「形態人類学」からのアプローチ　2 「植物遺伝学」・「植物考古学」・「動物考古学」・「微古生物学」からのアプローチ　3 日本人のルーツ―「民族学」・「自然人類学」・「歴史地理学」はどう見るのか　4 「民族考古学」・「古病理学」・「比較言語学」からのアプローチ　5 「人類進化学」・「民族疫学」・「免疫遺伝学」からのアプローチ
　*約500万年前にアフリカで誕生した人類の先祖は、20万年前にユーラシア大陸に広がり、日本人の先祖となる人々は、6万年から2000年前にかけてこの列島にやって来た―「縄文・弥生人論」を超えて、先端研究の成果から日本人のルーツの謎に迫る。

◇日本人はるかな旅　第1巻　マンモスハンター、シベリアからの旅立ち　NHKスペシャル「日本人」プロジェクト編　日本放送出版協会　2001.8　244p　22cm　(NHKスペシャル)　〈文献あり〉1800円　(i)4-14-080623-0　Ⓝ210.3
　内容　記憶の風紋―ブリヤート・モンゴル　日本人ははるかな旅―マンモスハンター、シベリアからの旅立ち　最新学術研究がルーツに迫る―形づくられる原日本人像（ルーツ探しの未来　容貌からさぐる日本人の由来　ルーツを明かすDNAの世界　ほか）　太古と明日をつなぐもの―マンモス復活作戦の意味　ひと・ゲノムの風景―北の精霊と人

◇日本人はるかな旅　第2巻　巨大噴火に消えた黒潮の民　NHKスペシャル「日本人」プロジェクト編　日本放送出版協会　2001.9　237p　22cm　(NHKスペシャル)　〈文献あり〉1800円　(i)4-14-

080624-9 Ⓝ210.3
　⑦内容⑧ 海の民バジャウ—記憶の風紋　巨大噴火に消えた黒潮の民—日本人はるかな旅　形づくられる原日本人像—最新学術研究がルーツに迫る　火山と暮らす未来—太古と明日をつなぐもの(2)　夏至南風の島—ひと・ゲノムの風景
　＊南方起源と海の道。いまみつめなおす「私たちのルーツ」。

◇日本人はるかな旅　第3巻　海が育てた森の王国　NHKスペシャル「日本人」プロジェクト編　日本放送出版協会　2001.10　245p　22cm　(NHKスペシャル)　⟨文献あり⟩　1800円　(i)4-14-080625-7　Ⓝ210.3

◇日本人はどこから来たのか—古代日本に"海上の道"を通ってやって来た部族がいた！　岩田明著　騎虎書房　1997.7　250p　20cm　⟨文献あり⟩　1500円　(i)4-88693-807-8　Ⓝ210.3
　⑦内容⑧ 第1章　銅鐸部族はどこから来たのか　第2章　人類と石器の起源　第3章　日本人のルーツをさぐる—対談(芹沢長介)　第4章　日本語のルーツをさぐる—対談(大野晋)　第5章　「特別寄稿」日本の言語と文明はどこから来たのか
　＊われわれ日本人の住むこの国土はどのようにして出来上がったのか。われわれの祖先は、どうやってこの地に定着したのか。もう一度原点に返って、素直に日本の国の歴史を見つめ直す。

◇日本像を問い直す　谷川健一,網野善彦,大林太良,宮田登,森浩一,渡部忠世著　小学館　1997.10　218p　15cm　(小学館ライブラリー)　700円　(i)4-09-460105-8
　⑦内容⑧ 第1部　提論(列島社会の新たな実像を求めて　比較すべきこと　列島の民俗文化をどうとらえるか　貝と日本文化　倭的日本人)　第2部　討論(列島社会の多様性　特別報告—稲と村と東南アジア島嶼域からみる　日本人の特性と「島国論」　これからの課題)
　＊学際的な成果と蓄積にもとづいて交わされた衝撃の討論の記録。稲作文化中心の史観を脱した視点で、百姓＝農民、日本＝農業社会、コメ文化論、島国論などを再検討。従来、常識とされてきた列島社会の実像を覆した衝撃的な討論の成果を収録。

◇日本的思考の原型—民俗学の視角　高取正男著　平凡社　1995.3　243p　16cm　(平凡社ライブラリー)　900円　(i)4-582-76088-0　Ⓝ380.4

◇日本という妄想　島田裕巳著　日本評論社　1994.6　203p　19cm　1648円　(i)4-535-56001-3
　⑦内容⑧ 第1章　先祖という神—柳田民俗学の戦後　第2章　創価学会の台頭—現世利益と王仏冥合　第3章　恥の文化としての日本—「菊と刀」への反発と受容　第4章　原水爆への恐怖—「生きものの記録」と「ゴジラ」　第5章　民主主義を救う聖母—安保騒動と二人の美智子さん　第6章　国家の祝祭—東京オリンピックと円谷幸吉の悲劇　第7章　タテ社会の無責任男—クレージーキャッツの時代　第8章　甘えの時代への転換—昭和元禄阿波踊りのなかの大学紛争　第9章　文と武との不幸な一致—三島由紀夫自刃事件　第10章　共産主義化と総括—連合赤軍事件　第11章　ユダヤ人になれなかった日本人—オイルショックと「日本沈没」　第12章　歴史の終わり—ドラえもんと寅さん
　＊終戦の廃墟から経済大国へ。日本は様々な夢=〈日本という妄想〉に駆られながら、青春期を走り抜けてきた。そしてオイルショック。日本人の歴史は終った。神話なき時代に試みる戦後日本の精神分析。

◇日本の深層文化序説—三つの深層と宗教　津城寛文著　町田　玉川大学出版部　1995.5　342p　22cm　4326円　(i)4-472-10511-X　Ⓝ380
　⑦内容⑧ 序章　三つの深層をめぐる日本文化研究　1部　歴史主義的な深層研究—われわれはどこからきたのか？　2部　文化心理主義的な深層研究—心や社会の構造はどうなっているのか？　3部　民俗主義的な深層研究—このなつかしさはどこからくるのか？　終章　宗教文化の深層研究

◇日本の民俗　上　芳賀日出男著　クレオ　1997.8　282,11p　27cm　⟨文献あり　索引あり⟩　4980円　(i)4-87736-015-8　Ⓝ382.1
　⑦内容⑧ 御幣　訪れ神　初春の祝福芸　鬼　獅子舞い　清めと祓い　託宣　田遊び　田植えの祭り　収穫感謝の儀礼〔ほか〕

◇日本の民俗　下　芳賀日出男著　クレオ　1997.8　267,10p　27cm　⟨文献あり　索引あり⟩　4980円　(i)4-87736-016-6　Ⓝ382.1
　⑦内容⑧ 正月　盆行事　稲作　漁村の暮らし　海女　巫女　人形まわし　木地師　さまざまな生業　運ぶ〔ほか〕

◇日本文化を知る　続　岡田啓助,岡中正行,沖永宣司,加藤健司編　おうふう　2001.1　220p　21cm　2500円　(i)4-273-03160-4
　⑦内容⑧ 中世草庵生活と文学(草庵の物質生活　遁世のための自戒　無常と死　ほか)　古典にみる日本の婚姻—上代から中世(上代・万葉びとの婚姻　中古・平安朝貴族の婚姻　中世・武家の婚姻)　人生儀礼(妊娠から出産(誕生)　子供から大人へ　結婚とその後　ほか)　日本の宗教思想—中世の神道思想から近世仏教まで(中世の神道思想　キリスト教の受容と俳耶の思想　国学と神霊観念　ほか)
　＊二十一世紀を迎えたわたしたちが、みのり豊かな人生を送るために欠かせない、伝統的な日本の文化。古典文学・民俗・宗教の領域から見えてくるものが相まって—。

◇日本文化の源流を探る　沖浦和光編　大阪　解放出版社　1997.12　213p　19cm　1800円　(i)4-7592-5013-1　Ⓝ210.3

⟨内容⟩日本民族の源流―人類学の視点から考える 中国大陸からやってきた倭人の文化 朝鮮半島と日本列島を底通する文化―芸能の視座から賤民文化の根源を考察 アジアにおける身分制度の三大源流―「身分」観念の比較研究
＊日本民族形成史の根本を衝き、身分制文化の深層を照らす！本書は、一九九六年秋に全国大学同和教育研究協議会の主催で行われたシンポジウム「日本文化の源流をめぐって」の全記録。

◇日本文化の源流をたずねて 紅野和子著 慶応義塾大学出版会 2000.4 396,11p 20cm 3000円 (i)4-7664-0777-6 Ⓝ380.1
⟨内容⟩序章 年中行事と民俗学 第1章 神様と女性の役割 第2章 信仰と宗教 第3章 祭りと芸能 第4章 道具と木地師 第5章 暮らしと名字
＊師折口信夫の足跡をたどりながら失われつつある「年中行事」「祭と芸能」、身近な「民間信仰」や「名字の話」などのテーマを取りあげ民俗学の魅力をやさしく紹介。民族学の魅力をやさしく紹介。民俗写真家芳賀日出男の貴重な写真42点を併載。

◇日本民俗学入門 柳田国男,関敬吾著 新版 特装版 名著出版 1998.4 472p 21cm 〈文献あり〉 5800円 (i)4-626-01563-8 Ⓝ382.1
⟨内容⟩第1部 有形文化(住居 衣服 食制 ほか) 第2部 言語芸術(命名 言葉 諺・謎 ほか) 第3部 心意現象(妖怪・幽霊 兆・占・禁・呪 医療)

◇日本民俗学のエッセンス―日本民俗学の成立と展開 瀬川清子,植松明石編 増補版 ぺりかん社 1994.7 507p 21cm (ぺりかん・エッセンス・シリーズ―Folklore) 〈各章末:参考文献〉 3800円 (i)4-8315-0637-0 Ⓝ380.1
⟨内容⟩1 明治以前の日本的研究 2 日本民俗学の胎動 3 南方熊楠 4 柳田国男 5 高木敏雄 6 中山太郎 7 伊波普猷 8 金田一京助 9 比嘉春潮 10 折口信夫 11 早川孝太郎 12 柳宗悦 13 大間知篤三 14 久保寺逸彦 15 石田英一郎 16 桜田勝徳 17 倉田一郎 18 山口貞夫 19 堀一郎 20 和歌森太郎 21 瀬川清子 22 渋沢敬三 23 有賀喜左衛門 24 岡正雄 25 宮本常一 26 沖縄の民俗研究史 27 日本民俗学の動向と展望
＊本書は、日本民俗学の研究史上、重要な研究者18人をえらんで、その研究と方法を示し、それを中心に、日本民俗学の成立、展開の理解にせまろうとしたものである。

◇日本民俗学フィールドからの照射 井之口章次編 雄山閣出版 1993.7 346p 22cm 〈付:参考文献〉 8800円 (i)4-639-01173-3 Ⓝ380.1

◇日本民族の感性世界―考古学から文化分析学へ 竹岡俊樹著 同成社 1996.10 353p 20cm 3500円 (i)4-88621-140-2 Ⓝ382.1
⟨内容⟩序章 石器分析から文化分析へ 第1章 位相の分類―時と空間 第2章 位相を移行する 第3章 位相移行のための装置 第4章 救済の場所 第5章 位相を転換する―神の位相
＊本書では…ものに関わる日本文化の感性的・非言語的側面の分析を展開する。石器研究を専門とする考古学者が、その分析手法を駆使して日本文化を分析。日本人の感性世界のありようを歴史から摘出する。

◇日本民族の形成過程―隼人・蝦夷・琉球・アイヌ 仲松秀行著 生活ジャーナル 2001.4 319p 20cm 3000円 (i)4-88259-078-6 Ⓝ210.1

◇橋浦泰雄伝―柳田学の大いなる伴走者 鶴見太郎著 晶文社 2000.1 228,7p 19cm 2600円 (i)4-7949-6430-7
⟨内容⟩第1部 組織者の形成(橋浦家の人々 郷党の仲間たち 彷徨と邂逅 ほか) 第2部 橋浦泰雄の民俗学(柳田国男との出会い 学界対立のはざまで ナップ結成 ほか) 第3部 戦後の活動(戦後共産党員として 実践的民俗学の試み 後景にしりぞく)
＊柳田国男の民俗学を全国的な民間学に組織し、同時にマルクス主義者であり、画家でもあった橋浦泰雄。戦後、いち早く生活協同組合を創った人でもある。信州に散在する道祖神の広がりを調べ、五島の珍しい正月行事を記録し、初めて、太地町の捕鯨史を明らかにした。歴史上の様々な場面に顔をのぞかせるが、その全体像が描かれることはなかった。こんな忘れられた一人の日本人に迫る。橋浦家に残された柳田や作家・尾崎翠などからの膨大な手紙をひもときながら、橋浦の足跡をたどる異色なノンフィクション。

◇漂泊の人間誌―「神隠し」と心の病 東村輝彦著 京都アカデミア出版会 1995.1 293p 19cm (ホミネース叢書) 〈各章末:引用・参考文献〉 2369円 Ⓝ382.1

◇フィールドワークの新技法 中村尚司,広岡博之編 日本評論社 2000.2 164p 21cm 2000円 (i)4-535-58272-6
⟨内容⟩第1章 フィールドの大地へ出よう 第2章 フィールド調査のアプローチ 第3章 フィールド調査とフィールド体験 第4章 文化人類学と農村社会学におけるフィールドワークの方法 第5章 ライフヒストリー調査 第6章 フィールド調査の新展開 第7章 民際学におけるフィールド 第8章 フィールド調査における統計学の利用 第9章 コンピュータを利用したフィールド調査法 第10章 フィールドワークのための空間情報と地域分析ツール
＊だれにとっても、学ぶことはむずかしい。いつの時代でも、勉強が好きな人は少ない。大

学生にとっても研究者にとっても、学習にはさまざまの越えがたい障害がある。この障害を乗り越える方法が、どこかにないのだろうか。本書は、学校や教室での学習にむずかしさを感じる人びとが、体験的に学ぶ方法の模索である。

◇フォークロアの理論―歴史地理的方法を越えて　アラン・ダンデス他著，荒木博之編訳　法政大学出版局　1994.1　202p　20cm　2266円　(i)4-588-35001-3　Ⓝ380.1

　内容　フォークロアの理論―歴史地理的方法を越えて　フォークロアとは何か　フォークロア民衆文学―研究方法からの定義　フォークロアと文学研究者　民俗学と人類学　民話について　世間話の構造　昔話の構造的研究におけるエティック的単位からイーミック的単位へ

＊民間伝承とは何か、民衆の文化とは何かという根源的な問いの下に現代フォークロア研究の直面する問題を多角的に検討し、従来の歴史・地理的方法を越えて、科学時代の今日に生きる新たなフォークロアの方法を提示する。フォーク理論の第一人者によるアンソロジー。

◇フォークロアは生きている　下野敏見著　丸山学芸図書　1994.10　244p　20cm　2000円　(i)4-89542-132-5　Ⓝ382.1

　内容　第1章　神々は生きている（なぜ森山は崇るのか―日本の森山と韓国の堂山　土着文化はどうしてできたか―タノカンサアと田の神舞い　ふるさとの神々は生きている―薩南心象スケッチ　琉球の男の祭りと女の祭り―シヌグ・ウンジャミ考）　第2章　祭りは生きている（なぜ春に田遊びをするのか―南九州打植祭り考　なぜ御田植祭りをするのか―シベ竿と棒踊りと昼飯女城攻め踊りの謎―民俗芸能の形成と伝播　秋晴れ民俗芸能のおすすめ―ふるさとの心の花に迫る）　第3章　地域から日本文化を考える（日本の蒸し器を考える―その源流と食文化について　奄美文化の特色は何か―個性的な博物館を造るために　宇宙センターの町から日本文化を考える―エビスと赤米と国府津城）

＊ナゾ解き「地域民俗学」の豊かさと面白さ。フォークロアは死んだのか。生きているのか。40年間の探訪と研究を通して、著者は「フォークロアはこの日本に脈々と生きている」と言明。あえて11篇のテーマを掲げて興味深い話をわかりやすく語りながら、フォークロアの真髄に迫る。

◇文学と民俗を語る―対談　五来重著　角川書店　1995.12　223p　20cm　(宗教民俗集成 8)　2000円　(i)4-04-530708-7　Ⓝ380.4

　内容　宗教の聖と俗（瀬戸内寂聴）　異類と庶民信仰（田辺聖子）　親鸞と庶民信仰（野間宏）　山の宗教と山伏たち（新田次郎）　民話のこころ（松谷みよ子）　劇作と民俗の旅（秋元松代）

＊文学は民俗をとおして見るとその深層まで読める。民俗学はサイエンスではない共感の学問である。民俗とじぶんとの一体感がなければ、できない学問―現代の個性派作家と共感をベースに日本人のこころの深層をさぐるユニークな対談集。

◇星と生きる―天文民俗学の試み　北尾浩一著　京都　ウインかもがわ　2001.1　135p　21cm　〈京都　かもがわ出版(発売)〉　1200円　(i)4-87699-576-1　Ⓝ443.04

　内容　第1章　21世紀へ星の伝承を！―1999年・2000年の記録から（広島県尾道市正徳町吉和　広島県豊田郡瀬戸田町福田（生口島）ほか）　第2章　星が創る時間（星ぼしが教えてくれる時間　明けの明星　ほか）　第3章　北極星・北斗七星を考える（北極星を考える…　北斗七星（チソボシ）の歌を考える…）　第4章　生活環境としての星（環境としての星　大阪湾―星と人の環境史　ほか）

＊星は、人びとの暮らしにとって、どのような意味を持ってきたのであろうか。人びとは、どの程度、星を見てきたのであろうか。人びとの生活のなかで、星は、山や海と同様、日常的な景観であり、生活及び生業と密着した自然環境のひとつであったと考えることはできないのであろうか。星と暮らした人びとの「ことば」『歌』の力はものすごい。そこには、自然認識の力、生きる力、そして豊かな表現力…と、私たちが失ってしまったすばらしいものがいっぱいある。だからこそ、星と暮らした人びとが伝えてきた伝承を、今では役に立たないもの、非科学的なものとして捉えるのではなく、あるいは、ふるさと的なもの、ロマンを感じさせてくれるものとして捉える段階にとどまるのではなく、21世紀、人間の生き方を考えるにあたって多くのことを示唆してくれるものとして捉えていきたい。

◇堀田吉雄論攷集　桑名　伊勢民俗学会　1994.9　500p　22cm　(カジマヤー記念　著者の肖像あり)　7500円　(i)4-89399-018-7　Ⓝ382.1

◇万葉集の民俗学的研究　桜井満著　おうふう　1995.3　749p　22cm　15000円　(i)4-273-02825-5　Ⓝ911.125

◇民俗　宮田登，馬興国編　大修館書店　1998.11　507p　19cm　(日中文化交流史叢書　第5巻)　3000円　(i)4-469-13045-1

　内容　序論　中日民俗交流と民俗研究　第1章　服飾の民俗　第2章　飲食の民俗　第3章　住居の民俗　第4章　産育の民俗　第5章　婚姻の民俗　第6章　葬送の民俗　第7章　歳時節日の民俗　第8章　スポーツの民俗　第9章　近代における中国博戯の伝来と日本的変容―チンチロリンと麻雀を例として

＊衣食住・婚姻・産育・年中行事から娯楽まで

民俗学全般

を通観する。APPA出版賞金賞(1996)受賞。

◇民俗学運動と学校教育―民俗の発見とその国民化 小国喜弘著 東京大学出版会 2001.12 258,4p 21cm 5600円 (i)4-13-056203-7
　(内容)第1部 民俗学運動の成立(民間伝承の会の設立と小学校教育 生活組織の発見―竹内利美の郷土教育 慣行自治の再生―宮本常一の教育実践 生活語の復権―三上斎太郎の方言詩教育 大戦下における民俗学運動) 第2部 民俗学運動の再構成(民間伝承の会から日本民俗学会へ 日本史の再構築―和歌森太郎の歴史教育論 民俗知識の体系化―成城学園初等学校における社会科カリキュラムの開発 郷土教育の継承と展開―都丸十九一の「村がら」教育 忘れられた問い)

◇民俗学への招待 宮田登著 筑摩書房 1996.3 222p 18cm (ちくま新書) 680円 (i)4-480-05664-5 Ⓝ380.1
　(内容)第1部 民俗学のまなざし(正月の神々―睦月・如月 震災とユートピア―弥生・卯月 富士信仰―皐月・水無月 幽霊と妖怪―文月・葉月 都市のフォークロア―長月・神無月 民俗学と世相史―霜月・師走) 第2部 日本文化へのアプローチ

＊なぜ私たちは正月に門松をたて雑煮を食べ、晴れ着を着るのだろうか。雛祭りやクリスマスなどの年中行事。富士講などの民間信仰。震災とユートピア。真夏の夜を賑わせる幽霊や妖怪たち。「トイレの花子さん」や「メリーさん」と呼ばれる老婆など、超高層ビルの片隅で生まれては消える都市のフォークロア。民俗学のまなざしから見えてくるものはいったい何か。柳田国男、南方熊楠、折口信夫、渋谷敬三などの民俗学研究の豊かな遺産を受け継ぎながら、世相の根っこから掘り起こされた日本人の文化の深層を探る、現代人のための民俗学入門。

◇民俗学から原日本を見る 下野敏見著 吉川弘文館 1999.1 389,9p 22cm 9000円 (i)4-642-07541-0 Ⓝ382.1
　(内容)第1部 民俗学から歴史を見る(民俗学から古代史を探る 民具学・民族学から畠遺跡を見る ほか) 第2部 民俗学から内侍を見る(里村八幡神社の祭礼と内侍舞い 成川神舞いと内侍舞い ほか) 第3部 民俗学から琉球・トカラを見る(トカラは琉球かヤマトか 琉球の火の神とヤマトの火の神 ほか) 第4部 民俗学から原日本を見る(村に入り来る人びと―南九州の巡回来訪者達 西南日本の民家と民俗神 ほか)

＊日本列島の民俗文化を大きく東西南北に区分し、独自の視座からの比較を試みる。列島に存在する裂け目(境界)に焦点を合わせることによって、文化の異質性・同質性を浮き彫り

にし、日本文化の成立状況をも展望する。

◇民俗学がわかる。 朝日新聞社 1997.12 175p 26cm (アエラムック no.32) 1050円 (i)4-02-274081-7 Ⓝ380.1

◇民俗学・社会学方法論 有賀喜左衛門著 未来社 2001.1 460,13p 22cm (有賀喜左衛門著作集 第2版 8) 6800円 (i)4-624-90228-9 Ⓝ361
　(内容)第1部 民俗学への評価と批判(民俗学の本願 生活資料の採集について ほか) 第2部 社会学方法論(社会関係の基礎構造と類型の意味 社会秩序 ほか) 第3部 都市社会学の課題(都市社会学の課題―村落社会学と関連して) 第4部 名子の賦役、その他(名子の賦役―小作料の原義 捨子の話 ほか) 第5部 調査日誌(越後下関紀行)

＊有賀社会学の方法論的集大成。

◇民俗学者・小泉八雲―日本時代の活動から 小泉凡著 恒文社 1995.11 271,39p 20cm 〈ラフカディオ・ハーンの肖像あり ラフカディオ・ハーン略年譜・参考文献：p237～255〉 2800円 (i)4-7704-0843-9 Ⓝ380
　(内容)序章 研究史 第1章 基層文化への関心とその背景 第2章 来日後の著作からみる民俗学研究の特色 第3章 民俗学史上におけるハーン 第4章 結びと展望

＊欧米諸国やクレオール世界での異文化体験で感得したハーンの民俗採集における手法は、日本民俗学の発展に少なからず寄与したと言える。本書は、曽祖父ハーンを基層文化研究の先駆者として民俗学の視座からとらえなおす、著者の記念碑的論文。

◇民俗学の運命 笹本毅著 呉 〔笹本毅〕 1994.7 56p 21cm (限定版) 非売品 Ⓝ380.1

◇民俗学の視座―堀田吉雄先生カジマヤー記念論文集 堀田吉雄先生カジマヤー記念論文集編集委員会編 桑名 伊勢民俗学会 1995.8 642p 22cm 〈堀田吉雄の肖像あり〉 7500円 (i)4-89399-019-5 Ⓝ380.4
　(内容)民俗宗教 1 民俗宗教定着の基盤 桜井徳太郎著. 民俗的事例としてのモガリ 佐藤米司著. 胞衣(胎盤)を踏む呪術 木下忠著. 志摩の咄天罡鬼神 津田豊彦著. 変若水をめぐって 牧田茂著. 民俗宗教 2 白山と天道念仏 宮田登著. 越後の峰の薬師信仰 鈴木昭英著. 産神としての虚空蔵菩薩 佐野賢治著. 山の神とカギヒキ神事 堀哲著. 盲僧と憑きもの落とし 伊藤芳枝著. サエノカミと性 大島建彦著. 沖縄 琉球弧の島々の他界観 仲松弥秀著. 御岳の神仪 上井久義著. 都市型文化の地方伝播の担い手たち 玉木順彦著. ＜浜＞・＜泉＞・＜山＞をめぐる祭儀 伊藤良吉著. 老の民俗 鎌田久子著. 祭り・芸能 保呂羽山御神楽の託宣 本田安次著. 尾

張万歳の変容過程について 鷲野正昭著. 芸能古今抄 田中義広著. 志摩地方の盆行事 水谷新左衛門著. 祭りを支える人々 筒井正著. 現代社会と民俗芸能 黒沢和子著. 笑い祭り 井之口章次著. 歴史・社会・自然 日本民俗学における"足利時代" 千葉徳爾著. 「古事記」にみるワタツミの神 菅野雅雄著. 松浦武四郎の自然観と宗教観 大川吉崇著. 伊勢参宮道中之小使調帳 岡田照子著. ウサギ(野兎)をめぐる民俗 天野武著. 鮭と民俗社会 鈴木正崇著. 伊勢地方民俗の位置 福田アジオ著. 比較民俗 義民節と豚肉の分与 植松明石著. 正月と食物の民俗 土肥久代著. 南インドの女神崇拝とシャクティ 高橋貴著. 主柱と土地の境界設定と移行点 倉田勇著. 米の呪力 角田茉瑳子著. 「納戸神」の変遷をめぐって 竹田旦著

◇民俗学の視座—関西のフィールドワークより 八木透編著 京都 仏教大学通信教育部 2000.4 349p 21cm 非売品 Ⓝ380.1

◇民俗学の政治性—アメリカ民俗学100年目の省察から 岩竹美加子編訳 未来社 1996.8 283,6p 20cm (ニュー・フォークロア双書 27) 2987円 (i)4-624-22027-7 Ⓝ380.1
(内容) 1 ウィリアム・ウェルズ・ニューエルと一九世紀後期アメリカにおける民俗の発見 2 アメリカにおける文化の政治性とコミュニティ——八八八年から一九八八年を中心に 3 本物の伝統、偽物の伝統 4 ヘルダー、民族学、ロマン主義的ナショナリズム 5 民俗学、イデオロギー、近代ギリシアの創造 6 アメリカの民俗学研究と社会的変容—パフォーマンスを中心としたパースペクティヴ 7 誤りの二元論
＊民俗学の成立と近代国家の形成、ナショナリズム、ロマン主義。民俗学の思想的基盤を再考し、民俗学や民俗学者の果たしてきた政治的・歴史的意味を考察しようとするアメリカ民俗学のリフレクシヴな動きを紹介。

◇民俗学の方法 赤田光男,香月洋一郎,小松和彦,野本寛一,福田アジオ編 雄山閣出版 1998.11 287p 21cm (講座 日本の民俗学 1) 4800円 (i)4-639-01565-8
(内容) 総説 民俗学の方法 1 民俗学の対象 (民俗と常民 民俗と民俗資料 民俗と伝承社会 民俗と文字—伝承と書承 民俗の生成・変容・消滅) 2 民俗学の目的と方法(民俗学の目的 民俗学の研究方法 民俗学と歴史学 民俗学と文化人類学 民俗学と地理学 民俗調査論) 3 民俗学の歴史(民俗学の成立 日本民俗学の歴史と展開 日本民俗学の現状と課題)

◇民俗空間の近代—若者・戦争・災厄・他界のフォークロア 川村邦光著 情況出版 1996.9 317p 20cm 2600円 (i)4-915252-23-X Ⓝ380.4
(内容) 第1部 近代のフォークロア—権力の眼 民俗の眼(座敷牢のフォークロア 若者の"力"の行方 眠る魂 醒める魂—催眠術と近代日本オカルティズム 死者の近代と戦争のフォークロア) 第2部 災厄の街から(地震の記憶 災厄の近代 カリスマと"邪宗"の行方 宗教の闇—ヴァジラヤーナへの道程) 第3部 他界への眼ざし(地獄を想え 地獄のゆくえ モノの語りに耳を澄ませ)
＊日本の近代を民俗学と宗教学の視線で解読。

◇民俗・習俗を科学する—カミ・神・神社とその周辺 小池昭著 一宮 小池昭 2000.7 210p 21cm (小池昭著作集 1) Ⓝ210.049

◇民俗・習俗を科学する 2 小池昭著 一宮 小池昭 2000.7 270p 21cm (小池昭著作集 2) Ⓝ210.049
(内容) 古代史とその周辺

◇民俗的世界の探求—かみ・ほとけ・むら 鎌田久子先生古稀記念論集 鎌田久子先生古稀記念論集編纂委員会編 慶友社 1996.3 485p 22cm 〈鎌田久子の肖像あり〉 9785円 (i)4-87449-019-0 Ⓝ380.4
(内容) 蓑笠—さゝやかな音 鎌田久子先生古稀記念献呈論文(かみ観念の諸相 ほとけの供養 宗教者と地域社会 地域社会の基礎構造 柳田民俗学の検証)

◇民俗と教育実践—伝説との出会い 古屋和久著 日本図書刊行会 1999.6 347p 20cm (東京 近代文芸社(発売)) 3000円 (i)4-8231-0197-9 Ⓝ375.312
(内容) 第1章 実践「未知という名の船に乗り」—埋蔵金伝説を演劇に(実践の概要 実践への基本的な考え方 伝説との出会いから演劇発表まで 実践を終えて) 第2章 実践「やかん橋」—地域の伝説を紙しばいに(実践の概要 実践への基本的な考え方 伝説との出会いから紙しばいの発表まで 実践を終えて)
＊本書は、「民俗をいかに学校教育の中に取り入れていくか」『マス文化に対抗するミニ文化を、いかに学校から創造してゆくか」という二つの課題について考えるための資料として、著者がかつて小学校で実践したものをまとめたもの。

◇民俗の宇宙 2 谷川健一著 三一書房 1993.11 473p 22cm 7000円 (i)4-380-93269-9 Ⓝ380.4
(内容) 古代と民俗(白鳥伝説・序章 ひのもと考 大嘗祭の彼方 「言問ふ」世界 山人と平地人—ある挫折と転向 祭場と葬所—「山宮考」覚書 耳と目の結婚 最後のヤマトタケル 弥三郎婆 伊吹の弥三郎 弁慶) 人(柳田国男の冒険—その方法をめぐって 折口信夫再考—私の折口学 折口信夫における「狂気」「縛られた巨人」のまなざし 南方曼陀羅と鶴見曼陀羅と近代主義への一矢—宮本常一のこと) 地名と

風土(中央構造線と山民の文化　日本の脊梁文化　贄宍の空国　「遠野物語」の世界　遠山と志摩　風土と神　かくれキリシタン紀行―生月・外海　地名と日本人　なぜ地名変更に抗うか)　解説(谷川一―その豊穣の山脈　谷川民俗学の史譜)
＊古代へ、そこからさらに古代以前の闇へ―。壮大な構想による探索行の魅力の集成。

◇民俗の技術　篠原徹編　朝倉書店　1998.5　271p　22cm　(現代民俗学の視点　第1巻)　5200円　(i)4-254-50511-6　Ⓝ382.1
(内容)民俗の技術とはなにか　水田養魚にみる自然と人為のはざま―ターカリブナの生き方に注目して　炭焼きとウバメガシ―紀州備長炭の生産にみる山林の利用　「アラキ型」焼畑の多様性の意味　屋久島におけるヨロンノ衆のトビウオ漁の展開―ロープ引き漁の漁場利用を中心に　沖縄潜水追込網漁に関する技術構造論―自立性の高い分業制から　雪掘りの技能―青森県平内町太田造林の事例から〔ほか〕

◇民俗のこころを探る　原泰根編　堺　初芝文庫　1994.12　429p　22cm　(近畿民俗叢書　別巻2)　(i)4-938834-02-2　Ⓝ382.1

◇民俗の思想　宮田登編　朝倉書店　1998.4　232p　22cm　(現代民俗学の視点　第3巻)　4500円　(i)4-254-50513-2　Ⓝ382.1
(内容)民間学と民俗思想　深層心意論　民俗・風俗・殊俗―都市文明史としての「一国民俗学」　ユートピア論と民俗思想　天皇・天皇制と民俗思想　食文化の変容―高度経済成長前後　語られる性・語られない性　女性の休日　震災二年目の地蔵盆―郊外仮設住宅と復興計画下の市街地から　祭りと踊りの地域文化―地方博覧会とフォークロリズム〔ほか〕

◇〈民俗の知〉の系譜―近代日本の民俗文化　川村邦光著　京都　昭和堂　2000.5　181,17p　21cm　〈文献あり〉　2400円　(i)4-8122-0004-0　Ⓝ382.1
(内容)近代日本と民俗文化(近代と民俗文化　子どもの民俗　ほか)　若者とオトメの近代(若者の民俗　若者の近代　ほか)　くらしのなかの戦争(酒造りの民俗と騒動　戦争と民衆のあいだ　ほか)　信仰と宗教のはざま(地獄の現在　巫女と死者の霊　ほか)　新しい民俗文化を考える(民俗文化への眼ざし　"民俗の知"を探る)
＊くらしのなかで"近代"はどのように体験されたのか?本書では、生きるスタイルに深々とした断絶を刻印したと考えられるテーマを、おもに取り上げている。

◇民俗の歴史的世界―御影史学研究会創立25周年記念論集　御影史学研究会編　岩田書院　1994.10　505,34p　22cm　(御影史学研究会・民俗学叢書　7)　11330円　(i)4-900697-16-8　Ⓝ382.1
(内容)大和の竪穴系横口式石室　楠元哲夫著．比金山如意寺と「願西」　大江篤著．中世における女性の財産権について　藤江久志著．口寄せ巫女の詞章　酒向伸行著．蜘蛛俗信覚書　田中久夫著．石巻の中世板碑にみる虚空蔵信仰　中村雅俊著．中世後期の丹波の熊野修験について　久下隆史著．村の歴史に生きる年中行事　辻本弘明著．織り姫伝承と秦氏　室田卓雄著．和泉式部・浄瑠璃姫・小栗判官　西尾正仁著．神功皇后伝説の近世的展開　永瀬康博著．山の幸考　赤田光男著．近世伯耆国における神社分布と村落について　白石太良著．近世地方社の祭祀構造　兼本雄三著．大和の太鼓踊り　中田太造著．嵯峨野の生の六道と千本閻魔堂のショウライ迎え　井原康二著．疱瘡神の詫び証文　大島建彦著．トシガミの性格について　藤原修著．自然石の墓地一つの墓地形態　佐藤米司著．除災の民俗と斜十字　土井卓治著．町おこしと民俗学　八木康幸著

◇民俗文化史　宮田登著　放送大学教育振興会　1995.3　186p　21cm　(放送大学教材　1995)　〈各章末：参考文献〉　1750円　(i)4-595-22088-X　Ⓝ380.1

◇歴史と民俗のあいだ―海と都市の視点から　宮田登著　吉川弘文館　1996.11　202p　19cm　(歴史文化ライブラリー　2)　1751円　(i)4-642-05402-2　Ⓝ380.1
(内容)海からの視点　黒潮と民俗　国境の海から　海から都市へ　都市民俗の視点
＊海に囲まれた列島の特質と都市化する民俗の多元化から、里のフォークロアに海・山・都市を交えた新しい民俗文化論が叫ばれている。黒潮の民間伝承や女護島伝説、都市の妖怪など、豊富なトピックを挙げ新視点を提示する。

◇歴史民俗学　No.17　特集　浮浪・漂泊・ホームレス　歴史民俗学研究会編　批評社　2000.7　125p　21cm　1500円　(i)4-8265-0307-5
(内容)巻頭グラビア　乞食祭り紹介／泥棒の道具　美濃下麻生の乞食祭り　イカサマ行商に生きた人々―"天井の無い蚊帳売"の話　尾張サンカの研究(8)―廻遊竹細工師「オタカラシュウ」の面談・聞き書き・検証調査　エブネ(家船)生活者　最後のサンカ面談記録　サンカの足跡を訪ねて　フロウする都市・福岡　幼子連れて路頭に迷う―リストラホームレス　林芙美子の少女時代―両親と過ごした漂泊の日々〔ほか〕

◇歴史民俗学　19号　特集　極楽行きのノウハウ　歴史民俗学研究会編　批評社　2001.3　142p　21cm　1500円　(i)4-8265-0326-1
(内容)特集　極楽行きのノウハウ(ホトケを送って35年　極楽浄土の入口―巻頭グラビア解説　ほか)　明治憲法発布の日　明治一八年夏の平松治market―明治時代の日記にみる一般庶民の生活、泥棒・盗難の話　怪書『＝映画物語＝女性三重

奏」 岐阜県可児郡御嵩町 切支丹の里 戦時下の世相—銃後とおまじない

◇私たちはどこから来たのか—日本人を科学する 隈元浩彦著 毎日新聞社 1998.6 251p 19cm 1400円 (i)4-620-31231-2 Ⓝ210.3
 内容 日本人＝単一民族は幻想だ 「生物の歴史は遺伝子に記されている」 人骨が明かす二つのルーツ 渡来系弥生人は山東省から来た!? 徐福伝説と古代の"ボートピープル" 「歯の大きな人たち」に呑み込まれた縄文人 歯でわかるあなたのルーツ 日本を二分する新羅、百済ルート あなたの顔は縄文系?弥生系? 近畿から同心円状に広がった日本人〔ほか〕
 *私たち日本人とは何者なのか?!覆される「日本人＝単一民族」神話！各研究分野の第一線からの最新リポート。

◇私のトルヌス—民俗学からの遥かなる視線 橋本鉄男著 彦根 サンライズ印刷出版部 1996.1 269p 19cm (著者の肖像あり) 1600円 (i)4-88325-020-2 Ⓝ380.4

◇海神の贈物—民俗の思想 谷川健一著 小学館 1994.3 253p 20cm 2300円 (i)4-09-387104-3 Ⓝ380.1
 内容 南島へのまなざし(南への衝動、北への衝動 南島の空と海 オモロの世界 神と村 粟と稲の祭祀) 地名伝承を求めて(地名から歴史を読む 風土と地名伝承) 異界への招待状(妖怪起源考 異界の民俗誌 異界への旅) 民俗の思想(頒けるということ 動植物名と民俗 折口信夫の他界観 言葉と民俗 聖なる疲れ さまよえる天女 神を失った近代知識人—三島由紀夫への異和感)
 *風土に宿る小さき神を求めて、民族学者の思索の旅。

事典・辞典

◇折口信夫事典 西村亨編 増補版 大修館書店 1998.6 787p 23cm 7600円 (i)4-469-01258-0 Ⓝ910.268
 内容 序章 折口学への道 1章 折口名彙解説 2章 著作解題 3章 研究文献目録 4章 その生涯、学問的足跡
 *折口信夫の学説研究に関心をもつ人々の便宜に供するため、研究の基礎となる学説・著作の解説、研究文献の一覧、評伝・年譜等を合わせて、折口学研究のハンドブックとしたもの。事典の核心となる折口名彙解説は、まれびと、常世、依代、貴種流離譚など37の主要名辞を見出しとして解説したもの。折口名彙索引、事項索引、研究文献目録著者索引付き。

◇菅江真澄民俗語彙 稲雄次編 岩田書院 1995.5 111p 21cm (菅江真澄年譜：p107〜111)

1957円 (i)4-900697-26-5 Ⓝ380.33

◇図説 民俗建築大事典 日本民俗建築学会編 柏書房 2001.11 404,55,25p 27×19cm 13000円 (i)4-7601-2157-9
 内容 第1部 民家の眺望 第2部 民家のしくみ 第3部 民家の生活空間 第4部 民家の暮し 第5部 民家の地域性 第6部 民家の変遷
 *一五〇余のテーマにそって日本の生活文化をあますところなく紹介。平面図・スケッチ・古写真など掲載図版約千点。中国、台湾、韓国、東南アジアなどの事例も紹介。全国の文化財指定民家のデータも充実。

◇沼空・折口信夫事典 有山大五,石内徹,馬渡憲三郎編 勉誠出版 2000.2 442,6p 23cm 4600円 (i)4-585-06012-X Ⓝ910.268
 内容 1 人と生活(家系 生活譜抄 旅行 結社 研究会 新聞・雑誌 講義・講演) 2 思想と業績(思想・信条 語彙 作品解題) 3 折口信夫の周辺(人物 影響を受けた書物 挿話等) 4 参考文献解題(単行本 雑誌特集・専門誌等目録〈抄〉)
 *沼空・折口信夫の文学・学問・文学に関する事項を収録した事典。巻末に付録として新版全集の全巻目次を抄録したものを付す。

◇日本文化事典 岡崎公良著 改訂版 北樹出版,学文社〔発売〕 1998.10 202p 19cm 〈本文：日英両文〉 2300円 (i)4-89384-681-7
 内容 序 この事典の目的 五十音とローマ字との対照表 日本文化史の時代区分表 近代日本の年号 日本文化(日英)事典 用語(A-Z)
 *日本語と英語で表記した、日本文化を解説する事典。

◇日本民俗学辞典 中山太郎編著 増補 パルトス社 1998.6 1冊 22cm 〈「正編」と「補遺篇」の合本複製に増補したもの〉 29000円 Ⓝ380.33

◇日本民俗事典 大塚民俗学会編 弘文堂 1994.6 862p 20cm 〈縮刷版〉 5800円 (i)4-335-57050-3 Ⓝ380.33
 *地域の活性化と心の充実をめざし日本人の「民俗文化」を掘り起こす。日本人の生活文化の真髄を、社会、経済、儀礼、信仰、芸能、言語、民具に分けて解説。

◇日本民俗宗教辞典 佐々木宏幹,宮田登,山折哲雄監修,池上良正ほか編 東京堂出版 1998.4 658p 27cm 19000円 (i)4-490-10481-2 Ⓝ387.033
 *信仰、祭礼、道教、陰陽道、キリスト教など民俗宗教に関する事項を解説した辞典。

◇日本民俗大辞典 上 福田アジオほか編 吉川弘文館 1999.10 1008p 図版34枚 27cm 18000円 (i)4-642-01332-6 Ⓝ380.33
 内容 あ-そ
 *総項目6300を収録した、日本民俗学の辞典。

日本の民俗学の全領域だけでなく、文化人類学・民族学・歴史学・国文学・社会学などの関連諸分野からも項目を収載。かな見出しの五十音順に配列。上巻は「あ」から「そ」までを収録した。

◇日本民俗大辞典 下 福田アジオほか編 吉川弘文館 2000.4 858,276p 図版30枚 27cm 20000円 (i)4-642-01333-4 Ⓝ380.33
（内容）た―わ・索引

◇民俗学がわかる事典―読む・知る・愉しむ 新谷尚紀編著 日本実業出版社 1999.9 372,5p 19cm 1600円 (i)4-534-02985-3 Ⓝ380.1
（内容）第1章 民俗学への招待―身近な疑問から 第2章 民俗学とは何か―民俗学の基礎知識 第3章 不安と祈願の民俗―神仏と信仰 第4章 生死と霊魂の民俗―人生と儀礼 第5章 祈年と感謝の民俗―年中行事と祭礼 第6章 暮らしと技能の民俗―生業と経済 第7章 人とつき合いの民俗―家族村落と社会 第8章 暮らしと家庭の民俗―衣食住 第9章 娯楽と表現の民俗―芸能と言語 第10章 沖縄を知ろう―列島の異文化 第11章 現代社会と民俗―生活変化と国際化の中で 第12章 民俗学に取り組む―民俗学と民俗学者の今昔
＊暮らしの中にいまも脈打つ、日本人の習慣・風習の素朴な疑問に答える！『なぜ敷居を踏んではいけないのか？』『結納にはどんな意味がある？』…といった日本独特の『ならわし』『しきたり』『いいつたえ』などを科学的に検証。古くから伝わる伝承の意味、民俗学への素朴な疑問が氷解！民俗学で考える日本社会の森羅万象。読んでナットク、知って愉しい！

◇柳田国男事典 野村純一ほか編 勉誠出版 1998.7 827,69p 23cm 9800円 (i)4-585-06006-5 Ⓝ380.1
（内容）1 文学(短歌 新体詩 文学の交遊 外国文学 文体) 2 口承文芸研究(神話 民間説話 伝説 昔話 歌謡・民謡 語りと伝承者) 3 日本語と方言・地名(国語・国語教育 ことばと方言 地名の研究) 4 柳田国男の思想(国家・天皇制・政治 戦争と植民地政策 民俗・文化・常民 差別) 5 農政学・経済学(農政学 経済学) 6 民俗学(民俗学の方法 研究会の流れ 民俗の発見 家と村をめぐる民俗 家と村の信仰 仏教と教育者) 7 人と交流(出生と家族 官僚と新聞社時代 旅 人々との出会い) 8 柳田国男の著作(「赤子塚の話」「神を助けた話」「郷土誌論」ほか) 柳田国男研究書一覧 柳田国男略年譜 柳田国男関係資料展示博物館一覧 事項索引 書名索引 人名索引
＊柳田国男の全業績を有機的・総合的に把握できる事典。事項索引、書名索引、人名索引付き

◇歴史民俗用語よみかた辞典 日外アソシエーツ株式会社編 日外アソシエーツ 1998.12 691p 22cm〈東京 紀伊国屋書店(発売)〉 15000円 (i)4-8169-1518-4 Ⓝ210.033
＊日本史、および日本史に関連の深い考古学、民族学の用語25700語の読み方を掲載した辞典。先史時代から近代まで日本史の政治、法律、経済、社会、生活、民族、文化各分野における歴史用語を収録。用語を頭字を示す見出し語(親字)の下に総画数順に排列。巻頭に「親字一覧」と、親字を一般的な音・訓から検索するための「親字訓読ガイド」、巻末に「五十音順索引」付き。

便覧・ハンドブック

◇成城大学民俗学研究所20年の歩み 成城大学民俗学研究所 1993.9 2冊(資料とも) 21cm Ⓝ380.76

◇民俗学の資料論 国立歴史民俗博物館編 吉川弘文館 1999.10 182p 20cm(歴博大学院セミナー) 2000円 (i)4-642-07760-X Ⓝ380.7
（内容）民俗資料としての家譜 山車を失った都市祭礼―津八幡宮祭礼の戦後 民俗学的な資料としての「モノ」とその記憶 映像民俗誌論―「芸北神楽民俗誌」とその制作の現場から 都市の民俗―色・音・におい 考古学と民俗学
＊民俗学は、伝統的な村落社会から現代都市生活まで、研究対象を広げている。沖縄の社会組織、都市の祭や色、音、におい、映像資料の手法など、様々な民俗文化へのアプローチを紹介。21世紀へ向けた民俗学の可能性を探る。

◇民俗世界と博物館―展示・学習・研究のために 日本民俗学会編 雄山閣出版 1998.12 236p 22cm 3200円 (i)4-639-01574-7 Ⓝ380.6
（内容）序章 民俗世界の博物館 第1章 民俗を展示する 第2章 博物館で学ぶ 第3章 資料を生かす 第4章 博物館で考える
＊民俗学的発見や研究を博物館でどう観てもらうか、学芸員たちの悩みは深い。その本音と問題の核心を表出。博物館関係者、博物館・民俗学ファン必読の書。

目 録

◇全国地方史誌文献案内―歴史・民俗・考古 1989～1991 上 岡田陽一著 三一書房 1993.12 308,163p 20cm 5150円 (i)4-380-93283-4 Ⓝ210.031
＊本書は、1989年～91年の3カ年に発行された日本地方史誌の図書(歴史・民俗・考古)および自治体発行の報告書など、非流通地方文献を

中心にめぼしいものを拾って収録し、それに解題したものである。本書収録の県は、北海道、東北・関東六県、東京都、新潟、山梨、長野県である。

◇全国地方史誌文献案内—歴史・民俗・考古 1989～1991 下 岡田陽一著 三一書房 1994.4 372,163p 20cm 5665円 (i)4-380-94220-1 Ⓝ210.031
  *本書は、1989～91年の3ヵ年に発行された日本地方史誌の図書（歴史・民俗・考古）および自治体発行の報告書など、非流通地方文献を中心に拾って収録し、それに解題したものである。下巻収録の県は、富山、石川、福井、岐阜、静岡、愛知、近畿・中国・四国・九州各県、沖縄県である。

◇全国地方史誌文献案内—歴史・民俗・考古 1992 上 岡田陽一,小杉生奈子著 三一書房 1995.4 327p 20cm 4500円 (i)4-380-95217-7 Ⓝ210.031
  *1992年に発行された歴史・民俗・考古など地方史誌関係の図書と自治体が発行するこれらの分野の報告書を集めた書誌。一般に流通しにくい地方文献を中心に集めている。上下2巻で構成され、上巻では北海道、東北・関東・北陸各都県、山梨県、長野県を収録する。文献の排列は各都県ごとに書名の五十音順。巻末に書名索引がある。

◇全国地方史誌文献案内—歴史・民俗・考古 1992 下 岡田陽一,小杉生奈子著 三一書房 1995.4 346p 20cm 4500円 (i)4-380-95218-5 Ⓝ210.031
  *1992年に発行された歴史・民俗・考古など地方史誌関係の図書と自治体が発行するこれらの分野の報告書を集めた書誌。一般に流通しにくい地方文献を中心に集めている。上下2巻で構成され、下巻では岐阜県、静岡県、愛知県、近畿・中国・四国・九州各府県、沖縄県を収録する。文献の排列は各都県ごとに書名の五十音順。巻末に書名索引がある。

◇武田明文庫目録 瀬戸内海歴史民俗資料館編 高松 瀬戸内海歴史民俗資料館 1995.9 90p 26cm （収蔵資料目録 19） 〈武田明の肖像あり 年譜・主要著書：p86～88〉 Ⓝ380.1

◇宮内富貴夫寄贈資料目録 9 報道資料 〔福島〕 福島市教育委員会 1993.3 42p 26cm Ⓝ380.38

◇宮内富貴夫寄贈資料目録 10 文書・政治・考古資料 〔福島〕 福島市教育委員会 1994.3 42p 26cm Ⓝ380.38

逐次刊行物

◇日本民俗学 日本民俗学会編 国書刊行会 1995.1 10冊（セット） 21cm 87000円 (i)4-336-03658-6
  *本書は、「民間伝承」戦前・戦後版、「日本民俗学」・「日本民俗学会報」に続く第3次復刊にあたり、昭和41年の43号から、50年の100号までを全10巻に合本したものである。

全集・講座

◇赤松啓介民俗学選集 第1巻 民俗学の理論 赤松啓介著,岩田重則編 明石書店 1999.9 537p 20cm 〈肖像あり〉 10000円 (i)4-7503-1208-8 Ⓝ380.1
  〔内容〕第1部 民俗学方法論（民俗学の、ある吟味 「旅と伝説」の任務に関して 郷土調査要項全 郷土研究の組織的大衆化の問題 ほか） 第2部 「民俗学」（民俗学発達の史的展望 民俗学の対象と方法 伝承の停滞と運動）

◇赤松啓介民俗学選集 第2巻 生産関係の民俗学 赤松啓介著,岩田重則編 明石書店 1997.10 600p 20cm 〈肖像あり〉 8400円 (i)4-7503-0956-7 Ⓝ380.1

◇赤松啓介民俗学選集 第3巻 口承文芸と民間信仰 赤松啓介著,岩田重則編 明石書店 1998.4 725p 20cm 〈肖像あり〉 10000円 (i)4-7503-1029-8 Ⓝ380.1
  〔内容〕第1部 子守歌と民謡（子守唄の一考察 「草履隠し」に就いて ほか） 第2部 昔話と伝説（下里村の民譚 峡の里の話 ほか） 第3部 俗信（兵庫県加西郡下里村気象に関する俗信 留置場で聞いた話 ほか） 第4部 民俗宗教（越木塚に就いて 二上山附近の民間信仰調査報告 ほか）

◇赤松啓介民俗学選集 第4巻 非常民の民俗学 赤松啓介著,岩田重則編 明石書店 2000.3 595p 20cm 〈肖像あり〉 10000円 (i)4-7503-1263-0 Ⓝ380.1
  〔内容〕第1部 村落共同体と性的規範（むかしばなし 世間ばなし ほか） 第2部 「非常民の民俗文化」（生活民俗と差別昔話 朝鮮民譚もぐらの嫁さがし（中里竜雄） もぐらの嫁さがし（南方熊楠） ほか） 非常民の民俗文化（村落共同体とは 間引き風俗 ほか）
  *1986年(昭和61)に発表された赤松啓介の「非常民の民俗文化」（明石書店）は、民俗学はもとより、隣接する日本の人文科学、歴史学・女性学・教育学などにも大きな衝撃をもって迎えられた。非常民の視点から日本社会を射つ学問体系、あらゆる権力・権威にもおもねらず孤高を貫いたその生き方にも感銘の声が寄せられた。しかし、この非常民の視点が注目されるあまり、その基盤にあった赤松の方法論的模索と膨大なフイールドワークの成

果は、かならずしも正当に評価されて来たとはいえなかった。本選集は、赤松の民俗学に対するこうした一面的評価を越え、その学問的成果の全体像を世に問うことを目的として編まれている。

◇赤松啓介民俗学選集　第5巻　民俗学批評／同時代論　赤松啓介著，岩田重則編　明石書店　2000.10　557p　20cm（肖像あり）10000円（i)4-7503-1340-8　Ⓝ380.1

(内容)第1部 時事論　第2部 文化財保護運動　第3部 回想　第4部「現代民話考」投稿　第5部 新聞投稿　第6部 反戦回想録

＊本選集には、これまで一般的に知られていなかった論考も含め、赤松啓介の民俗学が網羅されている。編集にあたっては、専門の研究者だけではなく、初学者にも理解しやすくするために、各巻テーマごとに編集し、論考はその中で編年順に配列している。また、各巻ひとつひとつの論考について詳細な解題を付し、民俗学史の中での学説的な位置づけも行なっている。

◇赤松啓介民俗学選集　第6巻　民俗史／古代史　赤松啓介著，岩田重則編　明石書店　2001.7　558p　20cm　10000円（i)4-7503-1441-2　Ⓝ380.1

(内容)第1部 古代史論（東播の古代社会状勢概観　竪穴式高塚期の文化階梯—播磨加古川流域の研究　古代における日鮮の交渉　古代聚落の形成と発展過程—播磨加古川流域の研究　播磨における初期仏教文化　ほか）第2部「東洋古代史講話」（東亜洪積世社会史　東亜種族構成史　東亜古代文化史　東亜古代社会史　東亜古代社会の特質）

◇岩波講座　日本文学史　第12巻　20世紀の文学　久保田淳，栗坪良樹，野山嘉正，日野竜夫，藤井貞和編　岩波書店　2000.10　341p　21cm　3400円（i)4-00-010682-1

(内容)近代文学史論　詩歌の近代　小説の方法の模索　自然主義から私小説へ　芸術美の探求　演劇・戯曲の近代　戦争と文学　思想家の文学　歴史叙述と文学　芸・文学・芸術—露伴と鏡花　詩歌と学問—柳田国男と折口信夫　女性文学の展開　文学と近代語

◇岩波講座　日本文学史　第15巻　琉球文学、沖縄の文学　久保田淳，栗坪良樹，野山嘉正，日野竜夫，藤井貞和，池宮正治，玉城政美，嘉手苅千鶴子，比嘉実，関根賢司ほか著　岩波書店　2001.1　365p　21cm　3400円（i)4-00-010685-6

(内容)琉球文学総論　おもろと儀礼歌謡　琉歌の展開　組踊から沖縄芝居へ　琉球の和文学と漢文学（和文学　漢文学）　歴史叙述と歴史書　沖縄の近代詩、現代詩　沖縄の小説・演劇史（明治以後の文学　米民政府時代の文学　復帰後）　孤島苦の文学史　徳之島の歌謡の世界　祭祀と歌謡—八重山　渡来宗教者の文学　わらべ歌、子供の文学　琉球言語論

◇岩波講座　日本文学史　第16巻　口承文学　久保田淳，栗坪良樹，野山嘉正，日野竜夫，藤井貞和編　岩波書店　2001.2　343p　21cm　3400円（i)4-00-010686-4

(内容)口承文学総論　盲巫女、浄瑠璃系の語り　九州の座頭・盲僧　瞽女の語り　盆踊り唄、口説　祭文語り　絵解きの仕組み　祭儀と祭文　民間神楽における芸能の詞章　河内音頭　語り物の音楽分析　歌詞が引き出す身体技法

◇岩波講座　日本文学史　第17巻　口承文学2・アイヌ文学　久保田淳，栗坪良樹，野山嘉正，日野竜夫，藤井貞和編　岩波書店　2001.3　405p　21cm　3400円（i)4-00-010687-2

(内容)昔話の"場"と"時"　地域性分析と話型分析　昔話と女性　御伽噺、童話、民話　口演童話から語り手運動まで　"伝説"と"歴史"　世間話と聞き書きと「はなし」と現代　アイヌ文学伝承と伝承者—金成マツ　祭詞の伝承—静内　カムイノミの再生—千歳　歌謡の伝承—十勝　アイヌ語劇—旭川　アイヌ語教室　異言語との闘い　近代諸学とアイヌ

◇講座日本の民俗学　1　民俗学の方法　赤田光男，福田アジオ，小松和彦ほか編　雄山閣出版　1998.11　287p　22cm　4800円（i)4-639-01565-8, 4-639-01408-2　Ⓝ382.1

(内容)総説 民俗学の方法　1 民俗学の対象（民俗と常民　民俗と民俗資料　民俗と伝承社会　民俗と文字—伝承と書承　民俗の生成・変容・消滅）　2 民俗学の目的と方法（民俗学の目的　民俗学の研究方法　民俗学と歴史学　民俗学と文化人類学　民俗学と地理学　民俗調査論）　3 民俗学の歴史（民俗学の成立　日本民俗学の歴史と展開　日本民俗学の現状と課題）

◇講座日本の民俗学　2　身体と心性の民俗　赤田光男，小松和彦，香月洋一郎ほか編　雄山閣出版　1998.1　243p　22cm　4800円（i)4-639-01504-6, 4-639-01408-2　Ⓝ382.1

(内容)1 身体と心性の民俗　2 差異と差別の民俗　3 危機と変化の民俗　4 記憶のなかの民俗
＊民俗社会における身体はどのように文化化・社会化されており、どのような心性が宿っていたかという新しい視点で構想する。

◇講座日本の民俗学　3　社会の民俗　福田アジオ，赤田光男，香月洋一郎，小松和彦，野本寛一編　雄山閣出版　1997.2　317p　21cm　4944円（i)4-639-01428-7

(内容)1 生活空間の民俗　2 家族・親族の民俗　3 村落社会の民俗　4 情報の民俗　5 都市と都市化
＊1960年代の高度経済成長以後、急激な変貌を遂げてきた村・都市・家・親族といった日本

の社会を、その歴史的背景とも関連させつつ現在の生活の場から新たな視点で把え直す。

◇講座日本の民俗学 4 環境の民俗 赤田光男,野本寛一,福田アジオほか編 雄山閣出版 1996.11 307p 22cm 4944円 (i)4-639-01409-0,4-639-01408-2 Ⓝ382.1
（内容）総説 環境の民俗 1 景観と民俗 2 地形・地勢と民俗 3 天候・気象と民俗 4 動物・植物の民俗 5 開発と災害の民俗 6 日本列島の環境と民俗
＊環境の民俗を見つめることで、先人たちの苦渋に満ちた日々や豊かな知恵、民俗の原質などを探り、現代や未来社会が喘ぐ環境問題に光を当てる。

◇講座日本の民俗学 5 生業の民俗 赤田光男,野本寛一,香月洋一郎ほか編 雄山閣出版 1997.10 295p 22cm 4800円 (i)4-639-01472-4,4-639-01408-2 Ⓝ382.1
（内容）総説 生業の民俗 1 農耕の民俗 2 山の生業民俗 3 漁撈の民俗 4 ムラを越える人と生業 5 複合生業論 6 生業の相互関連
＊現時点でなければ最早記録できない、伝統的な生業を時代変化の中に捉えると同時に、今後の大きなテーマである「生業の複合性」に論及し、生業民俗研究の新たな展開をめざす。

◇講座日本の民俗学 6 時間の民俗 赤田光男,福田アジオほか編 雄山閣出版 1998.4 273p 22cm 4800円 (i)4-639-01527-5,4-639-01408-2 Ⓝ382.1
（内容）総説 時間の民俗 1 時間認識の民俗 2 一日の民俗 3 年中行事と農耕儀礼 4 人生儀礼
＊ハレとケのうち、従来は人生儀礼、年中行事などハレからの研究が主体であったが、「一日の民俗」「労働と余暇」などケからの考察も加え、時間という概念の中に民俗を捉え直す。

◇講座日本の民俗学 7 神と霊魂の民俗 赤田光男,小松和彦ほか編 雄山閣出版 1997.7 267p 22cm 4800円 (i)4-639-01455-4,4-639-01408-2 Ⓝ382.1
（内容）総説 神と霊魂の民俗 1 神観念と神社祭祀 2 仏教と民俗 3 民間の宗教者 4 他界観と民俗
＊氏神信仰、先祖信仰、民間信仰、俗信、祭り、位牌祭祀、墓制など民俗宗教の変遷と実態を、村落の民俗変容が激しさを増し、共同体慣行が失われつつある現代の状況の中に捉える。

◇講座日本の民俗学 8 芸術と娯楽の民俗 赤田光男,小松和彦,野本寛一ほか編 雄山閣出版 1999.8 287p 22cm 4800円 (i)4-639-01609-3,4-639-01408-2 Ⓝ382.1
（内容）1 民俗としての口承文芸（「語り」の類型と機能 伝説と昔話—伝説の三つの特徴 ほか） 2 民俗としての芸能・演劇（「芸能」の機能と類型 芸能の二面性（神事性と娯楽性） ほか） 3 競技と遊び・娯楽（遊びと娯楽 力と対立の競技 ほか） 4 祈りと知識（民俗図像としての絵馬 忌み呉葉）
＊民俗芸能、口承文芸、演劇・民謡その他娯楽の研究の多くが、「信仰」に収斂させていたとの認識に立脚し、従来の民俗資料分類に依拠しつつも、現時点の成果を幅広く提示。

◇講座日本の民俗学 10 民俗研究の課題 赤田光男,香月洋一郎,小松和彦,野本寛一,福田アジオ編 雄山閣出版 2000.4 271p 21cm 4800円 (i)4-639-01647-6
（内容）1 民俗にとっての近代—ひとつの前提として（時代と社会のなかの「聞き書き」 生業伝承における近代—軍部の毛皮収集と狩猟の変容をとおして ほか） 2 伝承母体の変質—現代社会における民俗（民俗芸能の再創造と再想像—民俗芸能に係る行政の多様化を通して 民俗芸能大会の民俗誌—「都市化」した地域社会における民俗事象の様相 ほか） 3「民俗」と「民族」への問い（日本列島の中央と地方 沖縄研究の課題 ほか） 4 民俗学の課題と展望（「普遍への回路」を求めて 自然誌としての民俗 ほか）
＊日本の民俗学の弱体化が叫ばれて久しい。今、民俗はどこへ行こうとしているのか。現状と課題を各々の立場から自由に提示し、その可能性を真摯に問う。

◇日本民俗文化資料集成 第12巻 動植物のフォークロア 2 谷川健一責任編集 三一書房 1993.7 490p 23cm 10100円 (i)4-380-93527-2 Ⓝ380.8
（内容）鳥・木の民俗 武藤鉄城著. 植物方言の話 中平解著. 鍬形虫考 加納康嗣著. クワガタムシ方言の謎 斎藤慎一郎著. 子供の文化としてのヤンマ釣り 藤本造之輔著. 解説 川名興著

◇日本民俗文化資料集成 第13巻 民俗と地名 1 谷川健一責任編集 三一書房 1994.1 554p 23cm 11330円 (i)4-380-94527-8 Ⓝ380.8
（内容）民俗地名語彙事典 上(ア行～サ行)
＊本書は、地形名のみならず、気象、天象、海象の、地名の周辺部にある自然について、民俗学的側面にも十分手足を伸ばし、まとめあげた労作。

◇日本民俗文化資料集成 第14巻 民俗と地名 2 谷川健一責任編集 三一書房 1994.6 475p 23cm 11350円 (i)4-380-94528-6 Ⓝ380.8
（内容）民俗地名語彙事典 下(タ行～ワ行・ン)
＊本書(上巻560P、下巻540P)は、第九回地名研究賞を受賞した松永美吉著「地形名とその周辺の語彙 上・下・補遺 三巻」の増補版である。地形名のみならず、気象、天象、海象の、地名の周辺部にある自然について、民俗学的側面にも十分手足を伸ばし、まとめあげた膨大

民俗学全般　　　　　　　　　　　　　　　　　　　　　　　　　　　　　　全集・講座

◇日本民俗文化資料集成　第15巻　遠野の民俗と歴史　谷川健一責任編集　伊能嘉矩著　三一書房　1994.10　468p　23cm　11330円　(i)4-380-94529-4　Ⓝ380.8
(内容)　遠野のくさぐさ　遠野馬史稿　悪路王とは何ものぞ　古奥に於ける東夷　猿ヶ石川流域に於ける不地震地　遠野郷に於ける公衆俗場　過去の遠野　遠野の民俗と歴史　遠野方言誌
＊日本民俗の原郷・遠野の民俗と歴史を明らかにするため、本巻は遠野出身で、『台湾文化志』の大著でしられる伊能嘉矩の未刊著作を収録する。

◇日本民俗文化資料集成　第16巻　農山漁民文化と民俗語　谷川健一責任編集　倉田一郎著　三一書房　1995.5　682p　23cm　13390円　(i)4-380-95527-3　Ⓝ380.8
(内容)　国語と民俗学　経済と民間伝承　農と民俗学　海と山の語彙集　ことば論考
＊生活民の全像を言葉(民俗語)でもってとらえた民俗学者・倉田一郎の全業績を収める。

◇日本民俗文化資料集成　第18巻　鯨・イルカの民俗　谷川健一責任編集　三一書房　1997.4　616p　23cm　13000円　(i)4-380-97527-4　Ⓝ380.8
(内容)　第1部　鯨の民俗(噴火湾アイヌの捕鯨　熊野太地浦捕鯨乃話　土佐津呂組捕鯨聞書　西海捕鯨業について　ほか)　第2部　イルカの民俗(陸中大浦のイルカ網　イルカ漁とイルカ食　安良里とイルカ漁　川奈とイルカ漁　ほか)
＊本書は、従来とりあげることの少なかった、幕末・明治・大正、昭和期の近海捕鯨、及びイルカの民俗誌を収録する

◇日本民俗文化資料集成　第19巻　鮭・鱒の民俗　谷川健一責任編集　三一書房　1996.5　523p　23cm　11330円　(i)4-380-96527-9　Ⓝ380.8
(内容)　第1部　アイヌの鮭漁と北方文化　第2部　鮭漁の習俗と歴史　第3部　鮭の信仰と禁忌　第4部　鮭鱒と縄文文化―「サケ・マス」論をめぐって
＊回帰魚・サケとマスは、古くから日本人にとって親しい魚である。特に母なる川に帰って死ぬサケのロマンには、人をひきつけずにはおかない。本書は、北方文化と関わりの深い、サケ・マスの民俗・歴史・伝承・信仰を追求する。

◇日本民俗文化資料集成　第20巻　蛇の民俗　谷川健一責任編集　三一書房　1998.5　427p　23cm　11000円　(i)4-380-98527-X　Ⓝ380.8
◇日本民俗文化資料集成　第21巻　森の神の民俗誌　谷川健一責任編集　三一書房　1995.11　520p　23cm　11330円　(i)4-380-95528-1　Ⓝ380.8
(内容)　若狭のニソの森、奈良・兵庫の森、西石見の荒神様、蓋井島の森山、対馬の天道、ヤブサ神、南九州の森の神、種子島のガロー山、解説　金田久璋著
＊日本各地の神社のない森への信仰の記録を、若狭から種子島までおさめる。若狭のニソの森・石見の荒神森・対馬のヤボサ・薩摩大隅のモイドン・種子島のガロー山・神山等である

◇日本民俗文化資料集成　第23巻　北の民族史―サハリン・千島の民族　谷川健一責任編集　三一書房　1997.11　586p　23cm　〈文献あり〉　13000円　(i)4-380-97528-2　Ⓝ380.8
(内容)　第1部　総論　第2部　ギリヤーク　第3部　オロッコ　第4部　樺太アイヌ　第5部　千島アイヌ
＊本書は日本の南樺太統治40年間と全千島列島統治70年間に日本の研究者・旅行者たちが記述したニヴフ(旧称ギリヤーク)民族、ウイルタ(旧称オロッコ)民族、サハリンのアイヌ民族(いわゆる樺太アイヌ)、北千島のアイヌ民族(いわゆる千島アイヌ)に関するさまざまな記録の中から、今日では既に稀覯書として入手が困難か、あるいは図書館にさえも所蔵が稀な文献を選んで収録したものである。

◇日本民俗文化資料集成　第24巻　子供の民俗誌　谷川健一責任編集　三一書房　1996.10　504p　23cm　11330円　(i)4-380-96528-7　Ⓝ380.8
(内容)　コタンの童戯　津軽童戯集　子どもの歳時と遊び抄　峠の四季　伊予のこども歳時記　奄美のこども
＊本巻は、子供の遊戯の生態を究めることによって、伝承遊戯の変遷を知るための資料を全国各地から集める。巻頭(口絵・グラビア)に、子供歳時記(渡辺良正写真集)を収める。

◇日本民俗文化大系　第1巻　風土と文化―日本列島の位相　谷川健一ほか著　小学館　1995.3　602p　22cm　〈普及版　付：参考文献〉　4500円　(i)4-09-373101-2　Ⓝ380.8
(内容)　序章　新しい日本像の模索　第1章　日本の民俗と自然条件　第2章　日本の文化領域　第3章　日本民族社会の形成と基層文化　第4章　支配構造と民俗　第5章　「近代化」の思想と民俗　第6章　言葉と文字の展開　第7章　自然と造形の調和
＊日本列島に展開する民俗文化の多元性を、自然的条件、列島の東西の文化的特徴や異民族文化の影響、言語、支配構造などから究明し、日本文化論の新たな視座を提起する。毎日出版文化賞特別賞受賞(1986年度)。

◇日本民俗文化大系　第2巻　太陽と月―古代人の宇宙観と死生観　谷川健一ほか著　小学館　1994.11　475p　23cm　〈普及版〉　4500円　(i)4-09-373102-0　Ⓝ380.8
(内容)　序章　古代人の宇宙創造　第1章　太陽と

火　第2章 月と水　第3章 星と風　第4章 古代人のカミ観念　第5章 葬りの源流　第6章 他界観―東方浄土から西方浄土へ　第7章 日本人の再生観―稲作農耕民と畑作農耕民の再生原理
＊日本人は、宇宙を、ものの生き死に・再生を、どのように見、感じ、とらえてきたのか。民俗文化の基層といえる観念、認識の世界を立体的に解明する。毎日出版文化賞特別賞受賞。

◇日本民俗文化大系　第3巻 稲と鉄―さまざまな王権の基盤　森浩一ほか著　小学館　1994.12　498p　23cm　〈普及版 付：参考文献〉　4500円（i）4-09-373103-9　Ⓝ380.8
　内容　序章 稲と鉄の渡来をめぐって―農耕文化の伝統を再評価する　第1章 稲作以前の生業と生活　第2章 稲作農耕の社会と民俗　第3章 金属文化の受容と民間　第4章 争いと戦い　第5章 王権の発生と構造　第6章 王権と祭儀
＊稲作および鉄の渡来と受容によって生み出された鉄の文化、争いと戦いの発生、王権の成立と構造、祭儀のかたちを通して古代社会の実像を探る。毎日出版文化賞特別賞受賞。

◇日本民俗文化大系　第4巻 神と仏―民俗宗教の諸相　宮田登ほか著　小学館　1994.10　463p　22cm　〈普及版 付：参考文献〉　4500円（i）4-09-373104-7　Ⓝ380.8
　内容　序章 神と仏　第1章 シャーマンの世界　第2章 女性司祭の伝統　第3章 仏教の民間受容　第4章 神社と神道　第5章 民衆の宗教　第6章 魔と妖怪　第7章 自然と呪術
＊女性司祭の背景と伝統、仏教と神道の葛藤、魔・妖怪呪術…。これら古代・中世に展開された原初の宗教世界と民衆生活との関わり・構造を学際的に究明。毎日出版文化賞特別賞受賞（1986年度）。

◇日本民俗文化大系　第5巻 山民と海人―非平地民の生活と伝承　大林太良ほか著　小学館　1995.1　491p　23cm　〈普及版〉　4500円（i）4-09-373105-5　Ⓝ380.8
　内容　序章 海と山に生きる人々―その生態・生業と文化　第1章 山民・漁民の社会と文化　第2章 山民の生活と民俗　第3章 焼畑の文化と生態　第4章 河川と湖沼の漁法と伝承　第5章 漁民集団とその活動　第6章 漁民の生業と民俗　第7章 南西諸島の海人
＊山と海に生きる人びとは、農民とは著しく対比的な文化をつくり上げてきた。山民と海人の生業・文化・信仰・生活慣習などを通して、民俗文化の系譜を考察する。毎日出版文化賞特別賞受賞。

◇日本民俗文化大系　第6巻 漂泊と定着―定住社会への道　網野善彦ほか著　小学館　1995.2　529p　23cm　〈普及版〉　4500円（i）4-09-373106-3　Ⓝ380.8

　内容　序章 遍歴と定住の諸相　第1章 さまざまな道　第2章 峠の歴史と民俗　第3章 中世の旅人たち　第4章 海の道・川の道　第5章 移住と開発　第6章 馬と牛の役割と民俗
＊古来"道"の果たした歴史的・文化的役割は大きい。旅に生きた人々がさまざまな道を行き交い、民俗社会の文化を創りあげた。漂泊者の文化に民俗社会の成立をみる。1986年度毎日出版文化賞特別賞受賞。

◇日本民俗文化大系　第7巻 演者と観客―生活の中の遊び　大林太良ほか著　小学館　1995.4　494p　23cm　〈普及版〉　4500円（i）4-09-373107-1　Ⓝ380.8

◇日本民俗文化大系　第8巻 村と村人―共同体の生活と儀礼　坪井洋文ほか著　小学館　1995.5　510p　23cm　〈普及版〉　4500円（i）4-09-373108-X　Ⓝ380.8
　内容　序章 ムラの論理―多元論への視点　第1章 民俗の母体としてのムラ　第2章 ムラの人間関係　第3章 水田稲作と「むら社会」　第4章 ムラの掟と自由　第5章 伝統的な婚姻制度　第6章 家族の構造　第7章 ムラ社会と通過儀礼
＊現代の村は一変した。今日的視点から、近世のムラの仕組み、慣行、婚姻、通過儀礼などを考察し、ムラ社会の核心に迫り、日本的人間関係の原点を究明する。

◇日本民俗文化大系　第9巻 暦と祭事―日本人の季節感覚　宮田登ほか著　小学館　1995.6　533p　23cm　〈普及版〉　4500円（i）4-09-373109-8　Ⓝ380.8
　内容　序章 日本人の生活観―生活のリズムを作る心意　第1章 年中行事の構造　第2章 正月と盆　第3章 仏教と年中行事　第4章 祭り―空間の民俗　第5章 祭りと宮座　第6章 祭祀組織と氏子制度　第7章 アジアの祭りと行事
＊日本は年中行事の多彩な国である。なかでも正月と盆はその中心である。民俗文化の基軸をなす祭事から、暦の意義を考え、地域社会と民衆生活の実相を浮彫りにする。毎日出版文化賞特別賞受賞（1986年度）。

◇日本民俗文化大系　第10巻 家と女性―暮しの文化史　坪井洋文ほか著　小学館　1995.7　535p　23cm　〈普及版 付：文献〉　4500円（i）4-09-373110-1　Ⓝ380.8
　内容　序章 生活文化と女性―炉の主婦座と家　第1章 衣料と服飾の文化　第2章 民衆の食事　第3章 住居の原感覚　第4章 子供の発見と児童遊戯の世界　第5章 家のなかの女性原理　第6章 女をめぐる明と暗の民俗　第7章 民俗としての性
＊女性は民俗社会の日常を支え、家の存続、祭祀にも深く関わってきた。性・子供・衣食など生活文化を構造的に捉え、今後の研究への指針を提示する。

◇日本民俗文化大系　第11巻　都市と田舎―マチの生活文化　宮田登ほか著　小学館　1995.8　574p　23cm　〈普及版〉　4500円　(i)4-09-373111-X　Ⓝ380.8
(内容)序章　都市と民俗文化(宮田登)　第1章　生活の母胎としての都市(川添登)　第2章　祝祭都市の成立と変容(松平誠)　第3章　都市民の生活文化　第4章　公家・武家文化と民俗　第5章　都市祭礼と風流―その歴史的展望(守屋毅)　第6章　江戸歌舞伎と庶民の美意識(服部幸雄)　第7章　都市の世相と遊楽
＊伝統的都市文化の深層にひそむ民俗文化を追究し、新たな都市文化論を展開する。

◇日本民俗文化大系　第12巻　現代と民俗―伝統の変容と再生　谷川健一ほか著　小学館　1995.9　574p　22cm　〈普及版　付：参考文献〉　4500円　(i)4-09-373112-8　Ⓝ380.8
(内容)序章　伝統の変貌と持続　第1章　「昭和史世相篇」の構想　第2章　しつけの伝統と近代教育　第3章　家と家族　第4章　故郷の精神誌　第5章　霊魂の浄化　第6章　日系移民の"くに"意識　第7章　変転する日常生活　第8章　都市化と民俗　第9章　戦争と民俗
＊現代の大衆消費社会は人間生活のあらゆる分野を変貌させ、伝統的な民俗社会の母胎は崩壊した。現代社会の深部に横たわる諸相を探り、民俗学の意義を問い直す。

◇日本民俗文化大系　第13巻　技術と民俗　上　海と山の生活技術誌　森浩一ほか著　小学館　1995.10　666p　23cm　〈普及版〉　4500円　(i)4-09-373113-6　Ⓝ380.8
＊列島各地に伝えられてきた伝統的な生活技術も、今では次第にその姿を消しつつある。海や山における豊かな技術を集大成し、日本の基層文化を解明する。毎日出版文化賞特別賞受賞(1986年度)。

◇日本民俗文化大系　第14巻　技術と民俗　下　都市・町・村の生活技術誌　森浩一ほか著　小学館　1995.11　718p　23cm　〈普及版〉　4500円　(i)4-09-373114-4　Ⓝ380.8
＊マチやムラに残る農耕や生活の技術262項目を収め、民俗社会の中から生み出された豊かな生活技術の英知を貴重な図版とともに紹介する。

◇日本民俗文化大系　別巻　総索引　大林太良ほか著　小学館　1995.12　497p　23cm　〈普及版〉　4500円　(i)4-09-373115-2　Ⓝ380.8
＊本大系全14巻から民俗・歴史用語、人名、地名、寺社名など約38,000語を抽出し、さらに写真・図版目録や約4,300点におよぶ引用・参考文献もあわせて収載。

柳田国男（著作）

◇異人・生贄　柳田国男ほか著　河出書房新社　2001.5　395p　20cm　〈怪異の民俗学 7〉　4000円　(i)4-309-61397-7　Ⓝ163
(内容)1 生贄の民俗学(人柱と松浦佐用媛　八岐の大蛇(抄)　献身のフォルク　イケニへについて　人柱と築堤工法　人身御供譚への序章　イケニへ譚の発生―縄文と弥生のはざまに　イケニへ祭祀の起源―供犠論の日本的展開のために)　2 異人の民俗学(遍路や六部などの持ち金を盗んだ家筋の話　よそ者・来訪者の観念　異人殺しのフォークロア―その構造と変容　異人殺し伝承の創造―若者たちの語る怪談と「こんな晩」「家」の盛衰―「異人殺し」のフォークロア)
＊民俗社会とその"外部"。人間の心の奥底に迫る「怪異」と「不思議」の世界。さまざまな分野にひらかれた新しい民俗学大系(全8巻)の全貌が明らかに。

◇河童　柳田国男ほか著　河出書房新社　2000.8　435p　20cm　〈怪異の民俗学 3〉　3800円　(i)4-309-61393-4　Ⓝ388.1
(内容)1 総論(河童の話(折口信夫　柳田国男))　2 河童の起源(座敷童子　河童が火を乞う昔話　建築儀礼と人形―河童起源譚と大工の女人犠牲譚をめぐって　ほか)　3 河童の民俗誌(河童をヒヤウスベと謂うこと　河童資料断片　河童の妙薬　ほか)
＊"河童"の存在に"未知"を探る。人間の心の奥底に迫る「怪異」と「不思議」の世界。巻末に小松和彦の書き下し解説を付す。

◇境界　柳田国男ほか著　河出書房新社　2001.6　449p　20cm　〈怪異の民俗学 8〉　4000円　(i)4-309-61398-5　Ⓝ380.4
(内容)1 総論(記号と境界　妖怪のトポロジー)　2 境界の場所(四つ辻とあの世　厠考―異界としての厠　辻についての一考察　ほか)　3 境界の時(かはたれ時　黎明―原始的想像力の日本的構造　生と死の境界)　4 境界の象徴(生杖と占杖――この覚書　遊行的なるもの(抄)　境にひびく音　ほか)
＊「怪異」の発生する根源的で多義的な領域。人間の心の奥底に迫る「怪異」と「不思議」の世界を考察。

◇作家の自伝　61　柳田国男　佐伯彰一、松本健一監修　柳田国男著、岡谷公二編解説　日本図書センター　1998.4　261p　22cm　〈シリーズ・人間図書館〉　〈年譜あり〉　2600円　(i)4-8205-9505-9、4-8205-9504-0　Ⓝ918.6
(内容)さゝやかなる昔(抄)　故郷七十年(抄)

◇憑きもの　柳田国男ほか著　河出書房新社　2000.6　442p　20cm　〈怪異の民俗学 1〉　3800

円 (i)4-309-61391-8 Ⓝ387.91
(内容) 1 総論 2 憑きものの歴史 3 憑きものの民俗学 4 憑きものの精神史 5 憑きものの民俗誌
＊人間の心の奥底に迫る「怪異」と「不思議」の世界。さまざまな分野にひらかれた新しい民俗学大系(全8巻)の全貌が明らかに。各巻巻末に小松和彦の書き下し解説を付す。

◇遠野物語 柳田国男著, 鵜飼久市抄訳, 高野玲子画 星の環会 1994.12 55p 27cm (郷土の研究 2) 1400円 (i)4-89294-056-9
(内容) 早池峯の女神 サムトの婆 オクナイサマの田植 ザシキワラシ 小さな石臼 餅に似た白い石 嘉兵衛爺の鉄砲と狐 川童と馬 マヨイガの朱塗り椀 オシラサマ カクラサマ 不思議な大石 芳公のちから ヤマハハの話

◇遠野物語・山の人生 柳田国男著 岩波書店 1993.12 330p 19cm (ワイド版岩波文庫) 1100円 (i)4-00-007121-1 Ⓝ382.122
(内容) 遠野物語 山の人生(山の人生 山人考)
＊数千年来の常民の習慣・俗説には必ずや深い人間的意味があるはずである。それが攻究されて来なかったのは不当ではないか。柳田の学問的出発点はここにあった。陸中遠野郷の口碑を簡古かつ気品ある文章で書きとめた「遠野物語」、および「山の人生」は、日本民俗学の出発と展開をしるす記念碑的労作である。

◇遠野物語・山の人生 柳田国男著 岩波書店 2001.1 330p 19cm (ワイド版岩波文庫) 1200円 (i)4-00-007121-1
(内容) 遠野物語 山の人生(山の人生 山人考)
＊数千年来の常民の習慣・俗説には必ずや深い人間的意味があるはずである。それが攻究されて来なかったのは不当ではないか。柳田の学問的出発点はここにあった。陸中遠野郷の口碑を簡古かつ気品ある文章で書きとめた「遠野物語」、および「山の人生」は、日本民俗学の出発と展開をしるす記念碑的労作である。

◇新潟県文学全集 第2期 第1巻 随筆・紀行・詩歌編 明治編 田中栄一ほか編 松本 郷土出版社 1996.10 426p 20cm (監修：伊牟章) (i)4-87663-344-4 Ⓝ918.6
(内容) 越の山風(抄) 山県有朋著. 英国人医師の会津戦争従軍記(抄) ウィリアム・ウィリス著. 北游日乗・後北游日乗 森鴎外著. 一キリスト者として(抄) 内村鑑三著. 懐旧九十年(抄) 石黒忠悳著. 学窓の思い出(抄) 諸橋轍次著. 明治会見記(抄) 樋口天聞著. 建川美次(抄) 松下芳男著. 煙霞療養(抄) 尾崎紅葉著. 阿賀川を下るの記 遅塚麗水著. 三千里(抄) 河東碧梧桐著. 弥彦山 長塚節著. 北国紀行(抄) 柳田国男著. 三面記遊(抄) 小林存著. 順

徳天皇(抄) 山本修之助著. 解説 田中栄一著
◇毎日の言葉 柳田国男著 新潮社 1993.3 170p 15cm (新潮文庫) 320円 (i)4-10-104705-7 Ⓝ812
(内容) 毎日の言葉 買物言葉 あいさつの言葉 どうもありがとう 女の名 ウバも敬語 御方の推移 上﨟 人の名に様を附けること ボクとワタクシ
＊「スミマセン」「モシモシ」「イタダキマス」とタベルとクウ「ボクとワタクシ」など、日常の最も基本的な言葉をとりあげ、その言葉の本来の意味と使われ方の変遷を、広範な方言の事例を引用しつつ説き明かす。

◇明治大正史 4 柳田国男編著, 朝日新聞社編 クレス出版 2000.4 398,10p 22cm (朝日新聞社昭和6年刊の複製) 8000円 (i)4-87733-089-5, 4-87733-085-2 Ⓝ210.6
(内容) 世相篇

◇柳田国男 柳田国男著 晶文社 1999.2 124p 20cm (21世紀の日本人へ) 1000円 (i)4-7949-4716-X Ⓝ812
(内容) 毎日の言葉 喜談日録より
＊柳田国男ベスト・エッセイ！中高生・大学生の自分のための教科書に。社会人の人生指南として。生涯学習の教養の書として。日本と日本人を知りたい人の座右の書として。次の世代へのプレゼントに。

◇柳田国男全集 第1巻 柳田国男著 筑摩書房 1999.6 807p 22cm 8000円 (i)4-480-75061-4 Ⓝ380.8
(内容) 産業組合 農政学 農業政策学 後狩詞記 石神問答 農業政策—第二巻補遺

◇柳田国男全集 第2巻 柳田国男著 筑摩書房 1997.10 735p 22cm 6800円 (i)4-480-75062-2 Ⓝ380.8
(内容) 遠野物語 時代ト農政 山島民譚集
＊日本民俗学の曙光と言われる「遠野物語」を収め、併せて明治農業政策の極化を示す「時代ト農政」、柳田民俗学の初期の考え方を呈示する「山島民譚集」を収録。

◇柳田国男全集 第3巻 柳田国男著 筑摩書房 1997.12 847p 22cm 7200円 (i)4-480-75063-0 Ⓝ380.8
(内容) 赤子塚の話 神を助けた話 郷土誌論 祭礼と世間 海南小記 日本農民史 山の人生 雪国の春
＊列島の南と北の文化を把えた「海南小記」と「雪国の春」、20年来の課題をまとめた「山の人生」、炉辺叢書第1次・第2次の4著作、読者に渇望された「日本農民史」を収録。

◇柳田国男全集 第4巻 柳田国男著 筑摩書房 1998.3 560p 22cm 6400円 (i)4-480-75064-9 Ⓝ380.8
(内容) 青年と学問 都市と農村 日本神話伝説

民俗学全般　　　　　　　　　　　　　　　　　　　　　　　　　　　　　　　　　　　柳田国男

集　民謡の今と昔
＊碩学の思考を跡づけるために、初刊本を底本として刊行順に編纂、改版等で付加された文章を網羅する、はじめての画期的全集。学問の態度と方法を示唆した「青年と学問」、共生の必然性を語る「都市と農村」、伝説の標本としての「日本神話伝説集」、生活の唄を考察した「民謡の今と昔」。

◇柳田国男全集　第5巻　柳田国男著　筑摩書房　1998.1　657p　22cm　6500円　(i)4-480-75065-7　Ⓝ380.8
（内容）日本昔話集　蝸牛考　明治大正史　世相篇
＊口承の昔話を再話した「日本昔話集」、各地の呼称を分析、方言周圏論の例証とした「蝸牛考」、「目に映ずる世相」を書いた「明治大正史 世相篇」を収める。

◇柳田国男全集　第6巻　柳田国男著　筑摩書房　1998.10　597p　22cm　6800円　(i)4-480-75066-5　Ⓝ380.8
（内容）秋風帖　女性と民間伝承　桃太郎の誕生
＊中部地方・佐渡・熊野を旅した紀行「秋風帖」、各地に広がる和泉式部の伝説を解き明かす「女性と民間伝承」、桃太郎や瓜子織姫など昔話の深奥を照らす「桃太郎の誕生」。

◇柳田国男全集　第7巻　柳田国男著　筑摩書房　1998.11　659p　22cm　7200円　(i)4-480-75067-3　Ⓝ380.8
（内容）地名の話その他　小さき者の声　退読書歴　一目小僧その他
＊碩学の思考を跡づけるために、初刊本を底本として刊行順に編纂、改版等で付加された文章を網羅する、はじめての画期的全集。本巻には、名字や旅行の話をまとめた「地名の話その他」、子供の遊びを考察した「小さき者の声」、書評・序文跋文・読書論の集成「退読書歴」、伝説に神と人の関係を探った「一目小僧その他」を収録。

◇柳田国男全集　第8巻　柳田国男著　筑摩書房　1998.12　701p　22cm　7200円　(i)4-480-75068-1　Ⓝ380.8
（内容）民間伝承論　郷土生活の研究法　地名の研究　山の神とヲコゼ
＊柳田民俗学の精髄をまとめた「民間伝承論」「郷土生活の研究法」、山民の信仰に光をあてた「山の神とヲコゼ」（以上3編全文収録）、全国的視野の地名解釈「地名の研究」を収録。

◇柳田国男全集　第9巻　柳田国男著　筑摩書房　1998.6　686p　22cm　7200円　(i)4-480-75069-X　Ⓝ380.8
（内容）信州随筆　国語史　新語篇　昔話と文学　木綿以前の事
＊樹木信仰を説く「信州随筆」、言葉造りを論述する「国語史 新語篇」、女性に語りかける

「木綿以前の事」、「昔話と文学」に付録「New Year Dreams」を収める。

◇柳田国男全集　第10巻　柳田国男著　筑摩書房　1998.4　537p　22cm　6400円　(i)4-480-75070-3　Ⓝ380.8
（内容）稗の未来　国語の将来　孤猿随筆　食物と心臓
＊本書は、稗栽培の歴史を説いた「稗の未来」、常民の活きた言葉をとらえた「国語の将来」、獣の話の集成「孤猿随筆」、平凡な食生活に光をあてた「食物と心臓」の4編を収録。

◇柳田国男全集　第11巻　柳田国男著　筑摩書房　1998.5　587p　22cm　6600円　(i)4-480-75071-1　Ⓝ380.8
（内容）民謡覚書　妹の力　伝説
＊末期の自覚をもって書かれた「民謡覚書」、かつて神であった女性の持つ力を描く「妹の力」、その定義と変遷過程を説明し比較研究を説いた「伝説」。

◇柳田国男全集　第12巻　柳田国男著　筑摩書房　1998.2　621p　22cm　6500円　(i)4-480-75072-X　Ⓝ380.8
（内容）野草雑記　野鳥雑記　豆の葉と太陽　こども風土記　菅江真澄　解題
＊自然へ愛情を注いだ「野草雑記・野鳥雑記」と風景論「豆の葉と太陽」、伝統的な遊びの意味を語った「こども風土記」、民俗学の先人の伝記研究「菅江真澄」。

◇柳田国男全集　第13巻　柳田国男著　筑摩書房　1998.8　739p　22cm　7500円　(i)4-480-75073-8　Ⓝ380.8
（内容）方言覚書　木思石語　日本の祭　昔話覚書

◇柳田国男全集　第14巻　柳田国男著　筑摩書房　1998.7　645p　22cm　7000円　(i)4-480-75074-6　Ⓝ380.8
（内容）神道と民俗学　国史と民俗学　史料としての伝説　火の昔　村と学童・母の手毬歌
＊神道学と歴史学に対して民俗学の立場を説いた「神道と民俗学」「国史と民俗学」、木地屋の運んだ伝説の考察「史料としての伝説」、戦中戦後の児童に向けた「火の昔」「村と学童・母の手毬歌」。

◇柳田国男全集　第15巻　柳田国男著　筑摩書房　1998.9　645p　22cm　7200円　(i)4-480-75075-4　Ⓝ380.8
（内容）先祖の話　笑の本願　毎日の言葉　物語と語り物　家閑談
＊祖霊信仰を考察した「先祖の話」、笑いを論じた「笑の本願」、話し言葉を分析した「毎日の言葉」、家とは何かを探った「家閑談」など、戦後まもなくの著述を収録。

◇柳田国男全集　第16巻　柳田国男著　筑摩書房　1999.1　547p　22cm　6600円　(i)4-480-75076-2

Ⓝ380.8
(内容) 新国学談(祭日考 山宮考 氏神と氏子) 口承文芸史考
*碩学の思考を跡づけるために、初刊本を底本として刊行順に編纂、改版等で付加された文章を網羅する、はじめての画期的全集。本巻には、神社の祭日・神を祀る場所・氏神の起源と変遷について考察した「祭日考」「山宮考」「氏神と氏子」の「新国学談三部作」と、文字によらない「口承文芸」の広がりと歴史を論じた「口承文芸史考」を収録。

◇柳田国男全集 第17巻 柳田国男著 筑摩書房 1999.2 721p 22cm 7400円 (i)4-480-75077-0 Ⓝ380.8
(内容) 俳諧評釈 西は何方 村のすがた 婚姻の話
*芭蕉・曽良らの歌仙の鑑賞「俳諧評釈」、国語の変遷をたどる方言研究「西は何方」、日本の文化の歩みをとらえる「村のすがた」、戦後、新しい時代へ向けての「婚姻の話」。

◇柳田国男全集 第18巻 柳田国男著 筑摩書房 1999.3 747p 22cm 7600円 (i)4-480-75078-9 Ⓝ380.8
(内容) 北国紀行 年中行事 北小浦民俗誌 標準語と方言 老読書歴
*旅の記録と評論「北国紀行」、一年の行事の考察「年中行事」、佐渡を描いた作品「北小浦民俗誌」、国語政策批判の書「標準語と方言」、批評・序跋・解題集「老読書歴」。

◇柳田国男全集 第19巻 柳田国男著 筑摩書房 1999.4 773p 22cm 7800円 (i)4-480-75079-7 Ⓝ380.8
(内容) 方言と昔他 大白神考 島の人生 東国古道記 なぞとことわざ 神樹篇 不幸なる芸術
*永年のテーマを集大成したオシラサマ考「大白神考」、各地の神木をめぐる「神樹篇」シマの人生の探究「島の人生」、「笑の本願」の続編「不幸なる芸術」、ほか3編。

◇柳田国男全集 第20巻 柳田国男著 筑摩書房 1999.5 769p 22cm 7800円 (i)4-480-75080-0 Ⓝ380.8
(内容) 月曜通信 新たなる太陽 妖怪談義 少年と国語 炭焼日記
*碩学の思考を跡づけるために、初刊本を底本として刊行順に編纂、改版等で付加された文章を網羅する、はじめての画期的全集。「民間伝承」連載の「月曜通信」、正月行事を探った「新たなる太陽」、妖怪や不可思議を語る「妖怪談義」、言葉を認識させる「少年と国語」、大戦末期に綴った「炭焼日記」。

◇柳田国男全集 第21巻 柳田国男著 筑摩書房 1997.11 616p 22cm 6500円 (i)4-480-75081-9 Ⓝ380.8

(内容) 故郷七十年 海上の道
*碩学の思考を跡づけるために、初刊本を底本として刊行順に編纂、改版等で付加された文章を網羅する、はじめての画期的全集。民族と文化の起源についての洞察の書「海上の道」と、白眉の自伝「故郷七十年」を収録。

◇柳田国男全集 第24巻 柳田国男著 筑摩書房 1999.12 699p 22cm 7900円 (i)4-480-75084-3 Ⓝ380.8
(内容) 生石伝説 木地屋物語 踊の今と昔 子安の石像 「イタカ」及び「サンカ」 越前万歳のこと 二たび越前万歳に就きて 掛神の信仰に就て 地方見聞集 塚と森の話〔ほか〕
*碩学の思考を跡づける画期的全集。雑誌「郷土研究」第1巻第1号～第3巻第9号の記事を中心に、「生石伝説」(「太陽」)から「神秘の大嘗祭」(「日本勧業銀行月報」)まで、単行本未収録の文章を網羅する。

◇柳田国男全集 第25巻 柳田国男著 筑摩書房 2000.2 596p 22cm 7400円 (i)4-480-75085-1 Ⓝ380.8
(内容) 獅子舞考 甲賀三郎 諸国の片葉の蘆 大礼の後 神社と宗教 所謂記念事業 旧式の新著 耳塚の由来に就て 蛙の居らぬ池 編者申す〔鹿島増蔵「家筋と作物禁忌」に〕〔ほか〕
*「獅子舞考」(「郷土研究」)から、翰林辞職を経て、国際連盟委任統治委員会委員としての報告等まで。「産業組合対社会」(「産業組合」),「南遊詠草」(「台湾日日」)、「炭焼長者譚」(「大阪朝日」)など。大正5年～大正10年までの作品・論考。

◇柳田国男全集 第26巻 柳田国男著 筑摩書房 2000.6 621p 22cm 7400円 (i)4-480-75086-X Ⓝ380.8
(内容) Dear Mr. Rappard 国際聯盟の発達 将来のチョコレート 第三十五回同人小集記 賽の河原の話 琉球の地蔵に就て 第三十六回同人小集記 春の武蔵野横断 SECOND MEETING TWELFTH MEETING〔ほか〕
*碩学の思考を跡づける画期的全集。国際連盟委任統治委員としての報告・私信・委員会議事録と「東京朝日新聞」に執筆を始めた論説を中心に、「移民の移民論」(「植民」)、「俳諧とFolk-Lore」(「日光」)などを収録する。

◇柳田国男全集 第27巻 柳田国男著 筑摩書房 2001.2 712p 22cm 7600円 (i)4-480-75087-8 Ⓝ380.8
(内容) 農村雑話 編輯者より 南部叢書刊行の計画 紀州粉河の観音堂 慶すべき新傾向 新年号の誤植 保backup学者に一言 家計調査 抱負か空談か「むかしばなし」の面白さ〔ほか〕
*「東京朝日新聞」論説・「民族」論考・きっちょむ話研究の目標・THE READING PUBLIC OF

民俗学全般　　　　　　　　　　　　　　　　　　　　　　　　　　　柳田国男

JAPAN・東北研究者に望む・教育と民間伝承・方言研究の意義・郷土教育その他、など。

◇柳田国男全集　第28巻　柳田国男著　筑摩書房　2001.7　661p　22cm　〈付属資料：8p：月報26〉　7600円　(i)4-480-75088-6　Ⓝ380.8
(内容) 郷土館と農民生活の諸問題　諸国さへの神祭記事　編者云〔小池直太郎〕「串柿を詠じた唄」に〕　編者云〔安成三郎〕「道祖神の唄」に〕　新しき生産へ　蛇聟入譚　土木行政の情弊現はる　陰性政治の末路　婦人運動の一転回期　田中外交と弊原外交〔ほか〕
＊郷土館と農民生活の諸問題・蛇聟入譚・凡人史の省察・日本人は如何にして渡つて来たか・桃太郎根原記・花袋君のこと・都会と農村・義務教育の条件など、定本未収録多数。

◇幽霊　柳田国男ほか著　河出書房新社　2001.2　460p　20cm　(怪異の民俗学 6)　4000円　(i)4-309-61396-9　Ⓝ388.1
(内容) 1 総論　2 幽霊のイメージ　3 芝居と幽霊　4 文芸と幽霊　5 幽霊思想の周辺
＊"霊魂"の多様なイメージを追究する。人間の心の奥底に迫る「怪異」と「不思議」の世界。さまざまな分野にひらかれた新しい民俗学大系(全8巻)の全貌が明らかに。各巻巻末に小松和彦の書き下し解説を付す。

◇妖怪　柳田国男ほか著　河出書房新社　2000.7　449p　20cm　(怪異の民俗学 2)　3800円　(i)4-309-61392-6　Ⓝ387
(内容) 1 総論(妖怪変化の沿革　妖怪　ほか)　2 妖怪の歴史(付喪神　妖怪画と博物学　ほか)　3 妖怪の民俗学(女と妖怪　ミカワリバアサンと八日ゾ　ほか)　4 妖怪と現代文化(狸とデモノロジー　妖怪と現代文化　ほか)　5 妖怪の民俗誌(小豆洗い　小豆洗いに就て　ほか)
＊「妖怪」研究は「人間」研究である。人間の心の奥底に迫る「怪異」と「不思議」の世界。

◆柳田国男(研究書)
◇芥川竜之介全集　第16巻　或阿呆の一生 対談・座談　芥川竜之介著　岩波書店　1997.2　363p　19cm　3100円　(i)4-00-091986-5
(内容) 或旧友へ送る手記　闇中問答　十本の針　小説作法十則　機関車を見ながら　或阿呆の一生　侏儒の言葉(遺稿)　「侏儒の言葉」の序　対談・座談(芥川竜之介氏縦横談　女性改造談話会　新潮合評会(一)　家庭に於ける文芸書の選択に就いて　怪談会　新潮合評会(二)　新潮合評会(三)　婦女界批判会　演劇新潮談話会　新潮合評会(五)　芥川竜之介氏との一時間　新潮合評会(六)　女? 文章論　新潮合評会(七)　新潮合評会(八)　徳富蘇峰氏座談会　堺利彦・長谷川如是閑座談会　新聞記者と文芸家との会談記　柳田国男・尾佐竹猛座談会　芸術小説の将来に就いて語る)

◇奄美の森に生きた人―柳田国男が訪ねた峠の主人・畠中三太郎　前橋松造著　鹿児島　南方新社　2001.4　322p　20cm　〈文献あり〉　1905円　(i)4-931376-46-0　Ⓝ289.1

◇有賀喜左衛門―社会学の思想・理論・方法　北川隆吉編　東信堂　2000.10　280p　21cm　(現代社会学叢書)　3600円　(i)4-88713-375-8
(内容) 第1部 有賀喜左衛門先生最後の講話　第2部 有賀喜左衛門・柳田国男・有賀社会学の解題(有賀先生の生涯と社会学　有賀喜左衛門と柳田国男　資料 有賀喜左衛門の資質の形成)　第3部 有賀喜左衛門論―研究報告・総括討論(研究報告　総括討論)
＊「実証」の意義の再発見と検証。農村を中心とした徹底したモノグラフ調査を基盤に、日本社会の原像を鮮明に提示した先駆者の業績を今日の目から問い、理論の発展・展開が逆に実証の弱化、空論化を招いているかに見える現状の打破をめざし、現代における「実証研究」の意義及び理論と実証の相関性を根底から追求。有賀「最後の講話」収録。

◇有賀喜左衛門著作集　12　文明・文化・文学　有賀喜左衛門著　第二版　未来社　2001.12　549p　21cm　7500円　(i)4-624-90232-7
(内容) 第1部 民族文化と文明(民族文化圏について　外国文明と日本文化―新しい文明論)　第2部 一つの日本文化論―柳田国男に関連して(日本仏教史の一側面　「聟入考」と柳田国男　ほか)　第3部 諸論考(民族の心を求めて　社会学と人間　ほか)　第4部 詩歌と戯曲(詩 生きようではないか　田舎劇について　ほか)
＊「一つの日本文化論」と「文明・文化・文学」ほか、「文明と文化」をめぐる実証的理論。

◇家と共同体―日欧比較の視点から　岩本由輝, 国方敬司編　法政大学出版局　1997.3　230,11p　21cm　2700円　(i)4-588-67503-6
(内容) 序 いま、なぜ共同体なのか　第1章 柳田国男の共同体論　第2章 日本における村落共同体の発見　第3章 大塚久雄の共同体論　第4章 高橋幸八郎と住谷一彦の共同体論　第5章 商品経済の進展と漁村共同体の変遷　第6章 日本における農村共同体の解体過程　第7章 イギリスの農村共同体　第8章 イギリスにおける村と共同体　第9章 ヨーロッパの商人共同体
＊「家」と「共同体」というキーワードによって近代以前の経済的な営みを読み解きながら、人と人との関係、人と自然との関係を経済史の視点から問い直す試み。柳田国男、有賀喜左衛門、中村吉治、大塚久雄等の共同体論を整理・再検討し、日欧比較研究への道を探る。

◇異界の方へ―鏡花の水脈　東郷克美著　有精堂出版　1994.2　520p　19cm　3800円　(i)4-640-31047-1
(内容) 泉鏡花・差別と禁忌の空間　民俗・芸能

・一揆—「神に代りて来る」ものたち 鏡花の隠れ家 「高野聖」の水中夢 夢魔はいかにして顕現するか—「註文帳」の統辞法 木霊と風景—「三尺角」試論 「夜叉ケ池」—柳田国男の視座から 「眉かくしの霊」の顕現 「草枕」—水・眠り・死 「道草」「書斎」から「往来」へ 海南小記—海上の道への始発 大正三年の折口信夫—「身毒丸」の成立を中心に 「死者の書」の両義性 「古代感愛集」—幻視する旅人：佇立する芥川竜之介 「玄鶴山房」の内と外—「山峡の村」の意味をめぐって 子ども・遊び・祭り—谷崎潤一郎の快楽 狐妻幻想—「吉野葛」という織物 「細雪」試論—妙子の物語あるいは病気の意味 「細雪」成立の周辺 「旅愁」—漂う心／漂うテクスト 魔界の彼方へ—「二人で一人、一人で二人」の幻 「津軽」論—周縁的世界への帰還 「お伽草紙」の桃源境 付 明治の浦島たち
*わが近代文学に伏流する異界への憧憬。天才鏡花を起点として、漱石・柳田・折口・芥川・谷崎・横光・川端・太宰ら、年来畏愛の「心優しき逃亡者たち」のテクストに表出された〈反近代〉としての異界志向を掬いあげ、近代文学における澎湃たるロマン主義の水脈を辿る、著者宿願の論集。

◇イマジネールの考古学—文学の深みへ 饗庭孝男著 小沢書店 1996.4 370p 21cm 3090円 (i)4-7551-0324-X
(内容) 野生の思考—柳田国男「遠野物語」 神話の地勢学—泉鏡花「高野聖」 聖なる「乞食」の歌謡—折口信夫「古代感愛集」 「自然」と物質的想像力—宮沢賢治の詩と物語 擬制としての神話—保田与重郎の聖域と「長谷寺」 村落共同体の論理—長塚節の「芋掘り」と「土」 西欧的「知」の基層—堀辰雄の「幼年時代」と「曠野」 遊行僧の唱導性—深沢七郎の「楢山節考」と「笛吹川」 民俗的水脈の露呈—太宰治の心性 無名の谷間の歴史—水上勉の「共苦」の物語群 制度の根源に向って—中上健次の「路地」の意味
*柳田国男、折口信夫から水上勉、中上健次まで、文学を「深さ」の問題として捉え、近代日本文学の民俗学的課題を追求する長篇評論。作品の基層にある土俗的な有機的なつながりに照明をあて、歴史の無意識を掘りおこす。古代の眠り、民族の営みの記憶のなかに、日本の心性を問う。

◇いろは遠野物語 鈴木重三著 〔遠野〕〔鈴木重三〕 1994.8 147p 21cm 1553円 Ⓝ382.122

◇岩波講座 日本文学史 第12巻 20世紀の文学 久保田淳, 栗坪良樹, 山田嘉正, 日野竜夫, 藤井貞和編 岩波書店 2000.10 341p 21cm 3400円 (i)4-00-010682-1
(内容) 近代文学史論 詩歌の近代 小説の方法の模索 自然主義から私小説へ 芸術美の探求 演劇・戯曲の近代 戦争と文学 思想家の文学 歴史叙述と文学 芸・文学・芸術—露伴と鏡花 詩歌と学問—柳田国男と折口信夫 女性文学の展開 文学と近代語

◇海の精神史—柳田国男の発生 赤坂憲雄著 小学館 2000.12 582p 20cm 4400円 (i)4-09-387328-3 Ⓝ380.1
(内容) 第1章 山島から 第2章 同胞の島へ 第3章 植民と移民 第4章 「民族」の時代 第5章 北の異族 第6章 一国民俗学 第7章 大東亜民俗学 第8章 花とイナウ 第9章 海上の道 第10章 遺言
*「もうひとつの民俗学」への挑戦。柳田の後期思想の中に埋もれたあらたな可能性を求めて—。待望の3部作完結編。

◇江藤淳コレクション 1 史論 江藤淳著, 福田和也編 筑摩書房 2001.7 538p 15cm (ちくま学芸文庫) 1500円 (i)4-480-08651-X
(内容) エデンの東にて—世界と自分に関する二つの対話 「ごっこ」の世界が終ったとき "戦後"知識人の破産 新しい国体 二つのナショナリズム—国家理性と民族感情 明治の一知識人 勝海舟 "みんな敵がいい"の哲学—勝海舟の思想と実践 南洲残影(抄) 閉された言語空間—占領軍の検閲と戦後日本 他人の物語と自分の物語 「戦艦大和ノ最期」初出の問題 「氏神と氏子」の原型—占領軍の検閲と柳田国男 天皇とその時代(抄)
*昭和を代表する批評家、江藤淳の作品のうち文明論的な歴史意識のもとに論じられた作品を収録。他者に対する責任感と使命感を鮮やかに描く「エデンの東にて」、政治・外交・軍事において虚構性と遊戯性がもたらす無責任を論じた「ごっこ」の世界が終ったとき」、勝海舟や西郷隆盛ら明治myの建設者に共感を寄せる"みんな敵がいい"の哲学」や「南洲残影」、アメリカによる日本の占領史と占領下における言語統制・検閲を克明に再現・解釈した「閉された言語空間」など。強靱な言語観に裏打ちされた鮮烈な論考のかずかず。

◇江藤淳と少女フェミニズム的戦後—サブカルチャー文学論序章 大塚英志著 筑摩書房 2001.11 219p 19cm 1600円 (i)4-480-82347-6
(内容) 序章 犬猫に根差した思想 第1章 サブカルチャー文学論・江藤淳編(「ツルリとしたもの」と妻の崩壊 「母を崩壊させない小説」を探した少年のために 江藤淳と少女フェミニズム的戦後) 第2章 江藤淳と来歴否認の人々(三島由紀夫とサブカルチャーとしての日本 手塚治虫と非リアリズム的「日本語」の可能性 江藤淳と来歴否認の人々 柳田国男と「家」への忸怩 村上春樹と村上竜の「私」語りをめぐって) 終章 「歴史」と「私」の軋む場所から
*母を崩さない小説を探した少年は、けれども

妻を崩さなければならなかった。母と妻に拘泥し続けた批評家、江藤淳が妻を殴打したのは何故なのか。「仮構の私」「仮構の日本」を求めてやまなかった批評家の困難さに寄り添うべく書かれた最も新しい江藤淳論。

◇追分馬子唄と軽井沢—軽井沢地名考　君野徹三著　近代文芸社　1999.12　247p　19cm　2000円　(i)4-7733-6565-X
(内容)第1章 追分馬子唄と軽井沢の地名成立に関連して(「軽井沢」の地名について 地名の新しい解釈 モンゴリアンの渡来について ほか) 第2章 各地の軽井沢について(秋田県大館市十二部 秋田県鹿角市尾去沢町 秋田県秋田市仁別 ほか) 第3章 関連する諸問題についての考察(柳田国男氏の説について 日本語の中のモンゴル語について 木曽三社神社と根井氏等の移動経路について ほか)
＊軽井沢という地名への疑問。著者の鋭い感性と広範な知識が今、軽井沢に新しい解釈を与える。

◇オリエンタルな夢—小泉八雲と霊の世界　平川祐弘著　筑摩書房　1996.10　329p　19cm　2472円　(i)4-480-82331-X
(内容)小泉八雲と霊の世界　祭りの踊り—ロティ・ハーン・柳田国男　ハケルダマ—ハーンと藤村　果心居士の消滅—西洋のミメーシスと違うもの　日本文学に底流するアニミズム　江戸風怪談から芸術的怪談へ—石川鴻斎・ハーン・漱石　御神木が倒れた日　夢の日本か、現実の日本か—ハーン「英語教師の日記から」　異文化を生きた人びと
＊なぜラフカディオ・ハーン(小泉八雲)だけが日本人の「心性」と「霊の世界」をこれほど正確に読みとることができたのか。この謎に迫るハーン研究第一人者の豊かな示唆に富む、明解な論稿エッセイ。

◇女書生—ここにして女書生の生涯を生き貫かむと隠れ棲むなり　鶴見和子著　はる書房　1997.2　486p　19cm　3090円　(i)4-938133-70-9
(内容)1 はじめに(七人からの出発 わたしの仕事)　2 比較と交流(「ステブストン」の日系カナダ人—戦中・戦後の体験がどのように人生経路を変えたか　移民研究の意味—私にとって、日本にとって ほか)　3 生活記録運動(「山びこ学校」は歴史を創る　生活記録運動の戦後と現在)　4 柳田国男・費孝通・南方熊楠(柳田国男の都鄙連続論—費孝通、レッドフィールドとの比較において　春城行 ほか)　5 内発的発展(水俣民衆の世界と内発的発展　「遠野物語」を原点として—東北モデルを求めて ほか)　6 アニミズム(宗教と女性　インディアンの生命の母神 ほか)　7 先達・友人・家族(女の辛酸をなめて生まれたおおらかな学問—丸岡秀子さんのこと　比較の深層　日本文と英文のあいだに—河合隼雄さんのこと ほか)　8 終わりに(人生周期と暮らしの時間　アニミズムの葬送)

◇神隠し譚　小松和彦編,松谷みよ子,平岩弓枝,高橋克彦,水木しげる,菊地秀行著　桜桃書房　2001.9　352p　19cm　1900円　(i)4-7567-1146-4
(内容)神かくし(松谷みよ子)　神かくし(平岩弓枝)　星の塔(高橋克彦)　神社の教室(高橋克彦)　丸い輪の世界(水木しげる)　水泡(菊地秀行)　かくれんぼ(都筑道夫)　湯河原奇遊(三橋一夫)　おじょうさん、おはいんなさい(石井睦美)　竜沢譚(泉鏡花)　神隠し二話(杉浦日向子)　早池峰山の異人(長尾誠夫)　お勢登場(江戸川乱歩)　山の人生(柳田国男)
＊黄昏、隠れ遊び、隠し神、異界—男が、女が、大人が、子供が、姿を消した！隠したのは天狗か狐か山の神か、それとも…？「神隠し」の著者が作品を厳選した話題のアンソロジー。

◇神々の魅惑—旅のレリギオ　川村二郎著　小沢書店　1994.3　301p　19cm　2575円
(内容)露伴の「連環」　鏡花と白　柳田国男の神伴信友と保田与重郎　灰と精神—保田与重郎の戦後　神話象徴の転位　「青銅の神の足跡」「鍛冶屋の母」　死の国の神々—出雲紀行　洞穴の話　「八犬伝」の旅　二つの館山城—「八犬伝」のある地名をめぐって　様式について—東京神社考　東の日吉、西の日吉—近江紀行　無差別の魅惑—高野山　水の神の恵み—八溝探訪　女神の酒—白山、蔵王訪問　一遍の旅　石階の道　「レリギオ」の促し—書かれた旅
＊旅とは、風土の中の目に見えないもの、地霊との対話であり、文学とは、土地によどむ古い記憶を甦らせる言葉の力である。露伴、鏡花、柳田国男を論じ、出雲や近江、神々の国を訪ね、「八犬伝」の地で虚実を探る。旅を契機に時空を超えた世界に遊ぶ、「日本廻国記」の著者の最新エッセイ集。

◇君は弥生人か縄文人か—梅原日本学講義　梅原猛,中上健次著　集英社　1994.2　223p　15cm(集英社文庫)　440円　(i)4-08-748138-7
(内容)熊野、その周辺性　アイヌ、日本の原基　柳田国男を超えて　古代日本文化、ユニバーサルな世界へ　文学、地上に落ちた神
＊記紀神話の聖地、光あふれる死の国への入口—。熊野とは何か。熊野の山襞深く、また常世に向かう海原遠く、あるいはアイヌ語の音の響きに、「縄文の心」を捜し求め、縄文人と弥生人が生き生きと交錯する、ユニバーサルな古代日本を現出させる、刺激に満ちた対談集。

◇近代公教育と民衆生活文化—柳田国男の〈教育〉思想に学びながら　森本芳生著　明石書店　1996.3　379p　20cm　3090円　(i)4-7503-0788-2　Ⓝ371.21
(内容)第1部 柳田国男の「教育」思想(柳田国男

の「教育」思想成立試論―横井時敬との比較を通して 柳田国男の「教育思想」の地平―民俗学時代の教育思想把握の基本的視座) 第2部 近代公教育と民衆生活文化(わらべ唄の民衆教育史的研究―近代公教育との相剋の側面に関連して 民衆文化史における大正童心主義の位置―童謡「七つの子」をめぐるいくつかの問題 小林一茶にみる「我が子」意識と民俗的感性―子どもの誕生・成長・病い・死にそそぐ「まなざし」)

◇近代日本のアジア認識 古屋哲夫編 京都 京都大学人文科学研究所 1994.3 704p 22cm Ⓝ319.102
(内容)アジア認識の基軸 山室信一著. アジア主義とその周辺 古屋哲夫著. 日清戦前の中国・朝鮮認識の形成と外交論 伊藤之雄著. 開港場・神戸からみた「アジア」奥村弘著. 近代日本の台湾認識 呉宏明著. 近代日本の朝鮮認識 里上竜平著. 教育雑誌にみるアジア認識の展開 尾崎ムゲン著. 租界在日本人の中国認識 桂川光正著. 東西文明論と日中の論壇 石川禎浩著. 一キリスト者に現われたアジア認識 武邦保著. 柳田国男のアジア認識 福井直秀著. 一九二〇年代日本・朝鮮・中国におけるアジア認識の一断面 水野直樹著. 「大東亜共栄圏」構想とその構造 山本有造著. 社会科学者の戦時下のアジア論 秋定嘉和著. 戦後マルクス主義史学とアジア認識 永井和著

◇近代の超克 花田清輝著 講談社 1993.2 318p 15cm (講談社文芸文庫―現代日本のエッセイ) 980円 (i)4-06-196217-5
(内容)スウィッチ・オフ 検事側の証人 ロカビリーと諸葛孔明 ミッツイ・ゲイナー論 「実践信仰」からの解放 もしもあのとき 芸術の綜合化とは何か 二つの絵 プロレタリア文学批判をめぐって 贋造宝石のきらめき ライネッケ・フックス 笑って騙せ ファースへのノスタルジア ヒッチコックの張扇 科学小説 第三の―対の目 テレビと小説 柳田国男について マス・コミ芸術の性格 無邪気な絶望者たちへ 魔法の鏡
＊(前近代的なものを否定的な媒介として近代を超える)。著者の生涯を貫ぬいて実践された主題に添って書かれた「柳田国男について」は、柳田国男の現代的な再発見を促がし、フォークロアや口承文芸、〈近代〉から排除されたB級文化話芸などが教養主義的価値観から解放され陽の目を見た。活字中心の価値観に、根柢的改変を迫った衝撃のエッセイ。

◇クニオとクマグス 米山俊直著 河出書房新社 1995.12 289p 20cm (引用・参考文献:p279～287) 2400円 (i)4-309-24165-4 Ⓝ380.1
(内容)旅立ちまでの二人 若き日々 出会いと別離 日本民俗学誕生とその後 到達点を超えて
＊柳田国男・南方熊楠。二人の巨人の遭遇。この近代日本で生涯をおくった二人の人物―巨人ともいわれ、天才ともいわれたこの二人のライフヒストリーを並行してたどってみる。…スパークのような接触をもちながら、結局別々のコースを描いて世を去った経緯を見る。いわば双曲線のような二つの人生の軌跡を追う。…また、この二人が先達の役割を果たした、日本のミンゾクガク―民俗学と民族学という、同音異字の、しかもきわめて近い学問の生成と発展について考える。

◇ケルトと日本 鎌田東二、鶴岡真弓編著 角川書店 2000.11 289p 19cm (角川選書) 1700円 (i)4-04-703319-7
(内容)1 畏怖する精神 2 宇宙観の諸相(ケルト神話の宇宙観―ドルイドを中心にして 「ケルト的なもの」はなぜ賛美されたのか―近代国民国家の創造とケルト性) 3 ケルト世界を巡る人々(W.B.イェイツとたそがれのケルト ケルトマニアの系譜―ケルト起源神話に憑かれた人々) 4 日本とケルトを繋ぐもの(妖精の国と妖怪の国 「直観」でつかむケルト 「なく鹿のこゑきくときぞ」―古代アイルランドと大和の詩 現代社会とアニミズム―今、なぜケルトか グリーンマンと葉守の神) 5 習合とエグザイルの精神
＊ユーラシア大陸の東西両端という距離にありながら、アイルランドのケルトと日本には、通じ合う何かがある―。近年注目の集まるケルトそして日本に、気鋭の研究者たちと、画家、文明文化論考家、詩人、映画監督が多角的にアプローチ。柳田国男、ラフカディオ・ハーン、イェイツ、ドルイド、ケルトマニア、ピンクフロイド、詩歌、グリーンマン等々、バラエティに富んだ視点で双方を照射する、画期的ケルト考。

◇幻想の水脈から―物語の古層の露出するとき 笠原伸夫著 桜楓社 1993.1 265p 19cm 3800円 (i)4-273-02610-4
(内容)中世芸能における賤なるもの 折口信夫の小説「身毒丸」 乞食のいる風景 「蛇食ひ」 泉鏡花 続・乞食のいる風景 「鴬花径」 泉鏡花と柳田国男の接点―山人はどこへ行ったか 夢野久作の深層回路 「葉」の構成 太宰治「魚服記」あるいは死とエロス なぜ、大庭葉蔵か 説話的発想 坂口安吾「桜の森の満開の下」 江戸の暗黒水系―鶴屋南北 かぶく恋―アンドロギュノス願望の行方 幕末版画の幻想構造

◇現代語り手論 日本昔話学会編 三弥井書店 1999.7 202p 21cm (昔話 研究と資料 27号) 3500円 (i)4-8382-3066-4
(内容)巻頭のことば(日本のグリム三兄弟―柳田国男・佐々木喜善・巌谷小波) 特集(肥前の語り手 遠野の語り手たち―伝統的語りの現代

的変容 ほか） 論攷（昔話の表現研究 山本周五郎と七十年前の千葉・浦安の口承文芸 ほか） 資料（菅原節子の昔話（上））

◇「古学」の思想 竹内整一、窪田高明、西村道一編 ぺりかん社 1994.6 170p 21cm（日本思想史叙説 4） 3200円 (i)4-8315-0638-9
内容 人倫の道と日本の古代─林羅山をてがかりに 〈古学〉的知的特質─伊藤仁斎に即して 初期徂徠の位相─出自・流謫・志向 本居宣長の古学「玉勝間」における言葉と事跡の古層 風景の生活史─柳田国男『明治大正史世相篇』「第一章眼に映ずる世相」考

◇子育ての民俗─柳田国男の伝えたもの 大藤ゆき米寿記念出版1 大藤ゆき著 岩田書院 1999.10 408,19p 22cm 〈肖像あり 年表あり〉 9200円 (i)4-87294-151-9 Ⓝ385

◇この思想家のどこを読むのか─福沢諭吉から丸山真男まで 加地伸行、小浜逸郎、佐伯啓思、西部邁ほか著 洋泉社 2001.2 243p 18cm（新書y） 790円 (i)4-89691-518-6
内容 第1講 福沢諭吉──万円札のなかの風格 近代意識（佐伯啓思） 第2講 内村鑑三─望郷のさむらいクリスチャン 二つのJ（山折哲雄） 第3講 柳田国男─常かぶりの「勝てないが、負けない言葉」経世済民（大月隆寛） 第4講 西田幾多郎─哲学の発信、世界へ 近代の超克（松本健一） 第5講 小林秀雄─批評するエロスの拠点 Xへの手紙（小浜逸郎） 第6講 三島由紀夫─「みやび」を紡いだ美のアナーキズム 仮面と肉体（高沢秀次） 第7講 吉田茂─知るやアメリカニズムの今を ワンマン宰相の蹉跌（西部邁） 第8講 丸山真男─進歩的文化人の大いなる誤読 中国古典学知らず（加地伸行）
＊思想を論じるとは何か？とりだすべきものとは何か？重要なことは、思想家なり知識人の片言隻句をとりだすことではなく発語された場所と息づかい、表現された固有の文体をともに見据えて、その意味を点検し現在によみがえらせることである。近代を代表する八名の思想家・知識人にいま思想・論壇の第一線にある学者、評論家が現在のテーマから発して、それぞれの問題意識と交差し避けてとおれない固有の問題を発見する、単なる対話を超えて切り結ぶ白熱の日本の思想家＝論。

◇コレクション鶴見和子曼荼羅 4（土の巻） 柳田国男論 鶴見和子著 藤原書店 1998.5 502p 20cm〈背のタイトル：鶴見和子曼荼羅 肖像あり〉 4800円 (i)4-89434-102-6 Ⓝ081.6
内容 柳田国男先生とわたし─「漂泊と定住と」あとがき 水と土と人と─柳田学のよみかえ 創造性をどうやって育てるか 土着文化の普遍化への道─「土着文化と外来文化」 総説 差別と非暴力抵抗の原型─「遠野物語」、「毛坊主考」、「先祖の話」など 殺されたもののゆく

え─かくれ里 われらのうちなる原始人─柳田国男を軸にして近代化論を考え直す 国際比較における個別性と普遍性─柳田国男とマリオン・リーヴィ 常民と世相史─社会変動論としての『明治大正史世相篇』 漂泊と定住と─柳田国男のみた自然と社会とのむすび目〔ほか〕

◇コレクション鶴見和子曼荼羅─内発的発展論によるパラダイム転換 9 環の巻 鶴見和子著 藤原書店 1999.1 590p 19cm 6800円 (i)4-89434-121-2
内容 最終講義─内発的発展の三つの事例 最終の節目で出会うもの 「内発的発展論の展開」あとがき 内発的発展論の原型─費孝通と柳田国男の比較 内発的発展と模式論 アジアにおける内発的発展の多様な発現形態─タイ・日本・中国の事例 中国農民企業家にみられるキー・パースン 春城行〔ほか〕
＊軽やかに飛翔する鶴見和子の思想世界！「何ものも排除せず」という、新しい社会変動論の誕生。

◇殺された詩人─柳田国男の恋と学問 岡谷公二著 新潮社 1996.4 203p 20cm（参考文献一覧：p193～200） 1600円 (i)4-10-411501-0 Ⓝ289.1
内容 松岡国男の恋 殺された詩人 「海上の道」へ
＊藤村も一目おく「恋の詩人」だった国男。だが何故その痕跡を自ら抹殺しようとしたのか。新発見の書簡資料などをもとに青春彷徨の地を探索し、秘められた恋の相手を発見。柳田研究宿年の謎を解き明かしこれまでの通説を覆す瞠目の評伝。

◇再考柳田国男と民俗学 播磨学研究所編 神戸新聞総合出版センター 1994.12 269p 20cm 2300円 (i)4-87521-067-1 Ⓝ380.1

◇自己超越の思想─近代日本のニヒリズム 竹内整一著 新装版 ぺりかん社 2001.7 286p 19cm 2400円 (i)4-8315-0981-7
内容 1 近代自己の誕生（近代自己誕生の原況─幕末から明治へ 啓家として近代自己─福沢諭吉の「独立自尊」） 2 近代自己の動揺（絶対自己の渇望─高山樗牛の「本然の自己」 煩悶としての近代自己（清沢満之の「精神主義」 綱島梁川の「見神の実験」）） 3 近代自己の超越（哀感の意味─国木田独歩の自己挫折 「諦め」の思想構造─田山花袋の自己留保 「刹那哲学」の建設─岩野泡鳴の「徹底個人主義」「つまらなさ」の行方─正宗白鳥の「ニヒリズム」超越） 4 近代自己と自然（近代自己と「家」─高村光太郎・田山花袋・柳田国男の「家」認識 近代自己と死─独歩・泡鳴・白鳥の死からの超越）
＊現実の空漠感の中から、人生の意義と指標をもとめて煩悶する近代人の心の軌跡を追う。人生とは何か、を問いつづけた真摯な書。

柳田国男　　　　　　　　　　　　　　　　　　　　　　　　　　　　　　　　民俗学全般

◇情況のなかの思想　鈴木正,斎藤達次郎,田中収,山田英彦著　北樹出版,学文社〔発売〕　1993.2　157p　19cm　(叢書パイデイア 2)　1700円　(i)4-89384-284-6
　(内容)序　近代を超えてどこへゆく　1 内村鑑三と仏教　2 柳田国男・酒の昔話と世界観　3 直観の人・柳宗悦　4 戸坂潤をめぐる星座—『唯物論全書』の可能性

◇常民教育論—柳田国男の教育観　長浜功著　新泉社　1994.4　306p　20cm　(新装版)　2500円　(i)4-7877-9405-1　Ⓝ371.21
　(内容)序章　柳田学と日本教育学　第1章 柳田教育学の方法　第2章 戦争と柳田学の位相　第3章 柳田教育学の諸相　第4章 柳田国語教科書の骨格　第5章 柳田国男の自己形成

◇常民大学の学問と思想—柳田学と生活者の学問・25年の史譜　後藤総一郎,常民大学合同研究会編著　和光　常民大学合同研究会事務局　1997.9　213p　30cm　Ⓝ379.5

◇素顔の南方熊楠　谷川健一ほか著　朝日新聞社　1994.10　238p　15cm　(朝日文庫)　600円　(i)4-02-261038-7　Ⓝ289.1
　(内容)夢の巨人　南方熊楠　父　梛方熊楠を語る　熊楠の風景　熊楠を巡る女たち　二人の巨人—南方熊楠と柳田国男
　＊紀州熊野に根を下ろし、生物学・人類学・民俗学者として、世界に向けて発信し続けた熊楠は、生涯、無位無官を貫き、神社合祀に反対するなど、権威と対決した。しかし、日常生活ではアンパンを手放さず、愛犬が病気になると、深夜、抱いて病院へと走った。愛すべき人物像が、いま明らかに。

◇図説遠野物語の世界　石井正己著　河出書房新社　2000.8　119p　22cm　(ふくろうの本)
　〈写真：浦田穂一〉　1800円　(i)4-309-72644-5　Ⓝ382.122
　(内容)柳田国男の遠野紀行　聞き書きから刊行まで　『遠野物語』の世界(山の世界　川の世界　里の世界　町の世界)　遠野の語り部たち　遠野と民俗学者たち
　＊ザシキワラシ、山男、カッパ、オシラサマ、家の盛衰—熊野の地に伝えられ、柳田国男が記録にとどめたさまざまな話を豊富な図版により構成する。直筆草稿、清書、校正などをもとに聞き書きから出版までの過程を徹底的に分析。民俗の故郷への旅。

◇ダイアローグ 5　1990-1994　柄谷行人著　第三文明社　1998.7　349p　19cm　2100円　(i)4-476-03215-X
　(内容)「歴史の完結」とその脱構築—マルクスの時代とわれわれの時代(小林敏明)　畏怖あるいは倫理の普遍性(大西巨人)　路地の消失と流亡(中上健次)　死について(日野啓三)　現代文学をたたかう(高橋源一郎)　中上健次・時代と文学(川村二郎)　夏目漱石の戦争(小森陽一)　友愛論—夏目漱石・中勘助・中上健次(富岡多恵子)　文学の志(後藤明生)　「マルクス」への転向(絓秀実)　神話の理論と理論の神話—柳田国男をめぐって(村井紀)　戦後文学の「まなざし」(紅野謙介)

◇「大東亜民俗学」の虚実　川村湊著　講談社　1996.7　250p　19cm　(講談社選書メチエ 80)　1500円　(i)4-06-258080-2　Ⓝ380.1
　(内容)第1章 朝鮮民俗学の成立　第2章 柳田国男と「朝鮮」　第3章 「民俗台湾」の人々　第4章 南洋の民族・民俗学　第5章 幻の"満洲民俗学"
　＊昭和十八年、柳田国男は日本という中心から放射状に広がる研究の輪、「大東亜民俗学」の建設を構想した。植民地主義の翳を色濃く帯びる東アジア諸国の民俗学を、柳田批判の視点から跡付け問いなおす意欲作。

◇知識人の宗教観　現代思想研究会編,藤田友治編著　三一書房　1998.5　339p　19cm　3200円　(i)4-380-98258-0
　(内容)1章 知識人空海と宗教　2章 宗教は茶の如し—福沢諭吉の宗教観　3章 我は此の如く如来を信ず—清沢満之と親鸞　4章 「常民」イデオロギーの原像—柳田国男の宗教観　5章 哲学と宗教—田辺元の宗教観　6章 倫理学と宗教—和辻哲郎の宗教観　7章 古寺巡礼の終着駅—亀井勝一郎の「聖徳太子」について　8章 埴谷雄高における詩学—埴谷雄高と「未来に置かれた眼」　9章 日本人のためのイエスを求めて—狐狸庵先生に聞く　10章 宗教の向こう側へ—吉本隆明の「最後の親鸞」について　11章 循環の思想は人類を救う?—梅原猛の宗教観　12章 原体験を見つめて—古田武彦の宗教観　13章 やさしさと念仏—高史明と親鸞
　＊明治から現代まで、知識人たちが宗教をどのように考えたか。

◇父柳田国男を想う　柳田為正著　筑摩書房　1996.4　202p　20cm　1900円　(i)4-480-82328-X　Ⓝ289.1
　(内容)父を送って　遺したことば　「門内の小僧」の立場から　飯田柳田家　信州の人びと　自然科学観寸描　市ヶ谷時代　各所講演同行の記　成城移転　父と蔵書〔ほか〕
　＊ひとり息子が接した碩学の素顔。書斎、蔵書、故郷、旅行、家庭、知人…さまざまなエピソードに想いを馳せ、柳田国男の日常生活のなかでのことば、思考、行動、学問など、素顔の人間像を浮き彫りにする。18編のエッセイと、インタビュー。

◇知の歴史学　饗庭孝男著　新潮社　1997.10　377p　21cm　2200円　(i)4-10-386503-2
　(内容)第1章 歴史の「空間」に向って　第2章 「文化」の原型　第3章 歴史の切断と非連続　第4章 村と心性の構造　第5章 「内面」と「結婚」の

制度化へ　第6章 都市形成の原理　第7章 明証性への希求と神秘　第8章 革命と農村　第9章 狂気と「分割」の思考　第10章 愛と禁忌　第11章 身体の実践と「知」　第12章「死」の儀礼と生の意味
＊歴史を「知」的に横断する。地球の環境破壊が叫ばれ、「進歩」即「幸福」という歴史神話が崩された現在、もう一度歴史を多元的に読みなおし、人類の営みを原点から見つめなおす。宗教と社会制度、村落と都市、人類の高齢化現象と死といった様々な問題を、レヴィ＝ストロース、フーコー、柳田国男といった先哲の思想を引き合いにだしつつ読み解く。示唆にみちた深い思索の書。

◇注釈遠野物語　後藤総一郎監修、遠野常民大学編著　筑摩書房　1997.8　406p　22㎝〈索引あり 文献あり〉3900円 (i)4-480-85754-0 Ⓝ382.122
(内容)　物語の舞台　神の始　山人　神隠し　母殺し　乙爺　オシラサマ　コンセサマ　ザシキワラシ　孫左衛門家の盛衰〔ほか〕
＊遠野物語を読み解くための事典。初版本・初公開の毛筆草稿本収載。

◇鶴見和子の世界　河合隼雄ほか著　藤原書店　1999.10　360p 21㎝　3800円 (i)4-89434-152-2
(内容)　1 パラダイム転換としての学問(「思想の科学」から生活世界へ—人々とともに学ぶプリンストン時代—社会学と出会う「思想の冒険」を求めて—近代化論を再検討する　水俣・アニミズム・エコロジー　柳田国男と南方熊楠　内発的発展論)　2 道楽を生きる(歌　おどり　きもの　映像)
＊ロナルド・P・ドーア、石牟礼道子、河合隼雄、中村桂子、鶴見俊輔、見田宗介、上野千鶴子、赤坂憲雄、宮田登、川勝平太、堤清二、大岡信、沢地久枝、道浦母都子、佐佐木幸綱、大石芳野、岡部伊都子、高野悦子ら63人が綴る学問から道楽に至る鶴見和子のすべて。

◇鶴見良行著作集　8 海の道　鶴見良行著、村井吉敬編　みすず書房　2000.8　325,39p　21㎝ (i)4-622-03818-8　7200円
(内容)　1 南スラウェシ圏—「海道の社会史 東南アジア多島海の人びと」第一部(風景と歴史　ヤシとマングローブ　ほか)　2 マルク圏—「海道の社会史 東南アジア多島海の人びと」第二部(香料の島　お土産経済　ほか)　3 南ミンダナオ圏—「海道の社会史 東南アジア多島海の人びと」第三部(とり残された島々　クダラト王国　海を渡る人びと　ほか)「海道の社会史」の周辺(新しい東南アジア学の発想　辺境を歩く—柳田国男「海上の道」再読　ほか)
＊東南アジア多島海で重要な交易路として機能してきた"マカッサル海道"の歴史にアプローチする長篇「海道の社会史」に、著者積年のテーマである"海民論"全500枚を初集成する。

◇定本柳田国男論　吉本隆明著　洋泉社　1995.12　305p 20㎝〈「柳田国男論集成」(JICC刊)の改装版〉2200円 (i)4-89691-196-2 Ⓝ380.1
(内容)　第1部 柳田国男論(縦断する「白」動機・法社会・農　旅人・巡回・遊行)　第2部 柳田国男の周辺(共同幻想の時間と空間—柳田国男の周辺　わが歴史論—柳田思想と日本人　柳田国男「遠野物語」別考)
＊柳田国男の方法的特質とはなにか、また、その方法はどこまで有効か—。日本思想史上に屹立する巨人・柳田国男を世界的視野と方法意識に満ちた読みで肉薄し、この稀有なる思想家の全貌を明らかにする。入魂の労作。

◇東北 庭と花と文学の旅　下 岩手・秋田・青森　青木登著　八王子　のんぶる舎　1998.9　262p 21㎝　2000円 (i)4-931247-55-5
(内容)　4 岩手県(中尊寺(松尾芭蕉・吉川英治)　毛越寺(柴式部・瀬戸内寂聴)　遠野(柳田国男)　盛岡と渋民(石川啄木)　花巻と小岩井農場(宮沢賢治))　5 秋田県(象潟(松尾芭蕉)　千秋公園(伊藤永之介・萩原朔太郎)　角館(渡辺淳一))　6 青森県(弘前城(葛西善蔵・石坂洋次郎)　津軽(太宰治・長部日出男・寺山修司・三浦哲郎)　八甲田山(新田次郎)　奥入瀬渓流(大町桂月・松本清張)　十和田湖(高村光太郎・大町桂月))
＊芭蕉、吉川英治、瀬戸内寂聴、宮沢賢治、太宰治、寺山修司、新田次郎、萩原朔太郎、松本清張、石坂洋次郎…東北の自然と花の美しさを文学を通して知る感動と発見の旅。好評上巻に続く第2弾！歴史・文化とあわせて、詳細なガイド・見所・見ごろ時期なども案内。交通マップ付。

◇遠野／物語考　赤坂憲雄著　宝島社　1994.2　270p 20㎝　1600円 (i)4-7966-0773-0 Ⓝ382.122
(内容)　第1章 物語考　第2章 白神考　第3章 境界考　第4章 色彩考　第5章 黄昏考
＊「遠野物語」を遠野の地に戻し、柳田国男という巨大な影から「遠野物語」を解き放つ—。物語の背後に横たわるさまざまな伝承群を遠野という土地の側から読み直し、真・遠野物語として再構成する"具体の民俗学"の試み。

◇遠野／物語考　赤坂憲雄著　筑摩書房　1998.1　358p 15㎝〈ちくま学芸文庫〉1200円 (i)4-480-08397-9 Ⓝ382.122

◇遠野物語の原風景　内藤正敏著　筑摩書房　1994.10　349p 15㎝〈ちくま文庫〉〈「聞き書き遠野物語」(新人物往来社1978年刊)の増補〉880円 (i)4-480-02878-1 Ⓝ382.122
(内容)　佐々木喜善の風景　遠野の民俗　遠野の宗教　金属民俗学　山人の原風景へ

柳田国男　　　　　　　　　　　　　　　　　　　　　　　　　　　　民俗学全般

＊「願はくはこれを語りて平地人を戦慄せしめよ」日本民俗学の出発を告げる記念碑的作品『遠野物語』の世界を"金属民俗学"と"修験道"の視点から読み解く。山から山へ渡り歩く山伏や聖などの山岳宗教者集団、金掘りや鉱山師などの金属技術者集団、彼らは里に定住した農民の歴史からは忘れられ消される運命にあった。その消された伝説や民俗の痕跡をつなぎあわせ、山神山人の戦慄すべき怪異譚の深層を浮上させる。

◇遠野物語の周辺　水野葉舟著, 横山茂雄編　国書刊行会　2001.11　331p　19cm　2800円　(i)4-336-04258-6

〈内容〉北国の人　遠野へ　土淵村にての日記　帰途　怪夢　怪談　怪談会　テレパシー　月夜峠　狐に魅されし話の数々　犬についての談　踊るお化・上　遠野物語を読みて　夢の研究　取り交ぜて　夢と幽霊　「雨月物語」の背後にある幽暗の世界　「怪談」の心理状態　野尻抱影訳「レイモンド」序　光明へ進む可き一つの問題　「遠野物語」の思い出

＊近代日本の「怪談」の先駆者としても再評価の高い作家水野葉舟は、柳田国男に佐々木喜善を引き合わせ「遠野物語」の成立に大きな役割を果たしただけでなく、「遠野物語」が上梓される以前に、みずからが佐々木喜善から直接に聞き取っていた遠野の物語を発表していた。本書は、水野葉舟が遺した「第二の遠野物語」ともいうべき怪談と、遠野にまつわる小説・随筆等31編を初めて集大成した。「遠野物語」成立に関わるこれらの重要な作品群が、遠野の民俗譚が水野葉舟や、佐々木喜善、柳田国男にとって、いかなる意味を持っていたかを明らかにする。

◇遠野物語の誕生　石井正己著　若草書房　2000.8　323p　20cm　〈文献あり〉　3200円　(i)4-948755-65-6　Ⓝ382.122

◇内発的発展論の展開　鶴見和子著　筑摩書房　1996.3　318,14p　21cm　5000円　(i)4-480-85732-X

〈内容〉第1部　原型理論(内発的発展論へむけて　内発的発展論の系譜　内発的発展論の原型―費孝通と柳田国男の比較　内発的発展と模式論)　第2部　事例研究(水俣病多発部落の構造変化と人間群像―自然破壊から内発的発展へ　アジアにおける内発的発展の多様な発現形態―タイ・日本・中国の事例　中国農民企業家にみられるキー・パーソン　ヴァヌアツの印象―内発的発展の可能性について考える)　第3部　アニミズム・エコロジー(アニミズムと科学　エコロジーの世界観)

＊それぞれの文化の伝統と生態系に根ざした、多様な発展としての内発的発展論を、国際的視野・学際的考察から追究、構築する画期的な研究書。社会学の基本図書。

◇南島イデオロギーの発生―柳田国男と植民地主義　村井紀著　増補・改訂　太田出版　1995.1　285p　20cm　(批評空間叢書4)　〈初版：福武書店1992年刊〉　2500円　(i)4-87233-199-0　Ⓝ380.1

〈内容〉1　南島イデオロギーの発生　2　コメ難民の死　3「遠野物語」の発生　4「孤児」・「アイヌ」・「滅亡」・「常民」　5　折口信夫と柳田国男―沖縄への眼差し　6　折口信夫の戦争―『死者の書』の条件　7　柳田国男の台湾／台湾の柳田国男　8「満蒙開拓」の"ふるさと"―「日本民俗学」とファシズム

＊「南島」とはなにか。それは「山人」を消去し、同質的な「日本―日本人」を見いだすために政治的に作為された場所である。そこにおいて新国学としての日本民俗学は成立した。しかし、なぜ「山人」は消去されねばならなかったのか。ここは農政学・植民地政策学者として「韓国併合」に深く関わった柳田国男のスキャンダルが隠されている。折口信夫をラディカルに判批する書き下ろし論考を加えて、日本民俗学と《柳田―折口》という物語＝イデオロギーを根底から解体する画期的評論の増補・改訂版。

◇20世紀の歴史家たち(1)日本編　1　日本編　上　今谷明, 大浜徹也, 尾形勇, 樺山紘一編　刀水書房　1997.7　270p　21cm　(刀水歴史全書45)　2800円　(i)4-88708-211-8

〈内容〉徳富蘇峰　白鳥庫吉　鳥居竜蔵　原勝郎　喜田貞吉　三浦周行　幸田成友　柳田国男　伊波晋猷　今井登志喜〔ほか〕

＊歴史家は20世紀を如何に生きたか！20世紀は歴史家をどう育てたか！日本と世界の歴史家100人の記録。

◇日本幻論　五木寛之著　2刷　新潮社　1999.8　273p　15cm　(新潮文庫)　438円　(i)4-10-114730-2

〈内容〉隠岐共和国の幻　「かくれ念仏」の系譜　日本重層文化を空想する　柳田国男と南方熊楠　乱世の組織者・蓮如―蓮如とその時代1　人間としての蓮如―蓮如とその時代2　蓮如のなかの親鸞―蓮如とその時代3　わが父、わが大和巡礼　漂泊者の思想

＊この国には、見えていないもう一つの国がある―。幻の隠岐共和国、かくれ念仏の神仏習合的なありかた、柳田国男と南方熊楠の違い、蓮如の教えの俗信的な力強さなど、いずれも正統に対する異端、民俗に対する土俗などの位置づけを踏まえてテーマを展開している。非・常民文化の水脈を探り、隠された日本人の原像と日本文化の基層を探る九編。五木文学の原点を語った衝撃の幻論集。

◇日本思想の可能性―いま　近代の遺産を読みなお

す 鈴木正,山領健二編 五月書房 1994.4
253p 19cm 2472円 (i)4-7727-0070-6
⦿内容 可能性の視点 機熟と機略の政治と思想
—中江兆民「三酔人経綸問答」の傾向的な読み
方 田中正造の民主主義思想 〈妖怪〉という
場—井上円了・「妖怪学」の位置 内村鑑三とガ
ンディ 大庭柯公の思想形成 江波狭嶺伝 柳
田国男・七夕と洪水の昔話・世界観 柳宗悦と
李朝陶磁 和辻哲郎—再編「国民道徳論」の初期
構想

◇日本人の自画像 加藤典洋著 岩波書店 2000.
3 319p 19cm (日本の50年・日本の200年)
2800円 (i)4-00-026317-X
⦿内容 第1部 自画像制作とは何か(自画像の思
想 地図という自画像) 第2部 近代以前
(徂徠の革命 宣長の抵抗) 第3部 近代以後
(関係の発見 柳田国男と民俗学) 第4部 戦争
体験と世界認識(鏡の破砕 小林秀雄と「国民」
吉本隆明と「関係」)
＊従来描かれてきた「日本人」像はどのように形
作られてきたのか。自画像制作のあり方、地
図像の変遷、対外戦争などを手がかりに、そ
の形成過程を批判的に検討する。「われわれ」
がいつ何を契機に「日本人」という自己認識を
持つに至ったのか、という点に留意しながら、
独自の視点から新しい像を浮き彫りにする、
意欲的な試み。

◇日本の神と王権 中村生雄著 京都 法藏館
1994.4 261p 21cm 3200円 (i)4-8318-7136-2
⦿内容 日本の神の発生—古代のタマとカラ 祟
り神と始祖神—神と祀りの発生と制度 神仏関
係の中世的変容—〈権／実〉パラダイムの成立
と反転 苦しむ神／苦しむ人—再生する祟り神
肉食と蛇身—中世神祇世界の相貌 秘儀として
の王権—柳田国男と大嘗祭 王権の儀礼と構造
—大嘗祭における〈中心〉と〈周縁〉 狂気と
好色をめぐる物語—花山上皇の西国巡礼創始譚
近代王権の変身過程—〈童形〉〈女装〉〈男装〉
の三類型
＊〈霊〉と〈性〉の深層のダイナミズム。記紀
以前のカミの発生、性的存在としての采女の
意味、苦しむ神の中世的変容、大嘗祭の空虚
な中心、漂泊する廃王、女装する天皇などを
通して、神と王権の不可視の深層を独創的な
視点から解明した力作論集。

◇日本の「創造力」—近代・現代を開花させた470
人 10 大都市と農村の明暗 富田仁編 日本
放送出版協会 1993.6 499p 21cm 5800円
(i)4-14-009214-9
⦿内容 タクマ式ボイラ 国産ボイラの開発者田
熊常吉 ライオン歯磨 社業発展の基礎を築い
た小林富次郎 浪花節 浪曲界中興の租桃中軒
雲右衛門 サルバルサン 梅毒療法剤の発見者
秦佐八郎 都市政策 大阪の都市計画の推進者

関一 新興化学工業 旭化成の基礎を築いた野
口遵 自由学園 生活中心の教育を行った羽仁
もと子 宝塚歌劇 不出世のアイデアマン小林
一三 オリザニン ビタミン学を創始した鈴木
梅太郎 日立製作所 技術立国をめざした小平
浪平 ヤマサ醤油 醤油業の興隆に尽した浜口
儀兵衛 気象学 気象業務の育ての親岡田武松
キリンビール 王座に位置づけた磯野長蔵 囲
碁 日本棋院創立に尽力した本因坊秀哉 東京
芝浦電気 東芝の基礎を築いた山口喜三郎 高
級磁器 ディナーセットを開発した大倉和親
神戸製鋼所 至誠を旨とした実業家田宮嘉右衛
門 住友コンツェルン 理想的財界人の範を示
した小倉正恒 日本民俗学「学問救世」をめざ
した柳田国男 民営九電力体制 電力業界のリ
ーダー松永安左ヱ門 豊年製油 製油業の発展
に尽力した杉山金太郎 数学理論 類体論を創
造した高木貞治 細菌学 黄熱病研究に尽くし
た野口英世 沖縄学 地域文化の復権に尽くし
た伊波普猷 西域学 大谷探検隊を組織派遣し
た大谷光瑞 電気通信技術 電話を近代化
させた稲田三之助 諷刺漫画「東京パック」の
創刊者北沢楽天 国語学「広辞苑」を編纂した
新村出 竹中工務店 作品第一主義を貫いた竹
中藤右衛門 松竹 演劇興行を実業化した大谷
竹次郎 クリーニング業 白洋舎を創立した五
十嵐健治 劇映画 日本映画創造の父牧野省三
ガス事業 パイオニアとして献身した岡本桜
＊軍需景気による大都市の一時的好況と農村の
疲弊。時代はゆるやかに影を落してゆく。

◇野の手帖—柳田国男と小さき者のまなざし 松
本三喜夫著 青弓社 1996.6 433p 20cm
4120円 (i)4-7872-3126-X Ⓝ380.1
⦿内容 第1章 "柳田学"の人々 第2章 甲斐国西
八代郡上九一色村のこと 第3章 伊予国宇和島
のこと 第4章 越後国糸魚川と佐渡のこと 第
5章 石見国邑智郡と鹿足郡のこと 第6章 柳田
国男と小さき者のまなざし
＊柳田国男と地方の野の研究者＝小さき者との
交流を追跡し、両者のまなざしの交換をかい
ま見る。そこにこそ「民俗学」の原泉があった。
—柳田は何を展望し、小さき者は何を見てい
たのか。

◇橘浦泰雄伝—柳田学の大いなる伴走者 鶴見太
郎著 晶文社 2000.1 228,7p 19cm 2600円
(i)4-7949-6430-7
⦿内容 第1部 組織者の形成(橘浦家の人々 郷
党の仲間たち 彷徨と邂逅 ほか) 第2部 橘浦
泰雄の民俗学(柳田国男との出会い 学界対立
のはざまで ナップ結成 ほか) 第3部 戦後の
活動(戦後共産党員として 実践的民俗学の試
み 後景にしりぞく)
＊柳田国男の民俗学を全国的な民間学に組織し、
同時にマルクス主義者であり、画家でもあっ

た橘浦泰雄。戦後、いち早く生活協同組合を創った人でもある。信州に散在する道祖神の広がりを調べ、五島の珍しい正月行事を記録し、初めて、太地町の捕鯨史を明らかにした。歴史上の様々な場面に顔をのぞかせるが、その全体像が描かれることはなかった。こんな忘れられた一人の日本人に迫る。橘浦家に残された柳田や作家・尾崎翠などからの膨大な手紙をひもときながら、橘浦の足跡をたどる異色のノンフィクション。

◇橋川文三著作集 2 橋川文三著、神島二郎、鶴見俊輔、吉本隆明編 増補版 筑摩書房 2000.11 363p 20cm 3800円 (i)4-480-75212-9 Ⓝ081.6
(内容) 日本ナショナリズムの源流(日本ナショナリズムの源流 過渡期の忠誠 幕末国学の印象 天狗随想 ほか) 柳田国男(柳田国男—その人間と思想 柳田国男拾遺 魯迅と柳田国男 中村哲著「柳田国男の思想」 ほか)
＊自らの精神史の究明を通して近代日本の意味を問い続けた思想家の精髄を集成！日本ナショナリズムの源流を幕末・維新期に探り、その特質と展開を検討した諸篇と、柳田研究に新しい視座を提示した画期的な評伝。

◇播磨の人物 新保哲著 杉山書店 1994.4 153p 21cm 2500円 (i)4-7900-0233-0
(内容) 第1章 宮本武蔵 第2章 盤珪禅師 第3章 柳田国男 第4章 椎名麟三

◇ヒューモアとしての唯物論 柄谷行人著 講談社 1999.1 349p 15cm (講談社学術文庫) 1000円 (i)4-06-159359-5
(内容) 個体の地位 交通空間についてのノート 一つの精神、二つの十九世紀 エクリチュールとナショナリズム 非デカルト的コギト フーコーと日本 ヒューモアとしての唯物論 ライプニッツ症候群—吉本隆明と西田幾多郎 中野重治と転向 伊藤仁斎論 テクストとしての聖書 柳田国男論 「意味の変容」論 日本植民地主義の起源
＊人間は現象しか認識しえないにもかかわらず、その限界を越えて考え語ってしまう。カントのいう「超越論的批判」を踏まえて、著者は、有限な人間の条件を超越し、同時にそのことの不可能性を告知する精神的姿勢こそが「唯物論」であり「ヒューモア」であると説く。柄谷理論の新展開を示す主要論文を集成。

◇表現学大系 各論篇 第28巻 随筆・紀行の表現 湊吉正編 教育出版センター、冬至書房〔発売〕 1995.2 191p 21cm 2575円 (i)4-88582-940-2
(内容) 序章 随筆(紀行)と無ս感覚—「徒然草」第二百四十三段を例にして 第1章 中等国語教材中からみた漱石の作品 第2章 島崎藤村 第3章 柳田国男 第4章 寺田寅彦 第5章 朝永振一郎の随筆表現 第6章 森有正の紀行的評論

第7章 水上勉 第8章 司馬遼太郎 第9章 辻邦生 第10章 森本哲郎 第11章 竹西寛子 第12章 向田邦子 第13章 黒井千次 第14章 大江健三郎—小説的エッセイとしての『ヒロシマ・ノート』

◇漂泊の精神史—柳田国男の発生 赤坂憲雄著 小学館 1994.11 438p 20cm 4500円 (i)4-09-387127-2 Ⓝ380
(内容) 第1章 帰化の巫覡 第2章 漂泊人種 第3章 神の子孫 第4章 日知と毛坊主 第5章 算所の太夫 第6章 皇子流寓譚 第7章 零落する語り部 第8章 オシラ遊び 第9章 菅江真澄の旅 第10章 漂泊と定住
＊従来ほとんど顧みられなかった柳田の漂泊の民に関する論稿を、柳田の発生の現場に立って読み直し、神に仕えた人たちが被差別の民へと変身を強いられていった軌跡をたどる。

◇漂泊の精神史—柳田国男の発生 赤坂憲雄著 小学館 1997.10 433p 16cm (小学館ライブラリー) 1070円 (i)4-09-460104-X Ⓝ380.1
(内容) 第1章 帰化の巫覡 第2章 漂泊人種 第3章 神の子孫 第4章 日知と毛坊主 第5章 算所の太夫 第6章 皇子流寓譚 第7章 零落する語り部 第8章 オシラ遊び 第9章 菅江真澄の旅 第10章 漂泊と定住
＊民俗学者・柳田国男が明治四十年代に展開し、その後放棄した「漂泊民論」を、著者は現代の視点で継承し追求した。そして、いわれなき差別の構造にも鋭いメスを入れる。

◇風景の生産・風景の解放—メディアのアルケオロジー 佐藤健二著 講談社 1994.2 258p 19cm (講談社選書メチエ 5) 1500円 (i)4-06-258005-5
(内容) 第1章 絵はがき覚書—メディアのアルケオロジー 第2章 遊歩者の科学—考現学の実験 第3章 挿絵の光景から—交差の前のねずみたち 第4章 風景の生産—柳田国男の風景論 第5章 言語・交通・複製技術—近代風景意識の存立構造
＊柳田国男や今和次郎の仕事を継承しつつ、絵はがき、挿絵、鉄道旅行、街頭など風景の背後にある新しい事物やメディアの出現を通し、慣習や規範をとらえかえす。考現学を駆使して近代日本の視線を考察する「感覚」の社会史。

◇南方熊楠・萃点の思想—未来のパラダイム転換に向けて 鶴見和子著 藤原書店 2001.5 190p 22cm (文献あり) 2800円 (i)4-89434-231-6 Ⓝ289.1
(内容) 1 転換期の巨人・南方熊楠(創造性の謎 学問大好き学校大嫌い ほか) 2 創造性について—南方熊楠・今西錦司(創造性の定義 異文化のぶつかりあいの中から生れる創造性—ほかしの論理 ほか) 幕間(辺境から風が吹く 熊楠には理論があった—「十二支考」

ほか) 3 南方曼陀羅―未来のパラダイム転換に向けて(南方曼陀羅とは 十九世紀から二十世紀への変わり目における偶然性と必然性 ほか) 4 対談「南方曼陀羅」をめぐって(南方熊楠との出会い 熊楠の「古代論理」ほか)
＊欧米への放浪と那智隠栖のなかで熊楠が到達した、日本と西洋、地域と地球を自在に往還する「萃点」の思想とは何か。「内発性」と「脱中心性」との両立を追究する鶴見和子が、熊楠思想の深奥から汲み出したエッセンス。気鋭の熊楠研究者・松居竜五との対談も収録。

◇民衆と歴史の視点―戦後歴史学を生きて 芳賀登著 雄山閣出版 1996.7 277p 21cm 4635円 (i)4-639-01384-1
(内容) 1 国学と幕末・明治維新―草莽の視点 2 柳田国男と民俗学―常民の視点 3 民衆と変革―民衆の視点 4 地方史の思想―地方の視点 5 歴史断章「歴史手帖」より―微視の視点 6 著者履歴と著書・論文目録
＊新たな歴史へ―大いなる助走！ 幕末地方草莽国学者の思想と運動研究を学問的原基に、柳田民俗学の発展継承を志し、地誌・民俗誌研究から民衆史・地方史・風俗史・生活文化史研究にもわけいる著者の貪欲な学問展開の軌跡をたどる。

◇民俗学者柳田国男 福田アジオ著 御茶の水書房 2000.10 66p 21cm (神奈川大学評論ブックレット 12) 800円 (i)4-275-01832-X Ⓝ380.1
(内容) 1 生涯と学問(柳田国男の生涯 民俗学への開眼 生涯を貫く三つの特色) 2 危機意識と民俗学の展開(初期柳田国男の民俗学と近代植民地 確立期柳田国男の民俗学と農村恐慌後柳田国男の民俗学と沖縄問題) 3 柳田国男の方法(方法の特色 歴史学批判 新しい資料と方法の発見 周圏論的理論 民俗資料の三分類)
＊民俗学への開眼と展開、さらにその方法論の特色を抽出し、日本民俗学の父像を浮彫りにする。

◇明治大学公開文化講座 13 沖縄から見た日本 明治大学人文科学研究所、風間書房〔発売〕1994.6 202p 18cm 1700円 (i)4-7599-0894-3
(内容) 1 沖縄のくらしの文化 2 沖縄女性にとっての"近代" 3 琉球音楽の魅力を探る 4 伊波普猷と柳田国男
＊黒潮は架橋か。列島の最南端に独自・相似・擬似の相克を追う。

◇もう一つの遠野物語 岩本由輝著 追補版 刀水書房 1994.2 275p 20cm (刀水歴史全書 15) 2200円 (i)4-88708-130-8 Ⓝ380.1
(内容) 第1部 遠野と民話―目前の出来事 第2部 もう一つの「遠野物語」 第3部 「遠野物語」の舞台裏 第4部 「遠野物語」と柳田学 付録

柳田国男国際聯盟常設委任統治委員関係資料六点 「遠野物語」から省かれたもの―むすびにかえて

◇物語の中世―神話・説話・民話の歴史学 保立道久著 東京大学出版会 1998.11 345,4p 21cm 5600円 (i)4-13-020119-0
(内容) 1 神話の世界と中世(「竹取物語」と王権神話―五節舞姫の幻想 「彦火々出見尊絵巻」と御厨の世界―海幸・山幸神話の絵巻をめぐって 巨柱神話と天道花―日本中世の氏神祭と農事暦 歴史学にとっての柳田国男) 2 中世説話の世界(内裏清涼殿と宮廷説話 説話「芋粥」と荘園制支配―贈与と客人歓待 虎・鬼ケ島と日本海海域史 領主本宅と煙出・釜殿) 3 中世民話の世界(腰裂と「桃太郎」 「ものぐさ太郎」から「三年寝太郎」へ 秘面の女と「鉢かつぎ」のテーマ)

◇物語の哲学―柳田国男と歴史の発見 野家啓一著 岩波書店 1996.7 268p 20cm 2600円 (i)4-00-002298-9 Ⓝ201.1

◇物語表現―時間とトポス 関根賢司著 おうふう 1994.9 188p 19cm 1900円 (i)4-273-02788-9
(内容) 異郷 かぐや姫 文字 高安の女 平中 語りと時間 都と鄙 年齢 十三になる年 沖縄 柳田国男 藤井貞和
＊沖縄から、関西へ。関東から、沖縄へ渡り、関西で第三の人生を生きる著者の、物語文学にかかわる四冊目の著書。物語の時間、語り、時間、トポスに鋭く、かつ大胆に迫る、十二篇収載。

◇森のふくろう―柳田国男の短歌 来嶋靖生著 河出書房新社 1994.4 229p 20cm (新装版) 2800円 (i)4-309-00907-7 Ⓝ911.162
(内容) 1 少年期の短歌 2 周辺の人々 3 青年期の短歌 4 恋の詩人 5 歌のわかれ 6 壮年以後の短歌 7 柳田国男と現代短歌
＊日本民俗学の出発点「遠野物語」に結晶された柳田国男の詩心。"恋の詩人"といわれた多感な青春期の短歌を掘り起こし、初期柳田民俗学と詩歌との関連を初めて解明した注目の論考。

◇靖国 坪内祐三著 新潮社 1999.1 294p 21cm 1700円 (i)4-10-428101-8
(内容) プロローグ 招魂斎庭が駐車場に変わる時 第1章「英霊」たちを祀る空間 第2章 大村益次郎はなぜその場所を選んだのか 第3章 嘉仁親王は靖国神社がお好き 第4章 招魂社から靖国神社へ、そして大鳥居 第5章 河竹黙阿弥「島衛月白浪」の「招魂社鳥居前の場」 第6章 遊就館と勧工場 第7章 日露戦争という巨大な見世物 第8章 九段坂を上る二人の男 第9章 軍人会館と野々宮アパート 第10章 力道山の奉納プロレス 第11章 柳田国男の文化講座と

柳田国男　　　　　　　　　　　　　　　　　　　　　　　　　　民俗学全般

　　靖国神社アミューズメントパーク化計画　エピ
　　ローグ「SUKIYAKI」と「YASUKUNI」
　＊靖国神社。それはかつては、「文明開化」の東
　　京に出現した、超モダンでハイカラな空間だ
　　った─。興味深いエピソードを積み重ねつつ、
　　いつの間にかそこに付加された「曖昧な象徴性」
　　を痛快かつクールに解体し、明治から平成に
　　至るそれぞれの時代の東京の雰囲気を鮮やか
　　に伝える、待望の書下ろし。

◇柳田学前史　後藤総一郎編　岩田書院　2000.11
　355p　21cm　〈常民大学研究紀要 1〉　3800円
　(i)4-87294-188-8　Ⓝ380.1
　　内容　1 柳田学前史(柳田学前史の意義　菅江
　　真澄の民俗学史的意義　山中共古の人と学問
　　伊能嘉矩の人と学問　南方熊楠と柳田国男─日
　　本人の可能性の極限　伊波普猷と柳田国男)　2
　　柳田学の内在的研究(「内閣文庫」の世界─柳田
　　国男と内閣文庫(二)　柳田国男の「氏神信仰調
　　査」考─東筑摩郡教育部会に依頼した柳田国男
　　の「氏神信仰調査」の実態　柳田国男の八幡信仰
　　観　柳田国男の風景観　水神についての考察─
　　神話からその古層を探る)

◇柳田学の地平線─信州伊那谷と常民大学　後藤
　総一郎著　長野　信濃毎日新聞社　2000.3
　255p　20cm　1700円　(i)4-7840-9855-0　Ⓝ379.
　5
　　内容　1 柳田学の地平線　2「常民大学」運動
　　の軌跡─武井正弘との対談　3 伊那谷と柳田国男
　　4 伊那谷、民俗の狩人　5 近代伊那思想史研究
　　序説─二つの思想の精神形象
　＊柳田国男の悲願であった、地域の人びとの歴
　　史意識の育みを、毎月1回20年にわたる「学問
　　の出前」を通して結実させた「常民大学」と柳田
　　学の軌跡と展望。

◇柳田国男─日本的思考の可能性　佐谷真木人著
　小沢書店　1996.11　224p　20cm　〈引用・参考
　文献一覧：p212～224〉　2266円　(i)4-7551-
　0331-2　Ⓝ380.1
　　内容　1 自然主義から民俗学へ　2 国学と妖怪
　　学　3「新国学」への道　4 戦略としての郷愁
　　5 貧困の生成と近代　6 世相史としての反歴史
　　7 ハーンと柳田をつなぐもの　8 懐かしい日本
　　9 魂のゆくえ
　＊「日本の社会にとって、近代とは何であったか」
　　日本と日本人、物と心の来歴を問いつづけた
　　「知」の巨人・柳田国男。失われゆくものの価
　　値と意味を見据えながら、しかし彼は、たん
　　に伝統的な保守主義者ではなかった。近代の
　　宿命的な課題とたたかう柳田思想の本質に迫
　　る、新鋭の思想的挑戦。

◇柳田国男─その生涯と思想　川田稔著　吉川弘
　文館　1997.8　189p　19cm　〈歴史文化ライブラ
　リー 19〉　〈肖像あり〉　1700円　(i)4-642-
　05419-7　Ⓝ380.1

　　内容　柳田国男と現代　柳田国男の生涯(官僚
　　として　民俗学者として)　柳田国男の思想
　　(柳田学と国民国家構想　日本人の倫理意識の
　　形成　氏神信仰と近代天皇制)
　＊柳田学とは何か。混迷する現代へのメッセー
　　ジ。

◇柳田国男─柳田民俗学と日本資本主義　鷲田小
　弥太著　三一書房　1999.8　204p　19cm
　〈三一「知と発見」シリーズ 1〉　1800円　(i)4-
　380-99214-4　Ⓝ611.1
　　内容　序章　柳田自身による農政学研究の位置
　　づけ　第1章　農政学者柳田国男　第2章　日本農
　　政学における柳田国男の位置　第3章　柳田国男
　　の近代日本再構築構想　第4章　架空対談　柳田
　　国男と司馬遼太郎
　＊無視しがたく鬱陶しい巨人・柳田の懐深く遊
　　泳した日本近代および日本人論。哲学者が解
　　読する柳田民俗学の中心核。

◇柳田国男　船曳建夫編著　筑摩書房　2000.10
　158p　21cm　〈快速リーディング 2〉　1400円
　(i)4-480-84282-9　Ⓝ380.1
　　内容　第1章　異界を旅する─山人からジェンダ
　　ーまで(遠野物語─「山」が孕んだ近代もある
　　山の人生─私たちのもう一つの人生、「山の人
　　生」ほか)　第2章　時代を編集する─民俗から
　　モダニズムまで(木曽より五箇山へ─明治年間
　　の岐阜山中、「定点」観測　のしの起源─日本を
　　フォクロア(民俗学)する　ほか)　第3章　文字
　　の声を聞く─「国語」からポリフォニーまで(伝承
　　の二様式─書き・読むことと、語り・聞くこと
　　のあいだには　涕泣史談─泣くことのコミュニ
　　ケーションとしての変遷　ほか)　第4章　日本を
　　新たにする─国家からヒューマニズムまで
　　(海上の道─晩年の柳田が見た海上の道　農業
　　政策─日本の食糧問題は、一世紀を経ても変わ
　　らない　ほか)
　＊「民俗学者」を超える柳田国男。新発想による
　　スーパー・レクチャー。国際化とナショナリ
　　ズムの狭間を生きる現代日本人に、二つの価
　　値を"調停"する発想が示される。厳選された
　　キー・テキストで全体像を丸ごとつかむ実戦
　　的入門書。

◇柳田国男をよむ─日本人のこころを知る　後藤
　総一郎編著　アテネ書房　1995.3　197p　19cm
　〈情報源：をよむ〉　〈柳田国男の肖像あり　年譜
　：p192～197〉　1500円　(i)4-87152-193-1
　Ⓝ380.1
　　内容　古層の神々　柳田民俗学の理念と方法
　　都市と農村の視座　旅の民俗学　衣・食・住の
　　民俗学　口承文芸の世界　子どもの民俗学　野
　　の草と鳥の民俗学　日本人の心意世界　自伝
　　柳田国男論をよむ
　＊「常民」の美しい言葉、風習、儀礼、祭り…。
　　柳田国男が掘り起こし、集大成し、民俗文化

民俗学全般　　　　　　　　　　　　　　　　　　　　　　　　　柳田国男

遺産として遺された日本民俗学。…その主要著作のエッセンスと柳田国男論を平易に紹介する。

◇柳田国男教育論の発生と継承―近代の学校教育批判と「世間」教育　谷川彰英著　三一書房　1996.8　384p　23cm　〈柳田国男・教育関係著作目録：p368～380〉　8000円　(i)4-380-96273-3　Ⓝ371.21
　(内容) 第1部　柳田国男における教育思想の形成（柳田国男における教育思想の原型　日本民俗学の成立と歴史教育論　伝承的世界と国語教育論　柳田国男の児童観と子ども向け著作の位置）第2部　柳田国男の社会科教育論（「社会科」の成立と柳田国男　「柳田社会科」の内容と方法　柳田国男の歴史教育論の発展と継承　柳田国男の社会科教育論の継承）

◇柳田国男経世済民の学―経済・倫理・教育　藤井隆至著　名古屋　名古屋大学出版会　1995.9　435,6p　22cm　6695円　(i)4-8158-0265-3　Ⓝ380.1
　(内容) 課題と方法　辻川時代　布川時代　文学から経済学へ　「農政学」の社会政策論　柳田国男の社会主義論　「後狩詞記」の学問的意義　「農業政策」の一極集中批判　地域主義の倫理的基礎　雑誌「郷土研究」の主題・方法・性格〔ほか〕
　＊社会政策学としての柳田学。「柳田学」の根源的問題意識とは何か。「民俗学者柳田」説を退け、若き日に学んだ農政学の深化発展による経世済民の学として、柳田の生涯と著作を解読。

◇柳田国男・ことばと郷土　柳田国男研究会編　岩田書院　1998.3　222p　23cm　〈柳田国男研究年報 2〉　3800円　(i)4-87294-103-9　Ⓝ380.1

◇柳田国男讃歌への疑念―日本の近代知を問う　網沢満昭著　名古屋　風媒社　1998.4　279p　20cm　2800円　(i)4-8331-0515-2　Ⓝ380.1
　(内容) 柳田学への一視点　稲と柳田国男　柳田国男と旅　一つの柳田国男批判　柳田国男とナショナリズム　風景論と柳田国男　宮沢賢治と山男　田沢義鋪　蓮沼門三　清沢満之　散華のこと
　＊近代日本の「知」と「修養」への問いかけ。日本の民俗学の創始者はどのような国民・国家像を描き、民衆の生活に何を求めたのか？日本的近代知の眼を持つ柳田国男の人と学問、その政治性を再検討、功罪を明らかにするとともに、日本的近代知と相対し、その超克に生きた宮沢賢治、清沢満之、蓮沼門三らの足跡をたどる。

◇柳田国男事典　野村純一ほか編　勉誠出版　1998.7　827,69p　23cm　9800円　(i)4-585-06006-5　Ⓝ380.1
　(内容) 1 文学（短歌　新体詩　文学の交遊　外国文学　文体）　2 口承文芸研究（神話　民間説話　伝説　昔話　歌謡・民謡　語りと伝承者）　3 日本語と方言・地名（国語・国語教育　ことばと方言　地名の研究）　4 柳田国男の思想（国家・天皇制・政治　戦争と植民地政策　民俗・文化・常民　差別）　5 農政学・経済学（農政学　経済学）　6 民俗学（民俗学の方法　研究会の流れ　民俗の発見　家と村をめぐる民俗　家と村の信仰　仏教と教育者）　7 人と交流（出生と家族　官僚と新聞社時代　旅　人々との出会い）　8 柳田国男の著作（「赤子塚の話」「神を助けた話」「郷土誌論」ほか）　柳田国男研究書一覧　柳田国男略年譜　柳田国男関係資料展示博物館一覧　事項索引　書名索引　人名索引
　＊柳田国男の全業績を有機的・総合的に把握できる事典。事項索引、書名索引、人名索引付き。

◇柳田国男・ジュネーブ以後　柳田国男研究会編著　三一書房　1996.9　200p　23cm　3200円　(i)4-380-96292-X　Ⓝ289.1
　(内容)「特集」柳田国男・ジュネーブ以後（柳田国男のジュネーブ体験　柳田学の転回―大正から昭和へ　日本青年館と柳田国男　柳田国男とイギリス民俗学の系譜　郷土研究から社会科へ―柳田国男の教育運動）　特別寄稿（柳田国男と日本の将来）　伝記研究（「年譜」のなかの柳田国男伝　柳田民俗学の山脈―岡村千秋　松岡たけ小像）　「インタビュー」柳田国男に学ぶ（今井冨士雄氏に聞く）
　＊柳田国男研究会編著「柳田国男伝」（1988年刊行）、待望の補完版。

◇柳田国男書目解題影集覧　田中正明編著　岩田書院　1994.6　612,12p　27cm　24720円　(i)4-900697-13-3　Ⓝ380.1
　(内容) 柳田国男の著作と書物　本篇（単行書・共書・合書・その他の書　文庫　著作集・定本集・選集・全集　校訂書・編輯（纂）書・監修書　関係書）　附録（柳田国男「著作目録」考　井上通泰と「遠野物語」―柳田国男の初期著作の印行をめぐって）

◇柳田国男全集　月報―1-24　筑摩書房　1997.10-2000.6　1冊　20cm　Ⓝ380.8

◇柳田国男と飯田―まこと君の一研究　柳田国男記念伊那民俗学研究所編　〔飯田〕　飯田市教育委員会　1996.11　30p　21×21cm　（発行所：柳田国男記念伊那民俗学研究所　年譜あり）　953円

◇柳田国男と近江―滋賀県民俗調査研究のあゆみ　橘本鉄男著　彦根　サンライズ印刷出版部　1994.12　175,39p　19cm　〈別冊淡海文庫 1〉　1500円　(i)4-88325-104-7　Ⓝ380.1

◇柳田国男「遠野物語」作品論集成　1　石内徹編　大空社　1996.6　437p　27cm　〈近代文学作品論

文化人類学の本 全情報　37

叢書 7) 〈複製 柳田国男の肖像あり〉 (i)4-87236-818-5 Ⓝ382.122
 〈内容〉明治43年〜昭和49年 研究文献目録p39〜76
◇柳田国男「遠野物語」作品論集成 2 石内徹編 大空社 1996.6 497p 27cm (近代文学作品論叢書 7) 〈複製〉(i)4-87236-818-5 Ⓝ382.122
 〈内容〉昭和50年〜昭和59年
◇柳田国男「遠野物語」作品論集成 3 石内徹編 大空社 1996.6 467p 27cm (近代文学作品論叢書 7) 〈複製〉(i)4-87236-818-5 Ⓝ382.122
 〈内容〉昭和60年〜平成2年
◇柳田国男「遠野物語」作品論集成 4 石内徹編 大空社 1996.6 509p 27cm (近代文学作品論叢書 7) 〈複製〉(i)4-87236-818-5 Ⓝ382.122
 〈内容〉平成3年〜平成8年
◇柳田国男と折口信夫 池田弥三郎, 谷川健一著 岩波書店 1994.10 263p 16cm (同時代ライブラリー 202) 〈対照年譜:p223〜255〉1000円 (i)4-00-260202-8 Ⓝ380.1
◇柳田国男と近代文学 井口時男著 講談社 1996.11 285p 20cm 2400円 (i)4-06-208486-4 Ⓝ910.26
 〈内容〉1 起源の光景 2 内景としての「日本」 3 都鄙の論／月並の論 4 誘惑と抗争
 ＊「常民」の月並な日常を、近代リアリズムを超える柳田の視線がどう捉えたか。柳田民俗学の最深部を照らし出し、その本質を問い直した傑作長篇評論。
◇柳田国男と事件の記録 内田隆三著 講談社 1995.2 238p 19cm (講談社選書メチエ 40) 〈文献案内:p228〜231〉1500円 (i)4-06-258040-3 Ⓝ380.1
 〈内容〉第1章 抽象する視線 第2章 可視性の場 第3章 描かれた構図 第4章 事件の現場
 ＊ある一家心中事件をめぐって生み出されたいくつかの言説。法の言説と新聞報道。「新四郎さ」そして「山に埋もれたる人生ある事」。事件の季節は入れ替わり、新たな動機が付与される――。柳田はその独特の方法をもって何を語ろうとしたのだろうか。事実…。そしてその記録が描きだそうとした歴史の意識とは…。本書は、社会記述の方法をめぐるスリリングな論考である。
◇柳田国男と女性観―主婦権を中心として 倉石あつ子著 三一書房 1995.10 234p 20cm 〈背の著者表示(誤植):石倉あつ子〉2200円 (i)4-380-95283-5 Ⓝ384.6
 〈内容〉第1章 主婦と主婦権 第2章 柳田国男の主婦観 第3章 マチに生きる 第4章 家と女性
◇柳田国男と世田谷―柳田国男のふるさと観を中心に 髙見寛孝著, 東京都世田谷区, 世田谷区教育委員会編 世田谷区 1994.10 63p 21cm 〈第8回柳田国男ゆかりサミット記念 共同刊行 :世田谷区教育委員会 参考文献:p60〜63〉Ⓝ289.1
◇柳田国男とその弟子たち―民俗学を学ぶマルクス主義者 鶴見太郎著 京都 人文書院 1998.12 255p 20cm 2300円 (i)4-409-54056-4 Ⓝ380.1
 〈内容〉戦時下に於ける民俗学研究の組織化―橋浦泰雄と「民間伝承の会」 転向期の弟子たち―大間知篤三を中心に 戦時下の郷土とマルクス主義者(中野重治郷土と記述を結ぶもの 1942年夏福本和夫の故郷再訪) 戦後に於ける対峙―石田英一郎からの問いかけ
 ＊異なる思考の対峙と交流―。戦前・戦中、弾圧によって運動から離脱した一群のマルクス主義者が柳田の門を叩いた。橋浦泰雄、大間知篤三、中野重治、福本和夫、石田英一郎…著者は丹念な聞き取りと原資料に基づいてこの事実を掘り下げ、隠された思想のドラマを追う。
◇柳田国男と短歌―続森のふくろう 来嶋靖生著 河出書房新社 1994.4 245p 20cm 2800円 (i)4-309-00898-4 Ⓝ911.162
 〈内容〉序章 柳田国男の短歌 2 鑑賞・柳田国男の歌 3 柳田国男の近代短歌批判 4 柳田国男と現代短歌 5 柳田国男全短歌(試稿)
 ＊なぜ、柳田国男は"新派和歌"を否定し続けたのか…?好評を博した前著『森のふくろう』から十余年、新発見の資料で明らかにする"柳田学"の真髄。現代短歌に大きな示唆を与える好著。
◇柳田国男と平田篤胤 芳賀登著 皓星社 1997.10 354p 22cm 3500円 (i)4-7744-0078-5 Ⓝ380.1
 〈内容〉私の学問出発の原点―本書執筆の経緯 平田篤胤と民俗的世界―平田篤胤に関する研究の覚書 平田国学の常人観―柳田国男につながるものは何か 平田学と民衆―平田学の学問的課題 平田神道の複合的性格―「毎朝神拝詞記」と「玉たすき」を中心として 柳田国男をめぐって―平田学から柳田学へ 〔ほか〕
 ＊柳田は平田より本居に近づこうとしながらも平田古神道の影響を受け民俗的世界に入っていった。国学者平田篤胤と民俗学者柳田国男の接点とは。
◇柳田国男と文学 相馬庸郎著 洋々社 1994.1 247p 20cm 2000円 (i)4-89674-904-9 Ⓝ380.1
 〈内容〉「遠野物語」について 「海南小記」について 「雪国の春」について 「木綿以前の事」について 「豆の葉と太陽」について 柳田国男と旧派和歌 柳田国男の新体詩と詩的散文 柳田国男の二十歳代 柳田国男と島崎藤村 柳田国男の昔話研究 文学者柳田国男の昭和前期 柳田国男の魅力

＊民俗学者柳田国男の裏側にかくされた文学者の実像とは?その作品を「文学」として読み説き、近代文学者としての柳田の足跡を、日本の近代文学史の動きを背景としながら具体的に検証する。

◇柳田国男と民俗学の近代―奥能登のアエノコトの二十世紀　菊地暁著　吉川弘文館　2001.10　296,11p　22cm　〈文献あり〉　8500円　(i)4-642-07544-5　Ⓝ380.1

(内容)　序章 奇妙な懸隔―柳田／民俗学というアポリア　第1章 闘争の場としての民俗文化財―宮本馨太郎と祝宮静の民俗資料保護　第2章 あえのことのこと―小寺廉吉と四柳嘉孝の民俗調査　第3章 民俗と写真のあいだ―芳賀日出男と民俗写真　第4章 農の心の現在―原田正彰とあえのこと保存会　終章 エスノグラフィックノセカイ

＊日本民俗学を創始した柳田国男は、「民俗」を己の視線から創出していった。そこから排除されたものは何か。近代の中で、記述する者とされる者との関係性において民俗が変容する過程を、「民間の新嘗祭」として発見され、位置付けられた奥能登の農耕儀礼アエノコトを軸に描き出す。文化財保護制度や民俗写真の検証も併せ、民俗誌のあるべき姿を追究。

◇柳田国男における「学問」の展開と教育観の形成　関口敏美著　風間書房　1995.3　291p　22cm　12360円　(i)4-7599-0930-3　Ⓝ371.21

(内容)　第1章 先行研究の検討と課題の設定　第2章 「学問」の形成と展開　第3章 教育の習俗研究と「前代教育」　第4章 「歴史教育」構想と「郷土研究」　第5章 「国語教育」構想と国語史研究　第6章 「民俗学」と教育―「学問」の展開と教育観の深化　第7章 戦後における教育改革構想―国語教育と社会科教育

◇柳田国男のアジア認識　後藤総一郎編　岩田書院　2001.9　199p　21cm　(常民大学研究紀要2)　3200円　(i)4-87294-215-9　Ⓝ380.1

(内容)　柳田国男のアジア認識:柳田国男の「植民地主義論」の誤謬を質す(後藤総一郎著)　柳田国男のアジア認識(藤井隆至著)　柳田国男と台湾民俗学(邱淑珍著)　柳田学の展開:古層の神「守公神」考(久保田宏著)　天竜村の生と死の儀礼(前沢奈緒子著)　「秋風帖」への意識(吉村章司著)　柳田国男とイプセン(桑原純代著)　柳田国男の地方観(村松玄太著)

◇柳田国男のえがいた日本―民俗学と社会構想　川田稔著　未来社　1998.10　232p　20cm　(ニュー・フォークロア双書 28)　2200円　(i)4-624-22028-5　Ⓝ380.1

(内容)　第1章 柳田国男の生涯と学問　第2章 柳田国男の民俗学(日本的心性の原像―氏神信仰　柳田民俗学の体系)　第3章 柳田学の形成(初期柳田　柳田民俗学の方法的形成)　第4章 柳田国男の社会構想(政治論　社会経済論と地域改革　共同性と内面的倫理形成の問題)

＊いま、柳田国男から何を読みとるか。近代日本最大の転換期にあって、日本社会の将来のありかたを考え、日本人の新たな倫理形成に向けて展開された柳田国男の学問と思想が現代に示唆すること。

◇柳田国男の思想世界　綱沢満昭著　翰林書房　1993.6　197p　19cm　〈主要参考文献:p189～191〉　2400円　(i)4-906424-20-1　Ⓝ380.1

◇柳田国男の世界　河村望著　人間の科学新社　1999.7　304p　20cm　〈標題紙・背の出版者表示:人間の科学社(旧社名)　著作目録あり〉　2000円　(i)4-8226-0177-3　Ⓝ380.1

(内容)　第1回 民俗学とはなにか　第2回 若き柳田(松岡)国男　第3回 都市と農村　第4回 柳田民俗学の出発点　第5回 柳田の学問観　第6回 柳田と女性学　第7回 歴史と民俗学　第8回 家と先祖　第9回 昔話と文学　第10回 戦後の柳田国男　第11回 柳田の沖縄学　第12回 柳田民俗学から受け継ぐもの

＊「社会」は「個人」に外在するものではない。柳田国男の方法論的弱点。

◇柳田国男の世界―北小浦民俗誌を読む　福田アジオ編　吉川弘文館　2001.10　401,12p　22cm　〈年表あり　文献あり〉　8000円　(i)4-642-07543-7　Ⓝ382.141

(内容)　第1 注釈「北小浦民俗誌」(海人の村　内海府の生活　磯ねぎとかつぎ　ナシフリから鏡へ　たこ穴と蛸さぶき　ほか)　第2 解題「北小浦民俗誌」(昭和初期における佐渡の民俗研究体制―倉田一郎の佐渡調査前後　「倉田手帖」と「北小浦民俗誌」―「民俗語彙」の取捨選択から統合へ　全国民俗誌叢書と「北小浦民俗誌」)

＊「北小浦民俗誌」は、柳田国男が特定地域を記述した唯一の民俗誌である。しかし柳田自身この地を訪れたことがなく、また北小浦に関する部分も少なく、むしろ日本全体の歴史像を論じている。柳田が意図したものは何か。「北小浦民俗誌」を正確に読み解き、その成立過程や資料的根拠を明らかにし、「郷土で日本を」を標榜した柳田国男の思想に迫る。

◇柳田国男の本棚　第1巻　台湾文化志　上巻　伊能嘉矩著　大空社　1997.4　957p　22cm　(刀江書院昭和3年刊の複製)　30000円　(i)4-7568-0380-6　Ⓝ380.1

◇柳田国男の本棚　第2巻　台湾文化志　中巻　伊能嘉矩著　大空社　1997.4　963p　22cm　(刀江書院昭和3年刊の複製　折り込1枚)　30000円　(i)4-7568-0381-4　Ⓝ380.1

◇柳田国男の本棚　第3巻　台湾文化志　下巻　伊能嘉矩著　大空社　1997.4　1013,7,4p　22cm　(刀江書院昭和3年刊の複製)　30000円　(i)4-

◇柳田国男の本棚　第4巻　神都百物語　松木時彦著　大空社　1997.4　518p　22cm〈昭和7年刊の複製　肖像あり〉16000円　(i)4-7568-0383-0　Ⓝ380.1

◇柳田国男の本棚　第5巻　山の伝説　青木純二著　大空社　1997.4　309p　22cm〈丁未出版社昭和5年刊の複製〉10000円　(i)4-7568-0384-9　Ⓝ380.1

◇柳田国男の本棚　第6巻　動物界霊異誌　岡田建文著　大空社　1997.4　290,5p　22cm〈郷土研究社昭和2年刊の複製〉9000円　(i)4-7568-0385-7　Ⓝ380.1

◇柳田国男の本棚　第7巻　東石見田唄集　三上永人著　大空社　1997.4　104p　22cm〈郷土研究社大正15年刊の複製〉4000円　(i)4-7568-0386-5　Ⓝ380.1

◇柳田国男の本棚　第8巻　ハルマヘイラ島生活　江川俊治著　大空社　1997.9　262p　22cm〈南洋協会大正10年刊の複製〉9000円　(i)4-7568-0387-3　Ⓝ380.1

＊柳田民俗学の基底は、生涯にわたる津々浦々への旅と、無尽蔵の読書とが深く結び付いて形成されている。柳田学は当初、民族の固有信仰の残留を辿る伝説研究や離島に残存する古い民俗を探る調査あるいは民話・民謡・昔話の研究、各地域にわたる方言研究などにはじまり、さらには各地方の同志たちの協力による全国の農山漁村生活者の多領域にわたる本格的調査研究などの共同研究へと幅広く発展し、体系化されていく。本書は、不滅の「柳田学」を形成するに至った今日ではほとんど手に入らない希少な文献を精選して刊行するものである。

◇柳田国男の本棚　第9巻　和尚と小僧　中田千畝著　大空社　1997.9　235,3p　22cm〈坂本書店昭和2年刊の複製〉5000円　(i)4-7568-0388-1　Ⓝ380.1

＊柳田民俗学の基底は、生涯にわたる津々浦々への旅と、無尽蔵の読書とが深く結び付いて形成されている。柳田学は当初、民族の固有信仰の残留を辿る伝説研究や離島に残存する古い民俗を探る調査あるいは民話・民謡・昔話の研究、各地域にわたる方言研究などにはじまり、さらには各地方の同志たちの協力による全国の農山漁村生活者の多領域にわたる本格的調査研究などの共同研究へと幅広く発展し、体系化されていく。本書は、不滅の「柳田学」を形成するに至った今日ではほとんど手に入らない希少な文献を精選して刊行するものである。

◇柳田国男の本棚　第10巻　日本鳥類生態学資料　川口孫治郎著　大空社　1997.9　568,8p　22cm〈巣林書房昭和12年刊の複製〉19000円　(i)4-7568-0389-X　Ⓝ380.1

＊柳田民俗学の基底は、生涯にわたる津々浦々への旅と、無尽蔵の読書とが深く結び付いて形成されている。柳田学は当初、民族の固有信仰の残留を辿る伝説研究や離島に残存する古い民俗を探る調査あるいは民話・民謡・昔話の研究、各地域にわたる方言研究などにはじまり、さらには各地方の同志たちの協力による全国の農山漁村生活者の多領域にわたる本格的調査研究などの共同研究へと幅広く発展し、体系化されていく。本書は、不滅の「柳田学」を形成するに至った今日ではほとんど手に入らない希少な文献を精選して刊行するものである。

◇柳田国男の本棚　第11巻　日向馬関田の伝承　楢木範行著　大空社　1997.9　190p　22cm〈鹿児島民俗研究会昭和12年刊の複製〉6000円　(i)4-7568-0390-3　Ⓝ380.1

＊柳田民俗学の基底は、生涯にわたる津々浦々への旅と、無尽蔵の読書とが深く結び付いて形成されている。柳田学は当初、民族の固有信仰の残留を辿る伝説研究や離島に残存する古い民俗を探る調査あるいは民話・民謡・昔話の研究、各地域にわたる方言研究などにはじまり、さらには各地方の同志たちの協力による全国の農山漁村生活者の多領域にわたる本格的調査研究などの共同研究へと幅広く発展し、体系化されていく。本書は、不滅の「柳田学」を形成するに至った今日ではほとんど手に入らない希少な文献を精選して刊行するものである。

◇柳田国男の本棚　第12巻　地を拓く　別所梅之助著　大空社　1997.9　325p　22cm〈警醒社発行昭和17年刊の複製〉10000円　(i)4-7568-0391-1　Ⓝ380.1

＊柳田民俗学の基底は、生涯にわたる津々浦々への旅と、無尽蔵の読書とが深く結び付いて形成されている。柳田学は当初、民族の固有信仰の残留を辿る伝説研究や離島に残存する古い民俗を探る調査あるいは民話・民謡・昔話の研究、各地域にわたる方言研究などにはじまり、さらには各地方の同志たちの協力による全国の農山漁村生活者の多領域にわたる本格的調査研究などの共同研究へと幅広く発展し、体系化されていく。本書は、不滅の「柳田学」を形成するに至った今日ではほとんど手に入らない希少な文献を精選して刊行するものである。

◇柳田国男の本棚　第13巻　随筆民話　高田十郎著　大空社　1997.9　290p　22cm〈桑名文星堂昭和18年刊の複製〉10000円　(i)4-7568-0392-X　Ⓝ380.1

＊柳田民俗学の基底は、生涯にわたる津々浦々への旅と、無尽蔵の読書とが深く結び付いて

形成されている。柳田学は当初、民族の固有信仰の残留を辿る伝説研究や離島に残存する古い民俗を探る調査あるいは民話・民謡・昔話の研究、各地域にわたる方言研究などにはじまり、さらには各地方の同志たちの協力による全国の農山漁村生活者の多領域にわたる本格的調査研究などの共同研究へと幅広く発展し、体系化されていく。本書は、不滅の「柳田学」を形成するに至った今日ではほとんど手に入らない希少な文献を精選して刊行するものである。

◇柳田国男の本棚　第14巻　支那習俗　太田陸郎著　大空社　1997.9　213p　22cm　〈三国書房昭和18年刊の複製〉　7000円　(i)4-7568-0393-8　Ⓝ380.1

＊柳田民俗学の基底は、生涯にわたる津々浦々への旅と、無尽蔵の読書とが深く結び付いて形成されている。柳田学は当初、民族の固有信仰の残留を辿る伝説研究や離島に残存する古い民俗を探る調査あるいは民話・民謡・昔話の研究、各地域にわたる方言研究などにはじまり、さらには各地方の同志たちの協力による全国の農山漁村生活者の多領域にわたる本格的調査研究などの共同研究へと幅広く発展し、体系化されていく。本書は、不滅の「柳田学」を形成するに至った今日ではほとんど手に入らない希少な文献を精選して刊行するものである。

◇柳田国男の本棚　第15巻　高砂族パイワヌの民芸　小林保祥著　大空社　1997.9　152,38p　22cm　〈三国書房昭和19年刊の複製〉　7000円　(i)4-7568-0394-6　Ⓝ380.1

＊柳田民俗学の基底は、生涯にわたる津々浦々への旅と、無尽蔵の読書とが深く結び付いて形成されている。柳田学は当初、民族の固有信仰の残留を辿る伝説研究や離島に残存する古い民俗を探る調査あるいは民話・民謡・昔話の研究、各地域にわたる方言研究などにはじまり、さらには各地方の同志たちの協力による全国の農山漁村生活者の多領域にわたる本格的調査研究などの共同研究へと幅広く発展し、体系化されていく。本書は、不滅の「柳田学」を形成するに至った今日ではほとんど手に入らない希少な文献を精選して刊行するものである。

◇柳田国男の本棚　第16巻　地理と民俗　山口貞夫著　大空社　1997.9　327p　22cm　〈生活社昭和19年刊の複製〉　10000円　(i)4-7568-0395-4　Ⓝ380.1

＊柳田民俗学の基底は、生涯にわたる津々浦々への旅と、無尽蔵の読書とが深く結び付いて形成されている。柳田学は当初、民族の固有信仰の残留を辿る伝説研究や離島に残存する古い民俗を探る調査あるいは民話・民謡・昔話の研究、各地域にわたる方言研究などにはじまり、さらには各地方の同志たちの協力による全国の農山漁村生活者の多領域にわたる本格的調査研究などの共同研究へと幅広く発展し、体系化されていく。本書は、不滅の「柳田学」を形成するに至った今日ではほとんど手に入らない希少な文献を精選して刊行するものである。

◇柳田国男の本棚　第17巻　アイヌの研究　金田一京助著　大空社　1998.6　457,4p　22cm　〈内外書房大正14年刊の複製〉　15000円　(i)4-7568-0733-X　Ⓝ380.1

◇柳田国男の本棚　第18巻　北飛騨の方言　荒垣秀雄著　大空社　1998.6　176p　22cm　〈刀江書院昭和7年刊の複製〉　6000円　(i)4-7568-0734-8　Ⓝ380.1

◇柳田国男の本棚　第19巻　滋賀県方言集　大田栄太郎編　大空社　1998.6　176p　22cm　〈刀江書院昭和7年刊の複製〉　6000円　(i)4-7568-0735-6　Ⓝ380.1

◇柳田国男の本棚　第20巻　大和の伝説　髙田十郎編　大空社　1998.6　299p　22cm　〈大和史蹟研究会昭和8年刊の複製〉　10000円　(i)4-7568-0736-4　Ⓝ380.1

◇柳田国男の本棚　第21巻　遺老説伝―球陽外巻　島袋盛敏著　大空社　1998.6　191p　22cm　〈学芸社昭和10年刊の複製〉　6000円　(i)4-7568-0737-2　Ⓝ380.1

◇柳田国男の本棚　第22巻　海女記　瀬川清子著　大空社　1998.6　244p　22cm　〈三国書房昭和17年刊の複製〉　8000円　(i)4-7568-0738-0　Ⓝ380.1

◇柳田国男の本棚　第23巻　紫波郡昔話集　小笠原謙吉著　大空社　1998.6　164p　22cm　〈三省堂昭和17年刊の複製〉　5000円　(i)4-7568-0739-9　Ⓝ380.1

◇柳田国男の本棚　第24巻　武蔵野風物　福原信三編　大空社　1998.6　159p　22cm　〈靖文社昭和18年刊の複製〉　5000円　(i)4-7568-0740-2　Ⓝ380.1

◇柳田国男の本棚　第25巻　村の女性　能田多代子著　大空社　1998.6　260p　22cm　〈三国書房昭和18年刊の複製〉　8000円　(i)4-7568-0741-0　Ⓝ380.1

◇柳田国男の本棚　第26巻　女の本　女性民俗学研究会編　大空社　1998.6　215p　22cm　〈朝日新聞社昭和21年刊の複製〉　7000円　(i)4-7568-0742-9　Ⓝ380.1

◇柳田国男の本棚　第27巻　岳南史　第1巻　鈴木覚馬編　大空社　1998.11　1140p　22cm　〈岳南史刊行会昭和6年刊の複製〉　29000円　(i)4-7568-0790-9　Ⓝ380.1

◇柳田国男の本棚　第28巻　岳南史　第2巻　鈴木覚馬編　大空社　1998.11　1126p　22cm　〈岳南

◇柳田国男の本棚　第29巻　岳南史　第3巻　鈴木覚馬編　大空社　1998.11　1520p　22cm　〈岳南史刊行会昭和7年刊の複製〉　39000円　(i)4-7568-0792-5　Ⓝ380.1
◇柳田国男の本棚　第30巻　岳南史　第4巻　鈴木覚馬編　大空社　1998.11　1346p　22cm　〈岳南史刊行会昭和8年刊の複製〉　34000円　(i)4-7568-0793-3　Ⓝ380.1
◇柳田国男の本棚　第31巻　岳南史　第5巻　鈴木覚馬編　大空社　1998.11　1370p　22cm　〈岳南史刊行会昭和10年刊の複製〉　35000円　(i)4-7568-0794-1　Ⓝ380.1
◇柳田国男の民俗学　岩崎敏夫著　岩田書院　1995.2　403p　22cm　（岩崎敏夫著作集　6）　〈著作目録：p389～399〉　8137円　(i)4-900697-21-4　Ⓝ380.1
　内容　第1篇　柳田国男の創めた民俗学　第2篇　柳田国男をめぐって　第3篇　柳田国男の書簡　第4篇　師友抄の中から—私の先生や私を支えてくれた人々
◇柳田国男の民俗学　谷川健一著　岩波書店　2001.6　244,2p　18cm　（岩波新書）〈年譜あり〉　740円　(i)4-00-430736-8　Ⓝ380.1
◇柳田国男の民俗誌—『北小浦民俗誌』の世界　松本三喜夫著　吉川弘文館　1998.12　201p　22cm　5200円　(i)4-642-07540-2　Ⓝ382.141
　内容　なぞだらけの「北小浦民俗誌」—「はしがき」にかえて　第1章　『北小浦民俗誌』を読む　第2章　佐渡への誘い　第3章　柳田国男の佐渡の旅　第4章　倉田一郎の佐渡の旅　第5章　旅人の学問・寄寓者の学問　第6章　佐渡同郷人の学問　『北小浦民俗誌』をどう理解するか—「おわり」にかえて
　＊民俗学の父、柳田国男が著した唯一の民俗誌『北小浦民俗誌』。著者は丹念にその内容を検討し、現地佐渡の研究者との交流をもたどることで、より立体的な視点からこの民俗誌にまつわる多くの「なぞ」の解明を試みる。
◇柳田国男の明治時代—文学と民俗学と　岡村遼司著　明石書房　1998.11　345p　20cm　3000円　(i)4-7503-1094-8　Ⓝ380.1
　内容　序章　思想と実生活　1章　回想の自然主義文学　2章　柳田国男の青春　3章　旅行と歴史—「そぞろ神」のいざない　4章　「明治国家」の時代　5章　在官為務と私立為業と—立身出世の思想と実際　6章　「後狩詞記」からの出発　終章　「遠野物語」とは何だったか
◇柳田国男の読み方—もうひとつの民俗学は可能か　赤坂憲雄著　筑摩書房　1994.9　222p　18cm　（ちくま新書）　680円　(i)4-480-05607-6　Ⓝ380.1
◇柳田国男・南方熊楠往復書簡集　上　飯倉照平編　平凡社　1994.6　379p　16cm　（平凡社ライブラリー）　1000円　(i)4-582-76052-X　Ⓝ380.1
　内容　オコゼから山男へ—交通の発端　柳の蔭を頼む—神社合祀に反対して　『南方二書』刊行前後—伝説研究の協力　無鳥郷の伏翼—柳田批判の始動　剃頭した親子—反対行動の分岐
　＊「民俗学」誕生のはざまで火花を散らし合った二人の開拓者たち。往復書簡は、二つの青春のせめぎあいを生々しく伝えてくれる。南方・柳田論争の全貌をここに収録する。
◇柳田国男・南方熊楠往復書簡集　下　飯倉照平編　平凡社　1994.6　390p　16cm　（平凡社ライブラリー）〈柳田国男・南方熊楠略年譜：p368～369〉　1000円　(i)4-582-76053-8　Ⓝ380.1
　内容　出発への模索—多様な関心の交錯　フォクロアへの架橋—研究会と雑誌の胎動　『郷土研究』創刊のころ—文章報国と風俗壊乱　出会いの後—編集方針の対立　確執と絶信—『南方随筆』出版まで　解説　灼熱する対話の果てに
◇柳田・民俗の記述　柳田国男研究会編　岩田書院　2000.10　347p　23cm　（柳田国男研究年報　3）　5900円　(i)4-87294-184-5　Ⓝ380.1
◇柳田国男論・丸山真男論　吉本隆明著　筑摩書房　2001.9　336p　15cm　（ちくま学芸文庫）　1200円　(i)4-480-08659-5　Ⓝ380.1
　内容　柳田国男論（縦断する「白」　動機・法社会・農　旅人・巡回・遊行）　丸山真男論（序論　『日本政治思想史研究』総論）
　＊体液のように流れる柳田の文体と方法にかたちをあたえ、彼のえがいた稲の人としての「日本人」の鮮明な画像と、そこに見えかくれする「山人」や「アイヌ」の影に徹底した考察を加える「柳田国男論」。丸山の戦争体験の批判を入口に、『日本政治思想史研究』における徂徠学の評価の分析を軸にすえ、丸山政治学が幻想の「西欧」という虚構の立場を設定して初めて切り拓いた地平を検証する「丸山真男論」。近現代の代表的な思想家を俎上にのせ、雄勁なスケールでその核心を論じる。
◇柳田「民俗学」への底流—柳田国男と「炉辺叢書」の人々　松本三喜夫著　青弓社　1994.3　212p　20cm　2472円　(i)4-7872-3077-8　Ⓝ380.1
　内容　第1章　柳田国男と「炉辺叢書」　第2章　「遠野物語」の夢—佐々木喜善と「江刺郡昔話」など　第3章　雪国の炉語り—小池直太郎と「小谷口碑集」　第4章　菅江真澄との対話中道等と「津軽旧事談」　第5章　二人の知の巨人の狭間で—雑賀貞次郎と「牟婁口碑集」　第6章　未刊の「炉辺叢書」—菅菊太郎と「伊予大三島誌」　終章　柳田「民俗学」への底流
　＊地方の郷土研究家との交流と出版事業を通して柳田国男が意図した「人脈形成」「情報収集」の内実を探り、民俗学確立への柳田の方法論を考察する。

民俗学全般　　　　　　　　　　　　　　　　　　　　　　　　　　　　折口信夫

◇山の精神史─柳田国男の発生　赤坂憲雄著　小学館　1996.10　354p　16cm　(小学館ライブラリー)　960円　(i)4-09-460089-2　Ⓝ380.1

(内容)序章 物語の闇・遠野にて　第1章 椎葉より　第2章 血と漂泊　第3章 天然の力　第4章 山人その後　第5章 山人の誕生　第6章 稲の風景　第7章 平地人と常民

＊「後狩詞記」「遠野物語」は生きている。それは柳田の常民の民俗学の原点であるとともに、まったく異質の方向を指し示す著作でもある。これらの物語発生の現場に立ち会って、柳田の思想の根源を考える。

◇歴史解読の視座　神奈川大学評論集専門委員会編　御茶の水書房　1993.6　192p　21cm　(神奈川大学評論叢書 第2巻)　2266円　(i)4-275-01508-8

(内容)歴史叙述の変容　柳田国男 山人とアイヌ文化　歴史学のなかの民族像　近代日本の異民族支配─「大東亜共栄圏」構想にいたる民族政策論を中心に　対談 歴史叙述と方法─歴史学の新しい可能性をめぐって　解説 新しい歴史解読の視座を求めて

◇歴史社会学の作法　佐藤健二著　岩波書店　2001.8　312p　19cm　(現代社会学選書)　2500円　(i)4-00-026515-6

(内容)1 歴史社会学とは何か(社会学における歴史性の構築)　2 柳田国男と歴史社会学(民俗学と市民社会 新語論の発想 作品としての「明治大正史世相篇」)　3 テクストとデータベース(印刷革命と読むことの近代 大衆文化の想像力 もう一つの「明治事物起原」)

＊社会や文化を理解する上で、なぜ歴史を問わなければならないのか。社会学はなぜ歴史社会学の視点を保たなければならないのか。戦後の社会科学とくに社会学の歴史意識を批判的に検討し、社会を人間の実践の痕跡、文字や記録の痕跡が重層的に重なり合う複合的な言語空間と捉えかえすことで、その批判的解読には歴史社会学の方法と論理が不可欠であることを説く。柳田国男のテクストを従来のステロタイプ化した理論的構図から救出し、忘れられた民間学者石井研堂の考証力に光りをあてる。社会学の基礎をなすデータやテキストの歴史性の問い方読み方を論じて独自の資料論を展開し、読者を「読み説く」という実践の妙へと誘う。

◇歴史のつづれおり　井出孫六著　みすず書房　1999.4　247p　19cm　2400円　(i)4-622-03669-X

(内容)柳田国男少年考　福崎町辻川　日本一小さい家　二葉亭四迷の墓　小学校の庭　ポプラ"山宣"葬儀の庭のパレード　地下鉄王と葡萄　日本人はなぜ座るのか　土呂久の教師〔ほか〕

＊歴史の裏通りを生きた人々に注ぐ眼差し、片隅に忘れられた土地への旅。122の挿話が織り

なすタピスリーに、過去とこの10年の日本の姿が、鮮かに映し出される。

◇列島の文化史　9　網野善彦,塚本学,宮田登編　日本エディタースクール出版部　1994.6　248p　21cm　2500円　(i)4-88888-217-7

(内容)国際協力による文化財の保存　文書館の機能と活動　翻刻〔秤の本地〕解説　市・山伏・芸能　説経節「さんせう太夫」と勧進興行　中世海村の百姓と領主　「血」の境界 身体としての共同体　マタギ道考 秋田県阿仁マタギにおける出稼ぎ猟に関するノート　ボスって何？ 野猿公苑の見物客のエスノグラフィ　柳田国男翁聴き書き 昭和三十四年五月二十九日

折口信夫(著作)

◇折口信夫全集　1　古代研究 国文学篇　折口信夫全集刊行会編纂　中央公論社　1995.2　529p　20cm　5500円　(i)4-12-403348-6　Ⓝ081.6

(内容)国文学の発生(第三稿)　国文学の発生(第一稿)　国文学の発生(第二稿)　国文学の発生(第四稿)　短歌本質成立の時代, 女房文学から隠者文学へ, 万葉びとの生活, 万葉集の解題, 万葉集のなり立ち, 万葉集研究, 叙景詩の発生, 古代生活に見えた恋愛, 古代民謡の研究, 日本書と日本紀と, 相聞の発達, 日本文章の発想法の起り, お伽草子の一考察, 解題 岡野弘彦ほか著

◇折口信夫全集　2　古代研究 民俗学篇 1　折口信夫全集刊行会編纂　中央公論社　1995.3　486p　20cm　5500円　(i)4-12-403349-4　Ⓝ081.6

(内容)妣が国へ・常世へ　古代生活の研究　琉球の宗教　水の女　若水の話　貴種誕生と産湯の信仰と　最古日本の女性生活の根柢　神道の史的価値　高御座　鶏鳴と神楽と〔ほか〕

＊日本人の心の深奥に分け入る折口学、その輝きを一望する新編集決定版。

◇折口信夫全集　3　古代研究 民俗学篇 2　折口信夫全集刊行会編纂　中央公論社　1995.4　523p　20cm　5500円　(i)4-12-403350-8　Ⓝ081.6

(内容)鬼の話　はちまきの話　ごろつきの話　雛祭りの話　桃の伝説　まじなひの一方面　狐の田舎わたらひ　桟敷の古い形　稲むらの蔭にて　方言〔ほか〕

◇折口信夫全集　4　日本文学の発生序説─文学発生論　折口信夫全集刊行会編纂　中央公論社　1995.5　506p　20cm　5500円　(i)4-12-403351-6　Ⓝ081.6

(内容)日本文学の発生─その基礎論　日本文学の発生　唱導文学─序説として　唱導芸序説　日本文学の発生 序説　日本文学の発生　短歌様式の発生に絡んだある疑念

◇折口信夫全集 5 大和時代の文学・風土記の古代生活—古代文学論 折口信夫全集刊行会編纂 中央公論社 1995.6 444p 20cm 5000円 (i)4-12-403352-4 Ⓝ081.6
(内容) 国民詩史論 大和時代の文学 古典に現れた日本民族 古代日本人の感覚 上代の日本人―語部と文学 古代日本文学に於ける南方要素 古代の氏族文学 口承文学と文書文学と上代文学 古代修辞法の一例 〔ほか〕

◇折口信夫全集 6 万葉びとの生活—万葉集1 折口信夫全集刊行会編纂 中央公論社 1995.7 440p 20cm 5000円 (i)4-12-403353-2 Ⓝ081.6

◇折口信夫全集 7 万葉集講義・日本古代抒情詩集—万葉集2 折口信夫全集刊行会編纂 中央公論社 1995.8 596p 20cm 6000円 (i)4-12-403354-0 Ⓝ081.6

◇折口信夫全集 8 東歌疏・選註万葉集抄—万葉集3 折口信夫全集刊行会編纂 中央公論社 1995.9 438p 20cm 5000円 (i)4-12-403355-9 Ⓝ081.6

◇折口信夫全集 9 口訳万葉集 上 折口信夫全集刊行会編纂 中央公論社 1995.10 666p 20cm 6000円 Ⓝ081.6
(内容) 口訳万葉集 口訳万葉集—改稿 沼空万葉集

◇折口信夫全集 10 口訳万葉集 下 折口信夫全集刊行会編纂 中央公論社 1995.11 491p 20cm 5500円 (i)4-12-403357-5 Ⓝ081.6

◇折口信夫全集 11 万葉集辞典 折口信夫全集刊行会編纂 中央公論社 1996.2 473p 20cm 5500円 (i)4-12-403358-3 Ⓝ081.6
＊万葉集に登場する用語・事項・人物等を解説した事典。折口信夫が雑誌・新聞等に発表した作品を中心にまとめられた「折口信夫全集」の第11巻にあたる。見出し語の意味・文法的解説・事項解説のほか、語の歴史的意義の変遷も示す。一日本人の心の深奥に分け入る折口学、その輝きを一望する新編集決定版。

◇折口信夫全集 12 言語情調論・副詞表情の発生 (言語論) 折口信夫全集刊行会編纂 中央公論社 1996.3 516p 20cm 5500円 (i)4-12-403359-1 Ⓝ081.6
(内容) 和歌批判の範疇 古歌新釈 言語情調論 古語復活論 短歌の口語的発想 詩語としての日本語 わかしとおゆと 熟語構成法から観察した語根論の断簡 形容詞の論 副詞表情の発生 〔ほか〕
＊日本人の心の深奥に分け入る折口学、その輝きを一望する新編集決定版。

◇折口信夫全集 13 新古今前後・世々の歌びと—和歌史1 折口信夫全集刊行会編纂 中央公論社 1996.4 496p 20cm 5500円 (i)4-12-403360-5 Ⓝ081.6

(内容) 新古今前後 ちとりましとゝ 難解歌の研究 誹諧歌の研究 短歌本質の成立 短歌の本質と文学性との問題 短歌の歴史 解題集 農民短歌史序説 「倭は国のまほろば」其他 「涼しく暴る」 時鳥を待つ 世々の歌びと 女流短歌史 〔ほか〕

◇折口信夫全集 14 恋の座・近代短歌—和歌史2 折口信夫全集刊行会編纂 中央公論社 1996.5 506p 20cm 5500円 (i)4-12-403361-3 Ⓝ081.6
(内容) 連歌俳諧発生史 俳諧の発生—農村に於けるかけあひ歌 俳諧控へ帳 西鶴に見えた正風の発生 西鶴俳諧の所産 武蔵十ېҚ仙「旅ぜせる三陰」 恋の座 俳諧評釈の事業 英訳俳句草稿 菊の塵 〔ほか〕

◇折口信夫全集 15 伊勢物語私記・反省の文学 源氏物語—後期王朝文学論 折口信夫全集刊行会編纂 中央公論社 1996.6 366p 20cm 4500円 (i)4-12-403362-1 Ⓝ081.6
(内容) 歌及び歌物語 伊勢物語私記 枕草紙解説 女房歌の発生 歌及び組歌の発生 家集と物語 物語歌 物語について 「すぼうつ」としての歌合せ 近江歌及びその小説的な素材 〔ほか〕

◇折口信夫全集 16 国文学・短歌論・国語学 折口信夫全集刊行会編纂 中央公論社 1996.7 662p 20cm 6000円 (i)4-12-403363-X Ⓝ081.6

◇折口信夫全集 17 春来る鬼・仇討ちのふおくろあ—民俗学1 折口信夫全集刊行会編纂 中央公論社 1996.8 476p 20cm 5500円 (i)4-12-403364-8 Ⓝ081.6

◇折口信夫全集 18 女の香炉・大倭宮廷の刱業期 (民俗学2) 折口信夫全集刊行会編纂 中央公論社 1997.11 560p 19cm 5340円 (i)4-12-403365-6
(内容) 沖縄に存する我が古代信仰の残孽 琉球国王の出自—佐敷尚氏・伊平屋尚氏の関係の推測 女の香炉 沖縄採訪手帖(大正十年) 沖縄採訪記(大正十二年) 沖縄固有の信仰問題 組踊復興への道 同胞沖縄の芸能の為に 干瀬の白波 〔ほか〕
＊日本人の心の深奥に分け入る折口学、その輝きを一望する新編集決定版。

◇折口信夫全集 19 石に出で入るもの・生活の古典としての民俗—民俗学3 折口信夫全集刊行会編纂 中央公論社 1996.9 399p 20cm 5000円 (i)4-12-403366-4 Ⓝ081.6
(内容) 原始信仰 剣と玉 石に出で入るもの 古代日本人の信仰生活 上代葬儀の精神 言霊信仰 鳥の声 霊魂 産霊の信仰 民族精神の主題 民俗学学習の基礎 民俗学 生活の古典としての民俗 〔ほか〕

◇折口信夫全集 20 民族史観における他界観念

民俗学全般　　　　　　　　　　　　　　　　　　　　　　　　　　　　折口信夫

・神道宗教化の意義(神道・国学論)　折口信夫全集刊行会編纂　中央公論社　1996.10　526p　20cm　5500円　(i)4-12-403367-2　Ⓝ081.6
(内容)異郷意識の進展　民族史観における他界観念　来世観　民間信仰と神社と　古代生活に於ける惟神の真意義　神道に見えた古代論理　日本古代の国民思想　「くに」及び「ひと」を主題に　即位御前記　古代人の信仰　禊ぎと祓へと〔ほか〕

◇折口信夫全集　21　日本芸能史六講―芸能史1　折口信夫全集刊行会編纂　中央公論社　1996.11　513p　20cm　5500円　(i)4-12-403368-0　Ⓝ081.6
(内容)日本芸能史六講　伝承文芸論　無頼の徒の芸術　和歌の発生と諸芸術との関係　日本文学における一つの象徴　日本芸能の特殊性　日本芸能の話　文芸の力時代の力　巫女と遊女と芸能民習〔ほか〕

◇折口信夫全集　22　かぶき讚―芸能史2　折口信夫全集刊行会編纂　中央公論社　1996.12　458p　20cm　5500円　(i)4-12-403369-9　Ⓝ081.6
(内容)かぶき讚　封印切漫評　御国座―江戸狂言の源之助君　芝居の話　辻の立ち咄　江戸歌舞妓の外輪に沿うて　芝居見の芝居知らず　歌舞妓とをどり　玉手御前の恋　見ものは合邦辻　手習鑑見物記　手習鑑雑談　正直正太夫に期待す〔ほか〕

◇折口信夫全集　23　日本文学啓蒙　折口信夫全集刊行会編纂　中央公論社　1997.1　490p　20cm　(折り込1枚)　5500円　(i)4-12-403370-2　Ⓝ081.6

◇折口信夫全集　24　海やまのあひだ・春のことぶれ―短歌作品1　折口信夫全集刊行会編纂　中央公論社　1997.2　598p　20cm　6000円　(i)4-12-403371-0　Ⓝ081.6

◇折口信夫全集　25　倭をぐな―短歌作品2　折口信夫著，折口信夫全集刊行会編纂　中央公論社　1997.3　617p　20cm　5825円　(i)4-12-403372-9　Ⓝ081.6

◇折口信夫全集　26　古代感愛集・近代悲傷集(詩)　折口信夫著，折口信夫全集刊行会編纂　中央公論社　1997.4　600p　20cm　5825円　(i)4-12-403373-7　Ⓝ081.6
(内容)古代感愛集　近代悲傷集　現代襤褸集　詩　拾遺

◇折口信夫全集　27　死者の書・身毒丸―小説・初期文集　折口信夫著，折口信夫全集刊行会編纂　中央公論社　1997.5　474p　20cm　5340円　(i)4-12-403374-5　Ⓝ081.6
(内容)小説(口ぶえ　身毒丸　生き口を問ふ女死者の書　寅吉　夜風)　初期文集(都賀野の牡鹿　八栗之秋　紀和地方修学旅行記　東京だより　祝詞　校歌)
＊日本人の心の深奥に分け入る折口学，その輝

きを一望する新編集決定版。

◇折口信夫全集　28　花山寺縁起・東北車中三吟(戯曲・連句)　折口信夫著，折口信夫全集刊行会編纂　中央公論社　1997.6　482p　20cm　5340円　(i)4-12-403375-3　Ⓝ081.6
(内容)戯曲(花山寺縁起　文金風流　ほか)　放送台本(四季西行　大仏開眼　ほか)　映画台本(「雪祭り」しなりお―岩波映画「新野雪祭」のために)　俄狂言(巻返大倭未来記　稲生物怪録　ほか)　舞踊台本(花の松　万葉飛鳥之夢)　芸謡(迎年祈世　飛鳥　ほか)　連句(独唫(十夜独唫)　十夜孤山(溝のはた)　ほか)

◇折口信夫全集　29　歌の円寂するとき―短歌評論1　折口信夫著，折口信夫全集刊行会編纂　中央公論社　1997.7　500p　20cm　5340円　(i)4-12-403376-1　Ⓝ081.6
(内容)歌の円寂する時　歌の円寂する時　続篇　滅亡論以後　滅ぶるまでのしばし　前月歌壇　辻の立ち話　文芸運動に於ける朋党　茂吉への返事　短歌と文壇　短歌に於ける主観の表現　万葉調　短歌に於ける人事と自然〔ほか〕

◇折口信夫全集　30　切火評論・雲母集細見―短歌評論2　折口信夫著，折口信夫全集刊行会編纂　中央公論社　1997.8　461p　20cm　5340円　(i)4-12-403377-X　Ⓝ081.6

◇折口信夫全集　31　自歌自註・短歌啓蒙(歌評)　折口信夫著，折口信夫全集刊行会編纂　中央公論社　1997.12　681p　20cm　5825円　(i)4-12-403378-8　Ⓝ081.6
(内容)自歌自註(海やまのあひだ　春のことぶれ)　「心深き春」自註　「釈迢空集」追ひ書き　「釈迢空篇」追ひ書き　「山の端」追ひ書き　路隅集の前に　釈迢空集のすゑに　「鵠が音」追ひ書き〔ほか〕
＊日本人の心の深奥に分け入る折口学，その輝きを一望する新編集決定版。

◇折口信夫全集　32　山の音を聴きながら―近代文学評論　折口信夫著，折口信夫全集刊行会編纂　中央公論社　1998.1　530p　20cm　5340円　(i)4-12-403379-6　Ⓝ081.6
(内容)山越しの阿弥陀像の画因　山の音を聴きながら―川端康成氏の近業　好悪の論　逍遙から見た鷗外　「春」から　詩と散文との間を行く発想法　批評家の批評　文学を愛づる心　推讃〔ほか〕

◇折口信夫全集　33　零時日記・海道の砂―随想ほか　折口信夫著，折口信夫全集刊行会編纂　中央公論社　1998.2　520p　20cm　5340円　(i)4-12-403380-X　Ⓝ081.6
(内容)零時日記　海道の砂　当麻寺中護念院にて　毎月帖　信濃より　争臣を閑談　おもの乳汁　南部・津軽　姥の話〔ほか〕
＊日本人の心の深奥に分け入る折口学，その輝きを一望する新編集決定版。

折口信夫　　　　　　　　　　　　　　　　　　　　　　　　　　　　　　民俗学全般

◇折口信夫全集　34　日記・書簡・補遺　折口信夫著．折口信夫全集刊行会編纂　中央公論社　1998.8　480p　20cm　5340円　(i)4-12-403381-8　Ⓝ081.6
(内容)　日記及び書簡　補遺　問答欄　後期王朝文学史　目安　土佐日記補註　文学部の諸君へ　主として国文科に就いて　男鹿の「なまはげ」と矢嶋獅子　民族生活史より見たる農民の位置　学界における沖縄　過去及び将来における沖縄の宗教と芸術　古今集以降　漢字制限、カナヅカイ改正ニ対スル会談記事　万葉集歌解説　青年と文化　諏訪御船渡御採訪記　懸賞小説　選者の言葉　文学と芸能の関係　作詞「近江歌」

◇折口信夫全集　35　万葉集短歌輪講・手帖　折口信夫著．折口信夫全集刊行会編纂　中央公論社　1998.12　466p　20cm　5340円　(i)4-12-403382-6　Ⓝ081.6
(内容)　万葉集短歌輪講　万葉集東歌研究　橘曙覧の研究　手帖(詩　草稿　随筆　草稿　信州採訪手帖(大正九年)　ほか
＊日本人の心の深奥に分け入る折口学、その輝きを一望する新編集決定版。

◇折口信夫全集　36　年譜・著述総目録・講義目録・全集総目次・短歌索引　折口信夫著．折口信夫全集刊行会編纂　中央公論新社　2001.2　534p　20cm　5340円　(i)4-12-403383-4　Ⓝ081.6
(内容)　自撰年譜一(昭和5年)　自撰年譜二(昭和12年)　年譜　著述総目録　講義目録　全集総目次　万葉集および万葉系統の短歌　東歌の研究　みそぎ・七夕—純日本的な行事として　神の花・仏の花　生活の古典　新神道の顕現　万作踊りを観て　短歌拾遺　「鳴沢即事」等の小解説　短歌の心構へ　「くゞひ」のはじめに　十周年記念号に寄せて　「鳥船新集第三」追ひ書き　新しい論理の開発(二)　書簡
＊日本人の心の深奥に分け入る折口学、その輝きを一望する新編集決定版。

◇折口信夫全集　別巻1　折口信夫講義　折口信夫著．折口信夫全集刊行会編纂　中央公論社　1999.1　530p　20cm　5340円　(i)4-12-403385-0　Ⓝ081.6
(内容)　言語及び言語伝承論　神道と民俗学　古事記の研究　万葉人の生活　後期王朝文学史　御柱の話　軍神の話　機織の話　古代女性の生活
＊本書は、折口信夫が自ら単行本や諸種の雑誌・新聞などに発表した論文および作品等を中心に、未発表の原稿を加えて編集したものである。

◇折口信夫全集　別巻2　折口信夫輪講　折口信夫著．折口信夫全集刊行会編纂　中央公論新社　1999.5　583p　20cm　〈1999年1月刊までの出版者：中央公論社〉　5825円　(i)4-12-403386-9　Ⓝ081.6
(内容)　万葉集巻三輪講　狂言輪講(純太郎　煎じ物　千鳥　金藤左衛門　棒縛　末広がり　釣狐　筑紫奥　ほか
＊本書は、折口信夫が自ら単行本や諸種の雑誌・新聞などに発表した論文および作品等を中心に、未発表の原稿を加えて編集したものである。なお別巻については、別に編集した。

◇折口信夫全集　別巻3　折口信夫対談　折口信夫著．折口信夫全集刊行会編纂　中央公論新社　1999.9　690p　20cm　5825円　(i)4-12-403387-7　Ⓝ081.6

◇折口信夫全集　月報1-27, 29-39, 付録　中央公論社　1995.2-2001.2　1冊　19cm　〈「37」以降の出版者：中央公論新社〉　Ⓝ081.6

◇作家の自伝　89　折口信夫　佐伯彰一、松本健一監修　折口信夫著．阿部正路編解説　日本図書センター　1999.4　251p　22cm　(シリーズ・人間図書館)　〈肖像あり　年譜あり〉　2600円　(i)4-8205-9534-2, 4-8205-9525-3　Ⓝ918.6
(内容)　箴の音　口ぶえ

◇死者の書・身毒丸　折口信夫著　中央公論新社　1999.6　223p　16cm　(中公文庫)　590円　(i)4-12-203442-6　Ⓝ913.6
(内容)　死者の書　山越しの阿弥陀像の画因　身毒丸
＊古墳の闇から復活した大津皇子の魂と藤原の郎女との交感。古代への憧憬を啓示して近代日本文学に最高の金字塔を樹立した「死者の書」、その創作契機を語る「山越しの阿弥陀像の画因」、さらに、高安長者伝説をもとに"伝説の表現形式として小説の形"で物語ったという「身毒丸」を加えた新編集版。

◇天狗と山姥　折口信夫ほか著　河出書房新社　2000.12　434p　20cm　(怪異の民俗学　5)　3800円　(i)4-309-61395-0　Ⓝ387.91
(内容)　1　天狗の文化史(天狗への憧れと期待　猿田彦考　相応和尚と愛宕山の太郎坊—説話の歴史　ほか)　2　天狗の民俗学(崇徳上皇　加賀・能登の天狗伝説考　天狗と庶民信仰　ほか)　3　山姥の民俗学(鷺替え神事と山姥　「食わず女房」と女の家　他者の原像—人見知りをめぐっての鬼と山姥の考察　ほか)
＊"山の魔怪"の意味を解く。人間の心の奥底に迫る「怪異」と「不思議」の世界。さまざまな分野にひらかれた新しい民俗学大系(全8巻)の全貌が明らかに。各巻巻末に小松和彦の書き下し解説を付す。

◇日本の名随筆　別巻57　喧嘩　嵐山光三郎編　作品社　1995.11　249p　19cm　1800円　(i)4-87893-877-3
(内容)　如是我聞　抄(太宰治)　喧嘩咄(牧野信一)

民俗学全般　　　　　　　　　　　　　　　　　　　　　　　　折口信夫

立腹帖 抄(内田百閒)　差押へられる話(菊池寛)　祖母の為に(志賀直哉)　学者の喧嘩と文士の喧嘩(奥野信太郎)　蓮根論争(河上徹太郎)　喧嘩口論の話―心意伝承 十三(折口信夫)　光を覆うものなし―競輪不正事件(坂口安吾)　あやまってはならぬ(安岡章太郎)〔ほか〕

◇花の名随筆　1　一月の花　大岡信, 田中澄江, 塚谷裕一監修　作品社　1998.11　222p　19cm　1800円　(i)4-87893-725-4
(内容) 福寿草など(巻頭詩)(高橋元吉)　正月の花(飯田竜太)　思ひ出す事など三十三(夏目漱石)　松竹梅の話(新村出)　門松のはなし(折口信夫)　植物歳時記「一月」(本田正次)　一月一日(永井荷風)　ふきのとう(大原富枝)　福寿草(草野心平)　フクジュソウ(岩槻邦男)〔ほか〕
＊随筆。短編小説。植物学こぼれ話。うつろう季節に花を味わうアンソロジー花の歳時記。

◇ふるさと文学館　第35巻　奈良　河野仁昭編　ぎょうせい　1994.9　641p　21cm　6000円　(i)4-324-03802-3
(内容) 役僧(今東光)　古都旅情(抄)(瀬戸内晴美)　二月堂の夕(谷崎潤一郎)　奈良登大路町(島村利正)　漆胡樽(井上靖)　シカの白ちゃん(岡部伊都子)　鳥(野長瀬正夫)　三輪山(秦恒平)　大神神社(岡野弘彦)　紅蓮の女王(黒岩重吾)　春泥(神西清)　死者の書(折口信夫)
＊この全集はそれぞれの地域にその特色を探ろうとし、近代の矛盾を土俗の彩の裏に読み取らせてくれる壮大なパノラマである。

◆折口信夫(研究書)
◇アニミズムを読む―日本文学における自然・生命・自己　平川祐弘, 鶴田欣也編　新曜社　1994.1　447p　20cm　3914円　(i)4-7885-0474-X　Ⓝ910.4
(内容) 現代小説の中のアニミズム―「桜」モチーフの軌跡　果心居士の消滅―西洋のミメーシスと違うもの　日本文学の底に流れるアニミズム　復活するアニミズム―現代日本文学の場合　現代に生きるアニミズムの世界　水とことばとコスモロジー　無常とアニミズムの融合―仏典のレトリックと和歌の自然観　自然のいのちと芸術の美―日本の文芸論における自然物のイメージ　言葉のアニミズム―泉鏡花における自己と自然　花と精霊―折口信夫「身毒丸」を読む　ふれ合うリズム―志賀直哉の「和解」と「暗夜行路」における自己と自然　川端康成の自然・女性・自我　三島由紀夫、その自己と自然―宮沢賢治の世界とくらべて　風景の川、文体の川―井伏鱒二の名作「川」　辺境なるアルカディア―大江健三郎の「牧歌」と「反牧歌」
＊いまアニミズムが見直されている。現代文明によって傷つき乾いた心を潤し、自然とのつながりを回復させてくれる癒しの思想として。万葉、古今から鏡花、川端、大江までの日本文学のなかに脈々と流れるアニミズムの水流を広く世界文学の視点から跡づける。

◇異界の方へ―鏡花の水脈　東郷克美著　有精堂出版　1994.2　520p　19cm　3800円　(i)4-640-31047-1
(内容) 泉鏡花・差別と禁忌の空間　民俗・芸能・一揆―「神に代りて来る」ものたち　鏡花の隠れ家　「高野聖」の水中夢　夢魔はいかにして顕現するか―「註文帳」の統辞法　木霊と風景―「三尺角」試論　「夜叉ヶ池」―柳田国男の視座から―「眉かくしの霊」の顕現　「草枕」―水・眠り・死　「道草」「書斎」から「往来」へ　「海南小記」―海上の道への始発　大正三年の折口信夫―「身毒丸」の成立を中心に　「死者の書」の両義性　「古代感愛集」―幻視する旅人：佇立する芥川竜之介　「玄鶴山房」の内と外―「山峡の村」の意味をめぐって　子ども・遊び・祭り―谷崎潤一郎の快楽　狐妻幻想―「吉野葛」という織物　「細雪」試論―妙子の物語はなにを意味するか　病気の意味「細雪」成立の周辺　「旅愁」―漂う心／漂うテクスト　魔界の彼方へ―「二人で一人、一人で二人」の幻　「津軽」論―周縁的世界への帰還　「お伽草紙」の桃源境　付　明治の浦島たち
＊わが近代文学に伏流する異界への憧憬。天才鏡花を起点として、漱石・柳田・折口・芥川・谷崎・横光・川端・太宰ら、年来畏愛の「心優しき逃亡者たち」のテクストに表出された〈反近代〉としての異界志向を掬いあげ、近代文学における潺湲たるロマン主義の水脈を辿る、著者宿願の論集。

◇イマジネールの考古学―文学の深みへ　饗庭孝男著　小沢書店　1996.4　370p　21cm　3090円　(i)4-7551-0324-X
(内容) 野生の思考―柳田国男「遠野物語」　神話の地勢学―泉鏡花「高野聖」　聖なる「乞食」の歌謡―折口信夫「古代感愛集」　「自然」と物質的想像力―宮沢賢治の詩と物語　擬制としての神話―保田与重郎の聖域と「長谷寺」　村落共同体の論理―長塚節の「芋掘り」と「土」　西欧的「知」の基層―堀辰雄の「幼年時代」と「曠野」　遊行僧の唱導性―深沢七郎の「楢山節考」と「笛吹川」　民俗的水脈の露呈―太宰治の心性　無名の谷間の歴史―水上勉の「共苦」の物語群　制度の根源に向って―中上健次の「路地」の意味
＊柳田国男、折口信夫から水上勉、中上健次まで、文学を「深さ」の問題として捉え、近代日本文学の民俗学的課題を追求する長篇評論。作品の基層にある土俗的な要素の有機的なつながりに照明をあて、歴史の無意識を掘りおこす。古代の眠り、民族の営みの記憶のなかに、日本の心性を問う。

◇上田正昭著作集　8　古代学の展開　上田正昭著

角川書店 1999.11 428p 21cm 9300円 (i)4-04-522808-X
　(内容)1 喜田史学の軌跡(学問と思想　平民学者のいぶき ほか)　2 折口古代学の精神(折口信夫の学問　まれびと論の再検討 ほか)　3 先学の史脈(津田史学の成果と課題　文化史学の課題 ほか)　4 古代学でまじわり(古代東アジア史のなかで　松本清張の歴史観 ほか)
　＊古代史学から、古代学へ。史実を追究する学問のひろがり。折口信夫が使った「古代学」という言葉は、多くの先学によって綜合的な学問へと方向づけられた。古代の歴史と文化の実像を探る学究のあゆみをたどる。
◇折口信夫―虚像と実像　穂積生萩著　勉誠社 1996.10 255p 20cm 2266円 (i)4-585-05026-4 Ⓝ910.268
　(内容)1 折口信夫 虚像と実像　2 折口信夫・釈迢空歿後四十年記念対談(米津千之　穂積生萩)　3 柳田国男と折口信夫　4 堀辰雄にあてた折口信夫のよごと　5 折口信夫と男鹿　6 春来る鬼・なまはげ
◇折口信夫を読み直す　諏訪春雄著　講談社 1994.12 202p 18cm (講談社現代新書) 650円 (i)4-06-149230-6 Ⓝ380.1
　(内容)第1章 折口信夫の世界　第2章 まれびと　第3章 翁と三番叟　第4章 依代　第5章 鎮魂　第6章 常世・他界　第7章 折口にひとたびの別れを
　＊民俗学・芸能史・国文学に独自の学説を立てた折口信夫。鋭い直観から生まれたその理論の魅力と欠陥は。まれびと・依代・他界などの名彙をほぐしつつ折口学の体系を検証する。
◇折口信夫研究資料集成―大正7年～昭和40年　第1巻　石内徹編　大空社 1994.10 258p 27cm 〈監修：朝倉治彦　複製　折口信夫の肖像あり〉 (i)4-87236-928-9 Ⓝ910.268
　(内容)大正7年～昭和20年
◇折口信夫研究資料集成―大正7年～昭和40年　第2巻　石内徹編　大空社 1994.10 429p 27cm 〈監修：朝倉治彦　複製　折口信夫の肖像あり〉 (i)4-87236-928-9 Ⓝ910.268
　(内容)昭和21年～昭和28年
◇折口信夫研究資料集成―大正7年～昭和40年　第3巻　石内徹編　大空社 1994.10 467p 27cm 〈監修：朝倉治彦　複製　折口信夫の肖像あり〉 (i)4-87236-928-9 Ⓝ910.268
　(内容)昭和29年～昭和30年
◇折口信夫研究資料集成―大正7年～昭和40年　第4巻　石内徹編　大空社 1994.10 386p 27cm 〈監修：朝倉治彦　複製　折口信夫の肖像あり〉 (i)4-87236-928-9 Ⓝ910.268
　(内容)昭和31年～昭和33年
◇折口信夫研究資料集成―大正7年～昭和40年　第5巻　石内徹編　大空社 1994.10 337p 27cm 〈監修：朝倉治彦　複製　折口信夫の肖像あり〉 (i)4-87236-928-9 Ⓝ910.268
　(内容)昭和34年～昭和35年
◇折口信夫研究資料集成―大正7年～昭和40年　第6巻　石内徹編　大空社 1994.10 331p 27cm 〈監修：朝倉治彦　複製　折口信夫の肖像あり〉 (i)4-87236-928-9 Ⓝ910.268
　(内容)昭和36年 上
◇折口信夫研究資料集成―大正7年～昭和40年　第7巻　石内徹編　大空社 1994.10 233p 27cm 〈監修：朝倉治彦　複製　折口信夫の肖像あり〉 (i)4-87236-928-9 Ⓝ910.268
　(内容)昭和36年 下
◇折口信夫研究資料集成―大正7年～昭和40年　第8巻　石内徹編　大空社 1994.10 355p 27cm 〈監修：朝倉治彦　複製　折口信夫の肖像あり〉 (i)4-87236-928-9 Ⓝ910.268
　(内容)昭和37年
◇折口信夫研究資料集成―大正7年～昭和40年　第9巻　石内徹編　大空社 1994.10 415p 27cm 〈監修：朝倉治彦　複製　折口信夫の肖像あり〉 (i)4-87236-928-9 Ⓝ910.268
　(内容)昭和38年
◇折口信夫研究資料集成―大正7年～昭和40年　第10巻　石内徹編　大空社 1994.10 284p 27cm 〈監修：朝倉治彦　複製　折口信夫の肖像あり〉 (i)4-87236-928-9 Ⓝ910.268
　(内容)昭和39年
◇折口信夫研究資料集成―大正7年～昭和40年　第11巻　石内徹編　大空社 1994.10 269p 27cm 〈監修：朝倉治彦　複製〉 (i)4-87236-928-9 Ⓝ910.268
　(内容)昭和40年
◇折口信夫研究資料集成―大正7年～昭和40年　別巻　解説・総目録・索引　石内徹編　大空社 1994.10 84,26p 27cm 〈監修：朝倉治彦　折口信夫の肖像あり〉 (i)4-87236-928-9 Ⓝ910.268
◇折口信夫事典　西村亨編　増補版　大修館書店 1998.6 787p 23cm 7600円 (i)4-469-01258-0 Ⓝ910.268
　(内容)序章 折口学への道　1章 折口名彙解説　2章 著作解題　3章 研究文献目録　4章 その生涯、学問的足跡
　＊折口信夫の学説研究に関心をもつ人々の便宜に供するため、研究の基礎となる学説・著作の解説、研究文献の一覧、評伝・年譜等を合わせて、折口学研究のハンドブックとしたもの。事典の核心となる折口名彙解説は、まれびと、常世、依代、貴種流離譚など37の主要名辞を見出しとして解説したもの。折口名彙索引、事項索引、研究文献目録著者索引付き。
◇折口信夫伝―その思想と学問　岡野弘彦著　中央公論新社 2000.9 478p 20cm 〈肖像あり〉

民俗学全般　　　　　　　　　　　　　　　　　　　　　　　　　　　　　　　　　　折口信夫

3400円　(i)4-12-003023-7　Ⓝ910.268
⦅内容⦆古代学と万葉集　万葉学とアララギ　まれびと論以前　力ある感染教育　内なる「まれびと」論　国学と神道　国学の伝統　「まれびと」とすさのを　日本人の神　時代と批評精神〔ほか〕
＊人間を深く愛する神ありてもしもの言はゞ、われの如けむ。戦後日本のあるべき姿に沈痛な思いをよせた折口。その学説を継ぐ著者が、緻密な知的追求と激情を秘めた詩的で求道的な思索とが交錯する師の内面をみつめ直し語り尽した力作伝記。

◇折口信夫独身漂流　持田叙子著　京都　人文書院　1999.1　244p　20㎝　2300円　(i)4-409-54057-2　Ⓝ910.268
⦅内容⦆餓鬼の思想―大食家・正岡子規と折口信夫　「伝承」をめぐって―父・子・そして、同性愛　誕生の系譜・母胎を経ない誕生　折口信夫の内なる「父」　奴隷論―創造の原風景　釈迢空『安乗帖』と田山花袋『南船北馬』　汗する少年―「口ぶえ」論　享楽主義者の系譜―「死者の書」論　碩学を描く―折口信夫における懐疑の思想　結婚の文化・独身の文化　折口信夫における水への郷愁
＊根を離れる苦汁を浴びつつ葛藤する折口信夫の生と性―多様な生のかたちを模索する現代への豊かな刺激を孕む力作。

◇折口信夫とその古代学　西村亨著　中央公論新社　1999.3　399p　20㎝　(折り込図1枚)　3600円　(i)4-12-002878-X　Ⓝ210.3
⦅内容⦆序の章　彦次郎さんの系譜　第1章「生くべき道」との出会い　第2章　貧窮生活のどん底　第3章　学問の方法としての旅　第4章　学説形成の準備時代　第5章　古代に向かっての旅　第6章　遠来の神の出現　第7章　沖縄に残存する「古代」　第8章　まれびとと来訪と文学の発生　第9章　まれびと論の誕生まで　第10章　独自の学の樹立　終章　折口古代学の既知と未知
＊折口学説に傾倒すること50余年、真摯な学者の透徹した論理で展開する日本古代学の誕生と成立の物語。学問をこころざす若い人びとに語りつたえ、読みつがれる待望の新著。

◇折口信夫の女歌論　阿木津英著　五柳書院　2001.10　261p　19㎝　(五柳叢書)　2300円　(i)4-906010-95-4
⦅内容⦆第1章　折口信夫と女歌（ヴァナキュラー・ジェンダー論としての折口信夫の女歌論　折口信夫の女歌論　折口信夫の人間愛―ヤヌスの顔をもつ歌について）　第2章　20世紀の女性短歌（"性の政治"と20世紀女性短歌　歌の現在をめぐる11の断片）　第3章　書く女たち（青葦原の女王にて―新しい竹下しづの女解釈のために　平準化の時　男の歌・女の歌）
＊フェミニズムは生きている。まだまだ進化するジェンダー論。そのただ中で、日本語人として著者は、女歌の相対化について語る。

◇折口信夫の河童　森口武臣著、西村博美編　奈良　地虫詩社　2000.7　396p　19㎝　3000円　Ⓝ289.1

◇折口信夫の記　岡野弘彦著　中央公論社　1996.10　246p　20㎝　2200円　(i)4-12-002613-2　Ⓝ911.162
⦅内容⦆第1章　死の匂う季節に　第2章　国敗るる日に　第3章　長夜の遊び　第4章　誕生日は親の勝手　第5章　白き手の女人　第6章　遊行の歌びと　第7章　歌こそは一期の病ひ　第8章　海やまのあひだ　第9章　人間を深く愛する神ありて　第10章　蒜の葉の惑い　第11章　幾年の花のあはれ　第12章　我が子らよ。我はさびしゑ
＊敬愛する師折口と晩年の十年間起居を共にした著者が、大なるがゆえに複雑にして過激な師の内奥の闇を畏れをもって解き明かし、その悲哀にみちた孤高の生涯を語る。

◇折口信夫の詩の成立―詩形／短歌／学　藤井貞和著　中央公論新社　2000.6　262p　20㎝　2600円　(i)4-12-003012-1　Ⓝ910.268
⦅内容⦆第1章　詩の成立　第2章　短歌という詩形　第3章　隠れ巫の学風　第4章　「大嘗祭の本義」から戦後へ　第5章　"まれびと"の学の赴くところ
＊短歌以後の詩形をどう切りひらいてゆこうとしたか。「古代感愛集」「近代悲傷集」「現代襤褸集」にいたる詩魂の軌跡を描きとる「折口学」以前の言語論の分析、日本文学の発生に関わる考察など、現代詩人の気魄あふれる知見の結実をみる一冊。

◇折口信夫の戦後天皇論　中村生雄著　京都　法蔵館　1995.11　263p　22㎝　3800円　(i)4-8318-7138-9　Ⓝ380.1
⦅内容⦆第1部　折口信夫の戦後天皇論　第2部　折口古代学の基礎理論　第3部　折口信夫と柳田国男　第4部　終章
＊戦後と古代を結ぶ斬新な構想、折口学の画期的な展開。戦後日本の精神的支柱を神道宗教化に求め挫折した折口の、深層の動機は何か。そこにおいて見出された特異な古代像とは―。緻密な読解と論証で、錯綜する折口晩年の学問を解きほぐし、戦後精神史の埋もれた断面を照らし出す。

◇折口信夫論　松浦寿輝著　太田出版　1995.6　209p　20㎝　(批評空間叢書7)　2500円　(i)4-87233-224-5　Ⓝ910.268
⦅内容⦆1　音の訪　2　喪の裳　3　襲と褥　4　石と忌　5　擬と移　6　死の贅
＊折口の権力意識はエロスへの偏執と不可分である。この官能的な権力衝動が「文字の大嘗祭」として反復されるとき、テクストには「仮死」「口」「声」「近さ」のトポスがちりばめられてゆく。―「まれびと」の差異性が同一性の内側へ

文化人類学の本 全情報　49

畳み込まれ、共同体の犠牲者が異界の超越性へと捲り上げられる天皇制エクリチュールの結節点を標定する。

◇女書生―ここにして女書生の生涯を生き貫かむと隠れ棲むなり　鶴見和子著　はる書房　1997.2　486p　19cm　3090円　(i)4-938133-70-9

(内容) 1 はじめに(七人からの出発　わたしの仕事)　2 比較と交流(「ステプストン」の日系カナダ人―戦中・戦後の体験がどのように人生経路を変えたか　移民研究の意味―私にとって、日本にとって　ほか)　3 生活記録運動(「山びこ学校」は歴史を創る　生活記録運動の戦後と現在)　4 柳田国男・費孝通・南方熊楠(柳田国男の都鄙連続論―費孝通、レッドフィールドとの比較において　春城行　ほか)　5 内発的発展(水俣民衆の世界と内発的発展　「遠野物語」を原点として東北モデルを考える　ほか)　6 アニミズム(宗教と女性　インディアンの生命の母神　ほか)　7 先達・友人・家族(女の辛酸をなめて生まれたおおらかな学問―丸岡秀子さんのこと　比較の深層　日本文と英文とのあいだに―河合隼雄さんのこと　ほか)　8 終わりに(人生周期と暮らしの時間　アニミズムの葬送)

◇女は存在しない　中沢新一著　せりか書房　1999.11　464p　19cm　2800円　(i)4-7967-0222-9

(内容) 私の方法序説または女は存在しない　ゴジラ対GODZILLA　エデンの園の大衆文学　折口信夫のシネマ論的民俗学―「雪祭り」しなりお分析　折口信夫とハイパーテキスト　丸石と深沢七郎　「アフリカ的段階」をめぐって　とてつもなく古いもの　古代的マトリックス　光からの生成、光への死〔ほか〕

＊ここでは、あらゆる思考が物質的なリアルの上に降り立つ、そこでたっぷりと物質や生命の抵抗を受け取りながら、一種のブリコラージュを実践しようとしている。こういうやり方によらないかぎりは、浮遊していく修辞的な生活環境に抵抗していくことは不可能であろう。この本を構成する文章の多くがフォークロアに素材をあおいでいるのは見かけだけで、ほんとうはいまここの世界の現実が主題となっているのである。

◇神の言葉・人の言葉―"あわい"の言葉の生態学　岡部隆志,丸山隆司編　武蔵野書院　2001.10　293p　19cm　(古代文学会叢書)　2600円　(i)4-8386-0401-7

(内容) 第1章 日本語の不安(「神の言葉」の言語観―折口信夫・時枝誠記・吉本隆明　表象としての「日本語」)　第2章 宮廷文化の中の言葉(「草木言語」論―オノマトペの発生　律令官人の言葉の位相―「遊行女婦」の発生　「まなざし」の生成―おもろ唱者・安仁屋真昭と『安仁屋本おもろさうし』との対話)　第3章 神・共同体・言葉(南島の神話生成と巫女のことば　対立構造と反転表現―ヤミ族の掛け合い歌)

◇清らの人折口信夫・釈迢空―「緑色のインク」の幻想　鳥居哲男著　沖積舎　2000.2　306p　20cm　3500円　(i)4-8060-4641-8　Ⓝ910.268

(内容) 序章 遠い記憶の淵から　第1章 複雑に錯綜する緑の陰翳　第2章 さまよえる「清ら」の風景　第3章 「無用者」の憂鬱と情熱　第4章 清らかな同性への憧憬　第5章 激しすぎる教育者の愛　第6章 深く広い「身内」への愛　第7章 人厭いと人間好きの愛　第8章 秘められた女性への愛　第9章 「黒衣の旅びと」の透明な孤独　第10章 闇の底から甦る神々　終章 生命の指標として

＊著者は詩人の透視力と小説家の人間把握力とをもって、世上に流布し、私自身の心の片隅にも魚の小骨のように引っかかっていた折口ホモセクシュアル説を鮮やかにくつがえし、併せて折口文学を排他的なカルト信者の手から、驚くべき寛やかで潤達で豊饒な世界へと解き放った。十代に親炙した釈迢空の短歌についての思い分、塵労に疲れた中年男の再発見した折口の「清ら」の世界、孤児意識に悩まされつつ大和を彷徨する折口少年の後ろ姿、弟子たちにひどく不器用に愛情を発露する折口先生、折口に惚れとおした二人の女性の知られざる生涯、そして大食漢・折口の痛快きわまる椀盤振舞…。本書は唯一無二の画期的な折口信夫論である。

◇近代作家追悼文集成　第35巻　伊東静雄・折口信夫・堀辰雄　ゆまに書房　1997.1　401p　22cm　(複製)　8240円　(i)4-89714-108-7　Ⓝ910.26

◇幻想の水脈から―物語の古層の露出するとき　笠原伸夫著　桜楓社　1993.1　265p　19cm　3800円　(i)4-273-02610-4

(内容) 中世芸能における賤なるもの　折口信夫の小説「身毒丸」　乞食のいる風景―「蛇食ひ」泉鏡花　続・乞食のいる風景―「鷺花径」泉鏡花と柳田国男の接点―山人はどこへ行ったか　夢野久作の深層回路　「葉」の構成　太宰治「魚服記」あるいは死とエロス　なぜ、大庭葉蔵か　説話的発想　坂口安吾　「桜の森の満開の下」　江戸の暗黒水系―鶴屋南北　かぶく恋―アンドロギュノス願望の行方　幕末版画の幻想構造

◇古代史から日本を読む―古代から現代、そして未来へ　上田正昭対談集　上田正昭著　学生社　2000.4　323p　19cm　2400円　(i)4-311-20234-2

(内容) 東アジアの中の日本古代史―小松左京　みそぎの研究―宮田登　四・五世紀の倭国―司馬遼太郎　木の文化・石の文化―岡本太郎　天帝と道鏡―飯沢匡　飛鳥と難波―直木孝次郎　吉備の神々―池田弥三郎　出雲の視座―勝部昭　千年の都、神と信仰をめぐって―林屋辰三郎

覚めるが如く、夢見るが如く―湯川秀樹　折口信夫の学問と思想―岡野弘彦　新世紀と王си魂―梅棹忠夫　高麗美術の息吹き―岡部伊都子　京都、日本、アジア、世界―千宗室　歴史に学び、歴史に生きる―井上満郎
＊古代日本の神話や宗教・民俗など、司馬遼太郎・岡本太郎・小松左京他15名、異色対談集。

◇ことばの呪性と生成―混沌からの声　吉田修作著　おうふう　1996.1　310p　19cm　3800円　(i)4-273-02894-8
（内容）序章 混沌からの声　1 折口信夫から　2 表現から　3 宮延歌人　終章 託宣考

◇辞書　柳瀬尚紀編　作品社　1997.4　260p　19cm（日本の名随筆 別巻74）1800円　(i)4-87893-654-1
（内容）楽しみ辞典（河盛好蔵）　辞書「話苑」より（幸田露伴）　辞書（折口信夫）　辞書の客観性（三木清）　辞書について―「字源」縮刷版の刊行（林達夫）　辞書について（高見順）　「言海」の大槻文彦（唐木順三）　辞書の愛用者であった紅葉・白秋・サルトルらの逸話 抄（福本和夫）　昌益先生の辞書（井上ひさし）　辞書のこと（竹内好）〔ほか〕

◇執深くあれ―折口信夫のエロス　山折哲雄, 穂積生萩著　小学館　1997.11　252p　19cm　1600円　(i)4-09-626116-5　Ⓝ910.268
（内容）1 穂積生萩さんのこと―まえがきにかえて　2 執深くあれ（対談）（穂積生萩・山折哲雄）　3 愛の人・折口信夫　4 歴史の深層へ、そして心の深層へ

◇釈迢空―詩の発生と＜折口学＞―私領域からの接近　藤井貞和著　講談社　1994.4　248p　15cm（講談社学術文庫）〈釈迢空折口信夫略年譜・著述発表年譜：p209～233〉760円　(i)4-06-159121-5　Ⓝ911.162
（内容）1 自然と鎮魂のフォークロア　2 詩の発生、その他　3 詩創造の源泉をめぐって―短歌の批判
＊日本古代学と民俗学の第一人者折口信夫は、釈迢空の名で知られる歌人でもあった。本書は、「海やまのあひだ」「古代感愛集」「倭をぐな」等の代表的歌集を読み解くことによって、釈迢空の詩魂の苦悩と求道の道程をたどり、学問と詩を融合した巨大な折口学の核心に迫らんとする。日本文学の中心に詩を回復させることをめざした〈近代批評の真の批評者〉としての釈迢空・折口信夫の全体像を明示した野心作。

◇生涯は夢の中径―折口信夫と歩行　吉増剛造著　思潮社　1999.12　270p　20cm　2800円　(i)4-7837-1587-4　Ⓝ910.268
（内容）1 詩篇・生涯は夢の中径　2 講演・折口信夫と大阪　3 折口信夫の力　4 折口信夫ノート　5 評伝・折口信夫の歩行　6 不思議な「折口」―あとがきにかえて
＊折口信夫の生涯の軌跡を求め、これまで誰にも読み解かれることのなかった、この類稀な文学者の特異なポエジーの秘密を明かす、詩・講演・評伝から紡がれたしなやかな詩的思考の奇蹟。ライフワークとしての折口信夫論集成。

◇神道学者・折口信夫とキリスト教　浜田辰雄著　上尾 聖学院大学出版会　1995.1　210p　22cm〈参考文献：p197～206〉3300円　(i)4-915832-10-4　Ⓝ170.4
（内容）第1部 折口信夫の思想構造とその性格（国学者としての折口信夫　折口信夫の神観―まれびと論　異郷・他界論―「常世」思想　折口信夫と「あたらずむ」論）　第2部 折口信夫の戦後神道論とキリスト教（折口信夫とキリスト教との関わり　折口信夫の戦後神道論　戦後神道論の評価　日本人の精神的課題とキリスト教―折口に応えて）

◇叢書 比較文学比較文化　4 東西の思想闘争　小堀桂一郎編　中央公論社　1994.4　598p　19cm　5800円　(i)4-12-002321-4
（内容）1 カトリック的世界像との対決―大航海時代と日本（普遍主義の挑戦と日本の応答―近世に於ける対決・サヴィエルからシドチまで　山口の討論――五五一年、山口に於けるイエズス会宣教師と日本人との宗教論争　奴隷貿易が与えた極東への衝撃　新井白石とシドチの対決　国学における神の再・形象化―篤胤の天主教教理受容の位相）　2「近代文明」の福音?―融合と抵抗の軌跡（ケンペルの日本論―その思想と時代　「国土」にひそむ神話　戊辰のこと―江戸開城の精神　西洋的近代へのある文人の抵抗―辜鴻銘の訪日講演集を中心に　「文明」論序説―ルートヴィヒ・クラーゲスと冨永半次郎を中心に　象徴としての衣服―ケーベル、タウト、安吾　滅びゆく漢文教育―再生への提言）　3 普遍主義との百年戦争――神教的価値観と日本人（内村鑑三と「日本的基督教」―晩年の歩みに現れた諸問題　明治末期の思想闘争―天皇制の再編強化と森鷗外の秀麿物　鎮魂と異教―折口信夫の戦中・戦後　占領軍による国家神道の解体―「神道指令」をめぐって　シンガポールにおける河村参謀中将―「十三階段を上る」を読む　森有正におけるリルケの影　寛容の否定的能力：「サルマーン・ラシュディー事件」再考―「表現の自由」と「イスラーム」との狭間にたった翻訳者）
＊キリスト教伝来から今日に至る断えざる挑戦と応答の過程を分析し、精神史的側面から近世・近代の再検討を試みる。

◇迢空・折口信夫事典　有山大五, 石内徹, 馬渡憲三郎編　勉誠出版　2000.2　442,6p　23cm　4600円　(i)4-585-06012-X　Ⓝ910.268

(内容) 1 人と生活(家系　生活譜抄　旅行　結社　研究会　新聞・雑誌　講義・講演) 2 思想と業績(思想・信条　語彙　作品解題) 3 折口信夫の周辺(人物　影響を受けた書物　挿話等) 4 参考文献解題(単行本　雑誌特集・専門誌等目録(抄))

＊迢空・折口信夫の文学・学問・文学に関する事項を収録した事典。巻末に付録として新版全集の全巻目次を抄録したもを付す。

◇日本近代の素描—文学者の目を通して　吉田達志著　高文堂出版社　1993.1　186p　19cm　2600円　(i)4-7707-0409-7

　(内容)「大菩薩峠」の世界と机竜之助　三次元空間の中の自我—大岡昇平文学の世界　呪縛する時間—尾崎紅葉「金色夜叉」の世界　黒衣の神—折口信夫「死者の書」の世界　初原からの再出発—島崎藤村「夜明け前」の世界

◇日本の名随筆　別巻98　昭和 2　加藤典洋編　作品社　1999.4　284p　19cm　1800円　(i)4-87893-678-9

　(内容)春(太宰治)　神道の新しい方向(折口信夫)　なつかしい日本 三(三好達治)　東京裁判の判決 抄(大仏次郎)　新しき幕明き(林達夫)　見事な占領の終りに(鶴見俊輔)　白地に赤く(大岡昇平)　浄化された「ひばり伝説」(富岡多恵子)　昭和三十三年一月の不機嫌(関川夏央)　岸退陣と総選挙を要求す(朝日新聞社説)　〔ほか〕

◇日本文学の眺望—そのメトード　島内景二著　ぺりかん社　1994.3　218p　19cm　2500円　(i)4-8315-0626-5

　(内容)文学への階梯 1 小説のメトード(死角の重力—中上健次の小説世界　人間関係の凝視—折口信夫「死者の書」の世界　幸福な文学—芥川竜之介の童話小説) 2 和歌のメトード(フェイクの真実—菅原道真「菅家瑠璃壺和詞」の世界　文学の原郷—藤原良経「秋篠月清集」の世) 3 神話のメトード(構造の力—「古事記」上巻の世界) 4 伝説のメトード(ヒーローとしての異人—伝説の世界の住人たち　旅する異人—「北野天神縁起」の世界　神と救済—昔話「花さか爺」と「文福茶釜」の世界)　五色の椿

＊神話から現代小説にいたるまで、ジャンルと時代を超えて、文学が文学であるために、内在するメトード=方法とは何か?

◇日本文化の源流をたずねて　紹野和子著　慶応義塾大学出版会　2000.4　396,11p　20cm　3000円　(i)4-7664-0777-6　Ⓝ380.1

　(内容)序章　年中行事と民俗学　第1章　神様と女性の役割　第2章　信仰と宗教　第3章　祭りと芸能　第4章　道具と木地師　第5章　暮らしと名字

＊師折口信夫の足跡をたどりながら失われつつある「年中行事」「祭と芸能」、身近な「民間信仰」

や「名字の話」などのテーマを取りあげ民俗学の魅力をやさしく紹介。民族学の魅力をやさしく紹介。民俗写真家芳賀日出男の貴重な写真42点を併載。

◇「半島」の精神誌—熊野・資本主義・ナショナリズム　桜井進著　新曜社　1995.2　234p　19cm　(ノマド叢書)　2266円　(i)4-7885-0509-6

　(内容)第1章　〈半島〉の精神誌　第2章　巡礼から資本主義へ　第3章　逸脱する身体、あるいはファシズムへの誘惑—フーコー・ベンヤミン・折口信夫

＊「〈半島〉を歩くことをふと思い立った」という魅惑的な一行で始まる本書は、〈半島〉という特異な空間から「近代」の意味を問い直そうとする、方法も文体も全く新しい試みである。熊野を歩きまわりながら著者の思索は、朝鮮半島をへてイタリアへ、折口信夫からベンヤミン、フーコーをへてマーラーへと広がり、閉じつつ開いた〈半島的なるもの〉が資本主義、ナショナリズム、ファシズムの近代を特徴づける重要な問題にいかに深く関わってきたかを解き明してゆく。

◇漂泊の物語　広末保著　影書房　2000.11　259p　19cm　(広末保著作集 第10巻)　3800円　(i)4-87714-274-6

　(内容)漂泊の物語—説経「小栗判官」異郷からの訪れ(説経「小栗判官」—漂泊の物語　旅の境涯　遊民的喪失感と異郷・マレビト—折口芸能論に潜在するもの　異郷からの訪れ—折口信夫の実感と論理)　インタビュー「物語について」を読んで　対談 物語が生成する場—「小栗判官」をめぐって

＊本書は、説経「小栗判官」の物語に徹底してこだわることで、中世の漂泊(民)の問題を掘り起している。

◇文学に描かれた宮崎—県北を中心に 1 幕末・明治から戦中まで　夕刊デイリー新聞社企画・編、佐藤隆一著　宮崎 鉱脈社　2001.2　296p　19cm　(みやざき文庫 3)　1800円　(i)4-906008-69-0

　(内容)幕末から明治・大正へ(賀来飛霞　夏目漱石　森鷗外　柳田国男 ほか)　大正から昭和へ(木下利玄　志村喬　折口信夫　武者小路実篤 ほか)　昭和初期から十年代へ(高橋新吉　鈴木健一郎　若山喜志子　大悟法利雄 ほか)

＊文学—もうひとつの日向地誌。文学者の感性と想像力がとらえた近代化のなかの宮崎のかたち36人の有名文学者が登場。夕刊デイリー新聞連載の話題作。

◇見えない世界の文学誌—江戸文学考究　高田衛編　ぺりかん社　1994.3　374p　21cm　7200円　(i)4-8315-0627-3

　(内容) 1 世間・異界・もの(「伽婢子」考—序文釈義　近世仮作軍記と魔界の論理—「後太平

記」の歴史叙述　「本朝二十不孝」の方法―弱法師と不孝坊　「伊達競阿国戯場」の累―累と〈世界〉の変容　死せる者の声―「謎帯一寸徳兵衛」考　意味としての体裁―俊徳丸の変容　折口信夫の琉球体験―フィールドワークに先立つもの）　2　作者・他者・共同体（国譲り、天孫降臨神話の中の忌部氏―「日本書紀」神代第九段第二の一書の伝承者　芭蕉論ノート―逃走者の可能性　安寿の犠牲―「さんせう太夫」論への視界　狂う女・玉手御前―「摂州合邦辻」合邦住家の段　「猿丸太夫鹿巻毫」の主題と構造―逸脱した謀反劇　多田南嶺・マイナーな作者―「忠盛祇園桜」と多田家大星伝　「金雲翹伝」と「桜姫全伝曙草紙」―野分の方と玉琴の対立）　3　文章　自然・風景（さよひめの旅―説経「まつら長者」論　「伽婢子」の長生論―道教の「気」の思想　「好色一代男」の捨て子譚―和泉式部の伝承　水足博泉と文章―文章入門から古文辞へ　和文家をめぐる断章―綾足と秋成　秋成散文の表現―「藤簍冊子」の自己言及　幻術と伝神―読本の主題と細部）
＊この世にある、見えつつ〈見えない世界〉に向けられた文学的言語の異化と生成の位相を江戸時代文学を中心にとらえた力作21編。

◇もうひとつの文士録―阪神の風土と芸術　河内厚郎著　沖積舎　2000.11　337p　19㎝　3500円　(i)4-8060-4073-8
（内容）小泉八雲の見た「日本のベニス」　宇川文海に始まる「大阪文壇」　薄田泣菫と「新聞の都」　川上音二郎と帝国座　泉鏡花と「新派悲劇」　上司小剣と「大阪ベルエポック」　菊池寛と「文芸春秋」　直木三十五と「大衆文芸」　宇野浩二の「苦の世界」　折口信夫と「まれびと」〔ほか〕
＊阪神学のパイオニア。21世紀をプロジェクトする河内厚郎が挑む温故知新の文芸編。

◇物語の始原へ―折口信夫の方法　山折哲雄著　小学館　1997.11　284p　20㎝　2400円　(i)4-09-626117-3　Ⓝ380.1
（内容）1　血縁脱出と発生の民俗学（「死者の書」と「身毒丸」―血縁脱出の物語　呪うべき寂寥―「発生」の意味）　2　民俗の源流（翁と祭り―折口学の原点　もどき―芸能の方法　ほか）　3　神と翁（翁と媼　老熟と翁）　4　民俗学の行方（落日の中の日本民俗学　「方法」談義―柳田・折口・熊楠　古代神道の未来像）
＊自らの血の継承を拒み、子孫を残さなかった折口信夫の深い嘆きと呪い。折口民俗学の根底にひそむ「脱血縁の思想」に迫る。

◇柳田国男と折口信夫　池田弥三郎、谷川健一著　岩波書店　1994.10　263p　16㎝　（同時代ライブラリー 202）（対照年譜：p223～255）　1000円　(i)4-00-260202-8　Ⓝ380.1

◇遊行の思想と現代―対談集　広末保著　影書房　1998.4　413p　19㎝　（広末保著作集 第12巻）

3800円　(i)4-87714-256-8
（内容）遊行の思想と現代（谷川健一）　近松と南北の意味するもの（郡司正勝）　旅と隠遁（内村剛介）　行為と論理のはざま（鈴木忠志）　ぼくらはなぜ旅に出るのか（森本哲郎）　沼空折口信夫の問いかけるもの（前登志夫）　化政文化と現在（菅孝行）　元禄文化の特質を語る（西山松之助）　道・道行・遊行的なるもの（久保寛）　「近代」が欠落させた精神（乾裕幸）〔ほか〕
＊本書は、1970年から1990年に至るまで新聞雑誌等に掲載された対談十六篇を収録している。近代が欠落させた精神を元禄期の文化にさぐる。

◇私の折口信夫　穂積生萩著　中央公論新社　2001.5　300p　16㎝（中公文庫）　800円　(i)4-12-203829-4　Ⓝ911.162
（内容）ころし　やまと恋　しをれぐさ　月に懇ふ　恥情　葛の花　里子像　折口争奪　まがつ神　安らかな愛の膝　八百万神　春来る鬼　生きている折口信夫
＊歌人・穂積忠を義父に、折口信夫（釈迢空）を"精神の父"として、残生をその学問の顕彰にと念じ続ける著者は、折口の女嫌いの定説を殆ど信じていなかったという。常に暗い心の内部をかい見、特異な人物像を描いていたわれわれは、生萩氏との語らいの中に、人間迢空の限りない優しさと歌人学者の鮮烈な素顔を見出して驚嘆する。

南方熊楠（著作）

◇南方熊楠珍事評論　南方熊楠著，長谷川興蔵，武内善信校訂　平凡社　1995.5　278p　20㎝　3000円　(i)4-582-48116-7　Ⓝ289.1
（内容）凡例　珍事評論　ロンドン私記―在英日本公使館宛珍状　熊楠・常楠書簡　人物注　若き熊楠再考
＊若き熊楠が米英留学中に記した個人新聞。揺るぎない信念、溢れる痛烈と奔放。そこには既に後年の巨人・熊楠の片鱗が窺える。留学先での生活面に光をあてる実弟との書簡も交え、熊楠の熟成期が今明らかになる。

◇南方とその周辺の画家たち展　南方熊楠ほか作，田辺市立美術館編　田辺　田辺市立美術館〔1999〕　53p　28㎝〈標題紙等のタイトル：南方Minakataとその周辺の画家たち展　会期：1999年4月3日―5月30日〉　Ⓝ721.9

◆南方熊楠（研究書）

◇異分野・異文化の交流と創造性　日本創造学会編　共立出版　1994.2　184p　21㎝（創造性研究 10）　4120円　(i)4-320-00886-3
（内容）1「創造性研究」10周年記念号の発刊に際

して　2 悟り、ヒラメキの創造性　3「空」と創造性　4 科学と仏—創造性に関連して　5 異分野、異文化の中の「創造性」—南方熊楠の場合　6 日仏の子どもの空間的対象物に関する感性と創造性　7 外国語授業における創造性と異文化教育—体験的創造教育　8 創造的思考のための知識獲得支援グループウェアGRAPE　9 カード操作の計算機支援　10 拡散的思考と創造性—乱数生成行動の学習要因の実験的分析　11「場」の創造性—状況が新しい能力を創り出した事例　12 経営戦略策定における創造性

◇男たちの天地　今井美沙子,中野章子著　樹花舎,星雲社〔発売〕　1997.8　324p　19cm　1900円　(i)4-7952-5036-7

〈内容〉繊細で剛胆な名文家は借金王—内田百閒　日本植物学の先駆者は長命な草木の精—牧野富太郎　万物を愛した博物学者はコスモポリタン—南方熊楠　宇宙感覚溢れる身勝手な文学者は無一物—稲垣足穂　風を友に、母の幻を追った漂泊の俳人—種田山頭火　志を高く、つましく暮らす記録作家—松下竜一　わが人生をなぞり続けた文学者—耕治人　弱者に心寄せ続けた白樺派詩人—千家元麿　飲んだ、打った、買った楽天貧乏落語家—古今亭志ん生(五代目)　読み書きのできなかった伝説の天才棋士—坂田三吉　体験を具現化した陽気な芸術家—棟方志功　反公害運動の先駆者、無私の政治家—田中正造

◇女書生一ここにして女書生の生産を生き貫かむと隠れ棲むなり　鶴見和子著　はる書房　1997.2　486p　19cm　3090円　(i)4-938133-70-9

〈内容〉1 はじめに(七人からの出発　わたしの仕事)　2 比較と交流(「ステプストン」の日系カナダ人—戦中・戦後の体験がどのように人生経路を変えたか　移民研究の意味—私にとって、日本にとって　ほか)　3 生活記録運動(「山びこ学校」は歴史を創る　生活記録運動の戦後と現在)　4 柳田国男・費孝通・南方熊楠(柳田国男の都鄙連続論—費孝通、レッドフィールドとの比較において　春城行　ほか)　5 内発的発展(水俣民衆の世界と内発的発展　「遠野物語」を原点として東北モデルを考える　ほか)　6 アニミズム(宗教と女性　インディアンの生命の母神　ほか)　7 先達・友人・家族(女の辛酸をなめて生まれたおおらかな学問—丸岡秀子さんのこと　比較の深層　日本文と英文とのあいだに—河合隼雄さんのこと　ほか)　8 終わりに(人生周期と暮らしの時間　アニミズムの葬送)

◇岳父・南方熊楠　岡本清造著,飯倉照代,原田健一編　平凡社　1995.11　380p　20cm　〈著者の肖像あり　岡本清造関連年表：p368〜380〉　3000円　(i)4-582-48117-5　Ⓝ289.1

〈内容〉第1章　ミナカタ・ソサエティでの活躍　第2章　南方熊楠記念館創立へ　第3章　南方隠花植物園への夢　第4章　南方学の胎動

◇甘美な人生　福田和也著　筑摩書房　2000.8　230p　15cm　(ちくま学芸文庫)　880円　(i)4-480-08572-6

〈内容〉批評私観—石組みの下の哄笑　柄谷行人氏と日本の批評　ソフトボールのような死の固まりをメスで切り開くこと—村上春樹「ねじまき鳥クロニクル」第一部、第二部　放蕩小説試論　芥川竜之介の「笑い」—憎悪の様式としてのディレッタンティズム　精神の散文—佐藤春夫論　水無瀬の宮から—「蘆刈」を巡って・谷崎潤一郎論　木蓮の白、山吹の黄　斑鳩への急使—万葉集論　ほむら、たわぶれ—和泉式部論　さすらいたまふ神々—生きている折口信夫　日本という問い　生活の露呈—河井寛次郎論　甘美な人生

*この世の如何なる酸鼻であろうと許容し、愚劣で、無意味な生存を肯定する。此岸を「彼方」として生きる明確な意志さえあれば、人生は「甘美」な奇跡で満ち溢れる。柄谷行人の「営みとしての批評」を炙り出し、破壊的な衝動と理不尽な力を村上春樹の小説に読みとる。芥川の「憎悪と笑い」、谷崎の「虚無的な決意」、日本の弱き神の脆き夢としての「万葉集」…、さまざまな文学を巡りながら、およそ倫理や社会道徳に迎合することなく、世俗の最も愛情こまやかな絆からさえ逃れ出る、耽美への意志が穿つ現世の真実。平林たい子賞受賞の挑戦的な評論集。

◇紀州の歴史と風土—三十周年記念論集　御坊御坊文化財研究会　1996.11　333p　22cm　〈年表あり〉　Ⓝ216.6

〈内容〉入山城主青木勘兵衛について(小山豊著)　史料に見える「生地城」について(岩倉哲夫著)　佐久間信盛・定栄父子と寒川氏(小山誉城著)　和歌山城「幻の五層天守閣」(水島大二著)　江戸の地誌に残る紀州人の足跡(高沢憲治著)　山歩き(山村の慣行)雑考(中西捷美著)　日高奥妹尾の南方熊楠(吉川寿洋著)　美山村の地名(池本多万留著)　町名「印南」の由来(付)印南姓の分布(平尾茂雄著)　地震と鹿島神社(山本賢著)　日高地方近代の地主(谷口恒一著)　近代における紀州奥日高山林の所有構造について(谷口輝行著)　日高地方の石造物雑考(大野治著)　近世史料にみる年々の誕生祝いについて(岩崎竹彦著)　「愛徳山縁起」と愛徳権現の神・仏像(鈴木宗朔著)　道成寺の掲額と俳諧(小出潔著)　奈良散歩ノートから(古川成美著)　和歌山県におけるトガサワラの自生状況について(木下慶二著)　日高郡に来た珍鳥について(黒田隆司著)

◇奇人は世界を制す　エキセントリック—荒俣宏コレクション2　荒俣宏著　集英社　1998.5　367p　15cm　(集英社文庫)　667円　(i)4-08-748662-1

〈内容〉第1部　南方熊楠と仲間たち(南方熊楠小伝—森羅万象へのまなざし　熊楠の"千人斬り"

クマグスと昭和天皇の素顔 ほか 第2部 海の向こうのエキセントリック(稀代の霊的幻視者 グロテスクを撮る人 ホーキングはなぜ神に選ばれたか ほか) 第3部 コレクターと奇説の愉しみ(コレクションの魔力 コレクターの本道 知的コレクションの価値と無価値 ほか
*植物、虫、粘菌、妖怪、博物学。あるジャンルに過剰なまでに魅せられた人々を、世に奇人ともオタクとも呼ぶ。しかし侮るなかれ、権威に属さない異才の人々にこそ、才能は宿り、神の祝福はある。南方熊楠、牧野富太郎、宮武外骨、水木しげる…など、古今東西の偉才奇才を網羅した本書で知る、「知」の別世界。

◇「狂気か天才か」南方熊楠—エコロジーの先駆者 亀井宏作,小島利明絵 三友社出版 1995.6 142p 22cm (コミック巨人再発見 1) 1300円 (i)4-88322-601-8

◇きょう土につくした人びと ふるさと歴史新聞 7 ふるさとの自然をまもる 笠原秀文 ポプラ社 1996.4 47p 30cm 2800円 (i)4-591-05040-8
(内容)1910年ころ わかやま(和歌山県田辺市)—神島の自然保護と南方熊楠 1970年ころ くしろ(北海道釧路市)—釧路湿原の保護と田中瑞穂 1985年ころ ねむろ(北海道根室市)—シマフクロウの保護と山本純郎 1990年ころ あきた(秋田県藤里町)—白神山地のブナ林と鎌田孝一 1985年ころ みやぎ(宮城県迫町・築館町・若柳町)—伊豆沼・内沼の保護と堺博 1900年ころ とちぎ(栃木県足尾町)—足尾鉱毒事件と田中正造 1970年ころ ぐんま(群馬県片品村)—尾瀬の自然保護と平野長靖 〔ほか〕

◇クニオとクマグス 米山俊直著 河出書房新社 1995.12 289p 20cm 〈引用・参考文献:p279～287〉 2400円 (i)4-309-24165-4 Ⓝ380.1
(内容)旅立ちまでの二人 若き日々 出会いと別離 日本民俗学誕生とその後 到達点を超えて
*柳田国男・南方熊楠。二人の巨人の遭遇。この近代日本で生涯をおくった二人の人物—巨人ともいわれ、天才ともいわれたこの二人のライフヒストリーを並行してたどってみる。…スパークのような接触をもちながら、結局別々のコースを描いて世を去った経緯を見る。いわば双曲線のような二つの人生の軌跡を追う。…また、この二人が先達の役割を果たし、日本のミンゾクガク—民俗学と民族学という、同音異字の、しかもきわめて近い学問の生成と発展について考える。

◇コレクション鶴見和子曼荼羅 5(水の巻) 南方熊楠のコスモロジー 鶴見和子著 藤原書店 1998.1 542p 20cm 〈背のタイトル:鶴見和子曼荼羅 肖像あり〉 4800円 (i)4-89434-090-9 Ⓝ081.6

(内容)「南方曼陀羅」の世界 地球志向の比較学 転換期の巨人・南方熊楠 独創性の根源 漂泊の季節 ヨーロッパとの出会い 紀州田辺の住民として世界へ 地球志向の比較学の構造 創造の方法としての南方曼陀羅 比較の四つの領域 〔ほか〕
*軽やかに飛翔する鶴見和子の思想世界!南方熊楠から世界へ!鶴見和子の到達点を示す南方研究の最新論文を収録。

◇死—怨念¹⁴—妖気・幻想・怪奇名作選 倉橋由美子ほか著,ポチ編 ペンギンカンパニー 1993.11 328p 20cm 〈発売:星雲社〉 1800円 (i)4-7952-4614-9 Ⓝ913.68
(内容)霊魂 倉橋由美子著. 変形の記録 安部公房著. ある体験 吉本ばなな著. 河口にて 北杜夫著. 女体消滅 渋沢竜彦著. 地獄 川端康成著. アンドロギュノスの裔 渡辺温著. ガドルフの百合 宮沢賢治著. 霊夢の感応 井上円了著. 扉・暮日の午後 三津木春影著. 幽霊の手足印 南方熊楠著. 人魂の一つの場合 寺田寅彦著. 死神 南部修太郎著. 歯車 芥川竜之介著. 参考文献:p324～328
*本書は、死というテーマの下に十四編の傑作を集めてみました。

◇重力と涅槃 環栄賢著 青弓社 1995.5 222p 19cm 2060円 (i)4-7872-1021-1
(内容)仏教から密教へ 興教大師覚鑁の思想 風流のタオイスト覚鑁 即身成仏考—身体論的アプローチ 「精神」と「物質」について 重力と涅槃 KUMAGUSU MINAKATA 大曼荼羅の巨人—南方熊楠 昭和六十年一月二十五日より認めるゲーテ 熊楠 現象学 〔ほか〕
*南方熊楠に寄せる深い愛着。精神世界を読み解く独自の視点。ゆきづまりをみせる"近代"に対する懐疑。真言宗の僧侶である著者が仏教の立場から自在に書きつづった思索の束。

◇植物 オスカー・ワイルド、クリスティナ・ロセッティ、ジャン・アンリ・ファーブル、幸田露伴、一戸良行ほか著 国書刊行会 1998.5 222p 21cm (書物の王国 5) 2100円 (i)4-336-04005-2
(内容)花の教(ロセッティ、クリスティナ) 植物の眠り(ファーブル、ジャン・アンリ) 望樹記(幸田露伴) 毒よりの脱出(一戸良行) 新曼陀羅華綺譚(須永朝彦) 疼める薔薇(ブレイク、ウィリアム) ナイチンゲールと薔薇(ワイルド、オスカー) 神秘のばら(ルイス、ピエール) 花魂(袁枚) 藤の奇特(井原西鶴) 菊(内田百閒) 花のこころ(小松左京) 白いダリア(シューラー、ラスカー) 相思(王維) かざしの姫君 柳の精 清貧譚(太宰治) 牡丹と耐冬(蒲松齢) 晶子牡丹園(与謝野晶子) 零人(大坪砂男) 人間華(山田風太郎) 毒の園(ソログーブ) 柏槙の話(グリム兄弟) 受難華(ベッケル) 乳母ざ

くら(小泉八雲) 百合(川端康成) 風景(山村暮鳥) 玉川の草(泉鏡花) 庭樹(鏑木清方) サフラン(森鷗外) 銀杏とGingo(木下杢太郎) 植物の閨房哲学(荒俣宏) 巨樹の翁の話(南方熊楠) 蓮喰いびと(多田智満子)

◇素顔の南方熊楠 谷川健一ほか著 朝日新聞社 1994.10 238p 15cm (朝日文庫) 600円 (i)4-02-261038-7 ⓝ289.1

(内容) 夢の巨人 南方熊楠 父 楠方熊楠を語る 熊楠の風景 熊楠を巡る女たち 二人の巨人―南方熊楠と柳田国男

*紀州熊野に根を下ろし、生物学・人類学・民俗学者として、世界に向けて発信し続けた熊楠は、生涯、無位無官を貫き、神社合祀に反対するなど、権威と対決した。しかし、日常生活ではアンパンを手放さず、愛犬が病気になると、深夜、抱いて病院へと走った。愛すべき人物像が、いま明らかに。

◇世界的な博物学者南方熊楠へのいざない 白浜町(和歌山県) 南方熊楠記念館 〔2000〕 157p 30cm (財)南方熊楠記念館資料 1)〈年譜あり〉 ⓝ289.1

◇竹馬の友へ―小笠原誉至夫宛書簡 自由民権・御進講 孫文関係新資料 南方熊楠著, 長谷川興蔵, 小笠原謙三編 八坂書房 1993.11 142p 20cm 〈解説:武内善信 小笠原誉至夫および著者の肖像あり 小笠原誉至夫略年譜・参考資料:p131〜142〉 2000円 (i)4-89694-638-3 ⓝ289.1

(内容) 第1部 小笠原誉至夫宛書簡 第2部 楽々記(小笠原誉至夫自筆記録)―青年時代まで 解説 小笠原誉至夫と南方熊楠

*小・中学、予備門と席を並べた友へ40余年を経て綴る赤裸の書簡。

◇鶴見和子の世界 河合隼雄ほか著 藤原書店 1999.10 360p 21cm 3800円 (i)4-89434-152-2

(内容) 1 パラダイム転換としての学問(「思想の科学」から生活世界へ―人々とともに学ぶ プリンストン時代―社会学と出会う 「思想の冒険」を求めて―近代化論を再検討する 水俣・アニミズム・エコロジー 柳田国男と南方熊楠 内発的発展論) 2 道楽を生きる(歌 おどり きもの 映像)

*ロナルド・P・ドーア、石牟礼道子、河合隼雄、中村桂子、鶴見俊輔、見田宗介、上野千鶴子、赤坂憲雄、宮田登、川勝平太、堤清二、大岡信、沢地久枝、道浦母都子、佐佐木幸綱、大石芳野、岡部伊都子、高野悦子ら63人が綴る学問から道楽に至る鶴見和子のすべて。

◇天才の誕生―あるいは南方熊楠の人間学 近藤俊文著 岩波書店 1996.5 238p 20cm 2400円 (i)4-00-002710-7 ⓝ289.1

◇中上健次発言集成―対談 4 4 中上健次著、柄谷行人, 絓秀実編 第三文明社 1997.2 351p 19cm 2800円 (i)4-476-03206-0

(内容) 日本文学の枠を超えて―「ベトナムから遠く離れて」を中心に(小田実) ロシア、大いなる「問い」(レフ・ドージン) 存在の耐えがたきサルサ(村上竜) 女と男の関係性を超えて(松浦理英子) 東アジアの新しい世界観(金芝河) 知識の散財・想像力の解放―南方熊楠をめぐって(谷川健一) 今、書くことのはじまりにむかって(金井美恵子) アラブをめぐるヨーロッパと日本(浅田彰) 湾岸危機と孤立する日本(本田靖春) 映画・差別・新宿(北野武) 路地の消失と流亡―中上健次の軌跡(柄谷行人)

*中上健次が最後に行なった柄谷行人との対談(91年秋)を含む晩期二年間の11篇収録。

◇日本幻論 五木寛之著 2刷 新潮社 1999.8 273p 15cm (新潮文庫) 438円 (i)4-10-114730-2

(内容) 隠岐共和国の幻 「かくれ念仏」の系譜 日本重層文化を空想する 柳田国男と南方熊楠 乱世の組織者(蓮如―蓮如とその時代1 人間としての蓮如像―蓮如とその時代2 蓮如のなかの親鸞―蓮如とその時代3 わが父、わが大和巡礼 漂泊者の思想

*この国には、見えていないもう一つの国がある―。幻の隠岐共和国、かくれ念仏の神仏習合的なありかた、柳田国男と南方熊楠の違い、蓮如の教えの俗信的な力強さなど、いずれも正統に対する異端、民俗に対する土俗などの位置づけを踏まえてテーマを展開している。非・常民文化の水脈を探り、隠された日本人の原像と日本文化の基層を探る九編。五木文学の原点を語った衝撃の幻論集。

◇日本のこころ―地の巻 「私の好きな人」 田辺聖子,高橋睦郎,山折哲雄,平山郁夫,堺屋太一ほか著 講談社 2000.7 387p 19cm 1700円 (i)4-06-210202-1

(内容) 紫式部(田辺聖子) 西行(高橋睦郎) 道元(山折哲雄) 俵屋宗達(平山郁夫) 石田梅岩(堺屋太一) 与謝蕪村(芳賀徹) 伊能忠敬(童門冬二) 福沢諭吉(北原伸一) 夏目漱石(関川夏央) 南方熊楠(中村桂子) 石橋湛山(半藤一利) 谷崎潤一郎(磯崎新) 松下幸之助(渡部昇一) 宮沢賢治(平出隆) 司馬遼太郎(田中直毅)

*娘に一冊、息子に一冊、渡したい「日本のこころ」。日本史上の傑出した30人を選び、30名の錚々たる執筆者が愛情をこめて綴る「人物古今集」。

◇日本の「創造力」―近代・現代を開花させた470人 9 不況と震災の時代 富田仁編 日本放送出版協会 1993.5 527p 21×16cm 5800円 (i)4-14-009213-0

(内容) 日本毛織 毛織物業界の頂点に立つ川西

清兵衛　自動織機　機械紡織の発展に尽くした豊田佐吉　山下汽船　七つの海に活躍した山下亀三郎　自然保護　隠花植物研究の先駆者南方熊楠　うま味調味料「味の素」を誕生させた鈴木三郎助　「時事新報」青年時の情熱を保ち続けた武藤山治　海運　世界航路を拓いた堀啓次郎　日本鋼管　民営製鉄所の育成者今泉嘉一郎　地震研究　近代地震学のリーダー大森房吉　電力開発　ユニークな事業の鬼才福沢桃介　電気炉製鋼　忘れられた発明家土橋長兵衛　横浜の開発　経済・文化の振興に寄与した原三渓　海上保険　保険業界のリーダー各務鎌吉　将棋　実力名人制を確立した関根金次郎　工作機械　国産旋盤第一号を出した池貝庄太郎　製紙業界の統一拡大に努めた和合英太郎　仁丹　広告の威力を証明した森下博　製靴業　食品産業「大明治」の創業者相馬半治　蓄電池　世界的鉛粉製造法の発明者島津源蔵　王子製紙　経営の危機を救った藤原銀次郎　鉱山開発　日立鉱山を築いた久原房之助　緯度観測　極運動の未知量Z項の発見者木村栄　汽船トロール業　水産業界に貢献した倉場富三郎　音楽教育　音楽家の草分けとなった幸田延　パン製造　新宿中村屋の創業者相馬愛蔵　KS磁石鋼　強力磁石鋼の発明者本多光太郎　赤痢菌　細菌学の発展に寄与した志賀潔　クボタ　工業報国に徹した久保田権四郎　武田薬品工業　武田薬品の基礎を築いた武田和敬　日本的霊性　仏教文化を世界に紹介した鈴木大拙　文芸協会と芸術座　新劇発展の基礎を築いた島村抱月　東京女子医科大学　女医育成の先覚者吉岡弥生　映画事業「日活」を育てた横田永之助　新聞の近代化　リベラルで辛辣な新聞人杉村楚人冠

＊不況と震災の時代の、かげりを吹き飛ばすごとく、たゆまず続けられた新たな挑戦の数々。

◇猫楠—南方熊楠の生涯　水木しげる著　角川書店　1996.10　427p　15cm　(角川文庫ソフィア)　680円　(i)4-04-192907-5　Ⓝ726.1

◇花千日の紅なく—南方熊楠と妻　阿井景子著　新座　埼玉福祉会　1993.10　412p　22cm　(大活字本シリーズ)　(「超人」(講談社昭和60年刊)の改題　原本：集英社文庫　限定版　参考文献：p396〜397)　3708円　Ⓝ916

◇南方熊楠—ラビリンスのクマグス・ランド　田中宏和著　国分寺　新風舎　1994.3　100p　19cm　(参考文献：p98〜100)　1500円　(i)4-88306-155-8　Ⓝ289.1

◇南方熊楠　新潮社　1995.4　111p　20cm　(新潮日本文学アルバム 58)　〈編集・評伝：神坂次郎　エッセイ：吉増剛造　略年譜・主要参考文献・主要著作目録：p104〜111〉　1300円　(i)4-10-620662-5　Ⓝ289.1

＊作家の劇的な生涯と作品創造の秘密を写真で実証するロングセラーシリーズ。偉大な博物学者、自然保護運動の先駆者、世界を舞台に不抜の学問を確立した一代の奇人。

◇南方熊楠—奇想天外の巨人　荒俣宏ほか著　平凡社　1995.10　110p　22cm　〈南方熊楠の肖像あり　南方熊楠略年譜、参考文献・主題関連図書：p106〜108〉　1600円　(i)4-582-63304-8　Ⓝ289.1

◇南方熊楠—森羅万象を見つめた少年　飯倉照平著　岩波書店　1996.3　210p　18cm　(岩波ジュニア新書)　650円　(i)4-00-500268-4

(内容)序章 19歳の船出と出会い　1 和歌山城下に生まれて—好奇の目を輝かせた少年　2 博物学への傾倒—旧制和歌山中学のころ　3 東京遊学前後—学校教育での挫折　4 修学と放浪—アメリカでの六年　5 研鑽と失意—イギリスでの八年　終章 熊野の山野を駆ける—帰国以後の熊楠

＊東洋と西洋のあらゆる知を独学で総合しようとした型破りな明治の博物学者、南方熊楠。郷里の和歌山に発し、東京、アメリカ、イギリスにわたる、彼の青春時代の研鑽と放浪の旅のあとを日記や手紙、スケッチなどを手がかりにしてたどる。好奇心にみちた、真剣にして奔放な生きざまが、今甦る。

◇南方熊楠—自然を愛した「人間博物館」　みやぞえ郁雄まんが，千葉幹夫シナリオ　小学館　1996.9　159p　23cm　(小学館版学習まんが人物館)　(監修：荒俣宏)　880円　(i)4-09-270104-7

◇南方熊楠—履歴書ほか　南方熊楠著　日本図書センター　1999.2　220p　20cm　(人間の記録 84)　1800円　(i)4-8205-4330-X, 4-8205-4326-1　Ⓝ289.1

◇南方熊楠　戸西葉子文，松下千恵絵，江川治邦エスペラント訳　和歌山　わかやま絵本の会　1999.12　64p　19cm　(郷土絵本 no.56)　〈エスペラント語併記〉　600円

◇南方熊楠を知っていますか?—宇宙すべてをとらえた男　阿部博人著　サンマーク出版　2000.3　284p　20cm　(東京　サンマーク(発売)　文献あり)　2000円　(i)4-7631-9310-4　Ⓝ289.1

(内容)プロローグ 巨木のような人がいた　(型に納まらない人生　神から授かった名前)　第1章 世界を見すえた男—ロンドン留学時代　(デビューと名声　栄光、そして不遇)　第2章 宇宙をとらえる—南方マンダラの世界(森羅万象すなわちマンダラ　無意識と直観 ほか)　第3章 神童、アメリカに渡る—幼年時代、そしてアメリカへ(かわいい神童　青年に志あり ほか)　第4章 見えないものと見えるもの—南方学の視野(民俗学・二人の巨頭　浄の男道 ほか)　第5章 エコロジストの誕生—環境運動と晩年(神社の森を守れ　エコロジーという発想 ほか)

＊博物学、民俗学、植物学、粘菌学、宇宙哲学、深層心理学、心霊学からセクソロジーまでを

究め尽くした奇人学者の、破天荒にして奔放な生き方。

◇南方熊楠記念館蔵品目録 資料・蔵書編 白浜町(和歌山県) 南方熊楠記念館 1998.3 63p 27cm Ⓝ289.1

◇南方熊楠高野山登山行奇譚 田中宏和著 京都白地社 1994.9 79p 20cm 1200円 (i)4-89359-162-2 Ⓝ289.1
＊包括的な記録のなかった大正九年と十年の高野山登山行を集成して、熊楠の人間的魅力に迫る。

◇南方熊楠賞のあゆみ―第10回記念南方熊楠賞受賞者講演記録集 田辺 南方熊楠邸保存顕彰会 2000.12 133p 26cm 非売品 Ⓝ289.1

◇南方熊楠・萃点の思想―未来のパラダイム転換に向けて 鶴見和子著 藤原書店 2001.5 190p 22cm〈文献あり〉 2800円 (i)4-89434-231-6 Ⓝ289.1
(内容) 1 転換期の巨人・南方熊楠(創造性の謎 学問大好き学校大嫌い ほか) 2 創造性について―柳田国男・南方熊楠・今西錦司(創造性の定義 異文化のぶつかりあいの中から生れる創造性―ぼかしの論理 ほか) 幕間(辺境から風が吹く 熊楠には理論があった―「十二支考」ほか) 3 南方曼陀羅―未来のパラダイム転換に向けて(南方曼陀羅とは 十九世紀から二十世紀への変わり目における偶然性と必然性 ほか) 4 対談「南方曼陀羅」をめぐって(南方熊楠との出会い 熊楠の「古代論理」ほか)
＊欧米への放浪と明智陰栖のなかで熊楠が到達した、日本と西洋、地域と地球を自在に往還する「萃点」の思想とは何か。「内発性」と「脱中心性」との両立を追究する鶴見和子が、熊楠思想の深奥から汲み出したエッセンス。気鋭の熊楠研究者・松居竜五との対談も収録。

◇南方熊楠随筆集 益田勝実編 筑摩書房 1994.1 490p 15cm〈ちくま学芸文庫〉 1250円 (i)4-480-08110-0 Ⓝ380.4
(内容) 履歴書 人柱の話 巨樹の翁の話 今昔物語の研究 西暦九世紀の支那書に載せたるシンデレラ物語 伝吉お六の話 猫一疋の力に憑って大富と成りし人の話 虎に関する史話と伝説民俗 田原藤太竜宮入りの話 ダイダラホウシの足跡 涅歯に就て 無言貿易 針売の事 神社合祀問題関係書簡
＊博聞強記にして奔放不羈、稀代の天才にして孤高の自由人・南方熊楠。本書は、猥雑なまでに豊饒なこの在野の国際的生物学者・民俗学者の精髄を伝える論文・エッセイ・書簡を精選し、博引される漢籍仏典を読み下し文にし、表記を現代風に改めて一冊に収めた、南方熊楠の世界への最良・最適のガイドブック。

◇南方熊楠の生涯 仁科梧朗著 新人物往来社 1994.5 350p 20cm 3800円 (i)4-404-02107-0 Ⓝ289.1
(内容) 血縁と地縁 独学へのスタート 投稿論文の波紋 イギリス滞在の明と暗 神社合祀反対運動 柳田国男との交流 超常現象体験 粘菌研究 熊楠の最期
＊巨人熊楠の生涯を故郷和歌山との関わりを中心に神社合祀反対と自然保護の視座で描く書き下ろし労作。

◇黙示録的情熱と死 笠井潔著 作品社 1994.6 277p 19cm 2200円 (i)4-87893-195-7
(内容) 日本の20世紀精神 黙示録的哲学の運命―ハイデガーとルカーチ ハイデガーとナチズム YMOの赤い人民服 連合赤軍事件の不気味な受動性 エイズと宙吊りの死 大衆蜂起と「民主化」運動 社会主義の終焉とロシア 共同主義の最高段階としての共産主義 20世紀の終焉と倫理の行方 遠隔化する戦争 死と国家の倫理的威力 湾岸戦争と資本のユートピア 湾岸戦争と無根拠な「平和」「ダチュラ」の運命 天皇の観念的威力 南方熊楠と山人論争 江戸末期の新宗教 偽史の想像力
＊ルカーチとハイデガーの哲学に体現された20世紀の黙示録的精神とは。未知の時代を見据えながら20世紀精神を思想的に検証する、最新評論集。

◇森銑三著作集 続編 第5巻 人物篇 5 森銑三著 中央公論社 1993.6 616p 21cm 6800円 (i)4-12-403078-9
(内容) 明治天皇 勝海舟 鉄舟と円朝 大西郷の一言 巨人西郷遺徳 大隈侯の碁 後藤象二郎邸の狸の置物 笹の雪と黒田清隆 高橋是清の懐旧談 頭山・杉山・大杉 政治家達の動物見立 乃木希典 子供達までの東郷大将 広瀬中佐余聞 猿に見える顔 菊池三溪の間宮林蔵訪問 種痘医大野松斎の墓 栗本鋤雲の詩 秋月韋軒 中村敬宇先生の勉学 依田学海 豊芥子・黙阿弥・学海 凹ečnost生先生 信夫恕軒 成島柳北 大槻文彦 おせつかい 愛山・敏・秋濤 陸羯南 天下の記者山田一郎 魯文の書いた蕎麦屋の引札 贋阿弥の劇評 饗庭篁村 福地桜痴の平家琵琶 随筆家としての矢野竜渓 森鷗外 三木竹二氏のことそのほか 受けうり話 尾崎紅葉雑記 一葉・紅葉・吟香 石原真清と二葉亭四迷 斎藤緑雨 子規居士雑筆 夏目漱石 幸田露伴 石井白露と上司小剣 南方熊楠 田岡嶺雲 渋川玄耳 結城無二三 中根恒女のこと 中島杉陰のことども 岡本綺堂の句 田村西男氏の作品 星野麦人氏の句集 佐藤俊子の作品評 俳人数藤五城 春浪のことそのほか 谷活東 東草水の書いた広告文 千葉掬香といふ人 S先生と書物 ダタイスト辻潤 啄木のことそのほか 斎藤精輔氏の自伝 羽鳥千尋 文部省嘱託吉川英治
＊正編完結二十年、歿後八年にして成る待望の

続編。

◇柳田国男・南方熊楠往復書簡集　上　飯倉照平編　平凡社　1994.6　379p　16cm　(平凡社ライブラリー)　1000円　(i)4-582-76052-X　Ⓝ380.1
　(内容) オコゼから山男へ—文通の発端　柳の蔭を頼む—神社合祀に反対して　「南方二書」刊行前後—伝説研究の協力　無鳥郷の伏翼—柳田批判の始動　剃頭した親子—反対行動の分岐
　*「民俗学」誕生のはざまで火花を散らし合った二人の開拓者たち。往復書簡は、二つの青春のせめぎあいを生々しく伝えてくれる。南方・柳田論争の全貌をここに収録する。

◇柳田国男・南方熊楠往復書簡集　下　飯倉照平編　平凡社　1994.6　390p　16cm　(平凡社ライブラリー)〈柳田国男・南方熊楠略年譜：p368～369〉　1000円　(i)4-582-76053-8　Ⓝ380.1
　(内容) 出発への模索—多様な関心の交錯　フォクロアへの架橋—研究会と雑誌の胎動　『郷土研究』創刊のころ—文章報国と風俗壊乱　出会いの後—編集方針の対立　確執と絶詞—「南方随筆」出版まで　解説　灼熱する対話の果てに

◇洛中巷談　河合隼雄、杉本秀太郎、山折哲雄、山田恵児著　潮出版社　1994.3　257p　19cm　1600円　(i)4-267-01347-0
　(内容) 1　日本人の「罪といやし」の構造　2　一点から世界を透視する論理　3　「大衆文化」を発明した日本の技術　4　ピグミーチンパンジー社会への招待　5　古今和歌集と花鳥画の世界　6　「伝承文化」と民衆の心　7　「半眼」の思想　8　宗教・文化・日本人の美意識　9　最先端の科学はここまで来た　10　創造的人間・南方熊楠の「不思議」　11　外国体験と文学　12　「ジュラシック・パーク」の生物学
　*この本の話題は、日本人とは何かに向かってゆくのと並行して、人間とは何か、という問いを背後にもっています。日本人をかなりまともな人種として遇しようという心性が話の中を流れている基底音です。

宮本常一

◇女の民俗誌　宮本常一著　岩波書店　2001.9　324p　15cm　(岩波現代文庫　社会)　1000円　(i)4-00-603044-4　Ⓝ384.6
◇菅江真澄遊覧記　1　菅江真澄著,　内田武志,宮本常一編訳　平凡社　2000.4　411p　15cm　(平凡社ライブラリー)　1300円　(i)4-582-76335-9
　(内容) 伊那の中路　わがこころ　くめじの橋　秋田のかりね　小野のふるさと　外が浜風　けふのせば布
　*天明三年、みちのくを目指して長い旅へ出た菅江真澄は、同時に丹念な日記をつけ始め、村々の日常生活や民俗行事を克明に写しとった。旅の始めの第一巻は信濃から出羽へ、そして津軽・南部へ。「伊那の中路」『秋田のかりね』『外が浜風』など日記七編のほか、真澄の評伝と年表を収録。

◇菅江真澄遊覧記　2　菅江真澄著,　内田武志,宮本常一編訳　平凡社　2000.5　363p　15cm　(平凡社ライブラリー)　1200円　(i)4-582-76341-3
　(内容) かすむ駒形　はしわの若葉　岩手の山　外が浜づたひ　えみしのさへき　えぞのてぶり
　*みちのくを行く真澄は念願の平泉へ。さらに心中期するのは蝦夷地への旅である。天明八年、津軽を出てついに松前に上陸。アイヌ語の習得にも力を注いだ真澄の観察眼が、蝦夷地の人々の生活を今に伝える貴重な記録を生む。天明六年から寛政三年の日記六篇を収録。

◇菅江真澄遊覧記　3　菅江真澄著,　内田武志,宮本常一編訳　平凡社　2000.6　465p　16cm　(平凡社ライブラリー)　1500円　(i)4-582-76345-6
　(内容) 牧の冬枯　奥の浦うら　牧の朝露　おぶちの牧　奥のてぶり　津軽の奥　すみかの山　外浜奇勝　雪のもろ滝　津軽のをち　津軽のつと　外浜奇勝
　*蝦夷から戻った真澄は、南部領、津軽領を精力的に歩く。津軽藩からは採薬掛の指導まで依頼されるが、しかし、その詳細な記録は藩内での疑惑を呼び、あらぬ嫌疑をかけられることにもなる…。本巻では、およそ九年に及ぶ青森地方の巡遊記を収録。波瀾に巻き込まれながらも、真澄の観察力は精彩を放つ。

◇菅江真澄遊覧記　4　菅江真澄著,　内田武志,宮本常一編訳　平凡社　2000.7　398p　15cm　(平凡社ライブラリー)　1400円　(i)4-582-76351-0
　(内容) 雪の道奥雪の出羽路　しげき山本　雪の秋田根　すすきの出湯　にえのしがらみ　みかべのよろひ　かすむ月星　おがらの滝　十曲湖　百臼の図　ひなの一ふし
　*みちのくへの長い旅が始まって二十年の歳月が過ぎようという頃、真澄が歩いていたのは佐竹藩領の秋田である。雪中の深山を行き、花の山里を訪ね、あるいは廃坑になった鉱山を探索し、修験の峰入りを試みる…。衰えることのない真澄の好奇心を語る秋田での日記九編のほか、図絵集『百臼の図』、諸国民謡集『ひなの一ふし』を収録。

◇菅江真澄遊覧記　5　菅江真澄著,　内田武志,宮本常一編訳　平凡社　2000.8　415p　15cm　(平凡社ライブラリー)　1400円　(i)4-582-76356-1
　(内容) 菅江真澄遊覧記(男鹿の秋風　ひなの遊び　氷魚の村君　男鹿の春風　男鹿の鈴風　ほ

か) 日記から地誌へ(駒形日記 高松日記 雪の出羽路雄勝郡)
＊八郎潟付近や男鹿半島を巡りつくし、真澄は秋田藩庁のある久保田へ向かう。久保田では信頼できる知人を得、秋田藩主・佐竹義和とも対面、出羽六郡の地誌編纂の下命を受けることになる。文政十二年、真澄が七十六歳の生涯を閉じたのは、その調査の旅の途上だった。第五巻は日記から地誌へ移行する著作をたどり、併せて真澄の著書目録を収録。

◇瀬戸内海の研究―島嶼の開発とその社会形成―海人の定住を中心に 宮本常一著 復刊 未来社 2001.4 720,22p 21cm (付属資料:別冊1) 32000円 (i)4-624-20064-0
(内容) 第1編 総論 第2編 島の生産類型と社会的変遷―島の中世的社会(小島の利用 海人とその定住 大三島―海人定住とその変遷 ほか) 第3編 近世への展開(近世化の意味 島における庄屋の意義 島嶼船着場集落の形成 ほか)

◇空からの民俗学 宮本常一著 岩波書店 2001.4 243p 15cm (岩波現代文庫 社会) 1000円 (i)4-00-603033-9 Ⓝ382.1
(内容) 空からの民俗学(ヘラでひらいた久米島の畑 昔ながらの山口県大島の生活 生活の変遷が見られる三浦半島 ほか) 空から見る日本の農業―空から見、地上を歩いて考えさせられたこと 一枚の写真から(村の鍛冶屋 銚子の魚市場 杉皮を積んだ山地 ほか)
＊空から見下ろす地上の風景は無限の夢をさそう―旅の巨人・宮本常一はいつもカメラを携行し、残されたネガは八万枚に及んだという。開発の進む日本列島を俯瞰し、物干しにかかった洗濯物に日本人の生活の変化を鋭く読みとるとき、なにげない一枚の写真が見事な時代の証言となる。本書のその独特な写真解読術のすべてを集成した未収録エッセイ集。

◇中世再考 網野善彦著 講談社 2000.11 270p 15cm (講談社学術文庫) 820円 (i)4-06-159448-6
(内容) 日本中世史研究の現在・インタビュー 日本中世の自由について 中世民衆生活の様相 徳政雑考 アウエハント『鯰絵―民俗的想像力の世界』にふれて 東国と西国 地域史研究の一視点 南北朝内乱の社会史的意義 地名と中世史研究 地名と名字 民具学と漁業史―宮本常一氏と日本常民文化研究所 「忘れられた日本人」をめぐって:梶田翁の話によせて
＊日本中世史の諸説に様々な疑問を提出した小論集。「平民の自由」『民衆の生活史』『東国と西国』『百姓』『海民』など、著者が現在も徹底して追及し、多くの成果をあげている、数多くの研究主題の原点が提示されている。常民文化研究所で著者に強い影響を与えた民俗学者、宮本常一に関する論考も収録。

◇日本児童生活史―新版・日本の子供達 桜井庄太郎,宮本常一著 久山社 1997.4 1冊 22cm (日本＜子どもの歴史＞叢書 5) 〈複製〉 7800円 (i)4-906563-41-4 Ⓝ384.5

◇日本の村・海をひらいた人々 宮本常一著 筑摩書房 1995.5 278p 15cm (ちくま文庫) 650円 (i)4-480-03035-2 Ⓝ380.1
(内容) 日本の村(二つの家 屋根の形 草ぶきから瓦ぶきへ たたみ 間どり ほか) 海をひらいた人びと(船の家 クジラとり 一本づりカツオつりとノベナワ 網ひき)
＊日本全国を歩きめぐり、実際に自分の目で見て、そこに暮らす人々に話を聞いて調査した民俗学者、宮本常一。彼が日本の村と海、それぞれに暮らす名もなき人々の、生活の知恵と暮らしの工夫をまとめた、貴重な記録。フィールドワークの原点がここにある。

◇日本文化の形成 上 宮本常一著 筑摩書房 1994.2 266,4p 15cm (ちくま学芸文庫) 1000円 (i)4-480-08117-8
(内容) 縄文の後裔 渡来人と稲作 征服王朝と祭祀王朝 堅穴のくらしと土蜘蛛 稲作と鉄 短粒米と長粒米・稲作の広がり 倭の風俗 倭と大和朝廷 大陸と列島弧 古代アジアの農耕 騎馬民族の渡来 〔ほか〕
＊「宮本民俗学」として巨大な足跡を残した宮本常一が、その最晩年、終生のテーマであった民族文化の源流をもとめて展開する講義。生涯にわたる学問をもとにしつつ、考古学・歴史学・民族学などの新しい知見を積極的に受けとめ、東アジアを視野におさめた民俗学的古代学の試み。

◇日本文化の形成 中 宮本常一著 筑摩書房 1994.3 285,5p 15cm (ちくま学芸文庫) 1100円 (i)4-480-08118-6
(内容) イモと畑作 農具としての鉄 根栽植物と雑穀と日本文化 北の文化ベルト 農耕技術と文化 イネの道―渡部忠世氏「稲の道」にふれて 農耕における南と北〈文化の複合〉―中尾作助氏「照葉樹林文化」論にふれて 環境考古学の周辺―安田喜憲氏『環境考古学事始』にふれて 家畜と農耕―民博シンポジウムから 銅と日本文化 日本文化と生産基盤 瀬戸内海文化の系譜
＊「宮本民俗学」として巨大な足跡を残した宮本常一が、その最晩年、終生のテーマであった民族文化の源流をもとめて展開する講義・続。民族学博物館でのシンポジウムの報告をふくめて、他の研究分野の新知見をとりこみ、東アジアを視野におさめた民俗学的古代学の試み。

◇日本文化の形成 下 宮本常一著 筑摩書房 1994.4 232,11p 15cm (ちくま学芸文庫) 1000円 (i)4-480-08119-4

民俗学全般　　　　　　　　　　　　　　　　　　　　　　　　　　　宮本常一

(内容) 1 日本列島に住んだ人びと　2 日本文化にみる海洋的性格　3 日本における畑作の起源と発展　付 海洋民と床住居
＊「宮本民俗学」として巨大な足跡を残した宮本常一が、終生のテーマであった民族文化の源流をもとめて新たに展開し、遺稿となった論考。生涯にわたる学問をもとにしつつ、考古学・歴史学・民族学などの新知見をとりこみ、海をこえて東アジアを視野におさめた民俗学的古代学。

◇日本民衆の文化と実像―宮本常一の世界　長浜功著　明石書店　1995.12　231p　20cm　2500円　(i)4-7503-0766-1　Ⓝ382.1
(内容) 序章「思い出あたためて…」　第1章 民衆の世界　第2章 民衆の実像　第3章 歴史の中の民衆　第4章 自然と生きる　第5章 日本文化の構造　第6章 柳田国男と宮本常一

◇早川孝太郎全集　第11巻　民俗研究法・採訪録　早川孝太郎著、宮本常一、宮田登、須藤功編　未来社　2000.8　556p　22cm　7500円　(i)4-624-90111-8　Ⓝ380.8
(内容) 1 研究法と調査(民間伝承の採集　民俗研究の一つのゆき方　資料採集の潮時　民俗採訪余事　ほか)　2 家と民具(オージーという地名　「おかた」という家のこと　家名のこと　あみだ屋敷　ほか)　3 採訪と聞書(北津軽の民俗　岩手県二戸郡荒沢村浅沢見聞記―斎藤善助家にて　福島県南会津郡檜枝岐村採訪記　採集手帳より婚姻習俗・出産習俗　ほか)

◇彷徨のまなざし―宮本常一の旅と学問　長浜功著　明石書店　1995.1　249p　19cm　2060円　(i)4-7503-0668-1
(内容) 序章 彷徨のまなざし　第1章 自己形成の軌跡　第2章 防波堤という恩師　第3章 戦時下の宮本常一　第4章 旅の明け暮れ　第5章 学問への視線　第6章 民衆の実像を追って　第7章 人と教育　終章 旅路の果てに

◇宮本常一―民俗学の旅　宮本常一著　日本図書センター　2000.12　238p　20cm〈人間の記録 129〉〈肖像あり 年譜あり〉　1800円　(i)4-8205-5958-3　Ⓝ289.1
(内容) 家の歴史　祖父　父　母　私にとってのふるさと　郵便局員時代　小学校教員時代　柳田、渋沢、沢田先生にあう　アチック・ミューゼアムに入る　民俗調査の旅　戦時中の食料対策　戦後の農漁村をあるく　山村と離島　学位をもらう　日本一長い食客　雑文稼業　若い人たち・未来

◇宮本常一を歩く―日本の辺境を旅する　上巻　毛利甚八著　小学館　1998.5　239p　21cm(Lapita Books)　1400円　(i)4-09-341021-6
(内容) 第1章 長崎県 対馬―1994年9月の旅　第2章 宮崎県 米良・椎葉―1995年5月と7月の旅　第3章 山口県 周防大島―1995年9月と12月の旅　第4章 奈良県 吉野西奥・大塔村―1996年1月の旅　第5章 鹿児島県 屋久島―1996年4月と5月の旅　第6章 青森県 三沢温泉―1996年6月の旅　第7章 岐阜県 石徹白―1996年7月と8月の旅　番外編 宮本常一を歩く旅のスタイルとは
＊4000日を旅に暮らした、昭和の巨人の足跡をたどる。

◇宮本常一を歩く―日本の辺境を旅する　下巻　毛利甚八著　小学館　1998.5　255p　21cm(Lapita Books)　1400円　(i)4-09-341022-4
(内容) 第8章 鹿児島県 トカラ列島宝島―1996年9月と10月の旅　第9章 高知県 橘原町―1996年11月と12月と'97年1月の旅　第10章 長崎県 五島列島―1997年2月と3月と4月の旅　第11章 北海道 間寒別新十津川―1997年5月と6月の旅　第12章 宮崎県 椎葉村栂尾再訪―1997年7月の旅　第13章 新潟県 佐渡―1997年8月と9月の旅　第14章 山口県 周防大島再訪―1997年10月の旅
＊現代にわずかに残る、良き時代の日本を訪ねる旅。

◇宮本常一が見た日本　佐野真一著　日本放送出版協会　2001.10　326p　19cm　1700円　(i)4-14-080639-7
(内容) 旅する巨人を生んだ島　父から受けた十カ条　民俗学者の誕生　旅のスタイル　海から見た日本　庶民へのアプローチ　食糧確保の使命　山河への憧憬　農業のプロとして　離島振興にかける　記録する精神　孤島のダイナミズム　地域芸能への思い　路上観察者の眼　日本人が忘れたもの　官僚たちが語る宮本常一
＊戦前から高度成長期にかけて、日本じゅうの村という村、島という島を歩き、そこに生きる人びとの生活を記録した宮本常一は、人をとろかすような笑顔と該博な知識をもって地域振興策を説き、ひとびとに誇りと勇気を与えつづけた。宮本が残した厖大な資料をもとに、第一級のノンフィクション作家である著者が日本各地を取材、そのまなざしの行方を追い、いまこそ求められている宮本的「経世済民」思想と行動の全容を綴る。読者に深い感銘を与えた大宅賞受賞作「旅する巨人」の続編作品。

◇宮本常一著作集　38　周防大島を中心としたる海の生活誌　未来社　1994.5　316p　19cm　3605円　(i)4-624-92438-X　Ⓝ380.8
(内容) 第1部 漁業とその制度(島の漁業概観　鰯網の話　いろいろの漁法と制度)　第2部 海の物語と信仰　第3部 海の往来と気象

◇宮本常一著作集　39　大隅半島民俗採訪録・出雲八束郡片句浦民俗聞書　未来社　1995.3　351p　19cm　3914円　(i)4-624-92439-8　Ⓝ380.8
(内容) 大隅半島民俗採訪録(昭和一五年旅日記　昭和三七年旅日記　佐多村伊坐敷　佐多村大泊

文化人類学の本 全情報　61

佐多村辺塚 ほか) 出雲八束郡片句浦民俗聞書(概観 村の変遷に関する口碑 住・衣・食 漁業 労働 ほか)

◇宮本常一著作集 40 周防大島民俗誌 未来社 1997.2 412p 19cm 3914円 (i)4-624-92440-1 Ⓝ380.8
 (内容)1 ふるさと大島 2 夜引きの夜の昔語り 3 口碑・巷説ところどころ 4 俚諺と方言 5 諸々の神 6 出生・婚姻・葬礼 7 人の一生 (久賀の場合) 8 年中行事 9 収穫日記

◇宮本常一著作集 41 郷土の歴史 未来社 1997.3 378p 19cm 3914円 (i)4-624-92441-X Ⓝ380.8
 (内容)第1部 郷土の歴史―東和町・郷土大学講義録(考古学の目で郷土をみる 古代国家と近代日本 浜と塩と海人と ほか) 第2部 大島史話(屋代物語 島末夜話 大島源平盛衰記 ほか)

◇民具学の提唱 宮本常一著 復刊 未来社 1999.6 255p 19cm (折り込み4枚) 2800円 (i)4-624-20024-1 Ⓝ383.93
 (内容)1 民具学の提唱 2 民具の定義と研究領域 3 民具の調査蒐集 4 民具の分類 5 民具と技術の記録
 *著者自身の体験を中心に、民具についての試論をまとめたもの。

◇民俗学の旅 宮本常一著 講談社 1993.12 247p 15cm (講談社学術文庫) 760円 (i)4-06-159104-5 Ⓝ289.1
 (内容)1 家の歴史 2 祖父 3 父 4 母 5 私にとってのふるさと 6 郵便局員時代 7 小学校教員時代 8 柳田、渋沢、沢田先生にあう 9 アチック・ミューゼアムに入る 10 民俗調査の旅 11 戦時中の食料対策 12 戦後の農漁村をあるく 13 山村と離島 14 学位をもらう 15 日本一長い食客 16 雑文稼業 17 若い人たち・未来
 *自らを「大島の百姓」と称し、生涯にわたり全国をくまなく歩きつづけた宮本常一。その歩みは同時に日本民俗学体系化への確かな歩みでもあった。著者の身体に強く深く刻みこまれた幼少年時代の生活体験や美しい故郷の風光と祖先の人たち、そして柳田国男や渋沢敬三など優れた師友をまじえながら、その体験的実験的踏査を克明かつ感動的に綴る。宮本民俗学をはぐくんだ庶民文化探究の旅の記録。

◇忘れられた日本人 宮本常一著 岩波書店 1995.2 334p 19cm (ワイド版岩波文庫) (著者の肖像あり) 1100円 (i)4-00-007160-2 Ⓝ388.1
 *昭和十四年以来、日本全国をくまなく歩き、各地の民間伝承を克明に調査した著者(1907-81)が、文化を築き支えてきた伝承者=老人達がどのような環境に生きてきたかを、古老たち自身の語るライフストーリーをまじえて生き生きと描く。辺境の地で黙々と生きる日本人の存在を歴史の舞台にうかびあがらせた宮本民俗学の代表作。

◇忘れられた日本人 宮本常一著 岩波書店 2001.10 334p 19cm (ワイド版岩波文庫) 1200円 (i)4-00-007160-2
 (内容)対馬にて 村の寄りあい 名倉談義 子供をさがす 女の世間 土佐源氏 土佐寺川夜話 梶田富五郎翁 私の祖父 世間師 文字をもつ伝承者
 *昭和十四年以来、日本全国をくまなく歩き、各地の民間伝承を克明に調査した著者が、文化を築き支えてきた伝承者=老人達がどのような環境に生きてきたかを、古老たち自身の語るライフストーリーをまじえて生き生きと描く。辺境の地で黙々と生きる日本人の存在を歴史の舞台に浮かびあがらせた宮本民俗学の代表作。

江馬務

◇心霊研究と新宗教・心霊の神秘・お化けの歴史・妖怪変化 森作太郎,武久勇三,江馬務著 勉誠出版 1998.12 1冊 22cm (庶民宗教民俗学叢書 6) 〈複製〉(i)4-585-03059-X Ⓝ147

今和次郎

◇「建築外」の思考―今和次郎論 黒石いずみ著 ドメス出版 2000.9 346p 21cm 3800円 (i)4-8107-0521-8
 (内容)第1章 今和次郎研究の位置づけと背景 第2章 ドローイング教育 第3章 日本民家研究と建築の始原 第4章 装飾と工芸、そして考現学 第5章 生活学―習慣・慣習・流行・合理 第6章 「建築家」今和次郎 結論―日常生活の器としての建築
 *日本人の生活の器として建築のあるべき姿を追い続けた今和次郎は、欧米諸理論に学んだ壮大な世界を内包していた。今の遺した研究ノートや蔵書を足がかりに解明した労作である。

◇10+1 No.20 特集・言説としての日本近代建築 メディア・デザイン研究所編 INAX出版 2000.6 223p 23×18cm 1500円 (i)4-87275-095-0
 (内容)「日本近代建築史」の中の「日本建築史」 戦前の建築評論家の建築観 史学・民俗学・解釈学―今和次郎再考 様式がはがれ落ちる時、あるいは構造合理主義という形而上学 神獣と遊興の時代―幕末維新期の神社と「言説」の複層

民俗学全般　　　　　　　　　　　　　　　　　　　　　　　　　　　桜井徳太郎

性　直線か、曲線か―伊東忠太と岸田日出刀を中心に　第三日本という幕碑銘―日本工作文化連盟の視座と射程　西山夘三と日本における西洋理論の伝播　「日本近代建築」の生成―「現代建築」から「日本の近代建築」まで　「日本近代建築史」年表　篠原一男インタヴュー―1950‐60年代の建築とその言説空間

桜井徳太郎

◇山岳宗教と民間信仰の研究　桜井徳太郎編　オンデマンド版　名著出版　2000.11　541p　21cm　(山岳宗教史研究叢書6)　4800円　(i)4-626-01590-5
　(内容)　総説　民間信仰と山岳宗教　第1篇　山岳信仰の展開と山の神　第2篇　修験道と民間信仰　第3篇　山岳信仰と講集団　第4篇　民間信仰と地方霊山
　＊いったいに、山岳信仰が国民全体の信仰生活のなかでどういう境位を占めているのか、またどのような存在意義をもっているのか。その根拠を明らかにするためには、何をおいても地域社会の信仰基盤そのものに究明のほこ先を直接向けねばなるまい。つまり民間信仰の全体像を的確にえぐりだしながら、そのなかで、山岳信仰や山の神信仰が果たす役割を問いつめる作業が必要となろう。具体的にいえば、宗教の立場から山岳信仰を追いかけるのではなくて、民間信仰に立脚点をおいて問いかける方向である。本編では、この点を特別に重視して研鑽を重ねられた諸論考をあつめ、今後の展望に資するようにしたものである。

◇シャーマニズムとその周辺　桜井徳太郎編著　第一書房　2000.12　357p　22cm　〈年譜あり　著作目録あり〉　9000円　(i)4-8042-0723-6　Ⓝ163.9

◇シャーマニズムの世界　桜井徳太郎編　春秋社　1995.10　295.9p　20cm　〈執筆：佐々木宏幹ほか　新装版〉　2575円　(i)4-393-29118-2　Ⓝ163.9
　(内容)　シャマニズム研究の諸問題―トランスと入巫パターン　南アジアのシャーマニズム―概観と特徴　東南アジアのシャーマニズム―台湾のシャマニズム　アパッチ族のシャーマン―宗教・医療・シャマニズム　朝鮮のシャーマニズム―韓国巫俗の神観　日本古代のシャマニズム的風土―八幡と不動　修験道とシャマニズム―護法を中心として　アイヌのシャマニズム　イタコとゴミソ　木曽のシャーマン―御岳行者と御岳講　新興宗教のシャーマンの性格
　＊アジア各地に花開いたシャーマニズムの分析を通して、宗教の根源、アジア文化の深層を

スリリングに開示する名著。

◇新潟県の運搬具　山口賢俊著，桜井徳太郎，木下忠監修，新潟県民俗学会編　三条　野島出版　1997.2　277p　22cm　(山口賢俊著作集 第1巻)　9708円　(i)4-8221-0158-4　Ⓝ383.93

◇新潟県の民具　山口賢俊著，桜井徳太郎，木下忠監修，新潟県民俗学会編　三条　野島出版　1999.2　542p　22cm　(山口賢俊著作集 第3巻)　〈年譜あり〉　13500円　(i)4-8221-0169-X　Ⓝ383.93
　(内容)　第1部　民具の見方(地方史と日本技術史との関連　わが国の民具の技術的研究　ほか)　第2部　鍛冶考(鍛冶考　続鍛冶考)　第3部　風土と民具(ワラの文化　はきもの)　第4部　地域の民具とその周辺(福島潟の民具　角田浜の漁具　ほか)
　＊「新潟県の運搬具」「新潟県の民家」に続く、そのしめくくりの一冊。民具学総説に関わる項目から、鍛冶についての論及、稲菓が生活用具を編む素材として多様に活用されてきた具体例や、田下駄とカンジキ類、さらには、新潟県内の四か所における民具調査の成果が記録されている。

◇野にありて目耳をすます―姫田忠義対談集　2　姫田忠義述，民族文化映像研究所編　はる書房　1996.12　305p　21cm　2718円　(i)4-938133-66-0　Ⓝ778.7
　(内容)　歴史を背負う民族に学ぶ(村上兵衛)　文化の伝承・記録(佐々木高明)　文化の宇宙の破壊(本多勝一)　野性をどう見るか(C・ダグラス・ラミス)　民衆のまつり(桜井徳太郎)　海と太陽と日本人(網野善彦)　生きることの実相(赤坂憲雄)　山人の知恵に学ぶ(内山節)　大地の文明を考える(吉良竜夫)　農業を問いなおす(飯沼二郎)　〔ほか〕
　＊自然との深いつながりをもつ庶民の生活と生活分化を記録した映像を手がかりに、民俗学、文化人類学、哲学、史学、農学などそれぞれの分野の第一人者と語り合う。

◇民俗学の視座―堀田吉雄先生カジマヤー記念論文集　堀田吉雄先生カジマヤー記念論文集編集委員会編　桑名　伊勢民俗学会　1995.8　642p　22cm　〈堀田吉雄の年譜あり〉　7500円　(i)4-89399-019-5　Ⓝ380.4
　(内容)　民俗宗教 1 民俗宗教定着の基盤　桜井徳太郎著．民俗的事例としてのモガリ　佐藤米司著．胞衣(胎盤)を踏む呪術　木下忠著．志摩の咒天〔コウ〕鬼神　津田豊彦著．変若水をめぐって　牧田茂著．民俗宗教 2 白山と天道念仏　宮田登著．越後の峰の薬師信仰　鈴木昭英著．産神としての虚空蔵菩薩　佐野賢治著．山の神とカギヒキ神事　堀哲著．盲僧と憑きもの落とし　伊藤芳枝著．サエノカミと性　大島建彦著．沖縄　琉球弧の島々の他界観　仲松弥秀著．御岳

桜田勝徳

の神役 上井久義著.都市型文化の地方伝播の担い手たち 玉木順彦著.＜浜＞・＜泉＞・＜山＞をめぐる祭儀 伊藤良吉著.老の民俗 鎌田久子著.祭り・芸能 保呂羽山御神楽の託宣 本田安次著.尾張万歳の変容過程について 鷲野正昭著.芸能古今抄 田中義広著.志摩地方の盆行事 水谷新左衛門著.祭りを支える人々 筒井正著.現代社会と民俗芸能 黒沢和子著.笑い祭り 井之口章次著.歴史・社会・自然 日本民俗学における「足利時代」千葉徳爾著.「古事記」にみるワタツミの神 菅野雅雄著.松浦武四郎の自然観と宗教観 大川吉崇著.伊勢参宮道中之小便調帳 岡田照子著.ウサギ(野兎)をめぐる民俗 天野武著.鮭と漁村社会 鈴木正崇著.伊勢地方民俗の位置 福田アジオ著.比較民俗 義民節と豚肉の分与 植松明石著.正月と食物の民俗 土肥久代著.南インドの女神崇拝とシャクティ 高橋貴著.主柱と土地の境界設定と移行点 倉田勇著.米の呪力 角田茉瑳子著.「納戸神」の変遷をめぐって 竹田旦著
◇昔話の民俗学 桜井徳太郎著 講談社 1996.5 307p 15cm (講談社学術文庫) (「昔ばなし」(塙書房1972年刊)の増訂 参考資料：p293～304) 900円 (i)4-06-159229-7 Ⓝ388.1
(内容) 序 昔ばなしと現代 1 昔ばなしの本質 2 昔ばなしと民族性 3 昔ばなしの地域性と時代性 4 昔ばなしの世界性 5 異郷譚 6 小子譚 7 遊魂譚 8 笑いばなし 9 動物昔ばなし 10 昔ばなしの研究
＊本書は、昔ばなしが、民話や神話・伝説とはどう違うかという本質論から出発し、昔ばなしの民族・地域・時代・世界性を論究、さらに異郷譚、小子譚、遊魂譚などに分類して、その中に日本人の思想や生活文化の特質が如実に反映されていることを実証する。日本人の心のふるさとと言われてきた昔ばなしを、新たな視点から解釈した待望の昔ばなし民俗論。

桜田勝徳

◇移住漁民の民俗学的研究 野地恒有著 吉川弘文館 2001.12 358,11p 21cm 13000円 (i)4-642-07546-1
(内容) 第1部 鹿児島県屋久島における与論島漁民の移住誌研究(漁民の移住誌研究 屋久島研究の意義—与論島漁民の屋久島移住誌 屋久島中間におけるトビウオ漁の変遷と出漁漁民の移住—在来漁業と出漁漁民 ほか) 第2部 日本における出漁漁民の移住誌研究(桜田勝徳の移住漁民研究("漁村民俗"論の構築 渋沢敬三との関係を中心に) 柳田国男の"海上移住"研究 下北半島大畑町のカワサキ衆とイカ釣漁—出漁漁民の移住と在来村落1 ほか)
＊移住漁民の民俗形成を、移住誌(漁撈技術の変容を詳細に記述した民俗誌)という手法により考察。口承資料による漁業の復元に対し、生態学的分析を用いて、漁業における自然と人間の関係をとらえ、地域社会の特徴を解明。

高取正男

◇日本的思考の原型—民俗学の視角 高取正男著 平凡社 1995.3 243p 16cm (平凡社ライブラリー) 900円 (i)4-582-76088-0 Ⓝ380.4

風俗史・民俗誌

風俗史・民俗誌

◇あのころ、今、これから… 鮫島純子絵・文 小学館 2000.9 80p 19×26cm 〈年表あり〉 1600円 (i)4-09-681331-1 Ⓝ382.1
(内容)第1章 暮らしの変化昭和初期から平成(昔の学生・今の若いコ 電車の中 ほか) 第2章 家事今昔物語(衣―裁縫・編み物 食―炊事 住――年に一回の大掃除・箒・はたき・畳干し ほか) 第3章 昭和の初め頃まで街中で見かけた商売(わた菓子屋さん・紙芝居屋さん しんこ細工屋さん・焼きいも屋さん・飴屋さん ほか) 第4章 二十一世紀に残したい大切なこと(物をとても大切にしていました ゴミを減らすこと、考えてみませんか・お下がり・遠足・ほか おむつ・食材の利用・下駄の修理 ほか)
＊おじいさん、おばあさんの存在が薄くなっています。この本は、おばあさんの役割を補う理想的なパートナーです。

◇あらたまの魚 鈴木恒男著 市川 たくみぼり工房(製作) 1996.11 63p 18cm 〈私家版〉 Ⓝ382.1

◇イオンじいさんの笛―音楽人類学者の見た地球 西岡信雄著 音楽之友社 1999.3 246p 20cm 2200円 (i)4-276-21293-6 Ⓝ762
(内容)第1章 リズムとの出合い(竹とゴム草履のスリーコード 二十世紀の辻音楽師 絢爛たるミャオの乙女たち ほか) 第2章 メロディックな情景(奄美の一夕、唄遊び 祭りの鳴り物・異例二題 笙の笛の故郷へ ほか) 第3章 人々のハーモニー(赤道直下の長屋コンサート 音楽のラブレター ジャマ・エル・フナ広場の黄昏 ほか)
＊リズム、メロディー、ハーモニーを求めて東へ西へ。その先で出合う素晴らしい人々との触れ合いと、人間が誇るべき「無形文化」の行く末を考える真摯な姿勢が光る、音楽人類学者による好エッセイ。

◇異人論―民俗社会の心性 小松和彦著 筑摩書房 1995.6 285p 15cm 〈ちくま学芸文庫〉 900円 (i)4-480-08218-2 Ⓝ380
(内容)1 異人の民俗学(異人殺しのフォークロア―その構造と変容) 2 異人の説話学(恐怖の存在としての女性像―化物退治譚の深層 猿聟への殺意―昔話における「主題」と民俗社会) 3 異人の人類学(異人論への人類学的視点 折口信夫の「マレビト」再考 簑笠をめぐるフォークロア―通過儀礼を中心にして) 4 異人論の展望(妖怪と異人―新しい妖怪論のために)
＊異人＝妖怪＝神とは。「異人殺しのフォークロア」をキー・コンセプトに、これまでの学問が隠蔽、無視し続けてきた日本文化の「闇」の相貌、記憶から抹殺されてきた精神の深層を、鋭利に浮上させる刺激的な論考。ニューウェーヴ民俗学の誕生。

◇犬たちの歳時記 笠井俊弥著 平凡社 2001.2 279p 19cm (平凡社新おとな文庫) 1600円 (i)4-582-82953-8 Ⓝ382.1
(内容)新年(一緒に迎える元旦 福集に暖かそうに 門松でかくれんぼ ほか) 春(アレッ、淡雪は? 梅はシンボルフラワー 恋猫に辟易 ほか) 夏(裕姿の犬芝居 時鳥の初音にご用心 端午の節句 ほか) 秋(尾っぽの話 秋爽の立耳 犬飼星瞬く七夕 ほか) 冬(雪やコンコン 犬の伯母さん 雪仏ご出現 ほか)
＊古くから人々と暮らし、喜怒哀楽を共にしてきた犬たち。江戸時代から400年の間に詠まれてきた俳句400句をとおして綴る、犬と人とのふれあいの文化史エッセイ。

◇犬の落しもの万華鏡 笠井俊弥著 中央公論社 1995.6 249p 18cm 1600円 (i)4-12-002443-1 Ⓝ382.1
(内容)プロローグ フンのカルチャー・ショック 第1章 糞化石―古代 第2章 北条高時と犬合―平安時代から鎌倉時代 第3章 忠臣蔵と犬のフン 第4章 江戸の町なかで 第5章 踏んでしまった人びと 第6章 犬の落しものの効用 第7章 黄金伝承 第8章 犬糞言語学(フィロロジー) 第9章 意識の構図を推理する エピローグ 小太郎へのレクイエム
＊花のお江戸の名物は火事に喧嘩に犬の糞…いつも人びとの身近にあった犬の落しものをとおして、犬とのふれあいの知られざる文化をさぐるエッセイ。

◇いまどきの神サマ 別冊宝島編集部編 宝島社 2000.2 413p 15cm (宝島社文庫) 〈別冊宝島114号「いまどきの神サマ」改訂書〉 600円 (i)4-7966-1704-3
(内容)1 通過儀礼なき時代の宗教体験(実践編 オウム真理教とは何か―オウム真理教入信体験入記! 分析編 オウム真理教とは何か―かつてオウム真理教はディズニーランドであった!? ほか) 2 オカルト・ブームの深層心理(精神世

界マーケット探検隊(インスタント・ハイのハシゴ体験記！ 通信販売で超能力を買う人びと！ ほか) ほか) 3 前世少女と終末ブーム(現場編 前世少女という異界—人類救済の戦士たちはチョコパフェがお好き！ 論考編 前世少女という異界—前世夢紡ぎ・少女たちの共犯幻想！ ほか) 4 90年代型の神サマ(ポストモダン宗教展望(東大出の仏陀、大川隆法の神霊ゼミナール！ 教祖になったマンガ家、天使と交信するSF作家！ ほか) ほか)
＊本書は、よくある「新宗教カタログ」のたぐいではない。かといって「若者のオカルト・ブーム」批評とも異なる。絞切り型の若者宗教論に一石を投じるためにつくられた「豊かな時代の祈りの正体」を突き止めるためのガイド書である。彼らにとって希薄な日常からジャンプできる対象なら、何であれかまわないのだ。ひとつの選択肢として「いまどきの神サマ」の周りに集う。果てしない神サマ探しの旅。

◇色の民俗誌—暮らしのなかの色 富岡市立美術博物館・福沢一郎記念美術館編 富岡 富岡市立美術博物館・福沢一郎記念美術館 2001.1 62p 21cm 〈会期：平成13年1月20日―2月25日 文献あり〉 Ⓝ382.1

◇岩波講座 日本の音楽・アジアの音楽 4 伝承と記録 岩波書店 1994.8 327p 21cm 〈第2刷(第1刷：88.9.22)〉 5000円 (i)4-00-010364-4
(内容)音楽の伝承と記録 雅楽古譜とその解読における諸問題―主として琵琶譜について 公家と地下楽家における音楽伝承 声明の楽譜と記譜法の変遷 非盲人社会における平曲の享受と楽譜の校合 三味線の伝承と流派—豊後系浄瑠璃の場合 箏三味線音楽の楽譜出版と記譜体系 中国音楽の記譜体系 ポリネシア音楽の伝承とハナシの伝承 タイ少数民族における音楽伝承—スコー・カレン族の事例を中心として インド音楽舞踊劇の伝統における化粧―南インド・ケーララの古典舞踊劇を例として 西アジア音楽における口伝と書伝 「唱歌」という用語に関する諸問題—とくに歴史的用語法の観点から 騒音の記号学
＊時間芸術の宿命、記憶にどんな手段を与えて人は歌や奏法を伝えてきたか。口頭伝承或いは、文字伝承に生きられ語りつがれた、遙かな楽の現前。

◇牛と日本人—牛の文化史の試み 津田恒之著 仙台 東北大学出版会 2001.9 288,6p 19cm (TUP叢書) 2300円 (i)4-925085-40-9
(内容)第1章 ウシの出現と家畜化 第2章 日本の牛の始まり 第3章 牛の用途 第4章 神々と牛 第5章 牛と人間のこれから 補論 牛のかかわるさまざまな話
＊今では遠くからしか見ることのできない牛も、つい先頃までは人々の日常生活のただ中に居た。私たち日本人にとって牛はどのような生き物だったのか、そしてどのような存在であるのか。牛と日本人の関わりを「文化」の側面から解き明かす。

◇牛のきた道―地名が語る和牛の足跡 本間雅彦著 未来社 1994.7 293p 20cm (ニュー・フォークロア双書 24) 2884円 (i)4-624-22024-2 Ⓝ382.1
(内容)第1章 和牛史の視点 第2章 牛のきた道 第3章 牛マキ考 第4章 牛神の土俗 第5章 屠牛と皮細工 付章 ウル地名の民族学的探究
＊和牛の先祖はどこから伝えられ、古代、日本の農牧民は何のために、どのようにして牛を飼っていたのか。なぜ牛を"ベコ"と呼ぶのか。全国各地の"牛地名"を手がかりに日本人と牛との関わりを探る。

◇うたと日本人 谷川健一著 講談社 2000.7 246p 18cm (講談社現代新書) 680円 (i)4-06-149513-5 Ⓝ911.6
(内容)序 歌と民俗学 第1章 歌の発生(アニミズムの時代 言問う世界 ほか) 第2章 挽歌の展開—柿本人麻呂を中心に(恋と乞い 異常死者への挽歌 ほか) 第3章 うたげの世界(客人歓待の歌 能登の民謡 ほか) 第4章 共同体の詩(東国の民俗と地名 地霊とつながる序詞 ほか)
＊日本人にとって「うた」は人や自然とのたたかいから生まれた魂の叫びだった！万葉歌の生命力と心性の淵源を探り、民謡や芭蕉の俳諧へと通底する「共同体の詩」の伝統を考察する。

◇馬ふしぎ展―珍品奇品から幻獣まで 秋季特別展 馬事文化財団馬の博物館編 横浜 馬事文化財団 1999.10 102p 30cm 〈会期：1999年10月9日―11月14日〉 Ⓝ382.1

◇海と山の民俗自然誌 篠原徹著 吉川弘文館 1995.2 285,3p 22cm (日本歴史民俗叢書) 6180円 (i)4-642-07357-4 Ⓝ382.1
(内容)第1章 自然と民俗 第2章 自然誌と民俗誌の関係 第3章 海の民俗自然誌 第4章 山の民俗自然志 結論 民俗自然誌の課題と可能性
＊漁師は、魚に対する生態的知識と、気象・海流・潮汐などの環境に関する知識が、釣りという技能の背後にあってはじめて漁ができる。そのような自然に対する知識の総体を、著者は自然知と呼ぶ。漁村・山村で行った観察・調査と、漁日誌や木樵師の技能伝承をもとに、自然の生態と人間の自然知の関係を、民俗学のなかに位置づけた、はじめての民俗自然誌。

◇海の道海の民 大林太良著 小学館 1996.12 279,22p 20cm 〈文献あり 索引あり〉 2233円 (i)4-09-626193-9 Ⓝ382.1

◇英語で比べる「世界の常識」 足立恵子著 講談社インターナショナル 1999.3 287p 19cm

(Bilingual books) 〈他言語標題:Everyday customs around the world 英文併記〉 1200円 (i)4-7700-2346-4 Ⓝ382
内容 第1章 世界の人々とお付き合いするための基礎知識 第2章 味だけでは語れない世界の食習慣 第3章 トイレにびっくり!世界の住まい 第4章 どこの国でも「服装が人を表す」 第5章 制服だらけの世界の結婚と家族 第6章 1年が365日ではない世界のカレンダー 第7章 うっかりすると罰金、世界の街の習慣 第8章 働き者はどこに…?世界のビジネスマンたち 第9章 和製も活躍、世界のスポーツ・娯楽 第10章 平等?不平等?各国公共制度 第11章 日本よりキビシイ世界教育事情
＊各国に独自の習慣があることを理解し、尊重し、そのうえで日本の習慣との違いについて話を交わすことが、異文化交流の第一歩です!日本の常識、世界の非常識!?あなたの常識がズタズタになる。

◇演技―生活のなかの表現行為 戸井田道三著 紀伊國屋書店 1994.1 217p 20cm (精選復刻紀伊國屋新書) 1800円 (i)4-314-00617-X Ⓝ382.1

◇音 大阪人権博物館編 大阪 大阪人権博物館 1995.12 54p 30cm (会期:1995年12月5日～1996年1月28日) Ⓝ382.1

◇斧の文化史 佐原真著 東京大学出版会 1994.9 173p 21cm (考古学選書 6) 2678円 (i)4-13-024106-0
内容 1 生きている石斧 2 鉄斧がやって来た 3 民族例と考古学 4 刃物の変形と使用痕 5 斧の起源、斧との訣別
＊人間と斧との深い結びつきの様を人類悠久の歴史の中に探る。「文明の進歩とは何か」を考える"佐原考古学"の成果。

◇お湯まわりのはなし―お湯と愉しくつき合うために 鎌田元康編著 TOTO出版 1996.1 237p 19cm (TOTO Books 019) 1000円 (i)4-88706-128-5
内容 学理編(「お湯」の科学 「お湯」をつくるエネルギー 進歩する家庭の給湯器) 生活編(暮らしの中の「お湯」 風呂・温泉のアメニティ) 雑学編(米国の入浴習慣 東西入浴はじめ)
＊本書は三部構成になっており、最初の「学理編」ではお湯のメカニズムおよび給湯設備の進化の歴史を、つぎの「生活編」では炊事・入浴の項目を中心にお湯と生活とのかかわり方を述べた。また、お湯と生活とのかかわり方をみるうえで、歴史的背景も慣習も異なる米国、ヨーロッパなどの諸事情を知る必要があると考え、最後に「雑学編」を設け、おもに各国の入浴事情を中心にまとめた。

◇カイコの中国大陸からわが国への伝播経路―民俗学的分析 村上昭雄著 〔国立遺伝学研究所〕 〔1996〕 14枚 30cm

◇カウボーイ―世界各国のカウボーイの生活を観察しよう カウボーイからガウチョ、バケーロ、ガルディアンまで D.H.マードック著、リリーフ・システムズ訳 京都 同朋舎出版 1994.4 63p 29cm (ビジュアル博物館 第45巻) 〈日本語版監修:高荷義之〉 2800円 (i)4-8104-1837-5 Ⓝ382
内容 カウボーイとは何か? チャルロとバケーロ 最高の馬 新旧の鞍 馬に鞍をつける 北米のカウボーイ カウボーイハット カウボーイの服装 ブーツと拍車 オーバーズボン 〔ほか〕
＊世界中のカウボーイの生活にふれることのできる楽しい博物図鑑です。カウボーイのシンボルである馬、牛、銃、投げ縄などの迫力ある写真の数々から、牧場生活のようすが色鮮やかに蘇ります。

◇数の不思議・色の謎―日本文化の記号を読み解く 北沢方邦著 広済堂出版 1993.9 319p 18cm 1400円 (i)4-331-50416-6 Ⓝ382.1
内容 1 数をめぐる六話 2 食をめぐる六話 3 道具をめぐる六話 4 植物をめぐる六話 5 動物をめぐる六話

◇風の文化誌 市川健夫著 雄山閣出版 1999.3 207p 19cm 2300円 (i)4-639-01591-7
内容 1 日本に吹く四季の風 2 地方色豊かな局地風 3 風と日本人の暮らし 4 風の民俗 5 風対策の知恵 6 風がつくる自然 7 風の利用さまざま
＊季節の風、地方色豊かな局地風―風にまつわる地名・民俗、あるいは防雪林・屋敷森などの風対策の知恵から風力発電などの風の利用まで、日本人が長い間つちかってきた暮らしと文化。

◇楽器からのメッセージ―音と楽器の人類学 西岡信雄著 音楽之友社 2000.2 237p 20cm 2400円 (i)4-276-21294-4 Ⓝ763
内容 一度にたくさんの音を出したい 管をどう並べるか 管を巻く ヴァルヴか、スライドか 利き手と楽器の右左 S・M・L・LLサイズ 楽器考 ヴィブラート文化論 一本指の笛に獅子が舞う 糸一本に託す 弦楽器のえくぼ 〔ほか〕
＊「管の並べ方に決まりはあるのか」「左利きに有利な楽器はあるのか」「動物と楽器にはどんな関係があるのか」「地球を楽器にすることはできるのか」「大太鼓の音はなぜ不気味なのか」「銅鐸は本当に楽器なのか」…。さまざまな視点から楽器を見てみると、そこには意外な事実や発見が隠されている。音楽人類学者にして楽器学の権威が、多くの図版とともに紹介する、面白くて不思議な音と楽器の世界。

◇カニバリズム―最後のタブー ブライアン・マ

リナー著,平石律子訳 青弓社 1993.11 279p 20cm 2884円 (i)4-7872-3070-0 Ⓝ382
(内容)第1章 人食いの風習 第2章 必要に迫られた人食い 第3章 利益のための人食い 第4章 悦楽の人食い
*儀礼、復讐、飢餓、商売、嗜好、悦楽…。有史以前の風習から現代を跋扈する食人鬼へ連綿と受け継がれながら、文明に封印されてきた人類の暗黒の欲望を暴く、衝撃のカニバリズム論。

◇カニバリズムの秩序—生とは何か・死とは何か ジャック・アタリ著,金塚貞文訳 新装版 みすず書房 1994.11 391,24p 19cm 3399円 (i)4-622-00448-8
(内容)1 神々のシーニュ 2 体のシーニュ 3 機械のシーニュ 4 コードのシーニュ
*この書は、〈カニバリズム〉の一語を戦略としつつ、神々の時代からコードの時代までを、三つの危機・四つの時代として分析・記述する試みである。

◇歌謡—文学との交響 国文学研究資料館編 京都 臨川書店 2000.2 230p 19cm (古典講演シリーズ 4) 2400円 (i)4-653-03549-0 Ⓝ911.6
(内容)早歌と道行—菅原道真の旅を中心に 「宗安小歌集」実見—研究の再構築をめざして 「田植草紙」歌謡の性格—研究史にそって 琉歌の世界 近世沖縄の和歌 近世歌謡の絵画資料
*よみがえるウタの世界—鎌倉時代の歌謡である早歌と道行との関係、幻の歌謡集「宗安小歌集」の謎、中世の田植歌の特性、沖縄の琉歌や近世和歌の問題、絵画資料に表れる近世歌謡の研究など、さまざまな歌謡を文学の視点から考察した六編を収録。

◇歌謡圏史 5 志田延義著 至文堂 2000.10 198p 22cm (志田延義著作集) Ⓝ911.6

◇歌謡文学を学ぶ人のために 小野恭靖編 京都 世界思想社 1999.10 262p 19cm (文献あり) 2300円 (i)4-7907-0774-1 Ⓝ911.6
(内容)記紀歌謡—我が国歌謡の嚆矢 「続日本紀」以降の歌謡—儀式と饗宴の歌謡 神楽歌・催馬楽—平安宮廷人の歌声 朗詠—漢詩文と音楽との格調高きハーモニー 仏教歌謡—仏会の歌謡 今様・雑芸歌謡—平安末期の新興歌謡 中世和讃—庶民の祈りと信仰の歌声 早歌—武士の愛好した長編歌謡 室町小歌—室町人の饗宴の声 踊歌—中世・近世の風流の華〔ほか〕
*日本文学史上、最も長い歴史を有する歌謡文学。その展開・特徴を、例歌を交えてわかりやすく掘り下げる。歌謡に関心を持つ人びとから研究を志す人びとまで幅広く享受できる画期的な歌謡文学入門書。

◇歌謡雅と俗の世界 真鍋昌弘編 大阪 和泉書院 1998.9 418p 22cm (研究叢書 229) 12000円 (i)4-87088-941-2 Ⓝ911.6
(内容)「山家鳥虫歌」の民謡を辿る 「光仁即位前紀」の構成と童謡 紀七四・円大臣の妻の歌—「脚帯撫だすも」の表現を中心に 「大御葬歌」の場—その研究方法をめぐって 宣命型祝詞の成立 「宮人」考—和舞からの考察(その一) 神歌に見える「うれし」について—「たのし」との比較から 「駒の遊び」—「うつほ物語」から院政期の催馬楽—顕昭の催馬楽関連記事をめぐって 「栄花物語」と"中古"今様〔ほか〕
*日本歌謡の流れを大河に譬えるなら、それは記紀歌謡群として湧出し、幾多の雅俗の風景を現出させながら、多様な雅俗の時と場を縫って、長い年月を絶えることなく豊かに流れてきた。本書に集められた24篇の論考は、その大河なす歌謡史上の要所における、それぞれの研究者の深くて新しい成果の発表である。内容は記紀歌謡・続日本紀歌謡・風俗圏歌謡・今様・早歌・中世小歌圏歌謡・近世歌謡、そして日本歌謡の一背景としても貴重な中国少数民族歌謡の研究にも及んでいる。また、国外における日本歌謡芸能研究の第一人者—フランク・ホーフ教授の「閑吟集」に関する最新の論考も収録した。

◇環境の文化誌—地域文化の形成 岩井宏実著 慶友社 1997.7 273p 22cm 6000円 (i)4-87449-225-8 Ⓝ382.1
(内容)1 大和遊覧(奈良・大和路 町の共同体と奈良町会所 ほか) 2 摂河泉探訪(摂津から和泉へ 摂河泉の地域性 ほか) 3 日本海眺望(海の道 日本海沿岸の船絵馬 ほか) 4 南海道逍遥(阿波・讃岐慢歩 阿波人形芝居 ほか)
*歴史・風土・人間が混然一体となって創りあげる地域文化。日本文化をミクロの世界でとらえ直し、地域文化を克明に掘り下げた時、日本民族の多様性が見えてくる。

◇環境の民俗 赤田光男,香月洋一郎,小松和彦,野本寛一,福田アジオ編 雄山閣出版 1996.11 307p 21cm (講座 日本の民俗学 4) 4944円 (i)4-639-01409-0
(内容)総説 環境の民俗 1 景観と民俗 2 地形・地勢と民俗 3 天候・気象の民俗 4 動物・植物の民俗 5 開発と災害の民俗 6 日本列島の環境と民俗
*環境の民俗を見つめることで、先人たちの苦渋に満ちた日々や豊かな知恵、民俗の原質などを探り、現代や未来社会が喘ぐ環境問題に光を当てる。

◇消えた言葉—「消えた言葉」はなぜ生まれるのか 橋本治編著 アルク 1998.11 247p 18cm (アルク新書) 880円 (i)4-87234-950-4 Ⓝ382.1
(内容)第1章 なぜ「茶の間」は消えたのか? 第2

章 なぜ「長押」「鴨居」「欄間」は消えたのか？ 第3章 なぜ「割烹着」は消えたのか？ 第4章 なぜ「BG」は消えたのか？ 第5章 なぜ「貧乏」は消えたのか？ 第6章 なぜ「水雷艦長」は消えたのか？
*この間まで生活の中にあった言葉が急激に消えていく。炭、蚊帳、長屋、こよりなど、親の世代の事柄が、子供の世界ではもう見当たらない。「消えた言葉」から想起させられるさまざまな思いを「いま」という時代を通してつづる。

◇旧儀装飾十六式図譜・解説書 霞会館公家と武家文化に関する調査委員会編纂 霞会館 1994.11 82p 23×31cm〈書名は奥付・背による 標題紙等の書名：旧儀装飾十六式図譜 京都美術協会(明治36年刊)の「図譜」の複製と「解説書」の翻刻を合冊したもの〉非売品 Ⓝ382.1

◇巨樹と日本人―異形の魅力を尋ねて 牧野和春著 中央公論社 1998.6 221p 17cm (中公新書) 700円 (i)4-12-101422-7
 内容 言間の松(イチイ) 喜良市の十二本ヤシ(ヒバ) 勝源院の逆ガシワ 苦竹のイチョウ 角館のシダレザクラ 東根の大ケヤキ 羽黒山のスギ並木と爺スギ 三春滝ザクラ 真鍋のサクラ 日光杉並木街道〔ほか〕
*数百年、数千年の歳月、同じ場所で根を張り、枝を拡げ、梢を伸ばしてきた巨樹は不思議なまでの生命力で人々を圧倒する。長い間の風雪に耐えて獲得した異形の姿は神とも魔物とも映り、信仰の対象となっているものも多い。また歴史の目撃者として、巨樹にはさまざまな物語が託されてきた。現在では地域の文化遺産としての意義も大きい。巨樹は常に人々の暮らしと共にある。巨樹巡りの旅から六十余本を選び、日本人との深い絆を語る。

◇魚名文化圏 イワナ編 鈴野藤夫著 東京書籍 2000.5 239p 20×16cm 2800円 (i)4-487-79546-X
 内容 序にかえて―イワナ オショロコマ ヤヤチェプ アメマス エト タキタロウ ノボリイワナ ヤナ タナビラ ソウタケ ヤマカツ イモホリ イバナ イモウオ キリクチ タンポリ オモ ゴギ 補遺 棒マス
*オショロコマ、アメマス、エト、タキタロウ、ヤナ、タナビラ、ヤマカツ、イモウオ、キリクチ、タンポリ、オモ、ゴギ…渓流魚は固有の生息域をもち、また驚くべき古層の文化を保存している。魚との共生、生態観察、民間伝承、やまとことば以外の語原など、渓流魚の名から日本人の感性と暮らしを探るユニークな文化誌・民俗誌。

◇儀礼があるから日本が生きる！ ライアル・ワトソン著、翔田朱美訳 たちばな出版 2001.8 236p 19cm 1500円 (i)4-8133-1308-6
 内容 1 対談ライアル・ワトソン&国弘正雄 ルーツ―科学と神秘とともにきた道(日本の洗練された儀礼を、自分でやってみたかった 相撲は単なるスポーツではない、ひとつの芸術である 日本は、産業化された文明のなかに豊かな伝統が息づいている アフリカに生まれてから、いまの僕が在る ズールー族の友人がくれた贈りもの ほか) 2 ミレニアム国際シンポジウム 21世紀の潮流・日本の祭儀文化の再発見！(基調講演 ライアル・ワトソン パネル・ディスカッション ライアル・ワトソン&栗本慎一郎&深見東州)
*ライフ・サイエンティストとして、世界中で活躍するライアル・ワトソンが、動物行動学、生態学、植物学などさまざまな角度から、心暖かく、面白く、わかりやすく、「儀礼の価値と重要性」を語る。また、アフリカでの幼年時代、日本文化との関わり、クジラやイルカの話など、ワトソン氏が自身を語った、魅力あふれる一冊。

◇金銀糸 城陽市歴史民俗資料館編 城陽 城陽市歴史民俗資料館 2001.2 28p 30cm (城陽市歴史民俗資料館展示図録 18)〈2001年春季企画展：平成13年2月3日―3月20日〉Ⓝ586.17

◇菌食の民俗誌―マコモと黒穂菌の利用 中村重正著 八坂書房 2000.5 205,13p 20cm〈文献あり〉2600円 (i)4-89694-453-4 Ⓝ626.5
 内容 プロローグ 今なぜマコモか 1 世界のマコモ 2 日本人とマコモ 3 マコモと黒穂菌 4 非日常のマコモ文化 5 マコモの栽培と利用 6 ワイルドライスはアメリカの味
*黒穂菌がつくる不思議な野菜の話。古くて新しい野菜「マコモ」の可能性を探る。

◇近世歌謡の諸相と環境 小野恭靖著 笠間書院 1999.10 621p 22cm (笠間叢書 326) 17000円 (i)4-305-10326-5 Ⓝ911.65
 内容 第1章 近世歌謡の諸相と考証(近世歌謡の絵画資料 寛永期歌謡の諸相と周辺文芸 柳亭種彦の歌謡研究 ほか) 第2章 近世流行歌と周辺歌謡の世界(「松の落葉」考 「花の下のおどり」考 「花の下のおどり」続考 ほか) 第3章 近世民謡の世界(「山家鳥虫歌」と「諸国盆踊唱歌」 「山家鳥虫歌」と「鄙廼一曲」 「絵本倭詞経」と「和河わらんべうた」ほか) 第4章 近世童謡の世界(近世童謡一考察 笠亭仙果「熱田手毬歌盆歌童謔附」翻刻と解題 「大江戸てまり哥」「江戸盆唄」翻刻と解題)

◇金属と地名 谷川健一編 三一書房 1998.5 322p 19cm (日本地名研究所編「地名と風土」叢書) 3200円 (i)4-380-98246-7
 内容 1 中国地方の金属地名 2 東北地方の鉄生産と地名 3 産金にまつわる伝承 4 各地の金属伝承
*民俗学・歴史学・考古学の各分野から地名と

金属の関係を深く掘り下げ、古代の金属文化伝承の深層を明らかにする初の論集。

◇近代庶民生活の展開―くにの政策と民俗 松崎憲三編著 三一書房 1998.10 228p 22cm 3000円 (i)4-380-98316-1 Ⓝ382.1

(内容)第1部 生活のリズムとその変化(明治改暦と年中行事―太陽暦受容の諸相 地方改良運動と民俗―「町村是」の分析から) 第2部 神社祭祀・祖先祭祀(神社があるムラと神社がないムラ―神社合祀後における神社復祀の実態について 近代の神葬祭祀と葬墓制の変容―河口湖町河口の事例から 位牌祭祀からみた「家」観念と祖先観―近代化の過程における変化) 第3部 戦争をめぐるフォークロア(近代日本における戦没者祭祀―札幌護国神社創建過程の分析を通して 戦没者の慰霊と民俗信仰―福島県会津高田町の事例を中心に 天狗と戦争―戦時下の精神誌)

＊本書で扱ったテーマは、明治の改暦と年中行事、地方改良運動と民俗、神社合祀と復祀、宗教政策と葬制・墓制・先祖祭祀、戦没者祭祀と戦争をめぐるフォークロア、等々である。主として信仰を中心に据えながら、近代国家が推進した政策と民俗との対立・葛藤の様相、及び民俗が再編されつつ息づいてきたプロセスを調べた。各々のテーマに即したフィールドをベースに分析を試みたが、近代という特定の時間を対象とすることから、いわゆる古文書をはじめ、日記、行政資料、金石文を多用し、可能な限り聞き取りに基づく資料も援用した。扱う時代が時代だけに、聞き取りに基づく資料は補助的なものとならざるを得なかったが、双方の史・資料を用いることにより、民俗の展開過程をビビッドな形で把握できた。

◇近代文学とフォークロア 野本寛一著 京都白地社 1997.11 428p 20cm (叢書l'esprit nouveau 15) 3000円 (i)4-89359-100-2 Ⓝ382.1

(内容)序説 第1章 異類婚姻譚から異郷訪問譚へ 第2章 籠りと再生の論理 第3章 棄老譚への視角 第4章 伝奇譚と民俗複合 第5章 文学と民俗土壌 第6章 叙情と民俗世界 第7章 長塚節「土」をめぐって 第8章 中野重治「梨の花」をめぐって 第9章 島尾敏雄「ソテツ島の慈父」・「ヤポネシアと琉球弧」の周辺 第10章 岬 第11章 峠

＊民俗誌としての近代文学。文学テクストと深く多様な民俗世界が響き合う新たな解読への旅。

◇クジラとヒトの民族誌 秋道智弥著 東京大学出版会 1994.9 204.6p 22cm (巻末：参考文献) 2266円 (i)4-13-063307-4 Ⓝ664.9

(内容)第1章 クジラと捕鯨―自然と文化の相互作用 第2章 クジラ学の展開―文化としての自然知 第3章 図像と神話のなかのクジラ―海の怪物から神の使者まで 第4章 環太平洋のクジラ文化―南と北の比較民族誌 第5章 先住民文化と近代捕鯨―伝統の変容と創造

＊本書は、クジラとヒトの関係性を問い直すことをおおきな目的として書いたものである。クジラにかぎらず地球上の生物とヒトとの関係は、歴史的にも地域的にも斉一ではない。時代とともに両者の関係は変化し、また地域ごとに異なったかかわりがある。こうしたなかで、わたしは科学でも政治でもないクジラとヒトの物財語を描いてみたいと考えた。

◇ケガレからカミへ 新谷尚紀著 新装版 岩田書院 1997.2 248.20p 19cm 2900円 (i)4-900697-72-9 Ⓝ382.1

(内容)1 人と鳥のフォークロア―民俗世界の時間と構造(厳島神社御島廻式とその構造 御鳥喰習俗の諸類型 黒の象徴性 ケガレ・ハラヘ・カミ 結論) 2 遊びの深層―儀礼と芸能の間(子供の遊び 神遊び 原初回帰とシステム変換 遊びから芸能へ、儀礼へ)

◇ケガレの民俗誌―差別の文化的要因 宮田登著 京都 人文書院 1996.4 270p 20cm 2472円 (i)4-409-54051-3 Ⓝ382.1

(内容)1 民俗研究と被差別部落 2 差別の生活意識 3 性差別の原理 4 シラとケガレ 5 ケガレの民俗文化史 6 今後の課題

＊被差別部落、性差別、非・常民の世界―日本民俗学が避けてきた穢れと差別のテーマに多方面から迫り、民俗誌作成のための基礎知識を提示する。

◇行楽・観光・レジャー―余暇の近代化 第42回企画展 宇都宮 栃木県立博物館 1993.2 133p 21×21cm (会期：平成5年2月14日～3月21日 年表：p116～122 参考文献：p131～132) (i)4-924622-74-5 Ⓝ382.1

◇国際理解にやくだつ日本と世界のちがいを考える本 1 こんなにちがう日本の常識・世界の常識 飯塚峻監修 ポプラ社 2000.4 63p 30cm 2800円 (i)4-591-06350-X

(内容)1 私たちの日常生活(日本人のあいさつ おじぎはふしぎな習慣 もう一つの正式なあいさつ―握手 ほか) 2 私たちの学校生活(小・中学校はどうして「義務」 生徒40人に先生一人で大いそがし ほか) 3 放課後と休日の私たち(友だちみんなと遊ぶ―集団の遊び 一人でも遊べるよ―個人の遊び ほか) 4 私たちの旅行と移動(日本の疲れる長期休暇 飛行機だけじゃない？海外旅行 ほか)

＊おじぎや握手などあいさつひとつとっても、日本の常識は世界の常識ではありません。日常や学校生活での常識を考えます。

◇「心なおし」はなぜ流行る―不安と幻想の民俗誌

宮田登著　小学館　1997.2　284p　16cm
(小学館ライブラリー)　800円　(i)4-09-460093-0　Ⓝ382.1
(内容) 1 夢と現実のはざま　2 都市生活者の原風景　3「ふるさと」観のゆくえ―日系移民に探る　4 現代都市社会の再生を求めて
＊現代都市に生活する人々は、人間的つながりを失った不確かな関係の中で生きている。本書はいろいろな現象や都市民の「ふるさと」観などを考察し、心のよりどころをさぐったものである。

◇こころの「日本」　立川昭二著　文芸春秋　1997.7　261p　20cm　1619円　(i)4-16-353070-3　Ⓝ382.1

◇狛犬学事始　ねずてつや著　京都　ナカニシヤ出版　1994.1　211p　19cm　2000円　(i)4-88848-224-1
(内容) 第1部 狛犬学事始(狛犬学の出発　研究の対象・目的　徒然草と狛犬　宇治市の狛犬　狛犬の名づけ　南山城の狛犬　狛犬の設置方向ほか)　第2部 狛犬一族の歴史(狛犬を楽しむ人々　狛犬が参道に出たのはいつか　獅子・狛犬の形式の起源　天子諫言の狛犬　狛犬の親戚を探る　世界のライオン文化圏)
＊宇治・南山城の全狛犬150対を徹底調査。狛犬の歯は何本?耳は?しっぽは?狛犬と獅子はどうちがう?歴史性と地域性は?狛犬のルーツを求めて日本全国、アジア諸国へ。コマイヌ生態学の謎にせまる。

◇昆虫のフォークロア　ルーシー・W.クラウセン著, 小西正泰, 小西正捷訳　博品社　1993.5　264,27p　23cm (Documenta historiae naturalium) 〈「昆虫と人間」(みすず書房1972年刊)の改訂　巻末:参考文献〉3600円　(i)4-938706-07-5　Ⓝ486
(内容) 1章 昆虫はどこにでも!　2章 ビロードの翅―蛾と蝶　3章 よろいを着た昆虫―甲虫　4章「古代虫」ゴキブリとその仲間　5章 文明の追従者―双翅類　6章 勤勉な働き者―ミツバチ　7章 社会派昆虫―蟻　8章 麻酔屋昆虫―スズメバチとカリバチ　9章 植物の癌―虫こぶ　10章 注射屋昆虫―有吻類　11章 空中曲芸の名人―トンボ　12章 地下活動家―白蟻　13章 ペットと人の害虫―ノミ　14章 なれなれしい侵入者―シラミ　15章 進歩―科学と昆虫
＊神話、伝承、迷信の世界に登場したり、食用、薬用、衣料、染料に利用されるなど、虫たちと人間との関わりは古いうえに深く、かつ多様である。驚くべき事実と、尽きることのない神秘を集成した〈昆虫物語〉。

◇四季の風物誌―自然と暮し　五十嵐謙吉著　八坂書房　1999.12　294p　20cm　2800円　(i)4-89694-446-1　Ⓝ382.1
(内容) 餅―穀霊の象徴　小正月―年初の望の日　雪―天からの手紙　寒―寒中早梅有り　豆腐―淡脆を賞翫　遍路―同行二人　梅雨―芳田に灑ぐ　真珠―六月の誕生石　泉―ここに幸あり　麻布―着ればなつかし〔ほか〕
＊餅、雪、梅雨、麻布、虫の音、紅葉、七五三、そして年越し―日本の季節のゆたかな移ろいの中で、人々はどう暮らし、これらの事象とどうかかわってきたのか。四季折々に人々の心を捉えるさまざまな風物から、東西の古典文学や民俗誌への散歩にと誘う歳時記エッセイ。

◇写真でみる日本生活図引　1　たがやす　須藤功編　弘文堂　1994.2　182p　21cm　〈縮刷版　参考文献:p171〜172〉2200円　(i)4-335-50041-6　Ⓝ382.1
(内容) 1 稲作に勤しむ　2 稲を育てる　3 刈入後の仕事　4 山に拓く畑　5 畑の作物　6 養蚕と牛馬
＊人びとの生活はいかにも貧しくつつましい。しかし、表情は明るくおおらかだし、のびのびと「生きている」感じがするから不思議だ。高度経済成長以前の失われた生活文化。

◇写真でみる日本生活図引　2　とる・はこぶ　須藤功編　弘文堂　1994.2　182p　21cm　〈縮刷版　参考文献:p171〜172〉2200円　(i)4-335-50042-4　Ⓝ382.1
(内容) 1 近海の漁　2 浦のくらし　3 川と山の営み　4 人体で運ぶ　5 遠路を往く
＊人びとの生活はいかにも貧しくつつましい。しかし、表情は明るくおおらかだし、のびのびと「生きている」感じがするから不思議だ。高度経済成長以前の失われた生活文化。

◇写真でみる日本生活図引　3　あきなう　須藤功編　弘文堂　1994.2　166p　21cm　〈縮刷版　参考文献:p157〜158〉2200円　(i)4-335-50043-2　Ⓝ382.1
(内容) 1 市の賑わい　2 歩き売る　3 店と商品　4 山で作る　5 町のなりわい
＊人びとの生活はいかにも貧しくつつましい。しかし、表情は明るくおおらかだし、のびのびと「生きている」感じがするから不思議だ。高度経済成長以前の失われた生活文化。

◇写真でみる日本生活図引　4　すまう　須藤功編　弘文堂　1994.2　182p　21cm　〈縮刷版　参考文献:p171〜172〉2200円　(i)4-335-50044-0　Ⓝ382.1
(内容) 1 台所と食事　2 くつろぎの空間　3 保存の工夫　4 洗い繕う　5 家まわりの四季　6 住いの景観
＊人びとの生活はいかにも貧しくつつましい。しかし、表情は明るくおおらかだし、のびのびと「生きている」感じがするから不思議だ。高度経済成長以前の失われた生活文化。

◇写真でみる日本生活図引　5　つどう　須藤功編

弘文堂 1994.2 184p 21cm〈付・総索引 縮刷版 参考文献：p147〉2200円 (i)4-335-50045-9 Ⓝ382.1
(内容) 1 街や村の人出 2 仲間と付合い 3 心ひとつにして 4 学校生活ある日 5 さまざまな遊び 7 遊びの大将たち
＊人びとの生活はいかにも貧しくつつましい。しかし、表情は明るくおおらかだし、のびのびと「生きている」感じがするから不思議だ。高度経済成長以前の失われた生活文化。
◇樹木と生きる―山びとの民俗学 宇江敏勝著 新宿書房 2001.10 291p 19cm (宇江敏勝の本 5) 2000円 (i)4-88008-236-8
(内容) 1 山の木のひとりごと(あすなろ 私の山林づくり ほか) 2 森の時間(旧正月のころ 山飛脚 ほか) 3 収穫の森(木こりから始めるわが杉の由来 ほか) 4 備長炭紀行
＊自分の植えた木を伐り出し、家を建てる至福。熊野に住む作家が、山林労働と暮らしの、今と昔を伝える。
◇常識の世界地図 21世紀研究会編著 文芸春秋 2001.9 278p 18cm (文春新書) 780円 (i)4-16-660196-2 Ⓝ382
(内容) 第1章 誤解の世界史―挨拶から身ぶりまで 第2章 東洋の作法と西洋のマナー 第3章 食をめぐるタブー 第4章 古い常識から新しい常識へ 第5章 子どもと大人の境界線 第6章 数の神話色の神話 第7章 宗教に生きる人たち
＊ドイツでは日曜日に引っ越しをしてはいけない。またユダヤ教徒たちは、牛肉と牛乳を一つの鍋で煮た料理を決して食べようとはしない。それぞれの国には、その国の長い歴史によって育まれた文化があり、常識がある。イギリス人が外国人のレジメンタル・タイを嫌う理由も、そのルーツを知ることによってはじめて理解できる。Vサインさえ、国によってまったく意味が変わってしまう常識・非常識の不思議さを世界地図のなかに探ってみよう。
◇植物と動物の歳時記 五十嵐謙吉著 八坂書房 2000.2 294p 20cm 2800円 (i)4-89694-449-6 Ⓝ382.1
(内容) 梅―歳寒の友 椿―春の木 桃―紅におう 蜂―蜜流れる地に 燕―飛翔6700キロ 牡丹―王者の春愁 桐―むらさきに燃え 鮎―香魚は走る 薔薇―永久にあせぬ 蟻―寓話世界の賢者〔ほか〕
＊梅の香、桃の節句、燕の飛翔、鮎釣り、蟬時雨、稲雀の群…日本の季節のゆたかな移ろいの中で、人々はさまざまな植物や動物と共に暮らしてきた。東西の古典から民俗誌、近現代文学まで、広範な視野で綴る歳時記エッセイ。
◇植物民俗 長沢武著 法政大学出版局 2001.10 312,23p 20cm (ものと人間の文化史 101)

〈文献あり〉 3200円 (i)4-588-21011-4 Ⓝ382.1
(内容) 第1章 植物俚言集 第2章 暮らしの知恵が生んだ植物利用法 第3章 子供の遊びと身近な植物 第4章 信仰と植物 第5章 植物と山村の暮らし十二カ月―昭和一〇年代の北アルプス山麓から
＊野の草花や森の樹々など、あらゆる植物が生活の中に生きていた農山村の暮らしの歳時記。衣食住から子供の遊びまで、幾世代にも伝承された植物をめぐる知恵のかずかずを記録し、高度経済成長期以前の日本人の豊かな暮らしを復元する。
◇女子プロレス民俗誌―物語のはじまり 亀井好恵著 雄山閣出版 2000.8 239p 20cm 2500円 (i)4-639-01701-4 Ⓝ788.2
(内容) 序章 女子プロレス研究の視座 第1章 女子プロレス興行の戦後史 第2章 女性ファンの偶像崇拝 第3章 女子プロレスラーになるということ 第4章 プロレスする身体の獲得過程 第5章 観客論覚書―女子プロレスが演じられる場の力学
＊スポーツとも演劇ともつかぬスペクタクルを垣間見る瞬間。女性の自己表現の一つとして健気に闘う女子プロレスラーの生きざまのドラマと、それを求めるファンを追う。時代を駆けぬけた少女たちへのエール。
◇新・歳時の博物誌 1 五十嵐謙吉著 平凡社 1998.4 323p 16cm (平凡社ライブラリー) 1100円 (i)4-582-76243-3 Ⓝ382.1
(内容) 新年―初夏
◇新・歳時の博物誌 2 五十嵐謙吉著 平凡社 1998.8 355p 16cm (平凡社ライブラリー) 1200円 (i)4-582-76259-X Ⓝ382.1
(内容) 時鳥―夏は来ぬ 百合―草野に揺れる愛扇―平安王朝の美意識 夏氷―暑さ忘るゝ心地 瓜―「子ども思ほゆ」 藍―盛夏を彩る清爽 七夕―天空に織る惜別歌 盂蘭盆会―祖霊と語らう日々 薄―野の神・草の祖 霧―立ち渡る山野の息吹〔ほか〕
＊時鳥、夏氷、七夕、薄、柿、時雨、そして年の市。夏から冬に向かう季節に日本人の心を捉えるさまざまな風物から始まり、古典文学や民俗誌への散歩に誘う歳時記エッセイ。
◇図説日本の馬と人の生活誌 山森芳郎ほか編著 原書房 1993.3 557p 23cm〈付：参考文献〉18000円 (i)4-562-02417-8 Ⓝ382.1
◇炭焼紀行 三宅岳著 創森社 2000.11 220p 21cm 2800円 (i)4-88340-090-5
(内容) 日窯と向き合い続けた炭焼き人生―神奈川県藤野町・石井高明さん 「オイヤン」の炭焼き学校―和歌山県日置川町 玉井製炭所・玉井又次さん 青年炭焼き師、生々流転の独立記―三重県南島町・長沢泉さん 日本一の製炭量を

誇る里へ―岩手県山形村・木藤古徳一郎さん　庭先の窯で炎塊・灼熱と闘う―秋田県雄勝町・竹内慶一さん　稲作と養蜂と炭焼きと―山形県飯豊町・土屋光栄さん　村の鍛冶屋は白炭も焼く―山形県上野原町・石井勝доволь眺望のきく窯場で炭焼きを伝承―長野県鬼無里村　松尾利次さん・宗近雄二さん　栄華の名炭、クヌギの残り香―兵庫県川西市・今西勝三さん他　創意と工夫。研ぎ炭一筋の道―福井県名田庄村・東浅太郎さん〔ほか〕
*木を伐る、窯を築く、火を操る、炭を出す。列島縦断一〇年・写真による炭と人の記録。

◇清潔文化の誕生　スーエレン・ホイ著、椎名美智訳、富山太佳夫解説　紀伊国屋書店　1999.5　319,76p　19cm　3000円　(i)4-314-00841-5
(内容)序　まず「清潔」第一　第1章　すさまじく汚い　第2章　広がる戦争　第3章　都市の掃除　第4章　アメリカの習慣　第5章　大衆の説得　第6章　洗濯物は真っ白―漂白剤で輝く白さ
*掃除、洗濯、シャワーにデオドラント…清潔文化は、いまやわたしたちの生活をあまねくおおっている。いつから人々はこんな清潔好きになったのか?本書は、清潔文化発祥の地アメリカにおける、"清潔"の社会史である。悪臭ただよう19世紀アメリカから、国民がこぞって飽くなき清潔の追求に励む清潔大国へ。それはつまるところ、中流階級の価値観の勝利であった。その過程を、女性や移民、都市と田舎、行政など、さまざまな立場の声をすくいとりつつあざやかに描き出す。膨大な文献資料に基づくアメリカ社会史の労作であり、「清潔文化」に生きるすべての人に向けて問いかける書である。

◇生態の地域史　川田順造,大貫良夫編　山川出版社　2000.8　419,20p　20cm　(地域の世界史 4)(文献あり)　3238円　(i)4-634-44240-X　Ⓝ382
(内容)1　自然地域と生業(環極北地域の人と暮らし―その生態系的地域・民族的地域・地球的地域の三重構造について　アメリカの大平原　カラハリ砂漠の自然と人間　アボリジニのつくった景観―アーネムランドのブッシュファイア　アマゾニア熱帯林の生態系と社会史　アンデス山脈とヒマラヤ・チベット山塊　オセアニアの地域史)　2　人・物の交流と地域形成(作物と家畜が変えた歴史―もう一つの世界史　奴隷と黒人の近代―帰還と回復の神話をこえて　生態がつくる地域・地域間交渉がつくる地域)
*本シリーズは国家の視点ではなく、地域の視点から歴史全体を見直そうとする試みであり、「地域」の概念それ自体の再検討から出発するところに特色がある。地域の実態をさまざまな視点からとらえなおし、そこに現れた「地域」で世界史を読み解こうとするものである。

◇世界を聴いた男―小泉文夫と民族音楽　岡田真紀著　平凡社　1995.7　348p　20cm　(主要参考文献・小泉文夫略年譜：p340～348)　2900円　(i)4-582-21962-4　Ⓝ289.1
(内容)プロローグ　駆けぬけるアポロンのように　第1章　ヴァイオリンを奏でながら　第2章　日本の音を求めて　第3章　音楽を考える三角点―西洋、日本、そしてインド　第4章　わらべ歌へのまなざし　第5章　世界の音を聴く　第6章　語り・演じ・伝える人―ラジオ・テレビの世界から　第7章　連鎖するアジアの音　エピローグ　小泉文夫が開いた地平

◇世界温泉文化史　ウラディミール・クリチェク著、種村季弘、高木万里子訳　国文社　1994.12　444p　21cm　8240円　(i)4-7720-0371-1
(内容)水と泉の崇拝　偉大な入浴制度の時代・古代　中世の浴場　湯治場　水治療　飲用水　湯治場の効能表示　保養地の生活　世界各国の温泉事情
*ヨーロッパにおいても日本同様、温泉治療は古くから行なわれていた。その起源は古代エジプト・ギリシャ・ローマ時代にさかのぼり、さらに中世になってからも多くの新しい湯治場が開かれた。イギリスのバース、大陸のバーデン=バーデンやカールスバート、マリエンバートなどは、現代に至るまで繁栄を続けている。本書は多数の図版と共に、ヨーロッパはもとよりロシア、アメリカ、アジアなど世界の湯治の歴史と文化を概観する。

◇世界最古の文字と日本の神々―全アジア共通の数詞トーテムによる解明　川崎真治著　風濤社　1994.7　339p　21cm　3900円　(i)4-89219-123-X　Ⓝ210.3
(内容)第1章　天皇名に神の暗喩の「五十」　第2章　稲作農民の渡海　第3章　古代アジアの神々　第4章　ウル王朝から倭王朝まで　第5章　神武―崇神王朝交替論
*日本の神々とは。倭人とは。邪馬台国とは。縄文後期に漢字以前の文字が渡来していた。縄文・弥生・古墳時代の文字群・画像群を見事に解読。通説を遙かに越える創見に富んだ新説―古代史の闇を照らす光芒。

◇世界地図から地名の起源を読む方法―その地名になった、民族や地理上の意外な理由とは？　辻原康夫著　河出書房新社　2001.9　209p　18cm　(Kawade夢新書)　667円　(i)4-309-50227-X　Ⓝ290.189
(内容)1章　アジアの地名の起源―世界最大の大陸を舞台に地名はどう生まれ、どう旅したか　2章　中東・アフリカの地名の起源―中東「スタン」地名の由来から、アフリカ地名と欧州との関係まで　3章　ヨーロッパの地名の起源―ケルト、ゲルマン、スラブ…地名から民族と国家の活動が見えてくる　4章　アメリカの地名の起源

―大航海時代、開拓時代の地名から新興大陸ならではの地名文化を読む　5章 オセアニアの地名の起源―"幻の大陸"命名までの歴史から、ハワイに残る地名伝説まで　6章 世界全般の地名の起源―民族国名、河川名、神話地名…こうして地名は誕生してゆく

＊地名はある日突然、何の脈絡もなく出現するものではない。誕生し受け継がれていく必然性が、必ずある。その地の人々の営みや文化の継承、神話や伝説など、そこには土地に刻まれた様々なドラマが秘められているのだ。古今東西の地名の由来を読み解き、その本来の意味を探ってゆく。

◇世界の文化と習慣を調べよう―国際理解　高野尚好監修　国土社　2001.2　35p　27cm　（みんなで学ぶ総合的学習 9）〈索引あり〉2600円(i)4-337-16109-0

（内容）チョウさんと子どもたち　子どものくらし、子どもの遊び　こんなところに住んでるよ　きれいに着られたかな　笛やたいこ、楽器のいろいろ　バシルさんとイスラム教　神さまがたくさん　神さまのおまつり　人びとのおまつり　お正月もさまざま　いろんな行事　パンはどこから？　おいしいかな　友だちになろう　世界の国とこの本にでてくる国　日本でくらす世界の人びと

＊総合的学習の4つのテーマである「情報」「環境」「福祉・健康」「国際理解」をすべて網羅しているシリーズです。「自ら学び、自ら考える力」を育み、主体的にものごとを判断し、さまざまな課題を解決できるように工夫しました。どのテーマも、自分たちの身近な事柄から、海外での取り組みまで、広い視野から紹介しており各巻、「国際理解」に役立ちます。各巻の課題となる情報の「集め方」「調べ方」「まとめ方」「発表のし方」「討論のし方」など、総合的な学習の実践指針として役立つ構成です。図表、写真など、見てわかりやすい資料を豊富に掲載しています。

◇世界は音に満ちている―音楽人類学の冒険　塚田健一著　新書館　2001.8　242p　20×14cm　1900円　(i)4-403-23090-3

（内容）1 民族と音の不思議（新しい音の世界を求めて　都市の音の風景　音の世界のパラダイム）　2 世界の扉を開く（アフリカ世界を生きる抑圧のなかで　西洋世界をのぞく）　3 日本と日本人の行方（伝統への回帰　国際化の扉　ポップ現代の諸相）　エピローグ（夢と展望）

＊ジャングル、草原、山村、大都会、スラム…世界をかけめぐる音楽学者が聴いた驚きと発見あふれる音の世界。

◇1990年大百科―おニャン子からバブルまで　レッカ社編集制作　宝島社　2001.1　195p　21cm　《「宝島」特別編集》1500円　(i)4-7966-2060-5

Ⓝ382.1

（内容）第1章 Street（当時の女子大生がガイドする85年～95年バブリーナイトの全て　ジュリ扇片手にお立ち台、ジュリアナ熱狂の真実とは！？　バブル＆トレンディから純愛へマニュアル系雑誌でデート史を追う　ほか）　第2章 Movement（日本国民全員を巻き込んだスニーカーブームの顛末　え？ボロいジーパンが100万円？嘘のような本当の話。　肩にラジカセ小脇に段ボールDEFでFRESHなブレイカー！　ほか）　第3章 Media（伝説のファイナルから13年おニャン子クラブは永遠に　カードで公衆電話をかける時代だった一枚のカードが数万円に）　第2章 斉藤由貴・南野陽子・浅香唯3大アイドルスケバン大決戦　ほか）　第4章 Kids（清楚なアニメ美少女の過激なエッチにモンモン…　白モノ家電からパソコンへ！秋葉原11年間の大ヘンシン　誰もが見た、買った、読んだ。書籍と雑誌の85→90→95　ほか）

＊21世紀へと向かう日本にとって、最後のヘアピンカーブ。それがこの本に収録されている、1985年から1995年の10年間だった。バブルの有頂天から不景気のドン底へ、アナログからデジタルへ、大衆から個人へ、意識も状況もハイスピードで激変した。急カーブを切ったとき、バースト寸前のタイヤはきしみ、煙を上げる。本書には、そんな日本のきしみや煙が詰め込まれている。だから、さわってみな。いっしょに火傷しようぜ。

◇1970年大百科―サイケから仮面ライダーまで　レッカ社編集制作　新装版　宝島社　2001.1　176p　21cm　《「宝島」特別編集》1500円　(i)4-7966-2052-4　Ⓝ382.1

◇1980年大百科―超合金からYMOまで　レッカ社編集制作　新装版　宝島社　2001.1　211p　21cm　《「宝島」特別編集》1500円　(i)4-7966-2053-2　Ⓝ382.1

◇1960年大百科―東京タワーからビートルズまで　レッカ社編集制作　新装版　宝島社　2001.1　205p　21cm　《「宝島」特別編集》1500円　(i)4-7966-2051-6　Ⓝ382.1

◇続　比較文化入門―衣食住から宗教まで　狐野利久著　北星堂書店　1998.8　488p　19cm　3200円　(i)4-590-01066-6

（内容）第1部 ルイス・フロイスの比較文化論（食事の食べ方について　パンとお米　男性の風貌と衣服について　ほか）　第2部 メメント・モリ（序章　「死」への対応とその表現―ペストについての作品三篇　死の視覚的表現　日本におけるメメント・モリ）　第3部 アルス・モリエンディ（『最後の審判』について　「往生術(Ars Moriendi)」について　地獄について　ほか）

◇鷹狩りへの招待　波多野鷹著　筑摩書房　1997.

4　202p　19cm　(ちくまプリマーブックス)　1100円　(i)4-480-04209-1
(内容)　1 鷹狩り概説　2「懐けて、仕込んで、使い熟す」　3 現代に生きる伝統　4 拳の上の大自然　5 そして次代へ

◇タコは、なぜ元気なのか—タコの生態と民俗　奥谷喬司, 神崎宣武編著　草思社　1994.2　142p　22cm　〈主要参考文献およびタコに関する本：p140～142〉　1900円　(i)4-7942-0543-0　Ⓝ484.7
(内容)　第1章 タコという生きもの　第2章 世界のタコ 日本のタコ　第3章 タコの一生　第4章 タコの変人列伝　第5章 世界のタコを食べまくる日本人　第6章 タコの能力と感覚　第7章 タコ漁のいろいろ　第8章 日本人のタコの食習慣 日本人とタコ
＊からだの仕組み、生態、さまざまな仲間、タコ漁、タコの食べ方、日本人とタコ文化までタコのすべてを解き明かした海洋生物学者と民俗学者による新しいアプローチ。

◇地名の民俗誌　千葉徳爾著　古今書院　1999.4　204p　20cm　2400円　(i)4-7722-5029-8　Ⓝ291.0189
(内容)　第1章 東京都西部杉並区の通称地名　第2章 沿岸・海面の呼称について　第3章 土地開発と灌漑慣行—淡路島を例に　第4章 山岳信仰に基づく社寺の発生と分布—とくに美作地方を例として　第5章 戦国末期尾張武士の出生地について—随筆「塩尻」の記載をもとに　第6章 「マット」と「ケット」後日譚
＊地名を単純に「土地の名称」という見方だけで眺めるのではなく、その地名の性質に注目すると、その特色が姿を現してくる。住民と重要なかかわりのない地表空間には、地名がなく、住民が自分たちの必要のためにつけた小さい地名のなかには、公称される台帳上の名称とはまったく異なったものも少なくない。本書は、そんな地名に関する考察を集めたものである。

◇茶の民俗誌—製茶文化の源流　松下智著　雄山閣出版　1998.3　317p　22cm　5800円　(i)4-639-01520-8　Ⓝ619.8
(内容)　第1章 雲南省南部とその周辺民族と茶　第2章 四川・貴州の茶と民族　第3章 湖北・湖南の茶と民族　第4章 嶺南の茶と民族　第5章 福建省の茶と民族　終章
＊製茶文化を開いた人びとを訪ねて。ミャンマー、アッサム地方、台湾、ベトナム、中国の山地民族の村を踏査し、茶樹の原産地と製茶民族の解明を企図した著者の長年にわたる研究の成果。

◇月の誘惑—私たちはそれと気づかず心も体も月に操られている　志賀勝著　はまの出版　1997.11　280p　19cm　1700円　(i)4-89361-247-6

Ⓝ382.1
(内容)　序章 月の時代(時代に輝く月　見直されてきた月の力　月の魔力、月の神秘 ほか)　第1章 月をたのしむ(月の七不思議　月とバイオリズム　月と女性 ほか)　第2章 月とこよみ(宮沢賢治の月　太陰太陽暦　新暦のナンセンス ほか)　第3章 月とまつり(旧暦正月十五日(上元)　綱引き・石合戦　旧暦七月十五日(中元、盂蘭盆会) ほか)

◇動物とのつきあい—食用から愛玩まで 企画展示　国立歴史民俗博物館編　佐倉　国立歴史民俗博物館　1996.3　118p　30cm〈付(2枚)〉　会期：1996年3月19日～5月19日〉　Ⓝ382.1

◇ときの地域史　佐藤次高, 福井憲彦編　山川出版社　1999.1　385,13p　19cm　(地域の世界史 6)　3238円　(i)4-634-44260-4
(内容)　1「とき」とコスモロジー(インドにおける「とき」—劫・輪廻・業　流れゆく「とき」と巡る「とき」—マヤの「とき」)　2 地域生活と「とき」(アフリカ社会の「とき」　中世ヨーロッパの「とき」・暦・祝祭　吉の「とき」・凶の「とき」—インドの暦と年中行事　都市の「とき」と農村の「とき」—中国の「とき」)　3「とき」を治めるのはだれか(イスラームの生活原理と「とき」　ヨーロッパ近代の生成と時計の時間　「正朔を頒つ」—皇帝による暦の管理　近代日本の「とき」意識)
＊国家の視点ではなく、地域の視点から歴史全体を見直そうとするシリーズ。本巻では、地域の実態を「とき」という視点からとらえなおし、そこに現れた「地域」で世界史を読み解いた。

◇特別展「鴨百話」展示図録　千葉県立大利根博物館編　佐原　千葉県立大利根博物館　1997.5　49p　26cm〈会期：平成9年5月24日—6月29日　文献あり〉　Ⓝ382.1

◇「隣り」の研究—県民性大解剖　毎日新聞社　1996.1　318p　19cm　1500円　(i)4-620-31093-X
(内容)　第1講「隣り」の食物学　第2講「隣り」のレジャー学　第3講「隣り」の民俗学　第4講「隣り」の生活学　第5講「隣り」の人類学　補講 私の「隣り」論
＊「ほぉー、～県のご出身ですか。それじゃあ～がお好きですね」ユーモラスな視点から、県民性を徹底分析。あなたのふるさとの自慢したい話題、知られたくない意外な事実を満載。

◇鳥の博物誌—伝承と文化の世界に舞う　国松俊英著　河出書房新社　2001.9　242p　20cm〈文献あり〉　1900円　(i)4-309-25143-9　Ⓝ488
(内容)　1 ホトトギス(時鳥)—鳴いて血を吐く夏の鳥　2 ツル(鶴)—長寿を保つめでたい鳥　3 タカ(鷹)—天皇や将軍が愛した猛き鳥　4 ハクチョウ(白鳥)—霊界へ飛ぶ白いつばさ　5 トキ(朱鷺)—絶滅の道を歩んだ悲運の鳥　6 ウ

風俗史・民俗誌

(鵜)―貪欲に魚を飲み込む　7 フクロウ(梟)―英知の鳥か凶兆の鳥か　8 ウグイス(鶯)―さえずりで人を魅了する　9 カラス(烏)―霊力を持つ神の使者

＊大空を自由に飛ぶ鳥に、人はどんな思いを託してきたのか。白鳥伝説、三足烏の謎、鷹狩り、鵜飼、鶯の鳴合せなどなど、人と鳥との関わりを渉猟。図版多数収録。

◇鳴く虫と民俗文化　赤穂　赤穂市立海洋科学館　1998.8　42p　21cm　〈赤穂市立海洋科学館研究資料 12〉〈編集：相坂耕作〉Ⓝ486

◇＜謎解き＞あなたのルーツの不思議―おもしろ雑学博士　西岡秀雄著　二見書房　1993.2　257p　15cm　(二見wai wai文庫)　480円　(i)4-576-93014-1　Ⓝ210.04

内容　序章　アメリカインディアンとも関係するご先祖様の謎　第1章　ご先祖様にかなり関係がある北方アイヌ系民族　第2章　第2のご先祖様はポリネシア系の南洋民族　第3章　民話が伝えるご先祖様と南洋民族の不思議な関係　第4章　ご先祖様たちは神々とともに海を渡ってきた　第5章　農耕と弥生文化を定着させた第三のご先祖・華南民族　第6章　遠く、中央アジアから朝鮮半島を渡ってきたご先祖様　エピローグ　あなた自身のご先祖様はどこから来たのか

＊日本民族とか大和民族とか、およそひとくちに呼べるような単一民族がこの日本列島にははじめからいたのではないことがわかりました。それでは、どこからやってきたのでしょうか。考古学の権威にして雑学の大家としても著名な「おもしろ博士」が、あなた自身のまわりに残る「痕跡」から、その謎解きに迫る「雑学の決定版」。

◇匂いの力　八岩まどか著　青弓社　1995.3　203p　20cm　(参考文献：p201～203)　2000円　(i)4-7872-3102-2　Ⓝ382.1

内容　異界の存在　生活の匂い　悪臭の発見　異民族と匂い　魔力を操作する　匂いの薬効　体臭との闘い　匂いビジネスの発展　臭いものの価値　匂いの封じ込め〔ほか〕

＊自然臭を排除し、香料や芳香剤に満たされた現代の生活空間…。しかし古来匂いは、生きて匂い、死しては鬼やもののけとなって匂う、存在の証であった。悪霊を調伏する護摩の香から死や病の匂い、悪臭公害までの〈匂い史〉をすくいあげ、そのダイナミズムを検証する。

◇匂いの魔力―香りと臭いの文化誌　アニック・ル・ゲレ著、今泉敦子訳　工作舎　2000.5　277p　20cm　(他言語標題：Les pouvoirs de l'odeur　文献あり)　2200円　(i)4-87502-328-6　Ⓝ382

内容　第1部　かぐわしきヒョウからドイツ人の臭汗症まで―匂いの魅了する力、拒絶する力（匂いと捕獲　匂いと差別）　第2部　病魔の臭気

（匂いの致死力　匂いの治癒力）　第3部　血と芳香―香りの力の源を探る（聖なる香り　命の原理―血と香）　第4部　哲学の鼻（ギリシア・ラテン哲学における嗅覚と匂いの二面性　キリスト教の影響と匂いの凋落　ほか）

＊神話、宗教、魔術、セックス、誘惑、心理、階級、薬学、セラピー、超自然…「生命の原理」と分ちがたい芳香物質の歴史をひもときながら、匂いに潜む力の秘密に迫る。

◇20世紀博物館　池内紀著　平凡社　1994.8　261p　20cm　1800円　(i)4-582-82876-0　Ⓝ382

◇二十世紀物語　歴史探検隊著　文芸春秋　2000.5　283p　16cm　(文春文庫)　448円　(i)4-16-721772-4　Ⓝ382.1

内容　第1章　懐かしき道具たち　第2章　昔流行った玩具と遊び　第3章　追想の建造物・乗り物　第4章　静かに消えていったお仕事　第5章　一瞬のブーム　第6章　儚いファッション・モード

＊計算尺、赤チン、日月ボール、うつし絵、サッカリン、赤電話、お化け煙突、巣鴨プリズン等々―日本史上未曾有の激動期であった二十世紀も残りあとわずか。その世紀に誕生し、一世を風靡しながらも新世紀に生き残ることのできなかったモノたちの束の間の栄光。読めば必ず、「あった、あった」とあの頃に戻れるはず。

◇日韓民俗文化比較論　金宅圭著　福岡　九州大学出版会　2000.5　359p　22cm　〈著作目録あり〉8000円　(i)4-87378-630-4　Ⓝ221.01

内容　第1章　日韓文化の比較を巡る幾つかの視点　第2章　新羅及び古代日本の神仏習合について　第3章　韓国の血縁共同体―いわゆる同族村落をめぐる若干の覚え書　第4章　日韓両国のいわゆる「同族」村落に関する比較研究　第5章　東アジア諸地域の族体系について―族体系の理念と実態からみた連続と変容に関する比較試論　第6章　礼俗と民俗の変容に関わる一試論―東海岸一農漁村における民俗祭儀の班礼化現象　第7章　韓民族の食文化

＊本書には、神話から現在の村落に至るまで日韓両文化の基層へのアプローチを試みた七編の論考が収めてある。まず、比較試論の可能性と当為性を、古代文化の実像をふまえて記述し、中世以後、互いに異なる文化として展開された両文化の本質にふれており、次に、日本古代文化の中にある韓文化との比較の試みと、具体的にその実像の分析を試みた比較試論へと進む。また、韓国における民俗祭儀（村祭り）、食文化などに関する二編の論考も収録する。

◇日本を愉しむ暮し方　板坂元著　PHP研究所　1999.8　207p　19cm　1250円　(i)4-569-60698-9　Ⓝ382.1

内容　第1章　食の愉しみ（戦争がもたらした

"美味しいもの" 南蛮人がもたらした御馳走 ほか) 第2章 "しきたり"の知恵(クリスマスとお正月 日本のクリスマス、西洋のクリスマス ほか) 第3章 生活のたしなみ(右手と左手のルール 自分をより際立たせるために ほか) 第4章 お洒落の起源(洋服の起源 茶店と喫茶店 ほか)
＊東京人がこよなく愛した牛鍋。和服と編み上げ靴に、山高帽のハイカラ旦那。いま甦る、この国のすてきな郷愁。

◇日本瓦斯灯始考—文明開化の象徴 前沢修一著 健友館 1998.11 126p 19cm 800円 (i)4-7737-0415-2
(内容)第1部「文明開化の象徴」―日本瓦斯灯事始考(ガス灯のルーツ 明治初期のガス灯 ガス灯時代を象徴する開化期の明治の風俗 絵画(風景版画)と日本のガス灯 ガス灯時代と日本の文学 ほか) 第2部 わが心の道程(随想・奈良&短篇随想 海外の旅 江戸東京風物誌) 付 追悼文―選友会の「黄金の日々」
＊「夜ともなれば家に帰って寝床にもぐるだけ」より「今まで見たことない、明るくそして夢のようなあかり」へ、画期的なガス灯の出現を、関係するあらゆる文献を駆使して見事に浮かびあがらせ、画き出し論じる。著者の出身地である東京隅田川界隈を簡潔に活写した小品、日美臨イタリア紀行等も含まれている。

◇日本楽器の源流―コト・フエ・ツヅミ・銅鐸 歴博フォーラム 国立歴史民俗博物館編 第一書房 1995.3 222p 20cm 2575円 (i)4-8042-0084-3 Ⓝ768.1
(内容)第1部 銅鐸 第2部 コト 第3部 フエ 第4部 ツヅミ
＊日本古来の伝統楽器であるコト・フエ・ツヅミ・銅鐸の源流を探る新たな試み音楽考古学を提唱する。

◇日本歌謡研究―現在と展望 日本歌謡学会編 大阪 和泉書院 1994.3 644p 22cm 〈研究叢書 147〉〈日本歌謡学会創立30周年記念〉 18540円 (i)4-87088-650-2 Ⓝ911.6
(内容)わが学会創立三十周年記念論文集 日本歌謡学会の創立を慕ひて 音楽研究者の側からの感想 歌謡圏外補説 「劇歌謡」に関する提言 夷振(夷曲)の周辺 天の御統―詠うものから読むものへ 王の歌―雄略の場合 仁徳記・枯野のうた―琴の起源神話 『続日本紀』「やすみしし我ご大君は」歌の表現 [ほか]
＊わが国における歌史・歌謡文芸の研究をリードしてきた日本歌謡学会が、創立三十周年を期して世に問う論文集。

◇日本人と人情―伝承・習俗から読み解く日本の心 樋口清之著 大和書房 1994.9 206p 19cm (Culture index vol.4) 〈『日本の風俗の謎』(1984年刊)の改題〉 1500円 (i)4-479-

40009-5 Ⓝ382.1
(内容)1 礼儀作法の起源 2 出会いと応接 3 言葉と手紙 4 飲食 5 服装 6 婚礼 7 葬礼 8 贈答 9 年中行事 10 共同体
＊伝承・習俗から読み解く日本の心。礼儀作法とは、人間関係を円滑に運ぶための古人の知恵の伝承である―。武士道、応接の礼法から、冠婚葬祭、贈答、年中行事、共同体の掟まで、日本人の人情の機微と風俗の由来を探る、実用性と教養に満ちた本。

◇日本人と人情 続 樋口清之著 大和書房 1994.10 225p 19cm (Culture index vol.5) 〈「続」の副書名:伝統・常識に顕われた日本の知恵 『日本の風俗の謎』(1985年刊)の改題〉 1500円 (i)4-479-40010-9 Ⓝ382.1
(内容)1 日本人の味覚 2 日本料理・誕生 3 米食 4 住居 5 小道具 6 家屋 7 おしゃれ 8 衣服 9 建築・土木 10 衣食住と日本文化
＊いわゆる日本人論には決して顕われてこない、日常生活の中に見え隠れする日本人の心―。普段なにげなく使っているモノの起源や、家の造り、食生活、衣服の謎や秘密を通して、日本の伝統と心性、知恵と人情に触れる、雑学的面白さも兼ね備えた本。

◇日本人の「言い伝え」ものしり辞典―暮らしの中に語り継がれる知恵 谷沢永一監修,豊島建吾編著 大和出版 2000.4 284p 19cm 1680円 (i)4-8047-5568-3 Ⓝ382.1
(内容)1 この身近な"言い伝え"のいわれをどこまで「知っているか?」(挨拶 綽名 姉女房 ほか) 2 ちょっと厄介な言葉が続々登場…きちっと「理解しよう!」(字 愛宕信仰 雨乞い ほか) 3 この章に出てくる面倒な言葉たちをじっくり「料理しよう!」(赤手塚 足入れ婚 淡島信仰 ほか)
＊諺および言い伝えについて、比較的よく用いられている語句から解説した辞典。約320語を収録。章句の難易度で初級、中級、上級に分類し五十音順に配列。各項目ごとに解説と参考文献を掲載した。

◇日本人の暮らし―20世紀生活博物館 柏木博,小林忠雄,鈴木一義編 講談社 2000.4 413p 22cm 3800円 (i)4-06-209461-4 Ⓝ382.1
(内容)第1章 もの(めし食ったか? 水ものがたり ほか) 第2章 ひと(茶の間と集い 食卓の風景 ほか) 第3章 こと(耕運機が来た 山に生きる ほか) 第4章 はなし(生きている言葉 都会の色 ほか)
＊激動の100年日本人が遺したもの、置いてきたものは何ですか…?そして21世紀に伝えたいものとは…21世紀に向けて忘れられていく日本人再見聞。

◇日本人の行動パターン ルース・ベネディクト著,福井七子訳 日本放送出版協会 1997.4

229p 19cm (NHKブックス 794) 〈文献あり〉 870円 (i)4-14-001794-5 Ⓝ382.1

(内容) 1 日本人は宿命論者なのか？ 2 日本人の責務体系 3 日本人の自己鍛練 4「誠実」 5 危うい綱渡り 覚書より—天皇はいかに処遇されるべきか

＊「菊と刀」の知られざる原型。ベネディクトは日本人の「ころころ変わる行動」の背後に潜む倫理基準を明らかにし、敗戦後の日本人を侮辱するな、と米政府に忠告した。

◇日本と中国楽しい民俗学 賈蕙萱, 春日嘉一共著 増補改訂版 社会評論社 1996.2 218p 22cm 〈主な参考文献: p218〉 2000円 (i)4-7845-0919-4 ⓃBB382.1

(内容) うちわと扇子 餅と臼 お風呂 のれんと風呂敷 凧 豆腐 花火 名刺 塩 花 〔ほか〕

◇日本のうちわ—涼と美の歴史 岐阜市歴史博物館編著 岐阜 岐阜新聞社, (岐阜)岐阜新聞情報センター〔発売〕 2001.8 120p 30cm 1905円 (i)4-87797-017-7

(内容) 1 団扇のあゆみ(古代—団扇の源流 中世—団扇の発展 戦国時代—団扇の革新 近世—花開く団扇と江戸文化 近代—近代化の波と団扇) 2 現代の団扇にみる伝統と創造(岐阜団扇の歴史と技 全国団扇産地めぐり 団扇と民俗)

＊本書は、日本におけるうちわの移り変わりや扇面に施された文様の美、各地で作られるうちわや岐阜うちわの製法などを紹介するものである。

◇日本の香り 二部治身著 文化出版局 2000.6 111p 26cm 〈撮影:小林庸浩〉 1800円 (i)4-579-20717-3 ⓃBB382.1

(内容) 春が香る(梅 冬に力をためていた よもぎ餅 ほか) においたつ夏(水の香 もぐさ ホームシックな香り ほか) 秋、とりどりの色(はじめての風の冷たさ ご飯 ごぼう ほか) 冬、太陽の匂いがする(落ち葉たき 炭火 墨をする ほか)

◇日本の歌謡 真鍋昌弘ほか編 双文社出版 1995.4 225p 22cm 〈日本歌謡略年表・参考文献: p216〜225〉 2200円 (i)4-88164-064-X ⓃBB911.6

◇日本の翡翠—その謎を探る 寺村光晴著 吉川弘文館 1995.12 277,7p 19cm 2781円 (i)4-642-07473-2

(内容) 1 謎のヒスイ—日本のヒスイはどこから来たか 2 ヒスイの発見—日本に発見されたヒスイ原産地 3 ヒスイの女王—古代の女性 4 ヒスイのムラ—縄文時代のヒスイ 5 ヒスイの大珠—ヒスイの始原 6 ヒスイの転変—縄文時代から弥生時代へ 7 ヒスイの工房—古墳時代 8 ヒスイの技術—どのようにしてヒスイを加工したか 9 ヒスイのネックレスとマジック—ヒスイの装身と信仰 10 ヒスイの系譜—ヒスイの伝承と終末

＊縄文時代前期に現われた翠緑色の石「翡翠」は、装飾品として珍重され数多くの遺物を残したが、奈良時代に忽然とその姿を消してしまう。古代人を魅了したこの石を追い、日本にはないとされてきた産出地の探索・発見譚を語り、ヌナカハヒメの伝承などに触れながら、謎の多いその実像に迫る。

◇日本の風俗ものしり事典—日本がまるごと見えてくる！ 日本文化研究会編 日本文芸社 1994.6 254p 15cm (にちぶん文庫) 480円 (i)4-537-06130-8 ⓃBB382.1

(内容) 第1章 食べものがわかる 第2章 ビジネスがわかる 第3章 暮らしがわかる 第4章 しきたりがわかる 第5章 伝統がわかる 第6章 信仰がわかる

＊「なぜ」と問われたら、日本人でもわからない暮らしにとけこんだ当たり前の「こと」や「もの」—食べものから、ビジネス、しきたり、伝統、信仰まで、日本の文化をわかりやすく解説。

◇日本の風と俗 日本風俗史学会編 つくばね舎, 地歴社〔発売〕 2000.10 479p 21cm 5500円 (i)4-924836-47-0

(内容) 古代の風と俗 信仰と風俗 近世の風と俗 近代の風と俗 祭礼・芸能の風俗 現代に至る風俗の諸相

＊本書は、日本風俗史学会の40年の成果を踏まえ、多岐にわたる風俗史学の分野から、有意の執筆者をすべて会員より募り、編纂したものである。

◇日本風俗改良論 土肥正孝著 大空社 1996.1 1冊 22cm (叢書日本人論 1) 〈風俗改良雑誌社明治24年刊の複製〉 (i)4-7568-0115-3 ⓃBB361.42

(内容) 日本風俗改良論 国民の真精神 日本国民品性修養論 日本我 日本人 世態人情論 地人論 日本国民性の研究 世界心国家心個人心

＊本書は、明治二十年代から昭和十年代にいたるおよそ半世紀間に書かれた日本人論の集成である。執筆者は坪内逍遙、大町桂月、芳賀矢一から大川周明、野口米次郎、蓮田善明にまで及び、今日流行の価値観にとらわれない選択が行われている。

◇日本風俗史新聞—歴史の裏舞台を発掘大報道！ 日本風俗史新聞編纂委員会編 日本文芸社 1999.7 221p 27cm 1500円 (i)4-537-02709-6 ⓃBB382.1

(内容) 第1期(57年〜1185年) 大らかな性—古代・奈良・平安時代 第2期(1186年〜1600年) 乱世の男と女—鎌倉・室町・戦国時代 第3期

(1601年〜1867年) 色好みの人間模様—江戸時代　第4期(1868〜1912年) 四民平等の世相—明治時代　第5期(1913年〜1945年) 自由から抑圧へ—大正・昭和時代　第6期(1946年〜1998年) 欲望の戦後—昭和・平成時代
＊イザナギ、イザナミの国造りから、バイアグラの登場まで「男」と「女」の事件現場に突撃取材！時代を騒がせたゴシップ、世相のトレンド、未曾有の事件・事故、あられもない珍談・奇談、あの手この手の性風俗etcを総力をあげて発掘レポート。欲望と情念渦巻く世相の変遷と庶民風俗の流れが一目でわかる画期的日本風俗史。古代から平成まで「男と女」の事件現場を突撃レポート！

◇日本文化を知る　岡田啓助ほか編　おうふう　2000.3　207p　21cm　2500円　(i)4-273-03114-0　Ⓝ382.1
(内容) 第1章 神話と説話(古事記　日本書紀　ほか)　第2章 祭りと芸能(まつり　大嘗祭　ほか)　第3章 年中行事(正月の行事　春の行事　ほか)　第4章 日本の宗教思想(古事記　風土記 ほか)
＊二千年の歳月を経てはぐくまれてきた、神話・説話・祭り・芸能・年中行事・宗教思想などから、日本人の営みの所産を再認識。

◇日本文化を読み直す—神秘主義と論理　峰島旭雄、司馬春英、安藤恵崇、保坂俊司、上杉健太郎、浮田雄一著　増補版　北樹出版、学文社〔発売〕1993.11　155p　19cm　(フマニタス選書 25)　1600円　(i)4-89384-334-6
(内容) 序章 日本文化を読み直す—神秘主義と論理　1「客観性」の再考—日本文化への学問論によせて　2 日本文化とシャーマニズム　3 空海の再発見—比較文化からのアプローチ　4 近代日本における功利主義政治思想の受容—明治日本へのJ. S. ミルの影響　5 近代日本の哲学と神秘思想—西田哲学の出発点にみて　6 霊性的自覚の文化—鈴木大拙の「心源」の文化論　終章「神秘主義」を読み直す—浄土教と論理、自然と自然
＊昨今さかんに行なわれている日本論・日本人論・日本文化論の論議に根底からアプローチするために、非論理といわれる神秘主義を視座にすえ、その論理を明らかにすることから日本文化への独自の学問論の構築をめざす。

◇日本文化と猿　大貫恵美子著　平凡社　1995.1　297p　20cm　(平凡社選書 154)　〈参考文献：p285〜297〉　2781円　(i)4-582-84154-6　Ⓝ382.1

◇灰に謎あり—酒・食・灰の怪しい関係　小泉武夫著　NTT出版　1998.7　227p　20cm　1500円　(i)4-87188-565-8　Ⓝ382.1
(内容) 1 灰の生いたち　2 灰と食　3 灰の恵み　4 灰の効能　5 灰の恐怖
＊本書は食生活、社会、風俗、宗教、芸術、自然界などにわたって、灰にまつわる不思議な世界に飛び込み、そこから灰の本性といったものや灰の科学性、神秘さなどを解き明かし

◇幕末・明治期古写真等資料展—忘れられた日本の風景、風俗　長崎大学附属図書館編　長崎大学附属図書館　1995.11　39p　30cm　〈平成7年度国立大学図書館協議会公開事業　監修：国立大学図書館協議会国立大学図書館公開事業実施委員会　付(3枚)　会期・会場：平成7年11月6日〜12日 京都大学附属図書館ほか〉Ⓝ382.1

◇幕末・明治の生活風景—外国人の見たニッポン図集　須藤功編著　東方総合研究所　1995.3　351p　27cm　〈発売：農山漁村文化協会〉　17000円　(i)4-540-94139-9　Ⓝ382.1
(内容) 第1章 日々の暮らし　第2章 容姿と芸事　第3章 商いさまざま　第4章 ひとときの遊興　第5章 巷の芸人 笛太鼓の響く日　第7章 医と信仰と刑罰　第8章 住まいと社寺　第9章 生活用品をつくる　第10章 田畑や海で働く　第11章 渡し・船・通信　第12章 街道をゆく　第13章 江戸を伝える東京　第14章 列島の町と人

◇はしり水　風俗資料研究会編　富士出版〔1997〕267p　19cm　(秘められたる古典名作全集 第3巻)〈複製〉(i)4-938607-80-8　Ⓝ913.6

◇花の文化誌　小林忠雄、半田賢竜著　雄山閣出版　1999.4　211p　20cm　2500円　(i)4-639-01602-6　Ⓝ382.1
(内容) 序章 草花との対話　第1章 花の神話　第2章 花と自然観—道教の花　第3章 花と信仰の世界　第4章 花の呪術性　第5章 昔話の花　第6章 旅と花—柳田国男の花の世界　第7章 村のくらしと花　第8章 都市のくらしと花　第9章 草花の辞書
＊古来より、人は花とともにくらし、花と心を通わせてきた。神話や昔話、伝承や行事・民俗にその交流・深い絆を探る。

◇花見と桜—＜日本的なるもの＞再考　白幡洋三郎著　PHP研究所　2000.4　234,6p　18cm　(PHP新書)　660円　(i)4-569-61063-3　Ⓝ382.1
(内容) 第1章「花見」論へ—「桜」の民俗学を超えて　第2章 外国人が見た花見　第3章 世界に花見はあるか　第4章 花見と近世都市江戸—民衆的日本文化の誕生　第5章 花見の文学　第6章 現代社会と花見　終章 花見の根源を考える—社会人類学・社会心理学的花見論
＊花見か桜か、どちらが真に日本的なるものか？精神性や悲哀の美学と結びつけられるのが多い桜。だが桜だけを見て「花見」に目を向けなくては、日本文化の本質を理解したことにならない。「群桜」『飲食』『群集』の三つを成立条件とする花見は、世界に類のない民衆文化

である。本書では、「貴賤上下を超えた共同の幸福の場」としての花見の歴史的・社会学的考察を通して、古より豊かな社交性で生活に彩りを与えてきた日本人の姿を描き出す。ユニークな「花見論」への挑戦。

◇歯の風俗誌　長谷川正康著　時空出版　1993.11　195p　19cm　(参考文献：p187～191)　1600円　(i)4-88267-012-7　ⓃNDC497.04
(内容)第1話　歯にまつわる民族習慣　第2話　わが国のお歯黒文化　第3話　入れ歯の史話　第4話　日本のおける歯磨きの歴史　第5話　歯吹如来像の謎　第6話　歯の字の話　第7話　近代歯科医学の先覚者
＊歯に宝石を飾ったマヤの風習、歯磨きの恨みが引き起こした「忠臣蔵」、義経もしていたお歯黒、総入れ歯のルーツは日本、「くの一」変身の術と入れ歯など…。東西の歯の風俗にまつわる歴史秘話が盛り沢山。

◇母と子の民族楽器づくり　藤原義勝著　美術出版社　1995.4　101p　21cm　1900円　(i)4-568-36014-5　Ⓝ759
＊お店では買えない、世界でたったひとつのオリジナル。手づくりの楽器で地球をぐるっとひとまわり。

◇早川孝太郎全集　第11巻　民俗研究法・採訪録　早川孝太郎著、宮本常一、宮田登、須藤功編　未来社　2000.8　556p　22cm　7500円　(i)4-624-90111-8　Ⓝ380.8
(内容)1 研究法と調査(民間伝承の採集　民俗研究の一つのゆき方　資料採集の潮時　民俗採訪余事　ほか)　2 家と民具(オージーという地名　「おかた」という家のこと　家名のこと　あみだ屋敷　ほか)　3 採訪と聞書(北津軽の民俗　岩手県二戸郡荒沢村浅沢見聞記―斎藤善助家にて　福島県南会津郡檜枝岐村採訪記　採集手帳より婚姻習俗・出産習俗　ほか)

◇林丈二的考現学―屁と富士山　林丈二著　INAX出版　2000.9　71p　21×21cm　(INAX booklet)　1500円　(i)4-87275-813-7　Ⓝ382.1
(内容)座談会・純度100%の子ども?いや宇宙人?それとも神様?　図版構成・林丈二のタイムカプセル(切符のパンチ屑　プラットホームの白い線　アイスキャンデーの当たりクジ　きつねうどん・そばの油揚げ　ほか)　エッセイ(林丈二という不思議　楽天家との生活　神様からの絵葉書)　インタビュー・自分の好きなことしかできない、それって楽なんです。

◇比較文化とは何か―研究方法と課題　中野毅編　第三文明社　1999.4　341p　21cm　(創価大学比較文化研究所叢書)　(i)4-476-09016-8
(内容)1 序論(比較文化論の系譜と課題)　2 社会諸科学における比較研究(比較文化論とは何か―その方法と課題　宗教世界の比較研究―理解の諸課題　比較研究としてのウェーバー宗教

社会学　デュルケーム社会学における比較の意味―個人主義と社会的統合を基軸にして　比較憲法学の課題と方法　相対主義と普遍主義のはざまで―人権を通して見た文化人類学的世界)　3 記念論文(社会学における比較的分析の歴史的考察　日本文化の特徴―日本文化論序説)
＊比較文化研究所が開所15周年を迎えたのを機会に発刊される「研究叢書」。第一巻には研究所のこれまでの長期にわたる研究成果を踏まえて、複数の著者によって書かれた「社会諸科学における比較研究」を充てた。

◇比較文化入門―衣食住から宗教まで　狐野利久著　北星堂書店　1995.10　386p　19cm　2800円　(i)4-590-00992-7
(内容)第1部　イギリスと日本　第2部　喫茶・飲酒の習慣と文化　第3部　東西芸術論　第4部　宗教と文学　第5部　コーランの思想と親鸞の思想との対比

◇比較文明学を学ぶ人のために　伊東俊太郎編　京都　世界思想社　1997.6　295,8p　19cm　2200円　(i)4-7907-0655-9
(内容)1 比較文明学の系譜(比較文明学とは何か　比較文明学の方法　比較文明学の先駆者　ほか)　2 比較文明と諸分野(比較文明と歴史学　比較文明と民族学　比較文明と宗教　ほか)　3 比較文明の現代的問題(環境と比較文明　人口問題と比較文明　死と比較文明　ほか)
＊21世紀に向けて希望の未来を語るためには、諸文明の相互理解を進め自然との共生を図る叡知が求められる。人類のゆくえを視野に入れた巨視的な観点から、比較文明学の新しい「知」の形成と役割を考える。

◇美女とは何か―日中美人の文化史　張競著　晶文社　2001.10　464,10p　20cm　(文献あり)　2400円　(i)4-7949-6500-1　Ⓝ382.1
(内容)プロローグ　美女とは何か　第1章　好まれた美貌　第2章　恐れられた美女　第3章　図像の修辞法　第4章　詩のなかの美女、絵のなかの美女　第5章　作り出された美貌　第6章　漢詩文のなかの美人、和文のなかの美人　第7章　審美観の交響　第8章　江戸文化のフィルター　第9章　ナオミが誕生するまで　エピローグ　ガングロの啓示
＊古来、美女は世の憧れを誘い、人の心を癒す一方で、男の運命を狂わす悪女であり、亡国の元凶であり、薄幸・世の移ろいのたとえであった。狐も蛇も幽霊も、かならず美しい女に化けて出てくるのはどうしたわけか―。文化によって時代によって、美人観は大きく変化する。文学や絵画のなかで美人はどのように描かれたか。イメージはいかにつくられ、実社会で機能したのだろうか。楊貴妃・遊女・明治令嬢コンクール・ガングロ…日本と中国の歴史を行きかい、異文化交流のはざまに、

美女という謎をダイナミックに追いめぐる。東アジアにおける美人幻想をめぐる比較文化研究の決定版誕生。

◇火と人のくらし―あかり・ぬくもり・まつり 夏季企画展 城陽市歴史民俗資料館編 城陽 城陽市歴史民俗資料館 1998.7 32p 30cm (城陽市歴史民俗資料館展示図録 10) Ⓝ382.1

◇ヒト・モノ・コトバの人類学―国分直一博士米寿記念論文集 劉茂源編 慶友社 1996.6 662p 27cm (国分直一の肖像あり) 28840円 (i)4-87449-020-4 Ⓝ382.1

内容 1 内なる世界(コロポックルの足跡 東南アジア・オセアニアのトビウオ漁 台湾高砂族言語とアイヌ語との関係 ほか) 2 外なる世界(東アジアにおける二つのナラ林帯―その文化史的意義を考える 環礁のピット農耕 先史時代の西ミクロネシア、フィリピン、南島における文化接触の有無 ほか) 3 国分直一先生をめぐる世界(三つの出会い 最新 国分直一先生行状記 国分直一先生著作目録ならびに研究活動年譜(1980.1~1995.5))

◇風俗史学 14号 日本風俗史学会編 つくばね舎 2001.1 96p 21cm 1500円 (i)4-924836-48-6, ISSN1344-1140

内容 論文(文様と造園との接点―松皮菱文様の場合 「九暦」の大臣大饗―請客使の位階と主客礼拝における主人と尊者の位置 「高野山往生伝」の書誌学的考察 左義長 (三毬杖)について 鋳物の町の精神史一端―「歌集・キューポラの下にて」から) 風俗史フォーラム発表要旨(名所図会の成立と受容―「江戸名所図会」を手がかりに 新刊紹介・日本風俗史学会四十周年記念論文集「日本の風と俗」)

＊本書は、五本の論文を収載した。丹沢氏の論文は、近世の美意識の一つを考察したものである。小池氏の論文は、平安貴族の饗応の一つを考察されたもので、極めて専門性が高く、貴重な論攷である。摂関期の王朝風俗の考察としても価値が高い。村上氏は、長大な論攷で、「高野山往生伝」各種本の異同を丹念に調査され、苦心が偲ばれる。書誌学的考察とあるので、これから、本格的に、高野山関係の研究に入られるものと期待する。菅原氏は、平安期の年中行事の稿である。宇田氏の論攷は、現代史に属するもので、鋳物で有名な埼玉県川口市の、その鋳物産業に働く人々の誇りと生き甲斐・希望といったものを歌集を通して描いたものである

◇風俗史学―日本風俗史学会誌 15号(2001年初夏) 日本風俗史学会編 つくばね舎, 地歴社〔発売〕 2001.5 96p 21cm 1500円 (i)4-924836-50-8, ISSN1344-1140

内容 創立四十周年記念講演・戦後日本の服飾―ディオールのニュー・ルックを中心として 論文(初誕生儀礼再考―近世後期の文献資料を中心として 黄表紙－絵に見る「食」の風俗――その題材と筆者たち) 風俗史随想・長崎学者古賀十二郎と長崎風俗史研究 創立四十周年記念大会研究発表要旨 見学会報告 大会アトラクション「琉球音楽と舞踊」 日本風俗史学会学会賞審査概要 風俗史フォーラム発表要旨

◇不思議いっぱいおもしろ起源312―物事のはじまりがなんでもわかる！ 日本文芸社 1993.10 249p 15cm (にちぶん文庫)〈「ものしり起源事典」改題書〉 480円 (i)4-537-06118-9

内容 第1章 年中行事・冠婚葬祭・習俗の起源 第2章 衣・食・住の起源 第3章 自然科学・医学の起源 第4章 文化・芸能・娯楽・スポーツの起源 第5章 生活用具・職業・商売の起源

＊物事のはじまりとは？年中行事・冠婚葬祭から衣・食・住、社会制度・習俗、生活用具、文化・芸能・娯楽、スポーツ、職業、商売まで、あらゆる事物の由来を徹底的に大解明。

◇仏教歌謡研究 鈴木佐内著 近代文芸社 1994.4 492p 22cm 6500円 (i)4-7733-2547-X Ⓝ911.6

内容 第1章 唯心房集今様評釈 第2章 今様と朗詠 第3章 和讃 第4章 和讃・説話・随筆 第5章 房総文化

＊唯心房集今様の最初の評釈書。宮内庁書陵部蔵『唯心房集』は、丹後守藤原為忠の末子、唯心房寂एの集。ここに収められた五十首の今様は、歌謡史上貴重な存在となっている。唯心房集今様と梁塵秘抄今様、和讃についての論考を中心に、「毒玉川の歌」「野寺の鐘」(和歌)「九品の念仏」(随筆)「萩の葉の発想」(日記)など、各ジャンルにわたる論考を収録。房総文化資料は殆どが初見のもので貴重。

◇松前健著作集 第3巻 神社とその伝承 松前健著 おうふう 1997.12 334p 22cm 12000円 (i)4-273-02957-X Ⓝ164.1

内容 皇大神宮・豊受大神宮 伊勢遷宮祭の起源 春日の神々と記・紀神話 日前・国縣神宮の祭神と古代宮廷 伊太祁曽神社 石上神宮の祭神とその奉斎氏族 石上神宮の祭神とその祭祀伝承の変遷 平野祭神論私見―神社祭祀の一形態の歴史的再構成 祇園牛頭天王社の創建と天王信仰の源流 賀茂と松尾の雷神たち〔ほか〕

＊本書は、日本神話の原素材ともいうべき、伊勢、石上、日前、賀茂、諏訪、春日、稲荷、八坂、平野、松尾、ヒメコソなどの古社の縁起と『古事記』『日本書紀』『風土記』などに見える古典神話との関係を論じた論文を、数多く収めている。

◇民族音楽学理論 徳丸吉彦著 放送大学教育振興会 1996.3 183p 21cm (放送大学教材 1996)〈文献あり 索引あり〉 1796円 (i)4-595-57106-2 Ⓝ761.15

◇民族音楽の旅から　藤井知昭述, 愛知県教育サービスセンター編　名古屋　第一法規出版東海支社　1995.3　28p　21cm　(県民大学叢書 41)　250円　Ⓝ760.13
◇民俗と植物　武田久吉著　講談社　1999.11　249p　15cm　(講談社学術文庫)　800円　(i)4-06-159407-9　Ⓝ382.1
　(内容)草木の方言と名義　地名と植物　「かくま」の事から　天子ケ岳の瑤琢瑯鐺　浜茄子異議　聖柳か柊林か　松竹梅　桃とモモ　春と生物　野菜と山菜〔ほか〕
　*イチイ＝オンコ＝アララギ＝ヘダノキ＝インゾウ…。草木には、それぞれの土地にそれぞれの名まえがあり、人びとの生活と深い結びつきがあった。登山を愛し、自然保護に力を尽し、里人の民俗を研究した博覧強記な植物学者・武田久吉が、植物にまつわる命名と習俗との関係を、複眼的視野で存分に語り尽した名エッセイ。
◇虫と日本文化　笠井昌昭著　大巧社　1997.6　171p　18cm　(日本を知る)　1200円　(i)4-924899-18-6
　(内容)1 虫と日本文化　2 虫の文化史(銅鐸の絵　蚕　玉虫厨子　虫愛づる姫君　蝉　虫と江戸文化)
◇もののはじまりビックリ事典　北田伸著　評論社　1994.9　203p　18×12cm　(てのり文庫―事典シリーズ)　620円　(i)4-566-02281-1
　(内容)乗りもの　道具　たべもの　スポーツ　趣味・あそび　年中行事　くらしと職業
　*海のみなもとが谷間からわきでる一てきの水であるように、どんな文化にもはじまりがあります。そのながれは、まるで感動のドラマです。―おもしろくて、目からウロコがおちる本。
◇やさしい日本人さびしい日本人　樋口清之著　ごま書房　1997.11　244p　20cm　(梅干し博士の日本再発見講座 5)　1400円　(i)4-341-17151-8　Ⓝ382.1
　(内容)第1章　情のつき合い学―非情をオブラートに包む"情"の精神　第2章　間のつき合い学―助け合いの精神を育む"間"の文化　第3章　縁のつき合い学―人間関係をスムーズにする"縁"の思想
◇山に生きる―山村史の多様性を求めて　笹本正治著　岩田書院　2001.6　508p　22cm　(年表あり)　11000円　(i)4-87294-210-8　Ⓝ384
　(内容)第1章　林業に生きる　第2章　金山に生きる　第3章　交通運輸・商業に生きる　第4章　山村の家伝記と芸能　第5章　山村の食文化　山をめぐる諸問題―おわりにかえて
　*都会では多くの建設工事がなされているが、それに先だって埋蔵文化財の調査が行われる。開発の少ない山村では、埋蔵文化財の調査もほとんど行われない。地下に埋もれている文化にさえこれだけ注目が払われているのに、今まさに消えようとする、生きている山村の文化には、注意が払われていないのである。こうした現状に立つとき、山村の果たした歴史的な役割を明らかにすることは大きな意味を持つ。山地に存在する集落に生きた人々から何が見えてくるのかを探る。
◇山に棲む―民俗誌序章　香月洋一郎著　未来社　1995.12　380,13p　22cm　7004円　(i)4-624-20067-5　Ⓝ382.1
　(内容)古代官道の谷　むらと共有山　対岸の桜　焼山の夏　山の水田　風に鳴る尾根　正月を迎える　屋根を葺く　変化のなかで　伝承者の時代〔ほか〕
◇山の民俗誌　湯川洋司著　吉川弘文館　1997.10　204p　19cm　(歴史文化ライブラリー 23)　1700円　(i)4-642-05423-5　Ⓝ382.1
　(内容)山の民俗を問う　山に生きて　山の近代化　山の時空―山の自然と山ノ神　生かされて生きる
　*豊かな自然に育まれた山のむらの暮らしは、いま過疎化の波に洗われ、崩れ去る危機に直面している。日本各地の山村を歩く著者が、出会った古老の語る言葉の底に潜むものを探り、生きることの意味を現代に問いかける。
◇47都道府県別　県民性なるほどオモシロ事典―これだけ知っていれば役に立つ　山下竜夫著　日本実業出版社　1996.2　245p　17cm　(エスカルゴ・ブックス)　880円　(i)4-534-02424-X
　(内容)第1章　人柄と攻略法がズバリわかる県民性大調査　第2章　ひょんなところでお里が知れる意外や意外の裏話　第3章　独断と偏見で論じるオラが郷土の自慢話　第4章　他県人には知られたくない他言無用のナイショ話　第5章　各種データが裏づけるあの国・この国・こぼれ話　第6章　その県民性に思わず納得！?こんなにあるぞ四方山話
◇歴史の消息について―<いま・ここ>からの「歴史」を考える　大月隆寛著　洋泉社　1999.5　203p　20cm　1800円　(i)4-89691-380-9　Ⓝ380
　(内容)第1部　「歴史」の向こう側(「歴史」の「正しさ」について　柳田邦男と民俗学の忘れられた初志　「小さな集まり」に宿り得る知性　「無用の長物」の消息をめぐって　ほか)　第2部　書物のこちら側(現場)に開いた「文字」の力　古書市場という書庫　奇術、隠し芸となる「金儲け」、如何となす可　ほか)
　*だから、「歴史」の可能性は気持ちや思い入れ、ノスタルジーそして、雑多の一行にもある。気鋭の民俗学者が歴史につながる回復をもとめて総括する民俗学の新たな可能性！
◇歴博万華鏡　国立歴史民俗博物館監修　朝倉書店　2000.10　198p　38cm　28500円　(i)4-254-

53012-9 Ⓝ382.1
(内容) 祈る(精霊に祈る 祖先に祈る ほか) 祭る(都市祭礼 芸能とその始原 ほか) 装う(装いの諸相 異装 ほか) 飾る(調度と飾り器と文様 ほか) 遊ぶ(レクリエーション 演じる・観る ほか)
＊国立で唯一、歴史と民俗を対象とする国立歴史民俗博物館(通称:歴博)の主要な収蔵品を掲載。簡明平易で魅力ある解説文による、歴史と民俗の新しい世界への誘い。大判のオールカラーの写真と斬新なレイアウト。収録した資料の詳細なデータを付記。

◇列島の文化史 10 宮田登編, 塚本学, 網野善彦編著, 伊谷純一郎, 篠原徹, 杉本仁, 関口博巨, 竹川大介, リチャード・W. アンダーソン著, 亀井好恵訳 日本エディタースクール出版部 1996.3 188p 21cm 2472円 (i)4-88888-249-5
(内容) 歴史と自然の旅人―江戸とアフリカ 民俗としての選挙―世相解説学の試み 弾左衛門支配と「非人」―甲斐国都留郡の事例から 戦後歴史学の50年―歴史観の問題を中心に 征韓論と神功皇后絵馬―幕末から明治初期の西南日本 沖縄糸満系漁民の進取性と環境適応―潜水追込網漁アギヤーの分析をもとに 家の記録からの歴史をめぐって―「宗尹日記」ほか
＊常に地域史の視点から国家史を相対化しつつ、歴史・民俗・考古の、分野を問わない最新の研究成果を結集。

◇和風と工夫―日本人らしさの知恵拝見 増原良彦編 同文書院 1993.1 231p 19cm (快楽脳叢書) 〈参考資料：p228〜230〉 1300円 (i)4-8103-7124-7 Ⓝ382.1
(内容) 第1章 和風の工夫 第2章 和食の工夫 第3章 春の和風 第4章 夏の和風 第5章 秋の和風 第6章 冬の工夫

事典・辞典

◇イラスト日本まるごと事典 インターナショナル・インターンシップ・プログラムス著 講談社インターナショナル 1997.5 241p 19cm (Bilingual books 17) 〈他言語標題：Japan at a glance 英文併記 索引あり〉 1300円 (i)4-7700-2080-5 Ⓝ382.1
(内容) 1 これが日本だ(分県地図 日本の地形 ほか) 2 日本人の生活をかいま見る(衣服 食生活 ほか) 3 日本の文化にふれる(茶の湯 日本の歌 ほか) 4 今日の日本の姿(人口 宗教 ほか)
＊日本文化はもちろんのこと、地理、生活習慣、政治経済まで、初めて日本に接する外国の人にも理解しやすいようにイラストを中心に、できるだけ平易な英語の対訳付きで、「まるごと日本」をコンパクトにまとめた。

◇イラスト日本まるごと事典 インターナショナル・インターンシップ・プログラムス著 改訂第2版 講談社インターナショナル 2001.5 241p 19cm (Bilingual books 17) 〈他言語標題：Japan at a glance updated 英文併記 年表あり〉 1300円 (i)4-7700-2841-5 Ⓝ382.1
(内容) 1 これが日本だ(分県地図 日本の地形 四季 ほか) 2 日本人の生活をかいま見る(衣服 食生活 住居 ほか) 3 日本の文化にふれる(茶の湯 生け花 盆栽 ほか) 4 今日の日本の姿(人口 宗教 日本人の意識 ほか)
＊イラストと簡潔な文章で、日本のすべてを紹介する小事典の決定版！自然、地理、衣・食・住、文化、風俗・習慣から政治、経済、社会、産業、歴史まで、日本をまるごと英語で説明できるようになります。さらに、外国の人との交流を深められるように、手巻き寿司の作り方、浴衣の着方、花の生け方、習字、俳句、折り紙、じゃんけん遊びなど、日本文化の教授法をわかりやすく図解しました。ホームステイや海外留学をするときに頼りになる1冊です。

◇江戸の庶民生活・行事事典 渡辺信一郎著 東京堂出版 2000.7 272p 23cm 2800円 (i)4-490-10546-0 Ⓝ210.5
(内容) 元日 初鳥 若水 初日の出 屠蘇 雑煮 門松・注連飾り 大名家の松飾り 腹赤の贄 吉原の門松〔ほか〕
＊元日から大晦日まで、月ごとの年中行事を追いながら、活力に富んだ江戸期庶民の生活ぶりを再現！庶民が楽しんだ年中行事の諸相。

◇時代風俗考証事典 林美一著 新装新版 河出書房新社 1999.1 705,33p 20cm 3900円 (i)4-309-22338-9 Ⓝ382.1
◇時代風俗考証事典 林美一著 新装版 河出書房新社 2001.1 705,33p 20cm 3900円 (i)4-309-22367-2 Ⓝ382.1
(内容) 第一部(時代考証とは何か？「伝七捕物帳」の場合 酒をめぐって 看板のいろいろ 江戸の捕物 ドラマ作りの矛盾 自身番と木戸番小屋 大名屋敷の門 浮世絵と小説本 「元禄一代女」ノート 座頭金と盲人の社会 江戸の裏長屋 「心中天網島」の場合 時代考証あれこれ 戦国のことども 阿国歌舞伎 時代考証の限界 家紋 伏見・寺子屋 「女人平家」の世界 「柳橋物語」の場合) 第二部(将軍と大名の拝謁 江戸城大奥 御用金 大判と小判 金座 悪代官 八州廻り 八丁堀越屋敷 お江戸火の要慎 火付盗賊改 牢屋 島流し八丈だより ほりものと入墨 風呂と戦闘 遊郭と岡場所 男芸者と女芸者 長崎の芸子衆 道中の風俗 大山まいり 間違いやすい風俗 金魚 婚礼 幕末の大坂見物 さいたら畑の殺人 首斬

事典・辞典　　　　　　　　　　　　　　　　　　　　　　　　　　　　　　　　　風俗史・民俗誌

りばなし　切腹　渡徒士　戯作者　好色本禁令　夜着と蒲団　枕と日本髪　瓦版　飛脚　駈入り東慶寺　千社札　天愚孔平　お産　一刻と一時　忘れられた常識　これからの時代考証)
＊知っているようで知らない歴史上の日常生活場面の考証。映画・テレビで見知った常識がいかに嘘が多いか。江戸風俗研究の第一人者が500点の風俗画、図版によって、トイレ、風呂から結婚生活まで、微細に描く貴重な小項目事典。

◇新編漂着物事典―海からのメッセージ　石井忠著　福岡　海鳥社　1999.4　380,11p　22cm　3800円　(i)4-87415-219-8　Ⓝ380.4
(内容) 流れ着くもの(アオイガイ　アカクミ・アカトリ　アシカ科　アダン　ほか)　揺り揚がるもの(陰陽石　岡垣浜の陶磁器　鯨骨　航空機の残骸　ほか)　海と漂着の民俗・歴史(アワビ玉　安政五年の枡　異人の漂着　今川遺跡の発見　ほか)　各地でのフィールドワーク(秋田・能代海岸での漂着　石垣島の漂着物　遠州灘海岸の漂着生物　五島・富江島で採集された貝　ほか)　採集・調査・研究(海岸からマンモスが　海漂器　海流瓶　韓国製品の漂着　ほか)　漂着と環境(海岸の無法者たち　旧ソ連の核廃棄物　ゴミ海岸の清掃　ゴム風船の末路　ほか)
＊玄界灘沿岸に流れ着く様々な寄り物、漂着に関わる民族・歴史、さらに調査・収集・研究の方法まで、219項目を収録した事典。索引付き。

◇図説 魚と貝の大事典　望月賢二監修　柏書房　1997.5　497,76p　26cm　18000円　(i)4-7601-1442-4
(内容) 第1部 魚と貝の文化事典　第2部 関係資料・索引(魚類および水産動物関係資料　文化・歴史・民俗関係資料　水産・漁業関係資料)

◇中国文化伝来事典　寺尾善雄著　[新装版]　河出書房新社　1993.8　557p　19cm　3800円　(i)4-309-22251-X
(内容) 生活篇　民俗篇　政治篇　兵法・武芸篇　学芸篇　医学篇　通俗文学篇
＊日本文化の基層をなす中国文化は、いつごろどのようなかたちで日本に伝播し、土着したのか。衣・食・住から兵法、医術、都市造りまで豊富な図版と解説で描くユニークな事典。

◇利根川事典　森田保編　新人物往来社　1994.11　308p　21cm　12000円　(i)4-404-02152-6
(内容) 1 土木編　2 治水編(洪水も含む)　3 産業編　4 水運編(河岸を含む)　5 文化編　6 民俗編(芸能・伝説も含む)　7 地理・動物・植物名など
＊利根川流域と利根川との関わりを、どこからでも読める話題提供の書としてまとめられた事典。治水・地質・地理・歴史・民俗・動植物・水産・宗教などの484項目をとりあげ、主題別に分類構成。巻末に利根川関係書誌の書誌、索引を付す。利根川484のなぞ解き事典。

◇日本を知る事典　大島建彦ほか編　社会思想社　1994.5　1005,51p 図版16枚　27cm　〈第25刷(第1刷: 1971年)〉　9000円　(i)4-390-60098-2　Ⓝ382.1

◇日本古代神祇事典　吉田和典編・著　名古屋　中日出版社　2000.3　883p　26cm　18000円　(i)4-88519-158-0
＊神話や神社の縁起などに目を通すとき、一番困惑するのは、神名や神号の読み方が分からない点である。日本の神々の大部分は、古典の中に登場されています。従って、古典を読み解けば神々についての知識も自ずから増すと言うものである。この事典では日本の代表的な古典八種の内に神名等の事項名を求め、五十音順に配列し、利用の便をはかった。

◇日本史モノ事典　平凡社編　平凡社　2001.8　447p　18cm　2500円　(i)4-582-12420-8　Ⓝ382.1
(内容) 武具　農水　商工　衣装　酒食　住火　通運　遊技　仏神
＊本書は、4000余点を集め、簡潔な説明文を付した"見る事典"。全編を通して広く日本の歴史上に存在した"モノ"の形と名前を明らかにした。収録の事物は、古墳時代から昭和30年(1955)代におよび、分野は生活文化を重視。図と説明文が一体となった、伝統的な事柄、消えていった事物、残したい道具、なつかしいモノの"カタログ"である。

◇日本神名辞典　神社新報社　1994.7　397,56p　26cm　10300円　(i)4-915265-66-8
＊「古事記」「日本書紀」その他の古典に記載された神々、全国著名神社の祭神、歴代天皇、義人・地方神などを集めた事典。神名の五十音順に排列し、表記・読み・解説・出典資料名を記載している。資料により表記が異なる場合は、「古事記」での表記に統一し、その他の呼称・俗称からは参照を立てている。巻末に索引を付す。『神道人名辞典』(昭和61年刊)に続くもの。

◇日本の神様読み解き事典　川口謙二編著　柏書房　1999.10　510,48p　21cm　〈『日本神祇由来事典』縮刷普及版〉　2800円　(i)4-7601-1824-1
(内容) 第1編 日本の神祇系譜(神々の歴史　日本の神々の系譜　日本の神々と社寺　神にまつわることわざ集)　第2編 記紀神話の神々(青沼馬沼押比売神　県主ершолы阿加流比売　ほか)　第3編 民俗の神様・神社(秋葉権現　秋山自在霊神　阿須波神　ほか)
＊「古事記」「日本書紀」に現れる神話の神々から、古来より親しまれてきた民族神までを集大成・解説した事典。第1編で、日本における神祇の系譜、ならびに神々・神社にまつわ

風俗史・民俗誌　　　　　　　　　　　　　　　　便覧・ハンドブック

る基本的事項を概論として収録。第2編では、記紀神話に登場する神々を五十音順に収録し、その神の系譜・神話および神名の由来について述べる。第3編では、民俗の神様を中心にして、これに関係する神社などを五十音順に収録。別冊付録で第2編の記紀神話に登場する神々の系譜を一枚の大系図として表した「記紀神話の神々・系図一覧」がある。神名・神社の総索引、別冊付録の大系図の五十音別索引・神明番号別索引付き。『日本神祇由来事典』を縮小して普及版としたもの。

◇「日本の旅」文化事典　辻原康夫著　トラベルジャーナル　2000.6　309p　21cm　1800円　(i)4-89559-489-0　Ⓝ382.1
　囚容 第1章 信仰　第2章 祭りと芸能　第3章 建築・美術　第4章 食生活　第5章 伝統と工芸品　第6章 ふるさと　第7章 温泉・遺跡・地域性
　＊懐石料理と会席料理はどう違うの。神社参拝の正しい作法は。絵馬や招き猫の由来は、等々、素朴な疑問がすぐに解ける、日本文化物知り事典。さまざまな文化財の見方も詳しく図説したハンドブック。

◇日本風俗史事典　日本風俗史学会編　弘文堂　1994.2　696,43p　22cm〈縮刷版〉　4800円　(i)4-335-25054-1　Ⓝ380.33
　＊新しい風俗史学の体系の上に立ち、古来の習俗や身近な事象2000の起源と変遷を辿る名著の復活。

◇年表で見るモノの歴史事典　上　ゆまに書房　1995.11　945p　21cm　〈付：モノに関する年表一覧〉　(i)4-89714-005-6　Ⓝ382.1

◇年表で見るモノの歴史事典　下　ゆまに書房　1995.11　988p　21cm　〈付：モノに関する年表一覧〉　(i)4-89714-006-4　Ⓝ382.1

◇百科の一科事典・トラ　スタジオ・ニッポニカ編　小学館　1998.1　318p　16cm（小学館文庫）〈文献あり〉　571円　(i)4-09-416061-2　Ⓝ382.1
　囚容 「寅」と「虎」の意味　最大のネコ類＝トラ　「トラ」のつく生きもの　「トラ」のつく人々　虎が出てくる伝説・逸話・民話　世界のトラ信仰　「トラ」のつく格言・故事・ことわざ・ことば　寅年生まれの人々　近・現代寅年年表　演劇・映画・小説に登場するトラ　美術に見るトラ　「トラ」のつくものア・ラ・カルト　「虎」「寅」の地を訪ねて
　＊密林の王者からタイガー・ウッズまでトラと名のついた動物・鳥類・昆虫・植物・諺・人名・言葉・事件・小説・映画・地名・道具などを集めた百科事典。

◇山ことば辞典─岩科山岳語彙集成　岩科小一郎著、藤本一美編　八王子　百水社　1993.11　194p　19cm　〈発売：星雲社（東京）〉　岩科小一郎

著作年譜：p175～183）　1600円　(i)4-7952-2316-5　Ⓝ382.1
　囚容 山ことば辞典─山岳語彙　雪崩語彙　残雪絵考　杣聞書　鹿狩記　岩科小一郎著作年譜
　＊山名・地名・ことがらについて続けてきた数々、全国から雪崩名114語、山の神のことども等々、山村民俗の会同人の成果と諸文献により、読んで楽しく、由来も緑語もさまざまの稀書。

◇歴史考証事典　第7集　稲垣史生著　新人物往来社　1993.7　311p　20cm　2800円　(i)4-404-02029-5　Ⓝ382.1
　囚容 将軍　大名　役人　法律　生活と遊び　食物　地理・災害　時代考証
　＊時代考証の第一者が江戸時代の生活と文化を生き生きと再現。内容は将軍、大奥、武士、医者、町人、女性など各層にわたり、項目ごとに図版を入れてわかり易く、面白く記述した。

便覧・ハンドブック

◇行ってみたい全国の博物館　文園社編集部編　文園社　1994.8　188p　19cm　1300円　(i)4-89336-082-5
　囚容 独自性をもつ博物館を　歴史・民俗─先祖の暮らしをたずねてみよう　考古─じっくり昔を語ろう　総合─知らないことがまだまだいっぱい　自然史・理工─身の回りの自然や科学を知ろう　交通・通信─世界と世界を楽しくむすぼう　文学─こうして名作は生まれた　服飾・その他─こんな博物館もある

◇会員名簿　平成9年版　山村民俗の会　〔1997〕9p　26cm　Ⓝ384

◇現代風俗史年表─昭和20年(1945)～平成9年(1997)　世相風俗観察会編　増補　河出書房新社　1999.1　562p　22cm　3900円　(i)4-309-22308-7　Ⓝ210.76
　＊1945年から1997年まで、現代風俗を紹介した年表。上段に風俗・世相、下段に政治・経済で構成。取り上げた風俗は、映画、マンガ、ラジオ、音楽、ブーム、人物、スポーツ、シュッパン、コマーシャル、テレビ、流行語、舞台、トピックス、ファッションなど。索引付き。

◇現代風俗史年表─昭和20年(1945)～平成12年(2000)　世相風俗観察会編　増補2版　河出書房新社　2001.2　540,52p　22cm　〈文献あり〉　3900円　(i)4-309-24241-3　Ⓝ210.76
　＊これまでの歴史年表ではほとんど無視されている風俗を主役にすえ、社会・世相史で脇を固めて、政治・経済史は文字を小さくして下に押し込めた年表。本版は「二十世紀」を歴史

◇たてもの野外博物館探見―明治村から江戸東京たてもの園まで全国35館　広岡祐著　JTB　2000.10　152p　21cm　(JTBキャンブックス)　1700円　(i)4-533-03561-2
　(内容)　博物館明治村　北海道開拓の村　致道博物館　古牧温泉渋沢公園　みちのく民俗村　福島市民家園　会津民俗館　喜多方蔵の里　茨城県立歴史館　埼玉県立さきたま風土記の丘〔ほか〕
　＊本書で紹介する日本各地の施設は、失われゆく建築を移築・保存した野外博物館(オープンエア・ミュージアム)である。本書は専門家の立場とは異なる、一建築ファンによる野外建物博物館めぐりである。
◇旅先で寄る奇想博物館　堵ちと編　小学館　1996.11　128p　21cm　1500円　(i)4-09-343085-3
　(内容)　北海道立北方民族博物館―北海道網走市　久慈琥珀博物館―岩手県久慈市　那須オルゴール美術館―栃木県那須郡　耳飾り館―群馬県北群馬郡　日本歯科大学新潟歯学部　医の博物館―新潟県新潟市　石川県金沢港大野　からくり記念館―石川県金沢市　日本自動車博物館―石川県小松市　売薬資料館―富山県富山市〔ほか〕
　＊日本列島に47カ所、驚きの部屋＝博物館を訪ねる。本邦初の旅の案内書。
◇TOKYO博物館ブラリブラリ　本山賢司著　山と渓谷社　1997.1　246p　21cm　1854円　(i)4-635-41007-2
　(内容)　第1章　風俗・生活系　第2章　ファッション・趣味系　第3章　博物・美術・工芸系　第4章　自然科学系　第5章　個人系
　＊無手勝流こそが、ミュージアム見物の心得だ。ブラリブラリ…アウトドア大好きのイラストレーターが足かけ6年、2週間に1度のペースで東京の100以上のミュージアムを見てきました。ガイドブックとはひと味もふた味も違う、楽しい見聞録です。
◇日本全国ユニーク博物館・記念館　新人物往来社編　新人物往来社　1997.12　275p　19cm　2600円　(i)4-404-02557-2
　(内容)　北海道(関寛斎資料館　月形樺戸博物館　開陽丸青少年センター　北海道開拓記念館　アイヌ民族博物館)　青森県(青森市森林博物館)　岩手県(花巻新渡戸記念館　高野長英記念館　野村胡堂・あらえびす記念館　ほか)　山形県(紅花資料館　米沢市立上杉記念館　清川八郎記念館　ほか)　宮城県(宮城県慶長使節船ミュージアム)　福島県(白虎隊記念館、白虎隊伝承史学館)　茨城県(柳田国男記念公苑)　埼玉県(入間市博物館)　千葉県(我孫子市鳥の博物館　伊能忠敬記念館)　東京都(古代オリエント博物館　土方歳三資料館　ボタンの博物館　ほか)

神奈川県(馬の博物館　箱根旧街道資料館　ブリキのおもちゃ博物館　ほか)〔ほか〕
◇日本風俗史学会会員名簿　平成6年4月1日現在　日本風俗史学会編　日本風俗史学会　1994.4　60p　21cm　(附：日本風俗史学会会則・細則)　Ⓝ383.06
◇博物館徹底ガイドハンドブック　PHP研究所編　PHP研究所　1993.5　191p　18cm　1200円　(i)4-569-53925-4
　(内容)　第1章　自然・科学技術の博物館　第2章　産業・工芸の博物館　第3章　歴史・考古の博物館　第4章　民俗・郷土史料の博物館　第5章　文学館・記念館
　＊資料館、科学館、水族館…375館を一挙紹介。

地　図

◇古地図・絵図に描かれた福崎―特別展　福崎町立神崎郡歴史民俗資料館編　〔福崎町(兵庫県)〕福崎町教育委員会　1996.11　20p　26cm　(福崎町立神崎郡歴史民俗資料館図録 no.2)　〈会期：平成8年11月2日～12月1日〉　Ⓝ216.4
◇日本民俗地図　10　住生活　文化庁著　文化庁　2000.3　地図10枚　27cm　〈ホルダー入　付属資料：48,686p：解説書〉　Ⓝ382.1
◇日本民俗地図　10　住生活　文化庁編　国土地理協会　2000.7　地図10枚　27cm　〈ホルダー入　付属資料：48,686p：解説書〉　20000円　Ⓝ382.1

調査報告

◇国立歴史民俗博物館資料調査報告書　7　農耕開始期の石器組成　佐倉　国立歴史民俗博物館　1996.3　2冊　30cm　(「6」までの書名：国立歴史民俗博物館博物館資料調査報告書)　Ⓝ382.1
　(内容)　1　近畿(大阪・兵庫)・中国・四国　2　九州
◇国立歴史民俗博物館博物館資料調査報告書　4　日本出土の貿易陶磁　西日本編　国立歴史民俗博物館編　佐倉　国立歴史民俗博物館　1993.3　3冊　26cm　Ⓝ382.1
◇国立歴史民俗博物館博物館資料調査報告書　5　日本出土の貿易陶磁　東日本編　佐倉　国立歴史民俗博物館　1994.3　2冊　26cm　Ⓝ382.1
◇国立歴史民俗博物館博物館資料調査報告書　6　日本荘園データ　佐倉　国立歴史民俗博物館　1995.3　2冊　30cm　Ⓝ382.1
　(内容)　1　畿内・東海道・東山道　2　北陸道・山陰道・山陽道・南海道・西海道・壱岐島　付：荘園関係文献目録
◇日本常民文化研究所調査報告　第1集　小正月行

事とモノツクリ　秩父・越後・中部　神奈川大学日本常民文化研究所編　平凡社　1993.8　121p　26cm　〈1978年刊の複製　参考文献：p120〜121〉　4120円　(i)4-582-48531-6　Ⓝ382.1

◇日本常民文化研究所調査報告　第2集　富士講と富士塚　東京・神奈川　神奈川大学日本常民文化研究所編　平凡社　1993.8　152p　26cm　〈1978年刊の複製〉　4120円　(i)4-582-48532-4　Ⓝ382.1

◇日本常民文化研究所調査報告　第3集　小正月行事とモノツクリ　南九州・大和ほか　神奈川大学日本常民文化研究所編　平凡社　1993.8　136p　26cm　〈1979年刊の複製〉　4120円　(i)4-582-48533-2　Ⓝ382.1

◇日本常民文化研究所調査報告　第4集　富士講と富士塚　東京・埼玉・千葉・神奈川　神奈川大学日本常民文化研究所編　平凡社　1993.8　158p　26cm　〈1979年刊の複製〉　4120円　(i)4-582-48534-0　Ⓝ382.1

◇日本常民文化研究所調査報告　第5集　紀年銘(年号のある)民具目録・図録　東日本　神奈川大学日本常民文化研究所編　平凡社　1993.8　143p　26cm　〈1980年刊の複製〉　4120円　(i)4-582-48535-9　Ⓝ382.1

◇日本常民文化研究所調査報告　第6集　紀年銘(年号のある)民具・農具調査　東日本　神奈川大学日本常民文化研究所編　平凡社　1993.8　147p　26cm　〈1980年刊の複製〉　4120円　(i)4-582-48536-7　Ⓝ382.1

◇日本常民文化研究所調査報告　第7集　紀年銘(年号のある)民具目録・図録　西日本　神奈川大学日本常民文化研究所編　平凡社　1993.8　153p　26cm　〈1981年刊の複製〉　4120円　(i)4-582-48537-5　Ⓝ382.1

◇日本常民文化研究所調査報告　第8集　紀年銘(年号のある)民具・農具調査等　西日本　神奈川大学日本常民文化研究所編　平凡社　1993.8　182p　26cm　〈1981刊の複製〉　4120円　(i)4-582-48538-3　Ⓝ382.1

民俗資料

◇国宝・重要文化財大全　12　建造物　下巻　文化庁監修，毎日新聞社図書編集部編　毎日新聞社　2000.3　758,28p　31cm　35000円　(i)4-620-80332-4　Ⓝ709.1
　(内容)門／鳥居　城郭　書院　茶室／能舞台／藩校／橋梁／その他　民家　近代建築等　平面図・民家配置図・門柱間寸法表　重要伝統的建造物群保存地区　我が国の世界遺産一覧
　＊国法・重要文化財指定の建造物の図録。全2巻の下巻で門・鳥居、城郭、書院、茶室・能舞台・藩校・橋梁その他と民家、近代建築等、重要伝統的建造物群保存地区、世界遺産を図版で収める。2巻で国宝・重要文化財指定の2151件と重要伝統的建造物群保存地区の全てを収録。各図版の説明は通称・旧称を含む名称と所在都道府県名、所有者・規模、構造、軒廻り、屋根および妻のかたち、葺き方と建物の特徴、建立年代を記載。巻末に重要伝統的建造物群保存地区と我が国の世界遺産一覧、所在地一覧を収録。名称索引を付す。

◇民俗資料選集　21　巫女の習俗　4　秋田県　文化庁文化財保護部編　国土地理協会　1993.4　133p　22cm　3800円　Ⓝ382.1

◇民俗資料選集　22　対馬の釣鉤製作習俗—長崎県　文化庁文化財保護部編　国土地理協会　1994.5　143p　22cm　4000円　Ⓝ382.1

◇民俗資料選集　23　北上山地の畑作習俗—岩手県　文化庁文化財保護部編　国土地理協会　1995.5　235p　図版20p　22cm　4500円　Ⓝ382.1

◇民俗資料選集　24　南奥羽の水祝儀—宮城県・福島県　文化庁文化財保護部編　国土地理協会　1996.5　196p　図版16p　22cm　4500円　Ⓝ382.1

◇民俗資料選集　25　焼畑習俗—岐阜県・高知県　文化庁文化財保護部編　国土地理協会　1997.5　251p　図版24p　22cm　4572円　Ⓝ382.1

◇民俗資料選集　26　盆行事　3　京都府・大阪府　文化庁文化財保護部編　国土地理協会　1998.5　265p　図版24p　22cm　4667円　Ⓝ382.1

◇民俗資料選集　27　年齢階梯制　2　徳島県・愛媛県・長崎県　文化庁文化財保護部編　国土地理協会　1999.5　178p　図版12p　22cm　4667円　Ⓝ382.1

◇民俗資料選集　28　盆行事　4　茨城県・埼玉県　文化庁文化財保護部編　国土地理協会　2000.5　224p　図版20p　22cm　4667円　Ⓝ382.1

◇民俗資料選集　29　茶堂(辻堂)の習俗　2　徳島県・香川県　文化庁文化財保護部編　国土地理協会　2001.5　240p　図版24p　22cm　〈標題紙・奥付の責任表示：文化庁文化財保護部〉　4667円　Ⓝ382.1

◇無形の民俗文化財—記録　第36集　巫女の習俗　4　秋田県　文化庁文化財保護部　1993.3　133p　21cm　Ⓝ382.1

◇無形の民俗文化財—記録　第37集　対馬の釣鉤製作習俗—長崎県　文化庁文化財保護部　1994.3　143p　図版12p　21cm　Ⓝ382.1

◇無形の民俗文化財—記録　第38集　北上山地の畑作習俗—岩手県　文化庁文化財保護部　1995.3　235p　図版20p　21cm　Ⓝ382.1

◇無形の民俗文化財—記録　第39集　南奥羽の水祝儀—宮城県・福島県　文化庁文化財保護部　1996.3　196p　図版16p　21cm　Ⓝ382.1

◇無形の民俗文化財—記録　第41集　盆行事　3　京都府・大阪府　文化庁文化財保護部　1998.3　265p　図版24p　21cm　Ⓝ382.1

全集・講座　　　　　　　　　　　　　　　　　　　　　　　　　　　風俗史・民俗誌

◇無形の民俗文化財―記録　第42集　年齢階梯制4　徳島県・愛媛県・長崎県　文化庁文化財保護部　1999.3　12,178p　21cm　⓷382.1
◇無形の民俗文化財―記録　第43集　盆行事4　茨城県・埼玉県　文化庁文化財保護部　2000.3　224p　図版20p　21cm　⓷382.1
◇無形文化財・民俗文化財・文化財保存技術指定等一覧　文化庁文化財保護部伝統文化課　1994.8　209p　30cm　〈背の書名：無形文化財指定等一覧〉　⓷709.1
◇無形文化財・民俗文化財・文化財保存技術指定等一覧　文化庁文化財保護部伝統文化課　1995.8　211p　30cm　〈背の書名：無形文化財指定等一覧〉　⓷709.1
◇無形文化財・民俗文化財・文化財保存技術指定等一覧　文化庁文化財保護部伝統文化課　1996.9　223p　30cm　⓷709.1
◇無形文化財・民俗文化財・文化財保存技術指定等一覧　文化庁文化財保護部伝統文化課　1997.8　223p　30cm　⓷709.1
◇無形文化財・民俗文化財・文化財保存技術指定等一覧　文化庁文化財保護部伝統文化課　1998.8　225p　30cm　⓷709.1
◇無形文化財・民俗文化財・文化財保存技術指定等一覧　文化庁文化財保護部伝統文化課　1999.8　223p　30cm　⓷709.1
◇無形文化財・民俗文化財・文化財保存技術指定等一覧　文化庁文化財保護部伝統文化課　2000.9　225p　30cm　⓷709.1

全集・講座

◇近代庶民生活誌　第12巻　農民・漁民・水上生活者　南博ほか編　三一書房　1996.9　574p　23cm　12000円　(i)4-380-96523-6　⓷382.1
　内容　道府県外出稼者調査　上越の酒造出稼人　木曽川の筏乗り資料　漁村の生活状態に関する調査　全国漁業出稼青年滞留情況調査概況　北海の密猟　鰊場の話　東京の水上生活　水上小学校後援会　事業成績表　山本作兵衛雑記帳
◇近代庶民生活誌　第17巻　見世物・縁日　南博,林喜代弘ほか編　三一書房　1994.11　512p　23cm　10100円　(i)4-380-94523-5　⓷382.1
　内容　香具師奥義書　露店経済　現代北支那の見世物　露店研究　飯田縁日史　露店に関する調査〔ほか〕
　＊本書は見世物・縁日の資料を収録、明治、大正から、昭和十年代までに発表された文献を主体として収録した。
◇近代庶民生活誌　第18巻　下町　南博,秋定嘉和,林喜代弘ほか編　三一書房　1998.1　571p　23cm　12000円　(i)4-380-98523-7　⓷382.1
◇近代庶民生活誌　第20巻　病気・衛生　南博ほか編　三一書房　1995.4　617p　23cm　12000円　(i)4-380-95523-0　⓷382.1
　内容　憑きものと精神病者(憑きもの資料　精神病の民間療法　精神病者の私宅監置　精神科病院の実況)　結核　らい病に関する資料　赤痢に関する資料
◇講座日本の伝承文学　第1巻　伝承文学とは何か　福田晃ほか編　福田晃,渡辺昭五編著　三弥井書店　1994.12　326p　22cm　4500円　(i)4-8382-5001-0　⓷910.4
◇講座日本の伝承文学　第2巻　韻文文学＜歌＞の世界　福田晃ほか編　真鍋昌弘ほか編著　三弥井書店　1995.6　428p　22cm　5500円　(i)4-8382-5002-9　⓷910.4
◇講座日本の伝承文学　第3巻　散文文学＜物語＞の世界　福田晃ほか編　美濃部重克,服部幸造編著　三弥井書店　1995.10　373p　22cm　5500円　(i)4-8382-5103-3　⓷910.4
　内容　総論(「物語・説話」の伝承)　カミガタリ(神話の表現・叙述―民間神話から文献神話に及んで　神話の担い手―記紀成書化前夜の日継の奉読者たち　ほか)　モノガタリ(方法としての伝承―平安前期物語をめぐって　歌語りの叙述―伊勢物語・大和物語を中心に　ほか)　カタリモノ(語り物とヒジリ―保元物語・為義最期譚の生成基盤　語り物と鎮魂―「保元物語」から　ほか)
◇講座日本の伝承文学　第4巻　散文文学＜説話＞の世界　福田晃ほか編　江本裕ほか編著　三弥井書店　1996.7　434p　22cm　5500円　(i)4-8382-3048-6　⓷910.4
　内容　総論(散文文学(フルコト・ハナシ)の伝承性)　フルコト・ヨツギ・ヨミ(コト・フルコト・カタリゴト―「昔話」の成立をめぐって　フルコトの中央・地方―「播磨国風土記」にみる笑話性　ヨツギと系譜―王権継承と氏族系譜　ほか)　コト・ハナシ(説話の霊異・霊験―「日本霊異記」の場合　説話と唱導―「草案集」所収の「天台大師供養白」を中心に　説経と説話―質多居士・善法比丘の説話を例として　ほか)
◇講座日本の伝承文学　第5巻　宗教伝承の世界　福田晃ほか編　福田晃,美濃部重克,村上学編著　三弥井書店　1998.6　429p　22cm　5500円　(i)4-8382-3057-5　⓷910.4
◇講座日本の伝承文学　第6巻　芸能伝承の世界　福田晃ほか編　天野文雄,須田悦生,渡辺昭五編著　三弥井書店　1999.3　403p　22cm　5500円　(i)4-8382-3064-8　⓷910.4
◇講座日本の伝承文学　第7巻　在地伝承の世界―東日本　福田晃ほか編　徳田和夫,菊地仁,錦仁編著　三弥井書店　1999.9　362p　22cm　5800円　(i)4-8382-3065-6　⓷910.4
◇桜井満著作集　第3巻　万葉集の民俗学的研究　上　桜井満著,伊藤高雄ほか編　おうふう

2000.4 391p 22cm 15000円 (i)4-273-03133-7 ⓃN910.23
  (内容) 序説(万葉集と民俗学―鎮懐石の歌をめぐって 万葉集の民俗学) 第1部 名義と成立(万葉集名義論 万葉集の成立基盤―大和の六御県をめぐって 万葉集の誕生と中国文化) 第2部 伝承と発想(巻頭歌の意義―儀礼と神話の間 端午の民俗と文学 天皇即神の発想と大嘗祭 ほか) 第3部 歴史と文化(伊勢神宮と万葉集 万葉集と天皇 遷都と万葉集 ほか)
  ＊旧著「万葉集の民俗学的研究」を二分冊とし、「序説」から「第三部 歴史と文化」までを上巻とする。新たに三編の論文を加え、一編を削除。

◇桜井満著作集 第4巻 万葉集の民俗学的研究 下 桜井満著,伊藤高雄ほか編 おうふう 2000.5 376p 22cm 15000円 (i)4-273-03134-5 ⓃN910.23

◇桜井満著作集 第8巻 古代伝承の世界 桜井満著,伊藤高雄ほか編 おうふう 2000.9 426p 22cm 15000円 (i)4-273-03138-8 ⓃN910.23

◇桜井満著作集 第9巻 花の民俗学 桜井満著,伊藤高雄ほか編 おうふう 2000.10 452p 22cm 15000円 (i)4-273-03139-6 ⓃN910.23

◇桜井満著作集 別冊 索引・他 桜井満著,伊藤高雄ほか編 おうふう 2000.12 199p 22cm 5000円 (i)4-273-03141-8 ⓃN910.23

◇日本歴史民俗論集 7 海・川・山の生産と信仰 網野善彦ほか編 吉川弘文館 1993.12 377p 22cm 〈主要参考文献：p376～377〉 5800円 (i)4-642-07377-9 ⓃN382.1
  (内容) 第1 山の民と生産(天竜川渓谷の焼畑―佐久間町浦川の文書資料 猪追い―木曽山脈東麓の猪防 吉野の漆かき―奈良県吉野郡西吉野村賀名生を中心として 木地屋の系譜―近江麻生木地山のばあい 古代の山民について) 第2 海・川の民と生産(漁村郷土史の研究に就て 日本の蜑人と風土 越後の鱈場漁村と其の漁業権 中世開発漁村の変遷―若狭田烏浦の場合 陸前捕鯨史の一齣 製塩法の歴史) 第3 海・川・山の信仰(鰻と虚空蔵信仰―禁忌の歴史民俗学的一考察 金毘羅信仰資料から見た瀬戸内文化 東日本の人形道祖神)
  ＊日本の社会を農業社会と見る根深い「常識」に阻まれ、山民・海民・川の民の生活についての研究は、史学・民俗学ともに今なお決して豊かとはいい難い。この「常識」は、いまや音をたてて崩れようとしているが、本巻には、このような困難な状況の中で結実した論考を集め、今後大きく発展するであろう、海・山・川に関する研究の礎としたいと思う。

◇日本歴史民俗論集 8 漂泊の民俗文化 網野善彦,山折哲雄,宮田登ほか編 吉川弘文館 1994.2 387p 22cm 〈主要参考文献：p386～387〉 5800円 (i)4-642-07378-7 ⓃN382.1
  (内容) 第1 漂泊と神観念(遁世・漂泊者の理解をめぐって 「熊谷家伝記」余話 神道的神と俗的神 異神の像容) 第2 異人と境界(異人と村落共同体をめぐる物語 杖と境界のアルケオロジー 蓑笠と柿帷 田遊び論ノート) 第3 聖地と巡礼(岐阜県東濃地方の瞽女仲間 巡礼の構造 四国遍路への道 白山麓山村住民の神乞慣行〈予察〉) 第4 山と海の漂泊民(ヒョウの生活を囲って 山窩の生活 漂泊漁民の伝承文芸 家船と糸満漁民)
  ＊日本人の民俗文化を漂泊の生活、漂泊民のまなざしによってとらえかえしたら、いったい何が見えてくるか。それが本巻に収められた論文の共通テーマである。境界の内部にいるものが定住民であるとすれば、その境界をふみ破るものが異人たちであり、越境の旅を続けることで聖地巡礼が成立した。そういう漂泊民の根拠地が山や海にあったことが重要である。

◇日本歴史民俗論集 9 祭儀と呪術 網野善彦,山折哲雄,宮本袈裟雄ほか編 吉川弘文館 1994.5 372p 22cm 〈主要参考文献：p371～372〉 5800円 (i)4-642-07379-5 ⓃN382.1
  (内容) 1 王権と祭祀(大嘗祭試論―「親供儀礼」における神と王 殯解釈の一試論―「悲しみ」・「鎮め」・「遊び」の三極構造" 即位儀礼としての八十嶋祭) 2 神仏と呪術(床下参籠・床下祭儀 「中世仏堂」における遊戸 伊勢の神をめぐる病と信仰―室町初期の京都を舞台に 神楽事における託宣型と悪霊強制型) 3 憑霊信仰(蠱道の研究 憑きもの信仰―その予備的研究 あるユタのカルテから) 4 陰陽道と修験道(呪術の世界―陰陽師の「呪い調伏」 諸山諸社参詣先達職をめぐる山伏と社家―吉田家の諸国社家支配化への序章 修験道の新宗教に対する影響)

◇日本歴史民俗論集 10 民間信仰と民衆宗教 網野善彦,宮田登,塚本学ほか編 吉川弘文館 1994.6 401p 22cm 〈主要参考文献：p400～401〉 5800円 (i)4-642-07380-9 ⓃN382.1
  (内容) 第1 民間信仰の領域(民間信仰 民間信仰の機能的境位―創唱宗教と固有信仰の接点 社会不安と民間信仰) 第2 カミ・ヒト・ご利益(大阪及附近民間信仰調査報告―その一 生駒山及附近行場の調査 「神社仏閣願懸重宝記初篇」にみる小祠と治病―現世利益のフォークロア 現代都市人の民俗宗教―生駒の神々 探訪 疫神と福神 俗なる聖地―浅草寺と江戸のご利益 辻についての一考察 都市化と神社―銀座八官神社の事例から シャーマニズムの考現学) 第3 民間信仰から民衆宗教へ(「世直し」の論理の系譜―丸山教を中心に 近世弥勒信仰の一面 「ふりかわり」と「みろくの御世」―「参行六王価御伝」に於ける世直り 民間

信仰にみる終末観と世直し思想　幕末期における民衆宗教運動の歴史的意義—生き神思想の成立をめぐって)
＊民間信仰から民衆宗教へというテーマは、民俗学と歴史学の境界領域に設定されるもっともふさわしい課題である。民間信仰は民俗学の膨大な成果によって明らかにされており、民間信仰の様々な要素が歴史的に形成された民衆宗教の中に、どのように反映しているかという点から歴史学の分析対象となってきた。本巻は、そのような視点に立つ論文を収録する。

日本

◇あの世と日本人　梅原猛著　日本放送出版協会　1996.11　314p　16cm　(NHKライブラリー　43)　1000円　(i)4-14-084043-9　Ⓝ163
◇家と共同体—日欧比較の視点から　岩本由輝,国方敬司編　法政大学出版局　1997.3　230,11p　21cm　2700円　(i)4-588-67503-6
　(内容)序　いま、なぜ共同体なのか　第1章　柳田国男の共同体論　第2章　日本における村落共同体の発見　第3章　大塚久雄の共同体論　第4章　髙橋幸八郎と住谷一彦の共同体論　第5章　商品経済の進展と漁村共同体の変遷　第6章　日本における農村共同体の解体過程　第7章　イギリスの農村共同体　第8章　イギリスにおける村と共同体　第9章　ヨーロッパの商人共同体
＊「家」と「共同体」というキーワードによって近代以前の経済的な営みを読み解きながら、人と人との関係、人と自然との関係を経済史の視点から問い直す試み。柳田国男、有賀喜左衛門、中村吉治、大塚久雄等の共同体論を整理・再検討し、日欧比較研究への道を探る。
◇稲と鳥と太陽の道—日本文化の原点を追う　萩原秀三郎著　大修館書店　1996.7　279p　20cm　2472円　(i)4-469-23127-4　Ⓝ382.1
　(内容)序章　鳥の信仰を追う　第1章　太陽と鳥の信仰　第2章　稲の起源と日本への道　第3章　稲が運んだ精神文化
＊日本文化のルーツは雲南ではない。弥生時代の遺跡から大量に出土する木製の鳥。その謎を追ううちに、稲作文化が日本にもたらしたものが、見えてくる。30年にわたる東アジア民俗の旅の集大成。
◇稲にこだわる　渡部忠世著　小学館　2000.10　206p　19cm　1800円　(i)4-09-626192-0
　(内容)第1章　稲のある農の風景—アジアと日本(揺れるアジアのいま　日本の米物語　日本農業の未来に)　第2章　生き残りうる世界—もう一つの視角(日本文化の中の稲と日本　二一世紀に残る農業と農村　日本の農業の蘇生

について)　第3章　対談—アジアと日本の稲の民俗(日本人と稲　モンスーン・アジアの中の日本)
＊食のこと、風土のこと、文化のこと、アジアのこと、そして日本のこと、すべての根っこに稲がある。
◇梅原猛著作集　6　日本の深層　梅原猛著　小学館　2000.12　446p　20cm　〈肖像あり〉　3300円　(i)4-09-677106-6　Ⓝ081.6
　(内容)日本の深層—縄文・蝦夷文化を探る(日本文化の源流を探る　大和朝廷の前線基地・多賀城　「大盗」もふれえなかった平泉文化の跡　宮沢賢治の童話が語る日本人の心の深層ほか)　東北文化を考える(甦る縄文　日本文化の中の東北文化　時空を超える再生への祈り)　日本の原郷熊野(日本の原郷　私の熊野詣)　私の熊野
＊梅原日本学の原点。東北、アイヌ、熊野から縄文文化へ知の紀行集。
◇お寺の事情—アメリカ人民俗学者が見たニッポンの寺　リチャード・アンダーソン著,岡崎真理訳　毎日新聞社　2000.6　251p　20cm　2000円　(i)4-620-31444-7　Ⓝ185
＊これが、僧侶というお仕事だ！お坊さんだって普通のニッポン人。瞑想ばかりしているわけじゃない。酒もオンナもカラオケも、そしてもちろんお金も、お寺暮らしにつきまとう。ニッポンの寺に4年間住み込んだアメリカ人民俗学者が、じっと見続けた人間模様。
◇関東人の思い込み、関西人の言い訳—こんなに違う！東西とことん比較事典　浅井建爾監修　成美堂出版　2001.12　250p　15cm　(成美文庫)　505円　(i)4-415-06967-3
　(内容)1章　知らないと大恥をかく！？こんなに違う！東西のルールと習慣　2章　時間をさかのぼれば理由がわかる！？歴史がつくりあげた東と西　3章　ちょっとした一言が深い溝に！？言葉の関東・関西学　4章　どっちがおいしい？東西グルメ対決　5章　これだけは譲れない！本場は関東？それとも関西？　6章　街を歩けば見えてくる知られざる東西事情
＊例えば灯油タンクの色の違い。東では赤だが西では青が定番。また競馬の実力にも違いがあり、関西馬のほうが圧倒的に強い。こういった違いが生じた原因を、「歴史」「地理」「統計」などの観点から徹底的に調査。知られざる関東と関西の姿が今、明らかになる。
◇「関東」と「関西」こんなに違う事典—知ってビックリ！　日本博学倶楽部著　PHP研究所　2000.2　254p　15cm　(PHP文庫)　476円　(i)4-569-57383-5
　(内容)1章　この味は譲れない？こだわりの「食」文化比較　2章　生活習慣・レジャー、「日常生活」に見る違い　3章　「言葉・コミュニ

ケーション」に見る東西気質比較　4章「データ」に見る東西比較　5章「商売・おカネ」もうけ方もこんなに違う　6章「地理」で読み解く東と西
*「巨人VS阪神」「肉まんVS豚まん」「東大VS京大」の仁義なき戦い、「肉じゃが」における牛肉・豚肉論争、「アホ」の微妙な使い分け…など、今も暮らしの中に根強く存在する「関東」と「関西」の違い。本書は、言葉・習慣に見る東西気質の比較から、誰もがこだわる「食」文化、東西別データに見る意外な事実までを徹底紹介。会話が弾むおもしろ&役立ちネタが満載の決定版！文庫書き下ろし。

◇北の馬文化　岩手県立博物館編　盛岡　岩手県文化振興事業団博物館　2000.10　119p　30cm
〈会期：平成12年10月5日―11月26日　岩手県立博物館開館20周年記念特別企画展〉Ⓝ382.1

◇北の神々南の英雄―列島のフォークロア12章　大林太良著　小学館　1995.12　287p　20cm　2300円　(i)4-09-626189-0　Ⓝ382.1

◇逆説の日本史―ケガレ思想と差別の謎　4　中世鳴動編　井沢元彦著　小学館　1996.6　347p　19cm　1600円　(i)4-09-379415-4
*「ニッポンの差別」を生み出した元凶を暴く。遂に古代編完結。いよいよ中世編に突入。

◇逆説の日本史―ケガレ思想と差別の謎　4　中世鳴動編　井沢元彦著　小学館　1999.1　438p　15cm　(小学館文庫)　619円　(i)4-09-402004-7
(内容)「古今和歌集」と六歌仙編―"怨霊化"を危険視された政争の敗者　藤原摂関政治の興亡(良房と天皇家編―平安中期の政治をめぐる血の抗争　「源氏物語」と菅原道真―ライバル一族を主人公にした謎「反逆者」平将門―初めて武士政権の論理を示した男)　院政と崇徳上皇編―法的根拠なき統治システムの功罪　武士はなぜ生まれたのか編―「差別」を生み出したケガレ忌避信仰　平清盛と平氏政権編―「平家滅亡」に見る日本民族の弱点
*日本人の「平和意識」には、ケガレ思想に基づく偏見があり、特に軍隊というものに対する見方が極めて厳しく、「軍隊無用論」のような世界の常識では有り得ない空理空論をもてあそぶ傾向が強い。また、なぜ世界でも稀な「部落差別」が生れたのか。差別意識を生むケガレ忌避思想を解明し、その精神性の本質に迫る。

◇近世風俗志　4　喜田川守貞著、宇佐美英機校訂　岩波書店　2001.10　416p　15cm　(岩波文庫)　940円　(i)4-00-302674-8
(内容)巻之二十四　雑劇　巻之二十五　沐浴　巻之二十六　春時　巻之二十七　夏冬　巻之二十八　遊戯　巻之二十九　笠
*「京坂にて風呂屋と云ひ、江戸にて銭湯あるひは湯屋と云ふ」と説き起こされ、薬湯・塩風呂・丹前風呂にも及ぶ沐浴の項をはじめ、年中

行事、遊戯、髪結床、笠、歌舞伎などについて述べた巻二十四から巻二十九までを収録。図版多数。

◇源氏物語における伝承の型と話型　増田繁夫,鈴木日出男,伊井春樹編　風間書房　2001.10　322p　21cm　(源氏物語研究集成　第8巻)　12000円　(i)4-7599-1274-6
(内容)源氏物語の歴史と伝承　浮舟物語の始発と「住吉物語」　貴種流離　神婚譚　白鳥処女―羽衣伝説、天人女房譚　結婚拒否　継子いじめ―「源氏物語」における継子譚の位相　処女塚―浮舟入水物語から　霊験譚　ものの気―屹立した独自性　隠し妻

◇源氏物語の伝承と創造　三苫浩輔著　おうふう　1995.2　495p　22cm　24000円　(i)4-273-02802-6　Ⓝ913.36
(内容)六条御息所と源融物語　六条御息所物語と古伝承　六条御息所の怒りと左右大臣家　物語文学の嫉妬―美徳のひと六条御息所　かげ姫の求婚争い譚　源氏物語の風俗習慣―誕生儀礼の白と稲と　禊ぎの文学―源氏物語を中心に　源氏物語のひなつめと覗き見　源氏物語の音楽相伝　光源氏の話法〔ほか〕

◇「県民性」にこだわり比較事典―お国自慢からウワサの真相まで、気になる話題を徹底調査　毎日新聞社著　PHP研究所　1999.10　319p　15cm　(PHP文庫)〈『県民性大解剖「隣り」の研究』改題・再編集版〉　552円　(i)4-569-57339-8
(内容)第1章　味覚の風土記―県民性の食べもの学　第2章　お国柄と自由時間―県民性のレジャー学　第3章　ユニークな風習―県民性の民俗学　第4章　さまざまな生活方式―県民性のライフスタイル学　第5章　産地が示す横顔―県民性の人類学　第6章　お国自慢の研究―県民性のまとめ学
*「海がない県には旅行好きが多い」「宝くじの高額当選率ナンバー1は宮城県」「知事さんの賞状を一番多くもらえる愛知県」などなど、こだわって調べていくと、47都道府県をめぐる意外な事実はたくさんあります。本書は、第一線の地方部記者が足で集めた現地情報と、面白データを満載した県民性比較の決定版。知って得する耳よりなネタを一挙公開。

◇「県民性」なるほど雑学事典―出身県でわかる人柄から、食、方言、おもしろデータまで　日本博学倶楽部著　PHP研究所　1998.6　253p　15cm　(PHP文庫)　476円　(i)4-569-57158-1
(内容)第1章　正統派から個性派まで、なんでもお国自慢　第2章　データが語る県民性　第3章　食文化に現れた県民性　第4章　地理・地名からみたユニーク風土記　第5章　方言から探る県民性　第6章　風習・行事に現れたお国柄　第7章　地方発おもしろトピックス
*「上州名物"かかあ天下"」は"かかあ天下一"が正

しい!?』『なぜ長野県人はやたらと県歌を歌いたがるのか?』『静岡県で交通事故が多いのは富士山のせいだった!?』…。本書は、ユニークなお国自慢の数々から、風習や方言に隠された意外な事実、思わず笑ってしまう県別おもしろデータまでを多数紹介。初対面の人でも、出身県さえわかれば会話が弾むことうけあいの、雑学知識の決定版。

◇島と山村の開発と生活史 矢田大雄、夏刈康男、後藤範章、松岡雅裕共著 いなほ書房、星雲社〔発売〕 1993.7 196p 19cm 2000円 (i)4-7952-6280-2

(内容) 序章 島と山村の生活史 第1章 戦後日本の開発と地域社会 第2章 開発と地域環境の変容 第3章「先祖観」と家意識の変化 第4章 通婚の事実と家族・地域社会の変動 第5章 粟島の歴史的アイデンティティ 第6章 粟島の民俗の行方 第7章 阿智村の民俗と史的世界

◇それでもあなたニッポン人? 学研編 学習研究社 2001.11 127p 19cm 950円 (i)4-05-401501-8 Ⓝ382.1

(内容) 1 キミ達ホントに日本人? 2 知ってる? ニッポン 3 どんなものにも呼び名がある 4 どうしよう～行かなくちゃ! 5 ニッポン人らしく日本のいいとこ知ってる? 6 伝えたいならちゃんと言えっ! 7 将来、海外をめざす人の出国大審査

＊あなたの日本人度を問う。これができなきゃ即切腹。

◇東西学―明るい日本を考えるヒント 吉本俊二著 経営書院 1998.8 291p 19cm 940円 (i)4-87913-673-5

(内容) 第1章 食生活 第2章 生活＆習俗 第3章 産業 第4章 文化＆芸能 第5章 政治＆行政 第6章 学術＆教育 第7章 スポーツ＆勝負の世界 第8章 言語生活 第9章 自然＆生態系

＊本書は「東京と大阪」「関東と関西」「東日本と西日本」という対立軸を基本にして、現代ニッポンの姿を俯瞰しようと試みたものである。

◇都市の常民たち―作家のいる風景 勝又浩著 勉誠社 1994.4 316p 20cm 2575円 (i)4-585-05004-3 Ⓝ910.26

(内容) 巡査のいる風景 美女と尾籠 谷崎潤一郎 モデルの不服について 志賀直哉 もう一つの文学精神 広津和郎 文化の他流試合 幸田文 旅人の源郷 川端康成 喪章のある風景 井伏鱒二 曇り日に、着流しで 木山捷平 都市常民の節度 永井竜男 棒檬と丸善 梶井基次郎 虚栄と戯智 河上徹太郎 ほんもの遊び 吉田健一 作家の志気について 中島敦 湯島界内のベンチ―東京と近代文化 昭和の運慶 藤枝静男 凧と糸 吉行淳之介 待つことの逆説 安岡章太郎 中流の帰趨 黒井千次 仕方のない生 高橋揆一郎 沈黙と叫びの間にあるもの

石原慎太郎 漂う私 古井由吉 漂う私 後藤明生 架橋者の緊張 寺久保友哉 地霊の声、或いは都はるみへの言祝ぎ 中上健次 眩しい隣人 高橋三千綱 作家のいる風景

＊23人の作家の肖像―。作品のなかに見えかくれする作家の素顔と想念を浮き彫りにする。柔軟細緻な読みで知られる批評家の最新作家論。

◇日本近世の村と百姓の世界 白川部達夫著 校倉書房 1994.11 318p 21cm (歴史科学叢書) 7210円 (i)4-7517-2430-4

(内容) 1 百姓的世界の基層 近世質地請戻し慣行と百征高所持 百姓的世界の成立と百姓結合 百姓的世界意識の基層―迷惑・我儘・私欲 2 百姓的世界の展開と社会結合 元禄期の山野争論と村 享保期における村落共同体と祭祀問題 古河藩宝暦一揆の展開 百姓的世界の射程

◇日本人の心の習慣―鎮めの文化論 大村英昭著 日本放送出版協会 1997.8 262p 16cm (NHKライブラリー) 920円 (i)4-14-084055-2 Ⓝ361.42

(内容) 第1章 魂鎮めと「民俗のこころ」 第2章 近代化と宗教的エートス 第3章「煽る文化」の発端と末路 第4章「勉強」のすすめ―または「禁欲的頑張る主義」 第5章 日本人のイエ意識 第6章 イエを捨て、世も捨てて 第7章 撤退の思想 第8章 親鸞聖人伝説 第9章 "ご開山"と中興上人 第10章 親鸞聖人と聖徳太子 第11章「歎異抄」を鎮める 第12章 十五世紀の知恵を、二十一世紀へ

＊欲望や情念を煽り追い立てられている日本人。一方で、古来より日本には、心の習慣として識らず識らずのうちに蓄積されてきた、煽りを鎮める文化があった。民俗や日本仏教の伝統の深層にある、これら「鎮めの文化」を再発掘し、現代社会が抱える悩みからの脱却の方向性をさぐる。宗教社会学の恰好の入門書。

◇日本人は「木」で何をつくってきたか 西ケ谷恭弘監修 あすなろ書房 2000.2 47p 30cm (「物づくり」に見る日本人の歴史 1) 3200円 (i)4-7515-2081-4

(内容) 神社(出雲大社 厳島神社 日光東照宮) 寺院(法隆寺 東大寺 清水寺) 仏像・運慶と快慶 武家屋敷・吉良邸 民家・合掌造り 暮らしの造形・木の道具 林業・木の切り出し

＊日本人は、古代から現代まで、何を、どのようにつくり、どのような暮らしをしてきたのでしょうか。昔の人たちが残してくれた「物」(文化遺産から身近なものまで)と私たちとのかかわりを、ヴィジュアルに再現しながら、私たち日本人の技術と暮らしのルーツをダイナミックに解き明かします。

◇日本人はなぜ切腹するのか 千葉徳爾著 東京堂出版 1994.9 228p 19cm 1500円 (i)4-

490-20248-2

(内容) 序章 近世切腹のイメージと実態 第1章 切腹とその生理的基礎 第2章 切腹の類型とその時代 第3章 切腹起源論―新渡戸説を中心に― 第4章 切腹民俗研究の目的と方法―ことに資料の吟味とその実例― 第5章 習俗の起源から伝統へ―その維持と変容― 第6章 人を切腹に志向させるもの 終章 切腹の未来

＊切腹のフォークロア、民俗学の手法による、洞察力に富んだ日本文化論が縦横に展開される。

◇日本のすべて―英文対訳 木村尚三郎監修 新版 三省堂 2000.8 414p 22cm 〈他言語標題：Introduction to Japan〉 2200円 (i)4-385-35317-4 Ⓝ291

(内容) 日本の社会と文化―その心とかたち 日本と日本人 日本の自然環境 日本の歴史と宗教 日本の政治と経済 社会生活と家庭生活 日本語と日本文学 日本の建造物 風俗・習慣 年中行事と祝祭日 日本食 娯楽・趣味 スポーツ 伝統演芸・芸能 伝統芸術・工芸

＊英文和文対訳で紹介する「日本のすべて」。21世紀の国際化社会は各国の相互理解が大切。日本の歴史・文化や日本人の生活の実像を外国人に知ってもらうために最適な一冊。

◇日本の物価と風俗135年のうつり変わり―明治元年～平成13年 アカデミー編 増補改訂版 同盟出版サービス 2001.9 576p 30cm 〈奥付のタイトル：物価と風俗135年のうつり変わり 文献あり〉 9000円 (i)4-901426-22-2 Ⓝ337.821

◇日本の物価と風俗130年のうつり変わり―明治元年～平成7年 文教政策研究会編 文教政策研究会 1996.12 594p 31cm 〈付, 明治・大正・昭和・平成値段のうつり変わり 文献あり〉 24000円 Ⓝ337.821

◇爆笑列島「日本の謎」 千石涼太郎著 朝日ソノラマ 2000.6 221p 18cm 1200円 (i)4-257-05133-7 Ⓝ382.1

(内容) 第1章 北海道・東北編 第2章 関東・甲信越編 第3章 中部・北陸編 第4章 近畿編 第5章 中国・四国編 第6章 九州・沖縄編

＊「お風呂でうどん？」全国の奇習、奇祭、迷品、珍品が県民性を語ってる!?

◇東と西海と山―日本の文化領域 大林太良著 小学館 1996.12 313p 16cm 〈小学館ライブラリー 92〉 840円 (i)4-09-460092-2 Ⓝ382.1

(内容) 第1章 日本の文化領域 第2章 生態学的な文化複合 第3章 海と山に生きる人々―その生態・生業と文化 第4章 生業活動の二つの様相 第5章 東アジアの文化領域 補論 生態学・歴史・社会組織―文化領域設定における

＊日本の民俗文化は東と西、海と山それぞれの地域で特徴を持っている。歴史学、考古学、民俗学などの共同研究の成果をふまえ、さら に東アジアの視野からも日本の民俗社会の文化要素を分析する日本民族文化形成論。

◇東・西・南・北・右・左―方位のはなし 西岡秀雄著 北隆館 1996.11 125p 19cm 〈参考文献：p122～125〉 1300円 (i)4-8326-0391-4 Ⓝ382.1

(内容) 1章 前方後円墳と神社・仏閣の方向 2章 十二支と十二神将 3章 占いにみる方位 4章 風向 5章「右」と「左」のはなし 6章 地磁気と方位

◇百年分を一時間で 山本夏彦著 文芸春秋 2000.10 235p 18cm 〈文春新書〉 690円 (i)4-16-660128-8 Ⓝ382.1

(内容) 流行歌 オリンピックそのほか 就職難 求人難 タイトル 花柳界 芸人 社会主義 奉公人 株式会社 井戸塀〔ほか〕

＊コラムは三十枚の内容を十枚に、十枚を三枚に、削りに削るから、用は足りるが語気が荒くなる、恐ろしい人だと思われるのは残念だと前回「誰か「戦前」を知らないか」では爆笑裡に戦前を彷彿とさせようと試みた。本書はその続きである。私有財産は盗みである、奪って公平に分配するのは正義であると、この百年私たちを支配した社会主義の消長を語って1時間ですませている。

◇ブナ林の民俗 赤羽正春編 高志書院 1999.9 238p 21cm 2800円 (i)4-906641-33-4 Ⓝ653.7

(内容) 第1章 ブナの森に生きる(縄文人の思惟と自然 会津地方の樹皮製民具 穴熊狩り クマノリ(月の輪熊乗り)習俗考 ほか) 第2章 三面川とブナの森(山の民と川の民 中世三面川の信仰と伝説 河川開発と民俗変容 三面川と鮭料理 ほか)

＊本書は日本海側の積雪地帯から発信する、ブナ林賛歌である。

◇誇れる郷土ガイド 口承・無形遺産編 古田陽久, 古田真美監修 広島 シンクタンクせとうち総合研究機構 2001.6 126p 21cm 〈ふるさとシリーズ〉 2000円 (i)4-916208-44-7

(内容) 北海道 青森県 岩手県 宮城県 秋田県 山形県 福島県 茨城県 栃木県 群馬県〔ほか〕

＊全国47都道府県の主要な口承及び無形遺産の名称を特集。本書は、わが国の主要な口承及び無形遺産の名称を全国47都道府県別に整理収録。また、先般発表されたユネスコの「人類の口承及び無形遺産の傑作」の概要についても紹介。

◇モースの贈り物―甦る100年前の日本 守屋毅, ジョン・E. セイヤー, 小木新造, 祖父江孝男, 磯野直秀, 佐原真, ピーター・J. フェチコ著 小学館 1997.4 274p 15cm 〈小学館ライブラリー〉 777円 (i)4-09-460096-5

日本　　　　　　　　　　　　　　　　　　　　　　　　　　　　　　　　　　風俗史・民俗誌

　内容　なぜいまモースなのか—博物学の過去・現在・未来　モースの偉大さ　モースと江戸・東京　モースの時代—明治初期の日本と日本人　日本におけるモース　モースの考古学と民族学　セイラム・ピーボディー博物館とその揺籃期
　＊大森貝塚の発見者として名高いモースは、2年半に満たないわずかの間に3万を超える日本の民具をアメリカに持ち帰り、大事に保存したのである。これは、モースに魅せられた七人が語る"モースと日本"である。
◇靖国　坪内祐三著　新潮社　1999.1　294p　21cm　1700円　(i)4-10-428101-8
　内容　プロローグ　招魂斎庭が駐車場に変わる時　第1章「英霊」たちを祀る空間　第2章　大村益次郎はなぜその場所を選んだのか　第3章　嘉仁親王は靖国神社がお好き　第4章　招魂社から靖国神社へ、そして大鳥居　第5章　河竹黙阿弥「島衛月白浪」の「招魂社鳥居前の場」　第6章　遊就館と勧工場　第7章　日露戦争という巨大な見世物　第8章　九段坂を上る二人の男　第9章　軍人会館と野々宮アパート　第10章　力道山の奉納プロレス　第11章　柳田国男の文化講座と靖国神社アミューズメントパーク化計画　エピローグ「SUKIYAKI」と「YASUKUNI」
　＊靖国神社。それはかつては、「文明開化」の東京に出現した、超モダンでハイカラな空間だった—。興味深いエピソードを積み重ねつつ、いつの間にかそこに付加された「曖昧な象徴性」を痛快かつクールに解体し、明治から平成に至るそれぞれの時代の東京の雰囲気を鮮やかに伝える、待望の書下ろし。

◆古代・中世
◇上田正昭著作集　8　古代学の展開　上田正昭著　角川書店　1999.11　428p　21cm　9300円　(i)4-04-522808-X
　内容　1　喜田史学の軌跡（学問と思想　平民学者のいぶき　ほか）　2　折口古代学の精神（折口信夫の学問　まれびと論の再検討　ほか）　3　先学の史脈（津田史学の成果と課題　文化史学の課題　ほか）　4　古代学でまじわり（古代東アジア史のなかで　松本清張の歴史観　ほか）
　＊古代史学から、古代学へ。史実を追究する学問のひろがり。折口信夫が使った「古代学」という言葉は、多くの先学によって綜合的な学問へと方向づけられた。古代の歴史と文化の実像を探る学究のあゆみをたどる。
◇王の歌—古代歌謡論　鈴木日出男著　筑摩書房　1999.10　266p　22cm　4500円　(i)4-480-82341-7　Ⓝ911.63
　内容　1　王の歌（倭建の流離物語　仁徳の女性交渉　雄略の恋と儀礼　ほか）　2　歌謡の発想と表現（短歌形式の成立　記紀歌謡の言葉　恋歌の歌謡的基盤）　3　王朝の歌謡（歌謡と和歌　儀

礼と歌　催馬楽の恋　ほか）
　＊記紀歌謡の多くは集団の感情表出に終始しているにもかかわらず、物語のなかに置かれると作中人物固有の感情としてみずみずしい抒情を発揮するのはなぜか？入念な読みに基づき、歌の多様な発想を明らかにし、歌謡と和歌とのダイナミックな相互関係を浮き彫りにする画期的力篇。
◇神々の原像—「先代旧事本紀」に秘められた神々の伝承　大野七三著　批評社　2001.3　155p　20cm　2000円　(i)4-8265-0327-X　Ⓝ210.3
　内容　第1章　日本の神々と神代（日本の神々　古代神社祭祀の起りと神主家　ほか）　第2章「先代旧事本紀」（十巻本）と饒速日尊（「先代旧事本紀」の成立と古文献　「先代旧事本紀」の最重要記述饒速日尊伝承　ほか）　第3章「先代旧事本紀」の神裔系譜（巻第一・神代本紀、陰陽本紀　巻第二・神祇本紀　ほか）　第4章　神々の神陵（陵墓）（神々の神陵の記録と実在　素佐之男尊の神陵と熊野大社　ほか）　第5章　須佐之男尊の実在の踏査と検証（我が国歴史の始まり　八岐大蛇退治神話の真相　ほか）
　＊「記紀」の神話伝承によって抹消された女系の皇祖神・饒速日尊伝承は、日本古代史の真相を物語っている。「記紀」による歴史改竄の秘録を「先代旧事本紀」の解読をとおして明らかにする。
◇神代の風儀—「ホツマツタヱ」の伝承を解く　鳥居礼著　新泉社　1997.9　463p　19cm　4500円　(i)4-7877-9719-0　Ⓝ210.3
　内容　ういのひといき　天地開闢伝承　常世国と橘　古代日本の教育　恵比須・大黒の伝え　大嘗祭の美意識　機織りの道　美吉野の子守宮　伊勢に坐す二神　日本の美意識と表現
　＊甦る縄文の精神文明。大国主命の子孫オオタタネコが編纂した古神道書「ホツマツタヱ」は神代文字で書かれ、前半部分はBC660年に成立したとされる。「古事記」「日本書紀」には書かれなかった神代の真相が記述されており、日本文化・精神の根源があかされている。
◇久米歌と久米　ネリー・ナウマン著、檜枝陽一郎訳　言叢社　1997.6　251,18p　21cm　4500円　(i)4-905913-58-6
　内容　第1部　久米歌と久米—日本古代史の問題によせて（序論　久米歌　伝承における久米　久米歌の起源と伝承　久米　結語　久米歌に関する若干の言語学的考察）　第2部　古代史論二篇（倭女王卑弥呼(Pi-mi-hu)とその「鬼道」クサナギの剣）
　＊たった八篇の「久米歌」とよばれる歌謡の解読を日本の研究者はこれほどに徹底して試みようとはしなかった。はじめて日本研究にたずさわった時から、何やら秘密めいたものの紡がれる「来目の子等」の詞句に惹かれた著者は、

風俗史・民俗誌　　　　　　　　　　　　　　　　　　　　　　　　　　　　　　日本

久米歌の精密な逐語訳によって、初期大和政権と久米の民の神話にひそむ古代史上の謎に新たな解明の地平を開く。アルタイ語学者R・A・ミラーの特別寄稿、他二篇より成る雄渾な日本古代史論・歌謡論の問題作。

◇古代史の論点 5 神と祭り　金関恕, 佐原真, 田中琢, 都出比呂志編　小学館　1999.3　286p　21cm　2800円　(i)4-09-626505-5
　(内容) 巻頭座談会「神と祭り」(大林太良　岡田精司　佐原真　金関恕)　狩猟・採集の祭り　農耕の祭り　銅鐸と武器の祭り　埴輪と古墳の祭り　仏教・道教の渡来と蕃神崇拝　宮廷儀礼のはじまり　原始美術と宗教　古代音色の調べ
　＊日本人は何を信じ、何を祈ってきたのか?池上曽根、荒神谷、加茂岩倉遺跡、キトラ古墳…、考古学の成果をもとに、古代人の心を読み解く。

◇古代伝承文芸論　石上七鞘著　おうふう　1999.5　290p　22cm　18000円　(i)4-273-03061-6　Ⓝ910.23
　(内容) 第1部 古代伝承(物部の伝承　熊野の伝承 ほか)　第2部 祭祀伝承(新嘗と大嘗の伝承　大嘗祭悠紀主基の伝承 ほか)　第3部 神話伝承(高天原の伝承　日本列島誕生の伝承—岐美神話 ほか)　第4部 民俗伝承(ハシの伝承　雛祭りの伝承 ほか)
　＊「古代伝承文芸序説」に続く、著者の学問研究の軌跡。昭和五十八年から平成十年までの十五年間にわたる十六編の論文を、四部構成にして纏め、鍛冶と稲作・金属文化と農耕文化に新たな思索などが収められている。

◇古代の山河と伝承　桜井満著　おうふう　1996.2　269p　22cm　3800円　(i)4-273-02898-0　Ⓝ910.23
　(内容) 1 古代の山河(大和の山河　飛鳥時代の庭園と川　飛鳥の川と神奈備　吉野川と神仙思想 ほか)　2 古代の伝承(天地初発の時　黄泉行　天の石屋戸　天孫の降臨 ほか)
　＊古代日本文化の源流を求めて。大和をはじめ伊勢・出雲・熊野など古代日本文化発祥の地を中心に、その山河と伝承に視点を据え、万葉の風土を見直す。平成七年に急逝した著者の積年の実地踏査による、古事記・万葉の風土文化論がここに展開する。

◇古代みちのく101の謎　鈴木旭著　新人物往来社　1995.10　236p　19cm　2800円　(i)4-404-02262-X
　(内容) 異様な雰囲気が漂うダミの国とは?—本州最北端の霊山恐山　口寄せ(霊界通信)を生業とするイタコとは何か—古代シャーマンの子孫たち　家々に祀られる「オシラ様」とは何か—生殖器を祀る民間信仰　石神信仰のメッカ、岩木山信仰とは?—大石信仰　岩木山の真北に延びるレイラインとは何か—臣径140度20分の謎

レイラインの北端に立つピラミッドとは何か—モヤ山と三角山　アラハバキ信仰の本拠地には何があるか—洗磯崎神社　縄文晩期を代表する遺跡とは?—亀ヶ岡遺跡　宇宙人をモデルにした土偶?—遮光器土偶　常世の国の神々が集う丘とはどこか?—日枝神社の伝承〔ほか〕

◇新・古代学 第2集　新泉社　1996.7　218p　21cm　2060円　(i)4-7877-9615-1
　(内容) 地球物理学と古代史と(タクラマカン砂漠の幻の海　対談 地球物理学と古代史(北村泰一　古田武彦))　特集 和田家文書の検証(和田家文書の中の新発見　和田家文書筆跡の研究 ほか)　古田史学の検証(遠方より来る—張偉氏の来信　張偉氏からの書簡 ほか)　エッセイ(歴史と民俗の間　私の実験考古学 ほか)

◇日本古代の祭祀と女性　義江明子著　吉川弘文館　1996.11　264,10p　19cm　(古代史研究選書)　3296円　(i)4-642-02170-1
　(内容) 序「女の霊力」への疑問(基層信仰の男・「女」神社の「聖処女」　第1 玉依ヒメの実像(玉依ヒメ伝承　斎祝司—歴史上の玉依ヒメ　アレヲトコ・アレヲトメ)　第2 物忌童女と「母」(伊勢神宮の男女神職者　成人女性の働き　童女の意味)　第3 祭祀と経営(殺牛祭神と「魚酒」　村落祭祀と女性)　付録 野神まつり見学記—滋賀県日野町寺尻・八日市芝原
　＊祭祀・経済・政治が密接不可分な古代において、女性と祭祀の問題は、王権論をはじめ、どのテーマにも重大な関わりを持つ。しかしこれまで、女性の重要な役割は、とかく神秘性・巫女性に結びつけてすまされがちであった。歴史学の立場から、従来の女性不在の女性祭祀研究を全面的に問い直し、新たな古代史像を提示する。民俗学にも一石を投じる書。

◇日本古代の伝承と東アジア　佐伯有清先生古稀記念会編　吉川弘文館　1995.3　777p　22cm　13390円　(i)4-642-02283-X　Ⓝ210.3
　(内容) 中世における神国の理念　皇祖神の転換とその歴史的意義　ホムツワケ伝承の成立とキヒサツミ　天香山と宮都　史的に見た日本人の神話イメージ、古代史イメージ　「牟頭婁墓誌」の神話学的研究　夫余・高句麗の建国伝承と百済王家の始祖伝承〔ほか〕

◇日本古代の伝承文学　守屋俊彦著　大阪　和泉書院　1993.2　354p　22cm　(研究叢書 125)　9270円　(i)4-87088-571-9　Ⓝ910.23
　(内容) 天の香具山—その山の土　鵜養が伴今助けに来ね　狭井河のほとり—神武天皇の聖婚歌　建波邇安王の反逆伝承　箸墓伝承私考　多遅摩毛理の物語　喪船に乗る皇子「この蟹や何処の蟹」私考　記紀神話体系の成立　大国主神の性格　神話・物語・説話—宗教との葛藤　風土記の神々　氏文と縁起—神話文学への展開　日本霊異記上巻第五縁小考—比蘇寺縁起との交渉

文化人類学の本 全情報　95

日 本　　　　　　　　　　　　　　　　　　　　　　　　　風俗史・民俗誌

力女譚　説話文学の誕生─神から人へ
◇日本の古代　1　倭人の登場　森浩一編　中央公論社　1995.10　428p　15cm　(中公文庫)　1200円　(i)4-12-202444-7
(内容) 1 前倭人の活躍　2 国際舞台への出現　3 「三国志」時代の歴史情勢　4 「魏志」倭人伝を通読する　5 「倭人伝」の地名と人名　6 発掘された「倭人伝」の国々　7 金印と銅鏡の語る倭人　8 東アジアにおける倭人民俗　9 「倭人伝」以後の倭と倭人　10 倭人の起源と呉の太伯伝説
＊中国の文献史料に現われる「倭人」とは何者か─。東アジアの舞台に登場したわれらの祖先の目をみはる活動を、新しい考古・歴史資料にもとづき、壮大な視野のもとによみがえらせる。
◇日本の古代　4　縄文・弥生の生活　森浩一編　中央公論社　1996.1　476p　15cm　(中公文庫)　1200円　(i)4-12-202523-0
(内容) 1 古代人の過去への開眼　2 旧石器時代人の文化　3 縄文人の知恵と生活(鳥浜貝塚人の四季　加曽利貝塚の生産と交流　縄文人の習俗と信仰)　4 縄文から弥生へ　5 弥生人の新しい文化(西日本のムラの営みと変貌　東日本の集落と祭祀　稲作技術と弥生の農業)　6 農耕民俗の二元性　7 基層としての木の文化
＊縄文・弥生の人々はどのような暮しを営んでいたのか─。続々と発見される新資料をもとに、当時の社会組織、食生活、様々な物資の生産と交易のあり方をさぐり、古代日本に波及した農耕文化の流れを推理する。
◇日本の古代　7　まつりごとの展開　岸俊男編　中央公論社　1996.4　522p　15cm　(中公文庫)　1350円　(i)4-12-202587-7
(内容) 1 朝堂政治のはじまり　2 古代の祭祀と政治　3 朝政・朝儀の展開　4 外交と儀礼　5 律令制と文書行政　6 儀礼と衣服　7 日本律令法の成立とその特質　8 古代の慣習法　9 中国殷周の政治形態　10 天皇と出家
＊推古朝以降、八世紀の朝堂政治にいたる祭事から政事への転換はいかにして進んだのか。その変遷を、宮跡の発掘成果、および律令制の移入、文書行政の確立にともなう豊富な文献史料をもとに解き明かす。
◇日本の古代　8　海人の伝統　大林太良編　中央公論社　1996.5　478p　15cm　(中公文庫)　1200円　(i)4-12-202608-3
(内容) 1 沿海と内陸水界の文化　2 海・川・湖の資源の利用方法　3 縄文時代の漁撈活動　4 弥生・古墳時代の漁撈・製塩貝副葬の意味　5 海人族のウヂを探り東遷を追う　6 海人の伝承文化　7 海人の信仰とその源流　8 中国の海人・水人と日本　9 藤原純友とバイキング　10 中世から見た古代の海民

＊豊かな水産資源を利用し、活発な漁撈活動をおこなった古代の漁民は、また優れた航海民でもあった。彼ら海人族の動向を古代社会の中にさぐり、現代の生活にも脈々と流れる漁撈文化の諸相を明らかにする。
◇日本の古代　10　山人の生業　大林太良編　中央公論社　1996.7　484p　15cm　(中公文庫)　1200円　(i)4-12-202653-9
(内容) 1 山の生態学とシンボリズム　2 山・野・海の共存と交流　3 狩人の系譜　4 焼畑文化の形成　5 杣人の伝統　6 鉱産資源の採取と加工　7 金属工作神の伝承と王権　8 東アジアにおける山人文化　9 秘境の考古学　10 山岳信仰の根源　11 山林原野の支配と開発
＊狩猟、焼畑耕作、鉱物資源の採取や山林の開発など、山は古代人にとって多様な営みの場であり、同時に信仰の対象としての聖なる空間でもあった。列島の山野に生きた人々の生活と習俗を多角的に探究する。
◇日本の古代　11　ウヂとイエ　大林太良編　中央公論社　1996.8　542p　15cm　(中公文庫)　1350円　(i)4-12-202675-X
(内容) 1 親族構造の概念と王家の近親婚　2 縄文・弥生時代の親族組織をさぐる　3 ウヂの親族構造　4 婚姻形態と習俗　5 戸籍制度と家族　6 ウヂとカバネ　7 渡来人の家族と親族集団　8 朝鮮古代家族との比較　9 渡来系の氏族　10 東と西の豪族　11 ムラの構造と住居のなか
＊南北から文化的影響をうけた古代日本では、婚姻習俗や家族・親族組織はいかなる形態をとっていたか。またウヂの構成原理は何にもとづくのか。豪族や渡来系氏族の考察も踏まえ、古代の社会構造を究明する。
◇日本の古代　別巻　日本人とは何か　岸俊男,森浩一,大林太良,上田正昭,貝塚茂樹,江上波夫,司馬遼太郎監修　中央公論社　1997.2　644p　15cm　(中公文庫)　1800円　(i)4-12-202802-7
(内容) 1 東アジアのなかの日本民族の形成と文明の曙　2 日本の文字文化を銅鏡にさぐる　3 王権の系譜─大嘗祭と磐井　4 万葉挽歌の世界　5 古代日本人と銭貨　6 日本古代の人口　7 日本のなかの律令制　8 "古代史"と身辺雑話
＊銅鏡の銘文や王権の系譜は、何を語っているのか─。さまざまな角度から、東アジアにおける日本民族文化形成の過程を探る諸論考を収め、「日本人とは何か」という巨大な問題に迫る。
◇平安時代の儀礼と歳事─平安時代の文学と生活　山中裕,鈴木一雄編　至文堂　1994.2　257p　21cm　〈各章末：参考文献〉　2500円　(i)4-7843-0119-4　Ⓝ910.23
◇平安時代の信仰と生活─平安時代の文学と生活　山中裕,鈴木一雄編　至文堂　1994.2　291p　21cm　〈各章末：参考文献〉　2500円　(i)4-7843-

風俗史・民俗誌　　　　　　　　　　　　　　　　　　　　　　　　　　　　日本

0120-8　Ⓝ910.23
◇万葉集の民俗学的研究　桜井満著　おうふう　1995.3　749p　22cm　15000円　(i)4-273-02825-5　Ⓝ911.125
◇室町を歩いた女たち　千草子著　小学館　1996.2　221p　20cm　1600円　(i)4-09-387165-5　Ⓝ382.1
◇湯屋の皇后―中世の性と聖なるもの　阿部泰郎著　名古屋　名古屋大学出版会　1998.7　394,2p　20cm　3800円　(i)4-8158-0346-3　Ⓝ910.24
　(内容)　序章　越境する女人―「死者の書」と中将姫物語をめぐって　第1章　湯屋の皇后―光明皇后湯施行の物語をめぐって　第2章　女人禁制と推参―トラン尼伝承と結界侵犯の物語をめぐりて　第3章　聖徳を遊戯する女人―遊女・白拍子・曲舞の芸能をめぐりて　第4章　神秘の霊童―児物語と霊山の縁起をめぐって　第5章　山に行う聖と女人―「信貴山縁起絵巻」と東大寺・善光寺をめぐりて　第6章　道祖神と愛法神―敬愛の神々とその物語をめぐりて　終章　竜蛇と化す女人―「華厳縁起絵巻」と「道成寺縁起絵巻」をめぐりて
　＊性による疎隔や媒介の亀裂に立ちのぼる「聖なるもの」を求めて、中世の物語・説話、縁起・伝承、図像・芸能の森に分け入り、その深層構造を明らかにした労作。

◆近世(江戸時代)
◇一日江戸人　杉浦日向子著　小学館　1998.4　283p　15cm　(小学館文庫)　552円　(i)4-09-402361-5　Ⓝ210.5
　(内容)　第1章　入門編―大道芸人から奇人変人、はたまた将軍まで…江戸の顔が勢ぞろい(大道芸　生涯アルバイター　ほか)　第2章　初級編―江戸人の紹介が済んだところで、その生活をのぞいちゃおう(長屋の生活　浮世風呂　ほか)　第3章　中級編―屋台、相撲、軟派に硬派に江戸を散策すれば、あなたも江戸人?(江戸見物―硬派編　江戸見物―軟派編　ほか)　第4章　上級編―いよいよ大詰め…旅と春画を楽しんだあとは江戸ッ子度をチェック(How to 旅　春画考　ほか)
　＊「遊びと仕事は夫婦みてぇなもん」と言い切る江戸人(江戸時代の人々)…カラッとしてて楽天的で、日々を楽しむことに情熱を傾けて生きる彼らこそ、遊び友達に最適!いかした相棒・江戸人と、春画や相撲を観戦して、食事してお酒飲んで、たまには異性をひやかしたりしながら、本書のなかで江戸時代を散歩してみては?庶民から大道芸人、はたまた奇人変人など、江戸の街のキャストをおもしろおかしく紹介した「入門編」。長屋の生活や夏をのりきるための知恵など、江戸人の生活風景に着目した「初級編」。銀ブラならぬ江戸ブラ…

江戸の屋台や相撲観戦など、よりディープに江戸人をとりまく風景に迫った。
◇色恋江戸の本―知らなくてもいい面白話　板坂元編　同文書院　1994.1　187p　19cm　〈付:参考文献〉　1200円　(i)4-8103-7185-9　Ⓝ382.1
　(内容)　色恋の章　風俗の章　意外の章　存外の章　人物の章
　＊「姫初め」の真実、「指切りげんまん」の意外、歴代将軍の子づくり哲学、本居宣長の妙な癖、振袖火事の怪などなど。ひまつぶしのネタ満載。
◇隠居大名の江戸暮らし―年中行事と食生活　江後迪子著　吉川弘文館　1999.9　191p　19cm　〈歴史文化ライブラリー 74〉〈文献あり〉　1700円　(i)4-642-05474-X　Ⓝ210.5
　(内容)　「臼杵藩稲葉家奥日記」と大名の生活文化―プロローグ　臼杵藩の江戸屋敷と公務　江戸屋敷の行事と儀礼　大名の生活と遊興　幕藩体制の崩壊と暮らしの変化―エピローグ
　＊近世の大名は、時々国元へも参勤し一生の大半を江戸で過ごした。殿様の仕事と経費、行事と儀礼、食事と献立など、暮らしの実態を克明に描く。隠居後の贅沢な食道楽と遊興は、グルメの現代人をも驚かせるものがある。
◇ヴィジュアル百科　江戸事情　第6巻　服飾編　NHKデータ情報部編　雄山閣出版　1994.11　250p　26cm　3800円　(i)4-639-01160-1
　(内容)　公家服飾　武家服飾　庶民服飾　帯　化粧　髪形、被物　武装　琉球服飾　外来風俗
　＊いま人気集中のNHK大河ドラマグループと第一線の歴史研究者の英知を結集。江戸時代300年を膨大な絵画で再現。
◇浮世絵に描かれた人・馬・旅風俗―東海道と木曽海道　橋本健一郎編著　〔横浜〕　神奈川新聞社　2001.1　80p　21cm　(うまはてるブックレット no.2)　〈横浜　かなしん出版(発売)〉　800円　(i)4-87645-291-1　Ⓝ682.1
◇浮世絵　風俗三十二相　大野和彦著　京都　京都書院　1998.8　1冊　15cm　(京都書院アーツコレクション 171―A Souvenir Postcard Book)　1000円　(i)4-7636-1671-4
◇内なる江戸―近世再考　中野三敏著　弓立社　1994.4　230p　21cm　〈叢書日本再考〉　2600円　(i)4-89667-463-4
　(内容)　第1章　18世紀の江戸　第2章　三都の遊里(遊里と文学―絵には描けない面白さ　十七世紀の手練手管―遊女評判記「難波鉦」の世界　江戸の遊里)　第3章　通といき　第4章　京伝を読む(「江戸生艶気樺焼」　「通言総籬」)　第5章　写楽跡追い　新資料「諸家人名江戸方角分」考　写楽追跡―阿波藩の能楽師・斎藤十郎兵衛説の確認)　第6章　内なる江戸(緑雨の内なる江戸　「緑雨警語」附注顛末　「砂払」について　外骨―江戸風俗への乾いた興味　井上ひさし

文化人類学の本 全情報　97

日本　　　　　　　　　　　　　　　　　　　　　　　　　　　　　　　　　風俗史・民俗誌

「戯作者銘々伝」駄労解）　附録　江戸の絵本―
〈対談〉注目される江戸の絵本
＊現代の目でゆがめられてきた江戸文化を、その時代意識にそって再現する。文学・絵画・遊里と文学・明治人の江戸理解など、多彩な分野に新鮮な問題意識で迫る新・江戸文化入門。図版多数。

◇江戸いろざと図譜　高橋幹夫著　青蛙房　1997.2　301p　22cm　3800円　(i)4-7905-0862-5　Ⓝ382.1
(内容)第1章 遊女の姿　第2章 京坂の色里　第3章 江戸の色里　第4章 遊女の暮らし　第5章 音曲　第6章 歌舞伎と小屋の賑わい
＊江戸・京坂のさまざまな遊女たち、郭(くるわ)のしきたり、料金などの比較、そして「いろざと」でもてはやされる芝居や音曲。400余の図版で実証する江戸の夢の世界。

◇江戸へ旅する本　矢崎市朗著　近代文芸社　1997.2　245p　20cm　1500円　(i)4-7733-5816-5　Ⓝ213.61
(内容)1章 今なぜ江戸か　2章 江戸への旅にあたって　3章 江戸の生活　4章 江戸の名所　5章 江戸への旅を終わるにあたって
＊楽天的で生活を楽しむ天才、それが江戸っ子たち。忙しいのは少し忘れて、彼らの暮らしをのぞきにタイムスリップ・ツアーへ―?！そんな気分を味わえる"ガイドブック"です。

◇江戸へ行こう　根本裕子著、佐田満胡　大阪リトル・ガリヴァー社　1998.12　213p　21cm　〈奥付のタイトル：江戸に行こう〉　1400円　(i)4-947683-08-2　Ⓝ210.5
(内容)第1章 江戸っ子の遊び(お花見 花火 ほか)　第2章 江戸っ子の暮らし(食生活 砂糖と菓子 ほか)　第3章 江戸っ子の趣味(神楽と初春 庭園と園芸 ほか)　第4章 江戸っ子の知恵(リサイクル 教育 ほか)
＊日本的感性や生活習慣、基本構造は江戸時代に完成されました。現代がわからなくなったら、江戸まで戻って考えてみよう。

◇「江戸」を楽しむ　今野信雄著　朝日新聞社　1994.8　286p　15cm　(朝日文庫)〈「＜知恵の宝庫＞江戸に学ぶ」(サンドケー出版局1992年刊)の増補〉　580円　(i)4-02-261030-1　Ⓝ210.5
(内容)第1章 江戸の俯瞰図　第2章 江戸の裸天国　第3章 賄賂ですくわれた江戸の治安　第4章 花を咲かせた隠居たち　第5章 江戸の花鳥風月　第6章 江戸のゴミとリサイクル　第7章 子育て・昔と今　第8章 世界一の江戸の火事　第9章 旅には五難あり　第10章 レジャーは信仰の旅で　第11章 地に落ちた武士道　第12章 権威をカサにきた大名行列の旅　第13章 明治の架け橋は鉄道だった　第14章 広告をうまく使った頭のいい男たち
＊江戸の町はほとんどが武家屋敷。残りわずか

の土地に庶民が住むという江戸の生活の仕組みはどうなっていたのか。男と女の風呂風景、物売り、花見どころ、火消人足の活躍、趣味に生きるご隠居たち、しゃれ男の同心、子育てと、宵越しの金を持たず、通でいきな江戸人の生き方を各方面から覗く。

◇江戸雑録　三田村鳶魚著、朝倉治彦編　中央公論新社　1999.8　515p　16cm　(中公文庫―鳶魚江戸文庫 36)　1095円　(i)4-12-203488-4　Ⓝ210.5
(内容)御坊主のはなし　御数寄屋坊主　物貰いの話　屑屋さんの話　太鼓儒者　賄賂と手土産文人画は空腹の厭勝　江戸末期の子弟教養　江戸時代のサラリーマン　八百八町の隣組〔ほか〕
＊田沼意次の家来三浦庄二の収賄恐怖譚等を描いた「賄賂と手土産」、近世にさかんだった言葉遊びを扱った「紛失した洒落」、東海道諸川の川留めを具体的に考察した「大井川の川留め」など、江戸時代の諸相を通し江戸生活を探る。これまで等閑視されてきた分野を丹念に考証した、興趣あふれる33篇。

◇江戸時代女性生活絵図大事典　第1巻　江戸前期の女子用往来　大空社　1993.5　303p　27cm　〈監修：江森一郎　複製と翻刻〉　(i)4-87236-283-7　Ⓝ367.21
(内容)女式目, 女実語教・女童子教, 増益女教文章, 女今川, 女堪忍記大倭文

◇江戸時代女性生活絵図大事典　第2巻　教訓・行儀作法　大空社　1993.5　328p　27cm　〈監修：江森一郎　複製と翻刻〉　(i)4-87236-283-7　Ⓝ367.21

◇江戸時代女性生活絵図大事典　第3巻　家庭・社会　大空社　1993.5　306p　27cm　〈監修：江森一郎　複製と翻刻〉　(i)4-87236-283-7　Ⓝ367.21

◇江戸時代女性生活絵図大事典　第4巻　学問・家事・諸芸　大空社　1993.5　341p　27cm　〈監修：江森一郎　複製と翻刻〉　(i)4-87236-283-7　Ⓝ367.21

◇江戸時代女性生活絵図大事典　第5巻　四季・動植物・名所　大空社　1993.5　294p　27cm　〈監修：江森一郎　複製と翻刻〉　(i)4-87236-283-7　Ⓝ367.21

◇江戸時代女性生活絵図大事典　第6巻　化粧・養生・占い　大空社　1994.6　387p　27cm　〈監修：江森一郎　複製と翻刻〉　(i)4-87236-284-5　Ⓝ367.21

◇江戸時代女性生活絵図大事典　第7巻　通過儀礼・年中行事　大空社　1994.6　404p　27cm　〈監修：江森一郎　複製と翻刻〉　(i)4-87236-284-5　Ⓝ367.21

◇江戸時代女性生活絵図大事典　第8巻　和歌・古典文学　大空社　1994.6　338p　27cm　〈監修：江森一郎　複製と翻刻〉　(i)4-87236-284-5

風俗史・民俗誌　　　　　　　　　　　　　　　　　　　　　　　　　　　日本

Ⓝ367.21
◇江戸時代女性生活絵図大事典　第9巻　伝記・信仰—ほか　大空社　1994.6　385p　27cm　〈監修：江森一郎　複製と翻刻〉(i)4-87236-284-5
Ⓝ367.21
◇江戸時代女性生活研究　大空社　1994.6　1冊　27cm　〈「江戸時代女性生活絵図大事典」別巻　監修：江森一郎〉　25000円　(i)4-87236-913-0
Ⓝ367.21
◇江戸時代女性文庫　16　大空社　1994.11　1冊　(頁付なし)　22cm　〈複製〉15000円　(i)4-87236-963-7　Ⓝ210.5
　内容　日用珍術万宝智恵海(嘉永3年刊)　民家日用広益秘事大全　三松館主人編・序(嘉永4年刊)
◇江戸時代女性文庫　55　大空社　1996.11　1冊　(頁付なし)　22cm　〈複製〉10000円　(i)4-7568-0124-2　Ⓝ210.5
　内容　民家教訓袋　徳雨作(明和8年刊)　民間さとし草　加藤景範作(寛政12年刊)　喩草　児島頤斎作(文化6年刊)　諸人〔ケン〕約重宝記　平時倚作(江戸後期刊)
◇江戸時代女性文庫　56　大空社　1996.11　1冊　(頁付なし)　22cm　〈複製〉10000円　(i)4-7568-0125-0　Ⓝ210.5
　内容　民家用心袋　白水編(寛延2年刊)　絵入民家育草　大蔵永常作(文政10年刊)
◇江戸時代女性文庫　64　大空社　1997.5　1冊　(ページ付なし)　22cm　〈複製〉10000円　(i)4-7568-0133-1　Ⓝ210.5
　内容　女日用大全(寛政8年刊)　都風俗化粧伝(佐山半七丸作、速水春暁斎画(文化10年刊))
◇江戸時代女性文庫　69　大空社　1997.5　1冊　(ページ付なし)　22cm　〈複製〉10000円　(i)4-7568-0138-2　Ⓝ210.5
　内容　民家日用教訓衆方規矩(宣陽堂主人編、藪の内竹斎跋(宝暦12年刊))　心学道話家訓心得草(中村一鶚作、中村寄釜跋(天保11年刊))
◇江戸時代女性文庫　70　大空社　1997.5　1冊　(ページ付なし)　22cm　〈複製〉10000円　(i)4-7568-0139-0　Ⓝ210.5
　内容　万民徳用(鈴木正三作(江戸前期刊))　教訓式目分限心之的(山田野亭作・序(天保14-15年刊))　主従日用条目・民家必用条目(池田義信作(弘化2年刊))　御兎子孫繁栄鑑(江戸後期刊)　家内和合弁(淳朴子序(安政6年序・刊))
◇江戸時代町人の生活　田村栄太郎著　雄山閣出版　1994.5　290p　22cm　〈生活史叢書 11〉〈新装版〉　2800円　(i)4-639-01231-4　Ⓝ210.5
　内容　江戸の町づくり〔町屋の構造　江戸の実権を握る豪商　金融資本家の抬頭　江戸の商店の発達〕　江戸の繁昌〔江戸のあらゆる名物店　豪奢な服装　下剋上の髪　口の奢りのはてしない発展　上昇する庶民生活を示す菓子　暖簾と看板と宣伝〕　江戸の庶民〔江戸町人の無産商人

職人の代表三職　吉原女郎と芸者　江戸四宿の飯盛女郎　江戸中の岡場所〕
◇江戸時代の常識・非常識　「歴史街道」編集部編　PHP研究所　1995.2　226p　15cm　(PHP文庫)　460円　(i)4-569-56726-6　Ⓝ210.5
　内容　第1章 Q&Aで知る江戸時代の実像　町　第2章 暮らし　第3章 娯楽　第4章 職人・商人　第5章 武士・農民　第6章 あれこれ
＊「徳川吉宗はほんとうに暴れん坊将軍だったのか」、「鬼平こと長谷川平蔵の素顔とは」、「庶民のゴミ処理はどのように行なわれていたのか」、「人々はふだん、どんなものを食べていたのか」—時代劇でおなじみのヒーローたちの実像から、人々の日常の暮しまで、江戸時代のあらゆる疑問にQ&A形式で答える。これまでの江戸時代のイメージを一変させる、価値ある一冊。
◇江戸庶民の四季　西山松之助著　岩波書店　1993.3　220p　19cm　(岩波セミナーブックス 46)　1800円　(i)4-00-004216-5　Ⓝ210.5
　内容　第1講 初春　第2講 信仰　第3講 風流　第4講 祭礼　第5講 江戸名所　第6講 近郊の名所巡り　第7講 遠方の名所巡り
＊今に名残りをとどめる江戸庶民の文化生活を、正月・夏祭・月見・鬼やらいなど節目を彩る年中行事や盛んだった信仰生活、そして遠近の旅の様子を中心に、「東都歳事記」「江戸名所図会」、神田の一町名主の日記、その他の史料に基づいて生き生きと再現する。絶好の江戸文化案内。
◇江戸川柳女百景　興津要著　時事通信社　1994.10　296p　19cm　1800円　(i)4-7887-9433-0
　内容　1 花の盛りの娘たち　2 妻たちの泣き笑い　3 街ではたらく女性たち　4 吉原というところ　5 遊女の生態　6 遊女群像　7 遊女との一日　8 年中行事　9 岡場所などの女性たち
＊江戸市井の娘や妻は、日々どんな思いで、どんな姿ですごしていたか。そして吉原に暮らす遊女の明け暮れは…。いまに残る川柳や小咄を豊富に引用して、彼女たちの喜びや悲しみを、生き生きと描く江戸姿女模様。
◇江戸っ子学・知ってるつもり—時代劇の「ウソ」と「ホント」が分かる フーンとうなって思わず人に教えたくなる「江戸っ子」雑学　中村整史朗著　大和出版　1994.12　217p　19cm　1400円　(i)4-8047-6037-7　Ⓝ210.5
　内容　1の章 江戸っ子の暮らしぶり　2の章 江戸っ子はこうして生まれた　3の章 江戸っ子はこんなにも清潔好き　4の章 町人による自治の町　5の章 江戸の美食と花鳥風月　6の章 江戸の旅—大名行列から伊勢参りまで　7の章 江戸の武士の暮らしぶり　8の章 江戸町民を支えた実力商人　9の章 江戸の悪所・暗部を覗く　10の章 江戸の異端者たち

文化人類学の本 全情報　99

風俗史・民俗誌

＊フ〜ンとうなって思わず人に教えたくなる「江戸っ子」雑学。

◇江戸にぞっこん―菊地ひと美の江戸案内 菊地ひと美著 文化出版局 2001.5 87p 25cm 1400円 (i)4-579-30392-X Ⓝ384.2

(内容) 江戸大店のお嬢さま歌舞伎見物の一日 江戸の化粧と髪型 江戸のおしゃれ 物見遊山 江戸庶民の食べ物、江戸の暮らし 江戸の買い物 ひと美のおすすめ浅草散歩

＊歌舞伎で見る江戸の人々は、とても魅力的。いくじをはる粋な芸者。芸者に惚れられるちょっと悪なやさ男。しっとりと粋な存在の茶屋のおかみ。そして遊び上手、貫禄充分の旦那たち。腹芸を見せる武士の世界。さらに長屋では、娘を売った金を、川に身投げをせんとする人にほだされて「知らねぇやつにくれちまった」などと、人情話が展開します。この本では絵と文で江戸の魅力を幕の内弁当のように、少しずつちりばめました。

◇江戸のアンダーワールド―枕絵・もののけ・アウトロー 太陽編集部編 平凡社 2000.12 118p 22×17cm (コロナ・ブックス90) 1524円 (i)4-582-63387-0

(内容) 第1章 色好みの極楽―枕絵の世界(趣向の爛熟―江戸艶本の「劇作」化 褻と褻の戯れ 欲望の解放への意志 ほか) 第2章 八百八町のアウトロー(大江戸死骸尽し 江戸犯罪者列伝 江戸女人評判記 ほか) 第3章 闇の幽霊・辻の妖怪(幽霊と妖怪―アニミズムの物語化と反物語化 江戸妖怪名所図絵)

＊淫らで美しい闇。大胆奔放に交わる男と女。跳梁跋扈する妖怪、幽霊、犯罪者たち。花のお江戸に潜む、エロスと死の匂いに包まれた闇の世界へ。

◇江戸のいにしぇぃしょん―江戸の気分其3 陶智子著 富山 桂書房 1996.6 126p 19cm 1236円 Ⓝ382.1

◇江戸の医療風俗事典 鈴木昶著 東京堂出版 2000.12 328p 20cm〈年表あり 文献あり〉 2600円 (i)4-490-10561-4 Ⓝ490.21

(内容) 江戸にも四百四病あり はやり病に苦しむ庶民 御抱医者から代脈まで 多彩な江戸の民間療法 江戸で人気の売薬風景 いちどは試したい生薬 隠れたブームの養生食 呪いと厄除けと神頼み いまに伝わる医家たち

＊庶民はどんな手立てで病気に立ち向かったか！漢方・蘭方の売薬から、名医・藪医者・取上婆、呪いなどの神頼みまで、庶民の医療事情を満載。

◇江戸の園芸―自然と行楽文化 青木宏一郎著 筑摩書房 1998.2 206p 18cm (ちくま新書)〈文献あり〉 660円 (i)4-480-05744-7 Ⓝ622.1

(内容) 1 風流を求めて(江戸の園芸 江戸の花見 江戸の自然観) 2 信心に託つけて(江戸の行楽 行楽地の経営 江戸の行楽活動) 3 風土に導かれて(江戸の自然環境 森林の中の都市―江戸 神田川沿いの自然環境 江戸をかたちづくった風土)

＊「粋」や「通」という独自の価値観を育んだ江戸の人々の園芸に対する熱い思いを描く。

◇江戸の女たちの湯浴み―川柳にみる沐浴文化 渡辺信一郎著 新潮社 1996.10 259p 20cm (新潮選書) 1100円 (i)4-10-600506-9 Ⓝ911.45

(内容) 第1章 女性たちは今日も湯屋へ行く 第2章 女性の湯具 第3章 湯屋の仕組み 第4章 内風呂・行水・洗髪 第5章 温泉場へ湯治に 第6章 その他の沐浴 第7章 近世の湯屋と風呂屋

＊湯気の向こうに江戸の女たちの姿態が、生活が、見えてくる本！多くの川柳と絵図を読み解いて物語る―湯屋の実態。江戸庶民の哀感とユーモアたちによる沐浴文化論。

◇江戸の刑罰風俗誌 小野武雄編著 増補版 展望社 1998.5 549p 20cm《江戸時代刑罰風俗細見》(1976年刊)の増補版》 4600円 (i)4-88546-010-7 Ⓝ322.15

(内容) 1 江戸時代の諸役 2 刑罰誌 3 裁判史・他 4 刑罰譚誌 5 御定書百箇条 牢獄秘録 拷問実記 吟味の口伝

◇江戸の盛り場 海野弘著 青土社 1995.11 549p 20cm 2600円 (i)4-7917-5377-1 Ⓝ291.36

(内容) 江戸図の出現 江戸下町できる 本町通り商店街 江戸の傾城町 江戸の祝祭空間 芝居町の出現 寛永の江戸 浅草繁昌記 明暦の大火 本所深川の形成〔ほか〕

＊江戸はロンドンをしのぐ世界最大の都市であった。その溢れるような活気はどこからやってきたのか。道路や橋の建設から、銭湯・居酒屋・歌舞伎・魚河岸・吉原のなりたちまで、当時の流行や風俗をふくめ、それぞれの盛り場を通りや人々が見えるように活写した、アーバニズムの視座からの「江戸風俗図会」。

◇江戸の素顔 暉峻康隆著 小学館 1995.7 237p 19cm 1800円 (i)4-09-387160-4

(内容) 1「道の章」もう一人の家康―近代日本文化の原点 2「住の章」芭蕉と江戸―深川芭蕉庵新考 3「食の章」元禄のグルメ―西鶴と芭蕉のケース 4「性の章」不倫の今昔物語――つの風俗考 5「芸の章」近世の寄席芸能―表舞台への道の 6「話の章」三遊亭円朝と文明開化 7「技の章」近代大相撲のルーツ―勧進相撲の始終 8「旗の章」日の丸・君が代の成り立ち

＊現代文化の種は江戸期にまかれていた。家康や芭蕉などの文化人の素顔、相撲のルーツ、君が代の原点などを探る。

風俗史・民俗誌　　　　　　　　　　　　　　　　　　　　　　　日本

◇江戸の生活と風俗　三田村鳶魚著，朝倉治彦編　中央公論社　1998.7　338p　16cm　（中公文庫―鳶魚江戸文庫 23）　629円　(i)4-12-203200-8　Ⓝ210.5
　(内容) 江戸ッ子の湯治　江戸ッ子の使う悪態の解説　畜生め　隣組につけて江戸と東京を眺める　鳶の喧嘩　時刻の話　行灯・挑灯の話　江戸趣味の話　寛文・天和の衣裳法度　チョン髷〔ほか〕
　＊鳶魚の画期的な"江戸ッ子論"の源流をなす「江戸趣味の話」、今でも何気なく使ってしまう悪態言葉"糞をくらえ"の来由を説いた「江戸ッ子の使う悪態の解説」や、日常の生活に不可欠の時刻・灯火、また結髪・服飾など、江戸の生活と風俗を考証する。鳶魚の多彩な江戸研究の成果を示す二十篇。

◇江戸の旅風俗―道中記を中心に　今井金吾著　大空社　1997.4　235p　22cm　（折り込1枚）　6000円　(i)4-7568-0176-5　Ⓝ682.1

◇江戸の出合茶屋　花咲一男著　三樹書房　1996.6　176p　22cm　2369円　(i)4-89522-205-5　Ⓝ382.1
　(内容) 第1章 出合という言葉のはじめ　第2章 辻取（街頭婦女掠奪）　第3章 つり女、その全盛時代。六斎の出合妻　第4章 宝暦 - 天明年間の江戸色情世界　第5章 かし座敷 州崎の大門屋 団子茶屋　第6章 上野東叡山・池之端周辺　第7章 出合茶屋の構造・その席料・支払　第8章 利用客と特色のある風俗など　第9章 巫山の雲雨

◇江戸の二十四時間　林美一著　河出書房新社　1996.6　311p　15cm　（河出文庫）　780円　(i)4-309-47301-6
　(内容) 長屋住民の二十四時間(寛政四年二月十九日)　堀田家廃絶の二十四時間(万治三年十一月十五日)　綱吉・将軍宣下の二十四時間(延宝八年八月二十二日)　岡っ引・吉原権九郎の二十四時間(明和六年六月二十九日)　旗本・細田時富の二十四時間(天明元年十二月十九日)　艶次郎・吉原遊びの二十四時間(天明七年某月某日)　将軍・家慶の裏二十四時間(天保十二年四月十五日)　定町廻同心の二十四時間(天保十二年十二月二十三日)
　＊江戸の一日は明け六ツの鐘の音とともに始まり、大奥の御錠口も長屋の木戸もこの時刻に開く。今の午前六時ごろ、将軍の起床する時間でもある。老中などの重職は午前十時には登城し、そのころには銭湯や本屋が開く。江戸城を中心として八百八町に生きた、あらゆる階層の人びとの、時々刻々の息遣いまでが聞こえるように、時代・風俗考証を徹底した社会史の傑作。

◇江戸のバードウォッチング　松田道生著　あすなろ書房　1995.11　87p　22cm　（あすなろライブラリー）　〈参考文献：p87〉　1600円　(i)4-7515-1851-8　Ⓝ488.2136
　(内容) 今は幻の鳥たち―トキ・ツル・コウノトリ・タカ　江戸前の鳥たち―ユリカモメ・チドリ　江戸の水辺をにぎわせた鳥たち―カモ・ガン・クイナ・シラサギ　川辺の鳥たち―カワセミ・セキレイ　江戸に春を告げる鳥たち―ウグイス・ツバメ・ホトトギス　江戸の町の鳥たち―スズメ・カラス
　＊見る・楽しむ・ビジュアルブック。浮世絵、江戸川柳、落語等に、野鳥の姿を探しながら、時代を超えたバードウォッチングを楽しむ。江戸にはツルがいた。トキがいた。江戸を描いた浮世絵などに野鳥の姿を探すと、驚くほど豊かな自然が見えてくる。当時の野鳥の知識の正誤を検証しながら、江戸の原風景を探る本。

◇江戸の名所と都市文化　鈴木章生著　吉川弘文館　2001.3　276.7p　22cm　7000円　(i)4-642-03367-X　Ⓝ210.5
　(内容) 第1章 本書の課題と研究の視角（都市をみる視点　対象と課題）　第2章 江戸名所の成立（新興都市江戸の新名所　寛永期の江戸と江戸名所）　第3章 江戸名所の隆盛と特性（江戸名所案内記の類型　江戸名所案内記の系譜　名所案内記の編纂意図と江戸認識）　第4章 江戸名所の展開と行動文化（近世後期における江戸名所めぐりの諸相　猿猴庵「江戸循覧記」にみる江戸認識のあり方　江戸周辺寺社への関心と参詣）　第5章 都市文化としての「名所」（怨霊信仰の近世的変容と都市文化―大田区新田神社にみる名所記載と参拝の隆盛　「江戸名所図会」が語るもの）
　＊江戸時代の名所案内や地誌を克明に分析。江戸という都市空間のなかで、名所がいかに形成・認識され、そこにどのような地域的ひろがりと行動があったのか。江戸の人々の生活と行動の文化的世界を読み解く斬新な都市論。

◇江戸の遊歩術―近郊ウォークから長期トラベルまで　中江克己著　光文社　2001.2　244p　16cm　（知恵の森文庫）　495円　(i)4-334-78074-1　Ⓝ210.5
　(内容) 第1章 遊歩の楽しみ　第2章 江戸庶民の遊歩上手　第3章 遠出へのあこがれ　第4章 温泉めぐり　第5章 名所めぐりと伊勢参り　第6章 道中の道連れ
　＊江戸時代の人々はじつによく歩いた。気晴らしのぶらぶら歩きはもちろん、季節ごとの風景を求めてどこへもてくてく歩いて出かけた。庶民の憧れは、泊まり掛けの温泉旅行とお伊勢参り。ガイドブック片手に名所旧跡を訪ね、旅行業者を利用する旅が盛んだった。江戸の人々はどのように「遊歩」を楽しんだのか、多くの逸話を通しその知恵を探る。

文化人類学の本 全情報　101

日本　　　　　　　　　　　　　　　　　　　　　　　　　風俗史・民俗誌

◇江戸の笑う家庭学　高橋幹夫著　芙蓉書房出版　1998.12　224p　20cm　2200円　(i)4-8295-0220-7　Ⓝ210.5
(内容)序章 往来物と節用集—江戸時代の事典類について　第1章 小野愚小伝—節用集にはない著者紹介　第2章 通神の縁起と後の祭礼—遊ぶ男の実態を笑う　第3章 滑稽算法のいろいろ—計算をこじつけた楽しさ　第4章 絵馬色紙などの書きよう—文字を書くための笑いの術　第5章 印判と紋—印や書判文字までの笑い　第6章 無礼無躾方・将棋の指し方—かまわない礼儀作法と、将棋見立の店の内　第7章 小野愚譏字尽—譏字尽の本文とその周辺　第8章 名頭字尽—言葉の回りにある笑い　第9章 手相人相の見立て—手相と人相で笑いをつくる　第10章 小謡と面—謡と能楽の面についてのお笑い
＊江戸時代の家庭百科「節用集」に見る洒落と笑いの世界。式亭三馬「小野の馬鹿村虚字尽」(文化三年刊)を底本に失いかけている笑いを取り戻す。

◇江戸風俗図絵　黒川真道編　柏美術出版　1993.11　678p　27cm　〈「日本風俗図絵」(大正3年刊)の複製〉　8800円　(i)4-906443-39-7　Ⓝ382.1
＊第一級の浮世絵師が描いた代表的風俗図絵35冊2560余点の絵を全一冊に収録。文字では理解できない江戸時代の生活様式、住まい、服飾、電物、結髪、調度類、芸能の視覚資料。歴史学、風俗史、美術史、国文学、家政学の各研究者、デザイナー、イラストレーターの江戸学情報源。

◇江戸文化の考古学　江戸遺跡研究会編　吉川弘文館　2000.8　315p　22cm　5800円　(i)4-642-03360-2　Ⓝ210.5
(内容)江戸時代の化粧　江戸時代の下駄　江戸時代の料理と器具　考古資料から見た江戸時代の料理と器具　日常茶飯事のこと—近世における喫茶習慣素描の試み　江戸の酒　江戸における日本酒流通と飲酒習慣の変遷　江戸時代のたばこ　出土遺物から見る江戸の「タバコ」　あかりの道具研究の方向　江戸時代のあかり　暖房具に見る考古資料と民具資料の関係　民具に見る多摩の暖房具　江戸時代の銭貨・寛永通宝　今戸土人形論　掘り出された人形
＊江戸遺跡から出土する考古資料は何を語るのか。考古学と各専門分野の研究者が多彩な視点からアプローチした学際的成果。化粧・料理・喫茶・人形・暖房具など、発掘されたあらゆる遺物から江戸人の生活文化を浮彫にする。

◇江戸水茶屋風俗考　佐藤要人著　三樹書房　1993.10　206p　図版12枚　22cm　3296円　(i)4-89522-174-1　Ⓝ382.1
(内容)一服一銭から水茶屋へ　浅草二十軒茶屋　大和茶屋　楊枝見世　水茶屋美人伝

◇江戸・もうひとつの風景—大江戸寺社繁昌記　鈴木一夫著　読売新聞社　1998.11　210p　20cm　1500円　(i)4-643-98117-2　Ⓝ210.5
(内容)神田っ子の神様に朝敵のレッテル—神田神社と将門の首塚　お賽銭で稼ぐ大名屋敷—安産信仰で大繁昌の水天宮　金運の御利益で江戸っ子がフィーバー—虎ノ門金刀比羅宮と江戸の金比羅信仰　戊辰戦争をくぐり抜けた清水の観音様—寛永寺の清水観音堂と関東の清水寺　音楽と金運に蓮飯の味覚—江戸の行楽地不忍池の福神　人が集まる観音の寺、観音の町—浅草寺と浅草の町　一年を三日で暮らすお西様—鷲神社と長国寺をめぐるお酉様信仰　神仏も相撲も興行する盛り場の寺—参詣か行楽か、二股かけるか回向院　成田不動尊が江戸に出張—深川不動堂と成田不動講の活動　新開地に咲いた王朝趣味の花—太宰府から江戸にやってきた天神様〔ほか〕
＊神田明神、水天宮、虎ノ門・金刀比羅宮、寛永寺・清水観音堂、不忍池・弁財天、浅草寺等々、善男善女が織りなす多彩な人間模様。

◇江戸モード大図鑑—小袖文様にみる美の系譜　国立歴史民俗博物館編　NHKプロモーション　c1999　301p　30cm　〈他言語標題：Edo a la mode　会期・会場：平成11年10月5日—11月28日　国立歴史民俗博物館ほか　文献あり〉　Ⓝ753.087

◇江戸は躍る！　中田浩作著　PHP研究所　2001.11　251p　20cm　〈文献あり〉　1400円　(i)4-569-61872-3　Ⓝ210.5
(内容)外食産業の原点、江戸に見た　華の江戸、花の江戸—軒下ガーデニング　柾目の通った美しさ—江戸の評判娘たち　不用なものはほとんどない—理想の循環型社会　旅行けば……やがて「パック人生」へ　寺子屋さんどこへ行った　活字本は永遠に不滅なり　マッチ一本火事のもと—そして誰もいない交番　矢でも鉄砲でももってこい—職人の心意気　現代のフリーター・江戸のプー太郎　好いた女房に三くだり半投げられて　隠居は、隠去ではない—新老人への展望
＊当世の閉塞感を打ち破る“元気が出る知恵"江戸っ子の“いき"な暮らしが蘇る。

◇お江戸の意外な生活事情—衣食住から商売・教育・遊びまで　中江克己著　PHP研究所　2001.2　248p　15cm　(PHP文庫)　495円　(i)4-569-57512-9　Ⓝ210.5
(内容)第1章 衣　第2章 食　第3章 住　第4章 金　第5章 遊　第6章 罪　第7章 教
＊将軍家のお膝下・江戸は、すでに18世紀ごろ、世界有数の消費都市だった。街は活気に満ち、物見遊山が盛んになり、歌舞伎や寄席、浮世絵などの文化も花開いていた。しかし、江戸庶民の普段の衣・食・住はどのようなものだ

風俗史・民俗誌　　　　　　　　　　　　　　　　　　　　　　　　　　　　　　　　　日本

ったのだろうか。本当にテレビドラマや映画のようだったのだろうか。本書ではその他、遊びや労働、犯罪など、江戸庶民の実際の「意外な生活ぶり」を紹介する。

◇お江戸風流さんぽ道　杉浦日向子編著　世界文化社　1998.8　195p　20cm　1400円　(i)4-418-98516-6　Ⓝ210.5

(内容) 第1章 江戸の行事・行楽(初詣—江戸っ子のお正月　桜見—江戸のお花見　川遊び—隅田川の川開き ほか)　第2章 江戸の娯楽(大相撲—江戸の王者・江戸相撲　江戸言葉—江戸っ子の笑い　流行—江戸流ファッション ほか)　第3章 江戸の暮らし(時刻—江戸の一日　長屋—江戸っ子のライフスタイル　食い物—江戸の旨いもの ほか)　第4章 江戸の町(乗り物—江戸の交通手段　火事—江戸の防災　寺子屋—江戸の子どもたち ほか)

＊現代東京版・お江戸散策ガイド付き！江戸風俗研究家、杉浦日向子が語る江戸庶民の心豊かな暮らしぶり。

◇大江戸意外なはなし366日事典　大石学著　講談社　1994.7　469p　15cm　(講談社プラスアルファ文庫)　1000円　(i)4-06-256053-4

(内容) 1月 睦月(うす暗い中を行く大名行列　反故にされた犬公方の遺言　「黒衣の宰相」没す　大阪下りの軽業師が大評判 ほか)　2月 如月(常磐津の創始者逝く　江戸クリーン大作戦　「心中」に「相対死」に「メイワク」な明和の大火 ほか)　3月 弥生(家康の首都づくりが始まる　鳴物厳禁、上野の花見　わが国初の世祥薬物事典が完成　幕府、遊廓設置を公認 ほか)　4月 卯月(寒さに震えながら「衣替え」　重病の将軍を慰める死の饗宴　将軍家光の死で殉死あいつぐ　夜っぴて走る「鮎かつぎ」 ほか)　5月 皐月(「ご開帳の場所貸します」　江戸城本丸が全焼　打ちこわしが江戸にも飛火　ただの盗っ人だった鼠小僧 ほか)　6月 水無月(富士講と人工富士築造ブーム　勅使、将軍家茂と会見　玉川上水の完成で水不足が解消　虫売りビジネス ほか)　7月 文月(大山詣が本格化　伊能忠敬の日本地図が完成　鈴虫・松虫を大奥に納入　町の不良グループを大量処罰 ほか)　8月 葉月(武家の祝日、遊女の白無垢　向島の漁師、白魚漁の特権獲得　「献上松茸」駅伝リレーで都々逸坊扇歌、寄席で大人気 ほか)　9月 長月(生真面目にさっそく秋の衣替え　「俳諧奉行」去来逝く　初のオランダ語の入門書が完成　未完の大スター、観客を魅了す ほか)　10月 神無月(朝鮮通信使が来日　相撲の番付が縦番付に模様替え　商家の年中行事、恵比寿講　犬猫保護で大八車に見張り人　ほか)　11月 霜月(江戸歌舞伎顔見世興行の初日　「八丁堀の旦那衆」を大幅増員　谷風・小野川に横綱免許　旗本が著した園芸書 ほか)　12月 師走(林羅山、

学寮の建設を開始　ゴミや屑はリサイクル　福沢諭吉、「西洋事情」を出版　江戸の暦と時刻 ほか)

＊天下人の秘話、大奥の内情、武士や町人をめぐる粋なはなし、はたまた泣き笑いのはなし、カネやオンナにまつわる仰天ばなし、などなど。一日一話、オモテ舞台から転げ落ちた思いがけない話まで、大江戸のすべてが、手にとるように見えてくる。江戸に学び、江戸に遊び、江戸の魅力を満喫する本。

◇大江戸えころじー事情　石川英輔著　講談社　2000.11　335p　19cm　1800円　(i)4-06-210414-8　Ⓝ382.1

(内容) 太陽と石油　便利さとその裏側　道路が空調機　回転式の暮らし　太陽と森林　足るを知る　はじめちょろちょろ…　錦絵の原理　丈夫で長持ち　多様に生きる　手間をかける　外から内へ　正法に奇特なし　われわれは間違っている

＊太陽エネルギーが超過密化・江戸の日本を支えた。江戸の暮らしの基本、エネルギー・ゼロ社会を、多数の図版でビジュアルに紹介。

◇大江戸えねるぎー事情　石川英輔著　講談社　1993.7　314p　15cm　(講談社文庫)　(参考文献：p310～311)　480円　(i)4-06-185431-3　Ⓝ382.1

(内容) ミクロコスモスに生きる　あかり　水　米　魚　野菜　着物　住まい　涼む　暖まる〔ほか〕

＊かつて世界第一の規模を誇ったころの江戸は、じつに無駄のない省エネ都市として栄えた。その知られざる豊かな知恵を掘り起こし、厖大なエネルギーを消費して"無"へとつき進みつつある現代人の生き方に警鐘を鳴らすべく、精密なデータをもとに両時代の暮らしを比較活写する異色の新文化論。図版多数。

◇大江戸奇術考—手妻・からくり・見立ての世界　泡坂妻夫著　平凡社　2001.4　218p　18cm　(平凡社新書)　680円　(i)4-582-85083-9

(内容) 奇術前史　放下と幻術　はじめての奇術書「神仙戯術」　趣味人の座敷手品　プロの舞台奇術　江戸の手練奇術　からくりと時計　江戸の怪奇趣味　歌舞伎のからくり　奇術と料理伝承の奇術　世界との交流時代へ

＊手妻と呼ばれる日本独自の奇術が花開いた江戸時代、一文銭や紐を用いた趣味人の座敷手品、芝居小屋での脱出奇術や水芸などプロの大業と手練奇術、そして、精妙なからくり人形や歌舞伎舞台の大仕掛けまで、日本人は創造的で楽しいトリックに満ちた芸能を作り上げていた。江戸の人たちを魅了した欺しと洒落のマジック世界を、ミステリと奇術の達人が案内する。

◇大江戸暮らし—泣いた！笑った！江戸庶民の素

文化人類学の本 全情報　103

◇顔と風俗 イラスト図鑑 大江戸探検隊編著 PHPエディターズ・グループ 1999.11 157p 21cm 〈東京 PHP研究所(発売)〉 1450円 (i)4-569-60807-8 Ⓝ210.5

(内容) 序章 大江戸基礎知識(江戸の範囲 江戸時代の時間と暦 江戸の人口 ほか) 第1章 大江戸暮らしファイル(長屋住まい 長屋の1日 江戸の家計簿 ほか) 第2章 大江戸恋愛事情(理想の男性像・女性像 江戸の恋ごころ 結婚と離婚 ほか) 第3章 大江戸娯楽一覧(出版文化 銭湯は社交場 江戸の習い事好き ほか) 第4章 大江戸ものしり白書(江戸庶民の自治組織 町奉行所 大江戸捜査網 ほか) 第5章 大江戸年表

*八丁堀の旦那は、朝、女湯に入るのが日課だった。お屋敷勤めの武士の糞尿が、一番高く売れた。女たちのあこがれは「与力、相撲に火消しの頭」。江戸庶民の自由で楽しい生活をいきいきと描き出す。

◇大江戸化物細見 アダム・カバット校注・編 小学館 2000.2 239p 21cm 2400円 (i)4-09-362113-6

(内容) 妖怪仕内評判記(恋川春町=作画) ばけものつわもの二日替(桜川慈悲成=作・歌川豊国=画) 化物一代記(伊庭可笑=作・鳥居清長=画) 河童尻子玉(十返舎一九=作画) 鬼の趣向草

*本書に登場する数多くの化物たちは、黄表紙の作者と絵師の豊かな想像力によって作り上げられた産物である。著者は、黄表紙の「物語性」に重点をおいて化物の本来のキャラクター性を探り出している。

◇大江戸化物図譜 アダム・カバット著 小学館 2000.9 285p 15cm (小学館文庫) 590円 (i)4-09-404691-7

(内容) おシャレな江戸の化物たちに 豆腐小僧のすべて 大頭登場 ろくろ首の首尽くし 河童の真相 江戸のアイドル鬼娘

*河童、ろくろ首など今も有名な妖怪から、豆腐小僧、鬼娘など、すでにだれも覚えていないものまで、江戸時代のマンガ、草双紙では、個性ゆたかな化物が、凝りに凝った趣向や設定のもと、のびのびと暴れ回っていました。江戸の化物キャラクターは、今見てもビックリの個性派ぞろい。江戸草双紙の魅力あふれる化物たちを、一冊に凝縮。化物キャラクター設定のおかしみ、造形・デザインの豊かさも満載。学術的にもたいへん価値の高い研究を積み重ねたエッセンスでもある、魅力の珍図鑑。

◇大江戸曼陀羅 朝日新聞社 1996.5 425p 21cm 3600円 (i)4-02-256255-2

(内容) 序 世界史のなかの徳川日本 壱 江戸の都市計画 弐 江戸の制度 参 江戸の学問 肆 江戸の遊び 伍 江戸の遊動民 陸 江戸のエロス 漆 江戸の辺界 捌 江戸のフォークロア

*大江戸世界を、豊富なカラー図版で再現、多彩な筆者の道案内で、トリップ。

◇大江戸ものしり図鑑—ひと目で八百八町の暮らしがわかる 花咲一男監修 主婦と生活社 2000.1 463p 21cm 2000円 (i)4-391-12386-X

(内容) カラー図版 江戸の華 第1部 町と名所(世界一の大都市 江戸八百八町 江戸名所) 第2部 社会と住民(行政と司法 顧客商売 士農工商 暮らしの基準) 第3部 住居と生活(住宅と家財 衣服と流行 外出具 結髪と化粧 食べ物と嗜好品) 第4部 慣習と人生(年中行事 信仰と迷信 人生行路) 第5部 文化と趣味(町人文化 遊びと趣味 物見遊山) 第6部 芸能と娯楽(江戸歌舞伎 大衆娯楽 別世界吉原 市中の性風俗) 第7部 変貌(災害と異変)

*江戸時代の江戸市中(大江戸)を解説した事典。江戸の土地柄や風俗習慣を約200の項目にまとめて紹介し、全体を7分に構成した。各項目は見開き単位でまとめる。巻末付録として「大江戸の二百七十年」がある。

◇大江戸リサイクル事情 石川英輔著 講談社 1994.8 314p 19cm 〈参考文献:p311〉 1600円 (i)4-06-207049-9 Ⓝ382.1

(内容) まわる 照明は去年の太陽だった 稲藁が国を支えた 竹は万能の素材だった 着物は畑でできた 食べ物は肥料の原料だった 家庭の竈は化学工場だった 木を切って森林ができた 人を運ぶ車はなかった 木を守って魚を求めた 太陽が水車を廻した 江戸のリサイクル リサイクル 対談 太陽エネルギーだけで生きた江戸時代

*江戸庶民の合理的な暮らしの知恵の数々。"江戸"は壮大なリサイクル都市だった。藁、竹、下肥、灰など、太陽エネルギーを有効利用していた江戸庶民の生活を、図版多数でビジュアルに紹介。

◇大江戸リサイクル事情 石川英輔著 講談社 1997.10 379p 15cm (講談社文庫) 〈文献あり〉 562円 (i)4-06-263612-3 Ⓝ382.1

(内容) まわる 照明は去年の太陽だった 稲藁が国を支えた 竹は万能の素材だった 着物は畑でできた 食べものは肥料の原料だった 家庭の竈は化学工場だった 木を切って森林ができた 人を運ぶ車はなかった 木を守って魚を求めた〔ほか〕

*人口百万を数え、近世では世界最大の都市といえる江戸。膨大な日常消費は草の根レベルの活発なリサイクルで支えられていた。藁、竹、灰、みな太陽エネルギーの有効利用でよみがえる。現代では忘れられ、失われてしまった江戸庶民の合理的でムダのない暮らしの

風俗史・民俗誌　　　　　　　　　　　　　　　　　　　　　　　　日本

知恵を描いた「大江戸事情」シリーズ第四作。
◇家族と子供の江戸時代―躾と消費からみる　高橋敏著　朝日新聞社　1997.5　201p　19cm　2300円　(i)4-02-257130-6
(内容)序章 子供から大人へのフォークロア　1 近世町人家族の肖像　2 家をたてる　3 家族が旅さきで死んだばあい　4 火消・吉田清助
＊江戸時代は「家族の時代」の始まりだった。夫婦を軸に、庶民の家が、「町」や「村」にはぐくまれつつ成立し、親は「家」永続への思いをこめて、子の教育に熱い視線をそそいだ。土間中心の家づくりから、奥座敷をもつ「民家」が誕生し、火や明りも、竈や囲炉裏から火鉢や行灯へと分離する。夜の読書、雛祭や端午の節句、物見遊山の旅…家族の時代は、「消費の時代」の始まりでもあったのである。豊富なフィールド・ワークを基礎に描く、等身大の江戸時代誌。

◇甲子雑録　1　小寺玉晁原編、日本史籍協会編 新装版　東京大学出版会　1999.7　834p　22cm　(維新期風説風俗史料選)〈日本史籍協会大正6年刊の複製 折り込2枚〉(i)4-13-097883-7　Ⓝ210.58

◇甲子雑録　2　小寺玉晁原編、日本史籍協会編 新装版　東京大学出版会　1999.7　760p　22cm　(維新期風説風俗史料選)〈日本史籍協会大正6年刊の複製〉(i)4-13-097883-7　Ⓝ210.58

◇甲子雑録　3　小寺玉晁原編、日本史籍協会編 新装版　東京大学出版会　1999.7　814p　22cm　(維新期風説風俗史料選)〈複製〉(i)4-13-097883-7　Ⓝ210.58

◇境界紀行―近世日本の生活文化と権力　鯨井千佐登著　取手 辺境社　2000.6　249p　20cm〈東京 勁草書房(発売)　文献あり〉2200円 (i)4-326-95029-3　Ⓝ382.1
(内容)第1章 子どもの誓言としぐさ　第2章 伝説と神々の変貌　第3章 滑稽な性と陽気な笑い　補論1 神威の衰退と幕藩権力　補論2 民俗行事の分化・発展
＊「指きり」をはじめとする子どものしぐさと呪文、白鳥や白狐の姿をかりた神々の伝説や祭り、男根の模型や春画などの縁起物にみられる都市や農村の祝祭的空間を彩った滑稽な性と陽気な笑いなど…。われわれの先祖の暮らしの哀歓の条件としてはたらいていたものを手がかりに、今日の既成の通念からいったん離れることによって、過去の生活文化のもつ豊かな意味を発見し、さらに近代的世界観とはまったく異質な民俗的心性の意外な側面を探る。

◇金魚と日本人―江戸の金魚ブームを探る　鈴木克美著　三一書房　1997.11　250p　18cm (三一新書)　850円　(i)4-380-97022-1　Ⓝ666.9
(内容)プロローグ 日本の金魚と日本人　第1章

金魚のルーツを尋ねて　第2章 金魚の誕生と日本渡来　第3章 江戸の町を金魚が行く　第4章 駆け足で通る江戸の町と江戸時代　第5章 江戸時代の金魚ブーム　第6章 日本人と金魚　エピローグ 金魚を日本の水族館に

◇近世紀州 村の事件簿　高垣重造著　三一書房　1995.12　302p　19cm　2600円　(i)4-380-95303-3
(内容)天の巻(その頃の紀州 村定め連印帳 寺檀制度と手配書 民家焼失二題 ほか)　人の巻(縺れ内済御断り 旅人との出奔 妻は無宿人 人数増欠帳 ほか)　地の巻(近世の刑罰 胡乱者)
＊江戸・紀州領内に起こったさまざまな事件を発掘する。庶民はどのように暮らし、どんな困難に見舞われ、どんな風に解決したか。近世江戸庶民の社会面を覗く。

◇近世風俗志―守貞謾稿　1　喜田川守貞著、宇佐美英機校訂　岩波書店　1996.5　429p　15cm (岩波文庫)　980円　(i)4-00-302671-3　Ⓝ382.1

◇近世風俗志―守貞謾稿　2　喜田川守貞著、宇佐美英機校訂　岩波書店　1997.9　450p　15cm (岩波文庫)　940円　(i)4-00-302672-1　Ⓝ382.1

◇近世風俗志―守貞謾稿　3　喜田川守貞著、宇佐美英機校訂　岩波書店　1999.10　461p　15cm (岩波文庫)　940円　(i)4-00-302673-X　Ⓝ382.1

◇芸能の足跡―郡司正勝遺稿集　郡司正勝著　柏書房　2001.11　446p　19cm　3800円　(i)4-7601-2156-0
(内容)芸能の足跡　近世演劇の誕生　劇場を読む　江戸の発想　かぶきと能の変身・変化　かぶき演出のなかの儀礼　元禄江戸かぶきが生んだ「打擲事」　かぶきと色子　黒衣論―黒は影か　歌舞伎衣裳の色彩〔ほか〕
＊昭和戦後の歌舞伎研究に画期的な方法を導入して幾多の成果を挙げ、"郡司学"とまで称された著者晩年の豊かな穣りの景色。待望の遺稿集。歌舞伎を軸に古代の舞踊から能や民俗芸能、また日本文化の心意伝承に及ぶ珠玉の論考を一巻に。

◇考証江戸歌舞伎　小池章太郎著　増補新訂版　三樹書房　1997.6　421p　21cm　7000円　(i)4-89522-213-6
(内容)芝居座　芝居国年中行事と脚本の構成　宣伝と評判　芝居の表　楽屋のあけくれ　役者舞台　客席　楽屋ばなし

◇古に見る暮らしの知恵―手引書の世界　国立公文書館　〔1994〕　35p　21cm〈国立公文書館内閣文庫所蔵資料展 会期：平成6年5月11日～17日〉Ⓝ382.1

◇古文書から学ぶ江戸の知恵、江戸の技　北田正弘著　日刊工業新聞社　1998.8　303p　19cm〈奥付のタイトル：江戸の知恵、江戸の技〉1600円　(i)4-526-04222-6　Ⓝ210.5

風俗史・民俗誌

〈内容〉1話 食の知恵 2話 健康への知恵 3話 生活の知恵 4話 工芸の知恵 5話 修繕の知恵 6話 旅の知恵 7話 遊びの知恵 8話 趣味の知恵 9話 化粧・美容の知恵 10話 自然・農業の知恵 11話 数の知恵 12話 秘術・呪術の知恵 13話 文の知恵 14話 家庭の知恵 15話 男女の知恵

＊本書は、著者の手元にある木版本のなかから、江戸後期の庶民を対象に出版された、身のまわりの事がらに関する本を選び、江戸時代の人たちの生活の知恵や技術などのなかで興味のある記事を現代文にし、簡単な解説を加えたものである。

◇十手・捕縄事典—江戸町奉行所の装備と逮捕術 名和弓雄著 雄山閣出版 1996.2 262p 21cm 5974円 (i)4-639-01339-6

〈内容〉第1編 捕者捕具編(捕者道具と捕縛術 打物捕具について 癒し(萎し)の効果 「十手」の出現と呼称の変遷 ほか 第2編 江戸時代の捕方と逮捕術(捕方の服装 「江戸町方十手扱い様」の制定 「江戸町方十手捕縄扱い様」の十二「江戸町方十手双角」の十八型 伝承・江戸時代の逮捕術と捕方)

＊捕具蒐集と逮捕術研究八十年の、最高権威者が、捕具と装備すべての、歴史、製作法、使用法と十手術の秘伝初公開。時代考証家をはじめ時代劇愛好家必携の貴重本。掲載カラー写真32頁・モノクロ写真100余枚収載。

◇庄屋日記にみる江戸の世相と暮らし 成松佐恵子著 京都 ミネルヴァ書房 2000.1 350,7p 19cm (Minerva21世紀ライブラリー) 3500円 (i)4-623-03093-8

〈内容〉第1章 西条村西松家の周辺 第2章 治水と輪中の暮らし 第3章 庄屋としての活動 第4章 衣食住と年中行事 第5章 病気と死亡—江戸時代の医療事情 第6章 女性たちと奉公人 第7章 趣味の世界 第8章 村入用・生活費・物価

＊社会史・生活史に光を当てる。美濃国安八郡西条村にあって、庄屋家族に生まれ育ち、自らも生涯現役で庄屋としての一生を生き抜いた人物。本書は、庄屋西松家が書き残した日記に焦点を合わせ、周辺の人びとをも含めて当時の農民生活を探る。

◇調べ学習日本の歴史—江戸時代の町人のくらしと文化 14 町人の研究 大石学監修 ポプラ社 2001.4 47p 30cm 3000円 (i)4-591-06741-6

〈内容〉町人の登場 京都・大坂・江戸の三都くらべ 町人はどんな家に住んでいた? 江戸周辺の農村の発展 町人の楽しみ 江戸の年中行事 花開く町人文化 浮世絵 火事と地震と水害とゆらぐ幕府 飢饉と打ちこわし

＊日本の歴史の調べ学習でとりあげられることの多い事件や出来事を、1テーマ1冊で徹底的に追及。最新の研究成果を、貴重な資料写真とともに紹介したシリーズ。

◇史料が語る江戸期の社会実相—○○話 日本風俗史学会編 つくばね舎 1998.11 332p 21cm〈東京 地歴社(発売)〉 2800円 (i)4-924836-30-3 Ⓝ210.5

〈内容〉支配体制(本当に鎖国だったのか—鎖国の実態 将軍は日本国王でなく大君、天皇は御門(ミカド) ほか) 宗教と暮らし(キリシタン摘発 「切支丹類族早見表」ほか) 経済と技術(関東地廻り経済の担い手たち 利根川水系の高瀬舟 ほか) 武家の維持(大名の生活 病弱大名たち—領地返上の申し出 ほか) 〔ほか〕

＊最新の学問成果に基づき、日本風俗史学会が総力を挙げて江戸社会を多方面から照射! 暮らしぶりを明らかにし、世のはやりすたりについて究明した時様風俗の研究。

◇図説 大江戸おもしろ事典—この一冊で、歴史はこんなに面白くなる! 稲垣史生著 三笠書房 1993.6 226p 19cm 1100円 (i)4-8379-1511-6

〈内容〉将軍・大奥編 江戸城中、天下人の素顔(将軍の24時間—「苦しゅうない」といいたいのだが… 「大奥」「江戸城大奥」ってどんなとこ?) 武家編 太平の世に悪戦苦闘した武士の生きかた(大名—一国の殿様にも他人にいえない苦労があった! 「武士道」—なぜ切腹が最高の死に方とされたのか?) 法と金編 百万都市・江戸を動かした、この原動力『時代劇』の捕物—そのウソとホントを裁く 豪商—商いのノウハウから、「暮らしぶり『遊びぶり』まで) 町人編 八百八町—生きた"時代風景"が見えてくる! (江戸っ子たちの「起きてから寝るまで」これだけ知れば、江戸で暮らせる「風俗・習慣」) 男と女編 時代は変われども、好奇心だけは…(吉原—たとえば花魁、一晩いくらで遊べたか? 大江戸「三面記事」—天下を騒がせた人物・事件)

＊将軍から武士・町人の日常生活まで、江戸のすべてがわかる本。

◇泉光院江戸旅日記—山伏が見た江戸庶民のくらし 石川英輔著 講談社 1994.5 331p 19cm 1800円 (i)4-06-206841-9

＊文化文政の6年間、南は鹿児島から北は秋田まで日本を歩き回った僧・泉光院の見聞記。

◇川柳江戸の四季—祭・祝い・信仰・遊び 下山弘著 中央公論社 1997.4 218p 18cm (中公新書) 〈文献あり 索引あり〉 680円 (i)4-12-101357-3 Ⓝ911.45

＊川柳には暮らしの光景ばかりでなく人々の感情も映し出されている。だから時として、浮世絵や時代劇の画面よりも鮮明に風俗を窺うことができる。四季の移ろいに順応して生きる知恵を働かせ暮らしを楽しむ人々の姿を、江戸の街と家庭に追う。

風俗史・民俗誌　　　　　　　　　　　　　　　　　　　　　　　　　　　　　　　　日本

◇川柳江戸名物図絵　花咲一男著　三樹書房　1994.4　303p 図版12枚　23cm　4944円　(i)4-89522-179-2　Ⓝ911.45
　内容　江戸の呉服店　江戸のたべものや　江戸のほんや其他　江戸のくすりや　江戸の化粧品・小間物店

◇続 江戸名所図会を読む　川田寿著　東京堂出版　1995.3　302p　21cm　2900円　(i)4-490-20261-X
　＊江戸市民の暮らしぶりを活写して好評の前書に続き、101項目を収録する。「江戸名所図会」の風趣溢れる挿絵を舞台に江戸人の営み・風俗や、江戸の風景を興味深く解説。

◇大名庭園—江戸の饗宴　白幡洋三郎著　講談社　1997.4　264p　19cm　(講談社選書メチエ1553号)　(i)4-06-258103-5
　内容　第1章 茶の儀礼を越えて—大名庭園の成立　第2章 山海の佳景—江戸の大名庭園　第3章 政事と遊事の秘園　第4章 饗宴の庭—大名たちの社交　第5章 庭園は京にあり
　＊江戸の大名達が競って造った大庭園—後楽園、六義園、浴恩園…。それらは京の庭園をしのぐ造形をもった「社交」と「儀礼」の装置であった。本書は初めて「大名庭園」の真実の姿に迫り、京都一辺倒の日本庭園史をくつがえす。

◇小さな江戸を歩く—日本全国50か所 京都、大阪、東国路　馬淵公介著　小学館　1993.8　337p　21cm　(サライブックス)　2400円　(i)4-09-343001-2
　内容　江差 北海道—文化が吹き寄せた北前船の終着港　弘前 青森県—津軽じょっぱりを育んだハイカラな城下町　遠野 岩手県—カッパ、石臼、オシラサマ—伝承が息づく語り部の里　角館 秋田県—枝垂桜が美しい秋田美人と祭り　男の町 登米 宮城県—北上川沿いののんびり者の城下町〔ほか〕
　＊「蔵を建てなきゃ男がすたる」福島県・喜多方が誇る2600の蔵は、ラーメンと密接な関わりを持っていた。三重県は旧東海道の宿場町、お蔵さんのよだれかけは一休和尚のふんどしがルーツだった。見えない堀に囲まれた奈良県の寺内町は、町全体の7割が江戸時代の建造物だった。初めてわかった意外な事実。読んで絶対に面白い、大人のための「旅の本」。

◇丁卯雑拾録　1　小寺玉晁原編, 日本史籍協会編　新装版　東京大学出版会　1999.7　472p　22cm　(維新期風説風俗史料選)〈日本史籍協会大正11年刊の複製〉　(i)4-13-097886-1　Ⓝ210.58

◇丁卯雑拾録　2　小寺玉晁原編, 日本史籍協会編　新装版　東京大学出版会　1999.7　496p　22cm　(維新期風説風俗史料選)〈日本史籍協会大正11年刊の複製〉　(i)4-13-097886-1　Ⓝ210.58

◇定本 江戸城大奥　永島今四郎, 太田贇雄編　〔新装版〕　新人物往来社　1995.1　453p　21cm　5000円　(i)4-404-02171-2

　内容　年中行事　御台所平日の服装　奥女中の服装　補遺　髪　化粧　装飾品及小道具　女官職制〔ほか〕
　＊大奥の事情は厳重な禁制のため、まったく知ることが出来なかった。明治年間、大奥に勤仕した上・中﨟ほか名職掌にわたる数十人から聞き集めた貴重な実態を集大成。

◇東西紀聞　1　小寺玉晁原編, 日本史籍協会編　新装版　東京大学出版会　1999.7　798p　22cm　(維新期風説風俗史料選)〈日本史籍協会大正6年刊の複製　折り込1枚〉　(i)4-13-097882-9　Ⓝ210.58

◇東西紀聞　2　小寺玉晁原編, 日本史籍協会編　新装版　東京大学出版会　1999.7　804p　22cm　(維新期風説風俗史料選)〈日本史籍協会大正6年刊の複製　折り込3枚〉　(i)4-13-097882-9　Ⓝ210.58

◇東西評林　1　小寺玉晁原編, 日本史籍協会編　新装版　東京大学出版会　1999.7　500p　22cm　(維新期風説風俗史料選)〈日本史籍協会大正5年刊の複製〉　(i)4-13-097881-0　Ⓝ210.58

◇東西評林　2　小寺玉晁原編, 日本史籍協会編　新装版　東京大学出版会　1999.7　364p　22cm　(維新期風説風俗史料選)〈日本史籍協会大正5年刊の複製〉　(i)4-13-097881-0　Ⓝ210.58

◇捕物の話　三田村鳶魚著, 朝倉治彦編　中央公論社　1996.9　420p　16cm　(中公文庫—鳶魚江戸文庫1)　780円　(i)4-12-202699-7　Ⓝ382.1
　内容　廻り方　火付盗賊改　八州取締出役
　＊与力・同心・岡っ引など、捕物の関係者や方法・技術を扱う「廻り方」、長谷川平蔵でおなじみの「火付盗賊改」や国定忠次ゆかりの「八州取締出役」の人物とその組織・機構など、江戸の捕物の実際を克明に考証し、以後の捕物研究の嚆矢となった書。

◇日本近世国家の権威と儀礼　大友一雄著　吉川弘文館　1999.12　360,9p　22cm　6600円　(i)4-642-03355-6　Ⓝ210.5
　内容　第1編 献上儀礼と村社会(近世の産物献上における将軍・大名・地域　近世の献上儀礼にみる幕藩関係と村役　由緒と文書管理　献上役と村秩序 ほか)　第2編 御鷹をめぐる贈答儀礼と諸集団(鷹をめぐる贈答儀礼の構造　近世の御振舞いの構造と「御鷹之鳥」観念　将軍の鷹狩と江戸の鳥問屋　将軍の鷹狩と身分—御鷹の餌鳥御用と餌差)
　＊儀礼行為を権威の構造との関わりで検証し、民衆にとり国家的儀礼とは何かを追究する。産物献上にみる幕藩関係と地域社会、由緒書と文書管理をはじめ、幕府の鷹儀礼をめぐる諸問題を取り上げ、その実態と意義を解明。

◇人間らしく生きるなら江戸庶民の知恵に学べ—その豊かな生き方、ムダのない生活術に、大事なヒントがある　淡野史良著　河出書房新社

文化人類学の本 全情報　107

2000.1 208p 18cm (Kawade夢新書) 667円 (i)4-309-50187-7 Ⓝ210.5
(内容)1章 徹底したリサイクルでモノを無駄にしない生活術 2章 ぎりぎりの収入なのにここ ろ豊かに生きるマネー感覚 3章「粋」という美学を実践した江戸っ子の生き様 4章 子供も老人もいきいきと暮らせる隣近所の機能 5章 高い技術力と失業ゼロを誇った職業事情 6章 泰平の世を保った優れた江戸の街の仕組み
＊260年もの泰平が続いた江戸時代。当時の庶民の暮らし方は、どのようなものだったのか。モノを大切にして、とことん再利用したその姿勢とは。育児や教育はどうしていたか。失業問題や老後の不安はなかったのか。"制度疲労"を起こしている現代社会に生きる私たちに、清新な示唆を与える温故知新の書。

◇爆笑花の元禄 シブサワコウ編 横浜 光栄 1993.11 171p 19cm (歴史人物笑史) 1000円 (i)4-87719-046-5
(内容)第1章 波乱・江戸の事件簿 第2章 傑作人物伝 第3章 大江戸風俗夜話 第4章 うまいもんもってこい 第5章 大江戸花の女たち 第6章 こんなあなたは見たくない 第7章 ザ・反逆者 第8章 忠臣蔵始末記 第9章 秘密の花園・大奥物語 第10章 将軍よ集まれ！

◇八百八町の考古学—シンポジウム 江戸を掘る 大塚初重,古泉弘,坂詰秀一,鈴木公雄,寺島孝一,豊田有恒著 山川出版社 1994.8 221p 19cm 1700円 (i)4-634-60410-8
(内容)基調講演 江戸の考古学事始め 参考報告(江戸遺跡とは何か 大名の暮らし—加賀藩本郷邸の発掘から 六道銭に見る江戸時代の銭貨流通 近世江戸は各藩の国際都市) シンポジウム 江戸の八百八町の考古学(遺物から推測する大名屋敷の生活 ごみ穴に江戸の流通が見える 墓地発掘でわかることわからないこと 今日の民俗慣習にもつながる六道銭 江戸庶民の民度は高かった)

◇人づくり風土記—全国の伝承・江戸時代 16 ふるさとの人と知恵・富山 加藤秀俊ほか編纂 農山漁村文化協会 1993.9 413p 27cm (聞き書きによる知恵シリーズ)〈監修：牧野昇ほか 企画・編集：組本社 付(7p) 富山の江戸時代年表：p394〜399 江戸時代富山の主な文献資料：p408〜413〉 4900円 (i)4-540-93028-1 Ⓝ210.5

◇人づくり風土記—全国の伝承・江戸時代 47 ふるさとの人と知恵・沖縄 加藤秀俊ほか編纂 農山漁村文化協会 1993.1 385p 27cm (聞き書きによる知恵シリーズ)〈監修：牧野昇ほか 企画・編集：組本社 付録資料(録音ディスク1枚 12cm ホルダー入)：沖縄を聴こう 沖縄の江戸時代年表：p368〜373 江戸時代沖縄の主な文献資料：p380〜385〉 7500円 (i)4-540-

92010-3 Ⓝ210.5
◇人づくり風土記—江戸時代 50 近世日本の地域づくり200のテーマ 会田雄次,大石慎三郎,林英夫監修 農山漁村文化協会 2000.10 541p 27cm 〈総索引付き〉 4762円 (i)4-540-99008-X Ⓝ210.5
(内容)藩と地域の成立ち 開発と環境保全 人・モノ・情報の交流 自治と助け合い,福祉 暮らしと楽しみ 自給列島産業おこし 世界との交わり 衣食住文化の成熟 いきわたる教育 学問・文化と情報発信 信仰 リーダーたち 近代への出発
＊本書は、江戸時代を読み解き今日に生かすうえで有効な200のテーマを設け、各テーマについて短編物語で分かりやすく解説しています。あわせて、文末に「関連項目」として、「江戸時代人づくり風土記」各都道府県版でそのテーマが取りあげられている箇所を示しました。

◇復元江戸生活図鑑 笹間良彦著 柏書房 1995.3 271p 27cm 4800円 (i)4-7601-1137-9 Ⓝ210.5
(内容)武家と庶民の服装と結髪 復元武家社会と生活 復元庶民社会と生活
＊江戸時代の武士や庶民の生活を復元した図集。服装と結髪、武家社会と生活、庶民社会と生活の3部構成。小・中・高校の歴史授業にも利用できるようルビを多用する。各復元図には解説を付す。―活字ではわからなかった、絵で読む江戸の社会と暮らし。

◇目でみる江戸・明治百科 第1巻 江戸庶民の暮らしの巻 国書刊行会編 国書刊行会 1996.1 149p 14×20cm 2400円 (i)4-336-03796-5 Ⓝ382.1
(内容)庶民の暮らし 江戸職業図聚 江戸吉原
＊明治22年創刊のグラフィック誌「風俗画報」。そこに掲載された一流画人の手になる風俗画を集大成。生きいきとした筆致で描かれた風俗画でみる庶民の生活百科。明治の画人が江戸情緒を豊かに再現。

◇目でみる江戸・明治百科 第2巻 江戸歳時記の巻 国書刊行会編 国書刊行会 1996.2 159p 14×20cm 2400円 (i)4-336-03797-3 Ⓝ382.1
(内容)春(初春路上図 江戸町人御本丸へ年礼の図 ほか) 夏(初夏交加図 灌仏会 ほか) 秋(武城七夕 寺子屋七夕祭の図 ほか) 冬(しぐれの図・堀の内妙法寺会式 雑司谷法明寺会式詣 ほか)
＊明治22年創刊のグラフィック誌「風俗画報」。そこに掲載された一流画人の手になる風俗画を集大成。本書は、生きいきとした筆致で描かれた風俗画でみる庶民の生活百科。明治の画人が江戸情緒を豊かに再現。

◇目でみる江戸・明治百科 第3巻 武家の暮らしと地方の風俗の巻 国書刊行会編 国書刊行会

1996.3 159p 14×20cm 2400円 (i)4-336-03798-1 Ⓝ382.1
◇目でみる江戸・明治百科 第4巻 明治時代四季の行楽と博覧会の巻 国書刊行会編 国書刊行会 1996.4 157p 14×20cm 2400円 (i)4-336-03799-X Ⓝ382.1
(内容) 四季の行楽(現今新年 日本橋新年の景況 新年の乗合船 芸妓街の元旦 ほか) 大勧業博(東京勧業博覧会全図 東京勧業博覧会行幸当日第一会場正門外の光景 東京勧業博覧会褒賞授与式 ほか) 郵船(船客乗込の図 石炭積込の景況 乗客船内に上るの図 ほか)
◇目でみる江戸・明治百科 第5巻 明治の暮らしの巻 国書刊行会編 国書刊行会 1996.5 159p 14×20cm 2400円 (i)4-336-03800-7 Ⓝ382.1
(内容) 人びとの暮らし 現今商店・職業図 学校 寄席
＊明治22年創刊のグラフィック誌「風俗画報」。そこに掲載された一流画人の手になる風俗画を集大成。本巻は文明の新風俗に彩られ、変わりゆく人びとの生活を描く。労働者懇親会や子供たちの学校など、新しい暮らしの側面が映し出される。寄席の様子を紹介した特集を併録。
◇目でみる江戸・明治百科 第6巻 明治新東京名所、地方名所の巻 国書刊行会編 国書刊行会 1996.6 159p 14×20cm 2400円 (i)4-336-03801-5 Ⓝ382.1
(内容) 新東京名所(帝国議会御臨幸の図 御堀端の図 二七不動縁日の図 万世橋開橋式の図 ほか) 地方名所(会津の年中行事 会津雪中の風俗 川越大祭の景況 成田鉄道線路図 ほか)
＊明治22年創刊のグラフィック誌「風俗画報」。そこに掲載された一流画人の手になる風俗画を集大成。変わりゆく明治の町並みをきめやかに案内する風俗画。東京名所に「万世橋開橋」や「浅草六区」を掲げる斬新な着眼。明治の地方名所紹介を併録。
◇目でみる江戸・明治百科 第7巻 日清・日露戦争の時代の巻 国書刊行会編 国書刊行会 1996.7 159p 14×20cm 2400円 (i)4-336-03802-3 Ⓝ382.1
(内容) 日清戦争 軍服 日露戦争 奉祝・大葬 災害
＊明治22年創刊のグラフィック誌「風俗画報」。そこに掲載された一流画人の手になる風俗画を集大成。「画報」の本領が存分に発揮される報道の特集。戦争報道では従軍取材をも行った画家が生々しく現地の状況と銃後の国民の興奮を伝える。ほかに明治天皇に関するニュースと各地の水害、震災等の災害報道を収める。
◇連城紀聞 1 小寺玉晁原編, 日本史籍協会編 新装版 東京大学出版会 1999.7 532p 22cm (維新期風説風俗史料選) 〈日本史籍協会大正11年刊の複製〉 (i)4-13-097884-5 Ⓝ210.58
◇連城紀聞 2 小寺玉晁原編, 日本史籍協会編 新装版 東京大学出版会 1999.7 522p 22cm (維新期風説風俗史料選) 〈日本史籍協会大正11年刊の複製〉 (i)4-13-097884-5 Ⓝ210.58
◇連城漫筆 1 小寺玉晁原編, 日本史籍協会編 新装版 東京大学出版会 1999.7 454p 22cm (維新期風説風俗史料選) 〈日本史籍協会大正8年刊の複製〉 (i)4-13-097885-3 Ⓝ210.58
◇連城漫筆 2 小寺玉晁原編, 日本史籍協会編 新装版 東京大学出版会 1999.7 460p 22cm (維新期風説風俗史料選) 〈日本史籍協会大正8年刊の複製〉 (i)4-13-097885-3 Ⓝ210.58

◆明治・大正時代
◇岡コレクション図録―甦る明治大正の記憶 横浜開港資料館所蔵 横浜開港資料館編 横浜横浜開港資料普及協会 1995.10 26p 図版24p 30cm Ⓝ382.1
◇図説 明治事物起源事典 湯本豪一著 柏書房 1996.11 465p 26cm 9888円 (i)4-7601-1380-0
(内容) 第1部 政治・経済篇 第2部 社会・生活篇(風俗・事物 レジャー・スポーツ・芸能 服飾 飲食物 メディア 乗物・交通 職業 教育 土木建築 衛生)
＊明治の新しい事物や制度を、政治・経済篇と社会・生活篇の2部構成で解説。政治・経済篇ではペリー来航から明治天皇崩御まで、政治と経済にまつわる59項目を年代順に収録。社会・経済篇では社会にまつわる事項を10章に分け141項目を収録。関係年表、主要人名・事項索引付き。
◇地方発 明治妖怪ニュース 湯本豪一編 柏書房 2001.9 187,11p 21cm 2300円 (i)4-7601-2089-0
(内容) 1 北海道の怪 2 東北の怪 3 関東の怪 4 中部の怪 5 近畿の怪 6 中国の怪 7 四国の怪 8 九州の怪
＊100年の時を超えて産地直送！あなたの町の怪事件。幽霊屋敷から釜鳴り騒動、河童や鬼といった妖怪たちまで。地方新聞で報道された明治の怪奇記事をついに集成。
◇明治事物起原 8 石井研堂著 筑摩書房 1997.12 446,70p 15cm (ちくま学芸文庫) 1400円 (i)4-480-08368-5 Ⓝ031.4
(内容) 第18編：飲食部 第19編：居住部 第20編：器財部 第21編：動植物部
◇明治・大正・昭和風俗文化誌―近代文学を読むために 国文学編集部編 学灯社 1994.7 208p 21cm 〈「国文学第38巻6号」改装版〉 1550円 (i)4-312-10041-1 Ⓝ382.1

日本　　　　　　　　　　　　　　　　　　　　　　　　　　　　　　　風俗史・民俗誌

◇明治ふしぎ写真館　横田順彌著　東京書籍　2000.6　254p　20cm　1600円　(i)4-487-79399-8　Ⓝ382.1
(内容)この美女は誰だ!?　大森カツラと文士劇　サンダウ氏は強いぞ!!　アメリカ女子野球の不思議　日本の大仏、これにあり!　嫁がほしいと一人百首　読まなきゃ判らん挿絵とは?　ミストル前田、英京に闘う　おなじ顔した銀月の旅行記　懸賞まですこぶるバンカラ!!〔ほか〕

◇明治末期の暮らし―丹後の宮津にのこされた資料より　西川久子著　宮津　あまのはしだて出版　1996.10　247p　21cm　1942円　(i)4-900783-21-8　Ⓝ382.1

◇明治妖怪新聞　湯本豪一編　柏書房　1999.7　249,10p　21cm　2600円　(i)4-7601-1785-7
(内容)1 天地の幻獣　2 超自然現象を追え　3 何かが降ってくる　4 狐狸の事件簿　5 化物屋敷へようこそ　6 植物の奇談　7 動物の奇談　8 妖怪天国　9 異界からの伝言　10 幻人博覧会　11 怪火と妖炎　12 水辺の幻獣　13 モノに宿る魂
*狐狸妖怪から幻人奇人、神隠しやポルターガイストなどの超自然現象まで、明治の怪奇ニュース記事を初めて集成。

◆昭和時代
◇あれからどうなった?懐かしさいっぱいのgoodsたち―覚えていますか?こんなモノ　時代に翻弄されたモノたちの意外な結末!　林義人著　リヨン社　1993.7　229p　19cm　〈発売:二見書房〉1200円　(i)4-576-93071-0　Ⓝ382.1
(内容)1章 あの遊びはどうなった?　2章 あの道具はどうなった　3章 あのファッションはどうなった?　4章 あの食べ物はどうなった?　5章 あの乗り物はどうなった?　6章 あのフィーバーはどうなった?
*この本では、戦後登場し一世を風びしたモノを中心とする様々な風俗の盛衰をまとめた。バブル経済が崩壊し、生活スタイルの見直しが求められているなかで、モノづくりの喜びやモノづくりのエネルギーが問い直されているのではないだろうか。そこで、過去に何がいかにして生み出され、その後どうなったのかを検討することに価値があるのではないかと考えてみた。

◇失われた日本の風景　都市懐旧　蘭部澄写,神崎宣武文　河出書房新社　2000.9　159p　21cm　(らんぷの本)　1300円　(i)4-309-72702-6　Ⓝ382.1
(内容)街並みと暮らし(路地　井戸端　チャンバラごっこ　ほか)　盛り場の風景(人が集まるということ　あいまいな場所　買い物の楽しみ　ほか)　駅とみち(駅のルール　見送り　待ち合わせ　ほか)
*かつて人びとはこのように生き、子どもたちはこのように遊んでいた。写真のなかにあのころのあなたがいる。路地から盛り場の街角へ。昭和20〜30年代の都市の風景と日々の暮らし。

◇カストリ新聞―昭和二十年代の世相と社会　大空社　1995.8　394,6p　38cm　〈監修:新聞資料ライブラリー　複製〉　10000円　(i)4-7568-0081-5　Ⓝ382.1

◇現代日本文化における伝統と変容　9 昭和の世相史　石毛直道編　ドメス出版　1993.3　450p　22cm　7416円　(i)4-8107-0358-4　Ⓝ382.1
(内容)問題提起(昭和史世相篇)　個別報告(目に映ずる昭和の都市―明るさと彩り)　円居としての食卓　家と住み心地　風光推移　膨張する故郷　新交通と文化輸送者―新しい遊動民の時代　酒と女性　恋のみちの曲がり角―昭和の男女交際　会社永続の願い　コンピュータリゼーション―生産と商業の情報化　都市サラリーマン社会の成立とその変容―仕事空間の再編成　病気と治療　伴を慕う心の分裂　昭和偉人考　討論(都市と家庭生活　現代日本文化の連続性と非連続性)

◇昭和史 世相篇　色川大吉著　小学館　1994.2　402p　16cm　(小学館ライブラリー 55)　1000円　(i)4-09-460055-8
(内容)1「昭和史世相篇」の構想　2 昭和世相史の三区分　3 昭和の民俗―民衆意識の深層(昭和戦前期の世相―記録写真から　「家」三代の変貌―日本映画から　故郷の精神誌―庶民の「ふるさと」観から　転換期の婚姻儀礼　民衆運動のフォークロア　現代の民話の形成過程　群衆の欲望=犯罪にみるフォークロア　昭和の終焉―天皇をめぐるフォークロア)
*「昭和」、その多様な60余年を三つの時代に区分し、写真・映画・儀礼・民衆運動・犯罪・天皇観を通して、昭和史を世相から論及。

◇昭和漫画雑記帖　うしおそうじ著　同文書院　1995.7　125p　21cm　1400円　(i)4-8103-7276-6　Ⓝ382.1
(内容)1 子供ハ遊ブ―戦前・戦中・戦後の子供の遊び　2 暮ラシハ続ク―日々の生活の中の懐かしいあれこれ　3 世間ハ騒グ―昭和史を飾った男と女と生き物たち　4 カツドウ評判記―映画がまだ若かった時代
*東京の下町・芝に生まれ育ち、映画華やかなりし時代の東宝撮影所で青春を過ごした著者が、戦前、戦中、戦後を通して、愛すべき昭和の風物と人々の暮らしを精緻なイラストと独特の名調子で描き、書きとめた珠玉の一冊。三船敏郎、原節子、手塚治虫といった昭和を代表するヒーロー、ヒロインたちとの秘話も満載。

◇昭和恋々―あのころ、こんな暮らしがあった　Photo essay　山本夏彦,久世光彦著　清流出版　1998.11　202p　21cm　1600円　(i)4-916028-51-1　Ⓝ382.1
　内容　第1部　戦前を見に行く(山本夏彦)(不忍の池　下宿屋　アパート　髪床　質屋　ほか)　第2部　過ぎ行く季節のなかで(久世光彦)(産湯　割烹着　姫鏡台　入学式　大食堂　ほか)　第3部　対談　昭和恋々　記憶のなかの風景(山本夏彦　久世光彦)
　*原っぱや露地では、べーごまやめんこ、あやとりや、ままごとで遊ぶ子どもたちの声が響き、家には夕餉の支度で忙しい割烹着姿の母親がいた…。名だたる名文家二人のエッセイと90余点の写真で、いま、鮮やかに甦る、昭和あのころ。

◇昭和浪漫図鑑―私が原っぱの少年だったころ　町田忍著　WAVE出版　1998.4　230p　21cm　1800円　(i)4-87290-025-1　Ⓝ382.1
　内容　第1章　消えた風景　第2章　語り尽くせぬ学校生活　第3章　僕らは遊びの天才　第4章　ラジオ・テレビとの遭遇　第5章　懐かしの文化生活　第6章　楽しいお出かけ　第7章　おしゃれに心奪われて　第8章　乗り物はいつも僕らの憧れだった
　*子供に語りたいお父さんが好きだったもの。鉄腕アトム、コッペパン、オート三輪車、虫下し、駄菓子屋、チンチン電車、力道山、チョウチンブルマー、忍者ごっこ、渡辺の即席しる粉などを著者自らのイラストと貴重な資料で綴った初のエッセイ。

◇誰が「戦前」を知らないか―夏彦迷惑問答　山本夏彦著　文芸春秋　1999.10　238p　18cm　(文春新書)　690円　(i)4-16-660064-8　Ⓝ382.1
　内容　大正(ご遠慮)デモクラシー　活動写真　郵便局　牛鍋の時代　ライスカレー　寿司そばラーメン　教科書　女学校　きもの　ふみ書きふり　洋行　菊竹六鼓と桐生悠々
　*大地震の前の晩だって人は枕を高くして寝ていた。まじめな話をまじめくさって真顔でするのは失礼だし、著者は終始笑いのうちに戦前を語る。

◇美人画にみる風俗―目黒雅叙園美術館コレクション　昭和前期編　倉田公裕監修、目黒雅叙園美術館編　目黒雅叙園美術館　c1998　111p　28cm　Ⓝ721.9

◇貧乏だけど幸せ―われら日本人昭和25年〜35年の実写記録　コロナ・ブックス編集部編　平凡社　1999.8　126p　22cm　(コロナ・ブックス68)〔解説:荒俣宏〕　1524円　(i)4-582-63365-X　Ⓝ382.1
　内容　第1章　暮らしの中に"戦後"があった　第2章　すこやかな体をはぐくんだ　第3章　こどもたちも働いて遊んだ　第4章　青春はもっと輝い

ていた　第5章　働く人たちが国を支えた
　*40年前の日本って、想像つきますか?木村伊兵衛、土門拳ら写真界の巨匠をはじめ、アマチュア・カメラマンを含めた67人が写し出した、昭和25年から35年のまぎれもない真実。解説陣も多士済々。

◇町田忍博物館―絶滅危惧浪漫　町田忍著　エー・ジー出版　1998.4　135p　30cm　2400円　(i)4-900874-21-3　Ⓝ382.1
　内容　第壱章　街の図像　第弐章　街の風景　第参章　懐かしの繁昌図案
　*35年間におよぶフィールドワークの結実。昭和の風土記遂に完成！！泉麻人・なぎら健壱・やくみつる氏との対談も所載。

◇街の忘れがたみ―寄り道少年の夢　大竹誠著　ギャップ出版　1999.8　223p　19cm　1600円　(i)4-901594-01-X　Ⓝ384.2
　内容　理髪店　映画看板　荒物屋　銭湯背景画　水たまり　古本屋　氷屋　万年筆　原っぱ　生け垣〔ほか〕
　*昭和30年代にもっとも息づいていた「懐かしい街の風景」を追想とノスタルジー漂う写真の数々で綴った「街」の回顧譚。

北海道地方

◇アイヌ、いまに生きる　西浦宏己著　新泉社　1997.7　251p　21cm〈文献あり〉2400円　(i)4-7877-9707-7　Ⓝ382.11
　内容　地球の傷を癒して神さまに返さなきゃー山道康子　子供には親の生き様を直に見せたいー熊谷たみ子　人間を血で色分けすることできないですもんーチュプチセコル　格好いい人はだめなの、金持ちも大っ嫌い。平氏が一番よね。ー壁岸神奈枝　生きた証しの石ころでありたいー宇梶剛士　生きることのすべてが文化なんですーチカップ美恵子

◇アイヌ関係資料図録―杉山コレクション　東北歴史博物館編　多賀城　東北歴史博物館　2001.3　51,10p　30cm　Ⓝ383

◇アイヌ歳時記―二風谷のくらしと心　萱野茂著　平凡社　2000.8　231p　18cm　(平凡社新書)　700円　(i)4-582-85054-5　Ⓝ382.11
　内容　序章　二風谷に生まれて　第1章　四季のくらし　第2章　神々とともに生きて　第3章　動物たちとアイヌ　第4章　生きることと死ぬこと　第5章　アイヌの心をつづる
　*大自然と動物、植物を神とし、友として生きてきたアイヌ民族。人びとは、食べ物やさまざまな生活用具の素材を自然が与えてくれた恵みとして受け取り、大切にしてきた。その生活誌を、言葉や風習、民具など民族文化の継承・保存に生涯を捧げてきた一人のアイヌ

◇アイヌ史を見つめて　平山裕人著　札幌　北海道出版企画センター　1996.1　515p　21cm　3090円　(i)4-8328-9602-4　Ⓝ382.1
　(内容)　第1部　アイヌ史研究(アイヌの起源をさかのぼる　アイヌ文化の成立　古代・中世国家と先住民　アイヌの蜂起)　第2部　アイヌ史概観(先アイヌ期　先アイヌ期末期　原アイヌ期　アイヌ期前期　アイヌ期後期　近代アイヌ期前期　近代アイヌ期後期)

◇アイヌ史/概説―北海道島および同島周辺地域における古層文化の担い手たちとその後裔　河野本道著　札幌　北海道出版企画センター　1996.1　287p　17cm　(北方新書2)〈アイヌ史略年表：p205～254　参考図書類：p270～282〉1250円　(i)4-8328-9601-6　Ⓝ382.11
　＊本書は、「アイヌ史」を通史的に初めて叙述し、それに相応する時代区分を初めて示した。

◇「アイヌ」―その再認識―歴史人類学的考察　河野本道著　札幌　北海道出版企画センター　1999.11　257p　22cm　3800円　(i)4-8328-9905-8　Ⓝ382.11

◇アイヌときどき日本人―宇井真紀子・写真集　宇井真紀子著　社会評論社　2001.10　191p　22cm　2800円　(i)4-7845-1416-3　Ⓝ382.11
　(内容)　1　新しい夫婦の誕生　2　アイヌ料理店「レラ・チセ(風の家)」　3　普段着の肖像　4　伝承と学び　5　異文化交流　6　エカシ(年上の男性の尊称)の思い　7　触れあいの旅　8　先住民族アイヌの魂

◇アイヌと狩猟採集社会―集団の流動性に関する地理学的研究　遠藤匡俊著　大明堂　1997.2　203p　22cm〈文献：p176～185〉4326円　(i)4-470-43038-2　Ⓝ382.11
　(内容)　1　序論　2　集落レベルの空間的流動性　3　家レベルの空間的流動性　4　集団の空間的流動性のメカニズム　5　結論

◇アイヌと「日本」―民族と宗教の北方史　佐々木馨著　山川出版社　2001.11　246p　19cm　2500円　(i)4-634-60520-1
　(内容)　1章　古代東国の東国経営と宗教伝播　2章　東国経営の北進と宗教　3章　和人地の形成と宗教の伝播　4章　アイヌの宗教世界　5章　松前藩における近世仏教　6章　幕府の蝦夷地直轄　7章　近代天皇制とアイヌ
　＊「日本人」とアイヌ民族は、「みちのく」とエゾ地にどう創出されたか？その謎に宗教史的に初めて迫る。

◇アイヌのイクパスイ　フォスコ・マライーニ著、ロレーナ・ステンダールディ訳、アイヌ民族博物館編　白老町(北海道)　アイヌ民族博物館　1994.12　176p　27cm〈博物館開館10周年記念著者の肖像あり〉Ⓝ383.9

◇アイヌの学習にチャレンジ―その実践への試み　平山裕人著　札幌　北海道出版企画センター　2000.7　245p　21cm〈文献あり〉2400円　(i)4-8328-0003-5　Ⓝ382.11
　(内容)　第1編　アイヌ学習を考える(現代アイヌ略史　アイヌ学習の用語の考え方　現代アイヌ教育史―教研から見るアイヌ教育史　アイヌの歴史・文化を教育の場へ)　第2編　アイヌ学習を実践する(アイヌ語地名とアイヌの住む地　アイヌの衣服　数のしくみ　縄文・擦文・アイヌの各時代の住居　ほか)
　＊私たちが「今、歩いている社会」とは別の世界がある！このことを知ることは、現在の生き方が「唯一のものではない」ことを知ることでもあり、現在の生き方を相対化できる有効な手段でもある。そのために、必ずしもはるか遠くのものばかりを見る必要はない。それは、自分の足下にもあるのではないか。本書は、それを「アイヌ学習」に求めてみた。アイヌの歴史や文化を通して、たくさんのことを考えることができるはずだと…。それは、まさしく「現在を生きるヒントを探すために」考えるのである。

◇アイヌのくらしと言葉　4　北海道教育庁生涯学習部文化課編　札幌　北海道教育委員会　1995.3　320p　26cm(アイヌ無形民俗文化財記録刊行シリーズ8(平成6年度))Ⓝ382.11

◇アイヌのくらしと言葉　5　北海道教育庁生涯学習部文化課編　〔札幌〕　北海道教育委員会　1997.3　280p　26cm(アイヌ無形民俗文化財記録刊行シリーズ10(平成8年度))Ⓝ382.11

◇アイヌのくらしと言葉　6　北海道教育庁生涯学習部文化課編　〔札幌〕　北海道教育委員会　1999.3　300p　26cm(アイヌ無形民俗文化財記録刊行シリーズ12(平成10年度))Ⓝ382.11

◇アイヌのくらしと言葉　7　北海道教育庁生涯学習部文化課編　札幌　北海道教育委員会　2001.3　213p　26cm(アイヌ無形民俗文化財記録刊行シリーズ14(平成12年度))Ⓝ382.11

◇アイヌの四季と生活―十勝アイヌと絵師・平沢屛山　平沢屛山画,アイヌ文化振興・研究推進機構編　札幌　アイヌ文化振興・研究推進機構　1999.9　116p　30cm〈他言語標題：The seasons and life of the Ainu　英文併記　会期・会場：1999年9月3日～10月17日　埼玉県立博物館〉Ⓝ382.11

◇アイヌの知恵ウパシクマ　1　中本ムツ子述,片山竜峯編・解説,西山史真子絵　武蔵野　片山言語文化研究所　1999.7　251p　26cm〈他言語標題：The wisdom of the Ainu upaskuma　下関　新日本教育図書(発売)〉2500円　(i)4-88024-218-7　Ⓝ382.11
　(内容)　絵本(ウサ　キナ　エントゥサレ―薬草の

話 ユプテク フチ—働き者の祖母 クキ ネプキ—私のした仕事 イオマンテ—熊の魂送り シンリッ モシリ—先祖の国) ウパシクマ解説

◇アイヌの知恵ウパシクマ 2 中本ムツ子語り,片山竜峯編・解説,西山史真子絵 武蔵野 片山言語文化研究所 2001.3 239p 26cm 〈他言語標題:The wisdom of the Ainu upaskuma 下関 新日本教育図書(発売)〉 2500円 (i)4-88024-235-7 Ⓝ382.11

(内容) 絵本(私の犬 川漁の話 つらい話 足ることを知る この世に無駄なものは無い) ウパシクマ解説

*本書は、北海道千歳市に住む中本ムツ子さんというアイヌの女性が語った祖先からの言い伝えをアイヌ語の絵本にしたものです。

◇アイヌの美—彫る—清野謙次コレクションを中心に アイヌ文化振興・研究推進機構編 札幌 アイヌ文化振興・研究推進機構 1998.10 47p 27cm 〈他言語標題:Carving-the beauty of Ainu 平成10年度財団法人アイヌ文化振興・研究推進機構展示事業 英文併記〉 Ⓝ382.11

◇あいぬ風俗略記 竜溪書舎 2000.6 206p 21cm (明治後期産業発達史資料 第540巻) 23000円

(内容) あいぬ風俗略史—明治25年9月1日(村尾元長著)

◇アイヌ文化を伝承する 萱野茂編 草風館 1998.7 281p 21cm (萱野茂アイヌ文化講座 2)〈執筆:秋野茂樹ほか 年表あり〉2500円 (i)4-88323-104-6 Ⓝ382.11

(内容) 1 IN TOKYOU(アイヌ文化はどう継承されていくのか アイヌ語教室とアイヌ語の未来 アイヌ民族の復権運動と今後の展開 近代アイヌ史への序章 世界のなかで見るアイヌ文化 シンポジウム・アイヌ新法が問いかけるもの) 2 IN OKINAWA(ユカラを語る アイヌ文化と沖縄文化—日本文化との比較の視座から)

*「アイヌ新法」成立以降を検証する—。「ことば」こそ民族の証—アイヌは民族としての自文化をどう次代に伝えていくのか。アイヌ文化の保存・伝承には、いかなる施策が求められているのか。多文化時代の共有財産である「アイヌ文化」の意義を探り、現在の課題を議論、報告する。

◇アイヌ文化誌ノート 佐々木利和著 吉川弘文館 2001.10 220p 19cm (歴史文化ライブラリー 128)〈文献あり〉1700円 (i)4-642-05528-2 Ⓝ382.11

(内容) 隣り合う異文化(アイヌ文化の周辺 シャモとアイヌ) アイヌの衣服(アットゥシ—ある固有文化論 モレウ—美しきアイヌ文様) 生活をささえる道具たち(マキリ—身近なる利器 エムシ—模造された太刀拵え ほか) 千島—その知られざる文化要素(千島アイヌ 物質文化の諸相)

*北海道・千島・樺太に暮らすアイヌの人びとは、周辺地域との交流の歴史のなかで多様な文化を創造した。日本・シベリア・北アメリカ・ヨーロッパの文化をも複合したその世界にわけ入り、アイヌ文化とは何かを考える。

◇アイヌ文化紹介小冊子—ポンカンピソシ 5 祈る—イノミ 北海道立アイヌ民族文化研究センター編 札幌 北海道立アイヌ民族文化研究センター 1999.11 32p 21cm

◇アイヌ文化紹介小冊子—ポンカンピソシ 6 口頭文芸—ウエネウサラ 北海道立アイヌ民族文化研究センター編 札幌 北海道立アイヌ民族文化研究センター 2000.10 32p 22cm

◇アイヌ文化紹介小冊子—ポンカンピソシ 7 芸能 北海道立アイヌ民族文化研究センター編 札幌 北海道立アイヌ民族文化研究センター 2001.9 32p 21cm

◇アイヌ文化の現在 江別 札幌学院大学人文学部 1997.3 335p 19cm (『公開講座』北海道文化論 第13集)〈執筆:秋辺日出男ほか 発行所:札幌学院大学生活協同組合〉1900円 Ⓝ382.11

◇アイヌ文化の成立 札幌 北海道開拓記念館 1999.3 51p 30cm (常設展示解説書 2) 〈文献あり 年表あり〉Ⓝ382.11

◇アイヌ文化の成立を考える—博物館フォーラム 北海道立北方民族博物館編 網走 北海道立北方民族博物館 1996.3 143p 30cm Ⓝ382.11

◇アイヌ民族 本多勝一著 朝日新聞社 2001.12 399p 15cm (朝日文庫) 660円 (i)4-02-261357-2

(内容) 第1部 アイヌモシリ(大森林 シカとサケ 四季のさち ほか) 第2部 ハルコロ(ウエペケレ 吹雪の日 雪どけの日 ほか) 第3部 パセクル(ウパシクマ パセクル シロマイヌ)

◇アイヌ民族を理解するために 改訂 札幌 北海道環境生活部 1998.7 34p 21cm

◇アイヌ民族と日本人—東アジアのなかの蝦夷地 菊池勇夫著 朝日新聞社 1994.9 297p 19cm (朝日選書 510)〈参考文献:p287〜297〉1400円 (i)4-02-259610-4 Ⓝ211

(内容) 序章 東アジアの視野のなかで 第1章 近世蝦夷地の歴史的前提 第2章 アイヌ民族と幕藩制国家 第3章 蝦夷地の開発とアイヌ社会 第4章 東アジア物流のなかの蝦夷地 第5章 蝦夷地と華夷意識 第6章 近代化のなかの国家と民族 終章「北門鎖鑰」史観をのりこえる

*蝦夷の地に独自の文化を育んだ人びとの歴史は、日本を写す鏡—。農耕定住民こそ国の礎と考えた和人統一権力にとって、狩猟・交易にたずさわる者たちは、常に"まつろわぬ民"にみえたのである…。現代以来の日本人との関係を通観する。

北海道地方　　　　　　　　　　　　　　　　　　　　　　　　　　　　　　　　　風俗史・民俗誌

◇アイヌ民族に関する指導資料　札幌　アイヌ文化振興・研究推進機構　2000.3　97p　30cm　Ⓝ382.11

◇アイヌ民族の文化と歴史を再考する―報告書　平成9年度帯広百年記念館アイヌ文化シンポジウム　帯広百年記念館編　帯広　帯広百年記念館　1998.3　59p　26cm　〈会期：平成9年11月30日〉Ⓝ382.11

◇アイヌ民族の文化と歴史を学ぶ―報告書　平成10年度帯広百年記念館アイヌ文化セミナー　帯広百年記念館編　帯広　帯広百年記念館　1999.3　62p　26cm　〈会期：平成11年1月17日〉Ⓝ382.11

◇アイヌ民族の歴史と文化―北方少数民族学者の視座より　チューネル・M.タクサミ，ワレーリー・D.コーサレフ著，中川裕監修，熊野谷葉子訳　明石書店　1998.9　284p　20cm　(明石ライブラリー 6)　3300円　(i)4-7503-1082-4　Ⓝ382.11
(内容)第1章 ロシア人を兄弟と呼ぶ　第2章 最後の一線を前に　第3章 島人達の世界　第4章 ニシパ―「天のかしら」　第5章 古き良きむかし　第6章 殺されたがる神々

◇アイヌ民族の歴史と文化―教育指導の手引　田端宏，桑原真人監修　山川出版社　2000.8　147p　21cm　〈文献あり　年表あり〉　1300円　(i)4-634-60800-6　Ⓝ382.11
(内容)第1章 なぜアイヌ史を学ぶのか(アイヌ民族の現状と差別問題　道民の「開基」意識とアイヌ民族問題　アイヌ史の学習を　本書の課題と構成)　第2章 アイヌ民族問題に関する教育をどう展開するか(古代国家と蝦夷　中世の日本・中国史料にみえるアイヌ民族の姿　松前藩の成立と商場知行制　場所請負制とアイヌ社会ほか)
＊本書では、実践の分野に研究史的に見て質の高い参考資料を、理解しやすく、教室でも扱いやすい形で提示することを意図した。各時代ごとにテーマの概観を簡要にまとめ、用語解説や史料についてはその分野で重要なものにやや詳細な説明を付す、という形をとっている。

◇アイヌ民俗文化財調査報告書　平成4年度　アイヌ民俗調査　7 道東地方　北海道教育庁生涯学習部文化課編　札幌　北海道教育委員会　1993.3　182p　26cm　Ⓝ382.11

◇アイヌ民俗文化財調査報告書　平成5年度　アイヌ民俗調査　13　北海道教育庁生涯学習部文化課編　札幌　北海道教育委員会　1994.3　183p　26cm　Ⓝ382.11

◇アイヌ民俗文化財調査報告書　平成6年度　アイヌ民俗調査　14 補足調査1　北海道教育庁生涯学習部文化課編　札幌　北海道教育委員会　1995.3　150p　26cm　Ⓝ382.11

◇アイヌ民俗文化財調査報告書　平成7年度　アイヌ民俗調査　15 補足調査2　北海道教育庁生涯学習部文化課編　札幌　北海道教育委員会　1996.3　233p　26cm　Ⓝ382.11

◇アイヌ民俗文化財調査報告書　平成8年度　アイヌ民俗調査　16 補足調査3　北海道教育庁生涯学習部文化課編　札幌　北海道教育委員会　1997.3　232p　26cm　Ⓝ382.11

◇アイヌ民俗文化財調査報告書　平成9年度　アイヌ民俗調査　17 補足調査4　北海道教育庁生涯学習部文化課編　札幌　北海道教育委員会　1998.3　217p　26cm　Ⓝ382.11

◇アイヌ民俗文化財調査報告書　平成10年度　アイヌ民俗調査　18 補足調査5　北海道教育庁生涯学習部文化課編　札幌　北海道教育委員会　1999.3　316p　26cm　Ⓝ382.11

◇アイヌ民俗文化財調査報告書　平成11年度　アイヌ生活技術伝承実態調査　1　北海道教育庁生涯学習部文化課編　札幌　北海道教育委員会　2000.3　155p　26cm　Ⓝ382.11

◇アイヌ民俗文化財調査報告書　平成12年度　アイヌ生活技術伝承実態調査　2　北海道教育庁生涯学習部文化課編　札幌　北海道教育委員会　2001.3　185p　26cm　Ⓝ382.11

◇アイヌ民族：歴史と現在―未来を共に生きるために　中学生用　札幌　アイヌ文化振興・研究推進機構　2001.3　45p　26cm

◇アイヌ民族：歴史と現在―未来を共に生きるために　小学生用　札幌　アイヌ文化振興・研究推進機構　2001.3　45p　26cm

◇アイヌ・モシリの風　チカップ美恵子著　日本放送出版協会　2001.6　254p　20cm　1500円　(i)4-14-080614-1　Ⓝ382.11

◇アイヌ文様刺繍のこころ　チカップ美恵子著　岩波書店　1994.7　62p　21cm　(岩波ブックレット NO.352)　400円　(i)4-00-003292-5
(内容)母の日記をひもとく　アイヌ文様刺繍のこころ　"鳥"のように自由に

◇旭川市博物館所蔵品目録　9　旭川市博物館編　旭川　旭川市博物館　1997.3　56p　30cm　〈文献あり〉　Ⓝ211
(内容)民族資料／衣服関係

◇旭川市博物館所蔵品目録　10　旭川市博物館編　旭川　旭川市博物館　1999.3　60p　30cm　Ⓝ211
(内容)民族資料／服飾関係

◇旭川市博物館所蔵品目録　11　旭川市博物館編　旭川　旭川市博物館　2000.3　48p　30cm　Ⓝ211
(内容)民族資料／携行品関係

◇江差町の社会と民俗―五勝手の事例　宮良高弘編　札幌　北海道みんぞく文化研究会　1993.3　354p　23cm　〈共同刊行：檜山郡江差町　付：参考文献〉　2000円　Ⓝ382.116

◇小倉・北海道観光物産興社・W・カーティスコレクション他資料目録　北海道開拓記念館編　札幌　北海道開拓記念館　1998.3　110p　26cm

風俗史・民俗誌　　　　　　　　　　　　　　　　　　　　　　　　　　　　　　　　　　北海道地方

　(北海道開拓記念館一括資料目録　第32集)
　Ⓝ382.11
◇「開拓使文書」アイヌ関連件名目録　百瀬響編
　札幌　北海道出版企画センター　1999.3　192p
　21cm　2000円　(i)4-8328-9902-3　Ⓝ382.11
　＊北海道立文館に所蔵されている「開拓使文書」
　の中から、その件名にアイヌに関する記述が
　あるものを選択・収録した目録。北海道の近
　代史の中でも、特にアイヌに関わる歴史に関
　心を持つ人びとのために、初学者向けの資料
　集として編まれたもの。索引付き。
◇開拓の村展示棟から見た北海道文化の基礎とそ
　の継承　札幌　北海道開拓の村　1997.3　104p
　26cm　(北海道開拓の村研究報告　1)　Ⓝ211
◇川上シンの伝承　川上シン述，アイヌ民族博物
　館編　白老町(北海道)　アイヌ民族博物館
　1995.10　70p　26cm　(アイヌ民族博物館伝承記
　録　2)　Ⓝ382.11
◇川上まつ子の伝承　植物編1　川上まつ子述，
　アイヌ民族博物館編　白老町(北海道)　アイヌ
　民族博物館　1999.3　317p　26cm　(アイヌ民族
　博物館伝承記録　4)　Ⓝ382.11
◇北の内海世界―北奥羽・蝦夷ヶ島と地域諸集団
　入間田宣夫,小林真人,斉藤利男編　山川出版社
　1999.7　224p　19cm　1900円　(i)4-634-60750-6
　Ⓝ211
　〈内容〉第1部「北の内海世界」の発見(北緯40度
　以北の10～12世紀　糠部・閉伊・夷が島の海民
　集団と諸大名　北海道の戦国時代と中世アイヌ
　民族の社会と文化)　第2部「北の内海世界」に
　おける国家・民族と文化接触・文化変容(防御
　性集落の時代をどうみるか―南からの力・北か
　らの力　古代文献史学の側からの試論　蝦夷・
　北奥と本願寺教団「みちのく」像の光と影―そ
　の宗教史的アプローチ　北の「倭寇的状況」との
　拡大　討論のまとめ)　付論　授業化への一試
　み―「参加記」にかえて
　＊本書は1998年8月、「北海道高等学校日本史教
　育研究会第22回研究大会」として、函館市で開
　催されたシンポジウムの記録である。従来の
　北方史研究ではほとんど取り上げられること
　のなかった、中世～近世における蝦夷地仏教
　布教の問題や、戦国時代一向宗教団の北奥羽
　・蝦夷ヶ島布教と「北の海の有徳人」の歴史な
　どが、初めて本格的に論じられている。
◇北の文化―アイヌのくらしと祈り　遠野　遠野
　市立博物館　1994.8　90p　26cm　〈第29回特別
　展　遠野市市制40周年記念〉　Ⓝ382.11
◇北の列島文化―清野謙次コレクションから　平成
　8年度冬季企画展　大阪府立近つ飛鳥博物館編
　河南町(大阪府)　大阪府立近つ飛鳥博物館
　1997.1　1冊(頁付なし)　30cm　(大阪府立近つ
　飛鳥博物館図録　10)　〈会期：1997年1月28日～3
　月23日〉　Ⓝ382.11

◇財団法人アイヌ文化振興・研究推進機構収蔵品
　目録　1　アイヌ文化振興・研究推進機構編　札
　幌　アイヌ文化振興・研究推進機構　2000.3
　71p　30cm　〈他言語標題：Collections of the
　Foundation for Research and Promotion of
　Ainu Culture catalogue　英文併記〉　Ⓝ383
　〈内容〉1997.7-2000.3
◇財団法人アイヌ文化振興・研究推進機構収蔵品
　目録　2　アイヌ文化振興・研究推進機構編　札
　幌　アイヌ文化振興・研究推進機構　2001.3
　127p　30cm　〈他言語標題：Collections of the
　Foundation for Research and Promotion of
　Ainu Culture catalogue　英文併記〉　Ⓝ383
　〈内容〉杉村資料1
◇色丹島記　長見義三著　新宿書房　1998.12
　298p　20cm　2400円　(i)4-88008-253-8　Ⓝ382.
　119
　〈内容〉色丹島記(取材記)　巫女志(小説)　酋長
　の子(エッセイ)
　＊明治八年の「樺太千島交換条約」にともない、
　日本政府によって、千島列島最北端の占守島
　から北海道に近い色丹島に強制移住させられ
　た、97人の北千島アイヌがいた…。その民族
　的運命に思いを寄せる長見義三は、昭和17年
　秋、色丹島に渡り、約一カ月間、自然や遺跡
　をはじめ、そこに住む人びとを取材して歩き、
　克明な記録を残した。その後、手帳は日の目
　を見ぬまま、作家の篋底深くしまわれていた
　が、このほどようやく解読され、当時の島の
　模様がつぶさに明らかとなった。
◇縄文からアイヌへ―感覚的叡知の系譜　町田宗
　鳳著　せりか書房　2000.10　221p　20cm　2000
　円　(i)4-7967-0228-8　Ⓝ382.11
　〈内容〉第1章　物々交換という思想(狩猟の民と
　いう錯覚　卓越した外洋航海術　モノとナノ
　ほか)　第2章　イオマンテの真実(「事物化」から
　の解放　原初のカミは動物であった　「消尽」さ
　れるクマの生命　ほか)　第3章「ゾーエー的生
　命感覚」とは何か(ゾーエーとビオス　「場所」と
　しての自然　破壊されざる生命への確信　ほか)
　第4章　文字を超えた逞しい表現力(無文字は蒙
　昧を意味しない　「生きた言語」と「死んだ言語」
　生活に溶け込む歌謡　ほか)
　＊縄文人の豊かな精神文化を受け継いだ先住民
　族アイヌの生活・儀礼・伝承の中に太古のコ
　スモロジーの輝きと未来に繋がる「破壊されざ
　る無限の生命の流れ」を見出し新しい感覚的叡
　知の系譜を発掘した比類なきアイヌ論。
◇昭和の話　札幌市教育委員会文化資料室編
　〔札幌〕　札幌市　1995.6　333p　19cm
　(さっぽろ文庫　73)　〈共同刊行：札幌市教育委
　員会　年表：p312～333〉　非売品　Ⓝ382.115
◇菅江真澄とアイヌ　堺比呂志著　三一書房
　1997.12　339,7p　22cm　〈年譜あり〉　4800円

文化人類学の本　全情報　115

(i)4-380-97312-3　Ⓝ382.11
内容　第1章　アイヌとの出会い　第2章　蝦夷風俗画と真澄の絵　第3章　アイヌシモリ　第4章　闘争　第5章　芸術・音楽・遊戯　第6章　アイヌの文学　第7章　経済伝承　第8章　真澄が見たアイヌの生活　第9章　真澄が見たアイヌの文化
＊明治以前は、蝦夷地の九割ほどがアイヌシモリであった。本書は、そこに生きてきたアイヌの生活を江戸時代の武士、文人が書き残した記録を通じて、その生活を垣間見て、昔のアイヌの人々の苦労、口惜しさ、悲しさ、腹立たしさ、また反面に自由で、おおらかで、平和な楽しい生活を取捨選択して書いたものである。

◇高倉新一郎著作集　第9巻　地域史　高倉新一郎著、高倉新一郎著作集編集委員会編　札幌　北海道出版企画センター　2000.7　554p　22cm　8000円　(i)4-8328-0005-1　Ⓝ211
内容　解説(君尹彦著)　道南地域史：松前文化について　松前城の懐古　松前年中行事　松前の正月　松前の歴史　松前町史の使命　道央地域史：胆振の旅路　岩内行　江別の誕生　苫小牧の誕生　札幌地域史：札幌の史蹟　札幌の都市計画　札幌の生活　札幌の春・半世紀　札幌百年　札幌市の誕生と生い立ち　札幌史話　帯広・十勝地域史：十勝大津村行　十勝川　新開地の祭　帯広の生い立ち　十勝開拓の先駆　ニッポン西部劇　十勝農業のたどった道　地域史の見方と編集：北海道郷土史の見方　北海道市町村史編集の手引き　道史協二十年に想うこと

◇端野町の石碑　鷲見文男、伊藤公平著、端野町立歴史民俗資料館編　端野町(北海道)　端野町立歴史民俗資料館　1993.3　128p　26cm　(資料館シリーズ no.5)　Ⓝ291.11

◇妻沼コレクション資料目録　北海道開拓記念館編　札幌　北海道開拓記念館　1997.3　54p　26cm　(北海道開拓記念館一括資料目録 第30集)　Ⓝ382.11

◇二十年の歩み―財団法人設立20周年記念誌　アイヌ民族博物館編　白老町(北海道)　アイヌ民族博物館　1996.11　191p　27cm　Ⓝ382.11

◇日本近世のアイヌ社会　岩崎奈緒子著　校倉書房　1998.2　250p　22cm　(歴史科学叢書)　〈索引あり〉　6000円　(i)4-7517-2790-7　Ⓝ382.11
内容　歴史研究におけるアイヌの表象分析と問題の所在　一九世紀初頭におけるアイヌ社会の構造―アッケシ・エトロフ地域を中心に　幕藩権力による有力アイヌの掌握過程　アイヌの「宝」とその社会的機能　クナシリ・メナシの戦いの再構成　近世後期におけるアイヌ像の創出過程

◇馬場・児玉コレクションにみる北の民アイヌの世界　アイヌ文化振興・研究推進機構編　札幌　アイヌ文化振興・研究推進機構　2000.7　152p　30cm　〈他言語標題：Ainu-northern people and their world Baba and Kodama collections　会期・会場：平成12年7月14日～8月20日　広島県立歴史民俗資料館ほか　英文併記　年譜あり　文献あり〉Ⓝ382.11

◇ブダペスト民族学博物館所蔵バラートシ・バログコレクション調査報告書　〔札幌〕　北海道立アイヌ民族文化研究センター　1999.3　124p　30cm　〈他言語標題：Museum of Ethnography, Budapest Barathosi Balogh collection catalogue　英文併載　共同刊行：ブダペスト民族学博物館(ブダペスト)　執筆：古原敏弘ほか〉Ⓝ382.11

◇「北海道」がよくわかる　北海道新聞情報研究所編　札幌　北海道新聞社　1993.6　339p　19×15cm　1500円　(i)4-89363-691-X
内容　第1章　位置　第2章　自然・環境　第3章　歴史　第4章　政治・行政・労働　第5章　産業・経済　第6章　社会　第7章　生活・教育　第8章　文化・芸能・スポーツ　第9章　アイヌ民族　第10章　国際交流　第11章　ロシア・北方領土
＊北海道の自然、風土をはじめ政治。経済、文化、スポーツなど全分野を解説した。「北海道入門書」。社員教育や就職試験の準備にもぴったり。

◇北海道くらしの博物ごよみ　鍛治英介著　札幌　北海道新聞社　1996.10　187p　19cm　1500円　(i)4-89363-134-9　Ⓝ382.11
内容　一月(春の七草　小正月・女正月 ほか)　二月(雪の結晶　冬日・真冬日 ほか)　三月(雛祭り　フキノトウ ほか)　四月(花祭り　カタクリの花 ほか)　五月(端午の節句　母の日 ほか)　六月(更衣　時の記念日 ほか)　七月(七夕　浴衣 ほか)　八月(立秋　台風の季節 ほか)　九月(二百十日　白露 ほか)　十月(秋の七草　あかりの日 ほか)　十一月(雪囲い　ギンナン ほか)　十二月(タラ　根雪 ほか)
＊見て、読んで楽しい北の歳時記。四季折々の旬の味覚、動植物の生態など北海道ならではの自然と暮らしにまつわる事象を斬新な筆致で綴る。みずみずしい切り絵が随所に。読んであなたも「物知り博士」。

◇北海道・東北地方の民俗地図 1　北海道・青森・岩手　東洋書林　2000.4　1冊　23cm　(都道府県別日本の民俗分布地図集成 第1巻)　〈複製〉　30000円　(i)4-88721-351-4　Ⓝ382.11
内容　北海道民俗地図(北海道教育委員会編)　青森県民俗分布図(青森県教育委員会編)　岩手県民俗分布図(岩手県教育委員会編)
＊本書は、北海道、青森県、岩手県が、それぞれ今後の民俗文化財の保護と調査研究の資料ひいては次世代への文化の継承の基礎資料として、まとめたものである。

風俗史・民俗誌　　　　　　　　　　　　　　　　　　　　　　　　　　　　北海道地方

◇北海道・東北地方の民俗地図　2　宮城・秋田・山形・福島　東洋書林　2000.6　1冊　23cm　(都道府県別日本の民俗分布地図集成　第2巻)　〈複製〉　33000円　(i)4-88721-352-2　Ⓝ382.11
　(内容)　宮城県民俗分布図―緊急民俗資料分布調査報告書　秋田県民俗分布図―緊急民俗資料分布調査報告書　山形県民俗地図―民俗文化財分布調査報告書　福島県民俗分布図―民俗資料緊急調査報告書　福島県民俗分布図―福島県文化財調査報告書第78号

◇北海道・東北の民俗　北海道編　大島暁雄ほか編　三一書房　1995.11　876p　27cm　(日本民俗資料報告集成)　〈複製〉　(i)4-380-95576-1　Ⓝ382.11
　(内容)　オロッコ・ギリヤーク民俗資料調査報告書　北海道教育委員会編(昭和49年刊)　空知の開拓文化財　農業編・生活資料編・炭鉱資料編,空知の屯田兵　空知地方史研究協議会編(昭和45〜53年刊)　日本海沿岸ニシン漁撈民俗資料調査報告書　北海道教育委員会編(昭和45年刊)　アイヌ民俗資料調査報告　北海道教育委員会編(昭和43年刊)

◇北海道の家族と人の一生　宮良高弘,萩中美枝,小田嶋政子著　〔札幌〕　北海道　1998.10　232p　20cm　(北の生活文庫　第4巻)　非売品　Ⓝ382.11

◇北海道の家族と人の一生　宮良高弘,萩中美枝,小田嶋政子著　札幌　北海道新聞社　1998.11　232p　20cm　(北の生活文庫　第4巻)　1553円　(i)4-89363-167-5　Ⓝ382.11
　(内容)　序章　北海道の家族と人の一生　第1章　アイヌ民族の家族と人の一生(家族　人の一生)　第2章　和人の家族と人の一生(家族と親族の構造　人の一生)

＊「北の生活文庫」は、日々の暮らしの中に深く根ざしている衣食住や遊び、年中行事、風俗習慣など、先人たちの努力によってはぐくまれてきた貴重な文化を次の世代に伝えていくため、北国・北海道らしい生活文化をテーマごとに取りまとめて紹介するシリーズです。本巻では、アイヌの人たちと全国各地から移住してきた人たちについて、人が誕生して最初に出会う最も身近な「社会(家族)」をどのように形成し、いかなる人生儀礼を経て「人の一生」を過ごしてきたのかということを取り上げました。

◇北海道の自然と暮らし　関秀志ほか編　〔札幌〕　北海道　1997.3　242p　20cm　(北の生活文庫　第2巻)　(参考・引用文献：p234〜237)　非売品　Ⓝ382.11

◇北海道の自然と暮らし　関秀志ほか著　札幌　北海道新聞社　1997.4　242p　20cm　(北の生活文庫　第2巻)　〈文献あり〉　1553円　(i)4-89363-164-0　Ⓝ382.11

　(内容)　序章　北海道の自然と暮らし　第1章　アイヌ民族の暮らしと自然(森と暮らし　海・川と暮らし　季節の変化と暮らし)　第2章　移住者の暮らしと自然(移住者をとりまく状況　移住と開墾　開拓地の暮らし　開拓者の森林保護運動)
＊本書は、アイヌの人たちや全国から新天地を求めて北海道開拓のために移住してきた人たちが、北海道の自然とどのようにかかわり、その暮らしを築いてきたかを取り上げました。

◇北海道の生活文化　北の生活文庫企画編集会議編　札幌　北海道新聞社　2000.4　278p　20×15cm　(北の生活文庫　10)　1553円　(i)4-89453-080-5
　(内容)　第1章　二十一世紀への発言(北海道の文化の未来へ　異文化との交わりの中で―北海道文化の創造　北海道生活文化の形成と変容　アイヌ文化の復元と伝承をめざして―生活用品を復元する伝承の実践を通して)　第2章　座談会「次代に伝える私たちの生活文化」　第3章　今日から明日へ―息づく地域文化(ジャガイモは偉大だ　食の多様化の中で　まち・くらしのデザイン　北海道とファッション～ジェンダー・フリーな社会に　ほか)
＊次代に伝える文化シリーズ最終配本・全10巻完成。今に息づく北海道の地域文化を21世紀へ、有識者や道民各層の実践家らが発言する。

◇北海道の歴史60話　木村尚俊,小林真人,田端宏,桑原真人,小野寺正巳,森岡武雄編　三省堂　1996.3　278p　21cm　3200円　(i)4-385-35531-2
　(内容)　原始・古代・中世編(北海道「島」への最初の移住者たち―最古の石器文化　二つの文化圏―縄文土器の型式と編年　大自然でくらす―北海道の縄文人　集団墓地がつくられる―縄文時代の大土木工事　ほか)　近世編(アイヌ交易を独占する松前藩―商場知行制の確立　シャクシャインの戦い―アイヌ民族の総決起　北方へ進出する商人団―近江商人の活躍　場所に縛りつけられるアイヌ―場所請負制の成立　ほか)　近代編(北海道の世直し―小樽内騒動と福山・江差騒動　蝦夷地から北海道へ―開拓使の設置　警備と開拓の任務を背負って―屯田兵制度の成立　ほか)　現代編(戦争のツケを背負って入植―戦後開拓とその末路　土地を農民の手に―農地改革と農民運動の高まり　モンペ姿の闘士たち―女性の解放とその活躍　ほか)
＊60の精選した史料・記録をもとに、原始・古代から現代までの北海道の歴史を解き明かす。擦文文化・アイヌ・開拓の歴史…、北の大地北海道の歴史をこの一冊で。1話4ページの読み切り歴史物語。

◇北海道文化成立にかかわる母県文化の継承と変容　1　札幌　北海道開拓の村　1998.3　81p　26cm　(北海道開拓の村調査研究中間報告　1)

◇北海道文化成立にかかわる母県文化の継承と変容 2 札幌 北海道開拓の村 1999.3 73p 26cm (北海道開拓の村調査研究中間報告 2) Ⓝ211
◇北海道文化成立にかかわる母県文化の継承と変容 3 札幌 北海道開拓の村 2000.3 70p 26cm (北海道開拓の村調査研究中間報告 3) Ⓝ211
◇北海道文化成立にかかわる母県文化の継承と変容 4 札幌 北海道開拓の村 2001.3 63p 26cm (北海道開拓の村調査研究中間報告 4) Ⓝ211
◇北海道まるごと早わかり 札幌 北海道新聞社 1997.1 242p 19cm 1500円 (i)4-89363-139-X
(内容) 第1章 位置・自然 第2章 歴史 第3章 政治・行政 第4章 産業・経済 第5章 生活・社会 第6章 文化・芸能・スポーツ 第7章 アイヌ民族 第8章 国際交流 第9章 ロシア・北方領土
＊最新データを基にやさしい解説文と写真で自然や歴史、政治・経済、暮らしなどあらゆる分野をまとめて紹介。北海道に初めて住む人や故郷をもっと知りたい道産子に勧める一冊。
◇北海道立文書館所蔵資料目録 9 北海道国有未開地処分法完結文書 7 土地売払目録(本庁) 5 (明治41〜昭和27年), 土地賃貸目録(本庁) 4 (明治31〜昭和22年) 北海道立文書館編 札幌 北海道立文書館 1993.10 122p 26cm Ⓝ211
◇北方世界との交流—第1回海の道北へ東へ 日本図書センター 1999.9 197p 31cm (日本民俗写真大系 1) 12000円 (i)4-8205-2872-6, 4-8205-2870-X, 4-8205-2871-8 Ⓝ382.11
◇幕別町蝦夷文化考古館吉田菊太郎資料目録 2 (文書資料編) 幕別町(北海道) 幕別町教育委員会 1998.2 150p 26cm 〈奥付・背のタイトル：吉田菊太郎資料目録〉 Ⓝ382.11
◇民族資料目録 1 網走 北海道立北方民族博物館 1999.3 99p 30cm (北海道立北方民族博物館資料目録 3) Ⓝ382
(内容) 平成元年度・2年度収集資料
◇民族資料目録 2 網走 北海道立北方民族博物館 2000.3 99p 30cm (北海道立北方民族博物館資料目録 4) Ⓝ382
(内容) 平成3・4・5・6年度収集資料
◇山田秀三文庫文書資料目録 1 北海道立アイヌ民族文化研究センター編 札幌 北海道立アイヌ民族文化研究センター 2000.3 114p 26cm (北海道立アイヌ民族文化研究センター資料目録 4) Ⓝ211
◇雪と寒さと文化—北のくらしと技術 第46回特別展 北海道開拓記念館編 札幌 北海道開拓記念館 1998.7 63p 30cm Ⓝ382.1
◇装いのアイヌ文化誌—北方周辺域の衣文化と共に 河野本道編著 札幌 北海道出版企画センター 2001.9 155p 26cm 〈本文：日英両文〉 10000円 (i)4-8328-0104-X
(内容) 図録(アイヌと北方周辺の衣文化—旭川市博物館所蔵品より) 論考(アイヌ自ели の衣服 アイヌの織物染色法 アイヌの下帯 アイヌの文様 アイヌの芸術 北方のアクセサリー 北の文様—アイヌ、ギリヤーク、オロッコ Aynu の下紐に関する覚書—レタラハイによるポンクッのできるまで アイヌ文様の起源 化粧と装身のアイヌ文化誌)
◇ロシア科学アカデミー人類学民族学博物館所蔵アイヌ資料目録 SPb-アイヌプロジェクト調査団編著 草風館 1998.2 204p 30cm 〈他言語標題：Айнские коллекции Музея Антропологии и Этнографии им. Петра Великого (Кунсткамера) Российской Академии Наук каталог 他言語標題：Ainu collections of Peter the Great Museum of Anthropology and Ethnography Russian Academy of Sciences catalogue 英露文併載〉 9000円 (i)4-88323-101-1 Ⓝ382.11
(内容) アイヌ文化研究におけるアイヌプロジェクトの意義 ロシア科学アカデミー人類学民族学博物館 (MAE) アイヌコレクション サハリンアイヌ ロシア科学アカデミー人類学民族学博物館アイヌ民族資料の収集者 資料目録
◇和寒町百年史 和寒町編 〔和寒町(北海道)〕 和寒町 2000.3 959p 27cm 非売品 Ⓝ211.3

東北地方

◇蝦夷と東北古代史 工藤雅樹著 吉川弘文館 1998.6 458,22p 21cm 10000円 (i)4-642-02320-8
(内容) 第1部 東北古代史像の形成とその再検討 (東北古代史像の形成 東北古代史の再検討) 第2部 陸奥・出羽両国の成立と城柵の造営 (初期の柵とコホリ 石城・石背両国の分置と広域陸奥国の復活 多賀城の創建をめぐって 藤原仲麻呂政権と東北 ほか) 第3部 古代の蝦夷と民族論 (蝦夷アイヌ説と非アイヌ説 考古学から見た古代蝦夷 古代蝦夷の社会—交易と社会組織 民族論における蝦夷とアイヌ ほか)
＊開拓・拓殖の歴史と見られてきた東北古代史を再検討し、考古学と文献史学の成果を総合して新たな東北古代史の構築をめざす。また蝦夷アイヌ説と蝦夷非アイヌ説の対立をのりこえる新しい民族論、蝦夷社会論を提示する。
◇北の女の民俗誌 武田正著 南陽 置賜民俗学会 1994.11 151p 19cm 〈著作目録：p148〜

風俗史・民俗誌　　　　　　　　　　　　　　　　　　　　東北地方

151）　Ⓝ382.12

◇時代の肖像　東北 1952－1972―本間久善写真集　本間久善著　毎日新聞社　2001.12　254p　26cm　2762円　(i)4-620-60580-8

（内容）町の暮らし　里の暮らし　浜の暮らし　子供たち　家族　遊び・気晴らし・憩い　物産と民芸　時の記憶　祭り　年中行事

＊約半世紀も前の東北地方。決して暮らし向きは楽ではなかったが、人々の心の中は温かで、何よりもゆとりがあった。本間久善が撮り続けた庶民の表情を見れば、それはすぐに頷ける。あのころ、ふるさとは豊かだったのだ。記憶の中から蘇生した庶民群像。

◇東北学　vol.1　総特集 いくつもの日本へ　赤坂憲雄編　山形　東北芸術工科大学東北文化研究センター, 作品社〔発売〕　1999.10　302p　21cm　2000円　(i)4-87893-331-3

（内容）総特集 いくつもの日本へ（シンポジウム―東北から、いくつもの日本へ　東西／南北考　贈与の新しい形　地球志向の比較学　日本人の他界観　ほか）　特集 南北の地平に向けて（縄文農耕再考　東北人とエミシ・エゾ　菅江真澄の旅―東北学のために　瓜子姫の死　馬の力―その民俗と近代　ほか）

＊新たな列島の民族史的景観が拓かれる。ひとつの日本から、いくつもの日本へ。南北の地平に、いま東北ルネッサンスが始まる。シンポジウム・網野善彦・宮田登・山折哲雄、吉本隆明「贈与の新しい形」、鶴見和子「地球志向の比較学」、色川大吉「民衆史と民俗誌」等々。

◇東北学　Vol.2　特集・巫女のいる風景　赤坂憲雄編、山折哲雄, 佐々木宏幹, 五木寛之, 髙橋克彦, 大林太良, 川村湊, 川村邦光, 池上良正, 岡村道雄, 泉拓良著　山形　東北芸術工科大学東北文化研究センター, 作品社〔発売〕　2000.4　333p　21cm　2000円　(i)4-87893-352-6

（内容）特集・巫女のいる風景（座談・シャーマニズムを問う　インタビュー・北方のシャーマニズム　一人称の語りの系譜―アイヌのトゥスクロを通して　津軽のカミサマ―Tお婆さんの思い出によせて　ほか）　小特集・考古学と民俗学のあいだ（座談・国境なき考古学へ―考古学と民俗学の協同関係　縄文の鍬鋤を使い続けた人々―考古学で掘る民俗誌　弥生文化観の転換　柳田国男と「民間伝承の会」―「一将功成万骨枯」の問題　ほか）

＊巫女たちの影のなかに、異相の歴史が姿を現わす。ひそやかな口寄せの声に導かれていくつもの列島の風景に出会う旅。

◇東北学　Vol.3　総特集・狩猟文化の系譜　赤坂憲雄責任編集、鶴見俊輔, 加藤典洋, 塚本学, 山下欣一, 辻本正教ほか著　山形　東北芸術工科大学東北文化研究センター, 作品社〔発売〕　2000.10　412p　21cm　2000円　(i)4-87893-374-7

（内容）特別座談 歴史の遠近法　総特集・狩猟文化の系譜（日本人の動物観　奄美・沖縄の動物供犠　列島開拓と狩猟のあゆみ　諏訪信仰と狩猟　罠猟とマタギ―土俗（民族）考古学の射程から　弓と鹿笛―縄文の音への断章　古代海人の狩猟　古代日本の動物供犠と殺生禁断―農耕儀礼と肉食禁忌をめぐって　ほか）

＊瑞穂の国に亀裂が走る！濃密に残る狩猟と供犠の風景。稲の文化の昏がりに埋もれた狩猟文化の系譜を掘り起こす初めての本格的試み。

◇東北学　Vol.5　特集 海と島の民族史　赤坂憲雄編、中沢新一, 小林達雄, 村井章介, 市川健夫, 小松和彦ほか著　山形　東北芸術工科大学東北文化研究センター, 作品社〔発売〕　2001.10　407p　21cm　2000円　(i)4-87893-435-2

（内容）特別インタビュー（日本文化に開ける風穴―歴史と人間の持続性の問題　考古学はどこに向かうのか―石器発掘捏造事件と縄文の文化誌）　特集 海と島の民族史（北の内海世界としての津軽海峡　島と日本海世界　北方の丸木舟の民俗―東シベリア・アムール川・サハリン・北海道を辿る丸木舟の流れ　ほか）　小特集 宮田登以後（「いくつもの民俗学」に向けて―宮田登以後の状況と課題　宮田登の残したもの―都市の民俗学との関連で　宮田登が「日和見」に託したもの）　個別論文（養蜂の民俗誌　クリの民族史をめぐって・日本編　熊猟の民俗―富山県中新川郡上市町大岩、小又両河川流域の穴熊猟を中心に）

＊海は四方に伸びた道である。海上の道を辿り、島々を移動し、モノと文化を携え我々はどこから来たのか。

◇東北学へ　1　もうひとつの東北から　赤坂憲雄著　作品社　1996.6　278p　20cm　2300円　(i)4-87893-253-8　Ⓝ382.12

（内容）歴史を笑え、と幼い詩人に祖父は教えた　サイの河原に、早池峰を仰ぐ児らがいた　ナマハゲの鬼は男鹿の山から来た、という　日時計の向こうに、縄文の夕陽が沈んだ　大同二年に、窟の奥で悪路王は死んだ　その晩、鮭の大助は月光川をのぼる　山に生かされた者らよ、と石の環が囁く　鉱山で、山の神の代官たちが福音を説いた　ネブタ囃しに、遠く異族の血が燃えて騒ぐ　不意に、埋もれた記憶が黄昏の底に甦る〔ほか〕

＊ひとつの日本から、いくつもの日本へ。新たなる東北像を結実させる「赤坂東北学」のマニフェスト。

◇東北学へ　2　聞き書き・最上に生きる　赤坂憲雄著　作品社　1996.10　277p　20cm　2300円　(i)4-87893-264-3　Ⓝ382.12

（内容）山の神―大蔵村豊牧　川の民―戸沢村小外川　芸者―新庄市万場町　湯の花―最上町瀬見　坑夫―舟形町舟形　開拓者―金山町長野

文化人類学の本 全情報　119

人形芝居―鮭川村曲川　オナカマ―真室川町東町　屋根葺き―大蔵村鍵金野　舟下り―戸沢村古口　番薬―金山町稲沢　窓鋸―真室川町及位　行商―新庄市升形　紙漉き―舟形町長沢　小国駒―最上町上鵜杉　鮭の大助―鮭川村庭月
＊あらたな民俗学の風景を伐り開く野辺歩きの記録。山形県最上地方で暮らすオナカマ、紙漉き、行商、屋根葺きなど、失われゆく職業に携わる人々の生活と歴史を、生きいきと伝える。

◇東北学へ　3　東北ルネッサンス　赤坂憲雄著　作品社　1998.6　268p　20cm　2300円　(i)4-87893-276-7　Ⓝ382.12
　内容　第1部　森と野はらと畑の世界(稲作以前とは何か　食の文化の深みへ　山野の民俗誌を織る　狩猟の原風景を求めて)　第2部　それぞれの帰郷の時代(野辺歩きの旅から　ほんたうの賢治を求めて　可能性としての民俗学へ　棄郷と帰郷のはざまに)　おわりに―東北ルネッサンスのために
＊ブナの森、カブ、ヒエ、焼畑、クマ狩りなど、稲作以前の風景に降り立ち民族史の結ぼれを解きほぐす。

◇東北の風土に関する総合的研究―報告書　平成12年度　東北芸術工科大学東北文化研究センター,国土交通省東北地方整備局編　山形　東北芸術工科大学東北文化研究センター　2001.3　120p　30cm　(共同刊行：国土交通省東北地方整備局)　Ⓝ291.2

◇東北歴史博物館民俗資料収蔵目録　1　東北歴史博物館編　多賀城　東北歴史博物館　2001.3　96p　30cm　Ⓝ382.12

◇日本民俗誌集成　第2巻(東北編1)　青森県・岩手県　倉石忠彦ほか編　三一書房　1997.6　577p　27cm　〈文献あり〉　23000円　(i)4-380-97562-2　Ⓝ382.1
　内容　青森県(鱈の来る村―下北半島民俗文芸集　赤石マタギ―赤石奥地の熊撃ち話　津軽の農書―昔の農村　村の女性　八戸の四季)　岩手県(稗と麻の哀史　西和賀聞き書き歳時記　南部盛岡県方ぐらし)
＊本巻には青森県関係五編、岩手県関係三編の民俗誌を収めた。いずれも漁村や山村・農村を対象とし、あるいは猟師の暮らしや商家の暮らしを、そこに生活する人々の体験を踏まえた生活者の視点を通して描いたものである。

◇日本民俗誌集成　第3巻(東北編2)　秋田県・山形県　倉石忠彦ほか編　三一書房　1998.7　655p　27cm　〈文献あり〉　23000円　(i)4-380-98562-8　Ⓝ382.1
　内容　秋田県：聚楽夜話(渡辺五郎作著)　雪と民俗(武藤鉄城著)　マタギの里(越前谷武左衛門著)　炉ばたものがたり(打矢義雄著)　男鹿風土誌(吉田三郎著)　山形県：見たり聞いたり(高瀬地区連合老友会編)　大井沢中村の民俗(佐藤義則著)　小国の民俗風土記(奥州幸雄著)　荒沢の民俗(庄内民俗学会著)　解題：秋田県(嶋田忠一著)　山形県(岩鼻通明著)　解説(民俗誌論)：秋田県(嶋田忠一著)　山形県(岩鼻通明著)

◇ネットワーク対談　東北を語る―偽りのない社会をめざして　千坂げんぽう編著　仙台　本の森　1999.9　430p　21cm　2000円　(i)4-938965-20-8
　内容　歴史と伝承―偽書を生み出す風土とは(斉藤利男)　発掘が否定した「東日流外三郡誌」(斎藤隆一)　伝説が歴史に歪曲される時―日本刀のルーツ、舞草刀の誕生(加藤三穂)　骨の文化論(木田雅彦)　旧石器を掘る―ひょうたん穴発掘とマスコミ報道(鎌田俊昭)　すばらしき北上川―地域づくりと流域連携(平山健一)　雄物川流域に生きる―稲作文化の由来と展望(西成辰雄)　無党派みやぎの乱・一関の乱―ゼネコン政治との決別(佐藤豊)　津軽・あたたかき人々と風土―後書きにかえて
＊地域づくりに必要なのは歴史的視点と連携だとする編者が、各方面の8人の専門家と東北のすばらしさ、可能性について語る。

◇浮遊する小野小町―人はなぜモノガタリを生みだすのか　錦仁著　笠間書院　2001.5　493p　21cm　5500円　(i)4-305-70230-4
　内容　第1章　浮遊する小町伝承　第2章　小町伝承はいつから定着したか　第3章　秋田の伝承地　第4章　小町伝承の担い手たち　第5章　伝承の改変と定着
＊"モノガタリ学"のススメ！人はなぜモノガタリをあくことなく紡ぎだすのか？東北各地の小町伝承を調査・追求し、人間の根底に潜むモノガタリ生成の意欲の秘密を探る。

◇北海道・東北地方の民俗地図　1　北海道・青森・岩手　東洋書林　2000.4　1冊　23cm　(都道府県別日本の民俗分布地図集成　第1巻)　〈複製〉　30000円　(i)4-88721-351-4　Ⓝ382.11
　内容　北海道民俗地図(北海道教育委員会編)　青森県民俗分布図(青森県教育委員会編)　岩手県民俗分布図(岩手県教育委員会編)
＊本書は、北海道、青森県、岩手県が、それぞれ今後の民俗文化財の保護と調査研究の資料ひいては次世代への文化の継承の基礎資料として、まとめたものである。

◇北海道・東北地方の民俗地図　2　宮城・秋田・山形・福島　東洋書林　2000.6　1冊　23cm　(都道府県別日本の民俗分布地図集成　第2巻)　〈複製〉　33000円　(i)4-88721-352-2　Ⓝ382.11
　内容　宮城県民俗分布図―緊急民俗資料調査報告書　秋田県民俗分布図―緊急民俗資料分布調査報告書　山形県民俗地図―民俗文化財分布調査報告書　福島県民俗分布図―民俗資料緊急調査報告書　福島県民俗分布図―福島県文化

風俗史・民俗誌　　　　　　　　　　　　　　　　　　東北地方

財調査報告書第78号
◇みちのくの北と南―第1回海の道北へ東へ　日本図書センター　1999.9　197p　31cm　(日本民俗写真大系 2)　12000円　(i)4-8205-2873-4, 4-8205-2870-X, 4-8205-2871-8　Ⓝ382.12

◆青森県
◇青森県史　民俗編　資料南部　青森県史編さん民俗部会編　青森　青森県　2001.3　819,18p　31cm　Ⓝ212.1
◇青森県立郷土館収蔵資料目録　第7集　民俗編　青森　青森県立郷土館　1997.3　77p　26cm　Ⓝ069.9
◇浅虫・久栗坂・野内の民俗　青森市史編集委員会民俗部会編　〔青森〕　青森市　2000.3　128p　30cm　(青森市史叢書 2―民俗調査報告書第2集)　Ⓝ382.121
◇足コ引っ張ねで手コ引張る　森田村・村民大学アカデミー石神編　森田村(青森県)　森田村教育委員会　2000.3　1冊　26cm　(『村民大学』学習の記録 平成11年度)　Ⓝ379.4
◇「奥内の民俗」調査報告書　青森　青森県立郷土館　1996.3　84p　26cm　(青森県立郷土館調査報告 第38集 民俗―19)　〈青森県農村民俗調査報告書 3〉青森県むつ市所在〉　Ⓝ382.121
◇かつて生活に津軽弁が息づいていた―青森市旧安田の方言と生活　三浦義雄著　青森　北の街社　2000.12　155p　19cm　1429円　(i)4-87373-105-4
　内容　農業以外の年中行事　諺・俗信・まじない　方言の敬語　接尾語「～コ・～ッコ」をつけて呼ぶ名詞　人・家格・身体の呼び方　冠婚葬祭・祝言　冠婚葬祭・葬儀　子供の遊び　わらべ歌
　＊昭和初期、青森市旧安田地区で使われていた津軽弁を、「農業以外の年中行事」『ことわざ』「人・家格の呼び方」『方言の敬語』『冠婚葬祭』「子供の遊び」に限定し、抄録。特筆すべきは、"津軽弁には敬語がある"という事実。果たして、あなたは使い分けできますか。
◇北国の民俗―青森(財)稽古館所蔵染織工芸展　北九州市立歴史博物館編　北九州　北九州市立歴史博物館　1996.10　50p　26cm　〈会期：1996年10月18日～11月17日　付：参考文献〉　Ⓝ753.087
◇「再賀の民俗」調査報告書　青森　青森県立郷土館　1998.3　85p　26cm　(青森県立郷土館調査報告 第42集(民俗―21)―青森県農村民俗調査報告書 5)　〈青森県西津軽郡稲垣村　表紙のタイトル：再賀の民俗〉　Ⓝ382.121
◇「菖蒲川の民俗」調査報告書　青森　青森県立郷土館　1994.3　70p　26cm　(青森県立郷土館調査報告 第33集 民俗―17)　〈青森県農村民俗調査報告書 1〉　青森県三戸郡五戸町所在〉　Ⓝ382.121

◇新きづくり風土記　宮本朋典編　木造町(青森県)　木造町老人クラブ連合会　1999.3　194p　21cm　〈共同刊行：青森県老人クラブ連合会〉　Ⓝ382.121
◇「諏訪堂の民俗」調査報告書―青森県田舎村　青森　青森県立郷土館　1997.3　80p　26cm　(青森県立郷土館調査報告 第39集(民俗―20))　Ⓝ382.121
◇大秋・白沢の民俗―青森県山村民俗調査報告書5　青森　青森県立郷土館　1993.3　68p　26cm　(青森県立郷土館調査報告 第32集 民俗―16)　〈青森県中津軽郡西目屋村〉　Ⓝ382.121
◇津軽異聞　吉村和夫著　弘前　北方新社　1996.12　328p　19cm　1942円　(i)4-89297-011-5　Ⓝ382.121
　内容　珍話録(津軽藩の狼被害　忠臣蔵と津軽藩　御屋形様御不例　ほか)　風俗あれこれ(時太鼓のこと　人力車の流行　電灯論争　ほか)　津軽十二支物語(教賀屋の大ねずみ　農政社時代の嘉七　岸駒の虎　ほか)　夫婦特攻(太刀洗陸軍飛行学校　新婚生活　八月十五日前後 ほか)
◇津軽藩政時代の生活　黒滝十二郎著　弘前　北方新社　1993.10　177p　19cm　(青森の文化シリーズ 29)　〈主要参考文献：p173～177〉　1350円　Ⓝ382.121
◇八戸市縄文学習館(是川考古館・歴史民俗資料館)展示案内―是川遺跡文化学習ゾーン　八戸　八戸市博物館　1995.1　31p　30cm
◇ふるさと歳時記―赤石奥地の生活記録　鶴田要一郎著　鯵ヶ沢町(青森県)　青沼社　1997.6　210p　19cm　1500円　Ⓝ382.121
◇ふるさと歳時記　pt.2　鶴田要一郎著　鯵ケ沢町(青森県)　青沼社　1999.3　170p　19cm　Ⓝ382.121
　内容　赤石奥地の方言記録
◇北海道・東北の民俗　青森県編　大島暁雄ほか編　三一書房　1995.11　1054p　27cm　(日本民俗調査報告書集成)　〈青森県教育委員会刊の複製〉(i)4-380-95577-X　Ⓝ382.11
　内容　津軽半島北部山村振興町村民俗資料緊急調査報告書(昭和45年刊)　下北半島山村振興町村民俗資料緊急調査報告書 第1次～第2次(昭和46～47年刊)　むつ小川原地区民俗資料緊急調査報告書 第1次(昭和48年刊)　青森県民俗資料調査報告書 第1集～第3集(昭和38～40年刊)
◇「洞内の民俗」調査報告書　青森　青森県立郷土館　1995.3　72p　26cm　(青森県立郷土館調査報告 第36集 民俗―18)　〈青森県農村民俗調査報告書 2〉　青森県十和田市所在〉
◇馬淵川流域の民俗　青森県環境生活部県史編さん室編　青森　青森県　1999.3　337,7p　30cm　(青森県史叢書 平成10年度)　Ⓝ382.121

文化人類学の本 全情報　121

◇矢田・宮田・滝沢の民俗　青森市史編集委員会民俗部会編　〔青森〕　青森市　1999.3　126p　30cm　(青森市史叢書 1―民俗調査報告書 第1集)　Ⓝ382.121

◇横内・荒川の民俗　青森市史編集委員会民俗部会編　〔青森〕　青森市　2001.3　137p　30cm　(青森市史叢書 3―民俗調査報告書 第3集)　Ⓝ382.121

◆岩手県

◇胆沢ダム建設に伴う緊急民俗調査報告書　胆沢町(岩手県)　胆沢町教育委員会　1993.7　72p　26cm　(胆沢町文化財調査報告書 第14集)　〈折り込図1枚〉　Ⓝ382.122

◇胆沢町史 11　民俗編 4　胆沢町編　胆沢町(岩手県)　胆沢町史刊行会　1994.10　733p　22cm　(付：参考又は引用資料)　Ⓝ212.2

◇一揆の激流―南部三閉伊一揆に先行するもの　民間伝承　佐々木京一著　民衆社　1993.12　315p　20cm　2500円　(i)4-8383-0711-X　Ⓝ212.2
　内容　前夜　盛岡藩昏乱―飢饉とレジスタンス　天保の全領強訴　越境強訴　処刑の季節―女鹿の佐吉の予言

◇岩手県立博物館収蔵資料目録 第12集　民俗2　岩手県立博物館編　盛岡　岩手県文化振興事業団　1996.3　127p　26cm　Ⓝ069.9

◇きたかみ民俗散歩―森口多里とともに　北上　北上市立博物館　1994.3　24p　21×22cm　(北上川流域の自然と文化シリーズ 15)　〈森口多里の肖像あり　主な著作：p24〉　Ⓝ382.122

◇諸国叢書 第11輯　成城大学民俗学研究所　1994.3　94p　21cm　Ⓝ382.1
　内容　鬼三太残齢記．解題　田中宜一著

◇辞令書等で見る田中館愛橘博士の足跡　二戸市歴史民俗資料館編　二戸　二戸市歴史民俗資料館　1993.1　89p　26cm　(田中館資料 第1集)　Ⓝ289.1

◇住田町史 第6巻　民俗編　住田町史編纂委員会編　住田町(岩手県)　住田町　1994.3　797p　22cm　(監修：金野静一)　Ⓝ212.2

◇先人の生業と生活史　高橋良雄著　盛岡　興版社(印刷)　1998.11　263p　19cm　Ⓝ382.122

◇種市のむかし　野田松雄著，種市町立歴史民俗資料館編　〔種市町(岩手県)〕　種市町立歴史民俗資料館　1995.3　133p　26cm　〈地域活性化事業調整費事業〉　Ⓝ291.22

◇蓬莱の邑―おきた今昔思い出珠玉集　興田老人クラブ連合会編纂委員会編　大東町(岩手県)　興田老人クラブ連合会　1996.5　63p　26cm　〈共同刊行：岩手県大東町興田公民館〉　Ⓝ382.122

◇北海道・東北の民俗　岩手県編　大島暁雄ほか編　三一書房　1995.11　1127p　27cm　(日本民俗調査報告書集成)　〈複製〉　(i)4-380-95578-8

Ⓝ382.11
　内容　岩手の民俗資料　岩手県教育委員会編(昭和41年刊)　岩手県若柳の民俗　佐島直三郎著(胆沢町教育委員会昭和43年刊)　宮古市重茂字荒巻地区漁労習俗調査　岩手県教育委員会編(昭和54年刊)　三陸沿岸の漁村と漁業習俗 上巻　東北歴史資料館編(昭和59年刊)　安代の民俗　岩手県立博物館編(昭和61年刊)　久慈市山根の民俗　岩手県教育委員会編(昭和51年刊)　久慈市の民俗　岩手県教育委員会編(昭和49年刊)

◇みちのく民俗村―遙かなる懐郷　北上　北上市立博物館みちのく民俗村　〔1996〕　1冊　30cm

◇みちのく民俗村ガイドブック　北上　北上市立博物館　〔1998〕　36p　22cm

◇室根村の仏像とオシラサマ　室根村教育委員会事務局社会教育課編　室根村(岩手県)　室根村教育委員会　2001.3　101p　26cm　(室根村文化財調査報告書 第14集)　Ⓝ718

◇盛岡の山と民俗　小形信夫著　〔盛岡〕　盛岡市教育委員会　1993.3　56p　19cm　(盛岡市文化財シリーズ 第22集)　Ⓝ291.22

◆宮城県

◇大川地区昭和の昔がたり　板垣優喜著　〔石巻〕　ひたかみ出版社　1996.4　37p　26cm　〈肖像あり〉　Ⓝ382.123

◇角田の衣と食　角田　角田市教育委員会　1998.3　119p　26cm　(角田市民俗文化財調査報告書 第3集)　Ⓝ383.1

◇聞き書き秘境・鬼首物語　郷右近忠男著　仙台　創栄出版　1997.4　445p　20cm　2500円　(i)4-88250-695-5　Ⓝ382.123

◇吉祥大吉―仙台地方の伝承切紙　仙台　仙台市歴史民俗資料館　1998.3　45p　30cm　Ⓝ754.9

◇気仙沼市史 7　民俗・宗教編　気仙沼市史編さん委員会編さん　〔気仙沼〕　気仙沼市　1994.2　635p　22cm　Ⓝ212.3

◇仙台市史　特別編 6　民俗　仙台市史編さん委員会編　〔仙台〕　仙台市　1998.3　608p　図版16枚　27cm　〈付属資料：14p(21cm)：音でたずねる仙台の民俗　CD1枚(12cm ホルダー入)〉　Ⓝ212.3

◇仙台市歴史民俗資料館収蔵資料目録 3　仙台　仙台市歴史民俗資料館　1996.3　125p　26cm　〈背の書名：収蔵資料目録〉　Ⓝ382.123

◇仙台の珍談奇談 3　田村昭著編　仙台　宝文堂出版販売　1993.7　67p　19cm　《「3」の副書名：仙台の町並みに見る庶民の信仰　発売：宝文堂　主な参考文献：p66》　500円　(i)4-8323-0058-X　Ⓝ291.23

◇豊里むがしむがし　佐藤幸夫著　創栄出版　1995.7　405p　20cm　〈著者の肖像あり　折り込図1枚〉　(i)4-88250-518-5　Ⓝ382.123

◇北海道・東北の民俗　宮城県編　大島暁雄ほか

編 三一書房 1995.11 1014p 27cm 〈日本民俗調査報告書集成〉〈複製〉(i)4-380-95581-8 Ⓝ382.11
　内容 宮城の民俗 宮城県教育委員会編(昭和41年刊) 三陸沿岸の漁村と漁業習俗 下巻 東北歴史資料館編(昭和60年刊) 蔵王山麓の社会と民俗 宮城県教育委員会編(昭和44年刊) 山中七ケ宿の民俗 宮城県教育委員会編(昭和49年刊)
◇宮城県指定有形文化財今野家住宅復元工事報告書 東北歴史博物館編 多賀城 東北歴史博物館 2000.3 133p 30cm Ⓝ521.86
◇みやぎの苗字—あなたはどこから来たか 鈴木常夫著 仙台 本の森 1998.4 235p 21cm 1800円 (i)4-938965-06-2
　内容 姓氏のルールは 苗字を名乗ってはならぬ 全員、姓を名乗るべし 庶民の姓選びの根拠は？ 宮城県内での主な民族移動 宮城県内各地の姓氏 宮城県内の多姓百選・そのルーツと歴史
　＊多姓、珍姓…。驚きと発見がいっぱい。県内全市町村の姓氏とその歴史をわかりやすく解説。宮城全県71市町村の姓氏ランキング表収録。
◇宮城の民間信仰その他 三崎一夫著 仙台 セイトウ社 1995.5 411,11p 22cm 〈著作目録：p401～411〉 3800円 Ⓝ382.123

◆秋田県
◇秋田県文化財調査報告書 第228集 サエの神行事—秋田県指定無形民俗文化財「上郷のサエの神行事」 秋田県教育委員会編 秋田 秋田県教育委員会 1993.3 79p 26cm 〈文化財収録作成調査報告書〉 Ⓝ709.124
◇秋田市史民俗調査報告書 1 秋田市史民俗部会編 秋田 秋田市史編さん室 1995.3 166p 26cm Ⓝ382.124
◇秋田市史民俗調査報告書 2 秋田市史民俗部会編 秋田 秋田市史編さん室 1997.3 182p 26cm Ⓝ382.124
◇秋田市史民俗調査報告書 3 秋田市史民俗部会編 秋田 秋田市史編さん室 1998.3 175p 26cm Ⓝ382.124
◇秋田蕗のはなし展—おらほの国の殿様自慢 秋田市立赤れんが郷土館編 秋田 秋田市立赤れんが郷土館 1997.3 33p 30cm 〈会期：平成8年6月23日～9月1日 文献あり〉 Ⓝ382.124
◇蝦夷が哭く 田中純司著 光陽出版社 1997.3 101p 19cm 680円 (i)4-87662-199-3 Ⓝ212.4
◇太田村物語 藤沢佐雄著 鳥影社 1999.7 174p 20cm 1300円 (i)4-88629-118-X Ⓝ382.124
　内容 太田村というところ 三歳半の汚点 入学式 通信簿 山へ帰る 母の行商 食パンとコーヒー 工作 なべっこ遠足 羽後長野

〔ほか〕
　＊秋田県仙北郡太田村。民話的な生活に都会的な生活が入り込んできた30年前、貧しくとも確かな手ごたえのある日々の営みがあった。
◇川反いまむかし—紅灯柳影抄 黒川一男著 秋田 無明舎出版 1995.3 208p 19cm 1600円 (i)4-89544-103-2 Ⓝ382.124
　内容 川反いまむかし 土崎の花柳界 川反芸妓は語る 失われてゆく「岡本っこ」 特別寄稿（前多豊吉）男・酒・青春 グラスに歌声のせて 芸魂—川反芸妓師匠 美を創る—川反と美容師 川反に夢を賭けた人々 〔ほか〕
　＊古い歴史をもつ秋田市の川反（かわばた）は全国的知名度を誇る遊興の地である。その時代の変遷を豊富なエピソードと写真を駆使して描く川反あの日あの時。
◇古文書と碑に見る花館の歴史 花館民俗資料保存会編 〔大曲〕 大曲市花館財産区 1994.5 189p 31cm 〈大曲市花館財産区四十周年記念 折り込表1枚 年表：p180～181,p183〉 Ⓝ212.4
◇田代町史資料 第28輯 田代歴史習俗百景うたもどき—年中行事・子供の遊び 田代町編 〔田代町(秋田県)〕 田代町 1995.8 237p 21cm Ⓝ212.4
◇北海道・東北の民俗 秋田県編 大島暁雄ほか編 三一書房 1995.11 1037p 27cm 〈日本民俗調査報告書集成〉〈複製〉(i)4-380-95579-6 Ⓝ382.11
　内容 秋田の田植習俗 秋田県教育委員会編(昭和43年刊) 雄勝役内の民俗 東京女子大学民俗調査団編(昭和52年刊) 上小阿仁の民俗 東洋大学民俗研究会編(昭和55年刊) 夏later実態調査報告書 明治大学社会学研究部編(昭和38年刊) 秋田県の民俗 秋田県教育委員会編(昭和41年刊)
◇松ケ崎の民俗 本荘市編 本荘 本荘市史編さん室 1995.8 226p 26cm 〈本荘市史民俗調査報告書 第4集〉 Ⓝ382.124
◇武藤鉄城研究 稲雄次著 秋田 無明舎出版 1993.3 239p 20cm 〈武藤鉄城の肖像あり 年譜：p211～236〉 2800円 Ⓝ380.1
◇村の女たちの美意識—衣への祈り 福岡サヨ著 森吉町(秋田県) 米内沢中央印刷(印刷) 1998.8 367p 26cm 2500円 Ⓝ382.124
◇森吉山麓の生活誌—写真記録 無明舎出版編 森吉町(秋田県) 建設省東北地方建設局森吉山ダム工事事務所 1994.1 186p 27cm 〈モリトピア選書 4〉 非売品 Ⓝ382.124
◇鉱山と生活—伝承と出会い 戸嶋チエ著 〔阿仁町(秋田県)〕 戸嶋チエ 1995.5 301p 21cm 2000円 Ⓝ382.124
◇和賀山塊の自然—和賀山塊学術調査報告書 和賀山塊自然学術調査会編 天王町(秋田県) 和賀山塊自然学術調査会 1999.7 299p 27cm (i)4-9980780-0-3 Ⓝ402.9124

東北地方　　　　　　　　　　　　　　　　　　　　　　　　　　　　　　風俗史・民俗誌

◆山形県
◇余目町の民俗―ムラの信仰と行事　余目町教育委員会編　余目町(山形県)　余目町教育委員会　1998.3　75p　26cm　Ⓝ382.125
◇大石田町立歴史民俗資料館史料集　第1集　惣町関係史料　1　大石田町教育委員会編さん　大石田町(山形県)　大石田町教育委員会　1996.1　154p　21cm　Ⓝ212.5
　(内容)　町寄合相談一件.月並寄会評判記録
◇大石田町立歴史民俗資料館史料集　第5集　御用留　2　大石田町教育委員会編さん　大石田町(山形県)　大石田町教育委員会　1999.10　174p　21cm　Ⓝ212.5
　(内容)　四日町御用留
◇大石田町立歴史民俗資料館史料集　第6集　御用留　3　大石田町教育委員会編さん　大石田町(山形県)　大石田町教育委員会　2000.11　172p　21cm　Ⓝ212.5
　(内容)　四日町御用留
◇山野河海まんだら―東北から民俗誌を織る　赤坂憲雄著　筑摩書房　1999.4　446p　22cm　3300円　(i)4-480-84249-7　Ⓝ382.125
　(内容)　第1部　山野の章(熊祭り―小国町小玉川　箕作り―大石田町次年子　森の匠―西川町大井沢　蛍の里―尾花沢市牛房野　ほか)　第2部　河海の章(川柵―大蔵村清水　ヤナの里―白鷹町下山　紅花の里―河北町谷地　磯浜―鶴岡市加茂　ほか)
　＊深まりゆく黄昏の季節に、あらたな民俗学をめざして、まんだらを織る旅がはじめられる。山野河海に抱かれ、その豊かな恵みによって生かされてあった、東北の村々。いま、最後の民俗誌が紡がれる。
◇山野草の民俗　奥村幸雄著　〔白鷹町(山形県)〕〔奥村幸雄〕　1996.9　101p　19cm　Ⓝ382.125
◇新庄市史編集資料集　別冊　〔1994〕　山形県指定無形民俗文化財萩野・仁田山鹿子踊り　大友義助著　新庄　新庄市教育委員会　1994.3　55p　21cm　Ⓝ212.5
◇にしかた物語　熊谷宣昭著　村山　土屋印刷(印刷)　1998.8　311p　22cm　2500円　Ⓝ382.125
◇西山のへつり―長井地方の方言風物誌　寺嶋芳子著　長井　寺嶋芳子　1994.9　178p　22cm　〈付・方言集〉　Ⓝ382.125
◇浜中のケヤキキョウダイ　温海町(山形県)　温海町　1999.3　150p　27cm　〈執筆：佐藤光民〉　Ⓝ382.125
◇ふる里の覚えがき―画文集　石丸弥平著　蝸牛社　1993.2　125p　22cm　2300円　(i)4-87661-206-4　Ⓝ382.125
　(内容)　春の風景　箕作りの里―次年子村　銀山郷の炉端ばなし　さくらんぼの頃　尾ばね雑魚とり点描　あの頃の通路と隣人たち　秋のスケッチブック　土ん搗き唄の風土―愛すべき仲間たち　風土の食べもの―漬ものを主として　雪の風景　暮らし言葉・方言点描　中島集落世間ばなし　詩集「幼年歳時」と木内進
◇北海道・東北の民俗　山形県編　大島暁雄ほか編　三一書房　1995.11　1238p　27cm　〈日本民俗調査報告書集成〉〈複製〉(i)4-380-95580-X　Ⓝ382.11
　(内容)　八久和の民俗　庄内民俗学会編(八久和発電所建設所昭和28年刊)　飯豊山麓中津川の民俗　山形県教育委員会編(昭和46年刊)　置賜の民俗　置賜民俗学会編(昭和44〜51年刊)　月山山麓月山沢・四ツ谷・砂子関・二ツ掛の民俗　山形県教育委員会編(昭和51年刊)　山形県の民俗資料　山形県教育委員会編(昭和40年刊)
◇水船―昭和30年代のふるさと　海藤忠男著　〔大石田町(山形県)〕　海藤忠男　1998.7　62p　26cm　1000円　Ⓝ382.125
◇民俗夜話　奥村幸雄著　〔白鷹町(山形県)〕〔奥村幸雄〕　1994.2　118p　19cm　Ⓝ382.125
◇村ことば覚え書き―朝日村大網の民衆言語　松田国男著　鶴岡　東北出版企画　1996.6　374p　19cm　2800円
　(内容)　1　田しごと　2　しろさま(養蚕)　3　山仕事　4　狩猟　5　冬のくらし　6　家畜(馬)　7　農の生涯
　＊本書は「農民・民衆は美しい言葉の創り手であり"言語文化の担い手"である―」ことに気付いた著者が、山形県朝日村大網・田麦俣地区の村民と生活を共にし稲作や炭焼き、養蚕、山菜採取など山里の"生産労働"が生んできた"民衆言語"を丹念に蒐集記録した民俗・農村社会研究の待望の書。山里の詩情豊かな生産用語を集録した"ことばの民俗誌"。
◇文殊の里・昔むかし　続　亀岡地区老人クラブ連絡協議会文殊大学特別講座委員会編　高畠町(山形県)　亀岡地区老人クラブ連絡協議会文殊大学特別講座委員会　1997.3　391p　21cm　非売品　Ⓝ382.125
◇山形県最上地方生活文化調査研究報告書　米沢　山形県立米沢女子短期大学附属生活文化研究所最上地方共同研究会　1998.3　133p　26cm　Ⓝ382.125

◆福島県
◇会津御蔵入大石田の民俗　会津民俗研究会,三島町文化財専門委員会編　三島町(福島県)　三島町教育委員会　1995.3　194p　21cm　(三島町文化財報告書　第13号)　〈〈文化財基礎調査報告書　6)　1973年夏山村の民俗調査報告書〉　Ⓝ382.126
◇会津のカラムシ―伝承に生きる幻の糸　滝沢洋之著　会津若松　歴史春秋出版　1999.6　62p　19cm　〈歴春ブックレット　no.23)　〈年表あり〉

124　文化人類学の本　全情報

500円 (i)4-89757-390-4 Ⓝ618.2
 内容 カラムシとは カラムシルートを行く カラムシ栽培はいつごろから始まったか 会津のカラムシ 昭和のカラムシ カラムシ織のできるまで カラムシ栽培から現代農業への警告 北越雪譜の世界 雪ありて縮あり 文学作品にみるカラムシ織〔ほか〕

◇会津民俗紀行―秘境を歩く 西岡義治著 新樹社 1994.4 253p 20cm 2000円 (i)4-7875-8423-5 Ⓝ291.26
 内容 会津 心のふるさと 1 城 2 祭 3 こけし 4 湖沼 5 宿場 6 山と湯 7 山村

◇入田付雑話シリーズ 遠藤孫一著〔喜多方〕〔遠藤孫一〕 1993.2 740p 22cm 非売品 Ⓝ382.126

◇入田付民俗雑話 上 遠藤孫一著 信山社出版 1996.8 274p 21cm 3090円 (i)4-88261-974-1 Ⓝ382.126
 内容 暮らしの記録(衣服覚え書 たべもの考 住居 年中行事) 百姓の仕事(暮らしを支えてきた仕事 本業の稲作り 副業その他いろいろ)

◇入田付民俗雑話 下 遠藤孫一著 信山社出版 1996.8 p275～740 21cm 5150円 (i)4-88261-975-X Ⓝ382.126
 内容 冠婚葬祭 民間信仰 入田付歴史夜話 旧街道 村の生活

◇いわき市江名の生活と伝承―福島県いわき市江名 武蔵大学人文学部日本民俗史演習編 武蔵大学人文学部日本民俗史演習 1996.12 123p 26cm 〈武蔵大学日本民俗史演習調査報告書 19〉Ⓝ382.126

◇岩瀬村史 第5巻 民俗編 岩瀬村史編纂委員会編 岩瀬村(福島県) 岩瀬村 1995.9 560p 27cm Ⓝ212.6

◇馬の歴史と文化資料展 福島県歴史資料館編 福島 福島県文化センター 1999.10 10p 30cm 〈平成11年度歴史資料展：平成11年10月13日―11月28日〉Ⓝ382.126

◇大内のくらし 1 相沢韶男著 ゆいでく 1998.2 281p 図版14枚 18cm 〈ゆいデク叢書〉1000円 Ⓝ382.126

◇奥会津生きる 三島町(福島県) 奥会津書房 2001.1 119p 22cm (Boon文化シリーズ 5) 1857円 (i)4-901167-04-9 Ⓝ382.126
 内容 山の神様への祈願―山入り(渡部一二) 毛奉り―熊撃ち(角田庄二) 火の移りを見極める―炭焼き(川野寿) 山から何かが降りてくる―山菜採り(星吉一) 尾瀬を写す―写真(平野和彦) 山椒魚と知恵比べ―山椒魚取り(星寛) お客さんも三代目―釣り宿(弓田克己) 投網打つセノ沼―セノヨボリ(横山圭介) 川を守る―河川パトロール(山内初治) あんまりきれいだったから―ヒメサユリ農園(月田礼次郎)〔ほか〕

＊絶え間ない歩みの「今日」という一歩を切り取って、積み重ねた日々から紡ぎ出される本当の言葉。私たちは、確かな手応えのある言葉のひとひらに勇気づけられ、力づけられることだろう。このような人々が暮らす奥会津は、人々の心根のあたたかさゆえにふるさとたりうる。

◇奥会津神々との物語 三島町(福島県) 奥会津書房 2000.2 119p 22cm (Boon文化シリーズ 3) 1857円 (i)4-901167-03-0 Ⓝ382.126

◇奥会津の民俗 安藤紫香著 会津若松 歴史春秋出版 1994.8 230p 20cm 1800円 (i)4-89757-299-1 Ⓝ382.126
 内容 第1章 奥会津の衣・食・住・まじない 第2章 奥会津の婚礼 第3章 奥会津の秘められた民俗
＊今はむかし、奥会津の生活の中から秘められた民俗として忘れさられようとしている人々の暮らしを後世に伝えゆく…。衣・食・住・まじない、そして婚礼・出産など…。雄体な自然の中で、時間をかけて育まれた奥会津の独特な文化に、人間本来の姿が今、くっきりとうかびあがる。

◇河東の民俗 河東町民俗資料調査委員会編 河東町(福島県) 河東町教育委員会 1996.3 285p 26cm (河東町民俗文化財調査報告書) Ⓝ382.126

◇喜多方市史 第9巻(各論編 2) 民俗 喜多方市史編纂委員会編 喜多方 喜多方市 2001.3 836p 22cm Ⓝ212.6

◇近代三春の夜明け―平成11年度春季特別展 三春町歴史民俗資料館編 三春町(福島県) 三春町歴史民俗資料館 1999.3 85p 30cm Ⓝ212.6

◇古老に聞いたこぼれ話―研究集録誌 会津若松婦人郷土研究会 1996.4 77p 26cm 〈書名は奥付による 表紙の書名：古老たちのこぼれ話〉Ⓝ382.126

◇随想―会津嶺の感 茶話百題 橋本武著, 猪苗代湖南民俗研究所編 郡山 猪苗代湖南民俗研究所 1995.2 575p 20cm 2000円 Ⓝ382.126

◇<図説>野馬追の里歴史民俗資料館―常設展示 野馬追の里歴史民俗資料館編 原町 野馬追の里歴史民俗資料館 1996.3 95p 30cm 〈年表：p90～91 参考文献：p94〉Ⓝ212.6

◇相馬中村藩の御仕法 野馬追の里歴史民俗資料館編 原町 野馬追の里歴史民俗資料館 1997.10 88p 30cm (野馬追の里歴史民俗資料館企画展図録 第7集) 〈第9回企画展：平成9年10月1日―11月30日 年譜あり 文献あり〉Ⓝ212.6

◇相馬義胤と伊達政宗・古代の行方地方・二宮尊徳の仕法と相馬中村藩 小林清治, 鈴木啓, 佐々井典比古述 原町 野馬追の里歴史民俗資料館 1996.10 57p 30cm (野馬追の里歴史民俗資料

関東地方　　　　　　　　　　　　　　　　　　　　　　　　　　　風俗史・民俗誌

◇館講演　第2集〕〔会期：平成7年10月7日ほか〕　Ⓝ212.6
◇只見町史　第3巻　民俗編　只見町史編さん委員会編　〔只見町(福島県)〕　只見町　1993.3　1040,8p　図版10枚　23cm　Ⓝ212.6
◇南郷村史　第5巻　民俗編　南郷村史編さん委員会編　〔南郷村(福島県)〕　南郷村　1998.3　825p　23cm　Ⓝ212.6
◇南郷村の文化財　13　奥会津の屋根葺用具と火伏せの呪具　南郷村教育委員会編　改訂　南郷村(福島県)　南郷村教育委員会　1994.9　36p　26cm　(南郷村史資料 26)　Ⓝ709.126
◇火とまつり　岩手県立博物館編　〔盛岡〕　岩手県文化振興事業団　1994.10　63p　30cm　〈岩手県立博物館第39回企画展図録　会期：平成6年10月4日〜11月23日〉　Ⓝ382.126
◇広瀬典採訪書写文書　白河　白河市歴史民俗資料館　1993.1　81p　26cm　(白河市歴史民俗資料館資料目録 第2集)　Ⓝ212.6
◇福島県の不思議事典　小檜山六郎編　新人物往来社　1993.8　234p　21cm　3000円　(i)4-404-02036-8
　内容　歴史・一般編　宗教編　人物編　地理編　考古編　民俗編　自然編　産業編　文学編
　＊福島県人でもわからない、不思議な話を満載。
◇福島県東白川郡棚倉町福岡の地理と民俗　立教大学地理・人類学研究室　2000.5　87p　26cm　(立教大学文学部地理・人類学研究室地理学実習調査報告書 19(1999年度))　Ⓝ291.26
◇福島市資料展示室収蔵資料目録　1　〔福島〕　福島市教育委員会　1995.3　54p　30cm　Ⓝ382.126
◇福島市資料展示室収蔵資料目録　2　〔福島〕　福島市教育委員会　1996.3　40p　30cm　Ⓝ382.126
◇ふくしま民俗考　野沢謙治著　会津若松　歴史春秋出版　1999.10　114p　21cm　1143円　(i)4-89757-396-3　Ⓝ382.126
◇武士道と相馬野馬追　髙橋富雄述　原町　野馬追の里歴史民俗資料館　1996.1　16p　26cm　(野馬追の里歴史民俗資料館講演 第1集)　〈会期：平成7年9月16日〉　Ⓝ212.6
◇北海道・東北の民俗　福島県編　大島暁雄ほか編　三一書房　1995.11　1156p　27cm　(日本民俗調査報告集成)　(i)4-380-95582-6　Ⓝ382.11
　内容　福島県の民俗(昭和39年刊)　勿来地方の民俗(昭和41年刊)　安積地方の民俗(昭和42年刊)　いわき鹿島地方の民俗(昭和43年刊)　西会津地方の民俗(昭和44年刊)　西郷地方の民俗(昭和45年刊)
◇三春城と城下町―平成10年度春季特別展　三春町歴史民俗資料館編　三春(福島県)　三春町歴史民俗資料館　1998.3　107p　30cm　Ⓝ212.6

◇本宮町史　第9巻　各論編 1　民俗　本宮町史編纂委員会,本宮町史専門委員会編　本宮町(福島県)　本宮町　1995.3　868p　図版24p　22cm　〈付(1枚)〉　Ⓝ212.6

関東地方

◇関東地方の民俗地図　1　茨城・栃木・群馬・埼玉　東洋書林　1999.9　1冊　23cm　(都道府県別日本の民俗分布地図集成 第3巻)　〈複製〉　33000円　(i)4-88721-353-0　Ⓝ382.13
　内容　茨城県民俗文化財分布調査報告書―茨城県民俗文化財分布地図　栃木県民俗地図2―緊急民俗文化財分布調査報告　栃木県民俗資料調査報告書第13集　群馬県民俗分布地図―群馬県民俗文化財分布緊急調査報告書　埼玉県民俗地図―民俗文化財緊急分布調査報告書昭和53年度
◇関東地方の民俗地図　2　千葉・東京・神奈川　東洋書林　1999.10　1冊　23cm　(都道府県別日本の民俗分布地図集成 第4巻)　〈複製〉　28000円　(i)4-88721-354-9　Ⓝ382.13
　内容　千葉県民俗地図―千葉県緊急民俗文化財分布調査報告書　東京都民俗地図―東京都緊急民俗文化財分布調査報告書　神奈川県民俗分布地図
　＊千葉県教育委員会が昭和56・57年度に、東京都教育委員会が昭和52・53年度に行った緊急民俗文化財分布調査の報告書と昭和56・57年度に神奈川県民俗文化財分布調査の成果の一部を分布図としてまとめたものを掲載したものの復刻版。
◇日本民俗誌集成　第5巻(関東編 1)　栃木県・群馬県　倉石忠彦ほか編　三一書房　1996.10　659p　27cm　23690円　(i)4-380-96563-5　Ⓝ382.1
　内容　栃木県(唐土の鳥　篠井の民俗―明治・大正の衣食住　ふるさと宇都宮　ふるさと山久保村　ほか)　群馬県(消え残る山村の風俗と暮し　赤城山麓よもやま話―恵翁閑話　利根川と蚕の村　今昔思い出草　ほか)

◆茨城県
◇田舎町の肖像　佐賀純一著　図書出版社　1993.4　477p　20cm　4120円　(i)4-8099-0176-9　Ⓝ382.131
　内容　第1章　町の中で　第2章　町の女性　第3章　職人たち　第4章　町並追想　第5章　大店・小店　第6章　船頭と漁師　第7章　芸者と海軍航空隊　第8章　田舎の暮らし　第9章　学校と遊び
　＊漁師、農民、小店主、芸者、ヤクザ、お針子、荷馬車屋、産婆など、明治・大正・昭和を生きた庶民が語る日本人の暮らしの諸相、英仏でいま話題沸騰の書。

◇井ノ岡・小坂の民俗　牛久市史編さん委員会民俗部会編　牛久　牛久市　1998.3　178,17p　26cm　(牛久市史民俗調査報告書 4)　Ⓝ213.1

◇茨城県神野の文化誌　小野安邦著　鹿嶋　小野安邦　1995.10　291p　26cm　Ⓝ382.131

◇茨城県大子町上郷の地理と民俗―1994年度　立教大学文学部地理学教室　1995.5　122p　26cm　(立教大学文学部地理学実習調査報告書 14)　Ⓝ382.131

◇茨城県の不思議事典　石塚真編　新人物往来社　1995.6　239p　21cm　3000円　(i)4-404-02225-5　(内容) 歴史編　人物編　考古・史跡編　宗教編　自然編　民俗編　地理編　産業編

◇茨城県ひたちなか市阿字ケ浦の地理と民俗―1997年度　立教大学地理学教室　1998.3　178p　26cm　(立教大学文学部地理学実習調査報告書 17)　Ⓝ291.31

◇茨城県ひたちなか市磯崎の地理と民俗―1996年度　立教大学地理学教室　1997.3　112p　26cm　(各章末：参考文献)　Ⓝ291.31

◇茨城県山方町山方の地理と民俗―1998年度　立教大学地理学教室　〔1999〕　72p　26cm　(立教大学文学部地理学実習調査報告書 18)　Ⓝ291.31

◇岩根の民俗点描　小坏正著　水戸　小坏正　2000.4　119p　19cm　非売品　Ⓝ382.131

◇牛久沼―企画展　竜ケ崎市文化振興事業団竜ケ崎市民俗資料館編　竜ケ崎　竜ケ崎市文化振興事業団竜ケ崎市歴史民俗資料館　1996.3　31p　26cm　Ⓝ291.31

◇女化の狐伝説―狐女房譚　竜ケ崎市歴史民俗資料館編　〔竜ケ崎〕　竜ケ崎市文化振興事業団　1997.2　26p　26cm　〈巻末：主な参考文献〉　Ⓝ382.131

◇柏崎の民俗／霞ケ浦町の祇園祭礼―茨城県新治郡霞ヶ浦町　坂本要編　つくば　東京家政学院筑波女子大学民俗学ゼミナール　2000.3　146p　30cm　Ⓝ382.131

◇関東の民俗　茨城県編　大島暁雄ほか編著　三一書房　1994.11　921p　27cm　(日本民俗調査報告書集成)　〈複製〉　(i)4-380-94554-5　Ⓝ382.13
(内容) 鹿島臨海工業地帯民俗資料緊急調査報告書　茨城県教育委員会編(昭和41年刊)　筑波研究学園都市地区民俗資料緊急調査報告書　茨城県教育委員会編(昭和43年刊)　県北海岸地区民俗資料緊急調査報告書　茨城県教育委員会編(昭和44年刊)　大子町の民俗　茨城県民俗学会編(昭和49年刊)

◇聞き書き里山の暮らし―土浦市宍塚　つくば　宍塚の自然と歴史の会　1999.11　146p　21cm　〈年表あり〉　1450円　Ⓝ382.131

◇「坂」の民俗―茨城県新治郡霞ケ浦町坂　坂本要編　小谷竜介編　新座　跡見学園女子大学民俗学ゼミナール　1998.8　183p　26cm　Ⓝ382.131

◇下妻市史　別編　下妻市史編さん委員会編　下妻　下妻市　1994.3　439p　23cm　Ⓝ213.1
(内容) 民俗

◇下根・柏田・東猫穴の民俗―小野川沿い集落の生活　牛久市史編さん委員会民俗部会編　牛久　牛久市　1996.3　287,24p　26cm　(牛久市史民俗調査報告書 3)　Ⓝ213.1

◇城中・新地、上町・下町の民俗―水辺と町場の生活　牛久市史編さん委員会民俗部会編　牛久　牛久市　1993.3　206,15p　26cm　(牛久市史民俗調査報告書 2)　Ⓝ213.1

◇水郷つちうら回想　保立俊一画・文　〔土浦〕　筑波書林　1994.1　253p　27cm　〈発売：茨城図書〉　3600円　(i)4-900725-00-5　Ⓝ382.131

◇総和町史編さん民俗部会編中間報告書　総和町史編さん民俗部会編　総和町(茨城県)　総和町教育委員会町史編さん室　1997.3　54p　26cm　Ⓝ213.1

◇台地の民俗―弓馬田・長須・七重地区　岩井市史編さん専門委員会民俗部会編　岩井　岩井市史編さん委員会　1993.3　282p　26cm　(岩井市史民俗調査報告書 第2集)　Ⓝ382.131

◇田伏の民俗―茨城県新治郡霞ケ浦町(旧出島村)田伏　坂本要編　新座　跡見学園女子大学民俗学ゼミナール　1997.7　137p　26cm　Ⓝ382.131

◇地域民俗論の展開　小川直之著　岩田書院　1993.6　416,11p　22cm　8137円　(i)4-900697-01-X　Ⓝ382.137

◇千代川村の民俗―民俗・年中行事アンケート調査報告書　千代川村教育委員会生涯学習課編　千代川村(茨城県)　千代川村教育委員会　1998.3　46p　30cm　(千代川村文化財調査報告書 第2集)　Ⓝ382.131

◇ふるさと住まい探訪―茨城の民家　2(町家編)　茨城の民家編集委員会編　〔水戸〕　茨城県　1993.3　159p　21cm　〈監修：一色史彦, 今瀬文也　製作：茨城新聞社出版局〉　Ⓝ382.131

◇ふるさと住まい探訪―茨城の民家　3(集落編)　茨城の民家編集委員会編　〔水戸〕　茨城県　1994.3　159p　21cm　〈監修：一色史彦, 今瀬文也　製作：茨城新聞社出版局　参考文献：p159〉　Ⓝ382.131

◇ふるさとの民俗―玉里村民俗誌　笹目実著, 玉里村教育委員会,玉里村立史料館編　玉里村(茨城県)　玉里村教育委員会　1998.3　105p　26cm　〈共同刊行：玉里村立史料館〉　Ⓝ382.131

◇真壁町の石造物―寺社編　真壁町歴史民俗資料館編　真壁町(茨城県)　真壁町歴史民俗資料館　1993.3　163p　26cm　Ⓝ714

◇真壁町の文化財　真壁町歴史民俗資料館編　真壁町(茨城県)　真壁町歴史民俗資料館　2000.10　66p　21cm　Ⓝ709.131

◆栃木県
◇今市市旧町村郷土誌　今市市歴史民俗資料館編　今市　今市市歴史民俗資料館　2001.3　293p　30cm　Ⓝ213.2
◇今市の記念碑　今市市歴史民俗資料館編　今市　今市市歴史民俗資料館　2000.12　131p　30cm　Ⓝ213.2
◇祖母井の民俗　芳賀町史編さん委員会編　芳賀町(栃木県)　芳賀町　2001.3　183p　30cm　(芳賀町史報告書　第7集)　Ⓝ382.132
◇占いの文化史―てんのかみさまのいうとおり　第35回企画展示図録　小山市立博物館編　小山　小山市立博物館　1997.10　67p　30cm　〈会期：平成9年10月19日―11月30日　文献あり〉Ⓝ382.132
◇鹿沼市下沢の生活と伝承―栃木県鹿沼市下沢　武蔵大学人文学部日本民俗史演習編　武蔵大学人文学部日本民俗史演習　1995.12　117p　26cm　(武蔵大学日本民俗史演習調査報告書　18)　Ⓝ382.132
◇上石川の民俗　鹿沼市史編さん委員会編　鹿沼　鹿沼市　2000.3　217p　26cm　(鹿沼市史叢書　6)　〈調査・執筆：鹿沼市史編さん専門委員会民俗部会〉Ⓝ382.132
◇上久我の民俗　鹿沼市史編さん委員会編　鹿沼　鹿沼市　1999.3　225p　26cm　(鹿沼市史叢書　4)　〈調査・執筆：鹿沼市史編さん専門委員会民俗部会〉Ⓝ382.132
◇関東の民俗　栃木県編　大島暁雄ほか編著　三一書房　1994.11　1129p　27cm　(日本民俗調査報告集成)　〈「栃木県民俗資料調査報告書」第1～8集(栃木県教育委員会昭和40～46年刊)の複製〉(i)4-380-94552-9　Ⓝ382.13
(内容)大畑・沓石の民俗．栗山の民俗．発光路・高取の民俗．古峰ヶ原の民俗．栃木県の民俗．八溝山麓の民俗．栃木県の民俗．那須山麓の民俗．佐野の民俗　佐野市史編さん委員会編(「佐野市史資料」第6集昭和47年刊)
◇栃木県黒羽町久野又の地理と民俗―1992年度　立教大学文学部史学科地理学研究室　1993.5　137p　26cm　(立教大学文学部史学科地理学実習報告書　12)　Ⓝ291.32
◇西那須野の民俗　西那須野町史編さん委員会編　西那須野町(栃木県)　西那須野町　1994.3　259p　22cm　(西那須野町史双書　11)　〈主要参考図書：p253～254〉Ⓝ382.132
◇東関根忘れ去られた生活―西那須野旧村落の習俗　永岡兼好著　〔西那須野(栃木県)〕〔永岡兼好〕　2000.11　251p　22cm　〈肖像あり　年譜あり〉
◇東高橋の民俗―芳賀町大字東高橋　芳賀町史編さん委員会編　芳賀町(栃木県)　芳賀町　1999.3　203p　30cm　(芳賀町史報告書　第2集)　〈共同刊行：芳賀町史編さん委員会〉Ⓝ382.132

◇芳志戸の民俗―芳賀町大字芳志戸　芳賀町史編さん委員会民俗部会編　芳賀町(栃木県)　芳賀町　1997.3　233p　30cm　(芳賀町史報告書　第1集)　〈共同刊行：芳賀町史編さん委員会〉Ⓝ382.132
◇壬生城―悠久のロマンが今よみがえる。　第7回企画展　壬生町立歴史民俗資料館編　〔壬生町(栃木県)〕　壬生町教育委員会　1993.10　55p　30cm　〈誇れるまちづくり事業〉Ⓝ213.2
◇民俗芸能・民家・用水　芳賀町史編さん委員会編　芳賀町(栃木県)　芳賀町　1999.3　116p　30cm　(芳賀町史報告書　第3集)　〈共同刊行：芳賀町史編さん委員会〉Ⓝ213.2
◇茂木町史　第1巻　自然・民俗文化編　茂木町史編さん委員会編　茂木町(栃木県)　茂木町　1995.3　911p　図版12枚　22cm　〈巻末：参考文献〉Ⓝ213.2
◇野州麻作りの民俗　栃木県立博物館編　宇都宮　栃木県立博物館　2001.3　76p　30cm　(栃木県立博物館調査研究報告書)　〈文献あり〉(i)4-88758-008-8　Ⓝ586.32132

◆群馬県
◇阿久津町の民俗―河川流域の民俗とその変化　高崎市編　高崎　高崎市　2000.3　179,27p　26cm　(高崎市史民俗調査報告書　第4集　0916-9148)　〈年表あり〉Ⓝ382.133
◇安中市史　第3巻(民俗編)　安中市市史刊行委員会編　安中　安中市　1998.11　931p　27cm　Ⓝ213.3
◇大間々町誌　別巻9(民俗編)　大間々町の民俗　大間々町誌編さん室編　大間々(群馬県)　大間々町誌刊行委員会　2001.3　470,19p　22cm　Ⓝ291.33
◇大間々町の民俗　1　塩原・塩沢地区　大間々町誌編さん室編　大間々町(群馬県)　大間々町誌刊行委員会　1993.12　206p　26cm　(大間々町誌「基礎資料」)3)　Ⓝ382.133
◇大間々町の民俗　2　高津戸地区　大間々町誌編さん室編　大間々町(群馬県)　大間々町誌刊行委員会　1995.3　186p　26cm　(大間々町誌「基礎資料」5)　Ⓝ382.133
◇大間々町の民俗　3　大間々市街地　大間々町誌編さん室編　大間々町(群馬県)　大間々町誌刊行委員会　1997.3　232p　26cm　(大間々町誌「基礎資料」10)　〈付属資料：図1枚　索引あり〉Ⓝ382.133
◇貝沢町の民俗―都市近郊の民俗とその変化　高崎市編　高崎　高崎市　2001.3　227,35p　26cm　(高崎市史民俗調査報告書　第5集　0916-9148)　〈年表あり〉Ⓝ382.133
◇上小塙町の民俗―市域北部の民俗とその変化　高崎市編　高崎　高崎市　1995.3　218,24p

風俗史・民俗誌　　　　　　　　　　　　　　　　　　　　　　　　　関東地方

26cm　〈高崎市史民俗調査報告書 第2集〉〈巻末：生活史年表〉Ⓝ382.133
◇関東の民俗　群馬県編　大島暁雄ほか編著　三一書房　1994.11　1096p　27cm　〈「日本民俗調査報告書集成」〈「群馬県民俗調査報告書」1～4，6（群馬県教育委員会昭和35～48年刊）の複製〉(i)4-380-94553-7　Ⓝ382.13
　〈内容〉片品の民俗．上野村の民俗．板倉町の民俗．六合村の民俗．榛東村の民俗
◇近代群馬の蚕糸業—産業と生活からの照射　高崎経済大学附属産業研究所編　日本経済評論社　1999.2　324p　21cm　3500円　(i)4-8188-1055-X
　〈内容〉第1部　蚕糸業の展開（富国策と蚕糸業—堯舜孔子の道・西洋機械の術　富岡製糸場と近代産業の育成—お雇い外国人を中心に　初期議会における「蚕種検査法案」反対運動の軌跡—群馬県・島村蚕種業者の活動を中心にして　組合製糸・群馬県）　第2部　蚕糸業の民俗（養蚕・蚕種業の民俗と伝承—群馬県境町島村の見聞や記録から　群馬の養蚕語彙　絹産業をめぐる諸信仰）
　＊蚕糸業の輝かしい歴史と伝統を継承する地における研究である。
◇倉賀野町の民俗—街道筋の民俗とその変化　高崎市編　高崎市　1999.3　271,33p　26cm　〈高崎市史民俗調査報告書 第7集 0916-9148〉〈年表あり〉Ⓝ382.133
◇くらしの中の伝承—上州のことばと民俗　井田安雄著　三弥井書店　1998.6　369p　20cm　3200円　(i)4-8382-9042-X　Ⓝ382.133
　〈内容〉暮らしのかたち　生活の中の茶（お茶のことば　お茶飲みの習俗　カラッチャ　その他）　方言の形（「カガヤク」について　「ハヤス」について　群馬の方言いろいろ）
　＊群馬を広く調査した具体的な習俗を通して、世の中のおおきな変化を民俗の中に求めたくらしとことばの資料集。
◇群馬県群馬郡誌　精髄復刻・予約限定版　千秋社　1995.7　1010p　21cm　20600円　(i)4-88477-176-1
　〈内容〉第1章 歴史　第2章 沿革　第3章 戸口　第4章 教育　第5章 社寺教会　第6章 産業及び産物　第7章 運輸交通　第8章 風俗習慣
◇群馬県佐波郡誌　〔復刻版〕　千秋社　1994.5　254p　21cm　〈付属資料：折りこみ地図〉11500円　(i)4-88477-177-X
　〈内容〉第1章 佐波郡の歴史　第2章 佐波郡の大あざ　第3章 地勢と位置　第4章 土地の広さ　第5章 気候　第6章 人口　第7章 政治と経済　第8章 交通と通信　第9章 警察　第10章 衛生　第11章 産業　第12章 水利　第13章 教育　第14章 財政　第15章 社会福祉　第16章 神社と寺院　第17章 有名な人物　第18章 古蹟　第19章 名所　第20章 人情と風俗　第21章 各種団体　第22章 町と村の歴史
　＊本書は、大正十二年までの、町村別の住民の生活のあらゆる分野を記録したもので、多くの写真と地図を使って、現在のくらしのうつり変りが手にとるようにわかります。
◇群馬県精髄山田郡誌　復刻版　千秋社，多田屋〔発売〕　1997.6　1117p　21cm　21000円　(i)4-88477-202-4
　〈内容〉第1篇 自然界（位置境域　地形　地質　土性　鉱泉　気象　生物）　第2篇 人文界（戸口　沿革　神社　宗教　教育　交通及通信　産業　民俗土俗　方言）
　＊本書は、昭和十四年に、山田郡教育会によってつくられたもので、郡内（現在の桐生市・太田市・大間々町）のすべての町村の歴史と住民のくらしをくわしく記録することで、ふるさとを愛する心をはぐくみ、将来の郷土発展のための資料として、後世に伝えることを目的とした貴重な本です。内容は、昭和十四年までの、住民の生活のあらゆる分野を記録したもので、歴史、地理、気候をはじめ、農業・養蚕・畜産・水産・鉱業・商業・工業などの産業、動物や植物などの生物、人口、神社・寺院、教育と諸団体、交通・通信、郷土の衣・食・住、冠婚葬祭、年中行事と民謡、方言などがくわしく調べられています。
◇群馬県立歴史博物館所蔵資料目録　民俗2　群馬県立歴史博物館編　高崎　群馬県立歴史博物館　2000.3　97p　26cm　Ⓝ213.3
◇群馬民俗学の軌跡—都丸十九一の人と業績　群馬民俗学の軌跡刊行会編　前橋　煥乎堂　1993.12　322p　21cm　〈都丸十九一の肖像あり〉3500円　(i)4-87352-032-0　Ⓝ289.1
◇国立民族学博物館蔵篠田統資料目録—補遺　石毛直道編　吹田　国立民族学博物館　1998.3　253p　26cm　〈国立民族学博物館調査報告 6　1340-6787〉　非売品　Ⓝ289.1
◇斎藤栄山—本別開拓人物誌録　本別町歴史民俗資料館友の会編　〔本別町（北海道）〕　本別町歴史民俗資料館　1995.8　41p　26cm　〈斎藤栄山の肖像あり〉Ⓝ289.1
◇写真でつづる上州の民俗　都丸十九一写真・文　未来社　1999.2　156p　27cm　3800円　(i)4-624-20072-1　Ⓝ382.133
　〈内容〉村と家のいとなみ　人生の祝いと葬式　田畑の仕事と生業　四季の行事と祭り　神仏への祈りと形　上州往来
　＊写真が語る豊かな群馬（上州）県の民俗。県内を隈なく歩いて、伝承を聞き、生活を見つめ、写真も撮りつづけてきた民俗研究者・都丸十九一。数千枚のフィルムから、豊かな群馬県の民俗を語る340余枚を厳選。
◇上州歳時記　都丸十九一著　前橋　広報社　1997.7　352p　22cm　〈〔前橋〕　煥乎堂（発売）〉

文化人類学の本 全情報　129

2761円 (i)4-906654-00-2 Ⓝ382.133
◇葬式と赤飯―民俗文化を読む 板橋春夫著 前橋 煥乎堂 1995.3 295,7p 22cm 2900円 (i)4-87352-052-5 Ⓝ380.4
◇藤岡市史 民俗編 下巻 藤岡市史編さん委員会編 藤岡 藤岡市 1995.3 1059p 22cm 〈折り込図1枚 付(33p):索引―民俗編(上・下)・資料編〉 Ⓝ213.3
(内容) 生産生業,社会生活,民間信仰,民俗知識,郷土芸能,人の一生,言語伝承,民俗文献
◇ふるさと高山―その歴史と伝承 小坂秀雄著 〔藤岡〕 〔小坂秀雄〕 1996.3 256p 22cm Ⓝ213.3
◇本庁管内の民俗―旧前橋町を中心として 前橋市教育委員会編 前橋 前橋市教育委員会 1995.3 450,38p 26cm (前橋市民俗文化財調査報告書 第4集) 〈折り込図1枚 付属資料:図1枚(袋入り)〉 非売品 Ⓝ382.133
◇前橋南部の民俗―上川淵・下川淵・旧木瀬地区 前橋市教育委員会編 前橋 前橋市教育委員会 1993.3 598,12p 26cm (前橋市民俗文化財調査報告書 第3集) 〈折り込図1枚〉 Ⓝ382.133
◇南大類町の民俗―市域東部の民俗とその変化 高崎市編 高崎 高崎市 1997.3 225,34p 26cm (高崎市史民俗調査報告書 第3集 0916-9148) 〈年表あり 索引あり〉 Ⓝ382.133

◆埼玉県
◇上尾市文化財調査報告 第43集 上尾の民俗 3 上尾 上尾市教育委員会 1994.3 204p 26cm Ⓝ709.134
◇あなたの街の博物館 埼玉県博物館連絡協議会編 浦和 幹書房 1998.12 143p 21cm 1238円 (i)4-944004-50-8
(内容) 歴史・民俗館 美術館 自然・科学館 産業館 文学・人物館 その他の博物館
＊本書は,埼玉県博物館連絡協議会に加盟する博物館・資料館・美術館など75館とそれ以外の33館を紹介し,博物館を利用する際のガイドとなるよう編集しました。
◇荒川村誌 資料3 荒川村歴史民俗研究会編 荒川村(埼玉県) 荒川村 1997.3 342p 21cm Ⓝ291.34
◇荒川村誌 資料編4 村の記録―写真集 荒川村歴史民俗研究会編 荒川村(埼玉県) 荒川村 1998.2 89p 30cm Ⓝ291.34
◇鋳物の街金山町の民俗 1 大正末期から昭和初期の様子 〔川口〕 川口市教育委員会 1994.3 12p 26cm (川口市民俗調査報告書 第3集) 〈付(1枚) 付:金山町文化十年ごろから昭和七年ごろまでの町並み 付:参考文献〉 Ⓝ382.134
◇絵図・地図が語る上福岡―第16回特別展図録 上福岡市立歴史民俗資料館編 〔上福岡〕 〔上福岡市立歴史民俗資料館〕 2000.11 48p 30cm 〈会期:平成12年11月25日―平成13年1月28日 文献あり〉 Ⓝ291.34
◇小川町の歴史 別編 民俗編 小川町編 小川町(埼玉県) 小川町 2001.3 843p 27cm Ⓝ213.4
◇春日部市史 第5巻 民俗編 春日部市教育委員会社会教育課編 〔春日部〕 春日部市 1993.3 618p 22cm Ⓝ213.4
◇活動の記録―地域いきいき伝統文化継承事業 平成10年度 地域いきいき伝統文化継承事業実行委員会編 上福岡 地域いきいき伝統文化継承事業実行委員会 1999.3 23p 30cm Ⓝ382.134
◇活動の記録―地域いきいき伝統文化継承事業 平成11年度 地域いきいき伝統文化継承事業実行委員会編 上福岡 地域いきいき伝統文化継承事業実行委員会 2000.3 20p 30cm Ⓝ382.134
◇上福岡市史 資料編 第5巻 上福岡市教育委員会.上福岡市史編纂委員会編 上福岡 上福岡市 1997.7 679,17p 22cm 〈文献あり 索引あり〉 Ⓝ213.4
(内容) 民俗
◇川口市民俗文化財調査報告書 第4集 川口市教育委員会社会教育課編 〔川口〕 川口市教育委員会 1998.3 85p 30cm Ⓝ213.4
◇川越文化ものがたり―証言と記録 川越文化会編 浦和 さきたま出版会 1993.4 216p 22cm 2300円 (i)4-87891-198-0 Ⓝ382.134
◇かわさとの民俗 第1巻 川里村教育委員会編 川里村(埼玉県) 川里村教育委員会 1996.3 197p 22cm (村史調査報告書 第5集) Ⓝ382.134
◇かわさとの民俗 第2巻 川里村教育委員会編 川里村(埼玉県) 川里村教育委員会 1999.3 268p 22cm (村史調査報告書 第6集) Ⓝ382.134
◇かわさとの民俗 第3巻 川里村教育委員会編 川里村(埼玉県) 川里村教育委員会 1999.3 243p 22cm (村史調査報告書 第7集) Ⓝ382.134
◇川とともに生きる―第14回特別展図録 上福岡市立歴史民俗資料館編 上福岡 上福岡市立歴史民俗資料館 1998.11 32p 30cm Ⓝ213.4
◇関東の民俗 埼玉県編 大島暁雄ほか編著 三一書房 1994.11 963p 27cm (日本民俗調査報告書集成) 〈複製〉 (i)4-380-94555-3 Ⓝ382.13
(内容) 埼玉の民俗 埼玉県教育委員会編(昭和41年刊) 埼玉の民俗―写真集 埼玉県教育委員会編(昭和42年刊) 秩父郡吉田町上吉田民俗調査報告書 埼玉県教育委員会編(昭和44年刊) 秩父市浦山民俗調査報告書 埼玉県教育委員会編(昭和44年刊) 越谷市民俗資料 越谷市市史編さ

ん室編(昭和45年刊) 埼玉の正月行事 埼玉県教育委員会編(昭和36年刊)

◇金工・土石 岩槻 埼玉県立民俗文化センター 1997.3 68p 30cm (民俗工芸収蔵資料解説目録 3) Ⓝ756

◇激動の昭和史in上福岡 上福岡市立歴史民俗資料館編 上福岡 上福岡市立歴史民俗資料館 1995.10 72p 30cm 〈戦後50年記念特別展(第12回特別展)図録 付(1枚) 会期:平成7年10月15日〜12月8日 昭和史年表:p66〜68 引用・参考文献:p72〉 Ⓝ213.4

◇甲武信源流物語―平成10年度第3回特別展図録 寄居町(埼玉県) さいたま川の博物館 1999.3 24p 30cm Ⓝ382.13

◇埼葛地域文化の研究―下津弘君・塚越哲也君追悼論文集 下津弘君・塚越哲也君追悼論文集刊行委員会編 〔春日部〕 下津弘君・塚越哲也君追悼論文集刊行委員会 1996.3 550p 27cm 〈共同刊行:埼葛地区文化財担当者会 下津弘および塚越哲也の肖像あり〉 Ⓝ213.4
　内容 考古編 大宮台地における砂川期の様相 西井幸雄著. 大宮台地東縁部と下総台地西縁部に於ける先土器時代の様相 矢口孝悦, 中野達也著. 花積下層式土器成立期の諸様相 金子直行著. 関山式における片口土器の基礎的考察 奥野麦生著. 関山式から黒浜式へ 鳥羽政之著. 黒浜式土器の構成と展開に関する一考察 小宮雪晴著. 蓮田市天神前遺跡出土の浮島・興津系土器の位置付け 田中之著. 白岡町タタラ山遺跡出土土器に関する覚書 細田勝著. 伊豆諸島における独自性と非独自性 本橋恵美子著. 埼葛地域の安行3c式 新屋雅明著. 下総西部地方の方形周溝墓 古谷毅著. 手焙形土器の研究(1) 髙橋一夫著. 東京低地・中川低地の土錘について 谷口栄著. 大宮台地東部における平安時代の二三の問題 渡辺一著. 民俗編 埼玉県幸手市にみる後角をもつ民家 津山正幹著. 春祈禱・夏祈禱の諸相 板垣時夫著. カワビタリ(川浸り)考 柳正博著. 宝珠花の大凧揚げについて 金沢文雄著. 田の神祭りと恵比寿講など, 二,三の報告 岡本一雄著. 歴史編「春日部文書」と「平子文書」青木文彦著. 幸手一色氏研究ノート 新井浩文著. 近世中期権現堂川流域における「堤外村」について 原太平著. 近世後期〜近代における郷土意識について 実松幸男著. 災害時における地域史料の保存対策について 林貴史著. 付・略歴 各章末:参考文献

◇埼玉県史料叢書 2 埼玉県史料 2 埼玉県編 〔浦和〕 埼玉県 1995.3 693p 22cm Ⓝ213.4
　内容 解説. 政治部 賑恤, 祭典, 戸籍・戸口, 民俗, 学校, 駅逓, 警保, 忠孝節義, 災異・騒擾時変, 衛生, 議会

◇埼玉県の不思議事典 金井塚良一,大村進編 新人物往来社 2001.12 224p 21cm 3000円 (i)4-404-02940-3
　内容 歴史編 考古・遺跡編 人物編 宗教編 民俗編 文学編 地理編 産業編 自然編

◇埼玉県民俗工芸調査報告書 第11集 埼玉の竹細工 岩槻 埼玉県立民俗文化センター 1995.3 171p 26cm 〈参考文献:p170〜171〉 Ⓝ750.2134

◇埼玉ふるさと散歩 秩父市 井上光三郎著 浦和 さきたま出版会 1997.12 171p 19cm (さきたま双書) 1500円 (i)4-87891-071-2
　内容 昔の巡礼道をたどり古寺を訪ねる ハープ橋を渡り音楽寺へ 西武秩父駅から羊山公園を歩く 民俗博物館から三番峠を越えて 金昌寺でひねもす石仏と語る 秩父夜祭りを楽しむ二時間 橘立堂参詣と鐘乳洞くぐり 奥秩父の名峰武甲山に登る 荒川西岸・田園地帯の礼所めぐり おとうかの里歩き〔ほか〕

◇埼玉ふるさと自慢100選 埼玉新聞社編 浦和 埼玉新聞社 2000.6 135p 21cm 952円
　内容 A 名所・自然・史跡・観光施設・文化財・文化施設(入間の茶畑(入間市) 長瀞と岩畳(長瀞町) ほか) B 芸術・スポーツ・芸能・祭り・風習・イベント(大凧あげ祭り(庄和町) 聖徳太子例大祭(行田市) ほか) C 物産・食文化(吉川のなまず(吉川市) 狭山茶 ほか) D 県ゆかりの人物(塙保己一(児玉町) 荻野吟子(妻沼町) ほか) 特別推薦(見沼田んぼと見沼通船堀(浦和市ほか) 浦和のうなぎ(浦和市)ほか)
 ＊県民投票で決定した「埼玉ふるさと自慢100選」。さまざまな名所、人物、祭りなどが選ばれ、彩り豊かな「彩の国」を象徴する結果となった。

◇埼玉民俗の会会員名簿 平成6年9月現在 岩槻 埼玉民俗の会事務局 〔1994〕 16p 21cm 〈表紙の書名:会員名簿〉 Ⓝ382.134

◇坂戸市の民俗 2 赤尾の民俗 坂戸市教育委員会編 坂戸 坂戸市教育委員会 1993.8 358p 26cm (坂戸市民俗調査報告書)〈参考文献:p357〜358〉 Ⓝ382.134

◇坂戸市の民俗 3 坂戸宿の民俗 坂戸市教育委員会編 坂戸 坂戸市教育委員会 1996.3 2冊 (写真版とも) 26cm (坂戸市民俗調査報告書) Ⓝ382.134

◇さきたまの古墳と民俗―埼玉県立さきたま資料館展示ガイド 〔行田〕 埼玉県立さきたま資料館 〔1995〕 30p 30cm

◇幸手市史 民俗編 幸手市教育委員会生涯学習課市史編さん室編 幸手 幸手市教育委員会 1997.3 805p 22cm Ⓝ213.4

◇幸手市史 近世資料編 2 幸手市教育委員会生涯学習課市史編さん室編 幸手 幸手市教育委員会 1998.3 863p 22cm 〈付属資料:34p(15×22cm):幸手の街道・河川絵図集〉 Ⓝ213.4

◇幸手市史　近・現代資料編1　幸手市教育委員会生涯学習課市史編さん室編　幸手　幸手市教育委員会　1998.3　1133p　22㎝　Ⓝ213.4
◇幸手市史　近・現代資料編2　幸手市教育委員会生涯学習課市史編さん室編　幸手　幸手市教育委員会　1999.3　903p　22㎝　Ⓝ213.4
◇写真で綴る嵐山歳事記―祭と年中行事　長島喜平監修　嵐山町(埼玉県)　嵐山町　1999.7　246p　31㎝　(嵐山町博誌　第9巻(民俗編1))　Ⓝ382.134
◇新河岸川舟運―九十九曲がりの船頭と船大工　上福岡市立歴史民俗資料館編　上福岡　上福岡市立歴史民俗資料館　1994.1　80p　26㎝　〈開館10周年記念 第10回特別展　会期：平成6年1月23日～3月20日　引用・参考文献：p79〉　Ⓝ213.4
◇秩父市久那の生活と伝承―埼玉県秩父市久那　武蔵大学人文学部日本民俗史演習編　武蔵大学人文学部日本民俗史演習　1997.12　141p　26㎝　(武蔵大学日本民俗史演習調査報告書 20)　Ⓝ382.134
◇秩父滝沢ダム水没地域総合調査報告書　下巻　人文編―歴史・民俗　大滝村(埼玉県)　滝沢ダム水没地域総合調査会　1994.3　451p　31㎝　〈折り込図3枚〉　Ⓝ291.34
◇秩父の生活四季　常木金雄著　秩父　ちちの木の会　1996.10　267p　19㎝　1500円　Ⓝ382.134
◇廿楽忠英家近世文書　桶川市歴史民俗資料館編　桶川　桶川市歴史民俗資料館　2001.3　42p　30㎝　(桶川市歴史民俗資料館古文書調査報告書 第1集)　Ⓝ213.4
◇宮代町史資料　第6集　みやしろの信仰と年中行事　宮代町(埼玉県)　宮代町教育委員会　1994.3　218p　26㎝　Ⓝ213.4
◇民俗からの発想―雑木林のあるくらし・地域の子どもたちの原風景　大舘勝治著　浦和　幹書房　2000.3　205p　22㎝　〈文献あり〉　2800円　(i)4-944004-59-1　Ⓝ382.134
　(内容)狭山丘陵の原風景　くらしの中の雑木林―保全と活用のために　武蔵野の民俗景観―保全と街づくり　地域の中の子どもたち　地域文化の創造
　＊本書は、「民俗伝承から教えられるもの」という視点から、三十有余各地を訪ね、地域の「語り部」から教えられ、著者の目で感じたことをまとめたものである。
◇民俗茶ばなし　続々　小谷野寛一著　〔飯能〕〔小谷野寛一〕　1993.4　119p　19㎝　Ⓝ382.134
◇民俗の原風景―埼玉　イエのまつり・ムラの祭り　大舘勝治著　所沢　さいたま民俗文化研究所, 朝日新聞社　2001.12　237p　21㎝　2500円　(i)4-02-100060-7

　(内容)正月行事(正月の準備と大晦日―歳神様を迎えるため　正月―うどん正月の家も　ほか)　春・夏の行事(節分―豆をまいて邪鬼を払う　初午(地域ぐるみの行事　スミッカリを食べる)　ほか)　七夕・盆行事(七夕―水浴びをする習慣も　迎え盆―座敷や縁側に盆棚　ほか)　秋・冬の行事(八朔の節供―嫁が里帰りする日　十五夜―収穫祝う神祭り　ほか)
　＊正月、節分、雛祭り、七夕、十五夜、七五三…なつかしい日本のくらし失われつつ民俗の記憶を伝える。長年のフィールドワークで撮影した206点の写真を掲載。
◇木工　岩槻　埼玉県立民俗文化センター　1996.3　88p　30㎝　(民俗工芸収蔵資料解説目録 2)　Ⓝ754
◇与野繁盛―蔵の残る街　与野市教育委員会生涯学習課編　与野　与野市教育委員会　1997.3　61p　30㎝　(与野市文化財展図録)　Ⓝ382.134

◆千葉県
◇天津小湊町四方木の生活と伝承―千葉県安房郡天津小湊町四方木　武蔵大学人文学部日本民俗史演習編　武蔵大学人文学部日本民俗史演習　1994.12　100p　26㎝　(武蔵大学日本民俗史演習調査報告書 17)　Ⓝ382.135
◇天津の民俗―千葉県安房郡天津小湊町天津　植松明石編　新座　跡見学園女子大学民俗研究会　1994.3　198p　26㎝　〈各章末：参考文献〉　Ⓝ382.135
◇荒磯―千葉県成田市荒磯地域の調査　民俗篇　桜井満編　空港エンタープライズ　1994.12　80p　26㎝　〈共同刊行：成田荒磯地域学術調査会〉　Ⓝ213.5
◇印西町史　民俗編　印西町史編さん委員会編　印西町(千葉県)　印西町　1996.3　810p　23㎝　Ⓝ213.5
◇鎌ケ谷市史　資料編5　民俗　鎌ケ谷市教育委員会編　鎌ケ谷　鎌ケ谷市　1993.3　807p　図版10枚　22㎝　Ⓝ213.5
◇関東の民俗　千葉県編　大島暁雄ほか編著　三一書房　1994.11　1105p　27㎝　(日本民俗調査報告書集成)　〈複製〉　(i)4-380-94556-1　Ⓝ382.13
　(内容)東京湾の漁撈と人生　千葉県教育委員会編(昭和42年刊)　印旛沼・手賀沼周辺の民俗　千葉県教育委員会編(昭和45年刊)　長柄町の民俗　東洋大学民俗研究会編(昭和47年刊)　行々林の民俗　船橋市教育委員会編(昭和48年刊)　房総の民俗　千葉県民俗総合調査団編(昭和39年刊)
◇木更津市金田と周辺の民俗　木更津　木更津市教育委員会　1995.3　187p　図版18p　26㎝　Ⓝ382.135
◇君津市久留里の歴史と民俗　千葉県立房総のむら編　栄町(千葉県)　千葉県立房総のむら

◇白鳥昔たんけん　遠山あき監修，安田敏子編著　市原　白鳥の文化を守る会　1997.3　198p　26cm　〈文献あり　索引あり〉Ⓝ382.135
◇新川流域の自然と人々とのかかわりの変遷―八千代市歴史民俗資料館常設展示解説図録　八千代市歴史民俗資料館編　〔八千代〕　八千代市歴史民俗資料館　1994.1　60p　26cm　Ⓝ213.5
◇多古地方の方言と民俗―大正から昭和へ…幼年期山村の生活　前橋伴次著　銚子　前橋伴次　1993.6　65p　21cm　〈奥付の書名：多古地方の方言と風習〉　非売品　Ⓝ382.135
◇千葉県地域民俗調査報告書　第1集　千葉県史料研究財団編　〔千葉〕　千葉県　1994.3　84p　30cm　（千葉県史編さん基礎資料 3）　(i)4-924883-02-6　Ⓝ382.135
◇千葉県地域民俗調査報告書　第2集　千葉県史料研究財団編　〔千葉〕　千葉県　1995.3　95p　30cm　（千葉県史編さん資料）Ⓝ382.135
◇千葉県地域民俗調査報告書　第3集　千葉県史料研究財団編　〔千葉〕　千葉県　1996.3　145p　30cm　（千葉県史編さん資料）　〈参考文献：p144〉Ⓝ382.135
◇千葉県民俗関係文献目録　第2集　千葉県史料研究財団編　〔千葉〕　千葉県　1993.3　119p　26cm　（千葉県史編さん基礎資料 2）　(i)4-924883-00-X　Ⓝ382.135
◇千葉県立房総のむら―体験博物館　〔1993〕　千葉県立房総のむら編　栄町（千葉県）　千葉県立房総のむら　1993.3　36p　34cm　〈あゆみ：p2〉Ⓝ382.135
◇千葉県歴史資料調査報告書 5　千葉県立関宿城博物館(仮称)に係る民俗資料調査―平成6年度　〔千葉〕　千葉県教育委員会　1995.3　72p　26cm　〈付：参考文献〉Ⓝ213.5
◇千葉県歴史資料調査報告書 6　県立関宿城博物館に係る民俗資料調査　平成7年度　〔関宿町（千葉県）〕　千葉県立関宿城博物館　1996.3　58p　26cm　〈「5」までの出版者：千葉県教育委員会　各章末：参考文献〉Ⓝ213.5
◇銚子半島の歳事風俗誌　大木衛著　東京文献センター　2000.1　182p　19cm　1524円　(i)4-925187-12-0　Ⓝ382.135
◇長南町長南の歴史と民俗　千葉県立房総のむら編　栄町（千葉県）　千葉県立房総のむら　1994.3　60p　26cm　（町並みに関する調査報告書 第2集）〈各章末：参考文献〉Ⓝ291.35
◇東国地域文化史序説　鈴木仲秋著　暁印書館　1994.6　535p　22cm　15000円　(i)4-87015-109-X　Ⓝ213.5
　　内容　第1編 歴史と文化(墨書土器試論　地域の深層　黒潮文化の東漸)　第2編 生活と民俗（衣食と通過儀礼の民俗　火の民俗　民家の構え　木の民俗　ふるさとの民謡　しいかご舞の系譜　東京湾沿岸の信仰と行事　民俗探訪　房総の歳事記）　第3編 博物館の活用(楽しい博物館のために)
◇野田市道しるべ調査報告書　野田地方史懇話会道しるべ調査取りまとめ委員会編　野田　野田地方史懇話会道しるべサークル　1997.11　37p　30cm　Ⓝ382.135
◇野田市民俗調査報告書 1　今上・山崎の民俗　野田市史編さん委員会編　〔野田〕　野田市　1995.3　249p　26cm　（野田市史編さん調査報告書 第1集）Ⓝ382.135
◇野田市民俗調査報告書 2　三ヶ尾・瀬戸・三ツ堀・木野崎の民俗　野田市史編さん委員会編　〔野田〕　野田市　1997.3　407p　26cm　（野田市史編さん調査報告書 第2集）Ⓝ382.135
◇野田市民俗調査報告書 3　大殿井・横内・鶴奉・目吹の民俗　野田市史編さん委員会編　〔野田〕　野田市　1998.3　265p　26cm　（野田市史編さん調査報告書 第3集）Ⓝ382.135
◇野田市民俗調査報告書 4　吉春・谷津・岩名・五木の民俗　野田市史編さん委員会編　〔野田〕　野田市　2000.3　283p　26cm　（野田市史編さん調査報告書 第4集）Ⓝ382.135
◇働く人びと―房総の農業・漁業・職人たち　平野馨編著　流山　崙書房出版　1993.4　155p　19cm　（図説ちば民俗誌 1）　1500円　Ⓝ382.135
◇東金野井の民俗―千葉県野田市東金野井　植松明石編　新座　跡見学園女子大学民俗研究会　1993.12　255p　26cm　〈各章末：参考文献〉Ⓝ382.135
◇富士をめざした安房の人たち―企画展　館山　館山市立博物館　1995.10　59p　26cm　（展示図録 no.12）　〈会期：平成7年10月7日〜11月19日　主な参考文献：p58〉Ⓝ213.5
◇睦沢の文化財―ガイドブック　睦沢町文化財審議会監修，睦沢町立歴史民俗資料館編　睦沢町（千葉県）　睦沢町教育委員会　1998.3　37p　26cm　〈奥付のタイトル：睦沢町文化財ガイドブック　「睦沢町の文化財」（昭和61年刊）の改訂版〉Ⓝ709.135
◇四街道市の民俗散歩　亀崎　四街道市教育委員会編　〔四街道〕　四街道市教育委員会　1995.3　278p　22cm　Ⓝ382.135
◇和田の伝承　佐倉市立和田公民館編　佐倉　佐倉市立和田公民館　1998.3　47p　21×22cm　〈付属資料：絵はがき6枚＋説明文1枚（袋入り）　地図1枚〉Ⓝ382.135

◆東京都
◇昭島の昔語り　昭島市教育委員会編　昭島　昭島市教育委員会　2000.3　435p　27cm　Ⓝ382.1365
◇足立風土記資料　民俗 3　民間信仰　足立風土

◇記編さん委員会, 東京都足立区立郷土博物館編 〔東京都〕足立区教育委員会 1993.1 64p 26cm Ⓝ291.36
◇伊豆大島元町民謡集 宮尾与男ほか編 東京都民俗芸能振興会 1994.3 56p 26cm (民俗芸能セミナーブックス 2) (監修:三隅治雄 限定版) Ⓝ767.5136
◇伊豆諸島・小笠原諸島民俗誌 東京都島嶼町村一部事務組合著, 伊豆諸島・小笠原諸島民俗誌編纂委員会編 東京都島嶼町村一部事務組合 1993.3 1178p 22cm 7000円 Ⓝ382.136
◇伊豆諸島・小笠原諸島民俗誌 伊豆諸島・小笠原諸島民俗誌編纂委員会編 東京都島嶼町村一部事務組合 1993.3 1178p 22cm Ⓝ382.136
◇江戸東京たてもの園物語 江戸東京たてもの園, スタジオジブリ企画・編集 東京都江戸東京博物館 1995.5 206p 22cm 〈江戸東京たてもの園の歩み: p198～199 参考文献: p205〉 1600円 Ⓝ382.136
◇乙幡家文書目録 〔2〕 武蔵村山市史編集委員会編 武蔵村山 武蔵村山市 1998.3 290p 26cm (武蔵村山市史調査報告書 第6集) Ⓝ382.1365
◇関東の民俗 東京都編 大島暁雄ほか編著 三一書房 1994.11 1121p 27cm (日本民俗調査報告書集成) 〈東京都教育委員会昭和33～41年刊の複製〉 (i)4-380-94557-X Ⓝ382.13
(内容) 東京都民俗資料緊急調査報告, 伊豆諸島文化財総合調査報告 第1～第5分冊(民俗・芸能のみ抄録) 小河内文化財総合調査報告 第2分冊(民俗・芸能のみ抄録) 南多摩文化財総合調査報告 第3分冊(民俗・芸能のみ抄録) 荏原地域文化財総合調査報告(民俗・芸能のみ抄録)
◇栗山村―その自然・歴史・民俗・文化 みどりと文化の交流展 東京都板橋区立郷土資料館編 板橋区立郷土資料館 1999.10 79p 30cm 〈会期: 平成11年10月16日―11月28日〉 Ⓝ291.32
◇国分寺市の民俗 3 野中新田六左衛門組・榎戸新田の民俗 国分寺市民俗調査団編 国分寺 国分寺市教育委員会文化財課 1993.2 292p 26cm (国分寺市文化財調査報告 第37集) Ⓝ382.136
◇国分寺市の民俗 4 停車場の民俗 国分寺市教育委員会文化財課編 国分寺 国分寺市教育委員会 1994.3 239p 26cm (国分寺市文化財調査報告 第38集) 〈参考文献: p239〉 Ⓝ382.136
◇国分寺市の民俗 5 本多新田・恋ヶ窪村の民俗 国分寺市教育委員会文化財課編 国分寺 国分寺市教育委員会 1995.3 267p 26cm (国分寺市文化財調査報告 第41集) 〈参考文献: p266～267〉 Ⓝ382.136
◇国分寺市の民俗 6 戸倉新田・内藤新田・中藤新田の民俗 国分寺市教育委員会市史編さん室編 国分寺 国分寺市教育委員会 1997.3 343p 26cm 〈文献あり〉 Ⓝ382.1365
◇小町家文書目録 東村山市史編さん室編 東村山 東村山市 1994.3 407p 26cm (東村山市史調査資料 第2集) Ⓝ213.6
◇狭山丘陵の植物と昆虫解説パンフレット―武蔵村山市立歴史民俗資料館収蔵品展 〔武蔵村山〕〔武蔵村山市立歴史民俗資料館〕〔2001〕10p 30cm
◇下町のオキテ 畠山健二著 読売新聞社 1997.8 302p 20cm 1500円 (i)4-643-97084-7 Ⓝ382.1361
(内容) 下町にまつわるエトセトラ(男も女も大いにげびるべし カタ屋の記憶を手繰り寄せ郷愁を拾うべし 現代にカタ屋を呼び戻すべし お稽古ごとを嗜むべし ほか) はるあき下町イベント(一月の下町を歩く―撫牛と二股大根 二月の下町を歩く―豆とチョコレート 三月の下町を歩く―白梅と金玉棒 四月の下町を歩く―隅田公園と上野公園 ほか)
＊納豆の食べ方に苦言を呈しお稽古ごとのなんたるかに賢言を尽くす。吉原の極楽作法から下町洋食のマナーまで、あるいは幻のカタ屋を追い求め、果ては田山花袋にまで嚙みついて下町勃興の狼煙を挙げる。四季折々の下町年中行事に瞳を凝らし、何の役にも立たない下町の諸事情を、微に入り細を穿って大マジメにいなせな遠吠える空前絶後の好コラム。
◇史料が語る明治の東京100話 日本風俗史学会編著 つくばね舎 1996.3 334p 21cm 〈執筆: 阿久根巌ほか 発売:地歴社〉 2800円 (i)4-924836-18-4 Ⓝ210.6
(内容) 文明開化下の都市 文明開化期の都市風俗 洋風への傾斜…明治人の装い 東京の建設 新商売・新産業 学校・教育 冠婚葬祭 家庭・仕事 世相・娯楽 自然景観の変容 国家の重さ 科学技術
◇新立川市史研究 第10集 立川 立川市教育委員会 1994.3 105p 21cm Ⓝ213.6
(内容) 武蔵国多摩郡大久野村の組と分郷 池田昇著, 関東取締出役の設置下命者について 後藤正義著, 公私日記の展望 倉ियांhas保海著, 公私日記用語手控 9 若杉哲男著, 養蚕から機織りまでの民具について 増田淑美著, 中世の立川と五十嵐家文書 岩間冨文著
◇巣鴨のむかし―座談会集 第3集 巣鴨のむかし編集委員会編 巣鴨のむかしを語り合う会 1997.8 293p 26cm Ⓝ382.1361
◇巣鴨のむかし―座談会集 第4集 巣鴨のむかし編集委員会編 巣鴨のむかしを語り合う会 2000.11 308p 26cm Ⓝ382.1361
◇タクシー/モダン東京民俗誌 重信幸彦著 日本エディタースクール出版部 1999.9 308p 20cm 〈文献あり〉 2200円 (i)4-88888-293-2

風俗史・民俗誌　　　　　　　　　　　　　　　　　　　　　　　　　　　　　関東地方

Ⓝ685.5
内容 プロローグ 地下鉄が苦手な男の話　1 メディア―かつて円タクの運転手だった(出郷都市のメディア ほか) 2 都市―円タクが走った「東京」(流シ円タクは走る 演じられる「都市」ほか) 3 身体―流シの身体・流シの"都市"(運転手になる 転がす ほか) 4 言葉―円タクは氾濫する?(「問題」としての円タク"調査"の視線 ほか)
*昭和の始まりとともに出現した「流シ」の円タクは、増殖し続ける近代都市を自在に走り廻り、「モダン都市」東京を造り上げるメディアの一つとなった。しかし、流シは都市の「問題」として語られ続け、世の中が戦時体制へ傾斜するなかで、わずか十年ほどで消えていく。これは円タクを走らせたタクシードライバー達の記憶で構成する「モダン東京」円タク一代記である。

◇田無市史　第4巻　民俗編　田無市史編さん委員会編　田無　田無市企画部市史編さん室　1994.1　746p　22cm　Ⓝ213.6

◇多摩市の民俗　メカイ<目籠>関係資料　多摩市史編集委員会編　〔多摩〕多摩市　1996.3　142p　26cm　(多摩市史叢書 11)　Ⓝ382.1365

◇多摩弁醇　平井英次著　教育報道社　1998.7　141p　20cm　(教報ブックス)　1500円　Ⓝ382.1365

◇佃に渡しがあった　尾崎一郎写真、ジョルダン・サンド,森まゆみ文　岩波書店　1994.11　93p　26cm　(ビジュアルブック水辺の生活誌)〈付:参考文献一覧〉　2000円　(i)4-00-008491-7　Ⓝ213.6

◇東京学　小川和佑著　経営書院　1996.1　238p　19cm　1300円　(i)4-87913-565-8

◇東京学　小川和佑著　新潮社　2000.4　258p　15cm　(新潮文庫)　438円　(i)4-10-126421-X
内容 プロローグ　東京は「とうけい」であった！　第1章　東京人気質入門―組織・流行・画一化　第2章　東京人の人間関係―東京人は冷たいか　第3章　スジを通すぞ東京人―ホンネとタテマエ　第4章　食の坩堝―東京の味あれこれ　第5章　東京の女性たちはいま―OL、ギャル、コギャル　第6章　東京ことば―「山の手ことば」と「下町ことば」　第7章　東京の街と風俗　第8章　どうなる、どうする、これからの東京　第9章　首都圏という名の東京　エピローグ「東京学」っていったい…何?
*江戸っ子は温かい。しかし、東京人は冷たい―。江戸を知っても、下町を知っても、東京を知ったことにはなりません。なんとも嫌いで、なんともよそよそしい東京人。流行に敏感で、食にもファッション性を求める東京人。東京人になろうというあなたに、東京人の心得をとことん伝授しましょう。東京人が苦手だというあなたには、東京人とのうまい付き合い方をこっそりお教えします。

◇東京都の不思議事典　下巻　樋口州男ほか編　新人物往来社　1997.2　196p　22cm　〈文献あり索引あり〉　3000円　(i)4-404-02426-6　Ⓝ291.36
内容 文学編　民俗・宗教編　地理編　都市・産業編

◇東京風俗三十帖　浜本高明著　演劇出版社出版事業部　1998.12　211p　21cm　1500円　(i)4-900256-56-0　Ⓝ291.361

◇東京風俗志　上　平出鏗二郎著　筑摩書房　2000.11　303p　15cm　(ちくま学芸文庫)　1000円　(i)4-480-08583-1　Ⓝ382.136
内容 上の巻(風土及び市井の有様　社会の組織及びその情態　人情道徳及び教育　宗教及び迷信) 中の巻(年中行事　住居及び家什雑具)
*明治30年、東京。日清・日露両戦争の狭間にあって、社会の大枠がようやく定まりかけたこの頃、東京の暮らしもまた大変遷を遂げていた。江戸の面影を残す街並み・習慣と、新しく定着しつつある洋風の事物があいまって、独特の風俗をかたちづくっていた当時の東京のありようを、体系立てて克明に描いた、貴重な記録。上巻は風土、市政、職業、人情、道徳、教育、宗教と迷信、年中行事、住居と諸道具、舟車など。松本洗耳の精緻な挿絵を全点収録。

◇東京風俗志　下　平出鏗二郎著　筑摩書房　2000.11　314p　15cm　(ちくま学芸文庫)　1000円　(i)4-480-08584-X　Ⓝ382.136
内容 中の巻(承前)(容儀服飾　飲食及び料理店) 下の巻(婚姻、出産、葬祭　歌舞音楽及び諸興行物　遊嬉貫飫)
*明治30年、東京。日清・日露両戦争の狭間にあって、社会の大枠がようやく定まりかけたこの頃、東京の暮らしもまた大変遷を遂げていた。江戸の面影を残す街並み・習慣と、新しく定着しつつある洋風の事物があいまって、独特の風俗をかたちづくっていた当時の東京のありようを、体系立てて克明に描いた、貴重な記録。下巻は、髪型・服装、飲食、婚姻・出産・葬祭、歌舞音楽、演劇・相撲・寄席、趣味、子どもの遊び、四季の遊賞など。松本洗耳の精緻な挿絵を全点収録。

◇東京山の手大研究　岩淵潤子,ハイライフ研究所山の手文化研究会編著　都市出版　1998.3　195p　19cm　(都市選書)　1333円　(i)4-924831-67-0　Ⓝ382.1361
内容 第1章　序論　山の手研究を思い立った「曖昧」な理由　第2章　居住者分布で見た「山の手」の拡大　第3章　山の手住宅地の成立　第4章　回想の山の手　第5章　異文化としての山の手　第6章　近代日本人と「山の手」という自意識　第

7章 山の手キーワード集
＊戦前の東京山の手に存在した豊かなライフスタイルはどのようなものだったか。それはなぜ失われてしまったのか。精神史、住宅史、生活体験、居住分布。多方面から「山の手」という文化を検証。本間千枝子、枝川公一、福田和也、岩淵潤子ほか多彩な執筆陣による研究報告。

◇とおめがね―21世紀への贈りもの はむら民俗の会, 羽村市郷土博物館編 羽村 羽村市教育委員会 1999.10 113p 22cm （羽村市史料集 7） Ⓝ382.1365

◇野の語り部―桑の里にひびきあう今むかし 河野専一語り, 小川史著 筑波書房 1998.4 193p 19cm 1600円 (i)4-8119-0168-1 Ⓝ382.1365
内容 序章 お蚕の里 あきる野 村 信仰、芸能 交通 あそび 災害と戦争 終章 変わるもの、変わらないもの
＊本書は、著者の祖父を「語り部」として、現在のあきる野市を中心とした地域のことについて語ってもらい、それを聞く著者の考えや経験をおりまぜながら構成されています。

◇八王子小津の民俗―東京都八王子市小津町 桑都民俗の会編 八王子 桑都民俗の会 1997.5 150p 26cm Ⓝ382.1365

◇八王子今昔物語―その伝承と人の往来 川口実著 横浜 あるちざん 1997.12 246p 20cm 2000円 (i)4-938522-15-2 Ⓝ213.65
内容 第1部 八王子山地の古代伝承（シュリーマンに学ぶ 八王子の古代史は無いのか 蔵王権現と今熊山伝承 ほか） 第2部 八王子武士団の成立と展開（檜原の橘近安と八王子・小野牧 横山党と西党日奉氏 その後の八王子修験衆と武士団） 第3部 八王子往来物語（八王子城と成木石灰 鉄と鋳物と銭貨の流通 小田原北条氏と八王子 ほか）
＊本書が、ただ古い八王子を振り返るだけでなく歴史に生きた人間が鮮やかに映し出されているのも、著者の人好き、人への愛情からきている…力作にも拘わらず読後感はとてもさわやかで、八王子に住まない人にも興味深い読物。

◇八王子の民俗 佐藤広著 八王子 揺籃社 1995.2 215p 19cm 1500円 (i)4-89708-105-X Ⓝ382.136

◇東大和市史資料編 9 道と地名と人のくらし 東大和市史編さん委員会編 東大和 東大和市 1999.3 197p 26cm Ⓝ213.76

◇復元文明開化の銀座煉瓦街―江戸東京博物館常設展示東京ゾーン「文明開化東京」 藤森照信ほか著 ユーシープランニング 1994.3 63p 26cm (UC books) 〈監修：東京都江戸東京博物館 主な参考文献：p63〉 950円 (i)4-946461-30-2 Ⓝ213.6
内容 銀座煉瓦街計画―文明開化の街造り 街並み・建物・商店―明治10年代末の銀座通り復元・銀座の街並み 乗物―明治前期の乗物風俗―明治前期の風俗 復元・銀座の風俗と乗物 パノラマ銀座煉瓦街―人形・乗物・商店の模型の配置

◇復元鹿鳴館・ニコライ堂・第一国立銀行―江戸東京博物館常設展示東京ゾーン「文明開化東京」 藤森照信ほか著 ユーシープランニング 1995.2 71p 26cm 〈監修：東京都江戸東京博物館 主な参考文献：p71〉 1050円 (i)4-946461-31-0 Ⓝ213.6

◇三ツ木村の皇国地誌 武蔵村山市立歴史民俗資料館編 武蔵村山 武蔵村山市教育委員会 1998.3 41p 21cm （武蔵村山市文化財資料集 16） 〈複製および翻刻〉 Ⓝ213.65

◇民俗資料分類目録 1 〔昭島〕 昭島市教育委員会 1993 77p 図版9枚 26cm Ⓝ382.136

◇武蔵村山の馬頭観音 武蔵村山市立歴史民俗資料館編 武蔵村山 武蔵村山市教育委員会 1997.2 60p 21cm （武蔵村山市文化財資料集 15） Ⓝ714

◇武蔵村山の民俗 その1 武蔵村山市史編集委員会編 武蔵村山 武蔵村山市 1996.3 250p 21cm （武蔵村山市史調査報告書 第2集） Ⓝ382.1365

◇武蔵村山の民俗 その2 武蔵村山市史編集委員会編 武蔵村山 武蔵村山市 1997.3 406p 21cm （武蔵村山市史調査報告書 第4集） Ⓝ382.1365

◇武蔵村山の民俗 その3 武蔵村山市史編集委員会編 武蔵村山 武蔵村山市 1998.3 385p 21cm （武蔵村山市史調査報告書 第7集） Ⓝ382.1365

◇武蔵村山の民俗 その4 武蔵村山市史編集委員会編 武蔵村山 武蔵村山市 1999.3 368p 21cm （武蔵村山市史調査報告書 第8集） Ⓝ382.1365

◇村の知識人指田家三代の資料―特別展解説書 市指定文化財指田日記の周辺 武蔵村山市立歴史民俗資料館編 武蔵村山 武蔵村山市立歴史民俗資料館 1999.1 27p 30cm 〈会期：1999年1月24日－3月28日〉 Ⓝ213.65

◇四谷散歩―その歴史と文化を訪ねて 安本直弘著 改訂 みくに書房 1998.1 279p 21cm 〈企画・製作：四谷歴史研究会〉 2000円 (i)4-943850-65-0 Ⓝ213.61
内容 四谷北部（四谷北部案内図 四谷-地名の起源 四谷見附 ほか） 四谷南部（四谷南部案内図 旭の松と旭の井戸 赤坂御所トンネル ほか） 新宿（新宿案内図 玉川上水 渋谷川と水車小屋の鉛筆工場 ほか）

◇私の武蔵野 石川博司著 青梅 ともしび会

1996.2 114p 21cm Ⓝ382.1365

◆◆江戸
◇江戸を咲らう―「鬼平犯科帳」と江戸東京の暮らし 松竹事業部 1995.12 132p 26cm 2000円 Ⓝ213.61
◇江戸隅田川界隈 中尾達郎著 三弥井書店 1996.11 303p 19cm (三弥井民俗選書) 2884円 (i)4-8382-9033-0
 内容 永代橋 新大橋 両国橋 吾妻橋
 *江戸庶民にとって万事の根本でありこよなく愛された隅田川。江戸はやり唄の調べとともに隅田川界隈の風俗・文芸の所どころを探訪する。
◇江戸東京学への招待 1 文化誌篇 小木新造編著 日本放送出版協会 1995.11 290p 19cm (NHKブックス) 1100円 (i)4-14-001750-3
 内容 1 図像の中の江戸を歩く 2 江戸の娯楽 3 江戸のモードと風俗 4 祝祭都市・江戸東京 5 メディアの中の江戸東京
 *江戸から東京への400年の歴史を一括りにして眺め、巨大な歴史都市を総合的に捉え直そうとする「江戸東京学」シリーズの第一弾。本書は、浮世絵や屏風絵ほか、様々な史料に多角的にアプローチし、祝祭や娯楽・風俗、モードやメディアにあらわれる、都市の文化的様相を読み解く「文化誌」篇。歴史学、民俗学、社会学、美術史学などの第一線の研究者を糾合し、通時的分析を試みて、創造の活気漲る迷宮都市・江戸東京の精華に迫る。
◇江戸東京学への招待 2 都市誌篇 小木新造, 内田雄造編著 日本放送出版協会 1995.12 282p 19cm (NHKブックス) 1100円 (i)4-14-001751-1
 内容 序 江戸東京―都市空間の過去・現在・未来 1 江戸の土地と空間 2 都市生活のライフライン 3 都市の装置
 *江戸入府以来の四百年は、都市建設の歴史でもあった。武都から首都へ、そして生活都市へ、移り変わる時代に添う都市「江戸東京」のアメニティーとコスモロジーを探る。
◇江戸東京学への招待 3 生活誌篇 小木新造, 内田雄造編著 日本放送出版協会 1996.1 273p 19cm (NHKブックス) 1100円 (i)4-14-001752-X
 内容 序 江戸東京をどう受け止めるか 1 江戸東京の住まい 2 都市に生きる人びと 3 都市の生活環境
 *棲み家としての都市は、その道程で、どのような理想と可能性をもって築かれてきたのか。生活の場としての「住居」、界隈での「人」づきあい、土や緑や音の風景の「環境」の移り変わりを濃やかに見つめ、大都市の「まちづくり」の、これまでとこれからを描く。

◇江戸・東京はどんな色―色彩表現を読む 小林忠雄著 教育出版 2000.5 181p 19cm (江戸東京ライブラリー 12) 1500円 (i)4-316-35810-3 Ⓝ382.136
 内容 第1章 色彩と歴史の交差点(赤色と青色は日本文化の基調 黒色の粋な感覚 ほか) 第2章 江戸の色彩を読む 第3章 東京に出現した色彩(新たな赤色表現 高級感覚を示す青色表現 ほか) 第4章 地方都市の色彩表現―都市民俗学の視点から(マチ場成立の歴史 マチ場の生業 ほか) 第5章 都市は感覚を表現する場(都市民俗のとらえ方 都市の感覚の表現の変容性 ほか)
 *日本の色ってなんだろう。都市のなかの色彩の表現から大衆の感覚を読む江戸・東京の「色」判断。
◇江戸と東京風俗野史 伊藤晴雨著, 宮尾与男編注 国書刊行会 2001.6 415p 27cm (複製を含む 年譜あり) 5800円 (i)4-336-03067-7 Ⓝ382.1361
◇江戸の盛り場・考―浅草・両国の聖と俗 竹内誠著 教育出版 2000.5 208p 19cm (江戸東京ライブラリー 11) 1500円 (i)4-316-35790-5 Ⓝ384.2
 内容 第1章 再現された盛り場・両国 第2章 盛り場・両国の成立 第3章 描かれた盛り場・両国 第4章 両国の花火 第5章 浅草と浅草寺の歴史 第6章 雷門の再建と参道の敷石 第7章 浅草寺頑張る―聖地性の守護 第8章 浅草寺境内の見世物と評判娘 第9章 浅草寺を訪れた人びと 第十章 地方人と江戸見物 第十一章 浅草寺奉納の大絵馬 第十二章 三社祭りと神輿 第十三章 吉原の仮名と芝居の猿若町 終章 盛り場研究への道
 *信仰・門前町／三美人・見世物／祭・絵馬／花火・食べ歩き。庶民も、将軍・大名も、旅人も。百万都市江戸のワンダーランド。盛り場は大にぎわい。
◇江戸の新興宗教―文京の富士講 文京ふるさと歴史館編 〔東京都〕文京区教育委員会 1995.10 48p 30cm (特別展図録) 〈会期：平成7年10月28日～12月10日 主要参考文献一覧：p48〉 Ⓝ213.6
◇江戸のみちはアーケード 鈴木理生著 青蛙房 1997.1 227p 20cm 2472円 (i)4-7905-0440-9 Ⓝ213.61
 内容 第1章 "みち"を輪切りに 第2章 江戸の町の構造 第3章 庇・ピロティ・アーケード 第4章 江戸の"みち"と司法取引 第5章 明治になって 第6章 欧風化と便所と下水 第7章 "みち"の舗装
◇江戸繁昌記の世界―寺門静軒と爛熟期の江戸 特別展 寺門静軒著, 水戸市立博物館編 〔水戸〕水戸市立博物館 1996 72p 26cm 〈著者の肖

像あり　会期：平成8年2月20日～3月20日　年表・参考文献：p66～71〕Ⓝ213.6
◇江戸名所隅田川—絵解き案内　棚橋正博著　小学館　1998.5　126p　21cm　1600円　(i)4-09-626211-0　Ⓝ213.61
〔内容〕第1章 大江戸隅田川の誕生（隅田川とは　隅田川の誕生　河川の整備　隅田川の橋と渡し）第2章 江戸の隅田川を歩く（佃島—変貌する漁師町、佃煮の島　永代橋—赤穂四十七士も渡った…　新大橋—歌舞伎の舞台になった中洲・三叉　両国橋—明暦の大火の教訓が幕府を動かした　ほか）
＊月雪花に浮かれ出る江戸っ子の遊びの名所巡り。佃島の佃煮・玉屋と鍵屋の花火戦争。吉良邸と忠臣蔵・浜町河岸の杉田玄白先生。長命寺の桜餅他・大江戸隅田川18景。
◇江戸明治流行細見記　花咲一男解説，太平主人編　太平書屋　1994.9　402p　21cm　〈太平文庫27〉〈複製〉12000円　Ⓝ382.136
〔内容〕細撰記〔嘉永6年板〕細撰記 異板〔嘉永6年板〕歳盛記〔慶応元年板〕細撰記〔明治元年板〕東京流行細見記〔明治18年板〕参考 吉原細見〔嘉永5年春板〕擬似細見について 花咲一男著．書誌解説 太平主人著
◇江戸彩東京噂の下町　林伸行著　日本図書刊行会　1994.7　121p　20cm　〈発売：近代文芸社〉1000円　(i)4-7733-2829-0　Ⓝ382.136
◇江東風俗二十帖　浜本高明著　演劇出版社出版事業部　2000.6　157p　21cm　1143円　(i)4-900256-58-7　Ⓝ213.61
◇川柳江戸歳時記　花咲一男著　岩波書店　1997.3　299p　20cm　3000円　(i)4-00-000214-7　Ⓝ382.1361
◇東京四方山ばなし—江戸っ子"加太こうじ"　加太こうじ著　リバティ書房　1995.4　159p　19cm　1000円　(i)4-947629-72-X　Ⓝ382.136
〔内容〕親代々の東京生まれ、東京ぐらしです　幼時　東京言葉　山手と下町　東京の川　東京の祭り　東京の歌　東京の芝居〔ほか〕
＊東京の東京らしい言葉・山手と下町・川・祭り・歌・芝居・風景など…生粋の江戸っ子が東京の人情・風物などを描いた懐かしく楽しい本。
◇風俗 江戸東京物語　岡本綺堂著，今井金吾校註　河出書房新社　2001.12　430p　15cm　〈河出文庫〉930円　(i)4-309-40644-0
〔内容〕1 風俗 江戸物語（江戸の春　同心と岡っ引　聖堂と講武所　寄席　江戸の化物　両国　芝居　折助　時の鐘と太鼓　月見　山王祭　手習師匠　旅　江戸の火事　心中の処分　江戸の町人）2 風俗 明治東京物語（東京風俗十題　明治東京雑題）
＊「半七捕物帳」をはじめ、江戸のおもかげを今に伝える岡本綺堂の名作の数々は、江戸を知る生きた資料としても名高い。江戸城内の習慣、岡っ引きの給料、芝居見物の段取り等々—本書は、その軽妙な語りで江戸の生活の実情を描いた「風俗江戸物語」に、同時代であった明治の東京の市井風俗を活写した「風俗明治東京物語」を合本とした、綺堂版江戸東京事典。
◇べらんめぇ・お江戸ことばとその風土　横田貢著　芦書房　1996.4　247p　20cm　2500円　(i)4-7556-1116-4　Ⓝ382.136
〔内容〕1 べらんめぇことばミニ百科　2 お江戸気質を大写しにする　3 江戸べらんめぇの風土　4 大川に沿って浅草裏手の町
＊お江戸べらんめぇは、どこで見分ける。べらんめえことば、その陰に一体何があるのか。お江戸大衆ことばの奥に広がるものは、何てったって江戸の気質と風土だ。本書は、江戸べらんめぇの特色をまとめ、江戸べらんめぇの気質・風土を、江戸の後継ぎ東京下町・浅草を通して眺め回す。浅草北部、川端で生まれ育ち、今もそこに根を張る著者が、じかの体験・知識を繰りながらお江戸べらんめぇ学、東京下町浅草学を、深い郷土愛を込めて語る。

◆◆23区
◇浅草風俗二十帖　浜本高明著　演劇出版社出版事業部　1997.12　139,4p　21cm　〈年表あり　文献あり　索引あり〉1000円　(i)4-900256-55-2　Ⓝ213.61
◇板橋区史　資料編5 民俗　板橋区史編さん調査会編　〔東京都〕板橋区　1997.3　1071p　22cm　Ⓝ213.61
◇いたばし動物ものがたり—自然・狩猟・見世物　板橋区立郷土資料館編　板橋区立郷土資料館　2000.10　52p　30cm　〈特別展：平成12年11月14-28日〉Ⓝ382.1361
◇江戸川区の民俗　4　葛西地区の民俗　東京都江戸川区教育委員会社会教育課編　江戸川区教育委員会　1993.3　264p　21cm　〈江戸川区文化財調査報告書 第8集〉Ⓝ382.136
◇大田区の文化財　第31集　大田区指定有形民俗文化財とその周辺　東京都大田区教育委員会教育部社会教育課編　大田区教育委員会　1995.3　222p　30cm　〈付（図3枚 袋入）〉Ⓝ213.6
◇江東区民俗調査報告書—深川北部総合民俗調査 平成6・7年度　江東区民俗調査団編　〔東京都〕江東区教育委員会生涯学習部生涯学習課　1996.3　33p　26cm　Ⓝ382.1361
◇江東区民俗調査報告書—深川南部総合民俗調査 平成8・9年度　江東区民俗調査団編　〔東京都〕江東区教育委員会生涯学習部生涯学習課　1998.3　96p　26cm　Ⓝ382.1361
◇品川歴史館資料目録　〔1995〕　竹内重雄大正

風俗史・民俗誌

◇風俗スケッチ 東京都品川区立品川歴史館編 品川区立品川歴史館 1995.3 26p 30cm Ⓝ213.6

◇柴又からの贈りもの―寅さんのおばちゃんの知恵袋 石川光子著 アリアドネ企画 1995.12 223p 20cm 発売:三修社 1500円 (i)4-384-02297-2 Ⓝ382.136

〔内容〕第1章 映画と柴又 第2章 生まれ育った柴又の風景 第3章 だんご屋のいまむかし 第4章 柴又の味 第5章 家つき娘の悲哀 第6章 随想―ちょっとした思い出 第7章 柴又の人々 第8章 手作りの幸せ

*生まれも育ちも葛飾柴又。映画「男はつらいよ」の"おばちゃん"のモデルが綴る下町の人情と生活。寅さんの声が聞こえてきそうな葛飾柴又。下町の心あたたかな人々の生活と夢を綴る一冊。

◇新宿区の民俗 3(新宿地区篇) 東京都新宿区立新宿歴史博物館編 新宿区新宿歴史博物館 1993.3 257p 26cm 〈調査:新宿区民俗調査会〉 Ⓝ382.136

◇新宿区の民俗 4(落合地区篇) 東京都新宿区立新宿歴史博物館編 新宿区新宿歴史博物館 1994.3 198p 26cm 〈調査:新宿区民俗調査会〉 Ⓝ382.136

◇新宿区の民俗 5(牛込地区篇) 新宿区生涯学習財団新宿歴史博物館学芸課編 新宿区生涯学習財団新宿歴史博物館学芸課 2001.3 185p 26cm 〈調査:新宿区民俗調査会 折り込3枚〉 Ⓝ382.1361

◇杉並の生活史―ライフ・ヒストリー聞書 東京都杉並区教育委員会編 杉並区教育委員会 1993.3 92p 26cm (文化財シリーズ 38) 600円 Ⓝ382.136

◇竹町の人とくらし 〔東京区〕台東区教育委員会文化事業体育課 1995.3 223p 30cm (台東区文化財調査報告書 第18集) 〈監修:台東区文化財保護審議会〉 Ⓝ382.136

◇千代田区立四番町歴史民俗資料館収蔵資料目録 1 東京都千代田区教育委員会,東京都千代田区立四番町歴史民俗資料館編 千代田区教育委員会 1997.3 4,136p 30cm (千代田区歴史民俗資料館蔵資料調査報告 共同刊行:千代田区立四番町歴史民俗資料館) Ⓝ213.61

◇千代田区立四番町歴史民俗資料館収蔵資料目録 2 東京都千代田区教育委員会,東京都千代田区立四番町歴史民俗資料館編 千代田区教育委員会 1998.3 4,138p 30cm (千代田区文化財調査報告 共同刊行:千代田区立四番町歴史民俗資料館) Ⓝ382.1361

◇千代田の寺社とくらし―江戸時代の信仰と娯楽 「目でみる千代田の歴史」刊行記念特別展 東京都千代田区教育委員会,東京都千代田区立四番町歴史民俗資料館編 千代田区教育委員会 〔1993〕 8p 26cm 〈共同刊行:千代田区立四番町歴史民俗資料館〉 会期:平成5年2月2日～3月28日 参考文献:p8〉 Ⓝ185.9136

◇伝統工芸を地域で伝えていくために―文化庁補助事業/練馬区伝統工芸後継者養成事業・伝統文化伝承総合支援事業実施報告 東京都練馬区教育委員会生涯学習部生涯学習課編 練馬区 2000.3 28p 30cm 〈共同刊行:練馬区教育委員会〉 Ⓝ750.21361

◇都市周縁の考現学 八木橋伸浩著 言叢社 1995.4 242p 20cm 2400円 (i)4-905913-52-7 Ⓝ382.136

〔内容〕第1章 ムラからマチへ―年中行事の変容と都市化 第2章 街頭紙芝居を支えたマチ 第3章 活動写真製作の記憶 第4章 大衆演芸を生産するマチ 第5章 交合する民俗 第6章 マチの噂 第7章 変貌する民俗―居住環境の変化と民俗の変化

*近郊農村から都市周縁の街へと変貌をとげた荒川区町屋(街頭紙芝居)、日暮里(活動写真製作)、南千住(大衆演芸)、尾久(長屋・三業地)、汐入(再開発高層住宅)などの民俗を調査しながら、近代都市が無意識に配備した都市周縁住民の暮らしと人倫を追究する考現学。

◇豊島区郷土資料館収蔵資料目録 第6集 池袋地区歴史生活資料目録 2 東京都豊島区立郷土資料館編 豊島区教育委員会 1993.3 35p 図版4枚 26cm 〈背の書名:収蔵資料目録〉 Ⓝ213.6

◇長崎村物語―江戸近郊農村の伝承文化 特別展図録 東京都豊島区立郷土資料館編 〔東京都〕豊島区教育委員会 1996.9 85p 26cm 〈会期:1996年9月28日～11月17日〉 Ⓝ213.61

◇中野区民生活史 図表索引 東京都中野区立中央図書館 中野区立中央図書館 1999.3 30p 21cm Ⓝ213.61

◇中野市の弥生土器 〔中野〕 中野市教育委員会 1997.3 58p 30cm (中野市歴史民俗資料館収蔵資料集成 弥生時代編) Ⓝ215.2

◇西一之江村大杉を語る 東京都江戸川区教育委員会社会教育課編 江戸川区教育委員会 1993.3 63p 21cm (江戸川ブックレット no.10) Ⓝ382.136

◇日暮里の民俗 東京都荒川区教育委員会編 東京都荒川区教育委員会 1997.3 9,306p 26cm (荒川区民俗調査報告書 5) 〈調査:荒川区民俗調査団 文献あり〉 Ⓝ382.1361

◇練馬のむかし―富士講と清戸道 神代武男著 神代武男 1995.1 117p 19cm 〈参考文献:p116～117〉 Ⓝ213.6

◇八百八町いきなやりくり 北原進著 教育出版 2000.8 203p 19cm (江戸東京ライブラリー

関東地方　　　　　　　　　　　　　　　　　　　　　　　　　　風俗史・民俗誌

13)〈文献あり〉　1500円　(i)4-316-35820-0
Ⓝ213.61
(内容) 1 天下さまの都(金遣い経済圏の中心都市　百万都市の経済の仕組み　消費都市の暮らしぶり ほか)　2 町づくり・住まい方(江戸に住むこと　町づくりの洋風化)　3 身のまわりの経済(江戸の食　江戸のともし灯　江戸の職人技)　4 消費経済がもたらした文化(季節の庶民行事　祭りだ、祭りだ!　文字と絵の広がり ほか)
◇深沢―世田谷区民俗調査第11次報告　世田谷区民俗調査団編　[東京都]世田谷区教育委員会　1994.3　93p　26cm〈折り込図1枚〉Ⓝ382.136
◇町屋の民俗　荒川区民俗調査団編　東京都荒川区教育委員会　1993.3　253p　26cm（荒川区民俗調査報告書 3)〈年表：p244～249 参考文献：p252)　Ⓝ382.136
◇松原―世田谷区民俗調査第12次報告　世田谷区民俗調査団編　[東京都]世田谷区教育委員会　1996.3　68p　26cm　Ⓝ382.1361
◇港区立港郷土資料館所蔵民俗資料目録　第1集　東京都港区教育委員会編　東京都港区教育委員会　2001.3　95p　30cm〈文献あり〉Ⓝ382.1361
(内容) 大工道具 1
◇南千住の民俗　荒川区民俗調査団編　東京都荒川区教育委員会　1996.3　267p　26cm（荒川区民俗調査報告書 4)〈主な参考文献：p265～266)　Ⓝ382.1361
◇南千住の民俗　別冊 文献資料編　東京都荒川区教育委員会編　東京都荒川区教育委員会　1997.3　63p　26cm〈記録された南千住の世界　調査：荒川区民俗調査団)　Ⓝ382.1361
◇目で見る千代田の歴史　東京都千代田区立四番町歴史民俗資料館編　東京都千代田区教育委員会　1993.2　148p　30cm　Ⓝ213.6

◆神奈川県
◇厚木の伝承と地名　北村精一著　横浜　タウンニュース社(製作)　1999.7　238p　20cm　1715円　Ⓝ382.137
◇厚木の民俗　8　人生儀礼　厚木市文化財協会編　[厚木]　厚木市教育委員会　1994.3　193p　26cm（厚木市文化財調査報告書 第35集)　Ⓝ382.137
◇厚木の民俗　9　厚木市文化財協会編　[厚木]　厚木市教育委員会　1997.3　239p　26cm（厚木市文化財調査報告書 第37集)　Ⓝ382.137
(内容) 食生活 1
◇厚木の民俗　10　厚木市文化財協会編　[厚木]　厚木市教育委員会　1999.3　135p　26cm（厚木市文化財調査報告書 第39集)　Ⓝ382.137
(内容) 食生活 2
◇綾瀬市史民俗調査報告書 2　吉岡の民俗　綾瀬市秘書課編　綾瀬　綾瀬市　1993.3　266p　26cm　Ⓝ382.137
◇綾瀬市史民俗調査報告書 3　深谷の民俗　綾瀬市秘書課編　綾瀬　綾瀬市　1994.3　391p　26cm　Ⓝ382.137
◇綾瀬市史民俗調査報告書 4　上土棚の民俗　綾瀬市秘書課編　綾瀬　綾瀬市　1995.3　287p　26cm　Ⓝ382.137
◇綾瀬市史民俗調査報告書 5　寺尾の民俗　綾瀬市秘書課編　綾瀬　綾瀬市　1996.3　286p　26cm　Ⓝ382.137
◇綾瀬市史民俗調査報告書 6　小園の民俗　綾瀬市秘書課編　綾瀬　綾瀬市　1997.3　278p　26cm〈索引あり〉Ⓝ382.137
◇綾瀬市史民俗調査報告書 7　蓼川・本蓼川の民俗　綾瀬市秘書課編　綾瀬　綾瀬市　1999.3　290p　26cm　Ⓝ382.137
◇生きている風土―かわさきの民俗　白井禄郎著　川崎　多摩川新聞社　1995.2　180p　19cm　1800円　(i)4-924882-11-9　Ⓝ382.137
(内容) 繭玉と観音さま　麻生のダルマ市　豆撒きとヤッカガシ　家々を巡行する地蔵尊　今にのこる地酒づくり　花供養の碑　馬持ちと上岡観音　さし石と曲持ち　地神講に掲げる掛け軸　土蔵にこもる心意気　井戸掘りの話　大師門前町の今昔〔ほか〕
＊川崎市内に古くから伝わる民俗・風俗や伝統行事などを多くの古老から聞き書きした貴重な川崎民俗の記録。今では、すっかり忘れ去られた庶民の生活や風俗など、後世に伝えられなければならない伝統を分かりやすくまとめた。
◇伊勢原の民俗　大田地区　伊勢原市史編集委員会編　伊勢原　伊勢原市　1993.3　217p　26cm（伊勢原市民俗調査報告書 6)　Ⓝ382.137
◇伊勢原の民俗　職人の生活と技術　伊勢原市史編集委員会編　伊勢原　伊勢原市　1996.3　281p　26cm（伊勢原市史民俗調査報告書 7)　Ⓝ382.137
◇移りゆく横浜の海辺―海とともに暮らしていた頃　横浜市歴史博物館，横浜市ふるさと歴史財団編　横浜　横浜市歴史博物館　1999.7　96p　30cm（共同刊行：横浜市ふるさと歴史財団　文献あり)　Ⓝ382.137
◇江の島の民俗　藤沢市教育委員会編　藤沢　藤沢市教育委員会　1995.3　280p　30cm（博物館建設準備調査報告第2集)　Ⓝ382.137
◇大磯の民俗 1　東小磯・西小磯地区　大磯町編　大磯町(神奈川県)　大磯町　1997.3　246,8p　26cm（大磯町史民俗調査報告書 4)〈索引あり〉Ⓝ382.137
◇大磯の民俗 2　大磯・東町・高麗地区　大磯町編　大磯町(神奈川県)　大磯町　1998.3　244,10p　26cm（大磯町史民俗調査報告書 5)

風俗史・民俗誌　　　　　　　　　　　　　　　　　　　　　　　　　　　　関東地方

Ⓝ382.137
◇おしゃもっつぁん―平塚市上吉沢台の民俗　平塚　平塚市博物館　1998.3　84p　26cm　（平塚市博物館資料 no.47 1341-609X）　Ⓝ382.137
◇神奈川県の不思議事典　小市和雄,望月浩明,錦昭江,石附敏幸編　新人物往来社　2001.4　246p　21cm　3000円　(i)4-404-02907-1
　内容　中世の鎌倉　横浜と文明開化　歴史・人物　考古・遺跡　文学　民俗・宗教・伝説　地理・産業　自然
　＊神奈川県人も知らない神奈川県のなぞ不思議。
◇神奈川県民俗調査報告　20　農耕習俗と農具　3（神奈川のクルリ棒・千歯扱き）　神奈川県立歴史博物館編　横浜　神奈川県立歴史博物館　1999.3　73p　26cm　〈19までの編者・出版者：神奈川県立博物館〉　Ⓝ382.137
◇神奈川とその周辺における馬の民俗調査　1（神奈川・静岡篇）　馬の民俗調査会調査,馬事文化財団馬の博物館学芸部編　〔横浜〕　馬事文化財団　1994.12　67p　26cm　（馬の博物館調査研究報告書）　Ⓝ382.137
◇神奈川とその周辺における馬の民俗調査　2（武蔵篇）　馬の民俗調査会調査　〔横浜〕　馬事文化財団　1995.12　98p　26cm　（馬の博物館調査研究報告書）　Ⓝ382.137
◇鎌倉海と山のある暮らし　安西篤子著,沢田重隆絵　草思社　1996.11　222p　22cm　2266円　(i)4-7942-0737-9　Ⓝ291.37
　内容　1章 花をめぐる鎌倉　2章 生きものたちも住人　3章 町と暮らし　4章 四季と年中行事　5章 歴史を拾う　6章 鎌倉の文士たち　7章 私の好きな道
　＊東国の武士たちが集った歴史の舞台、伝統と町の暮らしと豊かな自然が溶け合った町、鎌倉―鶴岡八幡宮の裏手に住む著者が語る、鎌倉暮らしのすべて。一人歩いた浄智寺、駆込寺法を教えていただいた東慶寺、花見に集まる大仏の高徳院、家族で出かける江ノ島神社…どこか優しげな鎌倉の社寺。門付けにこられる僧や御用聞きの思い出、孫たちが集まる夏のにぎわい、やぶさめや薪能、花を見に来る友人たち、祭りで活躍する見知った顔…四季の暮らしの中に見る鎌倉。谷戸と切通しと海にしっかりと守られながら、気取りのない古都の暮らし。鎌倉ゆかりの文士たちとの思い出や、歴史の栄華や悲劇を拾いつつ、鎌倉のありのままの姿を綴り、沢田重隆の絵が古都の趣きと山から海へと連なる風景を見事に捉える。生活者の目から、これまでにない姿を描き出した、暮らしの中の鎌倉論。
◇川崎の世間話―「川崎の世間話」調査報告書　「川崎の世間話」調査団編　川崎　川崎市市民ミュージアム　1996.3　231p　26cm　Ⓝ382.137
◇関東の民俗　神奈川県編　大島暁雄ほか編著　三一書房　1994.11　1253p　27cm　（日本民俗調査報告書集成）〈神奈川県教育委員会刊の複製〉　(i)4-380-94558-8　Ⓝ382.13
　内容　東京内湾漁撈習俗調査報告書（昭和42年刊）　東京外湾漁撈習俗調査報告書（昭和45年刊）　足柄地区民俗資料調査報告書 1～2（昭和46年～47年刊）　中地区民俗資料調査報告書（昭和49年刊）
◇観音崎物語―岬の風土と伝承　田辺悟著　暁印書館　1993.4　239p　20cm　1800円　(i)4-87015-101-4　Ⓝ291.37
◇牛馬のいた風景―三浦半島の農耕とくらし　辻井善弥著　秦野　夢工房　1998.6　229p　19cm　1500円　(i)4-946513-45-0　Ⓝ382.137
◇高座いも談義―古老が語る　大和市教育委員会社会教育部社会教育課文化財保護担当編　大和　大和市教育委員会　1995.3　114p　19cm　（やまと昔語り 第4巻）　Ⓝ382.137
◇高座郡羽鳥村「御用留」―万延元年～明治3年　藤沢市文書館編　藤沢　藤沢市文書館　2000.3　113p　21cm　（藤沢市史料集 24）　Ⓝ213.7
◇故影拾遺―近代の愛川をしのぶ　愛川町文化財調査会編　愛川町（神奈川県）　愛川町教育委員会　1995.3　154p　30cm　（愛川町文化財調査報告書 第20集）　Ⓝ382.137
◇国府の民俗　1　虫窪・黒岩・西久保地区　大磯町編　大磯町（神奈川県）　大磯町　1993.3　170,9p　26cm　（大磯町史民俗調査報告書 1）　Ⓝ382.137
◇国府の民俗　2　月京・生沢・寺坂地区　大磯町編　大磯町（神奈川県）　大磯町　1994.3　194,7p　26cm　（大磯町史民俗調査報告書 2）　Ⓝ382.137
◇国府の民俗　3　国府本郷・国府新宿・石神台地区　大磯町編　大磯町（神奈川県）　大磯町　1995.3　256,8p　26cm　（大磯町史民俗調査報告書 3）　Ⓝ382.137
◇古山の集落と土地利用　相模原市教育委員会社会教育部博物館建設事務所編　相模原　相模原市教育委員会　1993.3　70p　26cm　（相模原市民俗調査報告書）　Ⓝ382.137
◇古山の組織と運営　相模原市教育委員会生涯学習部博物館建設事務所編　相模原　相模原市教育委員会　1994.3　80p　26cm　（相模原市民俗調査報告書）　Ⓝ382.137
◇相模大山　原田哲夫著　近代文芸社　1995.4　247p　20cm　〈自然に関する参考資料・大山信仰に関する参考資料：p242～247〉　1700円　(i)4-7733-3922-5　Ⓝ291.37
　内容　1 登山道　2 大山の自然（二十四節気の風光　登山道の植物　大山の尾根と川　大山の地質）　3 大山信仰1200年
　＊古来より相模に誇る大山を登山道の景勝、多様な自然、1200年に及ぶ大山信仰とさまざま

文化人類学の本 全情報　141

な角度から描き出す。
◇三軒家むかし語り―失われた農村と子供の原風景 画文集 諏訪部晃著 秦野 夢工房 1999.8 97p 27cm 2500円 (i)4-946513-50-7 Ⓝ382.137
〈内容〉清水の中の笹 三軒家の人達 提灯 たたら踏み 火打石とつけ木 遊び相手 留守番 お父さん 十五夜 パリカン〔ほか〕
＊著者が子供等に送った絵と文。単なる自伝でありながら、大正から昭和初期にかけて激しく移り変わった農民生活の貴重な記録ともなっている。
◇写真集 川崎市の昭和史 写真集 川崎市の昭和史編纂委員会,地域文化研究学会編 千秋社 1995.1 257p 30cm 13000円 (i)4-88477-184-2
〈内容〉第1章 貧しくとも―家族と地域のふれあい 第2章 空襲にねらわれて 第3章 復興の槌音―よみがえる日 第4章 豊かなくらしを求めて 第5章 やさしさと潤いのあるくらしへ 第6章 世界にはばたく川崎 第7章 今も残る年中行事と民俗芸能
＊多摩川の清流と緑ゆたかな町から、日本を代表する近代都市への移り変わり。川崎市がたどった昭和時代六三年間を写真で再現。
◇収蔵資料展 2 横浜市歴史博物館,横浜市ふるさと歴史財団編 横浜 横浜市歴史博物館 1998.1 67p 30cm 〈共同刊行:横浜市ふるさと歴史財団 会期:1998年1月17日―2月22日〉 Ⓝ213.7
◇菅散歩 3 菅の歳時記 佐保田五郎編著 川崎 菅散歩出版事務局 1999.1 223p 19cm Ⓝ213.7
◇地域民俗論の展開 小川直之著 岩田書院 1993.6 416,11p 22cm 8137円 (i)4-900697-01-X Ⓝ382.137
◇津久井郡文化財 民俗編 津久井郡文化財調査研究会編 津久井町(神奈川県) 津久井郡広域行政組合 1993.3 120p 26cm Ⓝ709.137
◇渚の博物誌―漂着物のものがたり 浜口哲一編著 〔横浜〕 神奈川新聞社 1997.11 71p 21cm (ブックレットかながわ no.5) (横浜 かなしん出版(発売)) 600円 (i)4-87645-223-7 Ⓝ380
◇何でも村のこと始め―古老がかたる 旧大和村編 大和市教育委員会社会教育部社会教育課編 〔大和〕 大和市教育委員会 1993.3 92p 19cm (大和むかし語り 第2巻) Ⓝ382.137
◇漂着物図鑑 平塚 平塚市博物館 1997.3 84p 19cm (平塚市博物館・ガイドブック 15) Ⓝ380
◇平塚市史 12 別編 民俗 平塚市博物館編 平塚 平塚市 1993.11 2冊(別冊とも) 22cm 〈別冊(77p):平塚市民俗分布図〉 Ⓝ213.7
◇谷戸と暮らし 1 戸塚区舞岡 〔横浜〕 横浜市ふるさと歴史財団 1995.3 54p 26cm (横浜市歴史博物館民俗調査報告 第1集) 〈共同刊行:横浜市歴史博物館 折り込図4枚〉 Ⓝ382.137
◇谷戸と暮らし 2 戸塚区名瀬 〔横浜〕 横浜市ふるさと歴史財団 1996.3 92p 26cm (横浜市歴史博物館民俗調査報告 第2集) 〈共同刊行:横浜市歴史博物館 折り込図4枚〉 Ⓝ382.137
◇山北町史 別編 山北町編 山北町(神奈川県) 山北町 2001.3 444p 22cm 〈付属資料:図2枚(袋入)〉 Ⓝ213.7
〈内容〉民俗
◇大和市史 8 下 別編民俗 大和市編 大和 大和市 1996.9 778p 22cm 〈折り込1枚 索引あり〉 Ⓝ213.7
◇大和市文化財調査報告書 第54集 深見の旧富沢家住宅 大和 大和市教育委員会 1993.3 18p 図版21枚 30cm Ⓝ709.137
◇大和市文化財調査報告書 第62集 市指定重要有形文化財旧小川家住宅・旧北島家住宅移築復原工事報告書 大和市教育委員会社会教育部社会教育課編 大和 大和市教育委員会 1995.3～1996.3 2冊 30cm 〈『本文編』『図版編』に分冊刊行〉 Ⓝ709.137
◇大和市文化財調査報告書 第64集 大和市の民具 1 大和市教育委員会社会教育課編 大和 大和市教育委員会 1996.3 70p 26cm Ⓝ709.137
◇横浜開化錦絵を読む 宗像盛久編 東京堂出版 2000.1 205p 21cm 2200円 (i)4-490-20386-1 Ⓝ382.137
〈内容〉街並みと建物 港の景観 近代産業の諸物 洋風化(洋装と化粧 食生活 住まい) スポーツと娯楽
＊錦絵にさぐる文明開化の諸相!!1859年(安政6)6月の開港により、横浜は文明開化の発信地となった。一初めて目にする異国の文物、外国人の生活・風俗、国際色ゆたかな都市へと変貌をとげる横浜の街並み。港ヨコハマのエキゾチズムを満載した開化錦絵80図を収録し、文明開化のルーツを解説する。

北陸地方

◇北国と日本海―第2回海の道南へ西へ 日本図書センター 2000.4 197p 31cm (日本民俗写真大系 8) 12000円 (i)4-8205-2880-7,4-8205-2876-9 Ⓝ382.14
◇中部・北陸の民俗 大島暁雄,松崎憲三,宮本袈裟雄,小林一男編 三一書房 1996.6 6冊(セット) 26cm (日本民俗調査報告書集成) 154500円 (i)4-380-96580-5

風俗史・民俗誌　　　　　　　　　　　　　　　　　　　　　　　　　　　　北陸地方

　(内容) 山梨県編　長野県編　新潟県編　富山県編　石川県編　福井県編
◇日本民俗誌集成　第11巻(北陸編 1)　新潟県・富山県　倉石忠彦ほか編　三一書房　1996.2　633p　27cm　23690円　(i)4-380-96561-9　Ⓝ382.1
　(内容) 新潟県(鎧潟周辺の民俗　二王子山麓民俗誌　西浜ものがたり　舟木の島―佐渡杣小誌　河崎屋物語)　富山県(ある山男の話　氷見地方における漁村の民俗資料　礪波の習俗　五位山の民俗　ななつぶとん)
　＊本巻は、北陸四県のうち、新潟・富山両県に関する10篇の民俗誌を収録。
◇日本民俗誌集成　第12巻(北陸編 2)　石川県・福井県　倉石忠彦ほか編　三一書房　1997.11　772p　27cm　〈文献あり〉　23000円　(i)4-380-97563-0　Ⓝ382.1
　(内容) 石川県(能登半島わじま崎の手漕舟漁業実態　岩田の手帳　昔の金沢　河内村風土記)　福井県(余田の民俗　白木の里　鹿谷民俗史談木村松之助手記　美奈盆一第四集)
◇北陸地名伝承の研究　中葉博文著　五月書房　1998.6　474p　22cm　13000円　(i)4-7727-0280-6　Ⓝ291.4
　(内容) 第1編　越中・能登の万葉地名　第2編　越中二上山周辺の地名　第3編　北陸地方の海岸・海中地名　第4編　富山の地名考　第5編　富山の抽象地名　補編
　＊地名に秘められた北陸古代史の謎に迫る！北陸地方の万葉地名・海中地名・自然地名など、古老の聞きとり古文献調査の成果を集録。地名転訛・用字方法・伝承過程を論究する。

◆新潟県
◇青木重孝懐古「越後糸西」1　青木重孝著, 青木菁児編　〔糸魚川〕　〔青木菁児〕　1997.11　298p　22cm　(付属資料：1枚)　非売品　Ⓝ382.141
◇青木重孝懐古「越後糸西」2　青木重孝著, 青木菁児編　〔糸魚川〕　〔青木菁児〕　1998.6　299p　22cm　非売品　Ⓝ382.141
◇青木重孝懐古「越後糸西」3　青木重孝著, 青木菁児編　〔糸魚川〕　〔青木菁児〕　1999.3　298p　22cm　非売品　Ⓝ382.141
◇越後小国谷ごっだく咄　片桐与三九著　〔小国町(新潟県)〕　〔片桐与三九〕　1993.10　107p　19cm　Ⓝ382.141
◇越後織物史の研究　赤沢計真著　高志書院　1998.11　419p　22cm　(環日本海歴史民俗学叢書 4)　9700円　(i)4-906641-21-0　Ⓝ586.72141
◇越佐の文化財―二十一世紀への遺産　新潟日報社編　新潟　新潟日報事業社　2000.10　239p　21cm　1800円　(i)4-88862-830-0
　(内容) 神社・仏閣編　名勝・天然記念物編　彫刻・仏像編　住宅編　天然記念物編　重要無形民俗編　重要有形民俗編　建造物編　絵画・工芸品編　特別天然記念物編
　＊地域に息づく文化財。21世紀に伝える貴重な遺産。
◇小川聞き書き帳　小川聞き書き帳委員会編　相川町(新潟県)　小川聞き書き帳委員会　〔2000〕318p　27cm　Ⓝ382.141
◇海府の研究―北佐渡の漁撈習俗調査報告書　両津市郷土博物館編　高志書院　1997.7　352p　図版13枚　26cm　〈1986年刊の翻刻〉　6000円　(i)4-906641-05-9　Ⓝ291.41
◇金井歴史民俗資料館収蔵品図録集　第1編　本間雅彦編　金井町(新潟県)　金井町教育委員会　1995.3　45p　26cm　(共同刊行：金井町立金井歴史民俗資料館)　Ⓝ382.141
◇聞き書きわたしたちの暮らし―越路町の民俗　越路町史編集委員会民俗部会編　越路町(新潟県)　越路町　1997.3　228p　26cm　(越路町史双書 no. 4)　Ⓝ382.141
◇近世庶民の脱財建性―越後と佐渡の近世民衆史　佐藤利夫, 松永靖夫編　高志書院　1999.3　235p　22cm　(環日本海歴史民俗学叢書 5)　4000円　(i)4-906641-24-5　Ⓝ214.1
　(内容) 第1部　町・村・家・人(農村奉公人の素顔　人の流れと村社会　遊女と豪商をめぐる音物　飢饉と流浪　ほか)　第2部　商・工・銭・人(日本海をわたる佐渡廻船　佐渡小木湊に生きた商人　越後の新興廻船　三条金物業者の販売戦略　ほか)
◇黒埼町史　資料編 1　原始・古代・中世　黒埼町町史編さん民俗部会編　黒埼町(新潟県)　黒埼町　1998.3　630p　27cm　(折り込3枚)　Ⓝ214.1
◇黒埼町史　資料編 6　民俗　黒埼町町史編さん民俗部会編　黒埼町(新潟県)　黒埼町　1997.3　15,528p　27cm　Ⓝ214.1
◇桑取谷民俗誌　上越市史専門委員会民俗部会編　上越　上越市　1999.3　562,12p　21cm　(上越市史叢書 no. 4)　Ⓝ214.1
◇小出町史　上巻　小出町教育委員会編　〔小出町(新潟県)〕　小出町　1996.12　1248p　22cm　Ⓝ214.1
　(内容) 序説　原始・古代　中世　近世　民俗
◇山北町民俗論集　第3集　山北町教育委員会編　山北町(新潟県)　山北町教育委員会　1993.2　124p　26cm　Ⓝ382.141
◇図説　佐渡島歴史散歩　佐渡博物館監修, 児玉信雄, 田中圭一, 本間寅雄編　河出書房新社　1998.7　105p　22cm　1800円　(i)4-309-72582-1
　(内容) 第1章　大陸への玄関(粛慎来島　渤海国使節、佐渡島に来着　ほか)　第2章　交易と交流(中世・佐渡海運を支えた人たち　佐渡・西三川砂金山　ほか)　第3章　黄金の島(文化遺産・

◇佐渡金銀山　発掘・佐渡奉行所 ほか)　第4章 伝統の継承(海の神々　米づくりの民俗 ほか)
＊黄金の島の全貌。古来、大陸への玄関として異文化と接し、雅やかな芸能の数かずを今に伝え継ぐ、厳峻なる大自然に抱かれた魅惑の島の歴史と風土。

◇中世の越後と佐渡―遺物と文書が語る中世的世界　田村裕,坂井秀弥編　高志書院　1999.6　183p　22cm　(環日本海歴史民俗叢書 7)　3000円　(i)4-906641-29-6　Ⓝ214.1

◇中部地方の民俗地図 2　新潟・富山・石川・福井　新潟県教育委員会,富山県教育委員会,石川県教育委員会,福井県教育委員会編,天野武監修　東洋書林　2001.6　1冊　21cm　(都道府県別日本の民俗分布地図集成 6)　33000円　(i)4-88721-356-5
(内容)新潟(屋敷神の名称　屋根型　間取りの型 ほか)　富山(住　食　衣 ほか)　石川(住　食　衣 ほか)　福井(屋敷神の名称　間取りの型　屋根の形と梁 ほか)

◇中部・北陸の民俗　新潟県編　大島暁雄ほか編　三一書房　1996.6　1070p　27cm　(日本民俗調査報告書集成)　(複製)　(i)4-380-96583-X　Ⓝ382.15
(内容)新潟県の民俗　新潟県教育委員会編(「新潟県文化財年報」第5集昭和40年刊)　鎧潟　新潟県教育委員会,巻町教育委員会編(昭和41年刊)　秋山郷　新潟県教育委員会編(昭和46年刊)　粟島(粟島の民俗のみ収録)　新潟県教育委員会編(「新潟県文化財調査年報」第11集昭和47年刊)　南佐渡(南佐渡民俗誌のみ収録)　新潟県教育委員会編(「新潟県文化財年報」第2昭和33年刊)

◇十日町市史　資料編 8　民俗　十日町市史編さん委員会編　十日町　十日町市　1995.3　968p　22cm　(折り込表1枚　参考文献：p957)　Ⓝ214.1

◇豊栄市史　民俗編　豊栄市史調査会民俗部会編　豊栄(新潟県)　豊栄市　1999.3　549p　27cm　Ⓝ214.1

◇長岡の石造物　長岡市史編集委員会民俗・文化財部会編　長岡　長岡市　1993.3　196p　26cm　(長岡市史双書 no.287)　Ⓝ714

◇なじょだね―残しておきたい柏崎のむかし　〔柏崎〕　伝承会　1993.3　157,29p　26cm　Ⓝ382.141

◇新潟県精輯東頸城郡誌　復刻版　千秋社,(東金)多田屋〔発売〕　1999.8　878p　21cm　19300円　(i)4-88477-249-0
(内容)沿革　地勢　交通―附　郵便・電信・電話　神社　仏寺　旧蹟　風俗　教育　人事　人物　産業　伝説
＊「東頸城郡誌」は、大正十年に、新潟県東頸城郡教育会によってつくられたもので、郡内(現在の安塚町、松代町、松之山町、大島村、牧村、浦川原村)のすべての町村の歴史と住民のくらしをくわしく記録することで、ふるさとを愛する心をはぐくみ、将来の郷土発展のための資料として、後世に伝えることを目的とした貴重な本。内容は、大正十年までの、住民の生活のあらゆる分野を記録したもので、歴史、地理、気候をはじめ交通・通信／神社・寺院／名勝旧跡／人情・風俗／教育／人口／農業・養蚕・林業・畜産・商業・工業などの産業／郷土の誇る人々／伝説などくわしく調べられている。

◇新潟県精輯三島郡誌　復刻版　千秋社,(東金)多田屋〔発売〕　2000.12　980p　21cm　21000円　(i)4-88477-265-2
(内容)位置地形　歴史　面積　人口　気象　行政　産業　治水かんがい　教育　警察、消防　衛生　兵事　交通通信　各種団体　風俗　言語　動植物　鉱泉　天災地変　神社　寺院
＊本書は、昭和十二年に、三島郡教育会によってつくられたもので、郡内(現在の長岡市・三島町・与板町・寺泊町・越路町・出雲崎町・和島村・小千谷市)のすべての町村の歴史と住民のくらしをくわしく記録しています。多くの写真や地図を使って、現在のくらしへの移り変わりが手にとるようにわかります。

◇新潟県　中魚沼郡風土志　石原信著　〔完全復刻版〕　千秋社,(東金)多田屋〔発売〕　1998.8　289p　21cm　13000円　(i)4-88477-246-6
(内容)総説(沿革　郡政　地理　交通 ほか)　町村誌(十日町　中条村　下条村　岩沢村 ほか)　人情・風俗・習慣(人情　風俗　俚謡　方言 ほか)

◇新潟県の不思議事典　花ヶ前盛明編　新人物往来社　1998.5　222p　21cm　3000円　(i)4-404-02594-7
(内容)歴史編　人物編　考古・史跡編　宗教編　民俗編　自然編　地理編　産業編　文学編
＊上杉謙信大遠征の経済力は何か?親鸞の妻恵信尼とは、どんな女性であったか?川端康成の「雪国」のモデルは誰か?など、196の新潟の謎に挑戦。

◇新潟県　南魚沼郡志―現在の湯沢町、塩沢町、六日町、大和町、北魚沼郡小出町　復刻版　千秋社,(東金)多田屋〔発売〕　1998.12　1087,2p　21cm　21500円　(i)4-88477-248-2
(内容)第1編　南魚沼郡の歴史　第2編　南魚沼郡の行政　第3編　南魚沼郡の神社・寺院　第4編　南魚沼郡の古跡　第5編　南魚沼郡の風俗　第6編　南魚沼郡の教育　第7編　南魚沼郡の兵隊　第8編　南魚沼郡の衛生　第9編　南魚沼郡の産業　第10編　南魚沼郡の交通運輸　第11編　南魚沼郡の地理　第12編　南魚沼郡の天災地変　第13編　南魚沼郡の有名な人物
＊本書は、郡内(現在の湯沢町・塩沢町・六日町

風俗史・民俗誌　　　　　　　　　　　　　　　　　　　　　　　　　　　　　　　北陸地方

・大和町と北魚沼郡小出町)のすべての町村の歴史と住民のくらしを、くわしく記録することで、ふるさとを愛する心をはぐくみ、将来の郷土発展のための資料として、後世に伝えることを目的とした貴重な本です。内容は、大正九年までの、住民の生活のあらゆる分野を記録したもので、町村別の歴史・地理をはじめ、行政・神社・寺院・古跡などがくわしく調べられています。多くの写真や地図を使って、現在のくらしへのうつり変わりが手にとるようにわかります。

◇新潟市史　資料編 11 民俗 2　新潟市史編さん民俗部会編　新潟　新潟市　1994.3　759p　22cm　〈市制100周年記念〉Ⓝ214.1
◇日本の中の佐渡　本間雅彦ほか著　両津　両津市郷土博物館　2000.12　196p　21cm　(佐渡歴史民俗叢書 1)　Ⓝ214.1
◇氷見市史　6 資料編 4　氷見市史編さん委員会編　氷見　氷見市　2000.7　1019p　22cm　(付属資料：CD-ROM1枚(12cm ホルダー入))　Ⓝ214.1
　内容　民俗、神社・寺院
◇北越雪譜　鈴木牧之著，井上慶隆,高橋実校注　改訂版　三条　野島出版　1993.10　357,30p　18cm　〈監修：宮栄二　著者の肖像あり〉　1200円　(i)4-8221-0084-7　Ⓝ914.5
◇北越雪譜—現代語訳　鈴木牧之著，荒木常能訳　三条　野島出版　1996.11　369p　22cm　〈監修：高橋実〉　6180円　(i)4-8221-0153-3　Ⓝ914.5
◇北越雪譜　鈴木牧之著，池内紀現代語訳・解説　小学館　1997.6　249p　20cm　(地球人ライブラリー 35)　1500円　(i)4-09-251035-7　Ⓝ914.5
　内容　「地気」が雪となること　雪の形　雪の深さ　雪の兆し　雪の用意　初雪　雪の量　雪竿　雪を払う　淡雪〔ほか〕
＊雪中の絶壁から吊りおろした籠に乗って鯉すくいをしていた男の溺死。熊に助けられて数十日ともに暮らした男。そして知られざる雪中の洪水まで—今からわずか200年ほど前の越後で生きて死んでいった里人たちの記録。挿し絵をふんだんに掲載し、まったく新しく現代語で読むことのできる名著。
◇法末の民俗—新潟県刈羽郡小国町法末　早稲田大学日本民俗学研究会　1993.10　123p　26cm　〈1991・92年度調査報告〉　Ⓝ382.141
◇堀之内町史　通史編　堀之内町編　堀之内町(新潟県)　堀之内町　1997.2　2冊　22cm　Ⓝ214.1
　内容　上巻 自然・先史・古代・中世・近世　下巻 近代・現代・民俗
◇雪山川—豪雪地帯の民俗——新潟県北魚沼郡小出郷のくらし　平成九年度特別展図録　東京都足立区立郷土博物館　足立区立郷土博物館　1997.10　81p　30cm　〈会期：平成9年10月26日

—11月30日　文献あり〉　Ⓝ382.141
◇与板町史　民俗編　越後与板の民俗　与板町編　与板町(新潟県)　与板町　1995.3　520p　22cm　Ⓝ214.1
◇和島村史　資料編 3　和島村編　和島村(新潟県)　和島村　1993.3　729p　27cm　Ⓝ214.1
　内容　近現代・民俗

◆富山県
◇越中万葉と記紀の古伝承　広瀬誠著　富山　桂書房　1996.4　426p　22cm　5665円　Ⓝ911.125
◇越中みやざき今昔　宮崎地区郷土誌編集委員会著　朝日町(富山)編　宮崎公民館　1993.3　162p　22cm　Ⓝ382.142
◇大滝村十村杉野家文書目録　福岡町歴史民俗資料館編　福岡町(富山県)　福岡町歴史民俗資料館　2000.3　224p　30cm　Ⓝ214.2
◇くらしのあゆみ—旧林村の衣食住　礪波市林公民館編　礪波　礪波市林公民館　1996.3　104p　26cm　(林のむかし 2)　Ⓝ382.142
◇五箇山の四季とくらし　五箇山自然文化研究会編，佐伯安一監修　上平村(富山県)　上平村教育委員会　2001.2　242,5p　21cm　Ⓝ382.142
◇世界遺産の合掌造り集落—白川郷・五箇山のくらしと民俗　飛越合掌文化研究会著　富山　北日本新聞社　1996.1　176p　26cm　2500円
　内容　第1章 合掌集落圏　第2章 合掌造りの知恵　第3章 合掌文化圏の交流　第4章 生活の知恵　第5章 歳時記　第6章 資料編　第7章 フォーラム
◇世界遺産の合掌造り集落—白川郷・五箇山のくらしと民俗　飛越合掌文化研究会著，北日本新聞社事業局出版部，岐阜新聞社出版局企画・編集　富山　北日本新聞社　1996.1　176p　26cm　2500円　Ⓝ382.142
◇鷹栖古老聴書　林宏著　礪波　鷹栖自治振興会　1995.10　144,4p　21cm　Ⓝ382.142
◇立山黒部奥山の歴史と伝承　広瀬誠著　第4版　富山　桂書房　1996.5　653p　22cm　〈付(1枚)：立山ざら越え道筋絵図〉　10300円　Ⓝ214.2
◇中部・北陸の民俗　富山県編　大島暁雄ほか編　三一書房　1996.6　997p　27cm　(日本民俗調査報告書集成)　〈富山県教育委員会刊の複製〉(i)4-380-96584-8　Ⓝ382.15
　内容　富山県の民俗(昭和43年刊)　立山民俗(昭和44年刊)　越中五箇三村の民俗(昭和46年刊)　富山県内漁村地域民俗資料緊急調査報告書その1〜その2(昭和47〜48年刊)
◇礪波市史　資料編 4　民俗・社寺　礪波市史編纂委員会編　礪波　礪波市　1994.3　1169,4p　27cm　Ⓝ214.2
◇とやま民俗文化誌　富山民俗文化研究グループ編　富山　シー・エー・ピー　1998.8　269p　19cm　(とやまライブラリー 6)　2200円　(i)4-

文化人類学の本 全情報　145

916181-07-7
(内容)第1章 海の民(あいの風 海原より寄り来るもの―クジラ、イルカ、サメ 海の怪異と禁忌 ほか) 第2章 野の民(正月神 天神信仰 越中の大伴家持伝説 ほか) 第3章 山の民(立山と地獄信仰 越中の山の神信仰 風神信仰 ほか)
＊近世、近代を生きた庶民の生活を海の民、野の民、山の民の視点から富山の民俗文化をとぎほぐす。

◇富山ものしり雑学大全 富山テレビ放送編 富山 富山テレビ放送、シー・エー・ピー〔発売〕 1994.7 323p 19cm 1200円
(内容)第1章 ものしり自然編 第2章 ものしり風俗・風土編 第3章 ものしり文化・伝統編 第4章 ものしり歴史編 第5章 ものしり産業・特産品 第6章 ものしりもろもろ編

◇滑川の民俗 上 滑川の民俗編集委員会,滑川市立博物館編 滑川 滑川市教育委員会 1994.3 221p 21cm Ⓝ382.142

◇滑川の民俗 下 滑川の民俗編集委員会,滑川市立博物館編〔滑川〕 滑川市教育委員会 1996.3 137p 21cm Ⓝ382.142

◇福岡町鳥倉村の物語―日本の小さな町のロマン 岩崎照美,島倉英彦共著 〔福岡町(富山県)〕 岩崎照美 1999.3 499p 31cm Ⓝ382.142

◇ふるさとの暮し―昔と今 音杉公民館ふるさと委員会編 〔上市町(富山県)〕 音杉公民館 1997.3 100p 19×26cm Ⓝ382.142

◇山に暮らす―森の精・人の営み 富山 富山県民生涯学習カレッジ 1998.1 77p 26cm (県民カレッジテレビ放送講座テキスト)〈執筆：橋本広ほか〉 Ⓝ382.142

◇米沢家文書目録 入善町資料室編 入善町(富山県) 入善町教育委員会 1998.3 441p 30cm (共同刊行：入善町) Ⓝ214.2

◆石川県

◇石川の婚礼・祝い事―美容師の知恵袋 今村充夫,本康宏史監修,石川県美容業生活衛生同業組合企画 金沢 石川県美容業生活衛生同業組合,〔金沢〕能登印刷出版部〔発売〕 2001.12 200p 26cm 2096円 (i)4-89010-393-7
(内容)契りのこころと形―お菓子と料理 婚礼 幸せのステージに輝くあなたへ ブーケ―花嫁姿をより美しく… 華やかに祝いを演出する貸衣裳 揃えておきたい着物のポイント 祝いを彩る加賀友禅 子供の祝い事 大人の祝い事 年中行事 マナー

◇漆の里・輪島 中室勝郎著 平凡社 1997.2 206p 20cm 1792円 (i)4-582-42303-5 Ⓝ382.143

◇奥能登と時国家 研究編1 神奈川大学日本常民文化研究所奥能登調査研究会編 平凡社 1994.

8 334p 22cm 6000円 (i)4-582-44811-9 Ⓝ214.3

◇奥能登と時国家 調査報告編1 文書・書籍 神奈川大学日本常民文化研究所奥能登調査研究会編 平凡社 1996.5 273p 22cm 6000円 (i)4-582-44813-5 Ⓝ214.3
(内容)1 時国家と奥能登地域の調査 2 在村残存書籍調査の方法と課題 3 史料としての手習本 4 北からの便り―酒屋嘉兵衛書状の紹介
＊10年にも及ぶ総合地域研究の全貌と、見出された文書・書籍がさししめす中世から近代奥能登の実像。

◇奥能登と時国家 調査報告編2 建築・考古・石造物 神奈川大学日本常民文化研究所奥能登調査研究会編 平凡社 1995.8 264p 22cm (折り込図3枚) 6000円 (i)4-582-44814-3 Ⓝ214.3

◇奥能登の研究―歴史・民俗・宗教 和嶋俊二著 平凡社 1997.5 452p 22cm 8500円 (i)4-582-44820-8 Ⓝ214.3
(内容)序章 奥能登の風土 第1章 奥能登の中世 第2章 村の歴史 第3章 村の人間関係 第4章 旧家の伝承と歴史 第5章 生活と民俗 第6章 歳時記と民間信仰 第7章 宗教と寺社
＊陸の孤島として埋もれた能登半島最奥部の歴史と文化を「奥能登の風土・奥能登の中世・村の歴史・村の人間関係・旧家の伝承と歴史・生活と民俗・歳時記と民間信仰・宗教と寺社」の構成によって明らかにし、海に向かって開かれた豊かな世界を再現した、五十年余にわたる地域史研究を集成。

◇奥能登万華鏡 藤平朝雄著 金沢 能登印刷出版部 1994.9 155p 21cm (i)4-89010-233-7 Ⓝ382.143

◇お笑い今昔ものがたり―自分の体験と古老の話から 山岸一郎著 小松 山岸一郎 1993.9 126p 21cm Ⓝ382.143

◇加賀市橘立地区、黒崎町と深田町 金沢 金沢大学文学部文化人類学研究室 1996.7 108p 26cm 〈参考文献・参考資料：p106〉 Ⓝ382.143

◇金沢市の寺院群民俗行事―金沢市寺院群民俗行事調査報告書〔金沢〕金沢市教育委員会 1999.3 128p 30cm (金沢市文化財紀要 149) Ⓝ186

◇暮らしを遊ぶ 金沢ふゆまつり実行委員会編 金沢 金沢市都市政策部文化振興課 1995.2 150p 18cm (金沢ルネッサンス冬まつり新書 記念フォーラム全記録 v.1) Ⓝ382.1

◇香林坊物語 本光他雅雄著 金沢 北国新聞社 1994.10 150p 27cm 1800円 (i)4-8330-0861-0 Ⓝ382.143

◇小松の伝承―地名 1 正和久佳著 小松 郷土史料研究所 1998.10 7p 26cm 300円 Ⓝ382.143

風俗史・民俗誌　　　　　　　　　　　　　　　　　　　　　　　　　　　　　　　　　　　　　　北陸地方

(内容) 小松
◇七浦民俗誌―石川県鳳至郡門前町七浦地区調査報告書　七浦民俗誌編纂会編　豊中　七浦民俗誌編纂会　1996.3　475p　22cm　〈折り込図1枚〉　7000円　Ⓝ382.143
◇銃後の人々―祈りと暮らし　石川県立歴史博物館編　金沢　石川県立歴史博物館　1995.7　111p　30cm　〈会期：平成7年7月29日～8月27日　主な引用・参考文献，銃後年表・石川：p89～104〉　Ⓝ382.1
◇城北ものがたり―その人々のあゆみとくらし　金沢城北L.C記念誌編集委員会編　〔金沢〕　金沢城北ライオンズクラブ　2000.5　139p　26cm　〈折り込5枚〉　Ⓝ382.143
◇中部・北陸の民俗　石川県編　大島暁雄ほか編　三一書房　1996.6　826p　27cm　(日本民俗調査報告書集成)　〈複製〉　(i)4-380-96585-6　Ⓝ382.15
(内容) 石川県民俗資料緊急調査報告書　石川県教育委員会編(昭和40年刊)　白山麓　石川県立郷土資料館編(昭和48年刊)　海士町・舳倉島　石川県立郷土資料館編(昭和50年刊)　やましろ(山代周辺総合調査団昭和33年刊)
◇チンチン電車にゆられて―懐かしき昔の金沢風物誌　寺瀬幸也著　金沢　能登印刷出版部　1997.7　145p　19cm　〈年表あり〉　953円　(i)4-89010-275-2　Ⓝ382.143
◇鶴来町、新町と月橋町　金沢　金沢大学文学部文化人類学研究室　1994.8　174p　26cm　〈参考文献：p171～172〉　Ⓝ382.143
◇時国信弘家文書仮目録―石川県輪島市町野町西時国　採訪文書　第1次　神奈川大学日本常民文化研究所編　横浜　神奈川大学日本常民文化研究所　1996.3　70p　30cm　Ⓝ214.3
◇時国健太郎家文書仮目録―石川県輪島市町野町南時国　採訪文書　第2次 1　神奈川大学日本常民文化研究所編　横浜　神奈川大学日本常民文化研究所　1996.3　229p　30cm　〈第1次の書名：時国信弘家文書仮目録〉　Ⓝ214.3
◇時国健太郎家文書仮目録―石川県輪島市町野町南時国　採訪文書　第2次 2　神奈川大学日本常民文化研究所編　横浜　神奈川大学日本常民文化研究所　1996.3　181p　30cm　Ⓝ214.3
◇時国健太郎家文書仮目録―石川県輪島市町野町南時国　採訪文書　第3次　神奈川大学日本常民文化研究所編　横浜　神奈川大学日本常民文化研究所　1996.3　124p　30cm　Ⓝ214.3
◇富来町、里本江と風戸　金沢　金沢大学文学部文化人類学研究室　1998.7　151p　26cm　Ⓝ382.143
◇富来町地頭町　金沢　金沢大学文学部人類学研究室　1999.7　175p　26cm　Ⓝ382.143
◇どんどくれ人生　木倉屋鉎造著　金沢　北国新聞社　1993.3　88p　21cm　〈著者の肖像あり

折り込図6枚〉　1500円　(i)4-8330-0798-3　Ⓝ382.143
◇中島町笠師保地区　金沢　金沢大学文学部文化人類学研究室　2001.7　160p　26cm　Ⓝ382.143
◇中島町鈍打地区　金沢　金沢大学文学部文化人類学研究室　2000.7　138p　26cm　Ⓝ382.143
◇日本海世界と北陸―時国家調査10周年記念シンポジウム　神奈川大学日本常民文化研究所編　中央公論社　1995.8　222p　20cm　2200円　(i)4-12-002475-X　Ⓝ214.3
(内容) 基調講演1　中世の能登と日本海交通　基調講演2　奥能登の戦国社会を生きた人々　シンポジウム1　報告(能登と蝦夷地　加賀藩の検地―領主の検地と村の検地　奥能登時国家の建築―その特色と史的背景　時国家の蔵書と近世地方(じかた)の文化　シンポジウム2　全体討論(在地社会の自律性　「下人」は「隷属農民」か　北海道の北陸人　時国家と前田氏との関係　戦国期の時国家　領主と下人の問題)
＊奥能登は「僻地」なのか。中世荘園はどこに確保されたのか。「下人」とはどんな人々だったのか。「百姓」とは農民のことなのか。奥能登と時国家の総合調査による常識を覆す斬新な歴史・社会像。
◇能登の伝説人　渋谷利雄写真，瀬戸久雄著，能登学研究会編　金沢　能登印刷出版部　2000.6　119p　27cm　2800円　(i)4-89010-336-8　Ⓝ382.143
(内容) 能登の響き(祭りの能キリコの祈り―渋谷利雄の世界　海の民俗　山と土の民俗　ほか)　能登の伝説人(田の神伝説―田中福松・キクイ　平家落人伝説―通伝広一・千代子　塩伝説―角花菊太郎・栄子　ほか)　能登空港化開港記念(能登空港着工秘話　能登空港着工をめぐって)
＊本書は、能登の様々な伝承をまとめたもので、その範囲は柳田村に限らず能登といふ広範囲に亘り、一合鹿椀に留まらず神事・芸能・工作・生産・交易その他対象は多様に及んでいる。
◇肌ぼんぼ　松任市中央図書館,林中きさらぎ読書会編　松任　松任市中央図書館　1995.3　124p　26cm　Ⓝ382.143
◇耳のかゆいは良いたより―七尾の習俗2　塚林康治著　七尾　七尾市立図書館友の会　1995.3　191p　21cm　1500円　Ⓝ382.143
◇蓮如と真宗行事―能登の宗教民俗　西山郷史著　木耳社　1998.3　299p　19cm　1800円　(i)4-8393-7700-6　Ⓝ382.143
(内容) 1　蓮如と伝承(蓮如と蓮如伝承)　2　真宗行事(研究の現状と真宗行事　正月行事と御影巡回　コンゴウ参り)　3　真宗以前―薬師・アエノコト(能登半島の宗教風土　能登の薬師信仰　アエノコトの日)
＊蓮如上人の教えと人がらを崇め敬い、門徒た

文化人類学の本　全情報　147

ちの心の支えとなっている行事は、全国各地にひろく行われているが、真宗王国・能登の風土が醸し出す精神土壌には、その古体が濃密に残っている。本書では、真宗の思想や行動がどのような行事を作りあげ、展開してきたか、薬師やアエノコトの原義も紹介しつつ、現在を問い直す。

◆福井県
◇絵図が語る大野―城・町・村 大野市制40周年記念特別展解説図録 大野市歴史民俗資料館編 大野 大野市歴史民俗資料館 1994.6 60p 21×30cm 〈会期:平成6年6月28日～8月21日 付:参考文献〉 Ⓝ291.44
◇中部・北陸の民俗 福井県編 大島暁雄ほか編 三一書房 1996.6 1022p 27cm (日本民俗調査報告書集成) 〈複製〉 (i)4-380-96586-4 Ⓝ382.15
 〈内容〉穴馬の民俗 福井県教育委員会編(昭和41年刊) 真名川流域の民俗 福井県教育委員会編(昭和43年刊) 旧上池田村の民俗 東洋大学民俗研究会編(昭和43年刊) 福井県大飯郡大飯町大島調査研究 中京大学郷土研究会編(中京民俗第12号昭和50年刊) 福井県民俗資料緊急調査報告書 福井県教育委員会編(昭和39年刊)
◇福井県の不思議事典 松原信之編 新人物往来社 2000.6 228p 21cm 3000円 (i)4-404-02842-3
 〈内容〉自然編 地理・地名編 交通編 文学・芸能編 民俗・伝説編 史跡編 産業編 宗教編 人物編 考古編 中世史編 近世史編 近代史編
 ＊幾多の歴史事象を経て現代に至った若狭・越前両国により構成された福井県。その福井県についてうまれた各種の歴史的疑問、今まで認識のあいまいであった事項について項目を選定。Q&A形式によりこれを解明する。
◇福井県立若狭歴史民俗資料館常設展示図録 福井県立若狭歴史民俗資料館編 小浜 福井県立若狭歴史民俗資料館 1997.3 47p 30cm 〈背のタイトル:常設展示図録 年表あり〉 Ⓝ214.4
◇三国のサックリ みくに竜翔館編 〔三国町(福井県)〕 三国町教育委員会 1994.10 61p 30cm 〈会期:平成6年10月28日～11月27日 文献あり〉 Ⓝ383.1
◇「水の民俗」解説図録―特別展 大野市歴史民俗資料館編 大野 大野市歴史民俗資料館 1996.8 56p 30cm 〈会期・会場:平成8年8月10日～9月8日 大野市産業文化展示館 参考文献:p56〉 Ⓝ382.144
◇美浜町日向の生活と伝承―福井県三方郡美浜町日向 武蔵大学人文学部日本民俗史演習編 武蔵大学人文学部日本民俗史演習 1993.12 100p 26cm (武蔵大学日本民俗史演習調査報告書 16) Ⓝ382.144

中部地方

◇中部地方の民俗地図 1 山梨・長野 東洋書林 2001.5 1冊 23cm (都道府県別日本の民俗分布地図集成 第5巻) 〈複製〉 30000円 (i)4-88721-355-7 Ⓝ382.13
 〈内容〉山梨(住 食 衣 生産 運搬 ほか) 長野(屋敷神 屋型型 間取りの種類 いろりの名称 いろりの用具 ほか)
◇中部・北陸の民俗 大島暁雄,松崎憲三,宮本袈裟雄,小林一男編 三一書房 1996.6 6冊(セット) 26cm (日本民俗調査報告書集成) 154500円 (i)4-380-96580-5
 〈内容〉山梨県編 長野県編 新潟県編 富山県編 石川県編 福井県編
◇東海の民俗 大島暁雄,松崎憲三,宮本袈裟雄,伊藤良吉編 三一書房 1996.6 4冊(セット) 26cm (日本民俗調査報告書集成) 103000円 (i)4-380-96575-9
 〈内容〉静岡県編 愛知県編 三重県編 岐阜県編
◇日本民俗誌集成 第9巻(中部編2) 長野県 倉石忠彦ほか編 三一書房 1996.6 632p 27cm 23690円 (i)4-380-96562-7 Ⓝ382.1
 〈内容〉小布施百話 村の歳時記 尋常三年生の試みたる村の調べ 実録・杣人の村 語り継ぎ神宮寺の民俗 入野谷小記

◆山梨県
◇塩山市史民俗調査報告書 平成4年度 神金の民俗 塩山市史編さん委員会編 塩山 塩山市 1993.3 210p 26cm Ⓝ382.151
◇塩山市史民俗調査報告書 平成6年度 奥野田の民俗 塩山市史編さん委員会編 塩山 塩山市 1995.3 324p 26cm 〈参考文献:p305〉 Ⓝ382.151
◇大石の民俗―南都留郡河口湖町 山梨県史編さん専門委員会民俗部会編 〔甲府〕 山梨県 1999.11 238,12p 26cm (山梨県史民俗調査報告書 第5集) Ⓝ382.151
◇上津金の民俗―北巨摩郡須玉町 山梨県史編さん専門委員会民俗部会編 〔甲府〕 山梨県 1994.3 264,10p 26cm (山梨県史民俗調査報告書 第1集) Ⓝ382.151
◇在家塚の民俗―中巨摩郡白根町 山梨県史編さん専門委員会民俗部会編 〔甲府〕 山梨県 1996.3 252,9p 26cm (山梨県史民俗調査報告書 第3集) 〈索引あり〉 Ⓝ382.151
◇中部・北陸の民俗 山梨県編 大島暁雄ほか編 三一書房 1996.6 971p 27cm (日本民俗調査

報告書集成）〈複製〉 (i)4-380-96581-3 Ⓝ382.
15
 内容 西山村総合調査報告書 西山村総合学術調査団編（山梨県教育委員会昭和33年刊） 金井の民俗 都留文科大学民俗学研究会編（昭和42年刊） 沖の民俗 都留文科大学民俗学研究会編（昭和44年刊） 山梨県民俗資料調査報告書 山梨県教育委員会編（昭和39年刊）
◇道志の民俗—南都留郡道志村 山梨県史編さん専門委員会民俗部会編 〔甲府〕 山梨県 2001.3 300,9p 26cm （山梨県史民俗調査報告書 第6集） Ⓝ382.151
◇成島の民俗—山梨県南巨摩郡南部町 東京学芸大学地域研究学科岩田研究室編 小金井 東京学芸大学地域研究学科 2000.10 81p 21cm （東京学芸大学日本研究専攻地域の文化演習調査報告書 1999年度） Ⓝ382.151
◇二之宮の民俗—東八代郡御坂町 山梨県史編さん専門委員会民俗部会編 〔甲府〕 山梨県 1997.3 218,6p 26cm （山梨県史民俗調査報告書 第4集） Ⓝ382.151
◇福士の民俗—南巨摩郡富沢町 山梨県史編さん専門委員会民俗部会編 〔甲府〕 山梨県 1995.3 364,14p 26cm （山梨県史民俗調査報告書 第2集） Ⓝ382.151
◇富士吉田市歴史民俗博物館展示解説 富士吉田市歴史民俗博物館編 〔富士吉田〕 富士吉田市教育委員会 1995.3 93p Ⓝ215.1
◇ふるさと・山梨市—万葉浪漫カルタと民話 山梨市民まつり実行委員会編 甲府 山梨ふるさと文庫 1993.2 216p 18cm （発売：星雲社（東京）） 1300円 (i)4-7952-0730-5 Ⓝ382.151
 内容 万葉ロマンかるた 山梨の民話（石森山 笛吹権三郎 万力の御林 奉悼相撲 地蔵渡しほか） ぶらり山梨市 万葉ロマンかるた作成者名簿
◇本郷の民俗—山梨県南巨摩郡南部町 早稲田大学第二文学部民俗調査団編 早稲田大学第二文学部民俗調査団 2000.11 225p 21cm （早稲田大学第二文学部民俗調査団調査報告書 1999年度） Ⓝ382.151
◇山梨市史民俗調査報告書—水口の民俗 山梨市史編さん委員会編 山梨 山梨市 1999.3 236p 26cm Ⓝ382.151
◇山梨市史民俗調査報告書—後屋敷の民俗 山梨市史編さん委員会編 山梨市 2000.3 300p 26cm Ⓝ382.151

◆長野県
◇飯山—私の四季だったころの 内田ます枝著 装画館 1993.12 180p 19cm 非売品 Ⓝ382.152
◇伊賀良の民俗 1 伊賀良を広める会編 飯田 伊賀良公民館 2001.8 288p 27cm Ⓝ382.152

◇犬石の民俗 長野市立博物館編 長野 長野市立博物館 1995.2 87p 26cm （長野市民俗文化財調査報告書 1） Ⓝ382.152
◇奥三峰の歴史と民俗 戸草ダム民俗等調査委員会編 長谷村（長野県） 長谷村教育委員会 1994.3 581p 27cm （付：参考文献） Ⓝ215.2
◇思い出の駒場 熊谷元一文・絵 松本 郷土出版社 1994.12 289p 20cm 2000円 (i)4-87663-266-9 Ⓝ382.152
 内容 1 むらの暮らし 2 衣食とわらの利用 3 駒場宿の商家 4 学校の思い出 5 お祭りと遊び 6 わが家のこと
＊ふるさとが生んだ童画家写真家熊谷元一が楽しい絵と文でつづる大正〜昭和初期の村の暮らし。
◇語らい—ふるさと佐久 市川潔著 佐久 櫟 2001.1 228p 19cm 1500円 (i)4-900408-81-6 Ⓝ382.152
◇軽井沢町歴史民俗資料館常設展示図録—軽井沢町資料館・軽井沢町追分宿郷土館・軽井沢町歴史民俗資料館 軽井沢町（長野県） 軽井沢町歴史民俗資料館 1996.7 46p 26cm （年表軽井沢町のあゆみ：p44〜46） Ⓝ215.2
◇神林を中心として 松本市史民俗部門編集委員会,松本市史編さん室編 〔松本〕 松本市 1994.3 158,6p 26cm （松本市民俗調査報告書 第3集） Ⓝ382.152
◇木祖村誌—源流の村の民俗 民俗編 木祖村誌編纂委員会編 木祖村（長野県） 木祖村誌編纂委員会 1998.8 547,15p 27cm Ⓝ291.52
◇木曽・楢川村誌 第6巻 暮らしのデザイン—民俗編 楢川村誌編纂委員会編 楢川村（長野県） 楢川村 1998.3 1397p 22cm Ⓝ215.2
◇暮らしが変わる人が変わる—むらの生活50年 長野県農村文化協会編著 長野 信濃毎日新聞社 1996.2 286p 19cm 1500円 (i)4-7840-9608-6 Ⓝ382.152
◇栄村の民俗—箕作・極野を中心に 〔飯山〕 飯水教育会 1993.11 175p 22cm Ⓝ382.152
◇山峡夢想—ふるさとの伝承 赤羽忠二著 長野 ほおずき書籍 1997.11 337p 21cm 2571円 (i)4-89341-325-2 Ⓝ291.52
◇信濃の天領陣屋 飯島町歴史民俗資料館編 飯島町（長野県） 飯島町歴史民俗資料館 1998.3 39p 21cm （飯島陣屋ブックレット） Ⓝ215.2
◇下諏訪町誌 民俗編 下諏訪町誌民俗編編纂委員会編纂 下諏訪町（長野県） 下諏訪町 2000.3 939,52p 22cm （下諏訪町町制施行百周年記念出版 付属資料：図2枚） Ⓝ291.52
◇社会慣習に関する意識調査報告書—平成11年度上田 上田市政策推進部企画課 2000.3 48p 30cm Ⓝ367.2152
◇蛇抜・異人・木霊—歴史災害と伝承 笹本正治著 岩田書院 1994.12 385,6p 22cm （巻末

中部地方　　　　　　　　　　　　　　　　　　　　　　　　　　　　　風俗史・民俗誌

：略年表）　6077円　(i)4-900697-17-6　Ⓝ215.2
◇城下町松代の民俗　長野市誌編さん委員会民俗部会,長野市企画調整部企画課市誌編さん室編　〔長野〕　長野市　1996.11　166,5p　21cm　（長野市誌民俗調査報告書 第4集）　Ⓝ382.152
◇昭和のくらし佐久の詩　市川潔著　佐久　樸　1995.6　162p　19cm　1800円　(i)4-900408-57-3　Ⓝ382.152
◇信州に生きる―写真記録　上巻（生活編）　長野県民俗の会編　松本　郷土出版社　1993.4　255p　21cm　2400円　(i)4-87663-211-1　Ⓝ382.152
◇信州に生きる―写真記録　下巻（祭りと伝統行事編）　長野県民俗の会編　松本　郷土出版社　1993.4　220p　21cm　2400円　(i)4-87663-212-X　Ⓝ382.152
◇信州のアイヌコタン　第1巻　松本・諏訪編　百瀬信夫著　下諏訪町　諏訪文化会館出版部　1996.3　119p　26cm　（信州名物　おらが本）　2000円
　　内容　浅間（あさま・アサマァ）　御母家（おぼけ・オボッケ）　山辺（やまべ・ヤマクペ）　美ケ原（うつくしがはら・ウツルチクシパラ）　百瀬と埴原（モモセウシ・ハイパラ）　赤山と赤津（アカキム・アカツマ）　熊の井と小松（クマネイ・クマツァ）　高ボッチ（トイコポッチェ）　諏訪（すわ・スワップ）　長地（おさち・オサッチ）　海戸・丸山遺跡　ヤゴロウ様　花岡村の地名について　諏訪市茶臼山　豊平（とよひら・トイッピラ）　諏訪の古族（守矢）について　柏原（かしわばら・カシパパラ）　原（はら・パラ）　阿久（あきゅう・アケウ）　井戸尻（いどじり・イトシリ）　烏帽子（えぼし・エパウシ）　縄文文化発祥地はどこ？
◇信州はじめて物語　田中博文著　松本　郷土出版社　2000.2　167p　19cm　1600円　(i)4-87663-463-7
　　内容　施設・制度編　教育・文化編　マスコミ編　交通機関編　スポーツ編　風俗・商売編　たべもの編
　　＊長野県のはじまりから、パチンコ店のはじまりまで、「はじまり」に秘められた46のドラマを発掘。この本は、長野県におけるいろいろのことがらのはじまりを調べてみようというものである。
◇陣屋があった江戸時代　飯島町歴史民俗資料館編　飯島町（長野県）　飯島町歴史民俗資料館　1999.3　36p　21cm　（飯島陣屋ブックレット）　Ⓝ210.5
◇図説飯田・下伊那の歴史　下巻　石川正臣ほか編　松本　郷土出版社　1995.3　147p　27cm　（長野県の歴史シリーズ）　（執筆：芦辺公一ほか）　(i)4-87663-277-4　Ⓝ215.2
　　内容　明治編→昭和戦前・民俗編．参考文献：p147
◇図説・奥信濃の歴史　下巻　松本　郷土出版社　1995.3　134p　27cm　（長野県の歴史シリーズ）　（監修：金井喜久一郎,古川貞雄　執筆：青木広安ほか）　(i)4-87663-275-8　Ⓝ215.2
　　内容　明治時代→昭和戦後・奥信濃の民俗．参考文献：p133～134
◇生活と遊びの文化　青沼滋喜著　諏訪　長野日報社　2000.12　109p　21cm　（長野日報選書 5）　1500円　(i)4-931435-47-5　Ⓝ382.152
◇「善光寺町」の民俗　長野市誌編さん委員会民俗部会,長野市企画調整部企画課市誌編さん室編　〔長野〕　長野市　1995.11　185,5p　21cm　（長野市誌民俗調査報告書 第3集）　Ⓝ382.152
◇田子・山千寺の民俗　長野市誌編さん委員会民俗部会,長野市企画調整部企画課市誌編さん室編　〔長野〕　長野市　1994.11　189,5p　21cm　（長野市誌民俗調査報告書 第2集）　Ⓝ382.152
◇中部・北陸の民俗　長野県編　大島暁雄ほか編　三一書房　1996.6　1030p　27cm　（日本民俗調査報告書集成）　〈複製〉　(i)4-380-96582-1　Ⓝ382.15
　　内容　木曽三岳村の民俗　長野県教育委員会編（昭和43年刊）　裾花渓谷の民俗　長野県教育委員会編（昭和46年刊）　栄村の民俗　第1集　長野県教育委員会,栄村教育委員会編（昭和47年刊）　大平の民俗　飯田市教育委員会編（昭和47年刊）　木曽楢川村の民俗 1　楢川村教育委員会編（昭和47年刊）　山国のくらし　長野県教育委員会編（昭和38年刊）
◇遠い日小さなものがたり―北信濃にしやま　たけむらすみい著　小布施町（長野県）　ひいらぎ書房　1994.3　124p　19cm　（絵：ばんひろし）　1600円　Ⓝ382.152
◇遠山川流域の民俗とふるさとイメージの創造　浮葉正親著　駒ケ根　建設省中部地方建設局天竜川上流工事事務所　1997.3　47p　21cm　（語りつぐ天竜川）　Ⓝ382.152
◇豊野町誌 3　豊野町の民俗と地区誌　豊野町誌刊行委員会編　豊野町（長野県）　豊野町誌刊行委員会　1998.3　699p　27cm　Ⓝ291.52
◇長野県上水内郡誌　復刻版　千秋社　1999.2　345p　27cm　（折り込図2枚　原本：明治40年刊）　12000円　(i)4-88477-238-5　Ⓝ291.52
　　内容　地勢　面積広袤大字一覧表　気候一覧表　戸数人口一覧表　生業一覧表　産物　経済　教育　神社　宗教　人情、風俗、習慣
　　＊本書は、明治四十年に、上水内郡役所・教育会によってつくられたもので、郡内（現在の長野市・信濃町・信州新町・豊野町・牟礼村・戸隠村・小川村・鬼無里村・中条村・三水村）のすべての町村の歴史と住民のくらしをくわしく記録したものです。歴史・地理をはじめ、人口／農業・畜産・水産などの産業／経済／

教育／神社・寺院／人情・風俗・習慣／交通／名勝旧跡などくわしく調べられています。写真や地図を使って、現在のくらしへの移り変わりが手にとるようにわかります。

◇長野市誌 第10巻(民俗編) 長野市誌編さん委員会編 長野 長野市 1998.12 898,24,15p 22cm 〈折り込2枚 長野東京法令出版(製作・発売)〉 5400円 Ⓝ291.52

◇中山を中心として 松本市史民俗部門編集委員会,松本市史編さん室編 〔松本〕 松本市 1994.12 184,7p 26cm (松本市史民俗調査報告書 第4集) Ⓝ382.152

◇人形芝居の里―信州伊那谷 唐木孝治写真 長野 信濃毎日新聞社 1998.8 141p 30cm 2800円 (i)4-7840-9812-7
〔内容〕 生 息づく人形芝居(春…黒田人形 夏…早稲田人形 秋…今田人形 冬…古田人形 情を伝える) 念 上伊那の人形たち(伊那谷の首) 幽 下伊那の人形たち(異郷人の心眼) 承 伝承の担い手たち(伊那谷人形芝居の現況)
＊美しく息づく人形の首(かしら)。民俗芸能の「宝庫」伊那谷の人びとが、命を吹き込み大切にしてきた人形の魅力を余すところなく伝える写真集。

◇根羽村誌 浅井舎人ほか編纂 根羽村(長野県)根羽村誌刊行委員会 1993.3 2冊 27cm 非売品 Ⓝ215.2
〔内容〕 上巻 自然編・歴史編 下巻 近代編,現代・教育編,民俗・文化財編

◇野池・芋平の民俗 飯田市誌編さん委員会民俗部会編 飯田 飯田市誌編さん委員会民俗部会 2000.3 115p 26cm (飯田市誌民俗編重点調査報告書 1) Ⓝ382.152

◇埴原北の民俗―長野県松本市中山 早稲田大学第二文学部民俗調査団編 早稲田大学第二文学部民俗調査団 1998.11 103p 21cm (早稲田大学第二文学部民俗調査団報告書 1997年度) Ⓝ382.152

◇埴原東の民俗―長野県松本市中山 東京学芸大学日本研究専攻地域の文化演習1997年度調査報告書 東京学芸大学地域研究学科岩田研究室 小金井 東京学芸大学地域研究学科岩田研究室 1998.10 41p 21cm Ⓝ215.2

◇人の一生と社会生活 上田市誌編さん委員会編 上田 上田市 2000.3 164p 26cm (上田市誌民俗編 1) 〈共同刊行：上田市誌刊行会〉 Ⓝ382.152

◇広瀬の民俗 長野市誌編さん委員会民俗部会編 〔長野〕 長野市 1993.10 202,5p 21cm (長野市誌民俗調査報告書 第1集) Ⓝ382.152

◇ふるさとの四季―伊那谷のこころ 小松谷雄著 長野 ほおずき書籍 1993.12 259p 21cm 〈さし絵：稲葉治雄〉 1800円 (i)4-89341-184-5 Ⓝ382.152

◇ふるさとの伝承・上郷の民俗 〔飯田〕 上郷史学会 1999.3 303p 26cm 1500円 Ⓝ382.152

◇松本市立博物館日本民俗資料館90年のあゆみ 松本 松本市立博物館 1998.3 6枚 30cm 〈共同刊行：日本民俗資料館〉

◇民俗と地域社会 福沢昭司著 岩田書院 1998.6 301p 22cm 5900円 (i)4-87294-117-9 Ⓝ382.152

◇望月町誌 第2巻 民俗編 望月町誌編纂委員会編 望月町(長野県) 望月町 1996.3 536,87p 27cm 〈共同刊行：望月町誌刊行会 巻末：参考文献〉 Ⓝ291.52

◇やまうら風土記 湯田坂正一著 諏訪 長野日報社 1999.6 258p 21cm (長野日報選書 2) 2200円 (i)4-931435-16-5 Ⓝ382.152

◇山口村誌 山口村誌編纂委員会編 山口村(長野県) 山口村誌編纂委員会 1995.3 2冊 22cm 〈付(図3枚 袋入)：中山道分間延絵画ほか〉 Ⓝ291.52
〔内容〕 上巻 自然環境、原始・古代、中世、近世 下巻 近・現代、民俗

◇山家民俗誌 松本 山家民俗誌刊行会 1996.4 458p 22cm 非売品 Ⓝ382.152

◇山本久米の民俗 飯田市誌編さん委員会民俗部会編 飯田 飯田市誌編さん委員会民俗部会 2001.3 115p 26cm (飯田市誌民俗編重点調査報告書 2) Ⓝ382.152

◆岐阜県

◇江名子バンドリ―高山市指定無形民俗文化財 伝統民具製作技術伝承教室資料 高山市教育委員会文化財保護課編 高山 高山市教育委員会文化財保護課 2001.3 10p 30cm

◇恵那市史資料調査報告書 第7集 恵那 恵那市教育委員会 1998.3 41p 30cm Ⓝ215.3
〔内容〕 諸職調査報告：指物大工 竹細工師 ミニ草履作り 研究ノート：椋実の生活民俗調査報告 資料調査報告：竹折武並神社の棟札 新指定の文化財：古山家住宅

◇奥飛騨山郷生活文化の記録 第10集記念号 上宝村教育委員会編 〔上宝村(岐阜県)〕 上宝村教育委員会 1994.3 417p 27cm 〈執筆：上宝村高齢者教室〉 Ⓝ382.153

◇奥飛騨山郷生活文化の記録 第11集記念号 〔上宝村(岐阜県)〕 上宝村高齢者教室 〔1996〕 41p 26cm Ⓝ382.153

◇奥飛騨山郷生活文化の記録 第12集 上宝村教育委員会編 〔上宝村(岐阜県)〕 上宝村教育委員会 1996.3 97p 26cm 〈執筆：上宝村高齢者教室〉 Ⓝ382.153

◇奥飛騨山郷生活文化の記録 第13集 上宝村教育委員会編 〔上宝村(岐阜県)〕 上宝村教育委員会 1997.3 92p 26cm 〈執筆：上宝村高

中部地方　　　　　　　　　　　　　　　　　　　　　　　　　　　　　　　風俗史・民俗誌

齢者教室）　Ⓝ382.153
◇奥飛驒山郷生活文化の記録　第14集　上宝村教育委員会編　〔上宝村（岐阜県）〕　上宝村教育委員会　1998.3　105p　26cm　（安房トンネル開通記念号　執筆：上宝村高齢者教室）　Ⓝ382.153
◇奥飛驒山郷生活文化の記録　第15集　上宝村教育委員会編　〔上宝村（岐阜県）〕　上宝村教育委員会　1999.3　106p　26cm　（執筆：上宝村高齢者教室）　Ⓝ382.153
◇各務原市戦時資料目録　各務原市歴史民俗資料館編　各務原　各務原市歴史民俗資料館　1998.7　155p　30cm　（各務原市資料調査報告書第23号）　Ⓝ215.3
◇各務原市文書史料目録　6　各務原市歴史民俗資料館編　各務原　各務原市歴史民俗資料館　1998.3　117p　30cm　（各務原市資料調査報告書第22号）　Ⓝ215.3
◇岐阜県文化財図録　岐阜県教育委員会編　岐阜　岐阜県教育委員会　1999.3　359p　26cm　Ⓝ709.153
　内容　有形文化財（絵画／書跡／典籍／古文書／考古資料／歴史資料）　無形文化財　民俗文化財（有形民俗文化財／無形民俗文化財）
◇岐阜の匂いとにぎわい―下呂久野川集落夕山の講　長尾伴文著　近代文芸社　1997.8　142p　19cm　1200円　(i)4-7733-6237-5　Ⓝ382.153
　内容　1　下呂久野川集落　夕山の講　2　焼石駅前中山タクシー　3　菅田入り匂いとにぎわい　4　飛驒街道の難所　袋坂峠　5　乞食まつり考　6　飛驒川のお雪さん
　＊便利さの中の人間の驕りを山の村から見つめ直そう。観光ガイドブックではない生命力を真剣視した現代岐阜風俗案内書。
◇ぎふ山の生活川の生活　第14回国民文化祭岐阜県実行委員会編著　〔岐阜〕　岐阜新聞社　1999.10　144p　27cm　（岐阜　岐阜新聞情報センター（発売）　年表あり　1429円　(i)4-905958-78-4　Ⓝ382.153
◇紀要―飛驒民俗学会十周年記念　〔国府町（岐阜県）〕　飛驒民俗学会　1995.2　152p　26cm　Ⓝ382.153
◇世界遺産白川郷―幻の集落を追って50年　細江光洋編著　岐阜　郷土出版社　1996.4　199p　26×26cm　〈おもに図〉　4369円　(i)4-87664-100-5　Ⓝ382.153
◇世界遺産の合掌造り集落―白川郷・五箇山のくらしと民俗　飛越合掌文化研究会著　岐阜　岐阜新聞社　1996.1　176p　26cm　〈企画・編集：岐阜新聞社出版局,北日本新聞社事業出版部〉　2500円　(i)4-905958-35-0　Ⓝ382.153
　内容　合掌集落圏　合掌造りの知恵　合掌文化圏の交流　生活の知恵　歳時記　フォーラム
◇高山市ふるさと伝承電子図鑑　岐阜県高山市教育委員会企画・編集　〔電子資料〕　広済堂印刷(製作)　〔1998〕　CD-ROM1枚　12cm　〈ファイル特性：データファイル　Windows 95　漢字トーク 7.5.1 以降　付属資料：操作説明書8枚〉
◇東海の民俗　岐阜県編　大島暁雄ほか編　三一書房　1996.6　1176p　27cm　（日本民俗調査報告書集成）　〈複製〉　(i)4-380-96579-1　Ⓝ382.15
　内容　矢作ダム水没地区民俗資料報告書　岐阜県教育委員会編（昭和42年刊）　岐阜県輪中地区民俗資料報告書　1～3　岐阜県教育委員会編（昭和43～45年刊）　菅沼の民俗　第1～2次　名古屋民俗研究会編（昭和46～47年刊）　徳山　岐阜県教育委員会編（昭和48年刊）
◇徳山村民俗誌―ダム　水没地域社会の解体と再生　田中宣一著　慶友社　2000.7　545,19p　22cm　（考古民俗叢書）　16000円　(i)4-87449-130-8　Ⓝ382.153
　内容　序論　第1章　徳山村の概要―村外との交流も含めて　第2章　日々の営みとハレの諸行事　第3章　山地・山林資源への依存と民俗　第4章　ダム問題の進展と地域社会の解体　第5章　村の解体と徳山神社の創建　第6章　寺院・道場・墓の移転と信仰生活の変容　第7章　新たな地域社会確立の模索
　＊古くから典型的な日本の山村として、生活実態調査の対象地であった徳山村は、日本最大規模のダム計画により、昭和63年8集落500世帯近くの住民が、故郷をあとにした。本書は昭和初期の調査を基礎として、昭和59年から現在まで新しい"徳山村"の生活を記録する。
◇乗政の回想　島田儀兵衛著　名古屋　島田儀兵衛　1998.9　587p　22cm　(i)4-921064-01-6　Ⓝ382.153
◇飛驒―よみがえる山国の歴史　飛驒国府シンポジウム　森浩一,八賀晋編　大巧社　1997.8　268p　19cm　2000円　(i)4-924899-20-8　Ⓝ382.153
　内容　1　基調講演（山民とその文化の考古学　信濃からみた飛驒　飛驒の山民と生活―山民の生活カレンダー　山民と灰の文化　見直される古代住居―飛驒匠幻想　律令制と飛驒国　日本仏教文化と飛驒の伽藍）　2　基調報告（飛驒の旧石器・縄文・弥生時代　飛驒の古墳時代）　3　討論（よみがえる飛驒文化　日本歴史のなかの飛驒）
　＊地域から本当の歴史を読む。飛驒匠の技術とは？両面宿儺は何を語るのか？古来、「文明の十字路」であった飛驒の歴史の知られざる姿が浮かび上がる。
◇飛驒白川村　江馬三枝子著　未来社　1996.3　631,11p　22cm　（新装版）　7725円　(i)4-624-20068-3　Ⓝ382.153
　内容　白川村の大家族　飛驒の女たち　白川村平瀬の大家族　岐阜県白川村調査報告資料　大

152　文化人類学の本　全情報

家族制度と大家族部落　白川村とその周辺の婚姻　角川の娘宿　木谷のユー・シンガイその他　飛驒の田屋と捌　ゴチョーとカンナイ〔ほか〕

◇人と動物―考古・民俗資料から 特別展　可児郷土歴史館編　可児　可児郷土歴史館　〔1999〕22p 30cm 〈会期：1999年2月20日～3月22日〉Ⓝ210.1

◇フォークロア・カワウエ―歴史を紡ぐこころ語り　川上村(岐阜県)　川上村　1996.3　72p 24×21cm 〈奥付の書名：Folklore Kawaue 川上村ダイジェスト年表：p20～21 民俗学に親しむために―参考図書案内：p72〉Ⓝ291.53

◇まさ女昔語り―飛驒おみな　林格男著　高山　大進社(印刷)　1997.8　238p 20cm 1524円 Ⓝ382.153

◇幻の美濃・飛驒王朝を追う 続　濃飛伝承懇話会編　岐阜　サンメッセ企画出版部　1994.5　335p 19cm 〈続の副書名：そこに古代ロマンと文化の源流をみる〉　1500円 (i)4-915825-02-7 Ⓝ215.3

◇美濃国東濃地方に伝わる「左馬」の故事　大杉緑郎著　土岐　大杉緑郎　1993.12　67p 21cm 〈編集・製作：朝日新聞名古屋本社編集製作センター〉Ⓝ382.153

◇山里物語―飛驒高山昭和の農家百景　中村秋夫画集　中村秋夫制作　小学館スクウェア　2000.12　111p 26×26cm 〈年譜あり〉3800円 (i)4-7979-8506-2　Ⓝ382.153

（内容）春―3・4・5月(鎮守の祭り　お手玉　雪解かし　ほか)　夏―6・7・8月(田植え　子守　産湯　ほか)　秋―9・10・11月(輪回し　お天道様　兵役　ほか)　冬―12・1・2月(一家団欒　薬布団作り　漬け込み　ほか)

＊本書は、画題を、著者の生まれ育った故郷、飛驒高山の「農民の暮らし」をテーマにしている。農民の四季の暮らしを「忠実な、物語風」に表わすように努め、家庭生活、農作業、家屋、諸道具などをありのまま描いている風俗的な記録画のようである。

◇山の生活川の生活文化展―第14回国民文化祭・ぎふ99　第14回国民文化祭岐阜県実行委員会編〔岐阜〕　第14回国民文化祭岐阜県実行委員会　1999.10　114p 27cm 〈文献あり〉Ⓝ382.153

◇歴史芸能回り舞台―岐阜を舞台にした伝承と史話　山田賢二著　岐阜　まつお出版　1994.9　157p 21cm 1800円 (i)4-9900168-5-8　Ⓝ215.3

◆静岡県

◇朝日郷月吉村―下田市吉佐美・伝承と民俗　土屋寛着　新塔社　1997.4　116p 21cm 〈文献あり〉800円 (i)4-88020-120-0 Ⓝ215.4

◇伊豆佐野の民俗―静岡県三島市　東京学芸大学大学院日本民俗文化論1996年度調査報告書　東京学芸大学地域研究学科岩田研究室編　小金井　東京学芸大学地域研究学科岩田研究室　1997.11　49p 21cm Ⓝ215.4

◇伊東の歴史と風俗寸描―地元新聞紙上にみる伊東の姿　伊東市史編さん委員会編　伊東　伊東市教育委員会　2000.3　201p 21cm Ⓝ215.4

◇内房の民俗―静岡県富士郡芝川町　東京学芸大学地域研究学科岩田研究室編　小金井　東京学芸大学地域研究学科　1999.10　67p 21cm (東京学芸大学日本研究専攻地域の文化演習調査報告書 1998年度) Ⓝ382.154

◇おじいちゃんの昔話　三ケ日町教育委員会編　三ケ日町(静岡県)　三ケ日町教育委員会　1997.3　213p 21cm 〈執筆：杉田武夫　肖像あり　(はり込写真1枚)〉Ⓝ382.154

◇小山町史 第9巻 民俗編　小山町史編さん専門委員会編　小山町(静岡県)　小山町　1993.11　1108p 22cm 〈折り込図1枚〉Ⓝ215.4

◇開港への幕臣旅中日記―加藤祐一筆「旅中日記」「挿画熱海日記」　内田四方蔵ほか編集・校訂　横浜　横浜郷土研究会　1996.3　230p 26cm (よこれき双書 第15巻) Ⓝ291.54

◇勝草橋と東海道―川と橋をめぐるなつかしの風景・名物　藤枝市郷土博物館編　〔藤枝〕藤枝市郷土博物館　〔2000〕40p 30cm 〈第46回企画展：平成12年7月8日～8月31日〉Ⓝ382.154

◇上稲子の民俗―静岡県富士郡芝川町　早稲田大学第二文学部民俗調査団編　早稲田大学第二文学部民俗調査団　1999.11　116p 21cm (早稲田大学第二文学部民俗調査団調査報告書 1998年度) Ⓝ382.154

◇郷土の生活と文化 〔3〕 母さんのおくりもの　郷土の生活と文化「四季の会」委員編・著　天竜　天竜市教育委員会　1994.3　548p 22cm Ⓝ382.154

◇気田川は鮭の川　木下恒雄著　〔春野町(静岡県)〕〔木下恒雄〕　1993.4　343p 21cm (気田川畔民俗誌 2) Ⓝ382.154

◇山林の思想　木下恒雄著　〔春野町(静岡県)〕〔木下恒雄〕　1996.5　318p 21cm (気田川畔民俗誌 5) Ⓝ291.54

◇潮風の記憶―沼津市ふるさと伝承電子図鑑〔電子資料〕　沼津　沼津市歴史民俗資料館　1999.3　CD-ROM1枚　12cm 〈ファイル特性：データファイル　Windows 95　Windows 98　Mac OS 7.6.1 以降　付属資料：説明書1枚〉

◇静岡県史　資料編24 民俗 2　静岡　静岡県　1993.3　1323,36p 図版23p 22cm 〈主要参考文献目録：p1308～1315〉Ⓝ215.4

◇静岡県史　別編1 民俗文化史　静岡県編　静岡　静岡県　1995.3　2冊(別冊とも) 22cm 〈別冊(377,38p)：民具図録 付(図1枚 袋入)：一軒の家を支えた民具の諸相〉Ⓝ215.4

◇静岡県精髄志太郡誌　静岡県志太郡役所編　精髄復刻・予約限定版　千秋社,多田屋〔発売〕1997.4　1079p　21cm　21000円　(i)4-88477-194-X
（内容）地文(位置　地貌　気象　地質及土性)　人文(沿革　郡治　戸口　教化　衛生　産業　交通　社寺　風俗・言語　雑)
＊本書は、歴史資料として永久に保存するために、原則として、大正五年に志太郡役所によって作成された原文を復刻したものである。

◇静岡県の不思議事典　小和田哲男編　新人物往来社　2000.10　200p　21cm　3000円　(i)4-404-02841-5
（内容）人物編　民俗編　宗教編　考古・史跡編　歴史編　地理編　産業編　文学編　自然編
＊本書は、県民性がどのようにして形作られてきたのかを、歴史・自然条件、さらには地理的要因などを通して明らかにしようとするものである。

◇清水町の民俗―清水町史民俗調査報告書　清水町史編さん委員会編　清水町(静岡県)　清水町　2001.3　423p　26cm　〈文献あり〉　Ⓝ382.154

◇戦後の暮らし50年―写真とものでたどるある家族の記録 1942～1961 静岡県大谷神谷定吉のカメラアングル　神谷定吉撮影　静岡　静岡市立登呂博物館　1995.3　120p　30cm　〈特別展　付(1枚)　会期：平成7年4月1日～5月30日〉　Ⓝ382.154

◇竹と生活―竹のあるくらし 企画展　三島市郷土館編　三島　三島市教育委員会　1993.11　28p　26cm　〈しずおか文化の祭典'93参加　会期：1993年11月14日～1994年2月13日〉　Ⓝ382.154

◇玉沢の民俗―静岡県三島市　早稲田大学第二文学部民俗調査団編　早稲田大学第二文学部民俗調査団　1997.11　51p　21cm　〈早稲田大学第二文学部民俗調査団調査報告書 1996年度〉　Ⓝ382.154

◇茶畑の民俗　裾野市史専門委員会編　裾野市　裾野市教育委員会市史編さん室　1993.10　143,5p　26cm　〈裾野市史調査報告書 第4集〉　Ⓝ382.154

◇東海の民俗　静岡県編　大島暁雄ほか編　三一書房　1996.6　1126p　27cm　〈日本民俗調査報告書集成〉　〈複製〉　(i)4-380-96576-7　Ⓝ382.15
（内容）静岡県賀茂郡南伊豆町伊浜民俗調査報告　成城大学民俗学研究会編(昭和45年刊)　天竜市の民俗　天竜市教育委員会編(昭和48年刊)　富士東麓の民俗　東京女子大学民俗調査団編(昭和50年刊)　沼津内浦の民俗　沼津市教育委員会編(昭和51年刊)　静岡県民俗資料緊急調査報告　静岡県教育委員会編(昭和41年刊)

◇富沢の民俗　裾野市史専門委員会編　裾野　裾野市教育委員会市史編さん室　1995.1　115,5p　26cm　〈裾野市史調査報告書 第5集〉　Ⓝ382.154

◇豊田町誌 別編 2　豊田町誌編さん委員会編　〔豊田町(静岡県)〕　豊田町　2001.3　812p　22cm　〈付属資料：図2枚(袋入)〉　Ⓝ291.54
（内容）民俗文化史

◇西伊豆町誌 資料 第2集 民俗編 上巻　西伊豆町教育委員会,西伊豆町誌編さん委員会編　西伊豆町(静岡県)　西伊豆町　1996.4　261p　27cm　〈参考文献,年代・歴史年表：p253～255〉　Ⓝ291.54

◇西伊豆町誌 資料 第3集 民俗編 下巻　西伊豆町教育委員会,西伊豆町誌編さん委員会編　西伊豆町(静岡県)　西伊豆町　1997.3　462p　27cm　〈文献あり〉　Ⓝ291.54

◇韮山町史 第9巻 民俗　韮山町史編纂委員会編　〔韮山町(静岡県)〕　韮山町史刊行委員会　1993.3　672,8p　22cm　〈付(図3枚 袋入)〉　Ⓝ215.4

◇沼津市史編さん調査報告書 第4集 民俗調査報告書 2　木負・河内の民俗　沼津市史編集委員会民俗部会編　沼津　沼津市教育委員会　1993.8　250p　26cm　Ⓝ215.4

◇沼津市史編さん調査報告書 第6集 民俗調査報告書 3　岡宮の民俗　沼津市史編集委員会民俗部会編　沼津　沼津市教育委員会　1994.8　179p　26cm　Ⓝ215.4

◇沼津市史編さん調査報告書 第8集 民俗調査報告書 4　柳沢の民俗　沼津市教育委員会社会教育課編　沼津　沼津市教育委員会　1995.9　152p　26cm　Ⓝ215.4

◇沼津市史編さん調査報告書 第9集 民俗調査報告書 5　塩満の民俗　沼津市教育委員会社会教育課編　沼津　沼津市教育委員会　1996.7　101p　26cm　Ⓝ215.4

◇沼津市史編さん調査報告書 第10集 民俗調査報告書 6　木瀬川の民俗　沼津市教育委員会社会教育課編　沼津　沼津市教育委員会　1998.1　145p　26cm　Ⓝ215.4

◇沼津市史編さん調査報告書 第12集 民俗調査報告書 7　三枚橋の民俗　沼津市教育委員会社会教育課編　沼津　沼津市教育委員会　1998.10　135p　26cm　Ⓝ215.4

◇沼津市史編さん調査報告書 第13集 民俗調査報告書 8　松長の民俗　沼津市教育委員会文化振興課編　沼津　沼津市教育委員会　1999.11　201p　26cm　Ⓝ215.4

◇沼津市歴史民俗資料館資料集 11 古文書 5　江梨区有文書目録 1(近世編)　沼津市史編さん委員会編　沼津　沼津市歴史民俗資料館　1993.3　192p　26cm　Ⓝ215.4

◇沼津市歴史民俗資料館資料集 12 古文書 6　江梨区有文書目録 2(近代編)　沼津市歴史民俗資料館編　沼津市史編さん委員会編　沼津　沼津市歴史民俗資料館　1994.3　264p　26cm

風俗史・民俗誌　　　　　　　　　　　　　　　　　　　　　　　　　　　　　　　中部地方

〈共同刊行：沼津市史編さん委員会〉　Ⓝ215.4
◇沼津市歴史民俗資料館資料集　13　飛行機雲―戦争・学校・教育そして仲間たち　沼津第四国民学校児童作文集　沼津市歴史民俗資料館編　沼津　沼津市歴史民俗資料館　1995.3　177p　26cm　Ⓝ215.4
◇沼津市歴史民俗資料館資料集　14　古文書　7　漁出入文書目録(マカセ網・揚繰網)　沼津市歴史民俗資料館編　沼津　沼津市歴史民俗資料館　1996.3　16,31p　26cm　Ⓝ215.4
◇沼津市歴史民俗資料館資料集　16　民俗資料　3　沼津市歴史民俗資料館編　沼津　沼津市歴史民俗資料館　1999.3　75p　26cm　Ⓝ215.4
　(内容)　桶職人・安達重久さんの桶づくりメモと桶づくり
◇沼津市歴史民俗資料館資料集　17　考古資料　3　沼津市歴史民俗資料館編　沼津　沼津市歴史民俗資料館　2000.3　41p　26cm　Ⓝ215.4
　(内容)　大正2年の火災で焼失したセトモノ屋の店先
◇沼津市歴史民俗資料館資料集　18　古文書　9　江梨区有文書目録　3(近代編)　沼津市歴史民俗資料館編　沼津　沼津市歴史民俗資料館　2001.3　68p　26cm　Ⓝ215.4
◇フィールドワーク実習調査報告書―静岡県伊豆天城湯ヶ島町　平成10年度　〔静岡〕　静岡大学人文学部社会学科文化人類学研究室　〔1999〕　139p　26cm　Ⓝ382.154
◇フィールドワーク実習報告書　平成7年度　静岡県熱海市初島　富沢寿勇ほか共編　静岡　静岡県立大学国際関係学部国際行動学コース　1996.11　125p　26cm　非売品　Ⓝ382.154
◇フィールドワーク実習報告書―静岡県熱海市初島　平成8年度　富沢寿勇,玉置泰明,湖中真哉共編　静岡　静岡県立大学国際関係学部国際行動学コース　1997.9　173p　26cm　非売品　Ⓝ382.154
◇フィールドワーク実習報告書―草薙神社秋季例祭　平成10年度　富沢寿勇,玉置泰明,湖中真哉共編　静岡　静岡県立大学国際関係学部国際行動学コース　1999.9　172p　26cm　非売品　Ⓝ382.154
◇名字にみる静岡県民のルーツ研究　渡辺三義著　静岡　静岡新聞社　1994.6　422p　19cm　2700円　(i)4-7838-1046-X
　(内容)　第1章　海と山を結んだ南北の道　第2章　黒潮は人と物が移動した海の大街道　第3章　静岡県内に来住し定着した名字　第4章　静岡県内の地名から発祥した名字　第5章　県内移動と県外へ移動した名字のその後　第6章　源平合戦の平家の落人と鎌倉期の敗戦将士の来住　第7章　南北朝争乱時の南朝方の衰亡　第8章　今川家臣の去就　第9章　武田遺臣が住んだ地　第10章　北条旧臣は落人ではない　第11章　敵も味方も

住みついた高天神城士　第12章　応仁の乱の余波と戦国時代の残党の来住　第13章　ヤラマイカは三河から、ネバリは信濃から　第14章　東海道宿駅の名字　第15章　賜姓と徳川家康、武田信玄　第16章　神社からみた人と名字の移入　第17章　屋号からみた人と名字の移動
　＊誰もが知りたい先祖調べのヒント姓氏資料の決定版。「静岡県の名字」の姉妹編長年の研究を一挙に発表時代別さらに詳しく分析。
◇民族誌実習調査報告書　平成11年度　〔静岡〕　静岡大学人文学部社会学科文化人類学研究室　〔2000〕　163p　26cm　Ⓝ382.154
　(内容)　静岡県伊豆修善寺町
◇民族誌実習調査報告書　平成12年度　静岡　静岡大学人文学部社会学科文化人類学研究室　〔2001〕　154p　26cm　Ⓝ382.154
　(内容)　静岡県下田市・須崎地区

◆愛知県
◇愛知県史民俗調査報告書　1　「愛知県史民俗調査報告書1　篠島」編集委員会,愛知県史編さん専門委員会民俗部会編　名古屋　愛知県総務部県史編さん室　1998.7　195p　30cm　Ⓝ382.155
　(内容)　篠島
◇愛知県史民俗調査報告書　2　「愛知県史民俗調査報告書2　西尾・佐久島」編集委員会,愛知県史編さん専門委員会民俗部会編　名古屋　愛知県総務部県史編さん室　1999.7　232p　30cm　Ⓝ382.155
　(内容)　西尾・佐久島
◇愛知県史民俗調査報告書　3　「愛知県史民俗調査報告書3　東栄・奥三河」編集委員会,愛知県史編さん専門委員会民俗部会編　名古屋　愛知県総務部県史編さん室　2000.7　302p　30cm　Ⓝ382.155
　(内容)　東栄・奥三河
◇愛知県史民俗調査報告書　4　「愛知県史民俗調査報告書4　津島・尾張西部」編集委員会,愛知県史編さん専門委員会民俗部会編　名古屋　愛知県総務部総務課県史編さん室　2001.6　398p　30cm　Ⓝ382.155
　(内容)　津島・尾張西部
◇愛知県の不思議事典　池田芳雄編　新人物往来社　1994.12　208p　21cm　3000円　(i)4-404-02164-X
　(内容)　歴史編　宗教・民俗編　人物編　地形編　地質編　生物編　考古編　産業編　文化・一般編　伝説編
◇葵のふるさと松平郷―伝承―氏祖松平親氏　豊田　松平郷文化財保存会　1993.5　77p　30cm　〈松平親氏の肖像あり　付：参考文献〉　Ⓝ215.5
◇阿久比町誌　資料編　8　民俗　阿久比町誌編さん委員会編　阿久比町(愛知県)　阿久比町

文化人類学の本　全情報　155

中部地方　　　　　　　　　　　　　　　　　　　　　　　　　　　　　　　　風俗史・民俗誌

　　1995.3　432p　27cm　Ⓝ291.55
◇伊勢湾―海の祭りと港の歴史を歩く　海の博物館,石原義剛著　名古屋　風媒社　1996.7　165p　21cm　1550円　(i)4-8331-0045-2　Ⓝ291.56
　(内容)　第1章 大王崎灯台から安乗崎灯台まで　第2章 鳥羽とその離島　第3章 伊勢神宮と海　第4章 中南勢の海岸　第5章 四日市と桑名　第6章 名古屋港周辺　第7章 知多半島の西岸　第8章 南知多町とその離島
　＊神話と伝説の海"伊勢湾"完全ガイドブック。古代の海上の道に思いを馳せ、大王崎から伊良湖岬まで、伊勢湾・三河湾をぐるりと歩いてみよう。海と港の歴史・文化を再発見する、初めての"海のガイドブック"。
◇いぶきおろし―伊吹嵐に生きる　尾西　尾西市歴史民俗資料館　1996.5　11p　30cm　(尾西市歴史民俗資料館特別展図録 no.42)
◇鵜飼吉左衛門・幸吉と幕末―吉左衛門生誕200年記念特別展　尾西　尾西市歴史民俗資料館　1998.7　12p　30cm　(尾西市歴史民俗資料館特別展図録 no.51)
◇内田佐七家文書目録―尾張国知多郡内海　日本福祉大学知多半島総合研究所歴史・民俗部編　美浜町(愛知県)　日本福祉大学知多半島総合研究所　1993.5　601p　26cm　(知多総研古文書目録 第2集)　(愛知県南知多町内海)Ⓝ215.5
◇尾張国知多郡長尾村三井伝左衛門家文書目録　日本福祉大学知多半島総合研究所歴史・民俗部編　武豊町(愛知県)　武豊町　1996.3　3冊　26cm　〈奥付の書名:愛知県武豊町・三井伝左衛門家文書目録〉Ⓝ215.5
　(内容)　上巻 支配と村　中巻 生活と文化　下巻 経営と家計 附・小栗久左衛門家文書目録
◇聞きがき東端　安城　安城民俗談話会　2000.10　173p　21cm　Ⓝ382.155
◇北設楽郡旧三輪村物語　山本隆著　鳳来町(愛知県)　鳳来町文化協会　1994.12　132p　22cm　Ⓝ382.155
◇故郷の山と川と祭　加藤武信著　〔瀬戸〕　第10回水野まつり実行委員会　〔1999.5〕　30p　26cm　〈平成4年刊の抜粋〉Ⓝ382.155
◇小牧原新田ふるさと百話　ふるさと民俗史誌編纂委員会編　小牧　ふるさと民俗史誌編纂委員会　1994.1　299p　21cm　〈付(図1枚)〉Ⓝ291.55
◇下之一色地区民俗調査報告　新修名古屋市史民俗部会編　名古屋　名古屋市総務局　1998.3　251p　30cm　(新修名古屋市史報告書 3)　〈付属資料:図1枚〉Ⓝ382.155
◇十二支とら　江碕公朗著　名古屋　中日出版社　1997.11　147p　19cm　〈〔名古屋〕　愛知県郷土資料刊行会(発売)〉　1200円　(i)4-88519-129-7　Ⓝ382.1
◇城下町大発掘―特別展　〔名古屋〕　名古屋市

見晴台考古資料館　〔1995〕　47p　30cm　〈会期:1995年11月29日～1996年1月21日　参考文献:p46～47〉Ⓝ382.155
◇庄内川―春日井の文化を育んだ川　春日井市制50周年記念誌　春田光一画、春日井市教育委員会民俗考古調査室編　〔春日井〕　市制五十周年記念行事実行委員会　1993.5　1冊(頁付なし)　31cm　Ⓝ215.5
◇昭和区の歴史　名古屋国際高等学校社会科編　名古屋　愛知県郷土資料刊行会　1999.2　263p　19cm　(名古屋区史シリーズ)　1500円　(i)4-87161-056-X
　(内容)　第1章 原始・古代　第2章 中世　第3章 近世　第4章 近代　第5章 現代　第6章 昭和区の民俗　第7章 昭和区内の町名の由来
　＊昭和十二年の名古屋市十区制の実施により、中区の区域であった御器所村を中心に南区の一部区域を包含して誕生。以来、着実に発展を遂げた市内でも有数な住宅地域、文教地域、昭和区の歴史。
◇史料が語る鎌倉・室町時代の三好―'94特別展　三好町立歴史民俗資料館編　三好町(愛知県)　三好町立歴史民俗資料館　1994.10　31p　30cm　〈会期:1994年10月15日～12月18日　参考文献・年表:p28～29〉Ⓝ215.5
◇新修名古屋市史　第9巻　新修名古屋市史編集委員会編　〔名古屋〕　名古屋市　2001.3　839,33p　22cm　Ⓝ215.5
　(内容)　民俗編
◇新修名古屋市史報告書 1　高針地区民俗調査報告　新修名古屋市史民俗部会編　名古屋　名古屋市総務局　1995.3　204p　30cm　〈付(図1枚袋入)〉Ⓝ382.155
◇新修名古屋市史報告書 2　名古屋港西地区ボーリングコア分析調査報告　新修名古屋市史自然部会編　名古屋　名古屋市総務局　1996.3　61p　30cm　〈各章末:文献〉Ⓝ382.155
◇瀬戸市史民俗調査報告書 1　瀬戸市史編纂委員会編　瀬戸　瀬戸市　2001.3　289p　26cm　〈背のタイトル(誤植):瀬戸市民俗調査報告書　文献あり〉Ⓝ382.155
　(内容)　幡山・今村地区
◇蒼穹―常滑市民俗資料館友の会10周年記念誌　常滑市民俗資料館友の会10周年記念誌編集委員会編　常滑　常滑市民俗資料館友の会　1996.4　133p　26cm　Ⓝ382.155
◇知多市歴史民俗博物館―常設展示案内　知多市歴史民俗博物館編　知多　知多市歴史民俗博物館　2001.3　48p　30cm　Ⓝ382.155
◇知多半島の歴史と現在　No.10　日本福祉大学知多半島総合研究所編　校倉書房　1999.7　283p　21cm　3000円　(i)4-7517-9010-2, ISSN0915-4833
　(内容)　地域・産業(市町の広報の記号論的分析　知多織物産業の構造変化とその背景　生活環境

156　文化人類学の本 全情報

評価とまちづくりの役割認識—美浜町まちづくり調査より) 歴史・民俗 (近世尾張国知多郡の「雨池」保安林—「砂留林(山)」の設定と森林景観 幕末期の尾張国知多郡藤江村亥子新田と中野半六家 近代における知多新四国巡礼の盛況 ほか) 知多半島総合研究所創立十周年記念シンポジウム/いまつくる知多半島の未来像 基調講演 変革期の日本人 知多ソフィア・コンソーシアムの理念に向かって

◇東海の民俗 愛知県編 大島暁雄ほか編 三一書房 1996.6 1185p 27cm〈日本民俗調査報告書集成〉〈愛知県教育委員会刊の複製〉(i)4-380-96577-5 Ⓝ382.15
(内容) 矢作ダム水没地域民俗資料調査 第1集〜第2集(昭和41〜42年刊) 三河湾・伊勢湾漁撈習俗緊急調査報告 第1集〜第2集(昭和43〜44年刊) 北設楽民俗資料調査報告 1〜3(昭和45〜46年刊) 木曽川下流低湿地域民俗資料調査報告 1〜2 (昭和47〜48年刊) 窯業民俗資料調査報告 1〜2 (昭和49〜50年刊)

◇豊川市・当古の民俗 近畿大学文芸学部文化学科・日本文化コース編 東大阪 近畿大学文芸学部 1996.3 120p 26cm Ⓝ382.155

◇豊橋市民俗資料収蔵室目録 豊橋市美術博物館編 豊橋 豊橋市美術博物館 1993.3 92p 26cm〈共同刊行:豊橋市教育委員会〉Ⓝ382.155

◇名護博物館所蔵資料目録 歴史民族資料 1 名護博物館編 名護 名護博物館 1998.3 213p 30cm Ⓝ069.9
(内容)1971年5月—1995年3月

◇名古屋市博物館蔵目録 第4分冊 民俗・民族・自然編 名古屋 名古屋市博物館 1995.3 260p 30cm〈背の書名:館蔵品目録〉Ⓝ069.9

◇名古屋市博物館蔵品目録 第4分冊 民俗・民族・自然編 名古屋 名古屋市博物館 2000.3 296p 30cm〈背のタイトル:館蔵品目録〉Ⓝ069.9

◇名古屋真相追Q局 大竹敏之著,名古屋マチの追Q局編 名古屋 海越出版社 1997.7 182p 21cm 1200円 (i)4-87697-236-2 Ⓝ382.155
(内容) フシギなあの家の秘密 ホントにホント?「名古屋ギャルはオッパイがきれい」説 "放課"って名古屋弁? ナゴヤ球場ってこの先どうなるの? 名古屋の路面電車について調べて! 街のオブジェのお値段はいくら? 百貨店の屋上遊園地はどうなっておるのかっ!? 聞かせて!「謎の看板」の真相 NAGOYA休廃刊誌カタログ 「じいちゃんばあちゃん殺到の行列の店」〔ほか〕
*本書の中にあるのはもっともっとディープな、名古屋の人ですら知らなかった名古屋である。名古屋とその周辺に巣くう数々の謎や疑問を解明します。

◇名古屋のお作法—名古屋に行くとき、これだけは知っといてちょおよ! 岩中祥史著 ベストセラーズ 1998.10 239p 15cm〈ワニ文庫〉524円 (i)4-584-30595-1
(内容) 第1章 名古屋の常識は日本の非常識!? (一度受けた恩はけっして忘れない 老いも若きも"長いものには巻かれろ"を実践 「権威」的なものにはことのほか弱い ほか) 第2章 これでもう怖くない"名古屋"出張術(出張族泣かせの名古屋の交通システム すべてがゆっくり進行している街 "首都・東京"から行ったことを鼻にかけたりするのはタブー ほか) 第3章 名古屋人に信用される地元生活演出法(名古屋弁はしゃべれなくても、支障はないか!? 名古屋に転勤してゴルフがうまくならなければウソ 大人気!「お昼の忘年会」 ほか)
*世界各国にそれぞれの習慣があるように、ナゴヤにはナゴヤ独自のしきたりがある。名古屋で、道をたずねるときに気をつけなければならないことは?名古屋人におみやげを選ぶときのポイントは2つ。「駅前に行けば何かあるだろう」と買い物に行ってはならない!? "ナゴヤに入ってはナゴヤに従え"—さもないと、どえりゃあことになるがや。

◇名古屋の文化財 下巻 書跡・考古資料・歴史資料・無形・民俗・史跡・名勝・天然記念物 名古屋市教育委員会著 新版〔名古屋〕名古屋市教育委員会 1997.3 201p 21cm〈文化財叢書 第94号〉Ⓝ709.155

◇西一色村文書 三好町立歴史民俗資料館編 三好町(愛知県) 三好町教育委員会 1994.3 184,31p 26cm〈奥付の書名:西一色文書〉Ⓝ215.5

◇幕末維新期における豊橋地方の神葬祭化 野村文男著〔安城〕野村文男 1994.9 2冊〈資料編とも〉26cm Ⓝ176.9

◇古き佳き吉良の民俗 十人会編〔吉良町(愛知県)〕十人会 1998.7 235p 21cm〈平成十年度愛知県地方振興補助事業 背のタイトル:吉良の民俗〉Ⓝ382.155

◇ほうらい風土記 鳳来町教育委員会,鳳来町教育会編 鳳来町(愛知県) 鳳来町教育委員会〔1993〕2冊 22cm〈1集〜8集(昭和42〜49年刊)を合本したもの〉Ⓝ382.155

◆三重県
◇伊賀上野・諏訪の民俗 近畿大学文芸学部文化学科民俗学教室編 東大阪 近畿大学文芸学部 1993.3 129p 26cm Ⓝ382.156

◇伊勢の海と神宮—二見ヶ浦の神々 中西正幸編 国書刊行会 1996.4 208p 19cm 3000円 (i)4-336-03758-2
(内容) 1 伊勢の海 2 興玉神 3 御塩 4 民俗 5 浜辺のまつり

◇各郡習俗慣例取調書―「三重県史料」十五　三重県生活文化部学事課編　津　三重県　1998.3　107p　26cm　(「三重県史」民俗資料集 1)　非売品　Ⓝ382.156

◇亀山の米作り―野登寺をめぐる安坂山町・両尾町を通じて　第10回企画展　亀山市歴史博物館編　亀山　亀山市歴史博物館　1997.1　64p　30cm　〈会期：平成9年1月25日～3月17日〉　Ⓝ382.156

◇水沢三本松町の民俗　四日市市編　四日市　四日市市　1993.1　125p　26cm　(四日市市史編さん調査報告 第4集)　〈折り込図1枚〉　Ⓝ382.156

◇東海の民俗　三重県編　大島暁雄ほか編　三一書房　1996.6　1180p　27cm　(日本民俗調査報告書集成)　〈三重県教育委員会刊の複製〉　(i)4-380-96578-3　Ⓝ382.15

(内容) 伊勢湾漁撈習俗調査報告書(昭和41年刊)　熊野灘沿岸漁撈習俗調査報告書(昭和42年刊)　鳥羽，志摩漁撈習俗調査報告書(昭和43年刊)　伊賀東部山村習俗調査報告書(昭和45年刊)

◇ふるさとのすがた―三重村郷土史　第3集　民俗編　三重地区郷土史編さん会編著　〔四日市〕　三重地区郷土史編さん会　1996.11　128p　26cm　Ⓝ215.6

◇ふるさとのてら―由来と伝承　松阪　松阪市立射和公民館　1998.2　126p　26cm　〈折り込あり〉　非売品　Ⓝ185.9156

◇三重の民俗―三重県の伝承文化をさぐる　論集　三重民俗研究会編　津　三重大学出版会　2000.4　217p　21cm　2286円　(i)4-944068-35-2　Ⓝ382.156

近畿地方

◇近江石の文化財　瀬川欣一著　彦根　サンライズ出版　2001.8　401p　21cm　3000円　(i)4-88325-086-5

(内容) 近江の石造品加工の歴史(近江の各地に生まれた石工集団　他国から持ち込まれた石材)　仏教に関連した石造文化財の部(石造層塔　石造宝塔 ほか)　墓石に関連した石造文化財の部(五輪塔　墓石 ほか)　民間信仰の石造文化財の部(庚申塔　二十三夜塔 ほか)　神道に関連した石造文化財の部(石の鳥居　狛犬 ほか)　生活に関連した石品の部(石段　石垣 ほか)
＊滋賀県の石造物の写真800点余り収録。石を手がかりに先祖の歴史を探る郷土史入門講座。

◇近江の銅鐸物語　寺井秀七郎著　近代文芸社　1995.12　98p　19cm　1300円　(i)4-7733-5017-2
(内容) 1 銅鐸の数　2 守山市新庄の銅鐸　3 銅鐸は古代史最大の謎　4 銅鐸と稲作文化　5 銅鐸の出土地分布　6 5つの疑問　7 倭国大乱　8 天ノ朝の終焉　9 なぜ平地の新庄に4個も埋められたのか　10 後天ノ朝　11 大和の銅鐸族，近江に移る　12 鏡と銅鐸との融合の具現　13 混血完了民族
＊古代の伝承とその実証。我が国最高の古典日本書紀，その奥にひそむ史実をさぐる。

◇近畿地方の民俗地図　1　滋賀・京都・奈良　東洋書林　1999.9　1冊　23cm　(都道府県別日本の民俗分布地図集成 第8巻)　〈複製〉　28000円　(i)4-88721-358-1　Ⓝ382.16
(内容) 滋賀県民俗地図―滋賀県緊急民俗文化財分布調査報告書・昭和54年　京都府民俗地図―京都府緊急民俗文化財分布調査報告書・昭和56年　奈良県民俗地図―奈良県民俗文化財分布緊急調査報告書・昭和57年
＊滋賀，京都，奈良で行われた民俗文化財分布調査の報告書の合冊復刻版。

◇近畿地方の民俗地図　2　大阪・兵庫・和歌山　東洋書林　1999.9　1冊　23cm　(都道府県別日本の民俗分布地図集成 第9巻)　〈複製〉　28000円　(i)4-88721-359-X　Ⓝ382.16
(内容) 兵庫県民俗地図―兵庫県民俗文化財分布調査報告書(昭和58年)　大阪府民俗地図―大阪府緊急民俗文化財分布調査報告書(昭和58年)　和歌山県民俗地図―和歌山県民俗文化財分布緊急調査報告書(昭和54年)

◇茶ァ喰らい爺―負の民俗　原泰根著　堺　初芝文庫　1994.11　290p　20cm　(近畿民俗叢書 9)　2500円　(i)4-938834-00-6　Ⓝ382.1

◇日本民俗誌集成　第14巻(近畿編 2)　三重県・奈良県　倉石忠彦ほか編　三一書房　1998.3　701p　27cm　〈文献あり〉　23000円　(i)4-98561-X　Ⓝ382.1
(内容) 三重県(我が郷里―三重県桑名市坂井陳屋町大矢知かいわい　志摩のはしりがね　名張の民俗　熊野古老ばなし)　奈良県(入谷民俗誌　わたしの額田部　奥吉野風物誌　小坪瀬及び西中記録　大和の垣内)

◇日本民俗誌集成　第15巻(近畿編 3)　和歌山県・大阪府　倉石忠彦ほか編　三一書房　1997.2　628p　27cm　23690円　(i)4-380-97561-4　Ⓝ382.1
(内容) 和歌山県　南紀の俚俗　雑賀貞次郎著，伊都郡の隅から隅　桜井隆治著，紀州民俗誌　逸木盛照著．ごうしゃれませ　塩地英二著．大阪府　風土記田井中周辺　堀内末一著．金田風土記　田中金太郎，中野治著．河内春日村民俗記　高谷重夫著．偲ぶ草　南ımıışıı著，埋み火　清水寛他編．解題　岩崎竹彦，伊藤広之著．解説　民俗誌論　岩崎竹彦，伊藤広之著．民俗誌文献目録：p621～628

◇フィールドから学ぶ民俗学―関西の地域と伝承　八木透編著　京都　昭和堂　2000.5　342p　21cm　〈文献あり〉　2400円　(i)4-8122-0012-1　Ⓝ382.16
(内容) 民俗学の歴史と研究方法　山里に生きる

人びと—奥吉野の山村と生業　里山の生活誌—近江朽木谷のホトラヤマ　集いの場と村落社会—河内の広場　大阪湾のなりわい—泉佐野のイシゲタ網漁　家・同族・祭祀—口丹波の株と村落　若者仲間と婚姻—播磨家島の兄弟分と妻問い婚　父と子の祭礼—大和高原のトウヤ儀礼　墓のかたちと民俗—近江湖東の両墓制と墓地共有の背景　初春のまつり—近江湖北のオコナイ　水への想い　水との葛藤—近江蒲生の茅の輪くぐり　死者をめぐる習俗—口丹波の盆行事と祖先祭祀　子供をめぐる民俗—但馬の行事と民間信仰　女たちの祈り—紀州加太の淡島信仰　みやこのフォークロア—都市民俗学の今後
＊宮座・両墓制・仏教民俗・伝統都市の民俗など関西特有の民俗事例を、フィールドワークと文献史料を駆使して読み解く。

◇大和川水辺の民俗—川・舟・くらし　平成9年度特別テーマ展図録　奈良県立民俗博物館編　大和郡山　奈良県立民俗博物館　1997.9　41p　30㎝　〈会期：平成9年9月21日〜11月9日〉　Ⓝ216

◆滋賀県

◇宇川共有文書調査報告書　上巻　水口町立歴史民俗資料館編　水口町（滋賀県）　水口町立歴史民俗資料館　1997.3　132p　26㎝　（水口町文化財調査報告書　第9集）　Ⓝ216.1

◇宇川共有文書調査報告書　下巻　水口町立歴史民俗資料館編　水口町（滋賀県）　水口町立歴史民俗資料館　1996.3　79p　26㎝　（水口町文化財調査報告書　第10集）　Ⓝ216.1

◇近江商人の妻たち—特別展　滋賀県立琵琶湖文化館編　大津　滋賀県立琵琶湖文化館　1993.10　82p　26㎝　〈会期：平成5年10月9日〜11月7日〉　Ⓝ383.1

◇近江植物歳時記　滋賀植物同好会「近江植物歳時記」編集委員会編　京都　京都新聞社　1998.10　278p　19㎝　1700円　(i)4-7638-0443-X　Ⓝ382.161

　内容　新春—お正月（門松と正月のはな　正月のお飾り　ほか）　初春—立春〜春分（節分行事　湖北の盆梅　ほか）　春—春分〜立夏（春後岸のはな　霊仙の福寿草　ほか）　初夏—立夏〜夏至（端午の節句と菖蒲葺　卯月の八日の高花　ほか）　夏—夏至〜立秋（麦の秋と半夏生　茅の輪・夏越の祓い　ほか）　初秋—立秋〜秋分（盆のはな　赤樫の野神さん　ほか）　秋—秋分〜立冬（秋彼岸のはな　中主町産「日本晴」ほか）　初冬—立冬〜冬至（奥島の郁子　高島扇骨　ほか）　冬—冬至〜（千野のせんりょう　中洲ふれあいの灯　ほか）

＊湖国の暮らしと植物。伝統の祭りや行事に織り込まれた文学作品の題材として、また特産物や季節の風物詩として人々の暮らしに深くかかわってきた植物たちの話題。

◇近江と馬の文化　栗東歴史民俗博物館編〔栗東町（滋賀県）〕　栗東歴史民俗博物館　1994.9　88p　30㎝　〈町制40周年記念展　会期：平成6年9月17日〜10月16日　参考文献：p87〉　Ⓝ382.1

◇近江国水口大徳寺文書目録　水口町立歴史民俗資料館編　水口町（滋賀県）　水口町立歴史民俗資料館　1993.3　27p　26㎝　（水口町文化財調査報告書　第8集）　〈滋賀県甲賀郡水口町所在〉　Ⓝ216.1

◇淡海の古代伝承史　山田郁郎著　宇治　史伝舎　1996.8　292p　22㎝　〈年表あり　索引あり〉　2500円　Ⓝ216.1

◇近江の美術と民俗　宇野茂樹編　京都　思文閣出版　1994.3　317p　22㎝　〈宇野茂樹著作目録・主要講演年譜：p309〜317〉　7500円　(i)4-7842-0817-8　Ⓝ709.161

　内容　近江における平安時代の神像　在地領主青地氏と小槻大社　安直小考　続　中林竹洞の私生活（抄）—磯田清左衛門宛書簡を中心に　橘本左右神社文書の伝来と宮座について　千幅輪相を表わす阿弥陀立像—滋賀・中主町正善寺像を中心として　活津彦根神社十一面観音像について　石山寺法輪院の如意輪観音像半跏像について　南滋賀町廃寺私論　浅野長吉と江若交通路の整備　彦根市・極楽寺の諸尊像—地蔵菩薩立像を中心に　彦根所在の御正体二例　近世村落祭祀と祈禱寺—近江甲賀地方のオコナイを素材として　渡岸寺十一面観音立像小考　「青花琵琶湖八景図敷瓦」について　教如・家康・大津—とくに大津別院の創立をめぐって　金勝寺をめぐる史料覚書—太政官符と四至図　村落年中行事の点と面—近江・湖南地方オコナイの変容　オコナイにおける掛餅の意味について—湖北地方・集福寺の事例を中心として　康尚時代の仏像に関する覚書　日野町西明寺蔵大般若経書写の実態　近江における蕪村派の系譜

◇大津百物語—暮らしの昔と今を歩く　大津の町家を考える会執筆・編　彦根　サンライズ出版　1999.4　205p　19㎝　(淡海文庫 14)　1200円　(i)4-88325-120-9　Ⓝ291.61

◇旧出庭村国松家文書・太田家文書　栗東歴史民俗資料館編　栗東町（滋賀県）　栗東歴史民俗博物館　2000.3　113p　30㎝　（栗東歴史民俗博物館収蔵歴史資料目録 1）　Ⓝ216.1

◇近畿の民俗　滋賀県編　大島暁雄ほか編　三一書房　1995.6　839p　27㎝　（日本民俗調査報告書集成）　〈複製〉　(i)4-380-95552-4　Ⓝ382.16

　内容　愛知川ダム水没地域民俗資料緊急調査報告　滋賀県教育委員会編（昭和42年刊）　坂田郡米原町樺ケ畑民俗資料緊急調査報告・高島郡今津町天増川民俗資料緊急調査報告　滋賀県教育委員会編（昭和43年刊）　瀬田川流域水没地区総合調査概報　瀬田川流域水没地区総合調査団編

(昭和40年刊) 琵琶湖民俗資料緊急調査報告書 滋賀県教育委員会編(昭和46年刊) 高島郡朽木村能家民俗資料調査概報 滋賀県教育委員会編 (昭和44年刊)

◇栗太武士の足跡―山岡一族とその周辺 企画展 栗東歴史民俗博物館編 〔栗東町(滋賀県)〕 栗東歴史民俗博物館 1996 39p 30cm 〈会期：1996年11月23日～12月23日 参考文献：p39〉 Ⓝ288.2

◇鴻溝録―解読 高島町(滋賀県) ふるさとに学ぶ会 2001.7 167p 30cm (高島町歴史民俗叢書 第10輯) Ⓝ291.61

◇五個荘町史 第4巻 (3) 民俗 五個荘町史編さん委員会編 五個荘町(滋賀県) 五個荘町 1993.3 217,17p 22cm Ⓝ216.1

◇試みとしての環境民俗学―琵琶湖のフィールドから 鳥越皓之編 雄山閣出版 1994.2 216p 20cm 2500円 (i)4-639-01211-X Ⓝ380.1
（内容）第1章 柳田民俗学における環境 第2章 琵琶湖水運と陸の環境変動 第3章 淀川の川漁師からみた自然 第4章 湖岸漁師の判断力と戦略 第5章 魚行商人の人づきあい 第6章 女と漁 第7章 自然をめぐる「公」と「私」の境界 第8章 水と生活の民俗伝承 第9章 風土研究と環境の民俗学
＊開発は常に環境と対立するものとして考えられねばならないのか。自然と共生し環境破壊をまぬがれてきた日本人の営みと知恵を民俗学の立場から検証しなおすとともに、環境と人との新たなかかわり方を探り、未来を展望する刮目の書。

◇小篠原のお寺と宮さん 野洲町立歴史民俗資料館編 野洲町(滋賀県) 野洲町 1998.3 16,46p 30cm (野洲町史資料集 第3冊) Ⓝ185.9161

◇舟景の民俗―水辺のモノグラフィ・琵琶湖 出口晶子著 雄山閣出版 1997.10 198p 20cm 2400円 (i)4-639-01469-4 Ⓝ684
（内容）第1章 舟景とはなにか 第2章 ウミと船頭 第3章 積み荷の山・里 第4章 水辺の環境変動と環境観 第5章 丸子船の再生 終章 離合の舟景
＊琵琶湖に生きた船頭、船大工、山師、漁師、山主、瓦屋、鬼師、土屋、肥料屋たちのひと昔―。舟景とは、舟をなかだちとしてあらわれるウミとオカが交差し合う風景のことである。地域文化の再生への道のりを視野にいれて、丸子船を駆ったかつての生活の重なりを掘り起こす民俗学の試み。

◇高島町歴史散歩 高島町教育委員会編 改訂版 高島町(滋賀県) 高島町教育委員会 2001.3 63p 19cm (高島町歴史民俗叢書 第4輯) 〈折り込1枚 年表あり〉 Ⓝ291.61

◇高島町歴史写真館 高島町文化協会民具クラブ編 高島町(滋賀県) 高島町文化協会民具クラブ 1993.3 158p 22×31cm (高島民俗叢書 第2輯) 〈おもに図〉 Ⓝ382.161

◇中主町文化財調査報告書 第48集 中主町のすまい―近江松家と周辺の民家 上野邦一編 中主町(滋賀県) 中主町教育委員会 1996.3 58p 30cm Ⓝ709.161

◇出庭の民俗―調査報告書 奥山芳夫編著 栗東町(滋賀県) 出庭老人クラブ万寿会 1995.12 171p 26cm 〈折り込図3枚〉 Ⓝ382.161

◇尾西の戦後50年―暮らしの中から 尾西 尾西市歴史民俗資料館 1995.10 11p 30cm (尾西市歴史民俗資料館特別展図録 no.40)

◇福井藩と起宿―特別展 尾西 尾西市歴史民俗資料館 1997.10 1冊 30cm (尾西市歴史民俗資料館特別展図録 no.48)

◇村むらのすがた―近江国栗太郡の村落と暮らし 企画展 栗東歴史民俗博物館編 〔栗東町(滋賀県)〕 栗東歴史民俗博物館 1995 64p 30cm 〈会期：平成7年9月9日～10月10日 参考文献：p64〉 Ⓝ216.1

◇山・里・湖の村とくらし―湖南の村落と水利用 栗東歴史民俗博物館編 〔栗東町(滋賀県)〕 栗東歴史民俗博物館 1998 49p 30cm 〈企画展：平成10年2月28日～4月5日〉 Ⓝ382.161

◇栗東の文化財―栗東町指定文化財四十年のあゆみ 企画展 栗東歴史民俗博物館編 栗東町(滋賀県) 栗東歴史民俗博物館 1998 112p 30cm Ⓝ709.161

◇栗東歴史民俗博物館収蔵名品展 栗東町(滋賀県) 栗東歴史民俗博物館 〔1994〕 7p 30cm

◇わたしの時間小旅行―収蔵品展 尾西 尾西市歴史民俗資料館 1998.10 12p 30cm (尾西市歴史民俗資料館特別展図録 no.52)

◆京都府

◇芦生奥山炉辺がたり 森茂明著 京都 かもがわ出版 1999.5 187p 19cm 1600円 (i)4-87699-452-8 Ⓝ382.162
（内容）第1章 わさび祭り (山の神様は醜女？ 村おこしのこころざし 頑固と清貧 ほか) 第2章 芦生という地名 (木地師 奇想天外な盗伐作戦 フォークロアの真髄 ほか) 第3章 ダム騒動記 (持続可能な暮らしの幸せ 見果てぬ夢 芦生の自然を守り生かす会 ほか)
＊懐かしいまでの美山の寒村風景に惚れ込んで、都市から親子四人で移住。かやぶき農家を買いとり、不慣れな農業を営み、十数年前、囲炉裏をくすべて山宿をはじめる。晴れて美山の村人となった著者の目を通して、山村暮らしの豊かさときびしさ、自然破壊への憤り、かやぶきと原生林だけでない美山・芦生の魅力が飄々と語られる。

◇五十河の小町伝承について 〔大宮町(京都府)〕

風俗史・民俗誌　　　　　　　　　　　　　　　　　　　　　　　　　　　　　近畿地方

〔大宮町教育委員会〕〔2000〕8p 21cm
◇石一第4回特別展示　綾部市資料館編　綾部　綾部市資料館　1996　40p 22cm〈会期：1996年7月20日～9月1日〉Ⓝ389
◇一枚の写真—近代京都庶民生活写真引き　京都市文化市民局文化財保護課編　京都　京都市文化市民局文化財保護課　1999.11　85p 30cm（京都市文化財ブックス　第15集）〈文献あり〉1300円 Ⓝ382.162
◇絵図が語るふるさとの景観—目で見る城陽300年　平成10年度特別展　城陽市歴史民俗資料館編　城陽　城陽市歴史民俗資料館　1998.10　48p 30cm（城陽市歴史民俗資料館展示図録　11）Ⓝ216.2
◇木津川と流れ橋—母なる川の贈りもの　市制25周年記念夏季企画展　城陽市歴史民俗資料館編　城陽　城陽市歴史民俗資料館　1997.7　32p 30cm（城陽市歴史民俗資料館展示図録　7）〈会期：平成9年7月19日～9月15日　文献あり〉Ⓝ382.162
◇京・祇園—幽玄なる伝統美の世界　小原源一郎文，板倉有士郎写真　日本地域社会研究所　1994.4　212p 21cm　2800円（i）4-89022-738-5
　⦅内容⦆祇園四季彩　祇園のなりたち—いま・むかし　「都をどり」今昔　幕末から昭和—時代をかけぬけた名妓たち　なつかしの舞妓の美　京舞井上流　人間国宝—四世井上八千代師のこと　祇園舞妓絵姿　「かにかくに祭」と吉井勇　祇園の雑魚寮　祇園の文豪・作家・歌人たち　映画・演劇・テレビに見る祇園　祇園万華鏡—わが心に「祇園」あり　祇園歳時記
　*悠久の時を超えて伝承されてきた現代に生きる伝統美の世界。京の街に咲く優美・華麗・妖艶な芸妓・舞妓たちの織りなす多彩なドラマや数々のエピソードを"祇園作家"が描く。平安建都1200年記念出版。
◇京タケノコと鍛冶文化　長岡京市教育委員会編　長岡京　長岡京市教育委員会　2000.3　247p 図版8p 30cm（長岡京市文化財調査報告書　第40冊）Ⓝ657.82
◇京都・小市施歴史の歌　滝沢忠男編著〔須坂〕〔滝沢忠男〕1998.4　26p 27cm〈作詞：谷川比呂志　作曲：滝沢忠男　折り込1枚〉500円 Ⓝ911.61
◇京都・久多—女性がつづる山里の暮らし　久多木の実会編　京都　久多木の実会　1993.3　199p 20cm Ⓝ382.162
◇京都狛犬巡り　小寺慶昭著　京都市　ナカニシヤ出版　1999.11　250p 19cm　2200円（i）4-88848-483-X
　⦅内容⦆まずは清水寺の狛犬から　平安神宮の狛犬は？　逆立ちした陶器の狛犬　京都市で一番古い狛犬は？　砲丸投げのポーズの狛犬　京都府で一番古い狛犬は？　京都府で一番多い狛犬

は？　出雲からやって来た狛犬　現代画一的狛犬事情　舞鶴狛犬文化圏〔ほか〕
　*コマイヌの生態学。京都の神社へ奉納する狛犬を刻むのに各地の石工が燃えないはずはない。秀犬、猛犬、珍犬、駄犬、迷犬の揃いぶみ。京都（府下も含む）の全狛犬徹底調査。
◇京都、大好き。　寿岳章子著　ぱる出版　1999.11　272p 20cm　1800円（i）4-89386-746-6 Ⓝ382.162
　⦅内容⦆第1章　京都の四季ものがたり（一月—京は初詣のはなやぎ　二月—梅季節に思いを寄せる　ほか）　第2章　寿岳家のこころ—母を恋うる記『アッコちゃん』と呼ぶ声　たしなみのある暮らし　ほか）　第3章　私の好きな京都（私の好きな京都・嫌いな京都—格子窓の奥の白い手これも、京の家　ほか）　第4章　ことばと暮らし（「らしさ考」（京都らしさ　女らしさ　ほか）ほか）
　*京都の四季、花、散歩道、暮らしの知恵、ことばの魅力、文化の奥深さ、寿岳家の茶の間の思い出…京都の暮らし75年の著者が贈る我が心の京都ものがたり、まだ見ぬ京の魅力を探しにぶらりぶらり散歩に出かけましょう。
◇京都発見　3　洛北の夢　梅原猛著　新潮社　2001.5　222p 22cm　2500円（i）4-10-303015-1 Ⓝ291.62
　⦅内容⦆八瀬の里のものがたり（八瀬と酒呑童子　天武天皇と竈風呂　ほか）　語り部・小野氏を追う（近江の小野氏　大原と小野於通　ほか）　大原、念仏の里（良忍上人と声明　良忍上人と「融通念仏縁起」ほか）　仏と鬼と神と…（鞍馬寺と毘沙門天　鞍馬寺と観音・阿弥陀信仰　ほか）
　*天皇家との深い関わりで知られ法然が浄土仏教を醸した地でもある八瀬、悲運の皇子・惟喬親王の足跡を遺す洛北の里々、小野妹子に始まり小野篁や小野道風を輩出した小野氏の根拠地、三千院や寂光院を擁する大原、天狗が義経を育んだ鞍馬など、洛北を中心に"冷凍された日本史"の解凍を試みる。カラー写真や新史料も満載！千二百年の古都に梅原猛が初めて挑む、知的刺激に溢れた文化論。待望の第三巻。
◇京都府の不思議事典　井本信広，山嵜泰正編　新人物往来社　2000.4　232p 21cm　3000円（i）4-404-02853-9
　⦅内容⦆伝承・説話編　文学・芸術編　行事・寺社その祭礼編　宗教編　歴史編　産業編　地理編　自然編（鉱物・植物・野鳥）
◇京都洛北の原風景—写真で見る暮らしの百年　中村治著　京都　世界思想社　2000.3　188p 21cm　1900円（i）4-7907-0816-0
　⦅内容⦆第1部　農家の一年（春・初夏　夏　秋　冬）　第2部　暮らしの変化（収入と支出　戦前か

文化人類学の本　全情報　　161

ら戦後へ　冠婚葬祭の変化　自然・環境・人間関係の変化　自然環境と人間関係の変化の原因)
＊現代の暮らしを見つめ直す。かつて農村の暮らしはどのようなものであったのか。それは戦前戦後を通じてどのように変化していったのか。洛北岩倉を舞台にして、家族の記録、あるいは生活の一コマとして撮影された約200枚の写真が物語る百年の歴史。

◇京のあたりまえ　岩上力著　京都　光琳社出版　1994.11　243p　19cm　1500円　(i)4-7713-0159-X　Ⓝ382.162

内容 第1章 京のしきたり(しきたりにしばられるから楽なんどす)　第2章 京の儀式作法(お作法はむずかしいからよいのどす)　第3章 京の行事(京都ではひと月遅れの行事がたくさんあります)　第4章 京の暮らし(きょうのおまわりって知っといやすか)　第5章 京の商売(おいといないと思いますけど)　第6章 京のこれから(愛すべき都人、京都はほんまに住みよいとこどす)

＊今、京都から失われつつあるのは、自然や景観だけではあらしまへん。古い風習やしきたりから何かと誤解されがちな京都人自身が、その暮らしぶりを通して、そこに息づく感性や発想法、心のやさしさを書き綴ったエッセイ集。ひと昔前ならあたりまえだった111の話から、ガイドブックや雑誌ではわからない素顔の京都人が、きっと見えてくるはずです。

◇京のあたりまえ　岩上力著　京都　光村推古書院　2000.9　269p　19cm　1700円　(i)4-8381-0273-9　Ⓝ382.162

内容 第1章 京のしきたり　第2章 京の儀式作法　第3章 京の行事　第4章 京の暮らし　第5章 京の商売　第6章 京のこころ音　第7章 京の昨日、京の明日

＊日本人の心の故郷として愛される京都。そんな京都に生きる人々の暮らしを綴りながら、古くからの風習やしきたりに息づく感性や発想を紹介し、京都人としての思いを語ったエッセイ集。"京都人"必携の暮らしのマニュアル、"京都ファン"必読の本音の京都ガイド。

◇京の底力ーま〜るく収める一二〇〇年の知恵　市田ひろみ著　ネスコ　1994.9　220p　18cm　〈発売：文芸春秋　著者の肖像あり〉　1300円　(i)4-89036-880-9　Ⓝ382.162

内容 第1章 見栄の美学〔くどきの心得〕　第2章 ファジーのすすめ〔ツボを押さえたかけひき〕　第3章 巧みなもてなし〔大金かけずにひねりの演出〕　第4章 古者の作法〔しきたり上手が身を守る〕　第5章 京都 人の誇り〔土地からのお恵み〕　私的・京都論

◇京町家再生プランーくらし・空間・まち　〔京都〕　京都市都市計画局都市企画部都市づくり推進課　2000.5　99p　30cm　(京町家から

はじまる京都の新世紀　折り込み1枚)　Ⓝ518.8

◇近畿の民俗　京都府編　大島暁雄ほか編　三一書房　1995.6　961p　27cm　(日本民俗調査報告書集成)〈複製〉　(i)4-380-95553-2　Ⓝ382.16

内容 京都府の民俗 京都府教育委員会編．丹波地区民俗資料調査報告書 京都府教育庁文化財保護課編(昭和40年刊) 高山ダム水没地区調査報告書 京都府教育庁文化財保護課編(昭和41年刊) 相楽の民俗 京都民俗学談話会南山城調査会編(昭和61年刊)

◇近世商家の儀礼と贈答—京都岡田家の不祝儀・祝儀文書の検討　森田登代子著　岩田書院　2001.8　351p　21cm　7400円　(i)4-87294-212-4

内容 第1部 岡田家不祝儀文書(葬礼準備と葬儀用衣裳　追善法要　遺物進上　忌明けと月代の関係)　第2部 岡田家祝儀文書(婚礼と贈答—宿直入・移徙　婿養子婚と贈答—生前贈与と衣裳　産育習俗と贈答)

＊本書は、近世後期の不祝儀・祝儀の文書を検討し、当時の社会・風俗・生活文化の解明を試みたものである。具体的には一八世紀後半から明治初期頃まで、京都衣棚竹屋町で薬種問屋を営んだ岡田家(屋号近江屋)に残された文書を手がかりに言及する。

◇久多の山村生活用具　京都市文化市民局文化部文化財保護課編　京都　京都市文化市民局文化部文化財保護課　1997.3　65p　30cm　(京都文化財ブックス　第12集)　1300円　Ⓝ383.93

◇口丹波民俗誌—口丹波の民俗　太田貴久男編　〔亀岡〕　〔太田貴久男〕　1998.10　64p　21cm　Ⓝ382.162

◇城陽市民俗調査報告書　第1集　ムラのしくみ・なりわい・いのり　城陽市歴史民俗資料館編　城陽　城陽市歴史民俗資料館　1995.12　266p　26cm　(城陽市歴史民俗資料館報告書 1)　Ⓝ382.162

◇城陽市民俗調査報告書　第2集　城陽市歴史民俗資料館編　城陽　城陽市歴史民俗資料館　2000.3　207p　26cm　(城陽市歴史民俗資料館報告書 2)　Ⓝ382.162

内容 ふるさとの暮らしを訪ねて

◇城陽の指定文化財—特別展示図録　城陽市歴史民俗資料館編　城陽　城陽市歴史民俗資料館　1995.11　43p　30cm　(城陽市歴史民俗資料館展示図録 2)　(開館記念特別展　会期：平成7年11月1日〜12月17日)　Ⓝ709.162

◇城陽の民話と暮らし　城陽　城陽市教育委員会　1993.10　169p　21cm　Ⓝ382.162

◇諸国叢書　第10輯　成城大学民俗学研究所　1993.3　155p　21cm　Ⓝ382.1

内容 桂女文書．解題 田中宜一著

◇新修亀岡市史　資料編　第4巻 別冊　生活のなかのメロディー—亀岡の伝承音楽　亀岡市史編さん委員会編　〔亀岡〕　亀岡市　1996.3　60p

22cm 〈付属資料 (録音ディスク1枚 12cm)〉 参考文献一覧:p58～59) Ⓝ216.2
◇新修京都叢書 第4巻 日次紀事 野間光辰撰,新修京都叢書刊行会編 黒川道祐撰 2版 京都 臨川書店 1994.2 13,517p 22cm (複製) 6900円 (i)4-653-02600-9,4-653-02596-7 Ⓝ291.62
◇精華町の史跡と民俗 精華町史編さん委員会編 第2版 精華町 (京都府) 精華町 1993.9 201p 21cm Ⓝ216.2
◇精華町の史跡と民俗 精華町史編さん委員会編 第3版 精華町 (京都府) 精華町 1996.4 201p 21cm Ⓝ216.2
◇伝承—鶴林特集号 三和町老人クラブ連合会編 三和町 (京都府) 三和町老人クラブ連合会 1999.3 171p 21cm Ⓝ382.162
◇長岡の語り部—二十一世紀への伝承 長岡の語り部編 長岡京 長岡京市教育委員会 2000.1 215p 20cm Ⓝ216.2
◇ふるさとの四季—久御山町の生活と文化 阪部五三夫執筆 久御山町 (京都府) 久御山町 1993.9 157p 19cm (編集:久御山町広報行政課) Ⓝ382.162
◇ほっこり京ぐらし 大村しげ著 京都 淡交社 1997.3 222p 19cm 1957円 (i)4-473-01531-9 Ⓝ291.62
 内容 ほっこり京ぐらし 京の小径 京のおまわり たおやか京つづり
 *ひそやかに残る古きよき京の静かな暮らしを綴る大村しげの最新随筆集。
◇山—クヌギくんの里山たんさく 城陽市歴史民俗資料館編 城陽 城陽市歴史民俗資料館 1999.8 32p 30cm (城陽市歴史民俗資料館展示図録 13) 〈企画展:平成11年8月28日～10月17日〉 Ⓝ382.162
◇淀川水系・木津川の民俗 近畿大学文芸学部文化学科日本文化コース編 東大阪 近畿大学文芸学部 1994.3 202p 26cm Ⓝ382.162

◆大阪府
◇絵図が語る八尾のかたち—平成12年度特別展 八尾市立歴史民俗資料館編 〔八尾〕 八尾市教育委員会 2000.10 66p 30cm 〈会期:平成12年10月14日～11月26日〉 Ⓝ291.63
◇大坂見聞録—関宿藩士池田正樹の難波探訪 渡辺忠司著 大阪 東方出版 2001.7 222p 20cm 2000円 (i)4-88591-730-1 Ⓝ382.163
 内容 1 難波島舎は城下町 2 大坂の街と風物を歩く 3 大坂の史跡を歩く 4 秀吉の旧跡を歩く 5 忠臣蔵の遺跡を歩く 6 芝居見物 7 名所・名物を歩く
 *「難波噺」を読み解く歴史散歩。天下の台所・町人の都といわれた近世大坂の名所・旧跡・風聞・人物・伝承・事蹟を訪ねる。

◇大阪狭山市史 第9巻 民俗編 大阪狭山市史編さん委員会,大阪狭山市史編さん室編 大阪狭山 大阪狭山市 1997.10 887,29p 22cm Ⓝ216.3
◇大阪十二月物語—近世の大阪風物詩 渡辺忠司著 大阪 リサイクル文化社大阪編集室 2001.6 179p 19cm 〈東京 星雲社 (発売)〉 1200円 (i)4-434-01029-8 Ⓝ382.163
 内容 1 町人の都大阪の十二月 (「三都」今昔物語 浪花の十二月—「画譜」とてまりうた) 2 春の街と風物詩 (正月風景今昔 初午参りのころ ほか) 3 浪花の夏は祭りと地車 (四ツ橋の夕涼み 地車とだいがく—忘れられた祭りの記憶 ほか) 4 浪花の食の四季 (浪花の食—朝粥と宿茶と半助 春から夏へ—「半助」はどこへ行った ほか) 5 失われた町と生活の風景 (『浪花八景』『浪華百景』にみる風景 ほか)
 *町人の都、近世の大阪。大阪近世史研究でアブラののりきった著者が、十二月 (じゅうにつき) の物語として年中行事や生活、街の風景を掘りおこし、ふんだんに、わかりやすく描いてゆく。過ぎ去った時と風物に大阪の"いま"と"みらい"を考える手だてが見えてくる。本書は、これからの大阪を知ろうとする人へおすすめの一書。
◇大阪の歴史と文化 井上薫編 大阪 和泉書院 1994.3 310p 21cm 3605円 (i)4-87088-634-0
 内容 難波津と古道をめぐる氏族 峯ヶ塚古墳の被葬者推定をめぐって—清寧・仁賢天皇などの実在性の検討 継体天皇と古代淀川流域の豪族 大阪の万葉—解釈をととのえる 摂河原における僧尼の動向—行基を中心に 陶邑・ミツキ・大饗祭 民具から見た大阪近辺の渡来氏族「その後」 平安時代の記録類における唐櫃筒 平安時代の墓所と墓寺をめぐって 南北朝期の住吉社と津守氏 戦国の城・河内高屋城 大阪地域における近世被差別部落の人口変動とその背景—河内国更池村内の部落を中心に 在村医家の形成と儒教—八尾田中元綱を中心に 幕末大坂文人社会の動向—広瀬旭荘と藤井藍田・河野鉄兜らを中心として 近代初等教育の誕生—旧堺県の一教員の事績を中心に 明治中期泉州における「解放」文芸の先駆—高見教倫作・小説「出世魚」
 *16人の執筆者が多彩な角度から描き出す、古代から近代にいたるまでの大阪の歴史と文化。地方の視点から日本史の全体像を捉える。
◇大阪府八尾市吉川家文書目録 往生院民具供養館編 東大阪 往生院民具供養館 2001.1 56p 30cm 非売品 Ⓝ216.3
◇蝸牛廬文庫目録 1 池田市立歴史民俗資料館編 池田 池田市立歴史民俗資料館 1993.2 57p 26cm (池田市立歴史民俗資料館蔵資料目録 第2集) Ⓝ216.3
◇蝸牛廬文庫目録 2 池田市立歴史民俗資料館編 池田 池田市立歴史民俗資料館 1994.3 52p

近畿地方　　　　　　　　　　　　　　　　　　　　　　　　　　　　　　風俗史・民俗誌

26cm　(池田市立歴史民俗資料館館蔵資料目録　第3集)　Ⓝ216.3
◇蝸牛廬文庫目録　3　池田市立歴史民俗資料館編　池田　池田市立歴史民俗資料館　1995.3　51p　26cm　(池田市立歴史民俗資料館館蔵資料目録　第4集)　Ⓝ216.3
◇上方風俗大阪の名所図会を読む　宗政五十緒編　東京堂出版　2000.9　220p　21cm　〈文献あり〉　2900円　(i)4-490-20411-6　Ⓝ291.63
　(内容)　1　大阪市中央部(大坂の川魚市—京橋詰　三十石船のターミナル—八軒屋　ほか)　2　大阪市南部(和中散の熱い賑わい—天下茶屋村の是斎薬店　住吉詣での料理屋—住吉新家　ほか)　3　大阪北東部(川と海との境の鯉つかみ—大和田　「雛子も鳴かずばうたれはすまい」—長柄の渡口　ほか)　4　大阪北西部(義経と景時の逆櫓問答—福島天神　造船業の町—寺島　ほか)
　＊「天下の台所」と呼ばれ、かずかずの豪商・富商を生み出した日本第一の商都大阪。そこは、京都よりも古い歴史を誇り、近松・西鶴・秋成の活躍した第一級の文化都市でもあった。「摂津名所図会」から90図を収め、活気溢れる大阪の歴史・風俗・年中行事・商いを懇切に解説した。
◇河内国渋川郡久宝寺村高田家文書(近世分)目録　八尾市立歴史民俗資料館編　〔八尾〕　八尾市教育委員会　2000.3　102p　30cm　(八尾市内古文書調査目録　1)　Ⓝ216.3
◇聞き書き田辺のくらし—大正・昭和(戦前)　柏原　柏原市教育委員会　2000.3　31p　21cm　Ⓝ382.163
◇岸上家文書目録　池田市立歴史民俗資料館編　池田　池田市立歴史民俗資料館　1999.3　45p　26cm　(池田市立歴史民俗資料館館蔵資料目録　第8集)　Ⓝ216.3
◇岸和田の人とくらし—70年の昔を聞く　高齢者の知恵聞き取り調査報告書　岸和田市教育委員会,岸和田市市民文化事業協会企画・編集　〔岸和田〕　岸和田市　1993.3　288p　30cm　〈岸和田市制施行70周年記念事業　文献資料一覧：p283〜288〉　Ⓝ382.163
◇木部村関係資料目録　池田市立歴史民俗資料館編　池田　池田市立歴史民俗資料館　1998.3　57p　26cm　(池田市立歴史民俗資料館館蔵資料目録　第7集)　Ⓝ216.3
◇旧川越村—村野・茄子作・山之上・田宮　〔枚方〕　枚方市教育委員会　1996.3　163p　30cm　(枚方市民俗文化財調査報告　4)　〈奥付の書名：川越村　共同刊行：枚方市文化財研究調査会〉　Ⓝ382.163
◇旧守口周辺の農業集落研究　守口　大阪電気通信大学高等学校民俗学研究会　1997.10　75p　21cm　Ⓝ382.163
◇近畿の民俗　大阪府編　大島暁雄ほか編　三一

書房　1995.6　1180p　27cm　(日本民俗調査報告書集成)　〈複製〉　(i)4-380-95554-0　Ⓝ382.16
　(内容)　河内滝畑の民俗　大阪府教育委員会編(昭和48年刊)　和泉横山谷の民俗　1〜2　大阪府教育委員会編(昭和50年刊)　枚方の民俗　枚方市史編纂委員会編(昭和47年刊)　大阪府の民俗資料　1〜2　大阪府教育委員会編(昭和43〜44年刊)
◇熊取の民俗　熊取町教育委員会編　熊取町(大阪府)　熊取町教育委員会　2001.3　198p　21cm　Ⓝ382.163
◇黒松家資料　1　池田市立歴史民俗資料館編　池田　池田市立歴史民俗資料館　1996.3　48p　26cm　(池田市立歴史民俗資料館館蔵資料目録　第5集)　Ⓝ216.3
◇黒松家資料　2　池田市立歴史民俗資料館編　池田　池田市立歴史民俗資料館　1997.3　70p　26cm　(池田市立歴史民俗資料館館蔵資料目録　第6集)　〈背・表紙のタイトル：黒松家資料目録〉　Ⓝ216.3
◇古文書からみた江戸時代の久宝寺村—「高田家文書」の調査より　八尾市立歴史民俗資料館編　〔八尾〕　八尾市教育委員会　1999.11　18p　26cm　〈会期：平成11年11月28日—12年1月30日〉　Ⓝ216.3
◇泉南市信達葛畑・信達楠畑地区民俗資料調査報告　摂河泉地域史研究会編　〔泉南〕　泉南市教育委員会　1995.3　42p　図版8枚　26cm　(泉南市民俗資料調査報告　3)　Ⓝ382.163
◇そやけど大阪　黒田清著　大阪　東方出版　1994.6　244,5p　19cm　1600円　(i)4-88591-387-X　Ⓝ382.163
　(内容)　第1章　ああ天満橋、愛惜の町　第2章　いとはん、あなたは強かった　第3章　父が愛したお茶屋遊び　第4章　"わてはわてや"の街に住みたい
◇大東市史編纂史料目録　第1集　河合家文書　1　大東市教育委員会,大東市立歴史民俗資料館編　大東　大東市教育委員会　1997.3　74p　30cm　〈共同刊行：大東市立歴史民俗資料館〉　Ⓝ216.3
◇町人の都大坂物語—商都の風俗と歴史　渡辺忠司著　中央公論社　1993.9　209p　18cm　(中公新書)　700円　(i)4-12-101150-3　Ⓝ216.3
　(内容)　1　書物に描かれた町の姿　2　町の住民と構成　3　町の暮らし　4　娯楽と行楽　5　市政・町政と町民の「自治」　6　町民・農民の闘いと義人伝承　7　余談—生活と生産
　＊本書は、近世の武士社会にあって、江戸とは異なる大都市の騒めきの中で暮らす人々の生気溢れる姿を、その歴史に捉える。
◇土丸の民俗　泉佐野　泉佐野市史編さん委員会民俗部会　1999.3　148p　26cm　(泉佐野市民俗調査報告書　第1集)　Ⓝ216.3

◇天下の台所「なにわ」と河内　八尾市立歴史民俗資料館編　八尾　八尾市立歴史民俗資料館　1994.10　56,13p　26cm　Ⓝ216.3
◇動乱の河内　八尾市立歴史民俗資料館編　八尾　八尾市立歴史民俗資料館　1993.10　61,9p　26cm　〈会期：平成5年10月3日～11月23日　巻末：年表〉　Ⓝ216.3
◇花の下影―幕末浪花のくいだおれ　朝日新聞阪神支局執筆　3版　大阪　清文堂出版　1994.8　158p　27cm　〈監修：岡本良一〉　9800円　(i)4-7924-2215-9　Ⓝ382.163
　(内容) 花の下影　雪（どじょう汁　はす飯　しるほか）　花の下影　月（川魚料理　ぜんざい（茶漬）　煮売　ほか）　花の下影　花（（茶店）鳥料理　茶店　焼餅　あま酒　ほか）
　＊すばらしいものが掘り出されたものである。「花の下影」と題されたこの画帳は、いまのところ、いかなる人物が描いたのかまったくわからないのであるが、製作時期は幕末ぎりぎりの元治元年ごろと推定される。内容はいわば大阪のうまいもの屋案内ともいうべきもので、見るほどにいよいよ楽しく、しかも風俗資料としてきわめて価値の高い珍しい画帳なのである。
◇ぼんぼんの原風景　井沢寿治著　京都　かもがわ出版　2000.6　236p　19cm　1714円　(i)4-87699-520-6　Ⓝ382.163
　(内容) 1 ぼんぼんの原風景（ぼんよぼんよというまで… ぼんぼんの古戦場　"ええ娘、おりまっせ"ほか）　2 せいてせかんけど（なにスカタンいうてんねん　せいてせかんけど　なにわの八百八橋　ほか）　3 街に季節があった頃（ぼんぼんの正月　「おめでとうさん」で新年迎え　商売繁盛で笹もってこい　ほか）
　＊脂粉の香り漂う色里（大阪・新町廓）は少年の目にどう映ったか―おもいでの大阪・新町廓。
◇町を放火候なり―信長池田城合戦と畿内制圧　開館20周年記念特別展　池田市立歴史民俗資料館編　池田　池田市立歴史民俗資料館　2000.10　39p　30cm　〈会期：平成12年10月20日～12月3日　文献あり　年表あり〉　Ⓝ216.3
◇町家のしつらいと飾り―近世大坂の住まい　開館記念展　大阪市立住まいのミュージアム編　大阪　大阪市立住まいのミュージアム　〔2001〕　6p　30cm
◇モノと環境の民俗誌　島本町教育委員会編　島本町（大阪府）　島本町教育委員会　1999.11　158p　19cm（島本町文化財調査報告書 第2集）Ⓝ382.163
◇木綿―その用と美―辻合喜代太郎氏収集染織資料寄贈記念　八尾市立歴史民俗資料館編　〔八尾〕　八尾市教育委員会　1999.3　14p　26cm
◇八尾市立歴史民俗資料館開館10周年記念誌　八尾市立歴史民俗資料館編　八尾　〔八尾市立歴史民俗資料館〕　1997.11　59p　26cm　Ⓝ216.3
◇有形文化財・無形文化財等総合調査報告書　平成4・5年度　〔大阪〕　大阪府教育委員会　1994.3　103p　26cm　Ⓝ709.163
◇有形文化財・無形文化財等総合調査報告書　平成6・7年度　〔大阪〕　大阪府教育委員会　1996.3　185p　図版9枚　26cm　〈付〔1枚 袋入〕〉　Ⓝ709.163
◇わがまち茨木　風習編　茨木市，茨木市教育委員会編　茨木　茨木市　1993.3　107p　26cm　〈共同刊行：茨木市教育委員会〉　Ⓝ291.63
◇わがまち茨木　風習編　その2　茨木市，茨木市教育委員会編　茨木　茨木市　1994.3　150p　26cm　〈共同刊行：茨木市教育委員会〉　Ⓝ291.63

◆兵庫県
◇上鴨川の民俗誌―兵庫県加東郡社町上鴨川　東京女子大学民俗調査団編　東京女子大学民俗調査団　1999.1　254p　26cm　〈1997年度調査報告　折り込1枚〉　Ⓝ382.164
◇川西の人と歴史　菅原いわお著　大阪　創元社　2001.8　183p　19cm　1300円　(i)4-422-20141-7
　(内容) 国史跡に指定された加茂遺跡　栄根遺跡の活断層　栄根銅鐸と満願寺銅鐸　神話の猪名川　猪名川沿いに坐します神々　多田の地名「矢問」は「夜刀神」、蛇神様　猪名川が結ぶ織女姫伝承　栄根寺廃寺について　源満仲と安和の変〔ほか〕
　＊本書は、すばらしい自然と豊かな伝統文化に富む川西の歴史を、興味深い話題に即して物語った肩のこらない郷土史読本です。
◇郷土を知る―宝塚・史跡伝承の寺々　川端道春著　大阪　あさひ高速印刷出版部　1994.3　266p　21cm　1600円　(i)4-900742-01-5　Ⓝ185.9164
◇近畿の民俗　兵庫県編　大島暁雄ほか編　三一書房　1995.6　1132p　27cm　〈日本民俗調査報告書集成〉〈兵庫県教育委員会刊の複製〉(i)4-380-95555-9　Ⓝ382.16
　(内容) 上生野―生野ダム水没地区民俗資料緊急調査報告書（昭和44年刊）　小代―小代地区民俗資料緊急調査報告書（昭和45年刊）　沼島―沼島地区民俗資料緊急調査報告書（昭和46年刊）　千種―西播奥地民俗資料緊急調査報告書（昭和47年刊）　但馬海岸―但馬海岸地区民俗資料緊急調査報告書（昭和49年刊）
◇写真帳にみる昭和戦前期の福崎―特別展　福崎町立神崎郡歴史民俗資料館編　〔福崎町（兵庫県）〕　福崎町教育委員会　1995.8　20p　26cm　〈福崎町立神崎郡歴史民俗資料館図録 no.1〉　〈会期：平成7年8月5日～9月17日〉　Ⓝ216.4
◇写真で見る赤穂の民俗　赤穂民俗研究会作製

◇赤穂　赤穂市教育委員会　1993.3　149p　37cm　(赤穂市文化財調査報告書 39—「ふるさと文化」シリーズ 第15集)　Ⓝ382.164
◇石造遺品　神崎郡歴史民俗資料館編　福崎町(兵庫県)　福崎町教育委員会　1993.3　256p　26cm　(福崎町の文化財 第3集)　Ⓝ714
◇大都市の中の農村―神戸市西区櫨谷町の歴史と民俗　田中久夫ほか編　大阪　和泉書院　1994.10　183p　22×31cm　6180円　(i)4-87088-686-3　Ⓝ382.164
　内容　第1編 歴史・地理(櫨谷の歴史　中世の城館　街道と道　神社と仏閣　地理)　第2編 民俗(村の組織　生業　年中行事　人生儀礼　神社・寺院と石造美術等　民間信仰　衣・食　伝説・昔話)
　＊昨今の急激な都市化によって失われつつある櫨谷の歴史と民俗をいま、記録にとどめ、将来へのいしずえにする。
◇中世の風光―庶民生活の形成　兵庫県立歴史博物館編　［姫路］　兵庫県立歴史博物館　1993.10　141p　26cm　(兵庫県立歴史博物館特別展図録 no.31)　〈会期：1993年10月9日～11月28日〉　Ⓝ382.1
◇灘の四季　村上松韻著　第2版　神戸　村上興産　1993.8　252p　19cm　〈初版：わた吉 1984年刊　著者の肖像あり〉　非売品　Ⓝ382.164
◇ネオ・フォークロア入門―あまがさき発「街かど学」のすすめ　あまがさき未来協会編　神戸　神戸新聞総合出版センター　1996.8　209p　19cm　1300円　(i)4-87521-210-0　Ⓝ216.4
◇播磨地名伝承の探索　寺本躬久著　神戸　神戸新聞総合出版センター　2000.11　278p　19cm　1800円　(i)4-343-00109-1　Ⓝ291.64
　内容　明石郡　加古郡　印南郡　飾磨郡　揖保郡　佐用郡　宍粟郡　神崎郡　多可郡　賀茂郡　美嚢郡　赤穂郡
　＊地名をキーワードに旅する古代史。「播磨国風土記」の地名にまつわる伝承を紹介し、その伝承を『日本書紀』『古事記』『峰相記』『播磨鑑』などにまで視野を広げて考察。「風土記」との共通点、相違点などを取り上げながら、播磨古代史の謎を著者独自の視点で解く。
◇兵庫探検　民俗編　神戸新聞社学芸部兵庫探検民俗編取材班著　神戸　神戸新聞総合出版センター　1996.12　400,17p　27cm　〈神戸新聞社昭和46年刊の複製〉　17000円　(i)4-87521-223-2　Ⓝ291.64
◇ふるさと兵庫・暮らしの四季彩　旺文社　1997.11　439p　31cm　〈索引あり〉　25000円　(i)4-01-071802-1　Ⓝ382.164
　内容　兵庫県の祭り(概説　新年の祭り　春の祭り　夏の祭り　秋の祭り　冬の祭り)　家庭の年中行事(暦の話　新年の生活ごよみ　新年ふるさと歳時記　初詣でと年賀　年賀のマナー　新年の飾り　ほか)　人の一生と行事(結婚　出産　子供の成育　いろいろなお祝い　厄年と年祝い　葬送)
◇北摂羽束の郷土史誌　西村忠孜著　三田　六甲タイムス社　1995.5　227p　19cm　〈折り込図2枚　参考文献：p227〉　1200円　Ⓝ382.164
◇北摂羽束の郷土史誌　続　西村忠孜著　三田　六甲タイムス社　2000.4　387p　19cm　1600円　Ⓝ382.164
◇目で見るひょうご100年　神戸新聞写真部編　神戸　神戸新聞総合出版センター　1999.12　271p　30cm　3600円　(i)4-343-00072-9　Ⓝ382.164
　内容　幕末・明治を生きた顔　東洋の情緒かもす江戸風俗　開かれたミナト　陸蒸気走る　帽子をかぶった紳士たち　神戸を愛した異人さん　豊かな黒髪への思い　電車時代のあけぼの　川変じて歓楽街に　異人さんたちのレジャー　〔ほか〕
　＊懐かしの風景、人物、建物、風俗…古いなんでもないような、たった一枚の写真。明治、大正、昭和…時を経て私たちに歴史を語りかける。神戸新聞朝刊に連載された人気シリーズ「目で見る100年」を再編集して収録。
◇めんめらの生きた道―米寿の姫が語る村の風俗習慣　磯野きよ述、磯野道子著　加古川　播磨書房　1994.10　448p　19cm　〈著者の肖像あり〉　3000円　Ⓝ382.164

◆奈良県
◇安堵風土記―安堵町の歴史と伝承　安堵町歴史民俗資料館編　安堵町(奈良県)　安堵町　1996.3　151p　21cm　Ⓝ291.65
◇大柳生の民俗誌―奈良県奈良市大柳生町　東京女子大学民俗調査団　東京女子大学民俗調査団　1998.1　388p　26cm　〈1996年度調査報告〉　Ⓝ382.165
◇近畿の民俗　奈良県編　大島暁雄ほか編　三一書房　1995.6　1205p　27cm　(日本民俗調査報告書集成)　〈複製〉　(i)4-380-95556-7　Ⓝ382.16
　内容　大迫ダム水没地民俗資料緊急調査報告書　奈良県教育委員会(昭和43年刊)　大滝ダム関係地民俗資料緊急調査報告書　奈良県教育委員会(昭和45年刊)　室生ダム水没関係地民俗資料緊急調査報告書　奈良県教育委員会(昭和46年刊)　野迫川村民俗資料緊急調査報告書　奈良県教育委員会(昭和48年刊)　天川村民俗資料緊急調査報告書　第1～第2　奈良県教育委員会(昭和50～51年刊)　十津川の民俗　奈良県教育委員会事務局文化財保護課編(十津川村役場昭和36年刊)
◇天河　林原辰三郎、永島福太郎、高取正男、中村保雄、赤井達郎ほか著　改訂版　平凡社　1995.4　232p　30cm　20000円　(i)4-582-28303-9
　内容　カラー図版　吉野天川の魅力　天川の歴

史 信仰の風土　天河の能　天川の美術　天河信仰と自然崇拝　還宮での奉納芸能　モノクロ図版　天河大弁財天社文書　天河大弁財天社能楽関係所蔵一覧
* 本書は、あまり紹介されることがなかった天河大弁財天社の、今日に伝わる神事、信仰を多数とりあげ、天川の自然や歴史などとともに、そのつきない魅力をまとめあげた。特に、一年を通して執り行われる神事、行事の写真を新たに撮影し、気鋭の宗教学者、鎌田東二氏の一文を加え、大幅に改訂したものである。

◇十津川郷採訪録　民俗 2　林宏著　十津川村(奈良県)　十津川村教育委員会　1993.3　518p　27㎝　Ⓝ382.165

◇十津川郷採訪録　民俗 3　林宏著　十津川村(奈良県)　十津川村教育委員会　1994.1　469p　27㎝　Ⓝ382.165

◇十津川郷採訪録　民俗 4　林宏著　十津川村(奈良県)　十津川村教育委員会　1995.3　233p　27㎝　Ⓝ382.165

◇十津川郷採訪録　民俗 5　林宏著　十津川村(奈良県)　十津川村教育委員会　1996.3　301p　27㎝　〈著者の肖像あり〉　Ⓝ382.165

◇奈良絵本―企画展　栗東歴史民俗博物館編〔栗東町(滋賀県)〕　栗東歴史民俗博物館〔1993〕　39p　26㎝　〈会期：平成5年4月29日～5月30日〉　Ⓝ721.2

◇奈良県・和歌山県の不思議事典　大宮守友, 小山誉城著　新人物往来社　1998.11　206p　21㎝　3000円　(i)4-404-02628-5
〈内容〉奈良県〔歴史編　考古史跡編　人物編　宗教編　民俗編　産業編　地理・自然編〕和歌山県〔歴史編　宗教編　人物編　考古・城郭編　地理・交通・災害編　産業編〕
* 石上神宮の神剣の不思議、大仏鋳造の謎、なぜ「紀伊」という国名がついたのか、徳川吉宗はどうして財政再建に成功したのかなど、奈良県・和歌山県の不思議194項目を紹介した事典。

◇奈良晒―近世南都を支えた布　平成12年度特別展図録　奈良県立民俗博物館編　大和郡山　奈良県立民俗博物館　2000.7　47p　30㎝　〈会期：平成12年7月29日～9月24日　文献あり〉　Ⓝ586.72165

◇泊瀬川の祭りと伝承　桜井満, 上野誠編　おうふう　1997.3　176p　21㎝　〈古典と民俗学叢書 18〉　2900円　(i)4-273-02947-2　Ⓝ382.165
〈内容〉序章　総論 泊瀬の風土　第1章 長谷寺と神々　第2章 泊瀬川上流の祭りと伝承―滝蔵権現の信仰を中心として　第3章 泊瀬川中流の祭りと伝承―三社権現の信仰を中心として　第4章 泊瀬川下流の祭りと伝承―与喜山天神の信仰を中心として　第5章 近世初瀬町をめぐる旅人と町民の営み　第6章 長谷寺の門前町と町場の伝承　第7章 泊瀬川の伝説
* こもりくの泊瀬小国の伝承世界。泊瀬川の激流が形成したV字谷。長い谷、ハツセ(長谷・泊瀬)をめぐる伝承世界を探究する国文学・歴史学・民俗学の共同研究。

◇三輪山の古代史　平林章仁著　白水社　2000.6　210p　20㎝　2400円　(i)4-560-02247-X　Ⓝ210.3
〈内容〉第1章 三輪山の神の姫事(麻糸で結ばれた神と女　丹塗矢と交わった女　三輪の味酒 ほか)　第2章 蜂に捕まった三輪山の神(捕まった三輪山の神　后妃の養蚕と機織り　蚕・小子・小子部連 ほか)　第3章 御歳神の怒り(御歳神神話　御歳神の怒り　御歳神の呪術 ほか)　第4章 殉死・殉葬・人身御供(死霊の栖処　殉葬する者百余人　殉葬の禁止と埴輪の起源 ほか)
* 三輪山は秀逸な神体山として、特に古代王権最大の信仰対象であった。三輪大神と皇女の神婚と彼女の不可解な死から筆を起こし、古墳等の問題から殉死・殉葬・人身御供へと論を展開、古代人の内面の深奥を描き出す。

◇大和修験道大峯山麓 洞川の民俗　岸田定雄著　奈良　豊住書店　1993.10　168p　15㎝　980円
〈内容〉洞川の食生活　衣　生業　人の人生　年中行事と講など　狩猟の話　竜泉寺　地名テンカワ・ドロガワについて　古洞川　洞川雑記

◇大和修験道大峯山麓洞川の民俗　岸田定雄著　奈良　豊住書店　1993.10　168p　18㎝　980円　(i)4-88617-013-7　Ⓝ216.5

◆和歌山県

◇朝来風土記―文化伝承 補遺編　朝来高齢者地域活動推進協議会編　上富田町(和歌山県)　朝来高齢者地域活動推進協議会　1999.11　80p　26㎝　〈年表あり〉　Ⓝ216.6

◇紀州の歴史と風土―三十周年記念論集　御坊　御坊文化財研究会　1996.11　333p　22㎝　〈年表あり〉　Ⓝ216.6
〈内容〉入山城主青木勘兵衛について(小山豊著)　史料に見える「生地城」について(岩倉哲夫著)　佐久間信盛・定栄父子と寒川氏(小山誉城著)　和歌山城「幻の五層天守閣」(水島大二著)　江戸の地誌に残る紀州人の足跡(高589憲治著)　山焼き(山村の慣行)雑考(中西捷美著)　日高奥妹尾の南方熊楠(吉川寿洋著)　美山村の地名(池本多万留著)　町名「印南」の由来(付)印南姓の分布(平尾茂雄著)　地震と鹿島神社(山本賢著)　日高地方近代の地主(谷口恒一著)　近代における紀州奥日高山林の所有構造について(谷口輝行著)　日高地方の石造物雑考(大野治著)　近世史料にみる年々の誕生祝について(岩崎竹彦著)　「愛徳山縁起」と愛徳権現の神・仏像(鈴木宗朔著)　道成寺の掲額と俳諧(小出潔著)

奈良散歩ノートから(古川成美著) 和歌山県におけるトガサワラの自生状況について(木下慶二著) 日高郡に来た珍鳥について(黒田隆司著)
◇近畿の民俗 和歌山県編 大島暁雄ほか編 三一書房 1995.6 975p 27cm (日本民俗調査報告書集成)〈複製〉(i)4-380-95557-5 Ⓝ382.16
(内容)和歌山有田郡清水村共同調査報告 近畿民俗学会編(「近畿民俗」66〜68号) 南部川の民俗 東洋大学民俗研究会(昭和56年刊) 民俗資料緊急調査報告書 和歌山県教育委員会(昭和47年刊) 和歌山県民俗資料緊急調査報告書 和歌山県教育委員会(昭和40年刊)
◇熊野の民俗と歴史 杉中浩一郎著 大阪 清文堂出版 1998.11 366p 22cm 5600円 (i)4-7924-0443-6 Ⓝ216.6
◇御坊市歴史民俗資料館建設報告書 御坊市歴史民俗館の建設をすすめる会編 御坊 御坊市歴史民俗館の建設をすすめる会 1995.12 96p 26cm〈奥付の書名：建設報告書〉Ⓝ216.6
◇すさみ風土記 3 資料館物語 木下優著・編 すさみ町(和歌山県) 木下優 1996.11 158p 22cm Ⓝ291.66
◇奈良県・和歌山県の不思議事典 大宮守友,小山誉城著 新人物往来社 1998.11 206p 21cm 3000円 (i)4-404-02628-5
(内容)奈良県〔歴史編 考古史跡編 人物編 宗教編 民俗編 産業編 地理編 自然編〕 和歌山県〔歴史編 宗教編 人物編 考古・城郭編 地理・交通・災害編 産業編〕
＊石上神宮の神剣の不思議、大仏鋳造の謎、なぜ「紀伊」という国名がついたのか、徳川吉宗はどうして財政再建に成功したのかなど、奈良県・和歌山県の不思議194項目を紹介した事典。
◇和歌山の歴史と伝承—吉備慶三郎遺稿集 吉備慶三郎著,吉備寛編〔和歌山〕吉備慶三郎翁を偲ぶ会 1996.11 116p 21cm〈肖像あり 年譜あり〉Ⓝ216.6

中国地方

◇中国地方における民俗の地域性 出雲 山陰民俗学会 1999.3 300p 26cm Ⓝ382.17

山陰地方

◇対馬海流と出雲世界—第2回海の道南へ西へ 日本図書センター 2000.4 197p 31cm (日本民俗写真大系 7) 12000円 (i)4-8205-2879-3, 4-8205-2876-9 Ⓝ382.171

◆鳥取県
◇石の花覚書—八頭郡鉱産文化民俗地誌 小谷五郎著 八東町(鳥取県) 小谷五郎 1996.3 249p 24cm〈折り込図2枚〉Ⓝ217.2
◇韓国江原道と鳥取県—相互理解への道 内藤正中,今村実,斉木恭子著 鳥取 富士書店 1999.1 268p 19cm 1500円 (i)4-938875-16-0 Ⓝ382.215
◇新編八頭郡誌 9巻 八頭郡のくらしと民俗 八頭郷土文化研究会編 郡家町(鳥取県) 八頭郡町村会 1996.5 314p 22cm〈主な参考文献：p307〜310〉3000円 Ⓝ291.72
◇智頭町誌 下巻 智頭町誌編さん委員会編 智頭町(鳥取県) 智頭町 2000.12 1106p 22cm Ⓝ291.72
(内容)地域誌・民俗・林業
◇中国の民俗 鳥取県編 大島暁雄ほか編 三一書房 1997.10 1036p 27cm (日本民俗調査報告書集成)〈複製〉(i)4-380-97576-2, 4-380-97575-4 Ⓝ382.17
(内容)鳥取県の民俗(鳥取県教育委員会編) 大山北麓の民俗(坂田友宏編) 千代川流域の民俗(坂田友宏編)
◇鳥取県文化財調査報告書 17 民俗文化財・考古資料 鳥取県教育委員会編 鳥取 鳥取県教育委員会 1993.3 36p 26cm Ⓝ709.172

◆島根県
◇尾原の民俗—尾原ダム民俗文化財調査報告書 島根県教育委員会編 松江 島根県教育委員会 1996.3 2冊(資料編とも) 30cm Ⓝ382.173
◇久手は真秀ろば—二十二世紀の君たちへ 聞き書き町民の歴史 宮脇治正編 大田 宮脇治正 2000.6 355p 31cm Ⓝ382.173
◇中国の民俗 島根県編 大島暁雄ほか編 三一書房 1997.10 1370p 27cm (日本民俗調査報告書集成)〈複製〉(i)4-380-97577-0, 4-380-97575-4 Ⓝ382.17
(内容)島根県下30地区の民俗(島根県教育委員会編) 出雲中海沿岸地区の民俗(島根県教育委員会編) 隠岐島の民俗(島根県教育委員会編) 島根半島漁撈習俗調査報告書 第1集・第2集(島根県教育委員会編) 菅谷鑪(島根県教育委員会編)
◇悠久のふる里尾原北原の年輪—木次町尾原北原民俗誌 内田稔編著 木次町(島根県) 内田稔 1994.12 131p 22cm 非売品 Ⓝ217.3

山陽地方

◆岡山県
◇井原市史 6 井原市史編集委員会編 井原 井

風俗史・民俗誌　　　　　　　　　　　　　　　　　　　　　　　　　　山陽地方

原市　2001.3　978,31p　22㎝　Ⓝ217.5
〈内容〉民俗編
◇今聞いとかにゃあおえんがなーわたしたちの富山　ふるさとを語りつぐ会編〔岡山〕　ふるさとを語りつぐ会　1996.3　149p　26㎝　(折り込図2枚　付(1枚))　Ⓝ382.175
◇岡山県風土記　谷口澄夫,石田寛監修　旺文社　1996.11　527p　30㎝　(付属資料：別冊岡山県人名録1)　35000円　(i)4-01-071086-1
〈内容〉第1部　躍進する岡山県　第2部　ふるさと探訪　第3部　歴史探訪　第4部　文化財探訪　第5部　伝統と民俗　第6部　岡山県人国記
◇岡山のふるさと村　ゆうざきフォト集団写真,柳生尚志文　岡山　山陽新聞社　1994.5　95p　26㎝　(山陽新聞サンブックス)　1500円　(i)4-88197-495-5
〈内容〉八塔寺ふるさと村　山岳仏教の聖地の跡　八塔寺・高顕寺・日吉神社　民俗資料館と国際サマーキャンプ　八塔寺の四季　真鍋島ふるさと村　潮風と花の香り　島の暮らしと祭り　走り神輿　石火矢町ふるさと村〔ほか〕
◇岡山藩と起宿一特別展　尾西　尾西市歴史民俗資料館　2000.10　12p　30㎝　(尾西市歴史民俗資料館・特別展図録 no.60)
◇上斎原村史　民俗編　上斎原村〔岡山県〕　上斎原村　1994.9　1235,54p　22㎝　Ⓝ217.5
◇吉備回廊　山陽新聞社編　岡山　山陽新聞社　1999.5　223p　26㎝　2381円　(i)4-88197-665-6
〈内容〉原始・古代編(伝承の舞台　王者の夢　王家残照)　中世編(武者ノ世ニ　民衆の仏教　瀬戸内躍動　乱の時代)　近世編(幕藩制社会へ　交流と繁栄　学問と文化　新時代への胎動)　近・現代編(明治～大戦前夜　戦争と平和)
＊古代から豊かな文化を築き、多彩な人材を輩出してきた吉備地域。ゆかりの地を国内外に訪ね、その歴史風土を検証する。古代吉備の時代から近・現代まで、連綿と歴史の歩みを刻んできた岡山の姿をたどるロングラン企画「吉備回廊」(平成八年一月から平成十年六月まで山陽新聞文化家庭面に連載)の出版化。
◇近世の生活文化史一地域の諸問題　定兼学著　大阪　清文堂出版　1999.8　524p　22㎝　13000円　(i)4-7924-0479-7　Ⓝ217.5
◇佐藤陶崖一江戸後期伊部の生んだ偉才　備前市歴史民俗資料館,備前市教育委員会編　備前　備前市歴史民俗資料館　2001.3　43p　30㎝　(紀要　平成12年度)　(共同刊行：備前市教育委員会)　Ⓝ289.1
◇新修倉敷市史　第3巻　近世　倉敷市史研究会編　岡山　山陽新聞社　2000.12　821,12p　21㎝　〈付属資料：絵図2〉　6429円　(i)4-88197-685-0
〈内容〉第1章　近世の領主と支配のしくみ(近世の開幕　幕府領の支配　岡山藩とその支藩　諸藩・旗本知行所の支配)　第2章　村のなりたち

(近世村落の形成　村の負担　村役人と村の成員)　第3章　町場の形成と流通(倉敷の町場の形成　船入川と水運　下津井港とその周辺　玉島港とその周辺)　第4章　新田開発と用水問題(近世前期の新田開発　近世中期の新田開発　近世後期の新田開発　八ヶ郷をめぐる水利問題)　第5章　町と村のくらしと宗教(町と村のくらし　年中行事と通過儀礼　寺社と村)
＊本巻では、倉敷市域における領主と支配のしくみや、村のなりたち、町場の形成と流通、新田開発と用水問題、町と村のくらしと宗教といった、近世期の基本的な諸事項について叙述しております。本巻により、近世期の人びとの多様な生活の営みが浮かび上がってくるものと思われます。
◇新修倉敷市史　第8巻　自然・風土・民俗　倉敷市史研究会編　倉敷　倉敷市　1996.3　738p　22㎝　Ⓝ217.5
◇新修倉敷市史　第8巻　自然・風土・民俗　倉敷市史研究会編　倉敷市,(岡山)山陽新聞社〔発売〕　1996.5　738p　21㎝　6400円　(i)4-88197-589-7
〈内容〉第1章　自然環境　第2章　暮らしと生業　第3章　民俗
＊本書は、読み切り、短編方式の、百五十八項目にまとめてある。自然と人の係わり、交通・経済などと人との係わり、民俗から見た人々の係わりを研究。
◇新修倉敷市史　第10巻　史料　近世　倉敷市史研究会編　倉敷市,(岡山)山陽新聞社〔発売〕　1998.3　1262p　21㎝　〈付属資料：絵図1〉　8095円　(i)4-88197-648-6
〈内容〉1 倉敷代官所と村々　2 町・村のしくみと動き　3 産業の展開　4 港町と船運　5 学芸・宗教・習俗　六 幕の動向　7 第9巻補遺
＊本書は、倉敷代官所の支配のしくみ、陣屋町倉敷、水をめぐる争い、新田の開発、産業の展開、港町と船運、学芸・宗教・習俗、幕末の動向など、倉敷市域の近世史を物語る特徴的な史料をそのまま翻刻し収録しております。
◇中国の民俗　岡山県編　大島暁雄ほか編　三一書房　1997.10　1147p　27㎝　(日本民俗調査報告書集成)　〈複製〉　(i)4-380-97578-9, 4-380-97575-4　Ⓝ382.17
〈内容〉岡山県民俗資料調査報告書(岡山県教育委員会編)　新成羽川ダム水没地区の民俗(岡山県教育委員会編)　阿波・梶並の民俗(岡山県教育委員会編)　笠岡諸島の民俗(岡山県教育委員会編)
◇哲多町史　民俗編　哲多町史民俗編編集委員会,哲多町教育委員会編〔哲多町(岡山県)〕　哲多町　2001.9　973,10p　22㎝　Ⓝ217.5
◇備中吹屋　山崎泰雄写真,高原一朗文,山陽新聞出版局編　岡山　山陽新聞社　1993.11　95p　26㎝　(山陽新聞サンブックス)　1500円　(i)4-

文化人類学の本 全情報　169

88197-480-7 Ⓝ291.75
(内容) 吹屋への道 町並み 広兼家 田村家 片山浅治郎家(本片山) 片山恵家(角片山=郷土館) 片山三平家(中片山) 谷本家 西江家 石州瓦 格子と金物 左官の意匠 銅山 ベンガラ 祭りと渡り拍子 施設と味覚 吹屋小学校

◇不思議発見 岡山のなぞ!? 岡山 山陽新聞社 1995.11 255p 19cm 1300円 (i)4-88197-562-5
(内容) 歴史編 自然・地理編 動・植物編 民俗編 ノンセクション編
＊本書は岡山の107のナゾを5つのジャンル別に取り上げ、「なぜ、そうなのか』どうして、こうなるのか』をその道の専門家が詳しく、分かりやすく、楽しく解き明かす。

◇わたしたちのふるさと「総社」豊かなくらしを求めて—風俗編 総社市郷土学習推進委員会編 総社 総社市教育委員会 1993.3 340p 26cm

◆広島県
◇描かれた郡山城展—絵図にみる戦国の城と城下町 吉田町歴史民俗資料館編 吉田町(広島県) 吉田町歴史民俗資料館 1993.10 1冊(ページ付なし) 26cm (吉田町歴史民俗資料館秋の特別展図録 6) 〈会期：1993年10月23日—12月7日〉 Ⓝ217.6

◇可部の歴史と文化 広島 広島文教女子大学地域文化研究所 1996.11 182p 21cm (地域文化研究叢刊 1) 〈発行所：渓水社〉 (i)4-87440-427-8 Ⓝ382.176

◇島は沈んでいく—伝承鶴姫 鈴木千幸著 二宮町(神奈川県) 蒼天社 2000.7 226p 19cm (蒼天ブックス 5) 〈背・表紙のタイトル：島は沈んでゆく 越谷 表現社(発売)〉 1200円 (i)4-921214-01-8 Ⓝ382.176

◇神石春秋—ふるさとの思い出 第1巻 伊勢村武司記 〔神石町(広島県)〕 伊勢村武司 1997.8 158p 21cm 非売品 Ⓝ382.176

◇神石春秋—ふるさとのあゆみ 第2巻 伊勢村武司記 三次 佐々木印刷(印刷) 1998.1 140p 21cm 非売品 Ⓝ382.176

◇帝釈の民具 小田格一郎著 東城町(広島県) 帝釈の昔を語る会 1993.3 165p 18cm 〈付：参考文献〉 1000円 Ⓝ383.9

◇中国の民俗 広島県編 大島暁雄,松崎憲三,宮本袈裟雄編 三一書房 1997.10 1269p 27cm (日本民俗調査報告書集成) (i)4-380-97579-7, 4-380-97575-4 Ⓝ382.17
(内容) 広島県文化財調査報告 第5集(広島県教育委員会編) 油木・豊松民俗資料緊急調査報告書(広島県教育委員会編) 土師民俗資料緊急調査報告書(広島県教育委員会編) 厳島民俗資料緊急調査報告書(広島県教育委員会編)

◇千代田町史 民俗編 千代田町編 千代田町(広島県) 千代田町 2000.7 433p 22cm 〈外箱入 付属資料：1枚 図1枚(袋入)：千代田町域の小祠小堂 ビデオカセット1巻(VHSタイプ)：千代田町の民俗芸能〉 Ⓝ217.6

◇東城町史 第1巻 自然環境考古民俗資料編 東城町史編纂委員会編纂 東城町(広島県) 東城町 1996.2 1162,65p 22cm 〈付(図4枚 袋入)：明治31年測図同34年製版地形図ほか 付：文献〉 Ⓝ217.6

◇鞆の浦の自然と歴史 福山市鞆の浦歴史民俗資料館友の会編 福山 福山市鞆の浦歴史民俗資料館活動推進協議会 1998.6 57p 26cm Ⓝ217.6

◇信岡家文書 1 新市町立歴史民俗資料館編 新市町(広島県) 新市町立歴史民俗資料館 1999.3 140p 26cm (研究集録 第1集) Ⓝ217.6

◇灰塚ダム湖とその周辺の生活—総合学術調査報告書 「灰塚ダム湖とその周辺の生活」編集委員会編 三良坂町(広島県) 灰塚ダム建設対策三町連絡協議会 1998.3 837p 図版13枚 27cm 〈折り込3枚 付属資料：1枚〉 Ⓝ382.176

◇広島県の鏡像・懸仏—吉田町歴史民俗資料館特別展別冊図録 吉田町歴史民俗資料館編 吉田町(広島県) 吉田町歴史民俗資料館 1993.4 25p 26cm 〈中世吉田の信仰展特別企画展示 会期：1993年4月24日—5月30日〉 Ⓝ718.087

◇ひろしま歳時記 田中康夫著 広島 創生社 1993.4 186p 21cm 〈参考文献：p185〉 2500円 Ⓝ382.176

◇ふるさと民俗手帖 広瀬繁登著 〔庄原〕 シンセイアート出版部 1996.4 184p 21cm 1553円 (i)4-916116-01-1 Ⓝ382.177

◇吉田町歴史民俗資料館収蔵品展—10年のあゆみと館収蔵品 吉田町歴史民俗資料館編 吉田町(広島県) 吉田町歴史民俗資料館 2000.3 96p 30cm 〈開館10周年記念特別企画展図録〉 Ⓝ217.6

◆山口県
◇新しい時代への伝言—20世紀の記録と伝承 油谷町教育委員会編 油谷町(山口県) 油谷町教育委員会 1999.3 245p 26cm Ⓝ217.7

◇伊佐の売薬用具—民俗文化財調査報告書 伊佐の売薬用具調査委員会編 美祢 美祢市教育委員会 1993.3 129p 26cm 〈売薬関係参考文献：p127～129〉 Ⓝ499.7

◇暮らしと環境—玖珂郡錦町道立野阿武郡川上村下笹尾 山口県史編さん民俗部会編 山口 山口県企画部県史編さん室 1998.3 175p 30cm (民俗部会報告書 第3号) Ⓝ382.176

◇暮らしと環境—玖珂郡錦町後畑・道立野・落合続 山口県史編さん民俗部会編 山口 山口県環境生活部県史編さん室 1998.3 324p 30cm

風俗史・民俗誌　　　　　　　　　　　　　　　　　　　　　　　　　　　　　四国地方

（民俗部会報告書 第5号）　Ⓝ382.177
◇厚東の歴史と伝承　沖金吾著　宇部　厚東郷土史研究会　1993.11　198p　26cm　〈創立三〇周年記念特集号〉　Ⓝ217.5
◇下関市史　資料編1　下関市市史編修委員会編　下関　下関市　1993.3　1545p　22cm　Ⓝ217.5
◇下関市史　資料編3　下関市市史編修委員会編　下関　下関市　1994.3　1251p　22cm　Ⓝ217.5
◇中国の民俗　山口県編　大島暁雄ほか編　三一書房　1997.10　884p　27cm　〈日本民俗調査報告集成〉　〈複製〉(i)4-380-97580-0, 4-380-97575-4　Ⓝ382.17
　内容　阿武川の民俗(山口県教育委員会編)　山口炭田の民俗(山口県教育委員会編)　生見川の民俗(山口県教育委員会編)　小瀬川弥栄ダム水没地域民俗資料緊急調査報告(山口県教育委員会編)
◇日野氏録誌・廻浦日記　山口県史編さん民俗部会編、山田公章著　山口　山口県企画部県史編さん室　1994.3　104p　30cm　(山口県史民俗部会報告書 第1号)　Ⓝ217.7
◇方言でつづる福栄のくらし　福田百合子監修、福栄村編　福栄村(山口県)　福栄村　2000.3　101p　26cm　Ⓝ382.177
◇防府市史　資料1　自然・民俗・地名　防府市史編纂委員会編　防府　防府市　1994.11　644p　27cm　〈折り込図2枚〉　Ⓝ217.5
◇やさしい下関の民俗　〔下関〕　下関市教育委員会　2000.3　132p　21cm　Ⓝ382.177
◇八代の民俗　第6輯　鶴への挽歌　瀬田静香著　熊毛町(山口県)　〔瀬田静香〕　1999.12　302p　21cm　Ⓝ382.177
◇八代の民俗　第7輯　故老夜話　瀬田静香著　熊毛町(山口県)　〔瀬田静香〕　1998.12　227p　21cm　Ⓝ382.177
◇山口県民俗・方言文献目録　山口県史編さん民俗部会編　山口　山口県環境生活部県史編さん室　1997.3　421p　30cm　(民俗部会報告書 第4号)　Ⓝ382.177
◇山里の唄　倉冨良枝著　下関　山口新聞社　1997.9　324p　21cm　1714円　Ⓝ382.177

四国地方

◇石の響き―高橋克夫遺稿集　高橋克夫著　岡山　アルル書店　2001.5　188p　20cm　〈肖像あり　著作目録あり〉　Ⓝ382.174
◇県民性の日本地図　武光誠著　文芸春秋　2001.4　245p　18cm　(文春新書)　720円　(i)4-16-660166-0
　内容　県民性を生み出したもの　東の文化と西の文化　北海道と東北地方(青森・岩手・秋田・山形・宮城・福島)の県民性　関東地方(群馬・栃木・茨城・埼玉・千葉・神奈川)の県民性　江戸と東京の気質　北陸地方(新潟・富山・石川・福井)と山陰地方(鳥取・島根)の県民性　東海地方(静岡・愛知)と三重県、甲信地方(山梨・長野)と岐阜県の県民性　京都人の気質　大阪人の気質　近畿地方(滋賀・兵庫・奈良・和歌山)の気質　瀬戸内海沿岸(岡山・広島・山口・徳島・香川・愛媛)の気質　九州北部・中部(福岡・佐賀・長崎・大分・熊本)の気質　高知県・九州南部(鹿児島・宮崎)、沖縄の気質　藩と県民性、そして地方の将来像
＊「おクニはどちらで？」『○○県です』『ホォ、努力家で働きもののおおいところですなァ』―そんな会話がいまも交される。全国が均質化される中でも、それぞれの地方の特性、特有の気質は根強く生きているようだ。その特性はいかに形づくられたのか。縄文・弥生から江戸時代の藩、近代以降に至る長い歴史の中に、地域性の由来をさぐる。
◇四国地方の民俗地図―徳島・香川・愛媛・高知　東洋書林　2001.4　1冊　23cm　(都道府県別日本の民俗分布地図集成 第11巻)　〈複製〉35000円　(i)4-88721-361-1　Ⓝ382.18
　内容　徳島県民俗地図(徳島県教育委員会編(昭和54年刊))　香川県民俗地図(香川県教育委員会編(昭和52年刊))　愛媛県民俗地図(愛媛県教育委員会文化振興局編(昭和57年刊))　高知県民俗地図(高知県教育委員会編(昭和58年刊))
◇瀬戸内の人々のくらしと文化―海に生きる　瀬戸内海歴史民俗資料館企画・制作　〔電子資料〕高松　瀬戸内海歴史民俗資料館　〔1999〕　CD-ROM1枚　12cm　〈ファイル特性：データおよびプログラムファイル　Windows 95　漢字トーク7.1以降　香川県ふるさとの伝承電子図鑑記録刊行事業　付属資料：説明書1枚〉
◇瀬戸内海の研究―島嶼の開発とその社会形成‐海人の定住を中心に　宮本常一著　復刊　未来社　2001.4　720,22p　21cm　〈付属資料：別冊1〉　32000円　(i)4-624-20064-0
　内容　第1編　総論　第2編　島の生産類型と社会的変遷―島の中世的社会(小島の利用　海人とその定住　大三島―海人定住とその変遷　ほか)　第3編　近世への展開(近世化の意味　島における庄屋の意義　島嶼船着場集落の形成　ほか)
◇徳島藩と起宿―特別展　尾西　尾西市歴史民俗資料館　1998.5　11p　30cm　(尾西市歴史民俗資料館特別展図録　no.50)

◆徳島県
◇藍と民俗　上田利夫著　石井町(徳島県)　徳島染織学会　1994.4　58p　26cm　〈電子複写〉　Ⓝ617.8
◇阿波の石造民俗　徳島県郷土文化会館民俗文化財集編集委員会編　〔徳島〕　徳島県郷土文化

文化人類学の本 全情報　171

会館 1994.3 205p 27cm 〈民俗文化財集 第14集〉〈参考文献一覧：p200～203〉Ⓝ714
◇祖谷—秘境と落人の里 図説民俗誌 俵裕著 徳島 徳島県出版文化協会 1993.12 181p 21cm 〈折り込図1枚〉 2700円 Ⓝ382.181
◇海部川流域の民俗 徳島県郷土文化会館民俗文化財集編集委員会編 〔徳島〕 徳島県郷土文化会館 1996.3 186p 27cm 〈民俗文化財集 第15集〉〈参考文献：p182～185〉 Ⓝ382.181
◇神山の民俗 〔徳島〕 徳島県文化振興財団 1998.3 171p 27cm 〈民俗文化財集 第16集〉Ⓝ382.181
◇四国の民俗 徳島県編 大島暁雄ほか編 三一書房 1997.6 856p 27cm 〈日本民俗調査報告書集成〉〈複製〉 (i)4-380-97584-3, 4-380-97581-9 Ⓝ382.18
 内容 阿波の民俗 (徳島県教育委員会編) 阿波国木岐の民俗 (皇學館大学郷土研究会編) 徳島市南部の民俗 1 (高田豊輝編著) 阿波木頭民俗誌 (近畿民俗学会編)
◇天狗久旧工房調査報告書 徳島市教育委員会編 徳島 徳島市教育委員会 1998.3 175p 30cm 〈徳島市民俗文化財調査報告書 1〉 Ⓝ709.181
◇峠の石造民俗 〔徳島〕 徳島県文化振興財団 2000.3 187p 27cm 〈民俗文化財集 第17集〉Ⓝ714
◇徳島市南部の民俗 1 高田豊輝編著 改訂2版 徳島 高田豊輝 1996.10 153p 25cm 〈参考文献：p151～152〉非売品 Ⓝ382.181
◇故郷秘話 上田利夫著 石井町(徳島県) 徳島染織学会 1994.1 24枚 27cm 〈電子複写〉Ⓝ382.181
◇松茂町歴史民俗資料館・人形浄瑠璃芝居資料館要覧 改訂第2版 松茂町(徳島県) 松茂町歴史民俗資料館・人形浄瑠璃芝居資料館 1997.5 14p 30cm
◇水とたたかう松茂の人々—松茂町歴史民俗資料館・人形浄瑠璃芝居資料館常設展示解説 松茂町歴史民俗資料館・人形浄瑠璃芝居資料館編 松茂町(徳島県) 松茂町歴史民俗資料館・人形浄瑠璃芝居資料館 1995.3 59p 30cm Ⓝ218.1

◆香川県
◇四国の民俗 香川県編 大島暁雄ほか編 三一書房 1997.6 866p 27cm 〈日本民俗調査報告書集成〉〈複製〉 (i)4-380-97582-7, 4-380-97581-9 Ⓝ382.18
 内容 民俗資料緊急調査報告書(香川県教育委員会編) 小豆島の民俗(岡山民俗学会、香川民俗学会編) ダムに沈む(香川民俗学会編) 高松市の文化財 第4集(高松市歴史民俗協会編) 香川県民俗資料調査報告書(香川県教育委員会編)

◇高松の民俗 高松市図書館編 高松 高松市図書館 1995.3 294p 19cm 〈市民文庫シリーズ 18〉Ⓝ382.182
◇直島の方言と風習 三宅勝太郎著 直島町(香川県) 三宅勝太郎 1995.8 167p 19cm 〈庶民の文化財 第4刊〉 900円 Ⓝ818.82
◇引田町史 民俗 香川民俗学会,引田町史さん委員会編 引田町(香川県) 引田町 1995.11 429p 22cm 〈付：参考文献〉 Ⓝ218.2
◇明治・大正・昭和のくらし—古老のメモから 食べ物編 東条幸雄著 〔国分寺町(香川県)〕 記念誌刊行編集委員会 2000.5 108p 26cm Ⓝ382.182

◆愛媛県
◇愛媛資本主義社会史 第3巻 近代史文庫編 松山 近代史文庫 1994.3 377p 27cm Ⓝ218.3
 内容 近代史文庫の歩み．地域社会史論考「地域」論・「地域史」論・地域社会史論 玉上陸郎著．愛媛の地域住民と天皇・天皇制 矢野玄道と大嘗祭 澄田恭一著．住民自治思想・水平思想・教育思想と天皇崇拝 篠崎勝著．代替りと大学生の意識 篠崎勝著．代替りと行政・企業・マスコミ・市民の動き 作田和夫著．天皇代替りを考える 代替り諸儀式と日本国憲法 多田信義著．代替りをめぐる全国各地域諸団体の動き 井上啓ほか著．代替りをめぐる外国の政府・マスコミ・国民の動き 作田和夫著
◇愛媛のくらし—昭和を生き抜いた人々が語る 松山 愛媛県生涯学習センター 1999.3 8, 436p 27cm 〈地域文化調査報告書 平成10年度〉〈折り込1枚〉Ⓝ382.183
◇愛媛の景観—昭和を生き抜いた人々が語る 松山 愛媛県生涯学習センター 1997.3 417p 27cm 〈地域文化調査報告書 平成8年度〉〈折り込1枚 文献あり〉Ⓝ382.183
◇愛媛の技と匠—昭和を生き抜いた人々が語る 松山 愛媛県生涯学習センター 1998.3 402p 27cm 〈地域文化調査報告書 平成9年度〉〈折り込1枚〉Ⓝ382.183
◇河川流域の生活文化—昭和を生き抜いた人々が語る 松山 愛媛県生涯学習センター 1995.3 449p 27cm 〈地域文化調査報告書 平成6年度〉〈折り込み地図1枚 各章末：参考引用文献〉Ⓝ382.183
◇雲湧く村惣川・土居家—百七十年目の民家修復への軌跡 犬伏武彦著・監修 松山 アトラス出版 1998.6 124p 26cm 1905円 (i)4-901108-00-3
 内容 山村の暮らし 土居家と建物の歴史 小説 山奥組・土田家 完成までのドキュメント 特別インタビュー 玉春日関に聞いた故郷・惣川の思い出 民家保存への取り組み—国際交流から学んだ民家保存 特別寄稿 まちづくりと

しての取り組み―「まちづくり」から見た土居家修復
  *20年近く前、高知県境に近い山奥で巨大な茅葺き民家と出会った著者は、やがて、この家の老女から家の歴史や集落の歴史について話を聞くようになり、この家をなくしてはならないと思うようになった…。美しくおだやかな惣川の風景と、風雪に耐えてきた土居家のたたずまいが、心を打つ。
◇郡中町家物語―伊予市灘町・湊町の歴史と文化を訪ねて 松山 アトラス出版 2001.12 99p 26cm (アトラスムック) 1524円 (i)4-901108-18-2 Ⓝ218.3
◇四国の民俗 愛媛県編 大島暁雄ほか編 三一書房 1997.6 1104p 27cm (日本民俗調査報告書集成) 〈複製〉 (i)4-380-97583-5、4-380-97581-9 Ⓝ382.18
  内容 惣川の民俗(愛媛大学農学部付属農業高等学校郷土研究部編) 越智郡島嶼部地区民俗資料調査報告書(愛媛県教育委員会編) 愛媛の弓矢(森正史編) 県境の民俗(愛媛県教育委員会編) 忽那諸島の民俗(愛媛大学農学部付属農業高等学校郷土研究部編) 石鎚山麓民俗資料調査報告書(愛媛県教育委員会編) 南予漁村地域民俗資料調査報告書(愛媛県教育委員会編) 三崎半島地域民俗資料調査報告書(愛媛県教育委員会編) 南宇和地域民俗資料調査報告書(愛媛県教育委員会編) 魚島民俗誌(愛媛大学民俗学研究会編) 愛媛県民俗地図(愛媛県教育委員会編)
◇南予地方の牛の突きあい習俗調査報告書 愛媛県教育委員会文化財保護課編 松山 愛媛県教育委員会 2001.3 197p 30cm 〈文献あり〉 Ⓝ788.4
◇久枝地域の文化と伝承 久枝公民館の文化と歴史編集委員会編 〔松山〕 久枝公民館 2000.3 110p 27cm Ⓝ382.183
◇弓削民俗誌 弓削町(愛媛県) 弓削町 1998.3 198p 31cm (付属資料:地図2枚(袋入)) Ⓝ382.183
◇臨海都市圏の生活文化―昭和を生き抜いた人々が語る 松山 愛媛県生涯学習センター 1996.3 466p 27cm (地域文化調査報告書 平成7年度) 〈折り込図1枚 各章末:参考引用文献〉 Ⓝ382.183

◆高知県
◇カムイの歌―再生の時を求めて 松田建一著 〔高知〕 高知新聞社 1999.6 227p 22cm 〈高知 高知新聞企業(発売) 文献あり〉 3048円 (i)4-87503-278-1 Ⓝ382.11
◇高知の民俗写真 1 海辺 田辺寿男著 高知 高知市民図書館 1993.3 196p 27cm 3000円 Ⓝ382.184

◇高知の民俗写真 2 山間 田辺寿男著 高知 高知市民図書館 1995.3 209p 27cm 5500円 Ⓝ382.184
◇四国の民俗 高知県編 大島暁雄ほか編 三一書房 1997.6 919p 27cm (日本民俗調査報告書集成) 〈複製〉 (i)4-380-97585-1、4-380-97581-9 Ⓝ382.18
  内容 民俗資料緊急調査報告(土佐民俗学会編) 北川村の民俗 1(神尾健一、津野幸右著) 北川村の民俗 2(神尾健一、坂本正夫、高木哲夫著) 十和の民俗(十和村教育委員会編)
◇四万十川民俗誌―人と自然と 野本寛一著 雄山閣出版 1999.2 278p 22cm 3800円 (i)4-639-01584-4 Ⓝ382.184
  内容 序章 河川民俗研究の視点 1 四万十川へ 2 山地生業と河川流通 3 四万十川感潮域の民俗 4 源流部生活生業誌 5 河川聖地と民俗心意
  *南国土佐を流れる清流"しまんと"。その源流部の集落では雪にまつわる民俗が生きている。豊富な写真とともに人びとの暮らしを河口から上流域までたどり、変化に富んだ民俗の全貌を浮き彫りにする。
◇武市佐市郎集 第5巻 風俗・事物編 高知 高知市民図書館 1995.3 348p 22cm (著者の肖像あり) 4000円 Ⓝ218.4
◇土佐の知恵ばなし―シルバートーク こうち長寿センター企画・編集 〔高知〕 高知新聞社 1993.6 343p 21cm (Koshin books) (発売:高知新聞企業) 1500円 Ⓝ382.184

九州地方

◇九州・沖縄の民俗 大島暁雄,松崎憲三,宮本袈裟雄,安田宗生編 三一書房 1996.11 8冊(セット) 26cm (日本民俗調査報告書集成) 206000円 (i)4-380-96587-2
  内容 福岡県 佐賀県 長崎県 大分県 熊本県 宮崎県 鹿児島県 沖縄県
◇九州地方の民俗地図 1 福岡・佐賀・長崎 東洋書林 2000.8 58,80,98枚 23cm (都道府県別日本の民俗分布地図集成 第12巻) 〈複製〉 30000円 (i)4-88721-362-X Ⓝ382.19
  内容 福岡(屋敷神の名称 屋根材 間取り いろり、かまどの名称 ほか) 佐賀(屋敷神の名称 屋根型 屋根材 いろりの名称 ほか) 長崎(屋敷神の名称 屋根型 間取り いろりの名称 ほか)
  *本書は、福岡県教育委員会が昭和54・55年度の、佐賀県教育委員会が昭和53・54年度の、そして長崎県教育委員会が昭和49・50年度の国庫補助事業として実施した民俗資料緊急調査の成果の中で、文化庁が調査要項で示した

「分布図作成項目」を分布図にした報告書である。
◇九州地方の民俗地図 2 熊本・大分・宮崎・鹿児島・沖縄 東洋書林 2000.9 1冊 23cm (都道府県別日本の民俗分布地図集成 第13巻) 〈複製〉 30000円 (i)4-88721-363-8 Ⓝ382.19
内容 熊本県の民俗地図―熊本県文化財調査報告書 大分県の民俗地図―大分県文化財調査報告書 続・大分県の民俗地図―大分県文化財調査報告書 宮崎県民俗地図―宮崎県文化財調査報告書 鹿児島県民俗分布地図―民俗文化財緊急調査報告書 沖縄県民俗分布図―沖縄県民俗文化財緊急調査報告書
◇東シナ海と西北九州―第2回海の道南へ西へ 日本図書センター 2000.4 197p 31cm (日本民俗写真大系 6) 12000円 (i)4-8205-2878-5,4-8205-2876-9 Ⓝ382.19
◇南日本の民俗文化―小野重朗著作集 5 薩隅民俗誌 小野重朗著 第一書房 1994.3 510p 22cm 6500円 (i)4-8042-0068-1 Ⓝ382.19
◇南日本の民俗文化―小野重朗著作集 6 南島の祭り 小野重朗著 第一書房 1994.9 327p 22cm 5500円 (i)4-8042-0075-4 Ⓝ382.19
◇南日本の民俗文化―小野重朗著作集 8 南島の古歌謡―増補 小野重朗著 第一書房 1995.5 393p 22cm 5800円 (i)4-8042-0087-8 Ⓝ382.19
◇南日本の民俗文化―小野重朗著作集 9 農耕儀礼の研究―増補 小野重朗著 第一書房 1996.7 443p 22cm 5632円 (i)4-8042-0106-8 Ⓝ382.19
◇民俗宗教と生活伝承―南日本フォークロア論集 下野敏見編 岩田書院 1999.5 444p 22cm 11800円 (i)4-87294-146-2 Ⓝ382.19

◆福岡県
◇伊良原―民俗文化財の調査 伊良原ダム民俗文化財調査指導委員会編 福岡 福岡県教育委員会 1999.3 408p 30cm (福岡県文化財調査報告書 第143集) 〈伊良原ダム民俗文化財調査報告 付属資料:図7枚〉 Ⓝ219.1
◇小郡市史 第3巻(通史編) 小郡市史編集委員会編 小郡 小郡市 1998.11 998,17p 22cm 〈索引あり〉 Ⓝ219.1
内容 現代・民俗・地名
◇春日市史 下巻 教育・文化,民俗 春日市史さん委員会編 春日 春日市 1994.3 971p 22cm Ⓝ219.1
◇九州・沖縄の民俗 福岡県編 大島暁雄ほか編 三一書房 1996.11 1095p 27cm (日本民俗調査報告書集成) 〈複製〉 (i)4-380-96588-0 Ⓝ382.19
内容 江川 江川地区民俗資料緊急調査委員会編(甘木市教育委員会昭和44年刊) 背振山麓の民俗 北九州大学民俗研究会編(昭和45年刊) 英彦山の民俗 英彦山民俗資料緊急調査委員会編(添田町教育委員会昭和48年刊) 福岡県文化財調査報告書 第34集 福岡県教育委員会編(昭和40年刊) 福岡県文化財調査報告書 第29集 福岡県教育委員会編(昭和39年刊)
◇木屋瀬に生きて―柴田豊広遺稿集 柴田豊広著〔北九州〕 柴田滋 1993.5 237p 27cm 〈著者の肖像あり〉 Ⓝ382.191
◇津屋崎の民俗―津屋崎町史民俗調査報告書 津屋崎町史編集委員会編 津屋崎町(福岡県) 津屋崎町 1997.12-1998.9 4冊 26cm Ⓝ219.1
内容 第1集: 宮司・在自・須多田・大石・生家 第2集: 勝浦浜・西東・松原・桂石・塩浜・奴山 第3集: 渡・梅津・末広・岡の二、三 第4集: 北の一・北の二・新町・天神町・東町
◇那珂川町の歴史探訪 川崎幹二著 福岡 海鳥社 2001.4 191p 21cm 1800円 (i)4-87415-331-3
内容 那珂川町の歴史を探る 那珂川町の史跡と伝承 旧街道と国境石を尋ねて 那珂川町の人物誌 郷土史研究がつなぐ出会い 那珂川町史跡・文化財ガイド 那珂川町・郷土の年表
＊「日本書紀」にも記されている「裂田の溝」や「一の井手」、「安徳台」(迹驚岡)、元寇の役で最前線に立った武藤少弐資の詰城「岩門城」、歴史の道百選にも指定された「肥前・筑前街道」、今も静かに佇む国境石など、町に残る史跡を尋ね、博多や大宰府との関わりなど、旧筑紫郡域の中世史に光を当てる。
◇長野の伝承をもとめて―小倉南区 語り部たちの記録 〔北九州〕 長野城を考える会 1997.10 85p 21cm 1000円 Ⓝ219.1
◇博多にわか―みんなで作った現代世相 博多仁和加振興会編 福岡 西日本新聞社 1994.4 286p 26cm 2000円 (i)4-8167-0363-2
内容 第1部 博多にわかで何かいね(難解ネ)？ 第2部 ユーモアつくって36年―博多仁和加振興会の歩み 第3部 博多にわかのハイライト盆仁和加大会 第4部 面白すぎてすんまっせん―会員自薦傑作選(戦)！ 第5部 博多にわかの四季 第6部 マスコミと博多にわか 第7部 博多にわか講座
◇福岡の民俗文化 佐々木哲哉著 福岡 九州大学出版会 1993.3 490p 22cm 7725円 (i)4-87378-327-5 Ⓝ382.191
◇福間町史 資料編 2 福間町史編集委員会編 福間町(福岡県) 福間町 1998.3 617p 22cm Ⓝ219.1
内容 美術・建築・民俗
◇宗像むらの記録 宗像市史編集委員会編〔宗像〕 宗像市 1994.9 246p 21cm (宗像市史民俗資料集 2) Ⓝ219.1

風俗史・民俗誌　　　　　　　　　　　　　　　　　　　　　　　　　　　　　　　　　　九州地方

◆佐賀県
◇伊万里ふるさと読本　第3集　伝承編―伊万里のまつり　伊万里　伊万里市教育委員会　1996.3　84p　26cm　Ⓝ291.92
◇思い出すままに―我がふるさと基山　松野孝則著　福岡　海鳥社　1994.10　179p　19cm　1300円　(i)4-87415-092-6　Ⓝ382.192
　[内容]　ふるさと歳時記(基山と天智天皇　ほんげんぎょう　もぐら打ち　ほか)　つれづれに(同窓生　自由が怖い　のうぜんかずら　ほか)
　＊朝鮮式山城の跡を残す基山は、古来、幾多の物語を秘めてきた土地である。その麓の村に生まれ育った著者が、もぐら打ち、どんきゃんきゃん、芋名月等の祭や風物を詩情豊かにつづる山里の四季。
◇鹿島の歴史と民俗　佐々木勝著　鹿島　佐々木勝　1996.8　239p　22cm　〈略歴及び著書：p237～238〉　Ⓝ382.192
◇唐津・東松浦の歴史―たのしくわかる郷土史発掘　下巻　中里紀元監修　唐津　松浦文化連盟　2001.8　328p　21cm　1762円　Ⓝ219.2
　[内容]　民俗編・歴史物語編
◇九州・沖縄の民俗　佐賀県編　大島暁雄ほか編　三一書房　1996.11　983p　27cm　(日本民俗調査報告書集成)　(複製)　(i)4-380-96589-9　Ⓝ382.19
　[内容]　水漬く山里　佐賀県郷土研究会編(昭和29年刊)　大詫間の民俗　佐賀民俗学会編(昭和47年刊)　鳥栖の民俗　鳥栖市史編纂委員会編(鳥栖市昭和46年刊)　続・背振山麓の民俗　北九州大学民俗研究会編(昭和46年刊)　玄海町浜野浦地区の民俗　佐賀県教育委員会編(昭和53年刊)
◇玄海町の民俗　玄海町史編纂委員会編　玄海町(佐賀県)　玄海町教育委員会　1997.3　1019p　27cm　Ⓝ382.192
◇塩田のやきもの―幕末期の志田焼　第3回特別展　塩田町歴史民俗資料館編　〔塩田町(佐賀県)〕　塩田町教育委員会　1993.10　48p　26cm　〈監修：大橋康二　会期：平成5年10月30日～11月30日〉　Ⓝ751.1
◇太良町誌　中巻　学校教育編・民俗編・社会教育編・宗教編・文化編　太良町誌編纂委員会編　太良町(佐賀県)　太良町　1994.10　555p　27cm　Ⓝ291.92
◇太良町誌　下巻　集落誌編・伝承編　太良町誌編纂委員会編　太良町(佐賀県)　太良町　1994.3　1512p　27cm　Ⓝ291.92
◇なかこば―佐賀県鹿島市中木庭地区民俗文化財調査報告書　鹿島　鹿島市教育委員会　1995.3　214p　31cm　Ⓝ382.192

◆長崎県
◇有明町の民俗　第2集　有明町史編集委員会編　〔有明町(長崎県)〕　有明町教育委員会　1994.

3　187p　22cm　Ⓝ382.193
◇大村藩と川棚の史話・民話　喜々津健寿著　佐世保　芸文堂　1993.7　195p　18cm　(筑紫文庫11)　1030円　(i)4-905897-60-2　Ⓝ382.193
◇九州・沖縄の民俗　長崎県編　大島暁雄ほか編　三一書房　1996.11　1049p　27cm　(日本民俗調査報告書集成)　(複製)　(i)4-380-96590-2　Ⓝ382.19
　[内容]　長崎県民俗資料調査報告書　長崎県教育委員会編(昭和40年刊)　佐世保市民俗資料調査報告書　佐世保市立図書館,佐世保市郷土研究所編(佐世保市昭和44年刊)　有明海沿岸地区の民俗　長崎県教育委員会編(昭和47年刊)　対馬西岸阿連・志多留の民俗　長崎県教育委員会編(昭和48年刊)
◇軍艦島海上産業都市に住む　伊藤千行写真,阿久井喜孝文　岩波書店　1995.2　93p　26cm　(ビジュアルブック水辺の生活誌)　〈付：参考文献一覧〉　2000円　(i)4-00-008495-X　Ⓝ219.3
　[内容]　超高密度空間のコミュニティ　一九七四年春―軍艦島　捲き揚げ櫓と神社の下で　最古の鉄筋コンクリート集合住宅　緑なき島　オリエント、中国、そして軍艦島　海の上の近代建築〔ほか〕
　＊海底炭鉱の島「軍艦島」が閉山して21年。元島民が記録していた生活写真からは、驚くほどの活気と超高密度な空間が現れる。人も建物も、厳しい自然環境のなかで精一杯生きていた昭和30年代、大都市に先駆けて営まれていた高層住宅での暮らしから、人が集まって住むことの意味、そして暮らしやすさとは何かを考える。
◇対馬の生活文化史　矢野道子著　源流社　1995.4　188p　27cm　〈参考文献：p175～177〉　3800円　(i)4-7739-9503-3　Ⓝ382.193
　[内容]　第1章　住まいと暮らし　第2章　食事と暮らし　第3章　衣料と暮らし　第4章　祭りと暮らし
◇長崎県崎戸町の民俗文化　立平進編　崎戸町(長崎県)　崎戸町教育委員会　1994.7　187p　26cm　(崎戸町文化財報告　第1集)　Ⓝ382.193
◇長崎県文化百選　5　祭り・行事編　長崎県編　長崎　長崎新聞社　1999.3　231p　19cm　〈文献あり〉　1334円　(i)4-931493-05-X　Ⓝ291.93
　[内容]　春(春一番・風のフェスタ　西海橋観潮会　ほか)　夏(ペーロン　トライアスロン奈良尾　ほか)　秋(命婦の舞　八朔祭り・竜神祭　ほか)　冬(島原ファンタジア　お蔵入れ　ほか)
　＊生活に潤いと安らぎを与えてくれる郷土の誇れる文化をさまざまな観点から取り上げ、県内外に紹介することで、地域文化を再発見、再認識し、多様な県民文化の創造に寄与するシリーズ。第五回の今回は、「祭り・行事」をテーマに長崎県の伝統的な祭りや郷土色豊か

文化人類学の本　全情報　175

な行事を紹介します。
◇長崎と民俗学　入江勇著〔長崎〕入江勇　1998.8　192,5p　21cm　Ⓝ380.4
◇長崎百話　越中哲也著　長崎　長崎純心大学博物館　2000.1　195p　21cm　(長崎純心大学博物館研究　第8輯—長崎文化考 其の2)　Ⓝ219.3
◇長崎文化考 其の1　越中哲也著　長崎　長崎純心大学博物館　1999.3　197p　21cm　(長崎純心大学博物館研究　第7輯)　Ⓝ219.3

◆熊本県
◇阿蘇に見た日本—ヨーロッパの日本研究とヴィーン大学阿蘇調査　ヨーゼフ・クライナー著　一の宮町(熊本県)　一の宮町　2000.12　197p　18cm　(一の宮町史—自然と文化阿蘇選書 12)　952円　(i)4-87755-089-5　Ⓝ382.194
◇荒尾市文化財調査報告　第10集　宮崎兄弟の生家整備工事報告書—県指定史跡　〔荒尾〕荒尾市教育委員会　1993.11　167p　26cm　Ⓝ709.194
◇五木の民俗　五木村民俗調査団編　五木村(熊本県)　五木村　1993.3　787p　21cm　〈文献一覧：p782〉　Ⓝ382.194
◇九州・沖縄の民俗　熊本県編　大島暁雄ほか編　三一書房　1996.11　783p　27cm　(日本民俗調査報告書集成)　〈複製〉　(i)4-380-96592-9　Ⓝ382.19
　(内容)　五家荘の民俗　熊本県教育委員会編(昭和49年刊)　八代の民俗　熊本民俗文化研究会編(昭和53年刊)　玉名の民俗　熊本民俗文化研究会編(昭和54年刊)　五木の民俗　熊本県教育委員会編(昭和47年刊)　熊本県民俗資料調査報告書　熊本県教育委員会編(昭和41年刊)
◇熊本県の不思議事典　水野公寿,岩本税編　新人物往来社　1995.3　230p　21cm　3000円　(i)4-404-02182-8
　(内容)　考古編　歴史編　人物編　民俗編　宗教編　地名編　地理編　産業編　自然編
　＊熊本県人でもわからない、不思議な話を満載。
◇くまもとの森羅抄　熊本県総務部広報課編、光岡明著　熊本　熊本県総務部広報課　1999.9　207p　18cm　(東京 文芸春秋企画出版部(製作))　Ⓝ291.94
◇新熊本市史　別編　第2巻　民俗・文化財　新熊本市史編纂委員会編　熊本　熊本市　1996.3　1128p　図版12枚　22cm　Ⓝ219.4
◇玉名市史　資料篇 3　自然・民俗　玉名市史編集委員会編　玉名　玉名市　1993.3　676p　27cm　Ⓝ219.4

◆大分県
◇宇佐神宮の研究　中野幡能編　国書刊行会　1995.8　372p　21cm　9000円　(i)4-336-03699-3
　(内容)　宇佐託宣集よりみた八幡神信仰の展開過程　八幡信仰の展開と放生会　宇佐八幡宮の信仰　宇佐八幡宮本殿と摂社八箇社　三匝の儀礼　八幡大神の神歌について　近世宇佐神宮建築工匠の係累と足跡　宇佐八幡宮神官漆嶋氏とその一族　道鏡事件の謀略と史的背景　蒙古襲来期の仏教系新宗教運動における神祇信仰について　「太宰管内志」における「扶桑略記」について
◇大分県内石造文化財の現状と課題—保存のための基礎調査概報　大分県立宇佐風土記の丘歴史民俗資料館編　宇佐　大分県立宇佐風土記の丘歴史民俗資料館　1994.3　42p　26cm　〈各章末：参考文献〉　Ⓝ709.195
◇緒方町誌　区誌編　緒方町立歴史民俗資料館緒方町誌編纂室編　緒方町(大分県)　緒方町　2001.8　1344p　27cm　Ⓝ291.95
◇緒方町誌　総論編　緒方町立歴史民俗資料館緒方町誌編纂室編　緒方町(大分県)　緒方町　2001.8　1240p　27cm　Ⓝ291.95
◇九州・沖縄の民俗　大分県編　大島暁雄ほか編　三一書房　1996.11　1246p　27cm　(日本民俗調査報告書集成)　〈複製〉　(i)4-380-96591-0　Ⓝ382.19
　(内容)　大分県の民俗　大分県教育委員会編(昭和40年刊)　天瀬町赤岩玖珠町北山田の民俗　大分県教育委員会編(昭和46年刊)　耶馬渓町の民俗　大分県教育委員会編(昭和47年刊)　米水津村宮野浦の民俗　大分県教育委員会編(昭和48年刊)　臼杵石仏地域の民俗　臼杵市教育委員会編(昭和53年刊)
◇行入地域の民俗　国東町歴史民俗資料館編　国東町(大分県)　国東町歴史民俗資料館　1993.3　269p　21cm　〈折り込図1枚〉　Ⓝ382.195
◇三光村の民俗と方言　続　三光村文化財調査委員会編　三光村(大分県)　三光村教育委員会　1993.10　204p　21cm　Ⓝ382.195
◇石造文化財の保存対策のための概要調査—石造文化財の基礎調査報告書　大分県立宇佐風土記の丘歴史民俗資料館編　宇佐　大分県立宇佐風土記の丘歴史民俗資料館　1996.3　151p　30cm　(大分県立宇佐風土記の丘歴史民俗資料館報告書 第18集)　Ⓝ709.195
◇野津町誌　野津町誌編さん室編　野津町(大分県)　野津町　1993.3　2冊　22cm　〈付(図2枚 袋入)〉　Ⓝ291.95
　(内容)　上 環境・歴史　下 現況・民俗
◇豊後国香々地荘—国東半島荘園村落遺跡詳細分布調査概報 4　大分県立宇佐風土記の丘歴史民俗資料館編　宇佐　大分県立宇佐風土記の丘歴史民俗資料館　1997.3　37p　26cm　Ⓝ219.5
◇豊後国香々地荘の調査　資料編　宇佐　大分県立宇佐風土記の丘歴史民俗資料館編　1998.3　152p　26cm　(大分県立宇佐風土記の丘歴史民俗資料館報告書 第21集)　〈付属資料：図5枚(袋入)〉　Ⓝ219.5

◇豊後国都甲荘の調査　本編　宇佐　大分県立宇佐風土記の丘歴史民俗資料館　1993.3　264p　26cm　(大分県立宇佐風土記の丘歴史民俗資料館報告書 第11集)　〈付(図6枚 袋入)〉　Ⓝ219.5

◆宮崎県
◇九州・沖縄の民俗　宮崎県編　大島暁雄ほか編　三一書房　1996.11　856p　27cm　(日本民俗調査報告書集成)　〈複製〉　(i)4-380-96593-7　Ⓝ382.19
　内容　高千穂地方の民俗 宮崎県教育委員会編 (昭和46年刊) 北浦町三川内の歴史と民俗 宮崎県総合博物館編「山村調査報告書」第3～5集 昭和47～48年刊 島野浦の歴史と民俗 1～2 宮崎県総合博物館編「離島調査報告書」昭和49～50年刊 高千穂 熊本商科大学民俗学会編 (昭和44年刊)
◇古代都城の儀礼空間と構造　古代都城制研究集会実行委員会編　奈良　奈良国立文化財研究所埋蔵文化財センター　1996.1　313,79p　30cm　(古代都城制研究集会報告集 第1回)　〈付：文献目録〉　Ⓝ210.3
◇椎葉民俗芸能博物館常設展示図録　椎葉民俗芸能博物館編　椎葉村(宮崎県)　椎葉民俗芸能博物館　1997.3　44p　23cm　Ⓝ382.196
◇高千穂の古事伝説・民話　高千穂町(宮崎県)　高千穂町老人クラブ連合会　1996.3　296p　26cm　(高千穂町老連創立二十五周年記念・高千穂町町政施行七十周年記念　共同刊行：高千穂町社会福祉協議会)　1500円　Ⓝ382.196
◇日之影町史　9(資料編4)　民俗　日之影町編　日之影町(宮崎県)　日之影町　2000.3　1258p　22cm　Ⓝ219.6
◇文学に描かれた宮崎—県北を中心に　1　幕末・明治から戦中まで　夕刊デイリー新聞社企画・編，佐藤隆一著　宮崎　鉱脈社　2001.2　296p　19cm　(みやざき文庫 3)　1800円　(i)4-906008-69-0
　内容　幕末から明治・大正へ(賀来飛霞　夏目漱石　森鷗外　柳田国男 ほか)　大正から昭和へ(木下利玄　志村喬　折口信夫　武者小路実篤 ほか)　昭和初期から十年代へ(髙橋新吉　鈴木健一郎　若山喜志子　大悟法利雄 ほか)
　＊文学—もうひとつの日向地誌。文学者の感性と想像力がとらえた近代化のなかの宮崎のかたち36人の有名文学者が登場。夕刊デイリー新聞連載の話題作。
◇都城市史　別編　民俗・文化財　都城市史編さん委員会編　都城市　1996.3　1132,11p　22cm　Ⓝ219.6
◇宮崎の狩猟—その伝承と生活を中心に　山口保明著　宮崎　鉱脈社　2001.10　341p　19cm　(みやざき文庫)　2000円　(i)4-906008-95-X
　内容　序章 宮崎の狩猟とその伝承—柳田国男「後狩詞記」を視座に(「後狩詞記」の成立とその意義　椎葉と綾の猪狩り ほか)　第1章 宮崎の狩猟—「狩り」の文化の周辺(生活と狩猟　狩りと共同体 ほか)　第2章 宮崎の各地の狩猟—その伝承の世界(祖母山麓の熊狩り　祖母山麓の猪狩り ほか)　第3章 近代の狩猟とその周辺—大正期から昭和初期の宮崎県の調査を中心に(禁猟区の設定と展開　狩猟鳥獣生息概況について ほか)
　＊宮崎県にあって「狩猟」はそこに暮らす人々の生活とともにあった。その宮崎県内の狩猟に関する史・資料や民俗伝承、狩猟儀礼、猟師の聞き書きなどをもとに、県内各地の狩猟の伝承とその生活をときあかし、さらに近代の狩猟の実態にも及んで、全体像に迫る画期的労作。

◆鹿児島県
◇姶良町歴史民俗資料館常設展示案内　姶良町(鹿児島県)　姶良町歴史民俗資料館　2001.3　42p　30cm　Ⓝ219.7
◇奄美・宇検村田検の生活誌　国際基督教大学人類学研究室編　三鷹　国際基督教大学人類学研究室　2000.3　202p　26cm　(文化人類学調査実習報告書 第12輯)　〈1998年度 鹿児島県大島郡宇検村田検〉　Ⓝ382.197
◇奄美おもしろ雑論　倉井則雄編著　名瀬　倉井則雄　2000.7　395p　21cm　2800円　Ⓝ382.197
◇奄美学術調査記念論文集　鹿児島短期大学付属南日本文化研究所編　鹿児島　鹿児島短期大学付属南日本文化研究所　1993.3　224,60,9p　26cm　(南日本文化研究所叢書 18)　Ⓝ291.97
　内容　奄美群島の経済特質 髙橋良宣著．奄美南部3島における漁業生産構造の変化 古林英一著．戦時体制下の奄美大島紬絹織物業 仲村政文著．鹿児島県奄美群島出身者の郷友会について 川崎澄雄著．奄美の人口・高齢者・福祉 山田晋著．奄美における社会体育活動について 山下孝文著．古奄美諸島社会史研究の試み 石上英一著．奄美におけるグスク調査の報告 三木靖著．奄美諸島における弥生文化の諸様相 上村俊雄著．南島と市来式系土器 本田道輝著．奄美における貝符と兼久式土器 中山清美著．奄美大島の野生動物の現状と保護対策 鮫島正道著．奄美諸島の植生概要 大野照好著．南西諸島の稲作儀礼をめぐる問題 小野重朗著．沖永良部島における世之主説話群について 山下欣一著．奄美における仕事歌起源のシマウタ 小川学夫著．奄美八月踊の二つの様式 松原武実著．奄美諸島の調査の回顧と展望 小林敏男著．付：南日本文化研究所の歩み「南日本文化」に発表された種子・屋久・奄美関係論文・報告一覧
◇奄美拾遺集　林蘇喜男著　名瀬　林蘇喜男

◇奄美二十世紀の記録—シマの暮らし、忘れえぬ日々　越間誠著　鹿児島　南方新社　2000.8　215p　20×22cm　〈おもに図〉　3810円　(i)4-931376-40-1　Ⓝ382.197
　(内容)　第1章　光の果てに　第2章　うりうり(折々)の風景
　＊本書は、1959年から2000年までおよそ40年間にわたる奄美群島の記録である。島々に伝承される祭や信仰、そして人、居住環境などを中心とする、永久に保存したい写真集。

◇奄美の歴史とシマの民俗　先田光演著　神戸　まろうど社　1999.5　375p　20cm　3000円　(i)4-89612-021-3　Ⓝ219.7

◇奄美民俗雑話　登山修著　鹿児島　春苑堂出版　2000.9　229p　19cm　(かごしま文庫63)　〈鹿児島　春苑堂書店(発売)　文献あり〉　1500円　(i)4-915093-70-0　Ⓝ382.197

◇奄美民俗の研究　登山修著　大阪　海風社　1996.2　571,31p　22cm　(南島叢書75)　〈参考文献一覧：p565～569〉　6800円　(i)4-87616-251-4　Ⓝ382.197

◇出水の生活伝承　出水市教育委員会社会教育課編　改訂増補　出水　出水市教育委員会　1994.10　240p　21cm　〈付・ことわざ伝承〉　Ⓝ382.197

◇大崎町史-古代-幕末編　救仁郷断二著，救仁郷繁，救仁郷建校訂　新訂版　至言社，ぺりかん社〔発売〕　1997.8　462p　21cm　3800円　(i)4-8315-0789-X
　(内容)　第1編　地誌(地理的概要　地名とその歴史　神社　寺院　城跡と古戦場　生業と天災　民俗芸能)　史誌(上古　古代　中世　近世　幕末から近代へ)
　＊九州島南端の一地方史が語るわが国の歴史ルーツ！古代・中世の救仁郷＝近世の大崎郷の歴史が語るモチーフは…。

◇鹿児島県歴史資料センター黎明館所蔵品目録13　民俗2　鹿児島県歴史資料センター黎明館編　鹿児島　鹿児島県歴史資料センター黎明館　1996.3　97p　30cm　Ⓝ219.7

◇加治木のくも合戦の習俗調査報告書—加治木町文化財調査報告書　加治木町教育委員会編　加治木町(鹿児島県)　鹿児島県加治木町教育委員会　1999.3　160p　30cm　〈付属資料：図1枚〉　Ⓝ382.197

◇加世田市の民俗　下野敏見編　加世田　加世田市教育委員会　1994.3　635p　26cm　(加世田市民俗資料調査報告書2)　〈調査：鹿児島大学比較民俗学研究室　付：参考文献〉　Ⓝ382.197

◇川辺町の民俗　下野敏見編　川辺町(鹿児島県)　川辺町教育委員会　1994.3　599p　26cm　(川辺町民俗資料調査報告書2)　〈調査：鹿児島大学比較民俗学研究室〉　Ⓝ382.197

◇九州・沖縄の民俗　鹿児島県編　大島暁雄ほか編　三一書房　1996.11　876p　27cm　〈日本民俗調査報告書集成〉〈鹿児島県教育委員会編刊の複製〉　(i)4-380-96594-5　Ⓝ382.19
　(内容)　民俗資料調査報告書(昭和40年刊)　川内川流域の民俗　1～2(昭和49～50年刊)　永吉川流域山麓地帯の民俗(昭和51年刊)　甑列島の民俗　1～2(昭和52～53年刊)

◇郷土の手紙が語る幕末動乱期の世相—竹添弥八兵衛関係書翰より　天保八年～明治五年　出水市立歴史民俗資料館編　〔出水〕　出水市教育委員会　1999.10　126p　26cm　Ⓝ210.58

◇暮らしに生きる竹　浜田甫著　鹿児島　春苑堂出版　1996.12　228p　19cm　(かごしま文庫36)　〈発売：春苑堂書店　付(6p)〉　1500円　(i)4-915093-43-3　Ⓝ382.197

◇古代黒潮文化—日本人の一源流～奄美と与論島の証言　川村俊英著　〔合志町(熊本県)〕〔川村俊英〕　1995.5　195p　22cm　〈参考文献：p194～195〉　Ⓝ382.197

◇挿絵で見る「南島雑話」　鹿児島県立大島高等学校南島雑話クラブ著　住用村(鹿児島県)　奄美文化財団　1997.5　216p　21cm　(奄美文庫5)　〈複製を含む〉　1200円　Ⓝ382.197

◇雑記集成2　徳富重成著　鹿児島　南州プリント社　1993.2　128p　26cm　〈折り込1枚　限定版〉　非売品　Ⓝ382.197
　(内容)　徳之島の地名と文化・特集号

◇雑記集成3　徳富重成著　鹿児島　南州プリント社　1993.3　165p　26cm　〈折り込1枚　限定版〉　非売品　Ⓝ382.197
　(内容)　徳之島の年中行事・信仰・水・出産・グシク・怪異

◇雑記集成4　徳富重成著　徳之島町(鹿児島県)〔徳富重成〕　1993.7　138p　26cm　〈〔3〕までの出版者：南州プリント　折り込1枚　限定版〉　非売品　Ⓝ382.197
　(内容)　与論島の年中行事, 与路島の人生儀礼, 徳之島の地名・信仰・衣食住・建築儀礼

◇雑記集成5　徳富重成著　徳之島町(鹿児島県)〔徳富重成〕　1993.12　140p　26cm　〈折り込1枚　限定版〉　非売品　Ⓝ382.197
　(内容)　徳之島の信仰と祭詞・ミヤゲフキ考, 由緒, 地名須子茂(加計呂麻島)轟木(徳之島)の集落記録

◇雑記集成6　徳富重成著　徳之島町(鹿児島県)〔徳富重成〕　1994.2　147p　26cm　〈折り込1枚　限定版〉　非売品　Ⓝ382.197
　(内容)　徳之島「轟木」の共同体, 村落の移り変わり, 徳之島の地名と文化, 奄美の地名考, 奄美の地名を考える, 徳之島の浜下り

◇雑記集成7　徳富重成著　徳之島町(鹿児島県)〔徳富重成〕　1994.5　142p　26cm　〈折り込1枚　限定版〉　非売品　Ⓝ382.197

◇雑記集成 8 徳富重成著 徳之島町(鹿児県)〕〔徳富重成〕 1994.10 153p 26cm 〈折り込1枚 限定版〉 非売品 Ⓝ382.197
　内容 徳之島の年中行事・アムト神・陸の漁猟習俗・衣食住. 万年暦. 子供の遊び
◇雑記集成 9 徳富重成著 徳之島町(鹿児島県)〕〔徳富重成〕 1994.12 150p 26cm 〈折り込1枚 限定版〉 非売品 Ⓝ382.197
　内容 徳之島の民具と文化―変遷・呪術・信仰・歌謡・子供の遊び. 奄美の地名と文化―徳之島を中心に
◇雑記集成 10 徳富重成著 徳之島町(鹿児島県)〕〔徳富重成〕 1995.1 152p 26cm 〈折り込1枚 限定版〉 非売品 Ⓝ382.197
　内容 徳之島の七月踊り歌. 第一回徳之島民謡大会歌詞集
◇雑記集成 11 徳富重成著 徳之島町(鹿児島県)〕〔徳富重成〕 1995.2 148p 26cm 〈折り込1枚 限定版〉 非売品 Ⓝ382.197
　内容 南島―その歴史と文化 4～5. 徳之島の俚諺. 徳之島の文化と民具ノート
◇雑記集成 12 徳富重成著 徳之島町(鹿児島県)〕〔徳富重成〕 1995.3 160p 26cm 〈折り込1枚 限定版〉 非売品 Ⓝ382.197
　内容 徳之島の昔話・民具・闘牛・芸能・集落の沿革. 奄美の修験とクチ・六調関係資料. 加計呂麻島の手鞠歌・童歌. 沖永良部島の年忌
◇雑記集成 13 徳富重成著 徳之島町(鹿児島県)〕〔徳富重成〕〔1995〕 1冊 26×37cm Ⓝ382.197
　内容 年表特集 徳之島略史年表. 琉球歴史略年表
◇雑記集成 14 徳富重成著 〔徳之島町(鹿児島県)〕〔徳富重成〕〔1995〕 1冊(頁付なし) 26×37cm Ⓝ382.197
　内容 奄美の地名と文化. 久米島巡検記
◇雑記集成 15 徳富重成著 〔徳之島町(鹿児島県)〕〔徳富重成〕〔1995〕 1冊(頁付なし) 26×37cm Ⓝ382.197
　内容 シマの郷土文化(「週刊とくのしま新聞」昭和57年1月～昭和58年8月)
◇雑記集成 16 徳富重成著 〔徳之島町(鹿児島県)〕〔徳富重成〕〔1995〕 1冊(頁付なし) 26×37cm Ⓝ382.197
　内容 シマの郷土文化(「徳之島新聞」昭和59年2月～昭和61年3月)
◇雑記集成 17 徳富重成著 〔徳之島町(鹿児島県)〕〔徳富重成〕〔1995〕 1冊(頁付なし) 26×37cm Ⓝ382.197
　内容 シマの郷土文化(「徳之島新聞」昭和61年3月～昭和63年11月)

◇雑記集成 18 徳富重成著 〔徳之島町(鹿児島県)〕〔徳富重成〕〔1995〕 1冊(頁付なし) 26×37cm Ⓝ382.197
　内容 シマの郷土文化(「徳之島新聞」昭和63年11月～平成3年7月)
◇雑記集成 19 徳富重成著 〔徳之島町(鹿児島県)〕〔徳富重成〕〔1995〕 1冊(頁付なし) 26×37cm Ⓝ382.197
　内容 更生の伊仙村史を読んで. 中学校社会科郷土資料目録. 南島研究30・妖怪特集評. 県民大学講座・徳之島の民俗. 正月と動物儀礼. 徳之島と石の文化. 徳之島の信仰文化を考える
◇雑記集成 20 徳富重成著 〔徳之島町(鹿児島県)〕〔徳富重成〕〔1995〕 1冊(頁付なし) 26×37cm Ⓝ382.197
　内容 町指定文化財めぐり(「広報とくのしま」昭和62年7月～平成2年12月) 徳之島のシマグチ考(「大島新聞」平成7年1月～12月)
◇雑記集成 21 徳富重成編 〔徳之島町(鹿児島県)〕〔徳富重成〕〔1995〕 13,27枚 26×37cm Ⓝ382.197
　内容 島口島唄大会 第4,5回
◇雑記集成 22 徳富重成編 〔徳之島町(鹿児島県)〕〔徳富重成〕〔1995〕 23,15枚 26×37cm Ⓝ382.197
　内容 島口唄大会 第6,7回
◇雑記集成 23 徳富重成編 〔徳之島町(鹿児島県)〕〔徳富重成〕〔1995〕 13,15枚 26×37cm Ⓝ382.197
　内容 島口唄大会 第8,9回
◇雑記集成 24 徳富重成編 〔徳之島町(鹿児島県)〕〔徳富重成〕〔1995〕 16,16枚 26×37cm Ⓝ382.197
　内容 島口唄大会 第10,11回
◇シマと島の歴史と民俗 先田光演著 宇検村(鹿児島県) 先田光演 1994.5 98p 26cm Ⓝ219.7
◇展示図録と解説 伊仙町歴史民俗資料館編 〔伊仙町(鹿児島県)〕 伊仙町歴史民俗資料館 1996.3 82p 26cm 〈創立15周年記念 執筆:義憲和 年表あり〉 Ⓝ291.97
◇天保十一年(一八四〇年)出水麓衆中軍役高帳―七十八番 出水市立歴史民俗資料館編 〔出水〕 出水市教育委員会 2000.2 89p 26cm Ⓝ219.7
◇徳之島採集手帖―徳之島民俗の聞き取り資料 鹿児島 鹿児島短期大学付属南日本文化研究所 1996.3 295p 26cm (南日本文化研究所叢書 21) Ⓝ382.197
◇屋久島の環境民俗学―森の開発と神々の闘争 中島成久著 明石書店 1998.9 215p 20cm 2500円 (i)4-7503-1085-9 Ⓝ382.197
　内容 序章 屋久島を問う、ということ 第1章 森への視線 第2章 開発の時代 第3章 山と海

をつなぐ円環　第4章 人と動物　第5章 縄文杉の神話作用　終章「世界遺産」という怪物

◆沖縄県
◇東御廻り等関連拝所総合調査　1　沖縄県教育庁文化課編　那覇　沖縄県教育委員会　1995.3　52p　30cm　(沖縄県文化財調査報告書 第118集)　Ⓝ291.99
◇伊波普猷全集　第5巻　服部四郎ほか編　平凡社　1993.6　621p　22cm　〈第2刷(第1刷：1974年)〉(i)4-582-44500-4　Ⓝ219.9
　(内容) をなり神の島. 日本文化の南漸. 解題 外間守善, 比嘉実著
◇伊波普猷全集　第7巻　服部四郎ほか編　平凡社　1993.6　540p　22cm　〈第2刷(第1刷：1975年)　著者の肖像あり〉(i)4-582-44500-4　Ⓝ219.9
　(内容) 琉球人種論. 琉球史の趨勢. 琉球の五偉人. 沖縄女性史. 琉球古今記. 琉球風俗史考.「琉球国由来記」解説.「琉球国旧記」解説. 歴史論考 南山王の朝鮮亡命. 解題 外間守善, 比嘉実著
◇伊波普猷全集　第9巻　服部四郎ほか編　平凡社　1993.6　460p　22cm　〈第2刷(第1刷：1975年)　著者の肖像あり〉(i)4-582-44500-4　Ⓝ219.9
　(内容) 文学論考 日本文学の傍系としての琉球文学 ほか. 民俗論考 浄土真宗沖縄開教前史 ほか. 解題 外間守善, 比嘉実著
◇沖縄　音楽之友社　1999.5　119p　23cm　(先生のための音楽修学旅行シリーズ 1)　1800円　(i)4-276-32200-6　Ⓝ382.199
　(内容) 亜熱帯の島々, 沖縄―自然と風土　人の暮らしを見る沖縄の衣食住　芸能と音楽の島沖縄　沖縄の歴史を知る　沖縄で学ぶ戦争　基地から見える沖縄の、今　沖縄のキーワード60の言葉　沖縄予習帳
　＊沖縄の文化を支えてきたものは何か?沖縄をしっかり見つめよう。新教育課程対応。
◇沖縄がすべて　筑紫哲也, 照屋林助著　河出書房新社　1997.9　214p　19cm　1500円　(i)4-309-01172-1
　(内容) 第1章 音楽一家と戦争　第2章 戦後大衆芸能の先駆者、ブーテン　第3章 沖縄中を沸かせたワタブーショウ　第4章 現代に生きる沖縄の民俗　第5章 チャンプルー文化の過去・未来
◇沖縄都市近郊・南風原町兼城の文化と社会　国際基督教大学人類学研究室編　三鷹　国際基督教大学人類学研究室　1997.8　105p　26cm　(文化人類学調査実習報告書 第11輯)〈1996年度沖縄県島尻郡南風原町兼城〉Ⓝ382.199
◇沖縄謎とき散歩―海洋に育まれた輝かしい琉球の歴史を訪ねて　青柳悠友著　広済堂出版　1999.9　269p　19cm　1600円　(i)4-331-50700-9
　(内容) 第1章 那覇―四百年王朝の繁栄と屈辱　(那覇の公設市場―原色の魚とブタの全身を食べるということ・那覇市　那覇港―風雲児とその後に来た薩摩隼人の素顔・那覇市 ほか)　第2章 島尻地方―「鉄の暴風」が吹いた神話と伝説の聖地(旧海軍司令部壕―「県民ニ対シ後世特別ノ御高配ヲ賜ランコトヲ」・豊見城村　糸満の漁民―世界の海へ出漁した海洋民族・糸満市 ほか)　第3章 本島中南部―謎を秘めた城壁と「戦世」の傷跡(浦添ようどれ―古都の王墓に眠る悲劇の王・尚寧・浦添市　浦添城跡―沖縄の歴史はここから始まった・浦添市 ほか)　第4章 本島中北部―王家の先祖は北から南下した(三府竜脈碑記―十八世紀の首里遷都論の仕掛人はだれか・名護市　程順則―寺子屋の教科書を中国から持ち帰った「名護聖人」・名護市 ほか)　第5章 南の島々―その抵抗と伝説と幻(島の貝殻物語―「日本人の南方起源説」の起点になった島・宮古島　漲水御岳―島産み伝説と竜宮伝説・宮古島 ほか)
　＊風も、海も、空も素晴らしい。四百年王朝の栄華をしのぶ遺跡の数々、神話と伝説に彩られた古代聖地、忘れさることのできない戦争の墓碑銘…。波乱に富んだ琉球・沖縄の歴史を歩く。
◇沖縄の文化財　4　無形・民俗文化財編　沖縄県教育委員会編　那覇　沖縄県教育委員会　1996.3　140p　26cm　(英語書名：Cultural properties of Okinawa 英文併記)　Ⓝ709.199
◇沖縄の昔面影―怪談・綺談の話ぐゎー　金城和彦著　南風原町(沖縄県)　那覇出版社　1997.3　277p　20cm　1500円　(i)4-89095-081-8　Ⓝ382.199
◇沖縄文化論―忘れられた日本　岡本太郎著　中央公論社　1996.6　261p　15cm　(中公文庫)　680円　(i)4-12-202620-2
　(内容) 沖縄の肌ざわり　「何もないこと」の眩暈　八重山の悲歌　踊る島　神と木と石　ちゅらかさの伝統　結語　神々の島久高島　本土復帰にあたって
　＊苛酷な歴史の波に翻弄されながらも、現代のわれわれが見失った古代日本の息吹を今日まで脈々と伝える沖縄の民俗。その根源に秘められた悲しく美しい島民の魂を、画家の眼と詩人の直感で見事に把えた、毎日出版文化賞受賞の名著。
◇沖縄八重山の研究　法政大学沖縄文化研究所沖縄八重山調査委員会著　相模書房　2000.2　407p　26cm　26000円　(i)4-7824-0003-9
　(内容) 古文書による八重山の基礎的研究　八重山の村と農耕―18世紀後半～19世紀後半期　離島にみる社会生活空間とその変貌　石垣島の漁民集落形成と漁業活動を中心として　八重山における近代化と民俗宗教の変容　八重山の叙事伝承とその背景　「八重山文化」とその時代　八重山

歌謡の展開―"生産叙事""巡行叙事"を視点として 「踊番組」に見る八重山芸能の受容と展開 沖縄八重山染織文化史研究序論〔ほか〕
  ＊法政大学沖縄文化研究所は、平成6年度より3年間にわたって文部省科学研究費の交付を受け、八重山地域における学術的な総合調査・研究を行った。その調査報告書が「沖縄八重山の研究」として、私学振興財団・研究成果刊行費の補助によって刊行されることになった。

◇「おもろ」風俗考　崎間敏勝著　与那原町(沖縄県)　琉球文化歴史研究所　1993.3　399p　19cm　〈琉球の文化と歴史の考察　第3集〉〈シリーズ「琉球の文化と歴史の考察」第10号～12号の合冊本〉　4000円　Ⓝ388.9199
  (内容) 「おもろ」風俗考．「おもろ語」の周辺．先島の「島建て」考

◇がくむにー―松山東雲女子大学地域文化調査団報告書　第1号　松山東雲女子大学若林ゼミナール編　松山　松山東雲女子大学若林ゼミナール　1996.3　289p　Ⓝ382.199

◇がくむにー―松山東雲女子大学地域文化調査団報告書　第2号　松山東雲女子大学若林ゼミナール編　松山　松山東雲女子大学若林ゼミナール　1997.3　222p　26cm　Ⓝ382.199

◇がくむにー―松山東雲女子大学地域文化調査団報告書　第3号　松山東雲女子大学若林ゼミナール編　松山　松山東雲女子大学若林ゼミナール　1998.3　190p　26cm　Ⓝ382.199

◇花綵列島―民俗と伝承　高城隆著　木犀社　1995.8　303p　20cm　2266円　(i)4-89618-014-3　Ⓝ380.4
  (内容) 花綵列島の島々　パナリ焼のことなど　刺青から見た沖縄文化論　デイゴ　沖縄ユタ論争　みみらくの島　古琉球研究の諸問題　累卵の時代―新聞に見る山梨と沖縄　「星見様」の研究―沖縄・多良間島の星伝承　民話世界への傾斜〔ほか〕

◇ぎのわんの西海岸―土地利用・地名・海(イノー)・自然　宜野湾市教育委員会文化課編　宜野湾　宜野湾市教育委員会　1996.3　129p　30cm　(口承民俗文化財記録保存調査報告書)　Ⓝ291.99

◇九州・沖縄の民俗　沖縄県編　大島暁雄ほか編　三一書房　1996.11　1082p　27cm　(日本民俗調査報告書集成)　(複製)　(i)4-380-96595-3　Ⓝ382.19
  (内容) 沖縄の民俗資料　第1集　琉球政府文化財保護委員会編(昭和45年刊)　糸満の民俗　沖縄県教育委員会編(昭和49年刊)　宮古諸島学術調査研究報告　地理・民俗編　琉球大学沖縄文化研究所編(昭和41年刊)　沖縄民俗　第4,10,17号　琉球大学民俗研究クラブ編(1961～1969年刊)

◇近世先島の生活習俗　玉木順彦著　那覇　ひるぎ社　1996.2　202p　18cm　(おきなわ文庫 76)　〈参考文献：p199～201〉　880円　Ⓝ382.199

◇久米島総合調査報告書―自然・歴史・民俗・考古・美術工芸・建築　1994年　沖縄県立博物館編　那覇　沖縄県立博物館　1995.3　364p　26cm　〈付：参考文献〉　Ⓝ291.99

◇子乞い―沖縄孤島の歳月　森口豁著　凱風社　2000.1　267p　20cm　〈マルジュ社1985年刊の増補〉　1800円　(i)4-7736-2404-3　Ⓝ382.199
  (内容) プロローグ　闇のトゥバラーマ　第1幕　島分け　第2幕　シマ興し　第3幕　世願い　第4幕　島の生と死　第5幕　南島のリズム　第6幕　子どもたちの秋　エピローグ　幻影
  ＊南のはての小っちゃな島・鳩間には、澄みきった青空と、でっかい太陽と、真っ青な海しかないけれど、一人ひとりが主役になれる元気がいっぱいあります。小学校存続に奮闘した、子供とおとなの人間ドキュメント。

◇古琉球　伊波普猷著，外間守善校訂　岩波書店　2000.12　487p　15cm　(岩波文庫)　960円　(i)4-00-381021-X
  (内容) 琉球人の祖先に就いて　琉球史の趨勢　沖縄人の最大欠点　進化論より見たる沖縄の廃藩置県　土塊石片録　浦添考　島尻といえる名称　阿麻和利考　琉球に於ける倭寇の史料　琉球文にて記せる最後の金石文〔ほか〕
  ＊薩摩藩による支配に続く明治政府による沖縄と沖縄人に対する不当な差別を目の当たりに見、骨身にしみて育った「沖縄学の父」伊波普猷。本書は、彼が沖縄の歴史・言語・民俗を探究した、沖縄学樹立の記念碑的作品であり、歌謡集「おもろさうし」とともに沖縄を知るための必読の古典である。

◇島からのことづて―琉球弧聞き書きの旅　安渓遊地，安渓貴子編著　福岡　葦書房　2000.4　270p　21cm　2200円　(i)4-7512-0768-7　Ⓝ382.199
  (内容) 第1章　日本のある島で　第2章　南島の人と自然　第3章　橘をかける　第4章　地の者として　第5章　見えない世界
  ＊「お月様、欲ではありますが来年もまた拝ませて下さい。」島からこそ世界が見えてくる。なにげなく語られた言葉が次第に重みを増してくる。あれは島から私たちへのことづてだったのだ。

◇シマの見る夢―おきなわ民俗学散歩　赤嶺政信著　那覇　ボーダーインク　1998.4　208p　19cm　1600円　(i)4-938923-63-7　Ⓝ382.199

◇諸国叢書　第12輯　成城大学民俗学研究所　1995.3　162p　21cm　Ⓝ382.1
  (内容) 渡嘉敷間切「公事帳」解題　川部裕幸著．渡嘉敷間切「公事帳」の特徴　森田晃一著．渡嘉敷間切「公事帳」の年中行事　川部裕幸著．付：参考文献

風俗史・民俗誌

◇諸国叢書　第13輯　成城大学民俗学研究所　1996.3　166p　21cm　Ⓝ382.1
　内容　大森資料 先島採集 大森義憲著．解題 平山敏治郎著
◇諸国叢書　第14輯　成城大学民俗学研究所　1996.10　166p　21cm　Ⓝ382.1
　内容　先島採集(大森義憲著)　解題(平山敏治郎著)
◇諸国叢書　第15輯　成城大学民俗学研究所　1999.2　157p　21cm　Ⓝ382.1
　内容　宮古島乃歌　解題(平山敏治郎著)
◇真説阿麻和利考—歴史と伝承を探る　高宮城宏著　北谷町(沖縄県)　うりずん企画　2000.10　262p　26cm　〈宜湾 榕樹書林(発売)〉　3500円　(i)4-947667-69-9　Ⓝ289.1
◇素顔の伊波普猷　比嘉美津子著　那覇 ニライ社,〔下関〕新日本教育図書〔発売〕　1997.8　192p　19cm　(沖縄人物叢書)　1600円　(i)4-931314-26-0
　内容　序 伊波普猷という泉を汲む　1 追想 伊波普猷(先生との出会い 伊波家の朝食 優雅な貧乏 ほか)　2 織りなす友情(南と北の友情 真心人 比嘉春潮先生 折口信夫先生のこと ほか)　3 伊波冬子の思い出(形見の石仏 伊波冬子の詩—伊波普猷に耐えた生涯　病院の窓から ほか)
　＊沖縄学の父・伊波普猷。彼ほど沖縄を識った人はいない。彼ほど沖縄を愛した人はいない。彼ほど沖縄を憂えた人はいない。彼は識った為に愛し、愛したために憂えた。彼は学者であり、愛郷者であり、予言者でもあった。
◇世界のなかの沖縄文化　渡辺欣雄著　那覇 沖縄タイムス社　1993.5　142,5p　24cm　(参考文献:p138～142)　2400円　Ⓝ382.199
◇楚辺誌「民俗編」　字楚辺誌編集委員会編　読谷村(沖縄県)　字楚辺公民館　1999.6　912p　27cm　(奥付のタイトル:字楚辺誌「民俗編」)　Ⓝ219.9
◇民人と自然—沖縄からの出発　水野たかし,渡久山章著　新教出版社　1993.8　206p　19cm　〈付:参考文献〉　2000円　(i)4-400-42626-2　Ⓝ519.8
　内容　民人との出会い(白保をたずねて　白保の海を守る—山里節子さんに聞く　ベラウ民衆のたたかい　水のめぐみ　アイヌ民族の漁業権・土地権—チカップ美恵子さんに聞く　リゾート開発の脅威にさらされる石垣島 ほか)　物・自然(私の大学院時代　物への認識　コモンズへの接近　玉野井芳郎先生と水　沖縄の都市河川の汚濁状況とその対応　白保の海を調査してサンゴ礁の生態系 ほか)　生命系と住民自治
　＊石垣島の白保の海を守るたたかいを通して出会った異質な二人の対談集。先住民・住民自治の問題を、自然・水・いのちをキーワード
に読みとく。
◇多良間村史　第4巻　資料編 3　民俗　多良間村史編集委員会編　多良間村(沖縄県)　多良間村　1993.2　341p　27cm　〈付(1冊,図3枚 袋入)〉　Ⓝ219.9
◇定本琉球国由来記　外間守善,波照間永吉編著　角川書店　1997.4　599,91p　22cm　〈索引あり〉　30000円　(i)4-04-821052-1　Ⓝ219.9
　＊1713年、琉球王府編纂による本書が完成した。首里城内での諸行事をはじめ、王国全域にわたる資料収集によって編纂された「琉球国由来記」は、「おもろさうし」と並ぶ沖縄学研究の必須資料である。新旧沖縄学の研究成果が、その扉を開く鍵を完成させた。
◇南島文化への誘い　宜野湾　沖縄国際大学公開講座委員会　1998.3　363p　19cm　(沖縄国際大学公開講座 7)　〈南風原町(沖縄県)〉那覇出版社(発売)　1500円　(i)4-89095-112-1　Ⓝ382.199
◇南島文献解題—柳田文庫所蔵　成城大学民俗学研究所編　砂子屋書房　1999.9　282p　23cm　5000円　(i)4-7904-0454-4　Ⓝ219.9
◇南島民俗文化の総合研究　穴田義孝ほか著　人間の科学社　1994.6　367p　22cm　6000円　(i)4-8226-0124-2　Ⓝ382.199
　内容　西・南日本民俗文化にみる社会的性格—ことわざによる実証研究の可能性(現代日本人の社会的性格に関するグランド・セオリー再考　沖縄本島北部村落における社会的性格の実証)　伝統的社会の構造的特質とその変化—トカラ・宝島の事例研究(十島村の概要　宝島の社会構造　宝島の祭祀組織)　沖縄の離島地域金融についての一考察—久米島の場合(戦前久米島の金融事情—米模合の普及　戦後島内における金融機関の展開　最近の島内における模合の動向)　北部沖縄の社会組織に関する覚書(補遺)—伊平屋村田名の事例分析(問題の所在　「門中」をめぐって　神役(祭祀)組織をめぐって　〈ウンジャミ〉と〈シヌグ〉)
◇南方世界との交流—第2回海の道南へ西へ　日本図書センター　2000.4　197p　31cm　(日本民俗写真大系 5)　12000円　(i)4-8205-2877-7,4-8205-2876-9　Ⓝ382.199
◇南方文化の探究　河村只雄著　講談社　1999.3　560p　15cm　(講談社学術文庫)　1400円　(i)4-06-159370-6　Ⓝ382.199
　内容　第1章 琉球文化の探究　第2章 八重山文化の探究　第3章 宮古文化の探究　第4章 奄美の島々　第5章 慶良間の島々　第6章 粟国・渡名喜紀行　第7章 伊平屋の島々　第8章 中頭の島々　第9章 国頭の島々
　＊昭和十年代、太平洋戦争が激化するなか、琉球諸島の民俗学的研究に命を懸けた社会学者がいた。家族制度、財産制度、言語・風俗…。あらゆる方面に視線を配り、「紀行文的研究論

文」として発展、上梓した。拝所の探索、祭りへの参加等、人々との交流を通し、臨場感あふれる筆致で貴重な写真と共に収録した好著。

◇日本文化の深層と沖縄—国際日本文化研究センター共同研究報告　山折哲雄編　京都　国際日本文化研究センター　1996.12　151p　26cm　(日文研叢書 12)　〈各章末：参考文献〉　Ⓝ382.199

◇ハングルと唐辛子—沖縄発・東アジア行ったり来たりの文化論　津波高志著　那覇　ボーダーインク　1999.9　216p　19cm　1600円　(i)4-938923-83-1　Ⓝ382.199

◇東アジアにおける沖縄民俗の地位—沖縄国際大学公開講座　竹田旦著　宜野湾　沖縄国際大学公開講座委員会　2000.3　58p　21cm　(沖国大ブックレット no. 6)　〈会期：1999年8月4日　那覇　ボーダーインク(発売)〉　500円　(i)4-938923-95-5　Ⓝ382.199

◇火と水の民俗文化誌　古家信平著　吉川弘文館　1994.3　260.9p　22cm　(日本歴史民俗叢書)　〈参考文献：p254〜260〉　5850円　(i)4-642-07356-6　Ⓝ382.199

　(内容) 第1章 民俗文化誌の形成　第2章 辺野古　第3章 沖縄の火をめぐる信仰—その研究史素描　第4章 火の神の移灰とユタの判示　第5章 シマレベルのヒヌカン祭祀　第6章 水の信仰—カーメー儀礼の一考察

　＊本書は、通過儀礼における「移灰」・神役の性格などの観点から火の神祭祀を分析し、水の信仰＝カーメー儀礼の実態と社会的変遷を論じる。二十年間の現地調査をもとに、村落の信仰生活・民俗事象を個別的に把握し、著者自らも「話者」の立場から、火と水の信仰に肉薄する等身大の民俗文化誌。

◇文化学の脱＝構築—琉球弧からの視座　松井健著　宜野湾　榕樹書林　1998.9　232.6p　22cm　(琉球弧叢書 5)　3800円　(i)4-947667-52-4　Ⓝ382.199

◇民俗文化の現在—沖縄・与那国島の「民俗」へのまなざし　原知章著　同成社　2000.2　234p　22cm　4500円　(i)4-88621-191-7　Ⓝ382.199

　(内容) 序章　第1章 伝承の正典化—口承伝承の持続と変容　第2章 フンチをめぐる実践と言説—民俗的知識の持続と変容　第3章 儀礼と社会変動—死者儀礼の持続と変容　第4章 媒介されるアイデンティティ—「琉球の風」の制作と受容をめぐって

　＊1993年に放映されたNHK大河ドラマ「琉球の風」は、鹿児島県や沖縄県、また宮古八重山ではまるで受け取り方がちがっていた。首里城正殿が復元された時も、宮古・八重山では、まったく反応がなかった。本書はこれら地域住民の意識の差違を分析することで、文化風土の根を露わにしようとするものである。

◇村が語る沖縄の歴史—歴博フォーラム「再発見・八重山の村」の記録　国立歴史民俗博物館編　新人物往来社　1999.5　252p　20cm　2800円　(i)4-404-02816-4　Ⓝ219.9

　(内容) 八重山の村と社会—川平の事例から　密林に隠された中世八重山の村　再発見された八重山の古村落　花城村跡遺跡発掘調査の概要　発掘された村・石垣島フルストバル村　石垣島伊原間域内にみる集落の移動　沖縄の家・屋敷と村の空間　波照間の村と井戸のつながり　記憶される井戸と村—黒鳥の廃村と伝承　宮古の村落の変遷と石門　新しい地域史研究を構築する

　＊本書は、1997年6月1日に石垣市民会館において開かれた「再発見・八重山の村」と題した第二十五回歴博フォーラムで報告されたもの、意見交換されたものなどに加筆するなどしてとりまとめたものです。

◇八重山民俗関係文献目録　石垣市史編集委員会編　石垣　石垣市　1995.3　534p　22cm　2500円　Ⓝ382.199

◇琉球文学—琉球の民俗学的研究　屋嘉宗克著　近代文芸社　1995.2　247p　22cm　3000円　(i)4-7733-3962-4　Ⓝ910.29

　(内容) 1 琉歌の展開(「詠む歌」から「歌う歌」へ)　2 霊魂信仰について(言霊・憑合い・霊離れ・魂乞い)　3 弥勒信仰について　4 義理について　5 教訓歌について　6 仏教の影響による歌について　7 おなり神信仰について

◇琉球横笛再考　玉木繁編著　南風原町　那覇出版社　2000.5　252p　21cm　2500円　(i)4-89095-127-X

　(内容) 箏曲工工四からの考察　琉球古典音楽の音階　琉球横笛の音律　運指一覧表　望ましい横笛の種類　徳川美術館の横笛　竹笛の伝播　神楽の笛の伝来　宮廷芸能と八重山　八重山民俗芸能〔ほか〕

　＊琉球古典音楽の「オヤ勺」の音を中断して端折ったり、オクターブ高い音でごまかしてもよいのでしょうか。ピアノやオルガンのように音高が固定している横笛で、きれいな楽音で半音上げ下げするには、どうすればよいでしょうか。横笛の音律や音階を究明し、琉球古典音楽での「オヤ勺」の音を出すためにはどうすればよいのでしょうか。また、一世一代の冊封使歓待のための御冠船踊り、慶賀使派遣の江戸上りでの祝儀舞踊など、磨き抜かれた舞台芸能(宮廷舞踊)と異なり、自然発生的に生まれた農民の民俗芸能の民俗楽器としての横笛や太鼓は、村祭りに欠くことの出来ない花形です。特に、八重山で笛や太鼓の果たす役割は大きく「笛の入らない歌は、八重山の歌ではない」といわれ、横笛なしでは、獅子舞や棒踊り、奉納舞踊はもちろん盂蘭盆や結願祭、

アジア　　　　　　　　　　　　　　　　　　　　　　　　　　　　　　　風俗史・民俗誌

節祭や種子取祭などの村の行事もなりたちません。民俗芸能としての獅子舞や棒踊り、盂蘭盆の行事などを通して横笛の果たす役割についても考察しています。

◇「琉球・呂宋漂海録」の研究―二百年前の琉球・呂宋の民俗・言語　多和田真一郎著　武蔵野書院　1994.6　247p　22cm　〈参考文献：p241～244〉13000円　(i)4-8386-0147-6　Ⓝ219.9

(内容)第1章 解題および資料　第2章 本文影印　第3章 本文翻刻　第4章「漂海始末」「風俗」「宮室」「衣服」「海舶」「土産」の訓み下し文　第5章「漂海始末」「風俗」「宮室」「衣服」「海舶」「土産」の現代日本語訳及び注釈・解説　第6章「言語」の翻字(転写)　第7章「言語」『琉球』語の解説　第8章「言語」『呂宋』語　第9章「言語」『琉球』語の分析　第10章「言語」『琉球』語索引

アジア

◇アジア人のみた自然観―平成6・7年度研究プロジェクト「神話・文学・芸能などにみるアジア諸民族の民族性研究」　高殿良博ほか著　武蔵野亜細亜大学アジア研究所　1997.3　162p　26cm　(アジア研究所・研究プロジェクト報告書 no.17)　Ⓝ382.2

◇アジアスケッチ―目撃される文明・宗教・民族　高山義浩著　京都　白馬社　2001.5　237p　21cm　1500円　(i)4-938651-35-1　Ⓝ292.09

(内容)東南アジア(春をひさぐ少女たち　エイズ患者にやすらぎを　ほか)　南アジア(死を待つ人の家　生き抜く子供たち　ほか)　チベット・中国(チベット旅行への序章　ヒマラヤにて自然保護を考える　ほか)　中央アジア(シルクロードの商人たち　「気」あるいは生命のリズム　ほか)　イラン・イラク(イスラームの眩しさ　聖地の衝撃　ほか)　ヨーロッパ(民族紛争の情景　積み重なる戦争　ほか)

＊旅という方法論を駆使して描かれる世紀末アジア。放浪する思想の果てに予感された未来とは―。MSNジャーナルにリアルタイム旅行記として連載され、圧倒的反響を呼んだ新世代ルポルタージュの衝撃。

◇アジア世界：その構造と原義を求めて　上　大胡欽一編　八千代出版　1998.3　262p　22cm　2700円　(i)4-8429-1071-2　Ⓝ382.2

◇アジア・太平洋地域民族誌選集 1　山下晋司ほか編　クレス出版　2001.7　511p　22cm　〈三省堂昭和18年刊の複製〉(i)4-87733-125-5　Ⓝ382.2

(内容)南方文化講座 歴史篇

◇アジア・太平洋地域民族誌選集 2　山下晋司ほか編　クレス出版　2001.7　400p　22cm　〈三省堂昭和19年刊の複製〉(i)4-87733-125-5　Ⓝ382.2

(内容)南方文化講座 日本南方発展史篇

◇アジア・太平洋地域民族誌選集 3　山下晋司ほか編　クレス出版　2001.7　615p　22cm　〈三省堂昭和19年刊の複製〉(i)4-87733-125-5　Ⓝ382.2

(内容)南方文化講座 民族と民族運動篇

◇アジア・太平洋地域民族誌選集 4　山下晋司ほか編　クレス出版　2001.7　1冊　22cm　〈河出書房昭和19年刊の複製〉(i)4-87733-125-5　Ⓝ382.2

(内容)大南洋―文化と農業

◇アジア・太平洋地域民族誌選集 5　山下晋司ほか編　クレス出版　2001.7　1冊　22cm　〈河出書房昭和19年刊の複製〉(i)4-87733-125-5　Ⓝ382.2

(内容)太平洋圏―民族と文化 上巻

◇アジア・太平洋地域民族誌選集 6　山下晋司ほか編　クレス出版　2001.7　487,5p　22cm　〈太平洋協会出版部昭和19年刊の複製〉(i)4-87733-125-5　Ⓝ382.2

(内容)ニューカレドニア・その周辺

◇アジアの民族造形文化　＜金子量重先生古稀記念論集＞刊行委員会編　徳蔵館　1996.1　318,102p　27cm　12000円　Ⓝ382.2

(内容)アジアの民族造形文化―研究論文篇　アジアはひとつか？ 飯島茂著．ミティラーの家屋と生活 石井溥著．沖縄県八重山諸島の綱引 石垣博孝著．東南アジア華僑の土着化と民族性 市川健二郎著．輸出茶ラベル「蘭字」にみられる日本近代デザインの成立と国際性 井上暢子著．アジア食文化研究への道 太田泰弘著．「蘭嘎西賀」と東南アジア版ラーマ物語 大野徹著．インドの人たちの心に内在する詩 坂田貞二著．瑤族の民族動態に関する諸考察 鈴木正崇著．「元朝秘史」第一〇九節の解釈の可能性 蓮見治雄著．ミティラー地方における民俗画の造形 姫野翠著．食生活と食事文化 星野厚子著．大業三年(西暦六〇七)のメコン下り 星野竜夫著．踏歌をめぐる鍛冶の系譜 百田弥栄子著．一集落に見る信仰の造形 横田素子著．菓子と高麗茶碗 依田千百子著．稲作と日本の住文化 若林弘子著．アジアの文化との交流―評論・随筆・紀行篇 七十七歳の反逆 小倉和夫著 ほか．巻末：金子量重の仕事・年譜

◇アジアまぼろし画報―「ASIA」で見るニッポン　荒俣宏著　平凡社　2000.9　180p　21cm　1900円　(i)4-582-45425-9　Ⓝ382.1

(内容)日本編(ヤンキースタジアムを超えた！―野球は日本の国技？　魚だらけのディナー、アメリカ人にはちと辛い！？―日本の料理評　ニッポンの女の生きざま―サムライの孫娘に生まれて　ミソ汁を愛するとんでもないアメリカ人？―日本食大好き！　新天皇の誕生―日本初

風俗史・民俗誌　　　　　　　　　　　　　　　　　　　　　　　アジア

の近代的エンペラー　ほか）　外国編（チャイナタウンの電話交換局—異国にあった古い中国　朝鮮半島の人びと—伝統の中で　中国大陸から—激動の時代　旧式の刑罰—新しい中国へ　明の少女—少数民族　ほか）

＊一九二〇年代から三〇年代にかけて、「エイシア（ASIA）」というアジア旅行雑誌がアメリカで刊行されていた。おどろくべきは、その表紙の、大胆で繊細、華やかで微妙という、アール・デコのお手本のような洗練されたデザイン・ワークである。掲載された記事と写真も、日本をはじめアジアの国々を欧米人がどのように見ていたかを如実にあらわし、興味つきないものである。雑誌「エイシア」が初めて本格的に紹介された本書によって、その不思議なおもしろさを存分に堪能していただきたい。

◇アジア流儀—旅する人と暮らす人のために　猪原英雄文，堀越千秋絵　アリアドネ企画　1996.10　150p　20cm　（発売：三修社）　1600円　(i)4-384-02324-3　Ⓝ382.2

（内容）第1章　ゆったりと流れる時間の贅沢　第2章　美しき国々、美しき人々　第3章　ところ変われば品変わる　第4章　アジアの神様　第5章　アジアはどこへ

＊こんなに近くにいるのに、あなたはアジアのことをどれだけ知っていますか。経済成長の波が押し寄せるアジア。でも、古くからの姿を変えない国々が人々がここにいます。

◇稲にこだわる　渡部忠世著　小学館　2000.10　206p　19cm　1800円　(i)4-09-626192-0

（内容）第1章　稲のある農の風景—アジアと日本（揺れるアジアのいま　日本の米物語　日本農業の未来に）　第2章　生き残りうる世界—もう一つの視角（日本文化の中の稲と日本　二一世紀に残る農業と農村　日本の農業と農村の蘇生について）　第3章　対談—アジアと日本の稲の民俗（日本人と稲　モンスーン・アジアの中の日本）

＊食のこと、風土のこと、文化のこと、アジアのこと、そして日本のこと、すべての根っこに稲がある。

◇ウマ駆ける古代アジア　川又正智著　講談社　1994.3　262p　19cm　（講談社選書メチエ　11）〈参考文献・主要基本文献：p245〜249〉　1500円　(i)4-06-258011-X　Ⓝ382.2

（内容）第1章　ユーラシア草原のウマとヒト—ウマ利用を開始したウクライナ草原　第2章　車輪と車両の発明—橇から馬車へ　第3章　馬車そして古代戦車の発生—草原とメソポタミアのあいだ　第4章　古代戦車中国へ—殷墟に埋れた馬と車　第5章　騎馬と遊牧と騎兵　第6章　馬と人の社会

＊6000年前、北アジアで人は野生のウマに出会った。草原の民の最高の伴侶となったウマは、騎馬・調教の方法と、馬車の技術とともにユーラシア全域に広まっていく。シュメルの戦車として、スキュタイの騎兵遊牧として、漢の軍馬として…。最新の考古学の発掘成果を駆使し、ウマと人の最古のつながりを探る渾身の書。

◇海のアジア史—諸文明の「世界＝経済」　小林多加士著　藤原書店　1997.1　290p　19cm　3708円　(i)4-89434-057-7

（内容）序論　海のアジアへのアプローチ　1　東地中海地域とオリエントの諸帝国　2　内陸アジアの古代帝国と海上の道　3　西アジアの「世界＝経済」—イスラム世界の農牧複合　4　東アジアの「世界＝経済」—中国の胡漢複合　5　東アジアが経験した商業革命　6　爛熟するイスラム世界の商業革命　7　インド亜大陸に波及した商業革命　8　「商業の時代」の東南アジア世界　9　世界資本主義に周辺化されたアジア　10　アジアにおける民族主義の屈折と展開　結論「世界経済」の軸心になった海のアジア

＊アジアといえば、大陸の農耕社会、停滞社会というイメージがこれまで強かった。しかし、アジアの風土には陸の生活ばかりでなく、河川や海洋の生活もある。当然、交易も生活の一部だった。それらすべての社会生活を考察し、アジア史を全体して描きだすためには、ブローデルの「世界＝経済」の概念が必要となる。それによって、アジアの諸文明が世界史の全体の動きのなかで、陸のアジアから海のアジアへと展開してきた、その歴史性が明確になるだろう。本書は、このブローデルの視座に立ち、古代オリエントから現代のNIESまでの6000年、地中海から日本海までの17000キロを、一挙に描いた初の試みである。

◇A.V.スモリャーク氏寄贈資料目録—ニブフ・オロチ・ウリチ・ナーナイ　網走　北海道立北方民族博物館　1998.3　80p　30cm　（北海道立北方民族博物館資料目録　2）　Ⓝ382.2

◇江上波夫文化史論集　2　東アジア文明の源流　江上波夫著　山川出版社　1999.7　384p　21cm　9500円　(i)4-634-67110-7

（内容）太古より黎明期に至るアジア　アジア・民族と文化の形成　東アジアにおける子安貝の流伝　中国の中部・南部における欠歯の風習　漢代の狩猟・動物図様について　石寨山文化に見られる定住農耕民族と遊牧騎馬民族　館・チャシとゴロディシチェ　東アジアにおける倭人の起源と活動（講演）　日本海をめぐる民族の交流（講演）　古代ユーラシアとアイヌ文化（講演）　八世紀のユーラシア（講演）〔ほか〕

＊本論集は著者の主要な著書・論文を中心とし、さらに講演記録や雑録などを精選採録して、テーマ別に八巻に編成したものである。

◇江上波夫文化史論集 5 遊牧文化と東西交渉史 江上波夫著 山川出版社 2000.12 254p 21cm 12000円 (i)4-634-67140-9

(内容)シルクロードと日本 馬具と黄金文化と墳墓 概説・シルクロードの世界 文明の十字路—その自然と民族と文化 サキザバード出土の彩文土器について ユーラシアにおける頭皮剝奪の風習—スキタイの起源の問題に寄せて スキタイ系遊牧文化 スキタイ系文化の美術 古代ユーラシアの動物意匠 ピーター大帝蒐集のシベリア出土黄金遺物〔ほか〕

*著者の主要な著書・論文を中心とし、講演記録や雑録などを精選採録した、テーマ別論集。

◇江上波夫文化史論集 6 文明の原点オリエント 江上波夫著 山川出版社 2001.3 574p 21cm 12000円 (i)4-634-67150-6

(内容)古代オリエントの歴史とその世界史的意義 西アジア文明の源流 西アジアにおける古典文明の成立 神殿文明から帝王文明へ テル・サラサートの穀物倉について クルナ水没文化財引き揚げ調査団報告 第一次(一九七一・一九七二年) シリアの自然・民族・歴史 西南アラビアの古代文化 ペルシアの歴史と文化 イラン先史土器文化の変遷〔ほか〕

*本論集は著者の主要な著書・論文を中心とし、さらに講演記録や雑録などを精選採録して、テーマ別に八巻に編成した。

◇江上波夫文化史論集 8 人類史の構想 江上波夫著 山川出版社 2001.11 567p 21cm 12000円 (i)4-634-67170-0

(内容)古代社会 考古学上よりみたる農耕民と遊牧民 人類社会における農耕民型と遊牧民型 文明の誕生 古代都市文明と古代騎馬文明 世界史上における遊牧騎馬民族の役割 人類社会における近代型の系譜(講演) 美術の誕生 原始絵画の制作者たち—その生活と宗教 呪術の世界〔ほか〕

◇環中国海の民俗と文化 第4巻 風水論集 渡辺欣雄,三浦国雄編 凱風社 1994.9 542p 22cm〈付:参考文献〉 6180円 (i)4-7736-1806-X Ⓝ382.2

(内容)第1章 風水の思想と歴史(解説 風水思想小考—郭璞とその前後 風水説と福地説—「択里誌」の場合 ほか) 第2章 都城(村落)風水(解説 風水思想と都市の構造 李朝邑集落にみる風水地理説の影響 ほか) 第3章 住宅風水(解説 漢族の風水知識と居住空間—とくに住宅風水と風水理解に関する知識人類 朝鮮の「すまい」と風水思想 ほか) 第4章 墓地風水(解説 風水と祖先崇拝 台湾村落における墓の風水 ほか)

*環中国海民俗文化の現在を比較研究。

◇箕山風俗図絵 箕山画,金容権編著 YB出版 2001.6 229p 22cm 〈東京 総和社(発売)〉 3500円 (i)4-901337-14-9 Ⓝ382.21

◇米に生きる人々—太陽のはげまし、森と水のやさしさ 桜井由躬雄著,大村次郷写真 集英社 2000.8 117p 23×17cm (アジアをゆく) 1900円 (i)4-08-199004-2

(内容)フィリピン山地 森の恵みが棚田をうるおす—イフガオ山地の棚田/棚田ができる ベトナム山地 照葉樹林に生きる—照葉樹林/ドンソンの銅鼓/モチと発酵 ジャワ盆地 火の島の田植え—ジャワ インド平原 強者は夏草に挑む—平原の中の稲つくり/溜池が平原をうるおす スリランカ 森と平原のめぐりあう時—湿ったスリランカ/平原のスリランカ ベトナム紅河デルタ 水面にうつる常民の祭り—紅河デルタ文化の誕生 カンボジア・ラオス平原 大地はるけく、水田の広がる—東南アジアの平原 中国の大地 耕して庭土のように—中国の食 朝鮮半島 ブナの林に稲が映える—韓国の稲作

*米に生きる人々。収穫後のイフガオの水田で、刈り残された穂を1つずつ、農婦がたんねんに摘み集める。水田に播かれたわずか1粒の稲籾は2000倍の恵みをもたらす。人々は、水草の中から稲をひろいあげ、環境の制約のなかに精一杯の智恵をかたむけ、労力を集中し、栽培稲をつくりあげた。稲作は人々の慈愛の中に育まれ、数十億の人々に恵みをもたらす。湯気を香らせるおこわから、イドゥリ(インドの米粉を蒸したパン)、フォー(ベトナムの米うどん)、ソムパー(ラオスやタイのなれずし)。米は環境ごとにその姿をかえ、人々の味覚にこたえる。芳醇で流麗な米の賛歌。

◇新・大地の家—ユーラシア・人と住まいの風景 鈴木喜一文・写真・スケッチ 建築資料研究社 1994.7 256p 21cm 2500円 (i)4-87460-424-2

(内容)トルコ(イスタンブール・風土の視覚 アヤ・ソフィアの宇宙観 ほか) エジプト(悠々のナイルの生活 家族だけの星の世界 ほか) ビルマ(スロウボートと田園とパゴタ パガンの美しい村 ほか) インド(生命がしぶとく流れる ダージリンの民家 ほか) パキスタン(ペシャワールの住まい 国を失った人々 ほか) ネパール(ネワール族の村 五感にまつわる生活空間の響き ほか) 中国(大陸の腹の中 黄土の中の地下住居 ほか) 韓国(ヴィザが切れる 巨済島・冬の宿にて ほか)

◇聖樹と精魂—ハニの文化と日本の文化 欠端実著 近代文芸社 1996.10 224p 20cm 1800円 (i)4-7733-5760-6 Ⓝ382.2

(内容)第1章 ハニの生命観—聖樹崇拝を中心として(村建てにおける聖樹選定 現在のアマトゥ(聖樹祭) 聖樹の性質) 第2章 ハニ文化における聖なる空間(従来の村作りの儀式から見た神門の性格 現在のアマトゥ(聖樹祭)から見

た神門の性格　神門自体の考察）　第3章　葬送参列記（凹子村へ　王珠万氏の葬儀　魂送りをするモービー　牛の供犠　魂送りを終えて）　第4章　聖樹と稲魂—ハニ文化と古代日本文化の比較（ハニ文化における聖樹　ハニ文化における稲魂　日本文化における聖樹　日本文化における稲魂）
＊雲南と伊勢を結ぶ文化。森と稲の文化を育てたハニと日本。聖樹のいのちを生きるハニ・稲魂と生きる日本。

◇多民族の共生をもとめて　谷口房男著　総和社　1998.9　226p　19cm　1600円　(i)4-915486-74-5　Ⓝ382.2
　内容　1 民族と国家—マレーシア・シンガポールの旅から　2 中国の少数民族—中国少数民族研修と交流の旅から　3 マレー半島東沿岸紀行　4 水尾聖娘の故事—マレーシア・シンガポールにおける瓊州人の女性神信仰　5 "日本のくに"の歌—アジアの旅から　6 タイヤル族の村へ—台湾山地民を訪ねる旅から　7 海南島歴史民族紀行　8 広西歴史民族紀行　9 土家族の源郷へ—長江流域の原住民を訪ねる旅から　10 中国滞在雑感—中国的官僚社会　11 中国の少数民族と民族教育—民族学院訪問記　12 北部ベトナム紀行
＊これまで、著者の強い問題関心は、絶えずマイノリティーに向けられ、彼らに対する理解とそれへのかかわり方が、いかにあるべきかを模索してきたのであり、その手懸りを探し求めるために、アジアの旅を続けてきたのである。こうしたアジアの旅から、マイノリティーへの理解とかかわり方の一部が、次第に見えてきつつあり、今後さらにアジアへの旅を続ける中で、そのあり方を探し求め、確かめていきたいものと願っている。この間、アジアの各地を旅してきたが、本書はその時々の記録であり、マイノリティーの生きざまを記したものでもある。

◇東アジアの現在—人類学的研究の試み　末成道男編　風響社　1997.5　374p　21cm　（アジア研究報告シリーズ no. 2）　3000円　(i)4-938718-94-4　Ⓝ382.2

◇風土・技術・文化—アジア諸民族の具体相を求めて　原隆一編　未来社　1998.3　287p　22cm　（21世紀の民族と国家　第6巻）　2800円　(i)4-624-93406-7　Ⓝ382.2
　内容　第1章 技術の生態学—在来技術の未来性をめぐって　第2章 朝鮮半島における在来犂とその分布　第3章 東アジアにおける抄紙技法移転に関する試論—"溜漉き"と"流漉き"　第4章 回族の移住にともなう食文化変容—雲南から北部タイへ　第5章 北インドの灌漑揚水具の歴史　第6章 イラン沙漠地方の生活技術—カナート水の流れに沿って　第7章 小農のコーヒー生産・加工技術—タンザニア北東部高地の事例から
＊本書は現代のアジア諸地域における自然と社会を伝統技術を媒介にして、その現状と変容を考察しようとしたものである。

◇古河講堂「旧標本庫」人骨問題報告書〔札幌〕北海道大学文学部古河講堂「旧標本庫」人骨問題調査委員会　1997.7　191p　30cm　Ⓝ382.2

◇北方狩猟民の民族考古学　佐藤宏之著　札幌　北海道出版企画センター　2000.12　247p　17cm　（北方新書 4）　1200円　(i)4-8328-0009-4　Ⓝ382.2
　内容　1 狩猟採集民の時代　2 北方狩猟民とは何か　3 マタギの狩猟　4 ウデヘ人の狩猟　5 縄紋時代の陥し穴猟　6 民族考古学の地平
＊本書は、民族考古学のフィールド調査によって得られた知見をまとめたものである。現代考古学がどのような手段でモノに語りかけ、人間の歴史を解釈していくかを読みとって頂ければ幸いである。

◇民族動物学—アジアのフィールドから　周達生著　東京大学出版会　1995.9　234p　22cm　3708円　(i)4-13-060161-X　Ⓝ480
　内容　第1章 民族動物学とは—民族学と動物学の接点を求めて　第2章 昆虫類—採集と飼育　第3章 魚類—釣り師と釣魚迷　第4章 鳥類—鳥占と鵜飼　第5章 哺乳類—使役動物と伴侶動物　第6章 これからの民族動物学—その将来性をさぐる
＊精力的なフィールドワークにもとづいて描き上げたヒトと動物たちをめぐるナチュラルヒストリー。

◇遊牧民の建築術—ゲルのコスモロジー　INAX　1993.9　84p　21×22cm　（INAX BOOKLET）　1442円
　内容　ゲルのコスモロジー　モンゴル人の生活術　ゲルからゲルへ—羊と草原の国をのぞくモンゴル建築史からみたゲル　儀礼のなかのゲル—あるいはゲルのなかの女性　移動建築論　ゲルあるいは昆虫建築はいかにして可能か　遊牧の生活誌　蒙古の家　モンゴロイド・ヒッピー　移動民の系譜学

◇遊牧民の建築術—ゲルのコスモロジー　INAXギャラリー企画委員会企画，アルシーヴ社編　INAX　1993　84p　21×21cm　（INAX booklet）　1442円　Ⓝ383.9

◇歴史民俗朝鮮漫談　今村鞆著　国書刊行会　1995.9　502,2p　22cm　〈南山吟社昭和3年刊の複製〉　12000円　(i)4-336-03771-X　Ⓝ221.004
　内容　朝鮮童話（画写真入）　朝鮮に於ける日本人の往来　宝の釜掘出物語　漢陽定都の伝説　南山官邸秘話（写真入）　日本並に朝鮮の石合戦（画入）　慶北名勝周王行脚　李王家の祭祀　謀叛人と妓生　新井白石と朝鮮信使〔ほか〕
＊本書は、朝鮮の民族性、歴史、風俗、習慣等

アジア　　　　　　　　　　　　　　　　　　　　　　　　　風俗史・民俗誌

を一望でき、かつ理解できる一級資料である。

◆韓国
◇アリラン峠の旅人たち―聞き書朝鮮民衆の世界　安宇植編訳　増補　平凡社　1994.5　396p　16cm　（平凡社ライブラリー）　1300円　(i)4-582-76050-3　Ⓝ384.38
　内容　1 市を渡り歩く担い商人　2 朝鮮の被差別部落民―聖なる左手を使う白丁　3 妓生文化のたそがれ―老妓楚香をたずねて　4 放浪する芸能集団―男寺党の運命　5 最後の芸人―すたれゆく才人芸　6 宴席の杖鼓手―パンソリ伴奏の名人になるまで　7 民衆の中のシャーマンたち―巫堂は巫堂を生む　8 魂を鎮める喪輿の挽歌　9 死装束をさせる殮匠六〇年の生涯　10 墓相を占う風水師　11 朝鮮鋸も錆びついた―伝統技法をまもる老大工　12 市を巡る鍛冶屋一家　13 キムチ甕のような陶工の生涯
　＊旅芸人、行商人、妓生（キーセン）、巫女、職人―朝鮮の伝統文化の担い手である人びとへの聞き書を通して、社会の底辺に息づく、無告の民の歴史と生きざまを鮮やかに描きだす。
◇韓国おりおりの記―韓国と日本の習俗のつながり　崔達俊著　セヌリ文化情報センター　1994.10　145p　19cm　（発売：白帝社）　850円　(i)4-89174-242-9　Ⓝ382.21
　内容　草人形　百日酒　善徳女王　流頭日　烏鵲橋　シルム　会蘇曲　強羌水越来　丹楓遊び　秋夕〔ほか〕
　＊古来から韓国と日本の関わりは深い。韓国の習俗と日本の習俗との類似性、相違性、つながりが分りやすく知ることができる。
◇韓国江原道と鳥取県―相互理解への道　内藤正中,今winter実,斉木恭子著　鳥取　富士書店　1999.1　26p　19cm　1500円　(i)4-938875-16-0　Ⓝ382.215
◇韓国歳時記　金渙基　明石書店　2000.1　243p　20cm　2200円　(i)4-7503-1238-X　Ⓝ382.21
　内容　第1章 韓国の年中行事（歳時記）　第2章 韓国の韓過儀礼　第3章 日韓食文化の比較　第4章 巫俗（シャーマニズム）の日韓比較　第5章 韓国の両班文化　第6章 韓国の姓氏と日本の名字　第7章 家の相続と門中
◇韓国社会の構造　李光奎著　髙志書院　1997.11　226,5p　22cm　（環日本海歴史民俗学叢書）　〈文献あり〉　5800円　(i)4-906641-10-5　Ⓝ382.21
◇「韓国人」そこが知りたいドッキリ雑学―世界おもしろ民俗地図　ハイパープレス著　青春出版社　2000.9　253p　15cm　（青春文庫）　524円　(i)4-413-09159-0　Ⓝ302.21
　内容　1章 食事のルールはビミョーにちがう―ドッキリ食文化編　2章 日々のくらしもぐんとちがう―ドッキリライフスタイル編　3章 おシャレも遊びもやっぱりちがう―ドッキリ風俗・娯楽編　4章 人づきあいもこんなにちがう―ドッキリコミュニケーション編　5章 言葉も意識もまったくちがう―ドッキリ言葉・考え方編　6章 社会の様子もなんだかちがう―ドッキリ現代の世相編
　＊実は韓国に「焼肉」は存在しないってホント？美容整形はメイク感覚！？韓国美女の真偽のほど。街でみかける手をつないだおじさん同士、その正体は！―アジアでもっともホットな国の、おもしろ情報。
◇韓国珍島の民俗紀行　伊藤亜人著　青丘文化社　1999.7　194p　22cm　（青丘文化叢書 5）　2800円　(i)4-87924-081-8　Ⓝ382.217
　内容　珍島の地理と歴史　風水地理・書堂・契　正月行事と民間信仰　珍島の民俗文化　農村生活とその変化
　＊韓国西南部に位置する珍島は、近年の急激な近代化のなかで島民の生活はずいぶん変化したが、祖先を敬い伝統を重んじる古来の生活様式は色濃く残っている。すばらしい自然の珍島は民俗文化の宝庫として人びとを魅きつける。
◇韓国の風俗―いまは昔　趙豊衍著，統一日報,尹大辰訳　南雲堂　1995.1　212p　19cm　1800円　(i)4-523-26217-9　Ⓝ382.21
　内容　食文化を歩く　韓国いまは昔の話　日韓併合時代の韓国人差別
◇韓国民俗への招待　崔吉城著　風響社　1996.9　302p　20cm　〈韓国近代民俗年表：p284～290，各章末：参考文献〉　(i)4-938718-16-2　Ⓝ382.21
　内容　第1部 韓国民俗への招待　第2部 韓国民俗のトポスとロゴス　第3部 食文化のアイデンティティ　第4部 日韓関係と人類学
　＊韓国の村祭り、焼肉と在日韓国人、反日感情の文化人類学…日韓新時代を考える基礎講座。
◇国立民俗博物館―展示案内　国立民俗博物館編　ソウル　辛酉　1993.8　85p　26cm　Ⓝ382.21
◇生活世界の創造と実践―韓国・済州島の生活誌から　伊地知紀子著　御茶の水書房　2000.12　241,22p　21cm　5600円　(i)4-275-01845-1
　内容　第1章 人間分節の虚と実―文化・社会・個人　第2章 済州島への視線の変遷―済州島はいかに語られてきたのか　第3章 済州島から日本へ―渡日とその背景　第4章 済州島の村の日常生活　第5章 生活世界の可変性―生活を営む行為と論理　第6章 生活共同原理の創造性　第7章 異郷での生活と共同
　＊ごく普通の人々が日韓の近現代史をいかに生きてきたか！19世紀末以降の済州島の人々の生活実践をとおし構造化というマクロな社会変化に対する個人の主体的対応の可能性を考察する。
◇タヒャンサリの歌―わたしの中の日韓歳時記　尹学準著　丸善　1996.5　228p　18cm　（丸善ラ

188　文化人類学の本 全情報

風俗史・民俗誌　　　　　　　　　　　　　　　　　　　　　　　　　　アジア

イブラリー 195)　760円　(i)4-621-05195-4　Ⓝ382.21

〈内容〉大晦日の思い出　こども正月　おらが村のユンノリ　美味の宝庫・日本　「飢餓世代」エレジー　秋夕あれこれ　戦争のなかの秋夕　ずいき好き　他郷暮らし(タヒャンサリ)のご利益　テボルムまで〔ほか〕

＊楽しかった正月の遊び「ユンノリ」。代表的な祝日「秋夕(チュソク)」のにぎわい。トトキのなつかしい香り。そして戦争の辛い記憶…歳時記に託して、祖国と日本への思いを綴る。

◇朝鮮歳時の旅　韓丘庸著　大阪　東方出版　1997.3　188p 21cm　(文献あり　索引あり)　2000円　(i)4-88591-516-3　Ⓝ382.21

＊行事・祭祀・信仰・伝承遊び等の民俗歳時12ケ月。祖先が残した古きよき民俗をたずね、より素敵な「故郷」の地を求めての精いっぱいの旅。詳細参考文献・祭事索引(387項目)。

◇朝鮮に於ける支那人・朝鮮漫画　朝鮮総督府編,鳥越静岐,薄田斬雲共著　竜渓書舎　1996.11　203,152p 21cm　(韓国併合史研究資料 18)　〈複製〉　7725円　(i)4-8447-6456-X　Ⓝ382.21

◇朝鮮の謎　朝鮮総督府編　復刻版　竜渓書舎　2001.2　218p 21cm　(韓国併合史研究資料 32)　〈ハングル併記〉原本：朝鮮総督府大正8年刊　5000円　(i)4-8447-6517-5　Ⓝ382.21

〈内容〉天文―日・月・星辰　歳時―歳月・四季・暦　地理―道路・橋梁・堤防・墓所・電住・汽車・長承・地名　地文―方向・山川・空気・昼夜・風雨・電霆・雲霧・霜露・草木―草木・花卉・果実・野菜・穀類・薬種類　鳥類　獣類　虫類――一般虫類・爬虫類・両棲類　魚介類　玉石類〔ほか〕

＊本書は、かつテ朝鮮総督府において各道に命じて採報告した朝鮮の謎に関する資料を整理したものである。

◇朝鮮風俗集　今村鞆編　復刻版　竜渓書舎　2001.2　500p 21cm　(韓国併合史研究資料 30)　〈原本：斯道館大正3年刊〉　12000円　(i)4-8447-6515-9　Ⓝ382.21

〈内容〉朝鮮人の美風　朝鮮の社会階級　朝鮮の特殊部落　朝鮮の冠礼婚礼　朝鮮の葬儀　朝鮮の祭式　朝鮮人の親族関係　李朝の官制　李朝の刑事警察　李朝の官吏法　食事　夢　人体　墓地、葬式　神仏　結婚及出産　疾病　雑

◇朝鮮部落調査予察報告 第1冊・朝鮮部落調査報告 第1冊・朝鮮部落調査特別報告 第1冊　朝鮮総督府編　復刻版　竜渓書舎　2001.2　1冊　21cm　(韓国併合史研究資料 33)　〈原本：大正12-13年刊 折り込み20枚〉　18000円　(i)4-8447-6518-3　Ⓝ382.21

〈内容〉朝鮮部落調査予察報告(部落調査　部落の考察)、朝鮮部落調査報告(火田民　来住支那人)　朝鮮部落調査特別報告(構造及それに就いての考察　間取及それに就いての考察　内地人と交渉を持てる民家)

◇朝鮮民族　山本将文著　新潮社　1998.9　1冊(ページ付なし)　30cm　5300円　(i)4-10-425701-X　Ⓝ382.21

＊ひとつの国に住み得ぬ民族の、悲劇と現在！　植民地支配、侵略戦争、東西冷戦。日本が生み出したアジアの負の歴史の中で、祖国が分断され異国に追いやられた朝鮮民族。朝鮮半島、日本、中国、シベリア、サハリン、カザフスタンに生きる朝鮮民族を取材した渾身の写真ルポルタージュ。

◇日韓民俗文化比較論　金宅圭著　福岡　九州大学出版会　2000.5　359p 22cm　〈著作目録あり〉　8000円　(i)4-87378-630-4　Ⓝ221.01

〈内容〉第1章 日韓文化の比較を巡る幾つかの視点　第2章 新羅及び古代日本の神仏習合について　第3章 韓国の血縁共同体―いわゆる同族村落をめぐる若干の覚え書　第4章 日韓両国のいわゆる「同族」村落に関する比較研究　第5章 東アジア諸地域の族体系について―族体系の理念と実態からみた連続と変容に関する比較試論　第6章 礼俗と民俗の変容に関わる一試論―東海岸―農漁村における民俗祭儀の班礼化現象　第7章 韓民族の食文化

＊本書には、神話から現在の村落に至るまで日韓両文化の基層へのアプローチを試みた七編の論考が収められてある。まず、比較試論の可能性と当為性を、古代文化の実像をふまえて記述し、中世以後、互いに異なる文化として展開された両文化の本質にふれており、次に、日本古代文化の中にある韓文化との比較の試みと、具体的にその実像の分析を試みた比較試論へと進む。また、韓国における民俗祭儀(村祭り)、食文化などに関する二編の論考も収録する。

◇日本における韓国文化の表象　朝倉敏夫編　吹田　国立民族学博物館　2000.7　253p 26cm　(国立民族学博物館調査報告書 14 1340-6787)　〈ハングル併記〉　非売品　Ⓝ382.21

◇変貌する韓国社会―1970～80年代の人類学調査の現場から　嶋陸奥彦,朝倉敏夫編　第一書房　1998.6　365,7p 20cm　(Academic series new Asia 26)　3800円　(i)4-8042-0142-4　Ⓝ382.21

◆中　国

◇藍の里―西南中国の人びと　鎌沢久也写真・文　平河出版社　1994.5　181p 26cm　(アジア民俗写真叢書 13)　〈参考文献：p180〉　3811円　(i)4-89203-246-8　Ⓝ382.2234

〈内容〉ミャオ族　豪華絢爛たる銀飾りの舞　ヤオ族　神話に基づく山岳の民　トン族　木造建築の粋

◇アジアの世紀の鍵を握る客家の原像―その源流

文化人類学の本 全情報　189

・文化・人物　林浩著，藤村久雄訳　中央公論社　1996.5　343p　18cm　(中公新書)〈主な参考文献：p342～343〉　900円　(i)4-12-101303-4　Ⓝ382.22

〈内容〉第1章 時代を動かす風雲児　第2章「客」は何処より来たるや　第3章 田畑は売っても、客家語は捨てぬ　第4章 食も客家にあり　第5章 壮大な宇宙論の再現　第6章 山歌を口にしないと心がなえる　第7章 揺るぎなき遺風　第8章 家庭の大黒柱　第9章 教育こそ家の宝　第10章 征服に屈しない反骨者　第11章 客家を支える無形の柱

＊21世紀はアジアの世紀であり、中国の、客家の世紀、さらには21世紀に通じる大きな門の鍵は客家が握っていると言われる。今、急成長を遂げる華南経済圏の主役は、華南、香港、マカオ、台湾、東南アジアの客家である。客家は元来、漢民族の一つの支系であり、客家人は客家語を使用し、黄河流域に歴史的血縁と地縁をもち、共通の生活様式、風俗習慣、信仰理念で結ばれている。客家出身の筆者が彼らの源流・文化・人物を検証し原像にせまる。

◇彝族家譜資料　1　学習院大学東洋文化研究所編　学習院大学東洋文化研究所　1999.12　19,45p　26cm　(調査研究報告 no.47　0919-6536)　〈複製〉Ⓝ382.22

〈内容〉且蘭考

◇彝族家譜資料　2　学習院大学東洋文化研究所編　学習院大学東洋文化研究所　1999.12　59,33p　26cm　(調査研究報告 no.48　0919-6536)　『通雍余氏宗譜』の複製を含む〉　Ⓝ382.22

〈内容〉雄書安氏家譜　通雍余氏宗譜

◇歌垣と反閇の民族誌―中国に古代の歌舞を求めて　星野紘著　創樹社　1996.5　340p　22cm　7800円　(i)4-7943-0391-2　Ⓝ382.22

〈内容〉第1章 歌の掛け合い―歌垣　第2章 輪踊り―踏歌　第3章 神事舞踊―反閇　第4章 農耕作業の模擬―田遊び　第5章 異形のものによる厄払いと祝福―来訪神　第6章 舞踊における足の動作

＊歌を掛け合い愛を確かめる男女の姿、大地に籠る魂を目醒めさせる呪術的な足踏みは、歌舞の原郷に受け継がれていた。

◇内蒙古十年―草原を駆ける日々　松井武男著　富山　松井武男　1997.3　352p　22cm　〈肖像あり　折り込2枚　〔富山〕　北日本新聞開発センター(製作)　年表あり〉Ⓝ382.226

◇裏街春秋―中国庶民生活誌　島尾伸三著　東京書籍　1994.8　147,16p　21cm　1600円　(i)4-487-79184-7

〈内容〉恭賀発財―おめでとう、儲かりますように　六国封相―さあ、喧嘩だ！　生意仔―死んでも儲かりますように　間米―死んでも働け

游陰陽―あの世に遊ぶ　鳥語花香―眼の疲れに、お茶　潮州音楽―ジーガーガー・ジーギー　三六香肉―動物愛護　花花公子―3を押せ　寿星公吊頸―まだ死ない〔ほか〕

＊経済発展のめざましい中国。人々の暮らしにも大変革が。中国、香港へ16年間通いつづける著者が、その足で見聞した、面白おかしく、そしてちょっぴりせつない、庶民の息づかいを伝える。

◇雲南タイ族における植物文化―西双版納の村から　郭艶春著，富士ゼロックス小林節太郎記念基金　富士ゼロックス小林節太郎記念基金　1998.3　37p　26cm　(富士ゼロックス小林節太郎記念基金1996年度研究助成論文)　非売品　Ⓝ383

◇雲南タイ族の世界―攀枝花の咲くところ　古島琴子著　創土社　2001.4　320p　20cm　2400円　(i)4-7893-0105-2　Ⓝ382.2237

〈内容〉序 雲南のタイ族―中国と東南アジアを結ぶ　第1章 失われたタイ王国―ひとつのタイ民族史(西南シルクロードと雲南西部のタイ族　知られざる王国　王国の勃興　ほか)　第2章 素描・タイ族の小さな村(徳宏州のタイ族　耿馬と孟連のタイ族　紅河流域のタイ族　ほか)　第3章 タイ族のこころ(ピー(精霊)信仰　タイ族と仏教)

＊中国雲南に住む約一〇〇万人の少数民族タイ族の文化・くらしを彩り鮮やかに描く歴史紀行。

◇雲嶺之華―中国雲南省の25少数民族素描　雲嶺之華刊行会編　雲嶺之華刊行会　1997.9　143p　27cm　〈東京　新評論(発売)〉　5000円　(i)4-7948-0367-2　Ⓝ382.2237

〈内容〉彝族　白族　哈尼族　壮族　苗族　回族　納西族　景頗族　蔵族　布朗族　布依族　普米族　阿昌族　怒族　基諾族　徳昂族　蒙古族　水族　満族　独竜族〔ほか〕

◇黄土高原の村―音・空間・社会　深尾葉子，井口淳子，栗原伸治著　古今書院　2000.6　209p　20cm　2600円　(i)4-7722-3005-X　Ⓝ382.2216

〈内容〉第1章 村の音環境　第2章 村の歴史　第3章 村の住空間　第4章 雨乞い―村の再生をかけた祈りとうた　第5章 村の社会関係―日常と儀礼と　第6章 住空間の秩序　第7章 参与する調査者、評価される参与者　第8章 海を渡った廟会―フィールドワークがもたらした芸能の変容

＊民族音楽学、民族建築学、村落研究、異なるアプローチをもつフィールドワーカーが、黄土高原の1つの村を舞台に、10年近い時間の中で、継続的に共同調査を行った。山の斜面に穿たれた窰洞(ヤオトン)に住む人々の、雨乞いや廟会。異なるまなざしが交差する中で生まれた、中国村落の新しいモノグラフ。

◇学生が見た北京社会―企業・女性就業・都市・民俗・農村　愛知大学現代中国学部中国現地研究調査委員会編　三好町(愛知県)　愛知大学　2000.6　283p　26cm　(愛知大学現代中国学部中国現地研究調査 1999)　〈名古屋 あるむ(発売)〉2000円　(i)4-901095-05-6　Ⓝ302.2211

(内容) 第1部 中国現地研究調査報告(国有企業および外資系企業の人事・労務に関する比較―企業班　女性就業問題の核心にせまる―女性就業班　娯楽と食を通して都市住民の暮らしをつかむ―都市班　家族構成・家の間取り・台所・食生活・春節から見た中国農村の変化―民俗班　現代化された中国農村社会の実態―農村班)　第2部 日中学生国際シンポジウム(シンポジウム・レセプションプログラム　各班発表内容　シンポジウム出席者名簿　報道記録)

＊日中相互理解のための真の対話能力をめざして現代中国学部学生により行なわれた現地研究調査。国有企業と外資系企業における労務・人事管理、国有企業改革に伴う女性就業者のレイオフ問題、娯楽と食からみる都市住民の生活、家族構成、家の間取りなどからみる農村生活の変化、現代化された農村社会における社会保障・村民自治・環境問題など。その視線はただ現代中国における問題にとどまらず、日中双方向の検討により日本の抱える問題をも浮かびあがらせる。調査後、現地に開催された「日中学生国際シンポジウム」における中国語発表原稿も収録。

◇川喜田二郎著作集　第10巻　ヒマラヤの文化生態学　川喜田二郎著　中央公論社　1997.6　656p　22cm　8544円　(i)4-12-490092-9　Ⓝ081.6

(内容) 第1部 ヒマラヤとの触れあい　第2部 マガール族とその隣人たち　第3部 文化の垂直分布　第4部 ヒマラヤの宗教　第5部 ヒマラヤ・チベット・日本

◇川喜田二郎著作集　11　チベット文明研究　川喜田二郎著　中央公論社　1997.10　550p　21cm　8544円　(i)4-12-490093-7

(内容) 第1部 あるボティヤの村　第2部 ネパールヒマラヤの生態学的観察　第3部 チベットの文化生態学　第4部 結ര・葬儀・信仰　第5部 世界のなかのチベット文明

◇環東シナ海の古代儀礼―巨樹、東海浄土、そして水の霊との聖婚　鈴木満男著　第一書房　1994.9　246,17p　20cm　(Academic series—New Asia 13)　3000円　(i)4-8042-0078-9　Ⓝ382.22

(内容) 序章 "民俗の万華鏡"は何を意味するか　第1章 水神論　第2章 海上他界論　第3章 樹神論

＊本書は、著者が続けてきた"中国民俗遍歴"をまとめたものである。

◇聞き書き 中国朝鮮族生活誌　中国朝鮮族青年学会編,舘野晢,武村みやこ,中西晴代,蜂須賀光彦訳　社会評論社　1998.1　277p　19cm　2500円　(i)4-7845-0265-3

(内容) 第1章 吉林省篇　第2章 遼寧省篇　第3章 黒竜江省篇　第4章 移民史を見直す

＊国境を越えて生きてきた家族たちの記録。日本の侵略政策によって、国境を越えて生きざるをえなかった朝鮮の人びと。中国東北部に暮らす彼らへの、北京大学の朝鮮族若手研究者らによる聞き書き。

◇黒竜潭―ある中国農村の財と富　羅紅光著　京都 行路社　2000.1　318p　22cm　(中国の底流シリーズ 5)　〈文献あり〉　3500円　(i)4-87534-709-X　Ⓝ382.2216

◇古代中国における結婚のカテゴリーと近親関係　マルセル・グラネ著,谷田孝之訳　広島 渓水社　1993.3　308p　22cm　12360円　(i)4-87440-283-6　Ⓝ361.63

◇四川の考古と民俗　C.ダニエルス,渡部武編　東京外国語大学アジア・アフリカ言語文化研究所　1999.3　319p　21cm　(アジア文化叢書―東京外国語大学アジア・アフリカ言語文化研究所歴史・民俗叢書 3)　(折り込み1枚)　(i)4-87297-736-X　Ⓝ222.35

◇四川の考古と民俗　C.ダニエルス,渡部武編　慶友社　1999.4　319p　22cm　(アジア文化叢書―東京外国語大学アジア・アフリカ言語文化研究所歴史・民俗叢書 3)　(折り込み1枚)　9000円　(i)4-87449-168-5　Ⓝ222.35

(内容) 第1章 蜀と滇の間の考古学―考古学から見た古代西南中国　第2章 金沙江中流域における考古学文化　第3章 塩源および瀘沽湖地方における民族変遷　第4章 四川西南部地方伝統生産工具採訪手記　第5章 瀘沽湖における稗栽培の歴史的位置　第6章 羌族の生活空間と食文化民具抄録

＊急激な時代の流れの中で、未だ伝統的な生業・生活の残る四川は三国志の蜀として知られ、また、考古遺跡が多いことでも知られている。本書は中国と日本の研究者が共同で行なう、四川の考古に関する未発表原稿を含む最新の研究報告であり、考古、民俗研究に必須の書である。

◇知っておきたい中国　2　世界史のなかの中国　歴史教育者協議会編　青木書店　1996.6　214p　21cm　2884円　(i)4-250-96023-4

(内容) 序章 華中の旅・東北の旅　1 くらしと文化―中国のいま　2 世界に開かれる中国　3 民族運動の時代　4 中国の現代　終章 中国および日中関係の歴史と未来

＊近代中国の歩みを追い、日本の侵略とそれに抗した民衆の姿を浮き彫りにし、多くの課題をかかえつつ変貌する中国社会のゆくえを、

アジア　　　　　　　　　　　　　　　　　　　　　　　風俗史・民俗誌

文化や人びとの暮らしから探る。
◇支那の民俗　永尾竜造著　大空社　1996.5　313,6p　22cm　(アジア学叢書8)〈磯部甲陽堂昭和2年刊の複製〉　8000円　(i)4-7568-0247-8　Ⓝ382.22
◇神秘な雲貴高原―誇り高き少数民族を訪ねて　三村隆茂写真集　三村隆茂著　光村印刷　1996.9　58p　20×22cm　(Bee books)　2000円　(i)4-89615-725-7　Ⓝ382.22
◇聖樹と稲魂―ハニの文化と日本の文化　欠端実著　近代文芸社　1996.10　224p　20cm　1800円　(i)4-7733-5760-6　Ⓝ382.22
　(内容)第1章 ハニの生命観―聖樹崇拝を中心として(村建てにおける聖樹選定　現在のアマトゥ(聖樹祭)　聖樹の性質)　第2章 ハニ文化における聖なる空間(従来の村作りの儀式から見た神門の性格　現在のアマトゥ(聖樹祭)から見た神門の性格　神門自体の考察)　第3章 葬送参列記(凹子村へ　王珠万氏の葬儀　魂送りをするモービー　牛の供犠　魂送りを終えて)　第4章 聖樹と稲魂―ハニ文化と古代日本文化の比較(ハニ文化における聖樹　ハニ文化における稲魂　日本文化における聖樹　日本文化における稲魂)
　＊雲南と伊勢を結ぶ文化。森と稲の文化を育てたハニと日本。聖樹のいのちを生きるハニ・稲魂と生きる日本。
◇西南中国納西族・彝族の民俗文化―民俗宗教の比較研究　佐野賢治編　勉誠出版　1999.2　630p　31cm〈文献あり〉　32000円　(i)4-585-10052-0　Ⓝ163
◇草原の遊牧文明―大モンゴル展によせて　小長谷有紀,楊海英編著　吹田　千里文化財団　1998.7　123p　30cm　Ⓝ382.227
◇壮族社会史研究―明清時代を中心として　塚田誠之著　吹田　国立民族学博物館　2000.9　344p　22cm　(国立民族学博物館研究叢書3)〈文献あり〉　非売品　(i)4-915606-09-0　Ⓝ382.22
◇壮族文化史研究―明代以降を中心として　塚田誠之著　第一書房　2000.9　320,5p　20cm　(Academic series new Asia 34)〈文献あり〉　4000円　(i)4-8042-0718-X　Ⓝ382.223
◇宋代の規範と習俗　宋代史研究会編　汲古書院　1995.10　282,9p　22cm　(宋代史研究会研究報告 第5集)　7000円　(i)4-7629-2485-7　Ⓝ222.053
◇チベット―歴史と文化　赤烈曲扎著,池上正治訳　東方書店　1999.6　234p　19cm　2200円　(i)4-497-99562-3
　(内容)第1章 神秘的で、人を魅了する世界　第2章 チベット族の発祥の地サンナン　第3章 チベットの原始宗教と仏教　第4章 都ラサの過去から現在まで　第5章 珠玉のような自然と建築物　第6章 東チベットの中心チャムド　第7章 西南の辺境で暮らす人たち　第8章 チベットの祝祭日と風俗　第9章 チベットの文化と芸術
　＊チベットの著名な出版人・民俗学者が、日本の読者のために、本格的かつ全面的に"チベット"を紹介！天地創造神話、民族の始祖伝説、原始宗教と仏教の関係、各地方の特徴と背景、都ラサの歴史、文化や風俗と、内容豊富。
◇チベットの文化 決定版　R.A.スタン著,山口瑞鳳,定方晟訳　岩波書店　1993.5　389,53p　21cm　12000円　(i)4-00-001365-3
　(内容)第1章 土地と住民(地域と風土　住民　チベット人の国土観)　第2章 歴史の概観(チベット人の歴史観　古代王朝　教会権力の形成　近代)　第3章 社会(家族　生活形態　権力と財産　教団)　第4章 宗教と習俗(ラマ教　無名の宗教―伝統　ボン教)　第5章 美術と文学
　＊千年以上の歴史をほこるチベットの文化。本書はその全体像を提示すべく、風土・歴史から筆をおこし、社会、宗教、習俗、さらに美術・文学にまで説きおよぶ。フランス東洋学の泰斗にしてチベット学の第一人者である著者の手になる最良の入門書として本書はつとに高い声価を得てきたが、ここにその増補決定版を刊行する。
◇チャン族と四川チベット族―中国青蔵高原東部の小数民族　松岡正子著　ゆまに書房　2000.9　417p　22cm　5000円　(i)4-8433-0033-0　Ⓝ382.2235
　(内容)第1章 先行研究とその問題点　第2章 チャン族の概況(地域の自然環境　歴史　交通・交易　生業　衣食住　葬式　年中行事)　第3章 事例研究 四川省阿壩蔵族羌族自治州理県蒲渓郷蒲渓村における変化の諸相(地域の概要　集落の形成　経済活動の変化　蒲渓村の祭り「ガル」)　第4章 周辺のチベット族(四川チベット族の概況と歴史　ギャロン・チベット族における変化の諸相　白馬チベット族の暮らしと春節行事)
　＊チャン族とチベット族は、四川の少数民族の中でも重要な位置をしめ、チベット・ビルマ語群に属している。同語群の民族集団は始めは中国西北部に居住していたが、後に四方に移動し、長期の発展を経て現存のチベット・ビルマ語群の各民族を形成した。本書は、著者自身の現地調査によって得た第一次資料をもとに、先人の研究成果をふまえて書きあげられた著書であり、外国人研究者によって初めて書かれたチャン族と四川チベット族に関する全面的な民族誌である。
◇中華万華鏡　井上紅梅著　うみうし社　1993.2　343p　20cm　2800円　Ⓝ382.22
◇中原と周辺―人類学的フィールドからの視点

末成道男編　東京外国語大学アジア・アフリカ言語文化研究所　1999.1　421p　22cm　(i)4-87297-734-3　Ⓝ302.22

◇中国意外史　岡田英弘著　新書館　1997.10　253p　20cm　(Shinshokan history book series)　〈年表あり〉　1800円　(i)4-403-24043-7　Ⓝ382.22
　〔内容〕恋愛　結婚　恐妻　人口　秘密結社　食人　笑　漢字　性　死　神
　＊中国は秘密結社と恐妻の国！未来の超大国の真相に迫る11のキーワード。

◇中国音楽の現在―伝統音楽から流行音楽まで　増山賢治著　東京書籍　1994.3　214p　19cm　1800円　(i)4-487-79187-1
　〔内容〕1章　中国音楽の歩み　2章　豊富な楽器、多彩な器楽―冠婚葬祭からステージエンタテーメントまで　3章　民謡と民俗芸能―生活に密着した歌と踊り　4章　ストーリーを語る音楽たち―広場から演芸場まで　5章　劇音楽―中国人が追い求めつづけた総合的音楽芸術　6章　道教、仏教、シャーマニズムの音楽　7章　香港、台湾および東南アジア華人社会の伝統音楽―本土からの伝播、変容そして新たなる交流へ　8章　中華音楽文化圏の流行音楽―中国音楽の新しい息吹き
　＊華人社会の伝統音楽から流行音楽まで大中華音楽文化圏の本質にせまる。

◇中国55の少数民族を訪ねて　市川捷護, 市橋雄二著　白水社　1998.1　339,2p　20cm　〈索引あり〉　2500円　(i)4-560-03031-6　Ⓝ382.22
　〔内容〕第1章　雲南をめざす　第2章　怒江上流の峡谷を行く　第3章　大涼山からチベットのふもとへ　第4章　ミャンマー国境の山岳地帯へ　第5章　西北イスラムの大地　第6章　モンゴルと狩猟民の末裔たち　第7章　ミャンマー国境から海南島へ　第8章　貴州の山を分け入る　第9章　シルクロードの民　第10章　山の民と海の民　第11章　チベット、そしてインド国境地帯へ
　＊こんなにすてきな人たちがいる！世界初。辺境10数万キロを踏破して出会った、歌と踊りと祈りのある暮らし、全記録。

◇中国社会風俗事情―世のなか変わると中国人も変わる？　白石和良著　町田　蒼蒼社　1996.4　370p　21cm　2400円　(i)4-915441-88-1　Ⓝ292.2

◇中国少数民族歌垣調査全記録1998　工藤隆, 岡部隆志著　大修館書店　2000.6　322p　22cm　5500円　(i)4-469-29081-5　Ⓝ921.7
　〔内容〕第1章　ジンポー族の歌垣と神話（昆明から大理へ―9月3日（木）　大理から芒市へ―9月4日（金）　徳宏歌舞団の景頗族からの聞き書き―9月5日（土）　第2章　茈碧湖・海灯会―ペー族の歌垣（ペー族の歌垣と神話についての聞き書き―9月3日（木）　茈碧湖・海灯会1日目―9月

月12日（土）　茈碧湖・海灯会2日目―9月13日（日）　ほか　第3章　石宝山歌会―ペー族の歌垣（石宝山歌会1日目―9月17日（木）　石宝山歌会2日目―9月18日（金）　石宝山歌会3日目―9月19日（土）　ほか
　＊現場取材の生の歌垣7つを日本語訳収録。古老からの聞き書きを全訳収録。写真200余点。日本の「古代の古代」、日本の「歌の文化」を捉え直す第一級資料。

◇中国少数民族事典　田畑久夫ほか著　東京堂出版　2001.9　244p　22cm　3800円　(i)4-490-10592-4　Ⓝ382.22
　〔内容〕中国少数民族の概況（国土と行政区画　少数民族の自然的基盤　少数民族の歴史　少数民族の分類と分布）　中国少数民族事典（インド・ヨーロッパ語族の集団　アルタイ語族の集団　漢・チベット語族の集団　オーストロネシア語族の集団　オーストロアジア語族の集団）
　＊55の少数民族の伝統や文化、自然環境、歴史、経済、社会組織などを、図表・写真を多用して総合的に紹介する。

◇中国少数民族の婚姻と家族　上巻　厳汝嫺主編, 江守五夫監訳, 百田弥栄子, 曽士才, 栗原悟訳　第一書房　1996.12　298p　20cm　(Academic series new Asia 18)　3500円　(i)4-8042-0114-9　Ⓝ384.4
　〔内容〕東北地区（満族　朝鮮族　ホジェン（赫哲）族　ほか）　中南・東南地区（チワン（壮）族　ヤオ族　ムーラオ族　ほか）
　＊本書の内容は、民主改革以前の諸民族の伝統的な婚姻習俗と家族慣行に基本をおいている。

◇中国少数民族の婚姻と家族　中巻　厳汝嫺主編, 江守五夫監訳, 百田弥栄子, 曽士才, 栗原悟訳　第一書房　1996.12　315p　20cm　(Academic series new Asia 19)　3500円　(i)4-8042-0115-7　Ⓝ384.4
　〔内容〕西北地区（回族　トンシャン（東郷）族　トゥ（土）族　サラ（撒拉）族　ボウナン（保安）族　ほか）　西南地区(1)（ヌー（怒）族　ドアン（徳昂）族（旧崩竜族）　トールン（独竜）族　チノー（基諾）族　ミャオ（苗）族　ほか）

◇中国少数民族の婚姻と家族　下巻　厳汝嫺主編, 江守五夫監訳, 百田弥栄子, 曽士才, 栗原悟訳　第一書房　1996.12　335,11p　20cm　(Academic series new Asia 20)　3500円　(i)4-8042-0116-5　Ⓝ384.4
　〔内容〕チベット（蔵）族　メンパ（門巴）族　ロッパ（珞巴）族　チャン（羌）族　イ（彝）族（圭山地区　涼山地区）　ペー（白）族　ハニ（哈尼）族〔ほか〕
　＊本書は、中国西南地方（主に雲南、チベット、四川など）の主に青蔵高原から雲貴高原、さらには大陸東南アジア地域との境域に広がる地域に分布居住する十六の少数民族の婚姻習俗、

家族慣行などに関する論述を収めている。
◇中国庶民生活図引『癒』 島尾伸三,潮田登久子著 弘文堂 2001.12 122p 22cm 1600円 (i)4-335-55085-5 Ⓝ382.22
(内容) 体操 酒・烟・茶 中薬 治療 医食 暇人 休息
＊茶、タバコ、酒、太極拳、気功、漢方治療、医食同源…ヒーリングの達人の人生の癒し方。
◇中国庶民生活図引『食』 島尾伸三,潮田登久子著 弘文堂 2001.8 122p 22cm 1600円 (i)4-335-55083-9 Ⓝ382.22
(内容) 市場 台所 昼食 屋台 菓子 食堂
＊中国人の世界にひたり、生活をまるごと好奇の目で見つめる。写真の隅々を解読して見えてくる隣の未知の人々。
◇中国人の生活と文化 朱恵良著,筒井茂徳,蔡敦達訳 二玄社 1994.2 238p 21cm 2300円 (i)4-544-01142-6 Ⓝ382.22
(内容) 元宵節 禊と曲水の宴 端午の節句と鍾馗 正月のごちそう 喫茶 農業 学校 髪型 女性のかぶりもの 屏風 車 毛筆 琴と碁 鳥の飼育 蹴鞠と馬毯(サッカーとポロ) 庭園 山水の楽しみ〔ほか〕
＊茶、お灸、髪型、筆・墨・硯・紙、音楽、サッカー、庭園etc.豊富な美術図版〈書・画・陶磁・考古遺品〉を使って中国文化を解き明かす。
◇中国長江文明と日本・ベトナム─信仰と民俗の比較 諏訪春雄,川村湊,崔吉城,武内房司著 勉誠社 1996.10 121p 21cm 《日中文化研究別冊》2) 1545円 (i)4-585-04052-8
(内容) 「写真紀行」ベトナムの民俗と信仰 左右対称の文化類型 中国長江文明と日本・ベトナム ベトナム民衆文化の旅 ベトナムと韓国 弥勒と竜華会─中国・ベトナムの民間宗教 「座談会」ベトナムの民俗と文化
＊本書は、一九九五年の夏にアジア文化研究プロジェクトが実施した中国・ベトナムの現地調査の報告書である。
◇中国朝鮮族の移住・家族・エスニシティ 佐々木衛,方鎮珠編 東方書店 2001.1 314p 21cm 5400円 (i)4-497-20102-3
(内容) 第1部 現代中国朝鮮族の移住とエスニシティ(延辺朝鮮族における周縁性とエスニシティ 現代中国の社会発展の中の中国朝鮮族 移動社会としての太陽鎮──一〇〇戸調査の分析結果から 延辺朝鮮族の移住と家族ネットワーク 中国における朝鮮族の文化と教育の発展概況) 第2部 朝鮮族家族の生活とネットワーク(吉林省延辺朝鮮族自治州の社会概況 竜井市太陽鎮と村の社会概況 共同調査(太陽鎮H村の生活と家族ネットワーク─資料1 延吉市民の家族と生活─資料2 北京の朝鮮族市民─資料3))
＊本研究の目的は中国朝鮮族の家族の移住、ネットワーク、そしてエスニシティを研究することである。
◇中国的―郷に入りて郷に従わず 金佩華著 白帝社 1996.8 201p 19cm 1600円 (i)4-89174-288-7
(内容) 誤解から始めた日本語の勉強 「おばさん」と呼ばせてはいけなかった? 日本での初体験 誰が「ありがとう」と言うべきか? 「会いたい」ってただの儀礼? 端午節に鯉のぼり? 東京で暮らして「悩み」も変わった 互いに分からないことが多い 「恐い」道を美しく感じた時の発見 桜と牡丹〔ほか〕
＊日常のちょっとした感動や不協和音から日本人と中国人の思考様式、行動様式の違いを見いだし、ほんものの日中比較文化論を展開。
◇中国東北部朝鮮族の民俗文化 中国東北部朝鮮族民俗文化調査団編 第一書房 1999.2 457,21p 22cm 〈文部省科学研究費補助金研究成果公開促進費刊行〉 18000円 (i)4-8042-0691-4 Ⓝ382.22
◇中国における諸民族の文化変容と民族間関係の動態 周達生,塚田誠之編 吹田 国立民族学博物館 1998.9 465p 26cm (国立民族学博物館調査報告 8 1340-6787)〈中国語併載〉 非売品 Ⓝ382.22
◇中国における民族文化の動態と国家をめぐる人類学的研究 横山広子編 吹田 国立民族学博物館 2001.3 429p 26cm (国立民族学博物館調査報告 20 1340-6787) 非売品 Ⓝ382.22
◇中国の女文字─伝承する中国女性たち 遠藤織枝著 三一書房 1996.6 175p 21cm 2000円 (i)4-380-96240-7 Ⓝ382.2226
(内容) 第1章 女文字が世に出るまで 第2章 女文字の伝わる地域 第3章 「女文字」はこうして習得された 第4章 女文字のルーツ 第5章 女文字の姿 第6章 女文字で書いたもの 終章 女文字探求の旅
＊女性だけの文字がなぜ中国湖南省に伝承されているのか。奥地深く探訪した著者が女性の歴史と位置にひき寄せ、その秘密を探る。
◇中国北方農村の口承文化─語り物の書・テキスト・パフォーマンス 井口淳子著 風響社 1999.3 252p 22cm 4500円 (i)4-938718-39-1 Ⓝ382.22
◇中国民俗学概論 陶立璠著,上野稔弘訳 勉誠社 1997.1 381p 21cm 〈監訳:佐野賢治 現代中国民俗学略年譜:p372〜374〉 4944円 (i)4-585-03047-6 Ⓝ382.22
(内容) 民俗の基本的特徴と分類 民族の社会機能 民俗学の方法論 物質民俗 社会民俗 歳時民俗 人生儀礼 精神民俗 口承言語民俗及びその他
＊全56民族の民間習俗を一望に。中国民俗学の最前線を豊富な実例と図版をもとに網羅的に

風俗史・民俗誌　　　　　　　　　　　　　　　　　　　　　　　アジア

解説。広大かつ多様に展開する中国民俗の最適の入門書。斯界の第一人者により、初めて明らかになる中国民俗学研究の全貌。

◇長物志—明代文人の生活と意見　1　文震亨著, 荒井健他訳注　平凡社 1999.12 284p 18cm （東洋文庫）2600円 (i)4-582-80663-5 Ⓝ382.22

（内容）巻1 室廬（室廬 門 ほか）巻2 花木（花木 牡丹・芍薬 ほか）巻3 水石（水石 広池 ほか）巻4 禽魚（禽魚 鶴 ほか）

＊長物志とは無用の長物についての覚え書きの意。洗練の極に達した明代末の文化批評の粋であり、ものを通して文人生活の衣食住から趣味・嗜好まで記述し尽くす本。本邦初訳。図版多数。

◇長物志—明代文人の生活と意見　2　文震亨著, 荒井健他訳注　平凡社 2000.1 322p 18cm （東洋文庫）2800円 (i)4-582-80665-1 Ⓝ382.22

◇長物志—明代文人の生活と意見　3　文震亨著, 荒井健他訳注　平凡社 2000.3 253p 18cm （東洋文庫）2600円 (i)4-582-80668-6 Ⓝ382.22

◇月と橘—中国の社会と民俗　吉田隆英著　平凡社 1995.7 322p 20cm （平凡社選書 158）2884円 (i)4-582-84158-9 Ⓝ382.22

◇天怪地奇の中国　西村康彦著　新潮社 1994.5 321p 20cm 2500円 (i)4-10-397501-6 Ⓝ382.22

（内容）第1章 舞う馬　第2章 佳人　第3章 虎　第4章 北京の鮎　第5章 漂流　第6章 瓢箪のみのるころ　第7章 狐惑　第8章 仙人の山　第9章 年越しの酒　第10章 正月の酒　第11章 鳥のこころ　第12章 長命菜　第13章 名は呉妙応、七百余歳　第14章 犬の微笑　第15章 墓中の不思議　第16章 隣の鬼　第17章 怪しの石　第18章 猫の胼　第19章 水仙の夢　第20章 老舎茶館にて　第21章 そは何物ぞ

＊本書は、中国世界の不思議にまつわる話を、さらに補筆あるいは改稿して一冊とした。二千年あるいはそれ以上から、つい何ヶ月か前までの間に、広い中国のあちこちで起きた奇想天外な出来事のうちから、身近な興のおもむくままに主題をえらび、古代からの記録原典や現代の報道記事を併用して紹介した。人間、動物、植物、岩石ほかあらゆる森羅万象のうえに展開される怪異は、まさに「天怪地奇」とよぶに応わしく、しかも「中国でしか起りえない」性質のものである。

◇南詔往郷—西南中国の人びと　鎌沢久也写真・文　平河出版社 1996.3 183p 26cm （アジア民俗写真叢書 15）（参考文献：p182）3811円 (i)4-89203-269-7 Ⓝ382.2234

（内容）繞三霊　三月街　麗江　濾沽湖　解説

（往にしえの街・大理　三月街　繞三霊　古都・麗江　濾沽湖と獅子山　獅子山祭）

◇日本人が知らない「普通の中国人」の私的事情　田中信彦著　講談社 1997.12 239p 20cm （文献あり）1500円 (i)4-06-209019-8 Ⓝ292.2

（内容）1 多彩的娯楽—多様化する遊び　2 困難的住居—寝ても覚めても家の夢　3 個人的秘密—個人情報根ほり葉ほり　4 労働的収入—目指せ！金満生活　5 毎日的三餐—一日の計は食にあり　6 現代的生活—リッチでいこう、中国人　7 学習学習再学習—学習ノススメ　8 人口的膨張—巨大な人間の群れ

＊金銭感覚や貯蓄額から、労働事情、あこがれの住宅、普段の遊び、さらにめったに聞けない下ネタ話まで、意外と知られていない現代中国人の生活事情を一挙紹介。

◇日本と中国楽しい民俗学　賈簪萱, 春日嘉一共著　増補改訂版　社会評論社 1996.2 218p 22cm（主な参考文献：p218）2000円 (i)4-7845-0919-4 Ⓝ382.1

（内容）うちわと扇子　餅と臼　お風呂　のれんと風呂敷　凧　豆腐　花火　名刺　塩　花〔ほか〕

◇日本霊異記と中国の伝承　河野貴美子著　勉誠社 1996.10 396p 22cm 9270円 (i)4-585-03046-8 Ⓝ184.9

（内容）第1章 雷の子—「霊異記」上巻第三縁・第一段　第2章 道場法師の強力—その系譜・由来　第3章 力比べ—「霊異記」上巻第三縁・第二段　第4章 鬼退治—「霊異記」上巻第三縁・第三段　第5章 水争い—「霊異記」上巻第三縁・第四段　第6章 「霊異記」における道場法師説話の位置—表題・話末部評語からみた景戒の意図と志向　第7章 道場法師説話の周辺—孫娘説話と中国の伝承　第8章 「霊異記」と中国の伝承

◇客家見聞録　緒方修著　現代書館 1998.3 210p 20cm 2000円 (i)4-7684-6727-X Ⓝ382.22

（内容）中国・梅県 客家の故郷紀行　シンガポール世界客家大会紀行　台湾・客家墓参り同行記　台湾・中国同席の東京の客家大会　幻の台湾・中国合同懇親会　沖縄・客家の故郷 久米村　シンポジウム「琉球王国と客家」

＊鄧小平、李登輝、リー・クアンユー等の政治家を輩出し、世界で注目の客家。その多くの謎と魅力に取りつかれ、中国、シンガポール、台湾、沖縄、東京と訪ね歩いた"客家追っかけ旅日記"。

◇貿易上より見たる支那風俗の研究　上　復刻版　竜渓書舎 1999.7 228p 21cm（明治後期産業発達史資料 第486巻）23000円

（内容）第1編 容姿　第2編 服装　第3編 住居

文化人類学の本 全情報　195

アジア　　　　　　　　　　　　　　　　　　　　　　　　　　風俗史・民俗誌

　第4編 器具　第5編 食物
　＊内山清著「貿易上より見たる支那風俗の研究（上）」（大正4年12月21日）の復刻。
◇貿易上より見たる 支那風俗の研究 下 復刻版　竜溪書舎　1999.7　538p　21cm　（明治後期産業発達史資料 第487巻）　23000円　(i)4-938718-33-2　Ⓝ302.2239
　(内容) 第1編 容姿　第2編 服装　第3編 住居　第4編 器具　第5編 食物
　＊内山清著「貿易上より見たる支那風俗の研究（下）」（大正4年12月21日）の復刻。
◇香港社会の人類学—総括と展望　瀬川昌久編　風響社　1997.5　290p　22cm　〈文献あり 索引あり〉　4500円　(i)4-938718-33-3　Ⓝ302.2239
◇幻の楽器を求めて—アジアの民族音楽と文化探究の旅　田森雅一著　筑摩書房　1995.11　206p　19cm　（ちくまプリマーブックス 94）〈参考文献：p202～206〉　1100円　(i)4-480-04194-X　Ⓝ762.2
◇満蒙の民族と宗教　赤松智城, 秋葉隆著　大空社　1996.5　1冊　22cm　（アジア学叢書 1）（大阪屋号書店昭和16年刊の複製　折り込図1枚）　17000円　(i)4-7568-0240-0　Ⓝ382.22
◇民族で読む中国　可児弘明ほか編著　朝日新聞社　1998.3　444p　19cm　（朝日選書 595）　1900円　(i)4-02-259695-3　Ⓝ382.22
　(内容) はじめに 中国の少数民族と華僑　第1章 漢族と少数民族（少数民族はどこから来たか—華南の祖先移住伝承　民族集団はどのように作られるのか—「屯堡人」は漢族か？ ほか）　第2章 華僑・華人・同胞（中華総会館の役割—一九世紀のハワイ　マレーシア多民族社会の中で—北ボルネオ（サバ州）の華人 ほか）　第3章 民族と国家（台湾における政治体制変動とエスノナショナリズム—「新党現象」試論　現代中国の南北問題—経済格差の拡大 ほか）
　＊中国国内に暮らす一億人、55の少数民族。海外でマイノリティとして生きる2800万に及ぶ華僑・華人。歴史・民俗・政治・経済など、さまざまな視点から、巨大国家と彼らのかかわりを探る最新論集。
◇モンゴル草原のくらし—家畜との共生　小長谷有紀述, 愛知県教育サービスセンター編　名古屋　第一法規出版東海支社　1996.3　28p　21cm　（県民大学叢書 47）　243円　Ⓝ384.3
◇モンゴル遊牧の四季—ゴビ地方遊牧民の生活誌　三秋尚著　宮崎　鉱脈社　1995.12　319p　21cm　3500円　Ⓝ382.227
◇山の民水辺の神々—六朝伝説にもとづく民族誌　大林太良著　大修館書店　2001.4　148p　19cm　（あじあブックス 27）　1400円　(i)4-469-23168-1　Ⓝ382.22
◇弥生文化の源流考—雲南省佤族の精音と新発見　鳥越憲三郎, 若林弘子著　大修館書店　1998.4　466p　22cm　4000円　(i)4-469-29077-7　Ⓝ382.2237
　(内容) 序章 佤族の全貌　第1章 佤族の社会と習俗（階層分化と奴隷制　村建ての習俗 ほか）　第2章 母系社会の佤族（氏族制の変移　炉をめぐる習俗 ほか）　第3章 高床式住居の源流（佤族の高床式住居　孟連佤族の高床式住居 ほか）
　＊母系制と奴隷制。神話の蛇。高床式住居と新築儀礼。記紀神話の「天柱」とは。炉の習俗。貫頭衣。断髪・文身。下駄・わらじ。農耕民族の崖画。聖林と聖木。村の門・〆縄。鳥の信仰と卜占。土器づくり。殯。等々一10年に及ぶ未解放地区フィールドワークの成果。初公開の写真・図版満載。
◇竜あらわる—中華怪有篇　西村康彦著　文芸春秋　1997.1　348p　20cm　1800円　(i)4-16-352460-6　Ⓝ382.22
　(内容) 酒杯流行　いか墨奇聞　逸思奇僻のひとびと　鶴の変容　孔子の木履　鳥のことば花の声　橋の上から　蜃気楼　怪肉　猿啼く夜に鼠癖　ツブテン・ラマのこと　琵琶を抱く猿 〔ほか〕
　＊中国『筆記』の豊饒な世界を語り、現代の偏狭な常識をことごとく粉砕する痛快無比の全十八篇。
◇霊の住処としての家　カール・ヘンツェ著, 金子えりか訳　雄山閣出版　1996.5　169p 図版16p　21cm　2884円　(i)4-639-01360-4　Ⓝ382.22
　(内容) 1 序論—宗教的・世界観的ならびに心理的な諸前提　2 屋根の下、家のなかの祖先　3 空間的な対応としての直立と倒立の世界　4 暦、回帰の観念、霊　5 その他の類似例、方法論と考察
　＊中国古代文化を読む。民族考古学のみごとな展開。青銅器などの造形から探る中国古代の他界観・世界観。中国古代の他界観・世界観を引き出す上で、日本・海南・新大陸の古文化との対比を試みる民族考古学的方法は斬新な示唆を与えてくれる。
◇わたしのチベット紀行　渡辺一枝著　集英社　2000.5　260p　20cm　〈文献あり〉　1600円　(i)4-08-775272-0　Ⓝ382.229
　(内容) 1 怪鳥の里　2 消されたらくがき　3 1000のバターランプ　4 カルマゲリ先生　5 川のふるさと　6 ロサ、タシデレ　7 チャンパツェリンが死んだ　8 サカダワのラサ　9 1999年
　＊自然の懐深く生きる、豊かで智恵のある暮らし。そして、敬虔で不屈な精神はどこからくるのか。鳥葬の儀礼、チベット医療、暦法、正月風景、教育、知られざる素顔をレポートするノンフィクション。

196　文化人類学の本 全情報

◆台湾

◇伊能嘉矩所蔵台湾原住民写真集—伊能嘉矩所蔵台湾原住民影像 日本順益台湾原住民研究会編著 台北 順益台湾原住民博物館 1999.3 313p 30cm 〈中文併記 台北 南天書局有限公司(発売) 年譜あり〉 6400円 Ⓝ382.224

◇おどろ気ももの木台湾日記 及川朋子ほか著 毎日新聞社 1999.9 207p 19㎝ 1500円 (i)4-620-31378-5 Ⓝ382.224

[内容] 第1章 台湾の生活・習慣・文化(結婚 台湾人の子作り作戦 ほか) 第2章 台湾の人間関係—家族観(きびしい上下関係 嫁姑問題 ほか) 第3章 台湾の社会(教育観 行政 ほか) 第4章 日台交流は「誤流」?(台湾人が持つ日本人観 日本人嫁から見た在台日本人 ほか)

＊結婚式のストリップ、陣痛見舞いに来る友人、1カ月先の予約をとる病院、マンションでも焚き火。知ってそうで知らない台湾。

◇台湾アミ族の宗教世界 原英子著 福岡 九州大学出版会 2000.2 292p 22㎝ 〈文献あり〉 5700円 (i)4-87378-618-5 Ⓝ163

[内容] 序論 第1部 アミ族宗教概観(アミ族宗教研究の背景 シカワサイの宗教儀礼 祭祀氏族の宗教儀礼) 第2部 アミ族の宗教的空間認識と性との関係(空間区分の方位と性との関係 空間区分における遠近の距離と性との関係)

◇台湾漢民族の姻戚 植野弘子著 風響社 2000.2 430p 22㎝ 7400円 (i)4-89489-000-3 Ⓝ382.224

[内容] 序章 課題と方法 第1章 漢民族の姻戚関係研究 第2章 台南・佳榕林 第3章 家における男性と女性 第4章 祖先祭祀にみる男性と女性 第5章 通婚関係と地域社会 第6章 婚姻儀礼と財の交換 第7章 贈与にみる姻戚関係 第8章 男性の活動としての姻戚関係 第9章 冥婚にみる姻戚関係とその変化 第10章 姻戚関係の展開と再編 終章 結論

＊従前の研究にみられる父系中心的な親族関係の把握、また婚姻によって親と切り離される女性という理解に対して、本書では、女性を婚姻によって夫を親や兄弟とつなぐ存在としてとらえ、父系以外の関係である「姻戚関係」を中心に、漢民族の親族・婚姻を再考しようとするものである。姻戚関係を多面にわたって検討することで、これまでの研究で論じられなかった漢民族の親族・家族・婚姻の有り様を描いていく。

◇台湾原住民研究への招待 日本順益台湾原住民研究会編 風響社 1998.5 285p 20㎝ 2500円 (i)4-938718-19-7 Ⓝ382.224

◇台湾原住民研究概覧—日本からの視点 日本順益台湾原住民研究会編 風響社 2001.2 430p 27㎝ 〈文献あり 年表あり〉 8800円 (i)4-89489-066-6 Ⓝ382.224

◇台湾習俗 東方孝義著 大牟田 武田タカ 1995.10 423p 21㎝ 〈同人研究会昭和17年刊の複製 著者の肖像あり〉 Ⓝ382.224

◇台湾番族慣習研究 1 岡松参太郎著 青史社 2000.10 495p 27㎝ 〈複製 東京 合同出版(発売)〉 29000円 (i)4-7726-9055-7 Ⓝ382.224

◇台湾番族慣習研究 2 岡松参太郎著 青史社 2000.10 516p 27㎝ 〈複製 東京 合同出版(発売)〉 29000円 (i)4-7726-9056-5 Ⓝ382.224

◇台湾番族慣習研究 3 岡松参太郎著 青史社 2000.12 423p 27㎝ 〈複製 東京 合同出版(発売)〉 29000円 (i)4-7726-9057-3 Ⓝ382.224

◇台湾番族慣習研究 4 岡松参太郎著 青史社 2000.12 458p 27㎝ 〈複製 東京 合同出版(発売)〉 29000円 (i)4-7726-9058-1 Ⓝ382.224

◇台湾番族慣習研究 5 岡松参太郎著 青史社 2001.1 505p 27㎝ 〈複製 東京 合同出版(発売)〉 29000円 (i)4-7726-9059-X Ⓝ382.224

◇台湾番族慣習研究 6 岡松参太郎著 青史社 2001.1 482p 27㎝ 〈複製 東京 合同出版(発売)〉 29000円 (i)4-7726-9060-3 Ⓝ382.224

◇台湾番族慣習研究 7 岡松参太郎著 青史社 2001.2 442p 27㎝ 〈複製 東京 合同出版(発売)〉 29000円 (i)4-7726-9061-1 Ⓝ382.224

◇台湾番族慣習研究 8 岡松参太郎著 青史社 2001.2 612p 27㎝ 〈台湾総督府番族調査会大正10年刊の複製 東京 合同出版(発売)〉 29000円 (i)4-7726-9062-X Ⓝ382.224

◇日本の台湾原住民研究文献目録—1945-1996 笠原政治編 風響社 1997.3 103p 21㎝ 〈台湾原住民研究別冊 1〉 1500円 (i)4-938718-93-6 Ⓝ382.224

◇リボク日記 馬淵悟編 日本順益台湾原住民研究会 1995.9 11,254p 27㎝ 〈台湾原住民研究資料叢書 1〉 〈出版・発売:南天書局(台北)〉 付(83p 21㎝):台湾研究書目1996 付:著者略歴,主著・共著,参考文献〉 Ⓝ382.224

◇リボク日記 リボク著,馬淵悟編 台北 南天書局 1995.9 11,254p 27㎝ 〈台湾原住民研究・資料叢書 1〉 〈発行所:日本順益台湾原住民研究会 〔東京〕 風響社(発売)〉 4000円 (i)957-638-335-8 Ⓝ382.224

◆東南アジア

◇黄金の四角地帯—シャン文化圏の歴史・言語・民族 新谷忠彦編 慶友社 1998.4 321p 22㎝ 〈アジア文化叢書—東京外国語大学アジア

・アフリカ言語文化研究所歴史・民俗叢書 2) 9000円 (i)4-87449-166-9 Ⓝ223
(内容) 第1章「シャン文化圏」の概念が提唱するもの 第2章 言語からみたシャン文化圏の民族とその分布 第3章 シャン文化圏からみたタイ史像 第4章 ラーンナーの歴史と文献に関するノート―チェンマイの誕生をめぐって 第5章 タイ系民族の王国形成と物質文化—十三～十六世紀を中心にして 第6章 シプソンパンナーの交易路 第7章 座談会 シャン文化圏の歴史と言語をめぐって(石井米雄 新谷忠彦 ダニエルス,クリスチャン 宇佐美仁)

◇国家のなかの民族―東南アジアのエスニシティ 綾部恒雄編著 明石書店 1996.4 321p 20cm 〈各章末:参考文献〉 3914円 (i)4-7503-0801-3 Ⓝ382.23
(内容) 1 東南アジアにおける国民国家の形成とエスニシティ 2 タイ国における黒タイ族の"民族"的位相 3 東北タイのラオス・ベトナム系カトリック教徒におけるエスニシティ 4 民族の存続にむけた戦略 5 国家と個人のはざまで 6 フィリピン・マラナオ社会における慣習・国家・イスラーム 7 スルー海域のサマ族 8 インドネシア国家におけるバリ 9 インドネシアの母系社会における国家とエスニシティ
＊本書は、1990年の6月から1992年の3月までの3年間にわたって、日本側6人、東南アジア側(マレーシア、タイ)2人の人類学研究者によって行われた、「東南アジアにおける国民国家の形成とエスニシティとの係わりに関する文化人類学的研究」に関する実態調査をもとに編まれたものである。

◇サラワクの風―ボルネオ・熱帯雨林に暮らす人びと 内田道雄著 現代書館 1999.8 214p 20cm 〈文献あり〉 2200円 (i)4-7684-6758-X Ⓝ652.2435
(内容) 第1章 プナンの森へ 第2章 道路封鎖 第3章 ふたたびプナンの森へ 第4章 明日への村ウマバワン 第5章 勇者の祭り 第6章 豊饒なる大地 第7章 ロングハウスの暮らし 第8章 迫り来るプランテーションの危機 第9章 油ヤシプランテーション 第10章 ダムに沈む村 第11章 移住者の悲哀 第12章 サラワクとの別れ
＊豊かな森林と共に生きるボルネオ・サラワクの人びとの自給自足的生活が、いま破壊されている。

◇シェルパヒマラヤ高地民族の二〇世紀 鹿野勝彦著 茗溪堂 2001.5 277,9p 21cm 〈年表あり〉 6500円 (i)4-943905-19-6 Ⓝ382.258
◇東南アジアにおける「共存」・「共生」の諸相 栗原浩英編 東京外国語大学アジア・アフリカ言語文化研究所 1999.3 157p 26cm (AA研東南アジア研究 第5巻) Ⓝ382.23

◇東南亜細亜民族学先史学研究 第1巻 鹿野忠雄著 大空社 1996.5 424,4p 図版32p 22cm (アジア学叢書 3) 〈矢島書房昭和21年刊の複製 折り込み1枚〉 11000円 (i)4-7568-0242-7 Ⓝ382.23
◇東南亜細亜民族学先史学研究 第2巻 鹿野忠雄著 大空社 1996.5 1冊 22cm (アジア学叢書 4) 〈矢島書房昭和27年刊の複製〉 8000円 (i)4-7568-0243-5 Ⓝ382.23
◇ネパールで出会った神々―神話の中の町から 白井有紀著 丸善 2000.9 163p 19cm (丸善ブックス) 2000円 (i)4-621-06087-2 Ⓝ382.2587
(内容) 第1章 神話の中の町(ラリトプール 王宮広場から離れて散歩 ラリトプール郊外) 第2章 ネワール族の透かし窓(カトマンズ盆地創世の物語 ネワール族の生活観 精神的な知識の源 ネワール族の宗教的慣習 ネワール族に伝わる迷信 ほか)
＊古いものと新しいもの、ミニスカートとサリー、路上の牛とスポーツカー、神々と人間…。それらが決して溶け合わず、それぞれの姿のまま同じ時間に存在する場所、カトマンズ。その伝統や仕来りの中には、神々への深い信仰心がある。ある一人のネワール族の語りをもとに、まるで神話の世界にいるような彼らの暮らしぶりを、一人の日本人女性画家が綴る。彼女自身が描いた挿絵が、神話の世界へと読者を誘う。

◇東アジアの村落と家族―シンポジウムの記録 仏教大学総合研究所編 京都 仏教大学総合研究所 1996.8 76p 30cm 〈各章末:参考文献〉 Ⓝ384.1
◇ヒマラヤの環境誌―山岳地域の自然とシェルパの世界 山本紀夫,稲村哲也編著 八坂書房 2000.4 335,16p 22cm 4500円 (i)4-89694-450-X Ⓝ382.258
(内容) ヒマラヤ山脈―地形と自然環境 ヒマラヤの民族誌―共生する民族 ヒマラヤの環境誌(人と植物をめぐって 人と家畜をめぐって) 変わりゆくヒマラヤとシェルパの世界
＊ヒマラヤに生きる。ヒマラヤのふところ深くいだかれた谷を舞台に、標高2700～4000mにものぼる高地で農耕を営み家畜を飼うシェルパ族の暮らしを追いながら、ヒマラヤ山地の自然を描き、高度差をたくみに利用して生きる人びとの世界をつづる。

◇ビルマの民衆文化―語られたパゴダと微笑みの国 ルードゥ・ドー・アマー著,土橋泰子訳 新宿書房 1994.6 286p 19cm 2800円 (i)4-88008-198-1
(内容) 世界最大の石仏 象踊り 独楽賭博 市場 民族芸能の現状 一冊の雑誌 ビルマのガラス工芸 絹のロンジー シュエ・ウーダウン

風俗史・民俗誌　　　　　　　　　　　　　　　　　アジア

先生の村、マジードウン　古いことごと
◇ベトナムの祖先祭祀―潮曲の社会生活　末成道男著　風響社　1998.3　446p　22cm　〈外箱入付属資料：CD-ROM1枚（ホルダー入り）〉　15000円　(i)4-938718-35-9　Ⓝ382.231
◇ミャンマー―慈しみの文化と伝統　フジタヴァンテ編　東京美術　1997.1　167p　21cm　(Vente ars)　〈監修：奥平竜二　主要参考文献一覧：p166〉　2800円　(i)4-8087-0639-3　Ⓝ382.38
(内容)家族の慣習　家庭と信仰生活　ビルマ人の生活リズムと仏教　女性と仏教修行　仏塔空間（仏塔・仏塔祭り・年中行事　人々と仏像・仏画・仏足跡）　社会生活　ミャンマーの生活文化―衣・食・住　芸能―日常に花咲く非日常空間　仏教の受容―土俗信仰と上座仏教　須弥山世界―神通力と輪廻転生
＊「カタログ」フジタヴァンテミュージアム企画展。写真・映像・造形で触れる懐かしい未知の国・ミャンマー展。ミャンマーの素手の暮らしや、祈りの世界を写真、映像、造形を通して紹介。
◇ミャンマー情報事典　アジア・ネットワーク編　ゐる文社、星雲社〔発売〕　1997.2　226p　19cm　1545円　(i)4-7952-0928-6
(内容)第1部　キーワード、キー事項編（一般事項　歴史　人物　観光・地理　宗教　民族　政治　文化・芸能　経済　食関係　その他　地図　コラム）　第2部　資料編
＊本書には、ミャンマーの人々の生活や社会、文化等について、一般的で必要最低限の基礎知識が収録されている。
◇ミャンマー民族造形の旅　「ミャンマー民族造形の旅」編集委員会編　那覇　沖縄県立芸術大学工芸専攻有志　1997.2　1冊　30cm　〈他言語標題：Report on the ethno-forms in Myanmar〉　Ⓝ750.2238
◇民族造形学序説　東南アジア篇　金子量重著　アジア民族造形文化研究所　1994.9　179p　31cm　〈発売：芙蓉書房出版　参考文献：p179〉　15450円　(i)4-8295-0137-5　Ⓝ750.22

◆◆タイ・マレーシア
◇宇宙樹の森―北ビルマの自然と人間その生と死　吉田敏浩著　現代書館　1997.11　241p　20cm　〈文献あり〉　2200円　(i)4-7684-6722-9　Ⓝ382.238
(内容)森からの呼び声　猪の牙に秘められた力　焼畑と森の賜物　鉄と山刀　家に魂が宿る祭り　発酵と母なる神の乳　文様の宇宙　宝貝と稲　山の道の歌声　不思議な話　宇宙樹の森
＊豊饒なる巨樹の森。森の神々に人や動植物たちははぐくまれ、自然と生命の一体感が生みだされる。大宅壮一ノンフィクション賞受賞作「森の回廊」につづく、北ビルマ辺境紀行。
◇お祖母さんの木の遺産―アジアからの贈りもの　ティップワーニー・サニットゥオン著、中村美津子ほか訳　段々社　1995.10　172p　21cm　〈発売：星雲社〉　1500円　(i)4-7952-6510-0　Ⓝ382.237
(内容)1　暮らしぶり　2　家事のこと　3　お祭りとお葬式　4　子供のしつけ　5　子供の遊び
＊クンター、クンヤーイが子供だった頃…自然と情愛にあふれた、素晴らしきあの日々。おとぎ話のように、面白く懐かしい、ホントにあったタイの暮らしの物語30話。
◇クリヤーの山―タイ・山岳少数民族の暮らし　橋本紘二写真、小松光一文　農山漁村文化協会　1998.1　278p　19cm　(人間選書 212)　2200円　(i)4-540-97146-8　Ⓝ382.237
(内容)天にいちばん近くに住む山のひとびと　流浪する山の民　焼畑のころ　ホイナムクン村の焼畑農耕　ショウガとトウモロコシ　換金作物　雨季のころ　稲刈りのころ　正月　ラフの人々のキリスト教　文明と山の民　山の子ども寮　クリヤーの山の村のゆくえ
◇タイ文化ハンドブック―道標微笑の国へ　松下正弘編　勁草書房　1995.3　298p　20cm　〈執筆：タイ文化研究会　参考文献：p285～286〉　2575円　(i)4-326-65165-2　Ⓝ382.237
(内容)第1章　駐日タイ公使が語るタイ文化　第2章　タイ文化編　第3章　日・泰文化交流編　第4章　資料編
＊タイ文化とは、その国民にとった価値ある、伝統的・伝承的な有形・無形の、現代生活のなかに残る風俗・習慣のすべてと言える。素晴らしいタイの文化と日・タイ両国の交流史を知るための一冊。
◇吹矢と精霊　口蔵幸雄著　東京大学出版会　1996.11　211,3p　20cm　(熱帯林の世界 4)　2266円　(i)4-13-064224-3　Ⓝ382.239
(内容)第1章　スマッ・ブリと暮らす（スマッ・ブリとオラン・アスリ　森を歩く）　第2章　移動する生活（キャンプ生活　川の恵み　吹矢と動物　食事と食物　ほか）　第3章　宇宙、人間、シャーマン（コスモスの構造　人間をつくるもの　シャーマン　禁じられた行為　ほか）
＊人と自然の織りなすミクロコスモス。マレー半島のシャーマン凧で宇宙を旅し、雷神から果実を盗み、美しい精霊と結婚する錯綜する現実と超自然。
◇マレー原住民の研究と南方マレー史―マレーを研究課題とする小論文集　R.J.Wilkinson著、古藤次郎訳　日本図書刊行会　1997.6　163p　20cm　〈東京　近代文芸社（発売）〉　1300円　(i)4-89039-303-X　Ⓝ382.239
(内容)1　原住民族―The Aboriginal Tribes（民族と文化の区分　部族　中部サカイ―信仰と

文化人類学の本　全情報　199

慣習）2 南方マレー史―ネグリ・スムビランにおける記事

◇マレーシア現代情報事典 アジアネットワーク編 ゑる文社,星雲社〔発売〕 1998.10 252p 19cm (情報事典シリーズ) 1800円 (i)4-7952-0930-8

内容 第1章 アウトライン編 第2章 キーワード編(政治経済、他) 第3章 キーワード編(民族、文化、芸能、他) 第4章 地域事情編(各州別) 第5章 キーワード編(衣、食、住、他) 第6章 キーワード編(宗教、他) 第7章 キーワード編(驚異の自然、珍しい動植物、熱帯雨林、他) 第8章 キーワード編(補遺)

＊マレーシアのキーワード集。第1章で連邦国家の輪郭を述べ、以下の章では任意の分野毎のキーワードを集める。索引付き。

◆◆インドネシア

◇イフガオ―ルソン島山地民の呪詛と変容 合田濤著 弘文堂 1997.11 189p 20cm (シリーズ・地球の人びと 4) 〔文献あり 索引あり〕 2000円 (i)4-335-52004-2 Ⓝ382.2481

内容 1 イフガオ族の概況 2 家族・親族の動態論 3 イフガオ「族」の家族と親族 4 イフガオ「族」の「病」と呪術 5 イフガオにおける地方政治とリーダーシップ

＊嫉み・恨みは人間の常という人間観と差異化の禁止という社会規範の間で生まれた知恵は…。本書は、フィリピン共和国のルソン島北部山地(カガヤン谷の西側、コルディリエラ山脈の東斜面とその裾野)を主たる居住地とするイフガオの民族誌である。

◇インドネシアの寅さん―熱帯の民俗誌 沖浦和光著 岩波書店 1998.11 216p 20cm 2300円 (i)4-00-002788-3 Ⓝ384.38

◇インドネシアの魔女 鍵谷明子著 学生社 1996.12 246p 20cm 2266円 (i)4-311-20203-2 Ⓝ382.246

内容 1 ヤシの樹液だけで生きる、とびきり貧しい島サブ 2 「フリーセックス」の島ライジュア 3 生き続ける魔女とその子孫たち 4 攻撃的森通と私生児 5 兄妹の絆「オナリ神」信仰 6 魔女の母、マジャ 7 意地汚い魔女とその弟の大祭 8 私も魔女になった 9 魔女の子孫「泣き女」 10 相次ぐ布の盗難と近代化 11 魔女の文化は不滅！

＊インドネシアの孤島の「魔女の文化」とは？砂糖水だけで暮らす古代的社会の人々の精神世界！「魔女」の化身とみられた人類学者の記録。

◇神々の島バリ―ヒンドゥーの儀礼と芸能 河野亮仙, 中村潔編 春秋社 1994.6 243,7p 22cm (監修：吉田禎吾) 2987円 (i)4-393-29110-7 Ⓝ382.246

内容 序論 バリ文化の深層へ 第1章 バリ島の概観 第2章 バリの儀礼と共同体 第3章 ヒンドゥー文化としてのバリ 第4章 ランダとバロンの来た道 第5章 儀礼としてのサンギャン 第6章 ケチャ／芸能の心身論 第7章 ガムランの体系 第8章 バリの口琴 第9章 呼吸する波の音 第10章 死の儀礼 付録 バリのカレンダ

＊アジアの代表的観光地という仮面の下に力強く息づく信仰・儀礼・芸能のありようを多彩な視角から解剖する、バリ面白百科。

◇神と在るバリ人 尾形一彦著 一枚の絵 1993.6 170p 20cm 1500円 (i)4-87073-043-X Ⓝ382.246

◇クジラと生きる―海の狩猟、山の交換 小島曠太郎, 江上幹幸著 中央公論社 1999.1 290p 18cm (中公新書) 920円 (i)4-12-101457-X Ⓝ382.246

内容 第1部 男のくらし(東フローレス地方クジラ漁 ラマレラの渡来伝承 プレダン組 プレダン解剖 ほか) 第2部 女のくらし(ラマレラに向かう道 女性の仕事 定期市 プネタン(行商) 生産のいろいろ ほか)

＊インドネシアのバリ島より東に連なる小スンダ列島東端にあるレンバタ島。熱帯の島に暮らすラマレラ村の漁民はプレダンと呼ばれる木造帆船に乗り手投げの銛でマッコウクジラを捕獲している。クジラは食糧ではない。物物交換で経済が成立しているラマレラにとってクジラは貴重な貨幣である。女たちは頭にカゴを載せ厳しい山道を辿り、海の獲物を山の村に運び、トウモロコシやコメを得る。海の民が命をかけて男女の役割を生きる姿を活写する。

◇信仰に生きるバリ人 尾形一彦著 一枚の絵 1993.1 133p 20cm 1500円 (i)4-87073-038-3 Ⓝ382.246

◇先住民族プナン―ボルネオ最期の狩人たち 岩永友宏著 批評社 2000.7 165p 21cm 〔文献あり〕 1800円 (i)4-8265-0308-3 Ⓝ382.2435

内容 第1章 ボルネオ最期の狩人(熱帯雨林のその奥に何が待っているかについて 毒矢を吹いたその先にどんな獲物がいるかについて サゴヤシからとれる粉はどんな味がするのかについて) 第2章 破壊と略奪のなかで(森林伐採はどのようにして広がっていったのかについて 森を根こそぎにするプランテーションとは何かについて プナン族は何を思いどう抵抗してきたかについて) 第3章 アーガンの森(先住民の長屋住宅が思いのほか涼しいことについて 日本は森林豊かな国だということについて 日本はたくさんの木をどこに貯めているかについて)

＊毒矢を吹いたその先にはどんな獲物がいるのか？サラワクの森を舞台に繰り広げられる破壊と略奪の中で、独自の文化を貫くボルネオ最

風俗史・民俗誌　　　　　　　　　　　　　　　　　　　　　　　アジア

期の狩人たち。失われゆく熱帯雨林と先住民族を追った、渾身のフォト・ルポルタージュ。
◇贈与交換の民族誌―ボルネオ・ルムット社会の親族と祭宴関係のネットワーク　上杉富之著　吹田　国立民族学博物館　1999.12　458p　22cm　(国立民族学博物館研究叢書 1)　非売品　(i)4-915606-01-5　Ⓝ382.243
◇魂の形象―南西ニューギニア・ミミカの図像　小林真著　審美社　1998.9　408p　22cm　9000円　(i)4-7883-6080-2　Ⓝ382.247
(内容)第1章 民族と文化　第2章 宗教文化　第3章 創造・事物起源説話　第4章 儀礼用アート・オブジェ　第5章 日用兼儀礼的工芸品　第6章 形象モチーフ　第7章 過去と現在
＊日本のほぼ真南に位置するニューギニア島西部。現在のインドネシア領・イリアンジャヤの南西沿岸部に居住するMimika族は、地理的には、西はTriton湾から、東はOtakwa河まで、東西に横に広く分布している。本書では、収集資料及び調査地上の条件により、狭い意味でMimika地域と呼ばれているMimika河流域からOtakwa河流域までのMimika族を対象として、その形象文化へのアプローチを意図している。
◇バタン漂流記―神力丸巴丹漂流記を追って　臼井洋輔著　叢文社　2001.9　464p　図版14枚　20cm　2800円　(i)4-7947-0386-4　Ⓝ382.248
(内容)星の章(三つの時代の目をもって漂流記から何を読み取るか　漂流記との出会い　ほか)　知の章(バタンの文化　バタンと日本の文化的関連　ほか)　流の章(イブホス島漂着　イブホス島探索と同僚の弔い　スムナンガ村に人間生活の原点を見た　ほか)
＊一八三〇年(文政一三)備前藩米を積み岡山城下を出帆、江戸に向かった神力丸は、潮の岬沖で嵐に巻き込まれ黒潮に押し流されて六八日。フィリッピン北端の無人島イブホス島の海底岩に激突。五人が死に一四人が上陸した。奇蹟的にサブタン島の住民に助けられ温かく遇された漂流民は二年間でアジア各地を見聞して鎖国日本に帰国。備前藩等が半年にわたって取り調べ、詳細な記録をまとめ上げた。岡山県尻海の旧家に伝わっていたこの漂流記を手にした著者は、サブタン島バタン島を訪れ追体験を試みる。そこには日本とのつながりをみせる修羅、木製臼杵、凹石と磨石、カヌーがあった。スペインとキリスト教がもたらした光と陰があった。そして、なによりも漂流記の正確度に驚嘆する。
◇漂海民バジャウの物語―人類学者が暮らしたフィリピン・スールー諸島　H.アルロ・ニモ著, 西重人訳　現代書館　2001.7　315p　20cm　2800円　(i)4-7684-6800-4　Ⓝ382.2485
＊独自な「家舟」生活者のフィールド調査を著者の個人的体験を交えて著わす物語。

◇ボルネオの思い出の記　貴堂利治著　〔富山〕〔貴堂利治〕　〔1998〕　17p　21cm　Ⓝ382.243
◇森の食べ方　内堀基光著　東京大学出版会　1996.12　214,5p　20cm　(熱帯林の世界 5)　2266円　(i)4-13-064225-1　Ⓝ382.2435
(内容)第1章 音とかたち　第2章 ロングハウスの日常生活　第3章 食べ物と食べ方　第4章 森という空間　第5章 焼畑のつくり方　第6章 植物と動物の隠喩　第7章 時間と大地
＊ボルネオ島の奥深く森への畏れを生きつぐイバン。鳥に予兆を占い花や動物に自らの生を仮託する焼畑稲作民の世界。

◆インド・南アジア
◇アザーンとホラ貝―インド・ベンガル地方の絵語り師の宗教と生活戦略　金basdwo淑著　明石書店　2000.3　290p　22cm　〈文献あり〉　5500円　(i)4-7503-1255-X　Ⓝ384.38
(内容)序章 本研究の課題と調査村の概況　第1章 ポトゥア・カーストの生業・社会組織・人生儀礼　第2章 同一カースト・異宗教の二つのポトゥア集団―C村の神像造師とN村の絵師・絵語り師　第3章 改宗とヒンドゥー化―C村のヒンドゥー・ポトゥア　第4章 二つの水、ジョル(jal)とパニ(Pānī)―N村のムスリム・ポトゥアの生活戦略　結論 ポトゥア集団の理解へ向けて　付論 インドにおけるサンスクリット化
＊本書は、インド・ベンガル地方の絵師・絵語り師のカースト、ポトゥア(patua)の民族誌である。かつて半漂泊的な生活を営んでいたこの芸能カースト集団は、ほかの村人との持続的な社会的・経済的関係をほとんどもたない周辺的な存在であった。これまで彼らの芸能についてはたびたび取り上げられることがあったが、集団の内部あるいはほかの集団との関係などに研究者の目が向けられることはほとんどなかった。本書は、ムスリムでありながら、カースト的要素を意図的かつ戦略的に今なお引きずっているポトゥア・カーストの世界を克明に記述することによって、カースト社会における人々と宗教とのかかわり方を明らかにしようとしたものである。
◇インダスの流れ　高戸甚ェ門著　芦原町(福井県)　高戸甚ェ門　2000.5　170p　26cm　〈付属資料：図1枚〉　Ⓝ382.257
◇インド・大地の民俗画　沖守弘写真, 小西正捷本文・解説　未来社　2001.4　181p　30cm　〈他言語標題：Folk paintings from the Indian earth〉　6800円　(i)4-624-20076-4　Ⓝ722.5
(内容)第1部 儀礼の床絵　第2部 荘厳の壁画　第3部 神話の壁画　図版解説　インドの儀礼的床絵と壁画―伝統と変容(儀礼の床絵　床絵の

文化人類学の本 全情報　201

アジア　　　　　　　　　　　　　　　　　　　　　　　　　　　　風俗史・民俗誌

　伝統　壁画の伝統　伝統の変容)
＊100回にも及ぶ取材による資料の蓄積にもとづき、伝統的・儀礼的床絵と壁画のありかたを、その本来の暮らしのうちに位置づける1冊。
◇インド動物ものがたり—同じ地上に生なすもの　西岡直樹著　平凡社　2000.11　278p　20cm〈文献あり〉　1800円　(i)4-582-48130-2　Ⓝ382.25
　内容　不思議な遠吠え—ジャッカル　大地を支える者—カメ　幸運の女神を運ぶ—フクロウ　山を出たものの—ゾウ　クマにまたがったラジュー—ナマケグマ　官能のさえずり—オニカッコウとオオバンケン　ハヌマーンの養女—ハヌマンラングール　四つ目のイヌ—イヌ　ホタルのランプ—ハタオリドリ　ボノビビの森—トラ　真夜中の恐怖—ヤスデ　裏庭の主たち—ミミズとメクラヘビ　雨を呼ぶ鳥—クジャク　築く者、壊す者—シロアリとセンザンコウ　風の神の乗物—シカ　子思いの動物—ワニ　毒消しの薬草を知る—マングース　ドルマとアドル—スイギュウ　五本の筋と三本の筋—リス　ビシュノーイ村—ニルガイ　青い卵と命の棒—ハゲワシ　砂漠の船—ラクダ　夫婦愛—ヤモリ　ガネーシャの乗りもの—ネズミ　猿蟹合戦の蜂—スティンギング・キャットフィッシュ　オオカミに育てられた少女—インドオオカミ　仏陀の供物—ブタ　女神の祝福—ネコ　二つの世界の狭間で—インドオオコウモリ　土下座するトカゲ—ブラッドサッカー　女神モノシャ—ヘビ　二羽の鳥には合掌を—カバイロハッカ　女神の生け贄—ヤギ　小さな嫌われ者—ジャコウネズミ　与えてやまないもの—雌うし　恐怖の兆し—バッタ　同じ地上に生なすもの—インド・ベンガル地方の植物観
＊雲を生み、恵みの雨をもたらす白いゾウ、幸運と豊饒の女神を運ぶフクロウ、背の上に大地をのせるカメ…。小さなものへの愛着や、やさしさへの共感、不思議な怪しさを語る、悠久の大地・インドの動物と人、神さまのおはなし37話。
◇インドの夢・インドの愛—サンスクリット・アンソロジー　上村勝彦,宮元啓一編　春秋社　1994.2　415,11p　19cm　4120円　(i)4-393-13269-6
　内容　第1章　神々の原風景—ヴェーダ　第2章　宇宙を操る祭式—ブラーフマナ　第3章　隠された原理—ウパニシャッド　第4章　インド精神の元型—叙事詩　第5章　増殖する古伝承—プラーナ　第6章　流出する世界—哲学　第7章　小宇宙としての自己　第8章　輪廻と主宰神　第9章　神となる道—タントラ　第10章　様々なる意匠—古典文学　第11章　生きる目的—ダルマ・アルタ・カーマ　第12章　醒めた眼差し—占星術・医学　第13章　聖化された空間—建築　付章

「ギータ・ゴーヴィンダ」と細密画—美術
＊華麗にして多彩な古典インド文化。そこに生きた人々の夢、男と女の愛が、難解なテクストの闇の彼方から新たな光を放ちはじめる。古典インドのエッセンス。
◇インド＝複合文化の構造　長野泰彦,井狩弥介編　京都　法藏館　1993.1　460p　22cm　(参考文献:p433～451)　13400円　(i)4-8318-3250-2　Ⓝ382.25
◇原インドの世界—生活・信仰・美術　フジタヴァンテ編　東京美術　1995.9　207p　21cm　2800円　(i)4-8087-0622-9
　内容　第1章　躍動する神々の伝承　第2章　インド文化の深層　第3章　美の伝統と継承
＊本書は、フジタヴァンテの特別企画展「原インド・いのちの鼓動」展(一九九五年九月二九日→十二月六日)と連動した展示カタログの役割を果たすとともに、独立した本でもある。
◇知っておきたい　インド・南アジア　歴史教育者協議会編　青木書店　1997.10　240p　21cm　2800円　(i)4-250-97040-X
　内容　序章　インド人との出会い　1　インドの生活と文化(サリーとカレー　祭りと年中行事　ほか)　2　多彩なインドへの歩み(モエンジョ・ダーロとハラッパー　ヴェーダの神々と自然　ほか)　3　独立をめざして(東インド会社の侵入　マラーター同盟とシク教徒　ほか)　4　明日に向かって(インド・パキスタンの分離独立　ネルーと独立インド　ほか)　5　海と山に囲まれて(光り輝く島スリランカ　スリランカの民族紛争　ほか)
＊インド・パキスタン分離独立50年—さまざまな課題を抱えつつ歩む現代インド・南アジアの国々の姿を人びとの営みに見、4000年をこえる歴史と多彩な文化を生んだ宗教や社会への理解を深める。
◇図説　インド神秘事典　伊藤武著　講談社　1999.11　542p　19cm　(講談社SOPHIA BOOKS)　2400円　(i)4-06-269092-6
　内容　第1章　民族—お釈迦様もインド人！？すべてはここから始まる　第2章　住居—古代から変わらぬ空間作りに隠された、インド人の知恵　第3章　料理—カレーだけにあらず、インド料理の奥義！！　第4章　装い—永遠の美と生活の知恵がひとつになったファッション　第5章　性愛—現存するインド最古のSEXテキストが示すもの　第6章　武術—武士道のはじまりと最強格闘技の虎の巻　第7章　芸術—音楽、文芸、絵画…芸術はすべてマントラに通ず　第8章　占星術—意外！？人も歩けば占い師にあたる、占い王国インド　第9章　世界観—インドに存在する？神様と妖怪　第10章　哲学—フロイト、ユングもあっさりわかるやさしいインド哲学　第11章　ヨーガ—ヨーガが織りなす未知の世界とカンタ

ン正しい取得法　第12章 医学―現代医学の根本はインドにあり!?
＊インド文化を12章に分類し解説した事典。

◇中村元選集　第23巻　仏教美術に生きる理想　大乗仏教　4　中村元著　決定版　春秋社　1995.7　630,26p　19cm　7931円　(i)4-393-31223-6
(内容)序章 仏教美術の思想的背景―美術を通して思想に　第1章 ストゥーパ崇拝　第2章 霊場巡礼　第3章 仏像崇拝のはじまり　第4章 ガンダーラ美術とマトゥラー美術　第5章 仏像崇拝の諸相　第6章 グプタ王朝時代(サールナート派)の仏像　第7章 グプタ王朝以後の美術　第8章 南インドの美術　第9章 仏像を拝む　付篇1 アジャンター壁画を通して　付篇2 ヒンドゥー建築のめざすもの―天にそびえる塔　付篇3 中央アジアにおける仏教美術の特異性一覧え書き
＊ガンダーラ・アジャンター・敦煌などの美術作品に表現された仏教の理想を、思想史研究の視点から解明する。カラー口絵ほか写真多数(丸山勇撮影)。

◇ネパール・インドの聖なる植物　トリローク・チャンドラ・マジュプリア著，西岡直樹訳　新装版　八坂書房　1996.9　309p　19cm　2472円　(i)4-89694-688-X
(内容)第1章 崇拝のバックグラウンド　第2章 植物と俗信　第3章 聖なる植物の薬効(如意樹―天国に生える木　インドヤコウボク(ヨルミケイ)―サティヤバーマーの嫉妬　ソーマ―人を酔わす力　ジュズボダイジュの仲間―行者の首飾り　カミメボウキ―ラクシュミーの化身　ハス―宇宙の扉　インドボダイジュ―主要三神の住家　ほか)
＊両国の文化に精通した著者が、信仰の対象であり、仏教やヒンドゥーの神々に捧げられるサラノキ、ビャクダン、インドボダイジュ、ウコンなど植物114種を紹介、その神話・薬効を述べる。

◇ハディース―イスラーム伝承集成　1　ブハーリー著，牧野信也訳　中央公論新社　2001.1　439p　16cm　(中公文庫)　1429円　(i)4-12-203775-1　Ⓝ167.3
(内容)啓示が神の使徒に下されたことの次第　信仰の書　知識の書　浄めの書　洗濯の書　月経の書　砂による浄めの書　礼拝の書　礼拝の時刻　アザーン　金曜日の書　危急の際の礼拝　二大祭の書　奇数回のラクア　雨乞いの祈り　日蝕　コーラン朗誦中の跪拝　礼拝の短縮　夜の礼拝　メッカとメディナのモスクにおける礼拝の功徳　礼拝中してもよい行為　礼拝の際の不注意
＊或る日、預言者が人々の前に現われると、一人の男が来て、信仰とは何か、と尋ねたので、彼は「神と天使と使徒達を信じ、最後の日と復活を信じることである」と答えた。次に、イスラームとは何かと問われたとき、彼は「神のみを崇め、神に並べて他の何物をも拝せず、礼拝を行い、定めの喜捨を出し、ラマダーンの断食をすること」と答えた。

◇ハディース―イスラーム伝承集成　2　ブハーリー著，牧野信也訳　中央公論新社　2001.2　500p　16cm　(中公文庫)　1524円　(i)4-12-203790-5　Ⓝ167.3
(内容)葬礼の書　喜捨の書　巡礼の書　小巡礼　妨げられた巡礼　狩などを行ったことの償い　メディナの真価　断食の書　ラマダーン月の夜の礼拝　カドルの夜の功徳〔ほか〕
＊コーランにつぐ「聖典」、ブハーリーの"ハディース"。

◇ハディース―イスラーム伝承集成　3　ブハーリー著，牧野信也訳　中央公論新社　2001.3　466p　16cm　(中公文庫)　1524円　(i)4-12-203804-9　Ⓝ167.3
(内容)証言　調停　契約の条件　遺言の書　聖戦　五分の一の規定　人頭税　創造の始め　預言者達　傑出した者達　預言者の教友達の美点
＊コーランにつぐ「聖典」、ブハーリーの"ハディース"。

◇ハディース―イスラーム伝承集成　4　ブハーリー著，牧野信也訳　中央公論新社　2001.4　570p　16cm　(中公文庫)　1714円　(i)4-12-203816-2　Ⓝ167.3
＊援助者達の功績；遠征；コーラン解釈の書；慈悲深く慈愛あまねき神の御名において　コーランの功徳

◇ハディース―イスラーム伝承集成　5　ブハーリー著，牧野信也訳　中央公論新社　2001.5　490p　16cm　(中公文庫)　1524円　(i)4-12-203833-2　Ⓝ167.3
(内容)婚姻の書　離縁の書　養育の書　食物　アキーカ　屠られた動物と獲物　犠牲　飲みもの　病人　治療　衣服　正しい身の処し方　他人の家に入る許しを求めること　祈りの書　人生における恵み
＊コーランにつぐ「聖典」、ブハーリーの"ハディース"。本書は『ハディース』(中巻)(1994年2月、中央公論社刊)の「婚姻の書」の章から『ハディース』下巻(1994年6月、同社刊)の「人生における恵み」の章までを収録したものである。

◇ハディース―イスラーム伝承集成　6　ブハーリー著，牧野信也訳　中央公論新社　2001.6　488p　16cm　(中公文庫)　1524円　(i)4-12-203847-2　Ⓝ167.3
(内容)予め定められること　誓約　償い　遺産の割当て分　刑罰　血の代償　背信者と反抗者に悔い改めを求めること、および彼らと戦うこと　強制　策略　夢の解釈　誘惑　権威　望み

唯一人の提供する情報　神の書および預言者の慣行を拠り所とすること　神の唯一性
*本書は「ハディース」下巻(一九九四年六月、中央公論社刊)の「予め定められること」の章から「神の唯一性」の章までを収録しています。

◇ハディース―イスラーム伝承集成　上巻　ブハーリー著、牧野信也訳　中央公論社　1993.10　752p　22㎝　9800円　(i)4-12-403135-1　Ⓝ167.3
内容　啓示が神の使徒に下されたことの次第　信仰の書　知識の書　浄めの書　沐浴の書　月経の書　砂による浄めの書　礼拝の書　礼拝の時刻　アザーン　金曜日の書　巡礼の書　小巡礼　妨げられた巡礼　狩などを行ったことの償い　メディナの真価　断食の書　ラマダーン月の夜の礼拝　カドルの夜の功徳　勤行　売買の書　貸与　買い戻し　賃金　贈与とその功徳　ウムラーとルクバー　証言　調停　契約の条件〔ほか〕
*コーランに次ぐ聖典、ブハーリーのハディース、初の学問的全訳。イスラームの始祖・ムハンマドの言行録。

◇ハディース―イスラーム伝承集成　中巻　ブハーリー著、牧野信也訳　中央公論社　1994.2　928p　22㎝　12000円　(i)4-12-403136-X　Ⓝ167.3
内容　遺言の書　聖戦　五分の一の規定　人頭税　創造の始め　預言者達　傑出した者達　預言者の教友達の美点　援助者達の功績　遠征　コーラン解釈の書〔ほか〕
*コーランに次ぐ聖典、ブハーリーのハディース、初の学問的全訳。イスラーム理解のための必読書。

◇ハディース―イスラーム伝承集成　下巻　ブハーリー著、牧野信也訳　中央公論社　1994.6　510p　22㎝　9800円　(i)4-12-403137-8　Ⓝ167.3
内容　正しい身の処し方　他人の家に入る許しを求めること　祈りの書　人生における恵み　予め定められること　誓約　償い　遺産の割当て分　刑罰　血の代償　背教者と反抗者に悔い改めを求めること、および彼らと戦うこと　強制　策略　夢の解釈　誘惑　権威　望み　慈悲深く慈愛あまねき神の御名において唯一人の提供する情報　慈悲深く慈愛あまねき神の御名において神の書および預言者の慣行を拠り所とすること　神の唯一性

◇ヒジュラ―インド第三の性　石川武志著　青弓社　1995.10　205p　20㎝（写真叢書）2000円　(i)4-7872-7056-7　Ⓝ302.25
内容　1 カルカッタ―世紀末的混沌に息づく不浄の神々　2 デリー　ヒジュラ社会の"光"と"闇"　3 アジメール―タール砂漠に現出したヒジュラの原風景　4 北インドと南インドの寺院―その精神風土と究極の相違　5 ボンベイ―売春地帯、あるいは未来への乾いた眼差し
*女でもなく男でもない、聖にして俗、神につかえ、石つぶてを浴び、春をひさぐ者―ヒジュラ。混沌の大地インドに住まう第三の性が、瞠目の写真と平明な文章が形づくる空間のなかの実像を呼ぶ。

◇ヒジュラ―男でも女でもなく　セレナ・ナンダ著、蔦森樹、カマル・シン訳　青土社　1999.12　346,18p　20㎝　2800円　(i)4-7917-5778-5　Ⓝ382.25
内容　第1章 インド社会でのヒジュラの役割　第2章 男でも女でもないヒジュラ　第3章 ヒジュラの去勢儀式　第4章 社会組織と経済適合　第5章 カムラデヴィ―ある売春婦　第6章 ミーラ―新しいグル　第7章 スシラ―名声を博して　第8章 サリマ―追放されたヒジュラ　第9章 ヒジュラたちの生き方について　第10章 異文化の視点におけるヒジュラ
*ある時は宗教儀礼者、ある時は売春婦―インド社会の中でもその存在が秘密に包まれていた両性具有のアウトカースト=ヒジュラ。その証言に耳を澄まし、比較人類学、フェミニズム理論を駆使して探る第三のジェンダーの可能性。

◆中東・西南アジア
◇アーリヤの男性結社―スティグ・ヴィカンデル論文集　スティグ・ヴィカンデル著、前田耕作編・監修、檜枝陽一郎、中村忠男、与那覇豊共訳　言叢社　1997.11　263p　22㎝〈著作目録あり〉4800円　(i)4-905913-60-8　Ⓝ382.272
内容　第1部 アーリヤの男性結社―インド・イラン言語宗教史研究　第2部 論文諸編（ペルシアおよびインドの叙事詩におけるインド・イラン共通基盤について　ミスラスの秘儀研究　ウラノスの後裔たちの歴史　ゲルマンとインド・イランの終末観　クルド人および「アヴェスタ」における祭り）
*1938年、スウェーデンのウプサラ大学に提出された博士論文「アーリヤの男性結社」は、O・ヘフラーの大著「ゲルマンの秘密結社」(1934年)を拡張し、インド・ヨーロッパ語族の文化の基底に男性戦士結社の存在を証明するものだったのだろうか。この時代、ヨーロッパを「野蛮」と「腐敗」の暗黒に導いたナチズム組織の範型もまた男性戦士結社だった。男性結社生成の秘密は、新石器社会から歴史社会までを通底して文化生成の根源にかかわる制度の課題を提起している。その意味で本書は、古イラン学研究の基本文献であると共に、30年代思想の原像を考える上でも欠かすことのできない著作であり、現代になお問われるべき思想的課題を示唆している。

風俗史・民俗誌　　　　　　　　　　　　　　　　　　　　　　　　　　　　　　　　ヨーロッパ

◇イスラームの性と俗―トルコ農村女性の民族誌　中山紀子著　京都　アカデミア出版会　1999.3　260p　19cm　2500円　Ⓝ367.2274
◇イラン人の一生　日本イラン協会編　日本イラン協会　〔1993〕　27p　25cm　Ⓝ382.263
◇聖書の国の日常生活―カラー版　1　魚―アダムの青春と魚　池田裕文、横山匡写真　教文館　1993.10　69p　20×23cm　2060円　(i)4-7642-4050-5　Ⓝ382.285
◇聖書の国の日常生活―カラー版　2　ワイン―海はワイン色　池田裕文、横山匡写真　教文館　1994.9　72p　20×23cm　2060円　(i)4-7642-4051-3　Ⓝ382.285
　(内容)いい先生　愛の妙薬　ホメロスは心で見る　アンフォラは語る　アフロディーテーの水泡　レバノンのワイン、カルメンのワイン　少年の旅　ガリラヤの美しいおとめ　ぶどうの花香る季節　ソレクの女　マルコ・ポーロの孤独　石枕は夜露に濡れて　村里のぶどう園　酔った優等生　気の小さい人に　胃の弱い人にも　ワインは友と一緒に
◇聖書の国の日常生活―カラー版　3　パン―遙かなるパン　池田裕文、横山匡写真　教文館　1996.9　70p　20×23cm　2060円　(i)4-7642-4052-1　Ⓝ382.279
　(内容)朝けむり　バスに乗って　学校に行かない少女　母の作った弁当　持続性　昼食の時間になると　戦場へ弁当を運ぶ少年　ただでは帰らない　エルサレムのぬか漬け　少年の「ノート」はどこに？　オロンテス川のほとりで　青年とユフカ　ながれゆくパン　冬の荒野を知っていますか　マナー　荒野でパンが…！　菜食主義者の昼食　ザアタル、ザアタル　遙かなるパン
　＊遙か古代から現代まで人びとの生命を養い、日常生活を支えてきたパン。聖書の国に生きる人々との出会いと、パンにまつわるエピソードをおりまぜながら、「食文化」の意味と人間の生き方まで考えさせる楽しい読み物。
◇西南アジア遊牧民族記　松井健著、国立歴史民俗博物館監修　佐倉　歴史民俗博物館振興会　2000.10　94p　21cm　(歴博ブックレット 15)　762円　(i)4-916202-40-6　Ⓝ382.27
◇ナン香るイランから　川地恵里子文・絵　三修社　2000.8　126p　21cm　1400円　(i)4-384-02537-8　Ⓝ382.272
　(内容)ナン屋の行列、香ばしきかな　ザムザムの泉とコーラ　チャイ　世界が四つの国であったとき　緑のイラン
　＊砂漠の地のほか、緑豊かな風土と素朴な人々が暮らすイランを伝えるビジュアル・エッセイ。
◇ペルシア民俗誌　平凡社　1999.1　337p　18cm　(東洋文庫)　2800円　Ⓝ382.272

　(内容)コルスムばあさん(A. J. ハーンサーリー著, 岡田恵美子訳註)　不思議の国(サーデク・ヘダーヤト著, 奥西峻介訳註)
◇遊牧という文化―移動の生活戦略　松井健著　吉川弘文館　2001.1　213p　19cm　(歴史文化ライブラリー 109)　1700円　(i)4-642-05509-6　Ⓝ382.27
　(内容)遊牧民とはなにか(牧畜と遊牧　西南アジアの遊牧民　遊牧民の二類型)　牧畜に生きる―パシュトゥーン遊牧民(夏の牧野　牧畜経済とその背景　放牧の技法　秋と冬の暮らし)　多様な生業をつむぐ―バルーチュ遊牧民(マクラーンの生活風景　砂漠の農と牧　宗教的少数者として)　遊牧という文化(政治的なものとしての遊牧　遊動の社会力学　柔軟な社会構造)
　＊遊牧は、ヒツジを追って砂漠を放浪する気ままな旅ではない。それは、自給よりも国家権力や市場を志向する政治的な営みである。移動によって人間の生活はいかに組織されるのか。西南アジア遊牧民の知へのあくなき洞察。
◇遊牧の世界―トルコ系遊牧民ユルックの民族誌から　松原正毅著　中央公論社　1998.7　426p　16cm　(中公文庫)　933円　(i)4-12-203185-0　Ⓝ382.274
　(内容)第1章　秋営地にて―搾乳と家畜管理　第2章　移動―秋営地から冬営地へ　第3章　冬営地にて―家畜の出産と認識体系　第4章　移動―冬営地から夏営地へ　第5章　夏営地にて―経済活動と定住化
　＊1979年の夏の昼下がり、トルコのとある町の市場の雑踏に、ひとりのユルックの消息を尋ね歩くところから、本書は始まる…。遊牧民の一年のサイクルを精細に記録し、遊牧という生活の型を鮮やかに描き出す、感動的な民族誌。

ヨーロッパ

◇異人歓待の歴史―中世ヨーロッパにおける客人厚遇、居酒屋そして宿屋　H. C. パイヤー著, 岩井隆夫訳　田無　ハーベスト社　1997.6　407, 60p　22cm　(文献あり　索引あり)　6500円　(i)4-938551-34-9　Ⓝ382.3
◇イタリア　新潮社　1993.9　481p　19cm　(世界の歴史と文化)　3200円　(i)4-10-601835-7
　(内容)イタリアとは、どんな国？　第1部　イタリアの歴史と地理　第2部　イタリアの文化(建築　美術　工芸・デザイン　文学　演劇　音楽　映画　言語　宗教・思想　科学・技術)　第3部　イタリアの生活と風俗(イタリア人とは？　イタリア人の日常生活　料理と酒　ファッション　祭りとイヴェント　住宅)
　＊ローマ、ヴェネツィア、フィレンツェ…。永

文化人類学の本　全情報　205

遠の世界都市、水の都、花の都。古代ローマに栄華をきわめ、ルネサンスに華麗な花を咲かせた、豊かな都市文化の伝統の国、イタリア。その多彩な歴史と文化のすべてを明らかにする。

◇老いの歴史—古代からルネサンスまで ジョルジュ・ミノワ著，大野朗子，菅原恵美子訳 筑摩書房 1996.6 407,24p 22cm〈巻末：参考文献〉5871円 (i)4-480-86100-9 Ⓝ382.3

◇「ジプシー」の幌馬車を追った—気ままな探検隊が見た自由を生きる東欧の民 伊藤千尋著 増補版 大村書店 1999.8 270p 19cm〈年表あり〉2000円 (i)4-7563-3002-9 Ⓝ235.3

(内容) 第1章 探検へ 第2章 略奪経済 第3章 流浪ジプシー 第4章 定住ジプシー 第5章 ジプシーの謎を解く 第6章 ジプシーは今 終章 日本人と流浪 補章 旅の続き—座談会・二十六年目の回想

*自由でありたい、生活も精神も。だから出かけよう、すべてを捨てて自由な旅に。決まっていた就職をとりやめ、「ジプシー調査探検旅行」に飛び出した著者が、迫害の中にも力強く生きる流浪の民・ロム(ジプシー)と過ごした青春の記録。そこで見つけた、ほんとうの自由、ほんとうの人間らしさとは—。

◇西洋衣食住 福沢諭吉著 慶応義塾福沢研究センター 1994.9 19丁 19cm〈共同刊行：慶応義塾中等部 1867年刊の複製 付(1枚)：解題 ホルダー入 和装〉非売品 Ⓝ382.3

◇西洋くらしの文化史 青木英夫著 雄山閣出版 1996.3 238p 21cm〈参考文献：p235～238〉2987円 (i)4-639-01351-5 Ⓝ382.3

(内容) 1 古代のくらし(古代エジプト人の生活 メソポタミア地方の人々 ほか) 2 中世・近世のくらし(ビザンチン帝国の文化と生活 中世騎士の生活 ほか) 3 近代のくらし(フランス革命について マリ・アントアネットの死 ほか) 4 現代のくらし(禁酒法について カクテルの流行とホテルのバー ほか)

*アイシャドウは、古代エジプト人の魔よけのまじないから始まった。古代のトイレは、川の側に作られたから、川家(厠)と呼ばれた、等々。風俗史研究の第一人者が、「正史」の世界には出てこない食事、服飾、化粧、家事、社交など、古代から現代まで、興味深い逸話を交えて辿った西洋文化史。

◇中世ヨーロッパ アンドリュー・ラングリー著，池上俊一日本語版監修 同朋舎 1997.12 63p 29cm〈ビジュアル博物館 第65巻〉〈写真：ジェフ・ブライトリング, ジェフ・ダン〉2800円 (i)4-8104-2464-2 Ⓝ382.3

(内容) 中世とはどんな時代か 中世の社会 農民の生活 土にまみれて 荘園の経営 中世の家庭 調理場からテーブルまで 中世の女性 大貴族 宮廷 中世の兵士 中世の教会〔ほか〕

*本書は特別に撮影した、中世の工芸品、衣装、家具、建造物などの写真を交えて、中世の人々の日々の生活を、新たな角度から見ていきます。農民の厳しい生活や、宮廷の華やかな生活ぶり、宴会の食卓にのぼって食べ物、美しい装飾入りの写本や、ステンドグラスをつくり上げる職人の技—謎に満ちた時代の光景が、次々と目の前で再現されていきます。

◇年貢を納めていた人々—西洋近世農民の暮し 坂井洲二著 新装版 法政大学出版局 1995.3 379,4p 19cm〈教養選書 69〉2575円 (i)4-588-05069-9

(内容) 1 肥のにおい 2 農業の歴史 3 衣・食・住 4 家族 5 教会の役割 6 共同体意識

*大学町チュービンゲン市と、それをとりまくいくつかの農村をモデル・ケースに、近世西欧経済の担い手であった農民の姿を、実地見聞と具体的な史資料をもとに生き生きと再現する。農業の歴史から衣・食・住、家族、教会の役割、共同体意識まで、トイレの型式から精神生活におよぶ暮しの総体を描く。わが国との比較をもまじえつつ展開する坂井民俗学近世篇。

◇パリ風俗史 アンドレ・ヴァルノ著，北沢真木訳 講談社 1999.11 477p 15cm〈講談社学術文庫〉〈文献あり〉1200円 (i)4-06-159405-2 Ⓝ235.3

(内容) 揺籃期のパリ 中世のパリ ルネサンス 17世紀 18世紀 大革命と総裁政府 帝政下のパリ 王政復古と七月政権 第二帝政 パリ包囲〔ほか〕

*時代とともにさまざまな相貌を宿す華の都、パリ。ルイ14世の騎馬パレード、大革命時の生々しい処刑、場末の盛り場ポルシュロン、オペラ座の華麗な舞踏会。同時代の証言・手紙・日記と豊富な図版を駆使し、パリの盛衰と庶民の生活を色鮮やかに描き出す。タイム・マシンに乗って、揺籃期から爛熟期まで、自在に駆け巡る、壮麗な都、パリの絵巻物。

◇豚の文化誌—ユダヤ人とキリスト教徒 クロディーヌ・ファーブル=ヴァサス著，宇京頼三訳 柏書房 2000.11 316,5p 21cm 3800円 (i)4-7601-2003-3 Ⓝ382.3

(内容) 第1部 類似した存在(赤男 子供の世界 変身の円環) 第2部 一つの血から他の血(ユダヤの雌豚 赤い復活祭 老ユダヤ人と若いキリスト教徒 小ユダヤ人) 第3部 キリストの肉(豚の復帰 魂と血 骨が歌う)

*西欧社会の暗部を抉った現代の奇書。ユダヤ人はなぜ豚をタブーとし、憎悪するのか。キリスト教徒は豚を食しながら、なぜ豚を侮辱の対象とし、なぜ豚肉をタブーとするユダヤ人を豚呼ばわりして軽蔑するのか。一遠い昔

風俗史・民俗誌　　　　　　　　　　　　　　　　　　　　　　　　　　　　　　　　ヨーロッパ

の供犠の世界が南仏の農山村を媒介に現代に蘇る。

◇マラムレシュ―ルーマニア山村のフォークロア
　みやこうせい著　未知谷　2000.2　265,5p
　20cm　2200円　(i)4-89642-005-5　Ⓝ382.391
◇森のかなたのミューズたち―ルーマニア音楽誌
　みやこうせい著　音楽之友社　1996.7　238p
　19cm　(音楽選書74)　1957円　(i)4-276-37074-4　Ⓝ382.391
　⦅内容⦆マラムレシュ―ヨーロッパの原点にて
　モミの木と羊　呪術と迷信　それぞれの歌　即興歌と踊り　生活の潤滑油―フォークロア　コーラス
　＊生れおちてはヴァイオリンの弦を沈めた産湯につかり、抱かれてステップを踏み、長じては喜びのときも哀しみのときも、働くときも祈るときも、ホタを踊りスルバを踊り、ドイナをうたいコリンダをうたう、そんな農牧民の生活をトランシルヴァニアを中心に活写。

◇ヨーロッパの心―ゲルマンの民俗とキリスト教
　植田重雄著　丸善　1994.9　239p　18cm
　(丸善ライブラリー136)　680円　(i)4-621-05136-9　Ⓝ382.3
　⦅内容⦆1 水の神々　2 山や森の神々　3 大地の精霊と魔物たち　4 大地母神　5 獣の伝説　6 森と樹木　7 火と光
　＊先進の地ヨーロッパに対する「はるかなる思い」は、今や昔話となりつつある。しかし、ヨーロッパを身近に知るほど、そこでは古くからの伝統や宗教的な心が生き続けていることがわかってくる。ゲルマンの昔より伝わる泉の精、風の神の物語、農村や山村に今も息づく民俗の世界を旅し、ヨーロッパ人の心の深層に近づいてみよう。そこから彼らへの新しい理解が生まれるとともに、人間として我々との間に共有しているものも明らかになるであろう。

◆ローマ
◇古代ローマ人と死　K.ホプキンス著，高木正朗，永都軍三訳　京都　晃洋書房　1996.11　200,12p　22cm　〈巻末：参考文献〉　2730円　(i)4-7710-0896-5　Ⓝ385.6
　⦅内容⦆1章 古代ローマ人と剣闘士(剣闘士ショー　政治的劇場としての剣闘士ショー　英雄としての剣闘士)　2章 古代ローマ人と死(金持ちと貧乏人　埋葬クラブと集合墓　葬儀、悲嘆、哀悼　死者の追悼記念と死後の生活　生者と死者　遺言状と遺産狙い　永久記念建造物と記念財団　先祖の胸像を誇示する権利が制限されていたという主張に対する若干の疑問点)
　＊2000年前のローマ人の経験を描いた本書は、都市化、人口の超高齢化、少子・少産化が並進する現代日本の相続、死者供養、墓地経営

の将来像を暗示している。そして、われわれの社会もまた血縁を切断し、個人への道を確実に歩み始めたことを痛感させ、死の概念を相対化する機会をも与えよう。写真39点、巻末には人類の葬儀慣習の変化をレビューした、V.G.チャイルドのエッセーを収録。

◆イギリス
◇アイルランド地誌　ギラルドゥス・カンブレンシス作，有光秀行訳　青土社　1996.12　301p　20cm　〈叢書・西洋中世綺譚集成〉　2600円　(i)4-7917-9133-9　Ⓝ382.339
　⦅内容⦆第1部 アイルランドの自然に関する記述が始まる(アイルランドの位置その自然の多様性　ヒスパニア海が2本の分枝でブリタニアとアイルランドを囲んでいること　ソリヌス、オロシウス、イシドルスのさまざまな見解　正しいこともあれば誤りもあること　ほか)　第2部 驚異と奇蹟に関する記述が始まる(アイルランド海はひじょうに波が高いこと多様なその満干　アイルランドとブリタニアでは海の流れが逆であること　月が液体を、また体液を動かすことほか)　第3部 この地の住人に関する記述が始まる(最初の到来大洪水の前、ノアの孫娘カエサラによるもの　第2の到来すなわち大洪水から300年後のパルソラヌス(パルタロン)によるもの　第3の到来スキティアからの、ネメドゥスと4人の子によるもの　ほか)
　＊12世紀イングランド国王に仕えた司祭がアイルランドの土地を歩き、ケルトの風習を蒐集した。ストーンヘンジの起源、海洋から生まれる鳥類、人語を話す狼…等々、驚異的な自然・不思議な事物・習俗の諸層を、才能きらめく筆致で描きだした、ヨーロッパ精神の古層世界。ラテン語から本邦初訳。

◇アイルランドの漂泊民　ジョージ・グメルク著，亀井好恵，高木晴美訳　現代書館　1993.11　286p　20cm　〈参考文献・関連文献：p266～277〉　3605円　(i)4-7684-6632-X　Ⓝ382.339
　⦅内容⦆農村での伝統的順応　離村と都会の環境　都市での経済的順応　都会のキャンプ―不安の統御　都市の家族と結婚　定住　概要と結論　最新情報　付章 トラベラーのフィールドワーク
　＊ブリキ職人、馬喰、物乞い、大酒呑みでケンカ好き、口先三寸で農民をだますろくでなし…。そんなイメージで語られてきた「トラベラー」と呼ばれるアイルランドの大地をさすらう流れ者たちの暮らしの真実。

◇イギリス古事民俗誌　ロバート＝チェインバーズ著，加藤憲市訳　大修館書店　1996.7　352p　20cm　2678円　(i)4-469-24384-1　Ⓝ382.33
　⦅内容⦆棒ごよみ　つの本　史家ギボンの艶聞　欽定訳聖書の完成　チャールズ一世の処刑　じ

文化人類学の本 全情報　207

ゃじゃ馬の手なずけ方　結婚指輪　教会の鐘　ウィリアム=カクストン　キャンタベリー巡礼の記念バッジ〔ほか〕
＊事物と逸話でつづる等身大のイギリス文化。古い時代の民俗・行事や著名人の逸話などを集成した19世紀英国の名著「The Book of Days」から44話を精選。多数の図版が古き英国の日常を鮮やかに再現する。

◇イギリス歳時暦　チャールズ・カイトリー著,渋谷勉訳　大修館書店　1995.12　269p　23cm　3399円　(i)4-469-24370-1　Ⓝ449.833

◇イギリス植物民俗事典　ロイ・ヴィカリー編著,奥本裕昭訳　八坂書房　2001.7　19,547p　22cm　7800円　(i)4-89694-475-5　Ⓝ382.33

◇イギリスってどんな国?—素顔の英国　ジェイムズ・H.M. ウェブ著,ウェブ康子訳　実教出版　1995.5　168p　19cm　1500円　(i)4-407-02915-3
(内容) なくならない階級社会　独立心を養成する教育　余裕の仕事, 楽しむ休暇　意外にも, 男女不平等　個人・個人・個人,…　素晴らしい自然と歴史のスコットランド　伝統文化を守るウェールズ　抗争に明け暮れる北アイルランド　差別と闘い続ける少数民族　あふれる失業, 貧しい福祉〔ほか〕
＊本書は, 現代のイギリス生活の, 偏見のないありのままの姿を伝えるために書かれたものである。

◇イギリス流「社交」の楽しみ　小林章夫著　PHP研究所　1996.12　254p　20cm　1600円　(i)4-569-55294-3　Ⓝ233.05
(内容) 序　パーティー全盛時代　第1章 伝統的宴会の社交世界　第2章 新たな社交・パーティーの誕生　第3章 パーティーのカジュアル化　第4章 会話が社交を創る　第5章 日本流社交へのヒント
＊ガーデンパーティーの小粋な会話。アフタヌーン・ティーで過ごす豊かな午後。ゆとりある人間関係の流儀を学ぶ。

◇ヴィクトリア朝時代のロンドン　ドレ画,小池滋編著　社会思想社　1994.11　205p　25cm　3500円　(i)4-390-60380-9　Ⓝ382.33
(内容) 第1章 ロンドン橋　第2章 忙しいテムズ河畔　第3章 ドック地帯　第4章 ロンドン橋からウェストミンスターへ　第5章 ボートレースの日　第6章 レースだ!　第7章 ダービー競馬　第8章 ロンドンがエプソム・ダウンズに　第9章 ウェストエンド　第10章 シーズン〔ほか〕
＊本書は, ドレとブランチャードによる原書から, イラスト合計一五九点を選び, ブランチャードによる文を引用しながら編者が解説を付けたものである。

◇英国社会の民衆娯楽　ロバート・W. マーカムソン著, 川島昭夫ほか訳　平凡社　1993.6　419p　20cm　〈参考書誌: p395〜406〉　3500円　(i)4-582-47325-3　Ⓝ382.33
(内容) 第1章 17世紀までの民衆娯楽　第2章 祝日の暦　第3章 スポーツと遊戯　第4章 娯楽の社会的環境　第5章 娯楽の社会的機能　第6章 基盤を失う民衆娯楽　第7章 攻撃される民衆娯楽　第8章 変化する社会
＊歴史学のテーマとしてはじめて, 〈娯楽〉を正面から論じた記念碑的著作, イギリス社会史の名著, 待望の邦訳。

◇鍵穴から覗いたロンドン　スティーブ・ジョーンズ著, 友成純一訳　筑摩書房　1995.5　409p　20cm　2400円　(i)4-480-85693-5　Ⓝ233.3
(内容) まず子供たちが　愛の狩人たち　世界は劇場なり
＊本書は, ビクトリア朝時代のロンドンのスキャンダルとかセックス, 幼児虐待の実態などを扱っている。

◇鍵穴から覗いたロンドン　スティーブ・ジョーンズ著, 友成純一訳　筑摩書房　1998.7　429p　15cm　(ちくま文庫)　950円　(i)4-480-03045-6　Ⓝ233.33
(内容) まず子供たちが…(ロンドン子供残酷物語　ビクトリア朝のロリータたち　悪魔に平手打ち—ウィリアム・ステッドの過酷な人生　ほか)　愛の狩人たち(ロンドンにおけるセックスの歴史　生活と性の勝手な関係　ビクトリア朝ロンドン悪徳地図　ほか)　世界は劇場なり(古き良きレジャーかな　驚くべし食生活　テムズ川の罵詈雑言合戦　ほか)
＊子供たちの悲惨な生活。乱脈を極める異性関係。すさまじい決闘。ありとあらゆる悪徳がはびこった昔のロンドン。大都市の実態と時代相が, ここにくまなく覗かれている。

◇賭けとイギリス人　小林章夫著　筑摩書房　1995.4　218p　18cm　(ちくま新書)　〈参考文献: p213〜215〉　680円　(i)4-480-05630-0　Ⓝ382.33
(内容) 第1章 動物いじめとサイコロ賭博　第2章 富くじの隆盛　第3章 国全体が賭博場　第4章 闘鶏から決闘賭博まで　第5章 賭博場の世界　第6章 ギャンブラーたち　第7章 賭博取締り　第8章 賭博と階級　第9章 サッカーと賭博　第10章 イギリス人にとって賭博とは
＊人の歴史あるところ, 賭博の歴史あり。なかでも闘鶏, 決闘から, 富くじ, サイコロ, サッカーくじ, 日本の大相撲や首狩レースにいたるまで, およそあらゆることを賭博の対象としてきたイギリス人にとって, 賭けの意味とは。彼らの多彩な賭博の歴史のなかから, 「勝負する動物」人間にとって賭けとは何なのかを考える。

◇ケルト—生と死の変容　八王子　中央大学出版部　1996.7　336,11p　21cm　(中央大学人文科学研究所研究叢書)　3811円　(i)4-8057-5311-0

風俗史・民俗誌　　　　　　　　　　　　　　　　　　　　　　　　　　　　ヨーロッパ

内容　1 異界と海界の彼方　2 アイルランド修道院文化と死生観―救いと巡礼　3 『マビノーギ』にみられる「生」と「死」　4 物語の構造と力―『マビノーギ』第四話を読む　5 クロフターの生活誌―アラステア・マクリーン『アルドナムルハンの日は暮れて―あるクロフター一家の黄昏』に寄せて　6 移り動くことと振り返ること―ケルト遠望(2)
＊本書は、前半の1から3までは、論文の形式で、タイトル通りに死生の問題を扱い、後半の4から6までは、形式はエッセイ風で「変容」の主要なモメント、すなわち、語りの構造と、自然に織りこまれた生と、曲折に満ちた歴史的心性とをテーマに据えている。

◇ケルト―幻想の神々　STUDIO-M編著　ジャパン・ミックス　1997.5　143p　21cm（ファンタジー・ファイル）　1800円　(i)4-88321-355-2
内容　ダーナ神族（ダヌ（ダーナ）　ヌアザ　ほか）　アルスター神話（ク・フーリン　ディアドラ　ほか）　フィアナ神話（ディムナ・フィン　ディルムッド　ほか）　ケルト神話の背景（ゲルマン神話とケルト神話の共通性　ガリア　ほか）

◇ケルト的ケルト考　小辻梅子著　社会思想社　1998.3　262p　20cm　〈文献あり〉　2200円　(i)4-390-60418-X　Ⓝ382.339
内容　ケルトの国アイルランド（アイルランドの夏　アイルランドの素顔　ケルトの栄光と苦難の歴史　ほか）　ケルト民話の世界とその魅力（ケルトの妖精の国　ケルト民話とインドの叙事詩　ケルト伝説の美女―ディアドラ　ほか）　ミューリエル・スパークのケルト的世界（スパークのケルト的特質　死の呼び声　スパークの幽霊たち　ほか）
＊現代イギリス文学に大きな影響を与えたケルト人の生活・文化…。妖精の国アイルランドの文化の残照を探る。

◇サミュエル・ピープスの日記　第8巻　1667年　サミュエル・ピープス著、臼田昭、岡照雄、海保眞夫訳　国文社　1999.5　646p　22cm　8500円　(i)4-7720-0185-9　Ⓝ233.054

◇週末は、ゆったり英国流生活―ガーデニング・紅茶・アロマテラピー　西洋ランブリング編、阿部真由美絵　大和出版　2000.3　197p　19cm　1400円　(i)4-8047-0266-0　Ⓝ382.33
内容　紅茶―満ち足りたひとときをすごす　ガーデニング―庭師の国民から学ぶ　アロマテラピー―本当の"癒し"を求めて　家具―アンティークへのあこがれ　陶磁器―至福の時間への誘い
＊英国人のこだわりは誰にも負けない。英国式のガーデニング・紅茶・アロマテラピー・インテリア・陶磁器の術を取り入れ、自分の好きな物だけに囲まれて暮らす。そんな週末を優雅にゆったりと過ごしてみませんか。

◇図説ヴィクトリア朝百貨事典　谷田博幸著　河出書房新社　2001.9　143p　21cm（ふくろうの本）　1800円　(i)4-309-72665-8　Ⓝ383
内容　アイロン　アクアリウム　アニリン染料　阿片チンキ　アルバート　アンチ・マカッサル　ウォーディアン・ケース　ウスター・ソース　エジプシャン・ホール　オイル・ランプ〔ほか〕
＊ヴィクトリアンたちは日々何を食べ、何を身につけどんなものに囲まれて暮らしていたのか。英国ヴィクトリア朝という大量消費の時代を彩った「もの」のプロフィール。

◇図説ケルト文化誌　バリー・カンリフ著，蔵持不三也監訳　原書房　1998.11　266p　21cm　3800円　(i)4-562-03145-X
内容　序章 ケルト文明の肖像　第1章 ケルト社会　第2章 宗教と神秘　第3章 ケルト人の才能　第4章 ケルト人の運命　第5章 島嶼ケルト人　第6章 現代のケルト人　終章 ケルト人回顧
＊「ケルト」を知る決定版!!神との対話、自然との共生、ローマを震撼させた猛々しい勇者たち。いまよみがえるヨーロッパ文明のルーツ。

◇ステッキと山高帽―ジェントルマン崇拝のイギリス　織田元子著　勁草書房　1999.9　257,16p　20cm　〈文献あり〉　2800円　(i)4-326-85162-7　Ⓝ930.2
内容　第1章 イングリッシュ・ジェントルマン序説　第2章 騎士の時代　第3章 ジェントルマン理念の形成　第4章 ジェントルマン理念の崩壊　第5章 そしてみなジェントルマンになった―平等化についての考察
＊本書は文学を主な素材とするが、ジェントルマンの理念を、「人の上に立つ人」の規範として捉えたうえで、それが、本来が当然の古代・中世の身分階層制社会から、平等が原則の近代にかけて、どのように変化したか、また変化せざるをえなかったかを、「階級」と「ジェンダー」の視点から批判的に探ろうとするものである。

◇前・スコットランドの歴史と文化と民俗―スコットランドの遠い昔の風物誌　小牧英幸編著　リーベル出版　1999.7　40,273p　22cm　2800円　(i)4-89798-584-6　Ⓝ233.2
内容　国境地帯、ベリックシャーとロージアン地区　ダムフリーズ・アンド・ガロウェイ地区とストラスクライド地区　セントラル地区　パースシャー地区　ファイフ地区　アーガイル地区とアラン島　グラムピアン地区　ハイランド（マレイ地区　ロス地区と、サザランド、ケイスネス）　インナー・アウター・ヘブリディーズ諸島〔ほか〕
＊本書は、中石器時代以降、ダンカン王の即位をもって始まる「統一スコットランド王国」の

文化人類学の本 全情報　209

成立までの時代をまとめの範囲として、新石器、青銅器、鉄器の各時代、ローマ軍の駐留、キリスト教の伝来とピクト族(the Picts)、スコット族(the Scots)、ブリトン族(the Britons)、アングロ・サクスン族(the Anglo-Saxons)の相剋期、北欧海賊(Viking)の侵入期に、そこに流入し定住した人々が何をしたか、何を彼らが残したかなど、彼ら先人たちの心奥ふかくに蓄積され、現在まで残り伝えられている自然観、火や水の信仰、方位や色彩に関する吉凶観、アニミズム、霊魂不滅の別世観、そこに独自に培われた彼ら特有の信仰や習俗、ネス湖の「ネッシィ」のような水生動物の由来などと共に綴ったものである。旅行者の「ガイド・ブック」にもなるようにと、扱いを通時的にではなく地域別に扱っている。

◇地中海への情熱—南欧のヴィクトリア=エドワード朝のひとびと ジョン・ペンブル著、秋田淳子、加藤めぐみ、渡辺佳余子訳 国文社 1997.4 382,15p 22cm 〈索引あり〉 4700円 (i)4-7720-0443-2 Ⓝ382.33
 内容 第1部 方法と手段(移動 目的地) 第2部 動機(巡礼 文化 ほか) 第3部 経験と態度(認識の光 文明 ほか) 第4部 態度と経験(天国の廃墟 預言の才 ほか)
 *1830年から1914年のあいだ、地中海は、イギリス人の生き方、そして死に方にまで大きな影響を与えた。本書の目的は、ヴィクトリア=エドワード時代のひとびとが、その旅から得た豊かな文学的名残を、いかに人生に取り込んでいたのか詳しく知ることである。

◇田園とイギリス人—神が創りし天地で 小林章夫著 日本放送出版協会 1997.9 222p 19cm (NHKブックス) 830円 (i)4-14-001804-6 Ⓝ382.33
 内容 1 風景—夢と現実 2 森—失われゆく自然 3 道—イギリス人の美意識 4 城—守るべき父祖の地 5 庭—多様のなかの統一 6 川—静かなること 7 山—ハイランドの霊 8 リゾート—自然への回帰 9 都市—人間の創りしもの
 *イースト・アングリア地方の穏やかな田園やサマセットのなだらかな牧草地。目の前に広がる愛すべき風景のなかで、人びとは静けさを感じ、心をなごませる。あるいはスコットランドのハイランドやウェールズの山々。荒涼たる原野といえるその地は、人びとの心を揺さぶり、自然の過酷さを教える。南イングランドに暮らした著者が、田園のもつ二つの貌(かお)について、また日々の生活から感じたイギリス人の自然観について、歴史・文学を織りなしながら奔放に語る。"イングリッシュネス(イギリスらしさ)"とは何か。田園と都市、人間と自然について考える九つの物語。

◆ドイツ
◇異文化への探求—ドイツとの接点を求めて 小林喬著 三修社 1994.9 222p 20cm 〈主な引用・参考文献:p219〜221〉 2200円 (i)4-384-01017-6 Ⓝ382.34
 内容 1 中世が息づく国、ドイツ 2「言語」に現われるドイツ人気質 3 信仰と心情 4 季節を彩るキリスト教行事 5 守護神崇拝の伝承 6 日独、情念の比較—民俗学的モチーフからの考察 7 ドイツの農村風景 8 生活の情景画 9 教育の原点「知・情・意」教育とは 10 豊かな現代社会の課題

◇異文化の深層—ドイツ人の心のうごめき 小林喬著 三修社 1998.3 223p 20cm 〈他言語標題:Die Tiefe der Kulturen 文献あり〉 2200円 (i)4-384-02409-6 Ⓝ382.34
 内容 第1章 黙想—旅路にて 第2章 職人気質礼讃 第3章 キリスト教の精神世界 第4章 祝福された喜捨の原点 第5章 民衆に溶け込んだ情報伝達人 第6章 その苦労の影に 第6章 恩寵の農村の風景 第7章 心潤ます一幅の絵との出会い 第8章 都市化と伝承、その共存の意義 第9章 黄昏ゆくものへのエレジー 第10章 教育の本質・今問うべきこと
 *ドイツに古来より脈々と息づく伝統の技術に、私たちが忘れかけている"こころ"を見出す。

◇ドイツを探る—ロマンとアウトバーンの国 小塩節著 光文社 1993.10 282p 16cm (光文社文庫) 〈「新ドイツの心」(1990年刊)の改題〉 500円 (i)4-334-71781-0 Ⓝ382.34
 内容 はじめに—ドイツの心 1 清潔な食卓 2 豊かな心、厚みのある生活文化 3 ロマンティシズム 4 休日礼讃
 *ドイツ通の第一人者が、単身赴任生活でさらに得た〈カルチャー・ショック〉のすすめ。

◇ドイツの民俗とユーモア 諏訪功編 4版 同学社 1993.4 59p 19cm 〈他言語標題:Folklore・Trachten・Humor〉 900円 (i)4-8102-0565-7

◇土地を読みかえる家族—オーストリア・ケルンテンの歴史民族誌 森明子著 新曜社 1999.2 345,17p 22cm 7200円 (i)4-7885-0663-7 Ⓝ382.346
 内容 序論(ヨーロッパの民族誌を書くこと N教区) 第1部 ローカルの経済システム(イディオムとしてのエステイト エステイトの周辺を生きる住民 現代世界のなかの農村) 第2部 ローカルの意味世界(人格(パーソン)の表象としてのバウアー hausen(ハウゼン)—動詞としてのハウス 世帯間関係としてのファミリエとハウス 墓地にみるハウスとファミリエ) 結論(結論)
 *大規模な経済システムと交通しつつ、「ローカルの世界」を境界づけ再構築しようと努めるヨ

ーロッパ農村住民のいとなみ。オーストリア・ケルンテン州N教区でのフィールドワークをもとに、人びとのローカルな経済活動、名誉と価値意識、その文化の意味を、歴史性と個別性の両面から見事に描き出した動態的な民族誌。

◆フランス
◇攻撃の人類学—ことば・まなざし・セクシュアリティ D.ギルモア著,芝紘子訳 藤原書店 1998.1 430p 20cm〈文献あり 索引あり〉 4400円 (i)4-89434-091-7 Ⓝ382.36
 (内容)第1章 友交にひそむ敵意 第2章 攻撃と闘争—規範とパラドクス 第3章 宿命づけられた苦闘 第4章 ゴシップ 第5章 あだ名 第6章 カーニバル 第7章 マチスモ 第8章 まなざし—邪視と強烈な凝視 第9章 結論—感情の構造 エピローグ フランコ後の変化
 ＊攻撃としてのことば・まなざし・セックス。ゴシップ、あだ名、カーニバル、マチスモのフィールド・ワーク。
◇上等舶来・ふらんすモノ語り 鹿島茂著 ネスコ 1999.3 236p 20cm〈東京 文芸春秋(発売)〉 1800円 (i)4-89036-995-3 Ⓝ382.35
 (内容)1 ア・プロポ(フランスパン カフェ・オ・レ ハンカチ ほか) 2 遠い昔と近い昔(遠い昔 近い昔 そして今 ほか) 3 仏文顔
 ＊パリの裏窓をそっと覗くと…。エレガントにして時に猥雑。
◇職業別パリ風俗 鹿島茂著 白水社 1999.6 257,3p 22cm 2200円 (i)4-560-02818-4 Ⓝ382.35
 (内容)グリゼット(お針子)の恋の行方 末は弁護士か代訴人か 屋根裏の詩人からジャーナリストへ 女優志願 門番女のクモの糸 本物のダンディーの条件 社交界の女王になるには 黒服の悲惨 パンシオン様々 年金生活者の栄光と悲惨〔ほか〕
 ＊お針子、門番女、公証人、仕立屋、乳母…バルザックやフロベールの小説に登場するさまざまな"職業"。その知られざる実態を明らかにし、19世紀社会に迫る"風俗ファイル"。
◇通過儀礼 アルノルド・ヴァン・ジュネップ著,秋山さと子,弥永信美訳 新装版 新思索社 1999.2 212,126,10p 19cm 3300円 (i)4-7835-1182-9
 (内容)第1章 儀礼の分類 第2章 具体的通過 第3章 個人と集団 第4章 妊娠と出産 第5章 誕生と幼年期 第6章 イニシエーション儀礼 第7章 婚約と結婚 第8章 葬式 第9章 その他の通過儀礼暦 第10章 結論
 ＊誕生から成人、結婚、葬式までを、「分離・移行・合体」の体系的概念に整理し、儀礼の本質に迫る。フランス語原典からの完訳決定版。

◇優雅な生活—〈トゥ＝パリ〉、パリ社交集団の成立 1815-1848 アンヌ・マルタン＝フュジエ著,前田祝一監訳 新評論 2001.5 612p 22cm〈訳：前田清子ほか 年表あり〉 6000円 (i)4-7948-0472-5 Ⓝ235.065
 (内容)1830年の舞踏会と優雅な生活について 復古王政期の二つの宮廷 "フランス人の王"の宮廷 社交界とサロン ダンスと舞踏会、大使館と博覧 会話と社交界の利点 優越の感情 政治、議会、雄弁 大学、"アカデミー"、説教壇、文学 デルフィーヌ・ド・ジラルダンの経歴と「パリだより」 演劇、音楽 ブルヴァール、馬、クラブ(セルクル) ダンディたち 結論
 ＊ブルジョワ社会への移行期に生成した初期市民の文化空間の全貌。

◆スペイン
◇スペイン ロリ・コールマン著,松本ヤス訳 国土社 1996.4 67p 26cm〈目で見る世界の国々 33〉 2600円 (i)4-337-26033-1
 (内容)1 国土(地形 河川 ほか) 2 歴史と政治(新来者 ローマ人 ほか) 3 人びとのくらしと文化(民族の独自性 健保と福祉 ほか) 4 経済(製造業 農業 ほか)

◆ロシア
◇イワンのくらしいまむかし—ロシア民衆の世界 中村喜和編 横浜 成文社 1994.12 270p 20cm 2800円 (i)4-915730-09-3 Ⓝ382.38
◇樺太アイヌ—児玉コレクション 財団法人設立20周年記念・第11回企画展図録 アイヌ民族博物館編 白老町(北海道) アイヌ民族博物館 1996.8 61p 26cm Ⓝ382.292
◇講座「サハリン少数民族の過去と現在」 網走 北海道立北方民族博物館 1998.3 30p 30cm (北海道立北方民族博物館講座事業報告書 平成9(1997)年) Ⓝ382.292
◇サハリン・アイヌの熊祭—ピウスツキの論文を中心に 和田完編著 第一書房 1999.9 208,35p 20cm (Academic series new Asia 31) 3500円 (i)4-8042-0703-1 Ⓝ382.292
◇ジプシーの歴史—東欧・ロシアのロマ民族 デーヴィッド・クロウェ著,水谷驍訳 共同通信社 2001.11 470p 20cm〈文献あり〉 3200円 (i)4-7641-0490-3 Ⓝ382.38
 (内容)第1章 ブルガリア 第2章 チェコスロヴァキア 第3章 ハンガリー 第4章 ルーマニア 第5章 ロシア 第6章 ユーゴスラヴィア 第7章 むすび
 ＊奴隷・伯楽・鍛冶・楽士・占い師として社会の辺境に生きた、知られざる民族の実像に迫る。ナチスによる絶滅政策、社会主義体制下の抑圧を彼らはどう乗り越えてきたか。

◇社会主義の民族誌―シベリア・トナカイ飼育の風景 髙倉浩樹著 八王子 東京都立大学出版会 2000.3 292p 22cm 〈文献あり〉 4800円 (i)4-925235-01-X Ⓝ382.293

(内容)第1部 レーニン・ソフホーズの形成過程(社会主義経験と地域社会 ロシア革命以前のベルホヤンスク地域 地域社会の再編 ほか) 第2部 家畜トナカイ生産の風景(ロシア革命以前のトナカイ飼育 群の行動を管理する 家畜へのまなざし ほか) 第3部 ソ連崩壊と脱社会主義状況のなかで(再編されるトナカイ飼育業と地域社会 ヤクーチアにおけるナショナルな意識と地域意識の相克)

＊シベリア・北部ヤクーチアの一行政社会、その歴史と現在を、「社会主義経験」として提示。民族誌研究に新たな基礎的資料を加える画期的刊行。

◇バイカル湖地域に生きた人々―シベリア先住民の歴史と文化 ロシア・イルクーツク州立郷土史博物館展 金沢 石川県立歴史博物館 c2001 111p 30cm 〈他言語標題：Земля у Байкала 会期：平成13年7月25日－8月26日 露文併記〉 Ⓝ382.291

◇北方から来た交易民―絹と毛皮とサンタン人 佐々木史郎著 日本放送出版協会 1996.6 280p 19cm (NHKブックス 772) 〈参考文献：p271～275〉 1100円 (i)4-14-001772-4 Ⓝ382.292

(内容)序章 絹と毛皮の交易 第1章 サンタン人とサンタン交易 第2章 サンタン交易前史―古代～一七世紀 第3章 露清紛争とアムールの人々―悪魔と呼ばれたロシア人 第4章 清朝の統治体制と辺民社会―親密だった貢納民と官吏たち 第5章 江戸幕府の樺太政策と民族関係―幕府の公認を得たサンタン交易 第6章 絹と毛皮の商品価値 第7章 交易の終焉

＊18世紀から19世紀にかけて、アムール川下流域と樺太で、サンタン人をはじめとするこの地の先住民たちが、中国や日本を相手として絹と毛皮を中心にした交易活動を行っていた。彼らは大国に搾取されるどころか、文明人の二大商品への欲望を逆手にとり、したたかに生きていたが、交易の終焉とともに歴史の舞台から姿を消していく。本書は、日本あるいは中国の辺境史の一つとして描くのではなく、サンタン人自身を歴史の主人公として捉え、従来「原始民族」「自然民族」というレッテルのみを貼られてきた彼らの活動のダイナミズムを、歴史の流れのなかから掘り起こす。

◇ロシア―その民族とこころ 川端香男里著 講談社 1998.7 281p 15cm (講談社学術文庫) 860円 (i)4-06-159336-6 Ⓝ293.8

(内容)序章 ロシア的なるものとは 第1章「祖国」と自然 第2章 プーシキンと「秋」 第3章 風土と自然 第4章 毛皮の歴史 第5章 ロシア人の旅 第6章「風」―東西南北の意識 第7章 都市の成り立ち 第8章 農村と農民 第9章 美について 第10章 近代の芸術 第11章 文学の「金」の時代 第12章 トルストイとドストエフスキイ 第13章 女性について 第14章「銀」の時代からアヴァンギャルドへ 第15章 多民族国家 第16章 ロシアとソ連 第17章 二十一世紀への展望―学術文庫版の結びに代えて

＊共産主義的ユートピアの夢は消滅し、二十一世紀のロシアはどこへ行こうとしているのか。著者は、好感・反感のいずれからにせよ、イデオロギー的に特別視する旧来の一面的なロシア観を斥け、文学・芸術の歴史から、都市と農村、民族・宗教・女性の問題まで、政治を決定してきたロシアの文化の風土を多角的に詳説する。日本にとって益々重要度を増す謎に包まれた隣国ロシアを知るための必携の好著。

◇ロシア狩猟文化誌 佐藤宏之編 慶友社 1998.5 324p 22cm 6000円 (i)4-87449-167-7 Ⓝ382.292

(内容)第1章 クラースヌィ・ヤールとビキン川流域の調査 第2章 狩猟のエスノアーケオロジー研究とは何か―ウデヘとマタギの狩猟システムの比較から 第3章 ロシア沿海州少数民族ウデヘの狩猟と暮らし―罠猟を中心とした狩猟の技術と毛皮交易がおよぼした影響をめぐって 第4章 クラースヌィ・ヤール村の狩猟採集産業の行方―株式会社民族猟師企業「ビキン」の挑戦 第5章 ウデヘの狩猟活動と狩猟習俗 第6章 十九世紀から二十世紀におけるアムール川下流域とサハリンの先住民の動物世界に関する民俗知識 第7章 ウデヘ語とその語りにみる狩猟・自然観

◇ロシア…民族の大地 プラネタ文,恒文社訳 恒文社 1993.5 287p 30cm 〈監修：外川継男 撮影：G.Bindeほか〉 9800円 (i)4-7704-0776-9 Ⓝ293.8

(内容)ロシアの心臓 モスクワ 歴史の旅 黄金の環 白夜の都 サンクト・ペテルブルグ ロシア芸術の宝庫 ヨーロッパ北部地域 バルト三国 エストニア・リトアニア・ラトヴィア 国家発祥の地 ウクライナ・モルダヴィア・クリミア 伝説の地 コーカサス 砂の海のオアシス 中央アジア 石の境界 ウラル地方 タイガとツンドラの美と迫力 シベリア 太陽を追いかけて 極東 ロシアと日本 北方領土の背景

＊本書は、信じ難いほどのロシアの多様性、息を呑む景観、ロシア人、ウクライナ人、その他の民族が創造した文化遺産を次々と繰り広げてくれる。優れた写真と簡潔なテキストによって、読者はロシアの大地に深く分け入り、その歴史と文化、風土、建築と美術に親しく

接することができる。本日本語版には、ロシア史の専門家による北方領土を中心とした、分かりやすい日ロ交渉史を特別掲載した。
◇ロシア連邦の迷走―最も近い国の民族と最新の動向を知る　池永孝著　長岡京　竹林館　2001.1　125p　18cm　(春秋新書)　800円　(i)4-924691-97-6　Ⓝ293.8

アフリカ

◇アザンデ人の世界―妖術・託宣・呪術　E. E. エヴァンズ＝プリチャード著，向井元子訳　みすず書房　2001.1　630, 29p　図版16枚　22cm　12000円　(i)4-622-03841-2　Ⓝ382.429
(内容)第1部 妖術(妖術は身体的、遺伝的な現象　妖物は開腹によって見つけられる　妖術と結びつけられる他の邪悪な存在　妖術の概念は不運な出来事を説明する　妖術に対抗する行為は社会的に規制されている　不運に見舞われた人は敵対者のなかに妖術師を探す　憎しみを抱いたとき他者に妖術をかける　妖術師は意識的に行動するのか　妖術と夢)　第2部 妖術医(妖術医はいかにして妖術を解くか　妖術医に対するアザンデ人の信頼　新しく妖術医にしたてるための訓練　アザンデ社会における妖術医の地位)　第3部 託宣(日常生活における毒託宣　毒の採取　毒託宣に伺いをたてる　毒託宣に伺いをたてることから生じる問題　他の託宣の方法)　第4部 呪術(善い呪術と邪術　呪術と呪術師　治療術　呪術を行うための結社　死の状況下における妖術、託宣、呪術)
＊「妖術と託宣と呪術は三角形の三辺のようなものだ」。1937年に刊行されるや、人間の世界構築の方法がいかに独創的かつ多様かを示し、人類学に新たな画期を開いた名著である。待望久しい完訳。
◇アフリカ―神秘の大陸に生活する人々の生活様式や信仰、そして技術を探る　イボンヌ・アヨ著，日野舜也日本語版翻訳・監修　京都　同朋舎出版　1997.1　63p　29cm　(ビジュアル博物館第61巻)　2800円　(i)4-8104-2247-X　Ⓝ382.4
(内容)多彩な大陸　住居　偉大なる文明　家を建てる　家庭生活　コンパウンドの生活　食料の調達　模様と色彩　スポーツと娯楽　女たちの服装〔ほか〕
＊広大で神秘的な大陸に生活する人々の伝統的なくらしと文化を紹介するユニークで楽しい博物図鑑です。美しいカラー写真で、アフリカ諸国の人々、その家、道具、工芸品などが手にとるようにわかります。
◇アフリカ女性の民族誌―伝統と近代化のはざまで　和田正平編著　明石書店　1996.7　452p　20cm　5665円　(i)4-7503-0836-6　Ⓝ382.4
(内容)第1部 狩猟民と牧畜民　第2部 父系と母系　第3部 単婚と複婚　第4部 王権社会の女性と婚姻　第5部 ジェンダー観と性文化　第6部 伝統と近代化のはざまで
◇アフリカ入門　川田順造編　新書館　1999.5　429p　20cm　2400円　(i)4-403-23066-0　Ⓝ382.4
(内容)自然とその変動　人類の揺籃の地　アフリカ人の身体特徴　言語と言語生活　歴史のとらえ方　ベルベル文化とアラブ文化　狩猟採集民の生活―ピグミーとブッシュマン　水との共生　サバンナと森林の文化　農耕・牧畜民〔ほか〕
＊自然、人間、家族、性、神話。いまアフリカが提起するもののすべて。
◇アフリカの智慧、癒しの音―ヒーリング・ドラム　ヤヤ・ジャロ，ミッチェル・ホール著，柳田知子訳　春秋社　1998.6　308, 5p　20cm　2500円　(i)4-393-93444-X　Ⓝ382.44
(内容)1 誇り高きミニアンカ族の暮らしと音楽(愚か者の誕生―ヤヤ・ジャロの生い立ち　家族の生活　村の生活　長老たち　さまざまな知識　秘密結社と加入儀礼)　2 ヒーリング・ドラム(楽器　音楽家の徒弟期間　音楽と労働とダンス　学校　儀式と祝典　音楽と癒し　二つの文化　ヒーリング・ドラムの今)
＊本書は、アフリカの音楽家ヤヤ・ジャロと、アメリカの著述家であるミッチェル・ホールの共著によるもので、ヤヤの人生のこれまでの歩みと、彼の出身部族であるミニアンカ族の文化、そしてその文化において非常に神聖なものであると同時に、人々を癒す役割をも持っている、音楽について書かれたものである。
◇アフリカの布―サハラ以南の織機、その技術的考察　井関和代著　河出書房新社　2000.12　297p　22cm　〈文献あり〉　4800円　(i)4-309-90412-2　Ⓝ384.3
(内容)第1章 繊維素材　第2章 始原的布"樹皮布"　第3章 始原的織布―ラフィア布　第4章 手織"原始"機の構造とその分類　第5章 手織"足踏み式機"の構造とその分類　第6章 足踏み式機の分布とその考察
＊人類最古の織布はどのように誕生したのか。染織技術史の「謎」に迫る画期的論考。染織布の実制作者でもある著者が、サハラ砂漠以南の諸部族に現存し続けている手織り織布の素材、技術を追って西アフリカの"原始機"の織技術体系、"足踏み式機"の形態と分布を比較研究。
◇語る身体の民族誌　菅原和孝著　京都　京都大学学術出版会　1998.5　27, 360p　22cm　(ブッシュマンの生活世界　1)　3000円　(i)4-87698-

061-6 ⓃC382.484
 (内容) 序章 会話の民族誌へむけて 第1章 ことばのなかの身体 第2章 老いた恋人たち—婚外性関係の個人史 第3章 感情の回路—婚外性関係の論理 第4章 人間のカテゴリー化—「民族」間の境界 第5章 物語の愉悦—民話はいかに語られるか 第6章 日常会話の背後へ—背景知と信念の活性化 終章 「語る身体」自然、そして権力—途上での総括
 * 原野に生きる人々の猥雑な会話の中にヒトの文化と社会の成り立ちを見る。奔放な「恋人関係」の噂、「糞」や「肛門」の話が飛び交うののしり、動物や食べものについての不思議な語り—ブッシュマンの、愉快で生き生きとした会話には、原野に生きる人々の精神世界と社会構造とが鮮やかに織り込まれている。精緻な会話記録という新しい民族誌の方法を示し、人類学の可能性を探る会心作。
◇カラハリ狩猟採集民—過去と現在 田中二郎編著 京都 京都大学学術出版会 2001.10 290p 22cm (講座・生態人類学 1) 3200円 (i)4-87698-325-9 ⓃC382.48
 (内容) 第1章 ブッシュマンの歴史と現在(コイサン人(ブッシュマンとコイコイ)の起源と歴史 狩猟採集の生活と文化 ほか) 第2章 セントラル・カラハリ年代記(失われつつある記憶 調査地域と調査方法 ほか) 第3章 ブッシュマン百虫譜(生活の中の虫との関わり 「虫」の文化民俗範疇) 第4章 砂漠の水—ブッシュマンの儀礼と生命観(調査地域の概略と調査方法 個々の儀礼の説明 ほか) 第5章 三角関係と感情生活—グイの結婚と恋人関係再考(感情の人類学へ向けて 感情と性に関わる基本的な概念 ほか)
 * 「人類学的アプローチ」と「霊長類学的アプローチ」—故今西錦司は、人間社会を解明する道として、この2つのアプローチを提起した。ブッシュマン研究は、この「人類学的アプローチ」の典型として、日本が世界に誇るユニークな学問、生態人類学の発展をリードしてきた。その35年の研究史の上に立ちながら、食物獲得、社会構造、無文字文化における年代記の再生、国家や植民地主義といった近代との関わりの中での社会変容まで、幅広いテーマで、今日のブッシュマンの姿を紹介する。
◇カンガ・セイイング—カンガの教え 守野庸雄訳・監修 新装版 アリアドネ企画,三修社 [発売] 1998.1 1冊 16×16cm (プチ・プレゼンシリーズ) 800円 (i)4-384-02395-2
 * 鮮やかな原色の布「カンガ」からのメッセージ。
◇共生の森 寺嶋秀明著 東京大学出版会 1997.1 226,4p 20cm (熱帯林の世界 6) 2266円 (i)4-13-064226-X ⓃC382.448
 (内容) 第1章 森の民との出会い 第2章 エフェとレッセ 第3章 森の民の生活 第4章 森のなかの生命 第5章 共生の世界 第6章 森にいだかれて
 * 森の恵みから女性まで、彼らはなぜさまざまな物を農耕民に差しだすのか?赤道直下のアフリカ、イトゥリの森に住む陽気な狩猟採集民エフェ・ピグミーたち。
◇サバンナ・ミステリー／真実を知るのは王か人類学者か 川田順造著 NTT出版 1999.12 181p 19cm (ネットワークの社会科学) 1700円 (i)4-7571-4013-4 ⓃC382.44
 (内容) 1 準備—誰も知らぬ儀礼 2 出発—初日 3 対立—二日目 4 和解—三日目 5 探索—二カ月後の再訪 6 後日譚—エピローグにかえて 7 王国の歴史を知るのは王か人類学者か
 * こんな風に神話は創られるのか?アフリカの無文字社会モシ王国で実際起きた、王様即位三十三年儀礼の不思議な顛末。
◇ザンジバルの一家庭における食物 川本恵津子著 箕面 大阪外国語大学地域文化学科スワヒリ語・アフリカ地域文化研究室 1994.12 20枚 26cm ⓃC383.8
◇自然社会の人類学 続 田中二郎ほか編著 京都 アカデミア出版会 1996.6 441p 19cm (人間の探検シリーズ—Anthropology) 《続》編の副書名は:変貌するアフリカ 各章末:文献 3605円 ⓃC382.4
◇女子割礼—因習に呪縛される女性の性と人権 フラン・P.ホスケン著,鳥居千代香訳 明石書店 1993.10 206p 20cm (世界人権問題叢書 10) 2200円 (i)4-7503-0538-3 ⓃC367.24
 (内容) アフリカの女子割礼 割礼と私 女性と健康 スーダン エジプト
◇森林彷徨 伊谷純一郎著 東京大学出版会 1996.9 235,8p 20cm (熱帯林の世界 1) 〈巻末:植物関係参考文献〉 2266円 (i)4-13-064221-9 ⓃC382.4
 (内容) 第1章 ヴィルンガ 第2章 ルーウェンゾリ 第3章 カヨンザ 第4章 イトゥリ 第5章 多雨林の南辺 第6章 コンゴ盆地
 * 人と自然の織りなすミクロコスモス。ヒトのルーツを求めてアフリカの森を歩く人類学者のフィールドノート。
◇ヌアー族—ナイル系一民族の生業形態と政治制度の調査記録 E.E.エヴァンズ=プリチャード著,向井元子訳 平凡社 1997.10 476p 16cm (平凡社ライブラリー) 〈索引あり〉 1560円 (i)4-582-76219-0 ⓃC382.429
◇墓を生きる人々—マダガスカル、シハナカにおける社会的実践 森山工著 東京大学出版会 1996.6 308p 22cm 〈文献:p295～301〉 5974円 (i)4-13-056049-2 ⓃC382.476
 (内容) 序論 わたしは誰について語るのか 第1章 シハナカの地、シハナカの民 第2章 墓を

めぐる集団と範疇　第3章 歴史のただなかの墓　第4章 禁忌・居住・婚姻　第5章 祖先と向きあう個　第6章 墓・出自・系譜　第7章 情緒・ことば・実践　終章 祖先の肖像

◇楽園―ケニア人からニッポン人へのメッセージ　ピーター・オルワ著，近藤純夫構成　PHP研究所　1996.11　197p　20cm　1500円　(i)4-569-55403-2　Ⓝ382.454

(内容) 1 ケニアのンゲタ村から栃木県の那須町へ―僕がニッポンに興味をもつようになった理由　2 自然のなかで生きてきた―ニッポンで初めて知った四季の変化　3 アフリカ人の日常生活―家族と先祖を大事にする生活　4 野生の動物たちと暮らす―人と動物との長い歴史　5 自然の恵みを食べる―畑の野菜は本当においしい　6 焚き火を囲んで―伝統文化の知恵・諺・言い伝え　7 ケニア人が見た外国人―理解しあえる国・ケニアとニッポン　エピローグ "努力" から "和力" へ

＊大自然のなかでの生活、ライオンも敬意を払うマサイ族、そして大都会ナイロビのこと。現地人しか知らないオモシロ豊かな暮らし、ニッポン文化へのオドロキの数々…。カイドブックでは絶対知ることのできない素顔のアフリカ満載。

◇ぼくのイニシエーション体験―男の子の魂が育つ時　マリドマ・パトリス・ソメ著，山崎千恵子ハイネマン訳　築地書館　1999.7　311p　20cm　2000円　(i)4-8067-1180-2　Ⓝ936

(内容) 幼い頃の村の暮らし　祖父の旅立ち　祖父の「弔いの儀式」　突然の家族との別離　初めて見る白人世界　寄宿舎学校での生活　謀反の兆し　目覚め　自由のかおりジャングルへ　故郷への道〔ほか〕

＊西アフリカの村から4歳の時にフランス宣教師に連れ去られ、西洋人としての教育を受けた著者が、部族社会の成人儀式（イニシエーション）での、霊的世界体験を中心に、先祖の知恵を獲得するまでを、自らの言葉で語る。

◇無文字社会の歴史―西アフリカ・モシ族の事例を中心に　川田順造著　岩波書店　2001.7　343,16p　15cm　(岩波現代文庫 学術)　〈文献あり〉　1200円　(i)4-00-600060-X　Ⓝ382.44

(内容) 非文字史料の一般的性格　文字記録と口頭伝承　モシ族の場合　系譜の併合　絶対年代の問題　歴史の始点　反復する主題　口頭伝承の定型化　首長位の継承　歴史伝承と社会・政治組織　イデオロギー表現としての歴史伝承　歴史伝承の比較　制度の比較　発展段階の問題　「伝承的」社会という虚構　神話としての歴史・年表としての歴史　文字と社会　おわりに

＊無文字社会の歴史のあり方を探究することは、人類文化における文字社会を相対化する視点を築くことに通じる。一九六〇年代から七〇年代前半に西アフリカ・モシ族を現地調査し、太鼓ことばを含む口頭伝承や儀礼などから無文字社会の歴史と構造を鮮やかに分析した本書は、日本の文化人類学の記念すべき達成である。

◇森を語る男　加納隆至著　東京大学出版会　1996.10　217p　20cm　(熱帯林の世界 3)　2266円　(i)4-13-064223-5　Ⓝ382.448

(内容) 第1章 幼いころ　第2章 エベア・パンダカの時代　第3章 ヨカンバの学校時代　第4章 モキロとともに　第5章 伯父サラ・ロッケンバの思い出　第6章 母と弟　第7章 狩りと漁　第8章 妻をめとる　第9章 邪術師・呪医・先祖霊たち

◆エジプト
◇図説古代エジプト生活誌　上巻　エヴジェン・ストロウハル著，内田杉彦訳　原書房　1996.11　279,5p　21cm　〈巻末：古代エジプト年表〉　2800円　(i)4-562-02846-7　Ⓝ382.42

(内容) 第1章 人生の始まり　第2章 屈託のない子供の頃　第3章 教育と学習　第4章 求愛と娯楽　第5章 結婚と女性の地位　第6章 家と共同体　第7章 衣服・装身具・体の手入れ　第8章 黒い大地の恵み　第9章 牧畜と狩猟　第10章 古代エジプト人の食事

＊古代エジプト人の誕生から死にいたるまで、生活と文化のあらゆる側面を、多数の図版を駆使し、わかりやすく解説。

◇図説古代エジプト生活誌　下巻　エヴジェン・ストロウハル著，内田杉彦訳　原書房　1996.11　272,14p　21cm　〈巻末：参考文献〉　2800円　(i)4-562-02847-5　Ⓝ382.42

(内容) 第11章 職人の仕事　第12章 不死に捧げられた芸術　第13章 採石場から船、そしてピラミッドへ　第14章 王家の墓の建設者たち　第15章 戦いの命運　第16章 書記の活躍　第17章 神殿の奥深く　第18章 「生命の家」の学者たち　第19章 疾病と治療法　第20章 往きて帰らず―来世へ

＊職人の仕事、ピラミッドの建設、病気と治療法…人びとの暮らしに目をむけてその実像を浮き彫りにした決定版。

北アメリカ

◇熱きアラスカ魂―最後のフロンティア・インディアンは語る　シドニー・ハンチントン著，ジム・リアデン編，和田穹男訳　めるくまーる　2000.5　329p　20cm　1800円　(i)4-8397-0102-4　Ⓝ382.53

(内容) 母アンナの旅　父の放浪時代　幼児3人、原野に取り残される　寄宿学校　父と2人暮ら

す 絶えないけんか騒ぎ 転機 貂の密猟 大寒波の日々 ボート作りに挑戦〔ほか〕
*心の深いところに染み込むインディアンの回想録。寒さと雪と野生動物を相手に戦って生き抜く、そういう楽園がかつて存在した。自分の力で食べるものを得る、そういう幸福があった。昔のアラスカに戻って、賢い生きかたを学ぶ。冒険の中に叡知を学ぶ。これは心の深いところに染み込む本である。

◇アメリカインデアン体験―自然と共に生きる知恵 安達生恒著 京都 人文書院 1996.6 203p 19cm 1854円 (i)4-409-53017-8 Ⓝ382.53

◇アメリカ・インディアンとハーブの秘密 悠飛社編集部編 悠飛社 1998.11 95p 19cm (Yuhisha hot-nonfiction) 1000円 (i)4-946448-54-3 Ⓝ382.53
内容 第1章 アメリカ・インディアンの秘密 第2章 ハーブの秘密
*アメリカ・インディアンは…動物からハーブを学んだ。毒薬から病気治療にまで用いていた。オジブワ族だけでも150種以上使っていた。ハーブにより幻覚を見た。…などハーブの秘密が満載。

◇アメリカ・インディアンの聖なる大地の教え ジェミー・サムズ著, エリコ・ロウ訳 扶桑社 2000.10 423p 19cm 1524円 (i)4-594-02977-9 Ⓝ382.53
内容 1 自然と親しむ 2 内なる叡智 3 真実はすべてに 4 予言の恵み 5 静寂に聴く 6 物語りの力 7 無条件の愛 8 癒し 9 自然を尊ぶ 10 人生を紡ぐ 11 お手本になる 12 感謝の心 13 自己実現
*一日一話、364篇の叡智に満ちた癒しの言葉。この本にある物語りや瞑想には、ネイティブ・アメリカンの哲学、母なる大地やすべての生きものと調和して生きる生き方が反映されています。

◇アメリカ・インディアンの世界―生活と知恵 マーガレット・フイート著, スチュアート・ヘンリ監修, 熊崎保訳 雄山閣出版 2000.1 184p 22cm〈文献あり〉2500円 (i)4-639-01663-8 Ⓝ382.53
内容 1 大昔の人びとと母なる大地(グレイト・ベイスン マス食い集団、クウィウィ食い集団、ガマ食い集団 年間の生活サイクル) 2 「白人」の到来(生活が大きく変化した、最近の100年間 昔ながらの暮らし方を知っている賢い人たち) 3「伝統」時代のさまざまな生活技術(マツの実の収穫 ガマとトゥーリの小舟 カモ猟のおとりの製作 草で作った紐や綱 ほか)
*賢い知恵を用いて大自然と調和していたアメリカ・インディアン「パイユート」。動物の骨や筋や皮、植物の茎や繊維、砂漠でとれる石を材料に用いて暮らしていた人びとのすばらしい生活技術を紹介。

◇アメリカ・インディアンの歴史 富田虎男著 第3版 雄山閣出版 1997.6 206p 19cm〈文献あり 年表あり〉1900円 (i)4-639-00607-1 Ⓝ382.53
内容 第1章 今日のインディアン 第2章 インディアンの祖先たち 第3章 ヨーロッパ人との接触 第4章 イギリス植民地におけるインディアン・白人関係 第5章 インディアンとアメリカ独立革命 第6章 わが土地を守る戦いと文明化政策 第7章 インディアンの強制移住と「明白な運命」 第8章 軍事的征服から文化的破壊へ 第9章 民族的解体と再生
*「アメリカ・インディアン」とは、はたしてハリウッド製西部劇の描くような未開で野蛮なゆえに滅ぼされた過去の人なのであろうか?本書は彼らの正当な歴史的役割を評価し、勝者のつくりあげた歴史像の虚偽を追及する。

◇アメリカ・インディアン howブック アーサー・C.パーカー著, 平尾圭吾訳 集英社 1999.3 276p 20cm 1700円 (i)4-08-773311-4 Ⓝ382.53
内容 第1章 生活の知恵 第2章 インディアンの真実 第3章 衣服と装飾品 第4章 食物の探求 第5章 儀式と密儀 第6章 奇妙な踊り 第7章 戦いと戦略 第8章 インディアンに関する事実
*アメリカ・インディアンに学ぶ人間らしい生き方の知恵とアウトドア・ライフの楽しみ。

◇アメリカ先住民ウエスタン・ショショニの歴史 スティーブン・J.クラム著, 斎藤省三訳 明石書店 2001.5 374p 20cm (世界人権問題叢書40)〈年表あり〉4600円 (i)4-7503-1412-9 Ⓝ382.53
内容 第1章 伝統的な生活様式 第2章 戦争と順応―ウエスタン・ショショニとアメリカ人 第3章 ウエスタン・ショショニ保留地(ダック・バレー) 第4章 保留地外のショショニ 第5章 ウエスタン・ショショニとニューディール政策 第6章 ニューディール政策から終結政策まで 第7章 ウエスタン・ショショニの現代史
*大盆地地方に住むウエスタン・ショショニの人々の歴史について書かれた本。その重点を連邦政府がウエスタン・ショショニの人々をどのように扱ったか、また一九世紀中盤から現代に至る間、ウエスタン・ショショニと圧倒的なアメリカの白人文化とがどのようにかかわったか、に置いている。

◇アメリカ先住民女性―大地に生きる女たち ダイアナ・スティア著, 鈴木清史, 渋谷瑞恵訳 明石書店 1999.3 134p 22cm 2500円 (i)4-7503-1139-1 Ⓝ382.53

〔内容〕部族の母たち(女性―部族の中心的存在 先住民女性に共通するもの ほか) 女性の力(精神的な強さ 癒しの力 ほか) 愛すべき母なる大地(土を慈しむ人 農耕の始まり ほか) いまに生きる芸術とわざ(住まい 衣服 ほか)
* アメリカ社会は「インディアン」の固定的なイメージをかたくなに持っている。それは何世代ものあいだ、信じ込まれ、語り継がれてきた誤解である。しかし先住民は自分たちの伝統や価値観に押し付けられた屈辱を耐えて、生き抜いてきた。本書は、読者にアメリカ先住民女性の本質をかいまみせることになるだろう。

◇アメリカ先住民の貢献　ジャック・M.ウェザーフォード著, 小池佑二訳　パピルス　1996.10　331,18p　22cm　(付(1枚))　4120円　(i)4-938165-19-8　Ⓝ382.53

◇アメリカ先住民の子どもたち―父さんは太陽、母さんは大地　アーリーン・B.ハーシュフェルダー, ビヴァリー・R.スィンガー編, 愛川信子訳　明石書店　1997.3　185p　20cm　2266円　(i)4-7503-0907-9　Ⓝ382.53
〔内容〕第1章 アイデンティティ　第2章 家族　第3章 ふるさと　第4章 しきたりと儀式　第5章 教育　第6章 厳しい現実

◇アメリカのフォークロア―光と影　入門編　萩原力著　近代文芸社　1999.6　207p　22cm　〈文献あり〉　3600円　(i)4-7733-6547-1　Ⓝ382.53
〔内容〕1 アメリカのフォークロア　2 アメリカ・インディアンのフォークテール　3 祭儀をめぐって　4 ペテン師と祭儀　5 仮面の役割　6 アメリカのフォークソング
* 本書はあくまでもアメリカのフォークロアの案内書として著述したもので、いわば紹介書です。ここに全体系を集約すると、(1)フォークロアとは何か(2)そのジャンルは何か(3)フォークロアとは一体、誰か(4)フォークロアの変遷の経緯、その原因・理由は何か(5)フォークロアの形態と内容の関係(6)フォークロアはいかなる意味をもち、また、どのように機能しているのか(7)フォークロアの他の分野・領域への影響力への示唆、そしてそのインパクトは何か、といった問題をとりあげています。そして具体的内容として、アメリカ・インディアンのフォークロアを中心として言及し、フォークテールの核を形成するモティーフ素、かれらのもつ神話祖型、かれらの生活の母体であり、思考の土台をなす祭儀の問題、そしてその延長線上に存在すると思われる仮面の機能、日本の仮面をも比較対象として紹介しています。

◇アメリカン・インディアン―その過去・現在・未来　自治体国際化協会　1995.2　33p　30cm　(CLAIR report no.96)　Ⓝ382.53

◇意外と知らないアメリカ人の日常生活101　ハリー・コリス著, ジョー・コール絵, マクミランランゲージハウス編集部注釈・対訳　マクミランランゲージハウス　2000.11　217p　21cm　〈他言語標題：101 American customs 英文併記〉　1900円　(i)4-89585-874-X　Ⓝ382.53
〔内容〕1 Those Special Occasions　2 Courtship and Marriage　3 Body Language　4 Enjoy !　5 All in the Family　6 Let's Have Fun !　7 Red Letter Days　8 The Icons of America
* アメリカの生活・慣習を理解し楽しみながら英語力がアップ！よく知られている現代アメリカの慣習・風習101を精選・収録。中世から今に残る伝統的風習(洗礼式など)や、近代になって生まれた慣習(映画を見ながらポップコーンを食べるなど)を、おしゃれなイラストと明快な文章で説明。基本的な言い回し、よく使われるイディオム満載。

◇インディアン魂―レイム・ディアー　上　ジョン・ファイアー・レイム・ディアー口述, リチャード・アードス編, 北山耕平訳　河出書房新社　1998.1　445p　15cm　(河出文庫)　『レイム・ディアー』(1993年刊)の改題　950円　(i)4-309-46179-4　Ⓝ382.53
〔内容〕1 山のうえにひとりで　2 ニューヨークの博物館にあるあの銃　あれは、わしのもの　3 緑色の蛙の皮　4 飲んだくれになること 牢屋にはいること　5 ルーズベルト大統領の頭に腰をおろして　6 「丸」と「四角」　7 フクロウと蝶々に話しかける
* 「今こそわしらインディアンが、生き方の見本を天下に示さなければならない」―兄弟たちと共に、大地と自然と生命の道へもどるために、グレイト・スピリットの声に耳をすませ、真っ直ぐに飛ぶ矢のようにヴィジョンを求めるすべてのネイティヴの人たちへ、不思議なパワーを贈る、スー族最後の偉大なメディスンマンが語りおろしたインディアン魂の知恵と洞察の物語。

◇インディアン魂―レイム・ディアー　下　ジョン・ファイアー・レイム・ディアー口述, リチャード・アードス編, 北山耕平訳　河出書房新社　1998.1　475p　15cm　(河出文庫)　『レイム・ディアー』(1993年刊)の改題　950円　(i)4-309-46180-8　Ⓝ382.53
〔内容〕8 毛布のなかにふたりで　9 良いメディスンと悪いメディスン　10 イニピ―偉大なる曽祖父の吐く息　11 ユウィピ―いずこからともなく来る小さな光　12 太陽を見つめて彼らは踊る　13 森を傷つけるべからず　14 世界を巻きあげる　15 天地逆さま、前後反対、暑さ寒さのひっくり返し　16 石になった血

＊日本のネイティヴたちへ！耳を澄まして聞け。スー族最後のメディスンマンが語る自然人の知恵と洞察の言葉を。

◇インディアンという生き方―夢にかよう魂 リチャード・アードス著, 仙波喜代子訳 グリーンアロー出版社 2001.3 167p 21cm 2200円 (i)4-7663-3309-8 Ⓝ382.53

(内容) 第1章 夢を求めて―儀式(よりよき世界を招くダンス インディアンの肉と血 消えることのない火 山に登る 暗闇でまたたく小さな明かり 彼には目がない、だが見えている イーグルの骨笛の響き) 第2章 夢を守る戦い―公民権(おれの横に並んでくれ、頭の上に立つのではなく) 第3章 夢に生きる―大地とともに生きる人びと(平原インディアンという生き方 メサに生きる人びと 砂漠で生きる人びと)

＊インディアンのゴーストダンス、ヴィジョンクエスト、ユイピという儀式を通して、自然観、宇宙観、夢、魂、信仰、聖なるものが語られます。豊穣なるインディアンのスピリチュアル・ワールドに通じる扉がここに開いています。生きることに少し迷った人の心に、インディアンのパワーが流れてくるはずです。

◇インディアンに囚われた白人女性の物語 メアリー・ローランソン, ジェームズ・E. シーヴァー著, 白井洋子訳 刀水書房 1996.7 274p 20cm (刀水歴史全書 41) 2884円 (i)4-88708-195-2 Ⓝ382.53

(内容) 1 メアリー・ローランソン夫人の捕囚と救済の物語 2 メアリー・ジェミソン夫人の生涯の物語 インディアン捕虜体験物語に見るアメリカ―解題にかえて

＊植民地時代アメリカの実話。捕虜となった2女性の見たインディアンの心と生活、戦争、儀式…。第1話は牧師夫人の手記、第2話はインディアンの養女となった少女の生涯。映画『ダンス・ウィズ・ウルブズ』の世界をよりリアルに…。

◇インディアンの生き方―絶対保存版 ワールドフォトプレス 2000.2 183p 29cm (ワールド・ムック 244) (「Mono」特別編集) 1714円 (i)4-8465-2244-X Ⓝ382.53

◇インディアンの声を聞け―絶対保存版 ワールドフォトプレス 2000.8 230p 29cm (ワールド・ムック 266―アメリカインディアン 2) 〈mono特別編集 文献あり〉 1905円 (i)4-8465-2266-0 Ⓝ382.53

◇インディアンの言葉―北米インディアンの記録から ミッシェル・ピクマル編, 中沢新一訳 紀伊國屋書店 1996.9 46p 22cm (コレクション〈知慧の手帖〉6) 〈写真：エドワード・S. カーティス 付(1枚)〉 1200円 (i)4-314-00737-0 Ⓝ382.53

＊樹々と語り合い大地に抱かれる崇高にして深遠なインディアンの哲学。

◇インディアンの知恵―心が曇ったら空を見よ 塩浦信太郎著 光文社 2001.5 305p 16cm (知恵の森文庫) 571円 (i)4-334-78092-X Ⓝ382.53

(内容) ある青年との出会い パレードに参加 インディアンの誇り 大地に感謝して生きる人たち メディスンマンの感性 もたざる者の知恵 ふだん着のナバホマンたち 知恵の宝庫 風を聴き、雲に棲む人々 アパッチ族の英雄 サンタフェは文化の香り グランドキャニオンと狼煙 多くを求めない民族 死は終わりではなく 生活に根づく創世神話レインボウブリッジ物語

＊「心が曇ったら、輝く星や空を見なさい」「慎ましく食べ、慎んで喋る。そうすれば誰も傷つかない」「頭による理解には誤りがあるが、体による経験には誤りがない」―ナバホの青年との出会いから始まった、インディアン世界への旅。そこには驚くべき生活の知恵があった。大いなる自然、先人が築いた文化、彼らの気高さから学べるものは少なくない。

◇インディアンの夢のあと―北米大陸に神話と遺跡を訪ねて 徳井いつこ著 平凡社 2000.2 235p 18cm (平凡社新書) 680円 (i)4-582-85034-0 Ⓝ382.53

(内容) 前篇 神話を生きる―アナサジの足跡を辿る(放浪する人々 チャコ 続・放浪する人々 ビーンダンス ほか) 後篇 死と再生の印―点在するマウンドを訪ねて(隆起する図形 エメラルドの蛇 カホキア ナチェス ほか)

＊「歴史が浅い国」といわれるアメリカに、古のミステリーとファンタジーを訪ねてみよう。岩絵に遊ぶ笛吹き男、太陽と星の運行を見守る窓、全長410メートルにおよぶエメラルドのヘビ…。大地に残された数々の不思議から、ネイティブアメリカンの世界観、人生観が見えてくる。遺跡という「空っぽ」の場所から始まる、北米大陸、インディアンの心への旅。

◇英和対照で読むアメリカ生活ハンドブック Alison R. Lanier著, 今井宏明編訳 洋販出版 1998.12 195p 18cm (英和対照English-Japanese library) 〈他言語標題：Living in the U.S.A. 東京 洋販(発売)〉 1300円 (i)4-89684-060-7 Ⓝ382.53

(内容) 第一印象 文化によって異なる慣習 アメリカ人の一般的な態度 ビジネスの姿勢と行動 会社勤め つきあいのマナーと礼儀 初めての街を見ての注意 通貨と金銭感覚 健康のために 食べ物と食習慣〔ほか〕

＊アメリカで初めて生活をはじめる外国人のための生活ハンドブック。文化によって異なる慣習や、アメリカ人の行動や考え方、つきあ

いのマナーと礼儀、食習慣などアメリカ人がどのように生活をしているか、アメリカでの生活をより安全に楽しく、快適に過ごすためのノウハウを紹介。

◇俺の心は大地とひとつだ ノーバート・S.ヒル・ジュニア編、ぬくみちほ訳 めるくまーる 2000.1 163p 20cm（インディアンが語るナチュラル・ウィズダム 2） 1700円 (i)4-8397-0101-6 Ⓝ382.53
（内容）価値観 精神・信仰 伝統・歴史 女と男 子供・教育 経済・金・権力 大地・世界 洞察・感謝 教え・文化 リーダーシップ〔ほか〕
＊アメリカ・インディアンの古今の「知恵の言葉」を13のテーマ別に編集。ジェロニモ、シティング・ブル、クレイジー・ホースの言葉、各部族に受け継がれる価値観、女と男・教育・お金・環境に対する洞察など、素朴で奥深いメッセージ190篇が収められている。邦訳版のみライブラリー・オブ・コングレス所蔵の写真30点も収録。

◇カウボーイ―ウエスタン・ヒーローの生きざま、ファッション、伝説 ウィリアム・マンズ,エリザベス・クレール・フラッド著、杉本恵理子,本郷恭子訳 ワールドフォトプレス 2001.3 223p 30cm（ワールド・ムック 300） 5524円 (i)4-8465-2300-4 Ⓝ382.53

◇風の言葉を伝えて＝ネイティブ・アメリカンの女たち ジェーン・キャッツ編、船木アデルみさ,船木卓也訳 築地書館 1998.3 262p 20cm〈年表あり〉 2000円 (i)4-8067-5599-0 Ⓝ382.53
（内容）生命を祝う チェンジング・ウーマンの娘たち 自然の恵みに支えられて 内面から湧き出る力 生存という奇跡 聖なる風の女 不死鳥のごとく蘇ったプヤラ族 大地を守り、大地に守られる 混血児の物語 聖なるパイプの道を生きる 民族の絆 精霊の加護 我らカリブーの民 命をかけて守る大地と伝統
＊現代に生きるネイティブ女性14人が自ら語るライフ・ストーリー。大地と宇宙との一体感、静かな優しさ、たくましさとユーモア―その生き方は民族を越え、人としてのありかたを私たちに示し、励ましてくれる。

◇風のささやきを聴け―今を生きるインディアンたちのスピリット チーワ・ジェームズ編、ハーディング・祥子訳 めるくまーる 2000.9 297p 19cm 1800円 (i)4-8397-0104-0 Ⓝ382.53
（内容）スパーク 与えの輪 人生とは？ 英語がわからない犬たち ダンサー スタミナ競争 上院議員への道 魂の戻るところ ム・ルウェタム 奉仕の心〔ほか〕
＊かつては山野にこだましていたアメリカ・インディアンの声も、バッファローの群れが平原から消えてゆくとともにかすかな「ささやき」に変わってしまった。しかし、その声が伝える時を超えた教えの数々は、今なおインディアンの心の中に生きており、耳を傾けるすべての人たちに、永遠にささやきかける。

◇語りつがれるアメリカ リチャード・M.ドーソン著、松田幸雄訳 青土社 1997.10 416,46p 20cm 2800円 (i)4-7917-5583-9 Ⓝ382.53
（内容）はじめに 民俗学とは アメリカのライフスタイルと伝説 植民の時代―宗教的衝動 建国の時代―民主的衝動 発展の時代―経済的衝動 現代―人間的衝動
＊アメリカ人の心のルーツ。丸太小屋で生まれた大統領や、カウボーイ、樵夫、炭鉱夫ら、フロンティアの英雄たちが法螺話で民衆を笑わせ、精霊や魔女が夜のしじまを彷徨い、そして、ドラッグとロックが人間の解放を高らかに歌うアメリカ。―うわさやゴシップが、やがて民話となり伝説となってかたちづくった、民衆のなかに息づく「もう一つのアメリカ史」。

◇北の民族誌―北太平洋文化の系譜 岡田淳子著 京都 アカデミア出版会 1999.5 238p 19cm（ホミネース叢書） 2500円 Ⓝ382.77

◇極北の民カナダ・イヌイット 岸上伸啓著 弘文堂 1998.12 262p 22cm〈他言語標題：The arctic people, Inuit of Canada〉 4000円 (i)4-335-56095-8 Ⓝ382.51
（内容）第1章 極北地域の自然環境と歴史 第2章 イヌイット研究の諸問題 第3章 居住集団とその構成原理 第4章 村落形成と親族関係 第5章 養子縁組 第6章 命名、人名と同名者関係 第7章 助産人関係 第8章 狩猟者援助プログラムと食物分配 第9章 食物分配と社会関係 第10章 贈与交換とメッセージ交換をめぐる社会関係 第11章 社会変化と持続
＊アザラシやカリブー、ホッキョクイワナを追って、ツンドラの大地に生きるイヌイットのエスノグラフィー。カナダ首相出版賞審査員特別賞受賞。

◇クマとアメリカ・インディアンの暮らし デイヴィッド・ロックウェル著、小林正佳訳 どうぶつ社 2001.2 332p 19cm〈文献あり〉 2800円 (i)4-88622-313-3 Ⓝ382.5
（内容）1 クマは毛皮をまとった人間である 2 人はクマのように死にクマのように再生する 3 クマ狩りと狩りの儀礼 4 クマの毛皮、肉、骨、爪、歯 5 クマとシャーマン 6「クマ医者」の治療効果 7 守護霊とシャーマニズム 8 クマと民話 9「ベアー・ダンス」 10 クマと「世界更新の儀礼」 11 世界の神話に登場するクマ 12 夢や幻想とクマ
＊クマは、冬のあいだ、地上から姿を消し、春

になると再びあらわれる。"死"と"再生"を繰り返すクマは、インディアンにとって、まさに死と再生の"シンボル"でもあった—。さまざまな儀礼や、神話、物語、夢の中に登場するクマを通じて、アメリカ・インディアンとクマとの伝統的な相互関係を明らかにする。

◇グランドファーザー トム・ブラウン・ジュニア著, 飛田妙子訳 徳間書店 1998.10 321p 20cm 1700円 (i)4-19-860925-X Ⓝ382.53
(内容) 第1章 グランドファーザーのヴィジョンの探究 第2章 違うドラムの音 第3章 石の教え 第4章 木は話をする 第5章 一人であること 第6章 白人による破壊 第7章 南アメリカへの最初の巡礼 第8章 司祭 第9章 滝 第10章 死への旅 第11章 光への旅 第12章 傷ついた人びと 第13章 教えること
＊文明を拒み「古来の道」に生きた最後のインディアン—"ストーキング・ウルフ"の探求の生涯。

◇そして名前だけが残った—チェロキー・インディアン涙の旅路 アレックス・W. ビーラー著, 片岡しのぶ訳 あすなろ書房 1998.2 86p 20cm 1200円 (i)4-7515-1803-8 Ⓝ382.53
(内容) 1章 チェロキーの名前 2章 白人が渡ってくるまで 3章 スペイン人, フランス人, イギリス人 4章 チェロキーと白人 5章 新しい国家、新しい人びと 6章 白人文化 7章 話す木の葉 8章 希望と絶望 9章 ゴールドラッシュ 10章 軍隊が来る
＊ジョージア州北部にひろがるアパラチアの山岳地帯には、160年前までチェロキー・インディアンが住んでいた。チェロキーは独自の文明を持っていたが、白人文明を取り入れ、白人との平和共存を望んだ。だが白人は、チェロキー国家で発見された金鉱に目がくらみ、チェロキーの信頼を裏切り、チェロキーを西へと強制的に移住させた。強制移住の途上、チェロキーの四人に一人が死んだ。むごたらしさをきわめたその旅は、今なお"涙の旅路"として記憶される。

◇大平原の戦士と女たち—写されたインディアン居留地の暮らし ダン・アードランド著, 横須賀孝弘訳 社会評論社 1999.9 221p 22cm 2800円 (i)4-7845-0383-8 Ⓝ382.53
(内容) 招詞 ジュリア 女 衣・食・住 戦士 精神世界
＊20世紀初め、インディアン学校の教師となった夫とともに、居留地へと赴いたジュリア。子供たちの目の光りに魅了され、素朴な暮らしや儀式に目を見張る彼女は、インディアンの信頼を得て、その生活をカメラを通して記録する。写真に残された「過去」からの贈り物。

◇魂の指導者クロウ・ドッグ—スー族メディスンマンの物語 レオナルド・クロウ・ドッグ, リチャード・アードス著, 伊藤由紀子訳 サンマーク出版 1998.6 285p 20cm 〈発行所：サンマーク〉 2500円 (i)4-7631-9216-7 Ⓝ382.53
(内容) 私はクロウ・ドッグ バッファロー・ハンター 二つの銃弾と二本の矢 殺戮 手をつなぎ、輪になって踊る バッファロー・ビルのワイルド・ウェスト・ショーと共に 自分の言葉で話させてくれ 芯の強い女 スピリットが私を選んで、真実の私にしてくれた 運動に身を捧げた〔ほか〕
＊レオナルド・クロウ・ドッグは、本書の語り部だ。十三歳のとき、自分に魂のビジョンとパワーがあるのに気づき、メディスンマンとなった。リチャード・アードスはこの二十年間、クロウ・ドッグ一族に引き継がれている魂の声を記録し続けた。本書は二世紀にわたるネイティブ・アメリカンの闘争と勝利、衰退と生き残りの、壮大な物語である。

◇トーテムポール世界紀行 浅井晃著 ミリオン書房 1996.12 202p 26cm 〈参考文献：p197～199〉 2600円 (i)4-943948-58-8 Ⓝ382.5
(内容) 旅の始まり ブリティッシュ・コロンビア大学 バンクーバー市内外 港町プリンス・ルパート スキーナ河畔をのぼる キツワンクール ヘイズルトン周辺 ビクトリア市 トーテムポール街道 アラートベイ〔ほか〕
＊1987‐1996、CANADA、SWWDEN、USA、GERMANY、ENGLAND、JAPAN、SCOTLAND。

◇トーテムポールとサケの人びと—北西海岸インディアンの森と海の世界 北海道立北方民族博物館編 網走 北海道立北方民族博物館 2000.7 63p 26cm 〈第15回特別展：2000年7月18日—9月24日 文献あり〉 Ⓝ382.53

◇トラッカー—インディアンの聖なるサバイバル術 トム・ブラウン・ジュニア著, 斉藤宗美訳 徳間書店 2001.1 385p 20cm 1900円 (i)4-19-861299-0 Ⓝ382.53
(内容) ネイティブ・アメリカンの世界「用語解説」 最後の足跡 ネズミに聞け グッド・メディスン・キャビン 泥沼 寒い訓練 夜を這う ドッグ・ツリー 前兆 アメリカコガラのサバイバル ジャージー・デビル インヴィジブル・ウォーキング 本当に迷うということ 捕食者 霜解け 世界の終わり 森の守護者 ヘンリー・ディビッド・ソーローな夏 職人 クマへ平手打ち イヌのならず者 捜索
＊森は生き物たちの足跡でいっぱいだ！トラッカーはそれらすべてを瞬時に識別する。グランドファーザーが伝えた"古来の道"に根ざすこのサバイバルの力は、精霊に満ちた大自然への新しい魂の入口となるのだ—。

◇ナバホ・タブー アーニー・ビューロー著, ぬくみちほ編・訳, スズキコージイラスト パロル舎 1997.4 171p 20cm 1400円 (i)4-

89419-154-7 Ⓝ382.53
(内容) 畏怖の念を抱け!―自然界にまつわるタブー 怠るな!―まつぼっくりにまつわるタブー 自然の威力を忘れるな!―雷にまつわるタブー ワイルドなパワー―野生動物にまつわるタブー 稲妻に通じる聖なる生き物―ヘビにまつわるタブー そっとしておけ―クマにまつわるタブー ヒツジ、ヤギ、ウマ―家畜動物にまつわるタブー 親しき仲にも礼儀あり―ナバホの親友、イヌにまつわるタブー しゃべる言葉に要注意!―言葉にまつわるタブー 暮らしの中にエチケット―人の振る舞いにまつわるタブー 〔ほか〕

*本書に掲載したタブーは、今でもナバホの人々が日常的に使っているものばかりである。タブーにはナバホ社会での常識が示され、自然界を思いやる畏敬の念というものが表れている。

◇ネイティブ・アメリカン=叡智の守りびと スティーブ・ウォール、ハービー・アーデン著、船木アデルみさ訳 築地書館 1997.2 133p 31cm 4944円 (i)4-8067-6790-5 Ⓝ382.53
(内容) チャーリー・ナイト(ユート族) フランク・フールズ・クロウ(ラコタ族) オードリー・シェナンドア(イロコイ族・オノンダガ国) マシュー・キング(ラコタ族) コーベット・サンダウン(イロコイ族・セネカ国) ハリエット・スターリーフ・ガムス(シネコック族) エディ・ベントン・バナイ(オジブエ族) バーナン・クーパー(ランビー族) オレン・ライオンズ(イロコイ族・オノンダガ国) ライラ・フィッシャー(ホー族) 〔ほか〕

*ナショナルジオグラフィック誌を中心に活躍するライターと写真家が10年以上の歳月をかけて、全米各地のインディアン居留地を訪ね、スピリチュアル・エルダー(精神的長老)たちの言葉を記録してきた。全米でベストセラーとなった本書はそうした長老たちからのメッセージである。17人のウィズダム・キーパー(叡智の守りびと)と名づけられた彼らが、その心の奥、夢、ビジョン、ユーモア、笑い、癒しの方法や黙示的な予言を、心に響く言葉で読者と分かちあってくれる。ウィズダム・キーパーたちの言葉は、海の向こうの長老たちから、すべての人に共通する普遍的なメッセージとして、私たち心の中で響き合う。

◇ネイティブ・アメリカンナバホ「射弓の歌」の砂絵 フランク・J・ニューカム画、グラディス・A・レイチャードテキスト、鈴木幸子訳、鈴木哲喜構成 美術出版社 1998.11 157p 30cm 5800円 (i)4-568-20158-6 Ⓝ382.53
(内容) チャントとチャンター―歌と歌い手 描き手と絵の制作 「男性の射弓の歌」の神話 象徴的な要素(人々 矢、稲妻、蛇 自然現象 動物と植物) 場所の象徴性 構成 芸術的な意匠

*本書は、ネイティブ・アメリカンの最大部族であるナバホと彼等の砂絵についてのグラディス・A・レイチャード氏の詳細な研究であり、フランク・J・ニューカム氏の驚異的な記憶力によって描かれた美しい砂絵の記録を併せたものである。

◇パウワウ―アメリカン・インディアンの世界 菊池東太写真・文 新潮社 1999.8 243p 21cm 2800円 (i)4-10-431901-5 Ⓝ382.53
(内容) 第1章 パウワウ 第2章 住居 第3章 食 第4章 ヒーリング 第5章 自然と人間 第6章 トレーシー一家との二十七年

*ナバホのファミリーになった写真家の27年にわたるフィールドワーク集大成。

◇プレアデスの智恵―チェロキーインディアンからのメッセージ 蘭田綾著 総合法令出版 1996.5 259p 20cm 〈参考文献:p258～259〉 1600円 (i)4-89346-514-7 Ⓝ382.53
(内容) 第1章 歩きながら狩りをする鷹 第2章 悲しみの時代 第3章 チェロキー的生き方 第4章 母なる地球 第5章 けがされた大地 第6章 鷹の預言 第7章 鷹からの手紙

*「すべての事実はひとつの聖なる輪のなかにある」。"歩きながら狩りをする鷹"が語る智恵・預言・癒しの教え。

◇北米インディアン生活術―自然と共生する生き方を学ぶ 横須賀孝弘著 グリーンアロー出版社 2000.8 227p 19cm 〈文献あり〉 1600円 (i)4-7663-3311-X Ⓝ382.53
(内容) 1 インディアン生活術入門(ティーピーの作り方 ティーピーの建て方 ティーピーの使い方 ほか) 2 絵で見るインディアン生活術(バイソン インディアン・ジュエリー トーテムポール ほか) 3 暮らしに生きるインディアン生活術(インディアンの多彩な生活 インディアンの食生活 インディアンの住まい ほか)

*この本のパート1では、「ダンス・ウィズ・ウルブズ」など西部劇でおなじみの「平原インディアン」を中心に、衣食住にまつわるクラフトを紹介します。パート2は、絵で見るインディアン生活術です。平原インディアンのバイソン(野牛)活用術のほか、日本人にも馴染みの深いインディアン・アイテムをピックアップし、その基礎知識を記しました。パート3は、インディアンの暮らしにまつわる雑学です。アメリカの文化に大きな影響を与え、日本人の日の暮らしをも豊かにしてくれる、インディアンの生活術のあれこれを紹介します。

◇ホピ神との契約―大地といのちの護りびと この惑星を救うテククワ・イカチという生き方 トーマス・E・マイルズ,ダン・エヴェヘマ著、林陽

◇滅びゆくことばを追って―インディアン文化への挽歌　青木晴夫著　岩波書店　1998.1　270,3p　16cm　〈同時代ライブラリー〉〈文献あり〉　1100円　(i)4-00-260331-8　Ⓝ382.53

◇目で見る金ぴか時代の民衆生活―古き良き時代の悲惨な事情　オットー・L.ベットマン著，山越邦夫ほか訳　草風館　1999.3　269p　21cm　2800円　(i)4-88323-107-0　Ⓝ253.065

(内容) 1章 環境　2章 交通　3章 住宅　4章 田舎の生活　5章 労働　6章 犯罪　7章 飲食　8章 衛生　9章 教育　10章 旅行　11章 レジャー

＊アメリカのバブル時代、民衆の悲惨な生活誌。「金ぴか時代」とは南北戦争後のアメリカにおける浮わついた好況を風刺した言葉である。「アメリカ出版界におけるピクチャー・マン」と呼ばれ、300万枚に及ぶ絵画・写真・イラストなどの図像資料のコレクターである、著者の厖大なコレクションから縦横無尽に資料を再構成し、当時の民衆の姿をまとめあげた。

◇我らみな同胞(ミタクェ・オヤシン)―インディアン宗教の深層世界　アレン・チャック・ロス著，スーザン・小山訳　三一書房　1997.4　318p　20cm　〈参考文献：p314～318〉　3000円　(i)4-380-97245-3　Ⓝ382.58

(内容) イイェスカ(通ဏ)　ユング派心理学および頭脳半球説を伝統的ダ・ラコタ哲学と比べる　レッド・マン(インディアン)本源の教え　教育的相乗のための赤い道　レッド・マンの起源 (アトランティス　ムウ大陸)　タク・ワカン・シュカン・シュカン、神聖なものが動いている　開花する木 〔ほか〕

＊自らのルーツを求めてダコタ宗教儀式に参加した著者が、のちにユング心理学とダコタの宗教儀式の共通性、人間深層心理を儀式化しているインディアン思考の原理と方法を分析する。インディアンの哲学の中枢とは、「赤い道」の達成であることをロス博士は発見する。「赤い道」とは、左右に偏重しない総合的な脳の状態、すなわち脳の全体的機能の達成であった。ユング説とロジャー・スペリー(ノーベル医学賞受賞者)の頭脳半球説を使いながら、インディアンの思考と哲学を探究。宇宙と自然の法則のなかに生きなければならない人間の存在を問う。

ラテン・アメリカ

◇アマゾンに学ぶ、「我ら地球家族」　福原義春，山口吉彦著　求竜堂　1998.3　106p　19cm　(福原義春サクセスフルエイジング対談)　〈発行所：資生堂〉　1000円　(i)4-7630-9809-8　Ⓝ382.62

(内容) インディオの生活の知恵を、私たちの社会に生かしたい　レヴィ・ストロースのコレクションに感動したんです　民族資料というのは、その民族の生きてきた証しです　原産地になくなってしまった種が、アマチュアの温室に　サバイバルには小柄の人のほうが向いている　部族社会では、修行を積まないと男として認められない　インディオの人たちは必要な分しか獲りません　女性のボランティア解説員がとても多いのです　零下40度のハバロフスクでもアマゾン展を開きました　なんでも食べるということがその部族の文化を尊重すること　我ら地球家族　東京経由ではなく、直接世界へ向けて発信していきたい

◇アマゾンの悪魔　ヘルマン・カストロ著，伊沢紘生監修，西川清子訳　どうぶつ社　2000.10　279p　19cm　1900円　(i)4-88622-312-5　Ⓝ382.614

＊南米コロンビア、アマゾン川の支流に沿って広がる熱帯雨林(セルバ)…。人跡まれなバージンセルバの奥地で一九七二年、白骨化した男の死体が発見された。いったい何が起きたのか？彼はなぜ、そこで死んだのか？家族や関係者の証言、日記、調書、新聞記事などの資料をもとに、白骨死体にひそむ真相を究明。緑の魔窟アマゾンと人間との壮絶な戦いを描いた南米ベストセラー・ノンフィクション。

◇アマゾンの魔術師―マニュエル・コルドバ＝リオスの物語　マニュエル・コルドバ＝リオス述，F.ブルース・ラム著，磯端裕康訳　伊東　プリミティヴプランプレス　1998.12　262p　21cm　1800円　(i)4-938940-99-X　Ⓝ382.62

◇オレゴン四季物語　吉村はんな文と絵　駸々堂曜曜社　1999.7　174p　21cm　〈他言語標題：Four seasons in Oregon〉　1600円　(i)4-89692-183-6　Ⓝ382.5392

(内容) 序の章(本格的オレゴン暮らし)　春の章("エメラルド・バレー"の春　地球にやさしい町に暮らす　春のエコ・クッキング)　夏の章(短くも美しく燃える夏　果実摘みを楽しむ季節　お祭りのにぎわい、サタデーマーケット ほか)　秋の章(ゆく夏を惜しむ　オレゴンコーストの海草採り　オレゴン雨季物語の始まり ほか)　冬の章(ハッピーホリデー　冬のエコ・クッキング)

＊美しい四季折々に恵まれ、自然を慈しむ人々がやさしく暮らすオレゴン・ユージン。そんな自然と人々の生活に魅せられ、愛犬と移り住んだ著者が見つけた、人と森と海と山の素敵な物語。

◇女の町フチタン―メキシコの母系制社会　ヴェロニカ・ベンホルト＝トムゼン編，加藤耀子他

訳　藤原書店　1996.12　366p　20cm　〈参考文献：p355～365〉　3296円　(i)4-89434-055-0　Ⓝ382.56
〈内容〉1 フチタンは女たちの町　2 市場はフチタンの心臓　3 祭りの経済、経済としての祭り　4 女としての生涯の節目　5 政治は男たちの仕事――COCEIと女たち　6 トルティージャづくりの女　7 タベルネラ　8 トウモロコシ＝男と女の交換関係　9 エビ＝ウアーベ族とサポテコ族の交換関係　10 伝統衣装と女の風格　11 ムシェは第三の性　12 女中心の社会における女の愛　13 男たちの経済の終焉に賛成する

◇グァテマラ中部・南部における民俗学調査報告書――1991－1994 JT中南米学術調査プロジェクト編　たばこと塩の博物館　1997.8　543p　30cm　〈他言語標題：Informe de las investigaciones etnologicas en el centro y sur de Guatemala　スペイン語文併記〉　(i)4-924989-08-8　Ⓝ382.571

◇現代マヤ―色と織に魅せられた人々　八杉佳穂編　吹田　千里文化財団　1995.9　159p　30cm　〈会期・会場：1995年9月14日～11月30日　国立民族博物館　各章末：参考文献〉　Ⓝ383.1

◇五色の煌き―グァテマラ・マヤ民族衣装　東京家政大学博物館編　東京家政大学出版部　1998.1　167p　30cm　2381円　Ⓝ383.1

◇人間が好き―アマゾン先住民からの伝言　長倉洋海写真・文　福音館書店　1996.10　127p　24×31cm　2678円　(i)4-8340-1382-0　Ⓝ382.62
＊アフリカ、中東、中米など世界の紛争地を訪れ、そこに生きる人々を撮り続けてきた長倉洋海が、アマゾン・インディオの生き方をみつめ、人間の"根っこ"に迫った写真集。

◇水の国の歌　木村秀雄著　東京大学出版会　1997.2　211,3p　20cm　〈熱帯林の世界 7〉　2266円　(i)4-13-064227-8　Ⓝ382.67
〈内容〉第1章 水の国アマゾニア―ボリビア　第2章 激しすぎる自然―森と動植物　第3章 森と川に生きる―エセエハの暮らし　第4章 ブラジルへ―カシナワの世界　第5章 精霊たちのざわめき―エセエハの世界　第6章 歌と幻覚剤―アマゾニアの生活世界
＊激しすぎる自然。虹をわたる死者。歌と幻覚剤。世界最大の熱帯林、南米アマゾニアにすむエセエハやカシナワ。その喜怒哀楽にみちた原色の生を描く。

◇メキシコの民族と衣裳　稲村哲也著　京都　京都書院　1997.5　255p　15cm　〈京都書院アーツコレクション 24 服飾 3〉　〈編集：紫紅社〉　1200円　(i)4-7636-1524-6　Ⓝ382.56
〈内容〉メキシコの民族（インディオ）分布図　オアハカ ゲラゲツァ民族舞踊フェスティバル　メキシコの歴史　人々のくらしと文化　メキシコ各地の民族と衣裳　メキシコ全図　各地の民族と衣裳で取り上げた民族
＊太陽の国メキシコでは、現在もなお人々の生活のなかに伝統的な織りの技術が息づいています。メキシコ各地で村々を形成し、古来の風習を今に伝えるインディオたちの染織品を、現地の博物館の着装展示を中心に収録するとともに、古代からの文化史、さらに、さまざまな慣習、信仰にもとづいて営まれる彼らの日常生活の諸相を紹介します。

◇ヤノマミ　ジャック・リゾー著，守矢信明訳　パピルス　1997.6　313p　22cm　〈文献あり　文献あり〉　3800円　(i)4-938165-22-8　Ⓝ382.613

オセアニア・南太平洋諸島

◇アラフラ海の思い出―ワンガイナッツ　笹原捷夫著　文芸社　2000.6　218p　19cm　1300円　(i)4-8355-0247-7　Ⓝ382.71
〈内容〉第1章 クリベイ（オーストラリアへ　ブルームにて　初航海、真珠貝採集漁場へ　初期海、クリベイへ　ほか）　第2章 木曜島（木曜島へ転勤の旅　木曜島とここに住む人達　真珠作りとダイビング　遊びのダイビング　ほか）　第3章 ノッカーベイ（ノッカーベイへ　ノッカーベイの風物　アーネムランドに住む人達　ノッカーベイで見た魚達　ほか）
＊ボーフラが泳いでいる水差しから始まり、人を丸飲みにする魚、見えない鮫の恐怖、"ダイバーの墓場"といわれるアラフラ海、荒れ果てた日本人墓地、ダツとサヨリのユーモラスな追いかけっこ、青海亀・ジュゴンのご馳走造り、アイランダーのお祭りなどなど、楽しかったことあり、恐かったことあり…。今から30年以上も前、南洋真珠作りのため、単身オーストラリアに渡った青年の物語。

◇海の文化史―ソロモン諸島のラグーン世界　後藤明著　未来社　1996.7　301p　20cm　〈ニュー・フォークロア双書 25〉　〈参考文献：p295～296〉　2884円　(i)4-624-22025-0　Ⓝ382.732
〈内容〉序章 星空を映すラグーン　1章 ランガランガの海　2章 異界への鍵としての釣針　3章 銛漁から見る海人社会　4章 魚名が語る海の文化史　5章 海人の十字路　6章 考古学と言語古代学からみた海上の道　7章 海を越える土器と貝　8章 ラグーンの花嫁を飾る貝貨　9章 ラグーン世界の部族史と世界観　10章 水底の文化史
＊人間と海との豊かなまじわり。ソロモン海マライタ島のランガランガ・ラグーンで貝貨をつくる人びとをはじめ、ハワイ、マレーシア、インドネシアなど、さまざまな地の海人たちを訪ねて描いた、環太平洋の海の文化史。

◇江戸時代ハワイ漂流記―「夷蛮漂流帰国録」の

検証　髙山純著　三一書房　1997.4　282p　22cm　7000円　(i)4-380-97217-8　Ⓝ382.76
〈内容〉第1章 ハワイ人の起源　第2章 稲若丸漂流記の史料　第3章 稲若丸漂流民の遍歴年表　第4章 稲若丸の漂流　第5章 ハワイでの生活　第6章 マカオ(マカホ)を経由して広東へ　第7章 キヤラハアへ　第8章 日本への帰国の途につく
＊新発見の史料によるその記念碑的足跡の検証。ハワイへ上陸した最初の日本人の記録。

◇オーストラリア人の常識　R. トレボーラング著, 柏瀬省五訳　岡山 大学教育出版　1993.7　138p　19cm　1500円　(i)4-924400-60-2　Ⓝ382.71

◇オーストロネシアの民族生物学—東南アジアから海の世界へ　中尾佐助, 秋道智弥編　平凡社　1999.1　388p　22cm　〈他言語標題：Ethnobiology of the Austronesians〉　6400円　(i)4-582-48305-4　Ⓝ382.7

◇開発の人類学—文化接合から翻訳的適応へ　前川啓治著　新曜社　2000.6　284p　20cm　2800円　(i)4-7885-0720-X　Ⓝ382.711
〈内容〉第1章 世界システムと人類学　第2章 トレス海峡・パドゥー島　第3章 伊勢エビ業の展開　第4章 ミドルマン—個人の戦略的適応　第5章 島の経済—オーストラリアの支配的経済制度に対する適応　第6章 墓石除幕式—「近代的包摂」に対する「翻訳的適応」　結論 伝統文化の持続と市場経済への翻訳的適応
＊グローバリゼーションのなかの伝統文化。トレス海峡島嶼民は近代資本主義システムをどのように翻訳して新たな伝統文化を創出したか。内部のミクロな視点から描く動態人類学の試み。

◇儀礼としての経済—サモア社会の贈与・権力・セクシュアリティ　山本泰, 山本真鳥著　弘文堂　1996.2　352p　22cm　〈参照文献：p336〜347〉　5800円　(i)4-335-56088-5　Ⓝ382.75
〈内容〉第1部 儀礼の構造　第2部 儀礼の実践　第3部 儀礼としての経済
＊サモアの儀礼交換のフィールドワークをとおして、社会理論の最先端を切り拓く。「社会が経済になってしまった」われわれの文明、「経済が社会である」サモアの社会。反対の社会の経済、権力、性などから見えるわれわれが当たり前に生きているものの不思議。

◇ジョージ・ブラウン・コレクションの研究　石森秀三, 林勲男編　吹田 国立民族学博物館　1999.3　363p　26cm　(国立民族学博物館調査報告 10)　非売品　Ⓝ382.7

◇身体と形象—ミクロネシア伝承世界の民族誌的研究　河合利光著　風響社　2001.2　453p　22cm　〈文献あり〉　8000円　(i)4-89489-002-X　Ⓝ382.743
〈内容〉第1部 歴史伝承と世界観(四隅と中心の世界観　神話と歴史伝承 ほか)　第2部 中心の石(生命の道　首長の道 ほか)　第3部 生活世界のコスモロジー(箱としての生活世界　生活財の造形)　第4部 身体と中心の隠喩的組織化(身体と石のシンボリズム　対面と形象 ほか)　第5部 身体と生命の形象認識
＊旧トラック環礁に秘伝の知識体系＝イタン。それは、身体の隠喩としての「箱」、生命の隠喩としての「石」等、形象認識に基づく世界観をなす。本書は、消滅しつつある知的遺産の詳細な記録・分析である。

◇天と地の民—パプアニューギニアの人々と生活　三沢和子写真集　三沢和子著　光村印刷　1996.8　107p　20×22cm　(Bee books)　(i)4-89615-726-5　Ⓝ382.736

◇東京大学総合研究博物館所蔵ミクロネシア古写真資料カタログ—A selection of early photographs taken in Micronesia by Japanese authropologists　東京大学総合研究博物館〔1999〕　13p 図版100p　26cm　(東京大学総合研究博物館標本資料報告 第34号 0910-2566)　〈執筆：印東道子〉　Ⓝ382.74

◇トーテムのすむ森　大塚柳太郎著　東京大学出版会　1996.9　226,3p　20cm　(熱帯林の世界 2)　2266円　(i)4-13-064222-7　Ⓝ382.736
〈内容〉第1章 ギデラ族の世界へ　第2章 さまざまな森　第3章 ブアにはいる　第4章 ヤップにはいる　第5章 人間化される植物　第6章 ギデラ族のなりたち　第7章 村の生活　第8章 人びとの生、そして死
＊人と自然の織りなすミクロコスモス。収穫の祭、語りつがれる創世神話、長老、若者、娘たち。ニューギニアの森のなか、自然にとけこむように生きる人びとの日々。

◇ニューギニアの贈りもの—パプアニューギニアからイリアンジャヤへ　平田晴敏著　現代書館　2001.3　251p　20cm　〈文献あり〉　2200円　(i)4-7684-6793-8　Ⓝ382.736
〈内容〉第1章 やさしさにつつまれて—原点の旅・パプアニューギニア　第2章 歌声は山を越えて—誇り高き高地の民・ラニ族　第3章 交差するふたつの時—苦悩する都市部の先住民　第4章 犬と豚と人間と—低地から高地への旅　第5章 すべてを包みこんで—樹上家屋に住む森の民・コンバイ族とコロワイ族
＊パプアニューギニアと、独立分離に揺れるイリアンジャヤ。ふたつのニューギニアに生きる先住民の現在。

◇ポリネシア海と空のはざまで　片山一道著　東京大学出版会　1997.11　212p　22cm　〈文献あり〉　2600円　(i)4-13-063316-3　Ⓝ382.75
〈内容〉第1章 海と空のはざまのミクロコスモス　第2章 南太平洋のアジア人　第3章 「魚」と

「鳥」 第4章 ココヤシとクチナシ 第5章 生と性 第6章 ポリネシアン・ウェイ 第7章 現代の「先史時代」
  ＊人類学者海の民と暮らす。素潜りで魚を獲り、ダンスに興じ、ホラ話に遊ぶ―空青く海碧し、ここは大海洋世界なり。掘り起こされる先史時代の「記憶」。類まれなる人生巧者たちの、そのままの素描。
◇ミクロネシア―南の島々の航海者とその文化 特別展図録 東京都大田区立郷土博物館編 大田区立郷土博物館 1997.5 100p 30cm 〈会期：1997年5月3日～6月15日 年表あり〉 Ⓝ382.74
◇南太平洋の文化遺産―国立民族学博物館ジョージ・ブラウン・コレクション 石森秀三編著 吹田 千里文化財団 1999.3 83p 21×21cm Ⓝ382.7
◇南太平洋の楽園 岩佐嘉親著 泰流社 1995.10 315p 20cm （泰流選書） 1545円 (i)4-8121-0136-0 Ⓝ382.75
  (内容) ポリネシアの女たち タヒチの日本人 明るく陽気なポリネシア 魅力的な南海の味覚 ユルフンのタブーの島々 サモアの住民と子供たち 南海の幽霊奇談 割礼と入れ墨の習俗 酋長位就任のすすめ 日本語と似るポリネシア語 ゴーギャンを魅了したタヒチ 西サモアのセックス調査 南太平洋の美女の条件
  ＊本書は、第一次(1959～60年)、第二次(1961～63年)の二回にわたる私たちのポリネシア学術調査隊の現地でのこぼれ話を集めたもの。
◇メラネシアの位階階梯制社会―北部ラガにおける親族・交換・リーダーシップ 吉岡政徳著 風響社 1998.1 522p 22cm （文献あり 索引あり） 9500円 (i)4-938718-34-0 Ⓝ382.733
  (内容) 序章 北部ラガ―人々とその生活 第1章 親族集団と地縁集団 第2章 親族関係 第3章 婚姻体系 第4章 出自・親子関係・キンドレッド 第5章 ボロロリ儀礼 第6章 豚に関する"ビジネス" 第7章 人生儀礼 第8章 人生儀礼における交換 第9章 交換と支払いの諸相 第10章 贈与・互酬性・交換 第11章 位階階梯制と秘密結社 第12章 タブーと女性の位階 第13章 あるリーダーS氏の生活を巡って 第14章 リーダーシップの構造 第15章 ビッグマン制・階梯制・首長制 終章 まとめと結論
◇もっと知りたいアボリジニ―アボリジニ学への招待 青山晴美著 明石書店 2001.3 216p 20cm 2200円 (i)4-7503-1395-5 Ⓝ382.71
  (内容) 第1章 ヨーロッパ人の描いたアボリジニ像(『幻の大陸』に住む「野蛮人」 イギリス人が描いたイメージ―海賊ウイリアム・ダンピアーの日記 ほか） 第2章 誰が「アボリジニ文化」を語るのか(アボリジニ文化をめぐる問題 「ドリーミング」(神話)の世界 ほか） 第3章 国家アイデンティティとアボリジニ(誰がオーストラリア人としてふさわしいのか 「人種」とナショナリズム ほか） 第4章 アボリジニをめぐる問題(アボリジニをめぐる問題 マボ事件の始まり ほか）
  ＊本書はアボリジニに焦点をあててオーストラリアの一つの歴史を描いたものである。同時に、アボリジニ学の紹介でもある。オーストラリアの大学と大学院にアボリジニ学部というものがあることは、あまり一般には知られていない。本書はアボリジニ学とはいったい何なのか、何をどのように学ぶところなのかという疑問にも答えるものである。

衣食住の習俗

衣食住の習俗

◇アイヌ工芸展―サハリンアイヌの生活文化 アイヌ文化振興・研究推進機構編 札幌 アイヌ文化振興・研究推進機構 1998.1 59p 30cm 〈他言語標題：Сахалин 平成9年度財団法人アイヌ文化振興・研究推進機構展示事業 露文併記〉 Ⓝ383

◇アジアの民族造形―「学び」と「遊び」と「芸能」の美 金子量重著 毎日新聞社 1998.3 116p 26cm 〈他言語標題：The ethno-forms of Asia おもに図〉 4200円 (i)4-620-60528-X Ⓝ750.87
*いま失われつつある、アジアの手造りの多彩な造形を結集した好評シリーズ第3弾、完結編。書物・玩具・楽器などをオールカラーで紹介。最終の本巻では、目に見えない伝承を具体的に見せる造形活動の豊かさが、「学び」「遊び」「芸能」のなかに共通していることを"もの"で例証した。

◇衣食住とくらし 上田市誌編さん委員会編 上田 上田市 2001.3 220p 26cm （上田市誌民俗編 2） （共同刊行：上田市誌刊行会） Ⓝ382.152

◇おもしろパンツ物語 横田徳男著 あかね書房 1994.6 111p 21cm （まんがで学習） 1200円 (i)4-251-06601-4
〈内容〉ぼくが初めて洋服を着たころ 第1章 洋服の文明開化（洋服は着るのがむずかしい服だった 女性の洋装が広まるのは大正末期から） 第2章 下着の文明開化（ふんどしからさるまたへ こしまきからズロースへ 大正時代の子どもは最初からパンツ） 第3章 戦後の文明開化（空前のジーパンブーム 下着革命が巻き起こる） 下着ものしり事典
*この本では、だれにとっても身近なものだけど、案外知られていないパンツを通して、日本人の衣生活の一端をさぐってみました。

◇近世の文化と日常生活 2 村と都市 16世紀から18世紀まで リヒャルト・ファン・デュルメン著、佐藤正樹訳 諏訪 鳥影社, 星雲社〔発売〕 1995.10 524p 21cm 4800円 (i)4-7952-7589-0
〈内容〉第1章 村の生活 第2章 市民の世界 第3章 社交と祭 第4章 身分と名誉 第5章 公的秩序と社会的葛藤

*豊富な資料にもとづいて、村と都市の暮しを具体的に描く。村と都市の生活空間の違い、身分生活と社交、身分と名誉、身分制度による生活秩序と公権力の関係を詳述する。

◇国際理解に役立つ 世界の衣食住 4 特別な日の食べもの 和仁皓明監修, 久保田陽子文 小峰書店 2001.4 51p 30cm 2800円 (i)4-338-17704-7
〈内容〉1 おせち料理で祝う日本の正月―日本の新年 2 アジアの国々の新年―アジアの新年 3 年中行事をいろどる食べもの―日本の年中行事 4 アジアの祭りと食べもの―アジアの年中行事 5 よろこびの日の食べもの―アジアの結婚式 6 感謝祭とハロウィン―ヨーロッパ、アメリカのみのりの祭り 7 伝統的なクリスマスの料理―ヨーロッパ、アメリカのクリスマス 8 春をむかえるイースターの祭り―ヨーロッパ、アメリカのイースター 9 イスラム教徒たちのごちそう―イスラム教の祭り 10 世界の宮廷料理―宮廷料理
*4巻は、世界の祭りの日や祝いの日の食べものについて、紹介しています。アジアの正月や結婚式の食べもの、ヨーロッパ、アメリカの収穫の祭りやクリスマスの食べものなどを知ることができます。また、王様はどんなものを食べていたのでしょう。いろいろな国の宮廷料理ものぞいてみます。

◇国際理解に役立つ 世界の衣食住 9 アジアの民族衣装 石山彰監修, 久保田陽子文 小峰書店 2001.4 51p 30cm 2800円 (i)4-338-17709-8
〈内容〉1 日本の民族衣装、きものの歴史―日本 2 わたしたちの生活ときもの―日本 3 アイヌ・沖縄・近くの国の衣服―日本、朝鮮半島、モンゴル 4 中国には民族衣装がいっぱい―中国 5 中国にもある前合わせ服―チベット自治区（中国）、ブータン 6 ヨーロッパの影響を受けた服―東南アジア1 7 暑い国のすずしい民族衣装―東南アジア2 8 インドと周辺の国の衣服―インド、パキスタン 9 イスラム教を信じる国の衣服―イスラム圏 10 多くの国に影響をあたえた衣服―トルコ
*9巻では、アジアの国々の衣服を紹介しています。日本独特と思っていた「きもの」ににた服がヒマラヤの山のなかの国ブータンにあったり、アジアでもヨーロッパのドレスのような服が着られていたりと、いろいろな発見があ

◇国際理解に役立つ 世界の衣食住 10 ヨーロッパ、南北アメリカ アフリカ オセアニアの民族衣装 石山彰監修, 久保田陽子文 小峰書店 2001.4 51p 30cm 2800円 (i)4-338-17710-1
(内容) 1 明るい太陽と海が生んだ衣服—ヨーロッパ1 2 ファッションの国にのこる伝統—ヨーロッパ2 3 アルプスの自然が生んだ衣服—ヨーロッパ3 4 寒い国々の民族衣装—ヨーロッパ4 5 今ものこる多くの民族衣装—ヨーロッパ5 6 ししゅうの花がさく民族衣装—ヨーロッパ6 7 ビーズやししゅうを用いた衣服—北、中央アメリカ 8 高地や熱帯の民族衣装—南アメリカ 9 アフリカの民族衣装—アフリカ大陸 10 木の皮や葉を使った民族衣装—オセアニア

◇食と文化の謎 マーヴィン・ハリス著, 板橋作美訳 岩波書店 2001.10 375, 18p 15cm (岩波現代文庫) 1100円 (i)4-00-603046-0
(内容) プロローグ 食べ物の謎 第1章 肉が欲しい 第2章 牛は神様 第3章 おぞましき豚 第4章 馬は乗るものか、食べるものか 第5章 牛肉出世物語 第6章 ミルク・ゴクゴク派と飲むとゴロゴロ派 第7章 昆虫栄養学 第8章 ペットに食欲を感じるとき 第9章 人肉食の原価計算 エピローグ 最後の謎
＊インドでは牛を食べない。イスラム教徒は豚を避ける。ダイエット国アメリカでも低カロリーの馬肉は食べない。人間が何を食べ、何を食べないかどうして決まるのだろうか。人類学・経済学・医学・生物学・栄養学などの膨大な知見と楽しいエピソードを満載。最善化採餌理論によって食と文化の謎を解く、異端の人類学者の文化論。

◇生活の地域史 川田順造, 石毛直道編 山川出版社 2000.3 330, 9p 20cm (地域の世界史 8) 〈文献あり〉 3238円 (i)4-634-44280-9 Ⓝ383
(内容) 序章 生活の地域史 1 食べ物と飲み物 (食事文化の500年 茶とコーヒー 酒とナルコティックス) 2 住まいと衣服 (住まいの諸相 ヒトの眠り方について フランス人の装い—日本からの視線) 3 からだをめぐる文化 (病気の文明史 入浴と衛生—なぜヒトは風呂にはいるのか)
＊歴史学の未来を拓く、像がつくる新しい歴史。

◇多摩市の民俗 衣・食・住 多摩市史編集委員会編 [多摩] 多摩市 1994.3 188p 26cm (多摩市史叢書 9) Ⓝ382.136

◇テケカラペ女のわざ—ドイツコレクションから アイヌ工芸品展 アイヌ民族博物館編 札幌 アイヌ文化振興・研究推進機構 1999.1 107p 30cm 〈他言語標題：Tekekarpe-Textilkunst und anderes Kunsthandwerk der Ainu aus deutschen Sammlungen 平成10年度財団法人アイヌ文化振興・研究推進機構展示事業 独文併記〉 Ⓝ383

◇日本の折形集—展開図と折り方一六〇例 荒木真喜雄著 京都 淡交社 1995.3 223p 31cm 4000円 (i)4-473-01389-8 Ⓝ385.9

◇日本の社会史 第8巻 生活感覚と社会 岩波書店 1995.2 332p 21cm 3200円 (i)4-00-004028-6
(内容) 1 日本古代における民族と衣服 2 食事の体系と共食・饗宴 3 近世における住居と社会 4 仕草と作法 5 こもる・つつむ・かくす 6 中世人と「やまい」 7 普請と作業 8 動物と人間社会 9 民衆宗教の深層
＊衣・食・住、さまざまなしぐさ、病いと死、自然や動物、神々。日々の生活のなかでこれらをめぐる日常的な、あるいは非日常的な感覚対応に着目し、「からだ」と「こころ」のありようを考える。

◇復原戦国の風景—戦国時代の衣・食・住 西ヶ谷恭弘著 PHP研究所 1996.4 334p 19cm 1800円 (i)4-569-55002-9 Ⓝ382.1
(内容) 第1章 武器・戦術 (鑓—鑓の普及 鑓—鑓と戦国大名 ほか) 第2章 食文化 (茶の湯—殿中の茶と室町文化 茶の湯—「侘び茶」の登場 ほか) 第3章 服飾 (衣類としての小袖の普及 南蛮服飾 ほか) 第4章 風俗・儀礼 (年中行事—武家の儀礼について 年中行事—正月行事について ほか)
＊「秀吉」の時代に人々はどのような暮らしをしていたのか。歴史ファン必携の時代考証事典。

◇風呂敷文化と袋の文化 辰巳慧著 京都 晃洋書房 2001.11 268p 19cm 1500円 (i)4-7710-1281-4
(内容) 第1章 手の文化と足の文化 第2章 腹の文化と胸の文化 第3章 チェスと将棋 第4章 風呂敷文化と袋の文化 第5章 一神教文化 第6章 多神教文化 第7章 木の文化と石の文化 第8章 群の文化と個の文化 第9章 余白の文化とぎっしり文化 第10章 知性の遊び・表の意味と裏の意味

◇村の生活史—史料が語るふつうの人びと 木村礎著 雄山閣出版 2000.6 254p 19cm 2500円 (i)4-639-01684-0
(内容) 第1章 生活史を考える (日本近代史学史の特質 生活史の対象と方法) 第2章 さまざまな生活史像 (村のはじまり 村のおきて 村と坪 ほか) 第3章 先人に学ぶ—研究方法の検討 (大観 民俗学の調査項目 社会学的研究法 ほか)
＊ごくふつうの人々の日常性から歴史を見る。小説「土」の小作人の衣食住、農家の金繰り記録、無名の女性の一代記、村医者のカルテ、

服装・ファッション

◇飯岡絹子旅とコレクション―世界の民族衣裳・人形・手工芸　飯岡絹子著，河北新報社事業局出版部編　仙台　河北新報社　1997.12　143p　26cm　2000円　(i)4-87341-111-4　Ⓝ383.1
　[内容]　世界を歩く　世界の民族衣裳(韓国　中国　フィリピン　バリ　ベトナム　ほか)　世界の人形(日本　韓国　中国　台湾　インドネシア　ほか)　世界の手工芸(冠・アクセサリー　コアフ　刺しゅう　エッセイ　じゅうたんの織り子を体験　ベスト　ほか)
　＊本書は著者が長年にわたる外国旅行の際に集めた民族衣裳などの品々を紹介している。

◇衣服科学　山崎和彦著　朝倉書店　1994.4　102p　26cm　(ピュア生活科学)　2987円　(i)4-254-60582-X
　[内容]　1　環境　2　ヒトの形態　3　衣服の歴史と民族衣裳　4　被服の生理衛生　5　被服材料　6　材料実験　7　被服の管理　8　デザイン　9　衣服の設計製作　10　衣生活

◇祝い装う―ブルガリア・日本の心―企画展　くにたち郷土文化館編　国立　くにたち郷土文化館　1998.10　32p　30cm　Ⓝ383.1

◇近代の染織　藤井健三文，下山あい，古谷千絵，ジュディス・A.クランシー訳　京都　京都書院　1993.11　95p　21cm　(京都書院美術双書―日本の染織17)　2800円　(i)4-7636-7052-2
　[内容]　友禅見本帖　打掛・振袖　小袖・長着　帷子・単衣　長襦袢・羽裏　半襟・帯　子供着掛物・室内装飾　近代の新風俗　近代の染織

◇古代服飾の研究―縄文から奈良時代　増田美子著　源流社　1995.3　346,26p　22cm　〈付：参考文献〉　4944円　(i)4-7739-9502-5　Ⓝ383
　[内容]　第1章　縄文～弥生時代　第2章　古墳時代　第3章　飛鳥～白鳳時代　第4章　奈良時代

◇衣の暮らしと女性　今泉令子著　会津若松　歴史春秋出版　2001.10　174p　19cm　(歴春ふくしま文庫37)　1200円　(i)4-89757-629-6　Ⓝ383.1

◇裂織の本　八田尚子著　晶文社　2000.8　170p　22cm　2400円　(i)4-7949-6447-1　Ⓝ383.1
　[内容]　1「着る」ことのいとなみ―衣の日本史(海を渡ってきたワタ　ワタ以前の暮らし―草木をまとう　ほか)　2　裂織を伝える人々(裂織の伝統が息づく島―新潟県佐渡郡桧川町　北の果ての民の知恵―青森県十和田市)　3　手仕事のぬくもり(春の人気展示会―長野県原村　古布を生かすよろこび―新潟県佐渡郡　ほか)　4　裂織の新しい風(ふたたびの生命をつむぐ―かにた婦人の村(千葉県館山市)　社会とのかけ橋―くすのき作業所(東京都調布市)　ほか)
　＊小豆三粒包める布は捨ててはいけない―かつて母たちはそう語り、ものを大事にする心を娘たちに伝えた。ボロ布を細く裂き、緯糸として織り込んで、新たな布へと再生する「裂織」。木綿の着古しを、家族の仕事着や夜具によみがえらせてきた手の技は、やがて高度経済成長のなかでひっそりと忘れられていった。奥深い色合い。ざっくりとした飾り気のない美しさ。モノがあふれる今日、究極のリサイクル「裂織」が各地で見直されている。手仕事のよろこびを暮らしにいかす人々を訪ねながら、日本人と布のつきあいの歴史をひもといていく。着ること、作ることの意味を問いなおし、心地よい暮らしへのヒントを探る。

◇ザ・ストリートスタイル　髙村是州著　グラフィック社　1997.3　207p　30cm　〈他言語標題：Roots of street style　英文併記　文献あり〉　2718円　(i)4-7661-0895-7　Ⓝ383.1
　[内容]　1　～1900年代　2　1901～1918　3　1918～1945　4　1945～1959　5　1960～1969　6　1970～1979　7　1980～1989　8　1990～1995

◇佐田岬半島の仕事着―裂織り　愛媛県歴史文化博物館編　宇和町(愛媛県)　愛媛県歴史文化博物館　1999.3　74p　30cm　(愛媛県歴史文化博物館資料目録　第4集)　Ⓝ383.1

◇下着の文化史　青木英夫著　雄山閣出版　2000.11　283p　22cm　〈文献あり　年表あり〉　3800円　(i)4-639-01713-8　Ⓝ383.15
　[内容]　1章　下着の発生と広がり　2章　下着のモードと流行の変化　3章　快楽主義か実用主義か　4章　日本の下着とその系譜　5章　近代化と下着の開化　6章　コーディネートされた下着の流行　7章　衣生活の変化と下着のスタイル　8章　ファッション・トレンドと下着革命　9章　クラシック・ファッションと下着　10章　オート・クチュールとプレタポルテ
　＊下着の歴史は、衛生観念・機能性・美術性・素材の発達の"繰り返し"の歴史でもある。現代人の暮らしに不可欠な下着の"文化史"を読み解く。

◇人生の装飾法　松崎憲三編　筑摩書房　1999.6　222p　18cm　(ちくま新書―民俗学の冒険2)　〈日本民俗学会50周年記念事業出版〉　660円　(i)4-480-05797-8　Ⓝ383.1

◇スタイリングブック　髙村是州著　グラフィック社　1993.4　163p　26×19cm　2600円　(i)4-7661-0725-X
　[内容]　第1章　スタイリング＆シルエット・ライン　第2章　アイテム　第3章　メンテナンス＆ケア

＊本書はアマチュアからプロのデザイナーに至るまでファッションに興味のある方々全てのために、定番アイテムの種類や歴史、意味などをできるだけわかりやすくイラスト付きで解説しました。

◇ストリートスタイル　テッド・ポレマス著、福田美環子訳　シンコーミュージック　1995.10　143p　26cm　〈監修：山下晃二〉　2800円　(i)4-401-61511-5　Ⓝ383.1

(内容)ズーティー　ザズー　カリビアン・スタイル　ウエスタン・スタイル　バイカー　ヒップキャット　ヒップスター　ビート族　ビートニク　実存主義者　テディボーイ　モダニスト　フォーキー〔ほか〕

◇ストリートファッション1945-1995―若者スタイルの50年史　アクロス編集室編　PARCO出版　1995.4　249p　21cm　〈別冊アクロス―時代を読むシリーズ 5〉　〈奥付の書名：ストリートファッション　付：主要参考書籍〉　1600円　(i)4-89194-419-6　Ⓝ383.1

(内容)40年代　焼け跡から見たアメリカ　50年代　大衆文化と若者の誕生　60年代　ストリートが熱かった時代　70年代　カウンターカルチャーとブランド社会　80年代　花開く新人類文化　90年代　ストリートファッションの時代
＊写真で見る戦後若者ファッションのすべて。

◇世界織物文化図鑑―生活を彩る素材と民族の知恵　ジョン・ギロウ、ブライアン・センテンス著、丹野郁日本語版監修、国際服飾学会翻訳編集　東洋書林　2001.11　239p　29×25cm　15000円　(i)4-88721-521-5

(内容)1　様々な素材　2　機を使わないテキスタイル　3　機械織物　4　彩色した布・プリントした布　5　染料　6　針仕事　7　刺繍　8　装飾
＊一枚の布に織り込められた民族の熱い思いと技術のすべて！世界中の伝統的な布地を網羅し、身近な動植物から得た素材で、個性豊かな装身具や生活用具に仕上げていく技術を紹介。美しく、かつ技法が鮮明にわかる写真や挿絵と共に、各民族が培ってきたテキスタイルの魅力にせまる。

◇世界の衣装をたずねて　市田ひろみ著　京都　淡交社　1999.4　333p　25cm　〈他言語標題：Seeking out the costumes of people worldwide〉　3800円　(i)4-473-01656-0　Ⓝ383.1

(内容)アジアの衣装(辛迫をたずねて　私のシルクロード　ほか)　ヨーロッパの衣装(東欧の旅　東欧ブルガリア・ルーマニアの旅　ほか)　北・中南米の衣装(カナダ　アメリカ合衆国　ほか)　アフリカの衣装(北アフリカをたずねてサハラへの旅　ほか)　イスラム圏の衣装(シリア砂漠にベドウィンの衣装を追って　ヨルダン・サルト地方の衣装をたずねて　ほか)

＊30年間、未知なる美しい民族衣装をたずねて、121回の海外取材旅行に出掛けた著者がつづってきた、その時々の民族衣装の現状。

◇世界の伝統服飾―衣服が語る民族・風土・こころ　文化学園服飾博物館編　文化出版局　2001.11　157p　28×22cm　2857円　(i)4-579-50174-8

(内容)図版(東アジア　東南アジア　南アジア　中央アジア　西アジア　ヨーロッパ　アフリカ　中央・南アメリカ)　論考編
＊本書では、文化学園服飾博物館所蔵のアジア、ヨーロッパ、アフリカ、中南米の伝統服飾を地域ごとに、歴史・社会的背景や気候・風土の反映、生活様式や風習との関わり、繊維材料や装飾技法、裁断・縫製や着装、装飾文様・色の問題などさまざまな視点から取り上げている。

◇世界の民族衣装―ウールを装う　尾西　尾西市歴史民俗資料館　1994.5　11p　30cm　〈付(4枚 26cm)〉

◇世界服飾史―カラー版　深井晃子監修　美術出版社　1998.4　208p　21cm　〈他言語標題：The concise history of fashion　年表あり　文献あり　索引あり〉　2500円　(i)4-568-40042-2　Ⓝ383.1

(内容)1章　古代　2章　中世　3章　16世紀　4章　17世紀　5章　18世紀　6章　19世紀　7章　20世紀前半　8章　20世紀後半
＊本書は服飾とその歴史が持つ多様性と意味の大きさ深さを考える格好の手引として編集された。最新の技術や素晴らしい手仕事が集約されたものでもあり、それらが豊富なヴィジュアル資料を駆使して簡潔に把握できるよう構成されている。

◇繊維の文化誌　松沢秀二編　京都　高分子刊行会　1993.9　284p　19cm　2000円　(i)4-7702-0066-8　Ⓝ383.1

◇草木布　1　竹内淳子著　法政大学出版局　1995.7　274p　20cm　(ものと人間の文化史 78-1)　2472円　(i)4-588-20781-4　Ⓝ383.1

(内容)木の布のぬくもり―まえがきに代えて　アイヌの機織り―北海道平取町二風谷　奥州のタパと紙衣と紙布―宮城県白石市　寒冷地に生まれたぎんまい白鳥織―秋田県岩城町　カラムシ栽培から、からむし織へ―福島村昭和村　木綿の里を歩く―栃木県小山市　茨城県結城市　下野国のアサ栽培と貢納布―栃木県西方村・小川町　藕糸を織る―奈良県当麻町　東京都町田市　雪中に生まれるしな布―新潟県山北町　五箇山のアサと暮らし―富山県平村　高原の村の麻衣―長野県開田村　宿場町に栄えた葛布―静岡県掛川市
＊木綿が普及するまで、人々はどのような衣生活を営んでいたのか―今なお山野の草木から糸を採り布を織る貴重な技術伝承者たちを各

◇草木布 2 竹内淳子著 法政大学出版局 1995.7 274p 20cm (ものと人間の文化史 78-Ⅱ) 〈参考文献：p263～270〉 2472円 (i)4-588-20782-2 Ⓝ383.1
  内容 神御衣祭の織物—三重県松阪市 静岡県三ケ日町 愛知県豊橋市 藤布を織る山の里—京都府宮津市 「南都晒一」といわれた奈良晒—奈良市 奈良県月ヶ瀬村 太布を織る村—徳島県木頭村 鹿profile進の村—徳島県木屋平村 徳島県山川町 孤島で織るクズとフヨウの布—鹿児島県飯島 清depol島の芭蕉布—沖縄県大宜味村 鹿児島県奄美大島 先島で織る布—沖縄県平良市・石垣市 パイナップルの葉脈繊維を織る輝いていた女性たち—おわりに
  ＊アサ、クズ、シナ、カラムシ、フジ、バショウなどの草木の繊維から、人々はどのようにして糸を織り、布を織っていたのか—北海道から沖縄まで「布の里」をめぐる旅の中で知られざる布の文化と出会い、草木のぬくもりに布の原点を発見する「草木布発見紀行」。
◇20世紀モード—肉体の解放と表出 能沢慧子著 講談社 1994.10 278p 19cm (講談社選書メチエ 29) 〈ブックガイド・年表：p263～269〉 1500円 (i)4-06-258029-2 Ⓝ383.1
  内容 序章 もっとも二十世紀的 第1章 背景としての十九世紀 第2章 肉体と布の交響詩—第一次革命の群像 第3章 ジーンズ—モードの新しい流れ 第4章 女性像の変容—脚を通して 第5章 躍動する肉体 第6章 デザイナーズ第二次革命の群像
  ＊飾られたカラダからの解放、貧しいまでに簡素なスタイル、反抗のシンボルになったジーンズ、浮き彫りにされた脚の意味、オートクチュールとプレタポルテ…。二十世紀はモードの大転換をなしとげた。ポワレやシャネル、賢三一生のデザインにもふれつつ、時代精神とのかかわりを見つめた力作。
◇20世紀モード史 ブリュノ・デュ・ロゼル著，西村愛子訳 平凡社 1995.9 523p 22cm 5800円 (i)4-582-62019-1 Ⓝ383.1
◇布のちから・布のわざ—企画展示 国立歴史民俗博物館編 佐倉 国立歴史民俗博物館 1998.7 151p 30cm Ⓝ383.1
◇ハワイ日系移民の服飾史—絣からパラカへ バーバラ・F.川上著，香月洋一郎訳 平凡社 1998.12 318p 22cm (神奈川大学日本常民文化叢書 5) 4200円 (i)4-582-40615-7 Ⓝ383.1
  内容 第1章 日本人移民ハワイへ 第2章 結婚衣装 第3章 男性の仕事着 第4章 女性の仕事着 第5章 作業用の装身具 第6章 普段着 第7章 履き物 第8章 子供たちの衣服 第9章 葬儀の衣装 第10章 結論
  ＊日本の伝統をとどめて変遷してきた衣服の歴史をたどり、ハワイの日系移民の生活と文化をあざやかに再現して、移民史、服飾史、民俗(誌)学などの研究に示唆多い労作。
◇ひとはなぜ服を着るのか 鷲田清一著 日本放送出版協会 1998.11 277p 16cm (NHKライブラリー) 920円 (i)4-14-084096-X Ⓝ383.1
◇被服史からみた御神宝装束の基礎的研究 栗原澄子著 ブレーン出版 2001.4 458p 27cm 38000円 (i)4-89242-784-5 Ⓝ383.1
◇ファッション・アイテム大図鑑—The complete 20th century source book ジョン・ピーコック著 グラフィック社 2000.10 191p 29cm 3800円 (i)4-7661-1167-2 Ⓝ383.1
  内容 1900 - 1913 1914 - 1928 1929 - 1942 1943 - 1957 1958 - 1971 1972 - 1985 1986 - 1999 20世紀のファッション・アイテム発展図
  ＊2000点にも及ぶフルカラー・イラストを使った本書は、20世紀のファッション・アイテムとその確かな歴史を紹介する他に類を見ないほど総合的で信頼できる資料集となっている。
◇ファッションを動かすもの 川澄博子著 同文書院 1998.2 143p 22cm 2400円 (i)4-8103-1224-0 Ⓝ383.1
◇ファッション学のみかた。 朝日新聞社 1996.11 176p 26cm (Aera mook 17—「New学問のみかた。」シリーズ 1) 980円 (i)4-02-274071-X Ⓝ383.1
◇ファッション画の歴史—肌か衣か 荒俣宏著 平凡社 1996.12 235p 22cm 〈参考文献：p235〉 2987円 (i)4-582-51228-3 Ⓝ383.1
  内容 第1章 ファッションとは何か—時限つきの革命遊戯 第2章 衣を垂れて美あらしむ—ヌードと衣服 第3章 エロティシズムの言葉—バッドテイストとポルノ 第4章 ファッションとファッションプレートの歴史—きらめく才能たち 第5章 水着と下着—もう一つの盛装 第6章 ファッション図像学—女はもちもので勝負する
  ＊ロココ時代から今世紀初頭のアールデコまで、200点以上の図像を渉猟しつつ、衣服と身体の見せ方を探る。肉体とエロスに迫る新荒俣博物学誕生。美麗レイアウト。カラー104頁。
◇ファッション辞典 大沼淳，荻村昭典，深井晃子監修，文化出版局，文化女子大学教科書部編 文化出版局 1999.3 767p 21cm 4000円 (i)4-579-50158-6
  内容 アイテム ディテール アクセサリー ファッション一般 ビジネス マテリアル カラー ビューティ 手芸 ソーイング 歴史服と民族衣装 ファッション・データ・ファイル
  ＊アイテム、アクセサリーはもとより、歴史服、民族衣装から最新のストリート・ファッショ

ン、リアルタイムのファッション・ビジネス用語まで、全12分野をジャンル別に構成したファッションの総合辞典。

◇ファッションの20世紀—都市・消費・性　柏木博著　日本放送出版協会　1998.7　246p　19cm（NHKブックス）　1160円　(i)4-14-001831-3　Ⓝ383.1

(内容) 1 消費都市パリ—近代的まなざしの誕生　2 国民服と標準服—総力戦とファッション　3 アメリカン・ルックとトラッド—ファッションの「アメリカ」　4 ミニ・スカートからパンクへ—対抗文化とファッション　5 装うことへの無限運動—都市東京ファッション

＊なぜ、あなたはスカートではなくジーンズを身に着けているのか？あなたをスタイルの選択へと赴かせる「力」とは何なのか？—今世紀初頭、わたしたちのファッションは社会的規制から解放され、市場経済システムという「力」の下に委ねられた。衣服における性差の消滅を促進した2つの大戦を経て、パリからアメリカ、そして泡沫経済下の東京へ…この見えざる「力」の移動の軌跡を追いながら、ポール・ポワレから川久保玲、三宅一生にいたる、衣服に反映された時代の意識と欲望のあり方をあぶり出し、わたしたちの「ファッションの20世紀」の意味合いを問い直す。

◇ファッションの歴史　ピエロ・ヴェントゥーラ文・画、大町志津子訳　三省堂　1994.5　66p　30cm（三省堂図解ライブラリー）　2500円　(i)4-385-15867-3

(内容) 先史時代　古代エジプト　古代オリエント　皮のなめし方　クレタ時代　ギリシア時代のファッション　ローマ時代　古代ローマの社会　ビザンティン帝国　ゲルマン民族　羊から織物まで　ピラミッド型の封建社会　中世後期　13〜14世紀のファッション　15世紀の商人と仕立て屋　中世の終わり　16世紀の社会　16世紀のファッション〔ほか〕

＊絵で見る世界の服装史。古代から現代まで、人々がどんな社会に住み、どのような衣服を着てきたかを歴史的に再現。オールカラーの素敵なイラストでたどる衣服と暮らしの人類史。

◇ファッションは政治である—モードに秘められた権力の構造　落合正勝著　はまの出版　1999.7　323p　20cm　1800円　(i)4-89361-285-9　Ⓝ383.1

(内容) 第1章 男はなぜ身じまいを正すのか（18世紀—革命に内包された権力としての「衣」　19世紀—ダンディズムとデカダンの拮抗）　第2章 太陽の沈まない国「英国」で成熟した世界標準服（軍服と司祭の服から誕生した現代のスーツ　1900〜1914年　スーツ史に革命をもたらしたサラエボの銃弾—1914年〜第二次大戦終了）　第3章 デザイナースーツに秘められた権力の構造（ナルシックな増殖作用とサディズムにおかされた顧客たち　ファッションデザイナーの正体　衣服言語を読み取れない日本人）　第4章 奔流のように押し寄せた西洋文化と「日本人」（南蛮の「衣」文化　明治維新の軍服とスーツ　アイデンティティを失ってしまった戦後）

＊あなたの服装は正しいか？戦争と革命で磨かれたスーツの歴史から正統派のファッション哲学を学びとろう！「ベスト・ペン・プライズ」（フィレンツェ市長より）、「クラシコ・イタリア大賞」を受賞した著者が説く、ダンディズムの神髄。

◇服飾を生きる—文化のコンテクスト　横川公子編　京都　化学同人　1999.3　186p　21cm　2000円　(i)4-7598-0821-3　Ⓝ383.1

(内容) 第1部 服飾研究の問題点（服飾を生きる　服飾研究の資料—資料の読み方　たのむ・つくる・着る）　第2部 服飾研究の展開（服飾をつくる　服飾を着る　服飾と性　服飾と産業　服飾と伝統）

＊服飾文化を対象にした分野には、歴史的な見方をはじめ多くの取組みがすでにあります。本書は、そういう現状の中にあって、改めて文化学としての服飾研究を取り上げ、新しい見方や考え方を述べたものです。

◇服飾史・服飾美学関連論文要旨集1950〜1998　日本家政学会服飾史・服飾美学部会編著　建帛社　2001.12　350p　26cm　14286円　(i)4-7679-6510-1

(内容) 1 論文要旨編（日本　欧米　東洋　民族（俗）服飾・比較服飾文化　服飾美学　宗教・芸能衣装　その他）　2 文献リスト編（日本　欧米　東洋　民族（俗）服飾・比較服飾文化　服飾美学　宗教・芸能衣装　その他）　3 キーワード索引

＊本書は、20世紀後半の約半世紀における服飾史・服飾美学関連の論文要旨を収録したものであり、第二次世界大戦後の我が国における服飾史・服飾美学に関する学問の集大成ともいえるものである。

◇服飾文化論　杉野正,小池三枝編著　放送大学教育振興会　1994.3　152p　21cm（放送大学教材1994）　1850円　(i)4-595-81116-0　Ⓝ383.1

◇服飾文化論—服飾の見かた・読みかた　小池三枝著　光生館　1998.4　145p　22cm　2000円　(i)4-332-10041-7　Ⓝ383.1

(内容) 第1章 なぜ衣服を着るのか　第2章 着心地について　第3章 服飾の美　第4章 日本の服飾文化　第5章 服飾を読む

◇服飾文献目録　89〜93　髙橋晴子,大丸弘共編　日外アソシエーツ,紀伊國屋書店〔発売〕　1994.6　11,728p　26cm　38000円　(i)4-8169-1243-6　Ⓝ383.1

＊衣料・服装関連分野の雑誌記事最近5年間の1.

◇民族衣装　オーギュスト・ラシネ原著，マール社編集部編　マール社　1994.11　159p　15cm（マールカラー文庫）　300円　(i)4-8373-2000-7　Ⓝ383.1

◇モードの女神たち—時代との対話　太田晶子著　近代文芸社　1995.3　141p　20cm　2500円　(i)4-7733-4198-X　Ⓝ383.1
　内容　第1章 モードの大革命—十八世紀～　第2章 シンプリシティへの軌跡—十九世紀～　第3章 匿名のモード—二十世紀
　＊本書は、時代との対話を通じて見たモードの歴史である。

◇装いの人類学　鈴木清史，山本誠編，曹建南ほか著　京都　人文書院　1999.3　251p　19cm　1900円　(i)4-409-53021-6　Ⓝ383.1
　内容　1 真綿にまつわる民俗伝承—中国杭嘉湖地方の事例から　2 モンゴルのフェルト作り—「母」から「娘」へ　3 神と交流する芭蕉布の歌—奄美シャーマンの巫歌と聖なる布のイメージ　4 白衣とチマ・チョゴリ—民族のレトリックとしての韓服　5 フィリピン・イフガオ族と衣装の文化—ピーニャとイカットの周辺　6 サリー／サリー以前—カーストと着衣規制、そして国民化　7 スカーフにみるイスラームの多様性—トルコ、O村の事例より　8 ショールのレトリック—ヨーロッパ移動民の身体イメージ　9 ブランドになった民族—エクアドルのアンデス高地民オタバロ　10 「服」を着始めたアボリジニ—オーストラリア先住民と衣服
　＊人はなぜ装うのか。衣服と人間とのかかわりを、世界各地の民族のもつ多様な文化を通して考える。

◇よそおいの民俗誌—化粧・着物・死装束　国立歴史民俗博物館編　慶友社　2000.3　262p　22cm　3000円　(i)4-87449-229-0　Ⓝ383.1
　内容　1 衣の歴史（着る飾るの過去・現在・将来）　2 化粧と死装束（化粧のフォークロア—和風化粧から洋風化粧へ　死装束を用意すること　死者の衣服のフォークロア　後生でなにを着るか）　3 技と伝承（裁縫所に民俗をみる　丹後藤織り物語（序）　民俗文化財伝承活動の歩みと伝承の系譜）
　＊第二十三回歴博フォーラム「衣のフォークロア」において話題となったことや、そこから発展した考察をとりあげてまとめた報告集。

◇若者文化史—Postwar, 60's, 70's and recent years of fashion　佐藤嘉昭著　源流社　1997.8　357p　21cm　3200円　(i)4-7739-9705-2　Ⓝ383.1
　内容　序章 アメリカ、アメリカ、アメリカ・1945～1959（昭和20～34年）—戦後ルネッサンスから大衆文化時代へ　第1章 若者文化の挫折と再生の時代・1960～1964（昭和35～39年）—谷間の世代がファッションを発見する　第2章 若者文化革命の時代・1965～1969（昭和40～44年）—モダニズムが体制をゆさぶる　第3章 流動化社会の時代・1970～1974（昭和45～49年）—ファッションの多様化と回顧ブーム　第4章 漂流する不確実性の時代・1975～1979（昭和50～54年）—石油不況でカジュアル・ファッションの暗雲続く　第5章 バブル文化の隆盛とその崩壊・1980～1996（昭和55～平成8年）—DC商品の氾濫、アパレル産業の失速

◆日本

◇アイヌ芸術　金田一京助，杉山寿栄男共著　札幌　北海道出版企画センター　1993.6　525p　31cm（新装版）　28000円　(i)4-8328-9302-5　Ⓝ383.1

◇アイヌの衣裳　岡村吉右衛門本文　京都　京都書院　1993.12　95p　22cm（京都書院美術双書—日本の染織 16）〈英語書名：The clothes of the Ainu people 英文併記　編集：紫紅社，編集室元〉　2800円　(i)4-7636-7051-4　Ⓝ383.1
　内容　樹皮繊維衣と草皮繊維衣　木綿縫取衣　木綿切伏縫取衣　木綿白布切伏衣　細裂切伏衣と継接衣　服飾品　先布衣　外来衣　アットゥシの製作工程　アイヌの衣裳

◇アイヌの衣服文化—シンポジウム　アイヌ民族博物館編　白老町（北海道）　アイヌ民族博物館　1994.3　54p　26cm　Ⓝ383.1

◇アイヌの織物と縄文人　川淵和彦著　日本図書刊行会　1998.9　96p　20cm（東京　近代文芸社（発売））　1400円　(i)4-8231-0229-0　Ⓝ383.1
　内容　1章 アイヌの織物（アイヌのキナ織とアンギンと真田織　アイヌのエムシアツと編布カッペタ考—アイヌの織物と八丈島サナダ織）　2章 縄文人（アイヌ人・琉球人と、ボルネオ島ダヤーク族　縄文人の織物）
　＊本書は、アイヌの織物をいろいろと取り上げるというのではなく、一つは—アイヌ人が南の方ボルネオ島あたりの古モンゴロイドにつながる縄文人であるらしいこと、について、いま一つは—今までよく分からなかった編布や真田織をアイヌの織物との関係で明らかにしながら、縄文人の織物について新しい展望を示した、ものです。

◇アイヌの美・装い—土佐林コレクションの世界　アイヌ文化振興・研究推進機構編　札幌　アイヌ文化振興・研究推進機構　1998.1　23p　30cm〈平成9年度財団法人アイヌ文化振興・研究推進機構展示事業〉　Ⓝ383.1

◇衣装の美学—身体と世界の接点　塚本瑞代著　京都　行路社　1994.7　300p　19cm　2575円

（内容）第1部 抑制の現象学（季節と自然—非措定的な場 能装束と能面—身体の拡大と縮小 底いたリ—抑制の二つのタイプ にほひ—感覚の相互性 身体と住まい—芭蕉庵考） 第2部 衣装論（ほころび—「枕草子」にみる美 匂ひ—襲色目における 汎身体性—「誰が袖図屏風」考 文字文様と詩—「雁金屋雛形帖」考）　1800円　(i)4-88357-057-6　Ⓝ383.1

◇衣服とくらし—きる・はく・かぶる　栗東の民具　栗東町（滋賀県）　栗東歴史民俗博物館　1993.11　8p　26cm〈展示解説シート no.2〉

◇江戸Tokyoストリートファッション　遠藤雅弘著　ギャップ出版　1999.10　206p　20cm〈東京ジャパン・プランニング・アソシエーション（発売）〉　1800円　(i)4-88357-051-7　Ⓝ383.1
　（内容）第1景 スーパー江戸ティシズム（ヴァーチャルお江戸の歩き方 大江戸ヒストリー ほか）　第2景 八百八町の超ファッション（町人 町娘 ほか）　第3景 大江戸ウルトラカルチャー（ライバルは関西人 偽ブランドを取り締まれ！ ほか）　第4景 江戸→TOKYO（真大江戸ファッション奇孝 ここがヘンだよ江戸っ子 ほか）
　＊アムラー現象、タオラー、レザーファッション…現代のファッショントレンドの原点は、独創性溢れる江戸文化にあった。ファッションディレクターとして現代のファッションを見続けてきた著者が独自の視点で江戸文化・日本文化の既成概念を見直し、江戸期のファッション・風俗・サブカルチャーを再検証した総合的江戸ファッションガイド。

◇江戸の気分　陶智子著　富山 桂書房　1996.1　128p　19cm　1236円　Ⓝ383.15

◇江戸服飾史　金沢康隆著　新装改訂版　青蛙房　1998.9　397p　20cm　3500円　(i)4-7905-0509-X　Ⓝ383.1
　（内容）第1章 緒論　第2章 江戸前期の服飾　第3章 江戸前期服飾各論　第4章 江戸中期の服飾　第5章 江戸後期の服飾
　＊小袖、帯、袴など、素材も形も色も多様な江戸時代の服飾文化を、江戸の前期・中期・後期に分けて、150余点の図版で実証しながら詳しく解説。

◇江戸服飾史談—大槻如電講義録　大槻如電著, 吉田豊編著　芙蓉書房出版　2001.4　185p　21cm〈文献あり〉　2300円　(i)4-8295-0280-0　Ⓝ383.1
　（内容）第1談 慶長・元和・寛永・正保・慶安・承応、およそ五十年　第2談 明暦・万治・寛文・延宝、二十五年　第3談 天和・貞享・元禄・宝永・正徳、三十五年　第4談 享保・元文・寛保、十三年　第5談 延享・寛延・宝暦・明和・安永・天明、四十五年　第6談 寛政・享和・文化・文政・天保、五十二年　第7談 天保・弘化・嘉永・安政・万延・文久・元治・慶応、およそ三十年
　＊百年を経た今日でもなお新鮮さを失わない風俗史・服飾史入門。やさしい語り口で江戸の服飾の変遷を時期別に説く。明治31年に三越呉服店の依頼で行われた大槻如電の講演を、黄表紙・草双紙・合巻などの図版、用語・関連事項の解説を加えて、再編集。

◇大宮御所の伝承と衣装　久保省吾ほか共著　田無　久保省吾　2000.10　275p　31cm　38000円　Ⓝ210.098

◇沖縄—衣と食の文化誌 第61回企画展　高崎 群馬県立歴史博物館　1998.10　95p　30cm　Ⓝ383.1

◇男の粋！褌ものがたり　越中文俊著　心交社　2000.10　213p　19cm　1500円　(i)4-88302-522-5　Ⓝ383.14
　（内容）褌—その愛すべきもの　褌とはいかなるものぞ　褌を締めよ！　褌を買おう！　これぞ粋の象徴　芝居の中の褌「まわし」一丁威風堂々　魅せる褌　すばらしきかな褌の友　褌を旅する　あれこれ褌譚
　＊褌？たかが昔のパンツじゃないかなんて言ってはいけない。越中、六尺、もっこ…これほどまでに奥の深い下着がほかに存在するだろうか。本書は今まで語られることのなかった褌のすべてを解説した「褌大全」である。

◇織物と民謡—親と子　阿部英作著　第2版〔大宮〕阿部英作　1999.12　402p　20cm　非売品　Ⓝ383.1

◇織物の原風景—樹皮と草皮の布と機　長野五郎, ひろいのぶこ著, モニカ・ベーテ訳　京都 紫紅社　1999.1　378p　31cm〈他言語標題：Base to tip: bast-fiber weaving in japan and its neighboring countries　英文併記〉　30000円　(i)4-87940-543-4　Ⓝ383.1

◇女の装い三百年—江戸・明治・大正・昭和 田村コレクション　藤井健三著, 永野一晃写真　京都 紫紅社　1999.10　155p　22×24cm　2857円　(i)4-87940-541-8　Ⓝ383.15

◇概説日本服飾史　小池三枝, 野口ひろみ, 吉村佳子編著　光生館　2000.3　143p　21cm〈文献あり〉　1800円　(i)4-332-10044-1　Ⓝ383.1
　（内容）1章 魏志倭人伝と埴輪の服飾—弥生時代から古墳時代　2章 服制のはじめ—飛鳥時代から奈良時代　3章 唐風から和様へ—平安時代　4章 武家服飾の確立—鎌倉時代から安土桃山時代　5章 小袖の開花—江戸時代　6章 洋服の浸透と和装の変化—明治・大正・昭和初期　7章 世界のモードの中で—第二次大戦前後から現代
　＊本書は、既刊の「日本服飾史」（今は亡き谷田閲次との共著、光生館発行）の簡約版としてまとめたものです。このたび良き協力者を得てまとめることができました。簡約版とはいうものの、図版をかなり変え、時代を現代まで下げて述べてあり、共著者の個性も出ていま

◇宮廷装束の美―江戸から明治へ　宮内庁三の丸尚蔵館編　宮内庁　2000.9　55,8p　29cm　(三の丸尚蔵館展覧会図録 no.22)　〈会期：平成12年9月23日―12月10日〉　Ⓝ210.098

◇宮廷の装束　京都国立博物館編　〔京都〕　高倉文化研究所　1999.10　151p　30cm　〈他言語標題：The elegance of Japanese court costume　天皇陛下御在位十年記念　会期：平成11年10月6日―11月14日〉　Ⓝ210.098

◇彩発見―よみがえる江戸の装い　平成11年度秋季特別展覧会　八代市立博物館未来の森ミュージアム編　八代　八代市立博物館未来の森ミュージアム　1999.10　140p　26cm　(八代の歴史と文化 9)　〈会期：平成11年10月22日―11月23日　文献あり〉　Ⓝ383

◇静内地方のアイヌ衣服―1993国際先住民年記念事業　静内町,北海道ウタリ協会静内支部編　静内町(北海道)　静内町　1993.9　87p　26cm　(共同刊行：北海道ウタリ協会静内支部)　Ⓝ383.1

◇縄文の衣―日本最古の布を復原　尾関清子著　学生社　1996.5　246p　20cm　(参考文献：p240～243)　2266円　(i)4-311-20201-6　Ⓝ383.1
(内容) 1 出会った縄文人の布　2 縄文人の布は細く長く生きた　3 縄文人の衣服の謎　4 縄文の布の謎解き　5 ついに縄文人の布は復原できた　6 編布の衰退と今後のゆくえ　7 研究の中
＊縄文人は、編物・織物について、すばらしい知識をもっていた。縄文女性は、自然の中からふさわしい植物をえりすぐり、巧みな技法で、編みや織りを創造して、ファッションを楽しんだ。縄文の布の素材・密度・製作技法はどこから来たか。縄文時代の衣「編布」の復原を通して、素材・製作の道具・製作の技法・編と織のちがいなどを、著者がはじめて解き明かす。

◇シンポジウムアイヌの衣服文化　アイヌ民族博物館編　白老町(北海道)　アイヌ民族博物館　1994.3　54p　26cm　(引用・参考文献：p54)　Ⓝ383.1

◇丹波生活衣コレクション調査報告書　福知山　福知山市　1994.3　130p　26cm　Ⓝ383.1

◇秩父宮妃殿下御寄贈御装束　東京国立博物館編　文化庁　1997.5　15p　30cm　(特別展観：平成9年5月20日―6月8日　東京国立博物館ほか　共同刊行：東京国立博物館,京都国立博物館)　Ⓝ210.098

◇日本海の裂き織り　京都府立丹後郷土資料館編　宮津　京都府立丹後郷土資料館　1995.10　60p　30cm　(特別展図録 26)　〈開館25周年記念特別展　会期：1995年10月1日～11月12日〉　Ⓝ383.1

◇日本の女性風俗史　切畑健編　京都　京都書院　1997.4　255p　15cm　(京都書院アーツコレクション 25 服飾 4)　〈編集：花林舎「写真でみる日本の女性風俗史」(昭和60年刊)の改訂〉　1000円　(i)4-7636-1525-4　Ⓝ383.15
(内容) 古墳時代―織殿参進の織女　奈良時代―歌垣　平安時代―祭のころ　鎌倉時代―物詣の女房　室町時代―諸職の女たち　桃山時代―醍醐の花見　江戸時代前期―遊里の女たち　江戸時代中期―小町踊り　江戸時代後期―京女の晴着
＊わが国の女性の服飾は、時代ごとの影響を受けて様々な変容を遂げてきた。西域の香りを伝える奈良朝の豊かな色彩と文様表現、十二単の優雅な王朝美、室町時代の辻が花、絢爛豪華な桃山の装束、そして慶長・寛文小袖や友禅染に代表される、洗練された意匠と高度な技が織りなす江戸の女性美。昭和初期の染織技術の粋を尽くして忠実に復原された、これら各時代の装束を実際に着装した姿で紹介。美しい結髪の数々も時代考証に基づいて再現する、華麗な女性風俗絵巻。

◇野良着　福井貞子著　法政大学出版局　2000.9　279p　20cm　(ものと人間の文化史 95)　2900円　(i)4-588-20951-5　Ⓝ383.1
(内容) 第1章 農山村の女性と野良着　第2章 仕事と野良着の文化　第3章 野良着の移りかわり　第4章 農耕民具と習俗　第5章 ふるさとの山河
＊明治初期から昭和40年までの農山村の野良着を収集・分類・整理し、それらの用途と年代、材質、形態などを精査して働く庶民の創意にみちた衣服のかずかずを復元・記録しつつ、高度経済成長期以前の日本人の衣生活文化の豊かさを見直す。

◇ひながた―衣のミニチュア　第12回企画展　土浦市立博物館編　土浦　土浦市立博物館　1993.5　1冊　26cm　〈会期：1993年5月2日～6月13日〉　Ⓝ383.1

◇服装の歴史　高田倭男著　中央公論社　1995.4　353p　20cm　(参考文献：p347～349)　2750円　(i)4-12-002419-9　Ⓝ383.1
(内容) 第1章 原始・古代　第2章 中世　第3章 近世　第4章 近代・現代
＊原始から現代まで日本人は何を、どのように着てきたのか。それぞれの時代、社会の様相を語る衣服の生い立ちと変遷を多数の写真と図版で見る。

◇服装流行の文化史―1945-1988(昭和20年―昭和末年)　木村春生著　大阪　現代創造社　1993.11　286p　20cm　〈ファッション・風俗・事象の歩み、参考文献：p266～286〉　2800円　(i)4-87477-057-6　Ⓝ383.1

◇襤褸―紅絹からのメッセージ／西相模の仕事着　大磯町郷土資料館編　大磯町(神奈川県)　大磯町郷土資料館　〔1994〕　64p　30cm　〈会期：

1994年10月16日～11月20日　参考・引用文献一覧：p64）Ⓝ383.1
◇万祝考―黒潮衣装の盛衰　藤田信子著　〔府中〕〔藤田信子〕　2000.7　60p　31cm　Ⓝ383.1
◇前田家の装束　陶智子著　富山　桂書房　1993.6　157p　20cm　2000.098
◇村の女たちの美意識―テウェ・モッペ・ミジカ他　福岡サヨ著　〔合川町〔秋田県〕〕〔福岡サヨ〕　1997.9　119p　26cm　Ⓝ383.15
◇村の女たちの美意識―野良着の袖、衿の美　福岡サヨ著　〔合川町〔秋田県〕〕〔福岡サヨ〕　1999.12　141p　26cm　非売品　Ⓝ383.15
◇木綿口伝　福井貞子著　第2版　法政大学出版局　2000.3　324p　20cm　（ものと人間の文化史 93）〈文献あり〉　3200円　(i)4-588-20931-0　Ⓝ383.1
　内容　第1章　木綿小史（木綿以前のこと　木綿の流入　ほか）　第2章　木綿の文化（粋な縞柄　絣文様　ほか）　第3章　織物と女性（機の織り出した知恵の言葉　織物と女たち　ほか）　第4章　織物と織物の技術（木綿機と附属用具　木綿機の工程　ほか）　第5章　木綿余話（村の女たち　拡大家族の中で　ほか）
　＊老女たちからの聞書を経糸に、厖大な遺品・資料を緯糸に、母から娘へと幾代にも伝えられた手づくりの木綿文化を掘り起こし、日本近代の木綿の盛衰を生きた証言によって綴る。待望の増補決定版。
◇「ゆふ」を織る―由布院空想の森美術館の古代布復元の記録　横田康子,高見乾司,高見剛著　福岡　不知火書房　2000.5　117p　21cm　1500円　(i)4-88345-072-4　Ⓝ383.1
◇よみがえる縄文ファッション―衣服・髪型・装身具　秋田県立博物館編　秋田　秋田県立博物館　1997.4　25p　30cm　（秋田県立博物館企画展図録）〈会期：平成9年4月26日―6月29日〉　Ⓝ383.1
◇若草頌―子どもの衣裳　田村コレクション　切畑健執筆　宇治田原町　田村資料館,紫紅社〔発売〕　1993.11　167p　31×23cm　20000円　(i)4-87940-525-6
　＊本書は、田村コレクションのうち、特に江戸時代から昭和時代の子供の衣裳を中心に収録した。

◆◆きもの・和服
◇青苧衣料とくらしの美―企画展図録　山形　山形県立博物館　1994.9　13p　30cm　〈会期：平成6年9月24日～11月13日〉　Ⓝ383.1
◇花洛のモード―きものの時代　京都国立博物館編　京都　思文閣出版　2001.2　503p　31cm　〈他言語標題：Kyoto style　年表あり〉　25000円　(i)4-7842-1072-5　Ⓝ383.1
　内容　絢爛と花開く―桃山時代のモード　描かれた桃山モード―肖像画と洛中洛外図　残照の美―慶長小袖　浮世の彩絢―かぶきと遊里　美服の奢り―寛文・元禄小袖　今様の華奢―友禅染　華から粋へ（光琳文様と白上り　褄・裾文様）　町家の贅沢―婚礼衣装と京鹿の子　公武の装い―御所風と御屋敷風　雅びの伝統―公家のスタイル
　＊本書では、桃山から江戸時代を通じて服飾の中心となった「きもの」に焦点をあて、当時、ファッションの発信地であった京都で人びとが何を装い、どのような美を求めたのかを探る。
◇聞き書き着物と日本人―つくる技、着る技　原田紀子著　平凡社　2001.10　204p　18cm　（平凡社新書）〈文献あり〉　720円　(i)4-582-85110-X　Ⓝ383.1
　内容　第1章　伝統の働き着（鵜匠―杉山秀夫さんの話　舳倉島の海女―木村ツキさんの話　ほか）　第2章　日常の中の着物（羽織袴で出勤―川那部浩哉さん（魚類生態学者）の話　手早く着て働く毎日―西郷横子さん（鱗花苑）の話　ほか）　第3章　着物の手入れと再生（相談相手は街の染物屋さん―志水和子さん（柳屋染物店）の話　仕立て直して再生―吉岡隆夫さん（おかや染物店）の話　ほか）　第4章　個性を表現する着物（美意識を凝集する紋―有賀昌美さん（紋章上絵師）の話　簡単な両面帯―松本松四さん（帯仕立屋）の話　ほか）
　＊熊を追うまだぎの装束、灼熱の炉から鉄をとり出すたたら着、僧の着る白衣、座敷で客を迎える女将の着物。かつての着物は、私たちの生活に深くかかわっていた。働き着、普段着としての〈衣〉にこだわり、伝統技術を受け継ぐ人びと。その貴重な声を紡いだ労作。伝統の技、日々の知恵。着物でたどる、日本人の暮らし。
◇きもの・帯　くみあわせ事典　笹島寿美著　神無書房　1994.6　145p　26×22cm　4500円　(i)4-87358-075-7
　内容　これだけはのきもの知識集（きものについて　帯について　きものの柄について　きものの産地　紋について　どんなときどんなものを　きものの素朴な質問集　記念日のきもの　きもの一口知識集）　くみあわせの美（お正月　冠婚葬祭　入園入学卒業式　お茶席　お出かけ　ショールコート　観劇　普段着お稽古着　パーティ　きもの配色表）
　＊きものが着たいと思っても、きまりがわからなくて…と、いうかたに、実際にきもの、帯、小物を使って、きものと帯などのくみあわせを目的別に写真で見せた、他に類をみない画期的な一冊。忘れられつつある着物独特の色あわせ、素材あわせを、ビジュアルに見せた貴重な入門書。

服装・ファッション　　　　　　　　　　　　　　　　　衣食住の習俗

◇「きもの」と文様―日本の形と色　長崎巌著　講談社　1999.10　333p　20cm　2800円　(i)4-06-209828-8　Ⓝ383.1
（内容）第1章「きもの」事始め　第2章「きもの」いろいろ　第3章 時代と「きもの」　第4章 身分と「きもの」　第5章 生地のはなし、裂のはなし　第6章 染めと織りの世界　第7章 裂地いろいろ　第8章 文様万華鏡　第9章 文様歳時記　第10章「きもの」流転
＊「きもの」で装う機会は限られているものの、その美しさは誰もが認めるところだ。衣裳・装束が身分により異なっていた長い歴史の中で、日本の染織は高度な発展を遂げてきている。また、裂き趣味の世界や宗教行事、そして儀礼の場など、多彩な用途をもっていた。江戸時代を核に、海外の影響や文様・織り・染め・形態から「きもの」の全貌に迫る。

◇化粧と着物の風俗史　髙嶺照夫著　つくばね舎　1999.5　158p　21cm（東京 地歴社（発売））　文献あり　2500円　(i)4-924836-35-4　Ⓝ383.1
（内容）化粧の由来　古墳時代　飛鳥時代　白鳳時代　奈良（天平）時代　平安時代　鎌倉時代　室町・安土桃山時代　帯のはなし　江戸時代の浮世絵美人〔ほか〕

◇時代を翔んだ多摩の女性―森田美知子のきもの　企画展　福生市教育委員会編　福生　福生市教育委員会　1994.2　24p　21cm（執筆及び調査：福生の生活文化を考える会　共同刊行：福生市郷土資料室　略年譜：p22～23）　Ⓝ383.1

◇下妻の裁縫所―残された雛形を中心に　下妻　下妻市ふるさと博物館　1998.3　52p　26cm　Ⓝ383.1

◇ジャポニスムインファッション―海を渡ったキモノ　深井晃子著　平凡社　1994.4　296p　19cm　2400円　(i)4-582-62017-5
（内容）第1章 異国趣味―江戸の紋様をつけたヨーロッパの室内着　第2章 ジャポニスム―十九世紀ヨーロッパに湧き起こった日本趣味　第3章 絵画の中の着物　第4章 キモノはドレッシングガウンだった　第5章 リヨンの絹織物デザインとジャポニスム　第6章 洋装事始　第7章 お菊さん・サダヤッコ、異質の美の発見　第8章 ヨーロッパの見返り美人　第9章 見出された美しいからだ　第10章 東と西を超えて
＊20世紀西欧の新しいファッションを生み出す原動力となった日本趣味。現代も高田賢三、三宅一生など日本人デザイナーたちによる新たな衝撃が世界を揺さぶり続ける。初めてファッションからジャポニスムを解読した話題の書。

◇十二単のはなし―現代の皇室の装い　カラー判　仙石宗久著　婦女界出版社　1995.6　263p　27cm　3900円　(i)4-89231-021-2　Ⓝ383.1
（内容）十二単の理解のために　皇后陛下の十二単　皇太子妃雅子殿下の十二単　秋篠宮妃紀子殿下の十二単　紀宮清子内親王殿下の十二単　高円宮妃久子殿下の十二単　貞明皇后の十二単　かぐや姫のファッション〔ほか〕

◇森田家三代のきもの―近代多摩の彩り　福生市教育委員会編　福生　福生市教育委員会　1995.3　198p　30cm（文化財総合調査報告書 第28集―福生市の民俗・衣生活）〈森田美知子と縁りの人々、略年譜：p196～198〉Ⓝ383.1

◇結城紬―地機で織る2　平成5年秋季特別展　一宮市博物館編　一宮　一宮市博物館　1993.10　32p　26cm〈第5回全国生涯学習フェスティバル会期：1993年10月23日～11月23日　参考文献：p32〉Ⓝ383.1

◆東　洋

◇アジアの民族衣装　石山彰監修，久保田陽子文　小峰書店　2001.4　51p　29cm（国際理解に役立つ世界の衣食住 9）〈索引あり　文献あり〉2800円　(i)4-338-17709-8、4-338-17700-4　Ⓝ383.1
（内容）1 日本の民族衣装、きものの歴史―日本　2 わたしたちの生活ときもの―日本　3 アイヌ・沖縄・近くの国の衣服―日本、朝鮮半島、モンゴル　4 中国には民族衣装がいっぱい―中国　5 チベットにもある前合わせ服―チベット自治区（中国）、ブータン　6 ヨーロッパの影響を受けた服―東南アジア1　7 暑い国のすずしい民族衣―東南アジア2　8 インドと周辺の国の衣服―インド、パキスタン　9 イスラム教を信じる国の衣服―イスラム圏　10 多くの国に影響をあたえた衣服―トルコ
＊9巻では、アジアの国々の衣服を紹介しています。日本独特と思っていた「きもの」ににた服がヒマラヤの山のなかの国ブータンにあったり、アジアでもヨーロッパのドレスのような服が着られていたり、いろいろな発見があるでしょう。「着てみよう」のコーナーでは、日本のきもの、インドの「サリー」などを紹介しています。

◇アジアの民族造形―「衣」と「食の器」の美　金子量重著　毎日新聞社　1997.3　142p　26cm〈参考文献：p142〉4223円　(i)4-620-60526-3　Ⓝ750.87
（内容）衣―冠・笠・帽子・頭布 民族服 履物 靴 寝具地 布帛 装身具　食―貯蔵 調理 飲食
＊本書はアジアの生活文化を"もの"で通覧できるよう、衣と食の器に関する民族造形を選んで構成した。生活に密着して生まれた、衣服や装身具、貯蔵・飲食器など、選りすぐった"伝統に根づいた用の美"をオールカラーで紹介。

◇韓国服飾文化の源流　金文子著，金井塚良一訳　勉誠出版　1998.11　204p　22cm　4500円　(i)4-585-03062-X　Ⓝ383.1

(内容) 1 スキタイ系文化―古代韓国文化の源流(文献に見られるスキタイ スキタイ系文化と芸術の性格 ほか) 2 冠帽(弁形帽(一名折風帽) 鳥羽冠 ほか) 3 衣服(上衣(襦) 表衣(長襦) ほか) 4 腰帯・靴・鞾(腰帯 靴・鞾) 5 装身具(衣服装飾品 耳飾り ほか)
*本書では、古代の韓国の服飾構造を大きく冠帽・衣服・腰帯と靴・鞾・装身具に分類して、それぞれ古記録を渉猟し、また古墳壁画や出土品等の図版を通した比較を行って、その源流を明らかにいたしました。

◇色彩のコスチューム―中国55少数民族の服飾 京都 京都書院 1997.1 367p 15cm 〈京都書院アーツコレクション 11(服飾 1)〉〈英語書名 : Costumes of the minority peoples of China 英文併記 出版:美乃美〉 1236円 (i)4-7636-1511-4 Ⓝ383.1

◇色彩夢幻―貴州省苗族の刺繍 中国人民美術出版社編 京都 京都書院 1997.1 348p 15cm (京都書院アーツコレクション 12(服飾 2))〈出版:美乃美〉 1236円 (i)4-7636-1512-2 Ⓝ383.1

◇台湾の織物―天理ギャラリー第108回展 天理大学附属天理参考館編 天理ギャラリー 1998.2 24p 26cm 〈会期:1998年2月2日〜3月31日〉 Ⓝ383.1

◇チマ・チョゴリの遺産―まほろばの国を訪ねて 長浜治撮影 勁文社 1995.7 1冊(頁付なし) 35cm 〈ハングル書名あり ハングル併記 箱入(38cm)〉 15000円 (i)4-7669-2279-4 Ⓝ383.1

◇中国五千年女性装飾史 周汛,高春明著,栗城延江訳 京都 京都書院 1993.3 319p 32cm 〈参考文献:p316〜318〉 35000円 (i)4-7636-3212-4 Ⓝ383.15

◇中国古代の服飾研究 沈従文,王㐨編著,古田真一,栗城延江訳 増補版 京都 京都書院 1995.5 539p 37cm 58000円 (i)4-7636-3258-2 Ⓝ383.1

◇朝鮮服飾考 李如星著,金井塚良一訳 三一書房 1998.10 312p 22cm 5200円 (i)4-380-98304-8 Ⓝ383.1
(内容) 第1章 緒論 第2章 上代服飾の基本型 第3章 上代服飾の諸冠帽 第4章 上代服飾の諸修飾 第5章 上代の織物と染采 第6章 上代服飾の服装文化史的地位(結論) 付篇 李如星論
*朝鮮古代の服飾から、いま甦える日本古代文化の源流。

◇南方染織文化―アジア染織文化の源流 堤洋著 アグネ技術センター(製作) 1997.8 133p 22cm Ⓝ383.1

◇布と儀礼―インドネシア染織文化の精神的世界 太田晶子著 京都 光琳社出版 1997.4 247p 19cm 1800円 (i)4-7713-0253-7
(内容) 序章 儀礼について 第1章 祖霊と生者を結ぶ布―スンバの耕〜イカット 第2章 スンバの人生儀礼における布の役割―婚礼と葬式を事例として 第3章 儀礼の衣服―ポンチョ ラウェシ島トラジャ族 第4章 タパ文化の変容―中部スラウェシにおける樹皮布の製作 第5章 聖なる布―スマトラ島、バタク族の"ウロス" 第6章 布と儀礼のコスモロジー―バリ島における布文化 終章 "共有"から"所有"へと変貌した布の文化
*染織文化の一大宝庫インドネシアを舞台に、彼らの先祖が創造し、伝承し、循環させてきた多彩な布と装いの世界を探索したフィールドワークの成果をまとめた貴重な一冊。

◇ヨーロッパ、南北アメリカ アフリカ、オセアニアの民族衣装 石山彰監修, 久保田陽子文 小峰書店 2001.4 51p 29cm 〈国際理解に役立つ世界の衣食住 10〉〈索引あり 文献あり〉 2800円 (i)4-338-17710-1,4-338-17700-4
(内容) 1 明るい太陽と海が生んだ衣服―ヨーロッパ1 2 ファッションの国にのこる伝統―ヨーロッパ2 3 アルプスの自然が生んだ衣服―ヨーロッパ3 4 寒い国々の民族衣装―ヨーロッパ4 5 今ものこる多くの民族衣装―ヨーロッパ5 6 ししゅうの花がさく民族衣装―ヨーロッパ6 7 ビーズやししゅうを用いた衣服―北、中央アメリカ 8 高地や熱帯の民族衣装―南アメリカ 9 アフリカの民族衣装―アフリカ大陸 10 木の皮や葉を使った民族衣装―オセアニア

◆西 洋
◇悪魔の布―縞模様の歴史 ミシェル・パストゥロー著,松村剛,松村恵理訳 白水社 1993.5 147,9p 20cm 〈巻末:参考文献〉 2000円 (i)4-560-02872-9 Ⓝ383.1
(内容) 縞の秩序と無秩序 第1章 縞模様の衣装をつけた悪魔―13〜16世紀(カルメン修道会のスキャンダル 縞の布地、悪い布地 聖ヨゼフの股引 無地、縞、散らし模様、斑紋 図柄と地―縞の紋章学) 第2章 横縞から縦縞へ、そして逆転―16〜19世紀(悪魔的から従属的へ 従属性からロマン主義へ 革命的縞模様 縞と罰) 第3章 現代の縞模様―19〜20世紀(衛生の縞模様 マリンブルーと白の世界 奇妙なシマウマ 縞の面、危険な面 痕跡から目印へ)
*縞模様の衣服は中世には悪魔の布と見なされ、売春婦、死刑執行人、旅芸人などが身につけた異端のシンボルであった。その後、現代りにいたるまで価値判断が二転三転した縞の歴史を広く絵画、文学等に探りながら、西洋社会を視覚的に考察した異色の図像学。

◇アメリカ史にみる職業着―植民地時代〜独立革命期 P.F.コープランド著,浜田雅子訳 大阪 せせらぎ出版 1998.10 240p 27cm 5714円

◇アメリカ植民地時代の服飾　浜田雅子著　大阪せせらぎ出版　1996.3　248p　27cm　6000円　(i)4-915655-67-9　Ⓝ383.1

◇アール・デコのファッション・ブック―Journal des Dames et des Modes 1912～14　岩崎美術社　1996.6　269p　27cm　〈監修：伊藤紀之　参考文献：p267～269〉　15450円　(i)4-7534-1358-6　Ⓝ383.1

（内容）1「J.D.M.」の内容（ファッション・プレートとは　20世紀初頭を飾るファッション誌ほか）　2「J.D.M.」の周辺（アール・デコと「J.D.M.」　ジャポニスムとファッション・プレートほか）　3 プレートを読む（ジュエリー扇ほか）

＊20世紀のファッションを決めた「ジュルナル・デ・ダーム・エ・デ・モード」の原寸復刻。フランスのエスプリと技術の粋を極め、今なお斬新なデザインで人々を魅了するアール・デコ・ファッションの源泉！ ポショワール版画の最高傑作一八六点。G. バルビエ、C. マルタン、A. ヴァレ、B.B. ドゥ・モンヴェル、E. ドリアン、U. ブルネレスキ、F. シメオン、L. バクスト、P. イリーブらアール・デコ期をリードする花形作家40余名によるファッション画の競演。

◇ウエディングドレスはなぜ白いのか　坂井妙子著　勁草書房　1997.1　210,3p　20cm　2678円　(i)4-326-65196-2　Ⓝ383.15

◇黒服　ジョン・ハーヴェイ著, 太田良子訳　研究社出版　1997.11　474p　22cm　(Kenkyusha-reaktion books)　4600円　(i)4-327-37671-X　Ⓝ383.14

（内容）序論　衣服、色、意味　第1章　だれの葬式だ？　第2章　歴史に見る黒　第3章　スペインの黒からシェイクスピアの黒へ　第4章　絵画の黒からディケンズの黒へ　第5章　イギリスの暗い家　第6章　黒服の男と白いドレスの女と　第7章　われらの時代の黒

＊中世からパンクへ、ハムレットからボードレールへ、西欧一千年男たちを酔わせた色。今未開の衣裳の詩学が19世紀末論を黒に染める。

◇下着の誕生―ヴィクトリア朝の社会史　戸矢理衣奈著　講談社　2000.7　262p　19cm　(講談社選書メチエ 189)　1600円　(i)4-06-258189-2　Ⓝ383.15

（内容）第1章　動きだした社会　第2章　美女の時代　第3章　健康と旅行とアヴァンチュールと　第4章　服装改革運動　第5章　ワイルド・ウーマンの登場　第6章　フリルとレース―下着の楽しみへ

＊ピアノの「脚」をも隠蔽したモラル厳しき時代、衣裳の下は三キロを超える重装備だった。産業革命、消費社会の到来。未曾有の社会変動を被ったヴィクトリア朝。美女・健康・旅行・自転車・女性誌…。数々のブームが沸くなかで、下着もまた激変した。巨大クリノリン、緊縛するコルセットから健康下着が生まれ、フリルとレースの世界へ…。下着の機能と装飾の変遷に、現代女性の美意識の原点＝「肌の解放」を探る。

◇洒落者たちのイギリス史―騎士の国から紳士の国へ　川北稔著　平凡社　1993.6　277p　16cm　(平凡社ライブラリー)　〈贅沢禁止法関連年表・主な参考文献：p266～273〉　1000円　(i)4-582-76008-2　Ⓝ383.1

（内容）1 ファッションは法よりも強し―贅沢禁止法の時代　2 企業家＝ジェントルマンの勃興　3 贅沢禁止法をこえて

＊社会的地位の基準はどのようにして〈身分〉から〈富〉へと変わったのか？ ファッションという日常・具体的な視点から、近代英国社会の全体像を浮き彫りにする。

◇図説ドレスの下の歴史―女性の衣装と身体の2000年　ベアトリス・フォンタネル著, 吉田春美訳　原書房　2001.4　178p　21cm　2800円　(i)4-562-03407-6　Ⓝ383.15

（内容）古代のブラジャー　小ぶりで柔らかい中世の乳房　突然あらわになるアニェス・ソレルの乳房　堅苦しさから美徳へ　革命の自由な乳房　コルセットの勝利　第三共和国の下着　世紀末の最盛期　コルセットとの戦い　最先端の技術　砲弾型の乳房　マドモワゼルの下着はお子様向け　大きなカップのビックバン

＊豊かな胸は、くびれたウエストは、何のためなのか？ 下着は時代の刻印だった。女を彩り、形作る下着が映し出す、欲望と身体の歴史。

◇図説 服装の歴史　アドルフ・ローゼンベルク著, エードゥアルト・ハイク文, マックス・ティルケ画, 飯塚信雄監修, 高橋吉文, 土合文夫訳　国書刊行会　2001.11　2冊(セット)　31×24cm　〈原書第5版〉　88000円　(i)4-336-04086-9

（内容）1 古代オリエントと古代エジプト（人類の初期　エジプト―古王国と中王国の時代　ほか）　2 古代ギリシアと古代ローマ（初期ギリシア文化　古代ギリシアのヘアスタイル　ほか）　3 中世（ヨーロッパ中世初期　騎士の装束―800年 - 1300年　ほか）　4 16世紀（ドイツ―16世紀最初の25年間　ドイツとネーデルラントタピストリー(壁掛け絨毯)―16世紀最初の25年間　ほか）　5 17世紀（フランス―17世紀初頭　フランス―1625年 - 1650年　ほか）　6 18世紀と19世紀（フランス―18世紀　フランス―1775年 - 1780年　ほか）　7 ヨーロッパの民族衣装（バイエルン民族衣装　ドイツバイエルン―19世紀前半　ほか）　8 アジア、アフリカ、アメリカの民族衣装（中国―民族衣装　中国―民族衣装と身分を示す服装　ほか）

◇スーツの神話　中野香織著　文芸春秋　2000.3　236p　18cm　(文春新書)　720円　(i)4-16-660096-6　Ⓝ383.14

(内容)第1章 ホームレスも着るスーツ―現代のスーツをめぐる三つの謎　第2章 チャールズ二世の衣服改革宣言　第3章 エレガント・ジェントルマンとマカロニ―スーツの可塑性の起源　第4章 脚線美よさらば　第5章 カントリー・ジェントルマン　第6章 ダンディズム―ブランメルなんか怖くない　第7章 スノビズムと階級闘争―社交界の掟、あるいは排除のからくり　第8章 ヴィクトリアン・ジェントルマンの逆襲　第9章 労働者よ、おまえもか　第10章 胡服してえびすを征す―明治初期の日本におけるスーツ受容　第11章 スーツの下剋上　第12章 「服なんか」と言う前に―三つの謎は解けるだろうか？

＊1666年10月7日、時のイギリス国王・チャールズ二世の「衣服改革」によって、この世に新しい服が生まれた―。以来、現代と同じ「スーツ」が十九世紀後半に登場するまでの英国男性服の変遷をたどり、スーツの魅力と奥深さを考える。貴族の処世術としての服から、ダンディとジェントルマンの闘い、フランス革命をへて、スーツがいかに歴史の荒波をのりこえ、現在の形に完成したのかを探る。

◇性とスーツ―現代衣服が形づくられるまで　アン・ホランダー著，中野香織訳　白水社　1997.11　285,6p　20cm　〈索引あり　文献あり〉　2800円　(i)4-560-04643-3　Ⓝ383.1

(内容)第1章 はじめに(性とモダン様式　ファッションとは何か)　第2章 ファッションの作用(ファッション、非＝ファッション、反＝ファッション　ファッションの意味 ほか)　第3章 スーツの誕生(深まる性差　理性とファンタジー ほか)　第4章 モダニティ(ワースとその影響　女性服の改革 ほか)　第5章 現代(インフォーマル　セクシュアリティ ほか)

＊シンプルな必需品とも、退屈な代物とも称されるスーツ。その歴史をたどり、われわれの衣服にひそむ美的・性的・社会的メッセージを読み解く、画期的な服装史。

◇西洋コスチューム大全　ジョン・ピーコック著，パベル・インターナショナル訳　グラフィック社　1994.9　223p　29cm　(付：文献)　3800円　(i)4-7661-0802-7　Ⓝ383.1

＊本書は1000点を超すカラー・イラストで、西洋の服装史を紹介するものです。古代エジプトからパリのファッションにいたる4000年の歴史の中で、人間は目をみはるほど多種多様な装いに身を包んできました。比較的シンプルな古代から複雑な社会階層を生んだ中世、エキゾティックで華麗なルネッサンス期をへて、18、19世紀になると従来の衣服に変革が

もたらされ、やがて現代的なドレスが誕生します。

◇西洋男子服流行史　青木英夫著　源流社　1994.8　176p　27cm　〈参考文献・男子服飾年表：p163～176)　4660円　(i)4-7739-9402-9　Ⓝ383.14

(内容)第1章 衣服の基本形態　第2章 古代社会の時代　第3章 中世社会の時代　第4章 近世社会の時代　第5章 近代社会の時代　第6章 現代社会の時代　男子服飾年表

◇西洋服飾史　丹野郁編　増訂版　東京堂出版　1999.4　242p　26cm　2700円　(i)4-490-20367-5　Ⓝ383.1

(内容)1 古代(衣服のはじめ・衣服の基本形態　エジプト人の服飾 ほか)　2 中世(ビザンティン帝国の歴史的背景とその服飾　中世西ヨーロッパの歴史的背景とその服飾 ほか)　3 近世(16世紀の服飾　17世紀の服飾 ほか)　4 近代(総裁政府時代の服飾　いわゆるエンパイヤ・スタイル―1799～1817年 ほか)　5 現代(初期現代衣裳　第一次世界大戦と現代婦人服の成立 ほか)

＊西洋の服飾史が社会的背景と深い関わりをもちながら、どの様に変遷するかを遺品や彫塑、絵画、記録等、可能な限りの資料を用いて実証的研究を試みている。

◇西洋服装史　文化服装学院編　文化学園教科書出版部　2000.5　127p　30cm　(文化ファッション大系―服飾関連専門講座 6)　2550円　(i)4-579-10855-8　Ⓝ383.1

(内容)第1章 衣服の起源　第2章 古代の服飾　第3章 中世の服飾　第4章 近世の服飾　第5章 近代の服飾　第6章 現代の服飾

＊本書では、明治時代以降のわが国の服装にも重大な影響を及ぼした西洋の服装についてあらましを学習する。外国語については、その時代の服飾を支配していた用語に準じ、フランスの服装史が中心となるのでフランス語を主に用い、20世紀からは英語が優位に立つので英語を用いた。

◇中世衣生活誌―日常風景から想像世界まで　徳井淑子編訳　勁草書房　2000.4　216,30p　20cm　3000円　(i)4-326-85167-8　Ⓝ383.1

(内容)1 子ども―巻き紐から衣服へ：中世の子ども服(13‐15世紀)(ダニエル・アレクサンドル・ビドン)　2 生活―生活の白布・身体の白布：ブルゴーニュ地方の財産目録から(フランソワーズ・ピポニエ)　3 労働―中世の図像からみた仕事着の誕生(ペリーヌ・マーヌ)　4 町と城―都市の布と宮廷の布(フランソワーズ・ピポニエ)　5 色彩―青から黒へ：中世末期の色彩倫理と染色(ミシェル・パストゥロー)　6 男と女―"ズボンをめぐる争い"：ある世俗的主題の文学と図像のヴァリエーション(13‐16世

紀)(ピエール・ビュロー) 7 文学的想像力—ベルールの「トリスタン物語」における衣服の形象価値(フランソワ・リゴロ)
　*子どもは何を着たか?働く人の服装は?下着・寝具の状況は?宮廷と都市、男と女、青と黒など衣をめぐる規範と想像力とは?ものから伝承・文学の地平まで、衣を通して中世世界が息づくアナール学派の論集。

◇服飾の中世　徳井淑子著　勁草書房　1995.1　299p　20cm　2987円　(i)4-326-85134-1　Ⓝ383.1
　(内容)第1部 中世の色彩感情　第2部 中世服飾の象徴性　第3部 近代の中世趣味
　*マント、手袋、袖、黄・緑・青の衣服、紋様、素材が社会・人間関係にシンボリックな意味をもった西欧中世。その心性を文学、絵画に探り、十九世紀ロマン派の異装、中世趣味にも迫る。

◇服装史 中世編 1　オーギュスト・ラシネ原著, マール社編集部編　マール社　1995.4　159p　26cm　2000円　(i)4-8373-0719-1　Ⓝ383.1
　*本書は、服装史といっても、原始より19世紀当時の世界各地の衣装・装飾品・風俗などまで網羅し、いわゆる百科全書ともいうべきもの。また、金銀刷りを含む多色刷りの豪華さと、気品ある典雅な姿形が、デザインの参考としても、鑑賞用としても優れているばかりではなく、詳細な解説は、歴史的にも貴重な資料といえる。本書では、その中から中世ヨーロッパの衣装を中心に抜粋し、可能な限りの解説を収録した。

◇服装の書 1　ミリア・ダウンポート著, 岩崎雅美ほか訳　大阪 関西衣生活研究会　1993.10　503,11,10p　29cm　〈日本語版監修:元井能〉　45000円　Ⓝ383.1
　(内容)古代オリエントから16世紀まで

◇フランス中世の衣生活とひとびと—新しい社会経済史の試み　中村美幸著　山川出版社　2000.3　293p　22cm　〈文献あり〉　4200円　(i)4-634-67330-4　Ⓝ383.1
　(内容)第1章 社会経済史としての衣生活研究—歴史構成方法試論(〈アナール〉学派の〈新しい歴史学〉の方向と〈物質生活史〉としての衣生活史　衣服の歴史的研究に関する従来の動向)　第2章 中世末期フランスの衣生活にかかわる若干の前提的状況(中世末期における衣服の型と衣生活の基本的性格　中世末期の衣服素材とその生産および流通 ほか)　第3章 中世末期フランスにおける衣生活の具体的様相—衣服消費の側面から(フランス王ジャン2世の衣服事情—1351～52年の会計帳簿を通して　フランス王シャルル5世の衣服事情—遺産目録を通して ほか)　第4章 中世末期フランスの衣生活と社会(アンジュー宮廷における仕着の社会的意味　奢侈取締令発布の歴史的意味 ほか)　第5章 中世末期フランスの衣生活に見る心性(中世の美意識についての一考察　中世末期の衣生活に見るひとびとの心的態度について)
　*歴史研究を、異質なものを通して同質性を、同質なものを通して異質性を探りながら、"人間とは何か"を追究するフィルターであると考える著者による、中世末期フランスの衣生活社会経済史。

◇フランス花嫁衣裳—18世紀からアールデコの美学と女性学展　東京都目黒区美術館編　〔東京都〕目黒区美術館　c1993　62p　30cm　〈会期:1993年4月10日～5月23日　文献目録:p52〉　Ⓝ383.15

◇ブランドの世紀　山田登世子著　マガジンハウス　2000.4　259p　20cm　〈他言語標題:Brand in 20th century　文献あり〉　1800円　(i)4-8387-1147-6　Ⓝ383.1
　(内容)第1章 大英帝国から(スーツと憂鬱)　第2章 メイド・イン・パリ(ルイ・ヴィトン—ベルエポックの夢の箱　不思議の国のエルメス　女王の香水ゲラン ほか)　第3章 アメリカ市場(はじめにポワレがいた　憧れのヴォーグ　シャネルのアメリカ ほか)　第4章 東京ブランド物語(東京モダンガール—化粧する女たち　夢二ブランド　ブランドがいっぱい ほか)
　*あなたがなぜ、その服に、そのバッグに、その靴に惹かれるのか。その答えのすべてがここにあります。

◇ブルガリアの民族衣裳　ブルガリア国立民族学博物館編　恒文社　1997.11　70p　23cm　2300円　(i)4-7704-0955-9　Ⓝ383.1
　*ブルガリアはバルカン半島に位置し、北はドナウ川を自然の境界としてルーマニア、西はセルビアとマケドニア、東は黒海、南はギリシアとトルコに接し、イスラム世界とも隣り合う複雑な一帯で、古来からさまざまな文化が衝突・交流したところである。そして中央ヨーロッパからはるかに距離を隔てているため、古くからの民俗風習、とりわけ多様な民族衣装を現在に伝えている。そうしたなかから、首都ソフィアにある民族学博物館所蔵の貴重な民族衣装の数々をオールカラーで紹介。

◇ポーランドの民族衣裳　足達和子編・著・訳　源流社　1999.3　184p　27cm　4800円　(i)4-7739-9902-0　Ⓝ383.1

◇モードと諷刺—時代を照らす衣服—ルネサンスから現代まで　栃木県立美術館編　〔宇都宮〕栃木県立美術館　1995　166p　31cm　〈会期:1995年8月13日～9月24日　主要参考文献:p163～166〉　Ⓝ383.1

◇モードの歴史1000年—その政治・経済的背景　林多万喜著　〔広島〕　林多万喜　1993.4　387p　22cm　(製作:丸善広島出版サービスセン

ター　主要参考文献：p369～373）　5000円　(i)4-943965-19-9　Ⓝ383.1
◇ヨーロッパ、南北アメリカアフリカ、オセアニアの民族衣装　石山彰監修，久保田陽子文　小峰書店　2001.4　51p　29cm　（国際理解に役立つ世界の衣食住 10）〈索引あり　文献あり〉　2800円　(i)4-338-17710-1,4-338-17700-4
内容　1 明るい太陽と海が生んだ衣服―ヨーロッパ1　2 ファッションの国にのこる伝統―ヨーロッパ2　3 アルプスの自然が生んだ衣服―ヨーロッパ3　4 寒い国々の民族衣装―ヨーロッパ4　5 今ものこる多くの民族衣装―ヨーロッパ5　6 ししゅうの花がさく民族衣装―ヨーロッパ6　7 ビーズやししゅうを用いた衣服―北、中央アメリカ　8 高地や熱帯の民族衣装―南アメリカ　9 アフリカの民族衣装―アフリカ大陸　10 木の皮や葉を使った民族衣装―オセアニア

はきもの・かぶりもの

◇秋田のかぶりもの―ナガテヌグイを中心に　図録　秋田市立赤れんが郷土館編　秋田　秋田市立赤れんが郷土館　2000.3　36p　30cm〈平成11年度企画展：平成11年7月3日～9月5日〉Ⓝ383.2
◇置賜の下駄ものがたり　山水きぬ著　米沢　よねざわ豆本の会　1993.2　69p　9.0×9.0cm　（よねざわ豆本　第60輯）〈限定版〉Ⓝ383.2
◇北の下駄　北上市立博物館編　北上　北上市立博物館　1999.8　31p　26cm〈平成11年度特別展：1999年8月28日―10月11日〉Ⓝ383.2
◇靴の事典―下駄をはいた？　岸本孝著，市田京子監修　文園社　2000.5　244p　19cm　1524円　(i)4-89336-146-5
内容　第1章 足と靴のトレンド　第2章 靴の文化史　第3章 日本のはきもの　第4章 靴の雑学ゾーン　第5章 靴学の教養課程　第6章 トップ・シュー・デザイナーに聞く　第7章 特殊機能の靴たち　第8章 民族と靴　第9章 靴と芸術作品　第10章 足の健康と靴
◇下駄展―第5回企画展　島田市博物館編　島田　島田市博物館　1993.6　48p　26cm（会期：平成5年6月26日～8月29日　参考文献：p47）Ⓝ383.2
◇雪踏をめぐる人びと―近世はきもの風俗史　畑中敏之著　京都　かもがわ出版　1998.7　219p　19cm　1900円　(i)4-87699-392-0　Ⓝ383.2
内容　序章 雪駄・雪踏とは　第1章 千利休―雪踏の起源をめぐって　第2章 加嶋屋利兵衛忰虎吉―身分を越える雪踏職人　第3章 河内屋藤兵衛と小間物屋五兵衛―「かわた」村の雪踏商人　第4章 大坂の竹皮屋・近江屋善助―嘉永三年「竹皮一件」と雪踏表づくり　第5章 長五郎と清

七―町と村の雪踏直し
＊雪踏（雪駄）の起源に千利休は関係していたのか、大坂商人と対等に渡り合う「かわた」村の雪踏商人、平人から「かわた」村にやってきた雪踏職人…。身分制社会のなかにあって、「身分を越える」ことを可能にしたのが「雪踏」という履き物の存在だった。江戸時代の「風俗」と「人間」を、雪踏をつくり・売り・履き、直した人たちを通してえがく。
◇日本はきもの博物館総合案内―人と大地の接点　福山　遺芳文化財団日本はきもの博物館　1994.3　43p　26cm　Ⓝ383.2
◇はきもの―その知恵と工夫　福岡町（富山県）福岡町歴史民俗資料館　〔1999〕　16p　26cm〈第11回特別展：平成11年9月21日―10月24日〉Ⓝ383.2
◇はきもの生活史　大阪人権歴史資料館編　大阪　大阪人権歴史資料館　1993.9　83p　26cm〈付：参考文献〉Ⓝ383.2
◇帽子の物語　永森羽純著　河出書房新社　1995.2　188p　19cm〈付：参考文献〉1500円　(i)4-309-29054-X　Ⓝ383.2
内容　愛の帽子　幸運を招く帽子　生きてる帽子　巴里の帽子　幻の帽子　差別の帽子　宿命の帽子
＊三人分の日傘にもなった大きな帽子、遺言書にのせられた高価な帽子、ナポレオン愛用の二角帽子など、帽子のエピソードを多数のイラストとともに紹介する、見て読んで楽しむ百科。

装身具・アクセサリー

◇アクセサリー流行の軌跡―36年間の街頭着用調査から　京都　五十鈴　1996.5　1冊　19×26cm〈株式会社五十鈴創業50周年記念　折本　鞘入和装〉非売品　Ⓝ383.3
◇櫛・かんざし―田村コレクション　灰野昭郎著　京都　京都書院　1997.8　239p　15cm（京都書院アーツコレクション 34（工芸 1））1000円　(i)4-7636-1534-3　Ⓝ383.3
◇首長の装身具　城陽市歴史民俗資料館編　城陽　城陽市歴史民俗資料館　2000.11　44p　30cm（城陽市歴史民俗資料館展示図録 17）〈平成12年度特別展：平成12年11月3日―12月10日〉Ⓝ383.3
◇花むすび　田中年子著，山口真澄写真　京都　京都書院　1993.4　87p　20×23cm（Shoin culture books 5）〈英語書名：Hanamusubi 英文併記〉2300円　(i)4-7636-2080-0　Ⓝ383.3
＊「結ぶ」という行為は、わたしたちの生活と決して切り離すことはできません。日頃、何気なく行なっているその動作の中にも、長い歴

史と伝統に培われた美が存在しています。本書では、仏教や神道の装束や祭具、茶人の仕服の結び、そして有職故実にも精通した武家故実の大家、伊勢貞丈が遺した「結記」や画家雄川丘甫著「玉のあそび」などから選りすぐった諸作品を復元しています。

◇花結び―美しい紐あそび 永井百合子著 京都 淡交社 1997.11 86p 26cm 1500円 (i)4-473-01576-9 Ⓝ383
(内容)日本人と結びの発展の歴史 花結びの基礎と約束ごと(下結び 基本の七種) 長緒で楽しむ花結び(唐草 亀 飛鶴 左卍 ほか) 暮らしを彩る花結び 紐取り扱い店の紹介

◇卑弥呼の宝石箱―ちょっとオシャレな弥生人 平成10年秋季特別展 大阪府立弥生文化博物館編 和泉 大阪府立弥生文化博物館 1998.10 125p 30cm (大阪府立弥生文化博物館図録 17) Ⓝ383.3

◇結びのはなし 平本昭南著 広島 渓水社 1994.4 137p 26cm 〈参考文献:p137〉 2000円 (i)4-87440-327-1 Ⓝ383.3

◇メガネの文化史―ファッションとデザイン リチャード・コーソン著,梅田晴夫訳 八坂書房 1999.3 309,8p 20cm 3000円 (i)4-89694-431-3 Ⓝ383.3
(内容)第1章 発端 第2章 中世 第3章 16世紀 第4章 17世紀 第5章 18世紀 第6章 19世紀 第7章 20世紀
＊13世紀にヨーロッパでメガネが発明されてから、最もファッションが華やかだった1960年代までの700年間の流行の変遷を650点の図版で綴るユニークな本。

◇指輪の文化史 浜本隆志著 白水社 1999.10 206,8p 20cm 〈文献あり〉 2200円 (i)4-560-02820-6 Ⓝ383.3
(内容)序章 指輪文化の謎・空白の1100年 第1章 指輪ア・ラ・カルト 第2章 指輪のフォークロア 第3章 指輪と政治的・宗教的権威 第4章 指輪とシンボル 第5章 指輪と時代モード 第6章 指輪と誕生石 第7章 指輪物語 終章 ヨーロッパと日本の指輪文化の比較
＊日本に指輪をはめる習慣はあったのか。それはいつごろ歴史に登場したか―。日本とヨーロッパの歴史と文化を比較し、指輪誕生からの流れをたどる、小さな世界に秘められたユニークな文化史。

髪型・おしゃれ・化粧

◇油壺の用と美 英一太著 北辰堂 1995.11 140p 21cm 3000円 (i)4-89287-200-8 Ⓝ383.5
(内容)油壺図鑑 油壺のはじまり 油壺の歴史―油壺はどこから来たか 油壺の用―油壺はどのように使われたか 髪油―油壺に入れられた油 油壺の流通 髪にまつわる話 江戸の油事情 油壺鑑賞
＊本書は、油壺を理解し再評価するガイドブックとして、その「用」をノンフィクションで記述し、浮世絵などの風俗資料で裏付け、「美」は自らのコレクションを図録であらわすことによってできあがった。著者なりの方法で、油壺の「用と美」の両面にスポットライトを当て構成しまとめたものである。

◇江戸結髪史 金沢康隆著 新装改訂版 青蛙房 1998.9 371p 20cm 3500円 (i)4-7905-0508-1 Ⓝ383.5
(内容)第1章 序説 第2章 公家・武家の女性結髪 第3章 江戸前期の女髷 第4章 江戸中期の女髷 第5章 江戸後期の女髷 第6章 江戸時代の男髷
＊日本髪とよばれる髪形は、みな江戸時代の産物で、男の髷を真似て結ったのが多種多様な女の結髪の始まりという。前髪、びん、たぼなどの各部分の流行りを、江戸前期・中期・後期に分け、200余点の図版で実証する。

◇江戸の化粧 陶智子著 新典社 1999.1 174p 19cm 1200円 (i)4-7879-7804-7 Ⓝ383.5
(内容)江戸のファッションブック―美しくなる秘訣がいっぱい 都の化粧美・田舎の化粧美 白粉化粧―すべての基本はここにある ナチュラルメイクは厚化粧? 外面美と内面美 江戸時代式「醜き女が美しく見える法」 低い鼻は低いまま 内面美の中枢は ナチュラルメイクとは何か 江戸の中化粧とナチュラルメイク〔ほか〕
＊本書は、江戸時代の化粧法のもつ特殊性と現代性について考えたもの。

◇おしゃれの哲学―現象学的化粧論 石田かおり著 理想社 1995.12 302p 20cm 2300円 (i)4-650-90208-8 Ⓝ383.5
(内容)第1章「綺羅」と「素」 第2章 風流と「ならい」「こらし」「はずし」 第3章「みたて」「したて」「やつし」 第4章 三つの「構え」と「さらし」「ためし」 第5章 二人称の存在論 第6章 隠れた次元の発見 終章「やつし」の心意気

◇髪の文化史 荒俣宏著 潮出版社 2000.10 206p 20cm 1500円 (i)4-267-01556-2 Ⓝ383.5
(内容)第1部 髪と毛の伝承と科学(愛は「毛」にはじまる 毛とともに生きる 原初、髪は神であった ほか) 第2部 毛と髪のマジカルパワー(髪に願いを 獅子舞の勇壮な「毛振り」どられたあともパワフルな髪 ほか) 第3部 毛のおしゃれ、髪のよそおい(髪と暮らす日々 奇蹟のニッポン黒髪 髪の色に出るのか、男の本音

ほか) 第4部 ハゲの哲学と叡知(禿頭という神話的な恐怖 仏はハゲを救う 毛のはえた禿頭の謎 ほか)
＊人はなぜハゲることを恐怖するのか？毛髪についての興味津々たるエピソードと知られざる仮説の数々。

◇髪の身分史 大阪人権博物館編 大阪 大阪人権博物館 1999.4 91p 30cm 〈会期：1999年4月13日—5月30日〉 Ⓝ383.5

◇髪の歴史 伊藤秀雄著 北宋社 1997.12 183p 22cm 3200円 (i)4-89463-015-X Ⓝ383.5

◇近代日韓両国における「断髪」 田星姫著，富士ゼロックス小林節太郎記念基金編 富士ゼロックス小林節太郎記念基金 1996.10 22p 26cm 〈富士ゼロックス小林節太郎記念基金1995年度研究助成論文 付：参考文献リスト〉 非売品 Ⓝ383.5

◇櫛の文化史 太刀掛祐輔著 〔呉〕 〔太刀掛祐輔〕 1996.5 80p 21cm Ⓝ383.5

◇黒髪と化粧の昭和史 広沢栄著 岩波書店 1993.10 307p 16cm (同時代ライブラリー 163) 1100円 (i)4-00-260163-3 Ⓝ383.1

◇化粧せずには生きられない人間の歴史 石田かおり著 講談社 2000.12 198p 18cm (講談社現代新書) 〈文献あり〉 660円 (i)4-06-149531-3 Ⓝ383.5
(内容)第1章「裸は自然」の謎 第2章 清潔が化粧を駆逐する 第3章 東西化粧狂騒史 第4章 美人は本当に「色白」か 第5章 男は元来化粧好き 第6章 コミュニケーションとしての化粧
＊香りの策士クレオパトラ、帝を酔わせた楊貴妃の赤顔、戦国武将のお歯黒美学など、古今東西の人間を惹きつけた化粧の謎。

◇化粧と着物の風俗史 高嶺照夫著 つくばね舎 1999.5 158p 21cm 〈東京 地ებ社(発売)〉 文献あり〉 2500円 (i)4-924836-35-4 Ⓝ383.1
(内容)化粧の由来 古墳時代 飛鳥時代 白鳳時代 奈良(天平)時代 平安時代 鎌倉時代 室町・安土桃山時代 帯のはなし 江戸時代の浮世絵美人 〔ほか〕

◇化粧の文化地理 島崎博述，国際日本文化研究センター編 京都 国際日本文化研究センター 1998.9 30p 21cm (日文研フォーラム 第108回) Ⓝ383.5

◇化粧の民俗 石上七鞘著 おうふう 1999.3 210p 19cm 2000円 (i)4-273-03060-8 Ⓝ383.5
(内容)第1章 化粧の伝承 第2章 眉の伝承 第3章 髪の伝承 第4章 目の伝承 第5章 耳・鼻の伝承 第6章 口・歯・舌の伝承 第7章 額・頰・顎の伝承 第8章 白・黒・赤の伝承
＊化粧の役割、眉への思い、耳の意味。日本人は自分の顔を化粧をどのように捉えていたのか。民俗学の視点から、様々な伝承を元に分かりやすく解説。

◇『化粧眉作口伝』『都風俗化粧伝』『容顔美艶考』復刻版 〔掛川〕 資生堂企業資料館 〔2000〕 1軸,6冊(解説とも) 15-23cm 〈タイトルは外箱による 箱入(25×38cm) 和装〉 全106000円 Ⓝ595.5
(内容)1：化粧眉作口伝 ／ 水島卜也著(複製 箱入) 2-4：都風俗化粧伝 ／ 佐山半七丸著 速水春暁画 松山半山補(嘉永4年刊の複製 ホルダー入) 5-6：容顔美艶考 ／ 並木正三著 浅野高造補書(巻頭のタイトル：当世化粧容顔美艶考 文政2年刊の複製 箱入) 7：解説 ／ 陶智子著

◇化粧ものがたり―赤・白・黒の世界 高橋雅夫著 雄山閣出版 1997.5 288p 22cm 〈年表あり〉 3800円 (i)4-639-01388-4 Ⓝ383.5
(内容)赤の章 赤色顔料と紅のものがたり(赤のイメージ 古代の赤色顔料 古代中国・インドの赤色物語 ほか) 白の章 おしろいものがたり(白のイメージ 白い肌への憧れ 昔・むかしの白粉 ほか) 黒の章 眉化粧とお歯黒のものがたり(黒のイメージ 黒髪 眉化粧 ほか)

◇女性美のエスプリ―美容と服飾の美学 渡辺健治,増子博調著 里文出版 1996.4 210p 22cm 2500円 (i)4-947546-93-X Ⓝ383.5
(内容)第1部 美容の美学(美容の心理と身体感覚 美容の生理と身体条件 美容の原理) 第2部 服飾の美学(服飾生活の心理 服飾生活美容 服飾の造形要素)
＊美容と服飾の美を求める方たちの座右の書。いつまでも若く、美しく楽しい生活を続けるために、女性のエスプリを美容と服飾の両面から追い求めた、生活美学の一翼をになう待望の書である。

◇世界の櫛 ポーラ文化研究所編著 ポーラ文化研究所 1996.1 110p 26cm (ポーラ文化研究所コレクション 4) 2400円 (i)4-938547-33-3 Ⓝ383.5
(内容)日本 その他のアジア ヨーロッパ アフリカ 南北アメリカ オセアニア 古代

◇天辺のモード―かつらと装飾 INAXギャラリー名古屋企画委員会企画，アルシーヴ社編 INAX 1993.3 83p 21×21cm (INAX booklet 1993 no.1) 〈執筆：高山宏ほか〉 1442円 Ⓝ383.5

◇日本髪と島田髷展―第10回企画展 島田市博物館編 島田 島田市博物館 1995.9 81p 30cm 〈会期：平成7年9月10日—10月29日 文献あり〉 Ⓝ383.5

◇日本の髪型―伝統の美 櫛まつり作品集 京都美容文化クラブ編 京都 京都美容文化クラブ,(京都)光村推古書院〔発売〕 2000.6 271p 15cm 1200円 (i)4-8381-9902-3
(内容)櫛まつり 古墳時代 奈良時代 平安時

髪型・おしゃれ・化粧　　　　　　　　　　　　　　　　　　　　衣食住の習俗

代　鎌倉時代　室町時代　桃山時代　江戸時代前期　江戸時代中期　江戸時代後期　明治時代　大正時代　昭和時代　現代舞妓　伝統の髪型図
◇日本の髪形と髪飾りの歴史　橋本澄子著　源流社　1998.7　137p　22㎝　2800円　(i)4-7739-9802-4 Ⓝ383.5
(内容)　髪というもの　古墳時代の髪形　飛鳥・奈良時代の髪形　平安時代の髪形　鎌倉・室町時代の髪形　桃山・江戸時代の髪形　明治時代の髪形　男髷　子供の髪　髪飾り　髪と櫛・簪　各部名称　対談　髪結師のみた髪形　髪の結いあがるまで　江戸時代の髪形
◇日本の櫛―別れの御櫛によせて　春季企画展　斎宮歴史博物館編　明和町(三重県)　斎宮歴史博物館　1995.4　60p　30㎝　(会期：平成7年4月29日～6月4日)　Ⓝ383.5
◇「裸のサル」は化粧好き　デズモンド・モリス,石田かおり対談　求竜堂　1999.11　172p　20㎝　〈他言語標題：The naked ape and cosmetic behavior〉　1500円　(i)4-7630-9939-6　Ⓝ383.5
(内容)　少年時代の私は、始終動物を観察して過ごしてました　触覚と嗅覚は、原始的な感覚？　化粧行為をもたない文化はごく稀　原始の化粧は人と人との触れ合いだった　ペアさがしのポイント　人間の美しさは性的な魅力だけではない　マッサージは新たな文化　親密性と接触　化粧の三要素―見た目、感触、清潔感　化粧の人類学的な起源　若者こそきわめて触覚的な流行感覚　未来の触覚グッズ人間洗濯機　あとがき「モリス博士の城で」
＊「化粧は人間どうしの触れ合いそのもの」動物行動学の立場から人間を観察した、世界的ベストセラー「裸のサル」の著者であるデズモンド・モリスと化粧文化研究者の石田かおりが"化粧とは何か"を語り合う。
◇美女の歴史―美容術と化粧術の5000年史　ドミニク・パケ著,石井美樹子監修,木村恵一訳　大阪　創元社　1999.4　158p　18㎝　(「知の再発見」双書 82)　1400円　(i)4-422-21142-0 Ⓝ383.5
(内容)　第1章　古代世界の美容術　第2章　中世の妖精たち　第3章　バロックの輝き　第4章　自然から反自然へ　第5章　健康な肉体と現代の美
◇ヘア・カルチャー―もうひとつの女性文化論　グラント・マクラッケン著、成実弘至訳　PARCO　1998.12　292p　21㎝　2500円　(i)4-89194-591-5　Ⓝ383.5
(内容)　PREFACE　ヘアの世界へようこそ　1　ヘアサロンでの会話から　2　五人の女性たち―スタイルによる変身の物語　3　散髪屋と美容室―ヘアの旧世界　4　ヴィダル・サスーンとヘアの新世界　5　ブロンドの系譜―モンローとマドンナが金髪を作った　6　茶髪と赤毛　7　髪の色を変える　8　ヘアスタイルと自己イメージ―10の髪型　9　ヘアデザイナーと顧客の新しい関係
＊「髪は、現代社会の本質的問題のひとつである」モンローからスーパーモデルまで、"でかあたま"からキャリアカットまで、女性と髪を考察した世界的ベストセラー。
◇紅―伊勢半百七十年史　沢田亀之助編著　ゆまに書房　1998.2　589p　図版20枚　22㎝　(社史で見る日本経済史　第11巻)　(昭和34年刊の複製)　19000円　(i)4-89714-301-2 Ⓝ383.5
◇紅のすさび　木下ユミ著　改訂版　フレグランスジャーナル社　2000.9　217p　22㎝　(初版：ノーベル書房1991年刊　文献あり)　2400円　(i)4-89479-033-5 Ⓝ383.5
(内容)　今日的化粧の「原点」を探る―古代にみるメイクの土台　各時代における美意識の変化―歴史の中に現れた肌色　ヨーロッパから中国を経由して―白粉を使う白化粧が日本へ　赤の顔料は石器時代から使用―古代人の神聖なる色　シルクロードの東西交易通じ―中国の臙脂がローマへ　シルクロードの石窟寺院の塑像―石窟芸術が伝える美　暈染法を用いて生き生きとした色彩―高い水準示す敦煌芸術　色彩の持つ心理作用について―色覚は文化とともに発展　身分を象徴する「爪」と「護指」―古代エジプトの紅、マニキュア　服従、健康美、ポイント化粧―各時代における紅の役割〔ほか〕
＊メイクアップアーティストの先駆者木下ユミが紡ぐ美の源流への透視考。
◇魔女の黒髪天使の金髪―カミが見ていた世界の歴史　夏森恩著　講談社　1994.11　213p　19㎝　〈付：主要参考文献〉　1600円　(i)4-06-207103-7　Ⓝ383.5
(内容)　第1部　世界の髪に学ぶ　第2部　黒髪と日本
＊「チョンマゲは命を守るためのヘアスタイル」「中国女性が怒る「毛がきれいですね」など"髪"にまつわる古今東西の楽しいエピソードを満載。
◇明治初期における「散髪」通達について　田星姫著,富士ゼロックス小林節太郎記念基金編　富士ゼロックス小林節太郎記念基金　1995.11　21p　26㎝　(富士ゼロックス小林節太郎記念基金1994年度研究助成論文　参考文献：p19～21)　非売品　Ⓝ383.5
◇結うこころ―日本髪の美しさとその型　江戸から明治へ　村田孝子編著　ポーラ文化研究所　2000.11　160p　26㎝　〈文献あり〉　2500円　(i)4-938547-57-0 Ⓝ383.5
◇よそおいの民俗誌―化粧・着物・死装束　国立歴史民俗博物館編　慶友社　2000.3　262p　22㎝　3000円　(i)4-87449-229-0 Ⓝ383.1
(内容)　1　衣の歴史(着る飾るの過去・現在・将来)　2　化粧と死装束(化粧のフォークロア―和風化粧から洋風化粧へ　死装束を用意するとい

うこと 死者の衣服のフォークロア 後生でなにを着るか) 3 技と伝承(裁縫所に民俗をみる 丹後藤織り物語(序) 民俗文化財伝承活動の歩みと伝承の系譜)
＊第二十三回歴博フォーラム「衣のフォークロア」において話題となったことや、そこから発展した考察をとりあげてまとめた報告集。

沐浴・風呂

◇石風呂夜咄 河本勢一著 〔久賀町(山口県)〕〔河本勢一〕 1993.1 101p 18cm Ⓝ383.6
◇お風呂考現学—日本人はいかに湯となごんできたか 江夏弘著 TOTO出版 1997.5 200p 20cm 〈文献あり〉 2381円 (i)4-88706-152-8 Ⓝ383.6
〔内容〕第1部 風呂の始まりと広がり(人生は沐浴から始まる 仏教伝来がもたらした風呂文化 江戸の銭湯百景 江戸時代の個人風呂) 第2部 風呂の変遷と未来(近代化する風呂 風呂の技術革新 これからの風呂 湯となごむ)
＊「人生は沐浴から始まる」日本人の暮らしに欠かせないお風呂。湯とのなごみ方を古代から現代まで語る風呂文化論。世界最古のシステムバスは?ユニットバスルームはいつできた? 長年、住宅設備のシステム化の普及・促進に努めてきた著者ならではのお風呂の話。

◇お風呂の秘密・温泉の不思議—なぜ銭湯の壁絵には富士山が描かれるのか? 湯けむりクラブ編 ハローケイエンターテインメント 1996.12 222p 15cm 〈ワニ文庫〉〈発売:ベストセラーズ 付:参考文献〉 490円 (i)4-584-30517-X Ⓝ383.6
〔内容〕1 お風呂に関する素朴な疑問 2 文化とお風呂のあったか〜い関係 3 科学とお風呂の意外な関係 4 旅と温泉の親密な関係 5 歴史とお風呂の不思議な関係 6 健康とお風呂のステキな関係
＊たとえば—「なぜお風呂というのか?」「どうして冬至に柚子湯に入るのか?」「温泉はどうやって発見するのか?」—ご存知でしょうか。本書は「お風呂・温泉」に関する素朴な疑問や、文化・歴史との関係、健康とのかかわり、科学的な分析などをまとめた一冊。

◇お風呂屋さんのスクラップブック—旧柏場所蔵資料 東京都台東区教育委員会文化事業体育課編 東京都台東区教育委員会 2001.3 156p 30cm 〈台東区文化財報告書 第27集〉〈文献あり〉 Ⓝ383.6

◇清潔になる＜私＞—身体管理の文化誌 ジョルジュ・ヴィガレロ著、見市雅俊監訳 同文館出版 1994.12 366p 22cm 4000円 (i)4-495-86091-7 Ⓝ383.6

〔内容〕第1部 祝祭の水から不穏な水へ 第2部 下着が身体を洗う 第3部 身体に滲みこむ水から強化する水へ 第4部 水が身体を守る
＊西欧社会における「水の表象」と「清潔のイメージ」の変遷をたどる。

◇混浴宣言 八岩まどか著 小学館 2001.12 254p 19cm 〈サライBOOKS〉 1500円 (i)4-09-343381-X
〔内容〕第1章 現代混浴事情 第2章 混浴はなぜ禁止なのか 第3章 聖なる湯と性なる湯 第4章 文明開化が混浴を変えた 第5章 混浴が楽しくなくなった理由 第6章 混浴の再発見 第7章 ドイツ混浴事情 第8章 新しい混浴の波
＊消えつつある混浴は、日本人のふれあいの原点。女性混浴愛好家が、湯気の向こうにご案内。

◇洗浄風俗史話—入浴と洗濯のあゆみ 落合茂著 酒々井町(千葉県) 文芸復興社 1993.4 176p 19cm 〈略年表:p175〜176〉 1200円 Ⓝ383.6

◇銭湯浪漫—湯気の中に人情が! 中尾保著 文芸社 2000.1 175p 26cm 1800円 (i)4-88737-652-9 Ⓝ383.6
〔内容〕銭湯に来たお客さんの話 銭湯と集会所 銭湯に行く時の持ち物と服装 湯札と留め湯 銭湯の設備 銭湯と広告 銭湯の季節行事 一日の仕事 お風呂屋さんが書いた戦中・戦後の日記 多く使用されている銭湯の名前と謂われ 〔ほか〕
＊銭湯浪漫。消えゆく銭湯文化を追い求めた渾身の書。江戸時代から、一般の男女はもちろん、遊女、すもうとり、漁師など、あらゆる人々の裸の姿を見つづけて300年以上。銭湯は話題の宝庫。

◇日本の自然遊—湯浴の聖と俗 日下部弘著 近代文芸社 1995.3 202p 20cm 〈引用・参考文献:p190〜200〉 2000円 (i)4-7733-4129-7 Ⓝ383.6
〔内容〕第1章 湯浴の聖と俗 第2章 日本の自然遊:湯浴文化のかくれた形
＊"ゆ"は命と自然との感応。日本人の遊びのアイデンティティを"自然遊"としての湯俗を通してみる。

◇入浴・銭湯の歴史 中野栄三著 雄山閣 1994.11 215p 22cm 〈雄山閣books 16〉〈新装版 銭湯略年表:p211〜215〉 2500円 (i)4-639-00311-0 Ⓝ383.6
〔内容〕入浴史 浴場史 銭湯史 入浴雑考
＊天正十九年(1591)の夏の頃、伊勢の与市といいしもの、銭瓶橋のほとりに銭湯風呂を一つ立てる。風呂銭は永楽一銭なり云々—(「そぞろ物語」)。近世初期に始まる銭湯風呂を中心に、そこから歴史を遡って古代へ、伝説へ、下って幕末から明治大正へ、裸のロマンを掻きたてる。

◇入浴の解体新書―浮世風呂文化のストラクチャー　松平誠著　小学館　1997.5　253p　19cm　〈参考文献：p250～p253〉　1800円　(i)4-09-626194-7　Ⓝ383.6
　内容　序章　そこまでやるの　第1章　現代の入浴風景―生活文化の様変わり　第2章　当代入浴作法　第3章「極楽風呂」の正体　第4章　銭湯の大変身―その生き残り作業　第5章　入浴文化を比較する―東日本と西日本　第6章　温泉「天国」の現在　第7章　日本の「お風呂」を欧米からみれば
　＊連綿とつづいてきた日本人と風呂の関係をとらえ直し、日本人が、なぜ風呂好きなのかに迫る。これは平成の「浮世風呂」本だ。

◇風呂とエクスタシー――入浴の文化人類学　吉田集而著　平凡社　1995.9　307p　20cm　(平凡社選書 159)　〈参考文献：p302～307〉　2678円　(i)4-582-84159-7　Ⓝ383.6
　内容　第1章　風呂とは何か　第2章　アメリカ大陸の風呂　第3章　ユーラシア西部の風呂　第4章　アジア・アフリカの風呂　第5章　風呂は恍惚にあり　第6章　風呂の意味
　＊壮麗な古代ローマの大浴場と、その娯楽性を継承したイスラームの風呂、心身の清浄・鍛練をはかるギリシアのギムナシウム、苦行・儀式と組み合わされたアメリカ・インディアンの熱気浴、民族のアイデンティティーとしてのフィンランドのサウナ、病気治療として伝播していったインドの仏典にみられる入浴法、中国の「浴堂」と朝鮮半島の「汗蒸」、日本の「風呂屋」「湯屋」…人は風呂にさまざまな意味を見出し、それぞれにふさわしい装置を創出してきた。まさに百花繚乱ともいうべき世界の風呂のありようとその系譜をたどり、「恍惚」＝シャーマニズムとの関連において原初のなりたちに至る、画期的な労作。

◇水と温泉の文化史　アルヴ・リトル・クルーティェ著, 武者圭子訳　三省堂　1996.2　310p　22cm　3900円　(i)4-385-35503-7　Ⓝ383.6
　内容　1　水と神話の儀式　2　入浴と温泉の歴史　3　水と芸術
　＊絵画とともにたどる世界の水と温泉の歴史。「水」水神、妖精、人魚、禊、聖なる川などの神話・伝説・儀式から現代のミネラル・ウォーターまで。「温泉」聖なる泉や古代ローマの浴場からヨーロッパ、アジア、日本、アメリカ各地の温泉(スパ)まで。

◇ゆーお風呂の文化史　特別展図録　埼玉県立博物館編　大宮　埼玉県立博物館　2000.3　79p　30cm　〈会期：平成12年3月25日～5月7日〉　Ⓝ383.6

◇湯浴み―湯の歴史と文化　大分県立歴史博物館編　宇佐　大分県立歴史博物館　1999.10　111p　30cm　〈文献あり〉　Ⓝ383.6

◇湯かげんいかが　森崎和江著　平凡社　1997.10　236p　16cm　(平凡社ライブラリー)　800円　(i)4-582-76218-2　Ⓝ383.6
　内容　序　ゆげのむこうの　1　罪のない顔　2　わたしのふろ　3　村の湯・町の湯・温泉　4　水を湯にする　5　桶とかめと手織り木綿　6　川でふろして　7　湯水のように　8　ふろふき大根　9　ひびいてくるいのち
　＊性や年齢や社会の垣根を脱ぎ捨て、ひとつ湯に体を沈め背を流しあう。湯と肌のぬくもりに心身はくつろぎ命はよみがえる。日本人が失ったあたたかなおふろの文化を懐かしく語る名エッセイ。

◇浴場から見たイスラーム文化　杉田英明著　山川出版社　1999.4　82p　21cm　(世界史リブレット 18)　729円　(i)4-634-34180-8　Ⓝ383.6
　内容　1　古代ローマ文化の遺産　2　イスラームの入浴文化　3　詩と物語のなかの公衆浴場　4　ヨーロッパとイスラーム　5　日本人とイスラーム文化
　＊イスラーム世界の公衆浴場は、ギリシア・ローマの伝統が発展して形成された重要な宗教的・社会的施設である。人々は現代に至るまで、古代以来の叡智が結晶した、この「生きた文化遺産」を生活のなかで活用し続けている。本書では、浴場を通してイスラーム文化の内面に分け入るとともに、これをヨーロッパや日本など、異文化世界の人々とイスラームとのあいだの相互イメージが形成される場としても捉えた。

身体変工

◇刺青　斎藤卓志著　岩田書院　1999.9　254p　20cm　〈他言語標題：Tattoo　文献あり〉　2800円　(i)4-87294-150-0　Ⓝ383.7
　内容　第1章　刺青のみえる風景　第2章　意匠と技術　第3章　素顔の刺青師　第4章　刺青を背負う　第5章　刺青の呪力と心性　第6章　誰のために装うか
　＊墨を入れる彫師、その彫師の針を受ける客、その刺青を見る世間―。聞き書きをもとに、その心象の世界に入ってみたい。

◇いれずみ(文身)の人類学　吉岡郁夫著　雄山閣出版　1996.9　276p　19cm　2472円　(i)4-639-01389-2　Ⓝ383.7
　内容　第1部　日本の文身習俗(縄文時代の文身　縄文時代の海人　弥生時代の文身　古墳時代の文身　古代以降の文身)　第2部　日本周辺の文身習俗(アイヌの文身　琉球の文身(針突)　台湾高山族(高砂族)の文身　ミクロネシアの文身)　第3部　医学と人類学の周辺(文身と習俗　文身の医学　まとめ―東アジアの文身習俗)

*いれずみの呪力とは?人はなぜみずからのからだに傷をつけ文様を施してきたのか。多種多様ないれずみのもつ意味とその起源をさぐる。

◇刺青師初代彫兄刺青集 第1巻 水摩元彦著 福岡 權歌書房 2000.3 155p 31cm 〈他言語標題: Japanese Tattoo artist the first Horikyo tattoo work 奥付のタイトル: 初代彫兄刺青集 英文併記〉 9524円 (i)4-88757-020-1 Ⓝ383.7

◇刺青の民俗学 礫川全次編著 批評社 1997.12 335p 22cm 〈歴史民俗学資料叢書 4〉 6000円 (i)4-8265-0246-X Ⓝ383.7
- 〈内容〉解説篇(白川静氏の文身論 加入儀礼と身体装飾 入れ墨とかかわりをもつ諸学 「いれずみ学」は成立しえないか ベルツの入墨論 入墨=着物代用説 ほか) 資料篇(『石器時代の遺物遺跡は何者の手に成たか』抄(1888) 「アイヌの婦人」(1889) 「アイヌの入れ墨」(1893) 「琉球ノ入墨ト「アイヌ」ノ入墨」(1893) 「琉球大島群島婦人の黥」(1900) ほか)
*文身・入墨・刺青・彫り物に関する代表的文献を網羅し、「イレズミ」に託された民俗伝承を跡付ける。

◇お歯黒考 池田鉰七著 〔茅ヶ崎〕 〔池田鉰七〕 1996.5 89p 26cm 〈文献: p89〉 Ⓝ383.7

◇「お歯黒」の研究 原三正著 人間の科学社 1994.4 270p 19cm 〈普及版 参考文献: p253~264〉 1500円 (i)4-8226-0002-5 Ⓝ383.7
- 〈内容〉第1編 序論(身体装飾とはなにか 黥面 文身 朱丹粧 抜歯 歯牙変工) 第2編 本論(お歯黒の名称と出典 文献に見るお歯黒 お歯黒の起源 お歯黒の伝播 お歯黒と通過儀礼 五倍子と鉄漿) 第3編 特論(お歯黒と公卿 お歯黒と武士 お歯黒と女性 お歯黒と川柳 お歯黒と横櫛子 お歯黒の終焉 お歯黒の名言・迷信・現代人の認識) 第4編 総括(歯科医学の対応 要約と私見 今後の研究課題)

◇ぎのわんの針突 宜野湾市史編集室編 宜野湾 宜野湾市教育委員会・文化課 1995.3 116p 30cm 〈口承民俗文化財記録保存調査報告書〉 Ⓝ383.7

◇Tattoo カタログ—人肌に妖しの「華」を創る 1995 黒田出版興文社 1995.8 127p 21cm 1500円 (i)4-87673-304-X Ⓝ383.7
- 〈内容〉彫徳一門 初代彫徳作品集 彫保作品集 彫正作品集 初代彫鯉作品集 彫しん作品集 梵天タトゥースタジオ作品集

◇タトゥースタイルブック 造事務所編著 情報センター出版局 1999.9 191p 21cm 〈他言語標題: Tattoo style book 執筆: Ink Head Factory〉 1700円 (i)4-7958-1473-2 Ⓝ383.7
- 〈内容〉1 ENERGY(竜・蛇 伝説獣 ほか) 2 FANCY(飛ぶもの 花、植物 ほか) 3 MYSTIC(ネオ・ペーガニズム 文字 ほか) 4 TATTOO GUIDE(体験記 TATTOOを入れるということ TATTOO実践ガイド)
*入れたいあなたのための読むTATTOO辞典。古今東西、世界から集めた図版・写真450点! あらゆるスタイルの意味・背景から、アレンジのテクニックまでくわしく解説! 自分にあったスタジオを見つける充実のガイド。

◇日本刺青芸術・彫芳 彫芳作, 高木彬光, 福士勝成監修, 日本刺青研究所編 普及版 人間の科学社 1997.12 149p 37cm 〈他言語標題: Japan's tattoo arts Horiyoshi's world 英文併記 背のタイトル: 彫芳 おもに図〉 6000円 (i)4-8226-0164-1 Ⓝ383.7
- 〈内容〉日本刺青芸術・彫芳 生きている芸術 二代目同士と'HORIYOSHI' LOOK 二代目彫芳の作品に感動して 彫芳

◇日本刺青芸術・彫芳 彫芳作, 高木彬光, 福士勝成監修, 日本刺青研究所編 増補普及版 人間の科学社 2001.2 175p 37cm 〈他言語標題: Japan's tattoo arts Horiyoshi's world 英文併記 背のタイトル: 彫芳 おもに図〉 8000円 (i)4-8226-0191-9 Ⓝ383.7
- 〈内容〉第1部 日本刺青芸術・彫芳(生きている芸術 二代目同士と 'HORIYOSHI' LOOK 二代目彫芳の作品に感動して 彫芳 彫芳刺青を背負った動機と出会い ほか) 第2部 刺青の周辺(刺青と文学 刺青の医学)欧米の刺青芸術
*二代目彫芳の作品の美しさはもはや刺青という限られた枠内で語ることはできません。むしろ彫芳こそ東洋、とりわけ日本美術への深い造詣と伝統のもとに育まれつつも、極限にまで研きぬかれた技術によって、新しい確固とした美の世界を築き上げた現代の芸術家というべきでしょう。本書は彫芳自らの手によるその半生の労作の集大成であります。

◇Flashin' skin : main stream of under ground sub culture ナットファクトリー 1997.1 95p 30cm 〈本文は日本語 発売: 草輝出版 おもに図〉 3800円 (i)4-88273-026-X Ⓝ383.7
- 〈内容〉第1章 神仏 第2章 人物・怪物 第3章 動植物 第4章 トライバル etc. 第5章 刺青の世界
*鋭い感覚と感性を持つ人達を中心に飛躍的に増加している刺青-TATTOO-人口。日本でも愛好家は着実に増えているが、限られた情報の中ヤミクモに刺青を入れて後悔した人も少なくないはずである。日米トップクラスの彫師による夢の競演。最新の130作品は君の常識を凌駕する。

◇Flashin' skin entrance—Main stream of under ground sub culture 井上由理編 ヴァン 1997.12 80p 30cm 〈本文は日本語 おもに図

東京 草輝出版(発売)〉 2800円 (i)4-88273-033-2 Ⓝ383.7
(内容) アメリカンクラシック アンド ニュースクール トライバル、ケルティック アンド バイオ メカニカル ワンポイント その他
＊本書は現在世界的に人気の高い洋彫師の作品と有名なショップを中心に編集してある。

飲 食

◇悪食コレクション―あるいは〈食〉としての文化人類学 村上紀史郎編 芳賀書店 2001.2 316p 19cm 2000円 (i)4-8261-0155-4 Ⓝ383.8
(内容) 1 オードブル(正食記 現代人の偏食をただす試み 前衛料理のすすめ) 2 メインディッシュ(中国食探検 中国の食虫習俗見聞記 タイの動物誌 ほか) 3 デザート(虫の味 ある手紙 奇味・魔味 ほか) 4 食後酒(メニューコレクション 食域を広げるためのレシピ―各国の料理から 栄養談義)
＊食文化の地域差から、意外な美味の追求まで世界の食風俗をも視野に入れて語られた硬軟二十編の論考・エッセー。

◇浅野陽の食と器と日本人 浅野陽著 群羊社 1997.10 79p 26cm 1600円 (i)4-906182-36-4
(内容) 第1章 海の恵み、山の幸 豊かな日本の食の源流 第2章 農耕民族の器 騎馬民族の器 第3章 世の中が動く 工芸も新しく 第4章 私の四季の楽しみ方 第5章 職人さんとの出会い 小宇宙の発見

◇アジアの民族造形―「衣」と「食の器」の美 金子量重著 毎日新聞社 1997.3 142p 26cm 〈参考文献：p142〉 4223円 (i)4-620-60526-3 Ⓝ750.87
(内容) 衣・冠・笠・帽子・頭布 民族服 履物 靴 寝具地 布帛 装身具 食―貯蔵 調理 飲食
＊本書はアジアの生活文化を"もの"で通覧できるよう、衣と食の器に関する民族造形を選んで構成した。生活に密着して生まれた、衣服や装身具、貯蔵・飲食器など、選りすぐった"伝統に根づいた用の美"をオールカラーで紹介。

◇いわき市伝統郷土食調査報告書 いわき地域学会編 いわき いわき市 1995.3 129p 30cm Ⓝ383.8

◇「うつわ」を食らう―日本人と食事の文化 神崎宣武著 日本放送出版協会 1996.2 228p 19cm (NHKブックス 757) 900円 (i)4-14-001757-0 Ⓝ383.88
(内容) 1章 ワンは運搬容器で接吻容器 2章 匙を使わなかった謎と箸を尖らせた理由 3章 皿 鉢と煮もの・和えもの料理の発達 4章 磁器を

ともなっての飲酒と飲茶習俗
＊本書は、私たちの日々の食卓に展開する、あたりまえの現象に、改めて問いを発しつつ、日本の地方、その土地に伝わる生活習俗のさまざまを誌しながら、食事と食器文化の「かたち」を明らかにする。民俗学の俊秀による「器と盛りつけ」の食文化論の試み。

◇梅干 有岡利幸著 法政大学出版局 2001.6 297p 20cm (ものと人間の文化史 99) 〈文献あり〉 2900円 (i)4-588-20991-4 Ⓝ383.81
(内容) 第1章 和食膳の梅干 第2章 江戸料理本の梅干 第3章 明治期の戦争と梅干 第4章 梅干の四季 第5章 医薬書にみる梅干 第6章 わが国古伝の民間療法と梅 第7章 梅干と日本人
＊古来日本人の食生活に不可欠の食品とされ、健康増進や医療にも驚くべき効能を発揮するとして民間療法や漢方で重用されてきた梅干の知られざるパワーを探り、梅干にまつわる先人たちの知恵に学びつつ、日本人の梅干好きの秘密を解明する。

◇江戸の女たちのグルメ事情―絵図と川柳にみる食文化 渡辺信一郎著 TOTO出版 1994.10 250p 19cm (TOTO Books 015) 1100円 (i)4-88706-106-4
(内容) 第1項 女たちの炊飯事情 第2項 バラエティに富む食生活 第3章 二七にして月水至り 七七に絶ゆ 第4項 ししもお糞も惣雪隠
＊「江戸の女たちのトイレ」に続くおまたせ第2弾。女たちが無性に好んだ食べ物とは。

◇外食の文化 田村真八郎,石毛直道編 ドメス出版 1993.10 220p 19cm (食の文化フォーラム) 2369円 (i)4-8107-0375-4
(内容) 食と怠けごころ 瓜二つ 外食の文化 外食の時代 産業化した外食 情報化した外食 外食の文化史序説 外食・内食・中食

◇柿の信仰と伝承―柿の民俗誌 永野忠一著 高石習俗同攷会 1994.10 231p 20cm (習俗双書 no.14) 〈限定版〉 Ⓝ382.1

◇鰹節 宮下章著 法政大学出版局 2000.11 372p 19cm (ものと人間の文化史) 3200円 (i)4-588-20971-X
(内容) 第1章 日本的なる魚―カツオ 第2章 鰹節を語る 第3章 カツオの文字と呼び名のいわれ 第4章 先史時代のカツオ列島 第5章 古代人のカツオ 第6章 鰹節の誕生 第7章 紀州のカツオ漁法が全国へ 第8章 鰹節、江戸の優良商品となる 第9章 江戸っ子の初鰹 第10章 黒潮流域沿岸に鰹節産地出現
＊黒潮洗う日本列島では古来、季節の魚としてカツオを食するばかりでなく、鰹節という貴重な食材に加工し、多方面に利用する―カツオの漁法から鰹節の製法、商品としての流通までを歴史的に展望し、この日本的な食材の秘密を探る。

◇カップ＆ソーサーの世界　愛知県陶磁資料館,瀬戸市歴史民俗資料館編　瀬戸　愛知県陶磁資料館　2000.1　64p　21cm　〈会期・会場：1999年11月20日―2000年3月31日　愛知県陶磁資料館ほか　共同刊行：瀬戸市歴史民俗資料館〉　Ⓝ751

◇家庭の食事空間　山口昌伴責任編集　味の素食の文化センター　1999.7　422p　23cm　(講座食の文化　第4巻)　(東京　農山漁村文化協会(発売))　6476円　(i)4-540-99023-3　Ⓝ383.81

(内容)　序章 家庭の台所・食事空間の構図　第1章 台所という空間　第2章 台所道具の原像　カラー企画 つくる場所の100年　第3章 食器の美学　第4章 食卓の風景

＊「食べること」を文化として考えていくのが「食の文化」。本講座は、味の素および味の素食の文化センターが1980年より開催してきた「食の文化シンポジウム」および「食の文化フォーラム」の成果をまとめたもの。

◇カレーライスがやって来た―日本たべもの事始　大塚滋著　朝日新聞社　1993.1　262p　15cm　(朝日文庫)　(「たべもの事始」(淡交社1984年刊)の改題加筆)　500円　(i)4-02-260743-2　Ⓝ383.8

◇カレーライスがやって来た―日本たべもの事始　大塚滋著　〔点字資料〕　視覚障害者食生活改善協会　1993.7　3冊　27cm　(指で読む食生活文庫シリーズ 第54集)　〈原本：朝日新聞社 1993 朝日文庫〉　全9000円　Ⓝ383.81

◇魚醤文化フォーラムin酒田　石谷孝佑編　幸書房　1995.2　85p　21cm　(付：参考文献)　1200円　(i)4-7821-0130-9　Ⓝ383.8

(内容)　「魚醤文化フォーラム」開催される―日本海食文化フォーラム500イン酒田　基調講演(魚醤油、塩辛とくさや―微生物・酵素利用の知恵　海は味の演出家である―飛島の塩辛　世界と日本の魚醤油と飛島の「塩辛」―魚醤油をめぐる新たな食文化の発見と構築　飛島の塩辛とタレのルーツ　しょっつるの製造と利用―秋田の魚醤油 ほか)　食文化フォーラム―その後(魚醤造りへの挑戦―東北・釜石から全国へ　魚醤油でまちおこし)

◇葛伝統産業の振興と葛にまつわる民俗・文化の保存を考える　津川兵衛著　〔神戸〕　〔津川兵衛〕　〔1994〕　21p　26cm　Ⓝ382.1

◇グルメの哲学―果物・野菜・日本食・食生活の知恵　雑学読本　北川博敏著　丸山学芸図書　1994.3　262p　20cm　2000円　(i)4-89542-131-7　Ⓝ383.8

(内容)　果物　野菜　日本食　食生活

＊日本人の食文化は独特である。特に戦後の日本人が大きな影響を受けつつある欧米とは異なる点が多い。本書が果物、野菜、日本食および食生活について楽しい読み物になると共に、グルメ時代の日本人が食文化について考える一助になれば望外の喜びである。

◇原野の料理番　坂本嵩著　朝文社　1993.4　222p　19cm　1400円　(i)4-88695-091-4　Ⓝ383.8

(内容)　原野の食卓　春になれば　夏がきて　短かい秋　冬の到来

＊不便さは時として、偉大な教師であり空腹は智者である。電気もない北海道の原野で体力と知力をかけて奮闘する開拓者とその子らの食と生活。大自然の中での動物家族との温かい交流と、生きるための厳しい掟。いま時代は飽和から素食へ。異色のエコロジーエッセイ。

◇氷の文化史―人と氷とのふれあいの歴史　田口哲也著　冷凍食品新聞社　1994.5　237p　21cm　〈企画編集：まな出版企画　引用参考文献：p234～237〉　2500円　(i)4-947606-09-6　Ⓝ383.8

◇国際化時代の食　田村真八郎,石毛直道編　ドメス出版　1994.11　216p　20cm　(食の文化フォーラム)　2369円　(i)4-8107-0396-7　Ⓝ383.81

(内容)　国際化時代と情報　にせ粥づくり　国際化と現代日本の食　第一回・食の文化フォーラム　進展する食の国際化　第二回・食の文化フォーラム　食の国際化を考える　第三回・食の文化フォーラム　国際化とわが国の食　食分化変容の文明論　食の文化の集団単位

＊本書は食の文化フォーラムの一九九三年度テーマ「国際化時代の食」の三回にわたる会合の記録を編集したものである。

◇塩と日本人　田村勇著　雄山閣出版　1999.8　213p　19cm　2300円　(i)4-639-01629-8　Ⓝ382.1

◇樹木がはぐくんだ食文化　渡辺弘之著　研成社　1996.11　122p　21cm　1854円　(i)4-87639-607-8　Ⓝ383.81

(内容)　1 飾る　2 生を味わう　3 食べる　4 包む　5 呑む　6 味をつける　7 色をつける　8 香りをつける　9 爪楊枝と箸

◇縄文人の末裔たち―ヒエと木の実の生活誌　畠山剛著　新版　彩流社　1997.10　333p　19cm　1900円　(i)4-88202-552-3　Ⓝ383.8

(内容)　第1章 変貌のはげしい北上山地で　第2章 ヒエ百姓―ヒエ・ムギ・ダイズの二年三毛作とその自給率　第3章「カノ」(焼畑)とその周辺―岩泉地方の山林原野耕作慣行　第4章 木の実食―もう一つの主食糧　第5章 クリの実　第6章 私の「植物食」実習　第7章 北上山地の縄文人の食生活　第8章 三内丸山縄文人の主食糧　第9章 崩壊した伝統的生

＊大自然の摂理の中で築かれた農と食文化。近代化による失われた山村の伝統的生活の記録とその奥に見える縄文人の食生活。「三内丸山縄文人の主食糧」と「クリの実」を増補。

◇食具 山内昶著 法政大学出版局 2000.10 283p 20cm (ものと人間の文化史 96) 〈文献あり〉 2900円 (i)4-588-20961-2 Ⓝ383.88
(内容) 序論 食具とは? 第1章 最初の文化衝撃 第2章 食べ方の文化記号論 第3章 食具の文化史 第4章 食具の文化象徴論
＊食の人類学の視点から東西の食法を考察し、箸の食文化と三点セット(スプーン、フォーク、ナイフ)の食文化の違いを人間の自然に対するかかわり方の違いとして浮彫りにしつつ、食具を人間と自然をつなぐ基本的な媒介物として位置づける。

◇食生活の現代的課題 豊川裕之編著 放送大学教育振興会 1996.3 189p 21cm (放送大学教材 1996) 〈文献あり 索引あり〉 2097円 (i)4-595-51776-9 Ⓝ383.8

◇食生活の成立と展開 石川寛子著 放送大学教育振興会 1995.3 167p 21cm (放送大学教材 1995) 〈各章末:文献〉 2060円 (i)4-595-81487-9 Ⓝ383.8

◇食前・食後 石毛直道著 平凡社 1997.7 236p 20cm 〈著作目録あり〉 1600円 (i)4-582-82908-2 Ⓝ383.8
(内容) 食生活を探検する 住居空間の人類学 世界の食事文化 リビア砂漠探検記 食卓の文化誌 野外手帳 環境と文化—人類学的考察 食いしん坊の民族学 ヒトみな主食の神—食の文化誌講義 食事の文明論 人類学者のクッキングブック 食の文化フォーラム—食のことばハオチー! 鉄の胃袋中国漫遊〔ほか〕
＊碩学または鉄の胃袋—国立民族学博物館館長石毛直道30年の軌跡。まえがき・あとがき集。

◇食卓の博物誌 吉田豊著 丸善 1995.12 223p 18cm (丸善ライブラリー) 700円 (i)4-621-05180-6 Ⓝ383.8
(内容) 冬の章(アラ礼讃 はるかなり大根の旅路 蜜柑の香せり冬がまた来る… ほか) 春の章(匂いで愛され、嫌われるネギの仲間 道元禅師とシイタケ 好き嫌いの甚だしい豚肉 ほか) 夏の章(トマト風味、世界に広まる ユウガオ—そのさまざまな顔 ぽろぽろ納豆とぬるぬる納豆 ほか) 秋の章(調製加工が厄介な主食、穀物 サケ・マスの恵み 無塩の功罪 ほか)
＊本書では、私たちの食卓に並んでいる食べものたちに登場してもらい、その来歴と持ち味を紹介してゆく。

◇食とジェンダー 竹井恵美子編 ドメス出版 2000.9 241p 22cm (食の文化フォーラム 18) 2800円 (i)4-8107-0525-0 Ⓝ383.8
(内容) "自明なるもの"を問い返すこと 第1部 食とジェンダーの諸相—人類学・民俗学の視点から(狩猟採集社会における食とジェンダー—性的分業と食物規制を中心に 「悪い魚」と「真の魚」—台湾ヤミの魚食における食物規制 韓国の食事の場にみられる老若・男女の空間分離 近代村落社会における調理担当者) 第2部 食の現在—ジェンダーの軛を解く(嗜好に生理的性差はあるか 「男と料理」を女の側からみると メディアのなかの「食とジェンダー」—テレビコマーシャルを中心に 食べもの・女性・身体—拒食・過食からみえてくる女と食のぬきさしならない関係) 総括 食にあらわれるジェンダー—変わりゆく構造とそのゆくえ
＊本書は一九九九(平成一一)年度に開催された味の素食の文化フォーラムの発表と討論をもとに、新たに原稿を書き下ろしたものである。

◇食と人生—81の物語り 石毛直道,井上忠司,本間千枝子編 味の素食の文化センター 2001.10 274p 20cm 〈東京 農山漁村文化協会(発売)〉 1429円 (i)4-540-01168-5 Ⓝ383.81
(内容) 1 空腹だった頃 2 おとこの台所 3 母からの贈り物 4 想い出を食べる 5 異文化を味わう 6 めでたい時も… 7 食へのこだわり 8 食卓の情景から 9 元気をもらう

◇食と文化の謎 マーヴィン・ハリス著,板橋作美訳 岩波書店 1994.3 343,17p 16cm (同時代ライブラリー 179) 〈巻末:参考文献〉 1200円 (i)4-00-260179-X Ⓝ383.8
(内容) プロローグ 食べ物の謎 第1章 肉がほしい 第2章 牛は神様 第3章 おぞましき豚 第4章 馬は乗るものか、食べるものか 第5章 牛肉出世物語 第6章 ミルク・ゴクゴク派と飲むとゴロゴロ派 第7章 昆虫栄養学 第8章 ペットに食欲を感じるとき 第9章 人肉食の原価計算 エピローグ 最後の謎
＊人間が何を食べ、何を食べないかという問題は、文化の気まぐれや歴史の偶然なのだろうか。人類学・経済学・歴史学・医学・生物学・栄養学などの膨大な知見と楽しいエピソードを披露しながら、異端の人類学者ハリスは、食物生産システムを考察して食と文化の謎をあざやかに解明する。

◇食の思想と行動 豊川裕之責任編集 味の素食の文化センター 1999.9 429p 23cm (講座食の文化 第6巻) 〈東京 農山漁村文化協会(発売)〉 6476円 (i)4-540-99024-1 Ⓝ383.8
(内容) 序章 複雑系としての食 第1章 食の思想 第2章 薬食の思想 第3章 現代栄養学の理論と視点 第4章 味覚基準／食行動の形成と変化 第5章 食行動をめぐる諸相
＊1982年に発足した「食の文化フォーラム」の研究を7項目に大別して集大成したもの。第6巻は「食の思想と行動」としてまとめる。

◇食の情報化 井上忠司責任編集 味の素食の文化センター 1999.4 421p 23cm (講座食の文化 第5巻) 〈東京 農山漁村文化協会(発売)〉 6476円 (i)4-540-98219-2 Ⓝ383.8

衣食住の習俗　　　　　　　　　　　　　　　　　　　　　　　　　　　　　　　　　　飲食

　内容　序章 社会変容と食の文化　第1章 都市化と食の文化(都市化と食事文化　都市の祝祭性と食 ほか)　第2章 現代家庭の食事文化(食事と女性の役割　食事空間と団らん ほか)　第3章 外食産業の文化史(外食と中食の文化　外食の文化史序説 ほか)　第4章 情報化と食の文化(情報化と食の文化　江戸時代の食情報 ほか)　第5章 食事作法の比較文化(食事作法の文化心理　ヨーロッパの食事作法 ほか)
＊"日常茶飯事"ともみえる「食」のなかに文化を発見し、学問研究の対象とする「食の文化フォーラム」の研究を7項目に大別、集大成。本巻では、都市化、ライフスタイルの変容、家族の多様化などに伴って、食生活の態様が大きく変わっていく、食の社会化・情報化の視点からその実態に迫り、食事様式と食事作法の問題にも及ぶ。

◇食の体験文化史　森浩一著　〔点字資料〕　日本点字図書館(製作)　1998.1　3冊　26cm　(原本:中央公論社 1995)　全5400円　Ⓝ383.8

◇食の体験文化史　森浩一著　中公論新社　1999.10　332p　16cm　(中公文庫)　762円　(i)4-12-203516-3　Ⓝ383.81
　内容　「わが食物史の記録」ができるまで　サケ・シャケ　サメとフカとワニ　鮎と年魚　水無月と氷と氷室　マクワウリとシロウリ　キュウリとニガウリ　アワビ　アジとムロアジ　ハスとレンコン 〔ほか〕
＊考古学の魅力にとりつかれて50年。大学で考古学を教える著者は、仕事がら全国各地の遺跡を目指し旅行する。旅先では、小さな町や島にも泊り、いろいろな食物に出会うことを無上の喜びとする。食文化に強い関心をもち、丈夫な脳と胃を誇る著者が、歩きまわり、未地の土地や人々との出会いの体験の中から描く"食行動録"。

◇食の体験文化史 2　森浩一著　中央公論社　1997.4　238p　18cm　〈索引あり〉　1400円　(i)4-12-002668-X　Ⓝ383.8
　内容　ウナギ　水　うどん　うどんと麺類　石鍋ピビンパ　イワシ　豆腐　サバ　おスシ　お漬物　お弁当　ソバ　ナス　十四日間の中国の食卓―野菜篇　十四日間の中国の食卓―羊豚篇　栗　ハマグリとアサリ　シジミ
＊1日3食20年余の記録から―歴史とともにかみしめるにっぽんの味。考古学者の食物史の記録。

◇食の体験文化史 続　森浩一著　中央公論新社　2000.9　331p　16cm　(中公文庫)　〈続〉のサブタイトル:考古学者の食日記　857円　(i)4-12-203714-X　Ⓝ383.81
　内容　お漬物　お弁当　ソバ　ナス　十四日間の中国の食卓(野菜篇　羊豚篇)　栗　ハマグリとアサリ　シジミ　お餅　里芋　フナ　納豆　蛸とタコ焼　カニ　牛乳　蒲鉾とてんぷら　タマゴ　お茶　タイ　カキ(蠣)　パイとサザエ　ワカメ　トリ　ウニ・ナマコ・ホヤ　クジラ　ご飯
＊人々のいのちと暮しを育んだ、日本の豊かな「食」のあじと、中国・新疆ウイグル自治区の民族のあじとを、食文化に強い関心を持つ考古学者が、歴史とともに嚙みしめる。一日三食二十年余の記録から、丈夫な脳と胃を誇る著者が綴る食物史の記録・続篇。

◇食の体験文化史 3　森浩一著　中央公論社　1999.1　238p　18cm　1500円　(i)4-12-002869-0　Ⓝ383.8
　内容　お餅　里芋　フナ　納豆　蛸とタコ焼　カニ　牛乳　蒲鉾とてんぷら　タマゴ　お茶〔ほか〕
＊日本の「食」は今日も元気だ。人びとのいのちと暮しをはぐくんだ豊かな食文化の歴史を体験。完結篇。考古学者の食物史の記録。

◇食の文化誌　河村和男著　安城　食文化研究会　1993.8　343p　22cm　2500円　Ⓝ383.8

◇食の文化地理―舌のフィールドワーク　石毛直道著　朝日新聞社　1995.1　246p　19cm　(朝日選書 519)　1500円　(i)4-02-259619-8　Ⓝ383.8

◇食の倫理を問う―からだと環境の調和　安本教伝編　京都　昭和堂　2000.4　333,4p　21cm　(講座人間と環境 第6巻)　〈文献あり〉　2500円　(i)4-8122-9916-0　Ⓝ383.8
　内容　食生活環境論にかえて　第1部 食の思想(中国の食思想―想像を超えた食への情熱　朝鮮半島の食思想―儒教の倫理が生んだ食文化　近世日本の医食同源思想―本草書・養生論・食物観 ほか)　第2部 食と身体・世界観(ヒンドゥーにみる食の多様性―戒律と食　中東ムスリム社会の食のあり方―酒・豚・共食の思想と実践　東南アジアで考えた食―大文明圏のはざまで)　第3部 食と環境(破綻しそうな食生活―子どもたちからの発信　食の病理―心身医療からみた実状と背景　環境がもたらす食への負荷―化学物質にスポットライトをあてて考える ほか)　総合討論 食の倫理を問う
＊本講座は、わたしたち一人ひとりの生き方を、地球的視野をもって問いなおしていこうとするものである。食の問題は優れて統合的な問題であって、一義的で絶対的な解答などない。本巻の各章では、「食はかくあるべきだ」と、それぞれ個別のシナリオを描いてとりくんでいる。

◇「食」の歴史人類学―比較文化論の地平　山内昶著　京都　人文書院　1994.5　363p　20cm　〈参照文献:p355～363〉　2987円　(i)4-409-53015-1　Ⓝ383.8

◇食文化新鮮市場　石毛直道著　〔点字資料〕

視覚障害者食生活改善協会 1993.6 3冊 27cm (指で読む食生活文庫シリーズ 第53集) 〈原本：毎日新聞社 1992〉全7500円 Ⓝ383.8

◇食文化探訪 石毛直道著 新人物往来社 1998.11 345p 20cm 2200円 (i)4-404-02684-6 Ⓝ383.81
　内容 1 食の文化を語る（食の過去・現在・未来） 2 さまざまな食材（米の食べ方 豆腐と雑穀 ジャガイモとトウガラシ ほか） 3 料理の歴史と生活（料理する心 料理と盛り付け 日本人と肉食文化 ほか）
　＊食の過去・現在・未来を語る。

◇食文化と日本人―グルメ時代のたしなみ 生活文化研究所編 京都 啓文社 1993.12 299p 19cm （シリーズ 3）〈執筆：奥村彪生ほか〉 2400円 (i)4-7729-1460-9 Ⓝ383.8

◇食文化入門 石毛直道,鄭大声編 講談社 1995.4 206p 20cm 〈執筆：石毛直道ほか 参考文献：p201～206〉 2000円 (i)4-06-139772-9 Ⓝ383.8
　内容 1章 文化としての食 2章 食べ物と料理 3章 食事行動 4章 現代の食―食の産業化、外食産業

◇食文化の地理学 徳久球雄編 学文社 1995.11 271p 19cm （観光文化地理学研究双書）〈各章末：参考文献〉 2060円 (i)4-7620-0602-5 Ⓝ383.8
　内容 1 食文化と地域 2 日本の食習慣と箸 3 食習慣とスパイスの比較 し好飲料と地域文化―中国と日本の茶文化の比較 アルコール飲料と地域文化―泡盛 旅と食文化―駅弁
　＊食生活は流通がすすみ、土地固有でない食べ物も多くなったが、まだもっとも地域的個性が強く、また植民地化の歴史のなかに、アカルチュレイションが如実に示されている。日本におけるパン食も明治維新と第一次大戦の敗戦後の文化変容がそれを推進しているといえよう。本書は、食文化の比較地理学的発想の論文を編集している。

◇食文化論 吉川誠次編著 建帛社 1995.9 235p 21cm （生活科学双書）〈執筆：江後迪子ほか 付：文献〉 2060円 (i)4-7679-1428-0 Ⓝ383.8
　内容 第1部 日本の食文化（米 小麦 雑穀 豆 肉 ほか） 第2部 世界の食文化（世界の食の事情 世界の最善の食事 食文化の類型 近世の食文化の精華 人類の食性と食文化）

◇食物と人間 小林彰夫,宮崎基嘉編著 放送大学教育振興会 1994.3 196p 21cm （放送大学教材 1994）〈各章末：参考文献〉 2270円 (i)4-595-81205-1 Ⓝ383.8

◇食器の民俗 東北陶磁文化館編 中新田町（宮城県） 東北陶磁文化館 〔1996〕 1冊（頁付なし） 30cm （会期：1996年10月10日～11月24日） Ⓝ751.087

◇図説日本のうつわ―食事の文化を探る 神崎宣武著 河出書房新社 1998.12 111p 22cm （ふくろうの本） 1800円 (i)4-309-72592-9 Ⓝ383.88
　内容 ぜん―膳 わん―椀・碗 はち―鉢 さら―皿 日本の食器の歴史（うつわの始まり うつわの展開 食器革命 食器の多様化 食卓の時代）
　＊世界に誇る様式美と多彩さ。食器から見た日本の食文化。食器の基本構成、縄文時代から近代までの歴史を通じてとらえた食事文化の伝統。

◇生活文化論―住まいと食の文化とその周辺 植田啓司,坪郷英彦共著 源流社 1993.11 170p 21cm 〈参考図書：p165～166〉 2330円 (i)4-7739-9309-X Ⓝ210.1
　内容 第1章 生活文化の周辺（日本の四季 文化財と伝産品 博物館・資料館の活用） 第2章 住まいの文化とその周辺（住まいを作る 古神社 天平からの住宅 洋風と現在） 第3章 食の文化とその周辺（食の生活文化 食の歴史） 第4章 生活文化の技術的な基盤（生活文化の諸相 生活技術の諸相） 第5章 生活文化―未来への展望（戦後からの生活の変化 高度成長とデザイン 生活文化の伝承と将来）

◇世界を食いつくす ジェレミー・マクランシー著, 菅啓次郎訳 筑摩書房 1996.8 399,15p 20cm 〈巻末：参考文献〉 2369円 (i)4-480-86300-1 Ⓝ383.8

◇世界の食材探検術―比較食文化論 食糧・野菜編 吉村作治著 集英社 1995.7 238p 20cm 〈著者の肖像あり〉 1500円 (i)4-08-783091-8 Ⓝ383.8
　内容 第1章 食糧編 第2章 野菜編 第3章 スパイス編 第4章 フルーツ編 第5章 嗜好品編
　＊古代文明の起源は「食」にあり。地球探検塾塾長インディ・吉村の世界の穀物・野菜徹底食べある記。

◇蛸 刀禰勇太郎著 法政大学出版局 1994.2 370p 19cm （ものと人間の文化史 74） 2987円 (i)4-588-20741-5
　内容 1 蛸の民俗 2 蛸穴 3 蛸の種類・繁殖・統計 4 蛸捕獲のための漁具 5 蛸と人生
　＊変身譚や怪異譚の主人公として、また蛸薬師などの信仰の対象として古くから日本人の精神世界に深くかかわってきた蛸をめぐる民俗事象を集成するとともに、その生態、分布、捕獲法、繁殖と保護、調理法などにわたり、人間と蛸との長いかかわりの歴史をさぐる。

◇橘 吉武利文著 法政大学出版局 1998.5 278p 20cm （ものと人間の文化史 87） 2700円 (i)4-588-20871-3 Ⓝ382.1
　内容 神話・伝説と橘 常世国と橘 橘と天香

久山 空海を通してみる、かぐや姫と橘 人名としての橘 歌に詠まれた橘 橘の意匠 橘風土記 柑橘類としての橘とその伝承
  *永遠のかぐわしい果実として日本の神話、伝説に特別な位置を占めて語り継がれた橘をめぐって、その育まれた風土とかずかずの伝承を探り、永遠を求めた古代人の世界観が時空を超えて日本文化の象徴として今日にまで伝えられた経緯を辿る。

◇脱牛肉文明への挑戦—繁栄と健康の神話を撃つ ジェレミー・リフキン著、北濃秋子訳 ダイヤモンド社 1993.10 402p 20cm 2500円 (i)4-478-20028-9 Ⓝ383.8
  (内容) 第1部 ウシと西洋文明の形成 第2部 知られざる西部開拓史 第3部 工業生産される牛肉 第4部 ウシが人間を食う 第5部 ウシと地球環境破壊 第6部 肉文明の意識
  *かつて「豊饒の神」と崇められたウシが、富と権威を示す「財産」になり、食肉製造の「原材料」となり、ついには環境破壊の元凶となったのはなぜか?本書は知られざるウシの歴史を克明にたどり、その問いに答える。大きな問題をかかえる「牛肉文明」に対し、著者は歴史、人類学、医学、心理学、経済学、生態学など多様なプリズムを通して反省を迫る。牛肉大国アメリカで賛否両論の渦を巻き起こした話題の書。

◇たべる 山本茂, 松村智明, 宮田省一著 大月書店 1999.9 165p 22cm (地球人の地理講座 1) 2000円 (i)4-272-50191-7 Ⓝ383.8
  (内容) 1 所変われば「たべる」も変わる 2 食べものには文化と歴史の味がする 3 食べものは人びとや地域をつなぐ 4 食の不平等を生みだす世界 5 日本人の食生活を考える
  *ますます結びつきを深める現代世界の食文化を、地理的な見方や考え方を生かししがら、さまざまな角度から考えてみようとしたのが本書。世界各地の食べものと食文化について、地域性、歴史と伝播、交流という側面から具体的にとりあげた。さらに、現代世界の「食料」をめぐるさまざまな問題をやや理論的に検討する。

◇食べることの社会学—食・身体・自己 デボラ・ラプトン著, 無藤隆, 佐藤恵理子訳 新曜社 1999.3 321, 22p 20cm 3200円 (i)4-7885-0664-5 Ⓝ383.8
  (内容) 第1章 食べ物と食べることの理論 (栄養科学の見方 機能的構造主義者のアプローチ ほか) 第2章 食べ物、家族、子ども時代 (食べ物、情動、家族 食べ物と母性 ほか) 第3章 食べ物、健康、自然 (栄養科学の出現 現代の栄養科学 ほか) 第4章 好きと嫌い (味=趣味 外食—入りまじった経験 ほか) 第5章 禁欲主義と消費の相克 (断食、その精神性と自己コントロール 食べ物/健康/美の三つ組 ほか)
  *何をどう食べるか?いつ誰と食べるか?食はあなたが何者かを語る社会的記号であり、あなたの夢と欲望の象徴である。

◇地域伝承食品発掘調査報告書—地域食文化普及啓発事業 平成10年度 食生活情報サービスセンター 1999.3 131p 30cm 〈平成10年度農林水産省補助事業〉 Ⓝ588.09

◇中日比較食文化論—健康的飲食法の研究 賈蕙萱述, 国際日本文化研究センター編 京都 国際日本文化研究センター 1995.5 44p 21cm 〈第68回日文研フォーラム〉 Ⓝ383.8

◇漬け物大全—美味・珍味・怪味を食べ歩く 小泉武夫著 平凡社 2000.10 257p 18cm (平凡社新書) 760円 (i)4-582-85060-X Ⓝ383.8
  (内容) 第1章 漬け物の歴史 第2章 日本漬け物紀行 第3章 漬け物の民族学—外国の漬け物 第4章 「熟鮓」の不思議な世界 第5章 日本の魚介漬け物を食べ歩く 資料 漬け物とは何か
  *漬け物なくして人類の食卓は成り立たない。塩漬けから糠漬け、味噌漬け、酢漬、粕漬けなど、素材も漬け床もつくり方も実に多種多様な漬け物を、発酵食品の王国日本をはじめ、中国、韓国、東南アジア、ヨーロッパなどにたずね、食文化の達人が蘊蓄を傾ける。美味か珍味か、それとも怪味か。驚異に満ちた漬け物の世界を渉猟しよう。

◇都市化と食 高田公理, 石毛直道編 ドメス出版 1995.10 235p 20cm (食の文化フォーラム) 2369円 (i)4-8107-0415-7 Ⓝ383.8
  *本書は、一九九四年度に「都市化と食」をテーマとして実施された「食の文化フォーラム」の三回にわたる会合の記録を編集したものである。

◇とんかつの誕生—明治洋食事始め 岡田哲著 講談社 2000.3 252p 19cm 〈講談社選書メチエ 179〉 〈文献あり〉 1500円 (i)4-06-258179-5 Ⓝ383.81
  (内容) 第1章 明治五年正月、明治天皇獣肉を食す 第2章 牛肉を食わぬ奴は文明人ではない 第3章 珍妙な食べ物、奇妙なマナー 第4章 あんパンが生まれた日 第5章 洋食の王者、とんかつ 第6章 洋食と日本人
  *明治維新。それは1200年の禁を破る「食べ物革命」だった。天皇の肉食、政府・知識人の西洋料理キャンペーン、そして反西洋食騒動。とまどう庶民はやがて、自分の口に合う牛鍋・あんパン・ライスカレー・コロッケを生み出していく。「洋食の王者」とんかつが誕生するまで、食卓上60年の疾風怒濤を生き生きと描く。

◇中通りの年中行事と食べ物 平出美穂子著 会

津若松 歴史春秋出版 2000.10 153p 26cm 1524円 (i)4-89757-414-5 Ⓝ596.4
◇日本の朝ごはん 向笠千恵子著 新潮社 1994.1 230p 20cm 1900円 (i)4-10-396001-9 Ⓝ383.8
(内容) 旅で見つけた朝ごはん三昧境 朝ごはんではじまる暮らし 人生は朝ごはんにあり 東京朝ごはん鳥瞰図
＊北から南から、さわやかな朝を彩る食卓を描く日本列島食文化紀行。
◇日本の食事文化 熊倉功夫責任編集 味の素食の文化センター 1999.1 430p 23cm (講座食の文化 第2巻)〈東京 農山漁村文化協会(発売)〉6476円 (i)4-540-98088-2 Ⓝ383.8
(内容) 序章 日本食文化史の課題 第1章 日本食の原像 第2章 日本の食材 第3章 外来の食文化の定着 第4章 転生する異文化の食 カラー企画 絵と「もの」でみる日本の食事文化史 第5章 食の美学 第6章 世界のなかの日本
◇日本の食風土記 市川健夫著 白水社 1998.12 213p 20cm 2200円 (i)4-560-04067-2 Ⓝ383.81
(内容) 赤米と紫米 雑穀食の今昔 最も古い穀物、蕎麦 晴と褻の蕎麦食 荏胡麻の食文化 ジャガイモの系譜 救荒作物だったサツマイモ 沖縄の肉食文化 北上山地の稗食 甲州櫛原の長寿食〔ほか〕
＊年々失われてゆく日本古来の食物と食の文化を語る。
◇箸 向井由紀子,橋本慶子著 法政大学出版局 2001.11 324p 19cm (ものと人間の文化史 102) 3200円 (i)4-588-21021-1
(内容) 第1章 箸の誕生 第2章 手食から箸食へ 第3章 箸の種類 第4章 箸の科学 第5章 箸と習俗 第6章 絵巻物などに描かれた箸 第7章 日本文化と箸
＊二本の棒を操作するこの単純な道具が、手指の潜在能力を引き出すきわめて合理的な食具であることを実証するとともに、そのルーツを中国・朝鮮半島に探り、日本文化のシンボルとされるまでに洗練された日本の箸の奥深い文化を考察する。
◇箸と民俗 山田喜一編著 神戸 山田静子 1997.7 1041p 22cm 非売品 Ⓝ383.88
◇箸の源流を探る—中国古代における箸使用習俗の成立 太田昌子著 汲古書院 2001.9 377,8p 22cm 4800円 (i)4-7629-2661-2 Ⓝ383.88
◇箸の文化史—世界の箸・日本の箸 一色八郎著 新装版 御茶の水書房 1998.8 237p 23cm 3800円 (i)4-275-01731-5 Ⓝ383.88
(内容) 1 箸の神話と伝説 2 箸と稲と日本人 3 箸と神社・仏閣 4 箸の種類と生産地 5 箸の食事作法 6 箸と手と脳
＊箸にまつわる生活、風習、思想をたどり、箸

の種類、作法、使い方、手や脳との関係など、様々な視点から、箸と日本人のかかわりを図版を用い、やさしく解説する。第45回毎日出版文化賞受賞。
◇比較食文化論—文化人類学の視点から 河合利光編著 建帛社 2000.2 175p 21cm〈執筆：荒川正也ほか〉 1800円 (i)4-7679-0243-6 Ⓝ383.8
(内容) 序章 比較食文化論の課題 第1章 自然環境と食文化の形成(食料生産と道具の始まり 生業経済と食生活) 第2章 食の生活文化(食と社会 食と文化) 第3章 食の消費と社会(食の消費と身体 食の流通と消費) 第4章 国際化の中の食文化(食と経済のグローバル化 食文化と国際関係)
＊本書は、「生活文化論—文化人類学の視点から」の続編ないし各論の一つとして編集されたものである。食文化関連の専攻課程の入門書として、生活文化の一部としての食の問題が重要な課題となっており、特に食の社会的側面に焦点を絞った。
◇ふりかけ—日本の食と思想 熊谷真菜,日本ふりかけ懇話会著 学陽書房 2001.4 254p 20cm〈年表あり〉 1500円 (i)4-313-86302-8 Ⓝ383.81
(内容) 第1章 ふりかけに取り組む 第2章 ふりかけのルーツをさぐる 第3章 アジアのふりかけ 第4章 ふりかけ七人衆 第5章 商品としてのふりかけ 第6章 ふりかけの科学 第7章 和食の「徴」
◇ふるさとの暮らしに学ぶ—食文化探訪 桑畑美沙子著 芽ばえ社 1994.2 219p 19cm 1545円 (i)4-89579-202-1
(内容) 第1章 牛乳—子牛からいただいた命の糧 第2章 油—知恵と労働の産物。でも摂りすぎてはいませんか 第3章 砂糖—食生活に豊かさを添えたけれど 第4章 調和料—伝統の味はここから 第5章 野菜と果物—味が変わった、作り方が変わった 第6章 山の暮らし—そして伝承の食べもの 第7章 食文化を受け継ぎ自立した生活者に
◇野菜の博物誌 青葉高著 八坂書房 2000.8 238p 20cm (青葉高著作選 3) 2800円 (i)4-89694-458-5 Ⓝ383.81
(内容) 序 野菜の系譜(おもな野菜の品種分布 野菜の渡来経路 日本の野菜の系譜) 1 日本の食文化と野菜(日本の野菜の渡来時期と経路 カテ(糧、糅)としての野菜 野菜の形と色 ほか) 2 野菜の博物誌(野生ダイコンの変異と系譜 サトイモと石芋伝説 野菜の名前と渡来年代 ほか)
＊ダイコン、カブ、ニンジン、ゴボウ、サトイモ、キュウリ、ナス、ネギ、ツケナ、カラシナ…おもな野菜の渡来時期・経路・年代、品

種の地域性、野菜の名前の話、生活・行事と野菜など、日本の野菜文化を通観するに格好の書。
◇楊枝から世界が見える―楊枝文化と産業史 稲葉修著 冬青社 1998.9 287p 20cm 1800円 (i)4-924725-63-3 Ⓝ383.8
 内容 第1部 楊枝と文化 第2部 楊枝の歴史 第3部 楊枝産業の歴史 第4部 私の楊枝交遊録 第5部 楊枝探しの旅 第6部 仏典にみる楊枝の世界 第7部 資料にみる楊枝

◆書誌
◇食文化に関する文献目録 学術論文/史学 第2版 味の素食の文化センター 1995.5 14,59p 30cm 〈コンピュータ編集版〉Ⓝ383.8
◇食文化に関する文献目録 学術論文/民俗学 第3版 味の素食の文化センター 1995.5 14,108p 30cm 〈コンピュータ編集版〉Ⓝ383.8
◇食文化に関する文献目録 学術論文 財団刊行物 味の素食の文化センター 1995.12 102p 30cm Ⓝ383.8
◇食文化に関する文献目録 学術論文/生活学 第2版 味の素食の文化センター 1996.2 73p 30cm 〈コンピュータ編集版〉Ⓝ383.8
◇食文化に関する文献目録 学術論文/経済学 味の素食の文化センター 1996.8 4,101p 30cm 〈コンピュータ編集版〉Ⓝ383.8
◇食文化に関する文献目録 学術論文 家政学・生活科学 紀要 あーお 第2版 味の素食の文化センター 1998.1 160p 30cm 〈コンピュータ編集版〉Ⓝ383.8
◇食文化に関する文献目録 学術論文 家政学・生活科学 紀要 かーこ 第2版 味の素食の文化センター 1998.4 231p 30cm 〈コンピュータ編集版〉Ⓝ383.8
◇食文化に関する文献目録 学術論文 家政学 紀要 さーそ 第2版 味の素食の文化センター 1998.7 226p 30cm 〈コンピュータ編集版〉Ⓝ383.8
◇食文化に関する文献目録 学術論文 家政学 紀要 たーと 第2版 味の素食の文化センター 1998.8 74p 30cm 〈コンピュータ編集版〉Ⓝ383.8
◇食文化に関する文献目録 学術論文 家政学 紀要 なーわ 第2版 味の素食の文化センター 1998.9 236,9p 30cm 〈コンピュータ編集版〉Ⓝ383.8
◇食文化に関する文献目録 単行本/江戸期 第6版 味の素食の文化センター 1999.1 110p 30cm 〈コンピュータ編集版〉Ⓝ383.8
◇食文化に関する文献目録 単行本 食文化史 第5版 味の素食の文化センター 1999.9 101p 30cm Ⓝ383.8
◇食文化に関する文献目録 学術論文/食文化誌1/食の科学 味の素食の文化センター 1996.12 224p 30cm 〈コンピュータ編集版〉Ⓝ383.8
◇食文化に関する文献目録 学術論文/食文化誌2/Ajico News & Inf.,Foodeum,VESTA,ニューフレーバー 味の素食の文化センター 1997.4 115p 30cm 〈コンピュータ編集版〉Ⓝ383.8
◇食文化に関する文献目録 学術論文 地理学 味の素食の文化センター 1997.9 42p 30cm 〈コンピュータ編集版〉Ⓝ383.8
◇食文化に関する文献目録 学術論文 中国飲食文化シンポジウム 味の素食の文化センター 2000.11 40p 30cm Ⓝ383.8
◇食文化に関する文献目録 学術論文/文化人類学 第2版 味の素食の文化センター 1995.5 8,33p 30cm 〈コンピュータ編集版〉Ⓝ383.8
◇食文化に関する文献目録 学術論文 大学紀要 1995-2000 味の素食の文化センター 2001.8 83p 30cm 〈コンピュータ編集版〉Ⓝ383.8
◇食文化に関する文献目録 単行本/昭和期 1 (1926-1965) 第4版 味の素食の文化センター 1993.7 194,14p 30cm 〈コンピュータ編集版〉Ⓝ383.8
◇食文化に関する文献目録 単行本/昭和期 2 (1966-1970) 第2版 味の素食の文化センター 1993.7 5,90,8p 30cm 〈コンピュータ編集版〉Ⓝ383.8

◆用語集
◇食文化に関する用語集 和菓子 第4版 味の素食の文化センター 1999.9 101p 30cm 〈コンピュータ編集版〉Ⓝ383.81

◆事典・辞典
◇コムギの食文化を知る事典 岡田哲編 東京堂出版 2001.7 286p 20cm 〈文献あり〉2900円 (i)4-490-10573-8 Ⓝ383.8
 内容 1 栽培コムギの誕生 2 コムギ粉の不思議 3 パン―6000年の歴史をたどる 4 世界に広がるめんの世界 5 世界のコムギ粉菓子 6 料理素材としてのコムギ粉 7 参考文献
 ＊人類の発祥とともに誕生したコムギ。食文化史的な視点からコムギ・コムギ粉・コムギ粉料理について展開された壮大なドラマを大きな流れのなかで展望する。
◇食の文化を知る事典 岡田哲編 東京堂出版 1998.11 310p 20cm 2400円 (i)4-490-10507-X Ⓝ383.8
 内容 食文化への関心の高まり 耕作による文化の開幕 集まって食べる喜び 世界の3大食法と食事の作法 食の思想と調理技術の発展 世界の供応食(料理様式別)と献立 永遠のテーマ美味について 食卓の演出と食事作法 料理の構造を探る 異文化の食べものをどう理解するか 宗教との関わり 人の移動と新しい食の

創造　日本の食の生い立ちを探る　嗜好飲料と菓子の文化を辿る　微生物を利用する智恵　どうなる家庭の台所空間　変貌を続ける食のライフスタイル　21世紀の調理文化への模索　飽食の時代のあとに　食文化に関する文献の検索

◇食の名言辞典　平野雅章ほか編著　東京書籍　1994.10　659p　22cm　9500円　(i)4-487-73221-2　Ⓝ383.8

(内容)第1編 食と人生　第2編 食と社会　第3編 食材　第4編 料理　第5編 もてなし　第6編 茶類　第7編 酒

＊古今東西の食に関する名言を蒐めて解説する事典。740項目を7編41章に分類排列。見出し語のもとに解釈、出典、解説、図版を掲載する。付録として日本の食のことわざを収録。人名索引・出典索引・事項索引を付す。—食と酒を語る珠玉の名言を集大成、解説。

◇図説江戸時代食生活事典　日本風俗史学会編　雄山閣出版　1996.11　413p　21cm　〈新装版〉　4800円　(i)4-639-00907-0　Ⓝ383.81

(内容)第1部 食品(植物性食品　動物性食品　水　加工食品　醸造　調味料　茶　麩　食品と社会)　第2部 料理(焼物　煮物　蒸し物　汁物　揚物　漬物　日本料理　中華料理　静養料理　特殊料理　料理の種類と流派　料理と時代　食品関係文献　飲食店　色茶屋の食事　行楽　街道　菓子　食事博物学者　農学者　医学者　本草学者　地理学者　民俗学者　茶人　茶会記　料理人　行事食　通過儀礼　農耕儀礼　漁業儀礼　山神の祭の食事　武家儀礼　煙草)　第3部 設備・用具(台所　料理用具　食事用具　茶道具　飲酒用具)

◇全国雑煮事典　市邨学園短期大学生活文化学科日比野光敏ゼミナール編　犬山　市邨学園短期大学生活文化学科日比野光敏ゼミナール　1997.3　201p　21cm　〈平成8年度日比野光敏ゼミ卒業研究〉　Ⓝ383.81

◇日本古代食事典　永山久夫著　東洋書林　1998.11　500p　24cm　15000円　(i)4-88721-330-1　Ⓝ383.81

(内容)饗(あへ)　韲物(あへもの)　秋香　朝菜　鮮らけ　鯵(あぢ)　足鍋　網代　味わい(あぢはひ)　葵〔ほか〕

＊日本古代の、食材、料理法、加工法、食器、調理道具、食にかかわる行事など、「食」の周辺文化に関することば、約1200項目を収録した事典。配列は五十音順。古代食文化年表付き。

◆全集

◇全集日本の食文化　第1巻　食文化の領域と展開　芳賀登,石川寛子監修　雄山閣出版　1998.1　312p　22cm　〈文献あり〉　4800円　(i)4-639-01502-X,4-639-01398-1　Ⓝ383.81

(内容)第1章 方法の自覚(厨事文献の方法　食物史を考える ほか)　第2章 生活と文化(食生活史に関する一考察　食物文化の形成要因について ほか)　第3章 地域性と伝承(食の消費パタンの地域性　僻地における食生活構造およびその改善に関する研究 ほか)　第4章 変遷の視覚(近世庶民生活における合食の禁　心身論の日本的展開 ほか)

＊広範な食文化解読の方法を提示。実態、伝承、変容。

◇全集日本の食文化　第2巻　食生活と食物史　芳賀登,石川寛子監修　雄山閣出版　1999.1　302p　22cm　4800円　(i)4-639-01576-3,4-639-01398-1　Ⓝ383.81

(内容)第1章 縄文・弥生から古代(縄文時代の食べもの　弥生時代の畑作物　平安時代の食物)　第2章 中世の食生活の様相(古往来にみられる食生活関係記事—古代および中世の食品・食物・食事　邦訳日葡辞書を通してみた安土桃山時代の食生活　中世村落における食生活の様相)　第3章 近世における諸階級の食生活(近世に於ける公家食生活の研究　近世における大名・庶民の食生活—その料理献立を中心として　江戸の料理屋—安永・天明期文化との関連において　『斐太後風土記』にみる江戸時代の食生活)　第4章 食生活の近代化(東京庶民の食生活　円居としての食卓)

＊日本の竈から明日の課題を尋ねる。文献史料と考古資料。

◇全集日本の食文化　第3巻　米・麦・雑穀・豆　芳賀登,石川寛子監修　雄山閣出版　1998.4　298p　22cm　〈文献あり〉　4800円　(i)4-639-01522-4,4-639-01398-1　Ⓝ383.81

(内容)第1章 米の利用　第2章 麦・雑穀の利用　第3章 いも・豆類の利用　第4章 木の実類の利用

＊縄文農耕の基層から、主食を探る。

◇全集日本の食文化　第4巻　魚・野菜・肉　雄山閣出版　1997.1　304p　22cm　〈監修:芳賀登,石川寛子　文献目録:p299〜303〉　4944円　(i)4-639-01418-X,4-639-01398-1　Ⓝ383.81

(内容)第1章 魚貝類(「新猿楽記」食物考　四国、中国、宇和島かまぼこの特色　食生活現代史の一視点—カツオ節を中心にして ほか)　第2章 野菜・果物(野菜の系譜　蔬菜・果実の中国および日本における渡来と受容の歴史について　わが国の野菜と文化—ツケナ、カブを中心として　江戸のみかん—明るい近世像)　第3章 乳・肉・卵(酥酪考　中世の狩猟・漁撈と庶民生活—おもに肉食との関連から　食卓の牛肉—わが国の牛肉食の歴史と現状 ほか)

◇全集日本の食文化　第5巻　油脂・調味料・香辛料　芳賀登,石川寛子監修　雄山閣出版　1998.7　286p　22cm　〈文献あり〉　4800円　(i)4-639-

衣食住の習俗　　　　　　　　　　　　　　　　　　　　　　　　　　　飲食

01538-0, 4-639-01398-1　Ⓝ383.81
◇全集日本の食文化　第6巻　和菓子・茶・酒　雄山閣出版　1996.10　300p　22cm　(監修：芳賀登, 石川寛子　文献目録：p297～299)　4944円　(i)4-639-01401-5, 4-639-01398-1　Ⓝ383.81
(内容)第1章 和菓子(「菓子」の歩いた道　江戸期の宮廷と菓子─川端道喜の文書から見て　嘉定と菓子　菓子屋横丁繁昌記)　第2章 茶(飲茶の歴史　茶の種類と製法　ほか)　第3章 酒(日本酒の源流　中国の麹糵と日本酒　日本における酒造業の展開─近世から近代へ　洋酒の歩み)
＊日本人の嗜好の特質を読む。和菓子・茶・酒が織りなす生活文化。
◇全集日本の食文化　第7巻　日本料理の発展　芳賀登, 石川寛子監修　雄山閣出版　1998.10　312p　22cm　〈文献あり〉　4800円　(i)4-639-01558-5, 4-639-01398-1　Ⓝ383.81
(内容)第1章 料理形式の系譜と饗応食の定着(日本料理における献立の系譜　会席料理の近世的展開　ほか)　第2章 料理書の流布と料理(江戸時代の料理書に関する研究(第2報)─徳川時代における料理書の執筆者について　「料理通」の書画一八百善を推す人々　ほか)　第3章 料理人・料理屋の形成と料理の発達(出職の庖丁師と居職の板前　武家庖丁の成立　ほか)　第4章 地方への浸透と定着(江戸と地方の料理文化─近世後期の利根川流域を中心に　益田郡中呂の大前家の儀礼食)
＊日本料理完成期への道すじをみる。会席・懐石・本膳・饗応。
◇全集日本の食文化　第8巻　異文化との接触と受容　芳賀登, 石川寛子監修　雄山閣出版　1997.10　302p　22cm　〈文献あり〉　4800円　(i)4-639-01468-6, 4-639-01398-1　Ⓝ383.81
(内容)第1章 文化接触の枠組(唐风十题　文明開化と食物)　第2章 開化の先蹤(牛肉史談　近世節用集に収録された食生活関係語彙についての調査　味わう異国情緒)　第3章 当世風の生活(西洋の食文化受容の過程と教育　「食道楽」における西洋料理の導入について　近代日本の食文化における「西洋」の受容)　第4章 受容の地域色(北海道の洋食文化に関する研究　牛乳屋物語　沖縄の肉食文化に関する一考察)　第5章 文化接触の相互性(琉球王府の外交用泡盛料理の異国)
＊差異の認識と共通項の発見。
◇全集日本の食文化　第9巻　台所・食器・食卓　芳賀登, 石川寛子監修　雄山閣出版　1997.7　310p　22cm　〈文献あり〉　4800円　(i)4-639-01453-8, 4-639-01398-1　Ⓝ383.81
(内容)第1章 台所空間の成り立ち　第2章 調理の諸道具　第3章 飲食用具　第4章 膳と卓
＊暮らしの空間を器物から解析する。モノから迫った文化総覧。
◇全集日本の食文化　第10巻　日常の食　芳賀登, 石川寛子監修　雄山閣出版　1997.4　350p　22cm　〈文献あり〉　4800円　(i)4-639-01435-X, 4-639-01398-1　Ⓝ383.81
(内容)第1章 社会階層と食事　第2章 都市と地方の食生活　第3章 旅と弁当　第4章 たのしみと交流　第5章 食材料の種類と食費
＊時代の制約と食生活の歴史空間。人々の工夫と楽しみを探る。
◇全集日本の食文化　第11巻　非常の食　芳賀登, 石川寛子監修　雄山閣出版　1999.4　332p　22cm　〈文献あり〉　4800円　(i)4-639-01598-4, 4-639-01398-1　Ⓝ383.81
(内容)第1章 飢饉の要因と諸相(近世の飢饉─歴史性・社会性・地域性　主として"三川雑記"に拠って概観した天保飢饉の様相　酒と飢饉─酒造停止令をめぐって)　第2章 凶作・飢饉時の食(近世土佐救荒食物史考　天災、ききんと人口の停滞　岩手県における凶作の一考察(第3報))　第3章 戦時の食(古今腰兵粮　従軍余談　戦中・戦後の食の実態　ほか)　第4章 救荒食・非常食の工夫(トチの実のアク抜きについて(第一報)　伊豆諸島の救荒食─デンナンショウからの澱粉採取と石皿　災害に備える民俗─凶作と食物への視点　ほか)
＊風土の記憶に見る、災害時の食。
◇全集日本の食文化　第12巻　郷土と行事の食　芳賀登, 石川寛子監修　雄山閣出版　1999.7　324p　22cm　4800円　(i)4-639-01625-5, 4-639-01398-1　Ⓝ383.81
(内容)第1章 郷土料理の形成と分布(食文化にみる地域性　郷土料理の地理的分布　東西食文化の日本海側の接点に関する研究─幾つかの「食」における接点の位置について)　第2章 各地の産物と郷土料理(会津の郷土料理つと豆腐について　戦前・戦後における郷土食やきの変容と食生活　岐阜市におけるアユのなれずし　ほか)　第3章 年中行事と行事食(三陸漁村における年中行事食の伝承─岩手県宮古市大字重茂八部落の実態　冷泉家の年中行事と食生活　餅なしの正月・再考─複合生業論の試み　ほか)　第4章 通過儀礼と儀礼食(讃岐の「晴れ食」─婚礼用・葬礼用(仏事)の食事を中心に　近世郷土史料からみた行事と食生活─文化・文政期における端午の節供考　琉球国久米村の焼香行事食─変遷と特徴)
＊食の均一化への警鐘。人と地域が生んだ食風習を紹介し、食生活の歴史と現状を考える。
◇日本の食生活全集2000─CD-ROM版　〔電子資料〕　農山漁村文化協会　c2000　CD-ROM1枚　12cm　〈電子的内容：テキスト・データ　対応OS Windows 2000／98／95／NT日本語版　対応機種上記OSに準ずる(CPUはPentium以上を推奨)　最

文化人類学の本 全情報　257

低必要メモリ 32MB(64MB推奨) ハードディスク 180MB以上の空き容量が必要 Internet Explorer 4.01以上が必要 箱入 付属資料：取り扱い説明書(20p；21cm)〉 114286円 (i)4-540-00030-6 Ⓝ383.81

酒・アルコール

◇アベセデス・マトリクス―酒の未来図 米山俊直,吉田集而,TaKaRa酒生活文化研究所著 TaKaRa酒生活文化研究所 2000.3 237p 19cm 〈酒文ライブラリー〉〈他言語標題：ABCDS・MATRIX 東京 世界文化社(発売)〉 1400円 (i)4-418-00201-4 Ⓝ383.885
 (内容)序 酒は文明材である 第1章 人は酒を飲む動物である 第2章 酒飲みの民族誌 第3章 二十世紀の酒 第4章 ABCDS(アベセデス)マトリクス 第5章 鼎談・二十一世紀の酒に期待するもの 跋 マトリクスの未来
 ＊21世紀の酒飲みたちへ、お酒を通じて鋭く迫るライフスタイルとニーズの変化。ビジネスと暮らしの未来を示す座標軸―ABCDSマトリクスとは。

◇アルコール中毒の歴史 ジャン=シャルル・スールニア著,星野徹,江島宏隆訳 法政大学出版局 1996.9 436p 20cm (りぶらりあ選書)〈監修：本多文彦〉 3914円 (i)4-588-02177-X Ⓝ383.885
 (内容)第1部 伝統の中の飲酒癖 第2部 アルコール中毒―悪徳か病気か 第3部 現代のアルコール中毒療法学
 ＊先史時代から現代まで、「快適な毒物」アルコールへの人間の抑え難い欲求と、それに対応してきた社会の認識の変遷をあとづける。欧米諸国から中国、インドに及ぶさまざまな国と地域、あらゆる社会階層にわたって、一方では酒を飲み続け、酒に飲まれ続けた人間たちを見る世間の眼差し、態度と行動を、一方ではそれと戦うために思いつき、考え出された手段と方法を、詳細かつ実証的に叙述した本書は、人間の愚かさと残酷さ、そして寛容さの物語でもある。

◇泡盛浪漫―アジアの酒ロードを行く 泡盛浪漫特別企画班編 那覇 ボーダーインク 1996.6 184p 19cm 1600円
 (内容)第1部 泡盛浪漫―アジアの酒ロードを行く(ルートの設定 検証 発見 発想 黒麹の神秘 まとめ) 第2部 考証 泡盛ロード―中国調査をふまえて(蒸留器と麹からみた泡盛の歴史 西南中国の酒と泡盛をつなぐ道 民族調査にみる泡盛の道 ラオスの糯米蒸留酒の製法法について)
 ＊通説を覆す、新たなる発見。「泡盛」の語源は何か。泡盛のシャムルート説は本当に正しいのか。稲作の発祥地と言われる中国雲南省・西双版納を起点に展開された中国少数民族の酒造り調査を通して考証するもうひとつの泡盛の道。

◇英国パブ・サイン物語―酒場のフォークロア 桜庭信之著 研究社出版 1993.11 220p 21cm 3000円 (i)4-327-48119-X Ⓝ293.3
 (内容)はじめに イギリス人とパブ 第1章 アームズは紋章か腕か 第2章 始めと終わり 第3章 首なし女の系譜 第4章 パブ・サインは俗語の宝庫 第5章 パブ・サインとことば遊び 第6章 パブ・サインと成句 第7章 パブ・サインと逸話 第8章 パブ・サインの語源と図源 第9章 パブ・サインと風俗・習慣 第10章 街頭の風物誌 第11章 ロンドンの古い交通機関 第12章 陽気な仲間たち 第13章 パンチはインドの酒 第14章 無気味なパブ・サイン 第15章 闘鶏残酷物語 第16章 擬人化されたパブ・サイン 第17章 五月のフォークロア 第18章 ロンドン塔のパブ・サイン 第19章 パブ・サインと伝説 第20章 パブ・サインとマザーグース おわりに ロンドン夢のパブ・クロール

◇古代の酒と神と宴―十二話 松尾治著 松尾治 1993.11 338p 23cm (製作：独歩書林(武蔵野)) 参考文献：p335～338) 非売品 Ⓝ383.8

◇酒づくりの民族誌 山本紀夫,吉田集而編著 八坂書房 1995.11 343p 19cm 2472円 (i)4-89694-669-3 Ⓝ588.5
 (内容)アメリカの酒 アフリカの酒 西部ユーラシアの酒 東部ユーラシアの酒 日本の酒
 ＊世界の秘酒・珍酒。見知らぬ土地の酒と文化を知る芳醇な一冊。酒づくり、という不思議な植物利用を訪ねれば、さまざまな民族の酒と文化にゆき当たる。ヒトはどうして、かくも酒をつくるのか。ヒトはなぜ酒を飲むのだろう。

◇酒と現代社会 アルコール健康医学協会編 アルコール健康医学協会 1997.6 163p 26cm (シリーズ・酒の文化 第4巻)〈文献あり〉 1429円 (i)4-900945-04-8 Ⓝ383.885

◇酒と人生 沢田禎夫著 大阪 竹林館 1999.3 116p 18cm (春秋新書) 800円 (i)4-924691-78-X Ⓝ383.885

◇酒と日本文化 文学編集部編 岩波書店 1997.11 231p 21cm (季刊文学増刊) 2100円 (i)4-00-000899-4 Ⓝ383.885

◇酒の文化誌 吉沢淑著 丸善 1993.4 207p 18cm (丸善ライブラリー 17)〈参考にした本：p205～206〉 640円 (i)4-621-05017-6 Ⓝ383.8

◇酒宴のかたち 玉村豊男,TaKaRa酒生活文化研究所編 TaKaRa酒生活文化研究所 1997.4 287p 19cm (酒文選書)〈東京 紀伊国屋書店(発売)〉

索引あり) 1800円 (i)4-906510-84-1 Ⓝ596.7
(内容) 第1章 現代の酒宴(ほろ酔い酒(村松友視) 酒のある学問(高田公理) 酒を肴に酒を飲む(藤本義一) "箱"のなかの酒宴(山口由美)) 第2章 酒宴の文化(酒宴のはじまり(今谷明) 江戸の文化センター―遊里での酒宴(佐伯順子) 花見の宴(芳井敬郎) ほか) 第3章 酒宴の心(酒席の会話はネコの毛か?(日高敏隆) 酒宴のメンタルヘルス―「ふたり酒」のすすめ(小田晋) 酒宴の原風景(福井勝義))
＊酒席の会話はネコの毛か?酒を肴に酒を飲む。など現代の酒宴のあり方をさぐりながら、「酒宴のはじまり」『江戸の文化センター』「墨水詩酒の宴」『江戸のワインパーティー』…など、江戸から明治にかけての酒宴の歴史をたどる。

◇酒肴奇譚―語部醸児之酒肴譚 小泉武夫著 中央公論社 1994.3 226p 19cm 1450円 (i)4-12-002305-2
(内容) 大江戸酒合戦 宴席いろいろ 飲む国、飲めぬ国 奇酒珍酒 酒をめぐる争い 臭い酒 刺身と酒 煮てよし、焼いてよし 毒まで食らう とっておきの肴
＊大江戸酒合戦、奇妙な酒、臭い酒、そして、とっておき、オリジナルの酒の肴―。醸造学の第一人者が語部となって繰り広げる正真正銘"根の葉もある"珍談奇譚の数々。

◇亭主―酒場と旅館の文化史 ウラ・ハイゼ著、石丸昭二訳 白水社 1996.10 195,3p 20cm (巻末：参考文献) 2200円 (i)4-560-02803-6 Ⓝ382
(内容) 歓迎の乾杯に代えて メソポタミアの酒場の主人 「古代ギリシヤ人亭」 ローマのワイン酒場の亭主が陣取る大理石のカウンター 古代中国の酒店の主人 僧侶は立入禁止！ クロスター亭の主人 タベルナリウスからガストヴィルトへ まずは「五月」を掲げるべし 「神明に誓って」―亭主の誓いと認可〔ほか〕
＊とかく殺人やら強盗・売春・不平と結びつけられてきた5000年にわたる亭主・女将の生態を、客との関係、看板の来歴、当局とのやりとり等々を交えながら洒脱に語るユニークな文化史。

◇とっくりのがんばり―貧乏徳利は呑ん兵衛の味方 神崎宣武監修、与倉伸司、矢島吉太郎著、内藤忠行写真 TaKaRa酒生活文化研究所 1998.10 244p 19cm (酒文ライブラリー)〈標題紙・奥付の責任表示(誤植)：興倉伸司 東京 紀伊国屋書店(発売)〉 1800円 (i)4-87738-053-1 Ⓝ383.885
(内容) 第1章 徳利の産声 第2章 江戸の町の酒屋 第3章 貧乏徳利が日本中に 第4章 高田の貧乏徳利 第5章 立杭、信楽、有田の徳利 第6章 貧乏徳利のがんばり

＊自称・貧乏徳利応援団が行った、見た、聞いた、「貧乏徳利」発見の旅。その歴史をさかのぼり、江戸の町で浮世絵師と出会った。酒屋の宣伝文字を胴に染めつけた貧乏徳利の誕生は、明治時代。以来、昭和初期まで、貧乏徳利は呑ん兵衛の味方だった。資源循環型社会をめざす私たちへ、貧乏徳利から届いた「豊か」なメッセージ。

◇日本酒の起源―カビ・麹・酒の系譜 上田誠之助著 八坂書房 1999.10 184p 19cm 2200円 (i)4-89694-443-7
(内容) 糸引き納豆と日本古代の酒づくり 第1章 日本民族の成立と稲作の渡来 第2章 古代の神酒 第3章 琉球弧と神酒 第4章 しとぎと神酒 第5章 蘖と餅麹 第6章 餅麹による麹酒づくり 第7章 世界各地のカビ酒とその起源 おわりに 日本古代の酒づくりに思いを馳せて
＊麹の「日本酒」誕生の陰に消えていった古代の美酒「芽米酒」を追って、新しい酒をつくる試みを重ねながら、米バラ麹利用にいたるまでの大胆な仮説を検証する。

◇日本中国酒紀行―酒を愛した詩人たち 土井健司著 白帝社 1996.2 258p 19cm 1700円 (i)4-89174-274-7 Ⓝ383.8
(内容) 序章 酒さまざまと文化 第1章 日本の酒と中国の酒 第2章 酒の起源と酒の神 第3章 酒豪と称された詩人 第4章 酒を讃える歌と飲酒の詩 第5章 花見の宴と登高飲酒 第6章 神に奉る酒と憂いを除く酒 第7章 酒宴と影宴 第8章 別離の酒 第9章 酒の功と罪 第10章 酒よもやま話
＊酒に明け暮れした日本中国の詩人、歌人を登場させ、彼らの悲喜こもごもの人生を観照し、詩歌の醍醐を味わう。

◇比較文化入門―衣食住から宗教まで 狐野利久著 北星堂書店 1995.10 386p 19cm 2800円 (i)4-590-00992-7
(内容) 第1部 イギリスと日本 第2部 喫茶・飲酒の習慣と文化 第3部 東西芸術論 第4部 宗教と文学 第5部 コーランの思想と親鸞の思想との対比

◇物語るワインたち 城丸悟著 悠思社 1993.6 318p 20cm〈主な参考文献：p316～318〉 2500円 (i)4-946424-52-0 Ⓝ383.8
(内容) 1 ワインを飲むためのライセンス 2 神々は踊り、英雄は舞う 3 大法王とフランク王国 4 ボルドーの運命を左右した王妃 5 ルイ王朝にワインの花開く 6 ワインでルイ15世をあやつった美女 7 ボルドーの大ワインたち 8 ブルゴーニュ・ワイン物語 9 スターたちとワイン
＊酒神は海神より多くの人間を溺れさせた。シーザーからチャップリンまで歴史にそって流れるワインの河に棹さし、あるいは溺れた人

たばこ・パイプ

◇アレンツ文庫世界たばこ文献総覧 第2巻 J. E. Brooks編著,たばこ総合研究センターアレンツ文庫翻訳委員会訳・編 たばこ総合研究センター 1993.12 690p 31cm 〈書名は奥付による 標題紙・背の書名:Arents文庫世界たばこ文献総覧〉 非売品 Ⓝ383.8
[内容] 1615-1698年

◇アレンツ文庫世界たばこ文献総覧 第3巻 J. E. Brooks編著,たばこ総合研究センターアレンツ文庫翻訳委員会訳・編 たばこ総合研究センター 1994.3 714p 31cm 〈書名は奥付による 標題紙・背の書名:Arents文庫世界たばこ文献総覧 折り込み図1枚〉 非売品 Ⓝ383.8
[内容] 1698-1783年

◇アレンツ文庫世界たばこ文献総覧 第4巻 J. E. Brooks編著,たばこ総合研究センターアレンツ文庫翻訳委員会訳・編 たばこ総合研究センター 1995.3 655p 31cm 〈書名は奥付による 標題紙・背の書名:Arents文庫世界たばこ文献総覧〉 非売品 Ⓝ383.8
[内容] 1784-1942年

◇アレンツ文庫世界たばこ文献総覧 第5巻(索引) Anne M. Nill編,TASC翻訳委員会訳 たばこ総合研究センター 1998.3 531p 31cm 〈標題紙・背のタイトル:Arents文庫世界たばこ文献総覧 折り込み1枚〉 非売品 Ⓝ383.8

◇アレンツ文庫世界たばこ文献総覧 追録 第1巻 S. A. Dickson編,たばこ総合研究センターアレンツ文庫翻訳委員会訳・編 たばこ総合研究センター 1995.12 588p 31cm 〈書名は奥付による 標題紙・背の書名:Arents文庫世界たばこ文献総覧 George Arents, Jrの肖像あり〉 非売品 Ⓝ383.8
[内容] 1507〜1650年.付:参考文献

◇アレンツ文庫世界たばこ文献総覧 追録 第2巻 S. A. Dickson編, P. H. O'Neil編,たばこ総合研究センターアレンツ文庫翻訳委員会訳・編 たばこ総合研究センター 1996.10 556p 31cm 〈書名は奥付による 標題紙・背の書名:Arents文庫世界たばこ文献総覧〉 非売品 Ⓝ383.8
[内容] 1651〜1726年.付:参考文献

◇喫煙伝来史の研究 鈴木達也著 京都 思文閣出版 1999.11 329, 31p 22cm 〈年表あり〉 5500円 (i)4-7842-1018-0 Ⓝ383.89
[内容] 序章 南蛮人渡来と喫煙の伝来 第2章 最古の「タバコ」記述 第3章 最古の「キセル」記述―袋中上人撰「琉球往来」の考察 第4章 キセルの起源とその語源 第5章 南蛮ギセル考 第6章 フランシスコ会文書にみるタバコ種子伝来 第7章 イエズス会文書に見る慶長中期のタバコと喫煙 第8章 三浦按針のパイプ 第9章 「イギリス商館長日記」のパイプ 終章 総括

◇禁煙の愉しみ 山村修著 新潮社 2000.10 192p 15cm (新潮OH!文庫) 486円 (i)4-10-290037-3
[内容] 1 禁煙の発見 2 禁煙の稽古 3 禁煙の現場(禁煙とパスタ料理 禁煙と犬の散歩 禁煙と漢詩 ほか) 4 禁煙の本棚(禁煙の日記―南方熊楠と西田幾多郎 禁煙を遊ぶ―吉野秀雄と作家たち 禁煙の奇書―安田操一とズヴェーヴォ) 5 禁煙に乾杯
*煙草は我慢してやめなければいけないものなのか。健康のためでも社会的圧力のせいでもなく禁煙した著者が、苦しいとされている禁煙を「愉悦」として説く。

◇習慣のよしあしについて―東西喫煙史雑考 藤沢益夫著 [横浜] [藤沢益夫] 1996.1 276p 21cm 〈製作:慶応通信(東京)〉 Ⓝ383.89

◇たかが、煙草されど、たばこ 粉川宏著 イーハトーヴ 2000.1 209p 20cm 1800円 (i)4-900779-68-7 Ⓝ383.89
[内容] もっともらしくプロローグ―紫煙よ永遠なれ! 昭和初年代―幼少時の「ゴールデンバット」は庶民の原風景だった 昭和10年代―生まれて初めて吸った「朝日」と大東亜戦争 昭和20年代(焼跡闇市、何処の国のタバコだったか「ピース」日本専売公社成立と戦後民主主義)昭和30年代―もはや戦後ではない「ハイライト」昭和40年代―経済成長 新時代来る「セブンスター」族の出現 昭和50年代―我が銘柄放浪・落花の雪に踏み迷う 昭和60年代―アメリカたばこと中国たばこの哲学 もっともらしくエピローグ 愛煙と嫌煙―苔のむすまで
*もう我慢ならない。志ある者よ、この指にとまってくれ。ニッポンたばこ党結成を宣言する!「あなたの健康を損なうおそれがありますので吸いすぎに注意しましょう」はいい。「喫煙マナーをまもりましょう」はいい。が、しかし、中毒患者呼ばわりは許せない。たばこの煙が迷惑なら、迷惑と抗議すればよろしい。が、しかし、ケンとは何だ。ケンとは…。「嫌煙権」を言うなら、「喫煙権」はどうなる?ん?「天下り権」「組織防衛権」「不倫権」「援助交際権」「お受験権」…?これぞまさしく、世紀末ケンケンの笑い。たばこ問題を突きつめて行くと、今の世の中をイヤーな感じにしているものの正体が、ありありと見えてくるのだ!エゴを粉飾する偽善の正体が。

◇たばこと民族文化―たばこが北方に伝わるまで 第11回特別展図録 北海道立北方民族博物館編 網走 北海道立北方民族博物館 1996.7 64p 26cm 〈会期:1996年7月13日〜9月22日〉 Ⓝ383.

89
◇煙草の蘊蓄　木部博人著　彩図社　2000.9　175p　15cm　(ぶんりき文庫)　(《禁煙学校》の改題)　500円　(i)4-88392-087-9　Ⓝ383.89
(内容)第1章 煙草の伝来　第2章 煙草の葉の種類　第3章 煙草の成分　第4章 煙草の効能　第5章 戦争と煙草　第6章 煙草と芸術　第7章 喫煙事情と販売事情　第8章 喫煙と子供　第9章 煙草と火事　第10章 煙草とスポーツ、娯楽　第11章 禁煙、分煙の動き　第12章 喫煙の害と云われるもの　第12章 禁煙の実行

◇タバコの世界史　ジョーダン・グッドマン著,和田光弘,森脇由美子,久田由佳子訳　平凡社　1996.11　356p　21cm　4120円　(i)4-582-53214-4
(内容)第1章 タバコとは何か—この奇妙な植物の植物学・化学・経済学　第2章 精霊の糧—アメリカ先住民文化におけるシャーマニズム・癒し・タバコ　第3章 なぜタバコなのか—ヨーロッパ人・禁断の果実・万能薬の福音　儀礼・流行・医学上の言説—紙巻タバコ以前のタバコの消費　第5章 この小さな白き奴隷所有者—紙巻タバコ・健康・押売り　第6章 すべては紫煙の上に—1800年以前の植民地政策の衝撃　第7章 タバコは王様—1800年以前のプランター文化　第8章 貧者の作物?—1800年以降のタバコの拡大　第9章 紫煙とともに生きて—ビッグ・ビジネスとしてのタバコ　第10章 紫煙とともに死して—タバコは何処へ
*タバコ、すなわちニコチンの強い常習作用が世界の歴史を動かしてきた。嗜好品から国家的産業への変貌の過程。21世紀のタバコは何処へいく?万能の薬草として、新大陸からヨーロッパに渡ったタバコは爆発的に流行し、庶民、貴族、老若男女を問わずその魅力に取りつかれた。紫煙の中に身をゆだねる快楽は、もうやってこないのか。

◇たばこの「謎」を解く—Mysterious story　コネスール編著　スタジオダンク　2001.12　239p　21cm　〈東京 河出書房新社(発売)　文献あり〉　1500円　(i)4-309-90479-3　Ⓝ383.89
(内容)第1章 たばこのはじまり　第2章 たばこのひろがり　第3章 たばこと日本人　第4章 進化するたばこ　第5章 たばこブランド・ヒストリー　第6章 時代を描きだす「たばこポスター」　第7章 たばこ列伝
*愛煙家必読の書、ついに登場。たばこの不思議が、今解き明かされる。

◇たばこ喫みのユーモア　並木芳雄著,たばこ総合研究センター編　山愛書院　2001.11　193p　17cm　〈星雲社(発売)〉　1429円　(i)4-434-01528-1　Ⓝ383.89
(内容)たばこ喫みの人物誌(石川欣一　辰野隆　石黒敬七　式場隆三郎　夏目漱石と内田百閒)　たばこ喫みのユーモア史(明治期　大正期　昭和期—戦前・戦中　昭和期—戦後)
*明治・大正・昭和のたばこ好きが綴る悲喜こもごもの物語。

◇タバコの歴史　上野堅実著　大修館書店　1998.2　349p　21cm　3200円　(i)4-469-21217-2
(内容)第1部 タバコ文化の発生と伝播(タバコを喫うマヤの神々　先スペイン時代の新世界におけるタバコ　タバコの種と摂取方法　新世界からヨーロッパへ　ほか)　第2部 タバコ産業の発展(絶対王政のタバコ統制　市民革命の時代とシガー　アメリカ・タバコ産業の興隆　近代社会とシガレット　ほか)　第3部 巨大タバコ多国籍企業の時代(巨大タバコ多国籍企業による世界市場支配の現状　アメリカ・タバコ・トラストの成立　米英タバコ戦争とBAT社の設立　英米タバコ・トラストの日本上陸と専売制　ほか)
*匿名でタバコ攻撃の一文を発した国王、万能薬と持ち上げた医者たち…。タバコは16世紀に新大陸からもたらされるや、毀誉半ばしつつ世界中に広まり、やがて一大商品となる。波乱に富んだ人とタバコの数世紀を、文化史・産業史の両面から描いたタバコの正史。

◇煙草盆—梅津宮雄コレクション　特別展図録　米沢上杉文化振興財団編　米沢　米沢市立上杉博物館　1993.6　28p　26cm　(生活文化史 1)　(主要参考文献: p28)　Ⓝ383.8

◇煙草は崇高である　リチャード・クライン著,太田晋,谷岡健彦訳　太田出版　1997.1　353p　20cm　(批評空間叢書 11)　2200円　(i)4-87233-311-X　Ⓝ383.89
(内容)1 煙草とは何か　2 煙草は崇高である　3 ゼーノの逆説　4 カルメンの中の悪魔　5 兵士の友　6「時代の空気」人騒がせな結論

◇中国たばこの世界　川床邦夫著　東方書店　1999.11　232p　19cm　(東方選書)　1600円　(i)4-497-99568-2
(内容)序章 たばこの世界　第1章 中国人とたばこ(タバコの中国起源説　中国の皇帝とたばこ　現代史の中の愛煙家　タバコ作りの諺　たばこにまつわる民話　少数民族とたばこ　たばこの異名　たばこの作法)　第2章 中国のたばこ史(中国へのたばこの伝来　明末・清前期の状況　外国資本の侵入　民族資本の反発　中国のたばこ政策　台湾のたばこ)　第3章 多彩な中国のたばこ(葉たばこ(烟葉)　日本にもあるたばこ　水たばこ(水烟)　嗅ぎたばこ(鼻烟)　マホルカたばこ　噛みたばこ(嚼烟))
*世界の三分の一生産量を誇るたばこ大国・中国!すべての省・区・市に足を運んで、シガレット、水たばこ、嗅ぎたばこ、噛みたばこ、マホルカ…と、多種多彩な中国のたばこを探る。

◇目さまし草　大槻玄沢門人作，たばこと塩の博物館編　たばこと塩の博物館　1996.3　43p　37cm　〈たばこと塩の博物館所蔵資料翻刻集　第1集〉〈清中亭叔親文化12年刊の複製と翻刻〉(i)4-924989-03-7　Ⓝ383.89

コーヒー・お茶

◇アフタヌーン・ティの楽しみ—英国紅茶の文化誌　出口保夫著　丸善　2000.10　181p　18cm　〈丸善ライブラリー〉〈文献あり〉　720円　(i)4-621-05329-9　Ⓝ383.89

　内容　第1章　英国紅茶とはなにか（精神文化としての紅茶　英国紅茶と日本人　ほか）　第2章　英国紅茶史話（初期の英国紅茶事情　コーヒー・ハウスと紅茶　ほか）　第3章　文学者たちの紅茶（ウォーラーとクーパーの紅茶讃美　ジョンスン博士のティ・カップ　ほか）　第4章　英国紅茶余話（ウーロン茶の起源　ティ・ロードとシルク・ロード　ほか）　第5章　優雅なアフタヌーン・ティ（ハリントン卿のティ・パーティ　公爵夫人アンナのティ・タイム　ほか）

　＊「一杯の紅茶」—それは英国では、生活の中での真のゆとり、生活の充足感、洗練された美しさの象徴である…。英国紅茶遍歴ほぼ半世紀年、そして英国紅茶同好会会長も務める英文学者の筆者が、とっておきの英国紅茶にまつわる文化の「香り」高い話題を、珍しい図版を交えて「熱く」語る、紅茶の楽しみ方の真髄。

◇英国紅茶の館　仁田大八著　東京書籍　1997.11　231p　20cm　1600円　(i)4-487-79275-4　Ⓝ383.889

　内容　第1章　ファミリーで飲む英国紅茶　第2章　紅茶のエチケットとルール　第3章　レディーのための紅茶案内　第4章　ジェントルマンのための紅茶案内　第5章　テーとお茶請け　第6章　英国紅茶とティー・カップ　第7章　ティーのおいしい淹れ方　第8章　プレインなティー、ミルク・ティー、レモン・ティー　第9章　紅茶の基本

　＊はるか昔からイギリスの母親は娘をできるだけ数多くのティータイムに出席させて紅茶のエチケットを教え込んできた。英国紅茶の歴史と文化をここに探る。

◇コーヒーとコーヒーハウス—中世中東における社交飲料の起源　ラルフ・S.ハトックス著、斎藤富美子、田村愛理訳　同文館出版　1993.7　274p　20cm　〈参考文献：p259〜265〉　2700円　(i)4-495-85841-6　Ⓝ382.26

◇コーヒーという文化—国際コーヒー文化会議からの報告　UCCコーヒー博物館編　柴田書店　1994.5　304p　22cm　2500円　(i)4-388-35193-8　Ⓝ383.8

　内容　序　コーヒーは"談論風発"を誘う　日本の喫茶店文化の変遷　日本の茶とコーヒーの重層構造　有田焼とマイセン焼　戦後日本のコーヒー飲用　缶コーヒー文化論　コーヒー飲用の文化的考察　エチオピアのコーヒー儀式　ウィーンのコーヒー・ハウスの由来—コルシツキーから現代まで　コロンビア・コーヒーの経済的意味合い—展開と展望　アメリカにおけるコーヒーの飲用—新たなコーヒー・ハウス隆盛の背景要因　コーヒー技術の変遷　世界に広がるブルーマウンテン・コーヒーの評判　コーヒー・カップとコーヒー・ポット—その起源とデザインの変遷　「神戸コーヒー宣言」記念座談会　「文化としてのコーヒー」

◇茶から茶道へ—茶文化の思想的背景に関する研究　東君著　市井社　1998.6　394p　22cm　3800円　(i)4-88208-044-3　Ⓝ383.889

　内容　前篇　茶と養生・本草学—「植物」から「飲み物」へ（古代中国人の宇宙観と茶の存在位置　固形茶から散形茶へと変化する原因について　「茶経」研究における諸問題について　「喫茶養生記」と宋代飲茶）　後篇　茶と神仙・金丹説—「飲み物」から「精神文化」へ（茶と仙薬　茶と詩　茶と芸　中国茶芸の日本伝来）

　＊日本の茶道と中国の仙道のつながり—波打ちながら昇華する文化伝播の跡を辿る。

◇中国喫茶文化史　布目潮渢著　岩波書店　1995.5　290,4p　16cm　〈同時代ライブラリー224〉〈「緑芽十片」（1989年刊）の改題〉　1100円　(i)4-00-260224-9　Ⓝ383.8

◇中国喫茶文化史　布目潮渢著　岩波書店　2001.3　300,5p　15cm　〈岩波現代文庫　学術〉　1200円　(i)4-00-600046-4　Ⓝ383.889

◇中国茶の文化史—固形茶から葉茶へ　布目潮渢著　研文出版　2001.6　251p　20cm　〈研文選書82〉　2800円　(i)4-87636-198-3　Ⓝ383.889

　内容　1　中国製法の歴史（唐代の製法　唐代から宋代へ—研膏茶と蠟面茶　宋代の製法—竜鳳茶　元代の製法　ほか）　2　中国茶史雑叢（法門寺地宮の茶器と日本茶道　中国茶文化在日本　お茶の歴史　中国茶のはるかな道のり　ほか）

　＊本書は、『中国茶文化と日本』（汲古書院、1998年4月刊）刊行後、中国茶文化史について諸誌に寄稿したものを一書にまとめたものである。

◇中国茶文化　姚国坤ほか編著、近藤宗英訳　福岡　梓書院　1993.4　245p　20cm　〈主要参考文献：p239〜240〉　2000円　(i)4-87035-054-8　Ⓝ383.889

◇中国茶文化と日本　布目潮渢著　汲古書院　1998.4　288p　20cm　〈汲古選書21〉　3800円　(i)4-7629-5021-1　Ⓝ383.889

◇ティーロード—日本茶の来た道　松下智著　雄

山閣出版 1993.11 231p 19cm 2500円 (i)4-639-01200-4
- (内容)第1章 チャの原産地 第2章 茶の文化発祥地 第3章 長江のティーロード 第4章 華南山地のティーロード 第5章 華南ルートの日本茶 第6章 日本の表層文化
- ＊日本人の生活文化の重要な部分をしめる日本茶の伝来ルートは？照葉樹林につつまれた中国華南地方からのはるかな道をさぐる。

◇東西喫茶文化論―形象美学の視点から 増淵宗一著 京都 淡交社 1999.12 215p 19cm 1600円 (i)4-473-01717-6 Ⓝ383.889
- (内容)第1章 イエズス会宣教師と茶の湯 第2章 二つの嘉木―「茶」と「コーヒー」 第3章 共飲―そして碗の文化とカップの文化 第4章 オランダ東インド会社―女性と喫茶、そして砂糖 第5章 食卓の文化と食膳の文化―ナイフ・フォークと箸 第6章 ヴィラと茶屋、そして離宮とティーハウス―絶対王政時代の東西建築交流 第7章 欲望の贅沢―食卓と茶卓のあいだで 第8章 甘味と苦味―近・現代文明の誘惑 第9章 喫煙と喫茶―「吸う」と「呑む」 第10章 窓辺の茶と文化―レースと和紙 第11章 茶の湯とやきもの―特権化と大衆化 第12章 火炎の贈り物―女性と茶の湯
- ＊古典的飲料―「茶」と「コーヒー」と「チョコレート」が生んだ魅惑の最先端ファッションのさまざま。文明のふたつの嘉木である茶とコーヒーそのユニークな文化の形(かたち)と象(すがた)の比較論。

◇東洋の茶 髙橋忠彦編 京都 淡交社 2000.7 436,19p 22cm (茶道学大系 第7巻) 8000円 (i)4-473-01667-6 Ⓝ383.889
- (内容)中国茶文化研究の歴史と諸問題 朝鮮喫茶研究史 中国の茶文化史(宋代の点茶文化をめぐって 中国の煎茶道と中国歴代の茶 明代以降の中国茶の歴史と対外交易を中心として ほか) 東洋の茶の地域性(高麗・李朝の喫茶文化と歴史 東南アジアの茶 ヨーロッパにおける東洋の茶) 現代中国の茶史研究(中国煎茶探略 明代の喫茶の風尚 古蒙山茶史考 ほか)
- ＊第七巻は、茶の発祥の地、中国を中心とした、アジアの茶文化についての研究をまとめたものである。文献研究、歴史研究、工芸史研究、文化人類学的研究など、多様な方法を用いた議論が集められている。

◇日本喫茶世界の成立―探茶論の方法 山田新市著 ラ・テール出版局 1998.10 303p 20cm 2800円 (i)4-947681-29-2 Ⓝ383.889

◇比較文化入門―衣食住から宗教まで 狐野利久著 北星堂書店 1995.10 386p 19cm 2800円 (i)4-590-00992-7
- (内容)第1部 イギリスと日本 第2部 喫茶・飲酒の習慣と文化 第3部 東西芸術論 第4部 宗教と文学 第5部 コーランの思想と親鸞の思想との対比

◇振茶の習俗 続 漆間元三著 岩田書院 2001.1 104p 21cm 1000円 (i)4-87294-191-8 Ⓝ383.889
- (内容)第1章 振茶に適する容器の変遷(飲茶の意義 茶の薬効をたしかめる振茶 振茶の方法と容器) 第2章 茶筅考(煎じ物を振る 茶筅の材質 茶筅の進化) 付論 上座と地炉(南西諸島を中心とした炉端の座順 地炉の意義 地炉と産室の実態 地炉の再利用 地炉の固定化と女部屋 座順の成立 東南アジアに於ける産所の火焚 資料のなかの横座 本土での産所の火焚き)
- ＊本著で述べる振茶は、巷間でもてはやされている茶道ではなく、長年庶民の間に根づいてきた飲茶習俗である。各地に残っている振茶の歴史と、その手順をひもといてる。

食物史

◇味な考古学―第20回文化財展 広島 広島市歴史科学教育事業団 〔1997〕 16p 30cm (共同刊行:中国新聞社) Ⓝ383.81

◇魚と米の食文化―日本食を支えた海の幸・陸の幸 長崎福三著 舵社 1996.4 200p 20cm 〈付:参考文献〉 1800円 (i)4-8072-6500-8 Ⓝ383.81
- (内容)1 えびす信仰 2 海民の陸化 3 権力を支えた米 4 権力と漁業 5 魚の行商 6 農民・漁民・山民 7 米と魚
- ＊「えびす」と「だいこく」この食の神様を手放すな。右手に「稲」、左手に「魚」、伝統の健康食は、ボーダーレス時代にどこへいく。世界が見直す和食のルーツをたずね、日本の食生活の将来を占う。

◇外来の食の文化 熊倉功夫,石毛直道編 ドメス出版 1995.5 249p 20cm (食の文化フォーラム) 〈付:参考文献〉 2369円 (i)4-8107-0274-X Ⓝ383.8

◇カステラ文化誌全書―East meets west 粟津則雄ほか著 平凡社 1995.11 239p 31cm 〈歴史年表:p236〜237〉 12000円 (i)4-582-82892-2 Ⓝ383.8
- (内容)第1部 カステラのルーツを訪ねて(ポルトガルからの手紙 カステラのルーツ、ビスコチョをめぐる旅 ほか) 第2部 カステラ・ロード(日欧食文化の出合いと変容 中国菓子と南蛮菓子 ほか) 第3部 カステラの誕生(カステラの生まれた自由交易都市、長崎 カステラと村山等安 ほか) 座談会―カステラは洋菓子か、和菓子か
- ＊西洋からの贈り物カステラは、なぜ和菓子と

◇木の実とハンバーガー―日本食生活史の試み　原田信男著　日本放送出版協会　1995.11　275p　19cm　(NHKブックス754)　(主要参考文献：p267～272)　1100円　(i)4-14-001754-6　Ⓝ383.8

(内容)第1部　農耕社会の始まり―原始・古代の食生活　第2部　料理様式の確立―中世　第3部　料理文化の展開―近世　第4部　多様な食生活―近代・現代

＊"日常茶飯"から日本の歴史を見る。"食"を支えた社会は、時代と共にうつろう。肉と米、日本人が選択した食物は、歴史と文化の変遷にどう関わるのか。新たな社会史への展望。

◇魚食の民―日本民族と魚　長崎福三著　講談社　2001.1　295p　15cm　(講談社学術文庫)　960円　(i)4-06-159469-9　Ⓝ662.1

(内容)第1章　日本人と魚食　第2章　魚と旬　第3章　魚を追って　第4章　漁る人びと　第5章　漁業盛衰　第6章　ある魚食論

＊日本人は、魚を酒菜とよび真菜とよぶほどに遙かな昔から魚に親しんできた魚食の民であり、現代に伝わる豊かな魚食文化を築きあげてきた。魚食の民は漁りの民であり、魚食の歴史はすなわち漁りの歴史でもある。しかしかつて多彩な魚目を育んできた豊饒の海はいまや危機に瀕し、魚目は数も種類も少なくなった。日本人と魚のかかわりを、日本人‐魚食‐漁業という構図の中で考える。

◇近代日本食文化年表　小菅桂子著　雄山閣出版　1997.8　259p　22cm　3800円　(i)4-639-01460-0　Ⓝ383.81

(内容)幕末期(安政元年～慶応三年＝一八五四年～一八六七年)　明治期(一八六八年～一九一二年)　大正期(一九一二年～一九二六年)　明昭期(一九二六年～一九八八年)

＊食べてしまえば消えてしまう。衣食住の中で一番の難問はこの「食」である。食の世界は昨今一段と目まぐるしい。やれグルメ料理だ、〇〇料理だ、××は当社が元祖だ、いやうちが元祖だ…と。幕末期の安政元年をスタートに昭和63年まで一世紀半におよぶ日本の食の変遷を年代ごとにたどる。

◇グルマン福沢諭吉の食卓　小菅桂子著　ドメス出版　1993.5　251p　19cm　〈主な参考文献：p250～251〉　2060円　(i)4-8107-0362-2　Ⓝ383.8

(内容)生い立ち　諭吉、長崎へ　諭吉、大坂へ　青春時代　上京、そして外国へ　物騒な世の中と英学塾　文明開化と日本　「横浜」「早矢仕」「丸善」　諭吉と交詢社と西洋食　諭吉と食卓　諭吉と牛肉　牛乳の話　諭吉と酒　諭吉とビール　「何にしようね」　グルマン諭吉

◇グルマン福沢諭吉の食卓　小菅桂子著　中央公論社　1998.10　276p　16cm　(中公文庫)　705円　(i)4-12-203265-2　Ⓝ383.81

(内容)生い立ち　諭吉、長崎へ　諭吉、大坂へ　青春時代　上京、そして外国へ　物騒な世の中と英学塾　文明開化と日本　「横浜」「早矢仕」「丸善」　諭吉と交詢社と西洋食　諭吉と食卓〔ほか〕

＊慶応義塾の創立者であり、明治を代表する啓蒙思想家であった福沢は、"食と健康の思想"の普及にも熱心な食通だった。ハヤシライス、牛乳、ビールなどにまつわる様々な逸話を交えながら「隠れグルマン」諭吉の知られざる側面に迫った異色の評伝。

◇ことばで探る食の文化誌　内林政夫著　八坂書房　1999.1　314p　20cm　3200円　(i)4-89694-426-7　Ⓝ383.8

(内容)1　食べものを探る　2　飲みものを探る　3　食べ方・飲み方を探る　4　ことばを探る

＊カクテルはなぜ「雄鶏の尻尾」？ドーナツはなぜ「木の実」の仲間？バター＋蠅でなぜ「蝶」に？など、世界各地の食生活事情を知る著者が、ことばを軸に新分野を切り開く、異色の食文化誌。

◇コロンブスの贈り物　服部幸應著　PHP研究所　1999.9　207p　20cm　1400円　(i)4-569-60727-6　Ⓝ383.8

(内容)第1部　コロンブスの贈り物(ジャガイモ―世界史を変えた"救世主"　トマト―人気ナンバーワンの野菜の女王　トウモロコシ―アメリカ合衆国の活力の象徴　ジャガイモ・その2―"お助けイモ"と呼ばれた慈善の植物　ほか)　第2部　世界を旅した食材達(豆―驚異的な生命力をもつ植物　チーズ―古来より人類を支えてきた"醍醐味"　麵―中国とイタリアの代表的な食材　ワイン―あるアメリカ人の夢と時代の産物　ほか)

＊大航海に始まる食材の壮大な物語。「料理の鉄人」でおなじみの著者が贈る最新エッセイ。

◇さあ横になって食べよう！―忘れられた生活様式　バーナード・ルドフスキー著，多田道太郎監修，奥野卓司訳　鹿島出版会　1999.2　213,6p　19cm　(SD選書234)　1800円　(i)4-306-05234-6　Ⓝ383

(内容)最後の晩餐のテーブルマナー　みにくい座り方　評判の悪い衛生法　にぎやかな風呂場　時代遅れの寝室

＊「私たちに必要なのは、新しい技術ではなく、新しい生活様式である」と著者は語る。本書の中で、人類の蓄積された知識のうち、5つの基本的な機能(食事すること、眠ること、座ること、清潔にすること、入浴すること)について

再検討する。

◇食悦奇譚―東西味の五千年　塚田孝雄著　時事通信社　1995.4　360p　20cm　〈主要参照引用文献・補遺：p346〜358〉　3000円　(i)4-7887-9509-4　Ⓝ383.8
　内容　いざ赴かん食道楽のユートピアへ　第1章　帝王の宴と聖者の食卓　第2章　作法と禁忌と食饗と　第3章　やむなき境遇のもとで　第4章　極限下でつなぐ命の糧　第5章　愛飲酩酊の果てに　第6章　グルメたちの歓び　第7章　食悦もたらす陰の主役　第8章　愛好された糧食　第9章　飲みもの万華鏡　第10章　食品・調味料アラカルト　第11章　薔と野菜と果実と菓子と
　＊世界の文献を渉猟する知の料理人が再現する、帝王の宴、そして究極のメニューの数々。

◇食悦奇譚―東西味の五千年　塚田孝雄著　中央公論新社　1999.10　391p　16cm（中公文庫）〈時事通信社1995年刊の増訂　文献あり〉　933円　(i)4-12-203519-8　Ⓝ383.8
　内容　いざ赴かん食道楽(ガストロノミア)のユートピアへ　帝王の宴と聖者の食卓　作法と禁忌と食饗と　やむなき境遇のもとで　極限下でつなぐ命の糧　愛飲酩酊の果てに　グルメたちの歓び　食悦もたらす陰の主役　愛好された糧食　飲みもの万華鏡　食品・調味料アラカルト　薔と野菜と果実と菓子と　ガストロ殿下の話―天上天下唯腹独尊
　＊食の歴史に目を通すと、古今東西、想像を絶する話に事欠かない。あまたの文献を渉猟した知の料理人がここに再現する、食にまつわる悦楽の人類史。

◇食閑腹養―随筆食物史　内山一也著　大磯町（神奈川県）　内山大哉　1996.12　273p　20cm　〈年譜あり〉　非売品　Ⓝ383.81

◇食生活の歴史　瀬川清子著　講談社　2001.10　305p　15cm（講談社学術文庫）　1000円　(i)4-06-159517-2　Ⓝ383.81
　内容　1　主食料　2　主食料の食べ方（粒食と粉食）　3　副食物　4　調味料　5　食具　6　食制
　＊日本人は何を、どのように食べてきたか？食の素材と調理法、調味料、食具等、日本の食を構成する多様な要素を全国に探り、その歴史を検証する。現代を代表する女性民俗学者が、多年にわたる広範かつ入念なフィールドワークにより蓄積した資料を駆使し、食にかかわる古今の文献を渉猟して照らしだす日本人の食と暮らしの伝統。貴重な写真を多数収録。

◇食と健康の文化史―薬になる食べものの話　井上勝六著　丸善　2000.5　178p　19cm（丸善ブックス）　1600円　(i)4-621-06084-8　Ⓝ383.8
　内容　1　薬食の森（コンブ往来　薬草の母・ヨモギ　トウガラシとキムチ文化　窮極の飲みもの・茶　ほか）　2　薬食の経（加薬のすすめ　西洋食医学の伝統　石薬から草根木皮へ　アルコールと医の誕生　ほか）
　＊コンブ、ヨモギ、トウガラシ、茶、ミルク…食べものが体を作り健康を維持するという伝統栄養学を縦糸に、それが人々の生活の中で文化的・歴史的にどのような影響を与えてきたのかを横糸に、「人間」と「食の営み」との関わり合いについて興味深く解説する。

◇食肉の歴史と技術―第四一回特別展「食肉文化」シンポジウム資料　大阪人権博物館編　大阪　大阪人権博物館　1996.10　23p　30cm　Ⓝ383.8

◇食の考古学　佐原真著　東京大学出版会　1996.10　252,3p　19cm（UP選書　274）〈参考文献：p234〜252）　1854円　(i)4-13-002074-9　Ⓝ383.81
　内容　序章　日本の食　第1章　豚・鶏・茸・野菜　第2章　米と塩　第3章　煮るか蒸すか　第4章　肉食と生食　第5章　箸と茶碗　第6章　食とからだ　第7章　犬・氷・ごみ　第8章　最後の始末　終章　米と日本人
　＊食物はどのようにして手に入れ、どんな道具で、どう調理していたのか。それは、体の仕組みや健康とどう関わっていたのか。縄紋時代から8世紀頃までの「食」の実態を考古学的立場から迫り、現代の食文化との関連を探る。

◇食の体験文化史　森浩一著　中央公論社　1995.9　238p　18cm　1400円　(i)4-12-002482-2　Ⓝ383.8
　内容　「わが食物史の記録」ができるまで　サケ・シャケ　サメとフカとワニ　鮎と年魚　水無月と氷と氷室　マクワウリとシロウリ　キュウリとニガウリ　アワビ　アジとムロアジ　ハスとレンコン〔ほか〕
　＊1日3食20年の記録から。考古の舌で味わう歴史のなかの食文化。考古学者の食物史の記録。

◇食の一〇〇年　ドメス出版　2001.9　276p　22cm（生活学　第25冊）〈年表あり〉　3500円　(i)4-8107-0552-8　Ⓝ383.81
　内容　20世紀日本の食　日本人は何を食べてきたか―食料資源と人口の歴史　東京駄菓子の盛衰―浅草芝崎町を中心として　自家製味噌と生活―福島県の実態調査を通して　製造技術の変遷からみた豆腐の100年　豆腐と食生活　日本食文化における唐辛子受容とその変遷　自給の食生活の展開―農村からの視座　ターニング・ポイントに立つ学校給食―輸入依存から地域自立へ　贈答慣行にみられる食物の社会的価値の変容　食の100年年表
　＊現代の食生活は、遺伝子組み換え食品や狂牛病問題などにみられるように、グローバル化時代を迎えて、ますます食物に対し、不安がつのる時代である。このようなことに対応する動きとして、地域に根ざした食料生産のあり方に、関心が高まりつつある。このことは、伝統的な食文化を見直す動きにもなっている。

すなわち「食」と風土と農業の一体化がみられた戦前の伝統社会を振り返る必要がある。この伝統社会のなかで、食生活や食文化がどのようなものであったのか、あるいはこの100年の変容過程をとらえなおして、現代の食文化を浮き彫りにすることに本書のねらいがある。

◇食の文化史―生態―民族学的素描 ジャック・バロー著，山内昶訳 筑摩書房 1997.12 348p 22cm 3900円 (i)4-480-86108-4 Ⓝ383.8
(内容) 自然を食べ、改造する人間 料理革命 食べ物を容れるための壺の登場―大昔のポタージュやスープ 恵みの自然の馴化 狩人から肉屋へ―肉食民の神話と現実 「バター、卵、チーズ」の看板で 鮮魚、干ダラ、コイ、四旬節の肉断ち 料理法の進展―食生活の変貌と味覚の変化 甘い食べ物から酩酊へ 食べ物の伝播―西方、東方、インド地方の食物 〔ほか〕
＊「人類史の食卓」の交響楽。人はなにをどのように食べてきたのか？自然採取から食糧生産を目的とした植物の栽培化、家畜動物の飼い慣らしや品種改良、また火の発明と支配による調理法の革命、それにともなう人間の味覚や食べ物の風味の変化、さらに食糧をめぐる戦争と世界征服の野望。自然科学と人文社会科学の両面にわたる生態人類学・歴史人類学および民族学的な視点から壮大なスケールで考察する食文化の歴史。

◇斉民要術―現存する最古の料理書 田中静一, 小島麗逸, 太田泰弘編訳 雄山閣出版 1997.10 340p 22cm 〈索引あり 文献あり〉 4800円 (i)4-639-01470-8 Ⓝ383.8
(内容) 第1部 「斉民要術」概論 第2部 「斉民要術」成立当時の思想と風俗 第3部 訳文および訳注（酪、乾酪、漉酪、馬酪酵、酥の作りかた 神麹および酒の作りかた 白醪麹の作りかた 粗麹および酒の作りかた 法酒の作りかた 「ばら麹」、「こな麹」、「ムギもやし」の作りかた 常満塩および花塩の作りかた ほか）
＊食文化の原典、今日に再生する1500年以前の加工調理法、だれにもわかり易く説かれた画期的口訳訳と解説！第一線研究者によって食の神秘の扉はついに開かれた！食文化のルーツ。

◇たべもの郷土史 中嶋清一著 木更津 うらべ書房 1994.3 254p 19cm 1545円 (i)4-87230-033-5

◇食べもの、旬とタブー366日 講談社 1994.4 408p 16cm 〈講談社＋α文庫〉 (監修：阿部宗明, 岩月township) 940円 (i)4-06-256040-2 Ⓝ596
＊日本人の多彩な〈食〉に欠かせないのが季節感と禁忌。忘れられがちな正しい食べ方を、伝統の知恵と最新の情報で明かす実用事典。よい材料の見分け方、正しい旬、素材を生かした調理法、栄養の考え方、保存法などを書

き下ろす。あらゆる食材を選択し、味わい分けながら調理法を工夫してきた日本人の歴史に学ぶ〈食〉を楽しむための一冊。

◇たべもの史話 鈴木晋一著 小学館 1999.4 258p 16cm （小学館ライブラリー） 790円 (i)4-09-460121-X Ⓝ383.81
(内容) 稲荷鮨 海鼠 桜餅 蛤 鮎 胡瓜 アイスクリーム 鴫焼 梨 蒲鉾〔ほか〕
＊日本人が代だい伝えてきた日常食を、季節や地方性、宗教、世代などの観点から解説。食の文化から、新しい日本人論が見えてくるだろう。うんちくいっぱいの食欲増進本。

◇たべもの戦国史 永山久夫著 河出書房新社 1996.4 262p 15cm （河出文庫）〈新人物往来社昭和52年刊の増補 たべもの戦国史年表・主要参考文献：p230～252〉 600円 (i)4-309-47294-X Ⓝ383.8
(内容) 戦国時代以前の兵糧 戦国時代と兵糧 戦国武将の兵糧奇譚 戦国生き残り術 陣中携の薬餌 籠城と兵糧 兵糧丸の秘密 食生活の知恵 南蛮ものと煙草の大流行
＊秀吉・家康が勝ち残った理由は、玄米・大豆・胡麻・魚・野菜の戦国食にある。運をよぶ超食事術。

◇たべもの超古代史 永山久夫著 河出書房新社 1997.6 243p 15cm （河出文庫）〈1987年旺文社刊の増補 年表あり〉 560円 (i)4-309-47326-1 Ⓝ383.8
(内容) 恐竜からサルへの旅 植物食から肉食へ 火の驚異と火食の始まり 氷河時代の食生活の知恵 マンモスハンターの食生活 ゾウの天国だった古代日本 縄文時代始まる 新石器時代の主役たち
＊人類の料理の原点を探る！ヒトはなぜ地上で生存し得たのか。その秘密は、人類の猛烈な食欲と美味追求に隠されている。

◇たべもの歴史散策 小柳輝一著 時事通信社 1994.11 256p 20cm 〈引用・参考文献：p252～256〉 2000円 (i)4-7887-9437-3 Ⓝ383.8
(内容) 季節の味わい 通の味粋な味 行事の料理 庶民派の料理 滋養健康食 古今のグルメ 飽きない日常食
＊古代から愛好された山海の珍味、現代のグルメブームも及ばない江戸の高級料理、貴賎の暮らしを彩る季節の食材、繁盛した料理店。日本のたべものと料理の歴史を多くの文献を渉猟してたどり、時代ごとの、また時代を越えた食文化を探訪する。

◇食べる―原始から中世の食生活 平成5年度秋季特別展 小野市立好古館編 小野 小野市立好古館 1993.10 22p 26cm 〈会期：平成5年10月9日～11月14日 参考文献：p22〉 Ⓝ383.8
◇食べる―近世・近代の食事情 平成6年度春季特別展 小野市立好古館編 〔小野〕 小野市立

好古館 1994.4 21p 27cm 〈会期：平成6年4月5日～5月8日 参考文献：p21〉 Ⓝ383.8

◇食べる日本史 樋口清之著 朝日新聞社 1996.4 213p 15cm （朝日文庫） 480円 (i)4-02-261137-5 Ⓝ383.8
内容 第1章 文化は食生活から生まれた（人間の雑食性が文化を生んだ 日本人も人肉を食べていた？ ほか） 第2章 あをによし奈良の都は…（食べる意識の変化 土用の丑の日にうなぎを食べた ほか） 第3章 気候が動かした日本史（なぜ文学に食べ物が登場しないか 食欲不振の平安朝文学 ほか） 第4章 なぜ江戸幕府は倒れたか（戦国武将は食いしん坊 天婦羅は西洋料理だった ほか）
＊縄文の人々、紫式部、徳川家康たちは、何を食べていたのだろうか―「物を食べる、という日常的な行為こそ、生活の基本であり、文化の出発点である」と考える学者が、食べることを中心にすえてくりひろげる日本史ものがたり。豊富な知識と大胆な推理に支えられた発想は自由にはばたく。

◇卵を割らなければオムレツはできない 明坂英二著 青土社 1996.3 294p 20cm 2200円 (i)4-7917-5441-7 Ⓝ383.8
内容 「卵と私」と私 モーセの卵、イエスの卵 ハンプティ・ダンプティから聞いた話 卵たちの白昼夢 江戸、玉子のある風景 卵を割らなければオムレツはできない
＊生命を生みだす源、よみがえりの象徴、世界のすべてを内に含む卵―。その豊饒と完璧さに魅せられた著者が、1920年代のアメリカから中世ヨーロッパ、江戸まで、縦横に時空を旅し、人間と卵の、古く濃い秘密をさぐる。

◇地域と食文化 石川寛子編著 放送大学教育振興会 1999.3 181p 21cm （放送大学教材 1999） 2000円 (i)4-595-51458-1 Ⓝ383.81

◇チョコレートの歴史 ソフィー・D.コウ、マイケル・D.コウ著、樋口幸子訳 河出書房新社 1999.3 395p 20cm 3000円 (i)4-309-22345-1 Ⓝ383.8
内容 第1章 神々の食物の木 第2章 カカオの誕生―オルメカ＝マヤ時代 第3章 アステカ族―五番目の太陽の民 第4章 出会いと変容 第5章 チョコレートのヨーロッパ征服 第6章 カカオ産地の変遷 第7章 理性と狂気の時代のチョコレート 第8章 大衆のためのチョコレート
＊「神々の食物」の味わい深い文化史。謎の多い植物カカオ、マヤ・アステカの宗教儀式の象徴、香料、薬効、媚薬、滋養、催淫、そして貴族の飲み物から大衆化に至る壮大な物語を描く文物。甘美な味に隠された驚くべき壮大な物語。

◇肉食文化と魚食文化―日本列島に千年住みつづけられるために 長崎福三著 農山漁村文化協会 1994.12 208p 19cm （人間選書 183） 〈参考文献：p205～208〉 1700円 (i)4-540-94126-7 Ⓝ383.8
内容 1 ヒトはなにを食べてきたか 2 肉食と魚食をくらべてみると 3 日本人にとって魚食とはなにか 4 肉食は日本に定着したか 5 日本人の未来の食をデザインする
＊"肉食化"する人類に未来はない。ボーダレス時代はフードレス時代。アジア型食文化の世界的な意味。

◇馬琴の食卓―日本たべもの史譚 鈴木晋一著 平凡社 2001.8 205p 18cm （平凡社新書 700） (i)4-582-85102-9 Ⓝ383.81
内容 馬琴の食卓 若冲「野菜涅槃図」を読む マグロ出世譚 近世以前の日本の甘味料 南蛮菓子あれこれ 平安京の食生活 「類聚雑要抄」にみる平安時代の大宴会 食文化史落穂ひろい
＊奇想の画家、伊藤若冲の絵に描かれた奇妙な果物の正体は？南蛮渡来の菓子で今も残っているものは？平安貴族の大宴会に供されたら意外な食物とは何か？幾多の史料から、今も変わらない日本人の「食」へのこだわりを丹念に拾い上げ、愛情を込めて語り尽くす。食文化史に精通した若者が案内する、さまざまな発見に満ちた「食の日本史」。

◇パン 安達巖著 法政大学出版局 1996.5 251p 20cm （ものと人間の文化史 80） 2369円 (i)4-588-20801-2 Ⓝ383.81
内容 パンは神代に伝来した 麺から餅への変遷 文献にみる古代中国のパン 東アジア風パン道の起源 オリエントから倭人の島への道 弥生時代に伝来した胡餅文化 古代パン食文化の種々相 善哉餅の古名は神在餅 碾磑と胡餅の伝来事情 イランのパンが煎餅に化ける〔ほか〕
＊日本のパン食文化のルーツを探る。史料と伝承をもとに、古代オリエントに起ったパン食文化が中国・朝鮮を経て約2000年前に出雲朝廷にもたらされたことを解明し、西洋伝来とされてきたわが国のパン食文化が、じつに2000年の歴史と伝統をもつことを説く。

◇パンの文化史 舟田詠子著 朝日新聞社 1998.1 291, 23p 19cm （朝日選書 592） 〈文献あり 索引あり〉 1500円 (i)4-02-259692-9 Ⓝ383.8

◇「味覚人」飛行物体―食の世界を行く 小泉武夫著 時事通信社 1997.9 219p 19cm 1500円 (i)4-7887-9732-1 Ⓝ383.8
内容 1 食の文化とは 2 人間以前からヒトへ 3 食と知恵の発達 4 国の始まりは食の分配から 5 発酵が食の歴史を変えた 6 調理と料理 7 好き嫌いはどうして決まる 8 食文化と酒 9 食の作法とは 10 日本食文化の特徴 11 民族による食文化の違い エピローグ 二一世紀の食をめぐる諸問題

◇味噌・醤油・酒の来た道　森浩一編　小学館　1998.2　304p　16cm　(小学館ライブラリー)　840円　(i)4-09-460106-6　Ⓝ383.81
　内容　中国の食物史　食文化の複眼的、総合的考察　沿海州における食文化　韓民族の食文化　蝦夷の食生活　遺物からみた縄文人の食生活　古代日本海域の食物とその貢進　海と山の食文化　日本のすし・富山のすし　日本の酒・高志の酒　日本海文化研究
　＊現代日本人の食生活の原点は？多くの学者が日本海沿岸にフィールドを設定して論証した。森浩一をはじめとする著名な研究家たちの鋭い討論は、21世紀を迎える我々の生活に多大な指針を与える。

◇明治西洋料理起源　前坊洋著　岩波書店　2000.7　308p　20cm　2500円　(i)4-00-002256-3　Ⓝ383.81
　内容　第1章　料理の異国　第2章　はじめての西洋料理屋　第3章　鹿鳴館前後の西洋料理屋　第4章　先生の食性　第5章　日記のなかの西洋料理
　＊上陸したサンフランシスコのホテルで初めて西洋料理のフルコースに挑戦した幕末遣米使節の"驚愕"！―開化とともに全国に広がっていく西洋料理屋の有様から、福沢諭吉の食生活、明治の日記に見る西洋料理体験まで、本書が語り尽くす「味覚の近代」は、日本が経験した西洋化の衝撃を生活の深部から照らし出す。

◇歴史は「食」で作られる―雑学事典・たべもの人物史　永山久夫著　祥伝社　1999.4　226p　18cm　(ノン・ブック)　829円　(i)4-396-10403-0　Ⓝ383.81
　内容　1章　なぜ秀吉はあれほど出世できたのか―夢を実現する力を与える"出世食"　2章　なぜ徳川家斉は55人も子作りできたのか―バイアグラでは身につかない、本当の精力をつける"強精食"　3章　なぜ楠木正成は90日も籠城できたのか―ここ一番の勝負時に食べる"底力食"　4章　なぜ卑弥呼は80歳まで長生きできたのか―健康で長生きするために大切な"長寿食"　5章　なぜ小野小町は絶世の美女になれたのか―美しくなるために必要な"美容食"　6章　なぜ菅原道真は「学問の神様」になれたのか―頭を良くするためには必須の"健脳食"
　＊優れた日本人を育んだ「食」の知恵。日本史を彩る有名人たちの、知られざる秘話と食生活の知恵に、思わず仰天。

◆日本
◇味な山形　山形県生涯学習人材育成機構編　山形　山形県生涯学習人材育成機構　1994.3　281p　19cm　(新アルカディア叢書　第7集―「山形学」シリーズ　5)　(参考図書・文献：p278～279)　Ⓝ383.8

◇味の昔ばなし　気高町食生活改善推進員友の会執筆・編　〔気高町(鳥取県)〕　気高町町民福祉課　1998.3　96p　19cm　Ⓝ383.8172
◇安城食の風景―ふるさとを掘り起こす百話　安城市歴史博物館編　安城　安城市歴史博物館　1995.3　178p　26cm　Ⓝ383.8
◇生駒の食文化　生駒市教育委員会編　生駒　生駒市教育委員会　1997.3　138p　30cm　(生駒市文化財調査報告書　第11集)　(折り込2枚)　Ⓝ383.8165
◇いさわの食と生活―四季の日常食を中心に　〔胆沢町(岩手県)〕　胆沢町教育委員会　〔2001〕　54p　30cm　(調査記録集　第16集)　〈平成12年度高齢者学習ボランティア〉　Ⓝ383.8122
◇稲沢の衣食　稲沢市史編纂委員会編　稲沢　稲沢市教育委員会　1994.3　59p　26cm　(稲沢市史資料　第29編)　Ⓝ383
◇伊那の冬の風物詩ざざ虫　牧田豊著　駒ケ根　建設省中部地方建設局天竜川上流工事事務所　1999.3　61p　21cm　(語りつぐ天竜川)　(折り込1枚)　Ⓝ383.8152
◇イーハトーブの食文化―第44回企画展　岩手県立博物館編　盛岡　岩手県文化振興事業団　1996.10　101p　30cm　(第6回全国食文化交流プラザ　文献あり)　Ⓝ383.8122
◇うにの文化誌　藤野幸平著　下関　赤間関書房　1996.6　248p　17×18cm　3000円　Ⓝ383.8
◇海の味―異色の食習慣探訪　山下欣二著　八坂書房　1998.6　255p　20cm　1900円　(i)4-89694-413-5　Ⓝ596.35
　内容　腔腸動物　環形動物　触手動物　貝類　節足動物　棘皮動物　魚類　両生類　爬虫類　哺乳類
　＊日本人の胃袋、恐るべし！ゴカイ、ウツボ、ウミヘビ、ヒトデ、イソギンチャク、アメフラシ…日本にはまだアッと驚く食習慣が残っている。うまいかまずいかは喰ってみなけりゃ分からない。北は北海道から南は沖縄まで、好奇心旺盛な水生動物のプロが体験した珍食・奇食・異色の食習慣の数々。

◇江戸あじわい図譜　髙橋幹夫著　青蛙房　1995.6　20p　22cm　3800円　(i)4-7905-0861-7　Ⓝ383.8
　内容　第1章　江戸のかて　第2章　酒と酒器　第3章　江戸の菓子　第4章　外でたべる　第5章　春のあじわい　第6章　夏のあじわい　第7章　秋のあじわい　第8章　冬のあじわい
◇江戸美味い物帖　平野雅章著　広済堂出版　1995.9　287p　20cm　1700円　(i)4-331-50501-4　Ⓝ383.8
　内容　第1章　今に生きる江戸の味　第2章　江戸の名物"食"の商い　第3章　幻の江戸料理　第4章　江戸の食材　第5章　江戸食べ物こぼれ話

◇江戸・食の履歴書　平野雅章著　小学館　2000.4　283p　15cm　(小学館文庫)　533円　(i)4-09-417321-8　(N)383.81
(内容)第1章 今に生きる江戸の味　第2章 江戸の名物"食"の商い　第3章 幻の江戸料理　第4章 江戸の食材　第5章 江戸食べ物こぼれ話
*北大路魯山人の愛弟にして、食文化史研究の第一人者である著者が、残された当時の文献から、江戸時代の食文化を解き明かす。現代の和食を代表する天ぷらやにぎりずしはいつごろから食べられていたのか?江戸の庶民はどんな料理を食べていたのか?当時、流行っていたのはどの店のどんな料理だったのか?花の吉原での食事はどんなものだったのか?江戸の"食"に関する興味深い話題が、当時の人々の生活と共に甦る。

◇江戸食べもの誌　興津要著　朝日新聞社　1995.4　264p　15cm　(朝日文庫)　560円　(i)4-02-261077-8　(N)383.8
(内容)1 いまものこる江戸の味(ねぎま 初鰹 ももんじ屋 ほか)　2 いまはむかし江戸の味(夜鷹蕎麦 四方の味噌 田楽 ほか)　3 江戸の味・余滴(鴨葱 茄子 山芋 ほか)
*「雛祭り皆ちつぼけなくだを巻き」―江戸中期から後期にかけて、川柳、狂歌、小咄が盛んになる。季語や切れ字を気にしない自由な表現形式。そこには庶民生活の哀歓がこめられている。日本近世文学の第一人者がそれらに登場する"味"をさぐることによって、江戸の人情と世相を浮き彫りにする。

◇江戸東京グルメ歳時記　林順信著　雄山閣出版　1998.5　246p　19cm　2300円　(i)4-639-01531-3　(N)383.81
*季節の食材・料理について、その味わいや旬のこと、起源、名前の由来を記した江戸っ子グルメ入門書。

◇江戸のグルメ―企画展示図録　千葉県立総南博物館編　〔千葉〕　千葉県社会教育施設管理財団　1999.10　21p　26cm　(会期:平成11年10月16日―12月5日　文献あり)　(N)383.81

◇江戸の庶民が拓いた食文化　渡辺信一郎著　三樹書房　1996.4　263p　20cm　2500円　(i)4-89522-201-2　(N)911.45
(内容)第1章 食文化の革命は屋台店から　第2章 謎づくしの江戸の食品　第3章 バラエティに富む和菓子
*古川柳をもとに江戸食品の謎を解く。江戸の庶民たちによって開発された滋味があり低廉な新食品。握り鮨やてんぷらに代表されるこれら現代の食文化の源流となった当時の食品の実相に迫る。

◇江戸のファーストフード―町人の食卓、将軍の食卓　大久保洋子著　講談社　1998.1　238p　19cm　(講談社選書メチエ 121)　〔文献あり　索引あり〕　1500円　(i)4-06-258121-3　(N)383.81
(内容)第1章 江戸のファーストフードのにぎわい　第2章 江戸の味の誕生　第3章 将軍の食卓、町人の食卓　第4章 大江戸グルメブーム　第5章 究極の料理茶屋、八百善　第6章 日本料理の完成
*盛り場に、辻々に、縁日に一百万都市江戸を埋め尽くしたファーストフード屋台から、日本料理を代表するてんぷら、すし、そばが生まれた。せっかち庶民の愛した江戸前の味、将軍の意外に質素な食卓、「初鰹狂奏曲」、そして究極のグルメレストラン八百善まで、多彩で華麗な江戸の食空間を読む。

◇江戸風流「食」ばなし　堀和久著　講談社　1997.3　275p　20cm　(付:参考文献)　1648円　(i)4-06-208474-0　(N)383.8
(内容)医食同源　鰻が変じて山の芋　江戸前と江戸　大食い大会　果子から菓子　春日局と七色御飯　救荒食物　薬食いと悪食　香辛料、調味料　蜆、蛤、赤貝　〔ほか〕
*江戸庶民の食生活に関する川柳と小話満載の面白雑学エッセイ。

◇江戸風流「食」ばなし　堀和久著　講談社　2000.12　277p　20cm　(講談社文庫)　552円　(i)4-06-273035-9　(N)383.81
(内容)医食同源　鰻が変じて山の芋　江戸前と江戸　大食い大会　果子から菓子　春日局と七色御飯　救荒食物　薬食いと悪食　香辛料、調味料　蜆、蛤、赤貝　〔ほか〕
*練馬大根と「犬公方」徳川綱吉の関係、虚弱体質の徳川家光のために春日局が炊かせた七色御飯の内容は?赤穂浪士が討ち入り前に食べたのはそば、うどん?鮃、鮨、寿司の違いから大福餅三百二十個という驚異の大食い記録まで、江戸の食生活は面白エピソードがいっぱい。小話や川柳も楽しい雑学エッセイ。

◇江戸味覚歳時記　興津要著　時事通信社　1993.12　262p　20cm　1800円　(i)4-7887-9343-1　(N)383.8
(内容)第1部 味覚歳時記　第2部 江戸の有名店・有名食品
*江戸庶民が愛好した四季の食べ物、飲み物、有名料理・菓子類を川柳や小咄を豊富に引用しながら紹介、味覚に寄せる江戸っ子の粋と気っぷ、泣き笑いを軽妙な筆致で描く。

◇大江戸美味草紙　杉浦日向子著　新潮社　1998.10　171p　20cm　1400円　(i)4-10-425901-2　(N)383.81
(内容)ともあれ初春　まだ浅き春かな　野ゆき磯ゆき　初鰹ラプソディー　イキのいい奴　暑気払いの切り札　天竺浪人ふらり来て　初秋の便り　秋本番　たかがイモ、されどイモ　〔ほか〕
*江戸前のファーストフード、鮨、蕎麦、天麩羅を生んだ江戸っ子たちの食生活。江戸グルメ

◇大江戸美味草紙　杉浦日向子著　新潮社　2001.
6　182p　16cm（新潮文庫）400円（i)4-10-
114915-1　Ⓝ383.81
（内容）ともあれ初春　まだ浅き春かな　野ゆき
磯ゆき　初鰹ラプソディー　イキのいい奴　暑
気払いの切り札　天竺浪人ふらり来て　初秋の
便り　秋本番　たかがイモ、されどイモ　冬の
足音　師走のぬくもり　甘いものがたり　酔い
醒めて　くるわのグルメ　台所太平記
＊たいがいにしろと数の子引たくりこれ、
「黄色いダイヤ」を奪い合ってる図、ではあり
ません。そのココロ＝お江戸の「いろは」を知
りたくば、本書を開いてみてください。たと
えば、初鰹のイキな食し方とか、江戸前ファ
ーストフード、寿司・そば・天ぷらの始まり
などなど、思わずよだれが出ちゃいそうなオ
イシイ話がたくさん。一読"目ウロコ"、これ
であなたも「江戸通」まちがいなし。
◇岡山ふだんの食事　鶴藤鹿忠著　岡山　日本文
教出版　2000.2　154p　15cm（岡山文庫 203）
800円　(i)4-8212-5203-1　Ⓝ383.8175
◇オコロジー——お好み焼の話をしよう　改訂版
広島　オタフクソース　1994.12　121p　29cm
〈監修：藤中義治〉　Ⓝ383.8
◇お豆さんと近江のくらし　滋賀の食事文化研究
会執筆・編集　彦根　サンライズ印刷出版部
1996.12　203p　19cm（淡海文庫 8）〈巻末：
参考文献〉1000円　(i)4-88325-113-6　Ⓝ383.
8161
（内容）第1章 記録に残る豆　第2章 豆の七変化
——大豆を使った伝統加工食品　第3章 ことこと
煮る煮ら——琵琶湖の幸、野の幸との出会い　第
4章 豆でいっぷく　第5章 味噌で彩るくらし
第6章 豆暦——神事・仏事の豆　第7章 滋賀の豆
文化を探る
◇語るおやき生きるおやき　柏企画編　長野　柏
企画　2000.8　195p　19cm　1400円　(i)4-
907788-04-5　Ⓝ383.8152
◇上方食談　石毛直道著　小学館　2000.11　213p
20cm　1500円　(i)4-09-386056-4　Ⓝ383.816
（内容）上方食談（上方と江戸・東京　カツオと
タイ　上方うまいもん尽くしその一　関西の味
は淡色文化）　浪花の食（着倒れから食い倒れへ
にぎりと箱ずし　上方うまいもん尽くしその二
上方落語とざるそば　食べものの上手の大阪文化）
京の食（京都ブランド　上方うまいもん尽くし
その三　「簡素」と「豪華」の京の食文化　錦市場
探訪　東西対抗われらが懐かしき食）
＊京都・大阪四十余年の東男、鉄の胃袋・石毛
直道が京都・大阪・神戸 関西の食の真髄を語
り明かす。
◇関東の郷土食・伝統食——地域に根ざした特色あ
る食文化の伝承への取組事例　関東農政局

1999.10　109p　30cm〈農林水産漁業現地情報〉
Ⓝ383.813
◇北の食卓　南部あき子著　札幌　北海道新聞社
1993.10　190p　27cm〈著者の肖像あり　北海
道食物史・参考文献：p178～189〉4600円　(i)4-
89363-708-8　Ⓝ596
（内容）私の味私の道　料理のヒント　魚介料理
肉料理　野菜料理　ごはん・麺・その他
◇きょうのごはんなぁに?——登呂むらの味わい料理
・再現　静岡市立登呂博物館編〔静岡〕　静
岡市立登呂博物館　2000.9　55p　30cm〈特別
展：2000年10月1日——11月29日　文献あり〉
Ⓝ383.8
◇近代日本糖業史　下巻　糖業協会編　勁草書房
1997.4　440p　21cm　8000円　(i)4-326-50128-6
（内容）台湾糖業連合会　大正前期の台湾糖業
第一次世界大戦下の糖業　戦後恐慌下の糖業
第一次大戦後における蔗作・製糖技術の発展
台湾における米・蔗相剋問題　台湾における民
族運動・農民運動の動向と糖業に対する影響
金融恐慌と製糖業界の変動　昭和二年の対糖関
税・消費税改正　昭和恐慌期における砂糖の需
給調節　不況克服後の糖業　日中戦争下の糖業
太平洋戦争下の糖業
◇くらしを彩る近江の漬物　滋賀の食事文化研究
会編　彦根　サンライズ印刷出版部　1998.3
209p　19cm（淡海文庫 12）〈文献あり〉1200
円　(i)4-88325-118-7　Ⓝ383.8161
◇「県民性」がわかるおもしろ食の大事典　ハイパ
ープレス著　青春出版社　2001.7　255p　20cm
1100円　(i)4-413-03275-6　Ⓝ383.81
（内容）1章 北海道・東北地方編　2章 関東地方
編　3章 北陸・中部地方編　4章 近畿地方編
5章 中国・四国地方編　6章 九州地方編
＊47都道府県別、味のふるさとめぐり。ジンギ
スカン、じぶ煮、おやき、キリタンポ、ずん
だ、なれずし、皿鉢料理、冷や汁、チャン
プル…県民気質の秘密がわかる、おいしさ
の決定版。
◇高校生に伝えたい香川の食文化　第2集　高松
食文化の会　1993.2　110p　26cm　Ⓝ383.8182
◇高校生に伝えたい香川の食文化　第3集　高松
食文化の会　1994.2　110p　26cm　Ⓝ383.8182
◇高校生に伝えたい香川の食文化　第4集　高松
食文化の会　1995.2　101p　26cm　Ⓝ383.8182
◇高校生に伝えたい香川の食文化　第5集　津田町
（香川県）　食文化の会　1996.2　112p　26cm
Ⓝ383.8182
◇高社山物語——七ツ鉢と信州中野の食文化　中野
市食文化七ツ鉢会編　長野　銀河書房　1993.3
203p　19cm〈執筆：金井汲次,斉藤武雄〉1300
円　Ⓝ383.8
◇古代日本のチーズ　広野卓著　角川書店　1996.
10　241p　19cm（角川選書 277）〈古代日本の

チーズ関連年表:p234〜236) 1400円 (i)4-04-703277-8 Ⓝ383.81

(内容)第1章 古代のチーズ・世界のチーズ 第2章 聖徳太子とチーズ—ミルク文化の伝来 第3章 長屋王とチーズ—木簡で証明された天平のチーズ 第4章 鑑真和上とチーズ—本草書と仏典の乳製品 第5章 醍醐天皇とチーズ—「延喜式」の謎 第6章「光源氏」とチーズ—平安文化を支えた滋養薬 第7章 後醍醐天皇とチーズ—ミルク文化の消滅

＊聖徳太子はチーズを食べていたにちがいない。「蘇」とよばれた日本独自のチーズは、朝廷への貢納を義務づけられており、長屋王をはじめとする奈良朝貴族、「光源氏」に象徴される平安朝貴族に滋養食として珍重された。そのため諸国の農民が牛からの搾乳とチーズ製造に携わった。乳製品に関する科学的分析と古代史料の考証、発掘された木簡の最新情報を手掛かりに、「蘇」の物性とその貢納制度の実態を解明し、日本のチーズにまつわる古代史に光を当てる。

◇古代日本のミルクロード—聖徳太子はチーズを食べたか 広野卓著 中央公論社 1995.4 228p 18cm (中公新書)〈ミルク文化史年表,参考文献・資料:p220〜228) 720円 (i)4-12-101239-9 Ⓝ383.8

(内容)第1章「魏志」倭人伝の世界 第2章 ミルク文化の担い手 第3章 人類とミルクの出会い 第4章 今も昔もミルクは国家管理 第5章 律令制度とミルク 第6章 王朝文化とミルク 第7章 古代日本のチーズ 第8章 古代のチーズを復元する 第9章 ミルク文化の崩壊

＊平城京長屋王邸跡と推定される地から出土した膨大な木簡のなかに、古代のミルク文化の存在を証明する「蘇」の字が読みとれるものがあった。この蘇こそ、今日のチーズである。渡来した人々により、大和朝時代、蘇は畿内を中心に広く伝播し、天皇家をはじめ貴族社会の重要な滋養源として欠かせないものだった。しかしなぜかその後の日本人の食生活から姿を消す乳製品に現代科学のメスを入れ、閉ざされていたミルク文化を照射する。

◇娯楽の江戸 江戸の食生活 三田村鳶魚著,朝倉治彦編 中央公論社 1997.1 366p 16cm (中公文庫—鳶魚江戸文庫 5) 620円 (i)4-12-202785-3 Ⓝ210.5

(内容)娯楽の江戸(江戸の民衆娯楽 大道芸と葭簀張り興行 道化万歳 譯戊の移替り 寄席の盛衰 最初の落語 ほか)江戸の食生活(庶民の食物志 食事の話 蕎麦と鮨 二八蕎麦 天麩羅と鰻の話 金竜山の米饅頭)

＊祭礼の茶番から大道芸・小屋芸へと発展する江戸芸能の変遷を語る「江戸の民衆娯楽」、「蕎麦と鮨」『天麩羅と鰻の話』、また江戸期に定着した一日三食を論考する「食事の話」など、江戸庶民の生活文化の原点をさぐる。江戸文化の粋を伝える一巻。

◇佐渡の珍味—海辺の幸 浜口一夫著 高志書院 1999.7 145p 19cm 1200円 (i)4-906641-30-X Ⓝ383.8141

◇佐渡の珍味—山野の幸 浜口一夫著 高志書院 1999.8 169p 19cm 1600円 (i)4-906641-32-6 Ⓝ383.8141

◇滋賀県伝統食文化調査—資料編 滋賀県教育委員会文化財保護課編 大津 滋賀県教育委員会 1998.12 12,466p 30cm Ⓝ383.8161

◇滋賀県の伝統食文化—滋賀県伝統食文化調査報告書 平成6年度〜平成9年度 滋賀県教育委員会文化財保護課編 大津 滋賀県教育委員会〔1998〕 15,238p 30cm Ⓝ383.8161

◇滋賀の食文化財—滋賀県選択無形民俗文化財記録作成(平成11年度-平成12年度) 滋賀県教育委員会文化財保護課編 大津 滋賀県教育委員会 2001.3 359p 30cm Ⓝ383.8161

◇滋賀の伝統的食文化 堀越昌子編 大津 滋賀大学教育学部滋賀の食文化調査研究班 1994.3 85p 26cm〈教育研究学内特別経費(文部省)による共同研究2) Ⓝ383.8

◇滋賀の伝統的食文化図録 堀越昌子,野間晴雄編 大津 滋賀大学教育学部滋賀の食文化調査研究班 1993.3 91p 26cm (教育研究学内特別研究報告 1) Ⓝ383.8

◇四国・食べ物民俗学—四国山地に見た「縄文」文化フィールドノート 近藤日出男著 松山 アトラス出版 1999.9 112p 26cm (アトラスムック) 1800円 (i)4-901108-04-2 Ⓝ383.818

(内容)「フィールドは、四国の屋根」(著者プロフィール&対談 口絵 カシ豆腐づくり ほか)主食になったもの(ドングリ トチ ほか)副食になったもの(赤カブ 山菜 ほか)嗜好品(古代茶 ナツメ ほか)

＊二十一世紀に残したい食習文化の記録。この一世紀の間に大きく変わってしまったものは多いが、そのひとつに「食べ物」があるということに誰も異論はないだろう。四国山地は開発が遅れた分、昭和四十年頃まで山ひだや里のそこかしこに、「縄文」が残っていた。しかし、焼畑の消滅と、山村の雪崩を打つような過疎によって、それはあっという間に消滅してしまった。

◇島の食事—種子島・屋久島・吐噶喇紀行 日高恒太朗著 透土社 2001.8 340p 19cm (自然に生きるシリーズ 1)〈東京 丸善出版事業部(発売) 文献あり) 2000円 (i)4-924828-74-2 Ⓝ383.8197

(内容)第1章 種子島・馬毛島(西之表 馬毛島 ほか)第2章 屋久島・口永良部島(宮之浦 一湊 ほか)第3章 三島村(竹島 硫黄島 ほか)

第4章 十島村(口之島　中之島 ほか)
＊「食」と「生活」、そして「歴史」と「現在」を…。気鋭ノンフィクション作家、渾身の作。薩南十四島の旅。
◇縄文食の復権—わたしたちは何を食べてきたのか　永山久夫著　倉敷 作陽学園出版部 1999.10　62p　21cm　(作陽ブックレット 11)〈東京れんが書房新社(発売)〉500円　(i)4-8462-0226-7　Ⓝ383.81
　(内容) 1 縄文人に学ぶ食べ方(歯が教える理想的な食物摂取　縄文時代を支えた植生の変化　穀物ラインの食生活は理想的　クルミとビタミンE ほか) 2「脳の時代」の食生活(レシチンと脳の活性化　米の消費量減少がひき起こすもの　能力開発に役立つ栄養素とは　ビタミンB1が開運の秘訣？ ほか)
＊健康と長寿のためにレシチン・ビタミン・カルシウム・繊維と魚に多いDHAは欠かせない。この「レビカセ」を縄文人たちは、主食とした木の実や魚、山菜から豊富に摂取していた。ひと昔前まで食べていた伝統食がいかに理にかなったものかを再確認し、21世紀の「脳の時代」をすこやかに生き抜くために、その復権を提唱する。
◇食—第2回特別展示　綾部市資料館編　綾部 綾部市資料館 1994　49p　22cm〈会期：1994年10月22日〜11月27日〉Ⓝ383.81
◇食からみた日本史—完本　高木和男著　芽ばえ社 1997.2　734p　22cm〈索引あり〉10000円　(i)4-89579-218-8　Ⓝ383.81
◇食と考古学—食いしんぼうの時間旅行　福島県立博物館編　会津若松 福島県立博物館 2001.3　93p　30cm〈企画展：平成13年4月21日〜6月10日　文献あり〉Ⓝ383.81
◇食の昭和文化史　田中宣一、松崎憲三編著　おうふう 1995.10　237p　21cm〈昭和食生活史年表：p225〜232〉3000円　(i)4-273-02860-3　Ⓝ383.8
　(内容) 近・現代における食習俗の変化　雑穀の優劣観　「御馳走」と食文化　粥の聖と俗—価値観の変容と現代的展開　昭和初期における米の炊飯法と用具—時局との関わりから　調理担当者からみた食生活—料理人を中心に　民俗学における食文化研究の軌跡　資料 昭和食生活史年表
＊日本人にとっての食　食生活を通して日本の過去・現在・未来をさぐる。
◇食の戦後史　中川博著　明石書店 1995.10　258p　19cm　1854円　(i)4-7503-0754-8　Ⓝ383.8
　(内容) 戦前の食生活　それぞれの八月一五日　敗戦直後の献立　甘みに飢える　数字で見る食糧難と農地改革　戦禍とインフレ　進駐軍との出会い　クジラと食糧難　ハムエッグはごちそうだった　東京オリンピック下の学生生活　食の革命　学校給食は必要か　食の将来—まとめにかえて　過疎山村・栃木を歩く
◇食の変遷から日本の歴史を読む方法—戦乱が食を変え、食文化が時代を動かした…　武光誠編　河出書房新社 2001.8　207p　18cm (Kawade夢新書) 667円　(i)4-309-50226-1　Ⓝ383.81
　(内容) 1章 歴史に刻まれた重大事件に「食」はどう関わったか　2章 時の権力者の策謀が和の「食」のあり方を変えた　3章「稲作」の変遷と「米文化」が日本の歴史をつくってきた　4章 戦乱の歴史が生んだ日本独自の「食」とは　5章 東国と西国の「食」の違いから時代の背景を探る　6章「食」のルーツに見る日本の対外関係史
＊人の営みによって織られるのが歴史なら、そこに"食"の存在は見逃せない。事実、さまざまな歴史的局面で"食"は大きな役割を果たしてきた。にもかかわらず、これまで食文化は、歴史的に広がりをもって語られることが少なかった。これを読み解くことによって、新たな日本の歴史像を浮き彫りにする画期的な一冊。
◇食の万葉集—古代の食生活を科学する　広野卓著　中央公論社 1998.12　278p　18cm (中公新書) 780円　(i)4-12-101452-9　Ⓝ383.81
　(内容) 第1章 若菜—野の菜と園の菜　第2章 たなつもの・はたつもの—主食と穀物　第3章 海の幸—魚介類と海藻　第4章 山の幸—果実と木の実　第5章 毛の麁もの・毛の柔もの—鳥獣類　第6章 藻塩焼く—調味料　第7章 うま酒—万葉の酒
＊日本最古の国民歌集である万葉集は、食文化を語る資料として不可欠の書である。またこれを裏付ける文献や木簡を始めとする考古資料も多数発見されている。しかし国際化の中で海外の食品が氾濫する今日、日本独自の食生活は忘れられている。恵まれた食環境にあった万葉集とその時代に関連する資料から食に関わる動植物などの記録を検索、日本人の食に対する思いと原風景を科学的に検証。万葉びとが浸った豊かで多彩な食の情景を描く。
◇食糧風土記　江碕公朗著　〔名古屋〕愛知食糧会館 1994.11　211p　21cm　Ⓝ383.8
◇すしの revolution—時代が求めた味の革命　日比野光敏著　大巧社 1997.6　181p　18cm (日本を知る)〈文献あり　索引あり〉1200円　(i)4-924899-19-4　Ⓝ383.81
　(内容) 序章「すし」とは？ 第1章 すしのふるさと—奈良時代以前　第2章 日本におけるすしの原型—奈良〜平安時代　第3章 すしの第一革命—鎌倉〜室町時代　第4章 幕府献上のすし—江戸時代　第5章 すしの第二革命—江戸時代(2)　第6章 すしの第三革命—明治〜昭和(戦前)　第7章 すし文化の現在—昭和(戦後)以

◇すしの事典 日比野光敏著 東京堂出版 2001.5 362p 20cm〈文献あり〉2600円 (i)4-490-10577-0 Ⓝ383.81
(内容)第1章 日本のすしの歴史(すしのルーツ「鮨と鮓」ほか) 第2章 すしの諸形態(発酵ずし系 早ずし) 第3章 各地のすし(赤ずし アケビずし ほか) 第4章 すしに関する雑纂(各種のすしの起源・語源 伝説のすし ほか)
＊著者の全国「すし行脚」にもとづく、全国の家庭で作り続けられてきた郷土色ゆたかな、郷土ずしの情報270種。

◇すしの本 篠田統著〔新装復刻版〕 柴田書店 1993.3 299p 19cm 2300円 (i)4-388-35189-X
(内容)第1編 すしの調理学 第2編 すしの生化学 第3編 すしの食物史 補編 大阪ずし

◇すしの歴史を訪ねる 日比野光敏著 岩波書店 1999.10 192,4p 18cm(岩波新書) 740円 (i)4-00-430641-8 Ⓝ383.81
(内容)暮らしの中のすし(すしという食べ物 祭りのすし 神饌のすし) 古代日本のすし(近江のフナずし 古風な食べ方・つくり方) ナマナレの世界(保存食からの脱却 ナマナレの諸相) 変容するナマナレ(ナマナレの新傾向 イズシ) 早ずしの展開(姿漬けのすしの改変 切り身漬けのすしの変化 古風を伝えるすしの数々) 握りずしの時代(握りずしの誕生 伸びゆくすしと消えゆくすし)
＊「ナレ」から「握り」へ。千数百年の歴史のなかで生み出されてきたさまざまな形態は、いまも各地に残っている。祭礼や季節の魚菜と結びついた古いすし、手軽さを工夫した新しいすし。日本には北から南まで、材料、つくりかたともユニークなものがなんと多いことかと、改めて驚かされる。それらを通して、変化に富んだすしの歴史をつづる。

◇全集 日本の食文化 第1巻 食文化の領域と展開 芳賀登,石川寛子監修 雄山閣出版 1998.1 312p 21cm 4800円 (i)4-639-01502-X
(内容)第1章 方法の自覚(厨事文献の方法 食物史を考える ほか) 第2章 生活と文化(食生活史に関する一考察 食物文化の形成要因について ほか) 第3章 地域性と伝承(食の消費パタンの地域性 僻地における食生活構造およびその改善に関する研究 ほか) 第4章 変遷の視覚(近世庶民生活における合食の禁 心身論の日本的展開 ほか)
＊広範な食文化解読の方法を提示。実態、伝承、変容。

◇全集 日本の食文化 第7巻 日本料理の発達 芳賀登,石川寛子監修 雄山閣出版 1998.10 312p 21cm 4800円 (i)4-639-01558-5
(内容)第1章 料理形式の系譜と饗応食の定着(日本料理における献立の系譜 会席料理の近世的展開 ほか) 第2章 料理書の流布と料理(江戸時代の料理書に関する研究(第2報)―徳川時代における料理書の執筆者について 「料理通」の書画―八百善を推す人々 ほか) 第3章 料理人・料理屋の形成と料理の発達(出職の庖丁師と居職の板前 武家庖丁の成立 ほか) 第4章 地方への浸透と定着(江戸と地方の料理文化―近世後期の利根川流域を中心に 益田郡中呂の大前家の儀礼食)
＊日本料理完成期への道すじをみる。会席・懐石・本膳・饗応。

◇全集 日本の食文化 第2巻 食生活と食物史 芳賀登,石川寛子監修 雄山閣出版 1999.1 302p 21cm 4800円 (i)4-639-01576-3
(内容)第1章 縄文・弥生から古代(縄文時代の食べもの 弥生時代の畑作物 平安時代の食物) 第2章 中世の食生活の様相(古往来にみられる食生活関係記事―古代および中世の食品・食物・食事 邦訳日葡辞書を通してみた安土桃山時代の食生活 中世村落における食生活の様相) 第3章 近世における諸階級の食生活(近世に於ける公家食生活の研究 近世における大名・庶民の食生活―その料理献立を中心として 江戸の料理屋―安永・天明期文化との関連において 『斐太後風土記』にみる江戸時代の食生活) 第4章 食生活の近代化(東京庶民の食生活 円居としての食卓)
＊日本の竈から明日の課題を尋ねる。文献史料と考古資料。

◇全集 日本の食文化 第11巻 非常の食 芳賀登,石川寛子監修 雄山閣出版 1999.4 332p 21cm 4800円 (i)4-639-01598-4
(内容)第1章 飢饉の要因と諸相(近世の飢饉―歴史性・社会性・地域性 主として"三川雑記"に拠って概観した天保飢饉の様相 酒と飢饉―酒造停止令をめぐって) 第2章 凶作・飢饉時の食(近世土佐救荒食物史考 天災、ききんと人口の停滞 岩手県における凶作の一考察(第3報)) 第3章 戦時の食(古今腰兵糧 従軍余談 戦中・戦後の食の実態 ほか) 第4章 救荒食・非常食の工夫(トチの実のアク抜きについて(第一報) 伊豆諸島の救荒食―デンナンショウからの澱粉採取と石皿 災害に備える民俗―凶作と食物への視点 ほか)
＊風土の記憶に見る、災害時の食。

◇全集 日本の食文化 第12巻 郷土と行事の食 芳賀登,石川寛子監修 雄山閣出版 1999.7 324p 21cm 4800円 (i)4-639-01625-5
(内容)第1章 郷土料理の形成と分布(食文化にみる地域性 郷土料理の地理的分布 東西食文化の日本海側の接点に関する研究―幾つかの「食」についての接点の位置について) 第2章 各地の産物と郷土料理(会津の郷土料理つと豆

腐について　戦前・戦後における郷土食おやき の変容と食生活　岐阜市におけるアユのなれず し ほか　第3章　年中行事と行事食(三陸漁村 における年中行事食の伝承―岩手県宮古市大字 重茂八部落の実態　冷泉家の年中行事と食生活 餅なし正月・再考―複合生業論の試み ほか)　 第4章　通過儀礼と儀礼食(讃岐の「晴れ食」―婚 礼用・葬礼用(仏事)の食事を中心に　近世郷土 史料からみた行事と食生活―文化・文政期にお ける端午の節供考　琉球国久米村の焼香行事食 ―変遷と特徴)
＊食の均一化への警鐘。人と地域が生んだ食風 習を紹介し、食生活の歴史と現状を考える。

◇たこやき　熊谷真菜著　リブロポート　1993.6 266p　20cm　1545円　(i)4-8457-0828-0　Ⓝ383. 8

(内容)第1章　たこやきの誕生　第2章　たこやき 前史　第3章　戦後のたこやき　第4章　たこやき をめぐる技術　第5章　下町にひらく屋台文化　 第6章　粉食考　第7章　暮らしをたのしくする技 術
＊たこやきのルーツを探り、たこやきの未来を 想い描く、初のたこやき大研究。

◇たこやき―大阪発おいしい粉物大研究　熊谷真 菜著　講談社　1998.5　329p　15cm　(講談社文 庫)〈リブロポート1993年刊の増補〉　648円　 (i)4-06-263800-2　Ⓝ383.8

◇タコロジー―たこ焼の話をしよう　河野信夫ほ か編　広島　オタフクソース　1996.4　151p　 29cm　(監修：藤中義治)　Ⓝ383.8

◇「たべあるき東海道」展図録　豊橋市二川宿本陣 資料館編　豊橋　豊橋市二川宿本陣資料館　 2000.10　64p　30cm　〈会期：平成12年10月7日 ―11月19日〉　Ⓝ383.815

◇たべもの江戸史　永山久夫著　河出書房新社 1996.12　258p　15cm　(河出文庫)〈新人物往 来社刊の増訂　江戸たべもの史年表・参考文献 ：p224～248〉　600円　(i)4-309-47310-5　Ⓝ383. 81

(内容)好奇心と食欲　飯の食べ方　多彩な副食 物　調味料　江戸の発酵食品　江戸で人気の食 べもの　天保時代の飽食人間たち　大飢饉
＊「江戸自慢これ見よ河岸のさかな市」と江戸前 をスシ・テンプラにした江戸っ子の粋と心意 気を探る。

◇たべもの東海道　鈴木晋一著　小学館　2000.2 246p　16cm　(小学館ライブラリー)〈東海道 たべもの五十三次〉(平凡社1991年刊)の増訂〉 830円　(i)4-09-460130-9　Ⓝ383.81

(内容)たべもの東海道(鮫洲のあなご　万年屋 の奈良茶と鶴見の米饅頭　江の島の料理と土産 物 ほか)　旅の食物史(椎の葉に盛る飯　乾飯 に涙　運脚と防人 ほか)　資料(道中唄　東海 道宿勢一覧)

＊名物に旨いものあり東海道。庶民の旅の楽し みはおいしいものを食べること。さて、何が いちばん旨かったか？それを追究、追体験する ことで、日本の旅の文化史・精神史が浮かび 上がってくる。

◇たべもの日本史―イラスト版　永山久夫著　河 出書房新社　1998.1　222p　20cm　〈文献あり〉 1600円　(i)4-309-22320-6　Ⓝ383.81

(内容)第1章　縄文時代　第2章　弥生時代　第3 章　古墳時代　第4章　奈良時代　第5章　平安時 代　第6章　鎌倉時代　第7章　室町・戦国時代 第8章　江戸時代　第9章　明治～昭和時代
＊縄文時代から現代まで和食文化の真髄をイラ ストで再現！米、季節の野菜、味噌・納豆に 海の幸を組み合わせた伝統食に、日本人の知 恵と創造力を探る。

◇たべもの日本史総覧　新人物往来社　1993.1 486p　21cm　(歴史読本特別増刊―事典シリーズ 第17号)〈日本たべもの年表：p335～375　食べ もの関係参考文献一〇〇：p380～411〉1500円 Ⓝ383.8

◇たべもの日本史総覧　西山松之助ほか著　新人 物往来社　1994.4　486p　22cm　〈愛蔵保存版 日本たべもの年表：p335～375　食べもの関係参 考文献一〇〇：p380～390〉　3800円　(i)4-404- 02094-5　Ⓝ383.8

(内容)日本歴史と食　入門篇(発掘にみる古代 日本人の食物史　京の料理　食生活の東と西 江戸の飲食店 ほか)　蟲山人と星岡茶寮　事典 篇(第1部　穀物類　第2部　野菜類　第3部　果物 ・菓子類　第4部　魚介類　第5部　肉類　第6部 飲料　第7部　調味料)　儀式・行事篇(年中行事 と食べもの　通過儀礼と食べもの　儀式・行事 関係用語事典)　史料篇(「古事記」「日本書紀」 の食　「万葉集」のなかの食べもの　「風土記」 にみる食物史 ほか)　たべもの歴史用語事典 日本たべもの年表　資料篇(食べもの関係参考文 献100　料理関係用語事典　飲食関係ことわ ざ一覧　飲食関係川柳一覧　食関係団体一覧)
＊本書は、生活とあまりにも密着しすぎている がゆえに、却って看過されがちな「たべもの」 の文化的・歴史的役割を解説。主な食品を採 りあげ、由来、歴史、文化的役割、料理ほか の四項目に分けて解説。

◇丁髷とらいすかれい―誰も知らなかったにっぽ んカレー物語　金田尚丸著　大阪　遊タイム出 版　1994.8　279p　19cm　〈発売：星雲社(東京) 付：参考および引用文献〉　1500円　(i)4-7952- 4475-8　Ⓝ383.8

(内容)第1話　幕末遣欧使節外史　カレー目撃さ る　第2話　明治文明開化外史　ハヤシ登場す 第3話　北海道開拓外史　らいすかれい現る　第4 話　日英カレー粉外史　カレー粉開発さる　第5 話　大東亜戦争外史　ああ辛味入汁掛飯　第6話

カレー国民食伝説 日本印度化計画発動す
＊4000年の歴史を持つといわれるインド料理・カレー。そして日本の国民食とまでいわれる人気メニュー・カレーライス。では「初めてカレーを食べた日本人」とはいったい誰なのか。激動の幕末・明治維新期から太平洋戦争を経て現在まで、豊富な歴史人物資料をもとに、日本とインド、そしてイギリスのカレーライス交流秘史を解き明かす力作。登場人物も福沢諭吉、仮名垣魯文；クラーク博士、南方熊楠、夏目漱石、チャップリンなど、実に多彩でユニークなキャラクターがいっぱい。カレーはこんなにおもしろい。

◇伝えたい高山の味―ならわしとご馳走 高山市教育委員会,高山市伝承郷土料理編集委員会編 高山 高山市教育委員会 1993.3 111p 26cm Ⓝ383.8

◇つれづれ日本食物史 第3巻 川上行蔵著 東京 美術 1995.4 195,3p 21cm 〈著者の肖像あり〉 2000円 (i)4-8087-0616-4 Ⓝ383.8
 内容 田楽豆腐 田楽の歴史 湯葉 「豆腐の歴史」のあらまし 豆腐の「油揚げ」 糸引き納豆 とろろ 擦し大根 擦し金 面取大根 〔ほか〕

◇伝統食品・食文化in金沢―加賀・能登・越中・永平寺 横山理雄,藤井建夫編著 幸書房 1996.12 93p 21cm 〈各章末：文献〉 1450円 (i)4-7821-0145-7 Ⓝ383.8143
 内容 加賀に息づく魚の漬物 遣唐使が伝えた日本の麩文化―加賀麩 白山の堅豆腐 加賀マルイモを使った金沢の和菓子 加賀の菊酒 金沢・加賀・能登の伝承料理 千数百年続く熊甲祭りとその食べ物 能登の魚醤―イシル・イシリ・ヨシル・ヨシリ 越中富山と食 永平寺の雲水の食事

◇伝統料理けの汁 木村守克著 弘前 路上社 1996.1 164p 20cm 1400円 (i)4-947612-68-1 Ⓝ383.8121

◇天皇家の食卓―和食が育てた日本人の心 秋場竜一著 DHC 1997.6 297p 19cm 〈文献あり〉 1600円 (i)4-88724-102-X Ⓝ383.81
 内容 1の膳 天皇家の食卓 2の膳 和食と日本人の秘密 3の膳 米とごはんと日本人 4の膳 日本人と肉食の怪しい関係 5の膳 牛乳大論争 6の膳 神の食卓 7の膳 和食のルーツを訪ねる 8の膳 和の崩壊と和食 9の膳 健康の食卓と天皇家の食卓

◇天皇家の食卓―和食が育てた日本人の心 秋場竜一著 角川書店 2000.8 340p 15cm 〈角川文庫―角川ソフィア文庫〉 〈DHC出版平成9年刊の増訂 文献あり〉 724円 (i)4-04-355001-4 Ⓝ383.81
 内容 1の膳 天皇家の食卓 2の膳 和食と日本人の秘密 3の膳 米とごはんと日本人 4の膳 日本人と肉食の怪しい関係 5の膳 牛乳大論争 6の膳 神の食卓 7の膳 和食のルーツを訪ねる 8の膳 和の崩壊と和食 9の膳 日本人のための健康の食卓
＊日本人の食卓の源流には、いつも天皇家の食卓があった。意外と質素な日常の献立。絢爛豪華な晩餐会。天皇家の食卓には、超一流の料理陣、広大な自家農牧場、極上のオーガニックな食材と、国家の総力をこめた究極の料理がのぼる。天皇家の食卓には、危機に瀕する日本人の「和の食卓」を救うヒントが隠されていた―。和食と日本人の関係の秘密に迫る一冊。

◇とやま食の風土記 富山 富山県民生涯学習カレッジ 1995.1 92p 26cm 〈県民カレッジテレビ放送講座テキスト 執筆：宇田秋子ほか〉 Ⓝ383.8

◇長崎学・食の文化史 越中哲也著 長崎 長崎純心大学博物館 1995.9 199p 21cm (長崎純心大学博物館研究 第4輯) Ⓝ383.8

◇長崎学・食の文化史 続 越中哲也著 長崎 長崎純心大学博物館 1996.10 191p 21cm (長崎純心大学博物館研究 第5輯) Ⓝ383.8193

◇長崎出島の食文化 佐世保 親和銀行ふるさと振興基金 1993.3 168p 31cm 〈親和文庫 第17号〉 〈監修：箭内健次 発行所：親和銀行〉 Ⓝ383.8

◇何を食べてきたのだろう―高知の食文化史 近藤日出男著 高知 高知新聞社 1996.3 238p 19cm 1600円 Ⓝ383.8184

◇日本食肉史基礎資料集成 第385輯 高麗以前の風俗関係資料撮要 3の1 栗田奏二編 朝鮮総督府中枢院編 栗田 〔1993〕 237p 26cm 〈電子複写〉 Ⓝ648.2

◇日本食肉史基礎資料集成 第399輯 李朝実録風俗関係資料撮要 1 栗田奏二編 栗田 〔1993〕 276枚 26cm 〈電子複写〉 Ⓝ648.2

◇日本食肉史基礎資料集成 第409輯 趣味の飲食物史料 栗田奏二編 飲食物史料研究会編 栗田 〔1994〕 1冊 19×26cm 〈電子複写〉 Ⓝ648.2

◇日本食肉史基礎資料集成 第446輯 狩猟伝承研究 総括篇 栗田奏二編 千葉徳爾著 栗田 〔1994〕 1冊 26cm 〈電子複写〉 Ⓝ648.2

◇日本食肉史基礎資料集成 第450輯 食と栄養の文化人類学 栗田奏二編 ポール・フィールドハウス著,和仁晧明訳 栗田 〔1994〕 1冊 19×26cm 〈電子複写〉 Ⓝ648.2

◇日本食肉史基礎資料集成 第482輯 食の歴史人類学 栗田奏二編 山内昶著 栗田 〔1995〕 1冊 19×26cm 〈電子複写〉 Ⓝ648.2

◇日本食肉史基礎資料集成 第489輯 古代伝承の鹿―外6篇 栗田奏二編 岡田精司ほか著 栗田 〔1995〕 1冊 26cm 〈電子複写〉 Ⓝ648.2

◇日本食肉史基礎資料集成　第582輯　改稿食物史　栗田奏二編　菊池勇次郎,森末義彰著　栗田〔1996〕1冊　19×26cm〈電子複写〉Ⓝ648.2
◇日本食肉史基礎資料集成　第590輯　狩猟伝承　栗田奏二編　千葉徳爾著　栗田〔1996〕1冊　19×26cm〈電子複写〉Ⓝ648.2
◇日本食物史　上　古代から中世　桜井秀,足立勇共著　雄山閣出版　1994.12　479p　22cm〈複製〉5800円　(i)4-639-01262-4　Ⓝ383.8
　内容　日本食饌史概見　古代・中世日本食物史
　＊日本の食文化を知る基本文献。日本の創草期から奈良・平安を経て室町時代まで。時代の社会・経済状況を踏まえ、その時代の全階層を視野に入れた広範な概況。
◇日本食物史　下　近世から近代　笹川臨風,足立勇共著　雄山閣出版　1995.1　502p　22cm〈複製〉5800円　(i)4-639-01263-2　Ⓝ383.8
　内容　第1章　安土桃山時代一　第2章　安土桃山時代二　第3章　江戸時代一　第4章　江戸時代二　第5章　江戸時代三　第6章　江戸時代四　第7章　江戸時代五　第8章　江戸時代六　第9章　江戸時代七　第10章　江戸時代八　第11章　明治時代初期
　＊食生活の変遷を辿る基本文献。戦国の混乱期から、安定・興隆期に向かう江戸期を経て文明開化へ。安定期に入った江戸期にはさまざまな料理が出来る。そして明治期に入ると西洋料理が登場する。
◇日本食糧史考　下巻　最上宏著　町田　最上大　1994.5　726p　22cm〈著者の肖像あり〉8000円　Ⓝ383.8
◇日本人と食肉―食文化と健康への貢献　日本食肉消費総合センター〔1999〕96p　26cm Ⓝ383.8
◇日本人と食肉―食文化と健康への貢献〔点字資料〕視覚障害者食生活改善協会　1999.10　2冊　26cm『指で読む食生活文庫』シリーズ第81集〈原本：日本食肉消費総合センター〔1999〕〉全4500円　Ⓝ383.8
◇日本人のひるめし　酒井伸雄著　中央公論新社　2001.3　212p　18cm（中公新書）〈文献あり〉700円　(i)4-12-101579-7　Ⓝ383.81
　内容　第1章「ひるめし」の誕生　第2章　弁当の移り変わり　第3章　給食と食生活への影響　第4章　外食の発達　第5章「ひるめし」と麺類　第6章　国民のカレーライス　終章「ひるめし」の行方
　＊ビジネスマンの心のオアシス「ひるめし」。昼食に何を食べるか、どこで食べるかは悩ましい問題である。生活に密着したひるめしだが、その歴史は意外に新しい。多くの日本人が昼食をとるようになったのは江戸以降でしかない。弁当の発達やすし、そば切りの誕生、文明開化後のカレーライスや戦後の給食の普及によって、現在のようなバラエティ豊かなものとなった。その歴史をひもとき、新たな「ひるめし」を探す旅に出よう。
◇日本全国幻の逸品―二十一世紀への伝承　独活章著　ブックマン社　2001.3　139p　21cm　1400円　(i)4-89308-429-1　Ⓝ596
　内容　九州・沖縄エリア（長崎県・へそまがり―スィンク製麺　長崎県・かっとっぽ―(有)良恵水産　ほか）　中国・四国エリア（山口県・阿王雪―老舗・松琴堂　山口県・岩国寿司―よ志多新舘　ほか）　近畿・中部・北陸エリア（和歌山県・薬師梅―紀州薬師梅(株)　大阪府・天王寺蕪―農林技術センター　ほか）　関東エリア（東京都・花衣―御菓子司・塩野　東京都・イワタケ―民宿・浅間坂　ほか）　東北・北海道エリア（福島県・山椒魚の天ぷら―民宿・かわくぼ荘　山形県・六浄豆腐―六浄本舗　ほか）　日本全国取材徒然譚
　＊故郷マル秘食の逸品。
◇日本の食・100年＜たべる＞　田村真八郎,石毛直道編　ドメス出版　1998.10　251p　20cm（食の文化フォーラム）2300円　(i)4-8107-0487-4　Ⓝ383.81
　内容　第1回　社会と食（食生活の価値観と科学技術・一〇〇年　食と健康の政策　米食の変化と背景）　第2回　食材の変化と背景（小麦粉の食文化―一〇〇年　魚食文化の変化と背景―鮭鱒―一〇〇年　肉と乳製品の文化―一〇〇年　野菜供給・消費の一〇〇年）　第3回　食のくらし（「ハレーケハレーケーケガレ」の食　弁当と給食の一〇〇年　家庭の食卓風景―一〇〇年）
　＊食の文化の学際的研究をめざす、というのがフォーラムの基本理念のひとつである。したがって、さまざまな分野からの一流の研究者がメンバーとして参加している。16年間にフォーラムに参加した人びとの総数は約160名にのぼり、そのうち約60人は毎回のように出席する固定メンバー、すなわち常連である。フォーラムを核として、分野のちがう研究者のあいだでの友情がはぐくまれ、食の文化を探求する同志的連帯が成立したのである。この常連たちがフォーラムの歴史をささえてきたのである。
◇日本の食・100年＜つくる＞　杉田浩一,石毛直道編　ドメス出版　1997.11　255p　20cm（食の文化フォーラム）2300円　(i)4-8107-0467-X　Ⓝ383.81
　内容　第1回・食の文化フォーラム―つくり手の変化　基調講演―「つくる」・日本の調理100年　第2回・食の文化フォーラム―調理の多様化とその背景　第3回・食の文化フォーラム―つくる情報　総括講演―家庭料理の100年
◇日本の食・100年＜のむ＞　熊倉功夫,石毛直道

編 ドメス出版 1996.11 235p 20cm （食の文化フォーラム） 2369円 (i)4-8107-0449-1 Ⓝ383.8

内容 華麗なるのむ文化 飲む文化 "のむ"文化 嗜好品いろいろ 茶とコーヒー 飲みものの100年 飲と食

＊食の文化フォーラムでは「日本の食・100年」という通しテーマのもとで、3年間にわたる研究集会シリーズを発足させた。その初年度は「のむ」というサブテーマで嗜好飲料と菓子をとりあげて討議を行い、その記録が本書に収録されている。主題である「飲みものの文化」は、酒、茶、コーヒーというように個別的に論じられることは多いが、本書のように食文化の立場から総合的に検討されることが少なかったように思える。本書では、飲みものを総合的にとらえようとする試みが展開されている。

◇日本の食文化 丸井英二,金子俊著 全国食糧振興会 1999.1 224p 21cm （食糧振興会叢書46―食生活と文化 日本近代の「食と栄養」観第1巻 明治篇 1） 1942円 Ⓝ383.81

◇日本の食文化 丸井英二,金子俊著 全国食糧振興会 2000.10 162p 21cm （食糧振興会叢書48―食生活と文化 日本近代の「食と栄養」観第1巻 明治篇 3） 1942円 Ⓝ383.81

◇日本の食文化―昭和初期・全国食事習俗の記録補遺編 成城大学民俗学研究所編 岩崎美術社 1995.10 337p 27cm （付1枚） 8600円 (i)4-7534-0227-4 Ⓝ383.8

＊日本人は、何を・いつ・どこで・どのように調理・加工・貯蔵してきたか。1942(昭和17)年に、わが国の食生活全般にわたり全国で聞書き調査した貴重な資料集。地方色あふれるわが国の伝統的な食生活事典でもある。

◇農家の食―世田谷区宇奈根を中心に 企画展〔東京都〕 世田谷区教育委員会社会教育部管理課 1993.11 16p 26cm 〈会期：平成5年11月2日～28日 付：参考文献〉 Ⓝ383.8

◇「農業と食文化を考える」講演会―平成11年度〔守山〕〔湖南地域みずすまし推進協議会〕〔2000〕 60p 30cm 〈会期：平成11年11月22日 主催：湖南地域みずすまし推進協議会〉 Ⓝ383.8161

◇パンと麺と日本人―小麦からの贈りもの 大塚滋著 集英社 1997.3 255p 20cm 〈引用・参考文献：p253～255〉 1442円 (i)4-08-781141-7 Ⓝ383.8

内容 第1章 穀物と人間 第2章 小麦の華―小麦粉 第3章 パンへの長い階段 第4章 古代から近世へ 第5章 パン、日本へ上陸 第6章 文明開化の先兵として 第7章 昭和のパン―戦争と平和の中で 第8章 パンの仲間 第9章 麺類―もう一つの小麦の姿 第10章 中国と朝鮮半島の麺の世界 第11章 パスタとインスタントラーメン

＊さかのぼれば1万年前。西洋と東洋の歴史は小麦が分けた！現代の視点で斬る「新・食の文化史」。

◇ヒネリの食文化誌―地域比較が明かす日本人の食 加藤純一著 プレジデント社 1995.11 239p 21cm 2400円 (i)4-8334-1594-1 Ⓝ383.8

◇卑弥呼の食卓 金関恕監修,大阪府立弥生文化博物館編 吉川弘文館 1999.8 233,4p 20cm 〈文献あり〉 2400円 (i)4-642-07758-8 Ⓝ383.81

内容 1 弥生の食文化を探る（豊かな食材を求めて 食材の獲得と生産 炉端から食膳へ） 2 古代の食生活を広げる（縄紋と弥生の食器セット 倭人性酒を嗜む 日本食史―米食の成立まで） 3 食生活にみる古代文化―講演記録（弥生の食生活 トイレの考古学 遺伝子が明かすイネのルーツ ほか）

＊ふだんなにげなく口にしているコメが、食卓の主役になった弥生時代。御飯とおかずの食事スタイルや豊作を祈る祭りが始まった。発掘された食材や食器、イネの遺伝子、トイレ遺構の最新研究から、弥生の食文化を再現。

◇卑弥呼の不老食 永山久夫著 五月書房 1997.10 190p 19cm （いきいきライフ） 1300円 (i)4-7727-0199-0 Ⓝ383.81

内容 第1章 長生き名人が実証する野菜・穀類のすばらしい「健康効果」 第2章 頭がよくなる、頭を鍛える「食べる頭脳革命」 第3章 楊貴妃に学ぶ体の中から美しくなる方法 第4章 不老長寿を実現させる 古代食には「癒しの力」がある 第5章 笑う門には健康あり！？笑いがもたらす「栄養効果」 第6章 生命力を強くする 英雄たちの「不老長寿法」

◇ふなずしの謎 滋賀の食事文化研究会執筆・編 彦根 サンライズ印刷出版部 1995.9 207p 19cm （淡海文庫 5） 〈主な参考文献：p204～205〉 1000円 (i)4-88325-107-1 Ⓝ383.8

◇船が運んだ日本の食文化 伊東椰子著 調理栄養教育公社 1998.10 237p 22cm 1714円 (i)4-924737-34-8 Ⓝ383.81

内容 縄文時代の船 縄文の食 くり船でやってきた弥生人 箸文化 女帝 遣唐使船の構造 あおによし奈良の都 遣唐使船の食文化導入 遣唐使船と五節句 平安の食―和食の原点〔ほか〕

＊船がわが国にもたらした食文化の数かず。船が大好きな著者が精魂こめてまとめました。柳原良平氏が描く船に乗り込み、縄文から現在へと続く食文化の旅をどうぞごゆっくり。

◇ふるさとの味―伝承料理・郷土料理 NHK情報交差点とくしま 鈴木菜菜著 徳島 徳島教育印

刷(発売) 1998.12 75p 15×21cm 953円 Ⓝ596.21

◇北海道の衣食と住まい 越野武ほか著 札幌 北海道新聞社 1997.10 262p 20cm (北の生活文庫 第5巻) 1553円 (i)4-89363-165-9 Ⓝ383

(内容) 序章 北海道の衣食と住まい 第1章 衣服(アイヌ民族の衣服 近世松前地の衣服 ほか) 第2章 食習(アイヌ民族の食習 近世松前地の食習 ほか) 第3章 住まい(昔の住まい 新しい住まいの様式)

＊北国独自の伝統文化を築き上げてきた暮らしの基本要素「衣食住」の移り変わりを振り返る。

◇北海道の食―その昔、我々の先人は何を食べていたか 村元直人著 函館 幻洋社 2000.12 329p 20cm 〈年表あり〉 1900円 (i)4-906320-39-2 Ⓝ383.811

(内容) 第1章 家庭の食 第2章 集団の食 第3章 主食穀物と馬鈴薯 第4章 肉食 第5章 昆虫、木の実、山菜の利用 第6章 食物の貯蔵 第7章 調味料 第8章 料理あれこれ

＊我々の祖先は何を食べていたのか?松前藩時代から現代までの食生活を、聞き書きをもとに綴る北の食物史。

◇万葉びとの長寿食―日本人・優秀性の証明 永山久夫著 講談社 1995.11 246p 19cm 〈おもな参考文献:p246〉 1300円 (i)4-06-207475-3 Ⓝ383.8

(内容) 第1部 世界が注目する和食のルーツ(「米食」にこめられた万葉びとの知恵 古代の刺し身と古代のみそ汁 素材グルメだった古代人) 第2部 万葉びとが食べた健康食品(山と海から生まれた万葉びとの味覚 これぞグルメ!万葉びとの酒と肴) 第3部 万葉びとの若返り法(万葉びとの「おいしい水」若返り法 万葉びとの「若菜」健康法 浦島太郎が体験した不老長寿の法)

◇宮崎の食文化誌―照葉樹林と黒潮の恵み 小川喜八郎、永山久春、守谷健吉共著 宮崎 鉱脈社 2000.9 243p 19cm (みやざき文庫 1) 1500円 (i)4-906008-56-9 Ⓝ383.8196

◇宮良殿内・石垣殿内の膳符日記―近世沖縄の料理研究史料 金城須美子編著 福岡 九州大学出版会 1995.6 769p 19×27cm 〈参考文献:p7〉 20600円 (i)4-87378-400-X Ⓝ383.8

(内容) 宮良殿内「祭之時膳符日記」 石垣殿内「膳符日記」

◇明治・大正・昭和のくらし―古老のメモから 食べ物編 東条幸雄著 〔国分寺町〕(香川県) 記念誌刊行編集委員会 2000.5 108p 26cm Ⓝ382.182

◇明治・大正・昭和の食卓―素晴らしき古き時代の知恵 おばあちゃんからの聞き書き ハウス食品株式会社ヒーブ室著 グラフ社 2001.4 206p 19cm 〈年表あり〉 1200円 (i)4-7662-0620-7 Ⓝ383.81

(内容) 第1章 北海道と東北(漬物も凍る厳しい冬 養母の生鮮のおすし ほか) 第2章 東京と関東(山育ちが魚屋に嫁いで 江戸川の水で炊いたご飯 ほか) 第3章 中部・東海・近畿・中国(女学校で習ったカレーライス 男のために毎日かしわを買う ほか) 第4章 九州・沖縄・台湾(丸髷を結ってお弁当を届けてくれた母 座禅豆がたくさん食べられる家にお嫁に行きたい ほか)

＊かつての日本人の暮らしの姿、食事の形、けじめといった、忘れられないあの風景、あの味を、おばあちゃんたちがさまざまな言葉で語ってくれた。

◇野菜の日本史 青葉高著 八坂書房 2000.7 317p 20cm (青葉高著作選 2) 〈文献あり〉 2800円 (i)4-89694-457-7 Ⓝ383.81

(内容) 1 古典の中の野菜(記紀に記された「菜」 正倉院文書の中の蔬菜 「万葉集」に詠まれた菜 「本草和名」の中の菜 ほか) 2 古典野菜(蕨(ワラビ) 薦(マコモ) 烏芋(クログワイとオオクログワイ) 水葱(ナギ) ほか)

＊我々の祖先はどんな野菜を食べてきたのだろうか。古典資料を駆使して日本の野菜利用の歴史を綴る。さらにマコモ、ハコベ、ギシギシ、ハマダイコンなど多くの古典野菜について特徴や栽培・利用法などを詳述する。

◇山形県庄内地方生活文化調査研究報告書 米沢 山形県立米沢女子短期大学附属生活文化研究所庄内地方共同研究会 1995.3 231p 26cm Ⓝ383.8

◇山里の食文化―食と民具 第22回特別展 比和町(広島県) 比和町郷土文化保存伝習施設 〔1994〕 31p 26cm (会期:1994年7月18日～8月31日) Ⓝ383.8

◇山里の食物譜 手塚宗求著 恒文社 1997.3 179p 20cm 1700円 (i)4-7704-0909-5 Ⓝ383.8152

(内容) 霧ヶ峰 カモシカ カレー 七面鳥 山の幸 野鳥 クマ 里の幸 カラス コケモモ イノシシ おこわ 蜂の子 ツグミ ミヤマスズメ イモリ ザザ虫 塩 五平モチ お菜 茄子 米とたまご 木食い虫 小女子の佃煮 イタチ どぶろく 味噌 イナゴ さくら肉 ソバ 囲炉裏端 凍りもち おやき 酒 年取り魚

＊山国信州の人々は、むかしからどんなものを食べ、どんな生活をしてきたか。脈々と継ぎ伝えられてきた山里の食の系譜は、時代の変遷をも物語ってやまない。幼少時からの見聞に加え、霧ヶ峰の山小屋暮し四十余年の風雪によみがえる著者の食の記憶は、個人的な随想にもかかわらず、おのずから山里の食の文

◇山ノ内の食文化 「山ノ内の食文化」編集刊行委員会編 山ノ内町(長野県) 山ノ内町中央公民館 1996.3 176p 21cm 〈共同刊行:山ノ内町文化協会〉 Ⓝ383.8
◇ヨコハマ洋食文化事始め 草間俊郎著 雄山閣出版 1999.5 239p 19cm 〈年表あり〉 2500円 (i)4-639-01607-7 Ⓝ383.8137
  内容 第1章 黒船来航に伴う接待・パーティー 第2章 欧米人の飲酒とトラブル 第3章 洋酒の普及と批判 第4章 洋酒の販売 第5章 牛肉の普及と文明開化 第6章 牛乳、乳製品の普及と乳業 第7章 パン、ケーキ、その他嗜好食品、西洋野菜の普及 第8章 ホテル、レストランの洋酒、料理 付章 西洋食文化の啓蒙に当たった人物と出版物
  *ワイン、ビール、ウィスキー、牛肉、ミルク、バター、パン等々、様々な西洋の食物がもたらされた文明開化期の横浜をいきいきと描き、もう一つの食文化のルーツを探る、興味津々のエピソード。黒船来航時の相互の接待・パーティー、開港後の外国人船員のトラブル、日本人と外国人との交流など、興味深い出来事が満載。当時の食文化、風俗がわかると同時に、外国人の日本人観もうかがえる貴重な図版と資料がある。
◇落語にみる江戸の食文化 旅の文化研究所編 河出書房新社 2000.2 214p 20cm 〈文献あり〉 1800円 (i)4-309-24224-3 Ⓝ383.81361
  内容 落語での「飲み食い」の演じ方 日常の食材と料理 食器の流行り廃り 「江戸前」の食材—江戸で食した海産物 江戸の食べ物屋—振売から料理茶屋まで 道中の食事—道中記の書き方から 権力者と「食」の政治学—赤井御門守様の食卓
  *八っつあん、熊さんの食べたものは—江戸っ子の食生活。「時そば」「二番煎じ」「粗忽長屋」「ふぐ鍋」「甲府ィ」「素人鰻」「目黒のさんま」「蕎麦の殿様」ほか。
◇琉球料理 沖縄県観光文化局文化振興課編 那覇 沖縄県 1995.11 118p 26cm 〈付:参考文献〉 Ⓝ383.8
◇歴史のなかの米と肉—食物と天皇・差別 原田信男著 平凡社 1993.4 317p 20cm (平凡社選書 147) 〈参考文献:p289〜307〉 2678円 (i)4-582-84147-3 Ⓝ383.8
  内容 序章 近代における米と肉 第1章 米文化の形成と天皇 第2章 米への収斂と肉食の禁忌 第3章 肉食禁忌の浸透と神仏 第4章 米の収奪と水田の展開 第5章 肉の否定と差別の進行 第6章 米と肉と国家領域 終章 近世における米と肉
◇論集江戸の食—くらしを通して 石川寛子編著 川崎 弘学出版 1994.12 195p 22cm 〈執筆:石川尚子ほか 各章末:参考文献 江戸の食生活関係年表:p187〜193〉 2500円 (i)4-87492-087-X Ⓝ383.8
◇和食の起源—刷り込まれた縄文・弥生の記憶 永山久夫著 青春出版社 2000.2 203p 18cm (プレイブックス) 〈文献あり〉 830円 (i)4-413-01785-4 Ⓝ383.8
  内容 1章 それは新鮮なタイのお造りと、葡萄酒の宴からはじまった—和食は「質素を以って是とする」ではなかった(くつがえされた縄文時代の食常識 現代グルメも真っ青な食材の豊富さ ほか) 2章 「クリご飯」の発見が、日本の食卓の運命を決めた—「食感」までをも追求した、縄文和食の秘密(研ぎすまされた味覚が生んだ「旬」の文化 一万二千年前に起こった食糧大革命 ほか) 3章 〈穀・菜・魚〉究極の和食トライアングルは、こうして誕生した—「美味いもの」と「食べるべきもの」が並び立った驚き(アメリカ上院委員会が認めた和食の優秀さ 人間の"歯"が教える、理想的な食事バランスとは? ほか) 4章 世界の最先端を走りつづけた、知恵と工夫のすべて—「だし」『つけ合わせ」「調理器具」…すべて日本発だった(海、山、森に恵まれた奇跡の国 四季折々の風土が日本人にもたらしたもの ほか) 5章 そして"贅沢な素食"をいままで…—縄文人が愛したスーパー食材が日本人を救う(伝統食材に秘められた凄いパワー 縄文流"素食"料理のすすめ)
  *「長寿・健康・グルメ」古代日本人の意外な食文化が明かす、もっとも人間に理想的な食の秘密。
◇和風たべかた事典—来し方ゆく末 ハードとソフトの三千年 小野重和著 農山漁村文化協会 1997.3 248p 20cm 〈主要参考文献:p246〜248〉 2100円 (i)4-540-96140-3 Ⓝ383.81
  内容 第1部 加工調理器具(挽臼—縄文の昔から日本食文化の基礎づくり 搗臼—米のポストハーベスト三千年 ほか) 第2部 飲食器具(杓子—もともとは瓢箪と貝 わん—坏・椀・鋺・碗 ほか) 第3部 外食(旅(古代〜室町・戦国時代)—民衆の力の向上と外食の始まり 旅(江戸時代)—情報の伝播で名物料理に華咲いた ほか) 第4部 食事作法(分配—食事作法の根源 座順—生産共同体と消費共同体での違い ほか)
◇和風たべかた事典—来し方ゆく末 ハードとソフトの三千年 小野重和著 〔点字資料〕 視覚障害者食生活改善協会 1998.7 4冊 26cm (「指で読む食生活文庫」シリーズ 第74集) 〈原本:農山漁村文化協会 1997〉 全10000円 Ⓝ383.81

◆◆米・ご飯・餅
◇近江の飯・餅・団子 滋賀の食事文化研究会編 彦根 サンライズ出版 2000.3 235p 19cm

(淡海文庫18) 〈文献あり〉 1200円 (i)4-88325-126-8 Ⓝ383.8161
◇コメの人類学―日本人の自己認識 大貫恵美子著 岩波書店 1995.8 288,24p 20cm 2500円 (i)4-00-002892-8 Ⓝ382.1
内容 第1章「自己」の隠喩としての食べ物 第2章 今日の米および稲作農業 第3章 主食としての米―米は日本人の主食か? 第4章 日本人の宇宙観と米 第5章 米の象徴的価値 第6章 「自己」としての米、「わが国土」としての水田 第7章 米によって語られる「自己」と「他者」 第8章 隠喩としての食物―比較文化的考察 第9章 象徴「行動」と歴史的変化―自己、民族主義、国家主義
＊コメは、いつごろから、どのようなかたちで日本文化のなかに根づき広まったのか。日本人がコメに象徴させてきた共通の認識、信仰、美学、神話とは何か…。本著では、コメを手がかりに、日本人および日本という国の自画像、アイデンティティの形成過程を古代から現代にいたるまで歴史的に分析し、社会、文化、日常生活の営みの中から抽出してみせる。

◇雑穀の社会史 増田昭子著 吉川弘文館 2001.12 322,8p 21cm 7500円 (i)4-642-07545-3
内容 第1部 差別の食(差別の食=雑穀 米の価値=米社会) 第2部 聖なる雑穀(雑穀の神饌 正月を祝う雑穀 年中行事と雑穀) 第3部 五穀の思想(雑穀の社会史 五穀の思想 雑穀から五穀世界へ)
＊日本人の生活や信仰は、稗・粟などの雑穀を含めた多様な価値意識のもとに発展してきた。稲と差別された一方で、聖なる供物でもあった事例を広い地域にわたり考察。様々な視点から雑穀文化を位置づけ、その意味を問う。

◇伝統食列車が走る―やっぱりおいしい日本のごはん! 宮本智恵子編 京都 つむぎ出版 1994.6 206p 19cm 1300円 (i)4-87668-095-7 Ⓝ383.8
内容 はじめに 大阪の下町から 1 ドキュメント、伝統食列車(とにかく走らせたい!―まず足を踏み出してから考える 初秋のオープニングセレモニー―北の大地は、食べものの原点 初冬の第1号列車―期待と緊張のせ「いい日旅立ち」 厳冬の第2号列車―「雪は降りますか?」 春の第3号列車―講師も田んぼへ走る 伝統食列車が走る) 2 風土と、「列車」が出会った郷土食(「最もよい食べ方」のこと 北国の郷土食 山国の郷土食 里と海の郷土食 漬物、いとこ煮、のっぺい汁) 3 米・食・農業《座談会》―都市と農村、ひざつきあわせて(米をめぐって 食と農と風土 都市と農村 資料編) 何か、人間の本源的なもの―伝統食列車のこと
◇めし、むすび、もち、すしのルーツ―コメの食文化にさぐる「かたち」と「こころ」 登呂遺跡発見

50周年記念特別展 静岡市立登呂博物館編〔静岡〕静岡市立登呂博物館 1993.3 48p 26cm (会期：平成5年4月1日～5月30日) Ⓝ383.8

◇もち―糯・餅 渡部忠世,深沢小百合著 法政大学出版局 1998.12 319p 20cm (ものと人間の文化史 89) 2800円 (i)4-588-20891-8 Ⓝ383.81
内容 序章 糯と餅―農学とフォークロアの接点 1 モチ性とモチ澱粉 2 モチ性の穀類 3 日本のモチイネ―渡来から現代まで 4 アジア各地のモチイネ栽培 5 モチイネ栽培圏の分布と成立 6 中国西南部におけるモチ米食品の伝承と現状 7 韓国のモチ米食品、日本との同質と異質 8 東南アジア、モチ米主食圏の核地域と周縁 9 日本の餅の歴史と伝承 10 節供にみる餅 11 歳事と人生の餅
＊正月の餅はどこから来たのか?ハレの日の食物として日本人に特別の意味をもつ「もち」をめぐって、モチイネの栽培から食品加工、民俗、儀礼にわたってそのルーツを探り、アジア稲作文化の視点からこの特異な食文化の謎を解く。

◇餅と日本人―「餅正月」と「餅なし正月」の民俗文化論 安室知著 雄山閣出版 1999.12 211,5p 20cm 2500円 (i)4-639-01654-9 Ⓝ383.81
内容 序論 民俗学者が餅の向こうにみたもの―柳田国男と坪井洋文 1 餅正月をめぐって(民俗世界における餅の意義―その社会性に注目して 雑煮の意味―家風と女性 モノツクリの象徴―米から金へ) 2 餅なし正月をめぐって(餅なし正月の解明―複合と単一の視点から 流行神と餅なし正月―餅なし正月の多面性(1) 家例からみた餅なし正月―餅なし正月の多面性(2) 作物禁忌からみた餅なし正月―餅なし正月の多面性(3))
＊なぜ正月に餅を食べるのか。元旦に雑煮を食べない地方もある。餅正月と餅なし正月。餅にまつわる風習に日本人のこころと文化を探る。

◆◆そば・うどん
◇会津そば口上 元木慶次郎編〔会津若松〕歴史春秋出版 1994.11 118p 21cm 1500円 (i)4-89757-321-1 Ⓝ383.8
◇江戸を訪ねてそばを打つ 小口郷人著 講談社出版サービスセンター 1999.6 214p 19cm 1300円 (i)4-87601-473-6 Ⓝ383.81
◇近世蕎麦随筆集成 新島繁編・著 武蔵野 秋山書店 1996.12 432p 22cm 8755円 Ⓝ383.81
◇信州蕎麦学のすすめ―「日本の屋根」の食文化 市川健夫著 長野 オフィス・エム 2000.4 165p 19cm 1600円 (i)4-900918-29-6 Ⓝ383.

81
◇蕎麦―江戸の食文化　笠井俊弥著　岩波書店　2001.12　334p　19㎝　2500円　(i)4-00-023703-9　Ⓝ383.81
　内容　プロローグ(蕎麦切出現から七十年間のライトアップ　蕎麦を食べるタイミング)　1　大名と蕎麦(寸描　柳沢信鴻の「宴遊日記」を中心に)　2　寺院と蕎麦(寺院と蕎麦　称往院―道光庵の栄光と失意　深大寺)　3　江戸っ子と蕎麦(新蕎麦　年越し蕎麦　蕎麦と粋　蕎麦酒屋)　4　江戸の夜蕎麦売り(夜の外食産業のチャンピオン　メニューと品質　繁昌するノウハウ　営業作戦・情報機能・危機管理　江戸中の小銭をさらう賢さは　さらば幻の夜蕎麦売りよ)
　＊江戸の食生活のなかで、ぬきんでて親しまれていた蕎麦。そのルーツは？また、夜の外食産業のチャンピオン夜蕎麦売りの経営作戦とは？蕎麦文化の基を作った寺院をはじめ、大名から庶民まで、その生活と蕎麦との関わりを、川柳・俳諧・歌舞伎・落語・絵などの資料を博捜して生き生きと描き、江戸時代の習俗や人びとの心を探る文化史としての蕎麦。

◇そば歳時記　新島繁著　中央公論社　1998.11　290p　16㎝　(中公文庫)　《『蕎麦歳時記』(秋山書店1993年刊)の改題》　686円　(i)4-12-203290-3　Ⓝ383.81
　内容　元日そば　元日そばの源流　そばの碁子麺　耳うどん　切り初め　善光寺修正会　恵比寿ひらき　初卯うどん　後段〔ほか〕
　＊そばは、かつてハレの日の食べものであり、また行事食としての特別の食べものだった。"年越しそば"は、その典型的な好例である。本書は江戸時代から今に残る日本中の麺にまつわる食習を紹介、伝統あるそばの食習の再発見と、新しいそば文化への指針をさぐる。

◇蕎麦歳時記　新島繁著　武蔵野　秋山書店　1993.2　224p　19㎝　〈参考文献：p221～222〉　1800円　Ⓝ383.8

◇そば談義―私家版　松沢太郎著　飯田　南信州新聞社出版局　1996.12　65p　19㎝　Ⓝ596.38

◇蕎麦と江戸文化―二八蕎麦の謎　笠井俊弥著　雄山閣出版　1998.6　234p　19㎝　1980円　(i)4-639-01534-8　Ⓝ383.81
　内容　第1章　お江戸の文化と情緒　第2章　謎また謎の二八蕎麦　第3章　江戸っ子・美人娘・二八蕎麦　第4章　楽しみは二杯　第5章　粋のエスプリ―数の省略文化　第6章　二と八のデュエット　第7章　二八のバトンリレー　第8章　状況証拠あれこれ―江戸推理バラエティ
　＊江戸の庶民的な食の代表二八ソバ。その由来の謎(ルーツ)を探り、江戸っ子の趣向(イキ)と遊びの世界を逍遙しつつ、清新の一大仮説を提唱。

◇日本そば―味と粋にこだわる雑学　全日本そば学会編　勁文社　1993.9　222p　15㎝　(勁文社文庫21)　560円　(i)4-7669-1858-4
　内容　そば学は日本人必修の基礎教養なのだ　第1章　失敗しないそば屋選び―うまいそば屋はここでわかる　第2章　ウンチクそば学入門―そば好きの素朴な疑問に答えよう　第3章　こだわり極めてそばの粉学―店主も脱帽する専門学講座　第4章　そば屋名代物語―江戸三大派閥の発祥伝説と系列店　第5章　知ってビックリそばの栄養学―「そば」は穀物ナンバーワンの実力者　第6章　マル純自家製そばのつくり方―徹底こだわりそばオタクへの道　第7章　そばの文化人類学―そばが伝える日本人の心　第8章　旅先で試したい全国そばマップ―名物そばにうまいものあり！
　＊美味しいそば屋に巡り合いたい人に、失敗しないための粋で鯔背なそば好きマニュアル。

◇パンと麺と日本人―小麦からの贈りもの　大塚滋著　集英社　1997.3　255p　20㎝　〈引用・参考文献：p253～255〉　1442円　(i)4-08-781141-7　Ⓝ383.8
　内容　第1章　穀物と人間　第2章　小麦の華―小麦粉　第3章　パンへの長い階段　第4章　古代から近世へ　第5章　パン、日本へ上陸　第6章　文明開化の先兵として　第7章　昭和のパン―戦争と平和の中で　第8章　パンの仲間　第9章　麺類―もう一つの小麦の姿　第10章　中国と朝鮮半島の麺の世界　第11章　パスタとインスタントラーメン
　＊さかのぼれば1万年前。西洋と東洋の歴史は小麦が分けた！現代の視点で斬る「新・食の文化史」。

◇文化麺類学ことはじめ　石毛直道著　講談社　1995.1　394p　15㎝　(講談社文庫)　860円　Ⓝ383.8

◇物語・信州そば事典　中田敬三著　松本　郷土出版社　1998.9　231p　22㎝　1800円　(i)4-87663-408-4　Ⓝ383.8152
　内容　第1章　そば切りの誕生　第2章　信州からの伝播　第3章　手打ちの味　第4章　汁と薬味　第5章　そばの楽しみ　第6章　信州そばと文学　第7章　そば史こぼれ話　第8章　そば史の研究とそばの未来
　＊信州そばの起源は縄文時代から―そば通も知らない信州そばのルーツ。その種類、製法、味、効用から、そばにまつわる祭りや行事、文学、そばにとりつかれた人びとまで、信州そばの初めてのオール百科！！「蕎麦年表」付き。

◇ラーメンの文化経済学　奥山忠政著　芙蓉書房出版　2000.9　120p　21㎝　(文化経済学ライブラリー6)　〈文献あり〉　1700円　(i)4-8295-0264-9　Ⓝ383.8
　内容　序章　私たちとラーメン　第1章　ラーメ

ンの誕生　第2章　ラーメンの分類　第3章「ラーメン」のきょうだいたち　第4章　ホモ・ラーメンズ　第5章　ラーメン店の経営　第6章　町おこしと文化　第7章　ラーメンによる町おこし　終章　麺類と人類

＊日本各地のラーメンからアジア各国の麺文化まで、「食」の経済の一端を見る。"麺は世界の食事文化を映す鏡。そしてラーメンはその有力な主役であり続ける食べ物"。

◆◆和菓子

◇縁起菓子・祝い菓子―おいしい祈りのかたち　亀井千歩子文、宮野正喜写真　京都　淡交社　2000.3　127p　21cm　1800円　(i)4-473-01719-2　Ⓝ383.81
　(内容)　序章　厄除け招福の縁起菓子―地域に根ざした縁起菓子　第1章　社寺ゆかりの縁起菓子　第2章　季節を寿ぐ祝い菓子　第3章　人生を豊かにしてくれる祝い菓子
　＊景気上昇、人生上向きのめでたい菓子たち！！人生の節目を彩る、伝来の菓子を紹介。

◇「歌舞伎菓子尽し」展　虎屋虎屋文庫編　虎屋文庫　1998.5　30p　21cm　〈第52回虎屋文庫資料展　会期・会場：平成10年5月17日―6月16日　虎屋ギャラリー〉　Ⓝ383.81

◇黄表紙江戸おもしろお菓子展―干菓子でござる　虎屋虎屋文庫編　虎屋文庫　2000.5　46p　21cm　〈第56回虎屋文庫資料展：2000年5月17日―6月16日　虎屋ギャラリー〉　Ⓝ383.81

◇「源氏物語と和菓子」展　虎屋虎屋文庫編　黒川光博　1997.5　36p　21cm　〈第49回虎屋文庫資料展　会期・会場：平成9年5月17日―6月16日　虎屋ギャラリーほか　文献あり〉　Ⓝ383.81

◇四季折々「茶席の和菓子」展―第五十五回虎屋文庫資料展　虎屋虎屋文庫編　虎屋文庫　1999.10　32p　21cm　〈会期：1999年11月1日―30日〉　Ⓝ383.81

◇図説和菓子の今昔　青木直己著　京都　淡交社　2000.10　182p　21cm　1800円　(i)4-473-01762-1　Ⓝ383.81
　(内容)　序章　歴史の中の和菓子　第1章　古代の菓子　第2章　中世の菓子　第3章　近世の菓子　第4章　歴史の中の菓子と菓子屋達　第5章　描かれた菓子屋　第6章　行事と儀礼に見る和菓子　第7章　地域文化と和菓子　終章　和菓子文化論をめざして
　＊美味しい和菓子の入門書。私たちの生活に潤いを与えてくれる和菓子は、いつ頃どのように誕生したのか？和菓子の歴史が体系的に学べる好著。

◇"鳥獣戯菓"展―お菓子の国の動物たち　虎屋虎屋文庫編　虎屋虎屋文庫　1996.10　26p　21cm　〈第四十七回虎屋文庫資料展　会期・会場：平成8年11月1日～30日　虎屋ギャラリー　主要参考

図書：p26〉　Ⓝ383.81

◇日本のお菓子―祈りと感謝と厄除けと　亀井千歩子著　東京書籍　1996.8　277p　19cm　(東書選書140)　〈付：参考文献〉　1500円　(i)4-487-72240-3　Ⓝ383.81
　(内容)　序　日本の「お菓子」　第1章　日本の菓子の起源　第2章　年中行事と菓子　第3章　人の一生と菓子　第4章　信仰と菓子　第5章　おやつの話
　＊伝承のすがた、日本人のこころ。四季折々の生活と信仰の場で受け継がれる菓子。各地の菓子作りの風景を歩き、菓子に託する日本人の想いをたどる。

◇「年中行事と和菓子」展　虎屋虎屋文庫編　虎屋文庫　1998.10　30p　21cm　〈第53回虎屋文庫資料展〉　Ⓝ383.81

◇「歴史上の人物と和菓子」展　その2　将軍綱吉から吉宗の時代　虎屋虎屋文庫編　〔虎屋文庫〕　1995.10　30p　21cm　〈第45回虎屋文庫資料展　会期：平成7年11月1日～30日　略年表：p4～5〉　Ⓝ383.8

◇和菓子おもしろ百珍　中山圭子著　京都　淡交社　2001.4　219p　20cm　1900円　(i)4-473-01793-1　Ⓝ383.81
　(内容)　名前(まるまる・つみつみ　かすてら卵　朝比奈粽　ほか)　材料(山椒　大豆　和紙　ほか)　形(あこや　朝顔煎餅　よりみず　ほか)
　＊これもお菓子？幻となってしまったり、あっ！と驚くルーツを持っていたり…。虎屋につとめる著者が語る、楽しく不思議な和菓子の世界。

◇和菓子さろん―伝統に生きる美と味の世界　野上千之著　東京経済　1997.4　294p　20cm　〈文献あり〉　2800円　(i)4-8064-0533-7　Ⓝ383.81
　(内容)　第1話　織・染・衣装と和菓子　第2話　うどんは和菓子　第3話　能と和菓子　第4話　宝物と和菓子　第5話　お茶と和菓子　第6話　歌枕・和菓子紀行　第7話　料理の菓子と和菓子　第8話　水の名の付いた和菓子　第9話　岡大夫と蕨餅
　＊和菓子博物史の集大成！『衣装』『うどん』『能』『宝物』『お茶』『地名』『料理』『水』といったものとの関わりを通じてみる、和菓子の歴史的変遷、菓銘の由来。虎屋文庫所蔵の貴重な古文書、古帳簿類をはじめ、古今の文献・資料をひもとき、解説する『和』の食文化の広がりと奥行き。

◇「和菓子と香り」展　虎屋虎屋文庫編　虎屋虎屋文庫　1995.5　26p　21cm　〈第44回虎屋文庫資料展　会期：平成7年5月18日～6月17日ほか　主要参考図書：p26〉　Ⓝ383.8

◇「和菓子の歴史」展　虎屋虎屋文庫編　虎屋文庫　1997.10　38p　21cm　〈第50回虎屋文庫資料展〉

衣食住の習俗　　　　　　　　　　　　　　　　　　　　　　　　　　　　食物史

Ⓝ383.81
◇和菓子ものがたり　中山圭子著　朝日新聞社　2001.1　332p　15㎝　(朝日文庫)〈年表あり　文献あり〉　880円　(i)4-02-264257-2　Ⓝ383.81
[内容] 和菓子綺譚(秘められた宇宙観―花びら餅　草餅と厄払い―雛節句と菱餅　ほか)　謎づくし十三題(緑の装い―椿餅・桜餅・柏餅　きんとん変身譚　ほか)　記憶の彼方から(べらぼうやき・野郎餅―珍名菓子　蔬菜の菓子帖　ほか)　菓子十曲屏風(形―和菓子のデザイン帳　色―和菓子と王朝の美　ほか)
＊花びら餅に秘められた宇宙観とは?「ぼたもち」と「おはぎ」の違いは?「べらぼうやき」とはどんな菓子なのか…。虎屋につとめる著者が、和菓子をめぐる興味深いエピソードをからめ、その歴史や意匠に秘められた謎を探る和菓子ファン必携の書。カラー図版多数。
◇和菓子礼讃―郷土の菓子文化　第71回企画展　真壁町歴史民俗資料館編　真壁町(茨城県)　真壁町歴史民俗資料館　1999.10　25p　26㎝　(会期：平成11年10月22日～11月30日)　Ⓝ383.81

◆東洋
◇アジアの食文化　秋野晃司,小幡壮,渋谷利雄編著　建帛社　2000.4　182p　21㎝　〈文献あり〉　1800円　(i)4-7679-0244-4　Ⓝ383.8
[内容] 第1章　儀礼の食・日常の食　第2章　食のシンボリズム　第3章　家庭調理の方法　第4章　食事の作法　第5章　嗜好品　第6章　フィールド・ノート
＊本書はアジアの生活文化を探究する仲間が、長年のフィールドワークの経験に基づき、食文化について文化的解釈を行ったものである。特に、「食」を中心にしてアジア諸民族の生活様式を、異文化の文脈で理解し意義づけている。食習慣はそれぞれの民族の伝統から培われている。すなわち文化的な価値観に基づいて、食に関する観念や食行動が創造されたり、居住する自然環境に規定されて食習慣はできている。それゆえ、著者達は文化的、環境論的立場を考慮しながら、多様で多元的なアジア食文化について探究してみた。
◇アジアの伝統食品―東南アジア地域を中心に　農林水産省国際農林水産業研究センター編　つくば　農林水産省国際農林水産業研究センター　1996.4　182p　21㎝　(国際農業研究叢書　第2号)　Ⓝ383.8
◇アジアの伝統食品―東南アジア地域を中心に　農林水産省国際農林水産業研究センター編　農林統計協会　1996.6　182p　21㎝　1600円　(i)4-541-02093-9　Ⓝ383.823
[内容] 1　調査の目的　2　調査の方法　3　調査結果―総論(東南アジア諸国とわが国とのつながり　東南アジア諸国の地域的・民族的・文化的基盤　伝統食品の歴史的・文化的意義　ほか)　4　調査結果―各論(個別調査における国及び食品の選定　東南アジアを主とするアジア諸国における小麦、米、根茎類、マメ類、ヤシ類の生産状況　米を原料とする伝統的加工食品　ほか)　5　総括
＊本書では、東南アジアを中心に各地の伝統食について、歴史文化的、社会経済的、技術的観点から記述されている。また、珍しく多数の熱帯のマメ類及びヤシ類に関する伝統食品各種も紹介されている。
◇アフリカを食べる　松本仁一著　朝日新聞社　1996.2　238p　20㎝　2000円　(i)4-02-256924-7　Ⓝ383.8
[内容] 東部アフリカで(ヤギの骨　牛の生き血　マサイのお茶　ほか)　西部アフリカで(バナナビール　揚げパン　ぶっかけ飯　ほか)　南部アフリカで(象の干し肉　ヤギの腸　ケープタウンの大トロ　ほか)　北部アフリカで(女性シェフのピザ　イスラムと豚　アヒル　ほか)
◇アフリカを食べる　松本仁一著　朝日新聞社　1998.8　245p　15㎝　(朝日文庫)　540円　(i)4-02-261237-1　Ⓝ383.84
[内容] 東部アフリカで(ヤギの骨―ケニア　牛の生き血―ケニア　マサイのお茶―ケニア　ほか)　西部アフリカで(バナナビール―ザイール　揚げパン―ザイール　ぶっかけ飯―ルワンダ　ほか)　南部アフリカで(象の干し肉―ジンバブエ　ヤギの腸―南アフリカ　ケープタウンの大トロ―南アフリカ　ほか)　北部アフリカで(女性シェフのピザ―チュニジア　イスラムと豚―エジプト　アヒル―エジプト　ほか)
＊アフリカの人々は、サルを食べるが豚は食べない…なぜ?アフリカ通の著者が、大陸の風土・歴史を背景に、「食」を通じてアフリカの人々を描く。食が地域に根ざすものであること、文化の共存は他者の価値観を尊重するところに始まることを感じさせる、洒脱なアフリカ体験記。
◇韓国を食べる―「食」から見た韓国人　黒田勝弘著　光文社　2001.3　303p　19㎝　1300円　(i)4-334-97294-2　Ⓝ383.821
[内容] 「権力と食」の面白い関係―世界的な嫌悪食品・腐れエイの刺し身　韓国料理はなぜ赤いか―うまいキムチはソルロンタン屋に行け　韓国の本当の肉料理は―金日成はなぜ「肉のスープ」にこだわったのか　郷愁のハモニカ・カルビ―肉料理は失郷民の店から　韓国は何でも「セン(生)」ブーム―カルビからヘアスタイルまで　韓国人はなぜ犬を食うか―ポーシンタン(補身湯)は酷暑を殺す　将軍さまはロバのステーキが好き―韓国人は馬は食べない?　韓国人は魚に弱い―金日成が好んだソガリとは　金正日が贈ったマツタケ―韓国マツタケのおいしい

食べ方　南北ワタリガニ戦争—韓国最高の珍味カンジャン・ケジャン〔ほか〕

＊韓国人は「耳」で食べる！！驚きの韓国・食の紀行。

◇韓国食生活史—原始から現代まで　姜仁姫著，玄順恵訳　藤原書店　2000.12　479p　22cm　〈年表あり〉　5800円　(i)4-89434-211-1　Ⓝ383.821

(内容)第1章　先史時代の食生活—自然食品の採取時代(旧石器・新石器時代)　第2章　部族国家時代の食生活—稲の栽培と主副食の分離時代(高句麗・百済・新羅以前)　第3章　三国時代の食生活—稲作農耕と食生活の階層化時代(高句麗・百済・新羅鼎立時代)　第4章　統一新羅時代の食生活—食生活習慣の確立時代(七世紀中頃〜十世紀初頭)　第5章　高麗時代の食生活—食生活の変遷時代(十世紀中頃〜十四世紀)　第6章　李朝前期時代の食生活—韓食の発達時代(十五世紀〜十六世紀)　第7章　李朝後期時代の食生活—韓食の完成時代(十七世紀〜十九世紀初頭)　第8章　開化時代の食生活—食生活の多様化時代(十九世紀後半)　第9章　日本の植民地下時代の食生活—食生活の窮乏時代(二十世紀前半)　第10章　現代の食生活—合理的食生活の模索時代(二十世紀後半)

＊文化人類学的視点を生かし、朝鮮半島の「食と生活」を、韓国の斯界第一人者が通史として描く記念碑的業績。考古学・民俗学・栄養学の成果を駆使し、キムチを初めとする膨大な品数の料理の変遷を紹介しつつ、食卓を囲む人々の生き生きとした風景を再現。朝鮮半島の食を、中国・日本などとの交流の中にも位置付ける文化交流史。

◇韓国の食　黄慧性，石毛直道著　平凡社　1995.2　364p　16cm　(平凡社ライブラリー)　1200円　(i)4-582-76086-4　Ⓝ383.8

(内容)両班の一人娘として　李王朝宮中飲食宴の周辺　食事の作法　韓国料理の基本　ヤンニョムとコミョン　海の幸、山の幸　菓子と餅、茶と酒　信仰と食べもの

＊人間国宝が語る李朝宮廷料理の伝統、食卓の作法、キムチの意味。聞き手は食の第一人者、国立民族学博物館・石毛直道。確固たる民族の歴史に支えられた韓国の豊かな食のすべてが明かされる。

◇韓国の食文化史　尹瑞石著　ドメス出版　1995.10　253p　22cm　(参考文献：p232〜237)　3605円　(i)4-8107-0403-3　Ⓝ383.8

(内容)第1章　農業の定着と食文化の基本　第2章　食文化の構造的成立　第3章　食文化の伝統の整備　第4章　食文化の現代化

＊韓国における調理学と食生活史の第一人者である著者が、日本の読者のために書き下ろした力作。石器時代から現代にいたる朝鮮半島の食の通史を考察した日本で最初の本である。

◇韓国料理文化史　李盛雨著，鄭大声，佐々木直子訳　平凡社　1999.6　629p　20cm　4600円　(i)4-582-43111-9　Ⓝ383.821

(内容)料理と調理　韓国の古料理書　韓・中料理略史　加熱料理の起源　東洋版の栄養学と料理原理　飯の文化　麦飯と雑穀飯の文化　粥の文化　チャンクッの文化　ヘジャンクッの文化〔ほか〕

＊ついに翻訳・出版成った、韓国・食文化研究の泰斗の名著。韓国料理—その文化と歴史のすべてが今ここに、初めて語り明かされる。

◇キムチの国　李御寧，李圭泰，金晩助著，金淳鎬訳　千早書房　2000.12　118p　21cm　1600円　(i)4-88492-259-X

(内容)本場のキムチ　キムチの味と韓国文化—味の記号論(五色と五味の宇宙論　味の交響曲　火食と生食の媒介項、醗酵式　キムチと出し汁文化　ほか)　キムチの民俗(手をかけて育てるととのえる　洗う　刻む　ほか)　キムチの起源と歴史

＊「キムチは韓国人が長い間育ててきた、天地人の調和の味である」韓国食文化が生んだ伝統の味、キムチ。キムチを通して韓国を読み解く、異色の文化論。

◇照葉樹林帯の食文化—日本文化のルーツを探る　佐々木高明著　倉敷　作陽学園出版部　1999.9　63p　21cm　(作陽ブックレット10)　〈東京　れんが書房新社(発売)　文献あり〉　500円　(i)4-8462-0225-9　Ⓝ383.82

(内容)1　照葉樹林文化とは何か(照葉樹林帯の共通性　絹のふるさと　吊り壁の家屋　ウルシの利用　ほか)　2　共通する食文化(共通の基盤　照葉樹林文化を特徴づける焼畑　焼畑の作物　ブータンの赤米　ほか)

＊日本文化のルーツはどこにあるのか。縄文時代に列島西南部を覆った照葉樹林は、遠くアッサム・雲南を中心とする一大文化圏と共通する文化をはぐくんだ。精力的なフィールドワークと学際的な知識を駆使して、民族学・考古学に多大な影響を与えてきた照葉樹林文化論を、食を中心に概説する。

◇食をもって天となす—現代中国の食　賈恵萱，石毛直道著　平凡社　2000.7　283p　20cm　2400円　(i)4-582-82427-7　Ⓝ383.822

(内容)村の食　解放前後—1940年代　大躍進・文化大革命時代の食—1950〜60年代　北京市民の食卓—1960〜70年代　さまざまな中国料理　茶と酒、薬膳　現代中国食事情

＊本書には、中国食文化の一般知識、たとえば中国料理の特徴、料理の系統の分類方法はもとより、イスラーム料理の形成とそれを食べる人々の風俗習慣、薬膳と療餐の原理などが記され、同時に飲食の角度からいかに生活習

慣病を予防するかにも触れ、健康によいお茶、お酒の飲み方、食事療法なども紹介されています。

◇食生活の表層と底流―東アジアの経験から 吉田忠ほか著 農山漁村文化協会 1997.9 238,4p 22cm 〈全集世界の食料世界の農村 22〉 3048円 (i)4-540-97063-1 Ⓝ383.82

◇食の起源―メソポタミアとイスラーム 牟田口義郎著 倉敷 作陽学園出版部 1999.11 62p 21cm 〈作陽ブックレット 12〉 〈東京 れんが書房新社(発売)〉 500円 (i)4-8462-0229-1 Ⓝ383.827

[内容] 1 西と東、そして中洋という考え方(日本=極東を実感させる地図 「中近東は、ハワイ」 むずかしい「東と西」の定義 ほか) 2 イスラーム(バグダード)の食文化(八、九世紀の世界文化の中心はバグダード 非常に高いメソポタミアの農業生産性 シュメール人が作り出した文字や暦 ほか) 3 西方(ムスリム・スペイン)での食文化(西洋へギリシア文明を伝えたバグダード バグダードを追われた音楽家を招く 西洋へイスラーム文化を持ち込んだジルヤーブ ほか)

＊パン・乳製品・ステーキ・スープからコーヒー・ワインまで、今日親しまれている「西洋料理」のほとんどは、かつてメソポタミア文明が栄え、イスラーム帝国が君臨した中洋の地が生み出したものだった。「野蛮な」ヨーロッパを圧倒した先進地中洋の食文化を、さまざまな実例を交えて紹介する。

◇タイの日常茶飯 前川健一著 弘文堂 1995.8 251p 22cm 2678円 (i)4-335-56086-9 Ⓝ383.8

[内容] クイティオ・センチャンを追って 地域差と食文化 市場 台所 調味料 調理法と料理 米 野菜 香辛料 果物 魚、貝〔ほか〕

＊食にまつわる諸事万般へ目と鼻と舌が動く生来の路上観察者が綴るタイ食文化百科。

◇食べ物が語る香港史 平野久美子著 新潮社 1998.6 306p 20cm 1600円 (i)4-10-424501-1 Ⓝ383.82219

[内容] 第1章 英国人がやってきた(一八四一年～一九〇〇年代) 第2章 上海に憧れた香港(一九一〇年代～一九四五年) 第3章 食べるのがやっと(一九四五年～一九六〇年代) 第4章 ぜいたくは美味しい(一九七〇年代～一九八〇年代) 第5章 世紀末の繁栄 光と影(一九九〇年代)

＊食は時代を反映する。世界に名だたる"食都"が形成される過程は、すなわち植民地・香港激動の百五十年史そのもの。それぞれの食べ物の背後に歴史が見えくれし、食を探れば香港人がわかる。一楽しみながら味わう香港史。

◇中華料理の文化史 張競著 筑摩書房 1997.9 238p 18cm 〈ちくま新書〉 660円 (i)4-480-05724-2 Ⓝ383.822

[内容] 序章 変わる中華料理 第1章 孔子の食卓―春秋戦国時代 第2章 ラーメンの年輪―漢代 第3章 食卓のビッグバン―魏晋・六朝時代 第4章 犬肉を食うべきか食わざるべきか―隋唐時代 第5章 羊肉vs豚肉―宋代 第6章 箸よ、おまえもか―宋元時代 第7章 ああ、フカヒレ―明清時代

＊フカヒレの歴史はせいぜい三百年、北京ダックはたかだか百年あまり。ではそれ以前の中華料理とはどのようなものだったのか？異民族との交流により中華料理は大きく変貌してきた。見知らぬ素材やレシピという異文化を中国人は貪欲にとりこんだ。中華思想も蛮夷の料理は拒まなかったのである。中華料理のなかにはハイブリッドな中国文化のエキスが濃縮されているといっても過言ではない。孔子の食卓から開放経済下の新香港料理まで、中国の風土、異文化交流という大きな視野から描きだす、芳醇な中国文化史。

◇中国雲南少数民族のナレズシに関する調査報告書―西双版納の村や市場を訪ねて 鈴木五一編著 大津 環境と食の研究会 1995.12 76p 26cm 〈書名は奥付による 引用参考文献：p75～76〉 Ⓝ383.8

◇中国貴州省の少数民族をたずねて―苗族・布依族の食文化 名古屋 名古屋女子大学生活科学研究所中国学術調査団 1995.3 229p 30cm 〈各章末：参考文献〉 Ⓝ383.8

◇中国食探検―食の文化人類学 周達生著 平凡社 1994.5 246p 22cm 2900円 (i)4-582-82875-2 Ⓝ383.8

[内容] 子ブタの丸焼き チャーシューとゆでブタ ヒツジのしゃぶしゃぶ ヒツジの丸焼き 漢文明で消えた半生の牛肉料理 中国の"卵"料理 北京ダックとアヒル料理 ガチョウのあぶり焼きと野鳥料理 「野味」のいろいろ ヘビのスープ 活きたコイの甘酢あんかけ 高雄のカラスミ〔ほか〕

＊広大豊饒な中国の食を食べ尽くし、文化としての食の奥深さを説き明かす、世紀の稀書。写真413点収録。

◇中国人は富家になるために食べ続ける 横浩史著 講談社 1998.10 250p 19cm 1600円 (i)4-06-209433-9

[内容] 第1章 富家になるために粥を食べる(食べれば夢が叶う 究極の贅、女厨師) 第2章 食べてこの世に生き続ける(食材の霊気を体に宿す 滋養のためなら犬も蛇も 露天屋台にまで滋養強壮菜単) 第3章 人の縁を食でつなげる(一家の吉凶禍福をにぎる年菜 朝食で示す親孝行 茶がとりもつ人の縁) 第4章 この食に四千年の歴史がある(西太后の料理列車

「麻婆豆腐」は嫁いびりから 民族の和解に「満漢全席」ほか 第5章 美味を逃がしたら中国人にあらず(蟹を求めて大移動 豊富な水が育てる珍品 羊料理は回教徒にかぎる ほか) 第6章 他の誰も食べないものこそ食べてみる(ゲテモノ料理は富家の精力源 高位高官たちの恐るべき食道楽)
* いつでも食べる、なんでも食べる！食べてかなえる「富」への願い！西太后も、北京の街角に生きる庶民も、「富家」になりたいのはみな同じ。燕のスープから餃子まで、四千年続いてきた食から見えてくる中国人の生き様、心意気。

◇朝鮮食料品史 朴容九著、朴尚得訳 国書刊行会 1997.6 287,5p 22cm ⟨索引あり⟩ 3800円 (i)4-336-03934-8 Ⓝ383.821
　内容 序章 食料品と環境 第1章 狩猟と漁撈の時代・先史時代 第2章 農耕の進歩・古朝鮮時代 第3章 重農国家の出現・三国時代 第4章 緩慢な進展・高麗時代 第5章 姑息な踏歩・李氏朝鮮時代 第6章 飢餓と収奪・日帝侵略時代

◇朝鮮の食と文化―日本・中国との比較から見えてくるもの 佐々木道雄著 神戸 むくげの会 1996.4 234p 21cm (むくげ叢書 4) ⟨文献あり⟩ 1800円 (i)4-944125-02-X Ⓝ383.821

◇朝鮮半島の食と酒―儒教文化が育んだ民族の伝統 鄭大声著 中央公論社 1998.10 193p 18cm (中公新書) 660円 (i)4-12-101443-X Ⓝ383.821
　内容 1 キムチ 2 トウガラシの文化 3 ニンニク 4 塩辛と食醢(馴れずし) 5 冷麺 6 儒教と肉食文化 7 儒教文化と飲料 8 匙文化と料理 9 調味料の文化 10 酒の文化
* 朝鮮半島に由来する飲食物は、日本の外来食文化の中でも、今も最も普及しているもののひとつである。それほど身近で、今や「日本の食べもの」になったともいえるものだからこそ、それらが、どのような文化的背景で生まれ育ってきたのかを概観する時に来たともいえるのではないか。本書は、風土と社会という条件の下で、どのような食材が、どう調理され、どんな食習慣に従って消費されてきたのかを、簡潔に紹介するものである。

◇東南アジアの伝統食文化―その形成と系譜 松山晃著 ドメス出版 1996.2 396p 22cm 6695円 (i)4-8107-0423-8 Ⓝ383.8
　内容 第1章 東南アジア世界の基盤形成 第2章 先史時代の食文化 第3章 先ヨーロッパ時代の食文化 第4章 ヨーロッパ植民地時代 第5章 現代における東南アジアの食文化 第6章 現代に生きる伝統食品
* 本書は東南アジアの歴史の流れと自然環境のなかで、その伝統食文化が形成され発展して

きた系譜を、できるだけ史料と科学的証拠をもとにして明らかにすることを意図した。

◇日本の焼肉韓国の刺身―食文化が"ナイズ"されるとき 朝倉敏夫著 農山漁村文化協会 1994.5 194p 19cm (人間選書 178) 1900円 (i)4-540-94055-4 Ⓝ383.8
　内容 序章 「食の文化変容」から見えること 1部 ジャパナイズされた韓国料理(日本の焼肉店―韓国との違い 東京23区の韓国料理店を電話番号簿から分析する 戦後史のなかの韓国料理店 女子短大生に聞く焼肉のイメージ 焼肉と在日韓国・朝鮮人―そのアナロジカルな関係) 2部 コリアナイズされた日本料理(ソウルの日本料理店を電話番号簿から分析する 探訪・韓国の日本料理店 刺身から「サシミ」へ―日本料理の変容 ソウルの当節外食事情―外食産業の「日本化」 終章 似て非なるもの
* 数々の興味深い事実をあげながら、互いの国に受容された食が「似て非なるもの」となることを、文化人類学の「文化受容」の概念によって明らかにし、根底にある食文化のちがいに迫る。

◇文化としての食と旅 周達生著 清水書院 1998.1 221p 19cm 1600円 (i)4-389-50033-3 Ⓝ383.82
　内容 ラーメンの語源 ニラミダイとニラミブタ 山くらげ上陸 タマゴとタマの話 臭いものに蓋するな キリマンジャロのフル・コース
* 中国の「おでん」からキリマンジャロのフル・コースまで「世界」を食べる旅36話。

◇豊饒のナイル、ルクソールの食卓―エジプトグルメ紀行 吉村作治著 中央公論社 1996.7 274p 16cm (中公文庫) 880円 (i)4-12-202646-6 Ⓝ383.842
　内容 ナイルの水を飲めばナイルがわかる 飲み物編 カイロの夜明けは野菜で始まる 野菜料理編 ナイルの魚類図鑑を舌で知る 飲み物編 食欲は神をも畏れない 鳥料理編 美人は殺したてがお好き 肉料理編
* 早稲田大学古代エジプト調査隊を組織、30年にわたり調査研究を続けてきた著者が、現地で味わいつくした多彩な料理と料理を紹介。豊富な食体験をもとに、ファラオの時代から息づく、エジプト文化の真髄と魅力を語りつくす。カラー版。

◇南の島のカレーライス―スリランカ食文化誌 丹野富雄著 明石 南船北馬舎 1995.5 285p 19cm ⟨参考文献：p281〜285⟩ 1900円 (i)4-931246-07-9 Ⓝ383.8

◇モンゴルの白いご馳走―大草原の贈りもの「酸乳」の秘密 石毛直道編著、有賀秀子ほか著 チクマ秀版社 1997.10 295p 22cm 2800円 (i)4-8050-0316-2 Ⓝ383.8227
　内容 1 モンゴル高原に白いご馳走を訪ねて

2 内モンゴル紀行一次調査　3 内モンゴル紀行二次調査　4 世界の中のモンゴルの乳食文化　5 モンゴル人の食卓の風景　6 加工体系からみたモンゴルの「白い食べ物」　7 カルピス酸乳と内モンゴル酸乳　8 モンゴルの馬乳酒治療　9 カルピス酸乳の保健効果と可能性　10 モンゴルの馬乳酒について

◇離乳の食文化—アジア10か国からの調査報告　和仁皓明著, 雪印乳業株式会社健康生活研究所編　中央法規出版　1999.3　220p　21cm　2200円　(i)4-8058-1782-8　Ⓝ383.82

(内容) 1 東南アジアでの離乳「クウ」という期間—ベトナム　スラム街クロントイ地域—タイ ほか　2 南アジアでの離乳(パスニのお祝い—ネパール　ヒンドゥーの母子たち—北インド)　3 東アジアでの離乳(「過百日」のパッチワーク—中国　現代韓国の離乳と伝承—韓国 ほか）　4 対談(離乳—その現状と課題)

＊赤ちゃんが、生まれて初めて食べるもの。離乳期に与えられる食品や儀式・禁忌など産育習俗から、アジア各国社会における食の文化を読み取る。

◇料理の国へようこそ　陳詔著, 松岡栄志, 鈴木かおり監訳　三省堂　1999.11　214p　22cm　(中国人的生活芸術)　2600円　(i)4-385-35941-5　Ⓝ383.822

(内容) 中華料理の開祖　上古のフルコース・ディナー　孔子の飲食観　「楚辞」招魂篇に見る美味佳肴　張騫の西域行とシルクロードの食べもの　唐代の「焼尾宴」　グルメの祖、蘇東坡　北宋と南宋の飲食業　「金瓶梅」と明代の「食」事情　西太后と清朝宮廷料理 〔ほか〕

◆西洋

◇悪食大全　ロミ著, 高遠弘美訳　作品社　1995.8　526p　20cm　3800円　(i)4-87893-234-1　Ⓝ383.8

(内容) 第1部 古代～18世紀(古代ギリシアの饗宴　「旧約聖書」が伝える「バルタザール王子の饗宴」 ほか)　第2部 19世紀(1800年。肥満してセント・ヘレナで死んだ、ナポレオンの奇妙な奇譚　ヴェリー兄弟によるチュイルリー宮殿の豪奢なレストラン ほか)　第3部 二十世紀(1900年、ベルエポック。大食、太鼓腹、女性の肉体の丸みが富の象徴だった　ミディアムで焼いた羊の肩肉を絶賛、詩にしたラウル・ポンション ほか)

◇アザラシは食べ物の王様—「ママット！」北極の食卓　佐藤秀明著　青春出版社　2000.6　171p　15cm (青春文庫)〈「ママット」(角川書店1992年刊)の増訂〉　543円　(i)4-413-09148-5　Ⓝ383.8

(内容) 1 アザラシは食べ物の王様　2 ジャコー牛様、あんたはエライ　3 酒と自殺について　4 セイウチの胃の中をのぞいてみると　5 ティータイム　6 マイナス五六度の寒さの中で　7 岩魚釣りでエキサイティング　8 幻の一角鯨を食す　9 北極に蚊がいる！？　10 カリブーの生肉

＊解体したアザラシの肉をあたたかいうちに食べる、北極岩魚を食べる、一角鯨を食べる、カリブーを食べる…マイナス56度の世界で体験した、イヌイットたちの驚きに満ちた世界。

◇英国ヴィクトリア朝のキッチン　ジェニファー・デイヴィーズ著, 白井義昭訳　彩流社　1998.8　246p　21cm　2800円　(i)4-88202-564-7　Ⓝ383.833

(内容) キッチンの見取り図　女主人　使用人　キッチン用品　ヴィクトリア朝の価値観　キッチンと菜園　保存食品作り　買い物　朝食　昼食 〔ほか〕

＊ヴィクトリア朝の英国貴族は何を食べていたのか？19世紀のカントリー・ハウスのキッチンをリアルに再現。実際にヴィクトリア朝の料理が作れるレシピ付き。

◇英国紅茶論争　滝口明子著　講談社　1996.8　252p　19cm (講談社選書メチエ 84)〈参考文献：p240～246〉1500円　(i)4-06-258084-5　Ⓝ383.833

(内容) 第1章 初期の茶論　第2章 イギリス上陸—宮廷から家庭へ　第3章 紅茶論争のはじまり　第4章 紅茶反対論　第5章 それでもお茶会は楽しい　第6章 ジョサイア・ウェッジウッドの世界　第7章 茶論争の終結

＊十七世紀、大英帝国に上陸した東洋の奇妙な熱い飲みもの。なぜかイギリス人の口に合い、たちまち国民的習慣となったティータイム。新しい文化の定着をめぐっての医師・牧師・文化人等のかまびすしい論争を描く。

◇オーヴンからの手紙　明坂英二著　青土社　1998.7　307p　20cm　2200円　(i)4-7917-5643-6　Ⓝ383.83

(内容) 1 石を積むということ、火を燃やすということ　2 上の火が七分、下の火が三分　3 空飛ぶオランダ鍋　4 だれがイーストを見つけたか？　5 光る麦、または穂麦のマリア　6 水車と風車のワンス・アポン・ア・タイム　7 ブリューゲルのパプとブレイとヴラーイ　8 なぜ彼はマドレーヌを紅茶に浸したのか？　9 苦労してパン屋になる方法　10 ブレッツェル、ブレッツェル　11 ブレッツェル、ブレッツェル、ふたたび　12 ベーグル、越境するパン

◇クックブックに見るアメリカ食の謎　東理夫著　東京創元社　2000.5　204,2p　20cm〈文献あり〉1900円　(i)4-488-02363-0　Ⓝ383.853

(内容) 第1章 アメリカ、食の原風景—インディアン、ナニ磨く？　第2章 アメリカ料理の誕生—植民と移民の食　第3章 平原の食卓—バック

ポーチ・シェフたちの系譜　第4章 庶民と大統領の食—消えゆく食たち　第5章 変容するアメリカの食—実験食学の試み
　＊先住民がタンポポの塩(極上品!)を発見し、移民がフライドチキンを生みだす、食のるつぼアメリカ。その地でいまや、薄味コーヒーはエスプレッソへと変わりゆく!アメリカ=ジャンク・フード王国と早合点するなかれ。個性派クックブックをひもときながら、おいしいアメリカ食をさぐるまったく新しい試み。

◇シーザーの晩餐—西洋古代飲食綺譚　塚田孝雄著　朝日新聞社　1996.12　373p　15cm　(朝日文庫)　〈参照引用文献：p353〜369〉　760円　(i)4-02-261171-5　Ⓝ383.832
　内容　序章 食前酒に代えて　第1章 ローマの繁栄と市民生活　第2章 ローマ市民の食生活　第3章 ローマの宴会　第4章 古代ギリシアの食生活　第5章 古代帝王たちの饗宴　第6章 ローマを制したギリシア料理　第7章 トリマルキオの饗宴　第8章 アテナイとローマの市場　第9章 料理道の賢人たち　第10章 ウナギは栄光あるチャンピオン　第11章 大食漢・大酒豪列伝　第12章 シーザーの晩餐
　＊あのシーザーは、どんな豪華料理を楽しんでいたのだろうか…。ギリシア・ローマの古典にもとづいて、当時の人気食品や調理法を探り、食生活、市場の情景、帝王の贅沢三昧の饗宴を再現する。庶民の食事、名コック、大食漢・大酒豪にかかわる逸話も盛りだくさんの飲食譚。

◇西洋菓子彷徨始末—洋菓子の日本史　吉田菊次郎著　朝文社　1994.7　357p　20cm　〈洋菓子の日本略史：p303〜343　参考文献：p355〜357〉　1800円　(i)4-88695-115-5　Ⓝ383.8
　内容　お菓子の神様　日本のお菓子の独り立ち　甘いものはうまいもの　真打ち遍歴　西洋菓子事始め　南蛮紅毛異文化紀聞　最もトレンディーだった男たち　それでも私はローマを見た!　禁教令・鎖国令下の甘き葛藤　南蛮菓子独案内　まだ明けやらぬ朦朧なる時　たちまち溶けてあいすくりゅん　戦さを分けるか兵糧麺麭　西洋料理・旅籠屋事情　堰切りて甘き奔流　西洋菓子商売往来　甘き世界のパイオニア　甘き夢見し侍たち　新生日本・ケーキ情報最前線　食のエンターテイナー誕生秘話　世紀節目のお菓子屋模様　大正以来の好敵手たち　独逸菓子奮闘記　日仏二大巨星ణ　チョコラベル昭和伝　戦い済んでहむ葉業現世商人模様　内外の甘き使徒たち　追いつき追い越す発展の陰にも　お菓子は世につれ世も菓子につれ　洋菓子の日本略史　付・洋菓子文化の支えとその周辺
　＊南蛮菓子から西洋菓子、そして洋菓子への甘き道のりをおもしろおかしく軽快に…。

◇中世の食卓から　石井美樹子著　筑摩書房　1997.8　222p　15cm　(ちくま文庫)　580円　(i)4-480-03298-3　Ⓝ383.83
　内容　序にかえて—ローストビーフとフォアグラ　おどけ者ジャック・プディング　うなぎとイギリス史　豚と王子様と惣菜屋　スパイスは食卓の王様　にしんは魚の王様　オムレツとプリンが戻ってくる日　饗宴と精進潔斎　羊飼いの饗宴　豆とスプーンと北斗七星〔ほか〕
　＊食べるという行為は、精神のありように深くかかわっている。文学に描かれた食卓の話や、食物に係わる伝承をたぐることで、思わぬ文化の層が見えてくる。中世ヨーロッパの食卓に広がる宇宙を描くエッセイ。

◇トリマルキオの饗宴—逸楽と飽食のローマ文化　青柳正規著　中央公論社　1997.3　307p　18cm　(中公新書)　〈索引あり　文献あり〉　835円　(i)4-12-101352-2　Ⓝ383.832
　内容　第1章 ペトロニウスと皇帝ネロ　第2章 トリマルキオの饗宴　第3章 ドラマとしての饗宴
　＊「トリマルキオの饗宴」とは古代風刺小説の金字塔といわれる「サチュリコン」の一部であり、作者は、ネロの背徳の指南番というべき通人ペトロニウスとされている。この時代、ローマは平和と繁栄の只中にあり、市民は拝金主義、逸楽、飽食に浸っていた。「トリマルキオ」はこの時代精神を最も良く体現する作品である。本書は厖大な文献、考古・美術資料、諸研究を駆使して、社会、生活、文化を再構築する、刺激的なテキスト解読の試みである。

◇パンと塩—ロシア食生活の社会経済史　R.E.F.スミス, D.クリスチャン著　鈴木健夫ほか訳　平凡社　1999.5　504,69p　22cm　8600円　(i)4-582-47343-1　Ⓝ383.838
　内容　第1部 初期の食生活(農耕と採集—穀物と猟の獲物　塩—主要な採取産業　飲み物—エールと錬金術)　第2部 国家の食欲、農民の食生活(統制と法典—17世紀　ステップ地方と対策—18世紀　茶と節酒)　第3部 変化する前の農村の食生物(確立したパターン　居酒屋と国庫　良い時期と悪い時期)
　＊「新しい歴史学」によって開かれた食生活史研究の先駆的成果。飲食の単なる消費の面だけでなく採集(取)・生産・流通にわたる経済・社会・文化的歴史性を初めて明らかにする。

◇美食のフランス—歴史と風土　ジャン=ロベール・ピット著　千石玲子訳　白水社　1996.1　227p　20cm　2900円　(i)4-560-02895-8　Ⓝ383.8
　内容　序説 フランス人の美食への情熱　第1章 フランスは美食の楽園、食いしん坊の国?　第2章 フランスでは大食は罪となるか?　第3章 食卓政治。ある様式の誕生　第4章 グルメのためのレストラン、あるいは高級料理の大衆化　エ

衣食住の習俗　　　　　　　　　　　　　　　　　　　　　　　　　　　　食物史

ピローグ　魂を持つ食品―フランスの未来地図
＊美味なる食材への情熱と、飽くなき探究心。食道楽とは耽美主義の一形式であり、絶えず集中的に感覚を研ぐことによって得られる。はたしてフランス人は味覚の達人なのか。本書は、フランスにおける美食（ガストロノミー）の歴史を地理学的な視点から論じる、食通のための、おいしい学術基本図書。

◇美食の歴史　アントニー・ローリー著，富樫瓔子訳　大阪　創元社　1996.5　186p　18cm　（「知の再発見」双書 56）（監修：池上俊一　参考文献：p185）　1400円　(i)4-422-21116-1　Ⓝ383.8
（内容）第1章 中世ヨーロッパの美食　第2章 ある芸術の誕生　第3章 フランスの範　第4章 フランス料理の黄金の世紀　第5章 料理の惑星
＊本書は、美食文化の歴史を、新鮮で豊富な香辛料や新食材の流入、料理書の普及、イタリアの範をうけつぐフランスの範、調理設備の充実と給仕長の役割の高度化、食卓の厳密な秩序、ブルジョワの家庭料理などをめぐって説き、バターの勝理やフォークの普及などの興味深いエピソードも織り混ぜつつ語っていく。

◇ベジタリアンの世界―肉食を超えた人々　鶴田静著　京都　人文書院　1997.10　341p　20cm　〈文献あり〉　2900円　(i)4-409-53020-8　Ⓝ383.83
（内容）1 知と聖の饗宴　2 「最後の晩餐」の献立は？　3 男の美食・女の菜食　4 詩と革命とベジタリアニズム　5 人間と動物の解放者たち　6 肉を食べない肉食獣　7 レストラン総統亭　8 良い人生へのファースト・ステップ　9 美学としての反動物虐待　10 インドの母なるもの　11 田園に夢見る黄金時代
＊数千年のベジタリアニズムの歴史を通して食と生き方を考える。ピタゴラス、ダ・ヴィンチ、ニーチェ、トルストイ…時空の彼方に通底する思想と理論。

◇やんごとなき姫君たちの食卓―西洋おどろき食道楽　桐生操著　TOTO出版　1996.1　195p　19cm　（TOTO books 20）〈参考文献：p194～195〉　1000円　(i)4-88706-127-7　Ⓝ383.8
（内容）1 歴史は食卓で作られる　2 王侯姫君たちのメニューから　3 グルメ事始めの物語　4 食卓のにぎわい、銘酒ここにあり　5 優雅なひととき、ティータイムへの誘い　6 食通ごのみ、テーブルの逸品　7 きわめつけ泰西カフェ案内
＊古来、人々は味覚の楽しみを求めて、並々ならぬエネルギーを費してきた。そこから数々の料理や酪酒が作られ、エピソードが生まれた。東西の歴史と文化に造詣の深い著者が、数多の史料の中から選りすぐった、とっておきの"おいしい話"。

◇ヨーロッパの舌はどう変わったか―十九世紀食卓革命　南直人著　講談社　1998.2　270p　19cm　（講談社選書メチエ 123）　1700円　(i)4-06-258123-X　Ⓝ383.83
（内容）第1章 飢えからの解放　第2章 植民地の「恩恵」　第3章 食の産業化　第4章 変わる食習慣　第5章 イデオロギーとしての食　第6章 食の「民主化」
＊十九世紀、ヨーロッパの食卓に未曽有の変動が起きる。植民地からの誘惑の味、コーヒー・砂糖。科学の福音、缶詰。テーブルマナーの洗練、美食大衆の誕生。食の近代化が変貌させたヨーロッパ人の心と体を追う異色の歴史。

◇ヨーロッパの食文化　マッシモ・モンタナーリ著，山辺規子，城戸照行訳　平凡社　1999.9　341p　20cm　（叢書ヨーロッパ）〈文献あり〉　3600円　(i)4-582-47635-X　Ⓝ383.83

◇ヨーロッパ民族食図鑑　森枝卓士著　筑摩書房　1997.10　239p　15cm　（ちくま文庫）　950円　(i)4-480-03330-0　Ⓝ596.23
（内容）旅の始まりは五カ国対抗ラグビー　スペインの中の異国―バスク　ガウディとダリの地―カタルーニャ　地中海の十字路―シチリア　海を越えた「イギリス」―ブルターニュ　緑の楽園の憂鬱―アイルランド　「小国」オランダの中の「小国」―フリースランド　ヨーグルトを食べながら―ブルガリア　南蛮を追う旅―マラッカからポルトガル、スペインへ　アメリカ南部の「フランス人」―タバスコに始まる旅　悠久の食卓―エジプトでヨーロッパとアジア、中東を考えた
＊ヨーロッパの少数民族地域や辺境を訪ね、食を含めた文化融合について考えつつ、食べ歩いた。各地で出会った伝統の味、おふくろの味も紹介する。巻末にレシピ付。

◇料理人達の群像―フランス食卓史　五十嵐勇著　交通新聞社　1995.2　206p　19cm　1300円　(i)4-87513-036-8　Ⓝ383.8
（内容）ヨーロッパの古代より中世にいたる食の変遷　中世の食　十六・十七世紀、フランスの地域別・階層別の食の状況　ルネサンスと十六・十七世紀における食嗜好の変化―状況と要因　ブルジョワジーの生成と発展　十八世紀における食嗜好と料理法の進展
＊フランス料理の神髄を歴史的変遷から探る。我々は本書から実にいろいろなことを学ぶことができる。…フォークがいつから使われるようになったか、パリによくみられる高級惣菜店の出現の経過、はては残飯小売り商に至るまで、「食の雑学」のはんらんだ。…本書は恐らく日本で唯一の「フランス食卓史」で、食と歴史に関心のある方にぜひ読んでほしい本である。

文化人類学の本 全情報　289

住生活

◇あかり―国指定重要有形民俗文化財灯火具資料図録　日本のあかり博物館編　小布施町(長野県)日本のあかり博物館　1997.7　128p　30cm〈文献あり〉　Ⓝ383.95

◇あかり―祭りとくらし　吹田市立博物館編　吹田　吹田市立博物館　1997.11　26p　26cm〈平成9年度特別陳列：平成9年11月1日～30日　文献あり〉　Ⓝ383.95

◇あかりの今昔―光と人の江戸東京史　東京都江戸東京博物館編　江戸東京歴史財団　1995.7　120p　30cm〈会期：平成7年7月22日～9月3日　あかり年表：p106～109　参考文献：p120〉Ⓝ383.9

◇灯火の文化史―周口店・アルタミラから現代へ　鹿児資料館, 加古川流域史学会共編　加古川　加古川流域史学会　1993.4　144p　18cm　(研究文庫)　〈執筆：橋本俊一, 国領駿〉　1000円　Ⓝ383.9

◇アジアに見るあの坐り方と低い腰掛　井上耕一著　丸善　2000.11　240p　19cm　(丸善ブックス)　2300円　(i)4-621-06088-0　Ⓝ383.93
　〔内容〕1 あの坐り方　2 地床住居と高床住居　3 平坐の坐り方　4 使われている腰掛と椅子　5 低い腰掛　6 排泄のときの姿勢　7 日本における坐り方と座具
　＊人間にとって「坐る」とは何を意味するのか。坐るための道具はなぜ生まれたのか。アジアの各地を訪ね、また日本の古代から現代に至る歴史の中から、人々の生活・習慣の中に見られる"あの坐り方"の意味を考察し、数々の座具が語るものを読み解いて行く。

◇いさわの焚きもの　〔胆沢町(岩手県)〕　胆沢町教育委員会　〔1999〕　75p　26cm　(調査記録集 第14集)　〈平成10年度高齢者学習ボランティア事業〉　Ⓝ383

◇羽毛と寝具のはなし―その歴史と文化　羽毛文化史研究会編　日本経済評論社　1993.7　202p　22cm　3090円　(i)4-8188-0681-1　Ⓝ383.9
　〔内容〕総論 羽毛と寝具の文化史について　1 住まいと寝具(ヨーロッパの羽毛と寝具の文化史　アジアの住まいと寝具材料　寝具の特性と歴史―日本の場合　近代日本の文学と寝具)　2 羽毛と人間(羽毛と鳥の生活　羽毛の物性　海を渡った日本産羽毛　羽毛織物の発明家、大橋国富の生涯)　3 羽毛と社会・文化
　＊人はいつから鳥の羽を寝具として利用するようになったのだろうか。羽毛製品はどのように発展・普及していったのだろうか。ヨーロッパ、アジア、そして日本における鳥と寝具と人間にかかわるエピソードを交えながら綴る羽毛文化史。

◇雲南ダイ族の神々と住文化―国際シンポジウム'96文献資料集　タイ語系民族文化研究会編　大阪　タイ語系民族文化研究会　1996.11　104p　30cm　Ⓝ383.9

◇江戸の暮らし図鑑―道具で見る江戸時代　高橋幹夫著　芙蓉書房出版　1994.5　237p　27cm　5800円　(i)4-8295-0129-4　Ⓝ383
　〔内容〕第1章 住―住いと什器　第2章 食―食の器　第3章 衣―装いと小物　第4章 遊―遊びと玩具　第5章 旅―道中と関所　第6章 職―生業の道具　第7章 神―祭りと祈り

◇大江戸生活体験事情　石川英輔, 田中優子著　講談社　1999.3　284p　19cm　1700円　(i)4-06-209566-1　Ⓝ383
　〔内容〕知識はエネルギー　時刻がうみだすエネルギー　天体の動きで生きる快適さ　昔のこよみによる生活　旧暦を楽しく使う法　火打石で火をつける　火打石の体験　行灯の暮らし　行灯でものを見ると　書くこととその道具　〔ほか〕
　＊やってみました、江戸の暮らし。今の百分の一しかエネルギーを消費しない生活とは？火打ち石、暦、行灯、着物…。江戸時代の生活道具を試した2年間のレポート。図版多数を駆使して誘う「体験江戸学」。

◇家具　小泉和子著　東京堂出版　1995.9　285, 12p　20cm　(日本史小百科)　(新装版)　2500円　(i)4-490-20273-3　Ⓝ383.9
　〔内容〕1 概説　2 屏障　3 鋪設・座臥　4 収納　5 照明・暖房　6 厨房・供膳　7 容飾・沐浴　8 文房　9 雑
　＊日本の家具文化史。身近な家具の歴史の全貌を分かりやすく詳述。

◇キッチン―レストランの文化誌　ゲイリー・アラン・ファイン著, 藤原美枝子, 小池久恵, 谷林真理子訳　法政大学出版局　2000.7　445, 45p　19cm　4900円　(i)4-588-67202-9
　〔内容〕第1章 厨房の生活　第2章 コックの時間　第3章 厨房―場と空間　第4章 料理の共同体　第5章 経済とコック　第6章 美的制約　第7章 厨房におけるディスコースの美学　第8章 組織と、厨房生活の美学　補遺 厨房の民族誌学
　＊レストランの厨房をフィールドに、"客×コック×経営者のドラマ"を社会学的・民族誌学的に分析してグルメブームの舞台裏に迫る。

◇くらしの中のあかり―企画展　仙台　仙台市歴史民俗資料館　1997.6　19p　30cm　Ⓝ383.95

◇炬燵―行火とその周辺　脇坂俊夫著　西脇　脇坂俊夫　1995.5　50p　21cm　(限定版)　Ⓝ383.9

◇木霊論―家・船・橋の民俗　神野善治著　白水社　2000.10　357p　22cm　6500円　(i)4-560-04072-9　Ⓝ384.39
　〔内容〕第1編 家屋に宿る精霊―建築儀礼と人形

(屋根裏の人形と呪物 大工が人形を使って建築をする話―河童の起源と藁人形 屋根と棟の呪物(大工が人形を作る習俗) 棟上げの由来と女人犠牲譚 ほか) 第2編 船霊と木霊(船霊信仰を考える 船霊・山神・木霊 鎮め物と御船代―古代の建築儀礼と人形 枯野船と琴 ほか) 第3編 木霊の鎮魂と木遣り―傀儡・橘姫・御柱(器物に宿る木霊 木子と傀儡 橘姫再考 木遣りと御柱―樹から柱へ)
*豊かな森林資源を利用して、日本人は家屋・船・橋はもとより多くの生活器物を作り出してきた。本書は、伝説、昔話、信仰儀礼、祭礼の踊りと歌謡など民俗事象に表れた「木霊(木々の霊)」への思い入れを具体的に語るものである。

◇室内と家具の歴史 小泉和子著 中央公論社 1995.3 371p 20cm (参考文献:p362〜363) 2750円 (i)4-12-002413-X Ⓝ383.9
(内容) 第1章 原始・古代 第2章 中世 第3章 近世 第4章 近代・現代

◇実用建築儀式集成―地鎮祭から落慶法要まで 青山社編集部編 大阪 青山社 1998.7 291p 22cm 5800円 (i)4-916012-83-6 Ⓝ525.5

◇住居空間の祭祀と儀礼 森隆男著 岩田書院 1996.2 385p 22cm 8137円 (i)4-900697-47-8 Ⓝ383.9

◇昭和台所なつかし図鑑 小泉和子著 平凡社 1998.1 118p 22cm (コロナ・ブックス 37) 1524円 (i)4-582-63334-X Ⓝ383.9
(内容) まな板 七輪 お膳 冷蔵庫 手押しポンプ 板の間 前掛 経木と竹の皮 鰹節箱 荒神様 (ほか)
*サンマを七輪で焼く、包丁を研ぐ、ぬか味噌をつける、風呂敷で包む…ごく普通だった台所風景が昭和30年代を境に消えていった。今こそ覚えたい台所の知恵が満載。

◇昭和のくらし博物館 小泉和子文、田村祥男写真 河出書房新社 2000.11 159p 21cm (らんぷの本) 〈年表あり〉 1500円 (i)4-309-72704-2 Ⓝ383.9
(内容) 第1章 昭和のくらし博物館(初期の公庫住宅 茶の間の情景 なつかしの氷冷蔵庫と米櫃 パン焼き鍋は航空機用のアルミ 宴会は家で ほか) 第2章 道具とくらし(弁当箱 ちゃぶ台 フライパンと中華鍋 西洋皿 テーブルクロス ほか)
*大人も子供も必死になって働いた貧しくも、しあわせだった昭和の日々。記憶のなかの懐かしいモノ。いま、よみがえる昭和の家族の情景。

◇食と道具 三田市教育委員会編 三田 三田市教育委員会 1993.3 68p 26cm (さんだのくらし 1) (参考文献:p68) Ⓝ383.9

◇すぐに役立つ建築の儀式と祭典―起工式から落成披露まで 黒河内悠著 改訂新版 鹿島出版会 1998.9 186p 19cm 1800円 (i)4-306-01131-3 Ⓝ525.5
(内容) 第1章 建築式典のおこり 第2章 式場の設営準備 第3章 作法と所役について 第4章 建築式典の種類と特質 第5章 建築式典の儀式の内容 第6章 付録

◇住まいから見た社会史―シンガポール1819〜1939 N.エドワーズ著、泉田英雄訳 日本経済評論社 2000.10 328p 22cm 4800円 (i)4-8188-1302-8 Ⓝ383.9
(内容) 第1部 初期の発展(シンガポール建設直前の状況 建物における影響 ほか) 第2部 郊外(初期の郊外化―1880年から1900年 進歩と統合―1900年から1920年 ほか) 第3部 住居内の生活とインテリア(社会と文化の変化 プラン ほか) 第4部 様式と形態(材料と構法 専門職と古典主義 ほか)
*植民地としてイギリスの影響を受けながら、コスモポリタン的な社会を確立していく歩み。写真200点掲載。

◇世界の台所 石毛直道著、国立民族学博物館編 吹田 千里文化財団 2000.3 63p 19cm (みんぱく発見 1) 〈文献あり〉 600円 Ⓝ383.9

◇台所から戦後が見える 朝日新聞学芸部著 朝日新聞社 1995.8 166p 19cm 1200円 (i)4-02-256873-9 Ⓝ383.9
(内容) 1 かまどからの出発 2 ダイニングキッチンの登場 3 システムキッチンの開発まで 新しい台所をもとめて

◇台所から見た世界の住まい 宮崎玲子著 彰国社 1996.2 199p 22cm 2627円 (i)4-395-00454-7 Ⓝ383.91
(内容) スープの冷めない距離 美しく合理的に住む古都のミニマムホーム ファンタスティックな石積みの集落 パンク寸前の都市を救うベッドタウン 茅葺きを愛するエルベ河畔の人々 密集地のお庭は屋根の上 福祉が充実しても心は寂しい終の住処 極北の高床住まい メイポールに故郷をしのぶ酪農家の夏の住まい 昔ながらのかまどを大事に使い続ける〔ほか〕

◇台所空間学―摘録版 山口昌伴著 建築資料研究社 2000.5 237p 21cm (コンフォルト・ライブラリー 6) 2400円 (i)4-87460-564-8 Ⓝ383.9
(内容) 第1章 台所空間学、その枠組みの構想(台所空間の原型―その考古学と考現学 台所空間の条件―失われゆく台所の役割) 第2章 台所空間の秩序と体系(台所と社会の相関―拡大から拡散へ ひと+道具+空間―道具の秩序と空間の秩序のはざまに ほか) 第3章 台所の変容をうながすもの(台所を変える力―流行の力、道具の力 台所を守る力―精神風土と台所

の変容 ほか）　第4章 日本における台所空間の変遷(台所くずしの時代、西欧化の出発点―明治＋大正　家事教科書にみる台所理想像―大正＋戦前昭和 ほか）　第5章 台所の未来像(台所の現在―文明の交換機としての台所　キッチンから台所へ―台所はシステムである ほか）
＊本書は十余年前の台所論である。台所の四要素、安全・経済・能率・美味が相関しあうところに台所というシステムのありかたを見出だし、四要素のうち、安全一個のサバイバルから地球環境の安全までについて強調している。

◇台所道具いまむかし　小泉和子著　平凡社 1994.9　301p　20cm　〈参考文献：p300〉 1900円　(i)4-582-82877-9　Ⓝ383.9
〈内容〉1 台所と茶の間の風景　2 調理具の移り変わり　3 食卓の周り
＊あなたは包丁を何本お持ちですか。昭和30年代を境に一変した台所道具。道具の変化は食材や味覚の変化をもたらした。懐かしい台所や食卓のモノたちの歴史を多くの図版とともに辿りつつ、日本の食文化について考え直す。

◇台所の文化史　モリー・ハリスン著、小林祐子訳　法政大学出版局 1993.11　253,8p 図版16枚　20cm　（りぶらりあ選書）〈付：精選参考書目〉 2987円　(i)4-588-02152-4　Ⓝ383.9
〈内容〉家の中心をなす台所　陶器の登場　典型的なローマ式番屋　調理ぎらい　食事習慣　労働者所帯の家計　保存食の新製品　自給自足の暮らし　新しい料理用レンジ　正餐の準備〔ほか〕
＊人間社会の営みにはつねに台所があった。台所は家事労働の中心でもあり、影響力が大きいもっとも重要な部屋と言える。有史以前の遺跡の調理場から現代に至るまで、たんに台所の歴史的変遷をたどるのではなくむしろ、台所という生活の場に映し出された各時代の人びとの暮らしぶりに焦点を当てる。主にイギリス、アメリカを中心に、台所を舞台に奮闘する主婦・召使たちの生活の様子を、それぞれの時代の条例、財産目録、遺言書、旧家の食糧在庫帳、家計簿、請求書、日記、書簡、あるいは各家の秘伝書、料理法、作法書など史資料をふんだんに引用しエピソードを交えながら生き生きと描き出す。

◇畳　リビング・デザインセンター 1997.1　123p　23cm　（日本人とすまい 2）〈京都 光琳社出版（発売）〉 2427円　(i)4-7713-0237-5　Ⓝ383.9
〈内容〉日本の空間システムを構成した畳　畳の起源　床の間の出現と畳　茶の湯と畳　畳と宴の作法　畳＝日本伝統黒幕説　和洋折衷と畳　畳と正座　現代都市の四畳半はお茶の間か？　畳と現代住宅

＊「やっぱり、畳はいい」と多くの日本人が感じるのはなぜだろうか。青畳の美しさと香り、心地よい感触、ゴロリと横になったときのくつろぎ…。畳が登場した平安時代から現代まで、住宅や生活スタイルは大きく変化したが、畳だけは変わらずに、日本人の生活の歴史を足元から見つめてきた。不思議な存在である畳。その無言のメッセージを読み解いてみる。

◇灯火―その種類と変遷　宮本馨太郎著　朝文社 1994.11　164p　20cm　〈六人社昭和39年刊の再刊　関係主要著作目録：p89～90〉 2000円　(i)4-88695-119-8　Ⓝ383.9
〈内容〉火の歴史(囲炉裏の火　炊事の火　煖房の火　照明の火)　灯火の種類と変遷(火の利用発火法―火きりと火うち　焚火―庭燎と篝火　手火―炬火と脂燭 ほか)　明治時代の灯火(都市の灯火　地方の灯火)
＊人間の生活に灯りは欠くことができない。縄文以前から近代まで、たいまつ、行灯、ランプなど、民具研究の第一人者による本書は、灯火器の変遷の歴史であり、日本人の生活史でもある。

◇灯火の文化史考　今村智也著　札幌　今村智也 1996.3　151p　26cm　〈限定版　主な参照単行本：p150～151〉　Ⓝ383.95

◇道具で見る江戸時代―江戸の暮らし図鑑　高橋幹夫著　芙蓉書房出版 1998.8　237p　27cm　（シリーズ「江戸」博物館 1）《『江戸の暮らし図鑑』(1994年刊)の新装普及版》 3500円　(i)4-8295-0213-4　Ⓝ383
〈内容〉第1章 住―住いと什器 江戸の道具考「住」　第2章 食―食の器 江戸の道具考「食」　第3章 衣―装いと小物 江戸の道具考「衣」　第4章 遊―遊びと玩具 江戸の道具考「遊」　第5章 旅―道中と関所 江戸の道具考「旅」　第6章 職―生業の道具 江戸の道具考「職」　第7章 神―祭りと祈り 江戸の道具考「神」
＊日本各地に残っている生活用具が大集合。生活・文化・娯楽に重点を置いた写真が全編にあふれ出る圧巻の写真・図版1000点。

◇にっぽん台所文化史　小菅桂子著　増補　雄山閣出版 1998.4　256p　22cm　3000円　(i)4-639-01055-9　Ⓝ383.9
〈内容〉台所のルーツは　文明開化は台所から　明治の理想の台所　西洋化は料理から　台所にもハイカラの波　多様化するキッチン
＊カマドと水甕にはじまる台所からシステムキッチンまでの道を、台所道具、食生活の変化などとともにたどる台所変せん史。

◇火を使う人々―くらしの中の火を探る　第15回特別展　亀岡市文化資料館編　亀岡　亀岡市文化資料館 1999.10　40p　30cm　〈会期：平成11年10月2日～11月7日　文献あり〉　Ⓝ383.95

◇ふろしき―＜包む＞から＜飾る＞まで　渡辺千

寿子著　大阪　保育社　1995.4　149p　15cm
（カラーブックス 873）　700円　(i)4-586-50873-
6　Ⓝ385.9

◇ベル神父のフランス住居誌　ヨハネ・ベル著
近代文芸社　1994.12　188p　20cm　1800円
(i)4-7733-3629-3　Ⓝ383.9
（内容）緑のじゅうたん　わきの下に抱えて家を運ぶ魔法のじゅうたん　ヨコかタテか　アラジンよりも強し　暖炉　火に見とれて　大きくて真っ暗な穴〔ほか〕
＊愛溢れる楽しい知的エッセイ。畳生活を30余年味わったフランス人の著者。ときどき思い出す、懐かしい石造りの住まい。じゅうたん、窓、階段、地下室、屋根裏部屋、暖炉…、それらは、住んでいる人間そのものを語るの。

◇ポロチセの建築儀礼―伝承事業報告書　アイヌ民族博物館編　白老町（北海道）　アイヌ民族博物館　2000.3　189p　30cm　Ⓝ384.39

◇枕　矢野憲一著　法政大学出版局　1996.12
234,4p　20cm　（ものと人間の文化史 81）　2472円　(i)4-588-20811-X　Ⓝ383
（内容）第1章　春はあけぼの枕草子（枕の発生　枕の語源と字源　ほか）　第2章　夏は昼寝の陶枕（菖蒲の枕　神さまの御枕　ほか）　第3章　秋は長寿の菊枕（枕慈童と菊枕　枕の中は保管金庫　ほか）　第4章　冬は炬燵で膝枕（枕の下に宝船　西洋の枕　ほか）
＊人生の三分の一を共にする、枕の歴史と民俗、そしてエピソード！神さまの枕から枕絵の世界まで。

◇枕の博物誌　白崎繁仁著　札幌　北海道新聞社　1995.3　250p　20cm　（参考資料：p245～250）　1600円　(i)4-89363-762-2　Ⓝ383
（内容）1　枕のコレクション　2　枕のいろいろ　3　枕の移り変わり　4　日本の枕　5　枕の構造と材質　6　枕に関する資料　7　枕に関する「言葉」「ことわざ」『川柳』『物語』など　8　よい枕の選び方
＊まくらのいろいろからよい枕の選び方まで、枕のうんちく資料館。

◇丸木舟　出口晶子著　法政大学出版局　2001.2　307p　20cm　（ものと人間の文化史 98）（文献あり）　3200円　(i)4-588-20981-7　Ⓝ383
（内容）第1部　多様な丸木舟―その種類・分類・分布（丸木舟の分類と分布　丸木舟の種類と分布　丸木舟からとらえた列島の諸領域）　第2部　列島各地の丸木舟（北方の系譜―イタオマチプ・ムダマ造り　南方の系譜―サバニ・クリブネ　九州本島の前後継ぎ丸木舟　ボウチョウ型丸木舟の系譜―モロタ・マルコ・ボウチョウ・マルタ　若狭湾以東のドブネ型丸木舟―トモブト・ドブネ、そしてカタブネ　川と丸木舟　日本の丸木舟）
＊刳り舟の技術と民俗の伝承をたどりつつ山の民、川の民、海の民が暮らしの中で丸木舟をどのように利用してきたかを探り、その歴史的変遷を日本列島の文化史に位置づけるとともに、森林の生態や隣接アジアの民俗とのつながりを考察する。

◇毛利コレクション所蔵灯火具目録　石巻文化センター編　石巻　石巻文化センター　1997.3　161p　26cm　（石巻文化センター資料集 4）　Ⓝ383.95

◇やんごとなき姫君たちの寝室―西洋おもしろ風俗習慣　桐生操著　TOTO出版　1994.3　212p　19cm　（TOTO books 12）〈参考資料：p211～212〉　1000円　(i)4-88706-092-0　Ⓝ382.3
（内容）1　いつの時代も、男と女　2　美食家たちのテーブルをめぐって　3　ヨーロッパ人たちの「生活と意見」　4　人の集まるところ掟あり　5　粒よりヨーロッパこぼれ話

◇やんごとなき姫君たちの寝室　桐生操著　角川書店　1998.8　258p　15cm　（角川文庫）〈TOTO出版1994年刊の増訂〉　476円　(i)4-04-193809-0　Ⓝ382.3
（内容）1　いつの時代も、男と女（『ウエディング』の語源をたずねてみれば…　古代バビロニアでは、不倫が見つかると"溺死刑"　古代では当り前の"花嫁オークション"　ほか）　2　美食家たちのテーブルをめぐって（グラスの中で溶けたクレオパトラの真珠　ギリシア人はワインの水割りを飲んでいた!?　財産を食いつぶして自殺した美食家アピキウス　ほか）　3　ヨーロッパ人たちの「生活と意見」（騎士道に花を添えた「宮廷愛」　高貴な面々の四月バカ傑作選　西洋の騎士は日本の武士とまるで違った生活をしていた　ほか）　4　人の集まるところ掟あり（古代世界の珍法律　古代ローマでは財産と奴隷の数で長者番付がつくられた　皇帝は金持ちに罪を着せて財産を没収　ほか）　5　粒よりヨーロッパこぼれ話（100メートル以上の地上に浮かぶバビロンの空中庭園　ローマ帝国衰亡の原因はワインの飲みすぎだった　活版印刷の発明で書物がぐんと身近になった　ほか）
＊ついこの間まで、神秘のベールに包まれていたヨーロッパの身分高い姫君たちの生活。どんなベッドで寝ていたのか。はたまた、どんな風に愛を語りあったのか。興味のつきない姫君たちの恋愛、結婚、夜の生活、社交、グルメなど、秘められた私生活の数々を明かします。妻の浮気のおさめ方、殴り合いもあった中世の結婚式、貴婦人同士の決闘など知られざるエピソードが満載。中世の習俗、こぼれ話もいっぱいの大好評、姫君シリーズ第3弾

◇ユカ坐・イス坐―起居様式にみる日本住宅のインテリア史　沢田知子著　住まいの図書館出版局　1995.4　250,16p　18cm　（住まい学大系

66）〔発売：星雲社　付：参考文献〕2400円　(i)4-7952-0866-2　Ⓝ383.9

〔内容〕第1章 イス式生活を理想に掲げて―大正時代の啓蒙　第2章「ユカ坐容認」への軌跡―昭和初期の変転　第3章 再び、イス式生活の模索―戦後復興の中で　第4章 豊かさを求めて「イス坐指向」―高度成長期の足跡　第5章 くつろぎを求めて「ユカ坐」回帰―低成長期の展開　第6章 海外におけるイス式生活―住文化の相違　第7章 日本住宅のインテリア史―和洋混交の軌跡

＊本書は「坐ったり腰かけたり」という起居様式から、大正、昭和、平成へと大きく変化してきた日本人の住生活史を描いた労作である。それは単に、畳と板張り、座ぶとん・こたつと椅子・テーブルの「和洋二重生活」から「和洋混合生活」への流れをたどるだけの作業ではない。衣食住の洋風化から再びユカでくつろぐといった回帰現象のうちに、日本人が求めつづけてきた身体的精神的モメントまでを探り出すにいたる。

◇和家具　小泉和子著　小学館　1996.7　187p　31cm〈おもに図〉5800円　(i)4-09-680721-4　Ⓝ383.9

〔内容〕収納〔棚　茶箪笥　帳箪笥　衣裳箪笥　車箪笥　櫃　長持　箱階段　船箪笥　専用物入れ〕屏障〔衝立　屏風〕座臥〔椅子　脇息〕容飾〔鏡台　楊子　火鉢〕暖房〔火鉢〕文房〔机　見台　文台　書棚　小抽斗〕和家具　図版解説

＊江戸時代から明治時代にかけて作られ、奇跡的に現代に伝えられた和家具の最優品100点。家具・指物職人の魂と意気に、日本人の生き方をみる。

トイレ・便所

◇アジア厠考　大野盛雄,小島麗逸編著　勁草書房　1994.1　234p　20cm　2884円　(i)4-326-65153-9　Ⓝ383.9

〔内容〕序 厠学の問題　日本〔厠考　日本便所考ア・ラ・カルト　便所の昭和経済史〕東アジア〔韓国便所事情　中国―1980年代初頭の都市屎尿の農村還元　中国―都市部の手洗い問題〕東南アジア〔フィリピン・トイレ紀行　インドネシアのトイレ考―ジャカルタの生活から　ジョクジャカルタの川とトイレの変遷 ほか〕南アジア〔ダッカの都市化と下水処理　ボンベイの天然トイレ　西部インドの屎尿処理とバンギー〕西アジア〔水で尻を洗う―イラン・アフガニスタンでの体験から　トイレはモスクでイスラムにおける排泄の心得　どこへ捨てる？昔、金閣湾、今はマルマラ海 ほか〕

＊グルメ文化の豊富な知識に比べ、出もの文化はあまりにも乏しい。現地体験・見聞をもとに、水に流せぬちょっと身近な話を満載。

◇うんち大全　ジャン・フェクサス著、高遠弘美訳　作品社　1998.10　371p　20cm　2900円　(i)4-87893-305-4　Ⓝ382.3

〔内容〕第1部 糞尿の歴史（「頭上からの水に注意！」―窓から汚物を捨てていた時代　古代エジプトからの人類の必需品、「おまる」の歴史 ほか）　第2部 糞尿の効用（「尿器」の珍妙なる出世　この世の春を謳歌した「尿占師」たち ほか）　第3部 糞尿を愛した人々（古代における糞尿愛好家たち　糞尿の巨大なる叙事詩―ラブレー ほか）　第4部 政治を動かした糞尿（尿に税を課したローマ皇帝ヴェスパシアヌス　悲劇的運命―便所で絶命した王侯貴族たち ほか）　第5部 世にも突飛なる糞尿（「御厠屋」の奇妙な仕事　「おまる事件」―糞尿による復讐 ほか）

＊図説スカトロジー百科全書。超珍品図版コレクション。本邦初！200点公開。

◇江戸厠百姿　花咲一男著　三樹書房　2000.11　209p　22cm　2800円　(i)4-89522-263-2　Ⓝ383.9

〔内容〕地主（家主）と町屋敷内の共同便所　街中の小便所・厠（惣後架）　こえとり　街中でのこえとり　糞尿運搬船　陶器の小便器具　きんかくし・陣（城）中の糞尿　客雪隠　野雪隠　借雪隠と貸雪隠〔ほか〕

＊本書は、江戸時代の江戸地方における、便所・排泄に関わりのある言語・風俗を、通俗文芸・絵画などによって述べたものである。便所の設備とか、排泄の行為は、衣・食・住などに比べると単純であり、時代・地域による格差もすくない。しかし、多少の地域差はあるので、関西圏の言語・風俗にも触れてあるし、時代も江戸時代以前の現象もとりあげてあり、鎖国状態から一変した明治初期も一瞥してある。

◇絵解き世界のおもしろトイレ事情―さあ、あなたは何処の国のどんなトイレに遭遇するのでしょうか。　西岡秀雄著　日地出版　1998.10　199p　19cm〈海外旅行選書〉1200円　(i)4-527-00689-4　Ⓝ383.9

〔内容〕アジア篇（インド　インドネシア ほか）　中東篇（南西アジア）（イスラエル　イラン ほか）　アフリカ篇（エジプト　エチオピア ほか）　ヨーロッパ篇（アイスランド　アイルランド ほか）　南北アメリカ篇（北アメリカ　北極地域 ほか）　オセアニア篇（オーストラリア　ニュージーランド ほか）

＊世界各国の文化は、トイレをはずしては考えられない。木の葉で拭く。とうもろこしの毛で拭く。左手の指で拭く。氏は持前の好奇心を生かして文化の側面を衝く―。また、日本トイレ協会会長として、内外の公共トイレの

◇江戸の女たちのトイレ―絵図と川柳にみる排泄文化　渡辺信一郎著　TOTO出版　1993.11　208p　19cm　(TOTO books 10)〈川柳関係略年譜：p198〜203〉1000円 (i)4-88706-086-6　Ⓝ911.45

(内容) 惣後架(惣雪隠)　男女共用　咳払いの合図　紙の代用は葉　当時の消化と排泄の関係　長雪隠　きん隠し　惣後架の宣伝貼り紙　後架での出合い　内後架〔ほか〕

＊十七文字の短詩型文学である川柳は庶民の生活実態に即しながら、時代の風俗、人情をとらえ、"穴"を穿つことにより可笑しみを醸し出すことをその生命とした。この本では、川柳に表現されたトイレ事情の種々相を絵入りで紹介する。

◇沖縄トイレ世替わり―フール(豚便所)から水洗まで　平川宗隆著　那覇　ボーダーインク　2000.11　216p　19cm〈文献あり〉1600円 (i)4-89982-006-2　Ⓝ383.9

◇おなら大全　ロミ，ジャン・フェクサス著，高遠弘美訳　作品社　1997.6　455p　20cm〈索引あり〉3600円 (i)4-87893-279-1　Ⓝ382.3

(内容) 第1部　古代〜中世―神話に見る、おならの起源および淵源　第2部　十七世紀〜十八世紀―おならの黄金時代　第3部　十九世紀―おならの民衆的勝利　第4部　二十世紀―おならの新古典主義

＊古代エジプト以来、おならが人類の関心の重要な一部をなしてきたなどと、にわかに信じることができるだろうか？しかし、それを証する驚くべき文献があり、信じがたい図像がある。おならをごまかし、泣き、笑い、そして愛してきた人類の歴史が、二十世紀末の今日にいたり、初めて一大集成としてまとめられた。フランスで激賞―「ラブレー賞」受賞。付―「抱腹絶倒の放屁家」索引、「歴史に残る一発」索引、珍品図版多数収載。

◇女のトイレ事件簿―ナプキン先生性と生を語る　小野清美著　TOTO出版　1994.3　161p　19cm　(TOTO books 11)〈参考文献：p157〜161〉1000円 (i)4-88706-090-4　Ⓝ383.9

(内容) 1　古典、伝承にみるトイレと"性と生"　2　月経と妊娠の伝承からトイレを見る　3　明治から平成にかけてのトイレ考　4　トイレの掃除　5　看護および医療　6　ハンディキャップの人たち　7　トイレの安全　8　トイレ事件を見る　9　『アンネの日記』からトイレを見る

＊トイレは犯罪、性、生活様式、ハンディキャップ、学校教育、都市づくりなどいろいろなことと関連し、さまざまな問題を抱えている。「性と生」の視点から、古典から現代までの排泄に関する女の伝承と文化、トイレ事件をみ
ていく。

◇公共トイレ学宣言　木村元保編著　経済調査会　1994.6　241p　21cm〈監修：西岡秀雄〉2000円 (i)4-87437-307-0　Ⓝ383.9

(内容) 第1章　公共トイレ学序論　第2章　トイレ研究開発物語　第3章　トイレ民族学　第4章　トイレ形態学　第5章　トイレ機能学　第6章　トイレ心理学　第7章　トイレ教育学　第8章　医療活動とトイレ　鼎談　進化するトイレ　平成トイレ学のすすめ

＊クリーンな開かれた空間へ。各界の研究者・専門家がトイレをめぐって縦横に論じ尽す。

◇古代装飾トイレの謎―仏教と遺跡めぐり　蝶谷正明著　TOTO出版　1994.7　246p　19cm　(TOTO Books 013)　1000円 (i)4-88706-099-8

(内容) 第1章　スリランカへ行ってみよう　第2章　スリランカ生活事情　第3章　「豪華古代トイレ」との出会いと謎　第4章　釈尊が説いた「トイレ、性、食事、水浴」の戒律　第5章　人々の精神に宿る古代遺跡の数々

＊スリランカで古代遺跡の発掘調査に携わった著者は、遺跡に残る古代トイレの豪華さに感銘を受け、研究を始めた。四年半のスリランカでの体験を通して歴史、文化、宗教、風習など著者の人生に多大な影響を与えたスリランカを綴る。

◇図説排泄全書　マルタン・モネスティエ著，吉田春美，花輪照子訳　原書房　1999.2　460p　21cm　3200円 (i)4-562-03168-9　Ⓝ383

(内容) 第1章　危険な散策　誤った慎み深さを捨てて　第2章　排泄物とは何か　第3章　おまる、穴あき椅子、尻ふき紙の歴史　第4章　都市の糞尿処理の歴史　第5章　公衆トイレの歴史　第6章　集団排便の歴史　第7章　医学と薬学から見た排泄物の歴史　第8章　行動における排泄　第9章　信仰と迷信における排泄物　第10章　芸術と文学における排泄物

＊食糞、便秘と下痢の歴史から便器・排泄物処理の発達まで、豊富な図版とともに「排泄」という行為の偉大な神秘に深く迫る。

◇退屈知らず㊙トイレ人間学　話題の達人倶楽部編　青春出版社　1996.11　249p　15cm　(青春best文庫)　480円 (i)4-413-08312-1　Ⓝ383.9

◇トイレおもしろ百科　アダム・ハート＝デーヴィス著，藤沢邦子訳　文芸春秋　1998.3　330p　16cm　(文春文庫)〈索引あり〉514円 (i)4-16-730980-7　Ⓝ383.9

＊古今東西のトイレにまつわるあんな話こんな話を、アルファベット順に集大成した「はばかりながらトイレ考」。思わずニヤリとさせられるジョーク、エピソードを満載した雑学の宝庫。稀少写真・イラスト70点所収。

◇トイレ雑記帳　山路茂則編著　京都　啓文社　1994.9　268p　20cm　2180円 (i)4-7729-1486-2

Ⓝ383.9
(内容)第1部 トイレ雑記帳(芥川 ちゅうぎ 橘 初夢 トイレを詠む ほか) 第2部 トイレあらかると(市民生活とトイレ文化 糞尿処理考 野雪隠考 大江戸かわや文化考 上方落語にみるトイレ学 ほか) 第3部 名作トイレ夜話(想いも遠く幼い日のあの時 遙かなる青春にかの憧れは 放浪の天地にこの有情 色即是空空想即是思考 生きとし生きる女と男 ほか)
＊長年にわたるトイレ研究の成果を惜しみなく披露した本書は、読物としてだけではなく、論文を書こうとする学生にも最適。学術図書出版の啓文社が自信をもって贈るトイレ研究書。

◇トイレット戦争 関谷幹子著 文芸社 1999.11 112p 19cm 1000円 (i)4-88737-764-9 Ⓝ383.9
(内容)父からの教え おまる おねしょ 野糞 ボットントイレ 父の癖 おしっこたれ！ センナ茶 女性の好きな所 ウォッシュレット〔ほか〕
＊うんちは偉い！快食・快便こそ健康の源。モリモリ食べて、モリモリ出す！著者独特のユニークな視点から捉えた「面白トイレエッセイ」

◇トイレットのなぜ？—日本の常識は世界の非常識 平田純一著 講談社 1996.3 219p 18cm (ブルーバックス) 740円 (i)4-06-257114-5 Ⓝ383.9
(内容)第1章 きれいなお尻 第2章 男の悩み・女の夢 第3章 良いウンコ・悪いウンコ 第4章 便器についてベンキョウしよう 第5章 日本のトイレは発展途上？ 第6章 トイレは世につれ国につれ 第7章 トイレの馥郁たる未来
＊究極のリラックス空間に関するウンチク話。座る、出す、ふく、洗う、流すメカニズム。そしてどう節水するのか、なぜ動物は事後にふかなくてもきれいなのか、跳ね返り少ない小便作法とはなど、便器の材料工学、流体力学からトイレの人間工学、排泄の生理学、さらにトイレの文化人類学まで。また、きんかくし付きのしゃがみ便器は世界のごく限られた所にしかない、アメリカにはウォシュレットがない、紙でふくのはずいたく、日本の公共トイレは外国人には信じがたいことなど、世界中のトイレを見て初めて知った日本の非常識を、この道一筋のトイレ屋さんが語り尽くす。

◇トイレットペーパー考—尻始(紙)末記 豆本 関野勉著 〔川口〕〔関野勉〕1998.1 62p 11cm (紙見本5枚貼付) Ⓝ383.9

◇トイレと環境—トイレの歴史から古代の生活を探る 第5回企画展 長井 山形県長井市教育委員会 1999.8 33p 30cm (共同刊行：山形県長井市古代の丘資料館 会期・会場：平成11年8月13日—10月17日 山形県長井市古代の丘資料館 文献あり) Ⓝ383.9

◇トイレと付き合う方法学入門 鈴木了司著 朝日新聞社 1995.3 318p 15cm (朝日文庫) 620円 (i)4-02-261073-5 Ⓝ383.9
(内容)1 用をたしたくなったらどこに行けばよいか 2 トイレに入るときにはどうすればよいか 3 トイレの中ではなにをするか 4 糞便と尿はどうしてできるのか 5 糞尿からどんなことが分かるか 6 日本のトイレの歴史はどうだったか 7 外国のトイレはどうだろうか 8 糞尿の処理をどう考えるか 9 これからのトイレはどうしたらよいか
＊「オレはのぞきではないぞ。トイレを調べているんだぞ。これは、まじめな仕事なんだぞ」—おっかなびっくり、世界各地のトイレをのぞいてまわるトイレット博士こと寄生虫学者が、「きたない、くさい、くらい、こわい」トイレを愛用しているあなたにおくる、4Kトイレよさらばのすすめ。

◇トイレの歩き方—びっくり世界紀行 密室でくりひろげられる、人にはいえないエピソード トラベル情報研究会編 青春出版社 2000.11 232p 15cm (青春文庫) 514円 (i)4-413-09169-8 Ⓝ383.9
(内容)第1章 ドアなし丸見え、水中トイレ…—怒濤の体験がめじろ押し アジアの巻 第2章 当然チップ、ゴージャスイレ…—歴史もずっしり ヨーロッパの巻 第3章 砂漠の危険、呪いのトイレ…—衝撃のカタチ続出 地球まるごとの巻 第4章 小粋な落書き、すっきり青空トイレ…—意外なバラエティにびっくり 日本の巻 第5章 宇宙、戦争、命がけトイレ…—もう恐いものはない トンデモ世界の巻 第6章 毎日の量は？男女に差は？—みんなはどうしてる 数字と雑学の巻
＊同じことをするのに、古今東西こうも違うものか！毎年死人も出る豚トイレの恐怖、宇宙飛行士はおむつが欠かせない、ヨーロッパによくあるビデってどうやって使うの。

◇トイレの文化史 ロジェ＝アンリ・ゲラン著、大矢タカヤス訳 筑摩書房 1995.12 278,15p 20cm (ちくま学芸文庫) 980円 (i)4-480-08239-5 Ⓝ383.9
(内容)1 「水に御用心！」 2 穴あき椅子、溲瓶、おまる 3 最後の「微風(そよかぜ)」が吹く頃に 4 公衆衛生監督局の起源 5 下水道なしに街路なし 6 便座上の規律 7 自由を抹殺する法 8 パリの公衆便所 9 ゆっくりと、人目につかぬよう
＊人間の排泄作用とその排泄物処理の仕組み全般について、歴史的・全体的にはじめて探索の手をのばした異色の文化史。古くは文学作品などにあらわれたこの「下等機能」の種々相

から、新しくは最近のパリの公衆トイレにいたるまで、オシッコのやり方、ウンコの捨て方といったきわめて卑近な動作の記述にまでふみこみながら、そこにあらわれた社会の心的傾向、思想を描き出す、興味津々の書物。

◇トイレマーク見てある記 大熊昭三著 文芸社 2000.2 180p 19cm 1200円 (i)4-88737-868-8
（内容）1 いなかの殿様―伊豆韮山 2 岩原の小便小僧―越後湯沢 3 プラハのおじさん―チェコ 4 丹沢山麓の山の神―丹沢 5 ハイカー坊や―七沢 6 ブダペシュトの博物館と温泉天国―ハンガリー 7 ピオニール鉄道の少年少女―ハンガリー 8 貧弱なカイゼルひげ―会津若松 9 レーワルデンの民族衣裳―アムステルダム 10 簡素・明快な禅寺はへつらうことなし―大雄山 11 公衆トイレは有料がいい 12 寄り道、トイレ考 13 マークこぼれ話
＊バスでめぐるツアーはまっぴらだ。買物に夢中の旅はつまらない。殿様がいた。カイゼルひげの紳士がいた。小便小僧もいた。そんなトイレマークに惹かれる気ままなひとり旅。たかがマーク、されどマーク。誰でも世話になるトイレが、あなたの好奇心をくすぐる。

◇糞尿の民俗学 礫川全次編著 批評社 1996.10 287p 22cm （歴史民俗学資料叢書 1） 5150円 (i)4-8265-0216-8 Ⓝ383.9
＊糞尿の呪力とは?排泄の民俗学とは?厠神とは何か?糞尿処理の変遷は?糞尿に関する民俗事象・民俗心意を通して人間存在の実相・本質に迫る資料集。

◇やんごとなき姫君たちのトイレ―西洋かわや物語 桐生操著 TOTO出版 1993.4 210p 19cm （TOTO books 1） （参考資料：p209～210） 1000円 (i)4-88706-060-2 Ⓝ382

◇やんごとなき姫君たちのトイレ 桐生操著 角川書店 1995.11 249p 15cm （角川文庫） （参考資料：p248～249） 500円 (i)4-04-193803-1 Ⓝ382
（内容）1 華麗なる方々のトイレ事情 2 国王もウサをはらした浮世風呂 3 歴史は夜つくられる 4 下着に隠された世界史 5 あくことなき美の探究
＊どんなに気高く、美しいお姫さまにも、なくてはならないもの―その名は"トイレ"。ふだんは薄絹のベールに包まれていた、やんごとなき姫君たちの秘められた私生活。貴婦人たちが使ったトイレからお風呂、化粧法やランジェリー、夜の過ごし方など、華麗なるひとびとの私生活にまつわる奇想天外なエピソードを軽やかに綴った、西洋かわや物語。

民 具

◇馬の目皿考―人と古玩のうた 室井正彰著 近代文芸社 1994.5 217p 19cm 2000円 (i)4-7733-2738-3
（内容）1 馬の目皿考 2 出山釈迦像 3 人形徳利の唄 4 故郷古玩賛賞 5 人と民具の夢がたり
＊「むら雲であるという知識よりも、馬の目を感じ、創り、そう名づけた民の心の方が生き生きとした生活的真実ではなかったか」竜神が馬を好むという降雨祈願伝承から馬の目皿に込められた民の心を探る…民具夢語り。

◇描かれた農事風景の世界―丑年に寄せて 往生院民具供養館図録 平成九年度特別企画展 往生院民具供養館企画・編集 東大阪 往生院六万寺 1997.5 119p 26cm 非売品 Ⓝ702.1

◇桶・樽 1 石村真一著 法政大学出版局 1997.6 367p 20cm （ものと人間の文化史 82-1) 2800円 (i)4-588-20821-7 Ⓝ383.93
（内容）第1章 桶・樽の定義 第2章 ヨーロッパ、中国、朝鮮半島の桶・樽 第3章 日本の桶・樽
＊日常生活に不可欠の木製容器として親しまれてきた桶・樽をめぐって、日本、中国、朝鮮、ヨーロッパにわたる厖大な資料を集成してその豊かな文化の系譜を探る。東西木工技術史の視点から世界史的視野でまとめられた初の桶・樽文化集成。

◇桶・樽 2 石村真一著 法政大学出版局 1997.6 366p 20cm （ものと人間の文化史 82-2) 2800円 (i)4-588-20822-5 Ⓝ383.93
（内容）第1章 ヨーロッパの生産技術 第2章 中国・朝鮮半島の生産技術 第3章 日本の生産技術
＊桶・樽はどのようにして製作されてきたか―日本、中国、朝鮮、ヨーロッパにおける多数の調査資料と絵画・民俗資料をもとにその製作技術を復元し、東西の木工技術を比較実証しつつ桶・樽製作の実態と変遷を技術文化史の視点から辿る。

◇桶・樽 3 石村真一著 法政大学出版局 1997.6 258,83p 20cm （ものと人間の文化史 82-3) （索引あり） 2800円 (i)4-588-20823-3 Ⓝ383.93
（内容）第1章 ヨーロッパの桶・樽材 第2章 中国の桶・樽材 第3章 日本の桶材 第4章 日本の樽材 第5章 日本の箍材 第6章 桶・樽と生活 第7章 桶・樽師と生活 第8章 桶・樽文化の未来
＊樹木と人間とのかかわり、製作者と消費者とのかかわりを通じて桶・樽と生活文化の変遷を考察し、木材資源の有効利用という視点から桶・樽の果たしてきた文化史的役割と未来

の展望を探る。詳細な「桶・樽調査資料一覧」と総索引を付す。

◇桶と樽―脇役の日本史 小泉和子編 法政大学出版局 2000.3 459p 22cm〈折り込1枚 文献あり〉7800円 (i)4-588-32121-8 Ⓝ383.93

◇神がみのパフォーマンス 近藤雅樹編著 京都淡交社 1999.10 63p 21cm (Hart collecton v.1) 952円 (i)4-473-01691-9 Ⓝ383.93
　内容 1 飾る理由 2 仮面の表情 3 音と身ぶり 通底する民族文化
　＊本書は世界各地の諸民族集団の生活文化を正しく理解していただくために、国立民族学博物館(みんぱく)の協力を得て楽しく紹介する「Hart Collection」シリーズの第1集である。本書は同館が1999年度に実施した「みんぱく移動博物館」のテーマ展示「世界の民族・みんぱく百選」をもとに構成した。同展の出品資料は『月刊みんぱく』(編集：国立民族学博物館、製作・発行：千里文化財団)の表紙に紹介された標本資料から選出された。本書の構成は概ねその展示構成を踏襲している。

◇鑑定の鉄人 part 5「古民具」発掘の極意 安岡路洋著 二見書房 1996.11 212p 17cm (サラ・ブックス) 890円 (i)4-576-96152-7 Ⓝ707.9
　内容 第1章 人の心を癒す古民具の魅力 第2章 心さわぐ逸品との出会い 第3章 掘り出し物の見つけ方 第4章 本物の古民具を探し求めて 第5章 木の古民具の魅力 第6章 素晴らしき古民具の世界
　＊「開運！なんでも鑑定団」の名鑑定士が静かに語る人の心を癒す「お宝」の謎。

◇季節のモノ語り 小西一三,小西由紀子著 読売新聞社 1997.12 165p 14×20cm 1600円 (i)4-643-97139-8 Ⓝ383.93
　内容 村のデザイナーたち 雪が好き 飲むかつ食う 捕る採る取る 田んぼにて

◇暮らしの中の道具たち 板橋春夫編著 伊勢原書肆いいだや 1995.3 47p 19cm 480円 Ⓝ383.9

◇粉と臼 三輪茂雄著 大巧社 1999.9 183p 18cm (日本を知る) 1200円 (i)4-924899-37-2 Ⓝ383.9
　内容 序章 粉づくりと人類文化 第1章 臼の発明は一万年前 第2章 日本の石臼の歴史 第3章 寺院に普及した石臼 第4章 石臼の徴発 第5章 江戸時代を支えた石臼 第6章 食文化の伝統と石臼 第7章 西洋の石臼 終章 石臼の最新情報
　＊人類の叡知・石臼文化を見直し、"食"の未来を考える。

◇古民具の世界 安岡路洋編著 学習研究社 2001.1 111p 24cm (Gakken graphic books deluxe 14) 1700円 (i)4-05-401312-0 Ⓝ756.8
　内容 食の道具(勝手場 食卓 ほか) 住いの道具(収納 暖房 ほか) 生業の道具(商い 農漁業、山仕事 ほか) 装いと小物(衣装 嗜好 ほか) 祈り、神仏像など(恵比寿大黒 仏教の仏たちと天神 ほか) 古民具を生かすインテリア 古民具の選び方、買い方 行ってみたい骨董店と骨董市 古民具・工法、素材別アイテム一覧 骨董・古民具用語辞典
　＊安岡路洋の55年にわたる古民具コレクションを特撮。写真で迫る古民具の精華。400点余掲載。

◇樹皮の文化史 名久井文明著 吉川弘文館 1999.6 250,12p 22cm〈文献あり〉7300円 (i)4-642-07542-9 Ⓝ383.93
　内容 第1編 暮らしの中の樹皮利用(江戸時代以前の樹皮利用 近現代の樹皮利用) 第2編 日本樹皮加工技術の体系(伝統的樹皮採取法 伝統的樹皮利用法) 第3編 縄紋時代の樹皮加工(遺物から観察される樹皮加工技術 縄紋時代から継承された植物性素材の組織方法)
　＊東北アジアの落葉広葉樹林帯(ナラ林帯)には樹皮文化が広く分布している。日常の容器類から船までシラカバなどの樹皮で作っている。同じナラ林帯に属する東日本にも樹皮文化が広く分布していたはずだ。今迄論じられてこなかったこの点をはじめて体系的に明らかにしたのが本書である。

◇図説大正昭和くらしの博物誌―民族学の父・渋沢敬三とアチック・ミューゼアム 近藤雅樹編 河出書房新社 2001.3 167p 22cm (ふくろうの本)〈肖像あり 年表あり 年譜あり 文献あり〉1800円 (i)4-309-72656-9 Ⓝ383.93
　内容 「博物館ごっこ」の時代 アチック・ミューゼアムの誕生 民俗探訪調査団 日本の民具 民族学へ 敬三の夢
　＊ガレージの屋根裏から生まれた大コレクション。日銀総裁・蔵相を歴任した渋沢敬三が青年時代につくった小さな博物館は、民俗学・民族学資料の収集へと発展した。大正昭和の生活をうかがう貴重なコレクション。

◇図説・薬の文化 宮崎清著 法政大学出版局 1995.3 543,7p 27cm (参考文献：p537～541) 14420円 (i)4-588-32117-X Ⓝ383.9

◇背負梯子の研究 織野英史著 慶友社 1999.2 335p 27cm 14286円 (i)4-87449-228-2 Ⓝ383.93
　内容 序章 広域調査論 第1章 背負梯子の形態と分布 第2章 韓国西南部のチゲ 第3章 トージンを冠する豊後型有爪型 第4章 背負梯子の用途と形態 第5章 背負梯子の素材と形態 第6章 縄文化の系譜 第7章 辺塚の背縄と背負梯子 第8章 上瀧台遺跡出土背負梯子形木製品 第9章 雲貴高原の背架 第10章 描かれた

背架　第11章　秦嶺の背架と托架　第12章　名付けの責任—標準名選択の恣意性
＊額に汗して重い荷を背負った先人たち。その荷を支えた「背負梯子」。ひとつの民具から日本文化のあり方を探る著者の旅は、西日本から韓半島へ、そして中国大陸へと展開し、膨大な採集資料の集大成をなしとげた。物質文化に関する比較研究の新たな領域を開拓した注目すべき力作である。

◇世界一周道具パズル—これ、なんに使うのかな？　小林繁樹著　光文社　1997.3　232p　16cm　(光文社文庫)　〈参考文献：p229〜232〉　480円　(i)4-334-72380-2　Ⓝ383.93
内容　プロローグ　道具の世界はワンダーランド　1　アジアの道具ツアー　2　アフリカの道具ツアー　3　オセアニアの道具ツアー　4　北アメリカの道具ツアー　5　南アメリカの道具ツアー　6　ヨーロッパの道具ツアー　7　日本の道具ツアー
＊世界には、私たちが想像できないような道具がある—中国の地震計、アフリカの親指ピアノ、ポリネシアのタコ釣り具、アラスカのケン玉、ヨーロッパの砂糖カッター、日本の蠅とり器…etc.。著者が世界じゅうを歩き回って集めてきた珍品、奇品100点をパズルで紹介。

◇台所用具の移り変わり—特別展　高岡市立博物館編　〔高岡〕　高岡市立博物館　1998.10　32p　30cm　Ⓝ383.93

◇台所用具の近代史—生産から消費生活をみる　生活と技術の日本近代史　古島敏雄著　有斐閣　1996.8　290p　22cm　2575円　(i)4-641-07586-7　Ⓝ383.93
内容　序章　台所用具の思い出（台所用具を変える諸条件　大正期のわが家の台所）　第1章　明治初期の台所用具（明治初年の生活環境　各種台所用具の生産状況）　第2章　明治・大正期の新しい台所用具（新生活用具の輸入、その国内生産　ガス・電灯・上水道の設置と普及）　第3章　大正・昭和初期の台所用具（住宅の条件としての竈・流し元　大正・昭和初期の都市の台所用具　農山村の台所用具　台所用具生産形態の変化）　終章　現代の台所用具への変化（台所用具変化の方向　燃料事情、電気利用、用水の変化　今に残る伝統的な台所用具—その残り方と使われ方）
＊歴史家自身の体験、聞き取り、生産統計表、文献資料など、あらゆる資料を駆使して歴史の具体的な姿を明るみに出す。日本経済史の大家が遺した歴史分析の見本。

◇竹貸子張り—旧北村家　伝承技術の記録　民具製作技術保存会編集研究グループ編　川崎　民具製作技術保存会　1995.8　9p　26cm　Ⓝ383.9

◇ちょっと昔の道具たち　中林啓治イラスト，岩井宏実文　河出書房新社　2001.1　111p　21cm
（らんぷの本）〈折り込1枚　文献あり〉　1200円　(i)4-309-72705-0　Ⓝ383.93
内容　食卓の道具（ちゃぶ台　わん　皿・鉢　箸　膳　面桶・行李・重箱　ほか）　台所の道具（竈　囲炉裏　流し　櫃　笊　甕・壺　桶　水屋・茶簞笥　蠅紙・氷冷蔵庫　包丁・俎板　鰹節削り　擂鉢・擂子木　片口・鉢　ほか）　住まいと家具（家の構造　井戸　風呂　便所　ほか）
＊ちゃぶ台、鰹節削り、蒸籠、囲炉裏、炬燵、ランプ、蚊帳…。これは何に使ったの？道具にこめられた知恵と工夫。

◇杖　矢野憲一著　法政大学出版局　1998.10　296,3p　20cm　（ものと人間の文化史　88）　2800円　(i)4-588-20881-0　Ⓝ384.37
内容　第1章　杖の謎（杖のはじまり　杖とは何ぞや　ほか）　第2章　神の杖・仏の杖（杖のいろいろ—古代〜中世　神は杖つき伊勢に来たまう　ほか）　第3章　杖の民俗学（杖立伝説　卯杖の行事　ほか）　第4章　すてきなステッキ（杖のいろいろ—近世　西洋の杖の象徴するもの　ほか）　第5章　とことん杖を（杖のことわざ　杖の迷信　ほか）
＊「杖をつき」、「杖を頼り」に歩んだ人類の歴史を辿り、杖と民俗・信仰のかかわりに「杖の探り」を入れる。

◇道具と暮らしの江戸時代　小泉和子著　吉川弘文館　1999.4　211p　19cm　（歴史文化ライブラリー　64）　1700円　(i)4-642-05464-2　Ⓝ383.93
内容　簞笥の誕生—江戸時代に生まれた道具　生産と生活を支えた桶と樽—中世末から近世にかけて普及した道具　懸硯とまな箸—変身した道具と消えた道具　家財道具からみた暮らしと社会　道具が語る暮らしの形
＊江戸時代は、一般庶民まで生活が向上し、様々な日常生活の道具が生れ発達した。簞笥・樽・厨房具などの家財道具を通して、暮らしや社会を再現。道具の徹底した利用の方法は、現代の物質万能主義の社会に警鐘を鳴らす。

◇道具の謎とき　住友和子編集室,村松寿満子編　INAX出版　1997.9　83p　21×21cm　（INAX booklet）〈他言語標題：What is this?〉　1800円　(i)4-87275-801-3　Ⓝ383.93
内容　明治末から大正期、特許制度が　粋筋の女性の小道具　船形の上部は開閉式。開けると商品名は「ほたる」　座る生活から椅子式の生活へ　骨董の風格をもつ陶製の壺　箱の上に一本足で立つ　急須を逆さまにしたような　枕のかたちをした陶製のボトル　たった一つの小さな穴〔ほか〕
＊世界各国の暮らしのなかで今も使われている不思議な道具、姿を消してしまったが心惹かれる道具、思いがけない用途をもつ道具…。さまざまな文化や暮らしのなかから生まれてきた道具には、どんな知恵や工夫が凝らされ

民具　　　　　　　　　　　　　　　　　　　　　　　　　　　　　　衣食住の習俗

　　ているのだろうか？不思議な道具の魅力を謎と
　　きする。
◇なかはどうなってるの？―民族資料をX線でみた
　ら　森田恒之著，千里文化財団編　吹田　千里
　文化財団　1998.3　34p　30cm　〈企画展：1998
　年3月12日―5月26日　国立民族学博物館〉Ⓝ383.
　93
◇日本および諸外国における桶・樽の歴史的総合
　研究　桶樽研究会編　生活史研究所　1994.10
　302p　30cm　Ⓝ383.9
◇日本各地で探し出した野遊び道具　田淵義雄著
　小学館　1993.8　190p　21cm　(Be-pal books)
　1300円　(i)4-09-366071-9　Ⓝ383.9
　　内容　亀井菊治郎の鉈　梶栄太郎の背負子　土
　　川昇一のメンパ　今井宏実の天水鉢　村田孝二
　　郎のバンブー・フライロッド　フォンテーヌの
　　錫のオイルランプ　アーガイルクラブのコーデ
　　ュロイ・パンツ　パリスの雪橇〔ほか〕
　　＊秋山郷の栃のこね鉢、岩手沢内村のカンジキ、
　　種子島の本種子鋏、弘前のぶどう皮工芸など、
　　日本各地から集めた野遊び道具29品を紹介。
◇日本農耕具史の基礎的研究　河野通明著　大阪
　和泉書院　1994.2　613,15p　22cm　(日本史研
　究叢刊 4)　12360円　(i)4-87088-649-9　Ⓝ384.
　3
　　内容　序章　日本農耕具史の課題と方法　第1部
　　馬鍬の伝来と展開(馬鍬の導入―古墳時代の日
　　本と江南　近世における馬鍬の展開)　第2部
　　牽引具を通して見た犂耕の伝来と展開(オナグ
　　ラ・ウナグラ考―首かせ付き首木のたどった道
　　周防のウナグラ　小鞍の開発―日本の牽引法の
　　形成過程)　第3部　犂耕史資料の基礎的検討(「
　　絵因果経」牛耕図の再検討　正倉院子日手宇鋤
　　の農具史上の位置)　第4部　長床犂についての
　　基礎的考察(鎌倉絵画に見る犂　御田植神事の
　　模型犂　長床犂の形と性能についての基礎的考
　　察)　第5部　鍬・鋤についての基礎的考察
　　(角先鍬の成立―織豊期技術革新の一事例　和
　　気遺跡出土「犂」と民具の「灰やり」)
◇日本の生活道具百科―イラストで見るモノのう
　つりかわり　岩井宏実監修，中林啓治イラスト
　レーション　河出書房新社　1998.4　5冊セット
　30cm　15000円　(i)4-309-61010-2
　　内容　食べる道具　住まう道具　装う道具　働
　　く道具　祈る道具・遊ぶ道具・索引
◇日本の知恵　遠藤ケイ著　小学館　1996.4
　267p　16cm　(小学館ライブラリー)　840円
　(i)4-09-460082-5　Ⓝ383.9
　　内容　四身笊　和傘　鰹節削り　マタギ山刀
　　風呂敷　イカヅノ　カンジキ　メンパ　炭　樽
　　〔ほか〕
　　＊海で、山で、川で、そして里で、鍛えあげら
　　れた日本の道具には、美しい形の中に封じ込
　　められた、日本の心がある。「ビッグコミッ

　　ク」誌上で大好評連載。美しい日本の道具を
　　絵と文で紹介する力作。
◇日本の年中行事百科―民具で見る日本人の暮ら
　しQ&A　5(民具小事典・索引)　河出書房新社
　1997.4　55p　29cm　〈監修：岩井宏実〉(i)4-
　309-60985-6,4-309-60980-5　Ⓝ383.9
◇日本の雪国、先住民族の道具　宝塚美人著　長
　野　三次元出版　1993.12　215p　26cm　(二次
　元の博物館 1)　2800円　Ⓝ383.9
◇日本民具学会会員名簿　平成11年3月31日現在
　日本民具学会編　小平　日本民具学会　1999.5
　31p　26cm　Ⓝ383.93
◇日本民具辞典　日本民具学会編　ぎょうせい
　1997.5　739p　27cm　〈索引あり〉24000円
　(i)4-324-03912-7　Ⓝ383.93
◇日本列島の比較民俗学　下野敏見著　吉川弘文
　館　1994.5　340,10p　22cm　8961円　(i)4-642-
　07347-7　Ⓝ383.9
　　内容　民具の比較研究(日本の背負い運搬具と
　　その研究法　日本各地の物質文化とその研究法)
　　民俗の比較研究―日本の民俗研究とその発展へ
　　の道(日本潜水漁考　土偶とワラ人形と大王ど
　　ん　ヤマト・琉球比較小論　田芋とサツマイモ
　　と笈　沖縄における「霊」をめぐる問題　大岩と
　　石積みと森　東シナ海域の比較民俗学への道)
◇農を支えて―農具の変遷　渡部景俊著　秋田
　秋田文化出版　1999.11　181p　27cm　〈年表あ
　り〉2800円　(i)4-87022-403-8　Ⓝ384.3
◇農具が語る稲とくらし―「会津農書」による農
　具の歴史　佐々木長生著　会津若松　歴史春秋
　出版　2001.2　174p　19cm　(歴春ふくしま文庫
　30)　1200円　(i)4-89757-616-4　Ⓝ384.3
　　内容　第1部　「会津農書」と近世の農業(
　　「会津農書」の出現　「会津農書」の構成と内
　　容　会津藩政と「会津農書」)　第2部　近世の
　　稲作と暮らし(会津における近世の稲作　農業
　　日記に記された稲作)　第3部　「会津農書」の
　　農具(「会津農書」と農具研究　「会津農書」
　　(寛延元年写し)の農具　「会津農書」の農具を
　　めぐって　絵画史料にみる近世の農具)　第4部
　　会津の農具覚書
　　＊農業技術が著しく発達した江戸時代。当時の
　　農業マニュアル「会津農書」から福島の農業
　　を見直す。
◇農具たちの同窓会―第30回企画展　亀岡市文化
　資料館編　亀岡　亀岡市文化資料館　2000.7
　44p　22cm　〈会期：平成12年7月29日―10月1日
　市制45周年・開館15周年記念〉Ⓝ384.3
◇農耕図と農耕具展　町田市立博物館編　町田
　町田市立博物館　1993　107p　21×30cm
　(町田市立博物館図録　第85集)　〈会期：1993年
　10月10日～11月14日〉Ⓝ384.3
◇曲物　岩井宏実著　法政大学出版局　1994.4
　310p　20cm　(ものと人間の文化史 75)　2884円

(i)4-588-20751-2 Ⓝ583.5

(内容)第1章 水をめぐる生活と曲物 第2章 飲食用具としての曲物 第3章 衣と住と曲物 第4章 生業と曲物 第5章 諸職と曲物 第6章 運搬具としての曲物 第7章 霊の器としての曲物 第8章 正月・盆の曲物 第9章 民俗芸能と曲物 第10章 神事・仏事と曲物 第11章 曲物の技術 第12章 曲物の変遷 第13章 曲物風土記

＊日本の風土の中で生まれ、日常生活から神事、祭事にいたるさまざまな分野で、古来もっとも簡便・重宝な木製容器として愛用された曲物をめぐる知られざる文化を探る。桶・樽出現以前から連綿として伝承されるその高度な加工技術と多彩な機能・利用形態を考察する。

◇民具あれこれ 仙賀松雄著 神戸 豆本"灯"の会 1999.10 137p 11㎝ (灯叢書 第38編) 〈肖像あり〉 Ⓝ383.93

◇民具が語る日本文化 岩井宏実ほか著 河出書房新社 1993.4 254p 20㎝ 2000円 (i)4-309-24110-7 Ⓝ383.9

◇民具学の提唱 宮本常一著 復刊 未来社 1999.6 255p 19㎝ (折り込4枚) 2800円 (i)4-624-20024-1 Ⓝ383.93

(内容)1 民具学の提唱 2 民具の定義と研究領域 3 民具の調査蒐集 4 民具の分類 5 民具と技術の記録

＊著者自身の体験を中心に、民具についての試論をまとめたもの。

◇民具の歳時記 岩井宏実著 河出書房新社 1994.12 161p 22㎝ 2200円 (i)4-309-24153-0 Ⓝ386.1

(内容)春(正月の準備 正月 松の内 小正月 ほか) 夏(卯月八日 端午の節供 虎が雨 氷の朔日・川祭・夏越祓い) 秋(七夕 お盆 八朔 名月 地蔵盆) 冬(亥子祭・十日夜 鞴祭 霜月祭 七五三 二十三夜 事納め)

＊四季の生活を彩った行事と道具。

◇民具の歳時記 岩井宏実著 増補版 河出書房新社 2000.6 173p 22㎝ 2400円 (i)4-309-24227-8 Ⓝ386.1

(内容)春(正月の準備 正月 松の内 ほか) 夏(卯月八日 端午の節供 虎が雨 ほか) 秋(七夕 お盆 八朔 ほか) 冬(亥子祭・十日夜 鞴祭 霜月祭 ほか) 年中行事と民具

＊民具を通して見る四季の行事。年中行事一覧を増補。

◇民具の世相史 岩井宏実編 河出書房新社 1994.2 217p 22㎝ (参考文献:p198～201) 2600円 (i)4-309-24147-6 Ⓝ383.9

(内容)世相史から見た台所(世相史と民具 台所形式の定着まで 描かれた民具 近代の台所 食事様式と民具の変遷 ドメスティック・ジャパン(「ドメスティック・ジャパン」と成毛金次郎 流し場の道具 竈まわりの道具 ご飯の道具 おかずの道具 配膳の道具 嗜好品の道具 部屋まわりの道具) 台所民具と世相(台所、この煮え切らない空間—都市住民の台所事情 食糧保存—貯蔵方法の変化と管理 エネルギー革命と食生活 米、その道具と調理技術の変遷 外食という名の日常食)

◇民具の世相史 岩井宏実編 増補版 河出書房新社 1998.3 225p 22㎝ 2600円 (i)4-309-24204-9 Ⓝ383.91

(内容)世相史から見た台所(世相史と民具 台所形式の定着まで 描かれた民具 ほか) ドメスティック・ジャパン(「ドメスティック・ジャパン」と成毛金次郎 流し場の道具 竈まわりの道具 ほか) 台所民具と世相(台所、この煮え切らない空間—都市住民の台所事情 食糧保存—貯蔵方法の変化と管理 エネルギー革命と食生活 ほか)

＊台所の変遷から見た世相史。暮らしの世相史年表を増補。

◇民具の博物誌 岩井宏実著 増補版 河出書房新社 1994.2 198p 22㎝ 2400円 (i)4-309-24148-4 Ⓝ383.9

(内容)食べる—台所用具の民俗 飲む—酒器の生活史 装う—ファッションの源流 住まう—家屋の構成 点す—灯火の歴史 遊ぶ—四季の玩具 祈る—吉兆招来 民具の過去・現在・未来

＊なつかしい「もの」に囲まれた暮らし。道具と日本文化。

◇民具の文化史 諸岡青人,里深文彦共著 アグネ承風社 1996.6 175p 21㎝ 〈参考文献:p175〉 3090円 (i)4-900508-50-0 Ⓝ383.9

◇むかし道具の考現学 小林泰彦著 名古屋 風媒社 1996.10 251p 21㎝ 1957円 (i)4-8331-3091-2 Ⓝ383.93

(内容)身につけるもの 運ぶ道具 狩猟の道具 旅の道具 家など

＊クマ撃ちの装備から、雲水の旅じたくまで—中世の笠杖から、現代の山ナタまで—海を越え、時代を越えてたずね求めた"逸品"の数々を、惜しげもなく披露する「ヤスヒコ・コレクション(むかし道具)編」。

◇明治がらくた博覧会 林丈二著 晶文社 2000.9 181p 21㎝ 2000円 (i)4-7949-6455-2 Ⓝ383.93

(内容)第1章 小道具部 第2章 飲食部 第3章 衛生部 第4章 健康部 第5章 図像部 第6章 備品部 第7章 遊戯部

＊百年前にタイムトリップしてみれば、思いがけない「日本の姿」に出会うことができる。当時はまだめずらしかった腕時計や手帳、万年筆から、今ではもう使われなくなった釜や洗濯板、地口行灯。その他、遊戯盤、水呑、錠前、病用具、亜鈴、ブランコ、はたまたビリ

◇ケンやキューピー、達磨まで…。一見何のへんてつもない「がらくたの集まり」も、路上観察家の眼をとおして見れば、たちまち「宝の山」に早がわり。多数の貴重な図版とユニークなエッセイで、ちょっと昔の日本人の生活を垣間みる、見ても読んでも楽しい、真骨頂・林丈二ワールド。

◇ものがたり日本列島に生きた人たち 9 岩波書店 2000.7 277p 19cm 〈文献あり〉 2300円 (i)4-00-026529-6 Ⓝ210.1

(内容) 1 戦国武士における贈答の世界―『大和田重清日記』にみる 2 もう一つの世界―人びとは墓地をどのように営んだか 3 そして酒が飲めるようになった 4 流浪する人たち 5 海辺の人生―伊豆西海岸の漁民たち 6 からくりの道具から見えた江戸時代

＊民俗学と歴史学が交差してさまざまな人生を掘り起こす。人々が、その「生きる形」をつくり上げてきた道具や習俗に光をあて、なにげない日々の姿や、心のひだに迫る。

◇モノの名前がズバリ！わかる本―ホラ、あれって何ていうんだっけ？ 素朴な疑問探究会著 河出書房新社 1999.9 221p 15cm (Kawade夢文庫) 476円 (i)4-309-49305-X Ⓝ383.93

(内容) 1 いつも目にしているのに知らない―お皿などの割れ物を包むプチプチのシートを何と呼ぶ？ 2 一歩外に出ると気になりだす―工事現場で見かけるトンガリ帽子の標識の名は？ 3 よく使っているのに「ハテ？」となる―時計のアラームをセットする針の呼び名は？ 4 料理好きも「う～ん」と悩むキッチン雑貨―お弁当の仕切りに使う緑色のギザギザ葉っぱって？ 5 日本ならではの歴史と伝統の品々―神主がお祓いのときに振るあの棒の名称は？ 6 ファッションなら押さえておきたい―ジャケットの襟に開けられた小さな穴を何と呼ぶ？ 7 お楽しみスポーツ＆ゲームの世界―バレーボールの新ルールで生まれたポジションとは？ 8 最近見かけなくなった懐かしグッズ―お酒を燗するアルミの取っ手つき容器は何という？

＊日頃使ってる身近なモノから、街でよく見かけるモノまで、「あれ」ですませてた名前を、今こそハッキリさせます。

◇歴史民俗論ノート―地蔵・斬首・日記 小川直之著 岩田書院 1996.2 122p 21cm 1648円 (i)4-900697-46-X Ⓝ380.4

(内容) 1 地蔵信仰の諸相 2 斬首の民俗―廃仏毀釈と石仏 3 日記と伝承 4 「神崎守三郎日記」について 5 民具の地域研究―地域民具論の方法

◇藁のたくみ 佐々木孜文著 〔三原〕 〔佐々木孜文〕 2000.10 144p 26cm Ⓝ383.93

◇藁の力―民具の心と形 佐藤健一郎、田村善次郎著 京都 淡交社 1996.3 237p 19cm 〈撮影：工藤員功〉 1800円 (i)4-473-01461-4 Ⓝ383.9

◇藁「わら」―その温かさと美しさと 企画展 〔名古屋〕 〔熱田神宮文化課〕 〔1997〕 64p 26cm Ⓝ383.9

◆北海道地方

◇北の生活具 札幌市教育委員会編 札幌 北海道新聞社 1997.9 317p 19cm 〈さっぽろ文庫 82〉 1437円 (i)4-89363-081-4 Ⓝ382.115

(内容) 第1章 絵物語 さっぽろの五代(越後屋の文ばあちゃん ドキュメント 秋野総本店薬局) 第2章 札幌の町並みと住まいの歴史(都市型住宅の移り変わり 文化生活と住宅) 第3章 物に見るさっぽろ都市文化の歴史(衣の文化 台所と食生活用具 年中行事と娯楽) 第4章 商業の発達とさっぽろの商品(商店と店舗用具 勧工場からデパートへ 商店の四季 商品としてのストーブ さっぽろの商品)

＊明治の開拓期から百年余、五代を数えるさっぽろっ子たちが、その時々の生活に使い、慣れ親しんだ道具の移り変わりを、衣・食・住全般にわたってたどる。

◇標茶町郷土館収蔵・展示資料目録 4 民具 標茶町郷土館編 標茶町(北海道) 標茶町郷土館 1993.3 42p 26cm Ⓝ069.9

◇北海道のストーブに関する記録―安政3年から明治20年まで 大久保一良著 札幌 旭図書刊行センター 2000.2 218p 26cm (i)4-900878-48-0 Ⓝ383.93

◇北海道の民具と職人 関秀志ほか著, 北の生活文庫企画編集会議企画編集 〔札幌〕 北海道 1996.10 228p 20cm (北の生活文庫 第3巻) 〈参考・引用文献：p220～223〉 非売品 Ⓝ383.93

◇北海道の民具と職人 関秀志ほか著, 北の生活文庫企画編集会議企画編集 札幌 北海道新聞社 1996.11 228p 20cm (北の生活文庫 第3巻) 〈参考・引用文献：p220～223〉 1600円 (i)4-89363-163-2 Ⓝ383.93

(内容) 序章 北海道の民具と職人 第1章 職人の技術と暮らし(北海道の職人と技術の系譜 馬具と馬具職人―北海道で生まれた洋馬具 蹄鉄と装蹄師―洋式装蹄術の導入 ほか) 第2章 北海道的民具の諸相(北海道的民具の発達 アイヌ民族の民具―仕掛け弓とサラニプ 雪と民具―雪かきとかんじき ほか)

◆東北地方

◇いさわの民具―灯火器具 平成4年度高齢者ボランティア事業 〔胆沢町(岩手県)〕 胆沢町教育委員会 〔1993〕 46p 26cm 〈書名は表紙による 標題紙の書名：胆沢の灯火器具〉 Ⓝ383.9

衣食住の習俗　　　　　　　　　　　　　　　　　　　　　　　　民具

◇いさわの民具〔2〕〔胆沢町(岩手県)〕胆沢町教育委員会〔1994〕55p 26cm〈平成5年度高齢者ボランティア事業〉Ⓝ383.93
◇いさわの民具〔3〕〔胆沢町(岩手県)〕胆沢町教育委員会〔1995〕52p 26cm〈平成6年度高齢者ボランティア事業〉Ⓝ383.93
◇いさわの民具〔4〕〔胆沢町(岩手県)〕胆沢町教育委員会〔1996〕66p 26cm〈平成7年度高齢者ボランティア事業〉Ⓝ383.93
◇いさわの民具〔5〕〔胆沢町(岩手県)〕胆沢町教育委員会〔1997〕77p 26cm〈平成8年度高齢者ボランティア事業〉Ⓝ383.93
◇いさわの民具　第6集〔胆沢町(岩手県)〕胆沢町教育委員会〔1998〕53p 26cm〈平成9年度高齢者ボランティア事業〉Ⓝ383.93
◇稲垣の民具―稲垣村民具調査報告書〔稲垣村(青森県)〕稲垣村教育委員会 1998.3 67p 26cm（編集：稲垣村文化財審議委員会）Ⓝ383.93
◇いわいの道具　三田市教育委員会編　三田　三田市教育委員会 1996.11 71p 26cm（さんだのくらし 5）〈会期・会場：平成8年11月3日～12月20日　さんだ歴史資料収蔵センター〉Ⓝ383.93
◇庄内のくらしと民具　犬塚幹士著　鶴岡　致道博物館 1993.11 118p 18cm〈主な参考文献：p117～118〉Ⓝ383.9
◇図説会津只見の民具　只見町史編さん委員会編　改訂版〔只見町(福島県)〕只見町 1993.11 237p 26cm（福島県只見町史資料集 第1集）Ⓝ383.93
◇とよさかのワラ細工　豊栄　豊栄市博物館 1993.3 103p 26cm（豊栄市民俗調査報告書 4）Ⓝ383.9
◇はこぶ道具―企画展　石巻文化センター編　石巻　石巻文化センター 1996.4 40p 28cm〈会期：平成8年4月26日～6月2日　参考・引用文献：p40〉Ⓝ383.9
◇山形の技と心　山形県生涯学習人材育成機構編　山形　山形県生涯学習人材育成機構〔1998〕173p 19cm（遊学館ブックス）1143円 (i)4-900866-04-0 Ⓝ383.93
◇雪国の農具と民具　平田貞雄著　秋田　無明舎出版 2000.12 190p 21cm 1600円 (i)4-89544-262-4 Ⓝ383.93
〔内容〕たうらざくら　堆肥　田畑の耕起　整地　田植え　田の草取り　害虫駆除　稲刈り「籾打ち棒」『千刃』『脱穀機』「するす」『唐箕』「万石通し」〔ほか〕
＊時代と共に消えていく雪国の暮らしや労働で使われた道具たち。農民の心や文化そのものであったそれらを二百葉の写真と文章で解説する。
◇わらと生活　後松州造著〔千畑町(秋田県)〕〔後松州造〕1993.8 117p 22cm Ⓝ383.9
◇藁のちから図録――生藁の中で生きている　遠野市立博物館第39回特別展　遠野　遠野市立博物館 1999.8 88p 30cm〈会期：平成11年8月1日～9月23日　文献あり〉Ⓝ383.93

◆関東地方
◇愛編む民具―第50回企画展図録　栃木県立博物館編　宇都宮　栃木県立博物館 1995.2 66p 30cm〈会期：平成7年2月5日～3月21日　主な参考文献：p66〉(i)4-924622-85-0 Ⓝ383.9
◇綾瀬の民具　綾瀬市教育委員会社会教育課編　綾瀬　綾瀬市教育委員会 1995.3 166p 26cm（綾瀬市文化財調査報告書 第13集）Ⓝ383.93
◇大森及び周辺地域の海苔生産用具―重要有形民俗文化財　東京都大田区立郷土博物館編　大田区立郷土博物館 1995.3 509p 31cm Ⓝ666.8
◇落合の民具　東京都新宿区立新宿歴史博物館編〔東京都〕新宿区教育委員会 1995.1 116p 30cm〈主な参考文献：p116〉Ⓝ383.9
◇上総掘り―伝統的井戸掘り工法 民俗文化財伝承・活用等事業報告書　千葉県立上総博物館編〔千葉〕千葉県教育委員会 2000.3 52p 30cm〈年表あり　文献あり〉Ⓝ384.3
◇上九沢・笹野家とその生活用具　相模原市立博物館編　相模原　相模原市立博物館 1997.3 108p 30cm（博物館資料調査報告書）Ⓝ383.93
◇館所蔵民俗資料目録　第1集　脱穀具 1　下妻市ふるさと博物館民俗資料調査会編　下妻　下妻市ふるさと博物館 1998.3 25p 30cm Ⓝ383.93
◇木と民具―暮らしの知恵と工夫　神奈川県立歴史博物館編　横浜　神奈川県立歴史博物館 1998.3 63p 30cm〈特別展：平成10年3月21日～5月5日〉Ⓝ383.93
◇教具的民俗資料　横須賀市教育研究所編　横須賀　横須賀市教育研究所 1993.3 41p 26cm〈付：参考文献〉Ⓝ383.9
◇雲越仙太郎旧居調査報告書―水上町藤原の山村生活用具と民家　水上町教育委員会編　水上町(群馬県)　水上町教育委員会 1997.3 451p 31cm〈付属資料：図1枚：水上町全図　索引あり〉Ⓝ383.93
◇鍬―土の記憶　大磯町郷土資料館編　大磯(神奈川県)　大磯町郷土資料館〔1997〕12p 30cm〈会期：1997年7月27日～9月7日〉Ⓝ384.3
◇鍬が語る大東町　大東町(静岡県)　大東町教育委員会 1995.3 126p 22cm（ふるさと双書 1）Ⓝ384.3
◇これは何でしょう―なつかしの生活用具　企画展　東京都世田谷区立郷土資料館編　世田谷区立郷土資料館 1994.2 48p 26cm〈主要参考文献

文化人類学の本　全情報　303

民具　　　　　　　　　　　　　　　　　　　衣食住の習俗

：p48〉　Ⓝ383.9
◇これは何でしょう　ぱあと2　東京都世田谷区立
郷土資料館編　世田谷区立郷土資料館　1997.3
15p　26cm　〈「ぱあと2」の副書名：収蔵資料展
主要参考文献：p15〉　Ⓝ383.93
◇これは何でしょう　ぱあと3　紀銘民具展　東京
都世田谷区立郷土資料館編　世田谷区立郷土資
料館　1999.10　15p　26cm　〈企画展：平成11年
11月3日-12月16日〉　Ⓝ383.93
◇さがみはらの農具　笹原亮二著，JA相模原市企
画管理部組合員広報課編　相模原　JA相模原市
1993.12　63p　21cm　Ⓝ384.3
◇笊と籠―特別展解説書　武蔵村山　武蔵村山市
立歴史民俗資料館　2000.10　17p　30cm　〈会期
：平成12年10月29日-12月24日〉　Ⓝ383.93
◇袖ケ浦市史基礎資料調査報告書　2　袖ケ浦の民
具　袖ケ浦　袖ケ浦市教育委員会　1993.10
124p　26cm　Ⓝ213.5
◇竹簀子床張り―伝承技術の記録　旧北村家・旧伊
藤家　民具製作技術保存会編集研究グループ編
川崎　民具製作技術保存会　1998.8　15p　26cm
Ⓝ383.93
◇多摩民具事典　小川直之ほか編著　国立　たま
しん地域文化財団　1997.10　399p　21cm
〈立川　けやき出版（発売）　2500円　(i)4-
87751-026-5　Ⓝ383.91
内容　足踏脱穀機　鮎籠　アラク　粟穂稗穂
上州の小正月ツクリモノ　筏流し　石　石臼
イチとマチ　井戸〔ほか〕
＊多摩地域の民具(衣食住、生業、通信運搬、団
体生活、儀礼、信仰・行事、娯楽遊戯、玩具
・縁起物など)とそれにかかわる技術など191
項目を写真を交えて解説した事典。配列は五
十音順、各項目には参考文献、巻末には索引
が付く。
◇千代田区の民具　3　飲食器・調理用具　東京都
千代田区教育委員会,東京都千代田区立四番町歴
史民俗資料館編　千代田区教育委員会　1996.3
108p　30cm　〈千代田区文化財調査報告書　8〉
〈区立四番町歴史民俗資料館資料調査報告
共同刊行：千代田区立四番町歴史民俗資料館〉
Ⓝ383.9
◇所沢の民具　2　稲作・茶作り編　所沢市史編さ
ん室編　所沢　所沢市史編さん室　1994.3
137p　27cm　〈所沢市史調査資料　別集17〉
Ⓝ383.9
◇都市の中の民具―所蔵資料展　東京都新宿区立
新宿歴史博物館編　〔東京都〕新宿区教育委員
会　〔1996〕　32p　30cm　〈新宿歴史博物館企
画展図録〉　〈会期：平成8年2月3日～3月24日〉
Ⓝ383.9
◇とんびの独言―蔦頭政五郎覚書　山口政五郎著
角川書店　1996.7　251p　20cm　1600円　(i)4-
04-883456-8　Ⓝ384.3

内容　町蔦に生きる　町蔦・町火消と江戸の町
町蔦と江戸の祭り　江戸っ子と粋　江戸蔦の木
遣　半纏・纏・階子乗り　錦絵に見る江戸町火
消　納札・千社札とぽち袋　浮島彦太郎と
「江戸三火消図鑑」
＊今なお生きつづける、勇みで粋な町蔦の世界。
本物の江戸っ子たちの、惚れぼれするような
横顔。
◇鍋について考える―土なべの生産・地域性・民
俗からさぐる室町・戦国という時代　展示解説図
録　群馬町(群馬県)　かみつけの里博物館
2000.2　35p　30cm　〈第6回特別展：平成12年2
月23日-4月10日〉　Ⓝ383.93
◇練馬の民具目録　1(衣・食・住編)　東京都練馬
区教育委員会社会教育課編　練馬区教育委員会
1996.3　148p　21cm　〈祖先の足跡〉　Ⓝ383.9
◇練馬の民具目録　2(生産・生業編)　東京都練馬
区教育委員会社会教育課編　練馬区教育委員会
1995.3　137p　21cm　〈祖先の足跡〉　Ⓝ383.9
◇練馬の民具目録　3(運輸・交易・社会生活等編)
東京都練馬区教育委員会社会教育課編　練馬区
教育委員会　1997.3　133p　21cm　〈祖先の足跡〉
〈付：補遺・索引　索引あり〉　Ⓝ383.93
◇福生の民俗　民具　2　膳椀倉の用具　福生市教
育委員会編　福生　福生市教育委員会　1993.3
114p　15×21cm　〈福生市文化財総合調査報告書
第26集〉　Ⓝ382.136
◇民具のこころ―北島まひと民具コレクションよ
り　第51回企画展　真壁町(茨城県)　真壁町歴
史民俗資料館　1993.3　15p　19×26cm
◇民具のつくり方　わら細工　1　川崎　民具製作
技術保存会　1993.3　54p　26cm　〈折り込5枚〉
Ⓝ383.93
◇昔なつかし藁づくし―くらしのなかのワラ　平成
5年度特別展　千葉県立上総博物館編　木更津
千葉県立上総博物館　1993.3　1冊(頁付なし)
26cm　Ⓝ383.9
◇むかしの道具とくらし―足利市北部地域　北郷
郷土資料館編　足利　小林信夫　1999.12　51p
26cm　〈私立北郷郷土資料館資料図録　総括編〉
Ⓝ383.93
◇武蔵野の民具と文書―武蔵野市文化財悉皆調査
報告書　武蔵野市教育委員会編　武蔵野　武蔵
野市教育委員会　1993.1　15,624p　31cm
〈折り込図1枚〉　Ⓝ383.9
◇武蔵村山の民具―旧岸村原田家の生活用具から
武蔵村山史編集委員会編　武蔵村山　武蔵村山
市　1997.3　93,12p　26cm　〈武蔵村山市史　民
俗編―民具資料集　1〉　Ⓝ383.93
◇武蔵村山の民具―旧中藤村原山渡辺家の生活用
具から　武蔵村山市史編集委員会編　武蔵村山
武蔵村山市　1998.3　87,10p　26cm　〈武蔵村山
市史　民俗編―民具資料集　2〉　Ⓝ383.93
◇武蔵村山の民具―旧中藤村萩ノ尾乙幡家の生活

用具から 武蔵村山市史編集委員会編 武蔵村山 武蔵村山市 1999.3 53,8p 26cm （武蔵村山市史 民俗編―民具資料集 3） Ⓝ383.93
◇大和市の民具 2 大和市教育委員会社会教育課編 大和 大和市教育委員会 1999.3 67p 26cm （大和市文化財調査報告書 第69集） Ⓝ383.93
〔内容〕紡織
◇大和市の民具 3 大和市教育委員会社会教育課編 大和 大和市教育委員会 2001.3 102p 26cm （大和市文化財調査報告書 第77集） Ⓝ383.93
〔内容〕農具

◆北陸地方
◇新屋ばんどり・道古の藤箕 窪野英夫著 入善町（富山県） 窪野英夫 1994.8 33,26p 22cm 〈各章末：参考文献〉 Ⓝ383.9
◇祝樽―酔いと祝いの造形 石川県立歴史博物館編 金沢 石川県立歴史博物館 1996.7 57p 30cm （会期：平成8年7月27日～8月25日 付：参考文献） Ⓝ383.9
◇奥三面民俗文化財調査報告書 1 朝日村（新潟県） 朝日村教育委員会 1999.3 62p 30cm （朝日村文化財報告書 第18集） Ⓝ383.93
〔内容〕狩猟編
◇貸鍬慣行 柏崎 柏崎市立博物館 1997.10 164p 26cm （柏崎市立博物館調査報告書 第1集） Ⓝ384.3
◇金沢市民俗文化財展示館収蔵品目録 金沢市民俗文化財展示館編 金沢 金沢市教育委員会 1998.3 253p 30cm （表紙のタイトル：金沢市民俗文化財展示館所蔵品目録） Ⓝ383.93
◇河内の民具図誌 河内村教育委員会編 河内村（石川県） 河内村教育委員会 1998.3 95p 26cm （共同刊行：河内村） Ⓝ383.93
◇道具が証言する江戸の暮らし 前川久太郎著 小学館 1999.10 210p 15cm （小学館文庫） 476円 (i)4-09-417061-8 Ⓝ383.93
〔内容〕田楽箱 進物切手 旅用七つ道具 矢立 指樽 吸筒 色刷り封筒 龕灯 虫入れ 銭刀 〔ほか〕
＊道具がモノを言う…そんな馬鹿な！？ある時，著者は土蔵の薄暗がりで奇妙な話声を耳にした。声の主はギッシリと積まれた道具たちであった。話の端々から立ち上がって来るのは，数百年前の江戸の人々のざわめきだった。限りなくシンプルで，ハイテクとも言える先人たちの道具に注ぐ情熱とまなざし。パソコンの手をしばし休めて，傾聴に値する魅力の道具考。
◇桃原郷へのいざない―宇奈月町の民話と民具 宇奈月町（富山県） 宇奈月町教育委員会 2000.8 43p 26cm 〈第八回特別展：2000年8月8日―11月5日 共同刊行：宇奈月町歴史民俗資料館〉 Ⓝ388.142
◇礪波の民具 第1集(生産・生業編) 礪波郷土資料館編 礪波 礪波郷土資料館 1998.3 68p 26cm Ⓝ383.93
◇礪波の民具 第2集(生活編) 礪波郷土資料館編 礪波 礪波郷土資料館 1999.3 68p 26cm Ⓝ383.93
◇新潟県の運搬具 山口賢俊著，桜井徳太郎，木下忠監修，新潟県民俗学会編 三条 野島出版 1997.2 277p 22cm （山口賢俊著作集 第1巻） 9708円 (i)4-8221-0158-4 Ⓝ383.93
◇新潟県の民具 山口賢俊著，桜井徳太郎，木下忠監修，新潟県民俗学会編 三条 野島出版 1999.2 542p 22cm （山口賢俊著作集 第3巻） 〈年譜あり〉 13500円 (i)4-8221-0169-X Ⓝ383.93
〔内容〕第1部 民具の見方(地方史と日本技術史との関連 わが国の民具の技術的研究 ほか) 第2部 鍛冶考(鍛冶考 続鍛冶考) 第3部 風土と民具(ワラの文化 はきもの) 第4部 地域の民具とその周辺(福島潟の民具 角田浜の漁具 ほか)
＊「新潟県の運搬具」「新潟県の民家」に続く，そのしめくくりの一冊。民具学総論に関わる項目から，鍛冶についての論及，稲藁が生活用具を編む素材として多様に活用されてきた具体例や，田下駄とカンジキ類，さらには，新潟県内の四か所における民具調査の成果が記録されている。
◇風雪を刻んで―富山の住まいと暮らし 富山 富山県民生涯学習カレッジ 1999.1 97p 26cm （県民カレッジテレビ放送講座テキスト） 〈執筆：藤田富士夫ほか〉 Ⓝ383.91

◆中部地方
◇稲沢の住まいと道具 稲沢市史編纂委員会編 稲沢 稲沢市教育委員会 1995.3 54p 26cm （稲沢市史資料 第30編） 〈参考文献：p52〉 Ⓝ383.9
◇奥飛驒の方言と民具 ふるさと神岡を語る会，神岡町教育委員会編 神岡町（岐阜県） ふるさと神岡を語る会 1996.3 148p 26cm （研究誌 第3輯） 〈共同刊行：神岡町教育委員会〉 Ⓝ818.53
◇尾張の民具―解説書 平成11年度夏季収蔵品展 一宮 一宮市博物館 1999.7 14p 30cm
◇加賀藩と起宿 尾西 尾西市歴史民俗資料館 1995.8 12p 30cm （尾西市歴史民俗資料館特別展図録 no.39）
◇加藤磯足展―美濃路起宿本陣主・文人・国学者 尾西 尾西市歴史民俗資料館 1997.7 12p 30cm （尾西市歴史民俗資料館特別展図録 no.47）

| 民具 | 衣食住の習俗 |

◇館蔵民具選―岐阜県所在民具目録 第1集 岐阜県歴史資料館編 岐阜 岐阜県歴史資料館 1995.3 86p 26cm 〈参考文献：p85〉 Ⓝ383.9
◇館蔵民具選―岐阜県所在民具目録 第2集 岐阜県歴史資料館編 岐阜 岐阜県歴史資料館 2000.3 74p 26cm 〈文献あり〉 Ⓝ383.93
◇商家の道具―松久民具館図録 三渡俊一郎著 松阪 光出版印刷 1994.11 156p 25×26cm 3398円 Ⓝ383.93
◇民具から見た台所の歴史 〔浜松〕 浜松市博物館 1996.2 32p 21cm （博物館資料集 5）
◇民芸と民具―「美」と「歴史」の発見 第16回特別展関連図録 浜松市博物館編 〔浜松〕 浜松市博物館 1997.11 40p 30cm 〈年表あり 文献あり〉 Ⓝ383.93

◆近畿地方
◇失われゆく飛騨の民具と民俗―図録 岐阜県大野郡清見村著，清見村教育委員会編 〔清見村（岐阜県）〕 岐阜県大野郡清見村 1999.12 559p 27cm （背のタイトル：飛騨の民具と民俗 標題紙のタイトル：民具と民俗 執筆：山本喜男） Ⓝ383.93
◇うつわ・容器・用器―栗東の民具 栗東歴史民俗博物館編 栗東町（滋賀県） 〔栗東歴史民俗博物館〕 2000.6 8p 26cm （展示解説シート no.9）
◇桶と曲物―木製の容器 栗東の民具 栗東町（滋賀県） 栗東歴史民俗博物館 1997.2 8p 26cm （展示解説シート no.5）
◇カゴとフゴ―竹と藁の細工 栗東の民具 栗東町（滋賀県） 栗東歴史民俗博物館 1995.1 8p 26cm （展示解説シート no.3）
◇館蔵民具衣食住の用具 八尾市立歴史民俗資料館編 〔八尾〕 八尾市教育委員会 1998.2 8p 26cm
◇鴻池家寄贈民俗資料目録 〔東大阪〕 東大阪市教育委員会 1997.3 36p 30cm Ⓝ383.93
◇滋賀県の民具 平成4年度 滋賀県教育委員会文化財保護課編 大津 滋賀県教育委員会 1993.3 75p 26cm （滋賀県有形民俗文化財収集調査報告書 13） Ⓝ383.9
◇滋賀県の民具 平成5年度 滋賀県教育委員会文化財保護課編 大津 滋賀県教育委員会 1994.3 93p 26cm （滋賀県有形民俗文化財収集調査報告書 14） Ⓝ383.9
◇滋賀県の民具 平成6年度 滋賀県教育委員会文化財保護課編 大津 滋賀県教育委員会 1995.3 71p 26cm （滋賀県有形民俗文化財収集調査報告書 15） Ⓝ383.9
◇滋賀県の民具 平成7年度 滋賀県教育委員会文化財保護課編 大津 滋賀県教育委員会 1996.3 99p 26cm （滋賀県有形民俗文化財収集調査報告書 16） Ⓝ383.9

◇四季の道具 三田市教育委員会編 〔三田〕 三田市教育委員会 2000.2 63p 26cm （さんだのくらし 8） Ⓝ383.93
◇収蔵資料目録 第2集 民族資料 西宮市立郷土資料館編 西宮 西宮市立郷土資料館 1999.3 193p 26cm Ⓝ216.4
◇受贈民俗資料分類目録 栗東歴史民俗博物館編 栗東町（滋賀県） 栗東歴史民俗博物館 1994.3 183p 26cm Ⓝ383.9
◇食とくらし―器と用具 栗東の民具 栗東町（滋賀県） 栗東歴史民俗博物館 1997.8 8p 26cm （展示解説シート no.6）
◇すまいの道具 三田市教育委員会編 三田 三田市教育委員会 1994.3 69p 26cm （さんだのくらし 2） 〈参考文献：p68〉 Ⓝ383.9
◇住まう―家具と調度 栗東の民具 栗東町（滋賀県） 栗東歴史民俗博物館 1998.6 8p 26cm （展示解説シート no.7）
◇大東の民具―米作り・蓮根作り民具 大東市教育委員会,大東市立歴史民俗資料館編 大東 大東市教育委員会 1999.3 34p 30cm （共同刊行：大東市立歴史民俗資料館） Ⓝ383.93
◇田と畑の道具―栗東の民具 栗東町（滋賀県） 栗東歴史民俗博物館 1995.5 8p 26cm （展示解説シート no.4）
◇たのしむ道具 三田市教育委員会編 三田 三田市教育委員会 1998.3 63p 26cm （さんだのくらし 6） Ⓝ383.93
◇つくる道具 三田市教育委員会編 三田 三田市教育委員会 1996.8 69p 26cm （さんだのくらし 4） Ⓝ383.93
◇とよなかの農道具 豊中市教育委員会社会教育課編 豊中 豊中市教育委員会 1996.3 164,12p 30cm Ⓝ384.3
◇入・納・容・淹―いれものいろいろ 館蔵品 尾西 尾西市歴史民俗資料館 1996.7 12p 30cm （尾西市歴史民俗資料館特別展図録 no.43）
◇はこぶ―運搬具―栗東の民具 栗東歴史民俗博物館編 栗東町（滋賀県） 栗東歴史民俗博物館 2001.8 8p 26cm （展示解説シート no.10）
◇東大阪の農耕具 東大阪市教育委員会編 〔東大阪〕 東大阪市教育委員会 1993.3 54p 26cm 〈参考文献：p54〉 Ⓝ384.3
◇三木家住宅文献・民具目録―兵庫県指定文化財 福崎町教育委員会編 福崎町（兵庫県） 福崎町教育委員会 1999.3 247,116p 30cm Ⓝ216.4
◇見てみよう民具の世界―館蔵民具・選 柏原市立歴史資料館編 柏原 柏原市立歴史資料館 〔2000〕 31p 21cm （柏原市の民俗資料 1） Ⓝ383.93
◇民具歳時記―道具とともに 往生院民具供養館企画・編集 東大阪 往生院民具供養館 1999.1 16p 26cm 非売品 Ⓝ383.93
◇民具歳時記―道具とともに 第2集 往生院民具

衣食住の習俗　　　　　　　　　　　　　　　　　　　　　民具

供養館企画・編集　東大阪　往生院民具供養館　2000.1　24p　26cm　非売品　Ⓝ383.93
◇民具歳時記―道具とともに　第3集　往生院民具供養館企画・編集　東大阪　往生院民具供養館　2001.1　20p　26cm　非売品　Ⓝ383.93
◇民具資料収蔵目録　三和町(京都府)　三和町郷土資料館　2001.3　101p　30cm　Ⓝ383.93
◇昔の道具たち―第22回企画展展示図録　亀岡市文化資料館編　亀岡　亀岡市文化資料館　1997.1　24p　21cm　〈会期：平成9年1月25日～3月2日〉Ⓝ383.93
◇室生村の民具　室生村文化財専門委員会,室生村教育委員会事務局編　〔室生村(奈良県)〕　室生村教育委員会　1993.3　61p　26cm　Ⓝ383.93
◇山沢家寄贈民俗資料目録〔東大阪〕　東大阪市教育委員会　1995.3　53p　26cm　Ⓝ383.9
◇わら―暮らしの中の藁細工　栗東の民具　栗東歴史民俗博物館編　栗東町(滋賀県)　栗東歴史民俗博物館　2000.2　8p　28cm　(展示解説シート no.8)

◆中国地方
◇起土人形―特別展　尾西　尾西市歴史民俗資料館　1999.10　15p　30cm　(尾西市歴史民俗資料館特別展図録 no.56)
◇郷土の絵図・地図　尾西　尾西市歴史民俗資料館　2000.5　8p　30cm　(尾西市歴史民俗資料館・特別展図録 no.58)　(付属資料：地図3枚)
◇熊本藩と起宿―特別展　尾西　尾西市歴史民俗資料館　1996.10　12p　30cm　(尾西市歴史民俗資料館特別展図録 no.44)
◇ふる里の民具―積雪地帯の民具　神戸川上流地域頓原町誌編纂室編纂　〔広島〕　建設省中国地方建設局　1999.3　343p　27cm　(共同刊行：頓原町)　Ⓝ383.93
◇民具で見る各務原のくらし　生業編　各務原市歴史民俗資料館編　各務原　各務原市歴史民俗資料館　1999.3　107p　30cm　(各務原市資料調査報告書 第24号)　Ⓝ383.93
◇民具で見る各務原のくらし　日常生活編　各務原市歴史民俗資料館編　各務原　各務原市歴史民俗資料館　2001.3　85p　30cm　(各務原市資料調査報告書 第25号)〈文献あり〉Ⓝ383.93

◆四国地方
◇おばあちゃんの見た山村の80年―物部村岡ノ内の民具生活誌　高知県立歴史民俗資料館編　南国　高知県立歴史民俗資料館　2000.10　80p　26cm　〈会期：平成12年10月13日～平成13年2月18日〉Ⓝ383.93
◇牟礼・庵治の石工用具―重要有形民俗文化財　牟礼町教育委員会,牟礼町石の民俗資料館編　牟礼町(香川県)　牟礼町教育委員会　1998.3　109p　30cm　Ⓝ384.3

◆九州地方
◇大崎町の民俗―大崎町民具・民俗資料調査報告書　下野敏見編　大崎町(鹿児島)　大崎町教育委員会　1996.3　642p　26cm　Ⓝ382.197
◇おりものの道具　北郷郷土資料館編　足利　小林信夫　1993.12　53p　26cm　(私立北郷郷土資料館資料図録 民具 4)　Ⓝ383.93
◇鹿児島・竹の世界―環シナ海文化の視座から　黎明館企画特別展　鹿児島県歴史資料センター黎明館編　鹿児島　鹿児島県歴史資料センター黎明館　1995.2　119p　30cm　〈会期：平成7年2月10日～3月12日　参考文献：p118〉Ⓝ383.9
◇加世田市の民具　下野敏見編　加世田　加世田市教育委員会　1993.3　566p　26cm　(加世田市民俗資料調査報告書 1)〈調査：鹿児島大学文化人類学研究室〉Ⓝ383.9
◇川辺町の民具　下野敏見編　川辺町(鹿児島県)　川辺町教育委員会　1993.7　478p　26cm　(川辺町民俗資料調査報告書 1)〈調査：鹿児島大学比較民俗学研究室〉Ⓝ383.9
◇くらし今昔　村上あや著　〔臼杵〕　国際ソロプチミスト臼杵　1995.11　128p　19cm　1500円　Ⓝ383.9
◇くらしの道具　北郷郷土資料館編　足利　小林信夫　1994.12　89p　26cm　(私立北郷郷土資料館資料図録 民具 5)　Ⓝ383.93
◇西之表市の民俗・民具　第1集　鹿児島大学比較民俗学研究室,鹿児島民具学会種子島調査班編　西之表　西之表市教育委員会　1997.3　392p　26cm　(種子島民俗調査報告書 1)〈調査：1981-1996　編集：下野敏見〉Ⓝ382.197
◇西之表市の民俗・民具　第2集　鹿児島大学比較民俗学研究室,鹿児島民具学会種子島調査班編　西之表　西之表市教育委員会　1997.3　450p　26cm　(種子島民俗調査報告書 2)〈調査：1981-1996　編集：下野敏見〉Ⓝ382.197
◇福岡河岸町家収蔵資料目録　上福岡市立歴史民俗資料館編　上福岡　上福岡市立歴史民俗資料館　1994.3　24p　26cm　(資料館調査報告 2)〈折り込図1枚〉Ⓝ213.4
(内容)船問屋江戸屋文書,船問屋吉野屋民具,沢本屋足袋店文書・民具
◇民具―暮らしを語るもの達　長崎県民具研究会著　長崎　長崎県労働金庫　1997.1　104p　21cm　(ろうきんブックレット 4)〔長崎　長崎労金サービス(発売)〕500円　(i)4-900895-12-1　Ⓝ383.93
◇「ワラ(藁)の文化」展示解説　比和町郷土文化保存伝習施設編　比和町(広島県)　比和町教育委員会　1995.7　32p　26cm　(比和町郷土文化保存伝習施設第25回特別展　会期：1995年7月17日～8月31日　参考文献：p32)　Ⓝ383.9

◆沖縄地方

◇海上の道―鹿児島の文化の源流をさぐる　鹿児島県歴史資料センター黎明館企画・編集　鹿児島　鹿児島県歴史資料センター黎明館　1998.2　115p　30cm　〈黎明館企画特別展：平成10年2月6日―3月8日　文献あり〉　Ⓝ383.93

◆海外全般

◇雲南少数民族伝統生産工具図録　渡部武著　慶友社　1996.12　246p　22cm　(アジア文化叢書―東京外国語大学アジア・アフリカ言語文化研究所歴史・民俗叢書 1)　8000円　(i)4-87449-164-2　Ⓝ383.93
＊230点の図と写真で語る少数民族の生活。

◇雲南農耕文化の起源―少数民族農耕具の研究　尹紹亭著，李浚訳，上江洲均監訳　第一書房　1999.5　626p　22cm　10000円　(i)4-8042-0695-7　Ⓝ384.3

◇西南中国伝統生産工具図録　渡部武,渡部順子著　慶友社　2000.4　385p　22cm　(アジア文化叢書―東京外国語大学アジア・アフリカ言語文化研究所歴史・民俗叢書 4)　9000円　(i)4-87449-171-5　Ⓝ383.93
内容 第1章 滇池周辺の漢族と花苗の村　第2章 すぐれた織物技術を伝える徳宏地区　調査ノート 景頗族と傣族の織物　第3章 洱海湖畔の白族の村　第4章 麗江地方納西族の伝統農具　第5章 瀘沽湖畔の諸民族の生産工具　第6章 高地の中旬地方に暮らす蔵族　第7章 碉楼のある羌族の村
＊西南中国は生産工具の宝庫である。日本ではすでに失われて久しい、農・工・漁具が今も人々の暮らしの中で生きている。多くの少数民族が住む雲南から四川へ…。道具を訪ねる旅は、人の暮らしの原点を訪ねる旅であった。本書は4年間にわたる調査の実績を豊富な図と写真で語る生活道具資料。

◇大草原の小さな暮らし―Little house　塩野米松構成・文，和田悟写真　講談社　1993.1　159p　24cm　3500円　(i)4-06-206205-4　Ⓝ382.53
内容 小さな家　母さんの知恵　父さんの仕事　子どもたち　ローラと家族の歩み　大草原の小さな旅　解説 西部開拓の時代と生活
＊ローラが小さかったころ、アメリカ西部開拓時代の心豊かな生活の楽しさ。現地徹底取材・327点の写真が語る。

◇ボルネオの民族芸術―焼畑農耕民(ダヤック族)の民具 天理ギャラリー第97回展図録　天理大学附属天理参考館民俗部編　天理ギャラリー　1994.2　24p　26cm　〈会期：1994年2月5日〜3月31日〉　Ⓝ383.9

民　家

◇開かずの間の冒険―日本全国お宝蔵めぐり　荒俣宏著　平凡社　1999.1　256p　16cm　(平凡社ライブラリー)　900円　(i)4-582-76276-X　Ⓝ383.9
内容 紀州博物学者の蔵―引き出しの中はカニの標本だらけ　金沢幻想作家ゆかりの蔵―泉鏡花の産着はまさしくこれだ　伊吹もぐさ屋の蔵―巨大福助さんのお出迎えにビックリ！　熊本武士の蔵―まずは"いにしえぶり"のお手並拝見　東京探偵小説作家の蔵―怪奇幻想の情報基地に踏み込めば　伊豆鏝絵の蔵―左官の棟梁が創った芸術品〔ほか〕
＊あの荒俣宏が、北は北海道から南は熊本まで、由緒ある蔵を求めて旅に出た。熊楠の蔵や乱歩の蔵、商家の蔵に質屋の蔵、そこに著者が見たものは…？！これぞ正真正銘、元祖「お宝」本。

◇家屋と日本文化　ジャック・プズー＝マサビュオー著，加藤隆訳　平凡社　1996.12　321p　20cm　(フランス・ジャポノロジー叢書)　2884円　(i)4-582-70331-3　Ⓝ383.9
内容 第1部 人間の空間と家　第2部 日本の家―不思議な不適格　第3部 社会空間の機軸としての家　第4部 日本文化と家屋
＊夏暑く、冬は寒い家屋に住む日本人。はたして、日本人が家屋に求めてきたものは何か？滞日三十数年のフランス人地理学者が、家屋を通して捉えた日本の文化、日本人の自然観。

◇美しい数寄屋―その雅びと透き　二村和幸著，相原功写真　丸善プラネット　1999.4　141p　24cm　〈東京 丸善出版事業部(発売)〉　3600円　(i)4-944024-65-7　Ⓝ521.86
内容 茶室　住宅　店舗・ホテル　数寄の手法
＊自然に学び古典を観察し感性を研ぎ澄ます。雅びで、透けた数寄屋の世界。茶室、住宅、店舗、ホテルと広範囲にわたる数寄屋の実例を詳解する。

◇桂離宮―渡辺誠写真集　渡辺誠著　旅行読売出版社　1994.2　83p　18×19cm　(Ryoko Yomiuri photobooks)　1300円　(i)4-89752-401-6　Ⓝ521.86

◇桂離宮―ブルーノ・タウトは証言する　宮元健次著　鹿島出版会　1995.2　182p　20cm　2369円　(i)4-306-04329-0　Ⓝ521.86
内容 序章 タウトのプロフィール　第1章 桂離宮との対話　第2章 日本への絶望　第3章 永遠の別離
＊本書は、タウトの「桂離宮発見」に的を絞り、ドイツ統一と桂離宮の昭和の大修理以後の新知見を十分に含んだ上で、タウトの足跡を彼の残した桂離宮に関する膨大な著述から追う

◇桂離宮 鈴木嘉吉,中村昌生編,田畑みなお写真 小学館 1995.7 356p 39cm 〈桂離宮関連年表:p352～353〉 69000円 (i)4-09-699561-4 Ⓝ521.86
◇桂離宮 俵万智他著 新潮社 1996.3 127p 22cm (とんぼの本) 1600円 (i)4-10-602043-2 Ⓝ521.86
(内容) 庭園散策 御殿拝見 桂離宮散策 永遠なるもの 桂離宮の歴史 桂離宮と八条宮 逆転・再逆転の桂棚評価 桂離宮撮影記
＊日本庭園のさまざまな表現を集大成し、斬新なデザイン感覚をもりこみ、完璧な作品と評されてきた、現存最古の回遊式庭園。住空間のなかに自然をとりこみ、細部にまで巧緻な技術がほどこされた数寄屋風な書院。四季のうつろいを味わい尽すために造られた離宮の全貌を特別撮影、"永遠なるもの"と称賛されてきた、その美の秘密に多方面から迫る。

◇茅葺きの文化と伝統—歴史に埋もれる茅葺き屋根の記録 菅野康二著 会津若松 歴史春秋出版 2000.5 650p 22cm 6000円 (i)4-89757-407-2 Ⓝ383.91
(内容) 1 草屋根概観 2 草屋根葺き職人の出稼ぎ 3 草屋根を支えてきた地域社会 4 草屋根葺き職人の技術と道具 5 奥義を伝える巻物 6 草屋根文化の継承
＊失われゆく伝統の美と技術。時代のうねりにのみこまれるようにその姿を消していく茅葺き屋根—屋根葺き技術から職人たちの生活の実態を茅手からの聞き書きにより克明に記録した著者渾身の一冊。

◇茅葺き民家 佐野昌弘写真・文 グラフィック社 2001.1 205p 30×22cm 3800円 (i)4-7661-1197-4
(内容) 北海道 青森 岩手 宮城 秋田 山形 福島 茨城 栃木 群馬〔ほか〕
＊日本民家は、自然と協調し、馴染みながら生活の場を創り出してきた。日本人の原風景とも言うべき茅葺き民家の佇まい。そんな穏やかで美しい姿がどんどん失われていくのを見て、著者はこの30年間というもの、全国津々浦々まで追いかけて茅葺き民家を記録し続けたと言う。よくぞ残してくれたと思う、貴重な美しい写真集である。

◇茅葺民家—渡辺晋写真集 渡辺晋著 光村印刷 1996.8 59p 20×22cm (Bee books) 2000円 (i)4-89615-724-9 Ⓝ748
◇茅葺民家—日本の四季 渡辺晋写真集 渡辺晋著 光村印刷 1999.1 83p 20×22cm (Bee books) 2000円 (i)4-89615-771-0 Ⓝ748
◇かやぶき民家の四季 妹尾河童ディレクション, 佐野昌弘写真・文 扶桑社 1998.8 139p 22cm 1714円 (i)4-594-02516-1 Ⓝ521.86
(内容) 春(京都府北桑田郡美山町岩江戸 福井県三方郡三方町別所 ほか) 夏(京都府北桑田郡美山町和泉 佐賀県武雄市小楠 ほか) 秋(岡山県苫田郡加茂町物見 新潟県東頸城郡松之山町蕎倉 ほか) 冬(京都府北桑田郡美山町上平屋 千葉県長生郡睦沢村上之郷 ほか)
＊雪解け、桜、棚田、夏祭り…いまも失われつつある日本人の心に残っている故郷の情景。また加速度的に消え去っている日本の代表的な家屋「かやぶき民家」。30数年もの間、各地に残る「かやぶき民家」を撮り続けてきたカメラマン佐野昌弘氏の2万5千枚に及ぶ作品のなかから、妹尾河童氏が厳選した162枚を収録した、価値ある1冊。

◇消えゆくかやぶき—農村共同体の残影 市村与一写真・文 アーツアンドクラフツ 1998.12 133p 30cm 〈東京 アドリブ(発売)〉 3500円 (i)4-900632-41-4 Ⓝ521.86

◇北日本の都市景観 小杉八朗著 礼文出版 1999.2 178p 21cm 1800円 (i)4-947733-05-5 Ⓝ521.86
(内容) 1 東北の蔵のまち(土蔵—その歴史と構造 倉とのちがい ほか) 2 夕陽のまち(鰺ヶ沢(あじがさわ) 深浦(ふかうら) ほか) 3 明日を見つめるまち(青森(あおもり) 八戸(はちのへ) ほか) 4 北海のロマン(函館(はこだて) 小樽(おたる))
＊縄文の古から、アジア大陸との交流、あるいは遠く西南地域との交易の証を留める数々の遺跡を秘めた「北日本」。独自の文化圏を有しながら、脚光を浴びることの少なかった「北のステージ」。「北日本都市」には、近代日本の夜明けを拓く一翼を担った開港場「函館」「新潟」をはじめ、西廻り航路の拠点として、大きな役割を果たした「酒田」などがある。津軽海峡波路遙かに「運河」と「木骨石造建築の宝庫」・商港小樽を捉えることができる。青函連絡船を失った「港町青森」。この本州北端の港町も、まほろの詩・縄文のシンフォニーを奏でる三内丸山遺跡でスポットを浴びはじめた。本書は、基本的に、「町並みは都市の共有財産であり、何よりも文化財である」という視座で臨みたい「北日本」の臨海都市群。それらは、内陸部の生産や流通によって支えられてきた。本書には、たくさんの町並みや建造物が登場する。都市の歴史や文化、あるいは現状が集約されているからでもある。

◇郷愁日本の民家—向井潤吉小画集 向井潤吉著 講談社 1996.12 1冊(頁付なし) 18×20cm 1500円 (i)4-06-266353-8 Ⓝ723.1
＊帰りたい風景、失われたふるさとの姿。代表作「遅れる春の丘より」ほか52点が織りなす四季の移ろい。

◇近世民家の成立過程―遺構と史料による実証 草野和夫著 中央公論美術出版 1995.2 257p 22cm 4635円 (i)4-8055-0293-2 Ⓝ521.86
　(内容) 民家研究と民家史 近世民家成立の環境と基盤 江戸期の家作規制 農民住居の建立規模とその変遷 農民住居の平面形とその変遷 農民住居の間取りと室数の変遷 農民住居の構造変遷と柱間規格 農民住居の高さと立面の変遷 農民住居の造作各部の変遷 農民住居の屋敷〔ほか〕

◇草野和夫教授研究・教育等業績要覧―民家・町並み・洋風建築―その調査・研究・保存の半世紀の記録 〔仙台〕 東北工業大学建築学科・建築史研究室 2000.3 32p 30cm 〈年譜あり 業績目録あり〉 Ⓝ521.031

◇気仙・匠・年輪―巨匠花輪喜久蔵の足跡と技能伝承をめざして 大船渡 花輪喜久蔵事績録刊行委員会 1993.12 302p 27cm 3850円 Ⓝ526.18

◇玄関 和風建築社編 建築資料研究社 1998.11 175p 30cm (和風建築シリーズ 4) 4800円 (i)4-87460-582-6
　(内容) 玄関の役割 玄関を訪ねて―四君子苑 玄関の意匠 玄関の意図 玄関の材料 玄関の考察―吉田五十八から 泉岡流玄関の構成―村野藤吾 玄関の設計手法(上野工務店 平田建設 町家の玄関 旅館の玄関) 名邸村山邸 数寄屋の材料 WORKS(山野学苑愛治庵 熱海の家 ほか

◇現代数寄屋の設計と詳細 水沢工務店編 彰国社 1997.8 123p 29cm 3300円 (i)4-395-11089-4 Ⓝ521.86
　＊本書は、現代数寄屋建築の名品を数多く手がけ、その技術の蓄積で知られる水沢工務店が保存する原寸図面をもとにして、建設当時の担当者へのインタビュー、現場の採寸などの作業を加えて新たに書き起こしたディテール図をまとめたものである。

◇現代数寄屋のディテール―こころと作法 野村加根夫編著 彰国社 1999.4 179p 29cm 4400円 (i)4-395-00510-1 Ⓝ521.86
　(内容) 屋根架構 軒内空間 外部まわり開口部 室内建具 床 壁 天井 造作 座敷飾り 仕掛け〔ほか〕

◇現代の数寄屋―京の数寄屋と詳細図面集 吉村光弘,鈴木義計著 京都 京都書院 1993.11 286p 37cm 40000円 (i)4-7636-3231-0 Ⓝ521.86

◇現代の民家再考 降幡広信著 鹿島出版会 1994.7 272p 20cm (主要参考文献: p272) 2987円 (i)4-306-04325-8 Ⓝ521.86
　(内容) 第1部 住まいと風土(和風と洋風 地震と木造 火災と木造 風と雨と木造 宅地の条件) 第2部 住まいの要素(敷地と区画 外観と

室礼 アプローチ・ポーチ 玄関と寄付 応接室 客間 居間 台所・食堂 寝室 老人室・子供室 ほか) 第3部 住まい再考(敷地と環境 屋根・軒 縁側・濡縁 間 書院造り 住宅の室礼 建具 ほか) 第4部 住まいの再生(民家の魅力 耐久力のある民家 伝統と民家 民家に見る構造 民家に見る材料と構法 民家の増改築 民家再生を回顧する 現代民家への足掛り)

◇建築工事の祭式―地鎮祭から竣工式まで 「建築工事の祭式」編集委員会編著 京都 学芸出版社 2001.12 181p 21cm 1800円 (i)4-7615-1174-5 Ⓝ525.5
　(内容) 第1章 祭式の基礎知識 第2章 地鎮祭 第3章 上棟式 第4章 竣工式 第5章 その他の祭式 第6章 実務マニュアル 付記 祭式用語
　＊本書は、建築工事に関わる祭式を執り行うのに必要な知っておくべき事柄について、地鎮祭から竣工式までの基本的なポイントを押さえながら、ノウハウ集として要点をまとめたものである。

◇建築史研究の新視点 2 西和夫著 中央公論美術出版 2000.3 437p 26cm (折り込1枚) 25000円 (i)4-8055-0357-2 Ⓝ521
　(内容) 建築史と近接領域―他分野との共同研究 第1編 建築史と歴史学・民俗学(瀬戸内海二神島の民家と集落 上越市中ノ俣の民家と集落 奥能登国家の建築 「日本常民生活絵引」) 第2編 建築史と芸能史(仮設舞台考 古今伝授の間) 第3編 建築史と技術史(建築積算技術の史的発展 大工とその組織 大工とその技術) 第4編 建築史と地震史(横浜の地震史 小田原の地震史)

◇公共茶室―中村昌生の仕事 中村昌生著,田畑みなお写真,建築思潮研究所,京都伝統建築技術協会共編 建築資料研究所 1994.7 225p 30cm 3900円 (i)4-87460-425-0 Ⓝ521.86
　(内容) 茶の心の具象 新宿御苑「楽羽亭」と公共茶室 対談「公共茶室」の意味を考える 「和楽の場」としての公共茶室 私見「中村昌生の仕事」 清風荘・茶室宝紅庵 山寺芭蕉記念館茶室 京都伝統建築技術協会のあゆみ〔ほか〕
　＊公共茶室―ひらかれた茶室建築の集大成。全国に広がる公共茶室の全貌を紹介。

◇国宝・重文の茶室 中村昌生監修,中村昌生,中村利則,池田俊彦執筆,藤森武撮影 世界文化社 1997.7 254p 37cm 26000円 (i)4-418-97902-6 Ⓝ521.863

◇骨董市で家を買う―ハットリ邸古民家新築プロジェクト 服部真澄著 中央公論社 1998.11 200p 20cm 1400円 (i)4-12-002840-2 Ⓝ521.86
　(内容) 1 博打打ちの末裔 2 品川お化け屋敷 3 福井折伏道中 4 第一次高田馬場会談 5

「陰翳礼讃」 6 木、恐るべし 7 見切り発車の上棟式 8 漆喰という選択 9 梯子で引っ越し 10 風がぬける住まい
＊自称「俗物小説家」服部真澄、家づくりに暴走する。貯金ナシ定期収入ナシそれでもこんな家が欲しい。

◇骨董市で家を買う—ハットリ邸古民家新築プロジェクト　服部真澄著　中央公論新社　2001.1　218p　16cm　(中公文庫)　1400円　(i)4-12-203769-7　Ⓝ521.86
(内容) 1 博打打ちの末裔　2 品川お化け屋敷　3 福井折伏道中　4 第一次高田馬場会談　5「陰翳礼讃」 6 木、恐るべし　7 見切り発車の上棟式　8 漆喰という選択　9 梯子で引っ越し　10 風がぬける住まい
＊「古民家売ります」骨董市でみつけた一枚の貼り紙。それがすべての発端だった…！？怪しい骨董商のみちびきで、福井の廃屋に一目惚れした著者は、東京下町に移築を決意。しかし、肝心の骨董商が宗教にハマり、あげくの果てには雲がくれ。きまじめな建築士と職人たちが日々材木と格闘するも、遅れに遅れる工期、足りない予算一次々に迫る困難をくぐり抜け、理想の家を求めた女流小説家が描き出す痛快ノンフィクション。

◇古典に学ぶ茶室の設計—中村昌生が語る建築講座　中村昌生著　建築知識　1999.10　271p　30cm　(建築知識スーパームック)　3600円　(i)4-7678-0048-X　Ⓝ521.863

◇古民家に暮らす　コロナ・ブックス編集部編　平凡社　2000.11　118p　22cm　(コロナ・ブックス 89)　1524円　(i)4-582-63386-2　Ⓝ521.86
(内容) 家は生きている　民家感覚の店　エッセイ　日本家屋の再発見　古民具図鑑　古民家を楽しむミニ用語事典　民家野外博物館ガイド
＊木の温もりが最高の贅沢。日本人の生活に根差した民家と民具に光を当てたグラフィックガイド。

◇座敷　和風建築社編　建築資料研究社　1999.8　175p　30cm　(和風建築シリーズ 7)　4800円　(i)4-87460-619-9
(内容) 座敷の空間構成　民家の座敷と床の間—越後の豪農民家　重要文化財 吉村家住宅—座敷の意匠　石川県輪島塗　塗師のはなし　中谷家住宅 漆塗蔵　対談 こだわりの漆職人　和風を彩る塗装材料　数寄の座敷　座敷の意匠と内法部材寸法—一分の違いが意味するもの　造作の技—上野工務店のおさまり〔ほか〕
＊和風建築の粋をみせる座敷を学ぶ。意匠と技法を450点のカラー写真と詳細図で網羅。

◇四季の民家　矢ケ部昭彦著　ART BOXインターナショナル　1998.11　63p　20×21cm　(ART BOX /Galleryシリーズ)　(おもに図)　3000円　(i)4-87298-531-1　Ⓝ723.1

◇「斜陽」の家・雄山荘物語—別荘を彩った太宰治、高浜虚子たち　林和代著　東京新聞出版局　1994.6　203p　20cm　1500円　(i)4-8083-0487-2　Ⓝ521.86
(内容) 太宰治様へ一筆　大雄山荘—「斜陽」の家　雄山荘として生き返る　老木の七変化せる若葉かな　雄山荘がくれた自然の玉手箱　周平という八十八歳の人　まだらの蛇に変わった紐　再びの日に
＊太宰治の代表作「斜陽」の舞台。高浜虚子も句会を催していた梅の里小田原下曽我の"お別荘"と自然と人が刻んだ60年余のドラマをつづる。

◇住環境教育に関する研究—まちは子どものミュージアム　曲田清維著, 地域社会研究所, 第一住宅建設協会編　地域社会研究所　1993.8　88p　30cm　(調査研究報告書)　(共同刊行：第一住宅建設協会)　Ⓝ521.86

◇秀作・数寄屋住宅　和風建築社企画・編集　学芸出版社　1996.3　127p　30cm　(学芸和風建築叢書)　5665円　(i)4-7615-4053-2　Ⓝ521.86
(内容) 和風の原空間　愛心寮　起風軒　井蛙軒　愛宕荘　閑清庵　雲関亭　K邸　近江八幡の家　あやめ池の家　箕甲の家　呉邸　北山杉のはなし　和風建築用語解説

◇修学院離宮物語　宮元健次著　彰国社　1994.11　166p　19cm　2060円　(i)4-395-00422-9　Ⓝ521.86
(内容) プロローグ 霊元法皇修学院にて父後水尾上皇を振り返る　第1章 悲劇のひと　第2章 修学院離宮の造営　第3章 人生の造形化　エピローグ 霊元法皇修学院への最後の御幸

◇昭和路地裏大博覧会　市橋芳則著　河出書房新社　2001.8　135p　21cm　(らんぷの本)　1400円　(i)4-309-72712-3　Ⓝ383.9
(内容) 第1章 昭和のまちかど、住まいの記憶 (懐かしのまちかど　なじみの商店街 ほか)　第2章 朝は大忙し・おはよう (目覚めは牛乳配達の音で　井戸端で顔を洗って、歯磨き ほか)　第3章 買い物に出かける (自転車でお買い物　買い物を変えた電気冷蔵庫 ほか)　第4章 家族だんらん (休日は、家族そろってお出かけ　晩ご飯はカレーだ！ ほか)
＊路地裏には子どもがあふれ、メンコやゴムとびに興じていた。お母さんは、エプロン姿に買い物籠。お父さんは、白黒テレビを前に晩酌。夏は蚊帳、冬は家族で炬燵を囲んだ。昭和の記憶の宝箱をあけてみよう。

◇神社建築　浜島正士監修, 青木義脩, 松原誠司著　山川出版社　2001.5　114,13p　21cm　(文化財探訪クラブ 4)　1600円　(i)4-634-22240-X
(内容) 神社信仰の歴史 (アニミズムと農耕儀礼の発生　神社信仰の起こり　律令の祭祀組織 ほか)　神社建築 (神社の本殿　本殿の構造様式　神社建築の細部意匠 ほか)　神社を訪ねる

(北海道・東北地方の神社　関東地方の神社　中部地方の神社　ほか)

◇数寄の空間―中村昌生の仕事　1　中村昌生著　京都　淡交社　2000.6　447p　31cm　(i)4-473-01716-8　Ⓝ521.863
(内容)公共茶室

◇数寄の空間―中村昌生の仕事　2　中村昌生著　京都　淡交社　2000.6　343p　31cm　(i)4-473-01716-8　Ⓝ521.863
(内容)好みの茶室　復元・再生の数寄屋

◇数寄屋古典集成　4　綺麗さびの数寄　中村昌生編著　小学館　1995.7　320p　31cm 〈参考文献：p16〉　42000円　(i)4-09-697004-2　Ⓝ521.86

◇数寄屋住宅の試み　和風建築社企画・編集　京都　学芸出版社　1993.5　175p　30cm（学芸和風建築叢書 12）　8240円　(i)4-7615-4035-4　Ⓝ521.86
(内容)中川邸　村野藤吾の和風住宅　カラー口絵―唐津の家　K画伯の住まい　大徳寺のN邸　唐津の家　K画伯の住まい　大徳寺のN邸　黒木の世界―数寄屋の材料　カラー口絵―伊豆高原の家　南青山の家　渋川山荘　渋川のU邸　伊豆高原の家　南青山の家　渋川山荘　渋川のU邸　T邸　多治見の家　倉敷の家　薬師山の住まい　釈迦谷の住まい

◇数寄屋逍遙―茶室と庭の古典案内　横山正著　彰国社　1996.12　298p　19cm　2700円　(i)4-395-00446-6　Ⓝ521.863
(内容)妙喜庵待庵　表千家不審庵・残月亭　裏千家今日庵・又隠　武者小路千家官休庵　如庵　大徳寺竜光院密庵　高台寺傘亭・時雨亭　西芳寺湘南亭　三溪園春草蘆　桂離宮〔ほか〕
＊本書は、千利休作と伝える妙喜庵待庵をはじめとする数寄屋の古典29件に近代数寄屋の傑作4件を加え、その成立の由来や見所を深い考証に基づいて解説する。

◇数寄屋設計考　松嶋重雄著　理工学社　1996.1　237p　19cm〈参考文献：p235〉　2266円　(i)4-8445-3506-4　Ⓝ521.86
(内容)数寄屋の比例―「数奇屋」か「数寄屋」か　間取り　炉と畳　茶室の出入り口　囲い・洞庫　相伴席　床の間　窓　語りかける窓　壁（日本壁）〔ほか〕

◇数寄屋邸宅集成　第1巻　茶室のある邸宅　中村昌生編著　毎日新聞社　1995.9　178p　31cm〈写真：田畑みなお　普及版〉　3500円　(i)4-620-60473-9　Ⓝ521.86
＊明治から昭和戦前という、美材に恵まれ、伝統の大工技術が頂点に達していた時代に建築された、広大にして風雅な名邸宅を厳選収録。

◇数寄屋邸宅集成　2　大広間のある邸宅　中村昌生編著　毎日新聞社　1995.10　159p　31cm〈写真：田畑みなお　普及版〉　3500円　(i)4-620-60474-7　Ⓝ521.86

(内容)毛利本邸　旧新家別邸　旧勝田邸　竹田邸
＊明治から昭和戦前という、美材に恵まれ、伝統の大工技術が頂点に達していた時代に建築された、広大にして風雅な名邸宅を厳選収録。

◇数寄屋邸宅集成　3　京の名邸宅　中村昌生編著　毎日新聞社　1995.11　179p　31cm〈普及版〉　3500円　(i)4-620-60475-5　Ⓝ521.86
(内容)対竜山荘　清流亭　T氏邸　広誠院（旧広瀬邸）　収録邸解説―付・南禅寺山荘聚楽の形成
＊緑豊かな南禅寺周辺と高瀬川畔の、粋で瀟洒な「京風数寄屋」を代表する四邸。明治から昭和戦前という、美材に恵まれ、伝統の大工技術が頂点に達していた時代に建築された、広大にして風雅な名邸宅を厳選収録。掲載写真はすべて本全集のための特別撮影。建物全体から引手、釘隠しといった細部にいたるまで、統一された視点と色調で、みやすくきれいなカラーページ。収録邸の平面図はもちろん、展開図、断面図、部分詳細図など、実測図面も充実。使用材種もできるだけ記入。和風建築の泰斗・中村昌生博士による解説付き。

◇数寄屋邸宅集成　4　風雅な別荘　中村昌生編著　毎日新聞社　1995.12　167p　31cm〈写真：田畑みなお〉　3500円　(i)4-620-60476-3　Ⓝ521.86
(内容)野村碧雲荘（京都）　遊棊居（京都）　禄々荘（京都）　蘆花浅水荘（大津）
＊明治から昭和戦前という、実材に恵まれ、伝統の大工技術が頂点に達していた時代に建築された、広大にして風雅な名邸宅を厳選収録。掲載写真はすべて本全集のための特別撮影。建物全体から引手、釘隠しといった細部にいたるまで、統一された視点と色調で、みやすくきれいなカラーページ。収録邸の平面図はもちろん、展開図、断面図、部分詳細図など、実測図面も充実。使用材種もできるだけ記入。

◇数寄屋の職人　伊藤ていじ監修　新装　平凡社　2000.4　322p　20cm（聞き書・日本建築の手わざ 第2巻）　1800円　(i)4-582-54402-9　Ⓝ521.86
(内容)1 京都の大工―その技術と伝統（北村伝兵衛）　2 京の数寄屋、東京の数寄屋（岡村仁三）　3 大工今昔（水沢文次郎）　4 銘木今昔（井田正一）　5 京都の竹（谷村定三）　6 日本建築と北山丸太（井上格三郎）　7 木挽の伝統（鈴木房雄）　8 鋸の歴史（吉川金次）　9 三代目千代鶴延国（落合字一）
＊そこに銘木と道具ありて。茶室の様式をとり入れた数寄屋づくり。その内に秘めた"無装飾の美"を支える練達の大工と裏方の職人道。

◇数寄屋ノート二十章　早川正夫著　建築資料研究社　1998.7　254p　21cm（建築ライブラリー

3) 2800円 (i)4-87460-546-X Ⓝ521.86
 内容 「数寄屋」像の混乱について 七部集の時代 利休の創意—待庵をめぐって 数寄屋のルネッサンス 数寄屋の多様性 文人文化と煎茶の世界 武家の数寄屋と庭 彦根城表御殿を復原する 「江戸」の四畳半 銘木と古材〔ほか〕
 *「数寄屋」のイメージの中に、われわれはあまりに強く"侘び""寂び"の美意識を焼きつけているのではないかという疑問から、宮廷文化の流れを汲む華麗で装飾的な数寄屋論、文人文化の流れを汲む生活に密着した数寄屋論など、多様な考察を展開する。黄金の茶室や彦根城表御殿など数々の復原設計に携わった建築家による流麗かつ味わい深い数寄屋論考集。

◇数寄屋の森—和風空間の見方・考え方 丸善 1995.3 334p 19cm 〈監修：中川武 折り込図2枚 数寄屋の森年表・参考文献：p311～326〉 3296円 (i)4-621-04021-9 Ⓝ521.86
 内容 1章 数寄屋名作選 2章 歴史編—数寄屋の森は複雑なロールプレイングである 3章 近代編—近代は数寄屋をどう変えたか 4章 素材編—過剰なる自然 5章 現在編—数寄屋とわたしたちの間にあるもの
 *数寄屋の歴史的名作のガイドや基礎的知識の解説から、現代に残る数寄屋住宅の紹介など、木にまつわる日本人の美意識を基軸にして茶室の文化と特徴を多角的に解説し、その見どころ、エッセンスを紹介する。日本人にとって究極の住まいである数寄屋の魅力を探り、現代における技術の可能性も見直す。この本は建築に携わるプロの方のみでなく一般に住まいに関心のある若い人達が数寄屋とは一体何なのか、なんとなく分かるのだけれど深く考えると明確な回答ができない数寄屋の存在について具体的作品を通して理解できるよう平易に解説している。

◇図説茶室の歴史—基礎がわかるQ&A 中村昌生著 京都 淡交社 1998.9 199p 21cm 1900円 (i)4-473-01614-5 Ⓝ521.863
 内容 1 茶室の条件 2 初期の茶室—足利義政・村田珠光・武野紹鷗 3 千利休の茶室・侘数寄 4 古田織部の手法・「景」の導入 5 小堀遠州の好み・大名茶 6 織田有楽と細川三斎の茶室の違い 7 藤村庸軒の道安囲・千家の継承 8 武家茶人・片桐石州の工夫 9 貴族好みに和した金森宗和 10 松平不昧の茶道観と茶室 11 茶室の窓と天井と間取り 12 茶室の床・茶室研究の歩み
 *茶室がわかれば、茶道がわかる！！あなたの質問に茶室研究の第一人者がていねいな解答。好評・月刊茶道誌「淡交」連載の「茶室研究事始」が一冊に。

◇住まいの伝統技術 安藤邦広ほか著 建築資料研究社 1995.3 167p 24cm 〈参考文献： p166〉 3900円 (i)4-87460-455-2 Ⓝ521.86
 内容 1 集まってつくる—住まいの生産組織 2 くらしの装置—環境を調節する方法 3 材料の使い方

◇全国名茶室案内—国宝から名席まで いつでも拝見できる 林忠彦撮影 婦人画報社 1993.11 135p 21cm （Ars books 8）〈解説：中村昌生〉 1600円 (i)4-573-40008-7 Ⓝ521.86
 内容 茶室 その魅力と移り変わり 国宝の茶室 重要文化財の茶室 名席 美術館の茶室 茶室の成り立ち 茶室の見どころ

◇待庵—侘数寄の世界 中村昌生著 京都 淡交社 1993.4 194p 20cm 2000円 (i)4-473-01289-1 Ⓝ521.86
 内容 第1章 待庵以前（堺屋敷の茶室 紹鷗の四畳半 利休の四畳半 茶座敷の形成 宗珠の茶屋 茶屋の実相 ほか） 第2章 待庵（待庵の背景 宝積寺絵図 四畳半は誤伝 待庵の露地 待庵の間取り 次の間の用法 ほか）
 *侘茶の大成者・千利休。その唯一の遺構とされる国宝「待庵」。茶室研究の権威が、あらゆる角度から検証する、侘数寄の実相と、利休の意匠美。

◇泰山荘—松浦武四郎の一畳敷の世界 ヘンリー・スミス著，国際基督教大学博物館湯浅八郎記念館編 三鷹 国際基督教大学博物館湯浅八郎記念館 1993.3 260p 26cm 〈英語書名： Taizansō and the one-mat room 英文併記 一畳敷年譜・参考文献：p250～259〉 Ⓝ521.86

◇大正初期・都市型中流住宅の実測調査研究—元「清水組」技師長岡本鑅太郎自邸を例証として 中谷礼仁，堀紳一朗著者代表 住宅総合研究財団 1997.3 69p 30cm 〈研究 no.9531〉〈東京 丸善出版事業部（発売）〉 2100円 (i)4-88331-021-3 Ⓝ521.86

◇団地2DKの暮らし—再現・昭和30年代 青木俊也著 河出書房新社 2001.5 143p 21cm 〈らんぷの本〉〈文献あり 年表あり〉 1500円 (i)4-309-72709-3 Ⓝ383.9
 内容 1章 団地・2DKの誕生（日本住宅公団による常盤平団地建設 2DKの誕生 団地の生活） 2章 ある家族の団地生活（家族写真からみた日常生活 ダイニングキッチン 六畳と四畳半 変化する生活 子どもの生活） 3章 昭和30年代の生活革新（増える耐久消費財・電化製品 増える洗剤・清潔な生活） 4章 論考・2DK生活再現展示の思考
 *「三種の神器」、ダンチ族、パン食、ダイニングキッチン、水洗トイレ、ガス風呂、粉末ジュース、即席ラーメン、自動電気釜、合成洗剤…なつかしい生活を再現！思い出のなかで輝く、昭和30年代。電化製品を買い揃え、家財道具を増やし、洋風の生活を送ること。それが日本人共通の目標であり、喜びでもあっ

◇茶室―もてなしの空間　佐藤京子著　相模書房　1995.11　139p　19cm　〈参考資料：p134　付：茶匠年譜(折り込)〉　1648円　(i)4-7824-9506-4　Ⓝ521.86
◇茶室　建築資料研究社　1998.8　175p　29cm　(和風建築シリーズ 3)　4800円　(i)4-87460-561-3　Ⓝ521.863
　(内容)　茶の湯の空間構成　村山邸の茶室　公共茶室　茶の湯の造形意匠　現代から見る茶室　村野藤吾のビル内茶室が放つ精彩―その出発と熟練への道筋を追う　中部大学　洞雲亭・工法庵・欄柯軒　茶室の設計―茶事の流れをふまえて　点前座について　茶室一覧　茶室を訪ねて―皆如庵 WORKS
◇茶室建築の実際　松嶋重雄著　理工学社　1994.4　303p　27cm　9991円　(i)4-8445-3503-X　Ⓝ521.86
　(内容)　第1章 基本的事項　第2章 茶室の平面計画　第3章 畳　第4章 炉と釣り棚　第5章 出入口　第6章 窓　第7章 床の間　第8章 天井　第9章 壁　第10章 屋根　第11章 基礎　第12章 水屋　第13章 露地
　＊計画から設計・施工までを具体的にわかりやすく図説。
◇茶室・露地　中村利則編　京都　淡交社　2000.4　387,20p　22cm　(茶道学大系 第6巻)　8000円　(i)4-473-01666-8　Ⓝ521.863
　(内容)　茶室研究の過去と現在、そして展望　茶の湯環境の歴史的視座(近世宮廷文化サロンの文芸と遊興の場　武家の茶室　茶家の屋敷構成)　茶の湯環境の現代への視座(煎茶空間―その文献的特質　数寄者とパトロン・棟梁と建築家　文書にみる茶室の評価)
　＊公家・武家・茶家、そして煎茶の室空間を初めて解明、また「用語初出一覧」を付した利用度満点の茶室論集。
◇つくられた桂離宮神話　井上章一著　講談社　1997.1　282p　15cm　(講談社学術文庫)　800円　(i)4-06-159264-5　Ⓝ521.863
　(内容)　1 ブルーノ・タウト　2 つくられたイメージ　3 エステティックと故事来歴
　＊「桂離宮の発見者」とされるドイツの建築家ブルーノ・タウトは一九三三年に来日、翌年『ニッポン』を刊行し、簡素な日本美の象徴として桂離宮を絶賛した。著者は、タウトに始まる桂離宮の神格化が、戦時体制の進行にともなうナショナリズムの高揚と、建築界のモダニズム運動の勃興を背景に、周到に仕組まれた虚構であったことを豊富な資料によって実証する。社会史の手法で通説を覆した画期的日本文化論。
◇てりむくり―日本建築の曲線　立岩二郎著　中央公論新社　2000.1　220p　18cm　(中公新書)

740円　(i)4-12-101515-0
　(内容)　第1章 誰もが目にした形　第2章 唐破風にみなぎる美と力　第3章 日本民族の工夫　第4章 大陸が見逃した曲面　第5章 よみがえる意匠　第6章 機能美を超えて　第7章 すりこまれた記憶　第8章 獲得された視点
　＊反った屋根を「てり屋根」、ふくれた屋根を「むくり屋根」と呼ぶ。「てり」と「むくり」が連続し、凸凹の滑らかな反転曲面をもつのが「てりむくり屋根」だ。神社仏閣の軒先にかかる唐破風がその典型である。この形は建築だけでなく日用品にも使用され、さらには神輿や墳墓に採用されるなど日本人の死生観とも深くかかわってきた。日本独自の表面はどのように誕生し受け継がれてきたのか。日本文化の深層を「てりむくり」に見立てて読み解く。
◇日本人の住まい　E.S.モース著, 斎藤正二, 藤本周一訳　新装版　八坂書房　2000.2　401,8p　20cm　2800円　(i)4-89694-448-8　Ⓝ383.91
　(内容)　家屋　家屋の形態　家屋内部　入口と入り道　庭園　雑事　古代家屋　日本本土周辺の家屋
　＊住生活の知恵や工夫を21世紀に伝える貴重な記録。日本人の暮らしと住まいのユニークさに惹かれたモースが300余点の図版と共に綴る詳細な観察記録。
◇日本の家屋と生活　ブルーノ・タウト著, 篠田英雄訳　岩波書店　1995.9　279,9p　22cm　〈第6刷(第1刷：1966年)〉　5800円　(i)4-00-001609-1　Ⓝ521
◇日本の民家合掌造りとかやぶき―ふる里を歩く・見る・描く　世界文化遺産：白川郷／越中五箇山　合掌集落　佐藤章素描集　佐藤章著　リヨン社　1997.6　148p　21cm　〈〔東京〕二見書房(発売)　索引あり〉　1800円　(i)4-576-97074-7　Ⓝ723.1
　(内容)　第1章 世界文化遺産 白川・飛騨　第2章 世界文化遺産 五箇山　第3章 大内宿・会津　第4章 遠野・奥多摩・川越・藤原　第5章 東北―青森・秋田・山形・宮城・新潟
◇日本の民家重要文化財修理報告書集成 第1巻 農家 1　村上訒一ほか編　東洋書林　1999.11　809p　27cm　(複製)　35000円　(i)4-88721-364-6　Ⓝ521.86
　(内容)　重要文化財旧後藤家住宅修理工事報告書(岩手県)―昭和42年8月　重要文化財旧菅野家住宅修理工事報告書(岩手県)―昭和47年6月　重要文化財洞口家住宅修理工事報告書(宮城県)―昭和58年3月　重要文化財鈴木家住宅修理工事報告書(秋田県)―昭和57年12月　重要文化財旧有路家住宅修理工事報告書(山形県)―昭和48年3月　重要文化財五十嵐家住宅修理工事報告書(福島県)―昭和49年2月
◇日本の民家重要文化財修理報告書集成 第2巻

農家 2 村上訒一ほか編 東洋書林 1999.12 790p 27cm 〈複製〉 35000円 (i)4-88721-365-4 Ⓝ521.86

(内容)重要文化財 椎名家住宅修理工事報告書(茨城県) 重要文化財 中崎家住宅修理工事報告書(茨城県) 重要文化財 茂木家住宅修理工事報告書(群馬県) 重要文化財 平山家住宅修理工事報告書(埼玉県) 重要文化財 旧尾形家住宅修理工事報告書(千葉県) 重要文化財 旧北村家住宅修理工事報告書(神奈川県) 重要文化財 旧羽石家住宅修理工事報告書(栃木県)

◇日本の民家重要文化財修理報告書集成 第3巻 農家 3 村上訒一ほか編 東洋書林 2000.4 781p 27cm 〈複製〉 35000円 (i)4-88721-366-2 Ⓝ521.86

(内容)重要文化財・佐藤家住宅保存修理工事報告書(新潟県)―昭和55年8月 重要文化財・旧江向家住宅移築修理工事報告書(富山県・神奈川県)―昭和45年3月 重要文化財・座主家住宅修理工事報告書(石川県)―昭和49年11月 重要文化財・坪川家住宅修理工事報告書(福井県)―昭和44年3月 重要文化財・門西家住宅修理工事報告書(山梨県)―昭和44年12月 重要文化財・曽根原家住宅保存修理工事報告書(長野県)―昭和52年12月 重要文化財・春原家住宅修理工事報告書(長野県)―昭和56年3月

＊室町時代から江戸時代中期に建てられた民家の歴史的変遷と建築技法。重要文化財に指定され、保存が講じられている民家(農家・漁家・町家などの庶民住宅)のうち、これまでに解体修理がなされた建築年代の古い民家(最古は兵庫県の農家で室町時代のもの)の「修理工事報告書」の集大成。

◇日本の民家重要文化財修理報告書集成 第4巻 農家 4 村上訒一ほか編 東洋書林 2000.5 829p 27cm 〈複製〉 35000円 (i)4-88721-367-0 Ⓝ521.86

(内容)重要文化財牧村家住宅修理工事報告書(岐阜県)―昭和57年3月 重要文化財旧田中家住宅修理工事報告書(岐阜県)―昭和48年12月 重要文化財友田家住宅修理工事報告書(静岡県)―昭和59年3月 重要文化財服部家住宅(主屋・離座敷)修理工事報告書(愛知県)―昭和54年12月 重要文化財町井家住宅、主屋・書院修理工事報告書(三重県)―昭和55年9月

◇日本の民家重要文化財修理報告書集成 第5巻 農家 5 村上訒一ほか編 東洋書林 2000.6 1002p 27cm 〈複製〉 35000円 (i)4-88721-368-9 Ⓝ521.86

(内容)重要文化財 石田家住宅修理工事報告書(京都府)―昭和50年3月 重要文化財 伊佐家住宅(主屋)修理工事報告書(京都府)―昭和57年9月 重要文化財 旧岡花家住宅移築修理工事報告書(京都府)―昭和48年 重要文化財 奥家住宅修理工事報告書(大阪府)―昭和46年10月 重要文化財 左近家住宅修理工事報告書(大阪府)―昭和57年3月 重要文化財 中家住宅修理工事報告書(大阪府)―昭和43年12月 重要文化財 吉村家住宅修理工事報告書(大阪府)―昭和28年10月 重要文化財 旧宮地家住宅移築修理工事報告書(滋賀県)―昭和45年3月

◇日本の民家重要文化財修理報告書集成 第6巻 農家 6 村上訒一ほか編 東洋書林 2000.7 777p 27cm 〈複製〉 35000円 (i)4-88721-369-7 Ⓝ521.86

(内容)重要文化財・箱木家住宅(千年家)保存修理工事報告書(兵庫県)―昭和54年1月 重要文化財・古井家住宅修理工事報告書(兵庫県)―昭和46年2月 重要文化財・笹岡家住宅修理工事報告書(奈良県)―昭和46年3月 重要文化財・菊家住宅修理工事報告書(奈良県)―昭和57年10月 重要文化財・増田家住宅主屋・表門保存修理工事報告書(和歌山県)―昭和61年9月

◇日本の民家重要文化財修理報告書集成 第7巻 農家 7 村上訒一ほか編 東洋書林 2000.8 843p 27cm 〈複製〉 35000円 (i)4-88721-370-0 Ⓝ521.86

(内容)重要文化財 矢部家住宅修理工事報告書(鳥取県)―昭和52年3月 重要文化財 堀江家住宅修理工事報告書(広島県)―昭和45年9月 重要文化財 前原家住宅修理工事報告書(岡山県)―昭和49年8月 重要文化財 木村家住宅修理工事報告書(徳島県)―昭和59年12月 重要文化財 小比賀家住宅修理工事報告書(香川県)―昭和52年3月 重要文化財 本田家住宅修理工事報告書(長崎県)―昭和49年10月

◇日本の民家重要文化財修理報告書集成 第8巻 町家・宿場 1 村上訒一ほか編 東洋書林 2000.9 607p 27cm 〈複製〉 35000円 (i)4-88721-371-9 Ⓝ521.86

(内容)重要文化財 石場家住宅保存修理工事報告書(青森県)―昭和57年3月 重要文化財 生方家住宅移築修理工事報告書(群馬県)―昭和48年6月 重要文化財 真山家住宅修理工事報告書(長野県)―昭和52年2月 重要文化財 小坂家住宅修理工事報告書(岐阜県)―昭和58年11月

◇日本の民家重要文化財修理報告書集成 第9巻 町家・宿場 2 村上訒一ほか編 東洋書林 2001.4 582p 27cm 〈複製〉 35000円 (i)4-88721-455-3 Ⓝ521.86

(内容)西日本 1：重要文化財滝沢家住宅修理工事報告書(京都府) 重要文化財中村家住宅修理工事報告書(奈良県) 重要文化財今西家住宅修理工事報告書(奈良県) 重要文化財大角家住宅保存修理工事報告書(滋賀県)

◇日本の民家重要文化財修理報告書集成 第10巻 町家・宿場 2 村上訒一ほか編 東洋書林 2000.9 562p 27cm 〈複製〉 35000円 (i)4-

88721-456-1 Ⓝ521.86

(内容)重要文化財 木幡家住宅保存修理工事報告書(島根県) 重要文化財 木原家住宅修理工事報告書(広島県) 重要文化財 後藤家住宅修理工事報告書(鳥取県) 重要文化財 菊屋家住宅修理工事報告書(山口県)

◇日本の民家重要文化財修理報告書集成 11 漁家・その他 村上訒一,亀井伸雄,近藤光雄,日塔和彦編 東洋書林 2001.6 797p 26cm 35000円 (i)4-88721-457-X

(内容)重要文化財 旧作田家住宅移築修理工事報告書(神奈川県) 重要文化財 旧瓜生家住宅保存修理工事報告書(福井県) 重要文化財 角屋修理工事報告書(京都府) 重要文化財 林家住宅保存修理工事報告書(広島県) 重要文化財 目加田家住宅修理工事報告書(山口県) 重要文化財 銘苅家住宅修理工事報告書(沖縄県)

◇日本民家園物語 古江亮仁著 川崎 多摩川新聞社 1996.3 283p 21cm (著者の肖像あり) 2500円 (i)4-924882-13-5 Ⓝ521.86

◇日本民家調査研究文献総覧 富山博ほか編 春日井 富山博 1994.1 207p 30cm Ⓝ521.86

◇日本民家の造形—ふるさと・すまい・美の継承 川村善之著 京都 淡交社 2000.9 323p 22cm 〈文献あり〉 3400円 (i)4-473-01760-5 Ⓝ521.86

(内容)日本民家をどのようにみるか 民家の造り 屋根のかたち 屋根葺と葺素材 棟飾り、煙出し櫓の工夫 破風飾りの意匠 軒まわり、軒下の造作 外壁の構成 大戸口、玄関の構え 窓、格子の意匠 〔ほか〕

＊本書は、民家のみどころを造形的観点から一八項目、一一九テーマによって構成し、各テーマと全図版の解説を付したもの。写真図版一、一八〇点は、全国四七都道府県、六一六市町村に散在する民家九五六を採り上げ、一九九二年から一九九九年の間に、著者が直接現地で撮影取材したものの中から選んだものである。都道府県市町村指定文化財も網羅する。

◇日本列島民家入門—民家の見方・楽しみ方 宮沢智士著 INAX 1993.4 47p 21cm (INAX album 14) 〈企画・編集:入沢企画制作事務所 発売:図書出版社〉 927円 (i)4-8099-1033-4 Ⓝ521.86

◇ひだまりのワラ葺き民家 柳下征史著 勝田 八溝文化社 1994.7 83p 29cm 〈おもに図付属資料:1冊〉 3689円 Ⓝ748

◇風土の意匠—次代に伝える民家のかたち 浅野平八著 京都 学芸出版社 2000.2 254p 19cm 2200円 (i)4-7615-2232-1 Ⓝ521.86

(内容)序章 風土を伝承する民家の姿 第1章 気象と民家 第2章 伝承する姿 第3章 歴史を背景にした風土的個性 第4章 時代を越える構法 第5章 伝播する型 第6章 職人の技芸

＊風土が生み出した建築という視点から、日本各地の伝統的民家を探訪した、温故知新の旅の記録。

◇武家屋敷—空間と社会 宮崎勝美,吉田伸之編 山川出版社 1994.10 255p 22cm 5800円 (i)4-634-61640-8 Ⓝ521.86

(内容)第1部 武家屋敷の空間 第2部 武家屋敷の社会

◇分解図鑑 日本の建造物 香川元太郎画・文 東京堂出版 1997.9 63p 30cm 3200円 (i)4-490-20328-4

(内容)古墳 伊勢神宮と出雲大社 大宰府 政庁・水城・大野城 東大寺大仏殿 根来寺 大塔と町なみ 江戸城 歌舞伎小屋 吉原遊郭 民家 養蚕農家 鹿鳴館

＊メモリアルな10の大建築の分解復原イラストや豊富な解説図版でビジュアル構成した、日本史と建て物の早わかり図鑑。

◇保存と創造をむすぶ 吉田桂二著 建築資料研究社 1997.11 190p 21cm (建築ライブラリー1) 2300円 (i)4-87460-529-X Ⓝ521.86

(内容)1 保存と創造の矛盾的合一 2 建築創造の継続性—建築は常に新しく造るものではない 3 木造住宅の架構とデザイン 4 和風考 5 伝統構法にもとづく架構デザインの展開—日本的空間へのコンセプト(1) 6 空間の融合と変化・「動くもの」の論理—日本的空間へのコンセプト(2) 7 地域の顔を抽出する 8 大平宿の保存と再生 9 峠の村の物語—大平宿245年の歴史 10 建築家「芸人」論

＊「保存」と「創造」には対立するイメージがつきまとうが、前者を過去、後者を未来ととらえると現在はその接点である。今日の創造が明日には保存へと移行して、新たな創造の礎となる。それらを結びあわせながら物づくり・町づくりを実践してきた著者の、折々の建築評論集。

◇町家 村上訒一,亀井伸雄,近藤光雄,日塔和彦編 東洋書林 2001.9 802p 26cm (日本の民家重要文化財修理報告書集成 補遺2) 35000円 (i)4-88721-563-0

(内容)重要文化財・江川家住宅修理工事報告書(静岡県) 重要文化財・旧杉山家住宅修理工事報告書(大阪府) 重要文化財・豊田家住宅修理工事報告書(奈良県) 重要文化財・熊谷家住宅(主屋・宝蔵)修理工事報告書(山口県)

◇町家点描 藤島亥治郎,藤島彦彦著,田畑みなお写真 京都 学芸出版社 1999.3 319p 22cm 3500円 (i)4-7615-3075-8 Ⓝ521.86

(内容)京・近江(二条陣屋 西陣の帯屋捨松 ほか) 西国(下津井の荻野家 大洲の臥竜山荘 ほか) 北陸・飛騨・信濃(越前三国の宮大旅館 加賀の喜多家 ほか) 東海・関東(尾張津島の岡本家 尾張有松の竹田家 ほか) 東北(宮城

衣食住の習俗　　　　　　　　　　　　　　　　　　　　　　　民家

・村田町の大沼酒造　盛岡の村井家 ほか
＊伝統の美と文化に映えるたたずまい。写真・図とともに綴る町家の意匠とその歴史。近畿・中部・北陸を中心に各地から選ばれた第一級の町家約30件を紹介。「町家歴訪」姉妹編。

◇町家歴訪　藤島亥治郎、藤島幸彦著、田畑みなお写真　京都　学芸出版社　1993.2　318p　22cm　3605円　(i)4-7615-3030-8　Ⓝ521.86
(内容)大和今井町最古の家 今西家　瀬戸内の廻船問屋 中西家　苔庭と茶室のある旧家 水毛生家　農漁村の商家・旧宇田川家〔ほか〕

◇民家—こころとかたち　吉村堯著　羽代野　重要文化財吉村邸保存会　1998.1　160p　22cm　Ⓝ521.86

◇民家—The quintessential Japanese house　高井潔写真集　高井潔著　E.T.　1998.12　138p　26×26cm　〈他言語標題：Minka　英文併記　東京　河出書房新社(発売)　4800円　(i)4-309-90288-X　Ⓝ521.86
(内容)第1章 民家のつくり(民家のある風景 かたち　柱、梁組、床　屋根 ほか)　第2章 民家のくらし(民家と季節　玄関　土間　縁側、廊下 ほか)
＊日本の伝統的な手法を用い、江戸時代中期から大正時代にかけて建てられた家・民家。日本の民家の撮影を始めて35年。本書に納められた145枚の写真は、この間に撮影した5万枚の中から選ばれたものである。

◇民家再生の設計手法　降幡広信著　彰国社　1997.3　133p　26cm　〈文献あり〉　2800円　(i)4-395-00467-9　Ⓝ521.86
(内容)序 いま、なぜ民家の再生に取り組むか　1 民家再生へのアプローチ　2 民家再生の実際　3 民家再生の設計手法—平面・配置計画からのアプローチ　結び 民家再生に何を学ぶか
＊著者、降幡広信は、「民家再生」の第一人者として知られています。民家の良さを生かして、現代の生活に対応した生活空間として甦らせようと、過去16年間に130軒を超える仕事を手がけてきました。本書は、そのエッセンスを、民家再生へのアプローチ・実際・設計手法の3つを軸にまとめたものです。設計手法編では、降幡広信流の民家再生術を、8つの事例にそくして豊富な写真と図版で詳細に紹介されています。

◇民家四季—ふるさとの風景　画文集　武永槇雄著　広島　中国新聞社　1993.9　169p　31cm　(著者の肖像あり)　4900円　(i)4-88517-171-7　Ⓝ723.1

◇民家素描　斎藤二良画　山形　田宮印刷(印刷)　1997.8　64p　27×37cm　9523円　Ⓝ723.1

◇民家と町並み　吉田靖監修　山川出版社　2001.1　122,17p　21cm　(文化財探訪クラブ 5)　(執筆：青木義彦,毛利和夫　文献あり)　1600

円　(i)4-634-22250-7　Ⓝ521.86
(内容)民家の見どころ(屋敷・門と塀　屋根　間取り　内部の付属設備　建物の外部と外廻り　町並みのたたずまい)　各地の特色ある民家(北海道・東北地方の民家　関東地方の民家　中部地方の民家　近畿地方の民家　中国・四国地方の民家　九州・沖縄地方の民家　民家園を訪ねる)　町並みを歩く(武家町　宿場町　商家町　門前町と茶屋町　産業町　港町　農村集落)
＊旅立つ心が知識を求めて…。歴史を探る。文化財を訪ねる。文化財探訪の旅へのいざない。

◇民家のこころ　道塚元嘉著　鹿島出版会　1999.1　128p　19cm　1600円　(i)4-306-04380-0　Ⓝ521.86
(内容)第1章 入口部(お稲荷さんのおすまい—あつい信仰心を大切に　せどぐち—北風が吹きつける ほか)　第2章 土間部(どま—心やすらぐ土の感触　とおしどま—風がゆたかに通りぬける ほか)　第3章 小屋裏部(かやぶき屋根—風雪に耐える毎日　屋根裏の空気—藁の匂いが懐かしい ほか)　第4章 炉端部(いろり—やさしいぬくもり　かなわ—炎にじっと耐えて ほか)　第5章 各室部(てあか—しみついた家の歴史　おしいた—にぶい光を放つ ほか)　第6章 縁・軒・庇・壁・屋根部(かみしょうじ—心なごむ風情　あかりしょうじ—さわやかな明るさ ほか)　第7章 その他(しもばしら—孤独な美しさ　たらいゆ—ゆたかな開放感 ほか)
＊民家は、庶民が生まれ育ち、長い間生活してきたさまざまな暮らしの経験がにじみ出ている。伝統美を知るうえでも、かけがえのない貴重なものであり、工夫と知恵をこらし、風土に適応した人情味あふれる暮らしの結晶である。

◇民家の旅—版画　広長威彦著　グラフィック社　1996.7　127p　25×25cm　3000円　(i)4-7661-0928-7　Ⓝ733
(内容)北海道・東北地方(網元の家　黒石のコミセ ほか)　関東・中部地方(長屋門のある家　奥多摩の蚕家 ほか)　近畿地方(近江邑落　湖北菅浦 ほか)　中国四国・九州地方(倉敷春賦　倉敷の小路 ほか)

◇民家の風貌—写真集　小林昌人写真・文　相模書房　1994.5　179p　21×23cm　4635円　(i)4-7824-9405-X　Ⓝ521.86
＊北海道から沖縄まで、40年にわたり民家を探訪し、撮影した数万枚のフィルムから、自然の中に強く息づく、民家と生活の写真210枚を厳選。環境を彷彿とさせるエッセイと撮影データを付記。重要文化財指定の民家から人知れず建つ民家まで、造った人と住む人の暖かい心に支えられてきた住まいの原点。

◇民家・町並み探訪事典　吉田桂二著　東京堂出版　2000.9　166p　19×24cm　2900円　(i)4-

文化人類学の本 全情報　317

490-10557-6 Ⓝ521.86
(内容) 北海道小樽市—小樽運河に町の栄枯盛衰を感じる 青森県弘前市—今ではもう珍しい「こみせ」のある家 秋田県仙北郡角館町—明治以後の歳月で森と化した武家屋敷町 山形県上郡金山町—ここは秋田ではないが、杉の森に囲まれた町 山形県尾花沢市—銀山温泉の旅館街は大正ロマンの町並み 宮城県登米郡登米町—小さな町に歴史的建築様式の一式が揃う 福島県南会津郡下郷町—脇街道の馬宿だった大内宿の草屋根の町並み 茨城県結城市—結城紬の名声を馳せた百万石の城下町 埼玉県川越市—重量感のある関東風土蔵造りの町並み 新潟県石船郡関川村—大きな屋敷三軒が街道に面して建ち並ぶ〔ほか〕

◇民家歴訪—画集 武智豊著〔武智豊〕 1993.1 61p 21×26cm〔付(別冊 8p 21cm)：内容解説〕 非売品 Ⓝ723.1

◇名勝養翠園保存修理工事報告書 京都伝統建築技術協会編 和歌山 養翠園 1994.12 56p 図版82枚 30cm Ⓝ521.86

◇遊蕩の空間—中村遊廓の数寄とモダン 若山滋著 INAX 1993.1 47p 21cm (INAX album 11)〔発売：図書出版〕 927円 (i)4-8099-1029-6 Ⓝ521.86
＊第1章 消滅する桃源郷；第2章 近代都市・中村遊廓の誕生；第3章 遊蕩空間としての数寄屋；第4章 イミテーション・エキゾティシズム；第5章 風俗としてのモダニズム

◇よみがえった古民家—写真集 塚田一敏著, 森下一徹撮影 同時代社 1999.1 40p 30cm 2800円 (i)4-88683-409-4 Ⓝ521.86
＊この写真集は大工の塚田一敏さんを中心とした職人のチームが、廃棄寸前の運命にあった古民家を再生した記録です。その建物をプロの写真家の目でとらえた芸術作品ともなっています。さらに参考のため間伐材利用の「新築」家屋も一部掲載しました。

◇よみがえる民家—私の民家改修日誌 中善寺紀子著 相模書房 2000.7 214p 21cm 1800円 (i)4-7824-0007-1 Ⓝ521.86
(内容) 1 よみがえった百年の製茶農家—町田さんの家 2 ダイナミックな梁を生かした大空間—沢田さんの家 3 千本格子の家—高木さんの家 4 土間を生かした養蚕農家の改造—斉藤さんの家 5 囲炉裏と自在鉤のある居間—加藤さんの家 6 二段階の増改築で変身した街道筋の町家—北田さんの家
＊100年住み続けた民家を取り壊すのは忍びない。しかし、住みやすい快適な住まいがほしい。先人の想い出も残したい。こんな願いから出発した古い民家の改修工事。女性建築家が25年にわたり挑戦した仕事、6軒の民家改修の実例を記録した。新築の家屋では決して手に入らない、太い立派な柱や梁、磨き込まれた美しい木目。良いものは残し、最新の設備で快適な住まいを造る、建て主とともに作りだす、本当の家づくりがここにある。

◇歴史遺産日本の町並み108選を歩く 吉田桂二著 講談社 2001.10 237p 18cm (講談社+α新書) 880円 (i)4-06-272097-3 Ⓝ521.86
(内容) 第1章 みちのくの道(栃木(栃木県) 舘岩(福島県) ほか) 第2章 板東の諸道、甲州路、東海道とその脇道(佐原(千葉県) 土浦(茨城県) ほか) 第3章 中山道と北への諸道(柏原(滋賀県) 美濃太田(岐阜県) ほか) 第4章 京都周辺の諸道と北陸路(坂本(滋賀県) 鵜川(滋賀県) ほか) 第5章 中国路と瀬戸内の海路と四国路(平福(兵庫県) 津山(岡山県) ほか) 第6章 九州路・北と南の道と海路(秋月(福岡県) 吉井(福岡県) ほか)
＊町並みの見どころ、歴史散歩の勘どころを知ると、旅の面白さがグーンと増してくる。日本全国から選りすぐった108の町並みに息づく日本人の心を体感できる一冊。

◇歴史的集落・町並みの保存—重要伝統的建造物群保存地区ガイドブック 文化庁文化財保護部建造物課編 文化庁文化財保護部建造物課 2000.3 270p 21cm Ⓝ521.86

◇歴史的集落・町並みの保存—重要伝統的建造物群保存地区ガイドブック 文化庁編 第一法規出版 2000.6 270p 21cm 2700円 (i)4-474-00832-4 Ⓝ521.86

◇歴史の町並み事典—重要伝統的建造物群保存地区総集 吉田桂二絵と文 東京堂出版 1995.9 125p 26cm 2500円 (i)4-490-10402-2 Ⓝ521.86

◇ロフト マーカス・フィールド, マーク・アーヴィング著, 北野樹記 エディシオン・トレヴィル, 河出書房新社〔発売〕 2000.5 206p 27×27cm (E・T STYLE) 4600円 (i)4-309-90376-2
(内容) 1 ボヘミアン・ロフト 2 ノスタルジア：ロフトと美化された過去 3 都会の聖域 4 住まいと仕事場 5 細部へのこだわりと物の崇拝 6 イメージの構築：デベロッパーとメディアの役割 7 ロフトの遺産
＊ロフト・リビング—20世紀後半における最もエキサイティングで可能性に富んだ居住空間革命！1950年代、ロフト・ムーブメントは、N.Y.の貧しいアーテストたちが創作と生活のため安価でオープンなスペースを求め、廃棄された工業施設に住み着いたことに端を発した。本書は、代表的な31のロフト事例を豊富な図版と居住者への取材を通して解説し、ロフトの歴史とその社会的意義を批判的に検証する。

◆北海道地方
◇アイヌのすまいチセを考える—アイヌ民族博物館公開シンポジウム　アイヌ民族博物館編　白老町(北海道)　アイヌ民族博物館　1998.3　141p　26cm　Ⓝ383.91
◇いさわの萱と屋根替え—胆沢の民俗　大正・昭和の萱と屋根替え　〔胆沢町(岩手県)〕　胆沢町教育委員会　〔2000〕　82p　26cm　(調査記録集 第15集)　〈平成11年度高齢者学習ボランティア事業〉　Ⓝ383.91
◇帯広市古建築調査書　10　大林邸　北海道建築士会十勝支部帯広分会,帯広市教育委員会編　明石博志著　帯広　北海道建築士会十勝支部帯広分会　1995.9　52p　30cm　(共同刊行：帯広市教育委員会　折り込図1枚　参考文献：p52)　Ⓝ521.6
◇帯広市古建築調査書　11　川原邸　北海道建築士会十勝支部帯広分会,帯広市教育委員会編　帯広　北海道建築士会十勝支部帯広分会　1997.3　45p　30cm　(共同刊行：帯広市教育委員会　折り込1枚　文献あり)　Ⓝ521.6
◇帯広市古建築調査書　14　木村進,小野寺一彦著,北海道建築士会十勝支部帯広分会,帯広市教育委員会編　帯広　北海道建築士会十勝支部帯広分会　2001.6　63p　30cm　(共同刊行：帯広市教育委員会　折り込1枚　文献あり)　Ⓝ521.8
　内容　吉村邸(元帯広市長吉村博邸)
◇開拓使直営簾舞通行屋の今昔　札幌市有形文化財旧黒岩家住宅(旧簾舞通行屋)保存会10周年記念事業実行委員会編　〔札幌〕　札幌市有形文化財旧黒岩家住宅(旧簾舞通行屋)保存会　1999.8　93p　26cm　(折り込1枚)　Ⓝ521.86
◇北の住まい　木村勉著　INAX出版　1997.7　47p　21cm　(INAX album 38—日本列島民家の旅 9 東北・北海道)　〈文献あり〉　900円　(i)4-87275-077-2　Ⓝ521.86
　内容　東北の住まい、その成り立ちと造り　北海道近代の住まい、その背景　福島県　宮城県　岩手県　山形県　秋田県　青森県　北海道
◇国指定史跡佐賀家ニシン番屋　宮沢智士監修　〔留萌〕　佐賀家ニシン番屋調査会　2000.3　65p　30cm　〈執筆：福士広志、御船達雄　共同刊行：留萌市教育委員会〉　Ⓝ521.86
◇重要文化財旧三戸部家住宅保存修理工事報告書　文化財建造物保存技術協会編　伊達　伊達市　1997.3　56p　図版42枚　30cm　Ⓝ521.86
◇北海道・東北地方の民家　1　北海道・青森・秋田　東洋書林　1998.9　1冊　23cm　(日本の民家調査報告書集成 第1巻)　〈企画協力：文化庁文化財保護部建造物課　複製　28000円　(i)4-88721-265-8　Ⓝ521.86
　内容　北海道の民家(序説　調査概要　農家　商家・駅通　漁家)　青森県の民家(本県民家緊急調査の概要　青森県民家の概要　南部曲り家

と「うまや」　第3次調査対象民家の各論(南部))　秋田県の民家(秋田県緊急民家調査について　近世文献上の秋田県民家　秋田県民家の曲りと馬屋　秋田県民家の間取　秋田県民家の構造　第三次調査対象民家の解説)
　＊北海道、青森県、秋田県で行われた民家調査の報告書の合冊復刻版。
◇北海道・東北地方の民家　2　岩手・宮城　東洋書林　1998.12　13,126,193p　27cm　(日本の民家調査報告書集成 第2巻)　〈企画協力：文化庁文化財保護部建造物課　複製　折り込2枚　文献あり　年表あり〉　35000円　(i)4-88721-266-6　Ⓝ521.86
　内容　岩手県の民家—民家緊急調査報告書(グラビア　第一次調査対象一覧表　岩手の古民家調査概要(民家の形態　町家　武士住宅　古民家各説)　宮城県の民家—民家緊急調査報告書(写真編　宮城県民家調査対象総覧　宮城県民家第二次調査表　宮城県民家第三次調査表　宮城県民家緊急調査報告(宮城県民家緊急調査の方法　宮城県民家調査の概要))
　＊岩手県(昭和53年)、宮城県(昭和49年)で行われた民家調査の報告書の合冊復刻版。
◇北海道・東北地方の民家　3　山形・福島　東洋書林　1998.10　1冊　23cm　(日本の民家調査報告書集成 第3巻)　〈企画協力：文化庁文化財保護部建造物課　複製〉　25000円　(i)4-88721-267-4　Ⓝ521.86
　内容　山形県の民家—民家緊急調査報告書(昭和45年)　福島県の民家—民家緊急調査報告書(県北・会津(昭和45年)　相双(昭和46年)　いわき(昭和47年)　東白・西白(昭和48年)　第2回緊急調査報告—付・前回分県中地区報告)
　＊山形県、福島県で行われた民家調査の報告書の合冊復刻版。
◇北海道の衣食と住まい　越野武ほか著　〔札幌〕　北海道　1997.10　262p　20cm　(北の生活文庫 第5巻)　〈文献あり〉　非売品　Ⓝ382.11

◆東北地方
◇秋田県の萱葺民家—写真集　吉田直也,吉田ハマ著,立花せつ子編　秋田　吉田直也　1993.3　437p　26cm　Ⓝ521.86
◇上郷家住宅調査報告書　前沢町教育委員会編　〔前沢町(岩手県)〕　前沢町教育委員会　1994.3　31p　26cm　(岩手県前沢町文化財調査報告 第3集)　Ⓝ521.86
◇上山市指定有形文化財楢下宿大黒屋(旧粟野家)・旧武田家住宅修復工事報告書　上山市教育委員会編　上山　上山市　1999.3　1冊　30cm　Ⓝ521.86
◇上山市指定有形文化財楢下宿脇本陣滝沢屋(旧丹野家)修復工事報告書　上山市教育委員会編　上山　上山市　1995.3　165p　30cm　〈参考

民家　　　　　　　　　　　　　　　　　　　　　　　　　　　　衣食住の習俗

及び使用文献：p81）　Ⓝ521.86
◇北の住まい　木村勉著　INAX出版　1997.7　47p　21cm　(INAX album 38─日本列島民家の旅　9　東北・北海道）〈文献あり〉　900円　(i)4-87275-077-2　Ⓝ521.86
　(内容)東北の住まい、その成り立ちと造り　北海道近代の住まい、その背景　福島県　宮城県　岩手県　山形県　秋田県　青森県　北海道
◇旧紅葉館(元客自軒)調査報告および元客自軒遺構保存工事報告書　〔福島〕　福島市教育委員会　1993.3　84枚　30cm　Ⓝ521.86
◇旧佐々木家住宅復原修理報告書　佐藤巧・古建築研究会編著　北上　北上市教育委員会　1999.3　63p　30cm　(北上市立博物館調査報告書　第3集)　Ⓝ521.86
◇旧菅原家住宅復原修理報告書　佐藤巧・古建築研究会編著　北上　北上市教育委員会　1998.3　103p　30cm　(北上市立博物館調査報告書　第2集)　Ⓝ521.86
◇旧馬場家住宅調査・移築保存工事報告書　〔福島〕　福島市教育委員会　1996.12　76p　30cm　Ⓝ521.86
◇四季雪国の民家─1991-1995　早津剛著　新潟　新潟日報事業社　1995.6　59p　26×26cm　〈おもに図　著者の肖像あり〉　3500円　(i)4-88862-561-1　Ⓝ723.1
◇史跡羽州街道楢下宿金山越楢下宿旧栗野家住宅(庄内屋)保存修理工事報告書　文化財建造物保存技術協会編　〔上山〕　上山市　1998.3　106p　30cm　Ⓝ521.86
◇史跡旧鐙屋保存修理工事報告書　文化財建造物保存技術協会編　酒田　酒田市教育委員会　1998.3　199p　30cm　Ⓝ521.86
◇史跡旧鐙屋保存修理工事報告書　資料篇　酒田市教育委員会編　酒田　酒田市教育委員会　1999.3　83p　30cm　Ⓝ521.86
◇重要文化財旧五十嵐家住宅保存修理工事報告書　文化財建造物保存技術協会著・編　会津坂下町(福島県)　会津坂下町　1997.3　85p 図版32枚　30cm　〈奥付の責任表示(誤植)：文化財建築物保存技術協会　共同刊行：福島県〉　Ⓝ521.86
◇重要文化財・草彅家住宅保存修理工事報告書　文化財建造物保存技術協会編・著　田沢湖町(秋田県)　草彅稲太郎　1996.3　96p 図版46枚　30cm　〈共同刊行：秋田県〉　Ⓝ521.86
◇宿根木の町並と民家─伝統木造住宅展示事業・改造マニュアル　1　TEM研究所著　小木町(新潟県)　佐渡国小木民俗博物館　1993.3　83p　30cm　〈平成4年度・地域木造住宅供給推進事業　共同刊行：小木町〉　Ⓝ521.86
◇宿根木の町並と民家─伝統木造住宅展示事業・改造マニュアル　2　TEM研究所著　小木町(新潟県)　佐渡国小木民俗博物館　1994.3　207p　30cm　〈平成5年度・地域木造住宅供給推

進事業　共同刊行：小木町〉　Ⓝ521.86
◇水墨雪国の民家─1996　早津剛著　新潟　新潟日報事業社　1996.2　79p　25×26cm　〈著者の肖像あり〉　2700円　(i)4-88862-601-4　Ⓝ721.9
◇田島町の民家─農民住居の遺構と近世の変遷　東北工業大学草野研究室執筆・編集　田島町(福島県)　田島町教育委員会　1995.8　77p　30cm　(田島町文化財調査報告書　第11集)　Ⓝ521.86
◇南部の曲家　小形信夫著　〔盛岡〕　盛岡市教育委員会　1994.2　55p　19cm　(盛岡市文化財シリーズ　第24集)　Ⓝ521.86
◇新潟県の民家　山口賢俊著、桜井徳太郎, 木下忠監修, 新潟県民俗学会編　三条　野島出版　1998.2　486p　22cm　(山口賢俊著作集　第2巻)　14500円　(i)4-8221-0162-2　Ⓝ383.9
　(内容)第1部　新潟県民家帖(上・中越地方　下越・佐渡地方　飲み水と井戸)　第2部　作業場の仕組みと機能(新潟県の農舎　農作業の場、特にニワについて　籾蔵　格納貯蔵に関する慣行方法)
＊本書は、山口賢俊著作集の第二巻「新潟県の民家」として、第一巻「新潟県の運搬具」に引き続いて、新潟県下の民家の採訪記録の成果をまとめて編集してある。
◇ふくしまの民家とその保存　草野和夫著　会津若松　歴史春秋出版　2001.11　181p　19cm　(歴春ふくしま文庫)　1200円　(i)4-89757-631-8
　(内容)第1部　福島県内の民家とその保存(民家の形態と変遷　県内民家の調査と研究　民家の保存　ほか)　第2部　県内各地の保存民家(中通り地方　会津盆地部地方　会津山間部地方　ほか)　第3部　民家の保存施設(保存施設の発足(「スカンセン」から「福島市民家園」まで)　福島市民家園(福島市)　奥会津地方歴史民俗資料館(南会津郡田島町)　ほか)
＊家は暮らしの守り神。何代も大事に受け継がれ、今に遺る古民家の32例。
◇北海道・東北地方の民家　1　北海道・青森・秋田　東洋書林　1998.9　1冊　23cm　(日本の民家調査報告書集成　第1巻)　〈企画協力：文化庁文化財保護部建造物課　複製〉　28000円　(i)4-88721-265-8　Ⓝ521.86
　(内容)北海道の民家(序説　調査概要　農家　商家・駅逓　漁家)　青森県の民家(本県民家緊急調査の概要　青森県民家の概要　南部曲り家と「うまや」　第3次調査対象民家の各論(南部))　秋田県の民家(秋田県緊急民家調査について　近世文献上の秋田県民家　秋田県民家の曲りと馬屋　秋田県民家の間取　秋田県民家の構造　第三次調査対象民家の解説)
＊北海道、青森県、秋田県で行われた民家調査の報告書の合冊復刻版。
◇北海道・東北地方の民家　2　岩手・宮城　東洋

320　文化人類学の本　全情報

書林 1998.12 13,126,193p 27cm （日本の民家調査報告書集成 第2巻）〈企画協力：文化庁文化財保護部建造物課 複製 折り込2枚 文献あり 年表あり） 35000円 (i)4-88721-266-6 Ⓝ521.86

（内容）岩手県の民家—民家緊急調査報告書（グラビア 第一次調査対象一覧表 岩手県の古民家調査概要(民家の形態 町家 武士住宅 古民家各説) 宮城県の民家—民家緊急調査報告書(写真編 宮城県民家調査対象総覧 宮城県民家第二次調査表 宮城県民家第三次調査表 宮城県民家緊急調査報告(宮城県民家緊急調査の方法 宮城県民家調査の概要)))

＊岩手県（昭和53年）、宮城県（昭和49年）で行われた民家調査の報告書の合冊復刻版。

◇北海道・東北地方の民家 3 山形・福島 東洋書林 1998.10 1冊 23cm （日本の民家調査報告書集成 第3巻）〈企画協力：文化庁文化財保護部建造物課 複製〉 25000円 (i)4-88721-267-4 Ⓝ521.86

（内容）山形県の民家—民家緊急調査報告書（昭和45年） 福島県の民家—民家緊急調査報告書(県北・会津（昭和45年） 相双（昭和46年） いわき（昭和47年） 東白・西白（昭和48年） 第2回緊急調査報告—付・前回分県中地区報告))

＊山形県、福島県で行われた民家調査の報告書の合冊復刻版。

◇本庄家旧宅解体調査報告書 胆沢町教育委員会編 胆沢町（岩手県） 胆沢町教育委員会 2000.3 28p 30cm （胆沢町文化財調査報告書 第25集—胆沢町古民家調査報告書 第2集）（胆沢町小山字上中沢所在） Ⓝ521.86

◇民家の思想 三瓶源作著 〔伊達町（福島県）〕 伊達町 1996.3 48p 21cm （伊達文庫 no.3）（折り込1枚） Ⓝ521.86

◇棟札銘文集成—社寺の国宝・重文建造物等 東北編 国立歴史民俗博物館編 佐倉 国立歴史民俗博物館 1997.3 233p 30cm （『非文献資料の基礎的研究(棟札)』報告書） Ⓝ521.81

◇盛岡市所在古建築物調査報告書 3 〔盛岡〕 盛岡市教育委員会 1995.12 67p 30cm （盛岡市文化財調査報告書 第30集） 《「2」までの書名：盛岡市所在古民家等建造物調査報告書》 Ⓝ521.86

◇盛岡市所在古民家等建造物調査報告書 2 〔盛岡〕 盛岡市教育委員会 1995.3 63p 30cm （盛岡市文化財調査報告書 第29集） Ⓝ521.86

◇山形県県指定有形文化財柏倉家住宅保存事業報告書 山形県中山町柏倉家編 〔山形〕 山形県中山町柏倉家 1994.3 141p 30cm Ⓝ521.86

◇八女福島—八女市福島伝統的建造物群保存対策調査報告書 九州芸術工科大学環境設計学科歴史環境研究室・都市環境研究室編 〔八女〕 八女市教育委員会 1998.3 118p 30cm Ⓝ521.86

◆関東地方

◇昭島の民家 白井裕泰空間文化研究所編 昭島 昭島市教育委員会 2001.3 169p 31cm Ⓝ521.86

◇あきる野市指定有形文化財旧市倉家住宅移築復原工事報告書 白井裕泰空間文化研究所編 あきる野 あきる野市教育委員会 2000.12 57p 図版79枚 Ⓝ521.86

◇上尾市石倉家住宅調査報告書 上尾 上尾市教育委員会 1999.8 52p 30cm （上尾市文化財調査報告 第63集） Ⓝ521.86

◇上尾市武蔵屋・大石屋建造物調査報告書 上尾 上尾市教育委員会 2000.3 73p 30cm （上尾市文化財調査報告書 第66集） Ⓝ521.86

◇上尾の民家と古建造物 上尾 上尾市教育委員会 1997.8 98p 30cm （上尾市文化財調査報告 第54集） Ⓝ521.86

◇足利市民家調査報告書 足利 足利市教育委員会文化課 1997.3 249p 30cm （足利市文化財調査報告書 第1集(建造物)） Ⓝ521.86

◇飛鳥山の渋沢邸—「晩香廬」の改修を終えて 企画展 渋沢史料館 〔1999〕 15p 30cm 〈会期：1999年10月23日—11月23日〉 Ⓝ521.86

◇あゆみ—財団法人大場代官屋敷保存会40年史 大場代官屋敷保存会 1994.3 151p 27cm 〈書名は背による 年表・保存会40年のあゆみ, 大場家・代官屋敷関連年表：p130〜151〉 Ⓝ521.86

◇一之江名主屋敷景観整備事業報告書及び保存管理計画—椿のさとの史跡をまもって 東京都指定史跡・江戸川区登録史跡 戸田芳樹風景計画編 一之江名主屋敷修理委員会 2000.3 68p 30cm 〈折り込8枚 付属資料：表2枚, 図1枚〉 Ⓝ521.86

◇宇都宮市指定文化財旧篠原家住宅保存調査報告書 文化財保存計画協会編 〔宇都宮〕 宇都宮市 1996.3 115p 30cm Ⓝ521.86

◇浦和市指定有形文化財旧野口家住宅移築復原工事報告書 浦和市くらしの博物館民家園編 浦和 浦和くらしの博物館民家園 2000.3 31p 図版55枚 30cm Ⓝ521.86

◇浦和市指定有形文化財旧蓮見家住宅移築復原工事報告書 浦和市教育委員会編 浦和 浦和市教育委員会 1995.3 22p 図版50枚 30cm Ⓝ521.86

◇浦和市指定有形文化財旧武笠家表門及び旧中島家穀櫃移築復原工事報告書 浦和くらしの博物館民家園編 浦和 浦和くらしの博物館民家園 1996.3 24p 図版47枚 30cm Ⓝ521.86

◇江戸東京たてもの園植村邸移築工事報告書 東

京都歴史文化財団江戸東京たてもの園編　小金井　東京都歴史文化財団江戸東京たてもの園　2000.3　84p　30cm　(i)4-924965-25-1　Ⓝ521.86
◇江戸東京たてもの園小出邸移築工事報告書　東京都歴史文化財団，東京都江戸東京博物館分館江戸東京たてもの園編　東京都歴史文化財団　1999.3　151p　30cm　(i)4-492-49651-3　Ⓝ521.86
◇江戸東京たてもの園三井邸移築工事報告書　解体編　文化財建造物保存技術協会編　小金井　東京都江戸東京博物館分館江戸東京たてもの園　1994.3　53p　図版38枚　30cm　Ⓝ521.86
◇江戸東京たてもの園吉野家住宅移築工事報告書　文化財建造物保存技術協会編　小金井　東京都江戸東京博物館分館江戸東京たてもの園　1994.3　50p　図版28枚　30cm　Ⓝ521.86
◇大石家住宅解体調査報告書　東京都江東区教育委員会生涯学習部生涯学習課　1994.10　37p　30cm　Ⓝ521.86
◇街道の民家史研究―日光社参史料からみた住居と集落　津田良樹著　芙蓉書房出版　1995.2　208p　22cm　4200円　(i)4-8295-0148-0　Ⓝ521.86
　(内容)日光社参と日光社参史料　分棟型の消長　家屋構成と平面形式　主屋の構成・造作・施設　主屋規模・平面と階層構成・家族人数　集落内における住居の配置
　＊本書は、徳川将軍の日光東照宮参詣の際、一行が宿泊する村々の民家一戸一戸の間取りを記録した貴重な史料である。この「住居絵図帳」を含む日光社参史料の分析と、史料にある民家の復原的調査の結果をもとに、江戸時代の農村と農家の実相を明らかにする。
◇上福岡の民家　1　上福岡市教育委員会編　上福岡　上福岡市教育委員会　1997.3　114p　30cm　(市史調査報告書　第11集)Ⓝ521.86
◇関東地方の民家　1　茨城・栃木・群馬　東洋書林　1998.4　1冊　23cm　(日本の民家調査報告書集成　第4巻)〈企画協力：文化庁文化財保護部建造物課　複製〉28000円　(i)4-88721-268-2　Ⓝ521.86
　(内容)茨城県の民家(茨城県教育委員会編)　栃木県の民家(栃木県教育委員会編)　群馬県の民家(群馬県教育委員会編)
◇関東地方の民家　2　埼玉・千葉　東洋書林　1998.5　1冊　23cm　(日本の民家調査報告書集成　第5巻)〈企画協力：文化庁文化財保護部建造物課　複製〉25000円　(i)4-88721-269-0　Ⓝ521.86
　(内容)埼玉県の民家―埼玉県民家緊急調査報告書　千葉県の民家―千葉県民家緊急調査報告書(安房地方の民家　上総地方の民家　下総地方の民家)
　＊埼玉県(昭和47年)と千葉県(昭和45〜49年)で行われた民家調査の報告書の合冊復刻版。
◇関東地方の民家　3　東京・神奈川　東洋書林　1998.5　1冊　23cm　(日本の民家調査報告書集成　第6巻)〈企画協力：文化庁文化財保護部建造物課　複製〉35000円　(i)4-88721-270-4　Ⓝ521.86
　(内容)東京都の民家―東京都文化財総合調査報告(東京都文化財総合調査報告の概要　佃島(現佃島1丁目)の町並　荏原地区民家調査報告　練馬・板橋の民家調査　ほか)　神奈川県の民家―(神奈川県古民家調査報告書　足柄地方　神奈川県における近世民家の変遷)
　＊東京都(昭和32〜61年)と神奈川県(昭和33〜45年)で行われた民家調査の報告書の合冊復刻版。
◇関東の住まい　田中文男著　INAX出版　1996.11　47p　21cm　(INAX album 37―日本列島民家の旅　8 関東)　927円　(i)4-87275-073-X　Ⓝ521.86
　(内容)関東の住まいとは(関東地方の風土　関東地方の歴史　関東地方の住まい　間取りの発展　架構)　関東の国指定民家(神奈川県　東京都　埼玉県　群馬県　栃木県　茨城県　千葉県)
　＊本書では、関東地方の重要文化財建造物の民家と関東の住まいの特徴を語るのに必要と思われる民家を収録した。
◇旧安中藩武家長屋復元修理工事報告書―安中市指定重要文化財　一級建築士事務所上毛歴史建築研究所編　安中　安中市教育委員会　1993.3　41p　図版21p　30cm　Ⓝ521.86
◇旧浦和市農業協同組合三室支所倉庫移築復原工事報告書　浦和くらしの博物館民家園編　浦和　浦和くらしの博物館民家園　1997.3　24p　図版41枚　30cm　Ⓝ521.8
◇旧高橋家住宅調査報告書―朝霞市指定有形文化財　朝霞市教育委員会編　朝霞　朝霞市教育委員会　2000.3　53p　図版12枚　30cm　Ⓝ521.86
◇旧東海道宿駅の街区・宅地割構成と町家に関する研究―駿河6宿および間宿における事例研究　小野木重勝ほか著，第一住宅建設協会，地域社会研究所編　第一住宅建設協会　1995.4　139p　30cm　(調査研究報告書)　〈共同刊行：地域社会研究所〉　非売品　Ⓝ521.5
◇桐生の町づくりフォーラム　桐生市教育委員会文化財保護課編　桐生　桐生市教育委員会　1994.3　194p　30cm　〈フォーラム1992、93年の記録〉Ⓝ521.86
◇桐生本町の町並み―伝統的建造物群保存対策調査報告書　伝統的建造物群保存対策調査会編　桐生　桐生市教育委員会　1994.3　21,57p　30cm　(付(1枚))：本町一・二丁目の町並み　付：参考文献〉Ⓝ521.86
◇「国」重要有形民俗文化財上三原田歌舞伎舞台　上三原田歌舞伎舞台栞作成委員会編　〔赤城村

衣食住の習俗　　　　　　　　　　　　　　　　　　　　　　　　　　　　　　　　　　民　家

（群馬県）〕　上三原田歌舞伎舞台操作伝承委員会　1996.3　32p　30cm　〈奥付のタイトル：上三原田歌舞伎舞台〉Ⓝ521.8

◇国分寺市の民家　国分寺市教育委員会市史編さん室編　国分寺　国分寺市教育委員会　1996.1　164p　30cm　Ⓝ521.86

◇小平ふるさと村　〔1993〕　市指定有形文化財旧小平小川郵便局舎移築復元修理工事の記録　小平　小平市教育委員会　1993.3　115p　30cm　Ⓝ521.86

◇小林一茶寄寓の地保存整備事業報告書―流山市指定記念物（史跡）　流山　流山市教育委員会会教育課　1996.3　216p　30cm　Ⓝ521.86

◇埼玉の草屋根葺き　岩槻　埼玉県立民俗文化センター　1997.3　128p　30cm　(埼玉県民俗工芸調査報告書　第12集)　〈文献あり〉Ⓝ750.2134

◇幸手の民家　幸手市史編さん室編　幸手　幸手市教育委員会　1995.3　116p　30cm　(幸手市史調査報告書　第7集)　〈折り込図1枚〉Ⓝ521.86

◇静岡の民家―木村仲久写真集　木村仲久著　静岡　静岡新聞社　1993.12　136p　23×28cm　4200円　(i)4-7838-0918-6　Ⓝ521.86

◇史跡伊能忠敬旧宅（店舗・正門・炊事場）保存修理工事報告書　文化財建造物保存技術協会編　佐原　佐原市教育委員会　1997.3　65p　図版39枚　30cm　〈折り込1枚〉Ⓝ521.86

◇下鶴間の旧小倉家住宅主屋―大和市指定重要有形文化財　解体調査　大和市教育委員会社会教育課編　大和　大和市教育委員会　1998.10　118p　30cm　(大和市文化財調査報告書　第67集)　Ⓝ521.86

◇重要文化財江川家住宅東蔵他一二棟保存修理工事報告書　文化財建造物保存技術協会編著　韮山町（静岡県）　江川文庫　2001.3　95p　図版87枚　30cm　〈共同刊行：静岡県韮山町〉Ⓝ521.86

◇重要文化財旧太田家住宅復旧修理工事報告書　川崎市編　川崎　川崎市　1994.3　82p　図版20枚　30cm　Ⓝ521.86

◇重要文化財旧平田家住宅修理工事報告書　文化財建造物保存技術協会編　〔小淵沢町（山梨県）〕小淵沢町　1993.3　91p　図版99枚　30cm　Ⓝ521.86

◇重要文化財彦部家住宅主屋保存修理工事報告書　文化財建造物保存技術協会編・著　〔桐生〕〔彦部敏郎〕　1999.3　148p　図版57枚　30cm　〈共同刊行：桐生市　折り込2枚〉Ⓝ521.86

◇重要文化財彦部家住宅「長屋門・冬住み・文庫倉・穀倉」保存修理工事報告書　文化財建造物保存技術協会・著　桐生　彦部敏郎　2000.12　1冊　30cm　〈共同刊行：桐生市〉Ⓝ521.86

◇重要文化財星野家住宅保存修理工事報告書―主屋・宅地内建物(厩・板塀)　文化財建造物保存技術協会編　〔大月〕　重要文化財星野家住宅修理委員会　1994.3　79,97p　30cm　〈共同刊行：山梨県〉Ⓝ521.86

◇重要文化財山本家住宅保存修理工事報告書　文化財建造物保存技術協会編　神栖町（茨城県）　重要文化財山本家住宅保存修理委員会　1994.3　1冊　30cm　〈奥付の書名：重要文化財山本家住宅修理工事報告書〉Ⓝ521.86

◇重要文化財吉田家住宅修理工事報告書　文化財建造物保存技術協会編著　〔小川町（埼玉県）〕吉田家住宅修理委員会　1998.12　119,6p　図版33枚　30cm　〈折り込1枚　共同刊行：埼玉県〉Ⓝ521.86

◇重要文化財吉田家住宅保存管理計画策定報告書　小川町教育委員会編　小川町（埼玉県）　小川町教育委員会　1993.3　22p　図版7p　26cm　Ⓝ521.86

◇住まいのふるさと　立川市教育委員会　1998.3　74p　19cm　(立川の歴史と風土　第2集)　Ⓝ521.86

◇袖ケ浦市史基礎資料調査報告書　5　袖ケ浦の建造物―民家　袖ケ浦　袖ケ浦市教育委員会　1995.3　100p　26cm　〈参考文献：p100〉Ⓝ213.5

◇大名屋敷―儀式・文化・生活のすがた　新宿歴史博物館開館5周年記念特別展　東京都新宿区立新宿歴史博物館編　〔東京都〕新宿区教育委員会　1993.10　103p　30cm　〈会期：平成5年10月29日～11月28日〉Ⓝ521.86

◇館林市指定文化財田山花袋旧居―保存修理（茅葺屋根葺替え）調査報告書　文化財総合調査　館林　館林市教育委員会文化振興課　2000.3　42p　30cm　Ⓝ521.86

◇多野藤岡消えゆく町並み・家並み探偵報告書　〔藤岡〕　〔群馬県〕藤岡財務事務所地域振興室　〔1993〕　116p　30cm　Ⓝ521.86

◇つくば市古民家調査報告書　その1　筑波大学安藤研究室・藤川研究室編　〔つくば〕　つくば市教育委員会　1999.3　71p　30cm　Ⓝ521.86

◇つくば市古民家調査報告書　その2　筑波大学安藤研究室・藤川研究室編　〔つくば〕　つくば市教育委員会　2000.3　124p　30cm　Ⓝ521.86

◇つくば市古民家調査報告書　その3　筑波大学安藤研究室・藤川研究室編　〔つくば〕　つくば市教育委員会　2001.3　139p　30cm　Ⓝ521.86

◇伝八王子城搦手門　八王子市教育委員会社会教育部社会教育課編　八王子　八王子市教育委員会　1994.3　32p　30cm　(八王子市文化財調査報告書　2)　Ⓝ521.86

◇東京私生活　冨田均著　作品社　2000.6　379,9p　21cm　〈年表あり〉2800円　(i)4-87893-355-0　Ⓝ523.136
（内容）都電　新宿　浅草　喪山　菓子屋　酒屋　豆腐屋　八百屋　魚屋　雑貨屋〔ほか〕
＊小さな東京の伝記。あの町、通り、あの橋や

文化人類学の本　全情報　323

川や家々や―寝て、食べ、交遊し、時とともに移ろいゆく町や街の記憶、故郷・東京への憧憬。東京徘徊―永井荷風「日和下駄」の後日譚の後日譚。
◇東京スタイル―普及版 都築響一写真・文 京都 京都書院 1997.7 375p 25×26cm 〈他言語標題：Tokyo style 英文併記〉 6800円 (i)4-7636-3271-X Ⓝ383.9
(内容) Beauty in Chaos The Fancy Fetish Artsy Pads The Traditional Touch Monomaniacs Kiddie Kingdoms Inertial Living Hermitages
＊本書はテクノロジーも、ポストモダンもワビサビも関係ない単なる普通の東京人がいったいどんな空間に暮らしているのかを、日本を外から眺めている人たちにある程度きちんとしたかたちで紹介するおそらくはじめての試みである。

◇栃木県指定史跡田中正造邸宅修理工事報告書 文化財建造物保存技術協会編 〔佐野〕 小中農教倶楽部 1993.3 53p 図版68枚 30cm Ⓝ521.86
◇沼津御用邸のあゆみ―市制70周年記念特別展 沼津市歴史民俗資料館編 〔沼津〕 沼津歴史民俗資料館 1993.8 41p 26cm Ⓝ521.8
◇秦野のすまい 1 農家編 秦野市教育委員会編 秦野 秦野市教育委員会 1998.3 80p 30cm (秦野市文化財調査報告書 2) Ⓝ521.86
◇秦野のすまい 2 町家編 秦野市教育委員会生涯学習課編 秦野 秦野市教育委員会 1999.3 87p 30cm (秦野市文化財調査報告書 3) Ⓝ521.86
◇鳩ヶ谷市の文化財 第20集 鳩ヶ谷市文化財保護委員会編 鳩ヶ谷 鳩ヶ谷市教育委員会 1998.3 33p 19×26cm 非売品 Ⓝ709.134
(内容) 建造物 1 (民家 1)
◇鳩ヶ谷市の文化財 第21集 鳩ヶ谷市文化財保護委員会編 鳩ヶ谷 鳩ヶ谷市教育委員会 1999.2 33p 19×26cm 非売品 Ⓝ709.134
(内容) 建造物 2 (商家 1)
◇鳩ヶ谷市の文化財 第23集 鳩ヶ谷市文化財保護委員会編 鳩ヶ谷 鳩ヶ谷市教育委員会 2000.10 35p 19×26cm 非売品 Ⓝ709.134
(内容) 建造物 4 (民家 2)
◇比企がたり―柿沼芳弘写真集 柿沼芳弘著 都幾川村 (埼玉県) 柿沼芳弘 1995.9 46p 21×26cm Ⓝ521.86
◇彦部家屋敷―国指定重要文化財 彦部氏歴史研究会著 群馬出版センター 1994.5 29p 26cm 700円 (i)4-906366-21-X Ⓝ521.86
◇日野市の古民家 山崎弘編 日野 日野市教育委員会 2000.3 90p 30cm Ⓝ521.86
◇福室家住宅調査報告書 東京都新宿区立新宿歴史博物館 1993.3 74p 30cm Ⓝ521.86

◇藤沢の民家 藤沢市教育委員会博物館建設準備担当編 藤沢 藤沢市教育委員会 1993.3 140p 30cm Ⓝ521.86
◇府中市郷土の森復原建築物報告書 第6集 旧三岡家長屋門移築修理工事報告書―東京都指定有形文化財 府中市郷土の森編 府中 府中市教育委員会 1996.3 159p 30cm Ⓝ521.86
◇船橋市民家分布調査報告 第10次 宮本・東船橋地区 船橋市教育委員会文化課編 船橋 船橋市教育委員会 1993.3 35p 26cm (船橋の民家 16) Ⓝ521.86
◇ふるさと住まい探訪―茨城の民家 2 (町家編) 茨城の民家編集委員会編 〔水戸〕 茨城県 1993.3 159p 21cm (監修：一色史彦,今瀬文也 製作：茨城新聞出版局) Ⓝ382.131
◇ふるさと住まい探訪―茨城の民家 3 (集落編) 茨城の民家編集委員会編 〔水戸〕 茨城県 1994.3 159p 21cm (監修：一色史彦,今瀬文也 製作：茨城新聞出版局 参考文献：p159) Ⓝ382.131
◇房総の民家歳時記―なつかしい昔の暮らし 道塚元嘉著 流山 崙書房出版 1996.10 174p 21cm 1800円 (i)4-8455-1029-4 Ⓝ521.86
(内容) 節分の日の思い出―夷隅郡夷隅町弥正渡辺一家 うかびあがる土間―市原郡郡本 岡本吉治家 壮大な茅葺屋根―千葉市中野町鎌田四関益男家 手あかがしみついた板戸―安房郡富山町平久里下 若林清家 美しいしめ飾り―君津郡袖ヶ浦町岩井 宇野保次郎家 掘抜井戸の水に春を思う―佐倉市宮内 三須清雄家 梅の老木がよくにあう民家―佐原市大崎 平野千晃家 ムシロの天井―安房郡丸山町宮下 石田昭一家 古文書の重み―安房郡天津小湊町坂本 高橋力太郎家 美しいせがいづくり―銚子市小浜町 宮内新蔵家 〔ほか〕
◇ぼくたちの古民家暮らし 新田穂高著 宝島社 2000.7 220p 18cm (宝島社新書) 700円 (i)4-7966-1892-9 Ⓝ611.98
(内容) 第1章 素晴らしきローテクワールド (暮らしすべてがアウトドア 最初の仕事はかやぶき屋根の直し かやぶき屋根は手間をかければローコスト ほか) 第2章 家を住み継ぐ (築二百年のかやぶき民家に出会うまで 住宅ローン顛末記 家のつくりと生活文化 ほか) 第3章 暮らしを遊ぶ (かやぶきの家の冬に見る夢 田舎にはスポーツと祭りが欠かせない わが家に暮らす動物たち ほか)
＊築200年、敷地930坪ローン付き！かやぶきの家に移り住んでみると、そこは予想を超えたおもしろ世界―。
◇真壁町の社寺装飾彫刻―江戸時代の建造物を中心に 真壁町歴史民俗資料館編 真壁(茨城県) 真壁町歴史民俗資料館 1994.3 52p 28cm Ⓝ521.81

◇松戸市旧宿場町建築物調査報告書　松戸市立博物館編　松戸　松戸市立博物館　1999.3　153p　30cm　(松戸市立博物館調査報告書 4　1340-4466)　Ⓝ521.86
◇松戸市民家調査報告書　松戸市立博物館編　松戸　松戸市立博物館　1996.3　131p　30cm　(松戸市立博物館調査報告書 3)　Ⓝ521.86
◇三芳町指定文化財旧島田家住宅解体移築工事報告書　文化財建造物保存技術協会,三芳町教育委員会編　三芳町(埼玉県)　三芳町教育委員会　1998.3　118p　30cm　Ⓝ521.86
◇睦沢町所在古民家調査報告書　1　睦沢町立歴史民俗資料館編　睦沢町(千葉県)　睦沢町立歴史民俗資料館　1996.3　12p　30cm　(睦沢町文化財調査報告書　第4輯)　(共同刊行：睦沢町教育委員会)　(i)4-944093-03-9　Ⓝ521.86
◇棟札銘文集成―社寺の国宝・重文建造物等　関東編　国立歴史民俗博物館編　佐倉　国立歴史民俗博物館　1997.3　376p　30cm　(「非文献資料の基礎的研究(棟札)」報告書)　Ⓝ521.81
◇毛呂山地誌考―蔵のある家の特集　岡野恵二著〔毛呂山町(埼玉県)〕　〔岡野恵二〕　1994.1　84p　26cm　〈「あゆみ」20号特集版〉　Ⓝ521.86
◇八郷の住文化　八郷町(茨城県)　八郷町教育委員会　1998.3　41,9p　30cm　Ⓝ521.86
◇八郷の住文化　2　江戸・明治期民家悉皆調査報告書　八郷町(茨城県)　八郷町教育委員会　1999.3　76p　30cm　Ⓝ521.86
◇八郷の住文化　3　八郷町(茨城県)　八郷町教育委員会　2000.4　68p　30cm　Ⓝ521.86
◇山梨の草葺民家―伝統的形式住居の終焉　坂本高雄著　甲府　山梨日日新聞社出版局　1994.10　531p　22cm　〈文献案内：p395～507〉　4200円　(i)4-89710-690-7　Ⓝ521.86
◇横浜市指定文化財総持寺茶室倚松庵解体修理工事報告書　波多野純建築設計室編　横浜　曹洞宗大本山総持寺　1999.12　106p　30cm　Ⓝ521.863

◆北陸地方
◇小木町宿根木防災計画策定書　小木町(新潟県)　小木町教育委員会　1998.3　158p　30cm　(平成8・9年度伝統的建造物群保存地区保存対策調査事業　共同刊行：小木町)　Ⓝ521.86
◇加賀・能登の住まい　歴事書刊行会編　〔金沢〕　石川県　1993.11　256p　19cm　(製作・発売：北国新聞社)　2500円　(i)4-8330-0823-8　Ⓝ521.86
◇鯖江の古建築―鯖江市古建築物調査報告書　鯖江市教育委員会編　鯖江　鯖江市教育委員会　2001.3　40p　29cm　(折り込1枚)　Ⓝ521.86
◇住空間史論　1　島村昇著　京都　京都大学学術出版会　1998.7　372p　26cm　〈折り込1枚〉　8000円　(i)4-87698-058-0　Ⓝ521.86

(内容)　萌芽期の山間住居　形成期の山間住居　移行期の山村住居　成立期の山村住居　確立期の山村住居　完成期の山村住居　戦後期の山村住居(改造　新築)　現代の山村住居
＊本書は、白山・山村住居の史的展開過程を跡づけたものである。白山山系には、ごく近年まできわめて古い様式を伝える建物が残存した。本書では、主として石川県側の手取川上流域の山間にあった山村住居やその附属建物を手がかりとして、原初的な住空間の様相から現代に至るまでの当地の住空間史を追ったものである。

◇住空間史論　2　島村昇著　京都　京都大学学術出版会　2001.6　596p　26cm　12000円　(i)4-87698-423-9　Ⓝ521.86

(内容)　萌芽期の架構体群　形成期の原農村住居　移行期の前農村住居　移行期とヒロマ呼称　成立期の農村住居　成立期の構法　確立期の農村住居　確立期の住空間構造　確立期の周辺農村住居　完成期の農村住居　現代の農村住居
＊ワクノウチヅクリに頂点をみる！農村住居の最大の特徴は、農作業用の土間(ニワ)が取り込まれたことであった。そして、サス・ウダツ・ヤグラと発展する構法の下で屋根が建ち上げられ、居室の中核となる広間(オエ)が形成される。その頂点にたつのが、ワクノウチヅクリ(枠の内造り)の偉容である。本書は、わが国の農村住居の変遷過程を、加賀地方を主舞台に、古代から現代に至るまでを概観する。建築史と生活文化史の両面からアプローチする壮大な通史である。

◇商都高岡の五つの町並み―建築美再発見　三沢博昭撮影　高岡　高岡市　1997.3　136p　31cm　Ⓝ521.86
◇新潟県指定有形文化財五十公野御茶屋保存修理工事報告書　文化財建造物保存技術協会編・著　新発田　新発田市　2000.3　49p　図版67枚　30cm　Ⓝ521.863
◇新潟県の民家　山口賢俊著、桜井徳太郎,木下忠監修、新潟県民俗学会編　三条　野島出版　1998.2　486p　22cm　(山口賢俊著作集　第2巻)　14500円　(i)4-8221-0162-2　Ⓝ383.9

(内容)　第1部　新潟県民家帖(上・中越地方　下越・佐渡地方　飲み水と井戸)　第2部　作業場の仕組みと機能(新潟県の農舎　農作業の場、特にニワについて　籾蔵　格納貯蔵に関する慣行方法)
＊本書は、山口賢俊著作集の第二巻「新潟県の民家」として、第一巻「新潟県の運搬具」に引き続いて、新潟県下の民家の採訪記録の成果をまとめて編集したある。

◇新潟数寄屋物語　重川隆広著　新潟　新潟日報事業社(発売)　1995.6　113p　24cm　2500円　(i)4-88862-565-4　Ⓝ521.86

◇北陸の住まい　日塔和彦著　INAX出版　1996.9　45p　21cm　(INAX album 36—日本列島民家の旅7 中部 2)　927円　(i)4-87275-070-5　Ⓝ521.86
　(内容)雪国の民家(雪国民家の工夫　日本海文化　越後豪農の住まい　加賀十村の住まい　角屋造の住まい　能登土豪の住まい　佐渡の民家　叉柱を持つ住まい　山地の住まい　社家の住まい　町家の住まい　武士の住まい　合掌造の住まい)

◇民家検労図　北村与右衛門良忠著　金沢　石川県図書館協会　1995.3　4冊(別冊とも)　27cm　〈石川県立図書館所蔵本の複製　別冊(131p):翻刻・現代語訳・解題　清水隆久解説　帙入　限定版　和装〉Ⓝ610.1

◇与板町指定文化財旧大坂屋別荘楽山亭復元修理工事報告書　楽山亭復元修理工事設計共同企業体編　〔与板町(新潟県)〕　与板町　1998.10　116p　30cm　Ⓝ521.86

◆中部地方
◇赤松家門・塀・土蔵保存修理工事報告書　文化財建造物保存技術協会編　〔磐田〕　磐田市　1997.3　89p　図版41枚　30cm　Ⓝ521.86
◇家のある風景　松本　郷土出版社　2001.12　139p　38cm　(写真探訪信州の原風景 民俗編 6)　〈シリーズ責任表示:市川健夫, 細江英公／監修　シリーズ責任表示:倉石忠彦／責任編集　文献あり〉(i)4-87663-551-X　Ⓝ521.86
◇伊勢神宮・大嘗宮建築史論　林一馬著　中央公論美術出版　2001.1　557p　30000円　(i)4-8055-0389-0
　(内容)第1部　伊勢神宮論の基礎考証(伊勢神宮論の基礎考証・序説　神宮起源伝承の検討—「古事記」の場合　神宮起源伝承の検討—「日本書紀」の場合　神宮起源伝承の検討—儀式帳以下の場合　古代の斎王)　第2部　伊勢神宮の建築史的考察(伊勢神宮の成立に関する史的考証　神社建築としての伊勢神宮に関する考察)　第3部　大嘗宮の建築史的考察(大嘗宮正殿の史的変遷　大嘗宮の配置構成とその意味　大嘗宮正殿と神嘉殿の神座・御座再考)
　＊本書は, 伊勢神宮と大嘗宮について建築史的な論究を行なおうとするものである。
◇犬山市伝統的建造物群保存対策調査報告書　犬山市建設部都市計画課編　〔犬山〕　犬山市　1997.3　150p　30cm　(折り込2枚)　Ⓝ521.86
◇卯建の町並み—美濃地区伝統的建造物群保存対策調査報告書　〔美濃〕　美濃市教育委員会　1995.6　254p　30cm　Ⓝ521.86
◇各務原市の農村舞台　各務原市歴史民俗資料館編　各務原　各務原市歴史民俗資料館　1995.2　84p　図版44枚　30cm　(各務原市資料調査報告書第19号)　〈折り込図1枚　各務原市の舞台に関する文献一覧:p84〉Ⓝ521.8

◇亀山市指定文化財亀山侍屋敷遺構加藤家長屋門修理工事報告書　亀山市教育委員会編　〔亀山〕　亀山市教育委員会　1994.3　33p　図版33枚　30cm　(亀山市文化財調査報告書 8)　Ⓝ521.86
◇くらしの中のわら製品　浜松市博物館編　〔浜松〕　浜松市博物館　1994.10　32p　21cm　(博物館資料集 4)　Ⓝ383.9
◇宿場のまちといえ　小野木重勝編著　豊橋　豊橋市教育委員会　1999.3　188p　30cm　(二川宿総合調査　町並み・建築物編)　Ⓝ521.86
◇信州の建築と景観　長野　長野県建築住宅センター　1993.9　277p　31cm　(発売:新建築社(東京))　8000円　(i)4-7869-0109-1　Ⓝ521
◇中部地方の民家　1　新潟　東洋書林　1998.6　1冊　23cm　(日本の民家調査報告書集成 第7巻)　〈企画協力:文化庁文化財保護部建造物課　複製〉30000円　(i)4-88721-271-2　Ⓝ521.86
　(内容)新潟県の民家(新潟県教育委員会編)
◇中部地方の民家　2　富山・石川・福井　東洋書林　1998.6　1冊　23cm　(日本の民家調査報告書集成 第8巻)　〈企画協力:文化庁文化財保護部建造物課　複製〉25000円　(i)4-88721-271-2　Ⓝ521.86
　(内容)富山県の民家(富山県教育委員会編)　石川県の民家(石川県教育委員会編)　福井県の民家(福井県教育委員会編)
◇中部地方の民家　3　山梨・長野　東洋書林　1998.7　1冊　23cm　(日本の民家調査報告書集成 第9巻)　〈企画協力:文化庁文化財保護部建造物課　複製　付属資料:図2枚(袋入)〉30000円　(i)4-88721-273-9　Ⓝ521.86
　(内容)山梨県の民家(山梨県近世民家調査について　第2章　記録上の戦国末・近世の甲斐における上流住宅と民家　第3章　山梨県民家の外観・屋根　第4章　山梨県民家の室名　第5章　山梨県民家の間取　第6章　山梨県民家の部屋飾と生活設備　第7章　山梨県民家の構造　第8章　調査民家の解説)　長野県の民家(宗教建築　城郭・殿舎・陣屋　藩校・関所・その他　民家　舞台・屋台・その他　近代建築　町並)
　＊山梨県と長野県で行われた民家調査の報告書の合冊復刻版。
◇中部地方の民家　4　岐阜・静岡・愛知　東洋書林　1998.7　1冊　23cm　(日本の民家調査報告書集成 第10巻)　〈企画協力:文化庁文化財保護部建造物課　複製〉25000円　(i)4-88721-274-7　Ⓝ521.86
　(内容)岐阜県の民家(調査の方法　調査員構成　調査結果の概要　第二次調査民家　第三次調査民家一覧表　図面記号凡例　各戸解説　岐阜県民家の関係文献)　静岡県の民家(民家緊急調査報告の経過　静岡県民家の概況　静岡県民家の形式　第三次調査民家の解説)　愛知県の民家(民家緊急調査について　愛知県民家の概況

愛知県民家の形式　第三次調査民家の解説)
＊岐阜県、静岡県、愛知県で行われた民家調査の報告書の合冊復刻版。
◇東海・中央高地の住まい　吉沢政己著　INAX出版　1996.4　47p　21cm　(INAX album 34—日本列島民家の旅 6 中部 1)　927円 (i)4-87275-065-9　Ⓝ521.86
　(内容)尾張・三河の農家　遠江・駿河の農家　美濃・飛騨の農家　信州の茅葺農家　本棟造の民家　甲州の農家　高山の町並みと町家　濃尾平野の町家　中山道の宿場と町家　往還の宿場と町家　武士の住まい
　＊3000メートル級の山々から緩やかな丘陵地と広大な平野を経て海まで、豊かな自然環境を誇る中部地方。海抜0メートルから1000メートル余の高低差をもって分布する東海・中央高地の重要文化財指定民家36件と観光地としても名高い飛騨高山や妻籠宿など、今も残る伝統的な町並みを紹介する。
◇登録有形文化財河合家住宅保存修理・調査報告書　八幡町教育委員会編　八幡町(岐阜県)　八幡町教育委員会　2001.3　24p 図版11枚　30cm　Ⓝ521.86
◇長野県宝妻籠宿脇本陣林家住宅調査報告書　南木曽町(長野県)　南木曽町教育委員会　1999.3　95p　30cm　Ⓝ521.86
◇奈良井保存のあゆみ—楢川村奈良井重要伝統的建造物群保存地区選定20周年記念　〔楢川村(長野県)〕　楢川村　1998.6　45p　30cm　〈写真：三沢博昭　年表あり〉Ⓝ521.86
◇飛騨の合掌造り棟梁一代記　家柄木清光著　講談社　2000.3　220p　20cm　1800円 (i)4-06-210079-7　Ⓝ521.86
　(内容)第1章 合掌造り民家を移築する心　第2章 解体で学んだ昔の大工仕事の「すごさ」　第3章「世界遺産」飛騨の合掌造り民家の価値　第4章 釘一本使わない飛騨合掌造りを支える「榑」　第5章 解体移築で問われる棟梁の腕　第6章 移築三十年、合掌造り全仕事　第7章 現代に合掌造りを生かすための工夫
　＊世界遺産・合掌民家から聞こえる木の声、人の心。滅びゆく飛騨合掌集落を、わしの力で少しでも残したい。合掌造り「最後の棟梁」が生涯を賭した保存・移築の全仕事をいま明かす
◇百庵一茶室棟　小布施町(長野県)　竹風堂　〔1998〕　38p　21cm　〈折り込1枚〉Ⓝ521.863
◇町並みと建築　尾鍋昭彦著　名古屋　みずほ出版　2001.5　167p　21cm (i)4-9900844-3-8　Ⓝ521.86
◇松阪市指定史跡旧小津清左衛門家住宅復原整備工事報告書　文化財建造物保存技術協会編・編　〔松阪〕　松阪市　1997.3　56p 図版49枚　30cm　Ⓝ521.86

◇三郷村の民家　三郷村(長野県)　三郷村教育委員会　1993.3　94p　26cm　Ⓝ521.86
◇民家は語る　大東町(静岡県)　大東町教育委員会　1996.3　167p　22cm　(ふるさと双書 3)　Ⓝ382.154
◇棟札銘文集成—社寺の国宝・重文建造物等　中部編　国立歴史民俗博物館編　佐倉　国立歴史民俗博物館　1995.3　353p 図版10枚　30cm　(「非文献資料の基礎的研究(棟札)」報告書)　Ⓝ521.81

◆近畿地方
◇今井の町並み　渡辺定夫編著　京都　同朋舎出版　1994.2　226p　31cm　〈今井町町並み保全年表・参考文献一覧：p184～191〉　12000円 (i)4-8104-1742-5　Ⓝ521.86
　(内容)第1章 保存のあゆみとこれからのまちづくり(今井の町並みシンポジウムより)　第2章 町並み調査の成果とまちづくりの展開　第3章 今井から日本の町並みを展望する
◇埋もれた中近世の住まい—奈良国立文化財研究所シンポジウム報告　浅川滋男, 箱崎和久編　同成社　2001.5　442p　26cm　13000円 (i)4-88621-222-0
　(内容)第1章 東日本の中近世掘立柱建物(南関東地域における中近世建物遺構の変遷　多摩地域における近世の掘立柱建物　文献にみる近世信濃の民家)　第2章 西日本の中近世掘立柱建物(近畿地方における古代から中世までの掘立柱建物—京都府・滋賀県・兵庫県の場合　中国・四国地方の掘立柱建物　沖縄先島地域における発掘遺構と民家にみる掘立柱建物の問題)　第3章 総合討論—埋もれた中近世の住まい
　＊「掘立柱建物はいつまで残ったか」をテーマに、考古学と建築史学の学際的視点から中近世の住まいの実態を総合的に追求。現在の発掘調査における最先端の情報を提示し、調査・研究の関係者に必読の書。
◇大宇陀・松山—せせらぎと手わざの町　松山・神戸地区伝統的建造物保存対策調査報告書　大宇陀町(奈良県)　大宇陀町教育委員会　2001.3　189p　30cm　(大宇陀町文化財調査報告書 第4集)　〈編集：上野邦一〉Ⓝ521.86
◇嘉家作り丁民家実測調査報告書　建築文化研究所編　和歌山　和歌山市教育委員会　1996.7　24p　30cm　Ⓝ521.86
◇橿原市今井町重要伝統的建造物群保存地区総合防災計画策定調査報告書　平成7年度　〔橿原〕　橿原市　1996.3　82, 18p　30cm　〈共同刊行：都市環境研究所〉Ⓝ521.86
◇加悦町指定文化財旧丸岡家住宅復原工事報告書　加悦町(京都府)　加悦町教育委員会　1994.3　45p 図版10枚　30cm　(加悦町文化財調査報告 第19集)　Ⓝ521.86

◇紀州北部の町並み―和歌山県伝統的町並み調査報告書　和歌山県文化財センター編　〔和歌山〕和歌山県文化財センター　1998.3　72p　図版8枚　30cm　(財団法人和歌山県文化財センター設立10周年記念)　Ⓝ521.86

◇旧北国街道木之本宿の町並―旧北国街道木之本宿伝統的建造物群保存対策調査報告書　〔木之本町(滋賀県)〕　木之本町教育委員会　1993.3　99p　30cm　Ⓝ521.86

◇京都―建築と町並みの＜遺伝子＞　山本良介著　建築資料研究社　1999.2　182p　21cm　(建築ライブラリー 6)　2800円　(i)4-87460-585-0　Ⓝ521.86

(内容) 第1章 京の町並み行脚(地図との格闘　京都は打たれ強し、辛抱強し　それぞれの地域が奏でる万華鏡　洛中―日本のルーツここにあり　ほか)　第2章 京の遺伝子(京には脈々と流れるものがある　フィルムが見つけた遺伝子　旦那衆と職人衆　京都に遺伝子を見た―京の玄関先　屋根の変化と瓦　ほか)

＊京都は変わる。今、撮っておかなければ…との思いで、町並みの撮影行脚をはじめた。そのうちに見えてきた京の建築。京には、1200年の歳月をかけて流れる公家、社寺、武家、町方、農家建築をつくってきた遺伝子があった。遺伝子は町方衆に支えられ素材を生み、職人を育て、京の町並みをつくってきた。遺伝子が伝える京の魅力。

◇京都の意匠―伝統のインテリア・デザイン　吉岡幸雄著, 喜多章写真　建築資料研究社　1997.5　148p　21cm　(コンフォルト・ライブラリィ 4)　2400円　(i)4-87460-514-1　Ⓝ521.86

(内容) 玄関　障子・窓　引手・釘隠し・欄間　夏座敷　台所　坪庭　祇園会

＊玄関・窓・引手・釘隠し・欄間…住宅の細部意匠「デザイン」への心くばり。夏座敷・台所・坪庭・祇園会…神を畏れ敬い、自然と共生する暮らしかた。京の住まいにのこる懐かしい情景。

◇京都の意匠―街と建築の和風デザイン 2　吉岡幸雄著, 喜多章写真　建築資料研究社　1997.10　148p　21cm　(コンフォルト・ライブラリィ 5)　2400円　(i)4-87460-526-5　Ⓝ521.86

(内容) 門―人は門をくぐることに意義をもつ　塀・垣―塀と垣のうちそと　屋根―瓦の並ぶ偉力　看板・暖簾―商業広告事始め　路地・辻子・小径―温もりのある空間　橋―まだ見ぬ彼方へ

＊「門・塀・垣・屋根」内から外へ自己主張する造形。老舗の風格を伝える広告塔「看板・暖簾」「路地・辻子・小径・橋」人を呼ぶ空間構成の妙。京の街を彩る日本的な意匠。

◇京都府指定文化財旧平野家住宅修理工事報告書―大雲記念館　大江町(京都府)　大江町教育委員会　2000.11　214p　30cm　(大江町文化財調査報告書 第4集)　Ⓝ521.86

◇京都府指定有形文化財三上家住宅整備工事報告書　京都伝統建築技術協会編　宮津　宮津市教育委員会　2001.3　56,20,16p　30cm　(宮津市文化財調査報告 第34集)　Ⓝ521.86

◇京都町家色と光と風のデザイン　吉岡幸雄著　講談社　1999.6　148p　22cm　2200円　(i)4-06-209749-4　Ⓝ521.86

(内容) カラー口絵　京都町家と祇園祭　北観音山町・吉田家　「奈良屋」・杉本家　「花洛庵」・野口家　祇園・富美代　西陣・巽家

＊江戸時代の京商人の精魂が今も生きつづける気品と典雅の世界、町家。自然を優雅に粋に取り入れた「しつらい」には日本人の美のデザインと伝統が息づいている。静かに佇む「五名家」の奥の間、初めて語られる「美空間」の全貌。

◇京都町家歳時記　水野克比古写真　京都　京都書院　1994.1　1冊(頁付なし)　26×26cm　〈英語書名: Traditional dwellings of Kyoto 英文併記〉　文: 橋本帰一　企画編集: 青玄舎, 松木弘吉　3980円　(i)4-7636-3226-4　Ⓝ748

(内容) 室町界隈　西陣界隈　祇園界隈・先斗町・木屋町　街道

◇京都民家巡礼　橋本帰一著　東京堂出版　1994.7　198p　22cm　〈参考文献: p195〉　2600円　(i)4-490-20240-7　Ⓝ521.86

(内容) うま乗りのある屋根　小畠家の破風飾り　伏見の酒蔵　貝がら屋根　館の面影　山国の長屋門　鳥居の入口　街道の粗格子　笹葺きの屋根　洪水に備えて　七夕の家　過疎地のアマダ　雪かぶった屋根　"ちょうちんや"のはり組み　水茶屋の束組　化粧組〔ほか〕

◇京の数寄屋普請―上野工務店施工作例50選 1　上野益彦著　京都　京都書院　1998.7　255p　15cm　(京都書院アーツコレクション 152 建築 1)　〈撮影: 高城楢三郎, 難波竜　編集: 和風建築社　おもに図〉　1200円　(i)4-7636-1652-8　Ⓝ521.86

◇京の数寄屋普請―上野工務店施工作例50選 v.2　上野益彦著　京都　京都書院　1998.7　255p　15cm　(京都書院アーツコレクション 153 建築 2)　〈撮影: 高城楢三郎ほか, 編集: 和風建築社　おもに図〉　1200円　(i)4-7636-1653-6　Ⓝ521.86

◇京の住まい―地域の文化財としての民家　京都市文化観光局文化部文化財保護課編　京都　京都市文化観光局文化部文化財保護課　1993.2　107p　30cm　(京都市文化財ブックス 第8集)　1300円　Ⓝ521.86

◇京の茶室―瀬戸内寂聴さんと訪れる 名僧と語る茶の心　林忠彦, 林義勝撮影　婦人画報社　1993.10　128p　21cm　(Ars books 7)　〈解説:

中村昌生〉 1600円 (i)4-573-40007-9 Ⓝ521.86

(内容) 序文 京の茶室 茶室紹介(銀閣寺東求堂 同仁斎集芳軒 高台寺傘亭時雨亭 大徳寺聚光院閑隠席 大徳寺高桐院松向軒 大徳寺孤篷庵忘筌 建仁寺東陽坊 西芳寺湘南亭 南禅寺金地院八窓席 八幡市松花堂 円山西行庵皆如庵 妙心寺桂春院既白軒 仁和寺遼廓亭 仁和寺飛濤亭) 寂庵を訪ねて 茶室解説

◇京の町家 中村昌生著 京都 河原書店 1994.7 171p 19cm 950円 (i)4-7611-0126-1 Ⓝ521.86

(内容) 京の町家(山紫水明 京間と田舎間 洗練された生活空間 壺中の小天地 意匠のこころ 準棟籤冪―町家のつくり 「まち」の家) 京の坪庭(庭でない庭 坪庭の形成 坪庭の様態 坪庭の構成)

*京都という町を、今後どのように築きあげていくか、その英知を秘めているのは京都の町に代々住みついてきた町衆である…と考える著者が、建築家の立場から京都人に訴え、京都人ならではの雄叫びを希求する。

◇京の町家考 京都新聞社編 京都 京都新聞社 1995.7 406p 20cm 1800円 (i)4-7638-0378-6 Ⓝ521.86

(内容) 1 町と暮らしの歴史 2 町家と現代住様式 3 町家の環境デザイン 4 町づくりと住まいづくり シンポジウム―京の新しい町家づくり

*伝統的な京町家と現代の住様式を検証しながら、防災や景観にも配慮した快適な住空間と環境デザインを提言―。町家の再生とこれからの住まいを多角的に展望する。

◇京の町家めぐり 蔵田敏明文, 柴田佳彦写真 京都 淡交社 2001.5 126p 21cm (新撰京の魅力) 1500円 (i)4-473-01811-3 Ⓝ521.86

(内容) 中京 下京 上京 左京・洛北 右京・西京 東山 伏見 町家で体験

*二十一世紀を迎えたIT時代において、古い町家に現代人は、何を求めているのか、そして、何を探しているのか、それを知るための本。

◇京町家 神崎順一写真, 新谷昭夫文 京都 光村推古書院 1998.2 59p 17×19cm (Suiko books) 〈他言語標題: Machiya〉 1000円 (i)4-8381-0216-X Ⓝ521.86

*京町家といえば「うなぎの寝床」―宅地の間口が狭く、奥行きが長いことからこう呼ばれる。洛中洛外図にも描かれた古都の風情を今に伝える町家。そこには日本人の美学、暮らしの知恵など様々な文化が息づいている。美しい写真とわかりやすい解説で町家の魅力にせまる一冊。

◇京町家・千年のあゆみ―都にいきづく住まいの原型 髙橋康夫著 京都 学芸出版社 2001.6 254p 21cm 2500円 (i)4-7615-2264-X Ⓝ521.86

(内容) 1章「京都」と「京町家」の誕生(「京都」の成立 「町」の形成と発展 京町家の誕生) 2章「京都」と京町家の成長(絵巻物が語る町家の地域色 「京都」の復活と発展 巨大都市京都の点景) 3章「花の都」と京町家の開花(小京都―戦乱により変容した「京都」 町堂と銭湯と町衆 社会と文化と空間) 4章「花の田舎」と京町家の成熟(天下人と「京都」 町・町家・町大工 祭礼・棧敷・町並み)

*素材、意匠、技術、空間、そして暮らし…。豊かな文化と歴史を体現する京町家が、いま再び注目されている。都市住宅の変遷を辿りながら、日本の町家の原型を考察。

◇近畿地方の民家 1 京都 東洋書林 1997.11 1冊 23cm (日本の民家調査報告書集成 第11巻) 〈企画協力: 文化庁文化財保護部建造物課 複製〉 33000円 (i)4-88721-275-5 Ⓝ521.86

(内容) 1 解説(調査地 奥丹後の自然と社会 民家の概要 比較・分析 編年 結論) 2 主要家屋の個別解説

◇近畿地方の民家 2 三重・滋賀・兵庫・奈良・和歌山・大阪 東洋書林 1997.12 1冊 23cm (日本の民家調査報告書集成 第12巻) 〈企画協力: 文化庁文化財保護部建造物課 複製〉 33000円 (i)4-88721-276-3 Ⓝ521.86

(内容) 三重県民家調査概報(三重県教育委員会編) 滋賀県緊急民家調査報告書(滋賀県教育委員会編) 兵庫の民家(兵庫県教育委員会編) 奈良県文化財調査報告(奈良県教育委員会編) 和歌山県の民家(和歌山県教育委員会編) 大阪府の民家(大阪府教育委員会編)

◇近畿農村の住まい 平山育男著 INAX 1994.12 47p 21cm (INAX album 29―日本列島民家の旅 4 近畿 1) 〈企画編集: 入沢企画制作事務所 発売: 図書出版社 参考文献目録: p47〉 927円 (i)4-8099-1055-5 Ⓝ521.86

◇近畿町家の住まい 林良彦著 INAX 1995.11 47p 21cm (INAX album 32―日本列島民家の旅 5 近畿 2) 〈発売: 図書出版社 参考文献目録: p47〉 927円 (i)4-8099-1061-X Ⓝ521.86

(内容) 近畿地方の町家の特徴 都市と町家保存 奈良の町並みと町家 京都の町並みと都市住宅 滋賀の町並みと町家 三重の町並み 大阪の町家 和歌山の本陣 兵庫の町家と洋館

◇近世京都の町・町家・町家大工 日向進著 京都 思文閣出版 1998.11 320,14p 22cm 7800円 (i)4-7842-0984-0 Ⓝ521.86

(内容) 第1章 近世初期における京町衆の住居とその数寄的空間 第2章 近世中期における京町家の建築構成について 第3章 天明大火直後の京都における町家普請―寛政二、三年「注文帳」を中心に 第4章 三井家京都本店の建築につい

て—江戸時代における大規模商家の普請　第5章　宮津元結屋三上家の建築と普請　第6章　町家大工「近江屋吉兵衛」とその営業形態—江戸時代における町家大工の生産活動に関する一考察　第7章「近江屋吉兵衛」と祇園町南側の開発　第8章　近世京都における新地開発と「地面支配人」—鴨東・河原の開発をめぐって　第9章　近世都市における町並み規制と景観　第10章　町家と坪庭

＊本書は、近世における京都町家の形成と展開の過程を事例として、町家が住居形態として一定の類型を保持し、存続してきた背景としての建築的、技術的、社会的、都市的な要因の解明を試みることを目的としたものである。

◇神戸の茅葺民家・寺社・民家集落—神戸市歴史的建造物実態調査報告書　神戸市歴史的建造物調査会,神戸市教育委員会編〔神戸〕　神戸市　1993.3　353p 30cm　Ⓝ521.86

◇神戸の茅葺民家・寺社・民家集落　補遺編　奈良国立文化財研究所,神戸市教育委員会編〔神戸〕　神戸市　1998.3　53p 30cm　Ⓝ521.86

(内容)東灘・灘・垂水・須磨・北区の民家と寺社

◇金堂町並み調査報告書　五個荘町(滋賀県)　五個荘町教育委員会　1997.6　54p　21×30cm　(五個荘町文化財調査報告 32)（編集：上野邦一）Ⓝ521.86

◇醒井—旧中山道宿場町　伝統的建造物群保存対策調査報告書　上野邦一ほか編　米原町(滋賀県)　米原町教育委員会　1995.3　80p　30cm〈付(図2枚)〉Ⓝ521.86

◇産寧坂—町並み調査報告〔京都〕　京都市都市計画局〔1995〕147p 30cm　Ⓝ521.86

◇滋賀県の近世民家—滋賀県近世民家調査報告書　奈良国立文化財研究所編　大津　滋賀県教育委員会　1998.3　318p　30cm　Ⓝ521.86

◇史跡草津宿本陣保存整備工事報告書　草津市教育委員会文化財保護課編　草津　草津市教育委員会　1997.3　134p 図版88枚 30cm（草津市文化財調査報告 31）（付属資料：図2枚）Ⓝ521.86

◇重要文化財奥田家住宅主屋・表門・乾蔵・旧綿蔵・納屋・米蔵修理工事報告書　文化財建造物保存技術協会編　大阪　奥田邸保存会　1993.2　126p 図版86枚 30cm　Ⓝ521.86

◇重要文化財旧岡田家住宅保存修理工事報告書—災害復旧　文化財建造物保存技術協会編　伊丹　伊丹市　1999.3　170p 図版82枚 30cm　Ⓝ521.86

◇重要文化財旧鴻池新田会所・史跡鴻池新田会所跡修理工事報告書　文化財建造物保存技術協会編　東大阪　東大阪市　1996.3　2冊(図版とも) 30cm　Ⓝ521.86

◇重要文化財旧米谷家住宅修理工事報告書　奈良　奈良国立文化財研究所　1994.3　66p 図版96枚 30cm　Ⓝ521.86

◇重要文化財旧名手本陣妹背家住宅(主屋他二棟)修理工事報告書　和歌山県文化財センター編〔那賀町(和歌山県)〕　妹背武雄　1993.3　171p 図版94枚　30cm〈妹背家関係年表：p3～4〉Ⓝ521.86

◇重要文化財藤岡家住宅修理工事報告書　奈良県教育委員会事務局文化財保存事務所編〔奈良〕奈良県教育委員会　1998.9　88p 図版43枚 30cm　非売品 Ⓝ521.86

◇重要文化財堀家住宅修理工事報告書　奈良県教育委員会事務局文化財保存事務所編〔奈良〕奈良県教育委員会　1998.10　89p 図版60枚 30cm　非売品 Ⓝ521.86

◇住まいのかたち暮らしのならい—大阪市立住まいのミュージアム図録　大阪市立住まいのミュージアム編　平凡社　2001.4　108,6p 30cm（折り込2枚）　1200円 (i)4-582-54422-3 Ⓝ521.86

(内容) 1 近世の大坂(大坂の町空間　大坂の町家　町家のデザインと伝統技術 ほか)　2 近代の大阪(川口居留地—文明開化と西洋館　北船場—旧大坂三郷の近代化　大大阪新開地—市街地の拡大と近代長屋 ほか)　3 住まいのミュージアム(住まいのミュージアムができるまで　近世大坂家尽し　近世大坂物尽し ほか)

◇「住友長堀銅吹所と住友家住宅」の設計と演出—住友有芳園歴史展示館展示模型　住友史料館編　京都　住友史料館　1998.10　56p 30cm　(住友史料館報別冊)（折り込2枚）Ⓝ521.86

◇高島町大溝の福井家住宅調査報告書　高島町教育委員会編　高島町(滋賀県)　高島町教育委員会　1997.3　12p 図版2枚　26cm（高島町歴史民俗叢書 第8集）Ⓝ521.86

◇高島町旧大溝城下町の民家　高島町(滋賀県)　高島町教育委員会　2001.3　44p　26cm（高島町歴史民俗叢書 第9集）（編者：山岸常人）Ⓝ521.86

◇宝塚市指定有形文化財(建造物)宝塚市立歴史民俗資料館旧和田家住宅保存修理工事報告書　和田邸保全調査団編〔宝塚〕　宝塚市教育委員会　2000.3　145p 30cm　Ⓝ521.86

◇伝統的建造物群対策調査報告書　保存対策(案)編〔木之本町(滋賀県)〕　木之本町教育委員会　1994.6　1冊　30cm（木之本町文化財調査報告書 第3集）Ⓝ521.86

◇東京育ちの京町家暮らし　麻生圭子著　文芸春秋　2000.7　198p 20cm　1429円 (i)4-16-356410-1 Ⓝ521.86

(内容) 祇園祭で知った、京町家の奥座敷　町家のよさは表からは見えない　知人の町家探しに奔走する　京都空町家マップができそうだ　町家、

貸してもらえる!? 春の彼岸、故人の荷物を家を空っぽにする きものを市で売る 防空壕が出てきた 突然、アクシデント 振り出しに戻ってしまいました 結局、決めたのはこんな家 改修工事、壁からはじまる 床も壁もない家に引っ越しか 引っ越したとたん、漆にかぶれた やっと完成、いざお披露目 土間のダイニングキッチン
  *空家になって十年の、老いた町家を夫婦で修復、介護。土間があり、土壁があり、心がある暮らし─。便利より文化にこだわる「むかし暮らし」のはじまります。
◇長浜のまちなみ─北国街道を中心として 長浜市伝統的建造物群保存対策調査報告書 COM計画研究所編 長浜 長浜市教育委員会 1995.3 98p 30cm (共同刊行:長浜市) Ⓝ521.86
◇兵庫の民家と町並み─内海敏夫が描く 内海敏夫画 姫路 兵庫県立歴史博物館 1999.1 15p 30cm (収蔵資料目録 7) Ⓝ723.1
◇兵庫の民家と町並み画集─21市と70町水彩スケッチ300景 内海敏夫編 姫路 内海敏夫 1996.11 191p 25×26cm (製作:便利堂(京都) 著者の肖像あり 内海敏夫略年譜:p187 参考文献:p190) 15000円 Ⓝ723.1
◇枚方市指定有形文化財(建造物)鍵屋主屋保存修理工事報告書 文化財建造物保存技術協会編 枚方 枚方市 2001.3 37p 図版37枚,24p 30cm Ⓝ521.86
◇文菱川端康成家屋敷図面帳 川端富枝記 〔茨木〕 〔川端富枝〕 〔1999〕 31枚 22×30cm Ⓝ521.86
◇美山町の民家と集落─茅屋根の残る里 早瀬哲恒著 田辺町(京都府) 早瀬哲恒 1993.8 40p 26cm (製作:京都新聞出版局 おもに図) 2000円 Ⓝ521.86
◇棟札銘文集成─社寺の国宝・重文建造物等 近畿編 1 国立歴史民俗博物館編 佐倉 国立歴史民俗博物館 1996.3 229p 図版12枚 30cm (「非文献資料の基礎的研究(棟札)」報告書) Ⓝ521.81
◇棟札銘文集成─社寺の国宝・重文建造物等 近畿編 2 国立歴史民俗博物館編 佐倉 国立歴史民俗博物館 1996.3 306p 図版12枚 30cm (「非文献資料の基礎的研究(棟札)」報告書) Ⓝ521.81
◇よみがえる京の町家─癒しの空間 京都 マリア書房 2000.12 96p 30cm (別冊「緑青」5) 2800円 (i)4-89511-322-1 Ⓝ521.86
◇よみがえる京の町家 続 京都 マリア書房 2001.7 96p 30cm (別冊「緑青」6) 《続》のサブタイトル:遊びの空間) 2800円 (i)4-89511-326-4 Ⓝ521.86
  内容 現代美術を町家で遊ぶ─杉本家・吉田家・川崎家(キンシ正宗堀野記念館 京料理にし

むら 吾目堂京町家ショールーム ほか) 老舗のたたずまい(山中油店 大市 万亀楼 ほか) 町家を想う(祇園祭と京町家への想い 西陣再生に一役─銭湯から生まれた憩いのカフェスペース 日本の材木、伝統の技にこだわった町家を─織物の町・西陣に新築) 町家に学ぶ(「よしや町の町家」に見る京の伝統の技 職人技術を学ぶ学生たちの手で再生された「町家の学校」 現代美術を町家で遊ぶ)
◇歴史的都心地区における町家・町並みの保存と継承の具体策(1)(2) 三村浩史ほか著 住宅総合研究財団 1993.12 87p 30cm (研究 no.9014,9110) 2400円 Ⓝ521.86

◆中国地方
◇出雲平野の築地松調査報告書─平成6年度 〔出雲〕 築地松景観保全対策推進協議会 〔1995〕 132p 26×36cm Ⓝ521.86
◇大畠・石神─大畠石神・大畠・石神地区伝統的建造物群調査報告書 大畠町教育委員会編 大畠町(山口県) 大畠町教育委員会 2001.3 57p 30cm Ⓝ521.86
◇岡山県指定名勝近水園(吟風閣)保存修理工事報告書 文化財建造物保存技術協会編 〔岡山〕 岡山市教育委員会 1997.3 23p 図版15枚 30cm Ⓝ521.86
◇かもがた町家公園記録集─江戸へ百八十二里 鴨方町(岡山県) 鴨方町教育委員会 〔1998〕 48p 30cm Ⓝ521.86
◇杵築の町並み─大社町杵築地区伝統的建造物群保存対策調査報告書 大社町(島根県) 大社町教育委員会 1995.6 120p 30cm Ⓝ521.86
◇旧石井家住宅移築修理工事報告書─東広島市指定重要有形文化財 〔東広島〕 東広島市教育委員会 1997.3 147p 30cm Ⓝ521.86
◇近代和風建築智頭の石谷邸 宮ökas智士編著 智書房 2001.4 250p 31cm 〈撮影:三沢博昭 東京 星雲社(発売)〉 9524円 (i)4-434-00965-6 Ⓝ521.86
  内容 序章 石谷邸─林業経営の近代化遺産 第1章 塩屋石谷家の歴史 第2章 石谷邸の建築とその解説 図版 鬼瓦石膏型、図面、板図、石谷家コレクション絵画 第3章 石谷邸─前近代から近代へ 第4章 石谷邸「大正新築工事」文献資料・図面 結章 石谷家住宅の文化財的価値
  *「石谷邸」の文化財的価値と保存の意義を理解してもらうために刊行。石谷家の歴史や建築に関わる資料・図面を詳細に検討した調査報告書。
◇草葺き屋根 山口県教育委員会文化課編 山口 山口県教育委員会 1995.11 75p 30cm (山口県未指定文化財調査報告 9) Ⓝ521.86
◇県指定保護文化財三百田氏住宅移築復原工事報

告書　建築研究協会編　〔若桜町(鳥取県)〕
若桜町　1995.3　23p 図版55枚　30㎝　Ⓝ521.
86
◇建築修復学会智頭大会1998「智頭を世界一美しい
町に」大会資料集　建築修復学会事務局　1998.9
110p　30㎝　〈付属資料：図1枚〉Ⓝ521.86
◇杉源郷智頭町板井原の集落と全建物―智頭を世
界一美しいまちに／21世紀計画　宮沢智士ほか
著，長岡造形大学修復工学(宮沢)研究室編　智
頭町(鳥取県)　智頭町　1998.9　202p　30㎝
Ⓝ521.86
◇史跡木戸孝允旧宅保存修理工事報告書　文化財
建造物保存技術協会編　萩　萩市　1997.12
52, 4p 図版50枚　30㎝　Ⓝ521.86
◇史跡西周旧居保存修理工事報告書　文化財建造
物保存技術協会編・著　津和野町(島根県)　津
和野町　1999.12　57p 図版70枚　30㎝　Ⓝ521.
86
◇重要文化財大橋家住宅保存修理工事報告書　文
化財建造物保存技術協会著・編　重要文化財大
橋家住宅保存修理委員会　1995.3　188p 図版
120枚　30㎝〈共同刊行：岡山県〉Ⓝ521.86
◇重要文化財熊谷家住宅離れ座敷ほか三棟保存修
理工事報告書　文化財建造物保存技術協会著・
編　萩　熊谷美術館　1997.12　97p 図版106枚
30㎝　〈共同刊行：山口県〉Ⓝ521.86
◇重要文化財後藤家住宅主屋・二番蔵修理工事報
告書　文化財建造物保存技術協会編・著　米子
後藤朗知　1997.1　52p 図版35枚　30㎝　〈共同
刊行：鳥取県〉Ⓝ521.86
◇中国地方の住まい　光井渉著　INAX　1994.8
47p　21㎝（INAX album 26―日本列島民家の旅
3　中国）〈企画編集：入沢企画制作事務所　発
売：図書出版社　参考文献目録：p47）927円
(i)4-8099-1051-2　Ⓝ521.86
内容　1 中国地方の民家―都市と農村　2 都市
と都市住宅　3 農家建築の構造
◇中国地方のまち並み―歴史的まち並みから都市
デザインまで　日本建築学会中国支部・中国地
方まち並み研究会編著　広島　中国新聞社
1999.9　308p　22㎝　1900円　(i)4-88517-278-0
Ⓝ521.86
内容　鳥取県編　島根県編　岡山県編　広島県
編　山口県編　中国地方のまち並みの特徴と展
望
＊本書は，中国地方のまち並みを大きく「歴史的
まち並み」と「形成的まち並み」に分けてリスト
アップし，ガイドブックとして利用されるこ
とを意図したものである。
◇中国地方の民家―鳥取・島根・岡山・広島・山
口　東洋書林　1999.9　1冊　23㎝（日本の民
家調査報告書集成　第13巻）〈企画協力：文化庁
文化財保護部建造物課　複製〉33000円　(i)4-
88721-277-1　Ⓝ521.86

内容　鳥取県の民家―鳥取県文化財調査報告書
〈10〉島根 民家緊急調査報告 岡山県の民家
広島県の民家　山口県の民家―昭和47年度民家
緊急調査報告
＊本書は，昭和40年代に文化庁の企画の下に各
都道府県教育委員会が実施し，それぞれに刊
行した緊急民家調査の報告書を主体とした調
査資料を収録した。この調査は，自然と民家
が溶け合っていた最後の時期に実施された貴
重な学問的偉業であり，今日この報告書の中
でしか知ることの出来ない，建築史学・民俗
学上の貴重な事実が無数に含まれている。ま
た対象になった家の生活，地誌的環境等にも
触れているので，その家の生きてきた時代の
目でこの資料を見ることが出来る。
◇鳥飼家住宅保存修理工事報告書　堂計画室編
〔関金町(鳥取県)〕鳥飼圭一　1993.3　131p
30㎝　Ⓝ521.86
◇萩浜崎―萩市「浜崎地区」伝統的建造物群保存対
策調査報告　九州芸術工科大学環境設計学科歴
史環境研究室・都市環境研究室編　〔萩〕萩
市教育委員会　2000.3　123p　30㎝　Ⓝ521.86
◇美作の木地屋民家―岡山県上斎原村赤和瀬旧小
椋家移築復元改造調査報告書　上斎原村教育委
員会編　〔岡山〕高原一朗建築研究所　1997.
4　55p　30㎝〈調査：高原一朗建築研究所〉
Ⓝ521.86
◇棟札銘文集成―社寺の国宝・重文建造物等　中
国・四国・九州編　国立歴史民俗博物館編　佐
倉　国立歴史民俗博物館　1993.3　386p　30㎝
(「非文献資料の基礎的研究(棟札)」報告書)
Ⓝ521.81
◇温泉津―1999 伝統的建造物群保存対策調査報告
書　温泉津町(島根県)　温泉津町教育委員会
1999.3　181p　30㎝〈編集：斎藤英俊ほか〉
Ⓝ521.86

◆四国地方
◇伊野地区伝統的建造物群保存対策調査報告書
伊野町(高知県)　伊野町教育委員会　1998.3
96p　30㎝　Ⓝ521.86
◇うだつの町阿波池田―伝統的建造物群保存対策
調査報告書　池田町町並み保存対策調査委員会
編　〔池田町(徳島県)〕池田町　1999.3　92p
30㎝　〈共同刊行：池田教育委員会　折り込5
枚〉Ⓝ521.86
◇宇和町卯之町―伝統的建造物群保存対策調査報
告書　宇和町(愛媛県)　宇和町　1998.3　96p
30㎝　Ⓝ521.86
◇漁村集落の＜景＞―徳島県南漁村「ミセ造り」の
街並み調査報告書　徳島県建築士会，阿波のまち
なみ研究会編　〔徳島〕阿波のまちなみ研究
会　1995.3　126p　30㎝　Ⓝ521.86
◇吉良川の町並み―伝統的建造物群保存対策調査

報告書　室戸　室戸市教育委員会　1996.3
143p　30cm　〈付（図3枚　袋入）〉　Ⓝ521.86
◇雲湧く村―惣川・土居家―百七十年目の民家修復への軌跡　犬伏武彦著・監修　松山　アトラス出版　1998.6　124p　26cm　1905円　(i)4-901108-00-X　Ⓝ521.86
◇四国地方の民家　東洋書林　1998.8　1冊　23cm（日本の民家調査報告書集成　第14巻）〈企画協力：文化庁文化財保護部建造物課　複製〉25000円　(i)4-88721-278-X　Ⓝ521.86
（内容）徳島県の民家（民家緊急調査の概要　市町村別の調査民家概要　徳島県民家の概要　徳島県民家の棟札　主要民家　調査対象民家リスト（第二次・第三次）　香川県の民家（調査事業の概要　調査結果の概要　市町村別の概要　主要民家解説　愛媛県の民家（伊予の民家概況　三間取型民家遺構の解説（型記号A）　一列並型民家遺構の解説（型記号B）　二形式の分布と建築史的考察　特殊住居遺構の解説（型記号C））　高知県の民家（土佐の民家の概要　山地A型系民家の解説（型記号A）　山地B型系民家遺構の解説（型記号B）　平地型民家遺構の解説（型記号C）　その他の民家遺構の解説（型記号D）　高知県民家の建築史的考察）
＊徳島県、香川県、愛媛県、高知県で行われた民家調査の報告書の合冊復刻版。
◇四国の住まい　後藤治著　INAX　1994.4　47p　21cm　（INAX album 23―日本列島民家の旅 2 四国）〈発売：図書出版社　参考文献目録：p47〉927円　(i)4-8099-1046-6　Ⓝ521.86
（内容）民家保護の歩みと四国の民家（移築された民家　当初位置に残る家　山間に暮らす　屋敷構えの残る家　町並みと民家　ほか）　民家保護の課題と将来
＊楮・藍・塩・蠟など四国の産業を支えてきた民家や、往事の繁栄を偲ばせる町並みを訪ね、家の来歴や建物の時代考証の根拠、特徴などを紹介するとともに、文化財の保護に携わる立場から、地域の人々の生活に密接に関わったかたちでの産業振興と保護の調整の必要性を語る。日本列島民家の旅シリーズの第2巻。
◇重要文化財旧幡山家住宅移築修理工事報告書　文化財建造物保存技術協会編著　三良坂町（広島県）　三良坂町　1999.3　65p　図版45枚　30cm　〈奥付のタイトル（誤植）：重要文化財旧幡山家住宅保存修理工事報告書　共同刊行：広島県〉　Ⓝ521.86
◇土佐の民家　高知新聞社編集局学芸部編〔高知〕　高知新聞社　1997.6　311p　22cm〈発売：高知新聞企業（発売）〉　3000円　(i)4-87503-222-6　Ⓝ521.86
◇土佐の名建築―近代・すまい散歩　高知新聞社編集局企画・編　高知　高知新聞社　1994.1　139p　30cm　(KOSHIN BOOKS)　2000円

（内容）丘の上の洋館―南国市岡豊町小蓮　旭浄水場―高知市旭天神町　赤レンガの蔵―高知市朝倉南町　赤い民家―須崎市東古市町　室戸岬以東へ―室戸市・安芸郡東洋町　旧別荘―室戸市室戸岬町〔ほか〕
＊本書建築探偵団が探訪した57の建造物に、昔懐かしい「思い出の名建築」60点を一挙紹介。
◇土佐派の家―100年住むために　中谷ネットワークス編　ダイヤモンド社　1995.3　141p　31cm〈監修：高知県建築設計監理協会〉　5500円　(i)4-478-95006-7　Ⓝ521.86
（内容）家　歴史と背景　素材
＊本書がここにご紹介する「土佐派の家」は、伝統を生かしながら、現代の生活にも対応することを意識した家で、資源の活用、省エネルギー、エコロジーなどの今日的な課題にも十分こたえ得るものです。私たちの暮らしは国際化へと向かっています。だからこそ、自然とのつながりを大切にした日本の家と家づくりの方法を見直してみることが必要なのではないでしょうか。
◇土佐派の家　part 2　技と恵　中谷ネットワークス編　ダイヤモンド社　1996.5　141p　31cm〈監修：高知県建築設計監理協会〉　5500円　(i)4-478-95015-6　Ⓝ521.86
（内容）1　木の章　2　漆喰の章　3　和紙の章
＊本書に紹介する「土佐派の家」は、伝統を生かしながら、現代の生活にも対応することを意図した家で、資源の活用、省エネルギー、エコロジーなどの今日的な課題にも十分こたえ得るものである。

◆九州地方
◇有田内山景観カタログ―外部編　有田地域住宅研究会編〔有田町（佐賀県）〕　有田町　1993.3　157p　28cm　Ⓝ521.86
◇大川市有形文化財旧吉原家住宅保存修理工事報告書　文化財建造物保存技術協会編〔大川〕大川市　1993.3　42p　図版64枚　30cm　Ⓝ521.86
◇飫肥の町並み保存―20年間の記録　日南　日南市教育委員会社会教育課　1998.3　232p　30cm〈年表あり〉　Ⓝ521.86
◇花雲亭由来記　池上永秋編著〔石田町（長崎県）〕石田町教育委員会　1994.12　64p　22cm　〈著者の肖像あり〉　Ⓝ521.86
◇九州地方の民家　1　福岡・大分・佐賀・長崎　東洋書林　1999.4　1冊　23cm（日本の民家調査報告書集成　第15巻）〈企画協力：文化庁文化財保護部建造物課　複製〉　33000円　(i)4-88721-279-8　Ⓝ521.86
（内容）福岡県の民家（福岡県教育委員会編）　大分県の民家（沢村仁編）　佐賀県の民家（佐賀県教育委員会編）　長崎県の民家（長崎県教育委員

会編)
◇九州地方の民家 2 熊本・宮崎・鹿児島・沖縄 東洋書林 1999.6 1冊 23cm (日本の民家調査報告書集成 第16巻) 〈企画協力:文化庁文化財保護部建造物課 複製〉 28000円 (i)4-88721-280-1 Ⓝ521.86
内容 熊本県の民家(熊本県民家緊急調査について 調査結果の概要 主要民家の解説) 宮崎県の民家(調査の概要 宮崎県民家の概要 調査民家解説) 鹿児島県の民家(調査事業の概要 第2次調査 第3次調査 主要民家解説) 沖縄県の民家(沖縄県の民家概説 沖縄の民家調査資料)
＊熊本・宮崎・鹿児島・沖縄で行われた民家調査の報告書の合冊復刻版。
◇小保・榎津―大川市小保・榎津伝統的町並み調査報告 九州芸術工科大学環境設計学科歴史環境研究室編 〔大川〕 大川市教育委員会 1998.3 99p 30cm Ⓝ521.86
◇史跡安井息軒旧宅保存修理工事報告書 文化財建造物保存技術協会編 清武町(宮崎県) 清武町 1994.3 149p 30cm 〈安井息軒の肖像あり〉 Ⓝ521.86
◇重要文化財川打住宅移築修理工事報告書 文化財建造物保存技術協会編著 多久 多久市 2001.3 47p 図版52枚 30cm Ⓝ521.86
◇筑後吉井―吉井町吉井伝統的建造物群保存対策調査報告 吉井町伝統的建造物群保存対策調査委員会編 〔吉井町(福岡県)〕 吉井町教育委員会 1995.3 50p 30cm 〈付(図1枚) 文献・史料:p49〉 Ⓝ521.86
◇千代田町指定文化財下村湖人生家保存修理工事報告書 千代田町教育委員会編, 佐藤正彦監修 千代田町(佐賀県) 千代田町教育委員会 1998.3 99,3p 30cm 〈千代田町文化財調査報告書 第23集〉 Ⓝ521.86
◇長崎市伝統的建造物群保存地区防災計画策定調査報告書 環境物件(石垣)対策篇 長崎市教育委員会編 長崎 長崎市教育委員会 1996.3 192p 30cm Ⓝ521.86
◇肥前浜宿―鹿島市浜宿伝統的建造物群保存対策調査報告書 〔鹿島〕 鹿島市教育委員会 1999.3 110p 30cm Ⓝ521.86
◇日向市細島の関本勘兵衛家住宅 宮沢智士著, 宮沢智士,日向市教育委員会編 日向 日向市教育委員会 1997.5 120p 30cm 〈日向市文化財調査報告 1997〉 〈付属資料:4p(21cm):解説〉 Ⓝ521.86
◇日向市細島の「苫屋・土蔵」―歴史的建造物保存修理基本計画策定共同調査研究1997 日向市伝統的建造物保存修理研究会編 日向 日向市伝統的建造物保存修理研究会 1997.11 51p 30cm 〈奥付のタイトル:歴史的建造物「苫屋・土蔵」 共同刊行:宮崎県立日向工業高等学校建築科〉 Ⓝ521.86
◇福岡県指定文化財石田家住宅保存修理工事報告書 甘木市教育委員会文化課編 甘木 甘木市教育委員会 1995.3 172,7,6p 30cm 〈甘木市文化財調査報告 第32集〉〈巻末:石田家住宅関連年表〉 Ⓝ521.86
◇福岡県指定文化財鹿毛鶴之助宅附属屋保存修理工事報告書 久留米市教育委員会,九州産業大学工学部建築学科建築史研究室編 〔久留米〕 鹿毛鶴之助 1993.3 131,3p 30cm Ⓝ521.86
◇福岡市指定文化財旧三浦家住宅保存修理工事報告書 環・設計工房編 〔福岡〕 福岡市経済振興局経済部観光課 1995.8 111p 30cm 〈総括編集:佐藤正彦〉 Ⓝ521.86
◇南日本の民俗文化―小野重朗著作集 3 生活と民具 小野重朗著 第一書房 1993.6 409p 22cm 〈折り込み図1枚〉 5500円 (i)4-8042-0046-0 Ⓝ382.19
◇南国の住まい 宮沢智士著 INAX 1993.12 47p 21cm (INAX album 19―日本列島民家の旅 1 沖縄・九州) (発売:図書出版社 参考文献目録:p47) 927円 (i)4-8099-1042-3 Ⓝ521.86
内容 沖縄(竹富島の小屋 フクギの屋敷林 分棟型と沖縄民家の平面 5軒の重要文化財民家 ほか) 九州(分棟型とその系列 くど造、鍵屋、直屋 九州民家の年代 町家と洋館 薩摩郷士の家 分棟型 ほか)
＊本書では、沖縄・九州に所在する重要文化財民家30件すべてをとりあげた。
◇美々津の町並み保存―5年間の記録 1987～1991 奈良国立文化財研究所編 日向 日向市教育委員会 1993.3 204p 30cm Ⓝ521.86
◇美々津の町並み保存―5年間の記録 2(1992-1996) 日向 日向市教育委員会 1997.3 185p 30cm 〈編集:宮沢智士〉 Ⓝ521.86
◇民家の四季 九州の茅葺き民家を訪ねて―徳永修写真集 徳永修撮影 光村印刷 1994.8 1冊 20×23cm (BeeBooks) 2000円 (i)4-89615-682-X

◆沖縄地方
◇重要文化財上江洲家住宅主屋・前の屋・石牆保存修理工事報告書 文化財建造物保存技術協会編 〔具志川村(沖縄県)〕 重要文化財上江洲家住宅修理委員会 1995.3 104p 図版61枚 30cm 〈共同刊行:沖縄県〉 Ⓝ521.86
◇重要文化財高良家住宅保存修理工事報告書 文化財建造物保存技術協会編著 〔座間味村(沖縄県)〕 座間味村 2001.2 64p 図版69枚 30cm 〈共同刊行:沖縄県〉 Ⓝ521.86
◇渡名喜村渡名喜伝統的建造物群保存対策調査報告書 渡名喜村(沖縄県) 渡名喜村教育委員会 1999.3 170p 30cm Ⓝ521.86

◇南国の住まい 宮沢智士著 INAX 1993.12 47p 21cm (INAX album 19―日本列島民家の旅 1 沖縄・九州) 〈発売:図書出版社 参考文献目録:p47〉 927円 (i)4-8099-1042-3 Ⓝ521.86

(内容) 沖縄(竹富島の小屋 フクギの屋敷林 分棟型と沖縄民家の平面 5軒の重要文化財民家 ほか) 九州(分棟型とその系列 くど造、鍵屋、直屋 九州民家の年代 町家と洋館 薩摩郷士の家 分棟型 ほか)

*本書では、沖縄・九州に所在する重要文化財民家30件すべてをとりあげた。

◇琉球の住まい―光と影のかたち 福島駿介文・写真 丸善 1993.11 110p 22cm (建築探訪2) 〈監修:八木幸二 参考文献:p110〉 2369円 (i)4-621-03902-4 Ⓝ521.86

(内容) 多様なかたちの背景 集落のかたち 住居のかたち 石灰岩の肌合い 信仰の空間 死者のかたち 新しい琉球のかたち

*本書は地理的条件が空間概念の形成に影響を与えた多様なかたちをさぐりながら、集落のかたち、住居のかたちの琉球的部分に焦点をあてる。また、木の文化にたいし、琉球の独特な空間にある雰囲気を伝える石灰岩の肌合いがおりなす景観、祖先を含めた血族の強いつながりを基本にした墓の独特なかたちの背景を探る。

◆海外全般

◇生きている住まい―東南アジア建築人類学 ロクサーナ・ウォータソン著、布野修司監訳 京都 学芸出版社 1997.3 303p 27cm 〈文献あり 索引あり〉 8000円 (i)4-7615-4057-5 Ⓝ383.9

(内容) 1 起源 2 建築形式の知覚:土着とコロニアル 3 建築形式の相互関係 4 技術とシンボリズム 5 コスモロジー 6 生きている住まい 7 親族関係と「家社会」 8 空間と社会関係の形成 9 死者の家 10 移住

*本書は、東南アジアの諸民族の社会的、象徴的世界における住居について詳細に描き出す。主要な焦点はインドネシア(著者自身の研究フィールド)に置かれているが、建築諸形態の歴史的関係を辿ることによって、より広く、オーストロネシアの言語と文化の分布に関連して、マダガスカルから日本、オセアニアにまで探求を広げている。主として東南アジアの社会システムにおける住居の役割の重要性に着目しており、親族体系、性のシンボリズム、宇宙観に関する新たな洞察を明らかにするとともに、究極的には生命の観念と生命過程そのものに関する基本テーマを解明している。

◇インドネシア・トラジャの伝統的家屋修理報告概略 文化財建造物保存技術協会編 文化財建造物保存技術協会 1993.1 55p 30cm Ⓝ522.3

◇雲南省ナシ族母系社会の居住様式と建築技術に関する調査と研究 1・2 浅川滋男ほか著 住宅総合研究財団 1996.7 66p 30cm (研究no.9103,9203) 〈発売:丸善〉 2163円 (i)4-88331-009-4 Ⓝ522.2

◇住まいをつむぐ 佐藤浩司編 京都 学芸出版社 1998.4 238p 22cm (シリーズ建築人類学<世界の住まいを読む> 1) 2800円 (i)4-7615-2186-4 Ⓝ383.91

(内容) グルン ヒマラヤ山脈の移牧民 ネパール―家畜とともに暮らす イヌイット 極北の狩猟漁撈民 カナダ―つくりかえられた雪の家 ベドウィン エジプト西部砂漠のアラブ遊牧民 エジプト―石の天幕鉄の馬 サマ・ディラウト スールー諸島の漁撈民 フィリピン―住まうことと漂うこと モンゴル 北アジア草原地帯の遊牧民 モンゴル―移動と定住のはざまで マヌーシュ フランスの移動民 フランス―大地をかける家馬車 〔ほか〕

◇住まいにいきる 佐藤浩司編 京都 学芸出版社 1998.8 254p 22cm (シリーズ建築人類学<世界の住まいを読む> 4) 2800円 (i)4-7615-2189-9 Ⓝ383.91

(内容) 発展する家―コン・ムアン 北タイの水稲耕作民 人と精霊の住まいのかたち―アカ 北タイ山地の焼畑農耕民 人間をつくる精霊の家―バヒネモ セピック川流域のサゴヤシ栽培民 家を食べる神がみ―ケチュア アンデス高地のインディオ 女神の住まう家―タミル 南インドの稲作農耕民 暗闇のなかでつくる家―ワ 雲南南西部山地の稲作農耕民 みずから住まいを築くという誇り―ヤミ 西太平洋の農耕漁撈民 〔ほか〕

◇住まいにつどう 佐藤浩司編 京都 学芸出版社 1999.9 255p 22cm (シリーズ建築人類学<世界の住まいを読む> 2) 2800円 (i)4-7615-2187-2 Ⓝ383.91

(内容) 森の声を聞く―ベダムニ:パプア熱帯雨林の焼畑農耕民(パプアニューギニア) 外の目と内の目―カヤン:ボルネオ中央部の焼畑稲作民(マレーシア) 長い家で人はどうあつまるか―イバン:サラワク丘陵の焼畑稲作民(マレーシア) 一族のつどう円型住宅―客家:華南に暮らす漢族(中国) 大きな家の百年―ミナンカバウ:西スマトラの水稲耕作民(インドネシア) 女たちのつどう家―ボージプリー:北インドの稲作農耕民(インド) 花嫁の部屋が物語るもの―トルコ人:西黒海地方の農村住民(トルコ) 世界最古の摩天楼都市―イエメン人:防御の住まいに生きる人びと(イエメン) 男女隔離の世界?―アラブ:ナイル沿岸の農耕民(スーダン) 火がとりもつ住まいの縁―バンナ:東アフリカ

の農牧民(エチオピア)〔ほか〕
＊家族とそれを保証してきた仕掛けとしての住まいは、人類の産みだした画期的な発明品である。群をなして生きる人間の知恵と戦略は、いまも可能性をもとめて多様な変化をくりひろげている。

◇住まいの民族建築学—江南漢族と華南少数民族の住居論 浅川滋男著 建築資料研究社 1994.6 426p 22cm 7800円 (i)4-87460-420-X Ⓝ522.2
〈内容〉序 民族建築の視野と方法 第1部 江南漢族の住まい(住空間の民族誌—江南漢族の伝統的住居"壮間"のフォークロア) 第2部 高床式建築の民族史(銅鼓系青銅器にみえる家屋の表現 漢代までの高床式建築—四川と福建 南中国の先史住居—住まいの多様性および高床式建築の起源をめぐる考察 高倉の民族考古学) 第3部 華南少数民族の住まい(海南島の住まい—巣居・覆盆・分棟型住居 住まいにみる貴州トン族の漢化とエスニシティ 雲南省・永寧モソ人の住まい—母系社会の居住様式と累木式構法に関するフィールド・ノート) 結 民族建築から応用人類学へ

◇住まいはかたる 佐藤浩司編 京都 学芸出版社 1999.1 239p 22cm (シリーズ建築人類学〈世界の住まいを読む〉3) 2800円 (i)4-7615-2188-0 Ⓝ383.91
〈内容〉離合集散する島宇宙 先祖の家はいま 威信の表象から文化の表象へ ヘリテージと生きる ネオ・マヤ・シティの明暗 リーフハウスの近代化 貧困のうみだす高価な集合所 男の晴れ舞台 海と土地にのぞむ住まい 壁のない家 中心に向かう住まい 屋敷の主人が不在であるということ
＊情報伝達の媒体であり、情報そのものでさえある住まいは、住むための道具であることをこえて、人間や社会とはいったいどんな存在であるのかを雄弁にかたりはじめる。

◇世界のおもしろ住宅 門真 松下電工コミュニケーションセンター 1993.5 214p 27cm 〈参考文献一覧:p214〉 5000円 (i)4-943991-06-8 Ⓝ383.9
〈内容〉アフリカ(壁画の家 ご馳走と住む家 お城マンション ほか) 中南米(芝生ブロックの家 敷地も手造り ジャングルの一軒長屋村 ほか) ヨーロッパ(とんがり帽子の家 岩の間に住む 地中の家 石屋根の家 ほか) 中東(摩天楼の住宅 岩山の理想郷 泥と葉の家 ほか) アジア(地下の家 不思議な輪の家 割板ぶきで土壁の家 シムシャール村 ほか)

◇中国の風土と民居 北原安門著 里文出版 1998.3 169p 27cm 3000円 (i)4-89806-069-2 Ⓝ522.2
〈内容〉カラー図版 中国の風土と民居 本文 大地に生きる民居 北京 東北 華北 華中 華南 西南 北部内陸 新疆 青蔵
＊広大な中国各地の風土に適合させながら生きる人たちによって作られた住いを、地理学者の眼でとらえ、愛情豊かな写真とともに検証したユニークな書。民居=皇居に対しての民衆の住い。

◇中国民家探訪事典 鈴木喜一著 東京堂出版 1999.6 187p 22cm 2900円 (i)4-490-10519-3 Ⓝ522.2
〈内容〉江南水郷 輪の家の宇宙 桃花源郷 風雨橋のある村 壊されてゆく風景 山奥の校倉 胡同を歩く 満洲の遺構 土の中の家 蒼穹の地に生きる
＊奥地へ行くほど見えてくる人間生活の原点！ 現代文明社会の在りかたを問う。

◇朝鮮の「すまい」—その場所論的究明の試み 西垣安比古著 中央公論美術出版 2000.3 282p 26cm 15000円 (i)4-8055-0382-3 Ⓝ383.9
〈内容〉第1部 儀礼を通してみる朝鮮の「すまい」の場所論的考察(ソンジュ巫歌にみる「チッタ(命名する、建てる、耕作する)」ということ 建築儀礼を通してみる朝鮮の「すまい」における諸所の構造 朝鮮の「すまい」における地勢と方位—風水地理説を通して 朝鮮の「すまい」の内部性をめぐる場所論的考察 朝鮮の「すまい」における内と外—生と死の通過儀礼をめぐって) 第2部 背山臨水して「すまう」こと(俛仰亭宋純をめぐって 李朝の庭「瀟灑園」の場所論的究明 李退溪の養真菴・寒栖菴・陶山書堂における「すまう」ことの意味 李退溪の陶山書堂玩楽斎における「すまう」ことの意味 李退溪「陶山十二曲」にみる「すまう」ことの意味 李退溪の「すまい」における場所の究明)

◇パヌア・タンベン保存修理工事報告書—インドネシア共和国タナ・トラジャ県伝統的家屋 文化財建造物保存技術協会編 文化財建造物保存技術協会 1997.6 129p 30cm Ⓝ522.3

◇北東アジアのツングース系諸民族住居に関する歴史民族学的研究—黒竜江省での調査を中心に 北東アジア住居史研究会編 住宅総合研究財団 2000.2 79p 30cm (研究 no.9502) (東京 丸善出版事業部(発売)) 2400円 (i)4-88331-030-2 Ⓝ522.2

社会・家庭生活の習俗

社会・家庭生活の習俗

◇生きるお中元お歳暮　山田節子著　京都　淡交社　1999.7　126p　20cm　〈淡交ムック―遊美asobiシリーズ〉〈写真：林渓泉〉　1238円　(i)4-473-02043-6　Ⓝ385.97

◇石とくらし―真壁石物語　第62回企画展　真壁町歴史民俗資料館編　真壁町(茨城県)　真壁町歴史民俗資料館　1996.10　43p　26cm　〈会期：平成8年10月22日～11月30日〉　Ⓝ569

◇越後縮の生産をめぐる生活誌　十日町市史編さん委員会編　十日町　十日町市博物館　1998.1　347p　21cm　（十日町市郷土資料双書 8）Ⓝ384.3

◇江戸庶民風俗図絵　三谷一馬著　三樹書房　1999.5　419,9p　22cm　〈文献あり〉　9500円　(i)4-89522-240-3　Ⓝ384.2

(内容) 口絵　女の風俗　男の風俗　食　人事　職　商売　住　道具　旅　見世物

◇おみやげ―贈答と旅の日本文化　神崎宣武著　青弓社　1997.3　222p　20cm　〈主要参考文献：p220～222〉　2266円　(i)4-7872-3133-2　Ⓝ385.97

(内容) まえがき「みやげ探し」へのご案内　「手みやげ」の章　饅頭持ってご機嫌伺い(「宮笥」と「おかげ」　供えものと「おかげ」の分配　カミとヒト、神酒と盃事　飯・酒・餅と米の霊力　ほか)　「旅みやげ」の章　見送る友に不義理はできず(難儀だった芭蕉の旅　規制もものかはの寺社詣で　湯治場では「骨休め」　近世庶民の二つの財布　ほか)

＊神と人、人と人をつなぐ証し―おみやげ。祭りの社人共食を起源とし、什器・食品・玩具など、時代とともに変化してきたおみやげに光をあて、そのやりとりに込めた人々の想いを辿る。

◇家庭生活の合理化　塚本はま子著　大空社　1997.11　163p　22cm　（近代女性文献資料叢書56―女と生活　第8巻）〈春陽堂昭和5年刊の複製〉　5000円　(i)4-7568-0690-2　Ⓝ590

◇川口のストーブ生産　川口市教育委員会社会教育課編　〔川口〕　川口市教育委員会　2000.3　39p　30cm　（川口市民俗文化財調査報告書 第5集）Ⓝ581.8

◇景観のなかの暮らし―生産領域の民俗　香月洋一郎著　改訂新版　未来社　2000.12　250,4p　21cm　2500円　(i)4-624-20075-6　Ⓝ384

(内容) 景観のなかの意志(ともに住みつづけることで―切り口としての景観　人は住みつき囲いをつくる―伊豆大島・二町歩の山)　意志を伝える類型(三原の夏―水路を追って　山を背負う家々―谷水に依る暮らし　ほか)　類型という感覚(顔をあげて見通す―武蔵野の境木　外へと向う人々―むらうちでの平和　ほか)　権利の重層(せめぎあう生活様式―塗りかえられる土地割り　さまざまな所有―土地台帳の背後にほか)　いくつかの追記―二十年の後に(谷に始まる物語―奥能登の野帳から　富士山麓のむらで―小水路の時代)

＊最後の二章を新たに加え、図、写真も変更した改訂版。

◇建築の儀式と地相・家相　松嶋重雄著　理工学社　2001.7　166p　21cm　2000円　(i)4-8445-3029-1　Ⓝ525.5

(内容) 1章 建築の儀式(建築の儀式の変遷　儀式の準備　ほか)　2章 地相・家相の基本的な考え方(地相・家相の考え方の変遷　方角の特性　ほか)　3章 地相(理想の立地条件と四神相応　経験に基づき追加された注意事項　ほか)　4章 家相(家相の方位別判断の実際　経験によってつけ加えられた事項)

＊建てる人から住む人にまで役立つ！古くから育まれてきた建築儀式の基本的事項はじめ、今の時代に対応させた儀式のあり方などを、実例を紹介しながら平易に解説。生涯設計の一つともいえる"家を建てる"ときのよりどころを地相・家相に求める場合の、基本的な考え方を例示。大工さんはもちろんのこと、設計する人やデベロッパーの方々、さらに家を建てようと計画している施主の皆さんに役立つ一書。

◇障害者の宗教民俗学　広瀬浩二郎著　明石書店　1997.11　190p　20cm　（明石ライブラリー 2）2200円　(i)4-7503-0985-0　Ⓝ384.38

(内容) 序章　障害者・福祉観の分析による日本民族文化論　救済の風景　土着から普遍へ　「もの」と「こころ」のコスモロジー　シャーマニズム文化の中の盲人　祈りと琵琶の宇宙　中世盲僧と吉野・熊野　近代化の行方

◇祖父母から孫に伝えたい焼畑の暮らし―静岡市井川の老人たちが語る山の人生　静岡　静岡市立登呂博物館　1997.3　48p　30cm　〈特別展：平成9年4月1日―6月1日〉　Ⓝ384.3

◇中世のいくさ・祭り・外国との交わり―農村生活史の断面 井原今朝男著 校倉書房 1999.9 352p 19cm 3800円 (i)4-7517-2980-2
　(内容) 第1部 いくさと民衆生活―農村生活の非日常性(山城と山小屋の階級的性格 中世城館と民衆生活 「いくさ」と民衆―「山小屋」を中心に) 第2部 祭りと文化統合―農村生活の宗教性(祭りはどのように行われていたか 中世東国における非人と民間儀礼 中世農村寺社の年中行事) 第3部 田舎からの海外交流―農村における国際性(中世善光寺の一考察 韓国の倭城を訪ねて 上杉景勝の朝鮮出兵と熊川倭城 ほか)
　＊本書は、わずかに残った文献史料を中心にしながら、山城・居館跡などの遺構・遺跡、発掘調査での出土遺物など考古学的資料、民俗・慣習・祭礼・儀礼など民俗学的資料、絵画・工芸など美術史的資料を活用して、日本中世の農村生活史の具体的な姿を断片的ながら実証的に考究しようと試みたものである。
◇中世の民衆 佐藤和彦編 東京堂出版 1997.4 213p 19cm (教養の日本史) 2500円 (i)4-490-20307-1
　(内容) 序章 民衆史研究の課題と方法―研究史の軌跡を追って 山の民―杣工がつくる荘園の村 海の民―海賊諸相 境の民―国境の村 信仰の民―「村堂」に集う人々 隷属の民―下総国の下人と所従 一揆する民 祭と民衆 語り継ぐ民―中世江戸の伝承世界 一味神水・起請する民衆
　＊とかく歴史の流れの中に埋没してしまう中世民衆の姿を新しい切り口で描く。民衆の具体像を、生業・生活・行動など、さまざまな場において活写した意欲作。山の民、海の民、境の民、信仰の民、一揆する民など。
◇なりわいの知恵―とる・つくる・たべる 岡山県立博物館編 岡山 岡山県立博物館 1993.10 78p 26cm 〈平成5年度特別展〉 Ⓝ384.3
◇なるほどッ日本のしきたり 大峡儷三著 学陽書房 1998.8 238p 15cm (学陽文庫) (1985年刊の増補) 660円 (i)4-313-72058-8 Ⓝ385
　(内容) 1 ウソォー?なるほどッ(暮の大掃除は男の役目である? 元旦に掃除をしてはいけない? 女房の尻を棒で叩いてもよい日があった? ほか) 2 ナゼェー?なるほどッ(正月にお屠蘇を飲むのはナゼ? お屠蘇セットに盃三つ、ナゼ大中小がある? お雑煮のモチ、東が□で西が○なのはナゼ? ほか) 3 エェー?なるほどッ(刺身のワサビを醤油皿にとくのは野暮? 吸いものを飲み終わったら、裏返しにふたをする? ウナギと梅干の食べ合せはいけない? ほか)
　＊知っているつもりの「しきたり」『風習』『作法』でも、ルーツを知れば意外なことが見えてくる。たとえば食卓で「いただきます」と言うのは、昔、日常の食事はおかゆで、固く炊いたご飯は神のお供え。それを高いところから頂いたから。本書には、親子の会話に、会合での話のタネに、酒席での話のつなぎに…話のタネなる"しきたり"などのルーツが満載されている。
◇日本人の「しきたり」ものしり辞典―身近かな暮らしのルールを徹底研究 谷沢永一監修, 豊島建吾編著 大和出版 2000.6 294p 19cm 1680円 (i)4-8047-5570-5 Ⓝ385
　(内容) 1 衣のしきたり 2 食のしきたり 3 住のしきたり 4 冠のしきたり 5 婚のしきたり 6 葬のしきたり 7 祭のしきたり 8 礼のしきたり 9 年中行事
　＊それって、ホントなの!?「人間通」も知ってびっくりの冠婚葬祭、年中行事、生活習慣の「決まりごと」のルーツ。
◇日本生活史点描 1 古代中世の関東 近世以前の職人 遠藤元男著 つくばね舎,地歴社〔発売〕1994.9 209p 21cm 3000円 (i)4-924836-14-1
　(内容) 第1編 東国の生活史点描(佩馬の党の行動と性格 将門の乱前後の関東地域の信仰と儀礼 「更級日記」の描く関東の生活文化 中世東国の生活文化点描 中世における東国女性の生活精神) 第2編 職人史点描(職人の思想 職人のかたちとすがた 中世日本の職人の身分関係 職人群豫 彫物とその文化史的意義 近代技術の導入と職人衆の役割)
　＊主として、戦後に執筆したものを拾ってみた。今回のは、後掲の初出一覧でもわかるように、日本風俗史学会の機関誌「風俗」と、「日本古代史論苑」に掲載したものが主なものである。
◇白山麓の焼畑農耕―その民俗学的生態誌 橘礼吉著 白水社 1995.1 666,12p 23cm 〈主要参考文献一覧：p659～666〉 18000円 (i)4-560-04054-0 Ⓝ384.3
　(内容) 第1章 白山麓の焼畑農耕の概略 第2章 白山麓の焼畑農耕技術 第3章 白山麓の焼畑農耕の特色 第4章 白山麓の焼畑作物 第5章 白山麓の焼畑農家の雑穀料理と調理法 第6章 白山麓の焼畑農耕儀礼 第7章 白山麓の焼畑農耕の周辺
　＊白山麓は日本を代表する焼畑農耕地帯であった。橘さんは地元の有利さを生かして、この白山麓の焼畑の特色を克明に描き上げた。焼畑農耕誌として、これほど詳細なものはない。日本農耕文化のルーツに興味を抱く人の必読の書である。
◇犯罪と風俗 岩波書店 2000.2 209p 22cm (近代日本文化論 6) 2600円 (i)4-00-026336-6 Ⓝ210.6
　(内容) 1 都市の闇と風俗(犯罪の民俗 「右門捕物帖」の昭和 ヤクザと日本社会) 2 犯罪

の社会史(昭和の猟奇事件 捜査技術の近代化と犯罪をめぐる語り―放火において 戦後日本における犯罪の変容―高度成長期から高度情報化社会へ カルト犯罪をどう見るか) 3 愛と性をめぐる諸相(「恋愛映画」の変貌 愛の場所をめぐって 堕胎と殺人のあいだ―戦前における堕胎・嬰児殺判決から)
*事件の背後に存在した闇を照射する。「裏」から見た近代日本。

◇引田町社寺の棟札 引田町郷土研究会編 〔引田町(香川県)〕 引田町郷土研究会 1994.11 113p 26cm Ⓝ384.39
◇街の忘れがたみ―寄り道少年の夢 大竹誠著 ギャップ出版 1999.8 223p 19cm (東京 ジャパン・プランニング・アソシエーション(発売)) 1600円 (i)4-88357-050-9 Ⓝ384.2
◇民衆生活の日本史 木 林屋辰三郎編 京都 思文閣出版 1994.12 278,5p 19cm 2000円 (i)4-7842-0840-2
(内容)総論 古代における木 思想 言とう草木産業 山民のなりわい 生活 家屋と日本の生活風俗 小袖・縞・段・格子、絞り染―試考・庶民の染織 信仰 霊木に出現する仏―列島に根付いた神仏習合 特論 木と農具―水田稲作における木製農具
*変革と流転の歴史の中で民衆の生活はどのようにかわってきたのか。木・火・土・金・水の五行の元素を通して生きとし生けるものの姿を新しい視点から解く。
◇村の生活誌―自然・食・農の民俗 佐藤正著 秋田 無明舎出版 2001.5 284p 19cm 1800円 (i)4-89544-275-6 Ⓝ611.9
◇盲僧 中野幡能編 名著出版 1993.4 378p 22cm (歴史民俗学論集 2) 7800円 (i)4-626-01479-8 Ⓝ384.38
◇焼畑習俗―岐阜県・高知県 文化庁文化財保護部 1997.3 251p 図版24p 21cm (無形の民俗文化財 記録 第40集) Ⓝ384.3

村 制

◇愛川町の講 愛川町文化財調査会編 愛川町(神奈川県) 愛川町教育委員会 1998.3 70p 30cm (愛川町文化財調査報告書 第21集) Ⓝ384.1
◇愛知県現存若い者文献集・薩摩士風健児社物語 伊奈森太郎編, 鹿児島尋常高等小学校著 久山社 1997.9 135,216,6p 22cm (日本<子どもの歴史>叢書 15) 〈解説:野村純一 複製〉 (i)4-906563-42-2 Ⓝ384.1
◇奄美与論島の社会組織 加藤正春著 第一書房 1999.3 319p 20cm (南島文化叢書 20) 〈文献あり〉 3500円 (i)4-8042-0690-6 Ⓝ384.

◇有賀喜左衛門著作集 1 日本家族制度と小作制度 有賀喜左衛門著 第二版 未來社 2000.6 394p 21cm 6800円 (i)4-624-90221-1
(内容)第1章 家族制度と小作制度(小作制度の研究方法 小作制度研究資料 大家族制度の意味 江戸時代の小作制度) 第2章 名子の名称 第3章 名子の分類(血縁分家によるもの 主従関係によるもの)
*家族・村落研究を体系化した不朽の名著。
◇家と村―共生と共存の構造 川口諦著 農山漁村文化協会 1995.12 435p 21cm 6800円 (i)4-540-95068-1
(内容)第1部 農村の社会過程 第2部 家と村―その歴史を貫くもの 第3部 農村社会の展開
*日本の農村社会は、その大部分が数百、千年に及ぶ歴史を重ねて今日にいたっている習俗社会である。この農村社会の原型的構造を探るとともに、それが資本制社会の激しい侵入にたいしていかに適応しつつ生き続けているかの実態を、現地調査、統計分析、農民日誌・小説の解読などを通して跡付け、その将来を展望する。
◇家と村の歴史的位相 沼田誠著 日本経済評論社 2001.4 339p 21cm 4500円 (i)4-8188-1344-3
(内容)第1部 家の歴史的位相(譜代下人の自立と小農的「家」の成立 製茶業の形成=展開過程における特質と地主制 大正・昭和期の茶業地帯における農家経済の展開構造―静岡県土方村の事例より 大正・昭和期における農家経済の一断面―労働・消費の一体的構造に関連させて家の位相から村の位相へ) 第2部 村の歴史的位相(村と地主経営 村と土地所有 土地慣行と村領域 まとめと残された課題)
◇稲荷村御伊勢講帳史料集―羽州田川郡櫛引通島組 斎藤久則編 鶴岡 斎藤久則 1996.7 68p 23cm 〈付:神宮奉斎会の事〉Ⓝ387
◇青梅市内の講 石川博司著 青梅 ともしび会 1995.10 63p 21cm Ⓝ387
◇沖縄の家・門中・村落 北原淳, 安和守茂共著 第一書房 2001.2 301,18p 22cm 〈文献あり〉 12000円 (i)4-8042-0725-2 Ⓝ384.1
(内容)序章 沖縄のヤー・門中・村落理解の方法論的試論 第1章 ヤー(家)の二元的構造と門中・村落 第2章 村落共同体とその山林管理慣行の形成 第3章 国頭の村落文化の変容―伝統文化の保存・保全の視点から 第4章 ヤー相続慣行とシャーマニズム 第5章 門中内的家(ヤー)観念のありかた 第6章 家(ヤー)と門中の継承関係 第7章 「門中化」と家(ヤー)観念 第8章 「門中化」と祖先観念
*本書は、北原の個別論文と安和の学位論文とを再構成し、1冊の共著としたものである。本

書に収められた北原と安和の論文は、二回にわたる佐敷町・国頭村の村落調査の成果である。
◇街談文々集要―近世庶民生活史料 石塚豊芥子編, 鈴木棠三校訂 三一書房 1993.11 517p 26cm 19570円 (i)4-380-93274-5
(内容)街談文々集要 多話戯草
◇過疎化に直面する農村社会―民俗文化の変遷と現状に着目して 平成9年度 明治大学社会学研究部編 明治大学社会学研究部 1999.3 144p 26cm Ⓝ361.76
(内容)山形県最上郡戸沢村松坂実態調査報告書
◇近所づきあいの風景―つながりを再考する 福井勝義編 京都 昭和堂 2000.5 284p 21cm (講座 人間と環境 第8巻) 2300円 (i)4-8122-9918-7
(内容)第1部 再生される近所づきあい(移住一世の「故郷」づきあいの風景 踊り繋がる人びと―ハワイにおけるオキナワン・エイサーの舞台から「民族性」と「在地性」―ジャワの鄭和祭にみる交錯) 第2部 移動する近隣関係の背景は(離れれば心は寛容に―離合集散に生きる遊牧社会 隣人と間借り人―農村の住民であるあり方) 第3部 つながりの諸相(老人たちが再生させた橋修理―中国の少数民族トン族の民間公益活動における近所づきあい 神と人の関係、人と人の関係―北ベトナム村落におけるハウボンの役割をめぐって 故郷を紡きだす同郷団体―七浦小学校同窓会を事例として ほか)
＊本講座は、私たち一人ひとりの生き方を、地球的な視野をもって問いなおしていこうとするものです。今日みられる環境問題は、人類が育んできた文化が自然のリズムから遊離してしまったところに起因しているのではないでしょうか。本講座では、こうした視点にたって、私たちの生命と暮らしをめぐる環境をあらためてみつめていきたいと思います。揺れ動くつながり、生まれゆく絆。
◇心の民俗誌―里山からのメッセージ 髙田宏編, 小山勝清著 五曜書房 1998.7 290p 19cm 〈東京 星雲社(発売)〉 2000円 (i)4-7952-5392-7 Ⓝ611.5
(内容)第1部 或村の近世史(村の事件帳 村の怪異 村の過去帳) 第2部 農村問題原理(抄録)
◇宗教的「講」と村落社会構造―越中真宗門徒講を中心として 宇治伸著 令文社 1996.6 663p 22cm 9223円 Ⓝ384.1
◇城州一心講とオンマカブロー村のくらしと風呂 企画展 京都府立山城郷土資料館編 山城町(京都府) 京都府立山城郷土資料館 1993.4 24p 26cm (企画展資料 16) 〈会期：1993年4月24日～6月13日〉 Ⓝ387
◇新小岩御✓講―武蔵御岳神社奉納大しめ縄141年

〔東京都〕葛飾区郷土と天文の博物館 1994.3 55p 21cm (かつしかブックレット 4) Ⓝ384.1
◇竹田聴洲著作集 第4巻 近世村落の社寺と神仏習合―丹波山国郷 竹田聴洲著 国書刊行会 1997.3 433p 22cm 〈文献あり〉 14000円 (i)4-336-03434-6 Ⓝ387
(内容)第1章 山国庄から山国村へ 第2章 中世山国庄の村落と名主 第3章 中世山国惣氏と神社・寺院 第4章 近世の山国惣氏神と山国神宮寺 第5章 近世の惣郷宮座と神宮寺 第6章 個別村落の寺院 第7章 個別村落と神社 結章にかえて―宮座の解体
◇竹田聴洲著作集 第5巻 村落同族祭祀の研究 国書刊行会 1996.9 474p 22cm 14000円 (i)4-336-03435-4 Ⓝ387
(内容)序章 研究視角 第1章 近世村落の宮座と講 第2章 郷氏神の宮座と同族規制 第3章 村氏神の宮座と同族祭団 第4章 郷士村落の同姓祭祀 第5章 庄園地頭家とその同族祭の変遷 第1章 同族村落の寺檀組織 第2章 寺院における同族の座 第3章 村落墓地の形成と同族 結章 同族神と先祖
◇竹田聴洲著作集 第9巻 村落の構造と寺院 国書刊行会 1996.3 542p 22cm 17000円 (i)4-336-03439-7 Ⓝ387
(内容)第1部 村落の構造と社寺 第2部 寺院の機能と寺檀関係 第3部 寺院の性格と寺誌 第4部 村落における民俗資料調査報告
◇日本民俗学上より見たる我国家族制度の研究 橘浦泰雄著 クレス出版 1999.11 123, 134, 6p 22cm (『家族・婚姻』研究文献選集 新装版 11) 〈日本法理研究会昭和16年刊の複製〉 (i)4-87733-076-3 Ⓝ384.1
◇番と衆―日本社会の東と西 福田アジオ著 吉川弘文館 1997.10 205p 19cm (歴史文化ライブラリー 25) 〈文献あり〉 1700円 (i)4-642-05425-1 Ⓝ382.1
(内容)村落類型論と関西・関東 村落景観の特質 西の衆・東の番 東の民俗・西の民俗 歴史のなかの東・西
＊関東と関西では、言葉や食物などを通して、生活・文化が違うと考えている人は多い。この相違はいかにして生れてきたのか。フィールド調査をもとに、東の「番」と西の「衆」をキーワードに日本社会の特質を解明する。
◇広場と村落空間の民俗学 市川秀之著 岩田書院 2001.6 465p 21cm 9900円 (i)4-87294-207-8
(内容)序章 村落空間論の可能性 第1章 広場 第2章 会所 第3章 村落空間の地域的展開 第4章 ムラをこえた空間
◇船橋周辺の講 船橋 船橋市郷土資料館 1993.3 72p 25cm (郷土史講座講義録 第37・38)

Ⓝ384.1
◇＜宮座＞概念を考える―データベース化にむけて　宮座研究会大会1999資料集　堺　宮座研究会　1999.8　48p　26cm　〈会期・会場：1999年8月21日　京都社会福祉会館〉　Ⓝ384.1
◇宮座と老人の民俗　関沢まゆみ著　吉川弘文館　2000.2　266,4p　22cm　（日本歴史民俗叢書）　6200円　(i)4-642-07359-0　Ⓝ384.1
（内容）第1章 民俗学の老人論　第2章 宮座と長老（長老衆と村落運営―滋賀県水口町北内貴の事例より　寄合と長老衆―滋賀県八日市市三津屋の事例より　座衆と氏子―三重県名張市黒田の事例より　長老の生活史）　第3章 老人と葬送（親の死と葬送―山梨県武川村柳沢の事例より　葬儀とつきあい―福井県敦賀市白木の事例より　六十歳をめぐる民俗）　第4章 都市近郊農村の老人（親から学ぶ　土地を守る　言葉をもつ老人）　終章
＊柳田国男をはじめ従来の民俗学は実態としての老人を見つめてこなかった。本書は、村に今も存在する宮座の分析とともに、主導してきた長老たちのおおやけと日常の姿から民俗の中に老人をとらえ、長寿の意味をも論じる。また高齢化社会の現在、戦後の生活変化の中で都市近郊に生きた老人たちを通して、老いの豊かさを描き、新たな老人論を提示する。
◇民衆と豪農―幕末明治の村落社会　高橋敏著　未来社　1998.5　262p　19cm　2800円　(i)4-624-11088-9
（内容）村の民衆文化　白隠とその時代　士にあらず農にあらず―墓碑に刻まれた地方文人　仁君・仁吏と義民伝承―幕藩制下民衆の歴史意識　幕藩制村落と若者組の動向　近代化と念仏講―近代民衆史への一試論　日常から変革へ―明治10年代の民衆と豪農　地域民衆と自由民権運動　民衆結社の時代　日清・日露戦争と小学校教育―ムラにおける近代「公」教育の確立
◇民俗村落の空間構造　八木康幸著　岩田書院　1998.3　317p　22cm　（御影史学研究会民俗学叢書 12）〈関西学院大学研究叢書第85編〉　5800円　(i)4-87294-105-5　Ⓝ361.5
◇むらの生活誌―失われた伝統的生活　畠山剛著　彩流社　1994.3　262p　19cm　1700円　(i)4-88202-283-4
（内容）第1部 自給自足の生活　第2部 切替畑と木流し―楢山林平さんの話と絵　第3部 崩れゆく自給自足の生活　第4部 小さな学校の生い立ちから廃校まで
◇村の生活組織　有賀喜左衛門著　未来社　2000.10　308,23p　22cm　（有賀喜左衛門著作集第2版 5）　6800円　(i)4-624-90225-4　Ⓝ384.1
（内容）1 田植と村の生活組織　2 祭と祭祀組織―三河と花祭に関して　3 不幸音信例から見た村の生活―信州上伊那郡朝日村を中心として　4 イロリと住居　5 村の記録―附・熊谷家伝記のこと　6 ユイの意味とその変化　7 地主大手作とその労働組織
＊農村の創造した村落生活の原型を提示。田植に関して行なわれて来た宗教的行事や労働慣習、氏神鎮守とも関係のある歳暮初春の祭、葬式組やいろりをめぐる風習など、村の生活におけるいろいろな姿をとりあげている。多くのものは、それまで政治学者や経済学者や歴史学者の取りあげたことのない日常生活に関するものである。
◇ムラの若者・くにの若者―民俗と国民統合　岩田重則著　未来社　1996.5　245p　19cm　（ニュー・フォークロア双書 26）　2575円　(i)4-624-22026-9　Ⓝ384.1
（内容）1 ムラの若者・国家の若者　2 千人針　3 ムラと子供と日露戦争
＊用語「若者組」の再検討を糸口に、若者の民俗を日本の近代史の展開の中でとらえなおし、国家による国民統合の装置として民俗世界が改編された実態を論究。
◇村人の祈りと集いの場―お堂の役割を探る　第45回特別展　長野市立博物館編　長野　長野市立博物館　2000.10　62p　30cm　〈会期：平成12年10月7日～11月23日〉　Ⓝ384.1
◇「若者組」と授業実践　山岡健著　北樹出版　1999.9　211p　20cm　2500円　(i)4-89384-732-5　Ⓝ384.1
（内容）第1部 調査報告編（阿波・勝浦、木屋平　大和・大塔、志摩・大王、志摩　伊勢・坂手島、答志島、神島　尾張・篠島、日間賀島　三河・渥美、佐久島　安房・館山、鋸南、三芳、和田、下総・大栄）　第2部 授業実践編―法学教育の授業実践
＊本書は、「日本型組織」形態の一つのモデルである「若者組」が、如何なる「組織原理」を持つ社会集団であるのかということを解明すべく、実地調査を行ったものである。また、教員養成大学における「法学教育」の一つの方法として、受講生に実地調査をさせて、その調査結果を班毎に発表させた。その平成5年度、6年度の、「授業実践」である。

生業・職人

◇会津の屋根職人―茅手出稼ぎを中心として　菅野康二著　会津若松　歴史春秋出版　2001.8　176p　19cm　（歴春ふくしま文庫 34）〈年表あり〉　1200円　(i)4-89757-625-3　Ⓝ384.3
（内容）第1部 茅屋根って何？　第2部 茅手出稼ぎの実態は？　第3部 葺き場での生活は？　第4部 茅手出稼ぎはいつ頃から？　第5部 出稼ぎになぜ出たの？

生業・職人　　　　　　　　　　　　　　　　　　　　　　　　　　社会・家庭生活の習俗

　＊芸術ともいうべき茅手たちの技術を、県内外に広がる「葺き場」での生活の実態とともに探る。
◇青森県の諸職　2　青森県立郷土館編　青森　青森県立郷土館　1994.3　118p　26cm　（青森県立郷土館調査報告　第34集　産業―2）　Ⓝ384.3
◇朝霞の生業　朝霞　朝霞市教育委員会市史編さん室　1993.2　431p　26cm　（朝霞市史調査報告書　第12集）〈付：参考文献〉　Ⓝ384.3
◇あらかわと職人の歴史世界―平成11年度企画展　東京都荒川区教育委員会,東京都荒川区立荒川ふるさと文化館編　荒川区教育委員会　1999.9　20p　19×26cm　〈共同刊行：荒川区立荒川ふるさと文化館　折り込1枚〉　Ⓝ384.3
◇有賀喜左衛門著作集　10　同族と村落　有賀喜左衛門著, 中野卓, 柿崎京一, 米地実編　第二版　未来社　2001.3　483,13p　21cm　7500円　(i)4-624-90230-0
　内容　第1部　同族団と親族の理論（同族同族団とその変化）　第2部　村落社会の理論（日本農村の性格について　村落共同体と家　ほか）　第3部　村落研究をめぐって（選挙の実態　若者仲間の研究について）　第4部　炉辺見聞（ヒジロ　ヨバイ　ほか）　第5部　安豆美野（母の思い出話　年中行事　ほか）
　＊日本文化の根底を明かす著作集。本巻には、同族に関する論文、村落に関する論文、ムラの生活の見聞記に類するものを収めた。
◇伊賀の手仕事―職人の世界をたずねて　華房良輔著　名古屋　風媒社　1996.4　251p　21cm　2220円　(i)4-8331-3086-6　Ⓝ384.3
　内容　かわる暮らしの中で　伝統の手わざ　食を守る
　＊三重県伊賀上野―。松尾芭蕉生誕の地であり、"忍者の里"としても知られるこの地域は、昔ながらの職人が数多く残る"匠の里"でもある。失われゆくその世界を訪ね、軽妙洒脱な文章でつづる。
◇失われた手仕事の思想　塩野米松著　草思社　2001.9　255p　20cm　1500円　(i)4-7942-1074-4　Ⓝ384.3
　内容　第1章　消えた職人たち（鍬や包丁を作る野鍛冶　柿屋根を葺く屋根屋　ほか）　第2章　輪廻の発想―尽きない材料（素材採集の季節　尽きない材料　ほか）　第3章　徒弟制度とは何だったのか（職人を育てる　師が父の場合　ほか）　第4章　手の記憶（新しい徒弟制度の試み　徒弟制度再考　ほか）
　＊おそらく最後の担い手になるであろう手仕事に生きる人々を全国に訪ね、彼らの現在の仕事、自然とのかかわり、どのように手業を学んだか、さらには職業的倫理観など、「職人」を通して現代日本の根本を考え直す。
◇江戸商売往来　興津要著　プレジデント社　1993.7　232p　20cm　1500円　(i)4-8334-1493-7　Ⓝ384.3
　内容　1　季節の物売り　2　日々の物売り　3　修理・廃品回収業　4　江戸の名店　5　街角の芸人　6　縁日の見世物
　＊客への心くばり、買い手の心意気、老舗・名店の知恵と工夫、奇想天外なアイディア商売…。懐かしい時代の懐かしい生業が、いま爽やかな風を呼ぶ。
◇江戸商売図絵　三谷一馬著　中央公論社　1995.1　632p　16cm　（中公文庫）〈出典・参考文献目録：p614～618〉　1300円　(i)4-12-202226-6　Ⓝ384.3
　内容　衣　食　薬　住　職人　芸能　願人坊主・物貰い　旅　季寄せ　雑
　＊大江戸に生き、この都市の繁栄を支えてきた庶民の生業の数々―。江戸風俗画の研究と模写に打ち込んできた著者が、当時の商いの姿を描いた膨大な絵画資料を博捜、精緻に復元し、それぞれに平易な解説文を付す。当時の人々の生活の息吹までもいきいきと再現する江戸風俗絵引きの決定版。
◇江戸消防彩粋会十五年史　江戸消防彩粋会編　江戸消防彩粋会　2000.11　155p　26cm　非売品　Ⓝ384.3
◇江戸消防彩粋会十年史　江戸消防彩粋会　1995.11　156p　26cm　Ⓝ384.3
◇江戸東京の諸職―東京都諸職関係民俗文化財調査報告　東京都教育庁生涯学習部文化課　1994.3　2冊　26cm　Ⓝ384.3
◇江戸の職人―都市民衆史への志向　乾宏巳著　吉川弘文館　1996.11　206p　19cm　（歴史文化ライブラリー　4）　1751円　(i)4-642-05404-9　Ⓝ384.3
　内容　江戸職人の歴史的性格と今日的課題　近世前期の江戸職人　近世中期の江戸職人　近世後期の江戸職人　近世末期の江戸職人
　＊今日の日本企業は、談合的・独占的体質が指摘され、市場の閉鎖性が批判されている。江戸という世界有数の消費都市における職人を対象に、職人仲間の成立や幕府との関係を追求し、民衆史の視点からその生活実態を解明。
◇江戸の職人―伝統の技に生きる　中江克己著　中央公論社　1998.1　238p　16cm　（中公文庫）648円　(i)4-12-203043-9　Ⓝ384.3
　内容　べっ甲細工―磯貝庫太　浮世絵摺り―長尾直太郎　釣竿―中根喜三郎　組紐―深井理一　江戸扇子―鳥塚徳治　弓―小山茂治　煙管―吉田省吾　押絵羽子板―野口清市　提灯―五十嵐鉄雄　三味線―石村定夫
　＊浮世絵摺り、釣竿、組紐、江戸扇子、弓、三味線など江戸時代からの工芸品の伝統的技法を受け継ぎ、今に伝える現代の名工たち。日本人独自の美的感覚と手の技巧、ものをつく

社会・家庭生活の習俗　　　　　　　　　　　　　　　　　　　　　　　　　　生業・職人

る精神を重視する気持のありよう、など"職人の心"に触れながら、伝統工芸の深奥にせまる。
◇江戸町火消合印控　浮島彦太郎原筆　日本蔦伝統文化振興財団　1993.3　182p　19×27cm　〈監修：山口政五郎　おもに図　著者の肖像あり〉　非売品　Ⓝ384.3
◇青梅の手作り　石川博司著　青梅　ともしび会　1995.7　32p　21cm　Ⓝ384.3
◇大江戸商売ばなし―庶民の生活と商いの知恵　興津要著　PHP研究所　1997.6　250p　15cm　(PHP文庫)　〈『江戸商売往来』(プレジデント社1993年刊)の増補〉　571円　(i)4-569-57026-7　Ⓝ384.3
◇大田区の船大工―海苔の船を造る　東京都大田区立郷土博物館編　大田区立郷土博物館　1996.9　151p　30cm　〈会期：平成8年9月29日～11月3日　付：参考文献〉　Ⓝ384.3
◇岡山藩の絵師と職人　片山新助著　岡山　山陽新聞社　1993.12　301p　22cm　(i)4-88197-482-3　Ⓝ384.3
　内容　第1章　総論・岡山藩政と職人　第2章　絵師と料理人　第3章　武具職人　第4章　建設・船関係と生活用品ほか　史料　職人奉公書
◇おとぎの国の部落史話　辻本正教著　三一書房　2001.10　310p　19cm　2500円　(i)4-380-01210-7　Ⓝ384.3
　内容　第1夜　小法師とつむじ風　第2夜　蚕の民俗誌　第3夜　鳥追いと春駒の民俗　第4夜　三毬杖とオコナイの民俗　第5夜　猿楽と養蚕　第6夜　「天狗草紙」　第7夜　盤古天王
　＊古来日本の民俗・民話の題材となった絹と養蚕のテーマを漢字の字義・字解などによって解明するユニークな歴史分析。
◇男の民俗学　遠藤ケイ絵と文　山と渓谷社　1995.9　413p　21cm　2400円　(i)4-635-30002-1　Ⓝ384.3
　＊マタギ、炭焼き、刺青師、花火師、川漁師…と日本の古きよき時代の庶民の生活と暮らしを支えてきた男たちを、遠藤ケイが十数年にわたり徹底取材。精緻かつ骨太のイラストと文で活写する。
◇小友匠衆の歩み　続刊　気仙大工等の伝承を探る会編　陸前高田　小友コミュニティ推進協議会　2000.10　149p　27cm　〈共同刊行：小友公民館高齢者教室自主講座・気仙大工等の伝承を探る会〉　2000円　Ⓝ384.3
◇オランダへわたった大工道具　国立歴史民俗博物館編　佐倉　国立歴史民俗博物館　2000.8　95p　30cm　〈特別企画：2000年8月1日～9月3日〉　Ⓝ583.8
◇加賀鳶と梯子登りのあゆみ　加賀とびはしご登り保存会編　金沢　加賀とびはしご登り保存会　1994.3　251p　27cm　〈折り込図2枚　参考文献

: p250～251〉　非売品　Ⓝ384.3
◇春日井の機織り　春日井　春日井市教育委員会文化財課　1998.3　91p　26cm　Ⓝ384.3
◇葛飾区の伝統技術　〔東京都〕葛飾区郷土と天文の博物館　1993.3　52p　21cm　(かつしかブックレット　3)　Ⓝ384.3
◇がまと千万―続ごいとじい　鈴木恒男著〔市川〕　鈴木恒男　1996.6　59p　17cm　〈私家版　編集・製作：たくみぼり工房〉Ⓝ384.38
◇茅葺き師―民家を造る職人　企画展　〔東京都〕世田谷区教育委員会社会教育部管理課　1993.3　16p　26cm　〈会期：平成5年3月14日～4月18日　付：参考文献〉　Ⓝ384.3
◇木を読む―江戸木挽き、感嘆の技　林以一語り、かくまつとむ聞き書き　小学館　2001.11　235p　15cm　(小学館文庫)　〈『木を読む―最後の江戸木挽き職人』改題書〉　533円　(i)4-09-411471-8
　内容　第1章　木挽きとは　第2章　大鋸　第3章　木取りと墨かけ　第4章　木の話　第5章　相挽き　第6章　木をめぐる人々　第7章　木と暮らす
　＊「木挽き」は、室町以来500年の伝統を誇る職業。かつて東京・木場だけでもその数は300人もいたという。技術革新が進み、建築様式も多様化した現在、その数は激減したが、彼らでなければこなせない技の数々が今もある。1本ずつ異なる木の性質を的確に読み、建造材としての機能と同時に建築美の要素を両立させる勘と技である。おとなしい木もあれば奔放な木もある。だが、役立たずの木はない―木を読ませたら当代一の職人が語る江戸木挽きの世界。そのまま人にも通じる適材適所論。
◇聞き書き職人伝51人衆　松田国男著　〔大江町(山形県)〕　〔松田国男〕　1999.8　355p　21cm　1800円　Ⓝ384.3
◇京の大工棟梁と七人の職人衆　笠井一子著　草思社　1999.6　249p　20cm　〈撮影：松本路子〉1800円　(i)4-7942-0896-0　Ⓝ384.3
　内容　1　最後の数寄屋大工といわれて　2　京壁と向き合う　3　障子、襖、屏風の話　4　錺金具にあらわれる日本人の意匠感覚　5　畳はすっきり綺麗に見えるように　6　簾は京都にふさわしい点景か　7　北白川で灯籠と蹲踞をつくる　8　庭造りに大切な京都の光
　＊家造り・庭造りの八人の職人が語る日本文化の粋と奥行き。
◇京の匠―百職百人　淡交社編集局編、諸木靖宏写真　京都　淡交社　1999.3　206p　21cm　1900円　(i)4-473-01655-2　Ⓝ384.3
　内容　張籠―松田辰男　笙―山田全一　京表具―伊藤修二　琴―畑伝兵衛　玉井台―村岡登志一　南鐐製品―中村佳永　無地染―藤本晧夫　錺金具―合場頼正　浅沓―橋本博　金網細工―大橋晴男〔ほか〕

文化人類学の本　全情報　343

生業・職人　　　　　　　　　　　　　　　　　　　　社会・家庭生活の習俗

＊有職物から生活用品まで！熟練の技が冴える。修業を重ね、体で憶えた技を伝える、京の匠百職百人。こだわり・がんこに・きっぷのよさで、京の伝統技術を未来へと受け継いでいく匠たちの仕事ぶりを紹介。

◇際物　岩槻　埼玉県立民俗文化センター　1995.3　83p　30cm　〈民俗工芸収蔵資料解説目録 1〉Ⓝ750.2134

◇銀座の職人さん　北原亜以子著　有楽出版社　1998.7　254p　20cm　〈東京 実業之日本社（発売）〉　1700円　(i)4-408-59115-7　Ⓝ384.3
　内容　鼈甲細工　ハンドバッグ　鰻の蒲焼　浴衣の型付　江戸指物　帽子　鮨　江戸千代紙　足袋　カステラ〔ほか〕
　＊伝統の技能を担う人々の人間像。老舗の最高級品はこうしてつくられる。銀座は日本文化の先端を行くと同時に、旧い日本の伝統が強く息づいている街である。江戸、明治以来の銀座の老舗でしか手に入らない高級品を創り出す職人さんを、直木賞作家の著者が訪ねて、その技能と人間像を克明に描き出す。

◇銀座の職人さん　北原亜以子著　文芸春秋　2000.11　231p　16cm　〈文春文庫〉　495円　(i)4-16-757603-1　Ⓝ384.3
　内容　鼈甲細工　ハンドバッグ　鰻の蒲焼　浴衣の型付　江戸指物　帽子　鮨　江戸千代紙　足袋　カステラ　紳士靴　ステッキ　クラシックギター　宝飾　アイスクリーム　江戸切子　カジュアルシャツ　飾り菓子　臙脂染　かつらの地金　テンプラ　アンパン　手縫い草履　象牙細工
　＊「職人の仕事ってのは、生産をあげなくちゃいけないんです。道楽でやってんじゃないんだから」『わたしは"大変"と"いそがしい"って言葉が大嫌いなんです』など小気味よい職人のセリフ。銀座でその作品を手に入れることのできる職人を訪ねる。椅子職人の家に生まれた著者が紡ぎ出す、24人の興味深い職人の何処か懐かしい世界。

◇近代に生きる人びと―部落の暮らしと生業　京都部落史研究所編　京都　阿吽社　1994.4　215p　20cm　2280円　(i)4-900590-38-X　Ⓝ384.3

◇九十歳岩泉市太郎翁の技術―岩手県久慈市山根町端神　名久井文明著　滝沢村〔岩手県〕　一芦舎　1994.9　217p　26cm　〈実測図・バックデータ：岩手大学学生 実測図監修：名久井芳枝　岩泉市太郎年譜：p20～35 引用・参考文献：p205〉　3500円　Ⓝ384.3

◇暮らしをにいきづくはたおり―はたおり教室10周年記念特別展　土浦市立博物館第25回特別展図録　土浦市立博物館編　土浦　土浦市立博物館　2001.3　52p　30cm　〈会期：2001年3月24日―5月13日　土浦市制施行60周年記念〉　Ⓝ384.3

◇芸と美の伝承―日本再発見　安田武著　朝文社　1993.12　229p　20cm　〈毎日新聞社1972年刊の複製〉　2500円　(i)4-88695-101-5　Ⓝ702.1
　内容　自然と人為　桜づくりの庭師・佐野藤右衛門　「伝承」ということ　歌舞伎囃子田中流家元三女田中佐太郎・藤間流宗家長女藤間高子　遊びの秩序　祇園　「近代化」の逆説　長唄界の長老・吉住慈恭　職人芸ということ　名人琴師・柿沢真泉　「下地」の文化　漆器を守る輪島　「芸脈」ということ　地唄舞の第一人者・武原はん　味覚の文化　駅弁物語　土着の魅力　民俗芸能・綾子舞　「紙」への信仰　江戸千代紙　きものの思想　縮・絣・紬　「型」への修練　文楽　伝統と近代化
　＊戦争体験を語り、日本文化を論じ、祇園に遊び、職人の手仕事を愛した故安田武。高度経済成長に背を向け、ひたすら日本の芸と美の伝承を訴えた著者の美学が今よみがえる。

◇芸能・文化の世界　横田冬彦編　吉川弘文館　2000.7　312p　20cm　〈シリーズ近世の身分的周縁 2〉　〈文献あり〉　2900円　(i)4-642-06552-0　Ⓝ384.38
　内容　芸能・文化の世界　楽人　能役者　書物師　伊勢大神楽―その成立をめぐって　鉢叩寺中―筑前の芸能集団　絵師―渡辺崋山、「画工」と「武士」のあいだ　国学者
　＊豊かな民衆文化の花ひらいた江戸時代。それを支えたのは、どのような人々だろうか。芸能・文化の世界に生きた、いまだ語られざる多くの芸能者。その変遷をたどり、近世民衆のさまざまな文化ネットワークを解き明かす。

◇工具・器具と暮らしの文化史　遠藤元男著　つくばね社　1997.9　261p　21cm　〈東京 地歴社（発売）　索引あり〉　3000円　(i)4-924836-22-2　Ⓝ384.5
　内容　第1章　そろばん　第2章　水車　第3章　釘と釘抜　第4章　轆轤　第5章　修羅　第6章　踏鞴　第7章　弾機と発条　第8章　舞錐

◇古建築の技　ねほり、はほり―文化庁選定保存技術保持者14人の記録　関美穂子企画・編著　全日本建築士会，理工学社〔発売〕　2000.8　299p　21cm　3200円　(i)4-8445-3028-3
　内容　序章　文化財修復絵巻　第1章　伝統的技法の伝承者たち（森本安之助（鋳師）　大谷秀一（鋳物師）　鈴木正（建具師）　川面稜一（建造物彩色）ほか）　第2章　日本の木造建築の特徴について伺います（日本の木造建築の特徴について伺います　テスト済みより、歴史の証明　目利きであること　文化財を守ってきた法律の巻　文化財を学びたい！）
　＊歴史と文化の空間を次代へ伝える匠たちの技は、互いに関連して構築された末に"文化財建造物"という形で輝きを放つ。彼等は先人の技術継承という縁の下の力持ちであり、いぶし

◇古代役人のしごととくらし―正道官衙遺跡のつぶやき 特別展示図録 城陽市歴史民俗資料館編 城陽 城陽市歴史民俗資料館 1996.11 48p 30cm (城陽市歴史民俗資料館展示図録 5)
(開館1周年記念特別展 会期:平成8年11月1日～12月15日) Ⓝ210.3
◇鏝絵―消えゆく左官職人の技 藤田洋三写真・文 小学館 1996.12 128p 21cm (Shotor Museum) 1500円 (i)4-09-606301-0
内容 全国鏝絵見て歩き(東北・北陸 中部 関東 関西 中国 四国 九州) 鏝絵の誕生と広まり 白壁のできるまで 鏝絵グラフィティ 招福厄除の願いが込められた鏝絵たち 鏝絵名人列伝 フォークロアとしての鏝絵 左官小史 鏝絵連合王国
◇湖北の木匠―図面・古文書・道具でみる大工の姿 特別展 市立長浜城歴史博物館編 長浜 市立長浜城歴史博物館 1996.1 111p 20×22cm
〈会期:1996年1月26日～3月10日 主な参考文献:p110〉 Ⓝ384.3
◇古文書に見る職人のくらし 横浜市勤労福祉財団編 〔横浜〕 〔横浜市勤労福祉財団〕 1999.11 12p 30cm (特別展:平成11年11月12日～12月5日 横浜市技能文化会館) Ⓝ384.3
◇古山の生業と伝承 相模原市立博物館編 相模原 相模原市立博物館 1998.3 94p 26cm (相模原市民俗調査報告書) Ⓝ382.137
◇彩色江戸物売図絵 三谷一馬著 中央公論社 1996.3 312p 16cm (中公文庫) 1200円 (i)4-12-202564-8 Ⓝ384.3
内容 季寄せ 飲・食 飴・甘 菓 手遊び道具 雑 大道芸・物貰い
＊奇抜な着想から生まれた人目をひく衣裳、思わず笑いを誘われる軽妙な身振り―。江戸の街を往来し、庶民に日用品を運んできた物売りの数々を、当時の絵画資料をよりどころにいきいきと再現、それぞれに鮮やかな彩色をほどこす。江戸風俗画の研究に打ち込んできた著者が二十数年の歳月をかけて描きあげた物売り百五十姿を、オールカラーで収録。
◇作務衣の手ざわり あさなよしこ著 近代文芸社 1995.7 215p 20cm 1500円 (i)4-7733-4471-7 Ⓝ384.3
内容 念珠師―今井俊夫 石塔職人(石工)―甲賀四郎 パン職人―上田利男 井戸掘り職人―甲田米次郎 木工芸家―小川伸也 豆腐職人―向三月 湯葉職人―越智忠太郎 提灯師―安田修三 和菓子職人―河瀬良三 足袋職人―古田三郎〔ほか〕
＊歴史のまち、京都に息づく職人たちの技と心…。古都の文化を伝承するひたむきで清新な魂の結晶…。
◇四国山村風土記―焼畑・落人今昔物語 妻鳥和教著 〔伊予三島〕 〔妻鳥和教〕 1996.6 241p 19cm (製作:第一法規出版(東京)) Ⓝ384.3
◇地鎮祭と上棟式―すぐに役立つ 建設マンの常識 都市文化社編集部企画・編集 都市文化社 1993.8 78p 16cm 800円 (i)4-88714-154-8 Ⓝ525.5
内容 1 地鎮祭とは? 2 地鎮祭の具体的準備と進め方 3 上棟式 4 その他の祭式
＊建築の祭式をまかされたとき頼りになるポケットブック。
◇島根県の諸職―島根県諸職関係民俗文化財調査報告書 島根県教育委員会編 松江 島根県教育委員会 1993.3 188p 26cm Ⓝ384.3
◇商家二階展示解説 千葉県立房総のむら編 栄町(千葉県) 千葉県立房総のむら 1995.11 12p 26cm Ⓝ384.3
◇縄文時代の生業と集落―古奥東京湾沿岸の社会 小川岳人著, 小林達雄監修 ミュゼ 2001.5 167p 26cm (未完成考古学叢書 3) 2500円 (i)4-944163-19-3
内容 第1章 セトルメント・システムの素描(セトルメント・システム論の方向性と射程 羽生集落論とセトルメント・システム論の射程 ほか) 第2章 集落と生業(居住システム 前期奥東京湾沿岸の集団構造 ほか) 第3章 広場の社会学(環状集落・定型集落あるいは縄文モデル村 狩猟系遺跡・非狩猟系遺跡 ほか) 第4章 環境・貯蔵経済・儀礼―奥東京湾沿岸社会の展開 第5章 乳棒状磨製石斧の出現(磨製石斧の起源問題と「真正の」磨製石斧の出現 中期的な打製石斧の出現 ほか)
＊本書は、縄文時代前期の奥東京湾沿岸域を舞台とした環境に対する人間の側からの働きかけとそのもとで取り結ばれる社会的な諸関係についての研究、あるいはその所与の環境下における一定の技術的な制限のもとでの労働過程、社会的な過程の組織化、また環境、技術、社会の「連関」へのアプローチである。
◇職―その技術と伝承―特別展 〔水戸〕 茨城県立歴史館 1993.10 136p 26cm Ⓝ384.3
◇職人―くらしを支えた人々 テーマ展 栗東歴史民俗博物館編 栗東町(滋賀県) 栗東歴史民俗博物館 1996 47p 30cm (会期:1996年3月2日～4月7日 参考文献:p47) Ⓝ384.3
◇職人―日本の心と技 吉羽和夫著 丸善 1998.11 208p 19cm (丸善ブックス) 2000円 (i)4-621-06076-7 Ⓝ384.3
内容 序章 展示室から仕事場に 第1章 和菓子職人 第2章 鍛冶職人 第3章 銅器職人 第4章 建具職人 第5章 籠職人 第6章 職人仕事

生業・職人　　　　　　　　　　　　　　　　　　　　社会・家庭生活の習俗

の技と術　終章　仕事場から展示室に
*長い間、人間生活とともにあった職人仕事。あるものは消え、またあるものは消えつつある職人仕事。今に生きる職人仕事を通して、現代人の忘れてしまった「経験や知恵の集積の大切さ」を説く。

◇職人―伝えたい日本の"魂"　エス・ビー・ビー編　三交社　2001.5　291p　19cm　1800円　(i)4-87919-574-X
(内容)　火箸風鈴　たたら吹き・村下　大工　建具　油団　漆器　打刃物　和紙　京瓦　京型彫り　京扇子扇骨加工　菓子型彫刻　無双絵羽織　益子焼　漆
*経済事情、歴史的・風土的な事情を背景に、それぞれの職人たちはどのように伝統技術を保持展開しているのだろうか―それが本書の職人たちへのインタビューの基本的なモチーフである。ほかにエッセーとして、日本を代表する建築家・黒川紀章、民俗情報工学研究家の井戸理恵子、作家の菅田正昭が寄稿している。

◇職人・親方・仲間　塚田孝編　吉川弘文館　2000.8　268p　20cm　(シリーズ近世の身分的周縁 3)　2800円　(i)4-642-06553-9　Ⓝ384.38
(内容)　職人・親方・仲間　鋳物師―辻村鋳物師と真継家　杣工　金掘り　浦請負人―漁業経営と水主の確保　中間　相撲年寄―興行と身分　非人―近世大坂の非人とその由緒
*近世の富の生産をささえる職人、それから切り離された、さまざまな職業に従う日雇いの人々。マネジメントにあたる親方。そこに形成される仲間の特質はなにか。働く人々の実態を活写しながら、近世の身分制を考える。

◇職人がつくる遊び道具　織本篤資著　並木書房　2000.5　193p　19cm　1700円　(i)4-89063-121-6
(内容)　風と口笛の乗りもの―地球を駆けたいアルプスの自転車　「海外遠征隊ご用達」で衝動買い―一生モノの「ゴロー」の登山靴　鍛えた刃物二百四十七種―江戸誂え鍛冶の切り出し　ユーコン川への夢馳せる―異色ビルダーのカナディアン・カヌー　鉄慈しむダマスカス鍛え―四国橋原町・影浦工房の猟刀　江戸工芸の粋伝える―二代目「竿富」の和竿　プロが鍛えたプロの海道具―安房の磯金、突き銛　昔の賢いお爺さんの知恵―山の民の弁当箱「井川メンパ」　荒磯の香り匂いたつ―房総八街の釣り用角籠　男の子の永遠の宝モノ―風前の灯、駒の肥後守　気儘な旅烏が選んだコンテナー―HOSONOのリュック&小型バッグ
*和竿、江戸切出し、釣用角籠、登山靴、肥後守、メンパ…使い込むほどに愛着が深まる手作りの道具。各地の職人の仕事ぶりを丹念に取材し、その魅力を語る。

◇職人・職業漫筆―画文集　続　秋山桑人著　土浦　筑波書林　1993.2　102p　18cm　(ふるさと文庫)　(発売：茨城図書)　618円　Ⓝ384.3
◇職人職業漫筆―秋山桑人画文集　続々々　秋山桑人絵と文　つくば STEP 2000.10　239p　15×21cm　〈続〉までの出版者：筑波書林〉　1500円　(i)4-915834-46-8　Ⓝ384.3
◇職人ひとつばなし　斎藤卓志ほか著　岩田書院　1997.2　287p　20cm　1748円　(i)4-900697-73-7　Ⓝ384.3
(内容)　饗庭塩ハマトリ　豊年屋白木店一代　旅役者曙当　芝居ばなし　知多の野鍛冶　高浜の鬼板師　村の洋ામ屋　注文服と共に　三河の万八　博労唱　堂ノ下の瓦屋　田舎の左官〔ほか〕
*三河の風土のなかで、昭和という時代を送った職人十九人の語りで綴る庶民史。

◇諸職の道具　市立市川歴史博物館編　市川　市立市川歴史博物館　1993.3　65p　26cm　(収蔵資料図録 2)　Ⓝ384.3
◇庶民列伝―民俗の心をもとめて　野本寛一著　白水社　2000.4　371p　20cm　2800円　(i)4-560-02246-1　Ⓝ384.3
(内容)　第1章　漁る舟影―漁労の人生(岬の牡蠣とり―御前崎町・高塚佐吉衛門　海女の息綱―西伊豆町・谷川てつ・民三郎　ほか)　第2章　腕におぼえの幾年月―製造加工業と職人の人生(砂糖と海苔―清水市三保・藤波義松　吉永塩始末記―大井川町・吉田近治　ほか)　第3章　日々の旅路―歩き、運んだ人生(馬と歩いた長い道―春野町・高田角太郎　牛商い一代記―藤枝市・五嶋貞義　ほか)　第4章　山川のあいだ―焼畑・狩猟・川工事(粟拾い唄の哀歓―川根町・成瀬治宣　出づくり・峠越え―本根川町・滝口さな　ほか)　第5章　田植ボッコのデロ―たくましき女たち(盆地に生きて―大仁町・古屋みつかしえ・とりあやの―水窪町・小塩すず　ほか)
*広い領域と多様な地形要素をもつ静岡県は、民俗の宝庫である。伝統的職業にたずさわる住民との語らいの中から生まれた本書は、読物としての高い格調と「民俗の心」を伝えてやまぬ面白さをもつ。

◇信州職人名鑑「たくみ」　長野　信州名匠会　1995.12　115p　30cm　3000円　Ⓝ384.3
◇新・職人宣言―ショクニンズム　宮本憲一ほか著　蕗薹書房　1999.12　218p　20cm　(職人館調理場談義シリーズ 1)　(東京 星雲社(発売))　1800円　(i)4-7952-5416-8　Ⓝ384.3
(内容)　第1章　職人志向(地域の中の職人　人をどう育てるか　手仕事とハイテク)　第2章　思想職人(思想職人の時代　思想職人が伝承するもの)　第3章　職人思考　第4章　職人の未来(職人の生き方　職人と文化)
*今、誰もが働き方や生き方に苦悩する時代の中で、自立して生きる職人の世界が見直されてきている。生業としての職人の仕事を通し

て人間性の回復と職人の未来を探る。
◇生業の民俗　赤田光男,香月洋一郎,小松和彦,野本寛一,福田アジオ編　雄山閣出版　1997.10　295p　21cm　(講座 日本の民俗学 5)　4800円　(i)4-639-01472-4
　内容　総説 生業の民俗　1 農耕の民俗　2 山の生業民俗　3 漁撈の民俗　4 ムラを越える人と生業　5 複合生業論　6 生業の相互関連
　＊現時点でなければ最早記録できない、伝統的な生業を時代変化の中に捉えると同時に、今後の大きなテーマである「生業の複合性」に論及し、生業民俗研究の新たな展開をめざす。
◇瀬戸内地方の船大工―重要有形民俗文化財指定の用具と技術　瀬戸内海歴史民俗資料館編　高松　瀬戸内海歴史民俗資料館　1993.7　51p　26cm　(参考文献：p51)　Ⓝ384.3
◇瀬戸内海の船図及び船大工用具―重要有形民俗文化財報告書　高松　瀬戸内海歴史民俗資料館　1994.3　270p　26cm　Ⓝ384.3
◇せんだい諸職づくし―企画展図録　仙台　仙台市歴史民俗資料館　1996.7　50p　30cm　(会期：1996年7月6日～12月15日ほか)　Ⓝ384.38
◇大工道具から世界が見える―建築・民俗・歴史そして文化 みんなで語ろう　西和夫他著　五月書房　2001.3　217p　20cm　2000円　(i)4-7727-0341-1　Ⓝ583.8
　内容　1 国際シンポジウム 海を渡った大工道具(講演 オランダへ渡った大工道具　講演 出島オランダ商館長の見た日本―大工道具が示す日蘭交流　講演 建築と道具―建築家の立場から　鼎談 道具、職人、そして歴史―三人で文化を語ろう)　2 展覧会 海を渡った大工道具(講演 職人と道具を語る　論考 大工道具の調査経緯と研究の意義―大工道具展にちなんで)　3 対談 大工道具を通して歴史を語る
　＊大工道具は、建築を作るために使われる。大工道具を見ると、その時代の建築を作る技術が、さらには作られた建築の意匠と技術の諸相が見えてくる。また、建築はその時代の社会を反映して成立するから、道具を見ると時代と社会が見えてくる。道具のこと、職人のこと、建築のこと、多角的視点から歴史と文化を考察した試みの総まとめ。
◇高井戸雑話―昭和の農民誌　東京都杉並区教育委員会編　杉並区教育委員会　1994.3　88p　26cm　(文化財シリーズ 39)　800円　Ⓝ384.3
◇匠の仕事ばなし―奥武蔵の職人さんに聞く　鈴木地蔵著　飯能　文游社　1998.10　150p　20cm　1200円　Ⓝ384.3
◇匠の世界―職人物語　山本秀夫編　〔川崎〕川崎市文化財団　2000.12　93p　30cm　(会期・会場：2000年12月19日～2001年1月7日 アートガーデンかわさき)　Ⓝ384.3
◇匠の技と形　1 東日本編　講談社編　講談社　2001.11　159p　26×21cm　2600円　(i)4-06-210811-9
　内容　秋田銀線細工(阿部武)　飯田・水引工芸(関島登)　駿河竹千筋細工(黒田英一)　郡上八幡魚籠(嶋数男)　埼玉鳩ヶ谷・和竿(吉田芳之)　豊橋筆(山崎亘弘)　仙台・手作り万年筆(植原栄一)　江戸押絵(佐伯春峰)　駿河雛人形(甲賀峰子)　尾張・からくり人形(玉屋庄兵衛(八代目))　〔ほか〕
　＊逸品が光る、名品が語る。10年の歳月をかけた取材、日本の手技に出会うガイド徹底紹介。
◇匠の技と形　2 西日本編　講談社編　講談社　2001.11　159p　26×21cm　2600円　(i)4-06-210812-7
　内容　日向蛤碁石(安藤正)　出雲石灯籠(伊藤暢保)　大和三輪・日本刀(月山貞一・貞利)　鶴来・吟醸酒(農口尚彦)　備後・吹きガラス(松本倭帆)　伊賀焼土鍋(稲葉直人)　福山琴(小川賢三)　松任・和太鼓(浅野義幸・昭利)　来民渋団扇(栗川亮一)　京都・舞扇(大西享、徳田喜之助、桶村正夫)　〔ほか〕
　＊逸品が光る、名品が語る。10年の歳月をかけた取材、日本の手技に出会うガイド徹底紹介。
◇竹の職人・木の職人―特別陳列　京都府立丹後郷土資料館編　宮津　京都府立丹後郷土資料館　1994.4　16p　26cm　(特別陳列図録 34)　(会期：1994年4月26日～5月31日　付：参考文献)　Ⓝ384.3
◇竹の手仕事人がつづる竹は無限 無限の竹　小出九六生著　長野　オフィスエム　2001.6　169p　30cm　4762円　(i)4-900918-42-3
　内容　巻頭カラー 竹林の四季　随想・竹に寄せて 竹竹竹　竹と語り合いながら・小出九六生の仕事(一)　対談 たかが竹、されど竹…　竹と歩んだ人生・小出九六生の歴史　随想・竹に寄せて　竹と伝統精神　竹の美を求めて・竹工芸作家小出文生の世界　竹に導かれながら・小出九六生の仕事(二)　竹の技を受け継いで・小出智の世界　竹垣と私　竹の手仕事人 その技の全て　地域に根ざした竹工として
　＊竹は、日本を代表する植物。日本人の文化や暮らしも竹なしで考えられない。伐れば伐るほど育つ竹…。竹は、まさに無限の可能性をもった最高の生活素材、芸術素材でもある。美しく蘇った、すがすがしい竹林に立って、竹の喜ぶ声を聞く。そんな日が訪れることを心から夢に見ながら、著者は今日も竹と向かう。「竹は無限、無限の竹」。声なき竹の声を一人でも多くの人にとどけるために、本書は刊行された。
◇竹、節ありて強し　松本三郎著、かくまつとむ聞き書き　小学館　2000.8　208p　19cm　(Lapita Books)　2000円　(i)4-09-341041-0
　内容　第1章 江戸和竿職人の生活　第2章 竹と

いう素材　第3章 竿を作る　第4章 江戸前釣り師の竿
＊六代にわたる江戸和竿総本家「東作」の秘伝を全公開！「もう10年もすると、和竿の技術や文化はあらかた消えてしまいますよ」いままさに消えゆかんとしている江戸和竿の技術と職人文化をあますところなく語る。竿師「東作」が後世に残す"遺言状"。

◇鑪と剗舟　石塚尊俊著　慶友社　1996.10　405,16p　22cm　6180円　(i)4-87449-224-X　Ⓝ384.3
　内容　鑪(金屋研究三橋　菅谷鑪調査報告　鑪採訪記)　剗舟(剗舟梗概　ソリコ　モロタ　トモド　刳舟三橋)
　＊鑪＝タタラの火が再び消えようとしていた昭和初期、中国山地に点在するタタラ製鉄の現場を訪ね、詳細に記録。タタラ製鉄の工程・材料・技術、携わる人々の生活・信仰・習俗・伝承に肉迫する。剗舟＝一本木造りの剗舟を訪ねて日本を縦断。失われつつあるソリコ・モロタ・トモドを最後の舟大工ともいえる人々の協力を得て再現。工程を詳しく記録。

◇旅芸人のフォークロア―門付芸「春駒」に日本文化の体系を読みとる　川元祥一著　農山漁村文化協会　1998.3　238p　19cm　(人間選書214)　1714円　(i)4-540-97163-8　Ⓝ384.38
　内容　序章 旅芸人がもたらす神の所法―なぜ春駒か　第1章 化身する男たち―群馬県川場村門前の春駒　第2章 春駒はどこからきたか―上越地方の春駒を訪ねて　第3章 春駒のルーツを訪ねて　第4章 ケガレを浄める春駒の芸　第5章 農耕儀礼から生まれた春駒　第6章 春駒唄と言寿の世界　第7章 旅芸人の小宇宙　おわりに　アニミズムの再生

◇筑豊万華―炭鉱の社会史　永末十四生著　三一書房　1996.4　239p　19cm　2800円　(i)4-380-96202-4
　内容　1 藩政下の石炭鉱業　2 産業革命の胎動　3 産業革命の劇場空間　4 非常民の共同体
　＊筑豊にとって石炭産業とは何であったのか。炭坑発展の推進力となった坑主、坑夫たちは幾多の試練に堪えねばならなかった。その誕生・栄光・没落の歴史をたどる。

◇中近世放浪芸の系譜　渡辺昭五著　岩田書院　2000.2　772p　22cm　18800円　(i)4-87294-161-6　Ⓝ384.38

◇調布の職人たち　調布　調布市郷土博物館　〔1999〕　7p　21cm　〈企画展：平成11年10月19日―12月12日〉　Ⓝ384.3

◇手仕事の日本　柳宗悦著, 永六輔解説　小学館　2000.3　265p　19cm　(地球人ライブラリー)　1600円　(i)4-09-251043-8
　内容　前書 手仕事の国　第1章 品物の背景(自然　歴史　固有の伝統　ほか)　第2章 日本の品物(現在の事情　関東　東北　ほか)　第3章 品物の性質(三つの問題　職人の功績　実用と美　健康の美)
　＊「馬乗提灯」『竹飯櫃』『長火鉢』『蓑』等々、ほんのひと昔前まで日本人の暮らしに欠かせなかった道具をもとめて、民芸運動の創設者が訪ね歩いた郷土の記録。今では機械製品に追いやられ、日常生活から姿を消しつつある郷土品の数々が、活き活きとした輝きを放っていた昭和15年頃の日本が垣間見える民芸案内書。

◇手仕事のぬくもり―職人展―第11回特別展図録　上福岡市立歴史民俗資料館編　上福岡　上福岡市立歴史民俗資料館　1994.10　25p　26cm　〈会期：平成6年10月23日～11月20日　引用参考文献：p25〉　Ⓝ384.3

◇手業に学べ　風の巻　塩野米松著　小学館　2000.1　285p　19cm　(Be-pal books)　1300円　(i)4-09-366356-4　Ⓝ384.3
　内容　岩手のシノダケ細工―夏林チヤ　雑木の種から苗を育てる造園業―千葉喜彦　秋田のアケビ蔓細工―中川原信一・恵美子　備長炭の炭焼き父子―湯上勇・昇　茅葺きの屋根師―熊谷貞好　石垣島のアンツク作り―平田一
　＊自然の恵みから、暮らしに役立つモノを創り出してきた伝統職人たちの聞き書き。

◇手業に学べ　月の巻　塩野米松著　小学館　2000.11　298p　19cm　(Be-pal books)　1400円　(i)4-09-366357-2　Ⓝ384.3
　内容　秋田のザク葺き職人―雲雀佐太郎　大島の椿油作り―高田八郎　岡山の船大工―山元高一　岡山のガマ背子作り―渡辺倉平　宮崎の竹細工師―広島一夫　宮崎の石工―田中光生
　＊自然の恵みから、暮らしに役立つモノを創り出してきた伝統職人たちの聞き書き。

◇手業に学べ　天の巻　塩野米松著　小学館　1996.8　269p　19cm　(Be-pal books)　1300円　(i)4-09-366353-X　Ⓝ384.3

◇手業に学べ　地の巻　塩野米松著　小学館　1996.8　269p　19cm　(Be-pal books)　1300円　(i)4-09-366354-8　Ⓝ384.3

◇伝統の手仕事―京都府諸職関係民俗文化財調査報告書　京都府教育庁指導部文化財保護課編　京都　京都府教育委員会　1994.3　364p　26cm　Ⓝ384.3

◇天の絹糸―ヒトと虫の民俗誌　日本人にとって「生きもの」とは、「自然」とは　福島県立博物館編　会津若松　福島県立博物館　1998　147p　30cm　Ⓝ384.3

◇天保の江戸くらしガイド―遊女から将軍まで54人の仕事とくらし　江戸見廻りめ組編　メディアファクトリー　1993.11　217p　19cm　〈付：参考文献〉　1200円　(i)4-88991-307-6　Ⓝ210.5
　内容　江戸の仕事と人物(サービス業の人々　業界を代表する人々　下級公務員の人々　政府高級官僚の人々)　歩いてみたい大江戸エリア

ガイド 知っておきたい江戸の常識
＊バブル崩壊・天保の飢饉・政権交代・外圧。現代に通じる江戸の処世術を学ぶ。時代劇・時代小説が100倍たのしくなる江戸くらしカタログ。

◇道具と木のはなし―木の建築・木の芸術を作った道具の歴史 平成10年度秋の展示会 広島県立歴史民俗資料館編 三次 広島県立歴史民俗資料館 1998.10 35p 30cm 〈付属資料：1枚：展示資料目録〉 Ⓝ583.8

◇棟梁のよもやま話 前場幸治著 冬青社 1998.5 183p 22cm 1800円 (i)4-924725-37-4 Ⓝ384.3
(内容) 職人今昔(仕事始め様々 「枕カンタン」の冗談 鬼が笑うとき 印半纏の哀歓 ほか) 職人今昔―棟梁の一口メモ

◇なにわの職人―"ええなぁ"と見惚れる技60人 淡交社編集局編著, 諸木靖宏写真 京都 淡交社 1997.2 126p 21cm 1957円 (i)4-473-01524-6 Ⓝ384.3
(内容) 市松人形 白銀師 薩摩切子 提灯 刀剣研ぎ師 味噌 鯛ごはん 小鯛雀鮨 手縫仕立鞄 箱ずし きつねうどん 蒸しずし 帽子の金型 (ほか)

◇なるこ人・技・ものがたり 町田雅子編・著 鳴子町(宮城県) 鳴子温泉観光協会 1999.6 16p 21cm Ⓝ384.3

◇なわばりの文化史―海・山・川の資源と民俗社会 秋道智弥著 小学館 1995.3 254p 20cm 〈各章末：引用・参考文献〉 2300円 (i)4-09-626184-X Ⓝ384.3
(内容) 自然観の系譜 列島の資源と文化 なわばりの生態と文化 なわばりの文化史 カミ・人・自然となわばり
＊人間は自然の恵みを享受しつつ、資源を保護する技術やしきたりを生み出してきた。しかし、近代からの乱開発による自然破壊、とりつくしによる地球資源の枯渇に、私たちはどう対応すべきなのか。現代人の生産・生活のあり方をどのように転換したらよいのかを探る。

◇なわばりの文化史―海・山・川の資源と民俗社会 秋道智弥著 小学館 1999.6 270p 16cm (小学館ライブラリー) 790円 (i)4-09-460123-3 Ⓝ384.3
(内容) 自然観の系譜 列島の資源と文化 なわばりの生態と文化 なわばりの文化史(境界と支配 共有と入会い 禁猟(漁)の歴史とカミの世界) カミ・人・自然となわばり
＊自然はだれのものか?山野河海の恵みを享受しつつ、資源を枯渇させないために生み出された「なわばり」の知恵。古来の自然観から探る、資源利用と環境保護の将来像。

◇錦絵にみる明治の職人―特別展 横浜市勤労福祉財団編 横浜 横浜市技能文化会館 1998.11 16p 30cm 〈横浜市技能職団体連絡協議会結成30周年記念〉 Ⓝ384.3

◇日本職人辞典 鈴木棠三編 新装版 東京堂出版 1998.9 359p 19cm 2600円 (i)4-490-10501-0 Ⓝ384.3
＊七十一番職人歌合・江戸職人歌合など、各種職人尽しに表れた、中世・近世の職人の諸相を紹介した辞典。参考文献一覧、職人(業)一覧付き。

◇日本の酒造り唄 宮内仁著 近代文芸社 1997.7 191p 22cm 1800円 (i)4-7733-5855-6 Ⓝ384.3
(内容) A 日本の酒造り B 灘の酒造り唄 C 広島の酒造り唄 D 越後の酒造り唄 E 東北地方の酒造り唄 F他地方の酒造り唄 G 酒造りの仕上げ。
＊酒造り唄はタイマーだ。酒蔵の蔵人たちは、酒造り唄で全員がリモートコントロールされながら働いていた。「酒造り唄」を整理して、ここで出来るだけ判り易く解説。

◇日本の仕事唄 1 宮内仁著 近代文芸社 1999.6 244p 21cm 1800円 (i)4-7733-6551-X
(内容) A 仕事唄はメトロノーム(仕事唄 仕事の拍子 ほか) B 苗取り唄(苗取り 各地の苗取り唄) C 田植唄(田のしろかき 早乙女 ほか) D 田草取り唄(稲の元搔き 田摺りところがし ほか)
＊唄はメトロノームだ。苗取り・田植え・草取りは、腰を屈めてする作業なので、唄で苦しさを紛らせていた。

◇日本の仕事唄 2 宮内仁著 近代文芸社 1999.6 251p 21cm 1800円 (i)4-7733-6552-8
(内容) A 仕事唄はメトロノーム B 麦打ち唄 C 籾摺唄 D 穀搗唄 E 粉ひき唄
＊唄はメトロノームだ。麦打ち・籾摺り・穀搗き・粉ひきは、単調な作業だから、唄で飽きるのを防いでいた。

◇日本のふれ唄 1 宮内仁著 近代文芸社 1999.4 235p 15cm 1800円 (i)4-7733-6533-1
(内容) A 仕事唄はトランシーバー(往来での仕事唄 唄声 職種を表わす唄 安全の確認) B 荷担ぎ唄(長持唄 その他の荷担ぎ唄) C 牛・馬追い唄(牛・馬追い 馬喰節 牛方節 馬方節 馬子唄)
＊昔の時代に唄われていた仕事唄の中には、唄い手の存在を周囲の人々に報らせる目的で唄われていたものが有ります。町中をふれて歩いていた「物売り」や「職人」の呼び声を、節をつけた唄にして歩けば「ふれ唄」になります。昔の人々はそんな仕事唄を唄って、周囲の人たちに自分の存在を報らせて、危険や不都合な事故が発生するのを防いでいたし。そうして作業者と周囲の人々との相互の

生業・職人　　　　　　　　　　　　　　　　　　　　社会・家庭生活の習俗

安全を確保していたのです。そんな目的を有したり、兼ねたりしていた仕事唄の数々を、本書は「ふれ唄」として括ってまとめています。

◇日本のふれ唄　2　宮内仁著　近代文芸社　1999.5　231p　21cm　1800円　(i)4-7733-6536-6
(内容)A 仕事唄はトランシーバー　B 草刈唄　C 魚漁唄　D 収穫唄　E ふれ唄
＊昔の時代に唄われていた仕事唄の中には、唄い手の存在を周囲の人々に報らせる目的で唄われていたものが有ります。町中をふれて歩いていた「物売り」や「職人」の呼び声を、節をつけた唄でふれて歩けば「ふれ唄」になると考えてよいと思います。昔の人々はそんな仕事唄を唄って、周囲の人たちに自分の存在を報らせて、危険や不都合な事故が発生するのを防いでいました。そうして作業者と周囲の人々との相互の安全を確保していたのです。そんな目的を有したり、兼ねたりしていた仕事唄の数々を、ここでは「ふれ唄」として括ってまとめることにしました。それらの仕事唄は『日本のふれ唄1・2・3』の三冊になりました。

◇日本のふれ唄　3　宮内仁著　近代文芸社　1999.5　221p　21cm　1800円　(i)4-7733-6543-9
(内容)A 仕事唄はトランシーバー(往来での仕事唄　唄声 ほか)　B 舟漕ぎ唄(外海の舟漕ぎ唄　内海の舟漕ぎ唄)　C 川舟漕ぎ唄(高瀬舟　三十石舟々唄 ほか)　D 筏流し唄(木出し山出し　管流し唄 ほか)
＊昔の時代に唄われていた仕事唄の中には、唄い手の存在を周囲の人々に報らせる目的で唄われていたものが有ります。町中をふれて歩いていた「物売り」や「職人」の呼び声を、節をつけた唄でふれて歩けば「ふれ唄」になると考えてよいと思います。昔の人々はそんな仕事唄を唄って、周囲の人たちに自分の存在を報らせて、危険や不都合な事故が発生するのを防いでいました。そうして作業者と周囲の人々との相互の安全を確保していたのです。そんな目的を有したり、兼ねたりしていた仕事唄の数々を、ここでは「ふれ唄」として括ってまとめることにしました。それらの仕事唄は『日本のふれ唄1・2・3』の三冊になりました。

◇日本の民俗　下　芳賀日出男著　クレオ　1997.8　267,10p　27cm　〈文献あり　索引あり〉　4980円　(i)4-87736-016-6　Ⓝ382.1
(内容)正月　盆行事　稲作　漁村の暮らし　海女　巫女　人形まわし　木地師　さまざまな生業　運ぶ [ほか]

◇日本の技―伝統を明日へつなげる職人たち　小田孝治文、三好英輔写真　メトロポリタン、星雲社〔発売〕　2000.12　380p　21cm　3200円

(i)4-434-00554-5
(内容)御所人形(伊東久重)　琵琶(石田不識)　鬼瓦(小林章男)　葛籠(岩井良一)　表具(山内啓左)　煙管(野島厚次)　和紙人形(桂すみれ)　仙台箪笥(熊野広)　鋳物(柏木晴光)　漆刷毛(泉清吉)　[ほか]
＊「人は貧乏しなくっちゃいけませんねえ」「叱られるかもしれませんが、バブルがはじけてよかった」…この本に登場した職人さんたちは、「お客さんが買った後、喜んでくれる顔を見るのがなにより嬉しい」という確かな腕の持ち主ばかりである。家業を継いだ高齢者は小学校卒の人も多いが、物作りから学んだ知識や自然観は哲学者のように深く、尊い。

◇覗き眼鏡の口上歌　河本正義編　久山社　1995.6　96p　21cm　〈日本児童文化史叢書 3〉　1600円　(i)4-906563-63-5　Ⓝ384.38

◇はたおりと人々のくらし　上福岡市立歴史民俗資料館編　上福岡　上福岡市立歴史民俗資料館　1999.11　32p　30cm　〈第15回特別展：平成11年11月30日―平成12年1月30日　文献あり〉　Ⓝ384.3

◇働く人びと　森田一朗編　筑摩書房　1998.1　1冊(ページ付なし)　19cm　〈明治フラッシュバック 1〉〈おもに図〉　1900円　(i)4-480-87604-9　Ⓝ384.3
＊子守り、角兵衛獅子、荒物の行商人、農夫、漁民―明治の庶民の暮らしを写真で再現する。

◇張り子―伝統から創作へ　張り子師・五十嵐健二の世界　五十嵐健二編著　日貿出版社　1997.1　127p　26cm　3605円　(i)4-8170-8004-3
(内容)五十嵐健二張り子作品選　張り子の歴史と造形―新しい創作張り子への誘い(伝統から創作へ―異色の張り子職人、意気と張りとユーモアとで30年　張り子の製作―首振り虎を作る　座談会「独楽屋」と「張り子屋」の職人問答　思い出のコレクションから　張子―郷土玩具としての伝承と技
＊「張り子」というと、ちょっと古い時代の郷土玩具というイメージがあるかもしれない。しかし五十嵐健二の張り子作品は違う。江戸時代からの伝統を踏まえ、自らのものと消化させて現代の張り子を創作している。全国各地でつくられてきた張り子は後継者が無いことからどんどん廃絶へと追い込まれているが、かつては土人形と人気を二分した郷土玩具の代表者であった。本書は過去のものとしてではなく、未来へと続く仕事に取組む張り子職人技を紹介する。

◇パリ職業づくし―中世から近代までの庶民生活誌　F.クライン=ルブール著、北沢真木訳　論創社　1995.4　251p　20cm　〈監修：ポール・ロレンツ　主要参考文献：p249～251〉　3090円　(i)4-8460-0166-0　Ⓝ382.35

社会・家庭生活の習俗　　　　　　　　　　　　　　　　　　　　　　　　　　　　　　　生業・職人

(内容) 過去の呼び声　ペンと筆　早打ち　昔のアトラクション　職工たち　火にまつわる仕事　戦争　行商人　民間医療師と刑の執行人　ファンシーグッズ〔ほか〕
＊パリの空の下飛びかう物売りの声。珍商売に笑って泣けて…失われた職業の記録

◇パリ職業づくし―中世から近代までの庶民生活誌　ポール・ロレンツ監修，F.クライン＝ルブール著，北沢真木訳　新装版　論創社　1998.6　251p　20cm　3000円　(i)4-8460-0167-9　Ⓝ382.35
(内容) 1 過去の呼び声　2 ペンと筆　3 早打ち　4 昔のアトラクション　5 職工たち　6 火にまつわる仕事　7 戦争　8 行商人　9 民間医療師と刑の執行人　10 ファンシーグッズ　11 水上で　12 見張り　13 苦役　14 女性の仕事
＊水脈占い師、大道芸人、幻灯師、錬金術師、抜歯屋、拷問執行人、民間医療師など、百を越える職業を克明に掘り起こす、歴史の歯車の中で翻弄されながらも、しぶとく、したたかに生きてきた庶民たちの世界を知るための恰好のパリ裏面史。図版多数。

◇百姓の国　神崎宣武著　河出書房新社　1995.2　237p　20cm　〈参考文献：p232〜233〉　1800円　(i)4-309-24157-3　Ⓝ384.3
(内容) 第1章 やきもの行商人が歩いた道　第2章 おたたさんたちの稼ぎ　第3章 山里の神楽　第4章 荒物師の腕　第5章 酒蔵と杜氏のふるさと　終章 合關の稼ぎと農業
＊新たな日本像の構想。列島各地の暮らしを訪ね、日本的生活の原型を探る。

◇枚方市立旧田中家鋳物民俗資料館　増改訂　枚方　枚方市教育委員会　1997.3　80p　26cm　Ⓝ384.3

◇広島県の諸職―広島県諸職関係民俗文化財調査報告書　広島県教育委員会編　〔広島〕　広島県教育委員会　1994.3　372p　26cm　Ⓝ384.3

◇福井県の諸職―福井県諸職関係民俗文化財調査報告書　福井県教育委員会教育庁文化課編　福井　福井県教育委員会　1993.3　172p　26cm　Ⓝ384.3

◇北海道の諸職―諸職関係民俗文化財調査報告書　北海道教育委員会編　〔札幌〕　北海道教育委員会　1993.3　219p　26cm　Ⓝ384.3

◇北海道の民具と職人　関秀志ほか著，北の生活文庫企画編集会議企画編集　札幌　北海道新聞社　1996.11　228p　20cm　(北の生活文庫第3巻)　〈参考・引用文献：p220〜223〉　1600円　(i)4-89363-163-2　Ⓝ383.93
(内容) 序章 北海道の民具と職人　第1章 職人の技術と暮らし(北海道の職人と技術の系譜　馬具と馬具職人―北海道で生まれた洋馬具　蹄鉄と装蹄師―洋式装蹄術の導入　ほか)　第2章 北海道的民具の諸相(北海道的民具の発達　アイヌ民族の民具―仕掛け弓とサラニプ　雪と民具―雪かきとかんじき　ほか)

◇北方民族の船―北の海をすすめ　第9回特別展図録　北海道立北方民族博物館編　網走　北海道立北方民族博物館　1995.2　65p　19×26cm　〈会期：1995年2月7日〜3月14日〉　Ⓝ384.3

◇三春の職人　飛田昭司著　三春町(福島県)　飛田昭司　1999.10　119p　20×22cm　〈東京 朝日新聞出版サービス(製作)〉　3000円　(i)4-9980813-1-4　Ⓝ384.3

◇むいむい―土浦周辺のはたおり調査報告書　土浦市立博物館はたおり教室編　土浦　土浦市立博物館　2001.3　119p　30cm　〈はたおり教室10周年記念〉　Ⓝ384.3

◇明治・大正商家の暮らし　山崎祐子著　岩田書院　1999.5　210p　21cm　2800円　(i)4-87294-144-6　Ⓝ384.3

◇豊かな山野の恵みを活かして―宮川村・山野での生活文化　宮川村自分史をつづる会編　〔宮川村(岐阜県)〕　宮川村教育委員会　1994.2　165,9p　22cm　(みやがわ叢書 第5集)　Ⓝ384.3

◇養蚕・撚糸・川漁　愛川町郷土博物館展示基礎調査会，愛川町教育委員会編　愛川町(神奈川県)　愛川町教育委員会　1998.3　45p　30cm　(愛川町郷土博物館展示基礎調査会報告書 第7集)　Ⓝ384.3

◇よこはま・職人点描―建築にたずさわる職人たち　特別展　横浜市勤労福祉財団編　横浜　横浜市勤労福祉財団　1993.11　33p　26cm　〈会期・会場：1993年11月25日〜12月5日 横浜市技能文化会館〉　Ⓝ384.3

◇甦る口伝集　佐倉　手織りの仲間「さくら」　1997.10　98p　26cm　〈裂地見本1枚貼付〉　2800円　Ⓝ384.3

◇甦る口伝集　続　佐倉　手織りの仲間「さくら」　2001.9　102p　26cm　〈裂地見本1枚貼付〉　2800円　Ⓝ384.3

◇技を訪ねて―埼玉東部職人技訪問記　大川勝文，毛利将範絵　志木　ふくろう社　1993.4　110p　19cm　1300円　Ⓝ384.3

◇技を継ぐ―21世紀の匠たち　京都新聞社編　京都　京都新聞出版センター　2001.7　191p　19cm　1333円　(i)4-7638-0490-1
(内容) 升田志郎さん―数寄屋大工　西村大造さん―京灯籠　春日井タ子さん―造園技師　中村進さん―畳師　細垣礼子さん―竹工芸　中江隆司さん―鋳金師　山本修さん―美術印刷・出版　出口瑞さん―障壁画復原模写　野間義雄さん―京壁左官工　北村敏彦さん―宮大工　〔ほか〕

◇技に生きる―富山の手仕事　富山　富山県民生涯学習カレッジ　2000.1　70p　26cm　(県民カレッジテレビ放送講座テキスト)　〈執筆：水木省三ほか〉　Ⓝ384.3

生業・職人　　　　　　　　　　　　　　　　　　　　　　　　　　　　社会・家庭生活の習俗

◇技に生きる―匠の世界　第41回企画展図録　小山市立博物館編　小山　小山市立博物館　2000.10　47p　30cm　〈会期：平成12年10月1日―11月12日〉　Ⓝ384.3
◇わたしが逢った職人たち―技と意地と粋の世界　石井英夫著，杉全泰写真　ミオシン出版　1994.5　246p　21cm　2000円　(i)4-88701-818-5
　内容　まえがき　遠ざかる「昭和」に　彩（飛鳥のきぬずれの音「道明」組紐「いせ辰」の粋と意気　江戸千代紙　濡れてくる石　甲斐の雨畑硯　春の丘の「花囚」　相模野の桜漬け　"縮み"の日本文化「雲錦堂」扇子「官」への反抗と意地　会津うるし塗　降る雨のしみいる音　黒磯の和傘　竹林は消えたが…　浅草の花籠　幻の帝王紫「みとも」貝紫　闇に乱輪の天華　江戸打上げ花火　一壺の紅の酒　勝沼の手づくりワイン）　遊（上州の赤いからっ風　高崎の福だるま　苦界な憂世の姿　桐生の梭絵馬　澄みわたる"法悦"の境　江戸独楽　ベルツの森の花　草津の湯の花採り　一生イロとくらす苦労　加須の鯉のぼり　街道のコピー芸術　箱根の寄木細工　夏の日の手ざわり　春日部の麦わら帽子　呪術を閉じこめる器　浅草今戸焼　サイパッカ、ザラボン、シカントウ　川越の駄菓子　竹の北限のねばり野州の和竿　鹿島灘ハマグリの遺産　波崎の盤　初冬山里幻影　下仁田のこんにゃく）　響（黒ネコのたんご　目黒の三味線　土蔵破りと和船造り　房州の舟ノコ　武州紙漉きの里　小川の細ս紙　万祝絆と風船爆弾　上総のとんび凧「トンカラリンと織るなり」伊那の飯田紬　豊漁いわしのうた　銚子の大漁旗　都会のガレージの隅で　東京の下駄　銅山の青い泥　足尾のあかがね焼　アメ色の織り目　掛川の葛布　お祭り民族のシンボル「宮惣」の神輿　栃木下野石の里　野木の道祖神　なぜ信州に伝わったか　茅野の寒天）
　＊遠ざかる「昭和」の伝統工芸を、かたくなに守り続ける名工・達人35人のひたむきな心と技と意地。「産経抄」で菊池寛賞を受賞した名コラムニストのペンが冴えた"草の根"職人風物詩。

◆農業
◇青森・米作りの方言　三浦義雄著　青森　北の街社　1996.3　252p　19cm　1500円　(i)4-87373-056-2　Ⓝ384.31
◇アジア稲作文化紀行―女たちの祈りと祭りの日々　森田勇造著　雄山閣出版　2001.5　222p　20cm　2500円　(i)4-639-01736-7　Ⓝ382.2
　内容　1　男が見た母系社会（カシ族の母系社会　婿入り婚のクメール社会　ほか）　2　貴州省の女と祖霊信仰（江南文化を求めて貴州高原へ　多民族社会の成り立ち　ほか）　3　女が伝えた稲作文化（壮族の祖霊と崖墓　古代崖墓と祖霊神の起こり　ほか）
　＊自然と共生しつつ21世紀まで守り続けられてきたアジアの母親主導社会を踏査した旅の記録。ひたすらコメの豊作や家内の安全と幸福を祈るアジア稲作地帯に生きる女たちの生活文化誌。
◇アジア稲作文化と日本　諏訪春雄，川村湊編　雄山閣出版　1996.6　237p　20cm　2266円　(i)4-639-01370-1　Ⓝ382.2
　内容　アジアにおける稲作の起源と長江文明　中国の稲作遺跡と古代稲作文化　稲を運んだ人びと　稲作の民俗　韓国の稲作文化　韓国の稲作文化における「餅」　日本・韓国・中国の稲作起源神話　シンポジウム「アジアの稲作文化」
　＊稲作の起源と文化に関する最新の視点。中国・揚子江流域の稲作遺跡発掘の最新の報告を基調に、アジアにおける稲作の起源とその文化を再検証し、日本・韓国との関わりを、民俗学、比較神話学などの方法により考察する。
◇荒川の風―野外考古学のすすめ　吉川国男著　浦和　さきたま出版会　2000.10　248p　21cm　2000円　(i)4-87891-123-9
　内容　1　荒川流域を歩く　2　稲作のルーツ　3　遺跡をたどる　4　開拓のいぶき　5　歴史を掘る　6　民俗あらかると　7　追われる獣たち
　＊横道にそれ、脇道に迷い、ときには道草をくう。そして、歩き続ける。荒川の風を感じながら…脈々と流れる悠久な文化を探る。
◇稲作―用具と儀礼　第57回企画展　栃木県立博物館編　宇都宮　栃木県立博物館　1996.9　73p　30cm　〈会期：平成8年10月6日―11月24日〉　(i)4-924622-94-X　Ⓝ384.31
◇稲作儀礼と首狩り　鳥越憲三郎著　雄山閣出版　1995.8　219p　20cm　1957円　(i)4-639-01310-8　Ⓝ384.31
　内容　1　首狩りの源流（滇国青銅器にみる人頭祭　木鼓づくりと環境　佤族の首狩りと人頭祭）　2　日本にみる人間犠牲　3　焼畑の稲作儀礼
　＊弥生人の先祖は首狩りをしていた。綿密な聞取り調査による、首狩りの実際の生々しい報告と考察。日本人の先祖・古代倭族の儀式「人頭祭」と、1950年代まで行なわれた雲南佤族の稲作儀礼としての首狩り、さらに、わが国における人間犠牲を比較検証し、その意味を明らかにする。
◇稲作民俗の源流―日本・インドネシア　小泉芳孝著　京都　文理閣　2001.2　343p　21cm　5000円　(i)4-89259-374-5　Ⓝ384.31
　内容　第1章　神社以前の祭祀―オハケと御仮屋について　第2章　例祭の古式神饌について―京都・奈良・滋賀を中心に　第3章　南山城、山本の宮座と講　第4章　古代駅制・山本駅に「竹取物語」　第5章　神々の島"バリ"の民俗儀礼　第6章　民俗の宝庫、インドネシアのトラジャ―葬

送・新築・豊穣・結婚儀礼を中心に
＊人類は，食物なくしては生き続けられない。日本では特に主食である米が，最も重要なものであろう。本書は，日本民族の良き伝統をあらためて見つめなおし，より多くの人達に伝え，お互いに理解しあう一つの材料をさぐってみたいという試みである。

◇稲と魚―水田をめぐる漁・猟・採集 企画展 松戸市立博物館編 松戸 松戸市立博物館 1995.7 71p 28cm 〈会期：1995年7月22日～9月3日 文献：p60～68〉 Ⓝ384.3

◇稲とくらし―企画展 福島県立博物館編 会津若松 福島県立博物館 1993.7 94p 26cm 〈会期：平成5年7月17日～9月23日〉 Ⓝ384.31

◇イネとムギの民俗 白石昭臣著 雄山閣出版 1994.9 223p 20cm 2500円 (i)4-639-01236-5 Ⓝ384.31
(内容) 農耕文化の発生と展開 イネとムギの儀礼と伝承 イネとムギの世界と構造
＊従来の民俗学は稲作文化を重視しすぎてきたという主張の下に，イネとムギを対比・比較しつつ，その重層する民俗文化を考察することにより日本人の核に迫る。

◇稲の民俗学―第15回企画展示会図録 亀岡市文化資料館編 亀岡 亀岡市文化資料館 1993.5 36p 26cm 〈会期：平成5年5月22日～6月27日〉 Ⓝ384.31

◇親父の春秋語録 上 渡辺武著，渡辺瑞亮編 金ケ崎町(岩手県) 渡辺瑞亮 1996.10 376p 21cm Ⓝ384.31

◇親父の春秋語録 中 渡辺武著，渡辺瑞亮編 金ケ崎町(岩手県) 渡辺瑞亮 1996.10 358p 21cm Ⓝ384.31

◇親父の春秋語録 下 渡辺武著，渡辺瑞亮編 金ケ崎町(岩手県) 渡辺瑞亮 1996.10 284p 21cm 〈年表あり〉Ⓝ384.31

◇韓国農耕歳時の研究 上巻 金宅圭著 第一書房 1997.6 314p 20cm (Academic series new Asia 22) 3500円 (i)4-8042-0122-X Ⓝ384.31
(内容) 1 導論(序章 韓民族と農耕生活 歳時の基盤) 2 祝願の歳時(歳暮・年初の祝願習俗 模倣呪術的祝願儀礼 農神信仰と仮装戯戯 民俗遊戯の意義 年占いと穀占い 擬戯)
＊農耕儀礼を中心とした韓国の歳時民俗を，国際的，歴史的，社会的な関連から広く深く研究したアジア的視野の大著。韓国理解の必読書。

◇韓国農耕歳時の研究 下巻 金宅圭著 第一書房 1997.6 320p 20cm (Academic series new Asia 23) 3500円 (i)4-8042-0123-8 Ⓝ384.31
(内容) 3 生長の歳時(種蒔き・田植え期の歳時成長儀礼 祈雨祭) 4 収穫の歳時(収穫と薦新

薦新と誓祭) 5 歳時と協同慣行(洞祭と洞会 歳時と協同労働 入社と制裁) 6 総合考察(秋夕圏と端午圏―韓国基層文化領域論試考 結章)
＊農耕儀礼を中心とした韓国の歳時民俗を，国際的，歴史的，社会的な関連から広く深く研究したアジア的視野の大著。韓国理解の必読書。

◇祈雨祭―雨乞い儀礼の韓日比較民俗学的研究 任章赫著 岩田書院 2001.5 168p 22cm 〈文献あり〉 2800円 (i)4-87294-204-3 Ⓝ384.31

◇北近江農の歳時記 国友伊知郎著 〔彦根〕 サンライズ出版 2001.9 210p 21cm (100万人の20世紀シリーズ 1) 1600円 (i)4-88325-089-X Ⓝ384.31

◇北川上流域の農耕習俗―北川上流域の農耕習俗調査報告書 北川町教育委員会編 北川町(宮崎県) 北川町教育委員会 1996.3 218p 30cm 〈折り込図1枚〉 Ⓝ384.31

◇心のふるさと稲作文化 ジャパンプレス・フォト編 ジャパンプレス・フォト 1993.7 40p 30cm 2000円 (i)4-915598-27-6
(内容) 心のふるさと稲作文化 日本の自然条件にピッタリの水田稲作 気象条件に影響される農業―自然災害 先人の知恵米づくりの共同体―集落 精神的結集の要―鎮守の森 豊作への願いと感謝―農耕儀礼 生産、生活、神事に無限活用―わらの文化 知恵と汗の結晶―稲作技術の歴史 心のふるさと―農のある風景 食文化の王者―ごはん 金によって興る者は金によって滅ぶ

◇心の民俗誌―里山からのメッセージ 高田宏編，小山勝清著 五曜書房 1998.7 290p 19cm 〈東京 星雲社(発売)〉 2000円 (i)4-7952-5392-7 Ⓝ611.9
(内容) 第1部 或村の近世史(村の事件帳 村の怪異 村の過去帳) 第2部 農村問題原理(抄録)

◇米づくりの農具 浜松市博物館編 〔浜松〕 浜松市博物館 1993.2 33p 22cm (博物館資料集 2) Ⓝ384.3

◇米と日本人のくらし―平成米騒動―その原点 第15回特別展 大分市歴史資料館編 大分 大分市歴史資料館 1996.10 43p 30cm 〈会期：平成8年10月25日～11月24日 文献あり〉 Ⓝ384.31

◇米とむら 太田忠久著 岡山 山陽新聞社 1996.11 255p 21cm 1800円 (i)4-88197-593-5
(内容) 第1章 山村と米つくり 第2章 一粒の米 第3章 農作業と牛飼い、山仕事 第4章 "むら"と家庭 第5章 山村の四季と伝統儀礼 第6章 ほろびゆく"むら"

生業・職人　　　　　　　　　　　　　　　　　　　　　　　　　　　社会・家庭生活の習俗

＊鳥取県境に近い岡山県北の山村で農業のかたわら、執筆を続けてきた農民文学賞受賞作家が、自らの体験を通して農村の抱える問題や、あるべき姿などを綴る。

◇米の民俗文化誌　窪寺紘一著　世界聖典刊行協会　1993.12　252p　19㎝　(ぽんブックス 31)〈参考文献：p247～252〉　1494円　(i)4-88110-181-1　Ⓝ384.31
[内容] 序章 世界の農耕文化　第1章 稲作の起源と伝播　第2章 日本稲作史　第3章 稲の栽培と稲作儀礼　第4章 日本米食史　第5章 米と日本人
＊米・稲作文化を知ることは日本人・日本文化を知ることである。本書は、稲作の起源と伝播から説き起こし、稲作史・稲作儀礼・米食史と掘り下げ、「米」との長くて深い係わりを多角的に探求する。

◇十五夜綱引の研究　小野重朗著　増補　慶友社　1997.7　267,10p　22㎝　〈索引あり〉　4000円　(i)4-87449-155-3　Ⓝ384.31
[内容] 綱引事例集(薩摩半島地区　大隅半島地区　薩摩北部地区　大隅北部地区　肥後南部地区　日向南部地区　薩南諸島地区)　綱引の考察(綱引概略　綱を引く日　綱の輪の行事　大草履と藁人形　綱引と来訪神　綱と竜神　儀礼的抗争としての綱引　南島の綱引　綱の行事二つ)

◇水田をめぐる民俗学的研究—日本稲作の展開と構造　安室知著　慶友社　1998.2　626,19p　22㎝　16000円　(i)4-87449-089-1　Ⓝ384.3
[内容] 1 課題と方法—序論　2 水田稲作地における生業複合の諸相—水田を利用した畑作・漁撈・採集のあり方　3 水田稲作地における生業複合の展開—水田養魚に注目して　4 水田の潜在力とその民俗的意義

◇図説雪形　斎藤義信著　髙志書院　1997.12　158p　22㎝　3200円　(i)4-906641-11-3　Ⓝ384.31

◇祖父江の虫送り—愛知県指定無形民俗文化財　祖父江の虫送り調査編纂委員会編　祖父江町(愛知県)　祖父江町教育委員会　1993.3　96p　27㎝　〈付(図8枚 袋入) 主要参考文献：p96〉　Ⓝ384.31

◇田遊—農耕文化と芸能の世界　特別展　東京都板橋区立郷土資料館編　板橋区立郷土資料館　1997.2　87p　30㎝　〈会期：1997年2月8日～3月23日〉　Ⓝ386.8

◇田畑と雑木林の民俗　大舘勝治著　慶友社　1995.1　380p　22㎝　3914円　(i)4-87449-221-5

◇地域と農耕と文化—その空間像の探求　佐々木高明著　大明堂　1998.10　348p　21㎝　4800円　(i)4-470-43041-2
[内容] 序章 地理学と民族学の間　1 地域像と空間の認識　2 農耕文化とその地域的展開　3 フィールドワークの記録　4 山村と東北アジアの文化生態学

◇摘田稲作の民俗学的研究　小川直之著　岩田書院　1995.7　600,20p　22㎝　13184円　(i)4-900697-29-X　Ⓝ384.31
[内容] 序章 摘田稲作研究の課題　第1章 摘田稲作の確認　第2章 摘田稲作の諸相と分析　第3章 摘田稲作と畑作　終章 摘田稲作研究の展開

◇伝承と農業　日本農業研究所編　日本農業研究所　1998.3　101p　21㎝　(むらを語る　第11輯)　Ⓝ384.31

◇東京東郊農村の生産伝承　3　葛飾の野菜つくり　東京都葛飾区郷土と天文の博物館　1993.3　63p　26㎝　〈平成4年度葛飾区民俗資料調査報告書〉　Ⓝ384.31

◇東京農業伝承誌　山本勇著　立川　けやき出版　1993.8　224p　19㎝　〈各章末：参考文献〉　1500円　(i)4-905942-36-5　Ⓝ612.136
[内容] 稲作の起源と伝承　品種改良篤農家　農耕儀礼　甘藷の渡来と普及　ふるさと野菜　伝統果樹　やっちゃば物語　江戸風物詩　除疫信仰　狭山茶　酪農の歩み　奥多摩の林業
＊東京はむかし、一大農産物生産地であった。いまも全国に誇る産物は少なくない。永年農業教育にたずさわった著者が、東京産の農産物の由来などを、伝承にもとづきながら明らかにした苦心の著。都市化と生産緑地法下の都市農業のゆくえを見定める上でも欠かせない学術書。

◇日本農書全集　第58巻　漁業 1　松前産物大概鑑(松前)・関東鰯網来由記(上総)・能登国採魚図絵(能登)・安下浦年中行事(周防)・小川嶋鯨鯢合戦(肥前)　佐藤常雄ほか編　村山든兵衛、北村穀実、中務貞右衛門、豊秋亭里遊素、田島佳也、高橋覚、浜岡伸也,定兼学翻刻・現代語訳・解題　農山漁村文化協会　1995.10　406,13p　22㎝　6500円　(i)4-540-95004-5　Ⓝ610.8
＊松前産物大概鑑・関東鰯網来由記・能登国採魚図絵・安下浦年中行事・小川嶋鯨鯢合戦

◇日本農書全集　第40巻　地域農書 5　濃家心得(美濃)・農業時の栞(三河)・百性作方年中行事(丹後)・作り方秘伝(紀伊)　佐藤常雄,徳永光俊,江藤彰彦編　細井宜麻,曽和直之進著,金子貞二,有薗正一郎,石川登志雄,岩崎竹彦翻刻・現代語訳・注記・解題　農山漁村文化協会　1999.3　361,13p　22㎝　6095円　(i)4-540-98006-8　Ⓝ610.8
[内容] 濃家心得(美濃)　農業時の栞(三河)(細井宜麻)　百性作方年中行事(丹後)　作り方秘伝(紀伊)(曽和直之進)
＊「作り方秘伝」紀伊国那賀郡深田村(現和歌山県那賀郡粉河町深田)の庄屋を務めた曽和直之

社会・家庭生活の習俗　　　　　　　　　　　　　　　　　　　　　　　　生業・職人

進が書き残した「梨植附作り方秘伝」ほか12点の農業技術に関する記録。商品作物をとり入れるさいの諸経費や利益を見積り、商業的農業の可能性を探ったユニークな農書。ほか3編。

◇農家の四季―夏期特別展図録　平塚　平塚市博物館　1996.7　64p　30cm　〈会期：平成9年7月19日―8月31日　文献あり〉　Ⓝ384.31

◇農耕空間の多様と選択　農耕文化研究振興会編　大明堂　1995.5　162p　21cm　（農耕の世界、その技術と文化 1）　3090円　(i)4-470-04007-X
(内容) 農耕文化の異なる論理　牧羊体系の自然的・文化的背景　畑作農業の変貌と農民の技術選択　離島・島嶼における生活と農耕　民族意識の高揚と伝統農法　南インドにおけるシコクビエの栽培技術　火神水獺の論議によせて

◇農耕の技術と文化　佐々木高明編　集英社　1993.9　693p　23cm　〈各章末：参考文献〉　18000円　(i)4-08-781086-0　Ⓝ384.31

◇農耕文化の民俗学的研究　白石昭臣著　岩田書院　1998.8　517,8p　22cm　11800円　(i)4-87294-124-1　Ⓝ384.31

◇農と生命の視点　坂本勉著　彩__社　2001.2　207p　15cm　（ぶんりき文庫）　520円　(i)4-88392-150-6
(内容) 第1章 農法と農業（農薬の恩恵　化学肥料と農業機械　農業による環境破壊　ほか）　第2章 混迷の世相（米の自由化　タイ米騒動と不正直で傲慢な人々　ほか）　第3章 食の乱れと命の冒瀆（肉食崇拝　肉食に対するコンプレックス　近代栄養学　ほか）　第4章 国民皆農論（農業の担い手　農地の私有　食糧の国際分業論　ほか）
＊今こそ生活に農を！国民皆農論。

◇農民のこころとかたち―丹後の農具流通変遷誌　京都府立丹後郷土資料館編　宮津　京都府立丹後郷土資料館　1993.4　16p　26cm　〈特別陳列図録 31〉　Ⓝ384.3

◇白山麓・出作りの研究―牛首村民の行方　山口隆治著　富山　桂書房　1994.12　250p　22cm　3090円　Ⓝ384.3

◇法多山の田遊び―国記録選択民俗文化財調査報告書　袋井市教育委員会編　袋井　袋井市教育委員会　2001.3　184p　30cm　Ⓝ384.3

◇満洲穀物取引慣習一斑　復刻版　竜渓書舎　1999.7　1冊　21cm　（明治後期産業発達史資料　第482巻）　23000円
(内容) 第1章 緒言　第2章 現物取引　第3章 先物取引　第4章 穀物卜金融卜ノ関係　第5章 結論
＊関東都督府民政部庶務課編「満洲穀物取引慣習一斑」（明治43年9月）の復刻。

◇「虫おくり」フォーラム報告書　長谷川成一編　五所川原　五所川原市　1995.3　70p　26cm　Ⓝ384.31

◇ムンダ人の農耕儀礼―アジア比較稲作文化論序説　インド・東南アジア・日本　長田俊樹著　京都　国際日本文化研究センター　2000.9　260p　26cm　（日文研叢書 21）　〈文献あり〉　Ⓝ384.31

◇琉球弧の農耕文化　渡部忠世監修，農耕文化研究振興会編　大明堂　1998.4　170p　21cm　（農耕の世界、その技術と文化 5）　3000円　(i)4-470-04011-8
(内容) 1 奄美諸島における近世―明治期のイネ栽培の変容過程　2 南西諸島の豆腐をめぐって　3 首里王府の麦の種播き儀礼　4 西表島のサトイモ類―その伝統的栽培法と利用法　5 西表島の水田漁撈―水田の潜在力に関する一研究　6 台湾アミ族の水田稲作

◇竜の玉御由来　桐山武兵衛景原著，孫六京一訳，桐山辰男編　浜松　竜の玉崇敬会　1995.6　187,5p　31cm　10000円　Ⓝ384.31

◆林業・狩猟

◇赤石マタギ―赤石奥地の熊撃ち話　鶴田要一郎著　2版　鰺ケ沢町（青森県）　青沼社　1994.4　199p　19cm　Ⓝ384.35

◇秋田マタギ聞書　武藤鉄城著　増補　慶友社　1994.4　234,9p　22cm　3914円　(i)4-87449-153-7　Ⓝ384.35
(内容) 仙北郡　由利郡　北秋田郡　資料篇―附狼狩
＊その紀元を源平の頃からとも伝える狩人たちがいる。彼らはマタギとよばれ、東北の山中に住み古来からの伝承を守り今にいたる。昭和初期から30年にわたるマタギ研究の集大成。

◇越後三面山人記―マタギの自然観に習う　田口洋美著　農山漁村文化協会　2001.2　326p　19cm　（人間選書 235）　1857円　(i)4-540-00240-6　Ⓝ384.35
(内容) 第1章 狩りの日の出来事　第2章 降りしきる雪の中で―冬　第3章 山の鼓動とともに―春　第4章 むせるような緑に抱かれて―夏　第5章 時雨れる雲の下で―秋　第6章 山人の自然学
＊本書は、三面に長期滞在のかたちで入り、本格的な記録をはじめた一九八二（昭和五十七）年冬から、村が閉村にいたった一九八五（昭和六十）年晩秋までの四年間に書かれたフィールドノートをまとめ、四季の暮らしを中心に構成し、後半では自然と村人の関係のあり方について若干の考察を試みている。

◇金沢のマタギ達―大槌町金沢「熊の巻き狩り」今と昔　金沢マタギ会編　大槌町（岩手県）　金沢マタギ会事務局　1999.4　262p　21cm　2000円　(i)4-921135-01-0　Ⓝ384.35

◇狩りの民俗　天野武著　岩田書院　1999.5　296p　22cm　5900円　(i)4-87294-145-4　Ⓝ384.35

文化人類学の本 全情報　355

生業・職人　　　　　　　　　　　　　　　　　　　　　社会・家庭生活の習俗

◇聞き書き奥羽山系に拾うマタギの残映　郷右近忠男著　仙台　創栄出版　1997.4　277p　20cm　2000円　(i)4-88250-694-7　Ⓝ384.35

◇山村芹沢の仕事言葉―山に暮らした古老の書き残し　阿久津満者著　宇都宮　随想舎　1997.4　125p　18cm　(ずいそうしゃ新書 5)　1000円　(i)4-938640-92-9　Ⓝ384.35
　(内容) 1 山村芹沢の労働力交換におけるイエッコとノリ　2 イエッコ　3 ノリ　4 炭焼きの仕事と言葉　5 屋根の葺き替えの仕事と言葉　6 その他の仕事、道具の言葉　7 山村の生活　8 旧三依村の年中行事
　＊イエッコとノリ。山村の共同作業が生み出した仕事言葉の数々。栃木県三依地方の民俗の記述に半生をかけた山人が、消えゆく山仕事の言葉を書き記す。

◇樹木と生きる―山びとの民俗誌　宇江敏勝著　新宿書房　1995.5　261p　20cm　(「山の木のひとりごと」(1984年刊)の増補)　1900円　(i)4-88008-209-0　Ⓝ384.35
　(内容) 1 山の木のひとりごと　2 森の時間　3 収穫の森
　＊熊野在住のエッセイストが描く山林の労働と暮らしの今昔物語。

◇狩猟伝承研究　再考篇　千葉徳爾著　風間書房　1997.3　345p　22cm　15450円　(i)4-7599-1025-5　Ⓝ384.35
　(内容) 第1章 近世末期大和地方の狩猟慣行史料　第2章 各地狩猟伝承の残存と消滅　第3章 山中異界観の成立　第4章 山中異界と山言葉その他　第5章 山の神一考察　第6章 山の神縁起文書

◇仙台マタギ鹿狩りの話　毛利総七郎、只野淳著　新装　慶友社　1997.6　136p　20cm　2000円　(i)4-87449-204-5　Ⓝ384.35
　(内容) 第1話 マタギの二大流派　第2話 仙台青葉流マタギの発端　第3話 青葉流マタギの開祖田村男猿　第4話 早継の鉄砲装備　第5話 仙台地方の磐三郎伝説　第6話 鹿笛のこと　第7話 仙台藩主の鹿狩り　第8話 マタギの俗信と鹿まつり　第9話 オコゼの話　第10話 こぼれ話　第11話 資料「狩詞記」と「狩言葉」
　＊古い日本の常民の中には、海には海の漂泊者があり、山には山の漂泊者があった。山の漂泊者としては、東北地方に多いマタギと木地屋などがある。しかしこれ等の人々は、すでに過去の物語の中にかくれて滅んでしまったにしても、幾らかの痕跡は今日でも認めることが出来る。マタギという職業は、主として山でケモノ、即ちクマ、シカ、カモシカなどをとる狩人のことであるが、附近の山ばかりでなく、随分遠くまで出掛けて行ったことがわかる。東北の歴史の主流から離れ、むしろ無視されているこれ等山の人々の生活や俗信などは殆ど絶滅寸前にあり、今のうちにまと

めた。しかしこれを全国的な規模において見てゆくことは余りにも大きにすぎて容易な事ではない。それでここでは旧仙台領だけに限ったのである。

◇第十四世マタギ―松橋時幸一代記　甲斐崎圭著　中央公論社　1996.8　313p　16cm　(中公文庫)　800円　(i)4-12-202673-3　Ⓝ384.35
　(内容) 初マタギ　比立内　アメ流し　水垢離　掟　初猟　寒マタギ　バンドリ　二人三脚　雪片飄々　日々…　萱草の熊
　＊自然を敬い、虔れながらも山人として失ってはならない勇気。それがマタギの根性―。時代の波が山村の姿を大きく変えた現在も、秋田・比立内でマタギとして生き続ける男がいる。伝統を受け継ぎつつ、山を暮らしの場として今の時代を生きる男の凄絶な半生記。

◇偽マタギものがたり―ある分校教師の狩人見習い記　川井正三日著　秋田　無明舎出版　1996.12　241p　19cm　1800円　(i)4-89544-154-7　Ⓝ384.35

◇日光山地の狩猟習俗―栃木県立博物館調査研究報告書　後編　宇都宮　栃木県立博物館　1994.3　88p　26cm　Ⓝ384.35
　(内容) 福島県南会津地方

◇野兎の民俗誌　天野武著　岩田書院　2000.7　364p　22cm　9900円　(i)4-87294-173-X　Ⓝ384.35

◇房総の鹿狩―企画展　千葉県文書館編　〔点字資料〕　千葉　千葉県文書館　1994.2　36p　26cm　(会期：平成6年1月10日～5月30日　付(1枚 30cm)：墨字版)　Ⓝ384.35

◇マタギ―森と狩人の記録　田口洋美著　慶友社　1994.4　334p　22cm　(引用・参考文献：p328～330)　3914円　(i)4-87449-162-6　Ⓝ384.35
　(内容) 第1章 春の雪　第2章 クマと人間　第3章 マタギ宿　第4章 山の掟　第5章 狩りの日々
　＊山に生きる人々との出逢い。マタギが語るその歴史、信仰、伝承、生活、自然との関わり、そして猟のこと。自然の摂理のなかで生きてきたマタギの心と暮らしを辿る。

◇マタギ―消えゆく山人の記録　太田雄治著　新装　慶友社　1997.6　314p　20cm　〈付・マタギ事典〉　2800円　(i)4-87449-165-0　Ⓝ384.35
　(内容) 第1章 マタギと狩り　第2章 マタギとクマ　第3章 マタギの生活　第4章 マタギ動物誌　第5章 マタギ事典

◇マタギを追う旅―ブナ林の狩りと生活　田口洋美著　慶友社　1999.7　222p　22cm　3800円　(i)4-87449-169-3　Ⓝ384.35
　(内容) 山に暮らす日々―新潟県岩船郡朝日村三面　クマ猟の谷―信濃秋山郷の狩りと暮らし　阿仁マタギ―国境を越えた狩人たち　マタギ道考―秋田県阿仁マタギにおける出稼ぎ猟に関す

356　文化人類学の本　全情報

るノート
*映画を撮影するために住み込んだむらで、マタギとの偶然の出会いが著者の人生を変えた。越後三面、信濃秋山郷、秋田阿仁…。マタギを知る入門書。

◇マタギを生業にした人たち 野添憲治著 増補改訂版 同友館 1995.11 242p 19cm 1700円 (i)4-496-02324-5 Ⓝ384.35
(内容)民俗学の宝庫・阿仁(住んでこそ見える現実 雪割り納豆 土曜日の宅急便 春の音 ほか) マタギを生業にした人たち(ある伝承者のこと 阿仁の民俗と民情 秋田と関係深い民話研究家―瀬川拓男さんのこと 金沢マタギ―伊藤謙之助さんの話 ほか)

◇マタギ食伝 村井米子著 新装版 春秋社 1999.10 189p 19cm 1900円 (i)4-393-75118-3 Ⓝ384.35
(内容)マタギ人物伝 山のけものたち マタギのけもの食 マタギの山菜食 木食行者考 薬になる山菜
*全国各地の山々を歩き、「マタギ」と交わり、彼らの伝統食を共に食べてきた「女性登山家第一号」が語る、マタギの生活。薬になる山菜も詳細に収録。

◇またぎの風土 石丸弥平著 蝸牛社 1996.10 103p 20cm 〈参考文献:p103〉 2000円 (i)4-87661-287-0 Ⓝ384.35
(内容)鶴子・勘兵衛荘 風土の漬もの 熊狩の季節 またぎ考 折原またぎ一党のこと 原生林と山の民 藤田頭領と小国またぎ衆 山の民・木地師 食用菊「もってのほか」とおみ漬 小玉川熊まつり 〔ほか〕

◇水辺の文化の再発見―鴨にみる人と自然 平成7年度特別展 吹田市立博物館編 吹田 吹田市立博物館 1995.10 40p 26cm 〈会期:平成7年10月21日~11月23日 主要参考文献:p40〉 Ⓝ384.35

◇ヤマダチ―山と暮らし 失われゆく狩りの習俗 遠野 遠野市立博物館 1998.8 92p 30cm 〈遠野市立博物館第37回特別展〉 Ⓝ384.35

◇山の動物民俗記 長沢武著 長野 ほおずき書籍 1996.6 249p 19cm 〈付:主な参考文献〉 1600円 (i)4-89341-303-1 Ⓝ384.35

◇猟の記憶 森俊著 富山 桂書房 1997.4 279p 21cm 〈文献あり〉 2800円 Ⓝ384.35

◆水産業・漁業

◇イルカとナマコと海人たち―熱帯の漁撈文化誌 秋道智弥編著 日本放送出版協会 1995.8 245p 19cm (NHKブックス 745) 〈各章末:文献〉 950円 (i)4-14-001745-7 Ⓝ384.36
(内容)第1部 東南アジア・オセアニアの水産資源とエスノ・ネットワーク―しきたりと変容する漁撈文化 第2部 変わりゆく漁民の暮し―自給から商業漁撈へ(熱帯雨林の中の漁撈~マレー半島 イルカが来る村~ソロモン諸島 貝貨を作る人々~ソロモン諸島マライタ島 ほか) 第3部 共有の悲劇を繰り返さないために―持続的な水産資源の利用を目指して(底曳網漁業による乱獲の危機~タイ・シャム湾 マングローブ域の小規模漁業~マレー半島 華人漁民の世界~マレー半島 サンゴ礁の貝類資源~トンガ・キリバス)
*かつて海の資源は誰のものでもないと考えられていた時代があった。しかし、何の制限もなく水産資源を利用すれば、枯渇は免れ得ない。東南アジア・オセアニアの海では航海術と魚獲技術に優れた漁民たちの暮らしがあり、持続的に資源を利用するための様々な海のルールがある。本書はこうした海人たちの多様な営みを、生態学、民族学、水産資源学、漁業地理学といった視点からつぶさに見つめなおす。

◇隠居の禿筆 河本勢一著 〔久賀町(山口県)〕〔河本勢一〕 1994.11 37p 19cm Ⓝ384.36

◇鵜飼―よみがえる民俗と伝承 可児弘明著 復刻版 中央公論新社 1999.10 180p 18cm (中公新書)〈原本:中央公論社1966年刊〉 800円 (i)4-12-170109-7 Ⓝ384.36
(内容)序 失われた民俗 1 ウの鳥をめぐって 2 伝承のなかの鵜飼 3 鵜飼の日本史 4 長良川の鵜飼 5 忘れられた鵜飼 6 中国大陸の鵜飼 7 ヨーロッパの鵜飼 8 鵜飼の故郷を求めて
*日本趣味豊かな季節の風物として、いまでは観光の対象となっている鵜飼は、神話や民間信仰とも絡んで、かつて全国各地の常民のあいだにひろく行なわれたユニークな習俗であり、重要な生産手段の一つであった。しかもその分布は、中国大陸から遠く東南アジアにまでおよび、稲作の伝来経路と符節を合わせる独得の"鵜飼ベルト"を形成している。民俗学・民族地理学等の手法を駆使して、失われた民俗の背景にせまる独創的な好著。

◇海の文化誌 田村勇著 雄山閣出版 1996.6 193p 19cm 2060円 (i)4-639-01368-X Ⓝ384.36
(内容)ボラばなし三題 めでたいタイで儲けたはなし クジラと日本人 神とほとけと竜宮城 海の怪異とタブー 海とことわざ ふんどし一本の渡世 和船あれこれ 貝にまつわる栄枯盛衰 漁民とまつり 〔ほか〕
*海洋国ニッポン。海に親しみ、海を知り海の資源、環境を考える。おもしろ話満載。

◇海の「守り人」論―徹底検証 漁業権と地先権 浜本幸生,熊本一規,ケビン・ショート,水口憲哉ほか著 まな出版企画,れんが書房新社〔発売〕 1996.8 462,12p 21cm 4500円 (i)4-944114-

生業・職人　　　　　　　　　　　　　　　　　　　　　　　　　　社会・家庭生活の習俗

02-8
- (内容) 第1編「漁業権ってなんだろう?」(浜本幸生の漁業権教室　事例レポート・漁業権を知る　事例レポート・慣習の力　事例レポート・イノーの世界)　第2編　浜本対談「漁業権を活かす」(海はだれのものだろうか―総有の創造をテーマに(熊本一規)　漁師は海のMORIBITOだ―海の管理を考える(ケビン・ショート)　共同漁業権をもっと活かそう―漁業権と資源管理(水口憲哉))　第3編　我妻栄『鑑定書』総有説(解題　我妻栄『鑑定書』と総有説　鑑定書)
◇海辺の歳時記　川口祐二著　北斗出版　1999.4　237p　20cm　2000円　(i)4-89474-002-8　Ⓝ384.36
- (内容) 秋(椰子の実―三重・南勢町　コノシロ―三重・伊勢市　わらじ祭―三重・大王町　ほか)　冬(サンマ漁―三重・熊野市　アンコウ―三重・紀勢町　籬のある村―石川・輪島市　ほか)　春(春告げる魚―愛知・南知多町　磯の香―三重・磯部町　ボラ網漁―三重・尾鷲市ほか)　夏(ハマナスの咲く丘―北海道・苫前町　痩せていく浜―三重・紀宝町　鯨の港―千葉・和田町　ほか)
- *三重県南勢町で漁村暮らし40年。海に生きる人びとの聞き書きを重ねている著者が、熊野灘沿岸をはじめ全国各地の漁村をめぐり、漁民たちの暮らしや習俗、海辺の環境問題を細やかな筆致で描く異色の歳時記。
◇江戸前の海民―芝・金杉浦の記憶　木下達文著　港区教育委員会　2000.3　218p　19cm　(他言語標題：A folk-story of the Tokyo Bay　年表あり　文献あり)　Ⓝ384.36
◇海岸環境民俗論　野本寛一著　白水社　1995.6　496,12p　23cm　12000円　(i)4-560-04055-9　Ⓝ384.36
- (内容) 序章　海岸環境と民俗　第1章　サンゴ礁―豊饒の海庭　第2章　磯―海女の環境伝承　第3章　潟―干潟漁と干拓　第4章　砂地―適応と環境創造　第5章　河口―淡水と鹹水の出あい　第6章　海峡―潮流と人のドラマ　第7章　海蝕洞窟―誕生と再生の籠り処
- *本書でいう「海岸」とは、汀線をはさんだ海陸両面の一定領域を指す。生命の母なるこの領域の地理的・生態的諸要素とそこに展開されてきた生業・生活との関連を精査し、人と自然環境の織りなすドラマを活写する。綜合的視野から海辺の民俗に取り組んだ野心的労作。
◇神の魚・サケ―北方民族と日本　北海道立北方民族博物館編　網走　北海道立北方民族博物館　1999.7　63p　26cm　(第14回特別展：1999年7月20日―9月26日)　Ⓝ384.36
◇かもめのあしあと―創立20周年記念誌　第4版　〔小樽〕　忍路鰊場の会　1998.6　24p　図版16枚　26cm　Ⓝ384.36

◇川魚図志　芦原修二著　増補改訂新版　流山　崙書房出版　1997.10　404p　18cm　1714円　(i)4-8455-1043-X　Ⓝ384.36
◇川からもらったもの―漁撈・利水から　亀岡　亀岡市文化資料館編　亀岡　亀岡市文化資料館　2001.8　36p　30cm　(第31回企画展展示図録　会期：平成13年8月4日―9月9日)　Ⓝ384.36
◇川に生きる―江の川の漁撈文化　特別企画展　広島県立歴史民俗資料館,江の川水系漁撈文化研究会編　三次　広島県立歴史民俗資料館　1993.10　80p　26cm　(会期：1993年10月8日〜11月23日　参考文献：p77)　Ⓝ384.36
◇川に生きる―江の川流域の漁撈用具　広島県立歴史民俗資料館,江の川水系漁撈文化研究会編　三次　広島県立歴史民俗資料館　2000.10　93p　30cm　〈国重要有形民俗文化財指定記念・第15回国民文化祭三次会場　特別企画展：2000年10月6日―11月26日　共同刊行：江の川水系漁撈文化研究会〉Ⓝ384.36
◇川に生きる―江の川の漁撈文化　2　広島県立歴史民俗資料館,江の川水系漁撈文化研究会編　三次　広島県立歴史民俗資料館　1997.10　58p　30cm　〈特別企画展：1997年10月9日―11月24日　共同刊行：江の川水系漁撈文化研究会　文献あり〉Ⓝ384.36
◇川に生きる―水運と漁労　特別展　岐阜県博物館編　関　岐阜県博物館　1994.4　46p　26cm　〈会期：1994年4月26日―6月19日　付：主な引用・参考文献〉Ⓝ384.3
◇川の旅びと・鮭―平成10年度第1回特別展図録　寄居町(埼玉県)　さいたま川の博物館　1998.7　24p　30cm　Ⓝ384.36
◇川辺の環境民俗学―鮭遡上河川・越後荒川の人と自然　出口晶子著　名古屋　名古屋大学出版会　1996.3　308p　22cm　5665円　(i)4-8158-0279-3　Ⓝ384.36
- (内容) 1　環境民俗学の視点(川辺の環境民俗学　日本のサケ川)　2　サケ川の環境と民俗―越後荒川の人びと(川の環境変動　川魚歳時記　荒川の漁業協同組合　春のサクラマス漁　地先占有の原則　夏のアユ漁　ほか)
- *春にはマス、秋にはサケがさかのぼる新潟県荒川をフィールドに、川辺の環境変動をいきぬいてきた川人達の民俗とその現在、暮らしの経験に根ざした自然観を掘り起こし、水辺の環境保全を人文科学の立場から問いなおす。
◇「企画展河川湖沼の漁具・漁法」図録　竜ケ崎市文化振興事業団,竜ケ崎市歴史民俗資料館編　竜ケ崎　竜ケ崎市文化振興事業団　1997.9　30p　26cm　(会期・会場：平成9年9月21日―10月26日　竜ケ崎市歴史民俗資料館　共同刊行：竜ケ崎市歴史民俗資料館)　Ⓝ664.4
◇漁業の民俗考古学　池谷和三著　静岡　星光社印刷　1996.3　133p　26cm　Ⓝ384.36

社会・家庭生活の習俗　　　　　　　　　　　　　　　　　　　　　　　　　　　生業・職人

◇漁民の活動とその習俗　2　神奈川大学日本常民文化研究所編　平凡社　1995.6　156p　26cm　〈神奈川大学日本常民文化研究所調査報告　第18集〉〈付：参考文献〉　3090円　(i)4-582-48519-7　Ⓝ384.36

　内容　金毘羅信仰と旅―金刀比羅宮崇敬講社資料を中心に　薩摩の烏賊餌木について―付「漁業考」及びその紹介　漁民の移動と漁撈技術の伝播

◇鯨・勇魚・くじら―クジラをめぐる民俗文化史　開館記念特別展　四日市市立博物館編　四日市　四日市市立博物館　1993.11　119p　30cm　〈折り込図1枚　会期：平成5年11月2日〜12月12日　主要参考文献：p113〜114〉　Ⓝ384.36

◇渓と魚の履歴書　鈴野藤夫著　栄光教育文化研究所　1996.8　358p　20cm　〈発売：栄光　参考文献：p341〜353〉　4300円　Ⓝ384.36

◇玄界の漁撈民俗―労働・くらし・海の神々　楠本正著　福岡　海鳥社　1993.5　334,8p　19cm　〈海鳥ブックス　14〉　1854円　(i)4-87415-045-4　Ⓝ384.36

◇小倉長浜の漁師　藤田隆弘著　〔下関〕　〔藤田隆弘〕　1994.9　150p　19cm　1500円　Ⓝ384.36

◇サカナと日本人　山内景樹著　筑摩書房　1997.8　222p　18cm　〈ちくま新書〉　〈文献あり〉　660円　(i)4-480-05721-8　Ⓝ384.36

　内容　第1章　ハマチ―海産魚養殖の挑戦者が生き延びる戦略　第2章　クルマエビ―国際化と地域主義の共存を迫る　第3章　コイ―日本人の郷愁の魚はよみがえるか　第4章　ニジマス―気位の高い地球上の大歩行者　第5章　アワビ―縄文文化と弥生文化の違いを探る　第6章　アユ―清流の女王か、おちぶれる手弱女か

　＊アジア大陸の縁辺に位置し、大きな暖流と寒流に取り巻かれた日本列島は、今日まで豊かな水産資源の恵みを私たちに与えつづけてきた。日本人はどのように魚と共存してきたのか。アユ漁とアワビ採取を中心に水産利用の祖型を探るとともに、ハマチとクルマエビを例にとり、戦後の産業化と国際化の歩みをたどる。稲作農耕システムを社会基盤に置きながらも複合的な文化形態を成熟させてきた日本民族の漁業文化に光をあてた異色の「サカナと日本人」論。

◇三陸海のフェスティバル―基調講演・シンポジウム記録集　第8回国民文化祭いわて'93　盛岡　第8回国民文化祭岩手県実行委員会　1994.1　47p　26cm　〈期日・会場：1993年10月10日・11日　岩手県宮古市〉　Ⓝ384.36

◇渓流魚と人の自然誌　鈴野藤夫著　農山漁村文化協会　1993.9　552p　20cm　〈参考文献：p531〜547〉　5000円　(i)4-540-93033-8　Ⓝ384.36

　内容　渓流魚の博物誌　魚止考　渓流魚の漁法　保存と食法　渓流魚の伝説　職業漁師　伝統釣法　渓流魚の民俗　釣魚余談　川虫の民俗

◇地曳網漁―煙樹ヶ浜・塩屋浜　山本敬三写真集　山本敬三作，山村善太郎監修　〔大阪〕　富士精版印刷(印刷)　1997.11　56p　19×26cm　〈奥付・背・表紙のタイトル：地曳網〉　Ⓝ384.36

◇四万十川民俗文化財調査報告書―日本の清流　高知　高知県教育委員会　1998.3　199p　30cm　Ⓝ384.36

◇「四万十川―漁の民俗誌」展示図録　高知県立歴史民俗資料館編　南国　高知県立歴史民俗資料館　1997.7　111p　26cm　〈企画展：1997年7月18日〜9月23日　文献あり〉　Ⓝ384.36

◇写真手帳　海村島人―東南アジア・南太平洋の海域社会　岩切成郎著　風響社　1993.7　143p　26cm　7725円　(i)4-938718-81-2

　内容　南太平洋点描　東南アジア点描　南太平洋の幻想画　大人の暮らし・子供の暮らし　島の民族と親子の場面　村作り・街作り　島々の近代化と伝統　飲み水と料理　Coral-reefと河川の景観　島嶼交通　船の百景　東南アジアの漁労と養魚　魚の乾物・塩蔵　南太平洋の漁具漁法およびBeche de Mer　製塩の諸方法　南太平洋の陸の生業、農産〔ほか〕

　＊太平洋にちらばる個性豊かな島々の素顔。多彩な生業・文化を伝える目でみる生活百科。

◇修験がつくる民俗史―鮭をめぐる儀礼と信仰　菅豊著　吉川弘文館　2000.9　284,5p　22cm　〈日本歴史民俗叢書〉　〈文献あり〉　6200円　(i)4-642-07360-4　Ⓝ384.36

　内容　序論(本研究の課題と視角　本研究の対象と方法)　本論(ハツナギリ儀礼と修験者―新潟県岩船郡山北町大川郷　又兵衛祭りと修験者―岩手県宮古市津軽石　サケの明神祭と神官―新潟県北魚沼郡小出町四日町　大日祭と「大日如来を持たる百姓」―山形県最上郡真室川町大沢小国　初卯祭と天台開基の真言の寺―千葉県香取郡山田町山倉)　結論―民俗の形成と伝播に関わる宗教者(サケ儀礼の形成と伝播に関わる宗教者　サケにまつわる「石」の民俗と宗教者　サケをめぐる弘法伝説にあらわれる宗教者　サケの黒焼き儀礼にあらわれる宗教者　「サケのオースケ譚」にあらわれる宗教者)

　＊日本各地には、ややもすると看過されがちな素朴な民俗が数しく存在する。その一つ一つが庶民生活の様々な位相の中で特別な意味と意図をもって形作られ、今日まで連綿と伝えられてきた。本書は、サケにまつわる儀礼と伝承を通して、里修験者などの民間宗教者と民俗との関わりを探り、宗教が民俗の形成と再編に果たしてきた役割を明らかにする。

◇知床の海獣狩猟―知床博物館第20回特別展　斜

文化人類学の本　全情報　359

生業・職人　　　　　　　　　　　　　　　　　　　　　　　　　　　社会・家庭生活の習俗

里町(北海道)　斜里町立知床博物館　1998.10　35p　20×21cm　〈会期：平成10年10月1日～11月22日　文献あり〉Ⓝ384.36
◇清流となりわい—日野の川漁とその漁法　企画展　日野　日野市ふるさと博物館　1994.7　24p　26cm　(付：主要参考文献)
◇瀬戸内の民俗誌—海民史の深層をたずねて　沖浦和光著　岩波書店　1998.7　246p　18cm　(岩波新書)　660円　(i)4-00-430569-1　Ⓝ384.36
　[内容]第1章　わが故郷・平の浦　第2章　瀬戸内の大自然と海賊の発生　第3章　越智・河野水軍の起源伝承　第4章　記録・文学に出てくる海民像　第5章　屠沽の下類・一向一揆・村上水軍　第6章　漂海民・家船民俗の終焉　第7章　新興港町の栄枯盛衰
　＊風光明媚な内海は、古来から日本列島の大動脈であり、同時に、身分制社会の底辺で海の民が「板子一枚下は地獄」という過酷な労働を生きた場所であった。長年の現地踏査をもとに、アジア諸地方とつながる海の世界を、水軍の発生史や海神伝承、さまざまな信仰などから描き、今は消えた「家船」や「おちょろ船」の風俗を伝える。
◇瀬戸内海西部の漁と暮らし—安芸三津漁民稿　進藤松司著　平凡社　1994.3　508p　22cm　(神奈川大学日本常民文化叢書3)　4800円　(i)4-582-40613-0　Ⓝ384.36
◇瀬戸内海の東西—第1回海の道北へ東へ　日本図書センター　1999.9　208p　31cm　(日本民俗写真大系4)　12000円　(i)4-8205-2875-0,4-8205-2870-X,4-8205-2871-8　Ⓝ384.36
◇大船頭の銚子イワシ話　鈴木正次著，平本紀久雄編著　流山　崙書房出版　1994.5　122p　18cm　(ふるさと文庫)　1000円　(i)4-8455-0164-3　Ⓝ384.36
◇多摩川流域における魚類民俗に関する研究　秋篠宮文仁著　とうきゅう環境浄化財団　1997.3　424p　26cm　((財)とうきゅう環境浄化財団研究助成 no.172—助成集報 v.25(1996年))　Ⓝ384.36
◇東海と黒潮の道—第1回海の道北へ東へ　日本図書センター　1999.9　201p　31cm　(日本民俗写真大系3)　12000円　(i)4-8205-2874-2,4-8205-2870-X,4-8205-2871-8　Ⓝ384.36
◇南部もぐり見聞録　地域づくりグループ夢創塾「アクト」編　[種市町(岩手県)]　種市町　[1997]　43p　30cm　(文献あり)　Ⓝ384.36
◇南部もぐりフォーラム　[種市町(岩手県)]　[地域づくりグループ夢創塾「アクト」]　[1997]　34p　30cm　〈会期・会場：平成9年3月1日　種市町役場市民ホール　主催：地域づくりグループ夢創塾「アクト」〉Ⓝ384.36
◇鰊—失われた群来の記録　高橋明雄著　札幌　北海道新聞社　1999.7　158p　26cm　〈年表あり〉1800円　(i)4-89453-021-X　Ⓝ384.36
　[内容]群来と網起こし(浜ごしらい　建網漁 ほか)　身欠き，数の子，粕づくり(沖揚げ　加工 ほか)　漁場の賑わい(各地の活況　雇い労働者 ほか)　繁栄と衰退(風俗・作業着　信仰・祭・娯楽 ほか)
　＊鰊曇りの海岸に押し寄せる春ニシンの群れ。大漁に沸く汲み船では大タモの柄がしなり，前浜をモッコ背負いが往復する…空前の活況を歴史に刻みながら消え去った鰊漁場の記録。留萌，増毛，余市，岩内のほか，江差，古平，小樽，小平，紋別，厚岸など北海道各地の漁労・加工・建造物・風俗等を収めた写真約320点を解説。旧佐賀家漁場用具(国指定重要有形民俗文化財)100点と版画「北海道鰊大漁概況之図」を紹介。
◇日本漁民社会論考—民俗学的研究　高桑守史著　未来社　1994.2　482,26p　22cm　〈主要参考文献目録：p455～482〉10094円　(i)4-624-20066-7　Ⓝ384.36
　[内容]序論　漁民研究の視角(民俗学における漁民研究　伝承主体としての漁民と漁民社会)　第1篇　伝承主体としての漁民社会—能登半島沿岸漁民社会の実態分析(関ムラ漁民社会の特質と構造　羽根ムラ漁民社会の特質と構造　上野ムラ漁民社会の特質と構造　鹿磯ムラ漁民社会の特質と構造　漁撈活動と漁民社会)　第2篇　伝承主体としての漁民の心意と行動(生産儀礼よりみた農民・漁民の時間認識　生活史を通してみた漁民像)　第3篇　漁民社会研究における今後の課題(現代社会と民俗変容　漁民社会の変質と民俗学　海洋人類学の足跡と漁民研究　伝統的漁民の類型化にむけて)
◇日本の船世帯民—船に住む豊島の漁民　金柄徹著，富士ゼロックス小林節太郎記念基金編　富士ゼロックス小林節太郎記念基金　1999.10　29p　26cm　〈富士ゼロックス小林節太郎記念基金1996年度研究助成論文〉非売品　Ⓝ384.36
◇仁淀川漁師秘伝—弥太さん自慢ばなし　宮崎弥太郎語り，かくまつとむ聞き書き　小学館　2001.1　247p　19cm　(Be-pal books)　〈肖像あり〉1300円　(i)4-09-366392-0　Ⓝ384.36
　[内容]第1漁　ウナギ　第2漁　アユ　第3漁　昔の川遊び　第4漁　ツガニ　第5漁　テナガエビ　第6漁　ナマズ　第7漁　アオノリ　第8漁　ゴリ　第9漁　イダ・地バヤ・改良バヤ　第10漁　川と船　第11漁　仁淀の雑魚たち　第12漁　オコゼ釣り
　＊「川漁師」が語る，水質日本一の清流と生き物たちのドラマ。ウナギのヒゴ釣り，アユの火振り漁，ツガニのカゴ漁，ナマズの筒ヅケ，ゴリのガラ曳き，オコゼのズズクリほか，秘伝を大図解。
◇沼津市歴史民俗資料館資料集　15　古文書　8

◇漁出入文書目録(網戸場出入り)　沼津市歴史民俗資料館編　沼津　沼津市歴史民俗資料館　1997.3　39p　26cm　Ⓝ384.36
◇パピルスの賦　今井一郎著　近代文芸社　2000.7　174p　18cm　(近代文芸社新書)　1000円　(i)4-7733-6668-0　Ⓝ384.36
　内容　第1章　バングウェウル湿原の概要　第2章　マロヤンカラモの隣人たち　第3章　漁撈ユニット　第4章　漁法　第5章　魚交易人　第6章　ジョンとジェーン　第7章　ムワペ倒れる　第8章　撤収
　＊アフリカ・ザンビアの大湿原で漁師と共に暮らした人類学者のフィールドノートから、自然に根ざした賢明な環境利用が浮かび上がる─。
◇浜松の漁の道具　浜松市博物館編　〔浜松〕　浜松市博物館　1994.2　32p　21cm　(博物館資料集　3)〈付：参考文献〉　Ⓝ384.36
◇干潟の民俗誌─東京湾に面した西上総地方の漁業と暮らし　坂井昭編著　〔君津〕　〔坂井昭〕　1995.5　254p　26cm　Ⓝ384.36
◇ピトゥと名護人─沖縄県名護のイルカ漁　開館10周年記念企画展11　名護博物館編　名護　名護博物館　1994.3　152p　26cm　(会期：1994年3月1日～4月3日)　Ⓝ384.36
◇氷見の漁業と漁村のくらし─特別展　氷見市立博物館編　氷見　氷見市立博物館　1999.3　78p　30cm　〈会期：平成11年3月4日～28日〉　Ⓝ384.36
◇氷見の漁業と漁村のくらし─特別展　2　氷見市立博物館編　氷見　氷見市立博物館　2001.3　97p　30cm　〈会期：平成13年3月2日～25日〉　Ⓝ384.36
◇船に住む漁民たち　中村昭夫写真，可児弘明文　岩波書店　1995.4　94p　26cm　(ビジュアルブック水辺の生活誌)〈付：参考文献一覧〉　2000円　(i)4-00-008493-3　Ⓝ384.36
◇舞阪の大漁旗　舞阪町立郷土資料館編　舞阪町(静岡県)　舞阪町立郷土資料館　1993.3　56p　26cm　(舞阪町立郷土資料館資料集　第1集)　Ⓝ384.36
◇留萌市ニシン漁撈調査報告─留萌市礼受地区のニシン漁撈を中心に　留萌市教育委員会編　〔留萌〕　留萌市教育委員会　1995.3　379p　30cm　(留萌市文化財調査報告)〈共同刊行：留萌市〉　Ⓝ384.36

◆◆海　女
◇海女たちの四季─房総海女の自叙伝　田仲のよ著，加藤雅毅編　新版　新宿書房　2001.4　257p　20cm　(肖像あり)　2200円　(i)4-88008-270-8　Ⓝ384.36
　内容　春磯の頃　目が出て鼻の出ない商売だよお　小屋へコネニバ、息ハツネェ　海女の "テンシャ日"ってないもんだ　突きん棒のふるさと、半後家のむら　白間津海女仲間　喜八のトンビ　米でも花でも負けねえよお　海女たちの戦争体験　浜隠居に生まれ、喜八の嫁になった　白間津は信仰の厚い土地です　あしたの海
　＊本書は現代の海と土に生きる女性の記録である。つねに自らを駄海女といいつづける著者の謙虚な眼は、長い歴史を持つ海女の村の生活と文化、生産と民俗を素直、的確にとらえており、淡々と語られるその苦闘の体験はわれわれの心を強く打つ。重油に汚されつつ見事に立ち直る房総の海、さまざまな不幸に負けずたくましく生きる海女の生涯。危機に直面した、自然と人間の未来に対する希望と勇気とを、本書はわれわれに与えてくれる。
◇海を越える済州島の海女─海の資源をめぐる女のたたかい　李善愛著　明石書店　2001.2　249p　22cm　(文献あり)　6000円　(i)4-7503-1388-2　Ⓝ384.36
　内容　序章　研究の目的と方法　第1章　韓国海女の形成　第2章　蔚山Ａ洞の調査　第3章　海女の語る生活史　第4章　ワカメ漁場の意味と特性　第5章　対馬の済州島海女　第6章　済州島海女の生活ストラテジー　第7章　済州島海女の特性　終章　まとめと今後の課題
　＊本書の目的は、近代・済州島海女の韓国本土及び日本における生活の実態を明らかにするとともに、彼女らの移動と定着の歴史的過程を「生活ストラテジー」という概念に依拠して記述分析するところにある。
◇近世日本蜑人伝統の研究　田辺悟著　慶友社　1998.2　331p　22cm　6500円　(i)4-87449-088-3　Ⓝ384.36
　内容　第1部　蜑人伝統の歴史学的研究(相州における蜑人の史的考察　豆州における蜑人の史的考察　房総における蜑人の史的考察　東北における蜑人の史的背景と系譜　各地域における蜑人の史的背景と系譜)　第2部　蜑人伝統の明治期における書史的研究(「日本水産捕採誌」及び「日本水産製品誌」における裸潜水漁　「熊本県漁業誌」と裸潜水漁　「長崎県漁業誌全」と海士　福島県「明治十二年水産旧慣調」と裸潜水漁　「三重県水産図説」及び「三重県水産図解」と蜑人　ほか)

◆交通・運送
◇埋れた港　千田稔著　小学館　2001.2　308p　16cm　(小学館ライブラリー)〈学生社1974年刊の増訂〉　930円　(i)4-09-460139-2　Ⓝ384.37
　内容　海と舟、そして港　難波津と住吉津　那ノ津とその周辺　五泊の位置　国津と国府津　郡家と港　畿内周辺の内陸水路と港　駅と港　津港と古代国家─むすびにかえて　古代イタリアの港

```
生業・職人                                                    社会・家庭生活の習俗
```

＊舟運による流通の有利さが都市機能に大きく作用し、古代国家建設の際にも考慮された。しかし、気候や地殻の変動により港は水没してしまう。地形図など豊富な資料を駆使してその経過を追跡研究した気鋭の名著を再現。

◇携帯の形態—旅するかたち INAXギャラリー名古屋企画委員会企画, アルシーヴ社編 INAX 1993.6 83p 21×21cm (INAX booklet) 1442円 Ⓝ384.37

◇猊鼻に追分流れけり—舟下り名物船頭を訪ねて 岡田寛著 仙台 河北新報社 1995.10 147p 19cm 1300円 (i)4-87341-092-4 Ⓝ384.37

内容 猊鼻追分(山路に響く馬方節 船頭の道へ 歌への情熱 出会い 清き流れに棹さして追分流れけり) 猊鼻渓余話(秘境に「猊鼻渓」と命名 国の名勝指定と三好ケ丘 「猊鼻追分」の由来 ほか)

◇修羅!—その大いなる遺産古墳・飛鳥を運ぶ 平成11年度春季特別展 大阪府立近つ飛鳥博物館編 河南町(大阪府) 大阪府立近つ飛鳥博物館 1999.4 140p 30cm (大阪府立近つ飛鳥博物館図録 19) (会期:1999年4月20日—6月20日) Ⓝ384.37

◇沈黙交易—異文化接触の原初的メカニズム序説 フィリップ・ジェイムズ・ハミルトン・グリァスン著, 中村勝訳・解説 田無 ハーベスト社 1997.7 189,24p 20cm 〈索引あり〉 2200円 (i)4-938551-35-7 Ⓝ384.37

内容 第1章 序説(本書の主題と方法 集団とその隣人 異人 要約) 第2章 沈黙交易と原初的市場(沈黙交易 原初的市場 論評) 第3章 原初的歓待 第4章 結論

＊本書では沈黙交易、無言取引、あるいは集積所商業などの起源にかんする事情や、それがもたらす結果などをあきらかにすることにつとめ、あるいは人類史のなかに位置づけるために、いまもなお残存しているこの風習について解明しようとする。

◇特別展「海と商人の物語」—全国日和山紀行 宮城県慶長遣欧使節船協会編 石巻 宮城県慶長遣欧使節船協会 1999.1 72p 30cm Ⓝ384.37

◇都市・近郊の信仰と遊山・観光—交流と変容 地方史研究協議会編 雄山閣出版 1999.10 318p 22cm 5800円 (i)4-639-01640-9 Ⓝ384.37

内容 1 信仰と地域の形成(地方における古代の仏堂—神奈川県厚木市愛名宮地遺跡の事例を中心に 鶴岡八幡宮の成立と鎌倉生源寺・江ノ島 川崎大師信仰の展開 ほか) 2 信仰・遊山と地域の変容(戦国時代における参詣活動について—相・甲間の政治的状況との関連から 高野山塔頭の檀那争い—相模国の場合 相武の地と江戸—その政治的・社会的関連性について ほか) 3 遊山・観光と都市・近郊の交流

(道中記類資料に見る近世箱根の遊覧について—温泉観光地箱根の認識 箱根開発と箱根土地会社—堤康次郎の事業活動 羇旅の什器—人の移動の進展と汽車土瓶

＊信仰から遊山、遊山から観光への変化をキーワードに、都市と近郊の交流が、地域社会にどのような影響を与え、独自な地域として変容していったのかを、多面的に検討。

◇西日本庶民交易史の研究 胡桃沢勘司著 文献出版 2000.12 512p 22cm 13000円 (i)4-8305-1221-0 Ⓝ384.37

◇丸子船物語—橋本鉄男最終琵琶湖民俗論 橋本鉄男著, 用田政晴編 彦根 サンライズ印刷出版部 1997.10 189p 19cm (淡海文庫 11) (肖像あり 著作目録あり 年譜あり) 1200円 (i)4-88325-117-9 Ⓝ384.37

◇<道>の文化史—景観・旅・交流 臼田昭吾編著 おうふう 1995.10 238p 21cm 2000円 (i)4-273-02835-2 Ⓝ384.37

内容 1 景観をめぐって(西行の四国行脚 描かれた名勝「象潟」) 2 旅をめぐって(王朝女流日記に描かれた旅 近世における地方観・方言観の一端) 3 交流をめぐって(古代・中世における北方世界の史的展開)

◆行商人・香具師

◇これがホントのバナちゃん節 北園忠治著 福岡 葦書房 2001.6 198p 19cm 1300円 (i)4-7512-0807-1 Ⓝ384.38

◇大道芸口上集 久保田尚著 新版 評伝社 1994.5 261p 20cm 1600円 (i)4-89371-827-4 Ⓝ384.38

内容 懐かしの高市・花咲く啖呵売 真打ち登場・極付大道芸 結構毛だらけ・バサ打ち大道芸 見世物・聴きもの・愛嬌芸 百鬼夜行・ガセ商法 番外篇

＊懐かしの高市に響いた大道芸口上のかずかず。真打ち・大締係の口上をはじめ、バサ打ち、ガセ商法、見世物・聴きものなど、千数百年語り継がれてきた啖呵がいま甦る。

◇明治大阪物売図鑑 菊池真一編 大阪 和泉書院 1998.3 164p 20cm (上方文庫 17) 〈索引あり〉 2500円 (i)4-87088-911-0 Ⓝ384.3

内容 第1部 行商画報(三十図) 第2部 夜店十種(十図) 第3部 古今行商画報(二十図)

＊鮮やかに甦る明治・大阪の風俗。明治の大阪の珍しい物売り姿が画家三谷貞広の写生で残されていたのを、詳しい考証を添えてまとめた。平野町の夜店、千日前見ībīいを併せ、かけがえのない貴重な大阪風俗事典。

◇香具師口上集 室町京之介著 新版 創拓社 1997.12 285p 22cm 〈付属資料:CD1枚(12cm)〉 2850円 (i)4-87138-222-2 Ⓝ384.38

社会・家庭生活の習俗　　　　　　　　　　　　　　　　　　　　　　　生業・職人

　〈内容〉あいつき　寅さん　帝釈さま　香具師の由来　高市　三種の仁義　瞽女　的屋　神農様　車蒸気〔ほか〕
　＊むかし懐かしい物売りの声、ご存じガマの油にバナナの叩き売りなど、啖呵売の世界がここに甦る。懐かしの売り声、大道芸のすべて。
◇路傍の花　須田海山著　小山「路傍の花」愛の基金本部　1995.7　205p　20cm　1200円　Ⓝ384.34

◆鍛冶屋・鋳物師
◇石工技法の心にみる常民文化―伊那谷・糸魚川・茨城を核として　田中芳一著　田無　田中芳一　2000.7　279p　21cm　Ⓝ384.3
◇鍛冶の民俗技術　朝岡康二著　増補版　慶友社　2000.6　346,13p　22cm　（考古民俗叢書）　6000円　(i)4-87449-129-4　Ⓝ384.3
　〈内容〉第1章 鍛冶屋の世界　第2章 鍛冶の技術とその伝承　第3章 再生の仕組みと先掛け　第4章 鉄製農具の変遷と発達　第5章 中国鍛冶技術の伝来　第6章 鉈と木刈り刃物
　＊日本の鍛冶技術は東西二つの系譜を持ち、その後、新技術を取り入れ、地域ごとに異なる発展を遂げてきた。野鍛冶を中心に、原料調達、再生のあり方、農具の変遷を考察、中国・東南アジア・インド・ヨーロッパの鉄器との比較から鍛冶技術の特色を捉え、壮大な鉄器文化論を構成。
◇かじや物語―紙芝居みき　コタニマサオ著　三木　三木金物商工協同組合連合会　1995.11　140p　21×21cm　〈年表：p132～140〉　Ⓝ384.3
◇川口鋳物の技術と伝承　三田村佳子著　上尾　聖学院大学出版会　1998.3　339,13p　22cm　〈文献あり　索引あり〉　7600円　(i)4-915832-19-8　Ⓝ566.1
　〈内容〉第1章 川口の鋳物師―歴史と概要　第2章 川口鋳物の製作技術　第3章 川口鋳物の分業化　第4章 川口鋳物師の生活と信仰　第5章 鍛冶・製鉄をめぐって
　＊本書は、現在川口でわずか一、二名の鋳物師によって伝えられている、あるいは完全に途絶えてしまった伝統的な鋳物製作技術や周辺職人の生産活動などについて、現地での実地調査及び聞き取りを中心にまとめたものである。また、製作技術にとどまらず、かれらの伝承する生活や信仰世界も視野に入れることによって、川口鋳物師の全体像の把握を試みたつもりである。
◇京タケノコと鍛冶文化　長岡京市教育委員会編　長岡京　長岡京市教育委員会　2000.3　247p　図版8p　30cm　〈長岡京市文化財調査報告書 第40冊〉　Ⓝ657.82
◇鉄、千年のいのち　白鷹幸伯著　草思社　1997.6　215p　20cm　〈肖像あり〉　1600円　(i)4-7942-0764-6　Ⓝ384.3
　〈内容〉1の章 出戻り野鍛冶　2の章 西岡常一棟梁からの手紙　3の章 飛鳥の釘と白鳳の釘　4の章 薬師寺大講堂に使う釘　5の章 錆鉄のおもしろさ
　＊西岡常一棟梁と出会い、薬師寺の和釘を打つ事になったある土佐鍛冶の波瀾の人生。
◇東海の野鍛冶　東海民具学会編　瀬戸　東海民具学会　1994.11　175p　20cm　Ⓝ566.1
◇農鍛冶の世界―村のくらしと鉄器　安城市歴史博物館編　安城　安城市歴史博物館　1996.2　63p　26cm　〈開館5周年記念企画展　会期：平成8年2月8日～3月31日　参考文献：p63〉　Ⓝ384.3
◇野鍛冶　朝岡康二著　法政大学出版局　1998.4　273p　20cm　（ものと人間の文化史 85）　2700円　(i)4-588-20851-9　Ⓝ384.3
　〈内容〉序 なぜ鍛冶屋か　第1章 野鍛冶の技術と製品　第2章 古鉄と鉄製農具　第3章 鎌・鉈鎌とその修理・再生　第4章 中国の鍬先・鎌と野鍛冶
　＊鉄製農具の製作・修理・再生を担ってきた野鍛冶（農鍛冶）の歴史的役割をその技術と社会的背景に探るとともに、近代化の大波の中で変貌する職人技術の新たな展開を、中国、インドネシアなどアジア各地のフィールドワークを通して描く。職人技術の変貌。
◇和式ナイフの世界―火・鋼・技が生む切れ味の秘密　織本篤資著　並木書房　1994.10　190p　21cm　2200円　(i)4-89063-058-9
　〈内容〉見直される和式ナイフ　肥後守　江戸の誂え鍛冶　マタギの刃物　安来鋼について　三条の名人たち　八王子の社長鍛冶　幻のナイフを復刻する　玉鋼について　土佐の女房名人　鍛冶の復権を目指す男たち　和式ナイフとのつきあい方
　＊よく切、研ぎやすく、扱いやすい。いま、見直される日本の刃物。全国の名匠・名工を訪ね、現代に生きる鍛造刃物の全てを初めて紹介。

◆木地屋
◇会津の木地師　滝沢洋之著　会津若松　歴史春秋出版　2001.8　163p　19cm　（歴春ふくしま文庫 33）　〈文献あり〉　1200円　(i)4-89757-626-1　Ⓝ384.38
　〈内容〉第1部 会津の木地師（流浪の民・木地師　木地師のふるさと―蛭谷・君ヶ畑を訪ねて　ほか）　第2部 会津の木地集落（磐梯・吾妻山麓を中心とした地方　飯豊山麓の木地集落　ほか）　第3部 氏子狩（帳からわかること　『氏子狩』と木地集落　高松御所および筒井公文所の募金　ほか）　第4部 木地集落に生きた人たち
　＊山から山へ、良材を求めて歩いた木地師。近世会津漆器の繁栄には、彼らの存在があった。

文化人類学の本 全情報　363

◇木地師三代　神田賢一著　2版　会津若松　歴史春秋出版　1993.2　210p　20cm　〈参考文献：p209～210〉　2000円　(i)4-89757-277-0　Ⓝ384.38
◇木地師・光と影―もう一つの森の文化　日本木地師学会編　牧野出版　1997.8　286p　22cm　2500円　(i)4-89500-049-4　Ⓝ384.38
　(内容)　第1部　木地師の里を訪ねて(伊勢木地師について　五箇山地方の木地師　鉱山師と菊花紋章考　ほか)　第2部　技術・製品・伝承(美作木地師小椋家の系譜と千軒刻研出漆塗について　西中国山地の木地師のこと　西川開村小史と段戸山名論　ほか)　第3部　木地師―その仕事と心(木地師茗荷定治一人と芸術　木地師大蔵忠治郎の生涯　木地師小椋覚次郎とその末裔　ほか)
　＊森の文化が見直されて久しい。森と共に暮らし、何代にもわたって木の文化を作り上げてきた集団があった。それが山の民・木地師である。彼等の持つ歴史・技術・文化を軸に、現代の視点から多角的に照明を当てた貴重な研究レポート。
◇気仙之木地挽―関係資料集　山田原三編著　大船渡　共和印刷企画センター　1999.1　112p　26cm　〈古里の足跡　2〉　3000円　Ⓝ384.38
◇轆轤師と落人伝説―木と共生した山人の世界　平野治和著　新人物往来社　1997.5　387p　20cm　2000円　Ⓝ384.38

◆山窩
◇山窩の生活　鷹野弥三郎著，塩見鮮一郎解説　明石書店　1993.10　183p　20cm　2575円　(i)4-7503-0544-8　Ⓝ384.38
　(内容)　山窩という名称の起源　川徒との関係及び方言名称　起源に対する俗説　重大なる社会問題　水草を逐う天幕生活　山を背に水を前にの「セブリ」　世人を欺く表面の職業　規律極めて整然　静岡千葉両県下の山窩　夫婦関係と親戚関係　近年急激に減少　浮浪の徒の擬山窩〔ほか〕
◇幻の漂泊民・サンカ　沖浦和光著　文芸春秋　2001.11　286p　19cm　2095円　(i)4-16-357940-0
　(内容)　序章　サンカとは何者だったのか　第1章　近世末・明治初期のサンカ資料を探る　第2章　柳田国男のサンカ民俗誌　第3章　サンカの起源論をめぐって　第4章　サンカの原義は「山家」だった　第5章　発生期は近世末の危機の時代か　第6章　三角寛『サンカ社会の研究』を読み解く　第7章　今日まで残ったサンカ民俗をたずねる
　＊柳田国男、三角寛、以来の山窩論争に終止符を打ち、日本人の山窩幻想を鮮やかに総括。
◇歴史民俗学　No.17　特集　浮浪・漂泊・ホームレス　歴史民俗学研究会編　批評社　2000.7　125p　21cm　1500円　(i)4-8265-0307-5

　(内容)　巻頭グラビア　乞食祭り紹介／泥棒の道具　美濃下麻生の乞食祭り　イカサマ行商に生きた人々―"天井の無い蚊帳売"の話　尾張サンカの研究(8)―廻遊竹細工師「オタカラシュウ」の面談・聞き書き・検証調査　エブネ(家船)生活者　最後のサンカ面談記録　サンカの足跡を訪ねて　フロウする都市・福岡　幼子連れて路頭に迷う―リストラホームレス　林芙美子の少女時代―両親と過ごした漂泊の日々〔ほか〕

◆瞽女
◇瞽女―信仰と芸能　鈴木昭英著　高志書院　1996.11　248p　19cm　3000円　(i)4-906641-01-6　Ⓝ384.38
◇瞽女さん―高田瞽女の心を求めて　杉山幸子著　長野　川辺書林　1995.10　138p　19cm　〈付属資料(録音カセット1巻　ホルダー入)：瞽女唄外箱入(20cm)〉　2500円　(i)4-906529-04-6　Ⓝ384.38
◇瞽女の記憶　宮成照子編　富山　桂書房　1998.8　211p　21cm　2000円　Ⓝ384.38
◇長岡瞽女　〔長岡〕　長岡市立科学博物館　2001.2　16p　26cm　〈長岡市立科学博物館資料シリーズ　no.10〉　〈文・編集：山崎進〉　Ⓝ384.38
◇わたしは瞽女―杉本キクエ口伝　杉本キクエ述，大山真人著　新装版　音楽之友社　1999.3　319p　19cm　〈もういちど読みたい〉　2000円　(i)4-276-21384-3　Ⓝ384.38
　(内容)　赤い椿とげんぽし　瞽女の生まれた背景　瞽女宿から村へ　旅の一日　高田瞽女一年間の日程　透明な風と道　「瞽女宿」の機能　年落とし　「式目」の意味　撥の手ざわり　瞽女の生活　情と芸と　消えゆく瞽女　瞽女唄
　＊かつて視力を失ったために、瞽女にならざるを得なかった多くの女性達がいた。その瞽女の芸を身に付けるための厳しい修行、慎ましくも規律ある生活、長く辛い旅、そして現状を、杉本キクエという一人の瞽女を通して、暖かい目で見詰めたルポルタージュ。

家庭生活

◇有賀喜左衛門著作集　9　家と親分子分　有賀喜左衛門著，中野卓，柿崎京一，米地実編　第二版　未来社　2001.2　344,15p　21cm　6800円　(i)4-624-90229-7
　(内容)　第1部　家と家族の理論(家族と家　家族理論の家への適用―喜多野清一氏の『日本の家と家族』を読んで)　第2部　家・家族理論の形成(村の家　タウト氏のみた白川村　家族制度と労働組織　日本家族制度の特質について　農業の発展と家制度　家について　家制度と社会福

祉 結婚と家・子供・社会） 第3部 家族の国際比較（アジアにおける家族の諸問題 日本・中国・朝鮮における家族についての序説 現代日本における家族の変化 親族称呼の本質に関する一考察だ漢民族の親族称呼を通して） 第4部 明治の家庭生活(明治時代における生活文化 家庭生活—物質文化を通して） 第5部 親分子分(親分子分—日本の基礎的社会関係 現代の親分子分）

＊日本の家を西欧の家族の概念で割り切ることができるかどうかに著者は早くから疑問を抱いていた。家は日本文化の所産であることは明らかであり、著者の諸説の賛成者もいないことはないので、今後ともこの論争はなお続くであろう。親分子分については、日本社会の性格を捉えるために、著者はこれを重要な社会関係の一つと考えてきた。古いと思われているこの関係も、新しい姿で現代にまで存続することを簡単に見過ごすことはできないだろう。

◇家居居と村隠居—隠居制と年齢階梯制 高橋統一著 岩田書院 1998.6 147p 21cm 2200円 (i)4-87294-122-5 Ⓝ384.4
◇桶やの徳さんがそば屋になった—いいやまの屋号散策 水野久雄著〔飯山〕〔水野久雄〕〔1996〕58p 26cm Ⓝ384.4
◇家族圏と地域研究 立本成文著 京都 京都大学学術出版会 2000.8 335p 21cm （地域研究叢書 4）4700円 (i)4-87698-407-7 Ⓝ384.4
◇志津川の屋号 志津川地区部落公民館連絡協議会,志津川中央公民館編 志津川町(宮城県) 志津川中央公民館 1993.3 49p 26cm （監修：芳賀清一） Ⓝ384.4
◇上州農山村の屋号 星野正幸著〔高崎〕〔星野正幸〕〔1993〕139p 26cm Ⓝ384.4
◇白川村の大家族 江馬三枝子著 クレス出版 1999.11 350,6p 22cm （「家族・婚姻」研究文献選集 新装版 13）〈三国書房昭和18年刊の複製〉(i)4-87733-076-3 Ⓝ384.4
◇土肥の屋号 土肥町郷土誌編纂委員会編 土肥町(静岡県) 土肥町教育委員会 1997.3 126p 21cm （郷土誌叢書 第13集） Ⓝ384.4
◇東海道原の家号 沼津 原ルネッサンスの会 1999.7 80p 30cm Ⓝ384.4
◇戸倉地区屋号集〔志津川町(宮城県)〕戸倉地区高齢者教室 1993.1 30p 26cm （共同刊行：戸倉地区老人クラブ連合会, 戸倉地区公民館） Ⓝ384.4
◇日本の家族における親と娘—日本海沿岸地域における調査研究 植野弘子, 蓼沼康子編 風響社 2000.4 150p 21cm （アジア研究報告シリーズ no.2）1500円 (i)4-89489-800-4 Ⓝ384.4
 内容 1 課題—娘としての女性 2 山形県温海町—シュウトノツトメ再考 3 新潟県山北町 4 新潟県朝日村—生家訪問の二形態 5 福井県小浜氏高塚—センダクガエリ再考 6「家」と娘 7 附論—現代都市部における婚出女性の娘としての意味

＊本研究は、婚出した娘と親との関係から、日本の家族を再考しようとする試みの第一歩である。女性とその生家の親との関係を、「家」の枠組みを越えてとらえることによって、日本の家族を再検討する。その手始めとして、日本社会のなかで、伝統的に婚出後の娘が生家と強固な絆を有している地域社会について調査を行った。

◇ふじさわ屋号の由来—水とみどりと雪の郷〔飯山〕藤沢区 1995.6 50p 30cm Ⓝ384.4
◇明治・大正家庭史年表—1868→1925 下川耿史, 家庭総合研究会編 河出書房新社 2000.3 557p 22cm 4900円 (i)4-309-22361-3 Ⓝ210.6
 内容 明治元年(王政復古の大号令、江戸時代終わる 水洗便所を備えた近代ホテル開業 ほか） 明治2年(銀座が正式な町名となる 京都に日本初の公立小学校が開校 ほか） 明治3年(西洋靴(軍靴)の製造開始 人力車発明、たちまち全国へ ほか） 明治4年(郵便スタート、東京—大阪間は78時間 「チョンマゲ、刀は駄目」と散髪、脱刀令 ほか） 明治5年(東京に初めての裁判所が誕生 岐阜県で神前結婚式の第1号 ほか） 明治6年(野球の時代がやってきた 日本初の銀行が誕生 ほか） 明治7年(セザンヌ、モネら印象派が初の展覧会 東京で頬かぶりの通行禁止 ほか） 明治8年（サラリーマン出勤簿ができる 測候所ができ、天気予報が始まる ほか） 明治9年(国産食器の製造が始まる 東京、京大阪が夜店でにぎわう ほか） 明治10年(西郷隆盛反乱、西南の役がぼっ発 コレラ大流行、死者7976人 ほか）

＊明治元年から大正14年までの58年間にわたる家庭生活の記録を取り扱った年表。本文年表のジャンルは衣食住、家計・健康・教育、文化・レジャー、社会・交通・一般の4つに分類。各年の理解を広げるためにその年を代表するエピソードと数表を中心としたデータ、さらに流行、流行語・流行歌を掲載。巻末にエピソード一覧、データ一覧、資料出典一覧、図版出典一覧を載せる。五十音順索引を付す。

◇山口県の家名・門名・屋号 山口県史編さん民俗部会編 山口 山口県企画部県史編さん室 1995.3 209p 30cm （山口県史民俗部会報告書 第2号） Ⓝ384.4

子供の生活

◇浮世絵に見る江戸の子どもたち　くもん子ども研究所編著　小学館　2000.11　231p　26cm　2800円　(i)4-09-681321-4　Ⓝ384.5
　(内容)　第1章 子ども遊びの花が咲く(四季の楽しみ　母や姉とともに　ほか)　第2章 江戸のヒーロー勢ぞろい(牛若丸と弁慶　金太郎と鬼退治 ほか)　第3章 子に注ぐ熱きまなざし(母と子の名場面　母と子のスキンシップ ほか)　子ども浮世絵をめぐって(よみがえる江戸の花ども文化　描かれた子どもたち—浮世絵は江戸時代の写真であるか)　江戸子ども図鑑(ファッション(衣服・髪型・小物)　江戸初期子ども遊び ほか)
　＊江戸の空間にいきいきと生活した子どもたちの姿を絵師たちはとらえた。現代に失われた豊かさがそこにあった。くもん子ども研究所所蔵の浮世絵約700点収録。付録・きりぬきおもちゃ絵(江戸凧づくし・おひな様両面合せ)

◇浮世絵のなかの子どもたち　江戸子ども文化研究会編　くもん出版　1993.11　267,14p　31cm　7500円　(i)4-87576-810-9　Ⓝ384.5
　(内容)　第1章 母のまなざし　第2章 遊びのひろがり　第3章 絵物語のロマン　第4章 江戸の人気者　第5章 おもちゃ絵のたのしみ　浮世絵のなかの子どもたち
　＊豊潤な江戸の子ども世界が、いま、甦る。春信、歌麿、清長、広重などの母子絵、子ども絵、おもちゃ絵を総集。わが国初めての子ども浮世絵集。

◇絵図集成近世子どもの世界　絵図編第1巻　子ども・手習い　大空社　1994.11　463,12p　27cm　〈複製〉　(i)4-87236-930-0　Ⓝ384.5

◇絵図集成近世子どもの世界　絵図編第2巻　諸礼・芸能　大空社　1994.11　414,12p　27cm　〈複製〉　(i)4-87236-930-0　Ⓝ384.5

◇絵図集成近世子どもの世界　絵図編第3巻　家庭・生活　大空社　1994.11　494,12p　27cm　〈複製〉　(i)4-87236-930-0　Ⓝ384.5

◇絵図集成近世子どもの世界　絵図編第4巻　職業　大空社　1994.11　572,12p　27cm　〈複製〉　(i)4-87236-930-0　Ⓝ384.5

◇絵図集成近世子どもの世界　絵図編第5巻　社会・信仰　大空社　1995.10　513,12p　27cm　(i)4-87236-931-9　Ⓝ384.5

◇絵図集成近世子どもの世界　絵図編第6巻　名所・旅行　大空社　1995.10　439,12p　27cm　(i)4-87236-931-9　Ⓝ384.5

◇絵図集成近世子どもの世界　絵図編第7巻　生物・中国風俗　大空社　1995.10　429,12p　27cm　(i)4-87236-931-9　Ⓝ384.5

◇絵図集成近世子どもの世界　絵図編第8巻　人物略伝　大空社　1995.10　481,12p　27cm　(i)4-87236-931-9　Ⓝ384.5

◇絵図集成近世子どもの世界　翻刻編第1巻　大空社　1994.11　324,12p　27cm　(i)4-87236-930-0　Ⓝ384.5

◇絵図集成近世子どもの世界　翻刻編第2巻　大空社　1995.10　305,12p　27cm　〈絵図編第5〜8巻の翻刻〉　(i)4-87236-931-9　Ⓝ384.5

◇絵本西川東童・絵本大和童―松の巻・竹馬之友・幼心学図絵・江都二色　西川祐信, 辰景, 歌川国芳, 北尾重政著　久山社　1997.4　277p　22cm　(日本＜子どもの歴史＞叢書 7)　〈複製および翻刻〉　(i)4-906563-41-4　Ⓝ384.5

◇川越子供の四季—先生との大正・昭和　国田正雄編　川越　国田正雄　1994.11　251p　21cm　Ⓝ384.5

◇近代日本児童生活史序説　野本三吉著　社会評論社　1995.3　312p　20cm　2575円　(i)4-7845-0753-1　Ⓝ384.5
　(内容)　方法としての児童生活史　「江戸時代の教育」を読む　寺子屋の誕生　ジョン万次郎とその時代　通過儀礼としての疱瘡　頻発する「学校」打ちこわし　子守学校の成立　近代化を支える年少労働者〔ほか〕
　＊江戸時代末期の寺子屋の世界から、第二次世界大戦後の激動の時代を、日記、綴り方など、なまの資料を通して、悲惨な状況にあってもなお、たくましく生きる子どもたちの姿を描く。

◇近代日本少年少女感情史考—けなげさの系譜　北田耕也著　未来社　1999.10　259p　20cm　2400円　(i)4-624-40048-8　Ⓝ384.5
　(内容)　第1章 夜明け前の闇　第2章 懐かしき家郷と立身出世の夢　第3章 天皇制国家とナショナリズムの情念　第4章 幼き美神　第5章 けなげな命　第6章 お国のために
　＊子どもたちはどのように歴史とかかわってきたか。歴史の底に埋もれたまま沈黙している子どもたちの感情の真実に分け入り、近代の暗部の新たな局面と現代が失ったかけがえもなく大切なものを照らし出す。

◇こどもたちの生活史―ねりまのこどもたち祖先の足跡　練馬区教育委員会生涯学習部生涯学習課, 練馬区郷土資料室編　練馬区教育委員会　2001.3　46p　30cm　Ⓝ384.5

◇子どもと老人の民俗誌　倉石あつ子著　岩田書院　2001.4　137p　21cm　2000円　(i)4-87294-206-X　Ⓝ384.5

◇子どもの頃の「大疑問」—こちら、思い出探偵事務所　串間努編　大和書房　2000.7　221p　19cm　1400円　(i)4-479-39077-4　Ⓝ384.5
　(内容)　歌と遊びの大疑問　テレビの大疑問　おかしと飲み物の大疑問　マンガと本の大疑問
　＊思い出そうとしても、アヤフヤで思い出せな

い記憶、人に話してもわかってもらえず、さびしい思いをした話題—そんなあなたは、この本で解決してください。完全保存版「昭和子ども向けテレビ番組」大年表つき。

◇子どもの神秘生活—生と死、神・宇宙をめぐる証言 ロバート・コールズ著、桜内篤子訳 工作舎 1997.6 370p 19cm 3800円 (i)4-87502-282-4

(内容)第1章 神や霊の世界は幻想にすぎないか 第2章 ホピの少女に学ぶ 第3章 神の顔 第4章 神の声 第5章 死の床からのまなざし 第6章 哲学する子どもたち 第7章 子どもの霊的ビジョン 第8章 絵に表された信仰 第9章 キリスト教における救済 第10章 イスラム教における服従 第11章 ユダヤ教における正義 第12章 宗教にとらわれない自己探求 第13章 巡礼する子どもたち

＊子どもたちは神さまを知っている！？ピュリッツァー賞受賞の児童心理学者による世界の子どもたちの心のフィールドワーク。ホピ族の少女、キリスト教・ユダヤ教・イスラム教の少年少女、そして信仰をもたない子どもたちは…。

◇こどもの世界—年表でみる日本経済 三家英治編 京都 晃洋書房 1996.11 295p 27cm 〈参考文献：p293〜295〉 4738円 (i)4-7710-0898-1 Ⓝ384.5

(内容)年表(1868〜1995年) 日本漫画作品略年表 ブームとなった漫画キャラクターの年表 漫画家の作品発表期間の年表図 主要漫画家の代表作品

＊マンガ・アニメ・児童書・おもちゃ・ゲーム・映画などの変遷とこどもの興味の変遷から、こども向けビジネスの歩みをたどる。

◇子どもの育ちを考える—遊び・自然・文化 藤本浩之輔著 久山社 2001.4 116p 21cm (日本児童文化史叢書 28) 〈肖像あり〉 1553円 (i)4-906563-88-0 Ⓝ384.5

◇子どものフォークロア—その異人ぶり 武田正著 岩田書院 1997.5 260p 22cm 〈文献あり〉 4800円 (i)4-900697-82-6 Ⓝ384.5

◇子どもの領分 サントリー美術館編 サントリー美術館 〔1997〕 124p 28cm (会期：平成9年12月2日〜平成10年1月18日) Ⓝ384.5

◇こどもの歴史 モリー・ハリスン著、藤森和子訳 法政大学出版局 1996.4 431p 20cm 3399円 (i)4-588-35214-8 Ⓝ384.5

(内容)1 中世 2 16・17世紀 3 18世紀 4 19世紀

＊衣服・住居・仕事・教育・遊び・旅…こどもたちを主人公に、中世から19世紀まで、家族のくらしの物語。

◇子ども部屋—心なごむ場所の誕生と風景 インゲボルク・ヴェーバー＝ケラーマン著、田尻三千夫訳 白水社 1996.6 151,5p 19cm 〈巻末：参考文献〉 2000円 (i)4-560-04058-3 Ⓝ384.5

(内容)心なごむ懐かしい場所 文化史的側面 男の子の部屋、女の子の部屋 子ども部屋の諸機能 子ども部屋がない家庭 「わたしの部屋は何よりも大事」—現代の子ども部屋

＊十八世紀に入り、子どもはやっと独自の場所を得、そこで豊かな想像力を育んできた。家族史の第一人者が、ケストナー等の回想や多数の図版(カラー含)をまじえながら、子ども部屋の歴史と意義を、楽しく易しく解説する。情感あふれる子どもに育ってほしいと願う、全ての両親に読んで頂きたい一冊です。

◇子ども物語—昭和初期の池田 「子ども物語」編集委員会編 〔池田〕 池田子ども物語の会 2000.7 317p 26cm 〈付属資料：図1枚〉 Ⓝ384.5

◇静岡県子ども民俗誌—ハレの日の名優 吉川祐子著 静岡 静岡新聞社 1999.3 207p 19cm 1500円 (i)4-7838-1065-6 Ⓝ384.5

(内容)1 民俗社会の子ども観(子どもの誕生 子どもの再生儀礼 子ども組加入) 2 子どもの民俗誌(成長儀礼のいろいろ 子ども組と年中行事 子どもと民俗芸能 大人への序章)

＊日本と欧米の子育てでは子どもの存在の位置づけに根本的なちがいがある。しかし、今の日本は大人のミニチュアという欧米の考え方に近づきつつある。そこで、本著では静岡県内の子どもの民俗文化を通して、大人とは異質な価値ある存在としての「子ども」を知り、その上で、日本の子どものあるべき姿を見つめなおしてみたいと思う。

◇時代の語りべ—相模野の小さな星たち 阿部太郎著 文芸社 2000.4 173p 19cm 1200円 (i)4-8355-0224-8 Ⓝ384.5

(内容)序の章 子どもは時代の語りべ 第2章 土のにおいと小さな力 第3章 素朴なけなげさ、意気はつらつ 第4章 ぬぐいされない戦争の影 第5章 相模野は心のふるさと 第6章 社会の質が変わる中 終の章 輝きを求めて

＊子どもという小さな星たちは、今も昔も輝き続ける。その輝きは大人・社会・時代を照し出し、今、私たちに変らぬ何かを語り始める。

◇昭和こども図鑑—20年代、30年代、40年代の昭和こども誌 奥成達文、ながたはるみ絵 ポプラ社 2001.7 308p 21cm 1600円 (i)4-591-06911-7 Ⓝ384.5

◇昭和の子ども、田舎の暮らし 新田鉦三著 平凡社 2001.4 195p 18cm (平凡社新書) 700円 (i)4-582-85085-5 Ⓝ384.5

(内容)1 ぼくのヒバリ(一枚の写真 いたずらっこ ほか) 2 梅の実、桑の実、木いちごの実(梅の実、桑の実、木いちごの実 昼弁当の時

間 ほか) 3月おくれの雑誌(月おくれの雑誌 ドジョウとり ほか) 4 レントゲン眼鏡(レントゲン眼鏡 ゴムまり、メンコ遊び ほか)
  * ヒバリの巣の見つけ方は、父が教えてくれた。腰をのばしのばし、田植えの手伝いをした。煙を上げて走る機関車を、先頭切って追いかけた。家族、自然、そして「ぼく」。生きるものすべての結びつきを描いた、岐阜県恵那地方の豊かな暮らし。あなたの子ども時代はどんなでしたか?「ぼく」のふるさとは、ここにあります。

◇昭和のこども250景 すずきとし著,遠藤章弘編纂 大阪 朋興社 1995.11 260p 15×21cm 〈おもに図〉 1854円 (i)4-938512-12-2 Ⓝ384.5

◇信州子どもの20世紀―写真集 信濃毎日新聞社出版局編 長野 信濃毎日新聞社 2000.12 407p 27cm 7000円 (i)4-7840-9881-X Ⓝ384.5
  (内容) 序章 思い出きらきら宝箱―子どもの100年ダイジェスト 第1章 働く子どもたち―明治から大正(1901年〜1912年) 第2章 小さなハイカラさん―大正から昭和(1913年〜1930年) 第3章 引き裂かれる家族―昭和・戦時下(1931年〜1945年) 第4章 支え合う暮らし―昭和・戦後(1945年〜1965年) 第5章 ズックからスニーカーへ―昭和・高度成長(1966年〜1988年) 第6章 現代の子どもたち―平成・21世紀へ(1989年〜2000年) 座談会 子どもたちの輝き〜21世紀への橋渡し
  * 子どもの姿を通してこの一〇〇年を振り返る写真集。信州二十世紀の子ども史、あるいは家族史の貴重な参考書。

◇占領下の子ども文化<1945〜1949>―メリーランド大学所蔵プランゲ文庫「村上コレクション」に探る 早稲田大学「占領下の子ども文化<1945-1949>展」実施委員会編 ニチマイ 2001.5 149p 30cm 〈会期・会場:2001年5月12日―27日 早稲田大学会津八一記念博物館 共同刊行:スタッフ〉 Ⓝ384.5

◇駄菓子屋・読み物と子どもの近代 加藤理著 青弓社 2000.5 219p 19cm (青弓社ライブラリー 10) 1600円 (i)4-7872-3174-X Ⓝ384.5
  (内容) 第1章「児童の世紀」の光 第2章「児童の世紀」と読書の喜び 第3章 子どもの消費生活と駄菓子屋 第4章「児童の世紀」の影 第5章 ふたたび光を求めて―個性としての"子ども"
  * 近代的な子ども観の発見は子どもの権利を意識する一方で、子どもを"子どもの領分"に押し込めながら隔離して、いまや"子ども不在"の社会が形成されるまでになった。しかし、子どもは本当に与えられるだけの存在なのだろうか。社会が急速な変貌を遂げた20世紀初頭の駄菓子屋と読み物にかかわる子どもの姿を

さまざまな文献を渉猟することで探り出し、子どもがみずから積極的に参加し選択する存在であったことをあきらかにする。そして、子どもは保護され育成される存在であるという固定観念から離れ、近代的な子ども観が与えた光と影を丹念に読み解くことで来るべき21世紀の大人と子どもの新たな関係性を探り、そのための子ども観を提示する。

◇「ちご」と「わらは」の生活史―日本の中古の子どもたち 加藤理著 慶応通信 1994.8 302,4p 22cm 3800円 (i)4-7664-0569-2 Ⓝ384.5
  (内容) 1部 子どもの発達と発達観 2部「ちご」時代と生活 3部「わらは」時代と生活

◇月にまだうさぎがいたころ―みんな昔は子どもだった たかいひろこ著 主婦の友社 2000.12 47p 20cm 1200円 (i)4-07-229369-5 Ⓝ384.5
  * 車が道を支配していなかったころ、子どもたちの遊び場はどこでもオーケー。ままごと、チャンバラごっこ、鬼ごっこ、かごめかごめ、お玉、おはじき、石けり、ゴムとび、まりつき、だるまさんが転んだ、花いちもんめ…昭和30〜40年代。テレビゲームなんてなかった時代の子どもを描いた、懐かしい遊びと暮らし。これは大人の子守歌。

◇なつかしの小学一年生 熊谷元一著 河出書房新社 2001.3 143p 21cm (らんぷの本) 1200円 (i)4-309-72708-5 Ⓝ384.5
  (内容) 第1章 学びの情景(きょうから一年生 さくらが咲いた はじめての勉強 ほか) 第2章 遊びの情景(元気いっぱい みちくさ ガキ大将) 第3章 くらしの情景(いろりばた お手伝い 村の歳時記 ほか)
  * 思い出の学舎、先生、同級生。野山に元気いっぱい遊んだ日々。昭和のこどもの貴重な記録。

◇なつかしの小学校図鑑 奥成達文、ながたはるみ絵 いそっぷ社 1999.12 269p 20cm 1600円 (i)4-900963-09-7 Ⓝ384.5
  (内容) 1章 学校生活編(入学式 朝礼 日直 ほか) 2章 教室・校庭編(木造校舎 廊下のプロレスごっこ、しっぺ 休み時間のミサイル・ゲーム ほか) 3章 思い出の行事編(授業参観 家庭訪問 映画鑑賞の日 ほか)
  * ここに描かれているのは、全部小学校時代の思い出です。もうどこにもこの小学校の風景は存在していませんが、古いアルバムを押し入れの奥から出してながめるような気分で、なるべくたくさんの人に懐かしがってもらいたいと思います。

◇20世紀キッズ 毎日新聞社 1999.4 176p 30cm (毎日ムック―シリーズ20世紀の記憶) 〈おもに図〉 1714円 (i)4-620-79116-4 Ⓝ384.5

◇日本児童生活史―新版・日本の子供達 桜井庄

社会・家庭生活の習俗　　　　　　　　　　　　　　　　　　　　　　　　　　　　子供の生活

太郎,宮本常一著　久山社　1997.4　1冊　22cm　（日本<子どもの歴史>叢書 5）〈複製〉　7800円　(i)4-906563-41-4　Ⓝ384.5

◇ビジュアル昭和の子供たち　秋山正美編　教育出版センター　1997.9　141p　27cm　（シリーズ・ビジュアル昭和の生活史 1）　7500円　(i)4-7632-6235-1　Ⓝ384.5
　内容　春（おもしろ公園双六　うれしいひなまつり　「サクラ読本」の時代　ほか）　夏（タナバタマツリ　まちの夜店　マワリドウロウ　ほか）　秋（漫画ごよみ　小学図画「エノホン」「とりいれ」ほか　ほか）　冬（漫画ごよみ　マメゾウ　たのしいクリスマス　ほか）

◇まんが・昔の子供―物のない時代に生きて　大吉千明絵と文　鹿児島　南方新社　2000.9　197p　21cm　1600円　(i)4-931376-39-8　Ⓝ384.5
　内容　暮らし（散髪　寝小便　トラック便乗　屠殺　ほか）　学校（弁当箱　遠足　順番　悪戯坊　ほか）　遊び（チャンバラ　紙ヒコーキ　ボタンチギリ　ドンコの嘆き　ほか）
　＊あの頃は何もなかった。テレビゲームも、おもちゃも、遊園地も。でも、みんなよく遊んだ。貧しかったが、感動が満ち溢れていた。町の漫画家が描いた昔の子供の日常、全100編。

◇ものと子どもの文化史　本田和子編著　勁草書房　1998.1　219p　20cm　2300円　(i)4-326-29858-8　Ⓝ384.5
　内容　始まりの章　ものの語る言葉を聞く　第1章　小さな手の営み―時を綴るものたち　第2章　子どもの世界への参入―近代のしるし　第3章　「もの」と「かたり」　終章　「もの」と「子ども」の変貌
　＊リリヤン、姉さま人形、歯磨き、花壇、青い眼の人形、洋菓子、人工乳、賢治童話、昔話―子ども世界に入りこんだ小さなものたち―ここから子どもと社会を覗き見る。

◇老人と子供の民俗学　宮田登著　白水社　1996.3　189p　20cm　1600円　(i)4-560-04056-7　Ⓝ384.5
　内容　第1章　伝統社会における「老い」　第2章　「老人」のイメージ　第3章　サブカルチャーとしての老人文化　第4章　老人と子供（上）のテーマ　第5章　日本の伝統的子供観　第6章　「十三、七つ」と子供の霊力　第7章　子供文化百科　第8章　江戸時代の町の子供　第9章　江戸時代の村の子供　結語　「老人と子供」の境界性
　＊老人の真の生き甲斐とは何か。子供は成長過程で何をどう学ぶべきか。日本の伝統社会における両者のあり方と交流をつぶさに検討し、この永遠にして最も今日的なテーマを追求する。

◆子供の遊び
◇秋田子どもの遊び　野添憲治文,宮腰喜久治え　増補版　能代　能代文化出版社　1998.8　148p　19cm　1500円　Ⓝ384.55

◇遊びに懸命　しもだこうだい著　福岡　章書房　2001.2　136p　19cm　1200円　(i)4-7512-0794-6　Ⓝ384.55

◇「遊び」の探究―大人は子どもの遊びにどうかかわりうるか　小川博久編著, スペース新社保育研究室編　生活ジャーナル　2001.5　306p　22cm　3000円　(i)4-88259-080-8　Ⓝ384.55
　内容　第1部　遊びの再生をめぐって（遊びの伝承についての再考―集合的記憶の視点から　伝承遊びを再生する条件とは何か―盛岡八幡宮祭礼における山車行事への子どもの参加のプロセスの検討を通して　冒険遊び場における遊びの学習と大人の役割―異年齢集団における遊びの学習との比較を通して　チルドレンズ・ミュージアムにおける環境設定と遊び体験）　第2部　子どもの遊びをどう理解するか（砂遊びの構造―出会いの種々相　ことば遊びの魅力―なぞなぞ遊びの枠組要素に注目して　鬼遊びにおけるルールと遊びの魅力　共同想起としての歌―「一緒に歌いたい」という動機形成に保育者はいかにかかわりうるか　遊びの中での葛藤と笑いの関係　ほか）

◇遊び文化の探求　藤本浩之輔著　久山社　2001.4　108p　21cm　（日本児童文化史叢書 29）〈肖像あり〉　1553円　(i)4-906563-89-9　Ⓝ384.55

◇あまくさむかしの遊びとわらべうた―残そう伝えよう心のふるさと　上中万五郎文・画・採譜　本渡　上中満　1998.4　99p　26cm　1000円　Ⓝ384.55

◇出雲斐川町の民話と唄・遊び　稲田浩二, 畠山兆子編著　岡山　手帖舎　1994.3　198p　21cm　1600円　Ⓝ388.173

◇いわきの子どもの遊び調査報告書　いわき　いわき市教育委員会　1994.3　78p　26cm　（いわき市文化財基礎調査 平成5年度）　Ⓝ384.5

◇絵でみる群馬の歳時と子供のあそび　大島俊彦著　前橋　みやま文庫　1993.12　240p　19cm　（みやま文庫 132）　Ⓝ384.55

◇おじいさんおばあさんのむかし遊んだ思い出の記　〔十津川村（奈良県）〕　十津川村老人クラブ連合会　1993.8　91p　26cm　〈十津川村老人クラブ連合会発会弐拾五周年記念　付・むかしの生活他いろいろ〉　Ⓝ384.5

◇思い出の遊び―昭和ひとけたの頃　かむろたけし著　山形　山形文学会　2001.1　178p　21cm　2000円　Ⓝ384.55

◇草花あそび全書―自然とふれあい、あそびの輪をひろげよう　多田信作著　池田書店　1995.6　335p　21cm　1500円　(i)4-262-15258-8　Ⓝ384.

5
＊本書では、草花あそびのすべてを、イラスト、写真、図解で順を追って説明した。また、あそびをとおして、草花の名前、生育する場所、茎や葉の形、花の形や色など、植物の生態や観察にも役立つよう、イラスト、写真を豊富に用いて編集した。

◇草花遊び・虫遊び―親から子どもに伝えたい　乙益正隆著　八坂書房　1993.7　199p　19cm　〈参考文献：p192〉　1800円　(i)4-89694-632-4　Ⓝ384.5
　内容　草花遊び(アカメガシワの色うつし　イタドリの水車　オオバコ遊び　オキナグサの筆　オドリコソウの水車　音出し遊び　木の実を鳴らそう　キンポウゲの色映し　色つけ遊び　スイカズラの蜜吸い　トウモロコシの人形　ヒガンバナの遊び　ほか)　虫遊び(アブの低空飛行　アリジゴクの言上聞き　カエル釣り　カメムシかがせ　カワムシとり　クワガタムシの相撲　ザリガニとり　ジグモとり　ほか)

◇熊谷の子どもの頃の遊びと遊び歌―調査報告書　第1集　熊谷市立図書館編　熊谷　熊谷市立図書館　1999.3　66,920p　30cm　Ⓝ384.55

◇拳の文化史　セップ・リンハルト著　角川書店　1998.12　270p　20cm　〈角川叢書 3〉〈他言語標題：Hinc omne principivm〉　2800円　(i)4-04-702103-2　Ⓝ384.55
　内容　1 江戸時代の中国崇拝とその風刺画―本拳　2 限りないバリエーション―三竦拳　3 「酒、女、うた」―総合的な遊びとしての拳　4 拳道への道　5 拳の絵とその変化　6 あとがきにかえて―ジャンケンの勝利
＊ジャンケンを知らない日本人はいない。しかし、ジャンケン以外にいろいろな拳遊びがあったことは知られていない。江戸時代には、数拳・虫拳・虎拳・狐拳・藤八拳などのさまざまな拳遊びが大流行した。本格的に勉強するために「拳道」まで成立した。拳をめぐる唄・芝居・錦絵・文学などを通して、拳遊びの中にひそむ風刺性、反ヒエラルキー的性格を指摘し、江戸庶民のメンタリティをさぐる。

◇拳の文化史―ジャンケン・メンコも拳のうち　たばこと塩の博物館編　たばこと塩の博物館　1999.10　127p　30cm　〈会期：1999年10月23日―12月5日〉　(i)4-924989-13-4　Ⓝ384.55

◇こども遊び大全―懐かしの昭和児童遊戯集　遠藤ケイ絵・文　新版　新宿書房　2001.3　395p　21cm　2800円　(i)4-88008-269-4　Ⓝ384.55
　内容　男の子編(ベーゴマ　ビーダマ　メンコ　クギ遊び　たが回し　ほか)　女の子編(ゴム跳び　縄跳び　かごめかごめ　とうりゃんせ　鬼ごっこ　ほか)
＊原っぱや路地裏からこどもたちの声がきこえてくる…。昭和30年代の懐かしい遊び400種以上をすべて手描きの文字とイラストで贈る。

◇子どものあそび―いま・むかし　特別展　図録　松戸市文化ホール編　松戸　松戸市文化ホール　1993.1　36p　26cm　〈文化ホール紀要 16〉〈付(1枚)　会期：1993年1月8日～3月21日〉　Ⓝ384.5

◇子どもの遊び・歌　川島町文化財保護審議会編　川島町(埼玉県)　川島町教育委員会　1993.11　60p　21cm　〈川島町の文化財 13〉〈折り込み図1枚〉　Ⓝ384.5

◇子どもの替え歌傑作集　鳥越信著　平凡社　1998.7　253p　20cm　1900円　(i)4-582-82926-0　Ⓝ384.55
　内容　唱歌　童謡　歌謡曲　軍歌　その他：讃美歌・TVアニメ・CM　B面
＊ブラックでパワフルな子どもによる、子どものための、「愛唱歌」139篇。

◇こどもの四季　加太こうじぶん、滝平二郎きりえ　河出書房新社　2000.9　197p　21cm　〈らんぷの本〉　1500円　(i)4-309-72701-8　Ⓝ384.5
　内容　春(つみ草　風車　ひな祭　ちょうちん行列　ほか)　夏(菖蒲湯　かしわもち　水雷艦長　リボン　ほか)　秋(木のぼり　秋祭　玩具　駄菓子屋　ほか)　冬(チンドン屋　福引　なわとび　お使い　ほか)
＊べいごま、サーカス、あやとり、ささ舟、水雷艦長、ほおずき、悪漢探偵、つみ草、あねさま人形など、過ぎ去った日々のこどもたちをめぐる世界を情趣ゆたかに描く。

◇子どもの四季　駒形さとし著　高志書院　1997.6　199p　19cm　〈背のタイトル：こどもの四季　子どもの四季刊行会1966年刊の複製〉　2000円　(i)4-906641-04-0　Ⓝ384.55

◇子どもの世界―特別展　沖縄県立博物館編　那覇　沖縄県立博物館　1994　137p　30cm　〈会期：7月19日～8月31日〉　Ⓝ384.5

◇子どもの世界　宮古・八重山編　沖縄県立博物館編　那覇　沖縄県立博物館　1994.3　148p　26cm　〈子どもに関する文献一覧：p145～146〉　Ⓝ384.5

◇子どもの文化史―産育・教育・玩具　特別展図録　八戸市博物館編　八戸　八戸市博物館　1998.7　27p　30cm　Ⓝ384.5

◇子どもの民俗社会学　江馬成也著　南窓社　1994.1　287p　20cm　2600円　(i)4-8165-0125-8　Ⓝ384.5
　内容　序章 地域社会と子どもたち　第1章 地域社会の教育慣行と子ども仲間　第2章 地域の年中行事と子ども仲間―南三陸の漁浦の場合　第3章 「えびっしょ」行事と子ども仲間　第4章 「大黒舞」の民俗社会学的考察

◇子どもの喜ぶ伝承あそび入門　多田信作著　名古屋　黎明書房　1996.2　182p　26cm　〈遊びの

アイディア 4) 2000円 (i)4-654-05914-8 Ⓝ384.5
(内容) ひなまつりカード 椿の花のあそび 草びな 貝がらびな カンゾウびな たんぽぽのあそび 紙けん えかきうた カップけん玉 笹の葉細工〔ほか〕
＊絵かき歌、わら人形、草笛、折り紙でっぽうなど、日本の素朴な風土の中で子どもたちがつくりあげてきた四季折々のあそびを月別に86種紹介。つくり方、あそび方を懇切に図説。

◇こども豊後風土記—森と清流の遊びと伝承文化の記録 帆足孝治著 イカロス出版 1999.2 594p 20cm （折り込1枚） 2200円 (i)4-87149-193-5 Ⓝ384.55

◇再考じゃんけんぽん 赤穂敏也著 近代文芸社 2000.6 291p 20cm 〈文献あり〉 1800円 (i)4-7733-6627-3 Ⓝ384.55
(内容) 1 じゃんけんのルーツ（数拳の流れ 三すくみ拳の流れ） 2 じゃんけんの語源（石拳の転訛という説 両拳の転訛という説 ほか） 3 日本のじゃんけん（各地のじゃんけんことば わらべ唄の中のじゃんけん ほか） 4 世界のじゃんけん（中国・台湾のじゃんけん 韓国のじゃんけん ほか）
＊子ども時代がよみがえる—懐しの"じゃんけん"集大成なる。

◇三世代遊び場図鑑—街が僕らの遊び場だ！ 子どもの遊びと街研究会編 風土社 1999.3 169p 26cm 1500円 (i)4-938894-22-X Ⓝ384.55
(内容) 遊びの変化 イメージの中の遊び場 遊びの場所 遊びの装置 自然の素材 遊び仲間 まちの楽しみ

◇志津川の今昔 芳賀清記著 創栄出版 1997.7 142p 19cm (i)4-88250-701-3 Ⓝ384.55

◇自然遊び12か月—イラストレイテッド 鍋田吉郎構成・文, ながたはるみ絵 小学館 1996.4 240p 22cm (Be-pal books) 1500円 (i)4-09-366081-6 Ⓝ384.5
(内容) 春の小川のネット・プレー・マニュアル 海藻の鉄人になる！ ザリガニ・スペシャリスト養成講座 潮干狩りを掘り下げる 田んぼテラリウム促成テキスト 山菜採りお行儀作法講座 春の大写し カタツムリとのんびり遊ぶ タイドプールは底が深〜いぞ 虫捕りネット・プレー完全予習マニュアル〔ほか〕
＊40講座に分かれています。これを週末ごとに実践すると、だれでも1年後には野遊びのスペシャリストになれます。40講座すべてについて、各分野のスペシャリストへの取材に基づく最新情報を満載しました。「魚を手づかみにする方法」、「レンズ付きフィルムでの接写術」、「原始式焼きイモ作り」など、オリジナルの内容が充実しています。超細密画で描いてあり

ますから、見ているだけでも楽しくなります。伝承遊びだけにとらわれず、時代性に最新情報を加味した平成版自然遊びの提案です。イラストと解説で子供にもわかりやすい、自然派ファミリー待望の野遊び教書。

◇下町小僧—東京下町昭和30年 なぎら健壱著 筑摩書房 1994.12 410p 15cm （ちくま文庫） 760円 (i)4-480-02918-4 Ⓝ384.5
(内容) 銀座生まれ 食べ物の思い出1—蕎麦 銀座の思い出1 おもちゃ三種の神器 銀座の思い出2 食べ物の思い出2—ブルーチーズ 月光仮面 食べ物の思い出3 スパゲッティ・ミートソース 縁日 銭湯〔ほか〕
＊東京の下町・木挽町生まれの異色のフォーク・シンガーなぎら健壱が、"どうしても書き残しておきたい"と綴った、昭和30年代の下町の小僧たち。縁日、銭湯、貸本屋、駄菓子屋、カタ屋、ベーゴマ、紙芝居屋、と下町の少年達をとりまくすべてが、いきいきよみがえる、あのなつかしい世界。

◇下関の伝承あそび 下関市保育連盟「下関の伝承あそび」編集委員会編 〔下関〕 下関市保育連盟 1995.11 147p 21cm 1500円 Ⓝ384.55

◇車偶庵の郷土玩具 石井丑之助著 国書刊行会 1994.3 190p 21cm 3000円 (i)4-336-03576-8
(内容) 武蔵東村山の鯉乗金太郎 砂川張子の夷子・大黒 おかめの火入 今戸の金獅子 紙めんこと毛人形兵隊 三宅島のネザンバ 高月のだるま抱き猫 オジョロ姉さま 鑪見の豆凧 しゃり 船霊人形 飯岡の豆凧〔ほか〕

◇じゃん・けん・ぽん 赤穂敏也著 近代文芸社 1995.5 184p 20cm 〈引用・参考文献：p175〜179〉 1500円 (i)4-7733-3973-X Ⓝ384.5
(内容) 1 じゃんけんのルーツ 2 じゃんけんの語源 3 日本のじゃんけんことば 4 世界のじゃんけん

◇図解 うたとあそびの事典 東陽出版 1998.5 255p 21cm 1800円 (i)4-88593-005-7
(内容) 伝承的なあそび（指あそび お手玉歌 ほか） 集団あそび（幼児のゲーム 幼児のゲーム的リズムあそび ほか） 造形あそび（ぬたくりあそび 模様あそび ほか） 歌あそびとフォークダンス（歌あそび 幼児の体操 ほか）
＊昔ながらの伝承歌や集団遊びなどを解説。索引付き。

◇図解ふるさとあそびの事典 普及版 東陽出版 1998.5 239p 21cm 1800円 (i)4-88593-006-5 Ⓝ384.55
(内容) 第1編 戸外のあそび（輪まわし 竹馬 石けり ほか） 第2編 室内のあそび（千代紙細工 市松人形・姉様 お手玉 ほか） 第3編 自然とあそぶ（植物のあそび 動物のあそび）
＊由来、作り方、遊び方など、伝統的な遊びを解説。索引付き。

子供の生活　　　　　　　　　　　　　　　　　　　社会・家庭生活の習俗

◇続 遊びの論　安田武著　〔復刻版〕　朝文社　1994.2　300p　19cm　2800円　(i)4-88695-107-4
(内容) 昔ふうのお遊び　生涯の遊び　レクリエーションという遊び　いきと野暮　けじめの文化　美意識の混乱—かっこいい　浴衣　舞踊の衣裳　都をどり・東をどり　芸の伝承と家元制　古典芸能の衰退　芝居の小道具　千代紙人形　「祭」と土着芸能〔ほか〕
＊戦争体験を語り、日本文化を論じ、祇園に遊び、職人の手仕事を愛した故安田武。高度経済成長に背を向け、ひたすら日本の芸と美の伝承を訴えた著者の美学が今よみがえる。

◇但島八鹿町の民話と唄・遊び　鵜野祐介編著　岡山　手帖舎　1996.5　222p　21cm　〈監修：稲田浩二〉　1700円　Ⓝ388.164

◇たのしいおしなごあそび　篠田啓子編著　飯田　篠田啓子　1997.8　51p　21cm　980円　Ⓝ384.55

◇誰もがもう一度やってみたいこども遊び大全　遠藤ケイ文・絵　講談社　1997.12　399p　16cm　(講談社+α文庫)　〈索引あり〉　940円　(i)4-06-256234-0　Ⓝ384.55

◇朝鮮の子どもの遊び博物館　韓丘庸著, 姜孝美画　大阪　東方出版　2000.1　188p　21cm　2000円　(i)4-88591-638-0　Ⓝ384.55
(内容) 第1部 野外の遊び (鬼ごっことかくれんぼ　めんことビー玉　草花遊び　七夕祭りか　小さな子どもの遊び)　第2部 伝承遊び (歌舞　将棋と囲碁　花火　占い　カルタとり　競技)
＊遊びのルーツを辿り、その歴史的経緯と成長過程を追求する。115種類の遊びを詳述。索引付。

◇手づくりの草花グッズ・草花あそび—1年12カ月、身近な草花で自然を感じて楽しくあそぼう！　12カ月約200種　芸術教育研究所草花あそび研究班編　名古屋　黎明書房　1994.11　137p　26cm　(手づくりシリーズ 8)　〈監修：多田信作〉　3200円　(i)4-654-05228-3　Ⓝ384.5
＊4月から3月までの12カ月にわたって、季節感あふれる「草花グッズ」「草花あそび」をカラーで紹介。「草花の昔話」「ことわざ・うらない・誕生花」「わらべうた」「絵かきうた」「草花料理教室」「草花のインテリア」「草花あそび」の7方面から、心ゆくまで楽しめる。伝承的なものから、現代的なものまでを、約200種紹介。家庭や、子ども会・幼稚園・保育園・小学校・中学校など、どこでも、いつでも活用できる。

◇伝承遊びをしよう　馬場桂一郎, 米田和正著　明治図書出版　1997.4　103p　26cm　(手づくり遊びと体験シリーズ—野外活動・遊び・ゲームアイデア集 1)　1800円　(i)4-18-964107-3　Ⓝ376.157
(内容) 1 頭を使う遊び　2 手指を使う遊び　3 からだ全体を使う遊び　4 歌をともなう遊び

5 その他の遊び
＊本書においては、伝承遊びを取りあげた。伝承遊びを、新しく作り出されたり、他の国から導入されたものではなく、ある程度長く子どもたちに遊び継がれた遊びと考え、この30～40年ぐらい前から遊ばれていたものを中心にまとめた。

◇伝承あやとり　童話館出版編集部編, ヤスダイクコ絵　長崎　童話館出版　2001.3　47p　19×23cm　〈付属資料：毛糸2本〉　(i)4-88750-022-X

◇伝承おりがみ　童話館出版編集部編, ヤスダイクコ絵　長崎　童話館出版　2001.3　47p　19×23cm　〈付属資料：折り紙8枚〉　(i)4-88750-022-X

◇伝承おりがみ—親子であそぶおりがみ絵本　1　つじむらますろう編・絵　福音館書店　1993.1　31p　19×21cm　(福音館のペーパーバック絵本)　480円　(i)4-8340-0612-3

◇伝承おりがみ—親子であそぶおりがみ絵本　2　つじむらますろう編・絵　福音館書店　1994.5　31p　19×21cm　(福音館のペーパーバック絵本)　480円　(i)4-8340-0613-1

◇伝承おりがみ—親子であそぶおりがみ絵本　3　つじむらますろう編・絵　福音館書店　1994.5　31p　19×21cm　(福音館のペーパーバック絵本)　480円　(i)4-8340-0614-X

◇伝承葉っぱあそび—楽しく作れる　勝連盛豊監修, 宜野湾市レクリエーション協会, レクサークルあだん著　浦添　沖縄出版　1996.12　95p　21×22cm　(おきなわあ・そ・び・の図鑑 2)　〈索引あり〉　(i)4-900668-64-8
(内容) 第1章 島の暮らしはエキサイティング　第2章 島の裏側を覗いてみれば　第3章 南風に吹かれながら　第4章 美味なヤツは喰うに限る　第5章 神々のすがた　第6章 島の歴史(体温)に触れる
＊本書は著者が約五年にわたる西表島での暮らしを、主に本土に住む友人・知人に宛てて送った「南の島通信(ぱいぬしまつうしん)」というミニコミを下敷きにした等身大の生活レポート

◇鳥取関金町の民話と唄・遊び　稲田浩二, 鵜野祐介編著, 稲田浩二監修　岡山　手帖舎　1996.1　190p　21cm　1457円　Ⓝ382.172

◇長洲の玩具と遊び　〔長洲町(熊本県)〕　鳴洲俳句会　1993.7　77p　26cm　Ⓝ384.5

◇日本の伝承 子どものあそび　出口恭子著, 碓井博監修　広島　ガリバープロダクツ　2001.5　303p　21cm　(ガリバーBOOKS)　1715円　(i)4-906512-73-9
(内容) 第1章 外であそぼう (あそびの前に知っておこう　みんなであそぼう　ほか)　第2章 家の中であそぼう (手を使おう　みんなでいっしょに　ほか)　第3章 自然としたしむ (自然を知

ろう 植物がいっぱい ほか)
＊こころを大切にしたいあなたへ―ずーっと引きつがれてきた「あそび」の数々を幼児教育のスペシャリストが一挙紹介！オニごっこにかくれんぼにおはじき、かげ絵…昔なつかしい「あそび」でうたをまじえながら分かりやすくあそび方を解説。子どもと一緒にあそびましょう。

◇野にあそぶ―自然の中の子供 斎藤たま著 平凡社 2000.7 362p 16cm (平凡社ライブラリー) 〈1974年刊の改訂〉 1400円 (i)4-582-76350-2 Ⓝ384.5
(内容) 植物との遊び(笛と小楽器 草人形 花の遊び 葉や茎の遊び 根や実などの遊び) 動物との遊び(昆虫と小動物 小鳥捕りと兎捕り) 屋外の遊び(辻遊び 庭遊び 遊戯 土の遊び 水の遊び 雪と氷の遊び)
＊麦笛、朴葉の風車、狐の面、笹舟、天狗の鼻、杉ヤニのガム、トンボ釣り、バイ打ち…。四季折々の自然の中で遊んだ子供の姿を日本各地に訪ね、著者のイラストとともに、その楽しさと豊かさを描く。

◇橘と遊びの文化史 平林章仁著 白水社 1994.7 190p 20cm 2100円 (i)4-560-02238-0 Ⓝ380

◇母と子の草花遊びの本 三省堂 1994.2 187p 19cm (イラスト実用 18) 〈監修：山内昭道〉 1000円 (i)4-385-41018-6 Ⓝ384.5
＊見てすぐわかる、首飾りや舟をつくる身近な草花遊び。

◇飛騨の民話・唄・遊び―岐阜県朝日村・高根村の伝承 鵜野祐介,大橋和華,石川稔子編著, 鵜野祐介監修 岡山 手帖舎 1999.3 313p 21cm 2500円 (i)4-88743-261-5 Ⓝ388.153

◇ふだん着の虫草あそび―足もとの自然と仲よしになる22の方法 奥薗壽子著 農山漁村文化協会 1996.8 207p 19cm 1300円 (i)4-540-96025-3 Ⓝ384.5
(内容) 台所で遊ぶ(トトロの来る台所―発芽の愉しみ お子様のための二十日大根七変化―つくってみよう二十日大根 ほか) ベランダ・庭で遊ぶ(えらい菜、見つけた―プランターごと始めは菜っ葉から ほろ酸っぱいフライド・グリーン・トマト―プチトマトと暮らす ほか) 散歩の愉しみ(十五分のタイムトリップ―童心にかえる草遊び ピーピー豆おばさん―植物で作る笛 ほか) 生き物と暮らす(土と遊ぶ人―M氏の書斎にて 「はらぺこあおむし」のためのキャベツ―虫の眼でのぞいてみたら… ほか)
＊わき目もふらず歩いていたときには見過ごしていた身近な自然、小さないのち。帰り道が無限大の遊び場だった子どもの頃の遊び心を取り戻すと、やさしい声がたくさん聞こえてきます。植木鉢の虫と戯れ、カヤの葉でコオ

ロギを作り、台所にトトロをご招待。近頃自然が少ないとお嘆きのあなたにおすすめする、足もとの自然と仲良くなる方法。

◇ふるさと子供ウィズダム 原賀隆一絵・文 熊本 クリエイト・ノア 1993.5 160p 27cm 3000円 (i)4-906453-02-3 Ⓝ384.5

◇ふる里さがら歳時記 植田正巳著 相良町(静岡県) 相良史蹟調査会 2000.11 163p 21cm Ⓝ384.55

◇ふるさとのあそび 山国グループ編 京北町(京都府) 京北町山国グループ 1993.6 58p 26cm Ⓝ384.5

◇ふるさとの伝承遊び 今庄町梅ケ枝区集落活性化委員会著 今庄町(福井県) 今庄町梅ケ枝区集落活性化委員会事務局 1995.3 48p 21cm Ⓝ384.5

◇町田の伝承こどもの遊び 町田市文化財保護審議会編 町田 町田市教育委員会 2000.3 78p 26cm Ⓝ384.5

◇水辺遊びの生態学―琵琶湖地域の三世代の語りから 嘉田由紀子,遊磨正秀著 農山漁村文化協会 2000.2 210p 19cm (人間選書 231) 1714円 (i)4-540-99268-6 Ⓝ384.55
(内容) 第1章 記憶を記録に―三世代水辺遊び調査の方法 第2章 魚つかみ文化を再現する 第3章 なぜ、魚つかみはおもしろいのか？ 第4章 子どもが遊んだ水辺とそこの生き物たち 第5章 生き物と子どもたちの水辺 第6章 遊び、子ども、社会 第7章 水辺に子どもの姿を呼び戻すには
＊本書をいわゆる「生態学」の書とみられる人にとっては、実は「看板に偽り」がある。これは多くの生態学者が考える生態学ではない。何よりも大きなずれは、人間の存在や人間の働きかけを「撹乱因子」と考え、できるだけ人の影響を無視しよう、あるいは人の影響を排除しようとする(意図的であるにせよ、無意識であるにせよ)生態学を筆者たちはねらっていない。それでも、なぜこのタイトルを採用したのか。その理由は、将来、生態学が人間の影響、人間とのかかわりに自覚的なパラダイムをつくってほしいという願望による。それは、日本のように、人の影響がたいへん強い環境が優先する場を扱える学問として生態学に期待をするからである。

◇民族遊戯大事典 大林太良ほか編 大修館書店 1998.7 792p 23cm 〈他言語標題：Encyclopedia of ethnic play and games〉 9800円 (i)4-469-01260-2 Ⓝ384.5
(内容) 第1部 民族遊戯・種目編 第2部 民族遊戯・各国編(アジア・オセアニア 南北アメリカ ヨーロッパ・アフリカ)
＊世界諸民族の遊戯を解説した事典。前半はじゃんけん、相撲、綱引き、など種目別に解説

◇し、後半は国ごとに解説。事項索引、遊戯名索引付き。
◇昔の遊びの風景―子ども時代の記憶から 第14回特別展示図録 亀岡市文化資料館編 亀岡 亀岡市文化資料館 1999.3 24p 30cm （共同刊行：亀岡市文化資料館友の会） Ⓝ384.55
◇昔の子どもの遊び―亀岡市文化資料館友の会創立10周年記念文化財調査報告書 亀岡市文化資料館友の会編 亀岡 亀岡市文化資料館友の会 1998.8 32p 30cm Ⓝ384.55
◇野外あそび事典 藤本浩之輔著 くもん出版 1994.8 311p 19cm 〈くもん選書〉 1800円 (i)4-87576-949-0 Ⓝ384.55
 〈内容〉1 自然とつき合うあそび 2 野外ゲームのあそび 3 手づくり遊具・玩具のあそび 4 文化としての野外あそび
 ＊子どもたちに伝えてゆきたい光や樹々とのふれあい。友だちとのふれあい。あそび方図入り180余種。
◇野外伝承遊び国際会議―野外伝承遊びの意義と現状 第1回 森野勇造編 青少年交友協会野外文化研究所 1998.1 85p 26cm 〈会期・会場：1997年12月6日・7日 国立オリンピック記念青少年総合センター〉 Ⓝ384.55
◇野外伝承遊び国際会議―野外伝承遊びの意義と現状 第2回 青少年交友協会野外文化研究所 1999.1 97p 26cm 〈会期・会場：1998年12月5日―6日 国立オリンピック記念青少年総合センター〉 Ⓝ384.55
◇野外伝承遊び国際会議―野外伝承遊びの意義と現状 第3回 青少年交友協会野外文化研究所 2000.1 104p 26cm 〈文部省補助事業 会期・会場：1999年10月30日―11月1日 国立オリンピック記念青少年総合センター 文献あり〉 Ⓝ384.55
◇野外伝承遊び国際会議報告書―野外伝承遊びの意義と現状 第4回 青少年交友協会野外文化研究所 2001.1 93p 26cm 〈文部省補助事業 会期・会場：2000年11月4日―6日 国立オリンピック記念青少年総合センター 文献あり〉 Ⓝ384.55
◇野外伝承遊び国際大会―遊びから学ぶ世界の文化 第1回 青少年交友協会野外文化研究所 1999.12 51p 26cm 〈文部省委嘱事業 会期・会場：1999年10月31日 東京都代々木公園陸上競技場〉 Ⓝ384.55
◇野外伝承遊び国際大会報告書―遊びから学ぶ世界の文化 第2回 青少年交友協会野外文化研究所 2000.12 60p 26cm 〈会期・会場：平成12年11月5日 東京都代々木公園サッカー場 文部省委嘱事業〉 Ⓝ384.55
◇野外伝承遊びの意義と変遷 森野勇造編著 青少年交友協会野外文化研究所 1994.3 175p 21cm 〈国庫補助事業 平成5年度野外文化活動の調査研究 参考文献：p175〉 Ⓝ384.5
◇雪国の絵本―子ども・生活・遊び ほった圭画文集 ほった圭著 改訂新版 秋田 無明舎出版局 1996.4 106p 21cm 1500円 (i)4-89544-131-8 Ⓝ384.5
◇わたしの大阪遊び唄事典 山野良子編著 大阪 編集工房ノア 1993.3 221p 21cm 1800円 Ⓝ384.5

女性の生活

◇江戸の女性―躾・結婚・食事・占い 陶智子著 新典社 1998.10 238p 19cm 1300円 (i)4-7879-7803-9 Ⓝ384.6
 〈内容〉江戸の躾（四徳―おしえの基本となるものは 四芸―教養としてもとめられたもの ほか） 江戸の結婚（結婚―教養の源泉となる儀式として 若い女性の興味の的は ほか） 江戸の食事作法（江戸時代の食事の作法―何から食べるかそれが問題 それではご膳へ向かいましょう ほか） 江戸の占い（占い―今も昔も好きなこと 眼は口ほどに―顔のパーツで占いましょう ほか）
 ＊江戸時代の女性の生活を、教養とか、躾とか、礼儀作法という観点から覗いてみたものである。
◇おばあさんから教わること 式田和子著 角川書店 1998.12 211p 15cm 〈角川文庫〉 〈『おばあさんの暮し 今、昔』（文化出版局1986年刊）の増補〉 438円 (i)4-04-340103-5 Ⓝ384.6
 〈内容〉春の巻（朝 お化粧 ほか） 夏の巻（暖簾 えんどう豆 ほか） 秋の巻（地震 おはぎ ほか） 冬の巻（丹前 着せかける ほか）
 ＊幼い頃、お年寄りからしっかりと教え込まれた暮しの方法は、年月がたっても身体がビシッと覚えているものです。昔から先人から教わるものは「からだ学問」とか「くらし学問」といわれました。受け継いだ"生活の知恵"がなくなりつつある今日、もう一度、古き良き時代を振り返ってみませんか。生活の何気ないアドバイスを満載した実用エッセイ集。
◇女と男、家と村 都出比呂志、佐原真編 小学館 2000.1 302p 22cm 〈古代史の論点 2〉 〈年表あり〉 2800円 (i)4-09-626502-0 Ⓝ384.6
 〈内容〉巻頭座談会「女と男、家と村」 男女の分業の起源 竪穴住居の空間分節 墓地から見た親族・家族 婚姻と氏族 装身具と権力・男女 男装の女王・卑弥呼 権力と女性 まとめと展望
 ＊男女の役割分担はどうして決まったか？土偶、石棒、土器、銅鐸、貝輪、埴輪…、さまざまな出土品から、古代社会の謎に迫る。
◇おんなのフォークロア 武田正著 岩田書院

1999.3 244p 22cm 4800円 (i)4-87294-136-5 Ⓝ384.6
◇女の民俗誌 宮本常一著 岩波書店 2001.9 324p 15cm (岩波現代文庫 社会) 1000円 (i)4-00-603044-4 Ⓝ384.6
◇女の眼でみる民俗学 中村ひろ子ほか著 高文研 1999.10 226p 19cm 1500円 (i)4-87498-227-1 Ⓝ384.6
　[内容] 第1章 女になる 第2章 さまざまな婚姻 第3章 出産と誕生 第4章 子育ての世界 第5章 女の財産 第6章 主婦―衣食のコーディネーター 第7章 女の死
　*昔、女は二度死んだという…。成女儀礼をへて子供から「女」となり、婚礼により「嫁」となり、出産・子育てをして「主婦」となり、老いて死を迎えるまで―第一線の女性民俗学研究者が描き出す日本の民俗にみる"女の一生"。
◇おんな紋―血縁のフォークロア 近藤雅樹著 河出書房新社 1995.1 258p 20cm 2000円 (i)4-309-24156-5 Ⓝ384.6
　[内容] 第1部 母系の紋章(女紋との出会い 誰が紋章を受け継ぐか スープのさめない距離) 第2部 源流への回帰(女紋をほどこす道具 母娘の絆 女紋の秘密)
　*母から娘へ―女性の間に伝えられた紋章の秘密。
◇少女民俗学 パート2 クマの時代―消費社会をさまよう者の「救い」とは 荷宮和子,大塚英志著 光文社 1993.9 222p 18cm (カッパ・サイエンス) 790円 (i)4-334-06077-3 Ⓝ367.6
　[内容] 序 〈クマ〉を通して「歴史」を見る 1 クマが好きな女たち(クマを抱く クマを飾る クマを使う クマを身につける クマを連れるほか) 2 大塚英志による解説―〈癒し〉としてのクマ(永田洋子は、なぜ「かわいいもの」の夢を見るか―少女民俗学的連合赤軍論の試み 移行対象としてのモノ―記号的モノを超えて 〈癒し〉としてのクマ―「ホテル・ニューハンプシャー」をモデルとして)
　*「女」と「女の子」を読み解くためのキーワード。
◇女性の祈り―婚姻・出産・育児の信仰と習俗 東京都豊島区立郷土資料館編 [東京都] 豊島区教育委員会 1993.2 68p 26cm ('92年度・冬期特別展図録 会期:1993年2月5日～3月21日 年表:p56～59 参考文献一覧:p65) Ⓝ384.6
◇女性の美しさについて アーニョロ・フィレンツオーラ著,岡田温司,多賀健太郎編訳 ありな書房 2000.7 190p 22cm (ルネサンスの女性論 2) 3500円 (i)4-7566-0065-3 Ⓝ384.6
　[内容] 第1対話 女性の美しさについて(美とその瞑想 チェルソ、話台を披瀝す かくして対話が始まる ゼウクシスのひそみ 美とは何か) 第2対話 一女性に具わる完全なる美について(キマイラがつくられるわけ 髪の毛に

ついて 体格について 額について 眉毛について ほか)
　*究極の美女＝キマイラ探究のネオ・プラトニズム的ディスクールに女性をめぐる言説・イメージ・表象の生成と作用を読み、ジェンダーを介した生の観想と昇華を見る。
◇女性の美と徳について フェデリコ・ルイジーニ著,岡田温司,水野千依編訳 ありな書房 2000.10 237p 22cm (ルネサンスの女性論 3) 3800円 (i)4-7566-0067-0 Ⓝ384.6
　[内容] ジョヴァンニ・マンニーニ閣下への献辞 ルイジーニ、夢の中へと入る ジャコモ氏の提案 かくしてジャコモ氏の別荘へ出発 ピエトロ・アリゴーネ氏、理想の女性をめぐる議論を提案する ルイジーニ、審判者に選出される 翌日の夕べ デッラ・フォルナーチェ博士、話の口火を切る 髪の毛をめぐって 博士、意中の女性を告白す〔ほか〕
　*ルネサンスの光彩をその存在にまとう、理想の女性―美を探究する。知を尽くした艶やかな会話、女性をめぐる言説・イメージ・表象の生成と作用を読み、ジェンダーを介した生の悦愛と昇華を見る。
◇女性の良き作法について アレッサンドロ・ピッコローミニ著,岡田温司,石田美紀編訳 ありな書房 2000.5 182p 22cm (ルネサンスの女性論 1) 3500円 (i)4-7566-0064-6 Ⓝ384.6
　[内容] 女性の良き作法について―ラファエッラ夫人とマルガリータの対話(ラファエッラ夫人、マルガリータを訪問す ラファエッラ夫人、若い日々の悔恨を告白す 若い頃の過ちは風疹のようなもの マルガリータ、帰ろうとするラファエッラを引きとめる マルガリータ、結婚生活の実情を告白す ほか)
　*ルネサンスのシエナを舞台にくりひろげられる熟女と新妻とのアモルな対話に、女性をめぐる言説・イメージ・表象の生成と作用を読み、ジェンダーを介した生の救済と昇華を見る。
◇女人禁制―現代穢れ・清め考 木津譲著 大東木津譲 1993.11 221p 20cm 〈発売:解放出版社(大阪)〉 1854円 (i)4-7592-5206-1 Ⓝ382.1
　[内容] 「女人禁制」を考える 生活の中にも「女人禁制」の山々を行く 「穢れ」と「清め」
　*なぜ、「女は不浄である」として排除され、差別され続けるのであろうか。「女人禁制」の意識は、今も私たちの生活の中に、確実にある。男女平等は、もう常識であるというのに―。「穢れ」と「清め」。その実情を明らかにし、根源を問う。
◇母たちの民俗誌―大藤ゆき米寿記念出版2 大藤ゆき編 岩田書院 1999.3 354p 22cm 〈年譜あり〉 6900円 (i)4-87294-134-9 Ⓝ384.6

◇飛驒の女たち　江馬三枝子著　大空社　1998.5　250p　22㎝　(近代女性文献資料叢書 66―女と生活 第18巻)〈三国書房昭和17年刊の複製〉8000円　(i)4-7568-0728-3　Ⓝ384.6
◇ヒメの民俗学　宮田登著　青土社　1993.5　283p　20㎝　(新装版)　2200円　(i)4-7917-5247-3　Ⓝ384.6
◇ヒメの民俗学　宮田登著　筑摩書房　2000.12　300p　15㎝　(ちくま学芸文庫)　1100円　(i)4-480-08585-8　Ⓝ384.6
　(内容) 1 ヒメの力(女の大力と見世物　祭りと女の力　女の怪力　女人島)　2 ヒメ殺し(女の家　嫁殺し　花嫁の死　お菊の死　母と子　お鶴の死)　3 花と犬(花と女　椿姫　女と犬)　4 遊女と妖怪(巫女から尼へ　境の遊女たち　池袋の女　女と妖怪　魔女と鬼女　鏡花と女妖)　5 ヒメの民俗学(女の大役　お月さまいくつ　女と洗濯　女の髪　女の契約　女の講　女の色(赤)　女の色(白)　主婦権のこと)
　＊十人並みの女に発現する突然の怪力、女中の身辺におこるポルターガイスト現象、人柱となって村を救う行きずりの女…。彼女らは、生死の淵や神との交信、性愛の場において濃密で重要な役割をはたした。男性の力とは対称的なこの不可思議な威力を駆使する女を人びとは尊敬と畏怖をもって「ヒメ」と呼んだ。古代に礎を置き、現在にいたるまでその残留が見られる「ヒメ」の力の多様な変遷と、決して表立つことのなかった女性民俗の諸相を訪ね歩き、男性が「女の力」に抱く恐怖の根源とその本体を探る代表作。
◇娘たちの江戸　森下みぞ子著　筑摩書房　1996.7　218,2p　20㎝　2472円　(i)4-480-85739-7　Ⓝ384.6
　(内容)"お茶っぴい"の登場―江戸、娘が跳ねるとき　おまんが紅―江戸をさまよう女性名　下女と如来―「お竹」という事件　ノン化粧―江戸の娘ぶり　「対」となる女性たち―春信が生んだ「娘」像　「汐汲」の媚態―伝説の姉妹　「禿」たちの江戸―遊離の子役　姉様人形と千代紙―少女の美意識　「雛」おしすえて―人形に託された夢　江戸の手毬風景―少女の遊びの輪郭
　＊肌はすっぴん、前垂れかけた働き者。小さい頃から、気が強くそのくせどこか、うぶで…。そんな「張り」のある娘たちを江戸の人々は愛で、評判にした。あるときは町を騒がす言説に、あるときは流行のファッションに、事実と噂の境界線に見えつ隠れつして現れた娘や女のイメージと彼女らが巻き起こしたさまざまな現象に成熟した江戸の都市空間を照射する江戸文化史の新しい成果。
◇柳田国男と女性観―主婦権を中心として　倉石あつ子著　三一書房　1995.10　234p　20㎝　〈背の著者表示(誤植)：石倉あつ子〉　2200円　(i)4-380-95283-5　Ⓝ384.6
　(内容) 第1章 主婦と主婦権　第2章 柳田国男の主婦観　第3章 マチに生きる　第4章 家と女性
◇嫁さ考―主婦になわばりがあった　浅野弘光著　岐阜　教育出版文化協会　1993.6　228p　19㎝　(民俗攷 2)〈参考文献：p226〉1300円　Ⓝ384.6

性風俗

◇アジアの性　諏訪春雄編　勉誠出版　1999.9　184p　20㎝　(遊学叢書 4)　2000円　(i)4-585-04064-1　Ⓝ384.7
　(内容)春画の思想　売春の論理　妓生の図像学　韓国人の貞操観　性の神話学　性―アジア文化研究プロジェクト第九回公開講演会・シンポジウム
　＊今や日本の女子高生の34パーセントが性交経験者で、援助交際についても普通の女子高生の間で話題になっているという。ポルノ・売買春・同性愛等々…もはや性は秘密やタブーから全く解放されてしまったのか。現代の性を論じることのむずかしさは、拠るべき基準や権威がない点にある。広くアジア、ひいては世界の視点で現代日本の「性」を探る。
◇アナル・バロック　秋田昌美著　青弓社　1997.4　185p　20㎝　2200円　(i)4-7872-3134-0　Ⓝ380.4
　(内容) 1 アナル・バロック(糞便黄金論　スカトロ・アートの系譜　ウィーン糞尿アート紀行　美人伝説　スパンキングの歴史　エネマの歴史　猥雑なる食の快感)　2 糞の見える風景(日本肛門美の追求―徳川の典侍から　金城朝永の糞尿民俗学　SM、窃視、乱歩の時代　ヨニの民俗)
　＊身体に浮かぶ二つの円球、お尻に谷底に隠された秘穴と体内からの黄金に輝く贈り物、糞便が織りなす性愛宇宙。羞恥と快楽、性と排泄の中間に位置する淡いエロジェニック・ゾーンを覗き見る。
◇愛しのペット―獣姦の博物誌　ミダス・デッケルス著，伴田良輔監修，堀千恵子訳　工作舎　2000.6　325p　21㎝　〈文献あり〉3200円　(i)4-87502-330-8　Ⓝ384.6
　(内容) 第1章 けもののごとく　第2章 類は友を呼ぶ　第3章 わが同胞　第4章 愛くるしさの因子　第5章 世にも奇妙な子孫　第6章 生命の水　第7章 神と戒律　第8章 奇抜は変態のはじまり　第9章 永遠の喜び　第10章 ネコとベッドイン
　＊誰もがあえて避けてきた「禁断の領域＝獣姦」。案内人はオランダの人気生物学者だ。人間と動物の奇妙な性衝動の秘密を解き明かしていく。古今東西の獣姦図版多数収録！伴田良輔

◇いろの辞典　小松奎文編著　文芸社　2000.7　927p　20cm　〈他言語標題：Eroticism dictionary〉　1800円　(i)4-8355-0045-8　Ⓝ384.7
＊色事に関する用語を収録した辞典。五十音順配列。巻末に付録付き。
◇いろの辞典　小松奎文編著　改訂版　文芸社　2000.12　941p　20cm　〈他言語標題：Eroticism dictionary〉　2500円　(i)4-8355-1499-8　Ⓝ384.7
◇英国紳士のお妾さん　ダグラス・サザランド著, 小池滋訳　普及版　秀文インターナショナル　1999.1　78p　19cm　880円　(i)4-87963-533-2　Ⓝ384.7
＊自らもスコットランドの古城に住む貴族である著者がなんとも不思議な英国紳士の生態をユーモラスに描き, 欧米でベストセラーになった作品の邦訳版。
◇悦楽の扉—ニュー・セクソロジー　福田和彦著　ベストセラーズ　1998.6　119p　26cm　(浮世絵グラフィック)　2500円　(i)4-584-17074-6　Ⓝ384.7
〔内容〕1 序説—悦楽の扉を開く　2 愛撫の扉を開く　3 体位の悦楽について　4 前面位のすすめ　5 坐位の安らぎ　6 後背位の試み　7 茶臼(女性跨上位)のたのしみ　8 前立位のときめき　9 スワサント・ヌフの悦楽　10 エピローグ—現代の性を問う
◇江戸男色考　色道篇　柴山肇著　批評社　1993.2　230p　20cm　〈参考文献：p220～230〉　2575円　(i)4-8265-0152-8　Ⓝ384.7
〔内容〕日本伝統の女色的男色　日本人は男色に寛容であったか　「男色細見」以後　男色変貌史　世界一の男色国の凋落　女嫌いの美学　男色女色優劣論　平賀源内とダ・ビンチ　父権社会の衰退と男色　名女形芳沢あやめ　洒落本の中の男色論　小姓たち〔ほか〕
＊江戸の"性態文化"を考える元禄ゲイ絵巻。
◇えろだす—性風俗学雑稿　船地慧著　批評社　2001.10　238p　20cm　〈他言語標題：Erodas〉　2000円　(i)4-8265-0334-2　Ⓝ384.7
〔内容〕第1章 纏足とその技法　第2章 実感的性具考　第3章 獣姦録—わが隣人としての獣たち　第4章 ロリータ遺文—その起源と背景　第5章 満戸露地—その相貌の克明な記憶　第6章 オナニー健康法—その源流と効用　第7章 切腹って何さ—自己加虐について考える　第8章 羅切問答—性転換手術と宦官考
＊古典文献を駆使し, 性風俗の知られざる歴史を開陳する。
◇エロティックな足—足と靴の文化誌　ウィリアム・A.ロッシ著, 山内昶監訳, 西川隆, 山内彰訳　筑摩書房　1999.1　379p　20cm　3300円　(i)4-480-85760-5　Ⓝ384.7
◇エロティシズム　渋沢竜彦著　改版　中央公論社　1996.11　298p　16cm　(中公文庫)　660円　(i)4-12-202736-5　Ⓝ384.7
〔内容〕セクシュアルな世界とエロティックな世界　眼の欲望　エロスの運動　女のエロティシズム　存在の不安　同性愛と文学について　十人の性科学者　異常と正常　処女の哲学　胎内回帰願望について〔ほか〕
＊人間のみに許された華麗なる"夢"世界へ—。芸術や宗教の根底に横たわり, 快楽・錯乱・狂気にまで高まるエロティシズムの渉猟。精神のパラドックスへの冒険をどうぞ—。
◇エロティシズムの歴史　ロ・デュカ著, 出口裕弘訳　北宋社　1995.12　203p　20cm　〈現代思潮社1964年刊の改訳〉　2500円　(i)4-938620-89-8　Ⓝ384.7
〔内容〕1 エロティシズム小史　2 古代　3 ギリシア・ローマ時代　4 キリスト教の時代　5 アラビアからインドラ神まで　6 ルネッサンスあるいは人間中心の世界　7 新しい時代
＊人類の誕生以来, 脈々と営まれてきた性愛の豊穣と荒涼を, 普遍と大いなる変奏を精緻に抉り, 大胆な筆でエロスとタナトスの拮抗を俯瞰した野心作。
◇エロトポリス—性愛人類史観　荒俣宏著　集英社　1998.2　381p　16cm　(集英社文庫—荒俣宏コレクション 2)　762円　(i)4-08-748659-1　Ⓝ384.7
〔内容〕序 エロトポリスで聞いた噂　第1部 エロスは疲れない(子どもには分からないピンナップの真実　セックス文明の驚異　「セクソラマ」で視る明日の世界　悪趣味な美神　タヒチ伝説—南洋の楽園に美女がいて　ほか)　第2部 ファッショナブルな性(よい裸, 悪い着衣　誠実な嘘の記録—ファッションプレート　ファッションの陰謀　類を赤らめる植物)
＊ポルノとアートの違いは何か。セックスと文化の関係はいかなるものか。エロスの本質を探究すべく, 数々の例をあげて解析する荒俣宏コレクションの白眉。ピンナップ, セックス博物館, ストリップの歴史, 春画など, カラー図版も豊富に, 美と喜びと欲望に満ちた悦楽の園へ誘う禁断の書。
◇艶色江戸川柳　山口椿著　河出書房新社　1996.3　205p　15cm　(河出文庫)　560円　(i)4-309-40474-X　Ⓝ911.45
＊端正かつ過激なポルノグラフィーをものするかと思えば, 「数列によるアンプロヴィザション」をチェロで奏で, 絵筆をあやつり妖艶な枕絵を描くとみると三味を爪弾き新内流し。古今東西を自在に往き来する博識多芸のアルチザン山口椿が自筆の枕絵を添え, 薔薇をかたむけてする江戸エロチック柳句解き語りのパ

◇官能論—人はなぜ美しさにこだわるのか　北山晴一著　講談社　1994.9　266p　20cm　〈参考文献：p264～265〉　1600円　(i)4-06-207237-8　Ⓝ384.7
　内容　第1章 官能と性　第2章 ポルノグラフィーの深層　第3章 感じる視線　第4章 下着の変身　第5章 においの魔性　第6章 上流の作法　第7章 ダンディズムを生きる　第8章 パリ・モード夢想　第9章 美食をめぐる欲望
　*人間の内なる秘境、美意識と性愛の心理に迫る。
◇京都遊廓見聞録　田中泰彦編集解説　京都 京を語る会　1993.3　252p　21cm　〈限定版〉　7000円　Ⓝ384.7
◇芸術と民俗に現われた性風俗 江戸開花篇　林美一著　河出書房新社　1998.2　169p　15cm　〈河出文庫〉　500円　(i)4-309-47350-4　Ⓝ384.7
　内容　第1章 公娼と私娼(吉原遊廓の開基　灰になっても愛された吉野太夫　出雲の阿国、京へ上る　売笑した女歌舞伎の美女たち　禁止された若衆歌舞伎　ほか　第2章 文芸に現われた性風俗(浮世絵の開祖、岩佐又兵衛　肉筆春画絵巻の盛行　春画刻本は中国本の模刻から　江戸枕絵師の開祖、菱川師宣　交合体位四十八手の裏表　ほか
　*性への憧れは江戸時代太平の世において頂点に達した。遊廓は栄え、女歌舞伎、湯女、娘浄瑠璃、はては安女郎買に人々は明け暮れた。その結実が、後に世界を驚愕させた歌麿・北斎などの江戸枕絵である。時代考証・性風俗学の第一人者が、江戸に華開いた性文化の奥の奥、交合四十八手の裏表、性具の数々などを発掘紹介し、現代人の性を喚起する、日本版・性の百科全書。
◇芸術と民俗に現われた性風俗 王城の春篇　林美一著　河出書房新社　1998.1　189p　15cm　〈河出文庫〉　500円　(i)4-309-47347-4　Ⓝ384.7
　内容　第1章 神の時代の性風俗　第2章 王朝時代の性風俗　第3章 鎌倉～室町時代の性風俗　第4章 文芸に現われた性風俗　第5章 安土・桃山時代の性風俗
　*性美術・性風俗研究の第一人者が、「古事記」「万葉集」から安土桃山文化に至る日本人の豊饒多彩な性表現を追求した傑作。併せて、乱交・獣姦・男色など、およそ考えうるすべての性風俗を採取し、遂に日本版・性の百科全書を完成させた。
◇好色江戸川柳　山口椿著　河出書房新社　1996.12　211p　15cm　〈河出文庫〉　560円　(i)4-309-40489-8　Ⓝ911.45
　*アーチストとよばれると蕁麻疹が出て、恥ずかしくて気が狂いそうになると、一介の芸人を標榜する著者が、性の諸相を通して頽唐の世相を笑いのめす江戸川柳のおかしさ、面白さを、現代風俗と結びつけ、奇略と頓才を駆使し、伝法な口調で縦横無尽にあげつらう滅法たのしい解き語り。自筆の枕絵を添え、かろやかに展開する山口椿ならではのエロチック・ワールド。
◇高資料と伊東深水秘密画集　矢切隆之編集・解説　イースト・プレス　1997.3　242p　21cm　〈幻の性資料 第3巻〉　2495円　(i)4-87257-106-1　Ⓝ384.7
　*三大秘本シリーズのうち入手困難な高資料の代表作「閨鬼」と、巻頭口絵に艶麗無比な大家の秘画を収録。
◇咲くやこの花 花咲一男著　太平書屋　1999.7　294p　22cm　10000円　Ⓝ384.7
　内容　房内書(複製と翻刻)　通言哥字尽(複製と翻刻)　根元考(複製と翻刻)　ほか
◇色道禁秘抄 上　西村定雅原著、福田和彦著　ベストセラーズ　1995.11　175p　15cm　〈ワニ文庫—エロチカ文庫 1〉　780円　(i)4-584-35001-9　Ⓝ384.7
◇色道禁秘抄 下　西村定雅原著、福田和彦著　ベストセラーズ　1995.11　168p　15cm　〈ワニ文庫—エロチカ文庫 2〉　780円　(i)4-584-35002-7　Ⓝ384.7
◇女陰万考　玩宮隠士著　太平書屋　1994.3　550p　22cm　〈参考図書：p533～536〉　16000円　Ⓝ384.7
◇女性艶聞雑記帳　倉山英三郎著　近代文芸社　1996.4　225p　20cm　1500円　(i)4-7733-5295-7　Ⓝ384.7
　内容　素通り出来ない吉原遊廓街　遊女の発祥と移り変わり　遊女として一人前に　遊女の位 大夫は廓の名花　いろの色々　遊女の秘伝　遊女の値段のピンからキリまで　廓内の外様女郎衆　女郎の手管で男はコロリ　〔ほか〕
　*お読み下さい。真面目なこと受けあいます。艶と婀娜の女性学。
◇女装の民俗学　下川耿史ほか著　批評社　1994.1　267p　21cm　2750円　(i)4-8265-0166-8　Ⓝ380.1
　内容　第1部 女装・風俗・エロチシズム—風俗としての女装　第2部 赤色の表象—民俗としての女装　第3部 女装犯罪者列伝—犯罪における女装　第4部 ヤマトタケルの女装—歴史のなかの女装
◇ジョン・ウィリービザール・コレクション　ジョン・ウィリー著、大類編組、船津歩訳　二見書房　1998.6　222p　22cm　〈奥付のタイトル：ビザール・コレクション〉　2800円　(i)4-576-98071-8　Ⓝ384.7
　*ジョン・ウィリーの拘束美。1946～1956年アメリカ…ボンテージ・アートの先駆者ジョン・ウィリーは自ら発行した「ビザール」誌で、

"拘束された女性の極限の美しさ"を追究した。編集発行人、イラストレーター、写真家、ライターと一人四役をこなしながら刊行した20巻―。本書はその10年間の掲載作品から、自由な表現を求め続けたJ.ウィリーによる傑作イラスト&フォト、興味深い読者投稿なども含め厳選収録した初めての日本版。

◇性科学の誕生―欲望／消費／個人主義1871―1914 ローレンス・バーキン著,太田省一訳 金沢 十月社 1997.11 262p 20cm (叢書・近代を測量する 2) 2800円 (i)4-915665-57-7 Ⓝ384.7
  内容 第1章 政治経済学の崩壊 第2章 性科学の登場 第3章 進化と退化 第4章 民主化と退廃 第5章 性と歴史 第6章 社会と性科学 第7章 全体主義の解体 エピローグ 歴史的視覚からみた「反‐性革命」
  *19世紀後半、突然の熱病のように台頭し、現在にいたるまでいかがわしいスキャンダル臭を漂わせる性科学こそが、西欧の知的水脈の正統な継承者である。退廃への防衛を体現しつつ、防衛の不可能性をも露呈することで、「性的退廃」はひとつの歴史的必然となる。

◇性学事典 ウィーン性学研究所編,高橋鉄訳 河出書房新社 1994.2 429p 20cm 3800円 (i)4-309-24142-5 Ⓝ384.7
  *性に関するあらゆる分野の古今東西の風俗資料・図版を網羅。

◇性と子育ての民俗学 森栗茂一著 明石書店 2000.2 193p 20cm 〈文献あり〉 2200円 (i)4-7503-1262-2 Ⓝ384.7
  内容 第1章 恋の世相変化 第2章 売春の民俗 第3章 セーラー服という民具 第4章 水子供養はなぜ流行る 第5章 子育ての民俗 第6章 母の家から知縁の家へ
  *本書では、性と子育てについて、民俗学の立場から考え直して、未来を語っていく。

◇性と出会う―人類学者の見る、聞く、語る 松園万亀雄責任編集 講談社 1996.2 282p 20cm (述:須藤健一ほか) 1700円 (i)4-06-207905-4 Ⓝ384.7
  内容 序論 性研究は何をめざすか 1 体位 2 前戯 3 婚外性交 4 性的挑発 5 同性愛 6 獣姦
  *ところ変われば前戯も変わる。体位から、婚外性交、同性愛、獣姦まで。世界各地で見た、聞いた「日本人の性」の常識が変わる時。

◇聖なる快楽―性,神話,身体の政治 リーアン・アイスラー著,浅野敏夫訳 法政大学出版局 1998.3 798,61p 20cm (叢書・ウニベルシタス 596) 7600円 (i)4-588-00596-0 Ⓝ384.7
  内容 われわれの性的選択と社会的選択―序論 儀礼からロマンスへ―セクシュアリティ、精神、社会 動物の儀礼と人間の選択―支配形態の性と協調形態の性の根源 聖なるものとしての性―生、愛、快楽という神からの贈り物 性と文明―西洋文化の根源 エロスからカオスへ―性と暴力 ファルスによる支配―戦争、経済、道徳、性 支配形態世界における最後の結婚―性、死、誕生の変質 聖なる結婚の最後の痕跡―愛に向けた、神秘主義・マゾヒズム・人間の欲求 古代から現代へ―舞台を設定する〔ほか〕
  *性の過去・現在・未来を見据える。性と聖なるもの―精神性の結合による協調形態社会を求め・めざして、人類史を検証しなおす壮大な試み。

◇性のプロトコル―欲望はどこからくるのか ヨコタ村上孝之著 新曜社 1997.11 219p 20cm 〈文献あり 索引あり〉 2000円 (i)4-7885-0624-6 Ⓝ384.7
  内容 序章 読みの規範としての「性」 第1章 恋人は友だち、妻は妹 第2章 二人のみゆき 第3章 子供と愛情 第4章 「心変わり」という制度 第5章 赤面する男 第6章 色男がドンファンに変わるとき 第7章 「性」の誕生 第8章 サド・マゾ・ファンタジーの成立 終章 複数のプロトコルに向けて
  *日本人の性愛の歴史。裸体はそれ自身がエロティックではない。文脈、プロトコル(通信条件、読みの規範)に応じて、まったく違った意味をもつ。江戸末から現代までの日本人の性愛の歴史をプロトコルの変遷として、文学、医学書から漫画、歌謡曲などのマス・カルチャーのなかに跡づける。

◇性の民族誌 須藤健一,杉島敬志編 京都 人文書院 1993.6 389p 22cm 〈参考文献:p361～387〉 3914円 (i)4-409-53014-3 Ⓝ384.7

◇性風俗今昔物語 日下部健著 光和堂 1996.11 252p 19cm 1600円 (i)4-87538-111-5 Ⓝ598.2
  内容 思春期の前夜 姫君の修行 自給自足の営み 男性の闘争と女性 嗅覚の妙技 男女の姿・形の占い 性の神 造化の神への忠実 愛情のデザイン 羞恥存在の意義〔ほか〕
  *人間はからだが資本、健康こそが宝。愛の極致"性"もまたその醍醐で燦然と輝く。―明日の天気でも話すように、軽やかに性を語る。

◇世界史・おもしろすぎる「性」の話―クレオパトラは性の達人だった!? 中江克己著 日本文芸社 1994.9 239p 15cm (にちぶん文庫) 480円 (i)4-537-06257-6 Ⓝ384.7
  内容 第1章 古代の性の姿をのぞいてみると 第2章 愛の技術は昔からあった! 第3章 性の愉楽をうたった人たち 第4章 驚き!こんなセックスがあった! 第5章 性の道に迷い込んだ人たち
  *性に隠された意外な世界史。人間はなぜ「性」に情熱を燃やすのか。「キスの起源は男の

性風俗　　　　　　　　　　　　　　　　　　　　　社会・家庭生活の習俗

嫉妬から『脚と靴下の特別な意味』『貞操帯をめぐる男と女の攻防』…などなど、世界史を彩る性のおもしろエピソードを満載。

◇セクシュアリティの帝国―近代イギリスの性と社会　ロナルド・ハイアム著，本田毅彦訳　柏書房　1998.5　302,51p　22cm（パルマケイア叢書9）　4200円　(i)4-7601-1633-8　Ⓝ233.05
(内容)第1章 導入―課題と方法　第2章 性的必要　第3章 出発地としてのイギリス社会　第4章 帝国と性的な機会　第5章 ラージの下での性生活　第6章 売春と社会浄化　第7章 貞操と植民地高等文官制度　第8章 宣教師たちが生じさせた対立　第9章 結論―人種、性、そして帝国
＊帝国の維持には、性的機会の供給システムが不可欠であった。イギリス帝国におけるセックス、人種主義イデオロギーを分析、「従軍慰安婦問題」論争にも新鮮な一石を投じる。

◇村落共同体と性的規範―夜這い概論　赤松啓介著　言叢社　1993.6　533p　19cm　3200円　(i)4-905913-45-4　Ⓝ384.7

◇乳房の神話学　ロミ著，高遠弘美訳　青土社　1997.12　476p　20cm　3200円　(i)4-7917-5592-8　Ⓝ382.3
(内容)第1章 歴史をたどり風俗からみた乳房　第2章 文学にみる乳房の強迫観念　第3章 乳房用語集
＊豊饒の象徴にして、誘惑と禁忌の対象である乳房。古来、人間が乳房に捧げてきた飽くなき情熱、狂気と衝動の数々を、庬大な資料を渉猟して綴る、あっと驚く、乳房の文化史。変容する「おっぱい」表象の歴史を踏破する、奇想天外、博覧強記、空前絶後の乳房学大全。

◇日本人の性生活　フリードリッヒ・S.クラウス著，安田一郎訳　青土社　2000.12　475,7p　図版48枚　23cm　6800円　(i)4-7917-5857-9　Ⓝ384.7
(内容)序論　植物崇拝と性器崇拝　性器崇拝　動物崇拝　女性美　女性の地位　まじない　月経　日本の親族法　婚姻　売春　妊娠と分娩　子供　同性愛　自慰　夢　美術工芸　結論
＊百年前の日本人は驚くほど、性に対しておおらかであった。その知られざる「性と習俗」の実態を、ドイツ民俗学の権威があますところなく描く、天下の奇書の待望の完訳。海外に流出した春画など稀少な図版二二〇余点を収録。

◇日本における男色の研究　平塚良宣著　人間の科学社出版事業部　1994.5　151p　19cm〈普及版〉　1200円　(i)4-8226-0123-4　Ⓝ384.7
(内容)第1章 日本の男色の名称と縁起　第2章 男色に関する書籍・収録・小説・文献等一覧　第3章 浮世草子・伝説より　第4章 男色模様　第5章 男色の多情仏心―男色雑話

◇女陰考―性学古典より　秋田昌美著　桜桃書房　1999.10　189p　20cm　2000円　(i)4-7567-1131-6　Ⓝ384.7
(内容)女陰の品定め　蛸壺について　相対会研究報告書にみる女陰部　花電車について　処女について　変態女性器について　高橋お伝の女性器標本　付録 民俗放談（そそ毛信仰の周辺　フタナリ奇談）
＊蠱惑を繙く！幾多の資料を駆使して複雑怪奇、神秘の器官「女性器」を徹底解剖した好色博物誌の決定版。

◇百万人のお尻学―エロティシズム、ドキドキ比較文化論　山田五郎著　講談社　1998.5　274p　16cm（講談社＋α文庫）〈1992年刊の増訂〉　740円　(i)4-06-256262-6　Ⓝ384.7
(内容)第1章 尻学原論　第2章 お尻の西洋美術史　第3章 お尻のファッション史　第4章 お尻と写真の変態史　第5章 お尻の戦後史
＊どうして、外国人女性のお尻のほうがきれいに見えてしまうのか？なぜ、17世紀以前の西洋美術では、お尻が描かれなかったのか？そこにまつわる愛執の歴史や素朴な疑問の数々を解明した、史上初の「お尻」の文化史、評論の集大成でもある、あの懐かしの「今週の五ッ星り」が今、甦る。

◇平安朝の女と男―貴族と庶民の性と愛　服藤早苗著　中央公論社　1995.4　230p　18cm（中公新書）　720円　(i)4-12-101240-2　Ⓝ384.7
(内容)序章 性愛のさまざま　第1章 女と男の出会い　第2章 「新猿楽記」と性愛　第3章 性愛の疎外　終章 家の成立と性愛
＊いつの時代にも女は男を求め、男は女を求める。しかしその方法は時代によって相違する。古代から現代に至る性愛の歴史的な変容の中で、平安時代中ころの男女の関係はいかなるものであったか。「今昔物語集」「伊勢物語」などの物語、藤原明衡の天下の奇書「新猿楽記」、そして公卿たちの日記を使い、女と男の様々な出会い、「新猿楽記」に見る女性像と女の性、王権と性、男色の成立とひろがり、家の成立と性愛など、当時の男女の諸相を描く。

◇ポンペイ・エロチカ―ローマ人の愛の落書き　アントニオ・ヴァローネ著，本村凌二監修，広瀬三矢子訳　PARCO出版　1999.8　182p　20cm　2200円　(i)4-89194-594-X　Ⓝ384.7
(内容)愛が欲しい　愛の女神ウェヌスのしるし　漁色　愛の懇願　出会いの場所　愛の決闘　愛は軍務のようだ　愛の自慢話　愛の戦い　愛の武器 [ほか]
＊古代ローマの人々はいかにして愛しあったか。「愛」「セックス」「同性愛」「売春」とは、古代ローマではいったい何だったのか。果たして「猥褻」の概念はあったのか。古代社会の庶民

たちが「落書き」に刻んだ生々しい「愛の日々」。ヴェスヴィオ周辺から発掘された碑文と絵画で構成された驚愕の「エロス」証言集。

◇未開人の性生活 B.マリノウスキー著，泉靖一，蒲生正男，島澄訳 新版 新泉社 1999.10 374p 22cm 4500円 (i)4-7877-7107-8 Ⓝ384.7

(内容) 種族生活における両性の関係 女性の地位 結婚前の性交渉 結婚への道 結婚 離婚と死別による結婚の解消 生誕と妊娠に関する考えと慣習 妊娠と出生 慣習的な放縦の諸形態 求愛および性愛生活の心理〔ほか〕

＊1914年からの4年間をメラネシアの島ですごした著者が母系氏族制の中での男女の恋愛・結婚および種族生活の諸関係を分析し、文化人類学に文化現象を共同体と切り離さず有機的に把えようとする機能主義の新しい方向を拓いた名著である。

◇「みだら」の構造 林秀彦著 草思社 2000.10 222p 20cm 1500円 (i)4-7942-1009-4 Ⓝ384.7

薮のたわごと—枠筆 佐藤亘著 アスカ自費出版 1994.8 175p 20cm 1000円 Ⓝ384.7

◇やんごとなき姫君たちの秘め事 桐生操著 角川書店 1997.8 274p 15cm〈角川文庫〉〈文献あり〉 520円 (i)4-04-193807-4 Ⓝ384.7

(内容) 1 エロスの美学 2 結婚の理想と現実 3 世界で一番古い職業 4 性的倒錯・性の奇習 5 世界史・愛の冒険者たち

＊今は絵画の中でしか見られないヨーロッパの美しい姫君たち。彼女たちの恋愛や結婚生活の実際は、どんなものだったのでしょう。フランス社交界のあぶない貴婦人たちの秘密や、世界史を騒がせた有名人たちの夜の生活、そして恋の媚薬や誘惑法にいたるまで、彼女たちの寝室にもぐりこみ、知られざるエロティックなエピソードを満載した、大好評の姫君シリーズです。

◇夜這いと近代買春 森栗茂一著 明石書店 1995.10 207p 19cm〈参考文献：p204〜207〉 1854円 (i)4-7503-0750-5 Ⓝ384.7

(内容) 序章 夜這い民俗論の潮流—赤松啓介をのりこえよ！！ 第1章 村の解体・夜這いの衰退—水俣の近代生活誌 第2章 売春労働者の発生—天草者の故郷から 第3章 夜這いから買春へ—男が買春を選ぶとき 第4章 夜這いは死なず—ディスコとナンパ

＊日本の都市化は、男を夜這いから買春へとしらせた。フィールドワークをもとに、世相変化にともなう性関係・人間関係の変化をさぐる性民俗学の傑作。

◇夜這いの性愛論 赤松啓介著 明石書店 1994.7 206p 20cm 1300円 (i)4-7503-0607-X Ⓝ384.7

(内容) 1 ムラの性愛論 2 マチの性愛論

＊筆おろし、若衆入り、水揚げ、マチの夜這い…自らの体験、見聞をもとに語る「ムラのイロゴト」「マチのイロゴト」。

◇夜這いの民俗学 赤松啓介著 明石書店 1994.1 126p 20cm 1200円 (i)4-7503-0567-7 Ⓝ384.7

(内容) 1 夜這いの民俗学 2 夜這いの性教育（ムラの仲間組織 子供の遊びと性 現役兵としての仲間組織 若衆入りとその儀式 フンドシとコシマキ祝い 若衆への性教育—筆下し 娘の民俗—初潮祝い 夜這い 夜遊び 祭りや講の日の性習俗）

◇落語にみる江戸の性文化 旅の文化研究所編 河出書房新社 1997.8 233p 20cm〈文献あり〉 2200円 (i)4-309-24194-8 Ⓝ384.7

(内容) 「廓」のにぎわい—装置・制度系と時代性 落語で性を描く コラム 廓の外の性 日常の性、非日常の性 ホスト・ゲスト関係と癒しの効果 コラム 性知識の伝承 落語における性と犯罪と旅 「性」の象徴性—落語における聖と俗 「廓」をテーマとするおもな落語

＊廓遊びに間男—江戸っ子の性の世界を探る。「錦の袈裟」「居残り佐平次」「幾代餅」「蛙茶番」「なめる」「山崎屋」「明烏」「品川心中」ほか。

◇裸体の帝国 秋田昌美著 水声社 1995.6 128p 22cm〈ヌード・ワールド 第1巻—ヌーディズムの歴史 1 ヨーロッパ篇〉〈付：Books of reference〉 1700円 (i)4-89176-312-4 Ⓝ382.3

(内容) モダニズムの裸体郷—ヌーディズム運動と裸体の近代 ドイツのヌーディズム フランスのヌーディズム イギリスのヌーディズム

＊今世紀、全世界を席巻したエクストリーム・ボディ・ムーヴメント「ヌーディズム」の歴史と思想を、スカム・カルチャーの旗手が徹底解明するマジメなヌード論シリーズ第一巻、ヨーロッパ篇。掲載図版約350点。

◇ルネサンスの高級娼婦 ポール・ラリヴァイユ著，森田義之ほか訳 平凡社 1993.8 310p 20cm〈参考文献：p303〜306〉 2900円 (i)4-582-47225-7 Ⓝ384.7

(内容) 第1章 イタリア・ルネサンスと女性の解放 第2章 下級娼婦と高級娼婦 第3章 娼婦の手練手管 第4章 「立派な」娼婦 第5章 女流文学者のヴィーナス 第6章 メダルの裏側—華やかさのかげに 第7章 蝕まれる心と身体 第8章 官憲による迫害 終章 ルネサンス期イタリアの娼婦の神話

＊ローマでは女性10人に1人が娼婦だった。金と男に囲まれた贅沢で華やかな暮しと、搾取・迫害、「世紀病」にあえぐ日々と…。その日常生活・生涯の光と陰を描く。

◇ローマ人の愛と性　本村凌二著　講談社　1999.11　208p　18cm　(講談社現代新書)　〈文献あり〉660円　(i)4-06-149476-7　Ⓝ384.7
(内容)プロローグ　1 この世は恥辱と悪徳に満ち満ちている　2 相異なる顔をもつローマ人　3 表象と心象―歴史の逆説　4「結婚」と夫婦愛　5「自分を見つめる心」と道徳　エピローグ
＊平和と繁栄のきわみにあって肉欲の限りを尽くす頽廃のローマ。享楽の性の中で芽生えていく「夫婦愛」と新たな家族のかたち、内なる自分への眼差し。ヨーロッパ的心性の成立を鮮かに描き出す。

◇猥褻風俗辞典　宮武外骨, 吉野孝雄編　河出書房新社　1996.4　278p　15cm (河出文庫)680円　(i)4-309-47296-6　Ⓝ384.7
(内容)売春婦異名集　猥褻廃語辞彙
＊古来の風俗用語およびその解説を、主に宮武外骨の『売春婦異名集』『猥褻廃語辞彙』『面白半分』から抜粋し、現代仮名遣いに改めたもの。排列は用語の五十音順。―遊女と色気の用語集。痛快で皮肉で真面目な、古来の隠語の数々。

◇猥談―近代日本の下半身　赤松啓介ほか著　現代書館　1995.6　404p　19cm　3000円　(i)4-7684-6662-1　Ⓝ384.7
(内容)第1部 清談　第2部 猥談

◆性風俗史
◇愛と結婚とセクシュアリテの歴史　ジョルジュ・デュビーほか著、福井憲彦, 松本雅弘訳　新曜社　1993.11　401p　21cm　〈『愛とセクシュアリテの歴史』(1988年刊)の増補版〉　3914円　(i)4-7885-0470-7　Ⓝ384.7
(内容)1 自由な愛―ゲームの規則(すべてはバビロニアにはじまる　レスボスのサッフォー　トゥルバドゥールと情熱の愛　避妊のはじまり　姦通の魅惑)　2 カップル―ひとりの男とひとりの女(最初のカップル、アダムとイヴ　ローマ時代の結婚　快楽の拒否　キリスト教的結婚の生成　二人に一台のベッド　新婚夫婦の小聖書　離婚への長い歩み)　3 快楽と苦痛―情熱の病(サドは存在したか　梅毒はアメリカの病気か　懐胎の恐怖　マスターベーション糾弾！　秘密の儀式　オスカー・ワイルド裁判)　4 増補(ローマにおける同性愛　女性、愛、そして騎士　かつての時代の避妊について)
＊歴史家がいま、虚飾と偽善のヴェールを剥ぐ。アリエス、デュビー、ル・ゴフ、コルバンら、現代フランスを代表する歴史家たちが、闇に秘められてきた性の沃野に挑む。フランス歴史学最先端の冒険。

◇愛の空間　井上章一著　角川書店　1999.8　421p　19cm　(角川選書 307)　2000円　(i)4-04-703307-3　Ⓝ384.7

(内容)第1章 森の恋人たち　第2章 芸者たちと、待合と　第3章 ソバ屋のできごと　第4章 円宿時代　第5章 鏡と風呂　第6章 ラブホテルの時代　第7章 意匠、風俗、そして警察
＊終戦直後には「皇居前広場」という言葉が性交を連想させるほどに、かつては野外性交が一般的だった。しかし、待合、ソバ屋、円宿、ラブホテルなどの施設がうまれ、人々はもっぱら屋内で愛し合うようになる。それらの性愛空間は日本独特の意匠をこしらえ、ついにはディズニーランド風の建築に発展するのだった…。日本人の男女が愛し合う場所の移り変わりを探る、性愛空間の建築史。

◇愛欲の精神史　山折哲雄著　小学館　2001.7　590p　20cm　4700円　(i)4-09-626127-0　Ⓝ384.7
(内容)1 性愛と狂躁のインド　2 ガンディーの聖性と魔性　3 密教的エロスの展開　4 変性のエロティシズム　5「とはずがたり」のエロス
＊ブッダ、ガンディー、空海、源氏物語、とはずがたり…“エロス”の迷宮をめぐる知の饗宴。

◇江戸庶民の性愛文化を愉しむ　舜露庵主人著　三樹書房　1998.12　236p　20cm　1600円　(i)4-89522-234-9　Ⓝ384.7
(内容)1 形状機能篇　2 疑視嘱目篇　3 接触前戯篇　4 御祭行事篇　5 嬌声歓喜篇　6 肢体体位篇　7 衰弱腎虚篇
＊江戸後期の艶句を中心に鑑賞しつつ、当時の艶本の秘戯場面の描写も味読。本書は数々の艶本作家によるこれら豪麗な性愛文化の極致を見事に蘇生させた書である。

◇江戸の色道指南書の系譜―凄絶なる性愛文化を探る　舜露庵主人著　大阪　葉文館出版　1998.8　249p　20cm　1800円　(i)4-89716-021-9　Ⓝ384.7
(内容)壱の巻 体位の研鑽に励んだ中世の「黄素妙論」　弐の巻 三玉の存在を指摘した「房内経販草〔業平戯草〕」　参の巻 屠の優劣を説いた「好色訓蒙図彙」　肆の巻 女色の多様性を探査した「好色旅枕」　伍の巻 好色の悦楽性を解説した「風流閨長枕」　陸の巻 閨の愉楽を繙いた「婚礼秘事袋」　漆の巻 古今伝授の女色を述べた「新撰古今秘大全」　捌の巻 庶民に交合の極みを説いた「艶道日夜女宝記」　玖の巻 閨房の快楽を手ほどきした「百人一出拭紙箱」　拾の巻 世界に冠たる色道の奥義を著した「閨中紀聞 枕文庫」　拾壱の巻 色道を自己の実践から説いた「色道禁秘抄」　拾弐の巻 実践と理論を網羅した幕末の「男女紅訓 華のあり香」　拾蓁の巻 愛妓の神秘に焦点を当てた「しめしこと雨夜の竹かり」
＊幻の江戸のエロスが甦る江戸の性愛奥義書。快楽としての性愛を、色道二道という観点から文化として定着させた先人たちの軌跡を辿

◇江戸の性風俗―笑いと情死のエロス　氏家幹人著　講談社 1998.12 220p 18cm（講談社現代新書）660円　(i)4-06-149432-5　Ⓝ384.7

(内容) 第1章 川路家の猥談　第2章 京都慕情―雅びとエロス　第3章 春画の効用　第4章 薬としての男と女　第5章 男色の変容　第6章 肌を許すということ　第7章 恋のゆくえ

＊猥談に興じ春画を愉しむおおらかな性。男色は輝きを失い恋は色へとうつろう。性愛のかたちから江戸精神史を読みかえる。

◇江戸の秘薬―女悦丸・長命丸・帆柱丸 古川柳と絵図と文献による閨房文化　舜露庵主人著　大阪 葉文館出版 1999.5 241p 20cm 1800円 (i)4-89716-098-7　Ⓝ384.7

(内容) 提灯で餅をつく　そのための補助具「助け船」　顎で蠅を追う「腎虚」　裸で女を追う「火動の症」　死んでも萎えぬのも「腎虚」　美しい毒が煎じる腎虚治療薬　補腎薬として　女もほめる地黄丸　隠し味の「喜契紙」　男に効果がある「たけり丸」〔ほか〕

＊現代医学を超越する、江戸の閨房秘薬。庶民たちの生活の実感を寸言に潜めた古川柳と、当時の知恵を再現するための文献と、イメージを具体化させる絵図（いずれも珍奇なものであり、中には本邦初公開のものもある）を、各所に多用。

◇江戸風流女ばなし　堀和久著　講談社 2000.5 271p 20cm 1800円 (i)4-06-209934-9　Ⓝ384.7

(内容) 愛情あれこれ　女陰を何と呼んだ　噂の女　踊り子、芸者　首代　後家さんもてもて　下働きが支える世、下女と乳母　娼婦群像　銭湯は楽園　茶屋はいろいろあり〔ほか〕

＊女郎買い、密通、秘薬、淫具、竿自慢。江戸の奔放なセックスは現代の男にとっては格好の指南役だ。読めば心も身体も元気が湧く、川柳と小話満載の艶笑エッセイ。

◇エロスの文化史　追手門学院大学東洋文化研究会編　勁草書房 1994.5 272p 20cm 2678円 (i)4-326-65157-1　Ⓝ384.7

(内容) 第1部 存在とエロス(烈婦と女のあいだ エロス―男の立場と女の立場　掌中のたまご　中国映画の"性"と"生"　第2部 規範とエロス(女神たちの栄光と没落　教会記録の中の「男と女」　男性装した二人のジャンヌ　エロスの位相　第3部 情況とエロス(毛沢東の革命生涯と女性　コンピュータの欲望　中世イランの愛と性　現代的生〈エロス〉のための断章）

＊東西の文化や時代の流れから、エロスの織りなす「心の発現」のありさまを、多様な視点から探り、「性」=「生」から生まれる豊かなエロスの文化を浮き彫りにする。

◇大江戸好色細見　江戸の性を考える会著　三一書房 1996.10 254p 19cm 1700円 (i)4-380-96287-3　Ⓝ384.7

(内容) 第1章 銭湯で交合する夫婦者　第2章 不義者と女犯僧は晒刑　第3章 吉原の遊女は床上手　第4章 生娘を吉原へ売りに行く親　第5章 旦那と囲者の年の差なんて　第6章 江戸時代の性具と媚薬　第7章 女人も通う陰間茶屋　第8章 性的覗きと人目をはばかる見世物　第9章 獣姦そのほか何でもありの変態考

＊江戸の性風俗に行きたい！多数の枕絵と地図で仮想現実体験できる初の浮世絵本。

◇大江戸性事情―性生活を楽しむ江戸の人々　中江克己著　広済堂出版 1999.7 227p 18cm (Kosaido books) 857円 (i)4-331-00834-7　Ⓝ384.7

(内容) 第1章 江戸の性風俗　第2章 結婚と密通　第3章 性欲と性愛術　第4章 将軍と大奥　第5章 この人物の意外な性生活

＊性文化が花開いた江戸時代。江戸で繁盛した風俗産業。将軍から町人まで、どのような性生活を楽しんだのか。大都市江戸生活者の一面を探る。

◇お尻のエスプリ―華麗なるヒップの物語　ジャン=リュック・エニッグ著　江下雅之,山本淑子共訳　リブロス 1997.12 251p 21cm（東京 星雲社(発売)）2200円 (i)4-7952-5079-0　Ⓝ382.3

(内容) アファール―太古、女の尻は崇拝の対象だった　水浴―尻は洗われたがっている　ケツ舐めろ―悪魔の尻にキスをするとき　ブラゾン―尻が詩の題材になった時代　売春宿―ムーラン・ルージュの女たち　人食い―尻のソテーはどんな味？　外科医―シリコン入りの尻　曲線―バルドーの尻は神の創造物　臀部―動物に尻はあるのか？　子どものオケツ―母を夢中にさせるもの〔ほか〕

◇羞恥の歴史―人はなぜ性器を隠すか　ジャン=クロード・ボローニュ著　大矢タカヤス訳　筑摩書房 1994.4 425,41p 22cm 6900円 (i)4-480-85660-9　Ⓝ382.3

(内容) 第1部 日常生活における羞恥(浴槽での羞恥　羞恥と衣服　医学上の羞恥　ベッドでの羞恥　裸の行列　穴あき椅子での会話　裸の王様）第二部 表現における羞恥(造形芸術と羞恥　芝居と映画、または裸体戦争　言葉の恐怖　裸の神　羞恥が誇示される時）結論 羞恥の歴史的領域

◇図説娼婦の歴史　ヴィオレーヌ・ヴァノイエク著　橘口久子訳　原書房 1997.4 288p 21cm〈文献あり 年表あり〉3200円 (i)4-562-02903-X　Ⓝ384.7

(内容) 第1部 ギリシア(男同士の愛　都市の慣習　売り飛ばされる幼女　ほか）第2部 ローマ(ローマとは　お手本はヘレニズム　テレンテ

ィウスから共和政末期時代にかけての遊惰な生活 ほか）
＊アリストテレスの愛妾から、カリグラ帝の売春宿まで。豊穣なる性の饗宴を描く！欲望と狂気の渦巻く古代ギリシア・ローマを彩った稀代の淫婦、あるいは聖女たちの物語。

◇図録性の日本史　笹間良彦著　雄山閣出版　1996.5　293p　21cm　2266円　(i)4-639-01361-2　Ⓝ384.7
　内容　第1部 古代編　第2部 中世編　第3部 近世編　第4部 近代編　第5部 現代編
　＊世紀末を彩る"風俗産業"の原点を探る。戦後50年を迎える性史のいま、急角度に変貌する社会情勢と多様化する価値観の変化に敏感に反応する男女交渉の在り方は、学問的にも究明の脚光を浴び始めている。多くの文献を基盤に130余枚のイラストで"エロスの世界"を解明。日本人の性文化史。

◇性的神の三千年・変態蒐癖志・変態崇拝史　斎藤昌三著　勉誠出版　1998.12　1冊　22cm　〈性の民俗叢書 4〉〈複製〉　(i)4-585-03058-1　Ⓝ384.7

◇性と身体の近世史　倉地克直著　東京大学出版会　1998.1　254,4p　22cm〈索引あり〉　4200円　(i)4-13-020115-8　Ⓝ384.7
　内容　序 性と身体を問うこと　第1章 緒巻と箕—狂言に見る男と女　第2章 "汝、姦淫するなかれ"—キリシタン文献に見る男と女　第3章 笑われる女たち—近世初頭の性をめぐる意識　第4章 世之介をめぐる女たち—都市における性の諸相　第5章 色道の虚実—「難波鉦」に見る遊女の生活と意見　第6章 「ひとりね」の色恋—近世「恋愛」論の位相　第7章 性の文化　第8章 男女和合のゆくえ—生活思想における性意識　第9章 自然と人間 からだとこころ　第10章 三浦命助の「離陸」—民衆の「近代」に向って
　＊都市と農村、日常と非日常などといった近世の二元的な世界に立ち現われる身体。

◇性と聖—性の精神文化史　クリフォード・ビショップ著、田中雅志訳　河出書房新社　2000.4　341p　20cm〈他言語標題：Sex&spirit　文献あり〉　3000円　(i)4-309-23060-1　Ⓝ384.7
　内容　第1章 起源　第2章 統合された自己　第3章 魂の秩序　第4章 傷ついた肉体—西洋における性　第5章 象徴、徴候、タブー　第6章 エクスタシーの技法
　＊宗教・哲学・神話学・文化人類学・考古学・性科学・神秘主義・オカルト…あらゆる角度から、「性」とは何か、人類にとって「性」が果たしてきた魅惑的な力とは何かを、古代神話から現代の慣習まで、世界中の社会と文化を紹介しながら解き明かす。性のすべてを知るための百科全書。

◇性と暴力の文化史—文明化の過程の神話3　ハンス・ペーター・デュル著、藤代幸一、津山拓也訳　法政大学出版局　1997.7　672,87p　20cm　〈叢書・ウニベルシタス 574〉〈文献あり　索引あり〉　6600円　(i)4-588-00574-X　Ⓝ382
　内容　「女の武器で」　乳房をあらわにして攻撃する　バリケード上の女性　乳房をあらわにして鎮める　陰門を見せて驚かす　神々の哄笑　陰門を見せて侮辱する　女の力　強姦する女　「おれの尻をなめろ！」〔ほか〕
　＊先史・古代から近・現代まで「未開」と「文明」を横断して「人間」の性と暴力を直視し「文明化」の幻想を打ち砕く。

◇性の日本史　中江克己著　河出書房新社　1995.6　231p　15cm〈河出文庫〉〈主な参考文献：p230〜231〉　560円　(i)4-309-47280-X　Ⓝ384.7
　内容　第1章 聖なる性—原始・奈良時代　第2章 華麗な性の宴—平安・鎌倉時代　第3章 乱世の快楽—室町・戦国時代　第4章 好色な人間模様—江戸時代
　＊歴史の裏の性エピソード集。歴史上の人物の性生活はどんなふうだったか。性の逸話でたどるいっぷう変った日本の歴史。

◇男女狂訓華のあり香—名千閑万交　影印・翻刻・注解　玩宮隠士校注、飯尾東川遺稿、恋々山人校合、婦多川好員画　太平書屋　1996.9　226p　19×26cm　10000円　Ⓝ384.7

◇男性の見た昭和性相史　part 4　下川耿史著　第三書館　1993.11　247p　20cm　1800円　Ⓝ384.7

◇中国五千年性の文化史　邱海濤著、納村公子訳　集英社　2000.11　286p　22cm〈年表あり　文献あり〉　2000円　(i)4-08-781159-X　Ⓝ384.7
　内容　子づくりの思想　保精思想　巨陽への憧憬　女の達人たち　下着の話　人をもって人をおぎなう　尼僧の淫乱な犯罪　動物にたとえる秘具・小道具　小さな足と靴〔ほか〕
　＊本書は五千年ぶんの性の資料の探索である。中国では性を文章で読む（あるいは聞く）ことを好み、体位が動物の比喩で三十通りも表現されるなど、漢字を使った言葉による性表現の豊かさは、到底他の文化圏の及ぶところではなく、性の道具と性の方法の多用さ、その点において中国の上をいく文化圏はないことなどがよくわかる。

◇椿姫とは誰か—オペラでたどる高級娼婦の文化史　永竹由幸著　丸善　2001.2　181p　19cm　〈丸善ブックス〉　1900円　(i)4-621-06090-2　Ⓝ384.7
　内容　第1章 何故娼婦が生まれたか？　第2章 古典ギリシャ　第3章 古代ローマ　第4章 キリスト教の出現　第5章 ダンテとボッカッチョ　第6章 黒死病による意識改革　第7章 ルネサンスの高級娼婦　第8章 フランス絶対王朝の愛妾政治　第9章 フランス革命のリシャッフルから

王政終了まで　第10章 ロマン派娼婦の誕生　第11章 前五世紀のアテネと十九世紀のパリの娼婦文化　第12章 モデル—アルフォンシーヌ・プレシとクルティザンヌの世界　第13章 小説「椿姫」で美化されたマリの姿　第14章 オペラで理想化された「椿姫」の主人公
＊ギリシャではヘタイラ、ルネサンスではコルティジャーナ、そして近世パリのクルティザンヌ、こう呼ばれた高級娼婦とは、どのような女性たちだったのだろうか。

◇貞操帯の文化史　コーフェノン, フレディエ著, 並木佐和子, 吉田春美訳　青弓社　1995.2　140p　20cm　2000円　(i)4-7872-3096-4　Ⓝ382.3
（内容）貞操帯の文化史　貞操帯と錠
＊十字軍遠征に起源をもつとされる官能緊縛の器具—貞操帯 その歴史を、陰部封鎖の習俗から、今世紀初頭パリのパンフレットまで、器具の詳細な紹介とともにたどる。フランスでおこなわれた貞操帯裁判の弁護人口頭弁論も所収。

◇桃源華洞　竜王山人著, 福田和彦校訂・解説　イースト・プレス　2000.1　351p 図版16枚　21cm　(幻の性資料 第13巻)　2500円　(i)4-87257-203-3　Ⓝ384.7
（内容）第1章 名称について　第2章 形状について　第3章 構造について　第4章 異名と隠語　第5章 形容と比喩　第6章 品などについて
＊「桃源華洞」とは、男を桃源郷に誘う花の洞窟、即ち女性器のこと。昭和初期の謎の大教養人・竜王山人（男性器の象徴語）が、古今東西の文献を渉猟し、生涯をかけて完成させた「あそこ」の大研究。"大つび絵"カラー口絵32P併載。

◇肉体の文化史—体構造と宿命　スティーヴン・カーン著, 喜多迅鷹, 喜多元子訳　法政大学出版局　1997.1　371p 20cm　(りぶらりあ選書)〈新装版〉2987円　(i)4-588-02183-4　Ⓝ384.7
（内容）ヴィクトリア時代の性道徳　服装が人体に加えた迫害　芸術に現れた人体　伝染病と人間関係　嗅覚の本体論と香りのハーモニー　性の疎外と性の淘汰　唯物論と精神＝肉体の問題　電気を帯びた肉体　純潔な女性と卓越した男性　ヴィクトリア朝時代の家族の生理学〔ほか〕
＊ヴィクトリア時代前期における信じがたいまでに厳格な性道徳の実態を説き、その徐々に崩壊して行く過程をたどる「肉体解放」の文化史。ファッションと芸術の変遷、精神＝肉体関係の認識や性の科学的研究の発達を論じ、フロイトの貢献、ロレンスやミラーの文学、ナチの体育運動、サルトルの肉体哲学におよぶ。

◇秘めごとの文化史—文明化の過程の神話2　ハンス・ペーター・デュル著, 藤代幸一, 津山拓也訳　法政大学出版局　1994.2　574,77p　20cm　(叢書・ウニベルシタス 418)　〈巻末：文献目録〉5974円　(i)4-588-00418-2　Ⓝ382
（内容）序論 これまでの批判に対する回答—〈理論的な〉異議　1 〈男性助産法〉ならびに女性の医学研究に対する論争　2 産院と膣鏡の使用　3 18・19世紀における婦人科検診　4 バロック時代の医師と女性の恥じらい　5 中世の医師と女性の陰部　6 女体の観察　7 古代、アラビア人、その他の民族における助産と〈内診〉　8 出産と妊娠の秘密性　9 20世紀の婦人科学と〈情動の基準〉　10 異文化社会における女性の陰部の恥じらい　11 座位の女性の礼儀作法　12 陰唇を閉じる　13 〈新キュテーラ島〉、あるいはタヒチ島の女性の破廉恥ぶり　14 醜い陰門　15 美しき陰門　16 肉体に対する羞恥の〈理論〉　付録 これまでの批判に対する回答—〈経験論的な〉異議
＊〈文明化〉は〈はじらい〉を生み出すか？自然民族からいわゆる〈文明化〉社会まで、ヒッポクラテスからポルノまでを検証して〈文明化の理論〉に挑む。

◇ペニスの文化史　マルク・ボナール, ミシェル・シューマン著, 藤田真利子訳　作品社　2001.8　318p 20cm　〈文献あり〉2800円　(i)4-87893-426-3　Ⓝ384.7
（内容）第1部 その働きの、すこやかなる時　第2部 その働きの、すこやかならざる時　第3部 そのサイズにまつわる歴史　第4部 その装飾品と形態　第5部 その人為的変形の歴史　第6部 精液の文化史　第7部 奇妙な、あるいは異様なる習慣　第8部 現代美術からの視線
＊古代エジプト・中国から現代風俗や医学の最先端まで、この小さな部位に込められてきた大きな意味を探る初めての文化史。歴史的秘蔵図版、100点収載。

◇淫の日本史　三谷茉沙夫著　桜桃書房　1999.12　334p 20cm　〈著作目録あり〉1800円　(i)4-7567-1133-2　Ⓝ384.7
（内容）序章 神宴　第1章 雅宴　第2章 乱宴　第3章 聖宴　第4章 美宴　第5章 遊宴
＊人間はかくも性に貪欲になれるのか！？不倫、近親相姦、乱交、男色…快楽のため、権勢のために、想像を絶する性の狂宴を繰り広げた男と女の姿を、史実に即して赤裸に描く歴史曼陀羅。

◇娘節用　品川弥千江解読　川崎 博美館出版　1997.11　278p 22cm　2800円　(i)4-938546-53-1　Ⓝ384.7
＊七十枚に及ぶ秘戯画、まとまった読本風の「男女必携」、三十六歌仙をもじった歌、恋文の手本などが収録、幻の奇書。

◇鞭打ちの文化史　中田耕治著　青弓社　1994.9　213p 20cm　(中田耕治コレクション 5)　2060円　(i)4-7872-3089-1　Ⓝ384.7

趣味・娯楽　　　　　　　　　　　　　　　　　　　　社会・家庭生活の習俗

〈内容〉SMというアルティフィス　タタールのくびきを逃れて　マゾヒズムというマトリックス　処罰の受容　ウェヌス讃歌　ヴァリア・セクスアリス　蛮族の眸の下に　光と闇のはざま　神聖なる無　ルネサンスにむかって

◇遊女と天皇　大和岩雄著　白水社　1993.7　402p　20cm　2400円　(i)4-560-02235-6　Ⓝ384.7
〈内容〉第1章 神遊びとしての性行為　第2章 天皇の「あそび」と遊女　第3章 一夜妻と人身御供　第4章「初夜権」と成人式と遊女　第5章 神聖娼婦と巫女　第6章「万葉集」の遊行女婦　第7章 遊女と巫女　第8章 遊女と天皇　第9章「梁塵秘抄」の遊女・傀儡女　第10章 傀儡女と天皇　第11章 白拍子と天皇　第12章 なぜ遊女は「衣通姫の後身」か　第13章 なぜ小松天皇の皇女を遊女の祖としたか　第14章 内裏の色好みの遊女と天皇　第15章 宮廷の遊女
＊遊女の古語はアソビメで、豊穣儀礼(神アソビ)における巫女として、神の一夜妻を意味していた。現人神としての天皇と遊女の歴史的関係を、民俗事例と対比しつつ詳細に検討し、日本人の性観念の根源に迫る。

◇洛中洛外のプリマドンナ―遊女と風俗画・17世紀 特別展　兵庫県立歴史博物館編　神戸　兵庫県立歴史博物館　1993.3　104p　19×26cm　(兵庫県立歴史博物館特別展図録 no. 30) 〈会期：平成5年4月24日～6月13日〉Ⓝ

◇ラブホテルの文化誌　花田一彦著　現代書館　1996.10　230p　20cm　2060円　(i)4-7684-6701-6　Ⓝ384.7
〈内容〉序章 エロティシズム断章　第1章 連れ込み旅館からラブホテル、そして「目黒エンペラー」盛衰記　第2章 ラブホテル生態学あれこれ　第3章 落書きと広告について　第4章「旅館かぎや三十五年史」及び寝具、ベッド、バスルーム、トイレについて　第5章 ラブホテル名士列伝　第6章 出合茶屋及びヨーロッパ十八～十九世紀における性風俗についての二、三の考察　第7章 湯島ラブホテル騒動における住民運動について　終章「ワイセツ」と「セックス殺人」と「夢判断」について

趣味・娯楽

◇アジアの凧　塚田誠之, 国立民族学博物館編　吹田　千里文化財団　2000.10　62p　19cm　(みんぱく発見 4) 〈文献あり〉600円　(i)4-915606-08-2　Ⓝ759.9
◇「あそび」と「くらし」―第三世界の娯楽産業　山本一巳, 大岩川嶷編　アジア経済研究所　1994.3　259p　18cm　(アジアを見る眼 90) 〈参考文献：p257〉(i)4-258-05090-3　Ⓝ302.2

＊あそびの文化は、民族や国の作った境界の垣根を軽やかに越えていく。いま、アジアをはじめ途上国の人々の固有の遊び、共通の娯楽は、繰り広げられる人びとの暮らしのなかの楽しみと喜びの世界…明日への希望がそこに息づく。本書には、第三世界の三一カ国・地域に関する三三の所論と日本に関する補論とを掲載している。

◇遊びの本のカタログ　石橋昭夫編著　立川　けやき出版　1998.9　148p　21cm　1200円　(i)4-87751-058-3
〈内容〉1 遊びってなんだ　2 遊びのいろいろ　3 地域(郷土)の遊び　4 懐かしの子ども時代―遊び・生活　5 遊びとうた　6 おもちゃ　7 まつり、行事、民俗　8 遊び場、遊園地、博物館など　9 駄菓子屋、えんにち、おみせやさん　10 おやつ　11 マンガ、子どもの雑誌・本など　12 遊びと電子メディア(あるいはハイテク)　13 子どもの生活と文化をめぐって　14 その他
＊遊び論から遊びのいろいろ、郷土、マンガ、電子メディアまで、著者の所有する遊びに関する本2200冊余りを紹介する目録。配列は項目別に分類した後、著者の50音順。掲載データは、書名、副書名、叢書名、著者名または編者名、発行所(発行元)、発行年、価格など。

◇合せもの　増川宏一著　法政大学出版局　2000.3　280, 6p　20cm　(ものと人間の文化史 94) 〈文献あり〉2800円　(i)4-588-20941-8　Ⓝ384.8
〈内容〉1 競いあう「合せもの」(草合せ 根合せほか)　2 闘いあう「合せもの」(宮廷の淘落 武士の娯楽 ほか)　3 比べあう「合せもの」(武術・射的 伝統の継承 ほか)　4 拡がる「合せもの」(維新直後 新旧交代 ほか)
＊「合せる」には古来、「一致させる」だけでなく、「競わせる」「闘わせる」「比べる」等の意味があった。本書は、古代以来の「歌合せ」や「相撲召合せ」をはじめ、中世の武芸と結びついた「犬追物」や「流鏑馬」等の合せもの、近世・近代の「合せかるた」類、さらには現代の子どもの遊び「家族合せ」まで、遊戯・賭博を中心に、広範な人間の営みの歴史を「合せる」行為に辿る。

◇永遠に響け！蹴鞠の音　井沢篤巳著　保険毎日新聞社　1998.5　173p　22cm　2800円　(i)4-89293-400-3　Ⓝ384.8
◇江戸の遊び方―若旦那に学ぶ現代人の知恵　中江克己著　光文社　2000.6　246p　16cm　(知恵の森文庫)　495円　(i)4-334-78003-2　Ⓝ384.8
〈内容〉第1章 遊山　第2章 ガーデニング　第3章 ペット　第4章 スポーツ　第5章 イベントと娯楽　第6章 知的な遊び　第7章 悪所通い
＊江戸人は、遊び心の豊かな人たちだった。

386　文化人類学の本 全情報

「江戸っ子」の旺盛な遊び心が、江戸歌舞伎や寄席、さまざまな見世物を盛んにし、花見や月見、雪見、川遊び、花火、廓遊び、あるいは浮世絵、川柳、洒落本など、幅広い江戸文化の華を絢爛と咲かせた。遊びのルーツは江戸にある。江戸の遊び心と創造性に学ぶ、精神の解放と明日への活力が養える本。

◇江戸の道楽 棚橋正博著 講談社 1999.7 238p 19cm 〈講談社選書メチエ 161〉 1500円 (i)4-06-258161-2 Ⓝ210.5
(内容) 第1章 花咲ける江戸―園芸道楽 其ノ壱 第2章 庭園都市―園芸道楽 其ノ弐 第3章 江戸の太公望 第4章 道楽は学問に極まる 第5章 筆一本の二本差し
＊徳川三百年の太平。それは武士・町人たちの極私的世界を生んだ。大名が壮大な庭に凝れば、長屋の軒下にはキクやアサガオが咲き乱れる。隠居から遊女までが太公望を気取り、学問や戯作では身分をこえたネットワークがひろがってゆく。江戸の人びとが情熱を注いだ「楽しみの道」を案内する。

◇大口コレクション「総目録」―日本の郷土玩具と世界の民俗玩具 豊橋市美術博物館編 〔豊橋〕 豊橋市美術博物館 1999.11 335p 26cm Ⓝ759.9

◇大口コレクション展―日本の郷土玩具と世界の民俗玩具 豊橋市美術博物館編 〔豊橋〕 豊橋市美術博物館 1999.11 79p 30cm Ⓝ759.9

◇蹴鞠 蹴鞠保存会編 改訂版 京都 蹴鞠保存会 1993.12 20p 21cm 非売品 Ⓝ384.8

◇蹴鞠の研究―公家鞠の成立 渡辺融, 桑山浩然著 東京大学出版会 1994.6 482,26p 23cm 〈折り込図1枚 蹴鞠文献目録：p471～475〉 14420円 (i)4-13-026055-3 Ⓝ384.8
(内容) 1 研究篇〈公家鞠の成立 初期の蹴鞠 院政期の蹴鞠 鎌倉時代の蹴鞠界の動向 蹴鞠指導書としての「内外三時抄」 「内外三時抄」にみられる蹴鞠名目の成立〉 蹴鞠書の研究〈蹴鞠書の伝来と所蔵 初期の蹴鞠書 難波家飛鳥井家の蹴鞠書 御子左家の蹴鞠書 鞠会の記録〉） 2 史料篇〈史料解題「革鞠要略集」 「内外三時抄」 「内外三時抄」〈佚文〉 蹴鞠文献目録〉
＊本書は蹴鞠をスポーツの視点から考えてみようとする試みである。とりわけその成立期に焦点を当て、蹴鞠のスポーツたる所以を考えてみようとした。全体の構成は、現在までに得た知見を両人の研究関心も考慮して取り纏めるとともに、今後の研究の足がかりになればと、基本と考える文献二点を翻刻した。

◇蹴鞠保存会九十年誌 蹴鞠保存会編 京都 蹴鞠保存会 1997.12 192p 27cm Ⓝ384.8

◇凧大百科―日本の凧・世界の凧 比毛一朗著 美術出版社 1997.12 601p 26cm 15000円 (i)4-568-14060-9
(内容) 第1章 昔の凧 第2章 庶民文化の興隆と凧の普及 第3章 凧の近代史 第4章 日本の凧 第5章 世界の凧 第6章 夢を追う欧米の凧 第7章 凧概論 第8章 日本の凧の会

◇中国庶民生活図引「遊」 島尾伸三, 潮田登久子著 弘文堂 2001.10 122p 22cm 1600円 (i)4-335-55084-7 Ⓝ384.8
(内容) 賭銭 花鳥 趣味 遊山 体育 遊技
＊賭け事から風雅な遊び、普段の遊びから特別な日の遊びまで、遊びに夢中な中国の老若男女。

◇伝承遊びとゲーム 上谷潤子ほか共著 大阪 朱鷺書房 1996.10 244p 19cm 〈監修：小倉美津子〉 1648円 (i)4-88602-406-8 Ⓝ781.9
(内容) 第1章 レクリエーション概説 第2章 伝承遊びの実際 第3章 ゲーム遊びの実際
＊忘れられかけている伝承遊びだが、そこには不思議な魅力が潜んでいる。各地に昔から伝わる遊びの数々と、幼児から高齢者や障害を持つ人まで簡単に楽しめるゲームのいろいろを、目的別にわかりやすく紹介する…。

◇万葉と風俗―謎なぞ遊び 高嶺照夫著 つくばね舎 1998.2 190p 21cm 〈東京 地歴社（発売）〉 文献あり 2500円 (i)4-924836-25-7 Ⓝ911.125
(内容) 「あざさ結ひ垂れ」の語意 万葉びとみずからの挽歌 接頭語「さ」は神への畏敬 「さ寝」は神との共寝 戸を叩くのは神か間男か 水田に稗の謎 稲霊と山田守 万葉びとは祭儀の時でも恋をするか 乞食者の詠 枕詞の成り立ち 枕詞 鳰は堆か〔ほか〕

◇落語江戸風俗志 柳沢睦郎著 江古田文学会 1998.3 235p 20cm 〈東京 星雲社（発売）〉 索引あり 文献あり 2000円 (i)4-7952-6181-4 Ⓝ779.13
(内容) 第1部 落語江戸風俗志〈今なんどきだい？―時刻と落語 一両二分と八百―通貨と落語 裏は花色木綿―長屋と落語 ほか〉 第2部 対談〈円窓五百噺（三遊亭円窓） 大師匠の思い出（三遊亭鳳楽）〉
＊江戸が見えてくると落語が一層楽しくなる！！古典落語に内包された江戸風俗に光を当て落語の魅力と風俗を知る楽しさを味わう。

◇六角巻凧―越後三条の伝承 田村修著 三条 さんまご 1997.3 47p 11cm 〈さんまご掌中本〉 350円 Ⓝ759.9

芸者・遊里

◇赤線跡を歩く―消えゆく夢の街を訪ねて 木村聡写真・文 自由国民社 1998.3 127p 21cm (Bibliotheca nocturna) 1700円 (i)4-426-

76600-1 Ⓝ384.9
(内容) 東京(吉原 洲崎 品川 千住 ほか) 関東(松戸 船橋 川崎 横浜 ほか) 関西(飛田 中書島 橋本 枚方 ほか)
＊二度と帰らない、あの街の悲喜こもごもの思い出。350枚の写真でつづる「哀悼の散策」への誘い。貴重写真多数掲載。

◇色里慕情 狩野勇著, 風俗資料研究会編 富士出版〔1996〕368p 19cm 3950円 (i)4-938607-35-2 Ⓝ384.9

◇江戸幻想批判―「江戸の性愛」礼讃論を撃つ 小谷野敦著 新曜社 1999.12 214p 20cm 1800円 (i)4-7885-0698-X Ⓝ384.9
(内容)「江戸幻想」とは何か 第1部「江戸幻想」の諸相(近世文化に関する覚書―「江戸幻想」の広まり 江戸幻想の原点―佐伯順子の仕事について 「江戸幻想派」集結?―「春本座談会」を読む 相対主義について 私的徳川時代論 農村は性のパラダイス 「悪場所の発想」と〈江戸ブーム〉―「広末保著作集」刊行によせて フーコーの近代としての江戸―桜井進「江戸の無意識」について) 第2部 近世文化の諸相(歌舞伎批評は可能か? 女形の近代 唐十郎「特権的肉体論」を読む 馬琴の位置 再び処女の純潔を論ず―伏姫論 父 作者の疎外―「南総里見八犬伝」再考)
＊江戸は明るかった?江戸の性はおおらかだった? トンデモない! 江戸の性的自由とは、強姦、セクハラの自由であり、その洗練された遊郭文化とは、女性の人身売買の上に築かれた悲惨なものだった。トンデモない「江戸幻想」を該博な体験的知識を総動員して木っ端みじんに粉砕する、論争の書、第三弾。

◇江戸諸国遊里図絵 佐藤要人, 花咲一男共著 三樹書房 1994.10 317p 22cm 3296円 (i)4-89522-184-9 Ⓝ384.9
(内容) 船橋 松戸 潮来 軽井沢 下諏訪 神奈川 程ヶ谷 戸塚 藤沢 大磯 小田原 三島 興津〔ほか〕
＊本書は、近世初頭、徳川氏の戦後政策の一環として、公認されることになった諸国遊里の変遷を、江戸文芸を通して概観したものである。

◇江戸のエロス―悦楽と艶美の極致 新人物往来社 1998.5 194p 26cm (別冊歴史読本 67) 2500円 (i)4-404-02613-7 Ⓝ384.9

◇江戸の知られざる風俗―川柳で読む江戸文化 渡辺信一郎著 筑摩書房 2001.5 238p 18cm (ちくま新書) 680円 (i)4-480-05895-8 Ⓝ210.5
(内容) 第1 江戸の人々の生活(四季の行き交い 知られざる習俗 知られざる物売り・生業) 第2 江戸語彙物語 あとがきに代えて―古川柳と狂句

＊江戸川柳は「世相を映す鏡」である。江戸中期、初代・柄井川柳の登場で、一躍、庶民性を得た川柳。そこには、現代人には想像もつかない江戸庶民の生活の実相が、生き生きと描かれている。本書は川柳を鍵として、江戸庶民の知られざる風俗、文化を現代に甦らせた書である。

◇江戸の道楽 棚橋正博著 講談社 1999.7 238p 19cm (講談社選書メチエ 161) 1500円 (i)4-06-258161-2 Ⓝ210.5
(内容) 第1章 花咲ける江戸―園芸道楽 其ノ壱 第2章 庭園都市―園芸道楽 其ノ弐 第3章 江戸の太公望 第4章 道楽は学問に極まる 第5章 筆一本の二本差し
＊徳川三百年の太平。それは武士・町人たちの極私的世界を生んだ。大名が壮大な庭に凝れば、長屋の軒下にはキクやアサガオが咲き乱れる。隠居から遊女までが太公望を気取り、学問や戯作では身分をこえたネットワークがひろがってゆく。江戸の人びとが情熱を注いだ「楽しみの道」を案内する。

◇江戸の花街 三田村鳶魚著, 朝倉治彦編 中央公論社 1997.9 321p 16cm (中公文庫―鳶魚江戸文庫 13) 629円 (i)4-12-202950-3 Ⓝ210.5
(内容) 元吉原の話(序論というところ 目立った嫖客 ほか) 江戸における第一回の私娼狩(吉原町御訴訟 玉に下がった九右衛門 ほか) 江戸の暗娼政策(湯女風呂の禁止 寛文の新例 ほか) 暗娼対治の経験(岡場所の盛 明和の整理 ほか) 江戸時代の高級遊女(揚巻・きちょう・玉菊 歌舞伎風の丹前勝山 ほか) 奴遊女九重(江戸空前の新例 売るまい証文 ほか)
＊武士・商人・座頭ら遊ぶ側の変遷や、地理・制度上からも吉原成立の考証を行った「元吉原の話」など、遊廓の発生と遊女の生態を論じた吉原研究六篇を収める。広い透徹した視野から吉原を捉え、近世社会の本質にせまる、遊廓研究第一の資料。

◇江戸遊里盛衰記 渡辺憲司著 講談社 1994.10 229p 18cm (講談社現代新書)〈主要参考文献:p224～227〉650円 (i)4-06-149224-1 Ⓝ384.9
(内容) 第1章 忘れられた遊里を訪ねて―地方遊里史研究への視点 第2章 江戸時代の地方遊里 第3章 港に集められた女たち―港と遊里(一) 第4章 遊女たちの面影―港と遊離(二) 第5章 山の自由に群がった人々―鉱山と遊里 第6章 遊女の墓―加賀・串茶屋 第7章 女たちの自治―那覇・辻
＊日本の裏面史に閉じ込められた遊女たちの声。暗く湿った〈郭〉のイメージに隠された事実。北は能代から南は那覇まで、往時の賑わいの痕跡と遊女たちの秘められた物語を掘り起こ

社会・家庭生活の習俗　　　　　　　　　　　　　　　　　　芸者・遊里

す歴史紀行。
◇艶本紀行東海道五十三次　林美一著　新装版
河出書房新社　2001.1　400p　15cm　(河出文庫)
650円　(i)4-309-47410-1　Ⓝ384.9
　(内容)旅立ちまで(弥次・北、膝栗毛ブームを作る　おびただしい道中もの艶本　三人も作者が変わった「膝栗毛」　「旅枕五十三次」と「色艶花都路」　道中の必需携行品さまざま)　東海道(日本橋―日本橋勝手に足の向くところ　品川―品川は鶏よりつらい馬の声　川崎―万年屋十五年目で内儀くい　神奈川―富士の留守人　穴ねらう奴がくる　程ヵ谷―すききらい武蔵と相模名が高し　戸塚―佐馬の馬戸塚の坂で二度転び　藤沢―藤沢の女郎抜身の客をとり　平塚―蝶々はすかれげじげじいやがられ　亀山―夜のつた馬はねておく旅日記　関―開眼をすると一休ぶうらぶら　坂下―雀いろ時大竹へとまる客　土山―なまかべにぬる土山のとめ女　水口―逃る道なくところてん切り出し　石部―生娘を帯屋がしめた伊勢もどり　草津―評判は馬まで這入る乳母が餅　大津―紫へ来る道中も五十三)　伊勢路(神戸―太鼓うつたび馬の蠅とまりかえ　白子―白子の観音松坂の汗じらみ　上野―飯盛も陣屋くらいは傾ける　津―伊勢までは同行のつく御大禄　雲津―抜参り人のなさけを汲んでゆき　松坂―太神宮へ荒神でのりつける　小俣―町人の栄華は御師の迎え籠　山田―伊勢へ来て太神宮へ寄ってくる　京都―島原の通は離で直切ってる)
＊日本橋から東海道、そして伊勢路へ―「闇中膝磨毛」の旅。弥次・北ならぬ九次郎兵衛・舌八の繰り広げる色道修行の珍道中。宿場では飯盛旅籠に泊まり、遊廓の女郎と遊び、茶屋の女をからかい、旅の娘にちょっかいを出しては、おおしくじり。艶本・道中記を渉猟し、現地を訪ねて資料を探索し、故老の聞き書きをして、江戸時代の旅を再現した貴重な街道の風俗史。
◇大江戸岡場所細見　江戸の性を考える会著　三一書房　1998.2　214p　19cm　1600円　(i)4-380-98210-6　Ⓝ384.9
　(内容)第1章　湯女風呂編　第2章　比丘尼編　第3章　船饅頭編　第4章　局見世編　第5章　深川女郎編　第6章　夜鷹編　第7章　提重編　第8章　飯盛女編　第9章　水茶屋編
＊本邦初！完全保存版。江戸の岡場所90ヶ所をあますところなく紹介。仮想現実で体験できる、放埒色修業の宝典。
◇お茶屋遊びを知っといやすか　山本雅子著　広済堂出版　2001.1　214p　20cm　1600円　(i)4-331-50747-5　Ⓝ384.9
　(内容)はるの章　花街のざわめき(梅月(二月)―祇園はおんなの町　菜の花月(三月)―芸妓の卵たち　桜月(四月)―をどりの舞台　京の織りな

す舞い)　なつの章　季節を彩るひと(菖蒲月(五月)―粋を楽しむこころ　やなぎ月(六月)―お座敷の美味　まつり月(七月)―祇園祭の晴着姿　粋人の眼・お茶屋遊びのベテランは語る)　あきの章　わたしのお茶屋(朝顔月(八月)―おんなとおとこ　桔梗月(九月)―女将の仕事　菊月(十月)―変わったこと変わらぬこと　祇園の小史)　ふゆの章　川は流れ四季は巡る(紅葉月(十一月)―わたしの好きな京都　まねき月(十二月)―思い出のつづれ織り　稲穂月(正月)―おことうさんどす　お茶屋「山本」のおかあさん)
＊13歳で舞妓。14歳で芸妓。37歳でお茶屋の女将。祇園「山本」のおかあさん山本雅子、89歳。祇園の女将が語るお茶屋の四季。
◇女はきりきりしゃん―あたしは百歳現役芸者　蔦清小松朝じ著　ごま書房　1994.5　201p　20cm　1500円　(i)4-341-17049-X　Ⓝ384.9
　(内容)1章　女の魅力はきりきりしゃん―百歳になっても、あたしが現役芸者をつとめられる理由　2章　仕事と殿方で女は磨かれる―お座敷に教えられて、仕事に育てられて、百歳まで現役芸者　3章　喜びも悲しみも、女の"財産"―女も百歳まで生きると、いろんなことがありましたが…
◇花柳風俗　三田村鳶魚著，朝倉治彦編　中央公論社　1998.10　381p　16cm　(中公文庫―鳶魚江戸文庫　26)　629円　(i)4-12-203271-7　Ⓝ210.5
　(内容)傾城買の二大派別　太夫道中の見物　吉原一夕話　訟廷のオイラン　品川女郎衆　江戸芸者の研究　疑問の惣嫁　夜鷹日和　四本半里誑り　苦界　男色
＊鳶魚の吉原研究のなかでもっとも力を注いだ論考として定評のある「江戸芸者の研究」、中期の吉原の様子をよくつたえる「吉原一夕話」、北の吉原にたいし南の宿駅の売女を史的にまとめた「品川女郎衆」など、広く江戸の風俗世界をさぐる。細かい考証のもとに描いた、鳶魚ならではの興味深い12篇。
◇祇をん市寿々　溝縁ひろし写真と文　小学館　2000.10　1冊(ページ付なし)　26cm　2800円　(i)4-09-681322-2　Ⓝ384.9
＊古都の花街に生まれた少女が、舞妓になった。祖母も母も歩んだ同じ道だ。15歳のあどけない舞妓さんは、芸とともに、少しずつ成長していく。しきたりと作法、厳格な稽古、…このまちの伝統は重く、芸の道ははるかに長い。けれど歳月とともに、舞妓さんはキリッとあでやかな芸妓さんへと育っていく。美と感動の写真集。
◇祇園女の王国―紅殻格子のうちとそと　佐野美津子著　新潮社　1995.2　271p　20cm　1600円　(i)4-10-403401-0　Ⓝ384.9

文化人類学の本 全情報　389

〈内容〉中途入学 三角関係 二人の娘 あうん 羊水 青春まんだら 役者と老妓 祈り 虚構の鏡 人間大学 華やかな戦場 男と女〔ほか〕
＊戦火で封鎖されていたなかいちはやく「小森」を開業し、一代で祇園を代表するお茶屋にまで築き上げた一人の異色女将。小森京恵と「小森」の半世紀を描きつつ、あでやかな芸妓の人間模様、お茶屋や形のまさざまなしきたり、陰で支える男衆や髪結たちなど、知られざる祇園のうちとそとを語る書き下ろしノンフィクション。

◇妓生―「もの言う花」の文化誌 川村湊著 作品社 2001.9 257p 22cm 〈文献あり〉2800円 (i)4-87893-386-0 Ⓝ384.9
〈内容〉序章 玩月洞の玻璃窓 第1章 妓生の歴史 第2章 妓生列伝 第3章 表象された妓生 第4章 妓生の生活と社会 第5章 妓生学校 第6章 艶姿妓生―植民地と妓生文化 第7章 妓生の図像学 第8章 現代のキーセン
＊「もの言う花」の沈黙の歴史を豊富な図像と詳細な解説で辿り、朝鮮と日本の歴史と文化を妓生を通して彫琢する。

◇京都先斗町 溝縁ひろし著 京都 光村推古書院 1997.8 59p 17×19cm (Suiko books)〈他言語標題：Kyoto Ponto-cho おもに図〉1000円 (i)4-8381-0207-0 Ⓝ384.9
＊古都の情緒を色濃く残す先斗町を写真で紹介、かわいい舞妓も収録。

◇京都舞妓と芸妓の奥座敷 相原恭子著 文芸春秋 2001.10 230p 18cm （文春新書）〈文献あり〉700円 (i)4-16-660205-5 Ⓝ384.9
〈内容〉京都の花街 花街ファミリー 旦那とお馴染みさん お座敷 芸の道 芸舞妓の舞台 花街ファッション 花街の行事
＊恋の、歴史の、文学の舞台となり、文人墨客、志士たちの心を奪う名妓をあまた生み出した、京の花街。祇園、先斗町、上七軒、宮川町と、それぞれの歴史も趣も異なれど、このあわただしい時代に洗練された"遊び"の文化を守り続けてきた。「一見さん」には敷居の高い別世界だが、ひとたび玄関をくぐれば地位も年齢も関係なく「おにいさん」と呼ばれ、「はんなり」したもてなしが待っている。お近づきになって「粋なお人」といわれたい方、行かずとも「通人」になりたい方必読。

◇京舞妓歳時記―溝縁ひろし写真集 溝縁ひろし著 大阪 東方出版 1995.8 151p 21cm〈参考文献：p144～145〉2500円 (i)4-88591-436-1 Ⓝ384.9
＊祇園甲部・祇園東・宮川町、先斗町・上七軒そして島原。正月・節分・八朔祭の日の晴れ姿、舞妓の年中行事、稽古場などの表情をあでやかに表現。

◇近代広島・尾道遊廓志稿 忍甲一編著 尾道 日本火災資料出版 2000.10 460p 26cm〈付録・酒癖20道開封〉5000円 Ⓝ384.9

◇三文役者のニッポンひとり旅 殿山泰司著 筑摩書房 2000.2 287p 15cm （ちくま文庫）640円 (i)4-480-03551-6 Ⓝ384.9
〈内容〉吉原の和風タッチ 松戸の裏町酒場 中村遊郭の年増たちよ 寒い高知の玉水遊郭 八戸まで行ったけどさ 宇部のストリッパー 京都のパラダイス 土浦のビッグ・ポイント 大聖寺の紅がら格子 浦安ではダメよ〔ほか〕
＊"三文役者"を自称しながら、幅広い俳優人生を続けた著者が、北は函館松風町から、南は沖縄波の上まで、「紅灯の巷」を彷徨する「好色旅行」。アチラ、コチラに残されている旧遊廓をたずね、ナマジメな目で見て歩き、「オソソ」、「オマンタン」のたぐいが頻発する色噺。虚実とりまぜたダラダラ文により、失われた時が甦り、町の風景や人情があぶりだされる。

◇宿場と飯盛女 宇佐美ミサ子著 同成社 2000.8 224p 20cm （同成社江戸時代史叢書 6）〈文献あり〉2500円 (i)4-88621-202-6 Ⓝ384.9
〈内容〉序章 飯盛女の起源 第1章 公娼制の成立と飯盛女の存在 第2章 宿財政と飯盛女 第3章 旅籠屋の成立と飯盛女 第4章 飯盛女設置反対運動 第5章 飯盛女の存在形態 第6章 飯盛女をめぐる事件 第7章 宿駅制の廃止と飯盛女の動向
＊江戸時代、宿場で売娼の役割をになった飯盛女（めしもりおんな）たち。その買売春の実態に迫り、彼女らが宿駅制の維持にいかに利用されたかを、"女性の目線"からとらえる。

◇昭和色তৃ美人帖―私の＜赤線時代＞ 広岡敬一写真・文 自由国民社 2001.6 141p 22cm (Bibliotheca nocturna)〈年表あり〉1500円 (i)4-426-76603-6 Ⓝ384.9
〈内容〉赤線時代 舞台裏のミューズ
＊麗しき想い出の女たち。戦後ニッポン、ここに華あり。吉原、鳩の街、伊勢佐木町、本牧、ストリップ、キャバレー…カメラが記憶に焼きつけた「盛り場のマドンナ」たち。

◇戦後性風俗大系―わが女神たち 広岡敬一撮影・文 朝日出版社 2000.4 387p 20cm 2400円 (i)4-255-00017-4 Ⓝ384.9
〈内容〉「小町園」のメアリー 鉄拳のオキヨさん 吉原のサチコ "東京一の名器嬢"ハルミ 横浜・本牧のミツコ 美人予言者の小女姫 伝説のジプシー・ローズ "元皇族のご落胤"きね女史 愛のコリーダ阿部定 吉原幕終直前の明美〔ほか〕
＊遊廓の女、進駐軍の娼婦、赤線地帯の女、ストリッパー、トルコの女、キャバレーの女、SMの女、事件の女…。昭和史を飾った女性た

社会・家庭生活の習俗　　　　　　　　　　　　　　　　　　　　　　　　　　　芸者・遊里

ちとの交友写真記録。風俗記者として戦後50年を撮り続けた60,000点の写真の中から厳選214枚。

◇幇間の遺言　悠玄亭玉介著，小田豊二聞き書き　集英社　1995.5　284p　20cm　〈著者の肖像あり〉　1600円　(i)4-08-775192-9　Ⓝ384.9
　内容　幇間一代　名優伝　芸人魂　教訓　人物小事典
　*最後の幇間が病床で語り遺した、誰も知らなかった日本の伝統芸術の裏表。

◇幇間の遺言　悠玄亭玉介著，小田豊二聞き書き　集英社　1999.2　317p　16cm　(集英社文庫)　600円　(i)4-08-747019-9　Ⓝ384.9
　内容　幇間一代　名優伝　芸人魂　教訓
　*幇間と書いて「たいこもち」と読む。歴史ある由緒正しい芸人のことだ！教養があって、芸があって、品が良くなくっちゃいけない。それよりなにより、人さまの心が分からなくちゃいけない。人さまに愛されなくちゃならない。―そんな幇間の最後のひとり、悠玄亭玉介師匠が、落語の名人や歌舞伎の名優との交友から、花街世界の艶話まで、軽妙洒脱に語り遺した日本の伝統芸能の裏表、人生の機微。

◇浪花烟花名録　大阪大学文学部国語学国文学研究室編　大阪　和泉書院　1995.4　99p　21cm　(和泉書院影印叢刊 85)　3090円　(i)4-87088-723-1　Ⓝ384.9
　内容　影印　翻刻　解題

◇新潟遊女考　風間正太郎著　髙志書院　1999.3　215p　(髙志叢書 3)　3300円　(i)4-906641-25-3　Ⓝ384.9

◇女人差別と近世賤民　石井良助著　明石書店　1995.2　486p　20cm　5620円　(i)4-7503-0639-8　Ⓝ384.9
　内容　吉原　新吉原規定証文について　遊女、飯盛等奉公請状　飯売旅籠屋について　岡場所考　女人と穢れ民俗

◇板橋雑記―唐土名妓伝　余懐著，桑孝寛同読，山崎闇斎訳　太平書屋　1997.8　151p　21cm　(太平文庫 39)〈複製〉　5000円　Ⓝ384.9

◇姫路遊廓娼妓契約文書　脇坂俊夫編著　西脇　脇坂俊夫　1994.7　48丁，8p　25cm　(脇坂文庫―史料集 3)〈複製および解説　限定版　和装〉Ⓝ384.9

◇丸山遊女と唐紅毛人　前編　古賀十二郎著，長崎学会編，永島正一校注　新訂　長崎　長崎文献社　1995.8　846p　図版12枚　22cm　〈限定版〉15000円　(i)4-88851-001-6　Ⓝ384.9

◇丸山遊女と唐紅毛人　後編　古賀十二郎著，長崎学会編，永島正一校注　新訂　長崎　長崎文献社　1995.11　780,101p　図版10枚　22cm　〈限定版〉15000円　(i)4-88851-002-4　Ⓝ384.9

◇やとな物語　なでし子著　ゆまに書房　2000.6　312p　22cm　(女性のみた近代 13)〈明治出版協会大正4年刊の複製〉9800円　(i)4-8433-0101-9　Ⓝ384.9

◇遊廓　森田一朗編　筑摩書房　1998.1　1冊(ページ付なし)　19cm　(明治フラッシュバック 2)〈おもに図〉1900円　(i)4-480-87605-7　Ⓝ384.9
　*東京・横浜・伊勢・大阪・京都・長崎―遊廓とそこに暮らした人たちを写真映像でふりかえる。

◇遊女　西山松之助編　東京堂出版　1994.1　275,19p　20cm　(日本史小百科)〈執筆：西山松之助ほか　新装版　遊女関係文献目録：p271～275〉2500円　(i)4-490-20230-X　Ⓝ384.9
　内容　1 遊里の歴史と制度　2 著名な遊里　3 遊客と遊女のいろいろ　4 遊女の生活　5 著名な遊女と妓楼
　*江戸吉原遊廓を中心に、遊女の歴史と各地の遊里、遊客を詳しく解説。

◇遊女の江戸―苦界から結婚へ　下山弘著　中央公論社　1993.3　180p　18cm　(中公新書)　680円　(i)4-12-101123-6　Ⓝ384.9
　内容　1 結婚に執着した遊女たち　2 遊女の結婚資格　3 遊女を眺める眼差し　4 遊女に執着した男たち
　*本書は、賢くも逞しく「遊女のその後」を生きた女や願いかなわず身を持ち崩した女、これに関わる男の話を、随筆から拾って紹介する。

◇遊女の生活　中野栄三著　増補版　雄山閣出版　1996.6　255p　21cm　(生活史叢書 6)　2884円　(i)4-639-00046-4
　内容　遊女・売女の社会的地盤　徳川幕府の売女政策　遊女の生活　てれんてくだ　遊里と遊客
　*芝居と並ぶ二大悪所と呼ばれながら、江戸庶民文化が絢爛と咲き誇った江戸吉原。そこに暮らす遊女たちの朝から夜までの生活や、女たちのさまざまな知恵を、豊富な図版と史料でつぶさに紹介。

◇横浜「チャブ屋」物語―日本のムーランルージュ　重富昭夫編著　横浜　センチュリー　1995.3　229p　19cm　1500円　(i)4-915966-07-0　Ⓝ384.9
　内容　第1章 ハマの歴史、チャブ屋誕生秘話　第2章 文学に描かれたチャブ屋風俗　第3章 古き良き時代のチャブ屋体験
　*明治中期から太平洋戦争前までのおよそ数十年にわたり横浜の一時代を築いたチャブ屋。それは、当時横浜のシンボル的な存在であったリキシャマンによって形成された、ラシャメンでも遊郭でもない横浜が生み出したユニークな世界であった。断髪の美女と脂粉の香り嬌声ひびく洋館の中で夜ごと繰り広げられた横浜の中の西洋。チャブ屋は、横浜のエキ

文化人類学の本 全情報　391

芸者・遊里　　　　　　　　　　　　　　　　　　　　　　　　　　社会・家庭生活の習俗

ゾチズムのルーツであり、文化でもある。
◇私の見てきた新町　鈴木金子著　大阪　鈴木金子　2000.6　64p　20×24cm　非売品　Ⓝ384.9

◆吉原
◇三省堂川柳吉原便覧　佐藤要人編　三省堂　1999.8　404p　16cm　1500円　(i)4-385-13841-9　Ⓝ384.9
　(内容)遊女の階級　遊女の風俗・習慣　吉原の四季　廓の明暮れ　傾城買心得帖　吉原人国記　吉原一国成敗譚
◇図説浮世絵に見る江戸吉原　佐藤要人監修, 藤原千恵子編　河出書房新社　1999.5　127p　22cm　(ふくろうの本)　1800円　(i)4-309-72604-6　Ⓝ384.9
　(内容)遊女　吉原廓内　遊女屋　廓の人々　吉原通い　吉原遊興　後朝の別れ　遊女の生活　年中行事　吉原風俗　遊女伝説　吉原の歴史
　＊町人の意気地と夢の舞台、いま甦る不夜城吉原の全貌。
◇川柳江戸吉原図絵　花咲一男著　三樹書房　1993.2　357p　22cm　7210円　(i)4-89522-167-9　Ⓝ384.9
　(内容)元吉原以前の遊所　元吉原　新吉原への移転　吉原をとりかこむ江戸　かこつけの吉原　土堤八丁五十間道廓内一覧　吉原の客　吉原で生活した人々　吉原年中行事　吉原の一日　雑録
◇元吉原考　石崎芳男著　近代文芸社　1994.11　286p　20cm　2500円　(i)4-7733-3643-9　Ⓝ384.9
　(内容)遊女の歴史　開府前後の江戸　江戸初期の遊女町　吉原の成立　庄司甚右衛門(甚内)の時代とその周辺　吉原の認可　元吉原の築立と構造　元吉原諸相　遊興する世相　芸能と風俗　吉原移転前後
　＊江戸歓楽の原点吉原遊廓の発生の考証。通説「洞房語園」のウソ、江戸初期文献による精密な追及、その成立と実態。遊女発生史から幕初の江戸の町、廓の発生、人間関係、築立工事から強制移転まで。元吉原の諸相と風俗、間違いだらけの通説を訂正する、江戸学入門者より専門研究者までの必読の書。
◇吉原細見―江戸美女競　平木浮世絵財団編　横浜　平木浮世絵財団　1995.9　127p　29cm
　〈監修:佐藤光信　限定版　吉原細見リスト:p110～117〉　Ⓝ384.9
◇吉原細見年表　八木敬一,丹羽謙治共編　武蔵村山　青裳堂書店　1996.3　427p　図版104p　22cm　(日本書誌学大系 72)　39140円　Ⓝ384.9
◇吉原風俗資料　蘇武緑郎編　復刻版　永田社　1998.4　586p　21cm　(原本:文芸資料研究会昭和5年刊　東京　星雲社(発売))　12381円　Ⓝ384.9

◇吉原風俗資料 全　復刻版　永田社, 星雲社〔発売〕　1998.4　586p　21cm　12381円　(i)4-7952-5548-2
　(内容)洞房語園異本　吉原恋の道引　吉原大全　麓の色　吉原鑑　青楼雑話　吉原十二時　十八大通　吉原青楼年中行事　北里見聞録　吉原形四季細見
　＊本書は江戸時代の吉原風俗文芸資料と題したものであり、江戸時代の吉原を研究する初学者の便宜上、吉原の起原、開基当時の吉原及びその附近の地理、遊女の種類、遊客の風俗、廓内の習慣、日夜この里に勤めて衣食する所謂吉原者の名称、建築様式、流行等を基準としてその材料を配列したものである。

通過儀礼

通過儀礼

◇あおもり冠婚葬祭事典―地域のしきたりとマナー 青森 東奥日報社 1996.10 207p 26cm
（監修：盛田稔） 2300円 (i)4-88561-038-9 Ⓝ385

◇稲沢の人生儀礼 稲沢市史編纂委員会編 稲沢 稲沢市教育委員会 1997.3 67p 26cm（稲沢市史資料 第32集） Ⓝ385

◇祈り・忌み・祝い―加賀・能登の人生儀礼 石川県立歴史博物館編 金沢 石川県立歴史博物館 1993.10 117p 26cm（会期：平成5年10月9日〜11月14日 参考文献一覧：p111〜113） Ⓝ385

◇祝いごとの民俗―企画展 三島市郷土館編〔三島〕 三島市教育委員会 1993.3 34p 26cm（会期：平成5年3月21日〜5月6日） Ⓝ385

◇祝い・祀り・墓―名護市の人生儀礼と墓 名護博物館編 名護 名護博物館 1994.11 46p 26cm（企画展12：1994年11月1日〜30日） Ⓝ385

◇岩手の冠婚葬祭―地域のしきたりと費用 岩手日報社出版部企画・編集 盛岡 岩手日報社 1994.9 195p 26cm 2200円 (i)4-87201-167-8 Ⓝ385

◇陰陽で読み解く日本のしきたり 大峡儷三著 PHP研究所 1998.10 217p 19cm 1381円 (i)4-569-60105-7 Ⓝ385
　内容 序章 浦島太郎と陰陽説 第1章 遊ぶ 第2章 着る 第3章 食べる 第4章 住む 第5章 しぐさ 第6章 祭る 第7章 贈る 第8章 男と女の陰陽説 第9章 正月と陰陽説
　＊着物の左前はどうしてダブー？花嫁のお色直しにはちゃんと意味がある？日本の生活習慣・風俗の「？」がわかる目からウロコが落ちる本。

◇大浦の人生儀礼 佐島直三郎編 山田町〔岩手県〕 山田町教育委員会 1995.2 51p 26cm（大浦民俗調査記録集 8）〔岩手県山田町大浦8 山田町大浦・現代年表：p32〜49〕 Ⓝ385

◇岡山の冠婚葬祭 山陽新聞社編 新版 岡山 山陽新聞社 1996.11 164p 26cm〈付．表書きのいろいろ・慶弔電報のごあんない・諸届けと手続き 参考文献と資料：p164〉 2060円 (i)4-88197-608-7 Ⓝ385
　内容 婚（式場自慢の披露宴料理 ブライダルコスチュームセレクション ほか） 冠（赤ちゃんの祝いごと 子どもの祝いごと ほか） 祭（迎春準備と正月 春の行事と祭り ほか） 葬（危篤・臨終 葬儀の準備 ほか）

◇おつきあい講座―冠婚葬祭マナー 名古屋版 竹内くに子著 名古屋 中日新聞社 1995.7 227p 19cm 1400円 (i)4-8062-0280-0 Ⓝ385
　内容 冠（子供の祝い事） 婚（お見合い・結納・結婚） 葬（通夜・葬儀・法要） 祭（年中行事・人生の祝い事） マナー（近所づきあい・訪問のマナーなど）

◇おつきあいの相場―新潟県内における慶弔金のアンケートから 平成8年調査 長岡 北越銀行くらしと経営の相談室 1997.3 27p 30cm Ⓝ385

◇かが・のとの冠婚葬祭―安心マニュアル 北国新聞社出版局編 金沢 北国新聞社 1994.8 145p 26cm 2500円 (i)4-8330-0851-3 Ⓝ385

◇覚悟と生き方 岩本通弥編 筑摩書房 1999.10 222p 18cm（ちくま新書―民俗学の冒険 4）660円 (i)4-480-05799-4 Ⓝ382.1
　内容 プロローグ 「神話」の崩壊と「伝統」の回帰のなかで 第1部 掟と噂（会社の掟―現代サラリーマン事情 うわさ話と共同体） 第2部 女の幸福（結婚と相手 現代女性とライフスタイルの選択―主婦とワーキングウーマン） 第3部 霊魂の行方（「死に場所」と覚悟）
　＊入社式から社葬まで、会社の掟と儀礼に生きるサラリーマン。農村社会が崩壊した今、彼らこそ、現代の「常民」ではないだろうか。校則や新歓コンパなど若者世界の決まりとイニシエーション、主婦やワーキングウーマンなど多様化する女性たちのライフスタイル、そして現代人の死に場所と霊魂の行方。「群れ」社会に生きる日本人の覚悟と自己決定のあり方を民俗学の視点から探る一冊。

◇角田の通過儀礼 角田 角田市教育委員会 1994.3 95p 26cm（角田市民俗文化財調査報告書 第2集） Ⓝ385

◇鹿児島の冠婚葬祭お付き合い百科〔鹿児島〕南日本新聞社 2001.6 269p 26cm（鹿児島南日本新聞開発センター（発売）） 1714円 (i)4-944075-81-2 Ⓝ385

◇割礼の歴史 一〇億人の包皮切除 マレク・シュベル著，盛弘仁，盛恵子訳 明石書店 1999.12 334p 20cm（明石ライブラリー 12）〈文献あり 著作目録あり〉 3600円 (i)4-7503-1240-1 Ⓝ385.3
　内容 第1部 割礼の解剖学（割礼を受ける者の

文化人類学の本 全情報　393

年齢 割礼の外科手術的側面 割礼に伴って引き受けなければならない危険 ほか) 第2部 割礼の地理学(エジプトの割礼 ユダヤの割礼 アラブの割礼 ほか) 第3部 割礼が作り出す宇宙(包皮、その儀礼と信仰 割礼の正当化 割礼、衛生、そして医学 ほか) 結論 三種の割礼

◇冠婚葬祭 宮田登著 岩波書店 1999.9 198p 18cm (岩波新書)〈文献あり〉 660円 (i)4-00-430630-2 Ⓝ385
 [内容] 序 冠婚葬祭と日本人 1 老人の祝い(カジマヤーの祝い 八十八の祝い ほか) 2 誕生と育児(橘の菓 霊魂の移動 ほか) 3 成人と結婚(成人に至る 結婚のいろいろ ほか) 4 葬送と供養(死と葬祭 葬式のかたち ほか)
 *人の一生その誕生から死まで、さまざまな民俗儀礼にいろどられている。出産と命名、七五三、成人、結婚、厄年と年祝い、通夜と葬式。加えて現代では社会の高齢化にともない、あらためて"老いの習俗"が注目を集めている。時代をこえて、変容を重ねつつ今に伝えられる冠婚葬祭のなかに、日本人の人生観と霊魂観を探る。

◇冠婚葬祭—故事来歴と日本の伝承文化 矢田貝紀雄著 新訂増補 札幌 北海道教育社 2001.2 255p 19cm 〈文献あり〉 1524円 Ⓝ385

◇冠婚葬祭のマナー—日米比較 ジェームス・M.バーダマン,倫子・バーダマン著 講談社インターナショナル 1996.4 183p 19cm (Bilingual books)〈英語書名:Do it right 英文併記〉 1000円 (i)4-7700-2025-2 Ⓝ385
 [内容] 第1章 結婚式のマナー 第2章 葬儀のマナー 第3章 こんなときのエチケットは?
 *アメリカでは結婚式や葬式はどのように行われるのか。お祝いや香典は。…そしてアメリカの人たちも、日本の事情を知りたがります。これだけあればもう困らない。日米冠婚葬祭マニュアル、バイリンガル版。

◇冠婚葬祭松山の相場としきたり 松山 えひめリビング新聞社 1994.5 192p 26cm 1200円 Ⓝ385

◇儀式・行事のことがわかる事典—困ったときに役に立つ 作法儀礼研究会編 西東社 1996.12 302p 21cm 1545円 (i)4-7916-0722-8 Ⓝ385
 [内容] 序章 図解・贈答マナーの基礎知識(金封紙・かけ紙の基本 正式な贈答の基本 これをやったらハジをかく!儀式と行事のタブー集) 1章 家庭編(年始まわり ひな祭り 彼岸 端午の節句 中元 お盆 敬老の日 歳暮 帯祝い 出産祝い ほか) 2章 人生編(見合い 仲人 結納 結婚式 披露宴 結婚式・披露宴の装い 挨拶まわり 危篤・死去 遺言 通夜式・通夜ぶるまい ほか) 3章 会社編(就職 昇進・昇格・栄転 転職 退職 創立記念披露 社長就任披露 本社竣工披露 支店・支社開設披露 社葬 ビジネスシーンの装い)

◇儀礼の過程 V.W.ターナー著,富倉光雄訳 新思索社 1996.7 314p 20cm 〈新装版〉 3000円 (i)4-7835-1181-0 Ⓝ385
 [内容] 第1章 生と死の儀礼における分類の次元 第2章 ンデンブの儀礼における双子のパラドックス 第3章 リミナリティとコムニタス 第4章 コムニタス—様式と過程 第5章 謙虚さと階級制—身分の昇格と逆転のリミナリティ
 *儀礼に潜む意味とは。フィールドワークから得た仮説を現代社会に適用。

◇熊本の冠婚葬祭 新版 〔熊本〕 熊本日日新聞社 2001.10 312p 21cm (熊本 熊本日日新聞情報文化センター(製作・発売)) 1800円 (i)4-87755-111-5 Ⓝ385

◇高知の冠婚葬祭読本 和田書房,月刊『土佐』編集室著 〔高知〕 高知新聞社 1996.8 275p 21cm 〈発売:高知新聞企業 参考文献:p274~275〉 2000円 Ⓝ385

◇高知の冠婚葬祭読本 和田書房,月刊『土佐』編集室著 第2版 〔高知〕 高知新聞社 2001.1 271p 21cm 〈高知 高知新聞企業〉 2000円 (i)4-87503-310-9 Ⓝ385

◇三三九度—日本的契約の民俗誌 神崎宣武著 岩波書店 2001.10 221p 20cm 〈文献あり〉 2400円 (i)4-00-023004-2 Ⓝ385
 [内容] 序章 吉備高原上の祭礼 1章 輪島・「お当渡し」の盃 2章 テキヤ社会における盃事 3章 親子盃と兄弟盃 4章 祝言での女夫盃 終章 日本文化としての「盃事」
 *酒と盃は、契約の場には必須である。日本社会ではかつてさまざまな儀式で盃事が行われていた。結婚式の「三三九度」にはじまり「親子盃」「兄弟盃」「襲名盃」など、ひとつの盃を当事者と参列者が回し、約束事を固めるそのスタイルは、無形ながら拘束性を持つ契約事であり、生涯を契る儀式である。ムラ社会の盃事から、テキヤ・ヤクザ世界の襲名儀礼に到るまで、日本的契約の伝統をさぐる。

◇静岡県の冠婚葬祭 静岡新聞社編 静岡 静岡新聞社 1994.10 238p 26cm 〈付:参考文献〉 2000円 (i)4-7838-0722-1 Ⓝ385

◇死と人生の民俗学 新谷尚紀著 曜曜社出版 1995.3 256p 19cm 1200円 (i)4-89692-115-1 Ⓝ385
 [内容] 1 エッセイ死の民俗 2 概説人生儀礼 3 ノート一枚の紙片ながら—延命長寿の呪法 4 評論柳田を読む—「日本の祭り」・「先祖の話」によせて

◇島根の冠婚葬祭—家蔵版 白石昭臣,酒井董美共著 出雲 ワン・ライン 2000.4 198p 22cm 2286円 (i)4-948756-06-7 Ⓝ385

◇祝福から暴力へ—儀礼における歴史とイデオロ

ギー　モーリス・ブロック著，田辺繁治，秋津元輝訳　法政大学出版局　1994.6　394,18p　20cm　〈叢書・ウニベルシタス 434〉〈巻末：参照文献〉　4429円　(i)4-588-00434-4　Ⓝ385.3
　内容　第1章 儀礼の社会的決定　第2章 背景としてのメリナの政治・宗教史―1770―1970　第3章 メリナの社会組織と宗教の背景　第4章 割礼儀礼の記述と予備的分析　第5章 割礼のシンボリズム　第6章 割礼の起源にかんする神話　第7章 割礼の歴史　第8章 歴史のなかの割礼儀礼—イデオロギーの転換の理論に向けて
　＊マダガスカルのメリナにおける割礼を歴史的に構造分析し、社会経済的な過程と関係し/変化し/持続するメカニズムを明らかにする。モーリス・ブロック社会人類学の再構築。

◇新・大分の冠婚葬祭―そのしきたり、傾向、費用　〔大分〕　大分合同新聞社　1997.11　167p　26cm　〈大分　大分合同新聞文化センター(製作・発売)〉　2500円　Ⓝ385

◇新香川の冠婚葬祭―しきたりとマナーの百科　高松　四国新聞社　1996.11　236p　26cm　〈索引あり　文献あり〉　2427円　(i)4-915604-54-3　Ⓝ385

◇新・熊本の冠婚葬祭　熊本　熊本日日新聞社　1996.12　236p　26cm　〈製作・発売：熊本日日新聞情報文化センター〉　2000円　(i)4-905884-84-5　Ⓝ385

◇新・静岡県の冠婚葬祭　静岡新聞社編著　静岡　静岡新聞社　1999.12　223p　26cm　2000円　(i)4-7838-0743-4　Ⓝ385
　内容　礼(CHECK SHEET あなたのマナー度はどのくらい？　金包みのマナー　服装のマナー　ほか)　冠(TIME SCHEDULE「人の一生」　子供の祝いについて　長寿の祝いについて　ほか)　婚(TIME SCHEDULE「ゴールインの日まで」　新郎新婦について　両親について　招待客について　ほか)　葬(TIME SCHEDULE「仏式法要」　喪家について　親戚・隣組について　ほか)　祭(TIME SCHEDULE「一年の暦」　暮らしの歳時記)

◇信州の冠婚葬祭―ふれあいの道しるべ　改訂版　長野　信濃毎日新聞社　1994.7　210p　30cm　〈付：参考文献・資料〉　1200円　(i)4-7840-9425-3　Ⓝ385
　内容　第1章 結婚の常識in信州　第2章 お祝いごとの常識in信州　第3章 お付き合いと年中行事の常識in信州　第4章 弔事の常識in信州

◇信州の冠婚葬祭　3訂版　長野　信濃毎日新聞社　1997.4　211p　30cm　〈付：参考文献・資料〉　1400円　(i)4-7840-9707-4　Ⓝ385

◇人生儀礼事典　倉石あつ子，小松和彦，宮田登編　小学館　2000.4　253p　22cm　2800円　(i)4-09-386028-9　Ⓝ385
　内容　1 出産・誕生　2 子供から大人への道　3 大人の仲間入り　4 結婚　5 親としての時代　6 第二の人生　7 葬儀と年忌
　＊現代行われていないものから定着しているものまで伝統的な日本文化から現代日本社会を理解するための人生儀礼について解説した事典。配列は出生前の儀礼から死をむかえ生まれ変わるまでの年代順。各項目は本文と脚注で構成し、祝い金の平均的な金額なども掲載している。巻末に事項索引を付す。

◇人生儀礼の諸相―誕生・結婚・葬送をめぐる人々　くにたち郷土文化館編　国立　くにたち郷土文化館　1997.1　32p　30cm　〈くにたち郷土文化館平成8年度企画展　会期：平成9年1月25日～4月6日〉　Ⓝ385

◇人生のくくり方―折目・節目の社会学　加藤秀俊著　日本放送出版協会　1995.5　315p　19cm　(NHKブックス 737)　〈参考文献：p309～312〉　1100円　(i)4-14-001737-6　Ⓝ385
　内容　1 いのちのはじまる時　2 人生への旅立ち　3 人生を表現する　4「個」のかがやくとき
　＊一生の折目・節目を迎えるたびに、人は知恵と人間らしさを育んできた。区切りを彩る儀礼を通じて、ある社会のなかの一員となり、人として生かされてきた。出産の祈り、誕生の祝いにはじまり、社会的思春期を経て、齢とともに人生を表現しながら、儀礼を重ねる。そして「個」をかがやかせながら晩年を越え、やがて人生をまとめながら死にゆく。こんにちの日本人は、人生儀礼の体験に何を学び、如何に「生きること」と出会うのか。生をうけて、死に至るまでの様々な「通過儀礼」を通して、人間の暮らし、人生のドラマを捉え直し、現代人のアイデンティティーと生き方に迫る。

◇人生のまつり―親から子へ、大切な生命のかたち　神社本庁　1997.10　18p　21cm　〈氏子のしおり　第42号〉　Ⓝ385

◇新栃木の冠婚葬祭　下野新聞社編　宇都宮　下野新聞社　1998.11　208p　21cm　1800円　(i)4-88286-096-1　Ⓝ385

◇新とやまの冠婚葬祭　北日本新聞社出版部編　富山　北日本新聞社　1999.8　197p　28cm　2190円　(i)4-906678-42-4　Ⓝ385

◇新・ひろしまの冠婚葬祭　広島　中国新聞社　1996.7　143p　26cm　2000円　(i)4-88517-233-0　Ⓝ385

◇「成人式」実施状況調査結果―平成12年度　文部科学省　2001.4　41p　30cm　Ⓝ385.3

◇性と年齢の人類学―高橋統一先生古稀記念論文集　清水浩昭，芳賀正明，松本誠一編　岩田書院　1998.7　363p　22cm　7900円　(i)4-87294-123-3　Ⓝ385.04
　内容　世代間関係に関する一考察(清水浩昭著)　聖なる女の籠り(福寛美著)　年齢階梯制における差異化のシステムと正当化(中野泰著)　「共同体(ムラ)祭祀・宮座・個人」の法社会史的

考察(森謙二著)　男女別・年齢別の墓地をめぐる問題(関沢まゆみ著)　契約と同族(立柳聡著)　現代韓国社会の「男児選好思想」についての一考察(金美栄著)　韓国社会における男子大学生(奥''田筆子著)　韓国の俗信語における性(小沢康則著)　中国四川農村の擬制的親族(蕭紅燕著)　ベトナム村落の＜年齢階梯制＞的特徴(末成道男著)　バングラデッシュ・ムスリムにおける年齢区分と性(高田峰夫著)　ドンザへの道のり(増田研著)　男が髪を切るとき(棚橋訓著)　フランスの若者組(長野晃子著)

◇生の中の死―企画展示解説図録　福島県立博物館編　会津若松　福島県立博物館　1999.10　93p　30cm　〈1999年度第3回企画展:1999年10月9日―12月12日　文献あり〉　Ⓝ385

◇祖先祭祀と韓国社会　R.ジャネリ,任敦姫著,樋口淳ほか訳　第一書房　1993.12　298,31p　20cm　(Academic series—New Asia 12)　〈巻末:参考文献〉　3500円　(i)4-8042-0066-5　Ⓝ385
　内容　第1章 ティソンディ権氏　第2章 ティソンディ権氏の家族　第3章 祖先になる　第4章 家内祭祀(忌祭・茶礼)　第5章 氏族祭祀(時祭・墓祭)　第6章 ムーダン(巫堂)と祖先　第7章 東アジアの祖先信仰

◇通過儀礼　アルノルト・ファン・ヘネップ著,綾部恒雄,綾部裕子訳　弘文堂　1995.3　237,12p　22cm　(Kobundo renaissance)　3605円　(i)4-335-05111-5　Ⓝ385
　内容　第1章 儀礼の分類　第2章 実質的通過　第3章 個人と集団　第4章 妊娠と出産　第5章 出生と幼年期　第6章 加入礼　第7章 婚約と結婚　第8章 葬式　第9章 他の型の通過儀礼　第10章 結論
　＊門と敷居、歓待、養子縁組、妊娠と出産、誕生、幼年期、成熟期、イニシエーション、叙任式、戴冠式、婚約と結婚、葬儀、季節、その他の諸儀式の体系的研究。

◇通過儀礼　アルノルド・ヴァン・ジュネップ著,秋山さと子,弥永信美訳　新装版　新思索社　1999.2　212,126,10p　19cm　3300円　(i)4-7835-1182-9
　内容　第1章 儀礼の分類　第2章 具体的通過　第3章 個人と集団　第4章 妊娠と出産　第5章 誕生と幼年期　第6章 イニシエーション儀礼　第7章 婚約と結婚　第8章 葬式　第9章 その他の通過儀礼群　第10章 結論
　＊誕生から成人、結婚、葬式までを、「分離・移行・合体」の体系的概念に整理し、儀礼の本質に迫る。フランス語原典からの完訳決定版。

◇通過儀礼・年中行事に見る町屋の伝統的生活領域に関する研究　前野嶢ほか著　住宅総合研究財団　1993.1　76p　30cm　(研究 no.8601)　2100円　Ⓝ385

◇徳島の冠婚葬祭　徳島　徳島新聞社　1995.5　207p　26cm　2500円　(i)4-88606-029-3　Ⓝ385

◇新潟の冠婚葬祭―お付き合いの常識　新潟　新潟日報事業社出版印刷部　1995.11　130p　30cm　1500円　(i)4-88862-594-8　Ⓝ385

◇日本古代の儀礼と祭祀・信仰　上　和田萃著　塙書房　1995.3　488p　22cm　8755円　(i)4-8273-1131-5　Ⓝ210.3
　内容　喪葬儀礼と即位儀礼(殯の基礎的考察　飛鳥・奈良時代の喪葬儀礼　殯宮儀礼の再分析―服属と儀礼　タカミクラ―朝賀・即位をめぐって)　古墳とその周辺(ハニ・土師氏・古墳　喪葬儀礼と埴輪群像　古墳史からみた装飾古墳　古墳の被葬者と実年代 ほか)

◇日本古代の儀礼と祭祀・信仰　中　和田萃著　塙書房　1995.3　421p　22cm　7210円　(i)4-8273-1132-3　Ⓝ210.3
　内容　道教的信仰と神仙思想(日本古代の道教的信仰　鏡と神仙思想　薬猟と本草集注―日本古代における道教的信仰の実態　呪符木簡の系譜 ほか)　古代祭祀の諸相(チマタと橋―オトタチバナヒメ入水伝承を手掛りに　飛鳥のチマタ　夕占と道饗祭　下ツ道と大祓 ほか)

◇日本古代の儀礼と祭祀・信仰　下　和田萃著　塙書房　1995.6　496,38p　22cm　8755円　(i)4-8273-1133-1　Ⓝ210.3
　内容　古代大和の神々(国中と吉野―日本の聖地　三輪山祭祀の再検討　三輪山と石上山―祭祀の源流　飛鳥の神々 ほか)　日本各地における祭祀(日本の神々　熊野の原像　東国への海つ路　沖ノ島と大和王権 ほか)

◇日本古代の儀礼と表現―アジアの中の政治文化　新川登亀男著　吉川弘文館　1999.7　398,17p　22cm　9500円　(i)4-642-02340-2　Ⓝ210.3
　内容　第1部 身ぶりと言葉と文書(儀礼と文書の出現　儀礼と言葉と「もの」　文書と無文字社会)　第2部 伎楽上演(伎楽の受容と行事　伎楽の演出と観劇)
　＊古代日本において身ぶりと言葉と文書が相互に関係し合うことを、「アジア『政治文化』「日本」をキーワードに探る。儀礼とその表現を表象として検討し、組みかえられゆく国家・社会を主観と客観の狭間から再構築する。

◇日本人礼儀作法読本　マガジンハウス　1998.3　161p　21cm　(Magazine House mook—Gulliver)　1000円　(i)4-8387-8151-2　Ⓝ382.1

◇日本の通過儀礼　八木透編　京都　仏教大学通信教育部　2001.3　271p　20cm　(仏教大学鷹陵文化叢書 4)　(京都 思文閣出版(製作・発売)　文献あり)　1900円　(i)4-7842-1075-X　Ⓝ385
　内容　第1章 命の誕生と成長　第2章 子どもから大人へ　第3章 伴侶を得る　第4章 人生の成熟と老い　第5章 あの世への旅立ち
　＊本書は日本人の通過儀礼について、専門家はもとより、これから民俗学を専門的に学ぼう

◇年中行事・儀礼事典　川口謙二,池田孝,池田政弘著　改訂新版　東京美術　1997.12　263,13p　19cm　〈東京美術選書 19〉〈文献あり　索引あり〉　1600円　(i)4-8087-0020-4　Ⓝ385.8
〈内容〉一月(元日　若水　四方拝　ほか)　二月(旧正月　節分　立春　ほか)　三月(上巳の節供　啓蟄　涅槃会　ほか)　四月(神武天皇祭　清明　花祭　ほか)　五月(八十八夜　憲法記念日　端午の節句　ほか)　六月(芒種　夏至　夏越祭)　七月(半夏生　小暑　七夕　ほか)　八月(八朔　立秋　放生会　ほか)　九月(二百十日　白露　重陽の節供　ほか)　十月(寒露　体育の日　亥の子　ほか)　十一月(文化の日　立冬　酉の市　ほか)　十二月(大雪　歳の市　冬至　ほか)　人生儀礼　お七夜　お宮参り　お食い初め　ほか)
＊暦に掲載されている年中行事のうちから主要なものを選んで解説したもの。

◇のし袋の書き方　日本習字普及協会編　日本習字普及協会　2001.6　63p　26cm　700円　(i)4-8195-0187-9　Ⓝ385
〈内容〉慶事の祝儀袋(結婚　一般)　弔事の不祝儀袋　ポチ袋　のし紙　慶弔の表書き　表書きのマナー　水引　水引の本数　水引の色　水引の結び方

◇萩原の礼式としきたり　萩原町教育委員会文化資料室編　〔萩原町(岐阜県)〕　萩原町　1994.3　203p　21cm　(はぎわら文庫　第16集)　Ⓝ385

◇人の一生―ふるさとの民俗　その1　〔中野〕〔中野市中央公民館〕　〔1995〕　79p　21cm　〈平成6年度高齢者人材活用事業〉　Ⓝ385

◇人の一生―ふるさとの民俗　その2　〔中野〕中野市中央公民館　1996.3　71p　21cm　〈平成7年度高齢者人材活用事業〉　Ⓝ385

◇人の一生―ふるさとの民俗　その3　中野市中央公民館編　中野　中野市中央公民館　1997.3　71p　21cm　〈平成8年度高齢者人材活用事業〉　Ⓝ385

◇福岡県の冠婚葬祭―県内各地のしきたり　福岡　西日本新聞社　1993.3　189p　26cm　2000円　(i)4-8167-0334-9　Ⓝ385

◇北海道の冠婚葬祭110番―家に一冊の必読本　〔函館〕　幻洋社　〔1999〕　168p　21cm　1262円　(i)4-906320-30-9　Ⓝ385

◇北海道の冠婚葬祭情報―データ編　札幌　エムジー・コーポレーション　1995.5　143p　30cm　〈奥付の書名:北海道冠婚葬祭情報〉　Ⓝ385

◇北海道の冠婚葬祭と暮らしのおつきあい　佐藤朝子著　札幌　北海道新聞社　1999.11　145p　21cm　1300円　(i)4-89453-054-5　Ⓝ385
〈内容〉第1章　結婚(縁談を依頼するとき、断るとき　婚約　婚儀の準備　結婚式・披露宴　宴のあと　結婚の総費用　結婚記念日)　第2章　葬儀(増えてきた「密葬」　臓器提供と献体　喪家側　死亡診断書受領から「精進落とし」まで　宗教の違い　弔問する側　死亡の知らせを受けたとき　葬儀の後で　お墓　年賀欠礼―「身内」の範囲)　第3章　暮らしのおつきあい(贈りものとお金　品選びのヒント　人生の節目の祝いごと　成長の祝い　好ましい動作　好きな言葉)
＊時代に即応したおつきあいのために。北海道ならではのしきたりの意味あいを大切にしながら、これからは自分流で…そんな要望にもしっかり応える一冊。

◇北海道の冠婚葬祭入門―実用編　札幌　エムジー・コーポレーション　1995.5　183p　30cm　〈奥付の書名:北海道冠婚葬入門　監修:宮良高弘　執筆:宮良高弘ほか〉　Ⓝ385

◇宮崎の冠婚葬祭　〔宮崎〕　宮崎日日新聞社　1993.10　239p　21cm　〈発売:宮日カルチャセンター〉　2000円　Ⓝ385

出　産

◇アイヌお産ばあちゃんのウパシクマ―伝承の知恵の記録　青木愛子述,長井博記録　新版　国立　樹心社　1998.11　262p　21cm　〈東京　星雲社(発売)〉　2000円　(i)4-7952-2480-3　Ⓝ385.२
〈内容〉第1部　赤ちゃんは喜びながら生まれてくる(イコイシカル　療術)　第2部　カムイから伝えられたもの(ウエインカラクルとしてのめざめ　先祖をたずねて　海の向こうから)
＊青木愛子はアイヌコタンに代々続いた産婆の家に生まれ、古代から継承されて来た産婆術(イコイシカル)、診察・治療のための特殊な掌、薬草、整体手技、あるいはシャーマンとしての技量をも駆使して、地域住民の心身健康の守り役、相談役として活躍した。本書は十年にわたって愛子の施療の実際を見て、その言葉の一つ一つを丹念に記録した、アイヌの信仰と文化の実態に迫る伝承の知恵の書。

◇赤ちゃんの歴史　入来典著　鳥影社　2000.9　251p　20cm　〈文献あり〉　1800円　(i)4-88629-512-6　Ⓝ385.2
〈内容〉子どもを産む　産婆、助産婦とその養成　新生児の養護　未熟児・双生児　赤ちゃんの栄養　子どもと死　拒絶される子ども　障害をもった子ども　子どもの日常生活と養護
＊赤ちゃんはどのようにして生まれ、育てられてきたのか?近世ヨーロッパの出産と子育ての風景を軸に日本とも対比して、文化史として考える。

◇育児と日本人　正高信男著　岩波書店　1999.11　188,3p　19cm　〈文献あり〉　1800円　(i)4-00-

出産　　　　　　　　　　　　　　　　　　　　　　　　　　　　　通過儀礼

002800-6　Ⓝ385.2
◇胞衣の生命　中村禎里著　海鳴社　1999.11
198p　20cm　〈文献あり〉　1800円　(i)4-87525-192-0　Ⓝ385.2
　(内容)第1章 平安時代・中世支配階級の胞衣納法　第2章 中国古代の胞衣納法の影響　第3章 中世末期・近世初期の胞衣納法書　第4章 近世諸階級の胞衣納法　第5章 近世医書と風俗書における胞衣納法書　第6章 近代日本の胞衣納法　第7章 胞衣納め適地の逆転　第8章 近隣諸民族の胞衣納法　第9章 胞衣納法と葬法　第10章 埋甕と胞衣
　＊胎児を守ってきた胎盤や膜は、胞衣(えな)といわれ、後産として産み落とされる。それはけがれたものと見る一方で、、新生児の分身であり子の生命維持・成長に一定の役割を果すものとも解釈された。そのため、その処置に人々は戸惑い、さまざまな伝承・習俗を育んできた。中国の影響、地域独自の解釈、胞衣塚の形式、疾病や葬送との関係などより、近代までの歴史と東南アジアにいたる風俗をも視野に入れ、人々の営みと生命観を探る。
◇大原の産屋　三和町(京都府)　三和町郷土資料館　1999.12　44p　30cm　〈平成11年度(第13回)企画展：平成11年11月12日—12月19日　文献あり〉　Ⓝ385.2
◇産の民俗—特にその俗信集　佐藤千春著　日本図書刊行会　1997.12　210p　20cm　〈東京近代文芸社(発売)〉　1700円　(i)4-89039-768-X　Ⓝ385.2
　(内容)1 産の穢　2 栄花物語のお産　3「水を産む事」の顚末　4 古典とお産　5 死者は誘う妊産婦俗信集
　＊お産の習俗を浚う。産の穢発生のメカニズム。そして妊産婦を永い間束縛した禁忌まみれの俗信の正体。
◇女—婚と産　石郷岡千鶴子著　秋田　秋田文化出版　1993.12　220p　19cm　〈民俗叢書 Vol.5〉　1600円
　(内容)女の忌み　「サカタテ」と結納　嫁火　妊娠　出産　産火　産の神と産神　産と死　「女の天下」など
　＊女—女性であるがゆえに信仰されてきた「忌み」の生活。だが、古代の母系社会から、女性は家庭の中心として、神を祭るべき存在だった。いにしえの女性達の、たくましき生活の姿を、今に伝える。
◇子育てこころと知恵—今とむかし　上笙一郎著　赤ちゃんとママ社　2000.11　190p　21cm　1400円　(i)4-87014-024-1　Ⓝ385.2
　(内容)第1章 育てのこころ　第2章 身ごもりのころ　第3章 産声高らかに　第4章 這えば立て　第5章 家の中へ　第6章 一人前の子ども　第7章 これからの子育て

　＊おおらかで、たくましい昔の子育て。子育てが楽しいと思えない人が増えてきた今だから、甦る子育てのエッセンス。
◇子育ての原風景—カミの子からムラの子へ　特別展　埼玉県立博物館編　大宮　埼玉県立博物館　1994.7　63p　26cm　〈国際家族年協賛　会期：1994年7月19日〜8月28日　主要参考文献：p62〉　Ⓝ385.2
◇子育ての民俗—柳田国男の伝えたもの　大藤ゆき米寿記念出版1　大藤ゆき著　岩田書院　1999.10　408,19p　22cm　〈肖像あり 年表あり〉　9200円　(i)4-87294-151-9　Ⓝ385
◇これで納得子どものお祝い—子どもの行事・孫の祭事　バンビーニクラブ編　日東書院　2001.6　155p　19cm　850円　(i)4-528-01257-X　Ⓝ385.2
　(内容)出産から初誕生までのお祝いごと(お七夜　命名　出産のお祝い　内祝い　お宮参り　お食い初め　初節句のお祝い　初誕生のお祝い)　小学校入学までのお祝いごと(七五三のお祝い　入園・卒園のお祝い　小学校入学のお祝い　誕生日のお祝い)
　＊本書では、お祝いごとの由来、お祝いを贈る時期やお返し、表書きなど押さえておきたいポイントをまとめています。
◇産育史—お産と子育ての歴史　国本恵吉著　盛岡　盛岡タイムス社　1996.5　474p　22cm　〈文献あり〉　6311円　(i)4-944053-18-5　Ⓝ385.2
◇自然出産の智慧—非西洋社会の女性たちが伝えてきたお産の文化　ジュディス・ゴールドスミス著，日高陵好訳　日本教文社　1997.12　280,70p　20cm　〈文献あり〉　2476円　(i)4-531-08109-9　Ⓝ385.2
　(内容)第1章 女が大きなお腹を抱える—部族社会での妊娠　第2章 孵らす女—部族民のお産　第3章 大地の母—難産での助産婦の働きと妊婦へのケア　第4章 暗闇の中から—赤ちゃん誕生　第5章 子宮がもとのところへ—お母さんへの産後のケア　第6章 まだ皆の前にお目見えしない赤ちゃん—授乳期の母と乳児の絆　幕間 新参者がやってきた—出産のセレモニー　第7章 現代のお産　第8章 新たな道を求めて—文明社会の中での健康的なお産と子育て　第9章 本来の姿で生きるには—文化間のぶつかり合いと部族民
　＊かつて世界のすべての女性は、自然で健やかなお産を行なっていた…。世界の500の民族に伝わる、素晴らしいナチュラル・バースの智慧を集大成。病院出産が忘れた、お産のわざの数々を紹介。
◇出産と身体の近世　沢山美果子著　勁草書房　1998.5　282,14p　20cm　2900円　(i)4-326-65208-X　Ⓝ385.2

398　文化人類学の本 全情報

◇(内容)序章 出産と身体の近世 第1章 農民家族の「産」の風景 第2章 農民家族の「産む」身体 第3章 農民家族の「子産み」と出産管理―仙台藩「赤子養育仕法」を手掛りに 第4章 町人家族の胎児観、「産む」身体―津山城下町を中心に 第5章「産む」身体をめぐる権力関係 第6章 間引き教諭書への女・夫婦の登場―「産む」身体と婚姻の管理へ 第7章「産」をめぐる諸相―民衆・女性・医療 第8章「産」の心性―近世岡山の場合
*本書は、出産を窓口に、支配層、共同体、民衆という三者の権力関係や、女と男の関係のなかで、女性たちが妊娠し出産する自らの身体をどうとらえ、またこれと関わるものとして胎児や堕胎をどうとらえていたのかという身体観の問題を解明する。

◇出産の社会史―まだ病院がなかったころ ミレイユ・ラジェ著、藤本佳子、佐藤保子訳 勁草書房 1994.5 349,7p 21cm 5356円 (i)4-326-60092-6
◇(内容)第1章 子ども、この明白なるもの(女と再生産能力 多面性と生命の意味 新生児―いかなる無関心あるいは関心が寄せられたか？ 多すぎる子ども) 第2章 出産(自ら産むのか産ませられるのか 分娩の後―勝利と苦悩 《赤ん坊をとりあげること》は職業か？) 第3章 生と死の間(不可能にいどむ―介入と無力 遅い死 新生児―生への賭け)
*かつて出産は試練と危険を意味していた。17、18世紀南フランスの豊富な事例を中心に、医療化される以前の出産のあり方と変容の過程を探る。

◇出産の歴史人類学―産婆世界の解体から自然出産運動へ 鈴木七美著 新曜社 1997.12 283p 22cm 〈文献あり 索引あり〉 3800円 (i)4-7885-0615-7 Ⓝ495.7
◇(内容)序章 出産の歴史人類学のために 第1章 伝統的産婆術の世界とその解体 第2章 トムソニアニズムにおける出産―ハーブをもちいる炉辺の癒し 第3章 ハイドロパシーにおける出産―水をもちいるヘルス・リフォーム 終章 産婆世界解体プロセスにおける出産・「自然」・癒し―コスモロジーとソシアビリテの変容
*出産が産婆の手から医師の手に移ろうとしたとき何が起こったか？産婆世界と近代医学との文化衝突のただなかに出現した植物・水治療運動を光源として現代に通じる出産観、人間観、自然観の葛藤と変動の力学を照明する。

◇シンポジウム産屋トーク―女の力・子の力・産屋の力 2 三和町(京都府) 三和町企画財政課 2000.3 30p 30cm 〈会期:平成12年2月19日 タイトルは奥付による〉 Ⓝ385.2
◇健やかな成長を願って―人生儀礼・誕生から成人まで 第14回特別展 戸田 戸田市立郷土博物館 1998.10 43p 26cm Ⓝ385.2
◇徳川時代児童保護資料・日本堕胎史 社会事業研究所編、徳田彦安著 久山社 1998.4 1冊 22cm 〈日本<子どもの歴史>叢書 23〉〈解説：上笙一郎 複製〉(i)4-906563-43-0 Ⓝ385.2
◇七歳までは神のうち―展示図録 八千代市歴史民俗資料館編 八千代 八千代市歴史民俗資料館 1997.10 26p 26cm 〈平成9年度第2回企画展：平成9年10月3日―11月23日 文献あり〉 Ⓝ385.2
◇妊娠・出産・育児に関する郷土大和に於ける民俗・三州奥郡産育風俗図絵・日本の胎教・成年以前の生活 高田十郎、松下石人、尾形裕康、桜井秀著 久山社 1997.9 1冊 22cm 〈日本<子どもの歴史>叢書 12〉〈解説：宮田登 複製〉(i)4-906563-42-2 Ⓝ385.2

婚 礼

◇お大名の話・武家の婚姻 三田村鳶魚著, 朝倉治彦編 中央公論社 1998.9 383p 16cm 〈中公文庫―鳶魚江戸文庫 25〉 629円 (i)4-12-203248-2 Ⓝ385.4
◇(内容)お大名の話(お藤は烈女か 疑問の佐倉惣五 涼しがるお大名 小便組 サンガー色を帯びた大名の家庭 サンガー婆子の家苞に 変造の「護国女太平記」 開演を見合せた「井伊大老の死」 蘇生した井伊嫗 諺語をいう伊達安芸 帝国劇場の「千姫」 貸本屋と御家騒動) 武家の婚姻(武家の婚姻 四十年待って婚礼 名残りの葉隠 武門の婿養子)
*信州飯田藩堀家の廃藩問題と閨政とがからまる御家騒動を描いた「お藤は烈女か」、大名の避暑閑の興味深い実例を紹介した「涼しがる大名」、心のいたむ武家の結婚を扱った「名残りの葉隠」など、従来あまり知られていない、大名の奥向き(家庭)の生活や武士の結婚・相続問題を考証する。

◇春日の婿押し―国選択無形民俗文化財調査報告書 春日 春日市教育委員会 1994.3 185p 30cm 〈折り込3枚 春日歴史・民俗略年表：p175~181 主な参考資料：p184〉 Ⓝ385.4
◇門出のセレモニー―婚礼・葬送の習俗 徳島県立博物館企画展図録 徳島県立博物館編 徳島 徳島県立博物館 2001.7 44p 30cm 〈会期：2001年7月17日~8月26日〉 Ⓝ385.4
◇ケガレとしての花嫁―異界交流論序説 近藤直也著 佐世保 長崎県立大学学術研究会 1997.10 332p 21cm 〈長崎県立大学研究叢書 7 0918-8533〉 非売品 Ⓝ385.4
◇ケガレとしての花嫁―異界交流論序説 近藤直也著 大阪 創元社 1997.11 332p 22cm 3500円 (i)4-422-23014-X Ⓝ385.4

◇結婚の起源と歴史 江守五夫著 社会思想社 1995.1 283p 15cm (現代教養文庫 538)〈第16刷(第1刷:1965年)〉 680円 (i)4-390-10538-8 Ⓝ385.4

(内容) 第1章 婚姻を中心とした通過儀礼を媒介とする山・里・海の世界観—その研究史と若干の考察 第2章 秋田県田代町に於ける事例研究(祝儀火忌避の民俗—秋田県北秋田郡田代町の事例をめぐって 女人禁制と山の神—女性排除をめぐる山と里の対立構造 山の論理と里の論理) 第3章 高知県物部村に於ける事例研究(異界と花嫁—高知県物部村に於ける婚姻儀礼の概要 花嫁の傘—花嫁のケガレ観をめぐって ケガレとしての婚礼の火と山の神—怪異現象の諸相 ほか) 第4章 ケガレ論と「女性排除」論(対立概念としてのハレとケの再評価 「女性排除」と「女人禁制」)

◇結婚の民俗 天野武著 岩田書院 1994.4 280p 21cm (民俗学特講・演習資料集 1) 2884円 (i)4-900697-12-5 Ⓝ385.4

◇結婚費用あれこれ—新潟県内のアンケートより(平成8年度版) 長岡 北越銀行くらしと経営の相談室 1996.4 26p 30cm Ⓝ385.4

◇婚姻と家族の民族的構造 八木透著 吉川弘文館 2001.2 252,5p 22cm (日本歴史民俗叢書)〈文献あり〉 6200円 (i)4-642-07361-2 Ⓝ385.4

(内容) 序章 民俗学における婚姻と家族の研究視角 第1章 婚姻と家族研究の回顧と課題 第2章 婚姻類型論と家族 第3章 婚姻の開始と成立 第4章 婚姻と若者仲間 第5章 婚姻と里廻り慣行 第6章 婚姻と隠居慣行 第7章 婚姻と成人儀礼

＊民俗学における重要な研究領域の一つに婚姻がある。婚姻をめぐる研究は婚姻形態の歴史的変遷の解明に重きがおかれ、構造的な視覚からの研究は遅れがちであった。本書では婚姻を日本の社会構造、特に村落や家族の構造との関連においてとらえ、個々の婚姻慣行や習俗自体の意味と、それらを支える社会構造の解明と分析に重点をおいて明らかにする。

◇婚姻と子育て—土佐の習俗 坂本正夫著 高知 高知市文化振興事業団 1998.3 199p 19cm 1400円 Ⓝ385.4

◇婚姻と女性 総合女性史研究会編 吉川弘文館 1998.1 394p 21cm (日本女性史論集 4) 5700円 (i)4-642-01354-7

(内容) 1 婚姻の居住形態(古代の婚姻 奈良時代の婚姻についての一考察(抄) ほか) 2 婚姻の位置づけ(中世における女性の地位と役割—婚姻形態を通じて 武家女性の婚姻に関する統計的研究・試論—「寛政重修諸家譜」を素材として ほか) 3 向き合う女と男(平安末・鎌倉時代の夫婦呼称の一考察—「女共」『縁友』『縁共』を中心に 恋愛観と結婚観の系譜) 4 婚姻の終焉(平安中期の入墓規定と親族組織—藤原兼家・道長家族を中心として 鎌倉時代における改嫁と再婚 ほか)

＊高群逸枝による婚姻史の研究は通説として定着した観があるが、現在の研究はその意志を継承しつつも、これを乗り越えるべく実証をふまえた研究が精力的に進められている。本巻では、新しい婚姻史を生み出すために、高群説に批判的な古代婚姻制研究も多く紹介し、さらに結婚から離婚に至る過程に注目した代表的論文を各時代にわたって収録した。

◇婚姻の民俗—東アジアの視点から 江守五夫著 吉川弘文館 1998.10 226p 19cm (歴史文化ライブラリー 48) 1700円 (i)4-642-05448-0 Ⓝ385.4

(内容) 日本基層文化と婚姻の民俗—柳田国男の「海上の道」 一時的訪婚と南方文化(婚前の男女交遊の諸民族 「一時的訪婚」諸慣習の原型) 嫁入婚文化における北方系諸要素(嫁入婚文化における親の婚姻統制 呪術式婚姻儀礼と北方遊牧民文化 姉妹型一夫多妻制の古俗 「嫂直し」と「後母を娶る婚姻」「年期婿」の民俗と東北アジア 婚姻成立儀礼からみた嫁入婚の形態) 民俗学からみた日本の婚姻

＊東アジアにおける諸民族の婚姻習俗を比較検討し、わが国の婚姻の原型を究明しようとするユニークな日本基層文化論。かつて柳田国男の「嫁入婚」中世起源説を批判し、学界に大きな衝撃を与えた著者の最新の成果。

◇婚姻・労働・若者 有賀喜左衛門著 未来社 2000.11 422,33p 22cm (有賀喜左衛門著作集 第2版 6) 6800円 (i)4-624-90226-2 Ⓝ385.4

(内容) 本篇 日本婚姻史論(若者仲間と婚姻 結納と労働組織) 附録(仲人・結納・婚姻 名付け・元服など)

＊村落の生活組織における婚姻の意義。「日本婚姻史論」を収録。

◇婚礼のすがたとこころ—儀式の伝統 企画展 栗東歴史民俗博物館編 [栗東町(滋賀県)] 栗東歴史民俗博物館 [1999] 37p 30cm 〈会期:1999年3月13日～4月18日〉 Ⓝ385.4

◇婚礼披露における女客の優位—嫁社会への加入式 服部誠著, 名古屋民俗研究会編 瀬戸 名古屋民俗研究会 1993.12 64p 26cm (名古屋民俗叢書 2) 〈参考文献:p48～51〉 Ⓝ385.4

◇第20回特別展「～晴れの日～夜の嫁入り」調査報告 大宮市立博物館編 大宮 大宮市立博物館 1996.10 43p 30cm Ⓝ385.4

◇大名家の婚礼—お姫さまの嫁入り道具 特別展図録 仙台市博物館編 仙台 仙台市博物館 2000.3 128p 30cm (仙台開府四百年記念特別展 2) 〈会期:平成12年4月21日～5月28日 執筆:高橋あけみ 文献あり〉 Ⓝ210.098

◇高群逸枝の婚姻女性史像の研究　栗原弘著　高科書店　1994.9　409,5,13p　21cm　8240円
　内容　第1部 高群学説の受容と展開(家永三郎と高群逸枝　柳田国男と高群逸枝　「招婿婚の研究」を中心とした研究史)　第2部 高群学説の意図的誤謬問題(前婚取婚構想における意図的操作　「父系異居」構想における意図的操作　その他の意図的操作　高群学説における創作とその思想的背景)　付論 白川村大家族の家長強権説について―研究史を中心にして

◇晴れの日―夜の嫁入り―第20回特別展図録　大宮市立博物館編　大宮　大宮市立博物館　1996.10　63p　30cm　〈会期：平成8年10月12日～12月1日〉　Ⓝ385.4

◇引出物　小山織著　マガジンハウス　1997.10　95p　20cm　〈他言語標題：Japanese gifts　写真：梶洋哉〉　1500円　(i)4-8387-0575-1　Ⓝ385.4
　内容　日の出　色もよう　なる　祝菓子　五色　桜の春　幸せいっぱい　千両万両　松竹梅　祝菓子　蓬莱山　和音〔ほか〕
　＊雑貨スタイリストが日本のクラシックのなかから、引出物にふさわしい品々を提案。「受け取った方の気持ちが晴れ、和やかになれるものを」と心がけました。自分にもひとつ贈りたくなる、そんな素敵な贈りものをしてみませんか。

◇氷見の婚礼装束展―打掛けを中心として　特別展　氷見市立博物館編　氷見　氷見市立博物館　1993.3　43p　30cm　〈会期：平成5年3月5日～28日〉　Ⓝ385.4

◇平安時代の離婚の研究―古代から中世へ　栗原弘著　弘文堂　1999.9　316,9p　22cm　5800円　(i)4-335-25046-0　Ⓝ385.4

◇前田家の祝言　陶智子編　富山　桂書房　1993.3　213p　20cm　〈参考文献：p183～185〉　3090円　Ⓝ385.4

◇三くだり半―江戸の離婚と女性たち　高木侃著　増補　平凡社　1999.7　488p　16cm　〈平凡社ライブラリー〉　1400円　(i)4-582-76296-4　Ⓝ385.4
　内容　離婚いまむかし　離縁状と幕府法　「我等勝手ニ付」の離縁状　離縁状と離婚実態　離縁状と子ども・財産・家　離縁状の形態　離婚理由　離縁状の地域性　三行半のこと　なぜ三行半なのか〔ほか〕
　＊三くだり半とは離縁状の代名詞であり、それを差し出された妻は哀れそのものというイメージが定着している。果たして、そうだったのか。全国に散在する江戸期の離縁状の分析から浮かび上がった離婚の実態とは…。いま、夫婦とは何か、家とは何かを考える好著。

◇結納・結婚常識事典―縁談から新生活まで　主婦の友社編　主婦の友社　2001.10　351p　19cm　〈折り込1枚　東京　角川書店(発売)〉　1400円　(i)4-07-231248-7　Ⓝ385.4
　内容　1 縁談・見合い　2 婚約・結納　3 結納から結婚まで　4 挙式と披露宴の実際　5 新婚旅行　6 新生活の準備　7 招待された側のマナー

◇結納・結婚のしきたり事典―出会いから挙式、新生活まで　川島勉著　日東書院　1997.12　363p　19cm　1100円　(i)4-528-01271-5　Ⓝ385.4
　内容　1 見合い・恋愛・縁談　2 婚約・結婚を進める　3 挙式・披露宴の準備　4 挙式・披露宴のファッション　5 挙式・披露宴の進行　6 招待客の心得と祝い　7 ハネムーンと新生活のスタート　8 結婚の手紙
　＊本書は、二人の出会いから最大のイベントである挙式・披露宴を経て、新生活のスタートに至るまでの基本的なスタイルやマナーを費用面も含めてなるべく実際的に案内したものです。

◇結納・結婚のしきたりとマナー　主婦の友社第3事業部書籍ムック編集編　文庫版　主婦の友社　1997.7　174p　16cm　〈主婦の友ミニブックス〉　660円　(i)4-07-221698-4　Ⓝ385.4
　内容　第1章 縁談・見合いのしきたりとマナー　第2章 婚約・結納のしきたりとマナー　第3章 挙式・披露宴のしきたりとマナー
　＊本書は、見合いから結婚までのさまざまなスタイルを紹介しながら、日本人としてのしきたりやマナーを壊さないで、どう現代的に活用できるかという点をポイントにしました。

◇結納と結婚しきたりがわかる本―覚えておきたい作法から気になる費用まですべてがわかる　松田正子著　日本文芸社　2001.5　200p　22cm　1200円　(i)4-537-20006-5　Ⓝ385.4
　内容　Prestage 縁談の依頼からお見合いまで(縁談の依頼と準備　縁談が持ち込まれたならほか)　1 結納のしかたとその他の婚約の形(結納までの流れ　結納の形式のいろいろ　ほか)　2 結婚式・披露宴の準備と心得(ブライダルプランの話し合い　挙式・披露宴までの流れ　ほか)　3 結婚式・披露宴の当日の流れ(挙式当日の1日の流れ　神前結婚式のしかた　ほか)
　＊この本は、ふたりが望む素敵な結婚を実現するお手伝いをするために生まれました。「やっぱり、昔ながらのしきたりに則って結納と結婚を行ないたい」という人のために、伝統的なしきたりをご紹介する一方で、「私たちらしいやりかたでやってみたい」という人のために、オリジナルな婚約と結婚式・披露宴のヒントもたくさん盛り込んでいます。

◇結納と結婚しきたり百科―結納の作法からブライダル費用まですべてがわかる　松田正子著

日本文芸社　1995.9　223p　19cm　1000円　(i)4-537-01767-8　Ⓝ385.4
〔内容〕1 縁談の依頼から婚約・結納まで—結婚への最初のステップ　2 結婚式・披露宴の準備と心得—晴れの日のためのプランニング　3 結婚までのそのほかの準備—新生活への準備と手続き　4 結婚式・披露宴の当日の流れ—晴れの日を成功させる秘訣

◇嫁入り—第7回特別展　福岡町(富山県)　福岡町歴史民俗資料館〔1995〕12p 26cm〈展覧会目録 第7号〉〈会期：平成7年9月23日〜10月22日〉Ⓝ385.4

◇歴史と民族における結婚と家族—江守五夫先生古稀記念論文集　宮良高弘,森謙二編　第一書房　2000.7　560p　22cm〈肖像あり　年譜あり　著作目録あり〉12000円　(i)4-8042-0715-5　Ⓝ385.4
〔内容〕1 歴史における家族と女性　2 民俗社会における結婚と家族・親族　3 東アジアにおける家族と女性　4 家族と法　5 コラム　6 座談会　江守五夫先生研究の軌跡(江守五夫　栗原弘　牧田勲　宮良高弘　森謙二　八木透)
＊本書は、江守五夫先生の古稀をお祝いするために編集された論文集である。本書のなかでは、座談会を通じて、江守先生の御研究の軌跡を振り返ることができた。このような座談会を開くことができたことは私達にとっても大きな喜びである。先生の御研究の全体的流れを示すことができたので、この座談会は、これから江守理論を顧みて検証する場合の必須の資料になるであろう。

◇わが国における婚姻の実態的変遷　高嶋めぐみ著　高文堂出版社　1997.4　364p　21cm〈主要参考文献：p231〜244〉3800円　(i)4-7707-0546-8　Ⓝ385.4
〔内容〕序論 日本婚姻史体系序説　第1編 古代の婚姻(原始時代の婚姻　上古の婚姻—記紀万葉を中心にみた婚姻)　第2編 中古・中世の婚姻(婿取婚成立史)　第3編 近世の婚姻(嫁取婚概略)
＊婚姻生活とは、夫婦を中心とした家庭や社会の実態的な生活であるので、各時代における活き活きとした生活実態の内容に迫らなければならない。しかるに、婚姻史の研究については、法制度的な条文により形式的・形骸的に婚姻を論じても、表層的分析に過ぎない嫌いがある。そこで、各時代の婚姻の実態を知るために、庶民の活きた資料を見出し、そこから婚姻の実態を論じようというのが本論文の狙いである。

◇わたしたちの選択—結婚　東京都生活文化局価格流通部価格調査課編　東京都生活文化局　1997.3　121p　21cm〈生活プラン・ハンドブックシリーズ 3〉Ⓝ385.4

葬　送

◇石垣島、死者の正月　青井志津著　四谷ラウンド　2000.6　225p　19cm　1400円　(i)4-946515-51-8　Ⓝ385.6
〔内容〕はじめに 埋葬から生への旅　第1章 死者の居場所　第2章 島々のレクイエム　第3章 いのちの遍歴　第4章 この海の青さとともに
＊八重山の島々が語りかけてくる、あの世からの鎮魂歌。老いに道あり、病に意味あり、死者に声あり。洗骨・風葬・洞窟葬・イキマブイ・シニマブイなど長寿の島々・八重山独特の風習や死生観・人生観を描き、過去と将来の「生・老・病・死」のテーマを大胆に著者独特の好奇心豊かなタッチで綴る"魂と死を見つめたチャンプルー・エッセイ"。大好評「石垣島スクーター遊々記」に続く待望の第2弾。

◇いま葬儀・お墓が変わる　井上治代著　三省堂　1993.3　274p　19cm（WACシニア・シリーズ 6）1600円　(i)4-385-42585-X　Ⓝ385.6
〔内容〕第1章 ドキュメント〈私なりの葬送〉　第2章 いま、葬送分野に何が起こっているのか？—葬送の転換期　第3章 葬儀編　第4章 お墓編
＊葬儀をする、しない。お墓をつくる、つくらない。地下のマグマが動き出した。葬送分野に、いま何が起こっているのか。新たな葬送の動きと実践を紹介。

◇江戸の葬送墓制　東京都公文書館編　東京都公文書館　1999.3　203p　19cm〈都史紀要 37〉〈文献あり〉Ⓝ385.6

◇沖縄の葬式—黒枠広告・社葬などの常識、非常識　佐久田繁編著　那覇 月刊沖縄社　1995.12　251p　21cm　2575円　(i)4-87467-207-8　Ⓝ385.6
〔内容〕1章 黒枠広告ブームの秘密　2章 葬式の経済学　3章 香典・香典返し・七七忌　4章 恥をかいた社葬　5章 遺言・安楽死・生前葬　6章 沖縄の葬祭業界事情　7章 世界の葬式こぼれ話　8章 私はこんな葬式をしたい　9章 葬儀・法事用語事典　10章 イザという時の知識

◇お葬式をどうするか—日本人の宗教と習俗　ひろさちや著　PHP研究所　2000.9　220p　18cm（PHP新書）660円　(i)4-569-61256-3　Ⓝ385.6
〔内容〕第1章 なぜ日本人は「お葬式」にこだわるのか　第2章 仏教における葬式の起源　第3章 お葬式のかたちと作法　第4章 宗教の世俗化とお葬式　第5章 供養の本質、お墓の問題　第6章 仏教にみる理想の死に方　第7章 お葬式はどうあるべきか
＊釈迦もキリストも、葬儀に格別な意義を持たせてはならない、と戒めた。しかし、なぜ日本人は、お葬式に宗教的こだわりを持つようになったのか。戒名、末期の水、年忌法要、

墓の問題…。本書では、習俗であるお葬式が、神道、仏教、儒教の影響を受け、いかに儀式化されてきたかを解説。特に、現代の「葬式仏教」は江戸時代以降の慣習であり、本来の仏教思想とは無縁であることを指摘。これからのお葬儀がいかにあるべきかを問い直す。死を迎える側も、弔う側も、今から読んで考えたい「本当のお葬式の話」。

◇おとむらい新世紀 小谷みどり著 東京新聞出版局 2000.9 213p 19cm 1400円 (i)4-8083-0697-2 ⓃNDC385.6

(内容) お葬式にいくらかかる？ 葬儀社とどう付き合うか？ 葬儀の素朴な疑問 変わりつつあるお葬式 人生最後の式をこうしたい 心安らかに眠るには？ お墓の「これから」

*生前葬から宇宙散骨まで「人生いろいろ」。人生のしめくくりイベント、お葬式。それは突然やってくる。生前、いくら「自分らしい葬送を！」と準備していても、実行するのは自分ではない。宗派や義理、地域によるしきたりなどに流されがちです。大手生命保険会社の若い女性研究者が、豊富な事例研究を踏まえて大胆に提案。

◇お墓から覗いたニッポン人—「お墓に関する意識調査」より ライフデザイン研究所 1995.2 94p 30cm 〈ライフデザイン研究所 1994 no.3〉 3000円 (i)4-947649-24-0 ⓃNDC385.6

(内容) 第1章 お墓の変遷と諸問題 第2章 「お墓に関する意識調査」の概要 第3章 お墓およびお墓に対する人々の意識 第4章 埋葬方法およびお墓に対する希望 第5章 夫婦観・生活価値観と生活目標 第6章 今後の墓地行政の行方

*本書は、全国の30歳代から60歳代までの既婚男女を対象とし、ライフデザイン研究所が実施した「お墓に関する意識調査」の調査結果を、図表を交えて簡潔に取りまとめ、一冊の本としたものである。

◇お墓、どうしますか？—合祀墓の時代がやってきた 現代お墓研究会編 ダイヤモンド社 2000.4 158p 20cm 〈文献あり〉 1600円 (i)4-478-79047-7 ⓃNDC385.6

(内容) 第1章 お墓って何だろう 第2章 昨今のお墓事情 (深刻になるばかりの墓地不足 社会問題化するお骨) 第3章 21世紀、お墓はどうなるか (癒しの場としてのお墓 意識調査でわかったこと) 第4章 新しい墓の試み＝合祀墓 (合祀墓が増えてきた 素材革命) 調査資料 誰がために墓はある

*遠くて高いお墓、家意識の崩壊、さらにすすむ高齢化と少子化。いま、お墓をどうするか考える。

◇お墓と家族 横村久子著 大阪 朱鷺書房 1996.6 257p 19cm 1648円 (i)4-88602-606-0

ⓃNDC385.6

(内容) 第1章 現代人とお墓の関係 第2章 ライフスタイルとお墓 第3章 お墓と法律 第4章 都市の発展とお墓 第5章 多様なお墓の出現 第6章 都市型共同墓所の誕生 第7章 未来とお墓 エピローグ 私たちがなすべきこと

*家族はますます小さくなり、地縁・血縁も昔日のような絆は持ち得なくなった。人生のラストステージに浮かび上がる「お墓」の問題は、高齢化社会を迎えている現代の矛盾を、そのままに反映している。新しい形態の都市型共同墓所も出現しているが、これからのお墓はどういう方向に向かうのか。意欲的なフィールドワークから生まれた新時代への提言。

◇かぎりなく死に近い生—命の思想、死の思想 荒俣宏編 角川書店 1994.8 159p 26cm (WONDER X Series 2) 1900円 (i)4-04-841011-3

(内容) 死に未来はあるのか 死者を祀る 「幕末日本風俗図録」第六章を読み解く 描かれなかったはずの絵 対談 死を語る、死が語る 鳥葬 私があの世に逝くときは ユングの臨死体験—「森羅万象の心像に、とり囲まれていた」 死と生、橋懸りは夢ではないか—「現代民族話考」秘話 旅立つ者と看取る者 「九相詩絵巻」の死体—小野小町のメッセージ 禁じられた死 棺桶物語—葬儀アドバイザー、横山潔氏の悲喜交々 HAVE A NICE DEATH！—人は病院でどのように死ぬか 釈迦や孔子の昔から—死の特権的実在たる所 DATA FILE 戦後大量死年表 関連図書データ WHO'S WHO人物データ

◇家族と死者祭祀 孝本貢, 八木透編, 比較家族史学会監修 早稲田大学出版部 1997.7 251p 20cm 〈シリーズ比較家族 9〉〈文献あり〉 3400円 (i)4-657-97628-1 ⓃNDC385.6

(内容) 第1部 日本における喪と穢れ観念の変遷 (中国周代の喪服制度 古代の喪礼と服仮制 中世における葬送と血縁 江戸幕府服忌令の意義と特質 ほか) 第2部 異文化における死者祭祀の構造 (韓国の儒教と巫俗における喪と死穢 死をめぐるイスラームの儀礼 洗骨と展示葬—フィリピン山地民における葬制と祖先観 台湾における死者祭祀と喪服 ほか)

*家族の死を迎えた場合、それをどのように受け止めればよいのか。死者をめぐる対処の仕方をとおして、家族のあり方を考える。

◇家族と墓 藤井正雄ほか編 早稲田大学出版部 1993.1 316p 20cm 〈シリーズ比較家族 2〉〈付：参考文献〉 3700円 (i)4-657-93105-9 ⓃNDC385.6

(内容) 現代の墓地問題とその背景 第1部 異文化のなかの墓 (アラブ・ムスリムの墓観—ヨルダン北部一村落の事例から 近世ヨーロッパにおける家族・教会・墓—ニーダーライン地方ヴ

ッパータールの事例を中心に　韓国の墓をめぐる問題　墓と家族の地理—風水論の視点から)　第2部　日本における墓の変遷(祭祀承継における墓と法律問題　現代日本におけるペットの家族化—あるペット霊園の調査からみた現代の家族像　移民・家族・墓—ブラジル日本移民を中心に　共同体・家・個人—三重県菅島の二つの墓をめぐって　明治初年の墓地及び埋葬に関する法制の展開—祖先祭祀との関連で　「通小町」と市原野小町寺の惣墓　平安貴族間における墓参の成立—墓参者より見た家の成立過程)　第3部　コラム(フランスにおける墓の承継原理　墓地の在り方—日本とヨーロッパ　韓国の「草墳」　墓参者構成からみた現代の墓地　死後住宅としての墓　在日韓国・朝鮮人の家族と墓　家族と戦没者慰霊碑　日本の墓相学　婚出女性の死後祭祀と氏　園田氏と名号角柱塔婆　養子と墓制　持統天皇と藤原仲麻呂の墳墓祭祀)　「墓制研究」の展望

*墓、墓地の形態や祭祀様式は社会体制・死生観・宗教観等によってどのように異なるのか。シンポジウムをもとに、その多彩な実態を明らかにする。

◇古代ローマ人と死　K.ホプキンス著，高木正朗，永都軍三訳　京都　晃洋書房　1996.11　200,12p　22cm　〈巻末：参考文献〉　2730円　(i)4-7710-0896-5　Ⓝ385.6

(内容)第1章　古代ローマ人と剣闘士(剣闘士ショー　政治的劇場としての剣闘士ショー　英雄としての剣闘士)　2章　古代ローマ人と死(金持ちと貧乏人　埋葬クラブと集合墓　葬儀、悲嘆、哀悼　死者の追悼記念と死後の生活　生者と死者　遺言状と遺産狙い　永久記念建造物と記念財団　先祖の胸像を誇示する権利が制限されていたという主張に対する若干の疑問点)

*2000年前のローマ人の経験を描いた本書は、都市化、人口の超高齢化、少子・少産化が並進する現代日本の相続、死者供養、墓地経営の将来像を暗示している。そして、われわれの社会もまた血縁を切断し、個人への道を確実に歩み始めたことを痛感させ、死の概念を相対化する機会をも与える。写真39点、巻末には人類の葬儀慣習の変化をレビューした、V.G.チャイルドのエッセーを収録。

◇最新世界の葬ў事典　松濤弘道著　雄山閣出版　2000.12　303p　22cm　3800円　(i)4-639-01718-9　Ⓝ385.6

(内容)第1章　アジア地域　第2章　南太平洋地域　第3章　アフリカ地域　第4章　中近東地域　第5章　ヨーロッパ地域(旧ソ連邦地域)　第7章　北・中央アメリカ地域　第8章　南アメリカ地域　付　世界の葬送慣習を展望する

*これまでほとんど知られていなかった世界各国の人々の死に方と葬送慣習を、過去30年の年月と180余カ国の実地調査にもとづく情報から明らかにする。「世界の葬式」の改訂版。

◇サイバーストーン—インターネット上の「墓」革命　松島如戒著　毎日コミュニケーションズ　1997.7　191p　20cm　〈編集：SKK〉　1500円　(i)4-89563-065-X　Ⓝ385.6

(内容)第1章　究極の墓サイバーストーン　第2章　「お骨レス」とサイバーストーン　第3章　サイバーストーン効果　第4章　「墓革命」は葬式を革命する　第5章　「お骨レス」以前のサイバーストーン　第6章　サイバーストーンはこんなに使える　第7章　死後の供養の文化革命　第8章　サイバーストーンビジネスの興隆　第9章　インフラとしての生前契約　第10章　お骨よ、さようなら、御髪よ、こんにちは

*お墓よ、さようなら！終わりある生を永遠に記録する電脳墓(サイバーストーン)が誕生した。

◇三昧聖の研究　細川涼一編　碩文社　2001.3　543p　22cm　〈東京　戎光祥出版(発売)　文献あり〉　11000円　(i)4-900901-16-4　Ⓝ385.6

(内容)第1部　畿内における国別研究(南山城の三昧聖　上品蓮台寺と墓所聖について　中世～近世の三昧聖の組織と村落—大和国の場合　近世大和の三昧聖—国仲間組織をめぐって　ほか)　第2部　有力寺院と宗教活動(元禄の東大寺大仏殿再興と綱吉政権　高野山三昧聖の研究　東寺地蔵堂三昧について　近世京都における無縁寺院—白蓮寺をめぐって)

*三昧聖・隠亡は、火葬・埋葬に従事する人々を指す語として漠然と理解される一方、その存在形態を正鵠に理解するための歴史的研究は、これまであまり行われてこなかった。もとより、いくつかの先駆的研究もなかったわけではないが、その実態をめぐる歴史的研究が盛んになったのは、一九七〇年代半ば以降のことであり、本書は三昧聖・隠亡をめぐるはじめてのまとまった書物といっていい。

◇死後の環境—他界への準備と墓　新谷尚紀編　京都　昭和堂　1999.1　281,3p　21cm　〈講座人間と環境　第9巻〉　2300円　(i)4-8122-9919-5　Ⓝ385.6

(内容)第1部　死に方送り方(死を看取る　死の現場—尊厳死をめぐって　癒される死者癒す死者—民俗・民衆宗教の視角から)　第2部　揺れ動く葬送(葬祭業者を利用することとは—互助から契約へ　葬送と社会集団—葬法の社会学的考察　移住する「生」、帰郷する「死」—ある在日済州島出身者の帰郷葬送の事例)　第3部　伝承のなかに(長老衆と死・葬・墓　墓と祖先祭祀—沖縄の事例から　墓と貨幣—古代中国の死後の世界)

*見失った「死」をとりもどす十本の座標軸。

◇自然葬　新葬制研究会著　宝島社　2000.4　222p　18cm　(宝島社新書)　700円　(i)4-7966-1788-4　Ⓝ385.6
　(内容)第1章 お墓に入りたくない人が急増　第2章 散骨の前に火葬あり　第3章 日本の散骨事情と今後の展開　第4章 新しい葬送のかたちとは　第5章 有名人の死生観　第6章 世界の埋葬・散骨事情　第7章 体験談・自然葬マニュアル　第8章 生前に準備をしておくこと　第9章 街の人の声「100人に聞きました」
　*「死んだら自然に還りたい」人に。お墓より海に。山や川や森に。そして宇宙に…。情報満載！あなたの希望をかなえる実践的ガイドブック。

◇死・葬送・墓制資料集成　西日本編　佐倉　国立歴史民俗博物館　2000.3　2冊　26×37cm　(国立歴史民俗博物館資料調査報告書 10)　Ⓝ385.6

◇死・葬送・墓制資料集成　東日本編 1　佐倉　国立歴史民俗博物館　1999.3　495p　26×37cm　(国立歴史民俗博物館資料調査報告書 9)　Ⓝ385.6

◇死・葬送・墓制資料集成　東日本編 2　佐倉　国立歴史民俗博物館　1999.3　p497-998　26×37cm　(国立歴史民俗博物館資料調査報告書 9)　Ⓝ385.6

◇死体の解釈学―埋葬に脅える都市空間　原克著　広済堂出版　2001.9　213p　19cm　(広済堂ライブラリー)　(文献あり)　1000円　(i)4-331-85006-4　Ⓝ385.6
　(内容)第1章 ベルリン市内埋葬禁止令(ベルリンの死体は忙しい　柩はどのコースになさいますか　水浸しになる死体 ほか)　第2章 自殺の系譜学と幕末太陽伝(肛門から煙を吹き込みなさい　自殺するのは愚か者である　夜間の埋葬は、一切これを禁止する ほか)　第3章 高速輪転機と復活する死体(ダイジェスト記事は情報社会の護身術　科学ジャーナリスト奮戦記「ちび太トビアス」の珍道中)
　*「起き上がる死体」にかつて人々は恐怖した。仮死状態、埋葬禁止令、墓地移転、自殺の顛末、ユダヤ人迫害…ベルリンを舞台に都市技術としての「死体処理」の系譜学をつづる。

◇死と悲しみの社会学　G.ゴーラー著，宇都宮輝夫訳　ヨルダン社　1994.11　227,46p　20cm　〈第3刷(第1刷：1986年)〉巻末：参考文献　2200円　(i)4-8428-0179-4　Ⓝ385.6
　(内容)第1章 家族の者の死　第2章 宗教と遺族　第3章 葬儀とその後　第4章 悲しみと哀悼　第5章 さまざまな哀悼のしかた　第6章 死別の種類

◇死と葬―小林宏史写真集　小林宏史著，原マヤ訳　大阪　東方出版　2000.10　243p　29cm　〈他言語標題：Death and ritual　英文併記〉

8000円　(i)4-88591-679-8　Ⓝ385.6
　(内容)インド　フィリピン(ボントク族(死と微笑み　死の成熟 ほか)　イフガオ族(遺骨と暮らす　死と踊り ほか)　ティボリ族(死を怖れる))
　*生の意味・命の尊厳を考える。インドの荼毘(火葬)、フィリピン山地少数民族の土葬・風葬を撮り続けた30余年の集大成。

◇死と骨の習俗　藤井正雄著　双葉社　2000.2　211p　18cm　(ふたばらいふ新書)　819円　(i)4-575-15285-4　Ⓝ385.6
　(内容)第1章 散骨の習俗　第2章 髑髏の習俗　第3章 骸骨の習俗　第4章 保存・崇拝の習俗　第5章 舎利の習俗　第6章 骨仏の習俗
　*アメリカにおいて話題を呼んだのは宇宙葬であろう。親指大のカプセルに入れた遺骨を人工衛星とともに打上げる壮大な計画で、値段は一人100万円プラス消費税。愛する人が亡くなって、霊の依り代である遺骨が宇宙を遊泳して遺族の住む地球を見守り、夜ともなれば満天の星となって輝き、最短一年半、最長十数年で、流れ星となって消えていくのだという。1997年4月以来、これまで二回の打上げがあり、日本人の遺骨はいずれも一人ずつ。第三回目の宇宙葬は地上発射式三段型ロケット「トーラス」によって、1999年12月に計画された。日本人11人の遺骨が宇宙に旅立っていった。

◇死の儀礼―葬送習俗の人類学的研究　ピーター・メトカーフ,リチャード・ハンティントン著，池上良正,池上富美子訳　未来社　1996.11　302,28p　20cm　〈巻末：参考文献〉3399円　(i)4-624-20069-1　Ⓝ385.6
　(内容)第1章 予備的考察　第2章 死に対する情緒的反応　第3章 死にともなう象徴連合　第4章 生者と死者―エルツ再考　第5章 死の儀礼と生の価値―通過儀礼再考　第6章 死せる王　第7章 不死の王権　第8章 アメリカ人の死の習俗

◇死のコスモロジー　ナイジェル・バーリー著，柴田裕之訳　凱風社　1998.9　353p　19cm　2400円　(i)4-7736-2301-2　Ⓝ385.6
　(内容)第1章 死の普遍性　第2章 死の確定　第3章 神話の中の死　第4章 生者と死者のつながり　第5章 たかが血と肉　第6章 政治的な死　第7章 終のすみか―時と場所　第8章 死のメタファー　第9章 ゆりかごから墓場へ　第10章 戦争・殺人・死刑　終章 墓碑銘

◇死の物語―恐怖と妄想の歴史　ロバート・ウィルキンズ著，斉藤隆央訳　原書房　1997.8　373p　21cm　〈文献あり〉2500円　(i)4-562-02958-7　Ⓝ385.6
　(内容)1 早まった埋葬への恐怖　2 死体を穢される恐怖　3 肉体が崩壊する恐怖　4 死後忘れ去られる恐怖　5 不名誉な死を迎える恐怖

葬送　　　　　　　　　　　　　　　　　　　　　　　　　　　通過儀礼

* 奇怪なエピソードと豊富な図版で綴る、「死」をめぐる文化誌。

◇死の歴史―死はどのように受けいれられてきたのか　ミシェル・ヴォヴェル著,冨樫瓔子訳　大阪　創元社　1996.12　174p　18cm　《「知の再発見」双書 63》〈監修：池上俊一〉　1400円　(i)4-422-21123-4　Ⓝ385.6
　(内容)第1章 死には歴史があるか？　第2章 マカーブルからルネサンスへ　第3章 バロックから啓蒙の時代まで　第4章 ブルジョア風の死の登場　第5章 20世紀の新たなタブー

◇死・墓・霊の信仰民俗史　新谷尚紀著　佐倉　歴史民俗博物館振興会　1998.11　88p　21cm　〈歴博ブックレット 8〉　667円　(i)4-916202-13-9　Ⓝ385.6

◇殉死の構造　山本博文著　弘文堂　1994.1　220p　20cm　《叢書死の文化 19》　1600円　(i)4-335-25052-5　Ⓝ385.6
　(内容)プロローグ 殉死と忠誠心　1 阿部一族の悲劇　2 情死としての殉死　3 細川忠利の殉死者　4 細川忠興と光尚の殉死者　5 伊達政宗の殉死者　6 下層の殉死者たち　7 殉死者とかぶき者　8「忠臣蔵」の本質　9 武士道の成立事情　エピローグ 殉死解釈にみる死生観の転換
* 「忠臣蔵」や「阿部一族」を歴史的事実によって検証しつつ、殉死が忠誠心の現れであったという通説を覆す、スリリングな日本文化論。

◇神葬祭資料集成　国学院大学日本文化研究所編　ぺりかん社　1995.3　469p　22cm　6800円　(i)4-8315-0674-5　Ⓝ176.9
　(内容)1 吉田流葬祭　2 神儒習合流葬祭　3 伊勢流葬祭　4 国学者流葬祭

◇神葬祭総合大事典　小野和輝監修,礼典研究会編　雄山閣出版　2000.2　651p　27cm　22000円　(i)4-639-01670-0　Ⓝ176.9
　(内容)神葬祭とは　神葬祭の構成　教派神道の葬送儀礼　神葬祭の調度と装束　神葬祭用語と解説　神葬祭の準備と心構え　霊祭の種類と次第　墓所・奥津城　新しい葬儀―葬儀の改良と工夫　現代の死と神道　おくやみ文・弔辞　質疑応答
* 神葬祭の実践を基本に、理念・歴史・地域の違い・特色から、今日的な課題まで解説した事典。神道の信仰を始め歴史的経緯・神葬祭の実際・各地の状況などを掲げる。事項索引、神名・人名・神社名索引がある。

◇神葬祭大事典　加藤隆久編　戎光祥出版　1997.11　510p　27cm　〈文献あり〉　Ⓝ176.9

◇生死の民俗　井之口章次著　岩田書院　2000.9　279,11p　22cm　〈年譜あり〉　5900円　(i)4-87294-179-9　Ⓝ385.6

◇先祖をまつる―全書　村山広甫著　大阪　ひかりのくに　1994.12　381p　21cm　〈参考文献・資料：p378～379〉　1980円　(i)4-564-40208-0

Ⓝ385.6
　(内容)花の心で　先祖をまつる　日常のおつとめ　初七日忌から百カ日忌まで〔ほか〕
* 本書では、ご先祖さまをまつるためのいろいろな道標を印しました。どれをとっても不合理なものはありません。死後の来世は、"ある"か"ない"かではなく、"信じる"か"信じない"かが大切なのです。信仰とはそういうものです。

◇葬儀・お墓の心得全書―正しいしきたりや作法など弔事のすべてがわかる最新事典　田代尚嗣著　池田書店　1997.12　381p　19cm　1500円　(i)4-262-11384-1　Ⓝ385.6
　(内容)第1章 葬儀―遺族と喪主　第2章 葬儀―会葬者と周囲の人　第3章 社葬―職場の葬儀　第4章 弔辞と弔電―最もふさわしい文案例　第5章 お墓の基礎知識
* 本書は、お葬式に関する基本的知識や情報をメインとして説明し、また、お葬式のあとには法要やお墓についての知識や情報も必要になってくるので、この点についても基本を踏まえて述べている。また、お墓についての現状や買い方、建て方の面から実際的な情報とノウハウについても述べている。

◇葬儀概論　碑文谷創著　表現社　1996.4　295,12p　26cm　10000円　Ⓝ385.6

◇葬儀と法要の事典―弔事に関するしきたり、マナー、費用のすべて　新星出版社編　新星出版社　1999.8　246p　19cm　1200円　(i)4-405-05076-7　Ⓝ385.6
　(内容)序章 お葬式の前に　第1章 お葬式をとり行う基本　第2章 参列する人の基本　第3章 費用の実際　第4章 あいさつと装いのマナー
* 葬儀の基本的なしきたりやマナー、費用などを解説した本。

◇「葬儀についてのアンケート調査」報告書　第5回　全日本葬祭業協同組合連合会　1996.9　123p　26cm　〈調査委託：日本消費者協会〉　1942円　Ⓝ385.6

◇葬式―あの世への民俗　須藤功著　青弓社　1996.3　218p　20cm　〈写真叢書〉〈参考文献：p218〉　2000円　(i)4-7872-7060-5　Ⓝ385.6
　(内容)村人の手になる雪国の葬式　葬式のしきたりお国風　亡き人に思いをはせる心根　死よさらば　まず生きる
* 生活文化としての葬式…日本の死生観に支えられてきたその多様な姿を各地に訪ね歩くフォトドキュメント。

◇葬式と赤飯―民俗文化を読む　板橋春夫著　前橋　煥乎堂　1995.3　295,7p　22cm　2900円　(i)4-87352-052-5　Ⓝ380.4

◇葬制の起源　大林太良著　中央公論社　1997.9　323p　16cm　〈中公文庫〉　743円　(i)4-12-202941-4　Ⓝ385.6

◇〈内容〉第1章 死と人間　第2章 先史時代の葬制　第3章 民族学的研究の歩み　第4章 葬制の諸形式　第5章 死後の幸福　第6章 日本の葬制　第7章 エピローグ―ヴェラの挽歌
＊死は人類にとって永遠の課題であり、死に直面した人類は、さまざまな習俗や他界観を発達させてきた。本書では世界各地の葬法の諸相を概観し、さらに日本の葬制の文化史を、日本文化の形成に参与したと考えられるいくつかの文化複合との関連において検討する。人類の精神史の重要問題＝葬制をテーマに、日本民族文化の源流を探る画期的論考。

◇葬送革命―光葬のすすめ　佐藤節郎著　盛岡　信山社　2000.11　123p　19cm　(SBC市民双書 6)　〈東京 信山社出版(発売)〉　1500円　(i)4-7972-3940-9　Ⓝ385.6
〈内容〉第1章 またれる新しい葬儀の型の誕生　第2章 遺体の処理方法と心理的影響　第3章 人は何故死を恐れるのか　第4章 頭で考えることと目で見て感じること　第5章 死の意識を変革し感動まで高める　第6章 究極の葬法、光葬　第7章 光葬が一般化されることによって
＊「光葬」とは、遺体を光に還元し、夜の宇宙に放光しようというものである。宇宙のオアシス地球において、何十年かの生を営み、その命の終わるとき、光となって昇天していく。遺体の処理方法の改革によって、死に対する意識を明るいものとし、命を全うして気楽に死ねる思想を確立した。

◇葬送儀礼を考える―講義論集　天台宗埼玉教区布教師会編纂　〈大宮〉　天台宗埼玉教区　1994.12　177p　22cm　非売品　Ⓝ188.46

◇葬送儀礼と祖霊観　神谷幸夫, 斎藤卓志編　松阪　光出版印刷　1993.4　200p　19cm　(東海民俗叢書 1)　2400円　(i)4-89399-001-2　Ⓝ385.6

◇葬送と墓の民俗　土井卓治著　岩田書院　1997.4　371p　22cm　(御影史学研究会民俗学叢書 10)　7900円　(i)4-900697-79-6　Ⓝ385.6

◇葬送の自由と自然葬―うみ・やま・そらへ還る旅　葬送の自由をすすめる会編　凱風社　2000.3　234p　20cm　1500円　(i)4-7736-2406-X　Ⓝ385.6
〈内容〉現代の生死と自然葬　生き死にの「我がまま」　葬送の自由と法律　自然葬のための遺言と葬送ノートの準備　私の死に支度　別れと追憶―私たちの自然葬　「葬送の自由をすすめる会」の歩み
＊遺灰をまいたら法律違反？お墓は絶対に必要？死んだら遺灰にして、海に流すか山にまいてほしい―そんなことができるの？市民運動10年の体験と知恵を集大成。

◇葬送の倫理　久野昭著　紀伊國屋書店　1994.1　187p　20cm　(精選復刻紀伊國屋新書)　1800円　(i)4-314-00667-6　Ⓝ385.6

◇丹波夜久野墓と石塔の民俗　森弘志著　京都　青倉印刷所(印刷)　1997.4　183p　22cm　〈文献あり〉　Ⓝ385.6

◇中欧の墓たち　平田達治著　同学社　2001.4　451,20p　20cm　〈文献あり〉　3800円　(i)4-8102-0213-5　Ⓝ385.6
〈内容〉第1部 ウィーンの墓地(ハプスブルク王家の墓所―カプチン地下霊廟　死者たちのメトロポーレ―ウィーン中央墓地　モーツァルトの墓物語　ベートーヴェンとシューベルトの墓―ヴェーリング地区墓地　その他の墓地)　第2部 プラハの墓地(ユダヤの民のメトロポーレ　ヴィシェフラット墓地　王者の墓地)　第3部 ベルリンの墓地(ユダヤ啓蒙主義の首都　新しい郊外墓地の開設　墓地の名門―ドロテーエンシュタット墓地　忘れ難い墓地　ユダヤ人墓地　20世紀の墓地　ホーエンツォレルン家の墓地)
＊モーツァルトはなぜ「共同墓穴」へ投げ込まれたのか？帝妃エリーザベトの眠るハプスブルク王家の霊廟はどこにあるのか？プラハに遺る「旧ユダヤ人墓地」、スメタナの墓があるチェコの「国民墓地」、啓蒙主義の首都ベルリンに眠るメンデルスゾーン一族の墓、ショアの悲劇が刻まれた「ヴァイセンゼー・ユダヤ人墓地」など、時代を映す墓地の姿と文人、芸術家の墓に関する興味深いエピソードを満載。

◇中国古代の殉葬習俗―"人間犠牲"(人牲・人殉)の研究　黄展岳著, 宇都木章監訳, 佐藤三千夫訳　第一書房　2000.3　345p　20cm　(Academic series new Asia 33)　4000円　(i)4-8042-0708-2　Ⓝ385.6

◇中国の死の儀礼　ジェイムズ・L.ワトソン, エヴリン・S.ロウスキ編, 西脇常記ほか訳　平凡社　1994.11　416p　22cm　5400円　(i)4-582-48209-0　Ⓝ385.6
〈内容〉第1部 導入論文(中国の葬儀の構造―基本の型・儀式の手順・実施の優位　歴史家による中国葬礼の研究法)　第2部(華北の葬礼―画一性と多様性　死、食品、そして一族の繁栄　広東社会の葬儀専門職―穢れ、儀式の実施、社会的階層　死者のために嘆き、生者のために嘆く―客家の女の哀悼歌　性別とそれぞれの死生観　魂と救済―中国民間宗教における背反する主題　死者を記憶にとどめること―東南中国の墓と政治　皇帝の葬儀―明清の皇帝と死の儀礼　毛沢東の遺体　中華人民共和国における死)
＊複雑で多様な社会を一つのものとして統合する接着剤の役割を担った葬礼を通して中国社会の何がみえてくるか。議論は白熱する。

◇鶴新田の両墓制―富士見市下南畑・鶴新田墓地に関する民俗調査概要報告書　富士見市立考古館　富士見　富士見市立考古館　1998.9　41p　30cm　Ⓝ385.6

◇東国火葬事始―古代人の生と死　第53回企画展図

録　栃木県立博物館編　宇都宮　栃木県立博物館　1995.10　169p　30cm　〈会期：1995年10月8日～11月26日　主要参考・引用文献：p165～168〉（i)4-924622-89-3　Ⓝ210.3

◇どうして墓を建てるのか　西村峨山著　京都　勝縁ぶっく西村峨山プランニング　1996.3　278p　19cm　〈発売：星雲社（東京）　付：参考文献〉2000円　(i)4-7952-2984-8　Ⓝ385.6

　内容　第1章　つまらない墓を建てるな　第2章　釈尊の「塔婆」に学ぶ　第3章　仏教東漸・宗派別塔婆と形の変遷　第4章　神道と仏教的な祖先崇拝　第5章　凡人のための墓の宗教　第6章　神、仏、儒を崇拝した近江商人の思想　第7章　永遠の生命継承と家の相続　第8章　これからのよい墓の建て方

　＊選択的夫婦別姓が導入されようという時代に〇〇家之墓でよいのか。仏教、神道、民俗信仰、儒教の習合した日本の墓がもつ意味をわかり易く解説。これからのよいお墓の建て方を考える。

◇弔いの日々　丸山登著　東洋館出版社　1996.12　190p　20cm　1300円　(i)4-491-01321-7　Ⓝ385.6

　内容　ホーム・ドクター　葬儀社　お寺　お浄め・精進落とし　遺品と供物　訃報の美学　墓地　香典　お位牌　切り火　形見分け　虫の知らせ　祖母の死〔ほか〕

　＊明治生まれの母親を、戦後生まれの息子と家族はどのように弔ったのか？大往生、尊厳死、葬儀、法要、納骨、位牌、仏壇、お浄め、檀家、遺品。伝統的な儀式・習慣に従いながら、主人公はその背景に流れる日本人の自然観、宗教観に目覚めていく…。

◇名護市墓分布形態調査報告書　4　羽地地区の墓　名護博物館編　名護　名護博物館　1993.7　212p　26cm　Ⓝ385.6

◇新潟県の葬儀と法要―保存版　新潟　新潟日報事業社　2001.2　173p　30cm　1500円　(i)4-88862-838-6　Ⓝ385.6

◇21世紀のお墓事情―ご先祖をまもるのは誰か　講談社編　講談社　1997.3　222p　19cm　1339円　(i)4-06-208555-0　Ⓝ385.6

　内容　第1章　いま、お墓が変わりつつある　第2章　お墓の悩みは"どう守るか"　第3章　お墓をどこに建てるか　第4章　全国主要都市の公営墓地事情　第5章　墓石をどう建てるか　第6章　ご先祖さまをどう祀るか　第7章　二十一世紀のお墓考

　＊お彼岸には家族連れでお墓参りをする、こんな当り前のことが難しくなっている今日、因習にとらわれない葬式と墓について考える。

◇21世紀のお墓はこう変わる―少子・高齢社会の中で　長江曜子著　朝日ソノラマ　1998.8　192p　20cm　1600円　(i)4-257-03544-7　Ⓝ385.6

　内容　第1章　現代をめぐる墓事情　第2章　埋葬も新しい時代へ―その実態は　第3章　散骨とは　第4章　21世紀のお墓を考える　第5章　お墓・メモリアルQ&A

　＊世界30カ国のお墓事情を調査し、アメリカのお墓大学（ACA）卒業の著者が、21世紀の内外のお墓事情とさまざまな解決策、今後の可能性を熱く語る。

◇墓と葬送の現在―祖先祭祀から葬送の自由へ　森謙二著　東京堂出版　2000.7　16,287,38p　20cm　2800円　(i)4-490-20404-3　Ⓝ385.6

◇パリの風葬　尾形一彦著〔尾形一彦〕1995.7　113p　20cm　〈製作：丸東印刷〉1500円　Ⓝ385.6

◇ひょうごのお葬式―葬祭ハンドブック　神戸新聞総合出版センター編　神戸　神戸新聞総合出版センター　1997.5　155p　21cm　〈付：参考文献〉1600円　(i)4-87521-219-4　Ⓝ385.6

　内容　葬儀（葬式）について　"その時"に備えて　仏式葬儀―臨終から通夜まで　仏式葬儀―葬儀・告別式　葬送儀礼―県内各地の風習　神道葬儀　キリスト教式葬儀　香典について　弔事の服装　法事の営み方とその意味〔ほか〕

　＊お布施・戒名・香典の費用データ、兵庫県下の主な葬儀社リスト収録。

◇二上山　田中日佐夫著　新装版　学生社　1999.4　225p　20cm　2100円　(i)4-311-20220-2　Ⓝ385.6

　内容　序章　あやしき二上山　第1章　山越えの墓どころ　第2章「哭く」ということ　第3章「誄」という儀礼　第4章　葬送の歌「挽歌」の流れ　第5章　葬送歌曲のにない手たち　第6章　此岸から彼岸へ　第7章　死者の伝記　第8章　当麻寺の謎　第9章　当麻曼荼羅の語るもの　終章　よみがえる二上山

　＊古代日本の葬儀はどう行われていたか？天皇の墳墓の地の、遺跡や伝承に秘められた葬送儀礼の謎！「誄」（しのびごと）とはなにか？大津皇子はなぜ飛鳥の西、二上山に葬られたか？「死」の世界に対する古代飛鳥人の秘められた「心」と儀式を解き明かす。

◇ミイラ　ジェームズ・パトナム著、リリーフ・システムズ訳　京都　同朋舎出版　1994.3　63p　29cm　〈ビジュアル博物館　第44巻〉〈日本語版監修：桜井清彦〉2800円　(i)4-8104-1766-2　Ⓝ385.6

　内容　ミイラとは？　自然のミイラ　時に埋もれた土地　エジプトの「死者の書」　ミイラをつくる　ミイラを包む　ミイラのマスク　お守り　ミイラのかくれ家　石棺　来世にくもの　来世の労働者　ミイラとオシリス神　王のミイラ　ツタンカーメンの財宝　ミイラの呪い　ギリシアとローマのミイラ　動物のミイラ　ミ

イラの秘密を解く　アンデスのミイラ　アイスマン　湿地のミイラ　シチリアのミイラ　そのほかのミイラ
＊古代エジプトのファラオで一躍脚光を浴びたミイラの世界。誰がどうやって「死」をとじこめ「永遠の生」を得ようとしたのか—。世界各地のミイラを初めてオールカラーで紹介します。

◇民俗と内的「他者」—祭祀組織と非組織の関係　林英一著　岩田書院　1997.5　304p　22cm　6800円　(i)4-900697-86-9　Ⓝ385.6

◇来世への旅立ち　氷見市立博物館編　氷見　氷見市立博物館　1998.3　44p　30cm　〈特別展：平成10年3月6日—29日〉Ⓝ385.6

法要・祖先崇拝

◇位牌分け—長野県佐久地方における祖先祭祀の変動　上杉妙子著　第一書房　2001.5　301.8p　22cm　8000円　(i)4-8042-0727-9　Ⓝ387

◇沖縄の祖先崇拝と自己アイデンティティ　安達義弘著　福岡　九州大学出版会　2001.2　283p　27cm　〈折り込み4枚〉8400円　(i)4-87378-670-3　Ⓝ387
　内容　序章　問題の所在—「沖縄人」であるということ　第1章　士族文化の成立　第2章　士族文化の拡散　第3章「物語祖型」の成立　第4章　沖縄的自己アイデンティティの成立　終章　祖先崇拝と沖縄的自己アイデンティティ
　＊本書は、沖縄の祖先崇拝と沖縄的な自己アイデンティティの形成をめぐる問題を、1980年代に研究のピークを迎え、著者自身も沖縄に関する最初の研究テーマとして取り組んだ門中化現象や祖先のシジタダシ(筋正し)に関する研究成果を念頭において、その歴史的淵源、およびそれが沖縄の人々の自己認識の在り方に与える影響を明らかにしようとしたものである。

◇現代日本における先祖祭祀　孝本貢著　御茶の水書房　2001.3　269p　22cm　5800円　(i)4-275-01857-5　Ⓝ387
　内容　第1部　現代日本における先祖祭祀の研究課題　第2部　伝統的先祖祭祀基盤の揺らぎ　第3部　現代都市家族と先祖祭祀　第4部　新宗教における先祖祭祀　第5部　隣接社会における先祖祭祀
　＊墓制の変容という視角から先祖祭祀の現在をとらえ、また沖縄や在日コリアンの人々の祭祀事例を実証報告する。

◇先祖供養—法要の作法やつとめを解説　仏教文化研究会編著　改訂版　大阪　ひかりのくに　1997.8　237p　18cm　〈文献あり〉1200円　(i)4-564-40395-8　Ⓝ385.7

　内容　先祖の供養　お寺で営む年回法要　お盆とお彼岸　亡き人の供養から仏教へ　お経の意味といわれ　仏教を味わう　仏教各宗派所在地

◇祖先崇拝の比較民俗学—日韓両国における祖先祭祀と社会　竹田旦著　吉川弘文館　1995.1　347,14p　22cm　8755円　(i)4-642-07348-5　Ⓝ387
　内容　1 祖先崇拝と祖先祭祀(死者の祭り　祖先の祭り　祖先祭祀の諸相　家の神々と祭り)　2 祖霊と穀霊の祭り(稲の霊と米の霊　韓国の祖先壺　韓国の初穂儀礼)　3 祖先祭祀の社会的基盤(西南日本における家族慣行　沖縄社会・文化の構造的基盤　東アジアにおける済州民俗　韓国の死霊結婚と死霊観　東アジアにおける位牌の祭り　西南日本における「分牌祭祀」の変容　韓国家族における「隠居」　韓国家族における老人　韓国家族における嫁と姑)
　＊わが国では家族制度が崩れ、祖先の祭りも変化を余儀なくされたが、韓国では昔ながらの祭りを守ろうという風潮が濃い。位牌祭り・祖先壺など、日韓両国の異同と変容を探り、あわせて社会的基盤を析出する。

◇竹田聰明著作集　第6巻　日本人の「家」と宗教　国書刊行会　1996.5　461p　22cm　14000円　(i)4-336-03436-2　Ⓝ387
　内容　第1部　日本人の信仰　第2部　祖先崇拝(家と祖先崇拝との構造連関　歴史に表われた祖先崇拝の諸形態　仏教思想の日本化と祖先崇拝)　第3部　日本人の「家」と宗教(習俗と慣制　近代の法制)

◇正しい「甘え」が心を癒す—沖縄文化に見る日本人の心の源流　又吉正治著　文芸社　1998.8　279p　20cm　1500円　(i)4-88737-132-2　Ⓝ382.199
　内容　第1章　人間性善説—アニミズムと祖先崇拝(人間性善説文化と人間性悪説文化での子育て法のちがい　「多神教は低級宗教」という辞書の定義は誤り　沖縄の年中行事等に現れる祖先崇拝思想　ほか)　第2章「甘え」と人間関係(米国、日本、沖縄で異なる、許される「甘え」の程度　親に甘えられなかった者は、子を甘えさせることができない　甘えの対象が確立されているかで人生が変わる　ほか)　第3章　種々様々の現象(霊前に報告をしてから子を叱ると親子とも冷静になれる　五つのコンプレックス—エディプス、アジャセ、チャッチ・ウシクミ、テーゲー、カミダーリ　男の「女に甘えたい病」ほか)　第4章　性善説文化としての祖先崇拝(「甘えたくても甘えられない」状況の先祖から子への伝達が先祖の祟り　祖先崇拝の三つの心は良い人間の究極の姿　奇数番目の子は母親に似、偶数番目の子は父親に似る　ほか)
　＊正しく甘えさせれば、キレた子供も助平な男も迷える老人達も救える！全ての答えは沖縄

の民俗文化にひそんでいた！米国メリーランド州立大学アジア校で「祖先崇拝学」を教える著者が、20年以上にわたる沖縄の精神文化に関する研究を集大成した渾身の書。

◇トートーメーと祖先崇拝―東アジアにおける位牌祭祀の比較 第13回南島文化市民講座・沖縄国際大学創立20周年記念シンポジウム 沖縄国際大学南島文化研究所編 宜野湾 沖縄国際大学南島文化研究所 1993.3 181p 19cm 〈中・ハングル文併載 付：参考文献〉 Ⓝ387

◇トートーメーと祖先崇拝―東アジアにおける位牌祭祀の比較 沖縄国際大学南島文化研究所編 那覇 沖縄タイムス社 1994.12 181p 20cm 〈付：参考文献〉 1800円 Ⓝ387

◇日韓祖先祭祀の比較研究 竹田旦著 第一書房 2000.11 306,16p 20cm (Academic series new Asia 35) 4000円 (i)4-8042-0722-8 Ⓝ387

◇日本人の死生観 五来重著 角川書店 1994.6 276p 19cm （角川選書 250） 1300円 (i)4-04-703250-6 Ⓝ380

(内容) 日本人の死生観 日本人と死後の世界 みちのくの神秘・恐山―その歴史と円空仏 口寄せ巫女 怨霊と鎮魂 死と信仰―補陀落渡海の謎 古来の葬送儀礼から見た現代の葬儀と葬具 仏壇 墓の話
＊日本人の死生観は、武士道的死生観だけではない。仏教以前からの、霊魂を不滅とする再生信仰があり、霊魂の供養とその儀式がある。もっと深いところに日本人の死生観の根本が根ざしていたといえる。本書は、民俗学の視点から、庶民の文化と精神の基層まで掘り下げ、あたらしい鉱脈を掘り当てることによって、はじめて日本人の霊魂観と死後の世界観をあきらかにする。

◇日本人の死生観―蛇 転生する祖先神 吉野裕子著 京都 人文書院 1995.3 194p 20cm 〈講談社1982年刊の復刊〉 1957円 (i)4-409-54049-1 Ⓝ387

◇東アジアの死霊結婚 松崎憲三編 岩田書院 1993.12 559,6p 22cm 〈付：参考文献 巻末：文献目録〉 12154円 (i)4-900697-09-5 Ⓝ387

◇人とあの世と供養 山川清著 日立 第一企画社 1993.4 181p 19cm 700円 Ⓝ385.6

◇霊魂をめぐる日本の深層 梅原猛,中西進編 角川書店 1996.7 200p 19cm （角川選書 271） 1400円 (i)4-04-703271-9 Ⓝ387

(内容) 序言 祖霊信仰と稲作、狩猟 第1章 東アジアの霊魂と神 第2章 沖縄に探る信仰と祭祀の深層 第3章 魂をめぐる文学、文化 第4章 祖霊の行方と神の由来―討論
＊日本人は、祖先の「霊魂」の行方や神の由来について、どのような観念をいだいて祭祀を行ってきたのだろうか。日本文化の起源を考えるうえで、古代中国江南の高度な米文化を無視することはできないが、このような東アジアを見渡す広い視野の中で、日本民俗学における「日本固有の信仰」という説を再検討し、朝鮮、アイヌの霊魂観と祭祀を探り、沖縄の祖霊信仰と来訪神の根底的な構造を明らかにすることを通じ、「霊魂」をめぐる文化の深層を掘り下げる。

年中行事・祭礼

年中行事・祭礼

◇愛らしい雛のお道具とお菓子展　虎屋虎屋文庫編　虎屋文庫　2001.1　26p　21cm　〈第58回虎屋文庫資料展：2001年1月25日～3月3日〉　Ⓝ386.1

◇遊・戯・宴―中世生活文化のひとこま　広島県立歴史博物館編　福山　広島県立歴史博物館　1993.4　101p　30cm　(広島県立歴史博物館展示図録　第8冊)〈平成5年度春の企画展　会期：平成5年4月23日～5月23日　主要参考文献：p101〉Ⓝ382.1

◇イラストふるさと祭事記　とよた時えと文　富民協会　1994.3　222p　19cm　〈参考文献：p221〉1400円　(i)4-8294-0148-6　Ⓝ386.1
＊農村生まれの人ならだれでも記憶にある農業行事。栽培技術、農業機械が発達しない時代は、作物の出来、不出来は神さままかせ。ただ祈るだけでした。そんななかから生まれたこれらの祭り、行事。本書は、とっつきにくいこんなテーマをユーモラスなタッチと文で、格式ばらないシロウトの目で描いた本。

◇祝い絵―ディスプレイの民俗誌　石川県立歴史博物館編　金沢　石川県立歴史博物館　2000.7　200p　30cm　Ⓝ386.1

◇宴　彦根城博物館編　彦根　彦根市教育委員会　1997.4　108p　21×21cm　〈会期：1997年4月19日～5月19日〉Ⓝ382.1

◇江戸時代の門松―名古屋市博物館企画展　名古屋市博物館編　名古屋　名古屋市博物館　1994.1　72p　26cm　Ⓝ386.1

◇江戸時代武家行事儀礼図譜　4　尾張藩江戸城御殿席図・尾張藩江戸屋敷席図　深井雅海編　東洋書林　2001.10　522p　23×16cm　32000円　(i)4-88721-516-9
内容　年中御登城之節之御式御覚書　寛政七年六月年中御登城之節之御式御席図　(尾張藩市ヶ谷御殿) 諸図 (上々様方江付諸事之部　年頭江付候部　文武御覧一覧見分等之部　御年寄衆江謁申渡等之部)

◇江戸年中行事図聚　三谷一馬著　中央公論社　1998.1　426p　16cm　(中公文庫)〈文献あり　索引あり〉1143円　(i)4-12-203042-0　Ⓝ386.1

◇江戸神輿と日本の祭り　小沢宏之著　講談社　1998.5　186p　31cm　9500円　(i)4-06-209226-3　Ⓝ386.1

◇大中臣祭主藤波家の研究　国学院大学日本文化研究所編　続群書類従完成会　2000.3　380p　21cm　12000円　(i)4-7971-0778-2
内容　大化前代における中臣氏の動向―中臣烏賊津使主伝承を手がかりとして　8～9世紀の伊勢神宮史料に関する一考察―内宮政印と大神宮司印をめぐって　神宮幣帛使と中臣氏―「祭主」成立の史的背景　清麻呂流大中臣祭主家成立の背景―太神宮の崇敬と清麻呂　鎌倉期の神宮祭主についての1、2　神家神道発生考―祭主家大中臣氏の宗教的性格　大中臣祭主家と伊勢神道書―大中臣定世の古事記書写を通路として　近世における祭主職の継承　神宮長官の就任儀式　侍従藤波言忠と欧州（王）室制度調査〔ほか〕
＊本書は国学院大学日本文化研究所が行っている大中臣祭主藤波家に関する研究成果の一つである。これまで研究の必要性が説かれながらも、まとまった書のなかった大中臣氏や祭主職に関するもの、また近代皇室制度と藤波言忠に関する論文を13篇集めた。

◇神々の原像―祭祀の小宇宙　新谷尚紀著　吉川弘文館　2000.5　221p　19cm　(歴史文化ライブラリー 92)　1700円　(i)4-642-05492-8　Ⓝ386.1
内容　鳥喰と禊祓 (厳島神社の御島廻式　史実と伝承　儀礼世界の構造 ほか)　竜蛇祭祀の儀礼と神話 (古代出雲の特殊性　佐太神社の神在祭　神在祭の歴史 ほか)　人身御供と成女式 (見付天神社の裸祭　人身御供譚の深層　裸祭と人身御供の物語)　遊びと尸人 (両山寺の護法祭　護法祭の構成　護法祭の歴史と意味)
＊日本における神とは何か。この難問に民俗学の立場から迫る。各地の神社や寺院の儀式と祭り、歴史と伝承などを通して、日本の神観念の淵源を探り、神がケガレの吸引浄化装置として生まれる仕組みを具体的に検証する。

◇神々の庭　宮下茂樹著　東洋出版　1998.3　248p　19cm　1400円　(i)4-8096-7241-7　Ⓝ386.1
内容　人家のない山の中に駅だけを―獅子舞棚沢95　美濃太田に着いたのは―寒水掛踊り95　太平洋を前にしている―大原裸祭り95　初めての日は―鳳凰の舞95　それを衝撃と言っていいか―高山大祭96　多摩川から成田へ―獅子舞鳥見96　五月の日差しは強い―獅子舞長崎96　「小童」は―小童祇園96　商店街が活力―流鏑馬信濃大町96　一九九六年八月七日―北上みちの

文化人類学の本 全情報　411

く芸能祭り96〔ほか〕
◇神去来　石塚尊俊著　慶友社　1995.10　362p　22cm　6180円　(i)4-87449-223-1　Ⓝ386.1
　内容　歳時習俗の消長　近世の年中行事覚書　隠岐島の年中行事　島根半島の正月行事　出雲のオコナイ　歳神の滞留とその祭場　正月神の性格　雛の節供と天神節供　いわゆる神送り・神迎え　文献に見る神在月の神集い　出雲神在祭の成立
　＊季節とともに去来する神々残された様々な習俗の中に日本古来の信仰を見る。
◇近世村落祭祀の構造と変容　兼本雄三著　岩田書院　1998.1　401p　22cm　(御影史学研究会民俗学叢書 11)　7900円　(i)4-900697-98-2　Ⓝ386.1
◇近世の都市と祭礼　高牧実著　吉川弘文館　2000.11　342,51p　22cm　10000円　(i)4-642-03361-0　Ⓝ386.1
　内容　第1章　祭礼にみる城下町久保田（秋田）　第2章　城下町鶴岡における祭礼　第3章　城下町弘前における祭礼　第4章　城下町会津若松と祭礼　第5章　城下町八戸における祭礼　第6章　港町酒田と祭礼　第7章　港町三国の町と祭礼　第8章　江戸の町と山王神田両祭礼　第9章　京都の町内における祇園会
　＊神事祭礼に焦点をあて、近世都市社会の特質を究明する。城下町久保田（秋田）をはじめ、港町酒田などの祭礼運営の実態や地域差を、緻密な史料分析により解明。江戸の山王・神田両社の祭礼と京都祇園会をも取り上げる。
◇くらしと祭り百話　小野迪夫著　神社新報社　1994.9　237p　18cm　(神社新報ブックス 7)　1030円　(i)4-915265-91-9　Ⓝ176
　内容　一月—三月（若水汲み　初詣で　ほか）　四月—六月（磯の口明け　卯月八日　ほか）　七月—九月（半夏生　土用　ほか）　十月—十二月（神無月　神在月　ほか）　雑の部（松竹梅　晴れ着　ほか）
◇暮らしの行事を振り返る―家庭での行事の実施状況、行事に対する考え方　三和銀行　1993.2　39p　26cm　(三和銀行ホームコンサルタント調査レポート no.179)　Ⓝ590
◇現代家庭の年中行事　井上忠司、サントリー不易流行研究所著　講談社　1993.12　223p　18cm　(講談社現代新書)　(主要参考文献リスト：p220～223)　600円　(i)4-06-149182-2　Ⓝ367.3
　内容　序　もうひとつの家族論　1　伝統的な年中行事　2　新しい年中行事　3　人生節目の年中行事　4　家庭づくりと年中行事
　＊四季折々に生活のリズムを刻み、家族の絆を結ばせる年中行事。「豊かな社会」の中で変容する行事の意義と、家庭づくりの知恵を探る。
◇現代ニッポン祭り考―都市祭りの伝統を創る人びと　松平誠著　小学館　1994.11　252p　20cm　2300円　(i)4-09-626183-1　Ⓝ386.1
　内容　江戸祭りのウソとマコト―換骨奪胎される伝統　第2章　娘御輿の登場―神田祭の新たな神賑わし　第3章　ミル人とスル人の逆転―神田の祭りの主役交替　第4章　とんだハネトたち―青森ネプタのもうひとりの主役　第5章　借り物が本物になった祭り―高円寺阿波おどり顛末記　第6章　氏子はいったい誰なのか―虫食いになった町内　第7章　ビル住民・通い住民・企業住民―氏子町内会の構成員　第8章　「河童」の祭礼権―カミを沖へ追いやった都市生活　第9章　地域から離陸する発想―日蓮宗御会式の不思議な構成　第10章　望郷フェスタ―日本にあるブラジルの祭り　第11章　伝統創造についての岡目八目―日本の祭りがもつ現代性
　＊伝統の代名詞である「祭り」も、社会の動きの中でたえず変化し、創造されている―。神田祭、青森ねぶたなど、列島各地に伝わる現代の「祭り」の構成や創出過程を、歳月をかけて実地調査した著者が、都市祝祭をカミ・ヒト・マチから鋭く分析する。巻末には、「日本の祭りお勧めメニュー」つき。
◇建築工事の祭式―地鎮祭から竣工式まで　「建築工事の祭式」編集委員会編著　京都　学芸出版社　2001.12　181p　21cm　1800円　(i)4-7615-1174-5　Ⓝ525.5
　内容　第1章　祭式の基礎知識　第2章　地鎮祭　第3章　上棟式　第4章　竣工式　第5章　その他の祭式　第6章　実務マニュアル　付記　祭式用語
　＊本書は、建築工事に関わる祭式を執り行うのに必要な知っておくべき事柄について、地鎮祭から竣工式までの基本的なポイントを押さえながら、ノウハウ集として要点をまとめたものである。
◇皇室の冠婚葬祭―日本人なら知っておきたい　塚田義明著　ベストセラーズ　1993.5　206p　18cm　(ワニの本)　1200円　(i)4-584-00848-5　Ⓝ210.09
　内容　2000年の歴史と伝統を受け継ぐ皇室の儀式　時の流れとともに形成された皇室の冠婚葬祭　2度にわたる大きな変化　皇室行事の中心儀式が行われる宮中三殿　日本人の原点が息吹いている　皇子誕生式　成年式　転換期の日本で迎えられた現天皇の「成年式」　浩宮さまの「成年式」『午餐会』『晩餐会』『お茶会』〔ほか〕
　＊テレビでは観れないすべての儀式を網羅。
◇高齢者のための年中行事とレクリエーション―二十四節気と行事の企画・演出　竹垣幸子、稲葉光一、瀬川健三監修　大阪　ひかりのくに　2001.3　127p　26cm　2000円　(i)4-564-43025-4　Ⓝ369.263
　内容　第1章　春（3・4・5月の暦　集会で話すヒント　ほか）　夏（6・7・8月の暦　集会で話すヒント　ほか）　秋（9・10・11月の暦　集会で話す

ヒント ほか) 冬(12・1・2月の暦 集会で話すヒント ほか) 第2章 豆知識(旬の食材と行事メニュー・春 旬の食材と行事メニュー・夏 ほか) 第3章 資料集(ポスター・お知らせデザイン集 ご家族にたよりを送りましょう ほか)
* 奈良時代から使われ始めたという二十四節気の呼び名には、四季が感じ取れるのは言うまでもなく、四季の中のわずかな変化を慈しむように見つめる繊細な眼差しが感じられます。毎日をより楽しく豊かに過ごしていただくため"今を楽しんで充実した今日を送り、明日の楽しみを待つ"ことを季節の香りの中につくり出していただく、そのためのノウハウがわかるよう、二十四節気に合わせて企画・編集いたしました。

◇五節供の楽しみ——七草・雛祭・端午・七夕・重陽 冷泉為人ほか著 京都 淡交社 1996.4 110p 27cm 3900円 (i)4-473-01459-2 Ⓝ386.1
(内容) 七草の節供(人日)(七草を飾る 冷泉家新年の床飾り ほか) 桃の節供(桃の花 冷泉家の雛飾り ほか) 菖蒲の節供(ショウブ・アヤメ・カキツバタ 冷泉家端午の飾り ほか) 七夕の節供(冷泉家の乞巧奠 冷泉家七夕の歌会 ほか) 菊の節供(重陽)(長寿の菊花—菊慈童 重陽の床飾り ほか)

◇古代祭祀の構造と発達 真弓常忠著 京都 臨川書店 1997.10 310p 22cm 3800円 (i)4-653-03306-4 Ⓝ176
(内容) 第1編 古代祭祀の構造—祭る人・祭られる神・祭る神(顕斎 御阿礼 ほか) 第2編 祭祀の古態と変遷(対馬の天道と海神 エビス信仰の源流 宗像沖ノ島の祭祀) 第3編 律令祭祀の成立と本質(祈年祭と新嘗祭 大嘗祭の本質 新嘗祭と神嘗祭—日神祭祀の成立と展開) 付編 祇園祭の構造と八坂神社(祇園社の祭神 八坂神社(祇園社)の創祀 ほか)

◇古代の神社と祭り 三宅和朗著 吉川弘文館 2001.2 200p 19cm (歴史文化ライブラリー) 1700円 (i)4-642-05511-8
(内容) カモ神社の二つの祭り—プロローグ 古代神々の世界 カモ神社とカモ県主 平安時代の賀茂祭 カモ神社の御阿礼祭 王権・国家の祭りと神社
* 古代の神社や祭りとはどのようなものか。京都の上賀茂神社の葵祭と御阿礼祭の歴史を通し、天皇中心の王権の祭りと地方神社の祭りの相違を追及。人間と自然が共生する信仰の世界から、古代の祭りや祭りを見直す。

◇古代の鉄と神々 真弓常忠著 改訂新版 学生社 1997.10 238p 20cm 2200円 (i)4-311-20212-1 Ⓝ176
(内容) はじめに 稲つくりと鉄 1 鉄穴の神 2 鈴と鐸 3 鉄輪と藤枝 4 銅鐸・銅剣と銅矛 5 産鉄地 5 倭鍛冶と韓鍛冶の神々 6 五十鈴川の鉄 7 紀ノ川と鉄 8 太陽の道と鉄 9 修験道と鉄 10 犬と狩 11 蛇と百足—鉄と銅 むすび 豊葦原の瑞穂国
* 神話や祭に秘められた古代の鉄の謎! 出雲(荒神谷・加茂岩倉)の銅鐸・銅剣など最新の発掘で著者の予測が立証された。

◇子供組の習俗・塚越の花まつり・わが幼き日の「いんのこ」の思い出・松本の三九郎 長野県教育委員会, 埼玉県教育委員会, 松本市立博物館編, 寺脇弘光編著 久山社 1997.9 1冊 22cm (日本<子どもの歴史>叢書 14) [解説:神崎宣武 複製] (i)4-906563-42-2 Ⓝ386.1

◇子どもに伝えたい年中行事・記念日 萌文書林編集部編 萌文書林 1998.7 242p 26cm 2500円 (i)4-89347-054-X Ⓝ386.1
(内容) 花まつり(灌仏会) お花見 エープリル・フール 春の交通安全運動 世界保健デー 婦人の日 世界宇宙飛行の日 パンの日 通信記念日 アースデー(地球の日)〔ほか〕
* 本書は、日本の生活文化の「正確な知識や情報」を、できるかぎり「読みやすく」『簡潔』にそして「楽しく」編集いたしました。

◇暦と行事の民俗誌 佐藤健一郎, 田村善次郎著, 工藤員功写真 八坂書房 2001.11 219p 19cm 2600円 (i)4-89694-485-2
(内容) 暦と日本人(暦の歴史 暦さまざま) 行事十二ヶ月(睦月 如月 弥生 ほか) 歳時の民俗(春のことほぎ—多摩の正月の行事 「花見」考 凧揚げの季節—「凧」とその民俗)
* 日本独自のカレンダー・暦。日本に古くから伝わる様々な暦とその歴史をたどりつつ、四季折々の行事や歳時を紹介し、日本人にとっての一年を立体的に考える。

◇祭祀空間・儀礼空間 国学院大学日本文化研究所編 雄山閣出版 1999.3 266p 22cm 3000円 (i)4-639-01596-8 Ⓝ210.025
(内容) 縄文世界における空間認識 弥生時代の大型建物と祭祀空間 古墳時代の宗教構造とその空間 古代の祭祀空間 シンポジウム祭祀儀礼空間の形成と展開
* 縄文モデル村の中央広場から、巨大神殿、前方後円墳を経由して、飛鳥寺西の広場、そして藤原京大極殿へ。まつりの広場は古代人にどのように意識され、伝えられたか。考古学の遺跡・遺物から古代人の祭祀観・まつりの場を復原する。

◇祭祀と国家の歴史学 岡田精司編 塙書房 2001.4 347p 21cm 7500円 (i)4-8273-1173-0
(内容) 伊勢内宮相殿神の性格と成立—万幡豊秋津姫と手力男 御巫の再検討—庶女任用規定をめぐって 律令国家と奉幣の使—用語と規定及び全体の枠組を巡って 大嘗祭の宴と饗の特質について 「大嘗祭御禊行幸」の意義—九世紀行

幸論　出雲国忌部神戸をめぐる諸問題　野城大神の消長とその世界　「天之益人」訓読考　平安期の春日祭について　私請印儀礼について　記・紀・万葉・風土記について　中世日吉社絵画史料の検討　中世上賀茂神社の神仏習合　近世の祇園社・地主神社と絃召　官幣大社札幌神社と「領土開拓」の神学
＊本書は日本史における祭祀研究の各分野、各時代にわたる多様な論文を掲載している。

◇「獅子学」について　高嶋賢二著　上尾　眠牛舎　1994.9　35p　8.3cm （上尾豆本1）（限定版）Ⓝ386

◇室礼　山本三千子著　改訂　叢文社　1997.11　76p　19×21cm　1500円　(i)4-7947-0265-5　Ⓝ597

(内容)　お正月　節分　雛祭　端午の節句　七夕　お月見　七五三

◇室礼十二ヶ月　山本三千子著　叢文社　2001.9　113p　26cm　2190円　(i)4-7947-0378-3　Ⓝ597

(内容)　室礼十二ヶ月—季節を盛る言葉を盛る心を盛る(正月　節分　雛祭　花祭　端午　ほか)　解説　盛る材料の意味

◇住居空間の祭祀と儀礼　森隆男著　岩田書院　1996.2　385p　22cm　8137円　(i)4-900697-47-8　Ⓝ383.9

◇祝祭—世界の祭り・民族・文化　芳賀日出男監修、芳賀ライブラリー編著　クレオ　2001.4　271p　30cm　〈他言語標題：Celebration　おもに図〉　3000円　(i)4-87736-062-X　Ⓝ386

(内容)　世界の祭り　世界の民族舞踊　世界の歌声　世界の舞台芸能　世界の楽器　世界の祭りの子供　世界の民族衣装　世界のボディー・ペイント　世界の仮面　世界の結婚式　世界の市場　世界の料理　世界の親子　世界の住居　世界の料理　世界の信仰　世界の挨拶　世界遺産　日本の祭り　日本の祭りの子供　日本の楽器　日本の伝統芸能

＊世界の国々の様々な祭り・民族・文化を、2500点以上に及ぶ貴重なカラー写真で紹介。世界の祭りと民族と文化を知るための必携の書。

◇植物と行事—その由来を推理する　湯浅浩史著　朝日新聞社　1993.7　242,6p　19cm　（朝日選書478）〈巻末：引用・参考文献〉　1200円　(i)4-02-259578-7　Ⓝ386.1

(内容)　神と交わる木、マツ　アズキの威力　春の七草の変遷　節分植物を推理する　ウメの香　ツバキ五千年　ひな祭りの背景　花祭りの底流　花見の源流　フジの象徴と実用　端午の植物　縁起と忌みに使われるウツギ　ユリの伝説　七夕に神のタケ　アサガオとホオズキの市　多目的作物ヒョウタン　盆の花　秋の七草考　ススキの系譜　サトイモは基層食物　モミジとカエデの国　キクの行事　クリスマス植物の由来　化身の花スイセン

＊正月、節分、節句、花見、七夕、月見、クリスマス…。暮らしの中の祭りや年中行事、習わしに、なぜ特定の草花や木が登場するのだろうか？植物と民俗の成り立ちをたどる。

◇相撲の民俗史　山田知子著　東京書籍　1996.8　247p　19cm　（東書選書141）〈引用・参考文献：p234～238〉　1400円　(i)4-487-72241-1　Ⓝ386

(内容)　第1章　相撲と「たましずめ」　第2章　相撲と節会　第3章　相撲と芸能　第4章　相撲と祭り　第5章　相撲と修験道　第6章　相撲と祈願

＊神事としての相撲の本質とは！各地に伝わる「争わない」相撲の文化。そこに、共同体を災厄から守る悪魔祓いとしての相撲の本質を探る。

◇生活学　第24冊　祝祭の100年　日本生活学会編著　ドメス出版　2000.9　316p　21cm　4000円　(i)4-8107-0528-5

(内容)　第1部　歴史性と祈りを基礎とする祭り（都市祭礼と地域社会の活性化—半田市の山車まつりを例として　都市祭礼の生成と伝承—伊勢という都市社会を生きるための「つながり」見せる祭りを目指す実践の誕生—遠州「森の祭り」における花火の打ち上げをめぐって　視線の力—都市祭礼・小倉祇園太鼓からみた新たな紐帯　沖縄における尾類馬行列の歴史社会学的考察—「都市祭祭とセクシュアリティ」研究に向けて）　第2部　変化と騒動のなかの祭り（変化しつづける都市祭礼—高知「よさこい祭り」　祝祭の受容と展開—「YOSAKOIソーラン祭り」　青森ねぶたとカラスハネト　都市祝祭論の転回—「合衆型」都市祝祭再考）　第3部　個人化社会の祭り原理と未来の祭り（巡礼という個人的な祝祭—都市の巡礼模様　祭りの創造—よさこいネットワークを考える　現代の都市空間におけるメディアと祝祭　神戸アジアタウンのケガレとハレ）

＊本書は「祝祭の100年」をテーマとした論集である。事典的に項目を説明した100年の推移の解説書ではなく、日本の生活文化のなかで日常生活をリズムづけてきた非日常である「祭り」の共同研究で、古い開始年代をもつ祭りから、最近生み出されたばかりの祭りまで、その推移を念頭にいれて、比較考察した。

◇続・日本の意匠—文様の歳時記　12　年中行事　京都　京都書院　1995.9　179p　30×30cm　18000円　(i)4-7636-8127-3　Ⓝ727

◇祖先祭祀の展開—日本民俗学の課題　田中久夫著　大阪　清文堂出版　1999.2　473p　22cm　12000円　(i)4-7924-0444-4　Ⓝ382.1

◇七夕と相撲の古代史　平林章仁著　白水社　1998.4　267,1p　20cm　2600円　(i)4-560-02243-7　Ⓝ210.3

(内容)　序章　相撲の発祥地は大和の葛城　第1章

古代の相撲　第2章　相撲と土師氏と喪葬　第3章　古代中国の七夕　第4章　竜の伝来　第5章　宮廷の五節句と暦　第6章　オトタナバタ考　第7章　葛木倭文神社考　終章　倭文氏の星の神話
* 垂仁紀七年七月七日条には、野見宿禰と当摩蹶速が相撲をしたとある。相撲の起源で知られるこの伝承は、なぜ七夕の日のこととされたのか。大和葛城の古代を探り、出雲神話成立の謎に迫る。

◇鎮魂祭の研究　渡辺勝義著　名著出版　1994.11　1冊　22cm　13000円　(i)4-626-01495-X　Ⓝ176
　内容　第1章「まつり」という概念に関する考察　第2章「魂」という概念に関する考察　第3章「鎮め」という概念に関する考察　第4章　古代の鎮魂祭　第5章　鎮魂祭をめぐる時間の構造　第6章　鎮魂と招魂及び遊部の鎮魂　第7章　中世前期の鎮魂祭　第8章　平安時代の鎮魂祭儀の概要（一）―祭日・祭場・延引・停廃　第9章　平安時代の鎮魂祭儀の概要（二）―宇気槽撞き・御衣振動・木綿結びの儀　第10章「鎮御魂斎戸祭」について　第11章「鎮魂祭神」と「鎮魂歌」について　結語
* 本書は宗教社会学・宗教人類学をベースにした研究である。研究対象として大嘗祭の中心的祭儀である「鎮魂祭」を取り上げている。

◇伝えておきたい日本の伝統季節の慣習　山蔭基央著　マネジメント伸社　1997.10　262p　20cm　〈文献あり〉　2000円　(i)4-8378-0387-3　Ⓝ386.1
　内容　第1章　季節の習慣と神道（新春―正月・丑の月・睦月　二月―旧正月・寅の月・如月　三月―卯の月・弥生　ほか）　第2章　神道の習慣と思想（神道とお祭―神道の根本理念について　神社の施設　神社の祭祀・祭具・祭礼用語　ほか）　第3章　仏教の常識（仏教の施設　仏教諸派の用語　仏教の諸道具　ほか）
* 日本人の生活に溶け込んでいる古くからの行事や慣習。それが核家族化とともに、急速に風化しつつある。しかし、本来の姿とその意味をきちんと伝えておかなければならない。忘れてしまった「日本人の心」を取り戻すための書。

◇天皇の祭り―大嘗祭＝天皇即位式の構造　吉野裕子著　講談社　2000.11　291p　15cm　（講談社学術文庫）　《「大嘗祭」（弘文堂1987年刊）の改題》　1000円　(i)4-06-159455-9　Ⓝ176
　内容　第1章　践祚大嘗祭（御縛　大嘗祭の概要　大嘗祭の原理　ほか）　第2章　陰陽五行と伊勢神宮の祭りおよび伊勢神宮の秘神・太一と北斗　荒祭宮考　神衣祭と南斗　ほか）　第3章　大嘗祭の実相（大嘗祭の祭神　大嘗祭の神座　天皇の礼服　ほか）　第4章　蒲葵と物部氏（原始各民族における蛇信仰　物部氏の首領とその系図　日本の高倉と南島の舟型屋根家屋　ほか）

* 古代天皇制を支える思想原理は何か。天武朝に宗教改革が行なわれ、禊が中心の古儀に対し、新儀には中国の易の思想と最新の天文学が導入された。北極星は天皇、北斗は宰相と位置づけ、天空の星（＝人民）を支配し、四季を司り、民生の安定を保証する儀式が大嘗祭。天皇即位式に潜む古代信仰の実態と論理を徹底解明する。

◇天皇の祭り村の祭り　森田悌編　新人物往来社　1994.4　231p　19cm　〈奥付の著者表示（誤植）：森田梯〉　1800円　(i)4-404-02104-6　Ⓝ176
　内容　第1章　宮中祭祀と田の神祭り　第2章　アエノコトと類似祭祀　第3章　饗の神のトポロジー――アエノコトの祭祀空間と去来伝承　第4章　嘗の祭りのメタモルフォシス
* 北陸に伝わる農村神事の実態と変遷から意外な事実が判明する。天皇家の神事、嘗の祭りを検証し、国家成立の謎に迫る。

◇都市の年中行事―変容する日本人の心性　石井研士著　春秋社　1994.9　212p　20cm　〈各章末：参考文献〉　2266円　(i)4-393-29114-X　Ⓝ386.1
　内容　第1章　脱落する年中行事（日本人の一年　大学生へのアンケート調査から　ふたつのアンケート調査から　脱落する年中行事と新しい年中行事の創出）　第2章　伝統行事の変貌（正月の現在　お盆―生者と死者の共同体）　第3章　新しい年中行事の創出（クリスマス　聖バレンタインデー　創出される年中行事―ハロウィンとサン・ジョルディ）　第4章　現代日本人の年中行事（年中行事の構造　年中行事と世俗化　都市民の宗教性再考）
* 日本人の人生に大きな影響を与えてきた年中行事とは。伝統的行事の変貌と衰退、新たな行事の創出など、柔軟かつダイナミックな社会考察を通し、日本人の変容と〈宗教〉の意味を問い直す意欲作。

◇とんまつりJapan　みうらじゅん著　集英社　2000.7　223p　20cm　1500円　(i)4-08-781193-X　Ⓝ386.1
　内容　蛙飛行事の巻　笑い祭りの巻　尻振り祭りの巻　おんだ祭りの巻　姫の宮豊年祭りの巻　田県祭りの巻　水止舞いの巻　撞舞の巻　恐山大祭の巻　抜き穂祭の巻〔ほか〕
* 突拍子もないセンス、探し求めて旅に出たとんまな祭りだ！とんまつり！！思わず「どーかしてるよ！？」と、叫びたくなるほどパワー全開！まだまだ日本も大丈夫！今日もどこかでとんまつりJAPAN。

◇謎解き祭りの古代史を歩く　彩流社　1999.8　188p　21cm　（オフサイド・ブックス）　1200円　(i)4-88202-608-2　Ⓝ386.1
　内容　1　祭りの古代史・謎解き歩き　東日本編（「ねぶた／ねぶた」の深層　岩手黒石寺「蘇民祭」

のルーツ 鹿島神宮・香取神宮「神幸祭」の政治力学 ほか) 2 祭りの古代史・謎解き歩き 西日本編(目からウロコの謎解き案内「祭りと祭礼」の大和路 安吾と歩く古代・飛驒 熊野三山「闇の輝き」ほか) 3 祭りの謎を解くキーワード(「祭りの古代史」への招待 謎を解く視点と四つのキーワード 「馬と火」の祭り 「蛇神」は邪神か? ほか)

＊祭りがもたらす"知的興奮"! 太古の息吹きを伝える諏訪の御柱祭、熊野の火祭り、奇祭岩手の蘇民祭、吉田の火祭り、血が騒ぐ弘前ねぷた、青森ねぶた、浅草三社祭、博多祇園山笠、「国つ神」とふれあう大和の祭り等、全国100以上の祭りから"隠された古代"を発掘する旅。写真・マップ満載。

◇新嘗の研究 4 稲作文化と祭祀 にひなめ研究会編 第一書房 1999.4 253p 22cm 〈3〉までの出版者:学生社〉 4000円 (i)4-8042-0696-5 Ⓝ384.31

(内容)稲作文化の源流を訪ねて(江坂輝弥著) 日本の稲(佐藤洋一郎著) 中国雲貴高原の「田遊び」(伊藤清司著) 雲南少数民族における新嘗祭(欠端実著) 人類文化史上の雨乞い(大林太良著) 折口信夫とニヒナメの研究(西村亨著) 農祭斎忌(鎌田久子著) 稲種子の授受、交換(田中宣一著) 田遊びの人形(神野善治著) 花水祝いと大嘗祭の本義(平野孝国著) 平成の大嘗祭(鎌田純一著)

◇にぎわいの時間—城下町の祭礼とその系譜 第11回特別展図録 土浦市立博物館編 土浦 土浦市立博物館 1993.10 83p 19×26cm 〈会期:1993年10月24日〜12月5日 主な参考文献:p82〉 Ⓝ386.1

◇日本古代の儀礼と祭祀・信仰 上 和田萃著 塙書房 1995.3 488p 22cm 8755円 (i)4-8273-1131-5 Ⓝ210.3

(内容)喪葬儀礼と即位儀礼(殯の基礎的考察 飛鳥・奈良時代の喪葬儀礼 殯宮儀礼の再分析—服属と儀礼 タカミクラ—朝賀・即位をめぐって) 古墳とその周辺(八二・土師氏・古墳 喪葬儀礼と埴輪群像 古代史からみた装飾古墳 古墳の被葬者と実年代 ほか)

◇日本古代の儀礼と祭祀・信仰 中 和田萃著 塙書房 1995.3 421p 22cm 7210円 (i)4-8273-1132-3 Ⓝ210.3

(内容)道教的信仰と神仙思想(日本古代の道教的信仰 鏡と神仙思想 薬猟と本草集注—日本古代における道教的信仰の実態 呪符木簡の系譜 ほか) 古代祭祀の諸相(チマタと橘—オトタチバナヒメ入水伝承を手掛りに 飛鳥のチマタ 夕占と道饗祭 下ツ道と大祓 ほか)

◇日本古代の儀礼と祭祀・信仰 下 和田萃著 塙書房 1995.6 496,38p 22cm 8755円 (i)4-8273-1133-1 Ⓝ210.3

(内容)古代大和の神々(国中と吉野—日本の聖地 三輪山祭祀の再検討 三輪山と石上山—祭祀の源流 飛鳥の神々 ほか) 日本各地における祭祀(日本の神々 熊野の原像 東国への海つ路 沖ノ島と大和王権 ほか)

◇日本の奇祭 合田一道著 青弓社 1996.11 222p 20cm 2060円 (i)4-7872-3130-8 Ⓝ386.1

(内容)神殿で新郎を放り上げる—婿の胴上げ 宮司も尻振って豊年祈る—尻振り祭り 裸で真冬の荒海に飛び込む—寒中みそぎ 顔に塗って幸せ祈る—スミつけ祭り 男女がもつれ合い豊穣祈る—飛島おんだ祭り 生身の女性を神に供える—夜宮女祭り 悠然と街を行く巨大な男根神輿—豊年祭り 大ロウソク掲げ裸で参詣—裸押し合い祭り 飲んで踊って寝転がる—うなごうじ祭り 「飯を食べろ」と脅す山伏—強飯式 〔ほか〕

＊その土地の音であり、色であり、匂いであり、温度であり、生活である祭り—日本各地で連綿と受け継がれている奇祭の数々を紹介する。

◇日本のしきたり—開運の手引き 武光誠編著 講談社 1994.11 237p 19cm 〈付:参考資料一覧〉 1600円 (i)4-06-206570-3 Ⓝ386.1

(内容)第1章 暦の「秘密」を知ってツキをよぶ 第2章 開運尽くしの毎日・毎月・年々歳々 第3章 開運をつかむ願ったり叶ったり

＊毎日が、毎月が開運のチャンス。今日すべきこと366日。人生の幸せを呼ぶしきたり・行事を残してくれた祖先に感謝。

◇日本の年中行事 白鳥文子,ジョン・ポーター著 面影橋出版 1993.6 238p 18cm 〈英語書名:Traditional annual events in Japan 英文併記 参考文献:p238〉 1000円 (i)4-88066-002-7 Ⓝ386.1

◇日本の年中行事 弓削悟編著 新版 金園社 1995.10 462p 19cm 2400円 (i)4-321-21008-9 Ⓝ386.1

＊日本の年中行事について解説したもの。国民の休日、一般的な国民行事、記念日、祭事等を月別に収録する。また各行事を一般的な行事、季節に関する行事、神社の祭礼・寺院の法会等、8種に分類し記号で明示する。

◇日本の年中行事百科—民具で見る日本人の暮らしQ&A 1(正月) 河出書房新社 1997.4 63p 29cm 〈監修:岩井宏実〉 (i)4-309-60981-3,4-309-60980-5 Ⓝ386.1

◇日本の年中行事百科—民具で見る日本人の暮らしQ&A 2(春) 河出書房新社 1997.4 51p 29cm 〈監修:岩井宏実〉 (i)4-309-60982-1,4-309-60980-5 Ⓝ386.1

◇日本の年中行事百科—民具で見る日本人の暮らしQ&A 3(夏) 河出書房新社 1997.4 55p 29cm 〈監修:岩井宏実〉 (i)4-309-60983-X,4-

309-60980-5 Ⓝ386.1
◇日本の年中行事百科―民具で見る日本人の暮らしQ&A 4(秋・冬) 河出書房新社 1997.4 51p 29cm 〈監修:岩井宏実〉 (i)4-309-60984-8,4-309-60980-5 Ⓝ386.1
◇日本の年中行事百科―民具で見る日本人の暮らしQ&A 5(民具小事典・索引) 河出書房新社 1997.4 55p 29cm 〈監修:岩井宏実〉 (i)4-309-60985-6,4-309-60980-5 Ⓝ386.1
◇日本の年中行事百科 調べて学ぶ身近なモノと四季の行事―民具で見る日本人のくらしQ&A 岩井宏実監修 河出書房新社 1997.4 5冊(セット) 30cm 15000円 (i)4-309-60980-5
〈内容〉1 正月 2 春 3 夏 4 秋・冬 5 民具小事典・索引
◇「日本の風習」つい喋りたくなる謎話―年中行事や冠婚葬祭のいわれがわかる本 "端午の節句"は、じつは女性の節句だった?! 武光誠著 青春出版社 1993.1 238p 15cm 〈青春best文庫〉 480円 (i)4-413-08145-5 Ⓝ382.1
◇日本の文化をよみなおす―仏教・年中行事・文学の中世 大隅和雄著 吉川弘文館 1998.7 308p 20cm 3000円 (i)4-642-07746-4 Ⓝ182.1
〈内容〉この世とあの世―日本人の因果と輪廻 1 平安仏教と鎌倉仏教―仏教の日本化(平安仏教の歩み―日本化への模索 鎌倉仏教の展開―寺院内の教学から外へ、民衆へ) 2 年中行事と儀式(年中行事の原点 仏教の儀式と信仰) 3 古典と歴史(古典に聴く中世のざわめき 史実と架空のあいだ)
＊本書は変わらないものと移ろいゆくもの、見えるものと見えないもの、固有のものと外来のもの、これら狭間に見え隠れする諸事象に、日本の文化の特質を探る。中世文化史の碩学が、仏教・年中行事・文学などを通して、日本人が自身の生き方や社会のあり方について、どのように考え行動してきたかを追究し、現代に連綿と引き継がれてきた文化の原点に迫る。
◇日本の文化・習慣・行事エッセイ集(和訳文) ウォルター・J.ハンフリー著,ユニテック訳 松江 ユニテック 1999.10 126p 22cm 800円 (i)4-946563-01-6 Ⓝ210.04
◇日本の祭り 堤勝雄写真 PHP研究所 1998.4 141p 21cm 〈写真紀行〉 1571円 (i)4-569-60083-2 Ⓝ386.1
〈内容〉春・夏 動物 諏訪の御柱祭 秋・冬
＊"御柱"のダイナミズム、"高山祭"の華麗さ、"流しびな"の優しさ…祭りの原点に迫る、貴重な写真を多数収録。
◇日本の祭りを読み解く 真野俊和著 吉川弘文館 2001.9 181p 19cm 〈歴史文化ライブラリー 125〉 1700円 (i)4-642-05525-8 Ⓝ386.1

〈内容〉祭りの作劇術(聖なるリズム―越後白山神社の春祭りから 聖なる記憶―近江御上神社の秋祭りから 聖なる夢 王の死と再生――九八九年一月七日) 歴史から祭りを読む(宮座と祭り 中世芸能と座 統制と逸脱 祭祀組織の形成―下野国百村の祭り) 祭りを作りだす人びと―祭りを読み解くということ
＊いまも大勢の人々が参加し繰り広げられる祭りには、どのような時代背景や人々の思いが込められているのか。各地の民俗芸能から昭和天皇崩御の社会現象まで、様々な祭りの演出と歴史を探り、現代の祭りの意味を問う。
◇日本の祭りと芸能 1 芳賀日出男著 小峰書店 1995.4 55p 30cm 〈日本の伝統芸能 5〉 3000円 (i)4-338-12305-2
〈内容〉正月を迎える 年神が訪れてくる 正月のしし舞 正月の祭りと芸能 小正月の行事 お正月さん、さようなら 冬の祭りと芸能 祇園祭り 語り物の世界 節分の鬼たち 稲の豊作をねがう〔ほか〕
◇日本の祭りと芸能 2 芳賀日出男著 小峰書店 1995.4 55p 30cm 〈日本の伝統芸能 6〉 3000円 (i)4-338-12306-0
〈内容〉夏がきた 夏は危険な季節だった 京都の祇園祭り 全国の祇園祭り 怪獣・動物が大集合 夏祭りの芝居 夏祭りの踊り 火の祭り 七夕 盆の行事 盆踊り 収穫のよろこび〔ほか〕
◇日本の民俗 上 芳賀日出男著 クレオ 1997.8 282,11p 27cm 〈文献あり 索引あり〉 4980円 (i)4-87736-015-8 Ⓝ382.1
〈内容〉御幣 訪れ神 初春の祝福芸 鬼 獅子舞い 清めと祓い 託宣 田遊び 田植えの祭り 収穫感謝の儀礼〔ほか〕
◇年中行事・儀礼事典 川口謙二,池田孝,池田政弘著 改訂新版 東京美術 1997.12 263,13p 19cm 〈東京美術選書 19〉 〈文献あり 索引あり〉 1600円 (i)4-8087-0020-4 Ⓝ385.8
〈内容〉一月(元日 若水 四方拝 ほか) 二月(旧正月 節分 立春 ほか) 三月(上巳の節供 啓蟄 涅槃会 ほか) 四月(神武天皇祭 清明 花祭 ほか) 五月(八十八夜 憲法記念日 端午の節句 ほか) 六月(芒種 夏至 夏越祭) 七月(半夏生 小暑 七夕 ほか) 八月(八朔 立秋 放生会 ほか) 九月(二百十日 白露 重陽の節供 ほか) 十月(寒露 体育の日 亥の子 ほか) 十一月(文化の日 立冬 酉の市 ほか) 十二月(大雪 歳の市 冬至 ほか) 人生儀礼(お七夜 お宮参り お食い初め ほか)
＊暦に掲載されている年中行事のうちから主要なものを選んで解説したもの。
◇年末・年始の聖なる夜―西欧と日本の年末・年始の行事の比較的研究 エミリア・ガデレワ述,国際日本文化研究センター編 京都 国際日本

文化研究センター　2000.7　36p　21cm　〈日文研フォーラム　第125回〉〈他言語標題：Oh, night divine　会期・会場：2000年1月11日　国際交流基金京都支部〉Ⓝ386.1

◇裸祭り考―写真集　水野徳三郎著　多治見　水野義裕　1997.1　145p　25×26cm　〈年譜あり〉Ⓝ386.1

◇花と神の祭　勝部正郊著　慶友社　1998.8　147.11p　22cm　3800円　(i)4-87449-226-6　Ⓝ386.1

(内容)　ツバキ　エビカズラ　ソウトンボ　ケシ　サカキ　シキミ　青柴　タケ　シイと薫蛇　マツ〔ほか〕

浜参宮　二見興玉神社編　二見町(三重県)　二見興玉神社社務所　1993.2　27p　21cm　Ⓝ176

◇火の神・山の神　高見乾司著　福岡　海鳥社　1995.8　263p　22cm　(九州の土俗面考 1)　2600円　(i)4-87415-126-4　Ⓝ386.1

(内容)　第1章　異界への招待　第2章　火の山　第3章　火の祭り　第4章　鬼面考　第5章　山の神と仮面

＊仮面は"異界"への入口である。仮面の起源を求め、誘われるまま九州山地に分け入った著者は、仮面史の"空白"の時に佇む。縄文時代の土偶の消滅から平安時代の仮面の出現まで、千数百年の断絶を埋める手掛かりとしての土俗面を追った異色の仮面論。

◇盆行事の民俗学的研究　高谷重夫著　岩田書院　1995.8　348p　22cm　〈著者の肖像あり　高谷重夫年譜・著作目録：p321〜340〉　7107円　(i)4-900697-32-X　Ⓝ386

(内容)　盆棚の類型　餓鬼の棚　無縁仏の問題　もらいまつり―盆行事の一問題　淡路島のモライマツリ　水棚　盆と施餓鬼　ガキンドサン―大和の盆行事　明智光秀の霊　盆の刺鯖〔ほか〕

◇まつり―考古学から探る日本古代の祭　大場磐雄著、桐原健解説　新装版　学生社　1996.11　249p　19cm　2266円　(i)4-311-20205-9

(内容)　はじめて祭祀跡をさぐる　伊勢神宮の遷宮祭　石上神宮の禁足地　三輪の神奈備　石の神　手向神の祭祀　池中の鏡　氏神の起源　東北開拓と祭祀遺跡　海の神と島の神〔ほか〕

＊石器時代、縄文時代の遺物が語りかける、そぼくな、ひたむきな祈り、日本人最初の「まつり」の姿！石の神、水の神、海の神、氏の神等の祭祀遺跡から、「まつり」の源をさぐる！古代日本人の思想と信仰を解明し、埋もれた古代の「まつり」を復元。

◇祭―大爆発・日本の祭　喜多章著　河出書房新社　1995.4　141p　30cm　3500円　(i)4-309-90137-9

＊神輿が揺らぐ、山車が躍る―男の血が騒ぐ。忘れかけていた日本がここにある。岸和田だんじり祭り・一の宮けんか祭り・大原のはだか祭り・西大寺会陽・博多祇園山笠・諏訪の御柱祭りほか。

◇祭　松平斉光著　平凡社　1998.3　382p　18cm　(東洋文庫)〈解説：飯島吉晴〉　2900円　(i)4-582-80631-7　Ⓝ386.1

◇祭りとイベント　小松和彦編　小学館　1997.2　285p　19cm　(現代の世相 5)　1600円　(i)4-09-386505-1　Ⓝ382.1

(内容)　総論　神なき時代の祝祭空間　非聖化する家族と儀礼文化の衰退　伝統的祭りの変貌と新たな祭りの創造　盛り場と猥雑さのゆくえ　コンビニの民俗　カラオケと現代人　現代海外旅行事情　町づくり・村おこしとふるさと物語　地域イベント発・偽祭のパフォーマンス　「ふるさと創生」の決算書

＊神なき時代の祝祭空間、日本人の心はどう変わっていくか！？変貌する家族儀礼、商品化されるふるさと、日常の祝祭化の浸透…。非日常と日常の曖昧な境界線上にさまよう現代と現代人の意識を考える。

◇祭りと年中行事　神социальной本庁　1993.5　14p　21cm　(氏子のしおり　第38号)　Ⓝ386

◇祭りの音楽―音の原風景を訪ねて　山内忠著　相模原　現代図書　2001.2　120p　19cm　(東京　星雲社(発売))　1667円　(i)4-434-00838-2　Ⓝ386

(内容)　1　ヨーロッパ(祭りの音楽の機能的なもの　パリのクリスマス　ヴィアレッジョのカーニヴァル　セヴィージャの「セマナサンタ」　シチリアの聖週間と復活祭　ほか)　2　アジア(音楽、その根源にあるもの　キャンディの「ペラヘラ」と仏歯寺のプージャ　「祇園祭」　ネパール仏教寺院の合奏　関東地方の三匹獅子舞)

＊祭りを訪ねて旅行をすると、いろいろなところで人々との出会いがある。本書は、著者が祭りとその出会いについて書き留めておいたものをまとめたもので、言いかえるならば、宗教儀礼を含む祭りの音楽についてのエッセイ風の報告である。

◇祭のこころ―絵本歳時記　松田けんじ絵・文　イデア・インスティテュート　1998.1　1冊(ページ付なし)　29cm　〈他言語標題：The spirit of matsuri　他言語標題：祭典抒懐　他言語標題：ElEspiritu de matsuri　日・中・英・スペイン語併記〉　Ⓝ386.1

◇見付天神裸祭のコスモス　国学院大学日本文化研究所,民俗文化財研究協議会企画制作　〔電子資料〕　パラダイム(製作)　1999.3　CD-ROM1枚　12cm　(日本の祭礼行事シリーズ 1)　〈他言語標題：The cosmology of the Mitsuketenjin-hadakamaturi　ファイル特性：データファイル　WWWブラウザ　付属資料：説明書1枚〉　4000円

◇山のまつり　国学院大学日本文化研究所,民俗文化財研究協議会企画制作　〔電子資料〕

年中行事・祭礼

〔国学院大学日本文化研究所〕 c2001 CD-ROM1枚 12cm 〈日本の祭礼行事シリーズ 2〉
〈他言語標題:Festivals in a mountain village 電子的内容:画像データ OS Windows 95/98/Me日本語版 CPU 160MHz以上のPentiumプロセッサ 解像度 800×600以上、High Color 以上推奨 サウンド SoundBlaster互換PCM音源 メモリ 32MB以上の空き CD-ROMドライブ 8倍速以上推奨 ブラウザー InternetExproler 4.0以上 QuickTime 4.0以上 Macintosh 英文併記 付属資料:説明書1枚〉 3000円 Ⓝ386.1

◇山・鉾・屋台とその行事―重要有形民俗文化財・重要無形民俗文化財 全国山・鉾・屋台保存連合会編 秩父 全国山・鉾・屋台保存連合会 1996.3 71p 30cm 〈付・全国山・鉾・屋台と行事一覧〉 Ⓝ386.1

◇山・鉾・屋台の祭り―風流の開花 植木行宣著 白水社 2001.11 531p 21cm 16000円 (i)4-560-02249-6
(内容)第1編 山・鉾・屋台の祭り―その成立と発展(ヤマ・ホコ・ダシ 都市と祭礼 祇園霊会の展開 山鉾の祭り―祇園祭りの成立 風流の世紀 中世的山鉾の伝統 近世都市祭礼の展開 山・鉾・屋台のかたち) 第2編 山・鉾・屋台の伝承(鉾の祭り 作り山の祭り 山と屋台の祭り 灯籠山の祭り 芸屋台の祭り 練物の祭り―長崎くんち)
＊都市祭礼の実態を追い、物質文化としての山・鉾・屋台の諸相とその歴史的変遷を具体的に明らかにすること。研究を大きく進めるためにはその取り組みが不可欠である。本書はそれを第一の課題とし、山・鉾・屋台の具体的検討をつうじて都市祭礼の実像に迫ろうとしたものである。

事典・辞典

◇現代死語事典―わすれてはならない 大泉志郎ほか著 朝日ソノラマ 1993.11 388p 20cm 〈書名は奥付・背による 標題紙・表紙の書名:死語事典〉 1900円 (i)4-257-03372-X Ⓝ382.1
＊私たちが生きた昭和の時代・その間の生活環境の変化はすさまじく、身の回りからいつか姿を消した生活用品や言葉は数多い。また、価値観の消長もはなはだしい。こうした変遷を、ふだん使わなくなった言葉561語をとおして鋭く観察。

◇現代死語事典―わすれてはならない 続 大泉志郎ほか著 朝日ソノラマ 1995.11 474p 20cm 〈書名は奥付・背による 標題紙・表紙の書名:死語事典〉 2200円 (i)4-257-03460-2 Ⓝ382.1
＊天皇が人間となり、軍隊がなくなり、民族衣裳の着物が捨てられ、花街が廃れ、女性が強くなって、夥しい死語ができた。累々たる言葉のモルグに分け入り、三人の昭和ヒトケタ生まれが、667語のきのう、きょうを語る。

◇三省堂年中行事事典 田中宣一,宮田登編 三省堂 1999.8 428,23p 19cm 2800円 (i)4-385-15027-3 Ⓝ386.1
(内容)正月の行事 春の行事 夏の行事 盆の行事 秋の行事 冬の行事 農業儀礼 アイヌの行事
＊日本各地で行われている主要な年中行事を収録した事典。約280行事を季節順に配列。巻頭に、日本の年中行事を解説した「概説」、巻末に、全項目と主要事項を50音順に配列した索引と、付録として、方位・時刻表、月名、十干・十二支、二十四節気・雑節がある。

◇366日の話題事典 加藤迪男編 東京堂出版 1998.3 395p 22cm 2400円 (i)4-490-10484-7 Ⓝ209.04

◇日本「祭礼行事」総覧 新人物往来社 1999.1 455p 21cm 〈別冊歴史読本―事典シリーズ 38〉 2400円 (i)4-404-02696-X Ⓝ386.1

歳時記

◇江戸っ子人情泣き笑い―「江戸川柳」に見る暮らしの歳時記 三谷茉沙夫著 大和出版 1994.12 233p 19cm 1400円 (i)4-8047-6038-5
(内容)第1章 江戸っ子が暮らす「狭いながらも」の長屋人間模様 第2章 嫁ぐ日の嬉しくも哀しい母娘の思い 第3章 はにかむ新嫁もいつしか強い女に変わりゆく… 第4章 吉原で夜毎に織り成される男と女の人間模様 第5章 遊里で遊ぶも男の甲斐性、だが女房持ちは… 第6章 江戸っ子と言えど男女の仲は思案の外 第7章 働けど「天下の回りもの」が来ないのはなぜ? 第8章「人間らしさ」に正直な江戸っ子生活風景 第9章 一年の節目を彩る江戸っ子の年中行事
＊つつましくも底抜けに明るい江戸っ子の愉快で哀しくてちょっとエッチな人情物語。

◇お母さん、これなあに―美しい季節のならわし JDC編 改訂版 〔防府〕 エンゼル出版 1994.8 201p 21cm 〈前橋 ホームメイト(発売)〉 1190円 Ⓝ386.1

◇川の歳時記 岡村直樹著 北斗出版 1999.4 350p 20cm 2500円 (i)4-89474-004-4 Ⓝ386.1
(内容)若水―青森 加賀鳶出初式―犀川 若菜摘―菜摘川 カンジョウカケ―明日香川 歌会始―旭川 俎開き―東京 成人式―清水川 震災と川―神戸 ヨシ刈り―北上川 放ち鵜飼い―高津川〔ほか〕
＊川辺の生き物へ温かいまなざしを注ぎ、流域

歳時記　　　　　　　　　　　　　　　　　　　　　　　　　　　年中行事・祭礼

の風土や暮らし、歴史、民俗を掘り起こす。一級水系109を踏破した川歩きの達人が、四季折々の話題を交えながら川の楽しさを教えてくれる。

◇記念日ハンドブック─365日今日は何の日？2001年版　日本記念日協会編　日本経済新聞社　2000.12　1冊(ページ付なし)　19cm　1000円　(i)4-532-14874-X　Ⓝ386.1
＊1年365日が、それぞれどのような意味を持つ日なのかを、記念日を中心に原則として1ページ2日分でまとめてあります。ビジネスや学習、日常生活の中の歳時記として、あるいは話題や雑学のネタとしても利用できる内容です。

◇今日ってどんな日─365日話のネタ事典　中野昭夫, 松方安雅編著　日本能率協会マネジメントセンター　1997.3　423p　21cm　1854円　(i)4-8207-1247-0　Ⓝ209.04
＊人と会うとき、その人の誕生日を話題にすると、喜ばれます。人前で挨拶するとき、今日という日を話題にすると、みんな興味をもって聞いてくれます。1日1ページ─それだけで、雑学知識が驚くほど身につきます。本書はいろいろな活用法が考えられます。あなたに役立つように使ってください

◇暮しに生きる日本のしきたり　丹野顕著　講談社　2000.11　285p　19cm　1500円　(i)4-06-210480-6　Ⓝ386.1
内容　1月(元日　若水　年男 ほか)　2月(節分　立春　豆 ほか)　3月(雛祭り　お水取り　彼岸 ほか)　4月(エイプリルフール　強飯式　青柴垣神事 ほか)　5月(八十八夜　茶　家元 ほか)　6月(衣替え　帯　櫛 ほか)　7月(山開き　川開き　海開き ほか)　8月(八朔　ねぶた　竿灯 ほか)　9月(二百十日　風祭り　おわら風の盆 ほか)　10月(長崎くんち　恵比寿講　牛祭 ほか)　11月(顔見世　文化の日　唐津くんち ほか)　12月(秩父夜祭り　煤払い　春日若宮御祭 ほか)
＊日本の伝統行事・しきたりはこんなにも美しい。季節の移ろいとともに生きる、ゆかしくなつかしい日本の行事。日本人が日本人であるための、伝統のしきたりの由来と正しい作法を、わかりやすく伝える。

◇暮らしの歳時記三百六十五日　毎日新聞社　1997.1　207p　15×21cm　2800円　(i)4-620-60520-4
内容　歳時記　暮らしの行事　五節句　雑節　年中行事　国民の祝日　縁日

◇源氏物語歳時記　鈴木日出男著　筑摩書房　1995.11　381p　15cm　(ちくま学芸文庫)　1100円　(i)4-480-08237-9
内容　冬(紅葉・時雨　冬の夜 ほか)　春(霞　若菜 ほか)　夏(葵　橘・時鳥 ほか)　秋(風・野分　霧 ほか)　年中行事と歳時意識

＊本書は、最も物語らしい物語である「源氏物語」の歳時の言葉と心をとりあげ、その洗練を支えている古代の日本人の多様な季節感をさぐる。

◇現代こよみ読み解き事典　岡田芳朗, 阿久根末忠編著　柏書房　1993.3　414p　20cm　〈参考文献：p395〜397〉　2800円　(i)4-7601-0951-X　Ⓝ449.81
内容　第1章　四季と暦　第2章　祝祭日と日本人　第3章　暦注の秘密　第4章　年中行事・祭り・記念日　第5章　世界の暦・日本の暦
＊和風月名・二十四節気・七十二候の由来から難しい暦注の解説まで、暦を完全解説。

◇古代日本の四季ごよみ─旧暦にみる生活カレンダー　藤井一二著　中央公論社　1997.12　237p　18cm　(中公新書)　〈文献あり〉　740円　(i)4-12-101396-4　Ⓝ386.1
内容　序章　旧暦からのまなざし　第1章　村の四季─村落の歳時記　第2章　季節と万葉びと　第3章　宮廷と貴族の年中行事　第4章　負担の暦─税と力役　第5章　季節の祭　第6章　荘園の生活誌─経営と生活暦　第7章　村人の生活と祈り─絵図の中の風景
＊日本人は日常の暮らしの中で、春夏秋冬という季節に向けての対応と、二十四節気に基づく暦の上での時候表現とを矛盾することなく巧みに受容している。それは太陽暦による生活を営む一方で、旧暦の季節表現を書簡・和歌・俳句や時節の挨拶に取り入れていることからも頷ける。それでは古代人にとって四季とはいかなるものだったのか。旧暦のもとで執務・生産し、また消費する現場を史・資料に探り、季節・時候との関わりを描く。

◇子どもの歳時記─祭りと儀礼　天野武著　増補版　岩田書院　1996.4　221p　26cm　〈初版の出版者：柏書房　主な参考文献：p212〉　2472円　(i)4-900697-50-8　Ⓝ386.1

◇暦入門─暦のすべて　渡辺敏夫著　雄山閣出版　1994.4　227p　19cm　1980円　(i)4-639-01219-5
内容　暦法編(暦に使われる人工的周期　太陽暦　太陰暦　太陰太陽暦法　現行暦の欠点と暦の改良　紀年法)　暦書編(暦書概説　干・支五行説　祝日　年中行事　雑節　暦注　暦と方位　九星　暦と迷信)
＊日本の暦、世界の暦の移り変わりと、利用の仕組をやさしく解説。

◇歳時記のコスモロジー─時の声を聴く　北沢方邦著　平凡社　1995.3　295p　22cm　3200円　(i)4-582-70216-3　Ⓝ164.1
内容　序章　時の声を聴く　第1章　春(火をめぐる行事　年の神はだれか　七福神とは何か ほか)　第2章　夏(神々の使信を演じる鵜飼い　ツル・カメと常世の結婚　シラサギは羽衣をまとった天乙女 ほか)　第3章　秋(秋祭りのホオヅ

420　文化人類学の本　全情報

キ市　タナバタ祭りの女神は誰か　天の水を受けるサトイモの葉　ほか〉　第4章　冬〈冬至と祭り　ニヒナへと対になる酉の市　オオホトリは天と地の媒介者　ほか〉
　＊北沢神話学を杉浦図像学が読み解く。日本古来の年中行事や遊びと日本神話の関わりを通して「日本人とは何か」を明らかにする図版満載。

◇雑学366日今日は何の日事典―日本・世界の出来事行事祭り記念日誕生日・命日　井沢忠夫責任編集　大泉書店　1994.6　392p　19cm　〈参考文献：p392〉　1250円　(i)4-278-03313-3　Ⓝ209.04
　＊ああ、あの事件は、この日だったのか、あの作家の誕生日は、この日なのか。この本には、日本や世界の主な出来事などがいっぱい詰まっている。項目を日本と世界に分けさらに年代順に配列したので、その日の出来事が、大変見やすくなっている。また、その日の主な行事、日本各地の祭り、その日に生まれた人、死んだ人、誕生花や記念日も収録し「今日はこんな日」という盛りだくさんな内容が1日1ページにびっしり。

◇雑学手帳366日―話のネタが満載！　PHP研究所編　PHP研究所　2001.5　212p　18cm　1100円　(i)4-569-61409-4　Ⓝ204.7
　(内容)　1月　睦月の章　2月　如月の章　3月　弥生の章　4月　卯月の章　5月　皐月の章　6月　水無月の章　7月　文月の章　8月　葉月の章　9月　長月の章　10月　神無月の章　11月　霜月の章　12月　師走の章

◇三六五日お祭り歳時記　日本祭礼研究班著　小学館　2000.11　558p　15cm　(小学館文庫)　800円　(i)4-09-417491-5　Ⓝ386.1
　(内容)　1月の祭り　2月の祭り　3月の祭り　4月の祭り　5月の祭り　6月の祭り　7月の祭り　8月の祭り　9月の祭り　10月の祭り　11月の祭り　12月の祭り
　＊海辺の漁村から山に囲まれた町、古都から大都会まで、あるいは雪の降る北国の街から黒潮洗う南国の島々まで、南北に長い日本列島。その各地で今日も行われているさまざまな祭礼。壮麗な山車や竿灯から渡御の舟や御輿まで、一年三六五日を暦順に紹介する"祭時期"ガイド。全国各地の社寺、自治体、観光協会の全面的協力で、写真・地図・問い合わせ先などを含めた、旅のお供に最適の一冊。文庫書き下ろし。

◇365日の雑学本――年中、これは使える！　平成暮らしの研究会編　河出書房新社　1998.6　221p　15cm　(Kawade夢文庫)　476円　(i)4-309-49246-0　Ⓝ209.04
　(内容)　お年玉―お年玉の渡し方にもじつは決ま りがある　だるま市―お坊さんがモデルのだるまが赤くなった理由って？　寒中見舞い―年賀状を出しそびれた相手にはこの挨拶状を　春の七草―言い伝えのみならず理にかなった健康食だった　鏡開き―小分けにするとき絶対にやってはいけないこととは？　南極でタロとジロ発見―日本中の感動をよんだ奇跡の生命力　小正月―この時期にさまざまな行事が集中しているのはなぜか？〔ほか〕
　＊「恋人の日」「夜景の日」など一風変わった記念日から、「衣替え」や「中元・歳暮」といった行事まで毎日に役立つ耳より話題が満載。

◇幸せ暮らしの歳時記　藤野邦夫著　講談社　2000.1　625p　15cm　(講談社文庫)　933円　(i)4-06-264776-1　Ⓝ386.1
　(内容)　一月―睦月「なかよく親しみあう月」　二月―如月「衣更着、重ね着をする月」　三月―弥生「ますます盛んに生い育つ月」　四月―卯月「ウノハナの咲く月」　五月―皐月「気がすみ渡る月」　六月―水無月「実のなり月」　七月―文月「書物を開く月」　八月―葉月「木の葉がしだいに落ちる月」　九月―長月「夜が長くなる月」　十月―神無月「神々が出雲大社に集う月」　十一月―霜月「霜が降りるようになる月」　十二月―師走「禅師が走り回る月」
　＊今日は何の日、何する日、節句の由緒と正しい祝い方は？　お正月から大晦日まで、一年三百六十五日を網羅した生活実用大コラム。日本伝統の季節感、二十四節気から、さまざまな記念日までお金をかけずに、知恵と工夫で楽しく暮らす、幸せ家族の必需本です。一家に一冊ご常備ください。

◇四季逍遙―伝えたい残しておきたい雑学　田村宏著　京都　MBC21京都支局・すばる出版　1997.11　207p　19cm　(東京　東京経済(発売))　1300円　(i)4-8064-0567-1　Ⓝ386.1
　(内容)　残寒―梅一輪　早春―朧月　陽春―花吹雪　初夏―不如帰　梅雨―紫陽花　盛夏―望郷の詩　残暑立秋―赤蜻蛉　初秋―灯火親しむ　錦秋―菊薫る　晩秋―暮色秋冷　初冬―枯葉散る　厳寒―陽来復
　＊知ってますか？暮らしにまつわる、伝統、伝説、言い伝え…知ると心が豊かになる、四季折々の知恵と文化の玉手箱。

◇四季の移ろい―暦と行事　吉田和典編著　師勝町(愛知県)　書肆方丈　1994.1　216p　19cm　〈参考にした図書等：p214〜216〉　1700円　Ⓝ449.81

◇四季のくらし絵教本―こどもに伝えたい季節の行事、生活の知恵　春夏編　中山桜南女、藤岡奈保子絵　アズ・コミュニケーションズ　1993.3　1冊(頁付なし)　24×30cm　(折り込み表1枚)　2400円　(i)4-900639-02-8　Ⓝ386.1

◇食のことわざ歳時記―伝承の食生活の知恵120

平野雅章著　講談社　1996.3　278p　20cm　1800円　(i)4-06-207966-6　Ⓝ596.04
　内容　あくが抜ける　熱いが御馳走　糞に懲りて膽を吹く　一膳飯は食わぬもの　移り箸はいけない　うまいものは宵に食え　男伊達より小鍋立て　食うてすぐ寝ると牛になる　薬より養生　下手物食い〔ほか〕

◇生活ごよみ　正月〔新装版〕　講談社　1994.6　237p　30cm　3300円　(i)4-06-252155-5
　内容　第1章 正月のくらしつづれ　第2章 正月の生活佳譜　第3章 正月の生活心得集　第4章「茶の心」抄録
　＊伝統的な正月の室礼の紹介をはじめ、本格的なお節や子どものための正月祝い膳、またその膳組みの趣向など日本の正月を大収録。

◇日本の話題365日　小野茂著　日本図書刊行会　1997.3　301p　20cm　〈発売：近代文芸社〉　1800円　(i)4-89039-140-1　Ⓝ386.1
　＊1年365日。それぞれの日にちなんだ話題を紹介していく。雑学博士になれる本。

◇日々の?!なるほど歳時記　大木紀元著　ロングセラーズ　2000.1　254p　20cm　1500円　(i)4-8454-1192-X　Ⓝ209.04
　内容　初夢(一月二日)―吉兆「廻文」　七草がゆ(一月七日)―七草は六日に摘む　成人の日(一月の第二月曜日)―変遷する成人の儀式　国旗制定記念日(一月二十七日)―昔からあった作者不明の日の丸　節分・豆まき(立春の前日／三日頃)―マメに年四回もやられたのでは鬼もたまらない　立春(二月四日頃)―中国の正月は二月　ふくの日(二月九日)―海の魚がなぜ河のブタ？　バレンタインデー(二月十四日)―日本人だけのオマツリ　ねこの日(二月二十二日)―アンネ・フランクと猫　ひな祭り(三月三日)―男の席、女の席　ほか
　＊読み出したらやめられない！読めば他人に話したくなる！博覧強記知的話のねた本。

◇万葉春秋―万葉びとの歳時記　桜井満著　おうふう　1994.4　207p　19cm　1900円　(i)4-273-02774-7　Ⓝ911.125
　内容　序 万葉の春　1 初春の賀歌　2 初子と白馬の節会と　3 松竹梅　4 梅花の宴　5 国見　6 花見の宴　7 花の祭り　8 夏来るらし　9 端午と薬狩と　10 茅の輪　11 七夕・付、十五夜　12 竜田の山と川のもみじ　付(昭和天皇大御喪の誄歌に寄せて　平成の大嘗祭に寄せて)

◇民具の歳時記　岩井宏実著　河出書房新社　1994.12　161p　22cm　2200円　(i)4-309-24153-0　Ⓝ386.1
　内容　春(正月の準備　正月　松の内　小正月　ほか)　夏(卯月八日　端午の節供　虎が雨　氷の朔日・川祭・夏越祓い)　秋(七夕　お盆　八朔　名月　地蔵盆)　冬(亥子祭・十日夜　鞴祭　霜月祭　七五三　二十三夜　事納め)

＊四季の生活を彩った行事と道具。
◇民具の歳時記　岩井宏実著　増補版　河出書房新社　2000.6　173p　22cm　2400円　(i)4-309-24227-8　Ⓝ386.1
　内容　春(正月の準備　正月　松の内　ほか)　夏(卯月八日　端午の節供　虎が雨　ほか)　秋(七夕　お盆　八朔　ほか)　冬(亥子祭・十日夜　鞴祭　霜月祭　ほか)　年中行事と民具
　＊民具を通して見る四季の行事。年中行事一覧を増補。

郷土芸能・民俗芸能

◇踊り念仏　五来重著　平凡社　1998.4　292p　16cm　(平凡社ライブラリー)　1000円　(i)4-582-76241-7　Ⓝ386.81
◇鬼と芸能―東アジアの演劇形成　松岡心平編　森話社　2000.7　252p　19cm　(叢書・文化学の越境 7)　2600円　(i)4-916087-16-X
　内容　鬼の生成と東アジア演劇―序にかえて　1 祭祀と演劇―鬼神と翁の源流へ・座談会　2 追儺の系譜―鬼の変容をめぐって　3 日本芸能の特質　4 中国の追儺儀礼と初期の英雄武劇　5 中国儺戯と日本芸能―日中比較演劇の方法をめぐって　6 古作の鬼能"小林"成立の背景―足利義満の明徳の乱処理策との関連をめぐって　7 毘那夜迦考―翁の発生序説
　＊祭祀と演劇の始原。「鬼」とは災厄をもたらすと同時に福をももたらす両義的な存在である。日本・中国・朝鮮半島における演劇の形成史と追儺(鬼やらい)など祭祀儀礼との密接な関係を明らかにする。

◇貝祭文・説経祭文　小山一成著　文化書房博文社　1997.4　219p　22cm　5400円　(i)4-8301-0782-0　Ⓝ386.81
　内容　貝祭文以前―歌祭文について　貝祭文　江州の祭文　金杖の家　説経祭文　若松派説経節　説経祭文の正本　説経祭文の今後

◇神楽の芸能民俗的研究　久保田裕道著　おうふう　1999.2　360p　22cm　16000円　(i)4-273-03057-8　Ⓝ386.81
　内容　第1部 神楽をめぐる地域範囲―山伏神楽の芸能民俗(早池峰神楽の芸能伝承と民俗　集合する芸能)　第2部 民俗文化における神楽の役割―南アルプス湯立神楽の芸能民俗(大井川・安倍川流域の神楽伝承―井川神楽を中心として　南アルプス湯立神楽分布圏試論　南アルプス鬼考　結論 民俗文化における神楽の存在意義)

◇神と仏の民俗　鈴木正崇著　吉川弘文館　2001.2　344,14p　22cm　(日本歴史民俗叢書)〈文献あり〉　6800円　(i)4-642-07362-0　Ⓝ386.81
　内容　第1部 神楽(荒神神楽にみる自然と人間

弓神楽と土公祭文　荒神神楽にみる現世と他界　巫覡と神楽）第2部 後戸（後戸論 摩多羅神）
＊神と仏の複雑な関係は、長年にわたり、知識層と一般民衆の双方の心の奥深くに浸透し、融合・棲み分け・反発など、極めて錯綜した交渉過程を経てきた。本書は、この状況を神楽と仏教儀礼から考察し、神仏習合や混淆宗教という表層的な理解でとらえずに、地域性豊かに、個性的な想像力によって創り変えてきた、民衆の精神の歴史として解明する。

◇神と舞う俳優たち―伝承芸能の民俗　須藤功著　青弓社　2000.2　218p　20cm　（写真叢書）　2000円　(i)4-7872-7121-0　Ⓝ386.81
　内容　初春に祈り遊ぶ（潮八分に豊漁を舞う翁―「翁祭」一月二日・三重県阿児町安乗　ちいと蒔いてたんと生えよ―「黒沢のおこない」一月六日・愛知県鳳来町七郷一色黒沢　厄を祓い落とす田植踊り―「本揃田植踊り」一月十五日前後の日曜日・福島県大玉村本揃 ほか）　精霊と明かす夜（夜の岩に染み入る鉦の音―「夜行念仏」八月五日・山形県山形市・山寺　うつむきつつ供養する放下―「名号の放下」八月盆・愛知県鳳来町名号　闇夜に怪しくうごめく精霊―「佐八のかんこ踊り」八月盆・三重県伊勢市佐八 ほか）　神とともに舞う（家をめぐり祓い清める権現様―「早池峰神楽」一月二日・岩手県大迫町大償・岳　霊前でしめやかに舞う神楽―「神原田十二神楽」十月第三日曜日・福島県大玉村神原田　蚕も châu神楽殿で満願成就―「下南室太々御神楽」四月四日・群馬県北橘村下南室 ほか）
　＊初春に祈り遊び、精霊と夜を明かし、神とともに舞う！―人々が伝承してきた各地の祭り・盆踊りなどを訪ね歩き、神人を慰め楽しませる土まみれの俳優たちの伸びやかな姿を描くフォトドキュメント。

◇近代能楽史論　小寺融吉著　クレス出版　1998.1　458,20p　22cm　（近世文芸研究叢書　第2期芸能篇 31 舞踊 1）〈日本評論社出版部大正11年刊の複製　索引あり〉(i)4-87733-029-1　Ⓝ386.81

◇黒い翁―民間仮面のフォークロア　乾武俊著　大阪　部落解放・人権研究所　1999.4　233p　22cm　（大阪 解放出版社（発売））5000円　(i)4-7592-4302-X　Ⓝ386.81
　内容　第1部 民間仮面のフォークロア　第2部 三つの能―その周縁と深層（黒い翁　道成寺　弱法師）
　＊本書は、「仮面」をつうじて民衆の心意と歴史を研究したものである。著者は私蔵の「仮面」のなかから、いくつかをとりあげてこの論を展開した。本著の執筆にあたって、著者は原則として自分の目で確かめたもの、そして私蔵の仮面群のなかからしか語らなかった。とりあげた祭りについても同じである。

◇芸能の起源　五来重著　角川書店　1995.11　191p　20cm　（宗教民俗集成 5）　2000円　(i)4-04-530705-2　Ⓝ772.1

◇祭礼文化史の研究　福原敏男著　法政大学出版局　1995.3　739p　22cm　12875円　Ⓝ386.1

◇逆立ちする子供たち―角兵衛獅子の軽業を見る、聞く、読む　阿久根巌著　小学館　2001.4　191p　21cm　2300円　(i)4-09-386067-X
　内容　「おもちゃ絵」に描かれた九十九人 角兵衛獅子の芸尽くし　角兵衛獅子の口上を聞く　晴れの芸「八つ枕」　逆立ちの姿態　角兵衛獅子の発生説　諸国を巡る獅子たち　絵画資料を見る聞く読む　江戸から明治へ　ニューヨークへ渡った梅吉と藤松〔ほか〕
　＊江戸時代の中頃に生まれた子供たちによる門付けの大道芸は、全国を巡り歩き、その名を知られるようになる。幕末には曲芸団とともに海を渡り、外国でも大評判をとるが、明治の末には人気を失った。約100点の図版資料を駆使して、江戸中期から明治までを生きた「角兵衛獅子」の芸を生き生きと再現し、その発生から終焉までを追う。

◇獅子舞めぐり　石川博司著　青梅　ともしび会　1995.7　62p　21cm　Ⓝ386.6

◇芝居風俗　三田村鳶魚著、朝倉治彦編　中央公論社　1999.1　336p　16cm　（中公文庫―鳶魚江戸文庫 29）762円　(i)4-12-203339-X　Ⓝ772.1
　内容　芝居の産んだ悪対趣味　芝居から出た染模様　錦絵の大首　人形俳優浮世絵師　人間美の競争　蓄気に生きた女形　女形成熟の条件　江戸に少い女形　役者の紋〔ほか〕
　＊江戸っ子の悪対・痰火や洒落ッ気について述べた「芝居の産んだ悪対趣味」、女歌舞伎から若衆・野良歌舞伎への変遷を通して、男美女醜論を展開する「人間美の競争」など、江戸庶民の生活に大きな影響をあたえた、芝居・役者の風俗文化を考証する。江戸の風俗の細部に光をあてた17篇。

◇田楽考―田楽舞の源流　飯田道夫著　京都　臨川書店　1999.3　223p　19cm　（臨川選書）2300円　(i)4-653-03633-0
　内容　第1章 文献でみる田楽　第2章 田楽の舞台となった御霊会　第3章 風流田楽　第4章 祭礼田楽　第5章 田楽と猿楽　第6章 田楽、猿楽の源流
　＊民俗芸能のひとつで、豊年予祝といわれる「田楽」。その起源から現在までを独自の見地で解き明かし、従来の説とは異なる「田楽像」を浮き彫りにする問。

◇伝承と芸能―古浄瑠璃世界の展開　鳥居フミ子著　武蔵野書院　1993.11　268p　22cm　5500円　(i)4-8386-0141-7　Ⓝ912.4
　内容　伝承と文芸（金太郎の誕生）　伝承の劇化（古浄瑠璃の酒呑童子　木曽に蘇った浦島太郎

養老の滝伝承の浄瑠璃化 「浅草観音縁起」を彩るもの 勧進帳劇の形成) 伝承の人と劇中人物(おくに像の展開 巴の女武道 高尾狂言のはじめ 「頼朝遊覧揃」の唐糸と万寿 「源平兵者揃」の源平合戦と蓮生坊) 伝承と芸能(人物像の再生)
◇どじょうすくいと金山踊り—金属文化に育まれた芸能の歴史を訪ねて 茂木真弘著 宇都宮 随想舎 1994.10 197p 19cm 〈参考図書：p195～197〉 1800円 Ⓝ386.8
◇日中比較芸能史 諏訪春雄著 吉川弘文館 1994.1 360,12p 21cm 8000円 (i)4-642-07346-9
　内容 はじめに 日中比較芸能史の視点からみえてくるもの 1 季節に来訪する神—まれびと論・異人論批判 2 蓑笠と杖の民俗—日中の田遊び 3 翁と三番叟—芸能における来訪神の系譜 4 六方・反閇・禹歩—顕現した神の足取り 5 日中韓の仮面劇 6 日本の神楽と中国の民間祭祀 7 中世神楽の形成 8 地獄往来から地獄破りへ—打城戯・通関・目連戯 9 本地物と人神—中国三層宇宙観と日本の中世的世界像 10 中世祭祀の構造—道教・別祭・花祭り 11 三信遠花祭りの基本構造 12 芸能の故郷—日中憑霊信仰の比較 13 日中舞台の類同性 14 定式幕の誕生—五方五色観念の変遷
　＊日本の民間神楽や能・狂言・歌舞伎の源流はどこか。中国各地、特に少数民族の間で今もなお行われている民間芸能を永年に亘って実地踏査し、そこで繰り広げられる舞踊・劇・民俗などから、わが国の伝統芸能の外来性を追究。定説化されている折口信夫・柳田国男等の芸能史研究に新たな検討と批判を加え、日中比較芸能史の視点からの分析を提示する。
◇日本の伝統芸能 本田安次著作集 付録—1-12, 14-20 錦正社 1993.5-2000.3 1冊 22cm Ⓝ386.81
◇農村歌舞伎 大崎昭夫写真・文 朝文社 1995.3 126p 22cm 2000円 (i)4-88695-125-2 Ⓝ386.8
　＊全国初の農村歌舞伎探訪記。プロ顔負けの素人役者が見得をきる。観客は弁当をひろげ、酒を飲みながら、ココゾという場面におひねりをなげる。土くさい農村歌舞伎の魅力を一挙紹介。
◇農村舞台探訪 角田一郎編 大阪 和泉書院 1994.4 223p 22cm 〈近松研究所叢書〉 〈参考文献一覧：p217～219〉 2575円 (i)4-87088-656-1 Ⓝ386.8
　内容 1 農村舞台の概要 2 農村舞台探訪記 3 芝居と民俗 付 農村舞台所在地一覧表
　＊集落の人々が神への奉仕の形で演じた農村歌舞伎、その演技の場・農村舞台を、全国各地にわたり調査、記録した。上演の日の熱気、伝承への愛着などいきいきとした感動を伝える貴重なレポート。
◇本成寺節分鬼踊り 〔三条〕 鬼踊りを愛する会 1993.8 52p 26cm Ⓝ386.8
◇祭と民俗芸能暦 前島淑恵編 名古屋 日本学術文化社 1993.11 484p 30cm Ⓝ386.1
◇見世物小屋の文化誌 鵜飼正樹,北村皆雄,上島敏昭編著 新宿書房 1999.10 340p 21cm 3000円 (i)4-88008-258-9
　内容 見世物の現状 「コマす」装置 見流しの劇場考 見世物芸と障害者 シンポジウム・見世物小屋の文化誌(荷主の世界 歩方の世界) 見世物と歌舞伎・浄瑠璃 小屋掛けストリップの日々 中国の見世物世界〔ほか〕
　＊見世物とは、はたしてどんなものであったか。いついつまでのものお話のタネ、のちのちの語りぐさ。
◇南日本の民俗文化—小野重朗著作集 4 祭りと芸能 小野重朗著 第一書房 1993.9 370p 22cm 5500円 (i)4-8042-0061-4 Ⓝ382.19
◇民俗文化と民衆—韓国伝統文化の自生的伝承 沈雨晟著, 梁民基編, 李京叡他共訳 京都 行路社 1995.5 288p 22cm 2500円 Ⓝ772.21
◇歴史的遺産・伝統文化(伝説・神話等)の活用による地域おこし懇談会報告書—ふるさとづくり事業の成果と今後の展望に関する調査研究 自治総合センター 1999.3 1冊 30cm Ⓝ386.8

祝　日

◇「国民の祝日」の意義を考える—建国記念の日を迎えるにあたって 新田均著 伊勢 皇学館大学出版部 1999.11 36p 19cm (皇学館大学講演叢書 第99輯) 300円 Ⓝ386.9
◇祝祭日の研究—「祝い」を忘れた日本人へ 産経新聞取材班著 角川書店 2001.2 214p 18cm (角川oneテーマ21) 571円 (i)4-04-704014-2
　内容 春(建国記念の日 バレンタインデー 桃の節供 お彼岸 お花見 復活祭 みどりの日 憲法記念日 端午の節供 母の日・父の日) 夏(時の記念日 七夕 海の日 お盆) 秋(お月見 敬老の日 体育の日 七五三 勤労感謝の日) 冬(クリスマス お正月 成人の日 節分 北方領土の日)
　＊日本の祝日や伝統行事、風習などの歴史や意味について探った産経新聞の特集に書き下ろしを加えて構成。
◇日本の祝祭日を考える 日本の祝祭日を考える会編 日本の祝祭日を考える会 1994.5 104p 21cm (てんでんブックレット 3) 〈発売：展転社 祝祭日関連年譜：p97～103〉 600円 (i)4-88656-104-7 Ⓝ386.9
　内容 第1部 祝祭日の原風景(くらしのリズム

年中行事・祭礼　　　　　　　　　　　　　　　　　　　　　　　クリスマス

クリスマス

◇アメリカン・クリスマスの誕生―サンタが生まれた背景　松谷淑子著　松谷淑子　1998.12　216p　19cm〈東京　丸善出版サービスセンター（製作）〉　1500円　(i)4-89630-009-2　Ⓝ387

◇クリスマス―どうやって日本に定着したか　クラウス・クラハト，克美・タテノクラハト著　角川書店　1999.11　231p　19cm　1800円　(i)4-04-883598-X　Ⓝ386.1

|内容| はじめに　第1章 ナタラの時代　第2章 幕末・明治　第3章 日清戦争から日露戦争へ　第4章 大正・昭和初期　第5章 戦時下　第6章 戦後から高度成長期へ　終章 クリスマスの魅力

＊ドイツという「キリスト教国」から来た著者が，キリスト教徒でもない多くの日本人がクリスマスにエキサイトする姿に驚き，その理由を探ろうと文献を博捜してまとめた，初めての日本におけるクリスマス通史。「クリスマス」という特別な夜，戦国時代には，教会で演じられた宗教劇に多くの民衆が感動の涙を流し，対峙する織田信長と松永久秀両陣営のキリシタン武士が，敵味方なく教会に集って祝った信仰の純粋さ。江戸時代，出島の阿蘭陀冬至で出された料理に仰天した大田南畝。明治時代，お雇い外国人が設けたパーティーに列席して沈黙する福沢諭吉・森有礼ら，森鷗外や夏目漱石ら留学生が持ちかえったクリスマス文化，元南町奉行所勤めの若者が演出した大南蛮クリスマス祝賀会から帝国ホテルでの舞踏会などなど，華やかで愉快な外国文化・クリスマスが，年中行事のひとつとして現代に受け入れられていくまでの足跡をエピソードで綴る。何気ない素顔の日本の姿がここに描き出されている。

◇クリスマス・ウォッチング　デズモンド・モリス著，屋代通子訳　扶桑社　1994.11　185p　18cm　1000円　(i)4-594-01578-6　Ⓝ386

|内容| 1 なぜわたしたちは十二月二十五日にクリスマスを祝うのか？　2 なぜわたしたちはクリスマス・プレゼントを贈るのか？　3 クリスマスツリーの起源は何か？　4 クリスマスの父とは誰か？　5 サンタクロースとは誰か？　6 子どもたちはなぜクリスマスに靴下を吊るのか？　7 ファーザー・クリスマスはなぜ煙突からやってくるのか？　8 なぜわたしたちはホワイト・クリスマスを夢見るのか？　9 なぜわたしたちはクリスマスツリーを飾りたてるのか？〔ほか〕

＊クリスマスをめぐる53の謎。サンタクロースの赤と白の衣裳と，コカコーラの関係は。

◇クリスマスの起源　O.クルマン著，土岐健治，湯川郁子訳　教文館　1996.11　121p　19cm　1545円　(i)4-7642-6006-9

|内容| 第1部 クリスマスの起源（イエスの誕生日　一月六日の祝祭　一二月二五日の祝祭　一二月二五日の祝祭の普及　歴史的，神学的結論）　第2部 クリスマスツリーの起源（枝や若木を用いてクリスマスを祝う習慣　私たちのクリスマスツリーの本当の起源）

＊紀元3世紀まで12月25日はクリスマスではなかった。なぜ12月25日がクリスマスになったのか？キリストは何月何日に生まれたのか？クリスマスツリーを飾るのはなぜか？ツリーの本当の起源は？数々の疑問に分かりやすく答える。

◇サンタクロース学入門―ひもとけば，愛！　荻原雄一著　高文堂出版社　1997.11　106p　19cm〈文献あり〉　1250円　(i)4-7707-0577-8　Ⓝ387

◇サンタクロースのおもちゃ箱　豊田菜穂子文，伊藤正道絵　WAVE出版　1996.12　78p　20cm　1288円　(i)4-900528-81-1　Ⓝ387

|内容| 第1章 サンタクロースをさがして（サンタクロース伝説のはじまり　聖ニコラスってどんな人？　靴下のなかに金貨の贈り物　ほか）　第2章 恋するサンタクロース（トナカイの鼻はなぜ赤い？　ルドルフと8頭の仲間たち　サンタはおねがい　ほか）　第3章 世界のサンタクロース（イギリスの酔いどれサンタ　ドイツの冬は天使とともに　ロシアの雪娘とブルーサンタ　ほか）

＊サンタクロースって実はこんな人だったんです。心あたたまるとっておきの話。

◇サンタクロースの大旅行　葛野浩昭著　岩波書店　1998.11　223p　18cm（岩波新書）　660円　(i)4-00-430591-8　Ⓝ386

|内容| 1 ブタを連れたサンタクロース―聖ニコラウス信仰の世界　2「鬼神」聖ニコロウス―中部ヨーロッパの祭りから　3 サンタクロースという名のアメリカ　4 日本人とクリスマス・サンタクロース　5 サンタクロース村へようこそ―北欧ラップランドのテーマパーク　6 平和のシンボル，サンタクロース

＊子供を罰するサンタやブタぞりに乗ったサンタ！歴史をたずねると意外なサンタクロース像が次々と現れる。私たちにおなじみのサンタクロースの姿は，いったいいつどこでどのように出来上がったのか。トルコ，ヨーロッパ，アメリカ，日本，そしてフィンランド。サンタクロースがたどった変貌のあとを探る歴史と文化の大旅行。

◇サンタクロースの謎　賀来周一著　講談社　2001.11　198p　18cm（講談社プラスアルファ

文化人類学の本　全情報　425

新書) 740円 (i)4-06-272103-1
  内容 第1章 サンタクロースはいるのか、いないのか(サンタクロースが否定された! サンタクロースはいないの? ほか) 第2章 クリスマスの起源を探る(クリスマスはキリスト教と無縁!? 他宗教の儀礼を取り込んでいる ほか) 第3章 宗教的象徴となったサンタクロース(聖ニコラスからサンタクロースへ 近代サンタクロースはアメリカ産 ほか) 第4章 聖書に見るクリスマス(聖書の中の最初のクリスマス 聖書が意図するイエス降誕物語 ほか) 第5章 サンタクロースがやってくる(クリスマスの風景の中へ サンタクロース訪問の意味 ほか)
  *なぜ赤い衣装?なぜ煙突から入ってくる?などの疑問に答え、カトリック教会にもプロテスタント教会にも聖人の型を用意されなかったサンタクロースの姿を明かす。
◇サンタクロースの秘密 稲垣美晴著 講談社 1995.11 263p 15cm (講談社文庫)〈「サンタさん、分析します」(文化出版局1982年刊)の増補〉 520円 (i)4-06-263093-1 Ⓝ386
  内容 サンタクロース学入門 クリスマス・ケーキの「甘さの構造」 変身したサンタクロース 本物のサンタはこれだ! もみの木ダカラ、コウナッタ トナカイマル秘報告 クリスマス前のうきうき気分 クリスマス・カードのすべて 〔ほか〕
  *クリスマスを十倍楽しくしてくれるサンタの贈り物。クリスマスを迎える前の正統的盛り上がり方、サンタの正体、トナカイの秘密から、料理・ケーキのレシピまで、聖夜をもっと素敵にする、究極のサンタクロース・エンサイクロペディア。
◇サンタクロースの秘密 クロード・レヴィ=ストロース,中沢新一著 せりか書房 1995.12 110p 20cm 2060円 (i)4-7967-0195-8 Ⓝ389
  内容 火あぶりにされたサンタクロース 幸福の贈与
  *「火あぶりにされたサンタクロース」C・レヴィ=ストロースと「幸福の贈与」中沢新一が人類の祭りクリスマスの謎にせまる思想のプレゼント
◇空飛ぶトナカイの物語―今明かされるサンタ・クロースとそのクリスマス・ミッションの真実 ロバート・サリヴァン文,グレン・ウルフ絵,井原美紀訳 集英社 1998.11 95p 28cm 2800円 (i)4-08-773296-7 Ⓝ387
  内容 序章 イヌイットの村はずれで出会った大トナカイ―サンタ・クロースを求める旅を始めたきっかけ 第1章 高らかにこだまするひづめの音 幻のトナカイを求めて―サンタ・クロースの歴史と数限りない冒険の物語 第2章 北極へ 世界の屋根の上で―王国の発見と妖精たちの生活 第3章 空飛ぶトナカイの謎 科学が

神秘を解明するとき―サンタ・クロースの飛行とその方法に関する考察 第4章 8頭の小さなトナカイ+1頭 サンタのチームと協力者たち―活躍するメンバーたちの紹介。動物も人も含めて おわりに 永遠に、空をかけぬける ずっと、いつまでも。一緒に。―サンタ・クロースとクリスマスの未来について
  *子どもたちは伝説を信じている。クリスマスにやってくる陽気なサンタ・クロースと8頭プラス1頭のトナカイが空を駆け抜けて世界中に贈り物を届けにくることを。でも、それはおとぎ話なんかじゃない。科学者や、歴史家、北極探検家などの多くの人達が彼らの実在を裏付けている。つまり、子どもたちは正しいってことだ。ロバート・サリヴァンは、古今東西の文献を調べ、証拠を集め、写真やイラストや目撃者の証言をもとに、このすばらしい本を書き上げた。トナカイは空を飛ぶのだろうか。サンタ・クロースは本当にいるのだろうか。「もちろん。クリスマスのプレゼントと同じぐらい、確かな事だよ」有名な北極探検家であり、10年前にサンタ村を偶然に発見したウィル・スティーガーは語っている。
◇ターシャ・テューダーのクリスマス ハリー・デイヴィス著,ジェイ・ポール写真,相原真理子訳 文芸春秋 2000.11 94p 28cm 3000円 (i)4-16-356780-1 Ⓝ386.53
  内容 降臨節 プレゼント 雪 ジンジャーブレッドのオーナメント 動物のクリスマス クレッシュ クリスマスディナー ツリー サンタクロース そり
  *夏から準備してきた手作りのプレゼント、自分の森から切ってきて本物のろうそくを灯すツリー、ホワイトハウスのツリーも飾ったジンジャーブレッドのオーナメント、暖炉の火で1日かけてローストされるターキー、手持ちの人形やぬいぐるみでイエスの生誕場面を再現したクレッシュ。数々の演出で、ターシャはクリスマスを「魔法の季節」にかえてしまいます。
◇誰も知らないクリスマス 舟田詠子著 朝日新聞社 1999.12 357,22p 20cm 1800円 (i)4-02-257447-X Ⓝ387
  内容 マルガレーテさんのクリスマスの準備 冬至の真夜中に訪ねてくるのは クリスト・シュトレン こっそりやって来る聖ニコラウス 聖ニコラウスの正体は 「悪魔の牡猫」が菓子になった 蜂蜜と香辛料のお菓子―レープクーヘン 木型のクッキー―スペキュラース 「魔女の家」がクリスマスの菓子になったのは マルガレーテさんのクリスマス ほんとうのクリスマスプレゼント コインのはいったお年玉パン 「豆の王様」のケーキ モミの木を飾るのはなぜ

年中行事・祭礼　　　　　　　　　　　　　　　　　　　　　　　　　　　日本

＊そもそも、クリスマスって何？ツリー、ケーキ、サンタクロースの贈り物…。みんな、キリスト教とともに始まった習慣だと思っていませんか？ヨーロッパ各地を訪ねてみつけたクリスマスの「根っこ」。

日本

◇男が咲かす祭り華　粕谷宗関著　姫路　粕谷宗関　1996.3　519p　19cm　Ⓝ386.1

◇お雛さまをたずねて―各地で見られる雛と受け継ぐ心　藤田順子著　JTB　2001.2　159p　21cm　(JTBキャンブックス)　1800円　(i)4-533-03726-7

(内容) ひいなの美女たち　お雛さまをたずねる旅は飛騨高山から始まった　お雛さまもお姫さまと一緒にお輿入れ　華麗で絢爛豪華愛くるしい雛道具　雅びな雛の世界　幾多の火災にあい江戸に残る雛はわずか　名工の技いまも燦然と輝く　紅花商人の北前船でお雛さまは渡ってきた　豪商・豪農は娘の幸せをお雛さまに託してひいなのまつりに子供の幸せを願って　お雛さま豆知識あれこれ

◇神楽を描く―宮崎神楽紀行　弥勒祐徳絵と文　宮崎　鉱脈社　1994.6　190p　20cm　1800円　Ⓝ386.8

◇神楽を描く―みやざきの夜神楽紀行　続　弥勒祐徳版画と文　宮崎　鉱脈社　1998.2　157p　20cm　1500円　Ⓝ386.8

◇神楽大夫―備後の神楽を伝えた人びと　田地春江著　岩田書院　1995.6　210p　19cm　2575円　(i)4-900697-27-3　Ⓝ386.8

◇元日節会研究と資料　中田武司編　おうふう　1994.12　697p　22cm　58000円　Ⓝ210.096

◇宮廷儀式書成立史の再検討　所功著　国書刊行会　2001.1　792p　22cm　11429円　(i)4-336-04308-6　Ⓝ210.09

(内容) 第1章「内裏儀式」と「内裏式」の関係　第2章　貞観「儀式」と「三代実録」の関係　第3章　天暦「蔵人式」の逸文集成　第4章　神道大系「西宮記」の解題　第5章　神道大系「北山抄」の解題　第6章　「新撰年中行事」と「小野宮年中行事」　第7章　「撰集秘記」の写本と構成引用書　第8章　「春玉秘抄」の「魚魯愚鈔」所引文　第9章　冷泉家本「朝儀諸次第」と「釈奠次第」　第10章　「禁秘御抄」の研究史・覚書　第11章　「建武年中行事」の成立と影響　第12章　「礼儀類典」の成立と両本の概要

◇饗宴―伝統の美　御即位十年記念特別展第四回宮内庁三の丸尚蔵館編　宮内庁　1999.11　39p　29cm　(三の丸尚蔵館特別展図録 no.4)　〈会期：平成11年11月14日－28日〉　Ⓝ210.09

◇芸能伝承の民俗誌的研究―カタとココロを伝えるくふう　上野誠著　京都　世界思想社　2001.3　434p　22cm　4500円　(i)4-7907-0865-9　Ⓝ386.81

(内容) 第1章　民俗芸能研究の方法とその思想的背景(折口信夫のフィールド・ワーク―「古典」と「生活の古典」を結ぶもの　民俗芸能研究における観客論―三つの可能性　ほか)　第2章　民俗芸能における見立てと再解釈(民俗芸能における見立てと再解釈―静岡県引佐町川名ヒヨンドリを事例として　静岡県引佐町川名のヒヨンドリ　ほか)　第3章　村落祭祀と芸能(双ツ制祭祀組織と芸能―奈良県大宇陀町平尾水分神社のオンダ　伝説と祭り―奈良県葛城地方の役の行者伝説　ほか)　第4章　芸能と競技のはざま(力と対立の競技―祭りのでの機能　"盆綱引き"と"精霊送り"と―福岡市西区玄界島を事例としてほか)　結語にかえて　エッセイ三題(カタとココロ　宮本常一のこと　ほか)

◇古代国家と年中行事　大日方克己著　吉川弘文館　1993.9　250,7p　22cm　5400円　(i)4-642-02270-8　Ⓝ210.09

(内容) はじめに―これまでの研究と本書の構成　1　射礼・賭弓・弓場始―歩射の年中行事　2　五月五日節―律令国家と弓馬の儀礼　3　相撲節　4　八月駒牽―古代国家と貢馬の儀礼　5　大晦日の儺　6　年中行事の重層構造　おわりに―年中行事の構造と古代国家

＊儀式と天皇制が古代史研究の緊急課題として新たな進展をみせている。年中行事はその繰り返しにより、時間の循環と王権統治が確認され、天皇制と律令国家に重要な役割を果すが、個別の行事それぞれは、国家とどのように関わり展開したか。武力に関わる年中行事儀礼を中心に分析、中国・朝鮮などの儀礼をも比較し、古代国家と天皇支配の構造に迫る。

◇桜井満著作集　第10巻　道の島の祭り　桜井満著　おうふう　2000.11　423p　21cm　15000円　(i)4-273-03140-X

(内容) 序説　シラとメラと―民族文化の東漸　第1部　沖縄・奄美の祭りと伝承(南島覚書―八重山の穂利祭から　道の島イザイホーの意義　年年の秘儀　イザイホー　セジたかき島のまつり　古代の原像　イザイホーの行方　人生―名の民俗倫理　補遺　久高ノ安泉ナヘさん聞書抄　大和村とノロ祭りと　ノロ祭りの幻想―オーホリーを調査して　祖霊とともに―奄美大島大和村の盆行事から)　第2部　熊野・伊勢の祭りと伝承(熊野民俗誌　古座の河内舟祭付御舟祭　熊野地方の信仰的船祭―船祭りの系譜　三山の祭り　五十鈴川と伊勢神宮　心の御柱　伊雑宮御田植祭　伊雑宮御田植祭　穂落神)　第3部　民俗の諸相(傀儡子から文楽へ日本の婚礼　日負の鶴　十五夜と秋祭り　卜占まれびと―神と人との間)

文化人類学の本　全情報　427

＊本書第一部は、十三点の論考が収められ、著者を支える大きな地域としての沖縄・奄美の歴史と文化を鋭くとらえ、幅広く見渡しての展開になっている。第二部は、九点の論考を収録。熊野地方の船祭と伊勢の御田植祭の二本柱になっている。第三部は、六点の論考を収録。沖縄から奄美、熊野、伊勢等と、黒潮の流れに沿って北上させる形で編集されている。

◇獅子頭―東日本を中心に　町田市立博物館編　町田　町田市立博物館　1996　70p　26cm　(町田市立博物館図録 第98集)　〈会期：1996年3月5日～4月7日〉　Ⓝ386.8

◇獅子の詩―日本の三匹獅子舞　峰岸三喜蔵写真集　峰岸三喜蔵著　立川　けやき出版　1998.2　171p　29cm　6500円　(i)4-87751-034-6　Ⓝ386.81

◇獅子の世界―平成八年度秋季特別展覧会　八代市立博物館未来の森ミュージアム編　八代　八代市立博物館未来の森ミュージアム　1996.10　130p　26cm　(八代の歴史と文化 6)　〈会期：平成8年10月25日～12月1日　主な参考文献：p127～129〉　Ⓝ386.8

◇獅子舞巡り　平成5年　石川博司著　青梅　ともしび会　1994.3　52p　22cm　Ⓝ386.8

◇下水津乃桟俵神楽　鈴木誠著　上尾　眠牛舎　1995.11　12p　25cm　〈写真6枚貼付　限定版〉　Ⓝ386.8

◇正月・盆―展示解説 年中行事2　比和町郷土文化保存伝習施設編　比和町(広島県)　比和町教育委員会　1997.7　38p　26cm　〈第31回特別展：1997年7月11日～8月24日　文献あり〉　Ⓝ386.1

◇昭和63年の獅子舞巡り　石川博司著　青梅　ともしび会　1994.12　119p　21cm　Ⓝ386.8

◇昭和62年の獅子舞巡り　石川博司著　青梅　ともしび会　1994.12　81p　21cm　Ⓝ386.8

◇調べて学ぶ日本の伝統 4 芸能　大日本図書　1996.3　39p　24×19cm　3000円　(i)4-477-00653-5
　(内容)　能と狂言　歌舞伎　日本舞踊　文楽　民俗芸能
　＊小学校上級～中学校向。

◇銀鏡の宇宙―芥川仁写真集　芥川仁著　福岡　海鳥社　1995.11　127p　22cm　3400円　(i)4-87415-142-6　Ⓝ386.8
　(内容)　銀鏡神楽の世界　俳句　銀鏡神楽式三十三番解説
　＊扇が揺れ、人が舞う。魂が屹立する。九州山地・銀鏡(しろみ)で繰りひろげられる神と人々との饗宴。

◇全国山車総覧　日下部省三著　高山　弘文舎印刷(印刷)　1999.12　40p　26cm　非売品　Ⓝ386.1

◇千年夢一夜―春立つ日、円覚寺烟足軒より　友常貴仁著　三五館　1996.4　221p　20cm　1500円　(i)4-88320-071-X　Ⓝ386.1
　(内容)　序章 現世の明日　第1章 円覚寺　第2章 星の大和　第3章 豆まきの儀　第4章 除夜の鐘　第5章 若水　第6章 百人一首秘話　第7章 朝茶

◇立川流の山車と彫刻　水野耕嗣編著・写真　名古屋　泉良　1996.10　173p　31cm　〈年表：p166～171〉　8000円　(i)4-900951-01-3　Ⓝ386.1

◇だんじり考　宮本英希著　〔神戸〕　〔宮本英希〕　1997.7　85p　30cm　Ⓝ386.1

◇踏歌節会研究と資料　中田武司編　おうふう　1996.1　465p　22cm　40000円　(i)4-273-02887-5　Ⓝ210.096
　(内容)　1 研究(「踏歌節会」論　京都大学図書館所蔵「踏歌節会部類記」解題　宮内庁書陵部所蔵「踏歌節会部類記」解題　「建武年中行事」解題と翻刻)　2 踏歌節会資料集成

◇日本古代儀礼成立史の研究　西本昌弘著　塙書房　1997.2　444,24p　22cm　〈索引あり〉　8000円　(i)4-8273-1144-7　Ⓝ210.09
　(内容)　第1編 日本古代国家と礼制の受容　第2編「内裏式」以前の儀式書と儀式記録　第3編「内裏式」の成立と伝来　第4編 八世紀儀礼の復元的研究

◇日本古代の儀礼と典籍　橋本義彦著　青史出版　1999.10　276,4p　22cm　7500円　(i)4-921145-00-8　Ⓝ210.09

◇日本祭礼民俗誌　加藤健司著　おうふう　2000.5　326p　21cm　2800円　(i)4-273-03112-4　Ⓝ386.1
　(内容)　北海道―義経神社初午祭　青森―久渡寺大白講　岩手―江刺の刈り上げ祝いと農耕習俗　宮城―筐神寺白山祭り　秋田―雄物川水系の鹿島流し　山形―新庄鮭川のサンゲサンゲ　福島―信夫金沢の羽山ごもり　茨城―小川町素鷲神社の祇園祭　栃木―三箇塙の天祭　群馬―東峰須川の小池祭り〔ほか〕
　＊約十年の月日を要し、日本の祭礼を都道府県すべてにわたり取材。その中から、それぞれの場所の小さな、それでいて日本人の信仰心意の伝統的なありようを伝承する特徴的な祭礼を取り上げ、山の、海の、里の、都市のそして、日本の豊かさを感じる。四季折々、日本各地の祭礼行事採訪記。

◇日本人と祭り　日本交流振興会　〔2000〕　22p　19cm　非売品　Ⓝ386.1

◇日本の絵巻―コンパクト版 8 年中行事絵巻　小松茂美編　中央公論社　1994.4　115p　17cm　1400円　(i)4-12-403188-2　Ⓝ721.2
　＊天皇の年賀の礼、関白の賀茂詣から始まり、闘鶏・蹴鞠、内宴、祇園の御霊会、叙位の儀式など平安時代の宮中行事を中心に民間の神

年中行事・祭礼　　　　　　　　　　　　　　　　　　　　　　　　　　　　　日本

事・仏事などの風俗、さまざまな行事をいきいきと描く。風俗資料として貴重な絵巻。絵・詞とも完全収載する総カラー版。

◇日本の祭りと芸能　1　芳賀日出男著　小峰書店　1995.4　55p　30cm　(日本の伝統芸能 5)　3000円　(i)4-338-12305-2
　内容　正月を迎える　年神が訪れてくる　正月のしし舞　正月の祭りと芸能　小正月の行事　お正月さん、さようなら　冬の祭りと芸能　王祇祭り　語り物の世界　節分の鬼たち　稲の豊作をねがう〔ほか〕
◇日本の祭りと芸能　2　芳賀日出男著　小峰書店　1995.4　55p　30cm　(日本の伝統芸能 6)　3000円　(i)4-338-12306-0
　内容　夏がきた　夏は危険な季節だった　京都の祇園祭り　全国の祇園祭り　怪獣・動物が大集合　夏祭りの芝居　夏祭りの踊り　火の祭り　七夕　盆の行事　盆踊り　収穫のよろこび〔ほか〕
◇年中行事歳時記　窪寺紘一著　世界聖典刊行協会　1995.1　353p　19cm　(ぼんブックス 33)　〈参考文献：p335〜336〉　1854円　(i)4-88110-183-8　Ⓝ386.1
　内容　元日　小寒　国分寺の初市(長野)　松本の塩市(長野)　奈良の山焼(奈良)　毛越寺延年(岩手)　有馬温泉入初式(兵庫)　少林山の達磨市(群馬)　十日戎(大阪)〔ほか〕
　＊全国数ある祭の中から選んだ百名祭(祇園祭・神田祭等)と国民的行事(正月・盆等)を中心に、観光的行事・忌日行事・国民の祝日・二十四節気など288の項目に解説を加え、例句を載せる。
◇野辺囃子神楽保存会50周年記念誌　あきる野野辺囃子神楽保存会　1997.11　21p　26cm　〈表紙のタイトル：野辺囃子神楽保存会50周年のあゆみ〉　非売品
◇平成元年の獅子舞巡り　石川博司著　青梅　ともしび会　1994.11　102p　22cm　〈電子複写〉　Ⓝ386.8
◇平成九年の山車巡り　石川博司著　青梅　ともしび会　1997.11　52p　21cm　Ⓝ386.1
◇平成七年の獅子舞巡り　石川博司著　青梅　ともしび会　1995.12　70p　21cm　Ⓝ386.81365
◇平成二年の獅子舞巡り　石川博司著　青梅　ともしび会　1994.11　110p　22cm　〈電子複写〉　Ⓝ386.8
◇平成八年の山車巡り　石川博司著　青梅　ともしび会　1997.1　52p　21cm　Ⓝ386.1
◇平成四年の獅子舞巡り　石川博司著　青梅　ともしび会　1994.3　121p　22cm　Ⓝ386.8
◇祭りーふるさと東日本　高橋秀雄著　そうよう　2000.4　305p　21cm　4600円　(i)4-7938-0159-5　Ⓝ386.1
　内容　北海道・東北(北海道　青森県　岩手県

ほか)　関東(茨城県　栃木県　群馬県　ほか)　中部・北陸(新潟県　富山県　石川県　ほか)
　＊懐かしいふるさと、思い出がいっぱいのふるさと。日本の伝統文化を残している、祭りをはじめ民俗信仰、伝統芸能など、豊富な写真で紹介する。
◇祭りーふるさと西日本　高橋秀雄著　そうよう　2000.5　318p　21cm　4600円　(i)4-7938-0160-9　Ⓝ386.1
　内容　近畿(三重県　滋賀県　京都府　ほか)　中国・四国(鳥取県　島根県　岡山県　ほか)　九州・沖縄(福岡県　佐賀県　長崎県　ほか)
　＊懐かしいふるさと、思い出がいっぱいのふるさと。日本の伝統文化を残している、祭りをはじめ民俗信仰、伝統芸能など、豊富な写真で紹介する。
◇祭りごよみ　東日本編　牧田茂著，牧田道子絵　講談社　2000.2　307p　19cm　1300円　(i)4-87513-086-4　Ⓝ386.1
　内容　北海道　青森県　岩手県　宮城県　秋田県　山形県　福島県　茨城県　栃木県　群馬県〔ほか〕
　＊日本全国の祭り、約300編を掲載。民俗学者であり、新聞記者でもあった著者の軽妙な文章と画家である夫人の墨絵で綴る"日本人の心のふるさと"。
◇祭その他　星野徹著　思潮社　2001.4　107p　21cm　2400円　(i)4-7837-1238-7
　内容　伝承　雌蘂を折る　独活　翁　花　亀について　祭　ボノボ　Shock Therapy　メドゥサ　観測　狐または　道化師　鶴
　＊「特定するのが甚だしく困難な花がある」と、詩人は「花」を書きはじめる。「花」2篇「祭」7篇。その最後に置かれた詩篇は、「そのとき宇宙は一つの坩堝だった」と締め括られる。歴史の迷路に蠢く森羅万象。混沌たる暗黒の領域に分け入り、新たな意味づけを敢行する前人未踏の散文詩。
◇神輿　池田鉦七著　茅ヶ崎　吉田博文　1998.2　220p　26cm　Ⓝ386.1
◇神輿図鑑　1　木村喜久男編　アクロス　1997.5　126p　27cm　〈標題紙・背の著者表示(誤植)：木村久喜男　発売：星雲社　参考文献一覧：p126〉　3500円　(i)4-7952-8912-3　Ⓝ386.1
　内容　1 祭り・神輿(浅草神社　日枝神社　諏訪神社　ほか)　2 神輿に魅せられた男たち(小野照崎神社御本社神輿について　蔵前神社本社神輿　神輿愛好会桜連合　ほか)　3 江戸神輿について(江戸神輿について　漆と神輿について)
◇神輿図鑑　2　木村喜久男，高橋一郎編著，柳隆司ほか写真　アクロス　1999.5　143p　27cm　〈東京　星雲社(発売)　文献あり〉　3500円　(i)4-7952-8914-X　Ⓝ386.1

文化人類学の本　全情報　429

日本　　　　　　　　　　　　　　　　　　　　　　　　　　　　　　　　年中行事・祭礼

◇〈内容〉1 江戸神輿の神髄は木彫刻にあり　2 湘南神輿と江戸神輿　3 神輿に魅せられた男たち　4 関東三大祭―石岡のお祭り　5 祭りばなし―雨と祭りの物語り　6 神輿の話あれこれ

◇神輿図鑑　3　斎藤力, 髙橋一郎, 木村喜久男編著, 安藤昇ほか写真　アクロス　2001.5　158p　27cm　〈東京 星雲社(発売)〉　3500円　(i)4-7952-8915-8　Ⓝ386.1
　〈内容〉1 八つ棟神輿について(烏森神社本社神輿　富賀岡八幡宮本社神輿 ほか)　2 神輿の話あれこれ(神田市場の神輿　彫刻師・金子光清の神輿 ほか)　3 祭りばなし―神輿に魅せられた男たち(小平神明宮御神輿新調事業の経緯　小平神明宮神輿受納式 ほか)　4 復活! 幻の神輿(由緒沿革と本社神輿について　蔵前神社本社神輿四十一年ぶりの宮出しと蔵前神社睦 ほか)
　＊本書は、新しい神輿や復活した神輿を中心にすえて紹介するものである。

◇神輿と明王太郎―宮大工の技術と伝統　手中正著　東京美術　1996.4　266p　26cm　12360円　(i)4-8087-0629-6
　〈内容〉序　大工文書が歴史を語る　第1編 宮大工手中明王太郎の寺社造営と神輿　第2編 神輿史料―明王太郎建造のいきさつ

◆ガイド

◇伝統の祭りを訪ねる―識る・見る・参加する　ブルーガイド編集部編　実業之日本社　1998.7　199p　21cm　〈通の行く旅〉　1600円　(i)4-408-00072-8　Ⓝ386.1
　〈内容〉お水取り　青柴垣神事　高山祭　三社祭　チャグチャグ馬コ　壬生の花田植　日本人と田植神事　諏訪大社御柱祭　博多祇園山笠　祇園祭〔ほか〕
　＊伝統文化にふれる旅。迫力ある祭りに驚き、静寂な祭りで心なごむ。四季折々の祭りを楽しむ。祭りに参加できる喜び。祭りマップ・見どころ・撮影ポイント・直前での宿泊予約など旅のガイドが充実。

◇日本全国お祭りさがし　さの昭著　今日の話題社　1999.1　225p　21cm　1600円　(i)4-87565-501-0
　〈内容〉第1章 東京のお祭り(佃祭り　どぶろく祭り ほか)　第2章 関東のお祭り(西金砂神社田楽舞　祭頭祭 ほか)　第3章 関西のお祭り(はねず踊り　賀茂の競馬 ほか)　第4章 お祭りベーシック篇(大日堂舞楽　犬っこまつり ほか)　第5章 お祭りハイレベル篇(てんてこ祭　藤守の田遊び ほか)　第6章 お祭り気質別篇(お灯まつり　小倉祇園太鼓 ほか)
　＊全国188カ所のお祭りを収録したガイドブック。東京を中心とした首都圏のお祭りを紹介するコーナーと、他の都道府県のお祭りを紹介するコーナーの2本立て。全国のお祭りマップ、カレンダー付き。

◇日本全国津々浦々お祭りイベントガイド365日1999年版　アムタス「お祭りイベントガイド365日」編集室編　アムタス　1998.10　517p　19cm　953円　(i)4-915703-25-8
　〈内容〉1月　2月　3月　4月　5月　6月　7月　8月　9月　10月　11月　12月
　＊お祭り、イベント情報11623件を掲載したガイド。日付順に配列し、所在地、電話番号などを掲載。

◇日本の祭ポケット図鑑―伝統ある祭礼と年中行事230のすべて　萩原秀三郎著　オリジン社　1995.7　424p　15cm　〈主婦の友生活シリーズ〉〈発売:主婦の友社〉　1400円　Ⓝ386.1

◇ふしぎの祭り―日本不思議旅行ガイド　にじゅうに編集部編　にじゅうに　1998.2　111p　20cm　1800円　(i)4-931398-05-7　Ⓝ386.1
　〈内容〉「水」(淡嶋神社ひな流し　杖立温泉鯉のぼり祭り ほか)　「雪」(横手のかまくら　犬っこまつり ほか)　「女」(稲穂祭　長浜曳山祭 ほか)　「闇」(大覚寺観月祭　七夕絵どうろうまつり ほか)　「鬼」(名舟大祭　面掛行列 ほか)　「炎」(新居の手筒花火　宮津灯籠流し花火大会 ほか)　「風」(ムシャーマ　浜松まつり ほか)
　＊美しくて少し怖いお祭り30。旅行者をひととき異界に誘うファンタジックなお祭り。大好評の日本不思議旅行ガイドシリーズの第2弾。

◇祭りごよみ　西日本編　牧田茂著, 牧田道子絵　交通新聞社　2000.2　289p　19cm　1300円　(i)4-330-67701-6
　〈内容〉三重県　滋賀県　京都府　大阪府　兵庫県　奈良県　和歌山県　鳥取県　島根県　岡山県　広島県　山口県　徳島県　香川県　愛媛県　高知県　福岡県　佐賀県　長崎県　熊本県　大分県　宮崎県　鹿児島県　沖縄県
　＊日本全国の祭り、約300編を掲載。民俗学者であり、新聞記者でもあった著者の軽妙な文章と画家である夫人の墨絵で綴る"日本人の心のふるさと"。

◇祭りごよみ　東日本編　牧田茂著, 牧田道子絵　交通新聞社　2000.2　307p　19cm　1300円　(i)4-330-67601-X
　〈内容〉北海道　青森県　岩手県　宮城県　秋田県　山形県　福島県　茨城県　栃木県　群馬県　埼玉県　千葉県　東京都　神奈川県　山梨県　長野県　新潟県　富山県　石川県　福井県　岐阜県　静岡県　愛知県
　＊日本全国の祭り、約300編を掲載。民俗学者であり、新聞記者でもあった著者の軽妙な文章と画家である夫人の墨絵で綴る"日本人の心のふるさと"。

年中行事・祭礼　　　　　　　　　　　　　　　　　　　　　　　　　　　　日　本

◆芸　能
◇課題としての民俗芸能研究　民俗芸能研究の会，第一民俗芸能学会編　春日部　ひつじ書房　1993.10　500p　22cm　9500円　(i)4-938669-20-X　Ⓝ386.8
◇芸術と娯楽の民俗　赤田光男, 香月洋一郎, 小松和彦, 野本寛一, 福田アジオ編　雄山閣出版　1999.8　287p　21cm　(講座 日本の民俗学 8)　4800円　(i)4-639-01609-3
　内容　1 民俗としての口承文芸(「語り」の類型と機能　伝説と昔話—伝説の三つの特徴　ほか)　2 民俗としての芸能・演劇(「芸能」の機能と類型　芸能の二面性(神事性と娯楽性)　ほか)　3 競技と遊び・娯楽(遊びと娯楽　力と対立の競技　ほか)　4 祈りと知識(民俗図像としての絵馬　忌み呉葉)
　＊民俗芸能、口承文芸、演劇・民謡その他娯楽の研究の多くが、「信仰」に収斂させていたとの認識に立脚し、従来の民俗資料分類に依拠しつつも、現時点の成果を幅広く提示する。
◇芸能文化の風姿—その曙から成熟へ　児島建次郎著　雄山閣出版　1996.3　243p　21cm　3296円　(i)4-639-01354-X
　内容　第1章 文明・文化の歴史的概念および比較文化学の指標　第2章 日本芸能の始原的形態と芸能の原義　第3章 古代コスモロジーにおけるシャーマニズムの芸能　第4章 エキゾチシズムへの陶酔・東洋的歌舞の伝来　第5章 中世にみる能楽の生成行程および劇的・美的パラダイム　第6章 運命と人間尊厳を洞察するギリシア悲劇のドラマトゥルギー　第7章 近松浄瑠璃への道程と爛熟した元禄文化
　＊日本芸能の比較文化論的考察。雅楽・田楽・猿楽・能・浄瑠璃など日本芸能の源流・伝承・発展過程、またその特質を時代の文化の全体像の中で明らかにし、世阿弥や近松など芸能創作者の創作過程の秘奥に迫る。
◇職人と芸能　網野善彦編　吉川弘文館　1994.12　273p　20cm　(中世を考える)　(参考文献：p264〜273)　2266円　(i)4-642-02705-X　Ⓝ210.4
　内容　序「職人」と「芸能」をめぐって　1 中世の鋳物生産と鋳造工人　2 中世の鋳物師の集団と集落　3 博士と金山　4 山賊・海賊と関の起源　5 田楽　6 中世芸能の歴史的位置　7 地獄を絵解く
　＊日本中世の生産活動は農民のみが支えていたのではない。鍋釜・農具や梵鐘を供給した鋳物師(いもじ)、鉱物資源を探索した陰陽師・金掘り、商人を襲う山賊・海賊の論理、上下の階層を問わず中世人が熱狂した田楽の起源と担い手、民衆を教化しまた娯楽でもあった熊野比久尼の絵解きなど、職人・芸能民の実態と果たした役割から中世社会を描きだす。
◇全国の義士踊り—ゆかりの神社と寺院　義士踊研究会編　飯田　南信州新聞社出版局　1996.8　62p　26cm　Ⓝ386.81
◇団七踊り—全国探訪十七年　佐塔豊淑凰編著　飯田　新葉社　1993.2　356p　22cm　4500円　(i)4-88242-063-5　Ⓝ386.8
◇日本華僑における伝統の再編とエスニシティ—祭祀と芸能を中心に　王維著　風響社　2001.2　402p　21cm　7000円　(i)4-89489-003-8
　内容　第1部 長崎華僑とその祭祀・芸能　第2部 神戸華僑とその祭祀・芸能　第3部 横浜華僑とその祭祀・芸能　第4部 日本華僑における祭祀・芸能の類型とエスニシティの再編　付録　華僑にかかわる中国の伝統的祭祀・芸能の由来
　＊長崎・神戸・横浜の三大中華街を踏査、華僑社会の歴史と特色に迫る。激変する日本社会にあって、たえず再編される祭祀や芸能を通し、在日コミュニティの特色を明示し、その多様なエスニシティの実態に迫る。
◇日本芸能の起源　山上伊豆母著　新装版　大和書房　1997.4　283p　19cm　2800円　(i)4-479-84041-9
　内容　1 大陸祭儀と日本神話(古事記宴論—王権の原始劇　記紀神話と中国王祭—とくに水呪について　ほか)　2 古代芸能の成立と継承(古代芸能の成立　辺境の武神と楽舞—鹿島・香取と氏族伝承　ほか)　3 民俗信仰と芸能(巫女と巫俗の芸能　古社の女神像と神話　ほか)
　＊政治・祭祀・軍事・経済と表裏一体だった"芸能"の文化史の源流を究め、古代日本人の原像を探る。
◇日本の伝統芸能—本田安次著作集　第3巻　神楽3　本田安次著　錦正社　1994.2　652p　図版42枚　22cm　20000円　(i)4-7646-0503-1　Ⓝ386.8
◇日本の伝統芸能—本田安次著作集　第4巻　神楽4　本田安次著　錦正社　1994.4　582p　図版30枚　22cm　〈陸前浜乃法印神楽(昭和9年刊の複製)〉　12000円　(i)4-7646-0504-X　Ⓝ386.8
　内容　陸前浜の法印神楽(牡鹿神楽　法印神楽の分布　法印のこと　修験道のこと　法印神楽の舞台・その飾付並ニ楽屋　楽人　支度・持物　かんなぎ　拍子・神歌・舞　神楽の模様)　その台本　異伝篇(陸中江釣子の大乗神楽　浅辺の法印神楽　仙台大崎八幡の附属神楽　仙台亀ヶ岡八幡の附属神楽　南部神楽　若宮八幡岩戸神楽の記)　附録　奥羽楽舞鳥瞰(霜月祭と柴灯と　夏の踊)
◇日本の伝統芸能—本田安次著作集　第5巻　神楽5　本田安次著　錦正社　1994.9　722p　図版27枚　22cm　15000円　(i)4-7646-0505-8　Ⓝ386.8
　内容　山伏神楽・番楽(昭和17年刊の複製)
◇日本の伝統芸能—本田安次著作集　第6巻　神楽6　本田安次著　錦正社　1995.1　607p　図版17枚　22cm　14000円　(i)4-7646-0506-6　Ⓝ386.8
　内容　1 奥羽の霜月神楽　2 信濃・三河の霜月

神楽 3 駿河の柴灯 4 羽後・越後の湯立神哥
◇日本の伝統芸能―本田安次著作集 第7巻 神楽7 本田安次著 錦正社 1995.4 730p 22cm 19000円 (i)4-7646-0507-4 Ⓝ386.8
（内容）第1章 伊勢神楽考 第2章 伊勢神楽歌考 第3章 内宮の神楽
◇日本の伝統芸能―本田安次著作集 第8巻 田楽1 本田安次著 錦正社 1995.10 575p 図版68枚 22cm 18000円 (i)4-7646-0508-2 Ⓝ386.8
（内容）田楽考．諸国の田楽
◇日本の伝統芸能―本田安次著作集 第9巻 田楽2 本田安次著 錦正社 1996.3 746p 図版27枚 22cm (付・日本の伝承音楽と歌謡) 18000円 (i)4-7646-0509-0 Ⓝ386.8
（内容）第1篇 田楽躍(那智田楽 王子神社の田楽 浅草三社権現のびんざさら神事 常陸金砂の田楽 稚児田楽) 第2篇 囃子田(山陰山陽の囃子田 新庄の田植歌 大代の田植囃子) 第3篇 田歌(阿蘇ني社の祭歌 国造神社の御田歌 ほか)
◇日本の伝統芸能―本田安次著作集 第10巻 風流1 本田安次著 錦正社 1996.9 633p 図版70枚 22cm 19000円 (i)4-7646-0510-4 Ⓝ386.8
（内容）第1章 風流考 第2章 疫神祭と風流 第3章 仮装の風流 第4章 お獅子の風流 第5章 太鼓踊と風流踊歌 第6章 念仏踊と盆の風流 第7章 小歌踊と歌舞伎踊 第8章 手踊 第9章 綾踊 ほか 第10章 笑の系譜 第11章 芸能の服飾 第12章 日本の譚歌
◇日本の伝統芸能―本田安次著作集 第11巻 風流2 本田安次著 錦正社 1996.12 780p 図版39枚 22cm 18000円 (i)4-7646-0511-2 Ⓝ386.8
（内容）諸国の風流 1
◇日本の伝統芸能―本田安次著作集 第12巻 風流3 本田安次著 錦正社 1997.4 655p 図版23枚 22cm 18000円 (i)4-7646-0512-0 Ⓝ386.8
（内容）中部の風流 近畿の風流
◇日本の伝統芸能―本田安次著作集 第13巻 風流4 本田安次著 錦正社 1997.7 555p 図版49枚 22cm 17000円 (i)4-7646-0513-9 Ⓝ386.81
（内容）諸国の風流(近畿の風流 山陰・山陽の風流 四国の風流 九州の風流)
◇日本の伝統芸能―本田安次著作集 第14巻 語り物と祝福芸・民俗芸能採訪録 本田安次著 錦正社 1997.12 805p 22cm (折り込1枚) 19000円 (i)4-7646-0514-7 Ⓝ386.81
（内容）語り物と祝福芸(語り物について 語り物の舞台化 祝福芸 採集各種語り物と祝福芸) 民俗芸能採訪録(岩手の旅 元旦の山越え 遠野紀行 陸中浜の旅 ほか)

◇日本の伝統芸能―本田安次著作集 第15巻 舞楽・延年 1 本田安次著 錦正社 1998.4 789p 22cm 19000円 (i)4-7646-0515-5 Ⓝ386.81
（内容）第1章 古代・中世に於ける日本の芸能(国ぶりの楽舞 渡来楽 謡ひ物・語り物 ほか) 第2章 古代・中世の芸能考(伎楽小考 舞楽 伊勢神宮の芸能 ほか) 第3章 三大延年の記(平泉毛越寺の延年 平泉中尊寺の延年 多武峯妙楽寺の延年) 第4章 延年考(延年の風流「開口」考 延年五趣)
◇日本の伝統芸能―本田安次著作集 第16巻 舞楽・延年 2 本田安次著 錦正社 1998.8 817p 22cm 19000円 (i)4-7646-0516-3 Ⓝ386.81
（内容）第1章 諸国の舞楽・延年(小豆沢大日堂祭堂の舞楽 小迫孫の延年 羽দ高寺・新山・吹浦・蕨岡の「田楽」と総称している延年 ほか) 第2章 仏事舞(会津恵日寺の日光月光の舞―陸奥会津磐梯山恵日寺寺没記 会津願成寺の二十五菩薩仮面 九品仏の二十五菩薩来迎会―附双盤講 ほか) 第3章 獅子舞(陸前の獅子舞 山形県宮内町熊野神社の獅子舞 福島県梓衝の獅子舞 ほか) 第4章 太神楽(伊勢太神楽の舞 岩手県江釣子村和野の太神楽 秋田県熊野神社の獅子神楽 ほか)
◇日本の伝統芸能―本田安次著作集 第17巻 能・狂言, 人形芝居―ほか 本田安次著 錦正社 1998.12 525p 22cm 20000円 (i)4-7646-0517-1 Ⓝ386.81
（内容）能・狂言(能及び狂言考 諸国の能・狂言 能・狂言の鑑賞) 人形芝居ほか(ふるさとの人形芝居 岩代の髙倉人形 関東の人形 古要人形 佐渡の人形芝居 ほか)
◇日本の伝統芸能―本田安次著作集 第18巻 南島採訪 本田安次著 錦正社 1999.4 497p 22cm 20000円 (i)4-7646-0518-X Ⓝ386.81
（内容）南島採訪記(八重山諸島 宮古島 沖縄本島 続南島採訪記) 奄美の旅
◇日本の伝統芸能―本田安次著作集 第19巻 沖縄の芸能・伊豆の島々の芸能 本田安次著 錦正社 1999.9 762p 図版13枚 22cm 20000円 (i)4-7646-0519-8 Ⓝ386.81
（内容）沖縄の芸能(芸能の背景 成立と発展 祭と芸能採訪録 資料篇 ほか) 伊豆の島々の芸能(三宅島の芸能 御蔵島の芸能 新島の芸能 神津島の芸能 ほか)
＊「沖縄の芸能」は、「沖縄の祭と芸能」「民俗芸能の研究」「離島の雑纂」「沖縄の芸能」「成立と発展」より抜粋、既刊収録との重複を避けて加筆修正、再編集した。「伊豆の島々の芸能」は、「東京都民俗芸能誌下巻」より、既刊収録済みのものを削除して、若干の修正を加えたものである。大島の民謡は、数が多いた

◇日本の伝統芸能―本田安次著作集 第20巻 日本の祭り・アイヌの芸能・アジア探訪 本田安次著 錦正社 2000.3 533p 22cm 20000円 (i)4-7646-0520-1 Ⓝ386.81
　内容 日本の祭り(折々の祭り 祭り探訪) アイヌの芸能 アジア探訪(韓国 台湾 中国・インド)
◇民間仮面史の基礎的研究―日本芸能史と関連して 後藤淑著 錦正社 1995.2 932p 21cm 27000円 (i)4-7646-0114-1
　内容 第1部 解説・研究篇(民間仮面研究の現状と課題 民間仮面史鳥瞰 民間仮面と外来面 民間仮面の芸能諸相 風流面 神楽面) 第2部 資料・考註編(東北地方の仮面 関東地方の仮面 中部・近畿地方の仮面 中国地方の仮面 四国地方の仮面 九州地方の仮面)

◆四季の祭り
◇秋祭りに行きたくなる本 リバティ書房編集室編 リバティ書房 1998.8 189p 21cm 1000円 (i)4-89810-011-2 Ⓝ386.1
　内容 城鍬舞(栃木県大田原市) ヤッサ祭り(群馬県月夜野町) 川越まつり(埼玉県川越市) 大原はだか祭り(千葉県大原町) だらだら祭り(東京都港区) 酉の市(東京都台東区) 木場の角乗り・深川の力持ち(東京都江東区) べったら市(東京都中央区) 鳳凰の舞(東京都日の出町) 箱根大名行列(神奈川県箱根町) 鶴岡八幡宮例大祭(神奈川県鎌倉市)〔ほか〕
　＊日本全国秋祭りガイド。実りの季節。忘れかけていた何かをとりもどす郷愁の秋祭り。秋風とともに出かけてみませんか。
◇四季の花火を見に行こう 金久保茂樹、冴木一馬著 講談社 1998.7 151p 21cm (講談社カルチャーブックス) 1800円 (i)4-06-198130-7
　内容 春(イベント花火・国際鉄工連盟 イベント花火・日本規格協会 ほか) 夏(隅田川花火大会 SMIT国際会議花火大会 ほか) 秋(片まつり 全国煙火競技大会 ほか) 冬(忘年熱海花火大会 イベント花火・長野冬期五輪花火大会 ほか)
　＊花火は夏だけではなく、四季を通して打ち上げられている。ときには夜桜と競って花開き、ときには白銀の世界に舞い上がる。その華麗な世界へご案内しよう。

北海道地方

◇アイヌ古式舞踊調査報告書 3(平成4年度) 三石・弟子屈・札幌・常呂〔札幌〕 北海道教育委員会 1993.3 130p 21×30cm Ⓝ386.8
◇芦別獅子百年史―芦別獅子創設百周年記念誌 芦別獅子保存会編 芦別 芦別獅子保存会 2001.3 118p 26cm Ⓝ386.8115
◇踊れ！―「YOSAKOIソーラン祭り」 軍司貞則著 扶桑社 2000.5 418p 15cm (扶桑社文庫) 676円 (i)4-594-02913-2
　内容 誕生編(高知県庁前で橋本大二郎知事にアタックした男 新しい祭りの企画を役所は相手にしなかった ねぶたで育った立本千佳が本気になった 企業回りの厳しい現実と脱落者たち ほか) 発展編(からだを張って働く女性たちが跳び、躍る、4分30秒の青春 今年はもっと奇抜なことを。常に祭りの刺激剤でありたい時代の感性を取り入れたクリエイティブ集団 生涯学習の一環として町教育委員会がつくった ほか)
　＊北大2年の男子学生が、高知県で「よさこい祭り」を見て震えるような感動を覚えた。やがて彼の"北海道にもあんな凄い祭りを！"という夢にのった学生仲間10数人が、役所や警察に罵倒され、資金集めに回った企業に笑われながら、努力の積み重ねが呼び込んだ奇跡の連続で、ついに祭りを立ち上げる…。始めは参加10チーム(1000人)、観客20万人だったのが、第9回目を迎える今年2000年は、参加400チーム(4万人)、予想観客数は200万人！！いまや「雪まつり」と並ぶ北国のこの一大イベントの、いったい何が、大勢の人々の心をこうまで激しくゆさぶるのか―。祭り誕生秘話から今日の大ブレイクまで、"燃える北海道"の歓声が聞こえる感動ドキュメント。
◇札幌まつり 札幌市教育委員会文化資料室編 札幌 北海道新聞社 1994.3 312p 19cm (さっぽろ文庫 68) 1540円 (i)4-89363-067-9 Ⓝ386.115
　内容 第1章 平成五年の札幌まつり 第2章 札幌まつりの足跡 第3章 平成五年まつりのすべて 第4章 まつりと人々 第5章 地域の神社祭
　＊神輿渡御、サーカス、露店―。アカシアの花咲くころ、郷愁を誘う北海道神宮例祭が華やかに繰り広げられる。札幌まつりとして親まれるこの祭りの歩み、今の姿、思い出などを地域の神社祭も加えて紹介。
◇野幌太々神楽百年史 江別市郷土資料館編 江別 江別市教育委員会 1999.12 111p 29cm〈年表あり〉Ⓝ386.8115
◇Hokkaido event guide 1998 札幌 北海道市町村振興協会〔1998〕254p 21cm Ⓝ601.11
◇北海道・東北ブロック民俗芸能大会記録 第37回〔盛岡〕〔岩手県教育委員会〕〔1995〕41p 30cm (平成7年度文化庁移動芸術祭協賛公演)
◇北海道の年中行事 小田嶋政子著，北の生活文庫企画編集会議編〔札幌〕北海道 1996.3

232p 20cm （北の生活文庫 第6巻） 〈参考・引用文献：p226～230〉 非売品 Ⓝ386.11
◇北海道の年中行事 小田嶋政子著, 北の生活文庫企画編集会議企画編集 札幌 北海道新聞社 1996.4 232p 20cm （北の生活文庫 第6巻） 〈参考・引用文献：p226～230〉 1600円 (i)4-89363-162-4 Ⓝ386.11
[内容] 序章 北海道の年中行事 第1章 正月前の行事 第2章 正月の行事 第3章 春から夏の行事 第4章 盆前後の行事 第5章 秋から冬の行事
*伝統的社会の中で培われてきた年中行事や、移住者によって北海道へもたらされた過程と現状。

◇舞った叫んだ燃えた！！Yosakoiソーラン祭り―グラフ 北海道新聞社編 札幌 北海道新聞社 1996.8 95p 26cm 1400円 (i)4-89363-126-8 Ⓝ386.8115
◇まつりと民俗芸能 宮良高弘, 森雅人著, 北の生活文庫企画編集会議企画編集 [札幌] 北海道 1995.3 244p 20cm （北の生活文庫 第9巻） 〈参考・引用文献：p239～242〉 非売品 Ⓝ386.11
◇まつりと民俗芸能 宮良高弘, 森雅人著, 北の生活文庫企画編集会議企画編集 札幌 北海道新聞社 1995.4 244p 20cm （北の生活文庫 9） 1600円 (i)4-89363-160-8 Ⓝ386.11
[内容] 序章 北海道のまつりと民俗芸能 第1章 伝統的まつり 第2章 民俗芸能 第3章 現代のまつり
*信仰と結びついている伝統的まつり、地域おこしの現代のまつり、そして郷土色豊かな民俗芸能。

◇Yosakoiソーラン祭り1999スペシャルガイドブック Yosakoiソーラン祭り組織委員会監修 札幌 ルック 1999.5 127p 26cm 〈奥付のタイトル：Yosakoiソーラン祭りスペシャルガイドブック1999〉 476円 Ⓝ386.8115
◇Yosakoiソーラン祭り1997スペシャルガイドブック Yosakoiソーラン祭り実行委員会, Yosakoiソーラン祭り普及振興会制作・監修, ルック企画・編 札幌 共同文化社 1997.5 134p 30cm 476円 (i)4-87739-014-6 Ⓝ386.8115
◇Yosakoiソーラン祭り1998スペシャルガイドブック―「臨時増刊」総集編 Yosakoiソーラン祭り組織委員会監修 札幌 ルック 1998.8 191p 26cm 2286円 (i)4-947741-01-5 Ⓝ386.8115
◇YOSAKOIソーラン祭り1998スペシャルガイドブック 臨時増刊 総集編 YOSAKOIソーラン祭り組織委員会監修 札幌 ルック 1998.8 191p 21×26cm 2286円 (i)4-947741-01-1 Ⓝ386.8115
[内容] 響け！ 残照 華舞 熱風の地に躍る 街に輝く星 ソーラン節 着火点～誘われし神童 もう一人の主役 さぁさみんなでどっこい

しょ 愛すべき、あのチームは〔ほか〕
*北都・札幌を駆け抜けた熱風280チームを完全収録。北海道の超社会現象といわれる話題の祭りの魅力を余すことなく紹介！豊富なカラーフォト、臨場感あふれるルポ満載、YOSAKOIソーラン祭りスペシャルガイドブック完全保存版。
◇Yosakoiソーラン祭り読本 飯田舞, Yosakoiソーラン祭り普及振興会編著 すずさわ書店 1996.6 239p 19cm 〈略年表：p206～208〉 1339円 (i)4-7954-0122-5 Ⓝ386.8

東北地方

◇北海道・東北ブロック民俗芸能大会記録 第37回 [盛岡] [岩手県教育委員会] [1995] 41p 30cm 〈平成7年度文化庁移動芸術祭協賛公演〉
◇炎の伝承―"北上・みちのく芸能まつり"の軌跡 北上 北上・みちのく芸能まつり実行委員会 1999.8 340p 26cm 〈付属資料：図1枚：東北地方の民俗芸能・伝承地図〉 Ⓝ386.812
◇みちのく大祭典98 石川博司著 青梅 多摩獅子の会 1998.6 22p 21cm Ⓝ386.12

◆青森県
◇青森県民俗芸能緊急調査報告書 青森県教育委員会編 青森 青森県教育委員会 1996.3 197p 30cm Ⓝ386.8121
◇青森ねぶた誌 宮田登, 小松和彦監修 青森 青森市 2000.3 359p 30cm Ⓝ386.121
◇ささえられて50年―八幡町連合青年会～内丸附祭親睦会結成50周年記念誌 [八戸] 内丸附祭親睦会 1999.11 80p 26cm Ⓝ386.121
◇鹿踊り新考 遠山英志著 五所川原 青森県文芸協会出版部 1994.10 69p 19cm 〈主な参考文献：p68～69〉 1030円 Ⓝ386.8
◇下北の能舞と義経伝説 森勇男著 青森 北の街社 1996.10 233p 20cm 2000円 (i)4-87373-064-3 Ⓝ386.8121
◇津軽ねぷた論攷―黒石 ＜分銅組若者日記＞解 笹森建英, 中田伸一編 黒石 黒石青年会議所 1995.5 192p 30cm 〈社団法人黒石青年会議所創立40周年記念 年表：p169～187〉 2500円 Ⓝ386.121
◇津軽の獅子舞・獅子踊 松下清子著 弘前 北方新社 2000.11 105p 21cm 〈年表あり〉 1600円 Ⓝ386.8121
◇南部の私大について 斎藤潔著 [八戸] [斎藤潔] [1997] 14p 20cm Ⓝ386.121
◇八戸の民俗芸能 阿部達者 [八戸] 八戸市 2001.2 214p 19cm 〈八戸の歴史双書〉 1300円 Ⓝ386.8121

◇平内町ネブタ発祥の地―ネブタの原型(浦田の人形送り)　後藤秀次郎著　〔平内町(青森県)〕　平内町郷土研究会　1999　289p　27cm　Ⓝ386.121
◇弘前ねぷた速報ガイド　1993　弘前　路上社　1993.8　96p　26cm　500円　Ⓝ386.121
◇弘前ねぷた速報ガイド　1994　弘前　路上社　1994.8　96p　26cm　600円　Ⓝ386.121
◇弘前ねぷた速報ガイド　1995　弘前　路上社　1995.8　100p　26cm　600円　(i)4-947612-65-7　Ⓝ386.121
◇弘前ねぷた速報ガイド　1996　弘前　路上社　1996.8　100p　26cm　700円　(i)4-947612-75-4　Ⓝ386.121
◇弘前ねぷた速報ガイド　1997　弘前　路上社　1997.8　100p　26cm　667円　(i)4-947612-83-5　Ⓝ386.121
◇弘前ねぷた速報ガイド　1999　弘前　路上社　1999.8　100p　26cm　762円　(i)4-947612-98-3　Ⓝ386.121
◇弘前ねぷた速報ガイド　2000　弘前　路上社　2000.8　92p　26cm　762円　(i)4-89993-004-6　Ⓝ386.121
◇弘前ねぷた速報ガイド　2001　弘前　路上社　2001.8　96p　26cm　762円　(i)4-89993-010-0　Ⓝ386.121

◆岩手県
◇胆沢町郷土芸能まつり三十周年記念誌　胆沢町教育委員会編　胆沢町(岩手県)　胆沢町教育委員会　1996.6　28p　26cm　Ⓝ386.8122
◇板用肩怒剣舞史―郷土芸能の至宝　大船渡市指定無形民俗文化財　板用肩怒剣舞保存会編　大船渡　板用地域公民館　1996.3　139p　27cm　Ⓝ386.8
◇いちへの年中行事　一戸町(岩手県)　一戸町教育委員会　1993.11　104p　26cm　(一戸町文化財調査報告書 第34集)　Ⓝ386.122
◇岩手県の民俗芸能―岩手県民俗芸能緊急調査報告書　岩手県教育委員会編　盛岡　岩手県教育委員会　1997.3　285p　30cm　(岩手県文化財調査報告書 第100集)　Ⓝ386.8122
◇岩手県民俗芸能インドネシア派遣団派遣事業報告書　〔盛岡〕　岩手　1994.3　30p　26cm　〈平成5年度国民文化国際交流事業(アジア青少年等国際文化交流事業)〉　共同刊行：岩手県教育委員会, 第8回国民文化祭岩手県実行委員会〉　Ⓝ319.1024
◇「大原水かけ祭り」変遷の記録　亀卦川敬之著　大東町(岩手県)　大東大原水掛け祭り保存会　1998.12　128p　21cm　〈限定版〉　非売品　Ⓝ386.122
◇風の響―早池峰山伏神楽　師岡和彦写真集　師岡和彦著, 竹内敏信監修　光村印刷　1999.3　83p　25×27cm　(Bee books)　3000円　(i)4-89615-850-4　Ⓝ386.8122
　〈内容〉早池峰神社　小通稲荷神社　駒形神社　金刀比羅神社　鴨沢神楽門打ち
◇郷土芸能―大船渡市郷土芸能協会創立40周年記念誌　大船渡　大船渡市郷土芸能協会　1996.11　89p　26cm　Ⓝ386.8122
◇鼓響は未来へ―佐野太鼓創設20周年記念誌　2　佐野太鼓保存協力会編　水沢　佐野太鼓保存協力会　1999.3　54p　30cm　〈コミュニティーに育まれて20年〉　Ⓝ386.8122
◇まつりを支える人々―室根神社祭神役台帳　室根神社祭保存会編　室根村(岩手県)　室根神社祭保存会　1998.3　35p　30cm　Ⓝ386.8122
◇室根まつり―国指定重要無形民俗文化財　歴史読本　室根村教育委員会編, 永井泰子作画　室根村(岩手県)　室根村　1994.2　93p　26cm　〈東京　第一法規出版(製作)〉
◇盛岡さんさ物語―盛岡さんさ踊り二十周年記念誌　盛岡　盛岡さんさ踊り実行委員会　1998.12　95p　28cm　2500円　Ⓝ386.8122
◇盛岡の裸まいり・盛岡の舟っこ流し　小形信夫著　〔盛岡〕　盛岡市教育委員会文化課　1997.3　79p　19cm　(盛岡市文化財シリーズ 第29集)　Ⓝ386.122
◇盛岡の民俗芸能　盛岡市無形民俗文化財保存連絡協議会「盛岡の民俗芸能」発刊委員会編, 小形信夫監修　盛岡　盛岡市無形民俗文化財保存連絡協議会　1999.1　197p　26cm　Ⓝ386.8122
◇陸中沿岸地方の廻り神楽―鵜鳥神楽・黒森神楽　宮古市教育委員会編　宮古　宮古市　1999.3　34p　図版20枚　26cm　〈文化庁・岩手県助成事業〉　Ⓝ386.8122
◇「陸中沿岸地方の廻り神楽」報告書　宮古市教育委員会編　宮古　宮古市　1999.3　781p　26cm　〈文化庁・岩手県助成事業〉　Ⓝ386.8122
◇陸中沿岸地方の神子舞―報告書　宮古市教育委員会編　宮古　宮古市教育委員会　1997.3　459p　図版21枚　27cm　〈文献あり〉　Ⓝ386.122
◇わがみちのく郷土芸能―早池峰神楽・鹿踊・鬼剣舞　粒針修著　錦正社　1999.9　251p　20cm　〈文献あり〉　1800円　(i)4-7646-0115-X　Ⓝ386.8122
　〈内容〉序章　郷土芸能との出会い　第1章　神楽篇　第2章　鹿踊篇　第3章　鬼剣舞篇　終章　みちのくの精霊たち
　＊みちのく岩手の民俗芸能、早池峰神楽・鹿踊・鬼剣舞をわかりやすく解説！！元ジャーナリストの誇り高き心のUターン。

◆宮城県
◇祝いの日々―仙台地方の年中行事・正月と盆　企画展　仙台　仙台教育文化事業団仙台市歴史民俗資料館　1995.7　39p　26cm　〈参考文献：

東北地方　　　　　　　　　　　　　　　　　　　　　　　　　　　　　　　　　　年中行事・祭礼

p39〉　Ⓝ386.123
◇岩出山の年中行事—民俗調査記録　岩出山町史編纂委員会編　岩出山町(宮城県)　岩出山町史編纂委員会　1997.3　156p　26cm　(岩出山史資料集 第1集)　(折り込1枚)　Ⓝ386.123
◇大崎八幡の能神楽—宮城県指定無形民俗文化財　千葉雄市著　仙台　大崎八幡神社能神楽保存会　1995.9　122p　26cm　Ⓝ386.8
◇雄勝法印神楽—国指定重要無形民俗文化財　雄勝町教育委員会編　雄勝町(宮城県)　雄勝町教育委員会　2000.3　79p　26cm　(雄勝町の文化)　Ⓝ386.8124
◇仙台花火史の研究—日本初期の花火伊達政宗を嚆矢とするその記録と史料紹介　岡田登著〔名古屋〕〔岡田登〕　1993.8　83p　22cm　〈文献：p80～83〉　非売品　Ⓝ386.123
◇田んぼの中の家—故郷の風物詩　加藤祝子著　国立　生涯学習研究社　1999.11　145p　20cm　Ⓝ386.123
◇宮城県の祭り・行事—宮城県祭り・行事調査報告　宮城県教育委員会編　〔仙台〕　宮城県教育委員会　2000.3　130p　30cm　(宮城県文化財調査報告書 第182集)　Ⓝ386.123

◆秋田県
◇秋田県の祭り・行事—秋田県祭り・行事調査報告書　秋田県教育委員会編　〔秋田〕　秋田県教育委員会　1997.3　140p　30cm　(秋田県文化財調査報告書 第271集)　Ⓝ386.124
◇秋田県の民俗芸能—秋田県民俗芸能緊急調査報告書　秋田県教育委員会編　秋田　秋田県教育委員会　1993.3　343p　26cm　(秋田県文化財調査報告書 第227集)　Ⓝ386.8
◇秋田の祭りを訪ねて　秋田市立赤れんが郷土館編　秋田　秋田市立赤れんが郷土館　2000.3　45p　30cm　(学習講座集録 平成11年度)　Ⓝ386.124
◇男鹿ガイドブック　無明舎出版編　秋田　無明舎出版　1999.9　109p　19cm　1000円　(i)4-89544-223-3
　内容　1 歴史の里の魅力　2 民俗と伝説の宝庫　3 地質探検をしてみよう　4 見る・食べる・泊まる・遊ぶ　5 周辺観光ガイド
◇男鹿のなまはげ—その伝承と基盤を探る　なまはげシンポジウム　男鹿のなまはげ保存伝承促進委員会編　男鹿　男鹿のなまはげ保存伝承促進委員会　1997.3　81p　26cm　Ⓝ386.124
◇男鹿半島—その自然・歴史・民俗　男鹿市教育委員会編　男鹿　男鹿市教育委員会　1998.3　327p　26cm　Ⓝ291.24
◇金沢八幡宮掛け歌行事—秋田県指定無形民俗文化財　文化財収録作成調査報告書　秋田県教育委員会編　秋田　秋田県教育委員会　1999.3　80p　30cm　(秋田県文化財調査報告書 第292集)

Ⓝ386.124
◇竿灯の本　堀田正治著　秋田　秋田文化出版　1995.7　207p　19cm　〈竿灯史年表：p194～200　参考文献：p204〉　1000円　Ⓝ386.124
◇毛馬内の盆踊—重要無形民俗文化財　柳沢兌衛著　〔鹿角〕　〔柳沢兌衛〕　1999.8　102p　18cm　800円　Ⓝ386.8124
◇大日堂舞楽　「大日堂舞楽」編集委員会編　増補　〔鹿角〕　〔大日堂舞楽保存会〕　1994.1　303,80p 図版11枚　27cm　〈限定版 巻末：大日霊貴神社並びに大日堂舞楽関係略年表〉　Ⓝ386.8
◇伝統舞踊岡本っこ(岡本新内)舞踊考　伊沢美佐子著　横手　彦栄堂　1998.6　102p　22cm　Ⓝ386.8124
◇なまはげ研究紀要　男鹿のなまはげ保存伝承促進委員会編　男鹿　男鹿のなまはげ保存伝承促進委員会　1998.3　96p　21cm　(共同刊行：秋田県男鹿市)　Ⓝ386.124
◇眠流し行事能代役七夕　能代のねぶながし行事記録作成委員会編　能代　能代市教育委員会　1998.3　276p　26cm　Ⓝ386.124
◇花輪ねぷた探訪　小田切康人著　鹿角　『おだぎり通信』出版事業部　1994.7　286p　21cm　〈参考文献・資料・記録：p282～285〉　2200円　Ⓝ386.124
◇花輪ばやし探訪　小田切康人著　鹿角　『おだぎり通信』出版事業部　1993.7　326p　21cm　〈参考文献・資料・記録：p321～324〉　2400円　Ⓝ386.8
◇本海番楽—鳥海山麓に伝わる修験の舞　鳥海町教育委員会編　鳥海町(秋田県)　鳥海町教育委員会　2000.3　184p　30cm　Ⓝ386.8124
◇民俗芸能映像資料目録　田沢湖町(秋田県)　民族芸術研究所　1997.5　159枚　30cm　2500円　Ⓝ386.81
◇民俗芸能映像資料目録　1999年版　田沢湖町(秋田県)　民族芸術研究所　1999.8　186p　30cm　3000円　Ⓝ386.81

◆山形県
◇余目町の民俗—年中行事　余目町教育委員会編　余目町(山形県)　余目町教育委員会　2001.3　68p　26cm　Ⓝ386.125
◇上杉まつり　米沢観光協会監修　第2版　米沢　酸漿出版　2000.3　40p　21cm　285円　Ⓝ386.125
◇上杉雪灯籠まつり—ミニガイドブック　米沢観光協会監修　米沢　酸漿出版　1999.11　32p　21cm　285円　Ⓝ386.125
◇受け継がれるまつり—天童の民俗芸能　野口一雄著，天童の民俗芸能編集委員会編　〔天童〕　天童市立旧東村山郡役所資料館　1994.10　99p　26cm　(共同刊行：天童市教育委員会)　Ⓝ386.8

年中行事・祭礼　　　　　　　　　　　　　　　　　　　　　東北地方

◇心に残る置賜のまつりと歳時記　須藤正夫著　米沢　須藤正夫　1998.4　213p　26cm　〈川西町（山形県）伏見屋書店（発売）〉　2300円　Ⓝ386.125
◇酒田の民俗芸能　〔酒田〕　酒田市民俗芸能保存会　1993.3　44p　26cm　Ⓝ386.8
◇庄内地方の祭と芸能　五十嵐文蔵著　鶴岡　阿部久書店　1998.3　353,9p　22cm　3800円　Ⓝ386.125
◇庄内の祭りと年中行事　無明舎出版編　秋田　無明舎出版　2001.1　164p　26cm　〈文献あり〉　1905円　(i)4-89544-265-9　Ⓝ386.125
　内容　第1章 川と水の民俗（堰の開発と水神信仰（朝日村・櫛引町・羽黒町・藤島町）　赤川流域の金毘羅信仰（朝日村・櫛引町・鶴岡市・羽黒町）　広野の虫送り（酒田市）　流れ灌頂（立川町）ほか　第2章 受け継がれる民俗行事（手向のサイ（塞）の神（羽黒町）　尾花の茄子汁、豆腐汁（三川町）　モリの山（鶴岡市）　大黒様の年夜（鶴岡市）ほか　第3章 赤川流域の民俗芸能（黒森歌舞伎（酒田市）　安丹神楽（鶴岡市）　髙寺八講（羽黒町）　古郡神楽（藤島町）ほか
　＊永い年月をかけて川が育んだ山形県赤川地域の豊かな文化。自然や祖先から伝承された祭り、行事、芸能、信仰、風俗を克明に記録した民俗誌。
◇新庄山車まつり―荒木直之写真集　荒木直之著,大友義助文　鶴岡　東北出版企画　1997.8　47p　17×19cm　〈とうほく写真文庫 1〉　1200円　(i)4-924611-94-8　Ⓝ386.125
　＊240年の伝統を誇る東北地方最大の山車祭り！「新庄山車まつり」は、先祖の霊魂を慰め、生命の糧である作物の豊穣と世の平安を願う"世直しの祭り"であり、粋で情け深い最上・新庄民衆の心意気と熱気が爆発する。
◇鶴岡の民俗芸能　梅木寿雄編著　鶴岡　鶴岡市教育委員会　1999.2　97p　30cm　Ⓝ386.8125
◇出羽の民俗芸能―その源流を探る　安彦好重著　上山　みちのく書房　1997.9　337p　20cm　2500円　(i)4-944077-28-9　Ⓝ386.8125
◇山形県指定無形民俗文化財万世梓山獅子踊―復興200年記念写真集　米沢　梓山獅子踊保存会　1996.8　94p　30cm　〈背のタイトル：万世梓山獅子踊〉　Ⓝ386.8125
◇山形県の民俗芸能―山形県民俗芸能緊急調査報告書　山形県教育委員会編　山形　山形県教育委員会　1995.3　211p　30cm　〈山形県の民俗芸能関係主要参考文献：p208〉　Ⓝ368.8
◇我が子に山車を引かせたい―上茶屋町若連の十八年　まつりと雪のふるさと山形県新庄市　山形県新庄市上茶屋町若連編　新庄　山形県新庄市上茶屋町若連　1996.5　37p　30cm　〈略年表：p35～36〉　4000円　Ⓝ386.125

◆福島県
◇会津の年中行事と食べ物　平出美穂子著　会津若松　歴史春秋出版　1999.10　121p　26cm　1500円　(i)4-89757-397-1　Ⓝ386.126
◇会津の民俗芸能―歌と踊りと子どもの遊び　会津若松　会津若松市　1999.12　80p　30cm　〈会津若松市史 21(民俗編 1 芸能・遊戯)〉　1000円　Ⓝ386.8126
◇会津若松市三匹獅子舞調査報告書　会津若松市教育委員会文化課編　会津若松　会津若松市教育委員会　1995.3　80p　30cm　〈会津若松市文化財調査報告書 第39号〉　Ⓝ386.8126
◇いわき伝統芸能フェスティバル'92―じゃんがらのひろがり・念仏踊りの系譜 記録報告書　いわき市教育委員会文化課編　〔いわき〕　いわき市　1993.3　33p　26cm　〈共同刊行：いわき市教育委員会,いわき伝統芸能フェスティバル実行委員会〉　Ⓝ386.8
◇神々をまねくお神楽たち―獅子神楽の世界　企画展　野馬追の里歴史民俗資料館編　原町　野馬追の里歴史民俗資料館　1996.11　52p　30cm　〈野馬追の里歴史民俗資料館企画展図録 第4集〉〈会期：平成8年12月1日～平成9年3月31日〉　Ⓝ386.8126
◇芸団連創立三十周年記念誌　芸団連創立三十周年記念事業委員会編　福島　吾妻地区芸能団体連絡協議会　2000.4　88p　30cm　非売品　Ⓝ386.8126
◇木幡の幡祭り―記録作成等の措置を講ずべき無形の民俗文化財　東和町教育委員会編　東和町（福島県）　東和町教育委員会　2001.3　34,99p　30cm　〈文献あり〉　Ⓝ386.126
◇獅子に魅せられて―民俗採訪記　鹿野正男編　郡山　鹿野正男　1996.6　2冊（別冊とも）　22cm　〈別冊(84p 31cm)：祭りと民俗芸能〉　Ⓝ382.126
◇図録野馬追の歴史をふりかえる―「中ノ郷騎馬武者の甲冑」『もののぐの優美』　野馬追の里歴史民俗資料館編　原町　野馬追の里歴史民俗資料館　1996.6　47p　30cm　〈野馬追の里歴史民俗資料館開館記念特別企画展　会期：平成8年4月3日～5月26日,6月9日～7月31日〉　Ⓝ386.8126
◇千代川村の民俗―民俗・年中行事アンケート調査報告書　千代川村教育委員会生涯学習課編　千代川村（茨城県）　千代川村教育委員会　1998.3　46p　30cm　〈千代川村文化財調査報告書 第2集〉　Ⓝ382.131
◇中通りの年中行事と食べ物　平出美穂子著　会津若松　歴史春秋出版　2000.10　153p　26cm　1524円　(i)4-89757-414-5　Ⓝ596.4
◇野馬追の歴史をふりかえる―野馬追の里歴史民俗資料館開館記念特別企画展　野馬追の里歴史民俗資料館編　原町　野馬追の里歴史民俗資料館　1996.3　66p　30cm　〈野馬追の歴史展 平成

関東地方　　　　　　　　　　　　　　　　　　　　　　　　　　　年中行事・祭礼

7年8月26日～10月31日, 馬の装い鞍と鐙展　平成7年11月8日～平成8年3月25日　野馬追関係年表：p62～63　参考文献：p66）Ⓝ386.126
◇浜通りの年中行事と食べ物　平出美穂子著　会津若松　歴史春秋出版　2001.12　142p　26cm　1524円　(i)4-89757-439-0
　〈内容〉正月の行事　春の行事　夏の行事　秋の行事　冬の行事　歳末の行事
◇ふくしま海の歳時記―海辺に生きる人々の暮しと輝き　髙橋貞夫著　会津若松　歴史春秋出版　2000.7　345p　20cm　1429円　(i)4-89757-411-0　Ⓝ386.126
◇福島の年中行事　福島県立博物館編　会津若松　福島県立博物館　1994.3　57p　21cm　Ⓝ386.126
◇ふくしまの祭りと民俗芸能　懸田弘訓著　会津若松　歴史春秋出版　2001.2　212p　19cm　(歴春ふくしま文庫 46)　1200円　(i)4-89757-617-2　Ⓝ386.126
　〈内容〉第1部 祭り（祭りの目的と成り立ち　春の祭り　夏の祭り　秋の祭り　冬の祭り）　第2部 民俗芸能（民俗芸能とその特色　神楽　田楽　風流　語り物　ほか）
　＊福島県に古くから脈々と伝えられている祭りと民俗芸能。歴史的由来やならわしを詳細にまとめた一冊。
◇村芝居の世界―企画展　福島県立博物館編　会津若松　福島県立博物館　1995.1　69p　30cm　〈会期：1995年1月21日～3月26日　参考文献：p69〉Ⓝ386.8

関東地方

◇江戸型山車のゆくえ―天下祭及び祭礼文化伝播に関する調査・研究報告書　続　東京都千代田区教育委員会, 東京都千代田区立四番町歴史民俗資料館編　千代田区教育委員会　1999.3　212p　30cm　（千代田区文化財調査報告書 11）〈共同刊行：千代田区立四番町歴史民俗資料館〉Ⓝ386.13
◇大江戸の天下祭り　作美陽一著　河出書房新社　1996.9　271p　20cm　（主要参考文献：p268～271）2300円　(i)4-309-22299-4　Ⓝ386.1
　〈内容〉プロローグ 日本曳山の歴史　第1章 黎明期の江戸曳山　第2章 前期の江戸曳山　第3章 停滞期の江戸曳山　第4章 中期の江戸曳山　第5章 後期の江戸曳山　第6章 末期の江戸曳山
　＊幻の「天下祭り」を発掘し、東日本の祭りのルーツ・系譜を初めて明らかにする新鋭の力作。
◇関東お祭り紀行　重森洋志著　秋田　無明舎出版　2000.10　127p　21cm　（んだんだブックス）1600円　(i)4-89544-245-4　Ⓝ386.13
◇ささ、日本百名祭へ―関東版　重森洋志, 三島宏之著, 山田晋也写真　青苑新社　1998.10　246p　21cm　1200円　(i)4-88375-004-3　Ⓝ386.13
　〈内容〉春（すみつけ祭り　赤塚の田遊び　ほか）　夏（神田～三社祭り　傘焼き祭り　ほか）　秋（鬼来迎　伊奈の花火　高岡　ほか）　冬（提灯竿もみ祭り　秩父夜祭り　ほか）
　＊ここにあるのは単なる"祭り"の記録ではない。我々が忘れかけた"自然とともに生きる意義"の記録である。
◇平成十一年山車巡り　石川博司著　青梅　ともしび会　1999.12　45p　21cm　〈奥付のタイトル（誤植）：平成十年の山車巡り〉Ⓝ386.13
◇平成十一年の祭事記　石川博司著　青梅　ともしび会　1999.12　81p　21cm　Ⓝ386.13
◇平成十二年の祭事記　石川博司著　青梅　ともしび会　2000.12　47p　21cm　Ⓝ386.13
◇平成十二年の地口行灯　石川博司著　青梅　ともしび会　2000.12　70p　21cm　Ⓝ386.13
◇平成十二年の山車巡り　石川博司著　青梅　ともしび会　2000.12　60p　21cm　Ⓝ386.13
◇平成十年の山車巡り　石川博司著　青梅　ともしび会　1998.12　32p　21cm　Ⓝ386.13

◆茨城県
◇茨城の神輿　髙橋一郎編　アクロス　1994.7　205p　27cm　〈発売：星雲社　参考文献一覧：p205〉4000円　(i)4-7952-8911-5　Ⓝ386.131
　〈内容〉西金砂神社　新治日枝神社　筑波山神社「御座替り神事」　佐波波地祇神社「大津の御船祭」　菅谷鹿島神社　健田須賀神社　猿島町八坂神社　柿岡八坂神社　水海道祇園祭〔ほか〕
◇大宮町の年中行事―年中行事・大宮の祇園・講行事調査報告書　大宮町歴史民俗資料館編　大宮町（茨城県）　大宮町教育委員会　2000.3　176p　30cm　Ⓝ386.131
◇郷土民俗芸能の集い　第23回（平成11年度）「郷土民俗芸能の集い」実行委員会編　〔水戸〕茨城県　2000.3　65p　30cm　（共同刊行：第23回（平成11年度）「郷土民俗芸能の集い」実行委員会）Ⓝ386.8131
◇祭礼行事―都道府県別　茨城県　髙橋秀雄ほか編　おうふう　1996.3　143p　27cm　6800円　(i)4-273-02466-7　Ⓝ386.1
　〈内容〉茨城の祭礼行事歳時記　カラー祭り紀行　綱火　総論 茨城県の祭り　祭り探訪 小川町素鵞神社の祇園祭　茨城の祭礼行事・解説
　＊鮮やかなカラー写真で綴る「歳時記」・「祭り紀行」、祭りの特色を平易な文章で紹介する「解説」・「祭り探訪」。地域に根差した祭りの魅力に迫る。巻末に市町村別祭礼行事一覧掲載。
◇丹波山と小菅―獅子舞と庚申塔　石川博司著　青梅　多摩獅子の会　1998.9　51p　21cm　Ⓝ386.8131

年中行事・祭礼　　　　　　　　　　　　　　　　　　　　　　　　　　　　　　関東地方

◇日立風流物の世界―特別展示　日立市郷土博物館編　日立　日立市郷土博物館　2001.3　80p　30cm　〈他言語標題：The world of Hitachi furyu mono　会期：平成13年3月6日～4月15日〉　Ⓝ386.131

◇屋台のわだち―聞き書き・那珂湊天満宮の祭礼異聞　菊池恒雄編　〔土浦〕　筑波書林　1993.3　365p　19cm　〈発売：茨城図書〉　2800円　Ⓝ386.131

◆栃木県

◇宇都宮市屋台・天棚等調査報告書　宇都宮　宇都宮市教育委員会文化課　1997.3　163p　30cm　〈背のタイトル：屋台・天棚等調査報告書〉　Ⓝ386.132

◇祭礼行事―都道府県別　栃木県　高橋秀雄,尾島利雄編　おうふう　1995.11　143p　27cm　6800円　(i)4-273-02468-3　Ⓝ386.1

◇しもつけ盆踊り考　茂木真弘著　宇都宮　随想舎　1997.1　145p　18cm　〈ずいそうしゃ新書4〉〈文献あり〉　1000円　(i)4-938640-89-9　Ⓝ386.8132
　〔内容〕1 稲作と芸能　2 念仏踊り　3 盆踊りの形態　4 アレサ型盆踊り唄　5 盆踊り口説　6 八木節の流行　7 お囃子　8 現代盆踊り考
　＊八木節、日光和楽踊り、そして伝承される古来の盆踊り唄…。盆に行われた「念仏踊り」、農作に勤しみながら踊った「豊年踊り」、そして瞽女たちが伝えた「口説」と、その源流からしもつけの盆踊りに焦点を当てる。

◇栃木市を歩く　石川博司著　青梅　ともしび会　2000.11　50p　21cm　Ⓝ386.132

◇栃木の江戸型山車　太田義男編著　栃木　千代田印刷　1994.12　68p　19cm　〈参考文献：p39～40〉　800円　Ⓝ386.132

◇とちぎの屋台と山車　池田貞夫,黒崎孝雄著　改訂　宇都宮　池田貞夫　1998.9　196p　26cm　Ⓝ386.132

◇村芝居の風景―第30回企画展　佐野　佐野市郷土博物館　1998.5　36p　26cm　〈市制55周年記念〉　Ⓝ386.8132

◇真岡の夏祭り　第2版　〔真岡〕　真岡市夏祭奉賛会　1999.7　131p　30cm　〈年表あり〉　Ⓝ386.132

◆群馬県

◇旧市域の祭りと町内会―現代の祭りとその背景　高崎市編　高崎　高崎市　1996.1　231,19p　26cm　〈高崎市史民俗調査報告書第6集〉〈巻末：生活史年表〉　Ⓝ386.133

◇桐生木遣　群馬県教育委員会文化財保護課編　前橋　群馬県教育委員会　1994.3　129p　26cm　〈群馬県無形文化財緊急調査報告書〉　Ⓝ386.8

◇群馬県の祭り・行事―群馬県祭り・行事調査報告書　群馬県教育委員会編　〔前橋〕　群馬県教育委員会　2001.3　177p　30cm　Ⓝ386.133

◇群馬県の民俗芸能―群馬県民俗芸能緊急調査報告書　群馬県教育委員会編　前橋　群馬県教育委員会　1997.3　301p　30cm　Ⓝ386.8133

◇群馬の行事事典　前橋　群馬歴史散歩の会　1993.4　231p　19cm　Ⓝ386.133

◇群馬の郷土芸能　上　萩原進著　前橋　みやま文庫　1993.3　168p　19cm　〈みやま文庫 127〉　Ⓝ386.8

◇群馬の郷土芸能　下　萩原進著　前橋　みやま文庫　1994.3　163p　19cm　〈みやま文庫 133〉　Ⓝ386.8

◇群馬の小正月ツクリモノ　上　阪本英一著　前橋　みやま文庫　1997.5　225p　19cm　〈みやま文庫 146〉　Ⓝ386.133

◇群馬の小正月ツクリモノ　下　阪本英一著　前橋　みやま文庫　1998.11　187p　19cm　〈みやま文庫 153〉　Ⓝ386.133

◇群馬の祭りと年中行事　都丸十九一監修,群馬県小学校中学校教育研究会・中学校社会科部会編　前橋　上毛新聞社　1997.6　207,4p　19cm　〈奥付の出版年月（誤植）：1995.6〉　952円　(i)4-88058-022-8　Ⓝ386.133

◇祭礼行事―都道府県別　群馬県　高橋秀雄ほか編　おうふう　1996.1　143p　27cm　6800円　(i)4-273-02470-5　Ⓝ386.1
　〔内容〕群馬の祭礼行事歳時記　カラー祭り紀行―猿追い祭り　総論―群馬県の祭り　祭り探訪―東峰須川の小池祭り　群馬の祭礼行事・解説　群馬県の祭礼行事一覧
　＊鮮やかなカラー写真で綴る「歳時記」・「祭り紀行」、祭りの特色を平易な文章で紹介する「解説」・「祭り探訪」。地域に根差した祭りの魅力に迫る。巻末に市町村別祭礼行事一覧掲載。

◇下南室の太々御神楽―北橘村指定重要無形文化財　北橘村教育委員会編　〔北橘村（群馬県）〕　北橘村教育委員会　1993.3　36p　26cm　Ⓝ386.8

◇重要有形民俗文化財上三原田の歌舞伎舞台操作伝承手引　赤城村（群馬県）　赤城村教育委員会　1996.3　66p　30cm　〈書名は奥付による　背・表紙の書名：上三原田の歌舞伎舞台操作伝承手引〉　Ⓝ774.5

◇上州の小正月ツクリモノ―国指定重要有形民俗文化財　群馬県立歴史博物館編　高崎　群馬県立歴史博物館　1995.3　415p　30cm　Ⓝ386.133

◇高崎を歩く　石川博司著　青梅　ともしび会　2000.11　60p　21cm　Ⓝ386.8133

◇高崎大獅子舞大会　石川博司著　青梅　多摩獅子の会　2000.6　75p　21cm　Ⓝ386.133

◇館林市の民俗芸能　第2集　大島岡里神代神楽―館林市指定重要無形民俗文化財　館林市教育委

文化人類学の本 全情報　439

員会文化振興課編　館林　館林市教育委員会　1995.3　12,75p　26cm　〈文化財総合調査　付：参考文献〉　Ⓝ386.8
◇箱田の獅子舞—北橘村指定重要無形文化財　北橘村教育委員会編　〔北橘村(群馬県)〕　北橘村教育委員会　1994.3　24p　26cm　Ⓝ386.8

◆埼玉県
◇悪疫退散・五穀豊穣—川越の獅子舞—第15回企画展図録　川越市立博物館編　川越　川越市立博物館　1999.10　55p　30cm　〈会期：1999年10月2日—11月14日〉　Ⓝ386.8134
◇上尾市文化財調査報告　第44集　平方のどろいんきょ　上尾　上尾市教育委員会　1995.3　78p　30cm　〈埼玉県選択無形民俗文化財シリーズ　18〉〈付：参考文献〉　Ⓝ386.134
◇上尾の神楽と神楽師　上尾　埼玉県上尾市教育委員会　1999.3　125p　26cm　〈上尾市文化財調査報告　第57集〉　Ⓝ386.8134
◇伊奈の年中行事と人の一生　伊奈町史編集室編　伊奈町(埼玉県)　伊奈町　1996.3　150p　26cm　〈伊奈町史資料編別巻第12集〉　Ⓝ386.134
◇入間市の獅子舞　石川博司著　青梅　多摩獅子の会　1999.3　36p　21cm　Ⓝ386.8134
◇大宮町歴史民俗資料館調査報告書—西塩子の回り舞台　大宮町歴史民俗資料館編　大宮町(茨城県)　大宮町教育委員会　1994.3　184p　26cm　〈関係略年表・文献：p174~184〉　Ⓝ774.5
◇川越を歩く　石川博司著　青梅　ともしび会　2000.1　62p　21cm　Ⓝ386.134
◇川越市の年中行事　1　川越市教育委員会編　川越　川越市教育委員会　1999.3　160p　30cm　〈川越市文化財調査報告書　第9集〉　Ⓝ386.134
◇川越市の年中行事　2　川越市教育委員会編　川越　川越市教育委員会　2001.1　144p　30cm　〈川越市文化財調査報告書　第10集〉　Ⓝ386.134
◇川越氷川祭礼の展開—第11回企画展図録　川越市立博物館編　川越　川越市立博物館　1997.10　111p　30cm　〈会期：平成9年10月4日—11月3日　文献あり〉　Ⓝ386.134
◇川の大じめ　上尾　上尾市教育委員会　1997.8　41p　30cm　〈上尾市文化財調査報告　第55集〉　Ⓝ386.134
◇熊谷うちわ祭り—関東一の祇園　新島章夫著　さいたま　さきたま出版会　2001.7　102p　20cm　〈年表あり〉　952円　(i)4-87891-080-1　Ⓝ386.134
　[内容]　熊谷うちわ祭り(熱狂の三日間　熊谷マップ＆巡行詳細図　12台の山車、屋台総覧　半纏総覧　ほか)　熊谷うちわ祭りのいろいろ(祇園祭のルーツを探る　熊谷の成り立ちなど簡単に　うちわ祭りのできるまで　熊谷うちわ祭り歴史年表　ほか)

◇埼玉五大祭り　石川博司著　青梅　ともしび会　1998.12　70p　21cm　Ⓝ386.134
◇埼玉のオビシャ行事—埼玉のオビシャ行事調査事業報告書　埼玉県立民俗文化センター編　〔浦和〕　埼玉県教育委員会　1994.3　273p　26cm　〈参考文献一覧：p270~271〉　Ⓝ386.134
◇埼玉の祭り・行事—埼玉の祭り・行事調査事業報告書　埼玉県立民俗文化センター編　〔浦和〕　埼玉県教育委員会　1997.1　260p　30cm　Ⓝ386.134
◇埼玉の祭り囃子　5　北足立地方編　1　岩槻　埼玉県立民俗文化センター　1994.3　242p　26cm　〈埼玉県民俗芸能調査報告書　第11集〉　Ⓝ386.8
◇埼玉の祭り囃子　6　北埼玉・南埼玉・北葛飾地方編　岩槻　埼玉県立民俗文化センター　1996.2　189p　26cm　〈埼玉県民俗芸能調査報告書　第12集〉〈付：主な参考文献〉　Ⓝ386.8
◇埼玉の祭り囃子　7　北足立地方編　2　岩槻　埼玉県立民俗文化センター　1998.3　164p　26cm　〈埼玉県民俗芸能調査報告書　第13集〉　Ⓝ386.8134
◇祭礼行事—都道府県別　埼玉県　髙橋秀雄,柊原嗣雄編　おうふう　1996.9　143p　27cm　6800円　(i)4-273-02472-1　Ⓝ386.1
　＊鮮やかなカラー写真で綴る「歳時記」・「祭り紀行」、祭りの特色を平易な文章で紹介する「解説」・「祭り探訪」。地域に根差した祭りの魅力に迫る。巻末に市町村別祭礼行事一覧掲載。
◇坂戸市指定無形民俗文化財四日市場の麦からみこし　長沢利明著　〔坂戸〕　四日市場麦からみこし保存会　1996.7　39p　26cm　Ⓝ386.134
◇狭山市の獅子舞　石川博司著　青梅　多摩獅子の会　1999.12　57p　21cm　Ⓝ386.8134
◇獅子の芸能と信仰—厄除・子育て・五穀豊穣　第2回企画展　朝霞市博物館編　朝霞　朝霞市博物館　1998.3　44p　30cm　Ⓝ386.8134
◇新町屋台の歩み　飯塚良雄著,野口泰宣編　児玉町(埼玉県)　児玉町新町屋台保存会　1998.10　63p　26cm　Ⓝ386.134
◇台町獅子舞—埼玉県指定無形民俗文化財　戦後五十周年記念靖国神社奉納舞記念誌　台町自治会,台町獅子舞保存会編　〔本庄〕　台町獅子舞靖国神社奉納舞実行委員会　1997.3　186p　31cm　〈背のタイトル：台町獅子舞靖国神社奉納舞記念誌　共同刊行：本庄市観光協会〉　Ⓝ386.8134
◇秩父地方の神楽—荒川村・大滝村　岩槻　埼玉県立民俗文化センター　2000.3　191p　30cm　〈埼玉県民俗芸能調査報告書　第14集〉　Ⓝ386.8134
◇秩父の祭り—保存版　柊原嗣雄,千嶋寿監修　松本　郷土出版社　1998.12　263p　31cm　9500円

年中行事・祭礼　　　　　　　　　　　　　　　　　　　　　　　　　　　　　　関東地方

(i)4-87663-425-4　Ⓝ386.134
◇ねえらぼっち―小鹿野子供歌舞伎5周年記念誌　小鹿野町(埼玉県)　小鹿野歌舞伎保存会小鹿野部会子供歌舞伎　1994.2　135p　26cm　〈子供歌舞伎五年のあゆみ：p134~135〉　1500円　Ⓝ386.8
◇飯能祭囃子と獅子舞―飯能市郷土芸能保存会20周年記念誌　飯能市郷土芸能保存会創立20周年誌編集委員会編　飯能　飯能市郷土芸能保存会　1994.11　100p　26cm　〈折り込図1枚　略年表：p85~89〉　Ⓝ386.8
◇東条原の獅子舞　宮代町(埼玉県)　宮代町教育委員会　1998.3　79,18p　26cm　(宮代町史資料第14集)　Ⓝ386.8134
◇民俗の原風景―埼玉　イエのまつり・ムラの祭り　大舘勝治著　所沢　さいたま民俗文化研究所, 朝日新聞社　2001.12　237p　21cm　2500円　(i)4-02-100060-7
　[内容]　正月行事(正月の準備と大晦日―歳神様を迎えるため　正月―うどん正月の家も　ほか)　春・夏の行事(節分―豆をまいて邪鬼を払う　初午(地域ぐるみの行事　スミツカリを食べる)　ほか)　七夕・盆行事(七夕―水浴びをする習慣も　迎え盆―座敷や縁側に盆棚　ほか)　秋・冬の行事(八朔の節供―嫁が里帰りする日　十五夜―収穫祝う神祭り　ほか)
　＊正月、節分、雛祭り、七夕、十五夜、七五三…なつかしい日本のくらしが失われつつ民俗の記憶を伝える。長年のフィールドワークで撮影した206点の写真を掲載。
◇木版・小鹿野歌舞伎の魅力―秩父の地芝居　小菅光夫画・文　東松山　まつやま書房　1993.7　140p　21cm　2000円　(i)4-944003-67-6　Ⓝ386.8
　[内容]　歌舞伎を支える人たち　般若の十六様　小鹿神社の春祭り　津谷木のお天狗様　画集・歌舞伎　奈倉の女歌舞伎　飯田の鉄砲祭り　秩父夜祭り屋台歌舞伎　小鹿野歌舞伎略史
　＊今もいきいきと演じられている秩父・小鹿野の地芝居。地元に生まれ育った著者ならではの、あつい心で彫り記された小鹿野歌舞伎の魅力紹介書。
◇弓の民俗　嵐山町(埼玉県)　埼玉県立歴史資料館　1995.10　13p　30cm　(資料館ガイドブック no.12)　Ⓝ386.134

◆千葉県
◇市川市周辺の年中行事伊豆日記・口約　武井順一著　協進社(印刷)　1999.7　165p　19cm
　〈奥付のタイトル：千葉県市川市周辺の年中行事伊豆日記・口約〉　1500円　Ⓝ386.135
◇吉岡祇園の山車祭り―大栄町吉岡　堤照恒, 坂本旭正編　佐原　篠塚印刷(印刷)　1997.3　62p　26cm　〈写真：石田操〉　Ⓝ386.135

◇鬼来迎―日本唯一の地獄芝居　生方徹夫著　〔柏〕　麗澤大学出版会　2000.4　389p　22cm　〈柏　広池学園事業部(発売)　文献あり〉　5800円　(i)4-89205-428-3　Ⓝ386.8135
　[内容]　1章「鬼来迎」の現状　2章「鬼来迎」台本の比較　3章「鬼来迎」縁起譚の比較　4章「広西寺由来」の成立　5章　近縁三寺の比較　6章「鬼来迎」の名称と位置づけ　7章「鬼来迎」演技の変遷　8章「鬼来迎」にみる民間信仰　9章　巡回興行する鬼来迎(鬼舞)
　＊千葉県光町に鎌倉期から伝わる仮面宗教劇「鬼来迎」(国指定重要無形民俗文化財)は、思想・形式ともに日本唯一の民俗芸能で、毎年八月十六日、光町虫生の広済寺で施餓鬼法要の後に上演されている。本書は、「鬼来迎」に関する各種資料の集成を通じてその歴史と思想を本格的に解明したもの。特に、思想面では熊野修験道の影響を指摘、歴史面では虫生以外の浄福寺、迎接寺の鬼舞と比較考証し、巡回する鬼来迎も発掘紹介している。写真資料多数収録。
◇佐原山車祭調査報告書　千葉県佐原市教育委員会編　佐原　佐原市教育委員会　2001.3　204p　図版18枚　30cm　Ⓝ386.135
◇獅子の世界―悪魔を払う獅子なれど　企画展　〔八千代〕　八千代市歴史民俗資料館　1994.10　26p　26cm　〈会期：平成6年10月4日~11月13日　参考文献：p24~25〉　Ⓝ386.8
◇下総地方史の発掘―印西地方は歴史ロマンの宝庫　松本隆志著　同時代社　2001.11　231p　19cm　2200円　(i)4-88683-456-6
　[内容]　宣教師ニコライ布教の旅　中・近世編(平左衛門の印旛沼干拓目論見書　深川に引寺された嶺雲院　ほか)　寺社編(東国一の霊場」、別所地蔵堂　伝承の里、印西の結縁寺―行基開基と源三位頼政の墓　ほか)　伝承編(巴御前の伝承　印西地方の金売り吉次伝説)　文化財発掘編(船穂郷　登美郷)
　＊地方紙の主宰者として地域情報の発信・交流に活躍してきた著者が、埋もれていた歴史を甦らせた貴重な記録。この地に遠く生きた人々のメッセージは何を語るか。21世紀に受け継がれる歴史は、新しい文化創造の原点でもある。
◇千葉県の民俗芸能　千葉県立房総のむら編　〔千葉〕　千葉県教育委員会　1995.3　163p　30cm　〈千葉県民俗芸能緊急調査報告書　平成5・6年度〉　Ⓝ386.8
◇千葉県松戸市の三匹獅子舞　松戸市立博物館編　〔松戸〕　松戸市立博物館　1994.3　22p　30cm　(松戸市立博物館調査報告書1)　〈付属資料(ビデオカセット1巻　VHSタイプ　箱入)〉　Ⓝ386.8
◇那古の祭り　矢原午郎著　〔入間〕　矢原富美

代 1997.7 111p 20cm 〈東京 朝日新聞東京本社朝日新聞出版サービス(製作)〉 1000円 Ⓝ386.8135

◇野田市民俗芸能のつどい 第1回 野田 野田市民俗芸能連絡協議会 1998.11 15p 30cm

◇房総の祭りと技―無形文化財・無形民俗文化財 千葉県教育庁生涯学習部文化課編 〔千葉〕 千葉県教育委員会 1994.3 94p 19cm 〈折り込図1枚〉 Ⓝ386.135

◇満員御礼! 大利根座―民俗芸能から映画まで 企画展 千葉県立大利根博物館編 佐原 千葉県立大利根博物館 1998.5 35p 26cm Ⓝ386.8135

◆東京都

◇秋川市の獅子舞 石川博司著 青梅 ともしび会 1994.12 48p 21cm Ⓝ386.8

◇足立区を歩く 石川博司著 青梅 ともしび会 1999.4 49p 21cm Ⓝ386.81361

◇板橋区を歩く 石川博司著 青梅 多摩獅子の会 1999.3 41p 21cm Ⓝ386.81361

◇五日市町の獅子舞 石川博司著 青梅 ともしび会 1995.7 58p 21cm Ⓝ386.8

◇海沢の獅子舞 石川博司著 青梅 多摩獅子の会 1997.2 28p 21cm Ⓝ386.81365

◇絵暦・江戸の365日 沢田真理絵と文 河出書房新社 1996.11 1冊(頁付なし) 22cm 1800円 (i)4-309-22301-X Ⓝ386.136

＊江戸っ子の元旦から大晦日までを季節感豊かに描く手書きカレンダー。行事・祝い事の日どりの旧暦・新暦対比が一目でわかる。

◇江戸里神楽のお面―写真集 松本源之助著, 大崎春哉編 松本源之助 2000.6 59p 21cm 2000円 Ⓝ386.8136

◇江戸東京歳時記 長沢利明著 吉川弘文館 2001.4 223p 19cm (歴史文化ライブラリー 115) 1700円 (i)4-642-05515-0 Ⓝ386.1361

(内容) 春(睦月の招福 如月の除災 弥生の遊覧) 夏(卯月の仏参 皐月の祭礼 水無月の防疫) 秋(文月の霊祭 葉月の風流 長月の除難) 冬(神無月の法要 霜月の鎮斎 師走の年暮)

＊徳川家康の入府以来、世界的大都市に発展した「江戸東京」では、多彩な行事や祭が毎日のように行なわれている。それら一つ一つには、どんな信仰的な意味や目的があるのか。四季を通じて、江戸っ子の季節感覚を再発見。

◇江戸東京の年中行事 長沢利明著 三弥井書店 1999.11 378p 20cm 3200円 (i)4-8382-9051-9 Ⓝ386.1361

(内容) 初夢の宝船―新宿区須賀神社および諏訪神社・港区永坂更科 東京の左義長―台東区鳥越神社 鬼の節分―新宿区稲荷鬼王神社 浅草の針供養―台東区浅草寺淡島堂 東京の涅槃会―文京区護国寺・港区増上寺・他 雛祭と金魚―多摩地方・江戸川区船堀地区 東京花祭案内―台東区浅草寺・港区増上寺・大田区本門寺・文京区護国寺 端午の節供と清正公―港区覚林寺 六所宮と田植え禁忌―府中市大国魂神社 富士の開山―文京区駒込富士・台東区浅草富士・他〔ほか〕

＊巨大都市東京で静かに受け継がれつづける江戸東京の年中行事。伝統の薄れ行くいま、少しずつ形を変えてゆく。

◇江戸年中行事と際物 東京都葛飾区郷土と天文の博物館 1995.3 73p 26cm (民俗資料調査報告書 平成5年度―都市の儀礼文化と近郊農村 1)〈参考文献：p71～72〉Ⓝ386.136

◇江戸の神楽を考える 中村規著 日本図書刊行会 1998.2 199p 20cm〈東京 近代文芸社(発売) 文献あり〉 1300円 (i)4-89039-836-8 Ⓝ386.8136

(内容) 1 江戸の神楽成立前 2 江戸の神楽成立後 3 江戸の神楽の現況 4 江戸の神楽の種類 5 江戸の神楽の特質

＊江戸の神楽のもつ新しい魅力を発見! 現地探訪して20余年。既存文献の引用から従来の江戸の神楽に対する概念にとらわれない神楽研究の新境地を探る。

◇江戸の春秋 三田村鳶魚著, 朝倉治彦編 中央公論社 1997.11 322p 16cm (中公文庫―鳶魚江戸文庫 15) 629円 (i)4-12-202999-6 Ⓝ386.1361

◇江戸の夏―その涼と美 東京都江戸東京博物館編 江戸東京歴史財団 1994.7 92p 30cm〈会期：平成6年7月26日～9月4日 参考図書・映像音響資料紹介：p81～82〉Ⓝ386.136

◇江戸の祭囃子―江戸の祭囃子現状調査報告書 東京都教育庁生涯学習部文化課 1997.3 389p 26cm Ⓝ386.8136

◇青梅市内の獅子舞 石川博司著 青梅 ともしび会 1995.10 45p 21cm Ⓝ386.8

◇青梅市内の山車資料 石川博司著 青梅 ともしび会 1995.7 40枚 19×26cm Ⓝ386.136

◇青梅市の祭事記 石川博司著 青梅 ともしび会 2000.1 110p 21cm Ⓝ386.1365

◇青梅住吉祭礼昭和五十年史 石川博司著 青梅 ともしび会 1995.7 40p 21cm Ⓝ386.136

◇青梅住吉祭礼山車覚書 石川博司著 青梅 ともしび会 1995.6 38p 21cm Ⓝ386.136

◇青梅山車物語 石川博司著 青梅 ともしび会 1997.2 60p 21cm Ⓝ386.1365

◇青梅の獅子舞 石川博司著 青梅 ともしび会 1995.7 48p 21cm (奥付の書名：獅子舞めぐり) Ⓝ386.8

◇大江戸の春 西山松之助著 小学館 1996.12 157p 18cm 1200円 (i)4-09-626058-4 Ⓝ210.5

(内容) 1章 うららかな春の風物詩(参賀のため

年中行事・祭礼　　　　　　　　　　　　　　　　　　関東地方

の美々しい行列　絵暦—冴えたエスプリ　福を招く三河万歳　ほか）2章　夏にほとばしるエネルギー（初鰹に大金を投じる気質　卯の花とほととぎす　端午の節句と鯉幟　ほか）3章　大江戸の「行動文化」/「非日常空間」への旅　人気をよんだ出開帳　庶民主催の大相撲　ほか）
＊江戸学の第一人者が、軽妙な語り口で解き明かす、江戸ッ子の祭りや年中行事の数々。

◇大蔵የの獅子舞　石川博司著　青梅　多摩獅子の会　1997.3　26p　21cm　〈文献あり〉Ⓝ386.81365
◇大丹波の獅子舞　石川博司著　青梅　ともしび会　1995.8　58p　21cm　Ⓝ386.8
◇大丹波の獅子舞　石川博司著　新版　青梅　多摩獅子の会　1998.10　70p　21cm　Ⓝ386.81365
◇大森の水止舞　石川博司著　青梅　多摩獅子の会　1998.7　16p　21cm　Ⓝ386.81361
◇奥多摩の獅子舞　石川博司著　青梅　ともしび会　1995.5　48p　21cm　Ⓝ386.8
◇奥多摩町の獅子舞めぐり　石川博司著　青梅　ともしび会　1995.1　85p　22cm　Ⓝ386.8
◇小河内の獅子舞　石川博司著　〔青梅〕　多摩獅子の会　1997.5　50p　21cm　〈発行者：ともしび会　文献あり〉Ⓝ386.81365
◇葛飾区を歩く　石川博司著　青梅　ともしび会　1999.5　24p　21cm　Ⓝ386.81361
◇葛飾区の年中行事　〔東京都〕葛飾区郷土と天文の博物館　1999.3　64p　21cm　（かつしかブックレット　9）Ⓝ386.1361
◇川井の獅子舞　石川博司著　青梅　多摩獅子の会　1997.3　48p　21cm　〈文献あり〉Ⓝ386.81365
◇儀三郎日記雑記　石川博司著　青梅　ともしび会　1998.3　70p　21cm　Ⓝ386.1365
◇北多摩の獅子舞　石川博司著　青梅　ともしび会　1994.6　28枚　19×26cm　Ⓝ386.8
◇北多摩の獅子舞　石川博司著　増補　青梅　ともしび会　1995.12　31枚　19×26cm　Ⓝ386.8
◇清瀬の獅子舞　石川博司著　青梅　多摩獅子の会　1998.8　20p　21cm　Ⓝ386.81365
◇清瀬祭りと石仏　石川博司著　青梅　ともしび会　1998.6　42p　21cm　Ⓝ386.1365
◇際物作りの担い手　東京都葛飾区郷土と天文の博物館　1998.3　62p　26cm　（民俗資料調査報告書　平成7年度—都市の儀礼文化と近郊農村　3）Ⓝ386.1361
◇際物の市　東京都葛飾区郷土と天文の博物館　1996.3　55p　26cm　（民俗資料調査報告書　平成6年度—都市の儀礼文化と近郊農村　2）Ⓝ386.1361
◇くにたちの祭り—企画展　くにたち文化・スポーツ振興財団，くにたち郷土文化館編　国立　くにたち文化・スポーツ振興財団　2001.1　47p　30cm　（共同刊行：くにたち郷土文化館　会期：2001年1月27日—3月31日〉Ⓝ386.1365
◇ご一同様に申し上げます—私本町田風土記　中丸祐昌著　町田　久美堂　1994.1　221p　20cm　1500円　Ⓝ386.136
◇小留浦の獅子舞　石川博司著　青梅　多摩獅子の会　1996.11　48p　22cm　Ⓝ386.81365
◇境の獅子舞　石川博司著　青梅　多摩獅子の会　1996.11　62p　22cm　Ⓝ386.81365
◇沢井の獅子舞　石川博司著　青梅　多摩獅子の会　1996.8　56p　21cm　Ⓝ386.8
◇沢井の獅子舞　石川博司著　新版　青梅　多摩獅子の会　1998.11　64p　21cm　Ⓝ386.81365
◇四季暦江戸模様　久保元彦著　〔久保元彦〕　2000.2　238p　21cm　Ⓝ386.1361
◇獅子頭—西日本を中心に　町田市立博物館編　町田　町田市立博物館　1997　63p　26cm　（町田市立博物館図録　第105集）〈会期：平成9年4月26日—6月1日〉Ⓝ386.81
◇下町観光歳時記　東京都台東区観光課編　台東区　〔1996〕　40p　21cm　〈台東区略年表：p28～36〉Ⓝ386.1361
◇下町観光歳時記　東京都台東区役所観光課編　台東区　〔1998〕　40p　21cm　Ⓝ386.1361
◇下郷の獅子舞　石川博司著　青梅　ともしび会　1996.4　44p　21cm　Ⓝ386.81365
◇ジャの道は蛇—薬蛇の祭と信仰　特別展　東京都世田谷区立郷土資料館編　世田谷区立郷土資料館　1995.10　60p　26cm　〈会期：平成7年11月3日～26日　引用参考文献：p60〉Ⓝ386.1
◇白丸と栃久保の獅子舞　石川博司著　〔青梅〕　多摩獅子の会　1997.5　34p　21cm　〈発行者：ともしび会　文献あり〉Ⓝ386.81365
◇新訂東都歳時記　上　斎藤月岑著，市古夏生，鈴木健一校訂　筑摩書房　2001.5　278p　15cm　（ちくま学芸文庫）　1000円　(i)4-480-08621-8　Ⓝ386.1365

(内容)　巻之一　春之部(正月　二月　三月)　巻之二　夏之部(四月　五月　六月)
＊江戸の人々の毎日に、四季折々の彩りをそえた年中行事を、名所・風俗の紹介とともにつづった『東都歳事記』。『江戸名所図会』の斎藤月岑の筆、長谷川雪旦・雪堤の画で天保9年(1838)に刊行され、江戸歳事記の決定版として広く長く親しまれたその全四巻五冊を、読みやすさに徹した新校訂で刊行する。年始の祝い、初午、花見、灌仏会、七夕、納涼、二十六夜待ち、看菊、紅葉、芝居顔見世、酉の市、煤掃、そして多彩な祭りや宗教行事、日々の慣わしの詳細な記述から、江戸の暮らしが立ちあらわれる。上巻には、正月から六月までを収める。

◇新訂東都歳時記　下　斎藤月岑著，市古夏生，鈴木健一校訂　筑摩書房　2001.6　332p　15cm　（ちくま学芸文庫）　1100円　(i)4-480-08622-6

文化人類学の本　全情報　443

関東地方　年中行事・祭礼

Ⓝ386.1361
内容　巻之三　秋之部　巻之四　冬之部
＊江戸の人々の毎日に、四季折々の彩りをそえた年中行事を、名所・風俗の紹介とともにつづった「東都歳事記」。「江戸名所図会」の斎藤月岑の筆、長谷川雪旦・雪堤の画で天保9年に刊行され、江戸歳事記の決定版として広く長く親しまれたその全四巻五冊を、読みやすさに徹した新校訂で刊行する。年始の祝い、初午、花見、灌仏会、七夕、納涼、二十六夜待ち、看菊、紅葉、芝居顔見世、酉の市、煤掃、そして多彩な祭りや宗教行事、日々の慣わしの詳細な記述から、江戸の暮らしが立ちあらわれる。下巻には、七月から十二月までを収める。

◇図説浮世絵に見る江戸の歳時記　佐藤要人監修、藤原千恵子編　河出書房新社　1997.11　127p　22cm　1800円　(i)4-309-72571-6　Ⓝ386.1361
＊めぐる季節が江戸の町を染める。豊かな四季の暮らし。300枚の浮世絵が語る江戸の一年。

◇図説 浅草寺—いむかし　金竜山浅草寺編　金竜山浅草寺,東京美術〔発売〕　1996.11　127p　21cm　1500円　(i)4-8087-0635-0
内容　第1章　浅草寺境内案内　第2章　浅草寺と寺宝　第3章　年中行事
＊浅草寺の歴史や境内の見どころ、年中行事や寺宝を綿絵・写真・案内図で紹介。

◇住吉祭礼平成十年史　石川博司著　青梅　ともしび会　2000.4　152p　21cm　Ⓝ386.1365

◇高水山の獅子舞　石川博司著　青梅　ともしび会　1996.6　64p　21cm　Ⓝ386.81365

◇棚沢の獅子舞　石川博司著　青梅　多摩獅子の会　1997.3　44p　21cm　〈文献あり〉　Ⓝ386.81365

◇多摩市の民俗　信仰・年中行事　多摩市史編集委員会編　〔多摩〕　多摩市　1993.3　175p　26cm　(多摩市史叢書 7)　Ⓝ382.136

◇多摩地方三匹獅子舞文献目録　石川博司著　青梅　ともしび会　1996.1　154p　21cm　Ⓝ386.81365

◇多摩地方の獅子舞　石川博司著　青梅　ともしび会　1993.3　35p　22cm　Ⓝ386.8

◇多摩地方の万作　石川博司著　青梅　ともしび会　1999.12　43p　21cm　Ⓝ386.81365

◇多摩御酒の口雑記　石川博司著　青梅　ともしび会　1998.4　76p　21cm　Ⓝ386.1365

◇調布の祭ばやし　調布市郷土芸能祭ばやし保存会編　調布　調布市郷土博物館　1998.2　69p　21cm　(創立四十周年記念)　Ⓝ386.81365

◇東京イラスト歳時記　毎日新聞東京本社社会部編、遊佐喜美男イラスト　博文館新社　1995.7　245p　21cm　2000円　(i)4-89177-957-8　Ⓝ386.136
＊新たにイラストマップ、マップポイント、季語、新東京百景などを加えたイラストと文章で綴る東京歳時ガイドブックの決定版。東京にいる人、くる人、きたい人、これない人、すべての人に生きた思い出をつくる本。

◇東京江戸案内—歴史散策　巻の5　年中行事と地名篇　桜井正信編　八坂書房　1994.7　235,45p　19cm　1800円　(i)4-89694-744-4　Ⓝ291.36
内容　江戸・東京に育まれた粋と気っ風　江戸・東京の年中行事　江戸・東京の地名　江戸・東京の川面と橋　付録（東京の年中行事一覧／東京都および近郊地区花火大会一覧／都内七福神詣一覧／縁日一覧／公園一覧）
＊行事と地名・川面がさそう街あるきの名ガイド。付録：東京の年中行事一覧・花火大会一覧・公園庭園一覧他。

◇東京北区を歩く　石川博司著　青梅　ともしび会　1999.1　45p　21cm　Ⓝ386.1361

◇東京区部三匹獅子舞文献目録　石川博司著　青梅　ともしび会　1996.1　58p　21cm　Ⓝ386.81361

◇東京区部の獅子舞　石川博司著　青梅　ともしび会　1994.6　17枚　19×26cm　Ⓝ386.8

◇東京二三区の獅子舞　石川博司著　青梅　多摩獅子の会　1999.11　104p　21cm　Ⓝ386.81361

◇東京の市と縁日—Tokyo情緒歳時記　江戸をさがす半日旅　婦人画報社　1994.12　127p　21cm　(Ars books 20)　1600円　(i)4-573-40020-6　Ⓝ386.136
内容　第1章　季節の市を訪ねる　第2章　暮らしの中の市と縁日　第3章　江戸庶民の生活と縁日　第4章　よもやま談義・懐かしの昭和縁日　第5章　縁日人生・香具師たちの横顔
＊お正月のだるま市に始まり、暮も近づく頃の酉の市、そして師走の歳の市まで、日本の生活の中には季節の風物詩が織りこまれている。今もなお生活の中に息づく市と縁日は、江戸庶民が暮らしを楽しむために育てあげたもの。その懐かしい市と縁日の風情をたどりながら、江戸情緒にふれる一冊。

◇東京の祭り暦　原義郎著　小学館　2001.1　143p　21cm　(Shotor travel)　1700円　(i)4-09-343167-1　Ⓝ386.136
内容　初詣（浅草寺ほか）　消防出初式（東京ビッグサイト）　七草火焚き神事（愛宕神社）　子供やぶさめ（六郷神社）　俎開き（坂東報恩寺）　おびしゃ祭り（葛谷御霊神社ほか）　鏡開き（日本武道館）　釜鳴り神事（御田八幡神社）　百々手式（明治神宮）　閻魔詣（勝養寺）〔ほか〕
＊ふるさと、東京祭探訪。民俗芸能、神輿祭り、花まつり、歳の市など都会の四季折々の行事を新発見する。一家に必携のイベントガイド。

◇東京わが町宮神輿名鑑　原義郎撮影・編著　三省堂　1997.9　383p　31cm　（おもに図　付属資料：図1枚　年表あり　文献あり）　12000円

年中行事・祭礼　　　　　　　　　　　　　　　　　　　　　　　　　　　　　　関東地方

(i)4-385-35771-4　Ⓝ386.136
＊東京の宮神輿293基を祭の開催順に収録。各々に神社名、鎮座地、製作者、作成年代、寸法、祭の開催月日、祭神、氏子町会数、神輿の特徴を写真付きで解説。

◇友田の獅子舞　石川博司著　青梅　多摩獅子の会　1997.2　38p　21cm　Ⓝ386.81365
◇中神の獅子舞　石川博司著　青梅　多摩獅子の会　1998.6　34p　21cm　Ⓝ386.81365
◇中神の獅子舞－東京都指定無形民俗文化財　西川秀彦著　立川　けやき出版（製作）　2001.2　309p　31cm　5000円　(i)4-87751-127-X　Ⓝ386.81365
◇長崎の獅子舞　石川博司著　青梅　多摩獅子の会　1998.5　27p　21cm　Ⓝ386.81361
◇長淵の鹿舞　石川博司著　青梅　多摩獅子の会　1997.2　36p　21cm　Ⓝ386.81365
◇西多摩祭事記　石川博司著　青梅　ともしび会　1995.6　50p　21cm　Ⓝ386.136
◇西多摩の獅子舞　石川博司著　青梅　ともしび会　1995.7　44p　21cm　Ⓝ386.81365
◇西多摩まつり通信　石川博司著　青梅　ともしび会　1999.10　85p　22cm　Ⓝ386.1365
◇日原の獅子舞　石川博司著　青梅　多摩獅子の会　1997.4　30p　21cm　〈文献あり〉　Ⓝ386.81365
◇野上の獅子舞　石川博司著　青梅　多摩獅子の会　1997.3　32p　21cm　〈文献あり〉　Ⓝ386.81365
◇八王子市の獅子舞　石川博司著　青梅　多摩獅子の会　1998.9　77p　21cm　Ⓝ386.81365
◇八王子の山車－八王子市指定有形文化財（工芸品）　八王子市教育委員会社会教育部社会教育課文化財係編　八王子　八王子市教育委員会　1998.3　55p　30cm　（八王子市文化財調査報告書 4）　Ⓝ386.1365
◇羽村の祭り写真集　羽村の祭ばやし保存連合会編　〔羽村〕　羽村の祭ばやし保存連合会　1998.6　61p　30cm　〈羽村の祭ばやし保存連合会15周年記念〉　1500円　Ⓝ386.1365
◇氷川の獅子舞　石川博司著　青梅　多摩獅子の会　1997.4　30p　21cm　〈文献あり〉　Ⓝ386.81365
◇日の出町の郷土芸能　石川博司著　青梅　ともしび会　1995.8　28p　21cm　Ⓝ386.8
◇日の出町の郷土芸能　石川博司著　増補　青梅　ともしび会　1995.8　44p　21cm　Ⓝ386.81365
◇風流三匹獅子舞　宮尾与男,中村規著　東京都民俗芸能振興会　1993.3　34,30p　26cm　（民俗芸能セミナーブックス 1）　〈監修：三隅治雄〉　Ⓝ386.8
◇深川の祭り　木村喜久男,岡田睦子,今村宗一郎編著,柳隆司ほか写真　アクロス　1998.5　261p　27cm　〈江戸神輿図鑑 1〉　（東京　星雲社

（発売）〉　5000円　(i)4-7952-8913-1　Ⓝ386.1361
内容　1 富岡八幡宮　2 猿江神社　3 宇迦八幡宮　4 洲崎神社　5 深川神明宮　6 遠くで祭り囃子が聞こえる　7 江戸神輿・深川神輿　8 江東区の神輿　9 あとがきにかえて

◇〈ふるさと東京〉江戸風物誌　佐藤高写真・文　朝文社　1995.5　189,22p　22cm　〈参考資料：p188〉　3500円　(i)4-88695-127-9　Ⓝ386.136
内容　第1章 春の風物　第2章 夏の風物　第3章 秋の風物　第4章 冬の風物　第5章 市と縁日
＊徳川300年。江戸は独特の庶民文化を生み出した。河岸のにぎわい、大山まいり、川遊び…。四季おりおりの楽しみ、人情、情緒を貴重な古資料、写真と文でつづる。シリーズ最終巻。

◇〈ふるさと東京〉祭事祭礼　佐藤高写真・文　朝文社　1993.1　227p　22cm　〈参考資料：p226～227〉　3200円　(i)4-88695-083-3　Ⓝ386.136
◇〈ふるさと東京〉民俗芸能 2　佐藤高写真・文　朝文社　1994.9　237p　22cm　〈付：参考文献〉　3200円　(i)4-88695-117-1　Ⓝ386.8
内容　第1章 雅楽（声楽　歌舞　管絃　舞楽　創作舞）　第2章 能・式三番・地芝居（能　式三番　地芝居）　第3章 江戸の技芸　第4章 語り物・念仏（説教節（説教浄瑠璃）　琵琶　念仏　声明・和讃　御詠歌　大般若経）　第5章 民謡・民謡（労作唄　祝い唄　わらべ唄）　第6章 日本の楽器（打楽器　絃楽器　管楽器）　第7章きそい（弓術　相撲〈角力〉　綱引き　東八拳）
＊催馬楽、地芝居、式三番…。古来より土地の人達が伝承してきた、これら民俗芸能は、土地の文化であり、表情でもある。写真と文でつづる、ふるさと東京シリーズ第4冊。

◇平成九年の獅子舞巡り　石川博司著　青梅　多摩獅子の会　1997.12　126p　21cm　Ⓝ386.81
◇平成五年の住吉祭礼　石川博司著　青梅　ともしび会　1994.5　35p　22cm　Ⓝ386.136
◇平成十一年の獅子舞巡り　石川博司著　青梅　多摩獅子の会　1999.12　150p　21cm　Ⓝ386.813
◇平成十二年獅子舞巡り　石川博司著　青梅　多摩獅子の会　2000.12　164p　21cm　Ⓝ386.813
◇平成十年の祭事記　石川博司著　青梅　ともしび会　1998.12　62p　21cm　Ⓝ386.136
◇平成十年の獅子舞巡り　石川博司著　青梅　多摩獅子の会　1998.12　156p　21cm　Ⓝ386.81
◇平成八年の獅子舞巡り　石川博司著　青梅　多摩獅子の会　1996.12　140p　21cm　〈共同刊行：ともしび会〉　Ⓝ386.81
◇星竹の獅子舞　石川博司著　青梅　多摩獅子の会　1998.7　56p　21cm　Ⓝ386.81
◇本町祭礼覚書試稿　石川博司著　2版　青梅　ともしび会　1996.5　54p　21cm　Ⓝ386.1365

文化人類学の本 全情報　　445

◇町田市の獅子舞　石川博司著　青梅　多摩獅子の会　1999.11　44p　21cm　Ⓝ386.81365
◇祭りと行事　葛飾区郷土と天文の博物館　2001.3　77p　30cm　〈葛飾区の民俗 1〉　葛飾区民俗資料調査報告書訂正復刻版〉　Ⓝ386.1361
◇御蔵島稲根神社祭礼・歌と踊り調査と映像記録　東京都歴史文化財団,東京都江戸東京博物館編　東京都江戸東京博物館　2000.3　234p　30cm　〈東京都江戸東京博物館調査報告書 第11集—映像音響資料製作に伴う調査報告 4〉〈共同刊行：東京都歴史文化財団　文献あり〉(i)4-924965-23-5　Ⓝ386.1369
◇みたかの熱い夏—踊り浮かれて30年　三鷹阿波踊り30周年記念誌　三鷹　三鷹阿波踊り振興会　1997.8　32p　30cm　Ⓝ386.81365
◇明神さまの氏子とお神輿　江都天下祭研究会神田倶楽部著　武蔵野書院　2001.4　112p　22×31cm　〈付属資料：1枚　年表あり〉　2381円　(i)4-8386-0398-3　Ⓝ386.1361
　(内容)　摂社・末社・市場編　江戸神社　小舟町八雲神社　魚河岸水神社　神田市場　日本橋魚河岸　神田編　日本橋編　神田祭今昔(天下祭と天王祭)　古写真発掘
　＊地域共有の伝統文化である神田祭をしっかりと受け継ぎ、次世代に託すことを使命とする江都天下祭研究会神田倶楽部。彼らが、その文化継承のために収集した資料の数々を掲載する。
◇目で見る八王子の山車まつり　のんぶる舎編集部編　八王子　のんぶる舎　2000.8　175p　26cm　〈文：相原悦夫,佐藤広　写真：井上博司〉　2800円　(i)4-931247-78-4　Ⓝ386.1365
◇谷保の獅子舞　石川博司著　青梅　多摩獅子の会　1996.9　76p　21cm　Ⓝ386.81365
◇六郷の獅子舞　石川博司著　青梅　多摩獅子の会　1998.5　20p　21cm　Ⓝ386.81361
◇私の広報おうめ　石川博司著　青梅　ともしび会　1994.11　59p　21cm　Ⓝ386.136
◇私のまつり通信　石川博司著　青梅　ともしび会　1994.6　87p　22cm　Ⓝ386.136
◇私のまつり通信 2　石川博司著　青梅　ともしび会　1999.8　105p　21cm　Ⓝ386.136

◆神奈川県
◇大磯の年中行事—豊かさへの願い　大磯町郷土資料館編　大磯町(神奈川県)　大磯町郷土資料館　1993.3　36p　26cm　〈資料館資料 3〉〈主な参考文献目録：p35～36〉　Ⓝ386.137
◇小田原の年中行事　西海賢二著　小田原　小田原市教育委員会　1993.3　97p　26cm　〈小田原市文化財調査報告書第41集〉　Ⓝ386.8137
◇おまつりガイドかながわ—創る・みる・遊ぶ　小嶋寛著　横浜　神奈川新聞社　1994.12　208p　15cm　〈かもめ文庫 49〉〈企画：神奈川県県民部文化室　発売：かなしん出版　参考文献：p208〉　Ⓝ386.137
◇神奈川の獅子舞巡り　石川博司著　青梅　多摩獅子の会　1998.8　118p　21cm　Ⓝ386.8137
◇神奈川の獅子舞巡り 2　石川博司著　青梅　多摩獅子の会　2000.12　50p　21cm　Ⓝ386.8137
◇かながわの民俗芸能—会員活動紹介　神奈川県民俗芸能保存協会編　横浜　神奈川民俗芸能保存協会　1993.3　17p　26cm　Ⓝ386.8
◇川崎を歩く　石川博司著　青梅　ともしび会　1999.6　50p　21cm　Ⓝ386.8137
◇暮らしの歳時記—厚木の年中行事　北村精一著　厚木　市民かわら版社　1995.12　115p　20cm　1500円　Ⓝ386.8137
◇芸能と祭祀　神奈川大学人文学研究所編　勁草書房　1998.2　212p　22cm　〈人文学研究叢書 14〉〈執筆：石井美樹子ほか〉　3700円　(i)4-326-80039-9　Ⓝ386.8
　(内容)　降誕劇と茶番劇が描く三幅対祭壇画　自然・人間・祝祭—デッカー喜劇の喜劇性　贋作「ドン・キホーテ」の宗教性—作者アベリャネーダの素姓を巡って　中国の仮面芸能—江西省楽安県の事例　中国の唱導演劇—湖南省辰河高腔の目連劇を中心に　アマノイワヤ段考—アメノウズメの新しい読み　演じるということ—芸能＝神遊びから芸術＝能へ
◇子どもの四季—鎌倉風物詩　大藤ゆき著　新樹社　1994.5　254p　20cm　2000円　(i)4-7875-8426-X　Ⓝ386.137
　(内容)　1 子どもの四季(お正月　初詣　春来る鬼　鎌倉の狐　雛まつり・お花見・お浜見　お彼岸　花あそび　かまいたち　五月節供　鎌倉の大凧　歯固め　古狸の塚　七夕と水　鎌倉の夏祭り　生き盆　盆と火　遠野の秋祭り　十五夜さま　お十夜ばあさん　雲と鳥　七五三祝いポッポ膳　冬至の柚子湯　年の暮れ)　2 子どもの誕生(みごもる　出産と育児　食べることばと心　あそび　成長としつけ)
　＊子育ての年中行事。
◇相模人形芝居下中座の歩み—国指定重要無形民俗文化財　小田原　相模人形芝居下中座　1998.3　88p　30cm　Ⓝ777.19
◇相模原獅子と庚申　石川博司著　青梅　ともしび会　1995.8　32p　21cm　Ⓝ386.8
◇相模原の獅子舞　石川博司著　青梅　多摩獅子の会　1996.10　58p　22cm　Ⓝ386.8137
◇下九沢の獅子舞　相模原市教育委員会生涯学習部博物館建設事務所編　相模原　相模原市教育委員会　1994.3　105,9p　26cm　〈獅子舞調査報告書 第4集〉　Ⓝ386.8137
◇田名の獅子舞　相模原市教育委員会社会教育部博物館建設事務所編　相模原　相模原市教育委員会　1993.3　98,8p　26cm　〈獅子舞調査報告書 第3集〉　Ⓝ386.8137

◇多摩川音頭余話　角田益信著　川崎　角田益信　1999.3　238p　19cm　Ⓝ386.8137
◇中世鎌倉人の年中行事―テーマ展図録　神奈川県立金沢文庫編　横浜　神奈川県立金沢文庫　1993.11　63p　26cm　〈会期：平成5年12月16日～平成6年2月13日〉　Ⓝ386.137
◇箱根大文字焼考証・概説　小林泰一著　小田原　昇ила印刷(印刷)　1999.2　157p　21cm　Ⓝ386.137
◇逸見の祭り―鹿島神社の祭礼と逸見・吉倉の祭りを記録する　平成11年度　逸見地域文化振興懇話会「逸見の祭り」調査研究検討会編　〔横須賀〕横須賀市　2000.6　67p　30cm　Ⓝ386.137
◇三増の獅子舞　愛川町郷土博物館展示基礎調査会. 愛川町教育委員会編　愛川町(神奈川県)　愛川町教育委員会　1997.3　78p　30cm　（愛川町郷土博物館展示基礎調査会報告書 第5集）〈文献あり〉　Ⓝ386.8137
◇山北のお峯入り―国指定重要無形民俗文化財　山北町教育委員会, お峯入り保存会編　〔山北町(神奈川県)〕　山北町教育委員会　1994.3　59p　26cm　〈折り込図15枚 付：参考文献〉　Ⓝ386.8
◇横浜を歩く　石川博司著　青梅　ともしび会　1999.6　62p　21cm　Ⓝ386.8137
◇横浜お囃子会―五周年記念誌　横浜　横浜お囃子会　〔1996〕　70p　21cm　〈奥付の書名（誤植）：横浜お囃会〉　Ⓝ386.8137

北陸地方

◆新潟県
◇越後と佐渡の原風景　佐藤和彦著　高志書院　1997.10　190p　22cm　3800円　(i)4-906641-07-5　Ⓝ386.141
◇音の民俗学―越後と佐渡の祭りを聴く　伊野義博著　高志書院　2000.10　155p　19cm　1800円　(i)4-906641-41-5　Ⓝ386.141
◇思川百譜　上村花子著　中村晴代　1996.12　183p　20cm　〈東京　朝日新聞東京本社朝日新聞出版サービス(製作)〉　Ⓝ386.8141
◇角兵衛獅子の歴史を探る　小湊米吉著　高志書院　2000.9　148p　21cm　〈表題紙のタイトル(誤植)：角兵衛嗣子〉　2500円　(i)4-906641-40-7　Ⓝ386.8141
　〈内容〉第1章 角兵衛獅子のふるさと(中ノ口川沿いの村々　中世の村 ほか)　第2章 川切れ洪水と角兵衛獅子(水害説は誰が言い出したか　越後平野と信濃川 ほか)　第3章 角兵衛獅子の誕生(吉田東伍のみた角兵衛獅子　獅子舞と角兵衛獅子 ほか)　第4章 江戸時代の隆盛期(専業化と旅　江戸市中への出稼ぎ ほか)　第5章 終末期の角兵衛獅子(角兵衛獅子の海外公演　月潟の軽業師福松 ほか)
＊月潟を代表する角兵衛獅子は、明治のころから急速に消滅したため、なぞの多い芸能の一つとして世間に注目された。本書は、この角兵衛獅子の発祥を考える。さらに全盛だった江戸時代の角兵衛獅子と、終末を迎える明治時代の角兵衛獅子の実像に迫ることも、本書の大事なテーマとなっている。
◇郷土芸能―角兵衛獅子　近藤忠造編　〔月潟村(新潟県)〕　月潟村　1997.3　207p　22cm　〈共同刊行：月潟村教育委員会　文献あり〉　Ⓝ386.8141
◇佐渡年中行事　中山徳太郎, 青木重孝共編　増補版　高志書院　1999.7　315p　19cm　3500円　(i)4-906641-31-8　Ⓝ386.141
◇下タ町「豊年獅子舞」の記―小千谷市芸能文化財指定　〔小千谷〕　小千谷豊年獅子舞保存会　2000.5　121p　21cm　〈編集：仲俸一　監修：仲左武郎　折り込1枚　年表あり〉　非売品　Ⓝ386.8141
◇大地の芸術祭―越後妻有アートトリエンナーレ2000　越後妻有大地の芸術祭実行委員会編　越後妻有大地の芸術祭実行委員会, 現代企画室〔発売〕　2001.5　343p　30×22cm　4800円　(i)4-7738-0108-5
　〈内容〉脱都会の美術の活力　アートとグローバリゼーション　次は精神の火だ　アートをめぐる里山の旅　文化展示の未来形　記憶に残る体験が地域を動かす　詩「ひつぎの舟」　美術の新たな領域　トライ・ザ・トリエンナーレ　美術の旅が巡礼となるとき〔ほか〕
＊第5回ふるさとイベント大賞受賞。地域と世界が協働した真夏の大祭。アートの新世紀を拓いた140を超える作品のドキュメント。地球環境・住民参加・公共事業など、多方面で見出された21世紀の地域づくりモデル。豪雪の中山間過疎地が発信した世界最大規模のアートトリエンナーレ。里山の53日間、大地と人が交感した三年大祭の全記録。
◇新潟県の民俗芸能―新潟県民俗芸能緊急調査報告書　新潟県教育委員会編　新潟　新潟県教育委員会　1997.3　223,19p　30cm　Ⓝ386.8141
◇巫子爺よもやまばなし―巫子爺略年譜　小千谷市横町に伝わる人形屋台　佐藤順一編著　小千谷　佐藤順一　1997.6　69p　26cm　Ⓝ386.8141

◆富山県
◇越中のご利益さん　富山　北日本新聞社　1995.6　227p　19cm　〈監修：伊藤曙覧〉　1500円　Ⓝ387
◇おわら風の盆　富山　北日本新聞　1998.7　1冊(ページ付なし)　15×16cm　〈おもに図〉　476円　(i)4-906678-23-8　Ⓝ386.142
◇おわら風の盆写真集―八尾よいとこ　富山　北

日本新聞社 1994.8 187p 26cm 1500円 Ⓝ386.142
◇おわら風の盆写真集—八尾よいとこ 改訂 富山 北日本新聞社 1997.7 123p 26cm 1333円 (i)4-906678-01-7 Ⓝ386.142
◇加越能の曳山祭 宇野通著 金沢 能登印刷出版部 1997.8 379p 22cm〈文献あり〉2500円 (i)4-89010-278-7 Ⓝ386.14
 〔内容〕曳山紀行 形態別に見る加越能の曳山・山車(曳山とは何だろう 越中の曳山—安永の曳山騒動 加賀の曳山—三輪車と子供歌舞伎 能登の曳山—「山」の系譜 光が揺れる・行灯の山車 曳山の源流を探る 北陸曳山文化圏)
◇風の盆おわら案内記 成瀬昌示編, 里見文明写真 新版 言叢社 1995.8 112p 22cm〈執筆:倉嶋厚ほか〉2000円 (i)4-905913-54-3 Ⓝ386.142
 〔内容〕序章 風の盆の町 第2章 風の盆の町筋 第3章 風の盆「おわら」のかたち 第4章 風の盆のこころ
◇重要有形・無形民俗文化財高岡御車山調査報告1(平成5年度) 二番町御車山 高岡市教育委員会編 高岡 高岡市教育委員会 1994.3 51p 図版19枚 30cm〈折り込図1枚〉Ⓝ386.142
◇重要有形・無形民俗文化財高岡御車山調査報告2(平成6年度) 通町御車山 高岡市教育委員会編 高岡 高岡市教育委員会 1995.3 70p 図版21枚 30cm〈折り込2枚〉Ⓝ386.142
◇重要有形・無形民俗文化財高岡御車山調査報告3(平成7年度) 御馬出町御車山 高岡市教育委員会編 高岡 高岡市教育委員会 1996.3 67p 図版31枚 30cm〈折り込図3枚〉Ⓝ386.142
◇重要有形・無形民俗文化財高岡御車山調査報告4(平成8年度) 守山町御車山 高岡市教育委員会編 高岡 高岡市教育委員会 1997.3 63p 図版26枚 30cm〈折り込2枚〉Ⓝ386.142
◇重要有形・無形民俗文化財高岡御車山調査報告5(平成9年度) 木舟町御車山 高岡市教育委員会編 高岡 高岡市教育委員会 1998.3 88p 図版40枚 30cm〈折り込1枚〉Ⓝ386.142
◇重要有形・無形民俗文化財高岡御車山調査報告6(平成10年度) 小馬出町御車山 高岡市教育委員会編 高岡 高岡市教育委員会 1999.3 88p 図版34枚 30cm Ⓝ386.142
◇重要有形・無形民俗文化財高岡御車山調査報告7(平成10年度) 一番街通御車山 高岡市教育委員会編 高岡 高岡市教育委員会 1999.3 104p 図版35枚 30cm Ⓝ386.142
◇大門町に伝わる年中行事 〔大門町(富山県)〕大門町立二口公民館〔2000〕11p 26cm Ⓝ386.142
◇高岡の祭礼と母衣武者行列―企画展 高岡市立博物館編 〔高岡〕高岡市立博物館 1998.7 24p 30cm Ⓝ386.142

◇高岡のまつり 清水千鶴子編 高岡 清水千鶴子 1995.4 67p 26cm Ⓝ386.142
◇高岡御車山―華やかな神の座 高岡市教育委員会編 高岡 高岡市教育委員会 2000.3 90p 20×21cm〈年あり〉Ⓝ386.142
◇高岡御車山祭―時代背景と特徴・一番街道・他 日本の文化財 金丸明義著 〔高岡〕〔金丸明義〕1994.3 1冊 26cm〈付:参考文献〉Ⓝ386.142
◇とやまに祭りありて 富山 富山県民生涯学習カレッジ 1994.1 86p 26cm〈県民カレッジテレビ放送講座テキスト 執筆:伊藤曙覧ほか〉Ⓝ386.142
◇滑川のネブタ流しと夏を彩る民俗行事 滑川市立博物館編 〔滑川〕滑川市教育委員会 1999.3 89p 30cm Ⓝ386.142
◇ネブタ流しと年中行事展 滑川市立博物館編 滑川 滑川市立博物館 2000.7 32p 30cm〈重要無形民俗文化財指定記念〉Ⓝ386.142
◇氷見の祭りと年中行事―特別展 氷見 氷見市立博物館 1996.3 71p 30cm〈会期:平成8年3月1日〜24日〉Ⓝ386.142
◇八尾おわら風の盆 北日本新聞社編集局写真部写真 富山 北日本新聞社 1998.6 115p 27cm 1714円 (i)4-906678-20-3 Ⓝ386.8142

◆石川県
◇石川の祭り・行事―石川県祭り・行事調査事業報告書 石川県教育委員会編 〔金沢〕石川県教育委員会 1999.3 230p 30cm〈文献あり〉Ⓝ386.143
◇奥能登のキリコまつり 奥能登広域圏無形民俗文化財保存委員会編 輪島 奥能登広域圏事務組合 1994.3 86p 27cm〈折り込図1枚 参考・関連文献:p86〉Ⓝ386.143
◇加越能の曳山祭 宇野通著 金沢 能登印刷出版部 1997.8 379p 22cm〈文献あり〉2500円 (i)4-89010-278-7 Ⓝ386.14
 〔内容〕曳山紀行 形態別に見る加越能の曳山・山車(曳山とは何だろう 越中の曳山—安永の曳山騒動 加賀の曳山—三輪車と子供歌舞伎 能登の曳山—「山」の系譜 光が揺れる・行灯の山車 曳山の源流を探る 北陸曳山文化圏)
◇加賀獅子舞ガイドブック 加賀獅子保存協会事務局,金沢市教育委員会文化財課編 金沢 金沢市教育委員会 1998.3 33p 30cm〈金沢市文化財紀要 136〉〈共同刊行:加賀獅子保存協会〉Ⓝ386.8143
◇獅子頭 石川県立歴史博物館編 金沢 石川県立歴史博物館 1998.7 108p 30cm〈会期:平成10年7月25日〜8月30日 文献あり〉Ⓝ386.81
◇七尾の「でか山」 松浦五郎編著 〔七尾〕七尾市職員労働組合 1995.3 199p 19cm 1500円 Ⓝ386.143

◇七尾・祭りの国フェスティバル〔七尾〕 七尾市〔1999〕24p 30cm Ⓝ386.143
◇能登キリコ祭り—写真と解説 渋谷利雄写真,藤平朝雄文 京都 せいしん社 1999.5 93p 19cm 1000円 Ⓝ386.143
◇藤家山王新記—石川県美川町、藤家神社春季例大祭 前編 伊藤博一著 美川町(石川県) 伊藤博一 1993.9 364p 26cm 〈限定版 参考文献:p353～354〉 Ⓝ386.143
◇藤家山王新記—石川県美川町、藤家神社春季例大祭 後編 伊藤博一著 美川町(石川県) 伊藤博一 2001.2 177p 26cm 〈参考文献:p353～354〉 Ⓝ386.143
◇昔の十二ケ月—城下町金沢の年中行事 金沢能登印刷出版部 1999.11 101p 21cm 〈資料叢書 第2冊〉 1400円 (i)4-89010-314-7 Ⓝ386.143

◆福井県
◇王の舞の民俗学的研究 橋本裕之著 ひつじ書房 1997.2 538p 22cm 〈ひつじ研究叢書 芸能編 第1巻〉〈索引あり〉 9223円 (i)4-938669-81-1 Ⓝ386.8144
 内容 第1部 王の舞の民俗史(王の舞の成立と展開 王の舞の分布と特色—若狭地方を中心として 若狭の一つ物—王の舞との関連に触れて 若狭の一つ物・補遺 ほか) 第2部 王の舞の民俗誌(仕掛けとしての演劇空間—弥美神社の祭礼と芸能 演じられる現実—王の舞をめぐる民俗的変容の一考察 砂のある舞台—弥美神社の王の舞をめぐって 語られた起源—織田神社の祭礼と芸能 ほか)
◇おまつり・おはやし・おどり—若狭の祭礼・山車・風流 特別展 福井県立若狭歴史民俗資料館編 小浜 福井県立若狭歴史民俗資料館 1998.10 35p 30cm Ⓝ386.144
◇祭礼行事—都道府県別 福井県 髙橋秀雄,金田久璋編 おうふう 1995.1 143p 27cm 6800円 (i)4-273-02486-1 Ⓝ386.1
 内容 福井の祭礼行事歳時記 福井の祭礼行事・解説 福井県の祭礼行事一覧
◇高浜町の民俗文化—年中行事と祭り 高浜町教育委員会編 高浜町(福井県) 高浜町教育委員会 1995.3 181p 27cm 〈折り込み2枚〉 Ⓝ386.144
◇敦賀祭礼の山車 敦賀市教育委員会文化課編著 敦賀 敦賀市教育委員会 1997.4 63p 21cm Ⓝ386.144
◇福井県無形民俗文化財 福井県無形民俗文化財保護協議会二十周年記念誌刊行委員会編 福井 福井県無形民俗文化財保護協議会 1997.3 224p 図版13枚 〈奥付のタイトル:二十周年記念誌〉 Ⓝ386.8144
◇ふるさとの景観越前・若狭の祀り譜 吉川弘明著 福井 スカイ 1998.11 243p 19×21cm 〈他言語標題:Pure mind in Japan reverend land the Echizen・Wakasa 英文併記 福井 福井県振興プロデュース協同組合(発売)〉 3810円 (i)4-921137-00-5 Ⓝ386.144
◇三国の曳き山車まつり展 三国町(福井県) 三国町郷土資料館 2000.3 19p 30cm 〈第16回特別展 会期:平成12年3月25日—5月21日 折り込み9枚〉 Ⓝ386.144

中部地方

◇神々の訪れ—天竜川流域の芸能の面 飯田市美術博物館編 飯田 飯田市美術博物館〔1996〕153p 30cm Ⓝ386.15
◇田楽座の記録—信州伊那谷歌舞劇団 土の香人の情ふるさとをこよなく愛して ふるさとの情けは谷を越えて 中川賢俊写真集 中川賢俊撮影,塩原良編 光村印刷 1997.12 80p 26cm (Bee books) 〈他言語標題:Dengakuza 奥付のタイトル:田楽座 英文併記 企画・製作:田楽座〉 2800円 (i)4-89615-946-2 Ⓝ386.81
◇天竜川の神人—生と死の祭り 北川天写真集 北川天著 袋井 野草社 1999.5 155p 21×22cm 〈東京 新泉社(発売)〉3000円 (i)4-7877-9980-0 Ⓝ386.15
 内容 第1部 冬の祭り「霜月祭り」第2部 正月の祭り「田楽・田遊び祭り」第3部 盆の祭り「念仏踊り・送り火」
*南信濃、三河、遠江を流れる天竜川沿いの村々では、千年の昔からの祭りが受けつがれ、神と人との交流が毎年くりかえされる。この祭りの中へ22年通い続け、生と死の祭りを記録した本書は、「いのちの永遠」を見事に写しだしている。
◇ふるさとの祭り歳時記—本間久善写真集 東海の伝統と風土 本間久善著 日本カメラ社 1997.5 256p 31cm 〈年譜あり〉 6500円 (i)4-8179-2039-4 Ⓝ386.15
 内容 冬の祭り(火の祭り 禊と厄払い 神楽 ほか) 春の祭り(風流 年占い 穢れ払い ほか) 夏の祭り(田植え祭り 払い・清めと送り 提灯と万灯 ほか) 秋の祭り(大神楽 山車 豊作の喜び ほか)

◆山梨県
◇北都留地方の獅子舞 石川博司著 青梅 多摩獅子の会 2000.6 80p 21cm Ⓝ386.8151
◇祭礼行事—都道府県別 山梨県 髙橋秀雄,志摩阿木夫編 おうふう 1995.9 144p 27cm 6800円 (i)4-273-02488-8 Ⓝ386.1
*鮮やかなカラー写真で綴る「歳時記」・「祭り紀行」、祭りの特色を平易な文章で紹介する。

「解説」・「祭り探訪」。地域に根差した祭りの魅力に迫る。巻末に市町村別祭礼行事一覧掲載。
◇山梨県の祭り・行事—山梨県祭り・行事調査報告書　山梨県祭り・行事調査委員会編　〔甲府〕山梨県教育委員会　1999.3　236p　図版12枚　30㎝　Ⓝ386.151
◇山梨の民俗芸能　水木亮著　勉誠出版　2000.1　181p　21㎝　1800円　(i)4-585-05039-6　Ⓝ386.8151
　〔内容〕盆地の春は天津司の舞から　古代のこころを聞く太鼓の音色　楽しいご大漁の舞　かれんで清楚な稚児舞の少女たち　優雅な「おんねり」と巫女舞　新しい年に祈りをこめて　人々のさまざまなふるさとへの想い　華麗な男装で登場した、エロス出雲のお国　江戸から明治への山梨の芝居　こころふれあう地芝居の村〔ほか〕
　＊旱魃、大水、疫病など幾多の苛酷な試練と闘った甲斐の国の人々。その平和への願いを込めて古代から人々の厳粛な魂の鼓動が聞こえる。山梨の民俗芸能を一挙掲載。

◆長野県
◇飯田お練りまつり—平成十年戊寅　飯田お練りまつり奉賛会編　飯田　南信州新聞社出版局　1998.9　177p　27㎝〈背のタイトル：平成十年戊寅飯田お練りまつり記念帳〉Ⓝ386.152
◇小布施の安市と小正月行事—座談会記録　日本のあかり博物館編　小布施町（長野県）　日本のあかり博物館　1999.1　16p　26㎝　Ⓝ386.152
◇神となった巨木—平成戊寅十年諏訪大社式年造営御柱大祭　北原守写真・文　下諏訪町（長野県）　ケイマックス　1998.12　1冊（ページ付なし）　27×29㎝　4762円　(i)4-9980725-1-X　Ⓝ386.152
◇鬼無里の年中行事　鬼無里村（長野県）　鬼無里村教育委員会　2001.3　182p　21㎝　Ⓝ386.152
◇祭礼行事—都道府県別　長野県　髙橋秀雄,下平宗男編　おうふう　1995.2　143p　27㎝　6800円　(i)4-273-02490-X　Ⓝ386.1
　＊鮮やかなカラー写真で綴る「歳時記」・「祭り紀行」、祭りの特色を平易な文章で紹介する「解説」・「祭り探訪」。地域に根差した祭りの魅力に迫る。巻末に市町村別祭礼行事一覧掲載。
◇写真集伊那路の祭　下村幸雄著　草風館　1999.4　163p　18×18㎝　2190円　(i)4-88323-108-9　Ⓝ386.152
　〔内容〕天竜ふるさと祭り　神明神社の天狗と獅子　諏訪神社の豊年踊り　小正月のどんど焼き　羽広の獅子舞　鉾持神社のだるま市　山寺のやきもち踊り　長谷村の中尾歌舞伎　津島神社の暴れ御輿　鉾持神社の高遠ばやし〔ほか〕

＊郷土に育まれた文化財。祭りは先祖からの預かりもの。大事に子孫にいつまでも伝えてほしい。
◇祝祭の色—軽井沢紀行　星野和彦写真・文　京都　光琳社出版　1998.8　160p　23㎝　2800円　(i)4-7713-0326-6　Ⓝ386.152
◇信州歳時記366日—きょうの出来事　信州世相文化研究会編　松本　郷土出版社　1999.2　241p　21㎝　1600円　(i)4-87663-430-0　Ⓝ386.152
　＊2月29日を含む一年366日それぞれについて長野県内の暦・記念日・歴史上の出来事・祭り・年中行事を記したもの。
◇図説御柱祭—決定版　上田正昭監修　松本　郷土出版社　1998.3　295p　31㎝（文献あり）　8500円　(i)4-87663-382-7　Ⓝ386.152
　〔内容〕巻頭エッセイ・祭りのなかで人は生きる　脚本「御柱」—一幕劇　序説・諏訪信仰の原像　第1章　全国から見た諏訪大社　第2章　全国から見たおんばしら　第3章　諏訪の御柱祭・その歴史　特別寄稿・わたしの御柱祭
　＊なぜ？なぜ？おんばしらのナゾに迫る決定版！あのころ、あのとき…。思い出のおんばしらを再現。豪華、にぎやか、美しい！三拍子そろった楽しい祭りの本。本書には貴重な絵巻・絵図・写真などが収録されているばかりでなく、アジア各地の柱まつりと比較し、日本全国の御柱信仰のなかで、諏訪の御柱祭の独自性と普遍性をみきわめる。そして御柱祭の歴史と信仰の軌跡を、文書・記録や絵図、あるいは先学の諸説にもとづいて明らかにする。
◇諏訪土産　岩政其残著　下諏訪（長野）　下諏訪町　1994.2　1冊　26㎝（明治17年刊の再刊　諏訪湖博物館・赤彦記念館所蔵の版木を使用　共同刊行：下諏訪町教育委員会　袂入　和装）Ⓝ386.152
◇善光寺平のまつりと講　郷土を知る会編　〔長野〕　郷土を知る会　1998.5　78p　21㎝　Ⓝ386.152
◇第18回長野冬季五輪参加記念誌　〔飯田〕　上殿岡獅子舞保存会　1998.7　61p　30㎝　Ⓝ386.8152
◇高遠ばやしと婦人部の五十年　〔高遠町（長野県）〕　高遠囃子保存会婦人部　1998.3　156p　26㎝　Ⓝ386.8152
◇定本信州の石仏　北信編　長野県民俗の会監修・編　松本　郷土出版社　2000.9　261p　31㎝（信州の石仏シリーズ 1）　7500円　(i)4-87663-491-2　Ⓝ387
◇遠山の霜月祭考　後藤総一郎,遠山常民大学編　南信濃村（長野県）　遠山常民大学　1993.9　157p　19㎝（伊那民俗ブックス 3）（執筆：杉野正秀ほか　発行所：南信州新聞社出版局（飯田）　「遠山の霜月祭」関係文献：p42～48）

◇長野県の民俗芸能―長野県民俗芸能緊急調査報告書　長野県教育委員会編　長野　長野県教育委員会　1995.3　235p　30cm　〈主要参考文献：p223～226〉　Ⓝ386.8
◇年中行事と生活暦―民俗誌への接近　倉石忠彦著　岩田書院　2001.4　179p　21cm　2800円　(i)4-87294-205-1　Ⓝ386.152
◇松本あめ市調査報告書―平成10年までの調査から　日本民俗資料館、松本市立博物館編　松本　日本民俗資料館　1998.3　46p　26cm　〈共同刊行：松本市立博物館〉　Ⓝ386.152
◇松本の三九郎―夜空をこがす火の祈り　新改訂　松本　日本民俗資料館　1997.6　134p　26cm　（年中行事基礎調査報告書）〈共同刊行：松本市立博物館　文献あり〉　Ⓝ386.152
◇祭のある風景　松本　郷土出版社　2001.12　155p　38cm　（写真探訪信州の原風景 民俗編 4）〈シリーズ責任表示：市川健夫、細江英公／監修　シリーズ責任表示：倉石忠彦／責任編集　文献あり〉　(i)4-87663-551-X　Ⓝ386.152
◇豊かな実りを祈る―小正月の行事　第38回特別展　長野市立博物館編　長野　長野市立博物館　1996.9　45p　26cm　〈会期：平成8年9月21日～11月4日〉　Ⓝ386.152

◆岐阜県

◇岐阜県の祭りから　清水昭男著　各務原　一つ葉文庫　1996.1　254p　19cm　1500円　(i)4-9900166-7-X　Ⓝ386.153
　〖内容〗長滝白山神社の六日祭り―望見「長滝の延年」の古今　関祭り―頭屋祭りと「童子やこう」芸　大矢田神社のひんここ祭り―祭礼の伝承者と祭礼の過程　迫間不動尊の例大祭―火渡りの験術と採灯護摩供養　大和町牧の掛踊り―高校生の参加にも触れた覚書き　倉知祭り―けんか祭りの現在　小瀬のやさやさ祭り―宮座によるあや笠の奉奠
◇岐阜県の祭りから　2　清水昭男著　各務原　一つ葉文庫　1998.7　214p　19cm　1450円　(i)4-9900166-9-6　Ⓝ386.153
　〖内容〗池ノ上葛懸神社の禊祭り―現況と禰宜役の心情　高富町伊田洞のやんぐりどん―弥五郎の由緒と分布状況　揖斐川町朝鳥明神の冬至祭―太陽を拝する磐座・墳墓祭祀　山県岩熊神社のでんでらがはち―正座したまま簡単な所作で演じる田遊び　根尾村樽見の十一日祭り―別称・田楽祭りの呪術性　可児市土田白鬚神社の御鍬祭り―御鍬を献供し田遊びを奉納する予祝儀礼　美江寺観音の美江寺祭り―猩々に養蚕の豊饒を祈ったお蚕祭り
◇岐阜県の祭りから　3　清水昭男著　各務原　一つ葉文庫　2001.3　230p　19cm　1450円　(i)4-9900166-0-2　Ⓝ386.153

◇岐阜県の民俗芸能―岐阜県民俗芸能緊急調査報告書　岐阜県教育委員会編　岐阜　岐阜県教育委員会　1999.3　270p　30cm　〈文献あり〉　Ⓝ386.8153
◇近世の民俗的世界―濃州山間農家の年中行事と生活　林英一著　岩田書院　2001.3　269p　22cm　6900円　(i)4-87294-195-0　Ⓝ386.153
◇祭礼事典―都道府県別　岐阜県　岐阜県祭礼研究会編　桜楓社　1993.1　209p　27cm　〈監修：倉林正次〉　6200円　(i)4-273-02491-8　Ⓝ386.033
◇地歌舞伎に生きる―中村津多七・高女夫婦振り付け師　日比野光敏編著　〔岐阜〕　岐阜新聞社　2000.6　202p　22cm　〈岐阜　岐阜新聞情報センター（発売）　年表あり〉　2381円　(i)4-905958-87-3　Ⓝ386.8153
◇白鳥踊り保存会五十年史　五十年史編集部会編　白鳥町〔岐阜県〕　白鳥踊り保存会五十周年記念事業実行委員会　1997.7　293p　26cm　Ⓝ386.8153
◇飛騨高山まつりの森」への道―平成の祭屋台と文化のパトロネージ　「飛騨高山まつりの森」への道編集委員会著　〔高山〕　高山ランド　1998.4　271p　21cm　〈東京　ロングセラーズ（発売）〉　1800円　(i)4-8454-1147-4　Ⓝ386.153
　〖内容〗第1章　飛騨の風土、人、祭　第2章　平成のパトロネージ―ご褒美の摘み草　第3章　平成の祭屋台　第4章　平成の匠・職人列伝　第5章　日本初の地中ドーム　平成のテクノマイスターたち　第6章　ローカル愛、グローバル愛
＊本書では、私財を投じて「飛騨高山まつりの森」をつくろうとする中田金太の人物像と計画過程を「平成文化のパトロネージ」という視点から、「平成の祭屋台」製作に携わる日本各地の作家、職人たちの技の系譜と生き方を、「平成の匠」という視点からとらえ展開します。また、最先端の科学技術を駆使して日本初の地中ドームを完成させた、トンネル技術者たちの奮闘を「高度テクノロジー時代の職人たち」としてとらえ紹介します。
◇飛騨・美濃地歌舞伎の人びと―田島一男写真集　田島一男著　岐阜　ヨツハシ（印刷）　1997.11　98p　25×26cm　（で愛・ふれ愛雑写帖 2）〈他言語標題：Faces from Gifu rural kabuki scene　英文併記〉　4000円　Ⓝ386.8153
◇ふるさとの行事―美濃と飛騨　岐阜県小中学校長会編　岐阜　岐阜県校長会館　1999.11　223p　21cm　1524円　Ⓝ386.153
◇みずなみの年中行事　瑞浪市教育委員会編　瑞浪　瑞浪市教育委員会　1994.2　112p　26cm　（生涯学習読本シリーズ no.1）〈市制40周年記念　参考文献：p110〉　Ⓝ386.153
◇美濃の地歌舞伎　小栗克存編、近藤誠宏写真　岐阜　岐阜新聞社出版局　1999.8　183p　29cm

4286円 (i)4-905958-74-1 Ⓝ386.8153
〈内容〉美濃の地歌舞伎 村芝居座長日記 地歌舞伎の魅力と意義 松本団升とその世界 ある熱い夏—相生座地歌舞伎公演の記録 地歌舞伎を支える人々 美濃の地歌舞伎の歴史と形態 岐阜県の地歌舞伎舞台 芝居絵師、天衣無縫の中川とも 爛漫 地歌舞伎
＊地歌舞伎の国、ぎふ。ふるさとに伝わる庶民の文化。その全容に迫る。

◇美濃花みこし 花みこし連編 美濃 花みこし連〔1999〕38p 30cm〈年表あり〉Ⓝ386.153

◇美濃馬場における白山信仰 高橋教雄著，八幡町教育委員会編 八幡町(岐阜県) 八幡町教育委員会 2000.3 474p 22cm〈企画：八幡町〉Ⓝ387

◇山里のいのり—宮川村の小祠堂と石仏 宮川村自分史をつづる会編〔宮川村(岐阜県)〕宮川村教育委員会 1996.8 212,7p 22cm〈みやがわ叢書 第6号〉Ⓝ387

◇歴史でみる郡上おどり 郡上おどり史編纂委員会編 八幡町(岐阜県) 八幡町 1993.12 392p 22cm〈年表・参考文献：p378〜390〉Ⓝ386.8

◆静岡県

◇有東木のギリッカケ 静岡市教育委員会編 静岡 静岡市教育委員会 1999.3 16p 21cm〈静岡市の伝統文化ガイドブック no.2〉Ⓝ386.154

◇おまつり—余暇プラン 平成10年用 勝田洋介著〔静岡〕〔勝田洋介〕1997.12 14,18,14p 21cm Ⓝ386.154

◇おまつり—余暇プラン 平成11年用 勝田洋介著，余暇の名人の会編 静岡 余暇の名人の会 1998.12 14,24,14p 26cm Ⓝ386.8154

◇県内のお祭りデータ集 平成8年用(神社仏閣編)〔静岡〕静岡県余暇プランナー協会 1996.1 36p 30cm 非売品 Ⓝ386.154

◇小河内のヒヨンドリ 静岡市教育委員会編 静岡 静岡市教育委員会 1999.3 13p 21cm〈静岡市の伝統文化ガイドブック no.1〉Ⓝ386.154

◇「桜ケ池のお櫃納め」と佐倉の民俗—浜岡町佐倉地区民俗調査報告書 浜岡町教育委員会編 浜岡町(静岡県) 浜岡町教育委員会 1999.3 211p 30cm Ⓝ386.154

◇静岡県の民俗芸能—静岡県民俗芸能緊急調査報告書 静岡県教育委員会編 静岡 静岡県教育委員会 1997.3 286p 30cm〈静岡県文化財報告書 第50集〉(文献あり)Ⓝ386.8154

◇シルクロードの音楽文化を伝える民俗音楽の研究—静岡県周智郡森町 水原渭江著 大空社 1997.4 315p 27cm 10000円 (i)4-7568-0379-2 Ⓝ386.8154

◇天狗のお爪 大東町(静岡県) 大東町教育委員会 1995.3 103p 22cm〈ふるさと双書 2〉〈参考文献：p97〜98〉Ⓝ387

◇東海道と祭り 中村羊一郎，吉川祐子著 静岡 静岡新聞社 1996.11 206p 19cm (Romankaido tōkaidō, 7)〈参考文献：p201〜204〉1600円 (i)4-7838-1056-7 Ⓝ386.154
〈内容〉祝祭空間、東海道(常世の虫とシダラ神の上洛 風流の展開と今川真人 ほか)「ええじゃないか」とお札降り(まず遠江に発生 臨時の祭礼 ほか) 東海道筋の祭礼(沸き立つ東海道 わざの乱舞 ほか)

◇遠江の御船行事—国無形民俗文化財記録選択調査報告書 静岡県教育委員会編 静岡 静岡県教育委員会 1998.3 173p 30cm〈静岡県文化財報告書 第51集〉〈付属資料：図9枚(ホルダー入)〉Ⓝ386.154

◇豊田町の屋台 豊田町郷土を研究する会編 豊田町(静岡県) 豊田町教育委員会 2000.3 48p 26cm Ⓝ386.154

◇どんど焼物語—お正月子供の行事〔伊東〕森田信一〔1994〕14,3枚 図版9枚 19×26cm Ⓝ386.154

◇韮山町四日町の年中行事と思い出す事 河野稔著，韮山町史編纂委員会編 韮山町(静岡県) 韮山町史刊行委員会 1996.3 106p 26cm〈韮山町史別篇資料集 4〉〈共同刊行：韮山町〉Ⓝ386.154

◇浜北市の年中行事・文化財 浜北市教育委員会教育部生涯学習課編 浜北 浜北市教育委員会 1995.3 141p 21cm〈浜北市史資料〉Ⓝ386.154

◇浜松まつり—浜松まつり会館10周年記念誌 浜松 浜松市観光コンベンション課 1996.3 84p 30cm〈監修：浜松市立中央図書館，浜松国際交流協会 参考文献：p84〉Ⓝ386.154

◇袋井の生活歳時記 田中元峰著〔袋井〕〔田中元峰〕〔1996〕85p 21cm Ⓝ386.154

◇藤枝の年中行事—第22回企画展 藤枝市郷土博物館編 藤枝 藤枝市郷土博物館 1993.3 32p 26cm Ⓝ386.154

◇懐山のおくない—国選択無形民俗文化財記録保存報告 天竜市教育委員会編 天竜 天竜市教育委員会 1996.3 237p 26cm〈昭和61年刊の複製〉Ⓝ386.8

◇舞阪大太鼓まつり 舞阪町立郷土資料館編 舞阪町(静岡県) 舞阪町立郷土資料館 1999.3 272p 30cm〈舞阪町立郷土資料館資料集 第5集〉Ⓝ386.154

◇屋台物語 北の巻 岩本雅志文・写真〔森町(静岡県)〕岩本雅志 1993.10 111p 26cm〈「北の巻」の副書名：遠州森町の祭り〉非売品 Ⓝ386.154

年中行事・祭礼　　　　　　　　　　　　　　　　　　　　　　　　　　　　　　　　　中部地方

◇屋台物語　南の巻　岩本雅志文・写真・編集〔森町(静岡県)〕〔岩本雅志〕　1994.10　167p　26cm　《「南の巻」の副題名：遠州森町の祭り》　非売品　Ⓝ386.154
◇流鏑馬資料集　浅羽町教育委員会社会教育課編　浅羽町(静岡県)　浅羽町教育委員会　1993.3　84p　26cm　(浅羽町郷土資料館報告　第1集)　Ⓝ386.154
◇余暇プラン　勝田洋介ほか著　〔静岡〕　静岡県余暇プランナー有志　1996.1　1冊　30cm　〈はり込図10枚〉　Ⓝ386.154
◇吉永八幡宮大名行列―県記録選択「大井川下流域の大名行列・奴道中」記録作成事業報告書　大井川町教育委員会生涯学習課編　大井川町(静岡県)　大井川町教育委員会　2001.3　132p　30cm　Ⓝ386.154

◆愛知県
◇愛知の馬の塔と棒の手沿革誌　愛知県棒の手保存連合会編　〔豊田〕　愛知県棒の手保存連合会　1993.5　209p　27cm　(参考文献：p201 関係年表：p204～208)　Ⓝ386.155
◇足助の山車　足助の山車調査会編　足助町(愛知県)　足助町教育委員会　1995.3　254p　31cm　Ⓝ386.155
◇足助の山車講演会の記録　足助町(愛知県)　足助町教育委員会　1997.5　22p　30cm　(会期・会場：平成7年7月1日 足助町公民館　表紙のタイトル：講演会「足助の山車」の記録)　Ⓝ386.155
◇足助町の祭りと山車　足助資料館編　足助町(愛知県)　足助町教育委員会　1998.3　72p　図版10p　30cm　Ⓝ386.155
◇綾渡の夜念仏と盆踊　足助資料館編　〔足助町(愛知県)〕足助町教育委員会　1999.3　88p　30cm　〈年表あり〉　Ⓝ386.8155
◇稲沢の年中行事　稲沢市史編纂委員会編　稲沢　稲沢市教育委員会　1996.3　67p　26cm　(稲沢市史資料　第31編)　Ⓝ386.155
◇大岩二川の祭りを歩く　印南敏秀編著　豊橋　豊橋市教育委員会　1999.3　278p　30cm　(二川宿総合調査　民俗編)　Ⓝ386.155
◇大府市指定有形民俗文化財藤井神社・山之神社祭礼山車　1　総括編　大府市教育委員会編　大府　大府市教育委員会　1996.3　67p　30cm　(大府市文化財調査報告書　第1集)　Ⓝ386.155
　内容　藤井神社祭礼山車　石丸組車・中組車・南組車、山之神社祭礼山車
◇大府市指定有形民俗文化財藤井神社・山之神社祭礼山車　2　図面編1　大府市教育委員会編　大府　大府市教育委員会　1996.3　178p　30cm　(大府市文化財調査報告書　第1集)　Ⓝ386.155
　内容　藤井神社祭礼山車　中組車・石丸組車
◇大府市指定有形民俗文化財藤井神社・山之神社

祭礼山車　3　図面編2　大府市教育委員会編　大府　大府市教育委員会　1996.3　174p　30cm　(大府市文化財調査報告書　第1集)　Ⓝ386.155
　内容　藤井神社祭礼山車　南組車、山之神社祭礼山車
◇小畑のおためし―新城市指定無形民俗文化財　新城市教育委員会編　新城　新城市教育委員会　1999.3　27p　図版10枚　26cm　Ⓝ386.155
◇尾張の年取りと正月―食民俗の聞き書きから　平成九年度日比野光敏ゼミナール卒業研究　市邨学園短期大学生活文化学科日比野光敏ゼミナール編　犬山　市邨学園短期大学生活文化学科日比野光敏ゼミナール　1998.3　197p　21cm　Ⓝ386.155
◇神々の里の形―愛知県北設楽郡東栄町古戸の花祭りより　味岡伸太郎著、山本宏務写真　グラフィック社　2000.5　207p　26cm　3800円　(i)4-7661-1166-4　Ⓝ386.155
　内容　神々のふる里　北設楽郡　湯立神楽　花祭りの起源　聖さま　花宿　舞庭　神座　神部屋　竈〔ほか〕
◇神様へのお供え　熱田神宮文化課編　〔名古屋〕　熱田神宮宮庁　〔1999〕　24p　26cm　(企画展：平成11年10月3日―26日　熱田神宮宝物館)　Ⓝ176.5
◇からくり人形の宝庫―愛知の祭りを訪ねて　千田靖子著　3版　名古屋　中日出版社　1997.11　351p　21cm　(愛知選書 2)〈〔名古屋〕　愛知県郷土資料刊行会(発売)　2500円　(i)4-88519-128-9　Ⓝ386.155
◇刈谷の万灯祭―天下の奇祭　河野和夫著　名古屋　愛知県郷土資料刊行会　1997.7　112p　27cm　〈折り込2枚　年表あり〉　2800円　(i)4-87161-057-8　Ⓝ386.155
◇九州地区民俗芸能大会記録　第39回　鹿児島県教育庁文化財課編　鹿児島　鹿児島県教育委員会　1998.3　32p　30cm
◇御油の夏祭り　岡崎　愛知学泉大学生活文化研究所　1997.3　90p　26cm　(愛知学泉大学生活文化研究所平成8年度研究報告)　Ⓝ386.155
◇祭催彩―名古屋の祭り・イベントのハンドブック　1994　名古屋　名古屋市経済局商工部観光貿易課　1994.3　56p　20cm　Ⓝ386.155
◇祭催彩―名古屋の祭り・イベントのハンドブック　1996　名古屋　名古屋観光コンベンションビューロー　1996.3　65p　20cm　Ⓝ386.155
◇祭催彩―名古屋の祭・イベントハンドブック　1997　名古屋観光コンベンションビューロー編集・制作　〔名古屋〕　名古屋観光コンベンションビューロー　1997.3　73p　20cm　Ⓝ386.155
◇祭催彩―名古屋の祭・イベントハンドブック　1998　名古屋観光コンベンションビューロー編集・制作　〔名古屋〕　名古屋観光コンベンシ

◇祭催彩―名古屋の祭・イベントハンドブック 1999　名古屋観光コンベンションビューロー編集・制作　名古屋　名古屋観光コンベンションビューロー　1999.4　93p　20cm　Ⓝ386.155
◇笹踊資料集―豊川進雄神社関係　松山雅要編〔豊川〕〔松山雅要〕1995.5　1冊(頁付なし)　26×37cm　Ⓝ386.8
◇写真で見る半田の祭り　3　半田市誌編さん委員会編〔半田〕半田市　1994.3　159p　31cm〈背の書名:半田の祭り　共同刊行:半田市立博物館〉非売品　Ⓝ386.155
◇中町祭礼帳　知立市歴史民俗資料館編　知立　知立市教育委員会　1993.3　463p　22cm〈平成4年度愛知県地方振興補助事業〉Ⓝ386.155
◇名古屋市山車調査報告書　1　筒井町湯取車　名古屋市山車総合調査会編　名古屋　名古屋市教育委員会　1994.3　83p　30cm (名古屋市文化財調査報告 26)　Ⓝ386.155
◇名古屋市山車調査報告書　2　福禄寿車―若宮まつり　名古屋市教育委員会編　名古屋　名古屋市教育委員会　1995.3　100p　30cm (名古屋市文化財調査報告 29)　Ⓝ386.155
◇名古屋市山車調査報告書　3　牛頭天王車―牛立天王まつり　名古屋市教育委員会編　名古屋　名古屋市教育委員会　1996.3　92p　30cm (名古屋市文化財調査報告 30)　Ⓝ386.155
◇名古屋市山車調査報告書　4　有松まつり　名古屋市教育委員会編　名古屋　名古屋市教育委員会　1997.3　215p　30cm (名古屋市文化財調査報告 33)　Ⓝ386.155
内容　布袋車　唐子車　神宮皇后車
◇名古屋市山車調査報告書　5　紅葉狩車―広井神明社等　名古屋市教育委員会編　名古屋　名古屋市教育委員会　1999.3　112p　30cm (名古屋市文化財調査報告 39)　Ⓝ386.155
◇名古屋市山車調査報告書　6　二福神車・唐子車―広井神明社等　名古屋市教育委員会編　名古屋　名古屋市教育委員会　2001.3　159p　30cm (名古屋市文化財調査報告 48)　Ⓝ386.155
◇西尾の三河万歳　西尾市資料館編　西尾　西尾市資料館　2001.3　73p　30cm　Ⓝ386.8155
◇花祭りのむら　須藤功文・写真　福音館書店　2000.10　365p　20cm　1600円 (i)4-8340-1703-6　Ⓝ386.155
内容　月―昭和三十八(一九六三)年(初めての花祭り　母の記憶　ふたたび月へ　ほか)　山の祭り―昭和四十二(一九六七)年(変わる舞庭　白山祭り　大神楽　ほか)　東京の少年―昭和五十七(一九八二)年(子鬼　花の舞　お目見え　ほか)
＊花祭りは、愛知県の奥三河地方に七百年前から伝わる民俗芸能です。真冬の十一月から三月にかけて、十七カ所で行なわれ、夜を徹して舞が奉納されます。村人はそれぞれ祭りの役を担い、子どもたちは、幼いときから舞いはじめ、花祭りとともに成長しました。しかし、過疎化により村から子どもたちの声が聞かれなくなり、後継者難は深刻な状況にあります。それでもなお、伝統の灯を絶やさないために新たな可能性に挑戦する人びとがいます。時代とともに変わる村人の暮らしと花祭りを、四十年にわたって撮りつづけた民俗学写真家による、希有な"村の生活誌"である。
◇花祭論　愛知大学綜合郷土研究所編　岩田書院　1997.3　177p　21cm　2200円 (i)4-900697-85-0　Ⓝ386.155
◇放下考説―古谷文一郎遺稿　古谷文一郎著, 田中洋二編集・注解　新城　大海放下保存会　1996.8　75p　21cm (著者の肖像あり)　Ⓝ386.8155
◇祭りと年中行事　熱田神宮文化課編〔名古屋〕熱田神宮宮庁〔2001〕55p　26cm (新春特別展:平成13年1月1日―30日)　Ⓝ386.1
◇三河万歳―伝承された舞の形　特別展　安城市歴史博物館編　安城　安城市歴史博物館　1998.4　75p　30cm　Ⓝ386.81
◇緑区の祭礼と山車の調査報告　芝隆史著〔名古屋〕名古屋市緑区　1996.12　185p　30cm　Ⓝ386.155
◇三谷の祭囃子　岡崎　愛知学泉大学生活文化研究所　1997.3　46p　26cm〈愛知学泉大学生活文化研究所平成8年度研究報告〉Ⓝ386.8155
◇三谷祭―蒲郡市無形民俗文化財　前編　竹内尚武著　豊川　大林印刷　1996.9　169,9p　26cm〈愛知県蒲郡市三谷町〉巻末:三谷町西区青年会記録　3500円　Ⓝ386.155
◇柳川藩と起宿―特別展　尾西　尾西市歴史民俗資料館編　1999.5　12p　30cm (尾西市歴史民俗資料館特別展図録 no.54)

◆三重県
◇伊勢大神楽―悠久の獅子　渋谷章監修, 吉野晴朗写真　大阪　東方出版　1998.11　110p　25cm (解説:福井武郎)　3000円 (i)4-88591-582-1　Ⓝ386.81
内容　大神楽との出会いと今後　対談　小沢昭一氏、布教先をぶらり訪問　伊勢大神楽の舞いと曲の種類　伊勢大神楽を追いかけて　渋谷章　社中紹介　行程図
＊重要無形民俗文化財指定。獅子舞いのカラー歳時記。京都を拠点に2府5県を巡る旅の記録。
◇伊勢の「お白石持ち行事」報告―平成四年春・夏調査　伊勢　皇学館大学郷土研究会　1994.11　58p　26cm (監修:桜井治男　『伊勢の「お白石持ち」行事報告書 1』の補訂版　折り込み図4枚)　Ⓝ386.156

◇陰陽五行思想からみた日本の祭―伊勢神宮祭祀・大嘗祭を中心として　吉野裕子著　京都　人文書院　2000.10　462p　20cm　3900円　(i)4-409-54060-2　Ⓝ176

内容　第1章　陰陽五行と古代日本(日本古代信仰　陰陽五行思想の概要 ほか)　第2章　陰陽五行と伊勢神宮の祭および大嘗祭(伊勢神宮の秘神・太一と北斗　荒祭宮考 ほか)　第3章　陰陽五行と諸社寺神事および沖縄の祭(北斗を祀る諸社の祭　陰陽五行と諏訪神社の祭 ほか)　第4章　陰陽五行と日本歳時習俗(陰陽五行と迎春呪術　陰陽五行と風祭呪術 ほか)
*易・陰陽五行を軸として、従来の民俗学の発想を大胆に乗り超えた「吉野民俗学」の原点を示す独創の書。

◇上野天神祭―三重県指定無形民俗文化財調査報告書　上野市教育委員会編　上野　上野市教育委員会　1999.3　126p　30cm　〈三重県指定無形民俗文化財記録作成事業　年表あり〉　Ⓝ386.156

◇上野天神祭総合調査報告書―三重県指定無形民俗文化財　上野市教育委員会編　上野　上野市教育委員会　2001.3　443p　30cm　〈付属資料：CD3枚(12cm)：上野天神祭だんじり囃子　上野天神祭伝承保存事業　文献あり　年表あり〉Ⓝ386.156

◇お白石持ち―第六十一回神宮式年遷宮白石奉献写真集　伊勢　宇治中之切町奉献団　1994.3　19枚　21×30cm　Ⓝ386.156

◇春日神社の石取祭　桑名市教育委員会編　再版　桑名　桑名市教育委員会　1998.11　151p　30cm　〈三重県祭礼行事記録調査報告書〉　Ⓝ386.156

◇郷愁の四日市祭―平成九年度企画展　四日市市立博物館編　四日市　四日市市立博物館　1997.3　87p　30cm　〈市制100周年記念パート1〉Ⓝ386.156

◇祭礼行事―都道府県別　三重県　高橋秀雄ほか編　おうふう　1995.5　143p　27cm　6800円　(i)4-273-02498-5　Ⓝ386.1

内容　三重の祭礼行事歳時記　カラー祭り紀行―二木島祭　総論―三重県の祭り　祭り探訪―志摩の御棚神事　祭礼行事・解説　三重県の祭礼行事一覧

◇白子屋台行事　鈴鹿市教育委員会編　鈴鹿　鈴鹿市教育委員会　2001.3　123p　30cm　〈三重県祭礼行事記録調査報告書〉　Ⓝ386.156

◇新三重の歳時記　中野イツ著　松阪　光出版印刷　1993.4　192p　21cm　(i)4-89399-015-2　Ⓝ386.156

◇大嘗・遷宮と聖なるもの　牟礼仁著　伊勢　皇學館大学出版部　1999.11　340p　22cm　〈年譜あり〉　3600円　(i)4-87644-096-4　Ⓝ176

◇太陽と稲の神殿―伊勢神宮の稲作儀礼　小島瓔禮著　白水社　1999.6　362p　20cm　3200円

(i)4-560-04069-9　Ⓝ176

内容　第1章　九世紀の稲作儀礼　第2章　稲作と心の御柱の儀礼　第3章　忌部の木の霊と稲の霊　第4章　宮中八神殿の稲作儀礼　第5章　田社と聖田の儀礼　第6章　太陽と稲の神殿　終章　伊勢神宮の成立
*伊勢神宮には、内宮の「皇太神宮儀式張」と外宮の「止由気宮儀式張」とがある。この二つの資料をもとに、民俗学の視点から伊勢神宮の稲作儀礼をどれほど古く遡らせうるかを、伊勢神宮成立の問題を考証しながら論じる民俗学の快著。

◇第61回神宮式年遷宮白石奉献「お白石持ち」　伊勢　小木町奉献団　1993.10　56p　21×30cm　〈小木町"お白石持ち"記録写真集〉Ⓝ386.156

◇唐人踊り読本　川竹大輔著　津　川竹大輔　1998.6　66p　21cm　Ⓝ386.8156

◇祭礼・山車・風流―近世都市祭礼の文化史　平成七年度特別展　四日市市立博物館編　四日市　四日市市立博物館　1995.10　151p　25cm　〈会期：1995年10月28日〜12月3日　参考文献一覧：p145〜148〉Ⓝ386

◇「まつりの造形」展図録　三重県立美術館編　津　三重県立美術館協力会　1994.9　103p　28cm　〈会期：1994年9月24日〜11月13日〉Ⓝ386.1

◇三重県の民俗芸能　三重県教育委員会編　〔津〕　三重県教育委員会　1994.3　342p　30cm　Ⓝ386.8

◇みえの羯鼓踊―高齢化地域農村活性化事業調査報告書　〔津〕　三重県　[1993]　94p　図版11枚　26cm　〈共同刊行：三重県農業会議〉　Ⓝ386.8

◇三重の歳時記　第5集　中野イツ著　大阪　向陽書房　2000.5　149p　21cm　1500円　(i)4-906108-41-5　Ⓝ386.156

◇三重の祭―海に山里に、神々つどう美し国　乾淳子ほか編　伊勢　伊勢志摩編集室　1994.6　127p　22cm　〈しおさい文庫 3〉　1300円　(i)4-900759-01-5　Ⓝ386.156

◇三重の祭と食文化　水谷令子著　〔名古屋〕　中部経済新聞社　1999.10　126p　19cm　1000円　(i)4-88520-044-X　Ⓝ386.156

◇八十路のたわごと　吉田五都著　白山町(三重県)　吉田ことゑ　1997.12　52p　19cm　〈名古屋　朝日新聞名古屋本社事業開発室編集制作センター(製作)〉　Ⓝ386.156

近畿地方

◇近江祭礼風土記　正・続全二冊　井上頼寿著　復刻版　京都　臨川書店　2001.3　2冊(セット)　21cm　9800円　(i)4-653-03558-X

内容　近江祭礼風土記(オコナイに就いて　伊

香郡のオコナイ　東浅井郡のオコナイ　坂田郡のオコナイ　長浜市のオコナイ）　続近江祭礼風土記（鍬初め　福ワラ　トシノミ　籾蒔き　田神さん　ほか）
*民俗学者として名高い著者は、自身が深く愛した湖国各地をくまなく踏査し、古習神事の聞き取り・文献調査を重ね、生涯その神事研究に携わった。そうした成果の中から、古代の息吹を多く伝える湖北地方の神事のうち、「祈年祭」の元型とされる「湖北のオコナイ」の記録を、滋賀県神社庁から委嘱を受け、まとめた正編『近江祭礼風土記』（昭和35年刊の復刊）そして湖国全般の祭礼を記述することを目指した著者が、その続編として著した『続近江祭礼風土記"農耕儀礼"』は、惜しくも著者の絶筆となった貴重な調査報告である（昭和48年刊の復刊）。

◇民俗文化分布圏論　植木行宣,樋口昭編　名著出版　1993.12　451p　22cm　〔植木行宣年譜・著述目録：p439〜448〕　9800円　(i)4-626-01486-0　Ⓝ386.8
　内容　序・民俗芸能の研究課題　民俗芸能分布圏試論―丹後における風流踊をめぐって　北近畿の風流踊歌　「姫踊り」の音楽―踊り歌の構成と機能　近江における太鼓踊りの分布　大和東山中の祭りと芸能―田楽芸を中心とした事例と考察　和知文楽の系譜　淡路のだんじり歌　若狭の祭礼囃子の系譜―小浜の放生会を中心に　稚児山車の芸能とその役割―美濃の蝎蜂稚児を中心に　「個人」の演唱者に見る民謡伝承の様相―京都府・口丹波地方を事例として　わらべ歌にみる洛中の四季　村落の境界呪物―南山城を中心とした近畿のカンジョウナワを事例として　丹後の道切り行事　伝統芸能の光と影―文楽を支える人々

◆滋賀県
◇近江の太鼓踊り―竜神信仰と雨乞い踊り　市立長浜城歴史博物館編　長浜　市立長浜城歴史博物館　2000.1　47p　30cm　Ⓝ386.8161
◇近江の宮座とオコナイ　中沢成晃著　岩田書院　1995.2　314p　22cm　〔日本宗教民俗学叢書 2〕〈付：参考文献〉　6077円　(i)4-900697-20-6　Ⓝ386.161
　内容　第1章　修正会・修二会と餅・花　第2章　湖北における修正会とオコナイの源流　第3章　湖北のオコナイ　第4章　湖北の宮座―木之本町杉野のオコナイ　第5章　彦根地方のオコナイ―彦根藩の宗教政策　第6章　甲賀地方のオコナイ　第7章　現代における宮座崩壊過程の一側面―ほぼ州川道のオコナイを中心に　第8章　マツリとオコナイ―湖北を中心に　第9章　オコナイと「米」―湖北町延勝寺と山東町志賀谷を中心に　第10章　オコナイ（修正会）における「神」と「仏」

◇大野木豊年太鼓踊　山東町教育委員会編〔山東町（滋賀県）〕　山東町教育委員会　1994.3　128,12p　26cm　（滋賀県選択無形民俗文化財調査報告）　Ⓝ386.8
◇小杖祭りの祭礼芸能―滋賀県選択無形民俗文化財調査報告書　小杖祭り保存会編　栗東町（滋賀）　小杖祭り保存会　1999.3　96p　30cm　Ⓝ386.161
◇神々の酒肴湖国の神饌　中島誠一,宇野日出生共著　京都　思文閣出版　1999.7　87p　26cm　3200円　(i)4-7842-1008-3　Ⓝ176.5
　内容　オコナイ―丹生神社（余呉町上丹生）　おこぼ祭り―酒井神社・両社神社（大津市下坂本）御田打ち―若宮神社（安曇川町長尾）　オコナイ―嶺南寺（甲南町竜法師）　オコナイ―安楽寺（甲賀町小佐治）　オコナイ―竜福寺（甲賀町滝）〔ほか〕
*「神々の酒肴」すなわち神様に供える食事を神饌と呼ぶが、全国的にみると実にさまざまな神饌をうかがい知ることができる。本書は滋賀県内に伝わる神饌100件を厳選し、25件を大項目として詳述し、残り七五件は小項目として平易に解説した。神饌は複雑に仕上げられているため、文章としてあらわしても理解しにくいため、あえてわかりにくいものには、イラストもしくは図を掲載した。

◇滋賀県の祭礼行事―滋賀県祭礼行事実態調査報告書　滋賀県教育委員会文化部文化財保護課編　大津　滋賀県教育委員会　1995.3　296p　30cm　Ⓝ386.161
◇滋賀県の民俗芸能―滋賀県民俗芸能緊急調査報告書　平成7年度〜平成9年度　滋賀県教育委員会文化財保護課編　大津　滋賀県教育委員会　1998.3　332p　30cm　Ⓝ386.8161
◇滋賀の百姿　続　大塚虹水写真・著　京都　京都新聞社　1998.4　231p　20cm　1800円　(i)4-7638-0432-4　Ⓝ386.161
　内容　大津・湖西（比良八講　穴太の春祭り　ほか）　湖南（信楽町の祭り　朝宮の角力祭り　ほか）　湖東（佐久良川流域の祭り　とがらい祭り　ほか）　湖北（鍋冠祭り　近江町の奴振り　ほか）
*歴史・風俗が分かる。著者が自らカメラを携え「1日1祭り」のペースで滋賀県内の祭りをくまなく撮影取材した「お祭り百科」の第2弾。

◇信楽町の祇園花行事―滋賀県選択無形民俗文化財調査報告書　信楽町教育委員会編　信楽町（滋賀）　信楽町教育委員会　1999.3　92p　30cm　（信楽町文化財報告書 第9集）　Ⓝ386.161
◇町人文化の華―大津祭―企画展　大津市歴史博物館編　大津　大津市歴史博物館　1996.3　131p　26cm　〈会期：平成8年4月27日〜6月2日　大津祭略年表：p125〜126〉　Ⓝ386
◇長浜曳山祭総合調査報告書―重要無形民俗文化

年中行事・祭礼　　　　　　　　　　　　　　　　　　　　　　　　　　　　近畿地方

　財　長浜市教育委員会,長浜曳山祭総合調査団編　長浜　長浜市教育委員会　1996.3　412p　30cm　Ⓝ386.161
◇ハレの日のこどもたち―近江子供と祭り　橋本猛写真・文　京都　京都新聞社　1998.11　109p　26cm　2400円　(i)4-7638-0442-1　Ⓝ386.161
　内容　きらめく(小江戸彦根の城祭り　日野の火振り祭り　辻沢の竹馬祭り　ほか)　あざやかな(長浜曳山祭り、夕渡り　長浜曳山祭り、朝渡り　長浜曳山祭り、子供狂言　ほか)　きよらかな(小槻大社の花笠踊り　今市の竹馬祭り　羽田神社の春祭り　ほか)　さざめく(米原曳山祭り　ずいき祭り　南小松の八朔祭り　ほか)
　＊主役は近江の子どもたち。地域の祭りで活躍する子どもたちの姿は、かけがえのない"湖国の宝物"。その様々な表情を著者が撮影した写真と文章で紹介。
◇ふるさと近江健康歳時記　橋本猛著　京都　京都新聞社　1994.11　239p　20cm　〈参考・引用文献：p228～235〉　1500円　(i)4-7638-0362-X　Ⓝ386.161
　内容　お正月　勧請吊り　節分　オコナイ　左義長　桃の節供　鎮花祭　卯月八日　大凧まつり〔ほか〕
　＊わが国には季節に彩られた伝統的な年中行事や祭礼が豊富である。四季折々の変わり目に見事に位置づけられた行事や祭礼を、生活習慣の改善の決心をするキッカケに利用しない手はないと思う。
◇まつり・祭り・祭礼　〔栗東町(滋賀県)〕　栗東歴史民俗博物館　〔2001〕　92p　30cm　〈企画展：2001年3月3日～4月8日〉　Ⓝ386.161
◇三上のずいき祭り―滋賀県選択無形民俗文化財調査報告書　野洲町(滋賀県)　ずいき祭保存会　2001.3　148p　30cm　〈文献あり〉　Ⓝ386.161
◇山車・屋台・曳山―長浜曳山祭の系譜を探る　特別展　市立長浜城歴史博物館編　長浜　市立長浜城歴史博物館　1995.1　149p　20×22cm　〈会期：1995年1月21日～3月5日　主な参考文献：p148〉　Ⓝ386.161
◇私と祭　三田明良著　〔長浜〕　〔三田良良〕　〔1998〕　27p　21cm　Ⓝ386.161

◆京都府
◇因幡の獅子舞研究　野津竜著　第一法規出版　1993.11　345p　30cm　20000円　(i)4-474-00321-7　Ⓝ386.8
◇亀岡の行事と行事食　続　亀岡　亀岡市行事食研究会　1994.3　143p　19cm　Ⓝ386.162
◇祇園祭　芳井敬郎編著　京都　松籟社　1994.7　205p　18cm　(京都文庫 3)　(折り込図1枚)　950円　(i)4-87984-145-5　Ⓝ386.162
　内容　第1章　祇園祭のなりたち(古代・中世―王城のまつり　中世・近世―町衆のまつり)　第2章　山鉾の魅力(華麗さの構造　巡行の軌跡　山車人形とは　山車の全国的系譜)　第3章　にぎわいをつくるひと・もの(まつりにぎわい―露店を中心に　まつりの全貌―そのたのしみ方)
◇祇園祭　植木行宣、中田昭共著　大阪　保育社　1996.6　151p　15cm　(カラーブックス 888)　〈参考文献：p151〉　700円　(i)4-586-50888-4　Ⓝ386.162
　内容　祇園祭の粋　山鉾解説　神事と風流　動く美術館　祇園祭の変遷と山鉾
　＊全山鉾32基を写真で紹介、神事や全国の「祇園祭」、歴史や逸話にもふれる。
◇季節を祝う京の五節句―新春・雛祭・端午・七夕・重陽　京都府京都文化博物館学芸第一課編　京都　京都文化博物館　2000.4　195p　30cm　〈平成12年度京都文化博物館特別展：2000年4月21日～5月21日　文化財保護法50年記念　文献あり〉　Ⓝ386.162
◇京都―歴史と文化　3　文化・行事　林屋辰三郎責任編集、京都市編　平凡社　1994.6　281p　20cm　2200円　(i)4-582-47723-2　Ⓝ216.2
　内容　1　文化の都市(王朝の文化　庶民の芸能　生活文化と町衆　伝統芸能の組成　未来への展望)　2　京都文化行事一覧
　＊伝統の形成、新文化の創造、古都に蓄積された文化の深みをたどる京都1200年の通史。
◇京都21リポート―21世紀京都幕開け記念事業報告書　〔京都〕　「京都21」開催委員会　2001.3　72p　30cm　Ⓝ386.162
◇京都大文字五山送り火　京都市文化観光資源保護財団,大文字五山保存会連合会編　〔京都〕　京都市文化観光資源保護財団　2000.12　65p　20×21cm　〈共同刊行：大文字五山保存会連合会〉　1500円　Ⓝ386.162
◇京都大文字五山送り火　京都市文化観光資源保護財団,大文字五山保存会連合会編　京都　京都市文化観光資源保護財団,(京都)光村推古書院〔発売〕　2001.1　65p　20×21cm　1500円　(i)4-8381-9906-6
　内容　五山送り火の所在図　五山送り火の概要　五山送り火―歴史のあらまし　大文字送り火　松ケ崎妙法送り火　船形万灯籠送り火　左大文字送り火　鳥居形松明送り火
　＊先人から脈々と受け継がれてきた京の伝統行事「大文字五山送り火」はいつの時代も民衆の"祈りの火"として夜空を焦がしてきた。本書では点火にかかわる人たちの作業風景から精霊の炎が天空を染めるまで行事のすべてを豊富な写真と解説で詳しく紹介する。
◇京都の三大祭　所功著　角川書店　1996.1　291p　19cm　(角川選書 268)　(付：参考文献)　1400円　(i)4-04-703268-9　Ⓝ386.162
　内容　序章　京都の歴史と神々　第1章　賀茂大社の葵祭　第2章　八坂神社の祇園祭　第3章　平

安神宮の時代祭　終章　マツリ文化の再発見
＊古式ゆかしい王朝絵巻のような葵祭、壮麗な山鉾・花傘の巡行する祇園祭、そして時代装束の鮮やかな時代祭。三祭三式の由来と見どころをふまえ、京都千二百年の史流をたどりながら、日本の多彩な"祭文化"の本質を探り出す。

◇京都の祭り　中田昭著　大阪　保育社　1996.1　150p　15cm　(カラーブックス　883)　700円　(i)4-586-50883-3　Ⓝ386.162
　(内容)京都の祭り・いろとかたち　若水祭 (御香宮神社)　四方拝 (護王神社)　正月飾りちょうな始め (広隆寺)　かるた始め (八坂神社)　神前書き初め (北野天満宮)　蹴鞠始め (下鴨神社)　花街始業式 (祇園甲部歌舞練場)　白馬奏覧神事 (上賀茂神社) 〔ほか〕

◇京都の祭り暦　森谷尅久編，中田昭写真　小学館　2000.5　175p　21cm　(Shotor travel)　1800円　(i)4-09-343093-4　Ⓝ386.162
　(内容)初詣・正月風景―伏見稲荷大社ほか　四方拝の儀―護王神社　若水祭―日向大神宮ほか　皇服茶―六波羅蜜寺　新始め―広隆寺　神前書き初め―北野天満宮　かるた始め―八坂神社　蹴鞠始め―下鴨神社　大山祭―伏見稲荷大社　白馬奏覧神事―上賀茂神社〔ほか〕
　＊古都の四季を彩る祭りと行事120を紹介。知るほどに行きたくなる京都の旅の良きガイド。

◇京都府の民俗芸能　京都府教育庁指導部文化財保護課編　京都　京都府教育委員会　2000.3　360p　30cm　Ⓝ386.8162

◇京都祭の魅力　1　横山健蔵写真・文　京都　京都書院　1994.2　1冊　26×26cm　(美しい京都シリーズ)　3980円　(i)4-7636-3227-2
　(内容)四季の祭り―まつりの音　秘祭・奇祭―祭りは生活　風習と信仰―頑固な気質

◇京都祭の魅力　2　横山健蔵写真・文　京都　京都書院　1994.2　1冊　26×26cm　(美しい京都シリーズ)　3980円　(i)4-7636-3228-0
　(内容)子供と祭り　火と祭り　祭りと芸能

◇京のおばんざい　大村しげ著　中央公論社　1996.1　158p　16cm　(中公文庫ビジュアル版)　800円　(i)4-12-202524-9　Ⓝ596.21
　＊おから、しらあえ、かやくご飯、おなすの丸だき、土びん蒸し。季節と行事を追って作るほんまの京の味「おばんざい」。

◇京の記念日―京都産業界(組合・団体別)ゆかりの記念日　'94.4～'95.3　京都商工会議所中小企業相談所編　京都　京都商工会議所中小企業相談所　1994.3　72p　30cm　(付・専門相談カレンダー〈平成六年度版〉)　Ⓝ386.162

◇京の365日―カメラ歳時記　上　横山健蔵写真・文　京都　淡交社　1996.1　207p　19cm　1700円　(i)4-473-01427-4　Ⓝ386.162
　(内容)1月～6月

＊あざやかな四季の彩り。初詣・節分・ひなまつり・桜・都をどり・葵祭・新緑。収録地域―京都市全域・宇治市・亀岡市・長岡京市・向日市・八幡市。乙訓郡大山崎町・北桑田郡京北町・久世郡久御山町・綴喜郡宇治田原町・田辺町。20年間、京の歳時を撮り続けた横山健蔵の力作。迫真のカラー写真260点。

◇京の365日―カメラ歳時記　下　横山健蔵写真・文　京都　淡交社　1996.1　207p　19cm　1700円　(i)4-473-01428-2　Ⓝ386.162
　(内容)7月～12月

◇京の祭　横山健蔵,芳井敬郎著　佼成出版社　1994.3　134p　30cm　〈おもに図〉　3500円　(i)4-333-01690-8　Ⓝ386.162
　(内容)京の祭叙情　祭りの鬼たち　祇園さんのお祭り　祭りのお使い　祇園祭あちこち　踊る祭面　実りの祭り　炎上る祭典　子役たちの祭り　季節の移り　京の祭礼
　＊日本の祭りの原点。歴史と伝統が息吹く"京の祭"の情緒と彩りを、清新なカメラ・アイで集大成。"京の祭"マップ付。

◇京の祭　中田昭写真・文,浜田信義編　京都　京都書院　1998.12　287p　15cm　(京都書院アーツコレクション　225 Life 8)　〈他言語標題：Festival of Kyoto〉　1200円　(i)4-7636-1725-7　Ⓝ386.162
　(内容)初詣―平安神宮・伏見稲荷大社　四方拝の儀―護王神社　若水祭―日向大神宮　正月飾ちょうな始め―広隆寺・城南宮　皇服茶―六波羅蜜寺　かるた始め―八坂神社　蹴鞠始め―下鴨神社　大山祭―伏見稲荷大社　白馬奏覧神事―上賀茂神社〔ほか〕

◇京町家の四季　杉本節子著　展望社　2000.12　161p　19cm　1600円　(i)4-88546-070-0　Ⓝ382.162
　(内容)お正月はとうとうたらり　雪のうちに春はきにけり　霞たなびく春の日に　花冷えのころ　五月雨に若葉ぬれて　水無月に思うこと　祇園祭　立秋とは名ばかりの　千草　秋風にうちなびき　秋暮れて　もみじ葉　初霜に色まして　年のおわりになるごとに
　＊京格子の内の、古くから伝えられる生活文化、年中行事を紹介しながら、京の営みを写真とともに、詩情豊かに綴るエッセイ集。

◇佐伯灯籠　亀岡　亀岡市教育委員会　1995.3　379p　30cm　(亀岡市文化財調査報告書　第34集―無形民俗文化財地域伝承活動事業報告書)　Ⓝ386.162

◇四季の祭りと年中行事―亀岡歳時記　開館十周年記念特別展示会図録　亀岡市文化資料館編　亀岡　亀岡市文化資料館　1995.11　56p　30cm　〈会期：平成7年11月3日～12月3日　参考文献：p56〉　Ⓝ386.162

◇時代装束―時代祭資料集成　京都　京都書院

1995.3 227p 31cm 〈年表・参考文献:p220〜223〉28840円 (i)4-7636-3259-0 Ⓝ386.162
[内容] 時代祭行列 時代祭行列装束 時代祭解説 時代祭索引・用語解説

◇大文字の都市人類学的研究—左大文字を中心として 和崎春日著 刀水書房 1996.2 585p 22cm 13390円 A4-88708-194-4 Ⓝ386.162
[内容] 大文字五山送り火の位置付けと都市人類学 大文字祭礼の記号論的分析 左大文字保存会の左大文字—通過儀礼と社会化 北山金閣寺不動講の左大文字 北山観音講の左大文字—左大文字における北山尼講の民俗と都市祭礼の複合性 市民・旅人の左大文字—大文字信仰の内容分析 市民・旅人からの主体的参加と祭祀組織からの「取り込み」 都市行政から見た都市祭礼—大文字をめぐる市民・旅人の参加の受け皿づくり 左大文字祭祀組織の歴史学—高度経済成長期の社会動態 左大文字における伝統と変化—祭りの高度経済成長史 左大文字地域における社会変動と反文化変容—シンルイ構造・呼称・伝統行事との関連 左大文字の聖俗論と歴史的意味生成 都市人類学と都市祭礼—地域人類学とエスニシティの視角〔ほか〕

◇中世京都と祇園祭—疫神と都市の生活 脇田晴子著 中央公論新社 1999.6 234p 18cm (中公新書) 780円 (i)4-12-101481-2 Ⓝ386.162
[内容] 第1章 祇園御霊会のはじまり 第2章 御旅所と神輿渡御 第3章 疫神の二面性 第4章 祭りを支えた人々 第5章 山鉾巡行の成立と展開

＊毎年、夏の京都で華麗、豪壮に繰り広げられる祇園祭。その本源は、大都市住民が恐ろしい疫病罹災から免れるために催した祇園御霊会である。現在の祭りの中心は、町々の山鉾巡行に移っているが、神社を出発して、町の御旅所に遊幸する神輿渡御も重要である。二つの祭りが付かず離れず別個に進行する特異な祭りの成立と変遷をたどり、貴賤が参加し、都市の共同体を結成する人々の主体性が作り上げてきた信仰と祭りの事績を語る。

◇盆に迎える霊—京都の盆行事と芸能 第十八回企画展示会図録 亀岡市文化資料館編 亀岡 亀岡市文化資料館 1994.9 36p 26cm (会期:平成6年9月3日〜10月2日) Ⓝ386.162

◇まち祇園祭すまい—都市祭礼の現代 谷直樹,増井正哉共編 京都 思文閣出版 1994.7 198p 26cm 〈写真:京極寛〉 3800円 (i)4-7842-0846-1 Ⓝ386.163

◇村境の作り物—丹後の道切り行事 京都府立丹後郷土資料館編 宮津 京都府立丹後郷土資料館 1996.4 16p 30cm (特別陳列図録 37) (会期:1996年4月23日〜6月30日 付:参考文献) Ⓝ386

◇洛中洛外京の祭と歳時12カ月 落合俊彦著,横山健蔵写真撮影 竹内書店新社 1999.11 186p 21cm 2500円 (i)4-8035-0077-0 Ⓝ386.162
[内容] 1月(初詣 皇服茶 ほか) 2月(節分会 節分祭 ほか) 3月(雛まつり 涅槃会・涅槃図公開 ほか) 4月(献花祭 観桜茶会 ほか) 5月(鴨川をどり 千本閻魔堂大念仏狂言 ほか) 6月(貴船祭 京都薪能 ほか) 7月(祇園祭吉符入り 祇園祭長刀鉾町お千度 ほか) 8月(若宮八幡宮大祭・陶器まつり 六道まいり ほか) 9月(八朔祭 重陽神事と烏相撲 ほか) 10月(瑞饋祭 御香宮神幸祭 ほか) 11月(亥子祭 祇園をどり ほか) 12月(献茶祭 吉例顔見世興行 ほか)

＊京都を知り、味わい、体験できるように、京都市とその周辺の、数限りないなかから主な祭と歳時を選び、1月から12月まで、日別、行事別に紹介し、行事の営まれる時間を加えた。行事の内容、歴史、主な寺院、神社、名所の由来などを記し、関わりのある人と物語についても触れている。

◇冷泉布美子が語る京の雅・冷泉家の年中行事 冷泉布美子,南里空海著 集英社 1999.10 239p 22cm 2000円 (i)4-08-783147-7 Ⓝ386.162
[内容] 第1部 四季折々冷泉家の年中行事(12月 事始め—新春を迎える準備 1月 お正月—新しい年を寿ぐ 2月 節分—福は内、福は内、鬼は外 3月 桃の節句—女の子の幸せを願って 4月 お花見—花を愛でては一首詠む ほか) 第2部 冷泉家800年"和歌の家"のこと(冷泉流の和歌のこころ 阿仏尼に支えられて "一子相伝"—なほ幾千代の栄えいのらむ 私のこと、京都のこと 二十一世紀に向かって)

＊正月、節分、お節句、お花見、七夕—。私たちが何気なく迎えている年中行事がよくわかります。

◆大阪府

◇泉佐野の祭り—日根神社まくら祭り・春日神社夏祭り 泉佐野市教育委員会編 泉佐野 泉佐野市教育委員会 1997.3 40p 21cm (泉佐野の歴史と文化財 第5集) Ⓝ386.163

◇泉佐野の祭り だんじり・やぐら編 泉佐野市教育委員会編 泉佐野 泉佐野市教育委員会 1998.3 45p 21cm (泉佐野の歴史と文化財 第6集) 〈折り込1枚〉 Ⓝ386.163

◇大阪の祭展—平成10年度夏の展示 大阪府立中之島図書館編 大阪 大阪府立中之島図書館 1998.7 13p 30cm Ⓝ386.163

◇御幣—神と仏のすがた 片山公寿著 大阪 青山社 1995.10 212p 27cm (付(9枚 袋入)):上棟祭御幣ほか) 14000円 (i)4-916012-39-9 Ⓝ176.5

◇天神祭―水の都・千年の祭　米山俊直,河内厚郎編著　大阪　東方出版　1994.7　182p　19cm〈年表・参考文献：p171～180〉1300円　(i)4-88591-394-2　Ⓝ386.163

◇天神祭―なにわの響き　井野辺潔,網干毅編著　大阪　創元社　1994.7　291p　22cm　3200円　(i)4-422-70071-5　Ⓝ386

(内容)第1部「天神さん」と夏祭り(天神信仰と大阪天満宮　天神祭の変遷と芸能音楽　祭りのプログラム)　第2部　天神祭の奏饗誌(奏でる/舞う神楽　打つ/昇ぐ催太鼓囃す/曳くだんじり　吹く/躍る獅子舞　叩く/漕ぐどんどこ船)　第3部　奏演を支える人々(天神祭と講社　天神祭の女たち)　結び　天神祭となにわの響き

＊大阪人の心意気とパワーが炸裂する天神祭。その多彩な芸能音楽の魅力や特徴を10年にわたる調査研究をもとに明らかにする。写真150点収録。

◇天神祭―火と水の都市祭礼　大阪天満宮文化研究所編　京都　思文閣出版　2001.11　197p　26cm　2600円　(i)4-7842-1092-X

(内容)1　天神祭の歴史(天神祭の起源をさぐる　天神祭の成立と発展)　2　描かれた天神祭(天神祭船渡御図について―「摂津名所図会」挿画の誕生まで　近世絵画にみる天神祭　夢の中にある船渡御―生田花朝と「浪速天神祭」)　3　発展する天神祭(『天神祭図巻』について　よみがえった天神丸と御迎人形　天神祭における渡御筋と空間演出)

＊大阪天満宮所蔵品を中心に、天神祭を描いた多数の作品を紹介。

◇天満宮御神事御迎船人形図会　高島幸次編著　大阪　東方出版　1996.7　118p　26cm〈大阪天満宮蔵の複製および翻刻〉2884円　(i)4-88591-494-9　Ⓝ386.163

(内容)鯛―雑喉場町　三番叟―富島二丁目　雀踊―江之子島西之町　海士―江之子島東之町　安倍保名―安治川二丁目　与勘平―安治川上壱丁目　酒田公時―江之子島東之町　関羽―江之子島東之町　胡蝶舞―江之子島東之町　鬼若丸―江之子島東之町

＊天神祭の風流人形、趣向の粋を再現。川を渡御する神輿をお迎えするため、御旅所近くの町々は華やかに装飾した「御迎船」を繰り出した。その船に飾られた御迎人形の美しさを、暁鐘成の文章と松川半山の画で活写した図会を復刻、解説する。弘化三年版をカラーで復刻。

◇春木南地車新調記念誌　〔岸和田〕　春木南地車新調実行委員会　1999.11　80p　31cm　Ⓝ386.163

◇水にかける想い―和泉と水・雨乞いを中心に　歴史館いずみさの編　泉佐野　歴史館いずみさ

の　2000.10　52p　30cm〈平成12年度特別展　会期：平成12年10月21日―11月26日〉Ⓝ386.8163

● 兵庫県

◇英賀神社獅子舞の歴史　〔姫路〕　〔西木馨〕　1994.11　32p　21cm〈保存会三十周年記念〉Ⓝ386.8

◇宇都野神社麒麟獅子舞　浜坂町(兵庫県)　浜坂町教育委員会　1994.3　43p　図版7枚　26cm〈浜坂町文化財調査報告書 4〉（共同刊行：宇都野神社麒麟獅子保存会　参考・引用文献：p38）Ⓝ386.8

◇駒宇佐八幡神社百石踊り　三田市教育委員会編　三田　三田市教育委員会　1994.7　51p　26cm〈ふるさと三田 第16集〉（背の書名：百石踊り　共同刊行：百石踊保存会）Ⓝ386.8

◇祭礼行事―都道府県別　兵庫県　髙橋秀雄,久下隆史編　おうふう　1997.1　143p　27cm　6800円　4-273-02506-X　Ⓝ386.1

(内容)兵庫の祭礼行事歳時記　カラー祭り紀行　灘のけんか祭り　総論　兵庫県の祭り　祭り探訪　河内神社の秋祭りの頭　兵庫の祭礼行事・解説

＊鮮やかなカラー写真で綴る「歳時記」・「祭り紀行」、祭りの特色を平易な文章で紹介する「解説」・「祭り探訪」。地域に根差した祭りの魅力に迫る。巻末に市町村別祭礼行事一覧掲載。

◇さんだ風土記 1　三田・三輪　三田市年中行事調査委員会編　〔三田〕　三田市教育委員会　1994.3　39p　30cm　Ⓝ386.164

◇さんだ風土記 2　高平　三田市年中行事調査委員会編　三田　三田市教育委員会　1995.9　35p　30cm　Ⓝ386.164

◇さんだ風土記 3　小野　三田市年中行事調査委員会編　三田　三田市教育委員会　1996.9　40p　30cm　Ⓝ386.164

◇さんだ風土記 4　広野　三田市年中行事調査委員会編　三田　三田市教育委員会　1997.10　48p　30cm　Ⓝ386.164

◇さんだ風土記 5　本庄　三田市年中行事調査委員会編　三田　三田市教育委員会　1998.9　40p　30cm　Ⓝ386.164

◇さんだ風土記 6　藍　三田市年中行事調査委員会編　三田　三田市教育委員会　〔1999〕　32p　30cm　Ⓝ386.164

◇さんだ風土記 別冊　三田天満神社正遷宮・のぼりさし　三田　三田市教育委員会　〔1999〕　8p　30cm　Ⓝ386.164

◇太鼓―播州灘まつり　磯田七郎著　追録2版　〔姫路〕　〔磯田七郎〕　1994.5　136,64p　22cm　Ⓝ386.164

◇太鼓―播州灘まつり　追録　磯田七郎著

年中行事・祭礼　　　　　　　　　　　　　　　　　　　　　　　　　　　　　　近畿地方

◇〔姫路〕　〔磯田七郎〕　1994.5　64p　22cm　Ⓝ386.164
◇竜野武者行列―その由来とあゆみ　竜野武者行列保存会編　竜野　竜野神社奉賛会　2000.1　85p　21cm　Ⓝ386.164
◇丹波の祭と民俗芸能―ふるさとの心と祈り　丹波文化団体協議会編　神戸　神戸新聞総合出版センター　1996.4　197p　19cm　(のじぎく文庫)　1300円　(i)4-87521-488-X　Ⓝ386.164
◇伝統芸能等検討委員会報告書　兵庫県県民生活部生活文化局芸術文化課編　神戸　兵庫県県民生活部生活文化局芸術文化課　2001.3　159p　30cm　Ⓝ386.8164
◇長田神社古式追儺式―調査報告書　神戸市教育委員会編　神戸　神戸市教育委員会　1994.3　56p　26cm　Ⓝ386.164
◇夏祭りの獅子舞の音譜　〔家島町(兵庫県)〕　真浦区会　〔1994〕　16,10p　26cm　《「真浦の獅子舞の符音」(昭和47年刊)の改訂》　Ⓝ386.8164
◇年中行事と民俗芸能―但馬民俗誌　大森恵子著　岩田書院　1998.11　534p　22cm　14800円　(i)4-87294-128-4　Ⓝ386.164
◇播磨の祭り　北村泰生写真，藤木明子文　神戸　神戸新聞総合出版センター　1999.11　175p　21cm　1900円　(i)4-343-00045-1　Ⓝ386.164
(内容)新年(鬼は守護神の化身として―円教寺の修正会(姫路市)　山寺の夜が燃えた―東光寺の田遊びと鬼会(加西市)　海峡の空を赤く焦がして―明石浦の左義長(明石市)　ほか)　春(桜花にさきがけ竜王舞と鶏合わせ―住吉神社の節句祭り(加古市)　花の城下町に戦国絵巻―さくら祭りの武者行列(竜野市)　豊年を占う農業の神―広峯神社のお田植え祭(姫路市)　ほか)　夏(豪華な檀尻船で海上渡御―家島の天神祭(飾磨郡家島町)　泳ぎつつ波間に舟を押し進める―岩屋神社のおしゃたか神事(明石市)　宵闇に爆ぜるたいまつの火―佐中の虫送り(飾磨郡夢前町)　ほか)　秋・冬(濃紺の空を貫く火柱―上鴨川住吉神社の神事舞(加東郡社町)　豪快に男たちのパワー全開―灘のけんか祭り(姫路市)　情感ただよう海上絵巻―大避神社の船祭り(赤穂市)　ほか)
＊勇壮な屋台の練り合わせ，厳かに執り行われる神事舞，色とりどりの装束をまとった華やかな行列。「祭りの宝庫・播磨」ならではの，多彩で個性豊かな祭りの競演。
◇兵庫県の農村舞台　名生昭雄編著　大阪　和泉書院　1996.3　458p　22cm　(参考文献：p447～453)　5150円　(i)4-87088-767-3　Ⓝ386.164
(内容)調査編(摂津の農村舞台　播磨の農村舞台　但馬の農村舞台　ほか)　研究編(丹生山田の歌舞伎　上谷上「宮討座」の考察　下谷上農村舞台物語　ほか)　研究の手引

＊江戸時代，全国の農山漁村に歌舞伎・人形浄瑠璃上演の舞台が建てられた。兵庫県は質量ともにその宝庫であり，注目を集めている。これらの実態を明らかにすべく兵庫県農村舞台調査団が結成され，10年以上にわたって県下全域の悉皆調査が行われた。このような例は他府県にも類がなく，その内容は町おこし・村おこしの豊富な資料をも提供するであろう。第17回神戸史学会賞受賞。
◇ひょうごの民俗芸能　兵庫県民俗芸能調査会編　神戸　神戸新聞総合出版センター　1998.12　318p　19cm　2000円　(i)4-343-00032-X　Ⓝ386.8164
(内容)兵庫県の民俗芸能概説　兵庫県民俗芸能史　各地の民俗芸能(妙法寺の鬼追　明王寺の追儺式　多聞寺の鬼追　勝福寺の追儺式　ほか)　民俗芸能の現状と課題
＊旧五ケ国を占め，都と西国を結ぶ要衝にあった兵庫県の民俗芸能は，中央の文化に影響を受けながら，独特で多様な形態を育んできた。獅子舞，鬼追い，田楽，人形浄瑠璃…。それぞれの様式や意味，課題などを解説し，中世から継承されてきた"文化的遺跡"を詳細に記録する。
◇真浦の獅子舞　家島町(兵庫県)　真浦地区自治会　1997.3　158p　30cm　Ⓝ386.8164
◇松原八幡神社秋季例大祭の歴史―旧松原村を中心にした「灘のけんか祭り」のあゆみ　寺脇弘光著　〔姫路〕　灘の松原自治会　1995.11　254p　22cm　2000円　Ⓝ386.164
◇南淡路の壇尻唄　興津憲作著　三原町(兵庫県)　淡路人形協会　1995.3　54p　26cm　(付属資料(録音ディスク1枚　12cm　ホルダー入)付(1枚))　非売品　Ⓝ386.164
◇ムラの暮らし―正月・盆・葬礼・墓地　香寺町教育委員会町史編集室編　〔香寺町(兵庫県)〕　香寺町　2001.3　187p　26cm　(町史編集協力者調査報告2)　Ⓝ386.164
◇室の祭礼―室津民俗館特別展　御津町史編集室編　〔御津町(兵庫県)〕　御津町教育委員会　1993　48p　26cm　(御津町史編集図録3)
〈監修：八木哲浩　執筆：柏山泰訓　会期：平成5年10月31日～11月28日　室津の祭り関係年表・参考文献：p44～47〉　Ⓝ386.164

◆奈良県
◇宇陀の祭りと伝承　桜井満，瀬尾満編　おうふう　1995.10　190p　21cm　(古典と民俗学叢書17)　2900円　(i)4-273-02877-8　Ⓝ386.165
(内容)序章　宇陀の風土　第1章　宇太水分神社の秋祭り　第2章　墨坂神社の秋祭り　第3章　宇陀の御田植祭り　第4章　奥宇陀と祭り　第5章　宇陀の伝説
＊水分の神と里のまつり大和盆地の東に位置す

る宇陀は、伊勢と大和を結ぶ要衝の地である。仙郷へのあこがれの地として今に古代の息吹を伝える宇陀の祭りに民俗の心を探る。
◇簓の響き 杉村良雄編 〔橿原〕 〔杉村良雄〕 1993.10 80p 21cm Ⓝ176
◇奈良市年中行事調査概報 3（平成4年度） 〔奈良〕 奈良市教育委員会 1993.3 91p 26cm Ⓝ386.165
◇奈良市年中行事調査概報 4（平成5年度） 〔奈良〕 奈良市教育委員会 1994.3 51p 26cm Ⓝ386.165
◇奈良市年中行事調査概報 5（平成6年度） 〔奈良〕 奈良市教育委員会 1995.3 44p 26cm Ⓝ386.165
◇奈良市年中行事調査概報 6（平成7年度） 〔奈良〕 奈良市教育委員会 1996.3 29p 26cm Ⓝ386.165
◇奈良市年中行事調査概報 7（平成8年度） 〔奈良〕 奈良市教育委員会 1997.3 24p 26cm Ⓝ386.165
◇初瀬・多武峯山麓の民俗―祭礼と宮座 特別展 奈良県立民俗博物館編 大和郡山 奈良県立民俗博物館 1998.9 40p 30cm Ⓝ386.165
◇大和の神々 奈良新聞社編 奈良 奈良新聞社 1996.11 177,12p 30cm 2718円 (i)4-88856-015-3 Ⓝ386.165
　内容 オコナイ―野迫川村弓手原 繞道祭―桜井市三輪・大神神社 山の神信仰―山添村菅生弓矢祭―上北山村河合・薬師堂 鬼はしり―五条市大津町・念仏寺陀々堂 蚊の口焼き―山添村中之庄 おんだ祭り―大宇陀町平尾・水分神社 惣谷狂言―大塔村惣谷・天神社 篠原踊り―大塔村篠原・天満神社 粥占い―奈良市石木町・登弥神社〔ほか〕
　＊大和は日本の発祥の地である。それゆえ大和の国の神社は古い古い歴史の秘密をその体内に深く深く秘している。そしてその秘めたるものが祭りのときにその一端を見事にあらわにして、今の人間をして、かつてその重大なことがあった遠い遠い過去へと連れていくのである。
◇大和の神祭祀 田中昭三編 近代文芸社 2001.9 331p 20cm 2300円 (i)4-7733-6820-9 Ⓝ176
　内容 第1章 大和の神祭祀の概説 第2章 多く祭祀されている神々の地域別祭祀状況（多祭祀神・各論） 第3章 大和国の各地域に見る神祭り・信仰の特色 第4章 大和国に特徴的にみられる神社と祭祀 第5章「記・紀」の神々と皇室 第6章 日本人の神信仰、変遷の概説 第7章 石園坐多久虫玉神社の社名、祭神、考
　＊大和を例に、日本の神々の全容と古からの神信仰の概観を通して現日本人の神祭祀を考える。

◇やまとまつり旅―奈良の民俗と芸能 鹿谷勲著 奈良 やまと崑崙企画 2001.10 121p 21cm 〔東京〕 星雲社（発売） 1800円 (i)4-7952-8708-2 Ⓝ386.165
　内容 修正会の鬼 篠原踊りと惣谷狂言 野神行事 六斎念仏 大踊り 太鼓踊り 秋祭り・神事芸能 獅子舞 おん祭り
　＊大和には寺社行事、民俗行事、それに伴う神事芸能・民俗芸能がきわめて多彩に伝承されている。本書は、そうした数多くの行事・芸能のなかから代表的なものを取り上げて一本にまとめた。

◆和歌山県
◇木本八幡宮御田祭・木ノ本の獅子舞 和歌山民俗学会編 〔和歌山〕 和歌山市 1994.3 19p 図版4枚 21cm（和歌山市無形文化財映像記録保存事業調査報告書 平成5年度）（共同刊行：和歌山市教育委員会）Ⓝ176
◇けほん―結成三十周年記念 戯瓢踊保存会編 〔御坊〕 戯瓢踊保存会 1997.9 53p 27cm Ⓝ386.8166
◇高野山四季の祈り―伝灯の年中行事 矢野建彦写真, 日野西真定文 佼成出版社 1995.6 158p 21cm 2500円 (i)4-333-01748-3 Ⓝ188.55
◇祭礼行事―都道府県別 和歌山県 高橋秀雄,小山豊編 おうふう 1999.3 143p 27cm 6800円 (i)4-273-02510-8 Ⓝ386.1
　内容 和歌山の祭礼行事 カラー祭り紀行 春のおとう祭り 総論 和歌山の祭り 祭り探訪 紀伊大島の水門祭り 和歌山の祭礼行事・解説 和歌山県の祭礼行事一覧
　＊鮮やかなカラー写真で綴る「歳時記」・「祭り紀行」、祭りの特色を平易な文章で紹介する「解説」・「祭り探訪」。地域に根差した祭りの魅力に迫る。巻末に市町村別祭礼行事一覧掲載。
◇南紀州の民俗―古座川流域の歌と年中行事 斎藤和枝著 岩田書院 1999.3 381p 19cm 4800円 (i)4-87294-140-3 Ⓝ382.166
◇和歌山県指定無形民俗芸能・藤白の獅子舞保存会三十周年のあゆみ 海南 県指定藤白の獅子舞保存会 〔1996〕 17p 30cm Ⓝ386.8166
◇和歌山県の祭り・行事―和歌山県の祭り・行事調査報告書 和歌山県祭り・行事調査委員会編 〔和歌山〕 和歌山県教育委員会 2000.3 178p 30cm 〈文献あり〉Ⓝ386.166
◇笑い祭 山本謙一ほか編 川辺町（和歌山県）笑い祭保存会 1994.2 241p 22cm Ⓝ386.166

年中行事・祭礼　　　　　　　　　　　　　　　　　　　　　中国地方

中国地方

◆鳥取県
◇因幡・伯耆の年中行事　霧林道理著　野木町(栃木県)　叢林社　2001.2　333p　21cm　2200円　(i)4-921101-04-3　Ⓝ386.172
◇祭礼行事—都道府県別　鳥取県　高橋秀雄,野津竜編　おうふう　1995.7　143p　27cm　6800円　(i)4-273-02512-4　Ⓝ386.1
◇しゃんしゃん祭物語　久林肇著　〔鳥取〕〔久林肇〕　1997.8　87p　19cm　Ⓝ386.8172
◇鳥取県の民俗芸能—鳥取県民俗芸能緊急調査報告書　鳥取県教育委員会編　鳥取　鳥取県教育委員会　1993.3　242p　26cm　Ⓝ386.8
◇浪人踊りの歩み　東郷町教育委員会編　〔東郷町(鳥取県)〕　東郷町教育委員会　1993.7　48p　26cm　Ⓝ386.8

◆島根県
◇出雲神楽　石塚尊俊著　出雲　出雲市教育委員会　2001.3　217p　19cm　(出雲市民文庫 17)　1000円　Ⓝ386.8173
◇出雲大社の祭礼行事—神在祭・古伝新嘗祭・涼殿祭　島根県古代文化センター編　松江　島根県古代文化センター　1999.3　133,3p　30cm　(島根県古代文化センター調査研究報告書 6)　Ⓝ386.8173
◇出雲国大原神職神楽　島根県古代文化センター編　松江　島根県古代文化センター　2000.3　225p　30cm　(島根県古代文化センター調査研究報告書 8)〈表題紙等のタイトル：大原神職神楽〉　Ⓝ386.8173
◇出雲の原郷　関和彦,滝音能之編　大社町(島根県)　大社文化事業団　1995.7　135p　30cm　(大社文化事業団叢書 1)〈監修：水野祐　おもに図〉　Ⓝ176
◇大山神社祭礼布施の山祭り調査報告書　「布施の山祭り」行事調査委員会編　〔布施村(島根県)〕　布施村　1997.3　149p　30cm　(共同刊行：隠岐島後教育委員会)　Ⓝ386.173
◇鹿足郡日原町柳村神楽探訪記　島根県古代文化センター編　松江　島根県古代文化センター　1998.3　73p　30cm　(島根県古代文化センター調査研究報告書 3)〈背のタイトル：柳神楽採訪記〉　Ⓝ386.8173
◇子供神楽の里—三百年の伝統を継承　天津義久写真集　天津義久,河野真進編　日本写真企画　1997.12　64p　27cm〈おもに図〉　2667円　Ⓝ386.8173
◇島根の祭りと伝統芸能　松江　島根県観光連盟　1994.3　95p　26cm　Ⓝ386.173
◇島根半島の祭礼と祭祀組織　島根県古代文化センター編　松江　島根県古代文化センター　1997.3　7,156,7p　30cm　(島根県古代文化センター調査研究報告書 2)　Ⓝ386.173
◇舞う—重要無形民俗文化財佐陀神能　鹿島町(島根県)　鹿島町立歴史民俗資料館　1994.10　25p　26cm　(鹿島町立歴史民俗資料館1994年特別展図録　会期：平成6年10月13日〜12月11日)　Ⓝ386.8
◇流鏑馬の図　栗本格斎筆、霞会館公家と武家文化に関する調査委員会編纂　霞会館　1996.3　1冊　41cm〈亀井温故館蔵の複製　折本　ホルダー入　和装〉　非売品　Ⓝ386.173

◆岡山県
◇岡山県指定重要無形民俗文化財加茂大祭　植木克己編　加茂川町(岡山県)　加茂川町教育委員会　1994.5　143p　22cm（背・表紙の書名：加茂大祭　製作・出版：丸善株式会社岡山支店出版サービスセンター　参考文献：p139〜140〉　(i)4-89620-006-3　Ⓝ386.175
◇岡山たべもの歳時記　鶴藤鹿忠著　岡山　日本文教出版　1998.2　153p　15cm　(岡山文庫 191)　800円　(i)4-8212-5191-4　Ⓝ386.175
◇おかやまのイベント・お祭りガイド—Myおかやま　山陽新聞社出版局編　岡山　山陽新聞社　1997.5　117p　26cm　1500円　(i)4-88197-623-0　Ⓝ386.175
　(内容) 4月　特集・桜祭り　5月　特集・家族で楽しめるイベント　6月　特集・出温の郷で催されるイベント　7月　特集・夏空を彩るイベント　8月　特集・盆踊り・夏祭り　9月　特集・繊維の街が一大バザールに、秋の瀬戸大橋祭り　10月　特集・秋祭り　11月　特集・実りの秋が楽しめるイベント　12月　特集・光が彩るファンタジックな夜を楽しもう　1月　特集・初日の出・初詣で　2月　特集・会陽　3月　特集・あわくら武蔵路健康マラソン全国大会
◇祭礼行事—都道府県別　岡山県　高橋秀雄ほか編　おうふう　1995.12　143p　27cm　6800円　(i)4-273-02516-7　Ⓝ386.1
　＊鮮やかなカラー写真で綴る「歳時記」・「祭り紀行」、祭りの特色を平易な文章で紹介する「解説」・「祭り探訪」。地域に根ざした祭りの魅力に迫る。巻末に市町村別祭礼行事一覧掲載。
◇哲西の辻堂　哲西町文化財保護委員会編　哲西町(岡山県)　哲西町教育委員会　1999.3　139p　26cm　(哲西町文化財シリーズ no.10)　Ⓝ387
◇備中神楽　光岡てつま写真,神崎宣武文,山陽新聞社出版局編　岡山　山陽新聞社　1997.4　111p　26cm　(山陽新聞サンブックス)　2000円　(i)4-88197-620-6　Ⓝ386.8175
◇みみずの呟—懐かしい昔の思い出　岡田忠章著　八束村(岡山県)　岡田忠章　1997.6　160p

◆広島県

◇厳島神社の奉納芸能―舞楽と能 特別企画展 国立能楽堂 〔1994〕 15p 26cm （会期：平成6年12月7日～平成7年1月8日 参考文献：p15） Ⓝ386.8

◇芸備地方のまつり―稲作を中心として 藤井昭著 第一法規出版 1995.12 245p 22cm （参考文献目録：p238～243） 2200円 (i)4-474-00560-0 Ⓝ386.176

◇祭礼行事―都道府県別 広島県 髙橋秀雄ほか編 おうふう 1996.5 143p 27cm 6800円 (i)4-273-02518-3 Ⓝ386.1
  内容 広島の祭礼行事歳時記 カラー祭り紀行―厳島神社管絃祭 総論―広島県の祭り 祭り探訪―久井稲生神社の場の魚 広島の祭礼行事・解説 広島県の祭礼行事一覧
  ＊鮮やかなカラー写真で綴る「歳時記」・「祭り紀行」、祭りの特色を平易な文章で紹介する「解説」・「祭り探訪」。地域に根差した祭りの魅力に迫る。巻末に市町村別祭礼行事一覧掲載。

◇節句―展示解説 年中行事1 比和町郷土文化保存伝習施設編 比和町(広島県) 比和町教育委員会 1996.7 30p 26cm 〈第28回特別展 会期：1996年7月10日～8月25日 参考文献：p29〉 Ⓝ386.176

◇ひろしま暦 田中康夫著 広島 創生社 1995.8 254p 15×21cm 1800円 Ⓝ386.176

◇備後神楽―甲奴郡・世羅郡を中心に 田中重雄著 〔上下町(広島県)〕 八幡神社 2000.1 299p 21cm （年表あり） 2000円 Ⓝ386.8176

◇炎の舞―中国山地・広島の神楽 写真集 三次菁文社 1995.5 143p 31cm （撮影：石井誠治,和島義則 監修：森脇巌男 参考文献：p142） 6500円 Ⓝ386.8

◆山口県

◇大波野神舞台本―田布施町無形民俗文化財 田布施町立田布施図書館編 田布施町(山口県) 田布施町立田布施図書館 1999.3 96,28p 26cm （田布施図書館叢書 第26集） Ⓝ386.177

◇祭礼行事―都道府県別 山口県 髙橋秀雄,伊藤芳枝編 おうふう 1995.8 143p 27cm 6800円 (i)4-273-02520-5 Ⓝ386.1
  内容 山口の祭礼行事歳時記 カラー祭り紀行 行波神楽 総論―山口県の祭り 祭り探訪 蓋井島の山ノ神神事 祭礼行事・解説 山口県の祭礼行事一覧
  ＊鮮やかなカラー写真で綴る「歳時記」・「祭り紀行」、祭りの特色を平易な文章で紹介する「解説」・「祭り探訪」。地域に根差した祭りの魅力に迫る。巻末に市町村別祭礼行事一覧掲載。

◇周防の三作神楽 新南陽 新南陽市教育委員会 1995.12 67p 30cm 〈文献目録：p67〉 Ⓝ386.8

◇山口県の民俗芸能―山口県民俗芸能緊急調査報告書 山口県教育委員会文化財保護課編 山口 山口県教育委員会 2000.3 193p 30cm Ⓝ386.8177

四国地方

◆徳島県

◇新野町祭あれこれ 〔阿南〕 阿南市新野公民館 1993.2 77p 21cm （新野郷土史研究紀要 第9集） （共同刊行：新野郷土史研究会） Ⓝ386.181

◇阿波おどり 津田幸好写真と文 徳島 第一出版 1997.8 93p 17×19cm 2000円 Ⓝ386.8181

◇阿波踊り今昔物語 徳島市立徳島城博物館編 徳島 徳島市立徳島城博物館 1997.8 36p 30cm （夏の企画展図録 平成9年度） （開館5周年記念 会期：平成9年8月10日～9月21日 年表あり 文献あり） Ⓝ386.8181

◇ゑびす連50周年記念 徳島 ゑびす連 1999.7 47p 31cm （他言語標題：Ebisu-ren 50th anniversary） Ⓝ386.8181

◇娯茶平50周年記念集 〔徳島〕 娯茶平 1996.9 148p 31cm Ⓝ386.8181

◇祭礼行事―都道府県別 徳島県 髙橋秀雄,西田茂雄編 おうふう 1998.9 143p 27cm 6800円 (i)4-273-02522-1 Ⓝ386.1
  内容 徳島の祭礼行事歳時記 カラー祭り紀行 西祖谷の神代踊り 総論 徳島県の祭り 祭り探訪 牟岐八幡神社の秋祭り 徳島の祭礼行事・解説 徳島県の祭礼行事一覧
  ＊鮮やかなカラー写真で綴る「歳時記」・「祭り紀行」、祭りの特色を平易な文章で紹介する「解説」・「祭り探訪」。地域に根差した祭りの魅力に迫る。巻末に市町村別祭礼行事一覧掲載。

◇随想写真阿波踊り―踊り踊らば 井村幸男編・著 徳島 徳島県教育印刷 1999.8 213p 19cm （エッセイストとくしま叢書 第3集） （編集：エッセイストとくしま編集室） 1000円 Ⓝ386.8181

◇徳島の盆踊り―モラエスの日本随想記 W.de モラエス著,岡村多希子訳 講談社 1998.1 290p 15cm （講談社学術文庫） 820円 (i)4-06-159312-9
  内容 随筆文学について 徳島考 身辺雑記 死をめぐる日本の文化 死についての考察 徳

島日記 ベント・カルケージャへの手紙
*本書は、モラエスが終の栖と定めた徳島から祖国ポルトガルの新聞に連載した記事をまとめたもので、一市井人の眼で捉えた大正初期の日本人の生活と死生観が讚嘆をもって語られる。殊に死者を迎える祭り「盆」への憧憬は、孤愁の異邦人に愛しい死者との再会を夢想させる。吉井勇が「日本を恋め悲しきまでに」と詠じたモラエスの「日本」が、現代の日本人の心奥に埋没した魂の響を呼び起こしてくれる。

◇響—太鼓が、鉦が、心がひびく大西郷屋台の20年 鴨島町大西郷屋台復活20周年記念誌 大西郷屋台若連編 鴨島町(徳島県) 大西郷屋台若連 1995.10 81p 30cm Ⓝ386.181

◆香川県
◇香川県の民俗芸能―平成八・九年度香川県民俗芸能緊急調査報告書 瀬戸内海歴史民俗資料館編 高松 瀬戸内海歴史民俗資料館 1998.3 444p 30cm Ⓝ386.8182
◇香川の伝承とまつり―さぬきの音と光り 香川県制作・著作 〔電子資料〕 高松 香川県 c2000 CD-ROM1枚 12cm (香川デジタル映像館 讚岐紀行 v.6) Ⓝ386.182
◇太鼓台—小豆島の秋まつり 藤井豊監修 土庄町(香川県) 月刊「ぴ〜ぷる」(発売) 1998.10 210p 31cm 9524円 Ⓝ386.182

◆愛媛県
◇愛媛県の民俗芸能—愛媛県民俗芸能緊急調査報告書 愛媛県教育委員会文化財保護課編 松山 愛媛県教育委員会 1999.3 249p 30cm Ⓝ386.8183
◇愛媛の祭り—昭和を生き抜いた人々が語る 松山 愛媛県生涯学習センター 2000.3 8,399p 27cm (地域文化調査報告書 平成11年度) 〈折り込み1枚〉 Ⓝ386.183
◇愛媛まつり紀行—21世紀に伝えたい郷土の祭礼 愛媛県歴史文化博物館 宇和町(愛媛県) 愛媛県歴史文化博物館 2000.7 179p 30cm 〈平成12年度企画展:平成12年7月11日—9月3日 文献あり〉 Ⓝ386.183
◇愛媛民俗伝承の旅—祭りと年中行事 押岡四郎写真 松山 愛媛新聞社 1999.4 254p 29cm 3800円 (i)4-900248-59-2 Ⓝ386.183
 内容 プロローグ 祝祭の創造 愛媛を代表する祭り 県内の主な祭りと年中行事 花暦 四季を彩る花の名所 愛媛の行事暦
 *だれもが抱く「原風景」へ、至高のカメラが肉薄した「風土記絵巻」勇壮・豪華絢爛な祭り、時代を超えて継承されてきた民俗遺産…愛媛の70全市町村に連綿と伝わる年中行事を網羅した決定版!撮影期間6年、迫真のカラー写真460余点が語る伝統美への旅。

◇祭礼行事—都道府県別 愛媛県 高橋秀雄,客野澄博編 おうふう 1995.6 143p 27cm 6800円 (i)4-273-02526-4 Ⓝ386.1
 内容 愛媛の祭礼行事歳時記 カラー祭り紀行—西条祭り 総論—愛媛県の祭り 祭り探訪—佐島のトウヤ祭り 祭礼行事・解説 愛媛県の祭礼行事一覧
 *鮮やかなカラー写真で綴る「歳時記」・「祭り紀行」、祭りの特色を平易な文章で紹介する「解説」・「祭り探訪」。地域に根差した祭りの魅力に迫る。巻末に市町村別祭礼行事一覧掲載。

◆高知県
◇祭礼行事—都道府県別 高知県 高橋秀雄,高木啓夫編 おうふう 1995.10 143p 27cm 6800円 (i)4-273-02528-0 Ⓝ386.1
 内容 高知県の祭礼行事歳時記 カラー祭り紀行—秋葉祭り 総論—高知の祭り 祭り探訪—久礼八幡宮秋祭り 祭礼行事・解説 高知県の祭礼行事一覧
◇よさこい人―1999よさこい全国大会in kochi 高知 高知市 〔1999〕 1冊(ページ付なし) 30cm (共同刊行:高知市観光協会) Ⓝ386.8
◇よさこい祭り40年 よさこい祭り40周年記念史 実行委員会編 高知 よさこい祭振興会 1994.4 336p 27cm Ⓝ386.184

九州地方

◇豊饒の神・境の神 高見乾司著 福岡 海鳥社 2000.12 283p 22cm (九州の土俗面考 2) 2800円 (i)4-87415-330-5 Ⓝ386.19
 内容 第1章 田の神と仮面(一日の旅 森の片隅にて 山上の田の神 白い花 変化 ほか) 第2章 九州の猿田彦(猿田彦出現 面様を背負った旅人 ウズメと猿田彦 父子相姦と性神の系譜 九州の猿田彦伝承 ほか) 終章 猿田彦の行方
 *神の変容を追う鮮烈な仮面紀行。「豊饒の神・大地の神」としての田の神、「境の神・道ひらきの神」としての猿田彦。仮面文化の古層を訪ね、九州を旅する著者は、祭り囃子に同化し、草木の声や風の音を聴き、峠に立つ。—そこは遙かな神々の原郷である。
◇南九州の民俗仮面 向山勝貞著 鹿児島 春苑堂出版 1999.12 229p 19cm (かごしま文庫 57) 〔鹿児島 春苑堂書店(発売)〕 1500円 (i)4-915093-64-6 Ⓝ386.819

◆福岡県
◇中洲流—五十年の軌跡 福岡 中洲流50周年実行委員会 1999.6 185p 30cm 〈企画:中洲流

九州地方　　　　　　　　　　　　　　　　　　　　　　　　　　　　　　　年中行事・祭礼

50周年実行委員会）　Ⓝ386.191
◇博多祇園山笠　菅洋志写真・文　福岡　海鳥社　1995.6　152,6p　22×31cm　3800円　(i)4-87415-114-0　Ⓝ386.191
◇博多祇園山笠千代流五十周年記念誌　福岡　博多祇園山笠千代流運営委員会　1999.7　162p　22×31cm　〈奥付のタイトル：千代流五十周年記念誌〉　Ⓝ386.191
◇博多の祭り　竹沢尚一郎編　〔福岡〕　九州大学文学部人間科学科比較宗教学研究室　1998.3　181p　26cm　（九州の祭り　第1巻）　Ⓝ386.191
◇豊前岩戸神楽―福岡県京築地域神楽溝の実態調査　神楽の里づくり構想推進協議会, 京築地域神楽調査委員会編　豊前　神楽の里づくり構想推進協議会　1996.3　140p　30cm　（共同刊行：京築地域神楽調査委員会）　Ⓝ386.8191
◇豊前市の岩戸神楽―豊前神楽入門　豊前　豊前市教育委員会　2000.3　48p　21cm　Ⓝ386.8191
◇豊前の民俗芸能―祈り, やすらぎ, 笑い, そして…　〔豊前〕　豊前市無形民俗文化財保存協議会　2001.3　14p　30cm

◆佐賀県
◇伊万里に伝わるまつりと行事　中野隆三撮影, 荒谷義樹解説　伊万里　中野隆三　2000.10　81p　27cm　（後援：伊万里市教育委員会）　Ⓝ386.192
◇真手野舞浮立―佐賀県重要無形民俗文化財　武雄　武雄市教育委員会　1993.3　45p　図版12p　26cm　（武雄市文化財調査報告書　第29集）　Ⓝ386.8
◇両岩の小浮立―佐賀県重要無形民俗文化財　嬉野町（佐賀県）　嬉野町教育委員会　1995.3　34p　図版20p　26cm　（嬉野町文化財調査報告書　第5集）　Ⓝ386.8

◆長崎県
◇祭礼行事―都道府県別　長崎県　高橋秀雄, 立平進, 吉村政徳編　おうふう　1997.8　143p　27cm　6800円　(i)4-273-02534-5　Ⓝ386.1
　(内容) 長崎の祭礼行事歳時記　カラー祭り紀行―鎮西大社・諏訪神社の大祭"長崎くんち"　総論　長崎県の祭り　祭り探訪　多久頭魂神社赤手祭り　長崎の祭礼行事・解説　長崎県の祭礼行事一覧
　＊鮮やかなカラー写真で綴る「歳時記」・「祭り紀行」, 祭りの特色を平易な文章で紹介する「解説」・「祭り探訪」。地域に根差した祭りの魅力に迫る。巻末に市町村別祭礼行事一覧掲載。
◇祭礼事典―都道府県別　長崎県　倉林正次監修, 長崎県祭礼研究会編　おうふう　1997.12　272p　26cm　12000円　(i)4-273-02533-7　Ⓝ386.033
　＊長崎県内の主な現行の祭事を神社祭礼を中心

に五十音順に配列, 解説を加えた記事項目と県内各社の際事を月日順に配列した神社際事暦一覧からなる事典。
◇対馬厳原の盆踊―国選択無形民俗文化財調査報告書　厳原町教育委員会編　厳原町（長崎県）　厳原町教育委員会　1999.3　244p　30cm　〈文献あり〉　Ⓝ386.8192
◇富士町浮立の音楽学上と民俗芸能史上の解明―富士町文化財調査報告書・佐賀県重要無形民俗文化財『市川の天衝舞浮立』等の　佐賀県佐賀郡富士町伝承の民俗芸能　村中利男著　富士町（佐賀県）　富士町　1996.3　32p　30cm　Ⓝ386.8192

◆熊本県
◇阿蘇・宇宙―火と神々の棲む山　長野良市写真・文　〔熊本〕　熊本日日新聞社　1997.12　95p　26cm　〈熊本　熊本日日新聞情報文化センター（製作・発売）〉　2800円　(i)4-87755-016-X　Ⓝ386.194
◇阿蘇神社祭祀の研究　村崎真智子著　法政大学出版局　1993.3　739,38p　22cm　〈巻末：阿蘇神社祭祀に関する主要文献目録〉　12875円　Ⓝ386.194
◇あなたに伝えたい玉名のくらし　〔玉名〕　玉名農業改良普及センター　〔1998〕　58p　30cm　（共同刊行：玉名地方生活改善実行グループ連絡協議会）　Ⓝ386.194
◇宇土雨乞い大太鼓調査報告書―熊本県地域総合補助金文化の香り高いまちづくり事業　宇土市教育委員会文化振興課編　宇土　宇土市教育委員会文化振興課　2000.3　143p　30cm　Ⓝ386.8194
◇神々と祭の姿―阿蘇神社と国造神社を中心に　佐藤征子著　一の宮町（熊本県）　一の宮町　1998.12　238p　18cm　（一の宮町史―自然と文化阿蘇選書 11）　952円　(i)4-87755-042-9　Ⓝ386.194
　(内容) 序章　阿蘇の神々と祭祀　第1章　田歌が結ぶ神事―踏歌節会と眠り流し　第2章　年の神への願い―田作り祭　第3章　災いの封じ込め―風の神送り　第4章　阿蘇の大祭―おんだ祭　第5章　霜害への祈り―火焚き神事　第6章　収穫の感謝―田の実祭　第7章　阿蘇大宮司の祭―下野狩　おわりに　地名に残る神話と伝説
　＊阿蘇の神話は宮崎県高千穂に隣接する阿蘇郡高森町草部がスタート地点である。神話と伝説の源流へ。
◇祭礼行事―都道府県別　熊本県　高橋秀雄, 坂本経昌編　おうふう　1997.4　143p　27cm　6800円　(i)4-273-02536-1　Ⓝ386.1
　(内容) 熊本の祭礼行事歳時記　カラー祭り紀行　藤崎八幡宮例大祭　総論　熊本県の祭り　祭り探訪　阿蘇の農耕神事と御前迎え　熊本の祭礼

行事・解説　熊本県の祭礼行事一覧
＊熊本県の祭り。鮮やかなカラー写真で綴る「歳時記」・「祭り紀行」、祭りの特色を平易な文章で紹介する「解説」・「祭り探訪」。地域に根ざした祭りの魅力に迫る。巻末に市町村別祭礼行事一覧掲載。
◇妙見祭民俗調査報告書　八代市立博物館未来の森ミュージアム編　八代　八代市立博物館未来の森ミュージアム　1996.3　165p　30cm　〈妙見官関係新聞年表：p161～165〉　Ⓝ386.194

◆大分県
◇宇佐の神祭りの謎　竹折勉著　〔中津〕〔竹折勉〕　1994.9　220p　21cm　Ⓝ386.195
◇大分県の祭礼行事―大分県祭礼行事民俗調査報告書　〔宇佐〕　大分県立宇佐風土記の丘歴史民俗資料館　1995.3　236p　26cm　（大分県立宇佐風土記の丘歴史民俗資料館報告書　第16集）Ⓝ386.195
◇国東半島の峯入り　国東町（大分県）　六郷満山会　2000.10　48p　30cm　1000円　Ⓝ186
◇祭礼行事―都道府県別　大分県　髙橋秀雄, 染矢多喜男編　桜楓社　1993.10　143p　27cm　4800円　(i)4-273-02538-8　Ⓝ386.1
◇日田祇園会　小山輝夫写真, 後藤功一文　日田　日田祇園山鉾振興会　1997.7　104p　31cm　Ⓝ386.195
◇日田祇園囃子保存会三十周年記念誌　日田祇園囃子保存会記念誌編集委員会編　〔日田〕　日田祇園囃子保存会記念誌編集委員会　1999.10　68p　30cm　〈タイトルは標題紙による　折り込1枚〉　Ⓝ386.8195
◇燃えた3日間―'93大分七夕まつり　大分合同新聞写真グラフ　大分合同新聞社写真部, フォトスタジオあいうえお写真　〔大分〕　大分合同新聞社　1993.9　95p　37cm　〈大分市発足30周年記念　製作・発売：大分合同新聞文化センター〉　1500円　Ⓝ386.195

◆宮崎県
◇えびの市の郷土芸能　えびの　えびの市郷土芸能保存連合会　1999.2　68p　30cm　Ⓝ386.8196
◇祭礼行事―都道府県別　宮崎県　髙橋秀雄, 山口保明編　おうふう　1998.2　137p　27cm　6800円　(i)4-273-02540-X　Ⓝ386.1
　内容　宮崎県の祭礼行事歳時記　カラー祭り紀行―銀鏡の神楽　総論―栃木県の祭り　祭り探訪―田代の御田祭　宮崎の祭礼行事・解説
　＊鮮やかなカラー写真で綴る「歳時記」・「祭り紀行」、祭りの特色を平易な文章で紹介する「解説」・「祭り探訪」。地域に根ざした祭りの魅力に迫る。巻末に市町村別祭礼行事一覧掲載。
◇椎葉神楽―山の民の祈りと舞い　渡辺良正写真,渡辺伸夫文　平河出版社　1996.9　183p　26cm　（アジア民俗写真叢書 16）　3811円　(i)4-89203-266-2　Ⓝ386.8196
◇宮崎県史叢書　宮崎県年中行事集　小野重朗編〔宮崎〕　宮崎県　1996.3　309p　22cm　Ⓝ219.6
◇宮崎県の民俗芸能―宮崎県民俗芸能緊急調査報告書　宮崎県教育委員会編　宮崎　宮崎県教育委員会　1994.3　237p　30cm　〈参考文献：p236〉　Ⓝ386.8
◇みやざきのうたと芸能101　宮崎県企画・編集　宮崎　宮崎県文化振興課　2000.3　226p　19cm　（ふるさと再発見 2）　Ⓝ386.8196
◇宮崎の神楽―祈りの原質・その伝承と継承　山口保明著　宮崎　鉱脈社　2000.12　329p　19cm　（みやざき文庫 2）　1900円　(i)4-906008-62-3　Ⓝ386.8196

◆鹿児島県
◇加計呂麻島ノロ祭祀調査報告　旧実久村編　松原武実, 髙橋一郎著　鹿児島　鹿児島短期大学付属南日本文化研究所　1999.3　203p　26cm　（南日本文化研究所叢書 24）　Ⓝ386.197
◇加計呂麻島ノロ祭祀調査報告　旧鎮西村編　松原武実著　鹿児島　鹿児島短期大学付属南日本文化研究所　2000.3　152p　26cm　（南日本文化研究所叢書 25）　Ⓝ386.197
◇かごしま文化の表情　第3集　祭り・行事編　鹿児島　鹿児島県民生活福祉部県民生活課　1993.3　225,11p　19cm　〈製作：南日本新聞社　折り込図1枚　参考・引用文献：p212～215〉　Ⓝ291.97
◇祭礼行事―都道府県別　鹿児島県　髙橋秀雄, 向山勝貞編　おうふう　1998.6　143p　27cm　6800円　(i)4-273-02542-6　Ⓝ386.1
　内容　鹿児島県の祭礼行事歳時記(カラー祭り紀行　南薩摩の十五夜行事　総論　鹿児島県の祭り　祭り探訪　佐多の御崎祭り)　鹿児島県の祭礼行事・解説　鹿児島県の祭礼行事一覧
　＊鮮やかなカラー写真で綴る「歳時記」・「祭り紀行」、祭りの特色を平易な文章で紹介する「解説」・「祭り探訪」。地域に根ざした祭りの魅力に迫る。巻末に市町村別祭礼行事一覧掲載。鹿児島県の祭り。

◆沖縄県
◇エイサー―沖縄の盆踊り　宜保栄治郎著　南風原町（沖縄県）　那覇出版社　1997.11　288p　21cm　〈文献あり〉　1900円　(i)4-89095-090-7　Ⓝ386.8199
◇エイサー　那覇　沖縄県文化環境部文化国際局文化振興課　1998　119p　26cm　Ⓝ386.8199
◇エイサー360度―歴史と現在　沖縄市企画部平和文化振興課編　沖縄　沖縄全島エイサーまつり実行委員会　1998.3　359p　21cm　1800円　(i)4-

◇演者たちの「共同体」―東京エイサーシンカをめぐる民族誌的説明 小林香代著 風間書房 2001.3 247p 22cm〈文献あり〉 7800円 (i)4-7599-1259-2 Ⓝ386.8199

◇沖縄を識る―琉球列島の神話と祭り 比嘉政夫著 佐倉 歴史民族博物館振興会 1998.3 73p 21cm (歴博ブックレット 4) 762円 (i)4-916202-05-8 Ⓝ386.199

◇沖縄・久高島のイザイホー 湧上元雄ほか著 砂子屋書房 1993.3 160p 22cm (弧琉球叢書 2) 1942円 (i)4-7904-0401-3 Ⓝ386.199

◇沖縄芸能史話 矢野輝雄著 宜野湾 榕樹社 1993.4 420,15p 22cm (琉球弧叢書 1) 〈日本放送協会昭和49年刊の新訂増補 発売：緑林堂書店 沖縄芸能史年表：p397～420〉 5900円 (i)4-947667-12-5 Ⓝ386.8

◇沖縄県の祭り・行事―沖縄県祭り・行事調査報告書 沖縄県教育庁文化課編 那覇 沖縄県教育委員会 1997.3 249p 30cm (沖縄県文化財調査報告書 第127号) Ⓝ386.199

◇沖縄県の民俗芸能―沖縄県民俗芸能緊急調査報告書 沖縄県教育文化課編 那覇 沖縄県教育委員会 1994.3 220p 30cm (沖縄県文化財調査報告書 第112集) Ⓝ386.8

◇沖縄祭祀の研究 髙阪薫ほか編著 翰林書房 1994.4 335,7p 22cm 5000円 (i)4-906424-39-2 Ⓝ386.199

◇沖縄の祭りと行事 比嘉政夫著 那覇 沖縄文化社 1993.8 94p 19cm〈主な参考文献一覧：p92〉 980円 Ⓝ386.199

◇沖縄船漕ぎ祭祀の民族学的研究 白鳥芳郎，秋山一編 勉誠社 1995.2 294,256p 30cm 30000円 (i)4-585-03030-1

(内容) 第1部 研究編―沖縄における船漕ぎ祭祀の民族学的研究(綜論 沖縄爬竜船祭祀の歴史的展開―中国の竜舟競渡とのかかわり 沖縄本島南部における，巴竜船祭祀海神祭にみる爬竜船(ハーリー)競漕と海神祭祀―沖縄本島中部・平安座島を中心として シヌグ・ウンジャミと船漕ぎ儀礼 八重山の船漕ぎ儀礼―星表島祖納村のシチィ(節祭) ほか) 第2部 映像資料編―映像にみるハーリー・船漕ぎ祭祀の地域性(船漕ぎ祭祀の分布図―沖縄本島・西表島・宮古島 糸満―糸満の沿革および糸満ハーレーの位置づけ 名城―名城のハーリー行事 平安座―平安座の海神祭における爬竜船(ハーリー)競漕 根路銘―ウンガミ祭とハーリー競漕 祖納―西表祖納のシチィ(節祭)

◇「沖縄北部のウンガミ」関連資料―記録作成等の措置を講ずべき無形の民俗文化財 [那覇] 沖縄県教育委員会 1994.3 40p 30cm (平成4・5年度映像記録作成事業 奥付の書名：北部のウンガミ関連資料) Ⓝ386.199

◇沖縄民俗文化論―祭祀・信仰・御岳 湧上元雄著 宜野湾 榕樹書林 2000.1 584,5p 23cm (i)4-947667-63-X Ⓝ386.199

(内容) 第1章 久高島・イザイホー 第2章 年中祭祀 第3章 民間信仰 第4章 御岳祭祀と伝承 第5章 エッセイ・他

◇「おなりかみ」とイザイホー 崎間敏勝著 与那原町(沖縄県) 琉球文化歴史研究所 1996.1 145p 19cm (シリーズ「琉球の文化と歴史の考察」第14号) 1200円 Ⓝ386.199

◇神々の古層 11 豊年を招き寄せる―ヒラセマンカイ・奄美大島 比嘉康雄著 那覇 ニライ社 1993.3 111p 20×21cm〈発売：新日本教育図書(下関)〉 1600円 (i)4-88024-161-X Ⓝ386.199

◇組踊と大和芸能 畠中敏郎著 那覇 ひるぎ社 1994.12 231p 18cm 1000円

(内容) 琉球芸能と私 組踊と大和芸能 組踊との出遭い 組踊と能との間 伝承と保存

◇暮らしと祈り―琉球弧・宮古諸島の祭祀世界 奥浜幸子著 那覇 ニライ社 1997.4 221p 22cm〈文献あり〉 2000円 (i)4-931314-25-2 Ⓝ386.199

(内容) 神の島―大神島 生命根の神・ウハルズ御岳―池間島 ユークイの拝所は今…―池間島 ダツマス神願いのある島―伊良部島 さつま芋へ対する神願い―伊良部島 佐良浜の浜神願いから―伊良部島 来間井泉への祈願 来間島の暮らし―来間島 スマフサリャ～竜宮開き願い―来間島 フタッジ御岳 仲屋マブナリの霊魂―多良間島 ウヤーンを抱いて 狩俣の祖神祭から―宮古島〔ほか〕

＊宇宙時代といわれる現代に，なお秘密の祭りを守りつづける宮古の大神島，島尻，狩俣。「ウヤガン」たちはいったいなにを祈っているのか。その祈りの心を共有することで，著者は偉大な神々の空間をひらき，啓示の意味を伝えようとしている。

◇芸能の原風景―沖縄県竹富島の種子取祭台本集 全国竹富島文化協会編著 藤沢 瑞木書房 1998.2 322p 22cm (東京 慶友社(発売)) 4800円 (i)4-87449-028-X Ⓝ386.8199

(内容) 1 世乞い・庭の芸能・弥勒 2 玻座間の舞台芸能 3 仲筋の舞台芸能 4 竹富島の種子取祭

＊本書は，種子取祭の主要芸能を収録したものである。内容は難解な島言葉の世界をなるべくわかり易くするように配慮した。歌謡・狂言の冒頭には，それぞれ簡単な解説をつけてストーリーを理解できるようにし，歌謡・セリフの対訳は，島言葉の表現を最大限に活かしつつ，理解し易いように工夫した。また，種子取祭の継承者となる若い方々のために，舞踊の歌詞・狂言のセリフは，現在の芸能の

◇国立劇場琉球芸能公演上演台本　第8回　組踊—沖縄演劇の伝統　国立劇場事業部宣伝課編　日本芸術文化振興会　1996.3　68p　26cm　Ⓝ386.8

◇さらにつかえるおきなわ行事イベントの本　ボーダーインク編集部編　那覇　ボーダーインク　2000.8　160p　21cm　1600円　(i)4-89982-002-X　Ⓝ689.2199
 (内容) 行事・イベントカレンダー　行事・イベント紹介(イベント　年中行事)　行事・イベント会場MAP(沖縄島北部・周辺離島　沖縄島中南部・周辺離島　宮古諸島　八重山諸島)
 ＊年中行事とイベントを1冊で紹介。「おきなわ行事イベントオールガイド」から5年。新たなイベント情報を盛りこみ、写真も多数掲載。さらにつかいやすく生まれ変わりました。

◇伝統の継承—琉球古典芸能コンクール30年　琉球新報社事業局編　那覇　琉球新報社　1996.11　469p　27cm　2913円　Ⓝ386.8

◇日本人の魂の原郷・沖縄久高島　比嘉康雄著　集英社　2000.5　222p　18cm　(集英社新書)　660円　(i)4-08-720034-5　Ⓝ386.199
 (内容) 序章　久高島の祭祀世界　第1章　魂の発見　第2章　守護神の成立　第3章　海神からの贈り物　第4章　神々の鎮まる場所　第5章　巫女の力　第6章　久高島祭祀の風景　第7章　自然から紡ぎ出した物語　第8章　誕生・結婚、そして死　終章　崩れゆく母たちの神
 ＊沖縄本島の東の海上に浮かぶ小さな島—久高島に琉球王朝よりはるか昔、古代人の心情から生まれ、「母神」を守護神とみる祭祀の形があった。それは、ノロをはじめとする女性神職者たちによって担われ、今日まで継承されてきている。12年に一度の大祭「イザイホー」、海の神が鎮まる海岸で豊漁を祈り草束を振るう神女や、海の彼方にある魂の原郷ニライハラーの神となって登場する神女の威厳に満ちた姿が、かずかずの祭祀を彩っている。30年近くも琉球弧の祭祀を追いつづけてきた著者が、久高島祭祀の多層なシーンをカメラとペンで記録した。30余枚の写真とともに、古代人の鎮魂のありようを伝える貴重な1冊。

◇野嵩マールアシビ・組踊宜野湾敵討　宜野湾市教育委員会文化課編　宜野湾　宜野湾市教育委員会　1996.3　104p　30cm　(口承民俗芸能記録保存調査報告書)　〈組踊関係主要文献目録(摘録)：p92～104〉　Ⓝ386.8

◇ふんぬむとぅ—石垣仲筋会三十五周年記念誌　石垣仲筋会創立三十五周年記念誌編集委員会編〔石垣〕〔石垣仲筋会創立三十五周年記念誌編集委員会〕　2001.2　180p　26cm　Ⓝ386.8199

◇八重芸—琉球大学八重山芸能研究会創立三十周年記念誌　山里純一編　〔西原町(沖縄県)〕琉球大学八重山芸能研究会　1997.3　306p　27cm　〈年表あり〉　Ⓝ386.8199

◇八重山芸能文化論　森田孫栄著　那覇　森田孫栄先生論文集刊行事業委員会　1999.1　831p　23cm　13800円　Ⓝ386.8199

◇八重山の芸能　大田静男著　那覇　ひるぎ社　1993.2　284p　18cm　(おきなわ文庫　64)　〈各章末：参考文献〉　980円　Ⓝ386.8

◇わが師を語る—琉球芸能の先達　沖縄芸能史研究会編　南風原町(沖縄県)　那覇出版社　1995.7　284p　19cm　(那覇出版文庫　3)　1500円　Ⓝ386.8

海外全般

◇アンデス、祭りめぐり　鈴木智子著　青弓社　2000.4　204p　19cm　(寺子屋ブックス 14)　1600円　(i)4-7872-3172-3　Ⓝ386.68
 (内容) 第1章　ペルーに行こう　第2章　星と雪の祭り　第3章　インカの元旦と太陽の祭り　第4章　聖カルメンの祭り　第5章　コンドルと闘牛の対決　第6章　ナスカの墓どろぼうと地上絵　第7章　インカの伝説　チチカカ湖
 ＊大自然の力が人々を衝き動かすアンデスには、一年を通じて数え切れないほどのさまざまな祭りがある。神々への畏敬の念をこめたコイヨリッティの巡礼、町を舞台にした一編の壮大なドラマのような聖カルメンの祭り…。土着の神々とスペイン占領時代にもたらされたカトリック教が不思議なかたちで混在しているのは、彼らのおおらかさであり、悲しい記憶への弔いでもあるのか。色とりどりの民族衣装が音楽に舞い、人々は酒を囲んで陽気に語らう。アンデスの祭りと暮らしに魅せられた著者が、その魅力を豊富な写真と文章に収めて、神秘の世界へといざなう。南米文学の魔術的リアリズムに通じる墓どろぼうとしゃれこうべの話、ナスカの地上絵についてなど、現地在住で好奇心旺盛な著者ならではの話題満載のフォトエッセイ。

◇カーニバル・イン・ブラック—ブラジルに渡ったアフリカの神々と祭り　板垣真理子著　三五館　1997.11　93p　20cm　(他言語標題：Carnival in black　おもに図)　1800円　(i)4-88320-131-7　Ⓝ386.62
 (内容) 黒いカーニバル　サルバドールの風　バイーアの祝祭　カンドンブレ　シャンゴ　ヨルバとバイーア

アジア

◇アジア演劇人類学の世界 宮尾慈良著 三一書房 1994.3 325p 21cm 4000円 (i)4-380-94224-4 Ⓝ772.2

(内容) 序章 神々の饗宴世界(精神の原郷―神々とのコミュニケーション) 第1章 祭祀芸能の世界(アジアの芸能 アジアの祭り) 第2章 演劇人類学の世界(バリ島の祭儀 身振りの照応 アジアの歌舞劇 ジャワの絵語り芸 ラオスのラーマーヤナ ジャワとバリの仮面劇 タイの仮面舞踊劇 中国の獅子舞 京劇の俳優考 ほか) Theatre in Asia(アジアの舞踊 台湾の影絵人形芝居 東南アジアの仮面と仮面劇 中国の獅子舞)

＊人と神々が交霊するアジア演劇の神秘空間。

◇アジアの仮面―神々と人間のあいだ 広田律子編 大修館書店 2000.11 262p 19cm (あじあブックス) 1900円 (i)4-469-23167-3

(内容) 日本の仮面―アジアの仮面の中で 韓国の仮面―仮面に隠された風刺 中国の仮面―呪力を備えたまなざし ネパールの面と儀礼―跳舞する生き神たち インドネシアの仮面―舞踊劇ワヤン・トペン インドの仮面―異界への飛翔 仮面と境界―スリランカの場合

＊「自分とは違うもの」になるための装置―仮面。その日本・韓国・中国・インド・インドネシア・スリランカ・ネパールにおける展開を考察し、人々と神々が共に生きるアジア文化の本質を凝視する。美・祈り・畏れ―アジアの仮面文化の魅力を知る1冊。

◇アジアの奇祭 さの昭文,石川武志写真 青弓社 1998.11 238p 20cm (写真叢書) 2000円 (i)4-7872-7102-4 Ⓝ386.2

(内容) 神への献身による魂の浄化―マレーシア タイプーサム 媽祖が導く運命共同体―台湾 北港媽祖誕生祭 磔 究極の自己犠牲―フィリピン グッド・フライデー 陰の世界を活気づけるムーダンの霊力―韓国 端午祭 「死」を発明した山岳の民―インドネシア ランブ・ソロ 巨大仏教経典のなかの偶―タイ ロイ・クラトーン 殺戮の女神との密約―インド カーリー・プジャ

＊本書は、アジア各地の宗教を日常生活のレベルでとらえ、その本質に迫ってみたものである。

◇歌・踊り・祈りのアジア 星野紘,野村伸一編著 勉誠出版 2000.11 411,13p 22cm (遊学叢書10) 7000円 (i)4-585-04070-6 Ⓝ386.82

◇仮面パフォーマンスの人類学―アフリカ、豹の森の仮面文化と近代 佐々木重洋著 京都 世界思想社 2000.11 382p 22cm (文献あり) 3600円 (i)4-7907-0840-3 Ⓝ386.84

(内容) 第1章 豹の森へ 第2章 エジャガムのオクム―各種の催しに登場する仮面 第3章 オバシンジョム―「呪薬の神」としての仮面 第4章 仮面に刻まれた記憶 第5章 継続するダイナミズム―新興の仮面結社と近代の「消化」 第6章 パフォーマンスの威力―仮面儀礼、憑依を存続させる社会 第7章 開かれた目へ―結論と今後の展望

＊豹の森、仮面の村、呪薬の神。カメルーンの熱帯雨林で著者が出会った仮面結社。男仮面・女仮面・老人仮面・泥棒仮面・豹の仮面…その儀礼とパフォーマンスの魅力をあますところなく描き、近代アフリカのダイナミズムをあぶりだす。また、憑依の演技性について、美的・感性的観点から斬新な解釈を施す。

◇日本の祭りと芸能―アジアからの視座 諏訪春雄著 吉川弘文館 1998.7 8,274p 19cm 3000円 (i)4-642-07745-6

(内容) 第1章 折口信夫の功罪 第2章 日本の祭りの類型 第3章 呪術と宗教 第4章 芸能と文学の発生 第5章 俳優の誕生 第6章 大陸芸能の渡来―散楽 第7章 人形芸能の展開 第8章 仮面の本質 第9章 中世仮面劇・能と狂言 第10章 中世の民間神楽

＊日本の祭りや芸能の源流を、時代を遡ってたどっても途中でとぎれてしまう。しかし視界を東アジアに広げると、あちこちに原形となった民族芸能が残っている。従来の日本民族起源論を否定する斬新な日本文化論。

◇東アジア獅子舞の系譜―五色獅子を中心に 李応寿述,国際日本文化研究センター編 京都 国際日本文化研究センター 2001.2 42p 21cm (日文研フォーラム 第126回) 〈他言語標題：Lion dance in East Asia 会期・会場：2000年9月12日 国際交流基金京都支部〉

◇東アジアの神と祭り 諏訪春雄編 雄山閣出版 1998.2 513,18p 22cm 〈索引あり〉 14000円 (i)4-639-01511-9 Ⓝ386.2

(内容) 第1章 東アジアの祭りの構造と類型 第2章 中国の祭り 第3章 韓国の祭り 第4章 日本の祭り 第5章 東アジアの信仰・祭り・芸能

＊東アジア農村祭祀を比較検討し、分布、交流の姿を追及、その共通する民俗宗教の構造を明らかにする。

◇ブータン・風の祈り―ニマルン寺の祭りと信仰 田淵暁写真,今枝由郎文 平河出版社 1996.4 251p 27cm 5800円 (i)4-89203-270-0 Ⓝ386.258

(内容) 1 雷竜の国・ブータン 2 ブムタン、チュメー谷、ニマルン寺 3 トルマ―尊格への捧げ物 4 ツェチュ祭への日々 5 ツェチュ祭の華やぎ、チャムの壮観 6 トンドル開眼供養 7 穏やかな日々の暮らし 文 ニマルン寺院

◇ブータンのツェチュ祭―神々との交感 永橋和

雄写真，今枝由郎文　平河出版社　1994.3
167p 26cm （アジア民俗写真叢書 12）3800円
(i)4-89203-239-5　Ⓝ386.258
  内容　ツェチュとチャム　ブータン―チベット仏教最後の砦(ブータン仏教　ブータン仏教の諸尊　ツェチュ　チャム)
◇舞踊と社会―アフリカの舞踊を事例として　遠藤保子著　京都　文理閣　2001.1 211p 22cm（英文併載）2500円 (i)4-89259-375-3　Ⓝ386.84
  内容　1 舞踊と社会(舞踊という言葉　舞踊の意味　民族と舞踊　舞踊の発生形態　舞踊の特性)　2 舞踊人類学研究の国際動向(舞踊人類学と民族舞踊学　草創期の人類学と舞踊人類学　確立期の人類学と舞踊人類学　展開期の人類学と舞踊人類学)　3 アフリカの舞踊人類学(アフリカの舞踊　舞踊のフィールドワーク　フィールドワークの事例研究　アディス・アベバの「伝統的」舞踊　フィールドワークによる調査成果の公表・還元)　4 まとめと展望(事例研究のまとめ　今日における舞踊人類学の必要性　舞踊の記録化)
◇ユダヤの祭りと通過儀礼　吉見崇一著　リトン　1994.9 195p 19cm 1700円 (i)4-947668-12-1　Ⓝ386.285
◇繚乱、アジアの仮面―神界への昇華、世俗への降臨　天理ギャラリー第113回展　天理大学附属天理参考館民俗部編　天理ギャラリー　1999.10 24p 26cm （会期：1999年10月24日―11月27日）Ⓝ386.8

◆中国・台湾
◇中国漢民族の仮面劇―江西省の仮面劇を追って　広田律子，余大喜編，王汝瀾，夏宇継訳　木耳社　1997.9 220p 27cm 8500円 (i)4-8393-7676-X　Ⓝ775.8
  内容　江西省の儺を探求する　南豊県石邨村の追儺行事とその文化的背景　南豊県石邨村の追儺行事　万載県池渓村の追儺行事　楽安県の追儺芸能　宜黄県神崗村の追儺行事
  ＊追儺芸能を探る！漢民族仮面芸能の原点！現在も中国全土に伝わる仮面劇―その淵源は二千年以上も遡る。単なる娯楽としてでなく、信仰の表現として精神的基盤にかかわる貴重な民俗事象である。「中国少数民族の仮面劇」に続く姉妹編。
◇中国歳時史の研究　中村喬著　京都　朋友書店　1993.8 632p 22cm （朋友学術叢書）12000円 (i)4-89281-034-7　Ⓝ386.22
◇中国のカーニバル　明神洋著　彩図社　2000.9 175p 15cm （ぶんりき文庫）540円 (i)4-88392-092-5　Ⓝ386.22
  内容　序曲(真冬のカーニバル　壺天 ほか)　1 劇場(機械じかけの箱　おぞましい機械 ほか)

2 舞台(マリオネットの糸　五行の回転 ほか)
3 開演(王の試煉)　終曲
  ＊「史記」に語られる、紂王の「酒池肉林」は歴史的事実でなく、冬の祭礼であった。古代の時空間(マクロコスモスとミクロコスモス)を「王」が創造する、音響と光陰のリズム論。
◇中国の祭祀儀礼と信仰　上巻　黄強著　第一書房　1998.7 291p 20cm （Academic series new Asia 27）3300円 (i)4-8042-0145-9　Ⓝ386.22
  内容　序章　第1章「尸」と神のパフォーマンス　第2章「尸」の遺風―民間祭祀儀礼における神霊の依り憑く者の諸形態及び特徴　第3章 祭司と尸―民間祭祀儀礼における祭司と尸の「分業型」　第4章「馬」と「神獣」信仰　第5章 民間の祭祀儀礼における神霊の依り憑く物と古代の「主」
  ＊本書は中国民間の祭祀儀礼、及び民間信仰に関するいくつかの課題を対象とし、これを歴史民俗学的に考察し、中国の文化史及び信仰史の再構築の一助とするものである。
◇中国の祭祀儀礼と信仰　下巻　黄強著　第一書房　1998.7 265p 20cm （Academic series new Asia 28）3300円 (i)4-8042-0146-7　Ⓝ386.22
  内容　第6章「壇」と民間祭祀儀礼の祭場　第7章 中国の民間祭祀儀礼における人形芸―「神」のパフォーマンスのもう一つの形態　第8章 太鼓と「太鼓の精霊」の信仰―中国の民間祭祀儀礼・芸能における太鼓の特性と役割　第9章「船」と民間の「送鬼船」の祭祀儀礼　第10章 精魅、厲鬼から瘟神まで―中国民間「災厄観」の形成と変化　第11章「乞食」に化身する来訪神―中国の民間における「新年の財神来臨」習俗　第12章 聖婚と再生―民間祭祀儀礼における聖婚の諸相　第13章「焚巫」「曝巫」から「晒神像」まで―中国の雨乞い儀礼における「贖罪」の観念
◇日中比較芸能史　諏訪春雄著　吉川弘文館　1994.1 360,12p 21cm 8000円 (i)4-642-07346-9
  内容　はじめに　日中比較芸能史の視点からみえてくるもの　1 季節に来訪する神―まれびと論・異人論批判　2 蓑笠と杖の民俗―日中の田遊び　3 翁と三番叟―芸能における来訪神の系譜　4 六方・反閇・禹歩―顕現した神の足取り　5 日中韓の仮面劇　6 日本の神楽と中国の民間祭祀　7 中世神楽の形成　8 地獄往来から地獄破りへ―打城戯・通関・目連戯　9 本地物と人神―中国三層宇宙観と日本の中世的世界像　10 中世祭祀の構造―道教・別祭・花祭り　11 三信遠花祭りの基本構造　12 芸能の故郷―日中憑霊信仰の比較　13 日中舞台の類同性　14 定式幕の誕生―五方五色観念の変遷
  ＊日本の民間神楽や能・狂言・歌舞伎の源流はどこか。中国各地、特に少数民族の間で今も

なお行われている民間芸能を永年に亘って実地踏査し、そこで繰り広げられる舞踊・劇・民俗などから、わが国の伝統芸能の外来性を追究。定説化されている折口信夫・柳田国男等の芸能史研究に新たな検討と批判を加え、日中比較芸能史の視点からの分析を提示する。

ヨーロッパ

◇イタリア幸福の12か月―陽気な国の暮らしのヒント　タカコ・H.メロジー著　集英社　2000.2　218p　16cm　(集英社文庫)　400円　(i)4-08-747164-0　Ⓝ386.37
- 内容　1月の章―ニューイヤーはお買得市で始まる　2月の章―カーニバルで寒さもなんのその　3月の章―黄色に染まる幸せのプリマヴェラ　4月の章―大人も子供も宗教行事　5月の章―サングラスの奥でマドンナが微笑む　6月の章―太陽の国、輝きが増す季節　7月の章―中世のイタリアがよみがえる　8月の章―けだるさと心地よさにまかせて　9月の章―ぶどうを頬ばりながら祭り見物　10月の章―収穫祭でにぎやかに肥え太る　11月の章―「死の季節」をノスタルジックに楽しむ　12月の章―街じゅうにスプマンテの泡が飛び散って
- *お祭り好きで、食いしん坊、太陽も人々もとびきり明るい元気の国イタリア。仮装カーニバルで大騒ぎの2月、ミモザの花で愛を語る3月。夏の星空ダンスパーティーが過ぎたら、実りの秋はぶどう摘み、冬はおしゃれしてオペラ座へ。暮らしの楽しみ上手なイタリア人の一年、そして太っ腹のマンマやおませな少女の人間模様を、フランス人の夫とイタリアに暮らす人気エッセイスト・タカコさんがご案内。

◇イタリア・フェスタ紀行　山田和子文・写真　平凡社　2000.7　111p　22cm　(コロナ・ブックス 83)　1524円　(i)4-582-63381-1　Ⓝ386.37
- 内容　仮装カーニヴァル―ヴェネツィア　人形カーニヴァル―ヴィアレッジョ　カレンディマッジョ―アッシジ　春のパリオ祭―アスティ　聖エフィジオ祭―カリアリ　聖ニコラ祭―バーリ　夏のパリオ祭―シエナ　レガータ・ストーリカ―ヴェネツィア　馬上槍試合―フォリーニョ　サンタ・クローチェの光祭り―ルッカ　聖ジェンナーロの血の奇跡祭―ナポリ
- *ヴェネツィアの仮装カーニヴァル、シエナの夏のパリオ祭、フォリーニョの馬上槍試合などイタリアの有名な11の祭りをにぎにぎしくご紹介。

◇祈りの国―ルーマニアの宗教文化　新免光比呂著　京都　淡交社　2000.8　63p　21cm　(Hart collection v.2)　952円　(i)4-473-01758-3　Ⓝ382.391
- 内容　第1部 民衆的キリスト教とイコン　第2部 キリスト教と祝祭　第3部 死のフォークロア　現代にいきる宗教　国立民族学博物館ってどんなところ？
- *本書では、ガラスの上にさまざまな図柄が描かれるガラス・イコン、冬の農村の路上で繰り広げられる儀礼で用いられる仮装用仮面、亡くなった人をユーモアとペーソスで想いおこす墓標、村ごとに異なったデザインと色彩が美しい民族衣装など、ルーマニアに暮らす人々が祈り働くなかで作り上げてきたモノを手がかりに、かの地のキリスト教の信仰と慣習を紹介している。

◇図説ヨーロッパの祭り　谷口幸男、遠藤紀勝著　河出書房新社　1998.11　111p　22cm　1800円　(i)4-309-72589-9　Ⓝ386.3
- 内容　プロローグ ヨーロッパの祭り　第1章 冬のはじまり　第2章 冬至祭とクリスマス　第3章 冬と夏のたたかい　第4章 冬の追い出しと夏迎え　第5章 よみがえる太陽　第6章 歓喜の五月　第7章 夏至祭　第8章 夏の終わり
- *太陽仮面、サンタ・クロース、雪男に熊男、バイキング…、クリスマス、カーニバルと仮面行事、猫祭りにワイン祭りなど、有名な祭り、珍しい祭りを訪ね歩き、ヨーロッパの四季と精神風土にふれる、ガイドブックにはないユニークなお祭り紀行。キリスト教年中行事典付き。

◇光の祝祭―ヨーロッパのクリスマス　小塩節著, 小林恵写真　日本基督教団出版局　1996.10　93p　20×22cm　1854円　(i)4-8184-0271-0　Ⓝ386.3
- 内容　1 光乏しい地にも(クリスマスの歌　樅の木　陽光乏しいヨーロッパ ほか)　2 降誕節(三人の学者たち　ベツレヘムの星　クリッペ(聖誕のうまごや) 3 物語
- *いまも、ヨーロッパの人びとの心と生活に生き続けるクリスマス。著者のオリジナル訳による詩や物語の紹介をはじめ、クリスマスを飾る様々な習慣、また人との出会いを、心安らぐ筆致で綴る。

◇フランス文化誌事典―祭り・暦・気象・ことわざ　ジョルジュ・ビドー・ド・リール著、堀田郷弘、野池恵子訳　原書房　1996.11　891,8p　22cm　18540円　(i)4-562-02860-2　Ⓝ386.35
- 内容　第1部 年、季節、月(一月　二月　春　三月　四月　五月　夏　六月 ほか)　第2部 気象(大気　虹　大気の降水　空に現われる現象　気温と大気圧　霜　天候について、そのほかのさまざまな前兆　動物の観察による天候の予測　植物による天候の予測　月とその影響)
- *一年の歳月の時の流れに従い、折々の祝祭や風習、伝統行事などをことばと通してつたえ

年中行事・祭礼

◇フローラの十二か月―植物・祝祭・物語　ジャン=マリー・ペルト著，尾崎昭美訳　工作舎　1997.9　340p　20cm　3200円　(i)4-87502-287-5　Ⓝ386.3
　内容　序章 暦と気候について　第1章 氷霧　第2章 蘇りしもの　第3章 夏の盛り　第4章 死と蘇り
　＊大晦日から元旦にかけての聖シルヴェストル祭から、日本でもおなじみのクリスマスまで、ヨーロッパの自然と風土が織りなす四季折々の祝祭は、そのまま花と緑のカレンダーでもあった。ギリシア=ローマ神話、ケルト・北欧の妖精物語、聖書と聖人伝説、民間伝承などに隠された植物のシンボルを読み解くことを通じて、西洋文化のエッセンスが鮮やかに描き出される。ヨーロッパで大人気の植物学者、ペルトによる緑の文化誌。

◇メイポールとザリガニとルシア祭―スウェーデンの祝祭日と伝統　Jan-Ojvind Swahn著　〔ストックホルム〕　スウェーデン文化交流協会　1999印刷　47p　24cm　(i)91-520-0559-3　Ⓝ382.3893

◇ヨーロッパの神と祭―光と闇の習俗　植田重雄著　早稲田大学出版部　1995.9　387,10p　22cm　(巻末：参考文献)　5500円　(i)4-657-95530-6　Ⓝ386.3
　内容　1 光と闇の転換(聖マルチン祭 ゲルマンの神々と習俗　聖者崇拝と習俗　戸たたきの習俗と唱え詞　ほか)　2 自然の死と復活(光のミサ　ファストナハトの習俗　ファストナハトの動物と精霊たち　復活祭期の習俗　ほか)
　＊クリスマス、聖ヴァレンタインの日、復活祭など、日本人にもなじみ深い祭や習俗を紹介し、ヨーロッパ文化を築いたキリスト教とゲルマン信仰との関わりを考える。

◇ヨーロッパの祝祭　レオン・マルケほか共著，蔵持不三也編著　河出書房新社　1996.9　270p　20cm　〈参考文献：p261〉　2800円　(i)4-309-22300-1　Ⓝ386.3
　内容　ベルギーのカルナヴァル　イタリアの五月柱祭　タラスク再考　ドイツのカルナヴァル
　＊"祭りのない人生は、旅籠のない長旅のようだ"　カルナヴァル、仮面・仮装、樹木祭、怪物退治…さまざまな「祭り」の綿密な分析を通じて明らかにされるヨーロッパ文化の古層と現代における変容。ヨーロッパ民俗学最新の研究成果。

◇ヨーロッパの祭と伝承　植田重雄著　講談社　1999.4　343p　15cm　(講談社学術文庫)　1000円　(i)4-06-159371-4　Ⓝ386.3
　内容　冬の光と闇　冬と夏の争い　夏の歌と踊り　秋の収穫の喜び　冬と眠りと安らぎ
　＊待降節・復活祭・万霊節と生活に豊かな彩り

を添えるキリスト教の四季の祭―その中には多神教で土俗的なケルトやゲルマンの遺習が脈々と息づいている。ウォーダン、ペルヒタなど、ゲルマンの魔群と精霊のその暗き世界に、希望と光、祈りと願いの結晶としてキリスト教がはいり込む。本書は、年間行事の紹介を通して、西様文化の深層を明らかにした労作である。

◇ローマの祭―夏と秋　ジョルジュ・デュメジル著，大橋寿美子訳　法政大学出版局　1994.11　427,10p　20cm　(叢書・ウニベルシタス 450)　4635円　(i)4-588-00450-6　Ⓝ386.3
　内容　自然の利用(水と森　火と風　麦とブドウ酒)　戦争の季節の成果(軍団の帰宮　ヴェーダ期インドの王の儀式　共和制ローマに残る王の儀式)　ローマの問題(「十月の馬」の最期の足掻き　小さい神々　神話と叙事詩)
　＊言語学、文献学、考古学、社会学にわたる該博な知識を駆使し、緻密な実証と広汎な視野の下に、謎とされてきた古代ローマの祭の構造を解き明かす。比較神話学の方法による神話・古代史研究の展望と、独創的な「インド・ヨーロッパ語族三機能説」の到達点を示す。

オセアニア・南太平洋諸島

◇オーストリアの祝祭と信仰　窪明子著　第一書房　2000.8　544,9p　22cm　〈文献あり〉　12000円　(i)4-8042-0716-3　Ⓝ386.346
　内容　オーストリア概観　オーストリアの祝祭と習俗(冬との戦い　春の蘇生　美しき五月　夏の行事　秋と収穫　死者と魂)
　＊オーストリア滞在二十一年を迎え、オーストリアにすっかり根を下ろした感のある著者が、各地の習俗について、各季節に最もふさわしいものを、四季を追いながら、その実態を紹介した。

民間信仰・迷信

民間信仰・迷信

◇あの「迷信・ジンクス」は本当か?―「運の良し悪し」から「恋愛」、「ギャンブル」、「数字」まで 日本博学倶楽部著 PHP研究所 2001.9 220p 15cm (PHP文庫) 438円 (i)4-569-57610-9 Ⓝ387.91

◇安倍晴明読本 豊嶋泰国著 原書房 1999.7 304p 21cm 1500円 (i)4-562-03219-7
  (内容)第1章 晴明と術(式神とは 怪奇な式神 邪法としての式神 ほか) 第2章 安倍晴明の主要関係社寺と伝説の地(晴明を祀る神社関係 晴明を祀る寺院関係 各地に残る晴明伝説 ほか) 第3章 晴明伝説(葛葉伝説 晴明のライバル蘆屋道満 晴明伝承の"増殖" ほか) 第4章 占い(安倍晴明と占い 式占 暦注占い ほか)
  *時は平安、式神を自在に操り、闇の力を支配した男・安倍晴明。希代の陰陽師の全貌を明らかにする。

◇家の神 鶴見俊輔文、安達浩写真 新版 京都 淡交社 1999.9 220p 19cm 1500円 (i)4-473-01683-8 Ⓝ384.4
  (内容)ある帰国 物としての家 無意識の部分 折り目 ひっこし 家の神にそむいて 家出 欠損家庭 死場所 ささやかな理想〔ほか〕
  *家族と言語が、人間を人間以外から区別する。言語は知性の道具となり、家族は秩序の感覚をつくる。家族がこわれることは、重大な重荷を人間に背負わせる。しかし、正しい家族の姿がどういうものかは、たやすくさぐりあてることはできない。もともと、人間としてあらわれてからさまざまの家族の形をとおってきたのだから、わずか百年あまり日本で正しいといわれてきた形だけが正しくて、それから離れる形は正しくないということは、これから先はとおらない。すでに、敗戦後に平均寿命がのびたという事実は、三世代同居の家族が正しく、母子家庭を不健全とするような考え方をゆるがしている。さまざまな家族があり得ることを、本書ではさぐっている。明治国家以前からある家族の習慣を、写真という形でとらえようと試みた。

◇生き贄―歴史の礎となった犠牲哀話 立松弘孝著 近代文芸社 1994.10 143p 19cm 1500円 (i)4-7733-3101-1
  (内容)第1章 生き贄 第2章 人柱 第3章 与三の火 第4章 水を鎮めた神々 第5章 遊女は女という生き贄であった 第6章 生き贄解放の礎となって 第7章 国際親善の担い手となって
  *いつの時代も、群衆は生き贄を求め続ける。遊女、人柱、織工女…伝説ではない、ほんとうにあった犠牲哀話の数々。祈りなのか、業なのか、人間社会に息づく残忍性を追求する。

◇生贄と人柱の民俗学 礫川全次編著 批評社 1998.5 345p 22cm (歴史民俗学資料叢書 5) 6500円 (i)4-8265-0252-4 Ⓝ163
  *大正14年(1925)皇居(江戸城)二重櫓の下から多数の白骨死体が発掘され、にわかに「人柱」論争が巻き起こった。南方熊楠・柳田国男・中山太郎といった強烈な個性で知られる民俗学者の「人柱論」をとおして日本文化の基層を探る。生贄と人柱に関する貴重な研究・資料を収集し、人間存在の実相・本質に迫る資料集。

◇いざなぎ流式王子―呪術探究 斎藤英喜著 新紀元社 2000.5 239p 21cm 1500円 (i)4-88317-349-6 Ⓝ147.1
  (内容)プロローグ 呪術の探究者たちへ 青のステージ 天武天皇 赤のステージ 役行者 黄のステージ 安倍晴明 白のステージ「いざなぎ流」伝授 黒のステージ「いざなぎ流」奥義 中尾計佐清太夫著『天神之祭文』
  *日本呪術の究極の教え。安倍晴明・役行者など、最強の呪術師たちをマスターすると、"呪術の奥義"探究のための修行書。式神・鬼神の呪法を学び、現代の秘術「いざなぎ流」式王子の召喚法・使役法を究める。

◇異貌の神々と怨霊 志村有弘編 勉誠出版 1998.12 199p 22cm (庶民宗教民俗学叢書 別冊 1) (i)4-585-03059-X Ⓝ387

◇海辺の神信仰 佐々木法子著 日本図書刊行会 2001.1 192p 20cm (東京 近代文芸社(発売)) 2000円 (i)4-8231-0644-X Ⓝ387
  (内容)第1章 日本人と宗教心 第2章 神祇崇拝の原体験 第3章 海と神概念 第4章 神祇崇敬と協同体 第5章 宗教と現世利益 第6章 漁村の神と農村の神 第7章 漁民と民間信仰 第8章 神道における清浄と汚れ 第9章 幕末と神信仰 第10章 祖先崇拝と漁村協同体 第11章 漁民の信仰メカニズム
  *古代の神祇信仰・国造りから近代の誤った皇国神道、そして現代に入った人間天皇論に至る信仰の激変を記述。それを経て庶民の神信

仰はどうなって来たかを農漁民に問うた研究。
◇梅原猛著作集 7 日本冒険 上 梅原猛著 小学館 2001.6 693p 20cm 〈付属資料：8p：月報 5〉 4300円 (i)4-09-677107-4 Ⓝ081.6
(内容) 1 異界の旅へ(火 鳥 柱 異界) 2 太陽の輪廻(異界(承前) 再生 冥界 都市 冥界一再説)
＊本書は、「火」とか「鳥」とか「柱」とかの崇拝を探りながら、日本文化の根源を明らかにする。

◇梅原猛著作集 8 日本冒険 下 梅原猛著 小学館 2001.8 597p 20cm 〈肖像あり 付属資料：8p：月報 6〉 4300円 (i)4-09-677108-2 Ⓝ081.6
(内容) 第三の旅・予言者の翼 抽象 神秘 幻想 黄夢 第四の旅・母文明 アイヌ 沖縄
＊「神秘と幻想」知の彷徨。異界探検で見た死と再生の物語。

◇うわさと俗信―民俗学の手帖から 常光徹著 〔高知〕 高知新聞社 1997.3 262p 20cm 〈高知 高知新聞企業(発売) 文献あり〉 1800円 (i)4-87503-216-1 Ⓝ387.91

◇英語の迷信エッセイ事典 トミー植松著 洋販出版 1998.8 269p 18cm 〈他言語標題：Thesaurus of superstitions in English-speaking countries 東京 洋販(発売)〉 2200円 (i)4-89684-655-9 Ⓝ830.4
(内容) 1 ゆりかごから墓場まで(生命の誕生の迷信 人体の謎と迷信 病を治す迷信 結婚をめぐる迷信 運を開くまじない 死を予告する迷信) 2 暮らしと大自然(暮らしのなかの迷信 大自然のお告げ)
＊本書では、収集した550余の迷信を、「生命の誕生の迷信」「病を治す迷信」「結婚をめぐる迷信」「運を開くまじない」など8つのカテゴリーに分類、それぞれの迷信に通し番号をつけ、各章・節の冒頭には迷信を生んだ文化的背景についてのエッセイを添えた。迷信を通じて、英語を母語とする人々の風俗・習慣・文化的背景を知り、慣用句ともいうべき多彩な英語表現を楽しく身につけることができる。

◇英語迷信・俗信事典 I.オウピー、M.テイタム編、山形和美監訳 大修館書店 1994.8 564p 23cm 〈訳：荒木正純ほか 主要文献：p485～495〉 10300円 (i)4-469-01241-6 Ⓝ387.033
＊「塩をこぼすと友を失う」「4つ葉のクローバーを見つけると本当の恋人に会える」「ハシゴの下を歩くのは縁起が悪い」「5月の朝露は美容によい」…英語圏に古くから伝わり、現在まで生き続けてきた〈占い／まじない／治療法／呪文／予兆／儀式／タブー〉の集大成。紀元前から20世紀まで、日記・手紙・地方史・語彙集・文学作品・民間伝承・雑誌・新聞から1576項目・7680余用例を、収集整理した空前のデータ・ブック。

◇疫神信仰にみる祈りと願い―平成5年度企画展 吹田市立博物館編 吹田 吹田市立博物館 1993.8 24p 26cm Ⓝ387

◇エミシの国の女神―早池峰―遠野郷の母神＝瀬織津姫の物語 菊池展明著 遠野 風琳堂 2000.10 329p 20cm 2500円 (i)4-89426-415-3 Ⓝ164.1

◇縁起がいっぱい―かついでみんなハッピー 東京縁起かつぎ研究会編 同文書院 1997.4 207p 18cm 〈「縁起かつぎの秘密」(平成8年刊)の改題・新装 参考文献：p207〉 1030円 (i)4-8103-7388-6 Ⓝ387
(内容) 第1章 幸せのマジナイ9 第2章 茶柱の立つ幸せ7 第3章 幸せの色と予知11 第4章 いわゆるひとつの縁起モン12 第5章 愛と性の縁起かつぎ43 第6章 金運を呼ぶ縁起33 第7章 数字と暦の縁起学36
＊あなたを幸せにみちびくミラクル縁起かつぎ151の方法。

◇縁起かつぎの秘密―幸福を呼ぶ151の方法 東京縁起かつぎ研究会編 同文書院 1996.2 207p 19cm 〈参考文献：p207〉 1300円 (i)4-8103-7309-6 Ⓝ387
(内容) 第1章 幸せのマジナイ9 第2章 茶柱の立つ幸せ7 第3章 幸せの色と予知11 第4章 いわゆるひとつの縁起モン12 第5章 愛と性の縁起かつぎ43 第6章 金運を呼ぶ縁起33 第7章 数字と暦の縁起学36

◇翁童のコスモロジー 鎌田東二著 新曜社 2000.10 572p 20cm 〈ノマド叢書―翁童論 4〉 4500円 (i)4-7885-0741-2 Ⓝ387
(内容) 老いの図像学―「若」に向かって逆成長する身体 第1部 翁童のフォークロリスト(南方熊楠と神社合祀反対運動 霊魂と霊性の民俗学―柳田国男・折口信男・鈴木大拙 ほか) 第2部 翁童力変幻(異貌の国学―平田篤胤と折口信夫 平田篤胤と霊学研究 ほか) 第3部 老いの叡知とユーモア(姥棄て物語と生命の循環 翁童の行方―ユーモアを求めて ほか) 第4部 翁童のコスモス(新・神仏習合の実験場―天河大弁財天社 出産・異界・血 ほか) 終章 翁童のゆくえ(生命観の変革と「翁童論」 現代翁童論 ほか)
＊未来を切り開く哲学！！人間はどこから来て、どこへ行くのか この人間と宇宙の大いなる謎に、「翁童存在」という独創的視点から迫る著者12年の格闘の成果全4巻、ここに完結。

◇男と女の「迷信」がズバリ！わかる本 運命の謎を探る会編 河出書房新社 1996.2 231p 15cm (Kawade夢文庫) 480円 (i)4-309-49134-0 Ⓝ387
(内容) 1 言い伝えられてきた"女の本性"の謎に迫る 2 昔から"男の強さ"はここに出ると言われるが… 3 "恋"の花咲く?！当世、男と女の

おまじない　4 人生一度の"結婚"だから単なる迷信と笑えない　5 嘘かマコトか、ご先祖様の"性"の教訓　6 バカげてるけど気になる"不吉"な迷信の謂われとは　7 今でも役立つ古今東西"子作り"の知恵　8 どこまで信じる?"女体"に関する俗説・奇説

＊"4歳違いとは法婚するな""6月の花嫁は幸せになる"など、男女の間に語り継がれてきた迷信の根拠とは。

◇帯によせて—安産・育児の祈願　板倉千栄子著　茂原　板倉千栄子　1994.3　159p 26cm　非売品　Ⓝ387

◇親指と霊柩車—まじないの民俗　常光徹著、国立歴史民俗博物館監修　佐倉　歴史民俗博物館振興会　2000.9　95p 21cm〈歴博ブックレット 14〉762円　(i)4-916202-39-2　Ⓝ387.91

◇火—民衆生活の日本史　林屋辰三郎編　京都　思文閣出版　1996.7　269,4p 19cm　2500円　(i)4-7842-0910-7

[内容] 総論—変革のなかの火　思想—日輪受胎　産業—火を使うなりわい　生活—火による生活の変化　風俗—料理と器　信仰—火・煙・灰　特論—火葬と土葬

＊木・火・土・金・水、五行よりみた日本史。変革と流転の歴史の中で民衆の生活はどのようにかわってきたのか。木・火・土・金・水五行の元素を通して生きとし生けるものの姿を新しい視点から解く。

◇開運！えんぎ読本—自己癒しの文化再発見　神崎宣武編著　チクマ秀版社　2000.12　221p 19cm　1500円　(i)4-8050-0375-8　Ⓝ387

[内容] 1 無病息災の切なる願いが原点—魔除け・厄払いのさまざま(破魔矢・破魔弓　土鈴　白檀　ほか)　2 安心が自信と幸運を呼びよせる—招福・安全祈願のさまざま(はと　七福神　宝船　ほか)　3 開運・願望の心強い味方—目的成就のさまざま(絵馬　だるま　犬　ほか)　4 住いの永続を守る—風水・家相のさまざま(塞の神　村境の注連縄　石敢当　ほか)

＊いつの時代もひたむきでしたたかな庶民の知恵とパワーがここにある。

◇開運ご利益ガイド—遠州88番　神谷昌志著　静岡　羽衣出版　1997.7　186p 21cm　1600円　(i)4-938138-18-2　Ⓝ387

＊霊験あらたかな遠州の願かけ88ヶ所！開運福徳・商売繁盛・病気平癒・試験合格・子授け安産・家内安全・財宝増大などのご利益ガイド。開運稲荷・延命地蔵・子安観音・日limit地蔵・目の薬師・弘法様・身代わり地蔵・いぼ地蔵・足神様など特色のある神仏を紹介。

◇絵画・木札・石造物に中世を読む　水藤真著　吉川弘文館　1994.8　365p 21cm　6592円　(i)4-642-02737-8

[内容] 序 中世史料論の模索—さまざまな史料から何がわかるか　1「洛中洛外図」を読む(「洛中洛外図」のおもしろさ—町田本・上杉本の画面「洛中洛外図」の成立と描写の意図「殿」と「様」—「洛中洛外図」の書き込みから)　2 木札の用例と分類(木に墨書すること—中世木簡の用例　札を打つ—掲示された木札の分類と機能　若狭小浜の寄進札)　3 石造遺物と金石文(一乗谷の石塔・石仏　備後国太田荘の石造物と現地調査　金石文の史料的価値と調査法)　4 絵図・地図と現地調査(村や町を囲うこと—中世における都市の発生・発達を考える　荘園絵図を読む—絵図は何を描こうとしたか　歴史的景観の復元　もうこの瀬—中世都市一乗谷の伝承)

＊わが国の歴史研究は文献史料をもとに行われてきたが、それのみでは生きた民衆の歴史を明らかにはできない。本書は、絵画や木札・石造物などの「もの史料」に注目し、日本の片隅に忘れられた豊かな中世史像を描き出す。

◇蚕の民俗　奥村幸雄著　〔白鷹町(山形県)〕〔奥村幸雄〕　1995.10　142p 19cm　Ⓝ387

◇会話が広がる米語の迷信・俗信101　ハリー・コリス著、ジョー・コール絵、マクミランランゲージハウス編集部訳注　マクミランランゲージハウス　1998.8　219p 21cm〈他言語標題：101 American superstitions〉1900円　(i)4-89585-823-5　Ⓝ387.953

[内容] 1 Body Language　2 Love and Marriage　3 Food for Thought　4 I've Got Your Number　5 Be Careful !　6 Lots of Luck　7 Win or Lose　8 Special Days　9 And Many More

＊米語とアメリカ文化が同時に学べる。米国で古くから言い伝えられている101の迷信を取り上げ、対話形式で収録。日頃米国人が会話の中で口にする迷信が彼等の日常生活に依然として根付いていることが認識できる。日米に共通した迷信、または日本人とは異なる彼等の文化・宗教から。

◇カッセル英語俗信・迷信事典　デービッド・ピカリング著，青木義孝,中名生登美子訳　大修館書店　1999.6　406p 23cm　5700円　(i)4-469-01263-7　Ⓝ387.033

＊ノアの方舟から、第二次世界大戦中のグレムリン、宇宙飛行士たちのタブーまで、英語世界の俗信迷信を収録した事典。958の項目をアルファベット順に排列。そのうち844項目には解説を付す。巻末に、50音順項目索引を付す。

◇神　大野晋著　三省堂　1997.10　136,6p 19cm〈一語の辞典〉1000円　(i)4-385-42200-1

[内容] 1 日本のカミ　2 ホトケの輸入　3 カミとホトケの習合　4 カミとホトケの分離　5 ホトケのぶちこわしとGodの輸入　6 カミの輸入　7 日本の文明と文化—カミの意味は変わっていくか

*日本のカミはどのような神だったか。ホトケや西洋のGodとの違いは何か。神という言葉の由来をもとめて、歴史をさかのぼる。

◇神々の祭祀と伝承―松前健教授古稀記念論文集 上田正昭編 京都 同朋舎出版 1993.6 390p 22cm ¥14000円 (i)4-8104-1160-5 Ⓝ163

内容 鎮魂の原義と宮廷鎮魂祭の成立 殺牛馬信仰の考察 近江における古墳時代玉作遺跡と物部祭祀集団 天照大御神の高天原統治の完成―八百万神とのかかわりにおいて 高句麗の建国神話と日本神話―随伴者(者)をめぐる諸問題 神功皇后の新羅征伐伝承に関する研究 『霊異記』上巻第五話―仏像の古代的意義 風土記の磐井関係記事について―史実と伝承の狭間 祝詞の大字仮名表記をめぐって 筑紫舞聞書―西山村光寿斉より 六条御息所と源融物語 "袖"についての一・二の考察 日本的カリスマの中世像―吉田兼倶をめぐって 柳田国男と朝鮮 宮古島狩俣・祖神祭〈イダスウプナー〉考―ユタ・カンカカリヤーの成巫儀礼とかかわって 南島民間神話発生の諸相―宮古諸島を中心に 琉球王権論―国王の出自と言語表現をめぐって

◇神々の聖地―癒しと再生の旅ガイドブック 聖地で日本の神話を読み直す旅 山田雅晴著 たま出版 1997.7 343p 19cm 1600円 (i)4-88481-956-X Ⓝ387

内容 第1章 日本に点在する「高天原」伝承地はヒーリングスポットだった―富士山周辺地ほか 第2章 地球創世の祖神イザナギ・イザナミ―淡路島・熊野ほか 第3章 天の岩戸と古神道の秘儀―立山・戸隠ほか 第4章 ヨミガエリ神・スサノオ、オオクニヌシに学ぶ―出雲・村上・美保ほか 第5章 天より降臨する神々―高千穂・鹿児島、畝傍山など 第6章 三種の神器から「元伊勢」ネットワーク―伊勢神宮、天の橋立・元伊勢皇大神社など 第7章 縄文とアイヌの聖地に出かけよう―北海道・東北、沖縄など

*やさしく親しみやすい文章で、日本の神話(アイヌや沖縄を含む)を読み直す。神話に関連する聖地を豊富に紹介。住所・地図付き。古神道の秘儀から示す"目からウロコの神話論"が満載。究極の聖地・元伊勢伝承地を一挙公開。日本の神話から読み取れる「癒しのメッセージ」をコラム形式で紹介。聖地に足を運んだ際にできる簡単な「癒しのテクニック」の数々を公開。地名などから、自分で聖地を探し出す方法を紹介。

◇神々の誕生―易・五行と日本の神々 吉野裕子著 岩波書店 1994.4 295p 16cm (同時代ライブラリー 182) 1100円 (i)4-00-260182-X Ⓝ162.1

◇神々の変貌―社寺縁起の世界から 桜井好朗著 筑摩書房 2000.3 286p 15cm (ちくま学芸文庫) 1100円 (i)4-480-08546-7 Ⓝ387

内容 序説 神々の世界における古代 第1章 神々における中世の胎動 第2章 天神信仰における国家と民間 第3章 中世における社寺縁起の展開 第4章 歴史叙述における神々と縁起 第5章 中世における神々の黄昏 結語 社寺縁起をめぐる若干の問題

*古代の神々に固有な表現構造が崩壊したとき、中世特有の神々が姿を現す。「根源-始源」としての神は、記紀神話の枠外すなわち民間信仰圏に出現し、「荒ぶる神」、「利生の神」となって中世に息づいた。この「秩序を覆す神」と「秩序を打ち立てる神」の相克によって中世特異の世界形成が表現され、それがほかならぬ社寺縁起のなかにくっきりと刻印されたのである。神々は、社寺信仰圏や国家信仰圏にとりこまれる程度や度合によってその相貌を変えてゆくが、最後には人との間の境界が揺ぎ出し、その中世的生を終えることになる。ひとつの時代を構造的にとらえ、その構造自身の変動の契機をも視野に入れて論じる、力作の中世論考。

◇神子と修験の宗教民俗学的研究 神田より子著 岩田書院 2001.2 844,31p 21cm 18800円 (i)4-87294-199-3

内容 第1部 巫女の研究史(日本民俗学における巫女研究史 宗教学・精神医学・人類学におけるシャーマニズム研究史 ほか) 第2部 陸中沿岸地方における神子の生活と地域社会(語りの中の神子の伝承 神仏分離令と近代の神子 ほか) 第3部 神子と修験のかかわりの歴史的変遷(歴史的概観 近世期羽黒山正善院文書に見る神子の位置付け ほか) 第4部 神子の儀礼と世界観(湯立託宣と神子舞 オシラサマ儀礼の諸相 ほか)

◇カミさまがいっぱい―民間信仰の世界・陰陽道の世界 企画展図録 東村山 ふるさと歴史館 2001.6 24p 19×26cm

◇神さま仏さま―現代宗教の考現学 藤田庄市写真・文 アスキー, アスペクト〔発売〕 1998.12 309p 21cm 2800円 (i)4-7572-0268-7

内容 第1章 祈る―現代の聖域を歩く(失われるバランスを楽しむ"心のテーマパーク"―養老天命反転地 聖地になった「幸福の黄色いハンカチ」の炭坑住宅―幸福の黄色いハンカチ想い出ひろば ほか) 第2章 救う―救済者の素顔(成人した放課後のシャーマン 今どきの「生き神様」ほか) 第3章 悼む―供養の現場(物言わぬ絵が語ること―無言館戦没画学生慰霊美術館 引き揚げ途上で亡くなった子を悼む―まんしゅう地蔵 ほか) 第4章 脅す―宗教事件の本質(激増する宗教被害欺く側の論理・欺かれる側の心理 日本人の精神性はどこへ向かうのか 宗教離れと「宗教被害」ほか)

*本書でとりあげた「神さま仏さま」=「宗教」は、なにも教祖がいたり教団があるといった宗教ばかりではない。神仏はもちろん、死者や動物の霊、自然霊も精神世界でいうエンティティやハイアーセルフなども含んだ、そうした「存在」と人々の関わりから生じたものを「宗教」としている。それのみか、人がどこか超越的と感じるものはすべて「宗教」としてこちらから近づいていった。

◇神と仏の相剋　西海賢二編　批評社　2001.6　245p　21cm　2500円　(i)4-8265-0329-6　Ⓝ387
　内容　まえがき　神と仏の相剋―大衆文化と伝統文化によせて　第1章　留守家と年中行事　第2章　小牛田山神社の成立と展開をめぐって　第3章　奥三河における祭祀と村落　第4章　庶民信仰―稲荷信仰について　第5章　近代山岳信仰の展開
　*神と仏が絡み合う、5つの民俗事例。日本人は実に巧みに神と仏の棲み分けをし、かつ共生をしている。政策の一環として分離した神仏も、我々の精神生活のなかでは、いつまでも生き続けているのだ。

◇神とものの け　志村有弘著　勉誠出版　1999.9　219p　20cm　〈遊学叢書 2〉〈年表あり〉　2300円　(i)4-585-04062-5　Ⓝ387
　内容　ちまたの神（泰山府君―人のいのちをつかさどる神　農業の神―農業の神と薬学の神　新羅明神―三井寺の守護　ほか）　もののけと鬼（蛇身と化した清姫　悪霊藤原頼成と鬼殿　ほか）　地獄と極楽と往生（地獄と極楽　地獄と「往生要集」　ほか）
　*歴史は勝者によって作られる。敗者や不遇の死をとげた者に弁明の余地はないのだ。だから自分をおとしいれ打ち負かした者達を、怨霊となって呪い祟るよりほかないのだ。ちまたに祀られている神々は、もとは実在の人物である。歴史の暗部にうずもれた敗者のうめきが聞こえてくる。

◇神と霊魂の民俗　赤田光男、香月洋一郎、小松和彦、野本寛一、福田アジオ編　雄山閣出版　1997.7　267p　21cm　〈講座 日本の民俗学 7〉　4800円　(i)4-639-01455-4
　内容　総説　神と霊魂の民俗　1 神観念と神社祭祀　2 仏教と民俗　3 民間の宗教者　4 他界観と民俗
　*氏神信仰、先祖信仰、民間信仰、俗信、祭り、位牌祭祀、墓制など民俗宗教の変遷と実態を、村落の民俗変容が激しさを増し、共同体慣行が失われつつある現代の状況に捉える。

◇雷さまと風の神―くらしとお天気　第39回企画展　小山市立博物館編　小山　小山市立博物館　1999.10　38p　30cm　〈会期：平成11年10月30日―12月10日〉　Ⓝ387

◇カミナリさまはなぜヘソをねらうのか　吉野裕子著　サンマーク出版　2000.12　199p　20cm　〈東京　サンマーク（発売）〉　1600円　(i)4-7631-9339-2　Ⓝ387
　内容　プロローグ　この法則を知れば、謎は解ける（陰陽五行は、楽しい古代中国哲学　子午線の「子」と「午」とは何だろう　ほか）　第1章　「相生」と「相剋」を活用しよう（カミナリさまは、なぜヘソをねらうのか　カミナリが鳴ると、なぜ蚊帳のなかに入るのか　ほか）　第2章　方位と十二支に強くなろう（かつて、日本の都はすべて「子」の方角にあった　死者はなぜ「北枕」にするのかまた、墓石に水をかけるのはなぜか　ほか）　第3章　「三合の法則」を理解しよう（「冬は旧七月に生まれ、三月で死ぬ」という三合の法則　カッパの頭には、なぜ皿があるのか　ほか）　第4章　こんな不思議も考えてみよう（「絵馬を奉納すると願いが叶う」とされるのはなぜか　「七草粥」のほんとうの意味　ほか）
　*「キュウリ巻きをカッパ巻きというのはなぜか」「お稲荷さんに、なぜ油揚げを供えるのか」「なぜ鬼にはツノがあり、トラ皮のふんどしをしめているのか」…。すべてのカギは「陰陽五行」にあった！この法則を知れば、謎は解ける。

◇神に追われて　谷川健一著　新潮社　2000.7　186p　19cm　1500円　(i)4-10-438701-0
　内容　魂の危機　南島の巫女への道　洞窟の女神　悪霊とたたかう少女　神の森
　*根間カナに突然神が乗る。宮古の根、先祖の根を掘り起こせと神は命じる。カナは狂気のごとく「御岳」（神を拝する聖地）を経巡るが、神の苛烈な試練は止まるところをしらない。―民俗学の権威の筆は、理性や知性を超えた彼方に存在するもうひとつの真実をわれわれに突きつける。

◇神の名は神―ユダヤ教・キリスト教・イスラム教・道教・ヒンドゥー教・アニミズム・仏教・神道　久保田展弘著　小学館　1996.1　430p　20cm　〈主な参考文献：p424〜426〉　2800円　(i)4-09-387178-7　Ⓝ162
　内容　第1章　聖書の神と日本の神―ヴァティカンの聖空間にて　第2章　インドの神々―多神教世界の神が語るもの　第3章　イエス・キリストとブッダ―その信仰空間　第4章　東アジア世界の神々―道教・仏教の融合が生むもの　第5章　アニミズム世界の神―海と山と天なる国　第6章　イスラームの神・神道の神―岩山からの声・森からの声
　*宗教（＝神への絶対的帰依）は人間になにをもたらしたか。日本山岳宗教研究の第一人者が、二万キロにおよぶユーラシア大陸思索行の果てに見たものとは。本書では、アジアやヨーロッパのたくさんの宗教のかたちが、風や大地の匂いをともなって体感できる。

◇神山の道しるべ　神山町成人大学編集委員会編

神山町(徳島県) 神山町教育委員会生涯学習課 1999.3 50p 26cm (神山町成人大学講座 平成10年度) 〈奥付の責任表示(誤植):神山成人大学編集委員会〉Ⓝ387

◇記憶する民俗社会 小松和彦編, 小松和彦ほか著 京都 人文書院 2000.9 273p 20cm 2400円 (i)4-409-54059-9 Ⓝ382.1
(内容)「たましい」という名の記憶装置―「民俗」という概念をめぐるラフ・スケッチ そぞろにおそろしく覚えて―近世怪談にみる怪異空間の諸相 記憶する"場所"―吉野川流域の「首切れ馬」伝説をめぐって 記憶の変貌―魚見石の伝説から 解釈の技法・記憶の技法―高知県大豊町の蛇淵伝説 無法者とその身体―竹本長十郎の伝承を中心にして
＊忘れられつつある記憶を発掘し, 民俗社会の生活を追体験する。―民俗学の再生のために。

◇祈願・祭祀習俗の文化史 奥野義雄著 岩田書院 2000.10 407p 22cm 8400円 (i)4-87294-181-0 Ⓝ387

◇共古随筆 山中共古著 平凡社 1995.5 363p 18cm (東洋文庫 588) 2987円 (i)4-582-80588-4 Ⓝ387
(内容)土俗談語, 神社に就て, 三猿塔, 影守雑記. 解説 山中共古の人と学問 飯島吉晴著. 参考文献:p361～362
＊最後の幕臣にして牧師, そして日本民俗学の草創期を飾りながら忘れられた先駆者・山中共古。その自由な目と耳がとらえ記録した, 明治大正の東京など各地の信仰と習俗。自筆の図版多数。

◇金銀銅鉄伝承と歴史の道 田中久夫著 岩田書院 1996.9 396p 22cm (御影史学研究会民俗学叢書 9) 8652円 (i)4-900697-62-1 Ⓝ387

◇金枝篇 1 フレイザー著, 永橋卓介訳 岩波書店 1996.6 306p 15cm (岩波文庫) 〈第35刷(第3刷改版:1966年)〉 620円 (i)4-00-342161-2 Ⓝ163

◇金枝篇 2 フレイザー著, 永橋卓介訳 岩波書店 1996.6 336p 15cm (岩波文庫) 〈第29刷(第4刷改版:1966年)〉 670円 (i)4-00-342162-0 Ⓝ163

◇金枝篇 3 フレイザー著, 永橋卓介訳 岩波書店 1996.6 300p 15cm (岩波文庫) 〈第26刷(第3刷改版:1967年)〉 620円 (i)4-00-342163-9 Ⓝ163

◇金枝篇 4 フレイザー著, 永橋卓介訳 岩波書店 1996.6 304p 15cm (岩波文庫) 〈第25刷(第3刷改版:1967年)〉 620円 (i)4-00-342164-7 Ⓝ163

◇金枝篇 5 フレイザー著, 永橋卓介訳 岩波書店 1996.6 154,107p 15cm (岩波文庫) 〈第23刷(第2刷改版:1967年)〉 620円 (i)4-00-342165-5 Ⓝ163

◇暮らしの伝承―迷信と科学のあいだ 蒲田春樹著 大阪 朱鷺書房 1998.12 253p 19cm 1500円 (i)4-88602-918-3 Ⓝ387
(内容)第1章「どうしてなの」と疑問が残るもの(陰陽思想をベースにした日本のしきたり―男雛を向かって右に飾るか左に飾るかで国際性が問われる 注連縄の役割とくリスマス・リースの任務―反時計の左回りが神を招く回転方向 ほか) 第2章 建物にまつわる言い伝え(鬼門は迷信なのか科学的な根拠があるのか―家相に良い悪いがあるってホント? 不老長寿を願い, 屋根や軒を反りあげる―建築の回帰現象 ほか) 第3章 四季の行事と食材の縁起(おせち料理に選ばれる食材の意味―かまぼこは日の出をイメージしたもの 正月に「お屠蘇」を飲む理由―これをワインに代えてよいだろうか ほか) 第4章 神仏と縁起の効用(願かけ地蔵と縁起寺院の由来―お詣りをするとホントにご利益があるだろうか 為すべきか為さざるべきかの判断―財界人にも信者が多い ほか) 第5章 語りかける橋の表情を読みとる(此岸から彼岸に渡る祈りの橋―橋の語源は「高僧」にある 渡るたびに心洗われる橋―雨雩とは雨が樹々の葉を洗濯すること ほか) 第6章 植物にそなわる霊感とその背景(椿の花を縁起が悪いという人, 良いという人, どちらがホント?―喜寿, 米寿, 茶寿のまだ上に椿寿がある 菖蒲の根茎には鎮痛作用がある―根合わせの神事が凄い ほか) 第7章 いまさら聞けない縁起の理由(唐草模様はツタの生命力にあやかるのでめでたい―獅子舞の柄は渦を巻いている セコムより効果のある泥棒よけ―逆さに貼ると効果のある守護礼 ほか)
＊迷信と科学のあいだ。日本人の生活に根づいている言い伝えやしきたり。たんなる迷信にすぎないものもあるが, 意外な根拠を知ってびっくりすることも少なくない。人生をより豊かにするために, 守るべきことは何か, もうやめるべきことは何か。

◇暮らしの中の救い―祈りと信仰の風俗 日本風俗史学会編 つくばね舎 2000.3 205p 21cm 〈東京 地歴社(発売)〉 2000円 (i)4-924836-43-5 Ⓝ387
(内容)座談会 江戸期民衆の宗教 日本国には神が降る―聖地伊勢神宮参宮と信仰の道 隠れ念仏の共同体 とげぬき地蔵と治病 現代の寺院の役割を考える 癒しと社交としての追善法要―京都のお葬式 支配者の宗教―徳川将軍の菩提寺 山形の祈りの衣服
＊宗教と習俗の意義を捉え返し, 生活の知恵の一端にして下さることを願って, 本書はまとめられている。風俗史学の最新の成果を盛り込んでいる。

◇健康・言い伝え・雑学事典―古人の英知303に学ぶ 原勝文著,「健康の科学」編集部編 東洋医

学舎　2000.3　216p　18cm　1000円　(i)4-88580-020-X

(内容) 第1章 体を守る日常の知恵(サンマが出るとアンマが引っ込む　一杯茶飲めば坊主に会うほか)　第2章 病気・事故・ケガを防ぐ知恵(肝心かなめ　薬屋に回す金を肉屋に回せ ほか)　第3章 病気・ケガを治す知恵(夏は熱い物が腹のクスリ　病を知れば治るに近し ほか)　第4章 子供や女性を思いやる知恵(欅の薪を三年焚けば盲になる　朝飯に汁をかけると出世できぬ ほか)　第5章 老化を防ぎ長寿を願う知恵(飽食暖衣はかえって命短し　陽事起こらざる時ドジョウ食うべし ほか)　第6章 禁止・タブーにまつわる知恵(箸折れれば親に別れ、櫛の歯欠ければ子に別れる　櫛を拾うと悪病に取りつかれる ほか)

*ことわざ・格言・言い伝え、生きた経験に裏付けられた健康づくり珠玉の道しるべ。

◇幻視する近代空間―迷信・病気・座敷牢、あるいは歴史の記憶　川村邦光著　新装版　青弓社　1997.10　214p　20cm　2400円 (i)4-7872-3144-8　Ⓝ387.9

(内容) 1「迷信」と感情教育(「血税一揆」の民俗的心性　トラホームと感情教育)　2 狐憑きから「脳病」「神経病」へ(狐憑きの民俗　精神医学の狐憑きへの視線　「脳病」「神経病」のイデオロギー)　3 座敷牢と幻視する霊魂(座敷牢の生産　狐憑きから妄想へ　出口なおの近代　日常性批判)　4 近代日本と霊魂の行方

*近代化との相克のなかであぶりだされた「血税一揆」『トラホーム』『狐憑き』『座敷牢』などさまざまな「事件」に投影された民衆の心性・コスモロジーの変容と、国家による「死の共同体」へと統合されていく過程を透視する転換の精神史。

◇原始母神論　出口米吉著　勉誠出版　1998.12　425p　22cm　(性の民俗叢書 3)　〈複製〉 (i)4-585-03058-1　Ⓝ163

◇高等魔術の教理と祭儀 教理篇　エリファス・レヴィ著、生田耕作訳　2版　京都　人文書院　1994.1　279p　22cm　3708円 (i)4-409-03022-1　Ⓝ163

◇幸福祈願　飯島吉晴編　筑摩書房　1999.4　218p　18cm (ちくま新書―民俗学の冒険 1)　660円 (i)4-480-05796-X　Ⓝ387

◇交霊祈禱宝典　西村大観、宮永雄太郎著　さわね出版　1993.9　1冊　21cm　〈複製　和装〉　10000円　Ⓝ387

(内容) 交霊祈禱術　西村大観著(心友社大正13年刊)　古伝秘法祈禱宝典　宮永祖太郎著(宮永正卜館明治36年刊)

◇古代の風―御鑱神と天白―金属神 私家蔵試作終版　前島長盛著　〔名古屋〕　日本学術文化社　2000.4　439p　21cm (i)4-313-24213-9

Ⓝ387

◇小天狗道中記―天狗様への旅　森田きよみ著　八王子　大本山髙尾山薬王院　2000.7　169p　19cm　〈東京 岩田書院(発売)〉　1429円 (i)4-87294-174-8　Ⓝ387.91

(内容) 出会い―髙尾山飯縄大権現天狗様　天狗様のお姿と霊力　天狗様の仕業　恋愛絵巻の天狗様　お姿を現された天狗様　天狗様への信仰　女人禁制と天狗様　大峰山南奥駈け紀行　天狗様のキーワード　天狗様の変化術〔ほか〕

*世に伝えよ、天狗様の勇気と正義そして、優しさを! 山に想う修験のこころ。天狗様のナゾを解き明かす旅。

◇事実証談―遠江怪奇物語　中村乗高編著, 宮本勉翻字・解説　静岡　羽衣出版　〔1993〕　510p　27cm　〈複製と翻刻〉　9800円 (i)4-938138-05-0　Ⓝ387

◇酒買い狸の誕生―狸・たぬきの雑学　赤塚盛彦著　市川　エピック　1995.10　193p　21cm　2000円　Ⓝ387

◇サネモリ起源考―日中比較民俗誌　伊藤清司著　青土社　2001.10　345p　19cm　2600円 (i)4-7917-5912-5

(内容) 江戸時代の虫送り　近代の虫送り　古代からの害虫防除法　虫送りと野辺送り・疫病送り　虫送り人形　火・音の効果と旗幟　サネモリ呼称論　サネモリの遺跡　中国の駆蝗神　農作物の害虫さまざま　海を渡るウンカ群　中国江南地方の虫逐い　油を使う駆除法のはじまり　中国の注油法　虫送りをめぐる支配者と農民　虫送りと鉄砲　中国農書の摂取　虫送り民俗の伝播　海を越えての文化交流

*稲に付く害虫を追い払い、豊作を祈る虫送りの習俗サネモリ信仰。従来日本固有のものとされてきた、その起源と正体はいかなるものだったのか? 日本～中国の資料を博捜し、東シナ海をまたぐ儀礼や技術の伝播変遷を解き明かす、画期的な比較民俗誌。

◇差別と迷信―被差別部落の歴史　住本健次, 板倉聖宣著　仮説社　1998.4　252p　19cm (社会の科学入門シリーズ)〈付・授業書〉　2000円 (i)4-7735-0133-2　Ⓝ361.86

(内容) 序章 差別について考える―考え方を実験的に変えながら生きてゆくために　第1章 近世の庶民　第2章 近世の「被差別部落」　第3章 近世の身分と差別　第4章 近代の被差別部落　第5章 迷信と差別

◇さまよえる人間―神と仏と民俗の話　宮沢光顕著　有峰書店新社　1994.7　293p　19cm　2500円 (i)4-87045-208-1　Ⓝ387

(内容) 第1章 渡来神の話　第2章 民俗の話　第3章 十二支の話　第4章 精霊の話　第5章 唯一神の話

*庶民信仰の神さまや仏さまから十二支、精霊、

◇幸せの招き猫—総天然色の幸福万来　藤田一咲,
村上瑪論著　河出書房新社　1995.5　153p
19cm　1600円　(i)4-309-26242-2　Ⓝ387
　(内容) 第1章 招き猫誕生ばなし　第2章 幸せになるために招き猫を楽しむ　第3章 猫と信仰は切っても切れない関係　第4章 縁起物・キャラクターの招き猫あれこれ　第5章 招き猫ふたたび
　＊知りたくても知らないことの多すぎた、招き猫の謎に迫る決定版。

◇自己像の選択—五島カクレキリシタンの集団改宗　高崎恵著　三鷹　国際基督教大学比較文化研究会　1999.4　208p　22cm　(ICU比較文化叢書 4)　(i)4-906550-04-5　Ⓝ387

◇7秒の開運帳—自分を幸せにするカギ　現代開運研究会著　青春出版社　1997.2　207p　19cm (Seishun super books)　〈監修：小峰有美子〉参考資料：p207〉　1000円　(i)4-413-06256-6 Ⓝ387.91
　(内容) 1章 7秒で変わり出すこれが、幸運の授かり方！一言い伝えられた"運"に乗る"縁起"の知恵を収集　2章 持つだけ、置くだけのグッズ編 身近にある幸せパワーでツキを呼ぶ秘法—本当のあなたは不思議な力に包まれている　3章 悩み別、すぐにできる実践編 恋愛、お金、就職…驚くべき開運の全実例—誰でもどんな時でも、もっと幸せになれる自分がいる　終章 嬉しい御利益！神社仏閣親切ガイド—どこへ行けばいいかすぐ分かる、一挙リストアップ
　＊金運を呼び込む部屋の配置から恋愛運を上昇させる小物、幸せを呼ぶ方法と365日の御利益まで。

◇死と来世の系譜　ヒロシ・オオバヤシ編、安藤泰至訳　時事通信社　1995.3　355,17p　20cm 〈巻末：参考文献〉　3500円　(i)4-7887-9505-1 Ⓝ163
　(内容) 1 無文字社会および古代宗教における死と来世　2 西洋宗教における死と来世　3 東洋宗教における死と来世
　＊人類はその長い歴史において、常に死と来世のヴィジョンをつむぎ続けてきた。古代オリエントから現代の世界宗教まで、アフリカから中国まで—。広く深いパースペクティヴで13人の碩学が、人類最大の問い「死とは何か」の系譜を探究する。

◇注連縄　池田錦七著　大河原幸作　2000.11 44p　26cm　Ⓝ387

◇鍱神—金属神　前島長盛著　〔名古屋〕日本学術文化社　1994.12　379p　21cm　〈民俗資料覚〉　(i)4-931342-11-5　Ⓝ387

◇十月仏まいりの仏　北上市立博物館編　北上 北上市立博物館　1997.8　28p　26cm　〈平成9年度特別展〉　Ⓝ387

◇宗教人類学—宗教文化を解読する　佐々木宏幹,村武精一編　新曜社　1994.6　278p　19cm 〈各章末：参考文献〉　2266円　(i)4-7885-0493-6 Ⓝ163
　(内容) 第1章 宗教人類学のねらい　第2章 宗教と社会　第3章 宗教と儀礼　第4章 宗教・民族・国家　第5章 宗教の動態　第6章 日本の宗教
　＊呪術、アニミズムから世界宗教、新宗教にいたるまであらゆる宗教現象の〈生きた姿〉をつかみだす。宗教人類学の基礎から最前線までをカヴァーしたわが国初の〈総合的〉テキスト。

◇宗教人類学　佐々木宏幹著　講談社　1995.1 355p　15cm　〈講談社学術文庫〉〈『人間と宗教のあいだ』の改題〉　980円　(i)4-06-159161-4 Ⓝ163

◇宗教と性の民俗学　赤松啓介著　明石書店 1995.7　135p　20cm　1339円　(i)4-7503-0708-4 Ⓝ387
　(内容) 1 民間信仰と性の民俗（生駒山 水行場の発生 ほか）　2 戦前のマチの民俗（柳田民俗学の限界 体験による民俗調査 ほか）　3 民俗宗教の軌跡（ムラの自由性交風俗 賽銭の取り合い ほか）
　＊民間信仰にひめられた性の神秘をえぐる。

◇宗教民俗講義　五来重著　角川書店　1995.8 287p　20cm　〈宗教民俗集成 7〉　2000円　(i)4-04-530707-9　Ⓝ163

◇宗教・民族・伝統—イデオロギー論的考察　杉本良男編　名古屋　南山大学人類学研究所 1995.3　349p　26cm　(南山大学人類学研究所叢書 5)　〈各章末：文献〉　非売品　Ⓝ163

◇十字架と渦巻—象徴としての生と死　大和岩雄著　白水社　1995.9　407p　22cm　3200円　(i)4-560-02239-9　Ⓝ163
　(内容) 第1章 十字架の原像　第2章 十字架と両性具有　第3章 十字架とマリア　第4章 十字架と生命の樹　第5章 十字架とまんじと円　第6章 十字架と蛇と渦巻　第7章 渦巻と迷宮　第8章 十字架と縄文　第9章 渦巻と太陽　第10章 十字架と渦巻
　＊万物を呑みこみ吐きだす渦巻は、生きとし生けるものの輪廻の象徴であり、十字架の原型たる十字形は、旋回する渦巻の中心部を表わすものとして、渦巻と一体の関係にあった。この両者を根本徴象とする「太母」とその聖婚を軸に、神話・儀礼の世界をあまねく渉猟し、人類の深層的死生観を解明する。

◇習俗信仰の仏たち　おちあいしんゆう著　2版 彦根　サンライズ印刷出版部　1994.7　118p 18cm　500円　Ⓝ387

◇呪術・科学・宗教・神話　B.マリノフスキー著，宮武公夫，高橋巌根訳　京都　人文書院　1997.7　210p　20cm　2300円　(i)4-409-53019-4　Ⓝ163
(内容)　呪術・科学・宗教(未開人とその宗教　周辺の環境に対する人間の理性的支配　未開人の信仰と崇拝に見られる生と死と運命　ほか)　未開心理における神話(生活における神話の役割　起源神話　死と輪廻の神話　ほか)
＊呪術と科学の違い、宗教儀礼や宗教観念と様々な生の側面とのかかわり、神話の社会的・文化的機能など、未開人の思考や実践、聖の領域の特徴を論じた人類学の古典。

◇呪法抄——禁断の呪術を操る闇の魔道師たち　宮崎天斎著　学習研究社　1995.11　257p　21cm　(学研ムック「ムー」スペシャル—神秘世界のすべてがわかる本　2)　1200円　Ⓝ387

◇巡礼と参詣—特別テーマ展—旅　大和郡山　奈良県立民俗博物館　1993.8　47p　26cm　(奥付の書名:「旅—巡礼と参詣」図録　会期:平成5年9月19日～11月28日)　Ⓝ387

◇正月とハレの日の民俗学　宮田登著　大和書房　1997.4　238p　20cm　2400円　(i)4-479-84042-7　Ⓝ380
(内容)　第1部　人と祝い(ハレとケの生活リズム　正月とは時間を新しくすること　子の成長を祝う)　第2部　自然と祈り(植物に抱いた想い　水のせせらぎに込められた祈り　山々を仰ぎみる神と祖先を敬う)
＊祭りと祝いの中から、人々は生きる活力を得た！正月を始めとする祭日は、神と人とが共に遊び、大自然にふれ、祈ることによってケガレを払い、再び日常を充実させる大きな力を持っていた…日本人の「休日(やすみび)」の原点に迫る論考集。

◇庶民信仰の諸相　五来重著　角川書店　1995.7　222p　20cm　(宗教民俗集成　4)　1800円　(i)4-04-530704-4　Ⓝ387

◇神界のフィールドワーク—霊学と民俗学の生成　鎌田東二著　筑摩書房　1999.7　510p　15cm　(ちくま学芸文庫)　1500円　(i)4-480-08498-3
(内容)　1　ふたつの霊界モノガタリ(神話的創造力と魂の変容—出口王仁三郎と折口信夫をめぐって)　2　意識と声音(語呂合わせの修辞学—宗教的レトリックの一局面　音霊の愉楽—エロスの現場としての声音の力学　魂を飛ばす技法—シャーマニズムと音楽体験)　3　魔界の声音(妖怪—その神学と自然学と人間学と　幼児性の悪意と声の自然—ラヴクラフトの偏位)　4　霊学と民俗学の生成(霊学と霊術—近代におけるその発端と展開　大正維新と霊的シンクレティズム—神智学受容の一波紋)
＊「日本の宗教史・神道史理解に新たな視座を持ち込み、意識変容や異次元との交流という主題に鮮明な表現を与え、スピード感あふれる文体に乗って80年代日本を疾走した異形の書物」。王仁三郎、空海、篤胤、シュタイナー等、異色異能の精神史を照射し、内部生命の学としての霊学の新展開を告げる。

◇<ジンクス>の不思議—知りたかった博学知識　例えば、アメリカ大統領がおびえる「20年目のジンクス」とは？　博学こだわり倶楽部編　河出書房新社　1994.1　236p　15cm　(Kawade夢文庫)　480円　(i)4-309-49013-1　Ⓝ387
(内容)　1　奇妙な偶然の連続がこのジンクスを証明した！　2　どんなに馬鹿げたジンクスでも信じる者は救われる?!　3　ウソ臭〜いこんなジンクスにも実は、根も葉も…あった！　4　その道で一花咲かせたい人のこれが業界別ジンクス大全　5　"たかがジンクス"に右往左往究極のゲンかつぎ人間たち　6　ウソかマコトかいま街で噂のマル新ジンクスとは　7　ついてない…とお嘆きのあなたへ幸運を招くジンクスを教えよう
＊財布にはカエルのお守り、受験生にはトンカツ。バカバカしいとは思いながらもついつい気になるジンクスの謎に大接近。

◇信仰・儀礼・神仏虐待—ものがみ信仰のフィールドワーク　石塚正英著　世界書院　1995.10　241p　22cm　4017円　(i)4-7927-9510-9　Ⓝ387
(内容)　1　虐待で信仰される法定寺雨降地蔵(神仏虐待儀礼の発生根拠を問う　平成6年初夏の神仏虐待儀礼　ほか)　2　頸城野の石神・石仏を調査して(稲荷神社の猿石と菓成寺の大日如来　いにしえの高志路法・金谷石仏群　ほか)　3　武蔵野ほかに遺るフェティシュ信仰(庚申信仰とフェティシズム—大里村・江南町・沼津市　弁財天と宇賀神—与野市・弘法尊院　ほか)　補論　フォイエルバッハと日本の古代信仰—遺稿「日本の宗教」の分析

◇神通自在霊狐使用口伝　西村大観著　さわね出版　1996.7　230p　18cm　(曙書院昭和13年刊の複製　和装)　5000円　Ⓝ387

◇神拝祭式加持祈祷神伝・淫祠と邪神・霊界奇蹟秘術総覧　柄沢照覚, 和田徹城, 一色厳著　勉誠出版　1998.12　1冊　22cm　(庶民宗教民俗学叢書　2)　〈複製〉　(i)4-585-03059-X　Ⓝ387

◇新編　江戸の悪魔祓い師　高田衛著　筑摩書房　1994.11　352p　15cm　(ちくま学芸文庫)　1100円　(i)4-480-08164-X
(内容)　第1部　霊媒伝承(羽生村事件　悪霊祓いの伝説　隠された幼児殺し　因果の図式)　第2部　江戸の悪魔祓い師(聖者の伝説　女の霊力信仰　水子と捨子　虚像と実像)
＊今から300年前、鬼怒川ぞいの小村で14歳の若妻の憑き物をおとし、江戸町民に絶大な人気を博した、エクソシスト祐天上人とは何者か。彼の呪術を最も支持した、江戸城大奥の女たちの心底に潜む不安とは—。ついには浄土宗教団のトップにまで登りつめた、ひとりの悪

霊祓い師の虚像と実像をあばき、もうひとつの江戸をとらえる。

◇神話と夢想と秘儀　ミルチャ・エリアーデ著，岡三郎訳　国文社　1994.12　319p　20cm　〈新装版〉　2987円　(i)4-7720-0014-3　Ⓝ163

◇神話・迷信・家相　田中実著　田中常穂　1999.1　610p　20cm　〈東京 講談社出版サービスセンター（製作）〉　(i)4-87601-462-0　Ⓝ164

◇図説金枝篇　ジェームズ・ジョージ・フレーザー著，サビーヌ・マコーマック編，内田昭一郎，吉岡晶子訳　東京書籍　1994.10　397p　22cm　〈監修：メアリー・ダグラス〉　4800円　(i)4-487-76158-1　Ⓝ163
*民族学の不朽の古典『金枝篇』に、170点もの資料図版を挿入し、膨大かつ難解な内容のエッセンスを平易に解説。

◇聖域の伝統文化　黒田一充編　吹田 関西大学出版部　1995.2　247p　20cm　1700円　(i)4-87354-175-1　Ⓝ387
内容 神々の領域—京都の氏子区域の形成　一揆における結集の場　厄年の習俗からみた神棚　鯨船神事の成立—民俗的背景からみた一試論　女人禁制と山の神—女性差別をめぐる山と里の対立構造　宇佐八幡放生会と水神祭　バリ島のウサバ・カサ祭礼—主たる儀礼行動と儀礼空間との関係を中心に　琉球の王と神女
*本書は、歴史学・民俗学・文化人類学の立場から、現在も伝統として残っている「聖域」や「聖地」の問題を考察する。京都の神社の祭祀圏・一揆の空間意識・住居内の神棚・鯨船神事・山と里の対立構造・宇佐八幡の放生会・バリ島の祭礼・琉球王朝の祭祀などを題材にして、多面的に聖域をとらえる。

◇性器信仰の系譜　佐藤哲郎著　三一書房　1995.8　209p　20cm　〈参考文献：p208〜209〉　2200円　(i)4-380-95266-5　Ⓝ387
内容 縄文人が創造した性器形の神　サエノ神の出現　猿田彦神の正体　伊勢神宮成立の真相　登呂紀行　心の御柱は男茎形の柱であった　律令制国家におけるサエノ神の官祭　文献に見る性器形の神の軌跡〔ほか〕
*縄文時代の石棒から伊勢神宮の「心の御柱」まで性器信仰の謎に迫る。

◇生殖器神の研究・性の表徴無花果・Transactions of the Asiatic Society of Japan　横山流星，沢田五倍子，加藤玄智著　勉誠出版　1998.12　1冊　22cm　（性の民俗叢書 5）〈複製〉　(i)4-585-03058-1　Ⓝ163.4

◇生殖器崇拝教の話・性の崇拝　上田恭輔，クリフォード・ハワード著，出口米吉訳　勉誠出版　1998.12　1冊　22cm　（性の民俗叢書 1）〈複製〉　(i)4-585-03058-1　Ⓝ163.4

◇聖なる伝承をめぐって　井本英一著　法政大学出版局　1999.4　314p　20cm　2900円　(i)4-588-35217-2　Ⓝ163
内容 上社と下社のこと　大嘗祭と二つの即位式　二つの祭壇と二つの神殿　始祖と動物　獣皮の禁忌　美術にみられる牡牛像の背景　人面獣身像の背景　韓国慶州の瞻星台　しるしの意味するもの　三角表象の歴史〔ほか〕
*聖地・祭場・儀礼をめぐって東西諸民族に伝わる厖大な伝承を比較考察し、聖なるものへの崇拝とタブーの民族的・文化的特性を浮彫にするとともに、人類が太古の昔から形成してきた呪術・宗教的空間（聖なる空間）の普遍的な姿をさぐる。

◇世界の100不思議—いまだ解けない歴史ミステリー　歴史の謎を探る会編　河出書房新社　1995.10　238p　15cm　（KAWADE夢文庫）　480円　(i)4-309-49118-9
内容 1 紀元前2500年、インダスの都市は核爆弾で消滅した?!　2 3世紀の中国武将の墓からアルミニウム合金を発見!　3 旧約聖書の「バベルの塔」がバグダッド近くに実在した…　4 すでに旧石器時代には国際結婚が行われていた?!　5 聖徳太子は大陸から亡命した騎馬民族の英雄か?!　6 ファラオの墓の盗掘者は財宝だけが狙いではなかった!
*忽然と消えた都市、錆びない鉄柱、ノアの方舟の存在。科学的に説明のつかない超文明の謎から、聖書伝説の真相まで、世界史に残された数々の不思議に迫る。

◇世界の不思議なお守り　進藤幸彦著　平凡社　1999.6　126p　22cm　（コロナ・ブックス 63）　1524円　(i)4-582-63360-9　Ⓝ387
内容 南北アメリカ（エケコ（ペルー、ボリビア）コア（ボリビア）ほか）　インド（ガネッシュ祭り（インド・マハーラシュトラ州）ジャナイ（モウリ）（インド、ネパール）ほか）　中近東（ナザル・ボンジュウ（トルコ）エジプトのハムサ（エジプト））　アフリカ（アフリカの多産願望（マリ）ビーズ（マリ）ほか）　東アジア・東南アジア（チャイニーズ・コイン（インドネシア・バリ島）チリ（インドネシア・バリ島）ほか）
*よく効くお守り、見つけてみませんか。幸せを呼ぶお守りを求めて、南北アメリカ、インド、中近東、アフリカ、東アジア、東南アジアの各地を二年かけて探検、ついに日本初のお守りブック完成。お守りが見つかる全国ショップ案内付き。

◇1966年生まれ丙午女—60年に一度の元気者　新津隆夫，藤原理加著　小学館　1997.1　206p　19cm　1300円　(i)4-09-387208-2　Ⓝ367.2
内容 第1章 1966年に生まれて　第2章 いったい丙午女って?　第3章 マスコミ世界の丙午女　第4章 迷って吹っ切る丙午女　第5章 丙午女を研究する人々　第6章 海を渡った丙午女たち　第7章 丙午女を集めてみれば　第8章 1906年に

生まれて　第9章　ありがとう丙午女
◇俗信のコスモロジー　吉成直樹著　白水社　1996.5　195p　20cm　2100円　(i)4-560-04057-5　Ⓝ387
(内容)第1章「富」をめぐる漁民の世界観　第2章　盗む論理・盗まれる論理　第3章「夏の若水」は存在するか　第4章　鳥霊信仰と幼児葬法　第5章「橘を買う」民俗
＊一見、支離滅裂に並存する俗信群。それらは単なる迷信の集積にすぎないのだろうか。南四国地方の事例をベースに、広く東アジア水稲耕作文化領域を見据え、俗信の背景にある古層の世界観を探究する。
◇俗信の論理　板橋作美著　東京堂出版　1998.9　303p　20cm　(民俗宗教シリーズ)　2600円　(i)4-490-20357-8　Ⓝ387.91
(内容)1　俗信研究試論(はじめに　俗信のとらえかた　俗信の仕組み　文化の論理)　2　兎唇と双子　3　蛇と南瓜　4　赤飯に汁　5　火と小便
＊俗信の世界を読み解く!『夜に口笛を吹くと泥棒が来る』『火遊びすると寝小便をする』など、俗信は、わけのわからぬ非科学的なものとみなされてきた。本書により、俗信が、文化的意味をもってその姿を現わした。
◇そこが知りたい迷信の謎―「霊柩車に会ったら親指を隠せ」の根拠とは?　中野忠とオフィスA to Z著　雄鶏社　1994.5　218p　19cm　(On select)〈付:参考文献〉　1100円　(i)4-277-88063-0　Ⓝ387
(内容)1　幸せをもたらすという言い伝えの由来を探る　2　この現象を不吉だと、誰もが信じた理由とは　3　ヘリクツ根拠には大笑い!ユーモアいっぱいの迷信　4「タブー」に込められている日本人の信心の秘密　5　かけはなれた因縁を結ぶ謎の糸をたぐっていくと　6　時代を超えて語り継がれる大切にしたい教訓　7　どこまで信じていいのか?からだと健康の迷信
＊なぜ茶柱が立つと縁起がよいのか。墓参りの帰り道はなぜ振り返ってはいけないのか。ミョウガを食べると本当に物忘れするのか。…数ある迷信には、なるほど。と納得する根拠や、笑えるヘリクツまでが秘められていた。日本人の心と知恵、ユーモア感覚がわかる本。
◇大地と神々の共生―自然環境と宗教　鈴木正崇編　京都　昭和堂　1999.10　257,4p　21cm　(講座人間と環境　第10巻)〈文献あり〉　2300円　(i)4-8122-9920-9　Ⓝ163
(内容)第1部　環境の哲学(感応する大地―風水物語世界と自然環境―西アフリカの漁民集団ボゾ)　第2部　聖地の現在(豊饒の死者―南インドの荒森　儀礼がつくる環境世界―バリ島の伝統慣習と環境保全　祠と水と人―雲南省西双版納タイ族自治州、タイ・ルーのシンボリズムと「環境」観)　第3部　生業

と世界観(生きている山、死んだ山―ペルーアンデスにおける山の神々と人間の互酬的関係　トナカイと生きる―環北極民族サーミ人の生業構造とアニミズム世界の復権)
＊20世紀は科学的な思考が一般化した時代であった。その結果として、因果律にもとづいて合理的に物事を考える発想が普及して、自然界の法則性をあきらかにし、環境を操作して人間の役に立たせるという方向性が強まった。その結果は、開発という名の自然破壊であった。国連の機関から民間の市民団体にいたるまで、多くの人びとが真剣な実践をおこなっている地球環境問題は、あまりに複雑に多くの要因が絡みあうために、単純な論理では解決がつかない。むしろ、もとめられているのは、開発に一定の歯止めをかける非因果論的な説明である。こうした時代に、あらたに構築する思想の核を形成するものとして、浮かび上がってきたのは意外にも宗教であった。
◇竹田聴洲著作集　第3巻　民俗仏教と祖先信仰―補遺　国書刊行会　1995.7　487p　22cm　15000円　(i)4-336-03433-8　Ⓝ387
(内容)第1部　浄土宗寺院の開創伝承(非著名寺院の開創伝承―浄土宗の場合　近世諸国蓮門精舎の自伝的開創年代とその地域的分布　蓮門精舎旧詞解説)　第2部　両墓制村落の埋墓と詣墓(両墓制村落における埋墓景観の変遷―京都府北桑田郡山国村大字比賀江　両墓制村落における詣墓の年齢―丹波国桑田郡山国庄比賀江村　江戸時代村落の両墓制史料―丹波国桑田郡山国郷比賀江村)
◇竹田聴洲著作集　第7巻　葬史と宗教　国書刊行会　1994.11　380p　22cm　12000円　(i)4-336-03437-0　Ⓝ387
(内容)第1部　葬史と宗史　第2部　仏教受容と祖先崇拝　第3部　近世社会と一般寺院　第4部　日本の「家」とその信仰
◇竹田聴洲著作集　第8巻　村・同族・先祖　国書刊行会　1993.11　555p　22cm　17000円　(i)4-336-03438-9　Ⓝ387
◇ダルマ　講談社　1998.1　441p　15cm　(講談社学術文庫)　980円　(i)4-06-159313-7
(内容)1　一つのダルマ(敦煌文書の発見　鈴木大拙と初期禅宗史　二つの民俗)　2　ダルマの伝記(ダルマの来た道　日本に来ていたダルマ　日本達磨宗は何を説いたか　ほか)　3　ダルマの思想　4　ダルマと現代(碑文の時代　新しいダルマ像　『達摩多羅禅経』　日本とチベットへの新しい波紋)
＊「ダルマさん」と呼ばれ、わたくしたちの日常生活にとけこんで久しいダルマ。日本のどこででも、だれにでも親しまれている。本書は、禅の開祖という既成のイメージを離れ、中央アジアから、中国、日本へとダルマのあるい

◇地神信仰雑記　石川博司著　青梅　ともしび会　1998.2　90p　21cm　Ⓝ387

◇ちちんぷいぷい―「まじない」の民俗　神崎宣武著　小学館　1999.3　223p　19cm　1500円　(i)4-09-626191-2　Ⓝ387
　内容　第1章 天災に対するまじない　第2章 病気癒しのまじないと願かけ　第3章 門口での魔除けとまじない札　第4章 村境での防塞のまじない　第5章 農・漁・猟、仕事のまじない
　*「まじない」は日本人の知恵袋。自己癒しの法に現代日本人が学ぶべきことは何か。

◇天狗と天皇　大和岩雄著　白水社　1997.3　275p　20cm　2200円　(i)4-560-02242-9　Ⓝ387.9
　内容　第1章 天狗の原像　第2章 天狗と山人と王権　第3章 天狗と天皇　第4章 天狗と怨霊と天皇　第5章 天狗と鬼　第6章 天狗と木霊と天皇
　*天狗の原像とは何か。天狗はなぜ鳶として形象化され、さらには天皇の怨霊と同一視されるに至ったのか。歴史の闇を羽ばたく「異人」としての天狗を通して、日本人の心性を活写する。

◇天狗と山姥　折口信夫ほか著　河出書房新社　2000.12　434p　20cm　(怪異の民俗学 5)　3800円　(i)4-309-61395-0　Ⓝ387.91
　内容　1 天狗の文化史(天狗への憧れと期待　猿田彦考　相応和尚と愛宕山の太郎坊―説話の歴史 ほか)　2 天狗の民俗学(崇徳上皇　加賀・能登の天狗伝説考　天狗と庶民信仰 ほか)　3 山姥の民俗学(鷺替え神事と山姥　「食わず女房」と女の家　他者の原像―人見知りをめぐっての鬼と山姥の考察 ほか)
　*「山の魔怪」の意味を解く。人間の心の奥底に迫る「怪異」と「不思議」の世界。さまざまな分野にひらかれた新しい民俗学大系(全8巻)の全貌が明らかに。各巻巻末に小松和彦の書き下ろし解説を付す。

◇伝承薬の事典―ガマの油から薬用酒まで　鈴木昶著　東京堂出版　1999.2　317p　20cm　2400円　(i)4-490-10509-6　Ⓝ499.7
　内容　紫雪(加賀藩の救急薬)　外郎(歌舞伎仕立ての持薬)　黒焼(江戸っ子が惚れた薬)　万金丹(伊勢参りで人気の薬)　湯の花(湯治と浴剤のルーツ)　翁丸(万病の元を払う腹薬)　ガマの油(口上で売れた止血剤)　無二savedge(類似品も出回る繁盛)　反魂丹(越中売薬のシンボル)　六神丸(中国処方から国産へ)〔ほか〕
　*伝承薬がいま新鮮！若い世代からも、伝承薬

が熱い注目を浴びている。伝説が語られ、引札や薬袋まで探し求められるのはなぜ？素朴な薬の背景に癒しへの心があふれているからではないか。家族のぬくもりや生活の知恵までブレンドしていた薬。新薬に押し流された伝承薬への愛惜をこめて、そのルーツから説き起こした初の事典。

◇天白と櫟神―金属神　前島長盛著　〔名古屋〕日本学術文化社　1993.7　285p　21cm　〈民俗資料覚〉非売品　Ⓝ387

◇道教とその周辺―窪徳忠先生八十五の御祝い記念特集　名古屋民俗研究会編　瀬戸　名古屋民俗研究会　1998.3　76p　26cm　(名古屋民俗叢書 3)　Ⓝ387

◇動物信仰事典　芦田正次郎著　北辰堂　1999.4　262p　19cm　3000円　(i)4-89287-229-6　Ⓝ387
　内容　第1部 動物への信仰(民衆信仰と動物　動物への想い　動物と自然現象　動物と神仏　時と方角の動物　天馳ける動物　文字と図の動物　動物と植物)　第2部 動物信仰事典(鳥類　獣類　虫類　魚類　鬼刑類)
　*動物への信仰の起因と展開について、いろいろな視点を考察し、個々への信仰を、写真やイラストを交え解説した事典。第二部の配列は、古代中国の分類法である「鳥・獣・虫・魚」の4類とし、架空の動物を「霊鳥・霊獣・霊虫・霊魚」に分け各類に配列し、その中で実在の動物を50音順とし続いて架空の動物を50音順に配した。項目として、「表題」は、動物名、生物学的分類名、見所、関連動物名(五十音順)、関連宗教、関連民衆信仰など。「本文」は、動物への想い、東洋から日本へ、信仰と伝承など。

◇都市とフォークロア　宮田登著　御茶の水書房　1999.9　53p　21cm　(神奈川大学評論ブックレット 2)　800円　(i)4-275-01774-9　Ⓝ387.91
　内容　1 ハヤリ神と祟り　2 都市の動物フォークロア　3 ホラーのルーツ　4 都市民俗の原理
　*「民俗」とは何か？社会現象と日常生活の慣習の中から「日本人と文化伝統」の関わりに迫る。

◇錦絵に見る病と祈り―疱瘡・麻疹・虎列刺　町田市立博物館編　町田　町田市立博物館　1996　63p　30cm　(町田市立博物館図録 第102集)　(会期：1996年10月15日～11月10日)　Ⓝ387

◇日蓮信仰の系譜と儀礼　中尾堯著　吉川弘文館　1999.12　316,8p　22cm　7500円　(i)4-642-02785-8　Ⓝ188.96
　内容　第1章 聖者信仰と祖師信仰(聖者崇拝から祖師信仰へ　霊性の継承)　第2章 日蓮の霊性(日蓮の隠棲と山中観　日蓮像の聖化―その裸形着衣像をめぐって)　第3章 祖師信仰の儀礼と造形(日蓮宗と貴族の信仰―近衛家を中心に　祖師信仰と板碑供養)　第4章 江戸の祖師信仰(「東都歳事記」の信仰行事　日蓮宗

(法華宗)の年中行事 第5章 日蓮信仰の儀礼(日蓮信仰の素描 法難会とお会式 ほか)
* 日蓮は、激しい伝道と法難によって、超越的な力をもつ祖師と仰がれた。古代からの聖者信仰の系譜から、中世から今日に至る祖師信仰の習俗と儀礼を解明する。祖師像・板碑・題目講・年中行事など、多方面からの研究成果。

◇ねがい・うらない・おまじない―欲望の造形 近藤雅樹監修 京都 淡交社 2000.8 142p 30cm 〈文献あり〉 1905円 (i)4-473-01759-1 Ⓝ387
  (内容)第1章 小絵馬―秘密の約束 第2章 くわばら、くわばら―厄よけと供養 第3章 お告げ・占い―チャネリング 第4章 すがりついてあやかって―縁起をかつぐ まとめ1 道具供養に見る日本人の宗教感 まとめ2 現代人の心のゆくえ
* 自らが想像し、生み出した「異界」の威力にすがって、身勝手なお願いをする人びと―そこには、崇拝と畏怖の感情があった。小絵馬や縁起物など、カミと交信するための小道具を紹介。

◇猫の王―猫はなぜ突然姿を消すのか 小島瓔禮著 小学館 1999.1 410p 20cm 2700円 (i)4-09-626119-X Ⓝ387
  (内容)第1部 猫の王の猫岳(猫の王の御前会議 ヨーロッパの猫の王たち ブロッケンの舞踏会 ほか) 第2部 招き猫の成立(招き猫の由来 猫石と猫絵の時代 猫の檀家の人々 ほか) 第3部 猫山の世界(猫と狩猟信仰 水車小屋の猫 猫と鍛冶屋の姥 ほか)
* 猫は突然姿を消し、猫岳に登って「猫の王」になる。この古くから日本に伝わる伝承を追い求めた著者は、遠くヨーロッパ、古代エジプトへとつらなる猫たちの遙かなる伝承の記憶に出会う。猫の魔性の謎と伝承の源流をさぐる猫学の旅。

◇花と神の祭 勝部正郎著 慶友社 1998.8 147,11p 22cm 3800円 (i)4-87449-226-6 Ⓝ386.1
  (内容)ツバキ エビカズラ ソウトンボ ケシ サカキ シキミ 青柴 タケ シイと薬蛇 マツ〔ほか〕

◇歯の民俗―民間信仰・俗信・くすり 歯の神様・仏様・あごなし地蔵 森納編・著 鳥取 綜合印刷出版(印刷) 1998.5 188,5p 27cm 〈文献あり 索引あり〉 4500円 Ⓝ387

◇ビジュアル版 世界お守り大全 デズモンド・モリス著, 鏡リュウジ監訳 東洋書林 2001.9 224p 28×21cm 3800円 (i)4-88721-404-9
  (内容)定義 獣の魔術 古からの石 植物の力 神よたすけ給え 言葉には言葉を 身体の部位 眼には眼を 援助の手 安らぎの家 不思議に満ちた生

* 数十年にわたるマン・ウォッチングの折々に蒐集した世界各地のお守り・魔除けのかずかずをフルカラーの美しい写真で紹介―それぞれのいわれや起源、機能や効能などを平易に語る、魅力あふれる癒しのグッズ大全。

◇人はなぜ迷信を信じるのか―思いこみの心理学 スチュアート・A. ヴァイス著, 藤井留美訳 朝日新聞社 1999.6 320p 20cm 2200円 (i)4-02-257383-X Ⓝ140.4
  (内容)1 魔法を信じる 2 迷信深い人―信じたのちがい 3 迷信と偶然 4 迷信的思考 5 迷信とともに育つ 6 迷信は異常で不合理か? 7 神秘的世界観
* 人間はみな、思いこみや迷信、ジンクスを抱いている。他人の目からはどれだけ馬鹿げて見えようと、自分だけの奇妙な信念に固執せずにはいられない。たとえば―1990年、アメリカのマスコミ界で「不幸の手紙」が大流行した。手紙を出した人間のなかには、ニューヨーク・タイムズ紙の発行人、ワシントン・ポスト紙の編集局長・ランダムハウス社の副社長まで含まれていた。レーガン大統領夫妻は、重要な決定を下すとき、いつも占星術師の意見を聞いていた。ウィンブルドンを5回制覇したビョルン・ボルグは、ツキを落とさないため、トーナメント中は絶対にひげを剃らなかった。知性も教養もある人々までが、なぜこうした不合理な思いこみにとらわれるのか?迷信やジンクスはどうやって形成され、人間の心理のなかでどんな役割を果たしているのか?気鋭の行動心理学者が、最新の調査や実験をもとに、迷信と思いこみのメカニズムを探る。

◇病気を癒す小さな神々 立川昭二著 平凡社 1993.5 333p 20cm 〈参考文献: p324～325〉 2200円 (i)4-582-73908-3 Ⓝ387
  (内容)東北(蘇民祭 賽の河原地蔵尊 撫べこ・蛇神さま ほか) 関東(秩父札所 椎尾薬師・子の権現 みみだれ観音・塩地蔵・赤地蔵 ほか) 東京(咳の爺婆・撫牛 お化粧地蔵・おしろい地蔵・とろけ地蔵 ほか) 中部(明徳寺・山神社 疱瘡神社・味噌なめ地蔵 鋳焼地蔵・手長神社 ほか) 京都(やすらい祭・粟嶋堂 めやみ地蔵・洗い地蔵・八坂庚申堂 ほか) 近畿(神農さん 石切神社・生駒聖天 服部天神宮・中山寺・門戸厄神 ほか) 中国・四国(嫁いらず観音・首無地蔵 道隆寺・石手寺・隻手薬師) 九州(池島殿・太郎左近社・熱の神様 粟島神社・足手荒神・生目神社)
* 全国の病癒しの"小さな神々"を訪ね、現代日本人の病気に寄せる根源的な畏れと祈りの心性をさぐる。全国339の願かけ所一覧収録。御利益別索引・地方別願かけマップ付。

◇ファロスの神話 アラン・ダニエルー著, 窪田般弥, 小林正巳訳 青土社 1996.9 224p 20cm

〈参考文献・著作:p199〜212〉 2200円 (i)4-7917-5477-8 Ⓝ163.4
内容 第1部 ファロス信仰(歴史 象徴的意味 ファロスの表象 間接的なファロスの表象) 第2部 勃起男根神(動物の支配者 守護神 動物界、植物界での神の作られ方 勃起男根神の名称と様相 残存するもの)
*快楽の源泉であり、耀く永遠の象徴であるファロスは、聖なる至福、歓喜の「存在」を喚起する—。男根は、先史時代から今日まで、世界のあらゆる地域で、生命を司る神の象徴として祭られてきた。あらゆる文明に存在する、生命の源にして、男らしさ、勇気、力強さの象徴であるファロス信仰を、浩瀚な資料を駆使して分析。

◇不思議谷の子供たち 森栗茂一著 新人物往来社 1995.3 215p 20cm 2000円 (i)4-404-02188-7 Ⓝ387
内容 現代物語の解剖 問題の所在 例外としての近世水子供養 間引き—再生論から人工中絶へ 人工中絶と水子供養 水子民俗の作られ方—週刊誌を素材として 不思議谷の風景 供養のテキスト—絵馬と観音 水子への意識をめぐって 商品としての水子 賽の河原の現代—死霊結婚・水子・口寄せ・流れ香具師 新しいフォークロアとして
*水子供養のフォークロア。この世に生を受けることのなかった子供たち。後悔の念と不安を抱えながら生きる女性たちに群がるメディアと宗教。水子供養の実態を明らかにし、現代の家族、男女、信仰のありかたを問い直す。

◇母権と父権の文化史—母神信仰から代理母まで 市川茂孝著 農山漁村文化協会 1993.2 262p 19cm (人間選書 166) 〈参考文献:p258〜262〉 1900円 (i)4-540-92098-7 Ⓝ163
内容 第1章 原始、親は母だけであった 第2章 エジプト王権制をささえたファロス神(男根神) 第3章 父権制と母神信仰の接点から生まれたヤハウェ信仰 第4章 アーリア人父権制社会と先住民の母神信仰 第5章 インドにおける母神の復権 第6章 科学が父と母を定義するまで 第7章 生命科学が引き起こす親子関係の混乱
*神話、性崇拝、宗教、哲学からの相克としての歴史を解読、新たな不平等と混乱をもたらす生命操作に警告を鳴らす。

◇星の信仰—妙見・虚空蔵 佐野賢治著 渓水社 1994.9 511p 22cm 〈発売:北辰堂〉 12360円 (i)4-89287-096-X Ⓝ387

◇母神信仰 喜多路著 錦正社 1994.1 296p 22cm 〈文献目録:p280〜288〉 7500円 (i)4-7646-0239-3 Ⓝ163
内容 序章 母神信仰概説(大母神概説 大母神信仰の展開 母神研究史) 1章 神話における母神(記紀の母神達 うつぼ舟漂着神話〈伝承〉) 2章 民俗宗教にみられる母神(山の神 修験道における母神信仰) 3章 母神の属性(豊饒神的面 否定的面—テリブル・マザー) 4章 母神類似の女神達

◇まじない習俗の文化史 奥野義雄著 岩田書院 1997.3 332p 22cm 6900円 (i)4-900697-87-7 Ⓝ387

◇魔性の文化誌 吉田禎吾著 みすず書房 1998.12 272,15p 19cm 〈みすずライブラリー〉 2700円 (i)4-622-05032-3 Ⓝ163
内容 妖怪と両義性 清純な白と無気味な白 左の意味 方位のさかさ水 双子の習俗 魔女、死霊のイメージ 女性の魔力 不思議な動物 不思議な来訪者
*妖怪・悪霊・憑きもの・妖術・精霊など、「魔」の世界に属する表象の社会人類学的研究—各地の無文字社会・民俗社会のみならず、現代の社会・文化をも含む豊富な事例の分析を通して、魔性の性格、成立条件などに共通な構造を探る。ここから、今われわれが負っている大きな課題—自分の文化の基準で他を評価することへの反省—に人類学はいかに貢献しうるか、への展望が開かれる。

◇招猫画報—吉祥招福 荒俣宏監修, 日本招猫倶楽部編 エー・ジー出版 1997.12 126p 30cm 〈執筆:板東寛司, 荒川千尋, 左古文男〉 2200円 (i)4-900874-15-9 Ⓝ387
内容 吉祥招福対談(荒俣宏 横尾忠則) 第1章 招き猫由来譚異説 第2章 平成招き猫美術館 第3章 招き猫の考現学 第4章 招き猫旅情編
*アーティストたちによる平成の招き猫大集合。

◇招き猫の文化誌 菊地真, 日本招猫倶楽部編著 勉誠出版 2001.12 140p 21cm (museo 8) 1200円 (i)4-585-09073-8
内容 第1章 招き猫の起源(招き猫の起源 映画「青べか物語」の招き猫 ほか) 第2章 日本古典の猫(王位を招く猫 落語にでてくる猫たち ほか) 第3章 中国古典の猫(中国昔話の猫 中国古典で活躍する猫 ほか) 第4章 狛犬・シーサーと招き猫(沖縄のシーサー 義足を着けた狛犬さん ほか) 第5章 招き猫情報(招き猫イベントカレンダー 招き猫ミュージアムガイド ほか)

◇招き猫博覧会 荒川千尋, 板東寛司著 白石書店 2001.1 112p 22cm 〈パレットブックス〉 1886円 (i)4-7866-3023-3 Ⓝ387
内容 千変万化招き猫 ふるさと自慢郷土玩具招き猫 御利益いろいろ寺社招き猫 珍品・逸品・絶品招き猫 お招きグッズマーケット アートな招き猫が拓く新世紀
*「え、福を招いてくれるだけじゃないの?」知らなかった、招き猫のこんな愉しみ方。

◇㊥ジンクス大集合―井の頭公園でボートに乗ったカップルは別れる!? ピンクプレス編 日本文芸社 1993.8 239p 15cm (にちぶん文庫) 480円 (i)4-537-06113-8 Ⓝ387
(内容) 1 とっても縁起が悪いこのジンクス 2 困ったときのジンクスだのみ 3 こんな習慣の陰にこのジンクスあり 4 なぜか気になるこのジンクス 5 ジンクスに息づく先人の知恵 6 バカバカしくなっちゃうジンクス 7 守って安心、このジンクス 8 深〜いワケあるこのジンクス 9 やっぱり知りたい恐いジンクス 10 つい信じちゃうおもしろジンクス
＊信じる信じないはともかく、迷信、俗信、縁起かつぎは世の常、人の常。ナルホドと納得するものから、思わず笑ってしまうものまで、知っているとトクをするジンクスの数々を、一挙大公開。

◇右手をあげる招き猫―幸運をよぶ動物オモシロ由来学 Good lack 三橋健著 PHP研究所 1995.12 188p 18cm〈付：主な参考文献〉1400円 (i)4-569-54985-3 Ⓝ387
(内容) 第1章 動物たちの開運厄除けグッズ 第2章 行事・祝い事を演出する動物たち 第3章 ご利益を運ぶ動物たち 第4章 幸せを呼ぶ動物の言い伝え

◇右手の優越―宗教的両極性の研究 ロベール・エルツ著，吉田禎吾，内藤莞爾，板橋作美訳 筑摩書房 2001.6 247,22p 15cm (ちくま学芸文庫)〈文献あり〉 950円 (i)4-480-08638-2 Ⓝ163
(内容) 死の宗教社会学―死の集合表象研究への寄与(あいだの期間 最終の儀式) 右手の優越―宗教的両極性の研究(有機体の非対称性 宗教的両極性 右と左の特徴 両手の機能)
＊現在の象徴体系、認識体系研究の先駆けとなったフランス社会学黄金期の著作。論文「死の宗教社会学」を併録する。

◇民間伝承と創作文学―人間像・主題設定・形式努力 マックス・リューティ著，高木昌史訳 法政大学出版局 2001.11 396,27p 19cm (叢書・ウニベルシタス) 4700円 (i)4-588-00729-7
(内容) 民間伝承における人間像 新聞に見られる諺 伝説の内容と語り口 伝説における警告型と模範型 昔話の中の虚弱者と障害者 昔話における家族と自然 民間バラードの家族主義 民間説話と創作文学に共通のテーマ 伝承文学と創作文学における人間の自己遭遇のテーマについて シェイクスピア作品の主題とモティーフ シェイクスピアにおける自己喪失と自己実現 マクベス、自己分裂と自己疎外の悲劇 セルバンテス、アベリャネダおよびモーツァルトの民間説話の扱い方 シェイクスピアにおけるイロニー 昔話における自由と束縛 伝承文学におけるパラドックス 伝説と昔話における原形式と目標形式
＊民衆の哲学としての諺、精神の訓練としての謎々、バラードの家族主義、昔話のなかの障害者を論じ、口承文芸学の視点からシェイクスピアを読み直す。

◇民家宗教の構造と系譜 圭室文雄編 雄山閣出版 1995.4 590p 22cm 15000円 (i)4-639-01281-0 Ⓝ162.1
(内容) 第1章 寺院の系譜 第2章 教学と思想の展開 第3章 信仰の諸形態 第4章 葬祭と祈禱
＊仏教を中心に神道(神祇信仰)、民間信仰まで、日本宗教の歴史・民俗に関わるテーマを第一線の研究者25名がさまざまな角度から実証。現代に生きる民衆と宗教の関係の原像と多様性を浮き彫りにする。

◇民俗宗教を学ぶ人のために 山折哲雄，川村邦光編 京都 世界思想社 1999.7 253p 19cm〈文献あり〉1900円 (i)4-7907-0763-6 Ⓝ387
(内容) 1 民俗宗教のテクスト(縄文と弥生の心性を読み解くための方法序説 カミとホトケ―八幡・天神・稲荷 ノロイ・タタリ・イワイ ほか) 2 方法としての民俗宗教(民俗宗教研究と「ジェンダー」という方法 民俗宗教の複合性と霊威的次元 民俗の知―からだ・ことば・こころ) 3 民俗宗教のコンテクスト(評価される身体、あるいは民俗宗教の臨界 血と性―浄穢と貴賤 物語・祭祀・権力―「風土記」の地名伝承をめぐって ほか)
＊縄文と弥生、カミとホトケ、血と性…歴史と現在の交差点から、重層的な民俗宗教の世界を鮮やかに描く。

◇民族宗教の研究 棚瀬襄爾著 大空社 1996.5 490,68,13p 22cm (アジア学叢書 7)（畝傍書房昭和16年刊の複製) 14000円 (i)4-7568-0246-X Ⓝ163

◇民俗宗教の地平 宮家準編 春秋社 1999.3 582,20p 23cm〈年譜あり 著作目録あり〉 (i)4-393-29127-1 Ⓝ387.04

◇民俗宗教論の課題 宮田登著 復刊 未来社 2000.5 286p 20cm (ニュー・フォークロア双書 1) 2500円 (i)4-624-22001-3 Ⓝ387
(内容) 1 民俗から見たカミとヒト(民衆のなかのテンノウ信仰 いわゆる権威としての天皇信仰 ほか) 2 民俗から見た世界観(民間信仰としての地獄・極楽 補陀落渡海の人々 ほか) 3 民俗から見た性(性信仰研究の諸問題 性器崇拝の性格 ほか) 4 民俗から見た被差別(白山信仰と被差別 非・常民の信仰 ほか)
＊本書は、4つのモチーフから成る。すなわち、日本人のカミ観念をヒトの立場から考察。日本人の他界が、現世との連続の上に成り立つという柳田民俗学の指摘にのっとって、その具体像の把握の試み。性信仰のクローズ・ア

ップ。そして、被差別の問題を取り上げる。

◇民俗神道論―民間信仰のダイナミズム　宮田登著　春秋社　1996.7　289p　20cm　2987円　(i)4-393-29122-0　Ⓝ387

◇民俗の思想―常民の世界観と死生観　谷川健一著　岩波書店　1996.10　278p　16cm　(同時代ライブラリー 282)　1133円　(i)4-00-260282-6　Ⓝ387

◇迷信シロクロ大全　新井孝佳著　メディアファクトリー　2001.2　203p　19cm　(MFペーパーバックス 13)　950円　(i)4-8401-0224-4　Ⓝ387.91
(内容)1 長寿に開運、迷信長者！？―幸運・金運編　2 不吉な予感に襲われる！―危険・死編　3 迷信療法で医者いらず！？―健康・病気編　4 彼と彼女のHなジンクス―セックス・妊娠編　5 健康食品から食べ合わせまで―食べ物編　6 県民性に別れの名所―地方・地域編　7 雨晴れ大雪ズバリ的中？―天気予報編　8 食事に就寝、住まいにペット―日常・生活編
＊金運から恋愛、セックスまで、思わずナットクの徹底検証400本。

◇迷信・俗信大百科―招福大宝典　不二竜彦著　学習研究社　1996.1　287,26p　18cm　1300円　(i)4-05-400630-2　Ⓝ387.033
(内容)1 吉兆・凶兆がまっさきに現れる―動植物　2 招福グッズから呪いのグッズまで―物品・衣類　3 知らずにはつきあえない福の神・貧乏神―人物・神仏　4 バカにできない予知と招福の宝庫―人体と生理　5 鬼門だけじゃない場所にまつわる吉凶―家と場所　6 そのくだらなさがたまらない―食物・食事　7 民族の無意識に深く根ざした―冠婚葬祭・行事・習俗　8 自然のメッセージが聞こえてくる―天地の災いと天気　9 ちょっと気になる数字の俗信・迷信―数字の縁起
＊収録項目1000余。この一冊で吉兆・凶兆・まじない・禁忌など気になる俗信世界のすべてがわかる。

◇森の神々と民俗　金田久璋著　白水社　1998.10　301p　20cm　2400円　(i)4-560-04066-4　Ⓝ387
(内容)第1部 森の神の動物誌(狐狩り候―民俗行事キツネガリの起源　若狭の鳥勧請)　第2部 森の神と異類伝承(無言交易と異類伝承　竜蛇と宇宙樹の神話)　第3部 森の神の祭り(トビ・飛の木・富の木渡し―桂祭りと予祝儀礼　シバの精霊　歯朶の冠―異人殺しとマレビトの装束　トブサタテの民俗　埋納予祝の民俗　森の神と開拓先祖)
＊福井県若狭地方を原点として日本人の森と樹木への信仰を見つめ、動物信仰も視野に含めて、その根底にある樹霊信仰の痕跡を追究する。民俗学に文化人類学の知見を導入した野心的労作。

◇病と祈りの歳時記―さまざまな健康への願い　後藤恭子編著　川島町(岐阜県)　内藤記念くすり博物館　1994.5　39p　26cm　〈参考・引用文献：p39〉　Ⓝ387

◇病と信仰・伝説　松田義信著　東洋出版　2001.3　222p　22cm　1400円　(i)4-8096-7365-0　Ⓝ387
(内容)1 湯治と霊湯　2 神様と神社　3 御仏と寺院　4 石信仰　5 妖怪　6 正月のまつり
＊病の平癒を神仏に縋った先人の足跡と神仏の事象。

◇よくわかるだるまさん　広瀬正史著　チクマ秀版社　2000.10　141p　15cm　(チクマの実学文庫)　600円　(i)4-8050-0369-3　Ⓝ387
(内容)第1章 だるまの歴史(原形は酒席の余興 酒胡子から不倒翁へ　京で流行った起上がり小法師　ほか)　第2章 高崎だるまの誕生(養蚕の守り神　願かけのもとは大仏開眼　全国一のだるま生産地　ほか)　第3章 達磨大師(禅宗初祖・菩提達磨円覚大師　達磨大師の人物像　王子の智慧くらべ　ほか)　第4章 禅宗を知る(禅宗の流れ　栄西・道元以前の禅の伝播　日本の禅宗の成立　ほか)
＊万人に愛されている「だるまさん」ですが、その由来や、お祀りの仕方などあまり知られていないようです。そこで当少林山達磨寺から「縁起だるま」が生まれましたので、「だるまさん」をより広く知っていただくために、小事典として本書を書きました。だるまの由来と広まり、そのモデルとなった禅宗初祖達磨大師とその教えなどを中心に、だるまにまつわる様々な話を記しています。

◇歴史知とフェティシズム―信仰・歴史・民俗　石塚正英著　松戸　理想社　2000.6　286p　22cm　2800円　(i)4-650-90212-6　Ⓝ163.4
(内容)第1部 歴史知の原初的形態(Cultus―儀礼と農耕の社会思想史　関山神社・法定寺両石仏群探訪記　虐待される道祖神　秩父オオカミ信仰の民俗　原初的精神の落ち穂拾い)　第2部 歴史知のフェティシュ的形態(子どもの世界へ―日本神話から説き起こしてベンヤミン・ライヒ・カイヨワにおよぶ　隠喩としての母、および歴史知の逆説　フェティシスト・フォイエルバッハの偶像破壊　付録・フェティシュなフォイエルバッハ―フェティシズム論摘要)
＊本書で取り扱うテーマは「信仰・歴史・民俗」に関連する。人々の日常生活に根を張った実践的行為の解説である。ド・ブロスが定義した意味でのフェティシズムを「歴史知」と関連づけて論じ、日常生活者が衣食住をととのえてその日を生き抜く視座と方法を獲得するためのしたたかな自然観・社会観・知的体系であるところの「歴史知」を、人々の思考・行動様式におけるフェティシュ的な形態において

民間信仰・迷信

確立し展開した。
◇「六曜」迷信と部落差別―「大安・友引」にこだわりますか? 狩野俊猷,羽江忠彦著 福岡 福岡部落史研究会 1995.4 79p 21cm (ブックレット菜の花 2) 700円 (i)4-938725-11-8 Ⓝ361.86
◇薬綱論―近江におけるジャのセレモニー 橋本鉄男著 堺 初芝文庫 1994.11 231p 20cm (近畿民俗叢書 10) 2300円 (i)4-938834-01-4 Ⓝ387

日 本

◇アマとオウ―弧状列島をつらぬく日本的霊性 菅田正昭著 たちばな出版 1999.7 271p 19cm 1800円 (i)4-8133-1135-0
(内容)第1部「あま」なる言霊―天・海・雨・女性…の「アマ」の霊性から見た日本宗教(鈴木大拙が欠落させたもの 「海の霊性」と「アマの霊性」 日本文化の淵源としてのシマ ほか) 第2部 根源語「オウ」への飛翔―青い言葉の時間と空間 第3部 縄文言霊学への回帰(祖霊祀る「テラ」 もう一つの"海上の道" 縄文のオクリモノとしての言霊)
＊青・奥・沖・墓・大…等々の義を持つ「オウ」の言霊。知的障害児のオクレの問題や児童福祉、さらにオキナ(翁)・オウナ(媼)の老人福祉、ヲグナ・ヲウナの青少年問題等、「後れ・遅れ」を根源語「オウ」から送(贈)られてくる「贈り物」として捉えながら、21世紀の人間観と福祉社会を展望する。
◇石―伝説と信仰 長山幹丸著 秋田 秋田文化出版 1994.1 303p 19cm (民俗選書 Vol.4) 2000円
(内容)歴史の石(上ノ山遺跡 板碑 墓) 伝説の石 信仰の石(庚申塔 地蔵菩薩 二十三夜塔 蒼前様 太平山信仰 ほか) 生活の石(舟つなぎ石 方角石 道標 波除石垣 祈願対象の石 ほか)
＊石―われわれの祖先は、生活の道具として、また信仰の対象として、堅牢で美しい石の不変性を利用してきた。本書は、失われつつある石にこめられた日本人の心をさぐりつづけた記録である。
◇井沼の石造物 蓮田 蓮田市教育委員会 1999.3 141,16,12p 30cm (蓮田市石造物調査報告書 第5集) Ⓝ714
◇ウサギの日本文化史 赤田光男著 京都 世界思想社 1997.3 299p 19cm (Sekaishiso seminar) 2427円 (i)4-7907-0645-1 Ⓝ382.1
(内容)1 兎神信仰の展開(ウサギの心象史 ウサギの信仰史 ウサギの神性 八月十五夜の行事と兎神 卯の時間性と空間性) 2 兎狩りと狩猟民俗(ウサギ狩りの民俗 山の幸考 狩猟の練武性とウサギ狩りの作法 狩猟をめぐる現代世相と伝統習俗 奥吉野上北山村の狩猟民俗聞書 ウサギ飼育の明治世相史)
＊神として崇拝され、山の幸として捕獲されてきたウサギ―その聖と俗の両様を歴史民俗学的に考察し、日本精神史の世界に迫る。
◇江戸時代の泉州安産信仰―石をも穿つ その分布と系譜 辻川季三郎著 〔泉大津〕 〔辻川季三郎〕 1995.10 282p 21cm 〈付・泉州附近の子安ご利益の寺社 限定版〉 2500円 Ⓝ387
◇江戸の女たちの縁をもやう赤い糸―絵図と川柳にみる神仏信仰と迷信 渡辺信一郎著 大阪 斉藤編集事務所 1996.4 397p 19cm 2000円 (i)4-916067-38-X Ⓝ387
◇江戸の小さな神々 宮田登著 新装版 青土社 1997.8 284p 20cm 2200円 (i)4-7917-5565-0 Ⓝ387
(内容)1 江戸の地霊 2 江戸の流行神 3 江戸の他界―ヤマと都市を結ぶ回路 4 江戸の心願
＊江戸の大規模な都市開発は多くの怪異現象をよび起こした。それらの不安を鎮める稲荷や地蔵の祀堂に庶民は何を祈ったのか。その祈りはやがて富士講や御岳講のうねりを生み出し、お蔭参りやええじゃないかのエネルギーともなって爆発する。江戸における庶民信仰の成立と展開をあとづける野心的な試み。
◇帯によせて―安産・育児の祈願 板倉千栄子著 増補版 茂原 板倉千栄子 1994.7 163p 26cm Ⓝ387
◇お不動さまといっしょ―老馬鍛冶山不動尊改築記念誌 大久保太市著 横浜 田園都市出版 1997.3 143p 19cm Ⓝ387
◇お守り―暮らしにいきづく信仰の形 小山市立博物館編 小山 小山市立博物館 1995.10 43p 30cm 〈第31回企画展 会期:平成7年10月8日〜11月19日 参考・引用文献一覧:p42〉 Ⓝ387
◇開運!招福縁起物大図鑑―福を招く神々 日本招福縁起物研究会編 ワールドマガジン社 1997.1 126p 27cm 〈監修:荒俣宏 発売:青人社〉 2200円 (i)4-88296-804-5 Ⓝ387
(内容)福を呼びこむ図像の誕生(荒俣宏) 開運招福の神々―縁起物座談会 福の壱 招き猫 福の弐 福助さん 福の参 飾り熊手 福の四 縁起だるま 福の伍 ビリケン 街で見かけた吉兆招福縁起物 招福インフォメーション
＊開運、幸福を求める人々に愛されてきた「招き猫」「福助さん」をはじめとする縁起物のルーツや古今東西の珍品、貴重品コレクションを集大成。成紀末のラッキーゴッド・ブームを読み解く荒俣宏監修による縁起物研究・鑑賞の決定版!併せて荒俣宏秘蔵の福助コレクションも大公開。

民間信仰・迷信　　　　　　　　　　　　　　　　　　　　　　　　　　　　日本

◇カクレキリシタンの信仰世界　宮崎賢太郎著　東京大学出版会　1996.11　287,16p　22cm　〈巻末：カクレキリシタン関係参考文献〉　5047円　(i)4-13-010402-0　Ⓝ387
　内容　序章　カクレキリシタン世界への誘い　第1章　生月キリシタンの歴史と展開　第2章　カクレキリシタンの呼称　第3章　カクレキリシタンの分布　第4章　壱部のカクレキリシタン組織とその継承　第5章　オラショとその伝承　第6章　壱部カクレキリシタンの年中行事　第7章　「お授け」と「戻し方」　第8章　現在のカクレキリシタンの他界観　第9章　カクレキリシタンの信仰構造　第10章　カクレキリシタンの信仰対象と神観念　第11章　タブー・タタリ・ケガレ
　＊いまも生きて変化を遂げているカクレキリシタン信仰―その本質に迫る。いま現在カクレキリシタンとして生きている人々が、みずからの信仰についてなにを感じ、なにを考え、なにに悩み、どう生きているのかということを、行事に仲間の一人として参加することで、明らかにしていく。

◇神々の原像―「先代旧事本紀」に秘められた神々の伝承　大野七三著　批評社　2001.3　155p　20cm　2000円　(i)4-8265-0327-X　Ⓝ210.3
　内容　第1章　日本の神々と神代（日本の神々　古代神社祭祀の起りと神主家　ほか）　第2章　「先代旧事本紀」（十巻本）と饒速日尊（「先代旧事本紀」の成立と古文献　「先代旧事本紀」の最重要記述饒速日尊伝承　ほか）　第3章　「先代旧事本紀」の神裔系譜（巻第一・神代本紀、陰陽本紀　巻第二・神祇本紀　ほか）　第4章　神々の神陵（陵墓）（神々の神陵の記録と実在　素佐之男尊の神陵と熊野大社　ほか）　第5章　素佐之男尊の実在の踏査と検証（我が国歴史の始まり　八岐大蛇退治神話の真相　ほか）
　＊「記紀」の神話伝承によって抹消された女系の皇祖神・饒速日尊伝承は、日本古代史の真相を物語っている。「記紀」による歴史改竄の秘録を「先代旧事本紀」の解読をとおして明らかにする。

◇神々の風景と日本人のこころ―自然とは、言葉とは、母子の絆とは　山折哲雄、宮田登、渡部昇一、カール・シュナイダー、ヘルムート・ギッパー、久保田展弘、稲垣良典、片倉もとこ著、松田義幸編　PHPエディターズ・グループ、PHP研究所〔発売〕　1996.9　203p　19cm　〈エンゼル叢書〉　1500円　(i)4-569-55316-8
　内容　1　お伊勢信仰と日本人のこころ―宗教的伝統に見る日本人の国民性　2　自然・言葉・宗教の三位一体の世界―日本人の宗教観を考えるヒント　3　民族の信仰と「母子の絆」―生活の根底に流れる母の愛・神のこころ
　＊なぜ、死ぬときはこの国で死にたいと思うのか。なぜ、自然の情景に神々しさや安らぎを感じるのか。人々の無意識下にある信仰心の様相を有識者が明かし、好評を博したエンゼル・フォーラムの単行本化。

◇神さま・仏さま・ご先祖さま―「ニッポン教」の民俗学　神崎宣武著　小学館　1995.2　238p　19cm　〈参考文献一覧：p236～238〉　1500円　(i)4-09-626185-8　Ⓝ162.1
　内容　第1章　仏の顔も三度まで、さわらぬ神に祟りなし―祈願のかたち　第2章　お正月さまゆらゆらござった―カミ迎えの構図　第3章　ご先祖さまへの申はわけ―供養とまつりの意義　第4章　おばけが出るところ、カミが棲むところ―視覚・心象の聖地化　第5章　お神酒あがらぬカミはなし―直会と宴会の習俗
　＊世界の不思議ニッポン教。知っているようで知らない身近な信仰のかたち―これはニッポン人の常識学だ。

◇神と仏―仏教受容と神仏習合の世界　桜井好朗編　新装版　春秋社　2000.9　357p　19cm　2500円　(i)4-393-29148-4
　内容　総論―神仏習合史への視座　異郷論―神話の他界と仏教の他界　信仰における寺社―教化のイデオロギー　神祇不拝と民間信仰　兄妹婚姻譚の行方―カミとホトケのはざまから　現代からの証言―いまわの花・淵源の白闇から　外部の分節―記紀の神話論理学　神道曼荼羅の構造と象徴世界
　＊外来と土着の葛藤と融合。仏教は日本文化をどのように変えたか。神仏習合や本地垂迹思想の展開によって"日本仏教"が日本固有の神々を自らの系列下に収め独自の神観念を形成していく諸相を解析する。

◇神と仏と日本人―宗教人類学の構想　佐々木宏幹著　吉川弘文館　1996.3　272p　20cm　2575円　(i)4-642-07486-4　Ⓝ163
　内容　1　日本宗教の底流　2　タマ・ホトケ・仏と日本人　3　宗教人類学の構想　4　人と学問―宗教人類学の先達たち
　＊家に仏壇と神棚をもち、正月には神仏に手を合わせる日本人。こうした習合性の宗教観は、日本独特のものだろうか。本書は、他地域との比較の視座からこの問題を追究。現代宗教が問われる今、その果たすべき役割を考える。

◇神になった人びと　小松和彦著　京都　淡交社　2001.10　239p　19cm　1800円　(i)4-473-01837-7
　内容　第1章　崇拝（藤原鎌足―談山神社　源満仲―多田神社　ほか）　第2章　怨霊（井上内親王・早良親王―上御霊神社　菅原道真―北野天満宮　ほか）　第3章　権力（楠木正成―湊川神社　豊臣秀吉―豊国神社　ほか）　第4章　民衆（李参平―陶山神社　お竹―羽黒山お竹大日堂　ほか）
　＊現代の日本人には仏教思想が浸透していて、人は死ぬと「ホトケ」になると思っている。し

文化人類学の本　全情報　491

日本　　　　　　　　　　　　　　　　　　　　　　　　　　　　　　　民間信仰・迷信

かし、日本には、古来、人を神に祀り上げる習俗があった。その思想とメカニズムを解明する。「崇拝」『怨霊』『権力』『民衆』をキーワードに、藤原鎌足、源満仲、安倍晴明などを取り上げ、日本人の「神」観念を探る。

◇神代の風儀—「ホツマツタエ」の伝承を解く
鳥居礼著　新泉社　1997.9　463p　19cm　4500円　(i)4-7877-9719-0　Ⓝ210.3
内容　ういのひといき　天地開闢伝承　常世国と橘　古代日本の教育　恵比須・大黒の伝え　大嘗祭の美意識　機織りの道　美吉野の子守宮　伊勢に坐す二神　日本の美意識と表現
*甦る縄文の精神文明。大国主命の子孫オオタタネコが編纂した古神道書『ホツマツタエ』は神代文字で書かれ、前半部分はBC660年に成立したとされる。『古事記』『日本書紀』には書かれなかった神代の真相が記述されており、日本文化・精神の根源があかされている。

◇狐の日本史　古代・中世篇　中村禎里著　日本エディタースクール出版部　2001.6　343p　20cm　2800円　(i)4-88888-308-4　Ⓝ387
内容　第1章 古代の狐観念　第2章 六字経法と狐　第3章 和様ダキニ天の誕生　第4章 辰狐の登場　第5章 藤原氏の恩恵者　第6章 室町時代支配階級の狐付き　第7章 桂地蔵事件と中世衆庶信仰　第8章 鳥羽上皇の寵妾　第9章 阿部晴明の母　第10章 戦国武将と狐
*日本人にとって狐は古代から身近な動物だった。その狐が霊力をもち、やがては狐信仰、あるいは狐付きといった日本社会に特有の伝承となって定着していく。古代から戦国時代までの文献を渉猟し、日本人の狐観念とその変遷を跡づける。

◇巨木と鳥竿　諏訪春雄編　勉誠出版　2001.6　187p　20cm（遊学叢書 16）2000円　(i)4-585-04076-5　Ⓝ163.1
内容　ヨーロッパの柱と鳥　中国大陸の柱と鳥　韓国の柱と鳥　縄文の巨木信仰　弥生の鳥竿信仰　チャンスンとさえの神　シンポジウム「縄文から弥生へ—巨木と鳥竿」
*縄文・弥生の両時代の連続と非連続の解明が本書の中心課題である。この課題を解決するための検討課題として、縄文の巨木と弥生の鳥竿をえらび、その本質をとらえるために空間の横のひろがりと時間の縦のつながりを、同時に視野におさめている。

◇来る福招き猫手帖　荒川千尋、板東寛司著　情報センター出版局　1996.10　164p　21cm　1600円　(i)4-7958-1013-3　Ⓝ387
内容　1 招き猫を見る—珍品コレクション博覧会　2 招き猫と出会う—全国お招きスポット　3 招き猫と暮らす—拝見コレクターの招き猫　4 招き猫を探す—街角招き猫探偵団　5 招き猫を旅する—全国お招きスポット　6 招き猫を学

問する—招き猫学会の報告　7 招き猫を創る—平成招き猫アーティスト名鑑
*「こ、これはいったい!?」見ているだけで幸せになれる、正しい招き猫の飼い方とは?思わず絶句せずにはいられない、貴重な秘蔵コレクションと超レア&ラッキーな招き猫情報を満載!その鑑賞・発見・蒐集のコツから、誕生・形態・御利益のヒミツまで、福を呼ぶ招き猫の魅力を大公開!なぜか気になる招き猫を、トコトン楽しむはじめての完全ガイドブック。日本招猫倶楽部公認。

◇幸運を招きよせる縁起もの大集合　日本縁起かつぎ隊編　広済堂出版　1998.12　98p　26cm　1000円　(i)4-331-35239-0　Ⓝ387

◇講座日本の巡礼　第1巻 本尊巡礼　真野俊和編　雄山閣出版　1996.5　339p　21cm　4944円　(i)4-639-01366-3
内容　第1篇 西国巡礼　第2篇 坂東・秩父巡礼　第3篇 諸islamic尊の巡礼　第4篇 本尊巡礼の研究成果と課題
*一定の本尊をまつる寺院・堂庵をめぐる巡礼。その複雑な姿故に体系的把握が困難であった巡礼に、いま研究と理解の基礎作りがなされる。

◇講座 日本の巡礼　第3巻 巡礼の構造と地方巡礼　真野俊和編　雄山閣出版　1996.11　339p　21cm　4944円　(i)4-639-01378-7
内容　第1篇 宗教行動としての巡礼（巡礼の構造　比較巡礼論の試み—巡礼コミュニタス論と四国遍路　巡礼の行者—その宗教的達成　まれびと、巡礼、ノーキョーさん）　第2篇 巡礼の民衆化（近世に於る地方霊場の発達—新西国と新四国　廻国巡礼と納経供養　民衆の旅—順礼供養塔からみた旅の教育・文化史的意義）　第3篇 地方巡礼の隆盛（小豆島における写し霊場の成立　若狭三十三所と一宮—中世後期若狭の寺院と荘園公領総社　能登国三十三観音巡礼　利根川下流域の新四国巡礼—いわゆる地方巡礼の理解に向けて）　第4篇 巡礼の構造および地方巡礼の研究成果と課題
*民衆への普及と地方における巡礼。地方巡礼の開創は近世にはいると爆発的ともいえる流行になり、庶民の代表的な宗教習俗となった。かれらを巡礼にかりたてるものは何か、また、そこから何が生まれてきたのか。その問題を日本における具体的な事実に即して考察することこそが、世界的な広がりをもつ巡礼を理論するための最良の手掛かりになる。

◇虚空蔵菩薩信仰の研究—日本的仏教受容と仏教民俗学　佐野賢治著　吉川弘文館　1996.2　555,20p　22cm　9064円　(i)4-642-07538-0　Ⓝ186.8
内容　第1部 虚空蔵信仰の歴史的展開（教理体系としての虚空蔵信仰　秦氏と虚空蔵信仰—宇

佐八幡・虚空蔵寺をめぐって　古代仏教の密教的性格と虚空蔵信仰―修験道成立前史　中世修験の動態と虚空蔵信仰―岐阜県高賀山信仰を中心として　十三塚と十三仏―密教的浄土観の成立　修験の土着化と虚空蔵信仰―羽前置賜地方「高い山」行事の周辺）　第2部　虚空蔵菩薩と民俗信仰（寺院信仰としての虚空蔵信仰　鰻と虚空蔵信仰―除災信仰(1)　星と虚空蔵信仰―除災信仰(2)　殖産技術伝承と虚空蔵信仰―福徳信仰(1)　虚空蔵信仰の作神的展開―福徳信仰(2)　ほか）

＊広大無辺の功徳を包蔵するという、虚空蔵菩薩。その信仰は、修験・寺僧らの仲介により鰻食物禁忌や十三参り・十三仏信仰などの日本的「仏教民俗」を醸成した。仏教が日本化する道筋をたどり、仏教民俗学の新地を切り拓く。

◇古事記と女性祭祀伝承　川上順子著　高科書店　1995.6　267,13p　21cm　6180円

内容）1　豊玉毘売神話の一考察　2　ヒバスヒメ皇后と丹波―后妃変遷を中心に　3　丹波から出雲へ―祭祀体系成立に関する試論　4　本牟智和気王物語と出雲　5　「古事記」のなかの大后像　6　「三輪山神話」考　7　大后と祭祀―「古事記」中巻の大后　8　師木県主の后妃　9　初代斎王豊鉏入日売命　10　丹波八乙女と御饌津神　11　皇女司祭者の成立

◇古代日本人の信仰と祭祀　松前健、白川静ほか著　大和書房　1997.1　238p　22cm　2884円　(i)4-479-84039-7　Ⓝ162.1

内容）政治と祭祀（日本古代の太陽信仰と大和国家　太陽祭祀と古代氏族　伊勢神宮祭日考　物部氏と石上神宮　神と王と卜官）　信仰の流入（中国古代の即位儀礼と大嘗会　天武・持統朝の仏教　ゾロアスター教の渡来）　考古学と信仰・祭祀（鶏形土器について　柄鏡形住居に見る女神の子宮と産道の表現　木製葬具は"木の埴輪"か　再生の祀りと人物埴輪）　民族と信仰（日本人の他界観　東海浄土論　ハニ族の葬俗と日本の葬俗との比較）

＊人間が本来持っていた信仰の心、祖先や神を祭る心が、古代社会においてどのように受容され、形を変えたのか。15名の研究者による論文集。

◇祭祀と供犠―日本人の自然観・動物観　中村生雄著　京都　法蔵館　2001.3　303p　22cm　3200円　(i)4-8318-5625-8　Ⓝ163

内容）祭祀と供犠の比較文化序説―「血」の問題を手がかりに　第1部　動物供犠と日本の祭祀（イケニへ論の起源―供犠論の日本的展開のために　動物供犠の日本的形態―古代中国との連続と差異をいとぐちに　狩猟民俗の身体観―「食」と「生命」のアルカイズム　非稲作の祭祀と神饌―「自然」と「聖地」のかかわりから）　第2部　日本宗教のなかの人と動物（古代呪術と放生儀礼―仏教受容のアニミズム的基盤　祭祀のなかの神饌と放生―気多大社「鵜祭」の事例を手がかりに　殺生肉食論の受容と展開―とくに近世真宗教団の問題として　供犠の文化／供養の文化―動物殺しの罪責感を解消するシステムとしてほか）

＊狩猟と稲作、供養と供犠、殺生肉食論の展開、動物と植物の供養など、多彩な比較文化的視座と豊富な事例により、日本人の自然認識の特質を探究する。

◇サルタヒコ考―猿田彦信仰の展開　飯田道夫著　京都　臨川書店　1998.2　224p　19cm　〈臨川選書〉　2100円　(i)4-653-03484-2

内容）第1部　序論（はじめに　猿田彦の名義　天孫降臨譚）　第2部　猿田彦を祀る社（猿田彦の総本宮　神宮では興玉　多賀の山田神　ほか）　第3部　猿田彦の祭祀（都城鎮護の猿田彦　四角四境祭　道祖神　ほか）　第4部　猿田彦にまつわる諸論（天鈿女　猿女　ウカノミタマ　ほか）

＊天孫降臨譚で知られる猿田彦神は数多くの異名をもつ神でもある。その異名や祭祀から、猿田彦神の実像と信仰形成を独自の視点でときあかす注目の書。

◇三途の川の渡り方―「あの世」と「霊界」が見えてくる　水木しげる著　光文社　2000.7　209p　18cm　〈カッパ・ブックス〉〈文献あり〉　819円　(i)4-334-00685-X　Ⓝ163

内容）1章　三途の川の渡り方（お迎えが来るとき　死を送る作法と死ぬ作法　ほか）　2章　地獄ツアー（黄泉の国と地獄　ほとんどの人が地獄へ堕ちる　ほか）　3章　霊と暮らす（霊界はカミサマから妖怪までの一本の体系　お盆　ほか）　4章　おばけのいる人生（鬼、天狗、キツネが妖怪の御三家　妖怪とおばけの違い　ほか）

＊ちょっと貧乏だったり、病気になったり、いじめられたりしただけで、もうこの世は終わったかのように思うのは、「この世」のほうばかり見ているからだ。親や学校に「教えられた世界」だけが「この世」ではないと考えることは、いま生きている時間もまた朗らかにする。本書が、「この世」を愉しく生き、「あの世」を愉しく思う縁になれば幸いだ。

◇シバとハナ―神霊の祭りごと　原泰根著　京都　臨川書店　1994.11　228p　20cm　〈参考文献：p225～227〉　2678円　(i)4-653-02884-2　Ⓝ387

内容）第1章　愛宕さん詣で　第2章　樒を知る　第3章　庭先の常磐木　第4章　シキミを尋ねて　第5章　シバとハナ　第6章　樒と神霊の祭りごと

＊神樹である樒（しきみ）について、日本各地を踏査してまとめた一書。愛宕山・熊野・沖縄等、神霊と人々の交感・人間と自然の関わりの事例を探り、神仏を崇める民俗のこころに迫る。

◇修験道儀礼の研究　宮家準著　増補決定版　春秋社　1999.9　887,35p　23cm　〈折り込2枚　文献あり〉　20000円　(i)4-393-29129-8　Ⓝ188.59
(内容)第1章 研究対象と研究方法　第2章 修験道の修行と験術　第3章 修験道の祭　第4章 修験道における運勢と卜占　第5章 修験道の巫術と憑祈禱　第6章 修験道の祈禱と加持　第7章 修験道の憑きものおとしと調伏法　第8章 修験道の符呪とまじない　第9章 修験道儀礼の構造と機能　第10章 修験道儀礼と宗教的世界観　総括　付章 修験道における儀礼の次第　付章2 修験道儀礼の歴史
＊本書は修験道の全儀礼体系を構成する修行と験術、祭、運勢と卜占、巫術と憑祈禱、祈禱と加持、憑きものおとしと調伏法、符呪とまじないをとりあげ、これら及びそれに含まれる個別の儀礼、さらに全儀礼体系を象徴的体系と捉え、その意味の解読を通して、それぞれ及び全体の構造とそれを支える宗教的世界観の解明を目ざしたものである。

◇修験道の歴史と旅　五来重著　角川書店　1995.4　230p　20cm　(宗教民俗集成 1)　1800円　(i)4-04-530701-X　Ⓝ188.59

◇呪術・巨大古墳と天皇陵　佐藤至輝著　雄山閣出版　1995.11　252p　22cm　〈参考文献一覧：p250〜251〉　4944円　(i)4-639-01333-7　Ⓝ163.8
(内容)第1章 驚異の呪術構相　第2章 陰陽五行思想について　第3章 二等辺三角形の謎を解く　第4章 直線配列の呪術構相　第5章 最古の直線　第6章 正三角形(三合)の呪術　第7章 二等辺三角形の正体　第8章 日本の方術士
＊巨大古墳や天皇陵また神社や寺等の多くは、古代呪術の構想に基づいて築造・建造された。その呪術の示すところは何か。日本全土に展開するこれら無数の史蹟をたずね、その特異な配置・配列の謎─呪術の謎を解き明かす。

◇呪術秘法の書─神仏呪法実践読本　豊嶋泰国監修、黒塚信一郎著　原書房　2000.10　188p　21cm　1400円　(i)4-562-03336-3　Ⓝ163.8
(内容)第1章 神仏祈願法(作法　数珠の使い方 ほか)　第2章 呪法(符呪　カラー口絵・霊符集)　第3章 守護神・守護仏(十二支の守り本尊　護法神)　第4章 グッズ&スポット(法具　仏具・神具店ストリート・ガイド)
＊陰陽道、密教、神道…の呪法紹介。魔を打ち砕き、福を呼び込む強力な霊符や護符、頼りになる本尊から祈願のしかたまでを一挙公開。呪法を身近に感じさせる実践マニュアル。

◇巡礼・参拝用語辞典　白木利幸著　大阪　朱鷺書房　1994.3　277p　19cm　2575円　(i)4-88602-165-4
＊特殊の用語を詳説した画期的な労作。札所巡礼、寺社めぐり、巡拝の習俗研究々々に必携。

巡礼の部222項目、写真・図版71点。参拝の部183項目、写真・図版63点。巡礼霊場37コースの札所名、所在地、宗派、本尊を掲載。

◇神秘の道具　日本編　戸部民夫著　新紀元社　2001.6　331p　21cm　(Truth in fantasy 54)　〈画：シブヤユウジ　文献あり〉　1900円　(i)4-88317-356-9　Ⓝ387
＊魂の宿る「門松」、依り代となる「人形」、悪霊・災厄を祓う「団扇」、異界をのぞき見る「鏡」など、生活に密着している道具には、神秘的な機能や役割が与えられている場合が少なくありません。本書では、人間の生活を支えてきた、さまざまな道具たちの神秘的なエピソードを紹介します。

◇すぐわかる日本の呪術の歴史─呪術が日本の政治・社会を動かしていた　縄文時代から現代まで　武光誠監修　東京美術　2001.10　143p　21cm　〈年表あり〉　1600円　(i)4-8087-0710-1　Ⓝ163.8
(内容)第1章 自然崇拝と大陸文化の流入─縄文〜飛鳥時代　第2章 種々の呪術の生成と陰謀─奈良時代　第3章 権力を左右する呪術─平安時代　第4章 武家政権と呪術の消長─鎌倉〜戦国時代　第5章 大衆化する呪術─安土桃山〜江戸時代　第6章 呪術・占術の現在─明治時代〜現代
＊呪術がどのように日本の歴史を動かしてきたのかを時代順に1テーマ見開き2ページで解説。原始的なアニミズムにたつ呪術から、現代の風水や各種占いの流行にいたるまで呪術の流れがよくわかる。

◇聖と呪力の人類学　佐々木宏幹著　講談社　1996.10　302p　15cm　(講談社学術文庫)　840円　(i)4-06-159251-3　Ⓝ163
(内容)1 霊魂と民俗(民俗信仰とアニミズム文化　「死」の民俗　「葬祭=仏教」と霊魂観)　2 民俗宗教の諸相(沖縄・久高島のイザイホー　「カゼ」と「インネン」─長崎県・福江島の宗教文化　都市シャーマニズムの考現学 ほか)　3 聖と呪力(僧の呪師化と王の祭司化　巫的文化の諸相─「宇治拾遺物語」の考察　憑入・憑着・憑感─憑霊の概念 ほか)
＊聖なる秘仏は呪力を持つとされ、人びとはこの力の現世利益を求めて集まる。著者は、このような仏教と呪力信仰との関係を理解するためのヒントを民俗信仰のなかに見る。たとえば、わが国の民俗レベルの呪力信仰の中心に活躍するシャーマンたちとその宗教施設は、東北や南西諸島に限らず、むしろ東京などの大都市圏に多く存在するという。聖と呪力をめぐる問題を宗教人類学的に考察した期待の力作。

◇聖と俗の葛藤　堀一郎著　平凡社　1993.10　361p　16cm　(平凡社ライブラリー)　1200円

民間信仰・迷信　　　　　　　　　　　　　　　　　　　　　日本

(i)4-582-76022-8　Ⓝ163
(内容)伝承の権威―神話と密儀の意義について「聖」と「俗」の葛藤　神の死について―その宗教民俗学的考察　「贖ない」と「憎しみ」　密儀集団における死と再生―加入礼の宗教的意味　シャーマニズムの問題　巫者と文学―序説　日本文化の潜在意志としての神道―ベラ教授とエリオットの所見をめぐって　日本人の宗教的態度　神を創作する日本人　日本仏教の特質―「真俗一貫」から「非僧非俗」へ　風土と宗教　社会変動と宗教　聖化社会のなかの宗教と擬宗教　被抑圧感から逃避と攻撃へ―日本人の「祭」にみる衝動過程　家と宗教　韓国の宗教事情　紆余曲折―私の学問遍歴　エリアーデ教授との最初の出会い―1957年日記抄　柳田国男と宗教史学　柳叟翁と「俳諧評釈」について

◇仙境異聞・勝五郎再生記聞　平田篤胤著，子安宣邦校注　岩波書店　2000.1　432p　15cm　(岩波文庫)　800円　(i)4-00-330463-2　Ⓝ387
(内容)仙境異聞　勝五郎再生記聞
＊文政三年、浅草観音堂の前にふいに現れた少年寅吉。幼い頃山人(天狗)に連れ去られ、そのもとで生活・修行していたという。この「異界からの帰還者」に江戸の町は沸いた。知識人らの質問に応えて寅吉のもたらす異界情報を記録した本書は、江戸後期社会の多層的な異界関心の集大成である。生れ変り体験の記録「勝五郎再生記聞」を併収。

◇全国神仏御利益事典　中山慧照著　国書刊行会　1996.2　374,14p　22cm　〈参考文献：p372～374〉　4800円　(i)4-336-03646-2　Ⓝ387
(内容)仏教神道系現世利益信仰　民俗系現世益信仰
＊94の神仏の成立、利益、像容等を解説した事典。全体を「仏教神仏系現世利益信仰」『民俗系現世利益信仰」に分け、分類内は信仰名の五十音順に排列。巻末に「有名尊像安置寺院・神社一覧」がある。

◇泉州安産信仰―石をも穿つ　下　辻川季三郎著〔泉大津〕　大栄出版　1997.2　251p　21cm　〈見えてきた江戸期の子安　「江戸時代の泉州安産信仰」の続編〉　2500円　Ⓝ387

◇川柳江戸の民間療法　小野真孝著　太平書屋　1993.4　346p　19cm　6000円　Ⓝ387

◇増補　石臼の謎　三輪茂雄著〔増補版〕　クオリ　1994.9　319p　19cm　2060円
(内容)1　工学から石仏までの道程　2　現役の石臼を訪ねて　3　石臼のバリエーション　4　鈴鹿山系に沿って　5　みちのくの冬と夏の旅　6　太宰府・筑後・天草　7　徳島からの祖谷渓谷へ　8　奥多摩・五日市の伊奈丘　9　石臼供養　10　遺棄されると破壊される石臼　11　石臼の技術史　12　石臼づくり

◇太子信仰　蒲池勢至編　雄山閣出版　1999.10

353p　22cm　(民衆宗教史叢書　第32巻)　〈文献あり〉　5800円　(i)4-639-01622-0,4-639-00211-4　Ⓝ387
(内容)第1篇　太子信仰の展開　第2篇　真宗と太子信仰　第3篇　太子信仰と民俗　第4篇　説話・絵解きと太子信仰　第5篇　太子信仰の研究成果と課題
＊奈良時代にすでに神秘化・神格化されて描かれ、各々の時代、さまざまなかたちで崇められてきた聖徳太子。本書では、とりわけ強い信仰をもつ浄土真宗における太子信仰の流れのなかで、あまたの絵像や木像が、どのように祭祀されてきたのかを検証した。

◇だるまさんとは何者だ！―早わかりミニミニ事典　全日本だるま研究会編　浜松　全日本だるま研究会　1993.12　15p　21cm　(だるまブックス 1)　Ⓝ387

◇だるまの起源―だるまは性神か？　青山昭美著　福寿出版　1997.7　467p　27cm　非売品　Ⓝ387

◇ダルマの民俗学―陰陽五行から解く　吉野裕子著　岩波書店　1995.2　210p　18cm　(岩波新書)　620円　(i)4-00-430378-8　Ⓝ387
(内容)はじめての陰陽五行　達磨大師とダルマ　ダルマのある風景　ダルマはなぜ赤い　ダルマさんが転んだ　ダルマさん、にらめっこしましょ　ダルマさん笑っちゃだめよ　ダルマさんの仲間
＊固く結ばれた口、二つの巨大な目…。赤いダルマは縁起物として正月の市で売られ、選挙事務所にもおかれている。なぜ、これほどまで人びとのなかに生き続けているのか。各地のダルマ信仰を紹介しつつ、先人たちが生活のよりどころとしていた陰陽五行の世界観により、その謎を探る。身近なモノを通して易・五行の世界へ誘うユニークな書。

◇伝承念仏取材報告書　成田俊治監修，全国浄土宗青年会編〔京都〕〔全国浄土宗青年会〕　2000.3　106p　26cm　Ⓝ387

◇伝承の碑―遍路という宗教　谷口広之著　翰林書房　1997.5　175p　20cm　(URL選書)　2500円　(i)4-87737-004-8　Ⓝ186.918

◇伝承の「ふるさと」を歩く―日本文化の原風景　福田晃著　おうふう　1997.1　273p　19cm　2500円　(i)4-273-02945-6　Ⓝ388.1
(内容)第1部　伝承の「古典」を歩く(日本の呪術集団　甲賀三郎の地底「維縵国」遍歴　中世の寺社縁起　ほか)　第2部　伝承の「学問」を歩く(柳田国男『物語と語り物』ほか〔柳田国男全集・第九巻〕を読む　五来重『寺社縁起からお伽話へ』〔宗教民俗集成・第六巻〕を読む　臼田甚五郎『日本文学の発生(第二章)』〔臼田甚五郎著作集・第一巻〕を読む)　第3部　伝承の「現代」を歩く(東日本から　畿内から　西日本から　ほか)

文化人類学の本　全情報　495

*伝承の不思議を訪ねる。古くからの制度・信仰・習俗—その物語など、伝承されている聚落を実地に探訪。

◇天神さまの起源　田中隆昭監修，山本五月，菊地真編　勉誠出版　2001.4　156,3p　21cm　(MUSEO 3)　1300円　(i)4-585-09068-1
[内容]第1章 天神さま(天神信仰 冥界巡り ほか)　第2章 現代語訳『日蔵夢記』(現代語訳『日蔵夢記』)　第3章 天神信仰解読キーワード(道賢＝日蔵　金峯山(金峰山) ほか)　第4章 道賢銘経筒を訪ねて(道賢銘経筒ルポ 検証・道賢銘経筒の真贋 ほか)
*本書では、天神説話の最近の研究成果についてと、最新の道真伝説の研究の展開をなるべくわかりやすく興味深く、多くの方々に理解していただけるよう編集されている。また、『日蔵夢記』についての研究の成果も掲載している。

◇天神さん人形—雷、天候、農耕、学問、芸能－庶民の祈り　木村泰夫著，松尾弘子写真　日貿出版社　2000.1　263p　21cm　2400円　(i)4-8170-8029-9
[内容]第1章「天神さん」の人形たち(土人形の歴史と天神さん 「天神さん」を飾る　天神人形の基本型)　第2章「天神さん人形」の鑑賞(東北地方の天神さん 関東地方の天神さん 北陸地方の天神さん ほか)　第3章「天神さん」その信仰と伝説(天神信仰の成立 天神伝説の展開　参考資料)
*青森から鹿児島まで、庶民信仰の中で作られ、飾られ、祈られてきた「天神さん人形」を100種218体紹介。素朴な土の香りと共に伝わってくる温もりは、現代人が忘れている豊かな心を思い出させてくれる。菅原道真公千年祭記念。

◇灯籠仏の研究　吉原浩人編　至文堂　2000.11　218p　21cm　2667円　(i)4-7843-0205-0
[内容]研究編("灯籠仏"の縁起　"灯籠仏"の像容—附・甲斐善光寺の一光三尊仏　"灯籠仏"の出開帳と参内　江戸文化と"灯籠仏")　資料編(甲州善光寺金灯籠仏縁起(旧光円庵所蔵巻子本)　甲陽善光寺縁起・同灯籠仏略縁起(山梨県立図書館甲州文庫所蔵冊子本)　甲陽額山内霊像記(甲斐善光寺所蔵巻子本)「灯籠仏」の項　甲斐国善光寺如来縁起(旧光円庵所蔵巻子本)　灯籠仏縁起(旧光円庵所蔵巻子本) ほか)
*本書は、明治以前には、「東海道四谷怪談」のせりふにも取り上げられるほど庶民に絶大な人気を博していた山梨県善光寺にある秘仏"灯籠仏"について研究した書である。

◇ニッポン神さま図鑑　宗教民俗研究所編著　はまの出版　1996.3　222p　19cm　1300円　(i)4-89361-205-0　Ⓝ387
[内容]1部 イワシの頭も信心から—これでも神さま！？ニッポンで生まれたヘンな神々　2部 転ばぬ先の杖—これも神さま！ニッポン人に親しまれてきた神々　3部 寄らば大樹の蔭—これこそ神さま！ニッポンを創った神さま、仏さま　巻末 たかがお地蔵！？されどお地蔵さま—現世利益が期待できてこそお地蔵さま。数あるなかで、自分に合うお地蔵さまを見つけて
*本書は、古来日本人とともに生きてきた主な"神さま"の"素性""履歴"を紹介しながら、現代日本人の価値観、精神世界に及ぼした影響について示唆する本である。

◇日本古代呪術　吉野裕子著　大和書房　1994.2　267p　20cm　(古代文化叢書)　(新装版　付：著作リスト)　2400円　(i)4-479-84027-3　Ⓝ387
[内容]序章 古代日本人における世界像と現世生活像　第1章 日本原始信仰と陰陽五行説　第2章 女陰考—呪術における女陰　第3章 白鳳期における呪術　第4章 私見大嘗祭　第5章 陰陽五行の諸祭祀・行事　第6章 沖縄の祭り・伝承の中に潜む陰陽五行思想　日本古代呪術要旨
*古代日本の祭りと重要行事をうごかす原理とは何か。日本原始信仰と陰陽五行思想の結合がうみ出す日本社会の謎にせまる。

◇日本人と宗教　宮田登著　岩波書店　1999.1　244p　20cm　(日本の50年日本の200年)　2300円　(i)4-00-026311-0　Ⓝ387

◇日本人と民俗信仰　伊藤唯真著　京都　法藏館　2001.4　205p　20cm　2500円　(i)4-8318-7529-5　Ⓝ182,1
[内容]1 民俗信仰と仏教をつないで　2 仏教と葬祭を語る　3 法語・遺文に想う　4 仏教の史・資料に学ぶ　5 民俗宗教を考えて　6 琉球文化を探る
*日本人の意識の根底に流れる真の宗教観を追及。在来の神々と習合し祖先信仰と融合するなかで、民衆に受容されていった日本仏教。歴史学・仏教民俗学の観点で、古代から現代の葬祭仏教に至るまでの、日本仏教の様々な側面を鋭く論じる。

◇日本人の神　大野晋著　新潮社　2001.5　212p　15cm　(新潮文庫)　400円　(i)4-10-103602-0
[内容]1 日本のカミ　2 ホトケの輸入　3 カミとホトケの習合　4 カミとホトケの分離　5 ホトケのぶちこわしとGodの輸入　6 カミの輸入　7 日本の文明と文化—カミの意味は変わっていくか
*私たちの祖先が考えた日本のカミとは、一体どのようなものか。八百万もいるという神たちは、マツリ(捧げ物をして祈る)を要求し、漂い動いてカミガカリし、ときに恐ろしい存在となってタタルこともある。インドのホトケや西欧のGodとの違いは？日本語の「神」という言葉の由来を遡りながら、日本人の精神構造、暮らし方までを考える。国語学の達人によ

民間信仰・迷信　　　　　　　　　　　　　　　　　　　　　　　　　　　　　　　　　　　日　本

る日本人のルーツへの旅。
◇日本人の神さま　戸井田道三著　筑摩書房
　1996.2　247p　15cm　(ちくま文庫)　680円
　(i)4-480-03152-9　Ⓝ387
　(内容)第1章 火と神　第2章 水と神　第3章 土と神　第4章 小さ子神
　＊火にまつわる神さま、水にまつわる神さま、土にまつわる神さま…ほんのひと昔まえまでの、ごくふつうの日本人のくらしには、さまざまな神さまたちが活躍していた。その神さまたちはどのように生まれ、どういう役割をもっていたのだろうか。たくさんの神さまたちの助けをかりて生きていた日本人のくらしと心をたずねてみる。

◇日本人の起源を探る　新人物往来社　1994.1　517p　21cm　(歴史読本特別増刊─シリーズ「日本を探る」1)　〈『日本人の起源を探る』ための100冊：p498〜512 付：参考文献〉　1500円　Ⓝ210.3

◇日本人の起源と地域性　佐原真、田中琢編　小学館　1999.10　238p　22cm　(古代史の論点 6)　〈年表あり〉　2800円　(i)4-09-626506-3　Ⓝ210.3
　(内容)巻頭座談会「日本人の起源と地域性」　分子人類学から見た日本人の起源　考古資料から見た日本人の起源　出土人骨から見た日本人の起源　炊飯様式からみた東西日本の地域性　北海道と沖縄　日本語の起源　論争と史実　まとめと展望
　＊日本人はどこから来たのか。自然科学などの最新研究と、考古学の発掘成果をふまえ、日本人のルーツをさぐり、日本文化の多様性を考える。

◇日本人の起源の謎─「大いなる太古の日本の原風景」を探究する！　山口敏監修、中川悠紀子ほか著　日本文芸社　1997.10　230p　21cm　(知の探究シリーズ)　〈文献あり〉　1400円　(i)4-537-07812-X　Ⓝ210.3
　(内容)プロローグ 鍵を握る縄文人の精神風土　第1章 人類の起源とモンゴロイドの旅　第2章 日本の原風景─日本人とは誰のことか　第3章「日本人の起源」をめぐる諸説の展開　第4章 縄文と弥生の文化攻防　第5章 国家成立への助走─騎馬民族論争と邪馬台国論争　第6章 原日本人がわかる遺跡・遺物小事典
　＊大いなる太古の日本の原風景を探究する。私たちの遠い先祖たちはどこから来てこの列島に住みつき、どのようにして独自の文化を育んだのか。そしていかにして"日本"は建国されたのであろうか？─この日本人と日本文化、そして日本国の起源を探究する。

◇日本人のきた道　池田次郎著　朝日新聞社　1998.11　349p　19cm　(朝日選書 614)　1600円　(i)4-02-259714-3　Ⓝ210.3

　(内容)第1章 日本人の起源とはなにか─地域性豊かな列島人(今、なぜ日本人か　人種はどのようにして形成されたか　古代人骨に学ぶ ほか)　第2章 自然社会の日本人─旧石器時代人と縄文時代人(モンゴロイドの成立　日本人はどこから来たか　縄文人の原像 ほか)　第3章 農耕社会の日本人─弥生時代人(渡来をめぐる100年の論争　渡来系弥生人の出現　渡来人はどこからきたか ほか)　第4章 国家成立前後の日本人─古墳時代人と奈良・平安時代人(大和政権の成立と発展　古代文化の中心と辺境の古墳人　隼人の系譜─南九州の地域性 ほか)
　＊「日本人」誕生の謎にせまる。50万年以上前、最初の人類が大陸から移り住む。しかし、「日本人」が成立したのは列島住民の体質・文化面での地域差が完成する「古墳時代から中世初頭にかけて」だ─人類学の第一人者が考古学・遺伝学等の最新成果も取りいれ日本人の源流を解きあかす。

◇日本人のこころ─神と仏のあいだ　五木寛之、田中優子、松岡正剛、門脇禎二、小松和彦ほか著　角川書店　1993.3　209p　19cm　1400円　(i)4-04-883318-9
　(内容)第1章 古代の神々(生まれ育った日本とは　神のおとずれを聞く　古代の宴とつどい　現代のシャーマン・美空ひばり　融通無礙な日本の神々　モザイクになった日本の神仏)　第2章 神と仏のあいだ(時代によって性格を変えてきた八幡神　タタリと祀り上げのメカニズム　彼岸と此岸の往還　共鳴する文字の罪悪感　穢れを祓う諸手段　超能力が悪とされる)　「日本人のこころ」が生まれるまで　解説 胸をしめつけられる国
　＊日本人とは何か？5人の論客が、既成の言説を打ち砕く、型破りの日本人論。

◇日本人の再発見─民衆史と民俗学の接点から　色川大吉著　小学館　1996.8　294p　16cm　(小学館ライブラリー)　840円　(i)4-09-460087-6　Ⓝ210.04
　(内容)北の大地　南の島　東北人論　風土と人間　流域の社会史　戦後回想　めぐりくる八月十五日に
　＊近代史家の著者が"自分史"運動を実践しながら、民衆の生活の場に視点をすえて展開する日本文化論、草の根からの日本人論。著者は民衆の一人として、歴史を作り支える役割を語りかける。

◇日本人の「死と宗教」を探る　新人物往来社　1995.3　483p　21cm　(歴史読本特別増刊─シリーズ「日本を探る」4)　(参考文献：p476〜483)　1800円　Ⓝ163

◇日本人の習俗と信仰　和田俊昭執筆　第2版　京都　本願寺出版社　1996.10　283p　18cm　(教学シリーズ no.8)　777円　(i)4-89416-528-7

文化人類学の本 全情報　497

◇日本人の信仰の原風景　米沢弘著　出光書店　1996.3　293p　19cm　〈各章末：参考文献〉　2500円　(i)4-87080-006-3　Ⓝ162.1
　内容　第1章 カミの暗号　第2章「ことば」による信仰の伝達　第3章 本覚思想と原罪意識　第4章 切支丹のもたらしたもの　第5章 江戸時代のx体験から　第6章 日本・琉球弧における信仰の原風景　終章 時代の転換期と宗教教団

◇日本人の神仏信仰　伊勢村武司著, 細川栄一文責編集　〔神石町(広島県)〕　〔伊勢村武司〕　1996.4　60p　21cm　(伊勢村武司著作集 1)　Ⓝ387

◇日本人の祖先を探る―そして先人に学ぶ　明石博志著　文芸社　1998.3　213p　19cm　〈文献あり〉　1400円　(i)4-88737-066-0　Ⓝ210.3
　内容　序章 約1万2000年以前の日本列島の人たち―旧石器時代(日本列島最古の人たち　現代人の祖先につながる新人登場 ほか)　1章 縄文人はどのような人たちであったか―約1万2000～2300年前(森のひろがりと土器の誕生　日本人の祖先についての論争 ほか)　2章 和人はどのようにして形成されたか―和人の祖先を探る(縄文人系と渡来人が混血、進化して和人を形成―約二千数百年前から　言葉など文化面の研究からの推測―和人の形成について ほか)　3章 アイヌと和人の祖先、縄文人などから学ぶ―アニミズムから考える(循環する自然を大切に　思いやりと感謝・誠実)
　＊アイヌの人たちは縄文人の直系か。和人の形成における縄文系と渡来系のかかわりとは。考古学・民族学・民俗学・人類学・言語学・遺伝学・免疫学などにおける研究成果や諸説を整理し、総合科学としての「日本人祖先論」を展開する。

◇日本人の他界観―講演会　谷川健一著　八王子中央大学人文科学研究所　1993.6　53p　19cm　(人文研ブックレット 1)　〈期日：1992年12月5日〉　非売品　Ⓝ163

◇日本人の他界観―共同研究　久野昭編　京都国際日本文化研究センター　1994.3　296p　22cm　(日文研叢書 3)　Ⓝ163

◇日本人の他界観　久野昭著　吉川弘文館　1997.2　181p　19cm　(歴史文化ライブラリー 7)　1751円　(i)4-642-05407-3　Ⓝ163
　内容　闇の中の死穢(黄泉の国　死穢の恐怖　蘇りの発想)　亀の上の山(乙姫の郷里　浦嶋子伝説　海神と山守)　白雲のたなびく彼方(山中他界　墓の山　山辺の煙)　後生二元論(輪廻転生　奈落への流転　浄土への往生)
　＊古来、日本人は死後の国=他界に親しみを抱いてきた。それは外来宗教の受容とさまざまな変遷をへて平安時代に定着する。この他界観を、現世に生きる者の眼で再構成し、そこにこめられていた日本人の思いを追求する。

◇日本人の他界観を探る―三途の川―平成11年度第2回特別展示図録　寄居町(埼玉県)　さいたま川の博物館　1999.10　30p　30cm　〈会期：平成11年10月23日―11月28日〉　Ⓝ163

◇日本人のルーツ―血液型・海流で探る　竹内均編　ニュートンプレス　2000.6　159p　28cm　(ニュートンムック―Newton別冊)　2040円　(i)4-315-51567-1　Ⓝ210.3

◇日本生殖器崇拝略説・日本性崇拝資料一覧・日本性崇拝資料一覧続編　出口米吉著　勉誠出版　1998.12　1冊　22cm　(性の民俗叢書 2)　〈複製〉　(i)4-585-03058-1　Ⓝ163.4

◇日本村落信仰論　赤田光男著　雄山閣出版　1995.3　692p　22cm　18000円　(i)4-639-01277-2　Ⓝ387
　内容　第1編 村落構造と家の民俗世界　第2編 宮座の組織と神事　第3編 先祖信仰と霊場　第4編 カミとホトケの歳時習俗　第5編 南島の葬墓制と先祖信仰
　＊近世以降今日までの村落、家、宮座、山岳霊場、氏堂、年中行事、南島の葬墓制・御岳などに関する考察を通して日本の村の精神生活を論究しながら、氏神信仰と先祖信仰とがはらむ多彩な基層文化の本質を鋭く分析する。

◇日本にあった朝鮮王国―謎の「秦王国」と古代信仰　大和岩雄著　白水社　1993.2　222p　19cm　1800円　(i)4-560-02233-X
　内容　第1章「秦王国」はどこにあったか　第2章 八幡神は「秦王国」の神　第3章「秦王国」の神から日本の神へ　第4章 もう一つあった「秦王国」　第5章 仏教が最初に入った「秦王国」　第6章「秦王国」の弥勒信仰と白山信仰　第7章 大仏造立と八幡神と秦氏　第8章「秦王国」の鍛冶神伝承をめぐって　第9章「秦王国」の信仰と空海・最澄　秦氏
　＊「隋書」倭国伝の「秦王国」の記事を手がかりに、古代豊前地方を舞台とした秦氏系渡来人の実態を解明し、八幡信仰・修験道・弥勒信仰等の源流と展開を明らかにする。

◇日本の神 2 神の変容　山折哲雄編　平凡社　1995.6　304p　21cm　3400円　(i)4-582-73912-1
　内容　第1章 去来する神　第2章 現世利益の神とは何か　第3章 災害と民間信仰　第4章 ホトケを撃った神―神々のテロリズム　第5章 国家神の登場と英霊祭祀―神々の帝国主義　第6章 現代宗教と「心」の変容　第7章 女神の誕生　第8章 流される神々―「小栗判官譚」を手がかりに　第9章 山の神考

◇日本の神 3 神の顕現　山折哲雄編　平凡社　1996.5　350p　21cm　3600円　(i)4-582-73913-X
　内容　第1章 神の図像学―その誕生と展開　第2章 民衆のなかの神像　第3章 近代日本の神々とイコン

*神像はどのような動機、経緯を経て生み出されてきたのか。不可視の神が、可視の存在として顕現するとき、人々が崇め、祀ろうとしたものは。寺社の奥深くに秘された神から民衆の日常に潜む神までを照射する。

◇日本の神々　白洲正子,堀越光信,野本寛一,岡田荘司著　新潮社　1998.1　159p　22×17cm　(とんぼの本)　1900円　(i)4-10-602064-5
　内容　巻頭エッセイ　私の中のあれ(白洲正子)　神像—神々の貌、神々の姿　姿をあらわした神々—「神像」の誕生(堀越光信)　神々の風景(選・文　野本寛一)　神饌—神さまの食卓　神々のご馳走—神饌(岡田荘司)
*カミサマとは、どのような存在なのだろうか？いかなる時に「神」を感じるのか？神さまのお姿やお顔を求めて、社殿深く鎮座し、滅多に拝せぬ神像を訪ねる。さらに古来、大切に守り伝えられてきた、神の存在を感じてきた、自然と人とが共生する場「神々の風景」との出会いを求め、神さまのための心をこめた大御馳走、珍しい「神饌」を一挙に紹介する。

◇日本の神々—多彩な民俗神たち　戸部民夫著,新紀元社編集部,弦巻由美子編　新紀元社　1998.11　280p　21cm　(Truth in fantasy 42)　1800円　(i)4-88317-324-0　Ⓝ387
　内容　第1章　富と繁栄の神　第2章　悪霊・災厄を防ぐ神　第3章　庶民救済の神　お地蔵さん　第4章　旅と交通の神　第5章　縁結び・子宝の神　第6章　家と家族の神　第7章　豊穣と豊漁の神　第8章　神使・動物の神　第9章　人神
*本書は、道祖神やお地蔵さんをはじめとする民間信仰の神々を中心に、日本人がふだんの生活の中で"身近にいる"と感じてきた神さまについて書いたもの。用語解説、神名索引付き。

◇日本の神々　谷川健一著　岩波書店　1999.6　225p　18cm　(岩波新書)　660円　(i)4-00-430618-3
　内容　第1章　神・祖霊(タマ)・妖怪(モノ)　第2章　外来魂と守護神　第3章　流竄の神々　第4章　創世神話の展開　第5章　生き神の思想と御霊信仰　第6章　神観念の拡大　第7章　神々を運ぶ海上の道　終章　回想の神々
*かつて日本列島に住みなした人々は、風も樹も山もすべて「可畏きもの」をカミと考えた。すなわち災いをもたらすものも、稔りや大漁をもたらすものも、およそ人の力の及ぶべくもないすべての自然が畏怖の対象であったのだ。やがて天つ神に駆逐され、流竄の姿となっていくこれら神々の運命を辿りつつ、人々の暮らしの原像に迫る。

◇日本の神と王権　中村生雄著　京都　法蔵館　1994.4　261p　21cm　3200円　(i)4-8318-7136-2
　内容　日本の神の発生—古代のタマとカラ　崇り神と始祖神—神と祀りの発生と制度　神仏関係の中世的変容—〈権〉/〈実〉パラダイムの成立と反転　苦しむ神／苦しむ人—再生する祟り神　肉食と蛇身—中世祇園世界の相貌　秘儀としての王権—柳田国男と大嘗祭　王権の儀礼と構造—大嘗祭における〈中心〉と〈周縁〉　狂気と好色をめぐる物語—花山上皇の西国巡礼創始譚　近代王権の変身過程—〈童形〉〈女装〉〈男装〉の三類型
*〈霊〉と〈性〉の深層のダイナミズム。記紀以前のカミの発生、性的存在としての采女の意味、苦しむ神の神的変容、大嘗祭の空虚な中心、漂泊する廃王、女装する天皇などを通して、神と王権の不可視の深層を独創的な視点から解明した力作論集。

◇日本の呪い—「闇の心性」が生み出す文化とは　小松和彦著　光文社　1995.8　261p　16cm　(光文社文庫)　(参考文献：p256～261)　500円　(i)4-334-72098-6　Ⓝ387
　内容　プロローグ　なぜ、いま「呪い」なのか　1 蘇る「呪い」の世界　2 なぜ、人は「呪い」を恐れるのか　3 どのように呪うのか　4 「呪い」を祓うシステムとは　エピローグ　「人を呪わば穴ふたつ」
*日本の歴史・文化は「呪い」によって作り出された—。桓武天皇は呪いを逃れて遷都し、武田信玄と上杉謙信は強烈な呪術で対決した。明治天皇の初仕事は、七百年以上も祟り続けた崇徳天皇の怨霊(死者の呪い)を鎮めることだった…。歴史に暗躍した「呪い」のシステムを明らかにし、世紀末に生きる私たちの存在を問い直す。鬼才の名著、ついに文庫化。

◇日本の母神信仰　山上伊豆母著　大和書房　1998.4　225p　20cm　2800円　(i)4-479-84048-6　Ⓝ163
　内容　第1章　大地母神の系譜(大地母神の生死と愛憎　女神をめぐる異界往復とみそぎ呪術ほか)　第2章　母子信仰の源流(「母神の国」出雲の本質　英雄王と后妃　母子信仰と再生儀礼)　第3章　山岳崇拝と老母伝承(霊山の棄老と養老　役行者小角と母　大和三輪山と箸墓の巫女)　第4章　海洋民俗と鎮魂芸能(巫女の語りと「記紀」　列島の歴史循環　ほか)
*生命の根源である"母なるもの"の深淵に、神話と芸能の世界から分け入る。

◇日本のミイラ信仰　内藤正敏著　京都　法蔵館　1999.5　275p　19cm　3200円　(i)4-8318-7244-X
　内容　序章　即身仏とミイラ　第1章　平安時代の即身仏と空海入定伝説　第2章　中国古代の化学と高野山の水銀　第3章　近世の土中入定伝説と即身仏　第4章　湯殿山即身仏信仰を生みだしたもの　第5章　羽黒山と湯殿山　第6章　武士殺し伝説と隠された一揆
*人は死ねば自然に還るという死生観の日本に、

なぜミイラ信仰が生まれたのか。それが近世の出羽湯殿山に集中するのはなぜか。特異な信仰の系譜をたどり、その深層に秘められた意味を解明する日本即身仏研究の集大成。土門拳賞受賞作品を含む貴重な写真図版を多数収録。

◇日本の民俗宗教 宮家準著 講談社 1994.11 347p 15cm (講談社学術文庫) 〈参考文献：p326～330〉 960円 (i)4-06-159152-5 Ⓝ387
(内容) 第1章 民俗宗教とは 第2章 日本人の原風景 第3章 民俗宗教の歴史 第4章 民俗宗教の儀礼 第5章 民族宗教と物語 第6章 民俗宗教の図像 第7章 民俗宗教の宗教的世界観 第8章 祖霊化と仏教―人と神のはざまで
＊一般に民間で行われている宗教現象は民間信仰とよばれており、日本人の生活に深く浸透している。民間信仰は日本人が諸宗教を摂取する枠組となっており、著者はこれを民俗宗教と捉える。本書は、従来、個々に解明されてきた民間信仰を、宗教学の視点から体系的に理解するため、その鍵となる原風景、歴史、儀礼、物語等を解説し、民俗宗教の中核をなす死と祖霊化の問題を考察した待望の入門書である。

◇日本民族の源流 江上波夫編 講談社 1995.1 232p 15cm (講談社学術文庫) 740円 (i)4-06-159162-2 Ⓝ210.3

◇日本民族の由来 上 山岡道生著 福岡 葦書房 1993.2 280p 20cm 2750円 (i)4-7512-0472-6 Ⓝ210.3
(内容) 第1章 日本民族の由来に関する諸説 (記紀神話 中国大陸居住民族の渡来説 石器由来説 外国人による日本民族起源論 先住民族論争 明治時代における日本民族の起源論 鳥居竜蔵説 古人骨から見た起源論 岡正雄説 〈民族学的立場から見た日本民族起源論〉 文化共同体説) 第2章 日本民族の由来探究の基礎知識 (渡来の条件 人種 古代における南方系諸民族の動向 言語 血液型 住居 石器 土器 金属器 基礎知識の効用とその限界)
＊遺伝形質 (血液型、古人骨)、言語、考古学的知見 (石器、土器、金属器、住居形態) を主にし、それに古代諸民族の動向、陸橋の有無、海洋技術の進展、風俗、伝承説話等を参考にして、多角的に、日本民族の由来を検索しています。モンゴロイドの形成、さらには現世人類の出現にさかのぼって日本民族の系譜を尋ねています。多面的で始原的な日本民族起源論です。

◇納札大鑑 納札会編纂 復刻版 山口政五郎 2001.10 74p 24cm 〈原本：納札会明治44年刊和装〉 Ⓝ387

◇比企岩殿観音とその門前町―歴史民俗資料調査報告書 大宮 埼玉県立博物館 1993.3 111p 26cm Ⓝ186.8

◇左手のシンボリズム―わが国宗教文化に見る左手・左足・左肩の習俗の構造とその意味 松永和人著 福岡 九州大学出版会 1995.4 208p 21cm 〈参考文献：p203～208〉 3296円 (i)4-87378-408-5 Ⓝ387
(内容) 序章 本書の研究課題 第1章 成立宗教に見る「左手」の習俗(1)―氏神祭祀に見る「左手」の習俗 第2章 成立宗教に見る「左手」の習俗(2)―葬制に見る「左手」の習俗 第3章 成立宗教に見る「左手」の習俗(3)―成立宗教に見る「左手」の習俗の意味：その2つの原理 第4章 民俗宗教に見る「左手」の習俗とその意味―除災招福のための「左」の習俗 第5章 大分県日田郡I山村の的ホガシ祭りに見る「左手」の習俗 第6章 大分県国東半島の修正鬼会行事に見る「左手」の習俗 第7章 宮崎県東臼杵郡I山村の神事に見る「左肩」の習俗 第8章 従来の所論とわが国の民俗的事実 第9章 「サカサ」の意味・「左」の意味―「サカサ」の呪力 第10章 死の認識の1側面―魔バライということの側面 終章 解釈の1つの可能性

◇左手のシンボリズム―「聖」―「俗」：「左」―「右」の二項対置の認識の重要性 松永和人著 新版 福岡 九州大学出版会 2001.3 275p 22cm 4500円 (i)4-87378-678-9 Ⓝ387
(内容) 序章 本研究のねらいとその概要 第1章 わが国の文化に見る「左手」・「左足」・「左肩」の習俗 第2章 Rodney Needhamの「相補的二元論」―わが国の文化に見る「左手」の習俗の解釈にかかわって 第3章 Victor W.Turnerの所論―「世俗的な弱さが聖なる力であること」 第4章 「聖(呪術・宗教的世界)」と「俗(世俗的世界)」の間のサカサの強調・両者の対置―非日常性の強調 第5章 魔バライ・招福のための「左マワリ」の習俗 第6章 悪・凶・不吉・不浄・不運などと認識されている「左手」が呪術・宗教的な力を持つ事例 第7章 死の認識の一側面―魔バライということの側面 第8章 わが国の神祭りと葬制に見る右と左の混在について 終章 わが国の文化に見る「左」の習俗の解釈をめぐって―「聖」-「俗」：「左」-「右」の二項対置の認識の重要性
＊本書では、わが国の文化の右・左に関する象徴的二元論にかかわって、従来の指摘に見る「浄」-「不浄」：「右」-「左」ということでなく、「聖」-「俗」：「左」-「右」の二項対置がその基礎的事実であることを指摘し、そのことをいかに理解するかということに主旨をおいている。

◇人はなぜ迷信が気になるのか―迷信に秘められた日本人の知恵を探る 中野宏著 河出書房新社 1999.5 198p 18cm (Kawade夢新書) 667円 (i)4-309-50172-9 Ⓝ387.9

民間信仰・迷信　　　　　　　　　　　　　　　　　　　　　　　　　　　　　　　日　本

◇福の神と貧乏神　小松和彦著　筑摩書房　1998.
6　200p　19cm　〈ちくまプリマーブックス〉
1100円　(i)4-480-04221-0
　〈内容〉第1章「七福神」物語の世界　第2章 福を
　さずける神々　第3章 厄を祓い、福を売る　第
　4章 長者と貧者　第5章 福神信仰の民俗化　第
　6章 昔話のなかの「福の神」と「富」　第7章
　「富」はどこからくるのか
　＊恵比寿、大黒天、弁才天、毘沙門天、布袋、
　福禄寿、寿老人。これが現在知られている七
　福神のメンバーだ。彼らはいつごろどうして
　福の神になったのか。どんな人のところに福
　の神はやってきたのか。長年、鬼や妖怪、悪
　霊について研究してきた著者が、その裏側に
　あった福や富について、昔話や福神信仰を手
　がかりに解明する。

◇巫覡・盲僧の伝承世界　第1集　福田晃,荒木博
之編　三弥井書店　1999.10　438p　22cm　9300
円　(i)4-8382-3067-2　Ⓝ910.4
　〈内容〉巫覡伝承編(巫覡と音・音楽—津軽地方
　のイタコ、ゴミソ、ヨリ　イタコ祭文「岩木山
　一代記」の生成　巫女が語るオシラサマ由来譚
　—岩手・宮城のオカミサンの伝承　訪れる宗教
　者たち—生き仏と生き神さまを求めて　御伽草
　子「花鳥風月」の巫女　ほか)　盲僧伝承編
　(盲僧の始祖　吉野宮の盲僧伝承—宮崎県東臼
　杵郡諸塚村　肥前盲僧と笑話　盲僧の漢字表記
　の「釈文」について　明治期の肥後琵琶改良　ほ
　か)

◇婦人と小児・児童に関する迷信　坪井正五郎,坂
井千代著　久山社　1997.9　178,153,6p　22cm
〈日本＜子どもの歴史＞叢書 13〉〈解説：加藤
理　複製〉　(i)4-906563-42-2　Ⓝ382

◇仏教民俗学大系　1　仏教民俗学の諸問題　仏教
民俗学大系編集委員会編　名著出版　1993.3
516p　22cm　6900円　(i)4-626-01459-3　Ⓝ182.
1

◇仏教民俗学大系　5　仏教芸能と美術　鈴木昭英
編　名著出版　1993.9　418p　22cm　〈折り込表
2枚　参考資料：p397〉　5800円　(i)4-626-
01458-5　Ⓝ182.1

◇蛇—日本の蛇信仰　吉野裕子著　講談社　1999.
5　324p　15cm　〈講談社学術文庫〉　960円　(i)4-
06-159378-1　Ⓝ163.1
　〈内容〉第1章 蛇の生態と古代日本人　第2章 蛇
　の古語「カカ」　第3章 神鏡考　第4章 鏡餅考
　第5章 蛇を着る思想　第6章 蛇巫の存在　第7
　章 日本の古代哲学
　＊古代日本は蛇信仰のメッカであった。縄文土
　器にも活力溢れる蛇の造形がたくさん見られ
　る。蛇に対する強烈な畏敬と物凄い嫌悪、こ
　の二元の緊張は注連縄・鏡餅・案山子など数
　多くの蛇の象徴物を生んだ。日本各地の祭祀
　と伝承に鋭利なメスを入れ、洗練と象徴の中

　にその跡を隠し永続する蛇信仰の実態を大胆
　かつ明晰に検証する意欲的論考である。

◇疱瘡神—江戸時代の病いをめぐる民間信仰の研
究　ハルトムート・オ・ローテルムンド著　岩
波書店　1995.3　236,9p　22cm　〈主要参考文献
：p227～228〉　6500円　(i)4-00-002091-9　Ⓝ387
　〈内容〉疱瘡のイメージと医学的立場　疱瘡とそ
　の対抗法　疱瘡絵と疱瘡絵本　疱瘡神
　＊本書では、赤本、黄表紙、護符を丹念に渉猟
　し、赤絵などの埋もれた図版や、そこに記さ
　れた歌や川柳を読み解き、災いのシンボル疱
　瘡神の姿がやがては守護神として祭り上げら
　れていく過程を追う。民間医療の呪術的世界、
　日本人の病気観と世界観を浮き彫りにする歴
　史民俗学。

◇迷信の見えざる手　竹内靖雄著　講談社　1993.
9　354p　20cm　1800円　(i)4-06-206269-0
Ⓝ361.42
　〈内容〉第1章 迷信の栄える国—迷信をめぐる迷
　信　第2章 マスメディアは教育機関である—マ
　スメディアをめぐる迷信　第3章 政治改革劇に
　何が期待できるか—政治をめぐる迷信　第4章
　男の嫉妬と女の嫉妬—嫉妬をめぐる迷信　第5
　章 閉鎖集団の悲劇—いじめをめぐる迷信　第6
　章 仇討ちの復活は可能か—死刑廃止をめぐる
　迷信　第7章 市場社会の中の宗教—宗教をめぐ
　る迷信　第8章「共生」より競争を—日本的競争
　をめぐる迷信　第9章「人は石垣」にあらず—日
　本的経営をめぐる迷信　第10章 野球は娯楽を
　提供するビジネスである—野球をめぐる迷信
　第11章 アダム・スミスは生きている—自由主
　義をめぐる迷信　第12章 武器と国家が戦争を
　生む—戦争をめぐる迷信　第13章「封建制度」
　の解体—日本的革命をめぐる迷信　第14章 庶
　民の正義感—正義をめぐる迷信　第15章 町人
　的メンタリティは変わらない—反戦主義をめ
　ぐる迷信　第16章 愚者の楽園—知識人をめぐ
　る迷信　第17章 エライ人の運命—平等主義をめ
　ぐる迷信

◇目で見る・わかる！「あの世」の世界—絵解き図
解　西条慎之介著　オーエス出版　1995.1
231p　19cm　〈主な参考文献：p228～229〉　1300
円　(i)4-87190-680-9　Ⓝ163
　〈内容〉第1章 地下八千キロメートルの大魔界
　「地獄」　第2章 銀河系はるかかなたのパラダイ
　ス「極楽」　第3章 女性は地獄からの使者だぞ！
　第4章 魂が生まれ変わる六つの世界　第5章
　「六道輪廻」のはみ出し魔境　第6章 世界各国に
　見られる「あの世」の世界　第7章「日本式死後
　の世界」ルーツを尋ねて　第8章 地獄脱獄大作
　戦
　＊"大往生"で、いざ"死後の世界"へ。西洋・エ
　ジプト・インド・イスラムそして中国、もち
　ろん日本も、世界の「あの世」が大集合。

文化人類学の本 全情報　501

◇ものがたり日本列島に生きた人たち 6 岩波書店 2000.10 272p 19cm 2300円 (i)4-00-026526-1 Ⓝ210.1
 内容 1 神話が伝えるもの 2 酒呑童子のふるさとを往く 3 「梁塵秘抄」の歌を聴く 4 歴史を叙述する一つの形―系図研究の豊かな可能性 5 伝承の歴史―「本福寺跡書」を読む 6 山伏たち―中世から近世へ
 ＊豊かな想像力の世界から歴史の新しい風景が現れた！伝承や文学に込められた人々の思いを読み解き、列島に生きた人たちの真実の姿に迫る。

◇ものがたり日本列島に生きた人たち 7 岩波書店 2001.1 268p 19cm 2300円 (i)4-00-026527-X Ⓝ210.1
 内容 1 異界をつむぎ出した想像力 2 シャーマンと癒し 3 巡礼が来る町 4 あるお抱え絵師の生涯―幕末の大坂と筑前秋月藩をむすぶ二つの顔 5 江戸の顔役 6 旅する異邦の女
 ＊歴史に出会う興奮が物語になった！市井に生きた人々の素顔がついに見えてきた！信仰が生活を支えた中世から、近世の消費社会へ…。列島の暮らしと人々の心は大きく変わっていった。

◇薬師信仰―護国の仏から温泉の仏へ 西尾正仁著 岩田書院 2000.10 383p 22cm (御影史学研究会民俗学叢書 13) 7400円 (i)4-87294-185-3 Ⓝ186.8

◇遊戯する神仏たち―近世の宗教美術とアニミズム 辻惟雄著 角川書店 2000.8 206p 20cm 2300円 (i)4-04-883615-3 Ⓝ702.15
 内容 日本美術に流れるアニミズム 変容する神仏たち―近世宗教美術の世界 謎多い遊行僧円空にひかれて 木喰と東北・上越 野に生きた僧―風外慧薫の生涯と作品 白隠の絵の力とユーモア 浮世絵春画と性器崇拝 北斎晩年の「ふしぎな世界」 天竜道人源道の仏画
 ＊木の中から飛び出して紙上で遊ぶユーモラスな"神仏たち"アニミズムと想像力が技巧を超越して生んだ日本美術史上のもうひとつの表現伝統を追う。

◇夢と占い 日本民話の会編 童心社 1994.10 94p 26cm (民話の手帖) 1880円 (i)4-494-01085-5 Ⓝ388.1
 内容 民話(葛の葉 烏の八卦 夢野の鹿 鏡ほか) 占いの民俗 占いあれこれ―多田ちとせさん(長野)の体験 占いの聖地生駒をゆく 異界の声をきく 夢の話・占いの話 随想「仙姿」の占い 夢、あれこれ 数あそび―運命学的寸感 ほか

◇歴史民俗学 No.16 特集 風俗としての刺青 歴史民俗学研究会編 批評社 2000.3 125p 21cm 1500円 (i)4-8265-0296-6
 内容 特集 風俗としての刺青(巻頭グラビア 分身歴史資料館 巻頭言 刺青の記憶 桃と入墨―犯罪者はなぜ桃の絵柄を好むのか ほか) コラム「回想の日本映画2」黒沢映画の原点―「姿三四郎」「一番美しく」 馬頭観音 永仁の壺 検証 鳴海小作争議は部落農民闘争の典型であったか―歴史学者井上清著「部落問題の研究―その理論と解放理論」をたずねて 沖縄の古代結縄文字考(7)

◆北海道地方
◇火の神の懐にて―ある古老が語ったアイヌのコスモロジー 松居友著, 小田イト語り 洋泉社 1999.10 284p 20cm 2200円 (i)4-89691-423-6 Ⓝ387
 内容 誕生の丘、神々に囲まれて 移住、大地は個人の所有物ではない 家は聖堂であり主人は祭司 最初の記憶、父さんの死 彼岸への思い、墓標は死者を送る杖 天界の方位と世界像 死者の国は、どこにあるのか 死と葬儀と引導渡し 死後の霊の状態 先祖供養、死者の国における霊の成熟〔ほか〕
 ＊北海道を終いの住処ときめた著者が、ひとりのアイヌの古老とじっくり膝をまじえ、話を聞いた。その古老の語ることばや生き方のなんと黄金のようにきらめいていることか。―死と葬儀と引導渡し、臨死体験と死後霊、鮭の霊送り、熊送り、一匹の蝿も神になるなど、神々と人間の交錯を描いて、アイヌの精神文化と豊かな世界に私どもを誘ってくれる。

◆東北地方
◇秋田市の石敢当―民俗資料 1995年版 湊健一郎著 〔秋田〕〔湊健一郎〕 1995.5 36p 21cm 700円 Ⓝ387
◇秋田市の石敢当―民俗資料 1996年版 湊健一郎著 〔秋田〕〔湊健一郎〕 1996.8 62p 21cm 800円 Ⓝ387
◇秋田市の石敢当―民俗資料 1997年版 湊健一郎著 〔秋田〕〔湊健一郎〕 1997.1 100p 21cm 1200円 Ⓝ387
◇秋田市の石敢当―民俗資料 1999年版 湊健一郎著 〔秋田〕〔湊健一郎〕 1999.2 112p 21cm 1300円 Ⓝ387
◇秋田市の石敢当―民俗資料 2000年版 湊健一郎著 秋田 秋田軽出版(発売) 2000.2 176p 21cm 〈付・日本の石敢当概況〉 1800円 (i)4-901264-00-1 Ⓝ387
◇秋田市の石敢当―民俗資料 2001年版 湊健一郎著 秋田 秋田軽出版(発売) 2001.7 190p 22cm 〈付・日本の石敢当概況〉 1800円 (i)4-901264-02-8 Ⓝ387
◇稲垣の民間信仰 〔2〕 〔稲垣村(青森県)〕稲垣村教育委員会 1993.12 95p 26cm (稲垣村民俗信仰調査報告書 2)〈編集：稲垣村

民間信仰・迷信　　　　　　　　　　　　　　　　　　　　　　日　本

◇稲垣の民俗信仰　〔3〕　〔稲垣村(青森県)〕
稲垣村教育委員会　1995.3　81p　26cm　(稲垣
村民俗信仰調査報告書 3)〈編集:稲垣村文化
財審議委員会〉Ⓝ387
◇岩清水不動尊堂奉納資料調査報告書　矢巾町
(岩手県)　矢巾町教育委員会　1996.3　46p
30cm　(矢巾町文化財報告書 第17集)Ⓝ387
◇オオカミまつり—安瀬ノ沢～衣川～奥秩父　佐
々木久夫編著　〔盛岡〕　〔佐々木久夫〕
1996.2　56p　26cm　〈折り込図1枚〉Ⓝ387
◇大蔵村の石仏　大友義助監修，大蔵村教育委員
会編さん　大蔵村(山形県)　大蔵村教育委員会
2001.3　90p　30cm　Ⓝ387
◇置賜の登拝習俗用具及び行屋調査報告書—重要
有形民俗文化財　米沢　米沢市教育委員会
1998.12　300p　30cm　Ⓝ387
◇小国の信仰　小国町誌編集委員会編　小国町
(山形県)　小国町　1994.3　484p　22cm　Ⓝ387
◇おんば様—安産・極楽浄土・橋守知られざる信
仰　石田明夫著　会津若松　歴春若秋出版
1999.10　69p　19cm　(歴春ブックレット no.
24)　505円　(i)4-89757-398-X　Ⓝ387
◇神さまのいる風景　東北歴史博物館編　多賀城
東北歴史博物館　2001.7　47p　30cm　〈会期:
平成13年7月20日～9月11日　文献あり〉Ⓝ387
◇北上地方のオシラサマ—平成10年度特別展　北
上市立博物館編　北上　北上市立博物館　1998.
8　36p　26cm　Ⓝ387
◇こころの伏流水—北の祈り　河北新報社編集局
編　仙台　河北新報社　1994.10　80p　37cm
2500円　(i)4-87341-077-0　Ⓝ387
〔内容〕永遠の生命求めて—始源　風が，木が，
星が，すべてが語りかける—山　往けば，お山
でまた逢える—死者　守り守られ今ここに—神
峠越えこの世越え—峠　はさみ封じて切らぬ縁
五寸釘でも消せぬ怨—森　闇に綴る鬼の"今昔
物語"—鬼
＊映像で発掘したみちのくの情念。平成6年度新
聞協会賞に輝く縄文から現代まで流れる心の
系譜を幻想的な写真と詩的な文章でつづる光
と闇の物語。
◇庄内地方のモリ供養　池田宗機著　酒田　みち
のく豆本の会　1993.4　41p　11cm　(みちのく
豆本 125冊)〈限定版〉Ⓝ387
◇仙台の守本尊信仰　吉岡一男著　仙台　宝文堂
1993.10　63p　19cm　〈付・奥州仙台七福神〉
600円　(i)4-8323-0061-X　Ⓝ387
◇蒼竜譚—新御伽草子　中村健治著　日本図書刊
行会　1994.7　68p　19cm　〈発売:近代文芸社〉
1000円　(i)4-7733-2267-5　Ⓝ387
◇高岩山・七座山とその周辺　二ツ井町史編纂委
員会監修　二ツ井町(秋田県)　二ツ井町教育委
員会　1998.3　81p　26cm　(二ツ井町史稿 no.

18)　Ⓝ387
◇津軽の荒吐神伝承と赤倉信仰　太田文雄著　五
所川原　青森県文芸協会出版部　1994.4　236p
19cm　〈赤倉信仰調査参考資料:p218～219　太田
文雄著作等目録:p227～235〉2000円　Ⓝ387
◇伝承に探る療法奇談　郷右近忠男著　仙台　日
曜随筆社　1994.9　534p　19cm　(日曜随筆叢書)
2500円　Ⓝ387
◇東北民間信仰の研究—岩崎敏夫著作集　続　岩
崎敏夫著　岩田書院　1993.9　442p　22cm
(岩崎敏夫著作集 5)〈1983年までの出版者:名
著出版〉8137円　Ⓝ387
◇花泉町のカマ神　花泉町教育委員会編　花泉町
(岩手県)　花泉町教育委員会　1994.3　22p
26cm　(花泉町文化財調査報告書 第7集)Ⓝ387
◇憑依と呪いのエスノグラフィー　梅屋潔,浦野茂,
中西裕二著　岩田書院　2001.10　245p　21cm
〈文献あり〉2800円　(i)4-87294-217-5　Ⓝ387.
9141
◇南魚沼，民俗学からみた昔の医療　南魚沼医療
史編集委員会編　六日町(新潟県)　南魚沼郡医
師会　1997.9　111p　21cm　Ⓝ387
◇陸奥国駒形神—駒形信仰と駒形神社　平成8年度
特別展　北上　北上市立博物館　1996.7　25p
26cm　〈会期:平成8年7月20日～9月29日　参考
・引用文献:p25〉Ⓝ387
◇室根のかま神　室根村文化財調査委員会編　室
根村(岩手県)　室根村教育委員会　1995.3　54p
26cm　(室根村文化財調査報告書 第9集)Ⓝ387
◇豊かなる世界へ—豊穣と想像力の博物誌　福島
県立博物館編　会津若松　福島県立博物館
2000.1　63p　30cm　(福島県立博物館企画展図
録)〈会期:平成12年1月22日～3月20日　文献
あり〉Ⓝ387
◇霊場恐山と下北の民俗　森勇男著　青森　北の
街社　1995.8　457p　20cm　2800円　(i)4-
87373-048-1　Ⓝ387

◆関東地方
◇アンバ大杉信仰　大島建彦編著　岩田書院
1998.3　470p　22cm　11800円　(i)4-87294-108-
X　Ⓝ387
◇江戸東京の庶民信仰　長沢利明著　三弥井書店
1996.11　347p　20cm　2800円　(i)4-8382-9032-
2　Ⓝ387
〔内容〕庶民信仰と願かけ　江戸の貧乏神　狸の
守護神　東京の宝船　巡礼とお砂踏み　化粧地
蔵・白粉地蔵　カンカン石・カンカン地蔵　迷
子の石標　鬼の信仰　縁切榎—板橋区本町
〔ほか〕
＊大都市江戸の名もなき庶民たちが生み出した
信仰習俗。その伝統がバブル経済時代を経て，
どのような形で継承され，現在に息づくのか。
江戸から東京までの民間信仰の流れを民俗学

文化人類学の本 全情報　503

◇江戸東京はやり信仰事典　新倉善之編　北辰堂　1998.5　346p　20cm　3200円　(i)4-89287-221-0　Ⓝ387
　内容　千代田区　中央区　港区　台東区　文京区　北区　荒川区　足立区　葛飾区　墨田区〔ほか〕
　＊江戸、東京の民間信仰を解説した辞典。都内の地区別に分け、寺社仏閣それぞれの略縁起、はやり信仰などを掲載。
◇閻魔大王と地獄の沙汰―上総のえんま信仰　睦沢町立歴史民俗資料館編　睦沢町(千葉県)　睦沢町立歴史民俗資料館　1999.10　36p　30cm　(特別展：平成11年10月23日─11月28日)　Ⓝ181.4
◇青梅と五日市のだるま市　石川博司著　青梅ともしび会　1998.8　132p　21cm　Ⓝ387
◇御札―板橋区徳丸粕谷家古神札資料集・図録　古神札調査部編　板橋史談会　1993.7　61p　26cm　Ⓝ387
◇かながわの養蚕信仰―調査資料集成　新井清著　〔川崎〕　〔新井清〕　1998.5　211p　26cm　Ⓝ387
◇鎌ケ谷の民間信仰　鎌ケ谷市郷土資料館編　鎌ケ谷　鎌ケ谷市郷土資料館　1993.3　32p　26cm　(鎌ケ谷市郷土資料館調査報告書 3)　Ⓝ387
◇北区の六阿弥陀絵巻　東京都北区立郷土資料館編　東京都北区教育委員会　1995.3　24p　26cm　(北区立郷土資料館シリーズ 16)　Ⓝ387
◇草で作ったウマとウシ―ワラ・カヤ・マコモ・オカマノエ　七夕行事を中心に　1・2　千葉県立房総のむら編　栄町(千葉県)　千葉県立房総のむら　1998.3　44p　21×30cm　〈平成9年・10年度企画展示〉　Ⓝ387
◇佐渡羽茂の民間信仰―堂と講・野の石仏　羽茂町誌別冊　羽茂町史編さん委員会編　羽茂町(新潟県)　羽茂町教育委員会　1997.3　369p　26cm　Ⓝ387
◇杉並の小祠　東京都杉並区教育委員会編　杉並区教育委員会　1996.3　157p　26cm　(文化財シリーズ 41)〈折り込図1枚〉　1000円　Ⓝ387
◇聖なる水　鈴木恒男著　〔市川〕　鈴木恒男　1993.6　66p　18cm　〈私家版　編集・製作：たくみぼり工房〉
◇千葉県の七夕馬―草で作ったウマとウシ 3・4　千葉県立房総のむら編　栄町(千葉県)　千葉県立房総のむら　2000.6　53p　21×30cm　〈平成11・12年度企画展示図録〉　Ⓝ387
◇東京都武蔵村山市谷津富士講調査報告書　本編　武蔵村山市立歴史民俗資料館編　武蔵村山　武蔵村山市教育委員会　2001.3　26p　30cm　(武蔵村山市文化財資料集 21)〈背のタイトル：谷津富士講調査報告書〉　Ⓝ387
◇東京のえんぎもの　早川光著　求竜堂　1999.12　134p　19cm　1300円　(i)4-7630-9943-4　Ⓝ387
　内容　愛宕神社　穴守稲荷神社　新井薬師(梅照院薬王寺)　池上本門寺　今戸神社　上野五条天神社　入谷鬼子母神(真源寺)　秋葉神社回向院　於岩稲荷田宮神社〔ほか〕
　＊本来、縁起物というのは神社やお寺で授かる特別な品であり、バラエティショップで気軽に買える開運グッズではない。神仏の聖なる力が宿っていない招き猫やお守りは、ただのインテリア小物であって"縁起物"ではないのだ。本書では、擬物ではない"本当の縁起物"がこの東京にどのくらい残っているのか、徹底的に探してみた。
◇流山の屋敷神　流山　流山市立博物館　1993.12　144p　26cm　(流山市立博物館調査研究報告書 11)　Ⓝ387
◇日立の民間信仰　第5集　民俗調査グループ・山椒の会編　日立　日立市郷土博物館　1993.11　51p　26cm　(民俗調査報告書)〈石仏調査表補遺を含む〉　Ⓝ387
　内容　南部地区
◇不思議〔流山〕　流山市教育委員会　1999.3　92p　30cm　(流山市立博物館調査研究報告書 16)　(共同刊行：流山市立博物館)　Ⓝ387.9135
◇房総の伝承奇談　杉谷徳蔵著　暁印書館　1997.6　153p　19cm　1400円　(i)4-87015-122-7　Ⓝ382.135
　内容　竜―雲や雨水を司どると言う霊獣　天狗―隠見自在で怪力無双の信仰神　河童―最も大衆になじみのある妖怪　仁王―寺門で仏法守護の金剛力士像　仙人―深山修業で神通力を得たと言う　猫―今も広く各地に残る不思議話　犬―「南総里見八犬伝」でお馴染　馬―人間との相性を歴史に残した　狐―妖艶な美女にも化けると言う　狸―人を化かすと言うが愛嬌もの　蛇―悪霊や疫病の魔除霊力を持つ　入定仏―村の平穏無事を祈り入寂した〔ほか〕
　＊本書は、21世紀を担う人々に特に今日に伝わる怪奇伝承の数々を継承願うことを念願して、楽しく面白く執筆した話題の書であります。
◇武蔵野の観音さま　柴田博,相川浩子著　シバ　1995.6　190p　19cm　(シバ巡礼シリーズ 3)　1400円　(i)4-915543-03-X
　内容　東高野山長命寺(練馬区)　豊島山道場寺(練馬区)　亀頂山三宝寺(練馬区)　光明山如意輪寺(保谷市)　宝塔山多聞寺(東久留米市)　安松山全竜寺(清瀬市)　福寿山徳蔵寺(東村山市)　安定山円乗院(東大和市)　野老山実蔵院(所沢市)　遊石山新光寺(所沢市)〔ほか〕
◇武蔵村山屋敷神集録　武蔵村山　武蔵村山市教育委員会　1995.3　106p　26cm　(武蔵村山市文化財資料集 13)　Ⓝ387
◇村の信仰―いま問われる心の視点　特別展　武蔵村山市立歴史民俗資料館編　武蔵村山　武蔵村

民間信仰・迷信　　　　　　　　　　　　　　　　　　　　　　　　　　日本

○山市立歴史民俗資料館　1995.11　22p　26cm　〈特別展解説書〉〈会期：平成7年11月12日～12月24日　引用・参考文献：p22〉Ⓝ387
◇竜爪山の歴史と民俗―竜が降りた山の謎解きのすすめ　静岡市制一一〇周年記念特別展　静岡　静岡市立登呂博物館　1999.9　64p　30cm　〈第二十七回特別展：平成11年10月1日～11月28日〉Ⓝ387
◇竜灯・秋葉山常夜灯　浜北市教育委員会教育部生涯学習課編　浜北　浜北市教育委員会　1996.12　132p　30cm　Ⓝ387
◇災いくるな！―源にこめた願い　2　千葉県立房総のむら編　栄町（千葉県）　千葉県立房総のむら　1996.3　34p　26cm　〈平成7年度企画展示　会期：平成8年3月23日～5月26日〉Ⓝ387
◇災いくるな！　3　千葉県立房総のむら　栄町（千葉県）　千葉県立房総のむら　1997.3　58p　26cm　〈会期：平成9年3月22日～6月15日　平成8年度企画展示　文献あり〉Ⓝ387
　内容　むら・家・野良　境の諸相

◆北陸地方
◇井波風と不吹堂信仰　井波町自然保護指導員の会編　〔井波町（富山県）〕　井波町教育委員会　1996.3　170p　30cm　〈編集責任：藤井真比古　参考文献：p170〉Ⓝ387
◇越前湯尾峠孫嫡子文献集　末口竜編　今庄町（福井県）　末口竜　1998.5　138p　27cm　Ⓝ387
◇富山県立山博物館総合案内　富山県立山博物館編　立山町（富山県）　富山県立山博物館　1997.3　71p　26cm　Ⓝ387
◇富山の人形―ヒトガタから玩具へ　福岡町（富山県）　福岡町歴史民俗資料館　〔1997〕　12p　26cm　〈第9回特別展：平成9年9月23日～10月26日〉Ⓝ387
◇富士講・不二道孝心講詠歌教訓歌謡集　岡田博編集・校訂　鳩ケ谷　小谷三志翁顕彰会　1993.2　315p　21cm　〈まるはと叢書　第3集〉　3000円　Ⓝ387

◆中部地方
◇一色区の民間信仰　一色区古文書調査委員会編　小山町（静岡県）　〔小山町〕一色区　1993.2　288p　27cm　〈一色史　第3巻〉（奥付の著者表示：一色古文書調査委員会　付（28p）：石造物分布図）Ⓝ387
◇大人形への祈り―息災と豊穣を願う　特別展　名古屋市博物館編　名古屋　名古屋市博物館　1997.3　96p　30cm　〈会期：平成9年3月8日～4月6日　参考文献：p95〉Ⓝ387
◇尾張の天王信仰―企画展　名古屋市博物館編　名古屋　名古屋市博物館　1999.1　72p　30cm　Ⓝ387
◇護府―企画展　江戸期の庄屋、三井伝左衛門家に

みる江戸・明治時代の御札、御守　武豊町歴史民俗資料館編　武豊町（愛知県）　武豊町歴史民俗資料館　1997.7　57p　26cm　〈会期：平成9年7月22日～9月28日〉Ⓝ387
◇新編伊那風土記―隻眼の神と御霊信仰　松山義雄著　法政大学出版局　1994.5　314p　20cm　〈参考文献：p308～310〉　2575円（i)4-588-30016-4　Ⓝ387
　内容　隻眼の神と御霊信仰　伊那谷の鎌倉権五郎景政　谷京峠とおば捨て谷　名田熊の秦氏　大町・此田・梶谷の古跡　万古と巫女　天白さまと遠山谷　住言神社、伏屋長者と甲賀三郎　遠山祭の「申し上げ」　下栗物語
　*飯田白山神社にまつられる一つ目の神の正体は何か―遠山郷の霜月祭をはじめ、伊那谷にのこる異貌の神々と祭りのルーツを伝承と古跡に訪ねて、古代の産鉄民や漂移民など、忘れられた山人たちの興亡の足跡を発掘する。
◇蘇民将来符―その信仰と伝承　上田市立信濃国分寺資料館編　第2版　上田　上田市立信濃国分寺資料館　1995.12　38p　26cm　〈参考文献：p38〉Ⓝ387
◇土符　上野　新居地区自治会連合会　1994.1　68p　27cm　〈おもに図〉　1500円　Ⓝ387
◇はだか武兵衛―長野県辰野町飯沼沢に伝わる疫病除け伝承　飯沢誠, 飯沢文夫編著　〔辰野町（長野県）〕　はだか武兵衛研究会　1995.7　84p　21cm　〈発売：ほたる書房　参考文献・関係資料：p37～38〉　900円　Ⓝ387
◇馬瀬村の俗信―暮らしの知恵　二村利明著　〔馬瀬村（岐阜県）〕　〔二村利明〕　1997.4　56p　21cm　500円　Ⓝ387.9153
◇迷界への旅　荒川晃著　日進町（愛知県）　愛知女子短期大学附属東海地域文化研究所　1993.10　245p　19cm　2000円　Ⓝ388.1

◆近畿地方
◇かみとほとけのかたち―湖南地方を中心とした神像と本地仏の世界　企画展　栗東歴史民俗博物館編　栗東町（滋賀県）　栗東歴史民俗博物館　1993　94p　26cm　〈会期：平成5年10月16日～11月23日〉Ⓝ702.17
◇神仏習合をとおしてみた日本人の宗教的世界―淡路島の調査を中心として　3（平成3年度）　奈良　元興寺文化財研究所　1993.3　126p　図版16p　30cm　Ⓝ387
◇八坂神社と三十六歌仙扁額　内藤磐, 内藤典子著　京都　八坂神社　1997.5　41p　19cm　〈八坂神社教養叢書　第1輯〉Ⓝ387

◆中国地方
◇歌島の民俗信仰―平成六年十一月　歌島郷土研究会編　向島町（広島県）　歌島郷土研究会　1994.12　169p　21cm　〈兼吉神楽（矢立）口上書

◇岡山の地神様―五角形の大地の神　正富博行著　岡山　吉備人出版　2001.8　254p　21cm　〈文献あり〉　1700円　(i)4-906577-70-9　Ⓝ387
(内容) 第1部 五角柱地神碑探検記―なぜ探検記なのか (これまでの五角柱地神碑情報　地神碑出現期の時代背景　農村の荒廃　近代への序章 (寛政期) ほか)　第2部 各地域の五角形の地神 (邑久町及びその周辺　瀬戸町及びその周辺　岡山市内　藩営新田 ほか)　第3部 地神信仰の現実と幻影
＊江戸後期、疲弊する農村復興と生産性向上を目的に精神運動が展開されていた?！五角柱「地神碑」建立の謎に迫る。
◇神話と祭りと芸能の山陰路　石塚尊俊著　出雲ワン・ライン　2001.9　230p　21cm　1900円　(i)4-948756-10-5
(内容) 山陰路探訪 (山陰路の四季　出雲・石見・隠岐　中国山地のタタラ ほか)　神話と風土記の世界 (出雲神話　黄泉比良坂―伊邪那美命伝承地　出雲国風土記 ほか)　祭り・神楽・風流 (山陰・山陽・南海の祭り　山陰、四季の祭り　西日本の神楽 ほか)
◇ふるさとの語りぐさ―三次の伝説と民謡　三次市教育委員会編　三次　三次市教育委員会　1994.3　207p　21cm　Ⓝ387.176

◆四国地方
◇祈り・のろい・はらい―徳島県立博物館企画展図録　徳島県立博物館編　徳島　徳島県立博物館　1993.4　87p　26cm　〈会期：1993年4月20日～5月23日　主要参考文献：p86〉　Ⓝ387
◇伊予路のかくれキリシタン　日野郁子著　松山　創風社出版 (発売)　2000.10　93p　30cm　〈おもに図〉　2500円　(i)4-915699-95-1　Ⓝ387
◇土佐・物部村神々のかたち　住友和子編集室, 村松寿満子編、瀬戸正人撮影　INAX出版　1999.9　83p　21×21cm　(INAX booklet)　1800円　(i)4-87275-809-9　Ⓝ387
(内容) 土佐・物部村へ　いざなぎ流への道　御幣・神々のかたち　いざなぎ流「日月祭」を見る　天中姫宮の修行の旅　祀る民の暮らし　祈りに満ちた村
＊高知県の北東部、徳島県との県境に物部村はある。四国の霊山として知られる剣山や三嶺が間近にそびえ立つ山深い里である。村の中央を走る国道195号線をはずれて奥に進むと、山道はさらにくねくねと折れ曲がり、深い谷を流れる川の蛇行も激しくなる。険しく切り立った崖が迫る急峻な山並みの、その斜面にはりつくように点在する集落。ここに古くから民間信仰「いざなぎ流」が伝えられてきた。
◇無形の民俗文化財―記録　第44集　茶堂 (辻堂) の習俗　2　徳島県・香川県　文化庁文化財部

2001.3　240p　図版24p　21cm　Ⓝ387

◆九州地方
◇大分県の民俗宗教　小玉洋美著　京都　修学社　1994.6　384p　22cm　5000円　(i)4-88334-002-3　Ⓝ387
◇海童と天童―対馬からみた日本の神々　永留久恵著　大和書房　2001.2　299p　20cm　3200円　(i)4-479-84055-9　Ⓝ164.1
(内容) 序章「アマ」・海と天　第1章 環対馬海峡の考古学　第2章 倭の水人の神話と伝承　第3章 天童信仰と民俗文化　第4章 日本神道と対馬の古俗　第5章 ヤマトの日子と対馬の卑狗
＊歴史学、考古学、民俗学などの豊かな知識を駆使し、対馬をとりまく「伝承」を読み解く待望の書き下ろし。
◇神々と人のふれあい―民俗文化の原点　立平進著　長崎　長崎県労働金庫　1996.6　84p　21cm　(ろうきんブックレット 3)　〈 [長崎]　長崎県労金サービス (発売)〉　485円　Ⓝ387
◇水郷「のべおか」のまちづくり―水神さまガイドブック　延岡　建設省延岡工事事務所　〔1996〕　1冊 (頁付なし)　21cm　(監修：建設省延岡工事事務所)　Ⓝ387
◇石敢当探訪　第4集　南薩市町 (揖宿郡・川辺郡) 編　久永元利著　大阪　雪屋書房　1993.8　105p　30cm　Ⓝ387
◇石敢当探訪　第5集　中薩摩市町村 (日置郡・薩摩郡) 編　久永元利著　大阪　雪屋書房　1994.7　169p　30cm　Ⓝ387
◇石敢当探訪　第6集　北薩摩市町 (出水郡・伊佐郡・姶良郡) 編　久永元利著　大阪　雪屋書房　1994.11　102p　30cm　Ⓝ387
◇石敢当探訪　第7集　鹿児島郡吉田町・鹿児島市編　久永元利著　大阪　雪屋書房　1995.8　86p　30cm　Ⓝ387
◇石敢当探訪　第8集　大隅市町 (曽於郡・肝属郡) 編　久永元利著　大阪　雪屋書房　1995.9　78p　30cm　Ⓝ387
◇石敢当探訪　第9集　宮崎県市町 (諸県地方) 編　久永元利著　大阪　雪屋書房　1995.12　84p　30cm　Ⓝ387
◇石敢当探訪　第10集　北九州～北海道・市町編　久永元利著　大阪　雪屋書房　1996.9　118p　30cm　2500円　Ⓝ387
◇髙蒔絵三十六歌仙額―八幡宮神社所蔵　内藤磐ほか著、静学堂編　静学堂　1999.9　229p　31cm　〈年表あり〉　10000円　Ⓝ387
◇ダンナドン信仰―薩摩修験と隠れ念仏の地域民俗学的研究　森田清美著　岩田書院　2001.5　364p　22cm　〈文献あり〉　7900円　(i)4-87294-208-6　Ⓝ387
◇中世吉田の信仰展―鏡像・懸仏をめぐる宮崎神社の文化財　吉田町歴史民俗資料館編　吉田町

民間信仰・迷信　　　　　　　　　　　　　　　　　　　　　　　　　　　日　本

(広島県)　吉田町歴史民俗資料館　1993.4　48p　26cm　(吉田町歴史民俗資料館特別展図録 5)　〈会期：1993年4月24日—5月30日　タイトルは奥付による　年表あり〉　Ⓝ702.17

◇対島の信仰と説話の研究　岡田啓助著　おうふう　1997.4　505p　22cm　〈索引あり〉　28000円　(i)4-273-02953-7　Ⓝ387

内容　第1章 対馬の巫女　第2章 対馬の法者　第3章 対馬の寄神　第4章 対馬のエビス神　第5章 対馬の乙宮　第6章 対馬のガーッパ　第7章 対馬のヤボサ　第8章 対馬の山行　第9章 対馬の神功皇后説話　第10章 阿曇磯良と雷大臣命　第11章 対馬における信仰の特質

◇内信心念仏考—佐賀県きやぶ地域における秘事法門　長忠生著　福岡　海鳥社　1999.4　261p　21cm　2360円　(i)4-87415-256-2

内容　序章 寺信心・内信心　第1章 宗旨弾圧事件にみる江戸時代の内信心(元禄門出入一件　宝暦法儀一件　幕末期宗旨心得違い一件)　第2章 維新期以降の内信心(維新政府下の内信心　明治十年代以降の内信心　戦後の内信心)　第3章 内信心三題考(内信心の起源　内信心における「蓮如」御座文)　結章 内信心の特性と近未来(真宗の異端における内信心　内信心の近未来)

＊江戸期、対馬藩の飛地として遠隔支配をうけた「きやぶ」。強固な寺檀制度のもと、この地に、寺信心をタテマエとして内々にホンネの信心を歓ぶ人々がいた。数次にわたる宗旨弾圧事件の顛末を通して、その江戸期の様相を明らかにし、信教の自由を得た明治期以降、現在までもなお「隠れ性」を保持しつつ営まれ続けている信仰の内実に迫る。

◇長崎県のカクレキリシタン—長崎県カクレキリシタン習俗調査事業報告書　長崎　長崎県教育委員会　1999.3　270p　30cm　(長崎県文化財調査報告書 第153集)　Ⓝ387

◇長洲の民間薬と呪い　〔長洲町(熊本県)〕　鳴洲俳句会　〔1994〕　66p　26cm　Ⓝ380

◆沖縄地方

◇奄美のカマド神信仰　窪徳忠著　第一書房　2000.9　432,14p　22cm　(窪徳忠著作集 9)　9500円　(i)4-8042-0713-9　Ⓝ387

◇石敢当　小玉正任著　那覇　琉球新報社　1999.6　345p　19cm　2000円　(i)4-89742-022-9　Ⓝ387

◇海を渡る神々—死と再生の原郷信仰　外間守善著　角川書店　1999.5　221p　19cm　(角川選書 306)　1500円　(i)4-04-703306-5　Ⓝ387

内容　序章 沖縄の他界観・原郷信仰と洞窟　第1章 沖縄伊江島にみる島渡りの足跡　第2章 世界にひろがる原郷信仰と洞窟　第3章 来訪神アラ神の素性

＊なぜ、海の彼方にパラダイスを見るのか。海の彼方に神々の原郷があるという。民族や原語の違いを超えて、世界各地に見られるパラダイス信仰を追い、これを生み出した人々の精神性、世界観に迫る。沖縄にニライ・カナイという信仰がある。海の彼方にしあわせの満ちたパラダイス、祖先たちの原郷があるとする他界観で、ハワイ、ニュージーランド、アイルランド、エジプト、韓国など、世界各地に見られる。多様な地域に共通する信仰を生み出した人々の精神性を探り、信仰のシンボルとされる海辺の洞窟の機能を解き明かす。洞窟はパラダイスの「あの世」と私たちが生きる「この世」をつなぐ聖なる空間だった—。

◇沖縄宗教史の研究　知名定寛著　宜野湾　榕樹社　1994.11　466,12p　22cm　(神戸女子大学東西文化研究所叢書 第10冊)　(発売：緑林堂書店)　9800円　(i)4-947667-22-2　Ⓝ162.199

◇沖縄の宇宙像—池間島から日本のコスモロジーの原型を探る　松居友著　洋泉社　1999.10　331p　20cm　〈文献あり〉　2200円　(i)4-89691-420-1　Ⓝ387

内容　第1章 化け物に関する考察　第2章 死に関する考察　第3章 誕生と死、境界を超える　第4章 ニライカナイはどこにあるか　第5章 天界の神々と宇宙像　第6章 天界の正月と宇宙像　第7章 この世の正月・ミャークヅツ　第8章 シャマニズムと天界の船旅・ユークイ　第9章 厄除けと生け贄の祈願

＊死後、霊魂はどこへ行くのか？近代が喪ってしまった悠久の時間が沖縄・池間島にはゆったりと流れている。そこに住まう古老が格好の聞き手を得て、余すところなく語りつくした。死と誕生、引導渡し、ヤナムン、ニライカナイ、生け贄、そして厄除け…を。古老の聞き書きにアイヌ・シベリア等の少数民族のシャマニズムなどと重ねながら比較検討し、総合する労作。十年の歳月をかけ遂に完成。

◇沖縄の御願ことば辞典　高橋恵子著　那覇　ボーダーインク　1998.1　368p　20cm　〈文献あり　索引あり〉　3600円　(i)4-938923-58-0　Ⓝ387

内容　第1章 神仏と悪霊　第2章 聖所と墓　第3章 加護と霊障　第4章 運勢・予兆　第5章 禁忌　第6章 諭しと占い　第7章 聖職者と衆生　第8章 信仰と御願　第9章 魔除け・まじない言葉

◇沖縄の習俗と信仰—中国との比較研究　窪徳忠著　増補新訂　第一書房　1997.5　726,10p　22cm　(窪徳忠著作集 4)　〈索引あり〉　12000円　(i)4-8042-0129-7　Ⓝ382.199

◇沖縄の聖地　湧上元雄、大城秀子著　中城村(沖縄県)　むぎ社　1997.5　155p　26cm　(折り込1枚　文献あり)　2500円　(i)4-944116-09-8　Ⓝ387

海外全般　　　　　　　　　　　　　　　　　　　　　　　　　　　　　　　民間信仰・迷信

◇沖縄の魔除けとまじない―フーフダ(符札)の研究　山里純一著　第一書房　1997.2　283,5p　20cm　(南島文化叢書 18)　(索引あり)　3090円　(i)4-8042-0125-4　Ⓝ387
　(内容)序　呪符研究小史と本書の構成　第1章　沖縄のフーフダ(符礼)　第2章　八重山博物館所蔵のまじない資料　第3章　佐喜真興英収集のまじない資料　第4章　暮しの中のまじない
　＊沖縄の人たちのあいだで生きている、フーフダと通称されている呪符については、ほとんど知られていない。本書は、その呪符を中心に、呪いなどについて、広く且つ詳細な検討を加えた初めての本格的労作である。

◇沖縄の迷信大全集1041　むぎ社編集部編著　中城村(沖縄県)　むぎ社　1998.2　171p　21cm　(文献あり)　1905円　(i)4-944116-12-8　Ⓝ387.9199
　(内容)　ムヌシラシ(物知らせ)　まじないと卜占　タブー(禁忌)　ニービチ(結婚)　出産　死　葬制　マブイワカシ　墓　その他
　＊本書は、民間信仰・俗信・迷信が混在一体となって1041にもおよぶ事例の中に散りばめられている。そして、それらの事例を便宜的に十の柱に分類して掲載した。

◇朝鮮の迷信と俗伝　樺木末実編　復刻版　竜渓書舎　2001.2　187p　21cm　(韓国併合史研究資料 31)　(原本：新文社大正2年刊)　4500円　(i)4-8447-6516-7　Ⓝ382.21
　(内容)　天変地異　期節　鳥獣　魚介　昆虫　草木　金石　山川　衣服　家屋及家具　(ほか)
　＊本書は、迷信と俗傳を朝鮮の人情、風俗を知らうとして調べたものである。

◇南西諸島の神観念　住谷一彦、クライナー・ヨーゼフ著　復刊　未来社　1999.7　363,23p　22cm　(原本：1977年刊)　4800円　(i)4-624-20046-2　Ⓝ387
　(内容)　第1部　南西諸島の神観念と他界観(南西諸島における神観念、他界観の一考察　南西諸島のGeheimkult―新城島のアカマタ・クロマタ覚え書　ほか)　第2部　柳田国男と日本文化研究(柳田国男ノート　柳田国男と原田敏明―村落構造の関連において　ほか)　第3部　パティローマ―モノグラフによる日本民族=文化複合へのアプローチ(パティローマ―南海の孤島　生活の基盤―共同労働とユン　ほか)　第4部　資料(オンの神、ニランタフヤン、マユンガナシ―沖縄県八重山郡石垣市川平部落)

◇マレビトの文化史―琉球列島文化多元構成論　吉成直樹著　第一書房　1995.2　243,25p　20cm　(Academic series―New Asia 15)　(巻末：参考文献)　3399円　(i)4-8042-0082-7　Ⓝ387
　(内容)　第1章　マレビト祭祀をめぐる研究史　第2章　久高島のマレビト祭祀　第3章　琉球列島のマレビト祭祀―久高島から琉球列島へ

◇南の精神誌　岡谷公二著　新潮社　2000.7　201p　20cm　(文献あり)　1600円　(i)4-10-411502-9　Ⓝ387
　(内容)　第1章　三宅島にて　第2章　八重山の歳月　第3章　旅の印象　第4章　御嶽の思想　第5章　原初の神社を求めて
　＊神々は、海の彼方から森に降りる。返還以前より幾度となく繰り返された沖縄探求の総決算が、一つの答えを導いた。沖縄を初めとする南方の島々に存在する、社殿も鳥居もない森の聖域「御嶽」。それこそが、日本人の信仰の原点である。折口信夫、柳田国男らの足跡を辿りつつ、原初の神の影を追う。

◇宮古島保良の土俗信仰　松川寛良著　(浦添)　松川寛良　1995.2　170p　21cm　1000円　Ⓝ387

◇琉球地震列島―「地震がない」は迷信　加藤祐三著　南風原町　那覇出版社　1995.12　215p　19cm　(那覇出版文庫)　1200円
　(内容)　1　沖縄には地震がないか　2　沖縄にも火山есть　3　いくつもある沖縄の地震　4　阪神大震災で何が起きたか　5　津波による被害　6　沖縄で地震が起きたら　7　地震に備えを

◇琉球天女考　真喜志きさ子著　那覇　沖縄タイムス社　1993.6　301p　19cm　(著者の肖像あり　参考文献：p271～274)　2400円　Ⓝ387

◇琉球文化の精神分析　第1巻　霊魂とユタの世界　又吉正治著　2版　那覇　月刊沖縄社　1993.4　198p　22cm　1545円　(i)4-87467-203-5　Ⓝ387

◇琉球文化の精神分析　3　トートーメーの継ぎ方　又吉正治著　那覇　月刊沖縄社　1994.3　201p　21cm　1800円　(i)4-87467-204-3　Ⓝ387

◇ロシア民俗夜話―忘れられた古き神々を求めて　栗原成郎著　丸善　1996.4　230p　18cm　(丸善ライブラリー 190)　(参考文献：p227～230)　700円　(i)4-621-05190-3　Ⓝ387
　(内容)　序　古きスラヴへの旅　熊形の神　妖怪聖者　狼の牧者　イワン・クパーラの前夜　遍歴の聖女　呪われた女たち
　＊森の主として崇められた神聖動物"熊"の面影を色濃く受け継ぐ聖ニコラ。災厄をもたらす禍々しい存在として恐れられた聖カシヤーン。つねに三十匹の狼に囲まれて現れる"狼の牧者"聖ゲオルギイ。この世ならぬ不思議な出来事が起こるイワン・クパーラの前夜、死神をお供につれて各地を遍歴する聖女ピャートニツァ。夜毎にさ迷い出、人の血を吸う死せる魔女…など、ロシア民間信仰の淵源を古代スラヴの異教神崇拝に探る六話。

海外全般

◇アジア人のみた霊魂の行方　梶村昇編　大東出版社　1995.3　294p　20cm　3000円　(i)4-500-

民間信仰・迷信　　　　　　　　　　　　　　　　　　　　　　　　　　　海外全般

00617-6　Ⓝ163
◇アジアにおける宗教の再生―宗教的経験のポリティクス　田辺繁治編著　京都　京都大学学術出版会　1995.5　473p　23cm　〈各章末：参照文献〉　4600円　(i)4-87698-019-5　Ⓝ162.2
＊仏教、キリスト教、イスラーム教などの世界宗教から日常の敬語体系の変化まで、17の地域の事例をもとに、人類学のあらたな視点を探る。

◇アジアの霊魂観　諏訪春雄,川村湊編　雄山閣出版　1995.10　211p　20cm　2266円　(i)4-639-01321-3　Ⓝ387
　内容　中国人の霊魂観　韓国における崇り信仰　日本人の霊魂観　東南アジア華人社会のシャーマニズム　アジアのシャーマニズム　柳田国男と折口信夫の霊魂観　フォーラム「アジアの霊魂観」
＊日本・アジアの同質性と異質性を霊魂観を通して明らかにする。

◇アジア魔除け曼荼羅　中城正堯著　NTT出版　1997.3　211p　19cm　(気球の本 Around the world library)　〈主要参考文献：p208～210〉　1442円　(i)4-87188-636-0　Ⓝ387
　内容　1 魔除け探検(香港―正月の漁船は魔除け満艦飾　韓国―民俗村でよみがえる男根、呪符　タイ―精霊ピーと暮らす山地民　ネパール―血の供犠とナーガの護符)　2 魔除けのシンボル(船の目玉―海の魔除けの不思議な系譜　石敢当―中国から沖縄に伝来した魔除け石　門神年画―美しきガードマンの復活)
＊災いをはね返す、お札の力！ 人びとの除災招福の願いを伝えてきた呪符が大集合。日本初、護符の文化誌。

◇アフリカの供犠　リュック・ド・ウーシュ著,浜本満,浜本まり子訳　みすず書房　1998.1　311,24p　22cm　〈文献あり　索引あり〉　6400円　(i)4-622-03795-5　Ⓝ163
　内容　第1章 予備的考察―ユベールとモースからエヴァンス＝プリチャードまで　第2章 各人相応に　第3章 虹にはサイチョウを、ニシキヘビには黒ヒツジを、祖先にはウシを(ズル)　第4章 トンガのヤギ　第5章 供犠の舞台における王(スワジおよびルワンダ)　第6章 神話の中核としての供犠　第7章 ドゴンの近隣諸社会　第8章 供犠の負債
＊犠性になるのはウシか、ヤギか、あるいは王か？ なぜ、いかにして殺すのか…キリストの磔刑までも視野に収める広汎かつ精緻な構造分析。宗教人類学の最も刺激的なテーマに新たな光を投げる。

◇家・屋敷地と霊・呪術　長谷川善計,江守五夫,肥前栄一編著,小笠原好彦,永原慶二,岩本由輝,植松明石,植村公子,国方敬司,加納啓良著　早稲田大学出版部　1996.3　299p　19cm　(シリーズ比較家族　6)　3700円　(i)4-657-96407-0
　内容　第1部 日本史に見る家と屋敷地(日本の家と屋敷地　古代における家と屋敷地　中世農民の屋敷地　税と沽券)　第2部 家と屋敷地をめぐる霊と呪術(呪術的「占有標識」と「家と屋敷地」　沖縄における屋敷地の特定性　台湾漢民族における屋敷地をめぐる霊と呪術)　第3部 家と屋敷地に関する経済史(前近代イギリスにおける家と屋敷地　北西ドイツ農村定住史の特質　ジャワ農村の屋敷地と農家経済)
＊家・屋敷地は家族生活の場である。その土地制度や親族制度にみる社会経済史的な意義、宗教観念との結び付き等について、事例に即して論じる。

◇内なる崑崙を訪ねて―インド・ヒマラヤ巡礼と遊行　田上一彦著　崑崙舎,(大阪)松本工房〔発売〕　1996.6　252p　19cm　1800円　(i)4-944055-28-5
　内容　第1章 インド断章　第2章 ラダックの日々　第3章 ヒマラヤの霊たち　第4章 女神との遭遇　第5章 女神追慕　第6章 仮面収集の風景

◇エイズ教育と伝統的価値体系―北部タイ農村のフィールドワークから　大沢清二,笠井直美,綾部真雄著　健学社　1999.4　173p　21cm　〈文献あり〉　3000円　(i)4-906310-30-3　Ⓝ387

◇狼憑きと魔女―17世紀フランスの悪魔学論争　ジャン・ド・ニノー著,富樫瓔子訳　工作舎　1994.9　281p　22cm　〈監修：池上俊一　参考文献目録：p265～277〉　3296円　(i)4-87502-240-9　Ⓝ387
　内容　「妖術師の狼憑き、変身、脱魂について」　ニノーとボダン―悪魔学者たちにとって「変身」とは　引用、剽窃、黙秘―先行文献とニノーの戦略　狼男とその目撃者―「狼憑き」なる事実はいかにして構築されたか　狼男、あるいは人間と動物との境界　狼に関する物語
＊狼に変身し、野原を駆け巡り、動物をむさぼり食ったと告白する男。特殊な薬を体に塗りこみ、魂だけが分離して魔女集会に参加していた女。彼らの体験談は真実か、それとも悪魔の謀略による幻覚なのか。「狼憑き」「変身」、「魔女の脱魂」の問題を巡って肉体と魂の不可分、神と悪魔の関係をも含み、近世の悪魔学者の間で、キリスト教世界観を揺るがす激しく危険な論争がくりひろげられた。

◇オラン・アスリのイスラーム化　信田敏宏著,富士ゼロックス小林節太郎記念基金編　富士ゼロックス小林節太郎記念基金　1998.3　35p　26cm　〈富士ゼロックス小林節太郎記念基金小林フェローシップ1996年度研究助成論文〉　非売品　Ⓝ163

◇仮面と巫俗の研究―日本と韓国　鈴木正崇,野村伸一編　第一書房　1999.5　482p　22cm　8500円　(i)4-8042-0697-3　Ⓝ387

文化人類学の本 全情報　509

海外全般　　　　　　　　　　　　　　　　　　　　民間信仰・迷信

◇巫と芸能者のアジア―芸能者とは何をするのか
野村伸一著　中央公論社　1995.11　250p　18cm
〈中公新書〉〈主要参考文献：p242～250〉740
円　(i)4-12-101275-5　Ⓝ387
　(内容) 第1章 おどりうたう道の霊　第2章 うたげの終わるころ　第3章 儺―とりかえしのドラマとして　第4章 死者の道行　第5章 死ぬ女、笑う女　第6章 アジアへ
＊苦汁に満ちた生を生きながら、道にさすらい、滑稽におどり、うたった朝鮮の芸能者広大(クヮンデ)。彼らは底辺にあって蔑まれつつも、なお、恨号きの一生を終えた者たちにこだわり、その慰霊の旅に進んでわが身を投じた。本書は、諧謔の芸人広大を巫俗の世界にもどして、その「声」に耳傾けるとともに、ミャンマー、バリ島に足を伸ばして儀礼と芸能のうちに映し出されたアジアの神々の相貌を読み解く、民俗紀行の試みである。

◇古ヨーロッパの神々　マリヤ・ギンブタス著, 鶴岡真弓訳　新装版　言叢社　1998.7　321p　25cm　〈文献あり〉7800円　(i)4-905913-62-4　Ⓝ163
　(内容) 第1章 文化的背景　第2章 図式主義　第3章 儀礼の衣装　第4章 仮面　第5章 祭殿と小像の役割　第6章 宇宙生成論と宇宙論のイメージ　第7章 水の女王―「鳥女神」と「蛇女神」第8章 生と死と再生の女神　第9章 多産女神と植物女神　第10章 イヤー・ゴッド―蘇生を促す男神
＊「古ヨーロッパ」とは、紀元前6500年から3500年頃までエーゲ海・バルカン半島からドナウ河中流域・アドリア海地方・モルダヴィアにかけて、ミノア文化に先行して繁栄した新石器時代、初期農耕文化の世界を指したものである。東欧考古学の権威マリヤ・ギンブタスは、「古ヨーロッパ」こそミノア文化やギリシア文化の神々たちを育んだヨーロッパの原郷ともいうべき文化であったと主張する。本書は、この文化が「大女神のシンボリズム」とでも呼ぶべき世界像を持つものであったことを数多くの図版をあげ、その図像解釈によって語ってくれる。写真・図版とその詳細な解説、発掘地名とC14年代など考古学術的記述が克明に提示されており、本書によってはじめてヨーロッパの古文化像について新しい認識を得ることができるとともに、この文化像が日本列島の縄文文化像ときわだってパラレルな関係にあることに気づく。なお新装版にあたって、〈古中国〉と比較対照できるような「古中国」文化の図像を巻末に収録した。

◇サクソンの魔女―樹の書　レイモンド・バックランド著, 楠瀬啓訳　国書刊行会　1995.2　236p　20cm　〈魔女たちの世紀 第3巻〉〈付：参考文献〉2500円　(i)4-336-03663-2　Ⓝ147.1

　(内容) 歴史的背景　信念　階級制度　魔法円、儀式、服装　司官　影の書　儀式　ガルドラ　フワタ　ラクヌンガ
＊かつて大陸からブリテン島に渡ったサクソン人はそこに新たな伝統を築いた。彼らは太古の神々を崇拝し、転生を信じ、独自の文字を編み出した。著者はそのサクソン人の宗教を現代ペイガニズム運動の中に甦らせ、自然宗教の再興を試みた。さらに永らく秘儀とされていた魔女儀式を惜しげもなく公開し、神々との調和を図る素朴な魔女たちの姿を明らかにする。図版等の資料の多数収録。ウイッチクラフトに興味を寄せる人々に必読の書。

◇死後の世界―インド・中国・日本の冥界信仰
田中純男著　東洋書林　2000.2　311p　20cm　2800円　(i)4-88721-402-2　Ⓝ387.04
　(内容) 第1部 インド編(古代インドの墓地　ヒンドゥ教における葬儀と霊魂観―最後の供儀　異界に飛翔する技術―宗教儀礼と芸能)　第2部 中国編(冥界と地下世界の形成　"あの世"の到来―「法滅尽経」とその周辺　泰山と冥界 ほか)　第3部 日本編(「往生要集」成立以前の冥界信仰　泰山府君祭と〈冥界十二神〉の形成　密厳国土論の変遷について ほか)
＊だれも知ることのできない死後の世界を人びとは、どのようにイメージしてきたのか？異界の比較研究。

◇死者の棲む楽園―古代中国の死生観　伊藤清司著　角川書店　1998.1　254p　19cm　〈角川選書289〉1500円　(i)4-04-703289-1　Ⓝ387
　(内容) 序章 人間の死と霊魂　第1章 死者霊の棲む泰山　第2章 山上の他界・崑崙山　第3章 海上の他界・蓬莱山　第4章 死者の棲む家と黄泉　終章 死者の棲む楽園
＊仏教が中国に入る前、古代中国の人々はどのような死生観をもっていたのだろうか。長寿延命、不老不死を願う人々が創出した理想郷とは何か。泰山、西王母、蓬莱島などの神話世界や異郷訪問譚から、当時の人々の冥界観と死後の世界を探る。

◇ジャスミンの魔女―南フランスの女性と呪術
エマニュエル・ル=ロワ=ラデュリ著, 杉山光信訳　新装版　新評論　1997.9　366p　19cm　3200円　(i)4-7948-0370-2
　(内容) 1 ガスコーニュの三人の魔女―フランソネット、ジェラルド・ミマレ、マリ・ド・サンサリック　2 フランソネット　3 その時代におけるフランソネット
＊魔女研究としてこれまで語られてきたことは、夜に箒の柄に乗って飛行するとか、魔女集会で黒や緑の色の悪魔の尻に接吻するとかいった類のことであった。今日の「アナール」を代表する歴史家であるル=ロワ=ラデュリの新しい魔女研究はそのような言説とは完全

に切れている。魔女についての神話や伝説がそのような内容のものであるとしても、その根のところにあるものは農村民衆の生活のどのような現実であったのだろうか。問題の提起の仕方を変化させることでル＝ロワ＝ラデュリは魔女研究において新しい段階を画すことになった。

◇宗教と魔術の衰退 キース・トマス著、荒木正純訳 法政大学出版局 1993.6 2冊 20cm 〈叢書・ウニベルシタス 350〉 全14395円 (i)4-588-00350-X Ⓝ387

(内容) 環境 中世教会の魔術 宗教改革の衝撃 摂理 祈りと予言 宗教と民衆 魔術治療 カニング・マンと民間の魔術 魔術と宗教 占星術(その実際と広がり その社会的・知的役割) 占星術と宗教 古来からの予言法 イングランドにおけるウィッチクラフト―犯罪と歴史 ウィッチクラフトと宗教 ウィッチを仕立てるウィッチクラフトとその社会環境 ウィッチクラフト―衰退 亡霊および妖精 時と前兆 相互連関 魔術の衰退

＊くらしに根ざした魔術の実態を詳細に明らかにし、キリスト教による魔術の取り込み・魔術との対立の歴史にイングランド民衆生活の変貌を跡づける。ウルフソン文芸賞受章。

◇呪術の実践―古代メキシコ・シャーマンの知恵 カルロス・カスタネダ著、結城山和夫訳 二見書房 1998.12 272p 20cm 2400円 (i)4-576-98169-2 Ⓝ147.1

(内容) 第1章 マジカルパス 第2章 テンセグリティ 第3章 テンセグリティーの六つのシリーズ(意図を準備するためのシリーズ 子宮のためのシリーズ 五つの関心事のシリーズ―ウエストウッド・シリーズ 左の体と右の体の分離―熱シリーズ 男らしさのシリーズ 特定のマジカルパスとの関連で用いられる道具)

＊呪術師ドン・ファンから著者に伝授された実用的な知『マジカルパス』でエネルギーを体の活力の中心にもどすことによって、我々は日常世界とは異なる世界の知覚が可能になる！ 480枚の写真が伝える古代メキシコ・シャーマンの秘術。

◇神樹―東アジアの柱立て 萩原秀三郎著 小学館 2001.4 206p 22cm 2800円 (i)4-09-626108-4 Ⓝ387

(内容) 序章 諏訪大社御柱の謎を解く 第1章 稲と鳥と太陽の祭祀 第2章 竜蛇と鳥と柱 第3章 宇宙樹と北方シャーマニズム 第4章 来訪神と鬼やらい 終章 銅鐸とは何か―柱に鐸を吊る意味

＊柱を巡り、生命の循環を祈るさまざまな祭りから、東アジアのひとびとの生命観をさぐり、諏訪大社の御柱や縄文・弥生時代の巨柱など、柱文化の源流をたどる。

◇図説世界魔女百科 フェルナンド・ヒメネス・デル・オソ著、蔵持不三也,杉谷綾子訳 原書房 1997.10 314p 21cm 〈文献あり〉 3200円 (i)4-562-03014-3 Ⓝ387

(内容) 第1章 女性と神々 第2章 サタン 第3章 魔女とセックス 第4章 魔女狩り 第5章 儀式、処方、魔術

＊魔女とは何だったのか？魔女メディア、異端審問、ヴードゥーの巫女…不安と恐怖とエロティシズムの系譜。幻想と狂気の百科全書。

◇図説世界霊界伝承事典 ピーター・ヘイニング著、阿部秀典訳 柏書房 1995.12 305,29p 20cm 〈巻末：文献・作品目録〉 3200円 (i)4-7601-1221-9 Ⓝ147.033

＊ニュースやうわさ話、文学や映画、美術などに登場する実話や逸話。あの世とこの世が接点をもったさまざまな例を一挙紹介。現代怪異・幽霊学の決定版。

◇世界最古の原典・エジプト死者の書―古代エジプト絵文字が物語る6000年前の死後の世界 ウォリス・バッジ編、今村光一編訳 たま出版 1994.6 247p 18cm (たまの新書) 〈『エジプト死者の書』(1982年刊)の改題〉 780円 (i)4-88481-806-7 Ⓝ163.8

(内容) 序章 アニの霊の告白 第1章 死の河を渉る 第2章 新しい世界への入口 第3章 霊界の構造 第4章 オシリスの闘い 第5章 霊の生活 第6章 霊界のあちこち 第7章 霊の生活の知恵と修業 第8章 霊界の祭りや儀式 第9章 葬儀と死後 第10章 霊界の伝説と神々 第11章 凶霊の国 第12章 極楽 第13章 神の国 第14章 ラアの舟

＊古代エジプト絵文字が物語る6000年前の死後の世界。

◇総管信仰―近世江南農村社会と民間宗教 浜島敦俊著 研文出版 2001.5 338,44p 22cm 〈著作目録あり 文献あり〉 7000円 (i)4-87636-196-7 Ⓝ387

(内容) 神々の来歴(蘇州府常熟県 常州府江陰県) 鬼から神へ―総管信仰成立の契機と構造 明朝の祭祀政策と郷村社会 商業化と都市化―宗教構造の変動 信仰と社会経済

＊本書は12・13世紀、南宋の史実を対象とする文献資料から1990年代の社会調査に至るおびただしい素材群を駆使して行われた、14世紀、元朝後半より、19世紀、清朝末期までの中国江南農村社会における民衆の信仰を対象とする初めての体系的な研究である。

◇泰山―中国人の信仰 エドゥアール・シャヴァンヌ著、菊地章太訳 勉誠出版 2001.5 167p 21cm 〈アシアーナ叢書〉 2000円 (i)4-585-02081-0

(内容) 第1章 泰山の信仰(泰山の役割―自然神としての泰山 信仰の変遷―命が生まれ帰りつ

◇く山 封禅―その実態とまつりの目的 民間の信仰―東岳大帝と碧霞元君) 第2章 泰山の史跡(泰山山頂の名所旧跡 十八盤から山麓まで 蒿里と社首、泰安府とその周辺 ほか) 第3章 泰山の民俗(稗史・小説に描かれた泰山府君 五岳真形図と道教)
*20世紀のフランス東洋学を代表するシャヴァンヌの古典的名著、初の翻訳。泰山をとりまく歴史・宗教・民族・文学・書芸術について古代から近世までたどる。清朝最末期の1907年に撮影された写真と拓本60枚を収録。いずれも旧中国の文物と人々の信仰の実態を伝える貴重な影像。

◇台湾漢人社会における民間信仰の研究 古家信平著 東京堂出版 1999.9 456p 22cm (文献あり) 14000円 (i)4-490-20388-8 Ⓝ387
(内容)序章 民間信仰の比較研究―課題と方法 第1章 台湾の歴史と民俗 第2章 廟の祭礼と神人関係 第3章 拝天公に見る神人関係 第4章 王法師の生活史と儀礼 第5章 座禁儀礼からみた神人関係 第6章 落獄府からみた霊的世界像

◇台湾の道教と民間信仰 劉枝万著 風響社 1994.12 466p 図版14枚 22cm 8240円 (i)4-938718-02-2 Ⓝ166

◇台湾民間信仰研究文献目録 林美容,三尾裕子編 東京外国語大学アジア・アフリカ言語文化研究所 1998.3 207p 21cm (i)4-87297-716-5 Ⓝ162.224

◇中国伝統年画の世界 樋田直人著 丸善 1995.2 130p 19cm (丸善ブックス 20) (参考文献:p127~128) 2600円 (i)4-621-06020-1 Ⓝ387
(内容)1 中国の伝統年画について 2 中国の春節と民間信仰 3 門神(門画)について 4 財神について 5 喜慶吉祥年画について 6 年画とその周辺 7 年画愛好者のために
*中国の伝統年画は、日本の浮世絵に大きな影響を与えた。その美しさ、素朴な力強さは世界に類を見ないものがある。この年画の素晴らしさをオール・カラーで紹介する。

◇中国の呪術 松本浩一著 大修館書店 2001.12 246p 19cm (あじあブックス) 1800円 (i)4-469-23179-7
(内容)第1部 民間宗教者と呪術儀礼(台湾の祠廟 呪術を行う人々 法師の呪術儀礼 誦経団の法会 太保先生と紅頭師公 鬼との戦いとしての呪術) 第2部 中国呪術の歴史(鬼と初期の道教呪術 道教の符呪 雷法とその展開 中国呪術の伝統)
*台湾・中国でいまも盛んに行われている中国の呪術とは、いったいいかなるものなのか?たたりをなす悪鬼邪神に、人々はどのように立ち向かうのか?多年にわたる現地調査の成果と、各種文献資料を駆使して、知られざる中国の闇の世界を描き出す。

◇中国の生命の樹 靳之林著,岡田陽一訳 言叢社 1998.12 414p 26cm 9500円 (i)4-905913-63-2 Ⓝ387
(内容)人類の植物崇拝と中国の生命の樹 中国の原始社会の植物神崇拝 河姆渡人の太陽・太陽鳥崇拝、通天華蓋崇拝、生命の樹崇拝、水盆植物崇拝 民俗と民間芸術のなかの水盆(水瓶)生命の樹(生命の花)崇拝 饕餮生命の樹から民間の鹿頭花へ 半坡人の桑山華蓋 太陽華(花)―廟底溝の彩陶 甘粛、青海の高原地帯の太陽崇拝 〔ほか〕
*数千年を超えて伝承されたたましいの造形の原姿!中国諸地域民衆の基層の生命感情とその文化の流れを、膨大な図像資料から説き明かす、中国考古=民俗文化学の大著。

◇中国の地方都市における信仰の実態―宣化市の宗教建造物全調査 W.A.グロータース著,寺出道雄訳 五月書房 1993.3 198p 23cm 9800円 (i)4-7727-0185-0 Ⓝ162.22
(内容)第1部 宣化市の宗教の特徴(宗教単位 宗教の混淆と宗教別区分 市内に一つの廟しかないもの 廟宇の歴史 廟宇に住む人 子供の守護神 ほか) 第2部 宣化市の廟宇の現状(仏教 儒教 道教 民間信仰) 付 華北農村 三つの調査
*本書は、北京から130キロ西北にある小都市、宣化市内の宗教建築物とその内容を余すところなく調査した報告書である。

◇中国の巫術―その原理から祭り・鬼祓い・招魂・シャーマニズム等まで 張紫晨著,伊藤清司,堀田洋子訳 学生社 1995.12 288p 22cm 6180円 (i)4-311-30032-8 Ⓝ387
(内容)第1章 巫と巫術 第2章 巫術とその原理 第3章 祭りと巫術 第4章 鬼祓いと巫術 第5章 招魂と巫術 第6章 子授け祈願と巫術 第7章 医療と巫術 第8章 生産と巫術 第9章 家造りと巫術 第10章 仇敵制圧と蠱毒の巫術 第11章 トンパ(東巴)教と巫術 第12章 シャーマニズムと巫術 第13章 中国の巫術と中国文化
*巫術を行う巫師は、祭祀・祈禱等の技能を、どうして手に入れたか。など―中国五千年の歴史に生き続けた巫術の全貌―祭り・鬼祓い・招魂・子授け祈願・医療・生産・家造り・仇敵制圧と蠱毒、シャーマニズム等を詳しく解明する。

◇中世の迷信 ジャン=クロード・シュミット著,松村剛訳 白水社 1998.11 228,23p 20cm 2800円 (i)4-560-02814-1 Ⓝ235.04
(内容)第1章 ローマとラテン教父における「迷信」概念の基礎 第2章 異教から「迷信」へ 第3章 中世初期の魔術師と占い師 第4章 村の「迷信」 第5章 中世末期の魔女のサバトとシャリヴァリ

民間信仰・迷信　　　　　　　　　　　　　　　　　　　　　　　　　　　海外全般

＊魔術師と占い師、降霊術、夢と悪魔、魔女とサバト、結婚とシャリヴァリ―時代とともに変化してきた歴史的産物「迷信」を解く、アナール学派第四世代による「新しい歴史学」。

◇長江文明の発見　安田喜憲著　愛知県教育サービスセンター編　名古屋　第一法規出版東海支社　1998.3　28p　21cm　（県民大学叢書 58）　250円　Ⓝ163.1

◇朝鮮の占卜と予言　村山智順著，朝鮮総督府編　国書刊行会　1995.6　663,11p 図版26p　22cm　〈第2刷(第1刷：昭和47年)　昭和8年刊の複製〉　8500円　(i)4-336-01319-5　Ⓝ148

　⟨内容⟩第1章 占卜習俗の趨勢　第2章 占卜をなす者　第3章 自然観象占　第4章 動物・植物・其の他の事物に依る相卜　第5章 夢占　第6章 神秘占　第7章 人為占　第8章 作卦占　第9章 観相占　第10章 相地法　第11章 図識ご予言

◇朝鮮の巫覡　朝鮮総督府編　国書刊行会　1995.6　619,70,5p 図版62p　22cm　〈第2刷(第1刷：昭和47年)　複製 折り込図1枚〉　8800円　(i)4-336-01315-2　Ⓝ387

　⟨内容⟩第1章 巫覡の分布　第2章 巫覡の称呼　第3章 成巫の動機と過程　第4章 巫行神事　第5章 巫禱の儀式　第6章 巫覡の需要　第7章 巫覡の影響　第8章 巫具と巫経

◇朝鮮巫俗の研究　上巻　赤松智城，秋葉隆編　大空社　1997.4　580p　21cm　（アジア学叢書）　17000円　(i)4-7568-0541-8

◇朝鮮巫俗の研究　下巻　赤松智城，秋葉隆著　大空社　1997.4　1冊　21cm　（アジア学叢書）　18000円　(i)4-7568-0542-6

◇東亜法秩序序説―民族信仰を中心として　増田福太郎著　大空社　2001.5　309,10,5p　22cm　（アジア学叢書 78）　〈ダイヤモンド社昭和17年刊の複製〉　12000円　(i)4-7568-0618-X　Ⓝ387

◇那吒鈎沈―あなたは那吒を知っていますか？　本格的那吒資料本　水歌ななこ著　中壇元師進香団・日本支部　1999.8　143p　21cm　Ⓝ387

◇日本にあった世界最古の呪術―ピラミッドの中で行われていた密儀の謎　白武辰朗著　近代文芸社　1996.8　171p　20cm　〈主な参考文献：p166～171〉　1500円　(i)4-7733-4192-0　Ⓝ163.8

　⟨内容⟩第1部 人類史最古最大の信仰対象物（西ヨーロッパの洞窟壁画 火の密儀）　第2部 人類に多大な影響を及ぼした呪術（密儀）の第二の流れ（ウル発「牛頭神」祭祀の東還　セム系イスラエル人　日本にいたウルの月神をまつる辰王族　本当の天照大神　古代日本に流れ着いた「火の密儀」）

　＊ピラミッドは何のためにつくられたのか！？世界中の古代遺跡に描かれた宇宙人の顔のようなアーモンド・アイズは何か？人類史上に存在する数々の謎を解明する好著。

◇盗まれた稲妻―呪術の社会学　上　ダニエル・ローレンス・オキーフ著，谷林真理子他訳　法政大学出版局　1997.3　389,84p　20cm　（叢書・ウニベルシタス 560）　4944円　(i)4-588-00560-X　Ⓝ163.8

　⟨内容⟩序章 呪術とは何か　仮説（呪術は社会的行為の一形態である　呪術の社会的行為は象徴的パフォーマンスからなる　呪術の象徴行為には厳密な台本がある　呪術の台本はおもに既存の同意、もしくは予想される同意によって社会的効果を上げる　呪術は宗教からシンボリズムを借用し、宗教を再生させる弁証法で宗教と論争するためにシンボリズムを用いる　論理の上でも、またいくつかの歴史的連鎖においても、呪術から宗教が派生するのではなく、宗教から呪術が派生する　呪術は宗教における社会投影の副産物である　宗教は、社会のために呪術をつくり出したりモデル化する制度である）

　＊呪術の社会学。呪術は、個人を守るために宗教から「盗まれた稲妻」である…。あらゆる分野の呪術論を統合して、呪術の発生と個人の誕生との関連を探る。

◇盗まれた稲妻―呪術の社会学　下　ダニエル・ローレンス・オキーフ著，谷林真理子他訳　法政大学出版局　1997.3　p393～882,152p　20cm　（叢書・ウニベルシタス 561）　〈巻末：邦訳文献リスト〉　6180円　(i)4-588-00561-8　Ⓝ163.8

◇パリ人と日本人の魂　尾形一彦著　一枚の絵　1994.3　158p　20cm　1500円　Ⓝ382.246

◇東アジアにおける宗教文化の伝来と受容　窪徳忠著　第一書房　1998.5　491,13p　22cm　（窪徳忠著作集 6）　8500円　(i)4-8042-0139-4　Ⓝ387

◇ビルマのウェイザー信仰　土佐桂子著　勁草書房　2000.2　339,22p　21cm　〈年表あり〉　10000円　(i)4-326-10129-6　Ⓝ387

　⟨内容⟩序章 ウェイザー信仰の研究と方法　第1章 ウェイザーとその信者たち　第2章 信者の組織と活動　第3章 パゴダ建立儀礼に現れるウェイザー信仰　第4章 ローキー・ピンニャーとウェイザー信仰　第5章 仏教とウェイザー信仰　第6章 信仰の「歴史」と権力　終章 宗教政策とウェイザー信仰の現在

　＊本書は、ビルマという上座仏教社会におけるウェイザーweikza信仰について論じるものである。ウェイザーとは、錬金術、呪符、マントラ、偈文などの術の修得によって、超自然的能力(空が飛べる、海の中を自由に行き来できる、食物なしで活動できる、傷を受けないなど)を得て、究極的には不死身の身体を獲得した存在である。信者・集団の調査をもとにウェイザー信仰のあり方と世界観を解明し、近代化のなかで権力や仏教とどうかかわってきたかを歴史的に深っている。

◇ファラオと死者の書―古代エジプト人の死生観　吉村作治著　小学館　1994.6　251p　16cm　(小学館ライブラリー 60)　〈『古代エジプトの秘教魔術』(大陸書房1988年刊)を一部修正　歴史年表・参考資料：p243～251)　800円　(i)4-09-460060-4　Ⓝ163.8

(内容) エジプト略図　本書に登場するエジプトの主な遺跡　第1章 エジプト魔術の歴史　第2章 神話のなかの魔術　第3章 母なる神・イシスの正体　第4章 再生の呪術　第5章 魔力の宿る護符　第6章 パピルスに記された不思議　第7章 占星術・錬金術・悪魔

＊古代エジプト人の墓の内部に色鮮やかに残されている「死者の書」。死者の現世・来世の姿が描かれているこの奇妙な文章を解読、彼らの死への準備法や呪術・魔術を明らかにする。

◇巫神との饗宴―韓の国・巫祭記　加藤敬写真・文　平河出版社　1993.11　183p　26cm　(アジア民俗写真叢書 11)　〈参考資料・著者略歴：p182～183)　3800円　(i)4-89203-234-4　Ⓝ387

(内容) ヨンドゥンクッ　葬列　死霊祭　死後結婚のクッ　病気治療の憂患クッ　財数クッ　大クッ　建築儀礼・成柱(ソンジュ)プリ　日本で巫業活動をする万神 〔ほか〕

◇ブラジルの心霊治療奇跡を操る人々　東長人, パトリック・ガイスラー著　荒地出版社　1995.5　411p　20cm　〈参考図書・参考文献：p393～402)　3800円　(i)4-7521-0086-X　Ⓝ389.62

(内容) 第1章 心霊治療の背景―ブラジル宗教を知る　第2章 超常現象を扱う超心理学の実際　第3章 事例調査編　第4章 特別寄稿 地方で活躍する民俗治療家たち　第5章 理論編　第6章 資料編

＊神の技か。日本人医師がブラジル心霊治療の神秘に迫る。14名の治療師を現地にて徹底リポート。

◇魔女とヨーロッパ　高橋義人著　岩波書店　1995.6　310,2p　19cm　2800円　(i)4-00-002149-4　Ⓝ163

◇魔女の神　マーガレット・A.マレー著, 西村稔訳　京都　人文書院　1995.8　297,14p　20cm　(巻末：参考文献)　2884円　(i)4-409-51036-3　Ⓝ163

◇媽祖と中国の民間信仰　朱天順著　平河出版社　1996.8　278p　20cm　2575円　(i)4-89203-274-3　Ⓝ387

(内容) 媽祖信仰の起源 (媽祖の生い立ち　媽祖信仰の起源　媽祖信仰の島外伝播　元朝時代の媽祖信仰　明朝時代の媽祖信仰　清朝時代の媽祖信仰　清朝以後の中国大陸の媽祖信仰　現代台湾の媽祖信仰

＊媽祖は中国民間と世界各地の華人社会で広く信仰されている神である。人気の秘密は、海難の人や船を救ったという霊異伝説や、重病患者が治ったり、晴、祈雨の願いが叶ったなどという豊富な霊験譚にあるといえよう。媽祖信仰が、島外に伝播していった背景を多くの資料を使って歴史的に解き明かしていく。

◇迷宮―都市・巡礼・祝祭・洞窟　迷宮的なるものの解読　ヤン・ピーパー著, 佐藤恵子, 加藤健司訳　工作舎　1996.7　431p　21cm　4326円　(i)4-87502-267-0

(内容) 第1部 迷宮と「迷宮的なるもの」(「迷宮的なるもの」の発見　「迷宮的なるもの」の諸形式)　第2部 「迷宮的なるもの」の諸相と変遷 (内臓と擬人化　行列と祝祭劇 ほか)　余論 (都市隠喩としての古代後期の迷宮　建築における領域的身振りと古代オリエント文化の都市儀礼 ほか)

＊半牛半人の怪物ミーノータウロスが幽閉されたクノーソスの迷宮―この不気味な建造物に象徴されるように、迷宮には血と闇と謎のイメージがこびりついている。内臓人間、祝祭劇、聖山、巡礼、洞窟、塔、都市、古代遺跡―著者の鮮やかな手際によって、古今東西の文明の中の「迷宮的なるもの」が、実は意思と理性とプランの場所でもあったことが暴かれる。そして、謎が存在するかぎり、われわれの住む世界も迷宮を産み落とし続けてゆくのだ。

◇迷信なんでも百科　ヴァルター・ゲルラッハ著, 畔上司訳　文芸春秋　2000.7　315p　16cm　(文春文庫)　619円　(i)4-16-713627-9　Ⓝ387.93

◇女神のこころ―聖なる女性をテーマにした芸術と神話　ハリー・オースティン・イーグルハート著, 矢鋪紀子訳　現代思潮新社　2000.12　190p　27cm　4700円　(i)4-329-00415-1　Ⓝ163

(内容) 第1部 創造 (創造　出産　養育　火と太陽　神々の母　人類の母　動植物の女主人)　第2部 変容 (自然のサイクル　冥界降下と回帰　死と再生　トランス)　第3部 祝祭 (聖なる女陰　聖なる性　聖なるダンス　女神は生きている)

＊聖なる女性の再発見。太古の時代から現代にいたる世界各地の女神像99点を収録。その歴史的・神話学的・人類学的・スピリチュアルな背景を美しい文章で解説し、いのちを産み育む女性のうちに息づく叡智と力強さ、創造性、セクシュアリティを21世紀に甦らせる。

◇夜に訪れる恐怖―北米の金縛り体験に関する実証的研究　デヴィッド J.ハフォード著, 福田一彦, 竹内朋香, 和田芳久訳　川島書店　1998.11　282p　22cm　3800円　(i)4-7610-0656-0　Ⓝ387.9512

(内容) 第1章 ニューファンドランドにおけるオールド・ハッグ現象　第2章 オールド・ハッグと文化起源仮説　第3章 オールド・ハッグの現象学　第4章 オールド・ハッグの心理学的 (逆) 解釈　第5章 オールド・ハッグと文化

*本書は、ニューファンドランドで「オールド・ハッグ」と呼ばれる現象の正体が何であるのかを、数多くの興味深い事例報告を交えて、明らかにしていく過程を描いている。著者の専門は民俗学であるが、この本は、民俗学の範囲に留まらず、精神医学、生理学、精神分析学で得られた知見をふんだんに盛り込んだ学際的な内容となっている。また、対象となっている睡眠関連現象を研究しつつ、この本全体を通して、すべての科学領域に共通する研究活動の本質に関わる重要な議論を行っており、どの領域に属する研究者にとっても学ぶべき内容を含んでいる。さらに一般の読者にとっても、飽きずに読める科学的読み物として大いに興味ある書と言える。

◇雷神思想の源流と展開―日・中比較文化考 李均洋著, 国際日本文化研究センター編 京都 国際日本文化研究センター 1997.12 58p 21cm (日文研フォーラム 第78回) 〈会期・会場:1995年10月17日 国際交流基金京都支部〉Ⓝ387

◇雷神・竜神思想と信仰―日・中言語文化の比較研究 李均洋著 明石書店 2001.2 374p 20cm 5500円 (i)4-7503-1366-1 Ⓝ387

(内容) 第1章 日・中両民族の雷神思想の源流 第2章 雷神の至上と神聖―日・中神話史と宗教史の黎明 第3章 雷神と雷斧 第4章 禊ぎと祓いの深層 第5章 雷神の発生学―「回」・「s」・「弧」の神話学と宗教学の考察 第6章 蚩尤とサノオの雷・蛇の性質―日・中比較神話の視点から 第7章 雷神信仰と女媧・羽衣の神話伝説 第8章 雷神信仰から竜神信仰へ―竜信仰の源を探る

*本書では、まず甲骨文字、金石銘文にさかのぼって雷の原像を追究し、雷神の起源は神すなわち宗教の起源と同時的であることを明らかにしている。考古学上の発掘品にみられる紋様、図柄などから雷・竜像の変遷をたどり、「山海経」「淮南子」「捜神記」「楚辞」あるいは「易経」「礼記」「論衡」「文選」などの古文献を博捜して雷神の神話的性格を鮮明にし、または現存する少数民族の口承神話と雷神祭祀民俗を調査して、総合的に、古代から現代に至る中国の雷神と竜神の多様な信仰の実態を明らかにした。そのうえで、そこにかかわる日本の雷神信仰に論及。文献としてまず記紀、風土記を引き、日本各地から出土した考古学資料をもちいて中国の雷神信仰との関係を論究する。さらには祭祀や民俗芸能を援用して、日本における雷と竜の信仰を究明し、中国からの影響、文化の交流にまでふれている。日本独自に展開しているすがたも指摘されている。

◇竜と蛇―ナーガ 権威の象徴と豊かな水の神 那谷敏郎文 集英社 2000.10 117p 23cm (アジアをゆく) 1900円 (i)4-08-199005-0 Ⓝ387

(内容) 中国(長大な川を持つ民族は、水を支配する架空の霊獣を創造した 最高位の竜、そして蛟、虹、蜃、応など、竜の一族は中国の階級社会を反映した) 朝鮮半島―高句麗、百済、新羅の「三国時代」から李朝まで、竜の伝統はつづく 香港―海の安全を願う竜船競漕は華やかに行なわれ、風水思想の竜が高層ビル街を支配する ラオス・タイ―山暮らしのラオ族らはそれでも水辺を求め、古くから「ナーガの民」と呼ばれた カンボジア(ジャワ・ボロブドゥールの造形思想から発展し、アンコールはナーガの姿に満ちている アンコール・ワットは密林に隠され、タ・プロームは繁茂する樹木におしつぶされかけていた) インド(インド亜大陸の先住民たちのナーガ信仰は、南インドから東南アジアに広まった ヴァースキ竜は神々の世界創造に貢献し、ヴリトラ竜はインドラ神に挑戦した) ネパール―小さな生神クマリは、蛇の首飾りをつけ、シヴァの眼を持つ

*蛇はその生命力、再生力が人々の畏敬の念をあつめ、信仰の対象となった。インドでは仏法を守り、豊穣を司る水の神に、中国では角を生やし翼を得て竜となり、皇帝の権力の象徴になった。竜や蛇、またヨーロッパのドラゴンに託された意味を探る。

◇ルネサンスの魔術思想―フィチーノからカンパネラへ D.P.ウォーカー著, 田口清一訳 平凡社 1993.10 369p 20cm (ヴァールブルク・コレクション) 3500円 (i)4-582-23818-1 Ⓝ163.8

(内容) フィチーノと音楽 フィチーノの魔術 プレトン、ラザレッリとフィチーノ 自然魔術の一般理論 十六世紀におけるフィチーノ魔術 テレジオ、ドーニオ、ペルシオ カンパネッラ

*魔術はルネサンス理解の秘鍵である。F・イェイツと並ぶ大家が、世界を貫流する不可視の力能のアルスたるルネサンス魔術の意義を歴史に定位した記念碑的名著。本邦初訳。

◇ロシアの神々と民間信仰―ロシア宗教社会史序説 白石治朗著 彩流社 1997.1 234p 22cm 3200円 (i)4-88202-425-X Ⓝ162.38

(内容) 中世ロシアの聖ニコラ信仰―農民の神概念と宗教的プラグマチズム 中世ロシアの異教と教会 十四世紀ロシアのペスト流行と宗教界 十六世紀イヴァン雷帝の「百章教会令」 十七世紀ロシアの魔女裁判 十九世紀ロシア農民の俗信と旧習―その神経症的症候群を繞って 十九世紀ロシア農民の犯罪と暴力―その非キリスト教的道徳の世界 十九世紀ロシア農民の大地信仰―悪魔に抗する母なる神 ロシアの神々と民間信仰―崩れた民衆の神話

＊ロシアでは神を信じない者も、悪魔は信じたのである。ロシア社会と宗教の「影」の部分—異教・迷信・呪術—を微細に考察する本格論考。

稲 荷

◇稲荷信仰　池田錦七著　〔茅ケ崎〕　〔池田錦七〕　1996.10　127p　26cm　〈文献：p127〉　Ⓝ387.3
◇稲荷信仰事典　山折哲雄編　戎光祥出版　1999.9　491p　27cm　(神仏信仰事典シリーズ 3)　16000円　(i)4-900901-10-5　Ⓝ387.3
　内容　第1章「稲荷信仰」入門—知っておきたい基礎知識(「稲荷信仰」七つのキーワード　稲荷信仰のはじめ　稲荷神のダブル・イメージ　ほか)　第2章　目で見る稲荷信仰—写真・図版でわかりやすく学ぶ(稲荷山を歩く—お山巡り全行程の写真ガイド　全国各地の稲荷社　「江戸名所図会」に描かれた稲荷社)　第3章　研究成果を読む—もっと詳しく知りたい人のために(稲荷社の起源—第一稿　荷田氏所伝の稲荷社縁起　稲荷信仰の原型について　ほか)　特別収録　稲荷大社由緒記集成
　＊稲荷信仰入門、稲荷信仰の美術、稲荷大社由緒記集成など、稲荷信仰について解説した事典。わかりやすい入門編から学術論文までを収録。
◇稲荷信仰と宗教民俗　大森恵子著　岩田書院　1994.12　648p　22cm　(日本宗教民俗学叢書 1)　15244円　(i)4-900697-18-4　Ⓝ387
　内容　第1編　稲荷神と地神信仰　第2編　稲荷神の諸相　第3編　勧進聖の宗教活動と稲荷信仰　第4編　狐伝承・狸伝承と稲荷信仰　第5編　伏見稲荷と信仰流布
◇江戸のおいなりさん　塚田芳雄著　下町タイムス社　1999.5　219p　19cm　1429円　Ⓝ387.3
◇呪術・儀礼・俗信—ロシア・カルパチア地方のフォークロア　P.G.ボガトゥイリョーフ著、千野栄一, 松田州二訳　岩波書店　2000.9　298p　20cm　(岩波モダンクラシックス)　2800円　(i)4-00-026540-7　Ⓝ382.386
　内容　第1章　民俗歳事記(クリスマス・イブと元日　主の洗礼祭　主の迎接祭　四十大殉教者の祝日　ほか)　第2章　子供の誕生と洗礼　第3章　結婚　第4章　葬式　第5章　霊異と妖怪
　＊カルパチア地方の農民たちの歳時記と四季折々の祭り、結婚・葬式の儀式、夜の精や魔女にまつわる俗信の収集。本書はプラーグ言語学サークル及びソシュール共時言語学と民族誌学の出会いから生まれた。構造主義人類学と文化記号論の先駆をなしたボガトゥイリョーフ初期の代表作が、流麗な訳文でよみがえる。
◇正一位稲荷大明神—稲荷の神階と狐の官位　榎本直樹著　岩田書院　1997.10　246p　22cm　4800円　(i)4-900697-94-X　Ⓝ387.3
◇豊饒の神さま(おいなりさん)—わかりやすい稲荷信仰　鎌倉新書　2001.5　194p　19cm　〈文献あり〉　858円　(i)4-907642-24-5　Ⓝ387.3

憑き物・巫女・巫者

◇神なる王／巫女／神話—人類学から日本文化を考える　高橋統一著　岩田書院　2000.5　154p　22cm　2400円　(i)4-87294-166-7　Ⓝ382.1
◇少女民俗学—世紀末の神話をつむぐ「巫女の末裔」　大塚英志著　光文社　1997.1　277p　16cm　(光文社文庫)　500円　(i)4-334-72349-7　Ⓝ367.68
◇憑きもの　柳田国男ほか著　河出書房新社　2000.6　442p　20cm　(怪異の民俗学 1)　3800円　(i)4-309-61391-8　Ⓝ387.91
　内容　1　総論　2　憑きものの歴史　3　憑きものの民俗学　4　憑きものの精神史　5　憑きものの民俗誌
　＊人間の心の奥底に迫る「怪異」と「不思議」の世界。さまざまな分野にひらかれた新しい民俗学大系(全8巻)の全貌が明らかに。各巻巻末に小松和彦の書き下し解説を付す。
◇憑きもの持ち迷信—その歴史的考察　速水保孝著　明石書店　1999.10　159p　20cm　2200円　(i)4-7503-1216-9　Ⓝ387.91
　内容　1　私はなぜこの本を書かねばならないか　2　人権を脅かす憑きもの持ち迷信残存の実例　3　憑きもの持ちの類別とその性格　4　文献にみる現在の起源と最近の実態　5　憑きもの持ち迷信の歴史的基盤　6　結論
　＊わが国に残っていますいろんな俗信のうち、社会生活に害悪を及ぼすものを迷信と申します。その最たるものが狐持ち迷信で、近世の中ごろ出雲で起こり、伯耆・隠岐島前地区に伝播。今日でも自由な結婚を阻害するものとして、根強く残っているのは、いかにも残念であります。これまで、いろんな解明や提言などが行われ、いわゆる狐持ち史料は莫大なものが残されています。そこで図らずも、狐持ち史料集編さんの声があがってまいりましたが、それに関連して、『憑きもの持ち迷信—その歴史的考察』が、改訂されることになりました。
◇日本の憑きもの—俗信は今も生きている　石塚尊俊著　復刊　未来社　1999.5　297p　20cm　2800円　(i)4-624-20001-2　Ⓝ387
　内容　1　憑きもの梗概　2　憑きもの筋の残留　3　憑きものによる社会緊張　4　憑きもの及び憑

きもの筋の特徴　5 憑きものと行者　6 憑きものと家の神　7 憑きものと社会倫理
* 日本民俗学の方法に基づき、民間伝承の側に立って追求した、著者の十三年間の研究成果。

◇日本の憑きもの―社会人類学的考察　吉田禎吾著　復刻版　中央公論新社　1999.10　202p　18cm　(中公新書)〈原本：中央公論社1972年刊〉800円　(i)4-12-170299-9　Ⓝ387
(内容) 序章「憑きもの」に憑かれて(憑きものの魅力　社会の深層心理への踏査)　第1章 憑きものの正体と特色(心的分離としての憑依現象　外国の憑きもの　望ましい憑愚と望ましくない憑愚　ほか)　第2章 憑きものの筋(結婚のタブー　ナマズル　憑きもの筋の形成　ほか)　第3章 憑きものの社会的意味(死霊が憑く　祖霊と親族　憑く憑かれるの関係　ほか)
* 伝統社会の解体、都市化の進行とともに、キツネ憑き・イヌガミ憑きなどのいわゆる憑きもの現象は今や消失してしまった感がある。しかしこの現象の背後には意外にも、日本社会の家筋の問題を含む人間関係の祖型が匿されているのではなかろうか。憑きもの現象が濃密に残存していた村落への長年の調査と、外国の豊富な類例とを比較して考察した本書は、かつて日本民俗学が試みた領域への、社会人類学の側からの新しい照射である。

◇女人司祭　石塚尊俊著　慶友社　1994.10　219,6p　22cm　〈付：文献〉　3708円　(i)4-87449-220-7　Ⓝ387
(内容) 島々のウタキとノロ　女人司祭―トカラ口之島報告　八丈島の神と神を祀る者　対馬・隠岐の神楽師　方一間クモの下の神楽　白蓋奉納戸神に始まって　納戸神補稿
* 日本本土においても、古くは普遍的であった女人司祭。失われようとする神祭りの真の姿を追って南島に旅する。女性と神のかかわりに鋭くせまる名著。

◇憑依の視座　川村邦光著　青弓社　1997.10　220p　20cm　(巫女の民俗学 2)　2400円　(i)4-7872-3143-X　Ⓝ387
(内容) 1 柳田国男の"女の力"論　2 憑依とはなにか　3 カミサマの語る経歴　4 憑依への水路　5 憑依の発生と身体化　6 憑依技法の心身化　7 憑依文化の現在
* ホトケ降ろしやハナ寄せといった口寄せ、ムカサリ絵馬や花嫁・花婿人形の奉納などの死の儀礼は、イタコやオナカマといった盲目の巫女を担い手として培われてきた。現在では、その担い手が数少なくなっていったが、晴眼の巫女たちもホトケ降ろしや花嫁・花婿人形の祭祀などのホトケ事を行なうようになり、ムカサリ絵馬や花嫁・花婿人形は一般の人びとが自ら進んで奉納するにいたっている。本書は晴眼の巫女について、フィールドワーク

を踏まえて論じた。

◇憑霊信仰論―妖怪研究への試み　小松和彦著　講談社　1994.3　362p　15cm　(講談社学術文庫)　980円　(i)4-06-159115-0　Ⓝ387
(内容) 1「憑きもの」と民俗社会―聖痕としての家筋と富の移動　2 説明体系としての「憑きもの」―病気・家の盛衰・民間宗教者　3 〈呪咀〉あるいは妖術と邪術―「いざなぎ流」の因縁調伏・生霊憑き・犬神憑き　4 式神と呪い―いざなぎ流陰陽道と古代陰陽道　5 護法信仰論覚書―治療儀礼における「物怪」と「護法」　6 山姥をめぐって―新しい妖怪論に向けて　7 熊野の本地―呪咀の構造的意味　8 器物の妖怪―付喪神をめぐって　9 収録論文解題
* 「憑く」という語の本来の意味は、事物としてのものにもともと内在する精霊や、異界の神霊などが、別の事物としてのものに乗り移ることを意味していた。本書は、こうした憑依現象を手懸りにして、狐憑き、犬神憑き、山姥、式神、護法、付喪神など、人間のもつ邪悪な精神領域へと踏み込み、憑依という宗教現象の概念と行為の体系を介して、日本人の闇の歴史の中にうごめく情念の世界を明らかにした好著。

◇巫女の文化　倉塚曄子著　平凡社　1994.2　374p　16cm　(平凡社ライブラリー)　1200円　(i)4-582-76039-2　Ⓝ163.9
(内容) 第1章 琉球の天人女房　第2章 オナリ神覚書　第3章 聞得大君論　第4章 兄と妹の物語　第5章 釆女論　第6章 斎宮論
* 沖縄の民俗・歌謡・宗教、また記紀神話などの綿密な研究から、かつて霊的世界をつかさどり、古い共同体の秩序の本質をになった女たちの精神史的伝統とその変質過程を人類史の一章として捉えなおす。

◇平安京の怨霊伝説―陰陽師たちが支配した京都　中江克己著　祥伝社　2001.9　258p　16cm　(祥伝社黄金文庫)　552円　(i)4-396-31270-9　Ⓝ387

◇巫女の文化―斎宮をめぐる文化　特別展　斎宮歴史博物館編　明和町(三重県)　斎宮歴史博物館　1993.10　60p　26cm　〈会期：平成5年10月10日～11月23日〉Ⓝ387

◇巫女の歴史―日本宗教の母胎　山上伊豆母著　雄山閣出版　1994.4　225p　22cm　(雄山閣books 1)　2200円　(i)4-639-00904-6　Ⓝ387
(内容) 1 シャーマニズムの起源　2 神話の聖女　3 巫女王から女帝へ　4 王朝の祭司　5 御霊の巫女　6 中世芸能集団　7 託宣の教祖　8 周辺現存のシャーマン
* 各時代の宗教政治の根底に横たわる巫呪思想、歴史や文芸のうえに見いだされる巫女や男巫の信仰儀礼・芸能などをたどり、シャーマニズムの時代における意義を明らかにしようと

◇巫女の歴史―日本宗教の母胎　山上伊豆母著　新装増補版　雄山閣出版　1996.7　231p 図版10枚　22cm　(雄山閣books 1)　4200円　(i)4-639-00904-6,4-639-00012-X　Ⓝ387
(内容)　1 シャーマニズムの起源　2 神話の聖女　3 巫女王から女帝へ　4 王朝の祭司　5 御霊の巫女　6 中世芸能集団　7 託宣の教祖　8 周辺現存のシャーマン
＊各時代の宗教政治の根底に横たわる巫呪思想、歴史や文芸のうえに見いだされる巫女や男巫の信仰儀礼・芸能などをたどり、シャーマニズムの時代における意義を明らかにしようとした。日本教の母胎、シャーマニズムの歴史像。

◇水木しげるの憑物百怪　水木しげる著　学習研究社　1995.11　248p　22cm　1600円　(i)4-05-400514-4　Ⓝ387
(内容)　青女房　うつぼ　馬憑き　クダ　省類　狸憑き　七人同行　池の魔　犬神　そんつる　〔ほか〕

◇民間巫者信仰の研究―宗教学の視点から　池上良正著　未來社　1999.2　554,7p　22cm　13000円　(i)4-624-10038-7　Ⓝ387
(内容)　問題・対象・方法　民間巫者信仰の諸相―津軽地方のカミサマ系巫者を中心に　場所の霊性と巫者信仰―恐山と岩木山を題材に　民間巫者の「近代」―地方紙の記事を素材として　巫者信仰における制度化の葛藤―赤倉山神社の成立過程を事例として　巫者信仰における救済の諸相(津軽のカミサマ信仰を事例として　沖縄のユタ信仰を事例として)　ユタの宗教者の基本的性格　集落社会における巫者消長の動態　巫者信仰の現代的展開　総括と展望

◇霊感少女論　近藤雅樹著　河出書房新社　1997.7　253p　20cm　〈文献あり〉　1800円　(i)4-309-24192-1　Ⓝ380.4
(内容)　第1話 浮く少女　第2話 神がかり　第3話 異界とのたわむれ　第4話 顔のないメッセージ　第5話 学園七不思議　第6話 変貌する怪談　第7話 見えない現実　第8話「霊感少女」症候群

シャーマニズム

◇あずさ弓―日本におけるシャーマン的行為　上　C.ブラッカー著, 秋山さと子訳　岩波書店　1995.6　237p　16cm　(同時代ライブラリー 228)　950円　(i)4-00-260228-1　Ⓝ163.9

◇あずさ弓―日本におけるシャーマン的行為　下　C.ブラッカー著, 秋山さと子訳　岩波書店　1995.7　238p　16cm　(同時代ライブラリー 229)　1000円　(i)4-00-260229-X　Ⓝ163.9
(内容)　行者のイニシエーション　幻影的な旅　象徴的な旅　行者の霊力　里の託宣　山の託宣　加持・祈禱　結論
＊世界と交流する霊能者、巫女や行者たちの信仰と修行法、儀礼的登山や治療行為などを日本各地で精力的に取材・調査し、文献資料による考察も加えてまとめあげた、英国の著名な日本研究家による画期的研究。日本的シャーマニズムの全体像を解き明かし、日本人の宗教の古層を蘇らせる。下巻は行者の霊力、異界への象徴的な旅、託宣、加持・祈禱などを扱う。

◇アーバン・シャーマン　サージ・カヒリ・キング著, 小林加奈子訳　ヴォイス　1995.1　316p　20cm　2400円　(i)4-900550-38-8　Ⓝ163.9
(内容)　ハワイアン・シャーマニズムの変遷　心、頭、魂　七つの原則　体内の調和　直観を使って変化をさそう　夢を使って世界を変える　変幻の術とその実用性　創造のエネルギーを高める　平安を内から外へ　シンボルのパワー　儀式のパワー　力を合わせる
＊本書はシャーマニズム、とくにハワイの伝統的シャーマニズムとその知恵を都市生活に生かす方法を述べた本である。

◇アマゾンの呪術師　パブロ・アマリンゴ語り, 永武ひかる構成・訳　地湧社　1998.9　157p　20cm　1700円　(i)4-88503-140-0　Ⓝ163.9
(内容)　1 呪術師になる　2 呪術師の世界　3 植物と脳の神秘　4 森の精霊たち　5 脳と恍惚　6 宇宙について　7 運命
＊密林の濃厚な息づかいと共に植物と精霊たちの呪術世界がひろがる。シャーマンとして生きた男が語る半生。

◇沖縄シャーマニズムの社会心理学的研究　大橋英寿著　弘文堂　1998.4　711p　22cm　15000円　(i)4-335-65099-X　Ⓝ387
(内容)　第1章 沖縄シャーマニズムへの社会心理学的アプローチ　第2章 沖縄史におけるユタ　第3章 地域社会におけるユタとクライエント　第4章 ユタの成巫過程　第5章 ユタのパーソナリティ・世界観・変性意識　第6章 主婦の社会化過程とシャーマニズム　第7章 精神医療の浸透と土着シャーマニズムの抵抗　第8章 ヘルス・ケア・システムをめぐる病者と家族の対処行動　第9章 非行への対処行動とシャーマニズム　第10章 ブラジルにおける沖縄シャーマニズムの展開　第11章 総括
＊"野のカウンセラー"ユタの歴史と実態を、20年間にわたり徹底的に調査しまとめあげた、揮身のライフワーク。心理学を超えて人類学、民俗学、宗教学、社会学、精神医学の分野でも役立つ。

◇訪れる神々―神・鬼・モノ・異人　諏訪春雄著, 川

村湊編　雄山閣出版　1997.9　277p　20cm　2500円　(i)4-639-01466-X　Ⓝ163
　内容　訪れる神とシャーマニズム　異人論　来訪神祭祀の構造　ヨーロッパの来訪神　中国の来訪神　訪れる神の図像学　インドネシア・先住民族の民俗信仰―アニミズムによる祭祀儀礼と「神観念」　海の来訪神―南島を中心に　フォーラム「訪れる神」
　＊さまざまに訪れる神の姿。田の神、正月神などの訪れ神や、鬼、モノ、異人など、さらに中国、韓国、ヨーロッパの神々まで幅広く比較検討し、その性格や儀礼の構造、意味を明らかにする。

◇オロチョン族のシャーマン　王宏剛、関小雲著、黄強他訳、萩原秀三郎監訳　第一書房　1999.9　364p　20cm　(Academic series new Asia 32)　4500円　(i)4-8042-0706-6　Ⓝ163.9

◇境界を超えて―シャーマニズムの心理学　ドナルド・リー・ウィリアムズ著、鈴木研二、堀裕子訳　大阪　創元社　1995.12　288p　20cm　2300円　(i)4-422-11170-1　Ⓝ146.1
　内容　第1章　基礎となるイメージ群　第2章　狩人の流儀　第3章　戦士の道　第4章　見る者のあり方　第5章　シャーマンの飛翔　第6章　試練と新たな事実
　＊文化人類学者カルロス・カスタネダが著した一連のドン・ファン・シリーズが、今、精神的空白の時代を生きる私たちに持つ意味とは何か。カスタネダの初期の5冊を、神話や伝説、童話、著者自身の臨床体験や夢の実例をもとに、心理学的に解釈した意欲作。

◇近代中国のシャーマニズムと道教―香港の道壇と扶乩信仰　志賀市子著　勉誠出版　1999.2　391,14p　22cm　〈文献あり〉　13800円　(i)4-585-10051-2　Ⓝ163.9

◇シャーマニズムの精神人類学―癒しと超越のテクノロジー　ロジャー・ウォルシュ著、安藤治、高岡よし子訳　春秋社　1996.10　363,11p　20cm　〈巻末：参考文献〉　3502円　(i)4-393-36112-1　Ⓝ163.9
　内容　第1部　なぜいまシャーマニズムか？　第2部　シャーマンの生き方　第3部　シャーマンの宇宙　第4部　シャーマンの技術　第5部　シャーマン的意識状態　第6部　現代社会における古代の伝統
　＊人類の「魂の源流」シャーマニズムは甦るか？！その現代的意味をきわめて説得的かつ魅力的に語る。トランスパーソナル心理学・精神医学の名著。

◇シャーマニズムの文化学―日本文化の隠れた水脈　岡部隆志ほか著　森話社　2001.7　251p　19cm　〈叢書・＜知＞の森 4〉　〈文献あり〉　2300円　(i)4-916087-21-6　Ⓝ163.9
　内容　シャーマニズムとは何か―エリアーデか

らネオ・シャーマニズムへ　史書とシャーマン　古代朝廷とシャーマニズム　憑依するアマテラス　異界遍歴―夢見とイニシエーション　『源氏物語』のスピリチュアリティ―描かれた霊異　死者の語り―シャーマニズムと鎮魂　柳田国男「妹の力」とシャーマニズム　成巫譚　神楽と祭儀のシャーマニズム　近現代文学とシャーマニズム
　＊陰陽道・呪術・神楽・易い・霊学など、今日「シャーマニズム」とも呼ばれる、死者や異界と交信するための「知」と「技」の体系があった。聖徳太子や安倍晴明、異界遍歴の物語などから、柳田国男や宮沢賢治、現代の女性作家にいたるまで、「シャーマニズム」という視点から日本文化の多様性を再発見する。

◇シャーマンの世界　ピアーズ・ヴィテブスキー著、岩坂彰訳　大阪　創元社　1996.11　184p　21cm　（『人類の知恵』双書 1）　〈監修：中沢新一　参考文献：p172～175〉　1800円　(i)4-422-21501-9　Ⓝ163.9
　内容　第1章　シャーマンの世界観　第2章　土地ごとの伝統　第3章　シャーマンへの道　第4章　シャーマンの癒し　第5章　現代とシャーマニズム

◇シャーマンの環―過去、現在、未来が溶けあう聖なる知識　ナンシー・ウッド著、井上篤夫訳　講談社　1998.11　128,48p　20cm　〈英文併記〉　1800円　(i)4-06-209255-7　Ⓝ931.7
　内容　生成（始まりのとき　明けの星が一緒に歌ったとき　ほか）　結合（神聖なる愛―儀式　プエブロの叡知　ほか）　変容（太陽の子どもたち　ときを捕まえる　ほか）　名誉（父　若かりしころ　ほか）
　＊閉塞された時代に爽やかな風を吹き込み、心を洗い癒すプエブロ・インディアンの教え今日という日を讃えよう。

◇シンガポールのシャーマニズム　アラン・エリオット著、安田ひろみ、杉井純一訳　春秋社　1995.10　249,4p　20cm　〈監修：佐々木宏幹　付：参考文献〉　3914円　(i)4-393-29117-4　Ⓝ387
　内容　華人の宗教における霊媒カルトの位置　霊媒信仰の理論と実際　「大聖」のカルト　霊媒カルトの比較　神教の特殊な派生形態　霊媒祭り
　＊中国文化の深層に力強く息づく霊媒カルトの実像。シンガポール華人社会のタンキー信仰を精査した古典的名著。

◇魂のありか―中国古代の霊魂観　大形徹著　角川書店　2000.6　294p　19cm　〈角川選書〉　1500円　(i)4-04-703315-4
　内容　第1章　魂のありか（魂とは何か　魂の語源　ほか）　第2章　肉体をぬけだす魂（被髪　嬰児や子どもの髪型　ほか）　第3章　体内に入りこ

む悪霊(侵入する鬼霊 疾病 ほか) 第4章 悪霊をはらう(悪霊をはらう声 張目吐舌 ほか)
* 古代中国の人々は「魂」の存在を信じていた。それは、風船の中の気体のように、いつでも肉体という入れ物から抜け出そうとし、抜け出すことは「死」を意味した。魂が抜け出すと、あとには他の魂(悪霊)が入り込もうとする。そこで人々は悪霊を追い払うためにさまざまな工夫をした。「魂」とは何か。中国、日本の書物、遺物などから多数の事例をあげ、イメージ豊かな古代人の視点で「魂」に迫る、魂の文化史。

◇チベットのシャーマン探険 永橋和雄著 河出書房新社 1999.5 237p 20cm 2200円 (i)4-309-23058-X Ⓝ387
〔内容〕プロローグ 微光を求めてシャーマンの森へ 第1章 シャーマンの世界観─ラダック・ティクセ村 第2章 聖なる着衣─ラダック・サブー村 第3章 悪魔祓いの風土─ラダック・ムルベック村 第4章 もう一つの巫祭─チベット・ラサ 第5章 ポン教のシャーマン─ブータン・ジャカル 第6章 巫術の不思議─ラダック・レー 第7章 跳び回るシャーマン─ザンスカール・サラピ村 エピローグ 物語世界からのイメージ
* 海抜四千メートル級の極限の地に今も残る宗教の祖型チベットのシャーマニズム。二十年の歳月をかけてチベット仏教圏全域を踏査し、数多くのシャーマンの秘儀の内奥に立ち会った驚異の記録と映像。シャーマンたちの肉声と豊富な写真が初めて明かす、根源的な癒しのコスモロジー。

◇日本のシャーマンとウイグルのシャーマン─民俗宗教の歴史と現状についての比較研究 王建新著, 富士ゼロックス小林節太郎記念基金 富士ゼロックス小林節太郎記念基金 1993.10 40p 26cm 〈富士ゼロックス小林節太郎記念基金1992年度研究助成論文〉 非売品 Ⓝ163.9

◇母なる風の教え ベア・ハート, モリー・ラーキン著, 児玉敦子訳 講談社 2000.12 292p 20cm 2200円 (i)4-06-208773-1 Ⓝ387
〔内容〕1 修行時代(美しい人生を 多面的な教育 まじない師への道 師の教え) 2 癒しはあなた自身の中に(誰の力か? 治療 別の形の癒し バランスのとれた生き方 ほか) いかに生きるべきかを学ぶために(愛の力 大地と語る さまざまな教会 ペヨーテの道 ほか)
* 高い精神文化を連綿と受け継ぐネイティブ・アメリカンの教え。ハッとさせられる言葉で紡がれた本書は、われわれの日々の考え方、生き方を揺さぶるヒントに満ちている。

◇巫俗と他界観の民俗学的研究 高松敬吉著 法政大学出版局 1993.1 588,20p 22cm 7900円 Ⓝ387

絵 馬

◇あさかの絵馬と扁額 1 朝霞市教育委員会編 朝霞 朝霞市教育委員会 1998.3 61p 30cm Ⓝ387.7
◇綾瀬の絵馬 綾瀬市教育委員会社会教育課編 綾瀬 綾瀬市教育委員会 1995.3 55p 26cm 〈綾瀬市文化財調査報告書 第14集〉〈参考文献:p55〉 Ⓝ387
◇安城の絵馬─神社に奉納された人々の想い 安城市歴史博物館編 安城 安城市歴史博物館 2000.4 56p 30cm 〈企画展:平成12年4月22日─6月4日〉 Ⓝ387.7
◇安堵町の絵馬・札類─花開く国際文化 安堵町教育委員会, 安堵町歴史民俗資料館編 安堵町(奈良県) 安堵町 1999.3 118p 26cm 〈安堵町文化財調査報告書 2(民俗編)〉 Ⓝ387.7
◇祈りと願い─杉並の絵馬 平成7年度郷土博物館特別展 東京都杉並区立郷土博物館編 杉並区立郷土博物館 1995.11 39p 26cm 〈会期:平成7年11月3日〜12月3日 参考文献:p39〉700円 Ⓝ387
◇祈り・願い・想い─朝霞の絵馬─第7回企画展 朝霞市博物館編 朝霞 朝霞市博物館 2000.10 37p 30cm 〈会期:平成12年10月14日〜11月26日〉Ⓝ387.7
◇祈りのメッセージ─飯能の絵馬 飯能 飯能市郷土館 1997.10 58p 30cm 〈特別展図録〉Ⓝ387.7
◇入間市の絵馬・扁額─先人の祈り・願い・感謝・安らぎ 入間 入間市教育委員会 2001.3 69p 30cm 〈折り込み1枚 文献あり〉Ⓝ387.7
◇絵馬─Ema gallery 特別展 福井県立博物館 福井 福井県立博物館 1993.4 220p 30cm 〈会期:平成5年4月18日〜6月20日 参考文献:p218〜219〉Ⓝ387
◇絵馬─瀬戸内に咲く民衆の華 大三島町(愛媛県) 大三島町教育委員会 1996.3 131p 24×25cm 〈解説:木村三千人〉Ⓝ387.7
◇絵馬─人々の祈り 平成10年度特別展 今立町歴史民俗資料館編 今立町(福井県) 今立町歴史民俗資料館 1998.9 80p 30cm Ⓝ387.7
◇絵馬─神に捧げた祈りの美 福岡 福岡県立美術館 1999.10 88p 30cm 〈特別展:平成11年10月28日〜11月28日〉Ⓝ387.7
◇絵馬─平成13年度企画展図録 秋田県立博物館編 秋田 秋田県立博物館 2001.4 56p 30cm 〈会期:2001年4月28日〜6月17日〉Ⓝ387.7
◇絵馬あれこれ 石川博司著 〔青梅〕 ともしび会 〔1995〕 18p 19cm Ⓝ387
◇絵馬祈りと願い─相双地方を中心として 野馬追の里原町市立博物館編 原町 野馬追の里原町市立博物館 2000 60p 30cm 〈野馬追の里

民間信仰・迷信　　　　　　　　　　　　　　　　　　　　　　　　　　　　　　　　絵　馬

原町市立博物館企画展図録　第15集）〈会期：平成12年10月1日―11月26日）　Ⓝ387.7
◇絵馬と旅の信仰―社寺に遺る資料から　特別展　加古川総合文化センター編　加古川　加古川総合文化センター　1999.9　52p　30cm　(加古川総合文化センター博物館図録　no.14)　〈会期：平成11年9月25日―10月24日〉　Ⓝ387.7
◇絵馬にこめた願い―歌仙絵馬と文芸・旧日根郡を中心に　歴史館いずみさの編　泉佐野　歴史館いずみさの　1999.4　32p　26cm　〈企画展：11年4月24日―5月30日〉　Ⓝ387.7
◇絵馬に託す―利根川に生きる　平成11年度企画展　千葉県立関宿城博物館編　関宿町(千葉県)　千葉県立関宿城博物館　1999.8　30p　30cm　〈会期：平成11年8月10日―9月15日〉　Ⓝ387.7
◇絵馬に見る民衆の祈りとかたち　西海賢二著　批評社　1999.10　335p　21cm　〈付・「浮浪」と「宿縁」文献目録〉　3200円　(s)4-8265-0284-2　Ⓝ387.7
 〔内容〕絵馬研究の課題と方法　馬と絵馬　小田原の絵馬(近世・近代絵馬考　現代絵馬考　関東地方の絵馬と小田原の絵馬　小田原市内の絵馬・一覧表　特別付録・「浮浪」と「宿縁」関係文献目録
 *「苦しい時の神頼み」。我々は困った時に、身近な神や仏に救いを求める。そんな日本人の現世利益的な民俗宗教の特色を象徴する"絵馬"。民間信仰に対する人々の心意を、絵馬の図柄/銘文を調査することにより跡付ける。時代を超えた人々の「祈りのかたち」を解き明かす！
◇絵馬奉納額を尋ねて　飯田文化財の会編著　飯田　南信州新聞社出版局　2000.1　225p　21cm　2000円　Ⓝ387.7
◇大宮町の絵馬　大宮町歴史民俗資料館編　大宮町(茨城県)　大宮町教育委員会　1999.3　138p　30cm　(大宮町絵馬調査報告書)　Ⓝ387.7
◇雄勝町の絵馬　雄勝町教育委員会編　雄勝町(宮城県)　雄勝町教育委員会　1996.9　139p　26cm　(雄勝町の文化財　2)　〈付：参考文献〉　Ⓝ387.7
◇岡山の絵馬　2　岡山県立博物館編　岡山　岡山県立博物館　1994.1　29p　図版4枚　26cm　〈平成5年度企画展〉
◇海道の絵馬―瀬戸内に咲く民草の花　木村三千人著　国書刊行会　1994.7　221p　20cm　〈参考文献：p220～221〉　2100円　(s)4-336-03601-2　Ⓝ387
 〔内容〕序章　絵馬との出会い　1章　絵馬をたずねて　2章　絵馬物語　終章　海道に咲く
 *瀬戸内海の大島郡にある八つの村の鎮守様には一八〇点余の大型の絵馬が鮮やかな色彩を保ちながら保存されており、貴重な有形民俗文化財として認められつつある。これらの

絵馬を丹念に調査した著者は、絵馬自身が物語る島人の歴史を通して、我々の先祖の心に尽きることのない泉の如く生きる力を生み出し続けた"小さな楽しみ"のすがたを明らかにしてゆく。
◇加古川流域の絵馬―小野市立好古館開館5周年記念特別展　小野市立好古館　〔小野〕　小野市立好古館　1995.10　31p　20枚　30cm　(小野市立好古館特別展図録　11)　〈会期：平成7年10月20日～12月3日　参考文献：p31〉　Ⓝ387
◇柏崎の奉納物―人は神仏になにを捧げてきたか　第29回特別展図録　柏崎市立博物館編　柏崎　柏崎市立博物館　1995.10　64p　26cm　〈会期：1995年10月21日～11月26日〉　Ⓝ387.7
◇上福岡の絵馬・奉納額　上福岡　上福岡市教育委員会　1999.3　100p　30cm　(市史調査報告書　第17集)　Ⓝ387.7
◇川崎の絵馬　川崎市市民ミュージアム編　川崎　川崎市市民ミュージアム　2001.3　90p　30cm　(川崎市民俗文化財調査報告書)　Ⓝ387.7
◇久慈市の絵馬　久慈　久慈市教育委員会　1997.3　76p　30cm　Ⓝ387.7
◇供養絵額―残された家族の願い　遠野　遠野市立博物館　2001.8　80p　30cm　(遠野市立博物館第43回特別展　会期：平成13年8月1日―9月24日）　Ⓝ387.7
◇小絵馬雑記　石川博司著　青梅　ともしび会　1995.6　32p　21cm　Ⓝ387
◇埼玉の武者絵馬　嵐山町(埼玉県)　埼玉県立歴史資料館　1994.3　13p　26cm　(資料館ガイドブック　no.10)　Ⓝ387
◇佐野の絵馬―第24回企画展　佐野　佐野市郷土博物館　1995.5　34p　26cm　〈会期：平成7年5月2日～6月15日　参考・引用文献：p34〉　Ⓝ387
◇三十六歌仙絵馬の世界　西合志郷土資料館編　西合志町(熊本県)　西合志町郷土資料館　1997.11　40p　26cm　〈平成九年度特別展覧会：平成9年11月16日―12月21日〉　Ⓝ387.7
◇志太の大絵馬―祈願のかたち・絵馬にみる志太の祈り　第43回企画展　八木洋行文・写真、藤枝市郷土博物館編　〔藤枝〕　藤枝市郷土博物館　1999.9　32p　30cm　Ⓝ387.7
◇周参見王子神社の絵馬　すさみ町教育委員会編　〔すさみ町(和歌山県)〕　周参見王子神社　1999.10　102p　27×37cm　〈共同刊行：すさみ町教育委員会〉　Ⓝ387.7
◇図録角館の絵馬　1　角館町文化財保護協会編　角館町(秋田県)　角館町文化財保護協会　2000.3　30p　30cm　Ⓝ387.7
◇そうわの絵馬と文字額―絵馬調査報告書　総和町教育委員会町史編さん室編　総和町(茨城県)　総和町教育委員会　1995.3　194p　26cm　〈補註・参考文献：p193～194〉　Ⓝ387.7
◇高田郡の絵馬展―祈りと願いの芸術　吉田町歴

文化人類学の本　全情報　　521

絵馬　　　　　　　　　　　　　　　　　　　　　　　　　　　　　民間信仰・迷信

史民俗資料館編　吉田町(広島県)　吉田町歴史民俗資料館　1995.4　91p　30cm　(吉田町史民俗資料館特別展図録 9)　〈会期：1995年4月26日～6月4日〉　Ⓝ387.7
◇高山の絵馬　高山市郷土館編　高山　高山市郷土館　1994.11　30p　26cm　〈会期：平成6年11月3日～27日　参考文献(p30)〉Ⓝ387
◇立山町の絵馬　立山町(富山県)　立山町教育委員会　1997.6　71p　21×30cm　Ⓝ387.7
◇智恩寺の絵馬　京都府立丹後郷土資料館編　宮津　京都府立丹後郷土資料館　1998.10　52p　30cm　(特別展図録 29)　〈会期：1998年10月1日～11月15日　文献あり〉　Ⓝ387.7
◇千葉県文化財実態調査報告書—絵馬・奉納額・建築彫刻　千葉県教育庁生涯学習部文化課編〔千葉〕　千葉県教育委員会　1996.3　273p　30cm　Ⓝ387.7
◇勅命山日応寺—宗祖七百年遠忌記念誌　岡山　勅命山日応寺　1996.10　103p　31cm　Ⓝ387.7
◇哲西の絵馬　哲西町文化財保護委員会編　哲西町(岡山県)　哲西町教育委員会　1998.2　91p　26cm　(哲西町文化財シリーズ no.9)　Ⓝ387.7
◇那珂川町の絵馬　那珂川町教育委員会編　那珂川町(福岡県)　那珂川町教育委員会　1994.3　48p　30cm　〈参考文献：p47〉　Ⓝ387
◇滑川の絵馬　その1　滑川市立博物館編〔滑川〕　滑川市教育委員会　1993.3　34p　26cm　(滑川市立博物館双書 13)　〈共同刊行：滑川市立博物館〉　Ⓝ387
　内容　山加積・東加積地区
◇ならはの絵馬—村人の祈り　楢葉町歴史資料館編　楢葉町(福島県)　楢葉町歴史資料館　2000.3　34p　30cm　〈平成11年度企画展：平成11年11月13日～20日〉　Ⓝ387.7
◇ねがい・うらない・おまじない—欲望の造形　近藤雅樹監修　京都　淡交社　2000.8　142p　30cm　〈文献あり〉　1905円　(i)4-473-01759-1　Ⓝ387
　内容　第1章 小絵馬—秘密の約束　第2章 くわばら、くわばら—厄よけと供養　第3章 お告げ・占い—チャネリング　第4章 すがりついてあやかって—縁起をかつぐ　まとめ1 道具供養に見る日本人の宗教感　まとめ2 現代人の心のゆくえ
　＊自らが想像し、生み出した「異界」の威力にすがって、身勝手なお願いをする人びと—そこには、崇拝と畏怖の感情があった。小絵馬や縁起物など、カミと交信するための小道具を紹介。
◇はきものの絵馬—谷中延寿寺日荷堂絵馬群調査報告書　東京都台東区教育委員会文化事業体育課編　台東区教育委員会　2000.3　84p　26cm　(台東区文化財報告書 第26集)　Ⓝ387.7
◇飯能の絵馬—描かれた祈り　飯能　飯能市教育

委員会　1997.3　134p　26cm　Ⓝ387.7
◇備前の絵馬　備前市歴史民俗資料館, 備前市教育委員会編　備前　備前市歴史民俗博物館　2000.3　36p　30cm　(紀要 平成11年度)　〈会期：平成11年4月27日～6月27日　共同刊行：備前市教育委員会〉　Ⓝ387.7
◇氷見の絵馬展—市内の全絵馬調査の成果から 特別展 2　氷見　氷見市立博物館　1997.2　89p　30cm　〈会期：平成9年2月28日～3月23日〉　Ⓝ387.7
◇兵庫県西宮市所在絵馬調査報告書　西宮市教育委員会編　西宮　西宮市教育委員会　1993.3　50p　26cm　(西宮市文化財資料 第38号)　Ⓝ387.7
◇福応寺毘沙門堂絵馬—養蚕信仰と百足の絵馬　角田　角田市教育委員会　1995.3　50p　30cm　(角田市文化財調査報告書 第16集)　Ⓝ387
◇福岡県の絵馬 第1集　福岡県博物館協議会, 福岡県立美術館編　福岡　福岡県博物館協議会　1997.3　135p　30cm　(歴史資料調査報告書 平成8年度)　〈共同刊行：福岡県立美術館〉　Ⓝ387.7
　内容　北筑後・南筑後教育事務所管内篇
◇福岡県の絵馬 第2集　福岡県博物館協議会, 福岡県立美術館編　福岡　福岡県博物館協議会　1998.3　121p　30cm　(歴史資料調査報告書 平成9年度)　〈共同刊行：福岡県立美術館〉　Ⓝ387.7
　内容　北九州市及び北九州・筑豊・京築教育事務所管内篇
◇福岡県の絵馬 第3集　福岡県博物館協議会, 福岡県立美術館編　福岡　福岡県博物館協議会　1999.3　133p　30cm　(歴史資料調査報告書 平成10年度)　〈共同刊行：福岡県立美術館〉　Ⓝ387.7
　内容　福岡教育事務所管内篇
◇福岡県の絵馬 第4集　福岡県博物館協議会, 福岡県立美術館編　福岡　福岡県博物館協議会　2000.3　123p　30cm　(歴史資料調査報告書 平成11年度)　〈共同刊行：福岡県立美術館〉　Ⓝ387.7
　内容　福岡市内篇
◇ふるさと伝承電子図鑑—絵馬・おしらさま・まいりのほとけ　岩手県立博物館編〔電子資料〕〔盛岡〕　岩手県教育委員会　1998.3　CD-ROM1枚　12cm　〈ファイル特性：データファイル　Windows 95　付属資料：取扱説明書8p　セットアップマニュアル1枚〉
◇奉納された道中アルバム—絵馬にみる寺社参りテーマ展　大宮　埼玉県立博物館　1994.1　15p　26cm　〈付(1枚)〉　Ⓝ387
◇三潴町の絵馬・狛犬　三潴郷土研究会編〔三潴町(福岡県)〕　三潴町文化財専門委員会　2000.3　62p　30cm　Ⓝ387.7
◇最上三十三観音巡礼記　渡辺信三著　改訂　山

522　文化人類学の本 全情報

民間信仰・迷信　　　庚申・干支

形　最上三十三観音霊場別当会　2000.8　233p　19cm　〈初版：月刊やまがた社昭和56年刊〉　1905円　Ⓝ387.7
◇盛岡の絵馬　梅原廉著　〔盛岡〕　盛岡市教育委員会　1995.1　60p　19cm　(盛岡市文化財シリーズ 第26集)　〈参考文献：p58〉　Ⓝ387
◇蕨の絵馬と扁額　蕨市編　蕨　蕨市　1993.3　119p　26cm　(蕨市史調査報告書 第9集)　Ⓝ387

庚申・干支

◇上尾に伝わる庚申塔—郷土学習資料　上尾　上尾市教育委員会　1996.12　4p 図版3枚　26×37cm　Ⓝ387.6
◇我孫子の庚申塔—中間報告　我孫子　我孫子市史研究センター合同部会　1997.12　57p　30cm　Ⓝ387.6
◇我孫子の庚申塔　我孫子　我孫子市史研究センター合同部会　2000.10　123p　30cm　Ⓝ387.6
◇今市の庚申塔　今市市歴史民俗資料館編　今市　今市市歴史民俗資料館　1993.3　135p　26cm　(資料館双書 6)　〈参考文献：p134〉　Ⓝ387
◇浦和市内の庚申塔　石川博司著　青梅　庚申資料刊行会　1999.7　38p　21cm　Ⓝ387.6
◇浦和市内の庚申塔　石川博司著　増補改訂　青梅　庚申資料刊行会　2000.3　47p　21cm　Ⓝ387.6
◇干支ってなぁーに？　霍見憲明著　チクマ秀版社　2000.8　189p　19cm　1600円　(i)4-8050-0368-5
　内容　1 干支の歴史(干支の歴史　日本の十二支の歴史)　2 十二支獣エッセイ・"縁起ことば集"(十二支獣エッセイ　十二支獣"縁起ことば集")　3 十二支獣の戯画・縁起飾り(十二支獣の一筆書き戯画のすすめ　十二支獣の縁起飾り)
　＊私たちの日本とさまざまな面で共通性があるのは中国です。仏教、織物、焼き物など、いろいろなものが日本の古代に中国から渡ってきました。そのなかに干支もあります。日本人の生活に定着したこの干支について、その起源、変遷、それぞれの意味するものなどについて調べたものが本書ですが、吉凶を占うとか、易をみるという観点では論述しておりません。あくまでも"干支文化"は"人間の心のよりどころ""心の余裕"とした考え方で統一いたしましたので、ご了承をいただきたいと存じます。
◇十二支と十二獣　大場磐雄著　北隆館　1996.10　204p　19cm　1300円　(i)4-8326-0390-6　Ⓝ388.1
　内容　子(鼠)—印度の神・大黒天の神使なり　丑(牛)—仏や神が乗り給う神使なり　寅(虎)—霊術を心得た山獣の君なり　卯(兎)—月宮殿に住む天王の使者なり　辰(竜)—変幻自在の霊

力を有する瑞兆の動物なり　巳(蛇)—弁才天とも結びつく知恵者なり　午(馬)—天を駆ける神聖な動物なり　未(羊)—性質柔順、獣類中の君子なり　申(猿)—日吉山王の化身なり　酉(鶏)—男女の仲も鶏き声しだい　戌(犬)—狛犬にみる霊獣守護の風習　亥(猪)—勇猛の性質と豊饒のシンボル
◇海老名の庚申塔　海老名市教育委員会生涯学習課編　海老名　海老名市教育委員会　1996.3　112p　21cm　〈執筆：篠崎信〉　Ⓝ387.6
◇お庚申さま—福岡県大野城市　戸渡俊義著　大野城　戸渡俊義　2000.6　42p　26cm　Ⓝ387.6
◇鎌倉を歩く—鎌倉の庚申塔　石川博司著　青梅　庚申資料刊行会　1996.12　31p　21cm　Ⓝ387.6
◇鎌倉を歩く—鎌倉の庚申塔　続　石川博司著　青梅　庚申資料刊行会　1997.8　47p　21cm　〈年表あり　文献あり〉　Ⓝ387.6
◇鎌倉の庚申塔を歩く　石川博司著　青梅　庚申資料刊行会　1997.10　88p　21cm　Ⓝ387.6
◇鎌倉山と佐助を歩く—鎌倉の庚申塔　石川博司著　青梅　庚申資料刊行会　1998.4　28p　21cm　Ⓝ387.6
◇桐生の庚申塔　石川博司著　青梅　ともしび会　1995.9　47枚　19×26cm　Ⓝ387
◇庚申　藤田栄子著　秋田　秋田文化出版　1994.8　287p　19cm　(民俗選書 vol.6)　2000円　Ⓝ387
◇庚申関係文献目録　石川博司編　青梅　庚申資料刊行会　1996.3　82p　21cm　Ⓝ387.6
◇庚申講の調査　石川博司著　青梅　ともしび会　1995.9　54p　21cm　Ⓝ387
◇庚申雑記帳　石川博司著　青梅　ともしび会　1995.10　30p　21cm　Ⓝ387
◇庚申信仰史料集—大分県三重町　三重町(大分県)三重町史談会　2000.3　141p　26cm　Ⓝ387.6
◇庚申信仰の研究　年譜篇　窪徳忠著　新訂　第一書房　1996.12　418p　22cm　(窪徳忠著作集 3)　8000円　(i)4-8042-0121-1　Ⓝ387.6
◇庚申信仰の研究—日中宗教文化交渉史　上巻　窪徳忠著　新訂　第一書房　1996.12　482p　22cm　(窪徳忠著作集 1)　8000円　(i)4-8042-0119-X　Ⓝ387.6
◇庚申信仰の研究—日中宗教文化交渉史　下巻　窪徳忠著　新訂　第一書房　1996.12　504,14p　22cm　(窪徳忠著作集 2)　〈文献あり〉　8000円　(i)4-8042-0120-3　Ⓝ387.6
◇「庚申」総目録　石川博司編　青梅　庚申資料刊行会　1996.3　108p　21cm　Ⓝ387.6
◇庚申塔　東京都板橋区教育委員会社会教育課文化財係編　改訂版　板橋区教育委員会　1995.3　88p　21×30cm　(文化財シリーズ 第78集)　〈〈いたばしの石造文化財 その1〉〉　Ⓝ387
◇庚申塔　1　船橋市郷土資料館編　船橋　船橋市郷土資料館　1994.3　96p　26cm　(船橋市郷土資料目録 11)　Ⓝ387

文化人類学の本 全情報　523

庚申・干支　　　　　　　　　　　　　　　　　　　　　　　　　民間信仰・迷信

◇庚申塔あれこれ　石川博司著　青梅　庚申資料刊行会　1999.7　88p　21cm　Ⓝ387.6
◇庚申塔調査の手引　石川博司著　青梅　庚申資料刊行会　1994.10　57枚　26cm〔昭和43年刊の復刻〕Ⓝ387
◇庚申塔と道祖神―見て、歩きの手引き　松沢邦男著　長野　ほおずき書籍　2001.3　166p　21cm　1500円　(i)4-89341-348-1　Ⓝ387.6
◇庚申塔とホームページ　石川博司著　青梅　庚申資料刊行会　2001.2　80p　21cm　Ⓝ387.6
◇庚申塔の主尊　石川博司著　青梅　庚申資料刊行会　1999.7　89p　21cm　Ⓝ387.6
◇庚申塔文献塔所在地索引　石川博司編　青梅　庚申資料刊行会　1995.1　72枚　26cm　Ⓝ387
◇庚申日録　第1集　石川博司著　青梅　ともしび会　1995.11　55p　21cm　Ⓝ387
◇庚申日録　第2集　石川博司著　青梅　ともしび会　1995.11　67p　21cm　Ⓝ387
◇庚申日録　第3集　石川博司著　青梅　ともしび会　1995.11　81p　21cm　Ⓝ387
◇故人を偲ぶ　石川博司著　青梅　ともしび会　1999.12　50p　21cm　Ⓝ387.6
◇林志翁百庚申巡礼記　石川博司編　青梅　ともしび会　1994.11　34枚　26cm　Ⓝ387
◇十二支―易・五行と日本の民俗　吉野裕子著　京都　人文書院　1994.7　306p　20cm　2472円　(i)4-409-54046-7　Ⓝ386.1
◇十二支うし　江碕公朗著　名古屋　中日出版社　1996.11　154p　19cm　〔「名古屋」愛知県郷土資料刊行会（発売）〕　1165円　(i)4-88519-119-X　Ⓝ388
〔内容〕1 丑・牛にちなんで　2 丑・牛を関する固有名詞　3 牛のつく動物・植物・星座と星　4 丑・牛の熟語　5 丑・丑に関する格言・ことわざ　6 丑・牛に関する俗信・いい伝え・しゃれ言葉　7 牛・丑をよんだ詩歌　8 丑・丑に関する行事　9 牛に関する故事・寓話・伝説　10 牛の名画・工芸品・外国美術　切手　11 丑年のおもなできごと　12 丑年生まれの人々
◇十二支考　上　南方熊楠著　岩波書店　1994.1　457p　15cm（岩波文庫）　720円　(i)4-00-331391-7　Ⓝ388
〔内容〕虎に関する史話と伝説民俗　兎に関する民俗と伝説　田原藤太竜宮入りの話　蛇に関する民俗と伝説　馬に関する民俗と伝説
＊柳田国男を驚嘆させた巨人熊楠が、干支の動物を俎上に古今東西の説話をふまえて語る。その知識のパノラマも壮観なら、天衣無縫の文体もまた類を見ない。上巻には虎、兎、竜、蛇、馬の各篇を収めた。
◇十二支考　下　南方熊楠著　岩波書店　1994.1　405p　15cm（岩波文庫）　670円　(i)4-00-331392-5　Ⓝ388
〔内容〕羊に関する民俗と伝説　猴に関する鶏に関する伝説　犬に関する伝説　猪に関する民俗と伝説　鼠に関する民俗と信念
＊犬と猫はなぜ仲が悪いのか。人や他の動物の寿命はどのように決まったか。猪と蝮の関係は？…それからそれへと興味つきない話の数々。下巻には羊、猴、鶏、犬、猪、鼠の各篇を収録。
◇十二支庶民文化財図録―岐阜県笠松町歴史民俗資料室所蔵　みやざき・じゅん編著　笠松町（岐阜県）　笠松町文化協会　1997.3　49p　図版73p　26cm　〈文献あり〉　(i)4-906385-04-4　Ⓝ750.21
◇十二支たつ　江碕公朗著　名古屋　中日出版社　1999.12　181p　19cm　1300円　(i)4-88519-153-X　Ⓝ388
◇十二支で語る日本の歴史新考　東平介著　明石書店　1998.9　343p　19cm　3800円　(i)4-7503-1072-7
〔内容〕1 子年・鼠の歴史　2 丑年・牛の歴史　3 寅年・虎の歴史　4 卯年・うさぎの歴史　5 辰年・竜の歴史　6 巳年・蛇の歴史　7 午年・馬の歴史　8 未年・羊の歴史　9 申年・猴の歴史　10 酉年・家鶏の歴史　11 戌年・犬の歴史　12 亥年・猪の歴史
＊本書は数千年、中には一万年も前から、私たちの御先祖様の生活と身近に歩んできた、十二支に登場する動物たちと人類との交情の歴史を、動物学的な見地から見直したものである。
◇十二支伝説　林義勝写真・文　PHP研究所　1993.12　136p　21cm　2000円　(i)4-569-54227-1
〔内容〕第1部　十二支（子―鼠と俵と米どころ　丑―牛とうず潮　寅―天守と虎　卯―白兎と大国主命　辰―竜の大地　巳―蛇と土器と岩木山　午―馬と人とオシラサマ　未―羊の丘と南蛮渡来　申―猿の山々　酉―吉祥の鳥・鳳凰　戌―犬の舞う空、そして海　亥―紅葉の猪）第2部　伝説の聖獣達（飛天―飛天の舞う山　天狗―天狗の山　猫―招き猫　狐―狐と稲荷　河童―河童の来た道　シーサー―シーサーの屋根　烏―烏の古道　狸―狸の秋　竈―かまどの神様　亀―亀と浦島伝説　白鳥―白鳥伝説　鯉―こいのぼり）
＊日本人は「動物」に何を託したのか。日本各地を訪ね、十二支および数々の聖獣たちの世界を活写し、日本人の心の原風景に迫る。
◇十二支動物の話　子丑寅卯辰巳篇　井本英一著　法政大学出版局　1999.12　348p　20cm　3200円　(i)4-588-35218-0　Ⓝ388
〔内容〕十二支の源流　鼠の話　牛の話　虎の話　兎の話　竜の話　蛇の話
＊十二支動物のうち、鼠、牛、虎、兎、竜、蛇にまつわる古今東西の神話・伝説・説話を集

成し、それらを自在に比較考証しつつ、人間が動物とのかかわりを通じて形成してきた習俗や世界像を浮彫にし、十二支に秘められた意味を解き明かす。

◇十二支の動物たち　五十嵐謙吉著　八坂書房　1998.11　227p　20cm　2600円　(i)4-89694-424-0　Ⓝ388

(内容) 序　干支(えと)　1 鼠・子(ね)　2 牛・丑(うし)　3 虎・寅(とら)　4 兎・卯(う)　5 竜・辰(たつ)　6 蛇・巳(み)　7 馬・午(うま)　8 羊・未(ひつじ)　9 猿・申(さる)　10 鶏・酉(とり)　11 犬・戌(いぬ)　12 猪・亥(い)

＊干支(えと)に表れるそれぞれの動物と人間との長い交流の歴史を日本・中国・アジアのみならず西欧諸文化にも求めて描き出す。十二支の文化誌であり、知のアンソロジーでもある。

◇十二支の民俗誌　佐藤健一郎,田村善次郎著,工藤員功写真　八坂書房　2000.11　270p　20cm　2600円　(i)4-89694-466-6　Ⓝ388

(内容) 子・鼠(鼠と諺　鼠に願う家内安全　ほか)　丑・牛(古代に繰り返された肉食禁止令　牛と小正月　ほか)　寅・虎(幼子の邪気を祓う「張り子の虎」の真意　ほか)　卯・兎(白兎のイメージはどこから　古よりの重要な蛋白源　ほか)　辰・竜(天空と地上を結ぶ竜　竜とドラゴン　ほか)　巳・蛇(古典に見える蛇の呼称　蛇にまつわる諺と俗信　ほか)　午・馬(日本の馬はどこから　絵馬の始まり　ほか)　未・羊(羊の渡来　神への捧げものとしての聖獣)　申・猿(日本の猿学の端緒　ハヌマーンと孫悟空の生まれた風土　ほか)　酉・鶏(闘鶏と近代ボクシング　卜占としての闘鶏　ほか)　戌・犬(日本の犬の起源はどこに　マタギ犬と狩人　ほか)　亥・猪(古くから賞味された猪の肉　椎葉村の猪狩り狩猟儀礼　ほか)　鹿(シシと鹿　古人を惹きつけた牡鹿の鳴き声　ほか)

＊各地の伝承・諺・祭・神事などを紹介し、12の動物たちに託す人々の想いを語る。

◇十二支み　江碕公朗著　名古屋　中日出版社　2000.12　217p　19cm　〈標題紙・奥付のタイトル：十二支巳〉〔名古屋〕愛知県郷土資料刊行会(発売)〉1300円　(i)4-88519-165-3　Ⓝ388

(内容) 1 巳・蛇にちなんで　2 巳・蛇を冠する固有名詞　3 蛇・巳のつく動物、植物、鉱物、星座など　4 蛇・巳に関する熟語　5 蛇・巳に関する格言、ことわざ　6 巳・蛇に関する俗信、いい伝え、しゃれ言葉、蛇を使う民間療法　7 蛇・巳をよんだ詩歌　8 巳・蛇に関する行事と蛇除け　9 蛇の絵画、工芸品、切手、紋章、演劇、映画　10 蛇に関する故事、寓話、伝説、小説　11 巳年のおもなできごと　12 巳年生まれの人々

＊古今東西におよぶ、蛇の話題の数々。

◇小説にみる庚申塔—森村誠一の『異形の深夜』と『異形の街角』　石川博司著　青梅　庚申資料刊行会　1995.1　20p　21cm　Ⓝ387

◇青面金剛と庚申信仰　町田市立博物館編　町田　町田市立博物館　1995　104p　30cm　(町田市立博物館図録 第92集)　〈会期：1995年1月31日〜3月12日〉　Ⓝ387

◇昭和庚申年塔　石川博司著　青梅　ともしび会　1996.1　80p　21cm　Ⓝ387.6

◇新庚申雑記帳　石川博司著　青梅　ともしび会　1995.10　49p　21cm　Ⓝ387

◇図説庚申塔　県敏夫著　八王子　揺籃社　1999.12　384p　26cm　7000円　(i)4-89708-150-5　Ⓝ387.6

◇田無を歩く　石川博司著　青梅　庚申資料刊行会　1998.7　22p　21cm　Ⓝ387.6

◇多摩庚申塔夜話　石川博司著　〔青梅〕　庚申資料刊行会　1997.8　178p　21cm　Ⓝ387.6

◇多摩庚申塔夜話　石川博司著　改定版　〔青梅〕　庚申資料刊行会　1997.10　177p　21cm　〈発行者：ともしび会〉　Ⓝ387.6

◇たまとかのえさる　石川博司著　青梅　三申研究会　1995.2　29枚　27cm　Ⓝ387

◇津久井地方の庚申塔　石川博司著　青梅　庚申資料刊行会　1996.7　40p　21cm　Ⓝ387.6

◇都留地方の庚申塔　石川博司著　青梅　庚申資料刊行会　1996.7　80p　21cm　Ⓝ387.6

◇東京区部庚申塔資料　石川博司編　青梅　ともしび会　1994.7　73枚　27cm　〈付：参考文献〉　Ⓝ387

◇東京区部庚申塔DB　石川博司編　青梅　ともしび会　1995.2　84枚　26cm　Ⓝ387

◇東京多摩庚申塔資料　石川博司編　青梅　ともしび会　1994.8　66枚　26cm　〈付：参考文献〉　Ⓝ387

◇東京多摩庚申塔DB　石川博司編　青梅　ともしび会　1995.3　66枚　26cm　Ⓝ387

◇徳島県三好郡の石塔　石川博司著　青梅　多摩野仏研究会　2001.4　40p　21cm　Ⓝ387.6

◇栃木の昭和庚申年塔　石川博司著　青梅　庚申資料刊行会　1996.12　38p　22cm　Ⓝ387.6

◇都内の改刻塔を歩く　石川博司著　青梅　多摩野仏研究会　2001.1　64p　22cm　Ⓝ387.6

◇二手青面金剛を追う　石川博司著　青梅　庚申資料刊行会　2001.2　58p　21cm　Ⓝ387.6

◇八王子庚申塔略史　石川博司著　青梅　庚申資料刊行会　1994.8　20枚　26cm　〈昭和43年刊の復刻〉　Ⓝ387

◇東大和を歩く　石川博司著　青梅　ともしび会　1999.5　38p　21cm　Ⓝ387.6

◇尾西の今昔—子年　特別展　尾西　尾西市歴史民俗資料館　1996.1　12p　30cm　(尾西市歴史民俗資料館特別展図録 no.41)

◇尾西の今昔—丑年　特別展　尾西　尾西市歴史民

俗資料館　1997.1　12p　30cm　(尾西市歴史民俗資料館特別展図録 no.45)
◇尾西の今昔―寅年　特別展　尾西　尾西市歴史民俗資料館　1998.1　12p　30cm　(尾西市歴史民俗資料館特別展図録 no.49)
◇尾西の今昔―卯年　特別展　尾西　尾西市歴史民俗資料館　1999.1　12p　30cm　(尾西市歴史民俗資料館特別展図録 no.53)
◇尾西の今昔―辰年　特別展　尾西　尾西市歴史民俗資料館　2000.1　12p　30cm　(尾西市歴史民俗資料館特別展図録 no.57)
◇尾西の今昔―巳年　特別展　尾西　尾西市歴史民俗資料館　2001.1　12p　30cm　(尾西市歴史民俗資料館・特別展図録 no.61)
◇福地村の庚申塔　滝田助之丈執筆，福地村歴史研究会，福地村教育委員会編　福地村(青森県)　福地村教育委員会　2000.3　55p　30cm　Ⓝ387.6
◇富士見の庚申塔　富士見市教育委員会編　富士見　富士見市教育委員会　1998.3　20p　30cm　(富士見市石造文化財目録 1)　Ⓝ387.6
◇三好郡の庚申塔　徳島県三好郡郷土史研究会編〔池田町(徳島県)〕　徳島県三好郡郷土史研究会　1995.3　274p　27cm　(主要参考文献：p273)　非売品　Ⓝ387
◇森本論考庚申塔一覧　石川博司編　青梅　庚申資料刊行会　1997.5　14枚　26cm　Ⓝ387.6
◇横須賀を歩く　石川博司著　青梅　ともしび会　1999.7　37p　21cm　Ⓝ387.6
◇私のあしあと　石川博司著　青梅　ともしび会　1996.6　48p　21cm　Ⓝ387.6
◇私の「庚申」　第1集　石川博司著　青梅　庚申資料刊行会　1996.2　114p　21cm　Ⓝ387
◇私の「庚申」　第2集　石川博司著　青梅　庚申資料刊行会　1996.4　112p　21cm　Ⓝ387.6
◇私の「庚申」　第3集　石川博司著　青梅　庚申資料刊行会　1996.5　122p　21cm　Ⓝ387.6
◇私の「庚申」　第4集　石川博司著　青梅　庚申資料刊行会　1996.6　98p　21cm　(共同刊行：ともしび会)　Ⓝ387.6

地　蔵

◇大阪のお地蔵さん　田野登著　渓水社　1994.8　254p　19cm　(発売：北辰堂　参考文献：p252～254)　1957円　(i)4-89287-095-1　Ⓝ387
  (内容)　序章　暮らしに生きるお地蔵さん　第1章　大阪のお地蔵さんの歴史　第2章　お地蔵さんの民俗　第3章　(平成版) 大阪地蔵十一ヵ所巡り
◇お地蔵さま　伊藤古鑑著　新装版　春秋社　2000.4　320p　19cm　1900円　(i)4-393-13328-5
  (内容)　1　お地蔵さま―地蔵歎偈の釈　2　お地蔵さまのご本体　3　お地蔵さまのおすがた　4　お地蔵さまのお経　5　お地蔵さまのご利益　6　お地蔵さまのご霊験　7　お地蔵さまの信仰　むすび
＊路傍に生きる仏さま。広く民衆に親しまれてきた、地蔵菩薩の意義、すがた、経典、霊験など、その信仰のこころと歴史を優しい語り口で興趣深く説き明かす。
◇お地蔵さん見つけた―愛知県内80ヵ所　中日新聞社会部編著　名古屋　中日新聞社　2001.4　177p　21cm　1500円　(i)4-8062-0429-3　Ⓝ387.4
  (内容)　名古屋市内のお地蔵さん(今池地蔵(千種区今池)―時の流れ見つめる優しい笑み　道しるべ地蔵ほか(東区白壁)―出所不明の6体仲良く　お首地蔵(東区泉)―持病の頭痛すっかり治った　ほか)　尾張のお地蔵さん(いぼ地蔵(一宮市千秋町)―「霊験は本当…」医者も勧める　重軽地蔵(一宮市本町通)―持ち上げて日々の無事祈る　わらべ地蔵(一宮市富士)―あどけない表情、女性に人気　ほか)　三河のお地蔵さん(石仏苑(豊田市高美町)―盛大に供養祭、地域の縁結び　あごなし地蔵(豊田市山中町)―盗まれた地蔵戻って2体に　子ども地蔵(豊田市堤町)―大人に頼らず寄付募り建立　ほか)
＊お地蔵さんはどうして頭を丸めているのだろう。人びとから愛されつづけているあったかいお地蔵さん80ヵ所を歩く…。
◇金沢市の地蔵尊―金沢市地蔵尊民俗調査報告書〔金沢〕　横浜記念金沢の文化創生財団　1997.3　303p　30cm　(金沢市文化財紀要 135)　(共同刊行：金沢市地蔵尊調査委員会，金沢市教育委員会　付属資料：図1枚(袋入))　Ⓝ387.4
◇九州六地蔵遍路―六地蔵尊実態調査資料　坂口雅柳著　熊本　坂口雅柳　1993.7　2冊　26cm　(電子複写)　非売品　Ⓝ387
◇京のお地蔵さん　竹村俊則著　京都　京都新聞社　1994.6　214p　19cm　(主要参考文献：p212)　1200円　(i)4-7638-0353-0　Ⓝ387
  (内容)　1　京の地蔵信仰　2　京の地蔵アラカルト　3　洛陽四十八願所地蔵めぐり　4　地域別地蔵尊一覧表
＊京の名刹や町角に祀られているお地蔵さん。油掛地蔵、安産地蔵、埋木地蔵、桂地蔵、金目地蔵、釘抜地蔵、梯子地蔵、夢見地蔵、六地蔵など重要文化財から市民に親しまれている個性豊かなものまで80体の由緒来歴やご利益などを楽しく紹介。
◇現代の地蔵石仏　石川博司著　青梅　ともしび会　1995.9　52p　21cm　Ⓝ387
◇讃岐の石仏―峠の地蔵　安川満俊編　高松　讃岐写真作家の会　1995.8　95p　27cm　(香川写真文庫 6)　2000円　Ⓝ387
◇地蔵さま入門　大法輪閣編集部編　増補新装版　大法輪閣　2000.10　254p　19cm　(大法輪選書)

1400円 (i)4-8046-5027-X
　内容　第1篇 お地蔵さんの意味と信仰(地蔵信仰とは何か 地蔵信仰の流れ 庶民化された地蔵信仰 お地蔵さんと神信仰 ほか) 第2篇 お地蔵さんの霊験(中国の地蔵霊験譚 日本の古典に見る地蔵菩薩 現代の地蔵霊験譚(東日本篇 西日本篇)) 第3篇 お地蔵さんのうたと物語(地蔵和讃の由来と伝承 地蔵さんとうた お地蔵さんのわらべ唄 笠地蔵 ほか)
　＊お地蔵さまは僧形で、右手に錫杖、左手に宝珠を持って、路傍に立っておられる。そして、六道のあらゆるものの苦悩を肩代わりし、亡者・子供を守護してくださる菩薩である。本書は、お地蔵さんの基本的な知識、地蔵信仰の歴史、お地蔵さんの登場するお経、霊験譚、和讃、うた、水子供養の問題、霊場などまでを扱った地蔵信仰入門書である。
◇地蔵さまめぐり 佐藤公太郎著 酒田 みちのく豆本の会 1994.8 80p 11cm (みちのく豆本 128冊) (限定版)
◇地蔵信仰と民俗 田中久夫著 岩田書院 1995.12 267p 19cm (木耳社1989年刊の新装版) 2884円 (i)4-900697-42-7 Ⓝ387
　内容　1 地蔵にすがった人たち(末法の仏 地蔵信仰を布教したのは誰か 知恵の虚空蔵菩薩と蘇生・延命の地蔵菩薩 魂の救済は阿弥陀、地蔵には疫病消除) 2 カミを怖れホトケを崇めた人たち(祀られぬカミたち 祀られるホトケたち)
◇地蔵石仏雑記 石川博司著 青梅 多摩野仏研究会 1999.8 102p 21cm Ⓝ387.4
◇地蔵の世界 石川純一郎著 時事通信社 1995.9 352p 20cm (文献資料一覧：p333～347) 2500円 (i)4-7887-9522-1 Ⓝ387
　内容　1 地蔵は生きている 2 地蔵の民俗学 3 地蔵説話の展開と地獄絵 4 生身地蔵の伝説 5 慰霊・誓願地蔵の伝説 6 御利益地蔵の信仰と縁起・伝説
◇長者地蔵堂の歴史 清水豊著 岬町(千葉県) 長者地蔵堂 1996.8 38p 21cm Ⓝ387.4
◇東京南部地蔵参り 新田明江著 梅檀社 1994.5 157p 18cm (発売：星雲社) 800円 (i)4-7952-2838-8 Ⓝ387
　内容　地蔵とは 賽の河原はこの世にもある 口は地蔵菩薩 お地蔵様の頭をなでれば何でも叶う 地蔵菩薩は善悪の報いを示す〔ほか〕
◇利賀村の道中地蔵 京井喜代次著 利賀村(富山県) 京井喜代次 1997.6 212p 21cm Ⓝ387.4
◇富士見の地蔵菩薩 富士見市教育委員会編 富士見 富士見市教育委員会 1999.3 28p 30cm (富士見市石像文化財目録 2) Ⓝ387.4
◇歴史民俗論ノート—地蔵・斬首・日記 小川直之著 岩田書院 1996.2 122p 21cm 1648円

(i)4-900697-46-X Ⓝ380.4
　内容　1 地蔵信仰の諸相 2 斬首の民俗—廃仏毀釈と石仏 3 日記と伝承 4「神崎守三郎日記」について 5 民具の地域研究—地域民具論の方法

福 神

◇えびす信仰事典 吉井良隆編 戎光祥出版 1999.3 422p 27cm (神仏信仰事典シリーズ 2) 14000円 (i)4-900901-08-3 Ⓝ387
　内容　第1章「えびす信仰」入門—知っておきたい基礎知識(「えびす信仰」七つのキーワード えびす信仰と西宮神社 「えべっさん」—庶民信仰の原像 京のゑびす信仰 舞台芸能における「えびす」 西宮神社本殿の三連春日造り) 第2章 目で見るえびす信仰—写真・図版でわかりやすく学ぶ(全国のえびす講と民俗祭事 描かれた「えびす」—御神影集) 第3章 研究成果を読む—もっと詳しく知りたい人には(エビス神 えびす神研究—ヒルコとヒルメ 失われたえびす信仰の本源 ほか)
　＊えびす信仰入門・十日えびすから全国えびす講調査など、えびすの入門編から学術論文までを収録し、写真・図版を使って解説した事典。
◇岡山県の七福神—その霊場に現世利益を訪ねる 小出公大著 〔岡山〕 〔小出公大〕 1996.2 78p 19cm 非売品 Ⓝ387
◇現代版福の神入門 ひろさちや著 集英社 1995.6 255p 16cm (集英社文庫) 460円 (i)4-08-748350-9 Ⓝ387
　内容　第1章「福の神」と鬼 第2章 ブラック・ボックスの神さま 第3章 インドから来た神さま 第4章 曼荼羅の神がみ 第5章 男女の機微に似た聖天信仰 第6章 母の悲しみを知った鬼子母神 第7章 神がみの帝王—帝釈天 第8章 学芸神から福神に転じた弁天さま 第9章 幸福と吉祥の女神—吉祥天女 第10章 神がみの平和共存—七福神
　＊「福の神」っていったい何なのか。ご利益は本当に得られるのか。日本の庶民生活に深く根づいた「福の神」信仰を、仏教思想の立場からやさしく解説。帝釈天、鬼子母神、大黒天、恵比須さまなど馴み深い福神さまたちのルーツをさぐりながら、日本独特の神々の姿や日本人の宗教観をうきぼりにする。福の神とのつきあい方を伝授する指南の書。
◇七福神巡拝 白木利幸著 大阪 朱鷺書房 1995.2 224p 19cm 1030円 (i)4-88602-303-7 Ⓝ387
　内容　木曽七福神霊場 近江七福神霊場 都七福神 西国七福神 大阪七福神 南海沿線七福

神　大和七福神　神戸七福神　淡路島七福神
＊恵美須・大黒天・毘沙門天・弁財天・福禄寿・寿老人・布袋尊の七つの神仏を巡拝し、福徳を願う。素朴な庶民の願いに支えられて、全国各地に七福神めぐりのコースが設けられている。関西地区を主とした九コースを詳細に案内し、全国の主要コースを紹介する。

◇七福神信仰事典　宮田登編　戎光祥出版　1998.11　398p　27cm　〈神仏信仰事典シリーズ 1〉13000円　(i)4-900901-06-7　Ⓝ387

（内容）第1章「七福神」入門―知っておきたい基礎知識(「七福神」七つのキーワード　福の神の信仰　庶民気質　七福神のあゆみ―七福神成立前夜　松囃子と七福神踊り　七福神の茶道具)　第2章 目で見る七福神信仰―写真・図版でわかりやすく学ぶ(七福神めぐりの伝統と風土　全国調査　七福神舞・七福神踊　版本集成―黄表紙の七福神　宝船集成)　第3章 研究成果を読む―もっと詳しく知りたい人のために(七福神の成立　七福神の伝承「梅津長者」と「大黒舞」　福神狂言の形成　百足と蛭　お塚の信仰　福神と厄神)
＊七福神舞、七福神踊りの全国調査や、江戸版本・宝船集成など、七福神の入門から学術論文までを収録した事典。約350点の写真・図版を掲載。

◇七福神めぐり―大御利益 お参りの礼式と心得　全国62か所の七福神をコース地図入りで紹介　小関親康著　鶴ヶ島　三心堂　1993.1　189p　19cm　1200円　(i)4-915620-59-X　Ⓝ387

◇商売繁昌の神々―願いは強いほどかなうご利益　広瀬久也著　東洋経済新報社　1993.11　199p　19cm　〈参考文献：p194～199〉　1300円　(i)4-492-55219-7　Ⓝ387

（内容）序章 いま、商いの神々を考える　第1章 エビスさまのルーツとそのプロフィール　第2章 お稲荷さまのルーツとそのプロフィール　第3章 弁天さまのルーツとそのプロフィール　第4章 弘法大師とかかわりのある商売繁昌の寺　第5章 商売繁昌の功徳が授かるその他の神仏　終章 福の神詣での旅を終えて

◇福を吹き飛ばすという福の神仙台四郎のなぞ　栗野邦夫著　ワードクラフト　1993.11　185p　21cm　〈発売：星雲社　仙台四郎の肖像あり〉　2000円　(i)4-7952-1814-5　Ⓝ387

（内容）実在した福の神「仙台四郎」　商売繁盛「仙台四郎」　仙台四郎ブーム再び「仙台四郎」の御利益　仙台の福の神 仙台四郎 写真の系譜　肖像画の系譜　いろんなパターンのある福の四郎　その亜流について　ゆかりの地に30階建のビルがたつ　その異説　その奉りかた　その伝えられかた　仙台四郎はバブルの時代にどんどんとりはらわれていった〔ほか〕
＊本書は、仙台四郎を社会現象として捉え、取材をもとに、四郎の生い立ち、時代背景、仙台四郎伝説の由来などを、ユニークにレポートしていきます。

◇福神の世界　松戸市立博物館編　松戸　松戸市立博物館　1998.3　71p　30cm　〈特別展：平成10年3月21日～5月10日　文献あり〉

◇福助さん　荒俣宏編著、林丈二写真　筑摩書房　1993.11　219p　19cm　1400円　(i)4-480-87234-5　Ⓝ387

（内容）第1部 福助さんを調べてみると…(福助の由来　福助五つの謎　福助家の謎　伏見人形と博多人形　福助のポーズの謎　商標の福助　日本三大福助おひろめ！ ここにも福助さんが)　第2部 福助さんを集めてみると…(ちょっとおかしな福助さん　裏を見れば　小物・マッチ・引札)
＊福を招くラッキーゴッドのすべて。世にもめずらしい福助コレクション。

◇不思議な福の神「仙台四郎」の解明―その実在と世界の分析 なぜ御利益は必ず訪れるのか！？　大沢忍著　近代文芸社　1994.7　119p　19cm　1500円　(i)4-7733-3320-0　Ⓝ387

（内容）第1章 福の神「仙台四郎」　第2章「仙台四郎」その実在の分析　第3章「仙台四郎」その世界の分析　第4章 御利益の不思議

野仏・石仏

◇石―伝説と信仰　長山幹丸著　秋田　秋田文化出版　1994.1　303p　19cm　〈民俗選書 vol.4〉〈参考文献：p290～291〉　2000円　Ⓝ382.1

◇石のカルテ―房総の病気を治す石造物　川村純一著　流山　崙書房出版　1993.3　465p　20cm　〈各章末：参考文献〉　3500円　Ⓝ387

◇石の声　永田日出男著　熊本　永田日出男　1993.4　132p　21cm　2500円　Ⓝ387

◇伊東―石仏石神誌　伊東　伊東市立伊東図書館　2000.3　177p　21cm　Ⓝ387

◇おおみやの野仏とその祈り　大宮町歴史民俗資料館編　大宮町(茨城県)　大宮町教育委員会　1995.3　407p　30cm　〈大宮町石仏・石塔調査報告書〉〈参考文献：p407〉　Ⓝ714

◇写真紀行 日本の石仏200選　中淳志写真・文　大阪　東方出版　2001.7　181p　21cm　2800円　(i)4-88591-721-2

（内容）達谷窟大日如来磨崖仏(岩大日)　富沢阿弥陀磨崖仏(富沢大仏)　陽泉寺来迎三尊石仏　塩崎岩屋堂磨崖仏　泉沢薬師堂磨崖仏　泉沢観音堂磨崖仏　和田磨崖仏(岩大仏)　舘ヶ岡磨崖仏　佐貫観音堂大日如来磨崖仏　大谷寺千手観音磨崖仏(第1龕)〔ほか〕
＊各地の主要な石仏を紹介しつつ、日本仏教の発展の歴史そのものをも俯瞰できる写真紀行。

◇杉並の石造物　鳥居・狛犬(神使)・石祠・百度石　東京都杉並区教育委員会編　杉並区教育委員会　1995.3　164p　26cm　(文化財シリーズ40)　(付:参考文献)　1000円　Ⓝ387

◇石造物―石に刻まれた庶民のねがい　大和市教育委員会社会教育課編　大和　大和市教育委員会　2000.3　43p　21×21cm　(大和市文化財調査報告書 第76集)　Ⓝ387

◇石造物から見た民間信仰　旧岡谷市編　横内達夫著　岡谷　横内達夫　1997.1　126p　26cm　Ⓝ387

◇石造物から見た民間信仰　長地編　横内達夫著　岡谷　横内達夫　1997.10　99p　26cm　非売品　Ⓝ387

◇石仏を歩く―全国の磨崖仏から道祖神まで　日本交通公社出版事業局　1994.3　159p　21cm　(JTBキャンブックス)　1500円　(i)4-533-02023-2
　(内容) 石仏の里を訪ねて　ふるさとの石仏を歩く　石仏の見方・読み方・楽しみ方

◇石仏学入門　石田哲弥著　髙志書院　1997.10　197p　22cm　(環日本海歴史民俗学叢書)〈文献あり〉4800円　(i)4-906641-08-3　Ⓝ387

◇続日本石仏図典　日本石仏協会編　国書刊行会　1995.5　413,18p　26cm　17000円　(i)4-336-03694-2
　＊日本各地の石仏・石神685件を約740点の写真とともに解説した事典。排列は見出し語の五十音順。巻末に各種供養塔年表、石像文化財関係の文献目録、五十音順総索引、形態別索引等がある。「日本石仏図典」(1986年8月刊)の続編にあたる。

◇地方仏　2　むしゃこうじみのる著　法政大学出版局　1997.2　234,6p　19cm　(ものと人間の文化史 41-2)　2472円　(i)4-588-20412-2
　(内容) 1 有田川と日高川　2 紀州猪谷の阿弥陀如来坐像　3 美山村の神像・本地仏像群　4 有田山中の白山三所権現　5 金谷町大代白山神社の観音像　6 龍と竜王・童子　7 童子像のふしぎさ　8 田辺上芳養の観音菩薩坐像　9 飛騨山間の像校八幡　10 温泉神と温泉寺―伊豆善名寺の背景として　11 地蔵本尊奴錯擬　12 二体の地蔵菩薩像　13 村方女衆の造仏
　＊山深い里、谷間の町に、数世紀を超える時を経てひっそりと「ある」仏たち。紀州や飛騨を中心に、その相好と像容の魅力を訪ね、技法を比較考証して仏像彫刻史に位置付けつつ、それらを生み出した中世地域社会の「場」の意味、土に根ざす民衆の信仰生活のありようを探る。

◇日本石仏事典　庚申懇話会編　第2版新装版　雄山閣出版　1995.2　433p　21cm　4800円　(i)4-639-00194-0
　(内容) 像容の部　信仰の部　形態の部

◇馬頭石仏雑記　石川博司著　青梅　多摩仏研究会　1999.9　63p　21cm　Ⓝ387

◇東根の石碑石仏　東根の歴史と民俗を探る会・石仏調査編集委員会編　東根　生涯学習東根地区民会議　1999.7　207p　22cm　(背のタイトル:ひがしねの石碑石仏　共同刊行:東根の歴史と民俗を探る会　付属資料:1枚)　Ⓝ212.5

◇仏塔巡礼　東国編　長谷川周文・写真　東京書籍　2000.12　169,6p　21cm　2200円　(i)4-487-79595-8　Ⓝ521.818
　(内容) 東北地方(最勝院―奥羽の山々を背景にどっしりと立つ最北の五重塔　普門寺―野外に立つ全国でもっとも小規模な禅宗様の塔 ほか)　関東地方(小山寺(富谷観音)―伝統的な和様形式を守る関東最古の三重塔　薬王院―本堂に寄り添うようにそびえ立つ華麗な塔影 ほか)　信越・北陸地方(乙宝寺―壮重さと均衡の美を保つ日本海側の貴重な塔　五智国分寺―100年以上の中断ののち再建された塔 ほか)　東海地方(飛騨国分寺―「飛騨の匠」の腕が遺憾なく発揮された三重塔　新長谷寺(吉田観音)―室町時代の和様塔婆を代表する優雅な塔 ほか)　滋賀県(園城寺(三井寺)―日本屈指の大寺院に立つ三重塔　常楽寺―室町時代の和様復古調の造形美が見る者を魅了する ほか)　日本全国の仏塔(層塔)一覧
　＊江戸以前・木造の仏塔(三重塔、五重塔)を完全網羅！仏塔に魅せられ、20年間撮り続けた写真家による完全ガイド。羽黒山五重塔、日光東照宮五重塔、信州安楽寺八角三重塔など、国宝、重要文化財をはじめとする東日本の64の塔を掲載。美しい写真に寺伝・建立年・様式など詳細データをつけて解説。日本の全仏塔一覧表付き。

◇仏塔巡礼　西国編　長谷川周文・写真　東京書籍　2000.12　185,6p　21cm　2200円　(i)4-487-79596-6　Ⓝ521.818
　(内容) 京都府(法観寺(八坂塔)―中世和様塔婆の偉容を誇る京都のシンボル　金戒光明寺―古来、京の都の人々に親しまれてきた美しい姿 ほか)　兵庫県・大阪府(斑鳩寺―相輪の柱に聖徳太子伝来の仏舎利を納めた塔　如意寺―南北朝時代を代表する和様塔婆の名作 ほか)　奈良県・和歌山県(興福寺―古都・奈良のシンボルになった五重塔と三重塔　薬師寺―古代建築の最高峰と絶賛される東塔 ほか)　中国地方(清水寺―塔内に入り、二・三層に登ることができる　遍照院―緑の木立ちに映える鮮やかな朱塗りの塔 ほか)　四国・九州地方(鶴林寺―樹海にくっきりと浮かび上がる美しい塔　善通寺―四国随一の巨刹に復興された大型の和様塔 ほか)　日本全国の仏塔(層塔)一覧
　＊江戸以前・木造の仏塔(三重塔、五重塔)を完全網羅！仏塔に魅せられ、20年間撮り続けた

◇写真家による完全ガイド。法隆寺五重塔、醍醐寺五重塔、瑠璃光寺五重塔など、西日本を代表する76の塔を掲載。美しい写真に寺伝・建立年・様式など詳細データをつけて解説。日本の全仏塔一覧表付き。
◇ふるさとの石仏　岡村安久著　大和村(茨城県)　岡村安久　1996.8　174p　19cm　(製作：筑波書林(土浦))　1200円　(i)4-900725-37-4　Ⓝ387
◇ふるさとの石仏たち—石工の里"うしづ"に残された近世石造物を追って　牛津町(佐賀県)　牛津町教育委員会　1996.3　96p　26cm　(牛津町文化財調査報告書第8集)　Ⓝ387

道祖神

◇庚申塔と道祖神—見て、歩きの手引き　松沢邦男著　長野　ほおずき書籍　2001.3　166p　21cm　1500円　(i)4-89341-348-1　Ⓝ387.6
◇相模の道祖神　平塚　平塚市博物館　1999.10　79p　30cm　〈秋期特別展図録：平成11年10月9日—11月23日　文献あり〉Ⓝ387.5
◇佐久町の道祖神　佐久町文化財調査委員会編　〔佐久町(長野県)〕　佐久町教育委員会　2000.3　87p　22cm　Ⓝ387.5
◇信州双体(男神・女神)道祖神めぐり　三橋光子文，佐枝藤正也写真，スタジオグリーン編　長野　ほおずき書籍　2001.7　208p　21cm　(東京　星雲社(発売))　1500円　(i)4-434-01142-1　Ⓝ387.5
　(内容)戸隠村　鬼無里村　中条村　信州新町　大岡村　長野市　小布施町　飯山市　真田町　上田市〔ほか〕
◇双体道祖神マップ—富士山　細谷幸男写真撮影　富士宮　緑星社　1996.4　238p　19cm　(富士山周辺ガイドシリーズ)　〈解説：戸川浩〉　1500円　(i)4-89750-027-3　Ⓝ387
◇昏れの神々—みやぎの道祖神　庄司豪著　仙台　けやきの街出版　1998.5　267p　15×22cm　1800円　(i)4-906218-36-9　Ⓝ387.5
◇チョンマゲ道祖神　石川博司著　青梅　ともしび会　1995.8　32p　21cm　Ⓝ387
◇道祖神—道辺の男女神　森田拾治郎写真　京都　京都書院　1998.9　253p　15cm　(京都書院アーツコレクション 168—工芸関係シリーズ)　1000円　(i)4-7636-1668-4
　(内容)第1章 長野県・群馬県・新潟県・埼玉県・東京都　第2章 山梨県・神奈川県・静岡県　第3章 鳥取県・奈良県・京都府
◇道祖神研究　大林昭雄著　仙台　ギャラリー大林(発売)　1997.8　122p　27cm　(郷土美術大系 大林昭雄著作集 第19巻)　4000円　Ⓝ387.5
◇道祖神様—ふるさと拓本随想　福岡正平著　甲府　山梨ふるさと文庫　1997.2　240p　21cm

〈東京　星雲社(発売)〉　1456円　Ⓝ387.5
◇道祖神散歩　道祖神を歩く会，野中昭夫著　新潮社　1996.5　127p　22cm　(とんぼの本)　1500円　(i)4-10-602045-9　Ⓝ387
◇道祖神信仰史の研究　石田哲弥文　名著出版　2001.11　198p　22cm　〈写真・調査：椎橋幸夫〉　3500円　(i)4-626-01660-X　Ⓝ387.5
◇道祖神は招く　山崎省三著　新潮社　1995.1　254p　22cm　〈参考書籍：p253〉　2700円　(i)4-10-402801-0　Ⓝ387
　(内容)1 石への信仰　2 男女が寄りそう道祖神　3 男女像が魔を遮る　4 玉石も道祖神　5 柱をめぐって　6 疫神と怨霊払いの祭事　7 文字碑のこと　8 道祖神の祭り　9 小正月といわれる日　10 道祖神散歩
　＊草むらに寄り添い立つ男女像…道祖神。その魅力につかれて各地を訪ね歩いた民間研究家グループ20年のフィールド・ワーク。けっして歴史の表舞台に現われることのなかった庶民の性信仰の流れがみごとに解き明かされます。巻末に道祖神散歩ガイド。
◇人形道祖神—境界神の原像　神野善治著　白水社　1996.10　648,6p　23cm　16000円　(i)4-560-04060-5　Ⓝ387.5
　(内容)第1編 村境の大人形—東北日本の人形道祖神(藁人形探訪—人形道祖神論への試み　人形道祖神の諸相(1)—藁人形の形態と呼称 ほか)　第2編 小正月の道祖神祭りと人形—もうひとつの人形道祖神(門入道と家ごとの人形道祖神　村ごとの人形道祖神 ほか)　第3編 道祖神像の成立(人形道祖神と道祖神信仰の歴史　人形道祖神の二類型 ほか)
◇まつる・ふさぐ・もやす—道祖神・祈りとかたち 第34回特別展　〔長野〕　長野市立博物館　1994.7　21p　26cm　(付(1枚))　会期：平成6年7月10日〜8月21日　参考文献：p21)　Ⓝ387
◇私のサイノカミ(道祖神)入門　原本哲也著　大阪　ブックス・ワールド　1996.6　207p　21cm　3500円　(i)4-938813-05-X　Ⓝ387.5

山の神・田の神

◇アンデスの宗教的世界—ペルーにおける山の神信仰の現在性　細谷広美著　明石書店　1997.2　380p　21cm　8034円　(i)4-7503-0899-4
　(内容)第1章 村落社会における山の神信仰　第2章 山の神の儀礼　第3章 カトリックの奇跡と山の神　第4章 山の神と力　第5章 山の神と村の歴史表象　第6章 プロテスタントと山の神信仰　第7章 国民国家形成と山の神信仰　第8章 観光と山の神信仰　付論 クスコ市の自治体主導の文化復興運動におけるインカ主義
◇現代に活きる山の神伝承　佐藤芝明著　相模原

佐藤芝明 1996.10 246p 19cm 〈製作:中央公論事業出版(東京)発売:丸ノ内出版(東京)〉2060円 (i)4-89514-125-X Ⓝ387
  (内容)第1章 山の神信仰と風俗 第2章 山の神サミット 第3章 関東西部近郊の山の神信仰 第4章 各地の山の神風俗伝承 第5章 山の神と伝説
◇田の神・稲の神・年神 藤原修著,御影史学研究会編 岩田書院 1996.6 301p 22cm (御影史学研究会民俗学叢書 8) 6592円 (i)4-900697-55-9 Ⓝ387
  (内容)第1章 正月行事の性格と構造 第2章 アエノコトの構造 第3章 田の神と稲の神 第4章 ウシドシと最後の稲束 第5章 ヤマドッスン伝承の意味 第6章 トシガミの性格
◇田の神まつりの歴史と民俗 森田悌,金田久璋著 吉川弘文館 1996.3 261p 20cm 2678円 (i)4-642-07483-X Ⓝ387
  (内容)1 田の神まつりの歴史(田の神まつりの原型 宮廷における祭祀 伊勢神宮の祭祀 田の神の系譜と性格 田の神まつりの変貌) 2 田の神まつりの民俗(化粧神にはじまる 史料にみる田の神まつり 生業暦のなかの田の神 若狭の田の神まつり 越前の田の神まつり 山の神と田の神)
  *農村各地にいまも伝わる田の神まつり。古代社会の祭祀からその古層と転化を歴史的に検討する一方、現在の田の神まつりの事例を民俗学的に追究する。日本人の農耕生活に深く根づいた、基層文化解明の視角を提供する。
◇田之神さあ探訪 隈元剛著 鹿児島 南日本新聞開発センター(製作・発売) 2000.12 231p 21cm 1500円 (i)4-944075-76-6 Ⓝ387
◇西多摩の講 石川博司著 青梅 ともしび会 1995.7 74p 21cm Ⓝ387
◇西多摩山と民俗 石川博司著 青梅 ともしび会 1995.5 34p 21cm Ⓝ387
◇宮崎の田の神像 青山幹雄著 宮崎 鉱脈社 1997.2 210p 図版10枚 20cm (みやざき21世紀文庫 12) 〈文献あり〉1845円 Ⓝ387
◇山の神 ネリー・ナウマン著,野村伸一,檜枝陽一郎訳 言叢社 1994.10 464p 22cm 〈各章末:参考文献〉7950円 (i)4-905913-50-0 Ⓝ382.1
  (内容)第1部 基礎的観念 第2部 補足的観念
  *昭和38-39年に独文で発表され、書名のみ知られながら、ほとんどだれも本格的に取りくみ、論じようとしなかった民俗学=民族学の画期的論考の完訳。猟師および山稼ぎ人の山の神、古栽培民(焼畑農耕民)の山の神、農耕民の山の神の文化層をはじめて析出し、「山の神」信仰の汎世界的な資料を紹介しながら位置づけた幻の名著。
◇山の神々いらすと紀行 とよた時著 東京新聞出版局 1997.12 266p 19cm 〈文献あり〉1500円 (i)4-8083-0612-3 Ⓝ387
  (内容)第1章 東北の山の神々 第2章 越後・上州・北信の山の神々 第3章 北関東・西上州の山の神々 第4章 秩父・奥武蔵・奥多摩・房総の山の神々 第5章 高尾・道志・丹沢の山の神々 第6章 大菩薩・奥秩父と茅ヶ岳の山の神々 第7章 箱根・富士山周辺・八ヶ岳の山の神々 第8章 北アルプスの山の神々 第9章 中央アルプス・木曽御岳の山の神々 第10章 南アルプスとその周辺の山の神々 第11章 近畿の山の神々
  *山に登って神さまに会おう！山岳絵師が訪ね、まとめた神話と伝説の宝庫117山ガイドブック。
◇山の神とオコゼのはなし 宇井邦夫著 現代フォルム 1996.12 98p 19cm 1457円 (i)4-906404-07-3 Ⓝ387
◇私のあしなか 石川博司著 青梅 ともしび会 1995.5 80p 21cm Ⓝ387

山岳信仰

◇秋葉信仰 田村貞雄監修,中野東禅,吉田俊英編 雄山閣出版 1998.3 322p 21cm (民衆宗教史叢書) 5800円 (i)4-639-01516-X
  (内容)第1編 秋葉信仰と秋葉街道 第2編 秋葉信仰の祭祀と形態 第3編 史料 第4編 わが秋葉信仰
  *火祭りや三尺坊で有名な秋葉信仰は、江戸中期以降、爆発的に民間に広がった。基盤には、修験道や山岳信仰・天狗信仰があるとされるが、本書はその成立と展開、秋葉道の発展過程、祭祀や講の形態などを、歴史学・民俗学・宗教学の諸学協同で考究した最初の本格的研究書である。
◇秋葉信仰 田村貞雄監修,中野東禅,吉田俊英編 雄山閣出版 1998.3 322p 22cm (民衆宗教史叢書 第31巻) 5800円 (i)4-639-01516-X,4-639-00211-4 Ⓝ387
  (内容)第1編 秋葉信仰と秋葉街道 第2編 秋葉信仰の祭祀と形態 第3編 史料 第4編 わが秋葉信仰
  *火祭りや三尺坊で有名な秋葉信仰は、江戸中期以降、爆発的に民間に広がった。基盤には、修験道や山岳信仰・天狗信仰があるとされるが、本書はその成立と展開、秋葉道の発展過程、祭祀や講の形態などを、歴史学・民俗学・宗教学の諸学協同で考究した最初の本格的研究書である。
◇秋葉信仰あれこれ 関口道潤著 袋井 秋葉総本殿可睡斎 1998.4 31p 21cm Ⓝ387
◇異界を駈ける―山岳修行と霊能の世界 藤田庄市著 学習研究社 1995.2 239p 20cm

(Esoterica selection) 1800円 (i)4-05-400455-5 Ⓝ387
内容 1 霊山修行の現場より 2 千日回峰行者 3 現代修験者の素顔 4「講」—庶民の霊峰信仰
＊修験者とともに霊峰を巡り日本人の信仰の原点を探る、迫真のルポルタージュ。

◇石鎚山 森正史著 佼成出版社 1995.6 205p 19cm (山と信仰) 1800円 (i)4-333-01707-6 Ⓝ387
内容 石鎚山信仰の歴史 石鎚山を歩く 石鎚信仰と地域社会 石鎚信仰の民俗—昭和初年の各地の事例

◇石鎚山と瀬戸内の宗教文化 西海賢二著 岩田書院 1997.10 327p 22cm 5900円 (i)4-900697-95-8 Ⓝ188.59

◇岩木山信仰史 小舘衷三著 2版 弘前 北方新社 2000.6 189p 19cm (青森県の文化シリーズ 2) 1500円 (i)4-89297-036-0 Ⓝ162.121

◇恐山 宮本袈裟雄,高松敬吉著 佼成出版社 1995.6 245p 19cm (山と信仰) 1800円 (i)4-333-01704-1 Ⓝ387
内容 下北の風土と信仰 恐山信仰史 恐山への前進基地 登山口から恐山へ 山内巡り 恐山大祭—生と死の儀礼と習俗 恐山信仰の広がり 釜臥山

◇御岳山 上野ミチオ著 近代文芸社 1994.11 331p 19cm 1500円 (i)4-7733-2258-6
内容 第1章(生い立ち 冤罪 首吊りの女 ほか) 第2章(野尻宿 仁王 武居若狭守 ほか) 第3章(白川 密告 登val ほか) 終章(閃光入水 御岳山節)
＊木曽の霊峰、御岳山の開びゃくのため、不屈の精神で成し遂げた覚明行者と「木一本首一つ」という過酷な生活をした木曽人を追う。

◇御岳巡礼—現代の神と人 青木保著 講談社 1994.10 263p 15cm (講談社学術文庫)〈参考文献:p249〜250〉 800円 (i)4-06-159148-7 Ⓝ163.1
内容 プロローグ 神がおりる 御岳へ 登拝 御岳信仰史のスケッチ 巡礼のプロセス 信仰活動 エピローグ 神と人
＊御岳信仰は、日本人の精神と行動の基層にある超自然的信仰を代表するものである。文化人類学者としてタイ、スリランカ等の宗教と社会の実地調査を重ねてきた著者が、本書では御岳講の列に連なって「神おろし」と呼ばれる憑霊現象はじめ、登拝巡礼の実態を報告する。御岳教の教団史を辿り、古来この信仰がどのように守られてきたかをも考察、霊山信仰を通して〈日本の神〉の本質を明らかにした意欲作。

◇花山法皇の伝承 山本佐一著 金沢 北国新聞社 1993.11 134p 19cm (花山院略年表:p128〜132 付:参考文献) 1200円 (i)4-8330-0818-1 Ⓝ163.1

◇柏崎の山岳信仰塔 〔柏崎〕 柏崎市立博物館 1994.3 47p 26cm (柏崎市石造文化財調査報告書 第2集) Ⓝ387

◇神の山へ—山岳宗教の源流をゆく 新妻喜永写真, 久保田展弘文 山と渓谷社 1993.6 167p 25cm 2800円 (i)4-635-30001-3 Ⓝ162.1
内容 山の神様からのメッセージ 立山—神立つ山に浄土の世界が広がる 白山—海と陸、両面の信仰を伝える典型的な山岳霊場 出羽三山—現世と他界の区別はなし、ここには宇宙があるだけ 御嶽山—山は生命の母胎であり、里に農耕の恵みをもたらすカミ・神の棲家でもある 富士山—年に1度の登山が生まれかわりの意識を新たにする 恐山—死後への恐怖と癒しの両世界をあわせもつ北の霊山〔ほか〕
＊山岳写真界の第一人者・新妻喜永と、山岳宗教の実践的研究家・久保田展弘が2年余をかけ日本の代表的聖地13ヵ所を取材。立山、出羽三山、恐山など原生的自然のなかに日本の宗教の原点を探る。

◇神の山御岳—写真文集 生駒勘七著, 神村鉄雄編, 徳永靖撮影 長野 日本文化社 1993.12 146p 31cm 8300円 Ⓝ163.1

◇神奈備の山—山岳信仰と筑波山 第11回企画展 土浦市立博物館編 土浦 土浦市立博物館 1993.1 1冊(頁付なし) 26cm 〈会期:1993年1月31日〜3月14日〉 Ⓝ387

◇近畿霊山と修験道 五来重編 オンデマンド版 名著出版 2000.11 505p 21cm (山岳宗教史研究叢書 11) 5800円 (i)4-626-01595-6
内容 総説 近畿霊山と修験道 第1篇 近江・山城の修験道と山岳信仰 第2篇 大和・紀伊の修験道と山岳信仰 第3篇 播磨・但馬・淡路の山岳信仰 第4篇 近畿霊山と民間信仰
＊いまや、修験道研究は地方分権の時代に入った。したがって中央に失われたものが、辺境の山岳信仰にのこる可能性がつよいのであるが、近畿地方にも、まだまだ本質的な山岳信仰や神奈備信仰が存在することを、本巻はしめすものである。

◇近世修験道の地域的展開 藤田定興著 岩田書院 1996.9 481,8p 22cm (日本宗教民俗学叢書 3) 11330円 (i)4-900697-61-3 Ⓝ188.59

◇近世高尾山史の研究 村上直編 名著出版 1998.10 325p 22cm 〈文献あり〉 6800円 (i)4-626-01566-2 Ⓝ188.55

◇熊野修験 宮家準著 吉川弘文館 1996.11 315,5p 20cm (日本歴史叢書 新装版)〈新装版 叢書の編者:日本歴史学会 参考文献・関係年表:p307〜315〉 3090円 (i)4-642-06649-7 Ⓝ188.59
内容 第1 熊野三山の成立と展開 第2 熊野修験の思想と儀礼 第3 熊野の荘園 第4 熊野の

先達と檀那　第5 熊野権現の伝播　第6 熊野修験の展開
＊熊野修験は教派修験成立の母胎をなし、中世庶民宗教を主導したが、未だ体系的に論じたものはない。本書は、熊野修験が最も活況を呈した中世期に焦点を当てて、その思想と儀礼、成立、展開、各地での活動等を跡づけた。

◇熊野の太陽信仰と三本足の烏　萩原法子著　戎光祥出版　1999.9　187p　22cm　2600円　(i)4-900901-09-1　Ⓝ163.1
（内容）第1部 古代太陽信仰の聖地熊野（霊鳥・カラスへのアプローチ　順調な太陽の運行を祈る扇祭　太陽誕生　古代太陽信仰の拠点・潮岬 ほか）　第2部 民俗神事に息づく太陽への祈り（羽黒山の太陽信仰　日と月の「柱立て」　正月の弓神事・オビシャ　東西・最果ての地に残るオビシャ ほか）
＊熊野の地は、死の国ではない。明るく、活力溢れる太陽の聖地であったことを、全国に残る三本足のカラスの信仰や弓神事、太陽信仰の痕跡を提示して実証する―。

◇熊野の伝承と謎　下村巳六著　批評社　1995.10　254p　22cm　3600円　(i)4-8265-0194-3　Ⓝ172
（内容）1 牛王信仰論　2 ごとびき石考　3 熊野と古代信仰　4 熊野の"一つだたら"―一つ目小僧・猪笹王の伝説について　5 妖怪・丹鶴姫譚　6 熊野比丘尼考　7 熊野三党について　8 裸形上人伝説　9 近世海運史の一断面―紀州本宮徳福丸富蔵船溺死人の墓について　10 父下村悦夫の生涯　11 佐藤春夫さんのこと
＊熊野の古代信仰と民俗

◇小谷三志翁のことば解　岡田博著　鳩ケ谷　まるはとだより発行所　1998.7　188p　21cm　（まるはと叢書第7集）　1600円　Ⓝ387

◇さつま山伏―山と湖の民俗と歴史　森田清美著　鹿児島　春苑堂出版　1996.12　228p　19cm（かごしま文庫 35）〈発売：春苑堂書店　参考文献：p225～226〉　1500円　(i)4-915093-42-5　Ⓝ188.59

◇山岳宗教の成立と展開　和歌森太郎編　オンデマンド版　名著出版　2000.11　388p　21cm（山岳宗教史研究叢書 1）　4000円　(i)4-626-01585-9
（内容）総説 山岳信仰の起源と歴史的展開　第1篇 山岳信仰の原初形態（日本に於ける山岳信仰の原初形態　山岳信仰の諸形態 ほか）　第2篇 山岳信仰の個別的諸形態（富士の信仰 関東に於ける修験道流布の考古学的一考察 ほか）　第3篇 山岳信仰と仏教（山岳信仰美術の特質 修験道儀礼と宗教的世界観）　第4篇 修験道と民俗との交渉（佐渡の修験道 杖松と修験道）
＊本書では、修験道を中心に、天台・真言両宗の山岳宗教的側面、出羽三山その他、歴史的には中央から隔っていた地方におけるその在り方や、近・現代での民俗信仰とのかかわりに関して、既往の諸研究を整理しつつ、遺されている諸問題を浮き彫りにしている。

◇信濃の山岳信仰―第35回特別展　長野　長野市立博物館　1994.10　116p　26cm〈会期：平成6年10月2日～23日　主な引用・参考文献：p114〉Ⓝ387

◇守覚法親王の儀礼世界―仁和寺蔵紺表紙小双紙の研究　本文編 1　仁和寺紺表紙小双紙研究会編　勉誠社　1995.2　909p　23cm　(i)4-585-03029-8　Ⓝ188.56

◇守覚法親王の儀礼世界―仁和寺蔵紺表紙小双紙の研究　本文編 2　仁和寺紺表紙小双紙研究会編　勉誠社　1995.2　p912～1831　23cm　(i)4-585-03029-8　Ⓝ188.56

◇守覚法親王の儀礼世界―仁和寺蔵紺表紙小双紙の研究　基幹法会解題・付録資料集・論考・索引篇　仁和寺紺表紙小双紙研究会編　勉誠社　1995.2　688,153p　23cm　(i)4-585-03029-8　Ⓝ188.56

◇修験・陰陽道と社寺史料　村山修一著　京都　法藏館　1997.1　549,21p　21cm　15500円　(i)4-8318-7490-6
（内容）第1部 習合思潮の諸形態（大神寺と若宮信仰　覚鑁の神祇思想と三輪上人慶円 ほか）　第2部 陰陽道の日本的展開（日本書紀における陰陽道の記事と妖兆思想の変転　わが国における地鎮及び宅鎮の儀礼・作法について ほか）　第3部 修験霊地の諸相（結界と女人禁制　熊野信仰と海洋信仰 ほか）　第4部 史蹟と伝承（越前の剣神縁起について　平安時代の加賀と能登 ほか）　第5部 名門社寺の史料研究（鳥羽離宮の残映と鳥羽の村落　堯恭法親王日記 ほか）　第6部 仏尊典籍解説（集合的仏尊　本山派修験道書解説 ほか）

◇修験道と日本宗教　宮家準著　春秋社　1996.1　224p　19cm　3090円　(i)4-393-29119-0
（内容）第1章 修験道と山岳信仰　第2章 修験道とシャーマニズム　第3章 修験道と仏教　第4章 修験道と神道　第5章 修験道と道教　第6章 修験道と陰陽道　第7章 修験道と新宗教　第8章 日本宗教史における修験道
＊山岳に修行し、異能の獲得をめざした"山伏"たち…日本宗教の一大底流をなす修験道と、仏教・神道・道教・陰陽道・新宗教とのダイナミックな交渉をあかす。

◇修験道の伝承文化　五来重編　オンデマンド版　名著出版　2000.11　668p　（山岳宗教史研究叢書 16）　6800円　(i)4-626-01600-6
（内容）総説 修験道伝承論　第1篇 東北・関東地方　第2篇 中部・北陸地方　第3篇 近畿地方　第4篇 中国・四国地方　第5篇 九州・南島地方
＊本書は、修験道の文化研究の中で伝承に注目をおき、論文を掲載したものである。

◇信仰の山　吉村迪著　東京新聞出版局　1995.4　238p　19cm　1400円　(i)4-8083-0515-1　Ⓝ291.09
　内容　恐山「生と死を考えさせる山」　岩木山「お囃子で高まる参詣の気」　早池峰山「山伏神楽のひびく里」　出羽三山「四季折々の修験道霊山」　男体山と前日光「補陀落の峰へのアプローチ」　八海山「「岩」を求める信仰心」　立山「心洗われる浄き頂」　白山「最奥の村で想う名山開山」　愛宕山「若者も家族連れも千日詣」　比叡山「今も続く荒行、回峰行」ほか
　＊下北半島恐山から九州の英彦山に至る16山を踏破した著者が日本人のあるべき姿を探る迫真のルポルタージュ。
◇神体山　景山春樹著　新装版　学生社　2001.10　244p　20cm　〈文献あり　著作目録あり〉　2200円　(i)4-311-20246-6　Ⓝ163.1
　内容　序章　原始信仰のかたちとこころ　1　日吉社の神体山信仰　2　高宮信仰と多賀社　3　太郎坊山と三上・田上　4　水分と丹生・高野の神々　5　いぶきすさぶる神の山　6　かんなびのみもろの山　7　加茂の神山と稲荷山信仰　8　古代信仰史の標型
　＊日本の原始信仰の実態は？磐座と磐境／山宮・里宮と荒魂・和魂　加茂族と出雲族／日吉大社や三輪山など各地に残る神体山信仰から古代祭祀を解明する。
◇田子山富士―調査報告書　志木　志木市教育委員会　1996.3　2冊　26cm　〈志木市の文化財　第22集〉　Ⓝ387
◇立山　広瀬誠,清水巖著　佼成出版社　1995.6　245p　19cm　〈山と信仰〉　1800円　(i)4-333-01705-X　Ⓝ387
　内容　立山の姿とその成り立ち　歴史と伝承と年中行事　立山禅定の道　雲表の立山道　社寺と山やま村むら　立山の宗教文化とその行方
◇立山信仰と立山曼荼羅―芦峅寺衆徒の勧進活動　福江充著　岩田書院　1998.4　389p　図版12枚　22cm　〈日本宗教民俗学叢書 4〉　8200円　(i)4-87294-106-3　Ⓝ387
◇立山本宮―立山信仰史に見るその変遷　山元重男著　大山町（富山県）　山元重男　2000.5　236p　19cm　Ⓝ387
◇旅と信仰―富士・大山・榛名への参詣　特別展　東京都板橋区立郷土資料館編　板橋区立郷土資料館　1996.2　72p　30cm　〈会期：平成8年2月10日～3月24日　主要参考文献目録：p71〉　Ⓝ387
◇鳥海山―自然・歴史・文化　式年遷座記念誌刊行会編　遊佐町（山形県）　鳥海山大物忌神社　1997.10　394p　22cm　Ⓝ387
◇鶴見山信仰史料集　佐藤暁,佐藤勉編纂　日出町（大分県）　日出藩史料刊行会　1997.7　352p　26cm　非売品　Ⓝ387
◇出羽三山と東北修験の研究　戸川安章編　オンデマンド版　名著出版　2000.11　444p　21cm　〈山岳宗教史研究叢書 5〉　4800円　(i)4-626-01589-1
　内容　総説　東北地方における山岳信仰の歴史的概観　第1篇　原始信仰の起源と山岳仏教の発展　第2篇　出羽三山と羽黒修験の展開　第3篇　東北地方における修験道の浸透　第4篇　山岳宗教と東北地方の民間信仰　史料篇（羽黒山睡中問答并縁起　羽黒山入峯功徳抄　拾塊集　出羽三山修験道史料目録　出羽三山史年表）
　＊きめこまかに東北地方の山々を見て行くなら、1000メートルに満たぬ低い山にも、かつては信仰登山が行なわれ、修験者に率いられた道者や行人が入峰した歴史を持つことが発見されることであろう。東北地方には、なぜ、このように山岳信仰が盛んであったのか。そして、それらの山々は、ところによっては本山派の修験者が多く、土地によっては羽黒派が勢力を握っており、ある山では本山、当山、羽黒の三派が入会して修行をしている。しかも、それらの山での修行形態は本山派とも異なり、当山派ともちがい、羽黒派でもなく、この山独自のシステムを構成している、ということである。さらに言うならば、この山、あの山、それぞれに独自の修行形態があり伝統があって、なにゆえ、この山を羽黒派の修験者が掌握しているのか、どうしてあの山に本山派の修験者が入り込むようになったのか。
◇出羽三山の文化と民俗　岩鼻通明著　岩田書院　1996.8　193p　19cm　2369円　(i)4-900697-57-5　Ⓝ188.59
　内容　第1章　日本の山岳信仰と出羽三山　第2章　出羽三山信仰の拡がり（檀那場の分布　末社・講の分布　ほか）　第3章　出羽三山参詣の道（古地図に描かれた出羽三山　名所図会にみる出羽三山　ほか）　第4章　出羽三山信仰の諸相（月山高清水通り登拝記　羽黒山の女人禁制の解禁　ほか）
◇入門白山信仰―白山比咩の謎に迫る　内海邦彦著　批評社　1993.6　207p　21cm　〈新装版　参考文献：p205～207〉　2060円　(i)4-8265-0139-0　Ⓝ387
　内容　聖なる山・白山　白山の姫神　花祭幻想　石徹白みち　白山信仰と泰澄　観音の利生　白山禅頂へ
　＊民衆の心の中に、今なお根強く生き続ける白山信仰。それはなぜか？謎につつまれた白山比咩の伝承の秘密をさぐりつつ、泰澄大師の軌跡を克明に跡づけ、神秘の霊峰・白山と白山比咩の全貌に迫る。
◇白山・石動修験の宗教民俗学的研究　由谷裕哉著　岩田書院　1994.2　491,14p　22cm　8137円　(i)4-900697-11-7　Ⓝ188.59
◇白山信仰史料集　上村俊邦編　〔白鳥町（岐阜県）〕

民間信仰・迷信　　　　　　　　　　　　　　　　　　　　　　　　　　　　　山岳信仰

〔上村俊邦〕　2000.5　374p　22cm　（白山山麓・石徹白郷シリーズ 6）　Ⓝ188.592
◇白山信仰の源流―泰澄の生涯と古代仏教　本郷真紹著　京都　法藏館　2001.12　229p　19cm　2300円　(i)4-8318-8148-1
（内容）第1章 山岳信仰　第2章 生まれた時代　第3章 幼少の時代　第4章 越の大徳とその弟子　第5章 白山入山　第6章 中央との交流　第7章 宮廷仏教の隆盛　第8章 天平期の動向　第9章 越知山への帰参
＊富士山・立山とともに日本三名山といわれた白山―。全国有数の規模で展開した白山信仰の開創者・泰澄の伝記を手がかりに、奈良時代の社会と宗教を鮮やかに描き出す。
◇白山の三馬場禅定道　上村俊邦著　岩田書院（製作）1997.2　212p　22cm　（白山山麓・石徹白郷シリーズ 3）　Ⓝ188.59
◇白山の禅定道　石川県白山自然保護センター編　吉野谷村（石川県）　石川県白山自然保護センター　2001.3　21p　24cm　（白山の自然誌 21）（文・構成：小川弘司）　Ⓝ188.59
◇白山の歴史―神と人とその時代　下出積与著　金沢　北國新聞社　1999.5　214p　21cm　〈年譜あり　著作目録あり　文献あり〉2000円　(i)4-8330-1058-5　Ⓝ188.59
◇白湯山信仰解読史料―室井三代吉家文書　黒磯郷土史研究会編　黒磯　黒磯郷土史研究会　1994.3　64p　26cm　（影印と翻刻　白湯山信仰に関する略年表: p5）Ⓝ163.1
◇鳩ヶ谷市の古文書　第19集　富士講古典教義集 1　鳩ヶ谷市文化財保護委員会編　〔鳩ヶ谷〕鳩ヶ谷市教育委員会　1994.9　146p　21cm　Ⓝ213.4
◇鳩ヶ谷市の古文書　第20集　富士講古典教義集 2　食行身禄〔クウ〕御一代之事　鳩ヶ谷市文化財保護委員会編　〔鳩ヶ谷〕鳩ヶ谷市教育委員会　1996.3　128p　21cm　Ⓝ213.4
◇鳩ヶ谷市の古文書　第21集　富士講古典教義集 3　小泉文六郎決定之覚書　鳩ヶ谷市文化財保護委員会編　〔鳩ヶ谷〕鳩ヶ谷市教育委員会　1997.3　139p　21cm　Ⓝ213.4
◇鳩ヶ谷文書による富士信仰研究卒業論文集 1　岡田博編　鳩ヶ谷　小谷三志翁顕彰会　1994.3　324p　21cm　（まるはと叢書 第4集）2000円　Ⓝ387
◇福島の山岳信仰―企画展　福島県立博物館編　会津若松　福島県立博物館　1996.3　80p　30cm　〈会期：平成8年4月20日～6月9日　参考文献：p79〉Ⓝ188.59
◇不二信仰に出合って　岡田博著　鳩ヶ谷　まるはとだより発行所　1993.12　1冊　26cm　（まるはと叢書別冊 1）〈限定版〉非売品　Ⓝ163.1
◇平安時代の信仰と宗教儀礼　三橋正著　続群書類従完成会　2000.3　801, 16p　22cm　16000円　(i)4-7971-0779-0　Ⓝ162.1
◇松根大師山縁起に関する考察　栗山隆晴著　改訂版　古座川町（和歌山県）　古座川町教育委員会　2000.7　52p　30cm　Ⓝ387
◇マネキ　富士吉田市史編さん室編　富士吉田　富士吉田市教育委員会　1996.3　130p 図版22p　26cm　（富士吉田市史資料叢書 13）Ⓝ387
◇「モリ」地名と金属伝承―続・日本山岳伝承の謎　谷有二著　未來社　2000.9　230p　20cm　2200円　(i)4-624-20074-8　Ⓝ291.0189
（内容）第1部「モリ」地名の謎を追う（清少納言の悲鳴　哭沢の神社を訪ねる　モリの権現を登るセブンシスターズの森 ほか）第2部 金属伝承を追って（生きていた伝承　御霊神社の実験　鍛冶屋族の正体　見る目、嗅ぐ鼻 ほか）
＊「日本山岳伝承の謎」の続編。第一部で朝鮮語地名の謎を追い、第二部で金属伝承の謎を追っている。清少納言の「森などというべくもあらず、ただ一木あるをなにごとにつけけむ」という強い疑問に触発されて「モリ」の謎を追いつめて朝鮮半島に到達。祖霊信仰の観点から東北・沖縄にまで足を延ばし、朝鮮半島に到達したストーリーにそって話を展開した。
◇山と森のフォークロア　静岡県文化財団, 静岡県環境民俗研究会共編　静岡　羽衣出版　1996.1　315p　22cm　〈付・富士山を語るシンポジウム全記録　主要参考文献目録：p311～314〉2000円　(i)4-938138-13-1　Ⓝ387
（内容）第1章 神の山（山をめぐる生業と信仰　秋葉山をめぐる信仰の山 ほか）第2章 神の森（神の森の誕生　庶民信仰の森）第3章 富士山を語るシンポジウム（基調講演「富士信仰と環境伝承」　シンポジウム「富士山の民俗を語る」）
＊神の坐す山と森を見つめた民俗誌。静岡県で初めての山と森の民俗文化誌。静岡県の霊山28ヶ所と神の森13ヶ所を紹介。初めて語られる霊峰富士山のフォークロア。
◇吉野・熊野信仰の研究　五来重編　名著出版　2000.11　446p　21cm　（山岳宗教史研究叢書 4）4800円　(i)4-626-01588-3
（内容）総説 吉野・熊野修験道の成立と展開　第1篇 吉野修験道の成立　第2篇 熊野山岳信仰と熊野修験　第3篇 熊野三山と中世熊野の経済　第4篇 熊野修験道と民間信仰　史料篇（吉野関係文書　熊野関係文書　史料目録　吉野・熊野略年表　吉野・熊野関係地図）
＊吉野・熊野の修験道は近世には衰えたが、これは南北朝時代以降、地方修験の山岳信仰の独立運動があったためとおもわれる。日本九峰にかぞえられる大峯以外の山々の独立性はとくに顕著で、その地方独特の信仰と入峰と配札や祈禱がおこなわれていた。ただ山伏たちが先達職の資格をえるためには、大峯修行

文化人類学の本 全情報　535

によって官位、袈裟、寺格をとる必要があった。これが吉野・熊野の古代以来の権威であり、修験道のメッカといわれる所以である。いうまでもなく、吉野と熊野は七世紀までにまったく別々に山岳宗教が発生した。両者が大峯修行路の開通で連繋が成立し、「大峯修験道」になったのは十世紀初頭のことである。それも十二世紀までは熊野がヘゲモニーをにぎり、伊勢皇太神宮との同体説をうちだすことによって、院政政権をパトロンとすることに成功した。吉野は藤原京、平城京、平安京にちかいという地の利があったが、熊野神道のような理論をもたず、南都諸宗と天台・真言両宗から出た山岳修行者の混在する山であった。また熊野別当のような権力者をもたなかったので、政治的にも経済的にも、団結した組織的山伏集団にならなかった。しかし山伏の実践と儀礼には熱心だったらしく、大峯山上ヶ岳の行場が全国修験行場の手本になった。したがって中世に入れば、熊野を圧倒して、修験道の王座にすわることになった。以上のようにその発祥も信仰も、地形もことなる二つの修験集団を、同日に論ずることはできないが、本巻では、この両者をあわせ論ずるものである。

◇米山信仰─山とひとの民俗宇宙　第36回特別展図録　柏崎　柏崎市立博物館　1998.10　71p　30cm　Ⓝ387
◇霊山巡詣─立山にみる遊・憂・悠　特別企画展　富山県立山博物館　編　立山町(富山県)　富山県立山博物館　1995.6　50p　30cm　〈会期：平成7年6月17日〜7月23日〉　Ⓝ387
◇霊山と信仰の世界─奥羽の民衆と信仰　伊藤清郎著　吉川弘文館　1997.3　189,12p　20cm　〈中世史研究選書〉　2678円　(i)4-642-02671-1　Ⓝ387

妖怪・悪魔・吸血鬼

◇悪魔事典　山北篤,佐藤俊之監修　新紀元社　2000.12　483p　21cm　(Truth In Fantasy事典シリーズ 5)　2500円　(i)4-88317-353-4
(内容) 主項目　悪魔紳士録(一神教　多神教　現代フィクション)　主要神話・宗教の悪魔観(悪魔観の沿革　一神教の悪魔観　多神教の悪魔観　現代フィクションの悪魔観)
＊神の敵、あるいは人々を陥れる邪悪な存在、歴史の中に描き出された悪魔の全貌を紹介。
◇悪魔祓い　上田紀行著　講談社　2000.8　341p　16cm　(講談社+α文庫)　780円　(i)4-06-256457-2　Ⓝ387
(内容) 第1章 悪魔に出会う(悪魔に襲われた女二十八歳の呪術師　ほか)　第2章 悪魔に憑かれる(土地が違えば人も違う　忌まわしい出来事は繰り返された　ほか)　第3章 悪魔を祓う(悪魔漬けから悪魔なしへ　なぜ元気を取り戻せるのか　ほか)　第4章 悪魔と遊ぶ(すべてがくすんで見えた　人に生気が感じられない　ほか)
＊「悪魔祓いは、いまこそ求められているのではないか。満たされない心と体を抱えている人々の住むこの時代、この場所で」と言う著者の魂を揺り動かしたものは何か…よくよくしてばかりいた人が、孤独に心を閉ざしていた人が、生気を失っていた人が、悪魔に出会うことで、生命力を取り戻すのはなぜか！？人の「癒し」を問いつづける第一人者が、体当たりでつかんだ「悪魔療法」！自分の内なる力に気づく本。
◇悪霊論─異界からのメッセージ　小松和彦著　筑摩書房　1997.4　302p　15cm　(ちくま学芸文庫)　1050円　(i)4-480-08333-2　Ⓝ387
(内容) 1 異人の歴史学　2 支配の始源学　3 妖怪の伝承学　4 悪霊の人類学
＊日本人の心の底の底から出現してきた怨霊、物怪、妖怪たち。「闇」の中で彼らは何を語ろうとするのか。悪霊たちの「モノ語り」を通して、日本人の心性＝共同体を照射するスリリングな論考。
◇アジアおばけ諸島　林巧著　同文書院　1995.8　207p　19cm　(Fun books)　1200円　(i)4-8103-7279-0　Ⓝ387
(内容) 1章 精霊と黒魔術が舞い踊るバリ　2章 呪縛のとけたランカウイの空　3章 琉球は気まぐれな妖怪を乗せて　4章 世界のおばけはボルネオへ還る
◇アジアもののけ島めぐり─妖怪と暮らす人々を訪ねて　林巧著　同文書院　1997.5　207p　18cm　〈『アジアおばけ諸島』(1995年刊)の改訂〉　1000円　(i)4-8103-7411-4　Ⓝ387
(内容) 1章 精霊と黒魔術が舞い踊るバリ　2章 呪縛のとけたランカウイの空　3章 琉球は気まぐれな妖怪を乗せて　4章 世界のおばけはボルネオへ還る
◇アジアもののけ島めぐり─妖怪と暮らす人々を訪ねて　林巧著　光文社　1999.5　215p　16cm　(光文社文庫)　476円　(i)4-334-72823-5　Ⓝ387
(内容) 第1章 精霊と黒魔術が舞い踊るバリ(おばけを恐れ、愛するバリ人　ある日本人女性を襲った怪異　ほか)　第2章 呪縛のとけたランカウイの空(二百年の呪いをかけられた島　"最近、人魚は見かけない"　ほか)　第3章 琉球は気まぐれな妖怪を乗せて(妖怪キジムナーと暮らす人たち　魂をフラッシュする妖怪変化　ほか)　第4章 世界のおばけはボルネオへ還る(ポンティアナ伝説を追いかけて　ジャングルが奇跡をひき起こす　ほか)

民間信仰・迷信　　　　　　　　　　　　　　　　　　　　　　　　　　　　　妖怪・悪魔・吸血鬼

＊「おばけは恐ろしい。だが、その恐ろしさに心を耕さなければ、しあわせは舞い降りてはこない。(中略)人類は、"神さま"と"おばけ"に支えられて生きてきた。だからこそ、そのどちらかが欠けても大きなしあわせを取り逃してしまうような気がする」(プロローグより)アジアの島々で出会った"おばけ"と"しあわせ"を巡る旅。

◇アラマタ図像館 1 怪物　荒俣宏著　小学館　1999.6　285p　15cm　(小学館文庫)　733円　(i)4-09-403111-1
　(内容) ゲスナー「怪物誌」　セバ「博物宝典」　ベルトゥーフ「少年絵本」　モロー「人間と動物の畸型原論」　辺景昭「百獣図」　"アメリカ・パルプ雑誌の宇宙怪物"　パレ「怪物について」　アルドロヴァンディ「怪物誌」　トプセル「四足獣の歴史」　ヨンストン「禽獣虫魚図譜」　〔ほか〕
　＊怪物とは「異常」「例外」の別称であり、怪物研究は、自然界の「例外」を扱った「畸型学」、自然の埒外とされた辺境の地に住む怪物を対象とする「怪物学」として発達した。怪物の出現は災害の予兆とされ、それは人類に対する警告と受けとめられた。時代の混乱のエネルギーを糧に形づくられてゆく、奇怪な怪物たち。かれらは、どのような警告を伝えようとしたのだろうか。

◇異界を覗く　小松和彦著　洋泉社　1998.5　237p　20cm　2000円　(i)4-89691-314-0　Ⓝ387
　(内容) 壱 異界と異人の魅力的世界(「異界論」・「異人論」は学問の交差点　新たな「異人論」を目指して─「異人論」から「他者論」への模索　「異人歓待」説に疑問を呈す─生かすも殺すも土地の人々次第)　弐 異類婚姻と説話の宇宙(鬼と人間の間に生まれた子どもたち─「鬼の子」・「片子」・「片側人間」の世界　神から授かった子どもたち─申し子・宝子・福子の世界　「異常児」は異界を覗く「覗き眼鏡」─「お伽草子」と異類婚姻児)　参 視覚化された異界・妖怪たち(化け物屋敷考─「土蜘蛛草紙絵巻」を解読する　捨てられた「古道具」のお化けたち─「もったいないお化け」と「つくも神」　「鯰絵」は江戸民衆の記憶装置─社会状況を反映した両義的トリックスター　ほか)
　＊現世とあの世を移動し、人間に福と災いをもたらす異類・異形の世界。異類婚姻論、水木しげる論、宮崎駿論を加えた異界・異人・妖怪研究の最新成果。

◇異界万華鏡─あの世・妖怪・占い　国立歴史民俗博物館編　佐倉　国立歴史民俗博物館　2001.7　207p　30cm　(会期：2001年7月17日～9月2日)　Ⓝ387.91

◇一角獣　リュディガー・ロベルト・ベーア著、和泉雅人訳　河出書房新社　1996.1　280,6p　22cm　3500円　(i)4-309-26270-8　Ⓝ388
　(内容) 存在しない獣? 野性の驢馬とカルタゾーン　七十人訳聖書と教父たち　博物学者　東方の一角獣　怪物─怪獣? 神秘主義への道　狩人ガブリエル　目撃者　騎士と貴婦人たちの世界　〔ほか〕
　＊毒消しの力を持つ一本の優美な角。処女にしか捕まえられない凶暴な性質─ユニコーンとは何ものなのか。ヨーロッパ史上最も魅惑的で多価値的な象徴である一角獣の歴史・イメージのすべてを紹介した決定版、待望の翻訳。図版168点。

◇井上円了・妖怪学全集 第1巻　井上円了著, 東洋大学井上円了記念学術センター編　柏書房　1999.3　709p　21cm　7800円　(i)4-7601-1721-0
　(内容) 緒言　第1 総論(定義編　学科編　関係編　ほか)　第2 理学部門(天変編　地妖編　草木編　ほか)　第3 医学部門(人体編　疾病編　療法編)
　＊明治中期から活躍した哲学者の先覚である、井上円了の問題関心が理論の分野からより現実へと発展し、そこから誕生したのが「妖怪学」の提唱であった。専門書の他に、多数の啓蒙書を著し、さらに社会教育として全国を巡回して講演するなかで、多くの大衆に語りかけた結果、「おばけ博士」や「妖怪博士」の愛称が生まれるほどの関心を社会的に作り出した。本書は井上円了の『妖怪学講義』全六冊のうち第一分冊(『緒言および総論』)と第二分冊(『理学部門および医学部門』)をまとめて一巻としたものである。

◇井上円了・妖怪学全集 第2巻　井上円了著, 東洋大学井上円了記念学術センター編　柏書房　1999.3　687p　21cm　7800円　(i)4-7601-1722-9
　(内容) 第4 純正哲学部門(偶合編　陰陽論　占考編　ほか)　第5 心理学部門(心象編　夢想編　憑付編　ほか)　心理学部門附録(心象付講　仏教夢論一斑(某雑誌掲載の分)　狐論(某会演説筆記の分))
　＊不思議現象は21世紀も生き続けるのか? 古今東西の文献渉猟と全国調査にもとづいた妖怪学百科。不思議現象と妖怪のすべて。本書は井上円了の『妖怪学講義』全六冊のうち第三分冊(『純正哲学部門』)と第四分冊(『心理学部門』)をまとめて一巻としたものである。

◇井上円了・妖怪学全集 第3巻　井上円了著　柏書房　1999.4　666p　21cm　7800円　(i)4-7601-1723-7
　(内容) 第6 宗教学部門(幽霊編　鬼神編　冥界編　ほか)　第7 教育学部門(知能編　教養編)　教育学部門附録(記憶術批評　失念術方法)　第8 雑部門(怪事編　怪物編　妖術編)
　＊お化けに潜む日本人の精神。不思議現象のなかに日本近代の原点をさぐる。本書は井上円

了の「妖怪学講義」全六冊のうち第五分冊(「宗教学部門」)と第六分冊(「教育学部門および雑部門」)をまとめて一巻としたものである。

◇井上円了妖怪学全集 第6巻 井上円了著, 東洋大学井上円了記念学術センター編 柏書房 2001.6 688,149p 21cm 6800円 (i)4-7601-1726-1

(内容) 妖怪学(狐狗狸のこと 棒寄せの秘術ならびに妖怪を招く法 ほか) 妖怪学講義録(妖怪学 心理学部門中の妖怪の一類) 妖怪学雑誌(論説・真怪論 雑録・妖怪窟雑話 ほか) 妖怪学関係論文等(妖怪研究 妖怪報告 ほか)

＊古今東西の文献渉猟と全国調査にもとづいた妖怪学百科。本書は井上円了の「妖怪学」(哲学館講義録)、「妖怪学講義録」(佐渡教育会)、「妖怪学雑誌」および「妖怪学関係論文等」を収録するとともに、解説・妖怪学参考図書解題・妖怪学著書論文目録・妖怪学総索引を加えて一巻としたものである。

◇稲生物怪録絵巻—江戸妖怪図録 谷川健一編 小学館 1994.7 110p 22×27cm 3800円 (i)4-09-626107-6

(内容) 妖怪譚の白眉・稲生平太郎の化物退治 稲生物怪録絵巻 稲生物怪録 三次実録物語 稲生物怪録絵巻・詞書 稲生家に出現した妖怪一覧—各本の内容比較

＊想像力を超絶する妖怪たちの饗宴。広島三次藩の武士・稲生平太郎の家を三十日間にわたって次々と襲った妖怪群。奇想天外な妖怪群を描いた絵巻と、平太郎自身が記した目撃譚を本邦初公開。

◇Vampires—血の黙示録 吉田八岑著 人類文化社 1998.8 301,30p 20cm 〈東京 桜桃書房 文献あり〉 1800円 (i)4-7567-0859-5 Ⓝ388

(内容) 第1部 血の黙示録(母国ルーマニア ドラキュラ王伝説 血浴の伯爵婦人) 第2部 ヴァンパイアの領域(早すぎた埋葬 死体盗掘 ほか) 第3部 ヴァンパイアの地誌(アフリカ「血の信仰」 アメリカ大陸のヴァンパイア ほか) 第4部 現代版吸血鬼(人間部品産業 現代版吸血鬼)

＊悪魔学書の住人として、最も忌わしく、艶美な「吸血鬼」の真の恐怖が、本邦・デモノロジー巨匠の才知により、今ここに蘇る。

◇ヴァンパイア—吸血鬼伝説の系譜 森野たくみ著, 新紀元社編集部, 堀良江編 新紀元社 1997.12 222p 21cm (Truth in fantasy 32) 〈文献あり 索引あり〉 1800円 (i)4-88317-296-1 Ⓝ388

(内容) 第1章 ヴァンパイアとは何か?(吸血鬼ドラキュラ ヴァンパイアという存在 ほか) 第2章 歴史の中のヴァンパイア(ドラキュラ伯爵のモデル 英雄にして悪鬼 ほか) 第3章 世界のヴァンパイア(バルカン諸国 東欧 ほか)

第4章 ヴァンパイアの本質(魔女とヴァンパイア ペストとヴァンパイア ほか)

◇怪感旅行 水木しげる著 中央公論新社 2001.7 196p 16cm (中公文庫) 552円 (i)4-12-203859-6 Ⓝ387.91

(内容) 妖怪のミイラ ざしきわらし 小豆はかり 河童 ぬらりひょん さざえ鬼 たたりもっけ 奇人・変人 怪人 宇宙人 エネルギー泥棒 時間金持ち 場所の怪 蝶になった少女 奇妙な力 予期せぬ出来事 器物に宿る霊 ツキモノの呪い 使者の招き 霊魂の世界 この世とあの世 死について

＊ひっそりと隠れているもの、身辺にいるのに見えないもの、見えていろのに気付かない人。…お化けはさまざまな場所に、千差万別の形をとって存在している。彼らはこの世とあの世を結び、人の運命を変えてゆく。著者の体験を中心に綴る不思議旅。お化け二十二話。

◇怪奇の国ニッポン—新日本妖怪巡礼団 荒俣宏著 集英社 1997.8 397p 16cm (集英社文庫—荒俣宏コレクション 2) 667円 (i)4-08-748653-2 Ⓝ387

(内容) 第1部 江戸の妖怪研究家—平田篤胤先生に学ぶ 第2部 日本は怪神の国か?—蛇神と犬神のあとを追う 第3部 小泉八雲からUFOまで—本州の裏側はものすごい! 第4部 地獄は実在した!—日本の地獄に遊ぶ 第5部 日本の風水地帯を行く—星と大地の不可思議 第6部 世にも怪奇な標本を求めて—日本人は怪物を造ったか?

＊「荒俣宏の妖怪巡礼団」再結成。怪人・荒俣宏を目覚めさせたのは、江戸最高の博覧強記を誇った思想家・平田篤胤。その科学的かつ冷静な妖怪研究に触発され、再び日本各地の奇怪なるものの謎を解くために立ち上がった。妖しの神々、地獄の実在、風水のふしぎ、恐怖をおぼえる怪物標本の正体は何か。今ここに明かされる。

◇怪獣のいる精神史—フランケンシュタインからゴジラまで 原田実著 風塵社 1995.2 243p 20cm 2000円 (i)4-938733-16-1 Ⓝ388

(内容) 第1章 ゴドウィン父娘の呪い 第2章 科学という名の魔法 第3章 血塗られた貴族たち 第4章 ハーマン＝メルヴィル 第5章 猿の系譜 第6章 前世紀からの影 第7章 ハワード＝フィリップス＝ラグクラフト 第8章 「ゴジラ」

◇怪物の友—モンスター博物館 荒俣宏コレクション 荒俣宏著 集英社 1994.4 337p 16cm (集英社文庫) 600円 (i)4-08-748158-1 Ⓝ388

(内容) 第1部 怪物づくし(真夏の怪物博物誌 怪物百科) 第2部 怪物学の楽しみ(怪物とは何か 妖怪とは何か 要説・怪物とのおつきあい 「秘密の動物誌」の歴史 渋沢竜彦の怪物趣味 怪物誌の復活 東の竜・西のドラゴン 人魚の

民間信仰・迷信　　　　　　　　　　　　　　　　　　　　　　　妖怪・悪魔・吸血鬼

伝説　宗教の博物学）　第3部　怪物・妖怪放談（座談会　妖怪の饗宴　対談　黄昏時の異人たち〈谷川健一〉）
＊伝説の麒麟と実在のキリン、鳳凰とフェニックス、竜とドラゴンは、どこが同じでどこが違うのか。また、古今東西の怪物とよばれる想像上、伝説上の、実在を証明できない遊想動物たち。こうした「怪物」たちをこよなく愛する筆者が、その博物学的知識のすべてを傾注して書き表したおもしろくて解りやすい怪物学のオリジナル決定版。

◇怪物のルネサンス　伊藤進著　河出書房新社　1998.9　414p　19cm　3400円　(i)4-309-25510-8
(内容) はじめに―怪物は跳梁する　第1章　隣人としての怪物たち―怪物のアクチュアリテ　第2章　馴致される辺境の怪物たち　第3章　怪物の類型学　第4章　怪物の両義性と凶兆への収斂　第5章　怪物たちの目覚め　第6章　怪物への新しい視線　おわりに―見世物としての怪物
＊ヨーロッパ中世は「怪物」の時代だった!!中世・ルネサンスの日記や旅行記、医学書や自然科学書には異形のものたちが無数に跳梁していた―。日本ではじめて体系的にまとめられた「怪物」百科。貴重な図版多数収録、決定版入門書。

◇神々と吸血鬼―民族学のフィールドから　ナタン・ワシュテル著、斎藤晃訳　岩波書店　1997.2　155p　20cm　2369円　(i)4-00-002822-7　⒩382.67

◇吸血鬼―蘇る悪魔の戦慄　桐生操著　日本文芸社　1996.11　243p　15cm　(にちぶん文庫)　〈主要参考文献：p242～243〉　480円　(i)4-537-06276-2　⒩388
(内容) 1 血の戦慄　2 血の封印　3 血の渇望　4 血の真相
＊果てしなき血への渇望か、夜ごと獲物を求めて彷徨する吸血鬼たち―時に死せる骸に宿り、時に異形の魔物に姿を変え、血の饗宴に酔う異界の悪魔。凄惨な殺戮と狂気で、人々を震撼させた吸血鬼の全貌を描く。

◇吸血鬼の事典　マシュー・バンソン著, 松田和也訳　青土社　1994.12　461p　20cm　〈短編小説集・長編小説：p417～427　推薦図書：p448～453〉　3200円　(i)4-7917-5350-X　⒩388
＊世界各地の吸血鬼の民間伝承から映画・演劇・文学・医学・宗教・漫画に至るまでの吸血鬼に関する情報を集めた事典。見出し語の五十音順に排列。読んで楽しめることを意図して書いた、としている。巻末に吸血鬼に関する小説、映画、演劇、参考図書、協会・組織のガイドがある。―世界初の吸血鬼の博物誌。

◇暮しの中の妖怪たち　岩井宏実著　新装版　河出書房新社　2000.4　226p　15cm　(河出文庫)　〈文献あり〉　540円　(i)4-309-47396-2　⒩387

(内容) 1 暮しの中の妖怪たち(鬼　天狗　河童　河姫　シバテン　ほか)　2 妖怪―その聖と俗(妖怪の性格　妖怪の出現空間　妖怪の正体　妖怪出現の時　妖怪と現代　ほか)
＊人々は妖怪を恐ろしいものとするいっぽうで、現実から離れた妖怪世界を求めてきた。そして不思議な出来事、奇怪な現象を妖怪のしわざとして語り伝えたのである。こうしてかたちづくられた妖怪の姿を、各地に伝えられる昔話や伝説、古代から近世に至る各種の文献など興味深い資料を駆使して明らかにし、民俗学から見た妖怪の性格や正体、現代における意義を探る。

◇幻獣辞典　ホルヘ・ルイス・ボルヘス, マルガリータ・ゲレロ著、柳瀬尚紀訳　晶文社　1998.12　261.8p　20cm　(晶文社クラシックス)　2400円　(i)4-7949-1265-X　⒩388
(内容) ア・バオ・ア・クゥー　アブトゥーとアネット　両頭蛇　カフカの想像した動物　C・S・ルイスの想像した動物　ポオの想像した動物　球体の動物　六本足の羚羊　三本足の驢馬　バハムート〔ほか〕
＊ケンタウロス、やまたのおろち、チェシャ猫など、東西古今の120の空想上の生き物を集めた辞典。

◇幻獣の話　池内紀著　講談社　1994.2　201p　18cm　(講談社現代新書)　600円　(i)4-06-149188-1　⒩388
(内容) 一角獣―マルコ・ポーロが見たもの　アジアとヨーロッパ―幻獣という知の遺産　不思議な生きもの、不思議な人―狂気と文学のあいだ　幻獣紳士録　百鬼の奇―日本の幻獣　霊獣たちの饗宴―日光東照宮の場合　中国の宝の書―「山海経」入門　私という幻の獣―寺山修司の夢　ゴーレムからロボットへ―二十世紀の幻獣　マルコ・ポーロ
＊一角獣から鳳凰、ゴジラまで―。人はどこまで空想の翼を翔かせえたか?神話・伝説、宗教、芸術が生んだおびただしい幻獣は、何を物語るか?絶対の美、恐怖の極、珍妙笑止な獣など、人間の華麗な精神絵巻をひもとく。

◇酒呑童子の首　小松和彦著　せりか書房　1997.4　258p　20cm　2400円　(i)4-7967-0204-0　⒩387
(内容) 1 鬼と権力(酒呑童子の首―日本中世王権説話にみる「外部」の象徴化　「虎の巻」のアルケオロジー―鬼の兵法書を求めて　蓑着て笠着て来る者は…―もう一つの「まれびと」論に向けて)　2 生と死の境界(流される神々―「小栗判官譚」を手がかりに　輪廻転生譚をめぐって　生と死の境界　ほか)　3 異類と異界(影のオカルティズム　占いの精神史　傘お化けの出自　ほか)
＊鬼や妖怪とはなにか。また彼らの棲む異界と

文化人類学の本　全情報　539

はどこか。天皇の支配する都(王土)を外におびやかす大江山の酒呑童子を典型とする反権力の存在に光をあてながら中世民衆の想像力がつむぎだす闇の世界のイメージを説話・お伽草子・絵巻のなかに探った著者の最新評論集。

◇図説 オカルト全書　オーエン・S.ラクレフ著、荒俣宏監訳、藤田美砂子訳　原書房　1997.12　377p　21cm　3400円　(i)4-562-03027-5
(内容) 第1部 魔術 (魔術師　占星術　占い)　第2部 サタニズム (悪魔の擬人化　地獄と悪魔学)　第3部 魔女の術 (絵画に見る魔女　サバト)　第4部 超自然の世界 (別世界　恐ろしいイメージ)
＊西欧世界のオカルトの系譜をたどるヨーロッパ闇の精神史！稀少図版200点余。

◇図説天使と精霊の事典　ローズマリ・エレン・グィリー著、大出健訳　原書房　1998.12　427,8p　21cm　3800円　(i)4-562-03159-X
＊天使やデーモンの特徴、役目、性格などを掲載した、天使に関する事典。配列は五十音順。和文対照の、欧文項目一覧付き。

◇図説日本の妖怪　岩井宏実監修、近藤雅樹編　新装版　河出書房新社　2000.3　111p　22cm (ふくろうの本)　1600円　(i)4-309-72633-X　Ⓝ387
(内容) 妖怪の原像　王朝の怪異　妖怪の図像学　河童民俗誌　鬼の変貌　憑き物と祟り　今昔物語　怪物の住処　疫神送り　霊感少女の変身　現代と妖怪
＊異界からの使者たちの世界。百鬼夜行図鑑。

◇西洋魔物図鑑　江口之隆著　翔泳社　1996.11　278p　20cm　2000円　(i)4-88135-418-3　Ⓝ388
(内容) 1 天魔 (ルシファーと6副官　72将　天魔召喚法)　2 地魔 (精霊系地魔　動物系地魔　妖精系地魔　動物系地魔)　3 人魔 (変身型　動く死骸　人工人間　魔女と魔女発見法　幽霊)

◇世界妖怪大全 世界はゲゲゲ　水木しげる著　集英社　1994.10　161p　19cm 〈付：参考資料〉　1300円　(i)4-08-780150-0　Ⓝ388
(内容) 第1章 まぼろしのゲゲゲ—幻獣としての妖怪たち　第2章 セノイのゲゲゲ—マレーシア・セノイの妖怪たち[1]　第3章 となりのゲゲゲ—隣人としての妖怪たち　第4章 セノイのゲゲゲ—マレーシア・セノイの妖怪たち[2]　第5章 おそろしのゲゲゲ—恐怖伝説の妖怪たち　第6章 セノイのゲゲゲ—マレーシア・セノイの妖怪たち[3]　第7章 むかしむかし、ゲゲゲ—民話伝説の中の妖怪たち
＊水木しげるは日本一忙しい人なのに、ぐうぐう眠り、もりもり食べる。あと30年は長生きして世界中の妖怪を調査したいからだ。水木しげるは精霊のいる場所を感じとると、カメラでパチリとやる。その映像をたくさんの妖怪画の背景に使う。本当に霊のいる絵にしたいからだ。でも、水木しげるは愉快だ。愉快でなければ、こんなに楽しい妖怪大全はつくれない。

◇全国妖怪事典　千葉幹夫編　小学館　1995.10　284p　16cm (小学館ライブラリー)　800円　(i)4-09-460074-4　Ⓝ387
(内容) 北海道　東北　関東　中部　近畿　四国　九州　沖縄
＊文献上に現われた妖怪を県別に分類し、その種別、出現場所、特徴を解説した事典。妖怪の分類は柳田国男編『綜合日本民俗語彙』に準拠、「器物の怪」の項目を新たに立てた。巻末に妖怪名の五十音索引がある。—妖怪本の原典となった事典。

◇「大妖怪展」図録　朝日新聞社文化企画局大阪企画部編　朝日新聞社　c2000　127p　30cm 〈会期・会場：2000年4月29日—5月28日 福岡県立美術館ほか〉　Ⓝ387.91

◇齢れぬ命—老林亜洲妖怪譚　林巧著　角川書店　2001.6　249p　20cm　1900円　(i)4-04-873312-5　Ⓝ387
(内容) 飛ぶ首　生きる骸　家に寓るもの　遊ぶ泥人形　越えられない関　零れる目玉　輪のなかのとき　齢れぬ命　白くて長い霊　動きだす絵　香港の棺桶屋
＊幽闇なるアジアの深奥で旅人は古の妖怪たちに出逢う—。アジアの怪異の第一人者が辿る、知られざる幻想の地。季刊『怪』の人気連載、待望の単行本化。

◇他界への冒険—失われた〈鬼〉を求めて　小松和彦, 立松和平著　光文社　1993.2　283p　16cm (光文社文庫)　500円　(i)4-334-71658-X　Ⓝ387

◇中国の鬼　徐華竜著, 鈴木博訳　青土社　1995.12　542p　20cm　3400円　(i)4-7917-5420-4　Ⓝ387
(内容) 上篇 (鬼話—神話形成の媒介　鬼話の三つの発展形態　霊魂の観念　鬼の恐怖心　鬼の類型　ほか)　下篇 (城隍神　閻王　髑髏　変婆鬼節)
＊神話や民話の豊かな母胎。中国の鬼は人の霊である。閻魔大王のような怖い鬼から、酔っぱらいがなる酒鬼、借金を取立てる債鬼、男好きの淫鬼、賭鬼など、中国らしいユーモアや人情味あふれる鬼まで、それは多様な姿をとって今なお中国人の精神生活に息づいている。古来から中国に伝わる鬼話を集大成した、本邦初の中華鬼大全。

◇地霊論—感性のトポロジー　萩野弘巳著　青土社　2001.12　267p　19cm　2200円　(i)4-7917-5926-5
(内容) 第1部 地霊感応 (地霊論について　地霊の声、動物のよびかけ　ラフカディオ・ハーンと日本の地霊　日本の"神々")　第2部 地霊のドラマ (複式夢幻能の世界　演劇空間としての

能、アト・ランダム 「詩的世界」=異界と詩) 第3部 地霊巡礼(在原神社 赤間関 みみらく 理想宮=地霊宮)
  *なぜいま地霊なのか。とめどもなく膨れあがった私たちの世界に、地霊は何を語りかけるのか。小さきものへの感性の復権を求めて、夢幻能、ケルト、ラフカディオ・ハーン…そして地霊をたずねる旅と省察。
◇天狗百態 早瀬和幸著 村田書店 1994.9 140p 27cm 〈折り込図1枚 おもに図〉 4944円 Ⓝ387
◇天狗飛来——利根川下流域と天狗信仰 特別展 千葉県立大利根博物館編 佐原 千葉県立大利根博物館 1995.6 30p 26cm (会期:平成7年6月1日〜30日 参考文献:p28) Ⓝ387
◇動物妖怪談 中村禎里著,国立歴史民俗博物館監修 佐倉 歴史民俗博物館振興会 2000.12 96p 21cm (歴博ブックレット 17) 667円 (i)4-916202-43-0 Ⓝ387
◇都市空間の怪異 宮田登著 角川書店 2001.11 212p 19cm (角川選書) 1300円 (i)4-04-703311-1
  (内容)第1章 妖怪と人間との交流(妖怪の音声 妖怪からのメッセージ) 第2章 妖怪と幽霊(幽冥界 幽霊と妖怪 幽霊の描かれ方) 第3章 都市と妖怪(都市の怪異 東京の魔所 異界との交流 鏡花と妖怪文化) 第4章 近現代社会の妖怪(若者の霊魂観 都市空間の妖怪)
  *かつて妖怪は人里離れた闇にひそんでいた。しかし、闇が駆逐された近現代の都市空間にも怪異は存在し、妖怪は出現する。妖怪はなぜ現れ、何を人間に語ろうとしているのか。学校の怪談などのうわさ話や都市伝説からホラー小説に至るまで、メディアやマスコミの介在によって増殖した現代における怪異譚を、民俗学の立場から考察する。
◇ドラキュラ100年の幻想 平松洋著 東京書籍 1998.9 443p 20cm 2900円 (i)4-487-75412-7 Ⓝ388
  (内容)第1章 ドラキュラ胎動編——テクスト生成の歴史的考察、あるいは、不死者ドラキュラはいかにしてこの世に誕生してきたか。(ドラキュラ生誕100周年、ブラム・ストーカー生誕150周年を祝って 「魔女」の誘惑、あるいは、トリニティーの大地母神は「吸血鬼」となるか 「ドラキュラ」の覚醒、あるいは、ストーカーと教授の運命的な出会い ほか) 第2章 ドラキュラ退魔編——ドラキュラは何故滅ぼされるのか(「ドラキュラは何故、十字架に弱いのか」、あるいは、十字架=蛇論 「ドラキュラは何故、鏡に映らないのか」、あるいは、象徴化の戦略 「ドラキュラは何故、ニンニクが嫌いなのか」、あるいは、鹿とヒルの論理 ほか) 第3章 ドラキュラ解体編——新たなるドラキュラ論に向けて、あるいは、パイプ・ドリーム(おおいなる物語としてのドラキュラ 物語、あるいは、鬼・語りの構図 モノ・カタリ・タマの解釈学 ほか)
  *本書は人類に共通する基層の精神文化を探ることで、その表層として現れたドラキュラの「テクスト」を解明しようとするものである。したがって学問的なシェーマ(図式)や方法論を問題とするものではなく、様々な論理を手がかりにドラキュラの真の姿をどこまで解明できるかが課題となる。当然、多くの学問的領域を自由に行き来する学際的な試みとなり、論理の飛翔/飛躍を恐れない知/痴/血の冒険となるだろう。
◇ドラキュラ誕生 仁賀克雄著 講談社 1995.9 254p 18cm (講談社現代新書) 〈主要参考文献:p253〜254〉 650円 (i)4-06-149269-1 Ⓝ388
  (内容)1 吸血鬼の起源 2 世界の吸血鬼 3 有名な吸血鬼たち 4 吸血鬼文学の歴史 5 ドラキュラ公ヴラド・ツェペシュ 6 「ドラキュラ」を書いた男 7 ドラキュラの末裔 8 吸血鬼の幻影
  *世紀末の大英帝国に誕生して以来百年、世界中の人々に恐れられ、かつ愛されつづけてきた不滅のモンスター「吸血鬼ドラキュラ」。その魅力のすべてがこの一冊に。
◇ドラゴン——反社会の怪獣 ウーヴェ・シュテッフェン著,村山雅人訳 青土社 1996.12 341p 20cm (〈叢書〉象徴のラビリンス) 2524円 (i)4-7917-5498-0 Ⓝ388
  (内容)竜——実在性と象徴 神話のなかの竜退治 聖書のなかの竜退治 レビヤタンにたいする戦い メルヘンのなかの竜退治 伝説や聖人伝のなかの竜退治 キリスト教における竜退治
  *西洋では、怪物的なもの、不気味なもの、脅威的なものであり、悪の象徴とされてきたドラゴン。また、カオスの象徴として、天地創造・世界更新のために退治される存在でもあった。ドラゴン退治の英雄譚が、神話から、精神分析的なもの、そして政治的抗争にと変貌するさまを活写する、ユニークな精神史。
◇日本異界絵巻 小松和彦ほか著 筑摩書房 1999.1 305p 15cm (ちくま文庫) 880円 (i)4-480-03448-X Ⓝ387
  (内容)スサノヲ——三界を旅する"異貌の神" 八岐大蛇——自然と土着民のシンボル ヤマトタケル——白鳥に変身した悲劇の英雄 小子部栖軽——怪力・知力を備えた異界の主 聖徳太子——未来を語り伝える予言者 役小角——山民"呪術者集団"のリーダー 吉備真備——鬼から秘術を授けられた超人 空海——不死の姿で生き続ける名僧 菅原道真——神霊の両義性をもつ神の子 安倍晴明——陰陽師のシンボル的存在 〔ほか〕
  *本書は異界に深い係わりをもっていたと考えられる「人物」と、異界に属すると思われる

「妖怪変化」たちの身元調査記録である。彼らが、表の歴史に正々堂々と姿を現すことは滅多になかったが、日本文化に極めて大きな影響を及ぼしたことは疑いない。「妖怪」たちの活躍と意味を考えることは、異界という想像力豊かな世界を生みだした、わたしたち日本人の心の歴史を大胆に読み解くことになる。

◇日本「鬼」総覧 新人物往来社 1995.1 431p 21cm (歴史読本特別増刊―事典シリーズ 第23号) 「オニ」文献一覧:p363〜389「オニ」年表:p391〜395) 1800円 Ⓝ387

◇日本史怖くて不思議な出来事 中江克己著 PHP研究所 1998.7 267p 15cm (PHP文庫) 533円 (i)4-569-57177-8 Ⓝ387
(内容) 第1章 宇宙人の飛来か 第2章 超能力者の秘法 第3章 謎の異人たち 第4章 恐怖を呼ぶ超常現象 第5章 鬼と妖怪 第6章 闇の中の怪異
*「飛鳥時代に目撃された謎の飛行物体」「京都で突然姿を消し、江戸浅草に落ちてきた男」「信長や秀吉も認めた超能力者・果心居士」「大量の砂利が降ってきた越後の村」「坊主が住む奇怪なかまど」など、過去、日本で目撃された異常な出来事は超常現象か、はたまた宇宙人のしわざなのか?土蜘蛛伝説や酒呑童子伝説の真実とは?歴史上確かな記録として残る怪奇事件を集大成。

◇日本の妖怪百科―絵と写真でもののけの世界をさぐる 岩井宏実監修 河出書房新社 2000.4 5冊(セット) 30cm 15000円 (i)4-309-61380-2
(内容) 第1巻 山の妖怪 第2巻 水の妖怪 第3巻 里の妖怪 第4巻 屋敷の妖怪 第5巻 妖怪を調べる手引き・索引

◇日本妖怪異聞録 小松和彦著 小学館 1995.8 247p 16cm (小学館ライブラリー 73) 760円 (i)4-09-460073-6 Ⓝ387
(内容) 第1章 大江山の酒呑童子 第2章 妖狐玉藻前 第3章 是害坊天狗 第4章 日本の大魔王 崇徳上皇 第5章 鬼女 紅葉 第6章 つくも神 第7章 鈴鹿山の大岳丸 第8章 宇治の橘姫
*大江山の酒呑童子や那須野の妖狐・玉藻前など、日本史の背後を彩ってきた妖怪の実像に異界研究の第一人者・小松和彦が迫る。

◇にっぽん妖怪地図 阿部正路,千葉幹夫著 角川書店 1996.12 159p 31cm 〈年表あり〉 3689円 (i)4-04-851114-9 Ⓝ388.1
(内容) 幕開 百物語化物屋敷 第1章 妖怪たちの饗宴 第2章 妖怪たちの行進 第3章 天に棲む妖怪 第4章 山に棲む妖怪 第5章 野に棲む妖怪 第6章 海に棲む妖怪 第7章 川に棲む妖怪 第8章 人里に棲む妖怪 第9章 家に棲む妖怪 付 稲生物怪録絵巻
*日本各地の妖怪たち、ここに大集合空前絶後よくも揃った!集まった!初めて公開する妖怪画集の決定版。

◇日本妖怪博物館 草野巧,戸部民夫共著 新紀元社 1994.8 365p 21cm 〈参考文献:p355〜359〉 2500円 (i)4-88317-240-6 Ⓝ387
(内容) 第1章 神話 第2章 伝説 第3章 秘儀・秘教 第4章 民俗 第5章 渡来 第6章 超常 第7章 創作 第8章 自然 第9章 動物

◇美女の幽霊―幽魂・妖鬼・幽霊の世界 秋田成明著 近代文芸社 2000.12 77p 19cm 1000円 (i)4-7733-6704-0
(内容) 幽霊には足がある その中国の原話 霊と魂 霊魂が子を生む 冥界と鬼 人鬼異路 鬼はもと妖怪のたぐい 青獺の女 夢占 夢に死の予告〔ほか〕

◇一つ目小僧と瓢簞―性と犠牲のフォークロア 飯島吉晴著 新曜社 2001.11 473p 19cm 4200円 (i)4-7885-0785-4
(内容) 1 一つ目小僧とタタラ(放浪人と一つ目小僧―共同体とその外部 タタラと錬金術―物質変容の精神史 目の民俗 柳田国男の妖怪論) 2 裸回りと柱の民俗(裸廻りの民俗 日本の柱信仰―世界樹としての柱 神話のこころ・性の原風景―裸回り・覗き見の神話学) 3 性の神と家の神(性の神「火伏せ」の呪物―建築儀礼と性的風習 陸前の竈神信仰―竈神の性格と儀礼を中心に 薩南の火の神祭り 烏枢沙摩明王と厠神 住居のアルケオロジー―「家の神」からみた住まいの原初形態) 4 異人と闇の民俗(祭りと夜―闇のフォークロア 異人歓待・殺戮の伝説 瓢簞の民俗学―虚実のあわいをめぐって)
*裸回り、火伏せなどの性的儀礼から、一つ目小僧や異人殺戮、さらに瓢簞、蝶などをめぐる民間伝承のなかに、性と犠牲が民俗社会でもった宇宙論的な意味と現代にまでつながる意味をさぐる。

◇百鬼解読―妖怪の正体とは? 多田克己著 講談社 1999.11 229p 18cm (講談社ノベルス) 〈文献あり〉 840円 (i)4-06-182101-6 Ⓝ387
(内容) 妖怪の誕生 妖怪博物館絵師鳥山石燕 妖怪を読み解く(姑獲鳥(うぶめ) 魍魎 火車 方相氏 狂骨 骸骨 鉄鼠 青坊主 野寺坊 払子守 木魚達磨 大禿 隠里 絡新婦 蓑火 否哉 丑時參 百々目鬼 木魂 塗仏 ねっぺっぽう うわん ひょうすべ わいら しょうけら おとろし 燭陰 白沢 小袖の手 文車妖妃 目目連 鬼一口 煙々羅 倩兮女 火間虫入道 襟立衣 毛倡妓 川赤子 鳴釜 瓶長 山嵐 陰摩羅鬼)
*姑獲鳥(うぶめ)と絡新婦(じょろうぐも)の関係とは?魍魎と火車はなぜ同一視されたのか?陰摩羅鬼とはどんな妖怪なのか?『姑獲鳥の夏』からはじまる京極夏彦「妖怪シリーズ」に登場した全ての妖怪を、該博な知識で「妖怪博士」

多田克己が解読。妖怪初心者にも研究家にとっても必読の一冊。京極夏彦オリジナル妖怪画全42点収録。

◇百鬼夜行解体新書　村上健司, スタジオハードMX編著　横浜　光栄　2000.12　159p　21cm　1600円　(i)4-87719-827-X　Ⓝ387.91
　内容　幻想妖怪映像スチール写真館　序　妖怪とはなにか—その誕生と存続　世界妖怪会議　妖怪探訪のススメ　妖怪グッズコレクション　京極夏彦interview　巻末企画　怪奇・妖怪映像の世界
　＊小説やテレビ、映画など古今東西のメディアで活躍する、代表的な101体の妖怪を、妖怪研究家・村上健司氏が解説。今井修司、近藤ゆたか、田口順子、森野達弥、山下しゅんや、そして京極夏彦による描きおろしイラスト＆写真も収録。さらに妖怪ごとに関連小説や映像などもあわせて紹介。「百鬼夜行・妖怪コレクション」「水木しげるの妖怪伝」「妖怪家族」などの関連アイテムや、映像作品リストとともに、初心者からマニアまで、妖怪を縦横に知る＆楽しむには最適の一冊。

◇フクロウの民俗誌　飯野徹雄著　平凡社　1999.11　218p　20cm　〈文献あり〉　1600円　(i)4-582-54228-X　Ⓝ388
　内容　第1章　アイヌの神鳥　第2章　シベリア先住民族とふくろう　第3章　イヌイットとウクピク　第4章　ふくろうのトーテム　第5章　キバとカチナの踊り　第6章　中南米インディオの世界　第7章　南太平洋を翔ぶ　第8章　東南アジアの坩堝の中で　第9章　日本の伝承のなかから
　＊夜空を音もなく翔ぶフクロウは、古来ときに神として崇められ、ときに不吉な鳥として忌み嫌われた。闇と光の使者フクロウに関する伝説、民話や祭礼、フクロウをモチーフとした彫刻、人形などから、民族の心を読みとる。

◇呪いと占い—企画展解説図録　川崎市市民ミュージアム編　川崎　川崎市市民ミュージアム　2001.4　102p　29cm　〈会期：平成13年4月28日—6月10日〉　Ⓝ387.91

◇魔術—理論と実践　アレイスター・クロウリー著, 島弘之, 植松靖夫, 江口之隆訳　新装版　国書刊行会　1997.10　575p　21cm　5700円　(i)4-336-04043-5
　内容　魔術的宇宙論　「儀礼」の原理　「元素的武器」の術式　「テトラグラマトン」の術式　「アルヒム」の術式と「アリム」の術式　「I・A・O」の術式　「初参入者」の術式　「聖杯」の術式　「アブラカダブラ」、そしてその他の「言葉」の術式、また「魔術的記憶」「均衡」について、また「神殿」の「調度」と「作業」の「道具」との準備の一般的・個別的方法について〔ほか〕
　＊「魔術」の秘奥の儀式と教理を公開した、獣666アレイスター・クロウリーの記念碑的著作。

◇魔女と魔術の事典　ローズマリ・エレン・グィリー著, 荒木正純, 松田英監訳, 小倉美加, 小沢博, 桑野佳明, 田口孝夫, 竹中隆一, 村里好俊訳　原書房　1996.10　517, 29p　21cm　4800円　(i)4-562-02858-0
　＊魔女の魔術、妖術、呪術から悪魔信仰、異教の神々や崇拝等、魔女迫害の歴史に関する事項400を解説した事典。排列は見出し項目の五十音順。図版多数。巻末に2500項目の関連用語・人名・事件等を検索できる和欧対照索引がある。「The Encyclopedea of Witchs and Witchcraft」(1995、ニューヨーク刊)の抄訳版。—想像を絶する暗黒の世界を網羅した初の事典。

◇魔女の素顔—人はなぜ空を飛べるのか　志賀勝著　はまの出版　1998.10　278p　19cm　1600円　(i)4-89361-269-7　Ⓝ387
　内容　魔女のこと知ってる？—学生たちと話したこと　魔女はなぜほうきにのるのか？　魔女は空を飛んだ　仮死　狼男　だれも空中飛行を信じてこなかった　臨死体験　神秘体験　天翔けるシャーマン
　＊本書は、空飛ぶ人間についてまとめたものだ。空飛ぶ人間といえば、わたしたちがすぐ頭に浮かべるイメージは、魔女、だろう。…魔女はほんとうに空を飛んだ。夢でも、空想でもなく、ましてや精神の錯乱や妄想などではなく、生き生きと、自由自在に空を駆けることが魔女にはできた。…人類は、地球に生命を与えられた古い古いむかしから、空飛ぶ力をもっていた。この本は、その力の秘密をちょっとばかり明らかにしようとしている。

◇魔女はなぜ空を飛ぶか　大和岩雄著　大和書房　1995.12　205p　20cm　2000円　(i)4-479-75033-9　Ⓝ387
　内容　1　空を飛ぶ魔女と愛の女神　2　空を飛ぶ魔女と翼をもつ太母　3　空を飛ぶ魔女の箒と太母象徴　4　子供を殺して食べる魔女をめぐって
　＊魔女が空を飛ぶという理由を、古代にまでさかのぼり、追究する従来の魔女論とは違った新しい視点からの魔女論、女性論。

◇魔女はなぜ人を喰うか　大和岩雄著　大和書房　1996.5　268p　20cm　2400円　(i)4-479-75034-7　Ⓝ387
　内容　1　魔女はなぜ人を喰うか　2　魔女と吸血鬼　3　魔女と人を喰う山姥・鬼女　4　魔女と「歯のある膣」　5　喰う女と喰われる男
　＊カニバリズムの根源を明かす。魔女が人を喰うといわれた原因を、日本で人を喰ういわれる山姥、現代の食人事件、吸血鬼伝承と関連させて追究する。

◇魔法・魔術　山北篤著　新紀元社　2000.5　246p　21cm　(Truth In Fantasy 50)　1800円　(i)4-88317-347-X

内容 魔女　ドルイド　ルーン　カバラ　錬金術　占星術　心霊主義　呪術　ヨーガ　ヴードゥ〔ほか〕
＊世界に多数ある魔法・魔術の体系。その中からファンタジーファンやTVゲームユーザー、占いなどに興味をもつ方々にとって馴染み深い15の魔法を選び、やさしく紹介する魔法・魔術の総合ガイドブックです。図版も多数掲載し、入門書としても最適の一冊。

◇水木しげるの世界幻獣事典　水木しげる著　朝日新聞社　1994.8　159p　26cm〈参考資料：p158〜159〉　3900円　(i)4-02-258572-2　Ⓝ388

◇水木しげるの続・世界妖怪事典　水木しげる著　東京堂出版　2000.9　189p　16×22cm〈文献あり〉　2500円　(i)4-490-10555-X　Ⓝ387.9
内容 耳長—マレーシア　土の精—マレーシア　ビディ—マレーシア　鍵の精霊—マレーシア　竹ねずみの精—マレーシア　ペフナン—マレーシア　とがったナイフの精—マレーシア　突き落とし妖怪—マレーシア　根っこの精—マレーシア　魚の精—マレーシア〔ほか〕
＊世界各地に伝わる妖怪を集め、紹介した事典。

◇水木しげるの日本妖怪めぐり　水木しげる著　JTB　2001.9　173p　21cm〈文献あり〉1800円　(i)4-533-03956-1　Ⓝ387.91
内容 水木しげるの選んだ妖怪10(一反木綿　畳叩き　小豆洗い　塗壁　白坊主　枕返し　たんころりん　海坊主　舟幽霊　山姥)　日本の妖怪めぐり(オッケルイペ　ずんべら坊　細手　座敷童子〔ほか〕
＊日本各地の妖怪をたずねる水木しげるの妖怪ガイド。水木しげるの選んだ妖怪10、妖怪データ付。

◇水木しげるの妖怪談義　水木しげる著　ソフトガレージ　2000.8　361p　19cm　1600円　(i)4-921068-56-9　Ⓝ387.91
内容 妖怪に憑かれた人々　京極夏彦—妖怪画家は努力をしない？　小松和彦—日本人の暮らしのなかに棲む妖怪　荒俣宏—世界のミステリー遺跡に残る妖怪の痕跡　養老孟司—妖怪は実在するのか？それとも脳の錯覚か？　吉村作治—エジプトの死生観と妖怪　美輪明宏—妖怪とあの世　人は死んだらどこへ行くのか？　南伸坊・呉智英—水木しげる妖怪探訪の旅
＊さまざまな視点を持つ対談者たちと水木しげるが「妖怪」を語り尽くす。

◇水木しげるの妖怪伝大画集　水木しげる著　新紀元社　1998.3　327p　22×22cm　4500円　(i)4-88317-303-8　Ⓝ387.91
＊水木しげるの妖怪カード原画300点以上を収録した原画集第1弾。

◇水木しげるの妖怪百物語　日本篇　水木しげる絵と文　二見書房　1999.9　226p　15cm（二見wai wai文庫）　495円　(i)4-576-99102-7　Ⓝ388
内容 第1章 異界の闇に広がる妖怪ワールド　第2章 家や屋敷に現われる怪しきもの　第3章 山や野原を跋扈する妖しいものども　第4章 川や海から生まれる妖怪たち　第5章 人を幻惑させる動植物の魔力　第6章 人智を超えて広がりつづける謎の存在
＊日本人の心に生きつづける恐ろしくも哀しい100の怪。妖怪漫画の第一人者が絵と文で描く恐怖とロマン。

◇水木しげるの妖怪文庫　1　水木しげる著　新装版　河出書房新社　1999.8　197,4p　15cm（河出文庫）　540円　(i)4-309-42041-9　Ⓝ388.1
内容 児啼爺　青女房　百足　文車妖妃　旧鼠　小豆はかり　置行堀　疱瘡婆　二根坊の火　溝出〔ほか〕
＊魑魅魍魎、妖怪大博物誌。

◇水木しげるの妖怪文庫　2　水木しげる著　新装版　河出書房新社　1999.8　197,4p　15cm（河出文庫）　540円　(i)4-309-42042-7　Ⓝ388.1
内容 百目　夜行さん　小豆洗い　機尋　人面瘡　網切　野宿火　笑地蔵　衾　加牟波理入道〔ほか〕
＊百鬼夜行、異界への招待。

◇水木しげるの妖怪文庫　3　水木しげる著　新装版　河出書房新社　1999.8　197,4p　15cm（河出文庫）　540円　(i)4-309-42043-5　Ⓝ388.1
内容 ぬらりひょん　釣瓶落し　古庫裏婆　帷子が辻　河童　遠ろか水　大光寺の怪異　岸涯小僧　たくろう火　寝肥〔ほか〕
＊幻獣乱舞、怪異と不思議の世界。

◇水木しげるの妖怪文庫　4　水木しげる著　新装版　河出書房新社　1999.8　201,4p　15cm（河出文庫）　540円　(i)4-309-42044-3　Ⓝ388.1
内容 油すまし　磯女　べとべとさん　山神　しばがき　朧車　狐者異　家鳴　豆狸　ぬるぬる坊主〔ほか〕
＊怨霊跋扈、変化する時空。

◇水木しげる妖怪大画報—少年マガジン「巻頭口絵」の世界　水木しげる著　コミックス　1997.11　169p　26cm（KCデラックス　876）〈東京　講談社（発売）〉　3143円　(i)4-06-319876-6　Ⓝ387.91

◇もののけ—描かれた妖怪たち　富岡市立美術博物館・福沢一郎記念美術館編　富岡　富岡市立美術博物館・福沢一郎記念美術館　1997.10　71p　30cm（会期：平成9年10月7日〜11月9日　文献あり）　Ⓝ387.91

◇もののけづくし　別役実著　早川書房　1999.4　232p　15cm（ハヤカワ文庫NF）　540円　(i)4-15-050229-3
内容 序 歩み寄る近代科学　1 妖怪ウォッチングの心得　2 進化の徒花　3 高度な戦略　4 利己的行動　5 擬態を装う　6 自我の喪失　7

人間関係に寄生　8 情報化社会に対応　9 経済変動で成長　10 天然記念物怪
＊ろくろっくび、のっぺらぼう、すなかけばば等、古来、日本人はさまざまなもののけと接してきた。そして現在、激動する世界経済のなか、新種の妖怪が出現したのである。ふんべつ、りしょく、ぎゃおすといった未知のもののけは、高度に情報化した私たちの生活にどんな影響をもたらすのだろうか。日頃見すごしがちな妖怪たちの生態をつぶさに観察し、もののけとうまく付き合うコツを詳細に記した、大人のためのお化け入門書。

◇もののけと日本人　武光誠著　KIBA BOOK　1999.4　211p　18cm　(KIBA新書)　〈「もののけと猟奇」(1998年刊)の増訂〉　667円　(i)4-916158-29-6　Ⓝ387
(内容) 1 人間たちの奇怪な行動—物怪学入門　2 精霊と物怪の分化—平安時代　3 もののけ世界に生きた人びと—中世　4 もののけの文芸化の試み—江戸時代　5 もののけを否定し得ない近代人—江戸時代から現代へ　6 もののけの限りない発生—人間の歴史ともののけ
＊古代から日本の歴史を動かし、文化に影響をあたえてきた"もののけ"とは?陰の文化考察の名著。

◇もののけと猟奇　早見正臣著　KIBA BOOK　1998.4　205p　20cm　1600円　(i)4-916158-19-9　Ⓝ387
(内容) 1 人間たちの奇怪な行動—物怪学入門　2 精霊と物怪の分化—平安時代　3 もののけ世界に生きた人びと—中世　4 もののけ文芸化の試み—江戸時代　5 もののけを否定し得ない近代人—江戸時代から現代へ　6 もののけの限りない発生—人間の歴史ともののけ
＊日本の歴史と文化を変えてきたもののけ(物怪)と猟奇な政治的、社会的事件のかかわりを注目の歴史学者が解き明かす。

◇妖怪　岡本綺堂ほか著　国書刊行会　1999.5　277p　21cm　(書物の王国 18)　2500円　(i)4-336-04018-4
(内容) 妖怪さま(水木しげる)　日本の幽霊譚(ラング、アンドリュー)　稲生物怪録(平田篤胤)　エプワース牧師館の怪(イングラム、ジョン・H)　ランプの廻転(渋沢竜彦)　マリウェックの墓地(レイ、ジャン)　なくした部屋(オブライエン、フィッツ・ジェイムズ)　廃寺の化物—「宿直草」(荻原安静)　杵の怪—「捜人記」(干宝)　付喪神　誰が知ろう?(モーパッサン、ギ・ド)　父の気がかり(カフカ、フランツ)　器怪の祝祭日(種村季弘)　近世妖怪歌謡(須永朝彦)　夜の蠱惑(ベルトラン、アロイジュス)　くろん坊(岡本綺堂)　恐怖の山(ベンスン、エドワード・フレデリック)　カッパのクー　人魚(火野葦平)　狼男の話—「サテュリコン」(ペトロニウス、アルビテル・ガーユス)　鍛冶の母(田中貢太郎)　怪(綱淵謙錠)　ダイダラ坊の足跡(柳田国男)　山のごとく歩む(ウェルマン、マンリー・ウェイド)　流刑の神々(ハイネ、ハインリヒ)　雪女の話(高崎正秀)
＊古今東西、テーマ別文学全集。文学版百鬼夜行図—妖怪大集合。

◇妖怪　柳田国男ほか著　河出書房新社　2000.7　449p　20cm　(怪異の民俗学 2)　3800円　(i)4-309-61392-6　Ⓝ387
(内容) 1 総論(妖怪変化の沿革　妖怪　ほか)　2 妖怪の歴史(付喪神　妖怪画と博物学　ほか)　3 妖怪の民俗学(女と妖怪　ミカワリバアサンと八日ゾ　ほか)　4 妖怪と現代文化(狸とデモノロジー　妖怪と現代文化　ほか)　5 妖怪の民俗誌(小豆洗い　小豆洗いに就て　ほか)
＊「妖怪」研究は「人間」研究である。人間の心の奥底に迫る「怪異」と「不思議」の世界。

◇妖怪現わる—現代妖怪談義　中山市朗著　大阪遊タイム出版　1994.5　240p　19cm　(発売:星雲社(東京))　1400円　(i)4-7952-4473-1　Ⓝ387
(内容) 序章 怪異の扉が開くとき　第1章 怪猫狐狸のこと　第2章 ムジナのこと　第3章 座敷わらしのこと　第4章 河童のこと　第5章 天狗のこと　第6章 あったこと　第7章 小人と妖精について
＊新進オカルトライターが3年の歳月をかけて取材した、平成版妖怪リポート。

◇妖怪いま甦る—「稲生武太夫妖怪絵巻」の研究　稲生武太夫, 三次市教育委員会編　三次　三次市教育委員会　1996.1　94p　30cm　(三次市歴史民俗資料館調査報告 第10集)　〈付:秘録・三次実録物語解題　参考書籍:p94〉　Ⓝ910.25

◇妖怪学新考—妖怪からみる日本人の心　小松和彦著　1994.8　253p　20cm　2300円　(i)4-09-626182-3　Ⓝ387
(内容) はじめに　新しい妖怪学のために　第1部 妖怪と日本人　第2部 魔と妖怪
＊妖怪はなぜ存在しつづけるのだろうか。古い妖怪は滅んでも、新たな現代の妖怪は生まれている。「闇」を失った都会でうごめく妖怪はどのようなものなのか。人間がいるかぎり妖怪は生きつづける。

◇妖怪学新考—妖怪からみる日本人の心　小松和彦著　小学館　2000.8　299p　16cm　(小学館ライブラリー)　940円　(i)4-09-460132-5　Ⓝ387.91
(内容) はじめに　新しい妖怪学のために(妖怪学とはなにか　妖怪学の三つの潮流　柳田国男の妖怪学　柳田以降の妖怪学)　第1部 妖怪と日本人(妖怪とはなにか　妖怪のいるランドスケープ　遠野盆地宇宙の妖怪たち　妖怪と都市のコスモロジー　ほか)第2部 魔と妖怪(祭祀される妖怪、退治される神霊　「妖怪」の民俗的起源

論　呪詛と憑霊　外法使い—民間の宗教者　ほか)
*人々が不安や怖れから逃れられず、心に「闇」を抱きつづけるかぎり、妖怪は生きつづける。妖怪を明らかにする試み…、それは現代社会と日本人の心を明らかにすることでもある。妖怪研究の第一人者による刺激的妖怪論。

◇妖怪学全集　第4巻　井上円了著，東洋大学井上円了記念学術センター編　柏書房　2000.3　677p　22cm　6800円　(i)4-7601-1724-5　Ⓝ147.6
(内容) 妖怪玄談　通俗絵入　妖怪百談　通俗絵入　続妖怪百談　通俗講義　霊魂不滅論　哲学うらない　改良新案の夢　天狗論　迷信解
*"世界万有ことごとく妖怪なり"。妖怪の収集と解説霊魂の探究。

◇妖怪学全集　第5巻　井上円了著，東洋大学井上円了記念学術センター編　柏書房　2000.5　509p　22cm　6800円　(i)4-7601-1725-3　Ⓝ147.6
(内容) おばけの正体(妖怪はあるかないかについて　余の実験せる障子の幽霊　幽霊の足音　空き小屋の光り物　夜中の大怪物　ほか)　迷信と宗教(迷信の定義　西洋の迷信　露国の迷信　インドの迷信　シナの迷信　ほか)　真怪(真怪有無の問答　田間に停車場を幻出せる不思議　狐狸が人を殺せし事実　知らずの怪談　ほか)
*明治時代に発生した新妖怪や怪異事件など一三〇話を紹介。西洋、ロシア、インド、中国、朝鮮、台湾など海外の迷信、日本各地地方別妖怪、全国共通の妖怪などを列挙。明治から大正にかけて新聞に紹介された怪談一〇〇話を披露。

◇妖怪学入門　東洋大学井上円了記念学術センター編　すずさわ書店　2000.2　190p　19cm　(えっせんてぃあ選書9)　1800円　(i)4-7954-0144-6　Ⓝ387.91
(内容) 妖怪とうそ話—遊び心と想像力　妖怪たちの諸相—資料から見る　コレクターの心にひそむ妖怪　妖怪と仏教—怪しき「異形のものたち」　民俗学からみた妖怪　井上円了の妖怪学—その今日的な意義
*ちょうど、現代と同じく時代の転換期であった明治時代にも、"妖怪"についての見方を示した二人の人物がいた。一人は、「哲学」の普及をめざして東洋大学を創立した井上円了である。明治20年代から「妖怪学講義」などを出版し、近代人の特徴である合理的な見方に立ち、日本人の"妖怪"に関するものの見方・考え方を、新しい時代のなかで問い直したのであった。それからしばらくのちに、もう一人の人物である柳田国男が、民俗学を提唱

するなかで、妖怪を「神と人」との関係から捉え直したのであった。現在の妖怪に関する見方は、この二人に代表される流れを引き継いでいるが、新時代への転換を迫られている現代において、ふたたび現れた人々の「妖怪」への関心がなにに起因するのか、本書は、それを考えるためにも、改めて「妖怪と日本人のかかわり」の原風景を、多くの人々とともに振り返った。

◇妖怪クラブにおいでよ！—メンバーはかわいいヤツばかり！　学習研究社　1993.12　161p　19cm　(ムテキ・ブックス14)　750円　(i)4-05-200291-1
(内容) 第1章　闇にうごめく妖しの生き物　第2章　人の姿を借りた妖怪たち　第3章　水魔そして火魔のいたずら　第4章　この世に現れた多くの精霊　第5章　化かし、おどす動物たち　第6章　地獄からの使者—鬼
*古くから各地にいい伝えられている、さまざまな妖怪たち。人間の能力では解明できない「不思議」はすべて妖怪のしわざだ。ちょっぴりこわいけど、個性的でユーモラスな、そんなやつらが総登場。意外なプロフィールから、万が一、出あったときの逃げ方まで、読んで楽しい妖怪ワールドの決定版だ。

◇妖怪事典　村上健司編著　毎日新聞社　2000.4　418p　22cm　3800円　(i)4-620-31428-5　Ⓝ387.91
*民俗資料、怪談集、随筆その他の日本の文献にみられる妖怪の事典。妖怪はすべて名称の五十音順で配列。妖怪は民間伝承、江戸時代までの文献によるものなどの出典から5つに分類して各妖怪ごとに分類番号を付した。また参考資料は各項目ごとに掲載。巻末に五十音順の索引を付す。

◇妖怪十二支参り　村上健司著　同朋舎，角川書店〔発売〕　2001.12　206p　21cm　(ホーラージャパネスク叢書)　1400円　(i)4-8104-2736-6
(内容) 子　丑　寅　卯　辰　巳　午　未　申　酉　戌　亥
*本書は"十二支参り"とうたってはいるが、あくまでもメインは十二支にあてられた動物である。日本人が動物に対してどのような考えを持ち、接してきたのかを探るとともに、その動物にまつわる妖怪や怪異、神社や仏閣を紹介。

◇妖怪図巻　京極夏彦文，多田克己編・解説　国書刊行会　2000.6　183p　19×27cm　3800円　(i)4-336-04187-3　Ⓝ387.91
(内容) 「化物づくし」・「百怪図巻」(見越入道　しょうけら　ひょうすべ　ほか)　「化物絵巻」(うぶめ　ぬつへつほう　山姥　ほか)　「百鬼夜行絵巻」(あすここく　逆髪　にがわらい　ほか)

◇妖怪図鑑―たそがれと闇にひそむもの 企画展 安城市歴史博物館編 安城 安城市歴史博物館 1996.7 56p 30cm (会期:平成8年7月20日~9月8日 主要参考文献一覧:p55) Ⓝ387.91

◇妖怪草紙―荒俣宏vs.小松和彦 荒俣宏,小松和彦著 学習研究社 2001.11 365p 15cm (学研M文庫) (文献あり) 700円 (i)4-05-900069-8 Ⓝ387.91

(内容) 第1談 暗闇の章 第2談 河童の章 第3談 竜宮の章 第4談 天狗の章 第5談 釣糸の章 第6談 狐狸の章 第7談 付喪の章

*天狗と河童、鬼と鬼殺し、陰陽師と式神、竜神、狐狸と犬神、百鬼夜行、付喪神―日本の文化史には、妖怪変化が住みついている。近代が隠そうとしてきた、異形の者たちの正体を明かし、役小角、吉備真備、安倍晴明、平将門といった、闇の力の伝承者たちの系譜を追う。歴史・神話・古典の世界から都市伝説まで、異界を貫く陰のネットワークを明かす闇の精神史。

◇妖怪都市計画論―おばけからのまちづくり 斎藤次男著 彩流社 1996.3 261p 19cm 1900円 (i)4-88202-385-7 Ⓝ387

(内容) 序章 新しい妖怪学への出発 第1章 桃太郎伝説と鬼に国を行く 第2章 潮来のアヤメは血を吸って咲く 第3章 妖怪ジョンカラ節 第4章 ザシキワラシの歌が聞こえる 第5章 妖怪サトリのワッパと与茂七火事 第6章 四国の妖怪隠神刑部狸 第7章 東京という名の妖怪

*あなたのまちを妖怪が走る。遠いちち・ははの物語に光を当て、妖怪の視点から現代のまちづくりを考える新たな"妖怪学"。

◇妖怪と精霊の事典 ローズマリ・エレン・グィリー著、松田幸雄訳 青土社 1995.8 673,43p 23cm (巻末:参考文献) 4800円 (i)4-7917-5383-6 Ⓝ388.033

*幽霊屋敷、ポルターガイスト、悪魔祓い、ESP、サイコキネシス、鬼火、幽霊狩り、交霊術、体外離脱、吸血鬼、ラッピング、死者との通信、エクトプラズム、生霊、魔除け、ゾンビ、霊媒、ネクロマンシー、呪術…。世界の妖怪・精霊・心霊現象をめぐるミステリー、史実、記録、研究、事件を網羅。

◇妖怪・土俗神―カラー草紙 水木しげる著 PHP研究所 1997.6 125p 21cm 1190円 (i)4-569-55691-4 Ⓝ387.91

(内容) 第1章 東の国の妖怪・神さま 第2章 中部と近畿の妖怪・神さま 第3章 西の国の妖怪・神さま 第4章 みんなの妖怪・神さま

*人々の心と山川に棲まう全国各地の妖怪・神さま大集合。

◇妖怪の肖像―稲生武太夫冒険絵巻 倉本四郎著 平凡社 2000.1 439p 21cm 3800円 (i)4-582-28443-4

(内容) 稲生化け物騒動はじまりの事 怪火行灯より吹き上げ、あやしの水盤より湧く事 女の生首さかさまに出たる事 瓢箪の怪おりきたり紙の怪舞う事 蟹の怪、姥の怪相次ぐ事 退散の呪い効なく塩俵の怪出たる事 破邪の剣通じず頭割れの怪出たる事 すりこぎの怪、盥の怪出たる事 蓑、葛籠に変じたる事 天井より舐り婆下りたる事〔ほか〕

*時は江戸中期の1749年、備後の国三次の稲生家に化物騒動がもちあがる。連日連夜襲い来る途方もない妖怪たちに一人で立ち向かったのは、十六歳の武太夫であった。その顛末は驚嘆をもって世に迎えられ、平田篤胤をはじめ泉鏡花、折口信夫など、後に多くの心酔者を生む。本書はこの妖怪譚「稲生物怪録絵巻」を本格的に解読する試みである。自在な視点で日常と異界との裂け目をまさぐりつつ描かれる妖怪たちの肖像には、確かな息づかいが甦り、したたかな高笑が響いている。

◇妖怪の本―異界の闇に蠢く百鬼夜行の伝説 学習研究社 1999.3 224p 21cm (New sight mook—Books esoterica 第24号) 1200円 (i)4-05-602048-5 Ⓝ387.91

◇妖怪馬鹿 京極夏彦,多田克己,村上健司著 新潮社 2001.2 389p 15cm (新潮UH!文庫) 695円 (i)4-10-290073-X Ⓝ387.91

(内容) 序章 妖怪三馬鹿、上洛す。 第1章 我ら如何にして妖怪馬鹿となりしか。 第2章 医者も治せぬ妖怪馬鹿。 第3章 夜の帳は降り、妖怪話は続きけり。 第4章 すべて妖怪の仕業なり。 第5章 妖怪馬鹿と口裂け女。 第6章 そんな妖怪、何処にも居らぬ。 第7章 二十一世紀こそ妖怪馬鹿の時代へ―?

*妖怪馬鹿―妖怪のことばかり考えている人のこと。本書は、あやかしの都に三馬鹿が集い、行われた座談会の記録である。京極夏彦書下ろし漫画も満載。

◇妖怪天国―新発見化け物集成 白川まり奈著 ベストセラーズ 1994.7 178p 20cm (参考文献一覧:p176~178) 1250円 (i)4-584-18179-9 Ⓝ387

(内容) 第1章 妖怪の謎 第2章 妖怪新発見

*「一つ目小僧」から「美少女河童」まで妖怪ひとすじ三十余年の著者が解き明かす、愛すべきオバケたちのほんとうの姿。

◇妖怪ふしぎ物語 千葉幹夫著 ローカス 2000.1 230p 21cm (ローカスなるほどシリーズ 趣味とあそび) 〈東京 角川書店(発売)〉 1200円 (i)4-89814-071-8 Ⓝ387.91

(内容) 第1章 妖怪とはどんなものでしょう (どんなものを妖怪というのでしょう 妖怪はあまり怖くないような気がするのですが ほか)

妖怪・悪魔・吸血鬼　　　　　　　　　　　　　　　　民間信仰・迷信

第2章 日本の代表的な妖怪たち(河童はどのようにして生まれてきたのですか ほか)　第3章 さまざまな特徴を持った妖怪たち(妖怪の元締めなんているんですか　美人の妖怪にはどんなものがいますか ほか)　第4章 いろいろな場所にいる妖怪たち(山姥は山でも里でも出会えるそうですが　山女はどういう妖怪ですか ほか)　第5章 動植物の妖怪たち(狐は女性に化けるそうですが、その姿はきれいなのですか ほか)　第6章 世界の妖怪さまざま(アジアにはどんな妖怪がいますか　中近東にはどんな妖怪がいますか ほか)　第7章 現代の妖怪と人間(妖怪を愛し、研究した人はだれですか　妖怪を描いた人にはどんな人がいますか ほか)

＊天狗、鬼、河童、化け猫…ろくろっ首、雪女、海坊主…妖怪と言えば何？と問われれば、誰もがいくつもの名をあげることができるでしょう。恐ろしいようでユーモラス、憎めないキャラクターたち。21世紀を迎えようとしている文明社会の中で、彼らはどう暮らしているのか？本書は、誰もが知っているようで、実は何も知られていない日本の、世界の妖怪たちを紹介します。

◇妖怪変化　常光徹編　筑摩書房　1999.8　234p　18cm　(ちくま新書—民俗学の冒険 3)〈日本民俗学会50周年記念事業出版〉　660円　(i)4-480-05798-6　Ⓝ387

(内容) プロローグ 化ける民俗の諸相　第1部 妖怪と現代の怪異(股のぞきと狐の窓—妖怪の正体を見る方法　妖怪と怪獣　現代都市の怪異—恐怖の増殖)　第2部「化ける」という幻想と現実(町が化ける—まちづくりのなかの民俗文化　名前と変化　人の一生)

＊「化ける」「変身する」とは、瞬間的あるいは短期間のうちにそれまでの状態ががらりと変わることである。変化の質は外見上の問題だけではない。動機や場面もさまざまである。これらの言葉を切り口として、妖怪、怪獣、都市伝説、まちづくり、人名、儀礼などの民俗から見えてくるものは何か。刺激的な論文集。

◇妖獣霊異誌　岡田建文著　今日の話題社　2000.10　253p　20cm　2400円　(i)4-87565-551-7　Ⓝ387

(内容) 蝦蟇 猫 河童 狐 狸と貉 外道 蛇 妖獣は実在する

＊狐に化かされた、蝦蟇に祟られた、というような話は、つい50年まえの日本の田舎ではよくある話だった。現代科学は、それらの体験談をすべて無知蒙昧な迷信のひとつとでかたづけしてしまう。だが、数々の体験から「妖獣は実在する」と確信する著者は、近代化のなかで封殺された闇の領域に肉薄する。狐、河童、蝦蟇、豆狸、外道…近代化の過程で封印された禁断の世界がいま甦る。

◇妖精の輪の中で—見えないものを信じながら　井村君江著　筑摩書房　2000.9　200p　19cm　(ちくまプリマーブックス)　1200円　(i)4-480-04239-3

(内容) 第1章 生まれた土地と自然(神秘の日光、那須の伝説　育った城下町、百年の商家　座敷わらし、環境の変化　お神楽で学んだ神話、グリム童話 ほか)　第2章 実存のはかなさと遙かなるものへの憧れ(戦争体験、ヨーロッパへの憧れ　劇、架空の実世界　菊池寛と民映、ヘリックの糸　川上澄生の版画、浜田庄司の益子焼 ほか)　第3章 束の間の幸福、妖精の救済(短い幸福、その瓦解　息子をイギリスに学ばせて　学恩日夏耿之介先生　恩師島田謹二先生 ほか)

＊座敷わらしが住む旧家に生まれた少女には、常に目に見えないものとの心の交流があった。「あるとしもなき」存在の妖精を30余年の歳月をかけて追いもとめ、指折りの研究者となった著者が、生まれ育った土地、生活、環境、学問研究の背景、人との出会いの中に妖精学への萌芽をさぐる試み。妖精版「失われし時を求めて」。

◇世にも怪奇な物語—古代日本で本当に起きた　武光誠著　河出書房新社　1994.6　237p　15cm　(KAWADE夢文庫)　480円　(i)4-309-49052-2

(内容) 第1章 古代の超能力者が身につけた驚異の秘法—空海はミイラになってこの世に生き続けている？！　第2章 今なお祟りつづける怨霊たち—人を恐怖に陥れた平将門の首の呪いとは　第3章 古代世界に暗躍した鬼と妖怪の正体とは—源頼光は秘蔵の酒で酒呑童子を退治した！　第4章 討たれてもまた甦る不死身の英雄たち—生き返った源為朝は琉球王家の始祖になった？！　第5章 熾烈をきわめた朝廷VS謎の異民族の戦い！—日本武尊はどうやって全国を平定したのか　第6章 いったい何に使ったのか、古代の不思議な遺物の数々—ストーンサークルはUFOの着陸基地だった？！　第7章 神々の世界に通じていた古代人の神秘—呪術で疫病を鎮めた崇神天皇の神通力

＊空を飛んだ久米仙人や、鬼を家来にした源為朝など、超能力者や不死身の英雄が暗躍し、鬼や怨霊がはびこった闇の時代…そんな摩訶不思議な日本史怪奇譚。

◇竜神—雲を呼び嵐をおこす　寄居町(埼玉県)さいたま川の博物館　2000.3　24p　30cm〈平成11年度第3回特別展：平成12年3月25日—5月7日〉Ⓝ387

◇竜神伝説　小鹿野建著　近代文芸社　1999.4　565p　20cm　4500円　(i)4-7733-6529-3　Ⓝ387

(内容) 第1章 わが国の竜神伝説　第2章 口頭伝承について　第3章 竜神伝説を理解するために　第4章 竜神伝説の分析　第5章 アジアの竜神伝

説 第6章 世界の竜神伝説 第7章 竜神の系譜
*昔話は文字のない時代、文字を使わない社会からのメッセージ。その中に昔の人の息吹きを尋ねよう。昔話から古代史を。

◇竜神物語 浜田進著 箱根町(神奈川県) 箱根神社社務所 2000.1 278p 19cm 〈東村山 日正社(発売)〉 1714円 (i)4-931208-12-6 Ⓝ387

◇竜の起源 荒川紘著 紀伊国屋書店 1996.6 296p 20cm 2500円 (i)4-314-00726-5 Ⓝ387
(内容) 第1章 東方の竜 第2章 西方の竜 第3章 竜の起源 第4章 日本の蛇と竜 第5章 竜と宇宙論 第6章 われわれの時代と竜
*東方の竜と西方のドラゴンの違いは何だろうか。なぜかくも多く、古今東西の神話や民話、図像や創作物に竜・ドラゴンは描かれたのか—「竜」を生んだ人類の想像力の深淵に迫る。

◇竜の伝説 水野拓著 横浜 光栄 1996.3 235p 20cm (Legend series) 2000円 (i)4-87719-343-X Ⓝ387
(内容) 序章 竜とは何か? 第1章 現代の竜 第2章 竜の神話 第3章 竜の素描 第4章 竜の正体 第5章 竜に見る夢
*文明の進化とともに変化し続ける幻獣、竜。その神秘的な文化と知らされる正体を、神話や伝説、現代の物語などから検証する。

◇竜の百科 池上正治著 新潮社 2000.1 255p 19cm (新潮選書) 1200円 (i)4-10-600579-4 Ⓝ388
(内容) 1 竜は、どう考えられていたか 2 竜は、どう形づくられてきたか 3 竜は、どのように自然界に潜むか 4 竜は、どう変わってきたのか 5 竜は、どのように語られてきたか 6 竜は、どう暮らしにかかわるか
*中国人はどうして、こんなに竜が好きなのだろう。そんな思いから竜探しがはじまった。上は支配者から下は庶民まで、彼らの竜好きは徹底している。皇帝の衣服に竜が躍動し、調度や陶磁器に竜が天翔る。民間には、土の素朴な竜や稚拙な版画の竜があり、春節は竜踊りでにぎわう。『竜の鱗の餅』『竜のヒゲの麺』を食べる習慣もある。漢字文化圏で生活のなかに深く融けこんだ竜。その変遷を六千年にわたり、幅ひろく跡づけている。

民話・昔話・伝説

民話・昔話・伝説

◇頭に柿の木―語りをつくる人のための昔話 語り手たちの会,大島広志編著 語り手たちの会 1996.10 78p 21cm (語りの文化シリーズ 8) 600円 Ⓝ388.1

◇いまは昔むかしは今 第4巻 春・夏・秋・冬 網野善彦ほか編 福音館書店 1995.12 505p 27cm (折り込図3枚) 8500円 (i)4-8340-1281-6 Ⓝ388.1

＊本書に収載した神話、説話、御伽草子、伝説、昔話などは、すべて新たに現代語に移しかえた。詩歌は原文のまま収載した。

◇いまは昔むかしは今 第5巻 人生の階段 網野善彦,大西広,佐竹昭広編 福音館書店 1999.2 532p 27cm 8500円 (i)4-8340-1573-4 Ⓝ388.1

(内容) 人生の坂道 死んで、よみがえる 坂と階段 間奏 花?それとも鼻? 宿命にあらがって 間奏 貝は語る 人生の風景 エピローグ 物語とは?

◇いまは昔むかしは今 索引 福音館書店編集部編 福音館書店 1999.2 179p 27cm 2000円 (i)4-8340-1550-5 Ⓝ388.1

(内容) 総索引 図像から読み取ったイメージと事柄の索引 説話出典索引 図像索引

＊「いまは昔 むかしは今」全5巻の索引。見出し語の配列は五十音順。全5巻を対象にした、図像から読み取ったイメージと事柄の索引、説話出典索引、図像索引付き。

◇ヴィジュアル版世界の神話百科 東洋編―エジプトからインド、中国まで レイチェル・ストーム著,山本史郎,山本泰子訳,蔵持不三也監修・解題,近藤二郎,中村忠男,前田竜彦監修 原書房 2000.10 479p 21cm 4800円 (i)4-562-03335-5

(内容) エジプト・オリエント・西アジア神話 (聖なる動物 洪水伝説 蛇と竜 神々への道 冥界 死んで甦る神 英雄と冒険 天使とジン) 南・中央アジア神話 (神話的な山々 ボーディサットヴァ(菩薩) ティールタンカラ ヴィシュヌ 聖なる川 大母神 ディヤーニブッダ ブッダの生涯) 東アジア神話 (陰と陽 創世神話 八仙 モンゴルのシャーマン 中国の竜 悪霊 中国の霊峰)

＊絵で見る神話の世界、四大文明の神話を中心

にわかりやすく解説。

◇オオカミ―その行動・生態・神話 エリック・ツィーメン著,今泉みね子訳 白水社 1995.4 493,10p 19cm 3811円 (i)4-560-04045-1

(内容) 序章 オオカミ―最上級の動物 第1章 最初はアンファだった 第2章 行動の発達 第3章 オオカミの「ことば」 第4章 順位 第5章 順位の発展 第6章 性、交尾、子育て 第7章 順位の機能 第8章 群れの結びつき、まとまり、統率 第9章 社会的戦略の適応的価値 第10章 オオカミの生態に寄せて 第11章 アブルッツィのオオカミ 第12章 オオカミ―崇拝され、誤解され、誹謗され

＊本書は世界的な権威による待望の本格書である。ドイツ、イタリア、北アメリカでの観察調査に基づいて、性行動や子育て、順位をめぐるダイナミズム等がいきいきと描き出されている。

◇おとぎ話が神話になるとき ジャック・ザイプス著,吉田純子,阿部美春訳 紀伊国屋書店 1999.1 262p 20cm 2600円 (i)4-314-00835-0 Ⓝ388

(内容) 第1章 おとぎ話の起源 第2章 ルンペルシュティルツヒエンと女の生みの力の衰退 第3章 ディズニーの呪文を解く 第4章 アイアン・ジョンについての神話を広める 第5章 アメリカの神話としてのオズ 第6章 現代アメリカのおとぎ話

＊おとぎ話を殺したのは誰?グリム兄弟やディズニーがかけた呪文を解き、物語の力を取り戻すために。

◇おとぎ話にみる愛とエロス―「いばら姫」の深層 アンジェラ・ヴァイブリンガー著,入江良平,富山典彦訳 新曜社 1995.11 203p 20cm 1957円 (i)4-7885-0540-1 Ⓝ388

(内容) いばら姫 いばら姫の「縁者たち」 古いカップル 浴室のカエル 魔法使いの女たち 数字 暗い女 アンナ 糸車 夢の世界〔ほか〕

＊新しい感受性、新しいセクシャリティ。一人の少女が大人の女性になるために必要なものは。「いばら姫」をセクシャリティの新しい次元を拓く"大人のための愛の童話"として読む。

◇おとぎ話にみる人間の運命―個人の生を超えるものへ ヴェレーナ・カースト著,入江良平,河合節子訳 新曜社 1995.11 146p 20cm 1648円 (i)4-7885-0539-8 Ⓝ388

(内容) 三本の黄金の毛をもつ悪魔 自分自身の

民話・昔話・伝説

運命に対する信頼 福の皮 王が予言に腹を立てる 両親が子供を売る 箱のなかの捨て子のモチーフ すり替えられた手紙 運命の約束がはじめて成就される 地獄への道 悪魔の黄金の毛〔ほか〕

◇お伽話による比較文化論 原英一編著 松柏社 1997.2 183p 21cm 〈他言語標題:An introduction to comparative culture through fairy tales〉 1800円 (i)4-88198-424-1 Ⓝ388

(内容) 1 赤いずきんが覆うものは何か? 2 「白雪姫」―ジェンダーの寓話 3 英語文化の基底としてのマザー・グース 4 笛吹き男の謎 5 浦島物語とケルト伝説 6 ガラスの靴は木靴だった? 7 退屈した悪い子たちのためのよい子のお話し

*本書は、比較文化という広大な領域に、「お伽話」を通じて踏み込もうとする試みである。比較文化的探求の材料として「お伽話」を扱うのが主眼であるので、日本語による解説をかなり詳しく行った。また、取り上げた英語のテクストは、やや難しいと思われるテクストにはできるだけ詳細な注をほどこして、全体としては、やさしく読めるように配慮した。文化に階層があることは否定できない。「下」の文化、すなわち大衆文化や女性の文化、被植民地の文化が、文化として認知されるに至ったのは、ごく最近のことなのである。そのような背景の中では、文化の下層の探求がまず要求される仕事である。本書においてお伽話を主として取り上げるのは、このような下層文化探求の手段として、お伽話が実に有効な手がかりとなるためである。

◇おとぎ話の社会史―文明化の芸術から転覆の芸術へ ジャック・ザイプス著、鈴木晶、木村慧子訳 新曜社 2001.2 374p 20cm (メルヒェン叢書) 〈文献あり〉 3200円 (i)4-7885-0745-5 Ⓝ388

(内容) 1 おとぎ話の言説―ジャンルの社会史に向けて 2 おとぎ話と文明化の過程―ペローとその仲間たち 3 グリム兄弟なんか怖くない?―おとぎ話による社会化と政治化 4 アンデルセン―被支配階級の言説 5 希望をもって世界を転覆する―マクドナルド、ワイルド、ボーム 6 おとぎ話の言説をめぐる闘争―ワイマール共和国とナチス・ドイツにおける家族・闘争・社会化 7 現代おとぎ話と解放への力

*希望をもって世界を転覆する。ブルジョワジーの礼儀作法を教える役割を果たしたペローやグリムのおとぎ話から、見慣れた世界を不気味なものに変える転覆・解放の芸術としての現代のおとぎ話まで、その社会的意味を鮮やかに分析して、世界中の児童文学者たちに衝撃を与えた本の待望の翻訳。

◇おはなしの知恵 河合隼雄著 朝日新聞社 2000.12 241p 20cm 1300円 (i)4-02-257507-7 Ⓝ388

(内容) はなしのはじまり 桃太郎 白雪姫 絵姿女房 花咲爺 七夕のおはなし まっぷたつの男の子 創世物語と両性具有 かちかち山 恐いものなしのジョヴァンニン〔ほか〕

*白雪姫、かちかち山、花咲爺、桃太郎…。だれもが知っているおはなしを、臨床心理学の第一人者が新鮮に読みときながら、家庭内暴力・思春期・悩める父親など現代人が直面する問題をふかく洞察するココロの書。

◇怪異・きつね百物語 笹間良彦著 雄山閣出版 1998.6 270p 21cm 2700円 (i)4-639-01544-5 Ⓝ388.1

(内容) 第1章 化ける狐 第2章 日本での狐の名 第3章 狐、人と交わる 第4章 化け狐 第5章 狐は仇をする 第6章 狐の報恩と贖罪 第7章 狐の玉・狐火・狐の嫁入り 第8章 狐憑き 第9章 狐と稲荷 第10章 荼吉尼天

*人に化け、ときに悪辣に騙し物の怪の憑きものなくして人を恐怖させる、呪法に利用され稲荷神ともなって神格化されてきた「きつね」百態。

◇怪談よりもこわい!日本と世界の残酷童話 小林美和子著 広済堂出版 1999.8 254p 16cm (広済堂文庫) 495円 (i)4-331-65274-2 Ⓝ388

(内容) 第1章 昔話に隠されたぞっとする真実 第2章 昔話にひそむ性と闇 第3章 昔話の奇妙な結婚 第4章 日本の怪談 第5章 児童文学の意外な真実

*グリム、イソップなどの世界の名作童話、子ども向けにアレンジされた神話や昔話、アニメにもなったムーミン、赤毛のアンなどの児童文学、それらに隠された身もフタもない残酷な認識とは。

◇神語り・昔語りの伝承世界 福田晃著 第一書房 1997.2 373p 20cm (Academic series new Asia 21) 3800円 (i)4-8042-0128-9 Ⓝ388.1

(内容) 1 神語り・昔語りの発生 2 民間説話の原風景 3 説話伝承の時空 4 昔話伝承の地域性 5 沖縄説話の特質

◇神々の精神史 小松和彦著 講談社 1997.5 379p 15cm (講談社学術文庫) 〈索引あり〉 980円 (i)4-06-159279-3 Ⓝ380.4

(内容) 序 神々の棲む村 1 民話的想像力について 2 民衆の思想について 3 筑土鈴寛の世界

*「カミ」を語ることは、日本人の精神の歴史を語ることである。著者は、神話・伝説・昔話などの構造分析を手がかりに、文化人類学と民俗学のはざまから揺さぶりをかける。神々の棲む村、民話的想像力の背景、根元神としての翁、フォークロアの先達・筑土鈴寛など、

文化人類学の本 全情報 551

日本文化の深層にひそむ民俗的発想の原点を探り、柳田・折口以後の民俗学を鋭く批判した。人類学的視点から問いかけた刺激的な知の軌跡。

◇かめものがたり―亀は幸せを呼ぶ 宮田保夫著 成星出版 1998.12 229p 20cm 1500円 (i)4-916008-79-0 Ⓝ388

◇河合隼雄著作集 第5巻 昔話の世界 岩波書店 1994.3 311p 21cm 3400円 (i)4-00-091835-4 Ⓝ140.8

(内容) 序説 心理学から昔話の世界へ 昔話の深層(昔話と心の構造 グレートマザー(太母)―トルーデさん 母からの自立―ヘンゼルとグレーテル 怠けと創造―ものぐさ三人むすこ 影の自覚―二人兄弟 思春期―いばら姫 トリックスターのはたらき―忠臣ヨハネス 父と息子―黄金の鳥 男性の心の中の女性―なぜ 女性の心の中の男性―つぐみの髭の王さま 自己実現の過程―三枚の鳥の羽) 昔話の心理学的研究 夢と昔話 昔話の残酷性について グリムの昔話における「殺害」について 猫、その深層世界 昔話と現代 柳田国男とユング 日本昔話の心理学的解明 「風土記」と昔話
＊昔話の根源にある人間の心的現実と日欧の文化の違いをいきいきと描く画期的論考。

◇記紀神話のメタヒストリー 磯前順一著 吉川弘文館 1998.8 215p 19cm 2000円 (i)4-642-07747-2

(内容) 1 記紀神話における理解の位相―本居宣長の創造神話論 2 正典とヴァリアント―スサノヲ―書論 3 変貌する伝承―古代・中世のヤマトタケル 4 神話と合理主義―近世・近代の神解釈 5 歴史的言説の空間―石母田英雄時代論
＊「古事記」「日本書紀」はかくも長い間、なぜ読み継がれてきたのか。支配層だけでなくそれに抗う者までがとらわれていった、記紀のもつ求心力とは一体何か。天武天皇にはじまり、本居宣長・津田左右吉・石母田正らが、自己の思想や世界観の正当性を、記紀という古代王権のテクストに求めていったその構造を明らかにする。

◇幻想動物事典 草野巧著、シブヤユウジ画 新紀元社 1997.5 374p 21cm 〈参考文献：p352～361〉2500円 (i)4-88317-283-X Ⓝ388.033

(内容) 世界 ロシア 東アジア
＊世界中の幻想動物を紹介した事典。古代の神話や宗教書に登場するものから、比較的最近の小説や物語に登場するものまで、1,002項目を収録。排列は、見出し語の五十音順。

◇幻想動物博物館 草野巧著、シブヤユウジ画、Truth In Fantasy編集部, 知識計画編 新紀元社 1993.8 327p 21cm 〈参考文献：p322～327〉2300円 (i)4-88317-223-6 Ⓝ388

(内容) 動物の姿をすれど。 幻想動物は、いまも生きている。 ヒトやがて怪物となる。 人喰いがやってくる。 見る、見られる。 視線の恐怖。 繰り返し再生する。 情報の伝達者、死を告げ、知を与える。 海のなかを覗いてみれば…。 生みの親は錬金術師。 世界を生み出す。 聖なる獣 地を駆け、天を舞う。 動物の顔を持つ神々。 野に、森に、家に、精霊が棲む。〔ほか〕
＊幻想動物入門。幻想動物たちとの新たな出会い。

◇幻想の国に棲む動物たち ジョン・チェリー編著, 別宮貞徳訳 東洋書林 1997.5 257, 29p 21cm 〈[東京] 原書房(発売) 文献あり 索引あり〉3200円 (i)4-88721-182-1 Ⓝ388

(内容) 竜(古代 中国 日本 ほか) ユニコーン(古典文学におけるユニコーン ユニコーンのキリスト教的解釈 中世の世俗的解釈 ほか) グリフィン(古代 中世 中世における象徴的意味 ほか) スフィンクス(大スフィンクス エジプトとその周辺地域 西アジアと地中海地方 ほか) 半人動物(境界と定義 ケンタウロス セイロン ほか)

◇幻鳥博物館―歴史を彩る幻の鳥たち 長谷川泰一郎著 東京出版, ニチブン〔発売〕 1994.2 249p 21cm 2800円 (i)4-924913-01-4

(内容) 日本篇 中国・台湾篇 インド篇 ロシア・北欧篇 中近東篇 ヨーロッパ篇 ギリシャ篇 南北アメリカ篇 その他
＊世界各地に伝わる神話・伝説・民話の中から歴史を彩ってきた幻鳥や怪鳥など、百数十羽を集めた本邦初のファンタジー・バード博物誌。

◇口承文学大概 臼田甚五郎著 おうふう 1997.1 337p 22cm 〈著者の肖像あり〉18000円 (i)4-273-02944-8 Ⓝ388.1

(内容) 第1部 口承文学大概(口承文芸の性格 民謡 説話の発生) 第2部 口承文学紀行(旅の章 猫と南瓜 鱈婿 鱒女房 鮭女房 鰤女房 「フォークロア」の章)

◇狐狸学入門―キツネとタヌキはなぜ人を化かす？ 今泉忠明著 講談社 1994.7 304,7p 18cm (ブルーバックス B-1025) 800円 (i)4-06-257025-4

(内容) 第1章 身近なキツネとタヌキ 第2章 キツネとタヌキの嘘・本当 第3章 キツネとタヌキの動物学 第4章 キツネとタヌキの未来 キツネとタヌキに関する諺、動植物名など 参考図書・資料など アカギツネ・タヌキの分布と亜種
＊女に化けるキツネ、男に化けるタヌキ。果たしてその正体ならぬ生態は…。私たち日本人の心の中で昔から生き続けてきたキツネとタヌキは、正反対の生き物のようだが、ずるい

民話・昔話・伝説

もの同士であり、どちらも人を化かすと信じられてきた。確かに両者は同じイヌ科で人里近くに棲みながら、キツネは環境によく適応して繁栄し、タヌキはもっとも原始的な部類だがしぶとく生きて、それなりに繁栄している。そんなキツネとタヌキのすべてを解説したものである。

◇死と豊穣の民俗文化　藤森裕治著　吉川弘文館　2000.1　279,8p　22cm　〈日本歴史民俗叢書〉　〈文献あり〉　6200円　(i)4-642-07358-2　Ⓝ164.1

（内容）第1部 神話・伝承としての死と豊穣（農業起源神話における死と豊穣　昔話における死と豊穣）　第2部 生業文化としての死と豊穣（「花咲爺」系伝承における生業文化　犬のシンボリズムにおける生業と豊穣　「死と豊穣」の生業文化）　第3部 現代生業としての「死と豊穣」（生業論理としての「死と豊穣」　畑作地域における生業史）

＊神が殺害され、その体からさまざまな作物が発生する農業起源神話や、犬が植物に生まれかわる花咲爺系昔話には、死を契機に新たな生産体系へ移行し豊穣を生み出す構造が見出される。この「死と豊穣」のしくみは、どのように日本の民俗として表象するのか。伝承を生成し継承する民俗文化の特質を抽き出し、畑作を中心として「複合生業文化論」を提示。

◇慈母そして鬼女—母の民話　日本民話の会編　童心社　1994.4　93p　26cm　〈民話の手帖〉　1880円　(i)4-494-01084-7　Ⓝ388.1

（内容）そんじょもアバはアバ　民話（女猟師おかねと息子　嫁起こし烏　鬼をとって食う口　鉢かぶり姫　無筆の手紙　お袋さんの寺参り）母、母、母　現代母親事情（あずけ合い保育の中から「コアラクラブ」川村さんの話　居心地よし—保育の現場から　カウンセラーからみた母親）起源伝説に見る母からの警告—母性のイメージ〈慈母と鬼女・豊饒と不浄・母性のかたち〉　哺乳類としてのヒトの母　人間の絆　白雪姫の「母」をめぐって　随想（ああ、お母さん　母なるフィリピン　高下駄　些細な疑問）　現代民話考「母と子」

◇植物と昔話　菊池悟編　盛岡　菊池悟　1996.10　101p　25cm　〈和装〉　Ⓝ388.1

◇シンデレラの子どもたち—現代おとぎ話におけるヒロイン像の変遷　廉岡糸子著　京都　阿吽社　1994.7　235p　20cm　〈参考文献：p227～228〉　2460円　(i)4-900590-41-X　Ⓝ388

（内容）1 ヒロインの条件　2「ディズニー」の功罪　3 おとぎ話とジェンダー　4 ヒロイン像変革のきざし　5 男性と肩を並べる女たち　6 再生のヴィジョン　7 力をためすお姫さま　8 シニカルなお姫さま　9 十八世紀の「美女と野獣」　10 自分がさしの「ビューティ」　11 冒険を求める「ビューティ」

＊王子なくしては幸せを手に入れることができなかったおとぎ話のヒロインが、現代、あまたの困難に直面しながら、自らの生き方を模索しはじめた。古典的おとぎ話における「ヒロイン」の条件とは。また、それらを下敷きにして創作する作家たちの意図と、描かれ直されたヒロイン像を追うことで、女にとって「自立」とは何かを問う。

◇人倫と昔話　菊池悟編　盛岡　菊池悟　1998.1　109p　24cm　〈和装〉　Ⓝ388.1

◇神話への誘い—創唱神話は民族の声　田中実著　京都　大雅堂　1995.10　205p　20cm　〈参考文献：p200～205〉　1500円　(i)4-88459-039-2　Ⓝ164.1

◇神話の海—ハリマオ・禅智内供の鼻・消えた新妻　山本節著　大修館書店　1994.6　361p　20cm　〈参考文献一覧：p333～339〉　2400円　(i)4-469-22099-X　Ⓝ388.1

（内容）1 甦る英雄（荒ぶる神の子の系譜—マレーのハリマオ）　2 訪れ来る神々（箸墓の女—ヤマトトトビモモソ姫の死　閨房の道祖神—道命と和泉式部　三宝と冥界の使者—永超と魚食）　3 変容する異界（木の股と異界—捕らえられた雷神　境界の傷跡—アマテラスの鏡　体内地獄の幻像—禅智内供の鼻　魔都幻想—「消えた新妻」の噂）

＊古代の伝承から現代の噂話まで、さまざまな話の中に生き続ける《英雄》《神》《異界》のイメージを解き放つ。

◇神話の里に育くまれて—高千穂の大正、昭和、風俗雑記　上　中村勝太郎著　〔宮崎〕〔中村勝太郎〕　〔1999〕　184p　21cm　Ⓝ049.1

◇神話の里に育くまれて—高千穂の大正、昭和、風俗雑記　下　中村勝太郎著　〔宮崎〕〔中村勝太郎〕　〔1999〕　182p　21cm　Ⓝ049.1

◇神話の中世　福田晃著　三弥井書店　1997.1　298p　20cm　〈三弥井選書 23〉　2500円　(i)4-8382-9035-7　Ⓝ388.1

（内容）中世神話論　「北野天神縁起」の発想　天神縁起と天神伝説—『天神伝説のすべてとその信仰』をめぐって　神道集「諏訪縁起」の方法—「秋山祭事」「五月会事」をめぐって　神道縁起の表現—「中世の表現と信仰」をめぐって　「甲賀三郎」「百合若大臣」の神話的叙述　「毘沙門の本地」の伝承世界　本地物語のヨミ　本地物語の唱導

◇図説・世界未確認生物事典　笹間良彦著　柏書房　1996.10　177p　23cm　〈付：主な引用・参考文献〉　2884円　(i)4-7601-1365-7　Ⓝ388

（内容）水棲類　湿生・両棲類　竜蛇類　鳥類　獣類　妖怪・妖精・妖霊　異形人類

＊古代ギリシャ、中国から20世紀のアメリカまで、正体がつかめない謎の生物278を300もの図版を駆使して紹介。

◇図説・日本未確認生物事典 笹間良彦著 柏美術出版 1994.1 180p 23cm 2800円 (i)4-906443-41-9 Ⓝ388.1
内容 擬人的妖怪編 魚と亀の変化 竜蛇類の変化 獣類の変化 鳥類の変化 湿性類の変化
＊日本の民衆の精神史に登場する実在しないのに実在する、不可思議な人にあらざる未確認の生物たち〈幻人・幻獣・幻霊〉の歴史。日本民族の本質にせまる、その謎に満ちた世界を、厳密な歴史文献と豊富な歴史図で解明した本格的事典。

◇世界の神話—主題別事典 マイケル・ジョーダン著、松浦俊輔ほか訳 青土社 1996.1 386p 19cm 3200円 (i)4-7917-5427-1
内容 アニミズムの神話 太陽、月、星の神話 創世神話 誕生の神話 幼年時代についての神話 終末、劫火、洪水の神話 争いの神話 英雄擁護神話 愛の神話 死と来世の神話 〔ほか〕
＊世界の神話をそのテーマで分類し、解題を加えたもの。「アニミズムの神話」「太陽、月、星の神話」等17のテーマから成る。排列はテーマ別に、神話のテーマを表す事項名の五十音順。巻末に事項索引がある。—神話のデータバンク。

◇世界の神話がわかる—「民族の聖なる神と人の物語」を探究する！ 吉田敦彦監修、髙橋清一ほか著 日本文芸社 1997.8 316p 21cm (知の探究シリーズ) 〈文献あり〉 1400円 (i)4-537-07811-1 Ⓝ164
内容 プロローグ 現代人にとっての神話 第1章 神話とはなにか 第2章 ヨーロッパの神話・伝説 第3章 アジアの神話・伝説 第4章 アメリカ大陸の神話・伝説 第5章「記・紀」神話の謎と世界神話の類似性 第6章 世界の神々がわかる小事典
＊民族の聖なる神と人の物語を探究する！ギリシア神話をはじめ、ケルト、ゲルマン、スラヴ、インド、中国、朝鮮半島、南北アメリカ、そして日本の神話を概観しながら、人類誕生の時点にまで遡るといわれる神話を、歴史的・文明史的、そして文学史的に探究する。

◇世界の神話伝説・総解説—各地域・各民族の神話伝説物語ハイライト集 〔1993〕改訂版 自由民社 1993.12 279p 21cm 〈世界の神話伝説・参考文献一覧：p272〜274〉 2200円 (i)4-426-60707-8 Ⓝ164
内容 ヨーロッパの神話伝説 アジア・アフリカの神話伝説 南北アメリカの神話伝説 幻想と異端の神話伝説
＊天地の創造・神々と人類の誕生から英雄女神礼賛譚・各民族文化の起源物語・植物学や自然にまつわる神話と伝説・終末予言まで。ギリシア神話からスラブ・ペルシア・オリエント・中国・モンゴル・朝鮮・日本・アフリカ・アメリカンインディアン・インカなどの神話伝説など400項。ダーナ神族の神話・アルスター神話・フィアナ神話の幻想的神話伝説、日本の古史・古伝にみる異端の神話伝説をも解説。

◇世界の太陽と月と星の民話 日本民話の会, 外国民話研究会編訳 三弥井書店 1997.6 250, 24p 20cm (世界民間文芸叢書 別巻)〈奥付のタイトル：太陽と月と星の民話〉 2200円 (i)4-8382-9036-5 Ⓝ388
内容 第1章 太陽 (太陽を射る かくれた太陽 ヨーロッパの太陽の話) 第2章 月 (月の黒斑 月の満ち欠け ほか) 第3章 星 (大熊座・北斗七星 すばる ほか) 第4章 太陽と月と星 (太陽と月の結婚 太陽と月の別れ ほか)
＊「月の兎」はどこからきたか。人類の豊かな想像力の世界にあそび、宇宙をめぐるイメージの多様化と共通性におもいをはせる。

◇世界の童話謎と暗号 歴史の謎研究会編 青春出版社 1999.4 252p 18cm 《世界昔ばなし「謎」と「暗号」(1995年刊) の改題》 1100円 (i)4-413-07063-1 Ⓝ388
内容 第1章 あっと驚く！世界の昔ばなし意外な真相—「幸福な王子」とツバメはなんと同性愛関係にあった！！ 第2章 キーワードの裏に隠された本当にホントの話—「シンデレラ」のガラスの靴の危ない秘密 第3章 こんなにある子供には聞かせられない残酷物語—「白雪姫」の継母は魔女より怖い人食い女！？ 第4章 謎が謎よぶ…問題シーンの裏側を読む—「人魚姫」は人魚だからこそ悲恋のヒロインになれた 第5章 おとぎ話に込められた思いがけない符牒—「イソップ」の正体、実は…！ 第6章 あの名作を2倍に楽しむ"謎解き"—「アルプスの少女ハイジ」はワイドショーの原型？
＊グリム、イソップ、アンデルセン…次々と明らかになる意外な事実と恐怖こんなにも不可思議で残酷な世界があったのか。

◇世界の魔女と幽霊 日本民話の会, 外国民話研究会編訳 三弥井書店 1999.7 255, 24p 20cm (世界民間文芸叢書 別巻) 2300円 (i)4-8382-9049-7 Ⓝ388

◇世界の妖怪たち 日本民話の会, 外国民話研究会編訳 三弥井書店 1999.7 263, 24p 20cm (世界民間文芸叢書 別巻) 2300円 (i)4-8382-9048-9 Ⓝ388

◇世界の竜の話 丸山顯德, 竹原威滋編著 三弥井書店 1998.7 223, 17p 20cm (世界民間文芸叢書 別巻) 2200円 (i)4-8382-9043-8 Ⓝ388
内容 東洋篇 (日本—説話集 日本—奈良 日本—沖縄 韓国・北朝鮮 ほか) 西洋篇 (イン

グランド　ウエールズ、スコットランド、アイルランド　ドイツ　デンマーン　ほか)
＊広大なユーラシア大陸に今も息づく様々な竜の姿をそれぞれの土地の文化や地域的特徴を捉えた解説と共に紹介する。

◇世界昔ばなし「謎」と「暗号」―誰もが知ってるストーリーのギョッ！とする真相　追跡ミステリー歴史の謎研究会編　青春出版社　1995.6　252p　15cm　(青春best文庫)　480円　(i)4-413-08246-X　Ⓝ388
　内容　第1章　あっと驚く！世界の昔ばなし意外な真相　第2章　キーワードの裏に隠された本当にホントの話　第3章　こんなにある子供には聞かせられない残酷物語　第4章　謎が謎よぶ…問題シーンの裏側を読む　第5章　おとぎ話に込められた思いがけない符牒　第6章　あの名作を2倍楽しむ"謎解き"

◇創成神話の研究　月本昭男編　リトン　1996.5　404p　21cm　(宗教史学論叢 6)　5800円　(i)4-947668-20-2
　内容　古代メソポタミアの創成神話　旧約聖書祭司文書の創造物語　古代ギリシアの創成神話　コーランにみる「世界の創造」　近世キリスト教自然哲学の創世観―「創世の秘儀」の創世記解釈をめぐって　"意による創世"神話―マノーマヤ(意生)観念の発生　中国思想における「始原」の問題―創造と生成　記紀神話における理解の位相―本居宣長と創世神話　韓国における終末論―天地開闢説話の意味　部族社会の諸神話　創成神話とユングの元型論　限界と創造

◇宙返りをなぜ狐がするのか―狐と宙返りの文化　寺田誠司著　自費出版館PPBS (製作)　1999.12　56p　21cm　Ⓝ388.1

◇月のオデッセイ　三枝克之編・翻文　リトル・モア　2001.3　166p　21cm　2400円　(i)4-89815-041-1　Ⓝ388

◇寺内重夫の語りと昔話論　寺内重夫著　語り手たちの会　1993.6　87p　21cm　(語りの文化シリーズ 6)　600円　Ⓝ388.1

◇伝承の文学　白方勝著　風間書房　1997.9　344p　22cm　12000円　(i)4-7599-1044-1　Ⓝ388.1
　内容　1「芦刈」の物語の展開　2　曽丹居直り　3　橘則光二つの顔　4　父為時の賢慮と凡慮　5　牛若奥州下り　6　小町流浪　7　遊女小野於通　8　百合若伝来　9　桃太郎の原像　10　真野長者伝

◇伝説のなかの神―天皇と異端の近世史　平川新著　吉川弘文館　1993.12　256p　20cm　(参考文献：p244～248)　2600円　(i)4-642-07416-3　Ⓝ388.1
　内容　1章　白鳥神社と白鳥伝説　2章　ヤマタケル伝説の成立　3章　ヤマタケル伝説と用明伝説　4章　用明伝説の成立　5章　安倍則任　6章　白鳥伝説の変容　終章　白鳥伝説と天皇・蝦夷
＊東北地方南部には、ヤマトタケルや用明天皇を白鳥神社の祭神とし、彼らを主人公とする白鳥伝説が流布している。都から遠く離れた奥州で古代の英雄や天皇を祀るのはなぜか。これら王権伝説の基層にある奥州安倍氏の異端伝説を発掘し、異端伝説から王権伝説への改変をはかる作為と民衆意識の関係を照射する。伝説文化論と天皇論に一石を投じる書。

◇土曜会昔話論集　2　昔話の成立と展開　2　昔話研究土曜会編　川崎　昔話研究土曜会　2000.3　366p　26cm　Ⓝ388

◇謎の歴史ミステリー世界幻獣伝説―ドラゴン・一角獣・狼男…歴史の陰にうごめく異形のものたち　知的冒険倶楽部編　青春出版社　1997.12　254p　15cm　(青春best文庫)〈文献あり〉　476円　(i)4-413-08361-X　Ⓝ388
　内容　1　伝説から蘇った幻想の怪物たち　2　神々に操られし異形の聖獣　3　迷宮世界から抜け出した幻の生物　4　歴史の間をさまよう百鬼夜行　5　封印を解かれた異生物たち
＊人はなぜ奇怪な創造物を求めるのか？伝説から蘇った恐怖の怪物たちの足跡を追う。

◇日中昔話伝承の現在　野村純一,劉守華編　勉誠社　1996.1　381p　22cm　(執筆：野村純一ほか)　9270円　(i)4-585-10005-9　Ⓝ388.1
　内容　1　古層の現在をさぐる(中国東北地方のシャーマンの神歌　道教と中国の民間口頭叙事文学　巫祖神話の成立―奄美・沖縄の伝承をめぐって　中国洪水神話伝説のタイプと分布―四四三篇の類話に関する初歩的マクロ分析)　2　村むらを訪ね歩く(武当道教文化と伍家溝村民間故事伝承　日本・村落伝承の現在―遠野から遠野まで　村から社会へ―中国の農民語り手劉徳培の語りの活動　ほか)　3　表ースの行方を追う(語りの活動、その展望　図書館での語り　中国の「文化館」における語りの活動　ほか)

◇人魚伝説　ヴィック・ド・ドンデ著,富樫櫻子訳　大阪　創元社　1993.11　162p　18cm (『知の再発見』双書 32) (監修：荒俣宏　参考文献：p161)　1300円　(i)4-422-21082-3　Ⓝ388
　内容　第1章　セイレーンの歌声の魅惑　第2章　セイレーンから人魚へ　第3章　人魚の正体　第4章　人魚姫　資料篇―人魚・そのイメージの変遷(怪物と博物学の出会い　古代の神話　中世の想像界における驚異　博物学者たちにとっての謎　人魚、詩人たちの詩神　東洋の人魚　日本の近代文学の中の人魚　人魚はまだ生きている)

◇人魚の系譜―愛しき海の住人たち　笹間良彦著　五月書房　1999.1　222p　20cm　2400円　(i)4-7727-0292-X　Ⓝ388
　内容　プロローグ　人魚は人間の夢から生まれ

た 第1章 人魚のイメージ 第2章 ヨーロッパの人魚伝説 第3章 中国の人魚伝説 第4章 日本の人魚伝説 第5章 海のなかの理想郷・海宮と竜宮
＊今も息づく海のメルヘン。人魚伝説は人間の夢から生まれた？世界に伝わる神話、目撃情報から人魚の真実に迫る…。

◇人魚の動物民俗誌 吉岡郁夫著 新書館 1998.10 179p 22cm 2400円 (i)4-403-12003-2 Ⓝ388.1
(内容) 1 人魚の進化(人魚の魅惑 人魚の出現記録 人魚像の変遷 人魚のモデル 人魚に関する伝説 人魚に関する俗信 人魚像の確立) 2 伝説の動物たち(バクは夢を食べるか—獏とマレーバク 犀の角は薬になるか—インドサイ 麒麟とキリン 狛犬とライオン)
＊日本に人魚の知識が移入された古代から、人魚像の確立された近世に至るまでの人魚の変遷を述べ、人魚のモデルの地域差、人魚伝説、モデルになった動物についても触れた動物民俗誌。第2部では、他の伝説上の動物たちにも論究している。

◇妊娠した男—男・女・権力 ロベルト・ザッペーリ著, 大黒俊二ほか共訳 京都 青山社 1995.5 290p 22cm (邦訳文献目録：p280〜282) 3914円 Ⓝ388

◇猫と民話—日本の猫、外国の猫 日本民話の会編 童心社 1995.10 78p 26cm (民話の手帖) 1880円 (i)4-494-01087-1 Ⓝ388.1

◇比較神話学の展望 松原孝俊, 松村一男編 青土社 1995.12 398,16p 19cm 3400円 (i)4-7917-5421-2
(内容) 1 日本(スサノヲは金星か 黄泉の国神話の性格—沖縄の民間説話との比較から 山の女神と野性の植物 ほか) 2 アジア(一目の風の神 「人と動物の婚姻譚」の背景と変容—ユーラシア東端地域の場合について ラオス、ルアン・パパーンの新年の儀礼と神話—東南アジアの水と山 ほか) 3 ヨーロッパ(ヤマトタケル—日本伝承の中の「アーサー王的」英雄像 インド＝ヨーロッパ比較神話学の生成—マックス・ミュラーとその時代) 4 考古学(人面装飾付の釣手土器 土鈴と土偶と縄文文化)
＊神話は何を私たちに訴えかけ、教えてくれるのだろうか。宗教学・民俗学・国文学・文化人類学・考古学など多彩な学問領域から、日本を中心に中国、朝鮮半島、東南アジア、シベリア、ヨーロッパなど、世界各地の神話を比較して、人類文化の共通性と個別文化の独自性を鮮やかに浮かび上がらせた待望の論文集。

◇美女と野獣—テクストとイメージの変遷 ベッツィ・ハーン著, 田中京子訳 新曜社 1995.6 446p 20cm (メルヒェン叢書) 〈参考文献：p420〜434〉 3914円 (i)4-7885-0526-6 Ⓝ388

(内容) 1 生きつづける一つの物語 2 口頭伝承と文字による伝承—18世紀 3 書籍の登場と挿絵による影響—19世紀 4 内面化された物語—1900〜1950年 5 大衆市場とマスコミ—1950〜1985年 6 いつまでも変わらない要素 7 未来に向けて
＊世界中でひろく語りつがれ、読みつがれ、芸術家たちの霊感をよびさましてきた「美女と野獣」の物語。そのテクストとイメージのさまざまな変奏を、ギリシャ神話からコクトーやディズニーの映画、フィリッパ・ピアスの再話まで丹念にたどって、いまなおわれわれを魅了する力の秘密を多面的に解明する。

◇蛇女の伝説—「白蛇伝」を追って東へ西へ 南条竹則著 平凡社 2000.10 233p 18cm (平凡社新書)〈文献あり〉 720円 (i)4-582-85059-6 Ⓝ388
(内容) 第1章 白娘子とレイミア 第2章 「白蛇伝」の淵源 第3章 「白蛇伝」と民話 第4章 レイミアの出自 第5章 ギリシアの蛇女 第6章 唐とギリシアの間に
＊白蛇伝—蛇が変身して美女となり、若い男と恋に落ちる—。人々にひろく愛され、小説、劇、映画の題材として人気を博するこの物語は、どこで誕生し、いかにして語り伝えられてきたのだろうか。中国明末の小説「雷峰塔」から説き起こし、英国の詩人キーツの抒情詩「レイミア」の魅力を語り、さらに遙かギリシア・インドへと、ルーツ探求の旅は続く。ときに恐ろしく、ときに愛らしい蛇女の変幻自在な魅力を追う、世界スケールの愉しい文学散歩。

◇本格昔話と植物 日本昔話学会編 三弥井書店 2001.7 189p 21cm (昔話—研究と資料 29号) 3500円 (i)4-8382-3088-5
(内容) 本格昔話と植物—誕生・転生をめぐって 日本の場合 中国の植物転生モチーフから見た日本の異常誕生譚 ヨーロッパの本格昔話と植物—誕生と転生に関わる昔話のヨーロッパ化に触れて シンデレラ絵本考 昔話語りの伝承—語りの装置について 地芝居をめぐる伝承 鳥の昔話と飢饉—「山鳴不孝」を中心に 小波・柳田・グリム兄弟—「口承文芸」の成立に関してもうひとつのおとぎ話 月ヶ瀬村の伝説と世間話

◇魔女と魔法 日本民話の会編 童心社 1996.5 78p 26cm (民話の手帖) 1880円 (i)4-494-01088-X Ⓝ388
(内容) 魔女の見る世界 魔女と魔法 随想 ファスネートの魔女 インドの魔女 現代民話考「天狗」

◇稀人としてやってきた天女 坂田明道著 宝塚 宝塚出版 2001.8 174p 19cm (東京 星雲社(発売) 文献あり) 2000円 (i)4-434-01250-9

民話・昔話・伝説

◇伝説の中の稀人　日の光による玉石誕生と変化　新羅から小舟で、日本へわたったアカルヒメ　海水湖、大阪湾にやってきた移民の集団　ヤマト王朝の祖先神と、シタテルヒメ（アカルヒメ）摂津から丹後へとさまよう、シタテルヒメ　天女となったシタテル（丹後のトヨウケの女神）　ヤマト王朝と丹後王国　中国思想の影響と、天女への憧憬　はるかな昔、丹後半島は蓬莱の島であった　丹後峰山の天女伝説　東南アジア地域の民族移動と焼畑農業　稀人としてやってきた天女

◇水戸黄門「漫遊」考　金海南著　新人物往来社　1999.1　341p　20cm　2800円　(i)4-404-02700-1　Ⓝ388.1

（内容）序章「水戸黄門」への旅立ち　第1章　中国の名裁判官—物語と現実　第2章　朝鮮の「春香伝」と暗行御史　第3章　北条時頼から水戸黄門まで　第4章　英雄伝説と神話　第5章　巡遊する王　第6章　芸能とスパイ　第7章「黄門漫遊記」の誕生—歌舞伎と講談　第8章　明治天皇と水戸黄門　第9章「黄門漫遊記」の発展—映画とテレビ　終章　水戸黄門の仲間たち

＊高貴な人が諸国をめぐって悪代官をこらしめる。おとなり中国・韓国でも「水戸黄門」と同様の話が国民的人気を博していた。しかもその主人公たちは身分のあかしとして"印籠"ならぬ"メダル"を持っていた。テレビドラマの原型となった「水戸黄門漫遊記」成立の謎をアジア史にさぐり、歌舞伎・講談から映画・テレビにいたる発展の足取りをたどる。

◇民間説話の国際性—比較文化論　三宅忠明著　岡山　大学教育出版　2000.4　227p　21cm　〈文献あり〉1800円　(i)4-88730-383-1　Ⓝ388

◇民俗のことば　関一敏編　朝倉書店　1998.11　244p　22cm　（現代民俗学の視点 第2巻）4800円　(i)4-254-50512-4　Ⓝ388

（内容）序章　ことばの民俗学は可能か　1　ことばの民俗（話型の認識—昔話研究の実践から発話する身体—江戸落語『蒟蒻問答』における身ぶりと滑稽　民俗学と語彙研究　ほか）　2　ことばと制度（知と野良仕事—ことばの獲得　言語空間の再生—子守りの「猥褻」語を例として　「英霊」の発見　ほか）　3　学問のことば（民俗調査と体碑—伝承の一側面　民俗学史という方法—ロシアの場合）

＊均質化に向かうとみえる（おそらく最表層］の）技術と交通のあり方と、その均質化の中の（あるいは均質化にあらがう）差異化の源泉としての民俗のありようとの落差をどのようにとらえ、いかに克服していくのか、そのための闘いをどこからどう発していけばよいのか、いとう現代の主題をめぐって、ありうる民俗学の視点を提示する。

◇民話の心と現代　吉沢和夫著　白水社　1995.4　228p　20cm　2000円　(i)4-560-02882-6　Ⓝ388.1

（内容）1　民話を伝承する心　2　語りと再話をめぐって　3　語り手たちとその語り

＊民話の原点は、それを語り伝えてきた人々の心にあり、その心を理解せずして優れた再話（語りの文字化）もなしえない。民話の本質を問い、再話のあるべき姿を求めつつ、現代における民話の意義を平易に解き明かす。

◇民話・昔話全情報 1992-1999　日外アソシエーツ株式会社編　日外アソシエーツ　2000.9　527p　22cm　〈東京　紀伊國屋書店（発売）〉19600円　(i)4-8169-1623-7　Ⓝ388.031

＊神話・民話・昔話・伝説・民謡に関する図書6531点を収録。92年に刊行された「民話・昔話全情報45／91」の継続版、全版以降の8年間に国内で刊行された図書を地域別に分類、どこに、どのような民話・昔話(集)があるのかが探索できる。巻末に書名索引、事項名索引を付す。

◇民話・笑話にみる正直者と知恵者　西田知己著　研成社　2000.9　252p　19cm　1600円　(i)4-87639-620-5

（内容）第1章　手本となる善人　第2章　つくられた民話　第3章　知恵を持つ人たち　第4章　眠気をさます笑い　第5章　笑われる条件　第6章　愚者のための物語　第7章　西鶴諸国ばなし　結びにかえて—真の正直者は自分本位でない

＊正直者とはいったいどういう人物をいうのか、時代とともに移り変わる善人像に着目し、現代的な使われ方の話も加えつつ知恵者との対比から正直者の本質を探り当てる。

◇昔話伝説研究の展開　野村純一編著　三弥井書店　1995.3　458p　20cm　4600円　(i)4-8382-8029-7　Ⓝ388.1

◇昔話と語りの現在　桜井美紀著　久山社　1998.10　104p　21cm　（日本児童文化史叢書 20）1553円　(i)4-906563-80-5　Ⓝ388.1

◇昔話とこころの自立　松居友著　宝島社　1994.6　238p　20cm　1600円　(i)4-7966-0816-8　Ⓝ388.1

（内容）序章　子どもが親に「鬼婆」や「鬼」というとき　第1章　意識と無意識の狭間で「大工と鬼六」　第2章　反抗期の波は三度くる「三びきのやぎのがらがらどん」　第3章　自立に関する昔と今「三びきのこぶた」　第4章　母性の魔力「ヘンゼルとグレーテル」　第5章　日本の母性「三枚のお札」　第6章　母と娘「白雪姫」　第7章　男社会での少年の自立「てんぐのこま」　第8章　日本人の深層を垣間見る「桃太郎」

＊子どもはなぜ残酷な話に爽快感をおぼえるのか。昔話にはなぜ「三」という数字が数多くでてくるのか。昔話ではなぜおじいさんやおば

文化人類学の本 全情報　557

あさんが子育てするのか。―こころの成長にとって昔話が果たす役割の重要性を自身の体験と深層心理学の方法で語った実感的昔話論。

◇昔話とこころの自立 松居友著 洋泉社 1999.10 238p 20cm 1700円 (i)4-89691-422-8 Ⓝ388.1
内容 第1章 意識と無意識の狭間で―「大工と鬼六」 第2章 反抗期の波は三度くる―「三びきのやぎのがらがらどん」 第3章 自立に関する昔と今―「三びきのこぶた」 第4章 母性の魔力―「ヘンゼルとグレーテル」 第5章 日本の母性―「三枚のお札」 第6章 母と娘―「白雪姫」 第7章 男社会での少年の自立―「てんぐのこま」 第8章 日本人の深層を垣間見る―「桃太郎」
＊子どもはなぜ残酷な話に爽快感をおぼえるのか？昔話にはなぜ「三」という数字が数多くでてくるのか？昔話ではなぜおじいさんやおばあさんが子育てするのか？―こころの成長にとって昔話が果たす役割の重要性を自身の体験と深層心理学の方法で語った実感的昔話論。

◇昔話と心の道 土志田喜八著 日本図書刊行会 1997.10 67p 20cm（東京 近代文芸社（発売）） 1000円 (i)4-89039-569-5 Ⓝ388.1
内容 第1話 いっすん法師 第2話 もも太郎 第3話 うらしま太郎 第4話 かぐや姫 第5話 かごめ 第6話 やまたの大蛇 第7話 こぶとり爺さん
＊日本昔話はこう読む。人間としての生きかたを教えてくれる昔話や神話。宇宙の法則という心の法則を学ぶ。

◇昔話と俗信 日本昔話学会編 三弥井書店 2000.7 187p 21cm（昔話―研究と資料 28号） 3500円 (i)4-8382-3080-X
内容 巻頭のことば・再採訪―二十年後の昔話特集〈ヘビとネコの俗信 「食わず女房」と歳の晩 ほか〉 論攷〈昔話における"先取り"の様式―子どもの文学としての昔話 「金の毛が三本ある悪魔」（KHM29）ほか〉 資料・菅原節子の昔話（下）
＊宗教と俗信とを混沌として内蔵しているオカルト的集団が輩出している昨今です。昨年度のシンポジウムのテーマ"昔話と俗信"は、そんな世の中に、警鐘を鳴らそうと意図した訳では決してありませんが、世の中が情報社会へ急激に変化してゆく今、日本人の心の中に脈々と連綿として流れる心意伝承を、昔話の世界で再認識するという時宜に叶った議論でした。

◇昔話と伝説―物語文学の二つの基本形式 マックス・リューティ著, 高木昌史, 高木万里子訳 法政大学出版局 1995.9 349, 6p 20cm （叢書・ウニベルシタス 491） 3708円 (i)4-588-00491-3 Ⓝ288
内容 昔話 昔話と伝説 ジャンル様式 漁師とその妻の話 ラプンツェル ガスコーニュのハムレット シェイクスピアと昔話 指輪物語 昔話と文芸学 民俗学と文芸学
＊伝説・短篇小説の萌芽と昔話・長篇小説への指向。「人間の魂の根源的な欲求」を満たしてきた二つの文学形式の本質的性格と相互作用を精緻なテクスト分析によって明らかにする。

◇昔話と秘伝 玖波井益人著 国分寺 新風舎 1996.2 53p 19cm 1100円 (i)4-88306-640-1 Ⓝ388.1

◇昔話と昔話絵本の世界 藤本朝巳著 日本エディタースクール出版部 2000.9 274p 20cm （文献あり） 1900円 (i)4-88888-304-1 Ⓝ388
内容 はじめに―昔話の背景, 阿蘇に生まれ育って 1 昔話・昔話絵本とは何か―昔話の意味するもの 2 昔話のテクスト（文体）―昔話と語り口 3 昔話の構造と絵本のイラストレーション―昔話絵本のイラストレーションを読み取る 4 昔話と語りの構造―「こぶ取りじい」の構造分析 5 昔話から学ぶおおらかさ―昔話と伝承の姿 6 名作絵本の背景を語る―昔話絵本と創り手たち 7 「三匹の子豚の物語」を考える―昔話「三匹の子豚の物語」の読み取り 8 昔話の残酷性を考える―残酷性と子ども 9 昔話絵本とその可能性―絵本「三びきのこぶた」をめぐって
＊昔話は独特な様式と構造をもっています。本書は、「こぶじいさま」「三びきのこぶた」などの誰もが知っている昔話を具体的に分析し、その語りの特徴や構造のもつ意味、昔話の残酷性について考えます。そして、絵本化された昔話絵本を場面ごとに読み取り、その魅力と面白さに迫ります。昔話と昔話絵本の世界をトータルにとらえた、フェリス女学院大学のオープンカレッジでの講義をまとめました。

◇昔話における時間 日本昔話学会編 三弥井書店 1998.7 214p 21cm 《昔話―研究と資料》26号） 3500円 (i)4-8382-3058-3
内容 特集〈昔話の時間―異郷譚における時間観念 昔話のなかの「夜」 ヨーロッパの昔話における時間 伝承曼荼羅の時間観念〉 論攷〈伝説と創作―「フィオナの海」を読む 日本と中南米の昔話を比較して―特に幽霊話を中心に 「日知り」の思想 家庭における昔話教育の意味―小泉八雲の場合 ほか〉

◇昔話入門 小沢俊夫編著 ぎょうせい 1997.10 321p 19cm （文献あり 索引あり） 2400円 (i)4-324-05216-6 Ⓝ388
内容 第1章 昔話とは何か 第2章 昔話のおもしろさの秘密 第3章 グリム童話の成立と特徴 第4章 子どもに昔話を！ 第5章 昔話の類型―アールネ=トムソン共著「昔話の型」の示す話型とその意味 第6章 日本昔話と関係の深い海外の昔話

◇昔話のイメージ 1 白百合女子大学児童文化研

究センター研究プロジェクトチーム「昔話のイメージ2」著，小沢俊夫編著　秦野　古今社　1998.3　267p　21cm　(白百合児童文化研究センター叢書)　2000円　(i)4-907689-00-4　Ⓝ388.1

(内容) 昔話の彼岸イメージ―昔話における此岸と彼岸の関わり方　日本の昔話における正体露見　昔話の逃走イメージ―逃走譚の結末における生と死　日本の昔話における音　日本の昔話における「寺」「山寺の怪」を中心に　異郷訪問譚における「山野の異郷」のイメージ

◇昔話のイメージ　2　白百合女子大学児童文化研究センター研究プロジェクトチーム「昔話のイメージ2」著，小沢俊夫編著　秦野　古今社　1999.3　164p　21cm　(白百合児童文化研究センター叢書)　1600円　(i)4-907689-03-9　Ⓝ388.1

(内容) 彼岸のきまりごと―メルヒェンにおける此岸と彼岸　本質から本質への転化―人間の世界に住むものが異界の住人になること　日本の昔話における声―主人公をとりまく声　日本昔話における兎のイメージ　日本昔話に見られる「ねずみ」のイメージ―「鼠の浄土」と「十二支の起こり」から

◇昔話のイメージ　3　白百合女子大学児童文化研究センター研究プロジェクトチーム「昔話のイメージ」著，小沢俊夫編著　川崎　昔ばなし研究所　2000.3　216p　21cm　(白百合児童文化研究センター叢書)　《「2」の出版者：古今社》　2000円　Ⓝ388.1

◇昔話の解釈　マックス・リュティ著，野村泫訳　筑摩書房　1997.1　239p　15cm　(ちくま学芸文庫)　968円　(i)4-480-08319-7　Ⓝ388

(内容) 第1章　七羽の鳥　第2章　白雪姫　第3章　金の毛が三本ある悪魔　第4章　死人の恩返し　第5章　賢いグレーテル、仕合せハンス、賢いエルゼ　第6章　偽の花嫁と本当の花嫁、けもの息子とけもの婿　第7章　昔話に登場する人と物　第8章　昔話の語り口

＊副題の「今でもやっぱり生きている」とは、昔話の結びの常套句。昔話や童話は、筋の展開、登場人物の台詞において、人と社会、人と人のあらゆる関係を反映している。「七羽の烏」「白雪姫」「金の毛が三本ある悪魔」…読み継がれ、語り伝えられてきたグリム童話からおなじみの話に取材し、主人公が難題を解決するために持たされるアイテムが何を意味するのか、またいばら姫や赤ずきんなどドイツ語圏の昔話の主人公はなぜ女性が多いのか、などなど、機知に溢れるテーマを選び、構造や背景を文芸学的手法で比較分類し、その背景に潜んでいるものに迫る。『昔話の本質』の姉妹編。

◇昔話の語りと変容　武田正著　岩田書院　2001.9　364p　22cm　7900円　(i)4-87294-216-7　Ⓝ388.1

◇昔話の現象学―語り手と聞き手のつくる昔話世界　武田正著　岩田書院　1993.8　386p　22cm　8137円　(i)4-900697-04-4　Ⓝ388.1

◇昔話の源流　稲田浩二著　三弥井書店　1997.1　386p　20cm　〈索引あり〉　3400円　(i)4-8382-9034-9　Ⓝ388.1

(内容) 「稲葉の素兎」試論―その通時的国際性　日はなぜ梁に登れるか　「猿蟹合戦」の成立　神々の人界巡行―『法苑珠林』と日本説話　「天人女房」タイプの生成　「人影花」考　知瓊説話と「鶴女房」　鳴ズハ雉子モ射ラレマジキヲ―人柱説話の成熟　「瓜姫」系譜考　天翔る馬　アイヌ叙事文芸の原質―タイプとモチーフの視点から　物語源流考

＊沖縄から北海道アイヌ族へ、苗族からイヌイット族へと広がってゆく、スリリングでさえある昔話の源流探索の旅の基底は、人間そのものの根源を問うことにあった。読みものとしてもわくわくとおもしろく、謎解きに満ちた論考十二篇を収める。

◇昔話のコスモロジー―ひとと動物との婚姻譚　小沢俊夫著　講談社　1994.10　263p　15cm　(講談社学術文庫)　780円　(i)4-06-159146-0　Ⓝ388

(内容) 序章　民話の比較研究　第1章　ひとと動物との婚姻譚―動物の夫　第2章　ひとと動物との婚姻譚―動物女房　第3章　異類婚姻譚からみた日本昔話の特質

＊日本を始め世界各地の昔話に数多く見られる人間と動物との婚姻譚。パートナーとなる動物はどこから来るのか。日本の夫は去ってゆく妻をなぜ追いかけようとしないのか―昔話の研究家として知られる著者が、「つる女房」や「天人女房」『ばら』など各国の異類婚姻譚を詳細かつ比較考察して昔話の本質を追究。他の民族とは異なる昔話をはぐくんできた私たち日本人特有の文化や民族性を解きあかした好著。

◇昔話の語法　小沢俊夫著　福音館書店　1999.10　391p　22cm　(付属資料：CD1枚(12cm))　2500円　(i)4-8340-1387-1　Ⓝ388

(内容) 昔話はどこにあるか　語法の分析(日本の昔話　グリム童話とシベリアの昔話)　昔話の様式研究の歴史　マックス・リュティの様式理論　昔話の音楽的性質　昔話の語法研究―いま昔話を伝えるために

＊なぜ昔話はこれほど愛されつづけてきたのだろうか。その秘密をときあかす待望の理論書。遠野の昔話「お月お星」ほか、音響資料CD付き。

◇昔話の再生　日本昔話学会編　三弥井書店　1994.6　169p　21cm　《「昔話―研究と資料」22号》　3500円　(i)4-8382-2027-8

(内容) 現代のハナシから　幽霊女房譚の変容

民話の再話―作家と研究者とをつなぐもの 現代における語り手願望 イタリア・トスカーナ地方の昔話伝承 「炭焼小五郎が事」の誕生と昔話研究 子供の遊戯宇宙―生きられた昔話 昔話と縄文人の信仰 大関、白川徳右衛門の話―「郷土誌」と〈話の伝承〉の変容をめぐって ヨーロッパの現代の語りにみる殺し 中国遼寧省の異類婚姻譚・話型索引(一) 中国回族の昔話(下)

◇昔話の伝承世界―その歴史的展開と伝播 武田正著 岩田書院 1996.3 377p 22cm 9064円 (i)4-900697-48-5 Ⓝ388.1

◇昔話の謎を解く―本当は意味深い昔話 糸日谷秀幸著 愛生社 2000.12 189p 19cm〈東京 星雲社(発売)〉 1200円 (i)4-434-00642-8 Ⓝ388

(内容) シンデレラ姫の謎―日本にも存在したシンデレラ物語 桃太郎の謎―桃太郎が桃から生まれた理由 酒呑童子の謎―鬼退治に使った酒は今OLに大人気 浦島太郎の謎―竜宮城で過ごした時間は計算可能 かぐや姫の謎―不老不死の薬と徐福伝説の接点 花咲爺さんの謎―ポチはなんと神様の使いだった 笠地蔵の謎―笠地蔵は日本版サンタクロース 猿蟹合戦の謎―民間療法で解くと猿は悪者ではない 舌切り雀の謎―雀は口封じのために舌を切られた 三年寝太郎の謎―寝てアイデアが閃いた男の話 味噌買い橋の謎―橋はこの世とあの世をつなぐもの 弘法の石芋伝説の謎―石芋の正体は薬用人参だった 弘法の温泉伝説の謎―全国に残る高僧発見伝 因幡の白兎の謎―大国主命はすぐれた漢方医 七福神の謎―いじめの問題と一緒に考えたい話 八岐大蛇の謎―人柱伝説が大蛇を創造した 竜の謎―人類共通の無意識が作った産物 河童の謎―キュウリやナスが大好物な理由 鬼の謎―今ブームの風水思想に迫る

*えぇ本当!?う～んなるほど!誰もが知ってる昔話の誰も知らない真相。当代一流の栄養・心理カウンセラーが、読んで納得の全く新しい視点を提供する!21世紀へ向けてあなたの知性をバージョンアップ。

◇昔話の発見―日本昔話入門 武田正著 岩田書院 1995.9 264p 19cm (参考文献:p241～250) 2884円 (i)4-900697-35-4 Ⓝ388.1

◇昔話の本質 マックス・リューティ著, 野村泫訳 筑摩書房 1994.12 269p 15cm (ちくま学芸文庫) (参考文献:p239～248) 940円 (i)4-480-08168-2 Ⓝ388

◇昔話の民俗学 桜井徳太郎著 講談社 1996.5 307p 15cm (講談社学術文庫) (「昔ばなし」(塙書房1972年刊)の増訂 参考資料:p293～304) 900円 (i)4-06-159229-7 Ⓝ388.1

(内容) 序 昔ばなしと現代 1 昔ばなしの本質 2 昔ばなしと民族性 3 昔ばなしの地域性と時代性 4 昔ばなしの世界性 5 異郷譚 6 小子譚 7 遊魂譚 8 笑いばなし 9 動物昔ばなし 10 昔ばなしの研究

*本書は、昔ばなしが、民話や神話・伝説とはどう違うかという本質論から出発し、昔ばなしの民族・地域・時代・世界性を論究、さらに異郷譚、小子譚、遊魂譚などに分類して、その中に日本人の思想や生活文化の特質が如実に反映されていることを実証する。日本人の心のふるさとと言われてきた昔ばなしを、新たな視点から解釈した待望の昔ばなし民俗論。

◇昔話の森―桃太郎から百物語まで 野村純一著 大修館書店 1998.4 322p 20cm 2500円 (i)4-469-22138-4 Ⓝ388.1

◇昔話は生きている 稲田浩二著 筑摩書房 1996.11 250p 15cm (ちくま学芸文庫) 950円 (i)4-480-08304-9 Ⓝ388.1

(内容) 1 野の花と造花と 2 野外からの報告―今日の昔話(昔話をたずねて 語り手誕生 あいづちに結ばれて) 3 昔話の展望(年輪を追って 笑話の系譜 命あるものも命なきものも―鳥獣草木の昔話 語りの楽しさ くりかえしの方法) 4 民衆のもの―昔話(昔話の生命力―伝承と創意 昔話は戦う この大樹の未来)

*昔話は長い年月のあいだ、口伝えで生きつづけてきた。驚くなかれ、数百話の昔話を保有する語り手たちの数々―人類史上連綿と続いてきた口伝えの環が、いまや失われようとする最後時期に遭遇して、その秘密を、調査・採訪の旅からの報告を交えて解き明かす。無数の語り手と聞き手とが共同で伝承し、創造してきた昔話には、聞き手のあいづちの打ち方ひとつにまで形式が浸透している。語りはじめと結びの際の決まり文句、語り口、語句やモチーフの繰り返し、話の型などに着目、経験を受け渡す技術として口承文芸＝昔話の核心に迫り、文字をもたない人々の奥深い知恵に耳を傾ける。

◇「物言う魚」たち―鰻・蛇の南島神話 後藤明著 小学館 1999.11 270p 19cm 2000円 (i)4-09-386039-4

(内容) 第1章 料理壺の中の鰻 第2章 洪水を起こす水霊 第3章 大地を支える神々 第4章 恋する鰻とココ椰子 第5章 人食い大蛇の服は宝の山 第6章 聖なる鰐は祖先の魂 第7章 鮫と竜をめぐる伝承 第8章 海から訪れる神の贈物 第9章 海上他界と海霊の系譜

*本書では、東北の一地域に見られる風習が日本各地、さらに南島世界、そして東南アジアや南太平洋へも連なる広大なテーマになることを論じていく。とくに、鰻・蛇、鰐、鮫といった水棲動物ないし水に関係が深い動物をキーワードにして、海霊や水霊の信仰の系譜

民話・昔話・伝説　　　　　　　　　　　　　　　　　　　　　　　　　　　　　　　　日本

◇物語の中世―神話・説話・民話の歴史学　保立道久著　東京大学出版会　1998.11　345,4p　21cm　5600円　(i)4-13-020119-0
(内容)　1　神話の世界と中世（「竹取物語」と王権神話―五節舞姫の幻想　「彦火々出見尊絵巻」と御厨的世界―海幸・山幸神話の絵巻をめぐって　巨柱神話と天道花―日本中世の氏神祭と農事暦　歴史学にとっての柳田国男）　2　中世説話の世界（内裏清涼殿と宮廷説話　説話「芋粥」と荘園制支配―贈与と客人歓待　虎・鬼ヶ島と日本海海域史　領主本宅と煙出・釜殿）　3　中世民話の世界（腰袋と「桃太郎」「ものぐさ太郎」から「三年寝太郎」へ　秘面の女と「鉢かつぎ」のテーマ）

◇山姥登場―昔話学への招待　武田正著　南陽置賜民俗学会　2000.6　226p　19cm　〈文献あり〉　1800円　Ⓝ388.1

◇山姥の記憶　斉藤泰助著　富山　桂書房　2001.2　198p　21cm　〈文献あり〉　2000円　(i)4-905564-26-3　Ⓝ388.1
(内容)　第1章　謡曲「山姥」の舞台　第2章　花祭りと山姥の舞　第3章　金時伝説と山姥　第4章　古代信仰と山姥　終章　「山姥」の総括　補章　中部地方のその他の伝承
＊深山に棲む山妖怪「山姥」に関する伝承は驚くほど多い。室町初期成立の謡曲の舞台となった北陸道山中の上路や新潟・長野・飛騨・尾張・奥三河にまで伝承収集の範囲を広げ、金時伝承や機織り伝承、神話や花祭りとの関連を考証する。

◇妖精のように生きてみたい　岩田裕子著　河出書房新社　1994.11　190p　19cm　1300円　(i)4-309-00950-6　Ⓝ388.3
(内容)　第1章　自然の中の妖精たち　第2章　妖精に似た人間たち　第3章　妖精から恋のレッスン　第4章　自分の中に住む妖精

◇読むのが怖い世界の残酷童話―原典に隠されたおぞましい真実　晨永光彦監修　日本文芸社　1999.4　221p　15cm　（にちぶん文庫）　495円　(i)4-537-06540-0　Ⓝ288

◇竜蛇神と機織姫―文明を織りなす昔話の女たち　篠田知和基著　京都　人文書院　1997.11　382p　20cm　〈文献あり　索引あり〉　3700円　(i)4-409-54052-1　Ⓝ388
(内容)　第1部　妖精の国、妣の国（竜宮　冥界へ―地下の蛇　山上他界―走る女）　第2部　竜の国（蛇息子の結婚　白猿伝・白蛇伝　竜の末裔）　第3部　蛇と鉄のシンボリスム（英雄の誕生　セイレンの歌　王権の秘密）
＊「竜＝蛇女」変身譚の東西比較～機織姫からメリュジーヌまで。製鉄と機織りの謎を秘めながら巨大な竜蛇がユーラシア大陸を覆う。

◇ロマンの怪談・海と山の裸女―人魚と山姥物語　笹間良彦著　雄山閣出版　1995.11　224p　19cm　1998円　(i)4-639-01327-2　Ⓝ388.1
(内容)　第1部　人魚伝説（人魚とは　ヨーロッパの人魚譚　中国における人魚譚　日本の人魚ほか）　第2部　山姥伝説（山姥考　伝承・物語の山姥　諸国の山姥目撃譚　柳田国男の山人考　山の神と山女　山女のイメージ）
＊両者とも多くは白肌・長髪・裸身の美女とする。大海原や深山幽谷で、人間（男）が孤独をなぐさめる幻か夢か。そのイメージの成立由縁を追う。

日本

◇アマテラスの深みへ―古代神話を読み直す　斎藤英喜著　新曜社　1996.10　243p　19cm　（叢書　物語の冒険）　2472円　(i)4-7885-0578-9
(内容)　1　大嘗祭―もう一つの「秘儀」　2　崇りと託宣―崇神天皇の祭祀伝承をめぐって　3　伊勢神宮のトポロジー　4　「御体御卜」という謎　5　平安内裏のアマテラス―内侍所神鏡をめぐる伝承と言説
＊古代神話のテクストと天皇儀礼の果敢な解読をとおして、荒々しいパワーをもつアマテラスという、全く意想外の神の相貌をリアルに開示する、気鋭の力作。

◇アメノヒボコ―古代但馬の交流人　瀬戸谷晧, 石原由美子, 宮本範熙共著　神戸　神戸新聞総合出版センター　1997.7　276p　20cm　2000円　(i)4-87521-246-1　Ⓝ388.164
(内容)　1　変貌するヒボコ像（ヒボコ誕生―古代(1)　多彩なヒボコ―古代(2)　但馬の開拓神―中世・近世　新しいヒボコ―近代・現代）　2　古代但馬の交流人（文字の資料から―より古い資料を求めて　舶来の品々―渡来人とともに　共通する墓制―墓に刻まれた渡来の痕跡）　3　ひぼこ夢ある記　4　ヒボコの風―但馬のミュージカル誕生
＊アメノヒボコ―。「古事記」「日本書紀」「播磨国風土記」などに登場し、但馬古代史のうえで、最も知られながら謎につつまれた人物。この"誇るべき古代の交流人"を多角的にとらえる初めての"ヒボコ入門書"。

◇イナバノシロウサギの総合研究　石破洋著　牧野出版　2000.6　287p　21cm　4500円　(i)4-89500-061-3
(内容)　イナバノシロウサギの謎を解く　因幡の白兎説話考　伯耆の白兎説話考　隠岐の白兎説話考　因幡の白兎伝承地考　兎神考　鷺神社考　因幡の白兎異伝考　八上比売考　因幡ノ記考
＊「古事記」のウサギ物語は、もとより、神話・伝説であって、歴史的事実ではない。したがって、その伝承地や遺跡・遺物は本来存在

文化人類学の本　全情報　561

日本　　　　　　　　　　　　　　　　　　　　　　　　　　　　　民話・昔話・伝説

しないはずであるが、現実には伝承地が存し、遺跡が存する。それらは当然、後世に創作せられたものである。本書では、その創作過程を検証し、より一層ふさわしい伝承地を考察した。

◇ウズメとサルタヒコの神話学　鎌田東二著　大和書房　2000.8　285p　21cm　3500円　(i)4-479-84053-2

(内容)　序章　ウズメとサルタヒコの神話学　第1章　シャーマニズムと女神憑依　第2章　サルタヒコの冒険　第3章　ホトの文化史　第4章　カミと異界　第5章　日本人と祭り　終章　渦と猿の図像学

＊ウズメとサルタヒコ、この二つの神はなぜ結ばれたのか—古代日本人の信仰と祭りから神話の意味とその役割を探る。

◇歌垣と神話をさかのぼる—少数民族文化としての日本古代文学　工藤隆著　新典社　1999.7　255p　19cm　(新典社選書 12)　1700円　(i)4-7879-6762-2　Ⓝ910.23

(内容)　歌垣が生きていた　少数民族文化としての日本古代文学　万葉集の恋愛歌　葬送と歌垣—少数民族文化の現地調査報告を中心に　神話と恋愛　生き続ける「古代の古代」—中国・雲南に原型的な歌垣を聞く　古代文学研究に少数民族文化という視点の導入を　恋愛と歌垣　文化のなかの「残虐」—失われた人間存在の根源への視線　少数民族文学としての古事記・万葉集—日本国の成立と現在〔ほか〕

◇絵で読む日本の神話—神話伝承館への招待　出雲井晶著　明成社　2000.2　75p　31cm　1714円　(i)4-944219-03-2　Ⓝ164.1

(内容)　第1章　絵で読む日本の神話(神話の巻　歴史の巻)　第2章　出雲井晶の日本神話(神話の巻　歴史の巻)

＊第125代今上天皇陛下のご先祖初代神武天皇御即位へ到るまでの壮大な神話絵巻が本になりました。

◇大江戸路地裏人間図鑑　岸井良衞著　小学館　1999.10　267p　16cm　(小学館文庫)　533円　(i)4-09-403461-7　Ⓝ388.136

(内容)　第1面　江戸の売り声　第2面　侍のくしゃみ　第3面　恋の急所　第4面　百万都市の怪談　第5面　慶安口と湯屋の噂　第6面　明日の神だのみ

＊日がな一日これといった波瀾もない平和都市・江戸。現在のように、分きざみで切ったり張ったり、会ったり別れたりのあわただしい世の中ではない。おおらかに時が流れた三百年のあいだに街角や横丁で見聞された噂の人物、ちょっと笑える話、奇怪な出来事などを蒐集した本書は謂わば江戸の三面記事。"日本で一番人が集まる所"江戸市に生きた人々の様々な表情をじっくりご覧あれ。

◇落人・長者伝説の研究—丹沢山麓の矢口長者伝説　落合清春著　岩田書院　1997.1　261p　22cm　5900円　(i)4-900697-69-9　Ⓝ388.137

(内容)　第1章　相模国愛甲郡宮ヶ瀬村　第2章　落人・矢口長者伝説の成立(落人・矢口長者伝説伝説の構造　落人と長者をめぐって　矢口入道信吉の正体)　第3章　落人・矢口長者伝説を生み出したもの(第一次伝説形成期　第二次伝説形成期)　第4章　丹沢山麓中・近世史の一断面(山麓の落人伝承　山麓の金属伝承　中世から近世へ)

◇語られざるかぐやひめ—昔話と竹取物語　高橋宣勝著　大修館書店　1996.7　308p　20cm　(参考文献：p302〜305)　2060円　(i)4-469-22122-8　Ⓝ388.1

(内容)　1　昔話の世界(昔話とは何か　昔話は変容する　昔話の変わらぬ部分　昔話と世界観　外来昔話の変容)　2　語られざるかぐやひめ(「竹取物語」と昔話　昔話説話と「竹取物語」竹取説話と輪廻転生譚　「竹取物語」と天人流謫譚　かぐやひめの文学史　「竹取物語」のルーツを探る　流謫の思想と日本人)

＊だれでも知っているかぐやひめの物語。だが意外なことに竹取物語は昔話にはならなかった…。竹取物語のルーツを探る！昔話の世界を読み解きながら竹取物語の謎に迫る、「かぐやひめの文学史」。

◇共生のフォークロア—民俗の環境思想　野本寛一著　青土社　1994.4　344p　20cm　2600円　(i)4-7917-5308-9　Ⓝ380.1

(内容)　序章　神の山と人の山　1　共生の民俗(橅と人の交流　巨樹と神の森　クロマツの民俗　アカマツの民俗)　2　共存の葛藤—ディレンマの動物誌(ハブの両義性　鹿　猿　鼠　蛙　狼　鮫)　3　資源保全と再生の民俗(曲物師と木地屋　山椒魚の谷　「旬」の思想　再生の民俗)　4　伝説・昔話の環境論(伝説と環境思想　鮭の大助—資源保全と種の保存　浦島太郎　桃太郎　花咲爺　猿蟹合戦)

＊自然を殺して人は生きる…。だが、かつてそれは、さらに豊かな再生をめざすいとなみでもあった。森と川をつなぎ、植物と動物をつなぐ、自然と生命の環を、民俗の知恵はどのように守り伝えてきたか。村のタブーから昔話まで、海・山・町を渉猟し、日本全土から集められた貴重な共生のルールと、語部達のさりげなく重いメッセージ。

◇現代の民話—あなたも語り手、わたしも語り手　松谷みよ子著　中央公論新社　2000.8　229p　18cm　(中公新書)　〈文献あり〉　700円　(i)4-12-101550-9　Ⓝ388.1

(内容)　1　あなたも語り手、私も語り手—ぼうさまになったからす　2　昔話とのかかわり—偽汽車、蛇婿　3　抜け出す魂、あの世への道　4　土

民話・昔話・伝説　　　　　　　　　　　　　　　　　　　　　　　　　　　　日本

を喰う―戦争と現代民話　5 学校の怪談　6 口承から書承へ、そして口承へ　7 笑い
＊「民話」と聞いて何を思い浮かべるだろう? 鶴の恩返しや笠地蔵だけが民話なのではない。いまも、巨大な現代社会のなかで、新たな民話がふつふつと生まれ語り継がれている。耳を澄ませば、そして、聴きたいと思う心があれば、現代の民話はどこにでもあるのだ。偽汽車や公害を知らせにきた河童、戦場に舞う魂、学校の怪談、死者からのことづて、神かくし…現代民話の第一人者に誘われ、その豊かで奥深い世界をめぐる。

◇現代民話考　9　木霊・蛇　松谷みよ子著　立風書房　1994.1　352p　20cm　2800円　(i)4-651-50209-1　Ⓝ388.1

◇現代民話考　10　狼・山犬、猫　松谷みよ子著　立風書房　1994.10　350p　20cm　2800円　(i)4-651-50210-5　Ⓝ388.1
＊全国各地に散在する狼と山犬と猫にまつわる奇談と恐怖と笑い。庶民の暮らしに、より身近で多彩なペーソスあふれる生きた民話を集めた「民話の宝船」。

◇現代民話考　11　狸・むじな　松谷みよ子著　立風書房　1995.7　345p　20cm　2800円　(i)4-651-50211-3　Ⓝ388.1
(内容)　狸・むじなの火　腹つづみや踊り場　狸・むじなの音まね　狸・むじなのいたずら　化ける・化かされる　狸・むじなの仕返しやたたり　狸・むじなの人助け　狸退治　狸つかい
＊ゆたかな感性と想像力でとらえた民間伝承。そっと次世代に手渡さねばならぬ素朴で牧歌的で、とりわけ上質な狸とむじなの民話を贈る。松谷みよ子の「現代民話の方舟」。

◇現代民話考　12　写真の怪・文明開化　松谷みよ子著　立風書房　1996.5　352p　20cm　2800円　(i)4-651-50212-1　Ⓝ388.1
＊明治の西欧化と庶民の心の揺れ。明治の開化いらい急速なスピードで西欧文明を学び採り入れたこの国の庶民の心の驚きと動揺は、現代のいまもなおつづいている。笑い過ごせぬ民話集を贈る。

◇古代史と日本神話　大林太良、松前健、水野祐、井上辰雄、井本英一、辰巳和弘、吉田敦彦、金井清一ほか著　大和書房　1996.11　227p　21cm　2800円　(i)4-479-84038-9
(内容)　日本神話と王権(日本と東南アジアの柱祭　大嘗・新嘗祭と記紀神話　風土記の神話　ほか)　民俗・思想と日本神話(縄文の神話と昔話および民俗　造船説話とスサノヲノ命　陰陽五行思想とは　日本神話の吟味　ほか)　アジア諸ն国の神話と日本神話(オホナムチ神話と中国の民話　雲南省ハニ族の神話と日本神話　西南中国の少数民族にみられる洪水神話　百越の始祖伝説と日本神話)

＊日本人のルーツに深く関わり、人々の心と生き方を映しつつ語り伝えられてきた神話を、歴史・考古学的視点から考察した新しい論文集。

◇ゴードン・スミスの日本の奇談と怪談　リチャード・ゴードン・スミス著，吉沢貞，吉沢小百合訳注　南雲堂フェニックス　1998.2　107p　21cm　(英和対訳シリーズ 1)　〈他言語標題：Ancient tales and folklore of Japan〉　1500円　(i)4-88896-165-4　Ⓝ388.1
(内容)　1 琵琶湖の漁師の伝説　2 蜂の恩返し―余吾太夫戦勝記　3 乙寺の宝物―猿の生まれ変わり　4 竹生島と鶴亀姉妹―琵琶湖の竹生島　5 因幡の国の幽霊寺　6 笛塚の幽霊話　7 金のかんざし
＊著者は、日本滞在中に、日本の民話や伝説を集めその一部57編をロンドンで出版(「日本の昔話と伝説」)。本書は、その中から、奇談・怪談に属するものを7編選んで、対訳と注釈をしたものである。

◇ザシキワラシの見えるとき―東北の神霊と語り　川島秀一著　三弥井書店　1999.4　339,3p　20cm　2800円　(i)4-8382-9047-0　Ⓝ388.12
(内容)　1 巫女と盲僧の語り(陸前陸中の妙音講　神おろしのオシラサマ―宮城県気仙沼地方の神様アソバセ　ほか)　2 憑依の現場から(魂が抜け出る話―巫女の成巫譚をめぐって　イヅナと憑祈禱―日蓮宗寺院におけるシャーマニズム　ほか)　3 六部の語り(『弘法』という名の六部について　消えた六部―ハナシの発生の基盤について　ほか)　4 「遠野物語」を支える伝承世界(ザシキワラシの見えるとき　稲古沢の長者伝説と担い手　ほか)
＊21世紀に伝えられる東北文化論。シャーマンによって、今日忘れ去られようとしている東北の歴史伝承や伝説が蘇り、現代に語り継がれる。

◇さまよえる手児名―手児名伝説を追って　鈴木恒男著　[市川]　[鈴木恒男]　1996.3　253p　21cm　(私家版　編集・製作：たくみぼり工房　参考資料：p250～253)　Ⓝ388.135

◇サルタヒコの旅　鎌田東二編著　大阪　創元社　2001.10　4,295p　21cm　2000円　(i)4-422-23017-4
(内容)　第1部 サルタヒコと世界神話(サルタヒコとディオニュソス、そしてエジプトの猿神　南方世界のサル　サルタヒコと孫悟空　中国の神と日本の神　ドン・ファンに導かれて)　第2部 列島の伝承文化とサルタヒコ(猿田彦大神の地域伝承と信仰　伊勢信仰と海人の神サルタビコ　九州に生きるサルタヒコ　聖地巡礼)　第3部 サルタヒコへの新しい視座(サルタヒコが白かったとき　国譲り神話における猿田彦大神の位相　「火の鳥」とサルタヒコ　鳥と道の翁の

文化人類学の本 全情報　563

知恵 日本の異界探訪)
*サルタヒコ伝承の発信している世界はたいへん多義的であり、象徴的であり、政治的でもあり、宇宙論的でもあるといった、謎と複雑性に満ちた物語世界として浮上してくる。そのサルタヒコが21世紀にどのようなメッセージをたずさえてよみがえるのか。

◇寺社縁起からお伽話へ 五来重著 角川書店 1995.10 220p 20cm (宗教民俗集成 6) 2000円 (i)4-04-530706-0 Ⓝ910.4
(内容)仏教文学概論 寺社縁起の世界 寺社縁起からお伽話へ 「信貴山縁起絵巻」の世界 「当麻寺縁起」と中将姫説話 奈良絵本とお伽草子 軍記物語と民間信仰 「平家物語」と仏教 関西地方の霊場と仏教伝説三十三話
*神仏の縁起からお伽草子―昔話と日本人の心の歴史がつづられた。信貴山縁起やものぐさ太郎、浦島など説経唱導から庶民文学への道をさぐる。

◇静内地方の伝承 3 織田ステノの口承文芸 3 静内町(北海道) 静内町教育委員会 1993.3 338p 26cm (静内町文化財調査報告) Ⓝ388.11

◇静内地方の伝承 4 織田ステノの口承文芸 4 静内町(北海道) 静内町教育委員会 1994.3 363p 26cm (静内町文化財調査報告) Ⓝ388.11

◇静内地方の伝承 5 織田ステノの口承文芸 5 静内町(北海道) 静内町教育委員会 1995.3 529p 26cm (静内町文化財調査報告) Ⓝ388.11

◇縄文の神話 吉田敦彦著 増補新版 青土社 1997.7 357p 19cm 2400円 (i)4-7917-5557-X
(内容)第1部 神話と夢(夢と神話世界―ユング派心理学と神話学 古代ギリシア人と夢 ホムチワケと垂仁天皇の夢の中のサホビメ) 第2部 縄文の神話(有孔鍔付土器と月神話 エリアーデの地母説と縄文時代中虚の土偶および土器 釣手土器と火の神話 山姥と縄文土器および土偶 山姥の不気味さと縄文時代晩期末葉の容器形土偶) 第3部 三機能説と神話の構造(儀礼と神話および言語 レヴィ=ストロースの儀礼論 デュメジルの三機能説とヨーロッパの神話的世界 デュメジルの三機能説とゲルマン・ケルト神話伝説 ほか)
*無文字時代の神話。大地神=食物神=火神の「死と再生」を追い、神話学の最新の成果と学際的方法を駆使して、縄文土器・土偶の意味をさぐり、縄文の神話世界が環太平洋文化圏の基層によこたわる「地母神信仰」につらなることをつきとめ、『古事記』以前の隠された神話を解き明かす、吉田神話学の豊饒な成果。

◇水虎様への旅―農業土木文化の時空 広瀬伸著 青森 青森県農林部農村計画課 1999.3 222p 30cm Ⓝ388.121

◇図説日本妖怪大全 水木しげる著 講談社 1994.6 498p 16cm (講談社+α文庫) 1000円 (i)4-06-256049-6 Ⓝ388.1
(内容)座敷童子 川姫 蝶化身 一目連 片車輪 小豆洗い あまめはぎ 網切 赤舌〔ほか〕
*河童、狸、天狗、一つ目小僧、雪女…。古代飛鳥時代から現代まで、各地を跳梁跋扈する妖怪達。言い伝えや民間信仰の豊かな地に育ち、第二次大戦中、極限状態の熱帯の密林で「異なるもの」の存在を確信した作者が、詳細な解説と精密なタッチで妖怪425を現出。妖怪事典の決定版。

◇隅田川の伝説と歴史 すみだ郷土文化資料館編 東京堂出版 2000.6 165p 21cm 1600円 (i)4-490-20397-7 Ⓝ388.1361
(内容)隅田川周辺の伝説と歴史(伝説と歴史学 梅若伝説 在原業平伝説(伊勢物語) 竹芝伝説(更級日記) ほか) 隅田川伝説紀行(木母寺・梅若塚―梅若伝説の故地 古代東海道と隅田の渡―在原業平伝説の故地 立石と瑞光石―房州石をもつ古墳神石 吾嬬神社―古代「浮島」の遺称地 済海寺―竹芝伝説の故地 ほか)
*隅田川周辺に起源をもち、人々の心の中で育まれてきた伝説の数々を、歴史の視点でなぞり、背景に潜む真実に迫る。

◇聖書と民話 鄭友治著 ひらく,ごま書房〔発売〕 1997.7 247p 19cm 1500円 (i)4-341-19012-1
(内容)1章 時代を超え受け継がれてきた民話こそ、日本人の「聖書」である―昔の日本人は、民話から「聖書の教え」を学びとる知恵を持っていた(民話がわかれば神話がわかる 聖書とくらべてみればわかる、神話・民話のレベルの高さ) 2章「日本人の美徳」は民話なしでは育たなかった!―日本人ならばけっして忘れてはならない民話がある(知恵と勇気のルーツは民話にあり―花咲か爺さん・一寸法師 「謙譲の美徳」は民話で培われてきた―舌切り雀・浦島太郎 忘れられた「恩」と「義理」のたいせつさ―鶴の恩返し・雪女・サルカニ合戦) 3章 民話の裏側には、優秀な祖先の知恵が隠されていた!―民話を馬鹿にする現代日本人に教える「民話の正しい読み方」 4章 日本人よ、いまこそ失った誇りを取り戻せ!―もう一度優秀な民族になるためには、民話を読みなおすべき
*日本人が評価しない"日本"を世界は賞賛している。在日韓国人、特別永住者が読む日本人のルーツと役割。

◇天狗よ!―変革を仕掛けた魔妖 百瀬明治著 文英堂 2001.7 287p 21cm 1800円 (i)4-578-12986-1
(内容)異界とは何か 極楽と地獄 徘徊する怨霊と鬼 天狗の出現 騒乱の演出者 仏法への挑戦 天狗と山伏 天狗たちの時代 人間界を

民話・昔話・伝説　　　　　　　　　　　　　　　　　　　　　　　　　　　　　　　日本

闊歩する天狗　天狗の時代のたそがれ　現代に飛翔する天狗
＊天狗がまきおこす奇想天外の歴史読物。

◇伝説探訪東京妖怪地図　荒俣宏監修, 田中聡著　祥伝社　1999.7　380p　16cm　(祥伝社文庫)〈「怪異東京戸板がえし」(評伝社1989年刊)の増訂〉648円　(i)4-396-31125-7　Ⓝ388.1361
(内容) 1章 大江戸怨霊列伝　2章 こんなところも怪異ゾーン　3章 怪異スポットを歩く　4章 怨念の痕跡は残る　5章 明治維新と妖怪　6章 物の怪たちの現代　7章 怪猫狐狸の七変化　8章 妖怪の正体

◇遠野—民話の神・仏に出逢う里　加藤敬写真・写真解説　学習研究社　1996.11　119p　22cm (Gakken graphic books 12)〈聞き書き・文：佐藤和彦ほか〉1600円　(i)4-05-400741-4　Ⓝ382.122
(内容) 第1章 人と神々　第2章 暮らしと信仰　第3章 死と再生
＊七観音、お地蔵さま、お太子さん、カッパ、天狗、山男、田の神、山の神、ザシキワラシ、オシラサマ、念仏回し、土葬、お盆…その昔身近であった神々は遠野の里に今も息づく。日本人の「祈り」を写真と聞き書きで綴るもうひとつの『遠野物語』。

◇謎のサルタヒコ　鎌田東二編著, 梅原猛, 吉田敦彦, 目崎茂和, 竜村仁, 美内すずえほか著　大阪 創元社　1997.10　313p　21cm　3000円　(i)4-422-23015-8
(内容) 1 フォーラム (猿田彦とは誰か　謎のサルタヒコ)　2 座談会 (大地の復権、神の復権—猿田彦をめぐって (谷川健一　宇治土公貞明　鎌田東二))　3 エッセイ・論考 (世界の神話からみた猿田彦　サルタヒコの伝承について　庚申信仰・道祖神信仰における猿田彦と細女　九州の猿田彦　神楽における猿田彦　猿田彦面の系譜)

◇南島説話生成の研究—ユタ・英雄・祭儀　山下欣一著　第一書房　1998.5　594,8p　22cm　8000円　(i)4-8042-0143-2　Ⓝ388.199

◇日本架空伝承人名事典　大隅和雄ほか編　増補 平凡社　2000.8　565,13p　22cm　5800円　(i)4-582-12628-6　Ⓝ388.1

◇日本奇談逸話伝説大事典　志村有弘, 松本寧至編　勉誠社　1994.2　990,27p　21cm　12360円　(i)4-585-06002-2
＊実在の人物や事件、伝説的な物語をいきいきと伝えてきた奇談逸話伝説に関する500項目を最新の研究をふまえて詳しくわかりやすく解説。

◇日本神話からの贈り物—『古事記』『日本書紀』に見る日本人の美意識とタブー　渡部昇一著　PHP研究所　1995.1　229p　15cm　(PHP文庫)〈「神話からの贈物」(文芸春秋1976年刊) の改題〉500円　(i)4-569-56724-X　Ⓝ304
(内容)"国産み"おんな大学　さかしらな女と貞節な女　大和は国のまほろば　男子の覗き見を禁ず　祭主としての主婦　皇室版国際結婚のすすめ　神代の大陸引揚者　神武建国神話と国家仏教伝来　日本武尊と"武"の原型　大和王朝の"男女の愛"　おしゃもじ主権の源流
＊「私の身体にはなり合わぬところが一ところある」と伊邪那美命。「私の身体にはなり余ったところが一ところある」と伊邪那岐命。古事記の「国産み」物語が象徴する男女の「相христ原理」こそ、日本人の人間性を深く本質的に形作ってきた。神話は民族に禁忌と勧奨を伝える"先祖からの遺言"である。この豊饒なる贈り物『古事記』『日本書紀』を曇なき視点で現代に甦らせた、真実の日本論。

◇日本神話のなりたち　吉田敦彦著　新装版　青土社　1998.6　254p　19cm　2200円　(i)4-7917-5636-3
(内容) 第1章 縄文・弥生・古墳時代からの神話　第2章 記紀の神話に語られた三機能的秩序の成立過程　第3章 スキタイ・高句麗・日本の神話に見る王権の起源　第4章 ロムルス・ヘラクレス・インドラとヤマトタケル　第5章 縄文の神話と昔話および民俗　第6章「古事記」のオホクニヌシ神話に見える脱出モチーフと再生
＊日本の神話をときほぐしていくと、縄文・弥生・古墳時代、周辺文化をまきこんで、幾層にもわたってつみ重ねられてきた伝承のあとが明らかとなる。比較神話学の立場からときあかされた、日本神話の形成過程。

◇日本伝承文学　野村純一ほか編　おうふう 1996.1　189p　21cm　2100円　(i)4-273-02874-3　Ⓝ913
(内容) 1 神話・伝説　2 物語・軍記　3 説話　4 歌論・注釈　5 芸能　6 唱導・縁起　7 小説・咄本・草双紙　8 紀行・随筆

◇日本の世間話　野村純一著　東京書籍　1995.2　269p　19cm　(東書選書138) 1500円　(i)4-487-72238-1　Ⓝ388.1
(内容) 1 口裂け女—話の行方　2 六部殺し—話のカリキュラム　3 話の主人公たち—話の実践　4 猫、そして狐—話の化身たち
＊『口裂け女』『人面犬』等の都市伝説から説きおこし未究明の「不幸なる芸術」世間話を初めてここに体系化。

◇日本の民話を学ぶ人のために　福田晃, 常光徹, 斎藤寿始子編　京都　世界思想社　2000.10 348p　19cm　2300円　(i)4-7907-0839-X　Ⓝ388.1
(内容) 総説　民話と古典　民話の地域性　民話と現代　民話の再創造　語り手と現代
＊生成と再生、そして未来への指標。民話の歴史は長く、その広がりも国の隅々にまで及ぶ。

文化人類学の本 全情報　565

日本　　　　　　　　　　　　　　　　　　　　　　　　　　民話・昔話・伝説

民話のもつ底知れぬ生命力と可能性、その魅力を研究者・作家・ストーリーテラーなど多様な視点から総合的に追究している。

◇日本の昔話と伝説　リチャード・ゴードン・スミス著，吉沢貞訳　南雲堂　1993.6　524p　21cm　15000円　(i)4-523-26184-9　Ⓝ388.1

　(内容)　金のかんざし　柳の精　すみれ井戸の幽霊　笛塚の幽霊話　因幡の国の幽霊寺　蘆雪と鯉　琵琶湖伝説　奇跡の剣　「百鬼夜行の図」のいわれ　忠実な家来松王　細川家に伝わる血染めの文書　加藤左衛門と石童丸　振袖火事　青砥藤綱の逸話〔ほか〕

　＊もう一人のハーンが、90年を経た今、ここに甦る。文献でも口承でも現代に伝えられていない57篇を収録。ハーンが伝える物語とは異なる話ばかりで、民俗学の上で貴重な資料。

◇日本の昔話の変遷・メッセージ—日本の文化としての昔話　真野須美子著　明治図書出版　1999.5　154p　21cm　1700円　(i)4-18-901017-0　Ⓝ388.1

　(内容)　第1章　児童文学とわたし（「人魚姫」との出会い　昔話と児童文学）　第2章　いま、なぜ、日本の昔話なのか（いま、なぜ、日本の昔話なのか　昔話のおもしろさは？　物語から昔話へ）　第3章　わたしの選んだ日本のむかし話

　＊子どもどころか、二十歳の学生たちにも、「花咲爺」を知らない学生がいる。昔話は時代や社会、そして、子どもたちとともに変容してきた。昔話の変遷をたどり、その本質を理解することは、現代社会の教育問題に対応するうえで、意義がある。そのために、「動物闘争」などといったように、従来の話型による分類方法をとらずに、もっと身近な人生や生活のなかで遭遇するテーマ別に分類。さらに、その昔話に関する知識や研究をわかりやすく、Q&A方式で盛りこんでいる。

◇日本民話の会30年のあゆみ　日本民話の会　1998.11　57p　21cm　Ⓝ388.1

◇日本昔話事典　稲田浩二ほか編　弘文堂　1994.6　1109p　20cm　〈縮刷版〉　5800円　(i)4-335-57049-X　Ⓝ388.1

　＊国文学・民俗学・人類学・歴史学者170名が口頭伝承を、要素・モチーフ・話型・昔話・伝説・神話・語りもの・民謡・ことわざ・他国の昔話などに分類。わが国で唯一の事典。

◇日本昔話通観　研究篇1　日本昔話とモンゴロイド—昔話の比較記述　稲田浩二責任編集　京都　同朋舎出版　1993.7　674,46p　23cm　18000円　(i)4-8104-1325-X　Ⓝ388.1

　(内容)　むかし語り　動物昔話　笑い話　形式話

　＊マダガスカルから北・南米にわたるモンゴロイドの昔話と日本昔話との比較研究（話数3000、民族数200）。

◇日本昔話通観　研究篇2　日本昔話と古典　稲田浩二責任編集　同朋舎　1998.3　735,168p　23cm　24000円　(i)4-8104-2490-1　Ⓝ388.1

　(内容)　1　むかし語り（女神の降下　土の人がた　乙姫と山の神　ほか）　2　動物昔話（ほととぎすと兄弟　ほととぎすと鍋　子捜し鳥　ほか）　3　笑い話（和尚と小僧—餅は本尊　和尚と小僧—焼き餅和尚　和尚と小僧—小僧の餅釣り　ほか）

　＊本書は、日本昔話の通事的研究に資する目的で、国書と外書にわたって、古典の内容で日本昔話のタイプおよびその重要モチーフと対応関係の認められる部分を摘出し、その対応の程度に応じて記述したものである。

◇日本昔ばなし＜謎＞と＜暗号＞—追跡ミステリー　誰もが知ってるストーリーのギョッ！とする真相　歴史の謎研究会編　青春出版社　1994.2　251p　15cm　（青春best文庫）　480円　(i)4-413-08185-4　Ⓝ388.1

　(内容)　第1章　みんな知ってるお伽噺の隠された真実　第2章　野望渦巻く武将伝説、英雄たちの知られざる正体　第3章　単純そうで単純でない、出世・長者物語に込められた意図　第4章　意外や意外、民話・童謡に仕掛けられた暗号　第5章　幻の神話が暗示する古代日本の謎、また謎　第6章　なぜ昔ばなしには"鬼"が出てくるのか、その真相　第7章　背筋も凍る怪奇物語に込められた民衆の怨念

　＊「浦島太郎」の発禁箇所、「一寸法師」の大陰謀、「花咲じいさん」の秘薬…他、仰天の連続。

◇日本昔話のイメージ　1　白百合女子大学児童文化研究センター研究プロジェクトチーム「日本昔話のイメージ1」著，小沢俊夫編著　秦野　古今社　1998.3　267p　21cm　（白百合児童文化研究センター叢書）　2000円　(i)4-907689-00-4　Ⓝ388.1

　(内容)　昔話の彼岸イメージ—昔話における此岸と彼岸の関り方　日本の昔話における正体露見　昔話の逃走イメージ—逃走譚の結末における生と死　日本の昔話における音　日本の昔話における「寺」—「山寺の怪」を中心に　異郷訪問譚における「山野の異郷」のイメージ

◇日本昔話の構造と語り手　川森博司著　吹田　大阪大学出版会　2000.2　290p　22cm　6800円　(i)4-87259-068-6　Ⓝ388.1

　(内容)　第1部　日本昔話の構造（昔話の構造分析の課題　韓国口承説話の分類体系の検討　異類婚姻譚の類型分析　富の獲得をめぐる昔話　来訪者をめぐる昔話）　第2部　新しい語り手論にむけて（語り手への視点と語りの場の変容　観光の場の昔話と語り手　岩手県遠野の観光の現場から（資料）　語り手の実践への視点）

　＊遠野物語に生きる庶民の思想。昔話を土地の言葉の「語り」で地域おこしをする岩手県遠野の実践例。日本昔話と韓国民話の比較分析。この二つの方向から地域社会の深層とその変

民話・昔話・伝説　　　日本

貌を探ろうとする意欲作。
◇日本昔話の霊性　増田早苗著　エンデルレ書店　1995.12　184p　19cm　1900円　(i)4-7544-0262-0
(内容) 序章 昔話と霊性　1章 木や動物　2章 小さ子たち　3章 闇から光へ　4章 聖なる性(さが)・聖なる性(せい)
◇日本昔話ハンドブック　稲田浩二,稲田和子編　三省堂　2001.7　271p　21cm　〈文献あり〉　1600円　(i)4-385-41041-0　Ⓝ388.1
(内容) 第1部 日本昔話への招待(日本昔話とは何か　日本昔話の国際性　古典の中の昔話　昔話研究史　日本昔話の分布地図)　第2部 日本昔話二百選—あらすじと解説　第3部 日本昔話の継承と普及(日本昔話の継承　ストーリーテリング　昔話(民話)をテーマにした施設と活動)　第4部 資料編(昔話の用語　日本昔話資料集目録　日本昔話文献目録)
＊一冊で「日本の昔話」のすべてがわかる、最も正確で新しい小事典。昔話の誕生から今日に至る歴史、地域比較・国際比較、代表的昔話200のあらすじと背景、昔話の普及活動等を体系的に解説。図版も多数収録。
◇はじめて読む「日本の神話」　高森明勅著　展転社　2000.3　182p　19cm　1200円　(i)4-88656-169-1
(内容) 第1章 日本神話への招待—原初の想像力と向き合う　第2章 天地のはじめ・国土のおこり—日本神話のフレームワーク　第3章 イザナキ・イザナミ二神の物語—男女の分化と死の起源　第4章 天照大神とスサノオノミコト—世界危機の克服と両神の和解　第5章 大国主神の成長物語—地上世界の秩序形成　第6章 国譲りから天孫降臨へ—天・地統合への画期　第7章 海さち・山さちの物語—非農耕世界の統合　第8章 天と地、山・海・国をつなぐもの—神話の決着点「神武建国」伝承
＊民族のイマジネーションが生み出した神話を気鋭の学者がスリリングに読み解く。
◇ピアスの白い糸—日本の現代伝説　池田香代子ほか編　白水社　1994.11　226p　20cm　1600円　(i)4-560-04044-3　Ⓝ388.1
(内容) 1 車社会(見るんじゃねぇ!　私、どうなったの?　笑った首 ほか)　2 人体(ピアスの白い糸　人毛醤油;十年目のハゲ ほか)　3 動物(イカは人を食う　ゴキブリを食べたら…　耳にゴキブリ ほか)　4 家族(コインロッカー・ベビー　母の子殺し　父の背中 ほか)　5 外国・外人(日本だるま　集団レイプ　ドイツ・イン・USA)
＊うわさ、世間話、都市伝説、学校の怪談など、当時の日本を映し出すハナシとしての「現代伝説」を収集・解読した話題満載のアンソロジー。
◇北海道おどろおどろ物語　合田一道著　函館

幻洋社　1995.8　290p　17cm　〈主な参考文献：p290〉　1500円　(i)4-906320-29-5　Ⓝ388.11
(内容) 第1章 北海道中央部の物語(竜神がくれた長生き水　裸にし四つん這いに　だまされた夜鳴きソバ屋　高島のお化け ほか)　第2章 北海道南部の物語(消えたり現れたりする祠　人間の肉喰わせる　手長池に現れた怪物　耳切って埋めた塚 ほか)　第3章 北海道東部の物語(裸族の婿になった男　廃水で川水汚れる　コロボックルの最期　札内川の怪物とは ほか)　第4章 北海道北部の物語(人を喰う刀の岩　幽霊を鉄砲で撃ち殺す　凱旋したまぼろしの部隊　十勝岳の二つ岩 ほか)
＊自然と人間が生み落としてきた謎めく怪異の数々…。道内各地に潜む奇譚があなたを「おどろ世界」に引き込む。
◇北海道の口承文芸　高橋宣勝,奥田統己,久保孝夫著　〔札幌〕　北海道　1998.3　256p　20cm　(北の生活文庫 第7巻)　非売品　Ⓝ388.11
◇北海道の口承文芸　高橋宣勝,奥田統己,久保孝夫著　札幌　北海道新聞社　1998.3　256p　20cm　(北の生活文庫 第7巻)　1553円　(i)4-89363-166-7　Ⓝ388.11
(内容) 序章 北海道の口承文芸　第1章 アイヌ民族が語り継いだ口承文芸(総説　神謡　英雄叙事詩　散文説話)　第2章 和人の口承文芸(総説　和人の伝説　義経伝説　江差の繁次郎　世間話　学校の怪談)
＊長く語り継がれてきたアイヌ民族の物語から現代の世間話、学校の怪談までを集大成。
◇町田の民話と伝承　第1集　町田市文化財保護審議会編　町田　町田市教育委員会　1997.3　106p　26cm　〈文献あり〉　Ⓝ382.1365
◇町田の民話と伝承　第2集　町田市文化財保護審議会編　町田　町田市教育委員会　1998.3　102p　26cm　〈文献あり〉　Ⓝ382.1365
◇松前健著作集　第2巻　口承文芸総論　松前健著　おうふう　1997.11　295p　22cm　12000円　(i)4-273-02956-1　Ⓝ164.1
◇松前健著作集　第12巻　古代信仰と民俗　松前健著　おうふう　1998.9　342p　22cm　12000円　(i)4-273-02966-9　Ⓝ164.1
◇みちのく民話まんだら—民話のなかの女たち　小野和子著　北灯社　1998.3　264p　19cm　〈東京 星雲社(発売)〉　1238円　(i)4-7952-0256-7　Ⓝ388.12
(内容) 戸ぉあけろー　猿の嫁ご
＊おもしろくて、あたたかくて、ふかい—民話と、あと語り。著者による30年の民話採訪の旅の記録から。戸ぉあけろーの巻、猿の嫁ごの巻。
◇ヤマトタケル—尾張・美濃と英雄伝説　第2回春日井シンポジウム　森浩一,門脇禎二編　大巧社　1995.12　238p　19cm　1800円　(i)4-924899-08-

文化人類学の本 全情報　567

日本　　　　　　　　　　　　　　　　　　　　　　　　　　　民話・昔話・伝説

9
(内容)日本における英雄時代—ヤマトタケル伝説とその周辺　文化人類学から見たヤマトタケル伝説　ヤマトタケル伝承の成立過程　東国・出雲・熊襲とヤマトタケル伝承　白鳥伝説と古墳　伊吹山山頂出土の石鏃　「延喜式」にみえる日本武尊の墓
＊悲命の皇子・ヤマトタケルの謎に迫る。その不思議な系譜の語るもの。各地に残るヤマトタケル伝承に秘められたものは。最新の成果から、古代の英雄の原像をさぐる。
◇与野の不思議探検　与野市教育委員会社会教育課編　与野　与野市教育委員会　1994.3　53p　26cm（与野市文化財展図録）Ⓝ388.134
◇歴史的遺産・伝統文化（伝説・神話等）の活用による地域おこし懇談会報告書—ふるさとづくり事業の成果と今後の展望に関する調査研究　自治総合センター　1999.3　1冊　30cm　Ⓝ386.8
◇海神宮訪問神話の研究—阿曇王権神話論　宮島正人著　大阪　和泉書院　1999.10　241p　21cm　5000円　(i)4-7576-0009-7
(内容)第1部　海神宮訪問神話論—葬送儀礼の視点から（「川隈」考—葬送儀礼との関連において　「隼人」考—ハヤヒトの語義に関する一考察　「狗人」考—隼人と葬送儀礼 ほか）　第2部　海神宮訪問神話とその周辺—海人系氏族の信仰と系譜（住吉大神とその奉斎氏族—ツツノヲの語義に関連して　「金之三埼」考証—カネノミサキと志賀の皇神　「隼人乃淵門」考証—ハヤヒトの語義に関連して ほか）　第3部　「筑後国風土記逸文」小考—古代祭祀の諸相（「筑紫」語源説と筑紫君—占有呪術としての地境祭祀　磐井の「叛乱」の宗教史的意義—鬼門信仰と石人石馬）
＊聖地・志賀島を拠点に、隼人族を従え玄界灘に君臨した海人の雄族、阿曇氏。彼らと対立・抗争し、後に北九州の覇者となる、筑後の名族、筑紫君。本書は記紀以前に成立した「地方」王権神話を、記紀、風土記、万葉の考察を通じ浮き彫りにしたものである。

◆浦島
◇浦島伝説と神奈河　前田右勝編著　〔横浜〕〔前田右勝〕　2001.3　181p　27cm　（附・加奈川七曲山城　折り込1枚　年表あり　文献あり）Ⓝ388.1
◇浦島伝説の研究　林晃平著　おうふう　2001.2　500p　22cm　（文献あり）　12000円　(i)4-273-03153-1　Ⓝ388.1
(内容)序章　浦島伝説略史　第1章　浦島太郎誕生以前　第2章　浦島太郎誕生の周辺　第3章　所謂御伽草子「浦島太郎」　第4章　浦島乗亀譚の成立　第5章　浦島寺の成立と展開　第6章　近世から近代へ　第7章　近代における浦島伝説の展開　浦島伝説関係論文一覧

◇大阪の浦島伝説　神門政繁編著　大阪　神門政繁　1996.1　102p　26cm　8000円　(i)4-9900403-3-3　Ⓝ388.1
◇大阪の浦島伝説　神門政繁編著　改訂版　大阪　神門政繁　1996.11　112p　26cm　1800円　(i)4-9900403-4-1　Ⓝ388.1
◇大阪の浦島伝説　神門政繁編著　3訂版　大阪　神門政繁　1997.4　132p　26cm　2650円　(i)4-9900403-4-1　Ⓝ388.1
◇大阪の浦島伝説　神門政繁編著　4訂版　大阪　神門政繁　1997.11　173p　26cm　2650円　(i)4-9900403-4-1　Ⓝ388.1
◇大阪の浦島伝説　神門政繁著・編　5訂版　大阪　神門政繁　1998.6　154p　26cm　2650円　(i)4-9900403-4-1　Ⓝ388.1
◇大阪の浦島伝説　神門政繁著・編　6訂版　大阪　神門政繁　1999.2　154p　26cm　2650円　(i)4-9900403-4-1　Ⓝ388.1
◇丹後半島歴史紀行—浦島太郎伝説探訪　滝音能之,三舟隆之著　河出書房新社　2001.7　103p　22×19cm　2200円　(i)4-309-22374-5
(内容)1　丹後半島の風土と説話群（環日本海交流史からみた丹後半島　海人集団の足跡　広がる不老不死の世界）　2　丹後半島の古代王権　3　古代の浦嶋子伝承（神仙思想の伝来　『日本書紀』と浦嶋子　『万葉集』と浦嶋子　『丹後国風土記』と浦嶋子）　4　浦嶋子伝承の展開（『浦嶋明神縁起』の世界　御伽草子の浦島太郎　むかし話の浦島太郎）　5　神となった浦島太郎
＊日本海に突出し、浦島太郎伝説、羽衣伝説、徐福伝説、大江山の鬼退治伝説など豊かなロマンに彩られた丹後の国。巨大古墳群や海人集団が明かす環日本海文化の残照。日本古代史の謎の異空間を歩く異色の歴史探訪。
◇よみがえる浦島伝説—恋人たちのゆくえ　坂田千鶴子著　新曜社　2001.6　232p　20cm　〈文献あり〉　2000円　(i)4-7885-0771-4　Ⓝ388.1
(内容)第1章　浦島太郎の起源　第2章　海幸山幸神話—二つの海の神話の意味　第3章　浦島伝説の変遷—浦島太郎はいつ登場したか　第4章　浦島絵本のいま　第5章　短大生の浦島子伝説—1995〜2000年の浦島太郎と乙姫
＊浦島太郎の物語の起源は、古代、海を舞台とした日本の皇子と中国の皇女の美しいラブ・ストーリーだった！『風土記』『万葉集』『日本書紀』から平安、室町、江戸、明治、昭和をへて平成の絵本まで、浦島伝説の移り変わりを通して読む恋人たちのゆくえ。

◆桃太郎
◇新・桃太郎の誕生—日本の「桃ノ子太郎」たち　野村純一著　吉川弘文館　2000.2　229p　19cm　（歴史文化ライブラリー 85）　1700円　(i)4-642-

民話・昔話・伝説　　　　　　　　　　　　　　　　　　　　　　　　日本

05485-5　Ⓝ388.1
　〈内容〉いまなぜ「桃太郎」か—プロローグ　造形される桃太郎　巖谷小波の桃太郎　柳田国男の桃太郎　東日本の桃太郎　北陸路の桃太郎　西日本の桃太郎　桃太郎の宿題—エピローグ
＊日本を代表する昔話「桃太郎」。しかし、私たちの知る話は、鬼退治をするお伽話にすぎない。怠け者・腕白者・便所の桃太郎など、全国に潜在する「変な桃太郎」たちを総動員。従来の「桃太郎常識」に挑戦する新桃太郎論。

◇桃太郎とキビダンゴ　遠山英志著　五所川原　青森県文芸協会出版部　1998.2　76p　19cm　1000円　Ⓝ388.1

◆鬼

◇鬼　高平鳴海ほか共著　新紀元社　1999.8　249p　21cm　(Truth in fantasy 47)　1800円　(i)4-88317-338-0　Ⓝ387
　〈内容〉鬼の章(目一つの鬼　酒呑童子　ほか)　女の章(紅葉　鈴鹿御前　ほか)　怪の章(牛鬼　土蜘蛛　ほか)　獄の章(八雷神　黄泉醜女　ほか)
＊恐れられ、忌み嫌われ、愛されてきた鬼は、時として神と認識されることもあれば、日本におけるモンスター、つまり妖怪の一種にも分類される。その中から、「鬼らしきもの」「鬼に近い特徴を備えたもの」を抽出し、再編したのが本書である。「鬼カタログ」として体裁を整え、外見や性格などをもとに分類を行い、読みやすくした。

◇鬼　折口信夫ほか著　河出書房新社　2000.10　474p　20cm　(怪異の民俗学 4)　4000円　(i)4-309-61394-2　Ⓝ387
　〈内容〉1 総論(春来る鬼　春来る鬼—秋田にのこる奇習　鬼の誕生　ほか)　2 鬼の文学史(酒呑童子異聞(抄)「酒天童子」考「百鬼夜行」譚ほか)　3 鬼の歴史(鬼の子孫の一解釈—宗教社会学的考察　鬼と名楽器をめぐる伝承　弥三郎婆　ほか)　4 鬼の民俗学(鬼と山人と　山と鬼　鬼と金工　ほか)
＊人間の心の奥底に迫る「怪異」と「不思議」の世界。"恐ろしい存在"の正体を究明する。

◇鬼シンポジウム—東アジアの鬼—中国・韓国・日本　全国鬼サミット・in・北上　北上市教育委員会, 北上市立鬼の館編　北上　北上市教育委員会　1995.8　28p　30cm　(共同刊行：北上市立鬼の館)　Ⓝ387

◇鬼と鉄—第13回企画展図録　北上市立鬼の館編　北上　北上市立鬼の館　2000.10　32p　26cm　〈会期：平成12年10月7日—11月26日　文献あり〉　Ⓝ387

◇鬼と昔話　菊池悟編　盛岡　菊池悟　1996.2　71p　25cm　〈和装〉　Ⓝ388.1

◇鬼の宇宙誌　倉本四郎著　平凡社　1998.9　406p　16cm　(平凡社ライブラリー)　1300円　(i)4-582-76260-3　Ⓝ387
　〈内容〉狼男はヨーロッパの鬼である　地獄の業火は鍛冶場の火である　大工道具が地獄の責め具となる理由　車輪は女神の女陰である　酒天童子を殺したのも鬼である　鬼退治は男原理による女原理の制圧譚である　鈴鹿の女鬼は錬金術師だった　欠けたる者こそが打ち出の小槌を得る　婆さん怖い　つづらは鬼の母胎である〔ほか〕
＊邪悪にして霊験あるもの、毒にして薬—。異形ゆえに怖れられると同時に、自然の秘奥に通じるものと目されてきた「鬼」。多彩な図像の読みを通して、人間の内心に棲みつく鬼の魅力の核心に迫る。

◇鬼の絵草子—その民俗学と経済学　南清彦著, 藤原重夫画　叢文社　1998.5　269p　22cm　2800円　(i)4-7947-0286-8　Ⓝ387
　〈内容〉鬼思想の歴史的・社会的背景—非合理主義・神秘思想とその歴史的検証　従来の民俗学的鬼研究の問題点　鬼思想の二つの系譜—精霊的鬼と実在的鬼　精霊的鬼の造形化と、鬼に関する諺　精霊的鬼と、それを操る修験道・陰陽道　家族や遺族などを脅迫する精霊(鬼)—死霊、祖霊、怨霊、幽霊と各種の呪術　天体を支配する精霊(鬼)—日月星辰の厄と陰陽道の厄払呪術〔ほか〕
＊鬼とはなにか?多種多様の発生の背景。従来の民俗学の鬼研究の欠点は?歴史の中で鬼はなにを果たしたか?古代・中世、政治や宗教は鬼をいかに利用したか?寺社の鬼追儺(節分祭)の営利的性格は?鬼はなぜ永遠不滅か。全国各地の鬼のつく地名の解説…。

◇鬼の絵草子—その民俗学と経済学　南清彦著, 藤原重夫画　叢文社　1998.6　269p　22cm　〈箱入(59cm)　限定版　付属資料：オリジナル原画6枚(ホルダー入)〉　900000円　(i)4-7947-0286-8　Ⓝ387
　〈内容〉鬼思想の歴史的・社会的背景—非合理主義・神秘思想とその歴史的検証　従来の民俗学的鬼研究の問題点　鬼思想の二つの系譜—精霊的鬼と実在的鬼　精霊的鬼の造形化と、鬼に関する諺　精霊的鬼と、それを操る修験道・陰陽道　家族や遺族などを脅迫する精霊(鬼)—死霊、祖霊、怨霊、幽霊と各種の呪術　天体を支配する精霊(鬼)—日月星辰の厄と陰陽道の厄払呪術〔ほか〕
＊鬼とはなにか?多種多様の発生の背景。従来の民俗学の鬼研究の欠点は?歴史の中で鬼はなにを果たしたか?古代・中世、政治や宗教は鬼をいかに利用したか?寺社の鬼追儺(節分祭)の営利的性格は?鬼はなぜ永遠不滅か。全国各地の鬼のつく地名の解説…。

◇鬼の来た道—中国の仮面と祭り　広田律子著　町田　玉川大学出版部　1997.3　299p　20cm

文化人類学の本 全情報　569

3090円　(i)4-472-09801-6　Ⓝ387
〔内容〕1 鬼の来た道―日本と中国の接点　2 来訪する神々　3 神々の素性　4 神と人との交流　5 祭りの秘儀
＊本書は、鬼の形象をもつ鬼神について、祀られ、信仰され、芸能に登場する姿を、中国の各地の調査事例を報告することで、日中の鬼の関係を近づけることを目的とする。

◇鬼の人類学　本間雅彦著　高志書院　1997.3　152p　19cm　2200円　(i)4-906641-02-4　Ⓝ380.4
〔内容〕序の部 韃靼の鬼　第1部 鬼の原像　第2部 境の神々　第3部 北からの道・西からの道　第4部 山棲みの習俗

◇鬼の世界―信仰・行事に現れる鬼の諸相 平成8年度特別テーマ展　大和郡山　奈良県立民俗博物館　1996.9　42p　30㎝　〔会期：1996年9月21日～11月17日〕Ⓝ387

◇鬼の大事典―妖怪・王権・性の解読　沢史生著　彩流社　2001.3　3冊　21cm　15000円　(i)4-88202-700-3　Ⓝ387.033
〔内容〕上：あ―き　中：く―たば　下：たば―わ
＊カッパ、土グモの正体とは？王化、出世、世間とはなに？卑語にされた"真処"とは？伝説や伝承に秘められた"物言えぬ神々"の声を聞き、歴史の"騙り事"を解読する沢民俗史学の集大成。

◇鬼の多面性―そのユーモアとペーソス　山嵜泰正著　宇治　山嵜泰正　1997.12　44p　26cm　Ⓝ387

◇鬼の伝説　邦光史郎著　集英社　1996.5　221p　20cm　1600円　(i)4-08-775205-4　Ⓝ388.1
〔内容〕第1章 鬼の誕生　第2章 人を食う鬼　第3章 鬼はどこからきたのか　第4章 御伽草子、大江山の鬼の裏側　第5章 桃太郎と般若　第6章 鬼の芸能、祭り、民俗、各地の鬼　第7章 鬼の里と鬼の館
＊本書は日本の鬼とはなにか、鬼の仮面の下にどんな素顔がひそんでいるのか、鬼はどうして生まれたのか、鬼の伝承と歴史と文化について考察を重ねる。

◇「鬼・まじないの世界―鬼が鬼を制する諸相―」図録―平成11年度特別展　矢田町（奈良県）　奈良県立民俗博物館　1999.9　44p　30cm　〔会期：1999年9月18日―11月14日〕Ⓝ387

◇鬼ものがたり―鬼と鉄の伝承　大橋忠雄著　明石書店　1999.11　358p　22cm　2800円　(i)4-7503-1222-3　Ⓝ388.1
〔内容〕1 鬼ものがたり　2 茨木童子　3 溝咋伝承　4 鉱山の神　5 神話・昔話・伝承の窓　6 北摂風土記―茨木・高槻

◇鬼・幽霊新論　石橋臥波,田中祐吉著　勉誠出版　1998.12　1冊　22cm　（庶民宗教民俗学叢書 1)

〔複製〕　(i)4-585-03059-X　Ⓝ387.9

◇鬼女紅葉伝説考―イデアもどきの海へ　端戸信騎著　長野　オフィス・エム　1997.2　143p　19cm　971円　(i)4-900918-07-5　Ⓝ388.1

◇真言立川流―謎の邪教と鬼神ダキニ崇拝　藤巻一保著　学習研究社　1999.3　319p　20cm　(Esoterica selection)　2400円　(i)4-05-401009-1　Ⓝ188.5
〔内容〕起 初夜―髑髏本尊　二夜―吒枳尼天　三夜―如意宝珠　四夜―仏舎利　五夜―真言立川流　六夜―金輪聖王　七夜―北斗七星　結
＊セックスによる即身成仏を説き、弾圧された邪教「立川流」の実態と人の肝を喰らう鬼神ダキニとの関連を、膨大な資料を駆使して追及。忌まわしきドクロ本尊の作成法から、南北朝の闇の秘儀までが、荒寺の妖しき談義のうちに開陳される。

◇朝鮮の鬼神　朝鮮総督府編　国書刊行会　1995.6　519p　22cm　〔第4刷(第1刷：昭和47年)　複製〕　8000円　(i)4-336-01314-4　Ⓝ162.21
〔内容〕第1編（鬼神説話）　鬼神の観念　鬼神の種類）　第2編 禳鬼編（防鬼退鬼　欧打法　驚圧法　火気法（火攻め）　ほか

◇百鬼夜行の見える都市　田中貴子著　新曜社　1994.3　252p　20cm　（＜叢書＞物語の冒険）　〔参考文献：p245～252〕　2266円　(i)4-7885-0480-4　Ⓝ388.1
〔内容〕1「心の鬼」が見えるまで　2 幻視する〈都市〉　3 空虚な中心　4 夜歩く　5 橋のたもとには…　6 捨てられたものの物語　7 闇の中の祭
＊鬼とは何か。百鬼夜行とは何か。古代末から中世にかけて京の街に頻出したこの怪異現象を手がかりに、平安京・京都という都市と王権が抱え込んできた闇の部分に大胆にせまる。

◆山椒大夫
◇山椒大夫考　渡部勇次郎著　〔新潟〕　〔渡部勇次郎〕　1994印刷　195p　19cm　〔参考文献：p190～195〕　非売品　Ⓝ388.1

◆義経
◇北海道の義経伝説　北海道口承文芸研究会編集委員会編　札幌　野薔薇舎　1998.2　195p　21cm　（北の語り　口承文芸研究資料集　第11号）　2000円　(i)4-931473-00-8　Ⓝ388.11

◇義経の伝承―急げ一の谷へ 小野を駆けぬけた 平成6年度秋季特別展　小野市立好古館編　小野　小野市立好古館　1994.10　32p　30cm　（小野市立好古館特別展図録 9)　〔会期：平成6年10月28日～12月4日　源平合戦略年表：p29　参考文献一覧：p32〕　Ⓝ289.1

民話・昔話・伝説　　　　　　　　　　　　　　　　　　　　　日本

◆河童
◇折口信夫の河童　森口武男著．西村博美編　奈良　地虫詩社　2000.7　396p　19cm　3000円　Ⓝ289.1
◇河童　柳田国男ほか著　河出書房新社　2000.8　435p　20cm（怪異の民俗学 3）　3800円　(i)4-309-61393-4　Ⓝ388.1
　内容　1 総論（河童の話（折口信夫　柳田国男））　2 河童の起源（座敷童子　河童が火を乞う昔話　建築儀礼と人形―河童起源譚と大工の女人犠牲譚をめぐって ほか）　3 河童の民俗誌（河童をヒヤウスべと謂うこと　河童資料断片　河童の妙薬 ほか）
　＊"河童"の存在に"未知"を探る。人間の心の奥底に迫る「怪異」と「不思議」の世界。巻末に小松和彦の書き下し解説を付す。
◇河童アジア考―カッパは人か妖怪か　斎藤次男著　彩流社　1994.6　214p　20cm　1900円　(i)4-88202-303-2　Ⓝ388.1
　内容　第1章 河童は人か妖怪か？　第2章 河童はファジーな社会システムだった　第3章 河童は日本人の祖先だった　第4章「陸地化」と「疍戸」と香港水上「蛋民」　第5章 河童のふるさとをたずねて　第6章 河童は不滅である
◇河童を見た人びと　髙橋貞子著　岩田書院　1996.6　211p　19cm　1500円　(i)4-900697-54-0　Ⓝ388.122
◇河童考―その歪められた正体を探る　飯田道夫著　京都　人文書院　1993.9　240p　19cm　（付：主要参考文献）　1854円　(i)4-409-54042-4　Ⓝ388.1
◇河童vs天狗―妖怪とヒトの交流史　特別展　埼玉県立博物館編　大宮　埼玉県立博物館　1993.6　59p　21×22cm　〈会期：平成5年7月20日～8月29日　主要参考文献：p58〉　Ⓝ387
◇河童とエンコウ　和田寛編　堺　河童文庫　2001.2　1冊（ページ付なし）　26cm　(河童に関する質問・回答事例集 8)　Ⓝ388.1
◇河童と亀(鼈)　和田寛編　堺　河童文庫　2001.2　1冊（ページ付なし）　26cm　(河童に関する質問・回答事例集 10)　Ⓝ388.1
◇河童と獺・河童と蛇　和田寛編　堺　河童文庫　2001.1　1冊（ページ付なし）　26cm　(河童に関する質問・回答事例集 7)　Ⓝ388.1
◇河童と胡瓜　和田寛編　堺　河童文庫　2001.4　75p　26cm　(河童に関する質問・回答事例集 11)　Ⓝ388.1
◇河童と猿　和田寛編　堺　河童文庫　2001.2　1冊（ページ付なし）　26cm　(河童に関する質問・回答事例集 9)　Ⓝ388.1
◇河童と相撲　和田寛編　堺　河童文庫　2000.10　1冊（ページ付なし）　26cm　(河童に関する質問・回答事例集 3)　Ⓝ388.1
◇河童の頭の皿　和田寛編　堺　河童文庫　2000.9　1冊（ページ付なし）　26cm　(河童に関する質問・回答事例集 1)　Ⓝ388.1
◇河童のお宝・河童と酒　和田寛編　堺　河童文庫　2000.10　1冊（ページ付なし）　26cm　(河童に関する質問・回答事例集 4)　Ⓝ388.1
◇河童の起源・河童の去来　和田寛編　堺　河童文庫　2000.11　1冊（ページ付なし）　26cm　(河童に関する質問・回答事例集 5)　Ⓝ388.1
◇河童の研究　大野桂著　三一書房　1994.11　267p　20cm　〈参考文献：p262〉　2500円　(i)4-380-94270-8　Ⓝ388.1
　内容　プロローグ 河童って何だ　第1部 河童の身上調書　第2部 河童の画・その変容　第3部 河童のアンソロジー　第4部 河童の総合判定
　＊神にして妖怪、妖怪にして人間、三重人格の葛藤を内にかかえこむ。河童は痩せ我慢の美学に生きる伊達男である。
◇河童の声・河童の足跡　和田寛編　堺　河童文庫　2001.1　1冊（ページ付なし）　26cm　(河童に関する質問・回答事例集 6)　〈奥付のタイトル(誤植)：河童の起源・河童の去来〉
◇カッパの生活図鑑　ヒサクニヒコ文・絵　国土社　1993.2　39p　24×20cm　（ヒサクニヒコの不思議図鑑 2）　1500円　(i)4-337-08702-8
　＊頭にお皿、背にこうら。カッパの体って、どうなっているんだろう？いたずら好きの困り者。カッパの1日って、どんなふうだったんだろう？
◇カッパの世界―「遠野物語」ゼミナール'97in遠野講義記録　遠野物語研究所編　遠野　遠野物語研究所　1998.3　295p　18cm　Ⓝ388.1
◇河童の日本史　中村禎里著　日本エディタースクール出版部　1996.2　414p　20cm　〈文献：p376～394〉　3605円　(i)4-88888-248-7　Ⓝ388.1
　内容　第1章 河童前史　第2章 河童の行動　第3章 遺伝・変異および先祖がえり　第4章 近世知識人の河童イメージ　第5章 九州土着の河童イメージ　第6章 河童伝承における動物的・人的要素　第7章 近世一九世紀における河童文献の書誌
◇河童の妙薬　和田寛編　堺　河童文庫　2000.9　1冊（ページ付なし）　26cm　(河童に関する質問・回答事例集 2)　Ⓝ388.1
◇かっぱ村二十年　黒木三郎編　田辺　田奈部豆本愛好会　1996.8　92p　7.5×10cm　（続々々田奈部豆本 第10集）〈発売：多屋孫書店　付（1軸7.5cm）：河童の熊野詣　箱入　限定版　和装〉3500円　Ⓝ388.1
◇河童よ、きみは誰なのだ―かっぱ村村長のフィールドノート　大野芳著　中央公論新社　2000.5　212p　18cm　(中公新書)　660円　(i)4-12-101534-7　Ⓝ388.1
　内容　第1章 目撃された河童たち（遠野の河童

文化人類学の本 全情報　571

は赤い　捕えられた河童　河童の姿形)　第2章　河童たちの履歴書(河童の誕生　河童の経歴　河童の特技と賞罰)　第3章 河童に秘めた親書
＊頭に皿を載せ、背中に甲羅を背負った河童。人を川に引き込んだり、相撲を挑む一方、秘薬を伝え、洪水の復興に尽力するなど、この想像上の動物には様々な意味が託されてきた。民話の主人公となり、時に妖怪変化の類にも扱われる河童とは何者なのか。河童の実在を信じて各地に伝承・伝説を訪ね、史料を読み解く著者の前に、歴史のなかで虐げられ、無視され、巧妙に隠匿された弱者たちの姿がおぼろに立ち現れてくる。

◇県別河童小事典　1　和田寛編著　堺　河童文庫　2001.4　30p　26cm　Ⓝ388.1
　(内容) 北海道
◇県別河童小事典　2　和田寛編著　堺　河童文庫　2001.4　34p　26cm　Ⓝ388.1
　(内容) 大阪府
◇県別河童小事典　3　和田寛編著　堺　河童文庫　2001.4　62p　26cm　Ⓝ388.1
　(内容) 和歌山県
◇県別河童小事典　4　和田寛編著　堺　河童文庫　2001.4　54p　26cm　Ⓝ388.1
　(内容) 東京都
◇県別河童小事典　5　和田寛編著　堺　河童文庫　2001.5　50p　26cm　Ⓝ388.1
　(内容) 岐阜県
◇県別河童小事典　6　和田寛編著　堺　河童文庫　2001.5　34p　26cm　Ⓝ388.1
　(内容) 岡山県
◇県別河童小事典　7　和田寛編著　堺　河童文庫　2001.6　58p　26cm　Ⓝ388.1
　(内容) 長野県
◇県別河童小事典　8　和田寛編著　堺　河童文庫　2001.6　16p　26cm　Ⓝ388.1
　(内容) 香川県
◇県別河童小事典　9　和田寛編著　堺　河童文庫　2001.6　28p　26cm　Ⓝ388.1
　(内容) 神奈川県
◇県別河童小事典　10　和田寛編著　堺　河童文庫　2001.7　102p　26cm　Ⓝ388.1
　(内容) 高知県

◆怪　談
◇江戸東京の怪談文化の成立と変遷——一九世紀を中心に　横山泰子著　風間書房　1997.3　590p　21cm　25750円　(i)4-7599-1031-X
　(内容) 序章 問題の所在　江戸篇(娯楽としての怪談　初代尾上松助と四代目鶴屋南北の時代　多様化する怪談狂言 ほか)　東京篇(怪談否定の思想と世相　五代目尾上菊五郎と河竹黙阿弥の時代　三遊亭円朝の怪談噺 ほか)　結び 柳田国男の妖怪論について

＊本書は文化史的研究というカテゴリーに一応属するが、その内容は演劇史的考察を中心にしながら、思想史的・文学史的・絵画史的アプローチ、都市文化論的視角、民俗学的視点、宗教史的観点、等々の多面的見方がその中に渾然一体となって複合されていて、研究対象にふさわしい接近の方法がとられている。

◇江戸化物草紙　アダム・カバット校注・編　小学館　1999.2　239p　21cm　2400円　(i)4-09-362111-X
　(内容) 天怪着到牒(江戸化物の記号学)　妖怪一年草(十返舎一九と化物絵本)　化物の職人(化物嫁入のフォークロア)　信有奇怪会(野暮と化物は箱根の先)　化皮太鼓伝(十返舎一九の多面性)

◇ゴードン・スミスの日本怪談集　リチャード・ゴードン・スミス著, 荒俣宏編訳　角川書店　2001.7　245p　20cm　1900円　(i)4-04-791375-8　Ⓝ388.1
　(内容) 魚津の浜　八面大王と有明山の神　帰ってきた名刀、幸丸　恋に狂った嵐山の僧　夫婦石　白馬の額　出雲の大山　墨染めの桜　無険　鍾馗　二股はぎ　うろこの単衣　国香の墓　白羊塚　竜宮の釜　猫塚　水に漂う人
＊神秘と怪異に溢れた幽玄な物語の数々。ラフカディオ・ハーンと同じく「お化けの国」日本を探訪していた博物学者ゴードン・スミスによる「まぼろしの書」が、壱百年の時を経て蘇る。

◇日本怪奇幻想紀行　1之巻　妖怪／百鬼巡り　同朋舎　2000.7　202p　21cm　〈東京 角川書店(発売)〉　1700円　(i)4-8104-2614-9　Ⓝ388.1
◇日本怪奇幻想紀行　2之巻　祟り・呪い道中　同朋舎　2000.7　202p　21cm　〈東京 角川書店(発売)〉　1700円　(i)4-8104-2615-7　Ⓝ388.1
◇日本怪奇幻想紀行　3之巻　幽霊・怨霊怪譚　同朋舎　2000.9　202p　21cm　〈東京 角川書店(発売)〉　1700円　(i)4-8104-2616-5　Ⓝ388.1
　(内容) 1章 最恐の幽霊、お岩様の正体を探る　2章 幽霊たちが残した足跡を辿って　3章 累の怪談、羽生村の怨霊怪異譚に迫る　4章 幽霊画と「円朝怪談・橋づくし」の謎を追う　5章 お菊の皿屋敷、その舞台を物語で巡る　6章 九州・湯布院の怪奇伝説を歩く　7章 荒ぶる怨霊将門、その怨魂の行方を追う　8章 古代から近代まで、幽霊譚に耳を傾ける　9章 深夜発、東京近郊幽霊スポットを走る
＊好事家たちが誘う、妖しと怖し九つの旅。

◇日本怪奇幻想紀行　4之巻　芸能・見世物録　同朋舎　2000.11　202p　21cm　〈東京 角川書店(発売)〉　1700円　(i)4-8104-2617-3　Ⓝ388.1
　(内容) 1章 見世物小屋の秘密を覗く　2章 お化け屋敷の恐怖空間に震える　3章 不思議な古写真世界を紀行する　4章 安珍と清姫、「道成寺

民話・昔話・伝説　　　　　　　　　　　　　　　　　　　　　　　　日本

縁起」絵巻を絵解く　5章　見世物から江戸を覗く　6章　歌舞伎の恐怖演出に仰天する　7章　奇妙な博物館を求めて、西日本を巡る　8章　人体に巣くう?府の虫の正体に迫る　9章　怪異に彩られた奇祭の舞台を行く
＊好事家たちが誘う、妖しと怖し九つの旅。寄ってらっしゃい、見てらっしゃい！芸能・見世物録。

◇日本怪奇幻想紀行　5之巻　妖怪／夜行巡り　同朋舎　2001.1　202p　21cm　〈東京　角川書店(発売)〉　1700円　(i)4-8104-2618-1　Ⓝ388.1
（内容）1章　妖怪VS人間、「変化物語」を絵解く(諏訪春雄)　2章　牛鬼と数多の妖怪たちのミイラを探す(山口直樹)　3章　江戸の坂に妖怪を見る(志賀洋子)　4章　化け猫の怪、九州怪猫紀行に出る(東雅夫)　5章　王子稲荷の狐たちを偲ぶ(藤巻一保)　6章　各地の妖怪民芸品と出会う旅へ(村上健司)　7章　鵺を退治した源頼政を想う(志村有弘)　8章　神か?妖獣か?伝説の竜神を追う(島田麻夫)　9章　鬼門上に蠢く鬼たちを捕らえる(多田克己)
＊好事家たちが誘う、妖しと怖し九つの旅。

◇日本怪奇幻想紀行　6之巻　奇っ怪建築見聞　同朋舎　2001.3　216p　21cm　〈東京　角川書店(発売)〉　1700円　(i)4-8104-2619-X　Ⓝ388.1

◇宮負定雄幽冥界秘録集成　宮負定雄著、山折哲雄、佐藤正英、宮田登監修、久米晶文編・校訂　八幡書店　1994.12　669p　22cm　11650円　(i)4-89350-176-3　Ⓝ388.1
（内容）奇談雑史　幽現通話　上　霊夢記　奇談聞書　太神宮霊験雑記　天地開闢生植一理考

◇幽霊　柳田国男ほか著　河出書房新社　2001.2　460p　20cm　(怪異の民俗学　6)　4000円　(i)4-309-61396-9　Ⓝ388.1
（内容）1　総論　2　幽霊のイメージ　3　芝居と幽霊　4　文芸と幽霊　5　幽霊思想の周辺
＊"霊魂"の多様なイメージを追究する。人間の心の奥底に迫る「怪異」と「不思議」の世界。さまざまな分野にひらかれた新しい民俗学大系(全8巻)の全貌が明らかに。各巻巻末に小松和彦の書き下し解説を付す。

◇幽霊画談―カラー版　水木しげる著　岩波書店　1994.6　229,3p　18cm　(岩波新書)　〈参考文献: p229〉　900円　(i)4-00-430342-7　Ⓝ388.1
（内容）1　誰もが知っている幽霊たち　2　むかしむかしの幽霊　3　いま出没する幽霊　4　ひとだまたち　5　精霊といわれるもの　6　動物の霊たち　7　外国の不思議な幽霊　霊を視る楽しみ
＊人は死後、成仏できないと幽霊となってこの世に姿を現し、現世の人にさまざまな祟りをもたらす。崇徳院の怨霊や牡丹灯籠などの古典的な幽霊、現代の小学校に出没する幽霊、西洋やアジア地域の幽霊や動植物の精霊など古今東西の幽霊を、精緻なタッチと華麗な色彩で想像力豊かに表現し、現代人の心に訴える。大好評の画談シリーズ第三弾。

◇幽霊はなぜ出るか　石井明著　平凡社　1998.6　264p　20cm　1800円　(i)4-582-46810-1　Ⓝ388.1
（内容）序章　幽霊は存在するか　第1章　人魂篇　第2章　幽霊篇　終章　幽霊はなぜ出るか
＊奇談・伝説から落語まで、代表例を満載。

◇妖怪天国　水木しげる著　筑摩書房　1996.7　299p　15cm　(ちくま文庫)　680円　(i)4-480-03168-5　Ⓝ388.1
（内容）1　妖怪病　2　天国病　3　締切病
＊「古稀」を過ぎた今なお、締切に追われる地獄のような忙しい日々をボヤキながらも、"妖怪"と聞くだけで自分でもわけがわからないくらいに元気になってしまう水木センセイのしみじみ面白エッセイ集。水木幸福学の真髄。

◇「妖怪」の謎と暗号―秘められた日本史　鬼・天狗・河童…異形の姿に封じられた驚きの真相　歴史の謎研究会編　青春出版社　1997.2　253p　15cm　(青春best文庫)　480円　(i)4-413-08324-5　Ⓝ388.1
（内容）1章　人面の怪―相反する伝説と史実の姿、人面の怪に秘められた暗号とは　2章　獣身の怪―醜い獣身に身をやつし、人々を怯えさせた物ノ怪の真相　3章　山林の怪―人里離れた異界の地、妖しのものが蠢く歴史　4章　水辺の怪―人知れぬ深淵と暗い闇、水底から人をいざなう妖異の謎　5章　人里の怪―心の隙間に忍び込む、異形のものたちからの警鐘
＊歴史の闇には、まだまだ未知の事実が隠されたままになっている。その奥深くうずもれたロマンを発掘し、現代に蘇らせることを使命としているグループ。今回、そんな彼らが注目したのは、なんと「妖怪」である。一見、歴史とは何の関係もなさそうに見える異形の姿を探るうち、そこに時の権力者たちが封じ込めた、思いがけない裏の歴史が見えてきた！本書は、その驚きの真相に迫る。

◇妖怪不思議話　水木しげる著　扶桑社　1995.7　207p　16cm　(扶桑社文庫)　540円　(i)4-594-01777-0　Ⓝ388.1
＊ざしきわらし、小豆はかり、河童、ぬらりひょん、さざえ鬼…水木しげるが描く、妖怪達の不思議な姿とエピソード。妖怪達の棲む場所、人間へのイタズラ、あの世とこの世の境、霊魂について…私達には見えないにぎやかな世界がそこにある。さらに本書では、妖怪博士・水木しげるのルーツが語られている。幼い頃の、霊媒師・のんのんばあとの出会い、戦地での不思議な事件、貸本屋時代の奇妙キテレツな友人達…水木しげるワールド"決定版"

日本　　　　　　　　　　　　　　　　　　　　　　　　　　　　　　　　民話・昔話・伝説

◆伝説

◇安曇筑摩の伝説　矢口正明著　長野　銀河書房　1994.1　290p　19cm　2000円
（内容）安曇筑摩両郡湖水伝説　建御名方命伝説　魏石鬼八面大王　平維茂と仁科氏　大妻兼澄　木曽義重　平倉山城戦と鉄砲伝説　飴市発祥にまつわる伝説　佐々成政と軍資金埋蔵伝説　石川家改易にまつわる伝説

◇「お伽草子」謎解き紀行　神一行著　学習研究社　2001.6　259p　15cm　（学研M文庫）　560円　(i)4-05-901059-6　Ⓝ388.1
（内容）プロローグ「お伽草子」が描くのは架空の世界ではない　第1章　桃太郎伝説—謎解き紀行　岡山・吉備路　第2章　浦島太郎伝説—謎解き紀行　京都・丹後半島　第3章　一寸法師伝説—謎解き紀行　淀川・鳥羽の津　第4章　酒呑童子伝説—謎解き紀行　丹波・大江山　エピローグ　旅の果てに謎の古代王朝が見えてきた
＊桃太郎、浦島太郎、一寸法師、酒呑童子。これらのおとぎ話は本当に架空の物語であろうか？「お伽草子」に秘められた謎が、大和朝廷成立以前の"もう一つの歴史"を浮かび上がらせる。登場人物のモデルはいったい誰なのか？伝説誕生の時期は？伝承された意図は？四つの伝説の横糸が、いにしえの歴史のなかで結びついたとき、従来の古代史観を覆す驚愕の事実が明らかになる。

◇金太郎伝説—謎ときと全国の伝承地ガイド　金太郎・山姥伝説地調査グループ編　秦野　夢工房　2000.8　228p　21cm　1800円　(i)4-946513-57-4　Ⓝ388.1
（内容）第1章　金太郎の謎に迫る（金太郎伝説と山と神　童謡「金太郎」の謎を探る　金太郎説話などに登場する動物たちを探る　金太郎の容姿を探る　ほか）　第2章　金太郎・山姥伝説と伝説地探訪（神奈川県に伝わる金太郎・山姥伝説　静岡県に伝わる金太郎・山姥伝説　長野県に伝わる金太郎・山姥伝説　宮城県に伝わる金太郎・山姥伝説　ほか）
＊童謡「足柄山の金太郎…」の謎に迫る！全国に伝わる金太郎・山姥伝説62話を紹介し、伝説地をあるく。

◇実録・大江戸奇怪草子—忘れられた神々　花房孝典編著　三五館　1997.8　286p　20cm　1800円　(i)4-88320-119-8　Ⓝ388.1
（内容）第1部　狐狸の業（狐の復讐　狐もかなわぬ　河童　ほか）　第2部　不思議話（不思議な小箱　学者狐　扇箆の秘密　ほか）　第3部　縁起由来（川の怪　観音坂の妖怪　池尻の女　ほか）
＊本当にあった不思議な話・100。凍りつくか、笑いころげるか、はたまた、民俗学するか？奇しき、あやしき現象が、江戸時代には現代以上に、こんなにも多く存在した。

◇日本説話伝説大事典　志村有弘, 諏訪春雄編著　勉誠出版　2000.6　1035,25p　27cm　25000円　(i)4-585-06013-8　Ⓝ388.1
＊奇談と伝承に視点を置いた、日本最大の説話伝説事典。

◆説話

◇歌語りと説話　雨海博洋編　新典社　1996.10　494p　22cm　(新典社研究叢書 102)　15500円　(i)4-7879-4102-X　Ⓝ910.23
（内容）「歌語りと説話」と私　雨海博洋著．歌物語の行方　福井貞助著．歌語りと説話断片　中田武司著．大伴家持と歌語り　針原孝之著．「伊勢物語」の構成手法をめぐって　山田清市著．「伊勢物語」の生長　試論　松田喜好著．業平詠「忘れては夢かとぞ思ふ」　水原一著．大和物語小考　松本寧至著．歌語りに生きた女性たち　岡山美樹著．後撰集と大和物語（六八・七四段）　杉谷寿郎著．「大和物語」覚書　柳田忠則著．歌語り享受の重層性　山崎正伸著．「小倉山」再考　森本茂著．寂蓮の「伊勢物語」「大和物語」の受容歌をめぐって　半田公平著．「大和物語」をめぐる謡曲説話の形成　松田存著．吉ији勇の歌物語「水荘記」について　今西幹一著．伴大納言が応天門に放火した話　高橋貢著．藤原朝成について　千葉覚著．高階業遠説話の背景　志村有弘著．合戦伝承・武人説話の展開　梶原正昭著．「古今著聞集」の「台記」受容　磯水絵著．土左日記本文の批評と解釈　清水義範著．滝尾本後撰和歌集　高橋良雄著．＜伊周像＞二つの選択に惑う　下玉利百合子著．「源氏物語」の物語歌　上坂信男著．「源氏物語」夕顔巻における＜霊物＞の介在をめぐって　小谷野純一著．中御門家宗について　井上宗雄著．「為愚痴物語」巻一、第十六「養生の道しる事」の和歌と説話の典拠をめぐって　青山忠一著．雨海博洋年譜・業績一覧：p473～485

◇古代説話の変容—風土記から日本霊異記へ　永藤靖著　勉誠社　1994.6　264p　23×16cm　8240円　(i)4-585-03026-3
（内容）1　風土記の世界（「風土記」の世界—中央と地域のはざまで　「常陸国風土記」の蛇神・雷神　「播磨国風土記」の神々—地方神の変貌　「風土記」の宇宙観）　2　日本霊異記の世界（「日本霊異記」における貨幣の機能—共同体の外から来るもの　「日本霊異記」の打たれる乞食僧について—聖と賤のはざま　「日本霊異記」に現れた「市」の機能　「日本霊異記」の役の小角と行基—英雄伝承の終焉　稲倉の火・稲魂の伝承）

◇呪歌と説話—歌・呪い・憑き物の世界　花部英雄著　三弥井書店　1998.4　301p　20cm　2800円　(i)4-8382-9039-X　Ⓝ387
（内容）序　呪歌の世界　1　歌・説教・注釈（「喚子鳥」歌と小鳥前生譚　西行咄と説教　「ほのぼ

のと」歌と古今伝授) 2 呪歌・伝説(鯖大師と呪歌 歌人伝説と呪歌 人丸信仰と呪歌) 3 憑き物・説話(オオサキの原像 「尾崎狐訴訟」物語 猫またと連歌法師 「注文の多い料理店」と伝承世界)
 * 呪歌まじない歌、憑き物・猫またなどの説話には庶民のいつわりのない声や姿がしるされている。遠ざかりつつある庶民の伝承世界をかいまみる。

◇新編木馬と石牛 金関丈夫著,大林太良編 岩波書店 1996.10 349p 15cm (岩波文庫) 670円 (i)4-00-331971-0 Ⓝ388

◇説話―異界としての山 説話・伝承学会編 翰林書房 1997.2 269p 20cm (文献あり) 2913円 (i)4-87737-007-2 Ⓝ388

◇説話―救いとしての死 説話・伝承学会編 翰林書房 1994.4 254p 20cm 2800円 (i)4-906424-36-8 Ⓝ163

◇日本伝承文芸の研究 神谷吉行著 おうふう 1995.12 539p 22cm 28000円 (i)4-273-02859-X Ⓝ388.1
 内容 第1編 古代小童傳承の系譜(末子成功譚と民間信仰 穀霊信仰と農耕儀礼 穀霊信仰と他界思想 小サ子の末裔と再生) 第2編 傳承文芸の生成と展開(贖罪と鎮魂 祭祀・唱導から縁起への展開 霊魂遊離と漂泊の視座 言霊から言技へ(言霊の幸ふ国))

海外全般

◇エジプト神話シンボル事典 マンフレート・ルルカー著,山下主一郎訳 大修館書店 1996.6 173p 21cm 3193円 (i)4-469-01248-3
 内容 エジプト・シンボリズムの世界 序論 エジプトの文化史と宗教史 エジプト神話シンボル事典 古代エジプト地図 古代エジプト史年表
 * 古代エジプト神話におけるイメージやシンボルを解説した事典。「Götter und Symbole der alten Ägypter」(1974年、ベルン刊)およびその英訳本(1982年、ロンドン刊)の日本語版。見出しは英語表記で、排列はアルファベット順。図版多数。巻末に訳語索引がある。

◇エジプトの神話―兄弟神のあらそい 矢島文夫著 筑摩書房 1997.8 221p 15cm (ちくま文庫―世界の神話) 600円 (i)4-480-03292-4
 内容 1 世界と神々の創造(ファラオ時代の伝承 コプト時代の伝承 太陽神ラーとイシス) 2 兄弟神のあらそい(ホルスとセトのあらそい アヌプとバタの物語 オシリス神話) 3 サトニ・ハームスの怪奇な物語 4 三つの神話パピルス(タ・ウジャ・ラーのパピルス ジェド・ホンス・イウフ・アンフの第一のパピルス テント・ディウ・ムトのパピルス)
 * 古代文字・ヒエログリフの解読によって古代エジプトの歴史や神話が次第に明らかになって来た。ことに神話は、太陽神ラー、オシリス、イシスの物語をはじめ、光と闇の、生と死のすさまじくも魅力的な世界をつくり出していた。第一人者による、古代エジプトへの案内書。

◇きれいなお城の変身の物語―ヘビ女から狼男まで 桐生操著 大和書房 1996.12 223p 20cm 1648円 (i)4-479-01096-3 Ⓝ388.3
 内容 第1話 動物が人間に変身する話 第2話 人間が動物にヒエログリフの解読する話 第3話 不思議の国の妖精たちの話 第4話 呪われた魔女たちの話 第5話 恐ろしい魔術を使う魔王の話 第6話 血に飢えた吸血鬼の話 第7話 人が人をつくる怖い話 第8話 この世に想いを残す幽霊の話
 * 愛と憎しみ、嫉妬と欲望の渦巻く人間ドラマを通して浮かび上るさまざまな変身譚を鮮やかに描き切る。

◇クトゥルー神話事典 東雅夫著 新訂版 学習研究社 2001.2 455p 15cm (学研M文庫) 820円 (i)4-05-900023-X
 内容 序「クトゥルー神話の世界へ」 禁断の大百科「用語事典」 暗黒の文学館「作品案内」 探奇の紳士録「作家名鑑」 恐怖の年代記「歴史年表」
 * 神秘と暗黒の「クトゥルー神話大系」。その全貌を明かす総合事典の最新版が装いも新たに登場!神名、地名、人名から魔道書名に及ぶ用語解説に作品ガイド、作家名鑑、歴史年表を併録。95年刊行の単行本版に収録されたデータに、以後5年間に活況を呈したクトゥルー・ジャパネスクの展望と、新登場の作家作品を大幅増補した待望の"21世紀版"。ラヴクラフトと邪神世界の全貌を一巻に集約。

◇原始神話学 L.レヴィ・ブリュル著,古野清人訳 弘文堂 1996.3 314p 21cm (弘文堂ルネッサンス) 4944円 (i)4-335-05115-8
 内容 神話的世界 半人半動物の神話的存在 神話、トテミスム、親縁性 神話の力とその効果 神話における分有=模倣 神話的世界の根強さ 神話的世界と民俗学
 * 「分有の論理」で有名な社会学・人類学の名著。

◇世界神話大事典 イヴ・ボンヌフォワ編,金光仁三郎主幹・共訳,安藤俊次,大野一道,嶋野俊夫,白井泰隆,持田明子ほか共訳 大修館書店 2001.3 1380p 26cm 21000円 (i)4-469-01265-3
 内容 神話概説 アフリカの神話・宗教 古代近東の神話・宗教 ギリシアの神話・宗教 ローマの神話・宗教 西欧文化(キリスト教以前の神話・宗教 キリスト教時代の神話) 南アジア・イランの神話・宗教 仏教の神話 東南

アジアの神話・宗教　東アジア・内陸アジアの神話・宗教　アメリカ大陸の神話・宗教　オセアニアの神話・宗教
＊世界各地の神話を網羅・探究した神話事典。地域別・時代順に項目を配列し、700余点の写真・図版を活用し解説。日本で未紹介の神話も多数収録されている。巻末には事項索引、人名・神名索引が付く。

◇花の神話と伝説　C.M.スキナー著，垂水雄二，福屋正修訳　八坂書房　1999.6　336,12p　19cm　2600円　(i)4-89694-437-2
　[内容]　花と民俗　花と古代キリスト教伝説　妖精の花　秘められた魔力—催眠作用と覚醒作用　悪名高い植物　花の神話と伝説
　＊華麗なるフローラの饗宴。世界の神話や伝説の中で、花は何を象徴し、どんな役割を果たしているのだろうか？ヨーロッパをはじめ、南北アメリカ、中近東、アジアなど多くの地域の説話をもとに、200種余りの花と人間との関わりを探る古典的名著。

◇星空の神々—全天88星座の神話・伝承　長島晶裕, ORG著　新紀元社　1999.3　295p　21cm　(Truth in fantasy 44)　1800円　(i)4-88317-328-3　Ⓝ443.8
　[内容]　第1章 星座の歴史(星座の誕生　星座の発展 ほか)　第2章 全88星座(プトレマイオス星座　ヘヴェリウス星座 ほか)　第3章 星座と占星術(占星術の歴史　現代の占星術 ほか)　第4章 星座観測ガイド—都会の夜の星座の見つけ方(星はなぜ動くのか—観測の基礎知識　春の星座 ほか)
　＊本書では全天(北半球と南半球)で見られる88の星座すべての神話・伝承、エピソードの紹介を中心に、星座史や占星術との関係についても解説します。また春夏秋冬の夜空で見られる星座の観測ガイドも掲載しています。

アジア

◇アンジャヴィー・シーラーズィー編「イランの民話」の話型分類とモチーフ一覧　竹原新著　東京外国語大学アジア・アフリカ言語文化研究所　2000.3　205p　26cm　(イスラム文化研究第67集—Iranian studies 14 1340-5306)〈他言語標題：Typology and motif lists of "Iranian folktales" edited by Anjavi Shirazi〉(i)4-87297-763-7　Ⓝ388.272

◇仏陀の前生　アルフレッド・フーシェ著，門脇輝大訳　大阪　東方出版　1993.3　356p　22cm　(監修：杉本卓洲)　5150円　(i)4-88591-328-4　Ⓝ388.25
　[内容]　インドのコント　インドの輪廻説　輪廻転生と仏教　仏教と輪廻転生　ジャータカすなわち前生　第1部　寓話　第2部　お伽草子　第3部　コント　結語　パンディット・スマントラ・ローケーシュヴァル紹介　アヒンサー　ローケーシュヴァル師の黙示録
　＊インドの諸文献と考古学知見に基づいたジャータカ。比較文学、比較文化、比較思想としての菩薩物語を語る。

◇北方諸民族の世界観—アイヌとアムール・サハリン地域の神話・伝承　荻原真子著　草風館　1996.2　509p　22cm〈参考文献：p488～507〉9800円　(i)4-88323-086-4　Ⓝ388.29
　[内容]　第1部 創世神話(射日神話　兄妹始祖神話)　第2部 虎、熊、シャチ—「主」の観念と世界観をめぐって(虎、熊、天神、狩猟神　シャチと水界の「主」　双子崇拝と狩猟民の世界観)　第3部 アイヌの口承文芸—神謡kamui-yukarの考察(巫謡とシャマンの歌　仮面仮装と狩猟儀礼をめぐって　アイヌの神謡—動物説話の類型　アイヌの神謡—神謡成立の可能性)
　＊本書はユーラシアの北方諸民族に対する民族学的関心から出発し、特にアイヌと周辺民族の文化の比較研究を志しながら、その方法論を模索したものである。アイヌおよびその文化に対する関心と研究には長い歴史があり、アイヌに向けられる社会的な関心は今日ますます大きくなりつつある。ユーカラにとどまらず、アイヌの口承文芸は多くのジャンルからなる豊かな伝承世界を呈示している。本稿は、これらのアイヌの口承文芸を、近接したアムール・サハリン地域の諸民族の神話伝承と比較研究をした画期的業績である。

◆中国
◇神々の起源—中国遠古神話と歴史　何新著，後藤典夫訳　樹花舎，星雲社〔発売〕1998.3　499p　21cm　3000円　(i)4-7952-5032-4
　[内容]　十字図紋と中国古代の日神崇拝　太陽神と遠古の華夏民族　一神三身の黄帝　漫筆—竜鳳　古崑崙—天国と地獄の山　神樹扶桑と宇宙観念　生殖神崇拝と陰陽哲学の起源　「思士と思女」と両性禁忌　学宮、辟雍、冠礼また死亡と再生〔ほか〕
　＊古今東西の広範な資料をもとに、古代中国に存在した太陽神話から端を発した、中国の神々の起源と変遷を追跡。中国古代神話と宗教、哲学の起源までさかのぼる、中国神話研究における大胆かつ興味深い論考。

◇鬼趣談義—中国幽鬼の世界　沢田瑞穂著　中央公論社　1998.8　494p　16cm　(中公文庫)　1143円　(i)4-12-203215-6　Ⓝ388.22
　[内容]　鬼趣談義　墓中育児譚　亡霊嫉妬の事　髪梳き幽霊　鬼卜—亡霊の助言によって吉凶を占う事　再説・借屍還魂　鬼求代　鬼索債　泡と蝦蟇　関羽に扮して亡霊の訴えを聞く話　柩

の宿　鬼買棺異聞　産婆・狐・幽霊〔ほか〕
＊筆記・随筆・地誌類など汗牛充棟の文献世界を渉猟し、中国の幽鬼妖怪の種々相を暢達な筆致で説き明かす。"怪力乱神"を語り、中国古来の霊魂観、幽鬼妖怪観を探究する、碩学による博引旁証の大著。巻末に事項・書名索引を付す。

◇三国志―中国伝説のなかの英傑　殷占堂編著, 施勝辰画　岩崎芸術社　1999.7　190p　22cm〈東京　岩崎美術社(発売)〉　2200円 (i)4-7534-1374-8　Ⓝ388.22
(内容)　大樹楼桑村縁起　関羽この世に生まれる　関羽の姓名の由来　張飛の武芸学習　一竜二虎を分かつ　真竜井　黄金になった土　義兄弟の契り　張飛の丈八蛇矛の由来　白い顔の関羽〔ほか〕
＊じつは天女のように美しかった孔明の妻、刺繍をする張飛、美人計を逆手にとった竜鳳喜餅の計…中国で古くから語り継がれた民間伝承「三国志」の93話を厳選！絵入り本で楽しむ民間伝承。

◇中国の神話考古　陸思賢著, 岡田陽一訳　言叢社　2001.5　482p　21cm　9500円 (i)4-905913-79-9
(内容)　序章「華表」からの啓示　第1章　華山の玫瑰と伏羲氏の誕生神話　第2章　女神廟の発見と女媧神話　第3章　鳥形図形文字に記された太古の東夷系神話　第4章　魚形、虎形の装飾に反映された羌戎系の神話　第5章「羊角柱」図像と伏羲氏の「仰観俯察」　第6章　立杆測影に用いた羊角トーテム柱の諸神の起源　第7章　伏羲氏の「観象画卦」の太古の根拠　第8章「伏羲の鱗身、女媧の蛇軀」の源　第9章「竜馬図を負い、洛亀書を載せる」の奥義　別篇1　天文暦法を主体とする宇宙の枠組み―「山海経」―八篇新論　別篇2　翁牛特旗の早期商の青銅瓿銘文の奥義
＊中国新石器時代から古代にいたる神話の全体像を、先史の天文暦法を根底において復元した神話考古学の先駆的大著。

◇中国の神話・伝説　伊藤清司著　東方書店　1996.9　361,20p　19cm　2400円 (i)4-497-96498-1　Ⓝ388
(内容)　創世神話　天体の神話・伝説　諸文化の起源神話　習俗の由来伝説　鬼・神(神と怪物)の神話・伝説　怪物退治　旱魃と長雨　治水伝承　湖底に沈んだ県城　動物の築城〔ほか〕
＊大地と化す巨人、文化を築く古帝王、蘇る死者、跳梁する鬼神、異形の民…黄色い大地に繰り広げられる伝承世界の集大成。

◇中国妖怪人物事典　実吉達郎著　講談社　1996.7　706,25p　20cm　4800円 (i)4-06-207883-X　Ⓝ388.22
(内容)　アシュー本来は天界の神々の一人。　委蛇―古の世に九疑山にいたという二つ頭のヘビ。　言成地蔵―地蔵霊験譚の一つ。　縊鬼―首をくくって死んだ者の鬼(ゆうれい)。　イキ―スッポンに似た三本足の水生怪物。　異犬・怪犬―超自然的なイヌたち。　一行上人―唐の玄宗皇帝時代の僧。　尹軌―天文などに通じた学者で、のち仙人になった人物。　陰門陣―明や清の時代におこなわれた珍戦術。〔ほか〕
＊中国古典の中の妖怪や仙人、怪奇伝説が伝わっている人物・神仏1430人を収録した人物事典。妖怪人物のほか、妖怪や仙人が登場する小説や怪奇現象も独立項目とする。排列は五十音順で、見出し項目の下に出典名を記す。73点の図版も掲載。巻末に、見出し項目と、項目に関わりのある妖怪・仙人およびその別名、怪奇伝説が伝わっている人物・神仏およびその別名などの索引がある。

ヨーロッパ

◇赤頭巾ちゃんは森を抜けて―社会文化学からみた再話の変遷　ジャック・ザイプス著, 鈴岡糸子, 横川寿美子, 吉田純子訳　増補版　京都　阿吽社　1997.6　568p　21cm〈文献あり〉　4800円 (i)4-900590-54-1　Ⓝ388.3
(内容)　プロローグ―赤頭巾ちゃんの枠組み　赤頭巾ちゃんは森を抜けて　再話のテクストについて　エピローグ―「赤頭巾ちゃん」の枠組みの見直し
＊シャルル・ペロー、ルードヴィッヒ・ティーク、グリム兄弟、アルフォンス・ドーデ、ピエール・カミ、ウォルター・デ・ラ・メア、ジェームズ・サーバー、アン・セクストン、ジャンニ・ロダーリ、トミー・アンゲラー、トニー・ロス、アンジェラ・カーター、タニス・リー、サリー・ミラー・ギアハートほか、日本で未紹介のものも含めて「赤頭巾」話38話収録。ジャック・ザイプス赤頭巾論の決定版。

◇「赤ずきん」の秘密―民俗学的アプローチ　アラン・ダンダス編, 池上嘉彦ほか訳　紀伊国屋書店　1994.12　325p　20cm　2900円 (i)4-314-00695-1　Ⓝ388
(内容)　「赤ずきん」は神話か?　赤ずきん―小さな五月祭の女王　赤ずきんは自由の帽子をかぶっているのであろうか　男性による創造、投影としての「赤ずきん」　「児童期」観と子供の民話：テストケースとしての「赤ずきん」〔ほか〕
＊赤い色のずきん、またはケープを身にまとい、祖母のところへ食べ物と飲物を入れた籠を持ってお見舞いに行く小さな女の子の話―「赤ずきん」は「シンデレラ」や「白雪姫」と並び、日本でもよく知られている外国の民話だ。なかでも有名なのはグリム童話の「赤ずきん」だが、実際にはグリム兄弟に先立つペロー版を

ヨーロッパ　　　　　　　　　　　　　　　　　　　　　　　　　　民話・昔話・伝説

はじめ、ヨーロッパのみならずアジアにまで多くの異話が分布している。その語り口や話の筋も、さまざまな変遷を経ており、多くの謎が秘められている。本書ではこうしたさまざまな「赤ずきん」像を紹介、実証科学的に考察するとともに、「赤ずきん」の解釈をめぐる多様なアプローチの12篇を収録した。

◇「赤ずきん」の秘密─民俗学的アプローチ　アラン・ダンダス編，池上嘉彦ほか訳　新版　紀伊国屋書店　1996.6　325p　20cm　2900円　(i)4-314-00744-3　Ⓝ388

(内容) 赤ずきんちゃん　小さな赤帽子　おばあさんの話　虎姑婆　「赤ずきん」は神話か？　赤ずきん─小さな五月祭の女王　赤ずきんは自由の帽子をかぶっているのであろうか─ティークとグリムの場合に想定されている意味合いについて　男性による創造、投影としての「赤ずきん」　「児童期」観と子供の民話─テストケースとしての「赤ずきん」　昔話と夢─「赤ずきん」の話をめぐって　赤ずきんと思春期の少女　「赤ずきん」の精神分析学的な解釈

＊赤い色のずきん、またはケープを身にまとい、祖母のところへ食べ物と飲物を入れた籠を持ってお見舞いに行く小さな女の子の話─「赤ずきん」は「シンデレラ」や「白雪姫」と並び、日本でもよく知られている外国の民話だ。なかでも有名なのはグリム童話の「赤ずきん」だが、実際にはグリム兄弟に先立つペロー版をはじめ、ヨーロッパのみならずアジアにまで多くの異話が分布している。その語り口や話の筋も、さまざまな変遷を経ており、多くの謎が秘められている。本書ではこうしたさまざまな「赤ずきん」像を紹介、実証科学的に考察するとともに、「赤ずきん」の解釈をめぐる多様なアプローチの12篇を収録した。

◇「赤ずきん」はなぜ愛くるしいか　金成陽一著　早川書房　1996.10　276p　16cm　(ハヤカワ文庫 NF)〈「誰が「赤ずきん」を解放したか」(大和書房1989年刊)の改訂〉　540円　(i)4-15-050208-0　Ⓝ388.3

(内容) 1-1 愛くるしい「赤ずきん」のいる風景　1-2 ペローからティークへ　1-3 「赤ずきん」の周辺　1-4 ベヒシュタインの「赤ずきん」　1-5 狼の観念的世界　2-1 愛くるしさの解放　2-2 「赤ずきん」を考察する　3 パロディ「赤ずきん」

＊数ある名作童話の中でも、「赤ずきん」ほど、世界中の人々に愛され続けている物語も珍しい。しかし、民間伝承の物語から始まり、フランス人のペロー、ドイツ人のティーク、グリムと、いくつもの「赤ずきん」が書き継がれてきたことは、実はあまり知られていない。時代とともにさまざまな表情を見せる「赤ずきん」について、それぞれの物語を紹介しながら、

その尽きせぬ魅力の現代的意味を分析してゆく斬新なメルヒェン論。

◇吸血鬼伝承─「生ける死体」の民俗学　平賀英一郎著　中央公論新社　2000.11　208p　18cm (中公新書)　720円　(i)4-12-101561-4　Ⓝ388.39

(内容) 1 フォークロアの前提　2 民族の伝承を訪ねて　3 東欧の「吸血鬼」像　4 「ヴァンパイア」を追って　5 吸血鬼と歴史

＊「吸血鬼」はホラーの主人公としてこの世に生を享けたわけではない。それは、人びとが切実に恐れる一つの"現象"だった。東欧を中心に、吸血鬼にまつわる伝説・昔話・公文書・俗信の記録などを丹念に読み解くと、そこには、人びとの信仰や禁忌の有様、疫病や戦争、そして死そのものへの不安が色濃く影を落としていることがわかる。民族によって多様な姿で語り継がれてきた「生ける死体」たちとは何者なのか。

◇吸血鬼伝説　栗原成郎著　河出書房新社　1995.6　291.1p　15cm　(河出文庫)〈「スラヴ吸血鬼伝説考」(1991年刊)の改題　巻末：主要参考文献〉　680円　(i)4-309-47282-6　Ⓝ388.39

(内容) 序章 吸血鬼の原郷世界としてのスラヴ世界　第1章 スラヴ吸血鬼信仰　第2章 スラヴ吸血鬼説話　第3章 スラヴ夢魔信仰　第4章 スラヴ死神幻想　第5章 スラヴ人狼伝説　第6章 文学的吸血鬼　終章 一つの結論─吸血鬼バルカン・スラヴ起源説

＊本書は、古代スラヴ人の思考にたちかえって人間の生と死を見るとき死の陰から浮かびあがってくる吸血鬼の存在を、できるかぎりの文献を渉猟し、スラヴ側の直接的資料に依拠しつつ、アニミズム的死生観に起因する夢魔・病魔・人狼信仰との関連において解明する画期的労作。

◇ギリシア神話─神話・伝承でたどる古代アテナイの歴史　古川堅治著　彩流社　1999.11　299p　20cm　3000円　(i)4-88202-632-5　Ⓝ164.31

(内容) 第1章 アッティカの建国(アテナ女神とポセイドン神　パンアテナイア祭　諸王の交代　アイゲウス王とコリントスの地─エウリピデス『メデイア』)　第2章 テセウス王の時代(誕生と成長　アッティカの支配者としてのテセウス　テセウス家の悲劇─エウリピデス『ヒッポリュトス』)　第3章 アテナイの歴史的発展(民族の系譜─エウリピデス『イオン』　神話から歴史へ　ペルシア戦争)

＊古代アテネの歴史を再構成しながら、ギリシア悲劇に象徴される多様で豊富な神話世界を読む。

◇ジャンボジェットのネズミ─ヨーロッパの現代伝説　ロルフ・ヴィルヘルム・ブレードニヒ編，池田香代子，鈴木仁子訳　白水社　1993.11

民話・昔話・伝説　　　　　　　　　　　　　　　　　　　　　　　　　　　　　ヨーロッパ

196, 4p　20cm　〈巻末：参考文献〉　1900円　(i)4-560-04034-6　Ⓝ388.34
(内容) 1 東ドイツ　2 自動車と交通　3 日常生活奇談　4 バカンスと異郷　5 セックス　6 飲食　7 動物　8 思いがけない死　9 奇妙な偶然
*「悪魔のほくろ」に続く、ドイツ・ヨーロッパに広く流布する「現代伝説」のアンソロジー、第二弾。旧東ドイツ市民にまつわる不信や不安を物語るうわさ、笑いや恐怖をさそうセックスに関する話、身の毛もよだつような残酷なホラーなど、より今日に即し、読者からの反響も収集して、解読した。

◇中世の妖怪、悪魔、奇跡　クロード・カプレール著, 幸田礼雅訳　新評論　1997.7　527p　22cm　〈文献あり　索引あり〉　5600円　(i)4-7948-0364-8　Ⓝ388.3
(内容) 第1章 宇宙図と想像の世界　第2章 旅とメンタリティ　第3章 旅, 物語, 神話　第4章 妖怪の分類額　第5章 妖怪, 言語, イマージュ　第6章 妖怪の概念　第7章 妖怪の機能と魂　第8章 結論 私の終わりは私の始まり
*マルコ・ポーロ、コロンブスが出会った妖怪とは？旅行記、そして豊富な挿画に見る妖怪探求への旅立ち。

◇昔話の本質と解釈　マックス・リューティ著, 野村泫訳　福音館書店　1996.1　461p　20cm　2400円　(i)4-8340-1354-5　Ⓝ388.3
(内容) 第1部 昔話の本質（いばら姫—昔話の意味と外形　眠れる七人の聖者—聖者伝・伝説・昔話　竜殺し—昔話の文体　地の雌牛—昔話の象徴的表現　ほか）　第2部 昔話の解釈（七羽の烏　白雪姫　金の毛が三本ある悪魔　死人の恩返し　ほか）

◇妖精　草野巧著, シブヤユウジ画　新紀元社　1999.12　269p　21cm　(Truth in fantasy 48)〈文献あり〉　1800円　(i)4-88317-345-3　Ⓝ388.3
(内容) 第1章 エルフの仲間たち　第2章 ドワーフの仲間たち　第3章 ホブゴブリンの仲間たち　第4章 レプラホーンの仲間たち　第5章 レッドキャップの仲間たち　第6章 ニンフの仲間たち　第7章 ネック／マーメイドの仲間たち　第8章 ドラゴンの仲間たち　第9章 オベロンの仲間たち
*とても美しい妖精が死ぬほど恐ろしかったり、親切だった妖精が突然意地悪になるというように、人間にとってはまったく不可思議で予想外であるところが妖精の魅力である。本書では、そんな魅力的な妖精たちを紹介した。

◇妖精画談—カラー版　水木しげる著　岩波書店　1996.7　210, 4p　18cm　(岩波新書)〈巻末：参考文献〉　980円　(i)4-00-430455-5　Ⓝ388.3
(内容) 1 水に出るもの　2 里に棲むもの　3 森にまつわるもの

*ゲゲゲの鬼太郎の生みの親、水木しげる妖怪博士が捕獲した「ひと味違った妖精たち」（井村君江氏解説）。アイルランド、スコットランドなどケルト地方から、北欧、ドイツ、フランス、ロシア方面、総勢100人(?)を越える妖精のかたちと物語をオールカラーで描く。日本の妖怪とまるで違う妖精と、驚くほど似た妖精が一堂に大集合。

◇妖精辞典—異世界からの来訪者　篠崎砂美監修　ソニー・マガジンズ　2000.7　244p　19cm　1980円　(i)4-7897-1586-8　Ⓝ388.3
(内容) エルフ　ドワーフ　ゴブリン　ボギー　ジャイアント　ハッグ　バンシー　ラ・ナンシー　ブラウニー　シルキー〔ほか〕
*ケルトの神話伝承からコンピュータゲームのモンスターへ…。妖精の変貌のすべてを解き明かした、日本初の解説書がついに登場。

◇妖精図鑑—森と大地の精　ピエール・デュボア著, ロラン・サバティエ絵, 鈴木めぐみ訳　文渓堂　2000.4　95p　31cm　2800円　(i)4-89423-241-3　Ⓝ388.3
(内容) 知られざる王国への招待　洞窟や地中に住む妖精　森に住む妖精　荒野と丘に住む妖精　山の上の妖精
*洞窟・地中・森・荒野・丘・山に住む60の妖精が大集合。妖精のすべてがわかる大図鑑。北欧神話、ケルト民話などで、ヨーロッパの文化に深く根づいている妖精たち。妖精の謎だった、背丈、すみか、生活、行動、エピソードなどが全てわかる絵本。

◇妖精図鑑—海と草原の精　ピエール・デュボア著, ロラン・サバティエ絵, つじかおり訳　文渓堂　2000.9　85p　31cm　2800円　(i)4-89423-242-1　Ⓝ388.3
(内容) 草原、畑、庭の妖精（パン、シレーノス、サテュロス　パンの子孫たち　ほか）　家に住む妖精（ブラウニー、ボガート、ブッカ、ボギーチャーチ・グリム　ほか）　池や川に住む妖精（礼儀正しいルイ　ウジェー　ほか）　海や海岸に住む妖精（クラブテール　ダヴィッド・ジョーン　ほか）
*草原・庭・家・川・海に住む、70の妖精が大集合。北欧神話、ケルト民話などで、ヨーロッパの文化に深く根づいている妖精たち。妖精の謎だった、背丈、すみか、生活、行動、エピソードなどがわかる絵本。

◆イギリス
◇イギリスに伝わる怖い話—英国幽霊怪奇譚　高橋宣勝著　大和書房　2000.4　254p　20cm　〈文献あり〉　1900円　(i)4-479-75042-8　Ⓝ387.933
(内容) 第1章 幽霊はなぜ現れるのか（生者の嘆き、死者の不眠　犯罪を告発する幽霊　ほか）

文化人類学の本 全情報　579

第2章 眠れない死者たちの夜(幽霊と交わした約束の顛末 愛する者を守る幽霊たち ほか) 第3章 異界からの訪問者たち(周辺の幽霊たち レイスと生き霊の話 ほか) 第4章「魔性の恋人」をめぐるフォークロア(語り継がれる不思議な話 幽霊譚に潜む信仰と恐怖 ほか) 第5章 吸血鬼伝説と恐怖のかたち(吸血鬼伝説のはじまり 民間伝承の中の吸血鬼譚 ほか)

＊復讐する幽霊、死を予言する幽霊、約束を守る幽霊、恋人を呪う幽霊…。人はなぜ「怖い話」を物語るのか？イギリスの夜を彷徨うさまざまな幽霊たちの物語をひもときながら、民間伝承の背後に潜む人々の俗信と恐怖のかたちを描き出す、知的興奮に満ちた英国幽霊譚の世界。眠れない死者たちの82の物語。

◇イギリス・妖精めぐり—はじめての出会い 井村君江著 同文書院 1993.5 205p 19cm 〈面白books 20〉 1100円 (i)4-8103-7137-9 Ⓝ388.33

(内容) 1 妖精を知る12章 2 スコットランドの妖精譚 3 ウェールズの妖精譚 4 イングランドの妖精譚 5 アイルランドの妖精譚 6 コーンウォールの妖精譚 7 マン島の妖精譚

＊アイルランド、スコットランド、ウェールズ、コーンウォール…。ブリテン島各地に住む妖精たちのお話。

◇ケルトの妖精 井村君江著 あんず堂 1996.11 219p 20cm 〈参考文献：p219〉 2300円 (i)4-87282-101-7 Ⓝ388.339

(内容) ケルト神話とアーサー王物語の妖精 アイルランドの妖精 コーンウォールの妖精 イングランドの妖精 スコットランドとウェールズの妖精 シェイクスピアと「夏の夜の夢」の妖精

＊昔ばなしの不思議な生き物、妖精たち。イギリスやアイルランドの人々の心に生きる「金持ち妖精レプラホーン」や、「酒飲み妖精クルーラホーン」の楽しいエピソード。人魚と青年、騎士と妖精の恋物語など、多彩に収録。

◇ケルト・ファンタジー—英雄の恋 井村君江文, 天野喜孝画 ANZ堂 1995.12 181p 22cm 〈発売：波書房〉 1900円 (i)4-8164-1239-5 Ⓝ388.339

(内容) 英雄ク・ホリンと女たち ノイシュと悲しみのディアドラ フィン・マクールと子鹿になったサィブ 騎士ディルムッドと王女グラーニャの駆け落ち 騎士オシーンと常若の国の女王ニアブ トリスタンとイゾルデの恋 ランスロット卿と王妃グウィネヴィア

◇ケルト妖精学 井村君江著 講談社 1996.8 443p 15cm 〈講談社学術文庫〉 1200円 (i)4-06-159243-2 Ⓝ388.339

(内容) 第1部 ケルト民族と妖精の世界 第2部 妖精伝説と物語詩 第3部 英文学の妖精 第4部 児童文学にみる遙かな異界 第5部 現代のフォークロア研究

＊アイルランドに伝わるケルト神話では、戦いに敗れて地下に逃れた異教の神々が妖精の祖先とされる。妖精たちは、民間伝承や文学作品にどのように登場し、表現されてきたか。アーサー王伝説の湖の精やシェイクスピアの妖精王オーベロン、児童文学のピーターパンなど、妖精像の変容を神話学、民俗学、比較文学等の視点から興味深く論述。妖精研究の第一人者によるファンタジック・フォークロアの力作。

◇ゴグ・マゴグ—英国の伝説と歴史の接点を求めて 黒田千世子著 近代文芸社 1994.11 176,6p 20cm 〈巻末：参考文献および資料〉 1800円 (i)4-7733-3568-8 Ⓝ388.33

(内容) 1 偉人伝説—ロンドン市長のウィッティントン 2 巨人伝説—ゴグ・マゴグ 3 魔女伝説—カティー・サーク

＊伝説は歴史が投げた変化球なのだ。一見他愛もない伝説に、時代思潮が地層となり、歴史の化石が埋蔵されている。伝説のルーツを探求し、英国各地を訪れた紀行文であると共に多民族国家英国の民俗と文化を紹介。

◇人狼変身譚—西欧の民話と文学から 篠田知和基著 大修館書店 1994.2 464p 20cm 〈参考文献：p443～460〉 3200円 (i)4-469-25047-3 Ⓝ388.3

(内容) 1章 神々の獣—伝説と歴史のはざまで(山の上の火祭り 贖罪の羊 森の人生 飢えた狼) 2章 女の変身—民話の森の中で(女の悪意 妹の力 自然の楽園 ロバになった王女) 3章 近代文学の人狼たち(荒野の音楽師 熊男 ロキス 雪原の狼憑き 狼喰いの孤独)

＊魔女とならんで西欧民間伝承に広大に生きる最大のテーマ「人狼」とは何か。狼変身は場所をかえると、熊、馬、竜、猿、蛇、狐への変身となって世界各地にくまなく存在する。ヨーロッパをはじめ、カナダ・日本・アジアの伝承と文学、あるいは歴史の裏側に動物変身譚の起源と変遷を探りながら、そこに流れる人間の真実を浮き彫りにして行く。動物に姿を変えて生きる(生きざるをえない)人たちの哀しみを思い、「いじめ」を生み出す社会の無意識の暴力を告発する。

◇デァドリー A.カーマイケル, J.ジェイコブズ, A.グレゴリー夫人著, 三宅忠明, 森定万里子訳 岡山 大学教育出版 2000.12 147p 20cm 〈デァドラ精選シリーズ 2〉 1500円 (i)4-88730-412-9 Ⓝ388.339

(内容) デァドリー(A.カーマイケル) デァドラ(J.ジェイコブズ) ウシュナの子(グレゴリー夫人)

◇闇の国のヒロインたち—イギリスの昔話と伝説

民話・昔話・伝説　　　　　　　　　　　　　　　　　　　　　　　　　　ヨーロッパ

飯田正美著　京都　山口書店　1993.7　191p　22cm　2500円　(i)4-8411-0843-2　Ⓝ388.33

◇妖精学入門　井村君江著　講談社　1998.9　190p 18cm　(講談社現代新書)　800円　(i)4-06-149419-8　Ⓝ388.33

(内容)　1章 妖精はどこから生まれたのか(妖精の六つの淵源　妖精とケルト　妖精と風土 ほか)　2章 妖精のエンサイクロペディア(妖精の分類　妖精の語源と別称　妖精の種類「小辞典」 ほか)　3章 創造された多彩な妖精像(語られた妖精　書かれた妖精　描かれた妖精 ほか)

＊ケルトの小さな神々からシェイクスピア、ピーターパンまで、妖精の誕生・分類・系譜を網羅。多彩なカラー図版も楽しめる、はじめての妖精百科。

◇妖精who's who　キャサリン・ブリッグズ著, 井村君江訳　筑摩書房　1996.11　355p　15cm　(ちくま文庫)　〈参考文献：p347〜350〉　860円　(i)4-480-03192-8　Ⓝ388.33

＊ドワーフ、エルフ、巨人、ゴブリンなど、イギリス全土の妖精101をイラスト付きで紹介。

◆ドイツ・フランス

◇首をはねろ！―メルヘンの中の暴力　カール・ハインツ・マレ著, 小川真一訳　新装　みすず書房　1998.10　307,4p　20cm　2600円　(i)4-622-04957-0　Ⓝ388.34

(内容)　暴力の楽しみ　人間狼としての人間―公然の暴力　隠微な暴力　言うことを聞け、いやなら死ね―手きびしい教訓劇　想像の中の暴力　暴力とセックス　お上に逆らう下々　終わりなき暴力

＊多くの人にとって、メルヘンは楽しい子供時代の思い出であろう。たとえば有名な「いばら姫」の話―「王子さまのキスで百年の眠りから覚めたお姫さまは、王子さまと結婚しました。めでたしめでたし。」だが、これに続く話をどれだけの人が知っているだろうか？―王子の母親は実は人喰い女だった。王子が戦場に行ってしまうと、母親は嫁とその子供たちを食べてしまおうと考える。そして料理人を呼びつけ、孫の一人を料理するように命ずる…このような残酷な場面が、メルヘンの世界にはたくさん登場する。なぜだろう？また、どんな意味があるのだろう？著者マレは、グリム童話の中のさまざまな暴力シーンを取り出して、鮮やかに読み解いていく。ここに描かれているのは、家庭、政治、国家など、現実の世界の反映であった。暴力を呼び起こし、それを阻止するものは何なのだろうか？マレは心理学者でもなく、精神分析家でもない。一人の教師として、毎週一度生徒たちに昔話を話して聞かせる、その過程の中からこの本は生まれた。「メルヘンは太古の現代である」とゲーテは言った。普遍的な真実、永遠に変わらない要素を、ゲーテはメルヘンのうちに認めていたのである。

◇グリム童話の正しい読み方―「鉄のハンス」が教える生き方の処方箋　ロバート・ブライ著, 野中ともよ訳　集英社　1999.7　461p　15cm　(集英社文庫)　724円　(i)4-08-760362-8

(内容)　第1章 マクラの下に「カギ」がある　第2章 一本の髪が黄金に変わるとき　第3章 灰の道、転落、そして悲嘆　第4章 父親不在の時代における王への飢餓　第5章 神なる女性との出会い―庭園にて　第6章 内なる戦士たちを甦らす　第7章 赤、白、黒毛の馬に乗ること　第8章 王の家臣から受けた傷　エピローグ 古代の宗教、文学、そして民族生活におけるワイルド・マン　物語 鉄のハンス

＊池の底から城に連れてこられた全身毛むくじゃらの男。グリム童話の「鉄のハンス」の物語には、貴重な生き方の処方箋が埋まっている。人間の一生のターニングポイントに役立つ「鉄のハンス」の教え。全米図書賞受賞詩人ロバート・ブライが発表して以来、「ニューヨーク・タイムズ」のベストセラー・リストに1年以上ものった大ベストセラー。本書はその翻訳本「アイアン・ジョンの魂」の待望の文庫化。

◇グリム童話のなかのぞっとする話　金成陽一著　大和書房　1999.4　206p　19cm　1700円　(i)4-479-75039-8

(内容)　1 塔の小部屋で姫は何を経験したのか―「眠り姫」、その他のお話(十五歳の姫に本当に起こったこと　メルヘンに潜むカニバリズム)　2 娘との結婚を望む父親の罪―「千びき皮」の父王の歪んだ愛情(禁断の恋、タブーの誘惑　「近親相姦」という罠)　3 老婆を殺して財産を盗む子供たちの話―「ヘンゼルとグレーテル」異論(捨てられた子供たちの残酷なお話　隠された犯罪の奇妙な結末)　4 誘惑の虜になった姉妹―「おどりぬいてぼろぼろになる靴」をめぐって(真夜中のパーティー　危険な誘惑)　5 親から愛されなかった子供の告白―「ハンスぼっちゃんはりねずみ」の心の傷(愛情に飢えた少年の旅立ち　幸福と希望への階段)　6 ジェラシーと欲望の恐ろしい物語―「白雪姫」『シンデレラ』etc.(高慢と嫉妬の物語　ジェラシーからはじまるグリム童話)

＊娘との結婚を望む父王、死んだ姫を愛する王子、老婆を殺す子供たち、誘惑の虜になった姉妹…。グリム童話の深層を読み解き、メルヘンに隠されたもうひとつの物語に迫る。

◇グリム童話の継母が現代の若い母親に語りかけたいこと　玉田英子著　文芸社　2001.4　133p　19cm　1000円　(i)4-8355-1163-8

(内容)　第1章 『グリム童話集』の誕生―グリム兄弟の生涯と童話集成立の経緯　第2章 グリム

文化人類学の本　全情報　581

童話における継母の行為——一二話のあらすじと継母の言動　第3章 昔話の本質とその解釈から見た継母——文芸学的立場から　第4章 社会的及び歴史的背景から見た継母——民俗学的立場から　第5章 深層心理学的考察から見た継母——精神分析学の立場から　第6章 日本の昔話における継母物語　第7章 グリム童話の「継母」が現代の若い母親に語りかけたいこと

＊世間で広く読まれているグリム童話における「継母」像の担う意味と役割に注目し、文芸学的・民俗学的・深層心理的な観点から分析し、より多角的な解釈を試みることで、「継母」から導き出される結論をより確固たるものに築き上げている。本書は、母性愛と母子の関係について優れた問いと呼びかけも発しており、現代を生きる若い母親の心をつかみ、今日問題になっている若い母親の育児や教育を見直す契機となるに違いない。

◇グリムの昔話と文学　野村泫著　筑摩書房　1997.6　350p　15cm（ちくま学芸文庫）（『昔話と文学』(白水社1988年刊)の増補）　1100円　(i)4-480-08346-4　Ⓝ388

◇童話を読み解く——ホフマンの創作童話とグリム兄弟の民俗童話　梅内幸信著　同学社　1999.10　518,8p　19cm〈文献あり〉　3400円　(i)4-8102-0124-4　Ⓝ943.6

(内容) 第1部 童話の理論と解釈(感動について——感動の射程　童話と短編小説——童話概念規定の試み　グリム童話における禁止——禁止の機能 ほか)　第2部 ホフマン文学における創作童話(「黄金の壺」——「グロテスクなもの」「よその子」——人工と自然　「ちび助ツァヘス」——フモールの勝利 ほか)　第3部 グリム兄弟の民俗童話(「蛙の王さま」(KHM一)——壁に叩き付けられる蛙　「イバラ姫」(KHM50)——百年目の目覚め　「灰かぶり」(KHM二一)——忍耐と勇気による変身 ほか)

＊「感動」の源泉を求めて！精神分析的・深層心理学的解釈に焦点を当て、グリムとホフマンの童話を詳細に読み解き、童話の本質に迫る。

◇昔話の深層——ユング心理学とグリム童話　河合隼雄著　講談社　1994.2　396p　16cm（講談社＋α文庫）　880円　(i)4-06-256031-3　Ⓝ388

(内容) 第1章 魂のおはなし　第2章 グレートマザーとは何か——トルーデさん　第3章 母親からの心理的自立——ヘンゼルとグレーテル　第4章 「怠け」が「創造」をはぐくむ——ものぐさ三人むすこ　第5章 影の自覚——二人兄弟　第6章 思春期に何が起きるか——いばら姫　第7章 トリックスターのはたらき——忠臣ヨハネス　第8章 父性原理をめぐって——黄金の鳥　第9章 男性の心のなかの女性——なぞ　第10章 女性の心のなかの男性——つぐみの髭の王さま　第11章 自己実現する人生——三枚の鳥の羽　グリム童話

＊人間の魂、自分の心の奥には何があるのか。"こころの専門家"の目であのグリム童話を読むと…。生と死が、親と子が、父と母が、男と女が、そしてもう一人の自分が、まったく新しい顔を心の内にのぞかせる。まだまだ未知に満ちた自分の心を知り、いかに自己実現するかをユング心理学でかみくだいた、人生の処方箋。

◇昔話は残酷か——グリム昔話をめぐって　野村泫著　東京子ども図書館　1997.2　59p　19cm〈『昔話の残酷性』の改題〉　750円　(i)4-88569-040-4　Ⓝ388

◇メリュジーヌ＝蛇女＝両性具有の神話　ジャン・マルカル著，中村栄子，末永京子訳　大修館書店　1997.4　335p　20cm〈文献あり　索引あり〉　2600円　(i)4-469-21208-3　Ⓝ388.35

(内容) 序論 メリュジーヌの魔法　第1章 メリュジーヌの伝説　第2章 メリュジーヌの伝承　第3章 メリュジーヌの神話　第4章 メリュジーヌとリリト　第5章 メリュジーヌの本質　日本の蛇竜神話との比較——解説に代えて

＊フランスに古来伝わる蛇女伝説メリュジーヌ。日本の「鶴女房」伝説とも共通する物語構造は、形を変えて古代世界各地の説話にも見られる。両性具有という異形性を手がかりに、こうした各地の説話に共通する心性を探り、西欧キリスト教世界の背後にうごめく、古代ケルト以来の神話にも通底する闇の精神史を明らかにする。

◇メールヒェンの起源——ドイツの伝承民話　アンドレ・ヨレス著，高橋由美子訳　講談社　1999.6　410p　15cm（講談社学術文庫）　1100円　(i)4-06-159380-3　Ⓝ901.01

(内容) 第1章 聖人伝　第2章 一族物語　第3章 神話　第4章 謎　第5章 ことわざ　第6章 決疑法　第7章 追想記　第8章 メールヒェン　第9章 冗談ばなし　終章 今後の展望

＊ドイツのグリム兄弟によって集大成されたメールヒェンの豊潤な世界。昔話研究の必読書とされてきた本書は民衆が口伝えしてきた民話を言語の形態として分類し、それぞれが独自な精神活動によって形成されたと説く。比類なき体系性が絶賛された先駆的名著の新訳を文庫オリジナルとして刊行。

◇メルヘンへの誘い　マックス・リューティ著，高木昌史訳　法政大学出版局　1997.7　185,10p　20cm（叢書・ウニベルシタス　573）　2200円　(i)4-588-00573-1　Ⓝ388

(内容) 重要文献と略語表　名称と概念　隣接ジャンルとの境界設定——伝説、聖者伝説、神話、寓話、笑話　昔話のタイプ　ヨーロッパの昔話の本質的特徴　ヨーロッパ以外の昔話　昔話の歴史　昔話研究の歴史　昔話の生物学　昔話の心理学　現実の担い手としての昔話と文学とし

ての昔話
*メルヘン研究のための第一人者による道案内。超域的な広がりと遙かな歴史をもつ文芸ジャンル=昔話の全体像をコンパクトにまとめた基本文献。

◇メルヘンの深層—歴史が解く童話の謎　森義信著　講談社　1995.2　198p　18cm　(講談社現代新書)〈ブックガイド：p195〜198〉　650円 (i)4-06-149238-1　Ⓝ388
　(内容)第1章 長靴をはいた猫—金も才能もない男の出世術　第2章 シンデレラ物語—代父母の保護下にある意地っ張りな女の子　第3章 白雪姫と魔女裁判—虚言癖のあるわがままな女の子　第4章 赤ずきんちゃんと人間狼—赤い色の大好きな女の子　第5章 ヘンゼルとグレーテルの社会学—子捨てか親離れか　第6章 ジャックと豆の木—男の生態学　第7章 がちょう番のおんな—未熟な女のお嫁入り　第8章 三枚の蛇の葉と備兵の出世物語—文無し男は「喧嘩」する　第9章 いばらのなかのユダヤ人—差別する側にたつ男のやり口　第10章 青ひげ物語としたたかな女—夫の財産をすっかりせしめる法
　*シンデレラや赤ずきんちゃんの物語から魔女裁判、人間狼、子捨てなど、ヨーロッパ社会の忘れられた実像が見えてくる。

◇メルヘンの世界観　ヨハネス・W.シュナイダー著、髙橋明男訳　水声社　1993.10　221p　20cm　2266円 (i)4-89176-289-6　Ⓝ388
　(内容)メルヘンの三つの類型　人間の発達と運命(メルヘンを通して見た人類の歴史　人間の運命 ほか)　秘儀参入の道(悪魔の役割　メルヘンのなかの秘儀参入者たち　現代における秘儀参入のあり方 ほか)
　*シュタイナー教育の代表者として世界的に知られる著者が、アジアのメルヘンとグリム童話を具体的にとりあげながら、そこに秘められた人間の成長と人類の歴史をめぐる深い叡智の意味を説き明かす日本での連続講演集。

◇もうひとりのグリム—グリム兄弟以前のドイツ・メルヘン　板倉敏之,佐藤茂樹共編、板倉敏之ほか共訳　北星堂店　1998.7　323p　20cm (関東学院大学人文科学研究所研究選書 5)　2400円 (i)4-590-01064-X　Ⓝ388.34
　(内容)ふたりの子を持つ女の美しい話(モンターヌス,マルティン)　五人の豪傑—「抵当遊び」から(シュンメル,ヨーハン・ゴットリープ)　三人姉妹の年代記(ムゼーウス,ヨーハン・カール・アウグスト)　賢者の石(ヴィーラント,クリストフ・マルティン)　金の卵を産む小鳥(ギュンター,クリストフ・ヴィルヘルム)　忠実な狐(ギュンター,クリストフ・ヴィルヘルム)　小さい赤ずきんの生と死(ティーク,ルートヴィヒ)　巨人の森　白雪姫(グリム,アルベルト・ルートヴィヒ)　ハンス・ドゥーデルデー

(グリム,アルベルト・ルートヴィヒ)　三人の王子(グリム,アルベルト・ルートヴィヒ)　ポーパンツ(ビュッシング,ヨーハン・グスタフ)　蛙の話(ビュッシング,ヨーハン・グスタフ)　農夫キービッツの話(ビュッシング,ヨーハン・グスタフ)

◆ロシア
◇ロシアのフォークロア　フョードル・セリバーノフ編著, 金本源之助監訳　新装版　早稲田大学出版部　1998.5　236p　21cm　3400円 (i)4-657-98527-2　Ⓝ388.38
　(内容)儀礼歌　諺と慣用句　謎々　民話　ブィリーナ　歴史歌謡　抒情歌　チャストゥーシカ
　*夢と知恵の贈物。何世紀にもわたって歌い継がれ、語り継がれた庶民の芸術を紹介する。

アフリカ

◇口頭伝承論　上　川田順造著　平凡社　2001.4　446p　16cm　(平凡社ライブラリー)　1600円 (i)4-582-76389-8　Ⓝ388.4413
　(内容)音のコミュニケーションの諸相(言語音と非言語音　モノローグの成立　反復と即興)　発話における反復と変差—「かたり」の生理学のための覚え書き
　*音声によるコミュニケーションの世界は、どのような諸相と構造をもっているのか?その情報伝達性、行為遂行性、演戯性の原理的な諸形式と内容をあきらかにし、言語行為の発生から伝承、神話、物語、文学にわたる言述の全宇宙史を照射する第46回毎日出版文化賞受賞の記念碑的著作。

◇口頭伝承論　下　川田順造著　平凡社　2001.5　422p　16cm　(平凡社ライブラリー)　1600円 (i)4-582-76393-6　Ⓝ388.4413
　(内容)はなしの演戯性　語り手と語りの場—西アフリカの事例から　音の紋章—無文字社会における権力とコミュニケーション　呼びかける歴史、物語る歴史—無文字社会における口承史の形成　口承史と過去への想像力　叙事詩と年代記—語られるものと書かれるもの　説話の異文化間比較—叙事詩をめぐって　無文字社会における歴史の表象—西アフリカ・モシ王国とベニン王国の事例　付編「はなし」が文字になるとき
　*音声のコミュニケーションが展くことばの人類学。

北アメリカ

◇一万年の旅路—ネイティヴ・アメリカンの口承

史 ポーラ・アンダーウッド著, 星川淳訳 翔泳社 1998.5 545p 22cm 2500円 (i)4-88135-607-0 Ⓝ388.53

[内容] 一つめの主な語り 二つめの主な語り 山の語り三つ 草の大海 はじめの民の子―学びへの多くの道 われらが美しいと名づける川 東の大海 美しい湖 補遺

＊人類ははるか一万年前、ベーリング陸橋を越え、アジアから北米へ渡った。イロコイ族の血をひく女性が未来の世代へ贈る、一万年間語り継がれたモンゴロイドの大いなる旅路。

◇ネイティブ・アメリカン、その伝説と動物 エイミー・キャップマン企画・執筆 名古屋 名古屋国際センター 1995.3 37p 21cm 〈参考文献：p36〉 Ⓝ388.53

ことわざ

◇秋田の食べ物ことわざ研究 長谷川美恵子編著 学文社 1994.4 271p 22cm 2500円 (i)4-7620-0523-1 Ⓝ388.8124

[内容] 第1章〔秋田のことわざ 秋田県ことわざの特色 分類 引用文献と出典番号表〕 第2章 秋田の食べ物ことわざ〔族制 年中行事 結婚 出産 育児 食生活 保健 食い合わせ 毒・中毒・毒消し ほか〕

◇奄美・沖縄女のことわざ 田畑千秋著 第一書房 1997.11 348,34p 20cm 〈南島文化叢書 19〉 3500円 (i)4-8042-0126-2 Ⓝ388.8199

[内容] 1 嫁と姑 2 夫婦 3 妻 4 産婦 5 継母・実母 6 娘 7 巫女・遊女 8 美人 9 女たち 10 男たち 11 親子 12 鳥の伝承 13 ことわざと昔話・ウタ

＊南島という輝きに象徴される奄美・沖縄。この琉球方言圏にちりばめられた数々のことわざの中から、女性にまつわるものを集成。

◇イギリスの美徳と諺 三苫直光著 新風舎 2001.4 94p 19cm 1200円 (i)4-7974-1547-9 Ⓝ388.833

[内容] 第1章 イギリスは美徳の国 第2章 海こそ我が命 第3章 フェアプレイの精神 第4章 7つの大罪を犯さない理由 第5章 沈着冷静の内面

＊膨大な歴史、諺、名言に当たり、例証する意欲作。

◇一寸の虫にも五分の神―江戸っ子の生活と意見 杉本つとむ著 雄山閣 2001.11 334p 19cm 2200円 (i)4-639-01752-9 Ⓝ388.81

[内容] 天の巻 色は匂へど散りぬるを 地の巻 我が世誰かも常ならむ 人の巻 有為の奥山今日越えて 空の巻 浅き夢みじ酔もせず

＊本書は、江戸っ子の愛好したコトワザ、譬、比喩、警句、箴言をとおして、江戸っ子の行動や心情を考え、現代に活かすことを意図した。

◇インドネシアと日本のことわざ―550 M.A.会会員編 横浜 中川重徳 1993.8 235p 21cm 〈インドネシア語書名：Peribahasa Indonesia-Jepang インドネシア文併記 監修：H.ロスライニ・HS〉 2500円 Ⓝ388.824

◇インドネシアのことわざ1320と日本のことわざ 中川重徳編 横浜 中川重徳 1996.3 387p 21cm 〈インドネシア語書名：1320 peribahasa Indonesia & peribahasa Jepang インドネシア文併記〉 Ⓝ388.824

◇英語のことわざ 秋本弘介著 新版 大阪 創元社 2000.11 173p 19cm 1200円 (i)4-422-81135-5 Ⓝ388.833

＊本書は、英語のことわざのうちで今日もっとも広く引用されているものだけを集めたものです。それぞれのことわざは、表現形式や語句に多少の異同がありますが、ここには現今いちばん一般的なものと思われる形のみを挙げました。

◇大浦の金言・諺 佐島直三郎編 山田町(岩手県) 山田町教育委員会 1993.3 64p 26cm 〈大浦民俗調査記録集 7〉〈岩手県山田町大浦7〉 Ⓝ388.8122

◇沖縄・宮古のことわざ 佐渡山正吉著 那覇 ひるぎ社 1998.10 244p 18cm 〈おきなわ文庫 87〉 900円 Ⓝ388.8199

◇かごしまことわざ辞典 髙城書房編, 原口泉監修 鹿児島 髙城書房 2000.11 207,27p 19cm 〈奥付のタイトル：鹿児島ことわざ辞典〉 1300円 (i)4-88777-004-9 Ⓝ388.8197

◇鹿児島のことわざ随想 入佐一俊著 〔鹿児島〕〔入佐一俊〕 1999.7 111p 21cm Ⓝ388.8197

◇韓国朝鮮ことわざ辞典 金容権著 徳間書店 1999.8 342p 16cm 〈徳間文庫〉〈『朝鮮がわかる「ことわざ」辞典』(大和出版1987年刊)の増訂 文献あり〉 590円 (i)4-19-891154-1 Ⓝ388.821

[内容] 第1章 韓国の"今"が見える 第2章 朝鮮の複雑な"家・社会"がわかる 第3章 朝鮮の"歴史"と"文化"に気づく 第4章 朝鮮の奇想天外な"説話"を楽しむ 第5章 よく使われる朝鮮の諺300選

＊朝鮮民族ほど日常生活でことわざを使う民族はいない。朝鮮ではことわざのことを「俗談」というが、その他に俚諺、俗諺などという字を当てる。これからもわかるように、ことわざは庶民の社会的歴史的所産なのだ。本書は朝鮮の代表的なことわざを選び、朝鮮人の発想、風俗習慣、あるいは社会的状況などを解説している。朝鮮および朝鮮人を知るうえで恰好の読み物といえる。

民話・昔話・伝説　　　　　　　　　　　　　　　　　　ことわざ

◇北国くまいしおもしろ言葉―ことわざ・言い伝え編　〔熊石町(北海道)〕　熊石町青年団体協議会　1994.3　74p　21cm　(ふるさと調査シリーズ パート4)　Ⓝ388.8118
◇北東北のたとえ　毛藤勤治編著，岩手日報社出版部編　盛岡　岩手日報社　1994.2　477p　21cm　(参考文献：p477)　2700円　(i)4-87201-155-4　Ⓝ388.812
　＊教訓やユーモアのあふれる庶民の口伝文化を集大成。生活の中から会得した素朴な知恵の数々を収録。
◇京都ことわざ散歩　三浦隆夫文，藤原みてい絵　京都　京都新聞社　2000.12　165p　19cm　1200円　(i)4-7638-0474-X　Ⓝ388.8162
　内容　あがったり大明神　上ル下ル　あかん三切れ　朝題目夕念仏　朝観音に夕薬師　愛宕殿トンビとならるればトンビの心あり　あだし野の露鳥部山の煙り　東男に京女　阿弥陀の光もカネしだい　勢いは東大寺、形は平等院、声は園城寺〔ほか〕
　＊京をけなし、京をほめ昔から言い伝えられている風刺とウイットに満ちた「ことわざ」の数々。京と京に関する事柄を見事に言い当てた寸言を通してみる京都像。
◇黄金言葉―ウチナーンチュが伝えることわざ200編　仲村優子編著　那覇　琉球新報社　1997.4　245p　19cm　〈文献あり　索引あり〉　1500円　(i)4-89742-001-6　Ⓝ388.819
◇心と頭の栄養―ユダヤのことわざ97　手島佑郎編著　ライブ　1993.12　219p　19cm　〈発売：教文館〉　1500円　Ⓝ388.8285
◇ことわざが語る薩摩　「かごしま文庫」編集部著　鹿児島　春苑堂出版　1998.8　228p　19cm　(かごしま文庫 48)　1500円　(i)4-915093-55-7　Ⓝ388.8197
◇ことわざ学入門　ことわざ研究会編　遊戯社　1997.12　205p　22cm　2800円　(i)4-89659-816-4　Ⓝ388.8
◇ことわざ研究資料集成　第1巻　作文良材世言考　ことわざ研究会編　長屋鐘太郎著　大空社　1994.4　208,30p　22cm　(監修：北村孝一，時田昌瑞　林平次郎明治25年刊の複製)　(i)4-87236-899-1　Ⓝ388.81
◇ことわざ研究資料集成　第2巻　俚諺通解　ことわざ研究会編　高宮感斎纂輯　大空社　1994.4　158p　22cm　(監修：北村孝一，時田昌瑞　朗月堂明治32年刊の複製)　(i)4-87236-899-1　Ⓝ388.81
◇ことわざ研究資料集成　第3巻　処世要訣規箴　ことわざ研究会編　錦織学堂編纂　大空社　1994.4　226p　22cm　(監修：北村孝一，時田昌瑞　又間精華堂明治32年刊の複製)　(i)4-87236-899-1　Ⓝ388.81
◇ことわざ研究資料集成　第4巻　世諺叢談―出処

註釈　ことわざ研究会編　衣笠宗元著　大空社　1994.4　514p　22cm　(監修：北村孝一，時田昌瑞　文港堂書店明治33年刊の複製)　(i)4-87236-899-1　Ⓝ388.81
◇ことわざ研究資料集成　第5巻　俗諺辞林　ことわざ研究会編　千河岸里一著　大空社　1994.4　404p　22cm　(監修：北村孝一，時田昌瑞　青木嵩山堂明治34年刊の複製)　(i)4-87236-899-1　Ⓝ388.81
◇ことわざ研究資料集成　第6巻　俗諺論　ことわざ研究会編　藤井乙男著　大空社　1994.4　192,144p　22cm　(監修：北村孝一，時田昌瑞　富山房明治39年刊の複製)　(i)4-87236-899-1　Ⓝ388.81
◇ことわざ研究資料集成　第7巻　日本俚諺大全　ことわざ研究会編　馬角斎編纂　大空社　1994.4　151,38p　22cm　(監修：北村孝一，時田昌瑞　滑稽新聞社明治41年刊の複製)　(i)4-87236-899-1　Ⓝ388.81
◇ことわざ研究資料集成　第8巻　俚言集・筑豊気象俚諺　ことわざ研究会編　長野県，福岡一等測候所著　大空社　1994.4　123,25p　22cm　(監修：北村孝一，時田昌瑞　複製)　(i)4-87236-899-1　Ⓝ388.81
◇ことわざ研究資料集成　第9巻　俚諺調　ことわざ研究会編　大空社　1994.4　1冊(頁付なし)　22cm　(監修：北村孝一，時田昌瑞　岩手県立図書館蔵の複製)　(i)4-87236-899-1　Ⓝ388.81
◇ことわざ研究資料集成　第10巻　和漢洋諺・泰西俚諺集―英和対訳　ことわざ研究会編　里見法爾編輯，ヘンリー・ジ・ボーン原著，平石嘉久太訳　大空社　1994.4　1冊　22cm　(監修：北村孝一，時田昌瑞　複製)　(i)4-87236-899-1　Ⓝ388.81
◇ことわざ研究資料集成　第11巻　万国共通ことわざ集　ことわざ研究会編　神田雄次郎著　大空社　1994.4　334p　22cm　(監修：北村孝一，時田昌瑞　福音舎書店大正5年刊の複製)　(i)4-87236-899-1　Ⓝ388.81
◇ことわざ研究資料集成　第12巻　小学用西諺以呂波譬・選新俚諺集―ほか　ことわざ研究会編　大空社　1994.11　1冊　22cm　(監修：北村孝一，時田昌瑞　複製)　(i)4-87236-929-7　Ⓝ388.81
　内容　小学用西諺以呂波譬　小林錚三郎著(明治14年刊)　西諺参照ことわざ　泉本宗三郎著(明治22年刊)　いろは短歌教育はなし　川田孝吉著(明治31年刊)　新選俚諺集　松村桑蔭著(明治34年刊)
◇ことわざ研究資料集成　第13巻　分類一覧俚諺全書　ことわざ研究会編　熊代彦太郎著　大空社　1994.11　345p　22cm　(監修：北村孝一，時田昌瑞　大学館明治40年刊の複製)　(i)4-87236-929-7　Ⓝ388.81
◇ことわざ研究資料集成　第14巻　西哲格言鈔・

ことわざ

◇和漢泰西金言集　ことわざ研究会編　内藤伝右衛門,菫花園主人著　大空社　1994.11　66,140,40p　22cm　〈監修:北村孝一,時田昌瑞　複製〉(i)4-87236-929-7　Ⓝ388.81

◇ことわざ研究資料集成　第15巻　西洋諺喩一語千金・和漢泰西俚諺集　ことわざ研究会編　存厓居士,菫花園主人著　大空社　1994.11　72,210p　22cm　〈監修:北村孝一,時田昌瑞　複製〉(i)4-87236-929-7　Ⓝ388.81

◇ことわざ研究資料集成　第16巻　英和和英諺語辞典　ことわざ研究会編　浅田栄次著　大空社　1994.11　483p　22cm　〈監修:北村孝一,時田昌瑞　文会堂書店大正3年刊の複製〉(i)4-87236-929-7　Ⓝ388.81

◇ことわざ研究資料集成　第17巻　性的俚諺辞典・俚諺読本　ことわざ研究会編　向上繁編著,細川謙二著　大空社　1994.11　101,329p　22cm　〈監修:北村孝一,時田昌瑞　複製〉(i)4-87236-929-7　Ⓝ388.81

◇ことわざ研究資料集成　第18巻　地方のことわざ　ことわざ研究会編　大空社　1994.11　1冊　22cm　〈監修:北村孝一,時田昌瑞　複製〉(i)4-87236-929-7　Ⓝ388.81

◇ことわざ研究資料集成　第19巻　江戸期補遺 1　ことわざ研究会編　大空社　1994.11　1冊　22cm　〈監修:北村孝一,時田昌瑞　複製〉(i)4-87236-929-7　Ⓝ388.81
(内容) 和漢故事要言　青木鷺水著(宝永2年刊)　国字分類諺語　椎園著(天保1年刊)　たとへ草　星野徳祐著(弘化1年刊)

◇ことわざ研究資料集成　第20巻　江戸期補遺 2　ことわざ研究会編　大空社　1994.11　1冊　22cm　〈監修:北村孝一,時田昌瑞　複製〉(i)4-87236-929-7　Ⓝ388.81
(内容) 心学俗語　小林高英著(文化14年刊)　画本道の手引　思堂堂俳得著(文政6年刊)　世話詞渡世雀　窓梅軒可耕著(宝暦3年刊)　笑譜　檜常之助著(明治31年刊)

◇ことわざ研究資料集成　第21巻　江戸期補遺 3　ことわざ研究会編　大空社　1994.11　1冊　22cm　〈監修:北村孝一,時田昌瑞　複製〉(i)4-87236-929-7　Ⓝ388.81
(内容) 軽筆鳥羽車(享保5年刊)　諺画苑　鍬形蕙斎著(文化5年)　狂斎百図手控　河鍋暁斎著(文久4年刊)

◇ことわざ研究資料集成　第22巻　論文編　ことわざ研究会編　大空社　1994.11　439p　22cm　〈監修:北村孝一,時田昌瑞　複製〉(i)4-87236-929-7　Ⓝ388.81
(内容) 俚諺論　大西祝著　ほか

◇ことわざ研究資料集成　別巻　解説書　ことわざ研究会編　大空社　1994.11　145p　22cm　〈監修:北村孝一,時田昌瑞　複製〉(i)4-87236-929-7　Ⓝ388.81

◇ことわざのこころ　外山滋比古著　チクマ秀版社　1999.6　198p　20cm　(チクマの実学創書)　1500円　(i)4-8050-0352-9　Ⓝ388.81
(内容) 案外―岡目八目　もういい?―磯ぎわで船を破る　曲がるか折れるか―柳に雪折れなし　育てる心―かわいい子には旅をさせよ　気のせい―千里も一里　輪廻(りんね)―風が吹けば桶屋がもうかる　失ったもの―にがした魚は大きい　タイミング―もうはまだなり　まさかのとき―晴天の友　弱点―足もとを見る〔ほか〕
＊深い人間洞察から生まれた"知恵のことば"にいま、光をあてる。

◇ことわざの力―この共生への知恵づくり　村瀬学著　洋泉社　1997.3　265,18p　20cm　2060円　(i)4-89691-253-5　Ⓝ388.81
(内容) 第1部　ことわざ発見(ことわざへの新しい視点　「明日」への仕組み　風物の循環―水・物・時・風)　第2部　生ける風物―記憶術としてのことわざ(「植物」にまつわることわざ―人生のめぐり　「親子」にまつわることわざ―同一から旅立ち　「動物」にまつわることわざ―命のめぐり　「身体」にまつわることわざ―情報のめぐり　「衣」にまつわることわざ―粉飾のめぐり　「食」にまつわることわざ―侵犯のめぐり　「住」にまつわることわざ―安全のめぐり)
＊いま、なぜことわざなのか生活世界の現象学の試み。こんなちっぽけな「ことわざ」がなぜ「力」になるのか?植物、親子、動物、身体、衣・食・住など人間の生活を視野に入れた1030のことわざをテーマ別に分類。ことわざの思考法を読み解いて、日本語のニュアンス豊かな世界に誘う入魂のことわざ論。検索に便利な索引付き。

◇＜ことわざ＞の謎にこだわる本―うろ覚え、聞きかじりだった諺のルーツを探る　日本語倶楽部著　雄鶏社　1993.12　218p　19cm　(On select)　〈参考文献:p218〉　1100円　(i)4-277-88041-X　Ⓝ388.81
(内容) 1章　うろ覚えで使うから恥をかくとんだ誤用のことわざ　2章　知れば知るほど面白い意外なルーツのことわざ　3章　人間関係を丸くする賢い処世のことわざ　4章　男女の仲の機微を知って恋の達人を目指すことわざ　5章　会話を豊かにしてくれるまさに言えて妙のことわざ　6章　あらためて噛みしめたい戒め、教えに富んだことわざ　7章　先人たちの知恵に感嘆医者も青くなる健康ことわざ
＊"袖ふり合うも多少の縁"なんて書くと赤っ恥、"水清ければ"どうして"大魚なし"なのか?"先んずれば人を制す"の恐ろしい誕生秘話とは?何気なく使っている「ことわざ」のうっかりの誤用から疑問、びっくりルーツまで、さまざまにこだわって謎を解きあかす愉快本。

◇新釈三陸のことわざ　菅原孝雄著　気仙沼　三

民話・昔話・伝説　　　　　　　　　　　　　　　　　　　　　　　　　ことわざ

陸新報社　1994.11　194p　21cm　1300円
Ⓝ388.81
◇世界ことわざ大事典　柴田武ほか編　大修館書店　1995.6　1312p　27cm　16480円　(i)4-469-01245-9　Ⓝ388.8
内容　1 日本　2 東アジア・北アジア　3 南アジア・太平洋諸島　4 中央アジア・中近東　5 ロシア地域　6 北欧　7 東欧　8 西欧・南欧　9 アラブ地域・アフリカ　10 北米・中南米　11 世界の古典
＊世界各地のことわざを集めた事典。世界99地域・民族と聖書等の古典9種を合わせた108項目のもとに9000余例を収録する。本文は日本語で、原語はその一部にのみ付す。巻末に英文目次のほか、解説に引用された日本のことわざの五十音索引、ことわざ中のキーワードから引けるキーワード索引を付す。――ここには人間の知恵のすべてがある。
◇世界の故事・名言・ことわざ――総解説　三浦一郎ほか著　改訂新版　自由国民社　1996.5　856p　21cm　（総解説シリーズ）　3200円　(i)4-426-15108-2　Ⓝ388.8
◇世界の故事・名言・ことわざ――総解説　新装版　自由国民社　1998.7　39,862p　21cm　2800円　(i)4-426-15109-0　Ⓝ388.8
内容　歴史と文芸からの故事名言　神話伝説からの故事名言　各国の宗教からの故事名言　古典のなかのWHO'S WHO　暮らしの中の故事名言　巻末特集 世界のことわざ
＊知りたい言葉の由来を読む、豊かな知識を育む実用百科。
◇世界の故事・名言・ことわざ――総解説　改訂新版　自由国民社　1999.12　39,902p　21cm　2800円　(i)4-426-15110-4　Ⓝ388.8
内容　歴史と文芸からの故事名言（中国の歴史から出たことば　中国の古典と詩歌から出たことば　日本の歴史と文芸から出たことば　西洋の歴史から出たことば　西洋の文芸から出たことば）　神話伝説からの故事名言（古代オリエントの神話伝説から出たことば　ギリシア・ローマの神話伝説から出たことば　北欧の神話伝説から出たことば　インドの神話伝説から出たことば　朝鮮の神話伝説から出たことば　日本の神話伝説から出たことば）　各国の宗教からの故事名言（キリスト教の聖書と歴史から出たことば　イスラム教とインドの宗教から出たことば　仏教の歴史と経典から出たことば）　古典のなかのWHO'S WHO（如来・観音・菩薩などの紳士録　日本の民間神・妖怪・変化などの紳士録）　暮らしの中の故事名言（生きている古語の由来　身近な動物の名前の由来　身近な植物の名前の由来　誕生石・花ことばと星座の由来　暦（こよみ）に出てくることばの由来　世界の地名と建造物のロマンス　世界の行事と風俗の由来　神社と郷土の祭りの由来）　世界のことわざ（フランスのことわざ　イギリスのことわざ　イタリアのことわざ　スペイン・ポルトガルのことわざ　ドイツのことわざ　ロシアのことわざ　北欧のことわざ　ユダヤのことわざ　アラブのことわざ　イラン・アフガニスタンのことわざ　アフリカのことわざ　マルタのことわざ　ポリネシア・ミクロネシアのことわざ　インドのことわざ　タイのことわざ　カンボジアのことわざ　フィリピンのことわざ　インドネシアのことわざ　マレーシアのことわざ　シンガポールのことわざ　中国のことわざ　モンゴルのことわざ　朝鮮のことわざ　日本のことわざ）　四字成句の意味と出典
◇続ことわざ研究資料集成　第1巻　世話類聚・五十一諺・諺叢　ことわざ研究会編　海汀疑木軒,平元正信,東岳外史著　大空社　1996.4　1冊（頁付なし）　22cm　（監修：北村孝一,時田昌瑞　複製）(i)4-7568-0217-6　Ⓝ388.81
◇続ことわざ研究資料集成　第2巻　諺合鏡　ことわざ研究会編　小梅散人五息斎著　大空社　1996.4　1冊（頁付なし）　22cm　（監修：北村孝一,時田昌瑞　安永8年刊の複製）(i)4-7568-0217-6　Ⓝ388.81
◇続ことわざ研究資料集成　第3巻　童蒙世諺和解集　ことわざ研究会編　後露月菴著　大空社　1996.4　1冊（頁付なし）　22cm　（監修：北村孝一,時田昌瑞　文久2年刊の複製）(i)4-7568-0217-6　Ⓝ388.81
◇続ことわざ研究資料集成　第4巻　尾張俗諺・いらぬことわざ・世俗俚言集　ことわざ研究会編　寛斎,石井縄斎著　大空社　1996.4　1冊（頁付なし）　22cm　（監修：北村孝一,時田昌瑞　複製）(i)4-7568-0217-6　Ⓝ388.81
◇続ことわざ研究資料集成　第5巻　和漢泰西ことわざ草・立志成功豆格言　ことわざ研究会編　菫花園主人,晧々園主人著　大空社　1996.4　184,2,93p　22cm　（監修：北村孝一,時田昌瑞　複製）(i)4-7568-0217-6　Ⓝ388.81
◇続ことわざ研究資料集成　第6巻　俚諺通解　ことわざ研究会編　久原茂著　大空社　1996.4　339p　22cm　（監修：北村孝一,時田昌瑞　矢島誠進堂書店明治42年刊の複製）(i)4-7568-0217-6　Ⓝ388.81
◇続ことわざ研究資料集成　第7巻　俚諺と世相―趣味常識・Japanese proverbs　ことわざ研究会編　伏見韶望,藤井乙男著　大空社　1996.4　256,111p　22cm　（監修：北村孝一,時田昌瑞　複製）(i)4-7568-0217-6　Ⓝ388.81
◇続ことわざ研究資料集成　第8巻　和諺英訳集・西洋古諺格言―英和対訳　ことわざ研究会編　元田作之進,越山平三郎著　大空社　1996.4　116,4,221p　22cm　（監修：北村孝一,時田昌瑞

文化人類学の本 全情報　587

◇続ことわざ研究資料集成 第9巻 諺海―和漢英文 ことわざ研究会編 内田鉄三郎著 大空社 1996.4 294p 22cm 〈監修:北村孝一,時国昌瑞 明治35年刊の複製〉 (i)4-7568-0217-6 Ⓝ388.81

◇続ことわざ研究資料集成 第10巻 Japanese proverbs and proverbial phrases ことわざ研究会編 秋山愛三郎著 大空社 1996.4 305p 22cm 〈監修:北村孝一,時国昌瑞 吉川書店昭和15年刊の複製〉 (i)4-7568-0217-6 Ⓝ388.81

◇続ことわざ研究資料集成 第11巻 英文警句俚諺集―分類対訳 ことわざ研究会編 米本新次著 大空社 1996.9 260,19p 22cm 〈監修:北村孝一,時国昌瑞 青雲堂書店昭和10年刊の複製〉 (i)4-7568-0218-4 Ⓝ388.81

◇続ことわざ研究資料集成 第12巻 A collection of Japanese proverbs and sayings ことわざ研究会編 水上斎著 大空社 1996.9 453p 22cm 〈監修:北村孝一,時国昌瑞 開隆堂昭和15年刊の複製〉 (i)4-7568-0218-4 Ⓝ388.81

◇続ことわざ研究資料集成 第13巻 独逸俚諺詳解・俚諺百話 ことわざ研究会編 高田善次郎,今井白郎著 大空社 1996.9 123,7,86p 22cm 〈監修:北村孝一,時国昌瑞 複製〉 (i)4-7568-0218-4 Ⓝ388.81

◇続ことわざ研究資料集成 第14巻 朝鮮俚諺集―朝鮮民俗資料第3編 ことわざ研究会,朝鮮総督府編 大空社 1996.9 194p 22cm 〈監修:北村孝一,時国昌瑞 朝鮮総督府大正15年刊の複製〉 (i)4-7568-0218-4 Ⓝ388.81

◇続ことわざ研究資料集成 第15巻 俗諺集解―北京官話・支那常用俗諺集 ことわざ研究会編 鈴江万太郎,下永憲次,田島泰平,王石子共編 大空社 1996.9 149,244p 22cm 〈監修:北村孝一,時国昌瑞 複製〉 (i)4-7568-0218-4 Ⓝ388.81

◇続ことわざ研究資料集成 第16巻 台湾俚諺集覧 ことわざ研究会,台湾総督府編 大空社 1996.9 620,5p 22cm 〈監修:北村孝一,時国昌瑞 台湾総督府大正3年刊の複製〉 (i)4-7568-0218-4 Ⓝ388.81

◇続ことわざ研究資料集成 第17巻 ろしあ俚諺集 ことわざ研究会編 昇曙夢著 大空社 1996.9 302p 22cm 〈監修:北村孝一,時国昌瑞 大倉書店大正9年刊の複製〉 (i)4-7568-0218-4 Ⓝ388.81

◇続ことわざ研究資料集成 第18巻 心学いろは戒・日本いろはたとへ―英訳・いろは諺新釈 ことわざ研究会編 小山駿亭,近藤堅三,吉祥真雄著 大空社 1996.9 1冊 22cm 〈監修:北村孝一,時国昌瑞 複製〉 (i)4-7568-0218-4 Ⓝ388.81

◇続ことわざ研究資料集成 第19巻 気仙郡誌・徳之島小史・方言・俚諺集・伊予の俚諺 ことわざ研究会編 岩手県教育会気仙郡部会,栄友直,有畑尋常高等小学校編,西園寺富水著 大空社 1996.9 1冊 22cm 〈監修:北村孝一,時国昌瑞 複製〉 (i)4-7568-0218-4 Ⓝ388.81

◇続ことわざ研究資料集成 別巻 ことわざ研究会編 大空社 1996.9 93p 22cm 〈監修:北村孝一,時国昌瑞〉 (i)4-7568-0218-4 Ⓝ388.81

◇台湾のことわざ 陳宗顕著 東方書店 1994.6 234,26p 19cm 1900円 (i)4-497-94424-7 Ⓝ388.8224
〈内容〉運命 男 親子 女 教育 金銭 結婚 健康 ことば 仕事 商売 人生 人物 性格 付きあい〔ほか〕
＊独特の文化を表現する台湾のことわざ700あまりを収録。

◇朝鮮と日本のことわざ選 2 呉平韓編 朝鮮青年社 1993.1 355,45p 19cm (参照資料:p355) 2000円 (i)4-88522-011-4 Ⓝ388.821

◇津軽ことわざ辞典 佐々木達司編 第3版 五所川原 青森県文芸協会出版部 1995.10 229p 19cm (あおもり選書 13) 1800円 Ⓝ388.8121

◇ドイツ・西欧ことわざ・名句小辞典 下宮忠雄編著 同学社 1994.4 237p 18cm 2884円 (i)4-8102-0058-2 Ⓝ388.83
＊本書は、ドイツ語見出しのもの653個、ラテン・ギリシア・英語・フランス語などの見出しのもの409個、計1062個から成っている。ドイツ語見出しのことわざは、たいていの場合、英語・フランス語(ときにラテン語)も添えた。巻末にことわざ学(paroemiology, Sprichwortkunde)入門、索引(日本語・外国語キーワード)も付した。

◇動物故事物語―大きな活字で読みやすい本 1 実吉達郎著 河出書房新社 1998.2 252p 22cm (生きる心の糧 10) (i)4-309-61360-8, 4-309-61350-0 Ⓝ388.8

◇動物故事物語―大きな活字で読みやすい本 2 実吉達郎著 河出書房新社 2000.11 217p 22cm (生きる心の糧 第2期 10) (i)4-309-61410-8, 4-309-61400-0 Ⓝ388.8
〈内容〉1 中国故事物語・4 2 中国故事物語・5 3 中国故事物語・6 4 日本故事物語・4 5 日本故事物語・5 6 西洋故事物語・2 7 中国名言故事物語・2 8 日本歴史故事物語・2 9 日本歴史故事物語・3 10 動物故事物語・2 11 京都故事物語・2 12 京都故事物語・3 13 漢詩故事物語・1
＊大きな活字で読みやすい、新編・故事物語シリーズ。

◇西川のことわざと年中行事「ろばた」 西川のことわざ編集委員会編 〔西川町(山形県)〕 西川町 1997.3 78p 21cm 〈共同刊行:西川

◇日本ことわざ物語　針原孝之著　雄山閣出版　1995.1　270p　19cm　1980円　(i)4-639-01267-5　Ⓝ388.81
　内容　学芸・技能・知識　経済・金銭・価値　男と女・縁・親と子　人間関係・礼儀・噂　行動　人生の浮沈・運・不運・タイミング　処世　自己省察・修養　人生あれこれ
　＊本書は入門書的な意味あいで、よく使われるもの、また教科書などに採用されていることわざ約200語を選択して、それらのことわざについて物語風に書いてみたものである。
◇博多ことわざ散歩　江頭光著　福岡　葦書房　1997.8　191,5p　19cm　〔索引あり〕　1500円　(i)4-7512-0683-4　Ⓝ388.8191
◇飛騨の諺―傘寿記念刊行　岩島周一編　丹生川村（岐阜県）　岩島周一　1997.8　104p　19×26cm　非売品　Ⓝ388.8153
◇ふるさと農家のくらしの言葉　斎藤芳雄著、児玉清一、大木彬編　〔中山町（山形県）〕　〔斎藤芳雄〕　1994.12　191p　21cm　Ⓝ388.8125
◇ふるさとの故事・ことわざ―二十世紀の郷土文化を伝える　江府町明徳学園学生自治会企画・編集　江府町（鳥取県）　江府町　2001.3　277,20p　20cm　Ⓝ388.8172
◇御荷鉾の三束雨　登丸芳夫著　文芸社　2000.7　137p　19cm　1200円　(i)4-8355-0315-5　Ⓝ388.8133
　内容　第1章　俚諺の収集とまとめ　第2章　俚諺の分類　第3章　粕川村で多く語られている俚諺の解説と外国に伝わる天気俚諺　第4章　赤城山周辺地域に伝わる天気俚諺　第5章　天気俚諺の授業への活用
　＊明日の天気は諺でわかる！？先人達が生活に取り入れていた、自然界の変化から天気を知る術―諺（ことわざ）。群馬県にそびえる赤城山を中心に伝わる、天気についての俚諺（りげん）574通のほか、外国の天気俚諺も多数掲載。
◇水のことわざ事典　淵真吉編著　水資源協会　1994.7　128p　22cm　1500円　Ⓝ388.8
◇民話・民謡・ことわざ―田布施地方の口承文芸　林芙美夫編著　田布施町（山口県）　田布施町教育委員会　1998.5　134p　21cm　（郷土館叢書　第4集）　980円　Ⓝ388.177
◇ヨーロッパの知恵―ことわざに見る文化の色あい　佐々木翠著　近代文芸社　1994.7　196p　20cm　1500円　(i)4-7733-2772-3　Ⓝ388.8
　＊ヨーロッパのことわざ、主にイギリス・フランス・ドイツ・スペインの言葉を収録。
◇和漢英・故事ことわざ集　畑良次郎編　近代文芸社　1995.5　208p　19cm　1800円　(i)4-7733-3755-9　Ⓝ388.8
　＊身近な故事・ことわざの日本語・漢語・英語の表現を集め、説明を加えたもの。日本語の表現を見出しとし、それぞれに対応する漢語・英語の表現を併記する。巻末に日本語・漢語の索引、英語の索引がある。

民謡・わらべうた

◇音楽の根源にあるもの　小泉文夫著　平凡社　1994.6　364p　16cm　（平凡社ライブラリー）　1200円　(i)4-582-76057-0　Ⓝ760.4
　内容　風土とリズム（東洋の音　諸芸のリズム　日本のリズム　三分割リズムと生活基盤）　2　民俗と歌（歌謡のおこり　わらべうたはどのようにして育ってきたか　日本音楽における民族性　日本語の音楽性）　3　二つの講演（自然民族における音楽の発展　音楽の中の文化）　4　三つの対話（音感覚と文化の構造―角田忠信氏と　大いなる即興の精神―岩田宏氏と　音楽・言葉・共同体―谷川俊太郎氏と）
　＊世界にひびく諸民族の音―日本のわらべうた、民謡から、北アメリカ、アジア各地の歌謡・民族音楽まで、鋭い分析と魅力的な語り口で音楽と人間のかかわりを根源から見つめなおす。
◇詩と民謡と和太鼓と　佐藤文夫著　筑波書房　2001.5　230p　20cm　〔文献あり〕　2800円　(i)4-8119-0210-6　Ⓝ911.6
　内容　第1部　民謡のことば詩のことば（民謡の詞形式・リフレーン　近代詩にみるいくつかのリフレーン　ほか）　第2部　民謡をうたうための諸形式について（音頭形式・唱和形式　掛合形式・問答形式　ほか）　第3部　詩と民謡―日本民謡の原点「山家鳥虫歌」を語る（古代における民謡について　中世における民謡のすがた　ほか）　第4部　日本民謡詞華選（庄内おばこ　潮来甚句・郡上踊　ほか）　第5部　和太鼓を聴く（『残波大獅子太鼓』熱く激しく燃えたった太鼓の連打　「天邪鬼」YAS―KAZ和太鼓とタムタムの熱き出合い　ほか）
　＊日本民謡の源流をたずねると…そこに溢れていたのは、日本の詩と歌と舞踊の根幹となった芸術の泉であった。
◇南豆俚諺考　足立鍬太郎編著、高橋広明校訂　静岡　羽衣出版　2001.11　106p　21cm　1143円　(i)4-938138-38-7　Ⓝ388.9154

◆日本
◇生き生きごんぼ―わらべうたの教育人類学　鵜野祐介著　久山社　2000.5　115p　21cm　（日本児童文化史叢書　27）　〔文献あり〕　1553円　(i)4-906563-87-2　Ⓝ388.91
◇音頭口説集成　第1巻　成田守編　大東文化大学東洋研究所　1996.3　513p　22cm　7210円

◇音頭口説集成　第2巻　成田守編　大東文化大学東洋研究所　1996.9　508p　22cm　7210円　Ⓝ388.91
◇音頭口説集成　第4巻　成田守編　大東文化大学東洋研究所　1998.9　530p　22cm　7000円　Ⓝ388.91
◇口訳日本民謡集　仲井幸二郎著　蒼洋社　1999.10　402p　26cm　〈東京　おうふう(発売)〉　2800円　(i)4-273-03101-9　Ⓝ388.91
　(内容)　江差追分　ソーラン節　道南口説　ナット節　船漕ぎ流し唄　北海盆唄　北海よされ節　謙良節　俵積み唄　津軽小原節　〔ほか〕
　＊北海道の「江差追分」から沖縄の「安里屋ユンタ」まで、全国の47都道府県から176曲の民謡をとりあげ、各唄ごとに"歌詞""口訳""わからないことば""その背景"を解説。読みやすいように各唄2頁(見開き)で収載。
◇心に響く民謡百景　菊池淡狂著　日本民謡協会出版部　1999.6　198,26p　19cm　〈奥付のタイトル:民謡百景〉　1905円　Ⓝ388.91
◇言霊の民俗―口誦と歌唱のあいだ　野本寛一著　京都　人文書院　1993.9　294p　20cm　2884円　(i)4-409-54043-2　Ⓝ388.91
◇子守り唄の誕生―五木の子守唄をめぐる精神史　赤坂憲雄著　講談社　1994.2　200p　18cm　(講談社現代新書)　(参考文献:p198～200)　600円　(i)4-06-149190-3　Ⓝ388.91
　(内容)　第1章　子り守り唄への道　第2章　五木の子守唄とは何か　第3章　守り子たちの日々　第4章　流れものの譜　第5章　守り子の父は誰か　第6章　宇目の唄げんか
　＊日本の子守り唄はなぜ暗いのか。重く湿った匂いはどこから来るのか。近代の闇の底から聴こえてくる、数も知れぬ守り子たちの呟きの唄を解読し、忘れられた精神史の風景を掘り起こす。
◇全国ふるさとの風　石井平助編　〔いわき〕　石井平助　1997.4　11,299p　26cm　〈付属資料:1枚:索引〉　Ⓝ388.91
◇田植歌研究の展開　竹本宏夫著　おうふう　1999.3　687p　22cm　38000円　(i)4-273-03044-6　Ⓝ388.91
　(内容)　第1章　古記録等にみえる田植歌及びその周辺事項(中世及び近世初頭の田植歌並びにその関連資料をめぐって―提示と私見　防長の田植歌及びその関連事項について―「防長風土注進案」より　肥後国阿蘇宮御田植祭礼田歌について・補遺―「阿蘇文書」より)　第2章　田植歌の歌詞考(伊勢国「御田之歌」・「大御田祭之歌」の歌詞及び詞章　長門国「俵山村」の歌詞　安芸国「田植草紙」の歌詞　ほか)　第3章　田植歌本の翻刻とその周辺事項(備後国石田の田植歌について―その概要と歌本の翻刻　備後国三

次の田植歌について―その周辺地帯と歌本の翻刻)
◇日本の子守唄―民俗学的アプローチ　松永伍一著　紀伊国屋書店　1994.1　224p　20cm　(精選復刻紀伊国屋新書)　(参考資料:p221～224)　1800円　(i)4-314-00622-6　Ⓝ388.91
◇日本の子守唄　宮内仁著　近代文芸社　1999.4　210p　22cm　1800円　(i)4-7733-6531-5　Ⓝ388.91
　(内容)　A　日本の子守り(子守り　守り姉　子守り奉公　あやし唄の子守唄　ねかせ唄の子守唄)　B　あやし唄の子守唄(各地のあやし唄の子守唄　わらべ唄など)　C　ねかせ唄の子守唄(東北地方の子守唄　関東・甲信越地方の子守唄　東海・北陸地方の子守唄　近畿地方の子守唄　中国・四国地方の子守唄　九州・沖縄地方の子守唄)
◇日本民謡辞典　仲井幸二郎ほか編　東京堂出版　1996.5　424p　19cm　〈新装版〉　2800円　(i)4-490-10419-7　Ⓝ388.91
　＊全国各地の民謡曲目、童唄曲目、はやし言葉、類型歌詞、人名等、民謡に関する事項を解説したもの。900項目を五十音順に収録する。ほかに付録として「民謡集書名一覧」「民謡集書目解題」「民謡歌手と代表曲抄」がある。巻末に五十音順の事項索引、掲載民謡歌詞の「うたいだし索引」を付す。1972年刊のものの新装版にあたる。―民謡を上手にうたうために、その全てがわかる手ごろな民謡百科。
◇ぶらり旅―童謡唱歌の歌碑を訪ねて　続　小泉晋著　〔つくば〕　〔小泉晋〕　1996.10　156p　27cm　〈付:参考文献〉　Ⓝ388.91
◇民謡のこころ　竹内勉著　東研出版　1993.7　157p　19cm　〈新装版〉　1500円　(i)4-88638-220-7　Ⓝ388.91
　(内容)　ソーラン節(北海道)　リンゴ節(青森)　秋田おばこ(秋田)　南部牛追い唄(岩手)　紅花摘み唄(山形)　〔ほか〕
◇民謡のこころ　8集　民謡の小節手帖　竹内勉著　東研出版　1995.9　150p　21×30cm　2200円　(i)4-88638-228-2　Ⓝ388.91
　(内容)　母韻・小節展開図(「母韻・小節展開図」の使い方　江差追分　津軽山唄　ほか)　民謡の小節手帖・解説(鶯の鳴き声を書き表わす方法　「小節」という言葉の意味　「小節」は母韻の発達したもので六種類ある　ほか)
◇民謡の心とことば―詩と民謡　佐藤文夫著　柏書房　1995.11　278p　20cm　〈各章末:参考文献〉　2800円　(i)4-7601-1185-9　Ⓝ388.91
　(内容)　第1部　詩と民謡　第2部　民謡のことば　第3部　「うた」と民謡　第4部　日本民謡の流れ―その源流をさぐる
　＊日本民謡の愛好家そして詩を愛する人たちに、万葉以来培われてきた日本民衆詩の遺産を徹底的に追求し、詩としても優れている日本の

民話・昔話・伝説　　　　　　　　　　　　　　　　民謡・わらべうた

民謡を膨大な伝承と文献によって明らかにする。
◇民謡・猥歌の民俗学　赤松啓介著　明石書店　1994.11　460p　20cm　5300円　(i)4-7503-0636-3　Ⓝ388.91
　(内容)第1章 近世の民衆と抵抗の唄　第2部 民謡・猥歌の民俗学　第3部 民謡・猥歌の風土記
◇わらべうた―日本の伝承童謡　町田嘉章,浅野建二編　岩波書店　1993.4　314p　19cm（ワイド版岩波文庫）〈参考文献目録：p285～304〉1100円　(i)4-00-007094-0　Ⓝ767.7
　(内容)遊戯唄　子守唄　天体気象の唄　動物植物の唄　歳事唄
　*「あんたがた何処さ」「一かけて二かけて」「開いた開いた」「かごめかごめ」などの遊戯唄、「坊やはよい子だ」などの子守唄、「お月さん幾つ」「大寒小寒」などの気象の唄ほか、わが国に伝わるわらべうたの中から、われわれになじみ深い、代表的な160篇を選び、詳細な解説と注釈を加え、あわせて曲譜を付した。

◆◆北海道地方・アイヌ
◇アイヌ歌謡を尋ねて―私の場合　増田又喜著　近代文芸社　1996.8　150p　19cm　1500円　(i)4-7733-5715-0　Ⓝ382.11
　(内容)アイヌ伝統音楽との出会い　北海道大学名取武光先生との出会い　近文コタン訪問　シャクシャイン祭りの見学　昭和三十年（一九五五年）一月の調査　第一回目の道内巡り　第二回目の道内巡り　昭和三十二年（一九五七年）の調査　白老コタン訪問　虻田を訪ねる　阿寒湖畔に舌辛音作さんを訪れる　美幌コタンを訪れ　昭和三十三年（一九五八年）の調査　「イナウ（御幣）流し」見学　昭和三十四年（一九五九年）一月の調査　昭和三十四年四月旭川近文を訪れる　昭和三十四年六月山の祭り見学　登別温泉北星寮（アイヌ保養所）にて　鍋沢モトアンレクさんを再訪　蝦夷文化考古館落成式に参列
◇昭和歌謡全集北海道編―流行歌にみる民衆史の深層　市立小樽文学館編　小樽　市立小樽文学館　〔1999〕　230p　21cm　〈特別展：1999年8月7日～9月19日　付属資料：1枚〉　Ⓝ911.66

◆◆東北地方
◇秋田民謡、大好き　あゆかわのぼる著　秋田　秋田魁新報社　1994.10　63p　21cm（あきたさきがけブック no.15―音楽シリーズ 3）500円　(i)4-87020-140-2　Ⓝ388.9124
◇いわきの民謡調査報告書　いわき　いわき市教育委員会　1993.3　32p　26cm　〈平成4年度文化財基礎調査〉　Ⓝ388.9126
◇風・旅・旋律　河野保雄文,吉井忠絵　音楽之友社　1999.8　109p　24cm　2500円　(i)4-276-20112-8　Ⓝ388.912

(内容)南部牛追唄　米沢路　阿武隈山地　猪苗代湖　福島　宮城　平泉　津軽　秋田　最上川
*わたくしたちは何を失い、何を得たのか?縄文の時空につらなる東北歴史・民俗紀行。
◇先人の心、阿仁地方のわらべうた　戸嶋チエ著　阿仁町（秋田県）　戸嶋チエ　1998.10　248p　22cm　1500円　Ⓝ388.9124
◇津軽民謡草創期の人びと―旅芸人の歴史と秘話を訪ねて　千葉勝友著　みくに書房　1996.9　263p　20cm　〈著者の肖像あり〉　3500円　(i)4-943850-56-1　Ⓝ388.9121
　(内容)1 消え行く津軽民謡一座の隠語　2 隠語の復活を期す　3 旅を行く津軽民謡　4 昭和の黄金期　5 民謡をとおして出会った人びと　6 青森県民謡詩集―曲に見る人気歌手名　7 江差追分　8 断片的回想―民謡歌手への道
◇人を育てる民謡―遠野のわらべ唄の語り伝え　阿部ヤヱ　エイデル研究所　1998.7　302p　21cm　2095円　(i)4-87168-262-5　Ⓝ388.9122
　(内容)第1章 赤ちゃんの遊び唄　第2章 幼い子の遊び唄　第3章 みんなと遊ぶ唄　第4章 花さかんひらいた　第5章 女の子の遊び唄　第6章 近代の遊び唄
◇松坂という民謡　水落忠夫著　〔大和町（新潟県）〕　越後民謡研究会本部越後芸能情報社　1999.9　144p　21cm　〈越後民謡研究会20周年記念　年譜あり　著作目録あり〉　1500円　Ⓝ388.91
◇呼びかけの唄―遠野のわらべ唄の語り伝え2　阿部ヤヱ著　エイデル研究所　2000.5　308p　21cm　2095円　(i)4-87168-295-1　Ⓝ388.9122
　(内容)第1章 赤ちゃんと自然との出会い　第2章 呼びかけの唄　第3章 子どもと花や実　第4章 子どものおまじない　第5章 子どもと年中行事　第6章 心を育て心を伝える
　*教育が知識を得ることだけに走っていることは、一般にも言われています。しかし、知識だけではない教育方法とはどういったものなのでしょうか。それらは、まさしく、阿部さんの伝える体験をとおして子どもの身に持たせるやり方であると思います。「五感」や「感情」を働かせ、生きる喜びを感じさせながら知識を授ける教育方法を、私たちは過去に持っていたのです。本来の子育ての方法を知っている人は、他の誰でもない「わたしたち」なのではないでしょうか。この本を手にとられた方々に、眠っていた幼い日の記憶を呼び起こし、どうか、次の世代に伝えていって下さるよう、心から願ってやみません。幼いころに出会うべきものは、「人」と「自然」です。そして一生をとおして出会うべきものも「人」と「自然」です。そのことを遠野のわらべ唄が教えてくれています。

◆◆関東地方

◇群馬の伝承わらべうた―解説編／楽譜編／研究編 酒井正保著 前橋 群馬県文化事業振興会 2000.5 95,61p 27cm 1800円 Ⓝ388.9133

◇心に響くふるさとの唄 市原市教育委員会, 市原市民謡民舞フェスティバル実行委員会編 市原 市原市教育委員会 1993.12 71p 26cm Ⓝ388.9135

◇秩父ッ言葉あちゃむ詩だんべ絵―語呂歌編 石橋城呉著 秩父 〔石橋城呉〕 1998.8 32p 22cm Ⓝ388.9134

◇東京の民謡―東京都民謡緊急調査報告 区部・多摩地区編 東京都教育庁生涯学習部文化課編 東京都教育庁生涯学習部文化課 1999.3 295p 26cm Ⓝ388.9136

◇長谷ささら踊り盆唄に関する資料調査報告書 厚木市教育委員会生涯学習課文化財保護係編 厚木 厚木市教育委員会 1999.3 232p 30cm Ⓝ388.9137

◇ふるさと潮来の歌 潮来町史編さん委員会編 潮来町(茨城県) 潮来町史編さん委員会 1995.6 125p 26cm Ⓝ388.9131

◇房総の神話・伝承からみた古代日本の謎 金田弘之著 国書刊行会 1996.2 156p 22cm 2800円 (i)4-336-03794-9 Ⓝ210.3
〔内容〕第1章 九十九里浜 第2章 大和政権の拡大過程と仮説 第3章 天つ神系大和政権の東漸と日本武尊 第4章 日本武尊は実在したか 第5章 蘇る「歴史家に抹殺された」英雄たち
＊房総の「ヤマトタケル」実在説に迫る。軍事的視点で日本古代史を再検証。

◇八木節宗本家堀込源太の生涯 福田忠節著 善本社 1993.3 257p 19cm 〈著者の肖像あり〉 1200円 (i)4-7939-0310-X Ⓝ388.9132
〔内容〕日本の民衆歌謡史に残る労作 第1章 源太郎の生いたち 第2章 源太一座を結成 第3章 引退と余生 資料(足利遊楽会 八木節堀込源太一門系統表 参考文典)

◇大和の童歌 大和市教育委員会編 大和 大和市教育委員会 1997.3 173p 30cm 〈やまと昔語り 第5巻〉 Ⓝ388.9137

◆◆北陸地方

◇越後粟島わらべ唄 安藤潔編著 粟島浦村(新潟県) 粟島浦村教育委員会 1999.3 240p 22cm Ⓝ388.9141

◇越後魚沼民謡 魚沼民謡伝承会編纂, 荒木常能監修 国書刊行会 1997.3 228p 22cm 〈文献あり〉 非売品 Ⓝ388.9142

◇越後新田村の盆踊り歌―ムラの心・ムラの暮らし 木村重利著 おうふう 1996.9 191p 21cm 2800円 (i)4-273-02933-2 Ⓝ388.9141
〔内容〕1 懐かしい人と「うたの心」 2 盆のまつりと「うた」 3 「うた」の場 4 「踊り」の時 5 盆の楽しさ 6 踊り歌の性格 7 近世流行歌と民謡 8 言葉と心の解放 9 集団の思い・集団の笑い 10 「うた」の効用 11 「うた」の伝播と定着

◇越中魚津の民謡 宮坂彦成編集責任 〔魚津〕 魚津せり込み蝶六保存会 2000.1 192p 26cm 〈魚津せり込み蝶六保存会創立50周年記念 奥付のタイトル：魚津の民謡〉 Ⓝ388.9142

◇五箇山の民謡―上梨谷を中心として 酒井与四著 上平村(富山県) 上平村教育委員会 1993.3 138p 31cm 〈参考文献：p138〉 Ⓝ388.9142

◇ちょんがれ選集 福光ちょんがれ保存会編 〔福光町(富山県)〕 福光ちょんがれ保存会 2000.2 109p 30cm Ⓝ388.9142

◇新潟県民謡紀行 越後民謡研究会著 三条 野島出版 1993.8 249p 19cm 〈監修：近藤忠造ほか〉 1850円 (i)4-8221-0143-6 Ⓝ388.9141

◇父母の民謡 〔金沢〕 〔油野一雄〕 〔1997〕 24p 26cm Ⓝ388.91

◇ふるさとに謡ありて―富山の民謡 富山 富山県民生涯学習カレッジ 2001.1 70p 26cm (県民カレッジテレビ放送講座テキスト) 〈執筆：中村義朋ほか〉 Ⓝ388.9142

◇忘れられしものへの挽歌―柳田地方の農作業歌 中瀬精一著 〔柳田村(石川県)〕 〔中瀬精一〕 1996.5 114p 19cm 〈製作・発売：北国新聞社出版局(金沢)〉 1000円 (i)4-8330-0936-6 Ⓝ388.9143

◆◆中部地方

◇伊勢吹上甚句―甚句来歴をたずねて 吹上甚句由来調査報告書 吹上甚句保存会資料部編 伊勢 吹上甚句保存会資料部 1994.10 124p 26cm 〈折り込図1枚 参考文献：p94〜104〉 非売品 Ⓝ388.9156

◇稲沢の民謡 稲沢市史編纂委員会編 稲沢 稲沢市教育委員会 1998.3 99p 26cm 〈稲沢市史資料 第33編〉 Ⓝ388.9155

◇高原郷の民謡 ふるさと神岡を語る会, 神岡町教育委員会編 〔神岡町(岐阜県)〕 ふるさと神岡を語る会 1998.3 83p 26cm (研究誌 第5輯) 〈共同刊行：神岡町教育委員会〉 Ⓝ388.9153

◇高原郷のわらべ歌 ふるさと神岡を語る会, 神岡町教育委員会編 神岡町(岐阜県) ふるさと神岡を語る会 1997.3 93p 26cm (研究誌 第4輯) 〈奥付の書名(誤植)：奥飛騨の方言と民具 共同刊行：神岡町教育委員会〉 Ⓝ388.9153

◇小室(諸)節考 村杉弘著 長野 鬼灯書籍 1993.1 236p 22cm (発売：星雲社(東京)) 付属資料(録音ディスク1枚 8cm ホルダー入) 外箱入 2200円 (i)4-7952-1966-4 Ⓝ388.9152

◇佐久に伝わる歌の風土記 北佐久編 小宮山利三著 佐久 樅 1996.4 247p 22cm 3000円

民話・昔話・伝説　　　　　　　　　　　　　　　　　民謡・わらべうた

(i)4-900408-63-8　Ⓝ388.9152
◇佐久に伝わる歌の風土記　南佐久編　小宮山利三著　佐久㮈　1996.4　216p　22cm　3000円
(i)4-900408-64-6　Ⓝ388.9152
◇鈴鹿の唄　藤田栄子著，儀賀友希夫ほか編〔著〕　〔藤田栄子〕　1993.3　170p　27cm 〈参考文献：p164〉　2600円　Ⓝ388.9156
◇善光寺木遣り考　村杉弘著　須坂　オフセット　2000.12　293p　22cm〈外箱入　付属資料：CD1枚(12cm)〉　3200円　Ⓝ388.9152

◆◆近畿地方
◇一乗寺鉄扇音頭集─京都市無形民俗文化財　一乗寺郷土芸能保存会編　京都　一乗寺郷土芸能保存会　〔1998〕　96丁　26cm　〈和装〉Ⓝ388.9162
◇大宮町の民謡　大宮町文化財保護審議会編　大宮町(京都府)　大宮町教育委員会　1997.3　207p　26cm　非売品　Ⓝ388.9162
◇能勢の浄瑠璃史─無形民俗文化財地域伝承活動事業報告書　能勢町(大阪府)　能勢町教育委員会　1996.11　204p　30cm〈折り込図2枚　参考文献：p202〉Ⓝ768.52
◇ふるさと湖北の民謡　馬場秋星著　長浜　イメーディアリンク　1993.2　135p　21cm〈主要参考文献：p130〉980円　Ⓝ388.9161

◆◆中国地方
◇郡山の信仰─満願寺の歴史　吉田町歴史民俗資料館編　吉田町(広島県)　吉田町歴史民俗資料館　1996.4　43p　30cm〈吉田町歴史民俗資料館特別展図録11〉〈会期：1996年4月17日─6月19日〉Ⓝ188.55
◇ふるさとのうた　山口県ふるさとづくり県民会議編　山口　山口県ふるさとづくり県民会議　1995.3　142p　21cm〈ふるさとシリーズ　第14集〉Ⓝ388.9177

◆◆四国地方
◇日本の子守唄　宮内仁著　近代文芸社　1999.4　210p　22cm　1800円(i)4-7733-6531-5　Ⓝ388.91
（内容）A　日本の子守り(子守り　守り姉　子守り奉公　あやし唄の子守唄　ねかせ唄の子守唄)　B　あやし唄の子守唄(各地のあやし唄の子守唄　わらべ唄など)　C　ねかせ唄の子守唄(東北地方の子守唄　関東・甲信越地方の子守唄　東海・北陸地方の子守唄　近畿地方の子守唄　中国・四国地方の子守唄　九州・沖縄地方の子守唄)

◆◆九州地方
◇奄美仕掛けのディアローグ─あそび・ウワサ・死　酒井正子著　第一書房　1996.8　358,7p　22cm〈引用・参考文献一覧：p346〜353〉　5665円　(i)4-8042-0109-2　Ⓝ388.9197
（内容）1　あそび(集団の掛け合い歌の世界─現地報告から　陶酔の醸成と様式化─「夏目踊り」にみる有機的な即興性　「田植歌」における三系統─歌の流通と様式　ほか)　2　ウワサ(「うわさ(ゴシップ)歌」の周辺─歌あそびの事例から　異人と歌─「うわさ歌」をめぐる人々　奄美の"うた情報システム"─「うわさ歌」の概念化と展開)　3　死(死と歌掛けの民族誌─シマ空間と歌　徳之島の葬歌─叙事歌・叙情歌の源泉　シマウタ生成の一過程─「やがま節」と「二上り節」の間　ほか)
＊本書は、奄美・徳之島を中心とした民俗音楽文化に関するフィールドワークに基づく論文集である。
◇奄美のシマウタへの招待　小川学夫著　鹿児島　春苑堂出版　1999.8　242p　19cm〈かごしま文庫55〉〈鹿児島　春苑堂書店(発売)〉　1500円(i)4-915093-62-X　Ⓝ388.9197
◇奄美の「シマの歌」　中原ゆかり著　弘文堂　1997.12　254p　22cm〈文献あり　索引あり〉　5900円　(i)4-335-56094-X　Ⓝ388.9197
（内容）第1章　序論　第2章　シマの歌の成立　第3章　シマの歌社会　第4章　シマの生活と歌　第5章　八月踊りのパフォーマンス　第6章　八月踊りをめぐる語り　第7章　八月踊りの競い合い　第8章　八月踊りとシマの外部
＊生きた歌に会える！隣近所や友人同士のちょっとしたおしゃべりが一段落すると、何となく三味線をとりだして歌遊びが始まる。雰囲気次第では真剣な歌い合いが夜中まで続く。人々の生活に豊かに生きる伝承歌謡のエスノグラフィー。
◇峠のうた港のうた─みやざき民謡紀行　原田解著　高岡町(宮崎県)　本多企画　1998.6　131p　21cm〈本多企画ブックレット no.3〉　1000円(i)4-89445-040-2　Ⓝ388.9196
（内容）焼き畑のうたを訪ねて　刈干切唄のロマン　夏を彩る盆踊り唄　民謡エッセー
＊本書は、著者の四十年に及ぶ民謡生活の中で出会い触れ合った、ふるさとの調べや歌い手たちの人生ドラマをまとめた、ささやかな民謡紀行である。
◇南日本の民俗文化─小野重朗著作集　7　南島歌謡─改訂・琉球歳時記・手抄片六篇　小野重朗著　第一書房　1995.11　330p　22cm〈文献あり〉　(i)4-8042-0095-9　Ⓝ382.19
◇宮崎平野のフォークソング─大淀川民謡紀行　原田解著　高岡町(宮崎県)　本多企画　1996.7　121p　21cm〈本多企画ブックレット no.2〉　1000円　(i)4-89445-011-9　Ⓝ388.9196
（内容）1　うたの根を求めて　2　ユニークな民謡マップ　3　実りゆたかな宮崎平野　4　照葉樹林と手づくりの里・綾　5　さわぎ唄の流れる・高

岡　6 上方芸能の息づく町・国富　7 薩摩文化の面影残す佐土原　8 キャンプスタウン・清武　9 大地の恵みゆたかな・田野　10 古くて新しい町・宮崎　11 宮崎平野の新民謡

◆◆沖縄地方・八重山諸島
◇歌三線の世界―古典の魂　勝連繁雄著　改訂　具志川　ゆい出版　2000.9　323p　19cm　〈年表あり〉　2000円　(i)4-946539-11-5　Ⓝ388.9199
◇沖縄島唄紀行　藤田正文、大城弘明写真　小学館　2001.7　133p　21cm　(Shotor travel)　1600円　(i)4-09-343170-1　Ⓝ388.9199
　㊥容)1 島の姿(南の花と歌三線―花(すべての人の心に花を)　夏の疾風、太鼓の響き―七月エイサー　大いに泣いて、大いに笑って―テーゲー　ほか)　2 島の流れ(人の世と大宇宙をつなぐ歌―てぃんさぐぬ花　祝いと祭りと御先祖様―年中行事口説　宮廷の風雅と老人の舞―かぎやで風節　ほか)　3 島の人生(子は神、神はいつもそこに―童神―天の子守り唄　忍ぶ恋の潮時―月ぬマピローマ　燃え上がる恋と遊びの変奏曲―遊び仲風　ほか)
　＊沖縄の島唄をガイドに、伝統的な沖縄の祭りや風俗、自然、歴史などを探訪する。
◇おもろさうし　外間守善著　岩波書店　1998.2　276p　16cm　(同時代ライブラリー―古典を読む)　1200円　(i)4-00-260334-2　Ⓝ388.9199
◇おもろさうし　上　外間守善校注　岩波書店　2000.3　501p　15cm　(岩波文庫)　900円　(i)4-00-301421-9　Ⓝ388.9199
◇おもろさうし　下　外間守善校注　岩波書店　2000.11　487p　15cm　(岩波文庫)　900円　(i)4-00-301422-7　Ⓝ388.9199
　＊沖縄の古代社会を直接に記録した史料は、残念ながら残されていない。しかし、今回初めて全訳された歌謡集「おもろさうし」から、古代沖縄の中央と地方の、様々な社会のあり方が浮かび上がってくる。本巻には「第十三」から「第二十二」を収録。
◇「しまうた」を追いかけて―琉球弧の民謡・フィールドワークとエッセイ　仲宗根幸市著　那覇　ボーダーインク　1998.3　319p　19cm　1800円　(i)4-938923-62-9　Ⓝ388.9199
　㊥容)序章「しまうた」の世界　第1章「しまうた」に魅せられて　第2章 流れ行く「しまうた」―琉球弧の民謡研究　第3章「しまうた」民俗雑感―沖縄・奄美の不思議な話
　＊四半世紀にわたる島々のフィールドワークによって明らかにされた「しまうた」の原風景。さらに深く「しまうた」の世界に触れる一冊。
◇尚家本「おもろさうし」　比嘉実編　法政大学沖縄文化研究所　1993.7　290p　26cm　(沖縄研究資料 14)　Ⓝ388.9199
◇南島歌謡の研究　狩俣恵一著　藤沢　瑞木書房　1999.12　495,12p　22cm　〈東京　慶友社(発売)　付属資料：CD1枚(8cm)〉　13800円　(i)4-87449-031-X　Ⓝ388.9199
　㊥容)序章 研究史と本書の立場　第1章 ニライカナイの伝承　第2章 御岳と祭祀伝承　第3章 南島の呪言と呪詞　第4章 南島の物語歌謡　終章 南島歌謡の発生
　＊南島歌謡の始原を共同体祭祀以前の呪言にもとめ、呪言から呪詞の成長過程を考察した南島歌謡発生論。附録のCDには、ジンムヌ・ユングトゥ・口説・フサ・カザン口・アヨー・ユンタ・三線歌謡、等所収。歌の成長が、実感できる。
◇南島の神歌―おもろさうし　外間守善著　中央公論社　1994.9　320p　16cm　(中公文庫)　780円　(i)4-12-202135-9　Ⓝ388.9199
　㊥容)第1章「おもろさうし」を読む―オモロのことばを拾う　第2章 オモロ鑑賞　第3章 オモロの思想　第4章「おもろさうし」を学ぶ
　＊「万葉・祝詞・古事記の三つに該当する」と言われる沖縄の古謡集「おもろさうし」を、全二十二巻一五五四首の中から、代表的な「おもろ」を丹念に鑑賞することによって、古代沖縄の歴史・言語・思想等を解き明かし、歌い継いできた民衆の心を語る。
◇宮古島狩俣の神歌―その継承と創成　内田順子著　京都　思文閣出版　2000.2　283p　22cm　〈文献あり〉　6600円　(i)4-7842-1036-9　Ⓝ388.9199
◇宮古のフォークロア　ニコライ・A.ネフスキー著、リヂア・グロムコフスカヤ編、狩俣繁久ほか共訳　砂子屋書房　1998.2　378p　23cm　(弧琉球叢書 3)　7500円　Ⓝ388.9199
◇物怪物語と沖縄霊異記　三苫浩輔著　おうふう　1999.5　325p　19cm　6800円　(i)4-273-03069-1
　㊥容)今昔物語集巻二十七の妖怪たちと源氏物語　栄花物語物怪小伝　平安文学ともののけ　女怨霊の質量　沖縄の霊力　浦添霊異聞書帖　霊に近しい一家　沖縄のワラビナーと霊魂信仰
　＊平安時代の物語では「源氏物語」、「今昔物語集」、「栄花物語」に物怪の物語は多い。本書は、平安朝の霊なるものの原風景であり、また、沖縄の風土のなかに今もいきづく沖縄霊異記というたしかな位置を占めている。
◇八重山の心―トゥバラーマと人生　西原洋子編著　国文社　1995.11　135p　20cm　(英語書名：The soul of Yaeyama　英文併記　折り込1枚)　1854円　(i)4-7720-0417-3　Ⓝ388.9199
◇琉球の王権と神話―「おもろさうし」の研究　末次智著　第一書房　1995.10　323,13p　20cm　(南島文化叢書 16)　(琉球王権関係研究文献目録：p300～323)　3708円　(i)4-8042-0096-7　Ⓝ388.9199
　㊥容)1 王権の言語表現　2 王の即位　3 王の

民話・昔話・伝説　　　　　　　　　　　　　　　　　民謡・わらべうた

行幸　4 王と水　5 王と太陽　6 王権と外部　7 王と天皇　8 注釈・資料・研究史
＊青い空、碧い海、蒼い島々。その南島に君臨した王権の諸相を、琉球古典文学「おもろ」の中にさぐる。大和人としての内なる痛みを胸に俊英がライフワークをここにまとめる。

◇琉球列島島うた紀行　第1集　奄美諸島・沖縄北部・沖縄中部　仲宗根幸市編著　那覇　琉球新報カルチャーセンター　1997.4　195p　23cm　〈那覇　琉球新報社（発売）　文献あり〉　1800円　(i)4-89742-005-9　Ⓝ388.9199

◇琉球列島島うた紀行　第2集　八重山諸島・宮古諸島　仲宗根幸市編著　那覇　琉球新報カルチャーセンター　1998.2　201p　23cm　〈那覇　琉球新報社（発売）〉　1900円　(i)4-89742-006-7　Ⓝ388.9199

内容　八重山民謡（鷲ぬ鳥節　鷲ぬ鳥ユンタ　赤馬節　しゅうら節　ほか）　宮古の民謡（トーガニアヤグ（宮古トーガニ）　四島ぬ主　池間ぬ主　古見ぬ主　ほか）
＊本書は新報カルチャーセンター「琉球列島〈島うた〉紀行」後半の「八重山諸島」「宮古諸島」の両ブロックを、コースに沿って編集したものである。全体の内容は巻頭写真特集、民謡発祥地伝承地図、各ブロックの概説、歌詞、訳、解説で構成している。

◇琉球列島島うた紀行　第3集　沖縄本島周辺離島・那覇・南部　仲宗根幸市編著　那覇　琉球新報カルチャーセンター　1999.11　244p　23cm　〈那覇　琉球新報社（発売）〉　2000円　(i)4-89742-007-5　Ⓝ388.9199

内容　久米島の民謡　粟国島の民謡　渡名喜島の民謡　伊江島の民謡　伊是名島の民謡　伊平屋島の民謡　那覇・南部の民謡　沖縄本島一円の民謡
＊久米島・渡名喜・伊江島・伊是名・伊平屋…沖縄本島周辺の島々と、那覇・南部の民謡を網ら。全体の内容は巻頭写真特集、民謡発祥地伝承地図、各ブロックの概説、歌詞、訳、解説で構成している。

◇わかりやすい歌三線の世界―古典の魂　勝連繁雄著　具志川　ゆい出版　1999.6　316p　19cm　2000円　(i)4-946539-07-5　Ⓝ388.9199

◆海外全般

◇アリランの誕生―歌に刻まれた朝鮮民族の魂　宮塚利雄著　創知社　1995.1　349p　20cm　〈年表：p340～344〉　2884円　(i)4-915510-73-5　Ⓝ767.521

内容　第1章　映画『アリラン』の誕生　第2章　海峡を越えた"アリラン"　第3章　"アリラン"の由来とその謎　第4章　"アリラン"の故郷を訪ねて　終章　羅雲奎と映画『アリラン』の再評価
＊朝鮮民衆史にみる"アリラン"の謎とその深層。

南北を結ぶ絆の歌はどのようにして生まれ歌いつがれてきたのか。

◇朝鮮童謡選　金素雲訳編　岩波書店　1993.2　254p　15cm　〈岩波文庫〉〈第12刷(第1刷：33.1.15)〉　520円　(i)4-00-320701-7

内容　天体・気象　鳥のうた　魚や虫　植物　父母・兄弟　諷笑・諧謔　あそびうた　雑謡　童女謡　子守唄
＊朝鮮の文化と伝統美を紹介することに生涯をささげた編者が、1920年代に東京在住の朝鮮人から採集した口伝民謡のうち童謡を一書に集めたもの。「鳥のうた」「魚や虫」「植物」「父母・兄弟」「諷笑・諧謔」「あそびうた」「子守唄」等に分類・整理され、無邪気な童心と朝鮮各地の風物をつたえる貴重な資料となった。

◇朝鮮民謡選　金素雲訳編　岩波書店　1993.2　214p　15cm　〈岩波文庫〉〈第13刷(第1刷：33.8.5)〉　460円　(i)4-00-320711-4

内容　1 意訳謡　2 意訳謡（叙情謡　労作謡　雑謡　思想歌　婦女謡　叙事謡）
＊民謡は野の声、天の声であるという。民族があり、言語があるかぎり、民謡は生まれる。悲哀と諧謔をあわせもつ朝鮮の民謡は、長い歴史を通じて民衆が織りなした心情の記録であった。本書は、暗い植民地時代、東京で民謡を採集することに望郷の思いのはけ口を見出そうとした編者の青春の記録でもある。

文化人類学・民族学

文化人類学

◇悪食コレクション―あるいは<食>としての文化人類学 村上紀史郎編 芳賀書店 2001.2 316p 19cm 2000円 (i)4-8261-0155-4 Ⓝ383.8
　(内容)1 オードブル(正食記 現代人の偏食をただす試み 前衛料理のすすめ) 2 メインディッシュ(中国食探検 中国の食虫習俗見聞記 タイの動物誌 ほか) 3 デザート(虫の味 ある手紙 奇味・魔味 ほか) 4 食後酒(メニューコレクション 食域を広げるためのレシピ―各国の料理から 栄養価表)
　＊食文化の地域差から、意外な美味の追求まで世界の食風俗をも視野に入れて語られた硬軟二十編の論考・エッセー。

◇アニミズムという希望―講演録・琉球大学の五日間 山尾三省著 野草社 2000.9 397p 20cm (東京 新泉社(発売) 文献あり) 2500円 (i)4-7877-0080-4 Ⓝ163.3
　(内容)第1話 土というカミ 第2話 山に向かって 第3話 小さき愛さ 第4話 家族について 第5話 新しい自然神話 第6話 私は誰か 第7話 存在するものの知慧 第8話 ユウナの花 第9話 水というカミ 第10話 つ␣の栖 第11話「出来事」というカミ 第12話 静かな心 第13話 びろう葉帽子の下で 第14話 回帰する時間 第15話 日月灯明如来

◇アニミズムの世界 村武精一著 吉川弘文館 1997.6 204p 19cm (歴史文化ライブラリー 16) <文献あり> 1700円 (i)4-642-05416-2 Ⓝ163.3
　(内容)アニミズムとは何か 日本列島における死霊アニミズム 墓の民俗 埋葬の祭祀 墓参り供養と死霊 両墓制を読む 東南アジア稲作社会の死霊
　＊自然に対して生命を感じ、崇拝する信仰＝アニミズム。本書は死霊崇拝を中心に、日本列島から東南アジアにかけてのアニミズムの実態を、豊富な事例をもとに明らかにし、人間の心の底に横たわる自然への思いを見つめなおす。

◇アメリカ人の老後と生きがい形成―高齢者の文化人類学的研究 藤田真理子著 岡山 大学教育出版 1999.6 198p 22cm 2200円 (i)4-88730-339-4 Ⓝ367.7
　(内容)第1章 老後の生きがいと文化 第2章 アメリカの高齢者センター 第3章「ワーク」―老後の活動の意味 第4章「ミドルクラス」―老後の友人関係 第5章「マリッジ」―老後の異性関係 第6章「ホーム」―1人暮らしと親子関係 第7章「ヘルピング」―自立と介護 第8章 老後のディレンマと生きがい形成
　＊本書は、アメリカ人高齢者の心の支えであり、生きがいの源泉である「自立・独立」という概念を日常生活の様々な脈絡で意味づけようとする仕方について検討し、解明したものである。

◇新たな人間の発見―21世紀の人間観、生命観をめぐって 竹村真一述, 富山県民生涯学習カレッジ編 富山 富山県民生涯学習カレッジ 2000.3 94p 19cm (県民カレッジ叢書 79) Ⓝ389.04

◇生きる力をさがす旅―子ども世界の文化人類学 波平恵美子著 武蔵野 出窓社 2001.12 243p 19cm 1400円 (i)4-931178-37-5
　(内容)1 赤ちゃんから大人への不思議な時間 2 いのちについて考えてみませんか 3「自分」というものの不思議 4 家族とはなんでしょう 5 人間は、ひとりで生きることはできません 6 きまりごとについて考えてみましょう 7 言葉があって私たちがいる 8 もう少し踏み込んで考えてみませんか
　＊一人ぼっちは恐いですか?差別の心は、どこから生まれるのでしょう?援助交際は、なぜしてはいけないのでしょう?いま目の前にある困難な問題に、子どもたちが立ち向うこと、自らに問いかけること、自ら答えをさがすことを、文化人類学の成果からやさしく語りかけた画期的書。総ルビつき。

◇異態習俗考 金城朝永著, 礫川全次解説 批評社 1996.1 408,5p 20cm (六文館昭和8年刊の複製 金城朝永年譜:p397〜408 巻末:金城朝永著書論文目録) 6850円 (i)4-8265-0196-X Ⓝ389
　(内容)人類犠牲譚・その他 呪詛秘録・その他 拭う習俗・その他 乱婚異説・その他 琉球の島々に於ける性生活・その他
　＊本書は、1933年に六文館から出版されたが、当時の民俗学の主流は、柳田国男の学問的閉鎖主義によって一国民俗学に収斂されつつあった。日本の民間伝承の史料を再構築して、異人論・マレビト論を展開した岡正雄・折口

信夫・中山太郎らの民俗学の方法は、柳田国男の農耕民を基盤とする「常民」概念によって徹底的に排除され抑圧されてしまった。金城の民俗・民族学は、非主流の中でひときわ異彩を放ち、柳田民俗学の範疇を越える発想をもった異色で個性的な研究である。

◇いのちの文化人類学　波平恵美子著　新潮社　1996.8　219p 20cm　〈新潮選書〉〈引用・参考文献：p216〜218〉　1000円　(i)4-10-600502-6　Ⓝ389

(内容) 1 人の誕生と生育　2 病いと癒し　3 死と再生

＊古今東西のさまざまな文化圏の生命観を紹介しつつ、尊厳死や臓器移植、人工受精、遺伝子治療など、現代日本人が直面している問題を、幅広い視野から考える。

◇異文化を「知る」ための方法　藤巻正己ほか編　古今書院　1996.2　242p 22cm　〈各章末：文献〉　2472円　(i)4-7722-1039-3　Ⓝ389

(内容) 第1部 異文化を「知る」ための方法 (異文化研究の進め方　フィールドワークの意味と意義)　第2部 フィールドワークの実際 (バッタク文化への道　東インドネシア・スンバ島の巨石文化を訪ねる　多民族都市クアラルンプルのスクォッター・スラム社会―都市下層の生きられる生活空間　インドの社会と女性　日本の民俗音楽研究―沖縄音楽を事例として　「浜」と「陸」の社会言語―大阪府岬深日フィールドとして)

◇医療・合理性・経験―バイロン・グッドの医療人類学講義　バイロン・J.グッド著, 江口重幸ほか訳　誠信書房　2001.5　411p 22cm　〈文献あり〉　5800円　(i)4-414-42856-4　Ⓝ389

(内容) 第1章 医療人類学と信念の問題　第2章 医療人類学における病いの再現＝表象―この分野へのひとつの見解　第3章 医学はいかにしてその対象を構成するか　第4章 症候学＝記号学と医学的現実の研究　第5章 身体・病いの経験・生活世界―慢性の痛みの現象学的記述　第6章 病いの物語的再現＝表象　第7章 美学・合理性・医療人類学

＊モーガン記念講義をもとにしてバイロン・グッドが著した本書は、医療人類学の四半世紀の流れを俯瞰するものであり、その多様な試みと可能性、そして限界までをも考察しようとするものである。著者は、生物医学に収斂するかに見える今日の医学・医療を徹底して疑い、意味を中心とするアプローチ、病いの再現＝表象理論、批判的現象学、そして物語論、読者反応論などを駆使しながら、病いや病むことを、社会的・文化的・美学的文脈から、異言語混淆的なものとして描き出そうとする。病いや患うことの意味を徹底して問おうとする本書は、批判的思考はもちろん、豊かな臨床知の鉱脈であり、21世紀に架橋するこの分野の記念碑的な著作である。

◇医療人類学―世界の健康問題を解き明かす　アン・マッケロイ, パトリシア・タウンゼント著, 丸井英二監訳　大修館書店　1995.7　481p 23cm　〈訳：杉田聡ほか　各章末：参考資料〉　5665円　(i)4-469-26314-1　Ⓝ389

＊グローバルな視野でしかも生物学的・社会文化的・政治経済的に書かれた、包括的な医療人類学の入門書。さまざまな文化的背景をもつ人々の生活を考えた国際保健医療が注目されている今日、今後の国際保健医療を探っていく…まさに必読の書。

◇医療人類学入門　波平恵美子著　朝日新聞社　1994.1　203p 19cm　〈朝日選書 491〉〈読者のための参考文献：p195〜201〉　1100円　(i)4-02-259591-4　Ⓝ389

(内容) 序 医療人類学へのいざない　第1章 医療人類学を理解するために (応用学としての医療人類学　「文化」としての身体　生と死の三角関係　ほか)　第2章 医療人類学と現代医療 (「脳死問題」と「早過ぎた埋葬の恐怖」　癌の「告知」と病気の社会的・文化的意味　エイズと治癒のイメージ　ほか)　第3章 医療人類学トピックス (ヴードゥー・デス　クールー病　カニバリズムと蛋白質欠乏　ほか)　第4章 医療人類学・学習編 (「病人役割」と「患者役割」　「文化結合症候群」という考え方　「治療戦略」とはなにか　ほか)　第5章 医療人類学はだれのために? (健康は幻想か　サトウキビでむし歯を防げるか?　伝統的医療から学ぶべきこと　国際医療協力と医療人類学　自らのための医療人類学―高度老齢化社会に対応するために　ほか)

＊〈医療への新たな視座〉を知るための初めてのガイド・ブック。

◇岩田慶治著作集　第1巻　日本文化の源流―比較民族学の試み　講談社　1995.4　476p 22cm　〈著者の肖像あり〉　6800円　(i)4-06-253851-2　Ⓝ389.08

(内容) 1 東南アジアへの親近感　2 民族の衣・食・住　3 稲作技術と農具　4 農民の人生　5 村祠とその祭り　6 稲作の儀礼　7 季節の祭り　8 日本文化のふるさと

＊衣食住、人生、祭り、カミと神―。東南アジアのフィールドワークから日本文化のふるさとを探る。

◇岩田慶治著作集　第2巻　草木虫魚のたましい―カミの誕生するとき・ところ　講談社　1995.3　445p 22cm　〈著者の肖像あり〉　6500円　(i)4-06-253852-0　Ⓝ389.08

(内容) 1 自然との対話　2 内部と外部　3 精霊の世界　4 呪術・信仰・儀礼　5 原始宗教の諸相　6 カミ信仰の進化　7 カミの誕生

＊竹・石・稲・鳥・花・水と自由に対話しなが

ら、共生の思想をつきつめた岩田人類学の精髄。

◇岩田慶治著作集 第3巻 不思議の場所―新しいフォークロアの方向 講談社 1995.1 474p 22cm 〈著者の肖像あり〉 6500円 (i)4-06-253853-9 Ⓝ389.08
　(内容) カミの人類学―不思議の場所をめぐって 菩提樹のもとで 森の思想を考える―南アジアの調査旅行から 宇宙樹のコスモロジー

◇岩田慶治著作集 第4巻 アニミズムの地平―フィールドワークの経験 講談社 1995.6 449p 22cm 〈著者の肖像あり〉 6800円 (i)4-06-253854-7 Ⓝ389.08
　(内容) カミと神―アニミズム宇宙の旅 創造人類学入門 自分からの自由 フィールド・ワークのなかの世界 カール・リッターの位置づけに関する一つの試み カール・リッターの方法

◇岩田慶治著作集 第5巻 道元との対話―山河大地の言葉 講談社 1995.5 408p 22cm 〈著者の肖像あり〉 6500円 (i)4-06-253855-5 Ⓝ389.08
　(内容) 道元との対話 道元の見た宇宙 小寺人間学の構造 光る崖 逆転する空間―砂漠が花園になる 生と死の構図―文化人類学の彼方から 臓器移植と死 宗教を受け継ぐ 西・東・南の自然観
　＊普遍の魂を求め、森羅万象の風景に見いる。フィールドワーク論の土台になった独自の道元理解。

◇岩田慶治著作集 第6巻 コスモスからの出発―一人ひとりの宇宙 講談社 1995.8 443p 22cm 〈著者の肖像あり〉 6800円 (i)4-06-253856-3 Ⓝ389.08
　(内容) 序にかえて――一人ひとりがコスモス コスモスの思想―自然・アニミズム・密教空間 人間・遊び・自然―東南アジア世界の背景
　＊アニミズムとマンダラの空間に「コスモス」像を描く。最も包括的な人類の地平を構想。

◇岩田慶治著作集 第7巻 生命のかたち―見えるもの・見えないもの 講談社 1995.10 435p 22cm 〈著者の肖像あり〉 6800円 (i)4-06-253857-1 Ⓝ389.08
　(内容) アニミズム時代 アニミズムの母胎 アニミズムの風景 人生をイメージする―遊び―元論の展開 宇宙ネコ誕生―今日のアニミズム からだ・こころ・たましい 少年少女とともに宗教の世界を旅する
　＊生命のはたらきのもと、たましいは、本来、からだの内外をつなぎ、自由に往来していた。人と森羅万象が遊戯する実生の学問の試み。

◇岩田慶治著作集 第8巻 風景学と自分学―未来学の土台 講談社 1995.9 423p 22cm 〈著者の肖像あり〉 6800円 (i)4-06-253858-X Ⓝ389.08

　(内容) 序にかえて―風景の発見 日本人の原風景―自分だけが持っている一枚の風景画 死をふくむ風景 花の宇宙誌 人類学はどこまで宗教に近づけるか―風景論からのアプローチ 夢という認識 これからの課題―人類学の未来に向けて
　＊自分だけがもっている一枚の風景画。それは、からだ・こころ・たましいの一体化した姿。現代文明のなかに原風景を発見する。

◇岩田慶治著作集 月報―1-8 講談社 〔1995.1-10〕 1冊 20cm Ⓝ389.08

◇岩波講座文化人類学 第1巻 新たな人間の発見 岩波書店 1997.4 283p 22cm 〈文献あり〉 3200円 (i)4-00-010741-0 Ⓝ389
　(内容) 第1部 ヒトが人間であるために(ヒトはいつから人間であったのか こころも進化する―進化的人間理解と人間文化の同質性 笑いと人間) 第2部 創られる人間世界(構築される身体 東方の驚異、ワイルド・マン、インディアン、グリーザー―近代西欧〈民族史観〉によるアメリカ大陸の〈占有〉 苦しみと人間の可能態―北タイにおける霊媒カルトとHIV感染者グループ) 第3部 新たな人間の目覚め(近未来のトーテミズム―人間と機械と動物の間 拡張する人間観)

◇岩波講座文化人類学 第2巻 環境の人類誌 青木保ほか編 岩波書店 1997.12 245p 22cm 〈文献あり〉 3200円 (i)4-00-010742-9 Ⓝ389
　(内容) 序 新たな人間・環境学への視点 1 思想がはぐくまれる環境認識 2 都市化にともなう環境認識の変遷 3 風土の三角形 4 環境の持続的利用のイデオロギー 5 環境をめぐる生業経済と市場経済 6 共有資源をめぐる相克と打開 7 環境の「近代化」と先住民族の生存 8 環境と開発を読む

◇岩波講座文化人類学 第3巻 「もの」の人間世界 青木保ほか編 岩波書店 1997.2 281p 22cm 〈各章末：参考文献〉 3296円 (i)4-00-010743-7 Ⓝ389
　(内容) 第1部 身体と「もの」(『身体技法論』へのノート 物と心のあいだ 家具／道具と身体―「お産椅子」の歴史から考える) 第2部「もの」の消費(消費と欲望の形成 交換が蕩尽か―気前のよさについて) 第3部「もの」を作る(乳を食むモンゴルの人びと―乳加工体系にみる内在的論理 デザインと製作) 第4部 見いだされた「もの」(永遠の物と壊れる物 ものの見せ方―博物館と展示)

◇岩波講座文化人類学 第4巻 個からする社会展望 青木保ほか編 岩波書店 1997.10 322p 22cm 〈文献あり〉 3200円 (i)4-00-010744-5 Ⓝ389
　(内容) 第1部 親族研究の現在(人類学における親族研究の軌跡 家族、親族、婚姻、「カース

ト」―ネパール、ネワールからの考察　族譜のコンストラクション）　第2部　ネットワークの社会的地平(家族的ネットワークに依存するMIRAB国家　親族の基本構造を生きる―「ムルンギン」の現在　個が語られる場―マダガスカル、シハナカにおける墓の選択と情緒）　第3部　ジェンダーとセクシャリティ(「女性」から「ジェンダー」へ、そして「ポジショナリティ」へ―フェミニスト人類学の系譜　セクシャリティの人類学の可能性　世界を構築するエロス―性器計測・女性の自慰・オーガズムをめぐって）

◇岩波講座文化人類学　第5巻　民族の生成と論理　青木保ほか編　岩波書店　1997.6　302p　22㎝　〈文献あり〉　3200円　(i)4-00-010745-3　Ⓝ389
内容　第1部　差異という現象(人種あるいは差異としての身体　民族境界としての言語　民族問題と文化―スリランカの経験と言説をめぐって）　第2部　語られる民族(民族の語り方―サラワク・マレー人とは誰か　少数民族の政治とディスコース　黄金郷伝説と民族表象―植民地時代のアマゾンと）　第3部　民族の形成と相克(オイロトの民を求めて―アルタイのブルハニズム序説　民族を超えるもの―イスラームの宗教共同体と民族）

◇岩波講座文化人類学　第6巻　紛争と運動　青木保ほか編　岩波書店　1997.1　339p　22㎝　〈各章末：参考文献〉　3296円　(i)4-00-010746-1　Ⓝ389
内容　第1部　紛争と暴力(未開の戦争、現代の戦争　スリランカ―民族と暴力　都市のアナーキーと抵抗の文化）　第2部　脱植民地文化の戦略〈〈征服〉から〈インターネット戦争〉へ―サパティスタ蜂起の歴史的背景と現代的意味　異人と国家―キプシギスの近代化　インドにおける住民運動と国家―森林利用と林政をめぐって　先住民運動―その歴史、現状と展望）　第3部　文化理念の問題(イスラームという力―マレー・ムスリム社会における文化的理念への指向　パレスチナにおける宗教的・政治的な紛争と運動　独立教会運動における政治と文化）

◇岩波講座文化人類学　第7巻　移動の民族誌　青木保ほか編　岩波書店　1996.11　292p　22㎝　〈各章末：参考文献〉　3296円　(i)4-00-010747-X　Ⓝ389
内容　第1部　観光する人々、観光が作り出す文化（《南》へ―バリ観光のなかの日本人　コスタリカのエコ・ツーリズム）　第2部　移民たちの風景(世界システムの展開と移民　移民社会とホームランド―サモア移民の経験　越境の民族誌―スールー海域世界から）　第3部　《はざま》に生きる(水でできたガラス―旅と離散の詩学　難民―南部アフリカにおける越境と編入　在日朝鮮人―在日韓人のアイデンティティの問題　「白人」と「黒人」の間で―日系アメリカ人の自己と他者）

◇岩波講座文化人類学　第8巻　異文化の共存　青木保ほか編　岩波書店　1997.3　274p　22㎝　〈各章末：参考文献〉　3296円　(i)4-00-010748-8　Ⓝ389
内容　第1部　異文化の接触領域(黒い処女の魅惑　オクシデンタリズム―「民族文化」の語り方　日韓の文化侵略・文化摩擦）　第2部　受容と変容(資本主義の包摂―ハムレットの「遅れ」を中心に　越境する技術と個別文化　開発と内発）　第3部　異文化共存の可能性(言語と異文化共存　NGOと異文化共生―ピナトゥボ・アエタ開発援助の事例から　「障害の文化」と「共生」の課題）

◇岩波講座文化人類学　第9巻　儀礼とパフォーマンス　青木保ほか編　岩波書店　1997.8　314p　22㎝　〈文献あり〉　3200円　(i)4-00-010749-6　Ⓝ389
内容　第1部　儀礼とサイクル(テクノロジー社会の病院出産―現代の通過儀礼　病と儀礼―病院の探検　死にゆくものへの儀礼）　第2部　儀礼と演劇(憑依と楽屋―情報論による演劇モデル批判　「幕」と「場面」についての試論）　第3部　儀礼と国家(伝統の政治学―インド・オリッサでの武術競技会による国民文化の創造の試みとその波紋　儀礼と国家―インドネシア独立50周年記念事業から）　第4部　儀礼の位相(承認と解釈―プラクティスとしての儀礼と社会のかかわり　言説と実践のはざまにあらわれる身体をめぐって―ジェンダー、ダンス、身体化にかかわる儀礼の考察から）

◇岩波講座文化人類学　第10巻　神話とメディア　青木保ほか編　岩波書店　1997.7　269p　22㎝　〈文献あり〉　3200円　(i)4-00-010750-X　Ⓝ389
内容　第1部　神話と構造(始源論と終末論　見出された潜在的神話と構造主義―「神話論理」から「野生の思考」へ　神話と権力）　第2部　神話と言葉(俗信のしくみ　文字という文化）　第3部　神話と表象(ワヘイの音・身体・記憶　うたうこと・かたること　境界を侵犯する動物―特に、図像と物語を中心として）　第4部　神話と生成(透視と念写―明治末期の千里眼新聞報道に見る「神話」表象）

◇岩波講座文化人類学　第11巻　宗教の現代　青木保ほか編　岩波書店　1997.5　254p　22㎝　〈文献あり〉　3200円　(i)4-00-010751-8　Ⓝ389
内容　第1部　多元化する宗教(宗教的ファンダメンタリズム　イスラームの持続と変化　仏教の多義性―戒律の救いの行方）　第2部　周辺化する宗教(タイ華人社会の民衆教団　キリスト教の文化変容）　第3部　突出する宗教(新宗教現象―暴力性の源泉　呪術の現代性に見る現代西洋の他者表象　癒し　宗教とナショナリズム―上座部仏教の事例から）

◇岩波講座文化人類学　第12巻　思想化される周

辺世界　青木保ほか編　岩波書店　1996.12
307p　22cm　〈各章末：参考文献〉　3296円　(i)4-
00-010752-6　Ⓝ389
　〈内容〉第1部　「未開」の思想の系譜(「異文化」
　展示の系譜—もうひとつの人類学史・素描　差
　異のとらえかた—相対主義と普遍主義　しなや
　かな野生の知—構造主義と非同一性の思考)
　第2部　再生産されるロマン主義(カーゴカルト
　の語り口—ある植民地的／人類学的言説の顛末
　ふるさとイメージをめぐる実践—岩手県遠野の
　事例から　「正しい」他者となること—大戦間の
　パリをめぐって)　第3部　主張する周辺世界
　(受容から抵抗へ—アボリジニの生活の展開
　近代への別の入り方—ブラジルのインディオの
　抵抗戦略)　第4部　人類学批判と人類学者
　(ポストコロニアル批判を越えるために—翻訳
　・ポジション・民族誌的知識)
◇岩波講座文化人類学　第13巻　文化という課題
　青木保ほか編　岩波書店　1998.2　248p　22cm
　〈文献あり〉　3200円　(i)4-00-010753-4　Ⓝ389
　〈内容〉第1部　現代世界と文化の問題(文化概念
　の用法と効果　文化という罪—「多文化主義」の
　問題点と人類学的知　いのちと文化)　第2部
　文化と政治(政治のなかの文化—文化政策の背
　景を考える　民主主義と文化の課題　文化とア
　イデンティティー—「香港人」・「香港文化」研究
　の現在)　第3部　文化の解釈と記述(文化の解釈
　—「合意」について　文化と認識　映像としての
　文化—民族誌映画をめぐって)
◇内なる外国—「菊と刀」再考　C・ダグラス・ラ
　ミス著, 加地永都子訳　筑摩書房　1997.1
　338p　15cm　(ちくま学芸文庫)　1133円　(i)4-
　480-08318-9
　〈内容〉1　国境(旅について　海の向こうの日本
　基地生活—オキナワ'60)　2　日本文化への墓碑
　銘—ルース・ベネディクト再考(出合いの美　死
　の世界の美　政治教育としての文化人類学
　「菊と刀」批判)　3　内なる外国(外国—たとえ
　ばアメリカ　文化の行方)
　＊異文化間には本当の意味での理解がありえる
　のだろうか？1960年以降、第二次大戦の戦勝国
　人として日本にやってきて十年以上も暮らし
　続けた著者が、ある日、手にとった「菊と刀」
　異国から母国をみつめる自らの体験に照らし
　合わせながら、詩人であり「文化の型」という
　概念を生み出した文化人類学者ルース・ベネ
　ディクトの思索の軌跡をたどり、アメリカ人
　からみた「菊と刀」の問題を浮き彫りにする。
　ベネディクトの日本理解を通して、異文化理
　解、国際連帯について考察する秀逸な日米比
　較文化論。
◇永遠と不老不死　逸丸立著　春秋社　1996.9
　257p　20cm　〈主要参考文献一覧：p250〜253〉
　2575円　(i)4-393-33171-0　Ⓝ389

〈内容〉1章　古代中国の仙人　2章　古代エジプト
3章　アイヌの神さま　4章　浦島太郎とかぐや姫
5章　役行者と補陀落渡海
＊中国、エジプト、日本などで芽生えた古代人
の想像力は、荒唐無稽とも映るいきいきとし
た「永世」の観念を編みだした。この多種多彩
な古代人の知恵を、現代をつらぬいて生きる
思想として蘇らせた画期的考察。
◇映像人類学の冒険　伊藤俊治, 港千尋編　せりか
　書房　1999.7　223p　21cm　(Serica archives)
　〈年表あり〉　2400円　(i)4-7967-0220-2　Ⓝ389
　〈内容〉映像の自然　映像人類学—ある時間装置
　の未来　映像の災厄　討論　映像人類学の可能
　性　映像的ウォークアバウト—映像人類学ノー
　ト　陶酔する映像—マヤ・デーレンの「神聖騎
　士」を中心に　被写体以前—十九世紀の人類学
　的写真アルバム　映像人類学　人はじめ　折口
　信夫のシネマ論的民俗学—「「雪祭り」しなりお」
　分析
　＊映像人類学は—科学というセンサーからは洩
　れてしまうもの、言語という構造化からは流
　れ落ちてしまうものの痕跡や気配を、過去の
　一瞬を凍結し、光を通して現在化する魔術と
　しての映像によって、蘇らせていったのだ。
　その創造性は、映像が誕生して一世紀半とい
　う長い時間の蓄積の果てに新しい輝きを持ち
　始めている。本書は、そうした光と精神の運
　動としての豊潤な映像人類学の位相を読み解
　くためのハンドブックである。
◇贈り物と交換の文化人類学—人間はどこから来
　てどこへ行くのか　小馬徹著　御茶の水書房
　2000.8　70p　21cm　(神奈川大学評論ブックレ
　ット9)　800円　(i)4-275-01827-3　Ⓝ384.37
　〈内容〉1　触れ合うことの心理と論理　2　贈り物
　をするサル　3　交換する人間　4　互酬、再配分、
　市場交換　5　贈り物と交換　6　市場、政府、人
　間
　＊贈り物と交換という日常の行為とその歴史、
　そこから簇生するさまざまな問題を通して人
　間性の総体を問う。
◇「男らしさ」の人類学　デイヴィッド・ギルモア
　著, 前田俊子訳　春秋社　1994.9　291,21p
　20cm　〈巻末：参考文献〉　2884円　(i)4-393-
　42452-2　Ⓝ389.04
　〈内容〉第1章　男らしさの謎　第2章　卓越した実
　行力—地中海沿岸の男たち　第3章　男らしさの
　追求—トラック島民　第4章　「男になれるか」の
　不安—メヒナク族　第5章　幕間—別の男たち、
　別の男らしさ　第6章　男らしさへの里程標—サ
　ンブル族　第7章　男らしさの儀礼—サンビア族
　第8章　行為と多義性—東アジアと南アジア　第
　9章　例外として—タヒチ島民とセマイ族　第10
　章　結論
　＊人は男に生まれるのではない、男に作られる

600　文化人類学の本　全情報

のだ。日本を含む世界各地の事例をあげながら、"男らしさ"とはどのようなものか、それはなぜ必要とされ、いかなる役割を果たしているのかを考察した話題作。

◇踊る大地球—フィールドワーク・スケッチ　山口昌男著　晶文社　1999.3　157p　16×22cm　2840円　Ⓝ389
◇おはなし生理人類学　佐藤方彦著　日本規格協会　1997.3　202p　19cm〈参考文献：p199～200〉　1854円　(i)4-542-90217-X　Ⓝ491.3
（内容）1 人間に基づく規格　2 ホモ・ファティガトス　3 ストレスと人間　4 本能と大脳辺縁系　5 進化をたどる　6 理性と新皮質　7 男と女　8 人種を比べる
◇開発の文化人類学　青柳まちこ編　古今書院　2000.10　240p　21cm　2500円　(i)4-7722-3007-6　Ⓝ389.04
（内容）第1章 開発の人類学・人類学の開発　第2章 文化人類学と開発の実践—文化人類学の開発のために　第3章 医学および医学教育における人類学の役割と可能性—総合的な人間理解に基づく保健・医療開発に向けて　第4章 幸福のための開発—われわれの知識を有効に　第5章 O.D.A.の効率を高めるために開発人類学は何ができるか　第6章 開発の時代に生きるアボリジニ—西オーストラリア州東キンバリー地域のダイヤモンド鉱山開発の事例　第7章 南太平洋・ソロモン諸島の漁業開発と人材育成—合弁カツオ漁業の混乗漁船に関する実態把握をもとに　第8章「貧困の女性化」と女所帯の実態—「開発とジェンダー」の観点から　第9章 キプシギスの女性自助組合運動と女性婚—文化人類学はいかに開発研究に資することができるのか　第10章 労働とジェンダー開発のなかで　第11章「開拓」の村の若妻たち—北海道南呂の場合　第12章 インディアン保留区のカジノと開発
◇会話の人類学　菅原和孝著　京都　京都大学学術出版会　1998.8　367p　22cm（ブッシュマンの生活世界 2）　3800円　(i)4-87698-062-4　Ⓝ801
（内容）第1章 会話の人類学—その射程と方法　第2章 成熟の言説—年長者と青年の関係をめぐって　第3章 配慮の形式—会話構造と社会関係　第4章 重なりあうことば—同時発話の構造と動態　第5章 分岐する語り—連関性の認知をめぐって　第6章 交渉する身体—生活世界の合理性へ向けて　第7章 会話にみる共同性と対等性—「平等主義」再考
＊南部アフリカにひろがるカラハリ砂漠には、ブッシュマンという通称で知られる狩猟採集民が住んでいる。この本は、そのうち一言語集団グイの人々の日常会話を分析することを通して、会話の構造は社会関係とどのようにかかわるのか、同調的なコミュニケーションとはどのようなものか、人間はお互いの発話の意味をどのように認知するのか（あるいはしないのか）、言語行為とはいかにして相手を動かす力を発揮するのか、交渉はどのような論理によって組織されるのか、さらに、ある相互行為の全体的な意味を変容させてしまうメタコミュニケーションはいかにして達成されるのか、といった問いを考察しようとするものである。最後に、このような考察から得られたいくつかの発見を関連づけることによって、狩猟採集民社会の基本的な特徴とされてきた「平等主義」という謎を再考しようとする。

◇数の人類学　トーマス・クランプ著，高島直昭訳　法政大学出版局　1998.2　301p　20cm（りぶらりあ選書）〈文献あり　索引あり〉　3300円　(i)4-588-02190-7　Ⓝ389
（内容）第1章 数(すう)の存在論　第2章 数の認知の基礎　第3章 数と言語　第4章 宇宙論とエスノ・サイエンス　第5章 経済・社会・政治　第6章 計量、比較、等価性　第7章 時間　第8章 金(かね)　第9章 音楽、詩、踊り　第10章 ゲームと賭けごと　第11章 芸術と建築　第12章 数の生態学
＊先史・古代社会や自然民族の計数法から中国の数秘術、日本の姓名判断まで、「数」と文化のかかわりをエピソード豊かに描く。

◇仮面と神話　大林太良著　小学館　1998.3　254,17p　20cm〈索引あり〉　2300円　(i)4-09-626198-X　Ⓝ389
（内容）第1章 口承文芸の起源と発達　第2章 動物から宇宙まで—世界観の諸段階　第3章 太陽の神話、月の神話　第4章 天父・地母の神話　第5章 戦神の系譜　第6章 人と仮面—仮面の儀礼的使用　第7章 太平洋の若者組と若者宿　第8章 東アジアの成年式　第9章 東アジア稲作文化と正月儀礼
＊巨眼の民族学者が、世界的視野から日本列島の周囲をとりまく民族文化の起源と系譜を探る。

◇環境・人間・文化　高山竜三著　八千代出版　1993.4　207p　22cm〈参考図書：p193～201〉　2500円　(i)4-8429-0854-8　Ⓝ389
◇観光人類学　山下晋司編　新曜社　1996.7　211p　21cm〈各章末：参考文献〉　2266円　(i)4-7885-0565-7　Ⓝ689
（内容）観光人類学案内　観光の誕生　観光＝植民地主義のたくらみ　「南」を求めて　「持続可能な」観光開発　メディアと観光　ディズニーランドの巡礼観光　「楽園」の創造　サンタクロースとトナカイ遊牧民　観光と性〔ほか〕
＊車窓から飛ぶように流れる風景を眺めながら、私たちは、「異世界」と出会う期待に、しだいに胸をふくらませる。人とモノとの出会いから自己を再発見し、人類学する「旅」の案内。

◇観光人類学の戦略―文化の売り方・売られ方 橋本和也著 京都 世界思想社 1999.4 320p 19cm (Sekaishiso seminar) 2300円 (i)4-7907-0753-9 Ⓝ689
(内容)第1章 イントロダクション 第2章 観光の特徴―戦略的定義 第3章「聖なる旅」と観光 第4章 祝宴と観光―ホストとゲスト 第5章 文化観光と民族問題 第6章「観光文化」と真正性 第7章 観光開発の鏡としてのハワイ 第8章 イメージの奪還の試み 終章 楽園から環境へ
＊バリ、ハワイ、フィジー…世界各地で繰り広げられる観光は、なぜこれほどまでに人をひきつけるのか。観光独自の問題とはなにかを考察し、観光研究のための新たな戦略を模索する。

◇観光と権力―カリブ海地域社会の観光現象 江口信清著 多賀出版 1998.2 271p 22cm 〈文献あり 索引あり〉 5500円 (i)4-8115-5011-0 Ⓝ689
(内容)第1章 観光の文化人類学的研究 第2章 カリブ海地域イメージと観光 第3章 もてなし方と隷属性の演出 第4章 空間の演出 第5章 未開の追求 第6章 先住民と観光 第7章 観光と権力 補章 アメリカ合衆国の観光化の一事例―カリフォルニア州サンタバーバラの場合

◇観光の二〇世紀 石森秀三編 ドメス出版 1996.12 320p 22cm（二〇世紀における諸民族文化の伝統と変容 3）〈各章末：参考文献〉 6180円 (i)4-8107-0450-5 Ⓝ689.2
(内容)観光革命と20世紀 旅の大衆化か、差分化か?―トマス・クック社発展の影で 楽園幻想とポリネシア観光 観光地イメージの形成―商品としてのハワイ 文化イメージの受容と価値の生産―1920～30年代のニューヨークとパリ カナダ先住民社会の考古学遺跡と観光 アイヌにおける観光の役割―同化政策と観光政策の相克 モンゴルにおける観光立国―観光装置と異文化理解 観光立国キューバのジレンマ 鎖国と観光―ブータン王国の事例〔ほか〕
＊20世紀は国際観光の時代であった。民族文化の商品化、先住民族の自立、観光立国、自然や遺跡の活用などによって、観光は民族文化の変容を促した。19世紀から21世紀までを視野に入れ、観光の全体像に迫る。

◇技術としての身体 野村雅一,市川雅編 大修館書店 1999.6 447p 22cm（叢書・身体と文化 第1巻）4000円 (i)4-469-16341-4, 4-469-16340-6 Ⓝ389.04
(内容)第1部 感覚と身体訓練 第2部 身体の秩序と逸脱の技術 第3部 日常動作の組織と構造 第4部 芸能と身体技法 第5部 アルスアマトリアと性愛理論
＊身体は、生まれながらに与えられたものではなく、文化的に形成されるひとつの根源的技術、しかけである。本巻では人間の感覚の様態そのものからはじめて、身体技術のさまざまな断面とそれらの社会・文化的な意味を検証する。

◇北の人文化と宗教 大林太良著 第一書房 1997.7 249,17,14p 20cm (Academic series new Asia 24) 〈文献あり 索引あり〉 3000円 (i)4-8042-0131-9 Ⓝ389.04
(内容)1 北方文化入門 2 北方民族の社会 3 北方民族の世界観 4 狩猟儀礼におけるシャマンの役割 5 北方のお産の女神 6 北方の銀河の神話と虹の信仰 7 北方文化と日本文化 8 シベリアのオレゴンからみた縄文土偶 9 北太平洋地域の神話と儀礼における鮭 10 アイヌ文化と北方諸文化 11 アイヌの霊魂観 12 アイヌ神話における文化英雄 13 コロポックルの足跡 14 イトクパをめぐって
＊東はグリーンランドから西はスカンジナビアに至る北の地に生きる北方諸民族。北の人と文化。習俗と信仰の様々を多角的視点から語る。

◇共生の文化人類学―暮らしのトポスと経験知 渡部重行著 学陽書房 1995.4 296p 19cm 2575円 (i)4-313-81601-1
(内容)第1部 いまの暮らしを問い直す(「豊かさ」の裏側 快適さと便利さの裏側―近代の技術と自然 失われつつある未来 「進歩」の内実) 第2部 脱文明への道―共生的な暮らしに向けて(自然界における人間の位置 人と人との共生 エネルギーと食 自然のなかに住まう 知識と宗教 足もとからの変革)

◇協調と発展の人類学 大森元吉著 御茶の水書房 1996.3 262,6p 20cm 〈参考文献：p249～259〉 2884円 (i)4-275-01617-3 Ⓝ389
(内容)第1章 人類学の実践 第2章 フィールド探訪 第3章 地域の暮らし 第4章 活性化の試み 第5章 発展のいしずえ
＊異文化に生きる。20世紀も終り近いほぼ同じ時期に、著者は日本、南アジア、東アフリカでの現地調査を30年近く続けた。農村社会に生きる人々が直面する変化と伝統の葛藤に触れ、三つの地域の比較を通じて固有の、また共通の問題を考える。

◇空間、時間、そして人類―時空認識の人類史 グレイアム・クラーク著,服部研二訳 法政大学出版局 1995.5 223,27p 19cm (教養選書) 1957円 (i)4-588-05086-9
(内容)動物生態学から人類史へ 文字以前の社会における空間 文字以前の社会における時間 文明と、空間の拡大 文明と、歴史的時間の深化 進化と、世界の先史時代 地球外の空間と時間
＊人類はどのようにして文明を築き、どこへ向かおうとしているのか―動物行動学、生態学、

先史考古学から宇宙論におよぶ広範な視野から人類と時間・空間とのかかわりの歴史を跡づけ、時空認識の拡大と深化が文明化に果してきた絶大な役割を検討しつつ、宇宙的規模にまで拡大された人類文明の根拠と未来像を探る。平易な語り口で諸科学の最新の成果を語り、宇宙における人間の位置を解明する。

◇暮らしの中の文化人類学―平成版 波平恵美子著 武蔵野 出窓社 1999.10 213p 19cm 〈ベネッセコーポレーション1986年刊の改訂版 文献あり〉 1429円 (i)4-931178-26-X Ⓝ382.1
(内容) 1 家族とはなんだろうか? 2 節約と浪費の生活律 3 老いの問題 4 男と女 5 女の性と霊力 6 若者をめぐる問題 7 誕生と死
＊少子化・高齢化の中で今こそ問い直される「暮らし」の意味。

◇言語人類学を学ぶ人のために 宮岡伯人編 京都 世界思想社 1996.9 310p 19cm 〈各章末: 参考文献〉 2300円 (i)4-7907-0621-4 Ⓝ801
(内容) 文化のしくみと言語のはたらき フィールドワークと民族誌 フィールドワークのための音声学 民族誌としての辞書 民族誌としての語り テキストの蒐集と利用 ものと名前の人類学 言語が映し出す超自然観 言語相対論 言語による先史研究 民族接触と言語の変容 少数民族と言語の保持 言語人類学の背景
＊言語学の成果と方法をふまえつつ、言語と文化の相関性を明らかにし、ことばを通して文化とそれをになう民族の諸問題にアプローチする。

◇言語民族学 泉井久之助著 ゆまに書房 1998.3 159p 22cm 〈世界言語学名著選集 第4巻〉 〈秋田屋1947年刊の複製〉 5000円 (i)4-89714-410-8 Ⓝ804
(内容) 言語民族学 言語の構造について 国語と方言(日本の方言研究について 方言の性格 近畿の方言 日本語における「語根」の観念 「人」の名称について 新しい国字の問題)
＊「世界言語学名著選集」は20世紀の言語学史を辿る上で貴重と思われる国内・国外の著作を選び、海外で刊行されたものに関しては邦訳版を、国内で刊行されたものに関しては初版本を復刻集成したものである。第4巻、言語民族学(新学芸叢書)。

◇現代人類学を学ぶ人のために 米山俊直編 京都 世界思想社 1995.3 291p 19cm 〈文献案内: p265～282〉 1950円 (i)4-7907-0540-4 Ⓝ389
(内容) 1 現代人類学の底流 2 現代人類学の展開1―「世界」への視野 3 現代人類学の展開2―「私」と「他者」への視界
＊開発・難民・ジェンダー・医療・身体など、パラダイムの組みかえを迫る重要なトピックに挑み、世界と個人を同時に見つめる現代文化人類学の最新の動向を追う。

◇現代日本の祖先崇拝―文化人類学からのアプローチ ロバート,J.スミス著、前山隆訳 新版 御茶の水書房 1996.4 406,11,18p 20cm 〈巻末: 参考文献〉 6180円 (i)4-275-01623-8 Ⓝ389.1
(内容) 第1章 史的展望 第2章 霊・亡霊・神 第3章 死者供養 第4章 先祖理解のアプローチ 第5章 先祖とは何か 第6章 私的情愛の領域
＊本書は、文化人類学の立場から組織的な実地調査に基いて行なわれた現代日本の祖考崇拝の研究である。これは、歴史人類学的な文献資料調査、社会人類学的フィールドワークに基く社会構造研究、宗教民俗学的研究を綜合したもので独創的な日本研究となっている。ことにその徹底的な位牌調査は日本人学者の誰も行なわなかったユニークなものである。高度成長と産業化、核家族化、都市化の進行する現代日本の現実における宗教と日本人の研究であり、社会学、文化人類学、日本民俗学、歴史学、宗教民俗学の研究に対して、大きな刺激となるであろう。

◇講座生活学 1 生活学原論 川添登、一番ケ瀬康子編著 光生館 1993.5 209p 21cm 2472円 (i)4-332-70098-8
(内容) 1 生活学入門 2 比較生活学―方法論的アプローチ 3 生活権の思想と政策 4 暮らしから生活へ―現代日本人の生活リズムへの視点と視座 5 隣接科学と生活学(民俗学 文化人類学 家政学)

◇講座地球に生きる 2 環境の社会化―生存の自然認識 福井勝義、掛谷誠ほか編 雄山閣出版 1994.9 302p 22cm 〈参考文献: p291～300〉 3800円 (i)4-639-01253-5 Ⓝ389
(内容) 1 生存を支える時間認識 2 自然と社会の永続性 3 自然認識の政治性 4 総合討論 人類学からみた環境の社会化
＊グローバルな視点から人類と環境のありかたを問い直し、自然と文化に関する新しいパラダイムを提示するダイナミックな論考。

◇講座地球に生きる 4 自然と人間の共生―遺伝と文化の共進化 福井勝義ほか編 雄山閣出版 1995.9 360p 22cm 〈参考文献: p343～358〉 4800円 (i)4-639-01317-5,4-639-01252-7 Ⓝ389
(内容) 1 自然と文化の共進化(半栽培をめぐる植物と人間の共生関係 野生植物と作物のはざま 栽培化とは何か: トウガラシの場合 乳利用と乳糖分解酵素: 遺伝子と文化の共進化) 2 多様性を創造する文化(家畜化と毛色多型 品種の創出と維持をめぐるヒトと作物の関係 作物の多様化にみる土着思考) 3 自然と文化の接点(家畜の群れ管理における「自然」と「文化」の接点 家畜化の起源をめぐって: 考古学的意味での家畜化とは何だったか 生物防御からみた

遺伝と文化の接点　婚姻システムの生物的基盤)　4 総合討論「自然と文化の共生」思考にみる創造性
＊ダーウィンの適者生存説に代るものとして、今、生物間の共生現象が注目されている。加速度的に進む生態系の破壊の中で、人類のとるべき途は何か。

◇構造人類学のフィールド　小田亮著　京都　世界思想社　1994.3　261p　19cm　(Sekaishiso seminar)　〈参考文献：p247～251〉　1950円　(i)4-7907-0496-3　Ⓝ389
(内容)第1章 野生の思考―禁止と分類(穢れという観念　タブーと象徴的動物)　第2章 贈与の霊―交換と禁止(ゼロ・タイプの制度と互酬性　交換の四角形)　第3章 国家に抗する社会―首長制と王権(はみ出し者の首長と王　王権の二重性)　第4章 神話論理学―構造と変換 (神話の構造　神話と変換)　第5章 人種と歴史―構造と翻訳(血の共同体の幻想　翻訳としての構造)
＊「異なるもの」との交流を軸に、閉じられた体系を打ち破り、異文化間コミュニケーションの足場を築く、レヴィ＝ストロースの構造主義人類学―その切れ味を鍛え直す

◇荒野のロマネスク　今福竜太著　岩波書店　2001.8　307p　15cm　(岩波現代文庫　文芸)　1100円　(i)4-00-602036-8　Ⓝ389.04

◇声　川田順造著　筑摩書房　1998.10　313p　15cm　(ちくま学芸文庫)　1050円　(i)4-480-08444-4　Ⓝ801

◇コスモスの思想―自然・アニミズム・密教空間　岩田慶治著　岩波書店　1993.5　322p　16cm　(同時代ライブラリー　146)　1050円　(i)4-00-260146-3　Ⓝ389
(内容)第1章〈コスモス〉の構築―フンボルトの世界　第2章 文化をえがく場所―人類学的アプローチ　第3章 アニミズムの地平―空間構造の進化　第4章 伝統文化と〈コスモス〉―とぶ・まわる・すわる　第5章 象徴の世界―尽十方世界、是一顆明珠
＊美的秩序につらぬかれた、生きた全体としての宇宙、〈コスモス〉はどこに現われるか。フンボルトの「コスモス」に西洋的知の限界を感じ、東南アジア調査で出会った少数民族の自然観に深く共感した著者が、アニミズムとマンダラを重ね合わせ、〈隠れた自然〉を包みこむ〈コスモス〉の姿をさぐる。最近の思索をもとに「西・東・南の自然観」を加筆。独創にみちた文化人類学。

◇ことばの民族誌　山田幸宏著　〔高知〕　高知新聞社　1996.4　275p　19cm　〈高知 高知新聞企業(発売)〉　1553円　Ⓝ802

◇コミュニケーションとしての身体　菅原和孝,野村雅一編　大修館書店　1996.8　454p　22cm　(叢書・身体と文化　第2巻)　4120円　(i)4-469-16342-2, 4-469-16340-6　Ⓝ389
(内容)序論 コミュニケーションとしての身体　第1部 共振する身体　第2部 絆をつくるもの　第3部 言葉をつつむ身体　第4部 身体のポリティクス
＊身体相互間のたえまないコミュニケーションこそが人間のアイデンティティの核をなしている。身体は社会関係の真に実質的な基盤であるばかりでなく、制度や規範の雛形をもかたちづくる。日常生活を支配する不可視のポリティクスをとりえなおすためにも身体に脈打つ豊かな感覚＝意味を回復することが切に求められている。本書では、身体の原初的な交感能力からはじまって、社会・文化的脈絡のなかで身体がおびる儀礼性・象徴性にいたるまで、コミュニケーションとしての身体の多彩なはたらきを描き出し、それらをつらぬく秩序と構造を解明する。

◇これでいいのか日本の食事―世界の中の日本の食文化　甲子園大学監修、木下冨雄編　豊中　学会センター関西,学会出版センター〔発売〕2000.4　159p　21cm　(甲子園大学公開シンポジウムシリーズ 1)　1905円　(i)4-7622-2945-8
(内容)1 序論：食生活と健康　2 日本の食生活とその悪化傾向　3 食材の国際化―わが国の食事情の背景　4 エスニックフードと個食―文化人類学的視点から見た日韓食文化の比較　5 アフリカの食と栄養　6 将来の望ましい食生活
＊本書は、甲子園大学が1999年4月24日に、千里ライフサイエンスセンターで開催した、第1回公開シンポジウム「これでいいのか日本の食事」の記録をもとに編纂されたものである。

◇コンピュータ民族学　杉田繁治著　共立出版　1997.11　139p　19cm　(情報フロンティアシリーズ 18)　〈索引あり〉　1500円　(i)4-320-02837-6　Ⓝ389
(内容)1章 民族学とコンピュータ　2章 コンピュータ民族学とは何か　3章 マルチメディア・データベース　4章 データの加工・変形　5章 モデル・シミュレーション　6章 コンピュータ民族学への道　7章 あとがきにかえて
＊いままで人文系の分野では、数学的な手法やコンピュータなどを使うことはほとんどありませんでした。本書は人文科学の分野に積極的にコンピュータなどを応用して、新しい学問をおこなおうとする試みのひとつとして、国立民族学博物館における「コンピュータ民族学」を紹介したものです。民族学は人間生活のあらゆる問題に関係しています。そこに用いられる手法は多岐にわたっています。われわれが構築しているマルチメディア・システムとその応用は、従来の図書館、博物館、美術館などの区別をなくしてしまうシステムです。

◇採集狩猟民の現在―生業文化の変容と再生 スチュアート・ヘンリ編著,池谷和信ほか著 言叢社 1996.5 243p 22cm 〈各章末:文献〉 4500円 (i)4-905913-57-8 Ⓝ389

◇最新生理人類学 佐藤方彦編著 朝倉書店 1997.4 156p 21cm 〈執筆:原田一ほか 各章末:文献〉 2800円 (i)4-254-10148-1 Ⓝ491.3
(内容) 0 人間研究と生理人類学 1 ヒトの感覚特性 2 ヒトの自律神経機能 3 ヒトの内分泌系 4 ヒトの精神機能 5 ヒトの運動能力 6 ヒトの発育 7 ヒトの老化 8 自然環境とヒト 9 人工環境とヒト 10 ヒトの遺伝
*野生の自然に培われた人間の特性に現代文明が重大な影響を及ぼすことが懸念されて、真に人間に合致する文明を構築することが望まれている。そのためには人間の特性の解明が不可欠となる。生理人類学は、現代文明に生きる人間の人類学として、この課題に貢献している。本書は、基本的な人間理解が何よりも優先される生理人類学の理念に沿って、多くの章が基本的な解説に当てられているが、8章や9章を中心に社会的ニーズに対応する生理人類学の内容も取り上げられている。

◇再生産の歴史人類学―1300～1840年英国の恋愛・結婚・家族戦略 アラン・マクファーレン著,北本正章訳 勁草書房 1999.11 425,59p 22cm 〈肖像あり 文献あり〉 7200円 (i)4-326-60129-9 Ⓝ367.4
(内容) 第1部 マルサス主義的結婚システム 第2部 子どもの価値 第3部 結婚の諸目的 第4部 結婚の諸規準 第5部 結論
*恋愛・結婚・子どもの誕生・相続―ライフサイクルにおける「種の再生産」を規制するマルサス主義的人口動態を歴史人類学の手法で解剖。世界比較の中で特殊イギリス的な個人主義的展開を辿る。

◇山谷ブルース―〈寄せ場〉の文化人類学 エドワード・ファウラー著,川島めぐみ訳 洋泉社 1998.10 342p 20cm 2600円 (i)4-89691-337-X Ⓝ368.2
(内容) 第1章 舞台(山谷巡り 山谷の名所 ほか) 第2章 生活(日雇い労働者 組合員とシンパ ほか) 第3章 活動(労働組合の研究会 組合の企画会議 ほか) 第4章 儀式(秋祭りと冬祭り 忘年会 ほか) 第5章 仕事
*1989年日本語を自由に操る一人のアメリカ人学徒が山谷に入った。ドヤに住み、一緒に働きながら信頼を得、語られることの少なかった寄せ場に生きる人々の心の襞に分け入り、二年半の歳月をかけ貴重な証言を得ることに成功した。「ニューヨーク・タイムズ」で絶賛された労作、遂に刊行。

◇死をふくむ風景―私のアニミズム 岩田慶治著 日本放送出版協会 2000.7 219p 19cm (NHKブックス) 870円 (i)4-14-001890-9 Ⓝ163.3
(内容) 1 カミの宿る森(アニミズムの世界―無数のカミ・無数の主語・無数の中心 森の思想 宇宙樹のコスモロジー) 2 生と死のあいだ、境界のない世界(死をふくむ風景 円相のなかの生死 私という空間に去来する雲) 付 日常のなかの奇蹟
*古代よりアジアにあまねく広がる一元の世界、アニミズム。森羅万象のあらゆる存在に魂を感じ、人間と自然との境界がうすれ、とけあった瞬間に、時空を超えて、そこに"カミ"が現れる。半世紀にわたり東南アジア各地でフィールドワークを続け、民族の"こころ"を追い求めた文化人類学者が、アジアの文化の中から、日常の風景の中から、「同時の世界」『無限の世界』『遊び論』等、積年のアニミズム研究の精髄を抽出し、人間にとって根源的な宗教感覚を現代に甦らせる。私たち一人ひとりの死生観を揺さぶる、アニミズムの深遠とは何か。

◇自然観の人類学 松井健編 宜野湾 榕樹書林 2000.9 445p 22cm 9500円 (i)4-947667-65-6 Ⓝ389.04
(内容) 第1部 なりわいと楽しみの自然 第2部 語りのなかの自然 第3部 社会化された自然 第4部 身体の自然性 第5部 琉球列島という自然
*人間と自然との関わりを解析した気鋭の論文集。いくつもの自然を問う。

◇自然の文化人類学 松井健著 東京大学出版会 1997.9 213,5p 22cm 3200円 (i)4-13-063313-9 Ⓝ389
(内容) 第1章 文化人類学における一九二二年の問題 第2章 人類学的「自然」 第3章 ドメスティケイションの「自然」観 第4章 自然と文化のカレードスコープ 第5章 身体という回路 第6章 コスモロジーの構築術 第7章 想像的なもののリアリティ
*人間にとって「自然」とは?いま「自然」の意味を問う。ナツメヤシ・オアシスの世界、ドメスティケイションの起源、シュルレアリスムの絵画、ニュー・ネッシー騒動…人間と自然とのかかわりをあらゆる角度から照らしだす。新たな人類学への、意欲的な試み。

◇実践の医療人類学―中央アメリカ・ヘルスケアシステムにおける医療の地政学的展開 池田光穂著 京都 世界思想社 2001.3 390p 22cm

〈文献あり〉 5800円 (i)4-7907-0874-8 Ⓝ498.0257

(内容) 第1部 医療人類学と国際保健(医療人類学 健康の開発史 ほか) 第2部 医療体系論(制度的医療論 医療的多元論 ほか) 第3部 疾患の民族誌(村落保健 民俗疾患概念 ほか) 第4部 疾患と健康(疾患の文化的解釈(メソアメリカにおける下痢性疾患 ドローレスにおける下痢の理解をめぐって) 健康の概念) 第5部 コミュニティ参加と現代社会(コミュニティ参加の保健プロジェクト 「医療と文化」を再考する―グアテマラにおける医療人類学 ほか)

*医療の援助協力に関わる社会現象を多角的に考察し、村落でのフィールドワークとグローバル化する国際保健研究を総合した労作。第一人者の案内で医療人類学の最前線へ。

◇社会変容と女性―ジェンダーの文化人類学 窪田幸子, 八木祐子編 京都 ナカニシヤ出版 1999.3 234p 20cm 2400円 (i)4-88848-470-8 Ⓝ367.22

(内容) 第1部 経済と生活の変化(草原の国を変えた女性たち―モンゴル 結婚・家族・女性―北インド農村社会の変容 家事と儀礼と機織りと―バリ女性の「三重役割」をめぐって) 第2部 アイデンティティの表出(周縁社会に生きる女性たち―北タイ・カレン ヨロンゴ女性の可能性―オーストラリア北部アーネムランドに女性起業家はあらわれるのか ニュージーランド・森羅万象のつながりのなかで―あるマオリ女性の世界観と抵抗運動) 第3部 現在からみる歴史と伝統(シンガポールの広東阿媽―自らの意志で生き方を決めた人たち 植民地社会における「伝統」と「人権」―香港の歴史と近代化のなかで)

*フィールドワークをもとに伝統と近代の相克の中で変わるアジア・オセアニアの女性たちを描く。

◇周辺民族の現在 清水昭俊編 京都 世界思想社 1998.9 290p 22cm 3900円 (i)4-7907-0724-5 Ⓝ389.04

(内容) 序章 周辺民族と世界の構造 第1章 変容はいかに語られたか―セントラル・ブッシュマンの日常会話から 第2章 周辺化と軍事化―南部スーダン・バリ人と外部勢力 第3章 周辺性と民族的自立―パシュトゥーン人とバルーチュ人の例から 第4章 周辺社会と外部社会の接合―ミドルマンの戦略的適応 第5章 現代の「アイヌ民族」 第6章 噴火被災の苦難を越えて―ピナトゥボ・アエタたちの選択 第7章 「石器時代人」タサダイ再考―中心的シンボルとしての周辺民族 第8章 アメリカ・インディアンのアイデンティティ 第9章 先住民族が成立する条件―理念から現実への軌跡 第10章 ソロモン諸島の社会運動と中心世界の使い方

*マイノリティから世界を見る。グローバルな認識の視座を求めて、構造的中心から排除され、周辺化された人々に焦点を当てる。不可視な世界の構造を明るみに出す、現代人類学の新たな成果。

◇呪術・科学・宗教―人類学における「普遍」と「相対」 スタンレー・J.タンバイア著, 多和田裕司訳 京都 思文閣出版 1996.10 299,15p 21cm (巻末:参考文献) 4120円 (i)4-7842-0915-8 Ⓝ389

◇情報人類学―サルがコンピュータをつくった理由 奥野卓司著 徳島 ジャストシステム 1993.10 293p 21cm (主要参考文献:p282〜285) 1800円 (i)4-88309-047-7 Ⓝ007

(内容) 第1章 情報人類学への招待 第2章 情報人類学の宇宙 第3章 唯物論から唯情論へ 第4章 情報人類学の展開

*マルチメディアやバーチャルリアリティなど、ヒトをとりまく情報環境は21世紀に向けてさらに変容していく。こうした情報社会の中、ヒトはどこへ向かおうとしているのだろうか。その答えは本書の中にある。ヒトという名のサルの本性を「情報」をフィールドワークして探究する情報人類学への招待。

◇食と健康の文化人類学 滝口直子, 秋野晃司編著 学術図書出版社 1995.7 195p 21cm 〈執筆:蔵持不三也ほか 各章末:参考文献・推薦図書〉 2060円 (i)4-87361-469-4 Ⓝ383.8

◇植民地主義と文化―人類学のパースペクティヴ 山下晋司, 山本真鳥編 新曜社 1997.12 347p 20cm 〈文献あり〉 3200円 (i)4-7885-0625-4 Ⓝ389.04

(内容) 序論 植民地主義と文化 裁かれるマオリ・カスタム 文化的「主体」と翻訳的適応 植民地状況におけるキリスト教の役割 「発端の闇」としての植民地 サモア人のセクシュアリティ論争と文化的自画像 八人のアマゾニア先住民は民族か 文化的権威の歴史化とその開示 ジャワにおける植民地主義と文化的抵抗 植民地文化における主体性と暴力 「不可触民」はどこへ行ったか?

*生成する民族=文化。植民地主義の下で人々はどのように生きたか。加害者-犠牲者という単純な図式からは抜け落ちていた「文化を生きる主体」の抵抗という視点から、「伝統的」な民族=文化がいかに被植民者と植民者との相互作用のなかで生成したかを明らかにする。

◇植民地人類学の展望 中生勝美編 風響社 2000.8 274p 20cm 2500円 (i)4-89489-100-X Ⓝ389.04

◇身体の中世 池上俊一著 筑摩書房 2001.11 402p 15cm (ちくま学芸文庫) 1500円 (i)4-480-08666-8

(内容) 1 身体コミュニケーション(身振りのシ

ンボリズム ダンスのイメージ ほか) 2 身体に関する知・メタファー・迷信(ミクロコスモス=マクロコスモス 「聖なる」からだと「穢れた」からだ ほか) 3 からだの「狂い」とこころの「狂い」(病気―罪の結果か受難の印か 狂気―悪魔憑きか神の使者か ほか) 4 感情表現の諸相(聖と俗の泣き笑い 嫉妬と羞恥―人間関係が生みだす情動 ほか) 5 五感の歴史(視覚―色彩と風景の台頭 聴覚―日常生活における音 ほか)

＊どの時代にもまして、身体を媒介として世界と関わったヨーロッパ中世。この時代、身体の各部位には多彩なメタファーが盛り込まれており、また、身体表現・感情表現には極めて重層的な社会的意味がこめられていた。アナール学派の研究をふまえつつ、多数の図像を用いて、「からだ」と「こころ」に向けられた中世ヨーロッパの視線から、色鮮やかな人間観を緻密に描きだす。

◇人肉食の精神史 大西俊輝著 東洋出版 1998.3 491p 22cm (文献あり) 4000円 (i)4-8096-7238-7 Ⓝ389

(内容) 第1部 飢餓の人肉食 第2部 戦乱の人肉食 第3部 淘汰の人肉食 第4部 抑圧の人肉食 第5部 煩悩の人肉食 第6部 慈愛の人肉食

＊飢饉や戦乱の時代から、現代の「脳死臓器移植」に至るまで他者の血肉を欲する系譜を、膨大な文献や資料をもとに辿り、その生と死のぎりぎりの状況から、生き続ける意味を考える。

◇新不平等起源論―狩猟=採集民の民族学 アラン・テスタール著, 山内昶訳 法政大学出版局 1995.12 290,21p 20cm (叢書・ウニベルシタス 505) 〈巻末:書誌〉 3399円 (i)4-588-00505-7 Ⓝ389

(内容) 第1章 例外とされる社会 第2章 食料備蓄にもとづく技術=経済システム 第3章 定住・備蓄の狩猟=採集民社会―典型例 第4章 蓋然例と限界例 第5章 地理的分布と自然的制約 第6章 歴史の進路 第7章 狩猟=採集民における不平等の形態と起源にかんする補注

＊地球の規模で狩猟=採集民の民族誌を再検討し、農耕社会以前に多くの社会で経済的不平等と社会的階層化が存在していたことを立証して「新石器革命」という従来の定説を覆す。定住・備蓄対遊動・非備蓄という新たな分析視点から、人類史の根本的な見なおしを迫る。

◇人類が神になる日―デニケンの宇宙文化人類学 エーリッヒ・フォン・デニケン著, 坂本明美訳 アリアドネ企画 1997.8 278p 19cm (Ariadne cosmic) 〈佑学社1986年刊の増補 東京 三修社(発売)〉 1600円 (i)4-384-02367-7 Ⓝ440.9

(内容) 第1章 明日の地球人(北米航空宇宙防衛司令部 西暦2000年以降の世界 もはや避けられない宇宙進出 宇宙で何が起こるか) 第2章 カーゴ信仰(ニューギニアのカーゴ信仰 ナスカ) 第3章 千の神々の国インド(インドへの旅 宇宙旅行先史時代の神々 古代インドの空飛ぶ機械 結論)

＊太古に存在した宇宙人文化。その正体への文化人類学的アプローチ。

◇人類学がわかる。 朝日新聞社アエラ発行室 1995.6 192p 26cm (Aera mook 8―やわらかアカデミズム「学問がわかる。」シリーズ) 1100円 Ⓝ469

◇人類学研究 小金井良精著 大空社 1997.4 1冊 21cm (アジア学叢書) 18000円 (i)4-7568-0544-2

◇人類学研究 続編 小金井良精著 大空社 1997.4 1冊 21cm (アジア学叢書) 14000円 (i)4-7568-0545-0

◇人類学講座 1 総論 人類学講座編纂委員会編 渡辺直経,香原志勢,山口敏編集責任 雄山閣出版 2001.3 250p 21cm 3800円 (i)4-639-01727-8 Ⓝ469.08

(内容) 1 人類学序説 2 人間理解の系譜と歴史―自然人類学の観点から 3 人類学の歴史 4 日本の人類学の現況 5 付論 人類学、その対立の構図

◇人類学的実践の再構築―ポストコロニアル転回以後 杉島敬志編 京都 世界思想社 2001.10 392p 21cm 3900円 (i)4-7907-0894-2

(内容) 序論 ポストコロニアル転回後の人類学的実践 第1部 人類学的実践の倫理と政治(「文化の翻訳」の流通・消費の側面―「ファンダメンタリズム」と「原理主義」をめぐって 異文化理解の倫理にむけて 紛争研究と人類学の可能性 文化/人類学―文化解体を超えて 人類学の正義と正義の人類学 ほか) 第2部 人類学的実践の枠組と理論(対比する語りの誤謬―キドゥルマと神秘的制裁 人類学の設計主義 儀礼の受難 非同一性による共同性へ/において 越境から、境界の再領土化へ―生活の場での「顔」のみえる想像 ほか)

＊ポストコロニアリズムが浸透し人類学者による人類学批判がはじまった1980年代以降、領域を広げつつも、方途を失ったかに見える人類学、その倫理と政治を問い、枠組と理論を再考する。

◇人類学的世界史―文化の木 ラルフ・リントン著,小川博訳 講談社 1995.2 358p 15cm (講談社学術文庫) 980円 (i)4-06-159165-7 Ⓝ389

(内容) 基礎的な発明 東南アジア文化複合 西南アジアとヨーロッパ 最初期の文明 地中海文化複合 アフリカ インド 中国 日本

＊火の発見と原子力の発明は人類の歴史にとってどちらが価値があるのか。先史時代に生じ

た文化の種子はヨーロッパ・アジア・アフリカへと蒔かれ、さまざまな異文化が現代の地球を覆う。著者は豊富な文化人類学の知識をもとに、人類発展の歴史を進化論と異なる視点で捉え直す。各地域の文化の歴史を検証しながら、宇宙空間への進出も鍬の発明も同じ位相にならべて文化の意味を考察した画期的世界史。

◇人類学的出会いの発見 宮永国子著 京都 世界思想社 1994.7 226p 19cm (Sekaishiso seminar) 〈参考文献：p220～221〉 1680円 (i)4-7907-0515-3 Ⓝ389.04
(内容)第1章 文化が自然であることをやめるとき(国際機関というフィールド 多人種社会・アメリカ 人類学からの古典的実例 構築される血縁) 第2章 他者を通じて自己を知る(ヌアー人と日本人 人間関係の構築 近代・伝統・「未開」 近代の指導者) 第3章 他者に迫られる自己(自己の一貫性としてのアイデンティティ 他者の回避 出発点をつくる努力 出会いを科学する 自国内の異文化) 第4章 見ることは変わることだ(流動性への対応 見ると見える 主観性と客観性 自己の一貫性)
＊鮮烈な驚きをもたらす他者との出会いを、新しい間柄をつくるためにどう生かすのか。自己を譲り渡すことなく、他者をどこまで深く理解できるのか。体験的人類学エッセイ。

◇人類学とは何か J.L.ピーコック著、今福竜太訳 岩波書店 1993.4 279,18p 16cm (同時代ライブラリー 144) 《「人類学と人類学者」(1988年刊)の改題》 1050円 (i)4-00-260144-7 Ⓝ389
(内容)1 実体(それは現実だ!―文化を眺める 人類学を定義する―全体論的な研究分野 全体論的に知覚すること 全体を部分に類別化する―分析的構築 文化と経験 自然とのかかわりにおける文化の概念 社会 共同体と文化のエキゾティックな所在 文化と共同体―個人と意味との関連で) 2 方法(旅 フィールドワーク フィールドワークとその関連活動 解釈 一般化 個別化と一般化のはざまで―民族誌的一般化 演繹・実験・内省 フィールドワーク・民族誌・理論) 3 意味(最も偉大な物語 進化主義的視点と解釈学的視点 現実とどうかかわるか 強い光とソフトフォーカス)
＊自らの文化から解き放たれてフィールドに赴く人類学者は、そこで何を行い、何を見ようとするのか。本書は、人類学者の行動を探検家、宣教師、ジャーナリストなどと対比し、そのホーリスティックな特質を分析して、人類学的視点の独自の力と意味を考察する。「人類学とは何か」という問いに対して、「人類学者とは何か」について思索をめぐらし、明快に答えてゆく。斬新なる入門書。

◇人類学のコモンセンス―文化人類学入門 浜本満,浜本まり子共編 学術図書出版社 1994.4 207p 21cm 〈執筆：太田好信ほか 各章末：引用・参考文献〉 1957円 Ⓝ389

◇人類学の読みかた 渡辺直経,香原志勢,山口敏編 雄山閣出版 2001.3 250p 22cm 〈年表あり〉 3800円 (i)4-639-01728-6 Ⓝ469
(内容)1 人類学序説(人類学とは何か 人類学の研究内容 ほか) 2 人間理解の系譜と歴史―自然人類学の観点から(人間をどう把握するか ギリシャの人間観―個人としての人間観の確立 ほか) 3 人類学の歴史(自然の体系と人類―人類学前史 洪水以前の人類―更新生人類の発見 ほか) 4 日本の人類学の現況(化石人類の研究 日本列島人の時代的変化に関する研究 ほか) 5 付論・人類学、その対立の構図(人類という語の独占 ヒト、人間・人類 ほか)
＊人類の起源、進化、変異、特性などについて、事実を積み重ねてきた人類学「学説」の歴史から哲学的課題まで。ヒトの歴史を探る学としてつねに自然科学的な回路で新生面を切り開いてきた「知」の体系=「人類学」を総括する。

◇人類学の歴史―人類学と人類学者 アダム・クーパー著、鈴木清史訳 明石書店 2000.2 355p 20cm (明石ライブラリー 17) 3600円 (i)4-7503-1248-7 Ⓝ389.0233
(内容)第1章 マリノフスキー 第2章 ラドクリフ＝ブラウン 第3章 1930～40年代―機能から構造へ 第4章 人類学と植民地主義 第5章 専門課程化する人類学 第6章 リーチとグラックマン 第7章 レヴィ＝ストロースと英国新構造主義 第8章 終わりと始まり

◇人類学フィールドワーク入門 J.G.クレイン,M.V.アグロシーノ著、江口信清訳 京都 昭和堂 1994.4 243p 22cm 〈各章末：参考文献〉 2678円 (i)4-8122-9407-X Ⓝ389.07

◇人類の起源―古人類学入門 フィオレンツォ・ファッキーニ著、片山一道監訳 京都 同朋舎出版 1993.7 189p 31cm 〈参考文献：p186～187〉 4800円 (i)4-8104-1122-2 Ⓝ469.2
(内容)古人類学 私たちの祖先―化石の発見 進化と進化論 分子生物学の貢献 霊長類の進化と自然環境 最も古い霊長類―原猿類 ヒト上科動物(ホミノイド)の起源 直立二足歩行と人類の進化 最古のアウストラロピテクス(アファール猿人) ホモ・ハビリスの生活 人の萌芽と約束された将来 言語 火の使用と創造 ネアンデルタール人の生活と世界観 旧石器時代 新石器時代の芸術 先史時代の宗教意識 人類の適応と文化〔ほか〕
＊ヒトの神秘、進化の不思議。壮大なスケールで贈る人類誕生の奇跡。サルからヒトへの歩みがわかるオールカラーのビジュアルな一冊。

◇図説食人全書 マルタン・モネスティエ著、大

塚宏子訳　原書房　2001.3　413p　21cm　3600円　(i)4-562-03399-1　Ⓝ389
〈内容〉第1章 胃の記憶　第2章 食人の起源　第3章 なぜ食人人種は人を食べるのか?　第4章 食人人種たちの食人風習　第5章 食人人種の慣例的料理　第6章 食糧としての食人　第7章 復讐のための食人　第8章 神々と信者たちの食人　第9章 悪魔とその使徒たちの食人　第10章 食人療法　第11章 食人犯たちのリスト　第12章 産業化・組織化された食人 21世紀の食糧難に対する答え
＊女の方が柔らかい、男の方が味が良い。いちばんおいしい部位はどこか。「死刑全書」「奇形全書」の著者モネスティエがおくる未公開版版130点余。人が人を食う歴史・実態・効用に迫る衝撃の書。

◇相撲の人類学　寒川恒夫編著　大修館書店　1995.10　249p　20cm　(スポーツ人類学叢書)〈執筆：宇佐美隆憲ほか　各章末：注および参考文献〉　2060円　(i)4-469-26322-2　Ⓝ788.1
〈内容〉第1章 相撲の人類学　第2章 中国朝鮮族シルムの持続と変容—伝統文化と民族意識　第3章 西アジアの相撲　第4章 フィリピンの相撲—ブノおよびウン・ウノングの競技　第5章 アイスランドの民族格闘技ギリーマ　第6章 スイスのシュビンゲン

◇生活技術の人類学—国立民族学博物館シンポジウムの記録　吉田集而編　平凡社　1995.7　472p　22cm　〈各章末：文献〉　6800円　(i)4-582-48115-9　Ⓝ389.04

◇生活文化論—文化人類学の視点から　河合利光編著　建帛社　1995.1　223p　21cm　〈執筆：朝倉敏夫ほか　引用・参考文献：p205～218　各章末：読書案内〉　2163円　(i)4-7679-1425-6　Ⓝ389
〈内容〉第1部 生活文化の諸問題　第2部 生活文化の多様性　第3章 家族と社会生活　第4章 生活の中の芸能と造形

◇精神の生態学　G.ベイトソン著、佐藤良明訳　改訂第2版　新思索社　2000.2　669,37p　22cm　〈文献あり　年譜あり〉　6500円　(i)4-7835-1175-6　Ⓝ389
〈内容〉第1篇 メタローグ(確率論の基礎講義—物はなぜゴチャマゼになるのか　メタメッセージとは何か—フランス人の手ぶり ほか)　第2篇 文化と型式(関係の力学から文化の総体を見る—文化接触と分裂生成　科学とアナロジー思考—民族の観察から私が進めた思考実験 ほか)　第3篇 関係と病理(性格を形成する学習とは—社会計画と第二次学習　「うそ」と「ふり」のパラドックス—遊びと空想の理論 ほか)　第4篇 情報と進化(進化論の考え方についての提言—生物学者と州教育委の頭のからっぽさについて　ラマルクとダーウィンの対立を止揚する—進化における体細胞的変化の役割 ほか)　第5篇 生命と認識(「意味」とは何か—サイバネティックスの説明法　コミュニケーションの発生と進化—冗長性とコード化 ほか)　第6篇 文明と健康(今世紀に起こったもっとも重要な二つの事件—ヴェルサイユからサイバネティックスへ　「パワー」と「コントロール」の神話を撃つ—エピステモロジーの正気と狂気 ほか)
＊文化とは?性格とは?病気とは?情報とは?進化とは?意識とは?文明とは?環境とは?芸術とは?神聖とは?物象科学の思考を捨て、関係性を問いつめ、マインドの科学を築いていった巨人ベイトソンの全軌跡。

◇聖なる飢餓—カニバリズムの文化人類学　ペギー・リーヴズ・サンデイ著、中山元訳　青弓社　1995.12　391,19p　20cm　〈巻末：参考文献〉　4000円　(i)4-7872-3106-5　Ⓝ389
〈内容〉第1章 通文化的にみたカニバリズム　第2章 分析の枠組み　第3章 身体の神秘—ファ族とギミ族の死者のカニバリズム　第4章 両性具有の原‐存在—ビミン・クスクスミン族のカニバリズム　第5章 人喰い怪物と「獣—友」　第6章 魂の欲望の顔—十七世紀におけるイロクォイ族の拷問とカニバリズム　第7章 生の女と調理した男—十九世紀におけるフィジーのカニバリズム　第8章 「貴重な鷲—サボテンの果実」—アステカ族の人間の生贄　第9章 カニバリズム慣行の転換と終焉　第10章 結論—その他の象徴と儀礼様式
＊他者の身体は、生を回復し、神と交感し、私となるための聖餐である。戦慄と魅惑の"人肉食"という象徴体系を、心理学や民族学を援用して解析する、出色のカニバリズム論。

◇性の人類学—サルとヒトの接点を求めて　高畑由起夫編　京都　世界思想社　1994.5　252,15p　19cm　(Sekaishiso seminar)　1950円　(i)4-7907-0510-2　Ⓝ489.9
〈内容〉「性」をいかに語るべきか　第1部 雄の「性」(雄の「性」—あるいは性選択理論再考　ニホンザルの父子判定が教えてくれるもの)　第2部 雌の「性」(「性」と時間—交尾季、月経、発情をめぐるいくつかの話題　雌の「性」—子づくりと子育てのはざま)　第3部 ヒトの「性」(失われた発情、途切れることのない「性」、そして隠れた排卵　チャムスの民俗生殖理論と性—欺かれる女たち　狩猟採集民の母性と父性—サンの場合)　第4部 生物学とフェミニズム(生物学とフェミニズムの交錯—霊長類研究を中心に)
＊自然のなかの「性」、文化のなかの「性」。ヒトとはいかにどう違うのか—霊長類学と人類学がフィールドの成果をぶつけあい、「性」と繁殖の現象をめぐる複雑な謎に挑む。

◇生理人類学　富田守, 真家和生著　朝倉書店　1994.3　158p　21cm　〈参考文献：p147～153〉

2575円　(i)4-254-10129-5　Ⓝ491.3
(内容) 1 序論(生理人類学を考える　ヒトをみる3つの視点)　2 生理機能の基礎事項(植物性機能　動物性機能)　3 生体変化による適応(自然環境への適応　生活と適応)　4 行動による適応(ヒトの生活行動とその特徴　ヒトの基本的行動と調節機序)　5 近未来環境における人類(都市生活における人類　海底生活における人類　宇宙生活における人類)
◇生理人類学―自然史からみたヒトの身体のはたらき　富田守,真家和生,平井直樹著　第2版　朝倉書店　1999.3　198p　22cm　〈文献あり〉3200円　(i)4-254-10159-7　Ⓝ491.3
(内容) 1 生理人類学を考える　2 自然人類学におけるヒトをみる三つの視点　3 生理機能の基礎事項　4 生体変化による適応　5 行動による適応　6 近未来環境における人類
＊人類学は文化をもった生物としての人類を解明する学問である。そのなかで身体の側面を研究する領域を自然人類学、生活文化の側面を研究する領域を文化人類学というが、本書は前者に属しており、とくに人類の身体の働き、つまり生理学的側面を扱っている。また、本書を作るにあたって、人類学のもつ自然史的な性格をできるだけ出すように心がけた。
◇世界のジプシー　ネボイシャ・バト・トマシェヴィッチ,ライコ・ジューリッチ共著、ドラゴリュブ・ザムロヴィッチほか写真　恒文社　1993.3　289p　31cm　〈日本語版監修：相沢好則　付：参考文献〉　15000円　(i)4-7704-0769-6　Ⓝ389
(内容) 伝説から事実へ(世界の流浪者　ジプシーの生活　習慣と伝統　神秘的な名前)　ジプシーの通った道
◇世界の神話をどう読むか―徹底討議　大林太良,吉田敦彦著　青土社　1998.8　345,9p　20cm　2200円　(i)4-7917-5644-4　Ⓝ389.04
(内容) 1 世界の神話をどう読むか　2 神話の中の女性―大地母神から魔女、聖母まで　3 神話の中の海と山　4 殺される女神と死んで復活する神たち　5 王権の光と陰　6 太陽と月　7 神話と英雄伝説　8 神話の中の動物たち　9 神話研究の現在
＊人類の誕生以来語りつがれてきた神話。その豊饒な想像力に秘められた、底知れぬ魅力と謎を、現代に生きる私たちは、どのように読みとくことができるのか。近年大きな変化をとげた神話学の動向をふまえ、神話研究をリードする二人の学究が、様々な角度から語り合う、神話の意味と価値と尽きせぬ面白さ。
◇せめぎあう「民族」と国家―人類学的視座から　飯島茂編著　京都アカデミア出版会　1993.5　338p　19cm　〈各章末：参考文献〉　2266円　Ⓝ389
◇先住民と都市―人類学の新しい地平　青柳清孝,松山利夫編　青木書店　1999.8　317,15p　22cm　3800円　(i)4-250-99031-1　Ⓝ389
(内容) 第1部 オセアニアの先住民と都市―アボリジナルとマオリ(ヌンガから再びアボリジナルへ―アデレードのアボリジナル　移住する先住民、クィーンズランドのアボリジナル―Aboriginal Deaths in Custody王立調査委員会報告書を中心に　ほか)　第2部 アジアの先住民と北欧のサーミ―都市との多様なかかわり(都市におけるアイヌ系日本国民の動向―札幌市域と旭川市域の事例から　首都圏におけるアイヌ運動組織の歩み　ほか)　第3部 北米、中米の先住民と都市(都市の「インディアン」―カナダとアメリカの政策と先住民の都市化　デネー社会の変容―都市移住を志向する先住民社会　ほか)　第4部 国際社会学からの展望(グローバル化時代の都市先住民―オーストラリアを一事例として　多文化主義・少数民族・先住民―カナダ多文化主義が直面する新たな係争課題)
＊彼らはなぜ都市をめざすのか。そして自らをどこに位置づけようとするのか。現代都市を生きる先住民の多様な姿を現地調査をもとに描き出す。
◇贈与交換の人類学　伊藤幹治著　筑摩書房　1995.6　274,62p　22cm　〈巻末：文献〉　3900円　(i)4-480-85695-1　Ⓝ389
(内容) 第1部 贈与交換理論の検討　第2部 日本社会の贈与交換とその文化的背景　第3部 贈与交換の比較文化論的考察　第4部 交換論からみた宗教的世界
＊C・レヴィ＝ストロースなど文化人類学の業績や、柳田国男など民俗学の成果をふまえ、世界の民族誌に記録された多くのデータを駆使して、贈与交換の人類学的理論に検討を加える。ヴァレンタイン・デーの贈りものなど、今日的な贈与交換をも分析する創見にみちた論考。詳細な文献目録を収める、今後の議論にとって必読の研究書。
◇贈与の謎　モーリス・ゴドリエ著、山内昶訳　法政大学出版局　2000.5　339,16p　20cm　〈叢書・ウニベルシタス　674〉　〈文献あり〉　4000円　(i)4-588-00674-6　Ⓝ384.37
(内容) 序　与えるモノ、売るモノ、与えるのも売るのも駄目で、手放せないモノ　1 モースの遺贈(名著の輝きとその影)　2 人間と神々の代替＝物(ニューギニア・バルヤ族での聖物、貴重物、物＝貨幣　ポトラッチ社会の出現と発展の仮説)　3 聖なるもの　4 魔法の解けた贈与
＊モース『贈与論』とレヴィ＝ストロースのモース批判をふまえて社会における贈与の役割を再検討し、贈与を出発点として宗教や王権へ、国家や貨幣へと社会関係が物神化される過程を解明し、現代の自由競争社会を超える贈与の原理を探る。

文化人類学・民族学　　　　　　　　　　　　　　　　　　　　　　　　　文化人類学

◇台湾東部漁民社会における集団形成に関する文化人類学的研究　西村一之著，富士ゼロックス小林節太郎記念基金編　富士ゼロックス小林節太郎記念基金　1998.8　33p　26cm　〈富士ゼロックス小林節太郎記念基金小林フェローシップ1996年度研究助成論文〉　非売品　Ⓝ661.9
◇地域研究入門―多文化理解の基礎　太田敬雄編　開文社出版　1997.4　353p　19cm　2800円　(i)4-87571-936-1
　内容　第1部 多文化理解とその方法(多文化理解と地域研究　日本における地域研究の歴史と現状　多文化理解と比較研究　日本から見た諸文化の特色)　第2部 多様化の諸相(日本文化と多様化　価値の多様化とその受容　人種・民族の多様化とその受容　多様化の中での共存　マス・メディア文化の諸相)
◇地域研究の問題と方法―社会文化生態力学の試み　立本成文著　京都　京都大学学術出版会　1996.12　364p　21cm　(地域研究叢書)　4120円　(i)4-87698-037-3
　内容　第1部 起地域研究を見直す(地域研究のあり方)　第2部 承地域研究を考える(「世界」としての単位　時間と歴史　臨地研究法　基底となる世界観の捉え方)　第3部 転東南アジアを捉える(地域研究への道程　マレー世界　海域世界　文化の多様性―異相と多義)　第4部 結地域研究に期待する(わける・つなぐ・くくる)
　＊地域研究は，諸科学の再編成を促す活性剤でなければならない。生態環境・社会制度・文化象徴を有機的に関係づける認識論―社会文化生態力学―と，地域にもぐり込み・周辺を流離し・高く飛び立ち俯瞰する方法論―臨地研究法―をひっさげ，学際的研究を越えた地域研究のあり方を体系的に示す。
◇地域研究の問題と方法―社会文化生態力学の試み　立本成文著　増補改訂版　京都　京都大学学術出版会　1999.11　388p　21cm　(地域研究叢書)　4400円　(i)4-87698-084-5
　内容　第1部 起―地域研究を見直す(地域研究のあり方)　第2部 承―地域研究を考える(「世界」としての単位　時間と歴史　臨地研究法　規程となる世界観の捉え方)　第3部 転―東南アジアを捉える(地域研究への道程　マレー世界　海域世界　文化の多様性―異相と多義)　第4部 結―地域研究に期待する(わける・つなぐ・くくる)
　＊地域研究は，諸科学の再編成を促す活性剤でなければならない。社会文化生態力学(生態環境・社会制度・文化象徴を有機的に関係づける認識論)と，臨地研究法(地域にもぐり込み・周辺を流離し・高く飛び立ち俯瞰する方法論)をひっさげ，学際的研究を越えた地域研究のあり方を，体系的に示す。
◇地域文化を生きる　浮田典良編　大明堂　1997.

6　300p　21cm　4400円　(i)4-470-43040-4
　内容　第1部 生活と地域文化(澎湖列島の石干見漁業―伝統的地域漁業の生態　大阪府の溜池と養魚　ほか)　第2部 地域文化を生かす(わが国における「グリーン・ツーリズム」の現状と課題―農村地域の変容についての一視点　雨乞い竜の再生　ほか)　第3部 国民文化と地域文化(遺跡保存と地域振興―アンデス地域とイベリア半島の古代遺跡を事例に　地域文化の変容と伝統文化の再認識―西サモアの事例から　ほか)
◇中学・高校教育と文化人類学　青柳真智子編著　大明堂　1996.2　304p　22cm　(付：参考文献)　5150円　(i)4-470-92021-5　Ⓝ375
　内容　1 文化人類学と教育　2 地域別記載内容の検討　3 異文化教育の実態
　＊本書は平成4・5年度の2年間にわたり，文部省科学研究費補助金総合研究Aを得て行なわれた「「中学・高校における人種・民族と異文化理解の教育」についての調査研究」の報告書。この研究は日本の中学・高校における社会科教育の中で人種・民族・異文化理解について，どのような教育が行なわれているか，それらは他の国々，とくにいわゆる多民族国家を標榜する国々においてはどのように行なわれているか，という点について文化人類学的視点から調査研究することを意図。
◇土―土の生活文化史・土の博物館　KBI出版編　大阪　KBI出版　1994.7　195p　19cm　(KBI叢書)　1000円　(i)4-906368-23-9　Ⓝ389
　内容　土の生活文化史(地熱エネルギー　生活用具としての縄文土器　土の中の暮らし―竪穴住居の文化　さまざまな世界の農業―風土との関連で　土の民族学　土間の生活誌　土の家　土の脅威)　土の博物館(土のイメージ　中国の土の命　ピラミッドの砂　大陸移動　地質学から見た土の考察　大地の中の動物　土の神・土の祭り　大地の歌の彼方に　舞台の上の土と水　アースワークス―地球を彫る)
◇天皇制の文化人類学　山口昌男著　岩波書店　2000.1　288p　15cm　(岩波現代文庫　学術)　1000円　(i)4-00-600003-0　Ⓝ313.61
◇同時代の人類学―21世紀への展望　米山俊直著　新版　日本放送出版協会　1994.3　229p　19cm　(NHKブックス 691)　860円　(i)4-14-001691-4　Ⓝ389
　内容　1 序説・転換期―二一世紀を見通す　2 都市化の時代　3 南北の国家の時代　4 社縁の時代　5 多様化の時代　6 ひとりものの時代　7 民族と環境の時代
　＊現代世界が直面する課題に人類学は答えなければならないという筆者は，民族，環境，経済格差，人口爆発，都市化など，20世紀末の人類が抱える困難な問題にわけ入る。従来，人類学の主流がいわば「未開人類学」であった

文化人類学の本 全情報　611

とすれば、「文明人類学」とも呼ぶべき新しい人類学がここにはある。その独特の視点は、旧版にも増して、現代世界の犀利な分析と人類の行く末を提示する。

◇動物と人間の文化誌―歴博フォーラム 国立歴史民俗博物館編 吉川弘文館 1997.8 228p 20cm 2600円 (i)4-642-07736-7 Ⓝ389.04
 (内容) 動物と人間をめぐる文化 基調報告―動物とのつきあい(江戸時代人のイヌとのつきあい 激動の近代中国―ブタたちの場合 西アジアにおける人間と動物 ほか) 公開討論―人間社会における動物の位置(アニマル・ライトの思想 発掘された動物たち 稲作文化と肉食の禁忌 ほか)
 *あるときは食用や家畜になり、あるときは神話や説話の主人公となる動物たちは、人間との多様なつきあいのなかで文化を育んできた。日本・中国・西アジア・西アフリカ・ヨーロッパの人間と動物をめぐる文化を歴史学と人類学からあぶり出す。日本の動物観を相対化し、未来における動物との共存の道を志向する。

◇動物と人間の文化誌―歴博フォーラム 国立歴史民俗博物館編 〔佐倉〕国立歴史民俗博物館 1997.8 228p 20cm Ⓝ389.04

◇トランスポジションの思想―文化人類学の再想像 太田好信著 京都 世界思想社 1998.5 284,3p 19cm (Sekaishiso seminar) 2400円 (i)4-7907-0709-1 Ⓝ389
 (内容) 序章 ポストコロニアル・モーメントにおけるカウンターナラティヴの可能性 第1章 文化の流用 第2章 文化の客体化 第3章 オリエンタリズム批判と文化人類学 第4章 文化相対主義・本質主義・異種混淆論 第5章 トランスポジションの思想に向けて―日本における「ポストモダン人類学」批判以降
 *アウター・ナショナルからの発信!ポストコロニアル・モーメントにおいて、重大なアポリアに直面する人類学。混淆する文化状況の中で、何を誰にむけ発信するのか。新たな語りのポジションを志す。

◇名前のアルケオロジー 出口顯著 紀伊國屋書店 1995.9 254p 20cm 2200円 (i)4-314-00715-X Ⓝ389.04
 (内容) 第1部 裸の固有名詞(微分化と反復―とりあえずの類型 記号としての個人名―反記号論的考察 微分のなかの反復、反復のなかの微分 人称代名詞と個人名) 第2部 今日の固有名(現代思想における固有名論 単独性の論理学は可能か?) 第3部 命名の基本構造(名づけとインセスト・タブー 命名と「自己」「自己」の変換、分類へ向かって ふたたび見出されたレヴィ=ストロース)
 *名前―この、あまりにも近くて、あまりにも深遠なもの。フーコー、レヴィ=ストロースを背景に、名前の裏にひそむ権力作用に鋭く迫る。柄谷行人の「固有名」論も痛烈に批判。

◇生首考 蜂巣敦,夜長姫編集室著 パロル舎 1994.12 220p 20cm (夜長姫叢書 1) 1800円 (i)4-89419-116-4 Ⓝ389.04
 (内容) 生首論 生首の音楽 変容の過程としての首 生首伝承と首切殺人 南洋首狩族考 「中国の首妖怪」と「古代中華帝国最終大戦」〔ほか〕
 *斬り落とされた首は何を語るのか―介錯・首狩・殺人…社会的憎悪の紋章としての生首を解読。

◇日本人の生いたち―自然人類学の視点から 山口敏著 みすず書房 1999.6 242p 20cm 「日本人の顔と身体」(PHP研究所1986年刊)の増訂) 2800円 (i)4-622-03964-8 Ⓝ469.4
 (内容) 第1章 人類学事始め 第2章 日本人の地域差 第3章 "人種"の由来 第4章 日本人の時代変化 第5章 先史日本列島人 エピローグ 日本人の生成
 *ベルツとモースの先駆的研究から、弥生人の原郷を探る日中共同研究の最新の成果まで。日本列島人の身体的特徴とそのいたちに迫るユニークな人類学物語。

◇日本人の源流―幻のツールをたどる 小田静夫監修 青春出版社 2001.12 189p 18cm (プレイブックス・インテリジェンスシリーズ) 667円 (i)4-413-04006-6
 (内容) プロローグ 日本人のルーツをたどる 第1章 体の「刻印」は何を語るか 第2章 遺伝子が解きあかす日本人 第3章 「食」の起源を遡る 第4章 古の民が育んだ精神の源流 第5章 日本語はどこから来たか
 *古の人々が遺した痕跡は何を語りかけるのか。謎に包まれた日本人の来歴を解く発見の旅。

◇日本の文化環境 玉井建三著 文化書房博文社 1995.8 183p 21cm 2060円 (i)4-8301-0732-4
 (内容) 第1章 山地呼称とその背景 第2章 川の風土と土地柄 第3章 野火と田の字開発による地域文化誌 第4章 岬の文化風土 第5章 間の伝統文化 第6章 地域設定と道の文化 第7章 野人の文化伝承
 *お国柄や地方風土、さらに科学とは縁遠い古老に聴き耳をたてることは、日本の文化環境を理解する上で、無形の大きな支柱となっていることを忘れてはならない。旅のひとになって、諸国に脚を踏み入れてみると、自然を後景にした、そんな語り部にも出会う。それに史的文献を検索する手法を加えて、伝統文化の復原を試み編んだのが本書である。

◇日本文化試論―ベネディクト「菊と刀」を読む 副田義也著 新曜社 1993.7 436p 20cm 3605円 (i)4-7885-0451-0 Ⓝ389.1

◇日本文化の起源—民族学と遺伝学の対話 佐々木高明,森島啓子編 講談社 1993.11 305p 22cm 3800円 (i)4-06-206705-6 Ⓝ389.1

(内容)序章 二つの主題 第1章 課題と方法 第2章 戦争の文化人類学 第3章 氏族社会の構造と本質 第4章 近代国家の形成 第5章 恩の概念 第6章 報恩の種類と論理 第7章 義理の概念 第8章 名誉と不名誉 第9章 快楽と倫理 第10章 恥の文化と罪の文化 第11章 自我論 第12章 育児と文化 第13章 戦後日本の社会変動 終章 二つの補遺
＊日本人の自己認識に決定的な影響を与えたベネディクトの「菊と刀」。刊行後四七年を経てなお読みつがれるその魅力とは何か?のちに提起されたさまざまな疑問・批判を整理しつつ、より開かれた視座から丹念に読み直し、その豊かな可能性を新たな日本文化論として再構築する。

◇日本文化の起源—民族学と遺伝学の対話 佐々木高明,森島啓子編 講談社 1993.11 305p 22cm 3800円 (i)4-06-206705-6 Ⓝ389.1

(内容)対話へのプロローグ(日本文化の起源を考える—遺伝学との対話に期待するもの 遺伝学と系統論—パターンからプロセスへ) 民族学と遺伝学からのアプローチ(日本人はどこからきたか—遺伝学からみたモンゴロイドの拡散 日本の家畜たち—その系統と伝来 マウスからみた日本人の起源 遺伝学からみた稲の伝来と稲作文化の受容 雑穀とモチの民族植物学 大豆発酵食品の起源) 総合討論 民族学と遺伝学の対話
＊最新鋭遺伝学vs民族学—。白熱の討論が照らし出す「日本」の起源。

◇人間史をたどる—自然人類学入門 片山一道ほか著 朝倉書店 1996.4 218p 21cm 〈参考文献：p208〜213〉 2987円 (i)4-254-17096-3 Ⓝ469

(内容)第1章 人間のはるかなる過去—人類以前の物語 第2章 化石が語る人類の道のり—人類の進化の物語 第3章 アメリカ大陸とオセアニアへの拡散—モンゴロイド物語 第4章 古人骨から探る日本人のルーツ—日本列島人・50万年の歩み 第5章 ヒトさまざま—遺伝子でたどる地球上の人間模様 第6章 遺伝子でたどる人間への道—突然変異から意識の進化まで 第7章 人間の骨格案内—骨が語る人間の履歴
＊本書は、自然人類学のエッセンスを集めた本である。かなり内容が多岐にわたるが、ともかく総花的になることを避けるため、いくつかのテーマを選んで、それぞれの専門研究者が噛み砕くように執筆した。全章を通じて、何か特別な主題を貫こうとする意図はない。自然人類学が攻撃する範囲をできるだけ有効にアピールしようというのが、本書の最大の狙いである。

◇眠りの文化論 吉田集而編 平凡社 2001.2 250p 20cm 〈文献あり〉 2200円 (i)4-582-48132-9 Ⓝ389

◇野の医療—牧畜民チャムスの身体世界 河合香吏著 東京大学出版会 1998.6 242,5p 20cm 2900円 (i)4-13-063317-1 Ⓝ389

(内容)第1章 丘のうえのホームステッド(チャムスの人びと 人類学があつかってきた「病気」 なんでも屋の伝統医がいない社会) 第2章 体内を知る(身体内部の構造 内部を透かしてみる「身体」) 第3章 疾患を知る(症状の理解 病気の識別と分類 病原論 発症のしくみと診断) 第4章 治療をする(薬好き 物理的な治療 予防的行為 診断と治療法の選択) 第5章 身体へのまなざしと疾病観(身体的な現象としての「病気」 自己完結的な「病気」理解をささえるもの 身体の「自然性」へのアプローチ)

◇歯と顔の文化人類学 杉本茂春著 岩波ブックサービスセンター(製作) 1998.9 269p 20cm 2600円 Ⓝ469.43

◇バリ観光人類学のレッスン 山下晋司著 東京大学出版会 1999.1 236,22p 20cm 3200円 (i)4-13-053301-0 Ⓝ689.2246

(内容)第1章 観光と文化の生成—人類学のパースペクティヴ 第2章 観光のまなざし—その空間と時間 第3章 つくられた楽園—オランダ植民地体制のもとで 第4章 文化観光という戦略—国民国家インドネシアのなかで 第5章 バリ・ヒンドゥーの現在—国家と観光のはざまで 第6章 楽園の演出—観光文化論 第7章 バリ観光のなかの日本人—花嫁は神々の島をめざす 第8章 もうひとつの観光開発—あらたな展開 第9章 伝統の操作—インドネシア・トラジャの観光 第10章 「カンニバル・ツアーズ」の冒険—パプアニューギニアのセピック観光 第11章 民話のふるさと—岩手県遠野の観光 第12章 グローバルとローカルのはざまで—観光人類学のレッスン

◇火—火の生活文化史・火の博物館 KBI出版編 大阪 KBI出版 1994.7 162p 19cm (KBI叢書) 〈付：参考文献〉 1000円 (i)4-906368-22-0 Ⓝ389

(内容)火の生活文化史(燃料史と火 調理と火 火の変転—近代日本台所エピソード 火と住まい 衣の変遷と火) 火の博物館(火のイメージ 神話に見られる火の起源 火の民族学 硝子の匂い 打てば打たる櫓の太鼓—臆病風と江戸の火事 火神と海神の闘い—ハットンと火成説の変転 舞台の上の〈火〉の神話 炎の記憶—銀幕の中へ)

◇比較文化研究の世界 広瀬鎮編 学術図書出版社 1994.12 271p 21cm 〈各章末：参考文献〉 2266円 (i)4-87361-465-1 Ⓝ389

◇ヒトかサルかと問われても—"歩く文化人類学者"半生記 西江雅之著 読売新聞社 1998.12 230p 20cm 1600円 (i)4-643-98115-6 Ⓝ289.

1

(内容) どこから来てどこへ行くのやら 焼け野原に鐘が鳴る 野良猫になった少年 小さな出会い、大きな出会い 猫少年、オリンピックをめざす 驚異の"二重時間割"編み出す 芸術論は新宿飲み屋街で シュールレアリスムの女たち たくましき夜の芸術家 アフリカ大陸縦断隊結成される〔ほか〕

＊"明快な妄想""馬鹿げた努力"という言葉を創り、それを好む。勝手なことをしてきているので、はっきりとした夢を持つこと、他人の何倍もの努力をすることが必要なのである。努力というのは面白い。努力して何かが完成するという保証など何もない。物事は頑張れば出来るなどということではないからである。ただ、目標に向かって絶え間なく進む。そこに楽しみが見出せる。無手勝流、超俗の文化人類学者半生記。

◇人喰いの民俗学 礫川全次編著 批評社 1997.1 349p 22cm （歴史民俗学資料叢書 2） 6850円 (i)4-8265-0224-9 Ⓝ389

＊モースは1877年、大森貝塚を発掘し、そこに食人の痕跡を発見した。この「衝撃」はその後の日本の人類学・考古学・歴史学の方向を決定した。ある者はモースの「発見」を否定し、ある者は「例外的」事例として黙殺した。そして大多数の者は、縄文人を「日本人」に非ざる「先住民族」と位置づけたのである。人喰いの遺制とは?人肉食の迷信とは?犯罪とは?食人の「文化」とは?人喰い・人肉食に関する民俗事象・民族心意を通して人間存在の実相・本質に迫る資料集。

◇人というカテゴリー マイクル・カリザスほか編、厚東洋輔ほか訳 紀伊国屋書店 1995.7 550p 20cm （文化人類学叢書） 5800円 (i)4-314-00707-9 Ⓝ361.235

(内容) 1 人間精神の一カテゴリー——人格(パーソン)の概念および自我の概念 2 人格というカテゴリー——モース晩期の論文を読む 3 カテゴリーか、概念か、それともプレディカメントか 4 マルセル・モースと、ギリシャの伝記・自伝における人格の探求 5 現代人の起源・再考——近代個人主義のキリスト教的端緒 6 人格と個人——人類学的考察 7 アフリカの自己表現——公的な自己と私的な自己 8 天と地の間——中国における自己の概念 9 カシミールのパラモンにおける浄と力 10 仮面と人間 11 自己の社会史——もう一つの選択肢として 12 人格

＊本書は、モース論文をめぐって開催されたシンポジウムの記録。モース論文を巻頭に置いたうえで、実に多様な分野の研究者たちがその展開を試みている。古代のギリシャ・インド・中国から、近代のアフリカやパプア・ニューギニアに至るさまざまな社会の事例が紹

介され、またヨーロッパの思想史が振り返られ、それぞれの場所で「人」の概念がどのように形成されているかが、議論の的になる。そこでは何が普遍的なのか、文化によって変化するのか。本書は、人間存在の最も基本的な部分にかかわる議論であるとともに、「カテゴリーの社会史」ともいうべき方法による西欧近代の問い直しの試みともなっている。人類学、哲学、歴史、社会学、心理学といった多くの領域に、まちがいなく知的刺激を与える一冊。

◇火と文明化 ヨハン・ハウツブロム著、大平章訳 法政大学出版局 1999.1 314,30p 20cm （叢書・ウニベルシタス 632） 3600円 (i)4-588-00632-0 Ⓝ389

(内容) 序論 文明化の過程と火の支配 第1章 火の原初的慣用化 第2章 農業以前における火の使用の影響 第3章 火と農業化 第4章 定住した農業社会における火 第5章 古代イスラエルにおける火 第6章 古代ギリシャ・ローマにおける火 第7章 産業化以前の火——ヨーロッパ 第8章 産業時代における火 第9章 異なったレベルの火の支配

＊火を支配し、火に支配される人間！文明史的観点から火の社会学の樹立をめざす。

◇人はなぜ殺すか——狩猟仮説と動物観の文明史 マッカ・カートミル著、内田亮子訳 新曜社 1995.12 384,96p 20cm 〈巻末：参照文献〉 3914円 (i)4-7885-0537-1 Ⓝ389

(内容) 1章 キラー・エイプ 2章 肉の芳香と邪悪 3章 処女の狩人と血だらけのご馳走 4章 白い雄鹿 5章 忍び泣く鹿 6章 機械の壊れる音 7章 エオヒップスの哀しみ 8章 病める動物 9章 バンビ・シンドローム 10章 死に至る自然の病い 11章 獣の魂 12章 暁の死によせて

＊武器をとって狩りを始めたとき、類人猿は人類となった——この狩猟仮説はいかにして生まれ、広く信じられてきたか。本書は古代から現代に至る狩猟と生活と文化の関係を詳細に検討し、人間と動物、人間と自然のあり方の再考を迫る。

◇ヒトはなぜヒトを食べたか——生態人類学から見た文化の起源 マーヴィン・ハリス著、鈴木洋一訳 早川書房 1997.5 349p 16cm （ハヤカワ文庫 NF） 〈文献あり〉 680円 (i)4-15-050210-2 Ⓝ389

(内容) 文化と自然 エデンの園の殺人 農耕の起源 戦争の起源 蛋白質と獰猛な人びと 男性優位とエディプス・コンプレックスの起源 第一次国家の起源 コロンブス以前のメソアメリカにおける諸国家 食人王国 慈悲の小ヒツジ〔ほか〕

＊ヒトがヒトを生贄として殺し、食べる——中米

アステカ族に伝わった凄惨な食人儀礼は、初めてそれを目撃した16世紀の西欧人はおろか、現代人にとっても衝撃的で謎めいた行動以外の何物でもない。だがこんな文化様式ができあがったわけは、生態学の観点に立てば明快に説明することができるのだ…米国人類学の奇才が、食人儀礼、食物タブー、男性優位思想など広範な人類学的主題を鮮やかに読み解く、知的刺激あふれる名著。

◇100問100答世界の民族生活百科 「月刊みんぱく」編集部編 河出書房新社 1999.7 254p 20cm 2200円 (i)4-309-22351-6 Ⓝ389

(内容) たべる・たしなむ よそおう・かざる すまう・ねむる まじわる・まつる・いのる あそぶ・かなでる かたる・つたえる

*呪文「ひらけ、ゴマ」はなぜゴマなのか?世界の暦にはどんなものがあるか?酒やタバコを知らない民族はいるか?女装が認められる社会は?ギリシャ神話とヒンドゥー教で共通する神はあるのか?日本人のあいさつの特徴は?ジューン・ブライドの由来?コブシをきかす音楽は日本だけか?フィンランドのカレワラとはどんな話か?など、暮らしのテーマにそった新たな観点から編集。

◇表象は感染する—文化への自然主義的アプローチ ダン・スペルベル著, 菅野盾樹訳 新曜社 2001.10 306p 20cm 〈文献あり〉 3600円 (i)4-7885-0778-1 Ⓝ389

(内容) 第1章 人類学者として真の唯物論者になる方法 第2章 文化的表象を解釈することと説明すること 第3章 人類学と心理学—表象の疫学のために 第4章 信念の疫学 第5章 文化の進化における淘汰と誘引 第6章 心のモジュール性と文化的多様性 結論—リスクと賭け

*たとえば「赤頭巾ちゃん」の物語を楽しむとき、あるいはレシピに従って料理をつくるとき、コミュニケーションの観点から見ると何が起こっているのか?なぜある言明を、十分に理解していない、あるいは経験に裏付けられていないのに信じることができるのか?「表象の感染と変形」という疫学モデルによってこれらの問題を考察し、文化の成り立ちと伝播に関わる謎に迫る。

◇浮浪と乞食の民俗学 礫川全次編著 批評社 1997.7 435p 22cm (歴史民俗学資料叢書 3) 7000円 (i)4-8265-0233-8 Ⓝ368.2

(内容) 解説篇(宮崎来城の「無銭旅行」「無銭旅行」の心意 下村湖人の「次郎物語」無銭旅行と「無計画の実行」ほか) 資料篇(「乞児悪化の状況」抄—「浮浪者」—「生活と犯罪」より—「乞食論」—「社会事業研究所講義録」より—「乞食の状態」—「乞食社会の生活」よりほか)

*乞食も三日すればやめられぬ。この諺は、一般には「人に頼るような怠け心をなかなか捨て切れない」という意味に解されている。しかし、見方を変えれば、そこには、他人の善意に身を委ねる安逸、あるいは社会的規範から脱した自由な漂泊に対する、人々の抜き難い憧憬が含意されている。浮浪と漂泊の心意とは?物貰いの民俗とは?近代日本の浮浪者の実態とは?浮浪と乞食に関する代表的文献を網羅し、世捨て、物貰いの民俗事象・民俗心意を通して人間存在の実相・本質に迫る資料集。

◇文化を書く ジェイムズ・クリフォード, ジョージ・マーカス編, 春日直樹ほか訳 紀伊国屋書店 1996.11 546p 20cm (文化人類学叢書)〈参考文献:p507~535〉 5500円 (i)4-314-00586-6 Ⓝ389.04

(内容) 第1章 序論—部分的真実 第2章 「共有された場をめぐるフィールドワーク」 第3章 ヘルメスのディレンマ 第4章 テントの入口から 第5章 民族誌におけるアレゴリーについて 第6章 ポストモダンの民族誌 第7章 イギリス社会人類学における文化の翻訳という概念 第8章 現代世界システム内の民族誌とその今日的問題 第9章 民族性とポストモダンの記憶術 第10章 社会的事実としての表現

*1994年、サンタフェにて、「民族誌を書く」ことをめぐる文化人類学のセミナーが開かれた。人類学における「ポストモダン」の提唱者、クリフォード、マーカスをはじめ、クラパンザーノ、タイラーら、さまざまなスタイルを持つ人類学者が集まり、先鋭的な議論をたたかわせた。このセミナーでの発表をもとにして編まれたのが本書である。デリダ哲学、文学理論、歴史学などを交錯させながら、それまで自明とされてきた民族誌の方法論、人類学のあり方を根底から問い直す。人類学に新たな展開をもたらすとともに、社会科学、文学、文化研究などのさまざまな分野において評判を呼び、多大な影響をあたえてきた重要な著作である。

◇文化加工装置ニッポン—「リ=メイド・イン・ジャパン」とは何か ジョーゼフ・J.トービン編, 武田徹訳 時事通信社 1995.9 321,14p 19cm 2800円 (i)4-7887-9525-6

(内容) 1 序説—西洋を根づかせる 2 デパート—日本を売ったり、西洋を商ったり 3 「フォー・ビューティフル・ヒューマン・ライフ」—日本における英語の使用 4 日本の風呂—非日常な日常 5 西洋のイメージ—日本の雑誌に見る住宅スタイル 6 変化する酒市場における飯酒の作法 7 日本風フランス料理店inハワイ 8 ファッション産業における日本人のアイデンティティ—その美学と政治学 9 ハワイでお土産ショッピング 10 「ミッキー」—東京ディズ

ニーランドを文化的消費の場とすること 11 日本におけるタンゴと情熱をめぐる世界経済
＊われわれは何者か。文化変換の名人か、単なる剽窃民族か。在米文化人類学者チームが緻密かつ大胆に超消費社会日本の現象に斬り込む。「他者の目」が見い出した、世紀末ニッポンの風景とは。

◇文化人類学 波平恵美子編 医学書院 1993.1 241p 26cm （系統看護学講座—基礎 9） 〈執筆：青木恵理子ほか 各章末：参考文献〉 1957円 (i)4-260-35390-X Ⓝ389

◇文化人類学—世界の民族と日本人 祖父江孝男，原尻英樹編著 放送大学教育振興会 1996.3 213p 21cm （放送大学教材 1996） 2204円 (i)4-595-55054-5 Ⓝ389

◇文化人類学—伝統と現代 江淵一公著 放送大学教育振興会 2000.3 436p 21cm （放送大学教材 2000） 〈文献あり〉 4000円 (i)4-595-87567-3 Ⓝ389

◇文化人類学—人間状況への視角 2 F.A.シュルツ，R.H.ラヴェンダ著，秋野晃司ほか訳 古今書院 1995.7 222p 26cm 〈参考文献：p209〜217〉 2987円 (i)4-7722-1398-8 Ⓝ389
（内容）第 3 部 社会関係（人間社会の形態 親族） 第 4 部 経済生活の組織（社会組織と権力 生計のたて方 現代の世界システム） 第 5 部 自由と文化（結論—なぜ人類学なのか？）

◇文化人類学への誘い 森部一，水谷俊夫，吉田竹也編著 岐阜 みらい 2000.4 215p 21cm 〈執筆：三浦太郎ほか〉 2190円 (i)4-944111-70-3 Ⓝ389
（内容）第 1 部 文化人類学を学ぶために（文化人類学への誘い 個別研究の内容紹介 文化人類学の現状とモダンの諸相） 第 2 部 文化人類学のフィールド（海から来た人・海に住む人—スルー社会のケースより イデオロギーとしての母系出自集団—南インド・ケーララ地方における「タラワード」と植民地支配 イデオロギーとしての民族概念 東北タイ，タイ・ラーオの自己認識について ほか）

◇文化人類学を再考する 森部一編著 青弓社 2001.12 368p 19cm 3000円 (i)4-7872-3193-6
（内容）第 1 章 家・タラワード・女神寺院—民族誌学のためのイデオロギー論入門 第 2 章 信仰と論理，論理の歴史—妖術研究のゆくえ 第 3 章 ギアツのバリ文化統合論再考 第 4 章 ボルネオ先住民の宗教変容 第 5 章 ベトナム北部における社会主義市場体制と「宗教」「民間信仰」「迷信異端」 第 6 章 タイの僧侶プラ・プラユッドー・パユットーのイメージをめぐって 第 7 章 複数文化の交錯する街，北京 第 8 章 日本文化に見る思考の論理—神話の分析をとおして
＊文化人類学を再考する，あるいは見つめ直すことを主題にした論文集。それぞれの執筆者はユニークな問題関心と視点から、この文化人類学の再考というある意味できわめて抽象的な主題を、具体的な議論の脈絡に結実させ論を展開している。

◇文化人類学キーワード 山下晋司，船曳建夫編 有斐閣 1997.9 243p 19cm （有斐閣双書—Keyword series） 〈索引あり〉 1700円 (i)4-641-05863-6 Ⓝ389
（内容）1 章 文化人類学の技法とディスクール（フィールドワーク 民族誌 通時と共時 ほか） 2 章 人間の多様性（人間の概念 人種 民族 ほか） 3 章 文化のダイナミズム（文化の概念 文化相対主義 未開と文明 ほか） 4 章 社会のコンプレクシティ（家族 出自集団 母系制と母権制 ほか） 5 章 現代の民族誌（世界システム 植民地主義 ナショナリズム ほか）
＊文化人類学とはどんな学問なのか、ちょっとのぞいてみたい、かじってみたい、と思っている大学生や一般人を対象に作られた本。文化人類学の方法や学説、文化人類学の 3 つの柱である「人間・文化・社会」の諸テーマ、そして従来あまりとりあげられてこなかった「現代の民族誌」の諸テーマの中から重要キーワードを選び、やさしく解説。

◇文化人類学史序説 中村たかを著 源流社 1997.12 102p 21cm 〈文献あり〉 1300円 (i)4-7739-9708-7 Ⓝ389

◇文化人類学通になる本—人間とは実に奇妙な動物である 山川三太著 オーエス出版 1998.10 223p 19cm 1300円 (i)4-87190-819-4 Ⓝ389.04
（内容）序章 文化人類学の魅力 第 1 章 家族の文化人類学考（古典進化論時代の家族論 フィールドワークが解きあかす家族の謎 さまざまな家族の形 ほか） 第 2 章 性の文化人類学考（フィールドワークに見る「性」の形 フィールドワークの落とし穴 文化的性差＝ジェンダーの発見 ほか） 第 3 章 食の文化人類学考（食物選択の謎 食物選択とトーテミズム 食の哲学の発見）
＊人類学ほどおもしろい世界はない。本書を手にとって読み始めると、ハンマーで頭を殴られたような驚嘆すべき事実を知るだろう。あなたの価値観がガラガラと音をたてて崩れ落ちたとき、人類学者への第一歩を踏み出すことになるはずだ。

◇文化人類学と言語学 E.サピア他著，池上嘉彦訳 弘文堂 1995.3 278p 22cm （Kobundo renaissance） 〈参考書目：p261〜271〉 4635円 (i)4-335-05114-X Ⓝ801
（内容）「科学としての言語学の地位」（抄） 「原始言語における概念範疇」「アメリカ・インディアンの言語の研究と一般言語学の関係」

(抄)「習慣的な思考および行動と言語との関係」「科学と言語学」「言語と論理」「言語と思想と文化」「成分分析」「民族誌学的立場からの認識体系の研究」「成分分析と認識の問題：“神の真理”か“ホーカス・ポーカス”か」「"言語の場"の理論」「母国語の世界像」
＊「サピア＝ウォーフの仮説」をめぐる必読の論文集。

◇文化人類学と人間—「ひと」の専門家の学問ばなし　綾部恒雄, 田中真砂子編　三五館　1995.12　284p　19cm　〈各章末：参考文献〉　1600円　(i)4-88320-067-1　Ⓝ389
(内容) 第1章 私の体験エッセー—文化人類学との出会い　第2章 人間と文化—文化人類学とは何か　第3章 フィールドワーク—文化人類学の実践方法　第4章 人間はどのように生計を立ててきたか—技術と社会変化　第5章 人間はどのように秩序を保ってきたか—社会組織と政治　第6章 人間はなぜ家族をつくるのか—結婚と家族　第7章 人間と超自然の力—現世と神　第8章 人間である証—遊び・祭り・芸術　第9章 現代世界と文化—変化と展望
＊3000種余りの民族とひとつの地球が創り出すさまざまな文化の形や成り立ちを検証し、相互理解を深めようとする実践的学問の魅力。国家・人種を超えたこれからの地球の課題が見えてくる。

◇文化人類学のすすめ　船曳建夫編　筑摩書房　1998.3　196p　19cm　(21世紀学問のすすめ 9)　〈執筆：山口昌男ほか〉　1600円　(i)4-480-01409-8　Ⓝ389
(内容) 1 私の好きな文化人類学(私が始めた理由、とやめない理由　メタサイエンス、そしてマイナーサイエンス　「半学問」のすすめ)　2 文化人類学が、今、明らかにしつつあること(ヨーロッパの文化人類学—フレドリック・バルトの仕事をめぐって　アメリカ合州国の文化人類学—文化を語る権利は誰にあるのか　日本の人類学)　3 文化人類学がこれからしようとしていること(文化人類学をヴァージョンアップする　フィールドワークをしよう・民族誌を書こう　文化人類学が変わる)
＊人間は常に未開である。世界が加速度的に変わりつつある中、人間はますますとらえどころのないものになっている。今、人間の深い未開の底から人間とは何かを解き明かす、21世紀を拓く1冊。

◇文化人類学の方法と通文化研究　木山英明著　明石書店　1999.5　534p　20cm　6800円　(i)4-7503-1150-2　Ⓝ389
(内容) 第1章 序論—科学と常識　第2章 因果関係の認識　第3章 通文化研究の考え方　第4章 通文化研究の論点　第5章 必要最小限の統計学　終章 結語

◇文化と真実—社会分析の再構築　レナート・ロサルド著, 椎名美智訳　日本エディタースクール出版部　1998.2　408p　20cm　〈索引あり〉　3800円　(i)4-88888-271-1　Ⓝ389
(内容) 序 首狩り族の苦脳と怒り　第1部 批判(古典的規範の崩壊　客観主義以降　帝国主義的ノスタルジア)　第2部 新たな方向づけ(文化を発動する　イロンゴット族の即興的な行動　語りという分析)　第3部 再生(変わりゆくチカーノの語り　社会分析における主体性　境界線を超える)
＊本書では、不変の一枚岩的な文化、超越的で「客観的な」観察者といった考え方が、もはや時代遅れで有効ではないということを暴露することによって、社会科学は、多様性、ナラティヴ、感情、主体性という避けられない問題をきちんと認識し、喜んで世に知らせるべきだと迫っている。つまり、学問の世界の内外において、人種、民族、年齢、ジェンダー、性的志向の異なる多様な人々を擁護しなければならないという、その根拠をパワフルに提示しているのである。

◇文化のインベンション　R. ワグナー著, 山崎美恵, 谷口佳子訳　町田　玉川大学出版部　2000.1　246p　22cm　4000円　(i)4-472-11441-0　Ⓝ389
(内容) 1章 前提としての文化　2章 創造力としての文化　3章 発明のパワー　4章 自己の発明　5章 社会の発明　6章 人類学の発明

◇文化の自然史　煎本孝著　東京大学出版会　1996.6　174,4p　22cm　〈巻末：文献〉　2472円　(i)4-13-063311-2　Ⓝ389.04
(内容) 第1章 自然と文化の人類学　第2章 海人の自然誌(海人の活動　活動の時間-空間利用と個人差　個人と集団)　第3章 森林インディアンの自然誌(チペワイアンの活動　チペワイアンの社会構造　チペワイアンの生態と宗教)
＊海人(あま)がつかうヤマタテの技、森林インディアンが見るトナカイの夢。自然に密着して生きる人間の行動戦略とは。

◇文化の生産　田村克己編　ドメス出版　1999.1　345p　22cm　(二〇世紀における諸民族文化の伝統と変容 4)　6000円　(i)4-8107-0492-0　Ⓝ389.04
(内容) 文化の生産　インドネシアにおける国家と文化の生産　インドネシアにおける文化の消費—バリの「地方文化」をめぐって　民族と文化の創造—東マレーシア・サバのカダザン人の事例から　20世紀および今後のタイ文化の表現　日本・インドネシアの国際文化交流政策をめぐって　イギリスなるもの(Englishness)の捏造—「政策としての文化」再考(1880-1920)　政治的資源としてのインディオ文明—19-20世紀メキシコにおける文化的植民地主義と自己成型〔ほか〕

＊20世紀は、「文化」が自覚的に語られ、見出され、つくられていった世紀と言えよう。国家から個人に至る、文化をつくり出す主体の問題を、「生産」という概念を通して、多面的に考察する。国立民族学博物館シンポジウムの記録。

◇文化の想像力―人類学的理解のしかた 加藤泰著 東海大学出版会 2001.3 227p 21cm 2400円 (i)4-486-01536-3
(内容)第1章 文化を考える/文化で考える―「意味の網」はいかに張られるか 第2章 人間の差異はいかに理解されてきたか 第3章 人類学の視野の中の「夫婦同姓」 第4章 ムグウェ再考―二元的象徴分類と文化モデル 第5章 死と名前と再生―文化の「求心力」と「遠心力」 第6章 キリモ・少年を呑みこむ怪物―メタファーと文化的想像力 第7章 功徳・精霊・遊離魂―タイ人の死生観について 第8章 タイ文化における自己・身体・運命

◇文化の地平線―人類学からの挑戦 井上忠司ほか編 京都 世界思想社 1994.4 569p 22cm 9500円 (i)4-7907-0504-8 Ⓝ389
(内容)第1部 現代文明をきる(世界文化の学としての人類学 20世紀の弁証法 島嶼国家と観光開発 インド社会における世捨ての制度 「経験の物語」と「複合的自叙伝」 現代日本における西洋文化の受容と変容 東アジア歴史世界と「小盆地宇宙」 選べる縁・選べない縁) 第2部 むらとまちのフォークロア(結びあうむらとまち おわら風の盆考 ふたつの宮座の変容過程 船形と左大文字 けんか祭りと岩瀬もん 民族の祭りとエスニック・アイデンティティの高揚 Xさんはなぜ笑っているのか? アメリカの小さなまちの百年 生活者としての農民 環境の意味とライフヒストリー) 第3部 アフリカの叡知(望郷と離散 アフリカ都市生活誌序説 ひとりのグウィの女が死んだ ディラマ・ヤ・エイズ テンボ語植物名の語源分析 科学者の発見と農民の論理 熱帯サヴァンナ農業の貧しさ 「共食」に生きる理性 ガーブゴルとクーメン アフリカン言語の可能性) 米山さんの学風―40年の交友から
＊旺盛な知的好奇心をもって独自の学問を切り開いてきた米山俊直教授―。その地平に共鳴する研究者が、日常世界の叡知を掘り起こし、現代文明を問い直す挑戦的メッセージ。

◇文化のなかの野性―芸術人類学講義 中島智著 現代思潮社 2000.3 406p 20cm 〈他言語標題: Nature in culture〉 3500円 (i)4-329-00410-0 Ⓝ701.3
(内容)サバンナの啓示―アフリカ 亜熱帯の精霊―琉球 高原の思考―中国 砂漠民の遺産―スペイン 飽和地帯のアルス―日本 「現代アート」の民俗

＊「個」の精神世界の語り得ぬ深奥―人間の内なる「野性」の発見。十余年にわたるフィールドワークをとおして得た貴重な"体験"をシャーマニズム的世界とアートに共通する"官能"的世界を言語化! 異質なコミュニケーションに「愛の論理」を探る"公案"的パロール。

◇文化の読み方/書き方 クリフォード・ギアーツ著, 森泉弘次訳 岩波書店 1996.9 277p 19cm 2800円 (i)4-00-002860-X Ⓝ389

◇文明と遺伝 福田一郎, 劉剛編著 勉誠社 1997.7 310p 20cm 2500円 (i)4-585-05032-9 Ⓝ389.04
(内容)文明と社会(文明への展望 人類遺伝学からみた現代社会の動向 21世紀に向けて人類文明と遺伝の学問 21世紀の地球環境の変動と食文化の変容) 人類の進化と文明(環太平洋人類集団の過去と未来 文明の曙への道のり 長江文化の考古学的考察 雲南民族の源流に関する考察) 起源と文明(稲の起源とアジアの文明 カイコの起源と絹の文化 日本、中国の土と文化) 民族と伝統文化(民族文化における継承と普及 雲南の契丹文化と遺存 彝族の文明観)
＊文明と社会・人類の進化と文明。起源と文明・民族と伝統文化。遺伝学・人類学・民族学・考古学・社会学・歴史学…多方面からアプローチした新しい文明論。日中共同執筆。

◇蛇と十字架―東西の風土と宗教 安田喜憲著 京都 人文書院 1994.8 237p 20cm 2575円 (i)4-409-54047-5 Ⓝ163.3

◇変貌する社会―文化人類学からのアプローチ 森部一ほか編著 京都 ミネルヴァ書房 1997.5 293p 21cm 2800円 (i)4-623-02713-9 Ⓝ361.5
(内容)序章 本書の構成 第1章 文化人類学における歴史研究 第2章 文化人類学と現代社会 第3章 中世民衆の社会的分化 第4章 「台湾人」と漢族文化 第5章 バリ島の伝統・観光・バリ研究 第6章 マヤの神とラディーノの神 第7章 台湾アミ族の母系制社会 第8章 タイにおける近年の宗教の動向 第9章 女神祭祀と村の権力 第10章 村長ガウイの村落開発戦略について 第11章 村人の仏教理解と仏教徒アイデンティティ
＊伝統の創出・揺らぎ・柔軟性。社会や文化が常にさらされている変化の具体的様相を、そこに生きる人びとの姿を通して明らかにする。

◇暴力の文化人類学 田中雅一編著 京都 京都大学学術出版会 1998.2 476p 23cm (京都大学人文科学研究所共同研究報告) 〈文献あり 索引あり〉 6311円 (i)4-87698-052-7 Ⓝ389
(内容)第1部 発現―儀礼という回路(平等主義社会における暴力 戦士的伝統、年齢組織と暴力 ほか) 第2部 変貌―国家という文脈(民衆文化と抵抗としてのブリコラージュ 若者の

"力"と近代日本 ほか) 第3部 省察—暴力という鏡(儀礼的殺害としての供犠の位置 女による暴力と女への暴力 ほか)
＊人類史の中の暴力を、文化としての「儀礼」に探る。戦争、食人、生け贄…人類の歴史はまさに暴力とともにあった。人類学は、この問題にどのように取り組むことができるのか。本書は暴力を、とくに「儀礼」を中心に学際的な展望を持って考察することにより、暴力論の新たな地平を切り拓く。

◇捕鯨の文化人類学—おいしいクジラを食べたい 浜口尚著 国分寺 新風舎 1994.10 108p 19cm (参考文献：p100〜108) 1300円 (i)4-88306-261-9 Ⓝ664.9

◇Popな文化人類学—人間いろいろ、文化もいろいろ 同文書院 1996.1 223p 19cm (監修：鴻農映二 参考文献：p222) 1300円 (i)4-8103-7303-7 Ⓝ389.04
(内容) 1 誰が始めた文化人類学 2 衣食住に見る文化 3 冠婚葬祭のスタイル 4 昔話と神話の読み方
＊ホモ・サピエンスはかく生きる。古今東西の文化でさぐる愛すべき人類たちの生態。不思議な動物＝ヒトの育んだ画期的文化の数々。

◇ボディランゲージを読む—身ぶり空間の文化 野村雅一、岩田慶治、竹内実著 平凡社 1994.7 318p 16cm (平凡社ライブラリー 63) 1100円 (i)4-582-76063-5
(内容) すわる・歩く ふれる・さわる かぞえる あいさつ 拍手 まなざし 攻撃 スリランカでの見聞 肯定・否定 ナポリでの見聞 あげる・もらう 中国での見聞 いらだつ さそう あくび・くしゃみ 泣く 笑う 誓う
＊頭を後ろにそらす"ノー"、拍手をするあいさつ、片手で十万まで数える方法…世界各地のあいさつや笑い、まなざしなど意識的、無意識的な身ぶりを通して"文化"という檻を抜け出て他者と共感する通路を探る。

◇ホミニゼーション 西田利貞編著 京都 京都大学学術出版会 2001.10 309p 22cm (講座・生態人類学 8) 3400円 (i)4-87698-332-1 Ⓝ489.9
(内容) 第1章 共通祖先の社会 第2章 人間の本性は悪なのか？—ピーリャの社会からの検討 第3章 "隠された"排卵—失われた発情、あるいははてしもなく続く"性"をめぐって 第4章 霊長類の結び付きネットワーク—「われわれ」 第5章 サルの同性愛論 第6章 霊長類における採食技術の進化 第7章 霊長類における食物分配
＊「人類学的アプローチ」と「霊長類学的アプローチ」—故今西錦司は、人間社会を解明する道として、この2つのアプローチを提起した。ホミニゼーション研究は、この「霊長類学的アプローチ」の典型として、日本が世界に誇るユニー

クな学問、生態人類学の発展をリードしてきた。その長期にわたる研究史の上に立ちながら、分岐系統学的アプローチ、社会構造、性の多様性、道具使用の進化、食物分配と経済の起源など、幅広いテーマで、人類進化研究の最前線を紹介する。

◇マルクス主義と人類学 モーリス・ブロック著, 山内昶, 山内彰訳 法政大学出版局 1996.6 237, 9p 20cm (叢書・ウニベルシタス 532) 〈巻末：書誌〉 2884円 (i)4-588-00532-4 Ⓝ389
(内容) 1 人類学とマルクス・エンゲルスの仕事 2 人類学をめぐるマルクスとエンゲルス 3 マルクス・エンゲルス人類学の今日的位置 4 マルクス・エンゲルスの直接の後継者 5 マルクス主義とアメリカ人類学 6 マルクス主義と英仏人類学
＊人類社会のトータルな把握をめぐってマルクス主義と人類学が相互に多大の影響を与えつつ展開してきた100年にわたる論争とその主要な論点を詳細に跡づけ、停滞する社会・人類学理論に新鮮な息吹をふきこむとともに、人類社会の歴史的変化の一般理論を模索する。

◇未開人の政治と法律 杉浦健一著 大空社 1996.5 256, 14p 22cm (アジア学叢書 5) 〈彰考書院昭和22年刊の複製〉 8000円 (i)4-7568-0244-3 Ⓝ389

◇水—水の生活文化史・水の博物館 KBI出版編 大阪 KBI出版 1994.7 233p 19cm (KBI叢書) (付：参考文献) 1000円 (i)4-906368-24-7 Ⓝ389
(内容) 水の生活文化史(エネルギーとしての水 日本の水道史 調理と水 住宅の水まわりの歴史 風呂・行水—湯あみの民俗 水の味 都市と水 琵琶湖総合開発にみる水問題 水の脅威—淀川の水害と治水史) 水の博物館(水の祭りいのちと水 古代文明と水—メソポタミアの場合 流水紋と水の表現 古代ローマの水道 水車と水路の町—ロウェル国立歴史公園のこと 森林と水 淀川の生物たち 水と湯の語源学 酒—この美しき水 沈みゆく都—黄昏のヴェネツィア 雨の印象—内なる心象風景 水の妖怪事典)

◇水の原風景—自然と心をつなぐもの 福井勝義編著, 小林達雄, 吉田敦彦, 堀信行, 山折哲雄, 田中雅一ほか著 TOTO出版 1996.3 295p 21cm 2300円 (i)4-88706-132-3
(内容) 人と水とのかかわりの原点 神話における水 自然の水から、ひとの水 インドの聖水信仰 女神の水・女神の血 密教における水の儀礼 神の雨・精霊の水 水の「癒し」「聖なる水」の誕生 祭りと水
＊文化人類学・宗教学・考古学・地理学などの視点から水の文化性を解き明かす。人はなぜ

◇水の世界―地球・人間・象徴体系　アンヌ・ドゥクロス著，近藤真理訳　TOTO出版　1994.1　158p　32cm　〈監訳：村上陽一郎　参考文献：p158〉　9800円　(i)4-88706-093-9　Ⓝ389.04
〔内容〕地球の水(地球の特権　生命の分子，H2O　水の循環　侵食，運搬，堆積　地下の水　執行猶予の湖?)　水と人間(水の征服，運河，灌漑　タラッサ!タラッサ!　大地と水の都市　沼沢を征服する　ほか)　水の象徴体系(家庭用具と集団用具　壮大な人工泉　町の水，田舎の水　洗濯場と洗濯　ほか)
＊われわれの惑星，地球は「青い惑星」と呼ばれている。地球が青いのは，そこに大量に存在し，それなくしては生命が誕生しえなかったであろう要素，水があるためである。水の地理学，社会あるいは文化における水と人間の関係の歴史についてのこの本は，その文章と豊富な図版によって，生命の源である水のさまざまな表情を紹介している。

◇身ぶりとしぐさの人類学―身体がしめす社会の記憶　野村雅一著　中央公論社　1996.7　225p　18cm　(中公新書)　700円　(i)4-12-101311-5　Ⓝ389.04
〔内容〕1 歩行とディスプレイ　2 接触人間と非接触人間　3 お辞儀と握手　4 自己演技と表情　5 ホンモノへのこだわり　6 Vサインの図像学　7 親指の主張　8 しぐさの逸脱
＊人の身ぶりやしぐさはたいへん多様であるが，歴史にもまれながら形づくられてきた集団ごとの共通性もまた多い。ひとつひとつの動作，表情には長い社会的文化的経験が凝縮されているのである。しかし，そのように伝承されてきた無言の身体的知識は，情報化や技術革新の高波のなかで，今日，一挙に忘れ去られようとしている。本書は，世界各地で観察された身体伝承を記録し，その文脈を探り，変容の方向を示唆しようとする試みである。

◇観る・集める・考える―発見のためのフィールドワーク　原ひろ子著　仙台　カタツムリ社　1993.2　74p　21cm　(ニュースクール叢書 2)　〈叢書の編者：セルフラーニング研究所〉　800円　Ⓝ389.04

◇民族誌的近代への介入―文化を語る権利は誰にあるのか　太田好信著　京都　人文書院　2001.2　281p　20cm　(叢書文化研究 1)　〈他言語標題：Refashioning culture under the condition of ethnographic modernity〉　2300円　(i)4-409-53023-2　Ⓝ389
〔内容〕1 人類学とカルチュラル・スタディーズ(文化を語る権利は誰にあるのか　カルチュラル・スタディーズとの出会い)　2 人類学と民族誌的近代(ポストコロニアル批判を越えるために　言説としての人類学)　3 人類学とモダニズム(同時間的モダニズム　沖縄モダニズム)　4 サバルタンと人類学のアンメイキング―グアテマラで考えること(未来から語りかける言語　人類学とサバルタンの主体的関与)
＊カルチュラル・スタディーズ，ポストコロニアル批判，サバルタン・スタディーズ，…そして，文化人類学。「現地の人々の視点から」の実践に向けて。

◇無為のクレオール　大杉高司著　岩波書店　1999.3　237p　19cm　(現代人類学の射程)　2800円　(i)4-00-026371-4　Ⓝ389
〔内容〕第1章「起源」の不在(「村」―あるいは均質なる多様性　カーニヴァル―あるいは(仮面))　第2章 叫ぶ人々―容体の優位(「見かけ」と「内実」　叫ぶ人々　ほか)　第3章 ダグラ―ハイブリディティと「先行」の美学(ハイブリディティ―「主体」という分水嶺　フランス領カリブの「クレオール性」と「主体」　ほか)　第4章 黒い乙女―分有と共同性(聖母―植民地主義という神話　聖なる牧女(ラ・デイヴィナ・パストラ)　ほか)

◇女神―聖と性の人類学　田中雅一編著　平凡社　1998.10　409p　22cm　〈執筆：井桁碧ほか〉　5200円　(i)4-582-48126-4　Ⓝ164.04
〔内容〕第1部 女神崇拝のフィールドから(「一人前の女性」になれなかった女神たち―漢人社会における宗教とジェンダー　女神の身体・女性の身体―北インド農村の女神崇拝　女から女神へ―南アジアにおける神格化をめぐって)　第2部 女神伝説の深層へ(金太郎の母―山姥をめぐって　馬頭娘(蚕神)をめぐる神話と儀礼―オシラサマの故郷をたずねて　女神とポリス―アテナとアテナイ　聖とセクシュアリティの拮抗するキリスト教文化―エバとマリアをめぐって　マリア・レギナからキリストの花嫁へ―西欧中世における聖母の勝利図像について)　第3部 現代女神論(近代国家の女性イメージ―平和の女神像の背景にあるもの　大女神の息子たち―「母性原理」という視座　女神を求めて―アメリカにおける「女性の霊性」運動と日本)
＊女神は現代に降臨するか。文化人類学，民俗学，神話学，宗教学，美術史学，女性学など11名の執筆陣が，豊饒かつクリティカルな表象に迫る学際的共同研究の成果。

◇もし「右」や「左」がなかったら―言語人類学への招待　井上京子著　大修館書店　1998.5　198p　19cm　(ドルフィン・ブックス)　1500円　(i)4-469-21222-9　Ⓝ801
〔内容〕1 ことばが空間を切る(「右」も「左」もない言語　テネハパ族の「左」「右」　空間はこうして切り分ける　ほか)　2 ことばが身体を切る

文化人類学・民族学　　　　　　　　　　　　　　　　　　　　　文化人類学

(上唇に髭が生える!?　形にこだわるツェルタル語　レモンの「鼻」はどこ?　ほか)　3　ことばがモノを切る(「本」と「水」との違いは?　モノの分類基準　「アメリカ人一匹。」ほか)
＊本書では、いかに人間が自由自在に世界を"カット＆ペースト"しているか、また自由自在とはいいながら、背後にどれほどしっかりとした規則性があるかということを、人間の最も身近な身体から身の回りの空間、そしてその空間に位置するモノの切り分け方にしぼって、検証した。

◇ヤクザの文化人類学―ウラから見た日本　ヤコブ・ラズ著，高井宏子訳　岩波書店　1996.11　303,5p　20cm〈巻末：参考文献〉2987円（i)4-00-002317-9　Ⓝ368.51

◇野性のテクノロジー　今福竜太著　岩波書店　1995.10　329,9p　20cm　2900円（i)4-00-002312-8　Ⓝ389.04

◇病いの語り―慢性の病いをめぐる臨床人類学　アーサー・クラインマン著，江口重幸ほか訳　誠信書房　1996.4　379p　22cm〈文献：p368～374〉4326円（i)4-414-42910-2　Ⓝ389
内容　症状と障害の意味　病いの個人的意味と社会的意味　痛みの脆弱性と脆弱性の痛み　生きることの痛み　慢性の痛み―欲望の挫折　神経衰弱症―アメリカと中国における衰弱と疲弊　慢性の病いをもつ患者のケアにおける相反する説明モデル　大いなる願望と勝利―慢性の病いへの対処　死にいたる病い　病いのスティグマと羞恥心〔ほか〕
＊本書は、慢性の病いをかかえた患者やその家族が肉声で語る物語を中心に構成されている。今日の生物医学によって軽視されがちなこうした病いの経験、語りこそが、実は医療やケアの中心に据えられるものではないか。著者は、病いとその語りを、微小民族誌などの臨床人類学的方法を駆使しながら、社会的プロセスとして描き出そうとする。そして、病み患うことが今日どのような変容をとげつつあり、来るべき時代の医療やケアはいかにあるべきかを明らかにしようとする。本書は、この分野に関心を寄せる広範な読者に向けて書かれている。慢性の病いのケアに携わった著者の臨床知や臨床姿勢が横溢し、すでに高い評価を得ている著作の邦訳である。

◇指折り数えて・指学問　鳥居貞義著〔枚方〕〔鳥居貞義〕1998.3　156p　26cm（異文化の記録シリーズ3）非売品　Ⓝ389

◇よくわかる文化人類学―不思議な動物の素敵な習慣　鴻農映二監修　同文書院　1997.4　223p　19cm（超教養シリーズ）《Popな文化人類学》（1996年刊）の新装・改題　文献あり　1143円（i)4-8103-7405-X　Ⓝ389.04
内容　はじめに　文化人類学とは「何でもあり」

学　1　誰が始めた文化人類学　2　衣食住に見る文化　3　冠婚葬祭のスタイル　4　昔話と神話の読み方
＊あなたの「習慣」、誰かの「タブー」!?古今東西の文化で探る人類の生態。

◇ライフヒストリー研究入門―伝記への人類学的アプローチ　L.L.ラングネス，G.フランク著，米山俊直，小林多寿子訳　京都　ミネルヴァ書房　1993.1　222,64p　21cm〈巻末：参考文献〉2500円（i)4-623-02250-1　Ⓝ389
内容　1章　歴史的再検討　2章　方法(ラポール　言語　インタビューすること　信頼性とサンプリング　ほか)　3章　分析　4章　伝記と人生の構造(自叙伝―無伴奏の声　自己変革としての自叙伝　伝記―調和した声　問題の「自己」ほか)　5章　倫理と道義の問題(真実とプライバシー　ライフヒストリー調査と観察者の介入　倫理人類学の理念　ほか)

◇裸体人類学―裸族からみた西欧文化　和田正平著　中央公論社　1994.10　196p　18cm（中公新書）〈主要参考文献：p194～196〉680円（i)4-12-101211-9　Ⓝ389
内容　1　未知の裸族　2　裸族の居住地域　3　裸族になった人類　4　裸族の価値観　5　鉄をつくる裸族　6　裸族の文化　7　裸体の装飾　8　皮膚のおしゃれ　9　裸の儀礼と祭り　10　自然裸体　11　裸体と宗教　12　人種と美観　13　裸族とヌーディスト
＊秘境にわずかに残る民族としてかつて話題をよんだ裸族は、被服文化の波の中で今や消滅寸前にある。アフリカのトーゴで裸族に遭遇して強い衝撃を受けた著者は、彼らこそアフリカ文化の本源を解き明かる鍵であると、フィールド調査をくり返し、体につけられた瘢痕文身や装身具に興味深い意味を見出した。さらに彼ら裸族の「自然裸体」の観念の考察を通して、脱ぐことによって裸になる「脱衣裸体」の西欧的文化の再検討を試みる。

◇リグ・ヴェーダの智慧―アニミズムの深化のために　山尾三省著　野草社　2001.7　317p　20cm〈東京　新泉社(発売)〉2500円（i)4-7877-0180-0　Ⓝ163.3
内容　自然神達の息吹　暁紅の女神ウシャス　夜の暗黒を失った時代　夜の女神ラートリー　大陽神スーリア　自然現象という叡知　光明という神サヴィトリ　雨の神パルジャニア　理性の激震　荒々しい雨の神〔ほか〕
＊世界中で、生き物が消えつつある。陸でも海でも静かに砂漠化が進行している。二十五年間、屋久島の自然の中で、生きとし生けるものの微かな、ある時は荒々しい力＝アニマを感受してきた山尾三省の思索の結晶。

◇歴史人類学の家族研究―ヨーロッパ比較家族史の課題と方法　ミヒャエル・ミッテラウアー著，

書誌　　　　　　　　　　　　　　　　　　　　文化人類学・民族学

若尾祐司ほか訳　新曜社　1994.3　382,18p　22cm　〈巻末：文献〉　4738円　(i)4-7885-0476-6　Ⓝ361.63
(内容)1 ヨーロッパの家族形態—異文化間の比較　2 キリスト教と同族婚　3 社会史からみた複合家族形態　4 自然環境と地方経済からみた農村家族形態　5 ロシアおよび中欧の家族構造の比較　6 地方誌研究としての家族の社会史—歴史的な個人登録リストの利用について　7 ケルンテン農村部の奉公人夫婦—歴史家族形成の特例　8 アルプス地方の奉公人生活　9 前工業時代における性別分業　補論 ヨーロッパ家族史の特色—奉公人制度に重点をおいて
＊家族の歴史人類学をリードするウィーン社会史家の代表的論文を集成。ヨーロッパ家族のマクロな構造分析とミクロな民衆史を交差させ、スラブ、イスラム、古代世界に亙る多様な史料群を駆使して構想する、壮大な比較家族史の試み。

◇ローカル・ノレッジ—解釈人類学論集　クリフォード・ギアーツ著，梶原景昭ほか訳　岩波書店　1999.9　424,11p　20cm　(岩波モダンクラシックス)　3800円　(i)4-00-026408-7　Ⓝ389

書誌

◇黒田文庫目録　網走　北海道立北方民族博物館　1997.3　77p　30cm　(北海道立北方民族博物館資料目録 1)　Ⓝ389.031

◇チベット研究文献目録　2　1978～1995　貞兼綾子編　髙科書店　1997.3　342p　26cm　12000円
(内容)1 総説　2 歴史　3 地理　4 経済・社会　5 政治・法制　6 宗教　7 科学　8 芸術　9 考古学・金石古文書学　10 民族学　11 言語文字学
＊チベットに関する日本文、中国文及び欧文による図書、雑誌論文を収録対象とした目録。なお、収録対象は、1978年から1995年の間に発表されたものである。

◇中国文化人類学文献解題　末成道男編　東京大学出版会　1995.2　311p　27cm　9064円　(i)4-13-056046-8　Ⓝ389.031
(内容)1 研究の流れ　2 解題一覧　3 文献の解題　4 目録の解題　5 人類学的語彙英中日対照表
＊中国に関する文化人類学的研究の文献に解題を付したもの。研究の概観を最初に述べ、その後に文献や目録の解題、人類学的語彙の英中日対照表を掲載。各章はそれぞれ漢族とその他の少数民族に大別され、そして地域別、さらに出版年順に排列する。収録対象は1992年末以前に刊行されたもの。

◇東北アジアを学ぶ300冊—アジア民族文化フォーラム'95東北アジア年　金子է重,渡辺兼庸編　アジア民族造形文化研究所　1995.8　31p　30cm　Ⓝ220.031

◇文化人類学の本全情報—45／93　日外アソシエーツ株式会社編　日外アソシエーツ　1994.4　802p　27cm　(発売：紀伊國屋書店)　32000円　(i)4-8169-1209-6　Ⓝ389.031
＊1945年から1993年の間に刊行された、文化人類学および民俗学に関する図書14,000点を主題別に収録した総目録。様々な文化、習俗、民族が一覧できる。衣食住・社会生活の習俗、年中行事、民間信仰、婚姻、儀礼、アニミズム、さらには柳田国男、南方熊楠まで幅広く扱っている。図書館、博物館、民俗資料館に必携のツール。

◇文化人類学の名著50　綾部恒雄編　平凡社　1994.4　462p　20cm　〈執筆：青柳まちこほか〉　2800円　(i)4-582-48113-2　Ⓝ389
(内容)1 草創期文化人類学の古典(タイラー「原始文化」　モーガン「古代社会」　フレーザー「金枝篇」　ウェブスター「未開の秘密結社」　ファン・ヘネップ「通過儀礼」　エルツ「右手の優越」　レヴィ＝ブリュール「未開社会の思惟」　デュルケーム「宗教生活の原初形態」)　2 近代人類学の系譜(サピア「言語」　マリノフスキー「西太平洋の遠洋航海者」　モース「贈与論」　シュミット「民族と文化」　ホカート「王権」　デ・ヨセリン・デ・ヨング「トリックスターの起源」　岡正雄「異人その他」　ベネディクト「文化の諸型」　ベネディクト「菊と刀」　エヴァンズ＝プリチャード「ヌアー族」　石田英一郎「河童駒引考」　ラドクリフ＝ブラウン「未開社会における構造と機能」)　3 啓蒙的名著(ミード「男性と女性」　ピット＝リヴァーズ「シエラの人びと」　マードック「社会構造」　クラックホーン「人間のための鏡」　リーチ「高地ビルマの政治体系」　レッドフィールド「農民社会と文化文明への人類学的アプローチ」　ホール「沈黙のことば」　フォーテス「西アフリカの宗教における「エディプス」と「ヨブ」」)　4 構造主義・象徴論・生態学的思考(レヴィ＝ストロース「野生の思考」　レヴィ＝ストロース「親族の基本構造」　ニーダム「構造と感情」　梅棹忠夫「文明の生態史観」　ダグラス「汚穢と禁忌」　コーエン「二次元的人間」　ファン・バール「互酬性と女性の地位」)　5 現代の視点(フリードマン「中国の宗族と社会」　中根千枝「タテ社会の人間関係」　山口昌男「文化と両義性」　ターナー「儀礼の過程」　シュー「クラン・カースト・クラブ」　デュモン「社会人類学の二つの理論」　サーリンズ「石器時代の経済学」　サウスホール「都市人類学」　ゴドリエ「人類学の地平と針路」　川田順造「無文字社会の歴史」

グレイザー／モイニハン「人類のるつぼを越えて」　ギアツ「ヌガラ—九世紀バリの劇場国家」ポランニー「人間の経済」　ホブズボウム「創られた伝統」　アンダーソン「想像の共同体」）

事典・辞典

◇人類学講座　別巻2　人類学用語　人類学講座編集委員会編　渡辺直経編集責任　雄山閣出版　1997.11　305p　21cm　5800円　(i)4-639-01482-1　N469.08
◇人類学用語事典　渡辺直経編　雄山閣出版　1997.11　305p　22cm〈他言語標題：Anthropological terms〉5800円　(i)4-639-01479-1　N469.033
＊民族学、考古学、生理学、解剖学など隣接諸分野の術語から最新の用語まで2100項目を収録。
◇図説世界シンボル事典　ハンス・ビーダーマン著、藤代幸一監訳、宮本絢子ほか訳　八坂書房　2000.11　621p　22cm　7800円　(i)4-89694-463-1　N389.033
＊神話・宗教から魔術・錬金術占星術まで。人類の綺想の集大成。世界の文化史・精神史を考える上で鍵となるイメージを取りあげ、的確な引用と巧みな図版構成で立体的に解説した、"シンボル事典"の決定版。"絵引き"でのできる"掲載図版一覧"など、検索機能も充実。項目数530、図版700点余。
◇世界シンボル大事典　ジャン・シュヴァリエ,アラン・ゲールブラン共著、金光仁三郎ほか共訳　大修館書店　1996.12　1119p　23cm〈参考書目：p1085〜1101〉14420円　(i)4-469-01249-1　N389.033
＊人類の文化は、文学、宗教、神話、芸術、民間伝承、占星術、錬金術などの諸分野にわたり象徴性をもち、それが文化史読解のキーワードとなる。本書ではヨーロッパ文化圏のみならず、インド、チベット、中国、日本などの東洋や、シベリアの少数民族、マヤ、アステカ、北米インディアンなどのアメリカ大陸、アフリカをも対象とした世界各地のシンボルの集大成。
◇世界民族事典　綾部恒雄監修、綾部恒雄ほか編　弘文堂　2000.7　1211p　27cm　22000円　(i)4-335-56096-6　N389.033
◇文化人類学がわかる事典—読みこなし使いこなし活用自在　木山英明著　日本実業出版社　1996.9　309p　19cm　1500円　(i)4-534-02514-9　N389
内容　第1章　文化人類学はどのような学問か　第2章　人類学の誕生と古典進化説　第3章　サルからヒトへの進化　第4章　インセスト・タブーの起源　第5章　家族と結婚と仲間たち　第6章　人はなぜ戦争をするのか　第7章　秩序のしくみ　第8章　原始共産主義は本当か　第9章　知識と文化
＊いま、人間についてあらためて考えたいアナタのためのテキスト。文化人類学で考える人間社会の森羅万象。通読するもよし、拾い読みするもよし。自分を見つめる拠り所として、教養としてよりよく生きるためのツールとして、豊富な内容をコンパクトにおさめた手軽に読める本です。
◇文化人類学事典　石川栄吉ほか編　弘文堂　1994.3　935p　22cm〈縮刷版〉4800円　(i)4-335-56084-2　N389.033
＊第一線の研究者が用語・民族・人名など約2600項目を執筆。世界の水準をゆく文化と民族のエンサイクロペディア。充実した内容をそのまま縮刷した待望の普及版。
◇民族文化の博学事典—歴史・地理・風俗　辻原康夫著　日本実業出版社　1997.9　286p　19cm　1400円　(i)4-534-02673-0　N204.9
内容　第1章　食の文化は広くて深い　第2章　宗教と信仰の文化人類学　第3章　民族の伝統習慣の再発見　第4章　世界の言葉、その不思議の世界　第5章　誰もが知っている歴史のウラ側では　第6章　民族文化の不思議アラカルト
＊世界各地に暮らす民族の風俗や文化には、知らないことがいっぱい！世界の人々の息づかいが聞こえてくる！楽しく学んで世界がわかる知的ガイド。

報告書

◇人文学部フィールドワーク報告集　1998年度京都精華大学人文学部フィールドワーク報告集編集委員会編　京都　京都精華大学人文学部フィールドワーク報告集編集委員会　1999.9　131p　26cm　N389
◇フィールドワーク報告集—Field work reports　1996年度　京都精華大学フィールドワーク報告集編集委員会編　京都　京都精華大学フィールドワーク報告集編集委員会　1997.12　132p　26cm　N389
◇文化人類学調査実習報告書　第10輯　瀬戸内・高見島の生活誌　三鷹　国際基督教大学教養部社会科学科人類学研究室　1995.8　216p　26cm〈編集：大森元吉,八木橋伸浩　各章末：参考文献〉N389

年報

◇社会人類学年報 Vol.21.(1995) 東京都立大学社会人類学会編 弘文堂 1995.10 189p 21cm 3811円 (i)4-335-51051-9
(内容)ルンバ・街路・大聖堂―コロンビア西北部アフリカ系社会の聖フランチェスコ祭 われわれのようでないものたち―フィリピン・ビサヤ地方シキホール島の精霊譚をめぐって フィリピン初期キリスト教化をめぐる覚書―ラファエルの「翻訳」改宗論を中心として 韓国キリスト教の現在とその理解 「人と学問」原忠彦 葬送儀礼と即興歌―フィリピン山地民ティンギャンの儀礼変化 墓帰属にみる門中―沖縄本島塩屋湾周辺の事例 〔研究動向〕「オリエンタリズム」と中東民族誌の今日

◇社会人類学年報 1996 鈴木二郎,石川栄吉,村武精一監修 弘文堂 1996.10 234p 21cm 3811円 (i)4-335-51052-7
(内容)オリエンタリズムと数学の直感主義 「人類学の危機」と戦術的リアリズムの可能性 植民地時代以後における国家・社会・宗教―バリ島、ブサキ寺院をめぐる権力と知 アガマ(宗教)をめぐる「日常の政治学」―フィリピン南部スールー諸島におけるイスラームとシャーマニズム オラン・アスリのビチャラ―国家と対話するオラン・アスリ アジュクル族における鍛冶屋の消滅―仕事の歴史人類学のために 現代パリ宗教の変容論 エチオピア南部バンナにおける性と結婚―父性と嫡出性をめぐる人類学的デッサン 「研究動向」アフリカ妖術研究再訪―経験の組織化と権力 社会人類学関係文献一覧(一九九五年一月〜一二月)

◇社会人類学年報 VOL.23 鈴木二郎,石川栄吉,村武精一監修 弘文堂 1997.10 183p 21cm 3700円 (i)4-335-51053-5
(内容)広域経済システムとウデへの狩猟 イギリス植民地ベチュアナランドにおける毛皮をめぐるエスノネットワーク フェミニストエスノグラフィーの限界と可能性―女による女についての女のための民俗誌? 20世紀初頭ジャワ・ムスリム社会における学校の導入―学校を通してみたイスラーム諸勢力 「人と学問」王崧興 「チノイ」をめぐる想像と挑戦―中国系フィリピン人とフィリピン国民国家の関係をめぐって 「研究動向」島嶼部東南アジア、イスラームをめぐる人類学的研究

◇社会人類学年報 VOL.24 東京都立大学社会人類学会編、鈴木二郎,石川栄吉,村武精一監修 弘文堂 1998.9 221p 21cm 3700円 (i)4-335-51054-3
(内容)文化からシステムへ―人類学的実践についての観察(福島真人) ダンシング・イン・ザ・ストリート―茨城県A市におけるロックンロールをめぐる民族誌(大山昌彦) 日本人の踊るフラのゆくえ―異文化の消費の観点からの一考察(生地陽) 言説と信仰―カウマの妖術から(菊地滋夫) 語られる年齢体系と民族主義―南部エチオピア、オロモ系牧畜民ボラナのグミ・ガーヨの報告(田川玄) サハ・ナショナリズム再考―シベリア・ヤクーチアにおけるナショナルな意識と地域意識の相克(高倉浩樹) 現代ビルマの村落構造―上ビルマ、マグエー管区の一村落を事例として(熊田直子)〔ほか〕

◇社会人類学年報 Vol.25(1999) 鈴木二郎,石川栄吉,村武精一監修,東京都立大学社会人類学会編 弘文堂 1999.11 225p 21cm 3700円 (i)4-335-51055-1
(内容)日本語で人類学すること―テクスト制度に関する批判的考察 ポリネシア・クック諸島における下位首長会議の成立と展開 民族への帰属とクラン・イデオロギー―リスであることの論理的整合性をめぐって ベーレにおける半族アイデンティティの高まりとその展開―1997年の選挙を中心に 人と学問・富川盛道 「アチック」「カパル」論再考―農村女性からみたトルコの「近代化」 避妊知識の生成と伝達―ケニア・キクユ社会における家族計画の受容をめぐって 研究動向・ポトラッチ研究史と将来の展望 社会人類学関係文献一覧(1998年1月〜12月)

◇社会人類学年報 Vol.26(2000) 鈴木二郎,石川栄吉,村武精一監修,東京都立大学社会人類学会編 弘文堂 2000.9 238p 21cm 3700円 (i)4-335-51056-X
(内容)移動と異同―ジャワ系マレー人と呪術 聖像はいかにして聖人となるか―アフロベネズエラ文化におけるサン・フアン信仰 イギリス統治下フィジーにおける初期間接統治体制の導入・確立と社会変動―トゥカ運動を中心とする一考察 「コンパウンド」と「カンポン」―居住に関する人類学用語の歴史的考察 知の状況依存性について―知識人類学試論 「上の人々」と「下の人々」―オラン・アスリ社会における開発と階層化 牧畜民の命名技法と経験世界のグローバル化―ケニア中北部サンプルの事例 「サヤックたち」の集団化―旧ソ連領中央アジア・クルグス一村落における父系出自親族の動態 研究動向・ヴェール論にみる中東ムスリム女性研究の現在―イスラーム主義と「近代化」の視点から 社会人類学関係文献一覧――一九九九年一月〜一二月

◇社会人類学年報 Vol.27(2001) 東京都立大学社会人類学会編、鈴木二郎,石川栄吉,村武精一編 弘文堂 2001.12 202p 21cm 3700円 (i)4-335-51057-8
(内容)開発の人類学―アクター・ネットワーク

論の可能性　方法としての希望　農業開発と地域社会―ケニア共和国、ケニア山南嶺平野の開拓をめぐる諸相　イニシエーションと還流的労働移動の節合―パプアニューギニア、サンビアの事例から　人と学問　宮田登　不動産王チプトラのジャカルタ　研究動向　ネイティヴの人類学の最前線

レヴィ＝ストロース

◇アスディワル武勲詩　クロード・レヴィ＝ストロース著、西沢文昭訳　青土社　1993.11　148p　20cm　1600円　(i)4-7917-5277-5　Ⓝ389.51
(内容)アスディワル武勲詩　アスディワル武勲詩と神話分析の方法(解説)
＊神話が成立し、展開と変容を遂げるプロセスを、北米ツィムシアン族の神話〈アスディワル武勲詩〉の分析から、浮き彫りにする。レヴィ・ストロースの思想と方法の基本構造が明かされた記念碑的研究。

◇科学的知の社会学―デュルケームからブルデューまで　田原音和著　藤原書店　1993.4　348p　21cm　(ブルデューライブラリー)　4800円　(i)4-938661-70-5
(内容)第1章　社会学における認識論的試み　第2章　構造主義と社会学―その認識論的吟味　第3章　現代フランスの社会学の認識論　第4章　社会学的知の生産をめぐって―科学の社会学と構造主義　第5章　構造と実践のあいだ　第6章　構造主義から慣習行動の理論へ　第7章　世紀の転換期におけるフランス社会学と歴史学　付論(日本的社会性の諸形式―伝統主義と現代主義　研究の旅路―東北大学における最終講義)
＊デュルケーム、レヴィ＝ストロースそしてブルデューに到る思想の系譜を隣接諸学との連関において辿り、社会学を認識論的に捉え返す根底的な視座を呈示する。この100年のフランス社会学界の潮流を見事に俯瞰する遺作の集成。

◇悲しき熱帯　1　レヴィ＝ストロース著、川田順造訳　中央公論新社　2001.4　339p　18cm　(中公クラシックス)　1300円　(i)4-12-160004-5　Ⓝ382.62
(内容)第1部　旅の終り　第2部　旅の断章　第3部　新世界　第4部　土地と人間　第5部　カデュヴェオ族

◇悲しき熱帯　2　レヴィ＝ストロース著、川田順造訳　中央公論新社　2001.5　449p　18cm　(中公クラシックス)　(年譜あり　文献あり)　1400円　(i)4-12-160007-X　Ⓝ382.62
(内容)第6部　ボロロ族(金とダイヤモンド　善い野蛮人　ほか)　第7部　ナンビクワラ族(失われた世界　荒野で　ほか)　第8部　トゥピ＝カワイブ族(カヌーで　ロビンソン　ほか)　第9部　回帰(神にされたアウグストゥス　一杯のラム　ほか)

◇近親性交とそのタブー―文化人類学と自然人類学のあらたな地平　川田順造編　藤原書店　2001.12　241p　19cm　2400円　(i)4-89434-267-7
(内容)1　最先端の自然人類学・文化人類学の知から「間違い」ではなく「適応」としての近親交配(青木健一)　インセスト回避がもたらす社会関係(山極寿一)　インセストとしての婚姻(出口顕)　幻想と現実のはざまのインセスト・タブー―フロイトからレヴィ＝ストロースへ(渡辺／公三)　2　コメント・批判・あらたな問い(インセスト・タブーについてのノート(西田利貞)　インセストとその象徴(内堀基光)　性と「人間」という論理の彼岸(小馬徹))　3　文芸の深みから(自然過程・禁忌・心の闇(古橋信孝)　自瀆と自殺のあいだ―近親相姦序説(高橋睦郎))
＊生物学、霊長類学、文化人類学の最新の研究成果を総合する世界的水準における初の学際的インセスト・タブー論。

◇構造人類学のフィールド　小田亮著　京都　世界思想社　1994.3　261p　19cm　(Sekaishiso seminar)　(参考文献：p247～251)　1950円　(i)4-7907-0496-3　Ⓝ389
(内容)第1章　野生の思考―禁止と分類(穢れという観念　タブーと象徴的動物)　第2章　贈与の霊―交換と禁止(ゼロ・タイプの制度と互酬性　交換の四角形)　第3章　国家に抗する社会―首長制と王権(はみ出し者の首長と王　王権の二重性)　第4章　神話論理学―構造と変換(神話の構造　神話と変換)　第5章　人種と歴史―構造と翻訳(血の共同体の幻想　翻訳としての構造)
＊「異なるもの」との交流を軸に、閉じられた体系を打ち破り、異文化間コミュニケーションの足場を築く、レヴィ＝ストロースの構造主義人類学―その切れ味を鍛え直す

◇今日のトーテミスム　クロード・レヴィ＝ストロース著、仲沢紀雄訳　みすず書房　2000.9　242,9p　19cm　(みすずライブラリー)　〈文献あり〉　2700円　(i)4-622-05058-7　Ⓝ163.2
(内容)今日のトーテミスム(序論　トーテム幻想　オーストラリアの唯名論　機能主義的トーテミスム　知性へ　心の中のトーテミスム)　人類学の課題
＊19世紀以来、「未開」社会のある社会集団と特定の動植物や無生物(トーテム)との間に交わされる特殊な制度的関係はトーテミスムと呼ばれ、幾多の実地調査が重ねられてきた。しかしそれぞれの「未開」社会を調べるほどに、各事例の間には一般化できない種々の差異が

あることが分かってきた。著者は、従来のトーテミスム理解は、人間と自然を非連続として捉えるキリスト教的思考の恣意と幻想にすぎないと批判する。フレイザー、ボアズ、マリノフスキー、デュルケームなどのトーテミスム理論を分析しつつ、トーテミスムについての新しい捉え方の先駆をルソーやベルクソンに見いだし、現実(自然)を前にした人間精神の操作、論弁的な思考の構造を明らかにする。

◇サンタクロースの秘密 クロード・レヴィ＝ストロース,中沢新一著 せりか書房 1995.12 110p 20cm 2060円 (i)4-7967-0195-8 Ⓝ389
 内容 火あぶりにされたサンタクロース 幸福の贈与
 *「火あぶりにされたサンタクロース」C・レヴィ＝ストロースと「幸福の贈与」中沢新一が人類の祭りクリスマスの謎にせまる思想のプレゼント。

◇縄文の神話 吉田敦彦著 増補新版 青土社 1997.7 357p 19cm 2400円 (i)4-7917-5557-X
 内容 第1部 神話と夢(夢と神話世界—ユング派心理学と神話学 古代ギリシア人と夢 ホムチワケと垂仁天皇の夢の中のサホビメ) 第2部 縄文の神話(有孔鍔付土器と月神話 エリアーデの地母説と縄文時代中葉の土偶および土器 釣手土器と火の神話 山姥と縄文土偶および土偶 山姥の不気味さと縄文時代晩期末葉の土器形土偶) 第3部 三機能説と神話の構造(儀礼と神話および言語 レヴィ＝ストロースの儀礼論 デュメジルの三機能説とヨーロッパの神話的世界 デュメジルの三機能説とゲルマン・ケルト神話伝説 ほか)
 *無文字時代の神話。大地神＝食物神＝火神の「死と再生」を追い、神話学の成果と学際的方法を駆使して、縄文土器・土偶の意味をさぐり、縄文の神話世界が環太平洋文化圏の基層によこたわる「地母神信仰」につらなることをつきとめ、「古事記」以前の隠された神話を解き明かす、吉田神話学の豊饒な成果。

◇親族の基本構造 クロード・レヴィ＝ストロース著,福井和美訳 青弓社 2000.12 844,68p 22cm 14000円 (i)4-7872-3180-4 Ⓝ389

◇人類学の歴史—人類学と人類学者 アダム・クーパー著,鈴木清史訳 明石書店 2000.2 355p 20cm (明石ライブラリー 17) 3600円 (i)4-7503-1248-7 Ⓝ389.0233
 内容 第1章 マリノフスキー 第2章 ラドクリフ＝ブラウン 第3章 1930～40年代—機能から構造へ 第4章 人類学と植民地主義 第5章 専門課程化する人類学 第6章 リーチとグラックマン 第7章 レヴィ＝ストロースと英国新構造主義 第8章 終わりと始まり

◇神話と意味 クロード・レヴィ＝ストロース著,大橋保夫訳 みすず書房 1996.12 79,4p 19cm (みすずライブラリー) 〈巻末:参考文献〉 1854円 (i)4-622-05007-2 Ⓝ389.04
 内容 1 神話と科学の出会い 2 "未開"思考と"文明"心性 3 兎唇と双生児—ある神話の裂け目 4 神話が歴史になるとき 5 神話と音楽
 *レヴィ＝ストロースはライオンの頭と体をもつといわれる。構造分析の創始者たる頭部、叙情的詩人としての胴体。その全体像をみごとに浮き彫りにする一冊。

◇知の歴史学 饗庭孝男著 新潮社 1997.10 377p 21cm 2200円 (i)4-10-386503-2
 内容 第1章 歴史の「空間」に向って 第2章 「文化」の原型 第3章 歴史の切断と非連続 第4章 村と心性の構造 第5章 「内面」と「結婚」の制度化へ 第6章 都市形成の原理 第7章 明証性への希求と神秘 第8章 革命と農村 第9章 狂気と「分割」の思考 第10章 愛と禁忌 第11章 身体の実践と「知」 第12章 「死」の儀礼と生の意味
 *歴史を「知」的に横断する。地球の環境破壊が叫ばれ、「進歩」即「幸福」という歴史神話が崩された現在、もう一度歴史を多元的に読みなおし、人類の営みを原点から見つめなおす。宗教と社会制度、村落と都市、人類の高齢化現象と死といった様々な問題を、レヴィ＝ストロース、フーコー、柳田国男といった先哲の思想を引き合いにだしつつ読み解く。示唆にみちた深い思索の書。

◇名前のアルケオロジー 出口顯著 紀伊国屋書店 1995.9 254p 20cm 2200円 (i)4-314-00715-X Ⓝ389.04
 内容 第1部 裸の固有名詞(微分化と反復—とりあえずの類型 記号としての個人名—反記号論的考察 徴分のなかの反復、反復のなかの徴分 人称代名詞と個人名) 第2部 今日の固有名(現代思想における固有名論 単独性の論理学は可能か?) 第3部 命名の基本構造(名づけとインセスト・タブー 命名と「自己」「自己」の変換,分類へ向かって ふたたび見出されたレヴィ＝ストロース)
 *名前—この、あまりにも近くて、あまりにも深遠なもの。フーコー、レヴィ＝ストロースを背景に、名前の裏にひそむ権力作用に鋭く迫る。柄谷行人の「固有名」論も痛烈に批判。

◇ブラジルへの郷愁 クロード・レヴィ＝ストロース著,川田順造訳 みすず書房 1995.10 231p 29cm 8755円 (i)4-622-03901-X Ⓝ389.62

◇ブローデル帝国 F.ドス編,浜名優美監訳 藤原書店 2000.5 294p 21cm 3800円 (i)4-89434-176-X
 内容 第1部 出来事—歴史家たちとブローデル(父の名において 真似のできない業績 ブロ

ーデル派よりもむしろラブルース派として ほか) 第2部 変動局面―経済学者たちとブローデル(歴史学のシュンペーター アメリカ大陸の歓待 二十世紀のプルードン ほか) 第3部 構造―地理学者・人類学者たちとブローデル(大きな空間への訴え フェルナン・ブローデルの地理的宇宙 ブローデル館長の真新しい服―レヴィ=ストロースvsブローデル ほか)
*「地中海」と、斬新な研究機関「社会科学高等研究院第6部門」『人間科学館』の設立・運営を通しブローデルが築き上げた、人文社会科学を総合する"帝国"とは何か?歴史学、経済学、地理学のエキスパートによるラディカルな問題提起。

◇文化解体の想像力―シュルレアリスムと人類学的思考の近代 鈴木雅雄,真島一郎編 京都 人文書院 2000.7 542p 22cm 3900円 (i)4-409-04048-0 Ⓝ389.04
(内容) 1 記号・他者・身体(マルセル・モースにおける現実と超現実―シュルレアリスムへ向けた人類学からのいくつかの断片 レヴィ=ストロースとブルトンの記号理論―浮遊するシニフィアンとアウラを帯びたシニフィアン ほか) 2 テクストと読解(クレオールの対話 マルティニク島、エグゾティスムにおいてシュルレアリスム的な ほか) 3 表現者とフィールド(郷土への回帰―ラム、カブレラ、カルペンティエルと黒人の呪術 バンジャマン・ペレのプリミティヴィスム ほか) 4 驚異・他者・歴史(贈与と驚異―「ナジャ」論 しなやかにローカルであること―ジュリアン・グラックと人文地理学 ほか)
*実体的な文化概念の解体のあと、私たちはまどこにいるのか。内/外なる絶対的な他者の驚異をまえに、並置と混淆に賭けた20世紀思想史の閃光。海外からの寄稿を含む、文学、文化人類学、美学の気鋭執筆陣、対象への愛の強度が支える白熱する共同研究。

◇見出された「日本」―ロチからレヴィ=ストロースまで 大久保喬樹著 平凡社 2001.7 235p 19cm (平凡社選書) 2400円 (i)4-582-84214-3
(内容) 序章 異国へ、東方へ、そして日本 第1章 ピエール・ロチ―異郷の日本 第2章 ポール・クローデル―始原理想の日本 第3章 アンドレ・マルロー―侍、隠者、神性の日本 第4章 ロラン・バルト―虚と表徴の世界としての日本 第5章 クロード・レヴィ=ストロース―多文化融合モデルとしての日本 終章 日本への一世紀
*19世紀末に来日したピエール・ロチから、クローデル、マルロー、ロラン・バルト、20世紀末に来日したレヴィ=ストロースまで、おおよそ1世紀の間に日本を訪れた、フランスを代表する5人の文学者・哲学者は、そこに何を見出し、何を語ったのか。彼らが描いた5つの「日本」像と、そこに投影されたヨーロッパ近代への自己省察をもとに、「他者」の眼に映った表象のなかに、異文化への「翻訳」によって初めて発見された「日本」文化の新たな解読の「可能性」を探る。

◇レヴィ=ストロース入門 小田亮著 筑摩書房 2000.10 238p 18cm (ちくま新書) 680円 (i)4-480-05865-6 Ⓝ389
(内容) 第1章 人類学者になるということ―哲学の放棄 第2章 構造主義はどのように誤解されるか―変換と無意識 第3章 インセストと婚姻の謎解き―「親族の基本構造」 第4章 ブリコラージュvs近代知―「野生の思考」「今日のトーテミズム」 第5章 神話の大地は丸い―「神話論理」 おわりに 歴史に抗する社会―非同一性の思考
*若きレヴィ=ストロースに哲学の道を放棄させ、ブラジルの奥地へと駆り立てたものは何だったのか?彼の構造主義を中心とする思考は、現代思想にも深い影響を与え、西洋の自文化中心主義への反省と主体の解体をうながす大きな役割を果たした。本書は、レヴィ=ストロースの代表作「親族の基本構造」「野生の思考」「神話論理」をとりあげ、彼が未開社会の親族構造や神話研究から汲みあげた豊かな思考の可能性の核心を読み解く。しばしば誤解されがちな「構造主義」をホントに理解し、ポストコロニアル論にも活かすための新しいレヴィ=ストロース入門。

◇レヴィ=ストロース―構造 渡辺公三著 講談社 1996.5 341p 20cm (現代思想の冒険者たち 第20巻) 2600円 (i)4-06-265918-2 Ⓝ389
(内容) 序章 構造主義のエシックス 第1章 歴史の影のなかに 第2章 声とインセスト 第3章 旅の終わり 第4章 神話と詩のあいだに 第5章 幻想から思考へ 第6章 新石器のビルドゥングスロマン(1)南半球の森から 第7章 新石器のビルドゥングスロマン(2)北半球への旅 終章 「構造」の軌跡

◇レヴィ=ストロース エドマンド・リーチ著,吉田禎吾訳 筑摩書房 2000.5 231p 15cm (ちくま学芸文庫) 900円 (i)4-480-08551-3
(内容) 第1章 レヴィ=ストロースの人と業績 第2章 牡蠣、燻製した鮭、スティルトン・チーズ 第3章 人間という動物とそのシンボル 第4章 神話の構造 第5章 言葉と物 第6章 親族の基本構造 第7章「時間を抑制する機械」
*"人間とは何か?普遍的人間性はあるのか?文化とは?"西欧近代が繰り返し立ち戻ってきたこの根源的な問い掛けに答えるべく創唱されたレヴィ=ストロースの「構造」人類学。西欧中心の近代的思考体系への徹底した反省を促す彼の難解な思想を、革新的な発想と卓抜し

石田英一郎　　　　　　　　　　　　　　　　　文化人類学・民族学

た論理力を併せもつ異色の人類学者・リーチが、驚くほどの明快さ、手際の良さで鮮やかに読み解く。挑発的なレヴィ=ストロース入門。

◇レヴィーストロース　ボリス・ワイズマン文,ジュディ・グロープス絵,椋田直子訳　現代書館　1998.9　174p　21cm　(For beginnersシリーズ 84)　1200円　(i)4-7684-0084-1　Ⓝ389

◇われわれと他者―フランス思想における他者像　ツヴェタン・トドロフ著,小野潮,江口修訳　法政大学出版局　2001.12　633,19p　19cm　(叢書・ウニベルシタス)　6800円　(i)4-588-00707-6

(内容)第1章 普遍と相対(自民族中心主義　科学主義　モンテーニュ　相対主義の展開　レヴィ=ストロース)　第2章 人種(人種と人種差別　ゴビノー　ルナン　人種理論の道)　第3章 国民(国民とナショナリズム　トクヴィル　ミシュレ　ルナンとバレス　ペギー　ナショナリズムがもたらしたもの)　第4章 異国的なもの(他者の正しい使用法　シャトーブリアン　ロチ　セガレン　近代の旅行者たち)　第5章 中庸(「ペルシャ人の手紙」　「法の精神」　穏やかな人間主義)

＊モンテスキュー、ルソーからレヴィ=ストロースに至るフランスの思想家や作家たちは人種や民族の問題をどのように捉えてきたか。彼らとの対話を通してその思想的系譜を検討し、人種差別や外国人排斥という現代世界の病理の根源を抉る。

石田英一郎

◇日本の「創造力」―近代・現代を開花させた470人 14 復興と繁栄への軌跡　富田仁編　日本放送出版協会　1993.11　531p　21×16cm　5800円　(i)4-14-009218-1

(内容)カッパ・ブックス―ベストセラーづくりの名人神吉晴夫　キヤノン―医師から経営者に転身した御手洗毅　特殊技術撮影―特撮映画の声価を高めた円谷英二　サンダース・ホーム―混血孤児の母沢田美喜　衣服産業―オンワード樫山の創業者樫山純三　日本発条―バネの「ニッパツ」を築いた坂本寿　原子物理学―原子核実験研究に貢献した菊池正士　女性代議士―国会への先陣を切った最上英子　三洋電機―生活文化の革新を担った井植歳男　南極観測―第一次越冬隊長となった西堀栄三郎　色彩分析―音と色の質を向上させた田口卯三郎　日本航空―民間航空の育ての親松尾静磨　近畿日本鉄道―中興の祖といわれた佐伯勇　エスビー食品―国産カレー粉の先駆者山崎峯次郎　文化人類学―新学問分野に貢献した石田英一郎　博報堂―近代的広告業を確立した瀬木博信　広告産業―電通の拡大発展に貢献した吉田秀雄　高分子化学―ビニロンを独創開発した桜田一郎　新日本製鉄―鉄鋼業界をリードした稲山嘉寛　ブラザーミシン―ミシンの国産化に成功した安井正義　歌謡曲―大衆の心を酔わせた作曲家古賀政男　大日本印刷―印刷事業の可能性を広げた北島織衛　量子電気力学―ノーベル賞に輝いた朝永振一郎　本田技研工業―「世界のホンダ」を創った本田宗一郎　中間子理論―日本初のノーベル賞受賞者湯川秀樹　実験物理学―加速器建設の第一人者熊谷寛夫　女性法曹―日本初の女性弁護士となった久米愛　抗生物質―カナマイシンを発見した梅沢浜夫　工業デザイナー―工業デザインのパイオニア小杉二郎　角川書店―俳句興隆に尽くした出版人角川源義　カシオ計算機―「創造貢献」を貫いた樫尾忠雄　現代能―明日の能を求め続けた観世寿夫　長編漫画―戦後日本の国民的漫画家手塚治虫　ミネベア―町工場から大企業に育てた髙橋高見　フランス料理―実践的異文化研究の担い手辻静雄

＊ノーベル賞受賞、家電弱電機器部門の世界的な展開。経済大国への第一歩を踏み出した日本に、志を立てた先達たち。

泉靖一

◇街道をゆく 38 オホーツク街道　司馬遼太郎著　朝日新聞社　1993.8　514p　19cm　1700円　(i)4-02-256639-6

(内容)縄文の世　モヨロの海　札幌の三日　北天の古民族　韃靼の宴　遙かなる人々　アイヌ語学の先人たち　マンモスハンター　研究者たち　木霊のなかで　樺太からきた人々　宝としての辺境　花発けば　ウイルタの思想　コマイ　アイヌ語という川　遠い先祖たち　チャシ　貝同士の会話　雪のなかで　声聞橋　宗谷　泉靖一　林蔵と伝十郎　大岬　大海難　黄金の川　佐藤隆広係長　紋別まで　森の中の村　小清水で　町中のアザラシ　斜里町　斜里の丘　流氷旅の終わり

＊流氷の寄せてくる海辺に足跡を残し、消えた狩猟民族…、グローバルな視点からその謎に迫り、発見者・研究者たちの真摯な情熱を感動的に描く。

梅棹忠夫

◇梅棹忠夫著作集 別巻　年譜・総索引　梅棹忠夫著　中央公論社　1994.6　447p　21cm　11000円　(i)4-12-402866-0

(内容)梅棹忠夫年譜　全巻目次一覧　収録論文

項目索引　総索引

◇科学すること・生きること　神戸大学医学部・神緑会編　大阪　文教出版　1999.6　160p　22cm　3000円　(i)4-938489-14-7　Ⓝ490.4
　(内容)　科学者からみた人生(福井謙一述)　生と死を扱う医学(日野原重明述)　医学の新しい視点─進化医学(井村裕夫述)　21世紀の科学技術と日本のゆくえ(西澤潤一述)　民族学と国際交流(対談)(梅棹忠夫, 山鳥崇述)　脳の設計図─脳と心(伊藤正男述)　ホルモン作用の仕組みと生体の応答(西塚泰美述)　眠りと目覚めを司る物質(早石修述)　免疫の内部世界(多田富雄述)　がん遺伝子産物と蛋白質燐酸化酵素(豊島久真男述)　ヒト・レトロウイルスの研究─光と影(日沼頼夫述)

◇行為と妄想─わたしの履歴書　梅棹忠夫著　日本経済新聞社　1997.6　262p　19cm　1700円　(i)4-532-16220-3
　(内容)　第1章　幼年のころ　第2章　山への目ざめ　第3章　探検隊の見習士官　第4章　大陸からの引きあげ　第5章　比較文明論への旅だち　第6章　アジアからアフリカへ　第7章　京都大学にかえる　第8章　ヨーロッパと万国博　第9章　博物館づくり　第10章　公私多忙　第11章　文化開発のプランニング　第12章　世界体験　第13章　老年の波乱

◇古代史から日本を読む─古代から現代、そして未来へ　上田正昭対談集　上田正昭著　学生社　2000.4　323p　19cm　2400円　(i)4-311-20234-2
　(内容)　東アジアの中の日本古代史─小松左京　みそぎの研究─宮田登　四・五世紀の倭国─司馬遼太郎　木の文化・石の文化─岡本太郎　女帝と道鏡─飯沢匡　飛鳥と難波─直木孝次郎　吉備の神々─池田弥三郎　出雲の視座─勝部昭　千年の都、神と信仰をめぐって─林屋辰三郎　覚めるが如く、夢見るが如く─湯川秀樹　折口信夫の学問と思想─岡野弘彦　新世紀と王仁湖─梅棹忠夫　高麗美術の息吹き─岡田伊都子　京都、日本、アジア、世界─千宗室　歴史に学び、歴史に生きる─井上満郎
　＊古代日本の神話や宗教・民俗など、司馬遼太郎・岡本太郎・小松左京他15名、異色対談集。

◇酒と日本文明　梅棹忠夫, 吉田集而編　弘文堂　2000.9　339p　22cm　4800円　(i)4-335-56097-4　Ⓝ383.885
　(内容)　序章　酒の比較文明学(酒の比較文明学)　第1章　文明としての酒造産業(日本の酒造─近世における酒屋の記録と酒造書から　日本酒造産業の構造的特質と近代化について ほか)　第2章　文明としての酒の飲み方(料理屋の酒・居酒屋の酒　危険な楽しみ─近世日本の「酒論」ほか)　第3章　酒と文明(文明史における酒とナルコティックス)　第4章　酒の文明学をめぐって(「酒の文明学」のための問題点　文明としての酒について)
　＊酒は日本の文明を語る。他文明の酒造産業、酒の飲み方と比較し、酒の文化から日本の文明の特質を考える。

◇宗教の比較文明学　梅棹忠夫, 中牧弘允編　春秋社　1993.3　325p　19cm　3800円　(i)4-393-29109-3
　(内容)　基調講演　近代化と宗教　1　日本と英国における宗教と発展　2　グローバル化と近代日本宗教─教派神道家のキリスト教対策を中心に　3　神道とユダヤ教の儀礼専門家─階層制と差異　4　大本における ジェンダーと千年王国　5　日本人の宗教的アイデンティティ　6　日本の新儒教─遺産と展望　7　朝鮮における宗教と社会統合　8　中国の宗教と近代化　9　宗教と文明化過程─タイ仏教の視点から　10　近代日本の宗教文明─投影装置としての高野山を中心に
　＊比較文明学の立場から宗教と社会の動的関係を捉え直す多彩な問題群。

◇日本の未来へ─司馬遼太郎との対話　梅棹忠夫編著　日本放送出版協会　2000.6　299p　18cm　1200円　(i)4-14-080502-1
　(内容)　第1部　司馬遼太郎から梅棹忠夫へ(司馬遼太郎の手紙　大きな幸福─梅棹学について)　第2部　民族と国家、そして文明(二一世紀の危機─少数者の反乱が地球をおおう　民族の原像、国家のかたち ほか)　第3部　日本および日本人について(日本は無思想時代の先兵　日本人の顔 ほか)　第4部　追憶の司馬遼太郎(知的会話をたのしめたひと、司馬遼太郎　司馬遼太郎さんとわたし ほか)
　＊ふらつき続ける無層社会日本の軌跡。"日本人は志を喪失したのではないか!"歴史の旅人・司馬遼太郎vs.文明のフィールドワーカー・梅棹忠夫ふたりの「知の巨人」が語り尽くす、日本の「これまで」と「これから」。

◇文明の生態史観　梅棹忠夫著　改版　中央公論社　1998.1　349p　15cm　(中公文庫)　743円　(i)4-12-203037-4
　(内容)　東と西のあいだ　東の文化・西の文化　文明の生態史観　新文明世界地図─比較文明論へのさぐり　生態史観から見た日本　東南アジアの旅から─文明の生態史観・つづき　アラブ民族の命運　東南アジアのインド「中洋」の国ぐに　タイからネパールまで─学問・芸術・宗教　比較宗教論への方法論的おぼえがき
　＊世界史に革命的な新視点を導入した比較文明論の名著。

◇民族学者の発想─人間のいとなみを考える　対談集　梅棹忠夫著　平凡社　1993.7　285p　20cm　2300円　(i)4-582-73826-5　Ⓝ389.04

鳥居竜蔵

◇考古学者—その人と学問　明治大学考古学博物館編　名著出版　1995.8　380p　21cm　(市民の考古学 2)　3800円　(i)4-626-01514-X
　〈内容〉坪井正五郎と人類学会の誕生　博学の考古学者・高橋健自　鳥居竜蔵—考古・人類学者、そして探検家　近代考古学と浜田耕作—浜田先生と私　実証的研究一筋の梅原末治　古墳の編年研究と後藤守一　原始農業の研究と森本六爾　山内清男と縄文土器編年　小林行雄—その人と学問　書かれざる『原史学本論』—杉原荘介の人と学問
◇人類学上より見たる西南支那　上　鳥居竜蔵著　ゆまに書房　1994.2　456p　22cm　(シリーズ出にっぽん記—明治の冒険者たち　第14巻)〈富山房大正15年刊の複製　折り込み1枚〉　8800円　(i)4-89668-758-2　Ⓝ389.2234
◇人類学上より見たる西南支那　下　鳥居竜蔵著　ゆまに書房　1994.2　409p　22cm　(シリーズ出にっぽん記—明治の冒険者たち　第15巻)〈富山房大正15年刊の複製〉　8300円　(i)4-89668-759-0　Ⓝ389.2234
◇鳥居竜蔵伝—アジアを走破した人類学者　中薗英助著　岩波書店　1995.3　442p　20cm　〈鳥居竜蔵の肖像あり　参照・参考文献・年譜：p425～437〉　3600円　(i)4-00-001519-2　Ⓝ289.1
　〈内容〉ドルメンじゃ　新高山の白雪を踏む　「コロボックル」の謎を追って　妻きみ子との出会い　貴州苗族に「日本民族」を求めて　伊波普猷と沖縄調査　わがライフワーク「満蒙」　沙漠に契丹の都を追う　遼帝国の版図に遺るシャーマン　朝鮮に楽浪漢墓を発見〔ほか〕
＊東京帝国大学を辞去し家族とともに東アジア全域を踏破した日本初の探検型フィールドワーカー・鳥居竜蔵、その壮絶なる生涯に肉迫。
◇鳥居竜蔵の見たアジア—民族学の先覚者　国立民族学博物館編　吹田　国立民族学博物館　1993.3　116p　30cm　Ⓝ389.2
◇鳥居竜蔵の見たアジア—徳島の生んだ先覚者　徳島県立博物館企画展解説書　徳島県立博物館編　徳島　徳島県立博物館　1993.10　120p　30cm　〈鳥居竜蔵の肖像あり　鳥居竜蔵年譜：p22～23〉　Ⓝ389.2
◇鳥居竜蔵のみた北方民族—第7回特別展図録　北海道立北方民族博物館編　網走　北海道立北方民族博物館　1994.2　65p　26cm　〈鳥居竜蔵の肖像あり　会期：平成6年2月1日～3月8日　鳥居竜蔵年譜・北方民族関係著述目録：p52～54　参考文献：p60〉　Ⓝ389.2
◇20世紀の歴史家たち(1)日本編　1　日本編　上　今谷明, 大濱徹也, 尾形勇, 樺山紘一編　刀水書房　1997.7　270p　21cm　(刀水歴史全書 45)　2800円　(i)4-88708-211-8
　〈内容〉徳富蘇峰　白鳥庫吉　鳥居竜蔵　原勝郎　喜田貞吉　三浦周行　幸田成友　柳田国男　伊波晋猷　今井登志喜〔ほか〕
＊歴史家は20世紀を如何に生きたか！20世紀は歴史家をどう育てたか！日本と世界の歴史家100人の記録。
◇日本民族の由来　上　山岡道生著　福岡　葦書房　1993.2　280p　20cm　2750円　(i)4-7512-0472-6　Ⓝ210.3
　〈内容〉第1章　日本民族の由来に関する諸説(記紀神話　中国大陸居住民族の渡来説　石器由来説　外国人による日本民族起源論　先住民族論争　明治時代における日本民族の起源論　鳥居竜蔵説　古人骨から見た起源論　岡正雄説〈民族学的立場から見た日本民族起源論〉　文化共同体説)　第2章　日本民族の由来探究の基礎知識(渡来の条件　人種　古代における南方系諸民族の動向　言語　血液型　住居　石器　土器　金属器　基礎知識の効用とその限界)
＊遺伝形質(血液型、古人骨)、言語、考古学的知見(石器、土器、金属器、住居形態)を主にし、それに古代諸民族の動向、陸橋の有無、海洋技術の進展、風俗、伝承説話等を参考にして、多角的に、日本民族の由来を検索しています。モンゴロイドの形成、さらには現世人類の出現にさかのぼって日本民族の系譜を尋ねています。多面的で始源的な日本民族起源論です。
◇民族学者鳥居竜蔵—アジア調査の軌跡　田畑久夫著　古今書院　1997.5　263p　20cm　〈肖像あり　著作目録あり〉　2900円　(i)4-7722-1448-8　Ⓝ382.2
　〈内容〉第1章　調査・研究への道とその時代　第2章　台湾での人類学的調査　第3章　西南中国における人類学的調査　第4章　貴州でのミャオ族調査　第5章　雲南・四川でのロロ(イ)族調査　第6章　ライフワークとしての満州・蒙古　第7章　北方文化を求めたシベリア・樺太(サハリン)　付論　中国雲貴高原中部のイ族—生業形態を中心に

山口昌男

◇内田魯庵山脈—「失われた日本人」発掘　山口昌男著　晶文社　2001.1　597,23p　21cm　6600円　(i)4-7949-6463-3
　〈内容〉1　魯庵の水脈(その始まり　明治の逸人—西ম仙湖　野のアカデミー—集古会　和綴の雑誌—「集古」　蒐集家の筆頭—林若樹　ほか)　2　魯庵の星座(地方を結ぶ「いもづる」ネットワーク　「いもづる」に集まった人びと　ハイブラウ魯庵の敗北—三田平凡寺　大正の現実と国際

的知を繋ぐ力―アントニン・レーモンド 尋常小学校分教場の趣味宇宙―板祐生 ほか)
*埋もれていた内田魯庵の小篇に、見失われた知の原郷が隠されていた―。内田魯庵(明治元~昭和4)。若くしてドストエフスキイの「罪と罰」を翻訳、丸善顧問として輸入洋書の大半に目を通し、「学鐙」を編集する。当代一の随筆家と目されながら、一度も流行児とならず、友はつくるが組織によらず、独自の道を歩く。近代日本の諸学(人類学・考古学・民俗学・美術史…)は、学校のようなタテ型でない趣味や遊びに根ざした市井の自由なネットワークに芽吹き、魯庵はその象徴的存在だった。本書は魯庵を手がかりに、近代日本に一貫して流れる知の最良の部分と粋な日本人たちを壮大な規模で掘り起こす、歴史人類学の達成。

◇踊る大地球―フィールドワーク・スケッチ 山口昌男著 晶文社 1999.3 157p 16×21cm 2840円 (i)4-7949-6388-2
(内容) 1 アフリカ・アジア(ナイジェリア インド 韓国 バリ島・フローレス島) 2 日本(鹿児島・種子島 奈良・春日大社 広島県比婆郡・荒神祭り 伝統芸能ノート 福井・麻生八幡 香川・名野川神楽) 3 メキシコ・南米(カリブ海 メキシコ ペルー ギアナ高地)
*フィールドワークは、ナイジェリアから始まった。インド、バリ島、種子島、メキシコ、カリブ海…。歩き、話し、そして描いてきた。村々を、祭を、人人を。点描すること。それは、記憶を作ることでもあった。そんな文化人類学者が描いたスケッチ1500点から、厳選された100点が白いページの上で踊っている。絵の案内人は、杉浦日向子と畑中純。

◇周縁からの文化―21世紀に遺す 山口昌男,神尾登喜子,高橋文二,広川勝美共著 蒼洋社,おうふう(発売) 1997.11 174p 18×14cm 1600円 (i)4-273-03004-7
(内容) 第1章 都市的感性と文化(文化のアレンジャー 都市の音楽 タイムズ・スクェア ほか) 第2章 人類学と歴史学(「文化と両義性」をめぐって 昭和史の挫折 周縁化された人物 ほか) 第3章 天皇制と文化(三島由紀夫と廃墟の美学 河原院と六条院 周縁創出装置としての天皇制 ほか) 第4章 精神史の古層(異文化の比較 天皇制の伝統 「王殺し」の装置 ほか)
*歴史と文化にみる知の系譜。

◇知の遠近法 山口昌男著 第10刷 岩波書店 1999.6 399p 19cm 3200円 (i)4-00-001323-8
(内容) 第1章 地揺れする辺境から 第2章 噂がひとを襲うとき 第3章 知の遠近法を学びたまえ 第4章 のらくろはわれらの同時代人 第5章 映像の世界の文化英雄たち 第6章 ブラウン管のなかの嬰児殺し 第7章 アメリカに美学

記号を求めて 第8章 病いの宇宙誌 第9章 周縁性の歴史学に向って 第10章 歴史人類学或いは人類学的歴史学へ 第11章 「王殺し」の条件 第12章 天皇制の深層構造 第13章 天皇制の象徴的空間

◇天皇制の文化人類学 山口昌男著 岩波書店 2000.1 288p 15cm (岩波現代文庫 学術) 1000円 (i)4-00-600003-0 Ⓝ313.61

◇敗者学のすすめ 山口昌男著 平凡社 2000.2 390p 19cm 2000円 (i)4-582-70225-2
(内容) 第1章 幕末・明治の人々(旧幕臣と近代日本の黎明 敗者の歴史に学べ ほか) 第2章 大正・昭和の人々(日本の1920年代 古雑誌を読む娯しみ ほか) 第3章 書評から(明治の学者締めは漫画の自分史―依田学海「学海日録」別巻学海先生一代記・索引 明治の文人ネットワークの面白さ―「森銑三著作集」続編第五巻・人物篇五 ほか) 第4章 日本の人類学(日本における人類学の歩みとその可能性―文化人類学と経済人類学)
*近代日本の"タテ型社会"からはみ出しもうひとつの道を選んだ維新の敗者たち。歴史の闇に埋もれ、顧みられることのなかった彼ら敗者たちが築いた"知のネットワーク"を山口人類学が鮮やかな手法で掘り起こす。

◇「敗者」の精神史 山口昌男著 岩波書店 1995.7 572,12p 19cm 4800円 (i)4-00-002966-5
(内容) 1 明治モダニズム 2 近代におけるカルチャー・センターの祖型 3 軽く、そして重く生きる術 4 明治大正の知的バサラ 5 敗者たちの生き方 6 敗者たちへの想像力 7 明治出版界の光と闇 8 青い眼をした人形と赤い靴はいてた女の子の行方 9 二つの自由大学運動と変り者の系譜 10 大正日本の「嘆きの天使」 11 小杉放庵のスポーツ・ネットワーク 12 「穢い絵」の問題 13 西国の人気者 14 幕臣の静岡
*淡島椿岳・寒月、大橋佐平・新太郎、土田杏村など、明治維新以後に形成された階層秩序から離れて、もうひとつの日本をつくりあげて来た人々がいる。また、吉野作造は明治文化研究会などを通じて多様な魅力ある人々とつながっていた。本書は「敗者」の視点で近代日本を見つめてきた彼らの生き方の中から、今日われわれが学ぶべき知的ラディカリズムの原点を発掘する。

◇文化人類学のすすめ 船曳建夫編 筑摩書房 1998.3 196p 19cm (21世紀学問のすすめ 9) 〈執筆:山口昌男ほか〉 1600円 (i)4-480-01409-8 Ⓝ389
(内容) 1 私の好きな文化人類学(私が始めた理由、とやめない理由 メタサイエンス、そしてマイナーサイエンス 「半学問」のすすめ) 2 文化人類学が、今、明らかにしつつあること

(ヨーロッパの人類学―フレドリック・バルトの仕事をめぐって　アメリカ合州国の文化人類学―文化を語る権利は誰にあるのか　日本の人類学）　3　文化人類学がこれからしようとしていること（文化人類学をヴァージョンアップする　フィールドワークをしよう・民族誌を書こう　文化人類学が変わる）
＊人間は常に未開である。世界が加速度的に変わりつつある中、人間はますますとらえどころのないものになっている。今、人間の深い未開の底から人間とは何かを解き明かす、21世紀を拓く1冊。

社会人類学

◇経済人類学への招待―ヒトはどう生きてきたか　山内昶著　筑摩書房　1994.10　237p　18cm　（ちくま新書）　680円（i）4-480-05613-0　Ⓝ331
内容　第1章　豊かな未開vs貧しい文明　第2章　ヒト科ナマケモノ属vsカローши属　第3章　進歩神話vs退歩神話　第4章　成長経済vs定常経済
＊豊かな文明、貧しい未開だなんて、ほんとうにそうなのだろうか。経済成長という死の舞踏を踊りつづける「豊かな」現代文明。コンピュータ・シミュレーションによる未来予測では、大量の生産と消費の果てに二十一世紀末には地球規模のカタストロフィが全人類を襲うという。はたして、現代の経済システムの危機をのりこえる道はあるのか。今こそ、未開社会のモデルから定常と共生の原理を学ぼう。本当の豊かさとは何かを考える現代人のための必読の経済人類学入門。

◇経済人類学を学ぶ　栗本慎一郎編著　有斐閣　1995.10　246p　19cm　（有斐閣選書）〈各章末：参考文献〉　1648円　（i）4-641-18238-8　Ⓝ331
内容　第1部　経済人類学とはどのような学問か　第2部　経済人類学の基礎　第3部　経済人類学のさらなる可能性　第4部　隣接諸科学との交流
＊「人間の経済」を取り戻すために。根源的考察を通して、人間にとっての経済の本質に迫る。

◇経済人類学読本―サルからヒトへ　1　天鷲良雄著　京都　三和書房　2000.7　103p　21cm　〈文献あり〉　1450円　（i）4-7833-0270-7　Ⓝ331
◇経済人類学読本　2　天鷲良雄著　京都　三和書房　2000.11　98p　21cm　〈文献あり〉　880円　（i）4-7833-0272-3　Ⓝ331
◇国家なき全体主義―権力とイデオロギーの基礎理論　マルク・オジェ著，竹沢尚一郎訳　勁草書房　1995.3　248p　20cm　2575円　（i）4-326-15304-0　Ⓝ389
内容　第1章　ライオスの復讐―人間の体性と差異（抑圧　自然、文化　ほか）　第2章　国家なき全体主義―イデオ‐ロジックと権力関係（支配、

全体主義、象徴作用　イデオ‐ロジック　ほか）　第3章　個人の幻想―リベラリズムと抑圧（個人、制度　制度、機能、支配　ほか）
＊G. ドゥルーズ、F. ガタリ、レヴィ＝ストロース、E. モランらへの生産的な批判を展開。最も良質な人類学と現代思想との格闘の現場が生々しく見て取れる所が本書の最大の魅力である。

◇時間・ことば・認識　長野泰彦編　ひつじ書房　1999.11　338p　22cm　16000円　（i）4-89476-116-5　Ⓝ804
内容　時間と社会人類学（アルフレッド・ジェル著）　時間コンセプトの4つの形態（見田宗介著）　貨幣と時間（安冨歩著）　民俗としての時間（宮田登著）　日本古代の時間（古橋信孝著）　仏教における時間（立川武蔵著）　オーストラリア原住民語における時間指示表現、テンス、アスペクト（ピーター・オースチン著）　アスペクトの諸相（ジェイムズA.マティソフ著）　オセアニア・東南アジアで流れる言語的・文化的時間（崎山理著）　時間は言語のかたちにどのように影響するか（ウォーレス・チェイフ著）　北米太平洋岸における時間のコード化（マリアンヌ・ミスン著）　歴史の語りにおける時間と空間の表象（川田順造著）

◇社会構造―核家族の社会人類学　G. P. マードック著，内藤莞爾監訳　新版　新泉社　2001.3　432.5p　22cm　7000円（i）4-7877-0107-X　Ⓝ389
内容　核家族　家族の複合形態　血縁親族集団　クラン　地域社会　親族の分析　親族呼称法の決定因子　社会組織の進化　性の規制　インセスト・タブーとその拡大　性の選択に関する社会法則
＊本書は社会学・人類学・行動心理学・精神分析の四理論体系の総合を企図している。この総合のための技法として、「通文化的サーヴェイ」と統計法とを援用した。前者は資料獲得のための技法、後者は資料整理と検証のための技法である。

◇社会と象徴―人類学的アプローチ　村武精一教授古稀記念論文集　大胡欽一ほか編　岩田書院　1998.5　572p　27cm　18800円（i）4-87294-113-6　Ⓝ389.04

◇植民地経験―人類学と歴史学からのアプローチ　栗本英世, 井野瀬久美恵編，井野瀬久美恵ほか著　京都　人文書院　1999.9　392p　22cm　3600円　（i）4-409-53022-4　Ⓝ389.04
内容　序論　植民地経験の諸相　メアリ・キングズリの西アフリカの旅―フィールドワークにおける民族とジェンダー　西アフリカにおける二つの間接統治―ルガードとモレルの比較　植民地統治における差異化と個体化―仏領西アフリカ・象牙海岸植民地から　討伐する側とされ

る側―すれちがう相互認識　南ローデシア植民地形成期におけるキングズリ・フェアブリッジ　西ケニア山村からみた大英帝国―個人史が世界史と交錯するとき　裁判官のかつら―ケニアの植民地体験と法文化の異種混合状況　少年が見たエジプト1919年革命　「供犠」のゆくえ―コロニアル・インドとポストコロニアル・ランカ〔ほか〕

＊本書が目指すのは政治経済的な、マクロな植民地研究ではなく、支配者と植民地の人びとが出会う個々の場における「植民地経験」の解明である。征服と抵抗、徴税と徴用、住民と土地の登録、開発、学校制度、裁判、混血化と文化の混淆…支配する側とされる側のコミュニケーションの具体的な検討を通じ、生きられた植民地経験の諸相を描く。人類学者と歴史学者による共同研究の画期的成果。

◇新 犯罪社会心理学　高橋良彰著　学文社　1999.4　198p　21cm　2500円　(i)4-7620-0859-1
(内容)第1章 犯罪と犯罪者(犯罪の概念と犯罪に関する心理学の課題　犯罪者、非行少年 ほか)　第2章 犯罪の理解の仕方―犯罪理論の動向(人類学的、生物学的、精神医学的、心理学的接近による研究　社会学的接近による研究 ほか)　第3章 遵法的行動の理論(道徳性の形成　マスローの人間成長論)　第4章 生活背景と犯罪―非行少年の生活背景(非行少年の家庭背景　非行少年の学校背景 ほか)　第5章 各種犯罪・犯罪者・被害者(暴力犯罪　性犯罪 ほか)
＊本書は、いわゆる犯罪学の体系に近い形で、社会心理学的理解に重点を置いたものである。

◇フィールドワークの技法と実際―マイクロ・エスノグラフィー入門　箕浦康子編著　京都 ミネルヴァ書房　1999.3　229p　21cm　2300円　(i)4-623-03004-0
(内容)第1部 フィールドワークの技法(フィールドワークと解釈的アプローチ　フィールドワークの基礎的スキル　フィールドワーク前期　フィールドワーク後期―データ収集と分析の相互依存関係の展開 ほか)　第2部 マイクロ・エスノグラフィーの実際(新しいボランティア観のインパクト―ある通所施設での実践の諸相から　ある日本人5歳児の保育園スクリプト獲得過程―事例研究から見えてきたもの　幼稚園児はどのようにして「集団」に出会っているのか―差異の使われ方と規範の生成　帰国生によるハイブリッドなアイデンティティの構築―順応の言語と抵抗の言語 ほか)
＊マイクロな眼ではじめて見えてくる世界がある。生活のなかで生きる人々の日常をフィールドとし、自分自身がツールとなってデータを集め、まったく新しい仮説を生みだすためのアプローチ…。心理学・教育学・社会学など、人を研究対象とする各分野で、人の生き

ている文脈ごとに理解することをめざすフィールドワークの一つの技法としてマイクロ・エスノグラフィーが注目されている。本書は、東京大学教育学部箕浦ゼミでの「フィールドワーカーとしての心と身体」をつくる授業の記録である。

◇風水の社会人類学―中国とその周辺比較　渡辺欣雄著　風響社　2001.12　467p　21cm　8000円　(i)4-89489-009-7
(内容)第1章 はじめに　第2章 風水研究の歴史　第3章 東洋的環境認識としての風水　第4章 東アジアの風水意識　第5章 大陸中国と風水民俗　第6章 中国の墓地風水　第7章 風水民俗の多様性　第8章 中国風水と沖縄風水―日本を含めた風水の受容史と現代　第9章 おわりに
＊歴史学と人類学の成果を融合し、膨大な文献と多種多様な実践の奥にある東洋的環境認識論としての「風水」の実像を明らかにした画期的論考。

◇骨と語る―法人類学者の捜査記録　ウィリアム・メイプルズ著、小菅正夫訳　徳間書店　1995.9　308p　20cm　(監修・解説：上野正彦)　1800円　(i)4-19-860358-8　Ⓝ498.92
(内容)毎日がハロウィーン―法人類学者という稼業　お喋りな頭蓋骨―しゃれこうべから殺しの手口を知る　骨の束―白骨になるまでの時間　土に抱かれて―埋葬死体を発見する　浮き荷と投げ荷―バラバラにされた犠牲者たち　魂が病むとき―自殺で受ける奇妙な傷　悪魔を出し抜く―殺人者が投げかける難問　不自然な自然―エレファント・マンの骨を鑑定する　日出づるなき処―子供たちの不当な死　炎と骨壺―火葬が作り出すミステリー〔ほか〕

◇民族誌の現在―近代・開発・他者　合田濤, 大塚和夫編　弘文堂　1995.3　215p　22cm　2500円　(i)4-335-56085-0　Ⓝ389.04
(内容)第1部 近代化と民族の動態　第2部 植民地主義と開発　第3部 オリエンタリズムと記述

民族学

◇異文化へのまなざし―大英博物館と国立民族学博物館のコレクションから　吉田憲司, ジョン・マック編者, 国立民族学博物館ほか編集　大阪 NHKサービスセンター　1997.9　334p　30cm　〈他言語標題：Images of other cultures　会期・会場：1997年9月25日―1998年1月27日 国立民族学博物館ほか　英文併記〉(i)4-87108-901-0　Ⓝ389

◇越境する民族文化　中牧弘允編　吹田 千里文化財団　1999.9　56p　26cm　〈特別展：1999年9月9日―2000年1月11日 国立民族学博物館　編集・製作：千里文化財団出版部　付属資料：1冊〉

Calender2000) Ⓝ361.5
◇女の民族誌 1 アジア篇 綾部恒雄編 弘文堂 1997.10 246p 20cm 2000円 (i)4-335-56092-3 Ⓝ384.6
　〔内容〕漢族の女性―天の半分を支える 韓国の女性―儒教的規範の裏側,ムダンの世界から 白族の女性―「夫を背負う妻」からの変化 タイの女性―変化に直面する東北タイ都市近郊農村 カレンの女性―世界の半分を所有し,半分を支える インドの女性―ベンガル地方の語り師カーストの女性たち マラナオの女性―フィリピン・ムスリムの生活と変化 ミナンカバウの女性―スハルト新体制下の母系制社会の現実 バリの女性―バリ・ヒンドゥ社会に生きる
　＊民族の伝統と世界の変化の狭間で揺らぐ女性の生き方,長年の調査に基づいて文化人類学者らが世界各地の女性の生活の実態と内面を紹介。

◇女の民族誌 2 欧・米・中東・アフリカ・オセアニア篇 綾部恒雄編 弘文堂 1997.10 246p 20cm 2000円 (i)4-335-56093-1 Ⓝ384.6
　〔内容〕イタリアの女性―その「強さ」はどこからくるのか スウェーデンの女性―おばあさんの時代の女性たち フランスの女性―変化と多様性を生きる トルコの女性―世俗主義とイスラーム主義のはざまで ギリヤマの女性――夫多妻制と女性たちの生活 イヌイットの女性―極北の働き者 アメリカの女性―自己実現のファンタジー アンデスの女性―高地の村に暮らすインディオの女性たち パラオの女性―母系社会の習慣を生きる
　＊民族の伝統と世界の変化の狭間で揺らぐ女性の生き方。長年の調査に基づいて文化人類学者らが世界各地の女性の生活の実態と内面を紹介。

◇海人の世界 秋道智弥編著 同文舘出版 1998.3 428p 22cm 〈索引あり〉 5600円 (i)4-495-86291-X Ⓝ389
　〔内容〕海人の変容論 石器時代の海人―山立て航海と推測航海 サンゴ礁の資源論 ハワイの海と王権 海と王権 中世対馬海民の動向 海と海民の支配 流動「農」民ブギス 国家と海峡支配 ヤップの離島支配―朝貢と交易にみる呪術・宗教的力 琉球王国における海産物貿易―サンゴ礁海域の資源と交易〔ほか〕
　＊アジア海域世界に生きる人びとの生成と変容の歴史。

◇海洋民族学―海のナチュラリストたち 秋道智弥著 東京大学出版会 1995.11 260p 22cm 3914円 (i)4-13-060141-5 Ⓝ389
　〔内容〕第1章 海洋民族学の視座 第2章 南の海とくらし 第3章 海の認識論―民族科学的アプローチ 第4章 海のナチュラリストたち―その生態戦略と文化 第5章 海洋生物とエスノネットワーク論―交換と交易 第6章 海洋生物とその管理―持続性と文化

◇クレオール主義 今福竜太著 青土社 1994.11 284p 20cm 〈新装版〉 2400円 (i)4-7917-5346-1 Ⓝ389.5
　〔内容〕1「ネイティヴ」の発明 2 ワイエスの村 3 サウスウェストへの憧憬 4 ファンタジー・ワールドの誕生 5 文化の交差点で 6 異種交配するロシア＝ブラジル 7 父を忘却する 8 旅する理論 9 キャリバンからカリブ海へ〔ほか〕
　＊〈クレオール〉とは、植民地の密林から生まれた異種混交的な言語であり、文化である。国境を越え、人種を越え、性差を越えて、虹のように変異する文化の混血主義。世界を旅する気鋭の人類学者が、歴史の彼方に生まれかける〈曙光の思考〉の誕生を宣言する。

◇言語からみえた民族と国家 田中克彦著 岩波書店 2001.9 343p 15cm （岩波現代文庫 学術） 1200円 (i)4-00-600063-4 Ⓝ804

◇戸外で朝食を ハンス・ペーター・デュル著,藤代幸一訳 法政大学出版局 1998.9 183p 20cm （叢書・ウニベルシタス 612―自身が語るデュルの世界 2） 2200円 (i)4-588-00612-6 Ⓝ389
　〔内容〕われらクリーン・アクローレ族(1979) 男どものファンタジー(1980) 世界更新と世界呪詛(1983) 巨人の上着のポケットの中で―ウルリヒ・グライナーの論争「文明化の過程の理論は解決されたか?」に対する回答(1988) 中世の娼婦たち(1989) 公衆の面前での裸体と肉体の祭儀―古代ギリシア人とヌバ族を例にして(1989) 戸外で朝食を―ベルリン科学コレークの火曜日のコロキウム(1990) 私の愛読書(1994) 泥棒・墓・学者(1994) 新聞への報知(1995) われわれは野蛮人か?(1988) 生け垣の上で、あるいは椅子の間で(1989) 近代社会の野蛮化(1992) ポリティカル・コレクトネス―徳というテロ(1994) 水中に没した都市(1994)
　＊権威におもねらず、常識にこだわらず、時には野卑・時には傲慢な発言の陰に澄み切った"いたずらっ子"の瞳が光るデュルの世界へご招待。

◇国立民族学博物館展示ガイド 石毛直道監修,国立民族学博物館編 吹田 千里文化財団 2000.12 119p 25cm 1000円 (i)4-915606-42-2 Ⓝ389.06

◇国立民族学博物館みんぱく開館20周年記念行事報告―1977-1997 国立民族学博物館編 吹田 国立民族学博物館 1998.3 38p 30cm 〈背・表紙のタイトル：国立民族学博物館開館20周年記念行事報告〉 非売品 Ⓝ389.06

◇国家と民族を問いなおす 木村雅昭,広岡正久編

著 京都 ミネルヴァ書房 1999.5 298p 22cm (Minerva人文・社会科学叢書 26) 3600円 (i)4-623-03027-X Ⓝ311.04
〈内容〉第1部 ヨーロッパ(再統一ドイツのナショナリズム―「89年世代」による「西側結合」の批判 ドイツと東欧―散在と混住の少数民族問題 ユーラシア主義とロシア国家像の転換―スラブ国家からユーラシア国家へ ロシアの「連邦制」―中央・地方関係の政治力学 ほか) 第2部 アジア(朝鮮における「近代」と国家―ソフトステートから近代国家へ 漢族の誕生―世界最大の民族はいかにして存在可能となったのか タイの国民的官僚制と国民形成―農務省人事記録が物語ること 台頭するヒンドゥー原理主義―岐路にたつインド ほか)
＊いま、なぜ国家と民族なのか―。20世紀も幕を閉じようとする現在、「国家」と「民族」という問題が"新たな"相貌と意味を帯びて、われわれの視圏に改めて大きな姿を現しつつある。民族は冷戦体制崩壊後に再び活力を回復して、時に各地で血なまぐさい紛争を引き起こし、他方、国家も「新世界秩序」の方位も定まらない状況の中で複雑で混沌とした様相を呈している。本書は、さまざまな領域と地域を研究対象としている政治学研究者の共同研究を通して、国家と民族の意味と位相を今日的視点から問いなおし、現代世界が直面している問題状況を浮き彫りにする。

◇ことばのエコロジー 田中克彦著 筑摩書房 1999.11 282p 15cm 〈ちくま学芸文庫〉 950円 (i)4-480-08524-6 Ⓝ804
〈内容〉アイヌに誇りをもつのが真の「先進国」 カナダのウクライナ人 セーシェル島とクレオール語 ピジン、クレオールが語る言語の本質 ラフカディオ・ハーンとクレオール語研究 ラフカディオ・ハーンとエリゼ・ルクリュ 成田の自然 午前六時のタンゴ 秘境の公害 モンゴルのカザフ人〔ほか〕
＊小さな言語が、大きな言語によって絶滅に追いやられるとき、民族は確実に崩壊する。そしてそれは自然破壊の一部でもあった。「いわゆる民族問題とは、私にとっては時事問題ではなく、人間の存在様式、その本質にかかわるものであって、そのかぎりでは永遠の、哲学的な問題である。」一貫して、言語と国家、言語と権力、言語による差別問題を問い続けている著者が、時には舌鋒鋭く、またある時はユーモアを交え、人間にとっても言語にとっても不可欠なエコロジーの観点から「ことば」をとらえなおしてみるという新鮮な試み。

◇「新」文明のなかの未開―レリックの世界 井尻正二,真野勝友,堀田進著 築地書館 1998.3 265,3p 19cm 〈索引あり〉 2500円 (i)4-8067-4497-2 Ⓝ389

〈内容〉1 生き残った生物(雪男の正体 バイカル湖のアザラシ メタセコイアの発見 ほか) 2 昔の社会(思い出のパプア島 カンガルーの狩人 トナカイの民 ほか) 3 心のしがらみ(人間らしさ 本能の末裔 社会の細胞 ほか) 4 レリックの教え(生物レリックに学ぶ 社会のレリックに対する反省 心のレリックとの闘い)
＊生物進化の視点から、社会・こころの進化を探る。

◇世界の三猿―見ざる、聞かざる、言わざる 中牧弘允著 大阪 東方出版 1997.12 59p 17×19cm 〈おもに図〉 1500円 (i)4-88591-544-9 Ⓝ389
〈内容〉アジア 四猿 ヨーロッパ 変わり三猿 アフリカ アメリカ・オセアニア 小物いろいろ

◇世界の民族―「民族」形成と近代 原尻英樹編著 放送大学教育振興会 1998.3 282p 21cm (放送大学教材 1998) 2600円 (i)4-595-55484-2 Ⓝ389

◇多文化の時代を生きる―日本文化の可能性 佐々木高明著 小学館 2000.9 238p 19cm 1800円 (i)4-09-626123-8
〈内容〉序章 多文化の時代への展望―民族学からの発想 第1章 21世紀の新しい世界像の構築に向けて 第2章 日本文化の多重構造とその可能性 第3章 異なる文化の異なる論理 第4章 アイヌ民族とその文化を考える 第5章 多文化時代の博物館―いま、博物館に何が求められているか
＊対立と抗争の20世紀から、民族共生の21世紀をめざして。民族学の視点から、異文化理解への道筋を考える。

◇天理参考館資料を語る 天理大学附属天理参考館編 天理 天理大学出版部 1996.1 224p 26cm Ⓝ389

◇毒矢の文化 石川元助著 紀伊國屋書店 1994.1 202p 20cm (精選復刻紀伊国屋新書) 〈参考文献:p200～202〉 1800円 (i)4-314-00649-8 Ⓝ389

◇鶏と人―民族生物学の視点から 秋篠宮文仁編著 小学館 2000.6 253p 22cm 3200円 (i)4-09-626062-2 Ⓝ646.1
〈内容〉第1章 雲南・シップソーンパンナーを行く―鶏のふるさとで 第2章 鶏―家禽化のプロセス 第3章 家鶏と村人の生活 第4章 家禽化と闘鶏 第5章 鶏占いと儀礼の世界 第6章 鶏と人間をめぐる現在 第7章 総合討議「家禽化の諸問題をめぐって」
＊野鶏は何故に鶏になったのか?人間のいとなみと生き物とのかかわりから考える。

◇トルコ民族と日本民族―日本人にはトルコ人の血が流れている 保科真一著 叢文社 1998.12 206p 20cm 1500円 (i)4-7947-0301-5 Ⓝ210.

3

(内容)第1章 日本・トルコ関係史 第2章 日本人の起源 第3章 トルコ民族の源流 第4章 日本語とアルタイ系言語 第5章 日本民族の神話と古代における信仰 第6章 北方アジア民族の信仰、説話、神話

＊悠久の太古からの人類の壮大な歩みを展望—神話学・言語学・考古学・遺伝学・生活習慣などの研究知識を駆使して、両民族の接点に大胆に迫る。

◇日本人の起源 埴原和郎編 増補 朝日新聞社 1994.12 261p 19cm（朝日選書517）〈付：年表〉1400円 (i)4-02-259617-1 Ⓝ210.3

(内容)1 最初の足跡を残した人たち(旧石器時代) 2 縄文文化への過渡期(中石器時代) 3 新環境に適応して定着へ(縄文時代) 4 食料生産が開始された(弥生時代とその後) 5 日本人はどこからきたか(新しい研究成果)

＊DNA解析を用いた分子遺伝学、各地で精力的に発掘が続く考古学。この10年間に急速に進展した自然人類学・考古学の最新成果を、第一線の学者が初版に増補。

◇日本人の出現—胎動期の民族と文化 諏訪春雄, 川村湊編 雄山閣出版 1996.11 267p 20cm 2575円 (i)4-639-01402-3 Ⓝ210.3

(内容)考古学にみる日本人 日本文化の形成—特にその基層の形成をめぐって 日本人の誕生 稲作文化と雑穀文化 日本神話の系統 日本語の系統 フォーラム「日本民族の形成—信仰・祭り・農耕—」 フォーラム「日本民族の形成—言語・人種・神話—」

＊民族の形成と文化の構造。いつ、どのようにして誕生し、どのような文化に位置するのか。最高の執筆陣による「日本人論」の決定版。

◇日本民族学の現在—1980年代から90年代へ ヨーゼフ・クライナー編 新曜社 1996.3 395p 22cm〈各章末：参考文献〉4326円 (i)4-7885-0551-7 Ⓝ389

(内容)1 日本民族学の歴史 2 日本民族学の研究分野 3 日本民族学の地域別研究

◇日本民族性概論 佐藤正savvy 大空社 1996.6 364,4p 22cm（叢書日本人論12）〈大京堂書店大正10年刊の複製〉13000円 (i)4-7568-0282-6 Ⓝ361.42

◇日本民族特殊性論 渡辺亮太郎著 大空社 1996.6 300,4p 22cm（叢書日本人論17）〈国体科学社昭和5年刊の複製〉11000円 (i)4-7568-0287-7 Ⓝ361.42

◇人、イヌと歩く—イヌをめぐる民族誌 北海道立北方民族博物館編 網走 北海道立北方民族博物館 1998.7 55p 26cm〈第13回特別展：1998年7月19日〜9月27日〉Ⓝ382

◇100問100答・世界の民族「月刊みんぱく」編集部編 河出書房新社 1996.9 269p 20cm

〈付：参考文献〉2200円 (i)4-309-22298-6 Ⓝ389

(内容)アジア アフリカ ヨーロッパ アメリカ オセアニア

＊はじめて知る、世界の人々の暮らし。異文化を理解するための一冊。アジアの習俗、アフリカの芸術、ヨーロッパの伝承、アメリカの古代文明、オセアニアの歴史など、世界の民族の生活や習慣の違いにたいする素朴な疑問に答え、キーワードをわかりやすく解説。

◇フィールドワークの物語—エスノグラフィーの文章作法 ジョン・ヴァン＝マーネン著, 森川渉訳 現代書館 1999.1 284p 20cm〈文献あり〉3200円 (i)4-7684-6747-4 Ⓝ389.07

(内容)第1章 フィールドワーク・文化・エスノグラフィー 第2章 文化を追い求めて 第3章 写実的物語 第4章 告白体の物語 第5章 印象派の物語 第6章 フィールドワーク・文化・エスノグラフィー再訪

＊フィールドワークってなに？エスノグラフィーってなに？今や猫も杓子もフィールドワーク。でも、ただ出かければいいってもんじゃない。「リアル」をきちんと書き留めるための文章作法の数々。現場と記述の関係の背後にある隠された約束ごとが今、明るみに出される。

◇文化の「発見」—驚異の部屋からヴァーチャル・ミュージアムまで 吉田憲司著 岩波書店 1999.5 267p 19cm（現代人類学の射程）2800円 (i)4-00-026372-2 Ⓝ389

(内容)第1章「異文化」の発見—民族誌展示の系譜 第2章 近代日本における「自文化」と「異文化」の発見—「東博」と「民博」のコレクション 第3章「異文化」と「自文化」の出会い—「20世紀美術におけるプリミティヴィズム」展を考える 第4章 民族誌展示の現在—「異文化」と「自文化」のはざまで 終章 次代のミュージアムに向けて—ささやかな提言

◇方法としてのフィールドノート—現地取材から物語作成まで R.M.エマーソン, R.I.フレッツ, L.L.ショウ著, 佐藤郁哉, 好井裕明, 山田富秋訳 新曜社 1998.11 501,27p 19cm 3800円 (i)4-7885-0655-6 Ⓝ389.07

(内容)民族誌的調査におけるフィールドノーツ 現場で—参加し、観察し、メモを書く フィールドノーツを書きあげる（現場から書斎へ ページ上に場面を再現する）メンバーたちの固有の意味づけを明らかにしていく フィールドノーツを加工する—コーディングとメモをとる作業 民族誌を書く 結論

＊フィールドノートを書くためのテクニックというものは、従来口伝や秘伝のたぐいでしかなかった。この本は、フィールドワークをおこなう上で最も本質的な作業の詳細について系統的に紹介している。

文化人類学・民族学　　　　　　　　　　　　　　　　　　　　　　　象徴・シンボリズム

◇民族を学ぶ―多民族融和の道　芹沢義夫著，大西英樹漫画　実教出版　1996.5　210p　19cm　(マンガとおはなしでたどるヒューマンライフ・シリーズ 4)　〈監修：大貫良夫〉　1100円　(i)4-407-02907-2
＊民族の定義・民族抗争の矛盾・少数民族の復権の動きをマンガとおはなしで解説する。

◇民族考古学　後藤明著　勉誠出版　2001.3　144p　19cm　(情報考古シリーズ 3)　1500円　(i)4-585-00162-X
〔内容〕1 民族考古学のフィールドワーク―ソロモン諸島の調査から(調査地の文化と社会　生活時間の構造と農耕活動　漁撈活動とその社会的意味　貝貨と交換　交易の考古学)　2 物質文化の探究(物質文化とスタイル　寺や墓に見る移民の社会的戦略　身体に埋め込まれた技術―東部インドネシア・北マルク地方の土器作り)
＊本書は、考古学者が考古学的な問題意識をもって民族学的なフィールドに立ったとき感じるであろう疑問や、思い当たるであろう一般的問題について考えるものである。第一部では著者のソロモン諸島での調査体験をもとに、自給自足に近い生活の全体像を理解する作業を解説する。続く、第二部では遺物のような物質文化を形作る、さまざまな要因について考える。そのためにソロモンに加え、ハワイ、あるいはインドネシアでの調査の事例を取りあげる。

◇民族とは何か　関曠野著　講談社　2001.12　230p　18cm　(講談社現代新書)　680円　(i)4-06-149579-8
〔内容〕第1章「民族」という厄介な言葉　第2章 民族と民族主義についてのさまざまな見解　第3章 最初の民族国家―英国　第4章 ヘブライ人―範例的民族　第5章 民族になることの困難さ―フランス革命　第6章 民族になることの不可能性―ドイツの場合　第7章 二十世紀―民族の世紀　第8章 ロゴスとミメーシス　第9章 日本人は民族たりうるか
＊なぜ「民族」が地球上に成立し、しかも現代世界を読み解く上で欠かせない要素なのか。聖書の世界からヨーロッパの成立、現在の紛争までを明確に見通す。

◇民族の出会うかたち　黒田悦子編著　朝日新聞社　1994.12　359p　19cm　(朝日選書 516)　〈各章末：参考文献〉　1600円　(i)4-02-259616-3　Ⓝ389
〔内容〕1 ラテンアメリカから　2 オセアニアから　3 東南アジアと南アジアから　4 東アジアから　5 ヨーロッパから
＊対立か、共存か。第一線の文化人類学者、言語学者が世界14地域から民族のありようを報告。国立民族学博物館の共同研究書。

◇みんぱくコレクション　宇野文男著、国立民族学博物館編　吹田　千里文化財団　2000.3　62p　19cm　(みんぱく発見 2)　〈文献あり〉　600円　Ⓝ389.06

◇みんぱく電子ガイド　栗田靖之著、国立民族学博物館編　吹田　千里文化財団　2000.10　64p　19cm　(みんぱく発見 3)　600円　(i)4-915606-07-4　Ⓝ389.06

◇森都に風がふく―ある民族の伝承　菊田英世著　自由現代社　2000.10　191p　13×19cm　1200円　(i)4-88054-977-0　Ⓝ913.8
〔内容〕吹雪　ころぽっくる　兄弟　モグラのてっつあん　馬の足跡　どんじゃ　とどの父っつあん。秋シャケ　黒ユリ　北斗の白熊　〔ほか〕

◇野外民族博物館リトルワールド―Guide book　野外民族博物館リトルワールド編　〔名古屋〕名古屋鉄道　1996.1　137p　21cm　(奥付のタイトル：リトルワールドガイドブック)　922円　Ⓝ389

◇遊牧論そのほか　今西錦司著　平凡社　1995.9　270p　16cm　(平凡社ライブラリー)　1000円　(i)4-582-76116-X　Ⓝ389
〔内容〕草原の自然と生活　遊牧論　砂丘越え　動物記
＊はてしなく連なる丘陵の群れ、草原に住む狼、黄羊、そして遊牧の民。後年「棲みわけ理論」として展開される著者独自の自然観につらぬかれた、モンゴル高原の生態系と遊牧民の文化をめぐる、三度におよぶ調査行の記録。

◇歴史民族学ノート　住谷一彦著　未来社　1996.9　530p　22cm　〈新装版〉　9270円　(i)4-624-20070-5　Ⓝ389
〔内容〕1 歴史民族学ノート　2 人と思想(岡正雄「古日本の文化層」―ある素描　石田英一郎―文化人類学的思想像　喜多野清一「日本の家と家族」―有賀・喜多野論争の問題点　福武直「中国農村社会の構造」―福武社会学の秘められた可能性)　3 村落構造　4 特別寄稿(ヴィーン・スペイン馬術学校街時代の日本学研究所―在りし良き時代の思い出)

象徴・シンボリズム

◇顕わすシンボル／隠すシンボル　鶴岡真弓ほか著　ポーラ文化研究所　1993.10　230p　20cm　(ポーラセミナーズ 7―顕わす／隠す 4)　〈著者の肖像あり〉　2000円　(i)4-938547-28-7　Ⓝ389

◇イメージ連想の文化誌―髑髏・男根・キリスト・ライオン　山下主一郎著　新曜社　2001.9　217p　19cm　2000円　(i)4-7885-0774-9
〔内容〕第1章 髑髏じるしは「陽気なペニス」?!　―男根のイメージ連想(海賊船の旗の由来とイメージ　エジプト神話と男根　オシリスの男根

象徴・シンボリズム　　　　　　　　　　　　　　　　　　　　　文化人類学・民族学

は冬至の日に切断された—クリスマスはなぜ十二月二十五日なのか ほか）　第2章 キリストとは「油を注がれた者」の意味（イエス・キリストの名前の由来　なぜ油を注ぐのか　イエス・キリストは固有名詞か—キリストは称号か呼び名か）　第3章 ライオンの口から水が流れ出るのはなぜ?（新宿駅頭のライオン像　黄道十二宮の獅子宮と古代エジプト　日本における他のライオン頭部像 ほか）
＊髑髏じるしは"陽気なペニス"?! 髑髏じるしを"ジョリー・ロジャー"というのはなぜ? イエス・キリストの名前の由来は? なぜライオンの口から水が流れ出るの? 英語辞典・百科事典などには書かれていないその由来を、イメージやシンボルの連想を手がかりに探り、人類文化の底に脈々と流れるイメージの力を浮かび上がらせる。

◇貨幣と象徴—経済社会の原型を求めて　吉沢英成著　筑摩書房　1994.10　345,21p　15cm　（ちくま学芸文庫）　1200円　(i)4-480-08157-7
　内容　第1編 経済学から　第2編 貨幣の原型　第3編 現代貨幣へ
＊貨幣は交換の手段として不可欠なだけでなく、それが流通することによって、経済生活は組織され、体系化されている。それはまた、商品として扱われることもある。人間社会の中で、貨幣はどのような位置を占めてきたのだろうか。貨幣を価値に関わる集合表象として考え、心類学や社会学の成果を援用することによってその原型を古代社会に求め、貨幣の実体と役割の根源に迫る。

◇元型と象徴の事典　アーキタイプ・シンボル研究文庫，ベヴァリー・ムーン編，橋本槇矩ほか訳　新装版　青土社　1998.3　793,21p　21cm　9000円　(i)4-7917-5610-X
　内容　宇宙と創造　世界の中心　聖なる動物　モンスター　女神　神々　聖なる結婚　神の子　聖なる王権　救世主　英雄とヒロイン　二元性と融和　啓示　死　変身
＊人類の文化の深層に横たわるシンボルの百科事典。

◇原初の風景とシンボル　金光仁三郎著　大修館書店　2001.6　324p　19cm　2600円　(i)4-469-24461-9
　内容　愛撫の手、権力の手、文化創造の手　速い足、悪い足、神の恵みの足　目の魔力を世界の神話に探る　心臓は死と復活のドラマを司る　人頭馬像の根源を古代ギリシアに探る　牛は多産・豊饒をもたらす生き物　狼は野生の象徴から聖獣に変身する　卵は宇宙創世の謎を解くシンボル　鳥に託された手への憧憬　手足のない蛇が変幻自在な意味をもつ　神々は魚の姿をとって豊穣をもたらす　古代人が川によせる祈りは恵みへの願い　山は天と地を結ぶ梯子のご

とく　洞窟は三界が交わる聖なる場所　石は動き、石は孕む　風は鳥や蛇や聖霊に変身する　女神の弓矢、戦いの弓矢、愛の弓矢　数は宇宙の神秘を語る
＊現代人は、機械・情報文明の中にあって、自然とかけ離れた生活をしている。文明のシステムが途絶えたら、いかに生活を立て直すのだろうか。本書は、世界各地の神話・文学を手がかりに、小宇宙＝人体、動物、自然景観、文化現象をテーマに、人類の"原初の風景"を探る試みである。

◇コメは真実という名のシンボルマーク　島田守康著　技術出版　1999.9　265p　21cm　2300円　(i)4-906255-62-0
　内容　第1章 平成元号に秘められた重大な意義　第2章 考古学が照らし出した歴史の真実　第3章「八」は真理を繙く最大のメジャー（基準）　第4章「八」は世界最古の共通文字だった！　第5章「八」の応用から神の実在が見えてくる　第6章「八」の応用で分かる神と人の繋がり　第7章「八」は国歌「君が代」に集約されている　第8章「八」は銅鏡紋・和歌でも最古である　第9章 日本の骨格を作った聖徳太子、藤原鎌足・不比等　第10章 世界は必ず大調和、「八」に糾合される！　第11章「君が代」は素晴らしき聖歌・賛美歌である　第12章 日本語は悟りの言語でもある　第13章 未完成な神意「八紘一宇」
＊世界最古の文字から「君が代」を考える。知られざる日本と世界のアイデンティティーの最大の鍵は八＝米＝8だ。

◇サイン・シンボル事典　ミランダ・ブルース＝ミットフォード著，若桑みどり訳　三省堂　1997.9　128p　29cm　3600円　(i)4-385-16212-3　Ⓝ389
　内容　神話と宗教（古代宗教　ユダヤ教　キリスト教　ヒンドゥー教　仏教　イスラム教　祖先と自然の霊　神話の動物）　自然（太陽と月　天と地　貴重な物質　宝石　庭園　樹木　植物　自然の食物　花　海の動物　昆虫その他　爬虫類と両生類　哺乳類　鳥）　人間（性と豊饒　人体　ダンス（舞踊）と演劇　魔術とお守り　楽器　愛と結婚　衣服　装身具　王権　道具と武器　死と喪　建築　文様　日用品）　象徴体系（象形文字　数　形と文様　色彩　練金術　フリーメーソン　占い　占星術　紋章の象徴　国際記号　象徴的身振り）
＊東洋と西洋、古代から現代までの2000をこえるサインとシンボルを美術、文学、神話、宗教、心理学などを通して1160点の絵画・写真・イラストで意味とツールを図解。用語解説、索引つき。

◇さかさまの世界—芸術と社会における象徴的逆転　バーバラ・A.バブコック編，岩崎宗治, 井上兼行訳　岩波書店　2000.11　310,34p　20cm

文化人類学・民族学　　　　　　　　　　　　　　　　　象徴・シンボリズム

(岩波モダンクラシックス)〈文献あり〉3400円　(i)4-00-026547-4　Ⓝ389
　内容　1 イメージの逆転(さかさま世界—ヨーロッパにおける瓦版の一類型とその図像学「自由は娼婦だ」—逆転、周辺、ピカレスク小説　女性上位—性の象徴的逆転と近代初期ヨーロッパにおける政治的混乱)　2 行為の逆転(象徴的逆転と社会史—ジャワの女芸人と道化　ウィリクタへの回帰—ウイチョル・インディアンのペヨーテ狩りにおける儀礼的逆転と象徴的連続　逸脱による成功—悪いこととされた役割の二重の逆転)
　＊謝肉祭に見られる王と臣下、男と女、動物と人間の転倒などの象徴的地位逆転現象は、フレーザー以来「未開」民族において広く知られるが、その淵源はギリシア民衆文化に遡る。本書は人間の象徴行為の核心をなす逆転過程の諸例を西欧の絵画や文学に探り、その社会的・文化的働きを明らかにした洞察的な論文集。

◇獅子—王権と魔除けのシンボル　荒俣宏文、大村次郷写真　集英社　2000.12　117p　22×17cm　(アジアをゆく)　1900円　(i)4-08-199006-9
　内容　ライオンから獅子への旅—ライオンの心を持つ者・西アジア古代王国の英雄からはじまる　王権を誇示するライオン—ライオン殺しのヘラクレスへの憧憬　王城守護獣のルーツを探る—城門の番獣から冥界の遣いスフィンクスまで　星と太陽とライオンと—生命の創造や再生を約束するシンボル　猊下のライオン—仏教の国で、獅子の咆哮は信仰をひろめる王の声となった　ネパールの宝珠を冠った獅子—頭頂の角に、宇宙原理を会得する霊的エネルギーが宿る獅子の国、獅子の山—至福の浄土を見つけるころみの中で　須弥山に吼える聖獣—建築で表現された「世界模型」とそれを護るライオンのポーズ　舞いおどるアジアの獅子たち—たてがみと大きな目の頭を振って、獅子舞が担った儀式　漢字の国へやってきたライオン—サンスクリットの「シンハ」が「師子」になり、獅子となって高麗にはいなかった狛犬—狛犬も唐獅子も日本で新しい意匠を得た　イメージ・ジャングルの中の獅子狩
　＊日輪のごとく燃えるたてがみ、魔力を宿す目、気高く最強のライオンが、全アジアを駆け抜ける。スフィンクスから狛犬、唐獅子までの千変万化。

◇シンボルの世界　デイヴィット・フォンタナ著、阿部秀典訳　河出書房新社　1997.12　192p　24cm　(図説聖なる言葉叢書)〈文献あり〉索引あり　3000円　(i)4-309-70641-X　Ⓝ389
　内容　序説(ユングの見解　元型　文化的視点)　シンボルの力(先史時代のシンボル　神々と神話　儀式、魔術、祈り　ほか)　シンボルの利用法(美術におけるシンボル　霊知の探究　夢のシンボル)　シンボルの世界(形と色　神聖幾何学　曼陀羅とヤントラ　ほか)　象徴体系(オカルト体系　錬金術　カバラ　ほか)
　＊人間をふくめた自然界の様々なシンボルと、錬金術・占星術・タロット・タントラなど、著名なシンボル体系をカラフルな図版を駆使して、論理明快に分析する。

◇図説世界シンボル事典　ハンス・ビーダーマン著、藤代幸一監訳、宮本絢子ほか訳　八坂書房　2000.11　621p　22cm　7800円　(i)4-89694-463-1　Ⓝ389.033
　＊神話・宗教から魔術・錬金術占星術まで。人類の綺想の集大成。世界の文化史・精神史を考える上で鍵となるイメージを取りあげ、的確な引用と巧みな図版構成で立体的に解説した、"シンボル事典"の決定版。"絵引き"のできる"掲載図版一覧"など、検索機能も充実。項目数530、図版700点余。

◇世界シンボル大事典　ジャン・シュヴァリエ, アラン・ゲールブラン共著、金光仁三郎ほか共訳　大修館書店　1996.12　1119p　23cm　〈参考書目：p1085～1101〉14420円　(i)4-469-01249-1　Ⓝ389.033
　＊人類の文化は、文学、宗教、神話、芸術、民間伝承、占星術、錬金術などの諸分野にわたり象徴性をもち、それが文化史読解のキーワードとなる。本書ではヨーロッパ文化圏のみならず、インド、チベット、中国、日本などの東洋や、シベリアの少数民族、マヤ、アステカ、北米インディアンなどのアメリカ大陸、アフリカをも対象とした世界各地のシンボルの集大成。

◇花ことば—花の象徴とフォークロア　上　春山行夫著　平凡社　1996.7　369p　16cm　(平凡社ライブラリー154)　1200円　(i)4-582-76154-2　Ⓝ627
　内容　アイリス　アオイ　青草　青葉　アカシア　アカネ　アカンサス　アキノキリンソウ　アサ　アサガオ　アザミ　アザレア　アシ　アジサイ　アスター　アツモリソウ　アドニスの花〔ほか〕
　＊西洋の民間伝承や神話に登場する花にまつわるエピソードと花の象徴的な意味を紹介したもの。花名・植物名を見出しとし、その五十音順に排列する。—ことばの花園へ。「花ことば集」決定版。

◇花ことば—花の象徴とフォークロア　下　春山行夫著　平凡社　1996.8　378p　16cm　(平凡社ライブラリー157)　1200円　(i)4-582-76157-7

◇鷲と蛇—シンボルとしての動物　マンフレート・ルルカー著、林捷訳　法政大学出版局　1996.7　258,6p　19cm　(叢書・ウニベルシタス)

2884円　(i)4-588-00531-6
(内容)第1章 初源と創造　第2章 鷲と蛇の太古からの闘い　第3章 宇宙の諸力を代理する爬虫類と鳥類　第4章 人間と動物との関係　第5章 魂の動物と守護霊　第6章 支配者のシンボルと紋章動物　第7章 神々の鳥　第8章 復活と昇天のシンボル　第9章 竜と怪物　第10章 蛇と死と悪魔　第11章 恩寵と救済のシンボル　第12章 対立の一致

タブー・儀礼

◇儀礼の象徴性　青木保著　岩波書店　1998.7　361p　20cm　(「特装版」岩波現代選書)　2800円　(i)4-00-026252-1　Ⓝ389
◇近親性交とそのタブー──文化人類学と自然人類学のあらたな地平　川田順造編　藤原書店　2001.12　241p　19cm　2400円　(i)4-89434-267-7
(内容)1 最先端の自然人類学・文化人類学の知から(「間違い」ではなく「適応」としての近親交配(青木健一)　インセスト回避がもたらす社会関係(山極寿一)　インセストとしての婚姻(出口顯)　幻想と現実のはざまのインセスト・タブー──フロイトからレヴィ＝ストロースへ(渡辺/公三))　2 コメント・批判・あらたな問い(インセスト・タブーについてのノート(西田利貞)　インセストとその象徴(内堀基光)「性」と「人間」という論理の彼岸(小馬徹))　3 文芸の深みから(自然過程・禁忌・心の闇(古橋信孝)　自瀆と自殺のあいだ──近親相姦序説(高橋睦郎))
＊生物学、霊長類学、文化人類学の最新の研究成果を総合する世界的水準における初の学際的インセスト・タブー論。
◇汚穢と禁忌　メアリ・ダグラス著、塚本利明訳　思潮社　1995.2　338p　22cm　(新装版　文献表：p333～338)　3811円　(i)4-7837-2615-9　Ⓝ389
(内容)第1章 祭祀における不浄　第2章 世俗における汚穢　第3章 利未記における嫌忌　第4章 呪術と奇蹟　第5章 未開人の世界　第6章 能力と危険　第7章 体系の外縁における境界　第8章 体系の内部における境界　第9章 体系内における矛盾　第10章 体系の崩壊と再生
＊文化人類学のバイブル。聖性、禁忌、呪術の意味を宗教学、哲学、心理学、文学の領域を渉猟しつつ解明。
◇タブーの事典──それはなぜ「悪い」のか?「いけない」のか?　フィリップ・トーディ著、井上広美訳　原書房　1998.12　348,10p　20cm　(他言語標題：A dictionary of the forbidden)　1900円　(i)4-562-03154-9　Ⓝ389
(内容)1 タブーとされる行動　2 タブーとされる食べもの　3 タブーとされる言葉とテーマ　4 タブーを創る　5 タブーの記号
＊セックス、死、食べもの、飲み物、排泄、服装、性別、同性愛、SM、売春、女装、フェティシズム、肉食、宗教、暴力、ポリティカル・コレクトネス…。それやっちゃダメ。
◇タブーの謎を解く──食と性の文化学　山内昶著　筑摩書房　1996.12　237p　18cm　(ちくま新書)　680円　(i)4-480-05691-2　Ⓝ389
(内容)第1章 奇妙奇天烈な文化装置　第2章 その肉を食うな　第3章 その人とセックスするな　第4章 タブーの文化象徴論　第5章 タブーの暗号解読　第6章 タブーの弁証法
＊タブーとは何だろうか。およそ人類史上、タブーのない社会は古今東西どこにも存在しなかった。未開社会だけではない。現代都市の若者のあいだでもタブーはひそかに息づいている。なぜ人間は、古来から近親婚を禁じたり、イスラム教が豚肉、ヒンドゥ教が牛肉、あるいは仏教が肉食一般を禁止したように、性や食の禁制を社会のなかに仕掛けておかなければならなかったのか。人間の原思考が生み出した奇怪な文化装置であるタブーの謎にスリリングに迫る。

親族・婚姻

◇結婚の比較文化　小檜山ルイ,北条文緒編　勁草書房　2001.10　275,9p　19cm　2700円　(i)4-326-65258-6
(内容)1 統計(統計に見る結婚・離婚・非婚──六カ国(仏・英・米・日・韓・中)比較)　2 体制と結婚(アメリカにおける結婚──結婚はなぜ重大なのか　中国の社会主義制度における婚姻──体制と個人の決断　韓国における結婚──家父長制社会に生きる)　3 文学に見る結婚(国家と結婚──一九二〇年代のアメリカ小説にみる　フランス文学にあらわれた結婚)　4 結婚への問い(非婚の理由──百年前のイギリス、そして日本　脱家父長制的結婚モデルを求めて──現代日本社会の情報砂漠を超えるために)
＊様々な国や時代の「結婚」を紹介。抽象的で未熟な若い女性たちの結婚観をゆさぶり、ジェンダー問題への糸口を提起する。
◇性・家族・社会　ブロニスラフ・マリノフスキー著、梶原景昭訳　京都　人文書院　1993.8　310p　20cm　3296円　(i)4-409-53013-5　Ⓝ389
◇ユダヤ人の婚姻　山本祐策著　近代文芸社　2001.3　20p　18cm　(近代文芸社新書)　1200円　(i)4-7733-6805-5
(内容)第1部 総説(ユダヤ人の法　婚姻の締結　夫と妻　婚姻の解消)　第2部 各説(婚約式と結婚式の分離と融合　器を割る、離婚状を裂

文化人類学・民族学　　　　　　　　　　　　　　　　　　　　　　　　　　　　　　　　　　　日本

(割)く、犠牲を裂(割)く行為の法的意味　古代イスラエルにおける「靴を脱ぐ」行為の宗教的・法的意味―レビラート婚の視点から　オランダとイギリスにおけるユダヤ教徒とキリスト教徒の神学思想の交流一六〇〇―一七〇〇　メシアを待望する信仰とキリストの再臨を待望する信仰の婚姻　ルカ福音書における放蕩息子の法的地位)
*ユダヤ人の婚姻の形成と解消の方式を紹介し(第一部)、論説する(第二部)本書によって、読者は、ユダヤ人の法思考の根源へ案内されよう。

心理人類学

◇フィールド・リサーチ―現地調査の方法と調査者の戦略　L.シャッツマン,A.L.ストラウス著,川合隆男監訳　慶応義塾大学出版会　1999.6　240p　21cm　2600円　(i)4-7664-0748-2
〔内容〕第1章 フィールド・リサーチの論理と社会心理学　第2章 調査に入るための戦略　第3章 調査を組織化していくための戦略　第4章 観察するための戦略　第5章 聴き取りの戦略　第6章 記録するための戦略　第7章 分析するための戦略　第8章 調査研究を伝えるための戦略
*本書は、調査のやり方について述べており、調査者の社会心理、調査フィールドと調査者が通常の日常生活の中で自らを見出していく社会状況、そして彼がかかわっている調査探求の論理に、調査のやり方がどのように作用するのかを関係づけている。本書はフィールド・リサーチの方法に関心を寄せているけれども主たる焦点はフィールド調査者自身である。

日本

◇沖縄とアイヌ―日本の民族問題　沢田洋太郎著　新泉社　1996.11　254p　19cm　〈琉球・沖縄と蝦夷・アイヌ関係年表：p244～247　参考文献・資料：p251～254〉　1854円　(i)4-7877-9627-5　Ⓝ316.81
〔内容〕第1章 沖縄はヤマトではなかった　第2章 琉球王国とヤマト　第3章 大日本帝国と沖縄県　第4章 アメリカ軍政下の苦難　第5章 本土復帰後の沖縄県　第6章 基地問題と沖縄の自立　第7章 古代の日本列島と蝦夷　第8章 武家支配下のアイヌ　第9章 アイヌ文化の特徴　第10章 明治政府のアイヌ政策　第11章 近年のアイヌ問題　第12章 アジア諸民族とヤマト民族　第13章 民族問題をどう考える
◇日本の文化韓国の習俗―比較文化論　金両基著　明石書店　1999.6　268p　20cm　2700円　(i)4-7503-1162-6　Ⓝ361.5
〔内容〕韓国の文化空間　韓国の住・衣・習俗と日本　韓国の伝統的大家族　白い神と黒い神の道―翁瓠流考　アジアの仮面空間の比較考察　韓国の妖怪と日本の妖怪―明るいトケビの性格　傀儡子―漂泊民族の系譜　日韓の信仰と習俗からみた相似点　建国神話―卵から生まれた聖人たち　地勢からみた韓国と日本の降臨神話―金首露とニニギノミコトを中心にして〔ほか〕
*日本文化のルーツをたどれば、好もうと好むまいと韓国文化に行き着く。古来からそれほど深くかかわり合ってきた国だからといって、交流の深さを論拠にして韓国文化と日本文化が同じだと言うことは極めて危険である。では、どこが同じで、どこが違うのかと聞かれたとき、どれほどの人がそれに答えることが出来るであろうか。その違いを発見する旅に読者を誘うのが、本書である。
◇ボクは大村、どこから来たの？―特別でない家の祖先さがし　大村森美著　MBC21,東京経済〔発売〕　1998.11　335p　19cm　1400円　(i)4-8064-0585-X
〔内容〕第1章 祖先をたずねて梅ケ島へ(梅ケ島はとてつもない山奥　50年ぶりの脱皮　ほか)　第2章 ボクと祖先をつなぐ糸(大村学からわかったこと　貴重な資料「梅ケ島郷土誌」入手　ほか)　第3章 梅ケ島から伊豆・三の原へ(祖父・又平の移住　移住の仲間たち　ほか)　第4章 ボクの大村学(なぜ大村？いつから大村？大と村で大村なのだ　ほか)
*山また山の奥にある父の故郷(静岡市梅ケ島)を訪れたことから湧きあがった疑問―。なぜこんなところに？ぼくはいつから？どうして大村？なぜ？がどんどんふくらんでこんどは全国の大村さんの大捜索。ついには「大村学」にまで発展した。
◇忘れられた日本人　宮本常一著　岩波書店　1995.2　334p　19cm　(ワイド版岩波文庫)〈著者の肖像あり〉　1100円　(i)4-00-007160-2　Ⓝ388.1
*昭和十四年以来、日本全国をくまなく歩き、各地の民間伝承を克明に調査した著者(1907-81)が、文化を築き支えてきた伝承者＝老人達がどのような環境に生きてきたかを、古老たち自身の語るライフストーリーをまじえて生き生きと描く。辺境の地で黙々と生きる日本人の存在を歴史の舞台にうかびあがらせた宮本民俗学の代表作。

◆北海道地方・アイヌ

◇アイヌを生きる文化を継ぐ―母キナフチと娘京子の物語　小坂洋右著　大村書店　1994.4　255p　20cm　〈参考文献：p253～255〉　2060円

文化人類学の本 全情報　641

(i)4-7563-5003-8 Ⓝ389.11

内容 第一部 目覚めの行路（和人到来 父の死 母の苦労 結婚後の苦しみ 昭和新山で自立 伝承への目覚め 母の育った時代 旭川を見舞う事件 相次ぐ死） 第2部 アイヌの心（闘病の日々 いつもと違う冬 受け継いだ精神 命を感じながら この世で大切なこと コタンのように 共存の時代へ）

◇アイヌ海浜と水辺の民 大塚和義著 新宿書房 1995.10 249p 20cm 〈アイヌの歴史：p232～240〉 2800円 (i)4-88008-212-0 Ⓝ389.11

内容 第1部 アイヌの文化と歴史 第2部 アイヌの伝統文化の現在 第3部 アイヌ民族復権運動

＊日本の先住民族、アイヌ。従来のアイヌ文化像を大きく変え、アイヌ文化のダイナミズムを明らかにした注目の書。

◇アイヌ学の夜明け 梅原猛、藤村久和編 小学館 1994.2 384p 16cm （小学館ライブラリー） 1000円 (i)4-09-460056-6 Ⓝ389.11

内容 日本学の方法 アイヌ研究の可能性 アイヌの古老に訊く 日本語の成立をめぐって 昭和十年代の二風谷 アイヌ語と日本語 日本語の祖語をさぐる "アイヌ学"の課題

＊梅原猛・藤村久和両氏が、アイヌ文化のすばらしさ、その重要性について、ヨーロッパの研究者やアイヌの古老たちと語り合い、合わせて人類の未来の文化のあり方を考える。

◇アイヌ、神々と生きる人々 藤村久和著 小学館 1995.2 264p 16cm （小学館ライブラリー）〈福武書店1985年刊の増訂〉 800円 (i)4-09-460067-1 Ⓝ389.11

内容 1 神々とアイヌ 2 誕生と成長 3 成人・結婚 4 老いと死 5 アイヌの宇宙観

＊まさに神々とともに生きるアイヌの人たちの一生を、誕生、成長、そして老から死へと再現することによって、アイヌの人々の精神世界を明らかにする。アイヌ研究の第一人者が、豊富な聞き書きから紡ぎ出した珠玉作。

◇アイヌ考古学研究・序論―「アイヌ考古学」の民族考古学的方法論による学問体系の確立を目指して 宇田川洋著 札幌 北海道出版企画センター 2001.4 520p 27cm 〈他言語標題：The study of Aynu archaeology：introduction〉 13000円 (i)4-8328-0101-5 Ⓝ211

◇アイヌ史 北海道アイヌ協会・北海道ウタリ協会活動史編 北海道ウタリ協会編 札幌 北海道出版企画センター 1994.3 1438p 27cm 14500円 (i)4-8328-9405-6 Ⓝ389.11

◇アイヌ植物誌 福岡イト子著 草風館 1995.7 241p 19cm 〈引用・参考文献：p236～241〉 2060円 (i)4-88323-079-1 Ⓝ389.11

＊本書は、著者が長年にわたって、自然の恵みと共に生きたアイヌの古老たちの知恵から学び、口承文芸・オイナ（聖伝）やウエペケレ（昔話）、和人による過去の観察記録などに取材して、アイヌ民族の植物利用法を解説したものである。きれいな挿絵入り。

◇アイヌと植物 福岡イトコ著、旭川市立図書館編 旭川 旭川振興公社 1993.9 267p 18cm （旭川叢書 第21巻） 1800円 Ⓝ389.11

◇アイヌのくらしと言葉 3 北海道教育庁生涯学習部文化課編 札幌 北海道教育委員会 1993.3 323p 26cm （アイヌ無形民俗文化財記録刊行シリーズ 6（平成4年度）） Ⓝ389.11

◇アイヌの暮らしと伝承―よみがえる木霊 ジョン・バチェラー著、小松哲郎訳 札幌 北海道出版企画センター 1999.11 369p 22cm 〈肖像あり 年譜あり〉 5600円 (i)4-8328-9906-6 Ⓝ389.11

◇アイヌの婚姻 瀬川清子著 新装版 未来社 1998.5 260p 20cm 2600円 (i)4-624-20071-3 Ⓝ386.4

内容 1 成女の表象 2 男子のイトッパ 3 いろいろな婚姻 4 婚姻の経過 5 婚制に関連する諸習俗―葬制・その他 6 日々の生活

＊本書では、アイヌの社会の婚姻が、どのように行なわれたかを知るために、成女の表象である入墨と、ウプショルクツ（女子に伝わる下紐）、男子の持つイトッパ（祖印）、シネウプショルの者（同じウプショルを持つ者、すなわち、同じ腹から生まれた同じ系統の者）の婚姻禁忌、そのほか婚姻生活をめぐる諸問題（葬制・産制その他）、についての伝承をたずねた。最後はその日々の生活についての談話の記録である。

◇アイヌの四季―フチの伝えるこころ 計良智子著 明石書店 1995.1 203p 19cm 2060円 (i)4-7503-0662-2 Ⓝ389.11

◇アイヌの世界―ヤイユーカラの森から 計良光範著 明石書店 1995.8 230p 19cm 2266円 (i)4-7503-0720-3 Ⓝ389.11

内容 春 一九九三年（フキノトウ フクジュソウ シノ・バイカル ほか） 夏 一九九三年（夏の村 ニペシ トゥレップ ほか） 秋 一九九三年（収穫の秋 シャクシャイン祭り クナシリ・メナシの戦い ほか） 冬 一九九三年（冬 天地創造 お正月 ほか）〔ほか〕

◇アイヌの世界観―「ことば」から読む自然と宇宙 山田孝子著 講談社 1994.8 278p 19cm （講談社選書メチエ 24） 1500円 (i)4-06-258024-1 Ⓝ389.11

内容 第1章 アイヌの宇宙観 第2章 霊魂とカムイ 第3章 アイヌの植物命名法 第4章 動物の分類と動物観 第5章 諸民族との比較 第6章 世界観の探求―認識人類学的アプローチ

◇アイヌの伝承と民俗 ジョン・バチラー著, 安田一郎訳 青土社 1995.5 520.6p 23cm 〈バチラー年譜：p511～514〉 6800円 (i)4-

7917-5357-7　Ⓝ389.11
(内容) アイヌの起源について　穴居民とアイヌ減少の理由　入れ墨　世界の創造　宇宙論的な事柄　キューピッドと英雄オキクルミ　ヤナギのトーテム　ヌサとイナオについての総論　イナオ呪物の主要なもの〔ほか〕
＊明治初期に来日し、アイヌ文化の研究と称揚に生涯を捧げたイギリス人宣教師ジョン・バチラーの鏤骨の労作The Ainu and Their Folk-Loreの完訳版。アイヌの宇宙観・自然観・制度・衣食住など、当時でなければ収集しえなかった、厖大な伝承と習俗の体系を、テーマ別に集大成した貴重な記録。

◇アイヌの本―アイヌの文化、考え方、その歴史、そしてアイヌの「現在」が見えてくる一冊！　宝島社　1993.9　203p　21cm　(別冊宝島―EX)〈国際先住民年記念〉 1200円　Ⓝ389.11

◇アイヌ民族を理解するために　改訂　札幌　北海道生活福祉部総務課　1994.10　29p　21cm　Ⓝ389.11

◇アイヌ民族写真・絵画集成　第1巻　アイヌ民族の祭礼―神々との交流　横山孝雄,萱野茂編　日本図書センター　1995.3　195p　31cm　(監修：萱野茂) (i)4-8205-7219-9, 4-8205-7218-0　Ⓝ389.11

◇アイヌ民族写真・絵画集成　第2巻　アイヌ民族の民具―生き続ける伝統　横山孝雄, 秋辺得平編　日本図書センター　1995.3　159p　31cm　(監修：萱野茂) (i)4-8205-7220-2, 4-8205-7218-0　Ⓝ389.11

◇アイヌ民族写真・絵画集成　第3巻　アイヌ民族の文様―躍動する図柄　横山孝雄,知里むつみ編　日本図書センター　1995.3　169p　31cm　(監修：萱野茂) (i)4-8205-7221-0, 4-8205-7218-0　Ⓝ389.11

◇アイヌ民族写真・絵画集成　第4巻　アイヌ民族の伝承―文芸・技能・遊び　横山孝雄編　日本図書センター　1995.3　167p　31cm　(監修：萱野茂) (i)4-8205-7222-9, 4-8205-7218-0　Ⓝ389.11

◇アイヌ民族写真・絵画集成　第5巻　アイヌ民族の芸術―甦る精霊たち　横山孝雄,知里むつみ編　日本図書センター　1995.3　145p　31cm　(監修：萱野茂) (i)4-8205-7223-7, 4-8205-7218-0　Ⓝ389.11

◇アイヌ民族写真・絵画集成　第6巻　アイヌ民族の歴史―差別・抑圧と誇り　横山孝雄編　日本図書センター　1995.3　183p　31cm　(監修：萱野茂) (i)4-8205-7224-5, 4-8205-7218-0　Ⓝ389.11

◇アイヌ民族とエスニシティの社会学　松本和良, 江川直子編　学文社　2001.11　325,7p　21cm　6700円　(i)4-7620-1085-5
(内容) アイヌ民族とエスニシティの問題　第1部　歴史的分析 (アイヌ民族社会における歴史的変化　門別におけるアイヌ民族とエスニシティの問題　アイヌ民族とエスニック・アイデンティティ　エスニシティとしてのアイヌ民族) 第2部　構造的分析 (アイヌ民族の日常的リアリティ―白老町と門別町の調査から　白老町アイヌ民族の生活構造と文化　貧困・差別・権利回復　ウタリ社会における「統合」とディスタンクシオン　門別ウタリ社会の特質) 資料編 (白老町編　門別町編)
＊本書は、現代日本社会におけるアイヌ民族系住民の生活実態と意識・態度を福祉コミュテイとの関連で探求し、公開する。

◇アイヌ民族と日本の歴史―先住民族の苦難・抵抗・復権　宮島利光著　三一書房　1996.7　285p　18cm　(三一新書)〈参考文献・アイヌ民族の歴史略年表：p255～285〉 900円　(i)4-380-96011-0　Ⓝ389.11
(内容) 第1章　アイヌ民族の源流を探る　第2章「エゾ」とは誰か　第3章　アイヌ文化・民族の形成　第4章　豪族侵入とアイヌ蜂起　第5章　幕藩制国家との戦い　第6章　アイヌ強制連行の時代　第7章　開拓の嵐のなかのアイヌ民族　第8章　アイヌ強制移住の記録　第9章　アイヌ民族復権への道
＊北海道・サハリン島・千島列島・本州東北部を自由の大地として豊かに暮らしてきたアイヌ民族は、シャモ(日本人)・日本国家による侵略・同化・差別と闘ってきた。その抵抗の歴史に学び、日本列島の歴史を捉えなおす。

◇アイヌモシリ―民族文様からみたアイヌの世界　国立民族学博物館編　吹田　国立民族学博物館　1993.6　122p　30cm　(編集：大塚和義　会期：1993年6月10日～8月17日) Ⓝ727

◇「描かれた近世アイヌの風俗」図録―開館十周年記念・第十回企画展　アイヌ民族博物館編　白老町(北海道) アイヌ民族博物館　1994.7　64p　30cm　Ⓝ389.11

◇コタンに生きる　朝日新聞アイヌ民族取材班著　岩波書店　1993.11　309p　16cm　(同時代ライブラリー　166) 1100円　(i)4-00-260166-8　Ⓝ389.11

◇静かな大地―松浦武四郎とアイヌ民族　花崎皋平著　岩波書店　1993.10　359p　16cm　(同時代ライブラリー　162)〈参考文献：p338～343〉 1200円　(i)4-00-260162-5　Ⓝ389.11

◇小シーボルト蝦夷見聞記　H. v. シーボルト著,原田信男ほか訳注　平凡社　1996.2　299p　18cm　(東洋文庫　597)〈ハイリッヒ・フォン・シーボルト略年譜：p297～299〉 2678円　(i)4-582-80597-3　Ⓝ389.11
(内容) 蝦夷島におけるアイヌの民族学的研究 (交通事情　蝦夷地の住民　民族の歴史　形質―顔かたち・体つき　「洗練された人々」起源

の問題 服装と装飾 ほか) 補論 アイヌの毒矢(「人類学・民族学および原始学ベルリン協会編集」より) 北海道歴観卑見(大隈文書)
＊1878年(明治11)シーボルトの次男ハインリッヒは北海道に調査旅行を敢行した。本書は当時のアイヌの人々の生活と、和人による開拓の様子を生き生きと伝える貴重な調査報告である。

◇チキサニの大地―アイヌ民族の歴史・文化・現在 宮島利光著 日本基督教団出版局 1994.4 262p 19cm 〈引用・参考文献:p251～258〉 2200円 (i)4-8184-0178-1 Ⓝ389.11
(内容)第1章 自由の天地 第2章 信仰と文化の周辺 第3章 アイヌ社会の構造 第4章 南の侵入者たち 第5章 シャクシャインの独立戦争 第6章 強制連行と奴隷労働 第7章 襲いくる「開拓」の嵐 第8章「旧土人保護法」第9章 三つの強制移住事件 第10章 抑圧と差別に抗して 第11章 いま、民族復権への闘い 第12章 私の出会いから

◇知里真志保著作集 第1巻 説話・神謡編 1 平凡社 1993.6 456p 22cm 〈監修:岡正雄 第5刷(第1刷:1973年) 著者の肖像あり〉 (i)4-582-44200-5 Ⓝ389.11
(内容)アイヌ民譚集. アイヌの神謡. 樺太アイヌの説話. りくんべつの翁. アイヌの民話と唄. 解題

◇知里真志保著作集 第2巻 説話・神謡集 2 平凡社 1993.6 474p 22cm 〈監修:岡正雄 第4刷(第1刷:1973年)〉 (i)4-582-44200-5 Ⓝ389.11
(内容)アイヌに伝承される歌舞詞曲に関する調査研究. アイヌの散文物語. 呪師とカワウソ. アイヌ民俗研究資料 第2. アイヌの歌謡 第1集. 疱瘡神に関する資料. かむい・ゆうかる(抄) えぞおばけ列伝. 説話掌篇集. 解題

◇知里真志保著作集 第3巻 生活誌・民族学編 平凡社 1993.6 594p 22cm 〈監修:岡正雄 第5刷(第1刷:1973年)〉 (i)4-582-44200-5 Ⓝ389.11
(内容)ユーカラの人々とその生活. アイヌの鮭漁. アイヌ語獣名集. アイヌ語の植物名に就いて. 樺太アイヌの生活. 小論集 猿尾考. ウェンペブリ? アイヌ住居に関する若干の考察. 原始農業の呪術的性格. アイヌーAinu. アイヌ語地名解 斜里郡内アイヌ語地名解. 網走郡内アイヌ語地名解. 上川郡アイヌ語地名解. 地名アイヌ語小辞典. アイヌ語法研究. 解題

◇知里真志保著作集 第4巻 アイヌ語研究編 平凡社 1993.6 504p 22cm 〈監修:岡正雄 第4刷(第1刷:1974年)〉 (i)4-582-44200-5 Ⓝ389.11
(内容)アイヌ語法概説. アイヌ語に於ける母音調和. アイヌ語入門. 小論集 ジョン・バチラー

博士のアイヌ語研究. 辞書編纂の苦心. 日本語とアイヌ語の関係. 解題. 年譜・著作目録:p437～451

◇知里真志保著作集 別巻1 分類アイヌ語辞典 植物編・動物編 平凡社 1993.6 322p 22cm 〈第4刷(第1刷:1976年)〉 (i)4-582-44200-5 Ⓝ389.11

◇知里真志保著作集 別巻2 分類アイヌ語辞典 人間編 平凡社 1993.6 714p 22cm 〈第4刷(第1刷:1975年) 折り込図1枚〉 (i)4-582-44200-5 Ⓝ389.11

◇知里真志保の生涯―アイヌ学復権の闘い 藤本英夫著 草風館 1994.6 274p 19cm 2266円 (i)4-88323-068-6
(内容)1 アカシアの花 2 姉と弟と猫のいる風景 3 忘れ得ぬ人びと 4 青葉若葉のころ 5 ああ玉杯に 6「僕は北海道へ帰る」7 内側からのアイヌ語の道 8 ツゲの木 9 盗まれた卒業論文 10 オホーツクの海 11 アイヌ語の面白さ 12 背の低い人たち 13 サレコーベの思い出 14 新しい友情 15 友情の破綻 16 心の秘境 17 海はみえない 知里真志保年譜―その業績を中心に
＊アイヌ出身のエリート言語学者の凄絶な人生。ユーカラ伝承者である伯母、金成マツ、「アイヌ神謡集」を書き残した姉、知里幸恵を輩出した名族に育ち、エリートの道を歩んだ本書の主人公は、"アイヌの言霊(ことだま)"に導かれてアイヌ語学の体系化に一生を捧げた。強者の歴史に抗ったアイヌの言語学者の苦悩の生涯を、あとうかぎりの関係者に取材、綿密な考証のもとに描いた迫神の伝記。

◇妻は借りもの―アイヌ民族の心、いま 萱野茂著 札幌 北海道新聞社 1994.10 210p 20cm 〈著者の肖像あり〉 1600円 (i)4-89363-747-9 Ⓝ389.11
(内容)1 アイヌ文化と私 2 アイヌ民族の過去と現在、未来 3 先住民族との交流の旅 4 アイヌの里から 5 ウウェペケレ(昔話)三話 6 アイヌの民具
＊アイヌ民族初の国会議員となった著者が、民族が歩んできた歴史的な苦難の道のりを回顧しながら、文化保存継承と言葉の復活、アイヌ新法制定に向け現在、未来を語る。

◇二風谷アイヌ文化博物館所蔵資料目録 第1号 (図書資料編 1) 平取町立二風谷アイヌ文化博物館編 平取町(北海道) 平取町立二風谷アイヌ文化博物館 1993.2 46p 30cm Ⓝ389.11

◇日本の先住民族アイヌ 野村義一ほか著 大阪 部落解放研究所 1993.9 99p 21cm (人権ブックレット 42) 〈発売:解放出版社〉 600円 (i)4-7592-8042-1 Ⓝ389.11
(内容)アイヌ民族の歴史 「アイヌ民族に関する法律」について 先住民族の権利と自決権論

文化人類学・民族学　　　　　　　　　　　　　　　　　　　　　　　　　　　アジア

争　資料 アイヌ民族に関する法律(案)
◇ノーザン・ピープルズ―北方民族を知るためのガイド　北海道立北方民族博物館編　網走　北海道立北方民族博物館　1995.10　48p　21cm　〈付：参考図書〉Ⓝ389.77
◇北海道東部に残る樺太アイヌ文化　1(1996)　萩中美枝,宇田川洋編　常呂町(北海道)　常呂町樺太アイヌ文化保存会　1996.2　137p　21cm　〈製作：北海道出版企画センター(札幌)　各章末：参考文献〉1854円 (i)4-8328-9605-9　Ⓝ389.11
◇北海道の樹木と民族　伊達興治著　札幌　北海道出版企画センター　1995.9　222p　19cm　〈各章末：参考文献〉1500円 (i)4-8328-9507-9　Ⓝ653.211
　(内容)第1部 北海道の樹々とその分布(札幌市の街路樹、公園樹　札幌市郊外の森林　北海道の樹木分布の特色)　第2部 山、湖、砂丘を訪ねて(大雪山国立公園の圏域　阿寒及び知床国立公園の圏域　襟裳岬から納沙布岬まで　内浦湾及び宗谷湾の沿岸)　第3部 アイヌ民族の自然観(北方民族の歴史　アイヌ民族の生活　アイヌ民族の神々の世界)
◇北海道立北方民族博物館―総合案内　北海道立北方民族博物館編　網走　北海道立北方民族博物館　1993.3　87p　26cm　Ⓝ389
◇北方文化のかたち・アイヌ文化展　秋田県立博物館編　秋田　秋田県立博物館　1994.4　85p　26cm　〈秋田県立博物館特別展図録）　参考文献：p85〉Ⓝ389.11
◇伏わぬ人々・アイヌ　堀内光一著　増補版　新泉社　1993.3　265p　19cm　1751円 (i)4-7877-9302-0
　(内容) 1 成れの果てに　2 貴苦のなかで　3 風前のともしび　4「アイヌ新法」を追う
　*差別法「北海道旧土人保護法」は現存している。この法はアイヌの土地を奪い、生産様式を禁止し、かわりに給与地を与えた。しかしその土地は17%しか継承されていない。いま、北海道ウタリ協会はこの差別法の廃止と「アイヌ新法」の制定に向けて動き出している。
◇山川弘の伝承―アイヌ民族博物館伝承記録　アイヌ民族博物館編　白老町(北海道)　アイヌ民族博物館　1994.3　68p　26cm　Ⓝ389.11
◇亮昌寺資料目録　アイヌ民族博物館編　白老町(北海道)　アイヌ民族博物館　1993.3　78p　26cm　Ⓝ389.11

◆沖縄地方・南島
◇沖縄人はどこから来たか―「琉球＝沖縄人」の起源と成立　安里進,土肥直美共著　那覇　ボーダーインク　1999.8　198p　19cm　1600円 (i)4-938923-81-5
　(内容) 対談 沖縄人はどこから来たか―琉球＝沖縄人の起源と成立(起源論との出会い　日本人起源論と「琉球＝沖縄人」　複雑でダイナミックな人の動き　港川人と琉球＝沖縄人 ほか)　論考 考古学と人類学の視点から(沖縄の考古学的時代区分をめぐる現状と問題点　琉球王国以前の住民　考古学からみた現代琉球人の形成　期待大きい琉球列島の発掘調査　人間の骨格案内)
　*琉球列島にいつ、いかなる人が住みだしたのか。港川人は現在の琉球＝沖縄人の祖先なのか、そして、グスク時代に何が起こったのか…。考古学と形質人類学の研究者たちによる対談と論考。

アジア

◇アジア稲作民の民俗と芸能　諏訪春雄,川村湊編　雄山閣出版　1994.7　325p　20cm　2800円 (i)4-639-01235-7　Ⓝ389.2
　(内容) アジア稲作文化の道―わが古層の稲作をめぐる民俗とのかかわり　中国・江西省の追儺行事　射日神話と立竿祭祀からみた稲作の系譜　日中稲作芸能の比較　朝鮮半島と日本のシャーマニズムの比較　秦氏と稲荷　日本における渡来系の民俗と芸能　傀儡子と社堂神―日韓の比較芸能史の試み　韓国仮面舞劇のテーマと構造について　フォーラム「渡来稲作文化にみる民俗と芸能」
　*信仰、芸能、民俗の多方面から稲作文化の複合性にせまる。
◇アジア山民海民の民俗と芸能　諏訪春雄,川村湊編　雄山閣出版　1995.6　246p　20cm　2266円 (i)4-639-01294-2　Ⓝ389.2
　(内容) アジア非稲作民の民俗と芸能―隼人の生活と芸能を媒体として　縄文文化に見る非稲作民の神話　日韓中の鬼観念　非稲作民の民俗と伝承―遊耕の民ヤオ族の伝承を中心として　非差別民の民俗と芸能―なぜ芸能は卑賤視されたのか　媽祖・蛇神・風葬―環東シナ海世界の海の文化　「山の神」考　フォーラム アジア非稲作民の民俗と芸能
　*本書は、稲作文化を山民や海民の異質な文化と対比することにより、稲作民文化の特質をあきらかにしようとするものである。
◇アジアの形を読む　杉浦康平,伏見康治,森毅,養老孟司ほか著　形の文化会編　工作舎　1993.12　249p　21cm　(形の文化誌 1)　2060円 (i)4-87502-228-X
　(内容) アジアの形を読む(日月照応　紋と文様　金米糖とショーペンハウエル―東の文化・西の文化　らせん認識の東西―建築・ねじ・ポンプ・科学　言葉の形　竜とナーガの形態学　東洋からの衝撃―風景と建築の自然復帰　形なきも

文化人類学の本 全情報　645

のと形　一念吉祥の形―シンボル以前に現実があった　インド仏塔の形状　ワラの文化と縄対談　電子時代の身体とアジア―境界線上の舞態論（大須賀勇　布施好英）　形の文化をめぐるエッセイと論文（昆虫の形　イメージと遊び　「折り紙」は翻訳語　巴と卍　光の形　黄帝陵の石像装飾　記号の形　かたちと対応表現　俯瞰する想像力　てまりと私　バロック世界と幻覚　デューラーの魔女　機械加工面の微細形状と文化　水引の伝統　かたちとテクスチャーかける　マネキネコ　水のこころ　酒船石の謎　円から楕円へ―制作のこと　神秘の門柱―幾何学　星籠　立体多軸織）　キーワード解説―形の四面体

◇アジアの文化人類学　片山隆裕編著　京都　ナカニシヤ出版　1999.3　196p　21cm　2000円　(i)4-88848-469-4　Ⓝ382.2

◇アジア墳墓考　小島麗逸編著　勁草書房　1994.12　256p　19cm　2678円　(i)4-326-65162-8
　(内容)日本　中国　東南アジア　南インド　西アジア　ラテンアメリカ　アフリカ
　＊葬り方で知るアジア。死にともなう儀式をタブー視しては、人類文化の本質は見えない。現地での豊富な見聞をもとにアジアにおける死へのかかわり方を紹介。

◇アジア民族文化フォーラム―'95東北アジア年　アジア民族造形文化研究所〔1995〕15p　30cm（英語書名：Asian ethno-culture forum　英文併記）Ⓝ389.1

◇慣習調査報告書・韓国最近事情一覧　倉富勇三郎、朝鮮総督府編著　竜渓書舎　1995.9　404,19p　図版12枚　21cm（韓国併合史研究資料 5）〈複製　折り込図5枚〉8240円　(i)4-8447-5393-2　Ⓝ221.06

◇騎馬民族の道はるか―高句麗古墳がいま語るもの　森浩一、NHK取材班著　日本放送出版協会　1994.3　215,7p　20cm　（考古紀行）1600円　(i)4-14-080149-2　Ⓝ221.035
　(内容)騎馬民族の源流を求めて(騎馬民族への旅　高句麗の故地を訪ねる　騎馬民族の都平壌華麗！高句麗壁画の世界　鴨緑江河畔、積石塚古墳の謎）騎馬民族説への試論（雲坪里のほとりに立って　日本の古墳文化　高句麗と継体大王　積石塚古墳　馬具と牧　新しい視点からのアプローチ）
　＊朝鮮民主主義人民共和国の鴨緑江河畔にある「雲坪里古墳」。ここで、日本の四隅突出古墳の祖型・前方後円墳の源流とみられる積石塚古墳が確認された。はたして日本民族の源は、遠く朝鮮半島北部、古代・高句麗の騎馬民族にさかのぼるのか。1992年秋、NHK取材班は現地踏査に成功した。日本民族の出自・日本文化の淵流をたどる「騎馬民族征服王朝説」への新試論。

◇思想における北ユーラシア　尾形良助著　北樹出版　1993.2　158p　19cm　（叢書パイデイア 3）1700円　(i)4-89384-286-2　Ⓝ389.2
　(内容)第1章 ある遊牧民の崩壊　第2章 シューバルトによるロシア的性格　第3章 遊牧民的風土性と狩猟的風土性（遊牧民的風土性　狩猟民的風土性　シャーマニズムとアニミズム）　第4章 思想における北ユーラシアと南ユーラシア（アジアとヨーロッパ　思想における南ユーラシア　思想における北ユーラシア）
　＊ロシアを越え、シベリアを経て、日本の北海道・東北地方を含めた"北ユーラシア"に生きる人々の「誇らしい愚かしさ」と脱国家的性格等を、ディルタイ・和辻哲郎・シューバルトの類型理論を総合しながら考察する。

◇大月氏―中央アジアに謎の民族を尋ねて　小谷仲男著　東方書店　1999.12　227p　19cm　（東方選書 34）〈年表あり　文献あり〉1600円　(i)4-497-99569-0　Ⓝ229.6
　(内容)遊牧民族と文明社会―漢と匈奴　西方の覇権争奪戦―張騫の遠征　月氏西遷をめぐって―塞民族の虚構性　バクトリア王国と大月氏―アイ・ハヌム遺跡　クシャン王朝の勃興（碑文から大月氏との関連を探る　ティリア・テペの黄金遺宝）　大月氏の足跡を尋ねて（スルハン・ダリア流域の遺跡　天山北麓の遺跡）ユーラシア草原地帯の考古学
　＊シルク・ロードの開拓者として名高い漢の張騫が目指したのは大月氏と呼ばれる遊牧民族の国であった。この民族は中央アジア史上の重要なカギを握っているが、その実態は謎に包まれている。彼らはどこから来て、どこへ行ってしまったのだろうか？また、同時期に中央アジアにギリシア人が建てたバクトリア王国を滅ぼした謎の民族の正体とは？大月氏と中央アジアからインドにわたる帝国を築いたクシャン王朝とは関連があるのだろうか？従来の文献史料に加えて、最新の考古学資料を充分に活用し、さらに動乱の旧ソ連邦中央アジアに残された遺跡を訪れてこれらの疑問を解明し、古代中央アジアに覇を唱えながら、歴史の彼方に姿を消してしまったこの遊牧民族の実態を探る。

◇朝鮮民族運動と副島道正　趙聖九著　研文出版　1998.2　282,5p　22cm　〈年譜あり　文献あり　索引あり〉7000円　(i)4-87636-151-7　Ⓝ221.06
　(内容)第1部 帝国主義日本の選択と副島道正（海軍拡張論と朝鮮併合　日米移民問題と二ヶ条要求　帝国主義の植民論 ほか）　第2部 参政権問題と民族運動（三・一運動と統治者側の反応　参政権請願運動　民族主義者の動揺 ほか）

◇朝鮮民族と国家の源流―神話と考古学　在日本

文化人類学・民族学　　　　　　　　　　　　　　　アジア

朝鮮歴史考古学協会編訳　雄山閣出版　1995.7
270p　22cm　(考古学選書 41)　3790円　(i)4-
639-01304-3　Ⓝ221.02
(内容)　1 朝鮮古代史の再定立をせまる考古学的
新知見　2 朝鮮古代史の再検討と編年をうなが
す遺物と金属加工技術　3 朝鮮古代史の再構築
をめざす歴史・神話・地名・言語学　4 朝鮮古
代史の再照明にみる古朝鮮と古代諸国
*朝鮮の開国始祖といわれる壇君および古朝鮮
時代の社会と国家形態を考古学・人類学・歴
史学・言語学などの最新の資料から再検討し
た画期的な成果。

◇東アジア地中海の道　国分直一著　慶友社
1995.6　467,13p　22cm　(考古民俗叢書)
10300円　(i)4-87449-128-6　Ⓝ389.2
(内容)　1 穀作の道　2 本州西辺海峡地方　3 九
州西南辺の古代世界　4 先史古代の琉球諸島
5 南方学の拠点—台湾　6 古代呉・越世界
*海上の道を探究。60余年の研究の集大成。考
古・民族・民俗の幅広い分野でくりひろげる
東アジア文化交流考察。豊かな学識と経験を
あますところなく提示。

◇「東アジアにおける民俗と芸能」国際シンポジウ
ム論文集　たおフォーラム編　「東アジアにおけ
る民俗と芸能」国際シンポジウム論文集刊行委員
会　1995.7　309p　26cm　(英語書名：Papers
from the International Symposium on East
Asian Folklore and Performing Arts 中国語書
名："東亜民俗与表演芸術"国際研討会論文集　英
中文併記)　非売品　Ⓝ389.2

◇東アジアの身体技法　石田秀実編　勉誠出版
2000.10　397p　20cm　(遊学叢書 9)　3200円
(i)4-585-04069-2　Ⓝ162.2
(内容)　1 身体変容とは〈憑依について　遊体論
—ギリシアの霊化〉　2 性と身体〈房中と内丹
—身体錬金術の起源　チベット密教の身体
技法—秘密集会聖者流生起次第初加行瑜伽三摩
地の修行階梯とその構造〉　3 体系化された身
体技法〈巫女の心身と憑依の技法　太極拳と中
国思想—「陳氏太極拳図説」を読む　韓国国仙
道の世界〉　4 儀礼の中の身体変容〈来訪神と鬼
やらい　中国貴州省の祭祀と仮面—德江儺堂戯
についての考察〉
*本書では、非西欧の諸地域にわずかに残る
「身体そのもの」と関わる伝統の糸を、東アジ
アの宗教や儀礼、身体技法などに焦点をあて
ながら、たぐりよせてみようと試みた。

◇満族の家族と社会　愛新覚羅顕琦,江守五夫共編
第一書房　1996.4　283p　20cm　(Academic
series—New Asia 16)　3399円　(i)4-8042-
0105-X　Ⓝ389.225
(内容)　第1部 満族家族慣習の調査研究—遼寧省
新賓満族自治県〈満族発祥の揺籃の地—新賓
満族の婚姻と女性をめぐる関係—伝統的慣習と

漢化　満族の家族組織と祖先祭祀〉　第2部 満
族の親族組織と文化〈女真(満洲)のハラとムク
ン　満族の社会習俗　満族における「祈子」習俗
の文化的背景及びその形態　ダウォール族の婚
姻習俗と葬制—満蒙両族を視野にいれて　日満
両民族に共通する文化的諸要素—とくに家族慣
習を中心として〉
*清朝最後の王女、愛新覚羅顕琦氏を代表とす
る日中共同研究組織"満族文化研究会"による
満族家族慣習の緊急調査研究。いま、ここに
明らかにされる民俗的、歴史的、比較民族学
的な国際的、学際的研究成果。

◇モンゴロイドの道　朝日新聞社　1995.3　232,
16p　20×14cm　(朝日選書 523)　1300円　(i)4-
02-259623-6
(内容)　第1章 人類、アジアへ旅立つ　第2章 シ
ベリアの厳冬の挑む　第3章 最初のアメリカ人
第4章 アメリカ大陸を疾走する　第5章 オセア
ニアへ乗り出す　第6章 ハイテクで見る「日本
人の起源」　第7章 頭と顔の骨を読む　第8章
血液が語る
*南北アメリカやオセアニアの先住民、極北の
エスキモー、アジア各地の人びと、そして私
たち日本人の共通の祖先、先史モンゴロイド
は、あるとき人類発祥の地アフリカを後にし
て、厳寒のシベリアに足を踏み入れた。そし
て陸づたいにアメリカ大陸へ、また東南アジ
アを経て海路をオセアニアの島嶼部へと、地
球を駆けめぐり、拡散と適応をつづけた。DNA
研究を武器とした遺伝学、下戸の分布から迫
る法医学をはじめ、免疫学、人類学、考古学、
古生物学、地理学など学際的な研究成果が明
かす祖先の足跡。

◆韓　国
◇日本の文化韓国の習俗—比較文化論　金両基著
明石書店　1999.6　268p　20cm　2700円　(i)4-
7503-1162-6　Ⓝ361.5
(内容)　韓国の文化空間　韓国の住・衣・習俗と
日本　韓国の伝統的大家族　白い神と黒い神の
道—翁源流考　アジアの仮面空間の比較考察
韓国の妖怪と日本の妖怪—明るいトケビの性格
傀儡子—漂泊民族の系譜　日韓の信仰と習俗か
らみた相似点　建国神話—卵から生まれた聖人
たち　地勢からみた韓国と日本の降臨神話—金
首露とニニギノミコトを中心にして〔ほか〕
*日本文化のルーツをたどれば、好もうと好む
まいと韓国文化に行き着く。古来からそれほ
ど深くかかわり合ってきた国だからといって、
交流の深さを論拠にして韓国文化と日本文化
が同じだと言うことは極めて危険である。で
は、どこが同じで、どこが違うのかと聞かれ
たとき、どれほどの人がそれに答えることが
出来るであろうか。その違いを発見する旅に

アジア　　　　　　　　　　　　　　　　　　　　　　　　　　　　　文化人類学・民族学

読者を誘うのが、本書である。
◇恨の人類学　崔吉城著, 真鍋祐子訳　平河出版社　1994.8　467,6,3p　22cm　4017円　(i)4-89203-238-7　Ⓝ387
 (内容) 第1章 恨の人類学　第2章 泣きの人類学　第3章 女性と恨　第4章 母の恨　第5章 巫俗の恨と踊り　第6章 解冤のメカニズム　第7章 巫俗を通して見た死　第8章 死をめぐる自己分析　第9章 日本と韓国の自殺を通して見た恨の構造　第10章 自殺と文学　第11章 〈主なき祖先〉の恨　第12章 死の処理　第13章 差別と恨　第14章 恨の宗教化　第15章 韓国巫俗の死生観
 *恨のメカニズムを解明。儒教的な体系から逸脱した社会構造の暗部。…女性、不浄、怨恨、復讐、自殺、死穢…。韓民族が社会的矛盾の中で生きてきた、長い歴史の恨多き生活を真正面から取り上げ、民族の深層を明らかにする。
◇両班─変容する韓国社会の文化人類学的研究　岡田浩樹著　風響社　2001.2　315p　22cm　〈文献あり〉　6000円　(i)4-89489-004-6　Ⓝ361.81
 (内容) 序章 現代韓国社会と両班　第1章 両班と両班化　第2章 斐山高氏府使公派門中　第3章 地域社会と儒林・両班　第4章 両班的行動の実践としての儒式儀礼　第5章 近代の社会変化の中での両班的行動の実践　終章 民族国家の「国民化」と両班化
 *「両班化」(＝現代韓国に顕著な社会的・文化的上昇志向)の概念をフィールドから再検討。両班化の主体としての「門中」、実践の場としての儒式儀礼に焦点をあて、李朝末期から今日にいたる社会変化の中でその本質を探る。

◆中国
◇雲貴高原のヤオ族─中国少数民族誌　田畑久夫, 金丸良子著　ゆまに書房　1995.5　221p　31cm　〈ヤオ族に関する基本文献：p219～221〉　25000円　(i)4-89668-910-0　Ⓝ389.22
◇雲南の生活と技術　クリスチャン・ダニエルス, 渡部武編　慶友社　1994.10　463p　22cm　(アジア文化叢書)　10094円　(i)4-87449-163-4　Ⓝ389.2237
 (内容) 第1章 西双版納少数民族の村寨を歩く　第2章 雲南地方伝統生産工具採訪手記　第3章 西双版納傣族の水車─傣族における機具類利用の一事例　第4章 雲南の漁と船　第5章 雲南の生活空間と食文化─住まいと調理を中心に　第6章 雲南少数民族の民家の伝統と変化　第7章 西双版納山地民族の婚姻習俗と年中行事聞書き　第8章 (座談会)西双版納地方少数民族の焼畑をめぐって
 *雲南の民族文化が注目されはじめて年久しい。だが、その実態の詳細な報告は皆無に近い。

本書は現地の専門家と協力して、雲南の民族文化の特色と現状を、実態調査によりはじめて明らかにした貴重な報告書である。
◇儀礼・民族・境界─華南諸民族「漢化」の諸相　竹村卓二編　風響社　1994.3　274p　22cm　〈各章末：引用参考文献〉　5150円　(i)4-938718-31-6　Ⓝ389.223
◇シェルパ─ヒマラヤの栄光と死　根深誠著　山と渓谷社　1998.9　278p　21cm　1700円　(i)4-635-17115-9
 (内容) 第1章 思い出　第2章 チベットから来た男　第3章 ダージリン・シェルパ　第4章 ソル・クーンブ　第5章 カトマンズ
 *ヒマラヤ8000m峰初登頂時代の栄光の陰に隠れ、わずかな報酬のために命をかけて山に向かったシェルパたちの実像。伝説のシェルパたちの証言。ヒマラヤに生きる民族の歴史。
◇白川静著作集　第7巻　文化と民俗　白川静著　平凡社　2000.3　513p　22cm　7000円　(i)4-582-40347-6　Ⓝ222.008
 (内容) 中国古代の文化　中国古代の民俗
◇チベット・聖山・巡礼者─カイラスと通い婚の村　玉村和彦著　社会思想社　1995.9　271p　15cm　(現代教養文庫)　640円　(i)4-390-11569-3
 (内容) 第1部 巡礼の山　第2部 通い婚の村
◇中原と周辺─人類学的フィールドからの視点　末成道男編　風響社　1999.2　421p　22cm　6800円　(i)4-938718-38-3　Ⓝ302.22
 (内容) 第1部 漢族社会の多様性と変容(香港中国人のアイデンティティー　周辺にある中央─珠江デルタにおける宗族の統合と分支　弱者たちの組織─香港新界の流動的コミュニティー　香港の日系スーパーマーケットの現地従業員 ほか)　第2部 周辺諸社会からの視座(沖縄から尋ねる中華文明─覚書　近世琉球の士族門中における姓の受容と同姓不婚　多言語環境における親族名称の使用─台湾クヴァラン族の事例から　回族の民間宗教知識─漢語小冊子に説かれたイスラム教　ほか)
 *辺境から問う、中華文明の多様性と一体性。ダイナミックな変容の生成過程を現場から報告。
◇中国映画の文化人類学　西沢治彦著　風響社　1999.8　300p　20cm　〈文献あり〉　2500円　(i)4-938718-21-9　Ⓝ778.222
 (内容) 黄色い大地　古井戸　芙蓉鎮　紅いコーリャン　秋菊の物語　青い凧　活着(生きる)　心の香り　哀恋花火　悲情城市〔ほか〕
 *「黄色い大地」や「紅いコーリャン」で花開いた中国ニュー・シネマ。その黄金期の作品をフィールドに見立て、民衆の心とその文化を奥深くまで読み解く。
◇中国四川農村の家族と婚姻─長江上流域の文化

文化人類学・民族学　　　　　　　　　　　　　　　　　　　　　　　　　　　　　　　　　アジア

人類学的研究　蕭紅燕著　慶友社　2000.2　437p　22cm　10000円　(i)4-87449-170-7　Ⓝ361.63

◯内容　第1章 調査地の概要　第2章 村落の歴史的背景　第3章 宗族　第4章 婚姻連帯と社会結合　第5章 村落統合と権力構造

＊本書は著者が1992年ごろからの6～7年間、四川省東部の農村において行った、人類学的フィールドワーク(集中調査)の詳細な研究報告です。これまでに、この地域における本格的な調査報告がほとんどなかっただけに、本書は中国はもとより、日本をはじめ海外の学界を裨益するところが、すこぶる大きいと言えるでしょう。しかも、この調査地は、現在、建設中の長江上流域の三峡ダムに近いところです。この地域は、今後の社会・文化的な変容が予想されているだけに、著者が本書において提起している社会＝文化人類学的な諸問題のもつ意味は少なくないものです。

◇中国とインド—社会人類学の観点から　中根千枝著　木津町(京都府)　国際高等研究所　1999.11　35p　19cm　(高等研選書 3)　476円　(i)4-906671-02-0　Ⓝ362.02

◇中国民衆史への視座—神奈川大学中国語学科創設十周年記念論集　神奈川大学中国語学科編　東方書店　1998.3　298p　22cm　(新シノロジー歴史篇)　4500円　(i)4-497-98543-1　Ⓝ222.004

◯内容　中国の地方志と民衆史　清末明初の社会変化とその認識について　故宮博物院(台北)所蔵太平天国諸王の供述の記録　太平天国前夜の広西における移住と民族—貴県の場合　清末宗教結社と民衆運動—青蓮教劉儀順家を中心に　清代台湾における先住民の社会変容　台湾総督府による官営移民事業について　図們江開発計画—過去と現在　在日中国人労働者、行商人—戦前の警察資料に見る　中国社会主義政権の出発—「鎮圧反革命運動」の地平　史的システム論と情報流——八世紀中国森林史のために

＊本書は、支配階層の側からみた政治史・経済史ではなく、民衆の側からみた中国はどのような姿であったかということに焦点をあてて考察を試みた。

◇侗族—貴州省 鼓楼と花橋のもとに生きる民族　水上章写真集　水上章著　光村印刷　1995.3　47p　20×22cm　(Bee books)　2000円　(i)4-89615-694-3　Ⓝ748

◇客家—華南漢族のエスニシティーとその境界　瀬川昌久著　風響社　1993.6　222p　22cm　4635円　(i)4-938718-30-8　Ⓝ389.22

◇客家がわかればアジアが見える—逆境を生き抜く回天の知恵　高木桂蔵著　光文社　1994.8　219p　18cm　(カッパ・ビジネス)　850円　(i)4-334-01290-6　Ⓝ389.22

◯内容　第1章 ルーツは"中原"にあり　第2章 "客家王国"広東省の独走　第3章 李登輝が鄧小平に会いに行く日　第4章 客家英傑列伝　第5章 不遇をバネに天下を取る知恵　第6章 日本の中の客家文化

◇客家—最強の華僑集団—ルーツ・パワー・ネットワークの秘密　根津清著　ダイヤモンド社　1994.11　217p　20cm　1400円　(i)4-478-17041-X　Ⓝ389.22

◯内容　序章 客家がわかれば華僑がわかる　1章 華僑の精神・処世術　2章 最強の華僑・客家　3章 世界に広がる客家ネットワーク　4章 客家・華僑とユダヤ人　5章 華僑からアジアを知る

＊客家がわかれば華僑がわかる、華僑がわかればアジアがわかる。鄧小平(中国)、李登輝(台湾総統)、リー・クァンユー(シンガポール)…アジアの政・財界に隠然たる勢力を誇る客家人脈。客家の里・下北塘(広東省)での日本人初の滞在ルポを中心に、客家・華僑の実像とパワーの源泉に迫る。

◇客家パワー—中国と東南アジアを動かす　松本一男著　サイマル出版会　1995.7　237p　19cm　(著者の肖像あり)　1700円　(i)4-377-31046-1　Ⓝ389.22

◯内容　1 客家とは—流浪漢族　2 客家の歴史—華僑源流　3 客家の精神—苦学力行　4 客家の商法—理財致富　5 客家の人材—多士済々　6 日本での客家—成功者像　7 客家はどこへ—前途洋々

＊アジア経済の底流、チャイニーズ・パワーの鍵、華僑の中核といわれる客家の実力と活躍—。

◇森を食べる人々　ジョルジュ・コンドミナス著、橋本和也, 青木寿子訳　紀伊國屋書店　1993.12　668p　20cm　(文化人類学叢書)　〈副書名：ベトナム高地、ムノング・ガル族のサル・ルク村で石の精霊ゴオの森を食べた年の記録〉　6800円　(i)4-314-00599-8　Ⓝ389.231

◯内容　第1章 ムノング・ガルまたはプヒー・ブレェ(《森の民》)の人々—サル・ルク村　第2章 バープ・チャンの盟友関係—水牛の供儀交換儀礼　第3章 色男ティエングの近親相姦と自殺　第4章 魂を求める他界への旅　第5章 バープ・チャンの次女の結婚　第6章 石の精霊ゴオの森を食べる　第7章 バープ・チャンの三番目の息子の誕生　第8章 サル・ラング村の大地の祭　第9章 腰曲がりのターング＝ジエングの死と葬式　第10章 石の精霊ゴオの森が終わり、プヒー・コッの森を食べる年を迎える

＊本書は、1948年5月から1年間、ベトナム高地民族の村に暮らした、フランスの人類学者コンドミナスによって書かれ、今なお読み継がれている名著である。村で行われるさまざまな祭りや農作業、結婚や誕生、葬儀をめぐる儀式などを、著者は独特な筆致で描写してい

る。
◇モンゴル草原の生活世界　小長谷有紀著　朝日新聞社　1996.4　228p　19cm　(朝日選書551)〈付：参考文献一覧〉1200円　(i)4-02-259651-1　Ⓝ389.227
(内容)プロローグ―民主化のゆくえ　第1章　一年のサイクル　第2章　子とらせの歌　第3章　去勢のしきたり　第4章　乳をしぼるしきたり　第5章　家畜を屠るしきたり　第6章　結婚式　第7章　葬式　エピローグ―自由化の始まり
＊遊牧民の知恵とわざ、そしてしきたり。大平原を吹きぬける自由の風。家畜とともに生きる暮らしのありようを考える。

◇モンゴル　遊牧の四季―ゴビ地方遊牧民の生活誌　三秋尚著　宮崎　鉱脈社　1995.12　319p　21cm　3500円
(内容)第1章　ツェルゲル村　その暮らし　第2章　黄土色の秋　屠殺の季節　第3章　薄雪の冬　寛ぎの季節　第4章　雪尽きる春　出産の季節　第5章　深緑の夏　乳しぼりの季節
＊本稿は、モンゴルでも特に自然環境の厳しいゴビ地方山岳地のツェルゲル村における遊牧民の暮らしを、四季折々の仕事や出来事を通して描き出したものである。

◆台湾

◇台湾原住民研究　第4号　日本順益台湾原住民研究会編　風響社　1999.12　279p　21cm　2000円　(i)4-938718-99-5
(内容)論文(タイヤル族に対するイレズミ禁止政策―その経緯と検討(1)　憑依する巫女、原初への追憶と新たなる神々―漢族でもなく、シラヤ族でもなく(2)　ほか)　研究ノート・資料(調査資料の現地における価値をめぐって　ブヌンの名前に関する覚え書き　ほか)　報告(バークレー国際会議の開催　台湾原住民国際研討会の開催　ほか)　特集・台湾大地震(研究会からの報告　集集大地震とブヌン語調査報告　ほか)　追悼(「ほら、これは万大社の写真だ」と　瀬川孝吉先生　鳥居竜次郎氏を偲ぶ)

◇台湾先住民の文化―伝統と再生　国立民族学博物館編　吹田　国立民族学博物館　1994.3　104p　30cm　〈会期：1994年3月10日～5月24日〉Ⓝ389.224

◆東南アジア

◇ヴェトナムの中のカンボジア民族―メコンデルタに生きるクメール・クロム　大橋久利,トロン・メアリー著　古今書院　1999.11　429p　20cm　〈文献あり　年表あり〉7600円　(i)4-7722-1050-4　Ⓝ223.1
(内容)総説(姓のないクメール民族、姓のあるヴェトナム民族　食文化―犬食を嫌うクメール民族、大好物のヴェトナム民族)　メコン・デルタ史(古代東南アジアの大帝国扶南　アンコール・ワットを生む真臘　ヴェトナム、怒濤の南進　ほか)　デルタからの報告(トロン・メアリーの生まれた家　合掌の礼を忘れたクメール・クロム　クメール・クロムの仏教寺院　ほか)
＊カンボジア現代史の舞台に3人もの首相を送り出す一方、ヴェトナムの国家建設にも大きく貢献。中国・インド文化圏の狭間に生きる民族90万人の生貌を初めて明らかにする。

◇黄金の四角地帯―山岳民族の村を訪ねて　羽田令子著　社会評論社　1999.2　214p　20cm　1800円　(i)4-7845-0378-1　Ⓝ302.23
(内容)1章　ラオス(ラオス最奥の地ポンサリィ　愛国戦線の闘いに咲いた恋　翻弄されるモン族　ほか)　2章　ビルマ(多民族の十字路・チェントン　抒情ゆたかなクン族　今なお続く紛争の陰　ほか)　3章　中国(扉を開けたフロンティア　演奏する中国　改革・開放経済のその裏で　ほか)　4章　北部タイ(おばさんは村のコントローラー　激変する山岳民族の暮らし　麻薬の渦に巻きこまれて　ほか)
＊本書は、秘境だった四角地帯が開放された頃(1990年代初め)から、最近までの事情をレポートしたものである。

◇消されたポットゥ―スリランカ少数民族の女たち　田中典子著　農山漁村文化協会　1993.9　199p　19cm　(人間選書170)　1600円　(i)4-540-93035-4　Ⓝ302.259
(内容)ウダップへようこそ　台所小屋は料理教室　邪悪な視線　水汲み　のびのびしている女たち　誰のための避妊か　やわらかな家族の間柄　干し魚を売る　村を揺るがす駈落ち事件　女だけの秘密の儀礼　消されたポットゥ　ウダップの人たちの生きる道

◇高地ビルマの政治体系　エドモンド・R.リーチ著, 関本照夫訳　弘文堂　1995.3　370,17p　22cm　(Kobundo renaissance)　〈巻末：文献目録〉5974円　(i)4-335-05113-1　Ⓝ389.238
(内容)第1部　問題の所在と背景　第2部　カチン・グムサ社会の構造　第3部　構造的変異

◇声の力―ボルネオ島プナンのうたと出すことの美学　卜田隆嗣著　弘文堂　1996.10　232p　22cm　〈文献：p222～230〉4944円　(i)4-335-56090-7　Ⓝ760.13
(内容)第1章　うたとことば　第2章　カミ・音声・人間　第3章　出すことの美学　第4章　たくさんのことば、よいことば　第5章　声の力
＊私の感じ方とあなたの感じ方は同じではないかもしれない。文化が違えばなおさらだ。だから声を出すことと排泄は同じ「出すこと」という感じ方もありうるだろう―。「諸民族の感性の学」を目指してボルネオの奥深くに潜り込んだ民族音楽学者が発見した斬新な美の理論。

◇サラワク精霊の森―幻の大祭ガワイ・クニヤラ

文化人類学・民族学　　　　　　　　　　　　　　　　　　　　　　　　　　　アジア

ンを求めて　アンドロ・リンクレーター著, 香西史子訳　凱風社　1996.3　317p　19cm　2884円　(i)4-7736-2002-1
　内容　第1章「未開地の人々」　第2章 熱い思い　第3章 夢の国を旅する　第4章 浮気な歌姫　第5章 原初の感情　第6章 ジンガのガワイ・クニヤラン　第7章 共に暮らす智恵　第8章 神の使い　第9章 老いと死　第10章 森の恐怖と森の恵み　第11章 闇夜の甘いささやき　第12章 楽園は残るのか
　＊熱帯雨林をぬって流れる清流の川岸に住む人々は、はたして「未開」だったのか─。タイム・ライフの契約記者としてロングハウスをたずねた英国人が見た、現代社会と自然のはざまに生きる人々。

◇スリランカの宗教と社会─文化人類学的考察　鈴木正崇著　春秋社　1996.2　912,78p　23cm　〈参考文献：p878～912 巻末：references〉　35000円　(i)4-393-29901-9　Ⓝ162.259
　内容　第1部 村落の儀礼（調査地の概観　仏陀と神々ほか）　第2部 人生儀礼（成女式　婚姻儀礼ほか）　第3部 神々と悪霊（都市の祭礼─キャンディ・エサラ・ペラヘラ祭　神観念の諸相─デウォルを中心として　ほか）　第4部 巡礼と社会変動（聖地における宗教の融合と対立　民衆文化とエリート文化　ほか）

◇スリランカの女性、開発、民族意識　大森元吉編著　明石書店　1999.3　274p　19cm（国際基督教大学社会科学研究所地域研究シリーズ 1）　1900円　(i)4-7503-1142-1　Ⓝ302.259
　内容　序章 性差、開発、緊張　第1章 女性の自覚、自立（シンハラ社会における女性の地位と社会的背景　仏教徒漁村社会の女性　ほか）　第2章 活性化、開発、国際協力（農村女性の地域社会活動─ジェンダー、労働、エンパワーメント　南岸漁村の「開発」と女性の労働　ほか）　第3章 変化、緊張、民族意識（南部農村の稲作と紛争　大規模村開発と村落社会の亀裂─共同墓地移転をめぐって　ほか）
　＊本書では著名なスリランカ人研究者に加えて、現地経験豊かな日本人学者の業績が公にされる。欧米先進国の現代人が直面する諸問題、すなわちセクシュアリティ、ジェンダー、開発、自立厚生、民族意識をめぐる悩み苦しみを、たとえ地域や境遇は違っても、ともに分かち合う人びとの日常と模索が明らかになる。

◇地域形成の論理　坪内良博編著　京都　京都大学学術出版会　2000.3　348p　23cm　（地域研究叢書 9）　4200円　(i)4-87698-097-7　Ⓝ223

◇東南アジアに見るアイヌ文化の伏流　川淵和彦著　新読書社　2001.5　165p　19cm　1950円　(i)4-7880-9020-1
　内容　第1章 八丈島から帰って（風の受胎　女護ヶ島　第2章 ボルネオのダヤーク族（一枚のドヨの織物　草荘神と機の緯入具）　第3章 沖縄とアイヌ（アイヌ語 をなり神の島　ダヤークからアイヌへ─古モンゴロイドの伏流）　第4章 縄文期の織物（オスケからイテセへ　パキスタン・ブータンと中・南米の織物　八丈島真田織の位置付け）
　＊アイヌ人は、縄文人の一部をなしていたとみられ、北海道から八丈島、沖縄まで、さらに、東南アジア一帯に多くの文化が流れている。本書は、織物文化を通して、その現実と歴史に迫る。

◇トートーメーと祖先崇拝─東アジアにおける位牌祭祀の比較　沖縄国際大学南島文化研究所編　那覇　沖縄タイムス社　1994.12　181p　19cm　1800円
　内容　1 沖縄の位牌祭祀　2 祖先崇拝：福建閩南と台湾漢人社会における位牌祭祀　3 韓国人における祖先崇拝と位牌　4 東アジアにおける位牌の祭り
　＊トートーメーとは何か。東アジアの各地域─中国・台湾・韓国・日本・沖縄─で独自の形態や機能が観察されている「位牌」にかかわりのある祭祀を比較文化史的に追究する。トートーメーとは何かを考えるうえで貴重な論考。

◇熱帯林に生きる─追われるボルネオの先住民族　太田康男写真　サラワク・キャンペーン委員会　1995.4　112p　26cm　〈執筆：太田康男ほか〉　Ⓝ389.2435

◇風景のない国・チャンパ王国─残された末裔を追って　樋口英夫写真・文　平河出版社　1995.11　307p　19cm　3000円　(i)4-89203-264-6
　内容　発端 鳥の船に乗った兵士─アンコール　第1章 豚肉の踏絵─カンボジア　第2章 50ドルの国─日本　第3章 聖地の朝食─ベトナム・中国　第4章 地平線に消える湖─カンボジア　第5章 楽園の弾圧─中国　第6章 バラモンの正月─ベトナム　第7章 ミシェルのピンナップ─カンボジア・マレーシア

◇ボルネオ・熱帯雨林・ペナン族─失われる環境と人間　秋元健治著　第一書林　1997.10　149p　21cm　〈文献あり〉　1900円　(i)4-88646-132-8　Ⓝ519.81
　内容　プロローグ 人間と自然の原点へ　第1章 ボルネオ島の自然と社会　第2章 熱帯雨林のペナン族　第3章 破壊される熱帯雨林　第4章 抵抗する先住民族　第5章 森は誰のものか　第6章 変りゆく森の住人　エピローグ 環境と人間
　＊最後の密林の狩人。森林が刈り尽くされたあとに何がやってくるか。「近代社会による収奪」のなかで生きる先住民族を描く。

◇マレーシアにんげん事情─多民族との暮らしの中で　柴田直美著　三一書房　1993.11　246p　18cm　（三一新書）　800円　(i)4-380-93014-9　Ⓝ302.239

文化人類学の本 全情報　651

(内容)第1章 国家の野心・人々の心 第2章 非西欧・マレーの伝統 第3章 複合民族国家の日常 第4章 民族が守る伝統 第5章 女性と社会と出産と 第6章 民族それぞれの暦 第7章 マレーシアの日本人 第8章 複合民族国家の苦悩と未来

＊先進国入りをめざす複合民族国家の悩みと人々の暮らしは。マレー系、中国系そしてインド系の宗教や祭り、伝統、そして料理。それぞれが違う生活様式の中でのマレーシアの今。

◇マレー人農村の民間医療に関する文化人類学的研究―人災病の療法と文化社会的機能 板垣明美著 東京外国語大学アジア・アフリカ言語文化研究所 1995.3 121p 26cm (多民族国家における異化・同化形態の比較研究) Ⓝ389.2239

◇ミャンマーの観光人類学的研究 高谷紀夫著 東広島 広島大学総合誌研究資料センター 1999.1 151p 30cm (総合地誌研研究叢書 33) (i)4-938580-17-9 Ⓝ689.2238

◇民俗医療の人類学―東南アジアの医療システム 吉田正紀著 古今書院 2000.6 206p 21cm 〈文献あり〉 2800円 (i)4-7722-1453-4 Ⓝ498.0223

(内容)1 東南アジアの民俗医療システム 2 多民族地域の民俗治療者 3 ジャワ人移民と民俗治療者 4 文化的病気と疾病行動―北スマトラのジャワ人の事例から 5 複数医療システムの利用―北スマトラの事例から

＊筆者はインドネシアの北スマトラ州デリー・スルダン県トビン・ティンギ市およびその近郊農村において、多民族地域における民俗治療者(dukun)とその患者の相互作用について調査・研究を続けてきた。調査地が位置する北スマトラ海岸部は、19世紀末から煙草、ゴム、カカオ、茶、シザル麻、油やしなどのプランテーションが発展して、労働者が多数流入して、多民族社会が形成された地域である。ジャワ人のほか、マレー、カロ・バタック、マンダイリン・バタック、トバ・バタック、シマルングン・バタック、ミナンカバウ、アチェ、パンジャールなどの民族集団が居住しており、それぞれ独自の文化を携えている。以上のような状況の中で、民俗医療文化が相互に交流する舞台が設定される。本書では、そのような地域的状況の中で、個々の民俗医療システムの中核をなす民俗治療者が、異なった民俗医療システムにどのように対応しながら、自らの医療行為を実現しているのか明らかにしたい。また複数医療システムの状況下で、なぜ患者は民俗治療者を利用するのか。その自らの民族の境界を超えるのはどのような状況においてであるのか、患者の医療行動を考察したい。

◆◆タイ

◇タイの上座仏教と社会―文化人類学的考察 森部一著 山喜房仏書林 1998.3 491p 22cm (南山大学学術叢書) 20000円 (i)4-7963-0034-1 Ⓝ182.237

◇ラオ人社会の宗教と文化変容―東北タイの地域・宗教社会誌 林行夫著 京都 京都大学学術出版会 2000.4 476p 23cm (地域研究叢書 12) 5800円 (i)4-87698-402-6 Ⓝ389.237

(内容)序 本書の課題と目的 第1章 東南アジアの上座仏教徒社会研究と課題 第2章 「ラオ」人社会はどこにあるか 第3章 東北タイにおけるラオ人集落の形成過程と宗教構成 第4章 村落宗教の構造と変容 第5章 東北タイにおける仏教とモータム 第6章 村落宗教の変節と「森の寺」 終章 ラオ人社会の現在と宗教実践の行方

＊「ラオ語を使え、ここはラオ人の村だ。「シャム語」はいらん」。筆者を叱りつけた東北タイの1老人は、しかし、ラオスの人々からは、「イーサン(東北タイ人)に過ぎない」と冷ややかな眼差しを投げかけられる―では、いったい、「ラオ人社会」とは何か？タイ・ラオス二国に跨り、17年に及ぶフィールド調査に基づいた詳細な民族誌から、地域に根ざす精霊祭祀と上座仏教の実践が、国家編制や社会変化の過程の中でいかに生成・分化し、変容したかを明らかにする。東南アジア社会に通底する地域のダイナミズムに迫る意欲作。

◆◆インドネシア

◇アルースとカサール―現代ジャワ文明の構造と動態 染谷臣道著 第一書房 1993.2 397p 22cm 〈折り込み2枚〉 18000円 Ⓝ389.242

◇ロロ・キドゥルの箱―ジャワの性・神話・政治 中島成久著 風響社 1993.11 294p 20cm 〈インドネシア略年表：p257～259 参考文献：p263～282〉 2884円 (i)4-938718-13-8 Ⓝ389.242

◇倭族トラジャ 鳥越憲三郎, 若林弘子著 大修館書店 1995.12 333p 22cm 3811円 (i)4-469-29074-2 Ⓝ389.244

(内容)序説 トラジャ族の全貌 第1章 習俗と儀礼 第2章 倭族の高床式建物 第3章 トラジャ族の高床式住居 第4章 トラジャ族の高床式穀倉 第5章 工匠と大工道具と建材

＊スラウェシ島内3地域に住むトラジャ族の世界初調査の成果。稲作農耕と高床式建物という倭族の顕著な文化的特質をもつトラジャ族の、とくに「左」を尊重する思想や「殯」の遺風などの重要な習俗全般と、高床式木造建築の構造・工法や成立過程などを初めて解明する。初公開の写真や建物の構造図などを満載。

文化人類学・民族学　　　　　　　　　　　　　　　　　　　　　　　　　　　　　アジア

◆◆フィリピン
◇越境—スールー海域世界から　床呂郁哉著　岩波書店　1999.9　249p　19cm　(現代人類学の射程)　2800円　(i)4-00-026374-9　Ⓝ389
◇比律賓の民族　棚瀬襄爾著　大空社　1997.4　1冊　21cm　(アジア学叢書)　11000円　(i)4-7568-0543-4

◆インド・南アジア
◇ケガレの人類学—南インド・ハリジャンの生活世界　関根康正著　東京大学出版会　1995.6　363, 23p　22cm　5562円　(i)4-13-050130-5　Ⓝ362.256
(内容) 序〈地続き〉の人類学を求めて　第1章 ケガレ論からハリジャン研究へ　第2章 調査村の社会構造　第3章 ケガレ観念の本質と構造　第4章「ケガレ」と血の供犠—「村の神」とその信仰　第5章 実践の中のケガレ観念　第6章 ハリジャンの社会・経済的立場　第7章 葬送儀礼のディスコース—カースト・レベルの戦略　第8章「リネージの神」とその祭祀—リネージ・レベルの戦略　第9章 ミルク生産者協同組合活動にみるパライヤルの政治学—個人レベルの戦略　第10章 結論—「ケガレ」イデオロギーと戦略的ハリジャン
◇入門ナガランド—インド北東部と先住民を知るために　多良俊照著　社会評論社　1998.9　206p　19cm　2000円　(i)4-7845-0376-5
(内容) 第1章 ナガを知るために (ナガ　照葉樹林文化　地理　行政区分)　第2章 歴史を知るために (歴史以前　ナガの起源　前イギリス期　ナガ周辺諸国との関係　イギリス期1830年代〜イギリスのインド支配とビルマ併合　ほか)　第3章 現況を知るために (ナガランド　インド　インド北東部　ビルマ　国際関係)
*インドの差別はカーストだけではなかった！インドの先住民"ナガ"は50年近くも独立を訴えていた！ビルマとの国境周辺の北東部は、人種もまったく違う少数民族が数多く暮らしている。今までほとんど報道されてこなかったインド先住民の世界を多くの地図を使って、初めての人にも分かりやすく歴史と現状を解説する。
◇ムンダ人の農耕文化と食事文化—民族言語学的考察　インド文化・稲作文化・照葉樹林文化　長田俊樹著　京都　国際日本文化研究センター　1995.3　186p　26cm　(日文研叢書 8)　〈参考文献：p163〜182〉　Ⓝ389.25

◆◆ネパール・ヒマラヤ
◇ネパール紀行—文化人類学の旅　三瓶清朝著　明石書店　1997.12　273p　20cm　2500円　(i)4-7503-0993-1　Ⓝ302.2587
(内容) 第1章 調査の前にまず病気　第2章 ネパール現代女性の家庭生活　第3章 いろいろな民族、いろいろなカースト　第4章 逆縁で婚の禁止と、ブラーマン支配　第5章 雌ウシがいないと台所が壊れる？　第6章 わたしのフィールドワーク論　第7章 男性支配と花嫁持参金
*本書は一九九一年七月から八月までのあいだの三六日間をネパールのカトマンドゥ市で、ブラーマン階級のシター (仮名、敬称略) という一人の主婦 (三二歳) を相手におこなった著者の個人的な調査経験の記録であると同時に、このシターとの対話の記録である。ネパールのヒンドゥー教徒の家庭生活や内面世界 (考え方) を、日本の読者には非常になじみの薄い人々の生活や暮らしぶりをわかりやすく、生き生きと紹介する。
◇ネパールの人びと　D.B.ビスタ著、田村真知子訳　増補新装版　古今書院　1993.6　365, 37p　20cm　(ネパール叢書)　〈折り込図1枚　叢書の編者：日本ネパール協会　巻末：参考文献〉　8300円　(i)4-7722-1722-3　Ⓝ389.258

◆中東・西南アジア
◇イスラム世界のこれが常識—政治・宗教・民族—55の鍵　岡倉徹志著　PHP研究所　1994.6　260p　19cm　(New intellect 16)　〈付：参考文献〉　1300円　(i)4-569-54406-1　Ⓝ302.28
(内容) 第1章 イスラム世界の信仰がはっきり分かる　第2章 イスラム世界の風習がはっきり分かる　第3章 イスラム世界の歴史がはっきり分かる　第4章 イスラム世界の政治がはっきり分かる　第5章 イスラム世界の原理主義がはっきり分かる
*イスラム文化の歴史的背景を知り無知、誤解、偏見を解きほぐすQ&Aの書。
◇エジプト—ヘロドトスの旅した国　幸田礼雅訳　新評論　1996.5　196p　19cm　2200円　(i)4-7948-0295-1
(内容) 第1話 最初の人間　第2話 エジプトの広さ　第3話 ナイルとその水源、氾濫・ナサモン人によるアフリカ探検　第4話 エジプト人の風習・神、生贄・神託と祭事　第5話 聖獣たち・猫の自殺・ワニ狩り　第6話 埋葬　第7話 沼の生活・魚と船　第8話 エジプト人、セソストリスの征服、コルキス人、フェロス王と貞淑な夫人　第9話 ランプシニトス王と盗賊・大ピラミッドの建設・奇妙な棺　第10話 盲目の王アニュシス・セトス王とネズミ・神々の支配　第11話 モイリスの奇跡・プサンメティコスの追放と青銅の兜　第12話 アマシスは、いかにして王になったか…
*"歴史の父"ヘロドトスとともに旅する2500年前のエキゾチックなエジプト世界。
◇古代トルコ民族史研究　3　護雅夫著　山川出版社　1997.4　579p　22cm　21000円　(i)4-634-

65010-X Ⓝ222.8
⟨内容⟩ 総論 古代北アジア遊牧国家史概観(遊牧国家の成立と発展 遊牧国家の「文明化」) 第1章 古代北アジア史上の諸問題(古代東アジアにおける遊牧国家と農耕国家 「匈奴」の国家—その予備的考察 プリツァク「二四大臣—匈奴国家の統治機構史の研究—」について ほか) 第2章 ウイグル文書諸論(ウイグル文消費貸借文書 ふたたびウイグル文消費貸借文書について ウイグル文葡萄園売渡文書 ほか)
＊本書には、古代北アジア史を通観するウイグルにいたるまでの総論をはじめ、北アジア諸民族についての論考や、ウイグル文書関係の諸論文が収められている。

◇古代トルコ民族史研究 別冊 護雅夫著 山川出版社 1997.4 85p 22cm (i)4-634-65010-X Ⓝ222.8
⟨内容⟩ 総論 古代北アジア遊牧国家史概観(遊牧国家の成立と発展 遊牧国家の「文明化」) 第1章 古代北アジア史上の諸問題(古代東アジアにおける遊牧国家と農耕国家 「匈奴」の国家—その予備的考察 プリツァク「二四大臣—匈奴国家の統治機構史の研究—」について ほか) 第2章 ウイグル文書諸論(ウイグル文消費貸借文書 ふたたびウイグル文消費貸借文書について ウイグル文葡萄園売渡文書 ほか)
＊本書には、古代北アジア史を通観するウイグルにいたるまでの総論をはじめ、北アジア諸民族についての論考や、ウイグル文書関係の諸論文が収められている。

◇中東の宗教と民族 白岩一彦著 横浜 アジア・オセアニア研究所 1995.6 33p 30cm (アジア・オセアニア研究叢書 3) 〈参考文献：p28～33〉 Ⓝ389.26

◇牧畜イスラーム国家の人類学—サヴァンナの富と権力と救済 嶋田義仁著 京都 世界思想社 1995.9 299,25p 19cm (Sekaishiso seminar) 〈巻末：参考文献〉 2500円 (i)4-7907-0572-2 Ⓝ389.44
⟨内容⟩ 序章 アフリカ牧畜民のイスラーム国家形成運動—フルベ族の聖戦 第1章 牧畜民の自己破壊運動としての「フルベ族の聖戦」—レイ・ブーバ王国形成の歴史分析 第2章 ドレイ制とハーレムの論理—レイ・ブーバ王国の社会・政治構造の分析 第3章 サヴァンナの資本と資本家—レイ・ブーバ王国の経済基盤の分析 第4章 サヴァンナ帝国主義の論理—「イスラーム的ウシ複合」の形成
＊アフリカの原野に超多部族世界を現出させた牧畜民フルベ族のイスラーム国家形成運動。現存するレイ・ブーバ王国を徹底解剖し、その謎にせまる。

ヨーロッパ

◇グリーンマン—ヨーロッパ史を生きぬいた森のシンボル ウイリアム・アンダーソン著, クライヴ・ヒックス写真, 板倉克子訳 河出書房新社 1998.3 278p 22cm 〈文献あり〉 2800円 (i)4-309-26331-3 Ⓝ388.3
⟨内容⟩ プロローグ グリーンマン登場 第1章 グリーンマン狩り 第2章 古代のグリーンマン 第3章 暗黒時代のグリーンマン 第4章 ロマネスク期とゴシック初期のグリーンマン 第5章 ゴシック期のグリーンマンの凱旋 第6章 グリーンマン作品の謎 第7章 グリーンマンの再来と消滅 エピローグ グリーンマンはよみがえる
＊古代オリエント、エジプトの地母神信仰から、ローマ、中世、ルネサンス、そして現代に至るグリーンマンの足跡を追い、ヨーロッパの森の信仰がキリスト教の中で生きぬいてきた歴史を豊富な図版で描く、緑のイコノロジー

◇原始ゲルマン民族の謎—「最初のドイツ人」の生と闘い S.フィッシャー＝ファビアン著, 片岡哲史訳 アリアドネ企画 2001.11 382p 19cm (アリアドネ古代史スペクタクル 4) 《ゲルマン民族・二つの魂》の改題 東京 三修社(発売) 年表あり 1800円 (i)4-384-02689-7 Ⓝ230.3
⟨内容⟩ テウトニー族の怒り 神の審判 はるか原故郷の謎 戦斧と「巨人塚」 シーザーとアリオヴィスト—悲劇の歴史 沼沢地の怪物 ゲルマン人の実際の姿 ゲルマン人の日常生活 ゲルマンの女性 ローマのゲルマン人 大会戦 復習 帝位に上ったゲルマン人

◇講座スラブの世界 第8巻 スラブと日本 原暉之, 外川継男編 弘文堂 1995.3 383p 21cm 5000円 (i)4-335-00048-0
⟨内容⟩ 第1部 日露関係の歴史 第2部 日露文化交流 第3部 現代の日露関係 第4部 スラブ研究と日本研究
＊ロシア・東欧など神秘に包まれたスラブ諸国・スラブ民族の全体像を初めて体系的にまとめた画期的な講座。

◇時間・欲望・恐怖—歴史学と感覚の人類学 アラン・コルバン著, 小倉孝誠ほか訳 藤原書店 1993.7 389p 20cm 〈参考文献：p287～290〉 4200円 (i)4-938661-77-2 Ⓝ235.065

◇「ジプシー」の幌馬車を追った—流浪の民のアウトドア・ライフ 伊藤千尋著 大村書店 1994.12 246p 19cm (奇聞総解 1) 〈ジプシー年表：p246〉 2060円 (i)4-7563-5007-0 Ⓝ389.3
⟨内容⟩ 第1章 探検へ 第2章 略奪経済 第3章 流浪ジプシー 第4章 定住ジプシー 第5章 ジプシーの謎を解く 第6章 ジプシーは今 終章 日本人と流浪

文化人類学・民族学　　　　　　　　　　　　　　　　　　　　　　　　　　　　　ヨーロッパ

◇巡礼と民衆信仰　歴史学研究会編　青木書店　1999.7　348p　19cm　(地中海世界史 4)　2800円　(i)4-250-99028-1
　〈内容〉第1部 キリスト教世界の巡礼(巡礼総論—奇跡、聖者、聖遺物、そして巡礼　古代末期のキリスト教巡礼と女性—エゲリアの場合　中世ローマ巡礼　中世のサンティアゴ巡礼と民衆信仰　ほか)　第2部 イスラム世界の巡礼(イスラム巡礼総論　中世エジプト・イスラム社会の参詣・聖墓・聖遺物　メッカ巡礼とイスラム改革運動　知られざる信仰—ドゥルーズ派に見る聖者崇拝と聖廟参詣　ほか)
　＊西欧、イスラム、東方の3世界を統合的に通観した画期的シリーズ！時代を超え、宗派・宗教を超え、人は、願いや思いを胸に、神を求め、歩き、祈りを捧げる。

◇スイスの歴史—歴史・民族・文明　U.イム・ホーフ著, 森田安一監訳　刀水書房　1997.4　308p　20cm　(刀水歴史全書 43)　〈訳：岩井隆夫ほか　文献解題：p261～264　年表：p281～292〉　2800円　(i)4-88708-207-X　Ⓝ234.5
　〈内容〉第1章 スイス史のあけぼの　第2章 アレマニエンおよびブルグントの都市とラント　第3章「盟約者団」の成立　第4章 対外的な力の絶頂期における盟約者団　第5章 カトリックの盟約者団と改革派の盟約者団　第6章 アンシャン・レジーム　第7章 国家の危機—一七九八年から一八四八年まで　第8章 自由主義急進派政権下の連邦国家——八四八年から第一次大戦まで　第9章 現代世界における小工業国
　＊日本初の本格的スイス史。ケルト、ローマ、ゲルマンの時代から13世紀盟約者団の成立によってスイスらしい国が生まれ、宗教改革、ブルジョア革命の時代をへて、第2次大戦下の武装中立、国連、EU関係の現代にいたる。

◇スペインのジプシー　近藤仁之著　京都 人文書院　1995.5　255,7p　20cm　〈巻末：主な参考文献〉　2472円　(i)4-409-53016-X　Ⓝ389.36

◇中世ヨーロッパ生活誌 2　オットー・ボルスト著, 永野藤夫ほか訳　新装復刊　白水社　1998.10　276,20p　19cm　2800円　(i)4-560-02813-3
　〈内容〉10 人の手　11 かわいい娘　12 信心会の生活　13 読み書き　14 コミュニケーション　15 信心と迷信　16 死からみた生
　＊中世都市の民衆、農民、そして当時の女性たち。彼らの日常生活を日記、旅行記、裁判記録などの資料を駆使して具体的に再現する。

◇東欧の民族と文化　南塚信吾編　増補版　彩流社　1993.10　305p　21cm　(叢書東欧 1)　〈執筆：南塚信吾ほか　各章末：参考文献〉　2575円　(i)4-88202-137-4　Ⓝ302.3

◇村の相伝—親族構造・相続慣行・世代継承 近代英国編　高橋基泰著　刀水書房　1999.2　388p　22cm　〈折り込み1枚〉　10476円　(i)4-88708-236-3　Ⓝ233.05
　〈内容〉第1部 史料—全国的視野から(16、17世紀イングランドにおいて検証された遺言書数　近代初期遺言書残存数再論)　第2部 事例研究—ケンブリッジ州ウィリンガム教区(対象概観と史料の検討　ウィリンガム教区における世代継承と人口移動—1510 - 1730年　ウィリンガム教区における親族関係密度と社会的経済的階層　ウィリンガム教区における学校設立と騒擾　16、17世紀ウィリンガム教区における相続と親族　村の相伝—慣行の相続　近代初期英国農村における名づけ慣行と人口移動)　結論
　＊そもそも、資本主義の生成と近代的核家族の形成との間にはいかなる関係があるだろうか。前者と後者とが相互に影響を与え合う関係はきわめて複雑である。この疑問を解明するために、筆者は事例研究として、16世紀から18世紀にかけて著しい人口流入を経験したウィリンガムという沼沢地縁りの教区における家族・親族構造および相続慣行を検討する。

◇モルドヴァのチャーンゴー人　チョマ・ゲルゲイ写真・文, 粂栄美子訳　恒文社　1995.2　150p　23cm　〈解説・監修：田代雄〉　3600円　(i)4-7704-0818-8　Ⓝ389.391
　〈内容〉モルドヴァのチャーンゴー人(歴史と現実　モルドヴァにおける私の体験　婚礼儀式　占いと迷信　死と葬儀)　カラー図版
　＊東欧の知られざる少数民族。ルーマニア北東部、南カルパチア山脈の東側一帯に居住するハンガリー系少数民族、チャーンゴー人。隣接するトランシルヴァニアとも共通する彼らの民俗的風土、宗教生活、社会風習を、わが国で初めて紹介する貴重な映像記録。

◇ヨーロッパの民族学　ジャン・キュイズニエ著, 樋口淳ほか共訳　白水社　1994.11　138,8p　18cm　(文庫クセジュ 760)　〈巻末：参考文献〉　980円　(i)4-560-05760-5　Ⓝ389.3
　〈内容〉第1章 ヨーロッパ民族学の歴史　第2章 遺産の古層・基層・傍層　第3章 遺産の継承、同化、革新　第4章 アイデンティティの危機　第5章 好みと価値観と信仰
　＊暴力と混血の契りから生まれたヨーロッパ。ヨーロッパの民族をめぐる問いに答えることは、多くの場合、戦争と平和にかかわることだ。そのような視点からヨーロッパ諸民族の現在(言語・宗教・慣習・食生活・領土紛争…)とその将来計画を語る本書は、民族学研究の新しい可能性を切り拓いている。

◇ロマ—旅する民族—ジプシーの人類学的考察の試み　相沢好則著　八朔社　1996.3　231,3p　19cm　〈付：参考文献〉　2575円　(i)4-938571-56-0　Ⓝ389.3
　〈内容〉第1章 総説　第2章 迫害の起源　第3章 働き方の特性　第4章 ジプシーの起源をめぐっ

文化人類学の本 全情報　655

アフリカ　　　　　　　　　　　　　　　　　　　　　　　文化人類学・民族学

　て　第5章 流浪と定住　第6章 ジプシーに関する研究　第7章 ジプシーの文化的伝統と社会・経済生活　第8章 ジプシーの世界観

◆ロシア
◇オーロラの民―ユカギール民族誌　B.A.トゥゴルコフ著, 斎藤晨二訳　刀水書房　1995.11　220p　20cm　(刀水歴史全書 38)　2884円　(i)4-88708-183-9　Ⓝ389.291
　(内容)第1章 ユカギールの焚き火の明りと煙　第2章 民族と言語の混淆　第3章 疫病と飢餓のはてに　第4章 獣、鳥、魚を追って　第5章 移動・遊牧の生活　第6章 ユカギールの客となって　第7章 ユカギールの合理、非合理の概念　第8章 民族ではなく複合家族　第9章 ユカギールの集団と個人のポートレート
　*シベリアの最も僻遠の地、「氷の荒野」ツンドラに住む少数民族ユカギール。トナカイを追い、犬ゾリを使い、川で漁をした。現在わずか人口1000人の彼らの由来を、著名な民族誌学者が多数の資料と現地調査により、探る。
◇大河アムールの民・ナーナイ―アムール民族芸術博物館収蔵資料展　第10回特別展図録　北海道立北方民族博物館編　網走　北海道立北方民族博物館　1995.6　67p　26cm　(会期：1995年7月1日～9月8日)　Ⓝ389.292
◇東欧の歴史と民族問題　林忠行著　広島　広島平和文化センター　1995.3　125p　21cm　(平和図書 no. 11)　(参考文献：p124～125)　(i)4-938239-14-0　Ⓝ230
◇ヘンケとアハチ―聞き書き樺太での暮らし、そして引き揚げ　藤村久和, 若月亨編　札幌　札幌テレビ放送　1994.3　370p　27cm　(札幌テレビ放送株式会社創立35周年記念出版)　Ⓝ389.2923
◇ロシア極東諸民族の歴史と文化―ロシア科学アカデミー所蔵資料　第40回特別展目録　北海道開拓記念館編　札幌　北海道開拓記念館　1994.8　72p　30cm　Ⓝ389.292

アフリカ

◇アフリカの心とかたち　川田順造著　岩崎美術社　1995.2　315p　22cm　6880円　(i)4-7534-0226-6　Ⓝ389.4
　(内容)裸でない王様　バウレの村の思い出　サバンナのすまい　すまいの原型　アフリカのトンボ玉　いま、未知との遭遇　人類の友、ひょうたん　アフリカの布　黒人アフリカの美術　転機にたつ黒人芸術〔ほか〕
◇アフリカの白い呪術師　ライアル・ワトソン著, 村田恵子訳　河出書房新社　1994.4　226p　20cm　〈新装版〉　1900円　(i)4-309-22260-9　Ⓝ389.4
　(内容)第1部 骨(秘密の歌―〈リコメング〉)　第2部 石(弟子―〈モルティワ〉　コブラが立ちあがる―〈ピートラ〉　石槌の音―〈ボラタ〉　旅―〈リート〉)　第3部 血(病い―〈フォコロ〉　川渡り―〈レディボゴ〉　角のない動物たち―〈セントゥロ〉　小さな木―〈モーラサナ〉　大きな蔓―〈モララ〉　警告―〈テモノ〉)　第4部 土(雨の香り―〈レフォカ〉　長老たち―〈モゴルワネ〉　輝く石―〈ファディモ〉　予言者のランプ―〈レボネ〉)　第5部 水(空っぽの囲い―〈センヤマ〉)
　*南アフリカのブッシュに一人で入りこみ22年も暮した、あるイギリス青年の冒険実話。アフリカの伝統の内側に迎え入れられた体験をもとに、「生命潮流」のワトソンがその生涯を再構築。人類史の解明に多大な示唆を与える驚異的ドキュメント。
◇アフリカの白い呪術師　ライアル・ワトソン著, 村田恵子訳　河出書房新社　1996.11　334p　15cm　(河出文庫)　880円　(i)4-309-46165-4　Ⓝ389.4
　(内容)第1部 骨　第2部 石　第3部 血　第4部 土　第5部 水
　*探検家の書き記した旧きアフリカに憧れ、16歳で未開の奥地へと移り住んだイギリス人がいた。エイドリアン・ボーシャというその青年は、てんかん症とヘビ取りの才能が幸いして、白人ながら霊媒・占い師の修行を受け、アフリカの内なる伝統に迎え入れられた。人類の300万年の進化を一人で再現することとなった男の驚異のドキュメント。
◇江戸とアフリカの対話　伊谷純一郎, 塚本学, 篠原徹著　日本エディタースクール出版部　1996.6　166p　19cm　1854円　(i)4-88888-253-3
　(内容)イヌとサル　支配か、棲みわけか　江戸時代の意識の変化　動物相の変化　人間と類人猿の距離　動物の本能と文化　アフリカ横断　「社会構造」と「心」　音声を記録する　歴史は足で書く〔ほか〕
◇黄金の四角地帯―シャン文化圏の歴史・言語・民族　新谷忠彦編　東京外国語大学アジア・アフリカ言語文化研究所　1998.3　321p　21cm　(アジア文化叢書―東京外国語大学アジア・アフリカ言語文化研究所歴史・民俗叢書 2)　〈折り込1枚〉　(i)4-87297-710-6　Ⓝ223
◇最後の狩猟採集民―歴史の流れとブッシュマン　田中二郎著　どうぶつ社　1994.4　189p　20cm　〈付：参考文献〉　2200円　(i)4-88622-275-7　Ⓝ389.48
　(内容)ブッシュマン光と影　衣食住　砂漠に生きる　狩猟民の動物的世界　歴史の波　自然社会の人類学　アフリカの変貌
　*急激に変貌をとげつつあるブッシュマン社会の現実を見て、近代化によってもたらされた

656　文化人類学の本 全情報

文化人類学・民族学　　　　　　　　　　　　　　　　　　　　　　　　　　　　　　　アフリカ

◇サバンナに生きる　川田順造著　くもん出版　1995.9　216p　26cm　3800円　(i)4-87576-965-2
内容　序章 サバンナへの夢　第1章 サバンナの記憶　第2章 サバンナに生きる　第3章 自然・人間・社会　終章 30年ののちに
＊文化人類学者が、自ら撮影した写真で描き出す、アフリカのサバンナに生きる人びとの生活のありさま。30年に及ぶフィールドワークの写真記録と、透徹した文章。

◇身体の人類学―カラハリ狩猟採集民グウィの日常行動　菅原和孝著　河出書房新社　1993.1　311p　20cm　2500円　(i)4-309-24139-5　Ⓝ389.484

◇土と太陽の民―アフリカ少数民族の人々と生活　三沢和子写真集　三沢和子著，町田光監修　光村印刷　1999.8　107p　20×22cm　(Bee books)　3800円　(i)4-89615-778-8　Ⓝ748

◇都市を飼い慣らす―アフリカの都市人類学　松田素二著　河出書房新社　1996.2　290p　20cm　2200円　(i)4-309-24179-4　Ⓝ361.78
内容　序章 アフリカ―都市との出会い　第1章 都市社会の素顔　第2章 ナイロビ物語―出稼ぎ民の町の成り立ち　第3章 カンゲミ生活誌―出稼ぎ民の日常　第4章 マラゴリ村落生活報告―出稼ぎ民の母村　第5章 都市生活の逆説―出稼ぎ民の閉じられた世界　第6章 都市生活の想像力―出稼ぎ民の開かれた世界　結章 二つの世界を超えて―日常性の抵抗
＊ナイロビの苛酷な暮らしの中で、出稼ぎ民たちの創り出した戦略とは…近代のシステムにからみとられている都市生活を突破していく可能性を探る。

◇ニサ―カラハリの女の物語り　マージョリー・ショスタック著，麻生九美訳　リブロポート　1994.7　557p　20cm　3502円　(i)4-8457-0936-8　Ⓝ389.484
内容　1 おさないころの記憶　2 家族との暮し　3 ブッシュの暮し　4 性のめざめ　5 試験的な結婚　6 結婚　7 複数の妻たち　8 はじめての出産　9 母親であること、そして死別　10 変化　11 女と男　12 愛人を作る　13 病気をなおすための儀式　14 対立と死　15 年をとること
＊心開きあった女性人類学者にカラハリ砂漠の採集民ニサは、半生の喜びと哀しみを語り始めた。女性史研究に大きな影響を与えた感動の記録。

◇ヌアー族の宗教　上　E.E.エヴァンズ＝プリチャード著，向井元子訳　平凡社　1995.1　345p　16cm　(平凡社ライブラリー)　1400円　(i)4-582-76083-X　Ⓝ389.429

◇ヌアー族の宗教　下　E.E.エヴァンズ＝プリチャード著，向井元子訳　平凡社　1995.1　320p　16cm　(平凡社ライブラリー)　1400円　(i)4-582-76084-8　Ⓝ389.429

◇東アフリカ農耕社会の研究―社会人類学からのアプローチ　坂本邦彦著　慶応義塾大学出版会　2001.3　301,236p　22cm　(折り込1枚 文献あり)　14286円　(i)4-7664-0841-1　Ⓝ382.45
内容　課題と方法　第1部 タイタ農耕民の世界（タイタの生態系と民族　タイタの社会構成　タイタの儀礼と世界観）　第2部 パレ農耕民の世界（パレの生態系と民族　パレの社会構成　パレの儀礼と世界観）　第3部 東アフリカ農耕民社会における社会変化の諸相と農耕民の対応（社会的対応―マイグレイションと多民族共生社会　経済的対応―農牧システムと定期市　宗教的対応―社会変化と宗教　文化的対応―儀礼と空間認識 ほか）
＊アフリカ大陸に暮らす人びとは、近隣の諸社会との関係性のなかで自らの世界を構築してきた。海洋世界の島々を結ぶネットワークや、砂漠のオアシスを結ぶネットワークとはまた異なる世界がここにみられる。民族は、自律的な単位として存在しているのではない以上、近隣社会との関係性を通して理解していくことが必要である。これまで、アフリカ社会の研究では、民族を一つの単位としたものが大半を占めてきた。しかし、現実には、タイタ人とパレ人は山地農耕民として共通性の高い世界観を有する社会を築いてきたのであり、これらの社会が、サバンナ帯に暮らす牧畜民マサイなどの社会とは異なる一つの地域単位を形成していると理解することができる。そうした地域研究の新たな地平が、いま求められている。

◇ブラック・ディアスポラ―世界の黒人がつくる歴史・社会・文化　ロナルド・シーガル著，富田虎男監訳　明石書店　1999.6　822p　19cm　(明石ライブラリー 8)　6800円　(i)4-7503-1167-7
内容　第1部 アフリカから奴隷制へ　第2部 反乱の精神　第3部 解放の連鎖　第4部 歴史のいまを旅する　第5部 ブラック・ディアスポラの貢献

◇裸体人類学―裸族からみた西欧文化　和田正平著　中央公論社　1994.10　196p　18cm　(中公新書)〈主要参考文献：p194～196〉　680円　(i)4-12-101211-9　Ⓝ389
内容　1 未知の裸族　2 裸族の居住地域　3 裸族になった人類　4 裸族の価値観　5 鉄をつくる裸族　6 裸族の文化　7 裸体の装飾　8 皮膚のおしゃれ　9 裸の儀礼と祭り　10 自然裸体　11 裸体と宗教　12 人種と美肌観　13 裸族とヌーディスト
＊秘境にわずかに残る民族としてかつて話題をよんだ裸族は、被服文化の波の中で今や消滅

文化人類学の本 全情報　657

寸前にある。アフリカのトーゴで裸族に遭遇して強い衝撃を受けた著者は、彼らこそアフリカ文化の本源を解き明かる鍵であると、フィールド調査をくり返し、体につけられた瘢痕文身や装身具に興味深い意味を見出した。さらに彼ら裸族の「自然裸体」の観念の考察を通して、脱ぐことによって裸になる「脱衣裸体」の西欧的文化の再検討を試みる。

北アメリカ

◇アスディワル武勲詩　クロード・レヴィ＝ストロース著，西沢文昭訳　青土社　1993.11　148p　20cm　1600円　(i)4-7917-5277-5　Ⓝ389.51
　(内容) アスディワル武勲詩　アスディワル武勲詩と神話分析の方法(解説)
　＊神話が成立し、展開と変容を遂げるプロセスを、北米ツィムシアン族の神話〈アスディワル武勲詩〉の分析から、浮き彫りにする。レヴィ・ストロースの思想と方法の基本構造が明かされた記念碑的研究。
◇カナダ・アルバータ州先住民族の文化―第39回特別展　北海道開拓記念館，アルバータ州立博物館編　札幌　北海道開拓記念館　1993.7　56p　26cm　〈姉妹州交流事業　国際先住民年記念行事　英語書名：Aboriginal cultures of Alberta　英文併記　会期：平成5年7月28日〜9月23日〉　Ⓝ389.51
◇北の文化誌―雪氷圏に生きる人々　岡田宏明著　京都　アカデミア出版会　1994.11　221p　19cm　〈ホミネース叢書〉〈各章末：参考文献〉　2060円　Ⓝ389.5394
◇北の民族誌―北太平洋文化の系譜　岡田淳子著　京都　アカデミア出版会　1999.5　238p　19cm　〈ホミネース叢書〉　2500円
　(内容) 序　北太平洋地域の伝統文化と近代化　1　エスキモーか、アリュートか(エスキモー文化の起源とホットスプリング遺跡　ホットスプリング遺跡の動物利用　アラスカ・エスキモーの彫刻芸術)　2　ベーリング・エスキモー(ベーリング・エスキモーの冬の暮らし　ベーリング・エスキモーの移動と定住)　3　北西海岸インディアン(トリンギットの海洋適応　北太平洋地域の「サケ・マス文化」)　4　アイヌ文化の原段階(北海道の食料資源と食文化　大川遺跡と文化接触)
　＊アラスカの自然の心と極北の暮らしを現地調査で実感しながら、アジア大陸とアメリカ大陸の先住民族の文化を一つの視野に収め、エスキモー、イヌイット、トリンギット、アイヌなどの先住民たちの季節移動と定住、海洋への適応、北太平洋地域のサケ・マス文化、北海道の食料資源と食文化など、北に生きる人々の暮らしと文化の系譜を探る。
◇北極―イヌイット　佐藤秀明著　角川書店　1993.7　203p　15cm　〈角川文庫〉　640円　(i)4-04-182802-3　Ⓝ389.51
　(内容) 第1章　夜の季節と、昼の季節と　第2章　酷寒の才、超然の民　第3章　氷原の叫び、凍土のつぶやき
　＊カナダ北極―。どこまでも続くなだらかな丘と氷の、驚くほど単調な世界。そこに生きるイヌイットたちは、西欧文明の波に洗われとまどいながらも順応する一方で、何千年にもわたる狩猟生活の知恵を活かし、日々たくましく暮らしている。極北の世界を生きぬく、そんな彼らの日常生活、動物たちの生態、そして厳しくも美しい自然を、著者撮り下ろしのカラー写真と、ウィットに富んだ楽しい文章で紹介。北極カルチャー見聞録、第2弾。

◆インディアン
◇雨の匂いのする沙漠　G.P.ナブハン著，小梨直訳　白水社　1995.4　178p　20cm　〈アメリカ・ナチュラリスト傑作選〉　2200円　(i)4-560-04043-5　Ⓝ389.53
　(内容) 第1章「イィトイ」への道　第2章　雲を吐きだす　第3章　雨が降らなくなったら、どうする　第4章　沙漠の小猿たち　第5章　小麦の種は問題の種　第6章　コヨーテが盗んで台無しにした植物たち　第7章　鳥たちとともに暮らす場所　第8章　採集　第9章　聖人像と薬草　第10章　耕して、よい土地にする
　＊その夜、雨が来て―世界は一変した。アリゾナとメキシコの国境に住む、「沙漠の民」と呼ばれるインディアン。雨を祝祭として受けとめ、沙漠の自然にそって生きるその姿をつづる詩的エッセイ。
◇アメリカ・インディアン―南西部のプエブロに住む部族から北極圏の狩猟民イヌイットまで、北米先住民の豊かな文化を発見する　デヴィッド・マードック著，吉枝彰久訳　京都　同朋舎出版　1995.12　62p　29cm　〈ビジュアル博物館　第60巻〉〈監修：スタンリー・A．フリード　日本語版監修：富田虎男〉　2800円　(i)4-8104-2142-2　Ⓝ389.5
　(内容) アメリカに人類が住み始めた　広大な大陸　メディシンと霊的世界　北東部地方　イロコイ部族連盟　三姉妹―トウモロコシ、カボチャ、豆　中部大西洋岸地方　オハイオ川流域地方　五大湖地方西部　南東部の定住民〔ほか〕
　＊本書は魅力あふれる北米先住民の諸文明を再発見するための楽しい入門書。目をみはるような頭飾りや美しいビーズの刺繍を施したモカシン靴、洗練された銀細工、見事な陶器など、豊かな文化を多くのカラー写真で紹介。南西部のプエブロに住む部族から北極圏の狩

◇アメリカ・インディアン死闘の歴史 スーザン・小山著 三一書房 1995.10 301p 20cm 2800円 (i)4-380-95291-6 Ⓝ389.53
(内容)第1部 大平原 第2部 創世記・大平原編 第3部 アメリカン・インディアン 第4部 前奏曲 第5部 平原の長い死闘 第6部 平原インディアンの死
＊アメリカ先住民族・平原インディアンの荘大なる歴史と悲劇を描く。

◇アメリカ先住民の精神世界 阿部珠理著 日本放送出版協会 1994.11 222p 19cm (NHKブックス 722) 850円 (i)4-14-001722-8 Ⓝ389.53
(内容)第1章 メディスン・マンを訪ねる 第2章 ラコタの人間社会 第3章 男と女 第4章 ミタクエオヤシン—私に繋がる全てのもの 第5章 ラコタの神話世界 第6章 精霊の住む国 第7章 サンダンスへの道
＊照りつける太陽と大平原に培われたラコタ族の精神性は、「豊かさとは何か」「人間とは何か」という根源の問いを、我々現代人に投げかける。

◇異種混淆の近代と人類学—ラテンアメリカのコンタクト・ゾーンから 古谷嘉章著 京都 人文書院 2001.3 317p 20cm (叢書文化研究 2) 〈他言語標題：Hybrid modernities and anthropology 文献あり〉 2500円 (i)4-409-53024-0 Ⓝ389
(内容)序章 第1章 異種混淆の近代と人類学 第2章 奴隷と黒人の近代—帰還と回復の神話をこえて 第3章 ブラジル独立後のコロニアル言説 第4章 ブラジル・モデルニズモのレッスン—文化の脱植民地化とは何か 第5章 近代への別の入り方—ブラジルインディオの抵抗戦略 第6章 カトゥキナの隣人たち—アマゾン先住民族の現在 第7章 芸術／文化をめぐる交渉—グアテマラのインディヘナ画家たち
＊スピヴァクによれば、交渉とはひとが「そのなかに生きることを余儀なくされている何物かを変えようと努めること」であり、「ポジションが弱いものであればあるほど、よりいっそう交渉しなければならない」ことになる。文化的差異が構築される界面、交渉の実践のアリーナは、さまざまなところに存在している。本書では、文化をめぐる交渉と交渉のプロセスとしての文化へ照準する。

◇インディアン・カントリー心の紀行 スーザン・小山著 三一書房 1996.2 234p 20cm 2400円 (i)4-380-96219-9 Ⓝ389.53
(内容)第1章 異文化の共通分母 第2章 サンタ・フェ街道 第3章 南西部族のこころ 第4章 星ひとつしかない星条旗

◇インディアンの愛 メディソン・ストーリー著、大坪奈保美訳 地湧社 1994.1 253p 20cm 2266円 (i)4-88503-111-7 Ⓝ389.53
(内容)第1章 魔法の羽根 第2章 スエットロッジ 第3章 天地万物への回帰 第4章 オリジナル・インストラクション 第5章 聖なる輪 第6章 愛の社会 第7章 美の道 第8章 目覚めて、生きる 第9章 インディアンの子育て 第10章 長老たちへの敬意 第11章 天地万物の娘たち 第12章 大地と空の息子たち 第13章 インディアンの夢
＊この本は、部族に伝わる神話や予言を織り混ぜながら、家族、子育て、リーダーシップ、そして天地万物との調和の道を具体的に示す、現代に生きる人々のための癒しのメッセージである。

◇風の知恵 黒田征太郎、デニス・バンクス文・絵 毎日新聞社 1996.4 1冊(頁付なし) 19cm 1300円 (i)4-620-60507-7 Ⓝ389.5

◇カナダ先住民デネーの世界—インディアン社会の変動 新保満著 明石書店 1993.9 251p 20cm (参照文献：p239～246) 2575円 (i)4-7503-0532-4 Ⓝ389.51
(内容)第1章 ジョニーの半世紀 第2章 デネーの世界とその環境 第3章 デネーの「外の世界」の変動 第4章 現代におけるデネーの世界 終章 カナダ先住民の現状と課題

◇酋長の系譜—Portraits of native America 新正卓写真集 新正卓著 講談社 1993.12 163p 31×31cm (付：略歴) 11000円 (i)4-06-206731-5 Ⓝ389.53
(内容)風景 シアトル酋長の手紙 アメリカ・インディアンの肖像 取材の足跡 取材を終えて
＊先住民族のインディアンの居留地は、中・西部ばかりでなく、アメリカ各地に点在する。新正卓が、キャンピング・カーで合衆国本土を5年間に渡って走破し、撮影した286点の肖像は、気高い品格と誇りに満ちあふれている。

◇祝祭の民族誌—マヤ村落見聞録 桜井三枝子著 京都 全国日本学士会 1998.3 290,5p 22cm (大阪経済大学研究叢書 第33冊) 3900円 (i)4-916186-00-1 Ⓝ386.57
(内容)第1部 サンティアゴ・アティトラン村の聖週間儀礼(グアテマラ、サンティアゴ・アティトラン村に関する概観 コフラディア(信徒集団)組織 儀礼的空間 聖週間儀礼の過程 ほか) 第2部 カスタ戦争と「語る十字架」儀礼(マヤの反乱と「語る十字架」儀礼 クルソブ・マヤの祝祭儀礼 トゥルムの聖十字架祭 森の精・アルシュ伝承)
＊古代マヤ遺跡と美しい自然の景観で世界中の観光客を集めるメキシコのユカタン半島、中米のグアテマラ。その森林の奥深くで「語る十字架」儀礼を信仰する「反乱マヤ軍」の末裔たち

が繰り広げる神秘的な祝祭。
◇北米インディアン生活誌　C.ハミルトン編, 和巻耿介訳　社会評論社　1993.11　408p　20cm　〈監修：横須賀孝弘〉　3296円　(i)4-7845-0343-9　Ⓝ389.53
　内容　第1章 火を囲んで　第2章 獲物を追って　第3章 原野のスポーツ　第4章 偉大なる神々　第5章 戦闘　第6章 植民地時代の戦場　第7章 アメリカ人と闘う　第8章 幌馬車と鉄の馬　第9章 白人の道
　*スタンディング・ベア、ジェロニモ、ブラック・ホーク、イエロー・ウルフ、ブラック・エルク、カーゲガガーボー…。インディアン戦士たち自身が語る豊かな自然と暮らし、伝説と信仰、狩猟と戦闘、そして白人との戦い…。
◇ホピ宇宙からの聖書―アメリカ大陸最古のインディアン 神・人・宗教の原点　フランク・ウォーターズ著, 林陽訳　徳間書店　1993.11　439p　19cm　2000円　(i)4-19-860031-7　Ⓝ389.53
　内容　第1部 神話・四世界の創造―宇宙生命のはじまりから現世界まで　第2部 伝説・各部族の大移動―永遠の地を求めて　第3部 宇宙劇・大祭は巡る―神性を体現する生きたモニュメント　第4部 歴史・「失われた白い兄」の予言―迫りくる現世界の終末
◇ホピ宇宙からの予言―神・人・宗教の原点 アメリカ大陸最古のインディアンに舞い降りた光透波　ルドルフ・カイザー著, 木原悦子訳, 林陽解説　徳間書店　1995.7　277p　19cm　(「超知」ライブラリー)　〈付：参考文献〉　1300円　(i)4-19-860329-4　Ⓝ389.53
　内容　第1部 ホピに舞い降りた聖なる光透波　第2部 ホピの神話がなぜ世界を動かすのか　第3部 宇宙意識の縮図が「ホピの予言」になった　第4部 ホピは無限宇宙の雛形を体現する
◇レイム・ディアー―ヴィジョンを求める者　ジョン・ファイアー・レイム・ディアー口述, リチャード・アードス編, 北山耕平訳　河出書房新社　1993.12　757p 図版16枚　20cm　〈書名は奥付・背による 標題紙の書名：Lame Deer〉　4900円　(i)4-309-20229-2　Ⓝ389.53
　内容　1 山のうえにひとりで　2 ニューヨークの博物館にあるあの銃 あれは、わしのもの　3 緑色の蛙の皮　4 飲んだくれになること 牢屋にはいること　5 ルーズベルト大統領の頭に腰をおろして　6「丸」と「四角」　7 フクロウと蝶ちょに話しかける　8 毛布のなかにふたりで　9 良いメディスンと悪いメディスン　10 イニピー偉大なる曾祖父の吐く息　11 ユウィピー いずこからともなく来る小さな光　12 太陽を見つめて彼らは踊る　13 森を傷つけるべからず　14 世界を巻きあげる　15 天地逆さま、前後反対、熱さ寒さのひっくり返し　16 石にな

った血
　*世界をひっくり返す偉大なるメディスンマンの声。あなたを変え、世界を変える本。
◇レッドマンのこころ―「動物記」のシートンが集めた北米インディアンの魂の教え　アーネスト・シートン著, 近藤千雄訳　北沢図書出版　1993.11　180p　19cm　〈著者の肖像あり〉　1545円　(i)4-87371-015-4　Ⓝ389.5

◆エスキモー
◇北アメリカの隣人―エスキモー村で暮らして　松永淡紀子著　近代文芸社　1995.4　147p　20cm　1300円　(i)4-7733-3991-8　Ⓝ389.5394
　内容　私について参加へ　参加を決めて　不安・わりきり・あたたかい招待状　飛行機から見たもの　カシグルックに到着して　村の様子・人々の暮らし　イースターサンデーの遊び・夜のパーティ　学校が始まって　オリンカの誕生日　初授業〔ほか〕

南アメリカ

◇文化人類学の展開―南アメリカのフィールドから　大貫良夫, 木村秀雄編著　北樹出版　1998.3　213p　22cm　(大学教養選書)　〈奥付のタイトル(誤植)：文化人類学　執筆：加藤泰建ほか　文献あり〉　2400円　(i)4-89384-640-X　Ⓝ382.6
　内容　序章 南アメリカの文化人類学　第1章 アンデス文明の形成　第2章 神殿から国家へ―中央アンデス地帯の形式期社会における神殿と社会の展開について　第3章 タワンティンスユ―インカ国家の国家像　第4章 アンデス高地住民の環境利用　第5章 アンデス高地農民の民間信仰―ピシュタコの社会的意味　第6章 変貌する民間治療―ペルー北部の事例から　第7章 アマゾニア神話　第8章 アフロブラジリアン宗教からの視点―「正しい文化」と「正しいフィールドワーク」を越えて　第9章 先住民・近代・人類学―チリ南部マプーチェ社会をめぐって
◇リャマとアルパカ―アンデスの先住民社会と牧畜文化　稲村哲也著　花伝社　1995.6　285p　20cm　〈発売：共栄書房　参考文献：p271〜285〉　2500円　(i)4-7634-0280-3　Ⓝ389.68
　内容　第1部 フィールドワーク(年代記の記録から アンデス高原―「リャマ飼い」を求めて ほか)　第2部 民族誌(アンデス高原の家族と生活　牧畜の技術と体系 ほか)　第3部 牧畜文化再考(ラクダ科動物の家畜化―アンデス牧畜の起源　アンデス東斜面の農牧複合 ほか)
　*高度差を利用したアンデス固有の牧民の世界。厳しい自然環境のなかでの詳細な現地調査をもとにした、牧畜文化再考への意欲的試み。

◆インディアン
◇アンデスの抱擁—海抜4000mの生活誌 高野潤著 平凡社 1996.7 267p 20cm 2300円 (i)4-582-48121-3 Ⓝ382.68
(内容) 第1章 初期の旅—大きく、広く、深く 第2章 雨季明け—霧が育む 第3章 寒冷地の傑作—ジャガイモの王国 第4章 渇きを癒す—交感、交流のトウモロコシ 第5章 キヌア—種子は小粒の大応援者 第6章 湖上の仲間—トトラとの共存 第7章 雑草が生まれ変わる—草原への使者アルパカ 第8章 大山脈の館—畑も帽子、衣装も実り 第9章 抱き包む神々—空や峰、湖や大地への願い 第10章 高度差を食べる—谷間から高原地の味
＊広大なアンデス高地に生き生きとくらすインカの末裔＝アンデス高地人。厳しい風土に見事に適応した彼らの衣食住の生活誌を感性豊かな文章と写真で描く。

◇馬に乗ったマプーチェの神々—チリ先住民文化の変遷 千葉泉著 箕面 大阪外国語大学学術出版委員会 1998.2 218p 21cm (大阪外国語大学学術研究双書 19) (文献あり) (i)4-900588-19-9 Ⓝ382.66

◇大いなる語り—グアラニ族インディオの神話と聖歌 ピエール・クラストル著, 毬藻充訳 京都 松籟社 1997.1 142p 22cm (著者の肖像あり) 1545円 (i)4-87984-185-4 Ⓝ382.62
(内容) 第1部 永遠の時間(ナマンドゥの出現—神々 「言葉」の基礎—人間 最初の大地の創造 黄金時代の終わり—大洪水) 第2部 不幸の場所(イウイ・ピアウ—新たな大地 双子の冒険 火の起源) 第3部 最初の「身を飾った者たち」であった者たちの最後の者たち(美しく身を飾った者たち 万物はひとつである わたしは不完全な仕方で存在する)

◇シャーマンの弟子になった民族植物学者の話 上巻 マーク・プロトキン著, 屋代通子訳 築地書館 1999.9 246p 20cm 2200円 (i)4-8067-1183-7 Ⓝ382.62
(内容) 第1章 エメラルドの扉を開けて 第2章 ブラック・カイマンを探して 第3章 マルーン族とともに 第4章 二重の虹の下で 第5章 毒の製法
＊ハーヴァード・イェール・タフツの各大学で民族植物学を修めた著者が、植物学の「先達」であるシャーマン(呪医)との出会いを求めて十年をかけて南米アマゾンを踏破。強じんで、深い智慧をもつシャーマンたちに、著者プロトキン博士が、癒しの植物について教えられる様子を濃やかに描く。全世界でベストセラーになった、植物、新薬開発、動物、人間たちをめぐる冒険物語。

◇シャーマンの弟子になった民族植物学者の話 下巻 マーク・プロトキン著, 屋代通子訳 築地書館 1999.9 199,18p 20cm 1800円 (i)4-8067-1184-5 Ⓝ382.62
(内容) 第6章 シパリウィニのサバンナの彼方 第7章 ワヤナ族の呪医 第8章 太陽の種子 第9章 クワマラに還る
＊著者プロトキン博士は、シャーマン(呪医)のカリスマと神秘の能力に素直に驚き、類い稀な筆力で描きだされた事物や人びとは、ページを繰るごとに、いきいきと躍り出してくる 全世界でベストセラーになった、植物、新薬開発、動物、人間たちをめぐる冒険物語。

◇ブラジルの記憶—「悲しき熱帯」は今 川田順造著 NTT出版 1996.7 238p 19cm (気球の本 Around the world library) (参考文献：p233～238) 1500円 (i)4-87188-621-2 Ⓝ382.62
(内容) 1 反世界としてのブラジル 2 灰まみれのモラトリアム・ピーターパンたち 3 なぜ熱帯は今も悲しいのか 4 「紐文学」と口誦の伝統 5 私にとってのブラジル—十二年のちのちに
＊レヴィ＝ストロースの名著「悲しき熱帯」の舞台ブラジルを、半世紀の後訪れた人類学者が見た最後の狩猟採集民の姿。

ラテン・アメリカ

◇マヤー歴史と民族の十字路—新大陸に渡ったモンゴロイドの末裔たち 第5回特別展図録 北海道立北方民族博物館編 網走 北海道立北方民族博物館 1993.2 51p 26cm (会期：1993年2月9日～3月21日) Ⓝ389.571

◇未知の次元—呪術師ドン・ファンとの対話 カルロス・カスタネダ著, 名谷一郎訳, 青木保監修 [点字資料] 日本点字図書館 (製作) 1995.7 6冊 27cm 〈厚生省委託 原本：講談社 1993 講談社学術文庫〉 全10200円 Ⓝ389.56

◇夢見の技法—超意識への飛翔 カルロス・カスタネダ著, 真崎義博訳 二見書房 1994.11 312p 20cm 2200円 (i)4-576-94175-5 Ⓝ389.56
(内容) 第1章 古代の呪術師・導入 第2章 夢見の第一の門 第3章 夢見の第二の門 第4章 集合点の固定 第5章 非有機的存在の世界 第6章 影の世界 第7章 青い偵察 第8章 夢見の第三の門 第9章 探検の新領域 第10章 忍び寄る者に忍び寄る 第11章 借家人 第12章 教会の女 第13章 意図の翼で飛ぶ
＊完全に夢をコントロールし、無限の夢見の世界に到達するのは可能か。呪術師ドン・ファンに導かれ夢見の新領域にチャレンジするカスタネダの15年の闘い。

◆インディオ

◇アメリカインディアンの現在―女が見た現代オグララ・ラコタ社会 デイ多佳子著 第三書館 1998.1 271p 19cm 2000円 (i)4-8074-9804-5
[内容] 第1章 インディアンとは 第2章 キリスト教世界との相克 第3章 インディアン家族 第4章 アイデンティティ危機と異文化教育 第5章 インディアン現代生活の諸問題 最終章 女の力―ラコタの女たち
＊もうひとつのアメリカの顔。異文化を見つめるまなざし。連邦政府との最後の闘いが行われ、映画「ダンス・ウィズ・ウルブス」の舞台となったサウスダコタ。在米日本人女性が体験した現代インディアン社会。

◇インディオは人間か ラス・カサス著、染田秀藤訳 岩波書店 1995.10 347p 20cm (アンソロジー新世界の挑戦 8) 3200円 (i)4-00-003638-6 Ⓝ389.6

◇ブラジルへの郷愁 クロード・レヴィ＝ストロース著, 川田順造訳 みすず書房 1995.10 231p 29cm 8755円 (i)4-622-03901-X Ⓝ389.62

◇ブラック・エルクは語る ジョン・G.ナイハルト著, 宮下嶺夫訳, 阿部珠理監修 めるくまーる 2001.7 312p 19cm 1800円 (i)4-8397-0108-3
[内容] パイプを捧げる 幼年時代 大いなるヴィジョン バッファロー狩り "兵隊の町"でハイ・ホースの求婚 ブラック・ヒルズの白人たち "三つ星"との戦い カスター隊殲滅 黒い道を歩む〔ほか〕
＊一人の男に託された民族の夢、槍のごとく胸をえぐる歓喜と哀傷の詩。スー族の語り部、天を仰ぎ地に伏して大いなる精霊に歌う。絶版が惜しまれていた伝説の名著の新訳。

◆アマゾン

◇アマゾン、インディオからの伝言 南研子著 ほんの木 2000.4 235p 20cm 1700円 (i)4-938568-78-0 Ⓝ389.62
[内容] 第1章 アマゾン、9年めの旅 第2章 ラオーニとスティング 第3章 私のこと 第4章 世界先住民族会議に出かける 第5章 NGO、日本の現実 第6章 いよいよ初めてのシンゲー地域 第7章 雨期のシンゲー川で遭難 第8章 アマパ州で見た理想の政治 第9章 アマゾンの伝説に出会う 第10章 インディオたちの未来
＊減少を続ける熱帯雨林。その森を守る先住民達。インディオ保護区にいきる貨幣経済も文字も無い人びとの、11年間に渡る交流を初めて綴った記録。これは、現代人の心を癒し、文明そのものを見直す精霊達のドラマである。

オセアニア・南太平洋諸島

◇アミリア―あるマオリ女性の一生 アミリア＝マヌタヒ＝スターリング口述、アン＝サーモンド記述、桜井真理子訳 海燕書房 1993.3 420p 22cm 〈著者の肖像あり 参考文献：p418～420〉 2884円 (i)4-87319-079-7 Ⓝ389.72

◇社会変容と女性―ジェンダーの文化人類学 窪田幸子, 八木祐子編 京都 ナカニシヤ出版 1999.3 234p 20cm 2400円 (i)4-88848-470-8 Ⓝ367.22
[内容] 第1部 経済と生活の変化(草原の国を変えた女性たち―モンゴル 結婚・家族・女性―北インド農村社会の変容 家事と儀礼と機織りと―バリ女性の「三重役割」をめぐって) 第2部 アイデンティティの表出(周縁社会に生きる女性たち―北タイ・カレン ヨロンゴ女性の可能性―オーストラリア北部アーネムランドに女性起業家はあらわれるのか ニュージーランド・森羅万象のつながりのなかで―あるマオリ女性の世界観と抵抗運動) 第3部 現在からみる歴史と伝統(シンガポールの広東阿媽―自らの意志で生き方を決めた人たち 植民地社会における「伝統」と「人権」―香港の歴史と近代化のなかで)
＊フィールドワークをもとに伝統と近代の相克の中で変わるアジア・オセアニアの女性たちを描く。

◇ソロモン諸島の生活誌―文化・歴史・社会 秋道智彌, 関根久雄, 田井竜一編 明石書店 1996.5 449p 19cm 4120円 (i)4-7503-0795-5
[内容] 1 くらしと文化(環境と生物 民族と言語 生物と食物 ほか) 2 歴史のなかの島じま(歴史と社会変化 太平洋戦争 社会運動) 3 現代に生きる(社会と政治 経済と開発 女性と青少年 ほか)

◆オーストラリア

◇悲しきブーメラン―アボリジニーの悲劇 新保満著 未来社 1994.1 209p 20cm (新装) 2266円 (i)4-624-41073-4 Ⓝ389.71
[内容] 少年妻 ストックマンの仕事 ドローヴァーの生活 忘れられた英雄 戦時下の退避行 あるパート・アボリジニーの半生 「アボリジニー」の定義 私のキャンプ生活〔ほか〕
＊砂漠と神秘の大陸オーストラリアに、白人が乗り込む4万年も前から住んでいたアボリジニーとはどういう人たちなのか―。今世紀のつい去日まで石器時代を生き、自然の一部であった彼らの〈野生〉が白人の〈文明〉にねじ伏せられ破壊される姿を著者は目の当たりに見る。アボリジニーとともに暮らし、彼らの〈文明に対する抵抗〉とその悲劇とのうちに

文化人類学・民族学　　　　　　　　　　　　　　　　　　　　　　　　　　　　オセアニア・南太平洋諸島

失われゆく〈野生〉を見つつ、著者は人間と自然の関わりの原点を考える。

◇コンピュータ・ドリーミング—オーストラリア・アボリジニ世界への旅　久保正敏著　明石書店　1995.9　226p　20cm　〈参考文献：p219～226〉　2884円　(i)4-7503-0738-6　Ⓝ389.71

〔内容〕第1章 アボリジニとの出会い　第2章 不惑のフィールドワーク　第3章 フィールドワーク'91　第4章 情報から見たアボリジニ　終章 旅の途中で

＊本書は、情報科学研究者である著者が、オーストラリア北端のアボリジニの町にコンピュータ・システムを導入すると言うプロジェクトをきっかけとして、アボリジニ世界への旅を始める物語。

◇都市のアボリジニ—抑圧と伝統のはざまで　鈴木清史著　明石書店　1995.3　220p　20cm　〈文献・資料：p195～220〉　2600円　(i)4-7503-0688-6　Ⓝ389.71

〔内容〕第1章 アボリジニの都市民化　第2章 シドニーのアボリジニの概況　第3章 アボリジニ像の変遷　第4章 アボリジナリティとアボリジニ文化の学習　第5章 アーバン・アボリジニの出現

◇ユーカリの森に生きる—アボリジニの生活と神話から　松山利夫著　日本放送出版協会　1994.5　254p　19cm　(NHKブックス697)　〈注と参考文献：p244～249〉　890円　(i)4-14-001697-3　Ⓝ389.71

〔内容〕第1章 アーネムランド—アボリジニの大地　第2章 ジナン族の暮らし—ガマディむらにて　第3章 狩りと食糧—豊饒の儀礼と食物規制　第4章 狩人たちの財産—ガマディむらと貨幣経済　第5章 豊かなイメージの宇宙—樹皮画と彫刻　第6章 精霊と人の交渉　第7章 生きている神話—ジナン族の故地をめぐる論理

＊オーストラリア建国から200年、この国の先住民には、いまも語り継がれる神話がある。その壮大なイメージの宇宙に、狩猟採集民の〔野生の哲学〕をさぐる。

◆ミクロネシア・ポリネシア

◇土方久功著作集　第8巻　サテワヌ島日記　三一書房　1993.11　448p　22cm　〈複製　著者の肖像あり　土方久功年譜／著作一覧：p391～432〉　5500円　(i)4-380-93535-3　Ⓝ389.74

〔内容〕サテワヌ島日記　サトワル戸籍簿　土方久功蒐集品　土方久功年譜　著作一覧

＊ミクロネシア島民とともに15年—、同じ棲家に住み、同じ食べ物を食べ、同じ南の時の流れに身を委ね、絶大な信頼を承けながら、調査されたサテワヌ(サトワヌ)島民の生活を克明に記録した不滅の遺産。自由の旅人の記録。

◇マーガレット・ミードとサモア　デレク・フリーマン著，木村洋二訳　みすず書房　1995.5　394,75p　20cm　〈マーガレット・ミードの肖像あり〉　4944円　(i)4-622-03646-0　Ⓝ389.75

〔内容〕1 文化決定論の擡頭　2 ミードのサモア調査　3 ミードの結論への反駁　4 ミードとボアズ派のパラダイム

＊「サモアの思春期」は南海の楽国物語にすぎない。しかし、なぜ名著なのか。徹底した論証でその虚構性を指摘するとともに、同書を迎えた思想的背景を問う。

事項名索引

第未參致章

事項名索引　　えと

【あ】

愛知県
　→愛知県(年中行事・祭礼)‥‥‥ 453
　→愛知県(風俗史・民俗誌)‥‥‥ 155
アイヌ
　→日本(服装・ファッション)‥‥‥ 232
　→北海道地方(風俗史・民俗誌)‥ 111
　→北海道地方・アイヌ(文化人類学・民族学)‥‥‥‥‥‥‥‥‥‥‥‥ 641
　→北海道地方・アイヌ(民謡・わらべうた)‥‥‥‥‥‥‥‥‥‥‥‥ 591
青森県
　→青森県(年中行事・祭礼)‥‥‥ 434
　→青森県(風俗史・民俗誌)‥‥‥ 121
赤松 啓介　→全集・講座(民俗学全般)‥‥‥ 16
秋田県
　→秋田県(年中行事・祭礼)‥‥‥ 436
　→秋田県(風俗史・民俗誌)‥‥‥ 123
アクセサリー　→装身具・アクセサリー‥ 241
悪魔　→妖怪・悪魔・吸血鬼‥‥‥ 536
アジア
　→アジア(年中行事・祭礼)‥‥‥ 470
　→アジア(風俗史・民俗誌)‥‥‥ 184
　→アジア(文化人類学・民族学)‥ 645
　→アジア(民話・昔話・伝説)‥‥ 576
遊び　→趣味・娯楽‥‥‥‥‥‥‥ 386
アニミズム
　→文化人類学‥‥‥‥‥‥‥‥‥ 596
　→民俗学全般(民俗学全般)‥‥‥‥ 1
アフリカ
　→アフリカ(風俗史・民俗誌)‥‥ 213
　→アフリカ(文化人類学・民族学)‥ 656
　→アフリカ(民話・昔話・伝説)‥ 583
アボリジニ　→オーストラリア‥‥ 662
海女　→海女‥‥‥‥‥‥‥‥‥‥ 361
アマゾン　→アマゾン(文化人類学・民族学)‥‥‥‥‥‥‥‥‥‥‥‥ 662
アルコール　→酒・アルコール‥‥ 258

【い】

イギリス
　→イギリス(風俗史・民俗誌)‥‥ 207
　→イギリス(民話・昔話・伝説)‥ 579
育児　→出産‥‥‥‥‥‥‥‥‥‥ 397
石神　→野仏・石仏‥‥‥‥‥‥‥ 528
石川県
　→石川県(年中行事・祭礼)‥‥‥ 448

　→石川県(風俗史・民俗誌)‥‥‥ 146
石田 英一郎　→石田英一郎‥‥‥ 628
衣食住の習俗　→衣食住の習俗‥‥ 226
泉 靖一　→泉靖一‥‥‥‥‥‥‥ 628
稲作　→農業‥‥‥‥‥‥‥‥‥‥ 352
稲荷　→稲荷‥‥‥‥‥‥‥‥‥‥ 516
井上 円了　→妖怪・悪魔・吸血鬼‥ 536
茨城県
　→茨城県(年中行事・祭礼)‥‥‥ 438
　→茨城県(風俗史・民俗誌)‥‥‥ 126
鋳物師　→鍛冶屋・鋳物師‥‥‥‥ 363
医療人類学　→文化人類学‥‥‥‥ 596
刺青　→身体変工‥‥‥‥‥‥‥‥ 246
入れ墨　→身体変工‥‥‥‥‥‥‥ 246
岩田 慶治　→文化人類学‥‥‥‥ 596
岩手県
　→岩手県(年中行事・祭礼)‥‥‥ 435
　→岩手県(風俗史・民俗誌)‥‥‥ 122
飲食　→飲食‥‥‥‥‥‥‥‥‥‥ 248
インディアン　→インディアン(文化人類学・民族学)‥‥‥‥‥‥‥‥ 658
インディオ　→インディオ(文化人類学・民族学)‥‥‥‥‥‥‥‥‥‥ 662
インド
　→インド・南アジア(風俗史・民俗誌)‥‥ 201
　→インド・南アジア(文化人類学・民族学)‥‥‥‥‥‥‥‥‥‥‥ 653
インドネシア
　→インドネシア(風俗史・民俗誌)‥ 200
　→インドネシア(文化人類学・民族学)‥ 652

【う】

うどん　→そば・うどん‥‥‥‥‥ 280
梅棹 忠夫　→梅棹忠夫‥‥‥‥‥ 628
梅原 猛　→民俗学全般(民俗学全般)‥‥ 1
浦島　→浦島‥‥‥‥‥‥‥‥‥‥ 568
運送　→交通・運送‥‥‥‥‥‥‥ 361

【え】

エジプト　→エジプト(風俗史・民俗誌)‥ 215
絵図　→地図‥‥‥‥‥‥‥‥‥‥ 86
エスキモー　→エスキモー(文化人類学・民族学)‥‥‥‥‥‥‥‥‥‥ 660
干支　→庚申・干支‥‥‥‥‥‥‥ 523
江戸
　→日本(服装・ファッション)‥‥ 232
　→日本(食物誌)‥‥‥‥‥‥‥‥ 268
　→江戸(風俗史・民俗誌)‥‥‥‥ 137

文化人類学の本 全情報　667

江戸時代　→近世(風俗史・民俗誌)‥‥‥‥　97
えびす　→福神‥‥‥‥‥‥‥‥‥‥‥‥　527
愛媛県
　→愛媛県(年中行事・祭礼)‥‥‥‥‥‥　465
　→愛媛県(風俗史・民俗誌)‥‥‥‥‥‥　172
絵馬　→絵馬‥‥‥‥‥‥‥‥‥‥‥‥‥　520
江馬 務　→江馬務‥‥‥‥‥‥‥‥‥‥　62
エロス　→性風俗‥‥‥‥‥‥‥‥‥‥‥　376
縁起　→民間信仰・迷信‥‥‥‥‥‥‥‥　474

【お】

大分県
　→大分県(年中行事・祭礼)‥‥‥‥‥‥　467
　→大分県(風俗史・民俗誌)‥‥‥‥‥‥　176
大阪府
　→大阪府(年中行事・祭礼)‥‥‥‥‥‥　459
　→大阪府(風俗史・民俗誌)‥‥‥‥‥‥　163
岡山県
　→岡山県(年中行事・祭礼)‥‥‥‥‥‥　463
　→岡山県(風俗史・民俗誌)‥‥‥‥‥‥　168
沖縄県
　→沖縄県(年中行事・祭礼)‥‥‥‥‥‥　467
　→沖縄県(風俗史・民俗誌)‥‥‥‥‥‥　180
沖縄地方
　→沖縄地方・南島(文化人類学・民族学)‥　645
　→沖縄地方(民家)‥‥‥‥‥‥‥‥‥‥　334
　→沖縄地方(民間信仰・迷信)‥‥‥‥‥　507
　→沖縄地方(民具)‥‥‥‥‥‥‥‥‥‥　308
　→沖縄地方・八重山諸島(民謡・わらべうた)‥‥‥‥‥‥‥‥‥‥‥‥‥‥‥‥　594
お産　→出産‥‥‥‥‥‥‥‥‥‥‥‥‥　397
おしゃれ　→髪型・おしゃれ・化粧‥‥‥　242
オーストラリア　→オーストラリア(文化人類学・民族学)‥‥‥‥‥‥‥‥‥‥‥　662
オセアニア
　→オセアニア・南太平洋諸島(年中行事・祭礼)‥‥‥‥‥‥‥‥‥‥‥‥‥‥‥　473
　→オセアニア・南太平洋諸島(風俗史・民俗誌)‥‥‥‥‥‥‥‥‥‥‥‥‥‥‥　223
　→オセアニア・南太平洋諸島(文化人類学・民族学)‥‥‥‥‥‥‥‥‥‥‥‥‥　662
お茶　→コーヒー・お茶‥‥‥‥‥‥‥‥　262
鬼
　→妖怪・悪魔・吸血鬼‥‥‥‥‥‥‥‥　536
　→鬼‥‥‥‥‥‥‥‥‥‥‥‥‥‥‥‥　569
お歯黒　→身体変工‥‥‥‥‥‥‥‥‥‥　246
おばけ　→妖怪・悪魔・吸血鬼‥‥‥‥‥　536
おもちゃ　→子供の遊び‥‥‥‥‥‥‥‥　369
おもろ　→沖縄地方・八重山諸島‥‥‥‥　594
折口 信夫
　→折口信夫(研究書)‥‥‥‥‥‥‥‥‥　47

　→折口信夫(著作)‥‥‥‥‥‥‥‥‥‥　43
　→事典・辞典(民俗学全般)‥‥‥‥‥‥　14
温泉　→沐浴・風呂‥‥‥‥‥‥‥‥‥‥　245

【か】

会員名簿　→便覧・ハンドブック(風俗史・民俗誌)‥‥‥‥‥‥‥‥‥‥‥‥‥‥　85
海外全般
　→海外全般(年中行事・祭礼)‥‥‥‥‥　469
　→海外全般(民家)‥‥‥‥‥‥‥‥‥‥　335
　→海外全般(民間信仰・迷信)‥‥‥‥‥　508
　→海外全般(民具)‥‥‥‥‥‥‥‥‥‥　308
　→海外全般(民謡・わらべうた)‥‥‥‥　595
　→海外全般(民話・昔話・伝説)‥‥‥‥　575
怪談　→怪談‥‥‥‥‥‥‥‥‥‥‥‥‥　572
ガイド　→ガイド(年中行事・祭礼)‥‥‥　430
怪物　→妖怪・悪魔・吸血鬼‥‥‥‥‥‥　536
香川県
　→香川県(年中行事・祭礼)‥‥‥‥‥‥　465
　→香川県(風俗史・民俗誌)‥‥‥‥‥‥　172
家具　→住生活‥‥‥‥‥‥‥‥‥‥‥‥　290
神楽　→郷土芸能・民俗芸能‥‥‥‥‥‥　422
鹿児島県
　→鹿児島県(年中行事・祭礼)‥‥‥‥‥　467
　→鹿児島県(風俗史・民俗誌)‥‥‥‥‥　177
鍛冶屋　→鍛冶屋・鋳物師‥‥‥‥‥‥‥　363
河童
　→柳田国男(著作)‥‥‥‥‥‥‥‥‥‥　21
　→河童‥‥‥‥‥‥‥‥‥‥‥‥‥‥‥　571
桂離宮　→民家‥‥‥‥‥‥‥‥‥‥‥‥　308
家庭生活　→家庭生活‥‥‥‥‥‥‥‥‥　364
家庭生活の習俗　→社会・家庭生活の習俗‥　337
神奈川県
　→神奈川県(年中行事・祭礼)‥‥‥‥‥　446
　→神奈川県(風俗史・民俗誌)‥‥‥‥‥　140
歌舞伎　→郷土芸能・民俗芸能‥‥‥‥‥　422
かぶりもの　→はきもの・かぶりもの‥‥　241
神
　→民間信仰・迷信‥‥‥‥‥‥‥‥‥‥　474
　→山の神・田の神‥‥‥‥‥‥‥‥‥‥　530
髪型　→髪型・おしゃれ・化粧‥‥‥‥‥　242
玩具　→子供の遊び‥‥‥‥‥‥‥‥‥‥　369
観光人類学　→文化人類学‥‥‥‥‥‥‥　596
韓国
　→韓国(風俗史・民俗誌)‥‥‥‥‥‥‥　188
　→韓国(文化人類学・民族学)‥‥‥‥‥　647
冠婚葬祭　→通過儀礼‥‥‥‥‥‥‥‥‥　393
関東地方
　→関東地方(年中行事・祭礼)‥‥‥‥‥　438
　→関東地方(風俗史・民俗誌)‥‥‥‥‥　126
　→関東地方(民家)‥‥‥‥‥‥‥‥‥‥　321

→関東地方(民間信仰・迷信)············ 503
→関東地方(民具)························ 303
→関東地方(民謡・わらべうた)········ 592

【き】

木地屋　→木地屋························ 363
北アメリカ
　→北アメリカ(風俗史・民俗誌)······ 215
　→北アメリカ(文化人類学・民族学)·· 658
　→北アメリカ(民話・昔話・伝説)···· 583
喫煙　→たばこ・パイプ··············· 260
岐阜県
　→岐阜県(年中行事・祭礼)··········· 451
　→岐阜県(風俗史・民俗誌)··········· 151
きもの　→きもの・和服··············· 235
吸血鬼　→妖怪・悪魔・吸血鬼········ 536
九州地方
　→九州地方(年中行事・祭礼)········ 465
　→九州地方(風俗史・民俗誌)········ 173
　→九州地方(民家)······················ 333
　→九州地方(民間信仰・迷信)········ 506
　→九州地方(民具)······················ 307
　→九州地方(民謡・わらべうた)····· 593
郷土芸能
　→郷土芸能・民俗芸能··············· 422
　→民俗学全般(民俗学全般)··········· 1
京都府
　→京都府(年中行事・祭礼)··········· 457
　→京都府(風俗史・民俗誌)··········· 160
漁業　→水産業・漁業··················· 357
キリスト教　→折口信夫(著作)······· 43
儀礼
　→通過儀礼···························· 393
　→タブー・儀礼······················· 640
近畿地方
　→近畿地方(年中行事・祭礼)········ 455
　→近畿地方(風俗史・民俗誌)········ 158
　→近畿地方(民家)······················ 327
　→近畿地方(民間信仰・迷信)········ 505
　→近畿地方(民具)······················ 306
　→近畿地方(民謡・わらべうた)····· 593
近世　→近世(風俗史・民俗誌)······· 97

【く】

熊本県
　→熊本県(年中行事・祭礼)··········· 466
　→熊本県(風俗史・民俗誌)··········· 176
クリスマス　→クリスマス············ 425

グリム童話　→ドイツ・フランス···· 581
群馬県
　→群馬県(年中行事・祭礼)··········· 439
　→群馬県(風俗史・民俗誌)··········· 128

【け】

芸者　→芸者・遊里····················· 387
芸能　→芸能···························· 431
ケガレ　→婚礼························· 399
化粧　→髪型・おしゃれ・化粧······· 242
結婚　→婚礼···························· 399
言語人類学　→文化人類学············ 596
建築　→今和次郎······················· 62

【こ】

講　→村制······························ 339
講座
　→全集・講座(風俗史・民俗誌)····· 88
　→全集・講座(民俗学全般)··········· 16
口承　→日本(民話・昔話・伝説)···· 561
庚申　→庚申・干支···················· 523
高知県
　→高知県(年中行事・祭礼)··········· 465
　→高知県(風俗史・民俗誌)··········· 173
交通　→交通・運送···················· 361
瞽女　→瞽女···························· 364
古代　→古代・中世(風俗史・民俗誌)· 94
子供の遊び　→子供の遊び············ 369
子供の生活　→子供の生活············ 366
ことわざ　→ことわざ················· 584
ご飯　→米・ご飯・餅················· 279
コーヒー　→コーヒー・お茶········· 262
米　→米・ご飯・餅··················· 279
こよみ　→歳時記······················· 419
娯楽　→趣味・娯楽···················· 386
婚姻　→親族・婚姻···················· 640
今和次郎　→今和次郎·················· 62
婚礼　→婚礼···························· 399

【さ】

歳時記　→歳時記······················· 419
埼玉県
　→埼玉県(年中行事・祭礼)··········· 440
　→埼玉県(風俗史・民俗誌)··········· 130
祭礼　→年中行事・祭礼··············· 411

事項名索引

佐賀県
　→佐賀県(年中行事・祭礼)・・・・・・・・・・・・・ 466
　→佐賀県(風俗史・民俗誌)・・・・・・・・・・・・・ 175
桜井 德太郎　→桜井德太郎・・・・・・・・・・・・・ 63
桜田 勝徳　→桜田勝徳・・・・・・・・・・・・・・・・・・ 64
酒　→酒・アルコール・・・・・・・・・・・・・・・・・・ 258
山陰地方　→山陰地方(風俗史・民俗誌)・・・・ 168
山窩　→山窩・・・・・・・・・・・・・・・・・・・・・・・・・・ 364
山岳信仰　→山岳信仰・・・・・・・・・・・・・・・・・ 531
山椒大夫　→山椒大夫・・・・・・・・・・・・・・・・・ 570
サンタクロース　→クリスマス・・・・・・・・・・・ 425
山陽地方　→山陽地方(風俗史・民俗誌)・・・・ 168

【し】

滋賀県
　→滋賀県(年中行事・祭礼)・・・・・・・・・・・・・ 456
　→滋賀県(風俗史・民俗誌)・・・・・・・・・・・・・ 159
しきたり
　→通過儀礼・・・・・・・・・・・・・・・・・・・・・・・・・・ 393
　→歳時記・・・・・・・・・・・・・・・・・・・・・・・・・・・・ 419
四季の祭り　→四季の祭り・・・・・・・・・・・・・・ 433
四国地方
　→四国地方(年中行事・祭礼)・・・・・・・・・・・ 464
　→四国地方(風俗史・民俗誌)・・・・・・・・・・・ 171
　→四国地方(民家)・・・・・・・・・・・・・・・・・・・・ 332
　→四国地方(民間信仰・迷信)・・・・・・・・・・・ 506
　→四国地方(民具)・・・・・・・・・・・・・・・・・・・・ 307
　→四国地方(民謡・わらべうた)・・・・・・・・・ 593
獅子舞
　→郷土芸能・民俗芸能・・・・・・・・・・・・・・・・ 422
　→日本(年中行事・祭礼)・・・・・・・・・・・・・・・ 427
死者の書　→折口信夫(著作)・・・・・・・・・・・・ 43
静岡県
　→静岡県(年中行事・祭礼)・・・・・・・・・・・・・ 452
　→静岡県(風俗史・民俗誌)・・・・・・・・・・・・・ 153
地蔵　→地蔵・・・・・・・・・・・・・・・・・・・・・・・・・ 526
事典
　→事典・辞典(飲食)・・・・・・・・・・・・・・・・・・ 255
　→事典・辞典(年中行事・祭礼)・・・・・・・・・ 419
　→事典・辞典(風俗史・民俗誌)・・・・・・・・・ 83
　→事典・辞典(文化人類学)・・・・・・・・・・・・ 623
　→事典・辞典(民俗学全般)・・・・・・・・・・・・ 14
辞典
　→事典・辞典(飲食)・・・・・・・・・・・・・・・・・・ 255
　→事典・辞典(年中行事・祭礼)・・・・・・・・・ 419
　→事典・辞典(風俗史・民俗誌)・・・・・・・・・ 83
　→事典・辞典(文化人類学)・・・・・・・・・・・・ 623
　→事典・辞典(民俗学全般)・・・・・・・・・・・・ 14
児童　→子供の生活・・・・・・・・・・・・・・・・・・・ 366
島根県
　→島根県(年中行事・祭礼)・・・・・・・・・・・・・ 463

　→島根県(風俗史・民俗誌)・・・・・・・・・・・・・ 168
社会人類学　→社会人類学・・・・・・・・・・・・・ 632
社会生活の習俗　→社会・家庭生活の習俗・・ 337
釈迢空　→折口信夫(研究書)・・・・・・・・・・・・ 47
シャーマニズム　→シャーマニズム・・・・・・ 518
宗教　→事典・辞典(民俗学全般)・・・・・・・・ 14
住生活　→住生活・・・・・・・・・・・・・・・・・・・・・ 290
習俗　→民俗学全般(民俗学全般)・・・・・・・・ 1
十二支　→庚申・干支・・・・・・・・・・・・・・・・・ 523
祝日　→祝日・・・・・・・・・・・・・・・・・・・・・・・・・ 424
修験　→山岳信仰・・・・・・・・・・・・・・・・・・・・・ 531
呪術　→シャーマニズム・・・・・・・・・・・・・・・ 518
出産　→出産・・・・・・・・・・・・・・・・・・・・・・・・・ 397
趣味　→趣味・娯楽・・・・・・・・・・・・・・・・・・・ 386
狩猟　→林業・狩猟・・・・・・・・・・・・・・・・・・・ 355
象徴　→象徴・シンボリズム・・・・・・・・・・・・ 637
常民　→調査報告・・・・・・・・・・・・・・・・・・・・・ 86
照明　→住生活・・・・・・・・・・・・・・・・・・・・・・・ 290
昭和時代　→昭和時代(風俗史・民俗誌)・・・ 110
食肉　→日本(食物史)・・・・・・・・・・・・・・・・・ 268
職人　→生業・職人・・・・・・・・・・・・・・・・・・・ 341
食物史　→食物史・・・・・・・・・・・・・・・・・・・・・ 263
書誌
　→書誌(飲食)・・・・・・・・・・・・・・・・・・・・・・・・ 255
　→書誌(文化人類学)・・・・・・・・・・・・・・・・・・ 622
女性の生活　→女性の生活・・・・・・・・・・・・・ 374
庶民生活誌　→全集・講座・・・・・・・・・・・・・ 88
信仰　→民間信仰・迷信・・・・・・・・・・・・・・・ 474
親族　→親族・婚姻・・・・・・・・・・・・・・・・・・・ 640
身体変工　→身体変工・・・・・・・・・・・・・・・・・ 246
シンボリズム　→象徴・シンボリズム・・・・ 637
心理人類学　→心理人類学・・・・・・・・・・・・・ 641
人類学　→文化人類学・・・・・・・・・・・・・・・・・ 596

【す】

水産業　→水産業・漁業・・・・・・・・・・・・・・・ 357
菅江 真澄
　→宮本常一・・・・・・・・・・・・・・・・・・・・・・・・・ 59
　→民俗学全般(民俗学全般)・・・・・・・・・・・・ 1
　→事典・辞典(民俗学全般)・・・・・・・・・・・・ 14
数寄屋造　→民家・・・・・・・・・・・・・・・・・・・・・ 308
すし　→日本(食物史)・・・・・・・・・・・・・・・・・ 268
スペイン　→スペイン(風俗史・民俗誌)・・・ 211

【せ】

生業　→生業・職人・・・・・・・・・・・・・・・・・・・ 341
西南アジア
　→中東・西南アジア(風俗史・民俗誌)・・・・ 204

事項名索引　　　　　てんとうけ

→中東・西南アジア(文化人類学・民族学)
　‥‥‥‥‥‥‥‥‥‥‥‥‥‥‥‥‥ 653
性風俗　→性風俗‥‥‥‥‥‥‥‥‥‥ 376
性風俗史　→性風俗史‥‥‥‥‥‥‥‥ 382
西洋
　→西洋(食物史)‥‥‥‥‥‥‥‥‥‥ 287
　→西洋(服装・ファッション)‥‥‥‥ 237
石塔　→野仏・石仏‥‥‥‥‥‥‥‥‥ 528
石仏　→野仏・石仏‥‥‥‥‥‥‥‥‥ 528
説話　→説話‥‥‥‥‥‥‥‥‥‥‥‥ 574
全集
　→全集(飲食)‥‥‥‥‥‥‥‥‥‥‥ 256
　→全集・講座(風俗史・民俗誌)‥‥‥ 88
　→全集・講座(民俗学全般)‥‥‥‥‥ 16
先祖　→法要・祖先崇拝‥‥‥‥‥‥‥ 409

【そ】

装身具　→装身具・アクセサリー‥‥‥ 241
葬送　→葬送‥‥‥‥‥‥‥‥‥‥‥‥ 402
祖先祭祀　→葬送‥‥‥‥‥‥‥‥‥‥ 402
祖先崇拝　→法要・祖先崇拝‥‥‥‥‥ 409
そば　→そば・うどん‥‥‥‥‥‥‥‥ 280

【た】

タイ
　→タイ・マレーシア(風俗史・民俗誌)‥ 199
　→タイ(文化人類学・民族学)‥‥‥‥ 652
大正時代　→明治・大正時代(風俗史・民俗誌)
　‥‥‥‥‥‥‥‥‥‥‥‥‥‥‥‥‥ 109
大道芸　→行商人・香具師‥‥‥‥‥‥ 362
台所　→住生活‥‥‥‥‥‥‥‥‥‥‥ 290
台湾
　→中国・台湾(年中行事・祭礼)‥‥‥ 471
　→台湾(風俗史・民俗誌)‥‥‥‥‥‥ 197
　→台湾(文化人類学・民族学)‥‥‥‥ 650
高取　正男　→高取正男‥‥‥‥‥‥‥ 64
武田　明　→目録(民俗学全般)‥‥‥‥ 15
山車　→日本(年中行事・祭礼)‥‥‥‥ 427
田の神　→山の神・田の神‥‥‥‥‥‥ 530
たばこ　→たばこ・パイプ‥‥‥‥‥‥ 260
タブー　→タブー・儀礼‥‥‥‥‥‥‥ 640

【ち】

逐次刊行物　→逐次刊行物(民俗学全般)‥ 16
地図　→地図‥‥‥‥‥‥‥‥‥‥‥‥ 86

千葉県
　→千葉県(年中行事・祭礼)‥‥‥‥‥ 441
　→千葉県(風俗史・民俗誌)‥‥‥‥‥ 132
地方史誌　→便覧・ハンドブック(民俗学全般)
　‥‥‥‥‥‥‥‥‥‥‥‥‥‥‥‥‥ 15
茶室　→民家‥‥‥‥‥‥‥‥‥‥‥‥ 308
中国
　→中国・台湾(年中行事・祭礼)‥‥‥ 471
　→中国(風俗史・民俗誌)‥‥‥‥‥‥ 189
　→中国(文化人類学・民族学)‥‥‥‥ 648
　→中国(民話・昔話・伝説)‥‥‥‥‥ 576
中国地方
　→中国地方(年中行事・祭礼)‥‥‥‥ 463
　→中国地方(風俗史・民俗誌)‥‥‥‥ 168
　→中国地方(民家)‥‥‥‥‥‥‥‥‥ 331
　→中国地方(民間信仰・迷信)‥‥‥‥ 505
　→中国地方(民具)‥‥‥‥‥‥‥‥‥ 307
　→中国地方(民謡・わらべうた)‥‥‥ 593
中世　→古代・中世(風俗史・民俗誌)‥ 94
中東
　→中東・西南アジア(風俗史・民俗誌)‥ 204
　→中東・西南アジア(文化人類学・民族学)
　‥‥‥‥‥‥‥‥‥‥‥‥‥‥‥‥‥ 653
中部地方
　→中部地方(年中行事・祭礼)‥‥‥‥ 449
　→中部地方(風俗史・民俗誌)‥‥‥‥ 148
　→中部地方(民家)‥‥‥‥‥‥‥‥‥ 326
　→中部地方(民間信仰・迷信)‥‥‥‥ 505
　→中部地方(民具)‥‥‥‥‥‥‥‥‥ 305
　→中部地方(民謡・わらべうた)‥‥‥ 592
沼空　→折口信夫(研究書)‥‥‥‥‥‥ 47
調査報告　→調査報告(風俗史・民俗誌)‥ 86
知里　真志保　→北海道地方・アイヌ‥ 641

【つ】

通過儀礼　→通過儀礼‥‥‥‥‥‥‥‥ 393
憑き物　→憑き物・巫女‥‥‥‥‥‥‥ 516

【て】

手仕事　→生業・職人‥‥‥‥‥‥‥‥ 341
鉄　→鍛冶屋・鋳物師‥‥‥‥‥‥‥‥ 363
天狗
　→折口信夫(著作)‥‥‥‥‥‥‥‥‥ 43
　→妖怪・悪魔・吸血鬼‥‥‥‥‥‥‥ 536
伝説
　→民話・昔話・伝説‥‥‥‥‥‥‥‥ 550
　→伝説‥‥‥‥‥‥‥‥‥‥‥‥‥‥ 574
伝統芸能　→芸能‥‥‥‥‥‥‥‥‥‥ 431

文化人類学の本 全情報　　671

といつ　　　　　　　事項名索引

【と】

ドイツ
　→ドイツ(風俗史・民俗誌)・・・・・・・・・・・・ 210
　→ドイツ・フランス(民話・昔話・伝説)・・ 581
トイレ　→トイレ・便所・・・・・・・・・・・・・・・・・ 294
東海地方
　→中部地方(年中行事・祭礼)・・・・・・・・・ 449
　→中部地方(民家)・・・・・・・・・・・・・・・・・・・ 326
　→中部地方(民間信仰・迷信)・・・・・・・・・ 505
　→中部地方(民具)・・・・・・・・・・・・・・・・・・・ 305
　→中部地方(民謡・わらべうた)・・・・・・・ 592
東京都
　→東京都(年中行事・祭礼)・・・・・・・・・・・ 442
　→東京都(風俗史・民俗誌)・・・・・・・・・・・ 133
東京23区　→23区(風俗史・民俗誌)・・・・・・ 138
道具　→民具・・・・・・・・・・・・・・・・・・・・・・・・・ 297
道祖神　→道祖神・・・・・・・・・・・・・・・・・・・・ 530
東南アジア
　→東南アジア(風俗史・民俗誌)・・・・・・・ 197
　→東南アジア(文化人類学・民族学)・・・・ 650
東北地方
　→東北地方(年中行事・祭礼)・・・・・・・・・ 434
　→東北地方(風俗史・民俗誌)・・・・・・・・・ 118
　→東北地方(民家)・・・・・・・・・・・・・・・・・・・ 319
　→東北地方(民間信仰・迷信)・・・・・・・・・ 502
　→東北地方(民具)・・・・・・・・・・・・・・・・・・・ 302
　→東北地方(民謡・わらべうた)・・・・・・・ 591
東洋
　→東洋(食物史)・・・・・・・・・・・・・・・・・・・・・ 283
　→東洋(服装・ファッション)・・・・・・・・・ 236
遠野物語　→柳田国男(著作)・・・・・・・・・・・ 21
徳島県
　→徳島県(年中行事・祭礼)・・・・・・・・・・・ 464
　→徳島県(風俗史・民俗誌)・・・・・・・・・・・ 171
栃木県
　→栃木県(年中行事・祭礼)・・・・・・・・・・・ 439
　→栃木県(風俗史・民俗誌)・・・・・・・・・・・ 128
鳥取県
　→鳥取県(年中行事・祭礼)・・・・・・・・・・・ 463
　→鳥取県(風俗史・民俗誌)・・・・・・・・・・・ 168
富山県
　→富山県(年中行事・祭礼)・・・・・・・・・・・ 447
　→富山県(風俗史・民俗誌)・・・・・・・・・・・ 145
鳥居　竜蔵　→鳥居竜蔵・・・・・・・・・・・・・・・ 630

【な】

長崎県
　→長崎県(年中行事・祭礼)・・・・・・・・・・・ 466
　→長崎県(風俗史・民俗誌)・・・・・・・・・・・ 175
長野県
　→長野県(年中行事・祭礼)・・・・・・・・・・・ 450
　→長野県(風俗史・民俗誌)・・・・・・・・・・・ 149
なまはげ　→秋田県・・・・・・・・・・・・・・・・・・・ 436
奈良県
　→奈良県(年中行事・祭礼)・・・・・・・・・・・ 461
　→奈良県(風俗史・民俗誌)・・・・・・・・・・・ 166

【に】

新潟県
　→新潟県(年中行事・祭礼)・・・・・・・・・・・ 447
　→新潟県(風俗史・民俗誌)・・・・・・・・・・・ 143
日本
　→日本(食物史)・・・・・・・・・・・・・・・・・・・・・ 268
　→日本(年中行事・祭礼)・・・・・・・・・・・・・ 427
　→日本(風俗史・民俗誌)・・・・・・・・・・・・・ 90
　→日本(服装・ファッション)・・・・・・・・・ 232
　→日本(文化人類学・民族学)・・・・・・・・・ 641
　→日本(民間信仰・迷信)・・・・・・・・・・・・・ 490
　→日本(民謡・わらべうた)・・・・・・・・・・・ 589
　→日本(民話・昔話・伝説)・・・・・・・・・・・ 561
日本神話　→日本・・・・・・・・・・・・・・・・・・・・ 561
入浴　→沐浴・風呂・・・・・・・・・・・・・・・・・・・ 245

【ね】

ネパール　→ネパール・ヒマラヤ(文化人類
　学・民族学)・・・・・・・・・・・・・・・・・・・・・・・ 653
ねぶた祭　→青森県・・・・・・・・・・・・・・・・・・・ 434
年中行事
　→年中行事・祭礼・・・・・・・・・・・・・・・・・・・ 411
　→民俗学全般(民俗学全般)・・・・・・・・・・・ 1
年報　→年報(文化人類学)・・・・・・・・・・・・・ 624

【の】

農業　→農業・・・・・・・・・・・・・・・・・・・・・・・・・ 352
農耕儀礼　→農業・・・・・・・・・・・・・・・・・・・・ 352
野仏　→野仏・石仏・・・・・・・・・・・・・・・・・・・ 528

【は】

パイプ　→たばこ・パイプ・・・・・・・・・・・・・ 260

事項名索引　　みくろねし

墓　→葬送‥‥‥‥‥‥‥‥‥‥ 402
はきもの　→はきもの・かぶりもの‥‥‥‥ 241
客家　→中国(文化人類学・民族学)‥‥‥‥ 648
ハンドブック
　→便覧・ハンドブック(風俗史・民俗誌)‥ 85
　→便覧・ハンドブック(民俗学全般)‥‥ 15

【ひ】

ひなまつり　→日本(年中行事・祭礼)‥‥‥ 427
兵庫県
　→兵庫県(風俗史・民俗誌)‥‥‥‥‥ 165
　→兵庫県(年中行事・祭礼)‥‥‥‥‥ 460
広島県
　→広島県(年中行事・祭礼)‥‥‥‥‥ 464
　→広島県(風俗史・民俗誌)‥‥‥‥‥ 170
便覧
　→便覧・ハンドブック(風俗史・民俗誌)‥ 85
　→便覧・ハンドブック(民俗学全般)‥‥ 15

【ふ】

ファッション　→服装・ファッション‥‥‥ 228
フィリピン　→フィリピン(文化人類学・民族学)‥‥‥‥‥‥‥‥‥‥‥‥‥‥ 653
フィールドワーク　→民俗学全般(民俗学全般)‥‥‥‥‥‥‥‥‥‥‥‥‥‥‥‥ 1
風俗　→民俗学全般(民俗学全般)‥‥‥‥ 1
風俗史　→風俗史・民俗誌‥‥‥‥‥‥ 65
フォークロア　→民俗学全般(民俗学全般)‥ 1
福井県
　→福井県(年中行事・祭礼)‥‥‥‥‥ 449
　→福井県(風俗史・民俗誌)‥‥‥‥‥ 148
福岡県
　→福岡県(年中行事・祭礼)‥‥‥‥‥ 465
　→福岡県(風俗史・民俗誌)‥‥‥‥‥ 174
福島県
　→福島県(年中行事・祭礼)‥‥‥‥‥ 437
　→福島県(風俗史・民俗誌)‥‥‥‥‥ 124
服飾　→服装・ファッション‥‥‥‥‥ 228
福神　→福神‥‥‥‥‥‥‥‥‥‥ 527
服装　→服装・ファッション‥‥‥‥‥ 228
巫者　→シャーマニズム‥‥‥‥‥‥ 518
フランス
　→フランス(風俗史・民俗誌)‥‥‥‥ 211
　→ドイツ・フランス(民話・昔話・伝説)‥ 581
風呂　→沐浴・風呂‥‥‥‥‥‥‥‥ 245
文化財　→民俗資料‥‥‥‥‥‥‥‥ 87
文化人類学　→文化人類学‥‥‥‥‥‥ 596
文献案内　→便覧・ハンドブック(民俗学全般)‥‥‥‥‥‥‥‥‥‥‥‥‥‥‥‥ 15

【へ】

便所　→トイレ・便所‥‥‥‥‥‥‥ 294

【ほ】

報告書　→報告書(文化人類学)‥‥‥‥ 623
法要　→法要・祖先崇拝‥‥‥‥‥‥ 409
北陸地方
　→北陸地方(年中行事・祭礼)‥‥‥‥ 447
　→北陸地方(風俗史・民俗誌)‥‥‥‥ 142
　→北陸地方(民家)‥‥‥‥‥‥‥‥ 325
　→北陸地方(民間信仰・迷信)‥‥‥‥ 505
　→北陸地方(民具)‥‥‥‥‥‥‥‥ 305
　→北陸地方(民謡・わらべうた)‥‥‥ 592
北海道地方
　→北海道地方(年中行事・祭礼)‥‥‥ 433
　→北海道地方(風俗史・民俗誌)‥‥‥ 111
　→北海道地方・アイヌ(文化人類学・民族学)‥‥‥‥‥‥‥‥‥‥‥‥‥‥ 641
　→北海道地方(民家)‥‥‥‥‥‥‥ 319
　→北海道地方(民間信仰・迷信)‥‥‥ 502
　→北海道地方(民具)‥‥‥‥‥‥‥ 302
　→北海道地方・アイヌ(民謡・わらべうた)‥‥‥‥‥‥‥‥‥‥‥‥‥‥‥ 591
ポリネシア　→ミクロネシア・ポリネシア(文化人類学・民族学)‥‥‥‥‥‥‥‥ 663

【ま】

魔女　→妖怪・悪魔・吸血鬼‥‥‥‥‥ 536
マタギ　→林業・狩猟‥‥‥‥‥‥‥ 355
祭　→年中行事・祭礼‥‥‥‥‥‥‥ 411
マレーシア　→タイ・マレーシア(風俗史・民俗誌)‥‥‥‥‥‥‥‥‥‥‥‥‥ 199
まれびと　→折口信夫(研究書)‥‥‥‥ 47

【み】

三重県
　→三重県(年中行事・祭礼)‥‥‥‥‥ 454
　→三重県(風俗史・民俗誌)‥‥‥‥‥ 157
未開　→民族学‥‥‥‥‥‥‥‥‥ 633
ミクロネシア　→ミクロネシア・ポリネシア

（文化人類学・民族学）・・・・・・・・・・・・・・　663
巫女　→憑き物・巫女・・・・・・・・・・・・・・・・・　516
御輿　→日本(年中行事・祭礼)・・・・・・・・　427
南方 熊楠
　　→南方熊楠(研究書)・・・・・・・・・・・・・・・　53
　　→南方熊楠(著作)・・・・・・・・・・・・・・・・・　53
南アジア
　　→インド・南アジア(風俗史・民俗誌)・・・・　201
　　→インド・南アジア(文化人類学・民族学)
　　　・・・・・・・・・・・・・・・・・・・・・・・・・・・・・・・・・　653
南太平洋諸島
　　→オセアニア・南太平洋諸島(風俗史・民
　　　俗誌)・・・・・・・・・・・・・・・・・・・・・・・・・・・・　223
　　→オセアニア・南太平洋諸島(文化人類学
　　　・民族学)・・・・・・・・・・・・・・・・・・・・・・・・　662
宮内 富貴夫　→目録(民俗学全般)・・・・・・・　15
宮城県
　　→宮城県(年中行事・祭礼)・・・・・・・・・・　435
　　→宮城県(風俗史・民俗誌)・・・・・・・・・・　122
宮座　→村制・・・・・・・・・・・・・・・・・・・・・・・・・　339
宮崎県
　　→宮崎県(年中行事・祭礼)・・・・・・・・・・　467
　　→宮崎県(風俗史・民俗誌)・・・・・・・・・・　177
宮本 常一　→宮本常一・・・・・・・・・・・・・・・・　59
民家　→民家・・・・・・・・・・・・・・・・・・・・・・・・・　308
民間信仰　→民間信仰・迷信・・・・・・・・・・・　474
民間伝承　→民俗学全般(民俗学全般)・・・・　1
民具　→民具・・・・・・・・・・・・・・・・・・・・・・・・・　297
民族　→民俗学全般(民俗学全般)・・・・・・・・　1
民族学　→民族学・・・・・・・・・・・・・・・・・・・・・　633
民俗学全般　→民俗学全般・・・・・・・・・・・・・・　1
民俗芸能　→郷土芸能・民俗芸能・・・・・・・・　422
民俗誌　→風俗史・民俗誌・・・・・・・・・・・・・・　65
民俗資料　→民俗資料・・・・・・・・・・・・・・・・・　87
民俗地図　→地図・・・・・・・・・・・・・・・・・・・・・　86
民謡　→民謡・わらべうた・・・・・・・・・・・・・・　589
民話　→民話・昔話・伝説・・・・・・・・・・・・・・　550

【む】

昔話　→民話・昔話・伝説・・・・・・・・・・・・・・　550
結び　→装身具・アクセサリー・・・・・・・・・・　241
村制　→村制・・・・・・・・・・・・・・・・・・・・・・・・・　339

【め】

明治時代　→明治・大正時代(風俗史・民俗
　　誌)・・・・・・・・・・・・・・・・・・・・・・・・・・・・・・・　109
迷信　→民間信仰・迷信・・・・・・・・・・・・・・・・　474
飯　→米・ご飯・餅・・・・・・・・・・・・・・・・・・・　279

メルヘン　→ドイツ・フランス・・・・・・・・・・　581
麺　→そば・うどん・・・・・・・・・・・・・・・・・・・　280

【も】

沐浴　→沐浴・風呂・・・・・・・・・・・・・・・・・・・　245
目録　→目録(民俗学全般)・・・・・・・・・・・・・・　15
餅　→米・ご飯・餅・・・・・・・・・・・・・・・・・・・　279
桃太郎　→桃太郎・・・・・・・・・・・・・・・・・・・・・　568

【や】

八重山諸島　→沖縄地方・八重山諸島(民謡
　　・わらべうた)・・・・・・・・・・・・・・・・・・・・・　594
屋号　→家庭生活・・・・・・・・・・・・・・・・・・・・・　364
香具師　→行商人・香具師・・・・・・・・・・・・・・　362
柳田 国男
　　→柳田国男(研究書)・・・・・・・・・・・・・・・　25
　　→柳田国男(著作)・・・・・・・・・・・・・・・・・　21
　　→事典・辞典(民俗学全般)・・・・・・・・・・　14
山形県
　　→山形県(年中行事・祭礼)・・・・・・・・・・　436
　　→山形県(風俗史・民俗誌)・・・・・・・・・・　124
山口県
　　→山口県(年中行事・祭礼)・・・・・・・・・・　464
　　→山口県(風俗史・民俗誌)・・・・・・・・・・　170
山口 昌男　→山口昌男・・・・・・・・・・・・・・・・　630
山梨県
　　→山梨県(年中行事・祭礼)・・・・・・・・・・　449
　　→山梨県(風俗史・民俗誌)・・・・・・・・・・　148
山の神　→山の神・田の神・・・・・・・・・・・・・・　530

【ゆ】

遊郭　→芸者・遊里・・・・・・・・・・・・・・・・・・・　387
遊女　→芸者・遊里・・・・・・・・・・・・・・・・・・・　387
遊里　→芸者・遊里・・・・・・・・・・・・・・・・・・・　387
幽霊　→柳田国男(著作)・・・・・・・・・・・・・・・　21

【よ】

妖怪
　　→柳田国男(著作)・・・・・・・・・・・・・・・・・　21
　　→妖怪・悪魔・吸血鬼・・・・・・・・・・・・・・　536
用具　→民具・・・・・・・・・・・・・・・・・・・・・・・・・　297
用語集　→用語集(飲食)・・・・・・・・・・・・・・・　255

妖精　→妖怪・悪魔・吸血鬼･････････････ 536
義経　→義経････････････････････････････ 570
吉原　→吉原････････････････････････････ 392
ヨーロッパ
　→ヨーロッパ(文化人類学・民族学)･･････ 654
　→ヨーロッパ(年中行事・祭礼)･･････････ 472
　→ヨーロッパ(風俗史・民俗誌)･･････････ 205
　→ヨーロッパ(民話・昔話・伝説)････････ 577

【ら】

ラテンアメリカ
　→ラテン・アメリカ(風俗史・民俗誌)････ 222
　→ラテン・アメリカ(文化人類学・民族学)
　･･ 661

【り】

竜　→妖怪・悪魔・吸血鬼･････････････････ 536
林業　→林業・狩猟･････････････････････ 355

【れ】

歴史学　→柳田国男(研究書)･････････････ 25
歴史民俗学　→民俗学全般(民俗学全般)･････ 1
レヴィ＝ストロース　→レヴィ＝ストロース
　･･ 625

【ろ】

ロシア
　→ロシア(風俗史・民俗誌)･･･････････････ 211
　→ロシア(文化人類学・民族学)･･･････････ 656
　→ロシア(民話・昔話・伝説)･････････････ 583
ローマ　→ローマ(風俗史・民俗誌)････････ 207

【わ】

和菓子　→和菓子･･･････････････････････ 282
和歌山県
　→和歌山県(年中行事・祭礼)･････････････ 462
　→和歌山県(風俗史・民俗誌)･････････････ 167
和服　→きもの・和服･･･････････････････ 235
わらべうた　→民謡・わらべうた･･････････ 589

文化人類学の本 全情報 1994-2001

2002年6月25日 第1刷発行

発　行　者／大高利夫
編集・発行／日外アソシエーツ株式会社
　　　　　〒143-8550 東京都大田区大森北1-23-8 第3下川ビル
　　　　　電話(03)3763-5241(代表) FAX(03)3764-0845
　　　　　URL http://www.nichigai.co.jp/
発　売　元／株式会社紀伊國屋書店
　　　　　〒163-8636 東京都新宿区新宿3-17-7
　　　　　電話(03)3354-0131(代表)
　　　　　ホールセール部(営業) 電話(03)5469-5918

電算漢字処理／日外アソシエーツ株式会社
印刷・製本／株式会社平河工業社

不許複製・禁無断転載　　　　《中性紙三菱クリームエレガ使用》
〈落丁・乱丁本はお取り替えいたします〉
ISBN4-8169-1725-X　　　　　Printed in Japan, 2002

本書はディジタルデータでご利用いただくことが
できます。詳細はお問い合わせください。

日外アソシエーツ　出版物のご案内

【総記】

BOOK PAGE 本の年鑑2002
選書にレファレンスに！
B5・2,200頁 定価(本体13,800円＋税) 2002.4刊

年刊 参考図書解説目録2001
事典、図鑑、年鑑など2,706点
A5・520頁 定価(本体7,600円＋税) 2002.3刊

【哲学・歴史・社会科学】

思想哲学書全情報 1945-2000
入門書から学術書まで70,000冊を集大成

① 哲学概論・各論
A5・380頁 定価(本体21,000円＋税) 2001.11刊

② 思想・哲学史
A5・870頁 定価(本体28,000円＋税) 2001.5刊

③ 倫理・道徳・心の哲学
A5・560頁 定価(本体26,000円＋税) 2001.7刊

④ 社会科学の思想
A5・1,090頁 定価(本体36,000円＋税) 2001.12刊

⑤ 科学・芸術・宗教の思想
A5・570頁 定価(本体28,000円＋税) 2001.8刊

国際関係図書目録 1995-2000
世界各国との関係に関する図書を一覧

① 日本対欧米・南米・アフリカ
A5・720頁 定価(本体33,000円＋税) 2001.12刊

② 日本対アジア・オセアニア
A5・730頁 定価(本体33,000円＋税) 2001.12刊

③ 世界の国際関係
A5・1,000頁 定価(本体33,000円＋税) 2001.12刊

【芸術・言語・文学】

日本美術作品レファレンス事典
陶磁器篇
陶磁器調査に便利な美術全集の図版索引

Ⅰ 日本の陶磁
B5・840頁 定価(本体72,000円＋税) 2001.1刊

Ⅱ 中国・朝鮮の陶磁
B5・530頁 定価(本体47,000円＋税) 2001.4刊

Ⅲ 現代日本陶芸
B5・460頁 定価(本体38,000円＋税) 2001.6刊

書跡篇
書跡作品の調査に便利な美術全集の図版索引

Ⅰ 日本の書
B5・1,030頁 定価(本体78,000円＋税) 2001.7刊

Ⅱ 中国の書
B5・620頁 定価(本体66,000円＋税) 2001.10刊

工芸篇
工芸作品の調査に便利な美術全集の図版索引
B5・1,000頁 定価(本体79,000円＋税) 2002.3刊

【分野別人名事典】

最新海外作家事典 新訂第3版
世界各国2,300人のプロフィールと作品目録
A5・900頁 定価(本体19,500円＋税) 2002.1刊

音楽家人名事典 新訂第3版
4,323人を専門分野・楽器パート別に収録
A5・780頁 定価(本体14,200円＋税) 2001.11刊

現代評論家人名事典 新訂第3版
活躍中の3,261人を分野別に収録
A5・710頁 定価(本体16,000円＋税) 2002.3刊

新世紀へ ── 現代の知を代表する12万人を収録〈最新第5版〉

新訂 現代日本人名録2002
B5・4分冊 セット定価(本体79,000円＋税) 2002.1刊

●お問い合わせ・資料請求は…
データベースカンパニー
日外アソシエーツ
〒143-8550 東京都大田区大森北1-23-8
TEL.(03)3763-5241　FAX.(03)3764-0845
ホームページ http://www.nichigai.co.jp/